Sozialgesetzbuch
mit Sozialgerichtsgesetz

dtv

Schnellübersicht

Sozialgerichtsgesetz 20
Sozialgesetzbuch
  Allgemeiner Teil 1
  Arbeitsförderung 3
  Gemeinsame Vorschriften für die Sozialversicherung 4
  Gesetzliche Krankenversicherung 5
  Gesetzliche Rentenversicherung 6
  Gesetzliche Unfallversicherung 7
  Grundsicherung für Arbeitsuchende 2
  Kinder- und Jugendhilfe 8
  Rehabilitation und Teilhabe von Menschen mit
  Behinderungen 9
  Soziale Pflegeversicherung 11
  Sozialhilfe 12
  Sozialverwaltungsverfahren und Sozialdatenschutz 10

Sozialgesetzbuch
mit Sozialgerichtsgesetz

Textausgabe mit ausführlichem Sachverzeichnis

47., neu bearbeitete Auflage
Stand 19. Dezember 2017

dtv

www.dtv.de
www.beck.de

Sonderausgabe
dtv Verlagsgesellschaft mbH & Co. KG,
Tumblingerstraße 21, 80337 München
© 2018. Redaktionelle Verantwortung: Verlag C. H. Beck oHG
Gesamtherstellung: Druckerei C. H. Beck, Nördlingen
(Adresse der Druckerei: Wilhelmstraße 9, 80801 München)
Umschlagtypographie auf der Grundlage
der Gestaltung von Celestino Piatti
ISBN 978-3-423-05024-1 (dtv)
ISBN 978-3-406-72003-1 (C. H. Beck)

Inhaltsverzeichnis

Einführung von Professor Dr. Ulrich Becker und
Professor Dr. Thorsten Kingreen IX

1. **Sozialgesetzbuch (SGB) Erstes Buch (I) – Allgemeiner Teil –** vom 11. Dezember 1975 1
2. **Sozialgesetzbuch (SGB) Zweites Buch (II) – Grundsicherung für Arbeitsuchende –** i. d. F. der Bekanntmachung vom 13. Mai 2011 28
3. **Sozialgesetzbuch (SGB) Drittes Buch (III) – Arbeitsförderung –** vom 24. März 1997 111
4. **Viertes Buch Sozialgesetzbuch – Gemeinsame Vorschriften für die Sozialversicherung – (SGB IV)** i.d.F. der Bekanntmachung vom 12. November 2009 281
5. **Sozialgesetzbuch (SGB) Fünftes Buch (V) – Gesetzliche Krankenversicherung –** vom 20. Dezember 1988 394
6. **Sozialgesetzbuch (SGB) Sechstes Buch (VI) – Gesetzliche Rentenversicherung –** i.d.F. der Bekanntmachung vom 19. Februar 2002 860
7. **Siebtes Buch Sozialgesetzbuch – Gesetzliche Unfallversicherung –** vom 7. August 1996 1201
8. **Sozialgesetzbuch (SGB) Achtes Buch (VIII) – Kinder- und Jugendhilfe –** i.d.F. der Bekanntmachung vom 11. September 2012 1322
9. **Sozialgesetzbuch Neuntes Buch – Rehabilitation und Teilhabe von Menschen mit Behinderungen (Neuntes Buch Sozialgesetzbuch – SGB IX)** vom 23. Dezember 2016 1397
10. **Zehntes Buch Sozialgesetzbuch – Sozialverwaltungsverfahren und Sozialdatenschutz – (SGB X)** i.d.F. der Bekanntmachung vom 18. Januar 2001 1533
11. **Sozialgesetzbuch (SGB) Elftes Buch (XI) – Soziale Pflegeversicherung –** vom 26. Mai 1994 1623
12. **Sozialgesetzbuch (SGB) Zwölftes Buch (XII) – Sozialhilfe –** vom 27. Dezember 2003 1784
20. **Sozialgerichtsgesetz (SGG)** – i. d. F. der Bekanntmachung vom 23. September 1975 1877

Sachverzeichnis 1937

Abkürzungsverzeichnis

AAÜG	Anspruchs- und Anwartschaftsüberführungsgesetz
Abs.	Absatz
ÄndG	Änderungsgesetz
AFRG	Arbeitsförderungs-Reformgesetz
Amtsbl.	Amtsblatt
Anl	Anlage
Anm.	Anmerkung
AOK	Allgemeine Ortskrankenkasse
Art.	Artikel
ArV	Arbeiterrentenversicherung
ber.	berichtigt
BG	Berufsgenossenschaft
BGB	Bürgerliches Gesetzbuch
BGBl.	Bundesgesetzblatt (Teil I)
BKK	Betriebskrankenkasse
Buchst.	Buchstabe
BVerfG	Bundesverfassungsgericht
EG	Europäische Gemeinschaften
EWG	Europäische Wirtschaftsgemeinschaft
FZR	Freiwillige Zusatzrente
GG	Grundgesetz für die Bundesrepublik Deutschland
GKV	Gesetzliche Krankenversicherung
GRG	Gesetz für Reformen im Gesundheitswesen
GStG	Gleichstellungsgesetz
GVBl.	Gesetz- und Verordnungsblatt
JAV	Jahresarbeitsverdienst
KK	Krankenkasse
KKNOG	Krankenkassen-Neuorganisations-Gesetz
KV	Krankenversicherung
KVLG	Gesetz über die Krankenversicherung der Landwirte
Nr.	Nummer
PflegeVG	Pflege-Versicherungsgesetz
RAG	Rentenanpassungsgesetz
RGBl.	Reichsgesetzblatt
RRG	Rentenreformgesetz
RÜG	Renten-Überleitungsgesetz
RV	Rentenversicherung

Abkürzungen

RVÄndG	Rentenversicherungs-Änderungsgesetz
RVO	Reichsversicherungsordnung
S.	Seite
SGB I	Sozialgesetzbuch, Erstes Buch – Allgemeiner Teil –
SGB II	Sozialgesetzbuch, Zweites Buch – Grundsicherung für Arbeitssuchende –
SGB III	Sozialgesetzbuch, Drittes Buch – Arbeitsförderung –
SGB IV	Sozialgesetzbuch, Viertes Buch – Gemeinsame Vorschriften für die Sozialversicherung –
SGB V	Sozialgesetzbuch, Fünftes Buch – Gesetzliche Krankenversicherung –
SGB VI	Sozialgesetzbuch, Sechstes Buch – Gesetzliche Rentenversicherung –
SGB VII	Sozialgesetzbuch, Siebtes Buch – Gesetzliche Unfallversicherung –
SGB VIII	Sozialgesetzbuch, Achtes Buch – Kinder- und Jugendhilfe –
SGB IX	Sozialgesetzbuch, Neuntes Buch – Rehabilitation und Teilhabe von Menschen mit Behinderungen
SGB X	Sozialgesetzbuch, Zehntes Buch – Verwaltungsverfahren –
SGB XI	Sozialgesetzbuch, Elftes Buch – Soziale Pflegeversicherung –
SGB XII	Sozialgesetzbuch, Zwölftes Buch – Sozialhilfe –
SGG	Sozialgerichtsgesetz
SVG	Gesetz über die Sozialversicherung
UV	Unfallversicherung
VA	Versicherungsamt
Vers.	Versicherung
VersRG	Versorgungsruhensgesetz
ZVsG	Zusatzversorgungssystem – Gleichstellungsgesetz

Einführung

von Prof. Dr. Ulrich Becker, LL.M. (EHI), München, und
Prof. Dr. Thorsten Kingreen, Regensburg

Übersicht

I. Das Sozialgesetzbuch (SGB) als Kodifikationsprojekt

1. Beginn und Ausgangsüberlegungen
2. Entwicklung und Stand

II. Das Sozialrecht als Gegenstand des SGB

1. Begriff und Systematisierung
2. Entwicklung
3. Höherrangige Vorgaben
4. Praktische Bedeutung
5. Strukturen und Prinzipien

III. Die Bücher des SGB

1. Das SGB I – Allgemeiner Teil
2. Das SGB II – Grundsicherung für Arbeitsuchende
3. Das SGB III – Arbeitslosenversicherung und Arbeitsförderung
4. Das SGB IV – Gemeinsame Vorschriften für die Sozialversicherung
5. Das SGB V – Gesetzliche Krankenversicherung
6. Das SGB VI – Gesetzliche Rentenversicherung
7. Das SGB VII – Gesetzliche Unfallversicherung
8. Das SGB VIII – Kinder- und Jugendhilfe
9. Das SGB IX – Rehabilitation und Teilhabe von Menschen mit Behinderungen
10. Das SGB X – Sozialverwaltungsverfahren und Sozialdatenschutz
11. Das SGB XI – Soziale Pflegeversicherung
12. Das SGB XII – Sozialhilfe

IV. Die Durchsetzung des SGB: Das SGG

Einführung

I. Das Sozialgesetzbuch (SGB) als Kodifikationsprojekt

1. Beginn und Ausgangsüberlegungen

Das Sozialgesetzbuch (SGB) ist das größte Kodifikationsprojekt der deutschen Gesetzgebung nach dem Zweiten Weltkrieg. Es waren zwei Anläufe nötig, um dieses Vorhaben zu realisieren. Ein erster startete bald nach Ende der ersten Aufräumarbeiten. Er war Teil des Aufbaus einer neuen Rechtsordnung, an deren Spitze das zunächst als Provisorium konzipierte Grundgesetz stand. Zu den drängenden praktischen Problemen gehörte die Neugestaltung der sozialen Leistungen. In seiner Regierungserklärung vom 20.10.1953 forderte der zum zweiten Mal gewählte Bundeskanzler *Konrad Adenauer* eine „umfassende Sozialreform". Wie sie aussehen sollte, war umstritten. Über ihre Notwendigkeit herrschte aber Einigkeit. In einer Zeit verbreiteter Armut und des gleichzeitigen Aufbaus mussten soziale Leistungen so angelegt werden, dass sie die tägliche Not lindern und die gesellschaftliche Integration befördern konnten. Dafür konnten einzelne Verbesserungen nicht genügen. Weil der gesellschaftliche Umbruch so umfassend war, erforderte er auch ein ganz grundsätzliches Nachdenken über die Funktion sozialer Leistungen und deren rechtliche Ausgestaltung. Als wissenschaftliche Grundlage diente die sog. Rothenfelser Denkschrift, die unter dem programmatischen Titel „Neuordnung der sozialen Leistungen" vom Volkswirt *Hans Achinger*, dem Theologen *Joseph Höffner*, dem Juristen *Hans Muthesius* und dem Soziologen *Ludwig Neundörfer* verfasst worden war (Neuordnung der sozialen Leistungen, Denkschrift auf Anregung des Herrn Bundeskanzlers, Köln 1955). Allerdings blieb das Projekt in den Streitigkeiten über die Umsetzung, die vor allem auch zwischen den damals beteiligten Ministerien bestanden, stecken. Statt einer Gesamtreform kam es zu der sog. großen Rentenreform von 1957. Sie führte zwar zu einer grundlegenden Neukonzeption der Alterssicherung (vgl. unten, III. 6. b)). Vom Vorhaben, ein als unübersichtlich empfundenes Rechtsgebiet nach einheitlichen Grundsätzen zu ordnen, blieb aber zunächst nichts übrig.

Das sollte sich erst mit dem zweiten Anlauf ändern. Den Startschuss setzte wiederum eine Regierungserklärung, nämlich die von *Willy Brandt* vom 28.10.1969. Am 19.3.1970 beschloss die Bundesregierung, ihr Kodifikationsvorhaben umzusetzen: Angestrebt wurde die „Kodifizierung eines Sozialgesetzbuchs auf der Grundlage der sozialen Wertentscheidungen des Grundgesetzes mit dem Ziel ..., das Sozialrecht für die Bevölkerung überschaubar zu machen und seine Durchführung für die Verwaltung zu vereinfachen." Zur Umsetzung sollten „jene Bereiche des Sozialrechts, die sozial- und rechtspolitische Gemeinsamkeiten aufweisen und sich für eine Einordnung in ein Gesetzgebungswerk eignen, nach einheitlichen Grundsätzen und unter Anpassung an strukturelle Veränderungen überarbeitet, in einem Gesetzbuch zusammengefasst und dabei grundsätzlich alle gemeinsamen Tatbestände in einem Allgemeinen Teil dieses Gesetzbuchs geregelt werden".

Um konkrete Vorschläge zu erarbeiten, wurde eine Sachverständigenkommission beim damaligen Bundesminister für Arbeit und Sozialordnung aus „Vertretern der Wissenschaft, Rechtsprechung, Sozialpartner, Spitzenverbände und Verwaltung aus den wichtigsten Sozialbereichen" eingesetzt. Sie sollte klären, welche Bereiche des Sozialrechts einzubeziehen, welche „Sachgegenstände" in einem Allgemeinen Teil zu regeln und welche Änderungen in einzelnen Bereichen „zum Zwecke ihrer Einordnung in das Sozialgesetzbuch" vorzunehmen waren. Sie begann ihre Arbeit am 5.5.1970 in fünf Ausschüssen, dem

Einführung

Ausschuss für allgemeine Fragen, dem Ausschuss für Sozialversicherung, dem Ausschuss für Arbeitsförderung, Ausbildungsförderung, Schwerbehindertenrecht und Familie, dem Ausschuss für soziale Entschädigung, dem Ausschuss für Sozialhilfe, Jugendhilfe und Wohngeld sowie der Arbeitsgruppe Rehabilitation. Ihre Tätigkeit mündete in Vorschlägen zum Erlass eines Allgemeinen Teils und verfahrensrechtlicher Vorschriften.

Dieses Vorgehen entsprach der Annahme, es gebe Gemeinsamkeiten des Sozialrechts, die in einem Gesetzbuch geordnet werden könnten. Sie lag schon der Rothenfelser Denkschrift zugrunde: Danach sollte der Allgemeine Teil grundsätzliche Fragen einheitlich regeln und damit zugleich spätere Gesetze entlasten; er sollte eine übersichtliche und verständliche Regelung der sozialrechtlichen Grundfragen enthalten, Transparenz für die „finanziellen Zusammenhänge bei der Aufbringung und Verwendung der Mittel" schaffen und die Funktion der sozialen Sicherung als „Bestandteil der modernen industriellen Welt und ihrer Lebensordnung" im Recht zum Ausdruck kommen lassen (Neuordnung der sozialen Leistungen, 1955, S. 133f.). *Hans F. Zacher*, der Mitglied der Sachverständigenkommission war, hat das allgemeiner folgendermaßen formuliert: „Der Versuch der Kodifikation des Sozialrechts in einem Sozialgesetzbuch soll deshalb dem Teilhaften und Speziellen, das die bisherige Entwicklung beherrscht, die allgemeine Ordnung entgegensetzen; und er soll der ständig sich wandelnden Masse des Sozialrechts einen Rahmen geben, der Bestand haben kann" (Das Vorhaben des Sozialgesetzbuches, Loseblattwerk, Percha, S. 14). Zwar wurden gegen diesen Ansatz in beiden Anläufen ganz ähnliche Bedenken erhoben: Das Sozialrecht bestehe aus sehr unterschiedlichen Rechtsgebieten, weshalb ein Allgemeiner Teil wenig hilfreich sei; dessen Regelungen müssten in ihrer Anwendung immer wieder modifiziert werden, was im Ergebnis eher zu mehr als zu weniger Unübersichtlichkeit führen würde. Dementsprechend hielten einige Stimmen eine Vereinfachung und Vereinheitlichung in einem kleineren Rahmen für den besseren Ansatz, bei dem die Dreiteilung in Sozialversicherung, Kriegsopferversorgung und Sozialhilfe aufrechterhalten werden sollte.

Zu Recht haben sich diese Einwände nicht durchgesetzt. Denn erstens ist schon die Binnensystematisierung des Sozialrechts alles andere als trennscharf (vgl. unten, II. 1.). Zweitens ist es erforderlich, die Eigenheiten des Sozialrechts möglichst in Gänze zu erfassen, wobei es keinen Zweifeln unterliegt, dass zumindest eine ganze Reihe von Gemeinsamkeiten, etwa bezogen auf das Verfahren und das Leistungsverhältnis als verwaltungsrechtliches Schuldverhältnis, bestehen. Und drittens bedurfte es einer Modernisierung möglichst aller bestehenden Sozialleistungsgesetze – nicht nur, was den Inhalt betraf, sondern vor allem auch im Hinblick auf die sprachliche Fassung. Der Umstand, dass das Gesamtprojekt bis heute immer noch unvollendet ist, ändert an diesen Feststellungen nichts.

2. Entwicklung und Stand

Die gesetzgeberische Umsetzung der Kodifikation begann mit dem Entwurf eines Sozialgesetzbuchs (SGB) – Allgemeiner Teil (AT) – vom 27.6.1973 (BT Drucks. 7/868). Im SGB I werden danach „die Regelungen zusammen gefasst, die zur Vereinheitlichung der geltenden Sozialrechtsordnung und ihrer besseren Transparenz den einzelnen Sozialleistungsbereichen vorangestellt werden sollten, zugleich den Gegenstandsbereich des Sozialgesetzbuchs verbindlich festlegen und damit die Grundlage für die weitere Arbeit am Gesamtwerk bilden"

Einführung

(BT Drucks. 7/868, S. 1). Der Gesetzgeber hatte sich damit für ein, wie er es selbst ausdrückte, „gestuftes Vorgehen" entschieden. In den weiteren Stufen sollten „die Vorschriften der einzelnen Sozialleistungsbereiche ... überarbeitet und als besondere Teile in das Sozialgesetzbuch eingeordnet werden" (a. a. O.).

Das SGB I wurde am 11.12.1975 erlassen (BGBl. I S. 3015) und trat am 1.1.1976 in Kraft. Schon kurz danach, am 23.12.1976, folgte das SGB IV (BGBl. I S. 3845), das die allgemeinen Vorschriften für die Sozialversicherung enthält. Dann allerdings dauerte es einige Jahre, bis das Verfahrensrecht geschaffen werden konnte. Es benötigte zudem zwei gesonderte Schritte. Erst am 18.8.1980 wurden die ersten beiden Kapitel des SGB X beschlossen (BGBl. I S. 1469), dessen drittes Kapitel beruht auf einem weiteren Beschluss vom 4.11.1982 (BGBl. I S. 1450). Damit war zugleich im ersten Jahrzehnt der Umsetzung nicht nur das Kodifikationsvorhaben ins Stocken geraten. Auch seine ursprünglich geplante Anlage hatte sich schon erledigt. Denn danach war das gesamte SGB auf zehn Bücher angelegt, jedes Buch sollte eine Sozialleistungsmaterie umfassen, eingerahmt zu Beginn durch den AT und am Ende durch das Verfahrensrecht:

I	Allgemeiner Teil
II	Ausbildungsförderung
III	Arbeitsförderung
IV	Sozialversicherung
V	Soziale Entschädigung
VI	Kindergeld
VII	Wohngeld
VIII	Jugendhilfe
IX	Sozialhilfe
X	Verfahrensrecht

Es stellte sich jedoch schnell heraus, dass das Sozialversicherungsrecht nicht in nur einem Buch untergebracht werden konnte, wenn das gesamte SGB nicht in ein großes Ungleichgewicht geraten sollte. Zudem erwies sich sehr bald, dass der zunächst verfolgte Ansatz einer Kodifikation bei „beschränkter Sachreform" (*Zacher*) nicht durchzuhalten war. Denn die Überführung eines Leistungsgesetzes in das SGB ist zwangsläufig immer mit einer vollständigen Durchsicht des Bestehenden und mit ganz grundsätzlichen Überlegungen zum Änderungsbedarf verbunden. Insofern ist wenig erstaunlich, dass sie zumindest in einigen Bereichen mit grundlegenden Reformen verbunden wurde (vgl. dazu näher die einleitenden Hinweise zu den einzelnen Sozialgesetzbüchern unter III.). Wo schließlich einerseits der Reformbedarf als groß erschien, andererseits aber über dessen Umsetzung keine politische Einigkeit erzielt werden konnte, musste auch die Aufnahme in das SGB scheitern.

Bis heute ist es immerhin gelungen, das Sozialversicherungsrecht vollständig in das SGB einzugliedern (mit Ausnahme von Teilen der landwirtschaftlichen Sozialversicherung, vgl. § 68 Nr. 4 und 6 SGB I). Ebenfalls abgeschlossen ist die Aufnahme der Hilfesysteme in das SGB – was im Ergebnis eine Nebenfolge der Agenda 2010 (dazu unten, III. 2.) darstellt. In anderen Teilen des Sozialrechts sieht die Bilanz schlechter aus. Eine ganze Reihe von Gesetzen gelten zwar als besondere Teile des SGB (vgl. § 68 SGB I), sind aber noch nicht in die Gesamtkodifikation einbezogen worden. Derzeit ist das Sozialgesetzbuch wie folgt strukturiert:

Einführung

		Erlassen am	In Kraft seit
I	Allgemeiner Teil	11.12.1975	1.1.1976
II	Grundsicherung für Arbeitsuchende	24.12.2003	1.1.2005
III	Arbeitsförderung	24.3.1997	1.1.1998
IV	Gemeinsame Vorschriften der Sozialversicherung	23.12.1976	1976/1977
V	Gesetzliche Krankenversicherung	20.12.1988	1.1.1989
VI	Gesetzliche Rentenversicherung	18.12.1989	1.1.1992
VII	Gesetzliche Unfallversicherung	7.8.1996	1.1.1997
VIII	Kinder- und Jugendhilfe	26.6.1990	1.1.1991
IX	Rehabilitation und Teilhabe behinderter Menschen	19.6.2001	1.7.2001
X	Verfahrensrecht	18.8.1980 4.11.1982	1.1.1981 1.7.1983
XI	Pflegeversicherung	26.5.1994	1.1.1995
XII	Sozialhilfe	27.12.2003	1.1.2005

II. Das Sozialrecht als Gegenstand des SGB

1. Begriff und Systematisierung

Das Sozialrecht ist als Rechtsgebiet nicht organisch gewachsen, sondern besteht aus einer Vielzahl von Bausteinen, die jeweils als Antworten auf soziale Problemlagen entstanden sind. Charakteristisch für das Sozialrecht ist die Begründung und Ausgestaltung rechtlicher Beziehungen zwischen einem Schutzbedürftigen und einer politisch organisierten Gemeinschaft, die sozialen Schutz gewährt. Das Sozialgesetzbuch (SGB) leistet allerdings aus entwicklungsgeschichtlichen Gründen (s. oben, I. 2., und unten, III.) keinen wesentlichen Beitrag zu einer Systematisierung des Sozialrechts. Es gibt diverse Möglichkeiten der Binnenstrukturierung des Sozialrechts, wobei man sich stets vor Augen führen muss, dass eine solche Untergliederung keinesfalls trennscharf sein kann und weitgehend auf sozialpolitischen Entscheidungen beruht, die von Land zu Land unterschiedlich sind. Verbreitet ist die folgende Dreiteilung, die nur das materielle Sozialrecht betrifft, also das im SGB X enthaltene Sozialverfahrensrecht und den im SGG geregelten Rechtsschutz nicht umfasst:

a) **Soziale Vorsorge**. Soziale Vorsorgesysteme sollen Schutz gegen typische soziale Risiken (Krankheit, Mutterschaft, Arbeitsunfall, Alter, Invalidität, Arbeitslosigkeit, Pflegebedürftigkeit) gewährleisten. Diese geschieht durch die fünf Sozialversicherungszweige: das SGB V (Krankenversicherung), SGB VI (Rentenversicherung), SGB VII (Unfallversicherung, mit Ausnahme der sog. unechten Unfallversicherung, s. unten, III. 7.) und die Pflegeversicherung (SGB XI). Eine Zwitterstellung nimmt das SGB III ein: Soweit es um die Arbeitslosenversicherung geht, befasst es sich mit sozialer Vorsorge; die vielfältigen Maßnahmen der Arbeitsförderung hingegen gehören in den Bereich der sozialen Förderung. Das Charakteristikum der sozialen Vorsorge ist, dass sie im Wesentlichen auf Beiträgen der Versicherten ruht. Der Leistungsanspruch setzt daher

Einführung

regelmäßig den Eintritt eines Versicherungsfalls voraus, vor dem die Sozialversicherung dann aber unabhängig davon schützt, ob der Einzelne selbst in der Lage ist, aus seinem Einkommen und/oder Vermögen die notwendigen Leistungen zu finanzieren. Denn der Leistungsgrund ist eine bestehende Versicherung, nicht der Tatbestand der Bedürftigkeit (dazu c)).

b) **Soziale Entschädigung.** Der Tatbestand der sozialen Entschädigung erfasst alle Sozialleistungen, die wegen der besonderen Verantwortung der Allgemeinheit für einen Gesundheitsschaden erbracht werden. Klassisch war die Kriegsopferversorgung, die heute im Bundesversorgungsgesetz (BVG) enthalten ist; sie hat bis heute eine Leitfunktion, weil auf sie in anderen Gesetzen zur sozialen Entschädigung Bezug genommen wird. Soziale Entschädigungsleistungen sind wegen der Verantwortung der Allgemeinheit steuerfinanziert und erfordern dem Leistungsgrund nach Kausalität, setzen aber anders als die Leistungen des sozialen Ausgleichs (nachfolgend, c)) keine Bedürftigkeit voraus. Zum sozialen Entschädigungsrecht gehört neben dem an Bedeutung verlierenden BEG das Opferentschädigungsgesetz (OEG), die Impfopferentschädigung (§ 60 IfSG) und die übrigen, in § 68 Nr. 7 SGB I genannten gesetzlichen Bestimmungen, die als besondere Teile des SGB gelten; ferner gehören dazu bei systematischer Betrachtung die Tatbestände der unechten Unfallversicherung (unten, III. 7.).

c) **Sozialer Ausgleich durch Förderung und Hilfe.** Leistungen des sozialen Ausgleichs werden erbracht, um besondere Belastungen oder besondere Leistungsschwächen zu kompensieren.

Die Förderung knüpft an solche Situationen eines besonderen Bedarfs an, die grundsätzlich als erwünscht behandelt werden. Zu ihr gehören insbesondere (1) Leistungen der Familienförderung mit dem Kindergeldgesetz (BKGG) vom 11.10.1995 (BGBl. I S. 1250, 1378) und dem Bundeselterngeld- und Elternzeitgesetz (BEEG) vom 5.12.2006 (BGBl. I S. 2748), (2) Leistungen zur Ausbildungsförderung mit dem Bundesausbildungsförderungsgesetz (BAföG) vom 26.8.1971 (BGBl. I S. 1409) und (3) zur Wohnungsförderung mit dem Wohngeldgesetz (WoGG) vom 14.12.1970 (BGBl. I S. 1637). Die entsprechenden Gesetze gelten als besondere Teile des SGB (in der vorstehend genannten Reihenfolge § 68 Nr. 9, 15, 1 und 10 SGB I).

Die Hilfe dient als Auffangnetz in den Situationen, in denen sich Menschen nicht selbst ihren Lebensunterhalt sichern können. Sie wird als Sozialhilfe oder Grundsicherung bezeichnet und ist geregelt im SGB II, SGB XII und im Asylbewerberleistungsgesetz (AsylbLG), das als Sonderrecht für Flüchtlinge im Jahr 1993 geschaffen (BGBl. I S. 1074) und seitdem mehrfach reformiert worden ist, aber bis heute weder in das SGB eingegliedert wurde noch über § 68 SGB I als besonderer Teil des SGB behandelt wird. Die Abgrenzung zwischen Förderung und Hilfe ist nicht immer eindeutig, und es bestehen Übergänge, so wie dies auch zwischen Förderung und Vorsorge der Fall ist (etwa im SGB III und VIII).

Leistungen des sozialen Ausgleichs unterscheiden sich insoweit grundlegend von der sozialen Vorsorge als die zu erbringenden Leistungen nicht aus Beiträgen, sondern ohne Gegenleistung des Anspruchsberechtigten aus Steuermitteln finanziert werden. Sie setzen daher in der Regel Bedürftigkeit voraus, werden also nur erbracht, wenn die Betroffenen die notwendigen Mittel und Leistungen nicht aus ihrem eigenen Einkommen und Vermögen oder demjenigen ihrer Unterhaltspflichtigen erbringen können. Allerdings wird der Tatbestand der Bedürftigkeit in den einzelnen Gesetzen unterschiedlich, nämlich in Abhängigkeit vom Leistungszweck konkretisiert. Bedürftigkeit wird daher in einem Gesetz,

Einführung

in dem es um die bloße Existenzsicherung geht, anders definiert als in Gesetzen, die soziale Entfaltungsmöglichkeiten sichern und Chancengleichheit herstellen sollen, wie das BAföG und die Rehabilitation und Teilhabe behinderter Menschen nach dem SGB IX.

2. Entwicklung

Der Beginn deutscher Sozialstaatlichkeit lässt sich nicht auf einen festen Stichtag datieren. Man kann aber sagen, dass sich der Sozialstaat in Deutschland in der zweiten Hälfte des 19. Jahrhunderts allmählich aus vorstaatlichen gesellschaftlichen Sicherungssystemen (vor allem in den Gemeinden, durch die Kirchen und in Zünften) herausgebildet hat. Die Entwicklung wurde beschleunigt durch die Industrialisierung, mit der die soziale Frage der Sicherung der Industriearbeiter und ihrer Angehörigen aufgeworfen wurde, wobei zu Beginn vor allem das Problem der Arbeitsunfälle, verursacht durch neue, nicht ausgereifte technische Prozesse und fehlende Erfahrung und Ausbildung, im Vordergrund stand.

Die wichtigsten Grundlagen für unser heutiges Sozialrecht wurden durch die Sozialversicherungsgesetzgebung der Jahre 1883–1889 gelegt, die mit der Kranken-, der Unfall- und der Rentenversicherung drei bedeutende, durch Beiträge von Arbeitern und Unternehmern finanzierte Schutzsysteme schuf, die wesentlich zur inneren Stabilisierung des Deutschen Reichs beitrugen und charakteristisch sind für das deutsche sozialstaatliche Arrangement mit rechtlich gegenüber dem Staat verselbständigten und politisch einflussreichen Sozialversicherungsträgern und -verbänden. 1927 folgte, unter politisch schwierigen Umständen, die Arbeitslosenversicherung und erst 1994 die Pflegeversicherung.

1911 wurde die „Arbeiterversicherung" in einem Gesetz, der Reichsversicherungsordnung (RVO), zusammengefasst. Gemeinsam mit dem Bürgerlichen Gesetzbuch (1896) und der 1919 verabschiedeten Reichsabgabenordnung gehörte sie zu den großen Kodifikationswerken des Deutschen Reichs. Von der Grundanlage mit dem Bürgerlichen Gesetzbuch vergleichbar, bestand sie aus einem Allgemeinen Teil und (insgesamt sechs) speziellen Büchern, die Regelungen über die einzelnen Sozialversicherungszweige, über das Verhältnis der Sozialleistungsträger untereinander und schließlich Verfahrensvorschriften enthielten. Die Reichsversicherungsordnung war bis zum Beginn der Kodifikation im Sozialgesetzbuch die wichtigste Rechtsquelle des Sozialrechts, aber sie war noch keine Gesamtkodifikation des Rechtsgebiets, denn sie erfasste nur das Sozialversicherungsrecht, nicht aber die steuerfinanzierten sozialen Sicherungssysteme der Entschädigung, der Förderung und der Hilfe (s. oben, II. 1.). Dieser weiterreichende Ansatz einer Gesamtkodifikation wurde erst ab 1969 durch das Sozialgesetzbuch realisiert (s. oben, I. 1.).

Mit dem wirtschaftlichen Aufschwung in der zweiten Hälfte des 20. Jahrhunderts begann auch ein Ausbau des deutschen Sozialstaats. Insbesondere in den 1970er und 1980er Jahren wurden neue Leistungsgesetze geschaffen und weitere Personengruppen in die soziale Sicherung einbezogen (Studenten, Schüler, Menschen mit Behinderungen). Im Zuge der Wiedervereinigung wurde mit dem Einigungsvertrag (BGBl. 1990 II S. 885, 1055) das in der Bundesrepublik geltende Sozialrecht vollständig auf das Gebiet der ehemaligen DDR übertragen. Für die Bewältigung des Übergangs war die Leistungsfähigkeit der Sozialversicherung von kaum zu überschätzender Bedeutung. Ab diesem Zeitpunkt begann aber auch die Phase des Umbaus und einer Konsolidierung des Sozialstaats.

Einführung

3. Höherrangige Vorgaben

a) **Verfassungsrecht**. Für die sozialrechtliche Rechtsetzung und Rechtsanwendung ist zunächst das im Grundgesetz (GG) geregelte deutsche Verfassungsrecht maßgebend. Es regelt beispielsweise die Verteilung der Gesetzgebungskompetenzen zwischen Bund und Ländern bei der Sozialgesetzgebung (die im Ergebnis insbesondere wegen der Kompetenztitel der Art. 74 Abs. 1 Nr. 7 und 12 GG dazu führt, dass das deutsche Sozialrecht weitgehend Bundesrecht ist) sowie die Verteilung der Verwaltungskompetenzen (Ausführung des Sozialrechts überwiegend durch Landesbehörden, Art. 83, 84 GG; wichtige Ausnahme für die Sozialversicherung: Art. 87 Abs. 2 GG).

Erhebliche Bedeutung für das Sozialrecht haben die Grundrechte des Grundgesetzes. Zwar wird dem Gesetzgeber bei der Ausgestaltung des Sozialrechts traditionell ein weiter Gestaltungsspielraum eingeräumt. Auch lassen sich aus den Grundrechten grundsätzlich keine sozialen Leistungsrechte ableiten; anders als noch in der Weimarer Reichsverfassung von 1919, in vielen deutschen Landesverfassungen, in anderen europäischen Verfassungen und in der Grundrechtecharta der EU (vgl. unten, b)) wurde bei der Schaffung des Grundgesetzes auf die Einführung sozialer Rechte weitgehend verzichtet (vgl. aber Art. 3 Abs. 2 S. 2, Abs. 3 S. 2 und 6 Abs. 4 GG). Allerdings hat das Bundesverfassungsgericht (BVerfGE 125, 175) aus Art. 1 Abs. 1 GG (Menschenwürde) und dem Sozialstaatsprinzip (Art. 20 Abs. 1 GG) ein Grundrecht auf Gewährleistung eines menschenwürdigen Existenzminimums und daraus auch sehr konkrete Anforderungen für das Verfahren zur Ermittlung des Existenzminimums abgeleitet. Die Grundrechte prägen auch andere Leistungsbereiche zum Teil ganz erheblich. So waren etwa der allgemeine Gleichheitssatz (Art. 3 Abs. 1 GG) und das Grundrecht von Ehe und Familie (Art. 6 Abs. 1 GG) die verfassungsrechtlichen Grundlagen dafür, dass ein von der Steuerpflicht freizuhaltendes Existenzminimum für alle Familienmitglieder anerkannt wurde (BVerfGE 99, 246; 110. 412), dass Zeiten der Kindererziehung in der Rentenversicherung im Leistungsrecht Berücksichtigung finden müssen (BVerfGE 87, 1) und dass Vorschriften, die die Familie gegenüber Kinderlosen benachteiligen, für verfassungswidrig erklärt wurden, etwa die Nichtberücksichtigung der Kindererziehung bei der Beitragsbemessung in der gesetzlichen Pflegeversicherung (BVerfGE 103, 242). Überhaupt spielt der allgemeine Gleichheitssatz in einem so ausdifferenzierten und damit zu Ungleichbehandlungen neigenden Rechtsgebiet wie dem Sozialrecht eine bedeutende Rolle. Schließlich ist für Reformen von Bedeutung, dass nach der Rechtsprechung des Bundesverfassungsgerichts die auf nicht unerheblichen Eigenleistungen beruhenden, der Existenzsicherung dienenden und privatnützig zugeordneten erworbenen Ansprüche einen Eigentumsschutz (Art. 14 Abs. 1 GG) genießen.

b) **Europäisches Unionsrecht**. Zunehmende Bedeutung für das deutsche Sozialrecht hat darüber hinaus das europäische Unionsrecht. Die seit 2009 rechtsverbindliche europäische Grundrechtecharta enthält in ihren Art. 27–38 GRCh soziale Grundrechte, deren Bedeutung allerdings erst in Ansätzen geklärt ist.

Wesentlich älter ist das sozialrechtliche Sekundärrecht. Die Rechtsetzung wird dabei weniger auf die sozialpolitischen Kompetenznormen der Art. 151 ff. AEUV gestützt als vielmehr auf diejenigen Zuständigkeitsnormen, die der Verwirklichung der Freizügigkeit (Art. 21, 45, 49 und 56 AEUV) dienen. Insbesondere koordiniert die hauptsächlich für die Sozialversicherung bedeutsame sog. Wanderarbeitnehmerverordnung (VO [EG] 883/2004) das Sozialrecht der

Einführung

Mitgliedstaaten, um die Freizügigkeit der Arbeitnehmer zu ermöglichen. Die Verordnung stellt zu diesem Zweck, insoweit vergleichbar mit dem Internationalen Privatrecht, Kollisionsregeln auf, die bei grenzüberschreitenden Sachverhalten zur Vermeidung von Doppelbelastungen und -begünstigungen über das anwendbare Recht entscheiden; in der Regel ist dies das für den Beschäftigungsort geltende Recht, Art. 11 Abs. 3 lit. a) VO (EG) 883/2004. Die VO (EG) 883/2004 enthält ferner wichtige Sachregeln, die verhindern, dass Grenzübertritt und Staatsangehörigkeit zu sozialrechtlichen Brüchen und Benachteiligungen führen: ein Verbot der sozialrechtlichen Diskriminierung von EU-Ausländern, den Grundsatz der Tatbestandsgleichstellung, der fingiert, dass bestimmte sozialrechtlich relevante Ereignisse, die in einem Mitgliedstaat eingetreten sind, so behandelt werden, als seien sie im Gebiet des zuständigen Staates verwirklicht worden, ferner das Gebot der Zusammenrechnung von Versicherungszeiten und schließlich den Grundsatz des Leistungsexports.

Die im Jahre 2004 in Kraft getretene Freizügigkeits-Richtlinie 2004/38/EG enthält darüber hinaus in ihrem Art. 24 Abs. 1 ein Gebot der Gleichbehandlung aller Unionsbürger, die sich nach Maßgabe der aufenthaltsrechtlichen Bestimmungen der Richtlinie rechtmäßig im Hoheitsgebiet des Aufnahmemitgliedstaates aufhalten. Dieser Gleichbehandlungsanspruch gilt grundsätzlich auch für alle Sozialleistungen. Nach Art. 24 Abs. 2 RL 2004/38/EG besteht allerdings für nicht erwerbstätige Unionsbürger erst ab einem nach Maßgabe der Richtlinie rechtmäßigen Aufenthalt von drei Monaten ein sozialhilferechtlicher Gleichbehandlungsanspruch. Studienbeihilfen müssen hingegen nach Art. 24 Abs. 2 RL 2004/38/EG erst gewährt werden, nachdem das Recht auf Daueraufenthalt erworben wurde, d. h. erst nach fünf Jahren.

Erwähnung verdient schließlich die Patientenrichtlinie RL 2011/24/EU, die einen grundsätzlichen Anspruch auf diskriminierungsfreie grenzüberschreitende Inanspruchnahme von Gesundheitsleistungen begründet und damit die primärrechtlichen Grundfreiheiten, die grundsätzlich auch für soziale Tätigkeiten gelten, ausgestaltet.

c) **Völkerrecht.** Zu den völkerrechtlichen Quellen des Sozialrechts zählen die Menschenrechtsabkommen auf universeller (für die sozialen Rechte der Internationale Pakt über wirtschaftliche, soziale und kulturelle Rechte) und europäischer Ebene (für die sozialen Rechte die Europäische Sozialcharta), die Abkommen der Internationalen Arbeitsorganisation (IAO) in Genf, die triparitätisch organisiert seit 1919 internationale Arbeits- und Sozialstandards erarbeitet, sowie die zumeist bilateralen Sozialversicherungsabkommen, die mit anderen Staaten geschlossen werden, um wanderungsbedingte Verluste sozialer Rechte zu verhindern.

4. Praktische Bedeutung

Sozialleistungen helfen den Menschen in vielen unterschiedlichen Situationen. Sie sichern die Existenzgrundlage und in verschiedener Hinsicht den Erhalt des Lebensstandards. Sie begleiten den Menschen von der Geburt bis zum Tod. Ohne sie wäre weder die tatsächliche Inanspruchnahme der Freiheit möglich noch eine marktwirtschaftliche Ordnung erträglich. Diese fundamentale Bedeutung von Sozialpolitik und Sozialrecht für die Lebensbedingungen des Einzelnen wie die gesellschaftliche Integration gerät leicht in Vergessenheit, wenn nur ein Blick auf die nackten Zahlen des Sozialbudgets geworfen wird. Das allerdings ändert natürlich nichts daran, dass diese Zahlen zugleich als Aus-

Einführung

druck des sozialstaatlichen Engagements gewertet werden können und auch Aufschluss über die Gewichtung der einzelnen Sozialleistungsbereiche geben.

Das Sozialbudget wird jährlich vom Bundesministerium für Arbeit und Soziales veröffentlicht und fasst alle Sozialleistungen zusammen. Bei einem Vergleich der Zahlen ist zu beachten, dass im Laufe der Zeit die im Sozialbudget berücksichtigten Leistungen und auch die Berechnung des Bruttoinlandsprodukts (BIP) verändert worden sind. Insbesondere fließen seit 2009 auch die mit der Gesetzlichen Krankenversicherung vergleichbaren Grundleistungen der Privaten Krankenversicherung in die Berechnung der Ausgaben ein. Im Jahr 2016 wurden insgesamt 918,0 Mrd. Euro für Sozialleistungen aufgewendet. Die Sozialleistungsquote, d.h. das Verhältnis der Sozialleistungen zum BIP, hat sich folgendermaßen entwickelt (Angaben in Prozent):

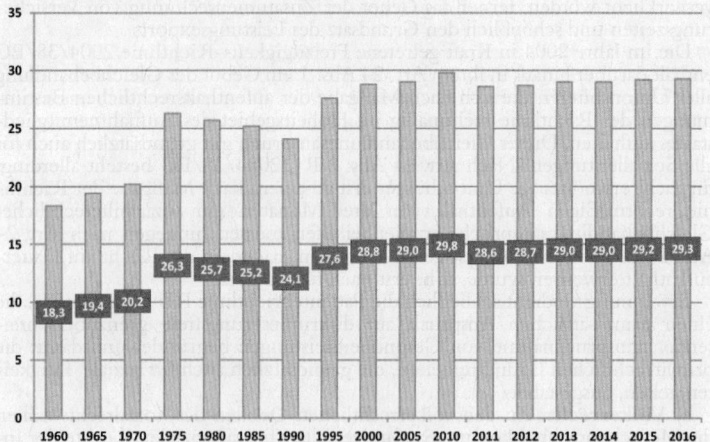

Innerhalb des Sozialbudgets sind die Funktionen folgendermaßen gewichtet (Zahlen für 2016 ohne Verwaltungsausgaben): Krankheit und Invalidität 377,5 Mrd. Euro, Alter und Hinterbliebene 343,0 Mrd. Euro, Kinder, Ehegatten und Mutterschaft 99,4 Mrd. Euro, Arbeitslosigkeit 31,3 Mrd. Euro, sonstige Leistungen 28,1 Mrd. Euro.

Dabei speist sich das Sozialbudget hauptsächlich aus drei Quellen (Zahlen für 2016): den Beiträgen der Arbeitgeber (34,1%), den Beiträgen der Versicherten (30,6%) und den Zuschüssen des Staates (33,7%). Diese Zahlen belegen mit dem hohen Anteil der Beitragsfinanzierung die besondere Bedeutung, die in Deutschland nach wie vor der Sozialversicherung zukommt.

5. Strukturen und Prinzipien

a) **Strukturen.** Das Sozialrecht ist öffentliches Recht, und es ist Verwaltungsrecht. Es lässt sich unter Zuhilfenahme von Rechtsverhältnissen ganz gut in seinen Strukturen und Besonderheiten erkennen.

Da ist zunächst das Rechtsverhältnis zwischen dem Leistungsberechtigten und dem Leistungsträger, also der Behörde, die eine Sozialleistung gewährt. Im Fall der Entschädigungs-, Hilfe- und Fördersysteme kann es als Leistungsver-

Einführung

hältnis verstanden werden, das im Kern darin besteht, dass ein Leistungsanspruch erfüllt wird. Im Fall der Sozialversicherungssysteme (vgl. zur Systematisierung oben. II. 1. a)) existiert ein Versicherungsverhältnis, aus dem Beitragspflichten, Mitgliedschaftsrechte und Leistungsrechte folgen. In jedem Fall liegt eine Besonderheit des sozialrechtlichen Leistungs- und Versicherungsverhältnisses darin, dass sich Leistungsberechtigte und Träger in der Regel nicht nur einmal kurz wie sonst zumeist im Verwaltungsrecht begegnen, sondern es einen längeren Austausch gibt: Eine Arbeitsuchende muss nicht nur Leistungen erhalten, sondern auch eingegliedert werden; ein Hilfebedürftiger ist längere Zeit auf unterschiedliche Unterstützung angewiesen; ein Krankenversicherter benötigt regelmäßig immer wieder verschiedene Behandlungsleistungen; Rentenversicherte „sparen" bei der Rentenversicherung für das Alter an, auch wenn tatsächlich die Rente im Umlageverfahren finanziert wird (vgl. III. 6. e)).

Soweit die zu gewährenden Sozialleistungen in Geldleistungen bestehen, spielen weitere Rechtsverhältnisse keine Rolle. Werden aber Sachleistungen gewährt – wie Krankenbehandlungen, Rehabilitationen oder professionelle Pflege –, dann muss der Träger diese Sachleistungen auch bereitstellen. Er bedient sich dafür in der Regel Dritter, den sog. Leistungserbringern. Diese Leistungserbringer erfüllen für den Leistungsträger gegenüber den Leistungsberechtigten den Anspruch (sog. Erfüllungsverhältnis). Damit das sichergestellt ist, müssen die Leistungsträger ein Rechtsverhältnis zu den Leistungserbringern begründen (sog. Beschaffungs- und Bereitstellungsverhältnis, geläufig ist auch die Bezeichnung Leistungserbringungsverhältnis), in dem die Einbindung und die Finanzierung der Leistungserbringer wie die Qualität der Leistungen zu regeln ist. Alle drei Rechtsverhältnisse sind aufeinander bezogen und durch den Zweck der Sozialleistung miteinander verbunden (sog. Leistungserbringungsdreieck).

b) **Prinzipien.** Das Sozialrecht zeichnet sich durch seine besondere Zwecksetzung aus (dazu oben, II. 1.). Als allgemeine Prinzipien liegen ihm zugrunde:

(1) Das Prinzip Sicherheit. Sozialleistungen sollen Unterstützung oder Schutz gewähren, und sie sollen dies auf Dauer tun. Einmal gewährte Positionen dürfen zumindest nicht durch beliebige, sich ändernde Umstände in Frage gestellt werden. Das betrifft verschiedene Systeme in unterschiedlichem Maße, weil deren Zukunftsbezug nicht gleich ist. Dennoch ist die Problematik für alle sozialen Rechte relevant.

(2) Das Prinzip Solidarität. Es bedarf als Rechtsbegriff der gesetzlichen Ausformung. Im Sozialrecht wird es weniger durch die Schaffung von Leistungssystemen selbst als vielmehr durch die Anordnung eines finanziellen Ausgleichs innerhalb von Systemen hergestellt. Insofern spielt es eine wesentliche Rolle, welche Personen in welche Systeme einbezogen und wie die zu gewährenden Sozialleistungen finanziert werden.

(3) Das Prinzip Eigenverantwortung. Es ist als individuelles Prinzip in gewisser Weise die Kehrseite des kollektiven Prinzips der Solidarität und steht in einem engen Zusammenhang zur Nutzung rechtlich gewährleisteter Freiheit. Der Mensch muss, das impliziert die zugrundeliegende Selbstbestimmung, auch für die Sicherung seiner wirtschaftlichen Bedarfe zunächst selbst sorgen, also seinen Lebensunterhalt und den seiner Familienangehörigen durch Vermögen oder durch den Einsatz seiner Arbeitskraft decken. Dort wo er das nicht kann, hilft das Sozialrecht.

(4) Das Prinzip der Effektivität des Schutzes. Damit sind Vorkehrungen zur tatsächlichen Durchsetzung sozialer Rechte gemeint, d.h. solche, die der Antragstellung und dem Rechtsschutz im Verwaltungsverfahren oder vor Gerich-

Einführung

ten dienen. Das schließt die Sicherung des tatsächlichen Zugangs zu den Sozialleistungen ein, etwa durch allgemeine Auskünfte, Beratung und in Bezug auf die Zugänglichkeit von Behörden.

III. Die Bücher des SGB

1. Das SGB I – Allgemeiner Teil

a) **Zielsetzung**. Das SGB I enthält die allgemeinen Vorschriften für das SGB als Gesamtwerk, das aus den einzelnen Büchern des SGB (vgl. die folgenden Abschnitte) und den Gesetzen, die noch nicht in das SGB eingegliedert worden sind, aber als dessen besondere Teile gelten (§ 68 SGB I), besteht. Dabei handelt es sich um das deutsche Sozialrecht im formellen Sinn, dessen Grundlagen das SGB I zugleich festschreibt. In diesem Zusammenhang wird auch die Zielsetzung des Sozialrechts insgesamt folgendermaßen beschrieben (§ 1 SGB I): Es soll „zur Verwirklichung sozialer Gerechtigkeit und sozialer Sicherheit Sozialleistungen einschließlich sozialer und erzieherischer Hilfen gestalten"; dies wiederum wird durch fünf Unterziele konkretisiert (Sicherung eines menschenwürdigen Daseins; Schaffung gleicher Voraussetzungen für die freie Entfaltung der Persönlichkeit, insbesondere auch für junge Menschen; Schutz und Förderung der Familie; Ermöglichung des Erwerbs des Lebensunterhalts durch eine frei gewählte Tätigkeit; Abwendung oder Ausgleich besonderer Belastungen des Lebens, auch durch Hilfe zur Selbsthilfe). Schließlich soll als Mittel zur Verwirklichung dieser Ziele dafür gesorgt werden, dass die „erforderlichen sozialen Dienste und Einrichtungen rechtzeitig und ausreichend zur Verfügung stehen".

b) **Entwicklung**. Das SGB I war der erste Teil des SGB, der im Rahmen des Gesamtprojekts einer Kodifikation des Sozialrechts erlassen wurde (vgl. oben, I. 2.). Es trat am 1.1.1976 in Kraft. Mit ihm wurden erstmalig die gemeinsamen Vorschriften des Sozialrechts in einem Gesetz zusammengeführt.

c) **Eigenheiten**. Das SGB I verfolgt die Aufgabe, allgemeine Grundlagen des gesamten Sozialrechts zusammenzufassen. Es beginnt mit einer Beschreibung der Leistungen und der Leistungssysteme, enthält die Grundsätze des Leistungsrechts und regelt allgemeine Mitwirkungspflichten. Sein Charakter als AT wird durch die Aufnahme allgemeiner Grundsätze (§§ 30–37 SGB I) betont. Diese Grundsätze gelten als Querschnittsvorschriften, während die übrigen substantiellen Bestimmungen unter dem Vorbehalt spezieller Regelungen in den anderen Büchern des SGB stehen (§ 37 SGB I).

d) **Soziale Rechte, Leistungen und Leistungssysteme**. § 2 SGB I betont die besondere Bedeutung sozialer Rechte für die Realisierung der Ziele des Sozialrechts. Allerdings gewährt das SGB I diese Rechte im Sinne von Leistungsansprüchen nicht selbst, sondern verweist insofern auf die besonderen Teile. Es beschränkt sich darauf, einen Überblick über die dort vorgesehenen Leistungen zu geben, in §§ 3–10 SGB I relativ allgemein, in §§ 18–29 SGB I etwas näher ausgeführt unter Nennung der jeweils zuständigen Leistungsträger. Die dadurch entstehenden Überschneidungen hätten sich durch eine kompaktere Anlage vermeiden lassen. Praktisch wichtig sind die §§ 13–15 SGB I. Insbesondere der Anspruch auf Beratung nach § 14 SGB I spielt deshalb eine große Rolle, weil er den Leistungsberechtigten hilft, im oft schwer zu durchschauenden Dickicht der Leistungssysteme ihr Recht zu erkennen und wahrzunehmen. Verletzt ein Träger seine Beratungspflicht, die entweder aus ei-

Einführung

ner konkreten Nachfrage oder aber aus einer Situation folgen kann, in der erkennbar ein Beratungsbedarf besteht (sog. Spontanberatung), so muss er u.U. haften. Die Grundlage dafür kann bei verschuldeter Pflichtverletzung ein Amtshaftungsanspruch nach § 839 BGB i.V.m. Art. 34 GG sein. Wichtiger ist der sog. sozialrechtliche Herstellungsanspruch. Bei ihm handelt es sich um einen gewohnheitsrechtlich anerkannten, nur im Sozialrecht bestehenden Staatshaftungsanspruch, der kein Verschulden, sondern nur Rechtswidrigkeit voraussetzt und auf die Herstellung der durch den Beratungsfehler verpassten Gestaltung gerichtet ist. Erforderlich ist eine Kausalität zwischen Pflichtverletzung, unterlassenem Handeln und Schaden, wobei sich die Kausalität im Sozialrecht nach der Theorie der wesentlichen Bedingung richtet: Danach ist ein Umstand für eine Folge kausal, wenn er wesentlich für deren Eintritt war. Ebenfalls von großer praktischer Bedeutung ist § 16 SGB I, der die Stellung von Anträgen auf Sozialleistungen erleichtert.

e) **Allgemeine Grundsätze.** Das SGB gilt nach § 30 Abs. 1 SGB I für alle Personen, die ihren Wohnsitz oder gewöhnlichen Aufenthalt (legal definiert in § 30 Abs. 3 SGB I) in seinem Geltungsbereich haben. In den allgemeinen Grundsätzen wird ferner bestimmt, dass der Vorbehalt des Gesetzes auch für Leistungsansprüche gilt (§ 31 SGB I). Es folgen, wenig systematisch angelegt, Vorschriften zur besseren Durchsetzung sozialer Rechte (Verbot abweichender nachteiliger Vereinbarungen, § 32 SGB I, Individualisierungsgrundsatz, § 33 SGB I, und Benachteiligungsverbot, § 33c SGB I), für die Bestimmung von einigen tatbestandlichen Anknüpfungen (Alter, Lebenspartnerschaften und familienrechtliche Beziehung, §§ 33a, 33b und 34 SGB I) und hinsichtlich des Verfahrens (Handlungsfähigkeit, § 36 SGB I, und elektronische Kommunikation, § 36a SGB I). Schließlich wird der Schutz von Sozialgeheimnissen geregelt (§ 35 SGB I), der näher durch Vorschriften im SGB X (unten, III. 10. e)) ausgestaltet wird.

f) **Leistungsrechte und sozialverwaltungsrechtliches Schuldverhältnis.** Der zweite Titel des SGB I enthält „Grundsätze des Leistungsrechts". Sie beginnen mit einer Klarstellung von Rechtsansprüchen (§ 38 SGB I) und dem Umstand, dass im Sozialrecht Ermessensnormen immer auch dem Schutz der Leistungsberechtigten zu dienen bestimmt sind und deshalb ein Anspruch auf pflichtgemäße Ausübung des Ermessens besteht (§ 39 SGB I).

Die folgenden Vorschriften regeln das Rechtsverhältnis zwischen Leistungsberechtigtem und Leistungsträger, sie können insofern als verwaltungsrechtliches Schuldrecht bezeichnet werden. Sie beziehen sich auf die Begründung von Ansprüchen (§§ 40, 41 SGB I), deren Verzinsung (§ 44 SGB I), deren Verjährung (§ 45 SGB I) sowie deren Untergang: durch Verzicht (§ 46 SGB I), Erfüllung (§§ 47–50 SGB I mit dem Sonderfall der Überleitung), deren Aufrechnung (§ 51 SGB I) und Verrechnung, die eine Aufrechnung in Drei-Personen-Verhältnis darstellt (§ 52 SGB I), sowie die Übertragung und Pfändung (§§ 53, 54 SGB I). Hervorhebung verdienen im Zusammenhang mit der Erfüllung die Möglichkeit, einen Vorschuss zu gewähren (§ 42 SGB I) und die sog. vorläufige Leistung (§ 43 SGB I), mit der im Falle eines negativen Kompetenzkonflikts zwischen mehreren sich für unzuständig erklärenden Trägern sichergestellt werden soll, dass der zuerst angegangene Träger trotz Verneinung seiner Zuständigkeit zahlt und die Erfüllung des Leistungsanspruchs nicht unter dem Zuständigkeitsstreit leidet (wobei der vorläufig leistende unzuständige Träger gegen den anderen Träger zum Ausgleich einen Erstattungsanspruch nach § 102 SGB X erhält, vgl. III. 10. f)).

XXI

Einführung

Wichtig sind ferner die Bestimmungen über die Rechtsnachfolge im Todesfall. Sie sind, in Abweichung der gesetzlichen Reihenfolge, folgendermaßen angelegt: Nach § 59 SGB I richtet sich, ob ein Anspruch überhaupt übergeht (nämlich der über Geldleistungen dann, wenn zumindest ein Verwaltungsverfahren bei dem Tod des Berechtigten über sie anhängig ist); § 56 SGB I legt dann eine Sonderrechtsnachfolge fest (mit der Möglichkeit des Verzichts nach § 57 SGB I); greift er nicht, gilt das allgemeine privatrechtliche Erbrecht (§ 58 SGB I).

g) **Mitwirkungspflichten.** Schon nach allgemeinem Verfahrensrecht gilt, dass unabhängig vom Untersuchungsgrundsatz (§ 20 SGB X) die Beteiligten bei der Ermittlung des Sachverhaltes mitwirken sollen, insbesondere durch Angabe der ihnen bekannten Tatsachen und Beweismittel (§ 21 Abs. 2 SGB X). Diese allgemeinen Pflichten werden durch die Mitwirkungspflichten in §§ 60 ff. SGB I ergänzt und konkretisiert. Vorgesehen ist eine Stufung, von der Angabe der Tatsachen (§ 60 SGB I einschließlich der Pflicht, vorgesehene Vordrucke zu benutzen), über das persönliche Erscheinen (§ 61 SGB I), die Teilnahme an erforderlichen ärztlichen und psychologischen Untersuchungsmaßnahmen (§ 62 SGB I) und die Pflicht zu einer Heilbehandlung (§ 63 SGB I) oder einer Teilnahme an Leistungen zur Teilhabe am Arbeitsleben (§ 64 SGB I). Bei allen Pflichten handelt es sich um Obliegenheiten, d. h. ihre Erfüllung kann nicht eigenständig erzwungen werden. Ihre Verletzung kann aber zu einer Versagung von Leistungsansprüchen führen (§ 66 SGB I), sofern auf diese Folge schriftlich hingewiesen worden, eine angemessene Frist zur Pflichterfüllung verstrichen ist und die gesetzlichen Voraussetzungen der Mitwirkungspflichten einschließlich der gesondert geregelten Grenzen (§ 65 SGB I) eingehalten worden sind. Die Leistungseinstellung steht im Ermessen des Trägers. Sie ist auch möglich bei einer schon gewährten Dauerleistung, ohne dass es dafür einer Aufhebung des Verwaltungsaktes bedürfte. Werden die Pflichten nachträglich erfüllt, kann auch die Leistungsgewährung nachgeholt werden (§ 67 SGB I).

2. Das SGB II – Grundsicherung für Arbeitsuchende

a) **Zielsetzung.** Die Grundsicherung für Arbeitsuchende soll es nach eigenem Bekunden „Leistungsberechtigten ermöglichen, ein Leben zu führen, das der Würde des Menschen entspricht" (§ 1 Abs. 1 SGB II). Sie ist im Rahmen der sog. Agenda 2010 geschaffen worden, die darauf abzielte, „Rahmenbedingungen für mehr Wachstum und für mehr Beschäftigung" zu setzen. Sie hat die zuvor bestehende Arbeitslosenhilfe als Leistung des Arbeitsförderungsrechts abgelöst. An Stelle einer am vorher erzielten Erwerbseinkommen ausgerichteten Lohnersatzleistung tritt eine Hilfeleistung, die sowohl für die Personen vorgesehen ist, die noch gar nicht in den Arbeitsmarkt eingegliedert werden konnten, wie auch für jene, die nach Ablauf des Arbeitslosengelds (vgl. dazu unten, III. 3.) keine neue Beschäftigung gefunden haben. Das SGB II betont die Eigenverantwortung der Arbeitsuchenden (vgl. § 1 Abs. 2 SGB II) und sieht zugleich Maßnahmen vor, um eine Eingliederung in den Arbeitsmarkt zu erreichen. Sie ist damit Teil einer auf Aktivierung zielenden Sozialpolitik, deren Leitziele als „Fordern und Fördern" (§§ 2 und 14 SGB II) auf den Punkt gebracht werden können. Im Zuge der Reform wurde auch die gerichtliche Zuständigkeit von den Verwaltungsgerichten auf die Sozialgerichte übertragen.

b) **Entwicklung.** Das SGB II ist mit dem Vierten Gesetz für moderne Dienstleistungen am Arbeitsmarkt vom 24.12.2003 (BGBl. I S. 2954) geschaf-

Einführung

fen worden. Es wurde seit seinem Inkrafttreten bereits mehrfach geändert, insbesondere auch deshalb, weil das Bundesverfassungsgericht (BVerfGE 125, 175) einige Regelungen der ursprünglichen Fassung als unvereinbar mit der grundgesetzlichen Garantie des Existenzminimums (Art. 1 Abs. 1 i. V. m. Art. 20 Abs. 1 GG) angesehen hatte.

c) **Eigenheiten**. Die Grundsicherung für Arbeitsuchende verbindet Hilfeleistungen (vgl. oben, II. 1. c)) mit Maßnahmen der Arbeitsförderung (§ 1 Abs. 3 SGB II). Die Unterhaltsleistungen sind dementsprechend grundsätzlich gegenüber anderen Sozialleistungen nachrangig (§ 5 Abs. 1 SGB II); umgekehrt genießen sie Vorrang gegenüber den allgemeinen Hilfen zum Lebensunterhalt nach dem SGB XII (§ 5 Abs. 2 SGB II). Sie sind anders als die frühere Sozialhilfe weitgehend pauschaliert. Für die Förderung der Eingliederung ist mit der Eingliederungsvereinbarung (§ 15 SGB II) ein relativ neues Instrument vorgesehen. Es soll die Mitwirkung stärken und einen möglichst individuellen Zuschnitt der Fördermaßnahmen ermöglichen, was aber in der Praxis nur in eingeschränktem Maße gelingt. Breiten Raum nehmen die Sanktionen ein (§§ 31 ff. SGB II), die insbesondere dann, wenn ein Leistungsberechtigter seinen Mitwirkungspflichten nicht nachkommt, zu empfindlichen Kürzungen des Leistungsanspruchs führen.

d) **Leistungsberechtigte**. Leistungsberechtigt nach dem SGB II sind Erwerbsfähige und nicht Erwerbsfähige, die mit einem Berechtigten in einer Bedarfsgemeinschaft leben, hilfebedürftig sind (dazu unten, f)) und ihren gewöhnlichen Aufenthalt in Deutschland haben. Erwerbsfähig ist, wer das 15. Lebensjahr vollendet, die Regelaltersgrenze (vgl. III. 6. f)) noch nicht erreicht hat und mindestens drei Stunden täglich unter den üblichen Bedingungen des Arbeitsmarktes erwerbstätig sein kann und darf (§§ 7 ff. SGB II, zur Feststellung § 44a SGB II). Sofern Ausländer eine Arbeitserlaubnis benötigen, aber nicht besitzen, sind sie damit von den Leistungen ausgenommen. Nicht leistungsberechtigt sind auch Auszubildende, die dem Grunde nach Anspruch auf Leistungen nach dem BAföG haben (§ 7 Abs. 5 SGB II). Ebenfalls ausgenommen sind Leistungsberechtigte nach dem Asylbewerberleistungsgesetz, Ausländer und Ausländerinnen, die weder in der Bundesrepublik Deutschland Arbeitnehmerinnen, Arbeitnehmer oder Selbstständige noch aufgrund des § 2 Abs. 3 des Freizügigkeitsgesetzes/EU freizügigkeitsberechtigt sind (mit Ausnahme derer, die sich mit einem Aufenthaltstitel nach Kapitel 2 Abschnitt 5 des Aufenthaltsgesetzes in der Bundesrepublik Deutschland aufhalten, § 7 Abs. 1 S. 3 SGB II) und Ausländer und Ausländerinnen, deren Aufenthaltsrecht sich allein aus dem Zweck der Arbeitssuche ergibt (§ 7 Abs. 1 S. 2 SGB II). Den Ausschluss von nicht erwerbsfähigen Unionsbürgern, die sich allein mit dem Ziel des Sozialhilfebezugs nach Deutschland begeben, hat der EuGH (Urt. v. 11.11.2014, Rs. C-333/13 – *Dano*) für vereinbar mit dem Unionsrecht (vgl. oben, II. 3. b)) gehalten.

e) **Organisation und Finanzierung**. Träger der Grundsicherung für Arbeitsuchende sind grundsätzlich die Agentur für Arbeit sowie die kreisfreien Städte und Kreise (§ 6 Abs. 1 S. 1 SGB II). Sie haben, um Leistungen aus einer Hand zu ermöglichen, eine gemeinsame Einrichtung zu gründen (§ 44b SGB II, sowie zur Organisation §§ 44c ff. SGB II, früher als „Arbeitsgemeinschaften" bezeichnet). Diese Form der Mischverwaltung ist durch die Einfügung des Art. 91e GG ermöglicht worden (zur Verfassungswidrigkeit der ursprünglichen Regelung BVerfGE 119, 331). Ferner können Kommunen für die Erbringung aller Leistungen nach dem SGB II zugelassen werden (sog. Optionskommunen, § 6a SGB II), allerdings nur in begrenzter Zahl (zur verfas-

Einführung

sungsrechtlichen Zulässigkeit BVerfG v. 7.10.2014, 2 BvR 1641/11). Die Träger werden in beiden Formen „Jobcenter" genannt (§ 6d SGB II).

Wie alle Sozialhilfeleistungen wird auch die Grundsicherung für Arbeitsuchende aus Steuermitteln finanziert. Die dafür erforderlichen Aufwendungen trägt der Bund, der sich auch an den Leistungen für Unterkunft und Heizung zweckgebunden beteiligt (§ 46 SGB II), um die im Übrigen für die Finanzierung verantwortlichen Kommunen im Ergebnis zu entlasten.

f) **Leistungsvoraussetzungen.** Voraussetzung für Leistungen nach dem SGB II ist „Hilfebedürftigkeit" (§ 9 SGB II). Eine Person ist hilfebedürftig, wenn sie nicht über ausreichend eigenes Einkommen oder Vermögen verfügt, um selbst für ihren Lebensunterhalt aufkommen zu können (§§ 11 ff. SGB II). Lebt der Antragsteller in einer Bedarfsgemeinschaft, werden die Voraussetzungen für den Leistungsbezug an der Hilfebedürftigkeit der Bedarfsgemeinschaft gemessen. Eine Bedarfsgemeinschaft wird angenommen, wenn der Antragsteller in einer Wohngemeinschaft mit anderen in enger persönlicher Beziehung lebt (§ 7 Abs. 3 und 3a SGB II). Im Zusammenhang mit der Voraussetzung der Bedürftigkeit ist wichtig, dass einer erwerbsfähigen leistungsberechtigten Person grundsätzlich jede Arbeit zumutbar ist (näher § 10 SGB II), es also nach dem SGB II keinen Berufsschutz und auch keine zeitlich gestaffelte Zumutbarkeitsregeln mehr gibt.

g) **Leistungen.** Leistungen nach dem SGB II sind zum einen Leistungen zur Eingliederung in die Arbeit, die in §§ 14 ff. SGB II geregelt sind und auch auf einige Leistungen nach dem SGB III (dazu unten, III. 3. f)) verweisen. Geleistet werden soll das „Erforderliche". Leistungen müssen insofern den individuellen Umständen entsprechend gewährt werden, also unter Berücksichtigung der persönlichen Fähigkeiten eines Antragstellers und der Situation auf dem Arbeitsmarkt, wobei das Gesetz zugleich „die Beachtung der Grundsätze von Wirtschaftlichkeit und Sparsamkeit" betont (§ 14 Abs. 4 SGB II). Erwerbsfähigen Leistungsberechtigten können auch „Arbeitsgelegenheiten" zugewiesen werden (§ 16d SGB II).

Zum anderen sind Unterhaltsleistungen vorgesehen, nämlich das Arbeitslosengeld II für Erwerbsfähige, das Sozialgeld für die nicht erwerbsfähigen Mitglieder einer Bedarfsgemeinschaft mit einem Erwerbsfähigen sowie Leistungen für Bildung und Teilhabe (§§ 19 ff. SGB II). Die Leistungen richten sich nach dem Regelbedarf, der grundsätzlich nach dem Regelbedarfs-Ermittlungsgesetz durch Auswertung der Einkommens- und Verbraucherstichprobe ermittelt und jährlich angepasst wird. Der Regelsatz beträgt ab dem 1. 1. 2018 für einen alleinstehenden erwerbsfähigen Leistungsberechtigten 416 €, für sonstige erwachsene Mitglieder der Bedarfsgemeinschaft 332 €, für Jugendliche 316 €, für Kinder bis zur Vollendung des sechsten Lebensjahres 240 €, bis zur Vollendung des 14. Lebensjahres 296 € (§ 20 SGB II i. V. m. § 8 Regelbedarfs-Ermittlungsgesetz und § 2 Regelbedarfsstufen-Fortschreibungsverordnung 2018). Zudem werden die Kosten für eine angemessene Unterkunft und die Heizkosten übernommen (§ 22 SGB II). Zusatzzahlungen sind für einmalige Mehrbedarfe (z.B. erstmalige Wohnungsausstattung) oder laufende Mehrbedarfe (z.B. bei aufwendiger Ernährung aus medizinischen Gründen) vorgesehen. Die Pauschalierung der Leistungen hat das Bundesverfassungsgericht (BVerfGE 125, 175) in seiner Regelsatzentscheidung grundsätzlich für zulässig gehalten; allerdings muss für einen unabweisbaren, laufenden, nicht nur einmaligen besonderen Bedarf die Anerkennung eines Mehrbedarfes vorgesehen werden (jetzt § 21 Abs. 6 SGB II). Bedarfe für Bildung und Teilhabe am sozialen und kultu-

Einführung

rellen Leben in der Gemeinschaft werden bei Kindern, Jugendlichen und jungen Erwachsenen neben dem Regelbedarf gesondert berücksichtigt (§§ 28 ff. SGB II).

3. Das SGB III – Arbeitslosenversicherung und Arbeitsförderung

a) **Zielsetzung**. Ziel der Arbeitsförderung ist es, dem Entstehen von Arbeitslosigkeit entgegenzuwirken (Prävention), die Dauer der Arbeitslosigkeit zu verkürzen (Förderung) und den Ausgleich von Angebot und Nachfrage auf den Ausbildungs- und Arbeitsmarkt zu unterstützen (Koordination) (§ 1 Abs. 1 S. 1 SGB III). Zudem soll mithilfe der Arbeitsförderung ein hoher Beschäftigungsstand erreicht sowie die Beschäftigungsstruktur verbessert werden (§ 1 Abs. 1 S. 4 SGB III).

b) **Entwicklung**. Vorgänger des mit dem Arbeitsförderungs-Reformgesetz (AFRG) vom 24.3.1997 (BGBl. I S. 594) geschaffenen SGB III waren das Gesetz über Arbeitsvermittlung und Arbeitslosenversicherung aus dem Jahr 1927 (vgl. oben, II. 2.) und das Arbeitsförderungsgesetz aus dem Jahr 1969, das auch der Umsetzung der Ziele des Stabilitätsgesetzes von 1967 diente. Durch das Gesetz zur Reform der arbeitsmarktpolitischen Instrumente (Job-AQTIV-Gesetz) vom 10.12.2001 (BGBl. I S. 3443) sollte auf den Versicherungsfall Arbeitslosigkeit nicht mehr nur reaktiv eingewirkt werden, sondern man wollte dessen Eintritt bestenfalls präventiv verhindern. In neuerer Zeit wurde insbesondere durch das Gesetz zur Verbesserung der Eingliederungschancen auf den Arbeitsmarkt vom 20.12.2011 (BGBl. I S. 2854) die Einsatzfähigkeit von Arbeitsmarktinstrumenten ausgebaut.

c) **Eigenheiten**. Das SGB III ist systematisch betrachtet ein Zwitter: Ein Teil regelt mit der Arbeitslosenversicherung eine Sozialversicherung und stellt damit ein Vorsorgesystem dar (vgl. oben, II. 1. a)). Dieses System ist grundsätzlich beitragsfinanziert und gewährt Leistungen denjenigen Versicherten, die eine bestimmte Versicherungszeit zurückgelegt haben. Da aber zugleich und vorrangig Arbeitslosigkeit vermieden werden soll (vgl. §§ 4 und 5 SGB III), enthält das SGB III in einem zweiten Teil eine Reihe von Arbeitsmarktinstrumenten zur aktiven Arbeitsförderung. Diese sind ihrer Natur nach der sozialen Förderung zuzuordnen und steuerfinanziert. Bei dem Großteil der Leistungen zur aktiven Arbeitsförderung handelt es sich nach § 3 Abs. 3 SGB III um Ermessensleistungen, die nach § 29 Abs. 1 SGB III jungen Menschen und Erwachsenen, die am Berufsleben teilnehmen oder teilnehmen wollen, offen stehen.

Zu beachten ist, dass das SGB III eine Reihe eigener Vorschriften über „Pflichten im Leistungsverfahren" (§§ 309 ff. SGB III, vgl. zu allgemeinen Mitwirkungspflichten oben, III. 1. g) und zu allgemeinen Meldepflichten unten, III. 4. c)) sowie besondere Verfahrensvorschriften (§§ 323 ff. SGB III; zum allgemeinen Verfahrensrecht unten, III. 10. d)) enthält.

d) **Leistungsberechtigte**. Gemäß der vorstehend beschriebenen Zweiteilung ist auch hinsichtlich der Leistungsberechtigung zu differenzieren, wobei das SGB III dazu übergreifend einige Begriffe vorab definiert (§§ 12 ff. SGB III).

Leistungsberechtigt hinsichtlich der Leistungen aus der Arbeitslosenversicherung sind Versicherte. In einem Versicherungspflichtverhältnis stehen Personen, die als Beschäftigte oder aus sonstigen Gründen versicherungspflichtig sind (§ 24 Abs. 1 SGB III). Das setzt eine Beschäftigung gegen Arbeitsentgelt oder zur Berufsausbildung voraus (§ 25 SGB III). Aus sozialpolitischen Gründen sind weitere Gruppen von Personen, insbesondere Bezieher verschiedener Sozial-

Einführung

leistungen sowie Pflegepersonen, pflichtversichert (§ 26 SGB III). Ein Versicherungspflichtverhältnis kann auch durch Antrag begründet werden, z. B. für Selbstständige, die eine Tätigkeit mindestens 15 Stunden pro Woche ausüben (§ 28a SGB III). Versicherungsfrei sind u. a. Beamte, Richter und Soldaten wegen ihrer gesondert geregelten Versorgung, geringfügig Beschäftigte (vgl. dazu auch III. 4. b)), wobei abweichend von § 8 Abs. 2 S. 1 SGB IV geringfügige Beschäftigungen und nicht geringfügige Beschäftigungen nicht zusammengerechnet werden, sowie ordentlich Studierende (§ 27 SGB III). Ebenfalls unversichert bleiben Personen mit einem Anspruch auf Regelaltersrente und voll Erwerbsgeminderte (§ 28 SGB III).

Hingegen werden Leistungen zur aktiven Arbeitsförderung auch für andere Personen angeboten, je nach Inhalt und Zielrichtung der Leistungen. So wird jungen Menschen und Erwachsenen, die am Arbeitsleben teilnehmen oder teilnehmen wollen, Berufsberatung bei der Agentur für Arbeit angeboten (§ 29 Abs. 1 SGB III). Arbeitsuchenden, Ausbildungssuchenden und Arbeitgebern wird Ausbildungs- und Arbeitsvermittlung gewährt (§§ 35 ff. SGB III). Ausbildungsuchende, von Arbeitslosigkeit bedrohte Arbeitsuchende und Arbeitslose können Maßnahmen zur Aktivierung und beruflichen Eingliederung erhalten (§§ 44 f. SGB III). Die verschiedenen Übergangs-, Ausbildungs- und Weiterbildungsmaßnahmen (§§ 48 ff. SGB III) setzen zum Teil besondere und eigenständig umschriebene persönliche Eigenschaften voraus.

e) **Organisation und Finanzierung.** Träger für die Durchführung der Aufgaben nach dem SGB III ist die Bundesagentur für Arbeit (BA, ehemals Bundesanstalt für Arbeit), § 368 SGB III. Sie ist eine rechtsfähige bundesunmittelbare Körperschaft des öffentlichen Rechts mit Selbstverwaltung und hat ihren Sitz in Nürnberg (§ 367 Abs. 1 und Abs. 4 SGB III). Die BA besitzt einen eigenen Behördenunterbau mit Regionaldirektionen auf der Mittelstufe und Agenturen für Arbeit (frühere Arbeitsämter) auf der örtlichen Verwaltungsebene (§ 367 Abs. 2 SGB III). Im Gegensatz zu den anderen Sozialversicherungsträgern ist die BA drittelparitätisch besetzt, d. h. durch Vertreter der Arbeitgeber, der Arbeitnehmer und der öffentlichen Körperschaften (§ 371 Abs. 5 SGB III). Ihre Organe sind der Verwaltungsrat, dessen Mitglieder und stellvertretende Mitglieder durch das Bundesministerium für Arbeit und Soziales berufen werden, und die Verwaltungsausschüsse, deren Mitglieder wiederum durch den Verwaltungsrat zu berufen sind (§ 377 Abs. 2 SGB III). Dementsprechend finden bei der BA keine Sozialversicherungswahlen wie bei den anderen Sozialversicherungsträgern statt (vgl. §§ 45, 46 SGB IV und unten, III. 4. d)).

Die Leistungen der Arbeitsförderung und die sonstigen Ausgaben der Bundesagentur für Arbeit werden durch Beiträge der Versicherungspflichtigen, der Arbeitgeber und Dritter, Umlagen, Mittel des Bundes und sonstige Einnahmen finanziert (§ 340 SGB III). Der Beitragssatz beträgt derzeit 3 % und wird paritätisch von Arbeitgebern und Arbeitnehmern übernommen (§§ 341, 346 Abs. 1 SGB III). Er bemisst sich nach den beitragspflichtigen Einnahmen, die bis zur Beitragsbemessungsgrenze berücksichtigt werden, und ist Teil des Gesamtsozialversicherungsbeitrages nach § 28d SGB IV (vgl. unten, III. 4. c)). Die Winterbeschäftigungs-Umlage wird gemäß § 354 S. 2 SGB III unter Berücksichtigung von Vereinbarungen der Tarifvertragsparteien von Arbeitgebern alleine oder gemeinsam mit den Arbeitnehmern aufgebracht und getrennt nach Wirtschaftszweigen abgerechnet. Dahingegen tragen die insolvenzfähigen Arbeitgeber (d. h. ohne Bund, Länder, Gemeinden etc.) alleine die Umlage für das Insolvenzgeld nach § 358 Abs. 1 S. 1 SGB III. Zudem erfolgt die Finanzierung

Einführung

für Aufgaben, deren Durchführung die Bundesregierung der BA übertragen hat, durch den Bund (§ 363 SGB III).

f) **Leistungen der Arbeitsförderung.** Nach § 3 Abs. 2 und 3 SGB III werden folgende Leistungen zur aktiven Arbeitsförderung gewährt: Leistungen der Beratung und Vermittlung (§§ 29 ff. SGB III), Leistungen der Aktivierung und beruflichen Eingliederung (§§ 44 ff. SGB III), Leistungen zur Berufswahl und Berufsvorbereitung insbesondere Berufsausbildungsbeihilfe und Förderung der Berufsausbildung (§§ 48 ff. SGB III), Förderung der beruflichen Weiterbildung (§§ 81 ff. SGB III), Gewährung eines Eingliederungszuschusses (§§ 88 ff. SGB III) oder Gründungszuschusses (§§ 93 f. SGB III), Transferleistungen (§§ 110 ff. SGB III), Leistungen zur Teilhabe behinderter Menschen (§§ 112 ff. SGB III) sowie befristete Leistungen (§§ 130 ff. SGB III). Die Gewährung der meisten dieser Leistungen steht im Ermessen der BA, ein Rechtsanspruch besteht nur vereinzelt (vgl. § 3 Abs. 3 SGB III).

g) **Entgeltersatzleistungen.** Entgeltersatzleistungen sind Arbeitslosengeld bei Arbeitslosigkeit und bei beruflicher Weiterbildung, Teilarbeitslosengeld bei Teilarbeitslosigkeit, Übergangsgeld bei Teilnahme an Maßnahmen zur Teilhabe am Arbeitsleben, Kurzarbeitergeld bei Arbeitsausfall und Insolvenzgeld bei Zahlungsunfähigkeit des Arbeitgebers (§ 3 Abs. 4 SGB III).

Einen Anspruch auf Arbeitslosengeld (AlG) wegen Arbeitslosigkeit (umgangssprachlich auch AlG I genannt) hat gem. § 137 Abs. 1 SGB III, wer arbeitslos ist, sich bei der Agentur für Arbeit arbeitslos gemeldet und die Anwartschaftszeit erfüllt hat. Gemäß § 138 Abs. 1 SGB III ist arbeitslos, wer Arbeitnehmer oder Arbeitnehmerin ist und nicht in einem Beschäftigungsverhältnis steht (Beschäftigungslosigkeit), sich bemüht, die eigene Beschäftigungslosigkeit zu beenden (Eigenbemühungen) und den Vermittlungsbemühungen der Agentur für Arbeit zur Verfügung steht (Verfügbarkeit); zu den zumutbaren Beschäftigungen § 140 SGB III. Eine Beschäftigung von weniger als 15 Stunden pro Woche als Selbstständiger oder mithelfender Familienangehöriger lässt die Beschäftigungslosigkeit nicht entfallen (§ 138 Abs. 2 SGB III). Die Arbeitslosmeldung muss persönlich erfolgen (§ 141 SGB III). Die notwendige Anwartschaftszeit hat erfüllt, wer in der Rahmenfrist von zwei Jahren (§ 143 Abs. 1 SGB III) mindestens 12 Monate in einem Versicherungspflichtverhältnis gestanden hat (§§ 137 Abs. 1 Nr. 3, 142 Abs. 1 SGB III; dazu oben, III. 3. d)). Einen Anspruch auf Arbeitslosengeld bei beruflicher Weiterbildung hat, wer die genannten Voraussetzungen allein wegen einer nach § 81 SGB III geförderten beruflichen Weiterbildung nicht erfüllt. Das Arbeitslosengeld wird je nach Vorversicherungszeit und Lebensalter für einen Zeitraum zwischen 6 und 24 Monaten gezahlt (vgl. § 147 SGB III). Es beträgt entweder 60% (allgemeiner Leistungssatz) oder 67% (erhöhter Leistungssatz bei Unterhaltsverpflichtungen) des pauschalierten Nettoentgelts aus dem zuvor bezogenen Bruttoentgelt (§§ 149 ff. SGB III). Praktisch wichtig sind die Ruhensvorschriften (§§ 156 ff. SGB III), die u. a. bei Entlassungsentschädigungen (§ 158 SGB III) eingreifen oder wenn eine Sperrzeit eintritt, weil die Arbeitnehmerin oder der Arbeitnehmer sich versicherungswidrig verhalten hat, ohne dafür einen wichtigen Grund zu haben (§ 159 SGB III). Ferner ruht der Anspruch bei Arbeitskämpfen (§ 160 SGB III).

Das Kurzarbeitergeld (KuG) spielt eine wichtige Rolle zur Verhinderung von Arbeitslosigkeit bei konjunkturell bedingtem Erwerbsausfall (vgl. zu Sonderformen §§ 101 ff. SGB III). Es wurde durch Änderung der Anspruchsvoraussetzungen und der Leistungsinhalte auch zur Bekämpfung der durch die Finanzkrise ab 2009 drohenden Arbeitslosigkeit eingesetzt. Seine Voraussetzung ist ein

Einführung

erheblicher Arbeitsausfall, der auf wirtschaftlichen Gründen oder einem unabwendbaren Ereignis beruht, vorübergehend und nicht vermeidbar ist, wenn er im jeweiligen Kalendermonat (Anspruchszeitraum) mindestens ein Drittel der in dem Betrieb beschäftigten Arbeitnehmerinnen und Arbeitnehmer in jeweils mehr als 10% ihres monatlichen Bruttoentgelts betrifft oder der Entgeltausfall jeweils 100% des monatlichen Bruttoentgelts beträgt (§ 96 SGB III). Ferner müssen bestimmte persönliche und betriebliche Voraussetzungen vorliegen (§§ 97 und 98 SGB III); zum Ruhen bei Arbeitskämpfen § 100 SGB III. Zurzeit wird KuG längstens für eine Dauer von zwölf Monaten gewährt (§ 104 SGB III). Es beträgt analog zum AlG 67% oder 60% der durch den Erwerbsausfall herbeigeführten Nettoentgeltdifferenz (§§ 105 f. SGB III).

Arbeitnehmerinnen und Arbeitnehmer haben Anspruch auf Insolvenzgeld, wenn sie im Inland beschäftigt waren und bei einem Insolvenzereignis für die vorausgegangenen drei Monate des Arbeitsverhältnisses noch Ansprüche auf Arbeitsentgelt haben (§ 165 SGB III). Es wird in Höhe des Nettoarbeitsentgelts gezahlt, das sich ergibt, wenn das auf die monatliche Beitragsbemessungsgrenze (§ 341 Abs. 4 SGB III) begrenzte Bruttoarbeitsentgelt um die gesetzlichen Abzüge vermindert wird (§ 167 SGB III).

4. Das SGB IV – Gemeinsame Vorschriften für die Sozialversicherung

a) **Zielsetzung**. Das Sozialgesetzbuch IV regelt keinen eigenen Leistungsbereich, sondern zieht gemeinsame, für die gesamte Sozialversicherung (SGB III, V, VI, VII und XI) geltende Bestimmungen vor die Klammer (§ 1 Abs. 1 SGB IV). Auf diese Bestimmungen ist daher stets zurückzugreifen, wenn die Gesetzbücher über die einzelnen Sozialversicherungszweige keine speziellen Regelungen enthalten. Das SGB IV enthält grundlegende Bestimmungen über den sachlichen, räumlichen und personellen Geltungsbereich des Sozialversicherungsrechts, über die Begründung eines Sozialversicherungsverhältnisses zwischen Sozialversicherungsträger und Mitglied/Versichertem, sowie ferner über die Organisation der Sozialversicherungsträger und über das Beitrags- und das Leistungsrecht in der Sozialversicherung.

b) **Das Beschäftigungsverhältnis** (§ 7 SGB IV) bildet den zentralen Anknüpfungspunkt für Versicherungspflicht und Mitgliedschaft in der Sozialversicherung. Hieran wird deutlich, dass die Sozialversicherung keine universalistische Einwohnerversicherung ist, sondern nach wie vor eine maßgeblich durch den Tatbestand abhängiger Arbeit geprägte Beschäftigtenversicherung.

Der Begriff des Beschäftigungsverhältnisses ist weitgehend identisch mit dem arbeitsrechtlichen Terminus „Arbeitsverhältnis"; aus dem Wort „insbesondere" lässt sich aber folgern, dass ein Beschäftigungsverhältnis im sozialversicherungsrechtlichen Sinne unter Umständen auch ohne ein arbeitsrechtliches Arbeitsverhältnis besteht, und zwar insbesondere dann, wenn kein rechtswirksames Arbeitsverhältnis besteht, aber gleichwohl gearbeitet worden ist. Umgekehrt besteht grundsätzlich auch bei einem wirksamen Arbeitsverhältnis, aber fehlender Arbeitsleistung ein Beschäftigungsverhältnis. Nur wenn weder ein wirksamer Arbeitsvertrag besteht noch tatsächlich gearbeitet wurde, besteht auch kein Beschäftigungsverhältnis im sozialrechtlichen Sinne.

Das am schwierigsten zu bestimmende Merkmal des Beschäftigungsverhältnisses im Sinne von § 7 Abs. 1 S. 1 SGB IV ist die Nichtselbständigkeit und ihre Abgrenzung zur selbständigen Tätigkeit. Wegen der Veränderung der Arbeitswelt sind die Abgrenzungsschwierigkeiten immer größer geworden; so führen

Einführung

etwa neue Kommunikationsformen zunehmend dazu, dass die Einbindung in die Betriebsorganisation zurückgeht. Der in der Nähe des Fabrikschornsteins wohnende Arbeiter hat längst nicht mehr Modellcharakter für die abhängige Arbeit. Die Abgrenzung hat darüber hinaus auch im Hinblick auf Vertragsgestaltungen Bedeutung, die die Bindungen des Arbeits- und Sozialrechts meiden möchten (Stichwort: Scheinselbständigkeit). Im Arbeitsrecht geht es dabei um die Frage, ob die arbeitsrechtlichen Schutznormen (also Entgeltfortzahlung im Krankheitsfall, Kündigungsschutz) eingreifen; im Sozialversicherungsrecht darum, ob überhaupt eine Sozialversicherungspflicht besteht. Denn Selbständige müssen sich grundsätzlich auf eigene Initiative und auf eigene Kosten versichern. Maßgebend für die Abgrenzung ist das für das Arbeitsverhältnis typische Weisungsrecht und die damit zusammenhängende persönliche Abhängigkeit, die sich traditionell in der Eingliederung in den Betrieb äußert, § 7 Abs. 1 S. 2 SGB IV. Weitere Kriterien für eine abhängige Beschäftigung sind soziale Schutzbedürftigkeit, wirtschaftliche Abhängigkeit, keine Verfügungsmöglichkeit über die eigene Arbeitskraft, kein unternehmerisches Risiko, keine eigene Arbeitsstätte, keine vertragliche Haftung für Verluste und Fehlleistungen, keine Möglichkeit der Beschäftigung von Hilfskräften, keine Beschaffung von Arbeitsmaterial und Arbeitsgeräten. Nicht erforderlich ist dabei, dass stets alle Merkmale vorliegen; entscheidend ist letztlich eine Gesamtschau, die alle tatsächlichen Umstände berücksichtigt und gewichtet.

Eine Ausnahme von dem Grundsatz, dass eine abhängige Beschäftigung nach § 7 SGB IV die Versicherungspflicht begründet, besteht für die sog. geringfügige Beschäftigung nach § 8 SGB IV: für die Krankenversicherung nach § 7 SGB V; für die Pflegeversicherung nach § 20 SGB XI mit Verweis auf § 7 SGB V; für die Rentenversicherung nach § 5 Abs. 2 SGB VI und für die Arbeitslosenversicherung – abgeschwächt – nach § 27 Abs. 2 SGB III. Keine Befreiung gibt es für die Unfallversicherung. Die geringfügige Beschäftigung ist arbeitsmarkt- wie sozialpolitisch umstritten. Man kann sie auf der einen Seite arbeitsmarktpolitisch begrüßen, weil sie zusätzliche (nämlich bezahlbare) Beschäftigung schafft; sie führt dadurch aber u. U. auch zur Zurückdrängung von normalen Beschäftigungsverhältnissen. Derzeit gibt es etwa 7,5 Millionen geringfügig Beschäftigungsverhältnisse, überwiegend mit Frauen. Davon sind circa 2,7 Millionen im Nebenjob geringfügig beschäftigt, wobei hier die Männer dominieren. Praktisch bedeutsam ist vor allem die geringfügige entgeltliche Dauer-Beschäftigung, die nach § 8 Abs. 1 Nr. 1 SGB IV vorliegt, wenn das Arbeitsentgelt aus dieser Beschäftigung regelmäßig 450 € im Monat nicht übersteigt; mehrere geringfügige Beschäftigungen sind dabei nach § 8 Abs. 2 S. 1 SGB IV zusammenzurechnen. Ebenfalls geregelt ist das Zusammentreffen eines versicherungspflichtigen Beschäftigungsverhältnisses mit einer geringfügigen Beschäftigung. Diese bleibt nämlich, wenn sie die zeitlich erste geringfügige Beschäftigung ist, anrechnungsfrei. Erst bei weiteren geringfügigen Beschäftigungen erfolgt dann eine Zusammenrechnung. Recht kompliziert sind die Rechtsfolgen einer geringfügigen Beschäftigung. Der Arbeitgeber hat für die nach § 8 Abs. 1 Nr. 1 SGB IV geringfügig Beschäftigten pauschale Kranken- und Rentenversicherungsbeiträge (s. §§ 249b SGB V, 172 Abs. 3, 3a SGB VI) sowie Beiträge für die Unfallversicherung zu leisten. Daneben besteht eine Pflicht des Arbeitgebers, eine pauschale Steuer von 2% vom Arbeitsentgelt abzuführen. Gleichgestellt sind Beschäftigungen in Privathaushalten nach § 8a SGB IV, wenn auch mit geringeren Beitragsverpflichtungen der Arbeitgeber.

Einführung

Das deutsche Sozialversicherungsrecht knüpft an inländische Beschäftigungsverhältnisse an (§ 3 SGB IV). Zur Regelung von Fällen der Entsendung wird dieses Territorialitätsprinzip durch die Ausstrahlung (§ 4 SGB IV) und die Einstrahlung (§ 5 SGB IV) durchbrochen. Danach besteht auch im Ausland Sozialversicherungsschutz, wenn ein Arbeitnehmer nur vorübergehend dort tätig wird, eine Verbindung zum Inland vorher bestand, das inländische Beschäftigungsverhältnis aufrecht erhalten und eine Rückkehr ins Inland vereinbart wird. Ergänzt werden die Regelungen durch die Sozialversicherungsabkommen (vgl. II. 3. c)), die dem nationalen Recht vorgehen (§ 30 Abs. 2 SGB I, § 6 SGB IV); innerhalb der EU ist der Vorrang des Koordinierungsrechts (vgl. Art. 12 VO 883/2004, oben II. 3. b)) zu beachten.

c) **Einzug des Gesamtsozialversicherungsbeitrags und Meldevorschriften**. Die Einziehung der Beiträge erfolgt in einem Lohnabzugsverfahren. Der Arbeitgeber hat jede Beschäftigung nach § 28a SGB IV zunächst zu melden (auch die geringfügigen Beschäftigungen: § 28a Abs. 9 SGB IV) und sodann die Beiträge der Arbeitnehmer zur Kranken-, Pflege-, Renten- und Arbeitslosenversicherung einzubehalten und diese zusammen mit seinem Anteil an die zuständige Krankenkasse als Einzugsstelle (§ 28h Abs. 1 S. 1 SGB IV) abzuführen; diese leitet die ihr nicht zustehenden Beitragsanteile dann an die anderen Träger weiter, § 28k Abs. 1 S. 1 SGB IV.

d) **Organisation der Sozialversicherungsträger und Aufsicht**. Gemäß § 29 SGB IV sind die Sozialversicherungsträger Körperschaften des öffentlichen Rechts mit Selbstverwaltung.

Der öffentlich-rechtliche Körperschaftsstatus weist die Sozialversicherungsträger als Bestandteil formeller Staatlichkeit aus und hebt sie von Vereinigungen ab, die allein durch genossenschaftliche Selbstregulierung gekennzeichnet sind. Das die Körperschaft bestimmende Merkmal ist die Mitgliedschaft. Die Mitglieder prägen die Körperschaft und bestimmen über deren Angelegenheiten. Am deutlichsten ist das mitgliedschaftliche Verhältnis ausgeprägt in der Kranken- und Pflegeversicherung (§§ 186 ff. SGB V, § 49 SGB XI). Mitglieder sind danach nicht alle Versicherten (insbesondere also nicht die beitragsfrei Mitversicherten), sondern nur diejenigen, die in einem abhängigen Beschäftigungsverhältnis stehen oder aus anderen Gründen obligatorisch oder freiwillig Mitglied werden. Auch die Unfallversicherungsträger sind zwar Körperschaften, doch ist hier das Mitgliedschaftsverhältnis wesentlich schwächer ausgebildet. Mitglieder und alleinige Beitragszahler sind nach § 150 Abs. 1 SGB VII die Unternehmer, versichert hingegen seine Beschäftigten. Auch die Rentenversicherung ist stark anstaltlich geprägt.

Die Selbstverwaltung in der Sozialversicherung wird nach § 29 Abs. 2 SGB IV gemeinsam durch die Versicherten und die Arbeitgeber ausgeübt. Die Gestaltungsspielräume der Sozialversicherungsträger sind allerdings wesentlich geringer als etwa diejenigen der Gemeinden und der Hochschulen. Sie sind eine notwendige Folge des demokratischen Parlamentsvorbehaltes (Art. 20 Abs. 2 GG), der den Gesetzgeber zwingt, alle grundrechtswesentlichen Fragen selbst zu regeln; einfach-rechtlich wird dies durch § 31 SGB I festgeschrieben. Rechte und Pflichten dürfen danach im Sozialleistungsrecht nur begründet, geändert, festgestellt oder aufgehoben werden, soweit ein Gesetz es vorschreibt oder zulässt. Es gibt daher nur wenige und insgesamt eher marginale Fragen, die die Sozialversicherungsträger im Leistungsbereich durch autonomes Satzungsrecht regeln dürfen. Im Krankenversicherungsrecht werden allerdings die Gestaltungsspielräume der Krankenkassen seit einigen Jahren durch den Einbau

Einführung

von Wettbewerbselementen im Beitrags- und im Leistungsrecht wieder größer. Das verfassungsrechtlich notwendige Gegenstück der Selbstverwaltung ist die Staatsaufsicht, die nach § 87 Abs. 1 S. 2 SGB IV grundsätzlich auf eine Rechtsaufsicht beschränkt ist, also nicht auch Fragen des politischen Ermessens umfasst. Die §§ 88, 89 SGB IV regeln die Aufsichtsmittel, § 90 SGB IV die Aufsichtszuständigkeiten.

Die Binnenorganisation der Sozialversicherungsträger ist in den §§ 31 ff. SGB IV geregelt. Nach § 31 Abs. 1 S. 1 SGB IV werden als Selbstverwaltungsorgane eine Vertreterversammlung und ein Vorstand gebildet. Die Vertreterversammlung erledigt die grundlegenden Angelegenheiten: Sie beschließt insbesondere die Satzung und vertritt den Träger gegenüber dem Vorstand (§ 33 SGB IV), stellt den Haushaltsplan fest (§ 70 Abs. 1 S. 2 SGB IV) und wählt den Vorstand (§ 52 SGB IV) sowie, auf Vorschlag des Vorstandes, den Geschäftsführer (§ 36 SGB IV). Der Vorstand verwaltet und vertritt den Versicherungsträger (§ 35 Abs. 1 S. 1 SGB IV). Seine zentrale Stellung als Verwaltungsorgan des Versicherungsträgers kommt insbesondere darin zum Ausdruck, dass er die Amtsführung des Geschäftsführers durch Richtlinien steuern kann (§ 35 Abs. 2 SGB IV). Abweichungen finden sich bei den Krankenkassen (Verwaltungsrat statt Vertreterversammlung; Einzelheiten: §§ 31 Abs. 3a, 33 Abs. 3 SGB IV) und bei der für die Verwaltung des SGB III zuständigen Bundesagentur für Arbeit, die auch in ihren Binnenstrukturen nur wenig mitgliedschaftlich geprägt ist. Gemäß § 44 Abs. 1 Nr. 1 SGB IV setzen sich die Selbstverwaltungsorgane grundsätzlich je zur Hälfte aus Vertretern der Versicherten und der Arbeitgeber zusammen. Gemäß § 46 Abs. 1 SGB IV wird dabei die Vertreterversammlung von beiden Gruppen aufgrund von Vorschlagslisten gewählt, auf deren Zusammensetzung die Betroffenen aber nur einen begrenzten Einfluss haben und die daher sowohl verfassungsrechtlich als auch rechtspolitisch umstritten sind.

5. Das SGB V – Gesetzliche Krankenversicherung

a) **Zielsetzung.** Die gesetzliche Krankenversicherung (GKV) dient gemäß § 1 S. 1 SGB V der Erhaltung der Gesundheit der Versicherten, deren Wiederherstellung und der Besserung des Gesundheitszustands. Diesen Zielen entsprechen drei Grundtypen von Leistungen: die Prävention, die Krankenbehandlung und die Rehabilitation. § 1 S. 1 SGB V bezeichnet die GKV zudem als Solidargemeinschaft, womit zum Ausdruck gebracht wird, dass alle Versicherten ungeachtet der finanziellen Leistungsfähigkeit des Einzelnen die gleichen erforderlichen Leistungen für die Erhaltung, Wiederherstellung und Besserung des Gesundheitszustands erhalten sollen. Zugleich wird allerdings auch die Eigenverantwortung des Versicherten für seine Gesundheit hervorgehoben (§ 1 S. 2 SGB V); sie zu stärken, ist ein weiteres Ziel der GKV.

b) **Entwicklung.** Die GKV war das erste Gesetz der Bismarck'schen Sozialversicherungsgesetzgebung. Das am 1.12.1884 in Kraft getretene Gesetz betreffend die Krankenversicherung der Arbeiter (KVG) vom 15.6.1883 (RGBl. S. 73) war politisch weniger umstritten als die Unfall- und Rentenversicherung, weil es auf einem bereits vorhandenen System von Krankenkassen in Unternehmen und Gemeinden aufbauen konnte, das es durch einheitliche gesetzliche Vorgaben überformt hat. Erstmals wurde eine Versicherungspflicht eingeführt, die aber zunächst auf Arbeiter beschränkt war (gerade einmal 9 % der Bevölkerung). Die GKV hatte in ihren Anfangsjahren primär die Funktion, Krankengeldzahlungen zu ermöglichen, weil es ein arbeitsrechtliches System des Ent-

Einführung

geltausgleichs im Krankheitsfalle noch nicht gab. Krankenbehandlung wurde zunächst nur befristet und erst ab 1941 unbefristet gewährt.

Erst nach 1949 entwickelte sich die Krankenversicherung von der Arbeiter- zur Volksversicherung, ohne aber das daneben bestehende System der privaten Krankenversicherung (PKV, s. gleich unter c)), das sich seit den 30er Jahren des 20. Jahrhunderts neben der gesetzlichen Pflichtversicherung entwickelt hatte, vollständig abzulösen. Zugleich wurden nach 1945 die Leistungen erheblich ausgedehnt und neue Leistungsbereiche erschlossen wie insbesondere die Präventions- und Rehabilitationsleistungen.

Mit dem Inkrafttreten des SGB V am 1.1.1989 begann vor dem Hintergrund zunehmender Einnahme- und Ausgabenprobleme die Epoche der Gesundheitsreformgesetze. Wichtige Reformkonstanten sind seither die Steigerung der Eigenverantwortung der Versicherten (insbesondere durch Kostenbeteiligungsregelungen), der Wettbewerb unter den Krankenkassen sowie die Effektivierung von deren Strukturen und die Qualitätssicherung.

c) **Eigenheiten**. Das deutsche Krankenversicherungssystem ist insoweit international einmalig als sich neben der GKV, die knapp 90% der Bevölkerung versichert, ein privates Krankenversicherungssystem erhalten hat, das sich im Hinblick auf die Finanzierung und das Leistungsspektrum von der GKV unterscheidet, wenn sich beide Systeme in den letzten Jahren auch zunehmend angleichen. Die PKV versichert (als Vollversicherung) vor allem Selbständige, die ebenso wie die Beamten nicht versicherungspflichtig sind. Für Beamte ist die PKV aber nur eine Teilversicherung, die den durch die beamtenrechtliche Beihilfe abgesicherten Anteil (je nach Familienstand und Kinderzahl 50–80%) ergänzt. Daneben spielt die PKV natürlich auch als Zusatzversicherung für nicht durch die GKV abgesicherte Leistungen eine Rolle. Die PKV folgt eigenen, überwiegend privatversicherungsrechtlichen Regelungen, die nicht Gegenstand des Sozialrechts sind und daher im Folgenden außer Betracht bleiben.

d) **Versicherte**. Die meisten in der GKV Versicherten sind nach § 5 SGB V versicherungspflichtig. Die historische Funktion der GKV als Arbeiterversicherung kommt darin zum Ausdruck, dass nach § 5 Abs. 1 Nr. 1 SGB V grundsätzlich alle abhängig gegen Arbeitsentgelt Beschäftigten versicherungspflichtig sind. Pflichtversichert sind ferner etwa Bezieher von Arbeitslosengeld (Nr. 2 und 2a) und Menschen mit Behinderung (Nr. 7 und 8). Zum Teil sind die Voraussetzungen für die Versicherungspflicht in den Fällen recht streng, in denen die Versicherungspflicht für die Betroffenen eher eine Begünstigung gegenüber alternativen Versicherungsmöglichkeiten darstellt, etwa die Krankenversicherung für Studierende (Nr. 9: Alters- und Studiendauerbeschränkung) und die Krankenversicherung für Rentner (Nr. 11: Erfordernis einer Vorversicherungszeit). Da die Krankenversicherung umlagefinanziert ist (dazu gleich b)), ist sie auf langjährige Mitgliedschaften angelegt, weshalb etwa § 6 Abs. 3a SGB V verhindert, dass ältere, bislang nicht in der GKV versicherte Personen erst im Alter in die für sie attraktivere GKV wechseln. Nicht pflichtversichert sind insbesondere die meisten Selbstständigen (§ 5 Abs. 5 SGB V; Ausnahmen: § 5 Abs. 1 Nr. 3, 4 und 11a SGB V). Nr. 13 enthält allerdings einen Auffangtatbestand für Personen ohne Krankenversicherungsschutz, der sicherstellen soll, dass es keine sich rechtmäßig in Deutschland aufhaltenden Personen ohne Versicherungsschutz mehr gibt. Beitragsfrei mitversichert sind zudem die in § 10 SGB V genannten Familienangehörigen von Versicherten.

§ 6 SGB V sieht für bestimmte, an sich unter § 5 SGB V fallende Personen Versicherungsfreiheit vor, wobei praktisch bedeutsam vor allem die abhängig

Einführung

Beschäftigten oberhalb der Versicherungspflichtgrenze (2018: 59.400 € jährliches Brutto-Arbeitsentgelt) sind (§ 6 Abs. 1 Nr. 1 SGB V) sowie die Beamten, Richter und Soldaten (§ 6 Abs. 1 Nr. 2 SGB V). Für diesen Personenkreis kommt eine freiwillige Krankenversicherung nach § 9 SGB V (interessant vor allem bei Vorerkrankungen, die in der PKV zu Prämiensteigerungen oder gar Totalausschlüssen führen würden und bei vielen Kindern, die in der PKV nicht beitragsfrei mitversichert werden) oder eine private Krankenversicherung (vor allem für Beamte, da die GKV keine die beamtenrechtliche Beihilfe ergänzende Teilversicherung vorsieht) in Betracht.

e) **Organisation und Finanzierung.** Die GKV wird durch als öffentlich-rechtliche Selbstverwaltungskörperschaften verfasste Krankenkassen (§ 4 Abs. 1 SGB V) durchgeführt. Diese sind, historisch bedingt, nach wie vor nach Kassenarten gegliedert (§ 4 Abs. 2 SGB V). Es gibt damit zwar, anders als in anderen Staaten, keinen Einheitsträger. Die praktische Bedeutung dieser Gliederung ist aber nicht mehr sonderlich groß, weil für alle Krankenkassen ein weitgehend einheitlicher Leistungskatalog maßgebend ist, die Versicherten frei zwischen den Krankenkassen wählen können (§§ 173–175 SGB V) und kassenartübergreifende Fusionen zulässig sind (§ 171a SGB V) und auch praktiziert werden. Zudem ist die Selbstverwaltung mit gemeinsam handelnden Landesverbänden sowie einem Spitzenverband Bund der Krankenkassen (§ 217a SGB V) weitgehend zentralisiert und damit vereinheitlicht worden.

Die GKV ist beitragsfinanziert, § 3 SGB V – jedenfalls ganz überwiegend. Nach § 220 Abs. 1 S. 1 SGB V werden die Mittel der Krankenversicherung außer durch Beiträge auch noch durch „sonstige Einnahmen" aufgebracht. Sonstige Einnahmen sind vor allem die steuerfinanzierten Bundeszuschüsse (§ 221 SGB V), die u.a. für „versicherungsfremde Leistungen" (§ 221 Abs. 1 S. 1 SGB V) geleistet werden. Sie machen zurzeit etwa 6 % der Einnahmen der GKV aus, ändern aber an der Einordnung der GKV als Sozialversicherung nichts. Für die zu leistenden Beiträge kommt es erstens auf die für die Bemessung relevanten beitragspflichtigen Einnahmen an (§§ 226–240 SGB V: bei versicherungspflichtig Beschäftigten z.B. gemäß § 226 Abs. 1 Nr. 1 SGB V grundsätzlich das Arbeitsentgelt aus der versicherungspflichtigen Beschäftigung bis zur sog. Beitragsbemessungsgrenze, oberhalb derer das Arbeitsentgelt nicht mehr verbeitragt wird) und zweitens auf den konkreten Beitragssatz, der bei versicherungspflichtig Beschäftigten gemäß § 241 SGB V derzeit 14,6% beträgt und grundsätzlich paritätisch von Arbeitgebern und Beschäftigten zu tragen ist (§ 249 Abs. 1 S. 1 SGB V). Hinzu tritt ggfs. ein allein von den Mitgliedern zu tragender kassenindividueller Zusatzbeitrag, der anfällt, wenn eine Krankenkasse mit den Zuweisungen aus dem Gesundheitsfonds (dazu gleich) nicht auskommt (§ 242 Abs. 1 S. 1 SGB V). Dieser muss so bemessen sein, dass er die Ausgaben deckt (§ 242 Abs. 1 S. 3 SGB V), ist also grundsätzlich in der Höhe nicht beschränkt, aber einkommensabhängig (§ 242 Abs. 1 S. 2 SGB V). Eine weitere Modifikation des letztlich zu zahlenden Beitrages kann sich aus der Vereinbarung von Wahltarifen (Selbstbehalt, § 53 Abs. 1 SGB V; Beitragsrückerstattung, § 53 Abs. 2 SGB V) ergeben.

Die Finanzierung wird über den Gesundheitsfonds organisiert, an den die Krankenkassen die für die GKV bestimmten Anteile am Gesamtsozialversicherungsbeitrag (§ 28d SGB IV) kalendertäglich weiterleiten. Der Gesundheitsfonds ist ein nach § 271 Abs. 1 SGB V vom Bundesversicherungsamt verwaltetes Sondervermögen, das sich aus den unter § 220 Abs. 1 SGB V fallenden Einnahmen (also den Beiträgen und den Bundeszuschüssen) zusammensetzt.

XXXIII

Einführung

Danach erhalten die Krankenkassen als Zuweisungen aus dem Gesundheitsfonds zur Abdeckung ihrer Ausgaben eine einheitliche Grundpauschale für jeden Versicherten. Weil aber die Höhe der Leistungsausgaben wesentlich von der Zusammensetzung der Versicherten abhängig ist, diese Zusammensetzung aber nicht zu einem Wettbewerbsfaktor werden soll, findet nach Maßgabe von § 266 SGB V ein Risikostrukturausgleich (§§ 266 ff. SGB V) statt, der sich in alters-, geschlechts- und risikoadjustierten Zu- und Abschlägen (§ 266 Abs. 1 S. 1 SGB V) niederschlägt. Der Risikostrukturausgleich setzt also nicht an den tatsächlichen Ausgaben der Kassen, sondern an standardisierten Leistungsausgaben an, für deren Festlegung die Zusammensetzung der jeweiligen Mitgliedschaft ausschlaggebend ist.

f) **Leistungsvoraussetzungen.** Mit Ausnahme der Leistungen der Prävention, der Früherkennung und bei Schwangerschaft (§§ 20–26 SGB V) ist Leistungsvoraussetzung stets das Vorliegen einer Krankheit (§§ 27 ff. SGB V). Krankheit ist ein regelwidriger Körper- oder Geisteszustand, der Behandlungsbedürftigkeit und/oder Arbeitsunfähigkeit (die für die Frage des Krankengeldanspruchs relevant ist) zur Folge hat. Die Regel ist also der gesunde Mensch, wobei hier nicht ein Ideal-, sondern der Normalzustand des Menschen unter Berücksichtigung der einzelnen Lebensabschnitte gemeint ist. Krankheit ist damit ein normativer Begriff, denn der als Bezugspunkt fungierende Normalzustand ist kulturell, sozial und medizinisch bedingt. Weitere Leistungsvoraussetzung neben der Krankheit ist die Notwendigkeit der Behandlung i. S. v. § 27 Abs. 1 S. 1 SGB V, die gegeben ist, wenn aufgrund einer alle Umstände einbeziehenden Prognose die Krankheit ohne ärztliche Hilfe nicht geheilt oder die Leiden zumindest gelindert werden können. Behandlungsnotwendigkeit setzt Behandlungsfähigkeit voraus; das grenzt die Krankheit von anderen Versicherungsfällen, insbesondere der Pflegebedürftigkeit nach SGB XI, ab.

g) **Leistungen.** Wenn die Leistungsvoraussetzungen erfüllt sind, werden die in den §§ 20 ff., 27 ff. SGB V aufgeführten Leistungen erbracht. Für die Leistungsverpflichtung der Krankenkassen gilt das Finalprinzip, d. h. es kommt nicht darauf an, warum der Versicherte krank ist (insbesondere, ob er die Krankheit selbst verschuldet hat; Ausnahmen: §§ 52, 52a SGB V), sondern wie seine Gesundheit wiederhergestellt werden kann.

Die §§ 27 ff. SGB V regeln nur in sehr allgemeiner Form, welche Leistungen im Krankheitsfall zu erbringen sind. Sie legen aber nicht fest, welche Leistungen genau Bestandteil des von den Krankenkassen zu garantierenden Leistungskataloges sind. Dies ist vielmehr Aufgabe der sog. Gemeinsamen Selbstverwaltung aus Krankenkassen, Ärzten und Krankenhäusern sowie ergänzender untergesetzlicher Regelungen seitens der Krankenkassen. Der wichtigste Akteur ist insoweit der Gemeinsame Bundesausschuss (GBA), der neben drei neutralen Mitgliedern aus Vertretern der Krankenkassen, der Kassenärztlichen Bundesvereinigungen und der Deutschen Krankenhausgesellschaft (vgl. § 91 Abs. 1 SGB V), sowie aus Vertretern der Patientinnen und Patienten besteht, die allerdings kein Entscheidungs-, sondern nur ein Beteiligungsrecht haben (§ 140f Abs. 1, 2 SGB V). Der GBA erlässt in allen Leistungsbereichen, also nicht nur im Bereich der ambulanten und stationären ärztlichen Versorgung Richtlinien, die die gesetzlichen Ansprüche konkretisieren und damit zugleich regeln, welche Leistungen die Leistungserbringer erbringen müssen und dürfen. Näheres, insbesondere die Vergütung der Leistungen wird dann meistens in Kollektivverträgen zwischen den Verbänden der Krankenkassen und der Leistungserbringer geregelt. Dieses Recht der Gemeinsamen Selbstverwaltung hat also die Funk-

Einführung

tion, Leistungs- und Leistungserbringungsrecht aufeinander abzustimmen: Leistungen, die in den Richtlinien nicht anerkannt sind, darf grundsätzlich die Krankenkasse nicht bewilligen, der Leistungserbringer nicht erbringen/verordnen und der Versicherte nicht beanspruchen. Im Einzelnen unterscheiden sich die Regelungsmuster allerdings je nach Leistungsbereich zum Teil erheblich, so dass es für den Versicherten kaum möglich ist, selbst herauszufinden, welche Leistungen er eigentlich beanspruchen kann. Das ist angesichts der Komplexität des Versorgungssystems zwar in gewisser Weise unvermeidbar, wird aber durch diese nur schwer zu durchschauenden untergesetzlichen Regelungen noch befördert.

Grundsätzlich müssen zwar alle notwendigen Leistungen von den Krankenkassen erbracht werden. Allerdings müssen sich die Versicherten an den Kosten vieler Leistungen beteiligen (vgl. etwa §§ 23 Abs. 6, 24 Abs. 3, 31 Abs. 3, 32 Abs. 2, 33 Abs. 8 SGB V), wenn auch nur bis zu der in § 62 SGB V näher umschriebenen Belastungsgrenze. Weitere Kostenbeteiligungsverpflichtungen können durch Festbetragsregelungen (§§ 35, 36 SGB V) entstehen; beim Zahnersatz leisten die Krankenkassen sogar lediglich Festzuschüsse (§ 55 SGB V), was zu erheblichen Kostenbelastungen der Versicherten führen kann.

6. Das SGB VI – Gesetzliche Rentenversicherung

a) **Zielsetzung**. Das SGB VI dient der sozialen Sicherung im Alter, bei Erwerbsminderung und Tod. Es verbindet damit mehrere, auf internationaler Ebene voneinander unterschiedene soziale Risiken.

b) **Entwicklung**. Diese Verbindung ist auch der geschichtlichen Entwicklung geschuldet. Als die Gesetzliche Rentenversicherung (GRV) 1889 mit dem Gesetz betreffend die Invaliditäts- und Altersversicherung vom 22. 6. 1889 (RGBl. S. 97) geschaffen wurde (und 1891 in Kraft trat), betrug das gesetzliche Renteneintrittsalter 70 Jahre. Das war damals ein Alter, bei dessen Erreichung von einer weitgehenden Erwerbsunfähigkeit ausgegangen wurde. Altersgrenze und Zwecksetzung haben sich aber schon zu Beginn des 20. Jahrhunderts verschoben. Bei der Schaffung der RVO wurde mit dem Angestelltenversicherungsgesetz im Jahr 1911 (RGBl. S. 989) ein eigenes Alterssicherungssystem für Angestellte geschaffen. Von grundlegender Bedeutung war die sog. große Rentenreform von 1957 mit drei Neuregelungsgesetzen (BGBl. I S. 45, 88 und 533). Sie ersetzte die Anwartschaftsdeckung durch eine Umlagefinanzierung und führte eine Rentenanpassung ein. Damit wurde die zuvor auf Armutsvermeidung abzielende Rentenversicherung in ein System zur Wohlstandsteilhabe im Alter umgebaut. Dieses System wurde nach 1990 auf die neuen Länder erstreckt (Einigungsvertrag, vgl. oben, II. 2., und Renten-Überleitungsgesetz vom 25. 7. 1991, BGBl. I S. 1606). Mit der Aufnahme der GRV in das SGB durch das 1992 in Kraft getretene Rentenreformgesetz (BGBl. 1989 I S. 2261) wurde die Alterssicherung auch organisatorisch vereinheitlicht und die zwischenzeitlich eingeführte Mindestsicherung (Rentenreformgesetz vom 16. 10. 1972, BGBl. I S. 1965) abgeschafft. Größere Reformen erfolgten um die Jahrtausendwende durch Einführung einer ergänzenden, steuerlich subventionierten und auf Freiwilligkeit aufbauenden zweiten Sicherungsschicht (sog. Riesterrente, Gesetz zur Reform der gesetzlichen Rentenversicherung und zur Förderung eines kapitalgedeckten Altersvorsorgevermögens vom 26. 6. 2001, BGBl. I S. 1310, und Altersvermögensergänzungsgesetz vom 21. 3. 2001, BGBl. I S. 403), durch Einführung des Nachhaltigkeitsfaktors bei Rentenanpas-

Einführung

sung (Rentenversicherungs-Nachhaltigkeitsgesetz vom 21. 7. 2004, BGBl. I S. 1791), durch die Reform der Erwerbsminderungsrenten (Gesetz vom 20. 12. 2000, BGBl. I S. 1827), die Änderung der Besteuerung von Renten (Alterseinkünftegesetz vom 5. 7. 2004, BGBl. I S. 1427) und durch die Heraufsetzung der Altersgrenzen (RV-Altersgrenzenanpassungsgesetz vom 20. 4. 2007, BGBl. I S. 554). Mit diesen sozialpolitisch umstrittenen Reformen sollte insbesondere auf die demographischen Entwicklungen, nämlich die steigende Lebenserwartung und die sinkende Geburtenrate in Deutschland, reagiert werden. Sie werden bis heute immer wieder durch den Gesetzgeber ergänzt und teilweise korrigiert.

c) **Eigenheiten.** Die Leistungen der GRV sind sehr stark beitragsorientiert, d. h. die Höhe der Renten entspricht den von den Versicherten gezahlten Beiträgen. Das Leistungsniveau soll grundsätzlich der Erhaltung des individuellen Lebensstandards entsprechen, ist aber durch die vorstehend genannten Reformen abgesenkt worden. Deshalb gewinnen die ergänzenden Sicherungsschichten, d. h. die betriebliche Alterssicherung (geregelt durch das Gesetz zur betrieblichen Altersversorgung vom 19.12.1974, BGBl. I S. 3610) und die geförderte private Vorsorge, zunehmend an Bedeutung. Die Mindestsicherung bleibt bis heute der Grundsicherung im Alter (vgl. unten, III. 12.) überlassen.

Eigenständige Alterssicherungssysteme bestehen bis heute für Beamte, Richter und Soldaten sowie für Angehörige freier Berufe (vgl. § 5 Abs. 1 und § 6 SGB VI).

d) **Versicherte.** Die GRV ist nach wie vor in erster Linie beschäftigungszentriert. Pflichtversichert sind aber neben den Beschäftigten (§ 1 SGB VI, mit Ausnahme der eigenständig gesicherten Personen, vgl. vorstehend c)) auch einige Gruppen an selbständig Tätigen (§ 2 SGB VI) sowie einige weitere Personengruppen, die aus sozialpolitischen Gründen Schutz genießen (z. B. Kindererziehende und Pflegepersonen, näher § 3 SGB VI). Grundsätzlich steht die GRV darüber hinaus für eine freiwillige Absicherung offen (§ 7 SGB VI). Von dieser Versicherung zu unterscheiden ist die Versicherungspflicht auf Antrag (§ 4 SGB VI), bei der die Beiträge nicht (innerhalb von Grenzen) frei gewählt werden können, die dafür aber auch einen Schutz gegen Erwerbsminderung gewährt. Versicherungsfrei sind u. a. geringfügig Beschäftigte (vgl. oben, III. 4.), ordentlich Studierende und Bezieher von Vollrenten wegen Alters und Versorgungsbezügen (§ 5 Abs. 2–4 SGB VI).

e) **Organisation und Finanzierung.** Seit der 2005 erfolgten Organisationsreform (RVOrgG vom 9.12.2004, BGBl. I S. 3242) wird die GRV von zwei Bundesträgern, der DRV Bund (frühere Bundesversicherungsanstalt für Angestellte) und der DRV Knappschaft-Bahn-See, sowie von Regionalträgern durchgeführt (vgl. §§ 125 ff. SGB VI). Die Regionalträger wurden von „Landesversicherungsanstalten" in „DRV" mit einem Zusatz für ihre jeweilige regionale Zuständigkeit umbenannt. Ihre Zahl ist durch einige Fusionen auf jetzt 14 verringert worden. Für die Alterssicherung der Landwirte besteht seit 2013 als eigenständiger Träger die Sozialversicherung für Landwirtschaft, Forsten und Gartenbau (SVLFG) unter der Bezeichnung landwirtschaftliche Alterskasse (§ 49 ALG). Die DRV Bund übernimmt Grundsatz- und Querschnittsaufgaben und die gemeinsamen Angelegenheiten der Träger (§ 138 SGB VI).

Finanziert wird die GRV im Umlageverfahren (§ 153 SGB VI), wobei zwischen den Trägern ein Finanzverbund besteht (§§ 219 ff. SGB VI). Die Ausgaben werden durch Beiträge und durch Bundeszuschüsse (§ 213 SGB VI) gedeckt. Diese Zuschüsse machen mittlerweile rund ein Viertel der Gesamteinnahmen

Einführung

aus. Sie dienen dem Ausgleich für die Übernahme versicherungsfremder Leistungen (§ 213 Abs. 3 SGB VI, sog. zusätzlicher Bundeszuschuss), wie der allgemeinen Unterstützung (§ 213 Abs. 2 und 2a SGB VI, sog. allgemeiner Bundeszuschuss mit Garantiefunktion i. S. v. Art. 120 Abs. 1 S. 4 GG) und der Stützung der knappschaftlichen Rentenversicherung. Zudem übernimmt der Bund die Liquiditätssicherung (§§ 214, 219 Abs. 3 S. 2 SGB VI), wobei aber die Träger zunächst die sog. Nachhaltigkeitsrücklage (§§ 216 f. SGB VI) zu bilden haben. Der Großteil der Einnahmen besteht aus Beiträgen. Den Beitragssatz legt die Bundesregierung durch Rechtsverordnung mit Zustimmung des Bundesrates nach den gesetzlichen Maßgaben fest (§§ 158 ff. SGB VI). Die Beitragsbemessungsgrundlagen richten sich nach §§ 161 ff. SGB VI, wobei eine Beitragsbemessungsgrenze besteht (§ 159 SGB VI). Hinsichtlich der Beitragstragung (§§ 168 ff. SGB VI) gilt in Abweichung von dem allgemeinen Grundsatz, dass Beiträge vom Versicherten aufzubringen sind (vgl. § 20 Abs. 1 SGB IV), eine hälftige Lastentragung zwischen Arbeitgebern und Arbeitnehmern. In bestimmten Fällen muss der Arbeitgeber trotz Versicherungsfreiheit einen Beitragsanteil erbringen (§ 172 SGB VI). Gezahlt werden die Beiträge im Rahmen des Gesamtsozialversicherungsbeitrags (vgl. oben, III. 4. c)).

Damit ein Beitrag für die Rentenberechnung berücksichtigt werden kann, muss er wirksam sein (vgl. §§ 197 ff. SGB VI). Die Möglichkeit zur Nachzahlung ist beschränkt (vgl. §§ 204 ff. SGB VI). Wenn Beiträge gezahlt worden sind, aber der Rentenbezug an einer nicht erfüllten allgemeinen Wartezeit (vgl. nachfolgend) scheitert, ist eine Beitragserstattung (§§ 210 ff. SGB VI) möglich. Umgekehrt besteht die Möglichkeit einer Nachversicherung (§§ 181 ff. SGB VI), wenn Arbeitnehmer aus einem Dienstverhältnis mit Versorgungsansprüchen in eine Beschäftigung wechseln (§ 8 Abs. 2 SGB VI).

f) **Leistungsvoraussetzungen.** Leistungen der GRV hängen davon ab, dass zum einen ein Versicherungsfall vorliegt und zum anderen eine Wartezeit (= Mindestversicherungszeit, § 50 SGB VI) erfüllt wird. Versicherungsfälle sind für Rentenleistungen das Alter, die Erwerbsminderung und der Tod (vgl. § 33 SGB VI), für Rehabilitationsleistungen ist es die Gefährdung der Erwerbsfähigkeit (näher § 10 SGB VI). Hinsichtlich der rentenrechtlich relevanten Zeiten wird zwischen Beitragszeiten, beitragsfreien Zeiten (= Anrechnungs- und Zurechnungszeiten) und Berücksichtigungszeiten (§§ 54 ff. SGB VI) unterschieden. Auf welche Wartezeiten diese Zeiten jeweils anrechenbar sind, regelt § 51 SGB VI.

Die Regelaltersgrenze beträgt jetzt 67 Jahre (§§ 35 S. 2 SGB VI), sie wird aber mit Übergängen erst ab 2029 erreicht (vgl. § 235 SGB VI). Für verschiedene Personengruppen sind davon abweichend besondere Altersgrenzen vorgesehen (§§ 36–40, 237, 237a SGB VI). Während für die Regelaltersrente die Erfüllung der allgemeinen Wartezeit von fünf Jahren genügt (§§ 50 Abs. 1, 51 Abs. 1 und 4 SGB VI), setzen allerdings die besonderen Altersrenten längere Wartezeiten voraus (von 35 bzw. 45 Jahren). Dazu kommt die Möglichkeit einer vorzeitigen Rente ab Vollendung des 63. bzw. des 62. Lebensjahres für langjährig und für schwerbehinderte Versicherte (§§ 36 S. 2, 37 S. 2 SGB VI). Der vorzeitige Rentenbezug ist grundsätzlich mit einer dauerhaften Kürzung verbunden, und zwar um 0,3 % für jeden Monat, den der vorzeitige Rentenbeginn vor dem regulären liegt (§ 77 Abs. 2 S. 1 Nr. 2 lit. a SGB VI). Altersrenten vor Erreichen der Regelaltersgrenze werden nur geleistet, wenn die Hinzuverdienstgrenzen eingehalten werden (§ 34 Abs. 2-3g SGB VI).

Hinsichtlich der Erwerbsminderung wird zwischen zwei Schweregraden unterschieden. Nach § 43 Abs. 1 S. 2 SGB VI ist teilweise erwerbsgemindert, wer

XXXVII

Einführung

wegen Krankheit oder Behinderung auf nicht absehbare Zeit außerstande ist, unter den üblichen Bedingungen des allgemeinen Arbeitsmarktes mindestens sechs Stunden täglich erwerbstätig zu sein; nach § 43 Abs. 2 S. 2 SGB VI ist voll erwerbsgemindert, wer auch nicht mindestens drei Stunden täglich erwerbstätig sein kann. Unabhängig vom zeitlichen Leistungsvermögen liegt eine volle Erwerbsminderung auch dann vor, wenn der Versicherte zwar zwischen drei und sechs Stunden täglich erwerbstätig sein kann, aber keinen Teilzeitarbeitsplatz innehat. Berufsunfähigkeit führt nur noch übergangsweise zu Rentenleistungen (vgl. § 240 SGB VI). Hinsichtlich der versicherungsrechtlichen Voraussetzungen wird nicht nur die Erfüllung der allgemeinen Wartezeit von fünf Jahren (§§ 50 Abs. 1, 51 Abs. 1 und 4 SGB VI) gefordert, sondern auch, dass der Versicherte innerhalb der letzten fünf Jahre vor Eintritt der Erwerbsminderung mindestens drei Jahre mit Pflichtbeiträgen zurückgelegt hat (3/5-Belegung). Die Frist wird durch verschiedene Tatbestände verlängert (vgl. § 43 Abs. 4 SGB VI) und kann auch vorzeitig erfüllt werden (§ 43 Abs. 5 i.V.m. § 53 SGB VI), insbesondere bei einem Arbeitsunfall.

Hinterbliebene haben unter den Voraussetzungen der §§ 46, 48 SGB VI Anspruch auf eine aus der Versicherung des Verstorbenen abgeleitete Rente.

g) **Leistungen.** Als kurzfristige Leistungen werden von der GRV Leistungen zur medizinischen Teilhabe und zur Teilhabe am Arbeitsleben (§§ 15, 16 SGB VI i.V.m. §§ 42 ff. und 49 ff. SGB IX; zum Verhältnis zur GKV § 13 SGB VI, zur Subsidiarität gegenüber der GUV § 12 SGB VI) sowie Übergangsgeld (§ 20 f. SGB VI) gewährt.

Die monatliche Rentenhöhe (MR) wird nach folgender Formel berechnet (§§ 63 Abs. 6, 64 SGB VI):

$$EP \times ZF \times RAF \times AR = MR.$$

Die Entgeltpunkte (EP) ergeben sich aus den anrechenbaren Zeiten (§§ 70 ff. SGB VI). Sie werden zu persönlichen EP (§ 66 SGB VI) durch Multiplikation mit dem Zugangsfaktor (ZF), der insbesondere die Abschläge bei vorzeitigem Rentenbeginn (vgl. vorstehend f)) ermöglicht (§ 77 SGB VI). Diese wiederum werden mit dem Rentenartfaktor (RAF) multipliziert, der für Altersrenten 1 beträgt, aber bei Renten wegen teilweiser Erwerbsminderung und einigen Hinterbliebenenrenten kleiner ist und damit zu einer geringeren Bewertung führt (§ 67 SGB VI). Das Ergebnis schließlich wird in einem letzten Schritt um den Aktuellen Rentenwert (AR) vervielfacht. Der AR (§ 68 SGB VI) bestimmt letztlich das Rentenniveau und enthält zugleich die Dynamisierung; seine Berechnung ist im Verlauf der Jahre mehrfach geändert worden und orientiert sich nun an den Bruttolöhnen abzüglich des Beitragssatzes zur allgemeinen RV, dem Nachhaltigkeitsfaktor und dem Altersvorsorgeanteil.

7. Das SGB VII – Gesetzliche Unfallversicherung

a) **Zielsetzung.** Die Gesetzliche Unfallversicherung (GUV) verfolgt eine dreigeteilte Zielsetzung (vgl. § 1 SGB VII). Sie soll Arbeitsunfälle und Berufskrankheiten verhindern helfen (Prävention), sie soll im Falle des Eintritts von Versicherungsfällen die Leistungsfähigkeit der Versicherten wiederherstellen (Rehabilitation), und sie soll den Versicherten und ihren Hinterbliebenen bei bleibenden Schäden einen finanziellen Ausgleich leisten (Entschädigung).

Einführung

b) **Entwicklung**. Das Unfallversicherungsrecht war das erste Projekt der Bismarck'schen Sozialversicherungsgesetzgebung, wenn es auch aufgrund der mit der Umsetzung verbundenen Schwierigkeiten erst als zweiter Versicherungszweig mit dem Unfallversicherungsgesetz vom 6.7.1884 (RGBl. S. 69) beschlossen wurde und 1885 in Kraft trat (vgl. II. 2.). Es war lange Zeit im Dritten Buch der RVO geregelt. Mit dem Unfallversicherungs-Neuregelungsgesetz (UVNG) vom 30.4.1963 (BGBl. I S. 241) wurde dessen Reform nach dem Zweiten Weltkrieg abgeschlossen. 1971 (BGBl. I S. 237) folgte eine Ausdehnung des Versichertenkreises durch die Einbeziehung von Schülern, Studenten und Kindergartenkindern. Zum 1.1.1997 ist das Unfallversicherungsrecht in das SGB als SGB VII eingegliedert worden (BGBl. 1996 I S. 1254). Zu wichtigen Reformgesetzen aus neuerer Zeit gehören die Verbesserung des Schutzes ehrenamtlich Tätiger (BGBl. 2004 I S. 3299) und die Zusammenlegung von Trägern einschließlich einer Änderung des Finanzausgleichs (durch das Gesetz zur Modernisierung der gesetzlichen Unfallversicherung v. 30.10.2008, BGBl. I S. 2130).

c) **Eigenheiten**. Die Unfallversicherung besteht im Grunde genommen aus zwei unterschiedlich angelegten Leistungssystemen. In ihrem traditionellen Hauptteil (sog. echte Unfallversicherung) dient sie der Ablösung der Arbeitgeberhaftung. Insofern kann sie als eine Haftpflichtversicherung zugunsten der Arbeitgeber verstanden werden. Das hat für die Beschäftigten wesentliche Vorteile, weil erstens deren Entschädigung nicht mehr verschuldensabhängig ist, sie zweitens nicht mehr von der Zahlungsfähigkeit des einzelnen Arbeitgebers abhängt und drittens sich ein geschädigter Arbeitnehmer nicht mehr mit seinem Arbeitgeber um den Ausgleich streiten muss (Gedanke des Betriebsfriedens durch Auslagerung der Schadensabwicklung aus dem Arbeitsverhältnis). Diese Ausrichtung führt zu mehreren Konsequenzen: In den Schutz der Versicherung sind alle Beschäftigten einbezogen, Versicherungsgrenzen existieren nicht, weshalb auch geringfügig Tätige versichert sind. Die Beiträge werden allein vom Arbeitgeber gezahlt, der Arbeitgeber und auch Arbeitskollegen werden von der Haftung befreit. Vor allem aber leistet die Unfallversicherung nur dann, wenn die versicherte Tätigkeit den Versicherungsfall verursacht hat, d. h. hinsichtlich des Leistungsgrunds ist – anders als in den anderen Sozialversicherungszweigen – eine Kausalität erforderlich, weshalb die GUV zugleich Entschädigungscharakter besitzt. Der Leistungsinhalt ist hingegen wieder final ausgerichtet, wobei allerdings oftmals die Leistungen der GUV höher als die der Krankenversicherung sind.

Die Unfallversicherung ist zugleich benutzt worden, um Personen, die eine im gesellschaftlichen Interesse stehende Tätigkeit ausüben, einen Entschädigungsanspruch zu gewähren (sog. unechte Unfallversicherung). Dazu gehören u. a. die Nothelfer, die ehrenamtlich Tätigen und auch die Schüler, Studenten und Kindergartenkinder. Auch für diese Personengruppen werden zwar Beiträge gezahlt, aber auf der Grundlage einer besonderen Berechnung (§§ 185 ff. SGB VII); zudem ist Träger dieser Form der Unfallversicherung die öffentliche Hand.

d) **Versicherte**. Versicherungspflichtig (§ 2 SGB VII) sind in der UV vor allem Arbeitnehmer und arbeitnehmerähnlich tätige Personen (Beschäftigte nach Abs. 1 Nr. 1, Lernende während der beruflichen Aus- und Fortbildung nach Abs. 1 Nr. 2, Tätige während bestimmten Vor- und Nachbereitungshandlungen nach Abs. 1 Nr. 3, die in Werkstätten beschäftigten behinderten Menschen nach Abs. 1 Nr. 4 sowie Arbeitsuchende und Rehabilitanden nach Maßgabe von Abs. 1 Nr. 14 und 15; zur Versicherungsfreiheit von Beamten und

Einführung

anderweitig abgesicherten Personen § 4 Abs. 1 SGB VII). Ein Versicherungsschutz besteht auch für Personen, die zwar nicht im Rahmen eines Beschäftigungsverhältnisses, aber doch einem Beschäftigten vergleichbar tätig werden (sog. Wie-Beschäftigte, Abs. 2). Dazu kommen einige Gruppen von Selbständigen (Landwirte nach Abs. 1 Nr. 5, Abs. 4, die Seeleute nach Abs. 1 Nr. 7, Hausgewerbetreibende nach Abs. 1 Nr. 6, und zum Teil die in Abs. 1 Nr. 9 genannten Personen). Eine Unternehmerversicherung kann nach § 3 SGB VII durch Satzungsrecht verpflichtend begründet werden, ist im Übrigen freiwillig möglich (dazu und zu den wenigen übrigen Tatbeständen des freiwilligen Schutzes § 6 SGB VII).

Zu den durch die unechte UV erfassten Personen gehören u. a. die Kindergartenkinder, Schüler und Studenten (§ 2 Abs. 1 Nr. 8 SGB VII), die selbständig oder unentgeltlich, insbesondere ehrenamtlich Tätigen im Gesundheitswesen und der Wohlfahrtspflege (Abs. 1 Nr. 9, vgl. aber auch § 4 Abs. 3 SGB VII), ehrenamtlich für Körperschaften, Anstalten und Stiftungen des öffentlichen Rechts sowie für öffentlich-rechtliche Religionsgemeinschaften bzw. deren Einrichtungen und privatrechtliche Organisationen Tätige (Abs. 1 Nr. 9), Personen, die von einer Körperschaft, Anstalt oder Stiftung des öffentlichen Rechts zur Unterstützung einer Diensthandlung oder von einer dazu berechtigten Stelle zur Beweiserhebung als Zeugen herangezogen werden (Abs. 1 Nr. 11), unentgeltlich im Unfall- und Zivilschutz Tätige (Abs. 1 Nr. 12), die Nothelfer, Blut- oder Organspender sowie Notärzte im Rettungsdienst, sofern es sich um eine Nebentätigkeit handelt (Abs. 1 Nr. 13), und Pflegepersonen (Abs. 1 Nr. 17). Schließlich sind die Personen versichert, die den neuen Freiwilligendienst aller Generationen leisten (§ 2 Abs. 1a SGB VII).

e) **Organisation und Finanzierung.** Die echte UV wird von Berufsgenossenschaften durchgeführt, die in erster Linie nach Gewerbezweigen gegliedert sind. In den letzten Jahren hat eine Zusammenlegung von Versicherungsträgern stattgefunden. Früher existierten 34 gewerbliche Berufsgenossenschaften und, ebenfalls als gewerbliche Einrichtung, die See-Berufsgenossenschaft (zur Zuständigkeit § 121 SGB VII; zu den einzelnen Berufsgenossenschaften Anlage 1 zum SGB VII). Die landwirtschaftliche Unfallversicherung wurde von 20 landwirtschaftlichen Berufsgenossenschaften durchgeführt (zur Zuständigkeit § 123 SGB VII; zu den einzelnen BGen früher Anlage 2 zum SGB VII). Die Zahl der gewerblichen Berufsgenossenschaften ist auf mittlerweile neun gesunken. Die landwirtschaftliche UV wird seit 2013 von der Sozialversicherung für Landwirtschaft, Forsten und Gartenbau (SVLFG) durchgeführt. Mit der Zusammenlegung der Träger sollten größere und leistungsfähigere Träger geschaffen werden, um die Bewältigung struktureller wirtschaftlicher Veränderungen, insbesondere im Hinblick auf die von den Trägern zu zahlenden Altlasten, zu erleichtern. Unabhängig davon ist die Ausrichtung nach Gewerbezweigen vor allem für die Verzahnung von Prävention und Kompensation, d. h. eine sachgerechte Durchführung der Unfallverhütung und für die am Betriebsrisiko ausgerichtete Beitragsberechnung, von großem Vorteil. Eine einheitliche Zuständigkeit für das jeweilige Unternehmen wird dadurch hergestellt, dass an das Hauptunternehmen angeknüpft wird (vgl. im einzelnen § 131 SGB VII). Die Zuständigkeit für Versicherte bestimmt sich gemäß § 133 SGB VII nach der Zuständigkeit für das Unternehmen, in dem sie beschäftigt sind.

Die unechte UV wird von Trägern der öffentlichen Hand durchgeführt, den Unfallkassen des Bundes, der Länder und der Kommunen bzw. der Feuerwehr sowie den Gemeindeunfallversicherungsverbänden (§§ 125, 128, 129 SGB VII).

Einführung

Sie sind für die Aufgabenwahrnehmung im Bund, den Ländern und Kommunen errichtet worden (§§ 115–117 SGB VII). Bis zur Einführung des SGB VII bestanden 54 Unfallversicherungsträger der öffentlichen Hand, heute sind es nur noch 30. Lediglich ein Träger ist bundesweit zuständig, die Unfallkasse Bund und Bahn. Die Unfallkasse Post und Telekom ist seit 2016 in die gewerbliche UV eingegliedert (vgl. BUK-Neuorganisationsgesetz v. 19.10.2013, BGBl. I S. 3836).

Die GUV wird im Umlageverfahren finanziert. Beiträge tragen und zahlen müssen ausschließlich die Unternehmer, für deren Unternehmen Versicherte tätig sind oder zu denen Versicherte in einer besonderen, die Versicherung begründenden Beziehung stehen (§ 150 SGB VII). Die Höhe der Beiträge richtet sich nach den zu berücksichtigenden Arbeitsentgelten, den Gefahrklassen und dem Beitragsfuß (= Division des Umlagesolls durch die Beitragseinheiten, vgl. näher § 167 SGB VII). Das Arbeitsentgelt der Versicherten wird nur bis zur Höhe des Höchstjahresarbeitsverdienstes zugrunde gelegt (§§ 153 Abs. 2, 85 Abs. 2 SGB VII). Wichtig ist insbesondere, dass in der Unfallversicherung ein Gefahrtarif gebildet wird (§ 157 SGB VII), der allgemein die Gefährdungsrisiken betrifft. Zur Abstufung dienen die Gefahrenklassen, die sich aus dem Verhältnis der gezahlten Leistungen zu den Arbeitsentgelten ergeben. Die Beiträge werden eigenständig durch die Unfallversicherungsträger eingezogen, ihre Zahlung ist nicht Bestandteil des Gesamtsozialversicherungsbeitrags.

f) **Leistungsvoraussetzungen.** Die GUV kennt zwei Versicherungsfälle (§ 7 SGB VII): die Arbeitsunfälle (§ 8 SGB VII), die auf einem plötzlich eintretenden Ereignis beruhen, und die Berufskrankheiten (§ 9 SGB VII), die eine längerdauernde Einwirkung schädlicher Ereignisse voraussetzen. Von zentraler Bedeutung für die Feststellung eines Arbeitsunfalls ist eine mehrfache Prüfung der erforderlichen Zurechnungszusammenhänge, die dazu dient, das eigenwirtschaftliche Verhalten vom unternehmensdienlichen und damit die Risikosphären voneinander zu unterscheiden: (1) zwischen der versicherten Tätigkeit und der unfallherbeiführenden Verrichtung muss ein sog. sachlicher Zusammenhang bestehen, der sich nach der objektiv erkennbaren Handlungstendenz bemisst und für dessen Vorliegen es des vollen Beweises bedarf; (2) zwischen der unfallherbeiführenden Verrichtung und dem Unfallereignis muss ein Kausalzusammenhang bestehen (sog. Unfallkausalität), (3) ebenso zwischen dem Unfallereignis und dem Schaden (haftungsbegründende Kausalität), wobei in der UV grundsätzlich nur Gesundheitsschäden berücksichtigt werden (vgl. ausnahmsweise § 13 SGB VII). Für die Prüfung der Kausalität, die nach der Theorie der wesentlichen Bedingung vorgenommen wird, genügt eine hinreichende Wahrscheinlichkeit. Nicht mehr die Prüfung des Versicherungsfalls, aber die des Schadensumfangs, betrifft die haftungsausfüllende Kausalität (vgl. auch § 11 SGB VII). Ebenfalls Arbeitsunfälle stellen die in § 8 Abs. 2 SGB VII geregelten Tatbestände dar, zu denen der Wegeunfall gehört. Hier prüft das BSG beim sachlichen Zusammenhang, ob unter Versicherungsschutz stehender Weg zurückgelegt wird und ob die Verrichtung zur Zeit des Unfalls diesem Weg zuzurechnen ist.

Bei Berufskrankheiten (BK) wird die Unfallkausalität durch die sog. Einwirkungskausalität ersetzt. Für die Anerkennung einer BK ist ein Ursachenzusammenhang zwischen der versicherten Tätigkeit und den schädigenden Einwirkungen und zwischen diesen Einwirkungen und der Erkrankung erforderlich sowie ggf. ein Unterlassen aller gefährdenden Tätigkeiten (zum letztgenannten Punkt auch § 9 Abs. 4 SGB VII). Welche Erkrankungen als BKen in Betracht kommen, regelt die Berufskrankheitenverordnung (§ 9 Abs. 1 SGB VII). Sind Versicherte durch die besonderen Bedingungen ihrer Tätigkeit mit hinreichen-

Einführung

der Sicherheit schädigenden Einwirkungen in erhöhtem Maße ausgesetzt gewesen, so besteht nach Erfahrungsgrundsätzen ein entsprechender Zusammenhang, der gem. § 9 Abs. 3 SGB VII gesetzlich vermutet wird, sofern keine konkreten Anhaltspunkte für andere Ursachen außerhalb der versicherten Tätigkeit vorliegen. In eingeschränktem Umfang bestehen weitere Anerkennungsmöglichkeiten nach § 9 Abs. 2 SGB VII, sofern neue Erkenntnisse der medizinischen Wissenschaft belegen, dass die Krankheit durch besondere Einwirkungen bei versicherten Tätigkeiten hervorgerufen wird (sog. Wie-BK).

g) **Leistungen.** Die GUV gewährt alle Sach- und Dienstleistungen zur Heilbehandlung (vgl. §§ 27 ff. SGB VII) einschließlich der erforderlichen Arznei-, Heil- und Hilfsmittel und stationärer Leistungen, wobei das Leistungserbringungsrecht nur rudimentär geregelt ist (§ 34 SGB VII), aber mit der Steuerung der Versorgung durch speziell ausgebildete Durchgangsärzte und der Einbeziehung eigener Unfallkliniken Besonderheiten bestehen. Ferner sind Leistungen bei Pflegebedürftigkeit vorgesehen (§ 44 SGB VII).

Ebenfalls umfassend sind die Leistungen zur Rehabilitation. Sie gehen über die GKV vor allem insofern hinaus, als sie auch Leistungen zur Teilhabe am Arbeitsleben (§ 35 SGB VII und §§ 49 ff. SGB IX) und zur Teilhabe am Leben in der Gemeinschaft einschließlich verschiedener Hilfen (§§ 39 ff. SGB VII) zum Gegenstand haben. Darin kommt die Funktion der GUV zum Ausdruck, auch für die berufliche Wiedereingliederung zu sorgen (vgl. auch § 26 Abs. 2 SGB VII).

Als kurzfristige Entgeltersatzleistungen sind Verletztengeld und Übergangsgeld vorgesehen (§§ 45 ff. SGB VII), und zwar grundsätzlich in Höhe von 80% des relevanten Arbeitsentgelts. Bei einer Minderung der Erwerbsfähigkeit (MdE), die über 26 Wochen hinausgeht, besteht ein Rentenanspruch, wenn diese Minderung wenigstens 20% beträgt (§ 56 SGB VII). Die Minderung wird in der GUV abstrakt anhand von Richtwerten bestimmt, sie hängt also nicht von den Auswirkungen der Schädigung auf die konkret ausgeübte Erwerbstätigkeit ab. Eine Vollrente beläuft sich auf zwei Drittel des Jahresarbeitsverdienstes, Teilrenten auf einen entsprechenden Anteil je nach MdE.

Im Falle des Todes erhalten Witwer, Witwen und Waisen Rentenzahlungen nach Maßgabe der §§ 63 ff. SGB VII.

h) **Haftungsfreistellung.** Nach §§ 104 f. SGB VII wird die Haftung der Unternehmer und der im selben Betrieb tätigen Personen beschränkt. § 106 SGB VII erweitert dieses Privileg zugunsten einiger anderer Personen. Ausgeschlossen sind alle Ansprüche wegen des Personenschadens, gleich auf welcher Rechtsgrundlage sie beruhen. Das bezieht Schmerzensgeldansprüche mit ein, obwohl die GUV hierfür keinen Ersatz bietet; im Ergebnis wird das angesichts der Vorteile der sozialrechtlichen Absicherung für noch vereinbar mit dem allgemeinen Gleichheitssatz (Art. 3 Abs. 1 GG) gehalten. Der Ausschluss besteht aber nicht, wenn die privilegierte Person vorsätzlich gehandelt hat oder ein Wegeunfall vorliegt. Ein Anspruchsübergang nach § 116 SGB X ist ausgeschlossen, jedoch haften privilegierte Personen den Sozialversicherungsträgern für die infolge des Versicherungsfalls entstandenen Aufwendungen, sofern sie den Versicherungsfall vorsätzlich oder grob fahrlässig herbeigeführt haben.

8. Das SGB VIII – Kinder- und Jugendhilfe

a) **Zielsetzung.** Das SGB VIII dient zur Förderung der Entwicklung junger Menschen sowie zur Unterstützung und Ergänzung der Erziehung in der Familie (§ 1 SGB VIII); das wird durch die in § 1 Abs. 3 SGB VIII genannten Unterziele

Einführung

präzisiert. Hintergrund ist die primäre Erziehungsverantwortung der Eltern, d. h. deren Rechte und Pflichten zur Erziehung, deren Betätigung von der staatlichen Gemeinschaft überwacht wird (Art. 6 Abs. 2 GG und § 1 Abs. 2 SGB VIII).

b) **Entwicklung**. Das SGB VIII wurde durch Art. 1 des Kinder- und Jugendhilfegesetzes vom 26.6.1990 (BGBl. I S. 1163) zum 1.1.1991 eingeführt. Es löste das Gesetz für Jugendwohlfahrt (JWG) von 1961 ab, das seinerseits auf das Reichsjugendwohlfahrtsgesetz von 1922 zurückging. Wichtige Änderungen und Erweiterungen erfuhr das SGB VIII durch das Tagesbetreuungsausbaugesetz (TAG vom 27.12.2004, BGBl. I S. 3852) zur Förderung des Ausbaus der Kinderbetreuung insbesondere für Kinder unter drei Jahren, durch das Kinder- und Jugendhilfeweiterentwicklungsgesetz (KICK vom 8.9.2005, BGBl. I S. 2729) und das Kinderförderungsgesetz (KiföG vom 10.12.2008, BGBl. I S. 2403) zur Förderung von Kindern unter drei Jahren in Tageseinrichtungen und in Kindertagespflege. Aufgrund des KiföG besteht seit dem 1.8.2013 ein Rechtsanspruch auf einen Betreuungsplatz für Kleinkinder zwischen einem und drei Jahren (§ 24 Abs. 2 SGB VIII).

c) **Eigenheiten**. Das SGB VIII sieht ein sehr breites Spektrum an Aufgaben vor, neben den Sozialleistungen (vgl. nachfolgend g)) auch den Schutz von Kindern und Jugendlichen durch verschiedene Maßnahmen (§§ 42 ff. SGB VIII) sowie Beistandschaft, Pflegschaft und Vormundschaft für Kinder und Jugendliche (§§ 52a ff. SGB VIII). Die Vorschriften des SGB VIII sind in relativ großem Umfang offen und unbestimmt gehalten. Diese Gesetzgebungstechnik dient dazu, pädagogische Erkenntnisse bei der Beurteilung von Einzelfällen einfließen zu lassen und innerhalb des gesetzlichen Rahmens ausreichende Spielräume für die Gewährung der im Einzelfall sinnvollen Maßnahmen vorzusehen.

d) **Leistungsberechtigte**. Leistungsberechtigt sind gem. § 6 SGB VIII junge Menschen, Mütter, Väter und Personensorgeberechtigte von Kindern und Jugendlichen (vgl. zu den Begriffen § 7 SGB VIII) mit tatsächlichem Aufenthalt im Inland. Ausländer sind berechtigt, wenn sie sich rechtmäßig gewöhnlich in Deutschland aufhalten (§ 6 Abs. 2 SGB VIII; zum gewöhnlichen Aufenthalt § 30 SGB I, vgl. oben, III. 1. e)). Wegen des Vorrangs des Erziehungsauftrags der Eltern (Art. 6 Abs. 2 GG) sind bei der Leistungsgewährung in den meisten Fällen nicht nur die Kinder und Jugendlichen (§ 8 SGB VIII), sondern auch die Personensorgeberechtigten beteiligt.

e) **Organisation und Finanzierung**. Die Träger der öffentlichen Jugendhilfe werden durch Landesrecht bestimmt; in der Praxis sind das in erster Linie die Städte und Kreise. Die örtlichen Träger errichten zur Wahrnehmung der Aufgaben Jugendämter (§ 69 SGB VIII), die aus einer Verwaltung des Amts und dem Jugendhilfeausschuss bestehen (§§ 70 ff. SGB VIII). Daneben werden Aufgaben der Jugendhilfe auch von Trägern der freien Jugendhilfe erfüllt, beide Träger sollen partnerschaftlich zusammenarbeiten (vgl. § 3, §§ 73 ff. SGB VIII). Die Leistungsberechtigten haben gem. § 5 SGB VIII das Wahlrecht zwischen der öffentlichen und der freien Jugendhilfe. Allerdings trifft die öffentliche Jugendhilfe eine Gesamtverantwortung für die Bereitstellung eines bedarfsgerechten Angebots (§ 79 SGB VIII).

Die Finanzierung der Jugendhilfe obliegt den Trägern, sie erfolgt in erster Linie durch die Kommunen und Länder (je nach Finanzausgleich und u. U. landesverfassungsrechtlichem Konnexitätsprinzip) aus Steuermitteln. Die Leistungsberechtigten können jedoch im Rahmen der Zumutbarkeit über Beiträge und Gebühren zur Kostenbeteiligung herangezogen werden (vgl. §§ 90–97c SGB VIII).

Einführung

f) **Leistungsvoraussetzungen.** Die Leistungen dienen der Deckung eines gegenwärtigen bzw. zukünftigen Bedarfs. Eine Leistungsgewährung für eine Bedarfssituation in der Vergangenheit ist in der Regel nicht möglich. Der Bedarf wird vom Träger der öffentlichen Jugendhilfe festgestellt, wenn er Kenntnis vom Vorliegen der Leistungsvoraussetzungen erlangt. In der Regel ist eine vorherige Antragstellung keine Voraussetzung für Leistungen nach dem SGB VIII. In der Praxis wird der Bedarf oft erst auf Antrag durch den Leistungsträger festgestellt. Grundsätzlich ist der Träger nur dann zur Kostentragung bei selbstbeschafften Leistungen (§ 36a SGB VIII) verpflichtet, wenn zuvor ein Antrag gestellt wurde und die Leistung durch den Träger rechtswidrig verzögert oder verweigert wurde (vgl. BVerwGE 112, 98). Diese Voraussetzung gilt allerdings nur für die Fälle, in denen eine gesonderte Feststellung des individuellen Bedarfs durch den Träger nötig ist (z.B. §§ 13, 27ff. SGB VIII), um über die Leistungsberechtigung zu entscheiden.

g) **Leistungen.** Die Leistungen und weiteren Aufgaben der Jugendhilfe ergeben sich aus § 2 SGB VIII. Sie umfassen Angebote der Jugendarbeit, Jugendsozialarbeit und des erzieherischen Kinder- und Jugendschutzes (§§ 11–14 SGB VIII), Leistungen zur Förderung der Erziehung in der Familie (§§ 16–21 SGB VIII) sowie zur Förderung von Kindern in Tageseinrichtungen und in Kindertagespflege (§§ 22–25 SGB VIII). Daneben wird Hilfe zur Erziehung, Eingliederungshilfe für seelisch behinderte Kinder und Jugendliche sowie Hilfe für junge Volljährige angeboten (§§ 27–41 SGB VIII).

Das SGB VIII gewährt in erster Linie persönliche Hilfen und weniger direkte finanzielle Leistungen. Geldleistungen kommen nur als Ergänzung zu den Dienstleistungen in Betracht. Diese umfassen Aufklärung, Beratung und Auskunft (§§ 13–16 SGB I) sowie Sachleistungen, insbesondere bei der Leistungserbringung in Einrichtungen. Das SGB VIII begründet dabei nicht nur Ansprüche des Einzelnen auf Unterstützung und Förderung. Es gewährt überdies Zugang zu öffentlichen Einrichtungen, wie z.B. Kindergärten und Bildungsstätten, und die Teilnahme an Veranstaltungen, etwa an Freizeitmaßnahmen. Einige Ansprüche werden dabei konkret durch das SGB VIII vorgegeben, wie im Falle der §§ 17–21, 23, 24 SGB VIII.

Das SGB VIII enthält kein vollständiges Leistungsprogramm. In einigen Fällen beschränkt es sich auf die bloße Aufgabenzuweisung. Insofern bleibt ein Gestaltungsspielraum, der durch die Verwaltung bzw. den Landesgesetzgeber zu konkretisieren ist. Es besteht aber grundsätzlich ein Anspruch auf gleichberechtigte Teilhabe an den Angeboten, die durch die Träger der öffentlichen Jugendhilfe gem. der §§ 79ff. SGB VIII zur Verfügung gestellt werden sollen, wie die Angebote der Jugendarbeit (§ 11 SGB VIII), der Jugendsozialarbeit (§ 13 SGB VIII) und der allgemeinen Förderung der Erziehung in der Familie (§ 16 SGB VIII).

9. Das SGB IX – Rehabilitation und Teilhabe von Menschen mit Behinderungen

a) **Zielsetzung.** Das SGB IX regelt in Umsetzung des Benachteiligungsverbots des Art. 3 Abs. 3 S. 2 GG und der UN-Konvention zum Schutz der Rechte von Menschen mit Behinderungen (UN-BRK) die Rehabilitation und Teilhabe behinderter Menschen. Ziel ist es nach der Neufassung (vgl. unten b)), deren „Selbstbestimmung und ihre volle, wirksame und gleichberechtigte Teilhabe am Leben in der Gesellschaft zu fördern, Benachteiligungen zu vermeiden

Einführung

oder ihnen entgegenzuwirken" (§ 1 S. 1 SGB IX). Das SGB IX beschränkt sich dabei, der Eingliederung in das SGB entsprechend, auf das Sozial- und auch das Arbeitsrecht. Weitere Vorschriften, deren Ziel es ist, die Gleichstellung und Teilhabe von Menschen mit Behinderung zu sichern, finden sich an anderen Stellen, insbesondere in den Behindertengleichstellungsgesetzen von Bund und Ländern.

b) **Entwicklung.** Das SGB IX wurde durch Gesetz vom 19.6.2001 (BGBl. I S. 1046) geschaffen. Es führt zwei zuvor eigenständig geregelte Teilbereiche zusammen: zum einen allgemeine Vorschriften des Rehabilitationsrechts, die zuvor im Gesetz über die Angleichung der Leistungen zur Rehabilitation (RehaAnglG) vom 7.8.1974 (BGBl. I S. 1881) geregelt waren; zum anderen das zuvor im Gesetz zur Eingliederung Schwerbehinderter in Arbeit, Beruf und Gesellschaft (SchwbG), das aus dem Jahr 1953 stammte und nach seiner Weiterentwicklung 1974 neu gefasst worden war (BGBl. 1974 I S. 1005), enthaltene Schwerbehindertenrecht. Nicht zuletzt angestoßen durch die völkerrechtlichen Entwicklungen (vorstehend a)) wurde das SGB IX zur Verbesserung der Rechtsstellung von Menschen mit Behinderungen mit dem Bundesteilhabegesetz (BTHG) vom 23.12.2016 (BGBl. I S. 3234) neu gefasst und tritt zum 1.1.2018 in Kraft (Art. 26 Abs. 1 BTHG).

c) **Eigenheiten.** Das SGB IX weist bis heute eine entstehungsgeschichtlich begründete Zweiteilung auf. Der erste Teil bezieht sich auf die Teilhabe behinderter Menschen. Im Wesentlichen geht es dabei um das Rehabilitationsrecht. Allerdings sieht das SGB IX in diesem Zusammenhang keine eigenen Leistungsansprüche vor, sondern versucht, die Rehabilitationsleistungen, die in anderen Teilen des SGB sowie im Entschädigungs- und Hilferecht (vgl. oben, II. 1. b), c)) vorgesehen sind und nach Leistungsgruppen unterschieden werden (§ 5 SGB IX), zusammenzufassen und zu koordinieren (vgl. §§ 14 ff. SGB IX). Es betont zugleich den Vorrang der Rehabilitation vor der Rente (§§ 9-11 SGB IX). In einem zweiten Teil (in der Gesetzesgliederung nach der Neufassung jetzt Teil 3) ist das Schwerbehindertenrecht enthalten, das sowohl die Feststellung eines Status (§ 152 SGB IX) als auch die Teilhabe schwerbehinderter Menschen am Arbeitsleben regelt. Diese Aufteilung bleibt auch nach 2018 erhalten, es kommt aber ab 2020 als neuer Teil das Eingliederungshilferecht (§§ 90 ff. neu SGB IX) hinzu, das die derzeit im SGB XII geregelte Eingliederungshilfe (vgl. unten, 12. f)) ablösen wird.

d) **Leistungsberechtigte.** Leistungsberechtigt sind im Hinblick auf den ersten Teil des SGB IX Menschen mit Behinderung oder von Behinderung bedrohte Menschen. Basierend auf der Definition der UN-BRK wurde dem neu gefassten SGB IX in § 2 Abs. 1 SGB IX ein neuer Behinderungsbegriff zugrunde gelegt. Danach sind Menschen mit Behinderungen „Menschen, die körperliche, seelische, geistige oder Sinnesbeeinträchtigungen haben, die sie in Wechselwirkung mit einstellungs- und umweltbedingten Barrieren an der gleichberechtigten Teilhabe an der Gesellschaft mit hoher Wahrscheinlichkeit länger als sechs Monate hindern können." Maßgeblich ist eine Abweichung von dem für das Lebensalter typischen Zustand.

Leistungsberechtigt im Bereich des Schwerbehindertenrechts sind schwerbehinderte oder diesen gleichgestellte behinderte Menschen (§ 151 Abs. 1 SGB IX). Eine Schwerbehinderung liegt ab einem Grad der Behinderung (GdB) von 50 vor (§ 2 Abs. 2 SGB IX); die Gleichstellung setzt einen GdB von mindestens 30 voraus und eine besondere Benachteiligung im Hinblick auf die Erlangung oder Aufrechterhaltung eines Arbeitsplatzes (§ 2 Abs. 3 SGB IX).

Einführung

e) **Organisation und Finanzierung.** Weil die Rehabilitationsleistungen durch das SGB IX koordiniert werden, sind dafür keine eigenständigen Träger vorgesehen. Der erste Teil des SGB IX ist aber von allen Trägern zu beachten, die nach den von ihnen durchgeführten Sozialleistungsgesetzen für eine Rehabilitation zuständig sind. Um Betroffenen die Leistungsgewährung zu vereinfachen, genügt ein Antrag, der ein Prüf- und Entscheidungsverfahren in Gang setzt (vgl. §§ 9 ff., 12 ff. SGB IX). Die Klärung der Zuständigkeit regelt § 14 SGB IX. Der zuständige Träger bleibt für die Ausführung der Reha-Leistungen verantwortlich (§ 28 Abs. 1 S. 2 SGB IX). Bei einer Mehrheit von Reha-Trägern ist die Leistungsverantwortung in § 15 SGB IX gesetzlich festgelegt. Für die Abstimmung ist ein Teilhabeplan zu erstellen (dazu und dem Verfahren §§ 19 ff. SGB IX, zur Zusammenarbeit der Reha-Träger §§ 25 ff. SGB IX). Vorschriften über die Ausführung von Reha-Leistungen finden sich in §§ 28 ff. SGB IX.

Die Feststellung der Schwerbehinderteneigenschaft obliegt den für die Durchführung des Bundesversorgungsgesetzes zuständigen Behörden (§ 152 Abs. 1 S. 1 SGB IX). Dies sind die von den Ländern bestimmten Behörden, in der Praxis weitgehend die Kommunen. Für die Teilhabe schwerbehinderter Menschen am Arbeitsleben sind die in den Ländern errichteten Integrationsämter (vgl. §§ 184, 186 SGB IX) sowie die BA (§§ 187 f. SGB IX, zur BA oben, III. 3. e)) zuständig.

Das SGB IX enthält eine Reihe von Verpflichtungen für die Arbeitgeber, die mit deren Berufsfreiheit (Art. 12 Abs. 1 GG) im Hinblick auf ihre besondere Rolle bei der Verwirklichung einer beruflichen Teilhabe (auch hervorgehoben durch Art. 5 der RL 2000/78/EG vom 27.11.2000 zur Festlegung eines allgemeinen Rahmens für die Verwirklichung der Gleichbehandlung in Beschäftigung und Beruf, ABl. L 303/16) grundsätzlich vereinbar sind. Sie müssen die damit verbundenen Kosten tragen. Insbesondere trifft Arbeitgeber mit durchschnittlich mindestens 20 Arbeitsplätzen eine Pflicht zur Beschäftigung von schwerbehinderten Menschen auf mindestens 5% der Arbeitsplätze (§ 154 SGB IX, zur Berechnung näher §§ 155 ff. SGB IX). Erfüllen sie die Quote nicht, haben sie eine gestaffelte Ausgleichsabgabe (dazu und zum Ausgleichsfonds §§ 160 f. SGB IX) zu zahlen (zur Verfassungsmäßigkeit BVerfGE 57, 139, bestätigt durch BVerfG v. 1.10.2004, 1 BvR 2221/03, und v. 10.11.2004, 1 BvR 1785/01 u. a.).

f) **Leistungsvoraussetzungen.** Im Lichte der in § 1 genannten Zielsetzung (vorstehend a)) sollen die Vorschriften des ersten Teils des SGB IX zu einer individualisierten Leistungserbringung beitragen. Leistungsberechtigte genießen deshalb grundsätzlich einen Anspruch auf Selbstbestimmung und eigenverantwortliche Gestaltung ihrer Verhältnisse. Ihnen steht daher bei der Entscheidung über die Ausführung ein Wunsch- und Wahlrecht zu (§ 8 SGB IX). Nach erfolgloser Antragstellung ist die Selbstbeschaffung von Leistungen durch die Berechtigten möglich (§ 18 SGB IX). Außerdem besteht die Möglichkeit der Gewährung eines trägerübergreifenden persönlichen Budgets (§ 29 SGB IX), mithilfe dessen die Leistungsberechtigten die von ihnen benötigten Leistungen selbstbestimmt und in eigener Verantwortung beschaffen können.

Im Schwerbehindertenrecht müssen die Behinderung sowie deren Grad von den zuständigen Behörden (vorstehend e)) festgestellt werden oder als festgestellt gelten (§ 152 Abs. 1 und 2 SGB IX).

g) **Leistungen.** Das Rehabilitationsrecht umfasst Leistungen zur medizinischen Rehabilitation (§§ 42–48 SGB IX), Leistungen zur Teilhabe am Arbeits-

Einführung

leben (§§ 49–63 SGB IX), unterhaltssichernde und ergänzende Leistungen (§§ 64–74 SGB IX) sowie Leistungen zur Teilhabe an Bildung (§ 75 SGB IX) und zur sozialen Teilhabe (§§ 76–84 SGB IX). Dabei handelt es sich um ein gegliedertes Leistungssystem. Die Leistungen werden nicht unmittelbar auf der Grundlage des SGB IX, sondern der in den anderen Büchern des SGB enthaltenen Ansprüche gewährt. Zugleich betont das SGB IX die besondere Rolle der Prävention (§ 3 SGB IX) und den Grundsatz Rehabilitation vor Rente (§ 9 Abs. 2 SGB IX). Ferner ist für die Teilhabe an der Erwerbsgesellschaft die Möglichkeit der stufenweisen Wiedereingliederung (§ 44 SGB IX) wichtig.

Das Schwerbehindertenrecht regelt im Schwerpunkt Pflichten der Arbeitgeber gegenüber schwerbehinderten Arbeitnehmern (154–167 SGB IX). Dazu gehören die Beschäftigungspflicht und die Ausgleichsabgabe (vgl. vorstehend e)). Außerdem finden sich im SGB IX Regelungen zum Kündigungsschutz (§§ 168–175 SGB IX), zu den Aufgaben der Schwerbehindertenvertretung (§§ 176–183 SGB IX) und zu einigen sonstigen Fragen wie Entgelt und zusätzlichem Urlaub (§§ 205 ff. SGB IX).

Ferner sieht das SGB IX die Beteiligung von Integrationsfachdiensten (§§ 192 ff. SGB IX) vor. Von großer praktischer Bedeutung sind die Vorschriften über die Werkstätten für behinderte Menschen (WfbM, §§ 219–227 SGB IX). Dabei handelt es sich um Einrichtungen des sog. zweiten (oder geschützten) Arbeitsmarktes (vgl. auch die Inklusionsbetriebe nach §§ 215 ff. SGB IX als Einrichtungen des allgemeinen Arbeitsmarktes), die denjenigen behinderten Menschen, die wegen Art oder Schwere der Behinderung nicht, noch nicht oder noch nicht wieder auf dem allgemeinen Arbeitsmarkt beschäftigt werden können, eine angemessene berufliche Bildung und eine Beschäftigung zu einem ihrer Leistung angemessenen Arbeitsentgelt aus dem Arbeitsergebnis anzubieten haben (vgl. zu dem „arbeitnehmerähnlichen Rechtsverhältnis" § 221 SGB IX, zur Mitwirkung § 222 SGB IX). Sie sollen ermöglichen, die Leistungs- oder Erwerbsfähigkeit von behinderten Menschen zu erhalten, zu entwickeln, zu erhöhen oder wiederzugewinnen und dabei deren Persönlichkeit weiterzuentwickeln. Sie müssen zugleich den Übergang geeigneter Personen auf den allgemeinen Arbeitsmarkt durch geeignete Maßnahmen fördern. Sie stehen allerdings nicht allen behinderten Menschen offen, sondern nur jenen, von denen erwartet werden kann, dass sie spätestens nach Teilnahme an Maßnahmen im Berufsbildungsbereich wenigstens ein Mindestmaß wirtschaftlich verwertbarer Arbeitsleistung erbringen werden (§ 219 Abs. 2 SGB IX; zur Aufnahme § 220 SGB IX).

Schließlich räumt das SGB IX schwerbehinderten Menschen ein Recht auf unentgeltliche Beförderung im öffentlichen Personenverkehr ein (§§ 145 ff. bzw. §§ 228 ff. neu SGB IX). Nach § 85 SGB IX besteht außerdem die Möglichkeit einer Verbandsklage zur Durchsetzung der Rechte von Menschen mit Behinderungen.

10. Das SGB X – Sozialverwaltungsverfahren und Sozialdatenschutz

a) **Zielsetzung.** Das SGB X ist das Verwaltungsverfahrensrecht für das Sozialrecht. Es enthält drei Arten von Vorschriften: Verfahrensregelungen (1. Kapitel), Regelungen zum Schutz der Sozialdaten (2. Kapitel) sowie solche über die Zusammenarbeit und die Erstattung (3. Kapitel). Es hat zum Ziel, im Sozialrecht weitgehend ein Behördenhandeln nach einheitlichen Maßstäben sicherzustellen. Allerdings wird in jedem Kapitel gesondert der Anwendungsbereich

Einführung

festgelegt. So gilt das Verfahrensrecht für die öffentlich-rechtliche Verwaltungstätigkeit der Behörden (legal definiert in § 1 Abs. 2 SGB X), die nach dem SGB ausgeübt wird, aber für die Ausführung von besonderen Teilen des SGB, die nach dem 1.1.1981 Bestandteil des Sozialgesetzbuches werden, nur, soweit diese besonderen Teile mit Zustimmung des Bundesrates eine entsprechende Anordnung enthalten (§ 1 Abs. 1 SGB X). Ein Beispiel dafür ist § 26 Abs. 1 BEEG. Für die Anwendbarkeit des 2. Kapitels ist die Definition der Sozialdaten maßgeblich, wie sie sich in § 67 Abs. 2 SGB X findet. Die Zusammenarbeit bezieht sich auf Leistungsträger, ihre Verbände und die im SGB genannten öffentlich-rechtlichen Vereinigungen (§ 86 SGB X). Auch die Erstattungsansprüche gelten nur für Leistungsträger, also nicht Behörden, die Sicherungssysteme außerhalb des SGB (wie insbesondere die Krankheitsfürsorge und Versorgung von Beamten) verwalten.

b) **Entwicklung.** Das SGB X ist zeitlich weitgehend parallel zur Kodifikation des Verwaltungsverfahrensrechts entstanden. Es wurde in zwei Schritten geschaffen, die ersten beiden Kapitel mit Gesetz vom 18.8.1980 (BGBl. I S. 1469), in Kraft getreten am 1.1.1981, das dritte Kapitel mit Gesetz vom 4.11.1982 (BGBl. I S. 1450), überwiegend in Kraft seit dem 1.7.1983. Mit dem SGB X wurden die bis dahin auf Einzelgesetze verstreuten Vorschriften zusammengeführt. Zwischenzeitlich wurden sowohl das Datenschutzrecht weitgehend (Zweites Gesetz zur Änderung des Sozialgesetzbuchs vom 13.6.1994, BGBl. I S. 1229) als auch einzelne Bestimmungen des Verfahrensrechts neueren Entwicklungen angepasst; ferner wurden die Vorschriften über die Zusammenarbeit sowie die Bezeichnung des Gesetzes neu gefasst (Euro-Einführungsgesetz vom 21.12.2000, BGBl. I S. 1983) und das gesamte SGB X neu bekanntgemacht (vom 18.1.2001, BGBl. I S. 130).

c) **Eigenheiten.** Das SGB X enthält speziellere Vorschriften gegenüber dem allgemeinen Verwaltungsrecht. Das betrifft hinsichtlich des Verfahrens das Verhältnis zu den Verwaltungsverfahrensgesetzen (VwVfGen) von Bund und Ländern, hinsichtlich des Datenschutzes das Verhältnis zum Bundesdatenschutzgesetz und den Landesdatenschutzgesetzen. Manche Erstattungsvorschriften (§§ 115 und 116 SGB X) berühren zudem privatrechtliche Ansprüche. Das SGB X beschränkt sich aber nicht auf einzelne sozialrechtliche Sonderbestimmungen, sondern regelt Verwaltungsverfahren und Datenschutz umfassend selbst. Andererseits ist das SGB X als „querliegendes" sozialrechtliches Verfahrens- und Datenschutzgesetz subsidiär gegenüber speziellen Regelungen, die sich zum Teil in den verschiedenen Büchern des SGB finden (§ 37 SGB I).

d) **Verwaltungsverfahren.** Die Regelung des Verwaltungsverfahrens entspricht in vielen Teilen dem allgemeinen Verwaltungsverfahrensrecht, wie es auch im Verwaltungsverfahrensgesetz des Bundes und den Landes-Verwaltungsverfahrensgesetzen (VwVfG) niedergelegt ist. Das gilt etwa für die örtliche Zuständigkeit (§ 2 SGB X – § 3 VwVfG), für die Amtshilfe (§§ 3 ff. SGB X – §§ 4 ff. VwVfG), für den Begriff des Verwaltungsverfahrens (§ 8 SGB X – § 9 VwVfG) und dessen Beginn (§ 18 SGB X – § 22 VwVfG), für die Beteiligten- und die Verfahrensfähigkeit (§§ 10 ff. SGB X – §§ 11 ff. VwVfG), ebenso wie die Verfahrensgrundsätze (§ 20 SGB X zum Untersuchungsgrundsatz – § 24 VwVfG) und die wichtige Definition des Verwaltungsakts (§§ 31 f. SGB X – §§ 35 f. VwVfG) mit den dazugehörigen Bestimmungen (§§ 32 ff. SGB X – §§ 36 ff. VwVfG, allerdings ohne Bestimmung über das Ermessen, vgl. § 40 VwVfG, und ohne Genehmigungsfiktion, § 42a VwVfG). Besonderheiten weisen die Vorschriften über die Aufhebung von Verwaltungsakten auf. Sie folgen

Einführung

zwar der allgemeinen Systematik, regeln aber eigenständig die Rücknahme nicht begünstigender (§ 44 SGB X) und begünstigender (§ 45 SGB X) sowie den Widerruf nicht begünstigender (§ 46 SGB X) und begünstigender (§ 47 SGB X) Verwaltungsakte; für den oft im Sozialrecht vorkommenden Dauer-Verwaltungsakt existiert mit § 48 SGB X eine besondere Vorschrift. Auch die Bestimmungen über Verwaltungsverträge sind in der Sache im SGB X und den Verwaltungsverfahrensgesetzen gleich. Das SGB X verzichtet aber auf eigene Vorschriften zum Massenverfahren (§§ 17–19 VwVfG) und auf Beratung und Auskunft durch die Behörden (geregelt im SGB I, vgl. oben, III. 1. d)). Es enthält dafür eigene Vorschriften über Vernehmung durch das Sozial- oder Verwaltungsgericht (§ 22 SGB X) und über die wiederholte Antragstellung (§ 28 SGB X).

e) **Datenschutz.** Die §§ 67–85a SGB X enthalten umfangreiche Regelungen über den Sozialdatenschutz, die an das allgemeine Datenschutzrecht im Bundesdatenschutzgesetz (BDSG) angelehnt sind. Sozialdaten sind gemäß § 67 Abs. 1 SGB X Einzelangaben über persönliche oder sachliche Verhältnisse einer bestimmten oder bestimmbaren natürlichen Person, die von den in § 35 SGB I genannten Sozialleistungsträgern im Hinblick auf ihre Aufgaben nach dem Sozialgesetzbuch erhoben, verarbeitet oder genutzt werden. Die §§ 67 ff. SGB X gelten zwar übergreifend für alle Sozialleistungsbereiche des Sozialgesetzbuches, werden allerdings zusätzlich durch bereichsspezifische Datenschutzregelungen in den jeweiligen Büchern des SGB ergänzt. So regelt § 284 Abs. 1 S. 1 SGB V abschließend die Zwecke, zu denen die gesetzlichen Krankenkassen Daten erheben und speichern dürfen, sofern dies erforderlich ist. Zudem gelten die §§ 67 ff. SGB X nicht für die Datenerhebung und -verarbeitung durch Leistungserbringer (sog. Leistungsdaten für die Abrechnung, für die ebenfalls spezielle Regelungen gelten (§§ 294 ff. SGB V).

f) **Zusammenarbeit und Erstattungen.** Weil Sozialleistungen durch viele verschiedene Träger gewährt werden, ist ihre Zusammenarbeit wichtig. Sie sind dazu verpflichtet, wobei sich diese Verpflichtung auf die Erfüllung aller Aufgaben nach dem SGB erstreckt (§ 86 SGB X). Die Zusammenarbeit wird hinsichtlich spezifischer Formen im SGB X näher ausgestaltet (zum Auftrag §§ 88 ff. SGB X, zu Arbeitsgemeinschaften § 94 SGB X, zur Abstimmung von Planung und Forschung § 95 SGB X). Den Bürgern soll die Verpflichtung zur nachvollziehbaren Dokumentation von Untersuchungen und zur Unterbindung von Mehrfachuntersuchungen (§ 96 SGB X bei Beachtung des vorstehend erwähnten Datenschutzes) helfen, allerdings erhalten sie keine entsprechenden durchsetzbaren Rechte. Schalten Leistungsträger in die Erfüllung ihrer Aufgaben Dritte ein, so müssen sie die Einhaltung des Aufgabenzwecks sicherstellen (näher § 97 SGB X). Einer effektiven Erfüllung aller sozialrechtlichen Aufgaben dienen die Auskunftspflichten, die insbesondere Arbeitgebern, Angehörigen und Ärzten (näher §§ 98 ff. SGB X) auferlegt werden.

Die Vielheit von Leistungsträgern und Leistungssystemen kann auch dazu führen, dass ein Träger eine Leistung gewährt, die einem Bürger zwar tatsächlich zusteht, für die aber nicht der gewährende, sondern ein anderer Träger im Ergebnis verantwortlich war. Anders als bei zu Unrecht gewährten Leistungen im Zwei-Personen-Verhältnis (vgl. zur Erstattung hier § 50 SGB X), ist es sinnvoll, dass der Bürger die Leistung behalten darf (sein Anspruch gilt insofern als erfüllt, § 107 SGB X) und nur die Leistungsträger untereinander den Ausgleich vornehmen. Dazu dienen die Erstattungsansprüche zwischen Leistungsträgern nach den §§ 102 ff. SGB X. Sie unterscheiden danach, ob ein Leistungsträger

Einführung

vorläufig (vgl. etwa zu § 43 SGB I oben, III. 1. f)) leisten wollte und musste; dieser erhält dann einen Aufwendungsersatzanspruch, bekommt also das von ihm tatsächlich Gewährte vom letztendlich zuständigen Träger zurück (§ 102 SGB X). Anders ist es, wenn die Zuständigkeit des leistenden Trägers erst nachträglich entfallen ist (§ 103 SGB X), nur subsidiär bestand (§ 104 SGB X) oder gar nicht (§ 105 SGB X): Dann ist der zuständige Träger nur zur Erstattung desjenigen verpflichtet, was er selbst hätte leisten müssen (vgl. auch die Differenzierung hinsichtlich des eröffneten Rechtswegs in § 114 SGB X). In der Praxis werden einige Erstattungsansprüche pauschal abgegolten (vgl. § 110 SGB X, ferner zur Ausschlussfrist und zur Verjährung §§ 111 und 113 SGB X).

11. Das SGB XI – Soziale Pflegeversicherung

a) **Zielsetzung.** Die Pflegeversicherung hat nach § 1 Abs. 4 SGB XI die Aufgabe, Pflegebedürftigen Hilfe zu leisten, die wegen der Schwere der Pflegebedürftigkeit auf solidarische Unterstützung angewiesen sind.

b) **Entwicklung.** Bis zur Einführung der Pflegeversicherung im Jahre 1994 war Pflegebedürftigkeit das einzige existentielle soziale Risiko, das grundsätzlich nicht über eine öffentlich-rechtliche Versicherung abgedeckt war. Pflegebedürftigkeit war ein zunächst privates Risiko, Pflegebedürftige mussten ihr Vermögen einsetzen oder bei entsprechender Leistungsfähigkeit ihrer Kinder diese auf Unterhalt in Anspruch nehmen. Dieser Zustand wurde als unbefriedigend angesehen, denn der sog. Sandwich-Generation wurden neben den Versicherungsbeiträgen zur Finanzierung der Renten für die ältere Generation zusätzlich die Lasten für die Pflege ganz oder teilweise über Unterhaltsansprüche auferlegt. Zudem waren die eigenen und die familiären Möglichkeiten angesichts der immensen Kosten der Pflege regelmäßig begrenzt. Das führte dazu, dass die Sozialhilfe, die nur als Ausnahmesystem konzipiert ist, zum Regelträger für das Risiko „Pflegebedürftigkeit" wurde. Für die Sozialhilfeträger erwuchsen daraus immer größere Belastungen; 1994 entfiel etwa ein Drittel der Ausgaben der Sozialhilfe auf die Unterstützung Pflegebedürftiger. Die Betroffenen empfanden „den Gang zum Sozialamt" nach einem finanziell autonom geführten Berufsleben hingegen oftmals als entwürdigend.

Am 1.1.1995 ist daher nach langjährigen politischen Diskussionen die Pflegeversicherung in einem neuen Sozialgesetzbuch XI eingeführt worden. Dadurch wurde Pflegebedürftigkeit von einem fürsorgerischen Tatbestand des sozialen Ausgleichs zu einem Gegenstand sozialer Vorsorge durch eine Versicherung – mit der praktischen Konsequenz, dass nicht mehr auf das eigene Einkommen und Vermögen zurückgegriffen wird, sondern ein durch eingezahlte Beiträge gedeckter Versicherungsanspruch besteht. Der Aufbau eines neuen Sozialversicherungszweigs über 100 Jahre nach den Bismarck'schen Sozialreformen belegt zugleich, dass die von selbstverwalteten Körperschaften des öffentlichen Rechts getragene Sozialversicherung nach wie vor als Zukunftsmodell für die Absicherung gegenüber den typischen Wechselfällen des Lebens gelten kann. Allerdings ist die Pflegeversicherung besonders von den demografischen Veränderungen betroffen, weil die Zahl der Pflegebedürftigen wächst, zugleich aber immer weniger Beitragszahler und (für die Pflegeversicherung finanziell weniger aufwändige) pflegende Familienangehörige zur Verfügung stehen.

c) **Eigenheiten.** Die Pflegeversicherung ist organisatorisch eng an die GKV angelehnt, was sowohl in der Abgrenzung der Versichertengruppen als auch darin zum Ausdruck kommt, dass die Pflegekassen bei den Krankenkassen ein-

Einführung

gerichtet worden sind (s. d) und e)). Allerdings sind die gesetzlichen Rahmenbedingungen von sozialer und privater Pflegeversicherung stärker angeglichen als in der GKV. Eine Besonderheit gegenüber den anderen Sozialversicherungszweigen besteht darin, dass die Pflegeversicherung zwar für die Kosten der Pflege, nicht aber der Unterkunft und Verpflegung aufkommt. Diese Kosten müssen vom Betroffenen selbst getragen werden, weshalb Pflegebedürftigkeit nach wie vor eine auch finanzielle Belastung darstellen und zum Rückgriff auf die Sozialhilfeträger führen kann.

d) **Versicherte**. In der sozialen Pflegeversicherung pflichtversichert sind alle in der GKV obligatorisch Versicherten, § 20 SGB XI. Einzelheiten ergeben sich aus § 20 Abs. 1, 2, 2a SGB XI, der § 5 SGB V im Wesentlichen entspricht. Auch die in der GKV freiwillig Versicherten sind Pflichtversicherte i. S. d. Pflegeversicherung, § 20 Abs. 3 SGB XI. Sie können sich aber von der Versicherungspflicht befreien lassen, wenn sie einen gleichwertigen (§ 22 Abs. 1 S. 1 SGB XI) Versicherungsschutz bei einem privaten Krankenversicherungsunternehmen nachweisen; es handelt sich also um eine pflichtige Versicherung. Familienangehörige sind ebenso wie in der GKV beitragsfrei mitversichert (§ 25 SGB XI). Personen, die bei einem privaten KV-Unternehmen gegen Krankheit versichert sind, müssen einen Versicherungsvertrag bei diesem oder einem anderen Unternehmen (§ 23 Abs. 1 und 2 SGB XI) abschließen. Für diesen privaten Pflegeversicherungsvertrag gilt eine, verglichen mit der GKV, sehr engmaschige sozialrechtliche Regulierung, die die Unternehmen verpflichtet, solidarische Finanzierung und den Umfang der Leistungen an die soziale Pflegeversicherung anzulehnen und einen Finanzausgleich untereinander durchzuführen (Einzelheiten: §§ 110, 111 SGB XI).

e) **Organisation und Finanzierung**. Träger der sozialen Pflegeversicherung sind die Pflegekassen (§ 21a Abs. 2 SGB I, § 1 Abs. 3, § 46 Abs. 1 S. 1 SGB XI). Nach § 46 Abs. 2 S. 1 SGB XI sind sie zwar selbständige Körperschaften des öffentlichen Rechts mit Selbstverwaltung, sind aber bei den Krankenkassen angesiedelt und nehmen deren sachliche und personelle Mittel in Anspruch, wofür sie diesen eine pauschale Verwaltungskostenerstattung leisten (§ 46 Abs. 3 SGB XI). Die Organe der Krankenkassen sind gleichzeitig auch Organe der Pflegekassen. Die Pflegekassen haben auch keine eigenständigen Verbände; deren Aufgaben werden von den Verbänden der Krankenkassen wahrgenommen, §§ 52, 53 SGB XI.

Die Pflegeversicherung wird ausschließlich durch Beiträge finanziert; einen Bundeszuschuss gibt es anders als in der GKV nicht. Das Beitragsrecht ist eng an dasjenige der GKV angelehnt. Die Beiträge der nach § 20 Abs. 1 Nr. 1 SGB XI Pflichtversicherten (also der Arbeitnehmer) werden grundsätzlich hälftig von Arbeitnehmern und Arbeitgebern getragen, § 58 Abs. 1 SGB XI. Zum Ausgleich der damit verbundenen Belastungen der Arbeitgebers werden die Länder in § 58 Abs. 2 SGB XI ermächtigt, einen Feiertag zu streichen; das war der Buß- und Bettag. Einen anderen Weg ist Sachsen gegangen: Der Buß- und Bettag wurde beibehalten; dafür tragen die Arbeitnehmer die Pflegeversicherung allein (§ 58 Abs. 3 SGB XI). Für die übrigen Pflichtversicherten verweist § 59 SGB XI auf die Regelungen im Krankenversicherungsrecht. Eine weitere Besonderheit im Beitragsrecht besteht darin, dass für Versicherte ohne Kinder aufgrund einer Entscheidung des Bundesverfassungsgerichts ein um 0,25 % erhöhter Beitragssatz gilt, den diese allein zu tragen haben.

f) **Leistungsvoraussetzungen**. Der pflegeversicherungsrechtliche Leistungsanspruch setzt neben der Zugehörigkeit zum versicherten Personenkreis

Einführung

erstens voraus, dass die in § 33 Abs. 2 SGB XI genannte Wartezeit abgelaufen ist (Unterschied zur GKV, wo es keine Wartezeit gibt!) und zweitens, dass der Tatbestand der Pflegebedürftigkeit gegeben ist.

Anders als im Recht der GKV, wo der Versicherungsfall der Krankheit nicht näher definiert ist, enthalten die §§ 14, 15 SGB XI gesetzliche Konkretisierungen des Begriffs der Pflegebedürftigkeit. Dieser ist mit Wirkung ab dem 1.1.2017 grundlegend neu gefasst worden. Bis Ende 2016 waren Bezugspunkte der Hilfebedürftigkeit bestimmte regelmäßig wiederkehrende Verrichtungen im Ablauf des täglichen Lebens. Dieser verrichtungsbezogene Ansatz wurde insbesondere Menschen mit Demenzerkrankungen nicht gerecht, die zwar zu diesen Verrichtungen körperlich in der Lage sind, wegen ihrer Demenz aber gleichwohl einer regelmäßigen Beaufsichtigung bedürfen. Maßstab der Pflegebedürftigkeit ist nunmehr allein der Unterstützungsbedarf der pflegebedürftigen Person. Zur Ermittlung dieses Bedarfs wird der Grad der Selbständigkeit in sechs Bereichen gemessen (§ 15 Abs. 2 SGB XI): Mobilität, kognitive und kommunikative Fähigkeiten, Verhaltensweisen und psychische Problemlagen, Selbstversorgung, Bewältigung von und selbständiger Umgang mit krankheits- oder therapiebedingten Anforderungen und Belastungen, Gestaltung des Alltagslebens und sozialer Kontakte. Durch Vergabe von Punkten in den einzelnen Bereichen wird bei der Begutachtung der Grad der Pflegebedürftigkeit (I bis V) festgelegt. Personen, die bereits nach dem bisherigen System pflegebedürftig waren, sind automatisch in die neuen Pflegegrade übergeleitet worden (vgl. § 140 SGB XI).

Die Pflegekasse muss vor ihrer Entscheidung über das Vorliegen von Pflegebedürftigkeit und die Zuordnung zu den Pflegegraden gemäß § 18 Abs. 1 S. 1 SGB XI ein Gutachten des Medizinischen Dienstes der Krankenkassen (vgl. dazu die §§ 275 ff. SGB V) einholen. Der Versicherte ist bei der notwendigen Untersuchung nach § 18 Abs. 2 S. 2 und 3 SGB XI i. V. m. §§ 65, 66 SGB I zur Mitwirkung verpflichtet. In seinem Gutachten stellt der Medizinische Dienst die für die Beurteilung erforderlichen Tatsachen fest und zieht daraus Schlussfolgerungen in tatsächlicher Hinsicht. Dabei trifft er auch Feststellungen über Rehabilitationsmöglichkeiten, die u. U. für andere Leistungsträger von Bedeutung sind (§ 18 Abs. 1 S. 4 SGB XI). Die abschließende rechtliche Bewertung und Entscheidung (Pflegebedürftigkeit, Pflegegrad) obliegt dann aber der Pflegekasse selbst.

g) **Leistungen.** Die Versicherten haben bei Erfüllung der Leistungsvoraussetzungen Anspruch auf die in § 28 Abs. 1, 1a und 1b SGB XI genannten Leistungen. Dabei gelten die Grundsätze der Selbstbestimmung (§ 2 SGB XI) und des Vorrangs der häuslichen Pflege (§ 3 SGB XI). Bezüglich des Inhalts der Leistungen ist zunächst zu unterscheiden zwischen Leistungen bei häuslicher, bei teilstationärer und bei vollstationärer Pflege (§§ 36 ff. SGB XI).

Bei häuslicher Pflege sind vorgesehen die Pflegesachleistung durch einen professionellen Pflegedienst (§ 36 SGB XI), das Pflegegeld (§ 37 SGB XI), das bei (meist familiärer) Pflege durch eine Pflegeperson (§ 19 SGB XI) in Anspruch genommen wird und wegen der Erwartung, dass nicht aus finanziellen, sondern aus Gründen familiärer Solidarität gepflegt wird, wesentlich geringer ausfällt als die Pflegesachleistung (vgl. § 36 Abs. 3 SGB XI einerseits und § 37 Abs. 1 SGB XI andererseits) und schließlich eine Kombination von beidem (§ 38 SGB XI). Bei Krankheit oder Urlaub der Pflegeperson, deren Status das Gesetz arbeitnehmerähnlich ausgestaltet (§§ 44 ff. SGB XI), besteht ein Anspruch auf Ersatzpflege. § 40 SGB XI begründet schließlich Ansprüche auf Versorgung mit Pflegehilfsmitteln. Dazu gehören zum Verbrauch bestimmte Mittel nach § 40

Einführung

Abs. 1 und 2 SGB XI, wie Einmalhandschuhe, Desinfektionsmittel, Windeln und Körperpflegeartikel sowie technische Hilfen nach § 40 Abs. 3 SGB XI, die zur Erleichterung der Pflege, Bewegung und sonstiger Verrichtungen dienen (z. B. Rollstühle, Pflegebetten etc.). Selbst Umbaumaßnahmen in der Wohnung sind nach § 40 Abs. 4 SGB XI möglich.

Die teilstationäre Pflege (§ 41 SGB XI) bietet dem Pflegebedürftigen die zeitweilige Pflege in einer entsprechenden Einrichtung, umfasst aber nach § 41 Abs. 1 S. 2 SGB XI auch die Beförderung zur Pflegeeinrichtung und zurück. Sie dient dazu, die Pflegebereitschaft und -fähigkeit im häuslichen Bereich zu erhalten und zu fördern und dient damit letztlich der Umsetzung des Vorrangprinzips in § 3 SGB XI. Die Kurzzeitpflege (§ 42 SGB XI) hingegen ist bereits eine vollstationäre Pflege, allerdings nur von kurzer Dauer. Im Gegensatz zur teilstationären Pflege müssen für sie besondere Gründe vorliegen, s. näher § 42 SGB XI.

Vollstationäre Pflege kommt nach § 43 Abs. 1 SGB XI für Pflegebedürftige mit Pflegegrad 2 bis 5 in Betracht. Die Leistungen umfassen dabei nach § 43 Abs. 2 SGB XI die pflegebedingten Aufwendungen einschließlich der Aufwendungen für Betreuung und für Leistungen der medizinischen Behandlungspflege. Für die Kosten der Unterkunft und Verpflegung muss grundsätzlich nach §§ 4 Abs. 2 S. 2, 82 Abs. 1 S. 4 SGB XI der Pflegebedürftige selbst bzw. bei fehlendem Einkommen/Vermögen der Sozialhilfeträger aufkommen. Sofern jedoch der von der Pflegeversicherung gewährte Leistungsbetrag die pflegerischen Aufwendungen übersteigt, übernimmt die Pflegekasse zur Ausschöpfung des Betrags nach § 43 Abs. 2 S. 3 SGB XI auch Aufwendungen für Unterkunft und Verpflegung. Vollstationäre Pflege wird ferner in vollstationären Einrichtungen der Behindertenhilfe (§ 43a SGB XI) geleistet.

In stationären Pflegeeinrichtungen besteht außerdem ein Anspruch auf zusätzliche Betreuung und Aktivierung nach § 43b SGB XI.

12. Das SGB XII – Sozialhilfe

a) **Zielsetzung**. Aufgabe der Sozialhilfe ist es, den Leistungsberechtigten die Führung eines Lebens zu ermöglichen, das der Würde des Menschen entspricht (§ 1 SGB XII). Sozialhilfe erhält nach § 2 SGB II nicht, wer sich durch Einsatz seiner Arbeitskraft, seines Einkommens und seines Vermögens selbst helfen kann oder wer die erforderliche Leistung von anderen, insbesondere von Angehörigen oder von Trägern anderer Sozialleistungen, erhält. Mit dieser Betonung der Eigenverantwortung wird deutlich, dass die Sozialhilfe als sozialrechtliches „Auffangnetz" erst als letztes Mittel greifen soll und gegenüber allen anderen Ansprüchen subsidiär ist.

b) **Entwicklung**. Die Sozialhilfe wurde mit dem Gesetz zur Einordnung des Sozialhilferechts in das Sozialgesetzbuch vom 27.12.2003 (BGBl. I S. 3022) zu einem Teil des SGB. Es hat damit das Bundessozialhilfegesetz (BSHG) vom 30.6.1961 (BGBl. I S. 815) abgelöst, das geschaffen worden war, um die vom BVerwG herausgearbeiteten subjektiven Rechte auf Hilfe (BVerwGE 1, 159) gesetzlich zu verankern und das zuvor praktizierte System einer Unterstützung nach Ermessen entsprechend der durch das GG hervorgehobenen Menschenwürde (Art. 1 Abs. 1 GG) neu auszurichten. Ebenfalls durch das SGB XII abgelöst wurde das Grundsicherungsgesetz vom 26.6.2001 (BGBl. I S. 1310, 1335), das im Zuge der Alterssicherungsreformen (vgl. oben, III. 6. b)) zu einer eigenständigen Rechtsgrundlage der Sozialhilfe für ältere Menschen geworden war mit dem Ziel,

Einführung

im Falle von Altersarmut den Rückgriff auf Angehörige zu begrenzen. Die Einfügung des Sozialhilferechts in das SGB folgte den um die Jahrtausendwende entwickelten Reformvorstellungen der sog. Agenda 2010; wie beim SGB II wurde auch im SGB XII eine Pauschalierung der Leistungen vorgenommen (vgl. oben, III. 2. c)).

c) **Eigenheiten**. Das SGB XII enthält nach den vorstehend erwähnten Reformen nicht mehr das Sozialhilferecht für alle Bedürftige. Für Erwerbsfähige, von denen erwartet werden kann, dass sie eine Arbeit suchen, gilt das SGB II. Es ist gegenüber dem SGB XII vorrangig (vgl. III. 2. c), aber zu Einschränkungen auch § 21 SGB XII). Nachrangig ist das SGB XII auch gegenüber dem AsylbLG (§ 23 Abs. 2 SGB XII und oben, II. 1. c)). Auch innerhalb des SGB XII besteht ein gewisses Rangverhältnis: allgemeine Hilfeleistungen werden von besonderen unterschieden. Das kommt darin zum Ausdruck, dass die Grundsicherung im Alter und bei Erwerbsminderung gegenüber der Hilfe zum Lebensunterhalt (HLU) vorrangig ist (§ 19 Abs. 2 S. 2 SGB XII, während der Vorrang gegenüber dem SGB II nach § 5 Abs. 2 S. 2 SGB II schon aus den sich gegenseitig ausschließenden tatbestandlichen Voraussetzungen folgt).

d) **Leistungsberechtigte**. Nach § 19 SGB XII ist leistungsberechtigt, wer seinen notwendigen Lebensunterhalt nicht oder nicht ausreichend aus eigenen Kräften und Mitteln bestreiten kann (näher unten f)). Ausländer sind nur mit den in § 23 SGB XII geregelten Einschränkungen leistungsberechtigt. Allerdings ist das vorrangige Unionsrecht für Unionsbürger zu beachten (vgl. oben, II. 3. b)). Zudem gelten die allgemeinen Einschränkungen nicht für Ausländer, die im Besitz einer Niederlassungserlaubnis oder eines befristeten Aufenthaltstitels sind und sich voraussichtlich dauerhaft im Bundesgebiet aufhalten (§ 23 Abs. 1 S. 4 SGB XII). Grundsätzlich setzt die Leistungsberechtigung zudem voraus, dass sich Personen im Inland aufhalten. Davon bestehen zugunsten von Deutschen bestimmte Ausnahmen (näher § 24 SGB XII).

e) **Organisation und Finanzierung**. Sozialhilfe wird von den örtlichen und überörtlichen Trägern geleistet (§ 3 SGB XII). Örtliche Träger der Sozialhilfe sind die kreisfreien Städte und die Kreise, soweit nicht nach Landesrecht etwas anderes bestimmt ist. Die Länder bestimmen die überörtlichen Träger der Sozialhilfe. Es ist umstritten, ob die bundesgesetzlichen Zuständigkeitsregelungen im Zusammenspiel mit Leistungserweiterungen gegen das Aufgabenübertragungsverbot in Art. 84 Abs. 1 S. 7 GG verstoßen.

Die Finanzierung der Sozialhilfe erfolgt aus Steuermitteln. Die erforderlichen Mittel sind von den Trägern, also den Kommunen, aufzubringen. Die Nettoausgaben für Geldleistungen wegen Grundsicherung im Alter und bei Erwerbsminderung werden den Ländern vom Bund nach § 46a SGB XII erstattet.

f) **Leistungsvoraussetzungen und Leistungen**. Eine Grundlage für die Leistungsvoraussetzungen und die Leistungen bildet das dritte Kapitel. Hier wird geregelt, wer unter welchen Voraussetzungen Hilfe zum Lebensunterhalt erhält. Abweichende Voraussetzungen und Leistungen werden in den nachfolgenden Kapiteln geregelt: Kapitel 4 (Grundsicherung im Alter und bei Erwerbsminderung), Kapitel 5 (Hilfen zur Gesundheit), Kapitel 6 (Eingliederungshilfe für behinderte Menschen), Kapitel 7 (Hilfe zur Pflege), Kapitel 8 (Hilfe zur Überwindung besonderer sozialer Schwierigkeiten) und Kapitel 9 (Hilfe in anderen Lebenslagen).

Grundsätzlich sind nur die Personen leistungsberechtigt, die für sich oder die je nach Hilfeart zu berücksichtigende Bedarfsgemeinschaft die erforderlichen

Einführung

Mittel nicht aus dem eigenen Einkommen oder Vermögen aufbringen können (näher §§ 19 und 20 SGB XII; zur Aktivierung und Zumutbarkeit einer Tätigkeit § 11 SGB XII). Zur Ermittlung des einzusetzenden Einkommens und Vermögens sind die §§ 82 ff. SGB XII heranzuziehen. Zudem wird nach § 39 SGB XII vermutet, dass eine nachfragende Person mit Personen, mit denen sie in einer Wohnung oder in einer entsprechenden anderen Unterkunft gemeinsam wohnt, gemeinsam wirtschaftet (Haushaltsgemeinschaft) und dass die nachfragende Person von den anderen Personen Leistungen zum Lebensunterhalt erhält, soweit dies nach deren Einkommen und Vermögen erwartet werden kann.

Die Sozialhilfe, mit Ausnahme der Leistungen der Grundsicherung im Alter und bei Erwerbsminderung, setzt ein, sobald dem Träger der Sozialhilfe oder den von ihm beauftragten Stellen bekannt wird, dass die Voraussetzungen für die Leistung vorliegen (§ 18 Abs. 1 SGB XII). Aus § 9 Abs. 1 SGB XII ergibt sich das Individualisierungsgebot. Demnach richten sich die Leistungen bei der Hilfe zum Lebensunterhalt nach den Besonderheiten des Einzelfalles, insbesondere nach Art des Bedarfs, den örtlichen Verhältnissen, den eigenen Kräften und Mitteln der Person oder des Haushalts.

Wegen der Subsidiarität der Hilfe zum Lebensunterhalt gegenüber besonderen Hilfeleistungen können nur noch wenige Personen Leistungen nach dem dritten Kapitel des SGB XII beanspruchen. Darunter fallen vor allem Kinder und Jugendliche, die nicht in einer Bedarfsgemeinschaft mit ihren Angehörigen leben. Erwerbsfähige oder nicht Erwerbsfähige, die mit einem Erwerbsfähigen in einer Bedarfsgemeinschaft leben, erhalten hingegen Leistungen grundsätzlich nur nach dem SGB II (§ 21 SGB XII). Die Hilfebedürftigkeit (§ 27 SGB XII) wird dann innerhalb der ganzen Bedarfsgemeinschaft ermittelt. Im Umfang ist die HLU mit der Grundhilfe für Arbeitssuchende (vgl. oben, III. 2. g)) vergleichbar (näher §§ 27 bis 40 SGB XII). Der notwendige Lebensbedarf wird auch hier nach dem Regelbedarfs-Ermittlungsgesetz festgestellt und um Leistungen für Unterkunft und Heizung sowie für diverse Mehrbedarfe ergänzt.

Nicht mehr Erwerbsfähige, d. h. Menschen mit Überschreitung der Regelaltersgrenze und Erwerbsgeminderte, erhalten, sollten sie ihren Unterhalt nicht durch Rente oder anderweitig bestreiten können, Leistungen nach dem vierten Kapitel des SGB XII der Grundsicherung im Alter und bei Erwerbsminderung, §§ 19 Abs. 2, 41 SGB XII. Um versteckter Altersarmut vorzubeugen, werden bei diesen Leistungsberechtigten Unterhaltsansprüche gegenüber Eltern oder Kindern erst ab einem jährlichen Gesamteinkommen von 100 000 € berücksichtigt (§ 43 Abs. 5 SGB XII). Die Vermutung der Bedarfsdeckung bei bestehender Haushaltsgemeinschaft greift hier nicht (§ 43 Abs. 6 SGB XII). Inhaltlich entspricht die Grundsicherung im Alter und bei Erwerbsminderung weitgehend der HLU.

Die weiteren Kapitel (Hilfe zur Gesundheit, Eingliederungshilfe für behinderte Menschen, Hilfe zur Pflege, Hilfe zur Überwindung besonderer sozialer Schwierigkeiten und Hilfen in anderen Lebenslagen) sichern den hierunter fallenden Leistungsberechtigten spezielle Hilfen, soweit ihnen die Aufbringung der Mittel aus eigenem Vermögen und Einkommen (bzw. deren Ehegatten, Lebenspartnern oder Eltern) nach den §§ 82 ff. SGB XII unzumutbar ist. Hier regelt § 85 SGB XII eine eigene Einkommensgrenze, bis zu der die Aufbringung der Mittel nicht zuzumuten ist (§ 19 III SGB XII). Die entsprechenden Leistungen können teils separat und teils ergänzend neben anderen Sozialleistungen bezogen werden. Die Hilfen zur Gesundheit (§§ 47 ff. SGB XII) stellen eine ausreichende Gesundheitsversorgung sicher. Die Eingliederungshilfe für

Einführung

behinderte Menschen (§§ 53 ff. und für 2018 und 2019 §§ 140 ff. SGB XII) gewährt Leistungen zur Verhütung, Minderung und Beseitigung von Behinderungen und hilft Menschen mit Behinderung, sich in die Gesellschaft einzugliedern; sie wird ab 2020 als neuer Teil 2 in das SGB IX integriert (vgl. zum BTHG oben, III. 9. b)). Die Hilfe zur Pflege (§§ 61 ff. SGB XII) sichert insbesondere hilfebedürftigen und pflegebedürftigen Menschen die notwendige Pflege, wenn die Leistungen nach dem SGB XI (vgl. oben, III. 11. g)) gemeinsam mit den eigenen finanziellen Möglichkeiten nicht ausreichen. Die Hilfe zur Überwindung besonderer sozialer Schwierigkeiten (§§ 67 ff. SGB XII) ist ein Instrument, um im Einzelfall gezielt Hilfe bei Unfähigkeit zur Selbsthilfe zu gewähren. Dienstleistungen werden ohne Rücksicht auf Einkommen und Vermögen erbracht (§ 68 Abs. 2 SGB XII). Zudem kann noch Hilfe in anderen Lebenslagen gewährt werden, z.B. Altenhilfe, Blindenhilfe und die Zahlung von Bestattungskosten (§§ 70 ff. SGB XII).

IV. Die Durchsetzung des SGB: Das SGG

Deutschland verfügt mit der Sozialgerichtsbarkeit über einen eigenständig organisierten, besonderen Zweig der Verwaltungsgerichtsbarkeit, in dem die meisten sozialrechtlichen Streitigkeiten entschieden werden (zum Vorrang dieser Gerichtsbarkeit vor der allgemeinen Verwaltungsgerichtsbarkeit § 40 Abs. 1 S. 1 VwGO). Er ist mit dem Sozialgerichtsgesetz (SGG) vom 3.9.1953 (BGBl. I S. 1239) und den darauf aufbauenden Ausführungsgesetzen der Länder geschaffen worden, um dem im Grundgesetz enthaltenen Vorgaben hinsichtlich der Aufgaben und der Unabhängigkeit der Richter (Art. 92 und 97 GG) nachzukommen. Das führte zur Auflösung der bis dahin zuständigen Spruchkörper der Versicherungs- und Versorgungsämter. Deren Tätigkeit ging auf das Unfallversicherungsgesetz von 1884 (vgl. III. 7. b)) und das damit zugleich geschaffene Reichsversicherungsamt zurück, das später auch für die anderen Versicherungszweige zuständig wurde und als Aufsichtsbehörde Verwaltungsaufgaben wie als oberste Spruchinstanz Rechtsprechungsaufgaben wahrnahm. Zusammen mit den anderen Versicherungs- und den zusätzlich errichteten Versorgungsämtern war es funktional Vorläufer der Sozialgerichtsbarkeit. Mit einer Änderung des Grundgesetzes im Jahr 1968 (Gesetz vom 18.6.1968, BGBl. I S. 657) wurde dann das Bundessozialgericht zusammen mit den anderen Bundesgerichten namentlich in die Verfassung aufgenommen und es wurden damit die verschiedenen Gerichtszweige zumindest auf Bundesebene verfassungsrechtlich festgeschrieben.

Die Sozialgerichtsbarkeit ist dreistufig aufgebaut. In erster Instanz entscheiden in der Regel die durch die Länder errichteten Sozialgerichte (SGe) (§§ 2 und 7 ff. SGG), an denen für bestimmte Streitigkeiten Kammern errichtet werden (§ 10 SGG; zur örtlichen Zuständigkeit §§ 57 ff. SGG). Zuständig in der zweiten Instanz für die Berufungen und Beschwerden gegen Entscheidungen der SGe sowie für einige Streitigkeiten im ersten Rechtszug sind die Landessozialgerichte (LSGe) (§§ 28 ff. SGG). An der Spitze der Sozialgerichtsbarkeit steht das Bundessozialgericht (BSG) in Kassel (§ 38 SGG). Es entscheidet über Revisionen sowie in erster Instanz über sozialrechtliche Streitigkeiten nicht verfassungsrechtlicher Art zwischen Bund und Ländern sowie zwischen Ländern in Angelegenheiten des § 51 SGG (§ 39 SGG). An den LSGen und dem BSG werden als Spruchkörper Senate gebildet (§§ 31 und 40 f. SGG). Charakteris-

Einführung

tisch ist in der Sozialgerichtsbarkeit die Mitwirkung von ehrenamtlichen Richtern in allen Instanzen (vgl. § 3 SGG; vgl. zur Besetzung der Kammern und der Berufung von ehrenamtlichen Richtern an den SGen §§ 12 ff. SGG, die weitgehend auch für die LSGe und das BSG gelten, §§ 35 und 46 f. SGG).

In der Sache zuständig sind die Sozialgerichte für die in § 51 SGG aufgeführten Streitigkeiten. Das sind traditionell Verfahren aus der Sozialversicherung und der Arbeitsförderung einschließlich auch der privaten Pflegeversicherung (vgl. dazu oben, III. 11. d)) und der Beziehung zu Dritten, also insbesondere den Leistungserbringern, in der Kranken- und Pflegeversicherung (§ 51 Abs. 1 Nr. 1 bis 4, Nr. 5, Abs. 2 SGG; zur Ausnahme bei wettbewerbsrechtlichen Streitigkeiten § 51 Abs. 3 SGG). Ferner entscheiden die Sozialgerichte über Entschädigungsrecht, die Feststellung der Schwerbehinderteneigenschaft, das Aufwendungsausgleichsgesetz, das die Erstattung von Entgeltfortzahlung und Mutterschaftsleistungen regelt, sowie die sonst zugewiesenen Fälle (§ 51 Abs. 1 Nr. 6, 7, 8 und 10 SGG). Mit der Reform der Arbeitslosenunterstützung und der Sozialhilfe (vgl. III. 2. a)) ist die Zuständigkeit für die Grundsicherung für Arbeitsuchende, die Sozialhilfe und das Asylbewerberleistungsgesetz (§ 51 Abs. 1 Nr. 4a und 6a SGG) hinzugekommen. Klagearten vor den Sozialgerichten sind die Anfechtungs-, Verpflichtungs-, Leistungs- und Feststellungsklagen (§§ 54 und 55 SGG), ferner ein Verfahren zur Kontrolle untergesetzlicher Normen (§ 55a SGG). Das entspricht den Regelungen der VwGO für das Verfahren vor den allgemeinen Verwaltungsgerichten. Es besteht aber eine Besonderheit hinsichtlich der Statthaftigkeit der Klagearten. Wird eine beantragte Leistung abgelehnt, auf die ein Anspruch besteht, so ist neben der Aufhebung des Ablehnungsbescheides die unmittelbare Gewährung der Leistung einzuklagen; ein neuer Leistungsbescheid muss nicht ergehen (sog. kombinierte Anfechtungs- und Leistungsklage des § 54 Abs. 4 SGG). Anders ist es nur, wenn die Leistung im Ermessen der Behörde steht, dann ist die kombinierte Anfechtungs- und Verpflichtungsklage zu erheben. Der Eilrechtsschutz richtet sich nach den §§ 86a, 86b SGG, die im Jahr 2001 den §§ 80, 80a, § 123 VwGO nachgebildet worden sind. Das Sozialgerichtsverfahren ist für die Bürger in allen Instanzen gerichtskostenfrei; sonstige Kläger und Beklagte haben feste Gebühren zu entrichten oder Gebühren nach dem Streitwert, soweit keine Bürger beteiligt sind.

1. Sozialgesetzbuch (SGB) Erstes Buch (I)
– Allgemeiner Teil –[1)]

Vom 11. Dezember 1975
(BGBl. I S. 3015)

FNA 860-1

zuletzt geänd. durch Art. 5 BetriebsrentenstärkungsG v. 17.8.2017 (BGBl. I S. 3214)

Inhaltsübersicht

§§

Erster Abschnitt. Aufgaben des Sozialgesetzbuches und soziale Rechte

Aufgaben des Sozialgesetzbuches	1
Soziale Rechte	2
Bildungs- und Arbeitsförderung	3
Sozialversicherung	4
Soziale Entschädigung bei Gesundheitsschäden	5
Minderung des Familienaufwands	6
Zuschuss für eine angemessene Wohnung	7
Kinder- und Jugendhilfe	8
Sozialhilfe	9
Teilhabe behinderter Menschen	10

Zweiter Abschnitt. Einweisungsvorschriften

Erster Titel. Allgemeines über Sozialleistungen und Leistungsträger

Leistungsarten	11
Leistungsträger	12
Aufklärung	13
Beratung	14
Auskunft	15
Antragstellung	16
Ausführung der Sozialleistungen	17

Zweiter Titel. Einzelne Sozialleistungen und zuständige Leistungsträger

Leistungen der Ausbildungsförderung	18
Leistungen der Arbeitsförderung	19
Leistungen der Grundsicherung für Arbeitsuchende	19a
Leistungen bei gleitendem Übergang älterer Arbeitnehmer in den Ruhestand	19b
(aufgehoben)	20
Leistungen der gesetzlichen Krankenversicherung	21
Leistungen der sozialen Pflegeversicherung	21a
Leistungen bei Schwangerschaftsabbrüchen	21b
Leistungen der gesetzlichen Unfallversicherung	22
Leistungen der gesetzlichen Rentenversicherung einschließlich der Alterssicherung der Landwirte	23
Versorgungsleistungen bei Gesundheitsschäden	24
Kindergeld, Kinderzuschlag, Leistungen für Bildung und Teilhabe, Elterngeld und Betreuungsgeld	25
Wohngeld	26
Leistungen der Kinder- und Jugendhilfe	27
Leistungen der Sozialhilfe	28

[1)] Verkündet als Art. I Sozialgesetzbuch (SGB) – Allgemeiner Teil – v. 11.12.1975 (BGBl. I S. 3015); Inkrafttreten gem. Art. II § 23 Abs. 1 Satz 1 dieses G am 1.1.1976 mit Ausnahme des § 44, der gem. Art. II § 23 Abs. 2 Satz 1 am 1.1.1978 in Kraft getreten ist.

1 SGB I
1. Buch. Allgemeiner Teil

	§§
Leistungen der Eingliederungshilfe	28a
Leistungen zur Rehabilitation und Teilhabe behinderter Menschen	29

Dritter Abschnitt. Gemeinsame Vorschriften für alle Sozialleistungsbereiche dieses Gesetzbuches

Erster Titel. Allgemeine Grundsätze

Geltungsbereich	30
Vorbehalt des Gesetzes	31
Verbot nachteiliger Vereinbarungen	32
Ausgestaltung von Rechten und Pflichten	33
Altersabhängige Rechte und Pflichten	33a
Lebenspartnerschaften	33b
Benachteiligungsverbot	33c
Begrenzung von Rechten und Pflichten	34
Sozialgeheimnis	35
Handlungsfähigkeit	36
Elektronische Kommunikation	36a
Vorbehalt abweichender Regelungen	37

Zweiter Titel. Grundsätze des Leistungsrechts

Rechtsanspruch	38
Ermessensleistungen	39
Entstehen der Ansprüche	40
Fälligkeit	41
Vorschüsse	42
Vorläufige Leistungen	43
Verzinsung	44
Verjährung	45
Verzicht	46
Auszahlung von Geldleistungen	47
Auszahlung bei Verletzung der Unterhaltspflicht	48
Auszahlung bei Unterbringung	49
Überleitung bei Unterbringung	50
Aufrechnung	51
Verrechnung	52
Übertragung und Verpfändung	53
Pfändung	54
(aufgehoben)	55
Sonderrechtsnachfolge	56
Verzicht und Haftung des Sonderrechtsnachfolgers	57
Vererbung	58
Ausschluss der Rechtsnachfolge	59

Dritter Titel. Mitwirkung des Leistungsberechtigten

Angabe von Tatsachen	60
Persönliches Erscheinen	61
Untersuchungen	62
Heilbehandlung	63
Leistungen zur Teilhabe am Arbeitsleben	64
Grenzen der Mitwirkung	65
Aufwendungsersatz	65a
Folgen fehlender Mitwirkung	66
Nachholung der Mitwirkung	67

Vierter Abschnitt. Übergangs- und Schlussvorschriften

Besondere Teile dieses Gesetzbuches	68
Stadtstaaten-Klausel	69
Überleitungsvorschrift zum Verjährungsrecht	70
Überleitungsvorschrift zur Übertragung, Verpfändung und Pfändung	71

Erster Abschnitt. Aufgaben des Sozialgesetzbuchs und soziale Rechte

§ 1 Aufgaben des Sozialgesetzbuchs. (1) ¹ Das Recht des Sozialgesetzbuchs soll zur Verwirklichung sozialer Gerechtigkeit und sozialer Sicherheit Sozialleistungen einschließlich sozialer und erzieherischer Hilfen gestalten. ² Es soll dazu beitragen,

ein menschenwürdiges Dasein zu sichern,

gleiche Voraussetzungen für die freie Entfaltung der Persönlichkeit, insbesondere auch für junge Menschen zu schaffen,

die Familie zu schützen und zu fördern,

den Erwerb des Lebensunterhalts durch eine frei gewählte Tätigkeit zu ermöglichen und

besondere Belastungen des Lebens, auch durch Hilfe zur Selbsthilfe, abzuwenden oder auszugleichen.

(2) Das Recht des Sozialgesetzbuchs soll auch dazu beitragen, daß die zur Erfüllung der in Absatz 1 genannten Aufgaben erforderlichen sozialen Dienste und Einrichtungen rechtzeitig und ausreichend zur Verfügung stehen.

§ 2 Soziale Rechte. (1) ¹ Der Erfüllung der in § 1 genannten Aufgaben dienen die nachfolgenden sozialen Rechte. ² Aus ihnen können Ansprüche nur insoweit geltend gemacht oder hergeleitet werden, als deren Voraussetzungen und Inhalt durch die Vorschriften der besonderen Teile dieses Gesetzbuchs im einzelnen bestimmt sind.

(2) Die nachfolgenden sozialen Rechte sind bei der Auslegung der Vorschriften dieses Gesetzbuchs und bei der Ausübung von Ermessen zu beachten; dabei ist sicherzustellen, daß die sozialen Rechte möglichst weitgehend verwirklicht werden.

§ 3 Bildungs- und Arbeitsförderung. (1) Wer an einer Ausbildung teilnimmt, die seiner Neigung, Eignung und Leistung entspricht, hat ein Recht auf individuelle Förderung seiner Ausbildung, wenn ihm die hierfür erforderlichen Mittel nicht anderweitig zur Verfügung stehen.

(2) Wer am Arbeitsleben teilnimmt oder teilnehmen will, hat ein Recht auf

1. Beratung bei der Wahl des Bildungswegs und des Berufs,
2. individuelle Förderung seiner beruflichen Weiterbildung,
3. Hilfe zur Erlangung und Erhaltung eines angemessenen Arbeitsplatzes und
4. wirtschaftliche Sicherung bei Arbeitslosigkeit und bei Zahlungsunfähigkeit des Arbeitgebers.

§ 4 Sozialversicherung. (1) Jeder hat im Rahmen dieses Gesetzbuchs ein Recht auf Zugang zur Sozialversicherung.

(2) ¹ Wer in der Sozialversicherung versichert ist, hat im Rahmen der gesetzlichen Kranken-, Pflege-, Unfall- und Rentenversicherung einschließlich der Alterssicherung der Landwirte ein Recht auf

1. die notwendigen Maßnahmen zum Schutz, zur Erhaltung, zur Besserung und zur Wiederherstellung der Gesundheit und der Leistungsfähigkeit und
2. wirtschaftliche Sicherung bei Krankheit, Mutterschaft, Minderung der Erwerbsfähigkeit und Alter.

²Ein Recht auf wirtschaftliche Sicherung haben auch die Hinterbliebenen eines Versicherten.

§ 5 Soziale Entschädigung bei Gesundheitsschäden. ¹Wer einen Gesundheitsschaden erleidet, für dessen Folgen die staatliche Gemeinschaft in Abgeltung eines besonderen Opfers oder aus anderen Gründen nach versorgungsrechtlichen Grundsätzen einsteht, hat ein Recht auf
1. die notwendigen Maßnahmen zur Erhaltung, zur Besserung und zur Wiederherstellung der Gesundheit und der Leistungsfähigkeit und
2. angemessene wirtschaftliche Versorgung.

²Ein Recht auf angemessene wirtschaftliche Versorgung haben auch die Hinterbliebenen eines Beschädigten.

§ 6 Minderung des Familienaufwands. Wer Kindern Unterhalt zu leisten hat oder leistet, hat ein Recht auf Minderung der dadurch entstehenden wirtschaftlichen Belastungen.

§ 7 Zuschuß für eine angemessene Wohnung. Wer für eine angemessene Wohnung Aufwendungen erbringen muß, die ihm nicht zugemutet werden können, hat ein Recht auf Zuschuß zur Miete oder zu vergleichbaren Aufwendungen.

§ 8 Kinder- und Jugendhilfe. ¹Junge Menschen und Personensorgeberechtigte haben im Rahmen dieses Gesetzbuchs ein Recht, Leistungen der öffentlichen Jugendhilfe in Anspruch zu nehmen. ²Sie sollen die Entwicklung junger Menschen fördern und die Erziehung in der Familie unterstützen und ergänzen.

§ 9 Sozialhilfe. ¹Wer nicht in der Lage ist, aus eigenen Kräften seinen Lebensunterhalt zu bestreiten oder in besonderen Lebenslagen sich selbst zu helfen, und auch von anderer Seite keine ausreichende Hilfe erhält, hat ein Recht auf persönliche und wirtschaftliche Hilfe, die seinem besonderen Bedarf entspricht, ihn zur Selbsthilfe befähigt, die Teilnahme am Leben in der Gemeinschaft ermöglicht und die Führung eines menschenwürdigen Lebens sichert. ²Hierbei müssen Leistungsberechtigte nach ihren Kräften mitwirken.

§ 10 Teilhabe behinderter Menschen. Menschen, die körperlich, geistig oder seelisch behindert sind oder denen eine solche Behinderung droht, haben unabhängig von der Ursache der Behinderung zur Förderung ihrer Selbstbestimmung und gleichberechtigten Teilhabe ein Recht auf Hilfe, die notwendig ist, um
1. die Behinderung abzuwenden, zu beseitigen, zu mindern, ihre Verschlimmerung zu verhüten oder ihre Folgen zu mildern,
2. Einschränkungen der Erwerbsfähigkeit oder Pflegebedürftigkeit zu vermeiden, zu überwinden, zu mindern oder eine Verschlimmerung zu verhüten

sowie den vorzeitigen Bezug von Sozialleistungen zu vermeiden oder laufende Sozialleistungen zu mindern,
3. ihnen einen ihren Neigungen und Fähigkeiten entsprechenden Platz im Arbeitsleben zu sichern,
4. ihre Entwicklung zu fördern und ihre Teilhabe am Leben in der Gesellschaft und eine möglichst selbständige und selbstbestimmte Lebensführung zu ermöglichen oder zu erleichtern sowie
5. Benachteiligungen auf Grund der Behinderung entgegenzuwirken.

Zweiter Abschnitt. Einweisungsvorschriften

Erster Titel. Allgemeines über Sozialleistungen und Leistungsträger

§ 11 Leistungsarten. [1] Gegenstand der sozialen Rechte sind die in diesem Gesetzbuch vorgesehenen Dienst-, Sach- und Geldleistungen (Sozialleistungen). [2] Die persönliche und erzieherische Hilfe gehört zu den Dienstleistungen.

§ 12 Leistungsträger. [1] Zuständig für Sozialleistungen sind die in den §§ 18 bis 29 genannten Körperschaften, Anstalten und Behörden (Leistungsträger). [2] Die Abgrenzung ihrer Zuständigkeit ergibt sich aus den besonderen Teilen dieses Gesetzbuchs.

§ 13 Aufklärung. Die Leistungsträger, ihre Verbände und die sonstigen in diesem Gesetzbuch genannten öffentlich-rechtlichen Vereinigungen sind verpflichtet, im Rahmen ihrer Zuständigkeit die Bevölkerung über die Rechte und Pflichten nach diesem Gesetzbuch aufzuklären.

§ 14 Beratung. [1] Jeder hat Anspruch auf Beratung über seine Rechte und Pflichten nach diesem Gesetzbuch. [2] Zuständig für die Beratung sind die Leistungsträger, denen gegenüber die Rechte geltend zu machen oder die Pflichten zu erfüllen sind.

§ 15 Auskunft. (1) Die nach Landesrecht zuständigen Stellen, die Träger der gesetzlichen Krankenversicherung und der sozialen Pflegeversicherung sind verpflichtet, über alle sozialen Angelegenheiten nach diesem Gesetzbuch Auskünfte zu erteilen.

(2) Die Auskunftspflicht erstreckt sich auf die Benennung der für die Sozialleistungen zuständigen Leistungsträger sowie auf alle Sach- und Rechtsfragen, die für die Auskunftsuchenden von Bedeutung sein können und zu deren Beantwortung die Auskunftsstelle imstande ist.

(3) Die Auskunftsstellen sind verpflichtet, untereinander und mit den anderen Leistungsträgern mit dem Ziel zusammenzuarbeiten, eine möglichst umfassende Auskunftserteilung durch eine Stelle sicherzustellen.

(4) Die Träger der gesetzlichen Rentenversicherung sollen über Möglichkeiten zum Aufbau einer staatlich geförderten zusätzlichen Altersvorsorge produkt- und anbieterneutral Auskünfte erteilen.

§ 16 Antragstellung. (1) ¹Anträge auf Sozialleistungen sind beim zuständigen Leistungsträger zu stellen. ²Sie werden auch von allen anderen Leistungsträgern, von allen Gemeinden und bei Personen, die sich im Ausland aufhalten, auch von den amtlichen Vertretungen der Bundesrepublik Deutschland im Ausland entgegengenommen.

(2) ¹Anträge, die bei einem unzuständigen Leistungsträger, bei einer für die Sozialleistung nicht zuständigen Gemeinde oder bei einer amtlichen Vertretung der Bundesrepublik Deutschland im Ausland gestellt werden, sind unverzüglich an den zuständigen Leistungsträger weiterzuleiten. ²Ist die Sozialleistung von einem Antrag abhängig, gilt der Antrag als zu dem Zeitpunkt gestellt, in dem er bei einer der in Satz 1 genannten Stellen eingegangen ist.

(3) Die Leistungsträger sind verpflichtet, darauf hinzuwirken, daß unverzüglich klare und sachdienliche Anträge gestellt und unvollständige Angaben ergänzt werden.

§ 17 Ausführung der Sozialleistungen. (1) Die Leistungsträger sind verpflichtet, darauf hinzuwirken, daß

1. jeder Berechtigte die ihm zustehenden Sozialleistungen in zeitgemäßer Weise, umfassend und zügig erhält,
2. die zur Ausführung von Sozialleistungen erforderlichen sozialen Dienste und Einrichtungen rechtzeitig und ausreichend zur Verfügung stehen,
3. der Zugang zu den Sozialleistungen möglichst einfach gestaltet wird, insbesondere durch Verwendung allgemein verständlicher Antragsvordrucke und
4. ihre Verwaltungs- und Dienstgebäude frei von Zugangs- und Kommunikationsbarrieren sind und Sozialleistungen in barrierefreien Räumen und Anlagen ausgeführt werden.

(2) ¹Menschen mit Hörbehinderungen und Menschen mit Sprachbehinderungen haben das Recht, bei der Ausführung von Sozialleistungen, insbesondere auch bei ärztlichen Untersuchungen und Behandlungen, in Deutscher Gebärdensprache, mit lautsprachbegleitenden Gebärden oder über andere geeignete Kommunikationshilfen zu kommunizieren. ²Die für die Sozialleistung zuständigen Leistungsträger sind verpflichtet, die durch die Verwendung der Kommunikationshilfen entstehenden Kosten zu tragen. ³§ 5 der Kommunikationshilfenverordnung in der jeweils geltenden Fassung gilt entsprechend.

(2a) § 11 des Behindertengleichstellungsgesetzes gilt in seiner jeweils geltenden Fassung bei der Ausführung von Sozialleistungen entsprechend.

(3) ¹In der Zusammenarbeit mit gemeinnützigen und freien Einrichtungen und Organisationen wirken die Leistungsträger darauf hin, daß sich ihre Tätigkeit und die der genannten Einrichtungen und Organisationen zum Wohl der Leistungsempfänger wirksam ergänzen. ²Sie haben dabei deren Selbständigkeit in Zielsetzung und Durchführung ihrer Aufgaben zu achten. ³Die Nachprüfung zweckentsprechender Verwendung bei der Inanspruchnahme öffentlicher Mittel bleibt unberührt. ⁴Im übrigen ergibt sich ihr Verhältnis zueinander aus den besonderen Teilen dieses Gesetzbuchs; § 97 Abs. 1 Satz 1 bis 4 und Abs. 2 des Zehnten Buches[1] findet keine Anwendung.

---

[1] Nr. 10.

Zweiter Titel. Einzelne Sozialleistungen und zuständige Leistungsträger

§ 18 Leistungen der Ausbildungsförderung. (1) Nach dem Recht der Ausbildungsförderung können Zuschüsse und Darlehen für den Lebensunterhalt und die Ausbildung in Anspruch genommen werden.

(2) Zuständig sind die Ämter und die Landesämter für Ausbildungsförderung nach Maßgabe der §§ 39, 40, 40a und 45 des Bundesausbildungsförderungsgesetzes.

§ 19 Leistungen der Arbeitsförderung. (1) Nach dem Recht der Arbeitsförderung können in Anspruch genommen werden:

1. Berufsberatung und Arbeitsmarktberatung,
2. Ausbildungsvermittlung und Arbeitsvermittlung,
3. Leistungen
   a) zur Aktivierung und beruflichen Eingliederung,
   b) zur Berufswahl und Berufsausbildung,
   c) zur beruflichen Weiterbildung,
   d) zur Aufnahme einer Erwerbstätigkeit,
   e) zum Verbleib in Beschäftigung,
   f) der Teilhabe behinderter Menschen am Arbeitsleben,
4. Arbeitslosengeld, Teilarbeitslosengeld, Arbeitslosengeld bei Weiterbildung und Insolvenzgeld.

(2) Zuständig sind die Agenturen für Arbeit und die sonstigen Dienststellen der Bundesagentur für Arbeit.

§ 19a Leistungen der Grundsicherung für Arbeitsuchende. (1) Nach dem Recht der Grundsicherung für Arbeitsuchende können in Anspruch genommen werden

1. Leistungen zur Eingliederung in Arbeit,
2. Leistungen zur Sicherung des Lebensunterhalts.

(2) [1] Zuständig sind die Agenturen für Arbeit und die sonstigen Dienststellen der Bundesagentur für Arbeit, sowie die kreisfreien Städte und Kreise, soweit durch Landesrecht nicht andere Träger bestimmt sind. [2] In den Fällen des § 6a des Zweiten Buches[1]) ist abweichend von Satz 1 der zugelassene kommunale Träger zuständig.

§ 19b Leistungen bei gleitendem Übergang älterer Arbeitnehmer in den Ruhestand. (1) Nach dem Recht der Förderung eines gleitenden Übergangs älterer Arbeitnehmer in den Ruhestand können in Anspruch genommen werden:

1. Erstattung der Beiträge zur Höherversicherung in der gesetzlichen Rentenversicherung und der nicht auf das Arbeitsentgelt entfallenden Beiträge zur gesetzlichen Rentenversicherung für ältere Arbeitnehmer, die ihre Arbeitszeit verkürzt haben.

---

[1]) Nr. 2.

2. Erstattung der Aufstockungsbeträge zum Arbeitsentgelt für die Altersteilzeitarbeit.

(2) Zuständig sind die Agenturen für Arbeit und die sonstigen Dienststellen der Bundesagentur für Arbeit.

§ 20 *(aufgehoben)*

§ 21 Leistungen der gesetzlichen Krankenversicherung. (1) Nach dem Recht der gesetzlichen Krankenversicherung können in Anspruch genommen werden:

1. Leistungen zur Förderung der Gesundheit, zur Verhütung und zur Früherkennung von Krankheiten,
2. bei Krankheit Krankenbehandlung, insbesondere

    a) ärztliche und zahnärztliche Behandlung,

    b) Versorgung mit Arznei-, Verband-, Heil- und Hilfsmitteln,

    c) häusliche Krankenpflege und Haushaltshilfe,

    d) Krankenhausbehandlung,

    e) medizinische und ergänzende Leistungen zur Rehabilitation,

    f) Betriebshilfe für Landwirte,

    g) Krankengeld,
3. bei Schwangerschaft und Mutterschaft ärztliche Betreuung, Hebammenhilfe, stationäre Entbindung, häusliche Pflege, Haushaltshilfe, Betriebshilfe für Landwirte, Mutterschaftsgeld,
4. Hilfe zur Familienplanung und Leistungen bei durch Krankheit erforderlicher Sterilisation und bei nicht rechtswidrigem Schwangerschaftsabbruch.

(2) Zuständig sind die Orts-, Betriebs- und Innungskrankenkassen, die Sozialversicherung für Landwirtschaft, Forsten und Gartenbau als landwirtschaftliche Krankenkasse, die Deutsche Rentenversicherung Knappschaft-Bahn-See und die Ersatzkassen.

§ 21a Leistungen der sozialen Pflegeversicherung. (1) Nach dem Recht der sozialen Pflegeversicherung können in Anspruch genommen werden:

1. Leistungen bei häuslicher Pflege:

    a) Pflegesachleistung,

    b) Pflegegeld für selbst beschaffte Pflegehilfen,

    c) häusliche Pflege bei Verhinderung der Pflegeperson,

    d) Pflegehilfsmittel und technische Hilfen,
2. teilstationäre Pflege und Kurzzeitpflege,
3. Leistungen für Pflegepersonen, insbesondere

    a) soziale Sicherung und

    b) Pflegekurse,
4. vollstationäre Pflege.

(2) Zuständig sind die bei den Krankenkassen errichteten Pflegekassen.

2. Abschnitt. Einweisungsvorschriften §§ 21b–23 SGB I 1

§ 21b Leistungen bei Schwangerschaftsabbrüchen. (1) Nach dem Fünften Abschnitt des Schwangerschaftskonfliktgesetzes können bei einem nicht rechtswidrigen oder unter den Voraussetzungen des § 218a Abs. 1 des Strafgesetzbuches vorgenommenen Abbruch einer Schwangerschaft Leistungen in Anspruch genommen werden.

(2) Zuständig sind die Orts-, Betriebs- und Innungskrankenkassen, die Sozialversicherung für Landwirtschaft, Forsten und Gartenbau als landwirtschaftliche Krankenkasse, die Deutsche Rentenversicherung Knappschaft-Bahn-See und die Ersatzkassen.

§ 22 Leistungen der gesetzlichen Unfallversicherung. (1) Nach dem Recht der gesetzlichen Unfallversicherung können in Anspruch genommen werden:

1. Maßnahmen zur Verhütung von Arbeitsunfällen, Berufskrankheiten und arbeitsbedingten Gesundheitsgefahren und zur Ersten Hilfe sowie Maßnahmen zur Früherkennung von Berufskrankheiten und arbeitsbedingten Gesundheitsgefahren,
2. Heilbehandlung, Leistungen zur Teilhabe am Arbeitsleben und andere Leistungen zur Erhaltung, Besserung und Wiederherstellung der Erwerbsfähigkeit sowie zur Erleichterung der Verletzungsfolgen einschließlich wirtschaftlicher Hilfen,
3. Renten wegen Minderung der Erwerbsfähigkeit,
4. Renten an Hinterbliebene, Sterbegeld und Beihilfen,
5. Rentenabfindungen,
6. Haushaltshilfe,
7. Betriebshilfe für Landwirte.

(2) Zuständig sind die gewerblichen Berufsgenossenschaften, die Sozialversicherung für Landwirtschaft, Forsten und Gartenbau als landwirtschaftliche Berufsgenossenschaft, die Gemeindeunfallversicherungsverbände, die Feuerwehr-Unfallkassen, die Unfallkassen der Länder und Gemeinden, die gemeinsamen Unfallkassen für den Landes- und kommunalen Bereich und die Unfallversicherung Bund und Bahn.

§ 23 Leistungen der gesetzlichen Rentenversicherung einschließlich der Alterssicherung der Landwirte. (1) Nach dem Recht der gesetzlichen Rentenversicherung einschließlich der Alterssicherung der Landwirte können in Anspruch genommen werden:

1. in der gesetzlichen Rentenversicherung:
   a) Leistungen zur Prävention, Leistungen zur medizinischen Rehabilitation, Leistungen zur Teilhabe am Arbeitsleben, Leistungen zur Nachsorge sowie sonstige Leistungen zur Teilhabe einschließlich wirtschaftlicher Hilfen,
   b) Renten wegen Alters, Renten wegen verminderter Erwerbsfähigkeit und Knappschaftsausgleichsleistung,
   c) Renten wegen Todes,
   d) Witwen- und Witwerrentenabfindungen sowie Beitragserstattungen,
   e) Zuschüsse zu den Aufwendungen für die Krankenversicherung,
   f) Leistungen für Kindererziehung,

2. in der Alterssicherung für Landwirte:

   a) Leistungen zur Prävention, Leistungen zur medizinischen Rehabilitation, Leistungen zur Nachsorge sowie ergänzende und sonstige Leistungen zur Teilhabe einschließlich Betriebs- oder Haushaltshilfe,

   b) Renten wegen Erwerbsminderung und Alters,

   c) Renten wegen Todes,

   d) Beitragszuschüsse,

   e) Betriebs- und Haushaltshilfe oder sonstige Leistungen zur Aufrechterhaltung des Unternehmens der Landwirtschaft.

(2) Zuständig sind

1. in der allgemeinen Rentenversicherung die Regionalträger, die Deutsche Rentenversicherung Bund und die Deutsche Rentenversicherung Knappschaft-Bahn-See,
2. in der knappschaftlichen Rentenversicherung die Deutsche Rentenversicherung Knappschaft-Bahn-See,
3. in der Alterssicherung der Landwirte die Sozialversicherung für Landwirtschaft, Forsten und Gartenbau als landwirtschaftliche Alterskasse.

§ 24 Versorgungsleistungen bei Gesundheitsschäden. (1) Nach dem Recht der sozialen Entschädigung bei Gesundheitsschäden können in Anspruch genommen werden:

1. Heil- und Krankenbehandlung sowie andere Leistungen zur Erhaltung, Besserung und Wiederherstellung der Leistungsfähigkeit einschließlich wirtschaftlicher Hilfen,
2. besondere Hilfen im Einzelfall einschließlich Leistungen zur Teilhabe am Arbeitsleben,
3. Renten wegen anerkannten Schädigungsfolgen,
4. Renten an Hinterbliebene, Bestattungsgeld und Sterbegeld,
5. Kapitalabfindung, insbesondere zur Wohnraumbeschaffung.

(2) [1] Zuständig sind die Versorgungsämter, die Landesversorgungsämter und die orthopädischen Versorgungsstellen. [2] Für die besonderen Hilfen im Einzelfall sind die Kreise und kreisfreien Städte sowie die Hauptfürsorgestellen zuständig. [3] Bei der Durchführung der Heil- und Krankenbehandlung wirken die Träger der gesetzlichen Krankenversicherung mit. [4] Für die Leistungen nach den §§ 80, 81a bis 83a des Soldatenversorgungsgesetzes ist die Bundeswehrverwaltung zuständig.

§ 25 Kindergeld, Kinderzuschlag, Leistungen für Bildung und Teilhabe, Elterngeld und Betreuungsgeld. (1) [1] Nach dem Bundeskindergeldgesetz kann nur dann Kindergeld in Anspruch genommen werden, wenn nicht der Familienleistungsausgleich nach § 31 des Einkommensteuergesetzes zur Anwendung kommt. [2] Nach dem Bundeskindergeldgesetz können auch der Kinderzuschlag und Leistungen für Bildung und Teilhabe in Anspruch genommen werden.

(2) Nach dem Recht des Bundeselterngeld- und Elternzeitgesetzes kann Elterngeld und Betreuungsgeld in Anspruch genommen werden.

2. Abschnitt. Einweisungsvorschriften §§ 26–28a SGB I 1

(3) Für die Ausführung des Absatzes 1 sind die nach § 7 des Bundeskindergeldgesetzes bestimmten Stellen und für die Ausführung des Absatzes 2 die nach § 12 des Bundeselterngeld- und Elternzeitgesetzes bestimmten Stellen zuständig.

§ 26 Wohngeld. (1) Nach dem Wohngeldrecht kann als Zuschuß zur Miete oder als Zuschuß zu den Aufwendungen für den eigengenutzten Wohnraum Wohngeld in Anspruch genommen werden.

(2) Zuständig sind die durch Landesrecht bestimmten Behörden.

§ 27 Leistungen der Kinder- und Jugendhilfe. (1) Nach dem Recht der Kinder- und Jugendhilfe können in Anspruch genommen werden:

1. Angebote der Jugendarbeit, der Jugendsozialarbeit und des erzieherischen Jugendschutzes,
2. Angebote zur Förderung der Erziehung in der Familie,
3. Angebote zur Förderung von Kindern in Tageseinrichtungen und in Tagespflege,
4. Hilfe zur Erziehung, Eingliederungshilfe für seelisch behinderte Kinder und Jugendliche sowie Hilfe für junge Volljährige.

(2) Zuständig sind die Kreise und die kreisfreien Städte, nach Maßgabe des Landesrechts auch kreisangehörige Gemeinden; sie arbeiten mit der freien Jugendhilfe zusammen.

§ 28 Leistungen der Sozialhilfe. (1) Nach dem Recht der Sozialhilfe können in Anspruch genommen werden:

1. Hilfe zum Lebensunterhalt,
1a. Grundsicherung im Alter und bei Erwerbsminderung,
2. Hilfen zur Gesundheit,
3. *(aufgehoben)*
4. Hilfe zur Pflege,
5. Hilfe zur Überwindung besonderer sozialer Schwierigkeiten,
6. Hilfe in anderen Lebenslagen

sowie die jeweils gebotene Beratung und Unterstützung.

(2) Zuständig sind die Kreise und kreisfreien Städte, die überörtlichen Träger der Sozialhilfe und für besondere Aufgaben die Gesundheitsämter; sie arbeiten mit den Trägern der freien Wohlfahrtspflege zusammen.

§ 28a Leistungen der Eingliederungshilfe. (1) Nach dem Recht der Eingliederungshilfe können in Anspruch genommen werden:

1. Leistungen zur medizinischen Rehabilitation,
2. Leistungen zur Teilhabe am Arbeitsleben,
3. Leistungen zur Teilhabe an Bildung,
4. Leistungen zur Sozialen Teilhabe.

(2) Zuständig sind die durch Landesrecht bestimmten Behörden.

§ 29 Leistungen zur Rehabilitation und Teilhabe behinderter Menschen.

(1) Nach dem Recht der Rehabilitation und Teilhabe behinderter Menschen können in Anspruch genommen werden

1. Leistungen zur medizinischen Rehabilitation, insbesondere
   a) Frühförderung behinderter und von Behinderung bedrohter Kinder,
   b) ärztliche und zahnärztliche Behandlung,
   c) Arznei- und Verbandmittel sowie Heilmittel einschließlich physikalischer, Sprach- und Beschäftigungstherapie,
   d) Körperersatzstücke, orthopädische und andere Hilfsmittel,
   e) Belastungserprobung und Arbeitstherapie,
2. Leistungen zur Teilhabe am Arbeitsleben, insbesondere
   a) Hilfen zum Erhalten oder Erlangen eines Arbeitsplatzes,
   b) Berufsvorbereitung, berufliche Anpassung, Ausbildung und Weiterbildung,
   c) sonstige Hilfen zur Förderung der Teilhabe am Arbeitsleben,
2a. Leistungen zur Teilhabe an Bildung, insbesondere
   a) Hilfen zur Schulbildung, insbesondere im Rahmen der allgemeinen Schulpflicht und zum Besuch weiterführender Schulen einschließlich der Vorbereitung hierzu,
   b) Hilfen zur schulischen Berufsausbildung,
   c) Hilfen zur Hochschulbildung,
   d) Hilfen zur schulischen beruflichen Weiterbildung,
3. Leistungen zur Sozialen Teilhabe, insbesondere
   a) Leistungen für Wohnraum,
   b) Assistenzleistungen,
   c) heilpädagogische Leistungen,
   d) Leistungen zur Betreuung in einer Pflegefamilie,
   e) Leistungen zum Erwerb und Erhalt praktischer Kenntnisse und Fähigkeiten,
   f) Leistungen zur Förderung der Verständigung,
   g) Leistungen zur Mobilität,
   h) Hilfsmittel,
4. unterhaltssichernde und andere ergänzende Leistungen, insbesondere
   a) Krankengeld, Versorgungskrankengeld, Verletztengeld, Übergangsgeld, Ausbildungsgeld oder Unterhaltsbeihilfen,
   b) Beiträge zur gesetzlichen Kranken-, Unfall-, Renten- und Pflegeversicherung sowie zur Bundesagentur für Arbeit,
   c) Reisekosten,
   d) Haushalts- oder Betriebshilfe und Kinderbetreuungskosten,
   e) Rehabilitationssport und Funktionstraining,
5. besondere Leistungen und sonstige Hilfen zur Teilhabe schwerbehinderter Menschen am Leben in der Gesellschaft, insbesondere am Arbeitsleben.

(2) Zuständig sind die in den §§ 19 bis 24, 27 und 28 genannten Leistungsträger und die Integrationsämter.

Dritter Abschnitt. Gemeinsame Vorschriften für alle Sozialleistungsbereiche dieses Gesetzbuchs

Erster Titel. Allgemeine Grundsätze

§ 30 Geltungsbereich. (1) Die Vorschriften dieses Gesetzbuchs gelten für alle Personen, die ihren Wohnsitz oder gewöhnlichen Aufenthalt in seinem Geltungsbereich haben.

(2) Regelungen des über- und zwischenstaatlichen Rechts bleiben unberührt.

(3) [1] Einen Wohnsitz hat jemand dort, wo er eine Wohnung unter Umständen innehat, die darauf schließen lassen, daß er die Wohnung beibehalten und benutzen wird. [2] Den gewöhnlichen Aufenthalt hat jemand dort, wo er sich unter Umständen aufhält, die erkennen lassen, daß er an diesem Ort oder in diesem Gebiet nicht nur vorübergehend verweilt.

§ 31 Vorbehalt des Gesetzes. Rechte und Pflichten in den Sozialleistungsbereichen dieses Gesetzbuchs dürfen nur begründet, festgestellt, geändert oder aufgehoben werden, soweit ein Gesetz es vorschreibt oder zuläßt.

§ 32 Verbot nachteiliger Vereinbarungen. Privatrechtliche Vereinbarungen, die zum Nachteil des Sozialleistungsberechtigten von Vorschriften dieses Gesetzbuchs abweichen, sind nichtig.

§ 33 Ausgestaltung von Rechten und Pflichten. [1] Ist der Inhalt von Rechten oder Pflichten nach Art oder Umfang nicht im einzelnen bestimmt, sind bei ihrer Ausgestaltung die persönlichen Verhältnisse des Berechtigten oder Verpflichteten, sein Bedarf und seine Leistungsfähigkeit sowie die örtlichen Verhältnisse zu berücksichtigen, soweit Rechtsvorschriften nicht entgegenstehen. [2] Dabei soll den Wünschen des Berechtigten oder Verpflichteten entsprochen werden, soweit sie angemessen sind.

§ 33a Altersabhängige Rechte und Pflichten. (1) Sind Rechte oder Pflichten davon abhängig, daß eine bestimmte Altersgrenze erreicht oder nicht überschritten ist, ist das Geburtsdatum maßgebend, das sich aus der ersten Angabe des Berechtigten oder Verpflichteten oder seiner Angehörigen gegenüber einem Sozialleistungsträger oder, soweit es sich um eine Angabe im Rahmen des Dritten oder Sechsten Abschnitts des Vierten Buches[1] handelt, gegenüber dem Arbeitgeber ergibt.

(2) Von einem nach Absatz 1 maßgebenden Geburtsdatum darf nur abgewichen werden, wenn der zuständige Leistungsträger feststellt, daß
1. ein Schreibfehler vorliegt, oder

---

[1] Nr. 4.

2. sich aus einer Urkunde, deren Original vor dem Zeitpunkt der Angabe nach Absatz 1 ausgestellt worden ist, ein anderes Geburtsdatum ergibt.

(3) Die Absätze 1 und 2 gelten für Geburtsdaten, die Bestandteil der Versicherungsnummer oder eines anderen in den Sozialleistungsbereichen dieses Gesetzbuchs verwendeten Kennzeichens sind, entsprechend.

§ 33b Lebenspartnerschaften. Lebenspartnerschaften im Sinne dieses Gesetzbuches sind Lebenspartnerschaften nach dem Lebenspartnerschaftsgesetz.

§ 33c Benachteiligungsverbot. [1] Bei der Inanspruchnahme sozialer Rechte darf niemand aus Gründen der Rasse, wegen der ethnischen Herkunft oder einer Behinderung benachteiligt werden. [2] Ansprüche können nur insoweit geltend gemacht oder hergeleitet werden, als deren Voraussetzungen und Inhalt durch die Vorschriften der besonderen Teile dieses Gesetzbuchs im Einzelnen bestimmt sind.

§ 34 Begrenzung von Rechten und Pflichten. (1) Soweit Rechte und Pflichten nach diesem Gesetzbuch ein familienrechtliches Rechtsverhältnis voraussetzen, reicht ein Rechtsverhältnis, das gemäß Internationalem Privatrecht dem Recht eines anderen Staates unterliegt und nach diesem Recht besteht, nur aus, wenn es dem Rechtsverhältnis im Geltungsbereich dieses Gesetzbuchs entspricht.

(2) Ansprüche mehrerer Ehegatten auf Witwenrente oder Witwerrente werden anteilig und endgültig aufgeteilt.

[§ 35 bis 24.5.2018:]

§ 35 Sozialgeheimnis. (1) [1] Jeder hat Anspruch darauf, daß die ihn betreffenden Sozialdaten (§ 67 Abs. 1 Zehntes Buch[1])) von den Leistungsträgern nicht unbefugt erhoben, verarbeitet oder genutzt werden (Sozialgeheimnis). [2] Die Wahrung des Sozialgeheimnisses umfaßt die Verpflichtung, auch innerhalb des Leistungsträgers sicherzustellen, daß die Sozialdaten nur Befugten zugänglich sind oder nur an diese weitergegeben werden. [3] Sozialdaten der Beschäftigten und ihrer Angehörigen dürfen Personen, die Personalentscheidungen treffen oder daran mitwirken können, weder zugänglich sein noch von Zugriffsberechtigten weitergegeben werden. [4] Der Anspruch richtet sich auch gegen die Verbände der Leistungsträger, die Arbeitsgemeinschaften der Leistungsträger und ihrer Verbände, die Datenstelle der Rentenversicherung, die in diesem Gesetzbuch genannten öffentlich-rechtlichen Vereinigungen, Integrationsfachdienste, die Künstlersozialkasse, die Deutsche Post AG, soweit sie mit der Berechnung oder Auszahlung von Sozialleistungen betraut ist, die Behörden der Zollverwaltung, soweit sie Aufgaben nach § 2 des Schwarzarbeitsbekämpfungsgesetzes und § 66 des Zehnten Buches durchführen, die Versicherungsämter und Gemeindebehörden sowie die anerkannten Adoptionsvermittlungsstellen (§ 2 Abs. 2 des Adoptionsvermittlungsgesetzes), soweit sie Aufgaben nach diesem Gesetzbuch wahrnehmen, und die Stellen, die Aufgaben nach § 67c Abs. 3 des Zehnten Buches wahrnehmen. [5] Die Beschäftigten haben auch nach Beendigung ihrer Tätigkeit bei den genannten Stellen das Sozialgeheimnis zu wahren.

---

[1]) Nr. 10.

3. Abschnitt. Gemeinsame Vorschriften § 35 SGB I 1

(2) Eine Erhebung, Verarbeitung und Nutzung von Sozialdaten ist nur unter den Voraussetzungen des Zweiten Kapitels des Zehnten Buches zulässig.

(3) Soweit eine Übermittlung nicht zulässig ist, besteht keine Auskunftspflicht, keine Zeugnispflicht und keine Pflicht zur Vorlegung oder Auslieferung von Schriftstücken, nicht automatisierter Dateien und automatisiert erhobenen, verarbeiteten oder genutzten Sozialdaten.

(4) Betriebs- und Geschäftsgeheimnisse stehen Sozialdaten gleich.

(5) ¹ Sozialdaten Verstorbener dürfen nach Maßgabe des Zweiten Kapitels des Zehnten Buches verarbeitet oder genutzt werden. ² Sie dürfen außerdem verarbeitet oder genutzt werden, wenn schutzwürdige Interessen des Verstorbenen oder seiner Angehörigen dadurch nicht beeinträchtigt werden können.

[§ 35 ab 25.5.2018:]

§ 35 Sozialgeheimnis. (1) ¹ Jeder hat Anspruch darauf, dass die ihn betreffenden Sozialdaten (§ 67 Absatz 2 Zehntes Buch¹)) von den Leistungsträgern nicht unbefugt verarbeitet werden (Sozialgeheimnis). ² Die Wahrung des Sozialgeheimnisses umfasst die Verpflichtung, auch innerhalb des Leistungsträgers sicherzustellen, dass die Sozialdaten nur Befugten zugänglich sind oder nur an diese weitergegeben werden. ³ Sozialdaten der Beschäftigten und ihrer Angehörigen dürfen Personen, die Personalentscheidungen treffen oder daran mitwirken können, weder zugänglich sein noch von Zugriffsberechtigten weitergegeben werden. ⁴ Der Anspruch richtet sich auch gegen die Verbände der Leistungsträger, die Arbeitsgemeinschaften der Leistungsträger und ihrer Verbände, die Datenstelle der Rentenversicherung, die in diesem Gesetzbuch genannten öffentlich-rechtlichen Vereinigungen, Integrationsfachdienste, die Künstlersozialkasse, die Deutsche Post AG, soweit sie mit der Berechnung oder Auszahlung von Sozialleistungen betraut ist, die Behörden der Zollverwaltung, soweit sie Aufgaben nach § 2 des Schwarzarbeitsbekämpfungsgesetzes und § 66 des Zehnten Buches durchführen, die Versicherungsämter und Gemeindebehörden sowie die anerkannten Adoptionsvermittlungsstellen (§ 2 Absatz 2 des Adoptionsvermittlungsgesetzes), soweit sie Aufgaben nach diesem Gesetzbuch wahrnehmen, und die Stellen, die Aufgaben nach § 67c Absatz 3 des Zehnten Buches wahrnehmen. ⁵ Die Beschäftigten haben auch nach Beendigung ihrer Tätigkeit bei den genannten Stellen das Sozialgeheimnis zu wahren.

(2) ¹ Die Vorschriften des Zweiten Kapitels des Zehnten Buches und der übrigen Bücher des Sozialgesetzbuches regeln die Verarbeitung von Sozialdaten abschließend, soweit nicht die Verordnung (EU) 2016/679 des Europäischen Parlaments und des Rates vom 27. April 2016 zum Schutz natürlicher Personen bei der Verarbeitung personenbezogener Daten, zum freien Datenverkehr und zur Aufhebung der Richtlinie 95/46/EG (Datenschutz-Grundverordnung) (ABl. L 119 vom 4.5.2016, S. 1; L 314 vom 22.11.2016, S. 72) unmittelbar gilt. ² Für die Verarbeitungen von Sozialdaten im Rahmen von nicht in den Anwendungsbereich der Verordnung (EU) 2016/679 fallenden Tätigkeiten finden die Verordnung (EU) 2016/679 und dieses Gesetz entsprechende Anwendung, soweit nicht in diesem oder einem anderen Gesetz Abweichendes geregelt ist.

(2a) Die Verpflichtung zur Wahrung gesetzlicher Geheimhaltungspflichten oder von Berufs- oder besonderen Amtsgeheimnissen, die nicht auf gesetzlichen Vorschriften beruhen, bleibt unberührt.

---

¹⁾ Nr. 10.

(3) Soweit eine Übermittlung von Sozialdaten nicht zulässig ist, besteht keine Auskunftspflicht, keine Zeugnispflicht und keine Pflicht zur Vorlegung oder Auslieferung von Schriftstücken, nicht automatisierten Dateisystemen und automatisiert verarbeiteten Sozialdaten.

(4) Betriebs- und Geschäftsgeheimnisse stehen Sozialdaten gleich.

(5) [1] Sozialdaten Verstorbener dürfen nach Maßgabe des Zweiten Kapitels des Zehnten Buches verarbeitet werden. [2] Sie dürfen außerdem verarbeitet werden, wenn schutzwürdige Interessen des Verstorbenen oder seiner Angehörigen dadurch nicht beeinträchtigt werden können.

(6) [1] Die Absätze 1 bis 5 finden neben den in Absatz 1 genannten Stellen auch Anwendung auf solche Verantwortliche oder deren Auftragsverarbeiter,

1. die Verarbeitung im Inland verarbeiten, sofern die Verarbeitung nicht im Rahmen einer Niederlassung in einem anderen Mitgliedstaat der Europäischen Union oder in einem anderen Vertragsstaat des Abkommens über den Europäischen Wirtschaftsraum erfolgt, oder

2. die Sozialdaten im Rahmen der Tätigkeiten einer inländischen Niederlassung verarbeiten.

[2] Sofern die Absätze 1 bis 5 nicht gemäß Satz 1 anzuwenden sind, gelten für den Verantwortlichen oder dessen Auftragsverarbeiter nur die §§ 81 bis 81c des Zehnten Buches.

(7) [1] Bei der Verarbeitung zu Zwecken gemäß Artikel 2 der Verordnung (EU) 2016/679 stehen die Vertragsstaaten des Abkommens über den Europäischen Wirtschaftsraum und die Schweiz den Mitgliedstaaten der Europäischen Union gleich. [2] Andere Staaten gelten insoweit als Drittstaaten.

§ 36 Handlungsfähigkeit.

(1) [1] Wer das fünfzehnte Lebensjahr vollendet hat, kann Anträge auf Sozialleistungen stellen und verfolgen sowie Sozialleistungen entgegennehmen. [2] Der Leistungsträger soll den gesetzlichen Vertreter über die Antragstellung und die erbrachten Sozialleistungen unterrichten.

(2) [1] Die Handlungsfähigkeit nach Absatz 1 Satz 1 kann vom gesetzlichen Vertreter durch schriftliche Erklärung gegenüber dem Leistungsträger eingeschränkt werden. [2] Die Rücknahme von Anträgen, der Verzicht auf Sozialleistungen und die Entgegennahme von Darlehen bedürfen der Zustimmung des gesetzlichen Vertreters.

§ 36a Elektronische Kommunikation.

(1) Die Übermittlung elektronischer Dokumente ist zulässig, soweit der Empfänger hierfür einen Zugang eröffnet.

(2) [1] Eine durch Rechtsvorschrift angeordnete Schriftform kann, soweit nicht durch Rechtsvorschrift etwas anderes bestimmt ist, durch die elektronische Form ersetzt werden. [2] Der elektronischen Form genügt ein elektronisches Dokument, das mit einer qualifizierten elektronischen Signatur versehen ist. [3] Die Signierung mit einem Pseudonym, das die Identifizierung der Person des Signaturschlüsselinhabers nicht unmittelbar durch die Behörde ermöglicht, ist nicht zulässig. [4] Die Schriftform kann auch ersetzt werden

1. durch unmittelbare Abgabe der Erklärung in einem elektronischen Formular, das von der Behörde in einem Eingabegerät oder über öffentlich zugängliche Netze zur Verfügung gestellt wird;

3. Abschnitt. Gemeinsame Vorschriften § 37 SGB I 1

2. bei Anträgen und Anzeigen durch Versendung eines elektronischen Dokuments an die Behörde mit der Versandart nach § 5 Absatz 5 des De-Mail-Gesetzes;
3. bei elektronischen Verwaltungsakten oder sonstigen elektronischen Dokumenten der Behörden durch Versendung einer De-Mail-Nachricht nach § 5 Absatz 5 des De-Mail-Gesetzes, bei der die Bestätigung des akkreditierten Diensteanbieters die erlassende Behörde als Nutzer des De-Mail-Kontos erkennen lässt;
4. durch sonstige sichere Verfahren, die durch Rechtsverordnung der Bundesregierung mit Zustimmung des Bundesrates festgelegt werden, welche den Datenübermittler (Absender der Daten) authentifizieren und die Integrität des elektronisch übermittelten Datensatzes sowie die Barrierefreiheit gewährleisten; der IT-Planungsrat gibt Empfehlungen zu geeigneten Verfahren ab.

[5] In den Fällen des Satzes 4 Nummer 1 muss bei einer Eingabe über öffentlich zugängliche Netze ein sicherer Identitätsnachweis nach § 18 des Personalausweisgesetzes oder nach § 78 Absatz 5 des Aufenthaltsgesetzes erfolgen; in der Kommunikation zwischen dem Versicherten und seiner Krankenkasse kann die Identität auch mit der elektronischen Gesundheitskarte nach § 291 Absatz 2a des Fünften Buches[1] elektronisch nachgewiesen werden.

(2a) [1] Ist durch Rechtsvorschrift die Verwendung eines bestimmten Formulars vorgeschrieben, das ein Unterschriftsfeld vorsieht, wird allein dadurch nicht die Anordnung der Schriftform bewirkt. [2] Bei einer für die elektronische Versendung an die Behörde bestimmten Fassung des Formulars entfällt das Unterschriftsfeld.

(3) [1] Ist ein der Behörde übermitteltes elektronisches Dokument für sie zur Bearbeitung nicht geeignet, teilt sie dies dem Absender unter Angabe der für sie geltenden technischen Rahmenbedingungen unverzüglich mit. [2] Macht ein Empfänger geltend, er könne das von der Behörde übermittelte elektronische Dokument nicht bearbeiten, übermittelt sie es ihm erneut in einem geeigneten elektronischen Format oder als Schriftstück.

(4) [1] Die Träger der Sozialversicherung einschließlich der Bundesagentur für Arbeit, ihre Verbände und Arbeitsgemeinschaften verwenden unter Beachtung der Grundsätze der Wirtschaftlichkeit und Sparsamkeit im jeweiligen Sozialleistungsbereich Vertrauensdienste, die eine gemeinsame und bundeseinheitliche Kommunikation und Übermittlung der Daten und die Überprüfbarkeit der qualifizierten elektronischen Signatur auf Dauer sicherstellen. [2] Diese Träger sollen über ihren jeweiligen Bereich hinaus Vertrauensdienste im Sinne des Satzes 1 verwenden. [3] Die Sätze 1 und 2 gelten entsprechend für die Leistungserbringer nach dem Fünften und dem Elften Buch[2] und die von ihnen gebildeten Organisationen.

§ 37 Vorbehalt abweichender Regelungen. [1] Das Erste[3] und Zehnte Buch[4] gelten für alle Sozialleistungsbereiche dieses Gesetzbuchs, soweit sich aus den übrigen Büchern nichts Abweichendes ergibt; § 68 bleibt unberührt.

---

[1] Nr. 5.
[2] Nr. 11.
[3] Nr. 1.
[4] Nr. 10.

17

² Der Vorbehalt gilt nicht für die §§ 1 bis 17 und 31 bis 36. ³ Das Zweite Kapitel des Zehnten Buches geht dessen Erstem Kapitel vor, soweit sich die Ermittlung des Sachverhaltes auf Sozialdaten erstreckt.

Zweiter Titel. Grundsätze des Leistungsrechts

§ 38 Rechtsanspruch. Auf Sozialleistungen besteht ein Anspruch, soweit nicht nach den besonderen Teilen dieses Gesetzbuchs die Leistungsträger ermächtigt sind, bei der Entscheidung über die Leistung nach ihrem Ermessen zu handeln.

§ 39 Ermessensleistungen. (1) ¹ Sind die Leistungsträger ermächtigt, bei der Entscheidung über Sozialleistungen nach ihrem Ermessen zu handeln, haben sie ihr Ermessen entsprechend dem Zweck der Ermächtigung auszuüben und die gesetzlichen Grenzen des Ermessens einzuhalten. ² Auf pflichtgemäße Ausübung des Ermessens besteht ein Anspruch.

(2) Für Ermessensleistungen gelten die Vorschriften über Sozialleistungen, auf die ein Anspruch besteht, entsprechend, soweit sich aus den Vorschriften dieses Gesetzbuchs nichts Abweichendes ergibt.

§ 40 Entstehen der Ansprüche. (1) Ansprüche auf Sozialleistungen entstehen, sobald ihre im Gesetz oder auf Grund eines Gesetzes bestimmten Voraussetzungen vorliegen.

(2) Bei Ermessensleistungen ist der Zeitpunkt maßgebend, in dem die Entscheidung über die Leistung bekanntgegeben wird, es sei denn, daß in der Entscheidung ein anderer Zeitpunkt bestimmt ist.

§ 41 Fälligkeit. Soweit die besonderen Teile dieses Gesetzbuchs keine Regelung enthalten, werden Ansprüche auf Sozialleistungen mit ihrem Entstehen fällig.

§ 42 Vorschüsse. (1) ¹ Besteht ein Anspruch auf Geldleistungen dem Grunde nach und ist zur Feststellung seiner Höhe voraussichtlich längere Zeit erforderlich, kann der zuständige Leistungsträger Vorschüsse zahlen, deren Höhe er nach pflichtgemäßem Ermessen bestimmt. ² Er hat Vorschüsse nach Satz 1 zu zahlen, wenn der Berechtigte es beantragt; die Vorschußzahlung beginnt spätestens nach Ablauf eines Kalendermonats nach Eingang des Antrags.

(2) ¹ Die Vorschüsse sind auf die zustehende Leistung anzurechnen. ² Soweit sie diese übersteigen, sind sie vom Empfänger zu erstatten. ³ § 50 Abs. 4 des Zehnten Buches[1)] gilt entsprechend.

(3) Für die Stundung, Niederschlagung und den Erlaß des Erstattungsanspruchs gilt § 76 Abs. 2 des Vierten Buches[2)] entsprechend.

§ 43 Vorläufige Leistungen. (1) ¹ Besteht ein Anspruch auf Sozialleistungen und ist zwischen mehreren Leistungsträgern streitig, wer zur Leistung verpflichtet ist, kann der unter ihnen zuerst angegangene Leistungsträger vorläufig Leistungen erbringen, deren Umfang er nach pflichtgemäßem Ermessen be-

---
1) Nr. 10.
2) Nr. 4.

3. Abschnitt. Gemeinsame Vorschriften §§ 44–48 SGB I 1

stimmt. ²Er hat Leistungen nach Satz 1 zu erbringen, wenn der Berechtigte es beantragt; die vorläufigen Leistungen beginnen spätestens nach Ablauf eines Kalendermonats nach Eingang des Antrags.

(2) ¹Für die Leistungen nach Absatz 1 gilt § 42 Abs. 2 und 3 entsprechend. ²Ein Erstattungsanspruch gegen den Empfänger steht nur dem zur Leistung verpflichteten Leistungsträger zu.

§ 44 Verzinsung. (1) Ansprüche auf Geldleistungen sind nach Ablauf eines Kalendermonats nach dem Eintritt ihrer Fälligkeit bis zum Ablauf des Kalendermonats vor der Zahlung mit vier vom Hundert zu verzinsen.

(2) Die Verzinsung beginnt frühestens nach Ablauf von sechs Kalendermonaten nach Eingang des vollständigen Leistungsantrags beim zuständigen Leistungsträger, beim Fehlen eines Antrags nach Ablauf eines Kalendermonats nach der Bekanntgabe der Entscheidung über die Leistung.

(3) ¹Verzinst werden volle Euro-Beträge. ²Dabei ist der Kalendermonat mit dreißig Tagen zugrunde zu legen.

§ 45 Verjährung. (1) Ansprüche auf Sozialleistungen verjähren in vier Jahren nach Ablauf des Kalenderjahrs, in dem sie entstanden sind.

(2) Für die Hemmung, die Ablaufhemmung, den Neubeginn und die Wirkung der Verjährung gelten die Vorschriften des Bürgerlichen Gesetzbuchs sinngemäß.

(3) ¹Die Verjährung wird auch durch schriftlichen Antrag auf die Sozialleistung oder durch Erhebung eines Widerspruchs gehemmt. ²Die Hemmung endet sechs Monate nach Bekanntgabe der Entscheidung über den Antrag oder den Widerspruch.

§ 46 Verzicht. (1) Auf Ansprüche auf Sozialleistungen kann durch schriftliche Erklärung gegenüber dem Leistungsträger verzichtet werden; der Verzicht kann jederzeit mit Wirkung für die Zukunft widerrufen werden.

(2) Der Verzicht ist unwirksam, soweit durch ihn andere Personen oder Leistungsträger belastet oder Rechtsvorschriften umgangen werden.

§ 47 Auszahlung von Geldleistungen. (1) Soweit die besonderen Teile dieses Gesetzbuchs keine Regelung enthalten, sollen Geldleistungen kostenfrei auf ein Konto des Empfängers bei einem Geldinstitut, für das die Verordnung (EU) Nr. 260/2012 des Europäischen Parlaments und des Rates vom 14. März 2012 zur Festlegung der technischen Vorschriften und der Geschäftsanforderungen für Überweisungen und Lastschriften in Euro und zur Änderung der Verordnung (EG) Nr. 924/2009 (ABl. L 94 vom 30.3.2012, S. 22) gilt, überwiesen oder, wenn der Empfänger es verlangt, kostenfrei an seinen Wohnsitz innerhalb des Geltungsbereiches dieser Verordnung übermittelt werden.

(2) Bei Zahlungen außerhalb des Geltungsbereiches der in Absatz 1 genannten Verordnung trägt der Leistungsträger die Kosten bis zu dem von ihm mit der Zahlung beauftragten Geldinstitut.

§ 48 Auszahlung bei Verletzung der Unterhaltspflicht. (1) ¹Laufende Geldleistungen, die der Sicherung des Lebensunterhalts zu dienen bestimmt sind, können in angemessener Höhe an den Ehegatten, den Lebenspartner oder die Kinder des Leistungsberechtigten ausgezahlt werden, wenn er ihnen gegenüber seiner gesetzlichen Unterhaltspflicht nicht nachkommt. ²Kindergeld, Kinderzuschläge und vergleichbare Rentenbestandteile (Geldleistungen für Kinder) können an Kinder, die bei der Festsetzung der Geldleistungen berücksichtigt werden, bis zur Höhe des Betrages, der sich bei entsprechender Anwendung des § 54 Abs. 5 Satz 2 ergibt, ausgezahlt werden. ³Für das Kindergeld gilt dies auch dann, wenn der Kindergeldberechtigte mangels Leistungsfähigkeit nicht unterhaltspflichtig ist oder nur Unterhalt in Höhe eines Betrages zu leisten braucht, der geringer ist als das für die Auszahlung in Betracht kommende Kindergeld. ⁴Die Auszahlung kann auch an die Person oder Stelle erfolgen, die dem Ehegatten, dem Lebenspartner oder den Kindern Unterhalt gewährt.

(2) Absatz 1 Satz 1, 2 und 4 gilt entsprechend, wenn unter Berücksichtigung von Kindern, denen gegenüber der Leistungsberechtigte nicht kraft Gesetzes unterhaltspflichtig ist, Geldleistungen erbracht werden und der Leistungsberechtigte diese Kinder nicht unterhält.

§ 49 Auszahlung bei Unterbringung. (1) Ist ein Leistungsberechtigter auf Grund richterlicher Anordnung länger als einen Kalendermonat in einer Anstalt oder Einrichtung untergebracht, sind laufende Geldleistungen, die der Sicherung des Lebensunterhalts zu dienen bestimmt sind, an die Unterhaltsberechtigten auszuzahlen, soweit der Leistungsberechtigte kraft Gesetzes unterhaltspflichtig ist und er oder die Unterhaltsberechtigten es beantragen.

(2) Absatz 1 gilt entsprechend, wenn für Kinder, denen gegenüber der Leistungsberechtigte nicht kraft Gesetzes unterhaltspflichtig ist, Geldleistungen erbracht werden.

(3) § 48 Abs. 1 Satz 4 bleibt unberührt.

§ 50 Überleitung bei Unterbringung. (1) Ist der Leistungsberechtigte untergebracht (§ 49 Abs. 1), kann die Stelle, der die Kosten der Unterbringung zur Last fallen, seine Ansprüche auf laufende Geldleistungen, die der Sicherung des Lebensunterhalts zu dienen bestimmt sind, durch schriftliche Anzeige an den zuständigen Leistungsträger auf sich überleiten.

(2) Die Anzeige bewirkt den Anspruchsübergang nur insoweit, als die Leistung nicht an Unterhaltsberechtigte oder die in § 49 Abs. 2 genannten Kinder zu zahlen ist, der Leistungsberechtigte die Kosten der Unterbringung zu erstatten hat und die Leistung auf den für die Erstattung maßgebenden Zeitraum entfällt.

(3) Die Absätze 1 und 2 gelten entsprechend, wenn für ein Kind (§ 56 Abs. 1 Satz 1 Nr. 2, Abs. 2), das untergebracht ist (§ 49 Abs. 1), ein Anspruch auf eine laufende Geldleistung besteht.

§ 51 Aufrechnung. (1) Gegen Ansprüche auf Geldleistungen kann der zuständige Leistungsträger mit Ansprüchen gegen den Berechtigten aufrechnen, soweit die Ansprüche auf Geldleistungen nach § 54 Abs. 2 und 4 pfändbar sind.

(2) Mit Ansprüchen auf Erstattung zu Unrecht erbrachter Sozialleistungen und mit Beitragsansprüchen nach diesem Gesetzbuch kann der zuständige Leistungsträger gegen Ansprüche auf laufende Geldleistungen bis zu deren

Hälfte aufrechnen, wenn der Leistungsberechtigte nicht nachweist, dass er dadurch hilfebedürftig im Sinne der Vorschriften des Zwölften Buches[1]) über die Hilfe zum Lebensunterhalt oder der Grundsicherung für Arbeitsuchende nach dem Zweiten Buch[2]) wird.

§ 52 Verrechnung. Der für eine Geldleistung zuständige Leistungsträger kann mit Ermächtigung eines anderen Leistungsträgers dessen Ansprüche gegen den Berechtigten mit der ihm obliegenden Geldleistung verrechnen, soweit nach § 51 die Aufrechnung zulässig ist.

§ 53 Übertragung und Verpfändung. (1) Ansprüche auf Dienst- und Sachleistungen können weder übertragen noch verpfändet werden.

(2) Ansprüche auf Geldleistungen können übertragen und verpfändet werden

1. zur Erfüllung oder zur Sicherung von Ansprüchen auf Rückzahlung von Darlehen und auf Erstattung von Aufwendungen, die im Vorgriff auf fällig gewordene Sozialleistungen zu einer angemessenen Lebensführung gegeben oder gemacht worden sind oder,

2. wenn der zuständige Leistungsträger feststellt, daß die Übertragung oder Verpfändung im wohlverstandenen Interesse des Berechtigten liegt.

(3) Ansprüche auf laufende Geldleistungen, die der Sicherung des Lebensunterhalts zu dienen bestimmt sind, können in anderen Fällen übertragen und verpfändet werden, soweit sie den für Arbeitseinkommen geltenden unpfändbaren Betrag übersteigen.

(4) Der Leistungsträger ist zur Auszahlung an den neuen Gläubiger nicht vor Ablauf des Monats verpflichtet, der dem Monat folgt, in dem er von der Übertragung oder Verpfändung Kenntnis erlangt hat.

(5) Eine Übertragung oder Verpfändung von Ansprüchen auf Geldleistungen steht einer Aufrechnung oder Verrechnung auch dann nicht entgegen, wenn der Leistungsträger beim Erwerb des Anspruchs von der Übertragung oder Verpfändung Kenntnis hatte.

(6) [1] Soweit bei einer Übertragung oder Verpfändung Geldleistungen zu Unrecht erbracht worden sind, sind sowohl der Leistungsberechtigte als auch der neue Gläubiger als Gesamtschuldner dem Leistungsträger zur Erstattung des entsprechenden Betrages verpflichtet. [2] Der Leistungsträger hat den Erstattungsanspruch durch Verwaltungsakt geltend zu machen.

§ 54 Pfändung. (1) Ansprüche auf Dienst- und Sachleistungen können nicht gepfändet werden.

(2) Ansprüche auf einmalige Geldleistungen können nur gepfändet werden, soweit nach den Umständen des Falles, insbesondere nach den Einkommens- und Vermögensverhältnissen des Leistungsberechtigten, der Art des beizutreibenden Anspruchs sowie der Höhe und der Zweckbestimmung der Geldleistung, die Pfändung der Billigkeit entspricht.

---

[1]) Nr. **12**.
[2]) Nr. **2**.

(3) Unpfändbar sind Ansprüche auf
1. Elterngeld und Betreuungsgeld bis zur Höhe der nach § 10 des Bundeselterngeld- und Elternzeitgesetzes anrechnungsfreien Beträge sowie dem Erziehungsgeld vergleichbare Leistungen der Länder,
2. Mutterschaftsgeld nach § 19 Absatz 1 des Mutterschutzgesetzes, soweit das Mutterschaftsgeld nicht aus einer Teilzeitbeschäftigung während der Elternzeit herrührt, bis zur Höhe des Elterngeldes nach § 2 des Bundeselterngeld- und Elternzeitgesetzes, soweit es die anrechnungsfreien Beträge nach § 10 des Bundeselterngeld- und Elternzeitgesetzes nicht übersteigt,
2a. Wohngeld, soweit nicht die Pfändung wegen Ansprüchen erfolgt, die Gegenstand der §§ 9 und 10 des Wohngeldgesetzes sind,
3. Geldleistungen, die dafür bestimmt sind, den durch einen Körper- oder Gesundheitsschaden bedingten Mehraufwand auszugleichen.

(4) Im übrigen können Ansprüche auf laufende Geldleistungen wie Arbeitseinkommen gepfändet werden.

(5) [1] Ein Anspruch des Leistungsberechtigten auf Geldleistungen für Kinder (§ 48 Abs. 1 Satz 2) kann nur wegen gesetzlicher Unterhaltsansprüche eines Kindes, das bei der Festsetzung der Geldleistungen berücksichtigt wird, gepfändet werden. [2] Für die Höhe des pfändbaren Betrages bei Kindergeld gilt:
1. Gehört das unterhaltsberechtigte Kind zum Kreis der Kinder, für die dem Leistungsberechtigten Kindergeld gezahlt wird, ist eine Pfändung bis zu dem Betrag möglich, der bei gleichmäßiger Verteilung des Kindergeldes auf jedes dieser Kinder entfällt. Ist das Kindergeld durch die Berücksichtigung eines weiteren Kindes erhöht, für das einer dritten Person Kindergeld oder dieser oder dem Leistungsberechtigten eine andere Geldleistung für Kinder zusteht, so bleibt der Erhöhungsbetrag bei der Bestimmung des pfändbaren Betrages des Kindergeldes nach Satz 1 außer Betracht.
2. Der Erhöhungsbetrag (Nummer 1 Satz 2) ist zugunsten jedes bei der Festsetzung des Kindergeldes berücksichtigten unterhaltsberechtigten Kindes zu dem Anteil pfändbar, der sich bei gleichmäßiger Verteilung auf alle Kinder, die bei der Festsetzung des Kindergeldes zugunsten des Leistungsberechtigten berücksichtigt werden, ergibt.

(6) In den Fällen der Absätze 2, 4 und 5 gilt § 53 Abs. 6 entsprechend.

§ 55 *(aufgehoben)*

§ 56 **Sonderrechtsnachfolge.** (1) [1] Fällige Ansprüche auf laufende Geldleistungen stehen beim Tode des Berechtigten nacheinander
1. dem Ehegatten,
1a. dem Lebenspartner,
2. den Kindern,
3. den Eltern,
4. dem Haushaltsführer

zu, wenn diese mit dem Berechtigten zur Zeit seines Todes in einem gemeinsamen Haushalt gelebt haben oder von ihm wesentlich unterhalten worden sind. [2] Mehreren Personen einer Gruppe stehen die Ansprüche zu gleichen Teilen zu.

(2) Als Kinder im Sinne des Absatzes 1 Satz 1 Nr. 2 gelten auch

1. Stiefkinder und Enkel, die in den Haushalt des Berechtigten aufgenommen sind,
2. Pflegekinder (Personen, die mit dem Berechtigten durch ein auf längere Dauer angelegtes Pflegeverhältnis mit häuslicher Gemeinschaft wie Kinder mit Eltern verbunden sind),
3. Geschwister des Berechtigten, die in seinen Haushalt aufgenommen worden sind.

(3) Als Eltern im Sinne des Absatzes 1 Satz 1 Nr. 3 gelten auch

1. sonstige Verwandte der geraden aufsteigenden Linie,
2. Stiefeltern,
3. Pflegeeltern (Personen, die den Berechtigten als Pflegekind aufgenommen haben).

(4) Haushaltsführer im Sinne des Absatzes 1 Satz 1 Nr. 4 ist derjenige Verwandte oder Verschwägerte, der an Stelle des verstorbenen oder geschiedenen oder an der Führung des Haushalts aus gesundheitlichen Gründen dauernd gehinderten Ehegatten oder Lebenspartners den Haushalt des Berechtigten mindestens ein Jahr lang vor dessen Tod geführt hat und von diesem überwiegend unterhalten worden ist.

§ 57 Verzicht und Haftung des Sonderrechtsnachfolgers.

(1) [1] Der nach § 56 Berechtigte kann auf die Sonderrechtsnachfolge innerhalb von sechs Wochen nach ihrer Kenntnis durch schriftliche Erklärung gegenüber dem Leistungsträger verzichten. [2] Verzichtet er innerhalb dieser Frist, gelten die Ansprüche als auf ihn nicht übergegangen. [3] Sie stehen den Personen zu, die ohne den Verzichtenden nach § 56 berechtigt wären.

(2) [1] Soweit Ansprüche auf den Sonderrechtsnachfolger übergegangen sind, haftet er für die nach diesem Gesetzbuch bestehenden Verbindlichkeiten des Verstorbenen gegenüber dem für die Ansprüche zuständigen Leistungsträger. [2] Insoweit entfällt eine Haftung des Erben. [3] Eine Aufrechnung und Verrechnung nach den §§ 51 und 52 ist ohne die dort genannten Beschränkungen der Höhe zulässig.

§ 58 Vererbung.

[1] Soweit fällige Ansprüche auf Geldleistungen nicht nach den §§ 56 und 57 einem Sonderrechtsnachfolger zustehen, werden sie nach den Vorschriften des Bürgerlichen Gesetzbuchs vererbt. [2] Der Fiskus als gesetzlicher Erbe kann die Ansprüche nicht geltend machen.

§ 59 Ausschluß der Rechtsnachfolge.

[1] Ansprüche auf Dienst- und Sachleistungen erlöschen mit dem Tode des Berechtigten. [2] Ansprüche auf Geldleistungen erlöschen nur, wenn sie im Zeitpunkt des Todes des Berechtigten weder festgestellt sind noch ein Verwaltungsverfahren über sie anhängig ist.

Dritter Titel. Mitwirkung des Leistungsberechtigten

§ 60 Angabe von Tatsachen. (1) ¹ Wer Sozialleistungen beantragt oder erhält, hat

1. alle Tatsachen anzugeben, die für die Leistung erheblich sind, und auf Verlangen des zuständigen Leistungsträgers der Erteilung der erforderlichen Auskünfte durch Dritte zuzustimmen,
2. Änderungen in den Verhältnissen, die für die Leistung erheblich sind oder über die im Zusammenhang mit der Leistung Erklärungen abgegeben worden sind, unverzüglich mitzuteilen,
3. Beweismittel zu bezeichnen und auf Verlangen des zuständigen Leistungsträgers Beweisurkunden vorzulegen oder ihrer Vorlage zuzustimmen.

² Satz 1 gilt entsprechend für denjenigen, der Leistungen zu erstatten hat.

(2) Soweit für die in Absatz 1 Satz 1 Nr. 1 und 2 genannten Angaben Vordrucke vorgesehen sind, sollen diese benutzt werden.

§ 61 Persönliches Erscheinen. Wer Sozialleistungen beantragt oder erhält, soll auf Verlangen des zuständigen Leistungsträgers zur mündlichen Erörterung des Antrags oder zur Vornahme anderer für die Entscheidung über die Leistung notwendiger Maßnahmen persönlich erscheinen.

§ 62 Untersuchungen. Wer Sozialleistungen beantragt oder erhält, soll sich auf Verlangen des zuständigen Leistungsträgers ärztlichen und psychologischen Untersuchungsmaßnahmen unterziehen, soweit diese für die Entscheidung über die Leistung erforderlich sind.

§ 63 Heilbehandlung. Wer wegen Krankheit oder Behinderung Sozialleistungen beantragt oder erhält, soll sich auf Verlangen des zuständigen Leistungsträgers einer Heilbehandlung unterziehen, wenn zu erwarten ist, daß sie eine Besserung seines Gesundheitszustands herbeiführen oder eine Verschlechterung verhindern wird.

§ 64 Leistungen zur Teilhabe am Arbeitsleben. Wer wegen Minderung der Erwerbsfähigkeit, anerkannten Schädigungsfolgen oder wegen Arbeitslosigkeit Sozialleistungen beantragt oder erhält, soll auf Verlangen des zuständigen Leistungsträgers an Leistungen zur Teilhabe am Arbeitsleben teilnehmen, wenn bei angemessener Berücksichtigung seiner beruflichen Neigung und seiner Leistungsfähigkeit zu erwarten ist, daß sie seine Erwerbs- oder Vermittlungsfähigkeit auf Dauer fördern oder erhalten werden.

§ 65 Grenzen der Mitwirkung. (1) Die Mitwirkungspflichten nach den §§ 60 bis 64 bestehen nicht, soweit

1. ihre Erfüllung nicht in einem angemessenen Verhältnis zu der in Anspruch genommenen Sozialleistung oder ihrer Erstattung steht oder
2. ihre Erfüllung dem Betroffenen aus einem wichtigen Grund nicht zugemutet werden kann oder
3. der Leistungsträger sich durch einen geringeren Aufwand als der Antragsteller oder Leistungsberechtigte die erforderlichen Kenntnisse selbst beschaffen kann.

3. Abschnitt. Gemeinsame Vorschriften §§ 65a–67 SGB I 1

(2) Behandlungen und Untersuchungen,

1. bei denen im Einzelfall ein Schaden für Leben oder Gesundheit nicht mit hoher Wahrscheinlichkeit ausgeschlossen werden kann,
2. die mit erheblichen Schmerzen verbunden sind oder
3. die einen erheblichen Eingriff in die körperliche Unversehrtheit bedeuten,

können abgelehnt werden.

(3) Angaben, die dem Antragsteller, dem Leistungsberechtigten oder ihnen nahestehende Personen (§ 383 Abs. 1 Nr. 1 bis 3 der Zivilprozeßordnung) die Gefahr zuziehen würde, wegen einer Straftat oder einer Ordnungswidrigkeit verfolgt zu werden, können verweigert werden.

§ 65a Aufwendungsersatz. (1) [1] Wer einem Verlangen des zuständigen Leistungsträgers nach den §§ 61 oder 62 nachkommt, kann auf Antrag Ersatz seiner notwendigen Auslagen und seines Verdienstausfalles in angemessenem Umfang erhalten. [2] Bei einem Verlangen des zuständigen Leistungsträgers nach § 61 sollen Aufwendungen nur in Härtefällen ersetzt werden.

(2) Absatz 1 gilt auch, wenn der zuständige Leistungsträger ein persönliches Erscheinen oder eine Untersuchung nachträglich als notwendig anerkennt.

§ 66 Folgen fehlender Mitwirkung. (1) [1] Kommt derjenige, der eine Sozialleistung beantragt oder erhält, seinen Mitwirkungspflichten nach den §§ 60 bis 62, 65 nicht nach und wird hierdurch die Aufklärung des Sachverhalts erheblich erschwert, kann der Leistungsträger ohne weitere Ermittlungen die Leistung bis zur Nachholung der Mitwirkung ganz oder teilweise versagen oder entziehen, soweit die Voraussetzungen der Leistung nicht nachgewiesen sind. [2] Dies gilt entsprechend, wenn der Antragsteller oder Leistungsberechtigte in anderer Weise absichtlich die Aufklärung des Sachverhalts erheblich erschwert.

(2) Kommt derjenige, der eine Sozialleistung wegen Pflegebedürftigkeit, wegen Arbeitsunfähigkeit, wegen Gefährdung oder Minderung der Erwerbsfähigkeit, anerkannten Schädigungsfolgen oder wegen Arbeitslosigkeit beantragt oder erhält, seinen Mitwirkungspflichten nach den §§ 62 bis 65 nicht nach und ist unter Würdigung aller Umstände mit Wahrscheinlichkeit anzunehmen, daß deshalb die Fähigkeit zur selbständigen Lebensführung, die Arbeits-, Erwerbs- oder Vermittlungsfähigkeit beeinträchtigt oder nicht verbessert wird, kann der Leistungsträger die Leistung bis zur Nachholung der Mitwirkung ganz oder teilweise versagen oder entziehen.

(3) Sozialleistungen dürfen wegen fehlender Mitwirkung nur versagt oder entzogen werden, nachdem der Leistungsberechtigte auf diese Folge schriftlich hingewiesen worden ist und seiner Mitwirkungspflicht nicht innerhalb einer ihm gesetzten angemessenen Frist nachgekommen ist.

§ 67 Nachholung der Mitwirkung. Wird die Mitwirkung nachgeholt und liegen die Leistungsvoraussetzungen vor, kann der Leistungsträger Sozialleistungen, die er nach § 66 versagt oder entzogen hat, nachträglich ganz oder teilweise erbringen.

Vierter Abschnitt. Übergangs- und Schlussvorschriften

§ 68 Besondere Teile dieses Gesetzbuches. Bis zu ihrer Einordnung in dieses Gesetzbuch gelten die nachfolgenden Gesetze mit den zu ihrer Ergänzung und Änderung erlassenen Gesetzen als dessen besondere Teile:
1. das Bundesausbildungsförderungsgesetz,
2. *(aufgehoben)*
3. die Reichsversicherungsordnung,
4. das Gesetz über die Alterssicherung der Landwirte,
5. *(aufgehoben)*
6. das Zweite Gesetz über die Krankenversicherung der Landwirte,
7. das Bundesversorgungsgesetz, auch soweit andere Gesetze, insbesondere
    a) §§ 80 bis 83a des Soldatenversorgungsgesetzes,
    b) § 59 Abs. 1 des Bundesgrenzschutzgesetzes[1],
    c) § 47 des Zivildienstgesetzes,
    d) § 60 des Infektionsschutzgesetzes,
    e) §§ 4 und 5 des Häftlingshilfegesetzes,
    f) § 1 des Opferentschädigungsgesetzes
    g) §§ 21 und 22 des Strafrechtlichen Rehabilitierungsgesetzes,
    h) §§ 3 und 4 des Verwaltungsrechtlichen Rehabilitierungsgesetzes,
    die entsprechende Anwendung der Leistungsvorschriften des Bundesversorgungsgesetzes vorsehen,
8. das Gesetz über das Verwaltungsverfahren der Kriegsopferversorgung,
9. das Bundeskindergeldgesetz,
10. das Wohngeldgesetz,
11. *(aufgehoben)*
12. das Adoptionsvermittlungsgesetz,
13. *(aufgehoben)*
14. das Unterhaltsvorschussgesetz,
15. der Erste, Zweite und Dritte Abschnitt des Bundeselterngeld- und Elternzeitgesetzes
15a. *(aufgehoben)*
16. das Altersteilzeitgesetz,
17. der Fünfte Abschnitt des Schwangerschaftskonfliktgesetzes.

§ 69 Stadtstaaten-Klausel. Die Senate der Länder Berlin, Bremen und Hamburg werden ermächtigt, die Vorschriften dieses Buches über die Zuständigkeit von Behörden dem besonderen Verwaltungsaufbau ihrer Länder anzupassen.

---

[1] G v. 18.8.1972 (BGBl. I S. 1834), zuletzt geänd. durch G v. 27.12.1993 (BGBl. I S. 2378); beachte hierzu Art. 3 BundesgrenzschutzneuregelungsG v. 19.10.1994 (BGBl. I S. 2978) v. 19.10.1994 (BGBl. I S. 2978).

4. Abschnitt. Übergangs- u. Schlussvorschr. **§§ 70, 71   SGB I 1**

§ 70 Überleitungsvorschrift zum Verjährungsrecht. Artikel 229 § 6 Abs. 1 und 2 des Einführungsgesetzes zum Bürgerlichen Gesetzbuche gilt entsprechend bei der Anwendung des § 45 Abs. 2 und 3 in der seit dem 1. Januar 2002 geltenden Fassung.

§ 71 Überleitungsvorschrift zur Übertragung, Verpfändung und Pfändung. § 53 Abs. 6 und § 54 Abs. 6 sind nur auf Geldleistungen anzuwenden, soweit diese nach dem 30. März 2005 ganz oder teilweise zu Unrecht erbracht werden.

2. Sozialgesetzbuch (SGB) Zweites Buch (II) – Grundsicherung für Arbeitsuchende –

In der Fassung der Bekanntmachung vom 13. Mai 2011[1]
(BGBl. I S. 850, ber. S. 2094)

FNA 860-2

zuletzt geänd. durch Art. 20 G zur Änd. des BundesversorgungsG und anderer Vorschriften v. 17.7.2017 (BGBl. I S. 2541)

Inhaltsübersicht

§§

Kapitel 1. Fördern und Fordern

Aufgabe und Ziel der Grundsicherung für Arbeitsuchende	1
Grundsatz des Forderns	2
Leistungsgrundsätze	3
Leistungsformen	4
Verhältnis zu anderen Leistungen	5
Träger der Grundsicherung für Arbeitsuchende	6
Zugelassene kommunale Träger	6a
Rechtsstellung der zugelassenen kommunalen Träger	6b
Personalübergang bei Zulassung weiterer kommunaler Träger und bei Beendigung der Trägerschaft	6c
Jobcenter	6d

Kapitel 2. Anspruchsvoraussetzungen

Leistungsberechtigte	7
Altersgrenze	7a
Erwerbsfähigkeit	8
Hilfebedürftigkeit	9
Zumutbarkeit	10
Zu berücksichtigendes Einkommen	11
Nicht zu berücksichtigendes Einkommen	11a
Absetzbeträge	11b
Zu berücksichtigendes Vermögen	12
Vorrangige Leistungen	12a
Verordnungsermächtigung	13

Kapitel 3. Leistungen

Abschnitt 1. Leistungen zur Eingliederung in Arbeit

Grundsatz des Förderns	14
Eingliederungsvereinbarung	15
(weggefallen)	15a
Leistungen zur Eingliederung	16
Kommunale Eingliederungsleistungen	16a
Einstiegsgeld	16b
Leistungen zur Eingliederung von Selbständigen	16c
Arbeitsgelegenheiten	16d
Förderung von Arbeitsverhältnissen	16e
Freie Förderung	16f

---

[1] Neubekanntmachung des SGB II v. 24.12.2003 (BGBl. I S. 2954) in der ab 1.4.2011 geltenden Fassung.

Inhaltsübersicht **SGB II 2**

	§§
Förderung bei Wegfall der Hilfebedürftigkeit	16g
Förderung schwer zu erreichender junger Menschen	16h
Einrichtungen und Dienste für Leistungen zur Eingliederung	17
Örtliche Zusammenarbeit	18
Zusammenarbeit mit den für die Arbeitsförderung zuständigen Stellen	18a
Kooperationsausschuss	18b
Bund-Länder-Ausschuss	18c
Örtlicher Beirat	18d
Beauftragte für Chancengleichheit am Arbeitsmarkt	18e

Abschnitt 2. Leistungen zur Sicherung des Lebensunterhalts

Unterabschnitt 1. Leistungsanspruch

Arbeitslosengeld II, Sozialgeld und Leistungen für Bildung und Teilhabe	19

Unterabschnitt 2. Arbeitslosengeld II und Sozialgeld

Regelbedarf zur Sicherung des Lebensunterhalts	20
Mehrbedarfe	21
Bedarfe für Unterkunft und Heizung	22
Satzungsermächtigung	22a
Inhalt der Satzung	22b
Datenerhebung, -auswertung und -überprüfung	22c
Besonderheiten beim Sozialgeld	23

Unterabschnitt 3. Abweichende Leistungserbringung und weitere Leistungen

Abweichende Erbringung von Leistungen	24
Leistungen bei medizinischer Rehabilitation der Rentenversicherung und bei Anspruch auf Verletztengeld aus der Unfallversicherung	25
Zuschüsse zu Beiträgen zur Krankenversicherung und Pflegeversicherung	26
Leistungen für Auszubildende	27

Unterabschnitt 4. Leistungen für Bildung und Teilhabe

Bedarfe für Bildung und Teilhabe	28
Erbringung der Leistungen für Bildung und Teilhabe	29
Berechtigte Selbsthilfe	30

Unterabschnitt 5. Sanktionen

Pflichtverletzungen	31
Rechtsfolgen bei Pflichtverletzungen	31a
Beginn und Dauer der Minderung	31b
Meldeversäumnisse	32

Unterabschnitt 6. Verpflichtungen Anderer

Übergang von Ansprüchen	33
Ersatzansprüche bei sozialwidrigem Verhalten	34
Ersatzansprüche für rechtswidrig erbrachte Leistungen	34a
Erstattungsanspruch bei Doppelleistungen	34b
Ersatzansprüche nach sonstigen Vorschriften	34c
(weggefallen)	35

Kapitel 4. Gemeinsame Vorschriften für Leistungen

Abschnitt 1. Zuständigkeit und Verfahren

Örtliche Zuständigkeit	36
Kostenerstattung bei Aufenthalt im Frauenhaus	36a
Antragserfordernis	37
Vertretung der Bedarfsgemeinschaft	38
Sofortige Vollziehbarkeit	39
Anwendung von Verfahrensvorschriften	40
Erstattungsanspruch	40a
Berechnung der Leistungen und Bewilligungszeitraum	41
Vorläufige Entscheidung	41a

	§§
Fälligkeit, Auszahlung und Unpfändbarkeit der Leistungen	42
Darlehen	42a
Aufrechnung	43
Verteilung von Teilzahlungen	43a
Veränderung von Ansprüchen	44

Abschnitt 2. Einheitliche Entscheidung

Feststellung von Erwerbsfähigkeit und Hilfebedürftigkeit	44a
Gemeinsame Einrichtung	44b
Trägerversammlung	44c
Geschäftsführerin, Geschäftsführer	44d
Verfahren bei Meinungsverschiedenheit über die Weisungszuständigkeit	44e
Bewirtschaftung von Bundesmitteln	44f
Zuweisung von Tätigkeiten bei der gemeinsamen Einrichtung	44g
Personalvertretung	44h
Schwerbehindertenvertretung; Jugend- und Auszubildendenvertretung	44i
Gleichstellungsbeauftragte	44j
Stellenbewirtschaftung	44k
(weggefallen)	45

Kapitel 5. Finanzierung und Aufsicht

Finanzierung aus Bundesmitteln	46
Aufsicht	47
Aufsicht über die zugelassenen kommunalen Träger	48
Vergleich der Leistungsfähigkeit	48a
Zielvereinbarungen	48b
Innenrevision	49

Kapitel 6. Datenerhebung, -verarbeitung und -nutzung, datenschutzrechtliche Verantwortung

Datenübermittlung	50
Verarbeitung und Nutzung von Daten für die Ausbildungsvermittlung	50a
Erhebung, Verarbeitung und Nutzung von Sozialdaten durch nichtöffentliche Stellen	51
Kundennummer	51a
Datenerhebung und -verarbeitung durch die Träger der Grundsicherung für Arbeitsuchende	51b
(weggefallen)	51c
Automatisierter Datenabgleich	52
Überprüfung von Daten	52a

Kapitel 7. Statistik und Forschung

Statistik und Übermittlung statistischer Daten	53
Arbeitslose	53a
Eingliederungsbilanz	54
Wirkungsforschung	55

Kapitel 8. Mitwirkungspflichten

Anzeige- und Bescheinigungspflicht bei Arbeitsunfähigkeit	56
Auskunftspflicht von Arbeitgebern	57
Einkommensbescheinigung	58
Meldepflicht	59
Auskunftspflicht und Mitwirkungspflicht Dritter	60
Auskunftspflichten bei Leistungen zur Eingliederung in Arbeit	61
Schadenersatz	62

Kapitel 9. Straf- und Bußgeldvorschriften

Bußgeldvorschriften	63
Datenschutzrechtliche Bußgeldvorschriften	63a
Datenschutzrechtliche Strafvorschriften	63b

Kapitel 10. Bekämpfung von Leistungsmissbrauch

Zuständigkeit und Zusammenarbeit mit anderen Behörden	64

	§§
Kapitel 11. Übergangs- und Schlussvorschriften	
Allgemeine Übergangsvorschriften	65
(weggefallen)	65a
(weggefallen)	65b
(weggefallen)	65c
Übermittlung von Daten	65d
Übergangsregelung zur Aufrechnung	65e
Rechtsänderungen bei Leistungen zur Eingliederung in Arbeit	66
(weggefallen)	67 bis 70
(weggefallen)	71
(weggefallen)	72 und 73
(weggefallen)	74
(weggefallen)	75
Gesetz zur Weiterentwicklung der Organisation der Grundsicherung für Arbeitsuchende	76
Gesetz zur Ermittlung von Regelbedarfen und zur Änderung des Zweiten und Zwölften Buches Sozialgesetzbuch	77
Gesetz zur Verbesserung der Eingliederungschancen am Arbeitsmarkt	78
Achtes Gesetz zur Änderung des Zweiten Buches Sozialgesetzbuch – Ergänzung personalrechtlicher Bestimmungen	79
Neuntes Gesetz zur Änderung des Zweiten Buches Sozialgesetzbuch – Rechtsvereinfachung – sowie zur vorübergehenden Aussetzung der Insolvenzantragspflicht	80

Kapitel 1. Fördern und Fordern

§ 1 Aufgabe und Ziel der Grundsicherung für Arbeitsuchende.

(1) Die Grundsicherung für Arbeitsuchende soll es Leistungsberechtigten ermöglichen, ein Leben zu führen, das der Würde des Menschen entspricht.

(2) ¹Die Grundsicherung für Arbeitsuchende soll die Eigenverantwortung von erwerbsfähigen Leistungsberechtigten und Personen, die mit ihnen in einer Bedarfsgemeinschaft leben, stärken und dazu beitragen, dass sie ihren Lebensunterhalt unabhängig von der Grundsicherung aus eigenen Mitteln und Kräften bestreiten können. ²Sie soll erwerbsfähige Leistungsberechtigte bei der Aufnahme oder Beibehaltung einer Erwerbstätigkeit unterstützen und den Lebensunterhalt sichern, soweit sie ihn nicht auf andere Weise bestreiten können. ³Die Gleichstellung von Männern und Frauen ist als durchgängiges Prinzip zu verfolgen. ⁴Die Leistungen der Grundsicherung sind insbesondere darauf auszurichten, dass

1. durch eine Erwerbstätigkeit Hilfebedürftigkeit vermieden oder beseitigt, die Dauer der Hilfebedürftigkeit verkürzt oder der Umfang der Hilfebedürftigkeit verringert wird,
2. die Erwerbsfähigkeit einer leistungsberechtigten Person erhalten, verbessert oder wieder hergestellt wird,
3. geschlechtsspezifischen Nachteilen von erwerbsfähigen Leistungsberechtigten entgegengewirkt wird,
4. die familienspezifischen Lebensverhältnisse von erwerbsfähigen Leistungsberechtigten, die Kinder erziehen oder pflegebedürftige Angehörige betreuen, berücksichtigt werden,
5. behindertenspezifische Nachteile überwunden werden,
6. Anreize zur Aufnahme und Ausübung einer Erwerbstätigkeit geschaffen und aufrechterhalten werden.

(3) Die Grundsicherung für Arbeitsuchende umfasst Leistungen zur
1. Beratung,
2. Beendigung oder Verringerung der Hilfebedürftigkeit insbesondere durch Eingliederung in Ausbildung oder Arbeit und
3. Sicherung des Lebensunterhalts.

§ 2 Grundsatz des Forderns. (1) [1] Erwerbsfähige Leistungsberechtigte und die mit ihnen in einer Bedarfsgemeinschaft lebenden Personen müssen alle Möglichkeiten zur Beendigung oder Verringerung ihrer Hilfebedürftigkeit ausschöpfen. [2] Eine erwerbsfähige leistungsberechtigte Person muss aktiv an allen Maßnahmen zu ihrer Eingliederung in Arbeit mitwirken, insbesondere eine Eingliederungsvereinbarung abschließen. [3] Wenn eine Erwerbstätigkeit auf dem allgemeinen Arbeitsmarkt in absehbarer Zeit nicht möglich ist, hat die erwerbsfähige leistungsberechtigte Person eine ihr angebotene zumutbare Arbeitsgelegenheit zu übernehmen.

(2) [1] Erwerbsfähige Leistungsberechtigte und die mit ihnen in einer Bedarfsgemeinschaft lebenden Personen haben in eigener Verantwortung alle Möglichkeiten zu nutzen, ihren Lebensunterhalt aus eigenen Mitteln und Kräften zu bestreiten. [2] Erwerbsfähige Leistungsberechtigte müssen ihre Arbeitskraft zur Beschaffung des Lebensunterhalts für sich und die mit ihnen in einer Bedarfsgemeinschaft lebenden Personen einsetzen.

§ 3 Leistungsgrundsätze. (1) [1] Leistungen zur Eingliederung in Arbeit können erbracht werden, soweit sie zur Vermeidung oder Beseitigung, Verkürzung oder Verminderung der Hilfebedürftigkeit für die Eingliederung erforderlich sind. [2] Bei den Leistungen zur Eingliederung in Arbeit sind
1. die Eignung,
2. die individuelle Lebenssituation, insbesondere die familiäre Situation,
3. die voraussichtliche Dauer der Hilfebedürftigkeit und
4. die Dauerhaftigkeit der Eingliederung

der erwerbsfähigen Leistungsberechtigten zu berücksichtigen. [3] Vorrangig sollen Maßnahmen eingesetzt werden, die die unmittelbare Aufnahme einer Erwerbstätigkeit ermöglichen. [4] Bei der Leistungserbringung sind die Grundsätze von Wirtschaftlichkeit und Sparsamkeit zu beachten.

(2) [1] Bei der Beantragung von Leistungen nach diesem Buch sollen unverzüglich Leistungen zur Eingliederung in Arbeit nach dem Ersten Abschnitt des Dritten Kapitels erbracht werden. [2] Bei fehlendem Berufsabschluss sind insbesondere die Möglichkeiten zur Vermittlung in eine Ausbildung zu nutzen.

(2a) [1] Die Agentur für Arbeit hat darauf hinzuwirken, dass erwerbsfähige Leistungsberechtigte, die
1. nicht über ausreichende deutsche Sprachkenntnisse verfügen, an einem Integrationskurs nach § 43 des Aufenthaltsgesetzes teilnehmen, oder
2. darüber hinaus notwendige berufsbezogene Sprachkenntnisse benötigen, an der berufsbezogenen Deutschsprachförderung nach § 45a des Aufenthaltsgesetzes teilnehmen,

sofern sie teilnahmeberechtigt sind und nicht unmittelbar in eine Ausbildung oder Arbeit vermittelt werden können und ihnen eine Teilnahme an einem

Integrationskurs oder an der berufsbezogenen Deutschsprachförderung daneben nicht zumutbar ist. ²Für die Teilnahmeberechtigung, die Verpflichtung zur Teilnahme und die Zugangsvoraussetzungen gelten die Bestimmungen der §§ 44, 44a und 45a des Aufenthaltsgesetzes sowie des § 9 Absatz 1 Satz 1 des Bundesvertriebenengesetzes in Verbindung mit der Integrationskursverordnung und der Verordnung über die berufsbezogene Deutschsprachförderung. ³Eine Verpflichtung zur Teilnahme ist in die Eingliederungsvereinbarung als vorrangige Maßnahme aufzunehmen.

(3) Leistungen zur Sicherung des Lebensunterhalts dürfen nur erbracht werden, soweit die Hilfebedürftigkeit nicht anderweitig beseitigt werden kann; die nach diesem Buch vorgesehenen Leistungen decken den Bedarf der erwerbsfähigen Leistungsberechtigten und der mit ihnen in einer Bedarfsgemeinschaft lebenden Personen.

§ 4 Leistungsformen. (1) Die Leistungen der Grundsicherung für Arbeitsuchende werden erbracht in Form von

1. Dienstleistungen,
2. Geldleistungen und
3. Sachleistungen.

(2) ¹Die nach § 6 zuständigen Träger wirken darauf hin, dass erwerbsfähige Leistungsberechtigte und die mit ihnen in einer Bedarfsgemeinschaft lebenden Personen die erforderliche Beratung und Hilfe anderer Träger, insbesondere der Kranken- und Rentenversicherung, erhalten. ²Die nach § 6 zuständigen Träger wirken auch darauf hin, dass Kinder und Jugendliche Zugang zu geeigneten vorhandenen Angeboten der gesellschaftlichen Teilhabe erhalten. ³Sie arbeiten zu diesem Zweck mit Schulen und Kindertageseinrichtungen, den Trägern der Jugendhilfe, den Gemeinden und Gemeindeverbänden, freien Trägern, Vereinen und Verbänden und sonstigen handelnden Personen vor Ort zusammen. ⁴Sie sollen die Eltern unterstützen und in geeigneter Weise dazu beitragen, dass Kinder und Jugendliche Leistungen für Bildung und Teilhabe möglichst in Anspruch nehmen.

§ 5 Verhältnis zu anderen Leistungen. (1) ¹Auf Rechtsvorschriften beruhende Leistungen Anderer, insbesondere der Träger anderer Sozialleistungen, werden durch dieses Buch nicht berührt. ²Ermessensleistungen dürfen nicht deshalb versagt werden, weil dieses Buch entsprechende Leistungen vorsieht.

(2) ¹Der Anspruch auf Leistungen zur Sicherung des Lebensunterhalts nach diesem Buch schließt Leistungen nach dem Dritten Kapitel des Zwölften Buches[1]) aus. ²Leistungen nach dem Vierten Kapitel des Zwölften Buches sind gegenüber dem Sozialgeld vorrangig.

(3) ¹Stellen Leistungsberechtigte trotz Aufforderung einen erforderlichen Antrag auf Leistungen eines anderen Trägers nicht, können die Leistungsträger nach diesem Buch den Antrag stellen sowie Rechtsbehelfe und Rechtsmittel einlegen. ²Der Ablauf von Fristen, die ohne Verschulden der Leistungsträger nach diesem Buch verstrichen sind, wirkt nicht gegen die Leistungsträger nach diesem Buch; dies gilt nicht für Verfahrensfristen, soweit die Leistungsträger nach diesem Buch das Verfahren selbst betreiben. ³Wird eine Leistung auf-

---

[1]) Nr. 12.

grund eines Antrages nach Satz 1 von einem anderen Träger nach § 66 des Ersten Buches[1]) bestandskräftig entzogen oder versagt, sind die Leistungen zur Sicherung des Lebensunterhalts nach diesem Buch ganz oder teilweise so lange zu entziehen oder zu versagen, bis die leistungsberechtigte Person ihrer Verpflichtung nach den §§ 60 bis 64 des Ersten Buches gegenüber dem anderen Träger nachgekommen ist. [4] Eine Entziehung oder Versagung nach Satz 3 ist nur möglich, wenn die leistungsberechtigte Person vom zuständigen Leistungsträger nach diesem Buch zuvor schriftlich auf diese Folgen hingewiesen wurde. [5] Wird die Mitwirkung gegenüber dem anderen Träger nachgeholt, ist die Versagung oder Entziehung rückwirkend aufzuheben. [6] Die Sätze 3 bis 5 gelten nicht für die vorzeitige Inanspruchnahme einer Rente wegen Alters.

(4) Leistungen zur Eingliederung in Arbeit nach dem Ersten Abschnitt des Dritten Kapitels werden nicht an oder für erwerbsfähige Leistungsberechtigte erbracht, die einen Anspruch auf Arbeitslosengeld oder Teilarbeitslosengeld haben.

§ 6 Träger der Grundsicherung für Arbeitsuchende. (1) [1] Träger der Leistungen nach diesem Buch sind:
1. die Bundesagentur für Arbeit (Bundesagentur), soweit Nummer 2 nichts Anderes bestimmt,
2. die kreisfreien Städte und Kreise für die Leistungen nach § 16a, das Arbeitslosengeld II und das Sozialgeld, soweit Arbeitslosengeld II und Sozialgeld für den Bedarf für Unterkunft und Heizung geleistet wird, die Leistungen nach § 24 Absatz 3 Satz 1 Nummer 1 und 2 sowie für die Leistungen nach § 28, soweit durch Landesrecht nicht andere Träger bestimmt sind (kommunale Träger).

[2] Zu ihrer Unterstützung können sie Dritte mit der Wahrnehmung von Aufgaben beauftragen; sie sollen einen Außendienst zur Bekämpfung von Leistungsmissbrauch einrichten.

(2) [1] Die Länder können bestimmen, dass und inwieweit die Kreise ihnen zugehörige Gemeinden oder Gemeindeverbände zur Durchführung der in Absatz 1 Satz 1 Nummer 2 genannten Aufgaben nach diesem Gesetz heranziehen und ihnen dabei Weisungen erteilen können; in diesen Fällen erlassen die Kreise den Widerspruchsbescheid nach dem Sozialgerichtsgesetz[2]). [2] § 44b Absatz 1 Satz 3 bleibt unberührt. [3] Die Sätze 1 und 2 gelten auch in den Fällen des § 6a mit der Maßgabe, dass eine Heranziehung auch für die Aufgaben nach § 6b Absatz 1 Satz 1 erfolgen kann.

(3) Die Länder Berlin, Bremen und Hamburg werden ermächtigt, die Vorschriften dieses Gesetzes über die Zuständigkeit von Behörden für die Grundsicherung für Arbeitsuchende dem besonderen Verwaltungsaufbau ihrer Länder anzupassen.

§ 6a Zugelassene kommunale Träger. (1) Die Zulassungen der aufgrund der Kommunalträger-Zulassungsverordnung vom 24. September 2004 (BGBl. I S. 2349) anstelle der Bundesagentur als Träger der Leistungen nach § 6 Absatz 1 Satz 1 Nummer 1 zugelassenen kommunalen Träger werden vom

---

[1]) Nr. 1.
[2]) Nr. 13.

Kapitel 1. Fördern u. Fordern§ 6a SGB II 2

Bundesministerium für Arbeit und Soziales durch Rechtsverordnung über den 31. Dezember 2010 hinaus unbefristet verlängert, wenn die zugelassenen kommunalen Träger gegenüber der zuständigen obersten Landesbehörde die Verpflichtungen nach Absatz 2 Satz 1 Nummer 4 und 5 bis zum 30. September 2010 anerkennen.

(2) [1] Auf Antrag wird eine begrenzte Zahl weiterer kommunaler Träger vom Bundesministerium für Arbeit und Soziales als Träger im Sinne des § 6 Absatz 1 Satz 1 Nummer 1 durch Rechtsverordnung ohne Zustimmung des Bundesrates zugelassen, wenn sie

1. geeignet sind, die Aufgaben zu erfüllen,

2. sich verpflichten, eine besondere Einrichtung nach Absatz 5 zu schaffen,

3. sich verpflichten, mindestens 90 Prozent der Beamtinnen und Beamten, Arbeitnehmerinnen und Arbeitnehmer der Bundesagentur, die zum Zeitpunkt der Zulassung mindestens seit 24 Monaten in der im Gebiet des kommunalen Trägers gelegenen Arbeitsgemeinschaft oder Agentur für Arbeit in getrennter Aufgabenwahrnehmung im Aufgabenbereich nach § 6 Absatz 1 Satz 1 tätig waren, vom Zeitpunkt der Zulassung an, dauerhaft zu beschäftigen,

4. sich verpflichten, mit der zuständigen Landesbehörde eine Zielvereinbarung über die Leistungen nach diesem Buch abzuschließen, und

5. sich verpflichten, die in der Rechtsverordnung nach § 51b Absatz 1 Satz 2 festgelegten Daten zu erheben und gemäß den Regelungen nach § 51b Absatz 4 an die Bundesagentur zu übermitteln, um bundeseinheitliche Datenerfassung, Ergebnisberichterstattung, Wirkungsforschung und Leistungsvergleiche zu ermöglichen.

[2] Für die Antragsberechtigung gilt § 6 Absatz 3 entsprechend. *[3] Der Antrag bedarf in den dafür zuständigen Vertretungskörperschaften der kommunalen Träger einer Mehrheit von zwei Dritteln der Mitglieder sowie der Zustimmung der zuständigen obersten Landesbehörde.*[1]) [4] Die Anzahl der nach den Absätzen 1 und 2 zugelassenen kommunalen Träger beträgt höchstens 25 Prozent der zum 31. Dezember 2010 bestehenden Arbeitsgemeinschaften nach § 44b in der bis zum 31. Dezember 2010 geltenden Fassung, zugelassenen kommunalen Trägern sowie der Kreise und kreisfreien Städte, in denen keine Arbeitsgemeinschaft nach § 44b in der bis zum 31. Dezember 2010 geltenden Fassung errichtet wurde (Aufgabenträger).

(3) Das Bundesministerium für Arbeit und Soziales wird ermächtigt, Voraussetzungen der Eignung nach Absatz 2 Nummer 1 und deren Feststellung sowie die Verteilung der Zulassungen nach den Absätzen 2 und 4 auf die Länder durch Rechtsverordnung mit Zustimmung des Bundesrates zu regeln.

(4) [1] Der Antrag nach Absatz 2 kann bis zum 31. Dezember 2010 mit Wirkung zum 1. Januar 2012 gestellt werden. [2] Darüber hinaus kann vom 30. Juni 2015 bis zum 31. Dezember 2015 mit Wirkung zum 1. Januar 2017 ein Antrag

---

[1]) Gem. Urt. des BVerfG v. 7.10.2014 – 2 BvR 1641/11 – (BGBl. I S. 1638) ist § 6a Abs. 2 Satz 3 SGB II idF des G zur Weiterentwicklung der Organisation der Grundsicherung für Arbeitsuchende vom 3.8.2010 mit Art. 28 Abs. 2 in Verbindung mit Art. 70 Abs. 1 GG unvereinbar, soweit er anordnet, dass der Antrag in den dafür zuständigen Vertretungskörperschaften der kommunalen Träger einer Mehrheit von zwei Dritteln der Mitglieder bedarf. Die Vorschrift gilt für bestehende Zulassungen fort.

auf Zulassung gestellt werden, soweit die Anzahl der nach den Absätzen 1 und 2 zugelassenen kommunalen Träger 25 Prozent der zum 1. Januar 2015 bestehenden Aufgabenträger nach Absatz 2 Satz 4 unterschreitet. ³ Die Zulassungen werden unbefristet erteilt.

(5) Zur Wahrnehmung der Aufgaben anstelle der Bundesagentur errichten und unterhalten die zugelassenen kommunalen Träger besondere Einrichtungen für die Erfüllung der Aufgaben nach diesem Buch.

(6) ¹ Das Bundesministerium für Arbeit und Soziales kann mit Zustimmung der zuständigen obersten Landesbehörde durch Rechtsverordnung ohne Zustimmung des Bundesrates die Zulassung widerrufen. ² Auf Antrag des zugelassenen kommunalen Trägers, der der Zustimmung der zuständigen obersten Landesbehörde bedarf, widerruft das Bundesministerium für Arbeit und Soziales die Zulassung durch Rechtsverordnung ohne Zustimmung des Bundesrates. ³ Die Trägerschaft endet mit Ablauf des auf die Antragstellung folgenden Kalenderjahres.

(7) ¹ Auf Antrag des kommunalen Trägers, der der Zustimmung der obersten Landesbehörde bedarf, widerruft, beschränkt oder erweitert das Bundesministerium für Arbeit und Soziales die Zulassung nach Absatz 1 oder 2 durch Rechtsverordnung ohne Zustimmung des Bundesrates, wenn und soweit die Zulassung aufgrund einer kommunalen Neugliederung nicht mehr dem Gebiet des kommunalen Trägers entspricht. ² Absatz 2 Satz 1 Nummer 2 bis 5 gilt bei Erweiterung der Zulassung entsprechend. ³ Der Antrag nach Satz 1 kann bis zum 1. Juli eines Kalenderjahres mit Wirkung zum 1. Januar des folgenden Kalenderjahres gestellt werden.

§ 6b Rechtsstellung der zugelassenen kommunalen Träger. (1) ¹ Die zugelassenen kommunalen Träger sind anstelle der Bundesagentur im Rahmen ihrer örtlichen Zuständigkeit Träger der Aufgaben nach § 6 Absatz 1 Satz 1 Nummer 1 mit Ausnahme der sich aus den §§ 44b, 48b, 50, 51a, 51b, 53, 55, 56 Absatz 2, §§ 64 und 65d ergebenden Aufgaben. ² Sie haben insoweit die Rechte und Pflichten der Agentur für Arbeit.

(2) ¹ Der Bund trägt die Aufwendungen der Grundsicherung für Arbeitsuchende einschließlich der Verwaltungskosten mit Ausnahme der Aufwendungen für Aufgaben nach § 6 Absatz 1 Satz 1 Nummer 2. ² § 46 Absatz 1 Satz 4, Absatz 2 und 3 Satz 1 gilt entsprechend. ³ § 46 Absatz 5 bis 11 bleibt unberührt.

(2a) Für die Bewirtschaftung von Haushaltsmitteln des Bundes durch die zugelassenen kommunalen Träger gelten die haushaltsrechtlichen Bestimmungen des Bundes, soweit in Rechtsvorschriften des Bundes oder Vereinbarungen des Bundes mit den zugelassenen kommunalen Trägern nicht etwas anderes bestimmt ist.

(3) Der Bundesrechnungshof ist berechtigt, die Leistungsgewährung zu prüfen.

(4) ¹ Das Bundesministerium für Arbeit und Soziales prüft, ob Einnahmen und Ausgaben in der besonderen Einrichtung nach § 6a Absatz 5 begründet und belegt sind und den Grundsätzen der Wirtschaftlichkeit und Sparsamkeit entsprechen. ² Die Prüfung kann in einem vereinfachten Verfahren erfolgen, wenn der zugelassene kommunale Träger ein Verwaltungs- und Kontrollsystem errichtet hat, das die Ordnungsmäßigkeit der Berechnung und Zahlung ge-

währleistet und er dem Bundesministerium für Arbeit und Soziales eine Beurteilung ermöglicht, ob Aufwendungen nach Grund und Höhe vom Bund zu tragen sind. ³ Das Bundesministerium für Arbeit und Soziales kündigt örtliche Prüfungen bei einem zugelassenen kommunalen Träger gegenüber der nach § 48 Absatz 1 zuständigen Landesbehörde an und unterrichtet sie über das Ergebnis der Prüfung.

(5) ¹ Das Bundesministerium für Arbeit und Soziales kann von dem zugelassenen kommunalen Träger die Erstattung von Mitteln verlangen, die er zu Lasten des Bundes ohne Rechtsgrund erlangt hat. ² Der zu erstattende Betrag ist während des Verzugs zu verzinsen. ³ Der Verzugszinssatz beträgt für das Jahr 3 Prozentpunkte über dem Basiszinssatz.

§ 6c Personalübergang bei Zulassung weiterer kommunaler Träger und bei Beendigung der Trägerschaft.

(1) ¹ Die Beamtinnen und Beamten, Arbeitnehmerinnen und Arbeitnehmer der Bundesagentur, die am Tag vor der Zulassung eines weiteren kommunalen Trägers nach § 6a Absatz 2 und mindestens seit 24 Monaten Aufgaben der Bundesagentur als Träger nach § 6 Absatz 1 Satz 1 Nummer 1 in dem Gebiet des kommunalen Trägers wahrgenommen haben, treten zum Zeitpunkt der Neuzulassung kraft Gesetzes in den Dienst des kommunalen Trägers über. ² Für die Auszubildenden bei der Bundesagentur gilt Satz 1 entsprechend. ³ Die Versetzung von nach Satz 1 übergetretenen Beamtinnen und Beamten vom kommunalen Träger zur Bundesagentur bedarf nicht der Zustimmung der Bundesagentur, bis sie 10 Prozent der nach Satz 1 übergetretenen Beamtinnen und Beamten, Arbeitnehmerinnen und Arbeitnehmer wieder aufgenommen hat. ⁴ Bis zum Erreichen des in Satz 3 genannten Anteils ist die Bundesagentur zur Wiedereinstellung von nach Satz 1 übergetretenen Arbeitnehmerinnen und Arbeitnehmern verpflichtet, die auf Vorschlag des kommunalen Trägers dazu bereit sind. ⁵ Die Versetzung und Wiedereinstellung im Sinne der Sätze 3 und 4 ist innerhalb von drei Monaten nach dem Zeitpunkt der Neuzulassung abzuschließen. ⁶ Die Sätze 1 bis 5 gelten entsprechend für Zulassungen nach § 6a Absatz 4 Satz 2 sowie Erweiterungen der Zulassung nach § 6a Absatz 7.

(2) ¹ Endet die Trägerschaft eines kommunalen Trägers nach § 6a, treten die Beamtinnen und Beamten, Arbeitnehmerinnen und Arbeitnehmer des kommunalen Trägers, die am Tag vor der Beendigung der Trägerschaft Aufgaben anstelle der Bundesagentur als Träger nach § 6 Absatz 1 Nummer 1 durchgeführt haben, zum Zeitpunkt der Beendigung der Trägerschaft kraft Gesetzes in den Dienst der Bundesagentur über. ² Für die Auszubildenden bei dem kommunalen Träger gilt Satz 1 entsprechend.

(3) ¹ Treten Beamtinnen und Beamte aufgrund des Absatzes 1 oder 2 kraft Gesetzes in den Dienst eines anderen Trägers über, wird das Beamtenverhältnis mit dem anderen Träger fortgesetzt. ² Treten Arbeitnehmerinnen und Arbeitnehmer aufgrund des Absatzes 1 oder 2 kraft Gesetzes in den Dienst eines anderen Trägers über, tritt der neue Träger unbeschadet des Satzes 3 in die Rechte und Pflichten aus den Arbeitsverhältnissen ein, die im Zeitpunkt des Übertritts bestehen. ³ Vom Zeitpunkt des Übertritts an sind die für Arbeitnehmerinnen und Arbeitnehmer des neuen Trägers jeweils geltenden Tarifverträge ausschließlich anzuwenden. ⁴ Den Beamtinnen und Beamten, Arbeitnehmerinnen oder Arbeitnehmern ist die Fortsetzung des Beamten- oder Arbeitsverhältnisses von dem aufnehmenden Träger schriftlich zu bestätigen. ⁵ Für die

Verteilung der Versorgungslasten hinsichtlich der aufgrund des Absatzes 1 oder 2 übertretenden Beamtinnen und Beamten gilt § 107b des Beamtenversorgungsgesetzes entsprechend. ⁶ Mit Inkrafttreten des Versorgungslastenteilungs-Staatsvertrags sind für die jeweils beteiligten Dienstherrn die im Versorgungslastenteilungs-Staatsvertrag bestimmten Regelungen entsprechend anzuwenden.

(4) ¹ Beamtinnen und Beamten, die nach Absatz 1 oder 2 kraft Gesetzes in den Dienst eines anderen Trägers übertreten, soll ein gleich zu bewertendes Amt übertragen werden, das ihrem bisherigen Amt nach Bedeutung und Inhalt ohne Berücksichtigung von Dienststellung und Dienstalter entspricht. ² Wenn eine dem bisherigen Amt entsprechende Verwendung im Ausnahmefall nicht möglich ist, kann ihnen auch ein anderes Amt mit geringerem Grundgehalt übertragen werden. ³ Verringert sich nach Satz 1 oder 2 der Gesamtbetrag von Grundgehalt, allgemeiner Stellenzulage oder entsprechender Besoldungsbestandteile und anteiliger Sonderzahlung (auszugleichende Dienstbezüge), hat der aufnehmende Träger eine Ausgleichszulage zu gewähren. ⁴ Die Ausgleichszulage bemisst sich nach der Differenz zwischen den auszugleichenden Dienstbezügen beim abgebenden Träger und beim aufnehmenden Träger zum Zeitpunkt des Übertritts. ⁵ Auf die Ausgleichszulage werden alle Erhöhungen der auszugleichenden Dienstbezüge beim aufnehmenden Träger angerechnet. ⁶ Die Ausgleichszulage ist ruhegehaltfähig. ⁷ Als Bestandteil der Versorgungsbezüge vermindert sich die Ausgleichszulage bei jeder auf das Grundgehalt bezogenen Erhöhung der Versorgungsbezüge um diesen Erhöhungsbetrag. ⁸ Im Fall des Satzes 2 dürfen die Beamtinnen und Beamten neben der neuen Amtsbezeichnung die des früheren Amtes mit dem Zusatz „außer Dienst" („a. D.") führen.

(5) ¹ Arbeitnehmerinnen und Arbeitnehmern, die nach Absatz 1 oder 2 kraft Gesetzes in den Dienst eines anderen Trägers übertreten, soll grundsätzlich eine tarifrechtlich gleichwertige Tätigkeit übertragen werden. ² Wenn eine derartige Verwendung im Ausnahmefall nicht möglich ist, kann ihnen eine niedriger bewertete Tätigkeit übertragen werden. ³ Verringert sich das Arbeitsentgelt nach den Sätzen 1 und 2, ist eine Ausgleichszahlung in Höhe des Unterschiedsbetrages zwischen dem Arbeitsentgelt bei dem abgebenden Träger zum Zeitpunkt des Übertritts und dem jeweiligen Arbeitsentgelt bei dem aufnehmenden Träger zu zahlen.

§ 6d Jobcenter. Die gemeinsamen Einrichtungen nach § 44b und die zugelassenen kommunalen Träger nach § 6a führen die Bezeichnung Jobcenter.

Kapitel 2. Anspruchsvoraussetzungen

§ 7 Leistungsberechtigte. (1) ¹ Leistungen nach diesem Buch erhalten Personen, die

1. das 15. Lebensjahr vollendet und die Altersgrenze nach § 7a noch nicht erreicht haben,
2. erwerbsfähig sind,
3. hilfebedürftig sind und
4. ihren gewöhnlichen Aufenthalt in der Bundesrepublik Deutschland haben (erwerbsfähige Leistungsberechtigte).

Kapitel 2. Anspruchsvoraussetzungen § 7 SGB II 2

²Ausgenommen sind

1. Ausländerinnen und Ausländer, die weder in der Bundesrepublik Deutschland Arbeitnehmerinnen, Arbeitnehmer oder Selbständige noch aufgrund des § 2 Absatz 3 des Freizügigkeitsgesetzes/EU freizügigkeitsberechtigt sind, und ihre Familienangehörigen für die ersten drei Monate ihres Aufenthalts,

2. Ausländerinnen und Ausländer,
   a) die kein Aufenthaltsrecht haben,
   b) deren Aufenthaltsrecht sich allein aus dem Zweck der Arbeitsuche ergibt oder
   c) die ihr Aufenthaltsrecht allein oder neben einem Aufenthaltsrecht nach Buchstabe b aus Artikel 10 der Verordnung (EU) Nr. 492/2011 des Europäischen Parlaments und des Rates vom 5. April 2011 über die Freizügigkeit der Arbeitnehmer innerhalb der Union (ABl. L 141 vom 27.5.2011, S. 1), die durch die Verordnung (EU) 2016/589 (ABl. L 107 vom 22.4.2016, S. 1) geändert worden ist, ableiten,

   und ihre Familienangehörigen,

3. Leistungsberechtigte nach § 1 des Asylbewerberleistungsgesetzes.

³Satz 2 Nummer 1 gilt nicht für Ausländerinnen und Ausländer, die sich mit einem Aufenthaltstitel nach Kapitel 2 Abschnitt 5 des Aufenthaltsgesetzes in der Bundesrepublik Deutschland aufhalten. ⁴Abweichend von Satz 2 Nummer 2 erhalten Ausländerinnen und Ausländer und ihre Familienangehörigen Leistungen nach diesem Buch, wenn sie seit mindestens fünf Jahren ihren gewöhnlichen Aufenthalt im Bundesgebiet haben; dies gilt nicht, wenn der Verlust des Rechts nach § 2 Absatz 1 des Freizügigkeitsgesetzes/ EU festgestellt wurde. ⁵Die Frist nach Satz 4 beginnt mit der Anmeldung bei der zuständigen Meldebehörde. ⁶Zeiten des nicht rechtmäßigen Aufenthalts, in denen eine Ausreisepflicht besteht, werden auf Zeiten des gewöhnlichen Aufenthalts nicht angerechnet. ⁷Aufenthaltsrechtliche Bestimmungen bleiben unberührt.

(2) ¹Leistungen erhalten auch Personen, die mit erwerbsfähigen Leistungsberechtigten in einer Bedarfsgemeinschaft leben. ²Dienstleistungen und Sachleistungen werden ihnen nur erbracht, wenn dadurch Hemmnisse bei der Eingliederung der erwerbsfähigen Leistungsberechtigten beseitigt oder vermindert werden. ³Zur Deckung der Bedarfe nach § 28 erhalten die dort genannten Personen auch dann Leistungen für Bildung und Teilhabe, wenn sie mit Personen in einem Haushalt zusammenleben, mit denen sie nur deshalb keine Bedarfsgemeinschaft bilden, weil diese aufgrund des zu berücksichtigenden Einkommens oder Vermögens selbst nicht leistungsberechtigt sind.

(3) Zur Bedarfsgemeinschaft gehören

1. die erwerbsfähigen Leistungsberechtigten,

2. die im Haushalt lebenden Eltern oder der im Haushalt lebende Elternteil eines unverheirateten erwerbsfähigen Kindes, welches das 25. Lebensjahr noch nicht vollendet hat, und die im Haushalt lebende Partnerin oder der im Haushalt lebende Partner dieses Elternteils,

3. als Partnerin oder Partner der erwerbsfähigen Leistungsberechtigten
   a) die nicht dauernd getrennt lebende Ehegattin oder der nicht dauernd getrennt lebende Ehegatte,

b) die nicht dauernd getrennt lebende Lebenspartnerin oder der nicht dauernd getrennt lebende Lebenspartner,
c) eine Person, die mit der erwerbsfähigen leistungsberechtigten Person in einem gemeinsamen Haushalt so zusammenlebt, dass nach verständiger Würdigung der wechselseitige Wille anzunehmen ist, Verantwortung füreinander zu tragen und füreinander einzustehen.
4. die dem Haushalt angehörenden unverheirateten Kinder der in den Nummern 1 bis 3 genannten Personen, wenn sie das 25. Lebensjahr noch nicht vollendet haben, soweit sie die Leistungen zur Sicherung ihres Lebensunterhalts nicht aus eigenem Einkommen oder Vermögen beschaffen können.

(3a) Ein wechselseitiger Wille, Verantwortung füreinander zu tragen und füreinander einzustehen, wird vermutet, wenn Partner

1. länger als ein Jahr zusammenleben,
2. mit einem gemeinsamen Kind zusammenleben,
3. Kinder oder Angehörige im Haushalt versorgen oder
4. befugt sind, über Einkommen oder Vermögen des anderen zu verfügen.

(4) [1] Leistungen nach diesem Buch erhält nicht, wer in einer stationären Einrichtung untergebracht ist, Rente wegen Alters oder Knappschaftsausgleichsleistung oder ähnliche Leistungen öffentlich-rechtlicher Art bezieht. [2] Dem Aufenthalt in einer stationären Einrichtung ist der Aufenthalt in einer Einrichtung zum Vollzug richterlich angeordneter Freiheitsentziehung gleichgestellt. [3] Abweichend von Satz 1 erhält Leistungen nach diesem Buch,

1. wer voraussichtlich für weniger als sechs Monate in einem Krankenhaus (§ 107 des Fünften Buches[1])) untergebracht ist, oder
2. wer in einer stationären Einrichtung nach Satz 1 untergebracht und unter den üblichen Bedingungen des allgemeinen Arbeitsmarktes mindestens 15 Stunden wöchentlich erwerbstätig ist.

(4a) [1] Erwerbsfähige Leistungsberechtigte erhalten keine Leistungen, wenn sie sich ohne Zustimmung des zuständigen Trägers nach diesem Buch außerhalb des zeit- und ortsnahen Bereichs aufhalten und deshalb nicht für die Eingliederung in Arbeit zur Verfügung stehen. [2] Die Zustimmung ist zu erteilen, wenn für den Aufenthalt außerhalb des zeit- und ortsnahen Bereichs ein wichtiger Grund vorliegt und die Eingliederung in Arbeit nicht beeinträchtigt wird. [3] Ein wichtiger Grund liegt insbesondere vor bei

1. Teilnahme an einer ärztlich verordneten Maßnahme der medizinischen Vorsorge oder Rehabilitation,
2. Teilnahme an einer Veranstaltung, die staatspolitischen, kirchlichen oder gewerkschaftlichen Zwecken dient oder sonst im öffentlichen Interesse liegt, oder
3. Ausübung einer ehrenamtlichen Tätigkeit.

[4] Die Zustimmung kann auch erteilt werden, wenn für den Aufenthalt außerhalb des zeit- und ortsnahen Bereichs kein wichtiger Grund vorliegt und die Eingliederung in Arbeit nicht beeinträchtigt wird. [5] Die Dauer der Abwesenheiten nach Satz 4 soll in der Regel insgesamt drei Wochen im Kalenderjahr nicht überschreiten.

[1)] Nr. 5.

(5) ¹ Auszubildende, deren Ausbildung im Rahmen des Bundesausbildungsförderungsgesetzes dem Grunde nach förderungsfähig ist, haben über die Leistungen nach § 27 hinaus keinen Anspruch auf Leistungen zur Sicherung des Lebensunterhalts. ² Satz 1 gilt auch für Auszubildende, deren Bedarf sich nach § 61 Absatz 2 und 3, § 62 Absatz 3, § 123 Absatz 1 Nummer 2 und 3 sowie § 124 Absatz 1 Nummer 3 und Absatz 3 des Dritten Buches[1] bemisst.

(6) Absatz 5 Satz 1 ist nicht anzuwenden auf Auszubildende,

1. die aufgrund von § 2 Absatz 1a des Bundesausbildungsförderungsgesetzes keinen Anspruch auf Ausbildungsförderung haben,
2. deren Bedarf sich nach den §§ 12, 13 Absatz 1 in Verbindung mit Absatz 2 Nummer 1 oder nach § 13 Absatz 1 Nummer 1 in Verbindung mit Absatz 2 Nummer 2 des Bundesausbildungsförderungsgesetzes bemisst und die Leistungen nach dem Bundesausbildungsförderungsgesetz
   a) erhalten oder nur wegen der Vorschriften zur Berücksichtigung von Einkommen und Vermögen nicht erhalten oder
   b) beantragt haben und über deren Antrag das zuständige Amt für Ausbildungsförderung noch nicht entschieden hat; lehnt das zuständige Amt für Ausbildungsförderung die Leistungen ab, findet Absatz 5 mit Beginn des folgenden Monats Anwendung, oder
3. die eine Abendhauptschule, eine Abendrealschule oder ein Abendgymnasium besuchen, sofern sie aufgrund des § 10 Absatz 3 des Bundesausbildungsförderungsgesetzes keinen Anspruch auf Ausbildungsförderung haben.

§ 7a Altersgrenze. ¹ Personen, die vor dem 1. Januar 1947 geboren sind, erreichen die Altersgrenze mit Ablauf des Monats, in dem sie das 65. Lebensjahr vollenden. ² Für Personen, die nach dem 31. Dezember 1946 geboren sind, wird die Altersgrenze wie folgt angehoben:

für den Geburtsjahrgang	erfolgt eine Anhebung um Monate	auf den Ablauf des Monats, in dem ein Lebensalter vollendet wird von
1947	1	65 Jahren und 1 Monat
1948	2	65 Jahren und 2 Monaten
1949	3	65 Jahren und 3 Monaten
1950	4	65 Jahren und 4 Monaten
1951	5	65 Jahren und 5 Monaten
1952	6	65 Jahren und 6 Monaten
1953	7	65 Jahren und 7 Monaten
1954	8	65 Jahren und 8 Monaten
1955	9	65 Jahren und 9 Monaten
1956	10	65 Jahren und 10 Monaten
1957	11	65 Jahren und 11 Monaten

---

[1] Nr. 3.

für den Geburtsjahrgang	erfolgt eine Anhebung um Monate	auf den Ablauf des Monats, in dem ein Lebensalter vollendet wird von
1958	12	66 Jahren
1959	14	66 Jahren und 2 Monaten
1960	16	66 Jahren und 4 Monaten
1961	18	66 Jahren und 6 Monaten
1962	20	66 Jahren und 8 Monaten
1963	22	66 Jahren und 10 Monaten
ab 1964	24	67 Jahren.

§ 8 Erwerbsfähigkeit. (1) Erwerbsfähig ist, wer nicht wegen Krankheit oder Behinderung auf absehbare Zeit außerstande ist, unter den üblichen Bedingungen des allgemeinen Arbeitsmarktes mindestens drei Stunden täglich erwerbstätig zu sein.

(2) [1] Im Sinne von Absatz 1 können Ausländerinnen und Ausländer nur erwerbstätig sein, wenn ihnen die Aufnahme einer Beschäftigung erlaubt ist oder erlaubt werden könnte. [2] Die rechtliche Möglichkeit, eine Beschäftigung vorbehaltlich einer Zustimmung nach § 39 des Aufenthaltsgesetzes aufzunehmen, ist ausreichend.

§ 9 Hilfebedürftigkeit. (1) Hilfebedürftig ist, wer seinen Lebensunterhalt nicht oder nicht ausreichend aus dem zu berücksichtigenden Einkommen oder Vermögen sichern kann und die erforderliche Hilfe nicht von anderen, insbesondere von Angehörigen oder von Trägern anderer Sozialleistungen, erhält.

(2) [1] Bei Personen, die in einer Bedarfsgemeinschaft leben, sind auch das Einkommen und Vermögen des Partners zu berücksichtigen. [2] Bei unverheirateten Kindern, die mit ihren Eltern oder einem Elternteil in einer Bedarfsgemeinschaft leben und die ihren Lebensunterhalt nicht aus eigenem Einkommen oder Vermögen sichern können, sind auch das Einkommen und Vermögen der Eltern oder des Elternteils und dessen in Bedarfsgemeinschaft lebender Partnerin oder lebenden Partners zu berücksichtigen. [3] Ist in einer Bedarfsgemeinschaft nicht der gesamte Bedarf aus eigenen Kräften und Mitteln gedeckt, gilt jede Person der Bedarfsgemeinschaft im Verhältnis des eigenen Bedarfs zum Gesamtbedarf als hilfebedürftig, dabei bleiben die Bedarfe nach § 28 außer Betracht. [4] In den Fällen des § 7 Absatz 2 Satz 3 ist Einkommen und Vermögen, soweit es die nach Satz 3 zu berücksichtigenden Bedarfe übersteigt, im Verhältnis mehrerer Leistungsberechtigter zueinander zu gleichen Teilen zu berücksichtigen.

(3) Absatz 2 Satz 2 findet keine Anwendung auf ein Kind, das schwanger ist oder sein Kind bis zur Vollendung des sechsten Lebensjahres betreut.

(4) Hilfebedürftig ist auch derjenige, dem der sofortige Verbrauch oder die sofortige Verwertung von zu berücksichtigendem Vermögen nicht möglich ist oder für den dies eine besondere Härte bedeuten würde.

Kapitel 2. Anspruchsvoraussetzungen §§ 10, 11 SGB II 2

(5) Leben Hilfebedürftige in Haushaltsgemeinschaft mit Verwandten oder Verschwägerten, so wird vermutet, dass sie von ihnen Leistungen erhalten, soweit dies nach deren Einkommen und Vermögen erwartet werden kann.

§ 10 Zumutbarkeit. (1) Einer erwerbsfähigen leistungsberechtigten Person ist jede Arbeit zumutbar, es sei denn, dass
1. sie zu der bestimmten Arbeit körperlich, geistig oder seelisch nicht in der Lage ist,
2. die Ausübung der Arbeit die künftige Ausübung der bisherigen überwiegenden Arbeit wesentlich erschweren würde, weil die bisherige Tätigkeit besondere körperliche Anforderungen stellt,
3. die Ausübung der Arbeit die Erziehung ihres Kindes oder des Kindes ihrer Partnerin oder ihres Partners gefährden würde; die Erziehung eines Kindes, das das dritte Lebensjahr vollendet hat, ist in der Regel nicht gefährdet, soweit die Betreuung in einer Tageseinrichtung oder in Tagespflege im Sinne der Vorschriften des Achten Buches[1] oder auf sonstige Weise sichergestellt ist; die zuständigen kommunalen Träger sollen darauf hinwirken, dass erwerbsfähigen Erziehenden vorrangig ein Platz zur Tagesbetreuung des Kindes angeboten wird,
4. die Ausübung der Arbeit mit der Pflege einer oder eines Angehörigen nicht vereinbar wäre und die Pflege nicht auf andere Weise sichergestellt werden kann,
5. der Ausübung der Arbeit ein sonstiger wichtiger Grund entgegensteht.

(2) Eine Arbeit ist nicht allein deshalb unzumutbar, weil
1. sie nicht einer früheren beruflichen Tätigkeit entspricht, für die die erwerbsfähige leistungsberechtigte Person ausgebildet ist oder die früher ausgeübt wurde,
2. sie im Hinblick auf die Ausbildung der erwerbsfähigen leistungsberechtigten Person als geringerwertig anzusehen ist,
3. der Beschäftigungsort vom Wohnort der erwerbsfähigen leistungsberechtigten Person weiter entfernt ist als ein früherer Beschäftigungs- oder Ausbildungsort,
4. die Arbeitsbedingungen ungünstiger sind als bei den bisherigen Beschäftigungen der erwerbsfähigen leistungsberechtigten Person,
5. sie mit der Beendigung einer Erwerbstätigkeit verbunden ist, es sei denn, es liegen begründete Anhaltspunkte vor, dass durch die bisherige Tätigkeit künftig die Hilfebedürftigkeit beendet werden kann.

(3) Die Absätze 1 und 2 gelten für die Teilnahme an Maßnahmen zur Eingliederung in Arbeit entsprechend.

§ 11 Zu berücksichtigendes Einkommen. (1) [1] Als Einkommen zu berücksichtigen sind Einnahmen in Geld abzüglich der nach § 11b abzusetzenden Beträge mit Ausnahme der in § 11a genannten Einnahmen. [2] Dies gilt auch für Einnahmen in Geldeswert, die im Rahmen einer Erwerbstätigkeit, des Bundesfreiwilligendienstes oder eines Jugendfreiwilligendienstes zufließen. [3] Als Ein-

---
[1] Nr. 8.

kommen zu berücksichtigen sind auch Zuflüsse aus darlehensweise gewährten Sozialleistungen, soweit sie dem Lebensunterhalt dienen. ⁴Der Kinderzuschlag nach § 6a des Bundeskindergeldgesetzes ist als Einkommen dem jeweiligen Kind zuzurechnen. ⁵Dies gilt auch für das Kindergeld für zur Bedarfsgemeinschaft gehörende Kinder, soweit es bei dem jeweiligen Kind zur Sicherung des Lebensunterhalts, mit Ausnahme der Bedarfe nach § 28, benötigt wird.

(2) ¹Laufende Einnahmen sind für den Monat zu berücksichtigen, in dem sie zufließen. ²Zu den laufenden Einnahmen zählen auch Einnahmen, die an einzelnen Tagen eines Monats aufgrund von kurzzeitigen Beschäftigungsverhältnissen erzielt werden. ³Für laufende Einnahmen, die in größeren als monatlichen Zeitabständen zufließen, gilt Absatz 3 entsprechend.

(3) ¹Einmalige Einnahmen sind in dem Monat, in dem sie zufließen, zu berücksichtigen. ²Zu den einmaligen Einnahmen gehören auch als Nachzahlung zufließende Einnahmen, die nicht für den Monat des Zuflusses erbracht werden. ³Sofern für den Monat des Zuflusses bereits Leistungen ohne Berücksichtigung der einmaligen Einnahme erbracht worden sind, werden sie im Folgemonat berücksichtigt. ⁴Entfiele der Leistungsanspruch durch die Berücksichtigung in einem Monat, ist die einmalige Einnahme auf einen Zeitraum von sechs Monaten gleichmäßig aufzuteilen und monatlich mit einem entsprechenden Teilbetrag zu berücksichtigen.

§ 11a Nicht zu berücksichtigendes Einkommen. (1) Nicht als Einkommen zu berücksichtigen sind

1. Leistungen nach diesem Buch,
2. die Grundrente nach dem Bundesversorgungsgesetz und nach den Gesetzen, die eine entsprechende Anwendung des Bundesversorgungsgesetzes vorsehen,
3. die Renten oder Beihilfen, die nach dem Bundesentschädigungsgesetz für Schaden an Leben sowie an Körper oder Gesundheit erbracht werden, bis zur Höhe der vergleichbaren Grundrente nach dem Bundesversorgungsgesetz.

(2) Entschädigungen, die wegen eines Schadens, der kein Vermögensschaden ist, nach § 253 Absatz 2 des Bürgerlichen Gesetzbuchs geleistet werden, sind nicht als Einkommen zu berücksichtigen.

(3) ¹Leistungen, die aufgrund öffentlich-rechtlicher Vorschriften zu einem ausdrücklich genannten Zweck erbracht werden, sind nur so weit als Einkommen zu berücksichtigen, als die Leistungen nach diesem Buch im Einzelfall demselben Zweck dienen. ²Abweichend von Satz 1 sind als Einkommen zu berücksichtigen

1. die Leistungen nach § 39 des Achten Buches[1], die für den erzieherischen Einsatz erbracht werden,

    a) für das dritte Pflegekind zu 75 Prozent,

    b) für das vierte und jedes weitere Pflegekind vollständig,

2. die Leistungen nach § 23 des Achten Buches,

---

[1] Nr. 8.

Kapitel 2. Anspruchsvoraussetzungen § **11b SGB II 2**

3. die Leistungen der Ausbildungsförderung nach dem Bundesausbildungsförderungsgesetz sowie vergleichbare Leistungen der Begabtenförderungswerke; § 14b Absatz 2 Satz 1 des Bundesausbildungsförderungsgesetzes bleibt unberührt,
4. die Berufsausbildungsbeihilfe nach dem Dritten Buch[1]) mit Ausnahme der Bedarfe nach § 64 Absatz 3 Satz 1 des Dritten Buches sowie
5. Reisekosten zur Teilhabe am Arbeitsleben nach § 127 Absatz 1 Satz 1 des Dritten Buches in Verbindung mit § 53 des Neunten Buches[2]).

(4) Zuwendungen der freien Wohlfahrtspflege sind nicht als Einkommen zu berücksichtigen, soweit sie die Lage der Empfängerinnen und Empfänger nicht so günstig beeinflussen, dass daneben Leistungen nach diesem Buch nicht gerechtfertigt wären.

(5) Zuwendungen, die ein anderer erbringt, ohne hierzu eine rechtliche oder sittliche Pflicht zu haben, sind nicht als Einkommen zu berücksichtigen, soweit

1. ihre Berücksichtigung für die Leistungsberechtigten grob unbillig wäre oder
2. sie die Lage der Leistungsberechtigten nicht so günstig beeinflussen, dass daneben Leistungen nach diesem Buch nicht gerechtfertigt wären.

(6) ¹ Überbrückungsgeld nach § 51 des Strafvollzugsgesetzes oder vergleichbare Leistungen nach landesrechtlichen Regelungen sind nicht als Einkommen zu berücksichtigen, soweit sie den Bedarf der leistungsberechtigten Person für 28 Tage übersteigen. ² Die Berücksichtigung des als Einkommen verbleibenden Teils der in Satz 1 bezeichneten Leistungen richtet sich nach § 11 Absatz 3.

§ 11b Absetzbeträge. (1) ¹ Vom Einkommen abzusetzen sind
1. auf das Einkommen entrichtete Steuern,
2. Pflichtbeiträge zur Sozialversicherung einschließlich der Beiträge zur Arbeitsförderung,
3. Beiträge zu öffentlichen oder privaten Versicherungen oder ähnlichen Einrichtungen, soweit diese Beiträge gesetzlich vorgeschrieben oder nach Grund und Höhe angemessen sind; hierzu gehören Beiträge
   a) zur Vorsorge für den Fall der Krankheit und der Pflegebedürftigkeit für Personen, die in der gesetzlichen Krankenversicherung nicht versicherungspflichtig sind,
   b) zur Altersvorsorge von Personen, die von der Versicherungspflicht in der gesetzlichen Rentenversicherung befreit sind,
   soweit die Beiträge nicht nach § 26 bezuschusst werden,
4. geförderte Altersvorsorgebeiträge nach § 82 des Einkommensteuergesetzes, soweit sie den Mindesteigenbeitrag nach § 86 des Einkommensteuergesetzes nicht überschreiten,
5. die mit der Erzielung des Einkommens verbundenen notwendigen Ausgaben,
6. für Erwerbstätige ferner ein Betrag nach Absatz 3,

---
[1]) Nr. 3.
[2]) Nr. 9.

7. Aufwendungen zur Erfüllung gesetzlicher Unterhaltsverpflichtungen bis zu dem in einem Unterhaltstitel oder in einer notariell beurkundeten Unterhaltsvereinbarung festgelegten Betrag,
8. bei erwerbsfähigen Leistungsberechtigten, deren Einkommen nach dem Vierten Abschnitt des Bundesausbildungsförderungsgesetzes oder nach § 67 oder § 126 des Dritten Buches[1)] bei der Berechnung der Leistungen der Ausbildungsförderung für mindestens ein Kind berücksichtigt wird, der nach den Vorschriften der Ausbildungsförderung berücksichtigte Betrag.

[2] Bei der Verteilung einer einmaligen Einnahme nach § 11 Absatz 3 Satz 4 sind die auf die einmalige Einnahme im Zuflussmonat entfallenden Beträge nach den Nummern 1, 2, 5 und 6 vorweg abzusetzen.

(2) [1] Bei erwerbsfähigen Leistungsberechtigten, die erwerbstätig sind, ist anstelle der Beträge nach Absatz 1 Satz 1 Nummer 3 bis 5 ein Betrag von insgesamt 100 Euro monatlich von dem Einkommen aus Erwerbstätigkeit abzusetzen. [2] Beträgt das monatliche Einkommen aus Erwerbstätigkeit mehr als 400 Euro, gilt Satz 1 nicht, wenn die oder der erwerbsfähige Leistungsberechtigte nachweist, dass die Summe der Beträge nach Absatz 1 Satz 1 Nummer 3 bis 5 den Betrag von 100 Euro übersteigt. [3] Erhält eine leistungsberechtigte Person mindestens aus einer Tätigkeit Bezüge oder Einnahmen, die nach § 3 Nummer 12, 26, 26a oder 26b des Einkommensteuergesetzes steuerfrei sind, gelten die Sätze 1 und 2 mit den Maßgaben, dass jeweils an die Stelle des Betrages von

1. 100 Euro monatlich der Betrag von 200 Euro monatlich, höchstens jedoch der Betrag, der sich aus der Summe von 100 Euro und dem Betrag der steuerfreien Bezüge oder Einnahmen ergibt, und

2. 400 Euro der Betrag, der sich nach Nummer 1 ergibt,

tritt. [4] § 11a Absatz 3 bleibt unberührt. [5] Von den in § 11a Absatz 3 Satz 2 Nummer 3 bis 5 genannten Leistungen, von dem Ausbildungsgeld nach dem Dritten Buch sowie von dem erhaltenen Unterhaltsbeitrag nach § 10 Absatz 2 des Aufstiegsfortbildungsförderungsgesetzes sind für die Absetzbeträge nach § 11b Absatz 1 Satz 1 Nummer 3 bis 5 mindestens 100 Euro abzusetzen, wenn die Absetzung nicht bereits nach den Sätzen 1 bis 3 erfolgt. [6] Von dem Taschengeld nach § 2 Nummer 4 des Bundesfreiwilligendienstgesetzes oder § 2 Absatz 1 Nummer 3 des Jugendfreiwilligendienstegesetzes ist anstelle der Beträge nach § 11b Absatz 1 Satz 1 Nummer 3 bis 5 ein Betrag von insgesamt 200 Euro monatlich abzusetzen, soweit die Absetzung nicht bereits nach den Sätzen 1 bis 3 erfolgt.

(3) [1] Bei erwerbsfähigen Leistungsberechtigten, die erwerbstätig sind, ist von dem monatlichen Einkommen aus Erwerbstätigkeit ein weiterer Betrag abzusetzen. [2] Dieser beläuft sich

1. für den Teil des monatlichen Einkommens, das 100 Euro übersteigt und nicht mehr als 1 000 Euro beträgt, auf 20 Prozent und

2. für den Teil des monatlichen Einkommens, das 1 000 Euro übersteigt und nicht mehr als 1 200 Euro beträgt, auf 10 Prozent.

[3] Anstelle des Betrages von 1 200 Euro tritt für erwerbsfähige Leistungsberechtigte, die entweder mit mindestens einem minderjährigen Kind in Bedarfs-

---

[1)] Nr. 3.

gemeinschaft leben oder die mindestens ein minderjähriges Kind haben, ein Betrag von 1 500 Euro.

§ 12 Zu berücksichtigendes Vermögen. (1) Als Vermögen sind alle verwertbaren Vermögensgegenstände zu berücksichtigen.

(2) ¹ Vom Vermögen sind abzusetzen

1. ein Grundfreibetrag in Höhe von 150 Euro je vollendetem Lebensjahr für jede in der Bedarfsgemeinschaft lebende volljährige Person und deren Partnerin oder Partner, mindestens aber jeweils 3 100 Euro; der Grundfreibetrag darf für jede volljährige Person und ihre Partnerin oder ihren Partner jeweils den nach Satz 2 maßgebenden Höchstbetrag nicht übersteigen,

1a. ein Grundfreibetrag in Höhe von 3 100 Euro für jedes leistungsberechtigte minderjährige Kind,

2. Altersvorsorge in Höhe des nach Bundesrecht ausdrücklich als Altersvorsorge geförderten Vermögens einschließlich seiner Erträge und der geförderten laufenden Altersvorsorgebeiträge, soweit die Inhaberin oder der Inhaber das Altersvorsorgevermögen nicht vorzeitig verwendet,

3. geldwerte Ansprüche, die der Altersvorsorge dienen, soweit die Inhaberin oder der Inhaber sie vor dem Eintritt in den Ruhestand aufgrund einer unwiderruflichen vertraglichen Vereinbarung nicht verwerten kann und der Wert der geldwerten Ansprüche 750 Euro je vollendetem Lebensjahr der erwerbsfähigen leistungsberechtigten Person und deren Partnerin oder Partner, höchstens jedoch jeweils den nach Satz 2 maßgebenden Höchstbetrag nicht übersteigt,

4. ein Freibetrag für notwendige Anschaffungen in Höhe von 750 Euro für jeden in der Bedarfsgemeinschaft lebenden Leistungsberechtigten.

² Bei Personen, die

1. vor dem 1. Januar 1958 geboren sind, darf der Grundfreibetrag nach Satz 1 Nummer 1 jeweils 9 750 Euro und der Wert der geldwerten Ansprüche nach Satz 1 Nummer 3 jeweils 48 750 Euro,

2. nach dem 31. Dezember 1957 und vor dem 1. Januar 1964 geboren sind, darf der Grundfreibetrag nach Satz 1 Nummer 1 jeweils 9 900 Euro und der Wert der geldwerten Ansprüche nach Satz 1 Nummer 3 jeweils 49 500 Euro,

3. nach dem 31. Dezember 1963 geboren sind, darf der Grundfreibetrag nach Satz 1 Nummer 1 jeweils 10 050 Euro und der Wert der geldwerten Ansprüche nach Satz 1 Nummer 3 jeweils 50 250 Euro,

nicht übersteigen.

(3) ¹ Als Vermögen sind nicht zu berücksichtigen

1. angemessener Hausrat,

2. ein angemessenes Kraftfahrzeug für jede in der Bedarfsgemeinschaft lebende erwerbsfähige Person,

3. von der Inhaberin oder dem Inhaber als für die Altersvorsorge bestimmt bezeichnete Vermögensgegenstände in angemessenem Umfang, wenn die erwerbsfähige leistungsberechtigte Person oder deren Partnerin oder Partner von der Versicherungspflicht in der gesetzlichen Rentenversicherung befreit ist,

4. ein selbst genutztes Hausgrundstück von angemessener Größe oder eine entsprechende Eigentumswohnung,
5. Vermögen, solange es nachweislich zur baldigen Beschaffung oder Erhaltung eines Hausgrundstücks von angemessener Größe bestimmt ist, soweit dieses zu Wohnzwecken behinderter oder pflegebedürftiger Menschen dient oder dienen soll und dieser Zweck durch den Einsatz oder die Verwertung des Vermögens gefährdet würde,
6. Sachen und Rechte, soweit ihre Verwertung offensichtlich unwirtschaftlich ist oder für den Betroffenen eine besondere Härte bedeuten würde.

²Für die Angemessenheit sind die Lebensumstände während des Bezugs der Leistungen zur Grundsicherung für Arbeitsuchende maßgebend.

(4) ¹Das Vermögen ist mit seinem Verkehrswert zu berücksichtigen. ²Für die Bewertung ist der Zeitpunkt maßgebend, in dem der Antrag auf Bewilligung oder erneute Bewilligung der Leistungen der Grundsicherung für Arbeitsuchende gestellt wird, bei späterem Erwerb von Vermögen der Zeitpunkt des Erwerbs. ³Wesentliche Änderungen des Verkehrswertes sind zu berücksichtigen.

§ 12a Vorrangige Leistungen. ¹Leistungsberechtigte sind verpflichtet, Sozialleistungen anderer Träger in Anspruch zu nehmen und die dafür erforderlichen Anträge zu stellen, sofern dies zur Vermeidung, Beseitigung, Verkürzung oder Verminderung der Hilfebedürftigkeit erforderlich ist. ²Abweichend von Satz 1 sind Leistungsberechtigte nicht verpflichtet,
1. bis zur Vollendung des 63. Lebensjahres eine Rente wegen Alters vorzeitig in Anspruch zu nehmen oder
2. Wohngeld nach dem Wohngeldgesetz oder Kinderzuschlag nach dem Bundeskindergeldgesetz in Anspruch zu nehmen, wenn dadurch nicht die Hilfebedürftigkeit aller Mitglieder der Bedarfsgemeinschaft für einen zusammenhängenden Zeitraum von mindestens drei Monaten beseitigt würde.

§ 13 Verordnungsermächtigung. (1) Das Bundesministerium für Arbeit und Soziales wird ermächtigt, im Einvernehmen mit dem Bundesministerium der Finanzen ohne Zustimmung des Bundesrates durch Rechtsverordnung zu bestimmen,
1. welche weiteren Einnahmen nicht als Einkommen zu berücksichtigen sind und wie das Einkommen im Einzelnen zu berechnen ist,
2. welche weiteren Vermögensgegenstände nicht als Vermögen zu berücksichtigen sind und wie der Wert des Vermögens zu ermitteln ist,
3. welche Pauschbeträge für die von dem Einkommen abzusetzenden Beträge zu berücksichtigen sind,
4. welche durchschnittlichen monatlichen Beträge für einzelne Bedarfe nach § 28 für die Prüfung der Hilfebedürftigkeit zu berücksichtigen sind und welcher Eigenanteil des maßgebenden Regelbedarfs bei der Bemessung des Bedarfs nach § 28 Absatz 6 zugrunde zu legen ist.

(2) Das Bundesministerium für Arbeit und Soziales wird ermächtigt, ohne Zustimmung des Bundesrates durch Rechtsverordnung zu bestimmen, unter welchen Voraussetzungen und für welche Dauer Leistungsberechtigte nach Vollendung des 63. Lebensjahres ausnahmsweise zur Vermeidung von Unbil-

ligkeiten nicht verpflichtet sind, eine Rente wegen Alters vorzeitig in Anspruch zu nehmen.

(3) Das Bundesministerium für Arbeit und Soziales wird ermächtigt, durch Rechtsverordnung ohne Zustimmung des Bundesrates nähere Bestimmungen zum zeit- und ortsnahen Bereich (§ 7 Absatz 4a) sowie dazu zu treffen, wie lange und unter welchen Voraussetzungen sich erwerbsfähige Leistungsberechtigte außerhalb des zeit- und ortsnahen Bereichs aufhalten dürfen, ohne Ansprüche auf Leistungen nach diesem Buch zu verlieren.

Kapitel 3. Leistungen

Abschnitt 1. Leistungen zur Eingliederung in Arbeit

§ 14 Grundsatz des Förderns. (1) Die Träger der Leistungen nach diesem Buch unterstützen erwerbsfähige Leistungsberechtigte umfassend mit dem Ziel der Eingliederung in Arbeit.

(2) ¹ Leistungsberechtigte Personen erhalten Beratung. ² Aufgabe der Beratung ist insbesondere die Erteilung von Auskunft und Rat zu Selbsthilfeobliegenheiten und Mitwirkungspflichten, zur Berechnung der Leistungen zur Sicherung des Lebensunterhalts und zur Auswahl der Leistungen im Rahmen des Eingliederungsprozesses. ³ Art und Umfang der Beratung richten sich nach dem Beratungsbedarf der leistungsberechtigten Person.

(3) Die Agentur für Arbeit soll eine persönliche Ansprechpartnerin oder einen persönlichen Ansprechpartner für jede erwerbsfähige leistungsberechtigte Person und die mit dieser in einer Bedarfsgemeinschaft lebenden Personen benennen.

(4) Die Träger der Leistungen nach diesem Buch erbringen unter Beachtung der Grundsätze von Wirtschaftlichkeit und Sparsamkeit alle im Einzelfall für die Eingliederung in Arbeit erforderlichen Leistungen.

§ 15 Eingliederungsvereinbarung. (1) ¹ Die Agentur für Arbeit soll unverzüglich zusammen mit jeder erwerbsfähigen leistungsberechtigten Person die für die Eingliederung erforderlichen persönlichen Merkmale, beruflichen Fähigkeiten und die Eignung feststellen (Potenzialanalyse). ² Die Feststellungen erstrecken sich auch darauf, ob und durch welche Umstände die berufliche Eingliederung voraussichtlich erschwert sein wird.

(2) ¹ Die Agentur für Arbeit soll im Einvernehmen mit dem kommunalen Träger mit jeder erwerbsfähigen leistungsberechtigten Person unter Berücksichtigung der Feststellungen nach Absatz 1 die für ihre Eingliederung erforderlichen Leistungen vereinbaren (Eingliederungsvereinbarung). ² In der Eingliederungsvereinbarung soll bestimmt werden,
1. welche Leistungen zur Eingliederung in Ausbildung oder Arbeit nach diesem Abschnitt die leistungsberechtigte Person erhält,
2. welche Bemühungen erwerbsfähige Leistungsberechtigte in welcher Häufigkeit zur Eingliederung in Arbeit mindestens unternehmen sollen und in welcher Form diese Bemühungen nachzuweisen sind,
3. wie Leistungen anderer Leistungsträger in den Eingliederungsprozess einbezogen werden.

³ Die Eingliederungsvereinbarung kann insbesondere bestimmen, in welche Tätigkeiten oder Tätigkeitsbereiche die leistungsberechtigte Person vermittelt werden soll.

(3) ¹ Die Eingliederungsvereinbarung soll regelmäßig, spätestens jedoch nach Ablauf von sechs Monaten, gemeinsam überprüft und fortgeschrieben werden. ² Bei jeder folgenden Eingliederungsvereinbarung sind die bisher gewonnenen Erfahrungen zu berücksichtigen. ³ Soweit eine Vereinbarung nach Absatz 2 nicht zustande kommt, sollen die Regelungen durch Verwaltungsakt getroffen werden.

(4) ¹ In der Eingliederungsvereinbarung kann auch vereinbart werden, welche Leistungen die Personen erhalten, die mit der oder dem erwerbsfähigen Leistungsberechtigten in einer Bedarfsgemeinschaft leben. ² Diese Personen sind hierbei zu beteiligen.

§ 15a *(aufgehoben)*

§ 16 Leistungen zur Eingliederung.

(1) ¹ Zur Eingliederung in Arbeit erbringt die Agentur für Arbeit Leistungen nach § 35 des Dritten Buches[1]. ² Sie kann folgende Leistungen des Dritten Kapitels des Dritten Buches erbringen:

1. die übrigen Leistungen der Beratung und Vermittlung nach dem Ersten Abschnitt,
2. Leistungen zur Aktivierung und beruflichen Eingliederung nach dem Zweiten Abschnitt,
3. Leistungen zur Berufsausbildung nach dem Vierten Unterabschnitt des Dritten Abschnitts und Leistungen nach den §§ 54a und 130,
4. Leistungen zur beruflichen Weiterbildung nach dem Vierten Abschnitt und Leistungen nach den §§ 131a und 131b,
5. Leistungen zur Aufnahme einer sozialversicherungspflichtigen Beschäftigung nach dem Ersten Unterabschnitt des Fünften Abschnitts.

³ Für Eingliederungsleistungen an erwerbsfähige behinderte Leistungsberechtigte nach diesem Buch gelten die §§ 112 bis 114, 115 Nummer 1 bis 3 mit Ausnahme berufsvorbereitender Bildungsmaßnahmen und der Berufsausbildungsbeihilfe, § 116 Absatz 1, 2 und 5, die §§ 117, 118 Satz 1 Nummer 3, Satz 2 und die §§ 127 und 128 des Dritten Buches entsprechend. ⁴ § 1 Absatz 2 Nummer 4 sowie § 36 und § 81 Absatz 3 des Dritten Buches sind entsprechend anzuwenden.

(2) ¹ Soweit dieses Buch nichts Abweichendes regelt, gelten für die Leistungen nach Absatz 1 die Voraussetzungen und Rechtsfolgen des Dritten Buches mit Ausnahme der Verordnungsermächtigung nach § 47 des Dritten Buches sowie der Anordnungsermächtigungen für die Bundesagentur und mit der Maßgabe, dass an die Stelle des Arbeitslosengeldes das Arbeitslosengeld II tritt. ² § 44 Absatz 3 Satz 3 des Dritten Buches gilt mit der Maßgabe, dass die Förderung aus dem Vermittlungsbudget auch die anderen Leistungen nach dem Zweiten Buch[2] nicht aufstocken, ersetzen oder umgehen darf.

---

[1] Nr. 3.
[2] Nr. 2.

Kapitel 3. Leistungen **§§ 16a, 16b SGB II 2**

(3) Abweichend von § 44 Absatz 1 Satz 1 des Dritten Buches können Leistungen auch für die Anbahnung und Aufnahme einer schulischen Berufsausbildung erbracht werden.

(3a) ¹ Abweichend von § 81 Absatz 4 des Dritten Buches kann die Agentur für Arbeit unter Anwendung des Vergaberechts Träger mit der Durchführung von Maßnahmen der beruflichen Weiterbildung beauftragen, wenn die Maßnahme den Anforderungen des § 180 des Dritten Buches entspricht und

1. eine dem Bildungsziel entsprechende Maßnahme örtlich nicht verfügbar ist oder

2. die Eignung und persönlichen Verhältnisse der erwerbsfähigen Leistungsberechtigten dies erfordern.

² § 176 Absatz 2 des Dritten Buches findet keine Anwendung.

(4) ¹ Die Agentur für Arbeit als Träger der Grundsicherung für Arbeitsuchende kann die Ausbildungsvermittlung durch die für die Arbeitsförderung zuständigen Stellen der Bundesagentur wahrnehmen lassen. ² Das Bundesministerium für Arbeit und Soziales wird ermächtigt, durch Rechtsverordnung ohne Zustimmung des Bundesrates das Nähere über die Höhe, Möglichkeiten der Pauschalierung und den Zeitpunkt der Fälligkeit der Erstattung von Aufwendungen bei der Ausführung des Auftrags nach Satz 1 festzulegen.

§ 16a Kommunale Eingliederungsleistungen. Zur Verwirklichung einer ganzheitlichen und umfassenden Betreuung und Unterstützung bei der Eingliederung in Arbeit können die folgenden Leistungen, die für die Eingliederung der oder des erwerbsfähigen Leistungsberechtigten in das Erwerbsleben erforderlich sind, erbracht werden:

1. die Betreuung minderjähriger oder behinderter Kinder oder die häusliche Pflege von Angehörigen,

2. die Schuldnerberatung,

3. die psychosoziale Betreuung,

4. die Suchtberatung.

§ 16b Einstiegsgeld. (1) ¹ Zur Überwindung von Hilfebedürftigkeit kann erwerbsfähigen Leistungsberechtigten bei Aufnahme einer sozialversicherungspflichtigen oder selbständigen Erwerbstätigkeit ein Einstiegsgeld erbracht werden, wenn dies zur Eingliederung in den allgemeinen Arbeitsmarkt erforderlich ist. ² Das Einstiegsgeld kann auch erbracht werden, wenn die Hilfebedürftigkeit durch oder nach Aufnahme der Erwerbstätigkeit entfällt.

(2) ¹ Das Einstiegsgeld wird, soweit für diesen Zeitraum eine Erwerbstätigkeit besteht, für höchstens 24 Monate erbracht. ² Bei der Bemessung der Höhe des Einstiegsgeldes sollen die vorherige Dauer der Arbeitslosigkeit sowie die Größe der Bedarfsgemeinschaft berücksichtigt werden, in der die oder der erwerbsfähige Leistungsberechtigte lebt.

(3) ¹ Das Bundesministerium für Arbeit und Soziales wird ermächtigt, im Einvernehmen mit dem Bundesministerium der Finanzen ohne Zustimmung des Bundesrates durch Rechtsverordnung zu bestimmen, wie das Einstiegsgeld zu bemessen ist. ² Bei der Bemessung ist neben der Berücksichtigung der in Absatz 2 Satz 2 genannten Kriterien auch ein Bezug zu dem für die oder den

erwerbsfähigen Leistungsberechtigten jeweils maßgebenden Regelbedarf herzustellen.

§ 16c Leistungen zur Eingliederung von Selbständigen. (1) [1] Erwerbsfähige Leistungsberechtigte, die eine selbständige, hauptberufliche Tätigkeit aufnehmen oder ausüben, können Darlehen und Zuschüsse für die Beschaffung von Sachgütern erhalten, die für die Ausübung der selbständigen Tätigkeit notwendig und angemessen sind. [2] Zuschüsse dürfen einen Betrag von 5 000 Euro nicht übersteigen.

(2) [1] Erwerbsfähige Leistungsberechtigte, die eine selbständige, hauptberufliche Tätigkeit ausüben, können durch geeignete Dritte durch Beratung oder Vermittlung von Kenntnissen und Fertigkeiten gefördert werden, wenn dies für die weitere Ausübung der selbständigen Tätigkeit erforderlich ist. [2] Die Vermittlung von beruflichen Kenntnissen ist ausgeschlossen.

(3) [1] Leistungen zur Eingliederung von erwerbsfähigen Leistungsberechtigten, die eine selbständige, hauptberufliche Tätigkeit aufnehmen oder ausüben, können nur gewährt werden, wenn zu erwarten ist, dass die selbständige Tätigkeit wirtschaftlich tragfähig ist und die Hilfebedürftigkeit durch die selbständige Tätigkeit innerhalb eines angemessenen Zeitraums dauerhaft überwunden oder verringert wird. [2] Zur Beurteilung der Tragfähigkeit der selbständigen Tätigkeit soll die Agentur für Arbeit die Stellungnahme einer fachkundigen Stelle verlangen.

§ 16d Arbeitsgelegenheiten. (1) [1] Erwerbsfähige Leistungsberechtigte können zur Erhaltung oder Wiedererlangung ihrer Beschäftigungsfähigkeit, die für eine Eingliederung in Arbeit erforderlich ist, in Arbeitsgelegenheiten zugewiesen werden, wenn die darin verrichteten Arbeiten zusätzlich sind, im öffentlichen Interesse liegen und wettbewerbsneutral sind. [2] § 18d Satz 2 findet Anwendung.

(2) [1] Arbeiten sind zusätzlich, wenn sie ohne die Förderung nicht, nicht in diesem Umfang oder erst zu einem späteren Zeitpunkt durchgeführt würden. [2] Arbeiten, die auf Grund einer rechtlichen Verpflichtung durchzuführen sind oder die üblicherweise von juristischen Personen des öffentlichen Rechts durchgeführt werden, sind nur förderungsfähig, wenn sie ohne die Förderung voraussichtlich erst nach zwei Jahren durchgeführt würden. [3] Ausgenommen sind Arbeiten zur Bewältigung von Naturkatastrophen und sonstigen außergewöhnlichen Ereignissen.

(3) [1] Arbeiten liegen im öffentlichen Interesse, wenn das Arbeitsergebnis der Allgemeinheit dient. [2] Arbeiten, deren Ergebnis überwiegend erwerbswirtschaftlichen Interessen oder den Interessen eines begrenzten Personenkreises dient, liegen nicht im öffentlichen Interesse. [3] Das Vorliegen des öffentlichen Interesses wird nicht allein dadurch ausgeschlossen, dass das Arbeitsergebnis auch den in der Maßnahme beschäftigten Leistungsberechtigten zugute kommt, wenn sichergestellt ist, dass die Arbeiten nicht zu einer Bereicherung Einzelner führen.

(4) Arbeiten sind wettbewerbsneutral, wenn durch sie eine Beeinträchtigung der Wirtschaft infolge der Förderung nicht zu befürchten ist und Erwerbstätigkeit auf dem allgemeinen Arbeitsmarkt weder verdrängt noch in ihrer Entstehung verhindert wird.

(5) Leistungen zur Eingliederung in Arbeit nach diesem Buch, mit denen die Aufnahme einer Erwerbstätigkeit auf dem allgemeinen Arbeitsmarkt unmittelbar unterstützt werden kann, haben Vorrang gegenüber der Zuweisung in Arbeitsgelegenheiten.

(6) [1] Erwerbsfähige Leistungsberechtigte dürfen innerhalb eines Zeitraums von fünf Jahren nicht länger als insgesamt 24 Monate in Arbeitsgelegenheiten zugewiesen werden. [2] Der Zeitraum beginnt mit Eintritt in die erste Arbeitsgelegenheit. [3] Abweichend von Satz 1 können erwerbsfähige Leistungsberechtigte nach Ablauf der 24 Monate bis zu zwölf weitere Monate in Arbeitsgelegenheiten zugewiesen werden, wenn die Voraussetzungen der Absätze 1 und 5 weiterhin vorliegen.

(7) [1] Den erwerbsfähigen Leistungsberechtigten ist während einer Arbeitsgelegenheit zuzüglich zum Arbeitslosengeld II von der Agentur für Arbeit eine angemessene Entschädigung für Mehraufwendungen zu zahlen. [2] Die Arbeiten begründen kein Arbeitsverhältnis im Sinne des Arbeitsrechts und auch kein Beschäftigungsverhältnis im Sinne des Vierten Buches[1]); die Vorschriften über den Arbeitsschutz und das Bundesurlaubsgesetz mit Ausnahme der Regelungen über das Urlaubsentgelt sind entsprechend anzuwenden. [3] Für Schäden bei der Ausübung ihrer Tätigkeit haften die erwerbsfähigen Leistungsberechtigten wie Arbeitnehmerinnen und Arbeitnehmer.

(8) [1] Auf Antrag werden die unmittelbar im Zusammenhang mit der Verrichtung von Arbeiten nach Absatz 1 erforderlichen Kosten erstattet. [2] Hierzu können auch Personalkosten gehören, die entstehen, wenn eine besondere Anleitung, eine tätigkeitsbezogene Unterweisung oder eine sozialpädagogische Betreuung notwendig ist.

§ 16e Förderung von Arbeitsverhältnissen.

(1) Arbeitgeber können auf Antrag für die Beschäftigung von zugewiesenen erwerbsfähigen Leistungsberechtigten durch Zuschüsse zum Arbeitsentgelt gefördert werden, wenn zwischen dem Arbeitgeber und der erwerbsfähigen leistungsberechtigten Person ein Arbeitsverhältnis begründet wird.

(2) [1] Der Zuschuss nach Absatz 1 richtet sich nach der Leistungsfähigkeit des erwerbsfähigen Leistungsberechtigten und beträgt bis zu 75 Prozent des berücksichtigungsfähigen Arbeitsentgelts. [2] Berücksichtigungsfähig sind das zu zahlende Arbeitsentgelt und der pauschalierte Anteil des Arbeitgebers am Gesamtsozialversicherungsbeitrag abzüglich des Beitrags zur Arbeitsförderung. [3] Einmalig gezahltes Arbeitsentgelt ist nicht berücksichtigungsfähig. [4] § 91 Absatz 2 des Dritten Buches[2]) gilt entsprechend. [5] Auf Antrag können dem Arbeitgeber während der Förderung des Arbeitsverhältnisses die erforderlichen Kosten einer notwendigen sozialpädagogischen Betreuung erstattet werden.

(3) Eine erwerbsfähige leistungsberechtigte Person kann einem Arbeitgeber zugewiesen werden, wenn

1. sie langzeitarbeitslos im Sinne des § 18 des Dritten Buches ist und in ihren Erwerbsmöglichkeiten durch mindestens zwei weitere in ihrer Person liegende Vermittlungshemmnisse besonders schwer beeinträchtigt ist,

---

[1]) Nr. 4.
[2]) Nr. 3.

2. sie für einen Zeitraum von mindestens sechs Monaten verstärkte vermittlerische Unterstützung nach § 16 Absatz 1 Satz 1 unter Einbeziehung der übrigen Eingliederungsleistungen nach diesem Buch erhalten hat,

3. eine Erwerbstätigkeit auf dem allgemeinen Arbeitsmarkt für die Dauer der Zuweisung ohne die Förderung voraussichtlich nicht möglich ist und

4. für sie innerhalb eines Zeitraums von fünf Jahren Zuschüsse an Arbeitgeber nach Absatz 1 höchstens für eine Dauer von 24 Monaten erbracht werden. Der Zeitraum beginnt mit dem ersten nach Absatz 1 geförderten Arbeitsverhältnis.

(4) [1] Die Agentur für Arbeit soll die erwerbsfähige leistungsberechtigte Person umgehend abberufen, wenn sie diese in eine zumutbare Arbeit oder Ausbildung vermitteln kann oder die Förderung aus anderen Gründen beendet wird. [2] Die erwerbsfähige leistungsberechtigte Person kann das Arbeitsverhältnis ohne Einhaltung einer Frist kündigen, wenn sie eine Arbeit oder Ausbildung aufnimmt, an einer Maßnahme der Berufsausbildung oder beruflichen Weiterbildung teilnehmen kann oder nach Satz 1 abberufen wird. [3] Der Arbeitgeber kann das Arbeitsverhältnis ohne Einhaltung einer Frist kündigen, wenn die Arbeitnehmerin oder der Arbeitnehmer nach Satz 1 abberufen wird.

(5) Eine Förderung ist ausgeschlossen, wenn zu vermuten ist, dass der Arbeitgeber

1. die Beendigung eines anderen Beschäftigungsverhältnisses veranlasst hat, um eine Förderung nach Absatz 1 zu erhalten, oder

2. eine bisher für das Beschäftigungsverhältnis erbrachte Förderung ohne besonderen Grund nicht mehr in Anspruch nimmt.

§ 16f Freie Förderung. (1) [1] Die Agentur für Arbeit kann die Möglichkeiten der gesetzlich geregelten Eingliederungsleistungen durch freie Leistungen zur Eingliederung in Arbeit erweitern. [2] Die freien Leistungen müssen den Zielen und Grundsätzen dieses Buches entsprechen.

(2) [1] Die Ziele der Leistungen sind vor Förderbeginn zu beschreiben. [2] Eine Kombination oder Modularisierung von Inhalten ist zulässig. [3] Die Leistungen der Freien Förderung dürfen gesetzliche Leistungen nicht umgehen oder aufstocken. [4] Ausgenommen hiervon sind Leistungen für

1. Langzeitarbeitslose und

2. erwerbsfähige Leistungsberechtigte, die das 25. Lebensjahr noch nicht vollendet haben und deren berufliche Eingliederung auf Grund von schwerwiegenden Vermittlungshemmnissen besonders erschwert ist,

bei denen in angemessener Zeit von in der Regel sechs Monaten nicht mit Aussicht auf Erfolg auf einzelne Gesetzesgrundlagen dieses Buches oder des Dritten Buches[1]) zurückgegriffen werden kann. [5] Bei Leistungen an Arbeitgeber ist darauf zu achten, Wettbewerbsverfälschungen zu vermeiden. [6] Projektförderungen im Sinne von Zuwendungen sind nach Maßgabe der §§ 23 und 44 der Bundeshaushaltsordnung zulässig. [7] Bei längerfristig angelegten Förderungen ist der Erfolg regelmäßig zu überprüfen und zu dokumentieren.

---

[1]) Nr. 3.

§ 16g Förderung bei Wegfall der Hilfebedürftigkeit. (1) Entfällt die Hilfebedürftigkeit der oder des Erwerbsfähigen während einer Maßnahme zur Eingliederung, kann sie weiter gefördert werden, wenn dies wirtschaftlich erscheint und die oder der Erwerbsfähige die Maßnahme voraussichtlich erfolgreich abschließen wird.

(2) ¹ Zur nachhaltigen Eingliederung in Arbeit können Leistungen nach dem Ersten Abschnitt des Dritten Kapitels, nach § 44 oder § 45 Absatz 1 Satz 1 Nummer 5 des Dritten Buches[1)] oder nach § 16a oder § 16f bis zu sechs Monate nach Beschäftigungsaufnahme auch erbracht werden, wenn die Hilfebedürftigkeit der oder des Erwerbsfähigen aufgrund des zu berücksichtigenden Einkommens entfallen ist. ² Während der Förderdauer nach Satz 1 gilt § 15 entsprechend.

§ 16h Förderung schwer zu erreichender junger Menschen. (1) ¹ Für Leistungsberechtigte, die das 25. Lebensjahr noch nicht vollendet haben, kann die Agentur für Arbeit Leistungen erbringen mit dem Ziel, die aufgrund der individuellen Situation der Leistungsberechtigten bestehenden Schwierigkeiten zu überwinden,

1. eine schulische, ausbildungsbezogene oder berufliche Qualifikation abzuschließen oder anders ins Arbeitsleben einzumünden und
2. Sozialleistungen zu beantragen oder anzunehmen.

² Die Förderung umfasst zusätzliche Betreuungs- und Unterstützungsleistungen mit dem Ziel, dass Leistungen der Grundsicherung für Arbeitsuchende in Anspruch genommen werden, erforderliche therapeutische Behandlungen eingeleitet werden und an Regelangebote dieses Buches zur Aktivierung und Stabilisierung und eine frühzeitige intensive berufsorientierte Förderung herangeführt wird.

(2) ¹ Leistungen nach Absatz 1 können erbracht werden, wenn die Voraussetzungen der Leistungsberechtigung mit hinreichender Wahrscheinlichkeit vorliegen oder zu erwarten sind oder eine Leistungsberechtigung dem Grunde nach besteht. ² Einer Leistung nach Absatz 1 steht eine fehlende Antragstellung der leistungsberechtigten Person nicht entgegen.

(3) Über die Leistungserbringung stimmen sich die Agentur für Arbeit und der örtlich zuständige Träger der öffentlichen Jugendhilfe ab.

(4) Träger bedürfen einer Zulassung nach dem Fünften Kapitel des Dritten Buches[1)], um Maßnahmen nach Absatz 1 durchzuführen.

(5) Zuwendungen sind nach Maßgabe der §§ 23 und 44 der Bundeshaushaltsordnung zulässig.

§ 17 Einrichtungen und Dienste für Leistungen zur Eingliederung.

(1) ¹ Zur Erbringung von Leistungen zur Eingliederung in Arbeit sollen die zuständigen Träger der Leistungen nach diesem Buch eigene Einrichtungen und Dienste nicht neu schaffen, soweit geeignete Einrichtungen und Dienste Dritter vorhanden sind, ausgebaut oder in Kürze geschaffen werden können. ² Die zuständigen Träger der Leistungen nach diesem Buch sollen Träger der

---

[1)] Nr. 3.

freien Wohlfahrtspflege in ihrer Tätigkeit auf dem Gebiet der Grundsicherung für Arbeitsuchende angemessen unterstützen.

(2) ¹ Wird die Leistung von einem Dritten erbracht und sind im Dritten Buch[1] keine Anforderungen geregelt, denen die Leistung entsprechen muss, sind die Träger der Leistungen nach diesem Buch zur Vergütung für die Leistung nur verpflichtet, wenn mit dem Dritten oder seinem Verband eine Vereinbarung insbesondere über

1. Inhalt, Umfang und Qualität der Leistungen,
2. die Vergütung, die sich aus Pauschalen und Beträgen für einzelne Leistungsbereiche zusammensetzen kann, und
3. die Prüfung der Wirtschaftlichkeit und Qualität der Leistungen

besteht. ² Die Vereinbarungen müssen den Grundsätzen der Wirtschaftlichkeit, Sparsamkeit und Leistungsfähigkeit entsprechen.

§ 18 Örtliche Zusammenarbeit. (1) Die zuständigen Träger der Leistungen arbeiten im Rahmen ihrer Aufgaben und Befugnisse mit den Gemeinden, Kreisen und Bezirken sowie den weiteren Beteiligten des örtlichen Ausbildungs- und Arbeitsmarktes zusammen, insbesondere mit den

1. Leistungsträgern im Sinne des § 12 des Ersten Buches[2] sowie Trägern von Leistungen nach dem Bundesversorgungsgesetz und dem Asylbewerberleistungsgesetz,
2. Vertreterinnen und Vertretern der Arbeitgeber sowie der Arbeitnehmerinnen und Arbeitnehmer,
3. Kammern und berufsständischen Organisationen,
4. Ausländerbehörden und dem Bundesamt für Migration und Flüchtlinge,
5. allgemein- und berufsbildenden Schulen und Stellen der Schulverwaltung sowie Hochschulen,
6. Einrichtungen und Stellen des öffentlichen Gesundheitsdienstes und sonstigen Einrichtungen und Diensten des Gesundheitswesens sowie
7. Trägern der freien Wohlfahrtspflege und Dritten, die Leistungen nach diesem Buch erbringen.

(2) ¹ Die Zusammenarbeit mit den Stellen nach Absatz 1 erfolgt auf der Grundlage der Gegenseitigkeit insbesondere, um

1. eine gleichmäßige oder gemeinsame Durchführung von Maßnahmen zu beraten oder zu sichern und
2. Leistungsmissbrauch zu verhindern oder aufzudecken.

² Dies gilt insbesondere, wenn

1. Hemmnisse bei der Eingliederung der erwerbsfähigen leistungsberechtigten Person in Ausbildung und Arbeit nur unter Einbeziehung der gesamten Bedarfsgemeinschaft beseitigt werden können und für die Mitglieder der Bedarfsgemeinschaft die Erbringung weiterer Leistungen erforderlich ist, oder

---

[1] Nr. 3.
[2] Nr. 1.

Kapitel 3. Leistungen **§§ 18a, 18b SGB II 2**

2. zur Eingliederung insbesondere sozial benachteiligter und individuell beeinträchtigter junger Menschen zwischen den nach Absatz 1 beteiligten Stellen und Einrichtungen abgestimmte, den individuellen Bedarf deckende Leistungen erforderlich sind.

(3) Die Leistungen nach diesem Buch sind in das regionale Arbeitsmarktmonitoring der Agenturen für Arbeit nach § 9 Absatz 2 des Dritten Buches[1] einzubeziehen.

(4) ¹Die Agenturen für Arbeit sollen mit Gemeinden, Kreisen und Bezirken auf deren Verlangen Vereinbarungen über das Erbringen von Leistungen zur Eingliederung nach diesem Gesetz mit Ausnahme der Leistungen nach § 16 Absatz 1 schließen, wenn sie den durch eine Rechtsverordnung festgelegten Mindestanforderungen entsprechen. ²Satz 1 gilt nicht für die zugelassenen kommunalen Träger.

(5) Das Bundesministerium für Arbeit und Soziales wird ermächtigt, ohne Zustimmung des Bundesrates durch Rechtsverordnung zu bestimmen, welchen Anforderungen eine Vereinbarung nach Absatz 3 mindestens genügen muss.

§ 18a Zusammenarbeit mit den für die Arbeitsförderung zuständigen Stellen. ¹Beziehen erwerbsfähige Leistungsberechtigte auch Leistungen der Arbeitsförderung, so sind die Agenturen für Arbeit, die zugelassenen kommunalen Träger und die gemeinsamen Einrichtungen verpflichtet, bei der Wahrnehmung der Aufgaben nach diesem Buch mit den für die Arbeitsförderung zuständigen Dienststellen der Bundesagentur eng zusammenzuarbeiten. ²Sie unterrichten diese unverzüglich über die ihnen insoweit bekannten, für die Wahrnehmung der Aufgaben der Arbeitsförderung erforderlichen Tatsachen, insbesondere über

1. die für erwerbsfähige Leistungsberechtigte, die auch Leistungen der Arbeitsförderung beziehen, vorgesehenen und erbrachten Leistungen zur Eingliederung in Arbeit,
2. den Wegfall der Hilfebedürftigkeit bei diesen Personen.

§ 18b Kooperationsausschuss. (1) ¹Die zuständige oberste Landesbehörde und das Bundesministerium für Arbeit und Soziales bilden einen Kooperationsausschuss. ²Der Kooperationsausschuss koordiniert die Umsetzung der Grundsicherung für Arbeitsuchende auf Landesebene. ³Im Kooperationsausschuss vereinbaren das Land und der Bund jährlich die Ziele und Schwerpunkte der Arbeitsmarkt- und Integrationspolitik in der Grundsicherung für Arbeitsuchende auf Landesebene. ⁴§ 48b bleibt unberührt. ⁵Die Verfahren zum Abschluss der Vereinbarungen zwischen Bund und Ländern werden mit den Verfahren zum Abschluss der Zielvereinbarungen zwischen dem Bundesministerium für Arbeit und Soziales und der Bundesagentur sowie deren Konkretisierung in den Zielvereinbarungen der Bundesagentur und den gemeinsamen Einrichtungen abgestimmt. ⁶Der Kooperationsausschuss kann sich über die Angelegenheiten der gemeinsamen Einrichtungen unterrichten lassen. ⁷Der Kooperationsausschuss entscheidet darüber hinaus bei einer Meinungsverschiedenheit über die Weisungszuständigkeit im Verfahren nach § 44e, berät die Trägerversammlung bei der Bestellung und Abberufung eines Geschäftsführers nach § 44c Absatz 2

---

[1] Nr. 3.

Nummer 1 und gibt in den Fällen einer Weisung in grundsätzlichen Angelegenheiten nach § 44b Absatz 3 Satz 4 eine Empfehlung ab.

(2) ¹ Der Kooperationsausschuss besteht aus sechs Mitgliedern, von denen drei Mitglieder von der zuständigen obersten Landesbehörde und drei Mitglieder vom Bundesministerium für Arbeit und Soziales entsandt werden. ² Die Mitglieder des Kooperationsausschusses können sich vertreten lassen. ³ An den Sitzungen soll in der Regel jeweils mindestens eine Mitarbeiterin oder ein Mitarbeiter der zuständigen obersten Landesbehörde und des Bundesministeriums für Arbeit und Soziales teilnehmen.

(3) ¹ Die Mitglieder wählen eine Vorsitzende oder einen Vorsitzenden. ² Kann im Kooperationsausschuss keine Einigung über die Person der oder des Vorsitzenden erzielt werden, wird die oder der Vorsitzende von den Vertreterinnen und Vertretern des Bundesministeriums für Arbeit und Soziales oder den Vertreterinnen und Vertretern der zuständigen obersten Landesbehörde abwechselnd jeweils für zwei Jahre bestimmt; die erstmalige Bestimmung erfolgt durch die Vertreterinnen und Vertreter des Bundesministeriums für Arbeit und Soziales. ³ Der Kooperationsausschuss gibt sich eine Geschäftsordnung.

§ 18c Bund-Länder-Ausschuss. (1) ¹ Beim Bundesministerium für Arbeit und Soziales wird ein Ausschuss für die Grundsicherung für Arbeitsuchende gebildet. ² Er beobachtet und berät die zentralen Fragen der Umsetzung der Grundsicherung für Arbeitsuchende und Fragen der Aufsicht nach den §§ 47 und 48, Fragen des Kennzahlenvergleichs nach § 48a Absatz 2 sowie Fragen der zu erhebenden Daten nach § 51b Absatz 1 Satz 2 und erörtert die Zielvereinbarungen nach § 48b Absatz 1.

(2) ¹ Bei der Beobachtung und Beratung zentraler Fragen der Umsetzung der Grundsicherung für Arbeitsuchende sowie Fragen des Kennzahlenvergleichs nach § 48a Absatz 2 und Fragen der zu erhebenden Daten nach § 51b Absatz 1 Satz 2 ist der Ausschuss besetzt mit Vertreterinnen und Vertretern der Bundesregierung, der Länder, der kommunalen Spitzenverbände und der Bundesagentur. ² Der Ausschuss kann sich von den Trägern berichten lassen.

(3) ¹ Bei der Beratung von Fragen der Aufsicht nach den §§ 47 und 48 ist der Ausschuss besetzt mit Vertreterinnen und Vertretern der Bundesregierung und der Aufsichtsbehörden der Länder. ² Bund und Länder können dazu einvernehmlich Vertreterinnen und Vertreter der kommunalen Spitzenverbände und der Bundesagentur einladen, sofern dies sachdienlich ist.

§ 18d Örtlicher Beirat. ¹ Bei jeder gemeinsamen Einrichtung nach § 44b wird ein Beirat gebildet. ² Der Beirat berät die Einrichtung bei der Auswahl und Gestaltung der Eingliederungsinstrumente und -maßnahmen; Stellungnahmen des Beirats, insbesondere diejenigen der Vertreter der Arbeitgeber und Arbeitnehmer, hat die gemeinsame Einrichtung zu berücksichtigen. ³ Die Trägerversammlung beruft die Mitglieder des Beirats auf Vorschlag der Beteiligten des örtlichen Arbeitsmarktes, insbesondere den Trägern der freien Wohlfahrtspflege, den Vertreterinnen und Vertretern der Arbeitgeber und Arbeitnehmer sowie den Kammern und berufsständischen Organisationen. ⁴ Vertreterinnen und Vertreter von Beteiligten des örtlichen Arbeitsmarktes, die Eingliederungsleistungen nach diesem Buch anbieten, dürfen nicht Mitglied des Beirats sein. ⁵ Der Beirat gibt sich eine Geschäftsordnung. ⁶ Die Sätze 1 bis 5 gelten entsprechend für die zugelassenen kommunalen Träger mit der Maßgabe, dass die

Berufung der Mitglieder des Beirats durch den zugelassenen kommunalen Träger erfolgt.

§ 18e Beauftragte für Chancengleichheit am Arbeitsmarkt. (1) [1] Die Trägerversammlungen bei den gemeinsamen Einrichtungen bestellen Beauftragte für Chancengleichheit am Arbeitsmarkt aus dem Kreis der Beamtinnen und Beamten, Arbeitnehmerinnen und Arbeitnehmer, denen in den gemeinsamen Einrichtungen Tätigkeiten zugewiesen worden sind. [2] Sie sind unmittelbar der jeweiligen Geschäftsführerin oder dem jeweiligen Geschäftsführer zugeordnet.

(2) [1] Die Beauftragten unterstützen und beraten die gemeinsamen Einrichtungen in Fragen der Gleichstellung von Frauen und Männern in der Grundsicherung für Arbeitsuchende, der Frauenförderung sowie der Vereinbarkeit von Familie und Beruf bei beiden Geschlechtern. [2] Hierzu zählen insbesondere Fragen der Beratung, der Eingliederung in Arbeit und Ausbildung sowie des beruflichen Wiedereinstiegs von Frauen und Männern nach einer Familienphase.

(3) [1] Die Beauftragten sind bei der Erarbeitung des örtlichen Arbeitsmarkt- und Integrationsprogramms der Grundsicherung für Arbeitsuchende sowie bei der geschlechter- und familiengerechten fachlichen Aufgabenerledigung der gemeinsamen Einrichtung zu beteiligen. [2] Sie haben ein Informations-, Beratungs- und Vorschlagsrecht in Fragen, die Auswirkungen auf die Chancengleichheit von Frauen und Männern haben.

(4) [1] Die Beauftragten unterstützen und beraten erwerbsfähige Leistungsberechtigte und die mit diesen in einer Bedarfsgemeinschaft lebenden Personen, Arbeitgeber sowie Arbeitnehmer- und Arbeitgeberorganisationen in übergeordneten Fragen der Gleichstellung von Frauen und Männern in der Grundsicherung für Arbeitsuchende, der Frauenförderung sowie der Vereinbarkeit von Familie und Beruf bei beiden Geschlechtern. [2] Zur Sicherung der gleichberechtigten Teilhabe von Frauen und Männern am Arbeitsmarkt arbeiten die Beauftragten mit den in Fragen der Gleichstellung im Erwerbsleben tätigen Stellen im Zuständigkeitsbereich der gemeinsamen Einrichtung zusammen.

(5) Die gemeinsamen Einrichtungen werden in den Sitzungen kommunaler Gremien zu Themen, die den Aufgabenbereich der Beauftragten betreffen, von den Beauftragten vertreten.

(6) Die Absätze 1 bis 5 gelten entsprechend für die zugelassenen kommunalen Träger.

Abschnitt 2. Leistungen zur Sicherung des Lebensunterhalts

Unterabschnitt 1. Leistungsanspruch

§ 19 Arbeitslosengeld II, Sozialgeld und Leistungen für Bildung und Teilhabe. (1) [1] Erwerbsfähige Leistungsberechtigte erhalten Arbeitslosengeld II. [2] Nichterwerbsfähige Leistungsberechtigte, die mit erwerbsfähigen Leistungsberechtigten in einer Bedarfsgemeinschaft leben, erhalten Sozialgeld, soweit sie keinen Anspruch auf Leistungen nach dem Vierten Kapitel des Zwölften Buches[1]) haben. ³Die Leistungen umfassen den Regelbedarf, Mehrbedarfe und den Bedarf für Unterkunft und Heizung.

(2) ¹Leistungsberechtigte haben unter den Voraussetzungen des § 28 Anspruch auf Leistungen für Bildung und Teilhabe, soweit sie keinen Anspruch auf Leistungen nach dem Vierten Kapitel des Zwölften Buches haben. ²Soweit für Kinder Leistungen zur Deckung von Bedarfen für Bildung und Teilhabe nach § 6b des Bundeskindergeldgesetzes gewährt werden, haben sie keinen Anspruch auf entsprechende Leistungen zur Deckung von Bedarfen nach § 28.

(3) ¹Die Leistungen zur Sicherung des Lebensunterhalts werden in Höhe der Bedarfe nach den Absätzen 1 und 2 erbracht, soweit diese nicht durch das zu berücksichtigende Einkommen und Vermögen gedeckt sind. ²Zu berücksichtigendes Einkommen und Vermögen deckt zunächst die Bedarfe nach den §§ 20, 21 und 23, darüber hinaus die Bedarfe nach § 22. ³Sind nur noch Leistungen für Bildung und Teilhabe zu leisten, deckt weiteres zu berücksichtigendes Einkommen und Vermögen die Bedarfe in der Reihenfolge der Absätze 2 bis 7 nach § 28.

Unterabschnitt 2. Arbeitslosengeld II und Sozialgeld

§ 20 Regelbedarf zur Sicherung des Lebensunterhalts. (1) ¹Der Regelbedarf zur Sicherung des Lebensunterhalts umfasst insbesondere Ernährung, Kleidung, Körperpflege, Hausrat, Haushaltsenergie ohne die auf die Heizung und Erzeugung von Warmwasser entfallenden Anteile sowie persönliche Bedürfnisse des täglichen Lebens. ²Zu den persönlichen Bedürfnissen des täglichen Lebens gehört in vertretbarem Umfang eine Teilhabe am sozialen und kulturellen Leben in der Gemeinschaft. ³Der Regelbedarf wird als monatlicher Pauschalbetrag berücksichtigt. ⁴Über die Verwendung der zur Deckung des Regelbedarfs erbrachten Leistungen entscheiden die Leistungsberechtigten eigenverantwortlich; dabei haben sie das Eintreten unregelmäßig anfallender Bedarfe zu berücksichtigen.

(1a) ¹Der Regelbedarf wird in Höhe der jeweiligen Regelbedarfsstufe entsprechend § 28 des Zwölften Buches[1]) in Verbindung mit dem Regelbedarfs-Ermittlungsgesetz und den §§ 28a und 40 des Zwölften Buches in Verbindung mit der für das jeweilige Jahr geltenden Regelbedarfsstufen-Fortschreibungsverordnung anerkannt. ²Soweit in diesem Buch auf einen Regelbedarf oder eine Regelbedarfsstufe verwiesen wird, ist auf den Betrag der für den jeweiligen Zeitraum geltenden Neuermittlung entsprechend § 28 des Zwölften Buches in Verbindung mit dem Regelbedarfs-Ermittlungsgesetz abzustellen. ³In Jahren, in denen keine Neuermittlung nach § 28 des Zwölften Buches erfolgt, ist auf den Betrag abzustellen, der sich für den jeweiligen Zeitraum entsprechend der Regelbedarfsstufen-Fortschreibungsverordnung nach den §§ 28a und 40 des Zwölften Buches ergibt.

(2) ¹Als Regelbedarf wird bei Personen, die alleinstehend oder alleinerziehend sind oder deren Partnerin oder Partner minderjährig ist, monatlich ein Betrag in Höhe der Regelbedarfsstufe 1 anerkannt. ²Für sonstige erwerbsfähige Angehörige der Bedarfsgemeinschaft wird als Regelbedarf anerkannt:

---

[1]) Nr. 12.

Kapitel 3. Leistungen **§ 21 SGB II 2**

1. monatlich ein Betrag in Höhe der Regelbedarfsstufe 4, sofern sie das 18. Lebensjahr noch nicht vollendet haben,
2. monatlich ein Betrag in Höhe der Regelbedarfsstufe 3 in den übrigen Fällen.

(3) Abweichend von Absatz 2 Satz 1 ist bei Personen, die das 25. Lebensjahr noch nicht vollendet haben und ohne Zusicherung des zuständigen kommunalen Trägers nach § 22 Absatz 5 umziehen, bis zur Vollendung des 25. Lebensjahres der in Absatz 2 Satz 2 Nummer 2 genannte Betrag als Regelbedarf anzuerkennen.

(4) Haben zwei Partner der Bedarfsgemeinschaft das 18. Lebensjahr vollendet, ist als Regelbedarf für jede dieser Personen monatlich ein Betrag in Höhe der Regelbedarfsstufe 2 anzuerkennen.

§ 21 Mehrbedarfe. (1) Mehrbedarfe umfassen Bedarfe nach den Absätzen 2 bis 7, die nicht durch den Regelbedarf abgedeckt sind.

(2) Bei werdenden Müttern wird nach der zwölften Schwangerschaftswoche ein Mehrbedarf von 17 Prozent des nach § 20 maßgebenden Regelbedarfs anerkannt.

(3) Bei Personen, die mit einem oder mehreren minderjährigen Kindern zusammenleben und allein für deren Pflege und Erziehung sorgen, ist ein Mehrbedarf anzuerkennen
1. in Höhe von 36 Prozent des nach § 20 Absatz 2 maßgebenden Bedarfs, wenn sie mit einem Kind unter sieben Jahren oder mit zwei oder drei Kindern unter 16 Jahren zusammenleben, oder
2. in Höhe von 12 Prozent des nach § 20 Absatz 2 maßgebenden Bedarfs für jedes Kind, wenn sich dadurch ein höherer Prozentsatz als nach der Nummer 1 ergibt, höchstens jedoch in Höhe von 60 Prozent des nach § 20 Absatz 2 maßgebenden Regelbedarfs.

(4) [1] Bei erwerbsfähigen behinderten Leistungsberechtigten, denen Leistungen zur Teilhabe am Arbeitsleben nach § 49 des Neunten Buches[1]) mit Ausnahme der Leistungen nach § 49 Absatz 3 Nummer 2 und 4 des Neunten Buches sowie sonstige Hilfen zur Erlangung eines geeigneten Platzes im Arbeitsleben oder Eingliederungshilfen nach § 54 Absatz 1 Satz 1 Nummer 1 bis 3 des Zwölften Buches[2]) erbracht werden, wird ein Mehrbedarf von 35 Prozent des nach § 20 maßgebenden Regelbedarfs anerkannt. [2] Satz 1 kann auch nach Beendigung der dort genannten Maßnahmen während einer angemessenen Übergangszeit, vor allem einer Einarbeitungszeit, angewendet werden.

(5) Bei Leistungsberechtigten, die aus medizinischen Gründen einer kostenaufwändigen Ernährung bedürfen, wird ein Mehrbedarf in angemessener Höhe anerkannt.

(6) [1] Bei Leistungsberechtigten wird ein Mehrbedarf anerkannt, soweit im Einzelfall ein unabweisbarer, laufender, nicht nur einmaliger besonderer Bedarf besteht. [2] Der Mehrbedarf ist unabweisbar, wenn er insbesondere nicht durch die Zuwendungen Dritter sowie unter Berücksichtigung von Einsparmöglichkeiten der Leistungsberechtigten gedeckt ist und seiner Höhe nach erheblich von einem durchschnittlichen Bedarf abweicht.

---
[1]) Nr. **9**.
[2]) Nr. **12**.

(7) ¹Bei Leistungsberechtigten wird ein Mehrbedarf anerkannt, soweit Warmwasser durch in der Unterkunft installierte Vorrichtungen erzeugt wird (dezentrale Warmwassererzeugung) und deshalb keine Bedarfe für zentral bereitgestelltes Warmwasser nach § 22 anerkannt werden. ²Der Mehrbedarf beträgt für jede im Haushalt lebende leistungsberechtigte Person jeweils

1. 2,3 Prozent des für sie geltenden Regelbedarfs nach § 20 Absatz 2 Satz 1 oder Satz 2 Nummer 2, Absatz 3 oder 4,
2. 1,4 Prozent des für sie geltenden Regelbedarfs nach § 20 Absatz 2 Satz 2 Nummer 1 oder § 23 Nummer 1 bei Leistungsberechtigten im 15. Lebensjahr,
3. 1,2 Prozent des Regelbedarfs nach § 23 Nummer 1 bei Leistungsberechtigten vom Beginn des siebten bis zur Vollendung des 14. Lebensjahres oder
4. 0,8 Prozent des Regelbedarfs nach § 23 Nummer 1 bei Leistungsberechtigten bis zur Vollendung des sechsten Lebensjahres,

soweit nicht im Einzelfall ein abweichender Bedarf besteht oder ein Teil des angemessenen Warmwasserbedarfs nach § 22 Absatz 1 anerkannt wird.

(8) Die Summe des insgesamt anerkannten Mehrbedarfs nach den Absätzen 2 bis 5 darf die Höhe des für erwerbsfähige Leistungsberechtigte maßgebenden Regelbedarfs nicht übersteigen.

§ 22 Bedarfe für Unterkunft und Heizung. (1) ¹Bedarfe für Unterkunft und Heizung werden in Höhe der tatsächlichen Aufwendungen anerkannt, soweit diese angemessen sind. ²Erhöhen sich nach einem nicht erforderlichen Umzug die Aufwendungen für Unterkunft und Heizung, wird nur der bisherige Bedarf anerkannt. ³Soweit die Aufwendungen für die Unterkunft und Heizung den der Besonderheit des Einzelfalles angemessenen Umfang übersteigen, sind sie als Bedarf so lange anzuerkennen, wie es der oder dem alleinstehenden Leistungsberechtigten oder der Bedarfsgemeinschaft nicht möglich oder nicht zuzumuten ist, durch einen Wohnungswechsel, durch Vermieten oder auf andere Weise die Aufwendungen zu senken, in der Regel jedoch längstens für sechs Monate. ⁴Eine Absenkung der nach Satz 1 unangemessenen Aufwendungen muss nicht gefordert werden, wenn diese unter Berücksichtigung der bei einem Wohnungswechsel zu erbringenden Leistungen unwirtschaftlich wäre.

(2) ¹Als Bedarf für die Unterkunft werden auch unabweisbare Aufwendungen für Instandhaltung und Reparatur bei selbst bewohntem Wohneigentum im Sinne des § 12 Absatz 3 Satz 1 Nummer 4 anerkannt, soweit diese unter Berücksichtigung der im laufenden sowie den darauffolgenden elf Kalendermonaten anfallenden Aufwendungen insgesamt angemessen sind. ²Übersteigen unabweisbare Aufwendungen für Instandhaltung und Reparatur den Bedarf für die Unterkunft nach Satz 1, kann der kommunale Träger zur Deckung dieses Teils der Aufwendungen ein Darlehen erbringen, das dinglich gesichert werden soll.

(3) Rückzahlungen und Guthaben, die dem Bedarf für Unterkunft und Heizung zuzuordnen sind, mindern die Aufwendungen für Unterkunft und Heizung nach dem Monat der Rückzahlung oder der Gutschrift; Rückzahlungen, die sich auf die Kosten für Haushaltsenergie oder nicht anerkannte Aufwendungen für Unterkunft und Heizung beziehen, bleiben außer Betracht.

(4) ¹Vor Abschluss eines Vertrages über eine neue Unterkunft soll die leistungsberechtigte Person die Zusicherung des für die neue Unterkunft örtlich

zuständigen kommunalen Trägers zur Berücksichtigung der Aufwendungen für die neue Unterkunft einholen. ²Der kommunale Träger ist zur Zusicherung verpflichtet, wenn die Aufwendungen für die neue Unterkunft angemessen sind.

(5) ¹Sofern Personen, die das 25. Lebensjahr noch nicht vollendet haben, umziehen, werden Bedarfe für Unterkunft und Heizung für die Zeit nach einem Umzug bis zur Vollendung des 25. Lebensjahres nur anerkannt, wenn der kommunale Träger dies vor Abschluss des Vertrages über die Unterkunft zugesichert hat. ²Der kommunale Träger ist zur Zusicherung verpflichtet, wenn

1. die oder der Betroffene aus schwerwiegenden sozialen Gründen nicht auf die Wohnung der Eltern oder eines Elternteils verwiesen werden kann,

2. der Bezug der Unterkunft zur Eingliederung in den Arbeitsmarkt erforderlich ist oder

3. ein sonstiger, ähnlich schwerwiegender Grund vorliegt.

³Unter den Voraussetzungen des Satzes 2 kann vom Erfordernis der Zusicherung abgesehen werden, wenn es der oder dem Betroffenen aus wichtigem Grund nicht zumutbar war, die Zusicherung einzuholen. ⁴Bedarfe für Unterkunft und Heizung werden bei Personen, die das 25. Lebensjahr noch nicht vollendet haben, nicht anerkannt, wenn diese vor der Beantragung von Leistungen in eine Unterkunft in der Absicht umziehen, die Voraussetzungen für die Gewährung der Leistungen herbeizuführen.

(6) ¹Wohnungsbeschaffungskosten und Umzugskosten können bei vorheriger Zusicherung durch den bis zum Umzug örtlich zuständigen kommunalen Träger als Bedarf anerkannt werden; Aufwendungen für eine Mietkaution und für den Erwerb von Genossenschaftsanteilen können bei vorheriger Zusicherung durch den am Ort der neuen Unterkunft zuständigen kommunalen Träger als Bedarf anerkannt werden. ²Die Zusicherung soll erteilt werden, wenn der Umzug durch den kommunalen Träger veranlasst oder aus anderen Gründen notwendig ist und wenn ohne die Zusicherung eine Unterkunft in einem angemessenen Zeitraum nicht gefunden werden kann. ³Aufwendungen für eine Mietkaution und für Genossenschaftsanteile sollen als Darlehen erbracht werden.

(7) ¹Soweit Arbeitslosengeld II für den Bedarf für Unterkunft und Heizung geleistet wird, ist es auf Antrag der leistungsberechtigten Person an den Vermieter oder andere Empfangsberechtigte zu zahlen. ²Es soll an den Vermieter oder andere Empfangsberechtigte gezahlt werden, wenn die zweckentsprechende Verwendung durch die leistungsberechtigte Person nicht sichergestellt ist. ³Das ist insbesondere der Fall, wenn

1. Mietrückstände bestehen, die zu einer außerordentlichen Kündigung des Mietverhältnisses berechtigen,

2. Energiekostenrückstände bestehen, die zu einer Unterbrechung der Energieversorgung berechtigen,

3. konkrete Anhaltspunkte für ein krankheits- oder suchtbedingtes Unvermögen der leistungsberechtigten Person bestehen, die Mittel zweckentsprechend zu verwenden, oder

4. konkrete Anhaltspunkte dafür bestehen, dass die im Schuldnerverzeichnis eingetragene leistungsberechtigte Person die Mittel nicht zweckentsprechend verwendet.

⁴ Der kommunale Träger hat die leistungsberechtigte Person über eine Zahlung der Leistungen für die Unterkunft und Heizung an den Vermieter oder andere Empfangsberechtigte schriftlich zu unterrichten.

(8) ¹ Sofern Arbeitslosengeld II für den Bedarf für Unterkunft und Heizung erbracht wird, können auch Schulden übernommen werden, soweit dies zur Sicherung der Unterkunft oder zur Behebung einer vergleichbaren Notlage gerechtfertigt ist. ² Sie sollen übernommen werden, wenn dies gerechtfertigt und notwendig ist und sonst Wohnungslosigkeit einzutreten droht. ³ Vermögen nach § 12 Absatz 2 Satz 1 Nummer 1 ist vorrangig einzusetzen. ⁴ Geldleistungen sollen als Darlehen erbracht werden.

(9) ¹ Geht bei einem Gericht eine Klage auf Räumung von Wohnraum im Falle der Kündigung des Mietverhältnisses nach § 543 Absatz 1, 2 Satz 1 Nummer 3 in Verbindung mit § 569 Absatz 3 des Bürgerlichen Gesetzbuchs ein, teilt das Gericht dem örtlich zuständigen Träger nach diesem Buch oder der von diesem beauftragten Stelle zur Wahrnehmung der in Absatz 8 bestimmten Aufgaben unverzüglich Folgendes mit:

1. den Tag des Eingangs der Klage,

2. die Namen und die Anschriften der Parteien,

3. die Höhe der monatlich zu entrichtenden Miete,

4. die Höhe des geltend gemachten Mietrückstandes und der geltend gemachten Entschädigung und

5. den Termin zur mündlichen Verhandlung, sofern dieser bereits bestimmt ist.

² Außerdem kann der Tag der Rechtshängigkeit mitgeteilt werden. ³ Die Übermittlung unterbleibt, wenn die Nichtzahlung der Miete nach dem Inhalt der Klageschrift offensichtlich nicht auf Zahlungsunfähigkeit der Mieterin oder des Mieters beruht.

(10) ¹ Zur Beurteilung der Angemessenheit der Aufwendungen für Unterkunft und Heizung nach Absatz 1 Satz 1 ist die Bildung einer Gesamtangemessenheitsgrenze zulässig. ² Dabei kann für die Aufwendungen für Heizung der Wert berücksichtigt werden, der bei einer gesonderten Beurteilung der Angemessenheit der Aufwendungen für Unterkunft und der Aufwendungen für Heizung ohne Prüfung der Angemessenheit im Einzelfall höchstens anzuerkennen wäre. ³ Absatz 1 Satz 2 bis 4 gilt entsprechend.

§ 22a Satzungsermächtigung.

(1) ¹ Die Länder können die Kreise und kreisfreien Städte durch Gesetz ermächtigen oder verpflichten, durch Satzung zu bestimmen, in welcher Höhe Aufwendungen für Unterkunft und Heizung in ihrem Gebiet angemessen sind. ² Eine solche Satzung bedarf der vorherigen Zustimmung der obersten Landesbehörde oder einer von ihr bestimmten Stelle, wenn dies durch Landesgesetz vorgesehen ist. ³ Die Länder Berlin und Hamburg bestimmen, welche Form der Rechtsetzung an die Stelle einer nach Satz 1 vorgesehenen Satzung tritt. ⁴ Das Land Bremen kann eine Bestimmung nach Satz 3 treffen.

(2) ¹ Die Länder können die Kreise und kreisfreien Städte auch ermächtigen, abweichend von § 22 Absatz 1 Satz 1 die Bedarfe für Unterkunft und Heizung in ihrem Gebiet durch eine monatliche Pauschale zu berücksichtigen, wenn auf dem örtlichen Wohnungsmarkt ausreichend freier Wohnraum verfügbar ist und dies dem Grundsatz der Wirtschaftlichkeit entspricht. ² In der Satzung sind

Regelungen für den Fall vorzusehen, dass die Pauschalierung im Einzelfall zu unzumutbaren Ergebnissen führt. ³ Absatz 1 Satz 2 bis 4 gilt entsprechend.

(3) ¹ Die Bestimmung der angemessenen Aufwendungen für Unterkunft und Heizung soll die Verhältnisse des einfachen Standards auf dem örtlichen Wohnungsmarkt abbilden. ² Sie soll die Auswirkungen auf den örtlichen Wohnungsmarkt berücksichtigen hinsichtlich:

1. der Vermeidung von Mietpreis erhöhenden Wirkungen,
2. der Verfügbarkeit von Wohnraum des einfachen Standards,
3. aller verschiedenen Anbietergruppen und
4. der Schaffung und Erhaltung sozial ausgeglichener Bewohnerstrukturen.

§ 22b Inhalt der Satzung. (1) ¹ In der Satzung ist zu bestimmen,
1. welche Wohnfläche entsprechend der Struktur des örtlichen Wohnungsmarktes als angemessen anerkannt wird und
2. in welcher Höhe Aufwendungen für die Unterkunft als angemessen anerkannt werden.

² In der Satzung kann auch die Höhe des als angemessen anerkannten Verbrauchswertes oder der als angemessen anerkannten Aufwendungen für die Heizung bestimmt werden. ³ Bei einer Bestimmung nach Satz 2 kann sowohl eine Quadratmeterhöchstmiete als auch eine Gesamtangemessenheitsgrenze unter Berücksichtigung der in den Sätzen 1 und 2 genannten Werte gebildet werden. ⁴ Um die Verhältnisse des einfachen Standards auf dem örtlichen Wohnungsmarkt realitätsgerecht abzubilden, können die Kreise und kreisfreien Städte ihr Gebiet in mehrere Vergleichsräume unterteilen, für die sie jeweils eigene Angemessenheitswerte bestimmen.

(2) ¹ Der Satzung ist eine Begründung beizufügen. ² Darin ist darzulegen, wie die Angemessenheit der Aufwendungen für Unterkunft und Heizung ermittelt wird. ³ Die Satzung ist mit ihrer Begründung ortsüblich bekannt zu machen.

(3) ¹ In der Satzung soll für Personen mit einem besonderen Bedarf für Unterkunft und Heizung eine Sonderregelung getroffen werden. ² Dies gilt insbesondere für Personen, die einen erhöhten Raumbedarf haben wegen
1. einer Behinderung oder
2. der Ausübung ihres Umgangsrechts.

§ 22c Datenerhebung, -auswertung und -überprüfung. (1) ¹ Zur Bestimmung der angemessenen Aufwendungen für Unterkunft und Heizung sollen die Kreise und kreisfreien Städte insbesondere
1. Mietspiegel, qualifizierte Mietspiegel und Mietdatenbanken und
2. geeignete eigene statistische Datenerhebungen und -auswertungen oder Erhebungen Dritter

einzeln oder kombiniert berücksichtigen. ² Hilfsweise können auch die monatlichen Höchstbeträge nach § 12 Absatz 1 des Wohngeldgesetzes berücksichtigt werden. ³ In die Auswertung sollen sowohl Neuvertrags- als auch Bestandsmieten einfließen. ⁴ Die Methodik der Datenerhebung und -auswertung ist in der Begründung der Satzung darzulegen.

(2) Die Kreise und kreisfreien Städte müssen die durch Satzung bestimmten Werte für die Unterkunft mindestens alle zwei Jahre und die durch Satzung bestimmten Werte für die Heizung mindestens jährlich überprüfen und gegebenenfalls neu festsetzen.

§ 23 Besonderheiten beim Sozialgeld. Beim Sozialgeld gelten ergänzend folgende Maßgaben:

1. Als Regelbedarf wird bis zur Vollendung des sechsten Lebensjahres ein Betrag in Höhe der Regelbedarfsstufe 6, vom Beginn des siebten bis zur Vollendung des 14. Lebensjahres ein Betrag in Höhe der Regelbedarfsstufe 5 und im 15. Lebensjahr ein Betrag in Höhe der Regelbedarfsstufe 4 anerkannt;
2. Mehrbedarfe nach § 21 Absatz 4 werden auch bei behinderten Menschen, die das 15. Lebensjahr vollendet haben, anerkannt, wenn Leistungen der Eingliederungshilfe nach § 54 Absatz 1 Nummer 1 und 2 des Zwölften Buches[1] erbracht werden;
3. § 21 Absatz 4 Satz 2 gilt auch nach Beendigung der in § 54 Absatz 1 Nummer 1 und 2 des Zwölften Buches genannten Maßnahmen;
4. bei nicht erwerbsfähigen Personen, die voll erwerbsgemindert nach dem Sechsten Buch[2] sind, wird ein Mehrbedarf von 17 Prozent der nach § 20 maßgebenden Regelbedarfe anerkannt, wenn sie Inhaberin oder Inhaber eines Ausweises nach § 152 Absatz 5 des Neunten Buches[3] mit dem Merkzeichen G sind; dies gilt nicht, wenn bereits ein Anspruch auf einen Mehrbedarf wegen Behinderung nach § 21 Absatz 4 oder nach der vorstehenden Nummer 2 oder 3 besteht.

Unterabschnitt 3. Abweichende Leistungserbringung und weitere Leistungen

§ 24 Abweichende Erbringung von Leistungen. (1) [1]Kann im Einzelfall ein vom Regelbedarf zur Sicherung des Lebensunterhalts umfasster und nach den Umständen unabweisbarer Bedarf nicht gedeckt werden, erbringt die Agentur für Arbeit bei entsprechendem Nachweis den Bedarf als Sachleistung oder als Geldleistung und gewährt der oder dem Leistungsberechtigten ein entsprechendes Darlehen. [2]Bei Sachleistungen wird das Darlehen in Höhe des für die Agentur für Arbeit entstandenen Anschaffungswertes gewährt. [3]Weiter gehende Leistungen sind ausgeschlossen.

(2) Solange sich Leistungsberechtigte, insbesondere bei Drogen- oder Alkoholabhängigkeit sowie im Falle unwirtschaftlichen Verhaltens, als ungeeignet erweisen, mit den Leistungen für den Regelbedarf nach § 20 ihren Bedarf zu decken, kann das Arbeitslosengeld II bis zur Höhe des Regelbedarfs für den Lebensunterhalt in voller Höhe oder anteilig in Form von Sachleistungen erbracht werden.

(3) [1]Nicht vom Regelbedarf nach § 20 umfasst sind Bedarfe für

1. Erstausstattungen für die Wohnung einschließlich Haushaltsgeräten,

---

[1] Nr. 12.
[2] Nr. 6.
[3] Nr. 9.

Kapitel 3. Leistungen §§ 25, 26 SGB II 2

2. Erstausstattungen für Bekleidung und Erstausstattungen bei Schwangerschaft und Geburt sowie
3. Anschaffung und Reparaturen von orthopädischen Schuhen, Reparaturen von therapeutischen Geräten und Ausrüstungen sowie die Miete von therapeutischen Geräten.

²Leistungen für diese Bedarfe werden gesondert erbracht. ³Leistungen nach Satz 2 werden auch erbracht, wenn Leistungsberechtigte keine Leistungen zur Sicherung des Lebensunterhalts einschließlich der angemessenen Kosten für Unterkunft und Heizung benötigen, den Bedarf nach Satz 1 jedoch aus eigenen Kräften und Mitteln nicht voll decken können. ⁴In diesem Fall kann das Einkommen berücksichtigt werden, das Leistungsberechtigte innerhalb eines Zeitraumes von bis zu sechs Monaten nach Ablauf des Monats erwerben, in dem über die Leistung entschieden wird. ⁵Die Leistungen für Bedarfe nach Satz 1 Nummer 1 und 2 können als Sachleistung oder Geldleistung, auch in Form von Pauschalbeträgen, erbracht werden. ⁶Bei der Bemessung der Pauschalbeträge sind geeignete Angaben über die erforderlichen Aufwendungen und nachvollziehbare Erfahrungswerte zu berücksichtigen.

(4) ¹Leistungen zur Sicherung des Lebensunterhalts können als Darlehen erbracht werden, soweit in dem Monat, für den die Leistungen erbracht werden, voraussichtlich Einnahmen anfallen. ²Satz 1 gilt auch, soweit Leistungsberechtigte einmalige Einnahmen nach § 11 Absatz 3 Satz 4 vorzeitig verbraucht haben.

(5) ¹Soweit Leistungsberechtigten der sofortige Verbrauch oder die sofortige Verwertung von zu berücksichtigendem Vermögen nicht möglich ist oder für sie eine besondere Härte bedeuten würde, sind Leistungen als Darlehen zu erbringen. ²Die Leistungen können davon abhängig gemacht werden, dass der Anspruch auf Rückzahlung dinglich oder in anderer Weise gesichert wird.

(6) In Fällen des § 22 Absatz 5 werden Leistungen für Erstausstattungen für die Wohnung nur erbracht, wenn der kommunale Träger die Übernahme der Leistungen für Unterkunft und Heizung zugesichert hat oder vom Erfordernis der Zusicherung abgesehen werden konnte.

§ 25 Leistungen bei medizinischer Rehabilitation der Rentenversicherung und bei Anspruch auf Verletztengeld aus der Unfallversicherung.
¹Haben Leistungsberechtigte dem Grunde nach Anspruch auf Übergangsgeld bei medizinischen Leistungen der gesetzlichen Rentenversicherung, erbringen die Träger der Leistungen nach diesem Buch die bisherigen Leistungen als Vorschuss auf die Leistungen der Rentenversicherung weiter; dies gilt entsprechend bei einem Anspruch auf Verletztengeld aus der gesetzlichen Unfallversicherung. ²Werden Vorschüsse länger als einen Monat geleistet, erhalten die Träger der Leistungen nach diesem Buch von den zur Leistung verpflichteten Trägern monatliche Abschlagszahlungen in Höhe der Vorschüsse des jeweils abgelaufenen Monats. ³§ 102 des Zehnten Buches[1]) gilt entsprechend.

§ 26 Zuschüsse zu Beiträgen zur Krankenversicherung und Pflegeversicherung.
(1) ¹Für Bezieherinnen und Bezieher von Arbeitslosengeld II oder Sozialgeld, die gegen das Risiko Krankheit bei einem privaten Krankenver-

---
[1]) Nr. 10.

2 SGB II § 26 2. Buch. Grundsicherung für Arbeitsuchende

sicherungsunternehmen im Rahmen von Versicherungsverträgen, die der Versicherungspflicht nach § 193 Absatz 3 des Versicherungsvertragsgesetzes genügen, versichert sind, wird für die Dauer des Leistungsbezugs ein Zuschuss zum Beitrag geleistet; der Zuschuss ist begrenzt auf die Höhe des nach § 152 Absatz 4 des Versicherungsaufsichtsgesetzes halbierten Beitrags für den Basistarif in der privaten Krankenversicherung, den Hilfebedürftige zu leisten haben. ²Für Bezieherinnen und Bezieher von Sozialgeld, die in der gesetzlichen Krankenversicherung versicherungspflichtig sind, wird für die Dauer des Leistungsbezugs ein Zuschuss in Höhe des Beitrags geleistet, soweit dieser nicht nach § 11b Absatz 1 Satz 1 Nummer 2 abgesetzt wird; Gleiches gilt für Bezieherinnen und Bezieher von Arbeitslosengeld II, die nicht nach § 5 Absatz 1 Nummer 2a des Fünften Buches[1]) versicherungspflichtig sind.

(2) ¹Für Personen, die

1. in der gesetzlichen Krankenversicherung versicherungspflichtig oder freiwillig versichert sind oder

2. unter den Voraussetzungen des Absatzes 1 Satz 1 erster Halbsatz privat krankenversichert sind und die

allein durch die Zahlung des Beitrags hilfebedürftig würden, wird ein Zuschuss zum Beitrag in Höhe des Betrages geleistet, der notwendig ist, um die Hilfebedürftigkeit zu vermeiden. ²In den Fällen des Satzes 1 Nummer 2 gilt die Begrenzung des Zuschusses nach Absatz 1 Satz 1 zweiter Halbsatz entsprechend.

(3) ¹Für Bezieherinnen und Bezieher von Arbeitslosengeld II oder Sozialgeld, die gegen das Risiko Pflegebedürftigkeit bei einem privaten Versicherungsunternehmen in Erfüllung ihrer Versicherungspflicht nach § 23 des Elften Buches[2]) versichert sind, wird für die Dauer des Leistungsbezugs ein Zuschuss zum Beitrag geleistet; der Zuschuss ist begrenzt auf die Hälfte des Höchstbeitrags in der sozialen Pflegeversicherung. ²Für Bezieherinnen und Bezieher von Sozialgeld, die in der sozialen Pflegeversicherung versicherungspflichtig sind, wird für die Dauer des Leistungsbezugs ein Zuschuss in Höhe des Beitrags geleistet, soweit dieser nicht nach § 11b Absatz 1 Satz 1 Nummer 2 abgesetzt wird; Gleiches gilt für Bezieherinnen und Bezieher von Arbeitslosengeld II, die nicht nach § 20 Absatz 1 Satz 2 Nummer 2a des Elften Buches versicherungspflichtig sind.

(4) ¹Für Personen, die

1. in der sozialen Pflegeversicherung versicherungspflichtig sind oder

2. unter den Voraussetzungen des Absatzes 3 Satz 1 erster Halbsatz privat pflegeversichert sind und die

allein durch die Zahlung des Beitrags hilfebedürftig würden, wird ein Zuschuss zum Beitrag in Höhe des Betrages geleistet, der notwendig ist, um die Hilfebedürftigkeit zu vermeiden. ²In den Fällen des Satzes 1 Nummer 2 gilt die Begrenzung des Zuschusses nach Absatz 3 Satz 1 zweiter Halbsatz entsprechend.

---

[1]) Nr. 5.
[2]) Nr. 11.

(5) ¹Der Zuschuss nach Absatz 1 Satz 1, nach Absatz 2 Satz 1 Nummer 2, nach Absatz 3 Satz 1 und nach Absatz 4 Satz 1 Nummer 2 ist an das private Versicherungsunternehmen zu zahlen, bei dem die leistungsberechtigte Person versichert ist. ²Der Zuschuss nach Absatz 1 Satz 2 und Absatz 3 Satz 2 ist an die Krankenkasse zu zahlen, bei der die leistungsberechtigte Person versichert ist.

§ 27 Leistungen für Auszubildende. (1) ¹Auszubildende im Sinne des § 7 Absatz 5 erhalten Leistungen zur Sicherung des Lebensunterhalts nach Maßgabe der folgenden Absätze. ²Die Leistungen für Auszubildende im Sinne des § 7 Absatz 5 gelten nicht als Arbeitslosengeld II.

(2) Leistungen werden in Höhe der Mehrbedarfe nach § 21 Absatz 2, 3, 5 und 6 und in Höhe der Leistungen nach § 24 Absatz 3 Nummer 2 erbracht, soweit die Mehrbedarfe nicht durch zu berücksichtigendes Einkommen oder Vermögen gedeckt sind.

(3) ¹Leistungen können für Regelbedarfe, den Mehrbedarf nach § 21 Absatz 7, Bedarfe für Unterkunft und Heizung, Bedarfe für Bildung und Teilhabe und notwendige Beiträge zur Kranken- und Pflegeversicherung als Darlehen erbracht werden, sofern der Leistungsausschluss nach § 7 Absatz 5 eine besondere Härte bedeutet. ²Eine besondere Härte ist auch anzunehmen, wenn Auszubildenden, deren Bedarf sich nach §§ 12 oder 13 Absatz 1 Nummer 1 des Bundesausbildungsförderungsgesetzes bemisst, aufgrund von § 10 Absatz 3 des Bundesausbildungsförderungsgesetzes keine Leistungen zustehen, diese Ausbildung im Einzelfall für die Eingliederung der oder des Auszubildenden in das Erwerbsleben zwingend erforderlich ist und ohne die Erbringung von Leistungen zum Lebensunterhalt der Abbruch der Ausbildung droht; in diesem Fall sind Leistungen als Zuschuss zu erbringen. ³Satz 2 gilt nur für Ausbildungen, die vor dem 31. Dezember 2020 begonnen wurden. ⁴Für den Monat der Aufnahme einer Ausbildung können Leistungen entsprechend § 24 Absatz 4 Satz 1 erbracht werden. ⁵Leistungen nach Satz 1 sind gegenüber den Leistungen nach Absatz 2 nachrangig.

Unterabschnitt 4. Leistungen für Bildung und Teilhabe

§ 28 Bedarfe für Bildung und Teilhabe. (1) ¹Bedarfe für Bildung und Teilhabe am sozialen und kulturellen Leben in der Gemeinschaft werden bei Kindern, Jugendlichen und jungen Erwachsenen neben dem Regelbedarf nach Maßgabe der Absätze 2 bis 7 gesondert berücksichtigt. ²Bedarfe für Bildung werden nur bei Personen berücksichtigt, die das 25. Lebensjahr noch nicht vollendet haben, eine allgemein- oder berufsbildende Schule besuchen und keine Ausbildungsvergütung erhalten (Schülerinnen und Schüler).

(2) ¹Bei Schülerinnen und Schülern werden die tatsächlichen Aufwendungen anerkannt für
1. Schulausflüge und
2. mehrtägige Klassenfahrten im Rahmen der schulrechtlichen Bestimmungen.
²Für Kinder, die eine Tageseinrichtung besuchen oder für die Kindertagespflege geleistet wird, gilt Satz 1 entsprechend.

(3) ¹Für die Ausstattung mit persönlichem Schulbedarf werden bei Schülerinnen und Schülern 70 Euro zum 1. August und 30 Euro zum 1. Februar

eines jeden Jahres berücksichtigt. ²Abweichend von Satz 1 werden bei Schülerinnen und Schülern, die im jeweiligen Schuljahr nach den in Satz 1 genannten Stichtagen erstmalig oder aufgrund einer Unterbrechung ihres Schulbesuches erneut in eine Schule aufgenommen werden, für den Monat, in dem der erste Schultag liegt, 70 Euro berücksichtigt, wenn dieser Tag in den Zeitraum von August bis Januar des Schuljahres fällt, oder 100 Euro berücksichtigt, wenn dieser Tag in den Zeitraum von Februar bis Juli des Schuljahres fällt.

(4) ¹Bei Schülerinnen und Schülern, die für den Besuch der nächstgelegenen Schule des gewählten Bildungsgangs auf Schülerbeförderung angewiesen sind, werden die dafür erforderlichen tatsächlichen Aufwendungen berücksichtigt, soweit sie nicht von Dritten übernommen werden und es der leistungsberechtigten Person nicht zugemutet werden kann, die Aufwendungen aus dem Regelbedarf zu bestreiten. ²Als zumutbare Eigenleistung gilt in der Regel der in § 9 Absatz 2 des Regelbedarfs-Ermittlungsgesetzes genannte Betrag.

(5) Bei Schülerinnen und Schülern wird eine schulische Angebote ergänzende angemessene Lernförderung berücksichtigt, soweit diese geeignet und zusätzlich erforderlich ist, um die nach den schulrechtlichen Bestimmungen festgelegten wesentlichen Lernziele zu erreichen.

(6) ¹Bei Teilnahme an einer gemeinschaftlichen Mittagsverpflegung werden die entstehenden Mehraufwendungen berücksichtigt für

1. Schülerinnen und Schüler und
2. Kinder, die eine Tageseinrichtung besuchen oder für die Kindertagespflege geleistet wird.

²Für Schülerinnen und Schüler gilt dies unter der Voraussetzung, dass die Mittagsverpflegung in schulischer Verantwortung angeboten wird. ³In den Fällen des Satzes 2 ist für die Ermittlung des monatlichen Bedarfs die Anzahl der Schultage in dem Land zugrunde zu legen, in dem der Schulbesuch stattfindet.

(7) ¹Bei Leistungsberechtigten bis zur Vollendung des 18. Lebensjahres wird ein Bedarf zur Teilhabe am sozialen und kulturellen Leben in der Gemeinschaft in Höhe von insgesamt 10 Euro monatlich berücksichtigt für

1. Mitgliedsbeiträge in den Bereichen Sport, Spiel, Kultur und Geselligkeit,
2. Unterricht in künstlerischen Fächern (zum Beispiel Musikunterricht) und vergleichbare angeleitete Aktivitäten der kulturellen Bildung und
3. die Teilnahme an Freizeiten.

²Neben der Berücksichtigung von Bedarfen nach Satz 1 können auch weitere tatsächliche Aufwendungen berücksichtigt werden, wenn sie im Zusammenhang mit der Teilnahme an Aktivitäten nach Satz 1 Nummer 1 bis 3 entstehen und es den Leistungsberechtigten im begründeten Ausnahmefall nicht zugemutet werden kann, diese aus dem Regelbedarf zu bestreiten.

§ 29 Erbringung der Leistungen für Bildung und Teilhabe. (1) ¹Leistungen zur Deckung der Bedarfe nach § 28 Absatz 2 und 5 bis 7 werden erbracht durch Sach- und Dienstleistungen, insbesondere in Form von personalisierten Gutscheinen oder Direktzahlungen an Anbieter von Leistungen zur Deckung dieser Bedarfe (Anbieter); die kommunalen Träger bestimmen, in welcher Form sie die Leistungen erbringen. ²Sie können auch bestimmen, dass die Leistungen nach § 28 Absatz 2 durch Geldleistungen gedeckt werden. ³Die

Bedarfe nach § 28 Absatz 3 und 4 werden jeweils durch Geldleistungen gedeckt. ⁴ Die kommunalen Träger können mit Anbietern pauschal abrechnen.

(2) ¹ Werden die Bedarfe durch Gutscheine gedeckt, gelten die Leistungen mit Ausgabe des jeweiligen Gutscheins als erbracht. ² Die kommunalen Träger gewährleisten, dass Gutscheine bei geeigneten vorhandenen Anbietern oder zur Wahrnehmung ihrer eigenen Angebote eingelöst werden können. ³ Gutscheine können für den gesamten Bewilligungszeitraum im Voraus ausgegeben werden. ⁴ Die Gültigkeit von Gutscheinen ist angemessen zu befristen. ⁵ Im Fall des Verlustes soll ein Gutschein erneut in dem Umfang ausgestellt werden, in dem er noch nicht in Anspruch genommen wurde.

(3) ¹ Werden die Bedarfe durch Direktzahlungen an Anbieter gedeckt, gelten die Leistungen mit der Zahlung als erbracht. ² Eine Direktzahlung ist für den gesamten Bewilligungszeitraum im Voraus möglich.

(4) ¹ Im begründeten Einzelfall kann ein Nachweis über eine zweckentsprechende Verwendung der Leistung verlangt werden. ² Soweit der Nachweis nicht geführt wird, soll die Bewilligungsentscheidung widerrufen werden.

§ 30 Berechtigte Selbsthilfe. ¹ Geht die leistungsberechtigte Person durch Zahlung an Anbieter in Vorleistung, ist der kommunale Träger zur Übernahme der berücksichtigungsfähigen Aufwendungen verpflichtet, soweit

1. unbeschadet des Satzes 2 die Voraussetzungen einer Leistungsgewährung zur Deckung der Bedarfe im Zeitpunkt der Selbsthilfe nach § 28 Absatz 2 und 5 bis 7 vorlagen und
2. zum Zeitpunkt der Selbsthilfe der Zweck der Leistung durch Erbringung als Sach- oder Dienstleistung ohne eigenes Verschulden nicht oder nicht rechtzeitig zu erreichen war.

² War es dem Leistungsberechtigten nicht möglich, rechtzeitig einen Antrag zu stellen, gilt dieser als zum Zeitpunkt der Selbstvornahme gestellt.

Unterabschnitt 5. Sanktionen

§ 31 Pflichtverletzungen. (1) ¹ Erwerbsfähige Leistungsberechtigte verletzen ihre Pflichten, wenn sie trotz schriftlicher Belehrung über die Rechtsfolgen oder deren Kenntnis

1. sich weigern, in der Eingliederungsvereinbarung oder in dem diese ersetzenden Verwaltungsakt nach § 15 Absatz 3 Satz 3 festgelegte Pflichten zu erfüllen, insbesondere in ausreichendem Umfang Eigenbemühungen nachzuweisen,
2. sich weigern, eine zumutbare Arbeit, Ausbildung, Arbeitsgelegenheit nach § 16d oder ein nach § 16e gefördertes Arbeitsverhältnis aufzunehmen, fortzuführen oder deren Anbahnung durch ihr Verhalten verhindern,
3. eine zumutbare Maßnahme zur Eingliederung in Arbeit nicht antreten, abbrechen oder Anlass für den Abbruch gegeben haben.

² Dies gilt nicht, wenn erwerbsfähige Leistungsberechtigte einen wichtigen Grund für ihr Verhalten darlegen und nachweisen.

(2) Eine Pflichtverletzung von erwerbsfähigen Leistungsberechtigten ist auch anzunehmen, wenn

2 SGB II § 31a 2. Buch. Grundsicherung für Arbeitsuchende

1. sie nach Vollendung des 18. Lebensjahres ihr Einkommen oder Vermögen in der Absicht vermindert haben, die Voraussetzungen für die Gewährung oder Erhöhung des Arbeitslosengeldes II herbeizuführen,
2. sie trotz Belehrung über die Rechtsfolgen oder deren Kenntnis ihr unwirtschaftliches Verhalten fortsetzen,
3. ihr Anspruch auf Arbeitslosengeld ruht oder erloschen ist, weil die Agentur für Arbeit das Eintreten einer Sperrzeit oder das Erlöschen des Anspruchs nach den Vorschriften des Dritten Buches[1]) festgestellt hat, oder
4. sie die im Dritten Buch genannten Voraussetzungen für das Eintreten einer Sperrzeit erfüllen, die das Ruhen oder Erlöschen eines Anspruchs auf Arbeitslosengeld begründen.

§ 31a Rechtsfolgen bei Pflichtverletzungen. (1) [1] Bei einer Pflichtverletzung nach § 31 mindert sich das Arbeitslosengeld II in einer ersten Stufe um 30 Prozent des für die erwerbsfähige leistungsberechtigte Person nach § 20 maßgebenden Regelbedarfs. [2] Bei der ersten wiederholten Pflichtverletzung nach § 31 mindert sich das Arbeitslosengeld II um 60 Prozent des für die erwerbsfähige leistungsberechtigte Person nach § 20 maßgebenden Regelbedarfs. [3] Bei jeder weiteren wiederholten Pflichtverletzung nach § 31 entfällt das Arbeitslosengeld II vollständig. [4] Eine wiederholte Pflichtverletzung liegt nur vor, wenn bereits zuvor eine Minderung festgestellt wurde. [5] Sie liegt nicht vor, wenn der Beginn des vorangegangenen Minderungszeitraums länger als ein Jahr zurückliegt. [6] Erklären sich erwerbsfähige Leistungsberechtigte nachträglich bereit, ihren Pflichten nachzukommen, kann der zuständige Träger die Minderung der Leistungen nach Satz 3 ab diesem Zeitpunkt auf 60 Prozent des für sie nach § 20 maßgebenden Regelbedarfs begrenzen.

(2) [1] Bei erwerbsfähigen Leistungsberechtigten, die das 25. Lebensjahr noch nicht vollendet haben, ist das Arbeitslosengeld II bei einer Pflichtverletzung nach § 31 auf die für die Bedarfe nach § 22 zu erbringenden Leistungen beschränkt. [2] Bei wiederholter Pflichtverletzung nach § 31 entfällt das Arbeitslosengeld II vollständig. [3] Absatz 1 Satz 4 und 5 gilt entsprechend. [4] Erklären sich erwerbsfähige Leistungsberechtigte, die das 25. Lebensjahr noch nicht vollendet haben, nachträglich bereit, ihren Pflichten nachzukommen, kann der Träger unter Berücksichtigung aller Umstände des Einzelfalles ab diesem Zeitpunkt wieder die für die Bedarfe nach § 22 zu erbringenden Leistungen gewähren.

(3) [1] Bei einer Minderung des Arbeitslosengeldes II um mehr als 30 Prozent des nach § 20 maßgebenden Regelbedarfs kann der Träger auf Antrag in angemessenem Umfang ergänzende Sachleistungen oder geldwerte Leistungen erbringen. [2] Der Träger hat Leistungen nach Satz 1 zu erbringen, wenn Leistungsberechtigte mit minderjährigen Kindern in einem Haushalt leben. [3] Bei einer Minderung des Arbeitslosengeldes II um mindestens 60 Prozent des für den erwerbsfähigen Leistungsberechtigten nach § 20 maßgebenden Regelbedarfs soll das Arbeitslosengeld II, soweit es für den Bedarf für Unterkunft und Heizung nach § 22 Absatz 1 erbracht wird, an den Vermieter oder andere Empfangsberechtigte gezahlt werden.

---

[1]) Nr. 3.

Kapitel 3. Leistungen **§§ 31b–33 SGB II 2**

(4) Für nichterwerbsfähige Leistungsberechtigte gilt Absatz 1 und 3 bei Pflichtverletzungen nach § 31 Absatz 2 Nummer 1 und 2 entsprechend.

§ 31b Beginn und Dauer der Minderung. (1) [1] Der Auszahlungsanspruch mindert sich mit Beginn des Kalendermonats, der auf das Wirksamwerden des Verwaltungsaktes folgt, der die Pflichtverletzung und den Umfang der Minderung der Leistung feststellt. [2] In den Fällen des § 31 Absatz 2 Nummer 3 tritt die Minderung mit Beginn der Sperrzeit oder mit dem Erlöschen des Anspruchs nach dem Dritten Buch[1)] ein. [3] Der Minderungszeitraum beträgt drei Monate. [4] Bei erwerbsfähigen Leistungsberechtigten, die das 25. Lebensjahr noch nicht vollendet haben, kann der Träger die Minderung des Auszahlungsanspruchs in Höhe der Bedarfe nach den §§ 20 und 21 unter Berücksichtigung aller Umstände des Einzelfalls auf sechs Wochen verkürzen. [5] Die Feststellung der Minderung ist nur innerhalb von sechs Monaten ab dem Zeitpunkt der Pflichtverletzung zulässig.

(2) Während der Minderung des Auszahlungsanspruchs besteht kein Anspruch auf ergänzende Hilfe zum Lebensunterhalt nach den Vorschriften des Zwölften Buches[2)].

§ 32 Meldeversäumnisse. (1) [1] Kommen Leistungsberechtigte trotz schriftlicher Belehrung über die Rechtsfolgen oder deren Kenntnis einer Aufforderung des zuständigen Trägers, sich bei ihm zu melden oder bei einem ärztlichen oder psychologischen Untersuchungstermin zu erscheinen, nicht nach, mindert sich das Arbeitslosengeld II oder das Sozialgeld jeweils um 10 Prozent des für sie nach § 20 maßgebenden Regelbedarfs. [2] Dies gilt nicht, wenn Leistungsberechtigte einen wichtigen Grund für ihr Verhalten darlegen und nachweisen.

(2) [1] Die Minderung nach dieser Vorschrift tritt zu einer Minderung nach § 31a hinzu. [2] § 31a Absatz 3 und § 31b gelten entsprechend.

Unterabschnitt 6. Verpflichtungen Anderer

§ 33 Übergang von Ansprüchen. (1) [1] Haben Personen, die Leistungen zur Sicherung des Lebensunterhalts beziehen, für die Zeit, für die Leistungen erbracht werden, einen Anspruch gegen einen Anderen, der nicht Leistungsträger ist, geht der Anspruch bis zur Höhe der geleisteten Aufwendungen auf die Träger der Leistungen nach diesem Buch über, wenn bei rechtzeitiger Leistung des Anderen Leistungen zur Sicherung des Lebensunterhalts nicht erbracht worden wären. [2] Satz 1 gilt auch, soweit Kinder unter Berücksichtigung von Kindergeld nach § 11 Absatz 1 Satz 4 keine Leistungen empfangen haben und bei rechtzeitiger Leistung des Anderen keine oder geringere Leistungen an die Mitglieder der Haushaltsgemeinschaft erbracht worden wären. [3] Der Übergang wird nicht dadurch ausgeschlossen, dass der Anspruch nicht übertragen, verpfändet oder gepfändet werden kann. [4] Unterhaltsansprüche nach bürgerlichem Recht gehen zusammen mit dem unterhaltsrechtlichen Auskunftsanspruch auf die Träger der Leistungen nach diesem Buch über.

(2) [1] Ein Unterhaltsanspruch nach bürgerlichem Recht geht nicht über, wenn die unterhaltsberechtigte Person

---
[1)] Nr. 3.
[2)] Nr. 12.

1. mit der oder dem Verpflichteten in einer Bedarfsgemeinschaft lebt,
2. mit der oder dem Verpflichteten verwandt ist und den Unterhaltsanspruch nicht geltend macht; dies gilt nicht für Unterhaltsansprüche

    a) minderjähriger Leistungsberechtigter,

    b) Leistungsberechtigter, die das 25. Lebensjahr noch nicht vollendet und die Erstausbildung noch nicht abgeschlossen haben,

    gegen ihre Eltern,

3. in einem Kindschaftsverhältnis zur oder zum Verpflichteten steht und

    a) schwanger ist oder

    b) ihr leibliches Kind bis zur Vollendung seines sechsten Lebensjahres betreut.

²Der Übergang ist auch ausgeschlossen, soweit der Unterhaltsanspruch durch laufende Zahlung erfüllt wird. ³Der Anspruch geht nur über, soweit das Einkommen und Vermögen der unterhaltsverpflichteten Person das nach den §§ 11 bis 12 zu berücksichtigende Einkommen und Vermögen übersteigt.

(3) ¹Für die Vergangenheit können die Träger der Leistungen nach diesem Buch außer unter den Voraussetzungen des bürgerlichen Rechts nur von der Zeit an den Anspruch geltend machen, zu welcher sie der oder dem Verpflichteten die Erbringung der Leistung schriftlich mitgeteilt haben. ²Wenn die Leistung voraussichtlich auf längere Zeit erbracht werden muss, können die Träger der Leistungen nach diesem Buch bis zur Höhe der bisherigen monatlichen Aufwendungen auch auf künftige Leistungen klagen.

(4) ¹Die Träger der Leistungen nach diesem Buch können den auf sie übergegangenen Anspruch im Einvernehmen mit der Empfängerin oder dem Empfänger der Leistungen auf diese oder diesen zur gerichtlichen Geltendmachung rückübertragen und sich den geltend gemachten Anspruch abtreten lassen. ²Kosten, mit denen die Leistungsempfängerin oder der Leistungsempfänger dadurch selbst belastet wird, sind zu übernehmen. ³Über die Ansprüche nach Absatz 1 Satz 4 ist im Zivilrechtsweg zu entscheiden.

(5) Die §§ 115 und 116 des Zehnten Buches[1] gehen der Regelung des Absatzes 1 vor.

§ 34 Ersatzansprüche bei sozialwidrigem Verhalten.

(1) ¹Wer nach Vollendung des 18. Lebensjahres vorsätzlich oder grob fahrlässig die Voraussetzungen für die Gewährung von Leistungen nach diesem Buch an sich oder an Personen, die mit ihr oder ihm in einer Bedarfsgemeinschaft leben, ohne wichtigen Grund herbeigeführt hat, ist zum Ersatz der deswegen erbrachten Geld- und Sachleistungen verpflichtet. ²Als Herbeiführung im Sinne des Satzes 1 gilt auch, wenn die Hilfebedürftigkeit erhöht, aufrechterhalten oder nicht verringert wurde. ³Sachleistungen sind, auch wenn sie in Form eines Gutscheins erbracht wurden, in Geld zu ersetzen. ⁴§ 40 Absatz 6 Satz 2 gilt entsprechend. ⁵Der Ersatzanspruch umfasst auch die geleisteten Beiträge zur Sozialversicherung. ⁶Von der Geltendmachung eines Ersatzanspruchs ist abzusehen, soweit sie eine Härte bedeuten würde.

---

[1] Nr. 10.

(2) ¹Eine nach Absatz 1 eingetretene Verpflichtung zum Ersatz der Leistungen geht auf den Erben über. ²Sie ist auf den Nachlasswert zum Zeitpunkt des Erbfalls begrenzt.

(3) ¹Der Ersatzanspruch erlischt drei Jahre nach Ablauf des Jahres, für das die Leistung erbracht worden ist. ²Die Bestimmungen des Bürgerlichen Gesetzbuchs über die Hemmung, die Ablaufhemmung, den Neubeginn und die Wirkung der Verjährung gelten sinngemäß; der Erhebung der Klage steht der Erlass eines Leistungsbescheides gleich.

§ 34a Ersatzansprüche für rechtswidrig erbrachte Leistungen.

(1) ¹Zum Ersatz rechtswidrig erbrachter Geld- und Sachleistungen nach diesem Buch ist verpflichtet, wer diese durch vorsätzliches oder grob fahrlässiges Verhalten an Dritte herbeigeführt hat. ²Sachleistungen sind, auch wenn sie in Form eines Gutscheins erbracht wurden, in Geld zu ersetzen. ³§ 40 Absatz 6 Satz 2 gilt entsprechend. ⁴Der Ersatzanspruch umfasst auch die geleisteten Beiträge zur Sozialversicherung entsprechend § 40 Absatz 2 Nummer 5.

(2) ¹Der Ersatzanspruch verjährt in vier Jahren nach Ablauf des Kalenderjahres, in dem der Verwaltungsakt, mit dem die Erstattung nach § 50 des Zehnten Buches[1)] festgesetzt worden ist, unanfechtbar geworden ist. ²Soweit gegenüber einer rechtswidrig begünstigten Person ein Verwaltungsakt nicht aufgehoben werden kann, beginnt die Frist nach Satz 1 mit dem Zeitpunkt, ab dem die Behörde Kenntnis von der Rechtswidrigkeit der Leistungserbringung hat. ³§ 34 Absatz 3 Satz 2 gilt entsprechend.

(3) ¹§ 34 Absatz 2 gilt entsprechend. ²Der Ersatzanspruch erlischt drei Jahre nach dem Tod der Person, die gemäß Absatz 1 zum Ersatz verpflichtet war; § 34 Absatz 3 Satz 2 gilt entsprechend.

(4) Zum Ersatz nach Absatz 1 und zur Erstattung nach § 50 des Zehnten Buches Verpflichtete haften als Gesamtschuldner.

§ 34b []Erstattungsanspruch bei Doppelleistungen.
(1) ¹Hat ein vorrangig verpflichteter Leistungsträger in Unkenntnis der Leistung durch Träger nach diesem Buch an eine leistungsberechtigte Person geleistet, ist diese zur Erstattung der Leistung des vorrangigen Trägers an die Träger nach diesem Buch verpflichtet. ²Der Erstattungsanspruch besteht in der Höhe, in der ein Erstattungsanspruch nach dem Zweiten Abschnitt des Dritten Kapitels des Zehnten Buches bestanden hätte. ³§ 34c ist entsprechend anwendbar.

(2) Ein Erstattungsanspruch besteht nicht, soweit der geleistete Betrag als Einkommen nach den Vorschriften dieses Buches berücksichtigt werden kann.

(3) Der Erstattungsanspruch verjährt vier Jahre nach Ablauf des Kalenderjahres, in dem der vorrangig verpflichtete Leistungsträger die Leistung erbracht hat.

§ 34c Ersatzansprüche nach sonstigen Vorschriften.
Bestimmt sich das Recht des Trägers nach diesem Buch, Ersatz seiner Aufwendungen von einem anderen zu verlangen, gegen den die Leistungsberechtigten einen Anspruch haben, nach sonstigen gesetzlichen Vorschriften, die dem § 33 vorgehen, gelten als Aufwendungen auch solche Leistungen zur Sicherung des Lebensunterhalts,

---

[1)] Nr. 10.

die an die mit der leistungsberechtigten Person in einer Bedarfsgemeinschaft lebenden Personen erbracht wurden.

§ 35 *(aufgehoben)*

Kapitel 4. Gemeinsame Vorschriften für Leistungen

Abschnitt 1. Zuständigkeit und Verfahren

§ 36 Örtliche Zuständigkeit. (1) [1] Für die Leistungen nach § 6 Absatz 1 Satz 1 Nummer 1 ist die Agentur für Arbeit zuständig, in deren Bezirk die erwerbsfähige leistungsberechtigte Person ihren gewöhnlichen Aufenthalt hat. [2] Für die Leistungen nach § 6 Absatz 1 Satz 1 Nummer 2 ist der kommunale Träger zuständig, in dessen Gebiet die erwerbsfähige leistungsberechtigte Person ihren gewöhnlichen Aufenthalt hat. [3] Für Leistungen nach den Sätzen 1 und 2 an Minderjährige, die Leistungen für die Zeit der Ausübung des Umgangsrechts nur für einen kurzen Zeitraum beanspruchen, ist der jeweilige Träger an dem Ort zuständig, an dem die umgangsberechtigte Person ihren gewöhnlichen Aufenthalt hat. [4] Kann ein gewöhnlicher Aufenthaltsort nicht festgestellt werden, so ist der Träger nach diesem Buch örtlich zuständig, in dessen Bereich sich die oder der erwerbsfähige Leistungsberechtigte tatsächlich aufhält. [5] Für nicht erwerbsfähige Personen, deren Leistungsberechtigung sich aus § 7 Absatz 2 Satz 3 ergibt, gelten die Sätze 1 bis 4 entsprechend.

(2) [1] Abweichend von Absatz 1 ist für die jeweiligen Leistungen nach diesem Buch der Träger zuständig, in dessen Gebiet die leistungsberechtigte Person nach § 12a Absatz 1 bis 3 des Aufenthaltsgesetzes ihren Wohnsitz zu nehmen hat. [2] Ist die leistungsberechtigte Person nach § 12a Absatz 4 des Aufenthaltsgesetzes verpflichtet, ihren Wohnsitz an einem bestimmten Ort nicht zu nehmen, kann eine Zuständigkeit der Träger in diesem Gebiet für die jeweiligen Leistungen nach diesem Buch nicht begründet werden; im Übrigen gelten die Regelungen des Absatzes 1.

§ 36a Kostenerstattung bei Aufenthalt im Frauenhaus. Sucht eine Person in einem Frauenhaus Zuflucht, ist der kommunale Träger am bisherigen gewöhnlichen Aufenthaltsort verpflichtet, dem durch die Aufnahme im Frauenhaus zuständigen kommunalen Träger am Ort des Frauenhauses die Kosten für die Zeit des Aufenthaltes im Frauenhaus zu erstatten.

§ 37 Antragserfordernis. (1) [1] Leistungen nach diesem Buch werden auf Antrag erbracht. [2] Leistungen nach § 24 Absatz 1 und 3 und Leistungen für die Bedarfe nach § 28 Absatz 2, Absatz 4 bis 7 sind gesondert zu beantragen.

(2) [1] Leistungen nach diesem Buch werden nicht für Zeiten vor der Antragstellung erbracht. [2] Der Antrag auf Leistungen zur Sicherung des Lebensunterhalts wirkt auf den Ersten des Monats zurück. [3] Der Antrag auf Leistungen für die Bedarfe nach § 28 Absatz 7 wirkt, soweit daneben andere Leistungen zur Sicherung des Lebensunterhalts erbracht werden, auf den Beginn des aktuellen Bewilligungszeitraums nach § 41 Absatz 3 zurück.

Kapitel 4. Gem. Vorschriften für Leistungen **§§ 38–40 SGB II 2**

§ 38 Vertretung der Bedarfsgemeinschaft. (1) [1] Soweit Anhaltspunkte dem nicht entgegenstehen, wird vermutet, dass die oder der erwerbsfähige Leistungsberechtigte bevollmächtigt ist, Leistungen nach diesem Buch auch für die mit ihm in einer Bedarfsgemeinschaft lebenden Personen zu beantragen und entgegenzunehmen. [2] Leben mehrere erwerbsfähige Leistungsberechtigte in einer Bedarfsgemeinschaft, gilt diese Vermutung zugunsten der Antrag stellenden Person.

(2) Für Leistungen an Kinder im Rahmen der Ausübung des Umgangsrechts hat die umgangsberechtigte Person die Befugnis, Leistungen nach diesem Buch zu beantragen und entgegenzunehmen, soweit das Kind dem Haushalt angehört.

§ 39 Sofortige Vollziehbarkeit. Keine aufschiebende Wirkung haben Widerspruch und Anfechtungsklage gegen einen Verwaltungsakt,
1. der Leistungen der Grundsicherung für Arbeitsuchende aufhebt, zurücknimmt, widerruft, entzieht, die Pflichtverletzung und die Minderung des Auszahlungsanspruchs feststellt oder Leistungen zur Eingliederung in Arbeit oder Pflichten erwerbsfähiger Leistungsberechtigter bei der Eingliederung in Arbeit regelt,
2. mit dem zur Beantragung einer vorrangigen Leistung aufgefordert wird oder
3. mit dem nach § 59 in Verbindung mit § 309 des Dritten Buches[1)] zur persönlichen Meldung bei der Agentur für Arbeit aufgefordert wird.

§ 40 Anwendung von Verfahrensvorschriften. (1) [1] Für das Verfahren nach diesem Buch gilt das Zehnte Buch. [2] Abweichend von Satz 1 gilt § 44 des Zehnten Buches[2)] mit der Maßgabe, dass
1. rechtswidrige nicht begünstigende Verwaltungsakte nach den Absätzen 1 und 2 nicht später als vier Jahre nach Ablauf des Jahres, in dem der Verwaltungsakt bekanntgegeben wurde, zurückzunehmen sind; ausreichend ist, wenn die Rücknahme innerhalb dieses Zeitraums beantragt wird,
2. anstelle des Zeitraums von vier Jahren nach Absatz 4 Satz 1 ein Zeitraum von einem Jahr tritt.

(2) Entsprechend anwendbar sind die Vorschriften des Dritten Buches[1)] über
1. *(aufgehoben)*
2. *(aufgehoben)*
3. die Aufhebung von Verwaltungsakten (§ 330 Absatz 2, 3 Satz 1 und 4);
4. die vorläufige Zahlungseinstellung nach § 331 mit der Maßgabe, dass die Träger auch zur teilweisen Zahlungseinstellung berechtigt sind, wenn sie von Tatsachen Kenntnis erhalten, die zu einem geringeren Leistungsanspruch führen;
5. die Erstattung von Beiträgen zur Kranken-, Renten- und Pflegeversicherung (§ 335 Absatz 1, 2 und 5); § 335 Absatz 1 Satz 1 und Absatz 5 in Verbindung mit Absatz 1 Satz 1 ist nicht anwendbar, wenn in einem Kalendermonat für mindestens einen Tag rechtmäßig Arbeitslosengeld II gewährt wurde;

[1)] Nr. 3.
[2)] Nr. 10.

in den Fällen des § 335 Absatz 1 Satz 2 und Absatz 5 in Verbindung mit Absatz 1 Satz 2 besteht kein Beitragserstattungsanspruch.

(3) ¹Liegen die in § 44 Absatz 1 Satz 1 des Zehnten Buches genannten Voraussetzungen für die Rücknahme eines rechtswidrigen nicht begünstigenden Verwaltungsaktes vor, weil dieser auf einer Rechtsnorm beruht, die nach Erlass des Verwaltungsaktes

1. durch eine Entscheidung des Bundesverfassungsgerichts für nichtig oder für unvereinbar mit dem Grundgesetz erklärt worden ist oder
2. in ständiger Rechtsprechung anders als durch den für die jeweilige Leistungsart zuständigen Träger der Grundsicherung für Arbeitsuchende ausgelegt worden ist,

so ist der Verwaltungsakt, wenn er unanfechtbar geworden ist, nur mit Wirkung für die Zeit nach der Entscheidung des Bundesverfassungsgerichts oder ab dem Bestehen der ständigen Rechtsprechung zurückzunehmen. ²Bei der Unwirksamkeit einer Satzung oder einer anderen im Rang unter einem Landesgesetz stehenden Rechtsvorschrift, die nach § 22a Absatz 1 und dem dazu ergangenen Landesgesetz erlassen worden ist, ist abweichend von Satz 1 auf die Zeit nach der Entscheidung durch das Landessozialgericht abzustellen.

(4) Der Verwaltungsakt, mit dem über die Gewährung von Leistungen nach diesem Buch abschließend entschieden wurde, ist mit Wirkung für die Zukunft ganz aufzuheben, wenn in den tatsächlichen Verhältnissen der leistungsberechtigten Person Änderungen eintreten, aufgrund derer nach Maßgabe des § 41a vorläufig zu entscheiden wäre.

(5) ¹Verstirbt eine leistungsberechtigte Person oder eine Person, die mit der leistungsberechtigten Person in häuslicher Gemeinschaft lebt, bleiben im Sterbemonat allein die dadurch eintretenden Änderungen in den bereits bewilligten Leistungsansprüchen der leistungsberechtigten Person und der mit ihr in Bedarfsgemeinschaft lebenden Personen unberücksichtigt; die §§ 48 und 50 Absatz 2 des Zehnten Buches sind insoweit nicht anzuwenden. ²§ 118 Absatz 3 bis 4a des Sechsten Buches¹⁾ findet mit der Maßgabe entsprechend Anwendung, dass Geldleistungen, die für die Zeit nach dem Monat des Todes der leistungsberechtigten Person überwiesen wurden, als unter Vorbehalt erbracht gelten.

(6) ¹§ 50 Absatz 1 des Zehnten Buches ist mit der Maßgabe anzuwenden, dass Gutscheine in Geld zu erstatten sind. ²Die leistungsberechtigte Person kann die Erstattungsforderung auch durch Rückgabe des Gutscheins erfüllen, soweit dieser nicht in Anspruch genommen wurde. ³Eine Erstattung der Leistungen nach § 28 erfolgt nicht, soweit eine Aufhebungsentscheidung allein wegen dieser Leistungen zu treffen wäre.

(7) § 28 des Zehnten Buches gilt mit der Maßgabe, dass der Antrag unverzüglich nach Ablauf des Monats, in dem die Ablehnung oder Erstattung der anderen Leistung bindend geworden ist, nachzuholen ist.

(8) Für die Vollstreckung von Ansprüchen der in gemeinsamen Einrichtungen zusammenwirkenden Träger nach diesem Buch gilt das Verwaltungs-Vollstreckungsgesetz des Bundes; im Übrigen gilt § 66 des Zehnten Buches.

---

¹⁾ Nr. **6**.

Kapitel 4. Gem. Vorschriften für Leistungen §§ 40a–41a SGB II 2

§ 40a Erstattungsanspruch. [1] Wird einer leistungsberechtigten Person für denselben Zeitraum, für den ein Träger der Grundsicherung für Arbeitsuchende Leistungen nach diesem Buch erbracht hat, eine andere Sozialleistung bewilligt, so steht dem Träger der Grundsicherung für Arbeitslende unter den Voraussetzungen des § 104 des Zehnten Buches[1)] ein Erstattungsanspruch gegen den anderen Sozialleistungsträger zu. [2] Der Erstattungsanspruch besteht auch, soweit die Erbringung des Arbeitslosengeldes II allein auf Grund einer nachträglich festgestellten vollen Erwerbsminderung rechtswidrig war oder rückwirkend eine Rente wegen Alters oder eine Knappschaftsausgleichsleistung zuerkannt wird. [3] Die §§ 106 bis 114 des Zehnten Buches gelten entsprechend. [4] § 44a Absatz 3 bleibt unberührt.

§ 41 Berechnung der Leistungen und Bewilligungszeitraum. (1) [1] Anspruch auf Leistungen zur Sicherung des Lebensunterhalts besteht für jeden Kalendertag. [2] Der Monat wird mit 30 Tagen berechnet. [3] Stehen die Leistungen nicht für einen vollen Monat zu, wird die Leistung anteilig erbracht.

(2) [1] Berechnungen werden auf zwei Dezimalstellen durchgeführt, wenn nichts Abweichendes bestimmt ist. [2] Bei einer auf Dezimalstellen durchgeführten Berechnung wird die letzte Dezimalstelle um eins erhöht, wenn sich in der folgenden Dezimalstelle eine der Ziffern 5 bis 9 ergeben würde.

(3) [1] Über den Anspruch auf Leistungen zur Sicherung des Lebensunterhalts ist in der Regel für ein Jahr zu entscheiden (Bewilligungszeitraum). [2] Der Bewilligungszeitraum soll insbesondere in den Fällen regelmäßig auf sechs Monate verkürzt werden, in denen

1. über den Leistungsanspruch vorläufig entschieden wird (§ 41a) oder
2. die Aufwendungen für die Unterkunft und Heizung unangemessen sind.

[3] Die Festlegung des Bewilligungszeitraums erfolgt einheitlich für die Entscheidung über die Leistungsansprüche aller Mitglieder einer Bedarfsgemeinschaft.

§ 41a Vorläufige Entscheidung. (1) [1] Über die Erbringung von Geld- und Sachleistungen ist vorläufig zu entscheiden, wenn

1. zur Feststellung der Voraussetzungen des Anspruchs auf Geld- und Sachleistungen voraussichtlich längere Zeit erforderlich ist und die Voraussetzungen für den Anspruch mit hinreichender Wahrscheinlichkeit vorliegen oder
2. ein Anspruch auf Geld- und Sachleistungen dem Grunde nach besteht und zur Feststellung seiner Höhe voraussichtlich längere Zeit erforderlich ist.

[2] Besteht eine Bedarfsgemeinschaft aus mehreren Personen, ist unter den Voraussetzungen des Satzes 1 über den Leistungsanspruch aller Mitglieder der Bedarfsgemeinschaft vorläufig zu entscheiden. [3] Eine vorläufige Entscheidung ergeht nicht, wenn Leistungsberechtigte die Umstände, die einer sofortigen abschließenden Entscheidung entgegenstehen, zu vertreten haben.

(2) [1] Der Grund der Vorläufigkeit ist anzugeben. [2] Die vorläufige Leistung ist so zu bemessen, dass der monatliche Bedarf der Leistungsberechtigten zur Sicherung des Lebensunterhalts gedeckt ist; dabei kann der Absetzbetrag nach § 11b Absatz 1 Satz 1 Nummer 6 ganz oder teilweise unberücksichtigt bleiben. [3] Hierbei sind die im Zeitpunkt der Entscheidung bekannten und prognosti-

---

[1)] Nr. 10.

zierten Verhältnisse zugrunde zu legen. ⁴ Soweit die vorläufige Entscheidung nach Absatz 1 rechtswidrig ist, ist sie für die Zukunft zurückzunehmen. ⁵ § 45 Absatz 2 des Zehnten Buches[1]) findet keine Anwendung.

(3) ¹ Die Träger der Grundsicherung für Arbeitsuchende entscheiden abschließend über den monatlichen Leistungsanspruch, sofern die vorläufig bewilligte Leistung nicht der abschließend festzustellenden entspricht oder die leistungsberechtigte Person eine abschließende Entscheidung beantragt. ² Die leistungsberechtigte Person und die mit ihr in Bedarfsgemeinschaft lebenden Personen sind nach Ablauf des Bewilligungszeitraums verpflichtet, die von den Trägern der Grundsicherung für Arbeitsuchende zum Erlass einer abschließenden Entscheidung geforderten leistungserheblichen Tatsachen nachzuweisen; die §§ 60, 61, 65 und 65a des Ersten Buches[2]) gelten entsprechend. ³ Kommen die leistungsberechtigte Person oder die mit ihr in Bedarfsgemeinschaft lebenden Personen ihrer Nachweis- oder Auskunftspflicht bis zur abschließenden Entscheidung nicht, nicht vollständig oder trotz angemessener Fristsetzung und schriftlicher Belehrung über die Rechtsfolgen nicht fristgemäß nach, setzen die Träger der Grundsicherung für Arbeitsuchende den Leistungsanspruch für diejenigen Kalendermonate nur in der Höhe abschließend fest, in welcher seine Voraussetzungen ganz oder teilweise nachgewiesen wurden. ⁴ Für die übrigen Kalendermonate wird festgestellt, dass ein Leistungsanspruch nicht bestand.

(4) ¹ Bei der abschließenden Feststellung des Leistungsanspruches nach Absatz 3 ist als Einkommen ein monatliches Durchschnittseinkommen zugrunde zu legen. ² Satz 1 gilt nicht

1. in den Fällen des Absatzes 3 Satz 4,
2. soweit der Leistungsanspruch in mindestens einem Monat des Bewilligungszeitraums durch das zum Zeitpunkt der abschließenden Feststellung nachgewiesene zu berücksichtigende Einkommen entfällt oder
3. wenn die leistungsberechtigte Person vor der abschließenden Feststellung des Leistungsanspruches eine Entscheidung auf der Grundlage des tatsächlichen monatlichen Einkommens beantragt.

³ Als monatliches Durchschnittseinkommen ist für jeden Kalendermonat im Bewilligungszeitraum der Teil des Einkommens zu berücksichtigen, der sich bei der Teilung des Gesamteinkommens im Bewilligungszeitraum durch die Anzahl der Monate im Bewilligungszeitraum ergibt.

(5) ¹ Ergeht innerhalb eines Jahres nach Ablauf des Bewilligungszeitraums keine abschließende Entscheidung nach Absatz 3, gelten die vorläufig bewilligten Leistungen als abschließend festgesetzt. ² Dies gilt nicht, wenn

1. die leistungsberechtigte Person innerhalb der Frist nach Satz 1 eine abschließende Entscheidung beantragt oder
2. der Leistungsanspruch aus einem anderen als dem nach Absatz 2 Satz 1 anzugebenden Grund nicht oder nur in geringerer Höhe als die vorläufigen Leistungen besteht und der Träger der Grundsicherung für Arbeitsuchende über den Leistungsanspruch innerhalb eines Jahres seit Kenntnis von diesen Tatsachen, spätestens aber nach Ablauf von zehn Jahren nach der Bekanntgabe der vorläufigen Entscheidung, abschließend entscheidet.

---
¹) Nr. **10**.
²) Nr. **1**.

Kapitel 4. Gem. Vorschriften für Leistungen **§ 42 SGB II 2**

(6) [1] Die aufgrund der vorläufigen Entscheidung erbrachten Leistungen sind auf die abschließend festgestellten Leistungen anzurechnen. [2] Soweit im Bewilligungszeitraum in einzelnen Kalendermonaten vorläufig zu hohe Leistungen erbracht wurden, sind die sich daraus ergebenden Überzahlungen auf die abschließend bewilligten Leistungen anzurechnen, die für andere Kalendermonate dieses Bewilligungszeitraums nachzuzahlen wären. [3] Überzahlungen, die nach der Anrechnung fortbestehen, sind zu erstatten. [4] Das gilt auch im Fall des Absatzes 3 Satz 3 und 4.

(7) [1] Über die Erbringung von Geld- und Sachleistungen kann vorläufig entschieden werden, wenn

1. die Vereinbarkeit einer Vorschrift dieses Buches, von der die Entscheidung über den Antrag abhängt, mit höherrangigem Recht Gegenstand eines Verfahrens bei dem Bundesverfassungsgericht oder dem Gerichtshof der Europäischen Union ist oder

2. eine entscheidungserhebliche Rechtsfrage von grundsätzlicher Bedeutung Gegenstand eines Verfahrens beim Bundessozialgericht ist.

[2] Absatz 2 Satz 1, Absatz 3 Satz 2 bis 4 sowie Absatz 6 gelten entsprechend.

§ 42 Fälligkeit, Auszahlung und Unpfändbarkeit der Leistungen. (1) Leistungen sollen monatlich im Voraus erbracht werden.

(2) [1] Auf Antrag der leistungsberechtigten Person können durch Bewilligungsbescheid festgesetzte, zum nächsten Zahlungszeitpunkt fällige Leistungsansprüche vorzeitig erbracht werden. [2] Die Höhe der vorzeitigen Leistung ist auf 100 Euro begrenzt. [3] Der Auszahlungsanspruch im Folgemonat verringert sich entsprechend. [4] Soweit eine Verringerung des Auszahlungsanspruchs im Folgemonat nicht möglich ist, verringert sich der Auszahlungsanspruch für den zweiten auf die Bewilligung der vorzeitigen Leistung folgenden Monat. [5] Die vorzeitige Leistung ist ausgeschlossen,

1. wenn im laufenden Monat oder im Monat der Verringerung des Leistungsanspruches eine Aufrechnung zu erwarten ist,

2. wenn der Leistungsanspruch im Folgemonat durch eine Sanktion gemindert ist oder

3. wenn sie bereits in einem der vorangegangenen zwei Kalendermonate in Anspruch genommen wurde.

(3) [1] Geldleistungen nach diesem Buch werden auf das im Antrag angegebene Konto bei einem Geldinstitut überwiesen, für das die Verordnung (EU) Nr. 260/2012 des Europäischen Parlaments und des Rates vom 14. März 2012 zur Festlegung der technischen Vorschriften und der Geschäftsanforderungen für Überweisungen und Lastschriften in Euro und zur Änderung der Verordnung (EG) Nr. 924/2009 (ABl. L 94 vom 30.3.2012, S. 22) gilt. [2] Werden sie an den Wohnsitz oder gewöhnlichen Aufenthalt der Leistungsberechtigten übermittelt, sind die dadurch veranlassten Kosten abzuziehen. [3] Dies gilt nicht, wenn Leistungsberechtigte nachweisen, dass ihnen die Einrichtung eines Kontos bei einem Geldinstitut ohne eigenes Verschulden nicht möglich ist.

(4) [1] Der Anspruch auf Leistungen zur Sicherung des Lebensunterhaltes kann nicht abgetreten, übertragen, verpfändet oder gepfändet werden. [2] Die Abtre-

tung und Übertragung nach § 53 Absatz 2 des Ersten Buches[1)] bleibt unberührt.

§ 42a Darlehen. (1) [1] Darlehen werden nur erbracht, wenn ein Bedarf weder durch Vermögen nach § 12 Absatz 2 Satz 1 Nummer 1, 1a und 4 noch auf andere Weise gedeckt werden kann. [2] Darlehen können an einzelne Mitglieder von Bedarfsgemeinschaften oder an mehrere gemeinsam vergeben werden. [3] Die Rückzahlungsverpflichtung trifft die Darlehensnehmer.

(2) [1] Solange Darlehensnehmer Leistungen zur Sicherung des Lebensunterhalts beziehen, werden Rückzahlungsansprüche aus Darlehen ab dem Monat, der auf die Auszahlung folgt, durch monatliche Aufrechnung in Höhe von 10 Prozent des maßgebenden Regelbedarfs getilgt. [2] § 43 Absatz 3 gilt entsprechend. [3] Die Aufrechnung ist gegenüber den Darlehensnehmern schriftlich durch Verwaltungsakt zu erklären. [4] Satz 1 gilt nicht, soweit Leistungen zur Sicherung des Lebensunterhaltes als Darlehen erbracht werden.

(3) [1] Rückzahlungsansprüche aus Darlehen nach § 24 Absatz 5 sind nach erfolgter Verwertung sofort in voller Höhe und Rückzahlungsansprüche aus Darlehen nach § 22 Absatz 6 bei Rückzahlung durch den Vermieter sofort in Höhe des noch nicht getilgten Darlehensbetrages fällig. [2] Deckt der erlangte Betrag den noch nicht getilgten Darlehensbetrag nicht, soll eine Vereinbarung über die Rückzahlung des ausstehenden Betrags unter Berücksichtigung der wirtschaftlichen Verhältnisse der Darlehensnehmer getroffen werden.

(4) [1] Nach Beendigung des Leistungsbezuges ist der noch nicht getilgte Darlehensbetrag sofort fällig. [2] Über die Rückzahlung des ausstehenden Betrags soll eine Vereinbarung unter Berücksichtigung der wirtschaftlichen Verhältnisse der Darlehensnehmer getroffen werden.

(5) [1] Rückzahlungsansprüche aus Darlehen nach § 27 Absatz 3 sind abweichend von Absatz 4 Satz 1 erst nach Abschluss der Ausbildung fällig. [2] Absatz 4 Satz 2 gilt entsprechend.

(6) Sofern keine abweichende Tilgungsbestimmung getroffen wird, werden Zahlungen, die zur Tilgung der gesamten fälligen Schuld nicht ausreichen, zunächst auf das zuerst erbrachte Darlehen angerechnet.

§ 43 Aufrechnung. (1) Die Jobcenter können gegen Ansprüche von leistungsberechtigten Personen auf Geldleistungen zur Sicherung des Lebensunterhalts aufrechnen mit

1. Erstattungsansprüchen nach § 50 des Zehnten Buches[2)],
2. Ersatzansprüchen nach den §§ 34 und 34a,
3. Erstattungsansprüchen nach § 34b oder
4. Erstattungsansprüchen nach § 41a Absatz 6 Satz 3.

(2) [1] Die Höhe der Aufrechnung beträgt bei Erstattungsansprüchen, die auf § 41a oder auf § 48 Absatz 1 Satz 2 Nummer 3 in Verbindung mit § 50 des Zehnten Buches beruhen, 10 Prozent des für die leistungsberechtigte Person maßgebenden Regelbedarfs, in den übrigen Fällen 30 Prozent. [2] Die Aufrechnung, die zusammen mit bereits laufenden Aufrechnungen nach Absatz 1 und

---

[1)] Nr. **1**.
[2)] Nr. **10**.

Kapitel 4. Gem. Vorschriften für Leistungen §§ 43a–44a SGB II 2

nach § 42a Absatz 2 insgesamt 30 Prozent des maßgebenden Regelbedarfs übersteigen würde, ist unzulässig.

(3) ¹Eine Aufrechnung ist nicht zulässig für Zeiträume, in denen der Auszahlungsanspruch nach § 31b Absatz 1 Satz 1 um mindestens 30 Prozent des maßgebenden Regelbedarfs gemindert ist. ²Ist die Minderung des Auszahlungsanspruchs geringer, ist die Höhe der Aufrechnung auf die Differenz zwischen dem Minderungsbetrag und 30 Prozent des maßgebenden Regelbedarfs begrenzt.

(4) ¹Die Aufrechnung ist gegenüber der leistungsberechtigten Person schriftlich durch Verwaltungsakt zu erklären. ²Sie endet spätestens drei Jahre nach dem Monat, der auf die Bestandskraft der in Absatz 1 genannten Entscheidungen folgt. ³Zeiten, in denen die Aufrechnung nicht vollziehbar ist, verlängern den Aufrechnungszeitraum entsprechend.

§ 43a Verteilung von Teilzahlungen. Teilzahlungen auf Ersatz- und Erstattungsansprüche der Träger nach diesem Buch gegen Leistungsberechtigte oder Dritte mindern die Aufwendungen der Träger der Aufwendungen im Verhältnis des jeweiligen Anteils an der Forderung zueinander.

§ 44 Veränderung von Ansprüchen. Die Träger von Leistungen nach diesem Buch dürfen Ansprüche erlassen, wenn deren Einziehung nach Lage des einzelnen Falles unbillig wäre.

Abschnitt 2. Einheitliche Entscheidung

§ 44a Feststellung von Erwerbsfähigkeit und Hilfebedürftigkeit.

(1) ¹Die Agentur für Arbeit stellt fest, ob die oder der Arbeitsuchende erwerbsfähig ist. ²Der Entscheidung können widersprechen:
1. der kommunale Träger,
2. ein anderer Träger, der bei voller Erwerbsminderung zuständig wäre, oder
3. die Krankenkasse, die bei Erwerbsfähigkeit Leistungen der Krankenversicherung zu erbringen hätte.

³Der Widerspruch ist zu begründen. ⁴Im Widerspruchsfall entscheidet die Agentur für Arbeit, nachdem sie eine gutachterliche Stellungnahme eingeholt hat. ⁵Die gutachterliche Stellungnahme erstellt der nach § 109a Absatz 4 des Sechsten Buches[1] zuständige Träger der Rentenversicherung. ⁶Die Agentur für Arbeit ist bei der Entscheidung über den Widerspruch an die gutachterliche Stellungnahme nach Satz 5 gebunden. ⁷Bis zu der Entscheidung über den Widerspruch erbringen die Agentur für Arbeit und der kommunale Träger bei Vorliegen der übrigen Voraussetzungen Leistungen der Grundsicherung für Arbeitsuchende.

(1a) ¹Der Einholung einer gutachterlichen Stellungnahme nach Absatz 1 Satz 4 bedarf es nicht, wenn der zuständige Träger der Rentenversicherung bereits nach § 109a Absatz 2 Satz 2 des Sechsten Buches eine gutachterliche Stellungnahme abgegeben hat. ²Die Agentur für Arbeit ist an die gutachterliche Stellungnahme gebunden.

---

[1] Nr. 6.

(2) Die gutachterliche Stellungnahme des Rentenversicherungsträgers zur Erwerbsfähigkeit ist für alle gesetzlichen Leistungsträger nach dem Zweiten[1], Dritten[2], Fünften[3], Sechsten und Zwölften Buch[4] bindend; § 48 des Zehnten Buches[5] bleibt unberührt.

(3) ¹Entscheidet die Agentur für Arbeit, dass ein Anspruch auf Leistungen der Grundsicherung für Arbeitsuchende nicht besteht, stehen ihr und dem kommunalen Träger Erstattungsansprüche nach § 103 des Zehnten Buches zu, wenn der oder dem Leistungsberechtigten eine andere Sozialleistung zuerkannt wird. ²§ 103 Absatz 3 des Zehnten Buches gilt mit der Maßgabe, dass Zeitpunkt der Kenntnisnahme der Leistungsverpflichtung des Trägers der Sozialhilfe, der Kriegsopferfürsorge und der Jugendhilfe der Tag des Widerspruchs gegen die Feststellung der Agentur für Arbeit ist.

(4) ¹Die Agentur für Arbeit stellt fest, ob und in welchem Umfang die erwerbsfähige Person und die dem Haushalt angehörenden Personen hilfebedürftig sind. ²Sie ist dabei und bei den weiteren Entscheidungen nach diesem Buch an die Feststellung der Angemessenheit der Kosten für Unterkunft und Heizung durch den kommunalen Träger gebunden. ³Die Agentur für Arbeit stellt fest, ob die oder der erwerbsfähige Leistungsberechtigte oder die dem Haushalt angehörenden Personen vom Bezug von Leistungen nach diesem Buch ausgeschlossen sind.

(5) ¹Der kommunale Träger stellt die Höhe der in seiner Zuständigkeit zu erbringenden Leistungen fest. ²Er ist dabei und bei den weiteren Entscheidungen nach diesem Buch an die Feststellungen der Agentur für Arbeit nach Absatz 4 gebunden. ³Satz 2 gilt nicht, sofern der kommunale Träger zur vorläufigen Zahlungseinstellung berechtigt ist und dies der Agentur für Arbeit vor dieser Entscheidung mitteilt.

(6) ¹Der kommunale Träger kann einer Feststellung der Agentur für Arbeit nach Absatz 4 Satz 1 oder 3 innerhalb eines Monats schriftlich widersprechen, wenn er aufgrund der Feststellung höhere Leistungen zu erbringen hat. ²Der Widerspruch ist zu begründen; er befreit nicht von der Verpflichtung, die Leistungen entsprechend der Feststellung der Agentur für Arbeit zu gewähren. ³Die Agentur für Arbeit überprüft ihre Feststellung und teilt dem kommunalen Träger innerhalb von zwei Wochen ihre endgültige Feststellung mit. ⁴Hält der kommunale Träger seinen Widerspruch aufrecht, sind die Träger bis zu einer anderen Entscheidung der Agentur für Arbeit oder einer gerichtlichen Entscheidung an die Feststellung der Agentur für Arbeit gebunden.

§ 44b Gemeinsame Einrichtung. (1) ¹Zur einheitlichen Durchführung der Grundsicherung für Arbeitsuchende bilden die Träger im Gebiet jedes kommunalen Trägers nach § 6 Absatz 1 Satz 1 Nummer 2 eine gemeinsame Einrichtung. ²Die gemeinsame Einrichtung nimmt die Aufgaben der Träger nach diesem Buch wahr; die Trägerschaft nach § 6 sowie nach den §§ 6a und 6b bleibt unberührt. ³Die gemeinsame Einrichtung ist befugt, Verwaltungsakte und Widerspruchsbescheide zu erlassen. ⁴Die Aufgaben werden von Beamtin-

---

[1] Nr. 2.
[2] Nr. 3.
[3] Nr. 5.
[4] Nr. 12.
[5] Nr. 10.

nen und Beamten sowie Arbeitnehmerinnen und Arbeitnehmern wahrgenommen, denen entsprechende Tätigkeiten zugewiesen worden sind.

(2) ¹Die Träger bestimmen den Standort sowie die nähere Ausgestaltung und Organisation der gemeinsamen Einrichtung durch Vereinbarung. ²Die Ausgestaltung und Organisation der gemeinsamen Einrichtung sollen die Besonderheiten der beteiligten Träger, des regionalen Arbeitsmarktes und der regionalen Wirtschaftsstruktur berücksichtigen. ³Die Träger können die Zusammenlegung mehrerer gemeinsamer Einrichtungen zu einer gemeinsamen Einrichtung vereinbaren.

(3) ¹Den Trägern obliegt die Verantwortung für die rechtmäßige und zweckmäßige Erbringung ihrer Leistungen. ²Sie haben in ihrem Aufgabenbereich nach § 6 Absatz 1 Nummer 1 oder 2 gegenüber der gemeinsamen Einrichtung ein Weisungsrecht; dies gilt nicht im Zuständigkeitsbereich der Trägerversammlung nach § 44c. ³Die Träger sind berechtigt, von der gemeinsamen Einrichtung die Erteilung von Auskunft und Rechenschaftslegung über die Leistungserbringung zu fordern, die Wahrnehmung der Aufgaben in der gemeinsamen Einrichtung zu prüfen und die gemeinsame Einrichtung an ihre Auffassung zu binden. ⁴Vor Ausübung ihres Weisungsrechts in Angelegenheiten grundsätzlicher Bedeutung befassen die Träger den Kooperationsausschuss nach § 18b. ⁵Der Kooperationsausschuss kann innerhalb von zwei Wochen nach Anrufung eine Empfehlung abgeben.

(4) ¹Die gemeinsame Einrichtung kann einzelne Aufgaben auch durch die Träger wahrnehmen lassen. ²Im Übrigen gelten die §§ 88 bis 92 des Zehnten Buches[1)] für die gemeinsamen Einrichtungen im Aufgabenbereich dieses Buches entsprechend.

(5) Die Bundesagentur stellt der gemeinsamen Einrichtung Angebote an Dienstleistungen zur Verfügung.

(6) Die Träger teilen der gemeinsamen Einrichtung alle Tatsachen und Feststellungen mit, von denen sie Kenntnis erhalten und die für die Leistungen erforderlich sind.

§ 44c Trägerversammlung. (1) ¹Die gemeinsame Einrichtung hat eine Trägerversammlung. ²In der Trägerversammlung sind Vertreterinnen und Vertreter der Agentur für Arbeit und des kommunalen Trägers je zur Hälfte vertreten. ³In der Regel entsenden die Träger je drei Vertreterinnen oder Vertreter. ⁴Jede Vertreterin und jeder Vertreter hat eine Stimme. ⁵Die Vertreterinnen und Vertreter wählen eine Vorsitzende oder einen Vorsitzenden für eine Amtszeit von bis zu fünf Jahren. ⁶Kann in der Trägerversammlung keine Einigung über die Person der oder des Vorsitzenden erzielt werden, wird die oder der Vorsitzende von den Vertreterinnen und Vertretern der Agentur für Arbeit und des kommunalen Trägers abwechselnd jeweils für zwei Jahre bestimmt; die erstmalige Bestimmung erfolgt durch die Vertreterinnen und Vertreter der Agentur für Arbeit. ⁷Die Trägerversammlung entscheidet durch Beschluss mit Stimmenmehrheit. ⁸Bei Stimmengleichheit entscheidet die Stimme der oder des Vorsitzenden; dies gilt nicht für Entscheidungen nach Absatz 2 Satz 2 Nummer 1, 4 und 8. ⁹Die Beschlüsse sind von der oder dem

---

[1)] Nr. 10.

Vorsitzenden schriftlich oder elektronisch niederzulegen. [10] Die Trägerversammlung gibt sich eine Geschäftsordnung.

(2) [1] Die Trägerversammlung entscheidet über organisatorische, personalwirtschaftliche, personalrechtliche und personalvertretungsrechtliche Angelegenheiten der gemeinsamen Einrichtung. [2] Dies sind insbesondere

1. die Bestellung und Abberufung der Geschäftsführerin oder des Geschäftsführers,
2. der Verwaltungsablauf und die Organisation,
3. die Änderung des Standorts der gemeinsamen Einrichtung,
4. die Entscheidungen nach § 6 Absatz 1 Satz 2 und § 44b Absatz 4, ob einzelne Aufgaben durch die Träger oder durch Dritte wahrgenommen werden,
5. die Regelung der Ordnung in der Dienststelle und des Verhaltens der Beschäftigten,
6. die Arbeitsplatzgestaltung,
7. die Genehmigung von Dienstvereinbarungen mit der Personalvertretung,
8. die Aufstellung des Stellenplans und der Richtlinien zur Stellenbewirtschaftung,
9. die grundsätzlichen Regelungen der innerdienstlichen, sozialen und persönlichen Angelegenheiten der Beschäftigten.

(3) Die Trägerversammlung nimmt in Streitfragen zwischen Personalvertretung und Geschäftsführerin oder Geschäftsführer die Aufgaben einer übergeordneten Dienststelle und obersten Dienstbehörde nach den §§ 69 bis 72 des Bundespersonalvertretungsgesetzes wahr.

(4) [1] Die Trägerversammlung berät zu gemeinsamen Betreuungsschlüsseln. [2] Sie hat dabei die zur Verfügung stehenden Haushaltsmittel zu berücksichtigen. [3] Bei der Personalbedarfsermittlung sind im Regelfall folgende Anteilsverhältnisse zwischen eingesetztem Personal und Leistungsberechtigten nach diesem Buch zu berücksichtigen:

1. 1:75 bei der Gewährung der Leistungen zur Eingliederung in Arbeit von erwerbsfähigen Leistungsberechtigten bis zur Vollendung des 25. Lebensjahres,
2. 1:150 bei der Gewährung der Leistungen zur Eingliederung in Arbeit von erwerbsfähigen Leistungsberechtigten, die das 25. Lebensjahr vollendet und die Altersgrenze nach § 7a noch nicht erreicht haben.

(5) [1] Die Trägerversammlung stellt einheitliche Grundsätze der Qualifizierungsplanung und Personalentwicklung auf, die insbesondere der individuellen Entwicklung der Mitarbeiterinnen und Mitarbeiter dienen und ihnen unter Beachtung ihrer persönlichen Interessen und Fähigkeiten die zur Wahrnehmung ihrer Aufgaben erforderliche Qualifikation vermitteln sollen. [2] Die Trägerversammlung stimmt die Grundsätze der Personalentwicklung mit den Personalentwicklungskonzepten der Träger ab. [3] Die Geschäftsführerin oder der Geschäftsführer berichtet der Trägerversammlung regelmäßig über den Stand der Umsetzung.

(6) In der Trägerversammlung wird das örtliche Arbeitsmarkt- und Integrationsprogramm der Grundsicherung für Arbeitsuchende unter Beachtung von Zielvorgaben der Träger abgestimmt.

§ 44d Geschäftsführerin, Geschäftsführer. (1) ¹ Die Geschäftsführerin oder der Geschäftsführer führt hauptamtlich die Geschäfte der gemeinsamen Einrichtung, soweit durch Gesetz nichts Abweichendes bestimmt ist. ² Sie oder er vertritt die gemeinsame Einrichtung gerichtlich und außergerichtlich. ³ Sie oder er hat die von der Trägerversammlung in deren Aufgabenbereich beschlossenen Maßnahmen auszuführen und nimmt an deren Sitzungen beratend teil.

(2) ¹ Die Geschäftsführerin oder der Geschäftsführer wird für fünf Jahre bestellt. ² Für die Ausschreibung der zu besetzenden Stelle findet § 4 der Bundeslaufbahnverordnung entsprechende Anwendung. ³ Kann in der Trägerversammlung keine Einigung über die Person der Geschäftsführerin oder des Geschäftsführers erzielt werden, unterrichtet die oder der Vorsitzende der Trägerversammlung den Kooperationsausschuss. ⁴ Der Kooperationsausschuss hört die Träger der gemeinsamen Einrichtung an und unterbreitet einen Vorschlag. ⁵ Können sich die Mitglieder des Kooperationsausschusses nicht auf einen Vorschlag verständigen oder kann in der Trägerversammlung trotz Vorschlags keine Einigung erzielt werden, wird die Geschäftsführerin oder der Geschäftsführer von der Agentur für Arbeit und dem kommunalen Träger abwechselnd jeweils für zweieinhalb Jahre bestimmt. ⁶ Die erstmalige Bestimmung erfolgt durch die Agentur für Arbeit; abweichend davon erfolgt die erstmalige Bestimmung durch den kommunalen Träger, wenn die Agentur für Arbeit erstmalig die Vorsitzende oder den Vorsitzenden der Trägerversammlung bestimmt hat. ⁷ Die Geschäftsführerin oder der Geschäftsführer kann auf Beschluss der Trägerversammlung vorzeitig abberufen werden. ⁸ Bis zur Bestellung einer neuen Geschäftsführerin oder eines neuen Geschäftsführers führt sie oder er die Geschäfte der gemeinsamen Einrichtung kommissarisch.

(3) ¹ Die Geschäftsführerin oder der Geschäftsführer ist Beamtin, Beamter, Arbeitnehmerin oder Arbeitnehmer eines Trägers und untersteht dessen Dienstaufsicht. ² Soweit sie oder er Beamtin, Beamter, Arbeitnehmerin oder Arbeitnehmer einer nach § 6 Absatz 2 Satz 1 herangezogenen Gemeinde ist, untersteht sie oder er der Dienstaufsicht ihres oder seines Dienstherrn oder Arbeitgebers.

(4) Die Geschäftsführerin oder der Geschäftsführer übt über die Beamtinnen und Beamten sowie die Arbeitnehmerinnen und Arbeitnehmer, denen in der gemeinsamen Einrichtung Tätigkeiten zugewiesen worden sind, die dienst-, personal- und arbeitsrechtlichen Befugnisse der Bundesagentur und des kommunalen Trägers und die Dienstvorgesetzten- und Vorgesetztenfunktion, mit Ausnahme der Befugnisse zur Begründung und Beendigung der mit den Beamtinnen und Beamten sowie Arbeitnehmerinnen und Arbeitnehmern bestehenden Rechtsverhältnisse, aus.

(5) Die Geschäftsführerin ist Leiterin, der Geschäftsführer ist Leiter der Dienststelle im personalvertretungsrechtlichen Sinn und Arbeitgeber im Sinne des Arbeitsschutzgesetzes.

(6) Bei personalrechtlichen Entscheidungen, die in der Zuständigkeit der Träger liegen, hat die Geschäftsführerin oder der Geschäftsführer ein Anhörungs- und Vorschlagsrecht.

(7) ¹ Bei der besoldungsrechtlichen Einstufung der Dienstposten der Geschäftsführerinnen und der Geschäftsführer sind Höchstgrenzen einzuhalten. ² Die Besoldungsgruppe A 16 der Bundesbesoldungsordnung A, in Ausnahme-

fällen die Besoldungsgruppe B 3 der Bundesbesoldungsordnung B, oder die entsprechende landesrechtliche Besoldungsgruppe darf nicht überschritten werden. [3] Das Entgelt für Arbeitnehmerinnen und Arbeitnehmer darf die für Beamtinnen und Beamte geltende Besoldung nicht übersteigen.

§ 44e Verfahren bei Meinungsverschiedenheit über die Weisungszuständigkeit. (1) [1] Zur Beilegung einer Meinungsverschiedenheit über die Zuständigkeit nach § 44b Absatz 3 und § 44c Absatz 2 können die Träger oder die Trägerversammlung den Kooperationsausschuss anrufen. [2] Stellt die Geschäftsführerin oder der Geschäftsführer fest, dass sich Weisungen der Träger untereinander oder mit einer Weisung der Trägerversammlung widersprechen, unterrichtet sie oder er unverzüglich die Träger, um diesen Gelegenheit zur Überprüfung der Zuständigkeit zum Erlass der Weisungen zu geben. [3] Besteht die Meinungsverschiedenheit danach fort, kann die Geschäftsführerin oder der Geschäftsführer den Kooperationsausschuss anrufen.

(2) [1] Der Kooperationsausschuss entscheidet nach Anhörung der Träger und der Geschäftsführerin oder der Geschäftsführers durch Beschluss mit Stimmenmehrheit. [2] Bei Stimmengleichheit entscheidet die Stimme der oder des Vorsitzenden. [3] Die Beschlüsse des Ausschusses sind von der Vorsitzenden oder von dem Vorsitzenden schriftlich oder elektronisch niederzulegen. [4] Die oder der Vorsitzende teilt den Trägern, der Trägerversammlung sowie der Geschäftsführerin oder dem Geschäftsführer die Beschlüsse mit.

(3) [1] Die Entscheidung des Kooperationsausschusses bindet die Träger. [2] Soweit nach anderen Vorschriften der Rechtsweg gegeben ist, wird er durch die Anrufung des Kooperationsausschusses nicht ausgeschlossen.

§ 44f Bewirtschaftung von Bundesmitteln. (1) [1] Die Bundesagentur überträgt der gemeinsamen Einrichtung die Bewirtschaftung von Haushaltsmitteln des Bundes, die sie im Rahmen von § 46 bewirtschaftet. [2] Für die Übertragung und die Bewirtschaftung gelten die haushaltsrechtlichen Bestimmungen des Bundes.

(2) [1] Zur Bewirtschaftung der Haushaltsmittel des Bundes bestellt die Geschäftsführerin oder der Geschäftsführer eine Beauftragte oder einen Beauftragten für den Haushalt. [2] Die Geschäftsführerin oder der Geschäftsführer und die Trägerversammlung haben die Beauftragte oder den Beauftragten für den Haushalt an allen Maßnahmen von finanzieller Bedeutung zu beteiligen.

(3) Die Bundesagentur hat die Übertragung der Bewirtschaftung zu widerrufen, wenn die gemeinsame Einrichtung bei der Bewirtschaftung wiederholt oder erheblich gegen Rechts- oder Verwaltungsvorschriften verstoßen hat und durch die Bestellung einer oder eines anderen Beauftragten für den Haushalt keine Abhilfe zu erwarten ist.

(4) [1] Näheres zur Übertragung und Durchführung der Bewirtschaftung von Haushaltsmitteln des Bundes kann zwischen der Bundesagentur und der gemeinsamen Einrichtung vereinbart werden. [2] Der kommunale Träger kann die gemeinsame Einrichtung auch mit der Bewirtschaftung von kommunalen Haushaltsmitteln beauftragen.

(5) Auf Beschluss der Trägerversammlung kann die Befugnis nach Absatz 1 auf die Bundesagentur zurückübertragen werden.

§ 44g Zuweisung von Tätigkeiten bei der gemeinsamen Einrichtung.

(1) ¹Beamtinnen und Beamten sowie Arbeitnehmerinnen und Arbeitnehmern der Träger und der nach § 6 Absatz 2 Satz 1 herangezogenen Gemeinden und Gemeindeverbände können mit Zustimmung der Geschäftsführerin oder des Geschäftsführers der gemeinsamen Einrichtung nach den beamten- und tarifrechtlichen Regelungen Tätigkeiten bei den gemeinsamen Einrichtungen zugewiesen werden; diese Zuweisung kann auch auf Dauer erfolgen. ²Die Zuweisung ist auch ohne Zustimmung der Beamtinnen und Beamten sowie Arbeitnehmerinnen und Arbeitnehmer zulässig, wenn dringende dienstliche Interessen es erfordern.

(2) Bei einer Zuweisung von Tätigkeiten bei den gemeinsamen Einrichtungen an Beschäftigte, denen bereits eine Tätigkeit in diesen gemeinsamen Einrichtungen zugewiesen worden war, ist die Zustimmung der Geschäftsführerin oder des Geschäftsführers der gemeinsamen Einrichtung nicht erforderlich.

(3) ¹Die Rechtsstellung der Beamtinnen und Beamten bleibt unberührt. ²Ihnen ist eine ihrem Amt entsprechende Tätigkeit zu übertragen.

(4) ¹Die mit der Bundesagentur, dem kommunalen Träger oder einer nach § 6 Absatz 2 Satz 1 herangezogenen Gemeinde oder einem Gemeindeverband bestehenden Arbeitsverhältnisse bleiben unberührt. ²Werden einer Arbeitnehmerin oder einem Arbeitnehmer aufgrund der Zuweisung Tätigkeiten übertragen, die einer niedrigeren Entgeltgruppe oder Tätigkeitsebene zuzuordnen sind, bestimmt sich die Eingruppierung nach der vorherigen Tätigkeit.

(5) ¹Die Zuweisung kann
1. aus dienstlichen Gründen mit einer Frist von drei Monaten,
2. auf Verlangen der Beamtin, des Beamten, der Arbeitnehmerin oder des Arbeitnehmers aus wichtigem Grund jederzeit

beendet werden. ²Die Geschäftsführerin oder der Geschäftsführer kann der Beendigung nach Nummer 2 aus zwingendem dienstlichem Grund widersprechen.

§ 44h Personalvertretung.
(1) ¹In den gemeinsamen Einrichtungen wird eine Personalvertretung gebildet. ²Die Regelungen des Bundespersonalvertretungsgesetzes gelten entsprechend.

(2) Die Beamtinnen und Beamten sowie Arbeitnehmerinnen und Arbeitnehmer in der gemeinsamen Einrichtung besitzen für den Zeitraum, für den ihnen Tätigkeiten in der gemeinsamen Einrichtung zugewiesen worden sind, ein aktives und passives Wahlrecht zu der Personalvertretung.

(3) Der Personalvertretung der gemeinsamen Einrichtung stehen alle Rechte entsprechend den Regelungen des Bundespersonalvertretungsgesetzes zu, soweit der Trägerversammlung oder der Geschäftsführerin oder dem Geschäftsführer Entscheidungsbefugnisse in personalrechtlichen, personalwirtschaftlichen, sozialen oder die Ordnung der Dienststelle betreffenden Angelegenheiten zustehen.

(4) ¹Zur Erörterung und Abstimmung gemeinsamer personalvertretungsrechtlich relevanter Angelegenheiten wird eine Arbeitsgruppe der Vorsitzenden der Personalvertretungen der gemeinsamen Einrichtungen eingerichtet. ²Die Arbeitsgruppe hält bis zu zwei Sitzungen im Jahr ab. ³Sie beschließt mit der Mehrheit der Stimmen ihrer Mitglieder eine Geschäftsordnung, die Regelungen

über den Vorsitz, das Verfahren zur internen Willensbildung und zur Beschlussfassung enthalten muss. ⁴ Die Arbeitsgruppe kann Stellungnahmen zu Maßnahmen der Träger, die Einfluss auf die Arbeitsbedingungen aller Arbeitnehmerinnen und Arbeitnehmer sowie Beamtinnen und Beamten in den gemeinsamen Einrichtungen haben können, an die zuständigen Träger abgeben.

(5) Die Rechte der Personalvertretungen der abgebenden Dienstherren und Arbeitgeber bleiben unberührt, soweit die Entscheidungsbefugnisse bei den Trägern verbleiben.

§ 44i Schwerbehindertenvertretung; Jugend- und Auszubildendenvertretung. Auf die Schwerbehindertenvertretung und Jugend- und Auszubildendenvertretung ist § 44h entsprechend anzuwenden.

§ 44j Gleichstellungsbeauftragte. ¹ In der gemeinsamen Einrichtung wird eine Gleichstellungsbeauftragte bestellt. ² Das Bundesgleichstellungsgesetz gilt entsprechend. ³ Der Gleichstellungsbeauftragten stehen die Rechte entsprechend den Regelungen des Bundesgleichstellungsgesetzes zu, soweit die Trägerversammlung und die Geschäftsführer entscheidungsbefugt sind.

§ 44k Stellenbewirtschaftung. (1) Mit der Zuweisung von Tätigkeiten nach § 44g Absatz 1 und 2 übertragen die Träger der gemeinsamen Einrichtung die entsprechenden Planstellen und Stellen sowie Ermächtigungen für die Beschäftigung von Arbeitnehmerinnen und Arbeitnehmern mit befristeten Arbeitsverträgen zur Bewirtschaftung.

(2) ¹ Der von der Trägerversammlung aufzustellende Stellenplan bedarf der Genehmigung der Träger. ² Bei Aufstellung und Bewirtschaftung des Stellenplanes unterliegt die gemeinsame Einrichtung den Weisungen der Träger.

§ 45 (weggefallen)

Kapitel 5. Finanzierung und Aufsicht

§ 46 Finanzierung aus Bundesmitteln. (1) ¹ Der Bund trägt die Aufwendungen der Grundsicherung für Arbeitsuchende einschließlich der Verwaltungskosten, soweit die Leistungen von der Bundesagentur erbracht werden. ² Der Bundesrechnungshof prüft die Leistungsgewährung. ³ Dies gilt auch, soweit die Aufgaben von gemeinsamen Einrichtungen nach § 44b wahrgenommen werden. ⁴ Eine Pauschalierung von Eingliederungsleistungen und Verwaltungskosten ist zulässig. ⁵ Die Mittel für die Erbringung von Eingliederungsleistungen und Verwaltungskosten werden in einem Gesamtbudget veranschlagt.

(2) ¹ Der Bund kann festlegen, nach welchen Maßstäben die Mittel nach Absatz 1 Satz 4 auf die Agenturen für Arbeit zu verteilen sind. ² Bei der Zuweisung wird die Zahl der erwerbsfähigen Leistungsberechtigten nach diesem Buch zugrunde gelegt. ³ Für Leistungen nach den §§ 16e, 16f und 16h kann die Agentur für Arbeit insgesamt bis zu 20 Prozent der auf sie entfallenden Eingliederungsmittel einsetzen. ⁴ Das Bundesministerium für Arbeit und Soziales kann im Einvernehmen mit dem Bundesministerium der Finanzen durch

Rechtsverordnung ohne Zustimmung des Bundesrates andere oder ergänzende Maßstäbe für die Verteilung der Mittel nach Absatz 1 Satz 4 festlegen.

(3) [1]Der Anteil des Bundes an den Gesamtverwaltungskosten der gemeinsamen Einrichtungen beträgt 84,8 Prozent. [2]Durch Rechtsverordnung mit Zustimmung des Bundesrates kann das Bundesministerium für Arbeit und Soziales im Einvernehmen mit dem Bundesministerium der Finanzen festlegen, nach welchen Maßstäben

1. kommunale Träger die Aufwendungen der Grundsicherung für Arbeitsuchende bei der Bundesagentur abrechnen, soweit sie Aufgaben nach § 6 Absatz 1 Satz 1 Nummer 1 wahrnehmen,
2. die Gesamtverwaltungskosten, die der Berechnung des Finanzierungsanteils nach Satz 1 zugrunde liegen, zu bestimmen sind.

(4) *(aufgehoben)*

(5) [1]Der Bund beteiligt sich zweckgebunden an den Ausgaben für die Leistungen für Unterkunft und Heizung nach § 22 Absatz 1. [2]Der Bund beteiligt sich höchstens mit 49 Prozent an den bundesweiten Ausgaben für die Leistungen nach § 22 Absatz 1. [3]Es gelten landesspezifische Beteiligungsquoten, deren Höhe sich nach den Absätzen 6 bis 10 bestimmt.

(6) Der Bund beteiligt sich an den Ausgaben für die Leistungen nach § 22 Absatz 1 ab dem Jahr 2016

1. im Land Baden-Württemberg mit 31,6 Prozent,
2. im Land Rheinland-Pfalz mit 37,6 Prozent sowie
3. in den übrigen Ländern mit 27,6 Prozent.

(7) [1]Die in Absatz 6 genannten Prozentsätze erhöhen sich jeweils
1. in den Jahren 2016 und 2017 um 3,7 Prozentpunkte,
2. im Jahr 2018 um 7,9 Prozentpunkte sowie
3. ab dem Jahr 2019 um 10,2 Prozentpunkte.

[2]Darüber hinaus erhöhen sich die in Absatz 6 genannten Prozentsätze im Jahr 2017 jeweils um weitere 3,7 Prozentpunkte.

(8) [1]Die in Absatz 6 genannten Prozentsätze erhöhen sich jeweils um einen landesspezifischen Wert in Prozentpunkten. [2]Dieser entspricht den Gesamtausgaben des jeweiligen Landes für die Leistungen nach § 28 dieses Gesetzes sowie nach § 6b des Bundeskindergeldgesetzes des abgeschlossenen Vorjahres geteilt durch die Gesamtausgaben des jeweiligen Landes für die Leistungen nach § 22 Absatz 1 des abgeschlossenen Vorjahres multipliziert mit 100.

(9) [1]Die in Absatz 6 genannten Prozentsätze erhöhen sich in den Jahren 2016 bis 2018 jeweils um einen landesspezifischen Wert in Prozentpunkten. [2]In den Jahren 2016 und 2017 beträgt dieser Wert
5,0 Prozentpunkte für Baden-Württemberg,
6,0 Prozentpunkte für den Freistaat Bayern,
1,4 Prozentpunkte für Berlin,
2,6 Prozentpunkte für Brandenburg,
1,6 Prozentpunkte für die Freie Hansestadt Bremen,
2,1 Prozentpunkte für die Freie und Hansestadt Hamburg,
2,9 Prozentpunkte für Hessen,
2,3 Prozentpunkte für Mecklenburg-Vorpommern,
2,9 Prozentpunkte für Niedersachsen,

2,2 Prozentpunkte für Nordrhein-Westfalen,
4,1 Prozentpunkte für Rheinland-Pfalz,
2,5 Prozentpunkte für das Saarland,
2,9 Prozentpunkte für den Freistaat Sachsen,
2,3 Prozentpunkte für Sachsen-Anhalt,
2,7 Prozentpunkte für Schleswig-Holstein sowie
3,5 Prozentpunkte für den Freistaat Thüringen.

(10) [1] Das Bundesministerium für Arbeit und Soziales wird ermächtigt, durch Rechtsverordnung mit Zustimmung des Bundesrates

1. die landesspezifischen Werte nach Absatz 8 Satz 1 jährlich für das Folgejahr festzulegen und für das laufende Jahr rückwirkend anzupassen,

2. die landesspezifischen Werte nach Absatz 9 Satz 1

   a) im Jahr 2017 für das Jahr 2018 festzulegen und für das laufende Jahr 2017 rückwirkend anzupassen,

   b) im Jahr 2018 für das laufende Jahr 2018 und für das Vorjahr 2017 rückwirkend anzupassen,

   c) im Jahr 2019 für das Vorjahr 2018 rückwirkend anzupassen sowie

3. die landesspezifischen Beteiligungsquoten jährlich für das Folgejahr festzulegen und für das laufende Jahr rückwirkend anzupassen sowie in den Jahren 2018 und 2019 für das jeweilige Vorjahr rückwirkend anzupassen.

[2] Die Festlegung und Anpassung der Werte nach Satz 1 Nummer 1 erfolgen in Höhe des jeweiligen Wertes nach Absatz 8 Satz 2 des abgeschlossenen Vorjahres. [3] Für die Festlegung und Anpassung der Werte nach Satz 1 Nummer 2 werden auf der Grundlage statistischer Daten die Vorjahresausgaben eines Landes für Leistungen nach § 22 Absatz 1 für solche Bedarfsgemeinschaften ermittelt, in denen mindestens eine erwerbsfähige leistungsberechtigte Person, die nicht vor Oktober 2015 erstmals leistungsberechtigt war, über eine Aufenthaltsgestattung, eine Duldung oder eine Aufenthaltserlaubnis aus völkerrechtlichen, humanitären oder politischen Gründen nach den §§ 22 bis 26 des Aufenthaltsgesetzes verfügt. [4] Bei der Ermittlung der Vorjahresausgaben nach Satz 3 ist nur der Teil zu berücksichtigen, der nicht vom Bund auf Basis der geltenden landesspezifischen Werte nach den Absätzen 6 und 9 Satz 1 erstattet wurde. [5] Für die Festlegung und Anpassung der Werte nach Satz 1 Nummer 2 Buchstabe a wird ein Betrag von 900 Millionen Euro in dem Verhältnis auf die Länder verteilt, in dem die nach den Sätzen 3 und 4 abgegrenzten Ausgaben des jeweiligen Landes zu den nach den Sätzen 3 und 4 abgegrenzten bundesweiten Ausgaben stehen. [6] Die Festlegung und Anpassung der Werte nach Satz 1 Nummer 2 Buchstabe a erfolgen in Höhe des prozentualen Verhältnisses des jeweiligen Betrages nach Satz 5 zu den Vorjahresausgaben eines Landes für die Leistungen nach § 22 Absatz 1. [7] Die Festlegung und Anpassung der Werte nach Satz 1 Nummer 2 Buchstabe b und c erfolgen in Höhe des prozentualen Verhältnisses der nach den Sätzen 3 und 4 abgegrenzten Ausgaben zu den Vorjahresausgaben eines Landes für die Leistungen nach § 22 Absatz 1. [8] Soweit die Festlegungen nach Satz 1 Nummer 1 und 2 zu landesspezifischen Beteiligungsquoten führen, auf Grund derer sich der Bund mit mehr als 49 Prozent an den bundesweiten Gesamtausgaben für die Leistungen nach § 22 Absatz 1 beteiligt, sind die Werte nach Absatz 7 Satz 1 proportional in dem Umfang zu mindern, dass die Beteiligung an den bundesweiten Gesamtausgaben für die Leistungen nach § 22 Absatz 1 nicht mehr als 49 Prozent beträgt. [9] Soweit eine

vollständige Minderung nach Satz 8 nicht ausreichend ist, sind anschließend die Werte nach Absatz 6 proportional in dem Umfang zu mindern, dass die Beteiligung an den bundesweiten Gesamtausgaben für die Leistungen nach § 22 Absatz 1 nicht mehr als 49 Prozent beträgt.

(11) ¹Die Anteile des Bundes an den in Absatz 5 Satz 1 genannten Leistungen werden den Ländern erstattet. ²Der Abruf der Erstattungen ist zur Monatsmitte und zum Monatsende zulässig. ³Soweit eine Bundesbeteiligung für Zahlungen geltend gemacht wird, die wegen des fristgerechten Eingangs beim Empfänger bereits am Ende eines Haushaltsjahres geleistet wurden, aber erst im folgenden Haushaltsjahr fällig werden, ist die für das folgende Haushaltsjahr geltende Bundesbeteiligung maßgeblich. ⁴Im Rahmen der rückwirkenden Anpassung nach Absatz 10 Satz 1 wird die Differenz, die sich aus der Anwendung der bis zur Anpassung geltenden landesspezifischen Beteiligungsquoten und der durch die Verordnung rückwirkend geltenden landesspezifischen Beteiligungsquoten ergibt, zeitnah im Erstattungsverfahren ausgeglichen. ⁵Die Gesamtausgaben für die Leistungen nach § 28 sowie nach § 6b des Bundeskindergeldgesetzes sind durch die Länder bis zum 31. März des Folgejahres zu ermitteln und dem Bundesministerium für Arbeit und Soziales mitzuteilen. ⁶Die Länder gewährleisten, dass geprüft wird, dass die Ausgaben der kommunalen Träger begründet und belegt sind und den Grundsätzen der Wirtschaftlichkeit und Sparsamkeit entsprechen.

§ 47 Aufsicht. (1) ¹Das Bundesministerium für Arbeit und Soziales führt die Rechts- und Fachaufsicht über die Bundesagentur, soweit dieser nach § 44b Absatz 3 ein Weisungsrecht gegenüber den gemeinsamen Einrichtungen zusteht. ²Das Bundesministerium für Arbeit und Soziales kann der Bundesagentur Weisungen erteilen und sie an seine Auffassung binden; es kann organisatorische Maßnahmen zur Wahrung der Interessen des Bundes an der Umsetzung der Grundsicherung für Arbeitsuchende treffen.

(2) ¹Die zuständigen Landesbehörden führen die Aufsicht über die kommunalen Träger, soweit diesen nach § 44b Absatz 3 ein Weisungsrecht gegenüber den gemeinsamen Einrichtungen zusteht. ²Im Übrigen bleiben landesrechtliche Regelungen unberührt.

(3) ¹Im Aufgabenbereich der Trägerversammlung führt das Bundesministerium für Arbeit und Soziales die Rechtsaufsicht über die gemeinsamen Einrichtungen im Einvernehmen mit der zuständigen obersten Landesbehörde. ²Kann ein Einvernehmen nicht hergestellt werden, gibt der Kooperationsausschuss eine Empfehlung ab. ³Von der Empfehlung kann das Bundesministerium für Arbeit und Soziales nur aus wichtigem Grund abweichen. ⁴Im Übrigen ist der Kooperationsausschuss bei Aufsichtsmaßnahmen zu unterrichten.

(4) Das Bundesministerium für Arbeit und Soziales kann durch Rechtsverordnung ohne Zustimmung des Bundesrates die Wahrnehmung seiner Aufgaben nach den Absätzen 1 und 3 auf eine Bundesoberbehörde übertragen.

(5) Die aufsichtführenden Stellen sind berechtigt, die Wahrnehmung der Aufgaben bei den gemeinsamen Einrichtungen zu prüfen.

§ 48 Aufsicht über die zugelassenen kommunalen Träger. (1) Die Aufsicht über die zugelassenen kommunalen Träger obliegt den zuständigen Landesbehörden.

(2) ¹Die Rechtsaufsicht über die obersten Landesbehörden übt die Bundesregierung aus, soweit die zugelassenen kommunalen Träger Aufgaben anstelle der Bundesagentur erfüllen. ²Zu diesem Zweck kann die Bundesregierung mit Zustimmung des Bundesrates allgemeine Verwaltungsvorschriften zu grundsätzlichen Rechtsfragen der Leistungserbringung erlassen. ³Die Bundesregierung kann die Ausübung der Rechtsaufsicht auf das Bundesministerium für Arbeit und Soziales übertragen.

(3) Das Bundesministerium für Arbeit und Soziales kann mit Zustimmung des Bundesrates allgemeine Verwaltungsvorschriften für die Abrechnung der Aufwendungen der Grundsicherung für Arbeitsuchende erlassen.

§ 48a Vergleich der Leistungsfähigkeit. (1) Zur Feststellung und Förderung der Leistungsfähigkeit der örtlichen Aufgabenwahrnehmung der Träger der Grundsicherung für Arbeitsuchende erstellt das Bundesministerium für Arbeit und Soziales auf der Grundlage der Kennzahlen nach § 51b Absatz 3 Nummer 3 Kennzahlenvergleiche und veröffentlicht die Ergebnisse vierteljährlich.

(2) Das Bundesministerium für Arbeit und Soziales wird ermächtigt, durch Rechtsverordnung mit Zustimmung des Bundesrates die für die Vergleiche erforderlichen Kennzahlen sowie das Verfahren zu deren Weiterentwicklung und die Form der Veröffentlichung der Ergebnisse festzulegen.

§ 48b Zielvereinbarungen. (1) ¹Zur Erreichung der Ziele nach diesem Buch schließen

1. das Bundesministerium für Arbeit und Soziales im Einvernehmen mit dem Bundesministerium der Finanzen mit der Bundesagentur,
2. die Bundesagentur und die kommunalen Träger mit den Geschäftsführerinnen und Geschäftsführern der gemeinsamen Einrichtungen,
3. das Bundesministerium für Arbeit und Soziales mit der zuständigen Landesbehörde sowie
4. die zuständige Landesbehörde mit den zugelassenen kommunalen Trägern

Vereinbarungen ab. ²Die Vereinbarungen nach Satz 1 Nummer 2 bis 4 umfassen alle Leistungen dieses Buches. ³Die Beratungen über die Vereinbarung nach Satz 1 Nummer 3 führen die Kooperationsausschüsse nach § 18b. ⁴Im Bund-Länder-Ausschuss nach § 18c wird für die Vereinbarungen nach diesem Absatz über einheitliche Grundlagen beraten.

(2) Die Vereinbarungen werden nach Beschlussfassung des Bundestages über das jährliche Haushaltsgesetz abgeschlossen.

(3) ¹Die Vereinbarungen umfassen insbesondere die Ziele der Verringerung der Hilfebedürftigkeit, Verbesserung der Integration in Erwerbstätigkeit und Vermeidung von langfristigem Leistungsbezug. ²Die Vereinbarungen nach Absatz 1 Satz 1 Nummer 2 bis 4 umfassen zusätzlich das Ziel der Verbesserung der sozialen Teilhabe.

(4) Die Vereinbarungen nach Absatz 1 Satz 1 Nummer 4 sollen sich an den Vereinbarungen nach Absatz 1 Satz 1 Nummer 3 orientieren.

(5) Für den Abschluss der Vereinbarungen und die Nachhaltung der Zielerreichung sind die Daten nach § 51b und die Kennzahlen nach § 48a Absatz 2 maßgeblich.

(6) Die Vereinbarungen nach Absatz 1 Satz 1 Nummer 1 können
1. erforderliche Genehmigungen oder Zustimmungen des Bundesministeriums für Arbeit und Soziales ersetzen,
2. die Selbstbewirtschaftung von Haushaltsmitteln für Leistungen zur Eingliederung in Arbeit sowie für Verwaltungskosten zulassen.

§ 49 Innenrevision. (1) [1] Die Bundesagentur stellt durch organisatorische Maßnahmen sicher, dass in allen Dienststellen und gemeinsamen Einrichtungen durch eigenes, nicht der Dienststelle angehörendes Personal geprüft wird, ob von ihr Leistungen nach diesem Buch unter Beachtung der gesetzlichen Bestimmungen nicht hätten erbracht werden dürfen oder zweckmäßiger oder wirtschaftlicher hätten eingesetzt werden können. [2] Mit der Durchführung der Prüfungen können Dritte beauftragt werden.

(2) Das Prüfpersonal der Bundesagentur ist für die Zeit seiner Prüftätigkeit fachlich unmittelbar der Leitung der Dienststelle unterstellt, in der es beschäftigt ist.

(3) Der Vorstand legt die Berichte nach Absatz 1 unverzüglich dem Bundesministerium für Arbeit und Soziales vor.

Kapitel 6. Datenerhebung, -verarbeitung und -nutzung, datenschutzrechtliche Verantwortung

§ 50 Datenübermittlung. (1) [1] Die Bundesagentur, die kommunalen Träger, die zugelassenen kommunalen Träger, gemeinsame Einrichtungen, die für die Bekämpfung von Leistungsmissbrauch und illegaler Beschäftigung zuständigen Stellen und mit der Wahrnehmung von Aufgaben beauftragte Dritte sollen sich gegenseitig Sozialdaten übermitteln, soweit dies zur Erfüllung ihrer Aufgaben nach diesem Buch oder dem Dritten Buch[1)] erforderlich ist. [2] Hat die Agentur für Arbeit oder ein zugelassener kommunaler Träger eine externe Gutachterin oder einen externen Gutachter beauftragt, eine ärztliche oder psychologische Untersuchung oder Begutachtung durchzuführen, ist die Übermittlung von Daten an die Agentur für Arbeit oder den zugelassenen kommunalen Träger durch die externe Gutachterin oder den externen Gutachter zulässig, soweit dies zur Erfüllung des Auftrages erforderlich ist.

(2) Die gemeinsame Einrichtung ist verantwortliche Stelle für die Erhebung, Verarbeitung und Nutzung von Sozialdaten nach § 67 Absatz 9 des Zehnten Buches[2)] sowie Stelle im Sinne des § 35 Absatz 1 des Ersten Buches[3)].

(3) [1] Die gemeinsame Einrichtung nutzt zur Erfüllung ihrer Aufgaben durch die Bundesagentur zentral verwaltete Verfahren der Informationstechnik. [2] Sie ist verpflichtet, auf einen auf dieser Grundlage erstellten gemeinsamen zentralen Datenbestand zuzugreifen. [3] Verantwortliche Stelle für die zentral verwalteten Verfahren der Informationstechnik nach § 67 Absatz 9 des Zehnten Buches ist die Bundesagentur.

[1)] Nr. 3.
[2)] Nr. 10.
[3)] Nr. 1.

(4) ¹Die Zulässigkeit der Erhebung, Verarbeitung und Nutzung von personenbezogenen Sozialdaten durch die gemeinsame Einrichtung richtet sich nach dem Datenschutzrecht des Bundes, soweit nicht in diesem Buch und im Zweiten Kapitel des Zehnten Buches vorrangige Regelungen getroffen sind. ²Der Anspruch auf Zugang zu amtlichen Informationen gegenüber der gemeinsamen Einrichtung richtet sich nach dem Informationsfreiheitsgesetz des Bundes. ³Die Datenschutzkontrolle und die Kontrolle der Einhaltung der Vorschriften über die Informationsfreiheit bei der gemeinsamen Einrichtung sowie für die zentralen Verfahren der Informationstechnik obliegen nach § 24 des Bundesdatenschutzgesetzes der oder dem Bundesbeauftragten für den Datenschutz und die Informationsfreiheit.

§ 50a Verarbeitung und Nutzung von Daten für die Ausbildungsvermittlung. ¹Gemeinsame Einrichtungen und zugelassene kommunale Träger dürfen die ihnen nach § 282b Absatz 4 des Dritten Buches[1]) von der Bundesagentur übermittelten Daten über eintragungsfähige oder eingetragene Ausbildungsverhältnisse ausschließlich verarbeiten und nutzen zur Verbesserung der

1. Ausbildungsvermittlung,
2. Zuverlässigkeit und Aktualität der Ausbildungsvermittlungsstatistik oder
3. Feststellung von Angebot und Nachfrage auf dem Ausbildungsmarkt.

²Die zu diesen Zwecken übermittelten Daten sind spätestens zum Ende des Kalenderjahres zu löschen.

§ 51 Erhebung, Verarbeitung und Nutzung von Sozialdaten durch nichtöffentliche Stellen. Die Träger der Leistungen nach diesem Buch dürfen abweichend von § 80 Absatz 5 des Zehnten Buches[2]) zur Erfüllung ihrer Aufgaben nach diesem Buch einschließlich der Erbringung von Leistungen zur Eingliederung in Arbeit und Bekämpfung von Leistungsmissbrauch nichtöffentliche Stellen mit der Erhebung, Verarbeitung und Nutzung von Sozialdaten beauftragen, auch soweit die Speicherung der Daten den gesamten Datenbestand umfasst.

§ 51a Kundennummer. ¹Jeder Person, die Leistungen nach diesem Gesetz bezieht, wird einmalig eine eindeutige, von der Bundesagentur oder im Auftrag der Bundesagentur von den zugelassenen kommunalen Trägern vergebene Kundennummer zugeteilt. ²Die Kundennummer ist vom Träger der Grundsicherung für Arbeitsuchende als Identifikationsmerkmal zu nutzen und dient ausschließlich diesem Zweck sowie den Zwecken nach § 51b Absatz 3. ³Soweit vorhanden, ist die schon beim Vorbezug von Leistungen nach dem Dritten Buch[1]) vergebene Kundennummer der Bundesagentur zu verwenden. ⁴Die Kundennummer bleibt der jeweiligen Person auch zugeordnet, wenn sie den Träger wechselt. ⁵Bei erneuter Leistung nach längerer Zeit ohne Inanspruchnahme von Leistungen nach diesem Buch oder nach dem Dritten Buch wird eine neue Kundennummer vergeben. ⁶Diese Regelungen gelten entsprechend auch für Bedarfsgemeinschaften. ⁷Als Bedarfsgemeinschaft im Sinne dieser Vorschrift gelten auch ein oder mehrere Kinder eines Haushalts, die nach § 7

---

[1]) Nr. 3.
[2]) Nr. 10.

Absatz 2 Satz 3 Leistungen erhalten. [8] Bei der Übermittlung der Daten verwenden die Träger eine eindeutige, von der Bundesagentur vergebene Trägernummer.

§ 51b Datenerhebung und -verarbeitung durch die Träger der Grundsicherung für Arbeitsuchende. (1) [1] Die zuständigen Träger der Grundsicherung für Arbeitsuchende erheben laufend die für die Durchführung der Grundsicherung für Arbeitsuchende erforderlichen Daten. [2] Das Bundesministerium für Arbeit und Soziales wird ermächtigt, durch Rechtsverordnung mit Zustimmung des Bundesrates die nach Satz 1 zu erhebenden Daten, die zur Nutzung für die in Absatz 3 genannten Zwecke erforderlich sind, einschließlich des Verfahrens zu deren Weiterentwicklung festzulegen.

(2) Die kommunalen Träger und die zugelassenen kommunalen Träger übermitteln der Bundesagentur die Daten nach Absatz 1 unter Angabe eines eindeutigen Identifikationsmerkmals, personenbezogene Datensätze unter Angabe der Kundennummer sowie der Nummer der Bedarfsgemeinschaft nach § 51a.

(3) Die nach den Absätzen 1 und 2 erhobenen und an die Bundesagentur übermittelten Daten dürfen nur – unbeschadet auf sonstiger gesetzlicher Grundlagen bestehender Mitteilungspflichten – für folgende Zwecke verarbeitet und genutzt werden:

1. die zukünftige Gewährung von Leistungen nach diesem und dem Dritten Buch[1)] an die von den Erhebungen betroffenen Personen,
2. Überprüfungen der Träger der Grundsicherung für Arbeitsuchende auf korrekte und wirtschaftliche Leistungserbringung,
3. die Erstellung von Statistiken, Kennzahlen für die Zwecke nach § 48a Absatz 2 und § 48b Absatz 5, Eingliederungsbilanzen und Controllingberichten durch die Bundesagentur, der laufenden Berichterstattung und der Wirkungsforschung nach den §§ 53 bis 55,
4. die Durchführung des automatisierten Datenabgleichs nach § 52,
5. die Bekämpfung von Leistungsmissbrauch.

(4) [1] Die Bundesagentur regelt im Benehmen mit den kommunalen Spitzenverbänden auf Bundesebene den genauen Umfang der nach den Absätzen 1 und 2 zu übermittelnden Informationen, einschließlich einer Inventurmeldung, sowie die Fristen für deren Übermittlung. [2] Sie regelt ebenso die zu verwendenden Systematiken, die Art der Übermittlung der Datensätze einschließlich der Datenformate sowie Aufbau, Vergabe, Verwendung und Löschungsfristen von Kunden- und Bedarfsgemeinschaftsnummern nach § 51a.

§ 51c (weggefallen)

§ 52 Automatisierter Datenabgleich. (1) [1] Die Bundesagentur und die zugelassenen kommunalen Träger überprüfen Personen, die Leistungen nach diesem Buch beziehen, zum 1. Januar, 1. April, 1. Juli und 1. Oktober im Wege des automatisierten Datenabgleichs daraufhin,

---
[1)] Nr. 3.

2 SGB II § 52

1. ob und in welcher Höhe und für welche Zeiträume von ihnen Leistungen der Träger der gesetzlichen Unfall- oder Rentenversicherung bezogen werden oder wurden,
2. ob und in welchem Umfang Zeiten des Leistungsbezuges nach diesem Buch mit Zeiten einer Versicherungspflicht oder Zeiten einer geringfügigen Beschäftigung zusammentreffen,
3. ob und welche Daten nach § 45d Absatz 1 und § 45e des Einkommensteuergesetzes an das Bundeszentralamt für Steuern übermittelt worden sind,
4. ob und in welcher Höhe ein Kapital nach § 12 Absatz 2 Satz 1 Nummer 2 nicht mehr dem Zweck einer geförderten zusätzlichen Altersvorsorge im Sinne des § 10a oder des Abschnitts XI des Einkommensteuergesetzes dient,
5. ob und in welcher Höhe und für welche Zeiträume von ihnen Leistungen der Bundesagentur als Träger der Arbeitsförderung nach dem Dritten Buch[1]) bezogen werden oder wurden,
6. ob und in welcher Höhe und für welche Zeiträume von ihnen Leistungen anderer Träger der Grundsicherung für Arbeitsuchende bezogen werden oder wurden.

[2]Satz 1 gilt entsprechend für nicht leistungsberechtigte Personen, die mit Personen, die Leistungen nach diesem Buch beziehen, in einer Bedarfsgemeinschaft leben. [3]Abweichend von Satz 1 können die dort genannten Träger die Überprüfung nach Satz 1 Nummer 2 zum ersten jedes Kalendermonats durchführen.

(2) Zur Durchführung des automatisierten Datenabgleichs dürfen die Träger der Leistungen nach diesem Buch die folgenden Daten einer Person, die Leistungen nach diesem Buch bezieht, an die in Absatz 1 genannten Stellen übermitteln:

1. Name und Vorname,
2. Geburtsdatum und -ort,
3. Anschrift,
4. Versicherungsnummer.

(2a) [1]Die Datenstelle der Rentenversicherung darf als Vermittlungsstelle die nach den Absätzen 1 und 2 übermittelten Daten speichern und nutzen, soweit dies für die Datenabgleiche nach den Absätzen 1 und 2 erforderlich ist. [2]Sie darf die Daten der Stammsatzdatei (§ 150 des Sechsten Buches[2])) und der bei ihr für die Prüfung bei den Arbeitgebern geführten Datei (§ 28p Absatz 8 Satz 2 des Vierten Buches[3])) nutzen, soweit die Daten für die Datenabgleiche erforderlich sind. [3]Die nach Satz 1 bei der Datenstelle der Rentenversicherung gespeicherten Daten sind unverzüglich nach Abschluss des Datenabgleichs zu löschen.

(3) [1]Die den in Absatz 1 genannten Stellen überlassenen Daten und Datenträger sind nach Durchführung des Abgleichs unverzüglich zurückzugeben, zu löschen oder zu vernichten. [2]Die Träger der Leistungen nach diesem Buch dürfen die ihnen übermittelten Daten nur zur Überprüfung nach Absatz 1

---
[1]) Nr. **3**.
[2]) Nr. **6**.
[3]) Nr. **4**.

nutzen. [3] Die übermittelten Daten der Personen, bei denen die Überprüfung zu keinen abweichenden Feststellungen führt, sind unverzüglich zu löschen.

(4) Das Bundesministerium für Arbeit und Soziales wird ermächtigt, durch Rechtsverordnung das Nähere über das Verfahren des automatisierten Datenabgleichs und die Kosten des Verfahrens zu regeln; dabei ist vorzusehen, dass die Zuleitung an die Auskunftsstellen durch eine zentrale Vermittlungsstelle (Kopfstelle) zu erfolgen hat, deren Zuständigkeitsbereich zumindest das Gebiet eines Bundeslandes umfasst.

§ 52a Überprüfung von Daten. (1) Die Agentur für Arbeit darf bei Personen, die Leistungen nach diesem Buch beantragt haben, beziehen oder bezogen haben, Auskunft einholen

1. über die in § 39 Absatz 1 Nummer 5 und 11 des Straßenverkehrsgesetzes angeführten Daten über ein Fahrzeug, für das die Person als Halter eingetragen ist, bei dem Zentralen Fahrzeugregister;
2. aus dem Melderegister nach den §§ 34 und 38 bis 41 des Bundesmeldegesetzes und dem Ausländerzentralregister,

soweit dies zur Bekämpfung von Leistungsmissbrauch erforderlich ist.

(2) [1] Die Agentur für Arbeit darf Daten von Personen, die Leistungen nach diesem Buch beantragt haben, beziehen oder bezogen haben und die Wohngeld beantragt haben, beziehen oder bezogen haben, an die nach dem Wohngeldgesetz zuständige Behörde übermitteln, soweit dies zur Feststellung der Voraussetzungen des Ausschlusses vom Wohngeld (§§ 7 und 8 Absatz 1 des Wohngeldgesetzes) erforderlich ist. [2] Die Übermittlung der in § 52 Absatz 2 Nummer 1 bis 3 genannten Daten ist zulässig. [3] Die in Absatz 1 genannten Behörden führen die Überprüfung durch und teilen das Ergebnis der Überprüfungen der Agentur für Arbeit unverzüglich mit. [4] Die in Absatz 1 und Satz 1 genannten Behörden haben die ihnen übermittelten Daten nach Abschluss der Überprüfung unverzüglich zu löschen.

Kapitel 7. Statistik und Forschung

§ 53 Statistik und Übermittlung statistischer Daten. (1) [1] Die Bundesagentur erstellt aus den bei der Durchführung der Grundsicherung für Arbeitsuchende von ihr nach § 51b erhaltenen und den ihr von den kommunalen Trägern und den zugelassenen kommunalen Trägern nach § 51b übermittelten Daten Statistiken. [2] Sie übernimmt die laufende Berichterstattung und bezieht die Leistungen nach diesem Buch in die Arbeitsmarkt- und Berufsforschung ein.

(2) Das Bundesministerium für Arbeit und Soziales kann Art und Umfang sowie Tatbestände und Merkmale der Statistiken und der Berichterstattung näher bestimmen.

(3) [1] Die Bundesagentur legt die Statistiken nach Absatz 1 dem Bundesministerium für Arbeit und Soziales vor und veröffentlicht sie in geeigneter Form. [2] Sie gewährleistet, dass auch kurzfristigem Informationsbedarf des Bundesministeriums für Arbeit und Soziales entsprochen werden kann.

(4) Die Bundesagentur stellt den statistischen Stellen der Kreise und kreisfreien Städte die für Zwecke der Planungsunterstützung und für die Sozialberichterstattung erforderlichen Daten und Tabellen der Arbeitsmarkt- und Grundsicherungsstatistik zur Verfügung.

(5) ¹Die Bundesagentur kann dem Statistischen Bundesamt und den statistischen Ämtern der Länder für Zwecke der Planungsunterstützung und für die Sozialberichterstattung für ihren Zuständigkeitsbereich Daten und Tabellen der Arbeitsmarkt- und Grundsicherungsstatistik zur Verfügung stellen. ²Sie ist berechtigt, dem Statistischen Bundesamt und den statistischen Ämtern der Länder für ergänzende Auswertungen anonymisierte und pseudonymisierte Einzeldaten zu übermitteln. ³Bei der Übermittlung von pseudonymisierten Einzeldaten sind die Namen durch jeweils neu zu generierende Pseudonyme zu ersetzen. ⁴Nicht pseudonymisierte Anschriften dürfen nur zum Zwecke der Zuordnung zu statistischen Blöcken übermittelt werden.

(6) ¹Die Bundesagentur ist berechtigt, für ausschließlich statistische Zwecke den zur Durchführung statistischer Aufgaben zuständigen Stellen der Gemeinden und Gemeindeverbände für ihren Zuständigkeitsbereich Daten und Tabellen der Arbeitsmarkt- und Grundsicherungsstatistik sowie anonymisierte und pseudonymisierte Einzeldaten zu übermitteln, soweit die Voraussetzungen nach § 16 Absatz 5 Satz 2 des Bundesstatistikgesetzes gegeben sind. ²Bei der Übermittlung von pseudonymisierten Einzeldaten sind die Namen durch jeweils neu zu generierende Pseudonyme zu ersetzen. ³Dabei dürfen nur Angaben zu kleinräumigen Gebietseinheiten, nicht aber die genauen Anschriften übermittelt werden.

(7) ¹Die §§ 280 und 281 des Dritten Buches[1] gelten entsprechend. ²§ 282a des Dritten Buches gilt mit der Maßgabe, dass Daten und Tabellen der Arbeitsmarkt- und Grundsicherungsstatistik auch den zur Durchführung statistischer Aufgaben zuständigen Stellen der Kreise und kreisfreien Städte sowie der Gemeinden und Gemeindeverbänden übermittelt werden dürfen, soweit die Voraussetzungen nach § 16 Absatz 5 Satz 2 des Bundesstatistikgesetzes gegeben sind.

§ 53a Arbeitslose. (1) Arbeitslose im Sinne dieses Gesetzes sind erwerbsfähige Leistungsberechtigte, die die Voraussetzungen des § 16 des Dritten Buches[1] in sinngemäßer Anwendung erfüllen.

(2) Erwerbsfähige Leistungsberechtigte, die nach Vollendung des 58. Lebensjahres mindestens für die Dauer von zwölf Monaten Leistungen der Grundsicherung für Arbeitsuchende bezogen haben, ohne dass ihnen eine sozialversicherungspflichtige Beschäftigung angeboten worden ist, gelten nach Ablauf dieses Zeitraums für die Dauer des jeweiligen Leistungsbezugs nicht als arbeitslos.

§ 54 Eingliederungsbilanz. ¹Jede Agentur für Arbeit erstellt für die Leistungen zur Eingliederung in Arbeit eine Eingliederungsbilanz. ²§ 11 des Dritten Buches[1] gilt entsprechend. ³Soweit einzelne Maßnahmen nicht unmittelbar zur Eingliederung in Arbeit führen, sind von der Bundesagentur andere

---

[1] Nr. 3.

Indikatoren zu entwickeln, die den Integrationsfortschritt der erwerbsfähigen Leistungsberechtigten in geeigneter Weise abbilden.

§ 55 Wirkungsforschung. (1) ¹Die Wirkungen der Leistungen zur Eingliederung und der Leistungen zur Sicherung des Lebensunterhalts sind regelmäßig und zeitnah zu untersuchen und in die Arbeitsmarkt- und Berufsforschung nach § 282 des Dritten Buches[1] einzubeziehen. ²Das Bundesministerium für Arbeit und Soziales und die Bundesagentur können in Vereinbarungen Einzelheiten der Wirkungsforschung festlegen. ³Soweit zweckmäßig, können Dritte mit der Wirkungsforschung beauftragt werden.

(2) Das Bundesministerium für Arbeit und Soziales untersucht vergleichend die Wirkung der örtlichen Aufgabenwahrnehmung durch die Träger der Leistungen nach diesem Buch.

Kapitel 8. Mitwirkungspflichten

§ 56 Anzeige- und Bescheinigungspflicht bei Arbeitsunfähigkeit.

(1) ¹Die Agentur für Arbeit soll erwerbsfähige Leistungsberechtigte, die Leistungen zur Sicherung des Lebensunterhalts beantragt haben oder beziehen, in der Eingliederungsvereinbarung oder in dem diese ersetzenden Verwaltungsakt nach § 15 Absatz 3 Satz 3 verpflichten,

1. eine eingetretene Arbeitsunfähigkeit und deren voraussichtliche Dauer unverzüglich anzuzeigen und
2. spätestens vor Ablauf des dritten Kalendertages nach Eintritt der Arbeitsunfähigkeit eine ärztliche Bescheinigung über die Arbeitsunfähigkeit und deren voraussichtliche Dauer vorzulegen.

²§ 31 Absatz 1 findet keine Anwendung. ³Die Agentur für Arbeit ist berechtigt, die Vorlage der ärztlichen Bescheinigung früher zu verlangen. ⁴Dauert die Arbeitsunfähigkeit länger als in der Bescheinigung angegeben, so ist der Agentur für Arbeit eine neue ärztliche Bescheinigung vorzulegen. ⁵Die Bescheinigungen müssen einen Vermerk des behandelnden Arztes darüber enthalten, dass dem Träger der Krankenversicherung unverzüglich eine Bescheinigung über die Arbeitsunfähigkeit mit Angaben über den Befund und die voraussichtliche Dauer der Arbeitsunfähigkeit übersandt wird. ⁶Zweifelt die Agentur für Arbeit an der Arbeitsunfähigkeit der oder des erwerbsfähigen Leistungsberechtigten, so gilt § 275 Absatz 1 Nummer 3b und Absatz 1a des Fünften Buches[2] entsprechend.

(2) ¹Die Bundesagentur erstattet den Krankenkassen die Kosten für die Begutachtung durch den Medizinischen Dienst der Krankenversicherung nach Absatz 1 Satz 6. ²Die Bundesagentur und der Spitzenverband Bund der Krankenkassen vereinbaren das Nähere über das Verfahren und die Höhe der Kostenerstattung; der Medizinische Dienst des Spitzenverbands Bund der Krankenkassen ist zu beteiligen. ³In der Vereinbarung kann auch eine pauschale Abgeltung der Kosten geregelt werden.

---

[1] Nr. 3.
[2] Nr. 5.

§ 57 Auskunftspflicht von Arbeitgebern. ¹ Arbeitgeber haben der Agentur für Arbeit auf deren Verlangen Auskunft über solche Tatsachen zu geben, die für die Entscheidung über einen Anspruch auf Leistungen nach diesem Buch erheblich sein können; die Agentur für Arbeit kann hierfür die Benutzung eines Vordrucks verlangen. ² Die Auskunftspflicht erstreckt sich auch auf Angaben über das Ende und den Grund für die Beendigung des Beschäftigungsverhältnisses.

§ 58 Einkommensbescheinigung. (1) ¹ Wer jemanden, der laufende Geldleistungen nach diesem Buch beantragt hat oder bezieht, gegen Arbeitsentgelt beschäftigt, ist verpflichtet, diesem unverzüglich Art und Dauer dieser Erwerbstätigkeit sowie die Höhe des Arbeitsentgelts oder der Vergütung für die Zeiten zu bescheinigen, für die diese Leistung beantragt worden ist oder bezogen wird. ² Dabei ist der von der Agentur für Arbeit vorgesehene Vordruck zu benutzen. ³ Die Bescheinigung ist der- oder demjenigen, die oder der die Leistung beantragt hat oder bezieht, unverzüglich auszuhändigen.

(2) Wer eine laufende Geldleistung nach diesem Buch beantragt hat oder bezieht und gegen Arbeitsentgelt beschäftigt wird, ist verpflichtet, dem Arbeitgeber den für die Bescheinigung des Arbeitsentgelts vorgeschriebenen Vordruck unverzüglich vorzulegen.

§ 59 Meldepflicht. Die Vorschriften über die allgemeine Meldepflicht, § 309 des Dritten Buches[1], und über die Meldepflicht bei Wechsel der Zuständigkeit, § 310 des Dritten Buches, sind entsprechend anzuwenden.

§ 60 Auskunftspflicht und Mitwirkungspflicht Dritter. (1) Wer jemandem, der Leistungen nach diesem Buch beantragt hat oder bezieht, Leistungen erbringt, die geeignet sind, diese Leistungen nach diesem Buch auszuschließen oder zu mindern, hat der Agentur für Arbeit auf Verlangen hierüber Auskunft zu erteilen, soweit es zur Durchführung der Aufgaben nach diesem Buch erforderlich ist.

(2) ¹ Wer jemandem, der eine Leistung nach diesem Buch beantragt hat oder bezieht, zu Leistungen verpflichtet ist, die geeignet sind, Leistungen nach diesem Buch auszuschließen oder zu mindern, oder wer für ihn Guthaben führt oder Vermögensgegenstände verwahrt, hat der Agentur für Arbeit auf Verlangen hierüber sowie über das damit im Zusammenhang stehendes Einkommen oder Vermögen Auskunft zu erteilen, soweit es zur Durchführung der Aufgaben nach diesem Buch erforderlich ist. ² § 21 Absatz 3 Satz 4 des Zehnten Buches[2] gilt entsprechend. ³ Für die Feststellung einer Unterhaltsverpflichtung ist § 1605 Absatz 1 des Bürgerlichen Gesetzbuchs anzuwenden.

(3) Wer jemanden, der

1. Leistungen nach diesem Buch beantragt hat oder bezieht oder dessen Partnerin oder Partner oder

2. nach Absatz 2 zur Auskunft verpflichtet ist,

---

[1] Nr. **3**.
[2] Nr. **10**.

beschäftigt, hat der Agentur für Arbeit auf Verlangen über die Beschäftigung, insbesondere über das Arbeitsentgelt, Auskunft zu erteilen, soweit es zur Durchführung der Aufgaben nach diesem Buch erforderlich ist.

(4) ¹Sind Einkommen oder Vermögen der Partnerin oder des Partners zu berücksichtigen, haben

1. diese Partnerin oder dieser Partner,
2. Dritte, die für diese Partnerin oder diesen Partner Guthaben führen oder Vermögensgegenstände verwahren,

der Agentur für Arbeit auf Verlangen hierüber Auskunft zu erteilen, soweit es zur Durchführung der Aufgaben nach diesem Buch erforderlich ist. ²§ 21 Absatz 3 Satz 4 des Zehnten Buches gilt entsprechend.

(5) Wer jemanden, der Leistungen nach diesem Buch beantragt hat, bezieht oder bezogen hat, beschäftigt, hat der Agentur für Arbeit auf Verlangen Einsicht in Geschäftsbücher, Geschäftsunterlagen und Belege sowie in Listen, Entgeltverzeichnisse und Entgeltbelege für Heimarbeiterinnen oder Heimarbeiter zu gewähren, soweit es zur Durchführung der Aufgaben nach diesem Buch erforderlich ist.

§ 61 Auskunftspflichten bei Leistungen zur Eingliederung in Arbeit.

(1) ¹Träger, die eine Leistung zur Eingliederung in Arbeit erbracht haben oder erbringen, haben der Agentur für Arbeit unverzüglich Auskünfte über Tatsachen zu erteilen, die Aufschluss darüber geben, ob und inwieweit Leistungen zu Recht erbracht worden sind oder werden. ²Sie haben Änderungen, die für die Leistungen erheblich sind, unverzüglich der Agentur für Arbeit mitzuteilen.

(2) ¹Die Teilnehmerinnen und Teilnehmer an Maßnahmen zur Eingliederung sind verpflichtet,

1. der Agentur für Arbeit auf Verlangen Auskunft über den Eingliederungserfolg der Maßnahme sowie alle weiteren Auskünfte zu erteilen, die zur Qualitätsprüfung benötigt werden, und
2. eine Beurteilung ihrer Leistung und ihres Verhaltens durch den Maßnahmeträger zuzulassen.

²Die Maßnahmeträger sind verpflichtet, ihre Beurteilungen der Teilnehmerin oder des Teilnehmers unverzüglich der Agentur für Arbeit zu übermitteln.

§ 62 Schadenersatz.

Wer vorsätzlich oder fahrlässig

1. eine Einkommensbescheinigung nicht, nicht richtig oder nicht vollständig ausfüllt,
2. eine Auskunft nach § 57 oder § 60 nicht, nicht richtig oder nicht vollständig erteilt,

ist zum Ersatz des daraus entstehenden Schadens verpflichtet.

Kapitel 9. Straf- und Bußgeldvorschriften

§ 63 Bußgeldvorschriften.

(1) Ordnungswidrig handelt, wer vorsätzlich oder fahrlässig

1. entgegen § 57 Satz 1 eine Auskunft nicht, nicht richtig, nicht vollständig oder nicht rechtzeitig erteilt,
2. entgegen § 58 Absatz 1 Satz 1 oder 3 Art oder Dauer der Erwerbstätigkeit oder die Höhe des Arbeitsentgelts oder der Vergütung nicht, nicht richtig, nicht vollständig oder nicht rechtzeitig bescheinigt oder eine Bescheinigung nicht oder nicht rechtzeitig aushändigt,
3. entgegen § 58 Absatz 2 einen Vordruck nicht oder nicht rechtzeitig vorlegt,
4. entgegen § 60 Absatz 1, 2 Satz 1, Absatz 3 oder 4 Satz 1 oder als privater Träger entgegen § 61 Absatz 1 Satz 1 eine Auskunft nicht, nicht richtig, nicht vollständig oder nicht rechtzeitig erteilt,
5. entgegen § 60 Absatz 5 Einsicht nicht oder nicht rechtzeitig gewährt,
6. entgegen § 60 Absatz 1 Satz 1 Nummer 1 des Ersten Buches[1] eine Angabe nicht, nicht richtig, nicht vollständig oder nicht rechtzeitig macht oder
7. entgegen § 60 Absatz 1 Satz 1 Nummer 2 des Ersten Buches eine Änderung in den Verhältnissen, die für einen Anspruch auf eine laufende Leistung erheblich ist, nicht, nicht richtig, nicht vollständig oder nicht rechtzeitig mitteilt.

(1a) Die Bestimmungen des Absatzes 1 Nummer 1, 4, 5, 6 und 7 gelten auch in Verbindung mit § 6b Absatz 1 Satz 2 oder § 44b Absatz 1 Satz 2 erster Halbsatz.

(2) Die Ordnungswidrigkeit kann in den Fällen des Absatzes 1 Nummer 6 und 7 mit einer Geldbuße bis zu fünftausend Euro, in den übrigen Fällen mit einer Geldbuße bis zu zweitausend Euro geahndet werden.

§ 63a Datenschutzrechtliche Bußgeldvorschriften. (1) Ordnungswidrig handelt, wer als Beamtin, Beamter, Arbeitnehmerin oder Arbeitnehmer der Träger oder der nach § 6 Absatz 2 Satz 1 herangezogenen Gemeinden und Gemeindeverbände, denen nach § 44g Absatz 1 oder 2 eine Tätigkeit in einer gemeinsamen Einrichtung zugewiesen ist, vorsätzlich oder fahrlässig eine in

1. § 85 Absatz 1 Nummer 1a, 1b, 2 oder Nummer 3 des Zehnten Buches[2] oder in § 43 Absatz 1 Nummer 2b des Bundesdatenschutzgesetzes oder
2. § 85 Absatz 2 des Zehnten Buches oder in § 43 Absatz 2 Nummer 1 bis 4 des Bundesdatenschutzgesetzes

bezeichnete Handlung begeht.

(2) Die Ordnungswidrigkeit kann in den Fällen des Absatzes 1 Nummer 1 mit einer Geldbuße bis zu fünfzigtausend Euro und in den Fällen des Absatzes 1 Nummer 2 mit einer Geldbuße bis zu dreihunderttausend Euro geahndet werden.

(3) [1] Verwaltungsbehörden im Sinne des § 36 Absatz 1 Nummer 1 des Gesetzes über Ordnungswidrigkeiten sind

1. das Bundesministerium für Arbeit und Soziales, wenn die Ordnungswidrigkeit durch eine Beamtin, einen Beamten, eine Arbeitnehmerin oder einen Arbeitnehmer der Bundesagentur für Arbeit,

---

[1] Nr. 1.
[2] Nr. 10.

2. die fachlich zuständige oberste Landesbehörde, wenn die Ordnungswidrigkeit durch eine Beamtin, einen Beamten, eine Arbeitnehmerin oder einen Arbeitnehmer eines kommunalen Trägers oder der nach § 6 Absatz 2 Satz 1 herangezogenen Gemeinden oder Gemeindeverbände

in Ausübung einer Tätigkeit bei einer gemeinsamen Einrichtung begangen wird. ² § 36 Absatz 2 und 3 des Gesetzes über Ordnungswidrigkeiten gilt entsprechend.

§ 63b Datenschutzrechtliche Strafvorschriften. (1) Mit Freiheitsstrafe bis zu zwei Jahren oder mit Geldstrafe wird bestraft, wer eine in § 63a Absatz 1 Nummer 2 bezeichnete vorsätzliche Handlung gegen Entgelt oder in der Absicht begeht, sich oder einen anderen zu bereichern oder einen anderen zu schädigen.

(2) ¹ Die Tat wird nur auf Antrag verfolgt. ² Antragsberechtigt sind der Betroffene, die verantwortliche Stelle nach § 50 Absatz 2 oder Absatz 3 Satz 3 und der oder die Bundesbeauftragte für den Datenschutz und die Informationsfreiheit.

Kapitel 10. Bekämpfung von Leistungsmissbrauch

§ 64 Zuständigkeit und Zusammenarbeit mit anderen Behörden.

(1) Für die Bekämpfung von Leistungsmissbrauch gilt § 319 des Dritten Buches[1]) entsprechend.

(2) Verwaltungsbehörden im Sinne des § 36 Absatz 1 Nummer 1 des Gesetzes über Ordnungswidrigkeiten sind in den Fällen

1. des § 63 Absatz 1 Nummer 1 bis 5 die gemeinsame Einrichtung oder der nach § 6a zugelassene kommunale Träger,

2. des § 63 Absatz 1 Nummer 6 und 7

   a) die gemeinsame Einrichtung oder der nach § 6a zugelassene kommunale Träger sowie

   b) die Behörden der Zollverwaltung

   jeweils für ihren Geschäftsbereich.

(3) Bei der Verfolgung und Ahndung der Ordnungswidrigkeiten nach § 63 Absatz 1 Nummer 6 und 7 arbeiten die Behörden nach Absatz 2 Nummer 2 mit den in § 2 Absatz 2 des Schwarzarbeitsbekämpfungsgesetzes genannten Behörden zusammen.

(4) ¹ Soweit die gemeinsame Einrichtung Verwaltungsbehörde nach Absatz 2 ist, fließen die Geldbußen in die Bundeskasse. ² § 66 des Zehnten Buches[2]) gilt entsprechend. ³ Die Bundeskasse trägt abweichend von § 105 Absatz 2 des Gesetzes über Ordnungswidrigkeiten die notwendigen Auslagen. ⁴ Sie ist auch ersatzpflichtig im Sinne des § 110 Absatz 4 des Gesetzes über Ordnungswidrigkeiten.

---

[1]) Nr. 3.
[2]) Nr. 10.

Kapitel 11. Übergangs- und Schlussvorschriften

§ 65 Allgemeine Übergangsvorschriften. (1) ¹ Ist eine leistungsberechtigte Person in einer Gemeinschaftsunterkunft ohne Selbstversorgungsmöglichkeit untergebracht, kann der Anspruch auf Arbeitslosengeld II und Sozialgeld, soweit er sich auf Ernährung und Haushaltsenergie bezieht, bis zum Ablauf des 31. Dezember 2018 in Form von Sachleistungen erfüllt werden. ² Der Wert der Sachleistung nach Satz 1 beträgt

1. bei Erwachsenen, bei denen der Regelbedarf für eine alleinstehende Person anerkannt wird, 170 Euro,

2. bei den übrigen Erwachsenen 159 Euro,

3. bei Kindern von 0 bis unter 6 Jahren 86 Euro,

4. bei Kindern von 6 bis unter 14 Jahren 125 Euro und

5. bei Jugendlichen von 14 bis unter 18 Jahren 158 Euro.

³ Wird die Sachleistung im Auftrag oder mit Zustimmung der Agentur für Arbeit durch einen anderen öffentlich-rechtlichen Träger oder einen privaten Dritten erbracht, gilt dies als Leistung nach diesem Buch. ⁴ Die Agentur für Arbeit hat dem öffentlich-rechtlichen Träger der Gemeinschaftsunterkunft oder, soweit ein solcher nicht vorhanden ist, dem privaten Betreiber der Gemeinschaftsunterkunft Aufwendungen für die Verpflegung einschließlich Haushaltsstrom in Höhe der in Satz 2 benannten Beträge zu erstatten. ⁵ Bei Teilnahme von Kindern und Jugendlichen im Sinne des Satzes 2 Nummer 3 bis 5 an einer gemeinschaftlichen Mittagsverpflegung in schulischer Verantwortung, in einer Tageseinrichtung oder in der Kindertagespflege gilt § 28 Absatz 6 Satz 1 mit der Maßgabe, dass die entstehenden Aufwendungen berücksichtigt werden.

(2) und (3) (weggefallen)

(4) ¹ Abweichend von § 2 haben auch erwerbsfähige Leistungsberechtigte Anspruch auf Leistungen zur Sicherung des Lebensunterhaltes, die das 58. Lebensjahr vollendet haben und die Regelvoraussetzungen des Anspruchs auf Leistungen zur Sicherung des Lebensunterhalts allein deshalb nicht erfüllen, weil sie nicht arbeitsbereit sind und nicht alle Möglichkeiten nutzen und nutzen wollen, ihre Hilfebedürftigkeit durch Aufnahme einer Arbeit zu beenden. ² Vom 1. Januar 2008 an gilt Satz 1 nur noch, wenn der Anspruch vor dem 1. Januar 2008 entstanden ist und der erwerbsfähige Leistungsberechtigte vor diesem Tag das 58. Lebensjahr vollendet hat. ³ § 428 des Dritten Buches[1]) gilt entsprechend. ⁴ Satz 1 gilt entsprechend für erwerbsfähige Personen, die bereits vor dem 1. Januar 2008 unter den Voraussetzungen des § 428 Absatz 1 des Dritten Buches Arbeitslosengeld bezogen haben und erstmals nach dem 31. Dezember 2007 hilfebedürftig werden.

(5) § 12 Absatz 2 Nummer 1 gilt mit der Maßgabe, dass für die in § 4 Absatz 2 Satz 2 der Arbeitslosenhilfe-Verordnung vom 13. Dezember 2001 (BGBl. I S. 3734) in der Fassung vom 31. Dezember 2004 genannten Personen an die Stelle des Grundfreibetrags in Höhe von 150 Euro je vollendetem Lebens-

---

[1]) Nr. 3.

jahr ein Freibetrag von 520 Euro, an die Stelle des Höchstfreibetrags in Höhe von jeweils 9750 Euro ein Höchstfreibetrag in Höhe von 33 800 Euro tritt.

§§ 65a–65c (weggefallen)

§ 65d Übermittlung von Daten. (1) Der Träger der Sozialhilfe und die Agentur für Arbeit machen dem zuständigen Leistungsträger auf Verlangen die bei ihnen vorhandenen Unterlagen über die Gewährung von Leistungen für Personen, die Leistungen der Grundsicherung für Arbeitsuchende beantragt haben oder beziehen, zugänglich, soweit deren Kenntnis im Einzelfall für die Erfüllung der Aufgaben nach diesem Buch erforderlich ist.

(2) Die Bundesagentur erstattet den Trägern der Sozialhilfe die Sachkosten, die ihnen durch das Zugänglichmachen von Unterlagen entstehen; eine Pauschalierung ist zulässig.

§ 65e Übergangsregelung zur Aufrechnung. ¹Der zuständige Träger der Leistungen nach diesem Buch kann mit Zustimmung des Trägers der Sozialhilfe dessen Ansprüche gegen den Leistungsberechtigten mit Geldleistungen zur Sicherung des Lebensunterhalts nach den Voraussetzungen des § 43 Absatz 2, 3 und 4 Satz 1 aufrechnen. ²Die Aufrechnung wegen eines Anspruchs nach Satz 1 ist auf die ersten zwei Jahre der Leistungserbringung nach diesem Buch beschränkt.

§ 66 Rechtsänderungen bei Leistungen zur Eingliederung in Arbeit.
(1) Wird dieses Gesetzbuch geändert, so sind, soweit nichts Abweichendes bestimmt ist, auf Leistungen zur Eingliederung in Arbeit bis zum Ende der Leistungen oder der Maßnahme die Vorschriften in der vor dem Tag des Inkrafttretens der Änderung geltenden Fassung weiter anzuwenden, wenn vor diesem Tag

1. der Anspruch entstanden ist,
2. die Leistung zuerkannt worden ist oder
3. die Maßnahme begonnen hat, wenn die Leistung bis zum Beginn der Maßnahme beantragt worden ist.

(2) Ist eine Leistung nur für einen begrenzten Zeitraum zuerkannt worden, richtet sich eine Verlängerung nach den zum Zeitpunkt der Entscheidung über die Verlängerung geltenden Vorschriften.

§§ 67–73 *(aufgehoben)*

§ 74 (weggefallen)

§ 75 *(aufgehoben)*

§ 76 Gesetz zur Weiterentwicklung der Organisation der Grundsicherung für Arbeitsuchende. (1) Nimmt im Gebiet eines kommunalen Trägers nach § 6 Absatz 1 Satz 1 Nummer 2 mehr als eine Arbeitsgemeinschaft nach § 44b in der bis zum 31. Dezember 2010 geltenden Fassung die Aufgaben nach diesem Buch wahr, kann insoweit abweichend von § 44b Absatz 1 Satz 1 mehr als eine gemeinsame Einrichtung gebildet werden.

(2) ¹Bei Wechsel der Trägerschaft oder der Organisationsform tritt der zuständige Träger oder die zuständige Organisationsform an die Stelle des bisherigen Trägers oder der bisherigen Organisationsform; dies gilt auch für laufende Verwaltungs- und Gerichtsverfahren. ²Die Träger teilen sich alle Tatsachen mit, die zur Vorbereitung eines Wechsels der Organisationsform erforderlich sind. ³Sie sollen sich auch die zu diesem Zweck erforderlichen Sozialdaten in automatisierter und standardisierter Form übermitteln.

§ 77 Gesetz zur Ermittlung von Regelbedarfen und zur Änderung des Zweiten und Zwölften Buches Sozialgesetzbuch.
(1) § 7 Absatz 4a in der bis zum 31. Dezember 2010 geltenden Fassung gilt weiter bis zum Inkrafttreten einer nach § 13 Absatz 3 erlassenen Rechtsverordnung.

(2) Abweichend von § 11a Absatz 3 Satz 2 Nummer 2 sind bis zum 31. Dezember 2011 die Leistungen nach § 23 des Achten Buches[1]) als Einkommen zu berücksichtigen

1. für das erste und zweite Pflegekind nicht,

2. für das dritte Pflegekind zu 75 Prozent und

3. für das vierte und jedes weitere Pflegekind vollständig.

(3) § 30 in der bis zum 31. Dezember 2010 geltenden Fassung ist für Einkommen aus Erwerbstätigkeit, das im Zeitraum vom 1. Januar 2011 bis zum 31. März 2011 zufließt, weiter anzuwenden und gilt anstelle des § 11b Absatz 3 weiter für Bewilligungszeiträume (§ 41 Satz 4), die vor dem 1. Juli 2011 beginnen, längstens jedoch bis zur Aufnahme einer Erwerbstätigkeit ab dem 1. Juli 2011.

(4) Für die Regelbedarfe nach § 20 Absatz 2 Satz 2 Nummer 1 und § 23 Nummer 1 tritt an die Stelle der Beträge nach

1. § 20 Absatz 2 Satz 2 Nummer 1 der Betrag von 287 Euro,

2. § 23 Nummer 1 für Leistungsberechtigte bis zur Vollendung des sechsten Lebensjahres der Betrag von 215 Euro,

3. § 23 Nummer 1 für Leistungsberechtigte vom Beginn des siebten bis zur Vollendung des 14. Lebensjahres der Betrag von 251 Euro,

4. § 23 Nummer 1 für Leistungsberechtigte im 15. Lebensjahr der Betrag von 287 Euro,

solange sich durch die Fortschreibung der Beträge nach § 20 Absatz 2 Satz 2 Nummer 1 und § 23 Nummer 1 nach § 20 Absatz 5 jeweils kein höherer Betrag ergibt.

(5) § 21 ist bis zum 31. Dezember 2011 mit der Maßgabe anzuwenden, dass Beträge, die nicht volle Euro-Beträge ergeben, bei einem Betrag von unter 0,50 Euro abzurunden und von 0,50 Euro an aufzurunden sind.

(6) Sofern Leistungen ohne Berücksichtigung der tatsächlichen Aufwendungen für die Erzeugung von Warmwasser festgesetzt wurden, weil sie nach den §§ 20 und 28 in der bis zum 31. Dezember 2010 geltenden Fassung mit der Regelleistung zur Sicherung des Lebensunterhalts abgegolten waren, ist der Verwaltungsakt, auch nachdem er unanfechtbar geworden ist, bis zum Ablauf

---

[1]) Nr. 8.

Kapitel 11. Übergangs- u. Schlussvorschriften   § 77   SGB II 2

eines Monats nach dem Ende des Bewilligungszeitraums zurückzunehmen und die Nachzahlung zu erbringen.

(7) Der Bedarf nach § 28 Absatz 3 wird erstmals zum 1. August 2011 anerkannt.

(8) Werden Leistungen für Bedarfe nach § 28 Absatz 2 und 4 bis 7 für den Zeitraum vom 1. Januar bis zum 31. Mai 2011 bis zum 30. Juni 2011 rückwirkend beantragt, gilt dieser Antrag abweichend von § 37 Absatz 2 Satz 2 als zum 1. Januar 2011 gestellt.

(9) [1] In den Fällen des Absatzes 8 sind Leistungen für die Bedarfe nach § 28 Absatz 2 Satz 1 Nummer 1, Satz 2 und Absatz 5 für den Zeitraum vom 1. Januar bis zum 31. Mai 2011 abweichend von § 29 Absatz 1 Satz 1 durch Direktzahlung an den Anbieter zu erbringen, wenn bei der leistungsberechtigten Person noch keine Aufwendungen zur Deckung dieser Bedarfe entstanden sind. [2] Soweit die leistungsberechtigte Person in den Fällen des Absatzes 8 nachweist, dass ihr bereits Aufwendungen zur Deckung der in Satz 1 genannten Bedarfe entstanden sind, werden diese Aufwendungen abweichend von § 29 Absatz 1 Satz 1 durch Geldleistung an die leistungsberechtigte Person erstattet.

(10) Auf Klassenfahrten im Rahmen der schulrechtlichen Bestimmungen, an denen Schülerinnen und Schüler in der Zeit vom 1. Januar bis zum 29. März 2011 teilgenommen haben, ist § 23 Absatz 3 Satz 1 Nummer 3 und Satz 2 bis 4 in der bis zum 31. Dezember 2010 geltenden Fassung anstelle des § 19 Absatz 3 Satz 3 und des § 28 Absatz 2 Satz 1 Nummer 2 anzuwenden.

(11) [1] Für Schülerinnen und Schüler, die eine Schule besuchen, an der eine gemeinschaftliche Mittagsverpflegung in schulischer Verantwortung angeboten wird, sowie für Kinder, für die Kindertagespflege geleistet wird oder die eine Tageseinrichtung besuchen, an der eine gemeinschaftliche Mittagsverpflegung angeboten wird, werden die entstehenden Mehraufwendungen abweichend von § 28 Absatz 6 für die Zeit vom 1. Januar bis zum 31. März 2011 in Höhe von monatlich 26 Euro berücksichtigt. [2] Bei Leistungsberechtigten bis zur Vollendung des 18. Lebensjahres, denen für die Zeit vom 1. Januar bis zum 31. März 2011 Aufwendungen für Teilhabe am sozialen und kulturellen Leben entstanden sind, werden abweichend von § 28 Absatz 7 als Bedarf monatlich 10 Euro berücksichtigt. [3] Die im Zeitraum vom 1. Januar bis zum 31. März 2011 nach den Sätzen 1 und 2 zu berücksichtigenden Bedarfe werden abweichend von § 29 Absatz 1 Satz 1 durch Geldleistung gedeckt; die im Zeitraum vom 1. April bis zum 31. Mai 2011 nach den Sätzen 1 und 2 zu berücksichtigenden Bedarfe können in den Fällen des Absatzes 8 abweichend von § 29 Absatz 1 Satz 1 auch durch Geldleistung gedeckt werden. [4] Bis zum 31. Dezember 2013 gilt § 28 Absatz 6 Satz 2 mit der Maßgabe, dass die Mehraufwendungen auch berücksichtigt werden, wenn Schülerinnen und Schüler das Mittagessen in einer Einrichtung nach § 22 des Achten Buches einnehmen.

(12) § 31 in der bis zum 31. März 2011 geltenden Fassung ist weiterhin anzuwenden für Pflichtverletzungen, die vor dem 1. April 2011 begangen worden sind.

(13) § 40 Absatz 1 Satz 2 ist nicht anwendbar auf Anträge nach § 44 des Zehnten Buches[1)], die vor dem 1. April 2011 gestellt worden sind.

[1)] Nr. **10**.

(14) § 41 Absatz 2 Satz 2 ist bis zum 31. Dezember 2011 mit der Maßgabe anzuwenden, dass bei einer auf zwei Dezimalstellen durchzuführenden Berechnung weitere sich ergebende Dezimalstellen wegfallen.

§ 78 Gesetz zur Verbesserung der Eingliederungschancen am Arbeitsmarkt. Bei der Ermittlung der Zuweisungshöchstdauer nach § 16d Absatz 6 werden Zuweisungsdauern, die vor dem 1. April 2012 liegen, nicht berücksichtigt.

§ 79 Achtes Gesetz zur Änderung des Zweiten Buches Sozialgesetzbuch – Ergänzung personalrechtlicher Bestimmungen. (1) Hat ein nach § 40a zur Erstattung verpflichteter Sozialleistungsträger in der Zeit vom 31. Oktober 2012 bis zum 5. Juni 2014 in Unkenntnis des Bestehens der Erstattungspflicht bereits an die leistungsberechtigte Person geleistet, entfällt der Erstattungsanspruch.

(2) Eine spätere Zuweisung von Tätigkeiten in den gemeinsamen Einrichtungen, die nach § 44g Absatz 2 in der bis zum 31. Dezember 2014 geltenden Fassung erfolgt ist, gilt fort.

§ 80 Neuntes Gesetz zur Änderung des Zweiten Buches Sozialgesetzbuch – Rechtsvereinfachung – sowie zur vorübergehenden Aussetzung der Insolvenzantragspflicht. (1) § 41 Absatz 1 Satz 4 und 5 in der bis zum 31. Juli 2016 geltenden Fassung gilt weiter für Bewilligungszeiträume, die vor dem 1. August 2016 begonnen haben.

(2) Für die abschließende Entscheidung über zunächst vorläufig beschiedene Leistungsansprüche für Bewilligungszeiträume,
1. die vor dem 1. August 2016 beendet waren, gilt § 41a Absatz 5 Satz 1 mit der Maßgabe, dass die Jahresfrist mit dem 1. August 2016 beginnt;
2. die vor dem 1. August 2016 noch nicht beendet sind, ist § 41a anzuwenden.

(3) ¹§ 43 gilt entsprechend für die Aufrechnung von Erstattungsansprüchen nach § 40 Absatz 2 Nummer 1 in der bis zum 31. Juli 2016 geltenden Fassung sowie nach § 42 Absatz 2 Satz 2 des Ersten Buches[1]. ²Die Höhe der Aufrechnung beträgt 10 Prozent des für die leistungsberechtigte Person maßgebenden Regelbedarfs.

---

[1] Nr. 1.

3. Sozialgesetzbuch (SGB) Drittes Buch (III) – Arbeitsförderung –[1)2)]

Vom 24. März 1997

(BGBl. I S. 594)

FNA 860-3

zuletzt geänd. durch Art. 2 PflegeberufereformG v. 17.7.2017 (BGBl. I S. 2581)

Inhaltsübersicht

§§

Erstes Kapitel. Allgemeine Vorschriften

Erster Abschnitt. Grundsätze

Ziele der Arbeitsförderung	1
Zusammenwirken mit den Agenturen für Arbeit	2
Leistungen der Arbeitsförderung	3
Vorrang der Vermittlung	4
Vorrang der aktiven Arbeitsförderung	5
(weggefallen)	6
Auswahl von Leistungen der aktiven Arbeitsförderung	7
Vereinbarkeit von Familie und Beruf	8
(weggefallen)	8a, 8b
Ortsnahe Leistungserbringung	9
Zusammenarbeit mit den für die Wahrnehmung der Aufgaben der Grundsicherung für Arbeitsuchende zuständigen gemeinsamen Einrichtungen und zugelassenen kommunalen Trägern	9a
(weggefallen)	10
Eingliederungsbilanz	11

Zweiter Abschnitt. Berechtigte

Geltung der Begriffsbestimmungen	12
Heimarbeiterinnen und Heimarbeiter	13
Auszubildende	14
Ausbildung- und Arbeitsuchende	15
Arbeitslose	16
Drohende Arbeitslosigkeit	17
Langzeitarbeitslose	18
Behinderte Menschen	19
Berufsrückkehrende	20
Träger	21

Dritter Abschnitt. Verhältnis der Leistungen aktiver Arbeitsförderung zu anderen Leistungen

Verhältnis zu anderen Leistungen	22
Vorleistungspflicht der Arbeitsförderung	23

Zweites Kapitel. Versicherungspflicht

Erster Abschnitt. Beschäftigte, Sonstige Versicherungspflichtige

Versicherungspflichtverhältnis	24
Beschäftigte	25
Sonstige Versicherungspflichtige	26

[1)] Verkündet als Art. 1 G v. 24.3.1997 (BGBl. I S. 594); Inkrafttreten gem. Art. 83 dieses G am 1.1.1998, mit Ausnahme der in Abs. 2 und 5 dieses Artikels genannten Abweichungen.

[2)] Die Änderungen durch G v. 17.7.2017 (BGBl. I S. 2575), die erst **mWv 1.1.2025**, und die Änderungen durch G v. 17.7.2017 (BGBl. I S. 2581), die erst **mWv 1.1.2020** in Kraft treten, sind im Text noch nicht berücksichtigt.

3 SGB III

3. Buch. Arbeitsförderung

	§§
Versicherungsfreie Beschäftigte	27
Sonstige versicherungsfreie Personen	28

Zweiter Abschnitt. Versicherungspflichtverhältnis auf Antrag

Versicherungspflichtverhältnis auf Antrag	28a

Drittes Kapitel. Aktive Arbeitsförderung

Erster Abschnitt. Beratung und Vermittlung

Erster Unterabschnitt. Beratung

Beratungsangebot	29
Berufsberatung	30
Grundsätze der Berufsberatung	31
Eignungsfeststellung	32
Berufsorientierung	33
Arbeitsmarktberatung	34

Zweiter Unterabschnitt. Vermittlung

Vermittlungsangebot	35
Grundsätze der Vermittlung	36
Potenzialanalyse und Eingliederungsvereinbarung	37
Rechte und Pflichten der Ausbildung- und Arbeitsuchenden	38
Rechte und Pflichten der Arbeitgeber	39

Dritter Unterabschnitt. Gemeinsame Vorschriften

Allgemeine Unterrichtung	40
Einschränkung des Fragerechts	41
Grundsatz der Unentgeltlichkeit	42
Anordnungsermächtigung	43

Zweiter Abschnitt. Aktivierung und berufliche Eingliederung

Förderung aus dem Vermittlungsbudget	44
Maßnahmen zur Aktivierung und beruflichen Eingliederung	45
Probebeschäftigung und Arbeitshilfe für behinderte Menschen	46
Verordnungsermächtigung	47

Dritter Abschnitt. Berufswahl und Berufsausbildung

Erster Unterabschnitt. Übergang von der Schule in die Berufsausbildung

Berufsorientierungsmaßnahmen	48
Berufseinstiegsbegleitung	49
Anordnungsermächtigung	50

Zweiter Unterabschnitt. Berufsvorbereitung

Berufsvorbereitende Bildungsmaßnahmen	51
Förderungsbedürftige junge Menschen	52
Vorbereitung auf einen Hauptschulabschluss im Rahmen einer berufsvorbereitenden Bildungsmaßnahme	53
Maßnahmekosten	54
Einstiegsqualifizierung	54a
Anordnungsermächtigung	55

Dritter Unterabschnitt. Berufsausbildungsbeihilfe

Berufsausbildungsbeihilfe	56
Förderungsfähige Berufsausbildung	57
Förderung im Ausland	58
Förderungsfähiger Personenkreis	59
Sonstige persönliche Voraussetzungen	60
Bedarf für den Lebensunterhalt bei Berufsausbildung	61
Bedarf für den Lebensunterhalt bei berufsvorbereitenden Bildungsmaßnahmen	62
Fahrkosten	63

Inhaltsübersicht SGB III 3

§§

Sonstige Aufwendungen	64
Besonderheiten beim Besuch des Berufsschulunterrichts in Blockform	65
Anpassung der Bedarfssätze	66
Einkommensanrechnung	67
Vorausleistung von Berufsausbildungsbeihilfe	68
Dauer der Förderung	69
Berufsausbildungsbeihilfe für Arbeitslose	70
Auszahlung	71
Anordnungsermächtigung	72

Vierter Unterabschnitt. Berufsausbildung

Zuschüsse zur Ausbildungsvergütung behinderter und schwerbehinderter Menschen	73
Unterstützung und Förderung der Berufsausbildung	74
Ausbildungsbegleitende Hilfen	75
Außerbetriebliche Berufsausbildung	76
Sonstige Förderungsvoraussetzungen	77
Förderungsbedürftige junge Menschen	78
Leistungen	79
Anordnungsermächtigung	80

Fünfter Unterabschnitt. Jugendwohnheime

Förderung von Jugendwohnheimen	80a
Anordnungsermächtigung	80b

Vierter Abschnitt. Berufliche Weiterbildung

Grundsatz	81
Förderung besonderer Arbeitnehmerinnen und Arbeitnehmer	82
Weiterbildungskosten	83
Lehrgangskosten	84
Fahrkosten	85
Kosten für auswärtige Unterbringung und für Verpflegung	86
Kinderbetreuungskosten	87

Fünfter Abschnitt. Aufnahme einer Erwerbstätigkeit

Erster Unterabschnitt. Sozialversicherungspflichtige Beschäftigung

Eingliederungszuschuss	88
Höhe und Dauer der Förderung	89
Eingliederungszuschuss für behinderte und schwerbehinderte Menschen	90
Zu berücksichtigendes Arbeitsentgelt und Auszahlung des Zuschusses	91
Förderungsausschluss und Rückzahlung	92

Zweiter Unterabschnitt. Selbständige Tätigkeit

Gründungszuschuss	93
Dauer und Höhe der Förderung	94

Sechster Abschnitt. Verbleib in Beschäftigung

Erster Unterabschnitt. Kurzarbeitergeld

Erster Titel. Regelvoraussetzungen

Anspruch	95
Erheblicher Arbeitsausfall	96
Betriebliche Voraussetzungen	97
Persönliche Voraussetzungen	98
Anzeige des Arbeitsausfalls	99
Kurzarbeitergeld bei Arbeitskämpfen	100

Zweiter Titel. Sonderformen des Kurzarbeitergeldes

Saison-Kurzarbeitergeld	101
Ergänzende Leistungen	102
Kurzarbeitergeld für Heimarbeiterinnen und Heimarbeiter	103

113

3 SGB III

3. Buch. Arbeitsförderung

§§

Dritter Titel. Leistungsumfang

Dauer	104
Höhe	105
Nettoentgeltdifferenz	106

Vierter Titel. Anwendung anderer Vorschriften

Anwendung anderer Vorschriften	107

Fünfter Titel. Verfügung über das Kurzarbeitergeld

Verfügung über das Kurzarbeitergeld	108

Sechster Titel. Verordnungsermächtigung

Verordnungsermächtigung	109

Zweiter Unterabschnitt. Transferleistungen

Transfermaßnahmen	110
Transferkurzarbeitergeld	111
Förderung der beruflichen Weiterbildung bei Transferkurzarbeitergeld	111a

Siebter Abschnitt. Teilhabe behinderter Menschen am Arbeitsleben

Erster Unterabschnitt. Grundsätze

Teilhabe am Arbeitsleben	112
Leistungen zur Teilhabe	113
Leistungsrahmen	114

Zweiter Unterabschnitt. Allgemeine Leistungen

Leistungen	115
Besonderheiten	116

Dritter Unterabschnitt. Besondere Leistungen

Erster Titel. Allgemeines

Grundsatz	117
Leistungen	118

Zweiter Titel. Übergangsgeld und Ausbildungsgeld

Übergangsgeld	119
Vorbeschäftigungszeit für das Übergangsgeld	120
Übergangsgeld ohne Vorbeschäftigungszeit	121
Ausbildungsgeld	122
Bedarf bei Berufsausbildung	123
Bedarf bei berufsvorbereitenden Bildungsmaßnahmen, bei Unterstützter Beschäftigung und bei Grundausbildung	124
Bedarf bei Maßnahmen in anerkannten Werkstätten für behinderte Menschen oder bei einem anderen Leistungsanbieter nach § 60 des Neunten Buches	125
Einkommensanrechnung	126

Dritter Titel. Teilnahmekosten für Maßnahmen

Teilnahmekosten für Maßnahmen	127
Sonderfälle der Unterbringung und Verpflegung	128

Vierter Titel. Anordnungsermächtigung

Anordnungsermächtigung	129

Achter Abschnitt. Befristete Leistungen und innovative Ansätze

Assistierte Ausbildung	130
Sonderregelung zur Eingliederung von Ausländerinnen und Ausländern mit Aufenthaltsgestattung	131
Sonderregelungen zur beruflichen Weiterbildung	131a
Weiterbildungsförderung in der Altenpflege	131b
Sonderregelung für die Ausbildungsförderung von Ausländerinnen und Ausländern	132

Inhaltsübersicht SGB III

	§§
Saison-Kurzarbeitergeld und ergänzende Leistungen im Gerüstbauerhandwerk	133
(weggefallen)	134
Erprobung innovativer Ansätze	135

Viertes Kapitel. Arbeitslosengeld und Insolvenzgeld

Erster Abschnitt. Arbeitslosengeld

Erster Unterabschnitt. Regelvoraussetzungen

Anspruch auf Arbeitslosengeld	136
Anspruchsvoraussetzungen bei Arbeitslosigkeit	137
Arbeitslosigkeit	138
Sonderfälle der Verfügbarkeit	139
Zumutbare Beschäftigungen	140
Persönliche Arbeitslosmeldung	141
Anwartschaftszeit	142
Rahmenfrist	143
Anspruchsvoraussetzungen bei beruflicher Weiterbildung	144

Zweiter Unterabschnitt. Sonderformen des Arbeitslosengeldes

Minderung der Leistungsfähigkeit	145
Leistungsfortzahlung bei Arbeitsunfähigkeit	146

Dritter Unterabschnitt. Anspruchsdauer

Grundsatz	147
Minderung der Anspruchsdauer	148

Vierter Unterabschnitt. Höhe des Arbeitslosengeldes

Grundsatz	149
Bemessungszeitraum und Bemessungsrahmen	150
Bemessungsentgelt	151
Fiktive Bemessung	152
Leistungsentgelt	153
Berechnung und Leistung	154

Fünfter Unterabschnitt. Minderung des Arbeitslosengeldes, Zusammentreffen des Anspruchs mit sonstigem Einkommen und Ruhen des Anspruchs

Anrechnung von Nebeneinkommen	155
Ruhen des Anspruchs bei anderen Sozialleistungen	156
Ruhen des Anspruchs bei Arbeitsentgelt und Urlaubsabgeltung	157
Ruhen des Anspruchs bei Entlassungsentschädigung	158
Ruhen bei Sperrzeit	159
Ruhen bei Arbeitskämpfen	160

Sechster Unterabschnitt. Erlöschen des Anspruchs

Erlöschen des Anspruchs	161

Siebter Unterabschnitt. Teilarbeitslosengeld

Teilarbeitslosengeld	162

Achter Unterabschnitt. Verordnungsermächtigung und Anordnungsermächtigung

Verordnungsermächtigung	163
Anordnungsermächtigung	164

Zweiter Abschnitt. Insolvenzgeld

Anspruch	165
Anspruchsausschluss	166
Höhe	167
Vorschuss	168
Anspruchsübergang	169
Verfügungen über das Arbeitsentgelt	170

3 SGB III

3. Buch. Arbeitsförderung

	§§
Verfügungen über das Insolvenzgeld	171
Datenaustausch und Datenübermittlung	172

Dritter Abschnitt. Ergänzende Regelungen zur Sozialversicherung

Übernahme und Erstattung von Beiträgen bei Befreiung von der Versicherungspflicht in der Rentenversicherung	173
Übernahme von Beiträgen bei Befreiung von der Versicherungspflicht in der Kranken- und Pflegeversicherung	174
Zahlung von Pflichtbeiträgen bei Insolvenzereignis	175

Fünftes Kapitel. Zulassung von Trägern und Maßnahmen

Grundsatz	176
Fachkundige Stelle	177
Trägerzulassung	178
Maßnahmezulassung	179
Ergänzende Anforderungen an Maßnahmen der beruflichen Weiterbildung	180
Zulassungsverfahren	181
Beirat	182
Qualitätsprüfung	183
Verordnungsermächtigung	184

Sechstes Kapitel. Ergänzende vergabespezifische Regelungen

Vergabespezifisches Mindestentgelt für Aus- und Weiterbildungsdienstleistungen	185
(nicht mehr belegt)	186–239
(aufgehoben)	240–279a

Siebtes Kapitel. Weitere Aufgaben der Bundesagentur

Erster Abschnitt. Statistiken, Arbeitsmarkt- und Berufsforschung, Berichterstattung

Aufgaben	280
Arbeitsmarktstatistiken	281
Arbeitsmarkt- und Berufsforschung	282
Übermittlung von Daten	282a
Verarbeitung und Nutzung von Daten für die Ausbildungsvermittlung durch die Bundesagentur	282b
Arbeitsmarktberichterstattung, Weisungsrecht	283

Zweiter Abschnitt. Erteilung von Genehmigungen und Erlaubnissen

Erster Unterabschnitt. Beschäftigung von Ausländerinnen und Ausländern

Arbeitsgenehmigung-EU für Staatsangehörige der neuen EU-Mitgliedstaaten	284
(weggefallen)	285, 286
Gebühren für die Durchführung der Vereinbarungen über Werkvertragsarbeitnehmerinnen und Werkvertragsarbeitnehmer	287
Verordnungsermächtigung und Weisungsrecht	288

Zweiter Unterabschnitt. Beratung und Vermittlung durch Dritte

Erster Titel. Berufsberatung

Untersagung der Berufsberatung	288a
Offenbarungspflicht	289
Vergütungen	290

Zweiter Titel. Ausbildungsvermittlung und Arbeitsvermittlung

(aufgehoben)	291
Auslandsvermittlung, Anwerbung aus dem Ausland	292
(aufgehoben)	293–295
Vermittlungsvertrag zwischen Vermittlern und Arbeitsuchenden	296
Vergütungen bei Ausbildungsvermittlung	296a
Unwirksamkeit von Vereinbarungen	297
Behandlung von Daten	298
(aufgehoben)	299, 300

Inhaltsübersicht **SGB III 3**

§§

Dritter Titel. Verordnungsermächtigung

Verordnungsermächtigung 301
(aufgehoben) 302, 303

Dritter Abschnitt

(weggefallen) 304–308

Achtes Kapitel. Pflichten

Erster Abschnitt. Pflichten im Leistungsverfahren

Erster Unterabschnitt. Meldepflichten

Allgemeine Meldepflicht 309
Meldepflicht bei Wechsel der Zuständigkeit 310

Zweiter Unterabschnitt. Anzeige- und Bescheinigungspflichten

Anzeige- und Bescheinigungspflicht bei Arbeitsunfähigkeit 311
Arbeitsbescheinigung 312
Arbeitsbescheinigung für Zwecke des über- und zwischenstaatlichen Rechts 312a
Nebeneinkommensbescheinigung 313
Elektronische Bescheinigung 313a
Insolvenzgeldbescheinigung 314

Dritter Unterabschnitt. Auskunfts-, Mitwirkungs- und Duldungspflichten

Allgemeine Auskunftspflicht Dritter 315
Auskunftspflicht bei Leistung von Insolvenzgeld 316
Auskunftspflicht bei Kurzarbeitergeld und Wintergeld 317
Auskunftspflicht bei Maßnahmen der beruflichen Aus- oder Weiterbildung, Leistungen zur
 Teilhabe am Arbeitsleben, zur Aktivierung und beruflichen Eingliederung 318
Mitwirkungs- und Duldungspflichten 319

Vierter Unterabschnitt. Sonstige Pflichten

Berechnungs-, Auszahlungs-, Aufzeichnungs- und Anzeigepflichten 320

Zweiter Abschnitt. Schadensersatz bei Pflichtverletzungen

Schadensersatz 321

Dritter Abschnitt. Verordnungsermächtigung und Anordnungsermächtigung

Verordnungsermächtigung 321a
Anordnungsermächtigung 322

Neuntes Kapitel. Gemeinsame Vorschriften für Leistungen

Erster Abschnitt. Antrag und Fristen

Antragserfordernis 323
Antrag vor Leistung 324
Wirkung des Antrages 325
Ausschlußfrist für Gesamtabrechnung 326

Zweiter Abschnitt. Zuständigkeit

Grundsatz 327

Dritter Abschnitt. Leistungsverfahren in Sonderfällen

Vorläufige Entscheidung 328
Einkommensberechnung in besonderen Fällen 329
Sonderregelungen für die Aufhebung von Verwaltungsakten 330
Vorläufige Zahlungseinstellung 331
Übergang von Ansprüchen 332
Aufrechnung 333
Pfändung von Leistungen 334
Erstattung von Beiträgen zur Kranken-, Renten- und Pflegeversicherung 335

3 SGB III 3. Buch. Arbeitsförderung

	§§
Leistungsrechtliche Bindung	336
Wirkung von Widerspruch und Klage	336a

Vierter Abschnitt. Auszahlung von Geldleistungen

Auszahlung im Regelfall	337

Fünfter Abschnitt. Berechnungsgrundsätze

Allgemeine Berechnungsgrundsätze	338
Berechnung von Zeiten	339

Zehntes Kapitel. Finanzierung

Erster Abschnitt. Finanzierungsgrundsatz

Aufbringung der Mittel	340

Zweiter Abschnitt. Beiträge und Verfahren

Erster Unterabschnitt. Beiträge

Beitragssatz und Beitragsbemessung	341
Beitragspflichtige Einnahmen Beschäftigter	342
(aufgehoben)	343
Sonderregelungen für beitragspflichtige Einnahmen Beschäftigter	344
Beitragspflichtige Einnahmen sonstiger Versicherungspflichtiger	345
Pauschalierung der Beiträge	345a
Beitragspflichtige Einnahmen bei einem Versicherungspflichtverhältnis auf Antrag	345b

Zweiter Unterabschnitt. Verfahren

Beitragstragung bei Beschäftigten	346
Beitragstragung bei sonstigen Versicherten	347
Beitragszahlung für Beschäftigte	348
Beitragszahlung für sonstige Versicherungspflichtige	349
Beitragstragung und Beitragszahlung bei einem Versicherungspflichtverhältnis auf Antrag	349a
Meldungen der Sozialversicherungsträger	350
Beitragserstattung	351

Dritter Unterabschnitt. Verordnungsermächtigung, Anordnungsermächtigung und Ermächtigung zum Erlass von Verwaltungsvorschriften

Verordnungsermächtigung	352
Anordnungsermächtigung	352a
Ermächtigung zum Erlaß von Verwaltungsvorschriften	353

Dritter Abschnitt. Umlagen

Erster Unterabschnitt. Winterbeschäftigungs-Umlage

Grundsatz	354
Höhe der Umlage	355
Umlageabführung	356
Verordnungsermächtigung	357

Zweiter Unterabschnitt. Umlage für das Insolvenzgeld

Aufbringung der Mittel	358
Einzug und Weiterleitung der Umlage	359
Umlagesatz	360
Verordnungsermächtigung	361
(weggefallen)	362

Vierter Abschnitt. Beteiligung des Bundes

Finanzierung aus Bundesmitteln	363
Liquiditätshilfen	364
Stundung von Darlehen	365

	§§
Fünfter Abschnitt. Rücklage und Versorgungsfonds	
Bildung und Anlage der Rücklage	366
Versorgungsfonds	366a

Elftes Kapitel. Organisation und Datenschutz

Erster Abschnitt. Bundesagentur für Arbeit

Bundesagentur für Arbeit	367
Aufgaben der Bundesagentur	368
(weggefallen)	368a
Besonderheiten zum Gerichtsstand	369
Beteiligung an Gesellschaften	370

Zweiter Abschnitt. Selbstverwaltung

Erster Unterabschnitt. Verfassung

Selbstverwaltungsorgane	371
Satzung und Anordnungen	372
Verwaltungsrat	373
Verwaltungsausschüsse	374
(weggefallen)	374a
Amtsdauer	375
Entschädigung der ehrenamtlich Tätigen	376

Zweiter Unterabschnitt. Berufung und Abberufung

Berufung und Abberufung der Mitglieder	377
Berufungsfähigkeit	378
Vorschlagsberechtigte Stellen	379

Dritter Unterabschnitt. Neutralitätsausschuss

Neutralitätsausschuss	380

Dritter Abschnitt. Vorstand und Verwaltung

Vorstand der Bundesagentur	381
Rechtsstellung der Vorstandsmitglieder	382
Geschäftsführung der Agenturen für Arbeit	383
Geschäftsführung der Regionaldirektionen	384
Beauftragte für Chancengleichheit am Arbeitsmarkt	385
Innenrevision	386
Personal der Bundesagentur	387
Ernennung der Beamtinnen und Beamten	388
Anstellungsverhältnisse oberster Führungskräfte	389
Außertarifliche Arbeitsbedingungen und Vergütungen	390
(weggefallen)	391
Obergrenzen für Beförderungsämter	392

Vierter Abschnitt. Aufsicht

Aufsicht	393

Fünfter Abschnitt. Datenschutz

Erhebung, Verarbeitung und Nutzung von Daten durch die Bundesagentur	394
Datenübermittlung an Dritte; Erhebung, Verarbeitung und Nutzung von Sozialdaten durch nichtöffentliche Stellen	395
Kennzeichnungs- und Maßregelungsverbot	396
Automatisierter Datenabgleich	397
Datenübermittlung durch beauftragte Dritte	398
(weggefallen)	399–403

Zwölftes Kapitel. Bußgeldvorschriften

Erster Abschnitt. Bußgeldvorschriften

Bußgeldvorschriften	404

	§§
Zuständigkeit, Vollstreckung und Unterrichtung	405

Zweiter Abschnitt
(weggefallen).. 406, 407

Dreizehntes Kapitel. Sonderregelungen

Erster Abschnitt. Sonderregelungen im Zusammenhang mit der Herstellung der Einheit Deutschlands

Besondere Bezugsgröße und Beitragsbemessungsgrenze	408
(aufgehoben)	409–416a

Zweiter Abschnitt. Ergänzungen für übergangsweise mögliche Leistungen und zeitweilige Aufgaben

(weggefallen)	417
Tragung der Beiträge zur Arbeitsförderung bei Beschäftigung älterer Arbeitnehmerinnen und Arbeitnehmer	418
Sonderregelung zu Kurzarbeitergeld und Arbeitslosengeld	419
Versicherungsfreiheit von Teilnehmerinnen und Teilnehmern des Programms Soziale Teilhabe am Arbeitsmarkt	420
Förderung der Teilnahme an Sprachkursen	421
Arbeiten in Maßnahmen des Arbeitsmarktprogramms Flüchtlingsintegrationsmaßnahmen	421a

Dritter Abschnitt. Grundsätze bei Rechtsänderungen

Leistungen der aktiven Arbeitsförderung	422
(aufgehoben)	423, 424

Vierter Abschnitt. Sonderregelungen im Zusammenhang mit der Einordnung des Arbeitsförderungsrechts in das Sozialgesetzbuch

Übergang von der Beitrags- zur Versicherungspflicht	425
(aufgehoben)	426, 427
Gleichstellung von Mutterschaftszeiten	427a
Arbeitslosengeld unter erleichterten Voraussetzungen	428
(weggefallen)	429
Sonstige Entgeltersatzleistungen	430
(aufgehoben)	431–433

Fünfter Abschnitt. Übergangsregelungen auf Grund von Änderungsgesetzen

Gesetz zur Reform der Renten wegen verminderter Erwerbsfähigkeit	434
Gesetz zur Vereinfachung der Wahl der Arbeitnehmervertreter in den Aufsichtsrat	435
Zweites Gesetz für moderne Dienstleistungen am Arbeitsmarkt	436
Drittes Gesetz für moderne Dienstleistungen am Arbeitsmarkt	437
(weggefallen)	438
Siebtes Gesetz zur Änderung des Dritten Buches Sozialgesetzbuch und anderer Gesetze	439
Gesetz zur Neuausrichtung der arbeitsmarktpolitischen Instrumente	440
Bürgerentlastungsgesetz Krankenversicherung	441
Beschäftigungschancengesetz	442
Gesetz zur Verbesserung der Eingliederungschancen am Arbeitsmarkt	443
Gesetz zu Änderungen im Bereich der geringfügigen Beschäftigung	444
Gesetz zur Stärkung der beruflichen Weiterbildung und des Versicherungsschutzes in der Arbeitslosenversicherung	444a
Fünfundzwanzigstes Gesetz zur Änderung des Bundesausbildungsförderungsgesetzes	445
Zweites Gesetz zur Stärkung der pflegerischen Versorgung und zur Änderung weiterer Vorschriften	446

Erstes Kapitel. Allgemeine Vorschriften

Erster Abschnitt. Grundsätze

§ 1 Ziele der Arbeitsförderung. (1) ¹Die Arbeitsförderung soll dem Entstehen von Arbeitslosigkeit entgegenwirken, die Dauer der Arbeitslosigkeit

1. Kapitel. Allgemeine Vorschriften § 2 SGB III

verkürzen und den Ausgleich von Angebot und Nachfrage auf dem Ausbildungs- und Arbeitsmarkt unterstützen. ²Dabei ist insbesondere durch die Verbesserung der individuellen Beschäftigungsfähigkeit Langzeitarbeitslosigkeit zu vermeiden. ³Die Gleichstellung von Frauen und Männern ist als durchgängiges Prinzip der Arbeitsförderung zu verfolgen. ⁴Die Arbeitsförderung soll dazu beitragen, dass ein hoher Beschäftigungsstand erreicht und die Beschäftigungsstruktur ständig verbessert wird. ⁵Sie ist so auszurichten, dass sie der beschäftigungspolitischen Zielsetzung der Sozial-, Wirtschafts- und Finanzpolitik der Bundesregierung entspricht.

(2) Die Leistungen der Arbeitsförderung sollen insbesondere

1. die Transparenz auf dem Ausbildungs- und Arbeitsmarkt erhöhen, die berufliche und regionale Mobilität unterstützen und die zügige Besetzung offener Stellen ermöglichen,
2. die individuelle Beschäftigungsfähigkeit durch Erhalt und Ausbau von Fertigkeiten, Kenntnissen und Fähigkeiten fördern,
3. unterwertiger Beschäftigung entgegenwirken und
4. die berufliche Situation von Frauen verbessern, indem sie auf die Beseitigung bestehender Nachteile sowie auf die Überwindung eines geschlechtsspezifisch geprägten Ausbildungs- und Arbeitsmarktes hinwirken und Frauen mindestens entsprechend ihrem Anteil an den Arbeitslosen und ihrer relativen Betroffenheit von Arbeitslosigkeit gefördert werden.

(3) ¹Die Bundesregierung soll mit der Bundesagentur zur Durchführung der Arbeitsförderung Rahmenziele vereinbaren. ²Diese dienen der Umsetzung der Grundsätze dieses Buches. ³Die Rahmenziele werden spätestens zu Beginn einer Legislaturperiode überprüft.

§ 2 Zusammenwirken mit den Agenturen für Arbeit. (1) Die Agenturen für Arbeit erbringen insbesondere Dienstleistungen für Arbeitgeber, Arbeitnehmerinnen und Arbeitnehmer, indem sie

1. Arbeitgeber regelmäßig über Ausbildungs- und Arbeitsmarktentwicklungen, Ausbildungsuchende, Fachkräfteangebot und berufliche Bildungsmaßnahmen informieren sowie auf den Betrieb zugeschnittene Arbeitsmarktberatung und Vermittlung anbieten und
2. Arbeitnehmerinnen und Arbeitnehmer zur Vorbereitung der Berufswahl und zur Erschließung ihrer beruflichen Entwicklungsmöglichkeiten beraten, Vermittlungsangebote zur Ausbildungs- oder Arbeitsaufnahme entsprechend ihren Fähigkeiten unterbreiten sowie sonstige Leistungen der Arbeitsförderung erbringen.

(2) ¹Die Arbeitgeber haben bei ihren Entscheidungen verantwortungsvoll deren Auswirkungen auf die Beschäftigung der Arbeitnehmerinnen und Arbeitnehmer und von Arbeitslosen und damit die Inanspruchnahme von Leistungen der Arbeitsförderung einzubeziehen. ²Sie sollen dabei insbesondere

1. im Rahmen ihrer Mitverantwortung für die Entwicklung der beruflichen Leistungsfähigkeit der Arbeitnehmerinnen und Arbeitnehmer zur Anpassung an sich ändernde Anforderungen sorgen,
2. vorrangig durch betriebliche Maßnahmen die Inanspruchnahme von Leistungen der Arbeitsförderung sowie Entlassungen von Arbeitnehmerinnen und Arbeitnehmern vermeiden,

3. Arbeitnehmer vor der Beendigung des Arbeitsverhältnisses frühzeitig über die Notwendigkeit eigener Aktivitäten bei der Suche nach einer anderen Beschäftigung sowie über die Verpflichtung zur Meldung nach § 38 Abs. 1 bei der Agentur für Arbeit informieren, sie hierzu freistellen und die Teilnahme an erforderlichen Maßnahmen der beruflichen Weiterbildung ermöglichen.

(3) ¹Die Arbeitgeber sollen die Agenturen für Arbeit frühzeitig über betriebliche Veränderungen, die Auswirkungen auf die Beschäftigung haben können, unterrichten. ²Dazu gehören insbesondere Mitteilungen über

1. zu besetzende Ausbildungs- und Arbeitsstellen,
2. geplante Betriebserweiterungen und den damit verbundenen Arbeitskräftebedarf,
3. die Qualifikationsanforderungen an die einzustellenden Arbeitnehmerinnen und Arbeitnehmer,
4. geplante Betriebseinschränkungen oder Betriebsverlagerungen sowie die damit verbundenen Auswirkungen und
5. Planungen, wie Entlassungen von Arbeitnehmerinnen und Arbeitnehmern vermieden oder Übergänge in andere Beschäftigungsverhältnisse organisiert werden können.

(4) ¹Die Arbeitnehmerinnen und Arbeitnehmer haben bei ihren Entscheidungen verantwortungsvoll deren Auswirkungen auf ihre beruflichen Möglichkeiten einzubeziehen. ²Sie sollen insbesondere ihre berufliche Leistungsfähigkeit den sich ändernden Anforderungen anpassen.

(5) Die Arbeitnehmerinnen und Arbeitnehmer haben zur Vermeidung oder zur Beendigung von Arbeitslosigkeit insbesondere

1. ein zumutbares Beschäftigungsverhältnis fortzusetzen,
2. eigenverantwortlich nach Beschäftigung zu suchen, bei bestehendem Beschäftigungsverhältnis frühzeitig vor dessen Beendigung,
3. eine zumutbare Beschäftigung aufzunehmen und
4. an einer beruflichen Eingliederungsmaßnahme teilzunehmen.

§ 3 Leistungen der Arbeitsförderung. (1) Leistungen der Arbeitsförderung sind Leistungen nach Maßgabe des Dritten und Vierten Kapitels dieses Buches.

(2) Leistungen der aktiven Arbeitsförderung sind Leistungen nach Maßgabe des Dritten Kapitels dieses Buches und Arbeitslosengeld bei beruflicher Weiterbildung.

(3) Leistungen der aktiven Arbeitsförderung sind Ermessensleistungen mit Ausnahme

1. des Aktivierungs- und Vermittlungsgutscheins nach § 45 Absatz 7,
2. der Berufsausbildungsbeihilfe während der ersten Berufsausbildung oder einer berufsvorbereitenden Bildungsmaßnahme,
3. der Leistung zur Vorbereitung auf den nachträglichen Erwerb des Hauptschulabschlusses oder eines gleichwertigen Schulabschlusses im Rahmen einer berufsvorbereitenden Bildungsmaßnahme,
4. der Weiterbildungskosten zum nachträglichen Erwerb des Hauptschulabschlusses oder eines gleichwertigen Schulabschlusses,

5. des Kurzarbeitergeldes bei Arbeitsausfall,
6. des Wintergeldes,
7. der Leistungen zur Förderung der Teilnahme an Transfermaßnahmen,
8. der besonderen Leistungen zur Teilhabe am Arbeitsleben und
9. des Arbeitslosengeldes bei beruflicher Weiterbildung.
(4) Entgeltersatzleistungen sind
1. Arbeitslosengeld bei Arbeitslosigkeit und bei beruflicher Weiterbildung,
2. Teilarbeitslosengeld bei Teilarbeitslosigkeit,
3. Übergangsgeld bei Teilnahme an Maßnahmen zur Teilhabe am Arbeitsleben,
4. Kurzarbeitergeld bei Arbeitsausfall,
5. Insolvenzgeld bei Zahlungsunfähigkeit des Arbeitgebers.

§ 4 Vorrang der Vermittlung. (1) Die Vermittlung in Ausbildung und Arbeit hat Vorrang vor den Leistungen zum Ersatz des Arbeitsentgelts bei Arbeitslosigkeit.

(2) [1] Der Vermittlungsvorrang gilt auch im Verhältnis zu den sonstigen Leistungen der aktiven Arbeitsförderung, es sei denn, die Leistung ist für eine dauerhafte Eingliederung erforderlich. [2] Von der Erforderlichkeit für die dauerhafte Eingliederung ist insbesondere auszugehen, wenn Arbeitnehmerinnen und Arbeitnehmer mit fehlendem Berufsabschluss an einer nach § 81 geförderten beruflichen Weiterbildung teilnehmen.

§ 5 Vorrang der aktiven Arbeitsförderung. Die Leistungen der aktiven Arbeitsförderung sind entsprechend ihrer jeweiligen Zielbestimmung und den Ergebnissen der Beratungs- und Vermittlungsgespräche einzusetzen, um sonst erforderliche Leistungen zum Ersatz des Arbeitsentgelts bei Arbeitslosigkeit nicht nur vorübergehend zu vermeiden und dem Entstehen von Langzeitarbeitslosigkeit vorzubeugen.

§ 6 *(aufgehoben)*

§ 7 Auswahl von Leistungen der aktiven Arbeitsförderung. [1] Bei der Auswahl von Ermessensleistungen der aktiven Arbeitsförderung hat die Agentur für Arbeit unter Beachtung des Grundsatzes der Wirtschaftlichkeit und Sparsamkeit die für den Einzelfall am besten geeignete Leistung oder Kombination von Leistungen zu wählen. [2] Dabei ist grundsätzlich auf
1. die Fähigkeiten der zu fördernden Personen,
2. die Aufnahmefähigkeit des Arbeitsmarktes und
3. den anhand der Ergebnisse der Beratungs- und Vermittlungsgespräche ermittelten arbeitsmarktpolitischen Handlungsbedarf
abzustellen.

§ 8 Vereinbarkeit von Familie und Beruf. (1) Die Leistungen der aktiven Arbeitsförderung sollen in ihrer zeitlichen, inhaltlichen und organisatorischen Ausgestaltung die Lebensverhältnisse von Frauen und Männern berücksichtigen, die aufsichtsbedürftige Kinder betreuen und erziehen oder pflegebedürftige Personen betreuen oder nach diesen Zeiten wieder in die Erwerbstätigkeit zurückkehren wollen.

(2) ¹Berufsrückkehrende sollen die zu ihrer Rückkehr in die Erwerbstätigkeit notwendigen Leistungen der aktiven Arbeitsförderung unter den Voraussetzungen dieses Buches erhalten. ²Hierzu gehören insbesondere Beratung und Vermittlung sowie die Förderung der beruflichen Weiterbildung durch Übernahme der Weiterbildungskosten.

§§ 8a, 8b *(aufgehoben)*

§ 9 Ortsnahe Leistungserbringung.
(1) ¹Die Leistungen der Arbeitsförderung sollen vorrangig durch die örtlichen Agenturen für Arbeit erbracht werden. ²Dabei haben die Agenturen für Arbeit die Gegebenheiten des örtlichen und überörtlichen Arbeitsmarktes zu berücksichtigen.

(2) ¹Die Agenturen für Arbeit sollen die Vorgänge am Arbeitsmarkt besser durchschaubar machen. ²Sie haben zum Ausgleich von Angebot und Nachfrage auf dem örtlichen und überörtlichen Arbeitsmarkt beizutragen. ³Der Einsatz der aktiven Arbeitsmarktpolitik ist zur Verbesserung der Wirksamkeit und Steuerung regelmäßig durch die Agenturen für Arbeit zu überprüfen. ⁴Dazu ist ein regionales Arbeitsmarktmonitoring einzurichten. ⁵Arbeitsmarktmonitoring ist ein System wiederholter Beobachtungen, Bilanzierungen, Trendbeschreibungen und Bewertungen der Vorgänge auf dem Arbeitsmarkt einschließlich der den Arbeitsmarktausgleich unterstützenden Maßnahmen.

(3) ¹Die Agenturen für Arbeit arbeiten zur Erfüllung ihrer Aufgaben mit den Gemeinden, Kreisen und Bezirken sowie den weiteren Beteiligten des örtlichen Ausbildungs- und Arbeitsmarktes zusammen, insbesondere mit den

1. Leistungsträgern im Sinne des § 12 des Ersten Buches[1]) sowie Trägern von Leistungen nach dem Bundesversorgungsgesetz und dem Asylbewerberleistungsgesetz,
2. Vertreterinnen und Vertretern der Arbeitgeber sowie der Arbeitnehmerinnen und Arbeitnehmer,
3. Kammern und berufsständischen Organisationen,
4. Ausländerbehörden und dem Bundesamt für Migration und Flüchtlinge,
5. allgemein- und berufsbildenden Schulen und Stellen der Schulverwaltung sowie Hochschulen,
6. Einrichtungen und Stellen des öffentlichen Gesundheitsdienstes und sonstigen Einrichtungen und Diensten des Gesundheitswesens sowie
7. Trägern der freien Wohlfahrtspflege und Dritten, die Leistungen nach diesem Buch erbringen.

²Die Zusammenarbeit mit den Stellen nach Satz 1 erfolgt auf der Grundlage der Gegenseitigkeit insbesondere, um

1. eine gleichmäßige oder gemeinsame Durchführung von Maßnahmen zu beraten oder zu sichern und
2. Leistungsmissbrauch zu verhindern oder aufzudecken.

---

[1]) Nr. 1.

1. Kapitel. Allgemeine Vorschriften §§ 9a–11 SGB III

³ Die Agenturen für Arbeit sollen ihre Planungen rechtzeitig mit Trägern von Maßnahmen der Arbeitsförderung erörtern.

§ 9a Zusammenarbeit mit den für die Wahrnehmung der Aufgaben der Grundsicherung für Arbeitsuchende zuständigen gemeinsamen Einrichtungen und zugelassenen kommunalen Trägern. ¹ Beziehen erwerbsfähige Leistungsberechtigte nach dem Zweiten Buch[1] auch Leistungen der Arbeitsförderung, so sind die Agenturen für Arbeit verpflichtet, eng mit den für die Wahrnehmung der Aufgaben der Grundsicherung für Arbeitsuchende zuständigen gemeinsamen Einrichtungen und zugelassenen kommunalen Trägern zusammenzuarbeiten. ² Sie unterrichten diese unverzüglich über die ihnen insoweit bekannten, für die Wahrnehmung der Aufgaben der Grundsicherung für Arbeitsuchende erforderlichen Tatsachen, insbesondere über

1. die für erwerbsfähige Leistungsberechtigte im Sinne des Zweiten Buches vorgesehenen und erbrachten Leistungen der aktiven Arbeitsförderung, sowie
2. über die bei diesen Personen eintretenden Sperrzeiten.

§ 10 *(aufgehoben)*

§ 11 Eingliederungsbilanz. (1) ¹ Die Bundesagentur und jede Agentur für Arbeit erstellen nach Abschluss eines Haushaltsjahres über ihre Ermessensleistungen der aktiven Arbeitsförderung eine Eingliederungsbilanz. ² Die Eingliederungsbilanzen müssen vergleichbar sein und sollen Aufschluss über den Mitteleinsatz, die geförderten Personengruppen und die Wirkung der Förderung geben.

(2) ¹ Die Eingliederungsbilanzen sollen insbesondere Angaben enthalten zu

1. dem Anteil der Gesamtausgaben an den zugewiesenen Mitteln sowie zu den Ausgaben für die einzelnen Leistungen und ihrem Anteil an den Gesamtausgaben,
2. den durchschnittlichen Ausgaben für die einzelnen Leistungen je geförderte Arbeitnehmerin und je geförderten Arbeitnehmer unter Berücksichtigung der besonders förderungsbedürftigen Personengruppen, insbesondere Langzeitarbeitslose, schwerbehinderte Menschen, Ältere, Berufsrückkehrende und Personen mit geringer Qualifikation,
3. der Beteiligung besonders förderungsbedürftiger Personengruppen an den einzelnen Leistungen unter Berücksichtigung ihres Anteils an den Arbeitslosen,
4. der Beteiligung von Frauen an Maßnahmen der aktiven Arbeitsförderung unter Berücksichtigung ihres Anteils an den Arbeitslosen und ihrer relativen Betroffenheit von Arbeitslosigkeit sowie Angaben zu Maßnahmen, die zu einer gleichberechtigten Teilhabe von Frauen am Arbeitsmarkt beigetragen haben,
5. dem Verhältnis der Zahl der Arbeitslosen, die in eine nicht geförderte Beschäftigung vermittelt wurden, zu der Zahl aller Abgänge aus Arbeitslosig-

---

[1] Nr. 2.

keit in eine nicht geförderte Beschäftigung (Vermittlungsquote); dabei sind besonders förderungsbedürftige Personengruppen gesondert auszuweisen,

6. dem Verhältnis

   a) der Zahl der Arbeitnehmerinnen und Arbeitnehmer, die sechs Monate nach Abschluss einer Maßnahme der aktiven Arbeitsförderung nicht mehr arbeitslos sind, sowie

   b) der Zahl der Arbeitnehmerinnen und Arbeitnehmer, die nach angemessener Zeit im Anschluss an eine Maßnahme der aktiven Arbeitsförderung sozialversicherungspflichtig beschäftigt sind,

   jeweils zu der Zahl der geförderten Arbeitnehmerinnen und Arbeitnehmer in den einzelnen Maßnahmebereichen; dabei sind besonders förderungsbedürftige Personengruppen gesondert auszuweisen,

7. der Entwicklung der Rahmenbedingungen für die Eingliederung auf dem regionalen Arbeitsmarkt,

8. der Veränderung der Maßnahmen im Zeitverlauf,

9. der Arbeitsmarktsituation von Personen mit Migrationshintergrund.

²Die Zentrale der Bundesagentur stellt den Agenturen für Arbeit einheitliche Berechnungsmaßstäbe zu den einzelnen Angaben zur Verfügung, um die Vergleichbarkeit der Eingliederungsbilanzen sicherzustellen.

(3) ¹Die Eingliederungsbilanzen der Agenturen für Arbeit sind mit den Beteiligten des örtlichen Arbeitsmarktes zu erörtern. ²Dazu sind sie um einen Teil zu ergänzen, der weiteren Aufschluss gibt über die Leistungen und ihre Wirkungen auf den örtlichen Arbeitsmarkt, Aufschluss über die Konzentration der Maßnahmen auf einzelne Träger sowie Aufschluss über die Zusammensetzung der Maßnahmen zur Aktivierung und beruflichen Eingliederung sowie über die an diesen Maßnahmen teilnehmenden Personen und deren weitere Eingliederung in den Ausbildungs- und Arbeitsmarkt.

(4) Die Eingliederungsbilanzen sind bis zum 31. Oktober des folgenden Jahres fertigzustellen und zu veröffentlichen.

Zweiter Abschnitt. Berechtigte

§ 12 Geltung der Begriffsbestimmungen. Die in diesem Abschnitt enthaltenen Begriffsbestimmungen sind nur für dieses Buch maßgeblich.

§ 13 Heimarbeiterinnen und Heimarbeiter. Arbeitnehmerinnen und Arbeitnehmer im Sinne dieses Buches sind auch Heimarbeiterinnen und Heimarbeiter (§ 12 Abs. 2 des Vierten Buches[1]).

§ 14 Auszubildende. Auszubildende sind die zur Berufsausbildung Beschäftigten und Teilnehmende an nach diesem Buch förderungsfähigen berufsvorbereitenden Bildungsmaßnahmen sowie Teilnehmende an einer Einstiegsqualifizierung.

§ 15 Ausbildung- und Arbeitsuchende. ¹Ausbildungsuchende sind Personen, die eine Berufsausbildung suchen. ²Arbeitsuchende sind Personen, die

---

[1] Nr. 4.

eine Beschäftigung als Arbeitnehmerin und Arbeitnehmer suchen. ³Dies gilt auch, wenn sie bereits eine Beschäftigung oder eine selbständige Tätigkeit ausüben.

§ 16 Arbeitslose. (1) Arbeitslose sind Personen, die wie beim Anspruch auf Arbeitslosengeld
1. vorübergehend nicht in einem Beschäftigungsverhältnis stehen,
2. eine versicherungspflichtige Beschäftigung suchen und dabei den Vermittlungsbemühungen der Agentur für Arbeit zur Verfügung stehen und
3. sich bei der Agentur für Arbeit arbeitslos gemeldet haben.

(2) An Maßnahmen der aktiven Arbeitsmarktpolitik Teilnehmende gelten als nicht arbeitslos.

§ 17 Drohende Arbeitslosigkeit. Von Arbeitslosigkeit bedroht sind Personen, die
1. versicherungspflichtig beschäftigt sind,
2. alsbald mit der Beendigung der Beschäftigung rechnen müssen und
3. voraussichtlich nach Beendigung der Beschäftigung arbeitslos werden.

§ 18 Langzeitarbeitslose. (1) ¹Langzeitarbeitslose sind Arbeitslose, die ein Jahr und länger arbeitslos sind. ²Die Teilnahme an einer Maßnahme nach § 45 sowie Zeiten einer Erkrankung oder sonstiger Nicht-Erwerbstätigkeit bis zu sechs Wochen unterbrechen die Dauer der Arbeitslosigkeit nicht.

(2) Für Leistungen, die Langzeitarbeitslosigkeit voraussetzen, bleiben folgende Unterbrechungen der Arbeitslosigkeit innerhalb eines Zeitraums von fünf Jahren unberücksichtigt:
1. Zeiten einer Maßnahme der aktiven Arbeitsförderung oder zur Eingliederung in Arbeit nach dem Zweiten Buch[1)],
2. Zeiten einer Krankheit, einer Pflegebedürftigkeit oder eines Beschäftigungsverbots nach dem Mutterschutzgesetz,
3. Zeiten der Betreuung und Erziehung aufsichtsbedürftiger Kinder oder der Betreuung pflegebedürftiger Personen,
4. Zeiten eines Integrationskurses nach § 43 des Aufenthaltsgesetzes oder einer berufsbezogenen Deutschsprachförderung nach § 45a des Aufenthaltsgesetzes sowie Zeiten einer Maßnahme, die für die Feststellung der Gleichwertigkeit der im Ausland erworbenen Berufsqualifikation mit einer inländischen Berufsqualifikation, für die Erteilung der Befugnis zur Berufsausübung oder für die Erteilung der Erlaubnis zum Führen der Berufsbezeichnung erforderlich ist,
5. Beschäftigungen oder selbständige Tätigkeiten bis zu einer Dauer von insgesamt sechs Monaten,
6. Zeiten, in denen eine Beschäftigung rechtlich nicht möglich war, und
7. kurze Unterbrechungen der Arbeitslosigkeit ohne Nachweis.

[1)] Nr. 2.

(3) Ergibt sich der Sachverhalt einer unschädlichen Unterbrechung üblicherweise nicht aus den Unterlagen der Arbeitsvermittlung, so reicht Glaubhaftmachung aus.

§ 19 Behinderte Menschen. (1) Behindert im Sinne dieses Buches sind Menschen, deren Aussichten, am Arbeitsleben teilzuhaben oder weiter teilzuhaben, wegen Art oder Schwere ihrer Behinderung im Sinne von § 2 Abs. 1 des Neunten Buches[1]) nicht nur vorübergehend wesentlich gemindert sind und die deshalb Hilfen zur Teilhabe am Arbeitsleben benötigen, einschließlich lernbehinderter Menschen.

(2) Behinderten Menschen stehen Menschen gleich, denen eine Behinderung mit den in Absatz 1 genannten Folgen droht.

§ 20 Berufsrückkehrende. Berufsrückkehrende sind Frauen und Männer, die

1. ihre Erwerbstätigkeit oder Arbeitslosigkeit oder eine betriebliche Berufsausbildung wegen der Betreuung und Erziehung von aufsichtsbedürftigen Kindern oder der Betreuung pflegebedürftiger Personen unterbrochen haben und

2. in angemessener Zeit danach in die Erwerbstätigkeit zurückkehren wollen.

§ 21 Träger. Träger sind natürliche oder juristische Personen oder Personengesellschaften, die Maßnahmen der Arbeitsförderung selbst durchführen oder durch Dritte durchführen lassen.

Dritter Abschnitt. Verhältnis der Leistungen aktiver Arbeitsförderung zu anderen Leistungen

§ 22 Verhältnis zu anderen Leistungen. (1) Leistungen der aktiven Arbeitsförderung dürfen nur erbracht werden, wenn nicht andere Leistungsträger oder andere öffentlich-rechtliche Stellen zur Erbringung gleichartiger Leistungen gesetzlich verpflichtet sind.

(2) [1] Allgemeine und besondere Leistungen zur Teilhabe am Arbeitsleben dürfen nur erbracht werden, sofern nicht ein anderer Rehabilitationsträger im Sinne des Neunten Buches[1]) zuständig ist. [2] Der Eingliederungszuschuss für besonders betroffene schwerbehinderte Menschen nach § 90 Absatz 2 bis 4 und Zuschüsse zur Ausbildungsvergütung für schwerbehinderte Menschen nach § 73 dürfen auch dann erbracht werden, wenn ein anderer Leistungsträger zur Erbringung gleichartiger Leistungen gesetzlich verpflichtet ist oder, ohne gesetzlich verpflichtet zu sein, Leistungen erbringt. [3] In diesem Fall werden die Leistungen des anderen Leistungsträgers angerechnet.

(3) [1] Soweit Leistungen zur Förderung der Berufsausbildung und zur Förderung der beruflichen Weiterbildung der Sicherung des Lebensunterhaltes dienen, gehen sie der Ausbildungsbeihilfe nach § 44 des Strafvollzugsgesetzes vor. [2] Die Leistungen für Gefangene dürfen die Höhe der Ausbildungsbeihilfe nach § 44 des Strafvollzugsgesetzes nicht übersteigen. [3] Sie werden den Gefan-

---
[1]) Nr. 9.

1. Kapitel. Allgemeine Vorschriften § 23 SGB III 3

genen nach einer Förderzusage der Agentur für Arbeit in Vorleistung von den Ländern erbracht und von der Bundesagentur erstattet.

(4) ¹Folgende Leistungen des Dritten Kapitels werden nicht an oder für erwerbsfähige Leistungsberechtigte im Sinne des Zweiten Buches[1] erbracht:

1. Leistungen nach § 35,
2. Leistungen zur Aktivierung und beruflichen Eingliederung nach dem Zweiten Abschnitt,
3. Leistungen zur Berufsausbildung nach dem Vierten Unterabschnitt des Dritten Abschnitts und Leistungen nach den §§ 54a und 130,
4. Leistungen zur beruflichen Weiterbildung nach dem Vierten Abschnitt und Leistungen nach den §§ 131a und 131b,
5. Leistungen zur Aufnahme einer sozialversicherungspflichtigen Beschäftigung nach dem Ersten Unterabschnitt des Fünften Abschnitts,
6. Leistungen der Teilhabe behinderter Menschen am Arbeitsleben nach den §§ 112 bis 114, 115 Nummer 1 bis 3 mit Ausnahme berufsvorbereitender Bildungsmaßnahmen und der Berufsausbildungsbeihilfe, § 116 Absatz 1, 2 und 5, den §§ 117, 118 Satz 1 Nummer 1 und 3 sowie den §§ 119 bis 121, 127 und 128.

²Sofern die Bundesagentur für die Erbringung von Leistungen nach § 35 besondere Dienststellen nach § 367 Abs. 2 Satz 2 eingerichtet oder zusätzliche Vermittlungsdienstleistungen agenturübergreifend organisiert hat, erbringt sie die dort angebotenen Vermittlungsleistungen abweichend von Satz 1 auch an oder für erwerbsfähige Leistungsberechtigte im Sinne des Zweiten Buches. ³Eine Leistungserbringung an oder für erwerbsfähige Leistungsberechtigte im Sinne des Zweiten Buches nach den Grundsätzen der §§ 88 bis 92 des Zehnten Buches[2] bleibt ebenfalls unberührt. ⁴Die Agenturen für Arbeit dürfen Aufträge nach Satz 3 zur Ausbildungsvermittlung nur aus wichtigem Grund ablehnen. ⁵Satz 1 gilt nicht für erwerbsfähige Leistungsberechtigte im Sinne des Zweiten Buches, die einen Anspruch auf Arbeitslosengeld oder Teilarbeitslosengeld haben; die Sätze 2 bis 4 finden insoweit keine Anwendung.

§ 23 Vorleistungspflicht der Arbeitsförderung. (1) Solange und soweit eine vorrangige Stelle Leistungen nicht gewährt, sind Leistungen der aktiven Arbeitsförderung so zu erbringen, als wenn die Verpflichtung dieser Stelle nicht bestünde.

(2) ¹Hat die Agentur für Arbeit für eine andere öffentlich-rechtliche Stelle vorgeleistet, ist die zur Leistung verpflichtete öffentlich-rechtliche Stelle der Bundesagentur erstattungspflichtig. ²Für diese Erstattungsansprüche gelten die Vorschriften des Zehnten Buches[2] über die Erstattungsansprüche der Sozialleistungsträger untereinander entsprechend.

---

[1] Nr. 2.
[2] Nr. 10.

Zweites Kapitel. Versicherungspflicht

Erster Abschnitt. Beschäftigte, Sonstige Versicherungspflichtige

§ 24 Versicherungspflichtverhältnis. (1) In einem Versicherungspflichtverhältnis stehen Personen, die als Beschäftigte oder aus sonstigen Gründen versicherungspflichtig sind.

(2) Das Versicherungspflichtverhältnis beginnt für Beschäftigte mit dem Tag des Eintritts in das Beschäftigungsverhältnis oder mit dem Tag nach dem Erlöschen der Versicherungsfreiheit, für die sonstigen Versicherungspflichtigen mit dem Tag, an dem erstmals die Voraussetzungen für die Versicherungspflicht erfüllt sind.

(3) Das Versicherungspflichtverhältnis für Beschäftigte besteht während eines Arbeitsausfalls mit Entgeltausfall im Sinne der Vorschriften über das Kurzarbeitergeld fort.

(4) Das Versicherungspflichtverhältnis endet für Beschäftigte mit dem Tag des Ausscheidens aus dem Beschäftigungsverhältnis oder mit dem Tag vor Eintritt der Versicherungsfreiheit, für die sonstigen Versicherungspflichtigen mit dem Tag, an dem die Voraussetzungen für die Versicherungspflicht letztmals erfüllt waren.

§ 25 Beschäftigte. (1) [1] Versicherungspflichtig sind Personen, die gegen Arbeitsentgelt oder zu ihrer Berufsausbildung beschäftigt (versicherungspflichtige Beschäftigung) sind. [2] Auszubildende, die im Rahmen eines Berufsausbildungsvertrages nach dem Berufsbildungsgesetz in einer außerbetrieblichen Einrichtung ausgebildet werden, und Teilnehmerinnen und Teilnehmer an dualen Studiengängen stehen den Beschäftigten zur Berufsausbildung im Sinne des Satzes 1 gleich.

(2) [1] Bei Wehrdienstleistenden und Zivildienstleistenden, denen nach gesetzlichen Vorschriften für die Zeit ihres Dienstes Arbeitsentgelt weiterzugewähren ist, gilt das Beschäftigungsverhältnis durch den Wehrdienst oder Zivildienst als nicht unterbrochen. [2] Personen, die nach dem Vierten Abschnitt des Soldatengesetzes Wehrdienst leisten, sind in dieser Beschäftigung nicht nach Absatz 1 versicherungspflichtig; sie gelten als Wehrdienst Leistende im Sinne des § 26 Abs. 1 Nr. 2. [3] Die Sätze 1 und 2 gelten auch für Personen in einem Wehrdienstverhältnis besonderer Art nach § 6 des Einsatz-Weiterverwendungsgesetzes, wenn sie den Einsatzunfall in einem Versicherungspflichtverhältnis erlitten haben.

§ 26 Sonstige Versicherungspflichtige. (1) Versicherungspflichtig sind

1. Jugendliche, die in Einrichtungen der beruflichen Rehabilitation nach § 51 des Neunten Buches[1)] Leistungen zur Teilhabe am Arbeitsleben erhalten, die ihnen eine Erwerbstätigkeit auf dem allgemeinen Arbeitsmarkt ermöglichen sollen, sowie Personen, die in Einrichtungen der Jugendhilfe für eine Erwerbstätigkeit befähigt werden sollen,

---

1) Nr. 9.

2. Kapitel. Versicherungspflicht **§ 26 SGB III 3**

2. Personen, die nach Maßgabe des Wehrpflichtgesetzes, des § 58b des Soldatengesetzes oder des Zivildienstgesetzes Wehrdienst oder Zivildienst leisten und während dieser Zeit nicht als Beschäftigte versicherungspflichtig sind,
3. *(aufgehoben)*
3a. *(aufgehoben)*
4. Gefangene, die Arbeitsentgelt, Ausbildungsbeihilfe oder Ausfallentschädigung (§§ 43 bis 45, 176 und 177 des Strafvollzugsgesetzes) erhalten oder Ausbildungsbeihilfe nur wegen des Vorrangs von Leistungen zur Förderung der Berufsausbildung nach diesem Buch nicht erhalten; das Versicherungsverhältnis gilt während arbeitsfreier Sonnabende, Sonntage und gesetzlicher Feiertage als fortbestehend, wenn diese Tage innerhalb eines zusammenhängenden Arbeits- oder Ausbildungsabschnittes liegen. Gefangene im Sinne dieses Buches sind Personen, die im Vollzug von Untersuchungshaft, Freiheitsstrafen und freiheitsentziehenden Maßregeln der Besserung und Sicherung oder einstweilig nach § 126a Abs. 1 der Strafprozessordnung untergebracht sind,
5. Personen, die als nicht satzungsmäßige Mitglieder geistlicher Genossenschaften oder ähnlicher religiöser Gemeinschaften für den Dienst in einer solchen Genossenschaft oder ähnlichen religiösen Gemeinschaft außerschulisch ausgebildet werden.

(2) Versicherungspflichtig sind Personen in der Zeit, für die sie
1. von einem Leistungsträger Mutterschaftsgeld, Krankengeld, Versorgungskrankengeld, Verletztengeld oder von einem Träger der medizinischen Rehabilitation Übergangsgeld beziehen,
2. von einem privaten Krankenversicherungsunternehmen Krankentagegeld beziehen,
2a. von einem privaten Krankenversicherungsunternehmen, von einem Beihilfeträger des Bundes, von einem sonstigen öffentlich-rechtlichen Träger von Kosten in Krankheitsfällen auf Bundesebene, von dem Träger der Heilfürsorge im Bereich des Bundes, von dem Träger der truppenärztlichen Versorgung oder von einem öffentlich-rechtlichen Träger von Kosten in Krankheitsfällen auf Landesebene, soweit Landesrecht dies vorsieht, Leistungen für den Ausfall von Arbeitseinkünften im Zusammenhang mit einer nach den §§ 8 und 8a des Transplantationsgesetzes erfolgenden Spende von Organen oder Geweben oder im Zusammenhang mit einer im Sinne von § 9 des Transfusionsgesetzes erfolgenden Spende von Blut zur Separation von Blutstammzellen oder anderen Blutbestandteilen beziehen,
2b. von einer Pflegekasse, einem privaten Versicherungsunternehmen, der Festsetzungsstelle für die Beihilfe oder dem Dienstherrn Pflegeunterstützungsgeld beziehen oder
3. von einem Träger der gesetzlichen Rentenversicherung eine Rente wegen voller Erwerbsminderung beziehen,

wenn sie unmittelbar vor Beginn der Leistung versicherungspflichtig waren oder Anspruch auf eine laufende Entgeltersatzleistung nach diesem Buch hatten.

(2a) [1] Versicherungspflichtig sind Personen in der Zeit, in der sie ein Kind, das das dritte Lebensjahr noch nicht vollendet hat, erziehen, wenn sie

1. unmittelbar vor der Kindererziehung versicherungspflichtig waren oder Anspruch auf eine laufende Entgeltersatzleistung nach diesem Buch hatten und
2. sich mit dem Kind im Inland gewöhnlich aufhalten oder bei Aufenthalt im Ausland Anspruch auf Kindergeld nach dem Einkommensteuergesetz oder Bundeskindergeldgesetz haben oder ohne die Anwendung des § 64 oder § 65 des Einkommensteuergesetzes oder des § 3 oder § 4 des Bundeskindergeldgesetzes haben würden.

² Satz 1 gilt nur für Kinder
1. der oder des Erziehenden,
2. seiner nicht dauernd getrennt lebenden Ehegattin oder ihres nicht dauernd getrennt lebenden Ehegatten oder
3. ihrer nicht dauernd getrennt lebenden Lebenspartnerin oder seines nicht dauernd getrennt lebenden Lebenspartners.

³ Haben mehrere Personen ein Kind gemeinsam erzogen, besteht Versicherungspflicht nur für die Person, der nach den Regelungen des Rechts der gesetzlichen Rentenversicherung die Erziehungszeit zuzuordnen ist (§ 56 Abs. 2 des Sechsten Buches[1]).

(2b) ¹ Versicherungspflichtig sind Personen in der Zeit, in der sie als Pflegeperson einen Pflegebedürftigen mit mindestens Pflegegrad 2 im Sinne des Elften Buches[2], der Leistungen aus der Pflegeversicherung nach dem Elften Buch oder Hilfe zur Pflege nach dem Zwölften Buch[3] oder gleichartige Leistungen nach anderen Vorschriften bezieht, nicht erwerbsmäßig wenigstens zehn Stunden wöchentlich, verteilt auf regelmäßig mindestens zwei Tage in der Woche, in seiner häuslichen Umgebung pflegen, wenn sie unmittelbar vor Beginn der Pflegetätigkeit versicherungspflichtig waren oder Anspruch auf eine laufende Entgeltersatzleistung nach diesem Buch hatten. ² Versicherungspflicht besteht auch, wenn die Voraussetzungen durch die Pflege mehrerer Pflegebedürftiger erfüllt werden.

(3) ¹ Nach Absatz 1 Nr. 1 ist nicht versicherungspflichtig, wer nach § 25 Abs. 1 versicherungspflichtig ist. ² Nach Absatz 1 Nr. 4 ist nicht versicherungspflichtig, wer nach anderen Vorschriften dieses Buches versicherungspflichtig ist. ³ Versicherungspflichtig wegen des Bezuges von Mutterschaftsgeld nach Absatz 2 Nr. 1 ist nicht, wer nach Absatz 2a versicherungspflichtig ist. ⁴ Nach Absatz 2 Nr. 2 ist nicht versicherungspflichtig, wer nach Absatz 2 Nr. 1 versicherungspflichtig ist oder während des Bezugs von Krankentagegeld Anspruch auf Entgeltersatzleistungen nach diesem Buch hat. ⁵ Nach Absatz 2a und 2b ist nicht versicherungspflichtig, wer nach anderen Vorschriften dieses Buches versicherungspflichtig ist oder während der Zeit der Erziehung oder Pflege Anspruch auf Entgeltersatzleistungen nach diesem Buch hat; Satz 3 bleibt unberührt. ⁶ Trifft eine Versicherungspflicht nach Absatz 2a mit einer Versicherungspflicht nach Absatz 2b zusammen, geht die Versicherungspflicht nach Absatz 2a vor.

§ 27 Versicherungsfreie Beschäftigte. (1) Versicherungsfrei sind Personen in einer Beschäftigung als

---
[1] Nr. 6.
[2] Nr. 11.
[3] Nr. 12.

2. Kapitel. Versicherungspflicht § 27 SGB III 3

1. Beamtin, Beamter, Richterin, Richter, Soldatin auf Zeit, Soldat auf Zeit, Berufssoldatin oder Berufssoldat der Bundeswehr sowie als sonstige Beschäftigte oder sonstiger Beschäftigter des Bundes, eines Landes, eines Gemeindeverbandes, einer Gemeinde, einer öffentlich-rechtlichen Körperschaft, Anstalt, Stiftung oder eines Verbandes öffentlich-rechtlicher Körperschaften oder deren Spitzenverbänden, wenn sie nach beamtenrechtlichen Vorschriften oder Grundsätzen bei Krankheit Anspruch auf Fortzahlung der Bezüge und auf Beihilfe oder Heilfürsorge haben,
2. Geistliche der als öffentlich-rechtliche Körperschaften anerkannten Religionsgesellschaften, wenn sie nach beamtenrechtlichen Vorschriften oder Grundsätzen bei Krankheit Anspruch auf Fortzahlung der Bezüge und auf Beihilfe haben,
3. Lehrerin oder Lehrer an privaten genehmigten Ersatzschulen, wenn sie hauptamtlich beschäftigt sind und nach beamtenrechtlichen Vorschriften oder Grundsätzen bei Krankheit Anspruch auf Fortzahlung der Bezüge und auf Beihilfe haben,
4. satzungsmäßige Mitglieder von geistlichen Genossenschaften, Diakonissen und ähnliche Personen, wenn sie sich aus überwiegend religiösen oder sittlichen Beweggründen mit Krankenpflege, Unterricht oder anderen gemeinnützigen Tätigkeiten beschäftigen und nicht mehr als freien Unterhalt oder ein geringes Entgelt beziehen, das nur zur Beschaffung der unmittelbaren Lebensbedürfnisse an Wohnung, Verpflegung, Kleidung und dergleichen ausreicht,
5. Mitglieder des Vorstandes einer Aktiengesellschaft für das Unternehmen, dessen Vorstand sie angehören. Konzernunternehmen im Sinne des § 18 des Aktiengesetzes gelten als ein Unternehmen.

(2) [1] Versicherungsfrei sind Personen in einer geringfügigen Beschäftigung; abweichend von § 8 Abs. 2 Satz 1 des Vierten Buches[1]) werden geringfügige Beschäftigungen und nicht geringfügige Beschäftigungen nicht zusammengerechnet. [2] Versicherungsfreiheit besteht nicht für Personen, die
1. im Rahmen betrieblicher Berufsbildung, nach dem Jugendfreiwilligendienstegesetz, nach dem Bundesfreiwilligendienstgesetz,
2. wegen eines Arbeitsausfalls mit Entgeltausfall im Sinne der Vorschriften über das Kurzarbeitergeld oder
3. wegen stufenweiser Wiedereingliederung in das Erwerbsleben (§ 74 Fünftes Buch[2]), § 44 Neuntes Buch[3])) oder aus einem sonstigen der in § 146 Absatz 1 genannten Gründe

nur geringfügig beschäftigt sind.

(3) Versicherungsfrei sind Personen in einer
1. unständigen Beschäftigung, die sie berufsmäßig ausüben. Unständig ist eine Beschäftigung, die auf weniger als eine Woche der Natur der Sache nach beschränkt zu sein pflegt oder im voraus durch Arbeitsvertrag beschränkt ist,
2. Beschäftigung als Heimarbeiterin oder Heimarbeiter, die gleichzeitig mit einer Tätigkeit als Zwischenmeisterin oder Zwischenmeister (§ 12 Abs. 4

---
[1]) Nr. 4.
[2]) Nr. 5.
[3]) Nr. 9.

Viertes Buch) ausgeübt wird, wenn der überwiegende Teil des Verdienstes aus der Tätigkeit als Zwischenmeisterin oder Zwischenmeister bezogen wird,

3. Beschäftigung als ausländische Arbeitnehmerin oder ausländischer Arbeitnehmer zur beruflichen Aus- oder Fortbildung, wenn

   a) die berufliche Aus- oder Fortbildung aus Mitteln des Bundes, eines Landes, einer Gemeinde oder eines Gemeindeverbandes oder aus Mitteln einer Einrichtung oder einer Organisation, die sich der Aus- oder Fortbildung von Ausländerinnen oder Ausländern widmet, gefördert wird,

   b) sie verpflichtet sind, nach Beendigung der geförderten Aus- oder Fortbildung das Inland zu verlassen, und

   c) die im Inland zurückgelegten Versicherungszeiten weder nach dem Recht der Europäischen Gemeinschaft noch nach zwischenstaatlichen Abkommen oder dem Recht des Wohnlandes der Arbeitnehmerin oder des Arbeitnehmers einen Anspruch auf Leistungen für den Fall der Arbeitslosigkeit in dem Wohnland der oder des Betreffenden begründen können,

4. Beschäftigung als Bürgermeisterin, Bürgermeister, Beigeordnete oder Beigeordneter, wenn diese Beschäftigung ehrenamtlich ausgeübt wird,

5. Beschäftigung, die nach § 16e des Zweiten Buches[1]) gefördert wird.

(4) ¹Versicherungsfrei sind Personen, die während der Dauer

1. ihrer Ausbildung an einer allgemeinbildenden Schule oder
2. ihres Studiums als ordentliche Studierende einer Hochschule oder einer der fachlichen Ausbildung dienenden Schule

eine Beschäftigung ausüben. ²Satz 1 Nr. 1 gilt nicht, wenn die oder der Beschäftigte schulische Einrichtungen besucht, die der Fortbildung außerhalb der üblichen Arbeitszeit dienen.

(5) ¹Versicherungsfrei sind Personen, die während einer Zeit, in der ein Anspruch auf Arbeitslosengeld besteht, eine Beschäftigung ausüben. ²Satz 1 gilt nicht für Beschäftigungen, die während der Zeit, in der ein Anspruch auf Teilarbeitslosengeld besteht, ausgeübt werden.

§ 28 Sonstige versicherungsfreie Personen. (1) Versicherungsfrei sind Personen,

1. die das Lebensjahr für den Anspruch auf Regelaltersrente im Sinne des Sechsten Buches[2]) vollenden, mit Ablauf des Monats, in dem sie das maßgebliche Lebensjahr vollenden,

2. die wegen einer Minderung ihrer Leistungsfähigkeit dauernd nicht mehr verfügbar sind, von dem Zeitpunkt an, an dem die Agentur für Arbeit diese Minderung der Leistungsfähigkeit und der zuständige Träger der gesetzlichen Rentenversicherung volle Erwerbsminderung im Sinne der gesetzlichen Rentenversicherung festgestellt haben,

3. während der Zeit, für die ihnen eine dem Anspruch auf Rente wegen voller Erwerbsminderung vergleichbare Leistung eines ausländischen Leistungsträgers zuerkannt ist.

---

[1]) Nr. 2.
[2]) Nr. 6.

(2) Versicherungsfrei sind Personen in einer Beschäftigung oder auf Grund des Bezuges einer Sozialleistung (§ 26 Abs. 2 Nr. 1 und 2), soweit ihnen während dieser Zeit ein Anspruch auf Rente wegen voller Erwerbsminderung aus der gesetzlichen Rentenversicherung zuerkannt ist.

(3) Versicherungsfrei sind nicht-deutsche Besatzungsmitglieder deutscher Seeschiffe, die ihren Wohnsitz oder gewöhnlichen Aufenthalt nicht in einem Mitgliedstaat der Europäischen Union, einem Vertragsstaat des Abkommens über den Europäischen Wirtschaftsraum oder der Schweiz haben.

Zweiter Abschnitt. Versicherungspflichtverhältnis auf Antrag

§ 28a Versicherungspflichtverhältnis auf Antrag. (1) [1] Ein Versicherungspflichtverhältnis auf Antrag können Personen begründen, die

1. *(aufgehoben)*
2. eine selbständige Tätigkeit mit einem Umfang von mindestens 15 Stunden wöchentlich aufnehmen und ausüben,
3. eine Beschäftigung mit einem Umfang von mindestens 15 Stunden wöchentlich in einem Staat außerhalb eines Mitgliedstaates der Europäischen Union, eines Vertragsstaates des Europäischen Wirtschaftsraums oder der Schweiz aufnehmen und ausüben,
4. eine Elternzeit nach § 15 des Bundeselterngeld- und Elternzeitgesetzes in Anspruch nehmen oder
5. sich beruflich weiterbilden, wenn dadurch ein beruflicher Aufstieg ermöglicht, ein beruflicher Abschluss vermittelt oder zu einer anderen beruflichen Tätigkeit befähigt wird; ausgeschlossen sind Weiterbildungen im Sinne des § 180 Absatz 3 Satz 1 Nummer 1, es sei denn, die berufliche Weiterbildung findet in einem berufsqualifizierenden Studiengang an einer Hochschule oder einer ähnlichen Bildungsstätte unter Anrechnung beruflicher Qualifikationen statt.

[2] Gelegentliche Abweichungen von der in Satz 1 Nummer 2 und 3 genannten wöchentlichen Mindeststundenzahl bleiben unberücksichtigt, wenn sie von geringer Dauer sind.

(2) [1] Voraussetzung für die Versicherungspflicht ist, dass die antragstellende Person

1. innerhalb der letzten zwei Jahre vor der Aufnahme der Tätigkeit oder Beschäftigung oder dem Beginn der Elternzeit oder beruflichen Weiterbildung mindestens zwölf Monate in einem Versicherungspflichtverhältnis gestanden hat oder
2. unmittelbar vor der Aufnahme der Tätigkeit oder der Beschäftigung oder dem Beginn der Elternzeit oder der beruflichen Weiterbildung Anspruch auf eine Entgeltersatzleistung nach diesem Buch hatte

und weder versicherungspflichtig (§§ 25, 26) noch versicherungsfrei (§§ 27, 28) ist; eine geringfügige Beschäftigung (§ 27 Absatz 2) schließt die Versicherungspflicht nicht aus. [2] Die Begründung eines Versicherungspflichtverhältnisses auf Antrag nach Absatz 1 Satz 1 Nummer 2 ist ausgeschlossen, wenn die antragstellende Person bereits versicherungspflichtig nach Absatz 1 Satz 1 Nummer 2 war, die zu dieser Versicherungspflicht führende Tätigkeit zweimal unterbrochen hat und in den Unterbrechungszeiten einen Anspruch auf Arbeitslosengeld geltend gemacht hat. ³Die Begründung eines Versicherungspflichtverhältnisses auf Antrag nach Absatz 1 Satz 1 Nummer 4 ist ausgeschlossen, soweit für dasselbe Kind bereits eine andere Person nach § 26 Absatz 2a versicherungspflichtig ist.

(3) ¹Der Antrag muss spätestens innerhalb von drei Monaten nach Aufnahme der Tätigkeit oder Beschäftigung oder dem Beginn der Elternzeit oder beruflichen Weiterbildung, die zur Begründung eines Versicherungspflichtverhältnisses auf Antrag berechtigt, gestellt werden. ²Das Versicherungspflichtverhältnis beginnt mit dem Tag, an dem erstmals die Voraussetzungen nach den Absätzen 1 und 2 erfüllt sind. ⁴Kann ein Versicherungspflichtverhältnis auf Antrag allein deshalb nicht begründet werden, weil dies wegen einer vorrangigen Versicherungspflicht (§§ 25, 26) oder Versicherungsfreiheit (§§ 27, 28) ausgeschlossen ist, muss der Antrag abweichend von Satz 1 spätestens innerhalb von drei Monaten nach dem Wegfall des Ausschlusstatbestandes gestellt werden.

(4) ¹Die Versicherungspflicht nach Absatz 1 ruht, wenn während der Versicherungspflicht nach Absatz 1 eine weitere Versicherungspflicht (§§ 25, 26) oder Versicherungsfreiheit nach § 27 eintritt. ²Eine geringfügige Beschäftigung (§ 27 Absatz 2) führt nicht zum Ruhen der Versicherungspflicht nach Absatz 1.

(5) Das Versicherungspflichtverhältnis endet,
1. wenn die oder der Versicherte eine Entgeltersatzleistung nach § 3 Absatz 4 Nummer 1 bis 3 bezieht,
2. mit Ablauf des Tages, an dem die Voraussetzungen nach Absatz 1 letztmals erfüllt waren,
3. wenn die oder der Versicherte mit der Beitragszahlung länger als drei Monate in Verzug ist, mit Ablauf des Tages, für den letztmals Beiträge gezahlt wurden,
4. in den Fällen des § 28,
5. durch Kündigung der oder des Versicherten; die Kündigung ist erstmals nach Ablauf von fünf Jahren zulässig; die Kündigungsfrist beträgt drei Monate zum Ende eines Kalendermonats.

Drittes Kapitel. Aktive Arbeitsförderung

Erster Abschnitt. Beratung und Vermittlung

Erster Unterabschnitt. Beratung

§ 29 Beratungsangebot. (1) Die Agentur für Arbeit hat jungen Menschen und Erwachsenen, die am Arbeitsleben teilnehmen oder teilnehmen wollen, Berufsberatung und Arbeitgebern Arbeitsmarktberatung anzubieten.

(2) ¹Art und Umfang der Beratung richten sich nach dem Beratungsbedarf der oder des Ratsuchenden. ²Die Agentur für Arbeit berät geschlechtersensibel. ³Insbesondere wirkt sie darauf hin, das Berufswahlspektrum von Frauen und Männern zu erweitern.

(3) Die Agentur für Arbeit soll bei der Beratung die Kenntnisse über den Arbeitsmarkt des europäischen Wirtschaftsraumes und die Erfahrungen aus der Zusammenarbeit mit den Arbeitsverwaltungen anderer Staaten nutzen.

§ 30 Berufsberatung. Die Berufsberatung umfasst die Erteilung von Auskunft und Rat
1. zur Berufswahl, zur beruflichen Entwicklung und zum Berufswechsel,
2. zur Lage und Entwicklung des Arbeitsmarktes und der Berufe,
3. zu den Möglichkeiten der beruflichen Bildung,
4. zur Ausbildungs- und Arbeitsstellensuche,
5. zu Leistungen der Arbeitsförderung,
6. zu Fragen der Ausbildungsförderung und der schulischen Bildung, soweit sie für die Berufswahl und die berufliche Bildung von Bedeutung sind.

§ 31 Grundsätze der Berufsberatung. (1) Bei der Berufsberatung sind Neigung, Eignung und Leistungsfähigkeit der Ratsuchenden sowie die Beschäftigungsmöglichkeiten zu berücksichtigen.

(2) Die Agentur für Arbeit kann sich auch nach Beginn einer Berufsausbildung oder nach der Aufnahme einer Arbeit um Auszubildende oder Arbeitnehmerinnen und Arbeitnehmer bemühen, wenn diese ihr Einverständnis erklärt haben, und sie beraten, soweit dies für die Festigung des Ausbildungs- oder Arbeitsverhältnisses erforderlich ist.

§ 32 Eignungsfeststellung. Die Agentur für Arbeit soll Ratsuchende mit deren Einverständnis ärztlich und psychologisch untersuchen und begutachten, soweit dies für die Feststellung der Berufseignung oder Vermittlungsfähigkeit erforderlich ist.

§ 33 Berufsorientierung. [1] Die Agentur für Arbeit hat Berufsorientierung durchzuführen
1. zur Vorbereitung von jungen Menschen und Erwachsenen auf die Berufswahl und
2. zur Unterrichtung der Ausbildungsuchenden, Arbeitsuchenden, Arbeitnehmerinnen und Arbeitnehmer und Arbeitgeber.

[2] Dabei soll sie umfassend Auskunft und Rat geben zu Fragen der Berufswahl, über die Berufe und ihre Anforderungen und Aussichten, über die Wege und die Förderung der beruflichen Bildung sowie über beruflich bedeutsame Entwicklungen in den Betrieben, Verwaltungen und auf dem Arbeitsmarkt.

§ 34 Arbeitsmarktberatung. (1) [1] Die Arbeitsmarktberatung der Agentur für Arbeit soll die Arbeitgeber bei der Besetzung von Ausbildungs- und Arbeitsstellen unterstützen. [2] Sie umfasst die Erteilung von Auskunft und Rat
1. zur Lage und Entwicklung des Arbeitsmarktes und der Berufe,
2. zur Besetzung von Ausbildungs- und Arbeitsstellen,
3. zur Gestaltung von Arbeitsplätzen, Arbeitsbedingungen und der Arbeitszeit von Auszubildenden sowie Arbeitnehmerinnen und Arbeitnehmern,
4. zur betrieblichen Aus- und Weiterbildung,

5. zur Eingliederung von förderungsbedürftigen Auszubildenden und von förderungsbedürftigen Arbeitnehmerinnen und Arbeitnehmern,
6. zu Leistungen der Arbeitsförderung.

(2) ¹Die Agentur für Arbeit soll die Beratung nutzen, um Ausbildungs- und Arbeitsstellen für die Vermittlung zu gewinnen. ²Sie soll auch von sich aus Kontakt zu den Arbeitgebern aufnehmen und unterhalten.

Zweiter Unterabschnitt. Vermittlung

§ 35 Vermittlungsangebot. (1) ¹Die Agentur für Arbeit hat Ausbildungsuchenden, Arbeitsuchenden und Arbeitgebern Ausbildungsvermittlung und Arbeitsvermittlung (Vermittlung) anzubieten. ²Die Vermittlung umfasst alle Tätigkeiten, die darauf gerichtet sind, Ausbildungsuchende mit Arbeitgebern zur Begründung eines Ausbildungsverhältnisses und Arbeitsuchende mit Arbeitgebern zur Begründung eines Beschäftigungsverhältnisses zusammenzuführen. ³Die Agentur für Arbeit stellt sicher, dass Ausbildungsuchende und Arbeitslose, deren berufliche Eingliederung voraussichtlich erschwert sein wird, eine verstärkte vermittlerische Unterstützung erhalten.

(2) ¹Die Agentur für Arbeit hat durch Vermittlung darauf hinzuwirken, dass Ausbildungsuchende eine Ausbildungsstelle, Arbeitsuchende eine Arbeitsstelle und Arbeitgeber geeignete Auszubildende sowie geeignete Arbeitnehmerinnen und Arbeitnehmer erhalten. ²Sie hat dabei die Neigung, Eignung und Leistungsfähigkeit der Ausbildungsuchenden und Arbeitsuchenden sowie die Anforderungen der angebotenen Stellen zu berücksichtigen.

(3) ¹Die Agentur für Arbeit hat Vermittlung auch über die Selbstinformationseinrichtungen nach § 40 Absatz 2 im Internet durchzuführen. ²Soweit es für diesen Zweck erforderlich ist, darf sie die Daten aus den Selbstinformationseinrichtungen nutzen und übermitteln.

§ 36 Grundsätze der Vermittlung. (1) Die Agentur für Arbeit darf nicht vermitteln, wenn ein Ausbildungs- oder Arbeitsverhältnis begründet werden soll, das gegen ein Gesetz oder die guten Sitten verstößt.

(2) ¹Die Agentur für Arbeit darf Einschränkungen, die der Arbeitgeber für eine Vermittlung hinsichtlich Geschlecht, Alter, Gesundheitszustand, Staatsangehörigkeit oder ähnlicher Merkmale der Ausbildungsuchenden und Arbeitsuchenden vornimmt, die regelmäßig nicht die berufliche Qualifikation betreffen, nur berücksichtigen, wenn diese Einschränkungen nach Art der auszuübenden Tätigkeit unerlässlich sind. ²Die Agentur für Arbeit darf Einschränkungen, die der Arbeitgeber für eine Vermittlung aus Gründen der Rasse oder wegen der ethnischen Herkunft, der Religion oder Weltanschauung, einer Behinderung oder der sexuellen Identität der Ausbildungsuchenden und der Arbeitsuchenden vornimmt, nur berücksichtigen, soweit sie nach dem Allgemeinen Gleichbehandlungsgesetz zulässig sind. ³Im Übrigen darf eine Einschränkung hinsichtlich der Zugehörigkeit zu einer Gewerkschaft, Partei oder vergleichbaren Vereinigung nur berücksichtigt werden, wenn

1. es sich um eine Ausbildungs- oder Arbeitsstelle in einem Tendenzunternehmen oder -betrieb im Sinne des § 118 Absatz 1 Satz 1 des Betriebsverfassungsgesetzes handelt und
2. die Art der auszuübenden Tätigkeit diese Einschränkung rechtfertigt.

(3) Die Agentur für Arbeit darf in einen durch einen Arbeitskampf unmittelbar betroffenen Bereich nur dann vermitteln, wenn die oder der Arbeitsuchende und der Arbeitgeber dies trotz eines Hinweises auf den Arbeitskampf verlangen.

(4) [1] Die Agentur für Arbeit ist bei der Vermittlung nicht verpflichtet zu prüfen, ob der vorgesehene Vertrag ein Arbeitsvertrag ist. [2] Wenn ein Arbeitsverhältnis erkennbar nicht begründet werden soll, kann die Agentur für Arbeit auf Angebote zur Aufnahme einer selbständigen Tätigkeit hinweisen; Absatz 1 gilt entsprechend.

§ 37 Potenzialanalyse und Eingliederungsvereinbarung. (1) [1] Die Agentur für Arbeit hat unverzüglich nach der Ausbildungsuchendmeldung oder Arbeitsuchendmeldung zusammen mit der oder dem Ausbildungsuchenden oder der oder dem Arbeitsuchenden die für die Vermittlung erforderlichen beruflichen und persönlichen Merkmale, beruflichen Fähigkeiten und die Eignung festzustellen (Potenzialanalyse). [2] Die Potenzialanalyse erstreckt sich auch auf die Feststellung, ob und durch welche Umstände die berufliche Eingliederung voraussichtlich erschwert sein wird.

(2) [1] In einer Eingliederungsvereinbarung, die die Agentur für Arbeit zusammen mit der oder dem Ausbildungsuchenden oder der oder dem Arbeitsuchenden trifft, werden für einen zu bestimmenden Zeitraum festgelegt

1. das Eingliederungsziel,
2. die Vermittlungsbemühungen der Agentur für Arbeit,
3. welche Eigenbemühungen zur beruflichen Eingliederung die oder der Ausbildungsuchende oder die oder der Arbeitsuchende in welcher Häufigkeit mindestens unternehmen muss und in welcher Form diese nachzuweisen sind,
4. die vorgesehenen Leistungen der aktiven Arbeitsförderung.

[2] Die besonderen Bedürfnisse behinderter und schwerbehinderter Menschen sollen angemessen berücksichtigt werden.

(3) [1] Der oder dem Ausbildungsuchenden oder der oder dem Arbeitsuchenden ist eine Ausfertigung der Eingliederungsvereinbarung auszuhändigen. [2] Die Eingliederungsvereinbarung ist sich ändernden Verhältnissen anzupassen; sie ist fortzuschreiben, wenn in dem Zeitraum, für den sie zunächst galt, die Ausbildungssuche oder Arbeitsuche nicht beendet wurde. [3] Sie ist spätestens nach sechsmonatiger Arbeitslosigkeit, bei arbeitslosen und ausbildungsuchenden jungen Menschen spätestens nach drei Monaten, zu überprüfen. [4] Kommt eine Eingliederungsvereinbarung nicht zustande, sollen die nach Absatz 2 Satz 1 Nummer 3 erforderlichen Eigenbemühungen durch Verwaltungsakt festgesetzt werden.

§ 38 Rechte und Pflichten der Ausbildung- und Arbeitsuchenden.

(1) [1] Personen, deren Ausbildungs- oder Arbeitsverhältnis endet, sind verpflichtet, sich spätestens drei Monate vor dessen Beendigung persönlich bei der Agentur für Arbeit arbeitsuchend zu melden. [2] Liegen zwischen der Kenntnis des Beendigungszeitpunktes und der Beendigung des Ausbildungs- oder Arbeitsverhältnisses weniger als drei Monate, haben sie sich innerhalb von drei Tagen nach Kenntnis des Beendigungszeitpunktes zu melden. [3] Zur Wahrung

der Frist nach den Sätzen 1 und 2 reicht eine Anzeige unter Angabe der persönlichen Daten und des Beendigungszeitpunktes aus, wenn die persönliche Meldung nach terminlicher Vereinbarung nachgeholt wird. [4] Die Pflicht zur Meldung besteht unabhängig davon, ob der Fortbestand des Ausbildungs- oder Arbeitsverhältnisses gerichtlich geltend gemacht oder vom Arbeitgeber in Aussicht gestellt wird. [5] Die Pflicht zur Meldung gilt nicht bei einem betrieblichen Ausbildungsverhältnis. [6] Im Übrigen gelten für Ausbildung- und Arbeitsuchende die Meldepflichten im Leistungsverfahren nach den §§ 309 und 310 entsprechend.

(2) [1] Ausbildung- und Arbeitsuchende, die Dienstleistungen der Bundesagentur in Anspruch nehmen, haben dieser die für eine Vermittlung erforderlichen Auskünfte zu erteilen, Unterlagen vorzulegen und den Abschluss eines Ausbildungs- oder Arbeitsverhältnisses unter Benennung des Arbeitgebers und seines Sitzes unverzüglich mitzuteilen. [2] Sie können die Weitergabe ihrer Unterlagen von deren Rückgabe an die Agentur für Arbeit abhängig machen oder ihre Weitergabe an namentlich benannte Arbeitgeber ausschließen. [3] Die Anzeige- und Bescheinigungspflichten im Leistungsverfahren bei Arbeitsunfähigkeit nach § 311 gelten entsprechend.

(3) [1] Die Arbeitsvermittlung ist durchzuführen,

1. solange die oder der Arbeitsuchende Leistungen zum Ersatz des Arbeitsentgelts bei Arbeitslosigkeit oder Transferkurzarbeitergeld beansprucht oder

2. bis bei Meldepflichtigen nach Absatz 1 der angegebene Beendigungszeitpunkt des Ausbildungs- oder Arbeitsverhältnisses erreicht ist.

[2] Im Übrigen kann die Agentur für Arbeit die Arbeitsvermittlung einstellen, wenn die oder der Arbeitsuchende die ihr oder ihm nach Absatz 2 oder der Eingliederungsvereinbarung oder dem Verwaltungsakt nach § 37 Absatz 3 Satz 4 obliegenden Pflichten nicht erfüllt, ohne dafür einen wichtigen Grund zu haben. [3] Die oder der Arbeitsuchende kann die Arbeitsvermittlung erneut nach Ablauf von zwölf Wochen in Anspruch nehmen.

(4) [1] Die Ausbildungsvermittlung ist durchzuführen,

1. bis die oder der Ausbildungsuchende in Ausbildung, schulische Bildung oder Arbeit einmündet oder sich die Vermittlung anderweitig erledigt oder

2. solange die oder der Ausbildungsuchende dies verlangt.

[2] Absatz 3 Satz 2 gilt entsprechend.

§ 39 Rechte und Pflichten der Arbeitgeber. (1) [1] Arbeitgeber, die Dienstleistungen der Bundesagentur in Anspruch nehmen, haben die für eine Vermittlung erforderlichen Auskünfte zu erteilen und Unterlagen vorzulegen. [2] Sie können deren Überlassung an namentlich benannte Ausbildung- und Arbeitsuchende ausschließen oder die Vermittlung darauf begrenzen, dass ihnen Daten von geeigneten Ausbildung- und Arbeitsuchenden überlassen werden.

(2) [1] Die Agentur für Arbeit soll dem Arbeitgeber eine Arbeitsmarktberatung anbieten, wenn sie erkennt, dass eine gemeldete freie Ausbildungs- oder Arbeitsstelle durch ihre Vermittlung nicht in angemessener Zeit besetzt werden kann. [2] Sie soll diese Beratung spätestens nach drei Monaten anbieten.

(3) [1] Die Agentur für Arbeit kann die Vermittlung zur Besetzung einer Ausbildungs- oder Arbeitsstelle einstellen, wenn

1. sie erfolglos bleibt, weil die Arbeitsbedingungen der angebotenen Stelle gegenüber denen vergleichbarer Ausbildungs- oder Arbeitsstellen so ungünstig sind, dass sie den Ausbildung- oder Arbeitsuchenden nicht zumutbar sind, und die Agentur für Arbeit den Arbeitgeber darauf hingewiesen hat,
2. der Arbeitgeber keine oder unzutreffende Mitteilungen über das Nichtzustandekommen eines Ausbildungs- oder Arbeitsvertrags mit einer oder einem vorgeschlagenen Ausbildungsuchenden oder einer oder einem vorgeschlagenen Arbeitsuchenden macht und die Vermittlung dadurch erschwert wird,
3. die Stelle auch nach erfolgter Arbeitsmarktberatung nicht besetzt werden kann, jedoch frühestens nach Ablauf von sechs Monaten, die Ausbildungsvermittlung jedoch frühestens drei Monate nach Beginn eines Ausbildungsjahres.

² Der Arbeitgeber kann die Vermittlung erneut in Anspruch nehmen.

Dritter Unterabschnitt. Gemeinsame Vorschriften

§ 40 Allgemeine Unterrichtung. (1) Die Agentur für Arbeit soll Ausbildung- und Arbeitsuchenden sowie Arbeitgebern in geeigneter Weise Gelegenheit geben, sich über freie Ausbildungs- und Arbeitsstellen sowie über Ausbildung- und Arbeitsuchende zu unterrichten.

(2) ¹ Bei der Beratung, Vermittlung und Berufsorientierung sind Selbstinformationseinrichtungen einzusetzen. ² Diese sind an die technischen Entwicklungen anzupassen.

(3) ¹ Die Agentur für Arbeit darf in die Selbstinformationseinrichtungen Daten über Ausbildungsuchende, Arbeitsuchende und Arbeitgeber nur aufnehmen, soweit sie für die Vermittlung erforderlich sind und von Dritten keiner bestimmten oder bestimmbaren Person zugeordnet werden können. ² Daten, die von Dritten einer bestimmten oder bestimmbaren Person zugeordnet werden können, dürfen nur mit Einwilligung der Betroffenen aufgenommen werden. ³ Betroffenen ist auf Verlangen ein Ausdruck der aufgenommenen Daten zuzusenden. ⁴ Die Agentur für Arbeit kann von der Aufnahme von Daten über Ausbildungs- und Arbeitsstellen in die Selbstinformationseinrichtungen absehen, wenn diese dafür nicht geeignet sind.

§ 41 Einschränkung des Fragerechts. ¹ Die Agentur für Arbeit darf von Ausbildung- und Arbeitsuchenden keine Daten erheben, die ein Arbeitgeber vor Begründung eines Ausbildungs- oder Arbeitsverhältnisses nicht erfragen darf. ² Daten über die Zugehörigkeit zu einer Gewerkschaft, Partei, Religionsgemeinschaft oder vergleichbaren Vereinigung dürfen nur bei der oder dem Ausbildungsuchenden und der oder dem Arbeitsuchenden erhoben werden. ³ Die Agentur für Arbeit darf diese Daten nur erheben und nutzen, wenn
1. eine Vermittlung auf eine Ausbildungs- oder Arbeitsstelle
   a) in einem Tendenzunternehmen oder -betrieb im Sinne des § 118 Absatz 1 Satz 1 des Betriebsverfassungsgesetzes oder
   b) bei einer Religionsgemeinschaft oder in einer zu ihr gehörenden karitativen oder erzieherischen Einrichtung
   vorgesehen ist,

2. die oder der Ausbildungsuchende oder die oder der Arbeitsuchende bereit ist, auf eine solche Ausbildungs- oder Arbeitsstelle vermittelt zu werden, und
3. bei einer Vermittlung nach Nummer 1 Buchstabe a die Art der auszuübenden Tätigkeit diese Beschränkung rechtfertigt.

§ 42 Grundsatz der Unentgeltlichkeit. (1) Die Agentur für Arbeit übt die Beratung und Vermittlung unentgeltlich aus.

(2) Die Agentur für Arbeit kann vom Arbeitgeber die Erstattung besonderer, bei einer Arbeitsvermittlung entstehender Aufwendungen (Aufwendungsersatz) verlangen, wenn
1. die Aufwendungen den gewöhnlichen Umfang erheblich übersteigen und
2. sie den Arbeitgeber bei Beginn der Arbeitsvermittlung über die Erstattungspflicht unterrichtet hat.

(3) [1] Die Agentur für Arbeit kann von einem Arbeitgeber, der die Auslandsvermittlung auf Grund zwischenstaatlicher Vereinbarungen oder Vermittlungsabsprachen der Bundesagentur mit ausländischen Arbeitsverwaltungen in Anspruch nimmt, eine Gebühr (Vermittlungsgebühr) erheben. [2] Die Vorschriften des Verwaltungskostengesetzes sind anzuwenden.

(4) Der Arbeitgeber darf sich den Aufwendungsersatz oder die Vermittlungsgebühr weder ganz noch teilweise von der vermittelten Arbeitnehmerin oder dem vermittelten Arbeitnehmer oder einem Dritten erstatten lassen.

§ 43 Anordnungsermächtigung. [1] Die Bundesagentur wird ermächtigt, durch Anordnung die gebührenpflichtigen Tatbestände für die Vermittlungsgebühr zu bestimmen und dabei feste Sätze vorzusehen. [2] Für die Bestimmung der Gebührenhöhe können auch Aufwendungen für Maßnahmen, die geeignet sind, die Eingliederung ausländischer Arbeitnehmerinnen und Arbeitnehmer in die Wirtschaft und in die Gesellschaft zu erleichtern oder die der Überwachung der Einhaltung der zwischenstaatlichen Vereinbarungen oder Absprachen über die Vermittlung dienen, berücksichtigt werden.

Zweiter Abschnitt. Aktivierung und berufliche Eingliederung

§ 44 Förderung aus dem Vermittlungsbudget. (1) [1] Ausbildungsuchende, von Arbeitslosigkeit bedrohte Arbeitsuchende und Arbeitslose können aus dem Vermittlungsbudget der Agentur für Arbeit bei der Anbahnung oder Aufnahme einer versicherungspflichtigen Beschäftigung gefördert werden, wenn dies für die berufliche Eingliederung notwendig ist. [2] Sie sollen insbesondere bei der Erreichung der in der Eingliederungsvereinbarung festgelegten Eingliederungsziele unterstützt werden. [3] Die Förderung umfasst die Übernahme der angemessenen Kosten, soweit der Arbeitgeber gleichartige Leistungen nicht oder voraussichtlich nicht erbringen wird.

(2) Nach Absatz 1 kann auch die Anbahnung oder die Aufnahme einer versicherungspflichtigen Beschäftigung mit einer Arbeitszeit von mindestens 15 Stunden wöchentlich in einem anderen Mitgliedstaat der Europäischen Union, einem anderen Vertragsstaat des Abkommens über den Europäischen Wirtschaftsraum oder in der Schweiz gefördert werden.

3. Kapitel. Aktive Arbeitsförderung § 45 SGB III 3

(3) ¹Die Agentur für Arbeit entscheidet über den Umfang der zu erbringenden Leistungen; sie kann Pauschalen festlegen. ²Leistungen zur Sicherung des Lebensunterhalts sind ausgeschlossen. ³Die Förderung aus dem Vermittlungsbudget darf die anderen Leistungen nach diesem Buch nicht aufstocken, ersetzen oder umgehen.

§ 45 Maßnahmen zur Aktivierung und beruflichen Eingliederung.

(1) ¹Ausbildungsuchende, von Arbeitslosigkeit bedrohte Arbeitsuchende und Arbeitslose können bei Teilnahme an Maßnahmen gefördert werden, die ihre berufliche Eingliederung durch

1. Heranführung an den Ausbildungs- und Arbeitsmarkt,
2. Feststellung, Verringerung oder Beseitigung von Vermittlungshemmnissen,
3. Vermittlung in eine versicherungspflichtige Beschäftigung,
4. Heranführung an eine selbständige Tätigkeit oder
5. Stabilisierung einer Beschäftigungsaufnahme

unterstützen (Maßnahmen zur Aktivierung und beruflichen Eingliederung). ²Für die Aktivierung von Arbeitslosen, deren berufliche Eingliederung auf Grund von schwerwiegenden Vermittlungshemmnissen, insbesondere auf Grund der Dauer ihrer Arbeitslosigkeit, besonders erschwert ist, sollen Maßnahmen gefördert werden, die nach inhaltlicher Ausgestaltung und Dauer den erhöhten Stabilisierungs- und Unterstützungsbedarf der Arbeitslosen berücksichtigen. ³Versicherungspflichtige Beschäftigungen mit einer Arbeitszeit von mindestens 15 Stunden wöchentlich in einem anderen Mitgliedstaat der Europäischen Union oder einem anderen Vertragsstaat des Abkommens über den Europäischen Wirtschaftsraum sind den versicherungspflichtigen Beschäftigungen nach Satz 1 Nummer 3 gleichgestellt. ⁴Die Förderung umfasst die Übernahme der angemessenen Kosten für die Teilnahme, soweit dies für die berufliche Eingliederung notwendig ist. ⁵Die Förderung kann auf die Weiterleistung von Arbeitslosengeld beschränkt werden.

(2) ¹Die Dauer der Einzel- oder Gruppenmaßnahmen muss deren Zweck und Inhalt entsprechen. ²Soweit Maßnahmen oder Teile von Maßnahmen nach Absatz 1 bei oder von einem Arbeitgeber durchgeführt werden, dürfen diese jeweils die Dauer von sechs Wochen nicht überschreiten. ³Die Vermittlung von beruflichen Kenntnissen in Maßnahmen zur Aktivierung und beruflichen Eingliederung darf die Dauer von acht Wochen nicht überschreiten. ⁴Maßnahmen des Dritten Abschnitts sind ausgeschlossen.

(3) Die Agentur für Arbeit kann unter Anwendung des Vergaberechts Träger mit der Durchführung von Maßnahmen nach Absatz 1 beauftragen.

(4) ¹Die Agentur für Arbeit kann der oder dem Berechtigten das Vorliegen der Voraussetzungen für eine Förderung nach Absatz 1 bescheinigen und Maßnahmeziel und -inhalt festlegen (Aktivierungs- und Vermittlungsgutschein). ²Der Aktivierungs- und Vermittlungsgutschein kann zeitlich befristet sowie regional beschränkt werden. ³Der Aktivierungs- und Vermittlungsgutschein berechtigt zur Auswahl

1. eines Trägers, der eine dem Maßnahmeziel und -inhalt entsprechende und nach § 179 zugelassene Maßnahme anbietet,
2. eines Trägers, der eine ausschließlich erfolgsbezogen vergütete Arbeitsvermittlung in versicherungspflichtige Beschäftigung anbietet, oder

3. eines Arbeitgebers, der eine dem Maßnahmeziel und -inhalt entsprechende betriebliche Maßnahme von einer Dauer bis zu sechs Wochen anbietet.

⁴Der ausgewählte Träger nach Satz 3 Nummer 1 und der ausgewählte Arbeitgeber nach Satz 3 Nummer 3 haben der Agentur für Arbeit den Aktivierungs- und Vermittlungsgutschein vor Beginn der Maßnahme vorzulegen. ⁵Der ausgewählte Träger nach Satz 3 Nummer 2 hat der Agentur für Arbeit den Aktivierungs- und Vermittlungsgutschein nach erstmaligem Vorliegen der Auszahlungsvoraussetzungen vorzulegen.

(5) Die Agentur für Arbeit soll die Entscheidung über die Ausgabe eines Aktivierungs- und Vermittlungsgutscheins nach Absatz 4 von der Eignung und den persönlichen Verhältnissen der Förderberechtigten oder der örtlichen Verfügbarkeit von Arbeitsmarktdienstleistungen abhängig machen.

(6) ¹Die Vergütung richtet sich nach Art und Umfang der Maßnahme und kann aufwands- oder erfolgsbezogen gestaltet sein; eine Pauschalierung ist zulässig. ²§ 83 Absatz 2 gilt entsprechend. ³Bei einer erfolgreichen Arbeitsvermittlung in versicherungspflichtige Beschäftigung durch einen Träger nach Absatz 4 Satz 3 Nummer 2 beträgt die Vergütung 2 000 Euro. ⁴Bei Langzeitarbeitslosen und behinderten Menschen nach § 2 Absatz 1 des Neunten Buches[1]) kann die Vergütung auf eine Höhe von bis zu 2 500 Euro festgelegt werden. ⁵Die Vergütung nach den Sätzen 3 und 4 wird in Höhe von 1 000 Euro nach einer sechswöchigen und der Restbetrag nach einer sechsmonatigen Dauer des Beschäftigungsverhältnisses gezahlt. ⁶Eine erfolgsbezogene Vergütung für die Arbeitsvermittlung in versicherungspflichtige Beschäftigung ist ausgeschlossen, wenn das Beschäftigungsverhältnis

1. von vornherein auf eine Dauer von weniger als drei Monaten begrenzt ist oder

2. bei einem früheren Arbeitgeber begründet wird, bei dem die Arbeitnehmerin oder der Arbeitnehmer während der letzten vier Jahre vor Aufnahme der Beschäftigung mehr als drei Monate lang versicherungspflichtig beschäftigt war; dies gilt nicht, wenn es sich um die befristete Beschäftigung besonders betroffener schwerbehinderter Menschen handelt.

(7) ¹Arbeitslose, die Anspruch auf Arbeitslosengeld haben, dessen Dauer nicht allein auf § 147 Absatz 3 beruht, und nach einer Arbeitslosigkeit von sechs Wochen innerhalb einer Frist von drei Monaten noch nicht vermittelt sind, haben Anspruch auf einen Aktivierungs- und Vermittlungsgutschein nach Absatz 4 Satz 3 Nummer 2. ²In die Frist werden Zeiten nicht eingerechnet, in denen die oder der Arbeitslose an Maßnahmen zur Aktivierung und beruflichen Eingliederung sowie an Maßnahmen der beruflichen Weiterbildung teilgenommen hat.

(8) Abweichend von Absatz 2 Satz 2 und Absatz 4 Satz 3 Nummer 3 darf bei Langzeitarbeitslosen oder Arbeitslosen, deren berufliche Eingliederung auf Grund von schwerwiegenden Vermittlungshemmnissen besonders erschwert ist, die Teilnahme an Maßnahmen oder Teilen von Maßnahmen, die bei oder von einem Arbeitgeber durchgeführt werden, jeweils die Dauer von zwölf Wochen nicht überschreiten.

---

[1]) Nr. 9.

§ 46 Probebeschäftigung und Arbeitshilfe für behinderte Menschen.

(1) Arbeitgebern können die Kosten für eine befristete Probebeschäftigung behinderter, schwerbehinderter und ihnen gleichgestellter Menschen im Sinne des § 2 des Neunten Buches[1)] bis zu einer Dauer von drei Monaten erstattet werden, wenn dadurch die Möglichkeit einer Teilhabe am Arbeitsleben verbessert wird oder eine vollständige und dauerhafte Teilhabe am Arbeitsleben zu erreichen ist.

(2) Arbeitgeber können Zuschüsse für eine behindertengerechte Ausgestaltung von Ausbildungs- oder Arbeitsplätzen erhalten, soweit dies erforderlich ist, um die dauerhafte Teilhabe am Arbeitsleben zu erreichen oder zu sichern und eine entsprechende Verpflichtung des Arbeitgebers nach dem Teil 3 des Neunten Buches nicht besteht.

§ 47 Verordnungsermächtigung.

Das Bundesministerium für Arbeit und Soziales wird ermächtigt, durch Rechtsverordnung, die nicht der Zustimmung des Bundesrates bedarf, das Nähere über Voraussetzungen, Grenzen, Pauschalierung und Verfahren der Förderung nach den §§ 44 und 45 zu bestimmen.

Dritter Abschnitt. Berufswahl und Berufsausbildung

Erster Unterabschnitt. Übergang von der Schule in die Berufsausbildung

§ 48 Berufsorientierungsmaßnahmen.

(1) [1] Die Agentur für Arbeit kann Schülerinnen und Schüler allgemeinbildender Schulen durch vertiefte Berufsorientierung und Berufswahlvorbereitung fördern (Berufsorientierungsmaßnahmen), wenn sich Dritte mit mindestens 50 Prozent an der Förderung beteiligen. [2] Die Agentur für Arbeit kann sich auch mit bis zu 50 Prozent an der Förderung von Maßnahmen beteiligen, die von Dritten eingerichtet werden.

(2) Die besonderen Bedürfnisse von Schülerinnen und Schülern mit sonderpädagogischem Förderbedarf und von schwerbehinderten Schülerinnen und Schülern sollen bei der Ausgestaltung der Maßnahmen berücksichtigt werden.

§ 49 Berufseinstiegsbegleitung.

(1) Die Agentur für Arbeit kann förderungsbedürftige junge Menschen durch Maßnahmen der Berufseinstiegsbegleitung fördern, um sie beim Übergang von der allgemeinbildenden Schule in eine Berufsausbildung zu unterstützen, wenn sich Dritte mit mindestens 50 Prozent an der Förderung beteiligen.

(2) [1] Förderungsfähig sind Maßnahmen zur individuellen Begleitung und Unterstützung förderungsbedürftiger junger Menschen durch Berufseinstiegsbegleiterinnen und Berufseinstiegsbegleiter, um die Eingliederung der jungen Menschen in eine Berufsausbildung zu erreichen (Berufseinstiegsbegleitung). [2] Unterstützt werden sollen insbesondere das Erreichen des Abschlusses der allgemeinbildenden Schule, die Berufsorientierung und -wahl, die Suche nach einer Ausbildungsstelle und die Stabilisierung des Berufsausbildungsverhältnisses. [3] Hierzu sollen die Berufseinstiegsbegleiterinnen und Berufseinstiegsbegleiter insbesondere mit Verantwortlichen in der allgemeinbildenden Schule, mit

---

[1)] Nr. 9.

Dritten, die junge Menschen in der Region mit ähnlichen Inhalten unterstützen, und mit den Arbeitgebern in der Region eng zusammenarbeiten.

(3) ¹ Die Berufseinstiegsbegleitung beginnt in der Regel mit dem Besuch der Vorabgangsklasse der allgemeinbildenden Schule und endet in der Regel ein halbes Jahr nach Beginn einer Berufsausbildung. ² Die Berufseinstiegsbegleitung endet spätestens 24 Monate nach Beendigung der allgemeinbildenden Schule.

(4) Förderungsbedürftig sind junge Menschen, die voraussichtlich Schwierigkeiten haben werden, den Abschluss der allgemeinbildenden Schule zu erreichen oder den Übergang in eine Berufsausbildung zu bewältigen.

(5) Als Maßnahmekosten werden dem Träger die angemessenen Aufwendungen für die Durchführung der Maßnahme einschließlich der erforderlichen Kosten für die Berufseinstiegsbegleiterinnen und Berufseinstiegsbegleiter erstattet.

§ 50 Anordnungsermächtigung. Die Bundesagentur wird ermächtigt, durch Anordnung das Nähere über Voraussetzungen, Art, Umfang und Verfahren der Förderung zu bestimmen.

Zweiter Unterabschnitt. Berufsvorbereitung

§ 51 Berufsvorbereitende Bildungsmaßnahmen. (1) Die Agentur für Arbeit kann förderungsbedürftige junge Menschen durch berufsvorbereitende Bildungsmaßnahmen fördern, um sie auf die Aufnahme einer Berufsausbildung vorzubereiten oder, wenn die Aufnahme einer Berufsausbildung wegen in ihrer Person liegender Gründe nicht möglich ist, ihnen die berufliche Eingliederung zu erleichtern.

(2) ¹ Eine berufsvorbereitende Bildungsmaßnahme ist förderungsfähig, wenn sie

1. nicht den Schulgesetzen der Länder unterliegt und
2. nach Aus- und Fortbildung sowie Berufserfahrung der Leitung und der Lehr- und Fachkräfte, nach Gestaltung des Lehrplans, nach Unterrichtsmethode und Güte der zum Einsatz vorgesehenen Lehr- und Lernmittel eine erfolgreiche berufliche Bildung erwarten lässt.

² Eine berufsvorbereitende Bildungsmaßnahme, die teilweise im Ausland durchgeführt wird, ist auch für den im Ausland durchgeführten Teil förderungsfähig, wenn dieser Teil im Verhältnis zur Gesamtdauer der berufsvorbereitenden Bildungsmaßnahme angemessen ist und die Hälfte der vorgesehenen Förderdauer nicht übersteigt.

(3) Eine berufsvorbereitende Bildungsmaßnahme kann zur Erleichterung der beruflichen Eingliederung auch allgemeinbildende Fächer enthalten und auf den nachträglichen Erwerb des Hauptschulabschlusses oder eines gleichwertigen Schulabschlusses vorbereiten.

(4) Betriebliche Praktika können abgestimmt auf den individuellen Förderbedarf in angemessenem Umfang vorgesehen werden.

§ 52 Förderungsbedürftige junge Menschen. (1) Förderungsbedürftig sind junge Menschen,

1. bei denen die berufsvorbereitende Bildungsmaßnahme zur Vorbereitung auf eine Berufsausbildung oder, wenn die Aufnahme einer Berufsausbildung wegen in ihrer Person liegender Gründe nicht möglich ist, zur beruflichen Eingliederung erforderlich ist,
2. die die Vollzeitschulpflicht nach den Gesetzen der Länder erfüllt haben und
3. deren Fähigkeiten erwarten lassen, dass sie das Ziel der Maßnahme erreichen.

(2) § 59 Absatz 1 und 3 gilt entsprechend.

§ 53 Vorbereitung auf einen Hauptschulabschluss im Rahmen einer berufsvorbereitenden Bildungsmaßnahme. [1] Förderungsbedürftige junge Menschen ohne Schulabschluss haben einen Anspruch, im Rahmen einer berufsvorbereitenden Bildungsmaßnahme auf den nachträglichen Erwerb des Hauptschulabschlusses oder eines gleichwertigen Schulabschlusses vorbereitet zu werden. [2] Die Leistung wird nur erbracht, soweit sie nicht für den gleichen Zweck durch Dritte erbracht wird. [3] Die Agentur für Arbeit hat darauf hinzuwirken, dass sich die für die allgemeine Schulbildung zuständigen Länder an den Kosten der Maßnahme beteiligen. [4] Leistungen Dritter zur Aufstockung der Leistung bleiben anrechnungsfrei.

§ 54 Maßnahmekosten. Bei einer berufsvorbereitenden Bildungsmaßnahme werden dem Träger als Maßnahmekosten erstattet:
1. die angemessenen Aufwendungen für das zur Durchführung der Maßnahme eingesetzte erforderliche Ausbildungs- und Betreuungspersonal, einschließlich dessen regelmäßiger fachlicher Weiterbildung, sowie für das erforderliche Leitungs- und Verwaltungspersonal,
2. die angemessenen Sachkosten, einschließlich der Kosten für Lernmittel und Arbeitskleidung, und die angemessenen Verwaltungskosten sowie
3. erfolgsbezogene Pauschalen bei Vermittlung von Teilnehmenden in eine betriebliche Berufsausbildung im Sinne des § 57 Absatz 1.

§ 54a Einstiegsqualifizierung. (1) [1] Arbeitgeber, die eine betriebliche Einstiegsqualifizierung durchführen, können durch Zuschüsse zur Vergütung bis zu einer Höhe von 231 Euro monatlich zuzüglich eines pauschalierten Anteils am durchschnittlichen Gesamtsozialversicherungsbeitrag der oder des Auszubildenden gefördert werden. [2] Die betriebliche Einstiegsqualifizierung dient der Vermittlung und Vertiefung von Grundlagen für den Erwerb beruflicher Handlungsfähigkeit. [3] Soweit die betriebliche Einstiegsqualifizierung als Berufsausbildungsvorbereitung nach dem Berufsbildungsgesetz durchgeführt wird, gelten die §§ 68 bis 70 des Berufsbildungsgesetzes.

(2) Eine Einstiegsqualifizierung kann für die Dauer von sechs bis längstens zwölf Monaten gefördert werden, wenn sie
1. auf der Grundlage eines Vertrags im Sinne des § 26 des Berufsbildungsgesetzes mit der oder dem Auszubildenden durchgeführt wird,
2. auf einen anerkannten Ausbildungsberuf im Sinne des § 4 Absatz 1 des Berufsbildungsgesetzes, § 25 Absatz 1 Satz 1 der Handwerksordnung, des Seearbeitsgesetzes oder des Altenpflegegesetzes vorbereitet und

3. in Vollzeit oder wegen der Erziehung eigener Kinder oder der Pflege von Familienangehörigen in Teilzeit von mindestens 20 Wochenstunden durchgeführt wird.

(3) ¹Der Abschluss des Vertrags ist der nach dem Berufsbildungsgesetz, im Fall der Vorbereitung auf einen nach dem Altenpflegegesetz anerkannten Ausbildungsberuf der nach Landesrecht zuständigen Stelle anzuzeigen. ²Die vermittelten Fertigkeiten, Kenntnisse und Fähigkeiten sind vom Betrieb zu bescheinigen. ³Die zuständige Stelle stellt über die erfolgreich durchgeführte betriebliche Einstiegsqualifizierung ein Zertifikat aus.

(4) Förderungsfähig sind

1. bei der Agentur für Arbeit gemeldete Ausbildungsbewerberinnen und -bewerber mit aus individuellen Gründen eingeschränkten Vermittlungsperspektiven, die auch nach den bundesweiten Nachvermittlungsaktionen keine Ausbildungsstelle haben,
2. Ausbildungsuchende, die noch nicht in vollem Maße über die erforderliche Ausbildungsreife verfügen, und
3. lernbeeinträchtigte und sozial benachteiligte Ausbildungsuchende.

(5) ¹Die Förderung einer oder eines Auszubildenden, die oder der bereits eine betriebliche Einstiegsqualifizierung bei dem Antrag stellenden Betrieb oder in einem anderen Betrieb des Unternehmens durchlaufen hat, oder in einem Betrieb des Unternehmens oder eines verbundenen Unternehmens in den letzten drei Jahren vor Beginn der Einstiegsqualifizierung versicherungspflichtig beschäftigt war, ist ausgeschlossen. ²Gleiches gilt, wenn die Einstiegsqualifizierung im Betrieb der Ehegatten, Lebenspartnerinnen oder Lebenspartner oder Eltern durchgeführt wird.

§ 55 Anordnungsermächtigung. Die Bundesagentur wird ermächtigt, durch Anordnung das Nähere zu bestimmen

1. über Art und Inhalt der berufsvorbereitenden Bildungsmaßnahmen und die hieran gestellten Anforderungen,
2. zu den Voraussetzungen für die Erstattung von Pauschalen, zum Verfahren der Erstattung von Pauschalen sowie zur Höhe von Pauschalen nach § 54 Nummer 3 sowie
3. über Voraussetzungen, Art, Umfang und Verfahren der Einstiegsqualifizierung.

Dritter Unterabschnitt. Berufsausbildungsbeihilfe

§ 56 Berufsausbildungsbeihilfe. (1) Auszubildende haben Anspruch auf Berufsausbildungsbeihilfe während einer Berufsausbildung, wenn

1. die Berufsausbildung förderungsfähig ist,
2. sie zum förderungsfähigen Personenkreis gehören und die sonstigen persönlichen Voraussetzungen für eine Förderung erfüllt sind und
3. ihnen die erforderlichen Mittel zur Deckung des Bedarfs für den Lebensunterhalt, die Fahrkosten und die sonstigen Aufwendungen (Gesamtbedarf) nicht anderweitig zur Verfügung stehen.

(2) ¹Auszubildende haben Anspruch auf Berufsausbildungsbeihilfe während einer berufsvorbereitenden Bildungsmaßnahme nach § 51. ²Teilnehmende an

einer ausbildungsvorbereitenden Phase nach § 130 haben Anspruch auf Berufsausbildungsbeihilfe wie Auszubildende in einer berufsvorbereitenden Bildungsmaßnahme.

§ 57 Förderungsfähige Berufsausbildung. (1) Eine Berufsausbildung ist förderungsfähig, wenn sie in einem nach dem Berufsbildungsgesetz, der Handwerksordnung oder dem Seearbeitsgesetz staatlich anerkannten Ausbildungsberuf betrieblich oder außerbetrieblich oder nach dem Altenpflegegesetz betrieblich durchgeführt wird und der dafür vorgeschriebene Berufsausbildungsvertrag abgeschlossen worden ist.

(2) ¹ Förderungsfähig ist die erste Berufsausbildung. ² Eine zweite Berufsausbildung kann gefördert werden, wenn zu erwarten ist, dass eine berufliche Eingliederung dauerhaft auf andere Weise nicht erreicht werden kann und durch die zweite Berufsausbildung die berufliche Eingliederung erreicht wird.

(3) Nach der vorzeitigen Lösung eines Berufsausbildungsverhältnisses darf erneut gefördert werden, wenn für die Lösung ein berechtigter Grund bestand.

§ 58 Förderung im Ausland. (1) Eine Berufsausbildung, die teilweise im Ausland durchgeführt wird, ist auch für den im Ausland durchgeführten Teil förderungsfähig, wenn dieser Teil im Verhältnis zur Gesamtdauer der Berufsausbildung angemessen ist und die Dauer von einem Jahr nicht übersteigt.

(2) Eine betriebliche Berufsausbildung, die vollständig im angrenzenden Ausland oder in den übrigen Mitgliedstaaten der Europäischen Union durchgeführt wird, ist förderungsfähig, wenn

1. eine nach Bundes- oder Landesrecht zuständige Stelle bestätigt, dass die Berufsausbildung einer entsprechenden betrieblichen Berufsausbildung gleichwertig ist und
2. die Berufsausbildung im Ausland dem Erreichen des Bildungsziels und der Beschäftigungsfähigkeit besonders dienlich ist.

§ 59 Förderungsfähiger Personenkreis. (1) ¹ Gefördert werden

1. Deutsche im Sinne des Grundgesetzes,
2. Unionsbürger, die ein Recht auf Daueraufenthalt im Sinne des Freizügigkeitsgesetzes/EU besitzen sowie andere Ausländer, die eine Niederlassungserlaubnis oder eine Erlaubnis zum Daueraufenthalt – EU nach dem Aufenthaltsgesetz besitzen,
3. Ehegatten oder Lebenspartner und Kinder von Unionsbürgern, die unter den Voraussetzungen des § 3 Absatz 1 und 4 des Freizügigkeitsgesetzes/EU unionsrechtlich freizügigkeitsberechtigt sind oder denen diese Rechte als Kinder nur deshalb nicht zustehen, weil sie 21 Jahre oder älter sind und von ihren Eltern oder deren Ehegatten oder Lebenspartnern keinen Unterhalt erhalten,
4. Unionsbürger, die vor dem Beginn der Ausbildung im Inland in einem Beschäftigungsverhältnis gestanden haben, dessen Gegenstand mit dem der Ausbildung in inhaltlichem Zusammenhang steht,
5. Staatsangehörige eines anderen Vertragsstaates des Abkommens über den Europäischen Wirtschaftsraum unter den Voraussetzungen der Nummern 2 bis 4, ·

6. Ausländer, die ihren gewöhnlichen Aufenthalt im Inland haben und die außerhalb des Bundesgebiets als Flüchtlinge im Sinne des Abkommens über die Rechtsstellung der Flüchtlinge vom 28. Juli 1951 (BGBl. 1953 II S. 559) anerkannt und im Gebiet der Bundesrepublik Deutschland nicht nur vorübergehend zum Aufenthalt berechtigt sind,

7. heimatlose Ausländer im Sinne des Gesetzes über die Rechtsstellung heimatloser Ausländer im Bundesgebiet in der im Bundesgesetzblatt Teil III, Gliederungsnummer 243-1, veröffentlichten bereinigten Fassung, das zuletzt durch Artikel 7 des Gesetzes vom 30. Juli 2004 (BGBl. I S. 1950) geändert worden ist.

²§ 8 Absatz 2, 4 und 5 des Bundesausbildungsförderungsgesetzes gilt entsprechend.

(2) Geduldete Ausländerinnen und Ausländer (§ 60a des Aufenthaltsgesetzes), die ihren ständigen Wohnsitz im Inland haben, werden während einer betrieblich durchgeführten Berufsausbildung gefördert, wenn sie sich seit mindestens 15 Monaten ununterbrochen rechtmäßig, gestattet oder geduldet im Bundesgebiet aufhalten.

(3) Im Übrigen werden Ausländerinnen und Ausländer gefördert, wenn

1. sie selbst sich vor Beginn der Berufsausbildung insgesamt fünf Jahre im Inland aufgehalten haben und rechtmäßig erwerbstätig gewesen sind oder

2. zumindest ein Elternteil während der letzten sechs Jahre vor Beginn der Berufsausbildung sich insgesamt drei Jahre im Inland aufgehalten hat und rechtmäßig erwerbstätig gewesen ist, im Übrigen von dem Zeitpunkt an, in dem im weiteren Verlauf der Berufsausbildung diese Voraussetzungen vorgelegen haben; von dem Erfordernis der Erwerbstätigkeit des Elternteils während der letzten sechs Jahre kann abgesehen werden, wenn sie aus einem von ihm nicht zu vertretenden Grunde nicht ausgeübt worden ist und er im Inland mindestens sechs Monate erwerbstätig gewesen ist; ist die oder der Auszubildende in den Haushalt seiner Eltern oder eines Verwandten aufgenommen, so kann diese oder dieser zur Erfüllung dieser Voraussetzungen an die Stelle des Elternteils treten, sofern die oder der Auszubildende sich in den letzten drei Jahren vor Beginn der Berufsausbildung rechtmäßig im Inland aufgehalten hat.

§ 60 Sonstige persönliche Voraussetzungen. (1) Die oder der Auszubildende wird bei einer Berufsausbildung nur gefördert, wenn sie oder er

1. außerhalb des Haushalts der Eltern oder eines Elternteils wohnt und

2. die Ausbildungsstätte von der Wohnung der Eltern oder eines Elternteils aus nicht in angemessener Zeit erreichen kann.

(2) Absatz 1 Nummer 2 gilt nicht, wenn die oder der Auszubildende

1. 18 Jahre oder älter ist,

2. verheiratet oder in einer Lebenspartnerschaft verbunden ist oder war,

3. mit mindestens einem Kind zusammenlebt oder

4. aus schwerwiegenden sozialen Gründen nicht auf die Wohnung der Eltern oder eines Elternteils verwiesen werden kann.

3. Kapitel. Aktive Arbeitsförderung §§ 61–63 SGB III 3

§ 61 Bedarf für den Lebensunterhalt bei Berufsausbildung. (1) ¹ Ist die oder der Auszubildende während der Berufsausbildung außerhalb des Haushalts der Eltern oder eines Elternteils untergebracht, wird der jeweils geltende Bedarf für Studierende nach § 13 Absatz 1 Nummer 1 des Bundesausbildungsförderungsgesetzes zugrunde gelegt. ² Der Bedarf erhöht sich für die Unterkunft um 166 Euro monatlich. ³ Soweit Mietkosten für Unterkunft und Nebenkosten nachweislich den Betrag nach Satz 2 übersteigen, erhöht sich der dort genannte Bedarf um bis zu 84 Euro monatlich.

(2) Ist die oder der Auszubildende bei der oder dem Ausbildenden mit voller Verpflegung untergebracht, werden abweichend von Absatz 1 als Bedarf für den Lebensunterhalt die Werte der Sozialversicherungsentgeltverordnung für Verpflegung und Unterbringung oder Wohnung zuzüglich 96 Euro monatlich für sonstige Bedürfnisse zugrunde gelegt.

(3) ¹ Ist die oder der Auszubildende mit voller Verpflegung in einem Wohnheim oder einem Internat untergebracht, werden abweichend von Absatz 1 als Bedarf für den Lebensunterhalt die im Rahmen der §§ 78a bis 78g des Achten Buches[1)] vereinbarten Entgelte für Verpflegung und Unterbringung ohne sozialpädagogische Begleitung zuzüglich 96 Euro monatlich für sonstige Bedürfnisse zugrunde gelegt. ² Als Bedarf für den Lebensunterhalt von Auszubildenden unter 18 Jahren werden zusätzlich die Entgelte für die sozialpädagogische Begleitung zugrunde gelegt, soweit diese nicht von Dritten erstattet werden.

§ 62 Bedarf für den Lebensunterhalt bei berufsvorbereitenden Bildungsmaßnahmen. (1) Ist die oder der Auszubildende während einer berufsvorbereitenden Bildungsmaßnahme im Haushalt der Eltern oder eines Elternteils untergebracht, wird der jeweils geltende Bedarf für Schülerinnen und Schüler nach § 12 Absatz 1 Nummer 1 des Bundesausbildungsförderungsgesetzes zugrunde gelegt.

(2) ¹ Ist die oder der Auszubildende außerhalb des Haushalts der Eltern oder eines Elternteils untergebracht, werden als Bedarf für den Lebensunterhalt 418 Euro monatlich zugrunde gelegt. ² Soweit Mietkosten für Unterkunft und Nebenkosten nachweislich 65 Euro monatlich übersteigen, erhöht sich der in Satz 1 genannte Bedarf um bis zu 83 Euro monatlich.

(3) ¹ Ist die oder der Auszubildende mit voller Verpflegung in einem Wohnheim oder einem Internat untergebracht, werden abweichend von Absatz 2 als Bedarf für den Lebensunterhalt die im Rahmen der §§ 78a bis 78g des Achten Buches[1)] vereinbarten Entgelte für Verpflegung und Unterbringung ohne sozialpädagogische Begleitung zuzüglich 96 Euro monatlich für sonstige Bedürfnisse zugrunde gelegt. ² Als Bedarf für den Lebensunterhalt von Auszubildenden unter 18 Jahren werden zusätzlich die Entgelte für die sozialpädagogische Begleitung zugrunde gelegt, soweit diese nicht von Dritten erstattet werden.

§ 63 Fahrkosten. (1) ¹ Als Bedarf für Fahrkosten werden folgende Kosten der oder des Auszubildenden zugrunde gelegt:

1. Kosten für Fahrten zwischen Unterkunft, Ausbildungsstätte und Berufsschule (Pendelfahrten),

---

[1)] Nr. 8.

2. bei einer erforderlichen auswärtigen Unterbringung Kosten für die An- und Abreise und für eine monatliche Familienheimfahrt oder anstelle der Familienheimfahrt für eine monatliche Fahrt einer oder eines Angehörigen zum Aufenthaltsort der oder des Auszubildenden.

²Eine auswärtige Unterbringung ist erforderlich, wenn die Ausbildungsstätte vom Familienwohnort aus nicht in angemessener Zeit erreicht werden kann.

(2) ¹Abweichend von Absatz 1 Nummer 2 werden bei einer Förderung im Ausland folgende Kosten der oder des Auszubildenden zugrunde gelegt:
1. bei einem Ausbildungsort innerhalb Europas die Kosten für eine Hin- und Rückreise je Ausbildungshalbjahr,
2. bei einem Ausbildungsort außerhalb Europas die Kosten für eine Hin- und Rückreise je Ausbildungsjahr.

²In besonderen Härtefällen können die notwendigen Aufwendungen für eine weitere Hin- und Rückreise zugrunde gelegt werden.

(3) ¹Die Fahrkosten werden in Höhe des Betrags zugrunde gelegt, der bei Benutzung des zweckmäßigsten regelmäßig verkehrenden öffentlichen Verkehrsmittels in der niedrigsten Klasse zu zahlen ist; bei Benutzung sonstiger Verkehrsmittel wird für Fahrkosten die Höhe der Wegstreckenentschädigung nach § 5 Absatz 1 des Bundesreisekostengesetzes zugrunde gelegt. ²Bei nicht geringfügigen Fahrpreiserhöhungen hat auf Antrag eine Anpassung zu erfolgen, wenn der Bewilligungszeitraum noch mindestens zwei weitere Monate andauert. ³Kosten für Pendelfahrten werden nur bis zur Höhe des Betrags zugrunde gelegt, der nach § 86 insgesamt erbracht werden kann.

§ 64 Sonstige Aufwendungen. (1) Bei einer Berufsausbildung wird als Bedarf für sonstige Aufwendungen eine Pauschale für Kosten der Arbeitskleidung in Höhe von 13 Euro monatlich zugrunde gelegt.

(2) Bei einer berufsvorbereitenden Bildungsmaßnahme werden als Bedarf für sonstige Aufwendungen bei Auszubildenden, deren Schutz im Krankheits- oder Pflegefall nicht anderweitig sichergestellt ist, die Beiträge für eine freiwillige Krankenversicherung ohne Anspruch auf Krankengeld und die Beiträge zur Pflegepflichtversicherung bei einem Träger der gesetzlichen Kranken- und Pflegeversicherung oder, wenn dort im Einzelfall ein Schutz nicht gewährleistet ist, bei einem privaten Krankenversicherungsunternehmen zugrunde gelegt.

(3) ¹Bei einer Berufsausbildung und einer berufsvorbereitenden Bildungsmaßnahme werden als Bedarf für sonstige Aufwendungen die Kosten für die Betreuung der aufsichtsbedürftigen Kinder der oder des Auszubildenden in Höhe von 130 Euro monatlich je Kind zugrunde gelegt. ²Darüber hinaus können sonstige Kosten anerkannt werden,
1. soweit sie durch die Berufsausbildung oder die Teilnahme an der berufsvorbereitenden Bildungsmaßnahme unvermeidbar entstehen,
2. soweit die Berufsausbildung oder die Teilnahme an der berufsvorbereitenden Bildungsmaßnahme andernfalls gefährdet ist und
3. wenn die Aufwendungen von der oder dem Auszubildenden oder ihren oder seinen Erziehungsberechtigten zu tragen sind.

§ 65 Besonderheiten beim Besuch des Berufsschulunterrichts in Blockform. (1) Für die Zeit des Berufsschulunterrichts in Blockform wird ein

Bedarf zugrunde gelegt, der für Zeiten ohne Berufsschulunterricht zugrunde zu legen wäre.

(2) Eine Förderung allein für die Zeit des Berufsschulunterrichts in Blockform ist ausgeschlossen.

§ 66 Anpassung der Bedarfssätze. Für die Anpassung der Bedarfssätze gilt § 35 Satz 1 und 2 des Bundesausbildungsförderungsgesetzes entsprechend.

§ 67 Einkommensanrechnung. (1) Auf den Gesamtbedarf sind die Einkommen der folgenden Personen in der Reihenfolge ihrer Nennung anzurechnen:
1. der oder des Auszubildenden,
2. der Person, mit der die oder der Auszubildende verheiratet oder in einer Lebenspartnerschaft verbunden ist und von der sie oder er nicht dauernd getrennt lebt, und
3. der Eltern der oder des Auszubildenden.

(2) [1] Für die Ermittlung des Einkommens und dessen Anrechnung sowie die Berücksichtigung von Freibeträgen gelten § 11 Absatz 4 sowie die Vorschriften des Vierten Abschnitts des Bundesausbildungsförderungsgesetzes mit den hierzu ergangenen Rechtsverordnungen entsprechend. [2] Abweichend von
1. § 21 Absatz 1 des Bundesausbildungsförderungsgesetzes werden Werbungskosten der oder des Auszubildenden auf Grund der Berufsausbildung nicht berücksichtigt;
2. § 22 Absatz 1 des Bundesausbildungsförderungsgesetzes ist das Einkommen der oder des Auszubildenden maßgebend, das zum Zeitpunkt der Antragstellung absehbar ist; Änderungen bis zum Zeitpunkt der Entscheidung sind zu berücksichtigen;
3. § 23 Absatz 3 des Bundesausbildungsförderungsgesetzes bleiben 62 Euro der Ausbildungsvergütung und abweichend von § 25 Absatz 1 des Bundesausbildungsförderungsgesetzes zusätzlich 607 Euro anrechnungsfrei, wenn die Ausbildungsstätte von der Wohnung der Eltern oder eines Elternteils aus nicht in angemessener Zeit erreicht werden kann;
4. § 23 Absatz 4 Nummer 2 des Bundesausbildungsförderungsgesetzes werden Leistungen Dritter, die zur Aufstockung der Berufsausbildungsbeihilfe erbracht werden, nicht angerechnet.

(3) Bei einer Berufsausbildung im Betrieb der Eltern, der Ehefrau oder des Ehemanns oder der Lebenspartnerin oder des Lebenspartners ist für die Feststellung des Einkommens der oder des Auszubildenden mindestens die tarifliche Bruttoausbildungsvergütung als vereinbart zugrunde zu legen oder, soweit eine tarifliche Regelung nicht besteht, die ortsübliche Bruttoausbildungsvergütung, die in diesem Ausbildungsberuf bei einer Berufsausbildung in einem fremden Betrieb geleistet wird.

(4) [1] Für an berufsvorbereitenden Bildungsmaßnahmen Teilnehmende wird von einer Anrechnung des Einkommens abgesehen. [2] Satz 1 gilt nicht für Einkommen der Teilnehmenden aus einer nach diesem Buch oder vergleichbaren öffentlichen Programmen geförderten Maßnahme.

(5) [1] Das Einkommen der Eltern bleibt außer Betracht, wenn ihr Aufenthaltsort nicht bekannt ist oder sie rechtlich oder tatsächlich gehindert sind, im

Inland Unterhalt zu leisten. ²Das Einkommen ist ferner nicht anzurechnen, soweit ein Unterhaltsanspruch nicht besteht oder dieser verwirkt ist.

§ 68 Vorausleistung von Berufsausbildungsbeihilfe. (1) ¹Macht die oder der Auszubildende glaubhaft, dass ihre oder seine Eltern den nach den Vorschriften dieses Buches angerechneten Unterhaltsbetrag nicht leisten, oder kann das Einkommen der Eltern nicht berechnet werden, weil diese die erforderlichen Auskünfte nicht erteilen oder Urkunden nicht vorlegen, und ist die Berufsausbildung, auch unter Berücksichtigung des Einkommens der Ehefrau oder des Ehemanns oder der Lebenspartnerin oder des Lebenspartners im Bewilligungszeitraum, gefährdet, so wird nach Anhörung der Eltern ohne Anrechnung dieses Betrags Berufsausbildungsbeihilfe geleistet. ²Von der Anhörung der Eltern kann aus wichtigem Grund abgesehen werden.

(2) ¹Ein Anspruch der oder des Auszubildenden auf Unterhaltsleistungen gegen ihre oder seine Eltern geht bis zur Höhe des anzurechnenden Unterhaltsanspruchs zusammen mit dem unterhaltsrechtlichen Auskunftsanspruch mit der Zahlung der Berufsausbildungsbeihilfe auf die Agentur für Arbeit über. ²Die Agentur für Arbeit hat den Eltern die Förderung anzuzeigen. ³Der Übergang wird nicht dadurch ausgeschlossen, dass der Anspruch nicht übertragen, nicht verpfändet oder nicht gepfändet werden kann. ⁴Ist die Unterhaltsleistung trotz des Rechtsübergangs mit befreiender Wirkung an die Auszubildende oder den Auszubildenden gezahlt worden, hat die oder der Auszubildende diese insoweit zu erstatten.

(3) Für die Vergangenheit können die Eltern der oder des Auszubildenden nur von dem Zeitpunkt an in Anspruch genommen werden, ab dem

1. die Voraussetzungen des bürgerlichen Rechts vorgelegen haben oder

2. sie bei dem Antrag auf Ausbildungsförderung mitgewirkt haben oder von ihm Kenntnis erhalten haben und darüber belehrt worden sind, unter welchen Voraussetzungen dieses Buch eine Inanspruchnahme von Eltern ermöglicht.

(4) Berufsausbildungsbeihilfe wird nicht vorausgeleistet, soweit die Eltern bereit sind, Unterhalt entsprechend einer nach § 1612 Absatz 2 des Bürgerlichen Gesetzbuchs getroffenen Bestimmung zu leisten.

(5) ¹Die Agentur für Arbeit kann den auf sie übergegangenen Unterhaltsanspruch im Einvernehmen mit der oder dem Unterhaltsberechtigten auf diese oder diesen zur gerichtlichen Geltendmachung rückübertragen und sich den geltend gemachten Unterhaltsanspruch abtreten lassen. ²Kosten, mit denen die oder der Unterhaltsberechtigte dadurch selbst belastet wird, sind zu übernehmen.

§ 69 Dauer der Förderung. (1) ¹Anspruch auf Berufsausbildungsbeihilfe besteht für die Dauer der Berufsausbildung oder die Dauer der berufsvorbereitenden Bildungsmaßnahme. ²Über den Anspruch wird bei Berufsausbildung in der Regel für 18 Monate, im Übrigen in der Regel für ein Jahr (Bewilligungszeitraum) entschieden.

(2) Für Fehlzeiten besteht in folgenden Fällen Anspruch auf Berufsausbildungsbeihilfe:

1. bei Krankheit längstens bis zum Ende des dritten auf den Eintritt der Krankheit folgenden Kalendermonats, im Fall einer Berufsausbildung jedoch nur, solange das Berufsausbildungsverhältnis fortbesteht,
2. für Zeiten einer Schwangerschaft oder nach der Entbindung, wenn
   a) bei einer Berufsausbildung die Fehlzeit durch ein Beschäftigungsverbot oder eine Schutzfrist aufgrund der Schwangerschaft oder der Geburt entsteht oder
   b) bei einer berufsvorbereitenden Bildungsmaßnahme die Maßnahme nicht länger als 14 Wochen, im Fall von Früh- oder Mehrlingsgeburten oder, wenn vor Ablauf von acht Wochen nach der Entbindung bei dem Kind eine Behinderung im Sinne von § 2 Absatz 1 des Neunten Buches Sozialgesetzbuch[1]) ärztlich festgestellt wird, nicht länger als 18 Wochen (§ 3 des Mutterschutzgesetzes) unterbrochen wird,
3. wenn bei einer Berufsausbildung die oder der Auszubildende aus einem sonstigen Grund der Berufsausbildung fernbleibt und die Ausbildungsvergütung weitergezahlt oder an deren Stelle eine Ersatzleistung erbracht wird oder
4. wenn bei einer berufsvorbereitenden Bildungsmaßnahme ein sonstiger wichtiger Grund für das Fernbleiben der oder des Auszubildenden vorliegt.

§ 70 Berufsausbildungsbeihilfe für Arbeitslose. [1] Arbeitslose, die zu Beginn der berufsvorbereitenden Bildungsmaßnahme anderenfalls Anspruch auf Arbeitslosengeld gehabt hätten, der höher ist als der zugrunde zu legende Bedarf für den Lebensunterhalt, haben Anspruch auf Berufsausbildungsbeihilfe in Höhe des Arbeitslosengeldes. [2] In diesem Fall wird Einkommen, das die oder der Arbeitslose aus einer neben der berufsvorbereitenden Bildungsmaßnahme ausgeübten Beschäftigung oder selbständigen Tätigkeit erzielt, in gleicher Weise angerechnet wie bei der Leistung von Arbeitslosengeld.

§ 71 Auszahlung. [1] Monatliche Förderungsbeträge der Berufsausbildungsbeihilfe, die nicht volle Euro ergeben, sind bei Restbeträgen unter 0,50 Euro abzurunden und im Übrigen aufzurunden. [2] Nicht geleistet werden monatliche Förderungsbeträge unter 10 Euro.

§ 72 Anordnungsermächtigung. Die Bundesagentur wird ermächtigt, durch Anordnung das Nähere über Voraussetzungen, Umfang und Verfahren der Förderung zu bestimmen.

Vierter Unterabschnitt. Berufsausbildung

§ 73 Zuschüsse zur Ausbildungsvergütung behinderter und schwerbehinderter Menschen. (1) Arbeitgeber können für die betriebliche Aus- oder Weiterbildung von behinderten und schwerbehinderten Menschen im Sinne des § 187 Absatz 1 Nummer 3 Buchstabe e des Neunten Buches[1]) durch Zuschüsse zur Ausbildungsvergütung oder zu einer vergleichbaren Vergütung gefördert werden, wenn die Aus- oder Weiterbildung sonst nicht zu erreichen ist.

---

[1]) Nr. 9.

(2) ¹ Die monatlichen Zuschüsse sollen regelmäßig 60 Prozent, bei schwerbehinderten Menschen 80 Prozent der monatlichen Ausbildungsvergütung für das letzte Ausbildungsjahr oder der vergleichbaren Vergütung einschließlich des darauf entfallenden pauschalierten Arbeitgeberanteils am Gesamtsozialversicherungsbeitrag nicht übersteigen. ² In begründeten Ausnahmefällen können Zuschüsse jeweils bis zur Höhe der Ausbildungsvergütung für das letzte Ausbildungsjahr erbracht werden.

(3) Bei Übernahme schwerbehinderter Menschen in ein Arbeitsverhältnis durch den ausbildenden oder einen anderen Arbeitgeber im Anschluss an eine abgeschlossene Aus- oder Weiterbildung kann ein Eingliederungszuschuss in Höhe von bis zu 70 Prozent des zu berücksichtigenden Arbeitsentgelts (§ 91) für die Dauer von einem Jahr erbracht werden, sofern während der Aus- oder Weiterbildung Zuschüsse erbracht wurden.

§ 74 Unterstützung und Förderung der Berufsausbildung. (1) Träger von Maßnahmen können Zuschüsse erhalten und Maßnahmekosten erstattet bekommen, wenn sie förderungsbedürftige junge Menschen
1. mit ausbildungsbegleitenden Hilfen bei ihrer betrieblichen Berufsausbildung oder ihrer Einstiegsqualifizierung unterstützen oder ihre Eingliederungsaussichten in Berufsausbildung oder Arbeit verbessern oder
2. anstelle einer Berufsausbildung in einem Betrieb in einer außerbetrieblichen Einrichtung ausbilden.

(2) § 57 Absatz 1 gilt entsprechend.

§ 75 Ausbildungsbegleitende Hilfen. (1) ¹ Ausbildungsbegleitende Hilfen sind Maßnahmen für förderungsbedürftige junge Menschen, die über die Vermittlung von betriebs- und ausbildungsüblichen Inhalten hinausgehen, insbesondere müssen ausbildungsbegleitende Hilfen während einer Einstiegsqualifizierung über die Vermittlung der vom Betrieb im Rahmen der Einstiegsqualifizierung zu vermittelnden Fertigkeiten, Kenntnisse und Fähigkeiten hinausgehen. ² Hierzu gehören Maßnahmen
1. zum Abbau von Sprach- und Bildungsdefiziten,
2. zur Förderung fachpraktischer und fachtheoretischer Fertigkeiten, Kenntnisse und Fähigkeiten und
3. zur sozialpädagogischen Begleitung.

(2) ¹ Ausbildungsbegleitende Hilfen sind förderungsfähig, wenn sie
1. die förderungsbedürftigen jungen Menschen während einer betrieblichen Berufsausbildung oder einer Einstiegsqualifizierung unterstützen,
2. zur Unterstützung nach der vorzeitigen Lösung eines betrieblichen Berufsausbildungsverhältnisses bis zur Aufnahme einer weiteren betrieblichen oder einer außerbetrieblichen Berufsausbildung erforderlich sind oder
3. nach erfolgreicher Beendigung einer mit ausbildungsbegleitenden Hilfen geförderten betrieblichen Berufsausbildung bis zur Begründung oder Festigung eines Arbeitsverhältnisses fortgesetzt werden und hierfür erforderlich sind.
² Sie enden spätestens sechs Monate nach Begründung eines Arbeitsverhältnisses.

3. Kapitel. Aktive Arbeitsförderung §§ 76–78 SGB III 3

§ 76 Außerbetriebliche Berufsausbildung. (1) Maßnahmen, die zugunsten förderungsbedürftiger junger Menschen als Berufsausbildung in einer außerbetrieblichen Einrichtung durchgeführt werden (außerbetriebliche Berufsausbildung), sind förderungsfähig, wenn

1. der oder dem an der Maßnahme teilnehmenden Auszubildenden auch mit ausbildungsfördernden Leistungen nach diesem Buch eine Ausbildungsstelle in einem Betrieb nicht vermittelt werden kann und
2. der Anteil betrieblicher Ausbildungsphasen je Ausbildungsjahr angemessen ist.

(2) Während der Durchführung einer außerbetrieblichen Berufsausbildung sind alle Möglichkeiten wahrzunehmen, um den Übergang der oder des Auszubildenden in ein betriebliches Berufsausbildungsverhältnis zu fördern.

(3) Ist ein betriebliches oder außerbetriebliches Berufsausbildungsverhältnis vorzeitig gelöst worden und ist eine Eingliederung in betriebliche Berufsausbildung auch mit ausbildungsfördernden Leistungen nach diesem Buch aussichtslos, kann die oder der Auszubildende ihre oder seine Berufsausbildung in einer außerbetrieblichen Einrichtung fortsetzen, wenn zu erwarten ist, dass die Berufsausbildung erfolgreich abgeschlossen werden kann.

(4) Wird ein außerbetriebliches Berufsausbildungsverhältnis vorzeitig gelöst, hat der Träger der Maßnahme eine Bescheinigung über bereits erfolgreich absolvierte Teile der Berufsausbildung auszustellen.

§ 77 Sonstige Förderungsvoraussetzungen. Die Maßnahmen nach den §§ 75 und 76 sind nur förderungsfähig, wenn sie nach Aus- und Fortbildung sowie Berufserfahrung der Leitung und der Lehr- und Fachkräfte, nach Gestaltung des Lehrplans, nach Unterrichtsmethode und Güte der zum Einsatz vorgesehenen Lehr- und Lernmittel eine erfolgreiche Berufsausbildung oder die erfolgreiche Unterstützung der Berufsausbildung oder der Einstiegsqualifizierung erwarten lassen.

§ 78 Förderungsbedürftige junge Menschen. (1) Förderungsbedürftig sind lernbeeinträchtigte und sozial benachteiligte junge Menschen, die wegen in ihrer Person liegender Gründe ohne die Förderung

1. eine Einstiegsqualifizierung oder eine Berufsausbildung nicht beginnen, fortsetzen oder erfolgreich beenden können,
2. nach der vorzeitigen Lösung eines Berufsausbildungsverhältnisses eine weitere Berufsausbildung nicht beginnen können oder
3. nach erfolgreicher Beendigung einer Berufsausbildung ein Arbeitsverhältnis nicht begründen oder festigen können.

(2) [1] Förderungsbedürftig sind auch

1. junge Menschen, die ohne die Förderung mit ausbildungsbegleitenden Hilfen eine Einstiegsqualifizierung oder eine erste betriebliche Berufsausbildung nicht beginnen oder fortsetzen können oder voraussichtlich Schwierigkeiten haben werden, diese erfolgreich abzuschließen, oder
2. Auszubildende, die nach der vorzeitigen Lösung eines betrieblichen Berufsausbildungsverhältnisses unter den Voraussetzungen des § 76 Absatz 3 eine Berufsausbildung außerbetrieblich fortsetzen.

²Satz 1 Nummer 1 gilt entsprechend für junge Menschen, die bereits eine Berufsausbildung absolviert haben und deren zweite Berufsausbildung für ihre dauerhafte berufliche Eingliederung erforderlich ist.

(3) ¹§ 59 Absatz 1 und 3 gilt entsprechend. ²§ 59 Absatz 2 gilt für ausbildungsbegleitende Hilfen entsprechend; das gilt auch für außerhalb einer betrieblichen Berufsausbildung liegende, in § 75 Absatz 2 genannte Phasen.

§ 79 Leistungen. (1) Die Leistungen umfassen bei
1. ausbildungsbegleitenden Hilfen die Maßnahmekosten,
2. einer außerbetrieblichen Berufsausbildung die Zuschüsse zur Ausbildungsvergütung zuzüglich des Gesamtsozialversicherungsbeitrags sowie die Maßnahmekosten.

(2) ¹Als Zuschuss zur Ausbildungsvergütung bei einer außerbetrieblichen Berufsausbildung kann höchstens ein Betrag geleistet werden, der nach § 123 Absatz 1 Nummer 1 dem Bedarf für den Lebensunterhalt einer oder eines unverheirateten oder nicht in einer Lebenspartnerschaft verbundenen Auszubildenden zugrunde zu legen ist, wenn sie oder er das 21. Lebensjahr noch nicht vollendet hat und im Haushalt der Eltern untergebracht ist. ²Ab dem zweiten Ausbildungsjahr erhöht sich dieser Betrag um 5 Prozent jährlich. ³Der Betrag erhöht sich um den vom Träger zu tragenden Gesamtsozialversicherungsbeitrag.

(3) ¹Als Maßnahmekosten werden erstattet:
1. die angemessenen Aufwendungen für das zur Durchführung der Maßnahme eingesetzte erforderliche Ausbildungs- und Betreuungspersonal, einschließlich dessen regelmäßiger fachlicher Weiterbildung, sowie für das erforderliche Leitungs- und Verwaltungspersonal,
2. die angemessenen Sach- und Verwaltungskosten sowie
3. eine Pauschale für jede vorzeitige und nachhaltige Vermittlung aus einer nach § 76 geförderten außerbetrieblichen Berufsausbildung in eine betriebliche Berufsausbildung.

²Die Pauschale nach Satz 1 Nummer 3 beträgt 2 000 Euro für jede Vermittlung. ³Die Vermittlung gilt als vorzeitig, wenn die oder der Auszubildende spätestens zwölf Monate vor dem vertraglichen Ende der außerbetrieblichen Berufsausbildung vermittelt worden ist. ⁴Die Vermittlung gilt als nachhaltig, wenn das Berufsausbildungsverhältnis länger als vier Monate fortbesteht. ⁵Die Pauschale wird für jede Auszubildende und jeden Auszubildenden nur einmal gezahlt.

§ 80 Anordnungsermächtigung. Die Bundesagentur wird ermächtigt, durch Anordnung das Nähere über Voraussetzungen, Art, Umfang und Verfahren der Förderung zu bestimmen.

Fünfter Unterabschnitt. Jugendwohnheime

§ 80a Förderung von Jugendwohnheimen. ¹Träger von Jugendwohnheimen können durch Darlehen und Zuschüsse gefördert werden, wenn dies zum Ausgleich auf dem Ausbildungsmarkt und zur Förderung der Berufsausbildung erforderlich ist und die Träger oder Dritte sich in angemessenem Umfang an den Kosten beteiligen. ² Leistungen können erbracht werden für den Aufbau, die Erweiterung, den Umbau und die Ausstattung von Jugendwohnheimen.

§ 80b Anordnungsermächtigung. Die Bundesagentur wird ermächtigt, durch Anordnung das Nähere über Voraussetzungen, Art, Umfang und Verfahren der Förderung zu bestimmen.

Vierter Abschnitt. Berufliche Weiterbildung

§ 81 Grundsatz. (1) ¹ Arbeitnehmerinnen und Arbeitnehmer können bei beruflicher Weiterbildung durch Übernahme der Weiterbildungskosten gefördert werden, wenn

1. die Weiterbildung notwendig ist, um sie bei Arbeitslosigkeit beruflich einzugliedern, eine ihnen drohende Arbeitslosigkeit abzuwenden oder weil bei ihnen wegen fehlenden Berufsabschlusses die Notwendigkeit der Weiterbildung anerkannt ist,
2. die Agentur für Arbeit sie vor Beginn der Teilnahme beraten hat und
3. die Maßnahme und der Träger der Maßnahme für die Förderung zugelassen sind.

² Als Weiterbildung gilt die Zeit vom ersten Tag bis zum letzten Tag der Maßnahme mit Unterrichtsveranstaltungen, es sei denn, die Maßnahme ist vorzeitig beendet worden.

(2) ¹ Anerkannt wird die Notwendigkeit der Weiterbildung bei Arbeitnehmerinnen und Arbeitnehmern wegen fehlenden Berufsabschlusses, wenn sie

1. über einen Berufsabschluss verfügen, jedoch auf Grund einer mehr als vier Jahre ausgeübten Beschäftigung in an- oder ungelernter Tätigkeit eine dem Berufsabschluss entsprechende Beschäftigung voraussichtlich nicht mehr ausüben können, oder
2. nicht über einen Berufsabschluss verfügen, für den nach bundes- oder landesrechtlichen Vorschriften eine Ausbildungsdauer von mindestens zwei Jahren festgelegt ist; Arbeitnehmerinnen und Arbeitnehmer ohne einen solchen Berufsabschluss, die noch nicht drei Jahre beruflich tätig gewesen sind, können nur gefördert werden, wenn eine Berufsausbildung oder eine berufsvorbereitende Bildungsmaßnahme aus in ihrer Person liegenden Gründen nicht möglich oder nicht zumutbar ist.

² Zeiten der Arbeitslosigkeit, der Kindererziehung und der Pflege einer pflegebedürftigen Person mit mindestens Pflegegrad 2 stehen Zeiten einer Beschäftigung nach Satz 1 Nummer 1 gleich.

(3) ¹ Arbeitnehmerinnen und Arbeitnehmer werden durch Übernahme der Weiterbildungskosten zum nachträglichen Erwerb des Hauptschulabschlusses oder eines gleichwertigen Schulabschlusses gefördert, wenn

1. sie die Voraussetzungen für die Förderung der beruflichen Weiterbildung nach Absatz 1 erfüllen und
2. zu erwarten ist, dass sie an der Maßnahme erfolgreich teilnehmen werden.

² Absatz 2 Satz 1 Nummer 2 zweiter Halbsatz gilt entsprechend. ³ Die Leistung wird nur erbracht, soweit sie nicht für den gleichen Zweck durch Dritte erbracht wird. ⁴ Die Agentur für Arbeit hat darauf hinzuwirken, dass sich die für die allgemeine Schulbildung zuständigen Länder an den Kosten der Maß-

nahme beteiligen. ⁵ Leistungen Dritter zur Aufstockung der Leistung bleiben anrechnungsfrei.

(3a) Arbeitnehmerinnen und Arbeitnehmer können zum Erwerb von Grundkompetenzen durch Übernahme der Weiterbildungskosten gefördert werden, wenn

1. die in Absatz 1 genannten Voraussetzungen für die Förderung der beruflichen Weiterbildung erfüllt sind,
2. die Arbeitnehmerinnen und Arbeitnehmer nicht über ausreichende Grundkompetenzen verfügen, um erfolgreich an einer beruflichen Weiterbildung teilzunehmen, die zu einem Abschluss in einem Ausbildungsberuf führt, für den nach bundes- oder landesrechtlichen Vorschriften eine Ausbildungsdauer von mindestens zwei Jahren festgelegt ist, und
3. nach einer Teilnahme an der Maßnahme zum Erwerb von Grundkompetenzen der erfolgreiche Abschluss einer beruflichen Weiterbildung nach Nummer 2 erwartet werden kann.

(4) ¹ Der Arbeitnehmerin oder dem Arbeitnehmer wird das Vorliegen der Voraussetzungen für eine Förderung bescheinigt (Bildungsgutschein). ² Der Bildungsgutschein kann zeitlich befristet sowie regional und auf bestimmte Bildungsziele beschränkt werden. ³ Der von der Arbeitnehmerin oder vom Arbeitnehmer ausgewählte Träger hat der Agentur für Arbeit den Bildungsgutschein vor Beginn der Maßnahme vorzulegen. ⁴ Die Agentur für Arbeit kann auf die Ausstellung eines Bildungsgutscheins bei beschäftigten Arbeitnehmerinnen und Arbeitnehmern verzichten, wenn der Arbeitgeber und die Arbeitnehmerin oder der Arbeitnehmer damit einverstanden sind.

(5) ¹ Für die berufliche Weiterbildung von Arbeitnehmerinnen und Arbeitnehmern, bei denen die Notwendigkeit der Weiterbildung wegen eines fehlenden Berufsabschlusses nach Absatz 2 anerkannt ist, können Arbeitgeber durch Zuschüsse zum Arbeitsentgelt gefördert werden, soweit die Weiterbildung im Rahmen eines bestehenden Arbeitsverhältnisses durchgeführt wird. ² Die Zuschüsse können bis zur Höhe des Betrags erbracht werden, der sich als anteiliges Arbeitsentgelt für weiterbildungsbedingte Zeiten ohne Arbeitsleistung errechnet; dieses umfasst auch den darauf entfallenden pauschalierten Arbeitgeberanteil am Gesamtsozialversicherungsbeitrag.

§ 82 Förderung besonderer Arbeitnehmerinnen und Arbeitnehmer.
¹ Arbeitnehmerinnen und Arbeitnehmer können bei beruflicher Weiterbildung durch volle oder teilweise Übernahme der Weiterbildungskosten gefördert werden, wenn

1. sie bei Beginn der Teilnahme das 45. Lebensjahr vollendet haben,
2. sie im Rahmen eines bestehenden Arbeitsverhältnisses für die Zeit der Teilnahme an der Maßnahme weiterhin Anspruch auf Arbeitsentgelt haben,
3. der Betrieb, dem sie angehören, weniger als 250 Beschäftigte hat,
4. die Maßnahme außerhalb des Betriebs, dem sie angehören, durchgeführt wird,
5. Kenntnisse und Fertigkeiten vermittelt werden, die über ausschließlich arbeitsplatzbezogene kurzfristige Anpassungsfortbildungen hinausgehen, und
6. die Maßnahme und der Träger der Maßnahme für die Förderung zugelassen sind.

²Die Voraussetzungen des Satzes 1 Nummer 1 und 2 gelten nicht, wenn der Betrieb, dem die Arbeitnehmerinnen und Arbeitnehmer angehören, weniger als zehn Beschäftigte hat; in diesem Fall sollen Arbeitnehmerinnen und Arbeitnehmer durch volle Übernahme der Weiterbildungskosten gefördert werden. ³ § 81 Absatz 4 gilt. ⁴Der Bildungsgutschein kann in Förderhöhe und Förderumfang beschränkt werden. ⁵Bei der Feststellung der Zahl der Beschäftigten sind Teilzeitbeschäftigte mit einer regelmäßigen wöchentlichen Arbeitszeit von nicht mehr als zehn Stunden mit 0,25, von nicht mehr als 20 Stunden mit 0,50 und von nicht mehr als 30 Stunden mit 0,75 zu berücksichtigen.

§ 83 Weiterbildungskosten. (1) Weiterbildungskosten sind die durch die Weiterbildung unmittelbar entstehenden

1. Lehrgangskosten und Kosten für die Eignungsfeststellung,
2. Fahrkosten,
3. Kosten für auswärtige Unterbringung und Verpflegung,
4. Kosten für die Betreuung von Kindern.

(2) ¹Leistungen können unmittelbar an den Träger der Maßnahme ausgezahlt werden, soweit Kosten bei dem Träger unmittelbar entstehen. ²Soweit ein Bescheid über die Bewilligung von unmittelbar an den Träger erbrachten Leistungen aufgehoben worden ist, sind diese Leistungen ausschließlich von dem Träger zu erstatten.

§ 84 Lehrgangskosten. (1) Lehrgangskosten sind Lehrgangsgebühren einschließlich

1. der Kosten für erforderliche Lernmittel, Arbeitskleidung und Prüfungsstücke,
2. der Prüfungsgebühren für gesetzlich geregelte oder allgemein anerkannte Zwischen- und Abschlussprüfungen sowie
3. der Kosten für eine notwendige Eignungsfeststellung.

(2) Lehrgangskosten können auch für die Zeit vom Ausscheiden einer Teilnehmerin oder eines Teilnehmers bis zum planmäßigen Ende der Maßnahme übernommen werden, wenn

1. die Teilnehmerin oder der Teilnehmer wegen Arbeitsaufnahme vorzeitig ausgeschieden ist,
2. das Arbeitsverhältnis durch Vermittlung des Trägers der Maßnahme zustande gekommen ist und
3. eine Nachbesetzung des frei gewordenen Platzes in der Maßnahme nicht möglich ist.

§ 85 Fahrkosten. Für Übernahme und Höhe der Fahrkosten gilt § 63 Absatz 1 und 3 entsprechend.

§ 86 Kosten für auswärtige Unterbringung und für Verpflegung. Ist eine auswärtige Unterbringung erforderlich, so kann

1. für die Unterbringung je Tag ein Betrag in Höhe von 31 Euro gezahlt werden, je Kalendermonat jedoch höchstens 340 Euro, und

2. für die Verpflegung je Tag ein Betrag in Höhe von 18 Euro gezahlt werden, je Kalendermonat jedoch höchstens 136 Euro.

§ 87 Kinderbetreuungskosten. Kosten für die Betreuung der aufsichtsbedürftigen Kinder der Arbeitnehmerin oder des Arbeitnehmers können in Höhe von 130 Euro monatlich je Kind übernommen werden.

Fünfter Abschnitt. Aufnahme einer Erwerbstätigkeit

Erster Unterabschnitt. Sozialversicherungspflichtige Beschäftigung

§ 88 Eingliederungszuschuss. Arbeitgeber können zur Eingliederung von Arbeitnehmerinnen und Arbeitnehmern, deren Vermittlung wegen in ihrer Person liegender Gründe erschwert ist, einen Zuschuss zum Arbeitsentgelt zum Ausgleich einer Minderleistung erhalten (Eingliederungszuschuss).

§ 89 Höhe und Dauer der Förderung. [1] Die Förderhöhe und die Förderdauer richten sich nach dem Umfang der Einschränkung der Arbeitsleistung der Arbeitnehmerin oder des Arbeitnehmers und nach den Anforderungen des jeweiligen Arbeitsplatzes (Minderleistung). [2] Der Eingliederungszuschuss kann bis zu 50 Prozent des zu berücksichtigenden Arbeitsentgelts und die Förderdauer bis zu zwölf Monate betragen. [3] Bei Arbeitnehmerinnen und Arbeitnehmern, die das 50. Lebensjahr vollendet haben, kann die Förderdauer bis zu 36 Monate betragen, wenn die Förderung bis zum 31. Dezember 2019 begonnen hat.

§ 90 Eingliederungszuschuss für behinderte und schwerbehinderte Menschen. (1) Für behinderte und schwerbehinderte Menschen kann der Eingliederungszuschuss bis zu 70 Prozent des zu berücksichtigenden Arbeitsentgelts und die Förderdauer bis zu 24 Monate betragen.

(2) [1] Für schwerbehinderte Menschen im Sinne des § 187 Absatz 1 Nummer 3 Buchstabe a bis d des Neunten Buches[1)] und ihnen nach § 2 Absatz 3 des Neunten Buches von den Agenturen für Arbeit gleichgestellte behinderte Menschen, deren Vermittlung wegen in ihrer Person liegender Gründe erschwert ist (besonders betroffene schwerbehinderte Menschen), kann der Eingliederungszuschuss bis zu 70 Prozent des zu berücksichtigenden Arbeitsentgelts und die Förderdauer bis zu 60 Monate betragen. [2] Die Förderdauer kann bei besonders betroffenen schwerbehinderten Menschen, die das 55. Lebensjahr vollendet haben, bis zu 96 Monate betragen.

(3) Bei der Entscheidung über Höhe und Dauer der Förderung von schwerbehinderten und besonders betroffenen schwerbehinderten Menschen ist zu berücksichtigen, ob der schwerbehinderte Mensch ohne gesetzliche Verpflichtung oder über die Beschäftigungspflicht nach dem Teil 3 des Neunten Buches hinaus eingestellt und beschäftigt wird.

(4) [1] Nach Ablauf von zwölf Monaten ist die Höhe des Eingliederungszuschusses um zehn Prozentpunkte jährlich zu vermindern. [2] Sie darf 30 Prozent des zu berücksichtigenden Arbeitsentgelts nicht unterschreiten. [3] Der Ein-

---

[1)] Nr. 9.

gliederungszuschuss für besonders betroffene schwerbehinderte Menschen ist erst nach Ablauf von 24 Monaten zu vermindern.

§ 91 Zu berücksichtigendes Arbeitsentgelt und Auszahlung des Zuschusses. (1) [1] Für den Eingliederungszuschuss ist zu berücksichtigen

1. das vom Arbeitgeber regelmäßig gezahlte Arbeitsentgelt, soweit es das tarifliche Arbeitsentgelt oder, wenn eine tarifliche Regelung nicht besteht, das für vergleichbare Tätigkeiten ortsübliche Arbeitsentgelt nicht übersteigt und soweit es die Beitragsbemessungsgrenze in der Arbeitsförderung nicht überschreitet, sowie
2. der pauschalierte Anteil des Arbeitgebers am Gesamtsozialversicherungsbeitrag.

[2] Einmalig gezahltes Arbeitsentgelt ist nicht zu berücksichtigen.

(2) [1] Der Eingliederungszuschuss wird zu Beginn der Maßnahme in monatlichen Festbeträgen für die Förderdauer festgelegt. [2] Die monatlichen Festbeträge werden vermindert, wenn sich das zu berücksichtigende Arbeitsentgelt verringert.

§ 92 Förderungsausschluss und Rückzahlung. (1) Eine Förderung ist ausgeschlossen, wenn

1. zu vermuten ist, dass der Arbeitgeber die Beendigung eines Beschäftigungsverhältnisses veranlasst hat, um einen Eingliederungszuschuss zu erhalten, oder
2. die Arbeitnehmerin oder der Arbeitnehmer bei einem früheren Arbeitgeber eingestellt wird, bei dem sie oder er während der letzten vier Jahre vor Förderungsbeginn mehr als drei Monate versicherungspflichtig beschäftigt war; dies gilt nicht, wenn es sich um die befristete Beschäftigung besonders betroffener schwerbehinderter Menschen handelt.

(2) [1] Der Eingliederungszuschuss ist teilweise zurückzuzahlen, wenn das Beschäftigungsverhältnis während des Förderungszeitraums oder einer Nachbeschäftigungszeit beendet wird. [2] Dies gilt nicht, wenn

1. der Arbeitgeber berechtigt war, das Arbeitsverhältnis aus Gründen, die in der Person oder dem Verhalten der Arbeitnehmerin oder des Arbeitnehmers liegen, zu kündigen,
2. eine Kündigung aus dringenden betrieblichen Erfordernissen, die einer Weiterbeschäftigung im Betrieb entgegenstehen, berechtigt war,
3. das Arbeitsverhältnis auf das Bestreben der Arbeitnehmerin oder des Arbeitnehmers hin beendet wird, ohne dass der Arbeitgeber den Grund hierfür zu vertreten hat,
4. die Arbeitnehmerin oder der Arbeitnehmer das Mindestalter für den Bezug der gesetzlichen Altersrente erreicht hat, oder
5. der Eingliederungszuschuss für die Einstellung eines besonders betroffenen schwerbehinderten Menschen geleistet wird.

[3] Die Rückzahlung ist auf die Hälfte des geleisteten Förderbetrags begrenzt und darf den in den letzten zwölf Monaten vor Beendigung des Beschäftigungsverhältnisses geleisteten Förderbetrag nicht überschreiten. [4] Ungeförderte

Nachbeschäftigungszeiten sind anteilig zu berücksichtigen. ⁵ Die Nachbeschäftigungszeit entspricht der Förderdauer; sie beträgt längstens zwölf Monate.

Zweiter Unterabschnitt. Selbständige Tätigkeit

§ 93 Gründungszuschuss. (1) Arbeitnehmerinnen und Arbeitnehmer, die durch Aufnahme einer selbständigen, hauptberuflichen Tätigkeit die Arbeitslosigkeit beenden, können zur Sicherung des Lebensunterhalts und zur sozialen Sicherung in der Zeit nach der Existenzgründung einen Gründungszuschuss erhalten.

(2) ¹ Ein Gründungszuschuss kann geleistet werden, wenn die Arbeitnehmerin oder der Arbeitnehmer

1. bis zur Aufnahme der selbständigen Tätigkeit einen Anspruch auf Arbeitslosengeld hat, dessen Dauer bei Aufnahme der selbständigen Tätigkeit noch mindestens 150 Tage beträgt und nicht allein auf § 147 Absatz 3 beruht,
2. der Agentur für Arbeit die Tragfähigkeit der Existenzgründung nachweist und
3. ihre oder seine Kenntnisse und Fähigkeiten zur Ausübung der selbständigen Tätigkeit darlegt.

² Zum Nachweis der Tragfähigkeit der Existenzgründung ist der Agentur für Arbeit die Stellungnahme einer fachkundigen Stelle vorzulegen; fachkundige Stellen sind insbesondere die Industrie- und Handelskammern, Handwerkskammern, berufsständische Kammern, Fachverbände und Kreditinstitute.

(3) Der Gründungszuschuss wird nicht geleistet, solange Ruhenstatbestände nach den §§ 156 bis 159 vorliegen oder vorgelegen hätten.

(4) Die Förderung ist ausgeschlossen, wenn nach Beendigung einer Förderung der Aufnahme einer selbständigen Tätigkeit nach diesem Buch noch nicht 24 Monate vergangen sind; von dieser Frist kann wegen besonderer in der Person der Arbeitnehmerin oder des Arbeitnehmers liegender Gründe abgesehen werden.

(5) Geförderte Personen, die das für die Regelaltersrente im Sinne des Sechsten Buches[1]) erforderliche Lebensjahr vollendet haben, können vom Beginn des folgenden Monats an keinen Gründungszuschuss erhalten.

§ 94 Dauer und Höhe der Förderung. (1) Als Gründungszuschuss wird für die Dauer von sechs Monaten der Betrag geleistet, den die Arbeitnehmerin oder der Arbeitnehmer als Arbeitslosengeld zuletzt bezogen hat, zuzüglich monatlich 300 Euro.

(2) ¹ Der Gründungszuschuss kann für weitere neun Monate in Höhe von monatlich 300 Euro geleistet werden, wenn die geförderte Person ihre Geschäftstätigkeit anhand geeigneter Unterlagen darlegt. ² Bestehen begründete Zweifel an der Geschäftstätigkeit, kann die Agentur für Arbeit verlangen, dass ihr erneut eine Stellungnahme einer fachkundigen Stelle vorgelegt wird.

---

[1]) Nr. 6.

Sechster Abschnitt. Verbleib in Beschäftigung
Erster Unterabschnitt. Kurzarbeitergeld
Erster Titel. Regelvoraussetzungen

§ 95 Anspruch. [1] Arbeitnehmerinnen und Arbeitnehmer haben Anspruch auf Kurzarbeitergeld, wenn
1. ein erheblicher Arbeitsausfall mit Entgeltausfall vorliegt,
2. die betrieblichen Voraussetzungen erfüllt sind,
3. die persönlichen Voraussetzungen erfüllt sind und
4. der Arbeitsausfall der Agentur für Arbeit angezeigt worden ist.

[2] Arbeitnehmerinnen und Arbeitnehmer in Betrieben nach § 101 Absatz 1 Nummer 1 haben in der Schlechtwetterzeit Anspruch auf Kurzarbeitergeld in Form des Saison-Kurzarbeitergeldes.

§ 96 Erheblicher Arbeitsausfall. (1) [1] Ein Arbeitsausfall ist erheblich, wenn
1. er auf wirtschaftlichen Gründen oder einem unabwendbaren Ereignis beruht,
2. er vorübergehend ist,
3. er nicht vermeidbar ist und
4. im jeweiligen Kalendermonat (Anspruchszeitraum) mindestens ein Drittel der in dem Betrieb beschäftigten Arbeitnehmerinnen und Arbeitnehmer von einem Entgeltausfall von jeweils mehr als 10 Prozent ihres monatlichen Bruttoentgelts betroffen ist; der Entgeltausfall kann auch jeweils 100 Prozent des monatlichen Bruttoentgelts betragen.

[2] Bei den Berechnungen nach Satz 1 Nummer 4 sind Auszubildende nicht mitzuzählen.

(2) Ein Arbeitsausfall beruht auch auf wirtschaftlichen Gründen, wenn er durch eine Veränderung der betrieblichen Strukturen verursacht wird, die durch die allgemeine wirtschaftliche Entwicklung bedingt ist.

(3) [1] Ein unabwendbares Ereignis liegt insbesondere vor, wenn ein Arbeitsausfall auf ungewöhnlichen, von dem üblichen Witterungsverlauf abweichenden Witterungsverhältnissen beruht. [2] Ein unabwendbares Ereignis liegt auch vor, wenn ein Arbeitsausfall durch behördliche oder behördlich anerkannte Maßnahmen verursacht ist, die vom Arbeitgeber nicht zu vertreten sind.

(4) [1] Ein Arbeitsausfall ist nicht vermeidbar, wenn in einem Betrieb alle zumutbaren Vorkehrungen getroffen wurden, um den Eintritt des Arbeitsausfalls zu verhindern. [2] Als vermeidbar gilt insbesondere ein Arbeitsausfall, der
1. überwiegend branchenüblich, betriebsüblich oder saisonbedingt ist oder ausschließlich auf betriebsorganisatorischen Gründen beruht,
2. durch die Gewährung von bezahltem Erholungsurlaub ganz oder teilweise verhindert werden kann, soweit vorrangige Urlaubswünsche der Arbeitnehmerinnen und Arbeitnehmer der Urlaubsgewährung nicht entgegenstehen, oder
3. durch die Nutzung von im Betrieb zulässigen Arbeitszeitschwankungen ganz oder teilweise vermieden werden kann.

³ Die Auflösung eines Arbeitszeitguthabens kann von der Arbeitnehmerin oder dem Arbeitnehmer nicht verlangt werden, soweit es

1. vertraglich ausschließlich zur Überbrückung von Arbeitsausfällen außerhalb der Schlechtwetterzeit (§ 101 Absatz 1) bestimmt ist und den Umfang von 50 Stunden nicht übersteigt,
2. ausschließlich für die in § 7c Absatz 1 des Vierten Buches[1)] genannten Zwecke bestimmt ist,
3. zur Vermeidung der Inanspruchnahme von Saison-Kurzarbeitergeld angespart worden ist und den Umfang von 150 Stunden nicht übersteigt,
4. den Umfang von 10 Prozent der ohne Mehrarbeit geschuldeten Jahresarbeitszeit einer Arbeitnehmerin oder eines Arbeitnehmers übersteigt oder
5. länger als ein Jahr unverändert bestanden hat.

⁴ In einem Betrieb, in dem eine Vereinbarung über Arbeitszeitschwankungen gilt, nach der mindestens 10 Prozent der ohne Mehrarbeit geschuldeten Jahresarbeitszeit je nach Arbeitsanfall eingesetzt werden, gilt ein Arbeitsausfall, der im Rahmen dieser Arbeitszeitschwankungen nicht mehr ausgeglichen werden kann, als nicht vermeidbar.

§ 97 Betriebliche Voraussetzungen.

¹ Die betrieblichen Voraussetzungen sind erfüllt, wenn in dem Betrieb mindestens eine Arbeitnehmerin oder ein Arbeitnehmer beschäftigt ist. ² Betrieb im Sinne der Vorschriften über das Kurzarbeitergeld ist auch eine Betriebsabteilung.

§ 98 Persönliche Voraussetzungen.

(1) Die persönlichen Voraussetzungen sind erfüllt, wenn

1. die Arbeitnehmerin oder der Arbeitnehmer nach Beginn des Arbeitsausfalls eine versicherungspflichtige Beschäftigung
   a) fortsetzt,
   b) aus zwingenden Gründen aufnimmt oder
   c) im Anschluss an die Beendigung eines Berufsausbildungsverhältnisses aufnimmt,
2. das Arbeitsverhältnis nicht gekündigt oder durch Aufhebungsvertrag aufgelöst ist und
3. die Arbeitnehmerin oder der Arbeitnehmer nicht vom Kurzarbeitergeldbezug ausgeschlossen ist.

(2) Die persönlichen Voraussetzungen sind auch erfüllt, wenn die Arbeitnehmerin oder der Arbeitnehmer während des Bezugs von Kurzarbeitergeld arbeitsunfähig wird, solange Anspruch auf Fortzahlung des Arbeitsentgelts im Krankheitsfall besteht oder ohne den Arbeitsausfall bestehen würde.

(3) Die persönlichen Voraussetzungen sind nicht erfüllt bei Arbeitnehmerinnen und Arbeitnehmern

1. während der Teilnahme an einer beruflichen Weiterbildungsmaßnahme mit Bezug von Arbeitslosengeld oder Übergangsgeld, wenn diese Leistung nicht für eine neben der Beschäftigung durchgeführte Teilzeitmaßnahme gezahlt wird,

---

[1)] Nr. 4.

2. während des Bezugs von Krankengeld sowie

3. während der Zeit, in der sie von einem privaten Krankenversicherungsunternehmen, von einem Beihilfeträger des Bundes, von einem sonstigen öffentlich-rechtlichen Träger von Kosten in Krankheitsfällen auf Bundesebene, von dem Träger der Heilfürsorge im Bereich des Bundes, von dem Träger der truppenärztlichen Versorgung oder von einem öffentlich-rechtlichen Träger von Kosten in Krankheitsfällen auf Landesebene, soweit Landesrecht dies vorsieht, Leistungen für den Ausfall von Arbeitseinkünften im Zusammenhang mit einer nach den §§ 8 und 8a des Transplantationsgesetzes erfolgenden Spende von Organen oder Geweben oder mit einer im Zusammenhang mit einer im Sinne von § 9 des Transfusionsgesetzes erfolgenden Spende von Blut zur Separation von Blutstammzellen oder anderen Blutbestandteilen beziehen.

(4) ¹Die persönlichen Voraussetzungen sind auch nicht erfüllt, wenn und solange Arbeitnehmerinnen und Arbeitnehmer bei einer Vermittlung nicht in der von der Agentur für Arbeit verlangten und gebotenen Weise mitwirken. ²Arbeitnehmerinnen und Arbeitnehmer, die von einem erheblichen Arbeitsausfall mit Entgeltausfall betroffen sind, sind in die Vermittlungsbemühungen der Agentur für Arbeit einzubeziehen. ³Hat die Arbeitnehmerin oder der Arbeitnehmer trotz Belehrung über die Rechtsfolgen eine von der Agentur für Arbeit angebotene zumutbare Beschäftigung nicht angenommen oder nicht angetreten, ohne für dieses Verhalten einen wichtigen Grund zu haben, sind die Vorschriften über die Sperrzeit beim Arbeitslosengeld entsprechend anzuwenden.

§ 99 Anzeige des Arbeitsausfalls. (1) ¹Der Arbeitsausfall ist bei der Agentur für Arbeit, in deren Bezirk der Betrieb seinen Sitz hat, schriftlich oder elektronisch anzuzeigen. ²Die Anzeige kann nur vom Arbeitgeber oder der Betriebsvertretung erstattet werden. ³Der Anzeige des Arbeitgebers ist eine Stellungnahme der Betriebsvertretung beizufügen. ⁴Mit der Anzeige ist glaubhaft zu machen, dass ein erheblicher Arbeitsausfall besteht und die betrieblichen Voraussetzungen für das Kurzarbeitergeld erfüllt sind.

(2) ¹Kurzarbeitergeld wird frühestens von dem Kalendermonat an geleistet, in dem die Anzeige über den Arbeitsausfall bei der Agentur für Arbeit eingegangen ist. ²Beruht der Arbeitsausfall auf einem unabwendbaren Ereignis, gilt die Anzeige für den entsprechenden Kalendermonat als erstattet, wenn sie unverzüglich erstattet worden ist.

(3) Die Agentur für Arbeit hat der oder dem Anzeigenden unverzüglich einen schriftlichen Bescheid darüber zu erteilen, ob auf Grund der vorgetragenen und glaubhaft gemachten Tatsachen ein erheblicher Arbeitsausfall vorliegt und die betrieblichen Voraussetzungen erfüllt sind.

§ 100 Kurzarbeitergeld bei Arbeitskämpfen. (1) § 160 über das Ruhen des Anspruchs auf Arbeitslosengeld bei Arbeitskämpfen gilt entsprechend für den Anspruch auf Kurzarbeitergeld bei Arbeitnehmerinnen und Arbeitnehmern, deren Arbeitsausfall Folge eines inländischen Arbeitskampfes ist, an dem sie nicht beteiligt sind.

(2) ¹Macht der Arbeitgeber geltend, der Arbeitsausfall sei die Folge eines Arbeitskampfes, so hat er dies darzulegen und glaubhaft zu machen. ²Der

Erklärung ist eine Stellungnahme der Betriebsvertretung beizufügen. ³ Der Arbeitgeber hat der Betriebsvertretung die für die Stellungnahme erforderlichen Angaben zu machen. ⁴ Bei der Feststellung des Sachverhalts kann die Agentur für Arbeit insbesondere auch Feststellungen im Betrieb treffen.

(3) ¹ Stellt die Agentur für Arbeit fest, dass ein Arbeitsausfall entgegen der Erklärung des Arbeitgebers nicht Folge eines Arbeitskampfes ist, und liegen die Voraussetzungen für einen Anspruch auf Kurzarbeitergeld allein deshalb nicht vor, weil der Arbeitsausfall vermeidbar ist, wird das Kurzarbeitergeld insoweit geleistet, als die Arbeitnehmerin oder der Arbeitnehmer Arbeitsentgelt (Arbeitsentgelt im Sinne des § 115 des Zehnten Buches[1]) tatsächlich nicht erhält. ² Bei der Feststellung nach Satz 1 hat die Agentur für Arbeit auch die wirtschaftliche Vertretbarkeit einer Fortführung der Arbeit zu berücksichtigen. ³ Hat der Arbeitgeber das Arbeitsentgelt trotz des Rechtsübergangs mit befreiender Wirkung an die Arbeitnehmerin oder den Arbeitnehmer oder an einen Dritten gezahlt, hat die Empfängerin oder der Empfänger des Kurzarbeitergeldes dieses insoweit zu erstatten.

Zweiter Titel. Sonderformen des Kurzarbeitergeldes

§ 101 Saison-Kurzarbeitergeld. (1) Arbeitnehmerinnen und Arbeitnehmer haben in der Zeit vom 1. Dezember bis zum 31. März (Schlechtwetterzeit) Anspruch auf Saison-Kurzarbeitergeld, wenn

1. sie in einem Betrieb beschäftigt sind, der dem Baugewerbe oder einem Wirtschaftszweig angehört, der von saisonbedingtem Arbeitsausfall betroffen ist,
2. der Arbeitsausfall nach Absatz 5 erheblich ist und
3. die betrieblichen Voraussetzungen des § 97 sowie die persönlichen Voraussetzungen des § 98 erfüllt sind.

(2) ¹ Ein Betrieb des Baugewerbes ist ein Betrieb, der gewerblich überwiegend Bauleistungen auf dem Baumarkt erbringt. ² Bauleistungen sind alle Leistungen, die der Herstellung, Instandsetzung, Instandhaltung, Änderung oder Beseitigung von Bauwerken dienen. ³ Ein Betrieb, der überwiegend Bauvorrichtungen, Baumaschinen, Baugeräte oder sonstige Baubetriebsmittel ohne Personal Betrieben des Baugewerbes gewerblich zur Verfügung stellt oder überwiegend Baustoffe oder Bauteile für den Markt herstellt, sowie ein Betrieb, der Betonentladegeräte gewerblich zur Verfügung stellt, ist kein Betrieb des Baugewerbes.

(3) ¹ Erbringt ein Betrieb Bauleistungen auf dem Baumarkt, wird vermutet, dass er ein Betrieb des Baugewerbes im Sinne des Absatzes 2 Satz 1 ist. ² Satz 1 gilt nicht, wenn gegenüber der Bundesagentur nachgewiesen wird, dass Bauleistungen arbeitszeitlich nicht überwiegen.

(4) Ein Wirtschaftszweig ist von saisonbedingtem Arbeitsausfall betroffen, wenn der Arbeitsausfall regelmäßig in der Schlechtwetterzeit auf witterungsbedingten oder wirtschaftlichen Gründen beruht.

(5) ¹ Ein Arbeitsausfall ist erheblich, wenn er auf witterungsbedingten oder wirtschaftlichen Gründen oder einem unabwendbaren Ereignis beruht, vorübergehend und nicht vermeidbar ist. ² Als nicht vermeidbar gilt auch ein

---

[1] Nr. 10.

Arbeitsausfall, der überwiegend branchenüblich, betriebsüblich oder saisonbedingt ist. ³Wurden seit der letzten Schlechtwetterzeit Arbeitszeitguthaben, die nicht mindestens ein Jahr bestanden haben, zu anderen Zwecken als zum Ausgleich für einen verstetigten Monatslohn, bei witterungsbedingtem Arbeitsausfall oder der Freistellung zum Zwecke der Qualifizierung aufgelöst, gelten im Umfang der aufgelösten Arbeitszeitguthaben Arbeitsausfälle als vermeidbar.

(6) ¹ Ein Arbeitsausfall ist witterungsbedingt, wenn
1. er ausschließlich durch zwingende Witterungsgründe verursacht ist und
2. an einem Arbeitstag mindestens eine Stunde der regelmäßigen betrieblichen Arbeitszeit ausfällt (Ausfalltag).

²Zwingende Witterungsgründe liegen nur vor, wenn es auf Grund von atmosphärischen Einwirkungen (insbesondere Regen, Schnee, Frost) oder deren Folgewirkungen technisch unmöglich, wirtschaftlich unvertretbar oder für die Arbeitnehmerinnen und Arbeitnehmer unzumutbar ist, die Arbeiten fortzuführen. ³Der Arbeitsausfall ist nicht ausschließlich durch zwingende Witterungsgründe verursacht, wenn er durch Beachtung der besonderen arbeitsschutzrechtlichen Anforderungen an witterungsabhängige Arbeitsplätze vermieden werden kann.

(7) Die weiteren Vorschriften über das Kurzarbeitergeld sind mit Ausnahme der Anzeige des Arbeitsausfalls nach § 99 anzuwenden.

§ 102 Ergänzende Leistungen. (1) Arbeitnehmerinnen und Arbeitnehmer haben Anspruch auf Wintergeld als Zuschuss-Wintergeld und Mehraufwands-Wintergeld und Arbeitgeber haben Anspruch auf Erstattung der von ihnen zu tragenden Beiträge zur Sozialversicherung, soweit für diese Zwecke Mittel durch eine Umlage aufgebracht werden.

(2) Zuschuss-Wintergeld wird in Höhe von bis zu 2,50 Euro je ausgefallener Arbeitsstunde gezahlt, wenn zu deren Ausgleich Arbeitszeitguthaben aufgelöst und die Inanspruchnahme des Saison-Kurzarbeitergeldes vermieden wird.

(3) ¹Mehraufwands-Wintergeld wird in Höhe von 1,00 Euro für jede in der Zeit vom 15. Dezember bis zum letzten Kalendertag des Monats Februar geleistete berücksichtigungsfähige Arbeitsstunde an Arbeitnehmerinnen und Arbeitnehmer gezahlt, die auf einem witterungsabhängigen Arbeitsplatz beschäftigt sind. ²Berücksichtigungsfähig sind im Dezember bis zu 90 Arbeitsstunden, im Januar und Februar jeweils bis zu 180 Arbeitsstunden.

(4) Die von den Arbeitgebern allein zu tragenden Beiträge zur Sozialversicherung für Bezieherinnen und Bezieher von Saison-Kurzarbeitergeld werden auf Antrag erstattet.

(5) Die Absätze 1 bis 4 gelten im Baugewerbe ausschließlich für solche Arbeitnehmerinnen und Arbeitnehmer, deren Arbeitsverhältnis in der Schlechtwetterzeit nicht aus witterungsbedingten Gründen gekündigt werden kann.

§ 103 Kurzarbeitergeld für Heimarbeiterinnen und Heimarbeiter.
(1) Anspruch auf Kurzarbeitergeld haben auch Heimarbeiterinnen und Heimarbeiter, wenn sie ihren Lebensunterhalt ausschließlich oder weitaus überwiegend aus dem Beschäftigungsverhältnis als Heimarbeiterin oder Heimarbeiter beziehen und soweit nicht nachfolgend Abweichendes bestimmt ist.

(2) ¹An die Stelle der im Betrieb beschäftigten Arbeitnehmerinnen und Arbeitnehmer treten die für den Auftraggeber beschäftigten Heimarbeiterinnen und Heimarbeiter. ²Im Übrigen tritt an die Stelle des erheblichen Arbeitsausfalls mit Entgeltausfall der erhebliche Entgeltausfall und an die Stelle des Betriebs und des Arbeitgebers der Auftraggeber; Auftraggeber kann eine Gewerbetreibende oder ein Gewerbetreibender oder eine Zwischenmeisterin oder ein Zwischenmeister sein. ³Ein Entgeltausfall ist erheblich, wenn das Entgelt der Heimarbeiterin oder des Heimarbeiters im Anspruchszeitraum um mehr als 20 Prozent gegenüber dem durchschnittlichen monatlichen Bruttoentgelt der letzten sechs Kalendermonate vermindert ist.

(3) Eine versicherungspflichtige Beschäftigung als Heimarbeiterin oder Heimarbeiter gilt während des Entgeltausfalls als fortbestehend, solange

1. der Auftraggeber bereit ist, der Heimarbeiterin oder dem Heimarbeiter so bald wie möglich Aufträge in dem vor Eintritt der Kurzarbeit üblichen Umfang zu erteilen, und
2. die Heimarbeiterin oder der Heimarbeiter bereit ist, Aufträge im Sinne der Nummer 1 zu übernehmen.

Dritter Titel. Leistungsumfang

§ 104 Dauer. (1) ¹Kurzarbeitergeld wird für den Arbeitsausfall für eine Dauer von längstens zwölf Monaten von der Agentur für Arbeit geleistet. ²Die Bezugsdauer gilt einheitlich für alle in einem Betrieb beschäftigten Arbeitnehmerinnen und Arbeitnehmer. ³Sie beginnt mit dem ersten Kalendermonat, für den in einem Betrieb Kurzarbeitergeld vom Arbeitgeber gezahlt wird.

(2) Wird innerhalb der Bezugsdauer für einen zusammenhängenden Zeitraum von mindestens einem Monat kein Kurzarbeitergeld gezahlt, verlängert sich die Bezugsdauer um diesen Zeitraum.

(3) Sind seit dem letzten Kalendermonat, für den Kurzarbeitergeld gezahlt worden ist, drei Monate vergangen und liegen die Voraussetzungen für einen Anspruch auf Kurzarbeitergeld erneut vor, beginnt eine neue Bezugsdauer.

(4) ¹Saison-Kurzarbeitergeld wird abweichend von den Absätzen 1 bis 3 für die Dauer des Arbeitsausfalls während der Schlechtwetterzeit von der Agentur für Arbeit geleistet. ²Zeiten des Bezugs von Saison-Kurzarbeitergeld werden nicht auf die Bezugsdauer für das Kurzarbeitergeld angerechnet. ³Sie gelten nicht als Zeiten der Unterbrechung im Sinne des Absatzes 3.

§ 105 Höhe. Das Kurzarbeitergeld beträgt

1. für Arbeitnehmerinnen und Arbeitnehmer, die beim Arbeitslosengeld die Voraussetzungen für den erhöhten Leistungssatz erfüllen würden, 67 Prozent,
2. für die übrigen Arbeitnehmerinnen und Arbeitnehmer 60 Prozent

der Nettoentgeltdifferenz im Anspruchszeitraum.

§ 106 Nettoentgeltdifferenz. (1) ¹Die Nettoentgeltdifferenz entspricht der Differenz zwischen

1. dem pauschalierten Nettoentgelt aus dem Soll-Entgelt und
2. dem pauschalierten Nettoentgelt aus dem Ist-Entgelt.

3. Kapitel. Aktive Arbeitsförderung § 107 SGB III 3

² Soll-Entgelt ist das Bruttoarbeitsentgelt, das die Arbeitnehmerin oder der Arbeitnehmer ohne den Arbeitsausfall in dem Anspruchszeitraum erzielt hätte, vermindert um Entgelt für Mehrarbeit. ³ Ist-Entgelt ist das Bruttoarbeitsentgelt, das die Arbeitnehmerin oder der Arbeitnehmer in dem Anspruchszeitraum tatsächlich erzielt hat, zuzüglich aller zustehenden Entgeltanteile. ⁴ Arbeitsentgelt, das einmalig gezahlt wird, bleibt bei der Berechnung von Soll-Entgelt und Ist-Entgelt außer Betracht. ⁵ Soll-Entgelt und Ist-Entgelt sind auf den nächsten durch 20 teilbaren Euro-Betrag zu runden. ⁶ § 153 über die Berechnung des Leistungsentgelts beim Arbeitslosengeld gilt mit Ausnahme der Regelungen über den Zeitpunkt der Zuordnung der Lohnsteuerklassen und den Steuerklassenwechsel für die Berechnung der pauschalierten Nettoentgelte beim Kurzarbeitergeld entsprechend.

(2) ¹ Erzielt die Arbeitnehmerin oder der Arbeitnehmer aus anderen als wirtschaftlichen Gründen kein Arbeitsentgelt, ist das Ist-Entgelt um den Betrag zu erhöhen, um den das Arbeitsentgelt aus diesen Gründen gemindert ist. ² Arbeitsentgelt, das unter Anrechnung des Kurzarbeitergeldes gezahlt wird, bleibt bei der Berechnung des Ist-Entgelts außer Betracht. ³ Bei der Berechnung der Nettoentgeltdifferenz nach Absatz 1 bleiben auf Grund von kollektivrechtlichen Beschäftigungssicherungsvereinbarungen durchgeführte vorübergehende Änderungen der vertraglich vereinbarten Arbeitszeit außer Betracht; die Sätze 1 und 2 sind insoweit nicht anzuwenden.

(3) Erzielt die Arbeitnehmerin oder der Arbeitnehmer für Zeiten des Arbeitsausfalls ein Entgelt aus einer anderen während des Bezugs von Kurzarbeitergeld aufgenommenen Beschäftigung, selbständigen Tätigkeit oder Tätigkeit als mithelfende Familienangehörige oder mithelfender Familienangehöriger, ist das Ist-Entgelt um dieses Entgelt zu erhöhen.

(4) ¹ Lässt sich das Soll-Entgelt einer Arbeitnehmerin oder eines Arbeitnehmers in dem Anspruchszeitraum nicht hinreichend bestimmt feststellen, ist als Soll-Entgelt das Arbeitsentgelt maßgebend, das die Arbeitnehmerin oder der Arbeitnehmer in den letzten drei abgerechneten Kalendermonaten vor Beginn des Arbeitsausfalls in dem Betrieb durchschnittlich erzielt hat, vermindert um Entgelt für Mehrarbeit. ² Ist eine Berechnung nach Satz 1 nicht möglich, ist das durchschnittliche Soll-Entgelt einer vergleichbaren Arbeitnehmerin oder eines vergleichbaren Arbeitnehmers zugrunde zu legen. ³ Änderungen der Grundlage für die Berechnung des Arbeitsentgelts sind zu berücksichtigen, wenn und solange sie auch während des Arbeitsausfalls wirksam sind.

(5) ¹ Die Absätze 1 bis 4 gelten für Heimarbeiterinnen und Heimarbeiter mit der Maßgabe, dass als Soll-Entgelt das durchschnittliche Bruttoarbeitsentgelt der letzten sechs abgerechneten Kalendermonate vor Beginn des Entgeltausfalls zugrunde zu legen ist. ² War die Heimarbeiterin oder der Heimarbeiter noch nicht sechs Kalendermonate für den Auftraggeber tätig, so ist das in der kürzeren Zeit erzielte Arbeitsentgelt maßgebend.

Vierter Titel. Anwendung anderer Vorschriften

§ 107 Anwendung anderer Vorschriften. (1) § 159 Absatz 1 Satz 2 Nummer 6 über das Ruhen des Anspruchs auf Arbeitslosengeld wegen Sperrzeiten bei Meldeversäumnis gilt für den Anspruch auf Kurzarbeitergeld entsprechend.

(2) § 156 über das Ruhen des Anspruchs auf Arbeitslosengeld bei Zusammentreffen mit anderen Sozialleistungen gilt für den Anspruch auf Kurzarbei-

tergeld entsprechend für die Fälle, in denen eine Altersrente als Vollrente zuerkannt ist.

Fünfter Titel. Verfügung über das Kurzarbeitergeld

§ 108 Verfügung über das Kurzarbeitergeld. (1) § 48 des Ersten Buches[1]) zur Auszahlung von Leistungen bei Verletzung der Unterhaltspflicht ist nicht anzuwenden.

(2) [1] Für die Zwangsvollstreckung in den Anspruch auf Kurzarbeitergeld gilt der Arbeitgeber als Drittschuldner. [2] Die Abtretung oder Verpfändung des Anspruchs ist nur wirksam, wenn der Gläubiger sie dem Arbeitgeber anzeigt.

(3) [1] Hat ein Arbeitgeber oder eine von ihm bestellte Person durch eine der in § 45 Absatz 2 Satz 3 des Zehnten Buches[2]) bezeichneten Handlungen bewirkt, dass Kurzarbeitergeld zu Unrecht geleistet worden ist, so ist der zu Unrecht geleistete Betrag vom Arbeitgeber zu ersetzen. [2] Sind die zu Unrecht geleisteten Beträge sowohl vom Arbeitgeber zu ersetzen als auch von der Bezieherin oder dem Bezieher der Leistung zu erstatten, so haften beide als Gesamtschuldner.

(4) Wird über das Vermögen eines Arbeitgebers, der von der Agentur für Arbeit Beträge zur Auszahlung an die Arbeitnehmerinnen und Arbeitnehmer erhalten hat, diese aber noch nicht ausgezahlt hat, das Insolvenzverfahren eröffnet, so kann die Agentur für Arbeit diese Beträge als Insolvenzgläubigerin zurückverlangen.

Sechster Titel. Verordnungsermächtigung

§ 109 Verordnungsermächtigung. (1) Das Bundesministerium für Arbeit und Soziales wird ermächtigt, durch Rechtsverordnung, die nicht der Zustimmung des Bundesrates bedarf,
1. jeweils für ein Kalenderjahr die pauschalierten monatlichen Nettoentgelte festzulegen, die für die Berechnungen des Kurzarbeitergeldes maßgeblich sind,
2. die Bezugsdauer für das Kurzarbeitergeld über die gesetzliche Bezugsdauer hinaus bis zur Dauer von 24 Monaten zu verlängern, wenn außergewöhnliche Verhältnisse auf dem gesamten Arbeitsmarkt vorliegen.

(2) [1] Das Bundesministerium für Arbeit und Soziales wird ermächtigt, durch Rechtsverordnung, die nicht der Zustimmung des Bundesrates bedarf, die Wirtschaftszweige nach § 101 Absatz 1 Nummer 1 festzulegen. [2] In der Regel sollen hierbei der fachliche Geltungsbereich tarifvertraglicher Regelungen berücksichtigt und die Tarifvertragsparteien vorher angehört werden.

(3) Das Bundesministerium für Arbeit und Soziales wird ermächtigt, auf Grundlage von Vereinbarungen der Tarifvertragsparteien durch Rechtsverordnung, die nicht der Zustimmung des Bundesrates bedarf, festzulegen, ob, in welcher Höhe und für welche Arbeitnehmerinnen und Arbeitnehmer die ergänzenden Leistungen nach § 102 Absatz 2 bis 4 in den Zweigen des Baugewerbes und den einzelnen Wirtschaftszweigen erbracht werden.

---

[1]) Nr. 1.
[2]) Nr. 10.

(4) Bei den Festlegungen nach den Absätzen 2 und 3 ist zu berücksichtigen, ob diese voraussichtlich in besonderem Maße dazu beitragen, die wirtschaftliche Tätigkeit in der Schlechtwetterzeit zu beleben oder die Beschäftigungsverhältnisse der von saisonbedingten Arbeitsausfällen betroffenen Arbeitnehmerinnen und Arbeitnehmer zu stabilisieren.

Zweiter Unterabschnitt. Transferleistungen

§ 110 Transfermaßnahmen. (1) [1] Nehmen Arbeitnehmerinnen und Arbeitnehmer, die auf Grund einer Betriebsänderung oder im Anschluss an die Beendigung eines Berufsausbildungsverhältnisses von Arbeitslosigkeit bedroht sind, an Transfermaßnahmen teil, wird diese Teilnahme gefördert, wenn

1. sich die Betriebsparteien im Vorfeld der Entscheidung über die Einführung von Transfermaßnahmen, insbesondere im Rahmen ihrer Verhandlungen über einen die Integration der Arbeitnehmerinnen und Arbeitnehmer fördernden Interessenausgleich oder Sozialplan nach § 112 des Betriebsverfassungsgesetzes, von der Agentur für Arbeit beraten lassen haben,
2. die Maßnahme von einem Dritten durchgeführt wird,
3. die Maßnahme der Eingliederung der Arbeitnehmerinnen und Arbeitnehmer in den Arbeitsmarkt dienen soll und
4. die Durchführung der Maßnahme gesichert ist.

[2] Transfermaßnahmen sind alle Maßnahmen zur Eingliederung von Arbeitnehmerinnen und Arbeitnehmern in den Arbeitsmarkt, an deren Finanzierung sich Arbeitgeber angemessen beteiligen. [3] Als Betriebsänderung gilt eine Betriebsänderung im Sinne des § 111 des Betriebsverfassungsgesetzes, unabhängig von der Unternehmensgröße und unabhängig davon, ob im jeweiligen Betrieb das Betriebsverfassungsgesetz anzuwenden ist.

(2) [1] Die Förderung wird als Zuschuss geleistet. [2] Der Zuschuss beträgt 50 Prozent der erforderlichen und angemessenen Maßnahmekosten, jedoch höchstens 2 500 Euro je geförderter Arbeitnehmerin oder gefördertem Arbeitnehmer.

(3) [1] Eine Förderung ist ausgeschlossen, wenn die Maßnahme dazu dient, die Arbeitnehmerin oder den Arbeitnehmer auf eine Anschlussbeschäftigung im gleichen Betrieb oder in einem anderen Betrieb des gleichen Unternehmens vorzubereiten, oder, falls das Unternehmen einem Konzern angehört, auf eine Anschlussbeschäftigung in einem Betrieb eines anderen Konzernunternehmens des Konzerns vorzubereiten. [2] Durch die Förderung darf der Arbeitgeber nicht von bestehenden Verpflichtungen entlastet werden. [3] Von der Förderung ausgeschlossen sind Arbeitnehmerinnen und Arbeitnehmer des öffentlichen Dienstes mit Ausnahme der Beschäftigten von Unternehmen, die in selbständiger Rechtsform erwerbswirtschaftlich betrieben werden.

(4) Während der Teilnahme an Transfermaßnahmen sind andere Leistungen der aktiven Arbeitsförderung mit gleichartiger Zielsetzung ausgeschlossen.

§ 111 Transferkurzarbeitergeld. (1) [1] Um Entlassungen von Arbeitnehmerinnen und Arbeitnehmern zu vermeiden und ihre Vermittlungsaussichten zu verbessern, haben diese Anspruch auf Kurzarbeitergeld zur Förderung der Eingliederung bei betrieblichen Restrukturierungen (Transferkurzarbeitergeld), wenn

3 SGB III § 111 3. Buch. Arbeitsförderung

1. und solange sie von einem dauerhaften nicht vermeidbaren Arbeitsausfall mit Entgeltausfall betroffen sind,
2. die betrieblichen Voraussetzungen erfüllt sind,
3. die persönlichen Voraussetzungen erfüllt sind,
4. sich die Betriebsparteien im Vorfeld der Entscheidung über die Inanspruchnahme von Transferkurzarbeitergeld, insbesondere im Rahmen ihrer Verhandlungen über einen die Integration der Arbeitnehmerinnen und Arbeitnehmer fördernden Interessenausgleich oder Sozialplan nach § 112 des Betriebsverfassungsgesetzes, von der Agentur für Arbeit beraten lassen haben und
5. der dauerhafte Arbeitsausfall der Agentur für Arbeit angezeigt worden ist.

²Die Agentur für Arbeit leistet Transferkurzarbeitergeld für längstens zwölf Monate.

(2) ¹Ein dauerhafter Arbeitsausfall liegt vor, wenn auf Grund einer Betriebsänderung im Sinne des § 110 Absatz 1 Satz 3 die Beschäftigungsmöglichkeiten für die Arbeitnehmerinnen und Arbeitnehmer nicht nur vorübergehend entfallen. ²Der Entgeltausfall kann auch jeweils 100 Prozent des monatlichen Bruttoentgelts betragen.

(3) ¹Die betrieblichen Voraussetzungen für die Gewährung von Transferkurzarbeitergeld sind erfüllt, wenn

1. in einem Betrieb Personalanpassungsmaßnahmen auf Grund einer Betriebsänderung durchgeführt werden,
2. die von Arbeitsausfall betroffenen Arbeitnehmerinnen und Arbeitnehmer in einer betriebsorganisatorisch eigenständigen Einheit zusammengefasst werden, um Entlassungen zu vermeiden und ihre Eingliederungschancen zu verbessern,
3. die Organisation und Mittelausstattung der betriebsorganisatorisch eigenständigen Einheit den angestrebten Integrationserfolg erwarten lassen und
4. ein System zur Sicherung der Qualität angewendet wird.

²Wird die betriebsorganisatorisch eigenständige Einheit von einem Dritten durchgeführt, tritt an die Stelle der Voraussetzung nach Satz 1 Nummer 4 die Trägerzulassung nach § 178.

(4) ¹Die persönlichen Voraussetzungen sind erfüllt, wenn die Arbeitnehmerin oder der Arbeitnehmer

1. von Arbeitslosigkeit bedroht ist,
2. nach Beginn des Arbeitsausfalls eine versicherungspflichtige Beschäftigung fortsetzt oder im Anschluss an die Beendigung eines Berufsausbildungsverhältnisses aufnimmt,
3. nicht vom Kurzarbeitergeldbezug ausgeschlossen ist und
4. vor der Überleitung in die betriebsorganisatorisch eigenständige Einheit aus Anlass der Betriebsänderung
    a) sich bei der Agentur für Arbeit arbeitsuchend meldet und
    b) an einer arbeitsmarktlich zweckmäßigen Maßnahme zur Feststellung der Eingliederungsaussichten teilgenommen hat; können in berechtigten Ausnahmefällen trotz Mithilfe der Agentur für Arbeit die notwendigen Feststellungsmaßnahmen nicht rechtzeitig durchgeführt werden, sind diese im

unmittelbaren Anschluss an die Überleitung innerhalb eines Monats nachzuholen. ² § 98 Absatz 2 bis 4 gilt entsprechend.

(5) Arbeitnehmerinnen und Arbeitnehmer des Steinkohlenbergbaus, denen Anpassungsgeld nach § 5 des Steinkohlefinanzierungsgesetzes gezahlt werden kann, haben vor der Inanspruchnahme des Anpassungsgeldes Anspruch auf Transferkurzarbeitergeld.

(6) ¹ Für die Anzeige des Arbeitsausfalls gilt § 99 Absatz 1, 2 Satz 1 und Absatz 3 entsprechend. ² Der Arbeitsausfall ist bei der Agentur für Arbeit anzuzeigen, in deren Bezirk der personalabgebende Betrieb seinen Sitz hat.

(7) ¹ Während des Bezugs von Transferkurzarbeitergeld hat der Arbeitgeber den geförderten Arbeitnehmerinnen und Arbeitnehmern Vermittlungsvorschläge zu unterbreiten. ² Stellt der Arbeitgeber oder die Agentur für Arbeit fest, dass Arbeitnehmerinnen oder Arbeitnehmer Qualifizierungsdefizite aufweisen, soll der Arbeitgeber geeignete Maßnahmen zur Verbesserung der Eingliederungsaussichten anbieten. ³ Als geeignet gelten insbesondere

1. Maßnahmen der beruflichen Weiterbildung, für die und für deren Träger eine Zulassung nach dem Fünften Kapitel vorliegt, oder

2. eine zeitlich begrenzte, längstens sechs Monate dauernde Beschäftigung zum Zwecke der Qualifizierung bei einem anderen Arbeitgeber.

⁴ Bei der Festlegung von Maßnahmen nach Satz 3 ist die Agentur für Arbeit zu beteiligen. ⁵ Nimmt die Arbeitnehmerin oder der Arbeitnehmer während der Beschäftigung in einer betriebsorganisatorisch eigenständigen Einheit an einer Qualifizierungsmaßnahme teil, deren Ziel die anschließende Beschäftigung bei einem anderen Arbeitgeber ist, und wurde das Ziel der Maßnahme nicht erreicht, steht die Rückkehr der Arbeitnehmerin oder des Arbeitnehmers in den bisherigen Betrieb dem Anspruch auf Transferkurzarbeitergeld nicht entgegen.

(8) ¹ Der Anspruch ist ausgeschlossen, wenn Arbeitnehmerinnen und Arbeitnehmer nur vorübergehend in der betriebsorganisatorisch eigenständigen Einheit zusammengefasst werden, um anschließend einen anderen Arbeitsplatz in dem gleichen oder einem anderen Betrieb des Unternehmens zu besetzen, oder, falls das Unternehmen einem Konzern angehört, einen Arbeitsplatz in einem Betrieb eines anderen Konzernunternehmens des Konzerns zu besetzen. ² § 110 Absatz 3 Satz 3 gilt entsprechend.

(9) Soweit nichts Abweichendes geregelt ist, sind die für das Kurzarbeitergeld geltenden Vorschriften des Ersten Unterabschnitts anzuwenden, mit Ausnahme der ersten beiden Titel und des § 109 Absatz 1 Nummer 2 und Absatz 2 bis 4.

§ 111a Förderung der beruflichen Weiterbildung bei Transferkurzarbeitergeld.

(1) ¹ Arbeitnehmerinnen und Arbeitnehmer, die einen Anspruch auf Transferkurzarbeitergeld nach § 111 haben, können bei Teilnahme an Maßnahmen der beruflichen Weiterbildung durch die Übernahme der Weiterbildungskosten nach § 83 gefördert werden, wenn

1. ihnen im Sinne des § 81 Absatz 2 ein Berufsabschluss fehlt oder sie bei Beginn der Teilnahme das 45. Lebensjahr vollendet haben,

2. die Agentur für Arbeit sie vor Beginn der Teilnahme beraten hat,

3. der Träger der Maßnahme und die Maßnahme für die Förderung zugelassen sind,

4. die Maßnahme während des Bezugs von Transferkurzarbeitergeld endet und

5. der Arbeitgeber mindestens 50 Prozent der Lehrgangskosten trägt.

²Die Grundsätze für die berufliche Weiterbildung nach § 81 Absatz 1 Satz 2 und Absatz 3 bis 4 gelten entsprechend.

(2) ¹Arbeitnehmerinnen und Arbeitnehmer, die einen Anspruch auf Transferkurzarbeitergeld nach § 111 haben und denen im Sinne des § 81 Absatz 2 ein Berufsabschluss fehlt, können bei Teilnahme an Maßnahmen der beruflichen Weiterbildung, die zu einem Abschluss in einem Ausbildungsberuf führen, nach § 81 gefördert werden, wenn der Arbeitgeber mindestens 50 Prozent der Lehrgangskosten während des Bezugs von Transferkurzarbeitergeld trägt. ²Ein Anspruch auf Arbeitslosengeld bei beruflicher Weiterbildung nach § 144 ruht während der Zeit, für die ein Anspruch auf Transferkurzarbeitergeld zuerkannt ist.

(3) Wenn ein Insolvenzereignis im Sinne des § 165 Absatz 1 Satz 2 vorliegt, kann die Agentur für Arbeit abweichend von Absatz 1 Satz 1 Nummer 5 oder Absatz 2 Satz 1 eine niedrigere Beteiligung des Arbeitgebers an den Lehrgangskosten festlegen.

Siebter Abschnitt. Teilhabe behinderter Menschen am Arbeitsleben

Erster Unterabschnitt. Grundsätze

§ 112 Teilhabe am Arbeitsleben. (1) Für behinderte Menschen können Leistungen zur Förderung der Teilhabe am Arbeitsleben erbracht werden, um ihre Erwerbsfähigkeit zu erhalten, zu verbessern, herzustellen oder wiederherzustellen und ihre Teilhabe am Arbeitsleben zu sichern, soweit Art oder Schwere der Behinderung dies erfordern.

(2) ¹Bei der Auswahl der Leistungen sind Eignung, Neigung, bisherige Tätigkeit sowie Lage und Entwicklung des Arbeitsmarktes angemessen zu berücksichtigen. ²Soweit erforderlich, ist auch die berufliche Eignung abzuklären oder eine Arbeitserprobung durchzuführen.

§ 113 Leistungen zur Teilhabe. (1) Für behinderte Menschen können erbracht werden

1. allgemeine Leistungen sowie

2. besondere Leistungen zur Teilhabe am Arbeitsleben und diese ergänzende Leistungen.

(2) Besondere Leistungen zur Teilhabe am Arbeitsleben werden nur erbracht, soweit nicht bereits durch die allgemeinen Leistungen eine Teilhabe am Arbeitsleben erreicht werden kann.

§ 114 Leistungsrahmen. Die allgemeinen und besonderen Leistungen richten sich nach den Vorschriften des Zweiten bis Fünften Abschnitts, soweit nachfolgend nichts Abweichendes bestimmt ist.

Zweiter Unterabschnitt. Allgemeine Leistungen

§ 115 Leistungen. Die allgemeinen Leistungen umfassen
1. Leistungen zur Aktivierung und beruflichen Eingliederung,
2. Leistungen zur Förderung der Berufsvorbereitung und Berufsausbildung einschließlich der Berufsausbildungsbeihilfe und der Assistierten Ausbildung,
3. Leistungen zur Förderung der beruflichen Weiterbildung,
4. Leistungen zur Förderung der Aufnahme einer selbständigen Tätigkeit.

§ 116 Besonderheiten. (1) Leistungen zur Aktivierung und beruflichen Eingliederung können auch erbracht werden, wenn behinderte Menschen nicht arbeitslos sind und durch diese Leistungen eine dauerhafte Teilhabe am Arbeitsleben erreicht werden kann.

(2) Förderungsfähig sind auch berufliche Aus- und Weiterbildungen, die im Rahmen des Berufsbildungsgesetzes oder der Handwerksordnung abweichend von den Ausbildungsordnungen für staatlich anerkannte Ausbildungsberufe oder in Sonderformen für behinderte Menschen durchgeführt werden.

(3) ¹Anspruch auf Berufsausbildungsbeihilfe besteht auch, wenn der behinderte Mensch während der Berufsausbildung im Haushalt der Eltern oder eines Elternteils wohnt. ²In diesen Fällen beträgt der allgemeine Bedarf 338 Euro monatlich. ³Er beträgt 425 Euro, wenn der behinderte Mensch verheiratet ist, eine Lebenspartnerschaft führt oder das 21. Lebensjahr vollendet hat.

(4) Eine Verlängerung der Ausbildung über das vorgesehene Ausbildungsende hinaus, eine Wiederholung der Ausbildung ganz oder in Teilen oder eine erneute Berufsausbildung wird gefördert, wenn Art oder Schwere der Behinderung es erfordern und ohne die Förderung eine dauerhafte Teilhabe am Arbeitsleben nicht erreicht werden kann.

(5) ¹Berufliche Weiterbildung kann auch gefördert werden, wenn behinderte Menschen
1. nicht arbeitslos sind,
2. als Arbeitnehmerinnen oder Arbeitnehmer ohne Berufsabschluss noch nicht drei Jahre beruflich tätig gewesen sind oder
3. einer längeren Förderung als nichtbehinderte Menschen oder einer erneuten Förderung bedürfen, um am Arbeitsleben teilzuhaben oder weiter teilzuhaben.

²Förderungsfähig sind auch schulische Ausbildungen, deren Abschluss für die Weiterbildung erforderlich ist.

(6) Ein Gründungszuschuss kann auch geleistet werden, wenn der behinderte Mensch einen Anspruch von weniger als 150 Tagen oder keinen Anspruch auf Arbeitslosengeld hat.

Dritter Unterabschnitt. Besondere Leistungen

Erster Titel. Allgemeines

§ 117 Grundsatz. (1) ¹Die besonderen Leistungen sind anstelle der allgemeinen Leistungen insbesondere zur Förderung der beruflichen Aus- und Weiterbildung, einschließlich Berufsvorbereitung, sowie blindentechnischer und vergleichbarer spezieller Grundausbildungen zu erbringen, wenn

1. Art oder Schwere der Behinderung oder die Sicherung der Teilhabe am Arbeitsleben die Teilnahme an

    a) einer Maßnahme in einer besonderen Einrichtung für behinderte Menschen oder

    b) einer sonstigen, auf die besonderen Bedürfnisse behinderter Menschen ausgerichteten Maßnahme

    unerlässlich machen oder

2. die allgemeinen Leistungen die wegen Art oder Schwere der Behinderung erforderlichen Leistungen nicht oder nicht im erforderlichen Umfang vorsehen.

²In besonderen Einrichtungen für behinderte Menschen können auch Aus- und Weiterbildungen außerhalb des Berufsbildungsgesetzes und der Handwerksordnung gefördert werden.

(2) Leistungen im Eingangsverfahren und Berufsbildungsbereich werden von anerkannten Werkstätten für behinderte Menschen oder anderen Leistungsanbietern nach den §§ 57, 60 und 62 des Neunten Buches[1]) erbracht.

§ 118 Leistungen. ¹Die besonderen Leistungen umfassen

1. das Übergangsgeld,

2. das Ausbildungsgeld, wenn ein Übergangsgeld nicht gezahlt werden kann,

3. die Übernahme der Teilnahmekosten für eine Maßnahme.

²Die Leistungen werden auf Antrag durch ein Persönliches Budget erbracht; § 29 des Neunten Buches[1]) gilt entsprechend.

Zweiter Titel. Übergangsgeld und Ausbildungsgeld

§ 119 Übergangsgeld. ¹Behinderte Menschen haben Anspruch auf Übergangsgeld, wenn

1. die Voraussetzung der Vorbeschäftigungszeit für das Übergangsgeld erfüllt ist und

2. sie an einer Maßnahme der Berufsausbildung, der Berufsvorbereitung einschließlich einer wegen der Behinderung erforderlichen Grundausbildung, der individuellen betrieblichen Qualifizierung im Rahmen der Unterstützten Beschäftigung nach § 55 des Neunten Buches[1]) oder an einer Maßnahme der beruflichen Weiterbildung teilnehmen, für die die besonderen Leistungen erbracht werden.

²Im Übrigen gelten die Vorschriften des Kapitels 11 des Teils 1 des Neunten Buches, soweit in diesem Buch nichts Abweichendes bestimmt ist. ³Besteht bei Teilnahme an einer Maßnahme, für die die allgemeinen Leistungen erbracht werden, kein Anspruch auf Arbeitslosengeld bei beruflicher Weiterbildung, erhalten die behinderten Menschen Übergangsgeld in Höhe des Arbeitslosengeldes, wenn sie bei Teilnahme an einer Maßnahme, für die die besonderen Leistungen erbracht werden, Übergangsgeld erhalten würden.

---

[1]) Nr. 9.

3. Kapitel. Aktive Arbeitsförderung §§ 120–123 SGB III 3

§ 120 Vorbeschäftigungszeit für das Übergangsgeld. (1) Die Voraussetzung der Vorbeschäftigungszeit für das Übergangsgeld ist erfüllt, wenn der behinderte Mensch innerhalb der letzten drei Jahre vor Beginn der Teilnahme
1. mindestens zwölf Monate in einem Versicherungspflichtverhältnis gestanden hat oder
2. die Voraussetzungen für einen Anspruch auf Arbeitslosengeld erfüllt und Leistungen beantragt hat.

(2) [1] Der Zeitraum von drei Jahren gilt nicht für behinderte Berufsrückkehrende. [2] Er verlängert sich um die Dauer einer Beschäftigung als Arbeitnehmerin oder Arbeitnehmer im Ausland, die für die weitere Ausübung des Berufes oder für den beruflichen Aufstieg nützlich und üblich ist, längstens jedoch um zwei Jahre.

§ 121 Übergangsgeld ohne Vorbeschäftigungszeit. [1] Ein behinderter Mensch kann auch dann Übergangsgeld erhalten, wenn die Voraussetzung der Vorbeschäftigungszeit nicht erfüllt ist, jedoch innerhalb des letzten Jahres vor Beginn der Teilnahme
1. durch den behinderten Menschen ein Berufsausbildungsabschluss auf Grund einer Zulassung zur Prüfung nach § 43 Absatz 2 des Berufsbildungsgesetzes oder § 36 Absatz 2 der Handwerksordnung erworben worden ist oder
2. sein Prüfungszeugnis auf Grund einer Rechtsverordnung nach § 50 Absatz 1 des Berufsbildungsgesetzes oder § 40 Absatz 1 der Handwerksordnung dem Zeugnis über das Bestehen der Abschlussprüfung in einem nach dem Berufsbildungsgesetz oder der Handwerksordnung anerkannten Ausbildungsberuf gleichgestellt worden ist.

[2] Der Zeitraum von einem Jahr verlängert sich um Zeiten, in denen der behinderte Mensch nach dem Erwerb des Prüfungszeugnisses bei der Agentur für Arbeit arbeitslos gemeldet war.

§ 122 Ausbildungsgeld. (1) Behinderte Menschen haben Anspruch auf Ausbildungsgeld während
1. einer Berufsausbildung oder berufsvorbereitenden Bildungsmaßnahme einschließlich einer Grundausbildung,
2. einer individuellen betrieblichen Qualifizierung im Rahmen der Unterstützten Beschäftigung nach § 55 des Neunten Buches[1]) und
3. einer Maßnahme im Eingangsverfahren oder Berufsbildungsbereich einer Werkstatt für behinderte Menschen oder bei einem anderen Leistungsanbieter nach § 60 des Neunten Buches,
wenn Übergangsgeld nicht gezahlt werden kann.

(2) Für das Ausbildungsgeld gelten die Vorschriften über die Berufsausbildungsbeihilfe entsprechend, soweit nachfolgend nichts Abweichendes bestimmt ist.

§ 123 Bedarf bei Berufsausbildung. (1) Als Bedarf werden bei einer Berufsausbildung zugrunde gelegt

---
[1]) Nr. 9.

3 SGB III § 124

3. Buch. Arbeitsförderung

1. bei Unterbringung im Haushalt der Eltern oder eines Elternteils 338 Euro monatlich, wenn der behinderte Mensch unverheiratet oder nicht in einer Lebenspartnerschaft verbunden ist und das 21. Lebensjahr noch nicht vollendet hat, im Übrigen 425 Euro monatlich,

2. bei Unterbringung in einem Wohnheim, Internat, bei der oder dem Ausbildenden oder in einer besonderen Einrichtung für behinderte Menschen 111 Euro monatlich, wenn die Kosten für Unterbringung und Verpflegung von der Agentur für Arbeit oder einem anderen Leistungsträger übernommen werden,

3. bei anderweitiger Unterbringung und Kostenerstattung für Unterbringung und Verpflegung 246 Euro monatlich, wenn der behinderte Mensch unverheiratet oder nicht in einer Lebenspartnerschaft verbunden ist und das 21. Lebensjahr noch nicht vollendet hat, im Übrigen 284 Euro monatlich und

4. bei anderweitiger Unterbringung ohne Kostenerstattung für Unterbringung und Verpflegung der jeweils nach § 13 Absatz 1 Nummer 1 des Bundesausbildungsförderungsgesetzes geltende Bedarf zuzüglich 166 Euro monatlich für die Unterkunft; soweit Mietkosten für Unterkunft und Nebenkosten nachweislich diesen Betrag übersteigen, erhöht sich dieser Bedarf um bis zu 84 Euro monatlich.

(2) Für einen behinderten Menschen, der das 18. Lebensjahr noch nicht vollendet hat, wird anstelle des Bedarfs nach Absatz 1 Nummer 4 ein Bedarf in Höhe von 338 Euro monatlich zugrunde gelegt, wenn

1. er die Ausbildungsstätte von der Wohnung der Eltern oder eines Elternteils aus in angemessener Zeit erreichen könnte oder

2. Leistungen der Jugendhilfe nach dem Achten Buch[1)] erbracht werden, die mit einer anderweitigen Unterbringung verbunden sind.

§ 124 Bedarf bei berufsvorbereitenden Bildungsmaßnahmen, bei Unterstützter Beschäftigung und bei Grundausbildung. (1) Bei berufsvorbereitenden Bildungsmaßnahmen, Unterstützter Beschäftigung und bei Grundausbildung wird folgender Bedarf zugrunde gelegt:

1. bei Unterbringung im Haushalt der Eltern oder eines Elternteils der jeweils nach § 12 Absatz 1 Nummer 1 des Bundesausbildungsförderungsgesetzes geltende Bedarf,

2. bei anderweitiger Unterbringung außerhalb eines Wohnheims oder Internats ohne Kostenerstattung für Unterbringung und Verpflegung 418 Euro monatlich; soweit Mietkosten für Unterkunft und Nebenkosten nachweislich 65 Euro monatlich übersteigen, erhöht sich dieser Bedarf um bis zu 83 Euro monatlich,

3. bei anderweitiger Unterbringung außerhalb eines Wohnheims oder Internats und Kostenerstattung für Unterbringung und Verpflegung 184 Euro monatlich.

(2) Für einen behinderten Menschen, der das 18. Lebensjahr noch nicht vollendet hat, wird anstelle des Bedarfs nach Absatz 1 Nummer 2 ein Bedarf in Höhe von 218 Euro monatlich zugrunde gelegt, wenn

---

[1)] Nr. 8.

1. er die Ausbildungsstätte von der Wohnung der Eltern oder eines Elternteils aus in angemessener Zeit erreichen könnte oder
2. für ihn Leistungen der Jugendhilfe nach dem Achten Buch[1)] erbracht werden, die die Kosten für die Unterkunft einschließen.

(3) Bei Unterbringung in einem Wohnheim, Internat oder in einer besonderen Einrichtung für behinderte Menschen ist ein Bedarf wie bei einer Berufsausbildung zugrunde zu legen.

§ 125 Bedarf bei Maßnahmen in anerkannten Werkstätten für behinderte Menschen oder bei einem anderen Leistungsanbieter nach § 60 des Neunten Buches. Als Bedarf werden bei Maßnahmen in einer Werkstatt für behinderte Menschen oder bei einem anderen Leistungsanbieter nach § 60 des Neunten Buches[2)] im ersten Jahr 67 Euro monatlich und danach 80 Euro monatlich zugrunde gelegt.

§ 126 Einkommensanrechnung. (1) Das Einkommen, das ein behinderter Mensch während einer Maßnahme in einer anerkannten Werkstatt für behinderte Menschen oder bei einem anderen Leistungsanbieter nach § 60 des Neunten Buches[2)] erzielt, wird nicht auf den Bedarf angerechnet.

(2) Anrechnungsfrei bei der Einkommensanrechnung bleibt im Übrigen das Einkommen
1. des behinderten Menschen aus Waisenrenten, Waisengeld oder aus Unterhaltsleistungen bis zu 259 Euro monatlich,
2. der Eltern bis zu 3 113 Euro monatlich, des verwitweten Elternteils oder, bei getrennt lebenden Eltern, das Einkommen des Elternteils, bei dem der behinderte Mensch lebt, ohne Anrechnung des Einkommens des anderen Elternteils, bis zu 1 940 Euro monatlich und
3. der Ehegattin oder des Ehegatten oder der Lebenspartnerin oder des Lebenspartners bis zu 1 940 Euro monatlich.

Dritter Titel. Teilnahmekosten für Maßnahmen

§ 127 Teilnahmekosten für Maßnahmen. (1) [1]Teilnahmekosten bestimmen sich nach den §§ 49, 64, 73 und 74 des Neunten Buches[2)]. [2]Sie beinhalten auch weitere Aufwendungen, die wegen Art und Schwere der Behinderung unvermeidbar entstehen, sowie Kosten für Sonderfälle der Unterkunft und Verpflegung.

(2) Die Teilnahmekosten nach Absatz 1 können Aufwendungen für erforderliche eingliederungsbegleitende Dienste während der und im Anschluss an die Maßnahme einschließen.

§ 128 Sonderfälle der Unterbringung und Verpflegung. Werden behinderte Menschen auswärtig untergebracht, aber nicht in einem Wohnheim, Internat, einer besonderen Einrichtung für behinderte Menschen oder bei der oder dem Ausbildenden mit voller Verpflegung, so wird ein Betrag in Höhe

---
[1)] Nr. 8.
[2)] Nr. 9.

von 269 Euro monatlich zuzüglich der nachgewiesenen behinderungsbedingten Mehraufwendungen erbracht.

Vierter Titel. Anordnungsermächtigung

§ 129 Anordnungsermächtigung. Die Bundesagentur wird ermächtigt, durch Anordnung das Nähere über Voraussetzungen, Art, Umfang und Ausführung der Leistungen in Übereinstimmung mit den für die anderen Träger der Leistungen zur Teilhabe am Arbeitsleben geltenden Regelungen zu bestimmen.

Achter Abschnitt. Befristete Leistungen und innovative Ansätze

§ 130 Assistierte Ausbildung. (1) ¹Die Agentur für Arbeit kann förderungsbedürftige junge Menschen und deren Ausbildungsbetriebe während einer betrieblichen Berufsausbildung (ausbildungsbegleitende Phase) durch Maßnahmen der Assistierten Ausbildung mit dem Ziel des erfolgreichen Abschlusses der Berufsausbildung unterstützen. ²Die Maßnahme kann auch eine vorgeschaltete ausbildungsvorbereitende Phase enthalten.

(2) ¹Förderungsbedürftig sind lernbeeinträchtigte und sozial benachteiligte junge Menschen, die wegen in ihrer Person liegender Gründe ohne die Förderung eine betriebliche Berufsausbildung nicht beginnen, fortsetzen oder erfolgreich beenden können. ² § 57 Absatz 1 und 2 sowie § 59 gelten entsprechend; § 59 Absatz 2 gilt auch für die ausbildungsvorbereitende Phase.

(3) Der förderungsbedürftige junge Mensch wird, auch im Betrieb, individuell und kontinuierlich unterstützt und sozialpädagogisch begleitet.

(4) ¹In der ausbildungsbegleitenden Phase werden förderungsbedürftige junge Menschen unterstützt

1. zum Abbau von Sprach- und Bildungsdefiziten,
2. zur Förderung fachtheoretischer Fertigkeiten, Kenntnisse und Fähigkeiten und
3. zur Stabilisierung des Berufsausbildungsverhältnisses.

²Die Unterstützung ist mit dem Ausbildungsbetrieb abzustimmen und muss über die Vermittlung betriebs- und ausbildungsüblicher Inhalte hinausgehen.

(5) ¹In einer ausbildungsvorbereitenden Phase werden förderungsbedürftige junge Menschen

1. auf die Aufnahme einer betrieblichen Berufsausbildung vorbereitet und
2. bei der Suche nach einer betrieblichen Ausbildungsstelle unterstützt.

²Die ausbildungsvorbereitende Phase darf eine Dauer von bis zu sechs Monaten umfassen. ³Konnte der förderungsbedürftige junge Mensch in dieser Zeit nicht in eine betriebliche Berufsausbildung vermittelt werden, kann die ausbildungsvorbereitende Phase bis zu zwei weitere Monate fortgesetzt werden. ⁴Sie darf nicht den Schulgesetzen der Länder unterliegen. ⁵Betriebliche Praktika können abgestimmt auf den individuellen Förderbedarf in angemessenem Umfang vorgesehen werden.

(6) ¹Betriebe, die einen förderungsbedürftigen jungen Menschen betrieblich ausbilden, können bei der Durchführung der Berufsausbildung unterstützt werden

3. Kapitel. Aktive Arbeitsförderung §§ 131, 131a SGB III 3

1. administrativ und organisatorisch und
2. zur Stabilisierung des Berufsausbildungsverhältnisses.

² Im Fall des Absatzes 1 Satz 2 können Betriebe, die das Ziel verfolgen, einen förderungsbedürftigen jungen Menschen betrieblich auszubilden, zur Aufnahme der Berufsausbildung in der ausbildungsvorbereitenden Phase im Sinne von Satz 1 unterstützt werden.

(7) ¹ § 77 gilt entsprechend. ² Die Leistungen an den Träger der Maßnahme umfassen die Maßnahmekosten. ³ § 79 Absatz 3 Satz 1 Nummer 1 und 2 gilt entsprechend.

(8) ¹ Abweichend von Absatz 2 Satz 1 können unter den Voraussetzungen von Satz 2 auch junge Menschen förderungsbedürftig sein, die aufgrund besonderer Lebensumstände eine betriebliche Berufsausbildung nicht beginnen, fortsetzen oder erfolgreich beenden können. ² Voraussetzung ist, dass eine Landeskonzeption für den Bereich des Übergangs von der Schule in den Beruf besteht, in der die besonderen Lebensumstände konkretisiert sind, dass eine spezifische Landeskonzeption zur Assistierten Ausbildung vorliegt und dass sich Dritte mit mindestens 50 Prozent an der Förderung beteiligen.

(9) ¹ Maßnahmen können bis zum 30. September 2018 beginnen. ² Die Unterstützung von Auszubildenden und deren Ausbildungsbetrieben kann in bereits laufenden Maßnahmen auch nach diesem Zeitpunkt beginnen. ³ Die oder der Auszubildende muss spätestens in dem Ausbildungsjahr den Termin für die vorgesehene reguläre Abschlussprüfung haben, in dem die ausbildungsbegleitende Phase der Maßnahme endet.

§ 131 Sonderregelung zur Eingliederung von Ausländerinnen und Ausländern mit Aufenthaltsgestattung.

¹ Für Ausländerinnen und Ausländer, die eine Aufenthaltsgestattung nach dem Asylgesetz besitzen und aufgrund des § 61 des Asylgesetzes keine Erwerbstätigkeit ausüben dürfen, können bis zum 31. Dezember 2018 Leistungen nach dem Zweiten und Dritten Unterabschnitt des Ersten Abschnitts des Dritten Kapitels sowie Leistungen nach den §§ 44 und 45 erbracht werden, wenn bei ihnen ein rechtmäßiger und dauerhafter Aufenthalt zu erwarten ist. ² Bei einem Asylbewerber, der aus einem sicheren Herkunftsstaat nach § 29a des Asylgesetzes stammt, wird vermutet, dass ein rechtmäßiger und dauerhafter Aufenthalt nicht zu erwarten ist.

§ 131a Sonderregelungen zur beruflichen Weiterbildung.

(1) Arbeitnehmerinnen und Arbeitnehmer können bei beruflicher Weiterbildung, auch wenn die Voraussetzungen des § 82 Satz 1 Nummer 1 und 2 nicht vorliegen, durch Übernahme der Weiterbildungskosten nach § 82 gefördert werden, wenn

1. der Arbeitgeber mindestens 50 Prozent der Lehrgangskosten trägt und
2. die Maßnahme vor Ablauf des 31. Dezember 2020 beginnt.

(2) ¹ Abweichend von § 81 Absatz 4 kann die Agentur für Arbeit unter Anwendung des Vergaberechts Träger mit der Durchführung von folgenden Maßnahmen beauftragen, wenn die Maßnahmen vor Ablauf des 31. Dezember 2020 beginnen:

1. Maßnahmen, die zum Erwerb von Grundkompetenzen nach § 81 Absatz 3a führen,

2. Maßnahmen, die zum Erwerb von Grundkompetenzen nach § 81 Absatz 3a und zum Erwerb eines Abschlusses in einem Ausbildungsberuf führen, für den nach bundes- oder landesrechtlichen Vorschriften eine Ausbildungsdauer von mindestens zwei Jahren festgelegt ist, oder
3. Maßnahmen, die eine Weiterbildung in einem Betrieb, die auf den Erwerb eines Berufsabschlusses im Sinne des § 81 Absatz 2 Nummer 2 erster Halbsatz gerichtet ist, begleitend unterstützen.

²Für Maßnahmen nach Nummer 2 gilt § 180 Absatz 4 entsprechend. ³§ 176 Absatz 2 Satz 2 findet keine Anwendung.

(3) Arbeitnehmerinnen und Arbeitnehmer, die an einer nach § 81 geförderten beruflichen Weiterbildung teilnehmen, die zu einem Abschluss in einem Ausbildungsberuf führt, für den nach bundes- oder landesrechtlichen Vorschriften eine Ausbildungsdauer von mindestens zwei Jahren festgelegt ist, erhalten folgende Prämien, wenn die Maßnahme vor Ablauf des 31. Dezember 2020 beginnt:
1. nach Bestehen einer in diesen Vorschriften geregelten Zwischenprüfung eine Prämie von 1 000 Euro und
2. nach Bestehen der Abschlussprüfung eine Prämie von 1 500 Euro.

§ 131b Weiterbildungsförderung in der Altenpflege. ¹Abweichend von § 180 Absatz 4 Satz 1 ist die Dauer einer Vollzeitmaßnahme der beruflichen Weiterbildung in der Altenpflege, die in der Zeit vom 1. April 2013 bis zum 31. Dezember 2019 beginnt, auch dann angemessen, wenn sie nach dem Altenpflegegesetz nicht um mindestens ein Drittel verkürzt werden kann. ²Insoweit ist § 180 Absatz 4 Satz 2 nicht anzuwenden.

§ 132 Sonderregelung für die Ausbildungsförderung von Ausländerinnen und Ausländern. (1) ¹Ausländerinnen und Ausländer, bei denen ein rechtmäßiger und dauerhafter Aufenthalt zu erwarten ist, gehören nach Maßgabe der folgenden Sätze zum förderungsfähigen Personenkreis nach § 59 für Leistungen
1. nach den §§ 51, 75 und 130, wenn ihr Aufenthalt seit mindestens drei Monaten gestattet ist, und
2. nach den §§ 56 und 122, wenn ihr Aufenthalt seit mindestens 15 Monaten gestattet ist.

²Bei einer Asylbewerberin oder einem Asylbewerber, die oder der aus einem sicheren Herkunftsstaat nach § 29a des Asylgesetzes stammt, wird vermutet, dass ein rechtmäßiger und dauerhafter Aufenthalt nicht zu erwarten ist. ³Die oder der Auszubildende wird bei einer Berufsausbildung ergänzend zu § 60 Absatz 1 Nummer 1 nur mit Berufsausbildungsbeihilfe gefördert, wenn sie oder er nicht in einer Aufnahmeeinrichtung wohnt. ⁴Eine Förderung mit einer berufsvorbereitenden Bildungsmaßnahme setzt ergänzend zu § 52 voraus, dass die Kenntnisse der deutschen Sprache einen erfolgreichen Übergang in eine Berufsausbildung erwarten lassen.

(2) Geduldete Ausländerinnen und Ausländer (§ 60a des Aufenthaltsgesetzes) gehören zum förderungsfähigen Personenkreis nach § 59 für Leistungen
1. nach den §§ 75 und 130 Absatz 1 Satz 1, wenn sie sich seit mindestens zwölf Monaten ununterbrochen rechtmäßig, gestattet oder geduldet im Bundes-

gebiet aufhalten; dies gilt auch für außerhalb einer betrieblichen Berufsausbildung liegende, in § 75 Absatz 2 genannte Phasen, und

2. nach den §§ 51, 56 und 122, wenn sie sich seit mindestens sechs Jahren ununterbrochen rechtmäßig, gestattet oder geduldet im Bundesgebiet aufhalten und kein Beschäftigungsverbot nach § 60a Absatz 6 des Aufenthaltsgesetzes besteht.

(3) Ausländerinnen und Ausländer, die eine Aufenthaltserlaubnis nach § 25 Absatz 3, Absatz 4 Satz 2 oder Absatz 5, § 31 des Aufenthaltsgesetzes oder als Ehefrau oder Ehemann oder Lebenspartnerin oder Lebenspartner oder Kind einer Ausländerin oder eines Ausländers mit Aufenthaltserlaubnis eine Aufenthaltserlaubnis nach § 30 oder den §§ 32 bis 34 des Aufenthaltsgesetzes besitzen, gehören zum förderungsfähigen Personenkreis nach § 59 für Leistungen nach den §§ 56, 75, 122 und 130, wenn sie sich seit mindestens drei Monaten ununterbrochen rechtmäßig, gestattet oder geduldet im Bundesgebiet aufhalten.

(4) Die Sonderregelung gilt für

1. Maßnahmen, die bis zum 31. Dezember 2018 beginnen, und
2. Berufsausbildungsbeihilfe oder Ausbildungsgeld, wenn diese oder dieses vor dem 31. Dezember 2018 beantragt wird und die weiteren Anspruchsvoraussetzungen zu diesem Zeitpunkt erfüllt sind.

(5) [1] Findet während der Leistung ein Wechsel des Aufenthaltsstatus statt, ohne dass ein Beschäftigungsverbot vorliegt, kann eine einmal begonnene Förderung zu Ende geführt werden. [2] Die Teilnahme an einer Förderung steht der Abschiebung nicht entgegen.

§ 133 Saison-Kurzarbeitergeld und ergänzende Leistungen im Gerüstbauerhandwerk.

(1) In Betrieben des Gerüstbauerhandwerks (§ 1 Absatz 3 Nummer 1 der Baubetriebe-Verordnung) werden bis zum 31. März 2018 Leistungen nach den §§ 101 und 102 nach Maßgabe der folgenden Regelungen erbracht.

(2) Die Schlechtwetterzeit beginnt am 1. November und endet am 31. März.

(3) [1] Ergänzende Leistungen nach § 102 Absatz 2 und 4 werden ausschließlich zur Vermeidung oder Überbrückung witterungsbedingter Arbeitsausfälle erbracht. [2] Zuschuss-Wintergeld wird in Höhe von 1,03 Euro je Ausfallstunde gezahlt.

(4) [1] Anspruch auf Zuschuss-Wintergeld nach § 102 Absatz 2 haben auch Arbeitnehmerinnen und Arbeitnehmer, die zur Vermeidung witterungsbedingter Arbeitsausfälle eine Vorausleistung erbringen, die das Arbeitsentgelt bei witterungsbedingtem Arbeitsausfall in der Schlechtwetterzeit für mindestens 120 Stunden ersetzt, in angemessener Höhe im Verhältnis zum Saison-Kurzarbeitergeld steht und durch Tarifvertrag, Betriebsvereinbarung oder Arbeitsvertrag geregelt ist. [2] Der Anspruch auf Zuschuss-Wintergeld besteht für Zeiten des Bezugs der Vorausleistung, wenn diese niedriger ist als das ohne den witterungsbedingten Arbeitsausfall erzielte Arbeitsentgelt.

§ 134 *(aufgehoben)*

§ 135 Erprobung innovativer Ansätze. (1) ¹Die Zentrale der Bundesagentur kann bis zu einem Prozent der im Eingliederungstitel enthaltenen Mittel einsetzen, um innovative Ansätze der aktiven Arbeitsförderung zu erproben. ²Die einzelnen Projekte dürfen den Höchstbetrag von 2 Millionen Euro jährlich und eine Dauer von 24 Monaten nicht übersteigen.

(2) ¹Die Umsetzung und die Wirkung der Projekte sind zu beobachten und auszuwerten. ²Über die Ergebnisse der Projekte ist dem Verwaltungsrat nach deren Beendigung ein Bericht vorzulegen. ³Zu Beginn jedes Jahres übermittelt die Bundesagentur dem Verwaltungsrat eine Übersicht über die laufenden Projekte.

Viertes Kapitel. Arbeitslosengeld und Insolvenzgeld

Erster Abschnitt. Arbeitslosengeld

Erster Unterabschnitt. Regelvoraussetzungen

§ 136 Anspruch auf Arbeitslosengeld. (1) Arbeitnehmerinnen und Arbeitnehmer haben Anspruch auf Arbeitslosengeld

1. bei Arbeitslosigkeit oder
2. bei beruflicher Weiterbildung.

(2) Wer das für die Regelaltersrente im Sinne des Sechsten Buches[1]) erforderliche Lebensjahr vollendet hat, hat vom Beginn des folgenden Monats an keinen Anspruch auf Arbeitslosengeld.

§ 137 Anspruchsvoraussetzungen bei Arbeitslosigkeit. (1) Anspruch auf Arbeitslosengeld bei Arbeitslosigkeit hat, wer

1. arbeitslos ist,
2. sich bei der Agentur für Arbeit arbeitslos gemeldet und
3. die Anwartschaftszeit erfüllt hat.

(2) Bis zur Entscheidung über den Anspruch kann die antragstellende Person bestimmen, dass der Anspruch nicht oder zu einem späteren Zeitpunkt entstehen soll.

§ 138 Arbeitslosigkeit. (1) Arbeitslos ist, wer Arbeitnehmerin oder Arbeitnehmer ist und

1. nicht in einem Beschäftigungsverhältnis steht (Beschäftigungslosigkeit),
2. sich bemüht, die eigene Beschäftigungslosigkeit zu beenden (Eigenbemühungen), und
3. den Vermittlungsbemühungen der Agentur für Arbeit zur Verfügung steht (Verfügbarkeit).

(2) Eine ehrenamtliche Betätigung schließt Arbeitslosigkeit nicht aus, wenn dadurch die berufliche Eingliederung der oder des Arbeitslosen nicht beeinträchtigt wird.

---

[1]) Nr. 6.

(3) ¹Die Ausübung einer Beschäftigung, selbständigen Tätigkeit, Tätigkeit als mithelfende Familienangehörige oder mithelfender Familienangehöriger (Erwerbstätigkeit) schließt die Beschäftigungslosigkeit nicht aus, wenn die Arbeits- oder Tätigkeitszeit (Arbeitszeit) weniger als 15 Stunden wöchentlich umfasst; gelegentliche Abweichungen von geringer Dauer bleiben unberücksichtigt. ²Die Arbeitszeiten mehrerer Erwerbstätigkeiten werden zusammengerechnet.

(4) ¹Im Rahmen der Eigenbemühungen hat die oder der Arbeitslose alle Möglichkeiten zur beruflichen Eingliederung zu nutzen. ²Hierzu gehören insbesondere

1. die Wahrnehmung der Verpflichtungen aus der Eingliederungsvereinbarung,
2. die Mitwirkung bei der Vermittlung durch Dritte und
3. die Inanspruchnahme der Selbstinformationseinrichtungen der Agentur für Arbeit.

(5) Den Vermittlungsbemühungen der Agentur für Arbeit steht zur Verfügung, wer

1. eine versicherungspflichtige, mindestens 15 Stunden wöchentlich umfassende zumutbare Beschäftigung unter den üblichen Bedingungen des für sie oder ihn in Betracht kommenden Arbeitsmarktes ausüben kann und darf,
2. Vorschlägen der Agentur für Arbeit zur beruflichen Eingliederung zeit- und ortsnah Folge leisten kann,
3. bereit ist, jede Beschäftigung im Sinne der Nummer 1 anzunehmen und auszuüben, und
4. bereit ist, an Maßnahmen zur beruflichen Eingliederung in das Erwerbsleben teilzunehmen.

§ 139 Sonderfälle der Verfügbarkeit. (1) Nimmt eine leistungsberechtigte Person an einer Maßnahme nach § 45 oder an einer Berufsfindung oder Arbeitserprobung im Sinne des Rechts der beruflichen Rehabilitation teil, leistet sie vorübergehend zur Verhütung oder Beseitigung öffentlicher Notstände Dienste, die nicht auf einem Arbeitsverhältnis beruhen, übt sie eine freie Arbeit im Sinne des Artikels 293 Absatz 1 des Einführungsgesetzes zum Strafgesetzbuch oder auf Grund einer Anordnung im Gnadenwege aus oder erbringt sie gemeinnützige Leistungen oder Arbeitsleistungen nach den in Artikel 293 Absatz 3 des Einführungsgesetzes zum Strafgesetzbuch genannten Vorschriften oder auf Grund deren entsprechender Anwendung, so schließt dies die Verfügbarkeit nicht aus.

(2) ¹Bei Schülerinnen, Schülern, Studentinnen oder Studenten einer Schule, Hochschule oder sonstigen Ausbildungsstätte wird vermutet, dass sie nur versicherungsfreie Beschäftigungen ausüben können. ²Die Vermutung ist widerlegt, wenn die Schülerin, der Schüler, die Studentin oder der Student darlegt und nachweist, dass der Ausbildungsgang die Ausübung einer versicherungspflichtigen, mindestens 15 Stunden wöchentlich umfassenden Beschäftigung bei ordnungsgemäßer Erfüllung der in den Ausbildungs- und Prüfungsbestimmungen vorgeschriebenen Anforderungen zulässt.

(3) Nimmt eine leistungsberechtigte Person an einer Maßnahme der beruflichen Weiterbildung teil, für die die Voraussetzungen nach § 81 nicht erfüllt sind, schließt dies die Verfügbarkeit nicht aus, wenn

1. die Agentur für Arbeit der Teilnahme zustimmt und
2. die leistungsberechtigte Person ihre Bereitschaft erklärt, die Maßnahme abzubrechen, sobald eine berufliche Eingliederung in Betracht kommt, und zu diesem Zweck die Möglichkeit zum Abbruch mit dem Träger der Maßnahme vereinbart hat.

(4) [1] Ist die leistungsberechtigte Person nur bereit, Teilzeitbeschäftigungen auszuüben, so schließt dies Verfügbarkeit nicht aus, wenn sich die Arbeitsbereitschaft auf Teilzeitbeschäftigungen erstreckt, die versicherungspflichtig sind, mindestens 15 Stunden wöchentlich umfassen und den üblichen Bedingungen des für sie in Betracht kommenden Arbeitsmarktes entsprechen. [2] Eine Einschränkung auf Teilzeitbeschäftigungen aus Anlass eines konkreten Arbeits- oder Maßnahmeangebotes ist nicht zulässig. [3] Die Einschränkung auf Heimarbeit schließt die Verfügbarkeit nicht aus, wenn die Anwartschaftszeit durch eine Beschäftigung als Heimarbeiterin oder Heimarbeiter erfüllt worden ist und die leistungsberechtigte Person bereit und in der Lage ist, Heimarbeit unter den üblichen Bedingungen auf dem für sie in Betracht kommenden Arbeitsmarkt auszuüben.

§ 140 Zumutbare Beschäftigungen. (1) Einer arbeitslosen Person sind alle ihrer Arbeitsfähigkeit entsprechenden Beschäftigungen zumutbar, soweit allgemeine oder personenbezogene Gründe der Zumutbarkeit einer Beschäftigung nicht entgegenstehen.

(2) Aus allgemeinen Gründen ist eine Beschäftigung einer arbeitslosen Person insbesondere nicht zumutbar, wenn die Beschäftigung gegen gesetzliche, tarifliche oder in Betriebsvereinbarungen festgelegte Bestimmungen über Arbeitsbedingungen oder gegen Bestimmungen des Arbeitsschutzes verstößt.

(3) [1] Aus personenbezogenen Gründen ist eine Beschäftigung einer arbeitslosen Person insbesondere nicht zumutbar, wenn das daraus erzielbare Arbeitsentgelt erheblich niedriger ist als das der Bemessung des Arbeitslosengeldes zugrunde liegende Arbeitsentgelt. [2] In den ersten drei Monaten der Arbeitslosigkeit ist eine Minderung um mehr als 20 Prozent und in den folgenden drei Monaten um mehr als 30 Prozent dieses Arbeitsentgelts nicht zumutbar. [3] Vom siebten Monat der Arbeitslosigkeit an ist einer arbeitslosen Person eine Beschäftigung nur dann nicht zumutbar, wenn das daraus erzielbare Nettoeinkommen unter Berücksichtigung der mit der Beschäftigung zusammenhängenden Aufwendungen niedriger ist als das Arbeitslosengeld.

(4) [1] Aus personenbezogenen Gründen ist einer arbeitslosen Person eine Beschäftigung auch nicht zumutbar, wenn die täglichen Pendelzeiten zwischen ihrer Wohnung und der Arbeitsstätte im Vergleich zur Arbeitszeit unverhältnismäßig lang sind. [2] Als unverhältnismäßig lang sind im Regelfall Pendelzeiten von insgesamt mehr als zweieinhalb Stunden bei einer Arbeitszeit von mehr als sechs Stunden und Pendelzeiten von mehr als zwei Stunden bei einer Arbeitszeit von sechs Stunden und weniger anzusehen. [3] Sind in einer Region unter vergleichbaren Beschäftigten längere Pendelzeiten üblich, bilden diese den Maßstab. [4] Ein Umzug zur Aufnahme einer Beschäftigung außerhalb des zumutbaren Pendelbereichs ist einer arbeitslosen Person zumutbar, wenn nicht zu erwarten ist, dass sie innerhalb der ersten drei Monate der Arbeitslosigkeit eine Beschäftigung innerhalb des zumutbaren Pendelbereichs aufnehmen wird. [5] Vom vierten Monat der Arbeitslosigkeit an ist einer arbeitslosen Person ein

4. Kapitel. Arbeitslosen- u. Insolvenzgeld   §§ 141–143   SGB III 3

Umzug zur Aufnahme einer Beschäftigung außerhalb des zumutbaren Pendelbereichs in der Regel zumutbar. [6] Die Sätze 4 und 5 sind nicht anzuwenden, wenn dem Umzug ein wichtiger Grund entgegensteht. [7] Ein wichtiger Grund kann sich insbesondere aus familiären Bindungen ergeben.

(5) Eine Beschäftigung ist nicht schon deshalb unzumutbar, weil sie befristet ist, vorübergehend eine getrennte Haushaltsführung erfordert oder nicht zum Kreis der Beschäftigungen gehört, für die die Arbeitnehmerin oder der Arbeitnehmer ausgebildet ist oder die sie oder er bisher ausgeübt hat.

§ 141 Persönliche Arbeitslosmeldung. (1) [1] Die oder der Arbeitslose hat sich persönlich bei der zuständigen Agentur für Arbeit arbeitslos zu melden. [2] Eine Meldung ist auch zulässig, wenn die Arbeitslosigkeit noch nicht eingetreten, der Eintritt der Arbeitslosigkeit aber innerhalb der nächsten drei Monate zu erwarten ist.

(2) Die Wirkung der Meldung erlischt

1. bei einer mehr als sechswöchigen Unterbrechung der Arbeitslosigkeit,

2. mit der Aufnahme der Beschäftigung, selbständigen Tätigkeit, Tätigkeit als mithelfende Familienangehörige oder als mithelfender Familienangehöriger, wenn die oder der Arbeitslose diese der Agentur für Arbeit nicht unverzüglich mitgeteilt hat.

(3) Ist die zuständige Agentur für Arbeit am ersten Tag der Beschäftigungslosigkeit der oder des Arbeitslosen nicht dienstbereit, so wirkt eine persönliche Meldung an dem nächsten Tag, an dem die Agentur für Arbeit dienstbereit ist, auf den Tag zurück, an dem die Agentur für Arbeit nicht dienstbereit war.

§ 142 Anwartschaftszeit. (1) [1] Die Anwartschaftszeit hat erfüllt, wer in der Rahmenfrist (§ 143) mindestens zwölf Monate in einem Versicherungspflichtverhältnis gestanden hat. [2] Zeiten, die vor dem Tag liegen, an dem der Anspruch auf Arbeitslosengeld wegen des Eintritts einer Sperrzeit erloschen ist, dienen nicht zur Erfüllung der Anwartschaftszeit.

(2) [1] Für Arbeitslose, die die Anwartschaftszeit nach Absatz 1 nicht erfüllen sowie darlegen und nachweisen, dass

1. sich die in der Rahmenfrist zurückgelegten Beschäftigungstage überwiegend aus versicherungspflichtigen Beschäftigungen ergeben, die auf nicht mehr als zehn Wochen im Voraus durch Arbeitsvertrag zeit- oder zweckbefristet sind, und

2. das in den letzten zwölf Monaten vor der Beschäftigungslosigkeit erzielte Arbeitsentgelt die zum Zeitpunkt der Anspruchsentstehung maßgebliche Bezugsgröße nach § 18 Absatz 1 des Vierten Buches[1]) nicht übersteigt,

gilt bis zum 31. Juli 2018, dass die Anwartschaftszeit sechs Monate beträgt.
[2] § 27 Absatz 3 Nummer 1 bleibt unberührt.

§ 143 Rahmenfrist. (1) Die Rahmenfrist beträgt zwei Jahre und beginnt mit dem Tag vor der Erfüllung aller sonstigen Voraussetzungen für den Anspruch auf Arbeitslosengeld.

---

[1]) Nr. 4.

(2) Die Rahmenfrist reicht nicht in eine vorangegangene Rahmenfrist hinein, in der die oder der Arbeitslose eine Anwartschaftszeit erfüllt hatte.

(3) ¹ In die Rahmenfrist werden Zeiten nicht eingerechnet, in denen die oder der Arbeitslose von einem Rehabilitationsträger Übergangsgeld wegen einer berufsfördernden Maßnahme bezogen hat. ² In diesem Fall endet die Rahmenfrist spätestens fünf Jahre nach ihrem Beginn.

§ 144 Anspruchsvoraussetzungen bei beruflicher Weiterbildung.

(1) Anspruch auf Arbeitslosengeld hat auch, wer die Voraussetzungen für einen Anspruch auf Arbeitslosengeld bei Arbeitslosigkeit allein wegen einer nach § 81 geförderten beruflichen Weiterbildung nicht erfüllt.

(2) Bei einer Arbeitnehmerin oder einem Arbeitnehmer, die oder der vor Eintritt in die Maßnahme nicht arbeitslos war, gelten die Voraussetzungen eines Anspruchs auf Arbeitslosengeld bei Arbeitslosigkeit als erfüllt, wenn sie oder er

1. bei Eintritt in die Maßnahme einen Anspruch auf Arbeitslosengeld bei Arbeitslosigkeit hätte, der weder ausgeschöpft noch erloschen ist, oder

2. die Anwartschaftszeit im Fall von Arbeitslosigkeit am Tag des Eintritts in die Maßnahme der beruflichen Weiterbildung erfüllt hätte; insoweit gilt der Tag des Eintritts in die Maßnahme als Tag der persönlichen Arbeitslosmeldung.

Zweiter Unterabschnitt. Sonderformen des Arbeitslosengeldes

§ 145 Minderung der Leistungsfähigkeit. (1) ¹ Anspruch auf Arbeitslosengeld hat auch eine Person, die allein deshalb nicht arbeitslos ist, weil sie wegen einer mehr als sechsmonatigen Minderung ihrer Leistungsfähigkeit versicherungspflichtige, mindestens 15 Stunden wöchentlich umfassende Beschäftigungen nicht unter den Bedingungen ausüben kann, die auf dem für sie in Betracht kommenden Arbeitsmarkt ohne Berücksichtigung der Minderung der Leistungsfähigkeit üblich sind, wenn eine verminderte Erwerbsfähigkeit im Sinne der gesetzlichen Rentenversicherung nicht festgestellt worden ist. ² Die Feststellung, ob eine verminderte Erwerbsfähigkeit vorliegt, trifft der zuständige Träger der gesetzlichen Rentenversicherung. ³ Kann sich die leistungsgeminderte Person wegen gesundheitlicher Einschränkungen nicht persönlich arbeitslos melden, so kann die Meldung durch eine Vertreterin oder einen Vertreter erfolgen. ⁴ Die leistungsgeminderte Person hat sich unverzüglich persönlich bei der Agentur für Arbeit zu melden, sobald der Grund für die Verhinderung entfallen ist.

(2) ¹ Die Agentur für Arbeit hat die leistungsgeminderte Person unverzüglich aufzufordern, innerhalb eines Monats einen Antrag auf Leistungen zur medizinischen Rehabilitation oder zur Teilhabe am Arbeitsleben zu stellen. ² Stellt sie diesen Antrag fristgemäß, so gilt er im Zeitpunkt des Antrags auf Arbeitslosengeld als gestellt. ³ Stellt die leistungsgeminderte Person den Antrag nicht, ruht der Anspruch auf Arbeitslosengeld vom Tag nach Ablauf der Frist an bis zum Tag, an dem sie einen Antrag auf Leistungen zur medizinischen Rehabilitation oder zur Teilhabe am Arbeitsleben oder einen Antrag auf Rente wegen Erwerbsminderung stellt. ⁴ Kommt die leistungsgeminderte Person ihren Mitwirkungspflichten gegenüber dem Träger der medizinischen Rehabilitation oder der Teilhabe am Arbeitsleben nicht nach, so ruht der Anspruch auf Arbeitslosengeld von dem Tag nach Unterlassen der Mitwirkung bis zu dem Tag, an dem die Mitwirkung nachgeholt wird. ⁵ Satz 4 gilt entsprechend, wenn

die leistungsgeminderte Person durch ihr Verhalten die Feststellung der Erwerbsminderung verhindert.

(3) ¹Wird der leistungsgeminderten Person von einem Träger der gesetzlichen Rentenversicherung wegen einer Maßnahme zur Rehabilitation Übergangsgeld oder eine Rente wegen Erwerbsminderung zuerkannt, steht der Bundesagentur ein Erstattungsanspruch entsprechend § 103 des Zehnten Buches[1]) zu. ²Hat der Träger der gesetzlichen Rentenversicherung Leistungen nach Satz 1 mit befreiender Wirkung an die leistungsgeminderte Person oder einen Dritten gezahlt, hat die Empfängerin oder der Empfänger des Arbeitslosengeldes dieses insoweit zu erstatten.

§ 146 Leistungsfortzahlung bei Arbeitsunfähigkeit. (1) ¹Wer während des Bezugs von Arbeitslosengeld infolge Krankheit unverschuldet arbeitsunfähig oder während des Bezugs von Arbeitslosengeld auf Kosten der Krankenkasse stationär behandelt wird, verliert dadurch nicht den Anspruch auf Arbeitslosengeld für die Zeit der Arbeitsunfähigkeit oder stationären Behandlung mit einer Dauer von bis zu sechs Wochen (Leistungsfortzahlung). ²Als unverschuldet im Sinne des Satzes 1 gilt auch eine Arbeitsunfähigkeit, die infolge einer durch Krankheit erforderlichen Sterilisation durch eine Ärztin oder einen Arzt oder infolge eines nicht rechtswidrigen Abbruchs der Schwangerschaft eintritt. ³Dasselbe gilt für einen Abbruch der Schwangerschaft, wenn die Schwangerschaft innerhalb von zwölf Wochen nach der Empfängnis durch eine Ärztin oder einen Arzt abgebrochen wird, die Schwangere den Abbruch verlangt und der Ärztin oder dem Arzt durch eine Bescheinigung nachgewiesen hat, dass sie sich mindestens drei Tage vor dem Eingriff von einer anerkannten Beratungsstelle beraten lassen hat.

(2) ¹Eine Leistungsfortzahlung erfolgt auch im Fall einer nach ärztlichem Zeugnis erforderlichen Beaufsichtigung, Betreuung oder Pflege eines erkrankten Kindes der oder des Arbeitslosen mit einer Dauer von bis zu zehn Tagen, bei alleinerziehenden Arbeitslosen mit einer Dauer von bis zu 20 Tagen für jedes Kind in jedem Kalenderjahr, wenn eine andere im Haushalt der oder des Arbeitslosen lebende Person diese Aufgabe nicht übernehmen kann und das Kind das zwölfte Lebensjahr noch nicht vollendet hat oder behindert und auf Hilfe angewiesen ist. ²Arbeitslosengeld wird jedoch für nicht mehr als 25 Tage, für alleinerziehende Arbeitslose für nicht mehr als 50 Tage in jedem Kalenderjahr fortgezahlt.

(3) Die Vorschriften des Fünften Buches[2]), die bei Fortzahlung des Arbeitsentgelts durch den Arbeitgeber im Krankheitsfall sowie bei Zahlung von Krankengeld im Fall der Erkrankung eines Kindes anzuwenden sind, gelten entsprechend.

Dritter Unterabschnitt. Anspruchsdauer

§ 147 Grundsatz. (1) ¹Die Dauer des Anspruchs auf Arbeitslosengeld richtet sich nach

1. der Dauer der Versicherungspflichtverhältnisse innerhalb der um drei Jahre erweiterten Rahmenfrist und

---

[1]) Nr. **10**.
[2]) Nr. **5**.

2. dem Lebensalter, das die oder der Arbeitslose bei der Entstehung des Anspruchs vollendet hat.

²Die Vorschriften des Ersten Unterabschnitts zum Ausschluss von Zeiten bei der Erfüllung der Anwartschaftszeit und zur Begrenzung der Rahmenfrist durch eine vorangegangene Rahmenfrist gelten entsprechend.

(2) Die Dauer des Anspruchs auf Arbeitslosengeld beträgt

nach Versicherungspflichtverhältnissen mit einer Dauer von insgesamt mindestens ... Monaten	und nach Vollendung des ... Lebensjahres	... Monate
12		6
16		8
20		10
24		12
30	50.	15
36	55.	18
48	58.	24

(3) ¹Bei Erfüllung der Anwartschaftszeit nach § 142 Absatz 2 beträgt die Dauer des Anspruchs auf Arbeitslosengeld unabhängig vom Lebensalter

nach Versicherungspflichtverhältnissen mit einer Dauer von insgesamt mindestens ... Monaten	... Monate
6	3
8	4
10	5

²Abweichend von Absatz 1 sind nur die Versicherungspflichtverhältnisse innerhalb der Rahmenfrist des § 143 zu berücksichtigen.

(4) Die Dauer des Anspruchs verlängert sich um die Restdauer des wegen Entstehung eines neuen Anspruchs erloschenen Anspruchs, wenn nach der Entstehung des erloschenen Anspruchs noch nicht fünf Jahre verstrichen sind; sie verlängert sich längstens bis zu der dem Lebensalter der oder des Arbeitslosen zugeordneten Höchstdauer.

§ 148 Minderung der Anspruchsdauer. (1) Die Dauer des Anspruchs auf Arbeitslosengeld mindert sich um

1. die Anzahl von Tagen, für die der Anspruch auf Arbeitslosengeld bei Arbeitslosigkeit erfüllt worden ist,
2. jeweils einen Tag für jeweils zwei Tage, für die ein Anspruch auf Teilarbeitslosengeld innerhalb der letzten zwei Jahre vor der Entstehung des Anspruchs erfüllt worden ist,
3. die Anzahl von Tagen einer Sperrzeit wegen Arbeitsablehnung, unzureichender Eigenbemühungen, Ablehnung oder Abbruch einer beruflichen Einglie-

derungsmaßnahme, Meldeversäumnis oder verspäteter Arbeitsuchendmeldung,

4. die Anzahl von Tagen einer Sperrzeit wegen Arbeitsaufgabe; in Fällen einer Sperrzeit von zwölf Wochen mindestens jedoch um ein Viertel der Anspruchsdauer, die der oder dem Arbeitslosen bei erstmaliger Erfüllung der Voraussetzungen für den Anspruch auf Arbeitslosengeld nach dem Ereignis, das die Sperrzeit begründet, zusteht,
5. die Anzahl von Tagen, für die der oder dem Arbeitslosen das Arbeitslosengeld wegen fehlender Mitwirkung (§ 66 des Ersten Buches[1])) versagt oder entzogen worden ist,
6. die Anzahl von Tagen der Beschäftigungslosigkeit nach der Erfüllung der Voraussetzungen für den Anspruch auf Arbeitslosengeld, an denen die oder der Arbeitslose nicht arbeitsbereit ist, ohne für sein Verhalten einen wichtigen Grund zu haben,
7. jeweils einen Tag für jeweils zwei Tage, für die ein Anspruch auf Arbeitslosengeld bei beruflicher Weiterbildung nach diesem Buch erfüllt worden ist,
8. die Anzahl von Tagen, für die ein Gründungszuschuss in der Höhe des zuletzt bezogenen Arbeitslosengeldes geleistet worden ist.

(2) ¹ In den Fällen des Absatzes 1 Nummer 5 und 6 mindert sich die Dauer des Anspruchs auf Arbeitslosengeld höchstens um vier Wochen. ² In den Fällen des Absatzes 1 Nummer 3 und 4 entfällt die Minderung für Sperrzeiten bei Abbruch einer beruflichen Eingliederungsmaßnahme oder Arbeitsaufgabe, wenn das Ereignis, das die Sperrzeit begründet, bei Erfüllung der Voraussetzungen für den Anspruch auf Arbeitslosengeld länger als ein Jahr zurückliegt. ³ In den Fällen des Absatzes 1 Nummer 7 unterbleibt eine Minderung, soweit sich dadurch eine Anspruchsdauer von weniger als einem Monat ergibt. ⁴ Ist ein neuer Anspruch entstanden, erstreckt sich die Minderung nur auf die Restdauer des erloschenen Anspruchs (§ 147 Absatz 4).

(3) In den Fällen des Absatzes 1 Nummer 1, 2 und 7 entfällt die Minderung für Tage, für die der Bundesagentur das nach den §§ 145, 157 Absatz 3 oder nach § 158 Absatz 4 geleistete Arbeitslosengeld einschließlich der darauf entfallenden Beiträge zur Kranken-, Renten- und Pflegeversicherung erstattet oder ersetzt wurde; Bruchteile von Tagen sind auf volle Tage aufzurunden.

Vierter Unterabschnitt. Höhe des Arbeitslosengeldes

§ 149 Grundsatz. Das Arbeitslosengeld beträgt

1. für Arbeitslose, die mindestens ein Kind im Sinne des § 32 Absatz 1, 3 bis 5 des Einkommensteuergesetzes haben, sowie für Arbeitslose, deren Ehegattin, Ehegatte, Lebenspartnerin oder Lebenspartner mindestens ein Kind im Sinne des § 32 Absatz 1, 3 bis 5 des Einkommensteuergesetzes hat, wenn beide Ehegatten oder Lebenspartner unbeschränkt einkommensteuerpflichtig sind und nicht dauernd getrennt leben, 67 Prozent (erhöhter Leistungssatz),
2. für die übrigen Arbeitslosen 60 Prozent (allgemeiner Leistungssatz)

---

[1]) Nr. 1.

des pauschalierten Nettoentgelts (Leistungsentgelt), das sich aus dem Bruttoentgelt ergibt, das die oder der Arbeitslose im Bemessungszeitraum erzielt hat (Bemessungsentgelt).

§ 150 Bemessungszeitraum und Bemessungsrahmen. (1) ¹Der Bemessungszeitraum umfasst die beim Ausscheiden aus dem jeweiligen Beschäftigungsverhältnis abgerechneten Entgeltabrechnungszeiträume der versicherungspflichtigen Beschäftigungen im Bemessungsrahmen. ²Der Bemessungsrahmen umfasst ein Jahr; er endet mit dem letzten Tag des letzten Versicherungspflichtverhältnisses vor der Entstehung des Anspruchs.

(2) ¹Bei der Ermittlung des Bemessungszeitraums bleiben außer Betracht
1. Zeiten einer Beschäftigung, neben der Übergangsgeld wegen einer Leistung zur Teilhabe am Arbeitsleben, Teilübergangsgeld oder Teilarbeitslosengeld geleistet worden ist,
2. Zeiten einer Beschäftigung als Freiwillige oder Freiwilliger im Sinne des Jugendfreiwilligendienstegesetzes oder des Bundesfreiwilligendienstgesetzes, wenn sich die beitragspflichtige Einnahme nach § 344 Absatz 2 bestimmt,
3. Zeiten, in denen Arbeitslose Elterngeld oder Erziehungsgeld bezogen oder nur wegen der Berücksichtigung von Einkommen nicht bezogen haben oder ein Kind unter drei Jahren betreut und erzogen haben, wenn wegen der Betreuung und Erziehung des Kindes das Arbeitsentgelt oder die durchschnittliche wöchentliche Arbeitszeit gemindert war,
4. Zeiten, in denen Arbeitslose eine Pflegezeit nach § 3 Absatz 1 Satz 1 des Pflegezeitgesetzes in Anspruch genommen haben sowie Zeiten einer Familienpflegezeit oder Nachpflegephase nach dem Familienpflegezeitgesetz, wenn wegen der Pflege das Arbeitsentgelt oder die durchschnittliche wöchentliche Arbeitszeit gemindert war; insoweit gilt § 151 Absatz 3 Nummer 2 nicht,
5. Zeiten, in denen die durchschnittliche regelmäßige wöchentliche Arbeitszeit auf Grund einer Teilzeitvereinbarung nicht nur vorübergehend auf weniger als 80 Prozent der durchschnittlichen regelmäßigen Arbeitszeit einer vergleichbaren Vollzeitbeschäftigung, mindestens um fünf Stunden wöchentlich, vermindert war, wenn die oder der Arbeitslose Beschäftigungen mit einer höheren Arbeitszeit innerhalb der letzten dreieinhalb Jahre vor der Entstehung des Anspruchs während eines sechs Monate umfassenden zusammenhängenden Zeitraums ausgeübt hat.

²Satz 1 Nummer 5 gilt nicht in Fällen einer Teilzeitvereinbarung nach dem Altersteilzeitgesetz, es sei denn, das Beschäftigungsverhältnis ist wegen Zahlungsunfähigkeit des Arbeitgebers beendet worden.

(3) ¹Der Bemessungsrahmen wird auf zwei Jahre erweitert, wenn
1. der Bemessungszeitraum weniger als 150 Tage mit Anspruch auf Arbeitsentgelt enthält,
2. in den Fällen des § 142 Absatz 2 der Bemessungszeitraum weniger als 90 Tage mit Anspruch auf Arbeitsentgelt enthält oder
3. es mit Rücksicht auf das Bemessungsentgelt im erweiterten Bemessungsrahmen unbillig hart wäre, von dem Bemessungsentgelt im Bemessungszeitraum auszugehen.

²Satz 1 Nummer 3 ist nur anzuwenden, wenn die oder der Arbeitslose dies verlangt und die zur Bemessung erforderlichen Unterlagen vorlegt.

§ 151 Bemessungsentgelt.

(1) [1] Bemessungsentgelt ist das durchschnittlich auf den Tag entfallende beitragspflichtige Arbeitsentgelt, das die oder der Arbeitslose im Bemessungszeitraum erzielt hat. [2] Arbeitsentgelte, auf die die oder der Arbeitslose beim Ausscheiden aus dem Beschäftigungsverhältnis Anspruch hatte, gelten als erzielt, wenn sie zugeflossen oder nur wegen Zahlungsunfähigkeit des Arbeitgebers nicht zugeflossen sind.

(2) Außer Betracht bleiben Arbeitsentgelte,

1. die Arbeitslose wegen der Beendigung des Arbeitsverhältnisses erhalten oder die im Hinblick auf die Arbeitslosigkeit vereinbart worden sind,
2. die als Wertguthaben einer Vereinbarung nach § 7b des Vierten Buches[1)] nicht nach dieser Vereinbarung verwendet werden.

(3) Als Arbeitsentgelt ist zugrunde zu legen

1. für Zeiten, in denen Arbeitslose Kurzarbeitergeld oder eine vertraglich vereinbarte Leistung zur Vermeidung der Inanspruchnahme von Saison-Kurzarbeitergeld bezogen haben, das Arbeitsentgelt, das Arbeitslose ohne den Arbeitsausfall und ohne Mehrarbeit erzielt hätten,
2. für Zeiten einer Vereinbarung nach § 7b des Vierten Buches das Arbeitsentgelt, das Arbeitslose für die geleistete Arbeitszeit ohne eine Vereinbarung nach § 7b des Vierten Buches erzielt hätten; für Zeiten einer Freistellung das erzielte Arbeitsentgelt,
3. für Zeiten einer Berufsausbildung, die im Rahmen eines Berufsausbildungsvertrages nach dem Berufsbildungsgesetz in einer außerbetrieblichen Einrichtung durchgeführt wurde (§ 25 Absatz 1 Satz 2), die erzielte Ausbildungsvergütung; wurde eine Ausbildungsvergütung nicht erzielt, der Betrag, der nach § 123 Absatz 1 Nummer 1 letzter Teilsatz als Bedarf zugrunde zu legen ist.

(4) Haben Arbeitslose innerhalb der letzten zwei Jahre vor der Entstehung des Anspruchs Arbeitslosengeld bezogen, ist Bemessungsentgelt mindestens das Entgelt, nach dem das Arbeitslosengeld zuletzt bemessen worden ist.

(5) [1] Ist die oder der Arbeitslose nicht mehr bereit oder in der Lage, die im Bemessungszeitraum durchschnittlich auf die Woche entfallende Zahl von Arbeitsstunden zu leisten, vermindert sich das Bemessungsentgelt für die Zeit der Einschränkung entsprechend dem Verhältnis der Zahl der durchschnittlichen regelmäßigen wöchentlichen Arbeitsstunden, die die oder der Arbeitslose künftig leisten will oder kann, zu der Zahl der durchschnittlich auf die Woche entfallenden Arbeitsstunden im Bemessungszeitraum. [2] Einschränkungen des Leistungsvermögens bleiben unberücksichtigt, wenn Arbeitslosengeld nach § 145 geleistet wird. [3] Bestimmt sich das Bemessungsentgelt nach § 152, ist insoweit die tarifliche regelmäßige wöchentliche Arbeitszeit maßgebend, die bei Entstehung des Anspruchs für Angestellte im öffentlichen Dienst des Bundes gilt.

§ 152 Fiktive Bemessung.

(1) [1] Kann ein Bemessungszeitraum von mindestens 150 Tagen mit Anspruch auf Arbeitsentgelt innerhalb des auf zwei Jahre erweiterten Bemessungsrahmens nicht festgestellt werden, ist als Bemessungsentgelt ein fiktives Arbeitsentgelt zugrunde zu legen. [2] In den Fällen des § 142

[1)] Nr. 4.

Absatz 2 gilt Satz 1 mit der Maßgabe, dass ein Bemessungszeitraum von mindestens 90 Tagen nicht festgestellt werden kann.

(2) ¹ Für die Festsetzung des fiktiven Arbeitsentgelts ist die oder der Arbeitslose der Qualifikationsgruppe zuzuordnen, die der beruflichen Qualifikation entspricht, die für die Beschäftigung erforderlich ist, auf die die Agentur für Arbeit die Vermittlungsbemühungen für die Arbeitslose oder den Arbeitslosen in erster Linie zu erstrecken hat. ² Dabei ist zugrunde zu legen für Beschäftigungen, die

1. eine Hochschul- oder Fachhochschulausbildung erfordern (Qualifikationsgruppe 1), ein Arbeitsentgelt in Höhe von einem Dreihundertstel der Bezugsgröße,
2. einen Fachschulabschluss, den Nachweis über eine abgeschlossene Qualifikation als Meisterin oder Meister oder einen Abschluss in einer vergleichbaren Einrichtung erfordern (Qualifikationsgruppe 2), ein Arbeitsentgelt in Höhe von einem Dreihundertsechzigstel der Bezugsgröße,
3. eine abgeschlossene Ausbildung in einem Ausbildungsberuf erfordern (Qualifikationsgruppe 3), ein Arbeitsentgelt in Höhe von einem Vierhundertfünfzigstel der Bezugsgröße,
4. keine Ausbildung erfordern (Qualifikationsgruppe 4), ein Arbeitsentgelt in Höhe von einem Sechshundertstel der Bezugsgröße.

§ 153 Leistungsentgelt. (1) ¹ Leistungsentgelt ist das um pauschalierte Abzüge verminderte Bemessungsentgelt. ² Abzüge sind

1. eine Sozialversicherungspauschale in Höhe von 21 Prozent des Bemessungsentgelts,
2. die Lohnsteuer, die sich nach dem vom Bundesministerium der Finanzen auf Grund des § 51 Absatz 4 Nummer 1a des Einkommensteuergesetzes bekannt gegebenen Programmablaufplan bei Berücksichtigung der Vorsorgepauschale nach § 39b Absatz 2 Satz 5 Nummer 3 Buchstabe a bis c des Einkommensteuergesetzes zu Beginn des Jahres, in dem der Anspruch entstanden ist, ergibt und
3. der Solidaritätszuschlag.

³ Bei der Berechnung der Abzüge nach Satz 2 Nummer 2 und 3 sind

1. Freibeträge und Pauschalen, die nicht jeder Arbeitnehmerin oder jedem Arbeitnehmer zustehen, nicht zu berücksichtigen und
2. der als Lohnsteuerabzugsmerkmal gebildete Faktor nach § 39f des Einkommensteuergesetzes zu berücksichtigen.

⁴ Für die Feststellung der Lohnsteuer wird die Vorsorgepauschale mit folgenden Maßgaben berücksichtigt:

1. für Beiträge zur Rentenversicherung als Beitragsbemessungsgrenze die für das Bundesgebiet West maßgebliche Beitragsbemessungsgrenze,
2. für Beiträge zur Krankenversicherung der ermäßigte Beitragssatz nach § 243 des Fünften Buches[1]) zuzüglich des durchschnittlichen Zusatzbeitragssatzes nach § 242a des Fünften Buches,

---

[1]) Nr. 5.

3. für Beiträge zur Pflegeversicherung der Beitragssatz des § 55 Absatz 1 Satz 1 des Elften Buches[1]).

(2) [1] Die Feststellung der Lohnsteuer richtet sich nach der Lohnsteuerklasse, die zu Beginn des Jahres, in dem der Anspruch entstanden ist, als Lohnsteuerabzugsmerkmal gebildet war. [2] Spätere Änderungen der als Lohnsteuerabzugsmerkmal gebildeten Lohnsteuerklasse werden mit Wirkung des Tages berücksichtigt, an dem erstmals die Voraussetzungen für die Änderung vorlagen.

(3) [1] Haben Ehegatten oder Lebenspartner die Lohnsteuerklassen gewechselt, so werden die als Lohnsteuerabzugsmerkmal neu gebildeten Lohnsteuerklassen von dem Tag an berücksichtigt, an dem sie wirksam werden, wenn

1. die neuen Lohnsteuerklassen dem Verhältnis der monatlichen Arbeitsentgelte beider Ehegatten oder Lebenspartner entsprechen oder
2. sich auf Grund der neuen Lohnsteuerklassen ein Arbeitslosengeld ergibt, das geringer ist als das Arbeitslosengeld, das sich ohne den Wechsel der Lohnsteuerklassen ergäbe.

[2] Bei der Prüfung nach Satz 1 ist der Faktor nach § 39f des Einkommensteuergesetzes zu berücksichtigen; ein Ausfall des Arbeitsentgelts, der den Anspruch auf eine lohnsteuerfreie Entgeltersatzleistung begründet, bleibt bei der Beurteilung des Verhältnisses der monatlichen Arbeitsentgelte außer Betracht.

§ 154 Berechnung und Leistung. [1] Das Arbeitslosengeld wird für Kalendertage berechnet und geleistet. [2] Ist es für einen vollen Kalendermonat zu zahlen, ist dieser mit 30 Tagen anzusetzen.

Fünfter Unterabschnitt. Minderung des Arbeitslosengeldes, Zusammentreffen des Anspruchs mit sonstigem Einkommen und Ruhen des Anspruchs

§ 155 Anrechnung von Nebeneinkommen. (1) [1] Übt die oder der Arbeitslose während einer Zeit, für die ihr oder ihm Arbeitslosengeld zusteht, eine Erwerbstätigkeit im Sinne des § 138 Absatz 3 aus, ist das daraus erzielte Einkommen nach Abzug der Steuern, der Sozialversicherungsbeiträge und der Werbungskosten sowie eines Freibetrags in Höhe von 165 Euro in dem Kalendermonat der Ausübung anzurechnen. [2] Handelt es sich um eine selbständige Tätigkeit, eine Tätigkeit als mithelfende Familienangehörige oder mithelfender Familienangehöriger, sind pauschal 30 Prozent der Betriebseinnahmen als Betriebsausgaben abzusetzen, es sei denn, die oder der Arbeitslose weist höhere Betriebsausgaben nach.

(2) Hat die oder der Arbeitslose in den letzten 18 Monaten vor der Entstehung des Anspruchs neben einem Versicherungspflichtverhältnis eine Erwerbstätigkeit (§ 138 Absatz 3) mindestens zwölf Monate lang ausgeübt, so bleibt das Einkommen bis zu dem Betrag anrechnungsfrei, der in den letzten zwölf Monaten vor der Entstehung des Anspruchs aus einer Erwerbstätigkeit (§ 138 Absatz 3) durchschnittlich auf den Monat entfällt, mindestens jedoch ein Betrag in Höhe des Freibetrags, der sich nach Absatz 1 ergeben würde.

(3) Leistungen, die eine Bezieherin oder ein Bezieher von Arbeitslosengeld bei beruflicher Weiterbildung

---

[1]) Nr. 11.

1. vom Arbeitgeber oder dem Träger der Weiterbildung wegen der Teilnahme oder
2. auf Grund eines früheren oder bestehenden Arbeitsverhältnisses ohne Ausübung einer Beschäftigung für die Zeit der Teilnahme

erhält, werden nach Abzug der Steuern, des auf die Arbeitnehmerin oder den Arbeitnehmer entfallenden Anteils der Sozialversicherungsbeiträge und eines Freibetrags von 400 Euro monatlich auf das Arbeitslosengeld angerechnet.

§ 156 Ruhen des Anspruchs bei anderen Sozialleistungen. (1) [1] Der Anspruch auf Arbeitslosengeld ruht während der Zeit, für die ein Anspruch auf eine der folgenden Leistungen zuerkannt ist:
1. Berufsausbildungsbeihilfe für Arbeitslose,
2. Krankengeld, Versorgungskrankengeld, Verletztengeld, Mutterschaftsgeld oder Übergangsgeld nach diesem oder einem anderen Gesetz, dem eine Leistung zur Teilhabe zugrunde liegt, wegen der keine ganztägige Erwerbstätigkeit ausgeübt wird,
3. Rente wegen voller Erwerbsminderung aus der gesetzlichen Rentenversicherung oder
4. Altersrente aus der gesetzlichen Rentenversicherung oder Knappschaftsausgleichsleistung oder ähnliche Leistungen öffentlich-rechtlicher Art.

[2] Ist der oder dem Arbeitslosen eine Rente wegen teilweiser Erwerbsminderung zuerkannt, kann sie ihr oder er sein Restleistungsvermögen jedoch unter den üblichen Bedingungen des allgemeinen Arbeitsmarktes nicht mehr verwerten, hat die Agentur für Arbeit die Arbeitslose oder den Arbeitslosen unverzüglich aufzufordern, innerhalb eines Monats einen Antrag auf Rente wegen voller Erwerbsminderung zu stellen. [3] Wird der Antrag nicht gestellt, ruht der Anspruch auf Arbeitslosengeld vom Tag nach Ablauf der Frist an bis zu dem Tag, an dem der Antrag gestellt wird.

(2) [1] Abweichend von Absatz 1 ruht der Anspruch
1. im Fall der Nummer 2 nicht, wenn für denselben Zeitraum Anspruch auf Verletztengeld und Arbeitslosengeld nach § 146 besteht,
2. im Fall der Nummer 3 vom Beginn der laufenden Zahlung der Rente an und
3. im Fall der Nummer 4
    a) mit Ablauf des dritten Kalendermonats nach Erfüllung der Voraussetzungen für den Anspruch auf Arbeitslosengeld, wenn der oder dem Arbeitslosen für die letzten sechs Monate einer versicherungspflichtigen Beschäftigung eine Teilrente oder eine ähnliche Leistung öffentlich-rechtlicher Art zuerkannt ist,
    b) nur bis zur Höhe der zuerkannten Leistung, wenn die Leistung auch während einer Beschäftigung und ohne Rücksicht auf die Höhe des Arbeitsentgelts gewährt wird.

[2] Im Fall des Satzes 1 Nummer 2 gilt § 145 Absatz 3 entsprechend.

(3) Die Absätze 1 und 2 gelten auch für einen vergleichbaren Anspruch auf eine andere Sozialleistung, den ein ausländischer Träger zuerkannt hat.

(4) Der Anspruch auf Arbeitslosengeld ruht auch während der Zeit, für die die oder der Arbeitslose wegen ihres oder seines Ausscheidens aus dem Er-

werbsleben Vorruhestandsgeld oder eine vergleichbare Leistung des Arbeitgebers mindestens in Höhe von 65 Prozent des Bemessungsentgelts bezieht.

§ 157 Ruhen des Anspruchs bei Arbeitsentgelt und Urlaubsabgeltung.

(1) Der Anspruch auf Arbeitslosengeld ruht während der Zeit, für die die oder der Arbeitslose Arbeitsentgelt erhält oder zu beanspruchen hat.

(2) [1] Hat die oder der Arbeitslose wegen Beendigung des Arbeitsverhältnisses eine Urlaubsabgeltung erhalten oder zu beanspruchen, so ruht der Anspruch auf Arbeitslosengeld für die Zeit des abgegoltenen Urlaubs. [2] Der Ruhenszeitraum beginnt mit dem Ende des die Urlaubsabgeltung begründenden Arbeitsverhältnisses.

(3) [1] Soweit die oder der Arbeitslose die in den Absätzen 1 und 2 genannten Leistungen (Arbeitsentgelt im Sinne des § 115 des Zehnten Buches[1)]) tatsächlich nicht erhält, wird das Arbeitslosengeld auch für die Zeit geleistet, in der Anspruch auf Arbeitslosengeld ruht. [2] Hat der Arbeitgeber die in den Absätzen 1 und 2 genannten Leistungen trotz des Rechtsübergangs mit befreiender Wirkung an die Arbeitslose, den Arbeitslosen oder an eine dritte Person gezahlt, hat die Bezieherin oder der Bezieher des Arbeitslosengeldes dieses insoweit zu erstatten.

§ 158 Ruhen des Anspruchs bei Entlassungsentschädigung.

(1) [1] Hat die oder der Arbeitslose wegen der Beendigung des Arbeitsverhältnisses eine Abfindung, Entschädigung oder ähnliche Leistung (Entlassungsentschädigung) erhalten oder zu beanspruchen und ist das Arbeitsverhältnis ohne Einhaltung einer der ordentlichen Kündigungsfrist des Arbeitgebers entsprechenden Frist beendet worden, so ruht der Anspruch auf Arbeitslosengeld von dem Ende des Arbeitsverhältnisses an bis zu dem Tag, an dem das Arbeitsverhältnis bei Einhaltung dieser Frist geendet hätte. [2] Diese Frist beginnt mit der Kündigung, die der Beendigung des Arbeitsverhältnisses vorausgegangen ist, bei Fehlen einer solchen Kündigung mit dem Tag der Vereinbarung über die Beendigung des Arbeitsverhältnisses. [3] Ist die ordentliche Kündigung des Arbeitsverhältnisses durch den Arbeitgeber ausgeschlossen, so gilt bei

1. zeitlich unbegrenztem Ausschluss eine Kündigungsfrist von 18 Monaten,
2. zeitlich begrenztem Ausschluss oder Vorliegen der Voraussetzungen für eine fristgebundene Kündigung aus wichtigem Grund die Kündigungsfrist, die ohne den Ausschluss der ordentlichen Kündigung maßgebend gewesen wäre.

[4] Kann der Arbeitnehmerin oder dem Arbeitnehmer nur bei Zahlung einer Entlassungsentschädigung ordentlich gekündigt werden, so gilt eine Kündigungsfrist von einem Jahr. [5] Hat die oder der Arbeitslose auch eine Urlaubsabgeltung (§ 157 Absatz 2) erhalten oder zu beanspruchen, verlängert sich der Ruhenszeitraum nach Satz 1 um die Zeit des abgegoltenen Urlaubs. [6] Leistungen, die der Arbeitgeber für eine arbeitslose Person, deren Arbeitsverhältnis frühestens mit Vollendung des 50. Lebensjahres beendet wird, unmittelbar für deren Rentenversicherung nach § 187a Absatz 1 des Sechsten Buches[2)] aufwendet, bleiben unberücksichtigt. [7] Satz 6 gilt entsprechend für Beiträge des Arbeitgebers zu einer berufsständischen Versorgungseinrichtung.

[1)] Nr. **10**.
[2)] Nr. **6**.

(2) ¹ Der Anspruch auf Arbeitslosengeld ruht nach Absatz 1 längstens ein Jahr. ² Er ruht nicht über den Tag hinaus,

1. bis zu dem die oder der Arbeitslose bei Weiterzahlung des während der letzten Beschäftigungszeit kalendertäglich verdienten Arbeitsentgelts einen Betrag in Höhe von 60 Prozent der nach Absatz 1 zu berücksichtigenden Entlassungsentschädigung als Arbeitsentgelt verdient hätte,
2. an dem das Arbeitsverhältnis infolge einer Befristung, die unabhängig von der Vereinbarung über die Beendigung des Arbeitsverhältnisses bestanden hat, geendet hätte, oder
3. an dem der Arbeitgeber das Arbeitsverhältnis aus wichtigem Grund ohne Einhaltung einer Kündigungsfrist hätte kündigen können.

³ Der nach Satz 2 Nummer 1 zu berücksichtigende Anteil der Entlassungsentschädigung vermindert sich sowohl für je fünf Jahre des Arbeitsverhältnisses in demselben Betrieb oder Unternehmen als auch für je fünf Lebensjahre nach Vollendung des 35. Lebensjahres um je 5 Prozent; er beträgt nicht weniger als 25 Prozent der nach Absatz 1 zu berücksichtigenden Entlassungsentschädigung. ⁴ Letzte Beschäftigungszeit sind die am Tag des Ausscheidens aus dem Beschäftigungsverhältnis abgerechneten Entgeltabrechnungszeiträume der letzten zwölf Monate; § 150 Absatz 2 Satz 1 Nummer 3 und Absatz 3 gilt entsprechend. ⁵ Arbeitsentgeltkürzungen infolge von Krankheit, Kurzarbeit, Arbeitsausfall oder Arbeitsversäumnis bleiben außer Betracht.

(3) Hat die oder der Arbeitslose wegen Beendigung des Beschäftigungsverhältnisses unter Aufrechterhaltung des Arbeitsverhältnisses eine Entlassungsentschädigung erhalten oder zu beanspruchen, gelten die Absätze 1 und 2 entsprechend.

(4) ¹ Soweit die oder der Arbeitslose die Entlassungsentschädigung (Arbeitsentgelt im Sinne des § 115 des Zehnten Buches[1])) tatsächlich nicht erhält, wird das Arbeitslosengeld auch für die Zeit geleistet, in der der Anspruch auf Arbeitslosengeld ruht. ² Hat der Verpflichtete die Entlassungsentschädigung trotz des Rechtsübergangs mit befreiender Wirkung an die Arbeitslose, den Arbeitslosen oder an eine dritte Person gezahlt, hat die Bezieherin oder der Bezieher des Arbeitslosengeldes dieses insoweit zu erstatten.

§ 159 Ruhen bei Sperrzeit. (1) ¹ Hat die Arbeitnehmerin oder der Arbeitnehmer sich versicherungswidrig verhalten, ohne dafür einen wichtigen Grund zu haben, ruht der Anspruch für die Dauer einer Sperrzeit. ² Versicherungswidriges Verhalten liegt vor, wenn

1. die oder der Arbeitslose das Beschäftigungsverhältnis gelöst oder durch ein arbeitsvertragswidriges Verhalten Anlass für die Lösung des Beschäftigungsverhältnisses gegeben und dadurch vorsätzlich oder grob fahrlässig die Arbeitslosigkeit herbeigeführt hat (Sperrzeit bei Arbeitsaufgabe),
2. die bei der Agentur für Arbeit als arbeitsuchend gemeldete (§ 38 Absatz 1) oder die arbeitslose Person trotz Belehrung über die Rechtsfolgen eine von der Agentur für Arbeit unter Benennung des Arbeitgebers und der Art der Tätigkeit angebotene Beschäftigung nicht annimmt oder nicht antritt oder die Anbahnung eines solchen Beschäftigungsverhältnisses, insbesondere das

---

[1]) Nr. 10.

4. Kapitel. Arbeitslosen- u. Insolvenzgeld **§ 159 SGB III 3**

Zustandekommen eines Vorstellungsgespräches, durch ihr Verhalten verhindert (Sperrzeit bei Arbeitsablehnung),

3. die oder der Arbeitslose trotz Belehrung über die Rechtsfolgen die von der Agentur für Arbeit geforderten Eigenbemühungen nicht nachweist (Sperrzeit bei unzureichenden Eigenbemühungen),

4. die oder der Arbeitslose sich weigert, trotz Belehrung über die Rechtsfolgen an einer Maßnahme zur Aktivierung und beruflichen Eingliederung (§ 45) oder einer Maßnahme zur beruflichen Ausbildung oder Weiterbildung oder einer Maßnahme zur Teilhabe am Arbeitsleben teilzunehmen (Sperrzeit bei Ablehnung einer beruflichen Eingliederungsmaßnahme),

5. die oder der Arbeitslose die Teilnahme an einer in Nummer 4 genannten Maßnahme abbricht oder durch maßnahmewidriges Verhalten Anlass für den Ausschluss aus einer dieser Maßnahmen gibt (Sperrzeit bei Abbruch einer beruflichen Eingliederungsmaßnahme),

6. die oder der Arbeitslose einer Aufforderung der Agentur für Arbeit, sich zu melden oder zu einem ärztlichen oder psychologischen Untersuchungstermin zu erscheinen (§ 309), trotz Belehrung über die Rechtsfolgen nicht nachkommt oder nicht nachgekommen ist (Sperrzeit bei Meldeversäumnis),

7. die oder der Arbeitslose der Meldepflicht nach § 38 Absatz 1 nicht nachgekommen ist (Sperrzeit bei verspäteter Arbeitsuchendmeldung).

[3] Die Person, die sich versicherungswidrig verhalten hat, hat die für die Beurteilung eines wichtigen Grundes maßgebenden Tatsachen darzulegen und nachzuweisen, wenn diese Tatsachen in ihrer Sphäre oder in ihrem Verantwortungsbereich liegen.

(2) [1] Die Sperrzeit beginnt mit dem Tag nach dem Ereignis, das die Sperrzeit begründet, oder, wenn dieser Tag in eine Sperrzeit fällt, mit dem Ende dieser Sperrzeit. [2] Werden mehrere Sperrzeiten durch dasselbe Ereignis begründet, folgen sie in der Reihenfolge des Absatzes 1 Satz 2 Nummer 1 bis 7 einander nach.

(3) [1] Die Dauer der Sperrzeit bei Arbeitsaufgabe beträgt zwölf Wochen. [2] Sie verkürzt sich

1. auf drei Wochen, wenn das Arbeitsverhältnis innerhalb von sechs Wochen nach dem Ereignis, das die Sperrzeit begründet, ohne eine Sperrzeit geendet hätte,

2. auf sechs Wochen, wenn

a) das Arbeitsverhältnis innerhalb von zwölf Wochen nach dem Ereignis, das die Sperrzeit begründet, ohne eine Sperrzeit geendet hätte oder

b) eine Sperrzeit von zwölf Wochen für die arbeitslose Person nach den für den Eintritt der Sperrzeit maßgebenden Tatsachen eine besondere Härte bedeuten würde.

(4) [1] Die Dauer der Sperrzeit bei Arbeitsablehnung, bei Ablehnung einer beruflichen Eingliederungsmaßnahme oder bei Abbruch einer beruflichen Eingliederungsmaßnahme beträgt

1. im Fall des erstmaligen versicherungswidrigen Verhaltens dieser Art drei Wochen,

2. im Fall des zweiten versicherungswidrigen Verhaltens dieser Art sechs Wochen,

3. in den übrigen Fällen zwölf Wochen.

² Im Fall der Arbeitsablehnung oder der Ablehnung einer beruflichen Eingliederungsmaßnahme nach der Meldung zur frühzeitigen Arbeitsuche (§ 38 Absatz 1) im Zusammenhang mit der Entstehung des Anspruchs gilt Satz 1 entsprechend.

(5) Die Dauer einer Sperrzeit bei unzureichenden Eigenbemühungen beträgt zwei Wochen.

(6) Die Dauer einer Sperrzeit bei Meldeversäumnis oder bei verspäteter Arbeitsuchendmeldung beträgt eine Woche.

§ 160 Ruhen bei Arbeitskämpfen. (1) ¹ Durch die Leistung von Arbeitslosengeld darf nicht in Arbeitskämpfe eingegriffen werden. ² Ein Eingriff in den Arbeitskampf liegt nicht vor, wenn Arbeitslosengeld Arbeitslosen geleistet wird, die zuletzt in einem Betrieb beschäftigt waren, der nicht dem fachlichen Geltungsbereich des umkämpften Tarifvertrags zuzuordnen ist.

(2) Ist die Arbeitnehmerin oder der Arbeitnehmer durch Beteiligung an einem inländischen Arbeitskampf arbeitslos geworden, so ruht der Anspruch auf Arbeitslosengeld bis zur Beendigung des Arbeitskampfes.

(3) ¹ Ist die Arbeitnehmerin oder der Arbeitnehmer durch einen inländischen Arbeitskampf arbeitslos geworden, ohne an dem Arbeitskampf beteiligt gewesen zu sein, so ruht der Anspruch auf Arbeitslosengeld bis zur Beendigung des Arbeitskampfes nur, wenn der Betrieb, in dem die oder der Arbeitslose zuletzt beschäftigt war,

1. dem räumlichen und fachlichen Geltungsbereich des umkämpften Tarifvertrags zuzuordnen ist oder

2. nicht dem räumlichen, aber dem fachlichen Geltungsbereich des umkämpften Tarifvertrags zuzuordnen ist und im räumlichen Geltungsbereich des Tarifvertrags, dem der Betrieb zuzuordnen ist,

    a) eine Forderung erhoben worden ist, die einer Hauptforderung des Arbeitskampfes nach Art und Umfang gleich ist, ohne mit ihr übereinstimmen zu müssen, und

    b) das Arbeitskampfergebnis aller Voraussicht nach in dem räumlichen Geltungsbereich des nicht umkämpften Tarifvertrags im Wesentlichen übernommen wird.

² Eine Forderung ist erhoben, wenn sie von der zur Entscheidung berufenen Stelle beschlossen worden ist oder auf Grund des Verhaltens der Tarifvertragspartei im Zusammenhang mit dem angestrebten Abschluss des Tarifvertrags als beschlossen anzusehen ist. ³ Der Anspruch auf Arbeitslosengeld ruht nach Satz 1 nur, wenn die umkämpften oder geforderten Arbeitsbedingungen nach Abschluss eines entsprechenden Tarifvertrags für die Arbeitnehmerin oder den Arbeitnehmer gelten oder auf sie oder ihn angewendet würden.

(4) Ist bei einem Arbeitskampf das Ruhen des Anspruchs nach Absatz 3 für eine bestimmte Gruppe von Arbeitslosen ausnahmsweise nicht gerechtfertigt, so kann der Verwaltungsrat bestimmen, dass ihnen Arbeitslosengeld zu leisten ist.

(5) ¹ Die Feststellung, ob die Voraussetzungen nach Absatz 3 Satz 1 Nummer 2 Buchstabe a und b erfüllt sind, trifft der Neutralitätsausschuss (§ 380). ² Er hat vor seiner Entscheidung den Fachspitzenverbänden der am Arbeits-

4. Kapitel. Arbeitslosen- u. Insolvenzgeld §§ 161, 162 SGB III 3

kampf beteiligten Tarifvertragsparteien Gelegenheit zur Stellungnahme zu geben.

(6) ¹Die Fachspitzenverbände der am Arbeitskampf beteiligten Tarifvertragsparteien können durch Klage die Aufhebung der Entscheidung des Neutralitätsausschusses nach Absatz 5 und eine andere Feststellung begehren. ²Die Klage ist gegen die Bundesagentur zu richten. ³Ein Vorverfahren findet nicht statt. ⁴Über die Klage entscheidet das Bundessozialgericht im ersten und letzten Rechtszug. ⁵Das Verfahren ist vorrangig zu erledigen. ⁶Auf Antrag eines Fachspitzenverbandes kann das Bundessozialgericht eine einstweilige Anordnung erlassen.

Sechster Unterabschnitt. Erlöschen des Anspruchs

§ 161 Erlöschen des Anspruchs. (1) Der Anspruch auf Arbeitslosengeld erlischt

1. mit der Entstehung eines neuen Anspruchs,
2. wenn die oder der Arbeitslose Anlass für den Eintritt von Sperrzeiten mit einer Dauer von insgesamt mindestens 21 Wochen gegeben hat, über den Eintritt der Sperrzeiten schriftliche Bescheide erhalten hat und auf die Rechtsfolgen des Eintritts von Sperrzeiten mit einer Dauer von insgesamt mindestens 21 Wochen hingewiesen worden ist; dabei werden auch Sperrzeiten berücksichtigt, die in einem Zeitraum von zwölf Monaten vor der Entstehung des Anspruchs eingetreten sind und nicht bereits zum Erlöschen eines Anspruchs geführt haben.

(2) Der Anspruch auf Arbeitslosengeld kann nicht mehr geltend gemacht werden, wenn nach seiner Entstehung vier Jahre verstrichen sind.

Siebter Unterabschnitt. Teilarbeitslosengeld

§ 162 Teilarbeitslosengeld. (1) Anspruch auf Teilarbeitslosengeld hat, wer als Arbeitnehmerin oder Arbeitnehmer

1. teilarbeitslos ist,
2. sich teilarbeitslos gemeldet und
3. die Anwartschaftszeit für Teilarbeitslosengeld erfüllt hat.

(2) Für das Teilarbeitslosengeld gelten die Vorschriften über das Arbeitslosengeld bei Arbeitslosigkeit sowie für Empfängerinnen und Empfänger dieser Leistung entsprechend, soweit sich aus den Besonderheiten des Teilarbeitslosengeldes nichts anderes ergibt, mit folgenden Maßgaben:

1. Teilarbeitslos ist, wer eine versicherungspflichtige Beschäftigung verloren hat, die er neben einer weiteren versicherungspflichtigen Beschäftigung ausgeübt hat, und eine versicherungspflichtige Beschäftigung sucht.
2. Die Anwartschaftszeit für das Teilarbeitslosengeld hat erfüllt, wer in der Teilarbeitslosengeld-Rahmenfrist von zwei Jahren neben der weiterhin ausgeübten versicherungspflichtigen Beschäftigung mindestens zwölf Monate eine weitere versicherungspflichtige Beschäftigung ausgeübt hat. Für die Teilarbeitslosengeld-Rahmenfrist gelten die Regelungen zum Arbeitslosengeld über die Rahmenfrist entsprechend.
3. Die Dauer des Anspruchs auf Teilarbeitslosengeld beträgt sechs Monate.

4. Bei der Feststellung der Lohnsteuer (§ 153 Absatz 2) ist die Lohnsteuerklasse maßgeblich, die für das Beschäftigungsverhältnis zuletzt galt, das den Anspruch auf Teilarbeitslosengeld begründet.

5. Der Anspruch auf Teilarbeitslosengeld erlischt,

    a) wenn die Arbeitnehmerin oder der Arbeitnehmer nach der Entstehung des Anspruchs eine Erwerbstätigkeit für mehr als zwei Wochen oder mit einer Arbeitszeit von mehr als fünf Stunden wöchentlich aufnimmt,

    b) wenn die Voraussetzungen für einen Anspruch auf Arbeitslosengeld erfüllt sind oder

    c) spätestens nach Ablauf eines Jahres seit Entstehung des Anspruchs.

Achter Unterabschnitt. Verordnungsermächtigung und Anordnungsermächtigung

§ 163 Verordnungsermächtigung. Das Bundesministerium für Arbeit und Soziales wird ermächtigt, durch Rechtsverordnung, die nicht der Zustimmung des Bundesrates bedarf,

1. Versorgungen im Sinne des § 9 Absatz 1 des Anspruchs- und Anwartschaftsüberführungsgesetzes der Altersrente oder der Rente wegen voller Erwerbsminderung gleichzustellen, soweit dies zur Vermeidung von Doppelleistungen erforderlich ist; es hat dabei zu bestimmen, ob das Arbeitslosengeld voll oder nur bis zur Höhe der Versorgungsleistung ruht, und

2. das Nähere zur Abgrenzung der ehrenamtlichen Betätigung im Sinne des § 138 Absatz 2 und zu den dabei maßgebenden Erfordernissen der beruflichen Eingliederung zu bestimmen.

§ 164 Anordnungsermächtigung. Die Bundesagentur wird ermächtigt, durch Anordnung Näheres zu bestimmen

1. zu den Eigenbemühungen von Arbeitslosen (§ 138 Absatz 1 Nummer 2, Absatz 4),

2. zu den Pflichten von Arbeitslosen, Vorschlägen der Agentur für Arbeit zur beruflichen Eingliederung Folge leisten zu können (§ 138 Absatz 5 Nummer 2), und

3. zu den Voraussetzungen einer Zustimmung zur Teilnahme an Bildungsmaßnahmen nach § 139 Absatz 3.

Zweiter Abschnitt. Insolvenzgeld

§ 165 Anspruch. (1) [1] Arbeitnehmerinnen und Arbeitnehmer haben Anspruch auf Insolvenzgeld, wenn sie im Inland beschäftigt waren und bei einem Insolvenzereignis für die vorausgegangenen drei Monate des Arbeitsverhältnisses noch Ansprüche auf Arbeitsentgelt haben. [2] Als Insolvenzereignis gilt

1. die Eröffnung des Insolvenzverfahrens über das Vermögen des Arbeitgebers,

2. die Abweisung des Antrags auf Eröffnung des Insolvenzverfahrens mangels Masse oder

3. die vollständige Beendigung der Betriebstätigkeit im Inland, wenn ein Antrag auf Eröffnung des Insolvenzverfahrens nicht gestellt worden ist und ein Insolvenzverfahren offensichtlich mangels Masse nicht in Betracht kommt.

³ Auch bei einem ausländischen Insolvenzereignis haben im Inland beschäftigte Arbeitnehmerinnen und Arbeitnehmer einen Anspruch auf Insolvenzgeld.

(2) ¹ Zu den Ansprüchen auf Arbeitsentgelt gehören alle Ansprüche auf Bezüge aus dem Arbeitsverhältnis. ² Als Arbeitsentgelt für Zeiten, in denen auch während der Freistellung eine Beschäftigung gegen Arbeitsentgelt besteht (§ 7 Absatz 1a des Vierten Buches[1])), gilt der Betrag, der auf Grund der schriftlichen Vereinbarung zur Bestreitung des Lebensunterhalts im jeweiligen Zeitraum bestimmt war. ³ Hat die Arbeitnehmerin oder der Arbeitnehmer einen Teil ihres oder seines Arbeitsentgelts nach § 1 Absatz 2 Nummer 3 des Betriebsrentengesetzes umgewandelt und wird dieser Entgeltteil in einem Pensionsfonds, in einer Pensionskasse oder in einer Direktversicherung angelegt, gilt die Entgeltumwandlung für die Berechnung des Insolvenzgeldes als nicht vereinbart, soweit der Arbeitgeber keine Beiträge an den Versorgungsträger abgeführt hat.

(3) Hat eine Arbeitnehmerin oder ein Arbeitnehmer in Unkenntnis eines Insolvenzereignisses weitergearbeitet oder die Arbeit aufgenommen, besteht der Anspruch auf Insolvenzgeld für die dem Tag der Kenntnisnahme vorausgegangenen drei Monate des Arbeitsverhältnisses.

(4) Anspruch auf Insolvenzgeld hat auch der Erbe der Arbeitnehmerin oder des Arbeitnehmers.

(5) Der Arbeitgeber ist verpflichtet, einen Beschluss des Insolvenzgerichts über die Abweisung des Antrags auf Insolvenzeröffnung mangels Masse dem Betriebsrat oder, wenn kein Betriebsrat besteht, den Arbeitnehmerinnen und Arbeitnehmern unverzüglich bekannt zu geben.

§ 166 Anspruchsausschluss.
(1) Arbeitnehmerinnen und Arbeitnehmer haben keinen Anspruch auf Insolvenzgeld für Ansprüche auf Arbeitsentgelt, die
1. sie wegen der Beendigung des Arbeitsverhältnisses oder für die Zeit nach der Beendigung des Arbeitsverhältnisses haben,
2. sie durch eine nach der Insolvenzordnung angefochtene Rechtshandlung oder eine Rechtshandlung, die im Fall der Eröffnung des Insolvenzverfahrens anfechtbar wäre, erworben haben oder
3. die Insolvenzverwalterin oder der Insolvenzverwalter wegen eines Rechts zur Leistungsverweigerung nicht erfüllt.

(2) Soweit Insolvenzgeld gezahlt worden ist, obwohl dies nach Absatz 1 ausgeschlossen ist, ist es zu erstatten.

§ 167 Höhe.
(1) Insolvenzgeld wird in Höhe des Nettoarbeitsentgelts gezahlt, das sich ergibt, wenn das auf die monatliche Beitragsbemessungsgrenze (§ 341 Absatz 4) begrenzte Bruttoarbeitsentgelt um die gesetzlichen Abzüge vermindert wird.

(2) Ist die Arbeitnehmerin oder der Arbeitnehmer
1. im Inland einkommensteuerpflichtig, ohne dass Steuern durch Abzug vom Arbeitsentgelt erhoben werden, oder
2. im Inland nicht einkommensteuerpflichtig und unterliegt das Insolvenzgeld nach den für sie oder ihn maßgebenden Vorschriften nicht der Steuer,

---

[1]) Nr. 4.

sind vom Arbeitsentgelt die Steuern abzuziehen, die bei einer Einkommensteuerpflicht im Inland durch Abzug vom Arbeitsentgelt erhoben würden.

§ 168 Vorschuss. [1] Die Agentur für Arbeit kann einen Vorschuss auf das Insolvenzgeld leisten, wenn

1. die Eröffnung des Insolvenzverfahrens über das Vermögen des Arbeitgebers beantragt ist,
2. das Arbeitsverhältnis beendet ist und
3. die Voraussetzungen für den Anspruch auf Insolvenzgeld mit hinreichender Wahrscheinlichkeit erfüllt werden.

[2] Die Agentur für Arbeit bestimmt die Höhe des Vorschusses nach pflichtgemäßem Ermessen. [3] Der Vorschuss ist auf das Insolvenzgeld anzurechnen. [4] Er ist zu erstatten,

1. wenn ein Anspruch auf Insolvenzgeld nicht zuerkannt wird oder
2. soweit ein Anspruch auf Insolvenzgeld nur in geringerer Höhe zuerkannt wird.

§ 169 Anspruchsübergang. [1] Ansprüche auf Arbeitsentgelt, die einen Anspruch auf Insolvenzgeld begründen, gehen mit dem Antrag auf Insolvenzgeld auf die Bundesagentur über. [2] § 165 Absatz 2 Satz 3 gilt entsprechend. [3] Die gegen die Arbeitnehmerin oder den Arbeitnehmer begründete Anfechtung nach der Insolvenzordnung findet gegen die Bundesagentur statt.

§ 170 Verfügungen über das Arbeitsentgelt. (1) Soweit die Arbeitnehmerin oder der Arbeitnehmer vor Antragstellung auf Insolvenzgeld Ansprüche auf Arbeitsentgelt einem Dritten übertragen hat, steht der Anspruch auf Insolvenzgeld diesem zu.

(2) Von einer vor dem Antrag auf Insolvenzgeld vorgenommenen Pfändung oder Verpfändung des Anspruchs auf Arbeitsentgelt wird auch der Anspruch auf Insolvenzgeld erfasst.

(3) Die an den Ansprüchen auf Arbeitsentgelt bestehenden Pfandrechte erlöschen, wenn die Ansprüche auf die Bundesagentur übergegangen sind und diese Insolvenzgeld an die berechtigte Person erbracht hat.

(4) [1] Der neue Gläubiger oder Pfandgläubiger hat keinen Anspruch auf Insolvenzgeld für Ansprüche auf Arbeitsentgelt, die ihm vor dem Insolvenzereignis ohne Zustimmung der Agentur für Arbeit zur Vorfinanzierung der Arbeitsentgelte übertragen oder verpfändet wurden. [2] Die Agentur für Arbeit darf der Übertragung oder Verpfändung nur zustimmen, wenn Tatsachen die Annahme rechtfertigen, dass durch die Vorfinanzierung der Arbeitsentgelte ein erheblicher Teil der Arbeitsstellen erhalten bleibt.

§ 171 Verfügungen über das Insolvenzgeld. [1] Nachdem das Insolvenzgeld beantragt worden ist, kann der Anspruch auf Insolvenzgeld wie Arbeitseinkommen gepfändet, verpfändet oder übertragen werden. [2] Eine Pfändung des Anspruchs vor diesem Zeitpunkt wird erst mit dem Antrag wirksam.

§ 172 Datenaustausch und Datenübermittlung. (1) [1] Ist der insolvente Arbeitgeber auch in einem anderen Mitgliedstaat der Europäischen Union tätig, teilt die Bundesagentur dem zuständigen ausländischen Träger von Leistungen bei Zahlungsunfähigkeit des Arbeitgebers das Insolvenzereignis und die im Zusammenhang mit der Erbringung von Insolvenzgeld getroffenen Entscheidungen mit, soweit dies für die Aufgabenwahrnehmung dieses ausländischen Trägers erforderlich ist. ²Übermittelt ein ausländischer Träger der Bundesagentur entsprechende Daten, darf sie diese Daten zwecks Zahlung von Insolvenzgeld nutzen.

(2) Die Bundesagentur ist berechtigt, Daten über gezahltes Insolvenzgeld für jede Empfängerin und jeden Empfänger durch Datenfernübertragung an die in § 32b Absatz 3 des Einkommensteuergesetzes bezeichnete Übermittlungsstelle der Finanzverwaltung zu übermitteln.

Dritter Abschnitt. Ergänzende Regelungen zur Sozialversicherung

§ 173 Übernahme und Erstattung von Beiträgen bei Befreiung von der Versicherungspflicht in der Rentenversicherung. (1) ¹Wer Arbeitslosengeld oder Übergangsgeld bezieht und von der Versicherungspflicht in der gesetzlichen Rentenversicherung befreit ist (§ 6 Absatz 1 Satz 1 Nummer 1, § 231 Absatz 1 und 2 des Sechsten Buches[1]), hat Anspruch auf

1. Übernahme der Beiträge, die für die Dauer des Leistungsbezugs an eine öffentlich rechtliche Versicherungs- oder Versorgungseinrichtung einer Berufsgruppe oder an ein Versicherungsunternehmen zu zahlen sind, und
2. Erstattung der von der Leistungsbezieherin oder vom Leistungsbezieher für die Dauer des Leistungsbezugs freiwillig an die gesetzliche Rentenversicherung gezahlten Beiträge.

²Freiwillig an die gesetzliche Rentenversicherung gezahlte Beiträge werden nur bei Nachweis auf Antrag der Leistungsbezieherin oder des Leistungsbeziehers erstattet.

(2) ¹Die Bundesagentur übernimmt höchstens die von der Leistungsbezieherin oder dem Leistungsbezieher nach der Satzung der Versicherungs- oder Versorgungseinrichtung geschuldeten oder im Lebensversicherungsvertrag spätestens sechs Monate vor Beginn des Leistungsbezugs vereinbarten Beiträge. ²Sie erstattet höchstens die von der Leistungsbezieherin oder dem Leistungsbezieher freiwillig an die gesetzliche Rentenversicherung gezahlten Beiträge.

(3) ¹Die von der Bundesagentur zu übernehmenden und zu erstattenden Beiträge sind auf die Höhe der Beiträge begrenzt, die die Bundesagentur ohne die Befreiung von der Versicherungspflicht in der gesetzlichen Rentenversicherung für die Dauer des Leistungsbezugs zu tragen hätte. ²Die Leistungsbezieherin oder der Leistungsbezieher kann bestimmen, ob vorrangig Beiträge übernommen oder erstattet werden sollen. ³Trifft die Leistungsbezieherin oder der Leistungsbezieher keine Bestimmung, sind die Beiträge in dem Verhältnis zu übernehmen und zu erstatten, in dem die von der Leistungsbezieherin oder dem Leistungsbezieher zu zahlenden oder freiwillig gezahlten Beiträge stehen.

(4) Die Leistungsbezieherin oder der Leistungsbezieher wird insoweit von der Verpflichtung befreit, Beiträge an die Versicherungs- oder Versorgungseinrichtung oder an das Versicherungsunternehmen zu zahlen, als die Bundesagentur die Beitragszahlung für sie oder ihn übernommen hat.

---

[1] Nr. 6.

§ 174 Übernahme von Beiträgen bei Befreiung von der Versicherungspflicht in der Kranken- und Pflegeversicherung. (1) Bezieherinnen und Bezieher von Arbeitslosengeld, die

1. nach § 6 Absatz 3a des Fünften Buches[1] in der gesetzlichen Krankenversicherung versicherungsfrei oder nach § 8 Absatz 1 Nummer 1a des Fünften Buches von der Versicherungspflicht befreit sind,
2. nach § 22 Absatz 1 des Elften Buches[2] oder nach Artikel 42 des Pflege-Versicherungsgesetzes von der Versicherungspflicht in der sozialen Pflegeversicherung befreit oder nach § 23 Absatz 1 des Elften Buches bei einem privaten Krankenversicherungsunternehmen gegen das Risiko der Pflegebedürftigkeit versichert sind,

haben Anspruch auf Übernahme der Beiträge, die für die Dauer des Leistungsbezugs für eine Versicherung gegen Krankheit oder Pflegebedürftigkeit an ein privates Krankenversicherungsunternehmen zu zahlen sind.

(2) ¹Die Bundesagentur übernimmt die von der Leistungsbezieherin oder dem Leistungsbezieher an das private Krankenversicherungsunternehmen zu zahlenden Beiträge, höchstens jedoch die Beiträge, die sie ohne die Befreiung von der Versicherungspflicht in der gesetzlichen Krankenversicherung oder in der sozialen Pflegeversicherung zu tragen hätte. ²Hierbei sind zugrunde zu legen
1. für die Beiträge zur gesetzlichen Krankenversicherung der allgemeine Beitragssatz der gesetzlichen Krankenversicherung zuzüglich des durchschnittlichen Zusatzbeitragssatzes (§§ 241, 242a des Fünften Buches),
2. für die Beiträge zur sozialen Pflegeversicherung der Beitragssatz nach § 55 Absatz 1 Satz 1 des Elften Buches.

(3) Die Leistungsbezieherin oder der Leistungsbezieher wird insoweit von der Verpflichtung befreit, Beiträge an das private Krankenversicherungsunternehmen zu zahlen, als die Bundesagentur die Beitragszahlung für sie oder ihn übernommen hat.

§ 175 Zahlung von Pflichtbeiträgen bei Insolvenzereignis. (1) ¹Den Gesamtsozialversicherungsbeitrag nach § 28d des Vierten Buches[3], der auf Arbeitsentgelte für die letzten dem Insolvenzereignis vorausgegangenen drei Monate des Arbeitsverhältnisses entfällt und bei Eintritt des Insolvenzereignisses noch nicht gezahlt worden ist, zahlt die Agentur für Arbeit auf Antrag der zuständigen Einzugsstelle; davon ausgenommen sind Säumniszuschläge, die infolge von Pflichtverletzungen des Arbeitgebers zu zahlen sind, sowie die Zinsen für dem Arbeitgeber gestundete Beiträge. ²Die Einzugsstelle hat der Agentur für Arbeit die Beiträge nachzuweisen und dafür zu sorgen, dass die Beschäftigungszeit und das beitragspflichtige Bruttoarbeitsentgelt einschließlich des Arbeitsentgelts, für das Beiträge nach Satz 1 gezahlt werden, dem zuständigen Rentenversicherungsträger mitgeteilt werden. ³Die §§ 166, 314, 323 Absatz 1 Satz 1 und § 327 Absatz 3 gelten entsprechend.

(2) ¹Die Ansprüche auf die in Absatz 1 Satz 1 genannten Beiträge bleiben gegenüber dem Arbeitgeber bestehen. ²Soweit Zahlungen geleistet werden, hat

---

[1] Nr. 5.
[2] Nr. 11.
[3] Nr. 4.

die Einzugsstelle der Agentur für Arbeit die nach Absatz 1 Satz 1 gezahlten Beiträge zu erstatten.

Fünftes Kapitel. Zulassung von Trägern und Maßnahmen

§ 176 Grundsatz. (1) ¹ Träger bedürfen der Zulassung durch eine fachkundige Stelle, um Maßnahmen der Arbeitsförderung selbst durchzuführen oder durchführen zu lassen. ² Arbeitgeber, die ausschließlich betriebliche Maßnahmen oder betriebliche Teile von Maßnahmen durchführen, bedürfen keiner Zulassung.

(2) ¹ Maßnahmen nach § 45 Absatz 4 Satz 3 Nummer 1 bedürfen der Zulassung nach § 179 durch eine fachkundige Stelle. ² Maßnahmen der beruflichen Weiterbildung nach den §§ 81 und 82 bedürfen der Zulassung nach den §§ 179 und 180.

§ 177 Fachkundige Stelle. (1) ¹ Fachkundige Stellen im Sinne des § 176 sind die von der Akkreditierungsstelle für die Zulassung nach dem Recht der Arbeitsförderung akkreditierten Zertifizierungsstellen. ² Mit der Akkreditierung als fachkundige Stelle ist keine Beleihung verbunden. ³ Die Bundesagentur übt im Anwendungsbereich dieses Gesetzes die Fachaufsicht über die Akkreditierungsstelle aus.

(2) ¹ Eine Zertifizierungsstelle ist von der Akkreditierungsstelle als fachkundige Stelle zu akkreditieren, wenn
1. sie über die für die Zulassung notwendigen Organisationsstrukturen sowie personellen und finanziellen Mittel verfügt,
2. die bei ihr mit den entsprechenden Aufgaben beauftragten Personen auf Grund ihrer Ausbildung, beruflichen Bildung und beruflichen Praxis befähigt sind, die Leistungsfähigkeit und Qualität von Trägern und Maßnahmen der aktiven Arbeitsförderung einschließlich der Prüfung und Bewertung eines Systems zur Sicherung der Qualität zu beurteilen; dies schließt besondere Kenntnisse der jeweiligen Aufgabengebiete der Träger sowie der Inhalte und rechtlichen Ausgestaltung der zuzulassenden Maßnahmen ein,
3. sie über die erforderliche Unabhängigkeit verfügt und damit gewährleistet, dass sie über die Zulassung von Trägern und Maßnahmen nur entscheidet, wenn sie weder mit diesen wirtschaftlich, personell oder organisatorisch verflochten ist noch zu diesen ein Beratungsverhältnis besteht oder bestanden hat; zur Überprüfbarkeit der Unabhängigkeit sind bei der Antragstellung personelle, wirtschaftliche und organisatorische Verflechtungen oder Beratungsverhältnisse mit Trägern offenzulegen,
4. die bei ihr mit den entsprechenden Aufgaben beauftragten Personen über die erforderliche Zuverlässigkeit verfügen, um die Zulassung ordnungsgemäß durchzuführen,
5. sie gewährleistet, dass die Empfehlungen des Beirats nach § 182 bei der Prüfung angewendet werden,
6. sie die ihr bei der Zulassung bekannt gewordenen Betriebs- und Geschäftsgeheimnisse schützt,
7. sie ein Qualitätsmanagementsystem anwendet,

8. sie ein Verfahren zur Prüfung von Beschwerden und zum Entziehen der Zulassung bei erheblichen Verstößen eingerichtet hat und
9. sie über ein transparentes und dokumentiertes Verfahren zur Ermittlung und Abrechnung des Aufwands der Prüfung von Trägern und Maßnahmen verfügt.
²Das Gesetz über die Akkreditierungsstelle bleibt unberührt.

(3) ¹Die Akkreditierung ist bei der Akkreditierungsstelle unter Beifügung der erforderlichen Unterlagen zu beantragen. ²Die Akkreditierung ist auf längstens fünf Jahre zu befristen. ³Die wirksame Anwendung des Qualitätsmanagementsystems ist von der Akkreditierungsstelle in jährlichen Abständen zu überprüfen.

(4) Der Akkreditierungsstelle sind Änderungen, die Auswirkungen auf die Akkreditierung haben können, unverzüglich anzuzeigen.

(5) ¹Liegt ein besonderes arbeitsmarktpolitisches Interesse vor, kann die innerhalb der Bundesagentur zuständige Stelle im Einzelfall die Aufgaben einer fachkundigen Stelle für die Zulassung von Trägern und Maßnahmen der beruflichen Weiterbildung wahrnehmen. ²Ein besonderes arbeitsmarktpolitisches Interesse liegt insbesondere dann vor, wenn die Teilnahme an individuell ausgerichteten Weiterbildungsmaßnahmen im Einzelfall gefördert werden soll.

§ 178 Trägerzulassung. Ein Träger ist von einer fachkundigen Stelle zuzulassen, wenn
1. er die erforderliche Leistungsfähigkeit und Zuverlässigkeit besitzt,
2. er in der Lage ist, durch eigene Bemühungen die berufliche Eingliederung von Teilnehmenden in den Arbeitsmarkt zu unterstützen,
3. Leitung, Lehr- und Fachkräfte über Aus- und Fortbildung sowie Berufserfahrung verfügen, die eine erfolgreiche Durchführung einer Maßnahme erwarten lassen,
4. er ein System zur Sicherung der Qualität anwendet und
5. seine vertraglichen Vereinbarungen mit den Teilnehmenden angemessene Bedingungen insbesondere über Rücktritts- und Kündigungsrechte enthalten.

§ 179 Maßnahmezulassung. (1) ¹Eine Maßnahme ist von der fachkundigen Stelle zuzulassen, wenn sie
1. nach Gestaltung der Inhalte, der Methoden und Materialien ihrer Vermittlung sowie der Lehrorganisation eine erfolgreiche Teilnahme erwarten lässt und nach Lage und Entwicklung des Arbeitsmarktes zweckmäßig ist,
2. angemessene Teilnahmebedingungen bietet und die räumliche, personelle und technische Ausstattung die Durchführung der Maßnahme gewährleisten und
3. nach den Grundsätzen der Wirtschaftlichkeit und Sparsamkeit geplant und durchgeführt wird, insbesondere die Kosten und die Dauer angemessen sind; die Dauer ist angemessen, wenn sie sich auf den Umfang beschränkt, der notwendig ist, um das Maßnahmeziel zu erreichen.

²Die Kosten einer Maßnahme nach § 45 Absatz 4 Satz 3 Nummer 1 sind angemessen, wenn sie sachgerecht ermittelt worden sind und sie die für das

jeweilige Maßnahmeziel von der Bundesagentur jährlich ermittelten durchschnittlichen Kostensätze einschließlich der von ihr beauftragten Maßnahmen nicht unverhältnismäßig übersteigen.

(2) Eine Maßnahme, die im Ausland durchgeführt wird, kann nur zugelassen werden, wenn die Durchführung im Ausland für das Erreichen des Maßnahmeziels besonders dienlich ist.

§ 180 Ergänzende Anforderungen an Maßnahmen der beruflichen Weiterbildung. (1) Für eine Maßnahme der beruflichen Weiterbildung nach den §§ 81 und 82 gelten für die Zulassung durch die fachkundige Stelle ergänzend die Anforderungen der nachfolgenden Absätze.

(2) [1] Eine Maßnahme ist zuzulassen, wenn

1. durch sie berufliche Fertigkeiten, Kenntnisse und Fähigkeiten erhalten, erweitert, der technischen Entwicklung angepasst werden oder ein beruflicher Aufstieg ermöglicht wird,
2. sie einen beruflichen Abschluss vermittelt oder die Weiterbildung in einem Betrieb, die zu einem solchen Abschluss führt, unterstützend begleitet oder
3. sie zu einer anderen beruflichen Tätigkeit befähigt

und mit einem Zeugnis, das Auskunft über den Inhalt des vermittelten Lehrstoffs gibt, abschließt. [2] Sofern es dem Wiedereingliederungserfolg förderlich ist, soll die Maßnahme im erforderlichen Umfang Grundkompetenzen vermitteln und betriebliche Lernphasen vorsehen.

(3) [1] Ausgeschlossen von der Zulassung ist eine Maßnahme, wenn

1. überwiegend Wissen vermittelt wird, das dem von allgemeinbildenden Schulen angestrebten Bildungsziel oder den berufsqualifizierenden Studiengängen an Hochschulen oder ähnlichen Bildungsstätten entspricht,
2. überwiegend nicht berufsbezogene Inhalte vermittelt werden oder
3. die Maßnahmekosten über den durchschnittlichen Kostensätzen liegen, die für das jeweilige Bildungsziel von der Bundesagentur jährlich ermittelt werden, es sei denn, die innerhalb der Bundesagentur zuständige Stelle stimmt den erhöhten Maßnahmekosten zu.

[2] Satz 1 Nummer 1 und 2 gilt nicht für Maßnahmen, die

1. auf den nachträglichen Erwerb des Hauptschulabschlusses vorbereiten,
2. Grundkompetenzen vermitteln, die für den Erwerb eines Abschlusses in einem anerkannten Ausbildungsberuf erforderlich sind, oder
3. die Weiterbildung in einem Betrieb, die zum Erwerb eines solchen Abschlusses führt, unterstützend begleiten.

(4) [1] Die Dauer einer Vollzeitmaßnahme, die zu einem Abschluss in einem allgemein anerkannten Ausbildungsberuf führt, ist angemessen im Sinne des § 179 Absatz 1 Satz 1 Nummer 3, wenn sie gegenüber einer entsprechenden Berufsausbildung um mindestens ein Drittel der Ausbildungszeit verkürzt ist. [2] Ist eine Verkürzung um mindestens ein Drittel der Ausbildungszeit auf Grund bundes- oder landesgesetzlicher Regelungen ausgeschlossen, so ist ein Maßnahmeteil von bis zu zwei Dritteln nur förderungsfähig, wenn bereits zu Beginn der Maßnahme die Finanzierung für die gesamte Dauer der Maßnahme auf Grund bundes- oder landesrechtlicher Regelungen gesichert ist.

(5) Zeiten einer der beruflichen Weiterbildung folgenden Beschäftigung, die der Erlangung der staatlichen Anerkennung oder der staatlichen Erlaubnis zur Ausübung des Berufes dienen, sind nicht berufliche Weiterbildung im Sinne dieses Buches.

§ 181 Zulassungsverfahren. (1) ¹Die Zulassung ist unter Beifügung der erforderlichen Unterlagen bei einer fachkundigen Stelle zu beantragen. ²Der Antrag muss alle Angaben und Nachweise enthalten, die erforderlich sind, um das Vorliegen der Voraussetzungen festzustellen.

(2) ¹Soweit bereits eine Zulassung bei einer anderen fachkundigen Stelle beantragt worden ist, ist dies und die Entscheidung dieser fachkundigen Stelle mitzuteilen. ²Beantragt der Träger die Zulassung von Maßnahmen nicht bei der fachkundigen Stelle, bei der er seine Zulassung als Träger beantragt hat, so hat er der fachkundigen Stelle, bei der er die Zulassung von Maßnahmen beantragt, alle Unterlagen für seine Zulassung und eine gegebenenfalls bereits erteilte Zulassung zur Verfügung zu stellen.

(3) ¹Der Träger kann beantragen, dass die fachkundige Stelle eine durch sie bestimmte Referenzauswahl von Maßnahmen prüft, die in einem angemessenen Verhältnis zur Zahl der Maßnahmen des Trägers stehen, für die er die Zulassung beantragt. ²Die Zulassung aller Maßnahmen setzt voraus, dass die gesetzlichen Voraussetzungen für die geprüften Maßnahmen erfüllt sind. ³Für nach der Zulassung angebotene weitere Maßnahmen des Trägers ist das Zulassungsverfahren in entsprechender Anwendung der Sätze 1 und 2 wieder zu eröffnen.

(4) ¹Die fachkundige Stelle entscheidet über den Antrag auf Zulassung des Trägers einschließlich seiner Zweigstellen sowie der Maßnahmen nach Prüfung der eingereichten Antragsunterlagen und örtlichen Prüfungen. ²Sie soll dabei Zertifikate oder Anerkennungen unabhängiger Stellen, die in einem dem Zulassungsverfahren entsprechenden Verfahren erteilt worden sind, ganz oder teilweise berücksichtigen. ³Sie kann das Zulassungsverfahren einmalig zur Nachbesserung nicht erfüllter Kriterien für längstens drei Monate aussetzen oder die Zulassung endgültig ablehnen. ⁴Die Entscheidung bedarf der Schriftform. ⁵An der Entscheidung dürfen Personen, die im Rahmen des Zulassungsverfahrens gutachterliche oder beratende Funktionen ausgeübt haben, nicht beteiligt sein.

(5) ¹Die fachkundige Stelle kann die Zulassung maßnahmebezogen und örtlich einschränken, wenn dies unter Berücksichtigung aller Umstände sowie von Lage und voraussichtlicher Entwicklung des Arbeitsmarktes gerechtfertigt ist oder dies beantragt wird. ²§ 177 Absatz 3 Satz 2 und 3 und Absatz 4 gilt entsprechend.

(6) ¹Mit der Zulassung wird ein Zertifikat vergeben. ²Die Zertifikate für die Zulassung des Trägers und für die Zulassung von Maßnahmen nach § 45 Absatz 4 Satz 3 Nummer 1 und den §§ 81 und 82 werden wie folgt bezeichnet:

1. „Zugelassener Träger nach dem Recht der Arbeitsförderung. Zugelassen durch (Name der fachkundigen Stelle) – von (Name der Akkreditierungsstelle) akkreditierte Zertifizierungsstelle",

2. „Zugelassene Maßnahme zur Aktivierung und beruflichen Eingliederung nach dem Recht der Arbeitsförderung. Zugelassen durch (Name der fach-

5. Kapitel. Zulassung von Trägern und Maßnahmen § 182 SGB III 3

kundigen Stelle) – von (Name der Akkreditierungsstelle) akkreditierte Zertifizierungsstelle" oder

3. „Zugelassene Weiterbildungsmaßnahme für die Förderung der beruflichen Weiterbildung nach dem Recht der Arbeitsförderung. Zugelassen durch (Name der fachkundigen Stelle) – von (Name der Akkreditierungsstelle) akkreditierte Zertifizierungsstelle".

(7) Die fachkundige Stelle ist verpflichtet, die Zulassung zu entziehen, wenn der Träger die rechtlichen Anforderungen auch nach Ablauf einer von ihr gesetzten, drei Monate nicht überschreitenden Frist nicht erfüllt.

(8) Die fachkundige Stelle hat die Kostensätze der zugelassenen Maßnahmen zu erfassen und der Bundesagentur vorzulegen.

§ 182 Beirat. (1) Bei der Bundesagentur wird ein Beirat eingerichtet, der Empfehlungen für die Zulassung von Trägern und Maßnahmen aussprechen kann.

(2) [1] Dem Beirat gehören elf Mitglieder an. [2] Er setzt sich zusammen aus

1. je einer Vertreterin oder einem Vertreter

   a) der Länder,

   b) der kommunalen Spitzenverbände,

   c) der Arbeitnehmerinnen und Arbeitnehmer,

   d) der Arbeitgeber,

   e) der Bildungsverbände,

   f) der Verbände privater Arbeitsvermittler,

   g) des Bundesministeriums für Arbeit und Soziales,

   h) des Bundesministeriums für Bildung und Forschung,

   i) der Akkreditierungsstelle sowie

2. zwei unabhängigen Expertinnen oder Experten.

[3] Die Mitglieder des Beirats werden durch die Bundesagentur im Einvernehmen mit dem Bundesministerium für Arbeit und Soziales und dem Bundesministerium für Bildung und Forschung berufen.

(3) [1] Vorschlagsberechtigt für die Vertreterin oder den Vertreter

1. der Länder ist der Bundesrat,

2. der kommunalen Spitzenverbände ist die Bundesvereinigung der kommunalen Spitzenverbände,

3. der Arbeitnehmerinnen und Arbeitnehmer ist der Deutsche Gewerkschaftsbund,

4. der Arbeitgeber ist die Bundesvereinigung der Deutschen Arbeitgeberverbände,

5. der Bildungsverbände sind die Bildungsverbände, die sich auf einen Vorschlag einigen,

6. der Verbände privater Arbeitsvermittler sind die Verbände privater Arbeitsvermittler, die sich auf einen Vorschlag einigen.

[2] § 377 Absatz 3 gilt entsprechend.

(4) [1] Der Beirat gibt sich eine Geschäftsordnung. [2] Die Bundesagentur übernimmt für die Mitglieder des Beirats die Reisekostenvergütung nach § 376.

§ 183 Qualitätsprüfung. (1) ¹ Die Agentur für Arbeit kann die Durchführung einer Maßnahme nach § 176 Absatz 2 prüfen und deren Erfolg beobachten. ² Sie kann insbesondere

1. von dem Träger der Maßnahme sowie den Teilnehmenden Auskunft über den Verlauf der Maßnahme und den Eingliederungserfolg verlangen und
2. die Einhaltung der Voraussetzungen für die Zulassung des Trägers und der Maßnahme prüfen, indem sie Einsicht in alle die Maßnahme betreffenden Unterlagen des Trägers nimmt.

(2) ¹ Die Agentur für Arbeit ist berechtigt, zum Zweck nach Absatz 1 Grundstücke, Geschäfts- und Unterrichtsräume des Trägers während der Geschäfts- oder Unterrichtszeit zu betreten. ² Wird die Maßnahme bei einem Dritten durchgeführt, ist die Agentur für Arbeit berechtigt, die Grundstücke, Geschäfts- und Unterrichtsräume des Dritten während dieser Zeit zu betreten. ³ Stellt die Agentur für Arbeit bei der Prüfung der Maßnahme hinreichende Anhaltspunkte für Verstöße gegen datenschutzrechtliche Vorschriften fest, soll sie die zuständige Kontrollbehörde für den Datenschutz hiervon unterrichten.

(3) ¹ Die Agentur für Arbeit kann vom Träger die Beseitigung festgestellter Mängel innerhalb einer angemessenen Frist verlangen. ² Die Agentur für Arbeit kann die Geltung des Aktivierungs- und Vermittlungsgutscheins oder des Bildungsgutscheins für einen Träger ausschließen und die Entscheidung über die Förderung aufheben, wenn

1. der Träger dem Verlangen nach Satz 1 nicht nachkommt,
2. die Agentur für Arbeit schwerwiegende und kurzfristig nicht zu behebende Mängel festgestellt hat,
3. die in Absatz 1 genannten Auskünfte nicht, nicht rechtzeitig oder nicht vollständig erteilt werden oder
4. die Prüfungen oder das Betreten der Grundstücke, Geschäfts- und Unterrichtsräume durch die Agentur für Arbeit nicht geduldet werden.

(4) Die Agentur für Arbeit teilt der fachkundigen Stelle und der Akkreditierungsstelle die nach den Absätzen 1 bis 3 gewonnenen Erkenntnisse mit.

§ 184 Verordnungsermächtigung. Das Bundesministerium für Arbeit und Soziales wird ermächtigt, durch Rechtsverordnung, die nicht der Zustimmung des Bundesrates bedarf, die Voraussetzungen für die Akkreditierung als fachkundige Stelle und für die Zulassung von Trägern und Maßnahmen einschließlich der jeweiligen Verfahren zu regeln.

Sechstes Kapitel. Ergänzende vergabespezifische Regelungen

§ 185 Vergabespezifisches Mindestentgelt für Aus- und Weiterbildungsdienstleistungen. (1) ¹ Träger haben bei der Ausführung eines öffentlichen Auftrags über Aus- und Weiterbildungsdienstleistungen nach diesem Buch im Gebiet der Bundesrepublik Deutschland ihren Arbeitnehmerinnen und Arbeitnehmern das Mindestentgelt zu zahlen, das durch eine Rechtsverordnung des Bundesministeriums für Arbeit und Soziales nach Absatz 2 verbindlich vorgegeben wird. ² Setzt der Träger Leiharbeitnehmerinnen oder Leiharbeitnehmer ein, so hat der Verleiher zumindest das Mindestentgelt nach

Satz 1 zu zahlen. ³ Die Verpflichtung zur Zahlung des Mindestentgelts nach der jeweils geltenden Verordnung nach § 7 Absatz 1 des Arbeitnehmer-Entsendegesetzes über zwingende Arbeitsbedingungen für Aus- und Weiterbildungsdienstleistungen nach dem Zweiten oder diesem Buch bleibt unberührt.

(2) ¹ Das Bundesministerium für Arbeit und Soziales wird ermächtigt, durch Rechtsverordnung, die nicht der Zustimmung des Bundesrates bedarf, festzulegen:
1. das Nähere zum sachlichen, persönlichen und zeitlichen Geltungsbereich des vergabespezifischen Mindestentgelts sowie
2. die Höhe des vergabespezifischen Mindestentgelts und dessen Fälligkeit.

² Hierbei übernimmt die Rechtsverordnung die Vorgaben aus der jeweils geltenden Verordnung nach § 7 Absatz 1 des Arbeitnehmer-Entsendegesetzes in der Branche der Aus- und Weiterbildungsdienstleistungen nach dem Zweiten oder diesem Buch nach § 4 Absatz 1 Nummer 8 des Arbeitnehmer-Entsendegesetzes.

(3) Die Vorschriften des Gesetzes gegen Wettbewerbsbeschränkungen und der Vergabeverordnung sind anzuwenden.

§§ 186–239 *(nicht mehr belegt)*

§§ 240–279a *(aufgehoben)*

Siebtes Kapitel. Weitere Aufgaben der Bundesagentur

Erster Abschnitt. Statistiken, Arbeitsmarkt- und Berufsforschung, Berichterstattung

§ 280 Aufgaben. Die Bundesagentur hat Lage und Entwicklung der Beschäftigung und des Arbeitsmarktes im allgemeinen und nach Berufen, Wirtschaftszweigen und Regionen sowie die Wirkungen der aktiven Arbeitsförderung zu beobachten, zu untersuchen und auszuwerten, indem sie
1. Statistiken erstellt,
2. Arbeitsmarkt- und Berufsforschung betreibt und
3. Bericht erstattet.

§ 281 Arbeitsmarktstatistiken. (1) ¹ Die Bundesagentur hat aus den in ihrem Geschäftsbereich anfallenden Daten Statistiken, insbesondere über Beschäftigung und Arbeitslosigkeit der Arbeitnehmerinnen und Arbeitnehmer sowie über die Leistungen der Arbeitsförderung, zu erstellen. ² Sie hat auf der Grundlage der Meldungen nach § 28a des Vierten Buches[1] eine Statistik der sozialversicherungspflichtig Beschäftigten und der geringfügig Beschäftigten zu führen.

(2) ¹ Die Bundesagentur hat zusätzlich den Migrationshintergrund zu erheben und in ihren Statistiken zu berücksichtigen. ² Die erhobenen Daten dürfen ausschließlich für statistische Zwecke verwendet werden. ³ Sie sind in einem

---

[1] Nr. 4.

durch technische und organisatorische Maßnahmen von sonstiger Datenverarbeitung getrennten Bereich zu verarbeiten. ⁴Das Bundesministerium für Arbeit und Soziales bestimmt durch Rechtsverordnung ohne Zustimmung des Bundesrates das Nähere über die zu erhebenden Merkmale und die Durchführung des Verfahrens, insbesondere Erhebung, Übermittlung und Speicherung der erhobenen Daten.

§ 282 Arbeitsmarkt- und Berufsforschung. (1) ¹Die Bundesagentur hat bei der Festlegung von Inhalt, Art und Umfang der Arbeitsmarkt- und Berufsforschung ihren eigenen Informationsbedarf sowie den des Bundesministeriums für Arbeit und Soziales zu berücksichtigen. ²Die Bundesagentur hat den Forschungsbedarf mindestens in jährlichen Zeitabständen mit dem Bundesministerium für Arbeit und Soziales abzustimmen.

(2) ¹Die Untersuchung der Wirkungen der Arbeitsförderung ist ein Schwerpunkt der Arbeitsmarktforschung. ²Sie soll zeitnah erfolgen und ist ständige Aufgabe des Instituts für Arbeitsmarkt- und Berufsforschung.

(3) Die Wirkungsforschung soll unter Berücksichtigung der unterschiedlichen Zielsetzungen dieses Buches insbesondere

1. untersuchen, in welchem Ausmaß die Teilnahme an einer Maßnahme die Vermittlungsaussichten der Teilnehmenden verbessert und ihre Beschäftigungsfähigkeit erhöht,
2. vergleichend die Kosten von Maßnahmen im Verhältnis zu ihrem Nutzen ermitteln,
3. volkswirtschaftliche Nettoeffekte beim Einsatz von Leistungen der aktiven Arbeitsförderung messen und
4. Auswirkungen auf Erwerbsverläufe analysieren.

(4) Arbeitsmarktforschung soll auch die Wirkungen der Arbeitsförderung auf regionaler Ebene untersuchen.

(5) ¹Innerhalb der Bundesagentur dürfen die Daten aus ihrem Geschäftsbereich dem Institut für Arbeitsmarkt- und Berufsforschung zur Verfügung gestellt und dort für dessen Zwecke genutzt und verarbeitet werden. ²Das Institut für Arbeitsmarkt- und Berufsforschung darf ergänzend Erhebungen ohne Auskunftspflicht der zu Befragenden durchführen, wenn sich die Informationen nicht bereits aus den im Geschäftsbereich der Bundesagentur vorhandenen Daten oder aus anderen statistischen Quellen gewinnen lassen. ³Das Institut, das räumlich, organisatorisch und personell vom Verwaltungsbereich der Bundesagentur zu trennen ist, hat die Daten vor unbefugter Kenntnisnahme durch Dritte zu schützen. ⁴Die Daten dürfen nur für den Zweck der wissenschaftlichen Forschung genutzt werden. ⁵Die personenbezogenen Daten sind zu anonymisieren, sobald dies nach dem Forschungszweck möglich ist. ⁶Bis dahin sind die Merkmale gesondert zu speichern, mit denen Einzelangaben über persönliche oder sachliche Verhältnisse einer bestimmten oder bestimmbaren Person zugeordnet werden können. ⁷Das Statistische Bundesamt und die statistischen Ämter der Länder dürfen dem Institut für Arbeitsmarkt- und Berufsforschung Daten entsprechend § 16 Abs. 6 des Bundesstatistikgesetzes übermitteln.

(6) ¹Das Institut hat die nach § 28a des Vierten Buches[1] gemeldeten und der Bundesagentur weiter übermittelten Daten der in der Bundesrepublik Deutschland Beschäftigten ohne Vor- und Zunamen nach der Versicherungsnummer langfristig in einer besonders geschützten Datei zu speichern. ²Die in dieser Datei gespeicherten Daten dürfen nur für Zwecke der wissenschaftlichen Forschung, der Arbeitsmarktstatistik und der nicht einzelfallbezogenen Planung verarbeitet und genutzt werden. ³Sie sind zu anonymisieren, sobald dies mit dem genannten Zweck vereinbar ist.

(7) ¹Die Bundesagentur übermittelt wissenschaftlichen Einrichtungen auf Antrag oder Ersuchen anonymisierte Daten, die für Zwecke der Arbeitsmarkt- und Berufsforschung erforderlich sind. ²§ 282a Abs. 6 gilt entsprechend. ³Für Sozialdaten gilt § 75 des Zehnten Buches[2].

§ 282a Übermittlung von Daten. (1) Die Bundesagentur ist berechtigt, dem Statistischen Bundesamt und den statistischen Ämtern der Länder Sozialdaten zu übermitteln, soweit dies für Zwecke eines Zensus erforderlich ist.

(2) ¹Die Bundesagentur ist berechtigt, dem Statistischen Bundesamt und den statistischen Ämtern der Länder anonymisierte Einzeldaten zu sozialversicherungspflichtig Beschäftigten zu übermitteln, soweit diese Daten dort für die Erstellung der Erwerbstätigenstatistiken erforderlich sind. ²Die in Satz 1 genannten Daten dürfen den Statistischen Ämtern des Bundes und der Länder auch übermittelt werden, wenn sie für Zwecke des Verdienststatistikgesetzes oder für Statistiken über die Gesundheitsversorgung nach dem Anhang II der Verordnung (EG) Nr. 1338/2008 des Europäischen Parlaments und des Rates vom 16. Dezember 2008 zu Gemeinschaftsstatistiken über öffentliche Gesundheit und über Gesundheitsschutz und Sicherheit am Arbeitsplatz (ABl. L 354 vom 31.12.2008, S. 70) erforderlich sind.

(2a) ¹Die Bundesagentur ist berechtigt, dem Statistischen Bundesamt die in § 3 des Verwaltungsdatenverwendungsgesetzes bezeichneten Daten für die in § 1 desselben Gesetzes genannten Zwecke zu übermitteln. ²Satz 1 gilt auch für Daten, die nach Maßgabe einer Rechtsverordnung im Sinne des § 5 des Verwaltungsdatenverwendungsgesetzes zu übermitteln sind.

(2b) ¹Die Bundesagentur darf dem Statistischen Bundesamt und den statistischen Ämtern der Länder nach Gemeinden zusammengefasste statistische Daten über die Zahl der sozialversicherungspflichtig Beschäftigten und die sozialversicherungspflichtigen Entgelte – jeweils ohne Beschäftigte von Gebietskörperschaften und Sozialversicherungen sowie deren Einrichtungen – übermitteln, soweit diese zur Festsetzung des Verteilungsschlüssels für den Gemeindeanteil am Aufkommen der Umsatzsteuer nach § 5a des Gemeindefinanzreformgesetzes erforderlich sind. ²Das Statistische Bundesamt und die statistischen Ämter der Länder dürfen die in Satz 1 genannten Daten dem Bundesministerium der Finanzen sowie den zuständigen obersten Landesbehörden übermitteln, soweit die Daten für die Festsetzung des Verteilungsschlüssels nach § 5a des Gemeindefinanzreformgesetzes erforderlich sind. ³Die Daten dürfen nur auf Ersuchen übermittelt und nur für die in den Sätzen 1 und 2 genannten Zwecke verwendet werden. ⁴Sie sind vier Jahre nach Festsetzung des Verteilungsschlüssels zu löschen. ⁵Werden innerhalb dieser Frist

---

[1] Nr. 4.
[2] Nr. 10.

Einwendungen gegen die Berechnung des Verteilungsschlüssels erhoben, dürfen die Daten bis zur abschließenden Klärung der Einwendungen aufbewahrt werden, soweit sie für die Klärung erforderlich sind.

(3) [1] Das Statistische Bundesamt und die statistischen Ämter der Länder sind berechtigt, der zur Durchführung ausschließlich statistischer Aufgaben zuständigen Stelle der Bundesagentur nach Gemeinden zusammengefaßte statistische Daten über Selbständige, mithelfende Familienangehörige, Beamtinnen und Beamte sowie geringfügig Beschäftigte zu übermitteln, soweit sie für die Berechnung von Arbeitslosenquoten im Rahmen der Arbeitsmarktstatistik erforderlich sind. [2] Diese Daten dürfen bei der Bundesagentur ausschließlich für statistische Zwecke durch eine von Verwaltungsaufgaben räumlich, organisatorisch und personell getrennte Einheit genutzt werden.

(4) Für die Verwendung gegenüber den gesetzgebenden Körperschaften und für Zwecke der Planung, jedoch nicht für die Regelung von Einzelfällen, dürfen den obersten Bundes- oder Landesbehörden von der Bundesagentur Tabellen der Arbeitsmarktstatistiken übermittelt werden, auch soweit Tabellenfelder nur einen einzigen Fall ausweisen.

(5) Auf die übermittelten Daten und Tabellen finden die Geheimhaltungsnormen des § 16 des Bundesstatistikgesetzes entsprechende Anwendung.

(6) Bedarf die Übermittlung einer Datenaufbereitung in erheblichem Umfang, ist über die Daten- oder Tabellenübermittlung eine schriftliche Vereinbarung zu schließen, die eine Regelung zur Erstattung der durch die Aufbereitung entstehenden Kosten vorsehen kann.

§ 282b Verarbeitung und Nutzung von Daten für die Ausbildungsvermittlung durch die Bundesagentur. (1) Die Bundesagentur darf die ihr von den Auskunftsstellen übermittelten Daten über eintragungsfähige oder eingetragene Ausbildungsverhältnisse vorbehaltlich des Absatzes 4 ausschließlich verarbeiten und nutzen zur Verbesserung der

1. Ausbildungsvermittlung,
2. Zuverlässigkeit und Aktualität der Ausbildungsvermittlungsstatistik oder
3. Feststellung von Angebot und Nachfrage auf dem Ausbildungsmarkt.

(2) Auskunftsstellen sind die nach dem Berufsbildungsgesetz zuständigen Stellen.

(3) Die Bundesagentur hat die ihr zu den Zwecken des Absatzes 1 übermittelten Daten und Datenträger spätestens zum Ende des Kalenderjahres zu löschen.

(4) Die Bundesagentur übermittelt die ihr von den Auskunftsstellen übermittelten Daten zu den in Absatz 1 genannten Zwecken an die für den Wohnort der oder des Auszubildenden zuständige gemeinsame Einrichtung nach § 44b des Zweiten Buches[1]) oder an den für den Wohnort der oder des Auszubildenden zuständigen zugelassenen kommunalen Träger nach § 6a des Zweiten Buches.

§ 283 Arbeitsmarktberichterstattung, Weisungsrecht. (1) [1] Die Bundesagentur hat die Arbeitsmarktstatistiken und die Ergebnisse der Arbeitsmarkt-

---

[1]) Nr. 2.

7. Kapitel. Weitere Aufgaben d. Bundesagentur § 284 SGB III 3

und Berufsforschung dem Bundesministerium für Arbeit und Soziales vorzulegen und in geeigneter Form zu veröffentlichen. ²Die Bundesagentur hat zu gewährleisten, dass bei der Wahrnehmung der Aufgaben dieses Abschnitts neben einem eigenen kurzfristigen arbeitsmarktpolitischen Informationsbedarf auch dem des Bundesministeriums für Arbeit und Soziales entsprochen werden kann.

(2) Das Bundesministerium für Arbeit und Soziales kann Art und Umfang sowie Tatbestände und Merkmale der Statistiken und der Arbeitsmarktberichterstattung näher bestimmen und der Bundesagentur entsprechende fachliche Weisungen erteilen.

Zweiter Abschnitt. Erteilung von Genehmigungen und Erlaubnissen

Erster Unterabschnitt. Beschäftigung von Ausländerinnen und Ausländern

§ 284 Arbeitsgenehmigung-EU für Staatsangehörige der neuen EU-Mitgliedstaaten. (1) Soweit nach Maßgabe des Beitrittsvertrages eines Mitgliedstaates zur Europäischen Union abweichende Regelungen als Übergangsregelungen von der Arbeitnehmerfreizügigkeit anzuwenden sind, dürfen Staatsangehörige dieses Mitgliedstaates und ihre freizügigkeitsberechtigten Familienangehörigen eine Beschäftigung nur mit Genehmigung der Bundesagentur ausüben sowie von Arbeitgebern nur beschäftigt werden, wenn sie eine solche Genehmigung besitzen.

(2) ¹Die Genehmigung wird befristet als Arbeitserlaubnis-EU erteilt, wenn nicht Anspruch auf eine unbefristete Erteilung als Arbeitsberechtigung-EU besteht. ²Die Genehmigung ist vor Aufnahme der Beschäftigung einzuholen.

(3) Die Arbeitserlaubnis-EU kann nach Maßgabe des § 39 Abs. 2 bis 4 des Aufenthaltsgesetzes erteilt werden.

(4) ¹Unionsbürgerinnen und Unionsbürger nach Absatz 1 und ihre freizügigkeitsberechtigten Familienangehörigen, die ihren Wohnsitz oder gewöhnlichen Aufenthalt im Ausland haben und eine Beschäftigung im Bundesgebiet aufnehmen wollen, darf eine Arbeitserlaubnis-EU nur erteilt werden, wenn dies durch zwischenstaatliche Vereinbarung bestimmt oder aufgrund einer Rechtsverordnung zulässig ist. ²Für die Beschäftigungen, die durch Rechtsverordnung zugelassen werden, ist Staatsangehörigen aus den Mitgliedstaaten der Europäischen Union nach Absatz 1 gegenüber Staatsangehörigen aus Drittstaaten vorrangig eine Arbeitserlaubnis-EU zu erteilen, soweit dies der EU-Beitrittsvertrag vorsieht.

(5) Die Erteilung der Arbeitsberechtigung-EU bestimmt sich nach der aufgrund des § 288 erlassenen Rechtsverordnung.

(6) ¹Das Aufenthaltsgesetz und die aufgrund des § 42 des Aufenthaltsgesetzes erlassenen Rechtsverordnungen gelten entsprechend, soweit nicht eine aufgrund des § 288 erlassene Rechtsverordnung günstigere Regelungen enthält. ²Bei Anwendung der Vorschriften steht die Arbeitsgenehmigung-EU der Zustimmung zu einem Aufenthaltstitel nach § 4 Abs. 3 des Aufenthaltsgesetzes gleich.

(7) ¹Ein Aufenthaltstitel zur Ausübung einer Beschäftigung, der vor dem Tag, an dem der Beitrittsvertrag eines Mitgliedstaates zur Europäischen Union, der Übergangsregelungen hinsichtlich der Arbeitnehmerfreizügigkeit vorsieht,

für die Bundesrepublik Deutschland in Kraft getreten ist, erteilt wurde, gilt als Arbeitserlaubnis-EU fort. ²Beschränkungen des Aufenthaltstitels hinsichtlich der Ausübung der Beschäftigung bleiben als Beschränkungen der Arbeitserlaubnis-EU bestehen. ³Ein vor diesem Zeitpunkt erteilter Aufenthaltstitel, der zur unbeschränkten Ausübung einer Beschäftigung berechtigt, gilt als Arbeitsberechtigung-EU fort.

§§ 285, 286 *(aufgehoben)*

§ 287 Gebühren für die Durchführung der Vereinbarungen über Werkvertragsarbeitnehmerinnen und Werkvertragsarbeitnehmer.

(1) Für die Aufwendungen, die der Bundesagentur und den Behörden der Zollverwaltung bei der Durchführung der zwischenstaatlichen Vereinbarungen über die Beschäftigung von Arbeitnehmerinnen und Arbeitnehmern auf der Grundlage von Werkverträgen entstehen, kann vom Arbeitgeber der ausländischen Arbeitnehmerinnen und Arbeitnehmer eine Gebühr erhoben werden.

(2) ¹Die Gebühr wird für die Aufwendungen der Bundesagentur und der Behörden der Zollverwaltung erhoben, die im Zusammenhang mit dem Antragsverfahren und der Überwachung der Einhaltung der Vereinbarungen stehen, insbesondere für die

1. Prüfung der werkvertraglichen Grundlagen,
2. Prüfung der Voraussetzungen für die Beschäftigung der ausländischen Arbeitnehmerinnen und Arbeitnehmer,
3. Zusicherung, Erteilung und Aufhebung der Zustimmung zur Erteilung einer Aufenthaltserlaubnis zum Zwecke der Beschäftigung oder der Arbeitserlaubnis-EU,
4. Überwachung der Einhaltung der für die Ausführung eines Werkvertrages festgesetzten Zahl der Arbeitnehmerinnen und Arbeitnehmer,
5. Überwachung der Einhaltung der für die Arbeitgeber nach den Vereinbarungen bei der Beschäftigung ihrer Arbeitnehmerinnen und Arbeitnehmer bestehenden Pflichten einschließlich der Durchführung der dafür erforderlichen Prüfung nach § 2 Abs. 1 Nr. 4 des Schwarzarbeitsbekämpfungsgesetzes durch die Behörden der Zollverwaltung sowie
6. Durchführung von Ausschlussverfahren nach den Vereinbarungen.

²Die Bundesagentur wird ermächtigt, durch Anordnung die gebührenpflichtigen Tatbestände zu bestimmen, für die Gebühr feste Sätze vorzusehen und den auf die Behörden der Zollverwaltung entfallenden Teil der Gebühren festzulegen und zu erheben.

(3) Der Arbeitgeber darf sich die Gebühr nach den Absätzen 1 und 2 weder ganz noch teilweise erstatten lassen.

(4) Im Übrigen sind die Vorschriften des Verwaltungskostengesetzes anzuwenden.

§ 288 Verordnungsermächtigung und Weisungsrecht. (1) Das Bundesministerium für Arbeit und Soziales kann durch Rechtsverordnung

1. Ausnahmen für die Erteilung einer Arbeitserlaubnis an Ausländerinnen und Ausländer, die keine Aufenthaltsgenehmigung besitzen,

2. Ausnahmen für die Erteilung einer Arbeitserlaubnis unabhängig von der Arbeitsmarktlage,
3. Ausnahmen für die Erteilung einer Arbeitserlaubnis an Ausländerinnen und Ausländer mit Wohnsitz oder gewöhnlichem Aufenthalt im Ausland,
4. die Voraussetzungen für die Erteilung einer Arbeitserlaubnis sowie das Erfordernis einer ärztlichen Untersuchung von Ausländerinnen und Ausländern mit Wohnsitz oder gewöhnlichem Aufenthalt im Ausland mit deren Einwilligung für eine erstmalige Beschäftigung,
5. das Nähere über Umfang und Geltungsdauer der Arbeitserlaubnis,
6. weitere Personengruppen, denen eine Arbeitsberechtigung erteilt wird, sowie die zeitliche, betriebliche, berufliche und regionale Beschränkung der Arbeitsberechtigung,
7. weitere Ausnahmen von der Genehmigungspflicht sowie
8. die Voraussetzungen für das Verfahren und die Aufhebung einer Genehmigung
näher bestimmen.

(2) Das Bundesministerium für Arbeit und Soziales kann der Bundesagentur zur Durchführung der Bestimmungen dieses Unterabschnittes und der hierzu erlassenen Rechtsverordnungen sowie der von den Organen der Europäischen Gemeinschaften erlassenen Bestimmungen über den Zugang zum Arbeitsmarkt und der zwischenstaatlichen Vereinbarungen über die Beschäftigung von Arbeitnehmerinnen und Arbeitnehmern Weisungen erteilen.

Zweiter Unterabschnitt. Beratung und Vermittlung durch Dritte

Erster Titel. Berufsberatung

§ 288a Untersagung der Berufsberatung. (1) [1] Die Agentur für Arbeit hat einer natürlichen oder juristischen Person oder Personengesellschaft, die Berufsberatung betreibt (Berufsberatende), die Ausübung dieser Tätigkeit ganz oder teilweise zu untersagen, sofern dies zum Schutz der Ratsuchenden erforderlich ist. [2] Bei einer juristischen Person oder Personengesellschaft kann auch einer von ihr für die Leitung des Betriebes bestellten Person die Ausübung der Tätigkeit ganz oder teilweise untersagt werden, sofern dies zum Schutz der Ratsuchenden erforderlich ist.

(2) [1] Im Untersagungsvefahren hat die betreffende Person auf Verlangen der Agentur für Arbeit
1. die Auskünfte zu erteilen, die zur Durchführung des Verfahrens erforderlich sind, und
2. die geschäftlichen Unterlagen vorzulegen, aus denen sich die Richtigkeit ihrer Angaben ergibt.

[2] Sie kann die Auskunft auf solche Fragen verweigern, deren Beantwortung sie selbst oder einen in § 383 Abs. 1 Nr. 1 bis 3 der Zivilprozeßordnung bezeichneten Angehörigen der Gefahr strafrechtlicher Verfolgung oder eines Verfahrens nach dem Gesetz über Ordnungswidrigkeiten aussetzen würde.

(3) [1] Soweit es zur Durchführung der Überprüfung erforderlich ist, sind die von der Agentur für Arbeit beauftragten Personen befugt, Geschäftsräume der

betreffenden Person während der üblichen Geschäftszeiten zu betreten. ²Die Person hat Maßnahmen nach Satz 1 zu dulden.

(4) Untersagt die Agentur für Arbeit die Ausübung der Berufsberatung, so hat es die weitere Ausübung dieser Tätigkeit nach den Vorschriften des Verwaltungs-Vollstreckungsgesetzes zu verhindern.

§ 289 Offenbarungspflicht. ¹Berufsberatende, die die Interessen eines Arbeitgebers oder einer Einrichtung wahrnehmen, sind verpflichtet, Ratsuchenden die Identität des Trägers oder der Einrichtung mitzuteilen; sie haben darauf hinzuweisen, dass sich die Interessenwahrnehmung auf die Beratungtätigkeit auswirken kann. ²Die Offenbarungspflicht besteht auch, wenn Berufsberatende zu einer Einrichtung Verbindungen unterhalten, deren Kenntnis für die Ratsuchenden zur Beurteilung einer Beratung von Bedeutung sein kann.

§ 290 Vergütungen. ¹Für eine Berufsberatung dürfen Vergütungen von Ratsuchenden nur dann verlangt oder entgegengenommen werden, wenn die oder der Berufsberatende nicht zugleich eine Vermittlung von Ausbildungs- oder Arbeitsplätzen betreibt oder eine entsprechende Vermittlung in damit zusammenhängenden Geschäftsräumen betrieben wird. ²Entgegen Satz 1 geschlossene Vereinbarungen sind unwirksam.

Zweiter Titel. Ausbildungsvermittlung und Arbeitsvermittlung

§ 291 *(aufgehoben)*

§ 292 Auslandsvermittlung, Anwerbung aus dem Ausland. Das Bundesministerium für Arbeit und Soziales kann durch Rechtsverordnung bestimmen, dass die Vermittlung für eine Beschäftigung im Ausland außerhalb der Europäischen Gemeinschaft oder eines anderen Vertragsstaates des Abkommens über den Europäischen Wirtschaftsraum sowie die Vermittlung und die Anwerbung aus diesem Ausland für eine Beschäftigung im Inland (Auslandsvermittlung) für bestimmte Berufe und Tätigkeiten nur von der Bundesagentur durchgeführt werden dürfen.

§§ 293–295 *(aufgehoben)*

§ 296 Vermittlungsvertrag zwischen Vermittlern und Arbeitsuchenden. (1) ¹Ein Vertrag, nach dem sich ein Vermittler verpflichtet, einer oder einem Arbeitsuchenden eine Arbeitsstelle zu vermitteln, bedarf der schriftlichen Form. ²In dem Vertrag ist insbesondere die Vergütung des Vermittlers anzugeben. ³Zu den Leistungen der Vermittlung gehören auch alle Leistungen, die zur Vorbereitung und Durchführung der Vermittlung erforderlich sind, insbesondere die Feststellung der Kenntnisse der oder des Arbeitsuchenden sowie die mit der Vermittlung verbundene Berufsberatung. ⁴Der Vermittler hat der oder dem Arbeitsuchenden den Vertragsinhalt in Textform mitzuteilen.

(2) ¹Die oder der Arbeitsuchende ist zur Zahlung der Vergütung nach Absatz 3 nur verpflichtet, wenn infolge der Vermittlung des Vermittlers der Arbeitsvertrag zustande gekommen ist. ²Der Vermittler darf keine Vorschüsse auf die Vergütungen verlangen oder entgegennehmen.

(3) ¹Die Vergütung einschließlich der darauf entfallenden gesetzlichen Umsatzsteuer darf 2 000 Euro nicht übersteigen, soweit nicht ein gültiger Aktivierungs- und Vermittlungsgutschein in einer abweichenden Höhe nach § 45 Absatz 6 Satz 4 vorgelegt wird oder durch eine Rechtsverordnung nach § 301 für bestimmte Berufe oder Personengruppen etwas anderes bestimmt ist. ²Bei der Vermittlung von Personen in Au-pair-Verhältnisse darf die Vergütung 150 Euro nicht übersteigen.

(4) ¹Arbeitsuchende, die dem Vermittler einen Aktivierungs- und Vermittlungsgutschein vorlegen, können die Vergütung abweichend von § 266 des Bürgerlichen Gesetzbuchs in Teilbeträgen zahlen. ²Die Vergütung ist nach Vorlage des Aktivierungs- und Vermittlungsgutscheins bis zu dem Zeitpunkt gestundet, in dem die Agentur für Arbeit nach Maßgabe von § 45 Absatz 6 gezahlt hat.

§ 296a Vergütungen bei Ausbildungsvermittlung.
¹Für die Leistungen zur Ausbildungsvermittlung dürfen nur vom Arbeitgeber Vergütungen verlangt oder entgegengenommen werden. ²Zu den Leistungen zur Ausbildungsvermittlung gehören auch alle Leistungen, die zur Vorbereitung und Durchführung der Vermittlung erforderlich sind, insbesondere die Feststellung der Kenntnisse der oder des Ausbildungsuchenden sowie die mit der Ausbildungsvermittlung verbundene Berufsberatung.

§ 297 Unwirksamkeit von Vereinbarungen.
Unwirksam sind

1. Vereinbarungen zwischen einem Vermittler und einer oder einem Arbeitsuchenden über die Zahlung der Vergütung, wenn deren Höhe die nach § 296 Abs. 3 zulässige Höchstgrenze überschreitet, wenn Vergütungen für Leistungen verlangt oder entgegengenommen werden, die nach § 296 Abs. 1 Satz 3 zu den Leistungen der Vermittlung gehören oder wenn die erforderliche Schriftform nicht eingehalten wird und

2. Vereinbarungen zwischen einem Vermittler und einer oder einem Ausbildungsuchenden über die Zahlung einer Vergütung,

3. Vereinbarungen zwischen einem Vermittler und einem Arbeitgeber, wenn der Vermittler eine Vergütung mit einer oder einem Ausbildungsuchenden vereinbart oder von dieser oder diesem entgegennimmt, obwohl dies nicht zulässig ist, und

4. Vereinbarungen, die sicherstellen sollen, dass ein Arbeitgeber oder eine Person, die eine Ausbildung oder Arbeit sucht, sich ausschließlich eines bestimmten Vermittlers bedient.

§ 298 Behandlung von Daten.
(1) ¹Vermittler dürfen Daten über zu besetzende Ausbildungs- und Arbeitsplätze und über Ausbildungsuchende sowie Arbeitnehmerinnen und Arbeitnehmer nur erheben, verarbeiten und nutzen, soweit dies für die Verrichtung ihrer Vermittlungstätigkeit erforderlich ist. ²Sind diese Daten personenbezogen oder Geschäfts- oder Betriebsgeheimnisse, dürfen sie nur erhoben, verarbeitet oder genutzt werden, soweit die oder der Betroffene im Einzelfall nach Maßgabe des § 4a des Bundesdatenschutzgesetzes eingewilligt hat. ³Übermittelt der Vermittler diese Daten im Rahmen seiner Vermittlungstätigkeit einer weiteren Person oder Einrichtung, darf diese sie nur

zu dem Zweck verarbeiten oder nutzen, zu dem sie ihr befugt übermittelt worden sind.

(2) ¹ Von Betroffenen zur Verfügung gestellte Unterlagen sind unmittelbar nach Abschluss der Vermittlungstätigkeit zurückzugeben. ² Die übrigen Geschäftsunterlagen des Vermittlers sind nach Abschluss der Vermittlungstätigkeit drei Jahre aufzubewahren. ³ Die Verwendung der Geschäftsunterlagen ist zur Kontrolle des Vermittlers durch die zuständigen Behörden sowie zur Wahrnehmung berechtigter Interessen des Vermittlers zulässig. ⁴ Personenbezogene Daten sind nach Ablauf der Aufbewahrungspflicht zu löschen. ⁵ Betroffene können nach Abschluss der Vermittlungstätigkeit Abweichungen von den Sätzen 1, 3 und 4 gestatten; die Gestattung bedarf der Schriftform.

§§ 299, 300 *(aufgehoben)*

Dritter Titel. Verordnungsermächtigung

§ 301 Verordnungsermächtigung. Das Bundesministerium für Arbeit und Soziales wird ermächtigt, durch Rechtsverordnung zu bestimmen, dass für bestimmte Berufe oder Personengruppen Vergütungen vereinbart werden dürfen, die sich nach dem der Arbeitnehmerin oder dem Arbeitnehmer zustehenden Arbeitsentgelt bemessen.

§§ 302, 303 *(aufgehoben)*

Dritter Abschnitt. (weggefallen)

§§ 304–308 *(aufgehoben)*

Achtes Kapitel. Pflichten

Erster Abschnitt. Pflichten im Leistungsverfahren

Erster Unterabschnitt. Meldepflichten

§ 309 Allgemeine Meldepflicht. (1) ¹ Arbeitslose haben sich während der Zeit, für die sie einen Anspruch auf Arbeitslosengeld erheben, bei der Agentur für Arbeit oder einer sonstigen Dienststelle der Bundesagentur persönlich zu melden oder zu einem ärztlichen oder psychologischen Untersuchungstermin zu erscheinen, wenn die Agentur für Arbeit sie dazu auffordert (allgemeine Meldepflicht). ² Die Meldung muss bei der in der Aufforderung zur Meldung bezeichneten Stelle erfolgen. ³ Die allgemeine Meldepflicht besteht auch in Zeiten, in denen der Anspruch auf Arbeitslosengeld ruht.

(2) Die Aufforderung zur Meldung kann zum Zwecke der
1. Berufsberatung,
2. Vermittlung in Ausbildung oder Arbeit,
3. Vorbereitung aktiver Arbeitsförderungsleistungen,
4. Vorbereitung von Entscheidungen im Leistungsverfahren und
5. Prüfung des Vorliegens der Voraussetzungen für den Leistungsanspruch
erfolgen.

8. Kapitel. Pflichten   §§ 310–312 SGB III 3

(3) ¹Die meldepflichtige Person hat sich zu der von der Agentur für Arbeit bestimmten Zeit zu melden. ²Ist der Meldetermin nach Tag und Tageszeit bestimmt, so ist die meldepflichtige Person der allgemeinen Meldepflicht auch dann nachgekommen, wenn sie sich zu einer anderen Zeit am selben Tag meldet und der Zweck der Meldung erreicht wird. ³Ist die meldepflichtige Person am Meldetermin arbeitsunfähig, so wirkt die Meldeaufforderung auf den ersten Tag der Arbeitsfähigkeit fort, wenn die Agentur für Arbeit dies in der Meldeaufforderung bestimmt.

(4) Die notwendigen Reisekosten, die der meldepflichtigen Person und einer erforderlichen Begleitperson aus Anlaß der Meldung entstehen, können auf Antrag übernommen werden, soweit sie nicht bereits nach anderen Vorschriften oder auf Grund anderer Vorschriften dieses Buches übernommen werden können.

§ 310 Meldepflicht bei Wechsel der Zuständigkeit. Wird für die Arbeitslose oder den Arbeitslosen nach der Arbeitslosmeldung eine andere Agentur für Arbeit zuständig, hat sie oder er sich bei der nunmehr zuständigen Agentur für Arbeit unverzüglich zu melden.

Zweiter Unterabschnitt. Anzeige- und Bescheinigungspflichten

§ 311 Anzeige- und Bescheinigungspflicht bei Arbeitsunfähigkeit.
¹Wer Arbeitslosengeld oder Übergangsgeld beantragt hat oder bezieht, ist verpflichtet, der Agentur für Arbeit
1. eine eingetretene Arbeitsunfähigkeit und deren voraussichtliche Dauer unverzüglich anzuzeigen und
2. spätestens vor Ablauf des dritten Kalendertages nach Eintritt der Arbeitsunfähigkeit eine ärztliche Bescheinigung über die Arbeitsunfähigkeit und deren voraussichtliche Dauer vorzulegen.

²Die Agentur für Arbeit ist berechtigt, die Vorlage der ärztlichen Bescheinigung früher zu verlangen. ³Dauert die Arbeitsunfähigkeit länger als in der Bescheinigung angegeben, so ist der Agentur für Arbeit eine neue ärztliche Bescheinigung vorzulegen. ⁴Die Bescheinigungen müssen einen Vermerk der behandelnden Ärztin oder des behandelnden Arztes darüber enthalten, daß dem Träger der Krankenversicherung unverzüglich eine Bescheinigung über die Arbeitsunfähigkeit mit Angaben über den Befund und die voraussichtliche Dauer der Arbeitsunfähigkeit übersandt wird.

§ 312 Arbeitsbescheinigung. (1) ¹Der Arbeitgeber hat auf Verlangen der Arbeitnehmerin oder des Arbeitnehmers oder auf Verlangen der Bundesagentur alle Tatsachen zu bescheinigen, die für die Entscheidung über den Anspruch auf Arbeitslosengeld oder Übergangsgeld erheblich sein können (Arbeitsbescheinigung); dabei hat er den von der Bundesagentur hierfür vorgesehenen Vordruck zu benutzen. ²In der Arbeitsbescheinigung sind insbesondere
1. die Art der Tätigkeit der Arbeitnehmerin oder des Arbeitnehmers,
2. Beginn, Ende, Unterbrechung und Grund für die Beendigung des Beschäftigungsverhältnisses und
3. das Arbeitsentgelt und die sonstigen Geldleistungen, die die Arbeitnehmerin oder der Arbeitnehmer erhalten oder zu beanspruchen hat,

anzugeben. ³ Die Arbeitsbescheinigung ist der Arbeitnehmerin oder dem Arbeitnehmer vom Arbeitgeber auszuhändigen.

(2) ¹ Macht der Arbeitgeber geltend, die Arbeitslosigkeit sei die Folge eines Arbeitskampfes, so hat er dies darzulegen, glaubhaft zu machen und eine Stellungnahme der Betriebsvertretung beizufügen. ² Der Arbeitgeber hat der Betriebsvertretung die für die Stellungnahme erforderlichen Angaben zu machen.

(3) Für Zwischenmeisterinnen, Zwischenmeister und andere Auftraggeber von Heimarbeiterinnen und Heimarbeitern sowie für Leistungsträger, Unternehmen und Stellen, die Beiträge nach diesem Buch für Bezieherinnen und Bezieher von Sozialleistungen, Krankentagegeld oder Leistungen für den Ausfall von Arbeitseinkünften im Zusammenhang mit einer nach den §§ 8 und 8a des Transplantationsgesetzes erfolgenden Spende von Organen oder Geweben oder im Zusammenhang mit einer im Sinne von § 9 des Transfusionsgesetzes erfolgenden Spende von Blut zur Separation von Blutstammzellen oder anderen Blutbestandteilen zu entrichten haben, gelten die Absätze 1 und 2 entsprechend.

(4) Nach Beendigung des Vollzuges einer Untersuchungshaft, Freiheitsstrafe, Jugendstrafe oder freiheitsentziehenden Maßregel der Besserung und Sicherung oder einer einstweiligen Unterbringung nach § 126a der Strafprozeßordnung hat die Vollzugsanstalt der oder dem Entlassenen eine Bescheinigung über die Zeiten auszustellen, in denen sie oder er innerhalb der letzten sieben Jahre vor der Entlassung als Gefangene oder Gefangener versicherungspflichtig war.

§ 312a Arbeitsbescheinigung für Zwecke des über- und zwischenstaatlichen Rechts. (1) ¹ Der Arbeitgeber hat auf Verlangen der Bundesagentur alle Tatsachen zu bescheinigen, deren Kenntnis für die Entscheidung über einen Anspruch auf Leistungen bei Arbeitslosigkeit eines von der Verordnung erfassten Staates notwendig ist und zu deren Bescheinigung die Bundesagentur nach Artikel 54 der Verordnung (EG) Nr. 987/2009 des Europäischen Parlaments und des Rates vom 16. September 2009 zur Festlegung der Modalitäten für die Durchführung der Verordnung (EG) Nr. 883/2004 über die Koordinierung der Systeme der sozialen Sicherheit (ABl. L 284 vom 30.10.2009, S. 1) verpflichtet ist. ² Der Arbeitgeber hat dabei den von der Bundesagentur hierfür vorgesehenen Vordruck zu benutzen. ³ Die Sätze 1 und 2 gelten entsprechend für Bescheinigungspflichten der Bundesagentur gegenüber einem ausländischen Träger nach anderen Regelungen des über- oder zwischenstaatlichen Rechts. ⁴ Die Bescheinigungspflichten umfassen nur Daten, zu deren Aufbewahrung der Arbeitgeber nach deutschen Rechtsvorschriften verpflichtet ist.

(2) Die Bescheinigungspflicht gilt auch in den Fällen des § 312 Absatz 3 und 4.

§ 313 Nebeneinkommensbescheinigung. (1) ¹ Wer eine Person, die Berufsausbildungsbeihilfe, Ausbildungsgeld, Arbeitslosengeld oder Übergangsgeld (laufende Geldleistungen) beantragt hat oder bezieht, gegen Arbeitsentgelt beschäftigt oder dieser Person gegen Vergütung eine selbständige Tätigkeit überträgt, ist verpflichtet, dieser Person unverzüglich Art und Dauer der Beschäftigung oder der selbständigen Tätigkeit sowie die Höhe des Arbeitsentgelts oder der Vergütung für die Zeiten zu bescheinigen, für die diese Leistung beantragt worden ist oder bezogen wird. ² Dabei ist der von der Bundesagentur vorgesehene Vordruck zu benutzen. ³Die Bescheinigung über das Nebeneinkommen ist der Bezieherin oder dem Bezieher der Leistung vom Dienstberechtigten oder Besteller unverzüglich auszuhändigen.

(2) Wer eine laufende Geldleistung beantragt hat oder bezieht und Dienst- oder Werkleistungen gegen Vergütung erbringt, ist verpflichtet, dem Dienstberechtigten oder Besteller den für die Bescheinigung des Arbeitsentgelts oder der Vergütung vorgeschriebenen Vordruck unverzüglich vorzulegen.

(3) Die Absätze 1 und 2 gelten für Personen, die Kurzarbeitergeld beziehen oder für die Kurzarbeitergeld beantragt worden ist, entsprechend.

§ 313a Elektronische Bescheinigung. ¹Die Bescheinigungen nach den §§ 312, 312a und 313 können von dem Bescheinigungspflichtigen der Bundesagentur elektronisch unter den Voraussetzungen des § 108 Absatz 1 des Vierten Buches[1]) übermittelt werden, es sei denn, dass die Person, für die eine Bescheinigung nach den §§ 312 oder 313 auszustellen ist, der Übermittlung widerspricht. ²Die Person, für die die Bescheinigung auszustellen ist, ist von dem Bescheinigungspflichtigen in allgemeiner Form schriftlich auf das Widerspruchsrecht hinzuweisen. ³§ 312 Absatz 1 Satz 3 und § 313 Absatz 1 Satz 3 finden keine Anwendung; die Bundesagentur hat der Person, für die eine Bescheinigung nach den §§ 312 oder 313 elektronisch übermittelt worden ist, unverzüglich einen Ausdruck der Daten zuzuleiten.

§ 314 Insolvenzgeldbescheinigung. (1) ¹Die Insolvenzverwalterin oder der Insolvenzverwalter hat auf Verlangen der Agentur für Arbeit für jede Arbeitnehmerin und jeden Arbeitnehmer, für die oder den ein Anspruch auf Insolvenzgeld in Betracht kommt, Folgendes zu bescheinigen:

1. die Höhe des Arbeitsentgelts für die letzten drei Monate des Arbeitsverhältnisses, die der Eröffnung des Insolvenzverfahrens vorausgegangen sind, sowie
2. die Höhe der gesetzlichen Abzüge und derjenigen Leistungen, die zur Erfüllung der Ansprüche auf Arbeitsentgelt erbracht worden sind.

²Das Gleiche gilt hinsichtlich der Höhe von Entgeltteilen, die gemäß § 1 Abs. 2 Nr. 3 des Betriebsrentengesetzes umgewandelt und vom Arbeitgeber nicht an den Versorgungsträger abgeführt worden sind. ³Dabei ist anzugeben, ob der Entgeltteil in einem Pensionsfonds, in einer Pensionskasse oder in einer Direktversicherung angelegt und welcher Versorgungsträger für die betriebliche Altersversorgung gewählt worden ist. ⁴Es ist auch zu bescheinigen, inwieweit die Ansprüche auf Arbeitsentgelt gepfändet, verpfändet oder abgetreten sind. ⁵Dabei ist der von der Bundesagentur vorgesehene Vordruck zu benutzen. ⁶Wird die Insolvenzgeldbescheinigung durch die Insolvenzverwalterin oder den Insolvenzverwalter nach § 36a des Ersten Buches[2]) übermittelt, sind zusätzlich die Anschrift und die Daten des Überweisungsweges mitzuteilen.

(2) In den Fällen, in denen ein Insolvenzverfahren nicht eröffnet wird oder nach § 207 der Insolvenzordnung eingestellt worden ist, sind die Pflichten der Insolvenzverwalterin oder des Insolvenzverwalters vom Arbeitgeber zu erfüllen.

---

[1]) Nr. 4.
[2]) Nr. 1.

Dritter Unterabschnitt. Auskunfts-, Mitwirkungs- und Duldungspflichten

§ 315 Allgemeine Auskunftspflicht Dritter. (1) Wer einer Person, die eine laufende Geldleistung beantragt hat oder bezieht, Leistungen erbringt, die geeignet sind, die laufende Geldleistung auszuschließen oder zu mindern, hat der Agentur für Arbeit auf Verlangen hierüber Auskunft zu erteilen, soweit es zur Durchführung der Aufgaben nach diesem Buch erforderlich ist.

(2) [1] Wer einer Person, die eine laufende Geldleistung beantragt hat oder bezieht, zu Leistungen verpflichtet ist, die geeignet sind, die laufende Geldleistung auszuschließen oder zu mindern, oder für diese Person Guthaben führt oder Vermögensgegenstände verwahrt, hat der Agentur für Arbeit auf Verlangen hierüber sowie über das Einkommen oder Vermögen dieser Person Auskunft zu erteilen, soweit es zur Durchführung der Aufgaben nach diesem Buch erforderlich ist. [2] § 21 Abs. 3 Satz 4 des Zehnten Buches[1] gilt entsprechend. [3] Für die Feststellung einer Unterhaltsverpflichtung ist § 1605 Abs. 1 des Bürgerlichen Gesetzbuchs anzuwenden.

(3) Wer eine Person beschäftigt, die

1. selbst oder deren Ehegattin, Ehegatte, Lebenspartnerin oder Lebenspartner eine laufende Geldleistung beantragt hat oder bezieht oder
2. nach Absatz 2 zur Auskunft verpflichtet ist,

hat der Agentur für Arbeit auf Verlangen über die Beschäftigung, insbesondere über das Arbeitsentgelt, Auskunft zu erteilen, soweit es zur Durchführung der Aufgaben nach diesem Buch erforderlich ist.

(4) Die Absätze 1 bis 3 gelten entsprechend, wenn jemand anstelle einer laufenden Geldleistung Kurzarbeitergeld bezieht oder für ihn Kurzarbeitergeld beantragt worden ist.

(5) [1] Sind bei einer Bedürftigkeitsprüfung Einkommen oder Vermögen der Ehegattin oder des Ehegatten, der Lebenspartnerin oder des Lebenspartners oder der Partnerin oder des Partners einer eheähnlichen Gemeinschaft zu berücksichtigen, hat diese oder dieser der Agentur für Arbeit auf Verlangen hierüber Auskunft zu erteilen, soweit es zur Durchführung der Vorschriften dieses Buches erforderlich ist. [2] Haben die Ehegattin oder der Ehegatte, die Lebenspartnerin oder der Lebenspartner oder die Partnerin oder der Partner einer eheähnlichen Gemeinschaft Dritte beauftragt, für diese oder diesen das Guthaben zu führen oder Vermögensgegenstände zu verwahren, haben sie entsprechend Auskunft zu erteilen. [3] § 21 Absatz 3 Satz 4 des Zehnten Buches gilt entsprechend.

§ 316 Auskunftspflicht bei Leistung von Insolvenzgeld. (1) Der Arbeitgeber, die Insolvenzverwalterin oder der Insolvenzverwalter, die Arbeitnehmerinnen oder Arbeitnehmer sowie sonstige Personen, die Einblick in die Arbeitsentgeltunterlagen hatten, sind verpflichtet, der Agentur für Arbeit auf Verlangen alle Auskünfte zu erteilen, die für die Durchführung der §§ 165 bis 171, 175, 320 Absatz 2, des § 327 Absatz 3 erforderlich sind.

(2) Der Arbeitgeber, die Arbeitnehmerinnen und Arbeitnehmer sowie sonstige Personen, die Einblick in die Arbeitsunterlagen hatten, sind verpflichtet, der Insolvenzverwalterin oder dem Insolvenzverwalter auf Verlangen alle Aus-

---

[1] Nr. 10.

8. Kapitel. Pflichten §§ 317–319 SGB III 3

künfte zu erteilen, die diese oder dieser für die Insolvenzgeldbescheinigung nach § 314 benötigt.

§ 317 Auskunftspflicht bei Kurzarbeitergeld und Wintergeld. Wer Kurzarbeitergeld oder Wintergeld bezieht oder für wen diese Leistungen beantragt worden sind, hat dem zur Errechnung und Auszahlung der Leistungen Verpflichteten auf Verlangen die erforderlichen Auskünfte zu erteilen.

§ 318 Auskunftspflicht bei Maßnahmen der beruflichen Aus- oder Weiterbildung, Leistungen zur Teilhabe am Arbeitsleben zur Aktivierung und beruflichen Eingliederung. (1) [1] Arbeitgeber und Träger, bei denen eine Maßnahme der beruflichen Aus- und Weiterbildung, eine Leistung zur Teilhabe am Arbeitsleben oder eine Maßnahme nach § 45 durchgeführt wurde oder wird, haben der Agentur für Arbeit unverzüglich Auskünfte über Tatsachen zu erteilen, die Aufschluss darüber geben, ob und inwieweit Leistungen zu Recht erbracht worden sind oder werden. [2] Sie haben Änderungen, die für die Leistungen erheblich sind, unverzüglich der Agentur für Arbeit mitzuteilen.

(2) [1] Personen, die bei Teilnahme an Maßnahmen der beruflichen Aus- oder Weiterbildung oder einer Maßnahme nach § 45 gefördert werden oder gefördert worden sind, sind verpflichtet,

1. der Agentur für Arbeit oder dem Träger der Maßnahme auf Verlangen Auskunft über den Eingliederungserfolg der Maßnahme sowie alle weiteren Auskünfte zu erteilen, die zur Qualitätsprüfung nach § 183 benötigt werden, und
2. eine Beurteilung ihrer Leistung und ihres Verhaltens durch den Träger zuzulassen.

[2] Träger sind verpflichtet,

1. ihre Beurteilungen der Teilnehmerin oder des Teilnehmers unverzüglich der Agentur für Arbeit zu übermitteln,
2. der für die einzelne Teilnehmerin oder den einzelnen Teilnehmer zuständigen Agentur für Arbeit kalendermonatlich die Fehltage der Teilnehmerin oder des Teilnehmers sowie die Gründe für die Fehltage mitzuteilen; dabei haben sie den von der Bundesagentur vorgesehenen Vordruck zu benutzen.

§ 319 Mitwirkungs- und Duldungspflichten. (1) [1] Wer eine Leistung der Arbeitsförderung beantragt, bezogen hat oder bezieht oder wer jemanden, bei dem dies der Fall ist oder für den eine Leistung beantragt wurde, beschäftigt oder mit Arbeiten beauftragt, hat der Bundesagentur, soweit dies zur Durchführung der Aufgaben nach diesem Buch erforderlich ist, Einsicht in Lohn-, Meldeunterlagen, Bücher und andere Geschäftsunterlagen und Aufzeichnungen und während der Geschäftszeit Zutritt zu seinen Grundstücken und Geschäftsräumen zu gewähren. [2] Werden die Unterlagen nach Satz 1 bei einem Dritten verwahrt, ist die Bundesagentur zur Durchführung der Aufgaben nach diesem Buch berechtigt, auch dessen Grundstücke und Geschäftsräume während der Geschäftszeit zu betreten und Einsicht in diese Unterlagen zu nehmen.

(2) [1] In automatisierten Dateien gespeicherte Daten hat der Arbeitgeber auf Verlangen und auf Kosten der Agenturen für Arbeit auszusondern und auf

maschinenverwertbaren Datenträgern oder in Listen zur Verfügung zu stellen.
²Der Arbeitgeber darf maschinenverwertbare Datenträger oder Datenlisten, die die erforderlichen Daten enthalten, ungesondert zur Verfügung stellen, wenn die Aussonderung mit einem unverhältnismäßigen Aufwand verbunden wäre und überwiegende schutzwürdige Interessen der Betroffenen nicht entgegenstehen. ³In diesem Fall haben die Agenturen für Arbeit die erforderlichen Daten auszusondern. ⁴Die übrigen Daten dürfen darüber hinaus nicht verarbeitet und genutzt werden. ⁵Sind die zur Verfügung gestellten Datenträger oder Datenlisten zur Durchführung der Aufgaben nach diesem Buch nicht mehr erforderlich, sind sie unverzüglich zu vernichten oder auf Verlangen des Arbeitgebers zurückzugeben.

Vierter Unterabschnitt. Sonstige Pflichten

§ 320 Berechnungs-, Auszahlungs-, Aufzeichnungs- und Anzeigepflichten. (1) ¹Der Arbeitgeber hat der Agentur für Arbeit auf Verlangen die Voraussetzungen für die Erbringung von Kurzarbeitergeld und Wintergeld nachzuweisen. ²Er hat diese Leistungen kostenlos zu errechnen und auszuzahlen. ³Dabei hat er beim Kurzarbeitergeld von den Lohnsteuerabzugsmerkmalen in dem maßgeblichen Antragszeitraum auszugehen; auf Grund einer Bescheinigung der für die Arbeitnehmerin oder den Arbeitnehmer zuständigen Agentur für Arbeit hat er den erhöhten Leistungssatz auch anzuwenden, wenn für ein Kind ein Kinderfreibetrag nicht als Lohnsteuerabzugsmerkmal gebildet ist.

(2) ¹Die Insolvenzverwalterin oder der Insolvenzverwalter hat auf Verlangen der Agentur für Arbeit das Insolvenzgeld zu errechnen und auszuzahlen, wenn ihr oder ihm dafür geeignete Arbeitnehmerinnen oder Arbeitnehmer des Betriebs zur Verfügung stehen und die Agentur für Arbeit die Mittel für die Auszahlung des Insolvenzgeldes bereitstellt. ²Für die Abrechnung ist der von der Bundesagentur vorgesehene Vordruck zu benutzen. ³Kosten werden nicht erstattet.

(3) ¹Arbeitgeber, in deren Betrieben Wintergeld geleistet wird, haben für jeden Arbeitstag während der Dauer der beantragten Förderung Aufzeichnungen über die im Betrieb oder auf der Baustelle geleisteten sowie die ausgefallenen Arbeitsstunden zu führen. ²Arbeitgeber, in deren Betrieben Saison-Kurzarbeitergeld geleistet wird, haben diese Aufzeichnungen für jeden Arbeitstag während der Schlechtwetterzeit zu führen. ³Die Aufzeichnungen nach Satz 1 und 2 sind vier Jahre aufzubewahren.

(4) *(aufgehoben)*

(4a) ¹Der Arbeitgeber hat der Agentur für Arbeit die Voraussetzungen für die Erbringung von Leistungen zur Förderung der Teilnahme an Transfermaßnahmen nachzuweisen. ²Auf Anforderung der Agentur für Arbeit hat der Arbeitgeber das Ergebnis von Maßnahmen zur Feststellung der Eingliederungsaussichten mitzuteilen.

(5) ¹Arbeitgeber, in deren Betrieben ein Arbeitskampf stattfindet, haben bei dessen Ausbruch und Beendigung der Agentur für Arbeit unverzüglich Anzeige zu erstatten. ²Die Anzeige bei Ausbruch des Arbeitskampfes muß Name und Anschrift des Betriebes, Datum des Beginns der Arbeitseinstellung und Zahl der betroffenen Arbeitnehmerinnen und Arbeitnehmer enthalten. ³Die Anzeige bei Beendigung des Arbeitskampfes muß außer Name und Anschrift des Betriebes das Datum der Beendigung der Arbeitseinstellung, die Zahl der an

den einzelnen Tagen betroffenen Arbeitnehmerinnen und Arbeitnehmer sowie die Zahl der durch Arbeitseinstellung ausgefallenen Arbeitstage enthalten.

Zweiter Abschnitt. Schadensersatz bei Pflichtverletzungen

§ 321 Schadensersatz. Wer vorsätzlich oder fahrlässig
1. eine Arbeitsbescheinigung nach § 312, eine Nebeneinkommensbescheinigung nach § 313 oder eine Insolvenzgeldbescheinigung nach § 314 nicht, nicht richtig oder nicht vollständig ausfüllt,
2. eine Auskunft auf Grund der allgemeinen Auskunftspflicht Dritter nach § 315, der Auskunftspflicht bei beruflicher Aus- und Weiterbildung und bei einer Leistung zur Teilhabe am Arbeitsleben nach § 318 oder der Auskunftspflicht bei Leistung von Insolvenzgeld nach § 316 nicht, nicht richtig oder nicht vollständig erteilt,
3. als Arbeitgeber seine Berechnungs-, Auszahlungs-, Aufzeichnungs- und Mitteilungspflichten bei Kurzarbeitergeld, Wintergeld und Leistungen zur Förderung von Transfermaßnahmen nach § 320 Abs. 1 Satz 2 und 3, Abs. 3 und 4a nicht erfüllt,
4. als Insolvenzverwalterin oder Insolvenzverwalter die Verpflichtung zur Errechnung und Auszahlung des Insolvenzgeldes nach § 320 Abs. 2 Satz 1 nicht erfüllt,

ist der Bundesagentur zum Ersatz des daraus entstandenen Schadens verpflichtet.

Dritter Abschnitt. Verordnungsermächtigung und Anordnungsermächtigung

§ 321a Verordnungsermächtigung. Das Bundesministerium für Arbeit und Soziales wird ermächtigt, durch Rechtsverordnung mit Zustimmung des Bundesrates das Nähere über Art und Umfang der Pflichten nach dem Zweiten bis Vierten Unterabschnitt des Ersten Abschnitts sowie dem Zweiten Abschnitt dieses Kapitels einschließlich des zu beachtenden Verfahrens und der einzuhaltenden Fristen zu bestimmen.

§ 322 Anordnungsermächtigung. ¹Die Bundesagentur wird ermächtigt, durch Anordnung Näheres über die Meldepflicht der Arbeitslosen zu bestimmen. ²Sie kann auch bestimmen, inwieweit Einrichtungen außerhalb der Bundesagentur auf ihren Antrag zur Entgegennahme der Meldung zuzulassen sind.

Neuntes Kapitel. Gemeinsame Vorschriften für Leistungen

Erster Abschnitt. Antrag und Fristen

§ 323 Antragserfordernis. (1) ¹Leistungen der Arbeitsförderung werden auf Antrag erbracht. ²Arbeitslosengeld gilt mit der persönlichen Arbeitslosmeldung als beantragt, wenn die oder der Arbeitslose keine andere Erklärung abgibt. ³Leistungen der aktiven Arbeitsförderung können auch von Amts wegen erbracht werden, wenn die Berechtigten zustimmen. ⁴ Die Zustimmung gilt insoweit als Antrag.

(2) ¹ Kurzarbeitergeld, Leistungen zur Förderung der Teilnahme an Transfermaßnahmen und ergänzende Leistungen nach § 102 sind vom Arbeitgeber schriftlich oder elektronisch unter Beifügung einer Stellungnahme der Betriebsvertretung zu beantragen. ² Der Antrag kann auch von der Betriebsvertretung gestellt werden. ³ Mit einem Antrag auf Saison-Kurzarbeitergeld oder ergänzende Leistungen nach § 102 sind die Namen, Anschriften und Sozialversicherungsnummern der Arbeitnehmerinnen und Arbeitnehmer mitzuteilen, für die die Leistung beantragt wird. ⁴ Saison-Kurzarbeitergeld oder ergänzende Leistungen nach § 102 sollen bis zum 15. des Monats beantragt werden, der dem Monat folgt, in dem die Tage liegen, für die die Leistungen beantragt werden.

§ 324 Antrag vor Leistung. (1) ¹ Leistungen der Arbeitsförderung werden nur erbracht, wenn sie vor Eintritt des leistungsbegründenden Ereignisses beantragt worden sind. ² Zur Vermeidung unbilliger Härten kann die Agentur für Arbeit eine verspätete Antragstellung zulassen.

(2) ¹ Berufsausbildungsbeihilfe, Ausbildungsgeld und Arbeitslosengeld können auch nachträglich beantragt werden. ² Kurzarbeitergeld und ergänzende Leistungen nach § 102 sind nachträglich zu beantragen.

(3) ¹ Insolvenzgeld ist abweichend von Absatz 1 Satz 1 innerhalb einer Ausschlußfrist von zwei Monaten nach dem Insolvenzereignis zu beantragen. ² Wurde die Frist aus nicht selbst zu vertretenden Gründen versäumt, wird Insolvenzgeld geleistet, wenn der Antrag innerhalb von zwei Monaten nach Wegfall des Hinderungsgrundes gestellt worden ist. ³ Ein selbst zu vertretender Grund liegt vor, wenn sich Arbeitnehmerinnen und Arbeitnehmer nicht mit der erforderlichen Sorgfalt um die Durchsetzung ihrer Ansprüche bemüht haben.

§ 325 Wirkung des Antrages. (1) Berufsausbildungsbeihilfe und Ausbildungsgeld werden rückwirkend längstens vom Beginn des Monats an geleistet, in dem die Leistungen beantragt worden sind.

(2) ¹ Arbeitslosengeld wird nicht rückwirkend geleistet. ² Ist die zuständige Agentur für Arbeit an einem Tag, an dem die oder der Arbeitslose Arbeitslosengeld beantragen will, nicht dienstbereit, so wirkt ein Antrag auf Arbeitslosengeld in gleicher Weise wie eine persönliche Arbeitslosmeldung zurück.

(3) Kurzarbeitergeld und ergänzende Leistungen nach § 102 sind für den jeweiligen Kalendermonat innerhalb einer Ausschlussfrist von drei Kalendermonaten zu beantragen; die Frist beginnt mit Ablauf des Monats, in dem die Tage liegen, für die die Leistungen beantragt werden.

(4) *(aufgehoben)*

(5) Leistungen zur Förderung der Teilnahme an Transfermaßnahmen sind innerhalb einer Ausschlussfrist von drei Monaten nach Ende der Maßnahme zu beantragen.

§ 326 Ausschlußfrist für Gesamtabrechnung. (1) ¹ Für Leistungen an Träger hat der Träger der Maßnahme der Agentur für Arbeit innerhalb einer Ausschlußfrist von sechs Monaten die Unterlagen vorzulegen, die für eine abschließende Entscheidung über den Umfang der zu erbringenden Leistungen erforderlich sind (Gesamtabrechnung). ²Die Frist beginnt mit Ablauf des Kalendermonats, in dem die Maßnahme beendet worden ist.

(2) Erfolgt die Gesamtabrechnung nicht rechtzeitig, sind die erbrachten Leistungen von dem Träger in dem Umfang zu erstatten, in dem die Voraussetzungen für die Leistungen nicht nachgewiesen worden sind.

Zweiter Abschnitt. Zuständigkeit

§ 327 Grundsatz. (1) ¹Für Leistungen an Arbeitnehmerinnen und Arbeitnehmer, mit Ausnahme des Kurzarbeitergeldes, des Wintergeldes, des Insolvenzgeldes und der Leistungen zur Förderung der Teilnahme an Transfermaßnahmen, ist die Agentur für Arbeit zuständig, in deren Bezirk die Arbeitnehmerin oder der Arbeitnehmer bei Eintritt der leistungsbegründenden Tatbestände ihren oder seinen Wohnsitz hat. ²Solange die Arbeitnehmerin oder der Arbeitnehmer sich nicht an ihrem oder seinem Wohnsitz aufhält, ist die Agentur für Arbeit zuständig, in deren Bezirk die Arbeitnehmerin oder der Arbeitnehmer bei Eintritt der leistungsbegründenden Tatbestände ihren oder seinen gewöhnlichen Aufenthalt hat.

(2) Auf Antrag der oder des Arbeitslosen hat die Agentur für Arbeit eine andere Agentur für Arbeit für zuständig zu erklären, wenn nach der Arbeitsmarktlage keine Bedenken entgegenstehen oder die Ablehnung für die Arbeitslose oder den Arbeitslosen eine unbillige Härte bedeuten würde.

(3) ¹Für Kurzarbeitergeld, ergänzende Leistungen nach § 102 und Insolvenzgeld ist die Agentur für Arbeit zuständig, in deren Bezirk die für den Arbeitgeber zuständige Lohnabrechnungsstelle liegt. ²Für Insolvenzgeld ist, wenn der Arbeitgeber im Inland keine Lohnabrechnungsstelle hat, die Agentur für Arbeit zuständig, in deren Bezirk das Insolvenzgericht seinen Sitz hat. ³Für Leistungen zur Förderung der Teilnahme an Transfermaßnahmen ist die Agentur für Arbeit zuständig, in deren Bezirk der Betrieb des Arbeitgebers liegt.

(4) Für Leistungen an Arbeitgeber, mit Ausnahme der Erstattung von Beiträgen zur Sozialversicherung für Personen, die Saison-Kurzarbeitergeld beziehen, ist die Agentur für Arbeit zuständig, in deren Bezirk der Betrieb des Arbeitgebers liegt.

(5) Für Leistungen an Träger ist die Agentur für Arbeit zuständig, in deren Bezirk das Projekt oder die Maßnahme durchgeführt wird.

(6) Die Bundesagentur kann die Zuständigkeit abweichend von den Absätzen 1 bis 5 auf andere Dienststellen übertragen.

Dritter Abschnitt. Leistungsverfahren in Sonderfällen

§ 328 Vorläufige Entscheidung. (1) ¹Über die Erbringung von Geldleistungen kann vorläufig entschieden werden, wenn
1. die Vereinbarkeit einer Vorschrift dieses Buches, von der die Entscheidung über den Antrag abhängt, mit höherrangigem Recht Gegenstand eines Verfahrens bei dem Bundesverfassungsgericht oder dem Gerichtshof der Europäischen Gemeinschaften ist,
2. eine entscheidungserhebliche Rechtsfrage von grundsätzlicher Bedeutung Gegenstand eines Verfahrens beim Bundessozialgericht ist oder

3. zur Feststellung der Voraussetzungen des Anspruchs einer Arbeitnehmerin oder eines Arbeitnehmers auf Geldleistungen voraussichtlich längere Zeit erforderlich ist, die Voraussetzungen für den Anspruch mit hinreichender Wahrscheinlichkeit vorliegen und die Arbeitnehmerin oder der Arbeitnehmer die Umstände, die einer sofortigen abschließenden Entscheidung entgegenstehen, nicht zu vertreten hat.

²Umfang und Grund der Vorläufigkeit sind anzugeben. ³In den Fällen des Satzes 1 Nr. 3 ist auf Antrag vorläufig zu entscheiden.

(2) Eine vorläufige Entscheidung ist nur auf Antrag der berechtigten Person für endgültig zu erklären, wenn sie nicht aufzuheben oder zu ändern ist.

(3) ¹Auf Grund der vorläufigen Entscheidung erbrachte Leistungen sind auf die zustehende Leistung anzurechnen. ²Soweit mit der abschließenden Entscheidung ein Leistungsanspruch nicht oder nur in geringerer Höhe zuerkannt wird, sind auf Grund der vorläufigen Entscheidung erbrachte Leistungen zu erstatten; auf Grund einer vorläufigen Entscheidung erbrachtes Kurzarbeitergeld und Wintergeld ist vom Arbeitgeber zurückzuzahlen.

(4) Absatz 1 Satz 1 Nr. 3 und Satz 2 und 3, Absatz 2 sowie Absatz 3 Satz 1 und 2 sind für die Erstattung von Arbeitgeberbeiträgen zur Sozialversicherung entsprechend anwendbar.

§ 329 Einkommensberechnung in besonderen Fällen. Die Agentur für Arbeit kann das zu berücksichtigende Einkommen nach Anhörung der oder des Leistungsberechtigten schätzen, soweit Einkommen nur für kurze Zeit zu berücksichtigen ist.

§ 330 Sonderregelungen für die Aufhebung von Verwaltungsakten.

(1) Liegen die in § 44 Abs. 1 Satz 1 des Zehnten Buches[1]) genannten Voraussetzungen für die Rücknahme eines rechtswidrigen nicht begünstigenden Verwaltungsaktes vor, weil er auf einer Rechtsnorm beruht, die nach Erlaß des Verwaltungsaktes für nichtig oder für unvereinbar mit dem Grundgesetz erklärt oder in ständiger Rechtsprechung anders als durch die Agentur für Arbeit ausgelegt worden ist, so ist der Verwaltungsakt, wenn er unanfechtbar geworden ist, nur mit Wirkung für die Zeit nach der Entscheidung des Bundesverfassungsgerichts oder ab dem Bestehen der ständigen Rechtsprechung zurückzunehmen.

(2) Liegen die in § 45 Abs. 2 Satz 3 des Zehnten Buches genannten Voraussetzungen für die Rücknahme eines rechtswidrigen begünstigenden Verwaltungsaktes vor, ist dieser auch mit Wirkung für die Vergangenheit zurückzunehmen.

(3) ¹Liegen die in § 48 Abs. 1 Satz 2 des Zehnten Buches genannten Voraussetzungen für die Aufhebung eines Verwaltungsaktes mit Dauerwirkung vor, ist dieser mit Wirkung vom Zeitpunkt der Änderung der Verhältnisse aufzuheben. ²Abweichend von § 48 Abs. 1 Satz 1 des Zehnten Buches ist mit Wirkung vom Zeitpunkt der Änderung der Verhältnisse an ein Verwaltungsakt auch aufzuheben, soweit sich das Bemessungsentgelt auf Grund einer Absenkung nach § 200 Abs. 3 zu Ungunsten der Betroffenen oder des Betroffenen ändert.

---

[1]) Nr. 10.

9. Kapitel. Gem. Vorschr. für Leistungen   §§ 331, 332   SGB III 3

(4) Liegen die Voraussetzungen für die Rücknahme eines Verwaltungsaktes vor, mit dem ein Anspruch auf Erstattung des Arbeitslosengeldes durch Arbeitgeber geltend gemacht wird, ist dieser mit Wirkung für die Vergangenheit zurückzunehmen.

§ 331 Vorläufige Zahlungseinstellung. (1) [1] Die Agentur für Arbeit kann die Zahlung einer laufenden Leistung ohne Erteilung eines Bescheides vorläufig einstellen, wenn sie Kenntnis von Tatsachen erhält, die kraft Gesetzes zum Ruhen oder zum Wegfall des Anspruchs führen und wenn der Bescheid, aus dem sich der Anspruch ergibt, deshalb mit Wirkung für die Vergangenheit aufzuheben ist. [2] Soweit die Kenntnis nicht auf Angaben der Person beruht, die die laufende Leistung erhält, sind ihr unverzüglich die vorläufige Einstellung der Leistung sowie die dafür maßgeblichen Gründe mitzuteilen, und es ist ihr Gelegenheit zu geben, sich zu äußern.

(2) Die Agentur für Arbeit hat eine vorläufig eingestellte laufende Leistung unverzüglich nachzuzahlen, soweit der Bescheid, aus dem sich der Anspruch ergibt, zwei Monate nach der vorläufigen Einstellung der Zahlung nicht mit Wirkung für die Vergangenheit aufgehoben ist.

§ 332 Übergang von Ansprüchen. (1) [1] Die Agentur für Arbeit kann durch schriftliche Anzeige an die leistungspflichtige Person bewirken, daß Ansprüche einer erstattungspflichtigen Person auf Leistungen zur Deckung des Lebensunterhalts, insbesondere auf

1. Renten der Sozialversicherung,
2. Renten nach dem Bundesversorgungsgesetz sowie Renten, die nach anderen Gesetzen in entsprechender Anwendung des Bundesversorgungsgesetzes gewährt werden,
3. Renten nach dem Gesetz zur Regelung der Rechtsverhältnisse der unter Artikel 131 des Grundgesetzes fallenden Personen,
4. Unterhaltsbeihilfe nach dem Gesetz über die Unterhaltsbeihilfe für Angehörige von Kriegsgefangenen,
5. Unterhaltshilfe nach dem Lastenausgleichsgesetz,
6. Mutterschaftsgeld oder auf Sonderunterstützung nach dem Mutterschutzgesetz,
7. Arbeitsentgelt aus einem Arbeitsverhältnis, das während des Bezugs der zurückzuzahlenden Leistung bestanden hat,

in Höhe der zurückzuzahlenden Leistung auf die Bundesagentur übergehen, es sei denn, die Bundesanstalt hat insoweit aus dem gleichen Grund einen Erstattungsanspruch nach den §§ 102 bis 105 des Zehnten Buches[1]. [2] Der Übergang beschränkt sich auf Ansprüche, die der rückzahlungspflichtigen Person für den Zeitraum in der Vergangenheit zustehen, für den die zurückzuzahlenden Leistungen gewährt worden sind. [3] Hat die rückzahlungspflichtige Person den unrechtmäßigen Bezug der Leistung vorsätzlich oder grob fahrlässig herbeigeführt, so geht in den Fällen nach Satz 1 Nr. 1 bis 5 auch der Anspruch auf die Hälfte der laufenden Bezüge auf die Agentur für Arbeit insoweit über, als die rückzahlungspflichtige Person dieses Teils der Bezüge zur Deckung ihres

---
[1] Nr. 10.

Lebensunterhalts und des Lebensunterhalts ihrer unterhaltsberechtigten Angehörigen nicht bedarf.

(2) Die leistungspflichtige Person hat ihre Leistungen in Höhe des nach Absatz 1 übergegangenen Anspruchs an die Bundesagentur abzuführen.

(3) [1] Wer nach Absatz 1 Satz 1 Nummer 1 bis 5 leistungspflichtig ist, hat den Eingang eines Antrags auf Rente, Unterhaltsbeihilfe oder Unterhaltshilfe der Agentur für Arbeit mitzuteilen, von der die Antragstellerin oder der Antragsteller zuletzt Leistungen nach diesem Buch bezogen hat. [2] Die Mitteilungspflicht entfällt, wenn der Bezug dieser Leistungen im Zeitpunkt der Antragstellung länger als drei Jahre zurückliegt. [3] Bezüge für eine zurückliegende Zeit dürfen an die Antragstellerin oder den Antragsteller frühestens zwei Wochen nach Abgang der Mitteilung an die Bundesagentur ausgezahlt werden, falls bis zur Auszahlung eine Anzeige der Agentur für Arbeit nach Absatz 1 nicht vorliegt.

(4) Der Rechtsübergang wird nicht dadurch ausgeschlossen, daß der Anspruch nicht übertragen, verpfändet oder gepfändet werden kann.

§ 333 Aufrechnung. (1) Wurde eine Entgeltersatzleistung zu Unrecht bezogen, weil der Anspruch wegen der Anrechnung von Nebeneinkommen gemindert war oder wegen einer Sperrzeit ruhte, so kann die Agentur für Arbeit mit dem Anspruch auf Erstattung gegen einen Anspruch auf die genannten Leistungen abweichend von § 51 Abs. 2 des Ersten Buches[1]) in voller Höhe aufrechnen.

(2) Der Anspruch auf Rückzahlung von Leistungen kann gegen einen Anspruch auf Rückzahlung zu Unrecht entrichteter Beiträge zur Arbeitsförderung aufgerechnet werden.

(3) Die Bundesagentur kann mit Ansprüchen auf Winterbeschäftigungs-Umlage, auf Rückzahlung von Kurzarbeitergeld und von ergänzenden Leistungen nach § 102, die vorläufig erbracht wurden, gegen Ansprüche auf Kurzarbeitergeld und Wintergeld, die vom Arbeitgeber verauslagt sind, aufrechnen; insoweit gilt der Arbeitgeber als anspruchsberechtigt.

§ 334 Pfändung von Leistungen. Bei Pfändung eines Geldleistungs- oder Erstattungsanspruchs gilt die Agentur für Arbeit, die über den Anspruch entschieden oder zu entscheiden hat, als Drittschuldner im Sinne der §§ 829 und 845 der Zivilprozeßordnung.

§ 335 Erstattung von Beiträgen zur Kranken-, Renten- und Pflegeversicherung. (1) [1] Wurden von der Bundesagentur für eine Bezieherin oder für einen Bezieher von Arbeitslosengeld Beiträge zur gesetzlichen Krankenversicherung gezahlt, so hat die Bezieherin oder der Bezieher dieser Leistungen der Bundesagentur die Beiträge zu ersetzen, soweit die Entscheidung über die Leistung rückwirkend aufgehoben und die Leistung zurückgefordert worden ist. [2] Hat für den Zeitraum, für den die Leistung zurückgefordert worden ist, ein weiteres Krankenversicherungsverhältnis bestanden, so erstattet diejenige Stelle, an die die Beiträge aufgrund der Versicherungspflicht nach § 5 Absatz 1

---

[1]) Nr. 1.

9. Kapitel. Gem. Vorschr. für Leistungen §335 SGB III 3

Nummer 2 des Fünften Buches[1]) gezahlt wurden, der Bundesagentur die für diesen Zeitraum entrichteten Beiträge; die Bezieherin oder der Bezieher wird insoweit von der Ersatzpflicht nach Satz 1 befreit; § 5 Abs. 1 Nr. 2 zweiter Halbsatz des Fünften Buches gilt nicht. [3] Werden die beiden Versicherungsverhältnisse bei verschiedenen Krankenkassen durchgeführt und wurden in dem Zeitraum, in dem die Versicherungsverhältnisse nebeneinander bestanden, Leistungen von der Krankenkasse erbracht, bei der die Bezieherin oder der Bezieher nach § 5 Abs. 1 Nr. 2 des Fünften Buches versicherungspflichtig war, so besteht kein Beitragserstattungsanspruch nach Satz 2. [4] Die Bundesagentur, der Spitzenverband Bund der Krankenkassen (§ 217a des Fünften Buches) und das Bundesversicherungsamt in seiner Funktion als Verwalter des Gesundheitsfonds können das Nähere über die Erstattung der Beiträge nach den Sätzen 2 und 3 durch Vereinbarung regeln. [5] Satz 1 gilt entsprechend, soweit die Bundesagentur Beiträge, die für die Dauer des Leistungsbezuges an ein privates Versicherungsunternehmen zu zahlen sind, übernommen hat.

(2) [1] Beiträge für Versicherungspflichtige nach § 5 Abs. 1 Nr. 2 des Fünften Buches, denen eine Rente aus der gesetzlichen Rentenversicherung oder Übergangsgeld von einem nach § 251 Abs. 1 des Fünften Buches beitragspflichtigen Rehabilitationsträger gewährt worden ist, sind der Bundesagentur vom Träger der Rentenversicherung oder vom Rehabilitationsträger zu ersetzen, wenn und soweit wegen der Gewährung von Arbeitslosengeld ein Erstattungsanspruch der Bundesagentur gegen den Träger der Rentenversicherung oder den Rehabilitationsträger besteht. [2] Satz 1 ist entsprechend anzuwenden in den Fällen, in denen der oder dem Arbeitslosen von einem Träger der gesetzlichen Rentenversicherung wegen einer Leistung zur medizinischen Rehabilitation oder zur Teilhabe am Arbeitsleben Übergangsgeld oder eine Rente wegen verminderter Erwerbsfähigkeit zuerkannt wurde (§ 145 Absatz 3). [3] Zu ersetzen sind

1. vom Rentenversicherungsträger die Beitragsanteile der versicherten Rentnerin oder des versicherten Rentners und des Trägers der Rentenversicherung, die diese ohne die Regelung dieses Absatzes für dieselbe Zeit aus der Rente zu entrichten gehabt hätten,

2. vom Rehabilitationsträger der Betrag, den er als Krankenversicherungsbeitrag hätte leisten müssen, wenn die versicherte Person nicht nach § 5 Abs. 1 Nr. 2 des Fünften Buches versichert gewesen wäre.

[4] Der Träger der Rentenversicherung und der Rehabilitationsträger sind nicht verpflichtet, für dieselbe Zeit Beiträge zur Krankenversicherung zu entrichten. [5] Die versicherte Person ist abgesehen von Satz 3 Nr. 1 nicht verpflichtet, für dieselbe Zeit Beiträge aus der Rente zur Krankenversicherung zu entrichten.

(3) [1] Der Arbeitgeber hat der Bundesagentur die im Falle des § 157 Absatz 3 geleisteten Beiträge zur Kranken- und Rentenversicherung zu ersetzen, soweit er für dieselbe Zeit Beiträge zur Kranken- und Rentenversicherung der Arbeitnehmerin oder des Arbeitnehmers zu entrichten hat. [2] Er wird insoweit von seiner Verpflichtung befreit, Beiträge an die Kranken- und Rentenversicherung zu entrichten. [3] Die Sätze 1 und 2 gelten entsprechend für den Zuschuß nach § 257 des Fünften Buches.

---

[1]) Nr. 5.

(4) Hat auf Grund des Bezuges von Arbeitslosengeld nach § 157 Absatz 3 eine andere Krankenkasse die Krankenversicherung durchgeführt als diejenige Kasse, die für das Beschäftigungsverhältnis zuständig ist, aus dem die Leistungsempfängerin oder der Leistungsempfänger Arbeitsentgelt bezieht oder zu beanspruchen hat, so erstatten die Krankenkassen einander Beiträge und Leistungen wechselseitig.

(5) Für die Beiträge der Bundesagentur zur sozialen Pflegeversicherung für Versicherungspflichtige nach § 20 Abs. 1 Satz 2 Nr. 2 des Elften Buches[1)] sind die Absätze 1 bis 3 entsprechend anzuwenden.

§ 336 Leistungsrechtliche Bindung. Stellt die Deutsche Rentenversicherung Bund im Verfahren nach § 7a Abs. 1 des Vierten Buches[2)] die Versicherungspflicht nach diesem Buch durch Verwaltungsakt fest, ist die Bundesagentur hinsichtlich der Zeiten, für die der die Versicherungspflicht feststellende Verwaltungsakt wirksam ist, an diese Feststellung leistungsrechtlich gebunden.

§ 336a Wirkung von Widerspruch und Klage. [1] Die aufschiebende Wirkung von Widerspruch und Klage entfällt

1. bei Entscheidungen, die Arbeitsgenehmigungen-EU aufheben oder ändern,
2. bei Entscheidungen, die die Berufsberatung nach § 288a untersagen,
3. bei Aufforderungen nach § 309, sich bei der Agentur für Arbeit oder einer sonstigen Dienststelle der Bundesagentur persönlich zu melden.

[2] Bei Entscheidungen über die Herabsetzung oder Entziehung laufender Leistungen gelten die Vorschriften des Sozialgerichtsgesetzes[3)] (§ 86a Abs. 2 Nr. 2).

Vierter Abschnitt. Auszahlung von Geldleistungen

§ 337 Auszahlung im Regelfall. (1) [1] Geldleistungen werden auf das von der leistungsberechtigten Person angegebene Konto bei einem Geldinstitut überwiesen, für das die Verordnung (EU) Nr. 260/2012 des Europäischen Parlaments und des Rates vom 14. März 2012 zur Festlegung der technischen Vorschriften und der Geschäftsanforderungen für Überweisungen und Lastschriften in Euro und zur Änderung der Verordnung (EG) Nr. 924/2009 (ABl. L 94 vom 30.3.2012, S. 22) gilt. [2] Geldleistungen, die an den Wohnsitz oder gewöhnlichen Aufenthalt der leistungsberechtigten Person übermittelt werden, sind unter Abzug der dadurch veranlassten Kosten auszuzahlen. [3] Satz 2 gilt nicht, wenn die leistungsberechtigte Person nachweist, dass ihr die Einrichtung eines Kontos bei einem Geldinstitut ohne eigenes Verschulden nicht möglich ist.

(2) Laufende Geldleistungen werden regelmäßig monatlich nachträglich ausgezahlt.

(3) [1] Andere als laufende Geldleistungen werden mit der Entscheidung über den Antrag auf Leistung oder, soweit der oder dem Berechtigten Kosten erst danach entstehen, zum entsprechenden Zeitpunkt ausgezahlt. [2] Insolvenzgeld

---
[1)] Nr. 11.
[2)] Nr. 4.
[3)] Nr. 20.

wird nachträglich für den Zeitraum ausgezahlt, für den es beantragt worden ist.
³ Weiterbildungskosten und Teilnahmekosten werden, soweit sie nicht unmittelbar an den Träger der Maßnahme erbracht werden, monatlich im voraus ausgezahlt.

(4) Zur Vermeidung unbilliger Härten können angemessene Abschlagszahlungen geleistet werden.

Fünfter Abschnitt. Berechnungsgrundsätze

§ 338 Allgemeine Berechnungsgrundsätze. (1) Berechnungen werden auf zwei Dezimalstellen durchgeführt, wenn nichts Abweichendes bestimmt ist.

(2) Bei einer auf Dezimalstellen durchgeführten Berechnung wird die letzte Dezimalstelle um 1 erhöht, wenn sich in der folgenden Dezimalstelle eine der Zahlen 5 bis 9 ergeben würde.

(3) *(aufgehoben)*

(4) Bei einer Berechnung wird eine Multiplikation vor einer Division durchgeführt.

§ 339 Berechnung von Zeiten. ¹ Für die Berechnung von Leistungen wird ein Monat mit 30 Tagen und eine Woche mit sieben Tagen berechnet. ² Bei der Anwendung der Vorschriften über die Erfüllung der für einen Anspruch auf Arbeitslosengeld erforderlichen Anwartschaftszeit sowie der Vorschriften über die Dauer eines Anspruchs auf Arbeitslosengeld nach dem Ersten Abschnitt des Vierten Kapitels dieses Buches entspricht ein Monat 30 Kalendertagen. ³ Satz 2 gilt entsprechend bei der Anwendung der Vorschriften über die Erfüllung der erforderlichen Vorbeschäftigungszeiten sowie der Vorschrift über die Dauer des Anspruchs auf Übergangsgeld im Anschluß an eine abgeschlossene Leistung zur Teilhabe am Arbeitsleben.

Zehntes Kapitel. Finanzierung

Erster Abschnitt. Finanzierungsgrundsatz

§ 340 Aufbringung der Mittel. Die Leistungen der Arbeitsförderung und die sonstigen Ausgaben der Bundesagentur werden durch Beiträge der Versicherungspflichtigen, der Arbeitgeber und Dritter (Beitrag zur Arbeitsförderung), Umlagen, Mittel des Bundes und sonstige Einnahmen finanziert.

Zweiter Abschnitt. Beiträge und Verfahren

Erster Unterabschnitt. Beiträge

§ 341 Beitragssatz und Beitragsbemessung. (1) Die Beiträge werden nach einem Prozentsatz (Beitragssatz) von der Beitragsbemessungsgrundlage erhoben.

(2) Der Beitragssatz beträgt 3,0 Prozent.

(3) ¹ Beitragsbemessungsgrundlage sind die beitragspflichtigen Einnahmen, die bis zur Beitragsbemessungsgrenze berücksichtigt werden. ² Für die Berechnung der Beiträge ist die Woche zu sieben, der Monat zu dreißig und das Jahr

zu dreihundertsechzig Tagen anzusetzen, soweit dieses Buch nichts anderes bestimmt. ³ Beitragspflichtige Einnahmen sind bis zu einem Betrag von einem Dreihundertsechzigstel der Beitragsbemessungsgrenze für den Kalendertag zu berücksichtigen. ⁴ Einnahmen, die diesen Betrag übersteigen, bleiben außer Ansatz, soweit dieses Buch nichts Abweichendes bestimmt.

(4) Beitragsbemessungsgrenze ist die Beitragsbemessungsgrenze der allgemeinen Rentenversicherung.

§ 342 Beitragspflichtige Einnahmen Beschäftigter. Beitragspflichtige Einnahme ist bei Personen, die beschäftigt sind, das Arbeitsentgelt, bei Personen, die zur Berufsausbildung beschäftigt sind, jedoch mindestens ein Arbeitsentgelt in Höhe von einem Prozent der Bezugsgröße.

§ 343 *(aufgehoben)*

§ 344 Sonderregelungen für beitragspflichtige Einnahmen Beschäftigter. (1) Für Seeleute gilt als beitragspflichtige Einnahme der Betrag, der nach dem Recht der gesetzlichen Unfallversicherung für die Beitragsberechnung maßgebend ist.

(2) ¹ Für Personen, die unmittelbar nach einem Versicherungspflichtverhältnis einen Freiwilligendienst im Sinne des Jugendfreiwilligendienstegesetzes oder des Bundesfreiwilligendienstgesetzes leisten, gilt als beitragspflichtige Einnahme ein Arbeitsentgelt in Höhe der monatlichen Bezugsgröße. ² Dies gilt auch, wenn der Jugendfreiwilligendienst oder der Bundesfreiwilligendienst nach einer Unterbrechung, die sechs Monate nicht überschreitet, fortgesetzt wird.

(3) Für behinderte Menschen, die in einer anerkannten Werkstatt für behinderte Menschen oder Blindenwerkstätte beschäftigt sind, ist als beitragspflichtige Einnahme das tatsächlich erzielte Arbeitsentgelt, mindestens jedoch ein Betrag in Höhe von 20 Prozent der monatlichen Bezugsgröße zugrunde zu legen.

(4) Bei Arbeitnehmerinnen und Arbeitnehmern, die gegen ein monatliches Arbeitsentgelt bis zum oberen Grenzbetrag der Gleitzone (§ 20 Absatz 2 des Vierten Buches[1]) mehr als geringfügig beschäftigt sind, gilt der Betrag der beitragspflichtigen Einnahme nach § 163 Absatz 10 Satz 1 bis 5 und 8 des Sechsten Buches[2] entsprechend[3].

§ 345 Beitragspflichtige Einnahmen sonstiger Versicherungspflichtiger. Als beitragspflichtige Einnahme gilt bei Personen,
1. die in Einrichtungen der beruflichen Rehabilitation Leistungen erhalten, die ihnen eine Erwerbstätigkeit ermöglichen sollen, oder die in Einrichtungen der Jugendhilfe für eine Erwerbstätigkeit befähigt werden sollen, ein Arbeitsentgelt in Höhe von einem Fünftel der monatlichen Bezugsgröße,

---
[1] Nr. 4.
[2] Nr. 6.
[3] Siehe hierzu ua die Gesamtsozialversicherungsbeitragssatz-Bek. 2017 v. 22.11.2016 (BAnz AT 29.11.2016 B2).

10. Kapitel. Finanzierung §345 SGB III 3

2. die als Wehrdienstleistende oder als Zivildienstleistende versicherungspflichtig sind (§ 25 Abs. 2 Satz 2, § 26 Abs. 1 Nr. 2), ein Betrag in Höhe von 40 Prozent der monatlichen Bezugsgröße,

3. die als Gefangene versicherungspflichtig sind, ein Arbeitsentgelt in Höhe von 90 Prozent der Bezugsgröße,

4. die als nicht satzungsmäßige Mitglieder geistlicher Genossenschaften oder ähnlicher religiöser Gemeinschaften für den Dienst in einer solchen Genossenschaft oder ähnlichen religiösen Gemeinschaft außerschulisch ausgebildet werden, ein Entgelt in Höhe der gewährten Geld- und Sachbezüge,

5. die als Bezieherinnen oder Bezieher von Krankengeld, Versorgungskrankengeld, Verletztengeld oder Übergangsgeld versicherungspflichtig sind, 80 Prozent des der Leistung zugrunde liegenden Arbeitsentgelts oder Arbeitseinkommens, wobei 80 Prozent des beitragspflichtigen Arbeitsentgelts aus einem versicherungspflichtigen Beschäftigungsverhältnis abzuziehen sind; bei gleichzeitigem Bezug von Krankengeld neben einer anderen Leistung ist das dem Krankengeld zugrunde liegende Einkommen nicht zu berücksichtigen,

5a. die Krankengeld nach § 44a des Fünften Buches[1] beziehen, das der Leistung zugrunde liegende Arbeitsentgelt oder Arbeitseinkommen; wird Krankengeld in Höhe der Entgeltersatzleistungen nach diesem Buch gezahlt, gilt Nummer 5,

5b. die Krankengeld nach § 45 Absatz 1 des Fünften Buches oder Verletztengeld nach § 45 Absatz 4 des Siebten Buches in Verbindung mit § 45 Absatz 1 des Fünften Buches beziehen, 80 Prozent des während der Freistellung ausgefallenen, laufenden Arbeitsentgelts oder des der Leistung zugrunde liegenden Arbeitseinkommens,

6. die als Bezieherinnen oder Bezieher von Krankentagegeld versicherungspflichtig sind, ein Arbeitsentgelt in Höhe von 70 Prozent der für die Erhebung der Beiträge zur gesetzlichen Krankenversicherung maßgeblichen Beitragsbemessungsgrenze (§ 223 Abs. 3 Satz 1 des Fünften Buches). Für den Kalendermonat ist ein Zwölftel und für den Kalendertag ein Dreihundertsechzigstel des Arbeitsentgelts zugrunde zu legen,

6a. die von einem privaten Krankenversicherungsunternehmen, von einem Beihilfeträger des Bundes, von einem sonstigen öffentlich-rechtlichen Träger von Kosten in Krankheitsfällen auf Bundesebene, von dem Träger der Heilfürsorge im Bereich des Bundes, von dem Träger der truppenärztlichen Versorgung oder von öffentlich-rechtlichen Trägern von Kosten in Krankheitsfällen auf Landesebene, soweit Landesrecht dies vorsieht, Leistungen für den Ausfall von Arbeitseinkünften im Zusammenhang mit einer nach den §§ 8 und 8a des Transplantationsgesetzes erfolgenden Spende von Organen oder Geweben oder im Zusammenhang mit einer im Sinne von § 9 des Transfusionsgesetzes erfolgenden Spende von Blut zur Separation von Blutstammzellen oder anderen Blutbestandteilen beziehen, das diesen Leistungen zugrunde liegende Arbeitsentgelt oder Arbeitseinkommen,

---

[1] Nr. 5.

6b. die als Beziehrinnen oder Bezieher von Pflegeunterstützungsgeld versicherungspflichtig sind, 80 Prozent des während der Freistellung ausgefallenen, laufenden Arbeitsentgelts,
7. die als Beziehrinnen von Mutterschaftsgeld versicherungspflichtig sind, ein Arbeitsentgelt in Höhe des Mutterschaftsgeldes,
8. die als Pflegepersonen versicherungspflichtig sind (§ 26 Abs. 2b), ein Arbeitsentgelt in Höhe von 50 Prozent der monatlichen Bezugsgröße; dabei ist die Bezugsgröße für das Beitrittsgebiet maßgebend, wenn der Tätigkeitsort im Beitrittsgebiet liegt.

§ 345a Pauschalierung der Beiträge. ¹ Für die Personen, die als Beziehrinnen oder Bezieher einer Rente wegen voller Erwerbsminderung versicherungspflichtig sind (§ 26 Abs. 2 Nr. 3) wird für jedes Kalenderjahr ein Gesamtbeitrag festgesetzt. ² Der Gesamtbeitrag beträgt

1. für das Jahr 2003   5 Millionen Euro,
2. für das Jahr 2004   18 Millionen Euro,
3. für das Jahr 2005   36 Millionen Euro,
4. für das Jahr 2006   19 Millionen Euro und
5. für das Jahr 2007   26 Millionen Euro.

³ Der jährliche Gesamtbeitrag verändert sich im jeweils folgenden Kalenderjahr in dem Verhältnis, in dem

1. die Bezugsgröße der Sozialversicherung,
2. die Zahl der Zugänge an Arbeitslosengeldbeziehrinnen und Arbeitslosengeldbeziehern aus dem Bezug einer Rente wegen voller Erwerbsminderung und
3. die durchschnittlich durch Zeiten des Bezuges einer Rente wegen voller Erwerbsminderung erworbene Anspruchsdauer

des vergangenen Kalenderjahres zu den entsprechenden Werten des vorvergangenen Kalenderjahres stehen. ⁴ Das Bundesministerium für Arbeit und Soziales macht den Gesamtbeitrag eines Kalenderjahres bis zum 1. Juli desselben Jahres im Bundesanzeiger bekannt.

§ 345b Beitragspflichtige Einnahmen bei einem Versicherungspflichtverhältnis auf Antrag. ¹ Für Personen, die ein Versicherungspflichtverhältnis auf Antrag begründen, gilt als beitragspflichtige Einnahme

1. *(aufgehoben)*
2. in Fällen des § 28a Absatz 1 Nummer 2 und 3 ein Arbeitsentgelt in Höhe der monatlichen Bezugsgröße,
3. in Fällen des § 28a Absatz 1 Nummer 4 und 5 ein Arbeitsentgelt in Höhe von 50 Prozent der monatlichen Bezugsgröße.

² Abweichend von Satz 1 Nummer 2 gilt in Fällen des § 28a Absatz 1 Nummer 2 bis zum Ablauf von einem Kalenderjahr nach dem Jahr der Aufnahme der selbständigen Tätigkeit als beitragspflichtige Einnahme ein Arbeitsentgelt in Höhe von 50 Prozent der monatlichen Bezugsgröße. ³ Dabei ist die Bezugsgröße für das Beitrittsgebiet maßgebend, wenn der Tätigkeitsort im Beitrittsgebiet liegt.

10. Kapitel. Finanzierung §§ 346, 347 SGB III 3

Zweiter Unterabschnitt. Verfahren

§ 346 Beitragstragung bei Beschäftigten. (1) ¹Die Beiträge werden von den versicherungspflichtig Beschäftigten und den Arbeitgebern je zur Hälfte getragen. ²Arbeitgeber im Sinne der Vorschriften dieses Titels sind auch die Auftraggeber von Heimarbeiterinnen und Heimarbeitern sowie Träger außerbetrieblicher Ausbildung.

(1a) Bei versicherungspflichtig Beschäftigten, deren beitragspflichtige Einnahme sich nach § 344 Abs. 4 bestimmt, werden die Beiträge abweichend von Absatz 1 Satz 1 getragen

1. von den Arbeitgebern in Höhe der Hälfte des Betrages, der sich ergibt, wenn der Beitragssatz auf das der Beschäftigung zugrunde liegende Arbeitsentgelt angewendet wird,

2. im Übrigen von den versicherungspflichtig Beschäftigten.

(1b) Abweichend von Absatz 1 Satz 1 trägt für Auszubildende, die in einer außerbetrieblichen Einrichtung im Rahmen eines Berufsausbildungsvertrages nach dem Berufsbildungsgesetz ausgebildet werden, der Arbeitgeber die Beiträge allein.

(2) Der Arbeitgeber trägt die Beiträge allein für behinderte Menschen, die in einer anerkannten Werkstatt für behinderte Menschen, bei einem anderen Leistungsanbieter nach § 60 des Neunten Buches[1]) oder in einer Blindenwerkstätte im Sinne des § 226 des Neunten Buches beschäftigt sind und deren monatliches Bruttoarbeitsentgelt ein Fünftel der monatlichen Bezugsgröße nicht übersteigt.

(3) ¹Für Beschäftigte, die wegen Vollendung des für die Regelaltersrente im Sinne des Sechsten Buches[2]) erforderlichen Lebensjahres versicherungsfrei sind, tragen die Arbeitgeber die Hälfte des Beitrages, der zu zahlen wäre, wenn die Beschäftigten versicherungspflichtig wären. ²Für den Beitragsanteil gelten die Vorschriften des Dritten Abschnitts des Vierten Buches[3]) und die Bußgeldvorschriften des § 111 Abs. 1 Nr. 2 bis 4, 8 und Abs. 4 des Vierten Buches entsprechend. ³Die Sätze 1 und 2 sind bis zum 31. Dezember 2021 nicht anzuwenden.

§ 347 Beitragstragung bei sonstigen Versicherten. Die Beiträge werden getragen

1. für Personen, die in Einrichtungen der beruflichen Rehabilitation Leistungen erhalten, die eine Erwerbstätigkeit ermöglichen sollen, oder die in Einrichtungen der Jugendhilfe für eine Erwerbstätigkeit befähigt werden sollen, vom Träger der Einrichtung,

2. für Wehrdienstleistende oder für Zivildienstleistende nach der Hälfte des Beitragssatzes vom Bund,

3. für Gefangene von dem für die Vollzugsanstalt zuständigen Land,

4. für nicht satzungsmäßige Mitglieder geistlicher Genossenschaften oder ähnlicher religiöser Gemeinschaften während der Zeit der außerschulischen Ausbildung für den Dienst in einer solchen Genossenschaft oder ähnlichen

---

[1]) Nr. **9.**
[2]) Nr. **6.**
[3]) Nr. **4.**

religiösen Gemeinschaft von der geistlichen Genossenschaft oder ähnlichen religiösen Gemeinschaft,

5. für Personen, die Krankengeld oder Verletztengeld beziehen, von diesen und den Leistungsträgern je zur Hälfte, soweit sie auf die Leistung entfallen, im übrigen von den Leistungsträgern; die Leistungsträger tragen die Beiträge auch allein, soweit sie folgende Leistungen zahlen:
   a) Versorgungskrankengeld oder Übergangsgeld,
   b) Krankengeld oder Verletztengeld in Höhe der Entgeltersatzleistungen nach diesem Buch oder
   c) eine Leistung, die nach einem monatlichen Arbeitsentgelt bemessen wird, das 450 Euro nicht übersteigt,

5a. für Personen, die Krankengeld nach § 44a des Fünften Buches[1] beziehen, vom Leistungsträger,

6. für Personen, die Krankentagegeld beziehen, von privaten Krankenversicherungsunternehmen,

6a. für Personen, die Leistungen für den Ausfall von Arbeitseinkünften im Zusammenhang mit einer nach den §§ 8 und 8a des Transplantationsgesetzes erfolgenden Spende von Organen oder Geweben oder im Zusammenhang mit einer im Sinne von § 9 des Transfusionsgesetzes erfolgenden Spende von Blut zur Separation von Blutstammzellen oder anderen Blutbestandteilen beziehen, von der Stelle, die die Leistung erbringt; wird die Leistung von mehreren Stellen erbracht, sind die Beiträge entsprechend anteilig zu tragen,

6b. für Personen, die Pflegeunterstützungsgeld beziehen, von den Bezieherinnen und Beziehern der Leistung zur Hälfte, soweit sie auf die Leistung entfallen, im Übrigen
   a) von der Pflegekasse, wenn die oder der Pflegebedürftige in der sozialen Pflegeversicherung versichert ist,
   b) vom privaten Versicherungsunternehmen, wenn die oder der Pflegebedürftige in der privaten Pflege-Pflichtversicherung versichert ist,
   c) von der Festsetzungsstelle für die Beihilfe oder dem Dienstherrn und der Pflegekasse oder dem privaten Versicherungsunternehmen anteilig, wenn die oder der Pflegebedürftige Anspruch auf Beihilfe oder Heilfürsorge hat und in der sozialen Pflegeversicherung oder bei einem privaten Versicherungsunternehmen versichert ist;
   die Beiträge werden von den Stellen, die die Leistung zu erbringen haben, allein getragen, wenn das der Leistung zugrunde liegende Arbeitsentgelt auf den Monat bezogen 450 Euro nicht übersteigt,

7. für Personen, die als Bezieherinnen oder Bezieher einer Rente wegen voller Erwerbsminderung versicherungspflichtig sind, von den Leistungsträgern,

8. für Personen, die als Bezieherinnen von Mutterschaftsgeld versicherungspflichtig sind, von den Leistungsträgern,

9. *(aufgehoben)*

---

[1] Nr. 5.

10. für Personen, die als Pflegepersonen versicherungspflichtig sind (§ 26 Absatz 2b) und eine
   a) in der sozialen Pflegeversicherung versicherte pflegebedürftige Person pflegen, von der Pflegekasse,
   b) in der privaten Pflege-Pflichtversicherung versicherte pflegebedürftige Person pflegen, von dem privaten Versicherungsunternehmen,
   c) pflegebedürftige Person pflegen, die wegen Pflegebedürftigkeit Beihilfeleistungen oder Leistungen der Heilfürsorge und Leistungen einer Pflegekasse oder eines privaten Versicherungsunternehmens erhält, von der Festsetzungsstelle für die Beihilfe oder vom Dienstherrn und der Pflegekasse oder dem privaten Versicherungsunternehmen anteilig.

§ 348 Beitragszahlung für Beschäftigte. (1) Die Beiträge sind, soweit nichts Abweichendes bestimmt ist, von der- oder demjenigen zu zahlen, die oder der sie zu tragen hat.

(2) Für die Zahlung der Beiträge aus Arbeitsentgelt bei einer versicherungspflichtigen Beschäftigung gelten die Vorschriften des Vierten Buches[1]) über den Gesamtsozialversicherungsbeitrag.

§ 349 Beitragszahlung für sonstige Versicherungspflichtige. (1) Für die Zahlung der Beiträge für Personen, die in Einrichtungen der beruflichen Rehabilitation Leistungen erhalten, die ihnen eine Erwerbstätigkeit ermöglichen soll, oder die in Einrichtungen der Jugendhilfe für eine Erwerbstätigkeit befähigt werden sollen, gelten die Vorschriften über die Beitragszahlung aus Arbeitsentgelt entsprechend.

(2) Die Beiträge für Wehrdienstleistende, für Zivildienstleistende und für Gefangene sind an die Bundesagentur zu zahlen.

(3) [1] Die Beiträge für Personen, die Sozialleistungen beziehen, sind von den Leistungsträgern an die Bundesagentur zu zahlen. [2] Die Bundesagentur und die Leistungsträger regeln das Nähere über Zahlung und Abrechnung der Beiträge durch Vereinbarung.

(4) [1] Die Beiträge für Personen, die Krankentagegeld beziehen, sind von den privaten Krankenversicherungsunternehmen an die Bundesagentur zu zahlen. [2] Die Beiträge können durch eine Einrichtung dieses Wirtschaftszweiges gezahlt werden. [3] Mit dieser Einrichtung kann die Bundesagentur Näheres über Zahlung, Einziehung und Abrechnung vereinbaren; sie kann auch vereinbaren, daß der Beitragsabrechnung statistische Durchschnittswerte über die Zahl der Arbeitnehmerinnen und Arbeitnehmer, für die Beiträge zu zahlen sind, und über Zeiten der Arbeitsunfähigkeit zugrunde gelegt werden. [4] Der Bundesagentur sind Verwaltungskosten für den Einzug der Beiträge in Höhe von zehn Prozent der Beiträge pauschal zu erstatten, wenn die Beiträge nicht nach Satz 2 gezahlt werden.

(4a) [1] Die Beiträge für Personen, die als Pflegepersonen versicherungspflichtig sind (§ 26 Abs. 2b), sind von den Stellen, die die Beiträge zu tragen haben, an die Bundesagentur zu zahlen. [2] Die Beiträge für Bezieherinnen und Bezieher von Pflegeunterstützungsgeld sind von den Stellen, die die Leistung zu erbrin-

---

[1]) Nr. 4.

gen haben, an die Bundesagentur zu zahlen. ³Das Nähere über das Verfahren der Beitragszahlung und Abrechnung der Beiträge können der Spitzenverband Bund der Pflegekassen, der Verband der privaten Krankenversicherung e.V., die Festsetzungsstellen für die Beihilfe, das Bundesversicherungsamt und die Bundesagentur durch Vereinbarung regeln.

(4b) ¹Die Beiträge für Personen, die Leistungen für den Ausfall von Arbeitseinkünften im Zusammenhang mit einer nach den §§ 8 und 8a des Transplantationsgesetzes erfolgenden Spende von Organen oder Geweben oder im Zusammenhang mit einer im Sinne von § 9 des Transfusionsgesetzes erfolgenden Spende von Blut zur Separation von Blutstammzellen oder anderen Blutbestandteilen beziehen, sind von den Stellen, die die Beiträge zu tragen haben, an die Bundesagentur zu zahlen. ²Absatz 4a Satz 2 gilt entsprechend.

(5) ¹Für die Zahlung der Beiträge nach den Absätzen 3 bis 4b sowie für die Zahlung der Beiträge für Gefangene gelten die Vorschriften für den Einzug der Beiträge, die an die Einzugsstellen zu zahlen sind, entsprechend, soweit die Besonderheiten der Beiträge nicht entgegenstehen; die Bundesagentur ist zur Prüfung der Beitragszahlung berechtigt. ²Die Zahlung der Beiträge nach Absatz 4a erfolgt in Form eines Gesamtbeitrags für das Kalenderjahr, in dem die Pflegetätigkeit geleistet oder das Pflegeunterstützungsgeld in Anspruch genommen wurde (Beitragsjahr). ³Abweichend von § 23 Abs. 1 Satz 4 des Vierten Buches[1]) ist der Gesamtbeitrag spätestens im März des Jahres fällig, das dem Beitragsjahr folgt.

§ 349a Beitragstragung und Beitragszahlung bei einem Versicherungspflichtverhältnis auf Antrag. ¹Personen, die ein Versicherungspflichtverhältnis auf Antrag begründen, tragen die Beiträge allein. ²Die Beiträge sind an die Bundesagentur zu zahlen. ³§ 24 des Vierten Buches[1]) findet keine Anwendung.

§ 350 Meldungen der Sozialversicherungsträger. (1) ¹Die Einzugsstellen (§ 28i Viertes Buch[1])) haben monatlich der Bundesagentur die Zahl der nach diesem Buch versicherungspflichtigen Personen mitzuteilen. ²Die Bundesagentur kann in die Geschäftsunterlagen und Statistiken der Einzugsstellen Einsicht nehmen, soweit dies zur Erfüllung ihrer Aufgaben erforderlich ist.

(2) Die Träger der Sozialversicherung haben der Bundesagentur auf Verlangen bei ihnen vorhandene Geschäftsunterlagen und Statistiken vorzulegen, soweit dies zur Erfüllung der Aufgaben der Bundesagentur erforderlich ist.

§ 351 Beitragserstattung. (1) ¹Für die Erstattung zu Unrecht gezahlter Beiträge gilt abweichend von § 26 Abs. 2 des Vierten Buches[1]), daß sich der zu erstattende Betrag um den Betrag der Leistung mindert, der in irrtümlicher Annahme der Versicherungspflicht gezahlt worden ist. ²§ 27 Abs. 2 Satz 2 des Vierten Buches gilt nicht.

(2) Die Beiträge werden erstattet durch
1. die Agentur für Arbeit, in deren Bezirk die Stelle ihren Sitz hat, an welche die Beiträge entrichtet worden sind,

---

[1]) Nr. 4.

2. die zuständige Einzugsstelle oder den Leistungsträger, soweit die Bundesagentur dies mit den Einzugsstellen oder den Leistungsträgern vereinbart hat.

Dritter Unterabschnitt. Verordnungsermächtigung, Anordnungsermächtigung und Ermächtigung zum Erlass von Verwaltungsvorschriften

§ 352 Verordnungsermächtigung. (1) Die Bundesregierung wird ermächtigt, durch Rechtsverordnung nach Maßgabe der Finanzlage der Bundesagentur sowie unter Berücksichtigung der Beschäftigungs- und Wirtschaftslage sowie deren voraussichtlicher Entwicklung zu bestimmen, daß die Beiträge zeitweise nach einem niedrigeren Beitragssatz erhoben werden.

(2) Das Bundesministerium für Arbeit und Soziales wird ermächtigt, durch Rechtsverordnung

1. im Einvernehmen mit dem Bundesministerium der Finanzen, dem Bundesministerium der Verteidigung und dem Bundesministerium für Familie, Senioren, Frauen und Jugend eine Pauschalberechnung sowie die Fälligkeit, Zahlung und Abrechnung für einen Gesamtbeitrag der Wehrdienstleistenden und für einen Gesamtbeitrag der Zivildienstleistenden vorzuschreiben; es kann dabei eine geschätzte Durchschnittszahl der beitragspflichtigen Dienstleistenden zugrunde legen sowie die Besonderheiten berücksichtigen, die sich aus der Zusammensetzung dieses Personenkreises hinsichtlich der Bemessungsgrundlage und der Regelungen zur Anwartschaftszeit für das Arbeitslosengeld ergeben,

2. das Nähere über die Zahlung, Einziehung und Abrechnung der Beiträge, die von privaten Krankenversicherungsunternehmen zu zahlen sind, zu regeln.

(3) Das Bundesministerium für Arbeit und Soziales wird ermächtigt, durch Rechtsverordnung mit Zustimmung des Bundesrates eine Pauschalberechnung für die Beiträge der Gefangenen und der für die Vollzugsanstalten zuständigen Länder vorzuschreiben und die Zahlungsweise zu regeln.

§ 352a Anordnungsermächtigung. Die Bundesagentur wird ermächtigt, durch Anordnung das Nähere zum Antragsverfahren, zur Kündigung, zur Fälligkeit, Zahlung und Abrechnung der Beiträge bei einem Versicherungspflichtverhältnis auf Antrag (§ 28a) zu bestimmen.

§ 353 Ermächtigung zum Erlaß von Verwaltungsvorschriften. Das Bundesministerium für Arbeit und Soziales kann mit Zustimmung des Bundesrates zur Durchführung der Meldungen der Sozialversicherungsträger Verwaltungsvorschriften erlassen.

Dritter Abschnitt. Umlagen
Erster Unterabschnitt. Winterbeschäftigungs-Umlage

§ 354 Grundsatz. [1] Die Mittel für die ergänzenden Leistungen nach § 102 werden einschließlich der Verwaltungskosten und der sonstigen Kosten, die mit der Gewährung dieser Leistungen zusammenhängen, in den durch Verordnung nach § 109 Absatz 3 bestimmten Wirtschaftszweigen durch Umlage aufgebracht. [2] Die Umlage wird unter Berücksichtigung von Vereinbarungen der Tarifvertragsparteien der Wirtschaftszweige von Arbeitgebern oder gemeinsam von Arbeitgebern sowie Arbeitnehmerinnen und Arbeitnehmern aufgebracht und getrennt nach Zweigen des Baugewerbes und weiteren Wirtschaftszweigen abgerechnet.

§ 355 Höhe der Umlage. ¹Die Umlage ist in den einzelnen Zweigen des Baugewerbes und in weiteren Wirtschaftszweigen, die von saisonbedingtem Arbeitsausfall betroffen sind, monatlich nach einem Prozentsatz der Bruttoarbeitsentgelte der dort beschäftigten Arbeitnehmerinnen und Arbeitnehmer, die ergänzende Leistungen nach § 102 erhalten können, zu erheben. ²Die Verwaltungskosten und die sonstigen Kosten können pauschaliert und für die einzelnen Wirtschaftszweige im Verhältnis der Anteile an den Ausgaben berücksichtigt werden.

§ 356 Umlageabführung. (1) ¹Die Arbeitgeber führen die Umlagebeträge über die gemeinsame Einrichtung ihres Wirtschaftszweiges oder über eine Ausgleichskasse ab. ²Dies gilt auch, wenn die Umlage gemeinsam von Arbeitgebern sowie Arbeitnehmerinnen und Arbeitnehmern aufgebracht wird; in diesen Fällen gelten § 28e Abs. 1 Satz 1 und § 28g des Vierten Buches[1]) entsprechend. ³Kosten werden der gemeinsamen Einrichtung oder der Ausgleichskasse nicht erstattet. ⁴Die Bundesagentur kann mit der gemeinsamen Einrichtung oder der Ausgleichskasse ein vereinfachtes Abrechnungsverfahren vereinbaren und dabei auf Einzelnachweise verzichten.

(2) ¹Umlagepflichtige Arbeitgeber, auf die die Tarifverträge über die gemeinsamen Einrichtungen oder Ausgleichskassen keine Anwendung finden, führen die Umlagebeträge unmittelbar an die Bundesagentur ab. ²Sie haben der Bundesagentur die Mehraufwendungen für die Einziehung pauschal zu erstatten.

§ 357 Verordnungsermächtigung. (1) Das Bundesministerium für Arbeit und Soziales wird ermächtigt, durch Rechtsverordnung

1. die Höhe der pauschalierten Verwaltungskosten, die von der Umlage in einzelnen Wirtschaftszweigen aufzubringen sind,
2. den jeweiligen Prozentsatz zur Berechnung der Umlage, eine gemeinsame Tragung der Umlage durch Arbeitgeber sowie Arbeitnehmerinnen und Arbeitnehmer und, bei gemeinsamer Tragung, die jeweiligen Anteile,
3. zur Berechnung der Umlage die umlagepflichtigen Bestandteile der Bruttoarbeitsentgelte in den einzelnen Zweigen des Baugewerbes und weiteren Wirtschaftszweigen, die von saisonbedingtem Arbeitsausfall betroffen sind,
4. die Höhe der Pauschale für die Mehraufwendungen in Fällen, in denen die Arbeitgeber ihre Umlagebeträge nicht über eine gemeinsame Einrichtung oder Ausgleichskasse abführen,
5. die Voraussetzungen zur Entrichtung der Umlagebeträge in längeren Abrechnungsintervallen und
6. das Nähere über die Zahlung und Einziehung der Umlage

festzulegen.

---

[1]) Nr. 4.

(2) ¹Bei der Festsetzung des jeweiligen Prozentsatzes ist zu berücksichtigen, welche ergänzenden Leistungen nach § 102 in Anspruch genommen werden können. ²Der jeweilige Prozentsatz ist so festzusetzen, dass das Aufkommen aus der Umlage unter Berücksichtigung von eventuell bestehenden Fehlbeträgen oder Überschüssen für die einzelnen Wirtschaftszweige ausreicht, um den voraussichtlichen Bedarf der Bundesagentur für die Aufwendungen nach § 354 Satz 1 zu decken.

Zweiter Unterabschnitt. Umlage für das Insolvenzgeld

§ 358 Aufbringung der Mittel. (1) ¹Die Mittel für die Zahlung des Insolvenzgeldes werden durch eine monatliche Umlage von den Arbeitgebern aufgebracht. ²Der Bund, die Länder, die Gemeinden sowie Körperschaften, Stiftungen und Anstalten des öffentlichen Rechts, über deren Vermögen ein Insolvenzverfahren nicht zulässig ist, und solche juristischen Personen des öffentlichen Rechts, bei denen der Bund, ein Land oder eine Gemeinde kraft Gesetzes die Zahlungsfähigkeit sichert, und private Haushalte werden nicht in die Umlage einbezogen.

(2) ¹Die Umlage ist nach einem Prozentsatz des Arbeitsentgelts (Umlagesatz) zu erheben. ²Maßgebend ist das Arbeitsentgelt, nach dem die Beiträge zur gesetzlichen Rentenversicherung für die im Betrieb beschäftigten Arbeitnehmerinnen, Arbeitnehmer und Auszubildenden bemessen werden oder im Fall einer Versicherungspflicht in der gesetzlichen Rentenversicherung zu bemessen wären. ³Für die Zeit des Bezugs von Kurzarbeitergeld, Saisonkurzarbeitergeld oder Transferkurzarbeitergeld bemessen sich die Umlagebeträge nach dem tatsächlich erzielten Arbeitsentgelt bis zur Beitragsbemessungsgrenze der gesetzlichen Rentenversicherung.

(3) ¹Zu den durch die Umlage zu deckenden Aufwendungen gehören

1. das Insolvenzgeld einschließlich des von der Bundesagentur gezahlten Gesamtsozialversicherungsbeitrages,
2. die Verwaltungskosten und
3. die Kosten für den Einzug der Umlage und der Prüfung der Arbeitgeber.

²Die Kosten für den Einzug der Umlage und der Prüfung der Arbeitgeber werden pauschaliert.

§ 359 Einzug und Weiterleitung der Umlage. (1) ¹Die Umlage ist zusammen mit dem Gesamtsozialversicherungsbeitrag an die Einzugsstelle zu zahlen. ²Die für den Gesamtsozialversicherungsbeitrag geltenden Vorschriften des Vierten Buches[1)] finden entsprechende Anwendung, soweit dieses Gesetz nichts anderes bestimmt.

(2) Die Einzugsstelle leitet die Umlage einschließlich der Zinsen und Säumniszuschläge arbeitstäglich an die Bundesagentur weiter.

§ 360 Umlagesatz. Der Umlagesatz beträgt 0,15 Prozent.

[1)] Nr. 4.

§ 361 Verordnungsermächtigung. Das Bundesministerium für Arbeit und Soziales wird ermächtigt, durch Rechtsverordnung mit Zustimmung des Bundesrates

1. im Einvernehmen mit dem Bundesministerium der Finanzen und dem Bundesministerium für Wirtschaft und Energie zum Ausgleich von Überschüssen oder Fehlbeständen unter Berücksichtigung der Beschäftigungs- und Wirtschaftslage zu bestimmen, dass die Umlage jeweils für ein Kalenderjahr nach einem von § 360 abweichenden Umlagesatz erhoben wird; dabei soll ein niedrigerer Umlagesatz angesetzt werden, wenn die Rücklage die durchschnittlichen jährlichen Aufwendungen der vorhergehenden fünf Kalenderjahre übersteigt, und ein höherer, wenn der Fehlbestand mehr als die durchschnittlichen jährlichen Aufwendungen der vorhergehenden fünf Kalenderjahre beträgt,
2. die Höhe der Pauschale für die Kosten des Einzugs der Umlage und der Prüfung der Arbeitgeber nach Anhörung der Bundesagentur, der Deutschen Rentenversicherung Bund, des Spitzenverbandes Bund der Krankenkassen und der Sozialversicherung für Landwirtschaft, Forsten und Gartenbau sowie der Deutschen Rentenversicherung Knappschaft-Bahn-See festzusetzen.

§ 362 *(aufgehoben)*

Vierter Abschnitt. Beteiligung des Bundes

§ 363 Finanzierung aus Bundesmitteln. (1) [1] Der Bund trägt die Ausgaben für die Aufgaben, deren Durchführung die Bundesregierung auf Grund dieses Buches der Bundesanstalt übertragen hat. [2] Verwaltungskosten der Bundesagentur werden nicht erstattet.

(2) [1] Der Bund trägt die Ausgaben für die weiteren Aufgaben, die er der Bundesagentur durch Gesetz übertragen hat. [2] Hierfür werden der Bundesagentur die Verwaltungskosten erstattet, soweit in dem jeweiligen Gesetz nichts Abweichendes bestimmt ist.

§ 364 Liquiditätshilfen. (1) Der Bund leistet die zur Aufrechterhaltung einer ordnungsgemäßen Kassenwirtschaft notwendigen Liquiditätshilfen als zinslose Darlehen, wenn die Mittel der Bundesagentur zur Erfüllung der Zahlungsverpflichtungen nicht ausreichen.

(2) Die Darlehen sind zurückzuzahlen, sobald und soweit am Ende eines Tages die Einnahmen die Ausgaben übersteigen.

§ 365 Stundung von Darlehen. Kann die Bundesagentur als Liquiditätshilfen geleistete Darlehen des Bundes bis zum Schluss des Haushaltsjahres nicht zurückzahlen, gilt die Rückzahlung als bis zum Schluss des folgenden Haushaltsjahres gestundet.

Fünfter Abschnitt. Rücklage und Versorgungsfonds

§ 366 Bildung und Anlage der Rücklage. (1) Die Bundesagentur hat aus den Überschüssen der Einnahmen über die Ausgaben eine Rücklage zu bilden.

(2) Soweit in einem Haushaltsjahr die Einnahmen aus einer Umlage die aus dieser zu zahlenden Ausgaben übersteigen, sind die Überschüsse der Einnahmen über die Ausgaben jeweils einer gesonderten Rücklage zuzuführen.

(3) [1] Die Rücklage ist nach wirtschaftlichen Grundsätzen so anzulegen, daß bis zur vollen Höhe der Rücklage die jederzeitige Zahlungsfähigkeit der Bundesagentur gewährleistet ist. [2] Die Bundesagentur kann mit Zustimmung des Bundesministeriums für Arbeit und Soziales sowie des Bundesministeriums der Finanzen Verwaltungsvorschriften über die Anlage der Rücklage erlassen.

§ 366a Versorgungsfonds. (1) [1] Zur Finanzierung der Versorgungsausgaben (Versorgungsaufwendungen und Beihilfen) für

1. Versorgungsempfängerinnen und Versorgungsempfänger,

2. Beamtinnen und Beamte und

3. Beschäftigte, denen eine Anwartschaft auf Versorgung nach beamtenrechtlichen Vorschriften oder Grundsätzen gewährleistet wird,

wird ein Sondervermögen der Bundesagentur unter dem Namen „Versorgungsfonds der Bundesagentur für Arbeit" errichtet. [2] Dies gilt nicht für Personen im Beamtenverhältnis auf Widerruf.

(2) Das Sondervermögen „Versorgungsfonds der Bundesagentur für Arbeit" wird finanziert aus

1. aus regelmäßigen sowie ergänzenden Zuweisungen der Bundesagentur,

2. den sich nach § 14a Absatz 2 und 3 des Bundesbesoldungsgesetzes ergebenden Beträgen und

3. den Erträgen des Versorgungsfonds.

(3) [1] Die ergänzenden Zuweisungen werden dem Versorgungsfonds aus der Rücklage der Bundesagentur nach § 366 Absatz 1 zugeführt. [2] Sie können sowohl zum Ausgleich einer festgestellten Unterfinanzierung als auch anstelle zukünftiger regelmäßiger Zuweisungen nach Absatz 2 Nummer 1 vorgenommen werden. [3] Über Zeitpunkt und Höhe der ergänzenden Zuweisungen entscheidet die Bundesagentur mit Zustimmung des Bundesministeriums für Arbeit und Soziales und des Bundesministeriums der Finanzen.

(4) [1] Die regelmäßigen Zuweisungen nach Absatz 2 Nummer 1 dienen dazu, die Versorgungsanwartschaften des in Absatz 1 Nr. 2 und 3 genannten Personenkreises der Bundesagentur abzudecken. [2] Die Höhe der monatlich für jede Person abzuführenden Zuweisung bestimmt sich nach Prozentsätzen der jeweiligen ruhegehaltfähigen Dienstbezüge oder Entgeltzahlungen und ist auf Grundlage versicherungsmathematischer Berechnungen und ist regelmäßig zu überprüfen. [3] Die Höhe und das Verfahren der Zuweisungen sowie das Verfahren der Überprüfung legt das Bundesministerium für Arbeit und Soziales unter Beachtung der Liquidität des Sondervermögens durch Rechtsverordnung im Einvernehmen mit dem Bundesministerium der Finanzen fest. [4] Unter Berücksichtigung der Abflüsse ist die Zahlungsfähigkeit des Sondervermögens jederzeit sicherzustellen. [5] Das Bundesministerium für Arbeit und Soziales kann die Befugnis nach Satz 3 im Einvernehmen mit dem Bundesministerium der Finanzen durch Rechtsverordnung auf den Vorstand der Bundesagentur übertragen. [6] Für Beamtinnen und Beamte, die nach § 387 Abs. 3 bis 6 beurlaubt sind oder denen die Zeit ihrer Beurlaubung als ruhegehaltfähig anerkannt worden ist, sind regel-

mäßige Zuweisungen auf der Grundlage der ihnen ohne die Beurlaubung jeweils zustehenden ruhegehaltfähigen Dienstbezüge zu leisten.

(5) [1] Der Versorgungsfonds ist ein nicht rechtsfähiges Sondervermögen der Bundesagentur. [2] Die Bundesagentur hat den Versorgungsfonds getrennt von ihrem sonstigen Vermögen zu verwalten. [3] Sie hat einen jährlichen Wirtschaftsplan zu erstellen, der der Genehmigung durch die Bundesregierung bedarf. [4] Für jedes Rechnungsjahr ist auf der Grundlage des Wirtschaftsplanes eine Jahresrechnung aufzustellen, in der der Bestand des Versorgungsfonds, die Einnahmen und Ausgaben sowie die Forderungen und Verbindlichkeiten nachzuweisen sind. [5] Die Jahresrechnung ist dem Bundesministerium für Arbeit und Soziales zum Ende des zweiten Monats eines Haushaltsjahres vorzulegen.

(6) [1] Die Verwaltung der Mittel des Versorgungsfonds der Bundesagentur wird der Deutschen Bundesbank übertragen. [2] Die Mittel des Versorgungsfonds sind einschließlich der Erträge entsprechend der für den Versorgungsfonds des Bundes nach dem Versorgungsrücklagegesetz geltenden Grundsätze und Richtlinien auf der Grundlage einer von der Bundesagentur jährlich aufzustellenden langfristigen Planung der Nettozuweisungen und Abflüsse zu verwalten und anzulegen. [3] Über die Terminierung der Anlage der einmaligen Zuweisung nach Absatz 2 Nr. 1 schließen die Bundesagentur und die Deutsche Bundesbank eine Vereinbarung.

(7) Mit Errichtung des Versorgungsfonds werden alle Versorgungsausgaben der Bundesagentur aus diesem geleistet.

Elftes Kapitel. Organisation und Datenschutz

Erster Abschnitt. Bundesagentur für Arbeit

§ 367 Bundesagentur für Arbeit. (1) Die Bundesagentur für Arbeit (Bundesagentur) ist eine rechtsfähige bundesunmittelbare Körperschaft des öffentlichen Rechts mit Selbstverwaltung.

(2) [1] Die Bundesagentur gliedert sich in eine Zentrale auf der oberen Verwaltungsebene, Regionaldirektionen auf der mittleren Verwaltungsebene und Agenturen für Arbeit auf der örtlichen Verwaltungsebene. [2] Die Bundesagentur kann besondere Dienststellen errichten.

(3) [1] Die Regionaldirektionen tragen Verantwortung für den Erfolg der regionalen Arbeitsmarktpolitik. [2] Zur Abstimmung der Leistungen der Arbeitsförderung mit der Arbeitsmarkt-, Struktur- und Wirtschaftspolitik der Länder arbeiten sie mit den Landesregierungen zusammen.

(4) Die Bundesagentur hat ihren Sitz in Nürnberg.

§ 368 Aufgaben der Bundesagentur. (1) [1] Die Bundesagentur ist der für die Durchführung der Aufgaben nach diesem Buch zuständige Verwaltungsträger. [2] Sie darf ihre Mittel nur für die gesetzlich vorgeschriebenen oder zugelassenen Zwecke verwenden.

(1a) [1] Die Bundesagentur für Arbeit nimmt auf der Grundlage des über- und zwischenstaatlichen Rechts die Funktion der Verbindungsstelle für die Aufgaben nach diesem Buch oder nach dem Zweiten Buch[1]) wahr. ²Hierzu gehören insbesondere

1. die Koordinierung der Verwaltungshilfe und des Datenaustauschs bei grenzüberschreitenden Sachverhalten für den Bereich der Leistungen bei Arbeitslosigkeit,
2. Aufklärung, Beratung und Information.

(2) ¹Die Bundesagentur darf für Bundesbehörden Dienstleistungen im Rahmen der Festlegungen des Rates der IT-Beauftragten in den Bereichen Internet-Webhosting, Dienstausweis mit elektronischer Signatur, Druck- und Kuvertierleistungen sowie Archivierung von elektronischen Informationsobjekten erbringen, soweit dies ihre durch dieses Gesetz oder andere Bundesgesetze oder auf Grund dieser Gesetze zugewiesenen Aufgaben nicht beeinträchtigt. ²Dadurch entstehende Kosten sind ihr zu erstatten. ³Das Nähere ist jeweils in Verwaltungsvereinbarungen zu regeln.

(3) ¹Die Bundesregierung kann der Bundesagentur durch Rechtsverordnung mit Zustimmung des Bundesrates weitere Aufgaben übertragen, die im Zusammenhang mit deren Aufgaben nach diesem Buch stehen. ²Die Durchführung befristeter Arbeitsmarktprogramme kann sie der Bundesagentur durch Verwaltungsvereinbarung übertragen.

(4) Die Regionaldirektionen können mit Zustimmung der Zentrale durch Verwaltungsvereinbarung die Durchführung befristeter Arbeitsmarktprogramme der Länder übernehmen.

(5) Die Agenturen für Arbeit können die Zusammenarbeit mit Kreisen und Gemeinden in Verwaltungsvereinbarungen regeln.

§ 368a *(aufgehoben)*

§ 369 Besonderheiten zum Gerichtsstand. Hat eine Klage gegen die Bundesagentur Bezug auf den Aufgabenbereich einer Regionaldirektion oder einer Agentur für Arbeit, und ist der Sitz der Bundesagentur maßgebend für die örtliche Zuständigkeit des Gerichts, so kann die Klage auch bei dem Gericht erhoben werden, in dessen Bezirk die Regionaldirektion oder die Agentur für Arbeit ihren Sitz hat.

§ 370 Beteiligung an Gesellschaften. Die Bundesagentur kann die Mitgliedschaft in Vereinen erwerben und mit Zustimmung des Bundesministeriums für Arbeit und Soziales sowie des Bundesministeriums der Finanzen Gesellschaften gründen oder sich an Gesellschaften beteiligen, wenn dies zur Erfüllung ihrer Aufgaben nach diesem Buch zweckmäßig ist.

Zweiter Abschnitt. Selbstverwaltung

Erster Unterabschnitt. Verfassung

§ 371 Selbstverwaltungsorgane. (1) Als Selbstverwaltungsorgane der Bundesagentur werden der Verwaltungsrat und die Verwaltungsausschüsse bei den Agenturen für Arbeit gebildet.

---

[1]) Nr. 2.

(2) ¹ Die Selbstverwaltungsorgane haben die Verwaltung zu überwachen und in allen aktuellen Fragen des Arbeitsmarktes zu beraten. ² Sie erhalten die für die Wahrnehmung ihrer Aufgaben erforderlichen Informationen.

(3) ¹ Jedes Selbstverwaltungsorgan gibt sich eine Geschäftsordnung. ² Die Geschäftsordnung ist von mindestens drei Vierteln der Mitglieder zu beschließen.

(4) Die Bundesagentur wird ohne Selbstverwaltung tätig, soweit sie der Fachaufsicht unterliegt.

(5) ¹ Die Selbstverwaltungsorgane setzen sich zu gleichen Teilen aus Mitgliedern zusammen, die Arbeitnehmerinnen und Arbeitnehmer, Arbeitgeber und öffentliche Körperschaften vertreten. ² Eine Stellvertretung ist nur bei Abwesenheit des Mitglieds zulässig. ³ Ein Mitglied, das die öffentlichen Körperschaften vertritt, kann einem Selbstverwaltungsorgan nicht vorsitzen.

(6) ¹ Die Mitglieder der Selbstverwaltungsorgane üben ihre Tätigkeit ehrenamtlich aus. ² Sie dürfen in der Übernahme oder Ausübung des Ehrenamtes nicht behindert oder wegen der Übernahme oder Ausübung eines solchen Amtes nicht benachteiligt werden.

(7) Stellvertretende Mitglieder haben für die Zeit, in der sie Mitglieder vertreten, die Rechte und Pflichten eines Mitglieds.

(8) § 42 des Vierten Buches[1)] gilt entsprechend.

§ 372 Satzung und Anordnungen. (1) Die Bundesagentur gibt sich eine Satzung.

(2) Die Satzung und die Anordnungen des Verwaltungsrats bedürfen der Genehmigung des Bundesministeriums für Arbeit und Soziales.

(3) ¹ Die Satzung und die Anordnungen sind öffentlich bekannt zu machen. ² Sie treten, wenn ein anderer Zeitpunkt nicht bestimmt ist, am Tag nach ihrer Bekanntmachung in Kraft. ³ Die Art der Bekanntmachung wird durch die Satzung geregelt.

(4) Das Bundesministerium für Arbeit und Soziales kann anstelle der nach diesem Gesetz vorgesehenen Anordnungen Rechtsverordnungen erlassen, wenn die Bundesagentur nicht innerhalb von vier Monaten, nachdem das Bundesministerium für Arbeit und Soziales sie dazu aufgefordert hat, eine Anordnung erlässt oder veränderten Verhältnissen anpasst.

§ 373 Verwaltungsrat. (1) ¹ Der Verwaltungsrat überwacht den Vorstand und die Verwaltung. ² Er kann vom Vorstand die Durchführung von Prüfungen durch die Innenrevision verlangen und Sachverständige mit einzelnen Aufgaben der Überwachung beauftragen.

(2) ¹ Der Verwaltungsrat kann jederzeit vom Vorstand Auskunft über die Geschäftsführung verlangen. ² Auch ein einzelnes Mitglied des Verwaltungsrats kann einen Bericht, jedoch nur an den Verwaltungsrat, verlangen; lehnt der Vorstand die Berichterstattung ab, so kann der Bericht nur verlangt werden, wenn die Mehrheit der Gruppe, der das Antrag stellende Mitglied angehört, das Verlangen unterstützt.

[1)] Nr. 4.

(3) ¹Die Satzung kann bestimmen, dass bestimmte Arten von Geschäften nur mit Zustimmung des Verwaltungsrats vorgenommen werden dürfen. ²Verweigert der Verwaltungsrat die Zustimmung, so kann der Vorstand verlangen, dass das Bundesministerium für Arbeit und Soziales entscheidet.

(4) Ist der Verwaltungsrat der Auffassung, dass der Vorstand seine Pflichten verletzt hat, kann er die Angelegenheit dem Bundesministerium für Arbeit und Soziales vortragen.

(5) Der Verwaltungsrat beschließt die Satzung und erlässt die Anordnungen nach diesem Gesetz.

(6) ¹Der Verwaltungsrat besteht aus 21 Mitgliedern. ²Jede Gruppe kann bis zu fünf stellvertretende Mitglieder benennen. ³Für die Gruppe der öffentlichen Körperschaften können die Mitglieder des Verwaltungsrates, die auf Vorschlag der Bundesregierung, und die Mitglieder des Verwaltungsrates, die auf Vorschlag des Bundesrates in den Verwaltungsrat berufen worden sind, jeweils zwei stellvertretende Mitglieder und das Mitglied, das auf Vorschlag der kommunalen Spitzenverbände in den Verwaltungsrat berufen worden ist, ein stellvertretendes Mitglieder benennen.

§ 374 Verwaltungsausschüsse. (1) Bei jeder Agentur für Arbeit besteht ein Verwaltungsausschuss.

(2) ¹Der Verwaltungsausschuss überwacht und berät die Agentur für Arbeit bei der Erfüllung ihrer Aufgaben. ²§ 373 Abs. 2 gilt entsprechend.

(3) Ist der Verwaltungsausschuss der Auffassung, dass die Geschäftsführung ihre Pflichten verletzt hat, kann er die Angelegenheit dem Verwaltungsrat vortragen.

(4) ¹Die Zahl der Mitglieder der Verwaltungsausschüsse setzt der Verwaltungsrat fest; die Mitgliederzahl darf höchstens 15 betragen. ²Jede Gruppe kann bis zu zwei stellvertretende Mitglieder benennen.

§ 374a *(aufgehoben)*

§ 375 Amtsdauer. (1) ¹Die Amtsdauer der Mitglieder der Selbstverwaltungsorgane beträgt sechs Jahre.

(2) Die Mitglieder der Selbstverwaltungsorgane bleiben nach Ablauf ihrer Amtsdauer im Amt, bis ihre Nachfolger berufen sind.

(3) Scheidet ein Mitglied vor Ablauf der Amtsdauer aus, so ist für den Rest der Amtsdauer ein neues Mitglied zu berufen.

(4) Die Amtsdauer der stellvertretende Mitglieder endet mit der Amtsdauer der Mitglieder der Selbstverwaltungsorgane.

§ 376 Entschädigung der ehrenamtlich Tätigen. ¹Die Bundesagentur erstattet den Mitgliedern und den stellvertretenden Mitgliedern der Selbstverwaltungsorgane ihre baren Auslagen und gewährt eine Entschädigung. ²Der Verwaltungsrat kann feste Sätze beschließen.

Zweiter Unterabschnitt. Berufung und Abberufung

§ 377 Berufung und Abberufung der Mitglieder. (1) Die Mitglieder und die stellvertretenden Mitglieder der Selbstverwaltung werden berufen.

(2) ¹Die Berufung erfolgt bei Mitgliedern des Verwaltungsrats durch das Bundesministerium für Arbeit und Soziales und bei Mitgliedern der Verwaltungsausschüsse durch den Verwaltungsrat. ²Die berufende Stelle hat Frauen und Männer mit dem Ziel ihrer gleichberechtigten Teilhabe in den Gruppen zu berücksichtigen. ³Liegen Vorschläge mehrerer Vorschlagsberechtigter vor, so sind die Sitze anteilsmäßig unter billiger Berücksichtigung der Minderheiten zu verteilen.

(3) ¹Ein Mitglied ist abzuberufen, wenn

1. eine Voraussetzung für seine Berufung entfällt oder sich nachträglich herausstellt, dass sie nicht vorgelegen hat,
2. das Mitglied seine Amtspflicht grob verletzt,
3. die vorschlagende Stelle es beantragt oder
4. das Mitglied es beantragt.

²Eine Abberufung auf Antrag der vorschlagsberechtigten Gruppe hat bei den Gruppen der Arbeitnehmerinnen und Arbeitnehmer oder der Arbeitgeber nur zu erfolgen, wenn die Mitglieder aus ihren Organisationen ausgeschlossen worden oder ausgetreten sind oder die Vorschlagsberechtigung der Stelle, die das Mitglied vorgeschlagen hat, entfallen ist.

(4) ¹Für die Berufung der stellvertretenden Mitglieder gelten Absatz 2 Satz 1 und 2, Absatz 3 Satz 1 Nr. 1, 2 und 4 sowie § 378 entsprechend. ²Ein stellvertretendes Mitglied ist abzuberufen, wenn die benennende Gruppe dies beantragt.

§ 378 Berufungsfähigkeit. (1) Als Mitglieder der Selbstverwaltungsorgane können nur Deutsche, die das passive Wahlrecht zum Deutschen Bundestag besitzen, sowie Ausländerinnen und Ausländer, die ihren gewöhnlichen Aufenthalt rechtmäßig im Bundesgebiet haben und die die Voraussetzungen des § 15 des Bundeswahlgesetzes mit Ausnahme der von der Staatsangehörigkeit abhängigen Voraussetzungen erfüllen, berufen werden.

(2) Arbeitnehmerinnen und Arbeitnehmer sowie Beamtinnen und Beamte der Bundesagentur können nicht Mitglieder von Selbstverwaltungsorganen der Bundesagentur sein.

§ 379 Vorschlagsberechtigte Stellen. (1) ¹Vorschlagsberechtigt sind für die Mitglieder der Gruppen

1. der Arbeitnehmerinnen und Arbeitnehmer die Gewerkschaften, die Tarifverträge abgeschlossen haben, sowie ihre Verbände,
2. der Arbeitgeber die Arbeitgeberverbände, die Tarifverträge abgeschlossen haben, sowie ihre Vereinigungen,

die für die Vertretung von Arbeitnehmer- oder Arbeitgeberinteressen wesentliche Bedeutung haben. ²Für die Verwaltungsausschüsse der Agenturen für Arbeit sind nur die für den Bezirk zuständigen Gewerkschaften und ihre Verbände sowie die Arbeitgeberverbände und ihre Vereinigungen vorschlagsberechtigt.

(2) Vorschlagsberechtigt für die Mitglieder der Gruppe der öffentlichen Körperschaften im Verwaltungsrat sind

1. die Bundesregierung für drei Mitglieder,

2. der Bundesrat für drei Mitglieder und
3. die Spitzenvereinigungen der kommunalen Selbstverwaltungskörperschaften für ein Mitglied.

(3) ¹Vorschlagsberechtigt für die Mitglieder der Gruppe der öffentlichen Körperschaften in den Verwaltungsausschüssen sind die gemeinsamen Rechtsaufsichtsbehörden der zum Bezirk der Agentur für Arbeit gehörenden Gemeinden und Gemeindeverbände oder, soweit es sich um oberste Landesbehörden handelt, die von ihnen bestimmten Behörden. ²Die zum Bezirk der Agentur für Arbeit gehörenden Gemeinden und Gemeindeverbände sind berechtigt, der zuständigen Behörde Personen vorzuschlagen. ³Einigen sie sich auf einen Vorschlag, ist die zuständige Behörde an diesen gebunden; im anderen Fall schlägt sie von sich aus Personen vor, die für die beteiligten Gemeinden oder Gemeindeverbände oder für sie tätig sein müssen. ⁴Ist eine gemeinsame Gemeindeaufsichtsbehörde nicht vorhanden und einigen sich die beteiligten Gemeindeaufsichtsbehörden nicht, so steht das Vorschlagsrecht der obersten Landesbehörde oder der von ihr bezeichneten Stelle zu. ⁵Mitglieder der öffentlichen Körperschaften können nur Vertreterinnen oder Vertreter der Gemeinden, der Gemeindeverbände oder der gemeinsamen Gemeindeaufsichtsbehörde sein, in deren Gebiet sich der Bezirk der Agentur für Arbeit befindet, und die bei diesen hauptamtlich oder ehrenamtlich tätig sind.

Dritter Unterabschnitt. Neutralitätsausschuss

§ 380 Neutralitätsausschuss. (1) ¹Der Neutralitätsausschuss, der Feststellungen über bestimmte Voraussetzungen über das Ruhen des Arbeitslosengeldes bei Arbeitskämpfen trifft, besteht aus
1. drei Mitgliedern, die der Gruppe der Arbeitnehmerinnen und Arbeitnehmer im Verwaltungsrat angehören,
2. drei Mitgliedern, die der Gruppe der Arbeitgeber im Verwaltungsrat angehören, sowie
3. der oder dem Vorsitzenden des Vorstands.

²Die Gruppe der Arbeitnehmerinnen und Arbeitnehmer sowie die Gruppe der Arbeitgeber bestimmen die sie jeweils vertretenden Personen mit einfacher Mehrheit. ³Vorsitzende oder Vorsitzender ist die oder der Vorsitzende des Vorstands. ⁴Sie oder er vertritt den Neutralitätsausschuss vor dem Bundessozialgericht.

(2) Die Vorschriften, die die Organe der Bundesagentur betreffen, gelten entsprechend, soweit Besonderheiten des Neutralitätsausschusses nicht entgegenstehen.

Dritter Abschnitt. Vorstand und Verwaltung

§ 381 Vorstand der Bundesagentur. (1) ¹Der Vorstand leitet die Bundesagentur und führt deren Geschäfte. ²Er vertritt die Bundesagentur gerichtlich und außergerichtlich.

(2) ¹Der Vorstand besteht aus einer oder einem Vorsitzenden und zwei weiteren Mitgliedern. ²Durch Satzung kann der Vorstand um ein weiteres Mitglied erweitert werden. ³Die oder der Vorsitzende führt die Amtsbezeichnung „Vorsitzende des Vorstands der Bundesagentur für Arbeit" oder „Vor-

sitzender des Vorstands der Bundesagentur für Arbeit", die übrigen Mitglieder führen die Amtsbezeichnung „Mitglied des Vorstands der Bundesagentur für Arbeit".

(3) ¹ Die oder der Vorsitzende des Vorstands bestimmt die Richtlinien der Geschäftsführung und ist bei der Benennung der übrigen Vorstandsmitglieder zu hören. ² Innerhalb dieser Richtlinien nimmt jedes Vorstandsmitglied die Aufgaben seines Geschäftsbereiches selbständig wahr.

(4) ¹ Der Vorstand gibt sich eine Geschäftsordnung, die der Zustimmung des Verwaltungsrats bedarf. ² Die Geschäftsordnung hat insbesondere die Geschäftsverteilung im Vorstand festzulegen sowie die Stellvertretung und die Voraussetzungen für die Beschlussfassung zu regeln.

(5) ¹ Die Vorstandsmitglieder dürfen dem Verwaltungsrat nicht angehören. ² Sie sind berechtigt, an den Sitzungen des Verwaltungsrats teilzunehmen. ³ Sie können jederzeit das Wort ergreifen.

(6) Der Vorstand hat dem Verwaltungsrat regelmäßig und aus wichtigem Anlass zu berichten und ihm auf Verlangen jederzeit Auskunft über die Geschäftsführung der Bundesagentur zu erteilen.

§ 382 Rechtsstellung der Vorstandsmitglieder. (1) ¹ Die oder der Vorsitzende und die übrigen Mitglieder des Vorstands werden auf Vorschlag des Verwaltungsrats von der Bundesregierung benannt. ² Erfolgt trotz Aufforderung durch die Bundesregierung innerhalb von vier Wochen kein Vorschlag des Verwaltungsrats, erlischt das Vorschlagsrecht. ³ Findet der Vorschlag des Verwaltungsrats nicht die Zustimmung der Bundesregierung, kann der Verwaltungsrat innerhalb von vier Wochen einen neuen Vorschlag unterbreiten. ⁴ Das Letztentscheidungsrecht der Bundesregierung bleibt von diesem Verfahren unberührt.

(2) ¹ Die oder der Vorsitzende und die übrigen Mitglieder des Vorstands stehen in einem öffentlichrechtlichen Amtsverhältnis. ² Sie werden von der Bundespräsidentin oder dem Bundespräsidenten ernannt. ³ Die Amtszeit der Mitglieder des Vorstands soll fünf Jahre betragen. ⁴ Mehrere Amtszeiten sind zulässig.

(3) ¹ Das Amtsverhältnis der Vorstandsmitglieder beginnt mit der Aushändigung der Ernennungsurkunde, wenn nicht in der Urkunde ein späterer Tag bestimmt ist. ² Es endet mit Ablauf der Amtszeit, Erreichen der Altersgrenze nach § 51 Abs. 1 und 2 des Bundesbeamtengesetzes oder Entlassung. ³ Die Bundespräsidentin oder der Bundespräsident entlässt ein Vorstandsmitglied auf dessen Verlangen. ⁴ Eine Entlassung erfolgt auch auf Beschluss der Bundesregierung oder des Verwaltungsrats mit Zustimmung der Bundesregierung, wenn das Vertrauensverhältnis gestört ist oder ein wichtiger Grund vorliegt. ⁵ Im Falle der Beendigung des Amtsverhältnisses erhält das Vorstandsmitglied eine von der Bundespräsidentin oder dem Bundespräsidenten vollzogene Urkunde. ⁶ Eine Entlassung wird mit der Aushändigung der Urkunde wirksam. ⁷ Auf Verlangen des Verwaltungsrats mit Zustimmung des Bundesministeriums für Arbeit und Soziales ist ein Vorstandsmitglied verpflichtet, die Geschäfte bis zur Ernennung einer Nachfolgerin oder eines Nachfolgers weiterzuführen.

(4) ¹ Die Mitglieder des Vorstands haben, auch nach Beendigung ihres Amtsverhältnisses, über die ihnen amtlich bekannt gewordenen Angelegenheiten Verschwiegenheit zu bewahren. ² Dies gilt nicht für Mitteilungen im dienst-

lichen Verkehr oder über Tatsachen, die offenkundig sind oder ihrer Bedeutung nach keiner Geheimhaltung bedürfen.

(5) ¹ Die Vorstandsmitglieder dürfen neben ihrem Amt kein anderes besoldetes Amt, kein Gewerbe und keinen Beruf ausüben und weder der Leitung eines auf Erwerb gerichteten Unternehmens noch einer Regierung oder einer gesetzgebenden Körperschaft des Bundes oder eines Landes angehören. ² Sie dürfen nicht gegen Entgelt außergerichtliche Gutachten abgeben. ³ Für die Zugehörigkeit zu einem Aufsichtsrat, Verwaltungsrat, Beirat oder einem anderen Gremium eines öffentlichen oder privaten Unternehmens oder einer sonstigen Einrichtung ist die Einwilligung des Bundesministeriums für Arbeit und Soziales erforderlich; dieses entscheidet, inwieweit eine Vergütung abzuführen ist.

(6) ¹ Im Übrigen werden die Rechtsverhältnisse der Vorstandsmitglieder, insbesondere die Gehalts- und Versorgungsansprüche und die Haftung, durch Verträge geregelt, die das Bundesministerium für Arbeit und Soziales mit den Mitgliedern des Vorstands schließt. ² Die Verträge bedürfen der Zustimmung der Bundesregierung. ³ Der Vollzug der vertraglichen Regelung obliegt der Bundesagentur.

(7) ¹ Wird eine Bundesbeamtin oder ein Bundesbeamter zum Mitglied des Vorstands ernannt, ruhen für die Dauer des Amtsverhältnisses die in dem Beamtenverhältnis begründeten Rechte und Pflichten mit Ausnahme der Pflicht zur Amtsverschwiegenheit und des Verbots der Annahme von Belohnungen oder Geschenken. ² Satz 1 gilt längstens bis zum Eintritt oder bis zur Versetzung in den Ruhestand

(8) Endet das Amtsverhältnis nach Absatz 2 und wird die oder der Betroffene nicht anschließend in ein anderes öffentlich-rechtliches Amtsverhältnis zum Bund berufen, treten Beamtinnen und Beamte, wenn ihnen nicht innerhalb von drei Monaten unter den Voraussetzungen des § 28 Abs. 2 des Bundesbeamtengesetzes oder vergleichbarer landesrechtlicher Regelungen ein anderes Amt übertragen wird, mit Ablauf dieser Frist aus ihrem Dienstverhältnis als Beamtinnen oder Beamte in den einstweiligen Ruhestand, sofern sie zu diesem Zeitpunkt noch nicht die gesetzliche Altersgrenze erreicht haben.

§ 383 Geschäftsführung der Agenturen für Arbeit. (1) ¹ Die Agenturen für Arbeit werden von einer Geschäftsführerin, einem Geschäftsführer oder einer Geschäftsführung geleitet. ² Eine Geschäftsführung besteht aus einer oder einem Vorsitzenden und bis zu zwei weiteren Mitgliedern.

(2) ¹ Die Geschäftsführerin, der Geschäftsführer oder die Mitglieder der Geschäftsführung werden vom Vorstand bestellt. ² Der Vorstand hört die Verwaltungsausschüsse zu den von ihm ausgewählten Bewerberinnen und Bewerbern.

(3) ¹ Die Geschäftsführerin, der Geschäftsführer oder die Mitglieder der Geschäftsführung sind berechtigt, an den Sitzungen des Verwaltungsausschusses teilzunehmen. ² Sie können jederzeit das Wort ergreifen.

(4) Die Geschäftsführerin, der Geschäftsführer oder die Geschäftsführung haben dem Verwaltungsausschuss regelmäßig und aus wichtigem Anlass zu berichten und ihm auf Verlangen jederzeit Auskunft über die Geschäfte der Agentur für Arbeit zu erteilen.

§ 384 Geschäftsführung der Regionaldirektionen. (1) ¹Die Regionaldirektionen werden von einer Geschäftsführung geleitet. ²Die Geschäftsführung besteht aus einer oder einem Vorsitzenden und zwei weiteren Mitgliedern.

(2) Die Mitglieder werden vom Vorstand bestellt; vor der Bestellung der vorsitzenden Mitglieder der Geschäftsführung hat der Vorstand den Verwaltungsrat und die beteiligten Landesregierungen anzuhören.

§ 385 Beauftragte für Chancengleichheit am Arbeitsmarkt. (1) ¹Bei den Agenturen für Arbeit, bei den Regionaldirektionen und bei der Zentrale sind hauptamtliche Beauftragte für Chancengleichheit am Arbeitsmarkt zu bestellen. ²Sie sind unmittelbar der jeweiligen Dienststellenleitung zugeordnet.

(2) ¹Die Beauftragten für Chancengleichheit am Arbeitsmarkt unterstützen und beraten Arbeitgeber, Arbeitnehmerinnen und Arbeitnehmer sowie deren Organisationen in übergeordneten Fragen der Frauenförderung, der Gleichstellung von Frauen und Männern am Arbeitsmarkt sowie der Vereinbarkeit von Familie und Beruf bei beiden Geschlechtern. ²Hierzu zählen insbesondere Fragen der beruflichen Ausbildung, des beruflichen Einstiegs und Fortkommens von Frauen und Männern nach einer Familienphase sowie hinsichtlich einer flexiblen Arbeitszeitgestaltung. ³Zur Sicherung der gleichberechtigten Teilhabe von Frauen am Arbeitsmarkt arbeiten sie mit den in Fragen der Frauenerwerbsarbeit tätigen Stellen ihres Bezirks zusammen.

(3) ¹Die Beauftragten für Chancengleichheit am Arbeitsmarkt sind bei der frauen- und familiengerechten fachlichen Aufgabenerledigung ihrer Dienststellen zu beteiligen. ²Sie haben ein Informations-, Beratungs- und Vorschlagsrecht in Fragen, die Auswirkungen auf die Chancengleichheit von Frauen und Männern am Arbeitsmarkt haben.

(4) ¹Die Beauftragten für Chancengleichheit am Arbeitsmarkt bei den Agenturen für Arbeit können mit weiteren Aufgaben beauftragt werden, soweit die Aufgabenerledigung als Beauftragte für Chancengleichheit am Arbeitsmarkt dies zulässt. ²In Konfliktfällen entscheidet der Verwaltungsausschuss.

§ 386 Innenrevision. (1) ¹Die Bundesagentur stellt durch organisatorische Maßnahmen sicher, dass in allen Dienststellen durch eigenes nicht der Dienststelle angehörendes Personal geprüft wird, ob Leistungen unter Beachtung der gesetzlichen Bestimmungen nicht hätten erbracht werden dürfen oder zweckmäßiger oder wirtschaftlicher hätten eingesetzt werden können. ²Mit der Durchführung der Prüfungen können Dritte beauftragt werden.

(2) Das Prüfpersonal der Bundesagentur ist für die Zeit seiner Prüftätigkeit fachlich unmittelbar der Leitung der Dienststelle unterstellt, in der es beschäftigt ist.

(3) ¹Der Vorstand legt die Berichte der Innenrevision unverzüglich dem Verwaltungsrat vor. ²Vertreterinnen oder Vertreter der Innenrevision sind berechtigt, an den Sitzungen des Verwaltungsrats teilzunehmen, wenn ihre Berichte Gegenstand der Beratung sind. ³Sie können jederzeit das Wort ergreifen.

§ 387 Personal der Bundesagentur. (1) ¹Das Personal der Bundesagentur besteht vorrangig aus Arbeitnehmerinnen und Arbeitnehmern. ²Die Beamtinnen und Beamten der Bundesagentur sind Bundesbeamte.

(2) ¹ Oberste Dienstbehörde für die Beamtinnen und Beamten der Bundesagentur ist der Vorstand. ² Soweit beamtenrechtliche Vorschriften die Übertragung der Befugnisse von obersten Dienstbehörden auf nachgeordnete Behörden zulassen, kann der Vorstand seine Befugnisse im Rahmen dieser Vorschriften auf die Geschäftsführerinnen, Geschäftsführer oder Vorsitzenden der Geschäftsführungen der Agenturen für Arbeit, auf die Vorsitzenden der Geschäftsführungen der Regionaldirektionen und die Leitungen der besonderen Dienststellen übertragen. ³ § 144 Abs. 1 des Bundesbeamtengesetzes und § 83 Abs. 1 des Bundesdisziplinargesetzes bleiben unberührt.

(3) ¹ Beamtinnen und Beamte der Bundesagentur können auf Antrag zur Wahrnehmung einer hauptberuflichen Tätigkeit in einem befristeten Arbeits- oder Anstellungsverhältnis bei der Bundesagentur unter Wegfall der Besoldung beurlaubt werden, soweit das Beamtenverhältnis mindestens drei Jahre besteht und dienstliche Gründe nicht entgegenstehen. ² Eine Beurlaubung ist nur zulässig, wenn der Beamtin oder dem Beamten in dem Arbeits- oder Anstellungsverhältnis eine Funktion übertragen wird, die höher als die bisher übertragene Funktion bewertet ist. ³ Die Bewilligung der Beurlaubung dient dienstlichen Interessen und ist auf längstens zehn Jahre zu befristen. ⁴ Verlängerungen sind zulässig. ⁵ Bei Abschluss eines Anstellungsvertrags nach § 389 Absatz 1 verlängert sich die Beurlaubung um die Zeit, die im Anstellungsverhältnis zu erbringen ist. ⁶ Die Bewilligung der Beurlaubung kann aus zwingenden dienstlichen Gründen widerrufen werden. ⁷ Bei Beendigung oder Ruhen des Arbeitsverhältnisses ist die Bewilligung der Beurlaubung grundsätzlich zu widerrufen. ⁸ Sie kann auf Antrag der beurlaubten Beamtin oder des beurlaubten Beamten auch widerrufen werden, wenn ihr oder ihm eine Fortsetzung der Beurlaubung nicht zumutbar ist und dienstliche Belange nicht entgegenstehen.

(4) Die beurlaubten Beamtinnen und Beamten sind im Rahmen ihrer hauptberuflichen Tätigkeit nach Absatz 3 Satz 1 nicht versicherungspflichtig im Anwendungsbereich dieses Buches, in der gesetzlichen Kranken- und Rentenversicherung sowie in der sozialen Pflegeversicherung.

(5) ¹ Die Zeit der hauptberuflichen Tätigkeit der nach Absatz 3 Satz 1 beurlaubten Beamtinnen und Beamten ist ruhegehaltfähig. ² Die Voraussetzungen des § 28 Abs. 1 Satz 1 des Bundesbesoldungsgesetzes gelten für die Zeit der Beurlaubung als erfüllt. ³ Ein Versorgungszuschlag wird nicht erhoben. ⁴ Die Anwartschaft der beurlaubten Beamtinnen und Beamten auf Versorgung bei verminderter Erwerbsfähigkeit und im Alter sowie auf Hinterbliebenenversorgung nach beamtenrechtlichen Vorschriften und Grundsätzen ist gewährleistet.

(6) ¹ Während der hauptberuflichen Tätigkeit nach Absatz 3 Satz 1 besteht im Krankheitsfall ein zeitlich unbegrenzter Anspruch auf Entgeltfortzahlung in Höhe der Besoldung, die der beurlaubten Beamtin oder dem beurlaubten Beamten vor der Beurlaubung zugestanden hat, mindestens jedoch in Höhe des Krankengeldes, das der beurlaubten Beamtin oder dem beurlaubten Beamten nach den §§ 44ff. des Fünften Buches[1)] zustehen würde. ² Entgeltansprüche, die der beurlaubten Beamtin oder dem beurlaubten Beamten im Krankheitsfall nach dem Entgeltfortzahlungsgesetz, einem Tarifvertrag oder dem Arbeits- oder Anstellungsvertrag zustehen, bleiben unberührt und werden auf den Entgeltfortzahlungsanspruch nach Satz 1 angerechnet. ³ Darüber hinaus besteht bei

---

[1)] Nr. 5.

Krankheit und Pflegebedürftigkeit ein Anspruch auf Beihilfe in entsprechender Anwendung der Beihilferegelungen für Beamtinnen und Beamte mit Dienstbezügen.

(7) ¹ Werden einer Beamtin oder einem Beamten der Bundesagentur mit Bestellung zur Geschäftsführerin oder zum Geschäftsführer einer gemeinsamen Einrichtung nach § 44d Absatz 2 Satz 1 des Zweiten Buches¹⁾ Aufgaben eines höherwertigen Amtes übertragen, erhält sie oder er ab dem siebten Monat der ununterbrochenen Wahrnehmung dieser Aufgaben im Beamtenverhältnis eine Zulage, wenn in diesem Zeitpunkt die haushaltsrechtlichen Voraussetzungen für die Übertragung dieses Amtes vorliegen. ² Die Zulage wird in Höhe des Unterschiedsbetrages zwischen dem Grundgehalt ihrer oder seiner Besoldungsgruppe und dem Grundgehalt der Besoldungsgruppe gezahlt, der das höherwertige Amt zugeordnet ist, höchstens jedoch der dritten folgenden Besoldungsgruppe.

§ 388 Ernennung der Beamtinnen und Beamten. (1) Der Vorstand ernennt die Beamtinnen und Beamten.

(2) ¹ Der Vorstand kann seine Befugnisse auf Bedienstete der Bundesagentur übertragen. ² Er bestimmt im Einzelnen, auf wen die Ernennungsbefugnisse übertragen werden.

§ 389 Anstellungsverhältnisse oberster Führungskräfte. (1) ¹ Folgende Funktionen werden vorrangig in einem befristeten außertariflichen Arbeitsverhältnis oberster Führungskräfte (Anstellungsverhältnis) übertragen:
1. die Funktion einer Geschäftsführerin oder eines Geschäftsführers bei der Zentrale der Bundesagentur,
2. die Funktion einer Bereichsleiterin oder eines Bereichsleiters mit herausgehobenen Aufgaben bei der Zentrale der Bundesagentur,
3. die Funktionen der oder des Vorsitzenden der Geschäftsführung einer Regionaldirektion und der ständigen Vertreterin oder des ständigen Vertreters der oder des Vorsitzenden der Geschäftsführung einer Regionaldirektion,
4. die Funktion der Leiterin oder des Leiters der Familienkasse sowie
5. die Funktionen der Leiterin oder des Leiters und der stellvertretenden Leiterin oder des stellvertretenden Leiters des Instituts für Arbeitsmarkt- und Berufsforschung.

² Ein Anstellungsverhältnis darf jeweils die Dauer von fünf Jahren nicht überschreiten. ³ Es kann wiederholt begründet werden. ⁴ Wenn Beschäftigte zum Zeitpunkt der Übertragung in einem Arbeitsverhältnis zur Bundesagentur stehen, wird die Funktion ausschließlich im Anstellungsverhältnis übertragen. ⁵ Vor Begründung eines Anstellungsverhältnisses ist der Verwaltungsrat der Bundesagentur zu beteiligen. ⁶ Bei Übertragung im Beamtenverhältnis gilt § 24 Absatz 1 bis 4 und 6 des Bundesbeamtengesetzes.

(2) ¹ Beamtinnen und Beamte, die ein Anstellungsverhältnis begründen, kehren nach Beendigung ihres Anstellungsverhältnisses in das ihnen vor der Beurlaubung nach § 387 Absatz 3 zuletzt übertragene Amt zurück, es sei denn, sie haben zu diesem Zeitpunkt die für sie geltende Altersgrenze erreicht. ² Sie

---

¹⁾ Nr. 2.

erhalten die Besoldung aus dem vor der Beurlaubung nach § 387 Absatz 3 zuletzt wahrgenommenen Amt.

(3) Für die Dauer eines Anstellungsverhältnisses ruhen die Rechte und Pflichten aus einem mit der Bundesagentur bereits bestehenden Arbeitsverhältnis.

§ 390 Außertarifliche Arbeitsbedingungen und Vergütungen.

(1) [1] Der Vorstand regelt mit Zustimmung des Verwaltungsrats und im Benehmen mit dem Bundesministerium für Arbeit und Soziales und dem Bundesministerium der Finanzen die Bedingungen, unter denen die Bundesagentur Anstellungsverträge mit obersten Führungskräften und Arbeitsverträge mit den sonstigen Beschäftigten schließt, für die kein Tarifvertrag der Bundesagentur gilt (obere Führungskräfte und herausgehobene Fachkräfte). [2] Die Funktionen der Beschäftigten nach Satz 1 sind jeweils einer von mehreren Tätigkeitsebenen zuzuordnen. [3] Im Haushaltsplan der Bundesagentur ist für die Vergütung der in Satz 1 genannten Beschäftigten ein gesonderter Titel auszubringen. [4] Dabei ist in einer verbindlichen Erläuterung zum Titel und im verbindlichen Stellenplan die Anzahl der Beschäftigten nach Satz 1 nach Tätigkeitsebenen gegliedert festzulegen. [5] Für die Tätigkeitsebenen ist jeweils die Spannbreite der jährlichen Gesamtvergütungen sowie die dieser entsprechende Spannbreite der Besoldungsgruppen nach dem Bundesbesoldungsgesetz auszuweisen.

(2) [1] Die nach Absatz 1 Satz 1 zu regelnde Vergütung besteht aus einem Festgehalt, zu dem Zulagen gezahlt werden können. [2] Zusätzlich können ein individueller leistungsbezogener Bestandteil sowie eine am Grad der Zielerreichung der Bundesagentur oder ihrer Dienststellen ausgerichtete geschäftspolitische Ergebniskomponente geleistet werden.

(3) [1] Die Vergütung nach Absatz 2 Satz 1 hat sich an den Grundgehältern der Bundesbesoldungsordnungen A und B auszurichten. [2] Für die Zuordnung von Festgehalt und Zulagen sind die mit der übertragenen Funktion verbundene Aufgaben- und Personalverantwortung, die Schwierigkeit der Aufgabe und die Bedeutung der Funktion oder der Grad der Anforderungen und Belastungen maßgeblich. [3] Die Summe aus Festgehalt und Zulagen darf für oberste Führungskräfte die Grundgehälter der Bundesbesoldungsordnung B, für obere Führungskräfte und herausgehobene Fachkräfte die Endgrundgehälter der Bundesbesoldungsordnung A, jeweils zuzüglich des Familienzuschlags der Stufe 2, den Bundesbeamtinnen und Bundesbeamten in vergleichbaren Funktionen nicht übersteigen. [4] Dabei darf für oberste Führungskräfte das Grundgehalt der Besoldungsgruppe B 7 der Bundesbesoldungsordnung B zuzüglich des Familienzuschlags der Stufe 2 nicht überschritten werden. [5] § 44d Absatz 7 des Zweiten Buches[1]) bleibt unberührt.

(4) [1] Der leistungsbezogene Bestandteil nach Absatz 2 Satz 2 hat sich an der individuellen Leistung der oder des Beschäftigten zu bemessen. [2] Er darf nicht mehr als 20 Prozent des Festgehalts betragen. [3] Die geschäftspolitische Ergebniskomponente ist auf jährlich höchstens 10 Prozent des nach Absatz 2 Satz 1 vorgesehenen niedrigsten Jahresfestgehalts zu begrenzen. [4] Der Vorstand der Bundesagentur stellt unter vorheriger Beteiligung des Verwaltungsrats fest, zu welchem leistungsorientierten Grad die Ziele erreicht wurden, die für die

---

[1]) Nr. 2.

geschäftspolitische Ergebniskomponente maßgeblich sind. ⁵ Grundlage dafür ist ein mit dem Verwaltungsrat abgestimmtes geeignetes Ziele-, Kennzahlen- und Messgrößensystem.

(5) ¹ Die Vergütung nach Absatz 2 Satz 1 nimmt an den Änderungen des höchsten Festgehalts für tariflich Beschäftigte der Bundesagentur teil. ² Die Regelung nach Absatz 3 Satz 3 und 4 bleibt davon unberührt.

(6) ¹ Der Vorstand kann mit Zustimmung des Verwaltungsrats im Einzelfall Beschäftigten nach Absatz 1 Satz 1 eine weitere Zulage zahlen, wenn ein Dienstposten auf Grund besonderer Anforderungen nicht zu den Bedingungen der Absätze 3 und 4 besetzt werden oder besetzt bleiben kann. ² § 44d Absatz 7 des Zweiten Buches bleibt unberührt. ³ Für solche Einzelfälle sind folgende Angaben auszuweisen:
1. ein entsprechender Betrag in dem Titel nach Absatz 1 Satz 3 und
2. die Anzahl der Beschäftigten, die eine Zulage nach Satz 1 erhalten können, in einer verbindlichen Erläuterung zum Titel nach Absatz 1 Satz 3 und im verbindlichen Stellenplan.

§ 391 *(aufgehoben)*

§ 392 Obergrenzen für Beförderungsämter. Bei der Bundesagentur können die nach § 26 Abs. 1 des Bundesbesoldungsgesetzes zulässigen Obergrenzen für Beförderungsämter nach Maßgabe sachgerechter Bewertung überschritten werden, soweit dies zur Vermeidung von Verschlechterungen der Beförderungsverhältnisse infolge einer Verminderung von Planstellen erforderlich ist.

Vierter Abschnitt. Aufsicht

§ 393 Aufsicht. (1) ¹ Die Aufsicht über die Bundesagentur führt das Bundesministerium für Arbeit und Soziales. ² Sie erstreckt sich darauf, dass Gesetze und sonstiges Recht beachtet werden.

(2) Dem Bundesministerium für Arbeit und Soziales ist jährlich ein Geschäftsbericht vorzulegen, der vom Vorstand zu erstatten und vom Verwaltungsrat zu genehmigen ist.

Fünfter Abschnitt. Datenschutz

§ 394 Erhebung, Verarbeitung und Nutzung von Daten durch die Bundesagentur. (1) ¹ Die Bundesagentur darf Sozialdaten nur erheben, verarbeiten und nutzen, soweit dies zur Erfüllung ihrer gesetzlich vorgeschriebenen oder zugelassenen Aufgaben erforderlich ist. ² Ihre Aufgaben nach diesem Buch sind
1. die Feststellung eines Versicherungspflichtverhältnisses einschließlich einer Versicherungsfreiheit,
2. die Erbringung von Leistungen der Arbeitsförderung,
3. die Erstellung von Statistiken, Arbeitsmarkt- und Berufsforschung, Berichterstattung,
4. die Überwachung der Beratung und Vermittlung durch Dritte,

11. Kapitel. Organisation u. Datenschutz §§ 395–397 SGB III 3

5. die Zustimmung zur Zulassung der Beschäftigung nach dem Aufenthaltsgesetz, die Zustimmung zur Anwerbung aus dem Ausland sowie die Erteilung einer Arbeitsgenehmigung-EU,
6. die Bekämpfung von Leistungsmissbrauch und illegaler Beschäftigung,
7. die Unterrichtung der zuständigen Behörden über Anhaltspunkte von Schwarzarbeit, Nichtentrichtung von Sozialversicherungsbeiträgen oder Steuern und Verstößen gegen das Aufenthaltsgesetz,
8. die Überwachung der Melde-, Anzeige-, Bescheinigungs- und sonstiger Pflichten nach dem Achten Kapitel sowie die Erteilung von Auskünften,
9. der Nachweis von Beiträgen sowie die Erhebung von Umlagen für die ergänzenden Leistungen nach § 102 und das Insolvenzgeld,
10. die Durchführung von Erstattungs- und Ersatzansprüchen.

(2) Eine Verwendung für andere als die in Absatz 1 genannten Zwecke ist nur zulässig, soweit dies durch Rechtsvorschriften des Sozialgesetzbuches angeordnet oder erlaubt ist.

§ 395 Datenübermittlung an Dritte; Erhebung, Verarbeitung und Nutzung von Sozialdaten durch nichtöffentliche Stellen. (1) Die Bundesagentur darf Dritten, die mit der Erfüllung von Aufgaben nach diesem Buch beauftragt sind, Sozialdaten übermitteln, soweit dies zur Erfüllung dieser Aufgaben erforderlich ist.

(2) Die Bundesagentur darf abweichend von § 80 Abs. 5 des Zehnten Buches[1]) zur Erfüllung ihrer Aufgaben nach diesem Buch nichtöffentliche Stellen mit der Erhebung, Verarbeitung und Nutzung von Sozialdaten beauftragen, auch soweit die Speicherung der Daten den gesamten Datenbestand umfasst.

§ 396 Kennzeichnungs- und Maßregelungsverbot. ¹Die Bundesagentur und von ihr beauftragte Dritte dürfen Berechtigte und Arbeitgeber bei der Speicherung oder Übermittlung von Daten nicht in einer aus dem Wortlaut nicht verständlichen oder in einer Weise kennzeichnen, die nicht zur Erfüllung ihrer Aufgaben erforderlich ist. ²Die Bundesagentur darf an einer Maßregelung von Berechtigten oder an entsprechenden Maßnahmen gegen Arbeitgeber nicht mitwirken.

§ 397 Automatisierter Datenabgleich. (1) ¹Soweit für die Erbringung oder die Erstattung von Leistungen nach diesem Buch erforderlich, darf die Bundesagentur Angaben zu Personen, die Leistungen nach diesem Buch beantragt haben, beziehen oder innerhalb der letzten neun Monate bezogen haben, regelmäßig automatisiert mit den folgenden nach § 36 Absatz 3 der Datenerfassungs- und Übermittlungsverordnung von der Datenstelle der Rentenversicherung übermittelten Daten abgleichen:

1. Versicherungsnummer (§ 28a Absatz 3 Satz 1 Nummer 1 des Vierten Buches[2]),
2. Betriebsnummer des Arbeitgebers (§ 28a Absatz 3 Satz 1 Nummer 6 des Vierten Buches),

---

[1]) Nr. **10**.
[2]) Nr. **4**.

3. zuständige Einzugsstelle (§ 28a Absatz 3 Satz 1 Nummer 8 des Vierten Buches),
4. Beschäftigungsbeginn (§ 28a Absatz 3 Satz 2 Nummer 1 Buchstabe b des Vierten Buches),
5. Beschäftigungszeitraum (§ 28a Absatz 3 Satz 2 Nummer 2 Buchstabe d des Vierten Buches),
6. Personengruppenschlüssel, Beitragsgruppenschlüssel und Abgabegründe für die Meldungen (§ 28b Absatz 1 Satz 1 Nummer 1 des Vierten Buches),
7. Stornokennzeichen (§ 14 Absatz 1 der Datenerfassungs- und Übermittlungsverordnung).

²Satz 1 gilt auch für geringfügig Beschäftigte. ³Bei Beschäftigten, für die Meldungen im Rahmen des Haushaltsscheckverfahrens (§ 28a Absatz 7 des Vierten Buches) erstattet werden, dürfen die nach § 28a Absatz 8 Nummer 1, 2 und 4 Buchstabe a und d des Vierten Buches übermittelten Daten abgeglichen werden. ⁴Die abzugleichenden Daten dürfen von der Bundesagentur, bezogen auf einzelne Beschäftigungsverhältnisse, zusammengeführt werden. ⁵Dabei können die nach § 36 Absatz 3 der Datenerfassungs- und Übermittlungsverordnung übermittelten Daten, insbesondere auch das in der Rentenversicherung oder nach dem Recht der Arbeitsförderung beitragspflichtige Arbeitsentgelt in Euro (§ 28a Absatz 3 Satz 2 Nummer 2 Buchstabe b des Vierten Buches) genutzt werden.

(2) ¹Nach Durchführung des Abgleichs hat die Bundesagentur die Daten, die für die in Absatz 1 genannten Zwecke nicht erforderlich sind, unverzüglich zu löschen. ²Die übrigen Daten dürfen nur für die in Absatz 1 genannten Zwecke und für die Verfolgung von Straftaten und Ordnungswidrigkeiten verwendet werden, die im Zusammenhang mit der Beantragung oder dem Bezug von Leistungen stehen.

§ 398 Datenübermittlung durch beauftragte Dritte. Hat die Bundesagentur eine externe Gutachterin oder einen externen Gutachter beauftragt, eine ärztliche oder psychologische Untersuchung oder Begutachtung durchzuführen, ist die Übermittlung von Daten an die Bundesagentur durch die externe Gutachterin oder den externen Gutachter zulässig, soweit dies zur Erfüllung des Auftrages erforderlich ist.

§§ 399–403 (weggefallen)

Zwölftes Kapitel. Bußgeldvorschriften

Erster Abschnitt. Bußgeldvorschriften

§ 404 Bußgeldvorschriften. (1) Ordnungswidrig handelt, wer als Unternehmerin oder Unternehmer Dienst- oder Werkleistungen in erheblichem Umfang ausführen lässt, indem sie oder er eine andere Unternehmerin oder einen anderen Unternehmer beauftragt, von dem sie oder er weiß oder fahrlässig nicht weiß, dass diese oder dieser zur Erfüllung dieses Auftrags

1. entgegen § 284 Absatz 1 oder § 4 Absatz 3 Satz 2 des Aufenthaltsgesetzes eine Ausländerin oder einen Ausländer beschäftigt oder

12. Kapitel. Bußgeldvorschriften　　　　　　　　　**§ 404　SGB III 3**

2. eine Nachunternehmerin oder einen Nachunternehmer einsetzt oder es zulässt, dass eine Nachunternehmerin oder ein Nachunternehmer tätig wird, die oder der entgegen § 284 Absatz 1 oder § 4 Absatz 3 Satz 2 des Aufenthaltsgesetzes eine Ausländerin oder einen Ausländer beschäftigt.

(2) Ordnungswidrig handelt, wer vorsätzlich oder fahrlässig

1. entgegen § 42 Absatz 4 oder § 287 Abs. 3 sich die dort genannte Gebühr oder den genannten Aufwendungsersatz erstatten lässt,
2. entgegen § 165 Absatz 5 einen dort genannten Beschluß nicht oder nicht rechtzeitig bekanntgibt,
3. entgegen § 284 Abs. 1 oder § 4 Abs. 3 Satz 2 des Aufenthaltsgesetzes eine Ausländerin oder einen Ausländer beschäftigt,
4. entgegen § 284 Abs. 1 oder § 4 Abs. 3 Satz 1 des Aufenthaltsgesetzes eine Beschäftigung ausübt,
5. entgegen § 39 Abs. 2 Satz 3 des Aufenthaltsgesetzes eine Auskunft nicht richtig erteilt,
6. einer vollziehbaren Anordnung nach § 288a Abs. 1 zuwiderhandelt,
7. entgegen § 288a Abs. 2 Satz 1 eine Auskunft nicht, nicht richtig, nicht vollständig oder nicht rechtzeitig erteilt oder eine Unterlage nicht, nicht richtig, nicht vollständig oder nicht rechtzeitig vorlegt,
8. entgegen § 288a Abs. 3 Satz 2 eine Maßnahme nicht duldet,
9. einer Rechtsverordnung nach § 292 zuwiderhandelt, soweit sie für einen bestimmten Tatbestand auf diese Bußgeldvorschrift verweist,
10. *(aufgehoben)*
11. entgegen § 296 Abs. 2 oder § 296a eine Vergütung oder einen Vorschuss entgegennimmt,
12. entgegen § 298 Abs. 1 als privater Vermittler Daten erhebt, verarbeitet oder nutzt,
13. entgegen § 298 Abs. 2 Satz 1 oder 4 eine Unterlage nicht, nicht richtig, nicht vollständig oder nicht rechtzeitig zurückgibt oder Daten nicht oder nicht rechtzeitig löscht,
14. *(aufgehoben)*
15. *(aufgehoben)*
16. einer Rechtsverordnung nach § 352 Abs. 2 Nr. 2 oder § 357 Satz 1 zuwiderhandelt, soweit sie für einen bestimmten Tatbestand auf diese Bußgeldvorschrift verweist,
17. *(aufgehoben)*
18. *(aufgehoben)*
19. entgegen § 312 Abs. 1 Satz 1 oder 3, jeweils auch in Verbindung mit Absatz 3, eine Tatsache nicht, nicht richtig, nicht vollständig oder nicht rechtzeitig bescheinigt oder eine Arbeitsbescheinigung nicht oder nicht rechtzeitig aushändigt,
19a. entgegen § 312a Absatz 1 Satz 1 oder Satz 2, jeweils auch in Verbindung mit Satz 3, eine Tatsache nicht, nicht richtig, nicht vollständig oder nicht rechtzeitig bescheinigt,

20. entgegen § 313 Abs. 1, auch in Verbindung mit Absatz 3, Art oder Dauer der Beschäftigung oder der selbständigen Tätigkeit oder die Höhe des Arbeitsentgelts oder der Vergütung nicht, nicht richtig, nicht vollständig oder nicht rechtzeitig bescheinigt oder eine Bescheinigung nicht oder nicht rechtzeitig aushändigt,

21. entgegen § 313 Abs. 2, auch in Verbindung mit Absatz 3, einen Vordruck nicht oder nicht rechtzeitig vorlegt,

22. entgegen § 314 eine Bescheinigung nicht, nicht richtig, nicht vollständig oder nicht rechtzeitig ausstellt,

23. entgegen § 315 Abs. 1, 2 Satz 1 oder Abs. 3, jeweils auch in Verbindung mit Absatz 4, § 315 Absatz 5 Satz 1, auch in Verbindung mit Satz 2, § 316, § 317 oder als privater Arbeitgeber oder Träger entgegen § 318 Abs. 1 Satz 1 eine Auskunft nicht, nicht richtig, nicht vollständig oder nicht rechtzeitig erteilt oder entgegen § 318 Abs. 2 Satz 2 Nr. 2 eine Mitteilung an die Agentur für Arbeit nicht oder nicht rechtzeitig erteilt,

24. entgegen § 319 Abs. 1 Satz 1 Einsicht oder Zutritt nicht gewährt,

25. entgegen § 320 Abs. 1 Satz 1, Abs. 3 Satz 1 oder 2 oder Abs. 5 einen Nachweis nicht, nicht richtig oder nicht vollständig oder nicht rechtzeitig erbringt, eine Aufzeichnung nicht, nicht richtig oder nicht vollständig führt oder eine Anzeige nicht, nicht richtig, nicht vollständig oder nicht rechtzeitig erstattet,

26. entgegen § 60 Absatz 1 Satz 1 Nummer 1 des Ersten Buches[1] eine Angabe nicht, nicht richtig , nicht vollständig oder nicht rechtzeitig macht oder

27. entgegen § 60 Abs. 1 Satz 1 Nr. 2 des Ersten Buches eine Änderung in den Verhältnissen, die für einen Anspruch auf eine laufende Leistung erheblich ist, nicht, nicht richtig, nicht vollständig oder nicht rechtzeitig mitteilt.

(3) Die Ordnungswidrigkeit kann in den Fällen der Absätze 1 und 2 Nr. 3 mit einer Geldbuße bis zu fünfhunderttausend Euro, in den Fällen des Absatzes 2 Nr. 1, 5 bis 9 und 11 bis 13 mit einer Geldbuße bis zu dreißigtausend Euro, in den Fällen des Absatzes 2 Nr. 2, 4, 16, 26 und 27 mit einer Geldbuße bis zu fünftausend Euro, in den übrigen Fällen mit einer Geldbuße bis zu zweitausend Euro geahndet werden.

§ 405 Zuständigkeit, Vollstreckung und Unterrichtung. (1) Verwaltungsbehörden im Sinne des § 36 Abs. 1 Nr. 1 des Gesetzes über Ordnungswidrigkeiten sind in den Fällen

1. des § 404 Abs. 1 sowie des § 404 Abs. 2 Nr. 3 und 4 die Behörden der Zollverwaltung,

2. des § 404 Abs. 2 Nr. 1, 2, 5 bis 16 und 19 bis 25 die Bundesagentur,

3. des § 404 Abs. 2 Nr. 26 und 27 die Behörden der Zollverwaltung und die Bundesagentur jeweils für ihren Geschäftsbereich.

(2) ¹Die Geldbußen fließen in die Kasse der Verwaltungsbehörde, die den Bußgeldbescheid erlassen hat. ² § 66 des Zehnten Buches[2] gilt entsprechend.

---

[1] Nr. 1.
[2] Nr. 10.

(3) ¹Die nach Absatz 2 Satz 1 zuständige Kasse trägt abweichend von § 105 Abs. 2 des Gesetzes über Ordnungswidrigkeiten die notwendigen Auslagen. ²Sie ist auch ersatzpflichtig im Sinne des § 110 Abs. 4 des Gesetzes über Ordnungswidrigkeiten.

(4) Bei der Verfolgung und Ahndung der Beschäftigung oder Tätigkeit von Ausländerinnen und Ausländern ohne Genehmigung nach § 284 Abs. 1 oder ohne Aufenthaltstitel nach § 4 Abs. 3 Satz 1 des Aufenthaltsgesetzes sowie der Verstöße gegen die Mitwirkungspflicht gegenüber der Bundesagentur nach § 60 Absatz 1 Satz 1 Nummer 1 und 2 des Ersten Buches[1] arbeiten die Behörden nach Absatz 1 mit den in § 2 Abs. 2 des Schwarzarbeitsbekämpfungsgesetzes genannten Behörden zusammen.

(5) ¹Die Bundesagentur unterrichtet das Gewerbezentralregister über rechtskräftige Bußgeldbescheide nach § 404 Abs. 2 Nr. 1, 5 bis 16, 19 und 20. ²Die Behörden der Zollverwaltung unterrichten das Gewerbezentralregister über rechtskräftige Bußgeldbescheide nach § 404 Abs. 1 und 2 Nr. 3. ³Dies gilt nur, sofern die Geldbuße mehr als 200 Euro beträgt.

(6) ¹Gerichte, Strafverfolgungs- oder Strafvollstreckungsbehörden sollen den Behörden der Zollverwaltung Erkenntnisse aus sonstigen Verfahren, die aus ihrer Sicht zur Verfolgung von Ordnungswidrigkeiten nach § 404 Abs. 1 oder 2 Nr. 3 erforderlich sind, übermitteln, soweit nicht für die übermittelnde Stelle erkennbar ist, dass schutzwürdige Interessen der oder des Betroffenen oder anderer Verfahrensbeteiligter an dem Ausschluss der Übermittlung überwiegen. ²Dabei ist zu berücksichtigen, wie gesichert die zu übermittelnden Erkenntnisse sind.

Zweiter Abschnitt. *(aufgehoben)*

§§ 406, 407 *(aufgehoben)*

Dreizehntes Kapitel. Sonderregelungen

Erster Abschnitt. Sonderregelungen im Zusammenhang mit der Herstellung der Einheit Deutschlands

§ 408 Besondere Bezugsgröße und Beitragsbemessungsgrenze. Soweit Vorschriften dieses Buches bei Entgelten oder Beitragsbemessungsgrundlagen

1. an die Bezugsgröße anknüpfen, ist die Bezugsgröße für das in Artikel 3 des Einigungsvertrages genannte Gebiet (Beitrittsgebiet),
2. an die Beitragsbemessungsgrenze anknüpfen, ist die Beitragsbemessungsgrenze für das Beitrittsgebiet

maßgebend, wenn der Beschäftigungsort im Beitrittsgebiet liegt.

§§ 409–416a *(aufgehoben)*

---

[1] Nr. 1.

Zweiter Abschnitt. Ergänzungen für übergangsweise mögliche Leistungen und zeitweilige Aufgaben

§ 417 *(aufgehoben)*

§ 418 Tragung der Beiträge zur Arbeitsförderung bei Beschäftigung älterer Arbeitnehmerinnen und Arbeitnehmer. (1) ¹Arbeitgeber, die ein Beschäftigungsverhältnis mit einer zuvor arbeitslosen Person, die das 55. Lebensjahr vollendet hat, erstmalig begründen, werden von der Beitragstragung befreit. ²Die versicherungspflichtig beschäftigte Person trägt die Hälfte des Beitrages, der ohne die Regelung des Satzes 1 zu zahlen wäre.

(2) Vom 1. Januar 2008 an ist Absatz 1 nur noch für Beschäftigungsverhältnisse anzuwenden, die vor dem 1. Januar 2008 begründet worden sind.

§ 419 Sonderregelungen zu Kurzarbeitergeld, Qualifizierung und Arbeitslosengeld. (1) ¹Kurzarbeitergeld nach § 95 wird bis zum 31. Dezember 2011 mit folgenden Maßgaben geleistet:

1. dem Arbeitgeber werden auf Antrag 50 Prozent der von ihm allein zu tragenden Beiträge zur Sozialversicherung in pauschalierter Form erstattet,
2. für Zeiten der Teilnahme von Arbeitsausfall betroffenen Arbeitnehmerinnen und Arbeitnehmern an einer berücksichtigungsfähigen beruflichen Qualifizierungsmaßnahme, bei der die Teilnahme nicht der Rückkehr zur regelmäßigen wöchentlichen Arbeitszeit oder der Erhöhung der Arbeitszeit entgegensteht, werden dem Arbeitgeber die von ihm allein zu tragenden Beiträge zur Sozialversicherung für den jeweiligen Kalendermonat auf Antrag in voller Höhe in pauschalierter Form erstattet, wenn der zeitliche Umfang der Qualifizierungsmaßnahme mindestens 50 Prozent der Ausfallzeit beträgt; berücksichtigungsfähig sind alle beruflichen Qualifizierungsmaßnahmen, die mit öffentlichen Mitteln gefördert werden; nicht öffentlich geförderte Qualifizierungsmaßnahmen sind berücksichtigungsfähig, wenn ihre Durchführung weder im ausschließlichen oder erkennbar überwiegenden Interesse des Unternehmens liegt noch der Arbeitgeber gesetzlich zur Durchführung verpflichtet ist,
3. für ab dem 1. Januar 2009 durchgeführte Kurzarbeit werden dem Arbeitgeber ab dem siebten Kalendermonat des Bezugs von Kurzarbeitergeld auf Antrag 100 Prozent der von ihm allein zu tragenden Beiträge zur Sozialversicherung in pauschalierter Form erstattet,
4. innerhalb der Bezugsdauer werden Zeiträume, in denen Kurzarbeitergeld nicht geleistet wird, auf Antrag des Arbeitgebers abweichend von § 104 Absatz 2 und 3 nicht als Unterbrechung gewertet.

²Für die Pauschalierung wird die Sozialversicherungspauschale nach § 153 Absatz 1 Satz 2 Nummer 1 abzüglich des Beitrages zur Arbeitsförderung zu Grunde gelegt.

(2) Kurzarbeitergeld nach § 95 und Saison-Kurzarbeitergeld nach § 101 werden bis zum 31. Dezember 2011 mit folgenden Maßgaben geleistet:

1. neben den in § 96 Absatz 1 Satz 1 Nummer 4 genannten Voraussetzungen ist ein Arbeitsausfall auch dann erheblich, wenn im jeweiligen Kalendermonat weniger als ein Drittel der in dem Betrieb beschäftigten Arbeitnehme-

13. Kapitel. Sonderregelungen §§ 420–421 SGB III 3

rinnen und Arbeitnehmer von einem Entgeltausfall betroffen ist, soweit dieser jeweils mehr als 10 Prozent ihres monatlichen Bruttoentgelts betrifft,
2. § 96 Absatz 4 Satz 2 Nummer 3 gilt nicht für den Fall negativer Arbeitszeitsalden,
3. bei der Berechnung der Nettoentgeltdifferenz nach § 106 Absatz 1 bleiben auf Grund von kollektivrechtlichen Beschäftigungssicherungsvereinbarungen ab dem 1. Januar 2008 durchgeführte vorübergehende Änderungen der vertraglich vereinbarten Arbeitszeit außer Betracht; § 106 Absatz 2 findet insoweit keine Anwendung.

(3) [1] § 354 gilt bis zum 31. Dezember 2011 mit der Maßgabe, dass die Aufwendungen für die Erstattung der von den Arbeitgebern allein zu tragenden Beiträge zur Sozialversicherung für Bezieherinnen und Bezieher von Saison-Kurzarbeitergeld nach § 102 Absatz 4 zu 50 Prozent von der Bundesagentur gezahlt werden. [2] Fällt der siebte Monat des Bezugs von Kurzarbeitergeld in die Schlechtwetterzeit, werden ab diesem Monat die in Satz 1 genannten Aufwendungen zu 100 Prozent von der Bundesagentur gezahlt.

(4–6) *(aufgehoben)*

(7) [1] Bei der Ermittlung des Bemessungsentgelts ist § 151 mit der Maßgabe anzuwenden, dass für Zeiten, in denen die durchschnittliche regelmäßige wöchentliche Arbeitszeit der oder des Arbeitslosen auf Grund einer Beschäftigungssicherungsvereinbarung, die ab dem 1. Januar 2008 geschlossen oder wirksam geworden ist, vermindert war, als Arbeitsentgelt das Arbeitsentgelt zu Grunde zu legen ist, das die oder der Arbeitslose ohne diese Vereinbarung und ohne Mehrarbeit erzielt hätte; insoweit gilt § 150 Absatz 2 Satz 1 Nummer 4 nicht. [2] Satz 1 gilt für Zeiten bis zum 31. März 2012.

§ 420 Versicherungsfreiheit von Teilnehmerinnen und Teilnehmern des Programms Soziale Teilhabe am Arbeitsmarkt. Versicherungsfrei sind Personen in einer Beschäftigung, die im Rahmen des Bundesprogramms „Soziale Teilhabe am Arbeitsmarkt" durch Zuwendungen des Bundes gefördert wird.

§ 420a *(aufgehoben)*

§ 421 Förderung der Teilnahme an Sprachkursen. (1) [1] Die Agentur für Arbeit kann die Teilnahme von Ausländerinnen und Ausländern, die eine Aufenthaltsgestattung besitzen und bei denen ein rechtmäßiger und dauerhafter Aufenthalt zu erwarten ist, an Maßnahmen zur Erlangung erster Kenntnisse der deutschen Sprache fördern, wenn dies zu ihrer Eingliederung notwendig ist und der Maßnahmeeintritt bis zum 31. Dezember 2015 erfolgt. [2] Dies gilt auch für Ausländerinnen und Ausländer nach Satz 1, die auf Grund des § 61 des Asylgesetzes eine Erwerbstätigkeit nicht ausüben dürfen. [3] Bei einem Asylbewerber, der aus einem sicheren Herkunftsstaat nach § 29a des Asylgesetzes stammt, wird vermutet, dass ein rechtmäßiger und dauerhafter Aufenthalt nicht zu erwarten ist.

(2) [1] Die Dauer der Teilnahme an der Maßnahme beträgt bis zu acht Wochen. [2] Die Teilnahme kann durch Übernahme der Maßnahmekosten gefördert werden, wenn die Träger die erforderliche Leistungsfähigkeit und Zuverlässigkeit besitzen.

(3) Dem Träger werden als Maßnahmekosten erstattet:

1. die angemessenen Aufwendungen für das zur Durchführung der Maßnahme eingesetzte erforderliche Personal sowie für das erforderliche Leitungs- und Verwaltungspersonal,
2. die angemessenen Sachkosten einschließlich der Kosten für Lehr- und Lernmittel und
3. die erforderlichen Fahrkosten der Teilnehmenden.

(4) Die Berechtigung der Ausländerin oder des Ausländers zur Teilnahme an einem Integrationskurs schließt eine Förderung nach Absatz 1 nicht aus.

(5) Die Leistungen nach dieser Vorschrift sind Leistungen der aktiven Arbeitsförderung im Sinne des § 3 Absatz 1 und 2.

§ 421a Arbeiten in Maßnahmen des Arbeitsmarktprogramms Flüchtlingsintegrationsmaßnahmen. [1] Arbeiten in Maßnahmen, die durch das Arbeitsmarktprogramm Flüchtlingsintegrationsmaßnahmen bereitgestellt werden, begründen kein Arbeitsverhältnis im Sinne des Arbeitsrechts und kein Beschäftigungsverhältnis im Sinne des Vierten Buches[1]; die Vorschriften über den Arbeitsschutz und das Bundesurlaubsgesetz mit Ausnahme der Regelungen über das Urlaubsentgelt sind entsprechend anzuwenden. [2] Für Schäden bei der Ausübung ihrer Tätigkeit haften die Teilnehmerinnen und Teilnehmer an den Maßnahmen wie Arbeitnehmerinnen und Arbeitnehmer.

Dritter Abschnitt. Grundsätze bei Rechtsänderungen

§ 422 Leistungen der aktiven Arbeitsförderung. (1) Wird dieses Gesetzbuch geändert, so sind, soweit nichts Abweichendes bestimmt ist, auf Leistungen der aktiven Arbeitsförderung bis zum Ende der Leistungen oder der Maßnahme die Vorschriften in der vor dem Tag des Inkrafttretens der Änderung geltenden Fassung weiter anzuwenden, wenn vor diesem Tag

1. der Anspruch entstanden ist,
2. die Leistung zuerkannt worden ist oder
3. die Maßnahme begonnen hat, wenn die Leistung bis zum Beginn der Maßnahme beantragt worden ist.

(2) Ist eine Leistung nur für einen begrenzten Zeitraum zuerkannt worden, richtet sich eine Verlängerung nach den zum Zeitpunkt der Entscheidung über die Verlängerung geltenden Vorschriften.

§§ 423, 424 *(aufgehoben)*

Vierter Abschnitt. Sonderregelungen im Zusammenhang mit der Einordnung des Arbeitsförderungsrechts in das Sozialgesetzbuch

§ 425 Übergang von der Beitrags- zur Versicherungspflicht. Zeiten einer die Beitragspflicht begründenden Beschäftigung sowie sonstige Zeiten der Beitragspflicht nach dem Arbeitsförderungsgesetz in der zuletzt geltenden Fassung gelten als Zeiten eines Versicherungspflichtverhältnisses.

---

[1] Nr. 4.

§§ 426, 427 *(aufgehoben)*

§ 427a Gleichstellung von Mutterschaftszeiten.
(1) Für Personen, die in der Zeit vom 1. Januar 1998 bis zum 31. Dezember 2002 Sonderunterstützung nach dem Mutterschutzgesetz oder Mutterschaftsgeld bezogen haben, gilt für die Erfüllung der für einen Anspruch auf Arbeitslosengeld erforderlichen Anwartschaftszeit und für die Dauer des Anspruchs § 107 Satz 1 Nr. 5 Buchstabe b des Arbeitsförderungsgesetzes in der bis zum 31. Dezember 1997 geltenden Fassung entsprechend.

(2) Die Agentur für Arbeit entscheidet

1. von Amts wegen

   a) über Ansprüche auf Arbeitslosengeld neu, die allein deshalb abgelehnt worden sind, weil Zeiten nach § 107 Satz 1 Nr. 5 Buchstabe b des Arbeitsförderungsgesetzes in der bis zum 31. Dezember 1997 geltenden Fassung nicht berücksichtigt worden sind, wenn die Entscheidung am 28. März 2006 noch nicht unanfechtbar war,

   b) über Ansprüche auf Arbeitslosengeld, über die wegen des Bezugs einer der in Absatz 1 genannten Mutterschaftsleistungen bisher nicht oder nur vorläufig entschieden worden ist;

2. im Übrigen auf Antrag.

§ 428 Arbeitslosengeld unter erleichterten Voraussetzungen.

(1) ¹Anspruch auf Arbeitslosengeld nach den Vorschriften des Ersten Abschnitts des Vierten Kapitels haben auch Arbeitnehmerinnen und Arbeitnehmer, die das 58. Lebensjahr vollendet haben und die Regelvoraussetzungen des Anspruchs auf Arbeitslosengeld allein deshalb nicht erfüllen, weil sie nicht arbeitsbereit sind und nicht alle Möglichkeiten nutzen und nutzen wollen, um ihre Beschäftigungslosigkeit zu beenden. ²Der Anspruch besteht auch während der Zeit eines Studiums an einer Hochschule oder einer der fachlichen Ausbildung dienenden Schule. ³Vom 1. Januar 2008 an gilt Satz 1 nur noch, wenn der Anspruch vor dem 1. Januar 2008 entstanden ist und die oder der Arbeitslose vor diesem Tag das 58. Lebensjahr vollendet hat.

(2) ¹Die Agentur für Arbeit soll die Arbeitslose oder den Arbeitslosen, die oder der nach Unterrichtung über die Regelung des Satzes 2 drei Monate Arbeitslosengeld nach Absatz 1 bezogen hat und in absehbarer Zeit die Voraussetzungen für den Anspruch auf Altersrente voraussichtlich erfüllt, auffordern, innerhalb eines Monats Altersrente zu beantragen; dies gilt nicht für Altersrenten, die vor dem für die Versicherte oder den Versicherten maßgebenden Rentenalter in Anspruch genommen werden können. ²Stellt die oder der Arbeitslose den Antrag nicht, ruht der Anspruch auf Arbeitslosengeld vom Tage nach Ablauf der Frist an bis zu dem Tage, an dem die oder der Arbeitslose Altersrente beantragt.

(3) Der Anspruch nach Absatz 1 ist ausgeschlossen, wenn der oder dem Arbeitslosen eine Teilrente wegen Alters aus der gesetzlichen Rentenversicherung oder eine ähnliche Leistung öffentlich-rechtlicher Art zuerkannt ist.

§ 429 *(aufgehoben)*

§ 430 Sonstige Entgeltersatzleistungen. (1) Bei der Anwendung der Regelungen über die für Leistungen zur Förderung der beruflichen Weiterbildung und für Leistungen zur Teilhabe am Arbeitsleben erforderliche Vorbeschäftigungszeit stehen Zeiten, die nach dem Arbeitsförderungsgesetz in der zuletzt geltenden Fassung den Zeiten einer die Beitragspflicht begründenden Beschäftigung ohne Beitragsleistung gleichstanden, den Zeiten eines Versicherungspflichtverhältnisses gleich.

(2) ¹ Ist ein Anspruch auf Unterhaltsgeld vor dem 1. Januar 1998 entstanden, sind das Bemessungsentgelt und der Leistungssatz nicht neu festzusetzen. ² Satz 1 gilt für die Zuordnung zu einer Leistungsgruppe entsprechend.

(3) ¹ Die Dauer eines Anspruchs auf Eingliederungshilfe für Spätaussiedler nach § 62a Abs. 1 und 2 des Arbeitsförderungsgesetzes, der vor dem 1. Januar 1998 entstanden und am 1. Januar 1998 noch nicht erloschen ist, erhöht sich um jeweils einen Tag für jeweils sechs Tage. ² Bruchteile von Tagen sind auf volle Tage aufzurunden.

(4) Die Vorschriften des Arbeitsförderungsgesetzes über das Konkursausfallgeld in der bis zum 31. Dezember 1998 geltenden Fassung sind weiterhin anzuwenden, wenn das Insolvenzereignis vor dem 1. Januar 1999 eingetreten ist.

(5) Ist ein Anspruch auf Kurzarbeitergeld von Arbeitnehmern, die zur Vermeidung von anzeigepflichtigen Entlassungen im Sinne des § 17 Abs. 1 des Kündigungsschutzgesetzes in einer betriebsorganisatorisch eigenständigen Einheit zusammengefaßt sind, vor dem 1. Januar 1998 entstanden, sind bei der Anwendung der Regelungen über die Dauer eines Anspruchs auf Kurzarbeitergeld in einer betriebsorganisatorisch eigenständigen Einheit Bezugszeiten, die nach einer auf Grundlage des § 67 Abs. 2 Nr. 3 des Arbeitsförderungsgesetzes erlassenen Rechtsverordnung bis zum 1. Januar 1998 nicht ausgeschöpft sind, verbleibende Bezugszeiten eines Anspruchs auf Kurzarbeitergeld in einer betriebsorganisatorisch eigenständigen Einheit.

§§ 431–433 *(aufgehoben)*

Fünfter Abschnitt. Übergangsregelungen auf Grund von Änderungsgesetzen

§ 434 Gesetz zur Reform der Renten wegen verminderter Erwerbsfähigkeit. (1) Bei der Anwendung des § 26 Abs. 2 Nr. 3 und des § 345a gilt die Rente wegen Erwerbsunfähigkeit, deren Beginn vor dem 1. Januar 2001 liegt, als Rente wegen voller Erwerbsminderung; dies gilt auch dann, wenn die Rente wegen Erwerbsunfähigkeit wegen eines mehr als geringfügigen Hinzuverdienstes als Rente wegen Berufsunfähigkeit gezahlt wird.

(1a) Bei Anwendung des § 28 gilt

1. eine Rente wegen Erwerbsunfähigkeit, deren Beginn vor dem 1. Januar 2001 liegt, als eine Rente wegen voller Erwerbsminderung,

2. eine mit der Rente wegen Erwerbsunfähigkeit vergleichbare Leistung eines ausländischen Leistungsträgers, deren Beginn vor dem 1. Januar 2001 liegt, als eine mit der Rente wegen voller Erwerbsminderung vergleichbare Leistung eines ausländischen Leistungsträgers.

(2) Bei der Anwendung des § 28 Nr. 3 gilt die Feststellung der Berufsunfähigkeit oder Erwerbsunfähigkeit als Feststellung voller Erwerbsminderung.

(3) Bei der Anwendung des § 145 gilt die Feststellung der verminderten Berufsfähigkeit im Bergbau nach § 45 des Sechsten Buches[1] als Feststellung der Erwerbsminderung.

(4) Bei der Anwendung des § 156 Absatz 1 Nummer 3 gilt die Rente wegen Erwerbsunfähigkeit, deren Beginn vor dem 1. Januar 2001 liegt, als Rente wegen voller Erwerbsminderung.

(5) § 142 Abs. 4 in der vor dem 1. Januar 2001 geltenden Fassung ist weiterhin auf Invalidenrenten, Bergmannsinvalidenrenten oder Invalidenrenten für Behinderte nach Artikel 2 des Renten-Überleitungsgesetzes, deren Beginn vor dem 1. Januar 1997 liegt, mit der Maßgabe anzuwenden, dass

1. diese dem Anspruch auf Rente wegen voller Erwerbsminderung gleichstehen und

2. an die Stelle der Feststellung der Erwerbsunfähigkeit oder Berufsunfähigkeit die Feststellung der Erwerbsminderung tritt.

§§ 434a–434x *(aufgehoben bzw. nicht mehr belegt)*

§ 435 Gesetz zur Vereinfachung der Wahl der Arbeitnehmervertreter in den Aufsichtsrat. [1] Zum 27. März 2002 treten der Präsident der Bundesanstalt für Arbeit und der Vizepräsident der Bundesanstalt für Arbeit in den Ruhestand. [2] Für die in Satz 1 genannten Beamten sind § 4 des Bundesbesoldungsgesetzes sowie die Vorschriften des § 7 Nr. 2 und des § 14 Abs. 6 des Beamtenversorgungsgesetzes in der bis zum 31. Dezember 1998 geltenden Fassung entsprechend anzuwenden mit der Maßgabe, dass dem einstweiligen Ruhestand die Zeit von dem Eintritt in den Ruhestand bis zu dem in § 399 Abs. 4 Satz 2 in der bis zum 26. März 2002 geltenden Fassung genannten Zeitpunkt gleichsteht.

§ 436 Zweites Gesetz für moderne Dienstleistungen am Arbeitsmarkt. [1] Personen, die am 31. März 2003 in einer mehr als geringfügigen Beschäftigung versicherungspflichtig waren, die die Merkmale einer geringfügigen Beschäftigung in der ab 1. April 2003 geltenden Fassung von § 8 des Vierten Buches[2] erfüllt, bleiben in dieser Beschäftigung versicherungspflichtig. [2] Sie werden auf ihren Antrag von der Versicherungspflicht befreit. [3] Die Befreiung wirkt vom 1. April 2003 an. [4] Sie ist auf diese Beschäftigung beschränkt.

§ 437 Drittes Gesetz für moderne Dienstleistungen am Arbeitsmarkt.

(1) [1] Die Beamtinnen und Beamten der Bundesanstalt, die vor dem 2. Juli 2003 ganz oder überwiegend Aufgaben der Arbeitsmarktinspektion wahrgenommen haben und diese am 31. Dezember 2003 noch wahrnehmen, sind mit Wirkung vom 1. Januar 2004 Bundesbeamtinnen und Bundesbeamte im Dienst der Zollverwaltung. [2] § 130 Abs. 1 des Beamtenrechtsrahmengesetzes in der Fassung der Bekanntmachung vom 31. März 1999 (BGBl. I S. 654) findet entsprechende Anwendung. [3] Von der Überleitung nach Satz 1 ausgenommen

---

[1] Nr. 6.
[2] Nr. 4.

3 SGB III § 437 3. Buch. Arbeitsförderung

sind Beamtinnen und Beamte, die am 2. Juli 2003 die Antragsaltersgrenze des § 52 des Bundesbeamtengesetzes erreicht haben oder sich zu diesem Zeitpunkt in Altersteilzeit befanden.

(2) ¹Die Angestellten der Bundesanstalt, die vor dem 2. Juli 2003 ganz oder überwiegend Aufgaben der Arbeitsmarktinspektion wahrgenommen haben und diese am 31. Dezember 2003 noch wahrnehmen, sind mit Wirkung vom 1. Januar 2004 Angestellte des Bundes und in den Dienst der Zollverwaltung übergeleitet. ²Die Bundesrepublik Deutschland tritt unbeschadet der nachfolgenden Absätze in die arbeitsvertraglichen Rechte und Pflichten der im Zeitpunkt der Überleitung bestehenden Arbeitsverhältnisse ein. ³Von der Überleitung nach den Sätzen 1 und 2 ausgenommen sind Angestellte, die am 2. Juli 2003 die Anspruchsvoraussetzungen für eine gesetzliche Rente wegen Alters erfüllt haben oder sich zu diesem Zeitpunkt in einem Altersteilzeitarbeitsverhältnis befanden.

(3) ¹Vom Zeitpunkt der Überleitung an gelten die für Angestellte des Bundes bei der Zollverwaltung jeweils geltenden Tarifverträge und sonstigen Bestimmungen, soweit sich aus den Sätzen 2 bis 4 nicht etwas anderes ergibt. ²Die Eingruppierung in die im Zeitpunkt der Überleitung erreichte Vergütungsgruppe besteht fort, solange überwiegend Aufgaben der Arbeitsmarktinspektion wahrgenommen und keine neuen Aufgaben, die nach dem Tarifrecht des Bundes zu einer Eingruppierung in eine höhere Vergütungsgruppe führen, übertragen werden. ³Soweit in den Fällen einer fortbestehenden Eingruppierung nach Satz 2 in der bisherigen Tätigkeit ein Bewährungsaufstieg oder sonstiger Aufstieg vorgesehen war, sind Angestellte nach Ablauf der bei Überleitung geltenden Aufstiegsfrist in diejenige Vergütungsgruppe eingruppiert, die sich nach dem bei Inkrafttreten dieses Gesetzes geltenden Tarifrecht der Bundesanstalt ergeben hätte. ⁴Eine Eingruppierung nach den Sätzen 2 und 3 entfällt mit dem Ende des Kalendermonats, in dem sich Angestellte schriftlich für eine Eingruppierung nach dem Tarifrecht des Bundes entscheiden.

(4) ¹Die bei der Bundesanstalt anerkannten Beschäftigungszeiten werden auf die Beschäftigungszeit im Sinne des Tarifrechts des Bundes angerechnet; Entsprechendes gilt für Zeiten in der Zusatzversorgung. ²Nehmen die übergeleiteten Angestellten Vollzugsaufgaben wahr, die ansonsten Beamten obliegen, wird eine Zulage nach Vorbemerkung Nummer 9 zu den Besoldungsordnungen A und B des Bundesbesoldungsgesetzes nach Maßgabe der für vergleichbare Beamtinnen und Beamte der Zollverwaltung jeweils geltenden Vorschriften gewährt. ³Soweit es darüber hinaus im Zusammenhang mit dem überleitungsbedingten Wechsel des Arbeitgebers angemessen ist, kann das Bundesministerium der Finanzen im Einvernehmen mit dem Bundesministerium des Innern außer- und übertariflich ergänzende Regelungen treffen.

(5) Die Absätze 3 und 4 gelten entsprechend für Angestellte, die im Zusammenhang mit der Übertragung von Aufgaben der Arbeitsmarktinspektion von der Bundesagentur in sonstiger Weise als Angestellte des Bundes in den Dienst der Zollverwaltung wechseln.

(6) ¹Die Bundesagentur trägt die Versorgungsbezüge der gemäß Absatz 1 in den Dienst des Bundes übernommenen Beamtinnen und Beamten für die bis zur Übernahme zurückgelegten Dienstzeiten. ²Der Bund trägt die Versorgungsbezüge für die seit der Übernahme in den Dienst des Bundes zurück-

gelegten Dienstzeiten der in Absatz 1 genannten Beamtinnen und Beamten.
³ Im Übrigen gilt § 107b des Beamtenversorgungsgesetzes entsprechend.

(7) § 15 Abs. 1 des Bundespersonalvertretungsgesetzes gilt für die nach den Absätzen 1 und 2 übergeleiteten Beamtinnen und Beamten sowie Angestellten entsprechend.

§ 438 *(aufgehoben)*

§ 439 Siebtes Gesetz zur Änderung des Dritten Buches Sozialgesetzbuch und anderer Gesetze. Ist ein Anspruch auf Arbeitslosengeld mit einer dem Lebensalter der oder des Arbeitslosen entsprechenden Höchstanspruchsdauer nach § 127 Abs. 2 in der bis zum 31. Dezember 2007 geltenden Fassung am 31. Dezember 2007 noch nicht erschöpft, erhöht sich die Anspruchsdauer bei Arbeitslosen, die vor dem 1. Januar 2008
das 50. Lebensjahr vollendet haben, auf 15 Monate,
das 58. Lebensjahr vollendet haben, auf 24 Monate.

§ 440 Gesetz zur Neuausrichtung der arbeitsmarktpolitischen Instrumente. (1) Arbeitnehmerinnen und Arbeitnehmer, die am 31. Dezember 2008 in einer Arbeitsgelegenheit in der Entgeltvariante versicherungspflichtig beschäftigt waren, bleiben in dieser Beschäftigung versicherungspflichtig.

(2) ¹ § 38 Abs. 4 in der bis zum 31. Dezember 2008 geltenden Fassung ist weiterhin anzuwenden für den von § 237 Abs. 5 des Sechsten Buches[1]) erfassten Personenkreis. ² In diesen Fällen ist § 38 Abs. 3 in der vom 1. Januar 2009 an geltenden Fassung nicht anzuwenden.

(3) Soweit Zeiten der Teilnahme an einer Maßnahme nach § 46 bei der Berechnung von Fristen oder als Fördertatbestand berücksichtigt werden, sind ihnen Zeiten der Teilnahme an einer Maßnahme nach den §§ 37, 37c, 48 und 421i in der bis zum 31. Dezember 2008 geltenden Fassung und einer Maßnahme nach § 241 Abs. 3a in der bis zum 31. Juli 2009 geltenden Fassung gleichgestellt.

(3a) *(aufgehoben)*

(4) ¹ § 144 Abs. 4 in der bis zum 31. Dezember 2008 geltenden Fassung ist weiterhin anzuwenden auf Ansprüche auf Arbeitslosengeld, die vor dem 1. Januar 2009 entstanden sind. ² In diesen Fällen ist § 144 Abs. 4 in der vom 1. Januar 2009 an geltenden Fassung nicht anzuwenden.

(5) Die §§ 248 und 249 in der bis zum 31. Dezember 2008 geltenden Fassung sind weiterhin anzuwenden für Träger von Einrichtungen der beruflichen Rehabilitation.

§ 441 Bürgerentlastungsgesetz Krankenversicherung. Ist der Anspruch auf Arbeitslosengeld vor dem 1. Januar 2010 entstanden, ist § 133 Absatz 1 in der bis zum 31. Dezember 2009 geltenden Fassung anzuwenden.

§ 442 Beschäftigungschancengesetz. (1) ¹ Personen, die als Selbständige oder Auslandsbeschäftigte vor dem 1. Januar 2011 ein Versicherungspflichtverhältnis auf Antrag nach § 28a in der bis zum 31. Dezember 2010 geltenden

---

[1]) Nr. 6.

Fassung begründet haben, bleiben in dieser Tätigkeit oder Beschäftigung über den 31. Dezember 2010 versicherungspflichtig nach § 28a in der ab dem 1. Januar 2011 an geltenden Fassung. ²Sie können die Versicherungspflicht auf Antrag bis zum 31. März 2011 durch schriftliche Erklärung gegenüber der Bundesagentur rückwirkend zum 31. Dezember 2010 beenden.

(2) ¹Abweichend von § 345b Satz 1 Nummer 2 und Satz 2 gilt als beitragspflichtige Einnahme für alle Selbständigen und Auslandsbeschäftigten, die in einem Versicherungspflichtverhältnis auf Antrag stehen, vom 1. Januar 2011 bis zum 31. Dezember 2011 ein Arbeitsentgelt in Höhe von 50 Prozent der monatlichen Bezugsgröße. ²§ 345b Satz 1 Nummer 2 und Satz 2 in der vom 1. Januar 2011 geltenden Fassung ist insoweit nicht anzuwenden.

§ 443 Gesetz zur Verbesserung der Eingliederungschancen am Arbeitsmarkt. (1) Für Arbeitsbeschaffungsmaßnahmen nach § 260 und Arbeitsgelegenheiten nach § 16d des Zweiten Buches[1)] in der vor dem 1. April 2012 geltenden Fassung gilt § 27 Absatz 3 Satz 1 Nummer 5 in der vor dem 1. April 2012 geltenden Fassung entsprechend, wenn und solange die Arbeitsbeschaffungsmaßnahmen und Arbeitsgelegenheiten nach dem vor diesem Tag geltenden Recht durchgeführt werden.

(2) Beschäftigungen im Sinne des § 159 Absatz 1 Satz 2 Nummer 1 und 2 sind auch Arbeitsbeschaffungsmaßnahmen, wenn und solange diese Arbeitsbeschaffungsmaßnahmen nach dem bis zum 31. März 2012 geltenden Recht gefördert werden.

(3) ¹Für Träger ist eine Zulassung nach § 176 bis einschließlich 31. Dezember 2012 nicht erforderlich. ²Dies gilt weder für Träger, die Maßnahmen zur Aktivierung und beruflichen Eingliederung nach § 45 Absatz 4 Satz 3 Nummer 1 durchführen, noch für Träger, die Maßnahmen der beruflichen Weiterbildung nach den §§ 81 und 82 durchführen. ³Zulassungen von Trägern und Maßnahmen der beruflichen Weiterbildung, die nach den §§ 84 und 85 in der bis zum 31. März 2012 geltenden Fassung erteilt wurden, sind den Zulassungen nach den §§ 176 und 178 sowie § 179 in Verbindung mit § 180 gleichgestellt. ⁴Ein Anspruch auf Vergütung für die Arbeitsvermittlung in eine versicherungspflichtige Beschäftigung nach § 45 Absatz 4 Satz 3 Nummer 2 besteht für bis einschließlich 31. Dezember 2012 erfolgte Vermittlungen nur, wenn der Träger zum Zeitpunkt der Vermittlung die Arbeitsvermittlung als Gegenstand seines Gewerbes angezeigt hat.

(4) ¹Anerkennungen nach den §§ 2 und 3 der Anerkennungs- und Zulassungsverordnung – Weiterbildung, die bis zum 31. März 2012 erteilt wurden, behalten ihre Gültigkeit bis längstens 31. März 2015. ²Die jährliche Überprüfung anerkannter Stellen wird ab 1. April 2012 von der Akkreditierungsstelle wahrgenommen.

(5) ¹Beamtinnen und Beamten, denen am 27. Dezember 2011 ein Amt im Beamtenverhältnis auf Zeit im Sinne der §§ 389 und 390 in der bis zum 27. Dezember 2011 geltenden Fassung übertragen ist, verbleiben bis zum Ablauf der jeweiligen Amtszeit in diesem Amt. ²Zeiten einer Beurlaubung nach § 387 Absatz 3 Satz 1 werden nicht als Amtszeit berücksichtigt. ³Wird nach Ablauf der Amtszeit festgestellt, dass sich die Beamtin oder der Beamte in dem

---

[1)] Nr. 2.

übertragenen Amt bewährt hat, wird das Amt im Beamtenverhältnis auf Lebenszeit übertragen. ⁴Hat sich die Beamtin oder der Beamte in dem übertragenen Amt nicht bewährt, wird die Beamtin oder der Beamte aus dem Beamtenverhältnis auf Zeit entlassen. ⁵In diesem Fall enden der Anspruch auf Besoldung und, soweit gesetzlich nichts anderes bestimmt ist, alle sonstigen Ansprüche aus dem im Beamtenverhältnis auf Zeit übertragenen Amt. ⁶Tritt eine Beamtin auf Zeit oder ein Beamter auf Zeit nach der Entlassung wieder in ihr oder sein vorheriges Amt im Beamtenverhältnis ein oder tritt sie oder er wegen Erreichens der gesetzlichen Altersgrenze in den Ruhestand, ist § 15a des Beamtenversorgungsgesetzes entsprechend anzuwenden. ⁷§ 15a Absatz 4 des Beamtenversorgungsgesetzes gilt entsprechend, wenn eine Beamtin auf Zeit oder ein Beamter auf Zeit wegen Dienstunfähigkeit in den Ruhestand versetzt wird.

(6) ¹§ 389 ist anzuwenden, sofern nach dem 27. Dezember 2011 eine Funktion im Sinne dieser Vorschrift übertragen wird. ²Satz 1 gilt auch, wenn eine vor dem 28. Dezember 2011 übertragene Funktion ab dem 28. Dezember 2011 auf veränderter vertraglicher Grundlage fortgesetzt werden soll. ³§ 387 Absatz 3 Satz 2 bleibt unberührt.

(7) § 421s in der am 31. März 2012 geltenden Fassung ist weiterhin anzuwenden auf Maßnahmen, über die die Bundesagentur vor dem 31. März 2012 Verträge mit Trägern geschlossen hat, bis zum Ende der Vertragslaufzeit; § 422 Absatz 1 Nummer 3 gilt insoweit nicht.

§ 444 Gesetz zu Änderungen im Bereich der geringfügigen Beschäftigung.

(1) ¹Personen, die am 31. Dezember 2012 in einer mehr als geringfügigen Beschäftigung nach § 8 Absatz 1 Nummer 1 oder § 8a in Verbindung mit § 8 Absatz 1 Nummer 1 des Vierten Buches[1)] versicherungspflichtig waren, die die Merkmale einer geringfügigen Beschäftigung nach diesen Vorschriften in der ab dem 1. Januar 2013 geltenden Fassung erfüllt, bleiben in dieser Beschäftigung längstens bis zum 31. Dezember 2014 versicherungspflichtig, solange das Arbeitsentgelt 400 Euro monatlich übersteigt. ²Sie werden auf Antrag von der Versicherungspflicht befreit. ³Der Antrag ist bei der Agentur für Arbeit zu stellen. ⁴Die Befreiung wirkt vom 1. Januar 2013 an, wenn sie bis zum 31. März 2013 beantragt wird, im Übrigen von dem Beginn des Kalendermonats an, der auf den Monat folgt, in dem der Antrag gestellt worden ist. ⁵Die Befreiung ist auf diese Beschäftigung beschränkt.

(2) Bei Anwendung des Absatzes 1 gilt § 276b Absatz 1 des Sechsten Buches[2)] und bei Anwendung des § 344 Absatz 4 gilt § 276b Absatz 2 des Sechsten Buches entsprechend.

§ 444a Gesetz zur Stärkung der beruflichen Weiterbildung und des Versicherungsschutzes in der Arbeitslosenversicherung.

(1) § 28a Absatz 1 Satz 1 Nummer 4 und 5 in der Fassung vom 1. August 2016 gilt mit der Maßgabe, dass ein Antrag unberührt von § 28a Absatz 3 innerhalb von drei Monaten nach dem 31. Juli 2016 gestellt werden kann.

(2) Der Anspruch auf Zahlung einer Weiterbildungsprämie nach § 131a Absatz 3 gilt für Arbeitnehmerinnen und Arbeitnehmer, die an einer nach § 81

[1)] Nr. 4.
[2)] Nr. 6.

geförderten beruflichen Weiterbildung teilnehmen, die nach dem 31. Juli 2016 beginnt.

(3) § 151 Absatz 3 Nummer 3 in der Fassung vom 1. August 2016 ist nur für Ansprüche auf Arbeitslosengeld anzuwenden, die nach dem 31. Juli 2016 entstanden sind.

§ 445 Fünfundzwanzigstes Gesetz zur Änderung des Bundesausbildungsförderungsgesetzes. Abweichend von § 422 sind die §§ 54a, 61, 62, 64, 67, 116 und 123 bis 126 ab dem 1. August 2016 anzuwenden.

§ 446 Zweites Gesetz zur Stärkung der pflegerischen Versorgung und zur Änderung weiterer Vorschriften. (1) [1] Für Personen, die am 31. Dezember 2016 nach § 26 Absatz 2b in der am 31. Dezember 2016 geltenden Fassung versicherungspflichtig waren, besteht die Versicherungspflicht für die Dauer der Pflegezeit fort. [2] Für diese Zeit sind § 345 Nummer 8, § 347 Nummer 10, § 349 Absatz 4a Satz 1 und Absatz 5 Satz 2 in der am 31. Dezember 2016 geltenden Fassung anzuwenden.

(2) [1] Für Pflegepersonen, die am 31. Dezember 2016 nach § 28a Absatz 1 Satz 1 Nummer 1 in der am 31. Dezember 2016 geltenden Fassung versicherungspflichtig waren, wird ab dem 1. Januar 2017 das Versicherungspflichtverhältnis nach § 26 Absatz 2b fortgesetzt. [2] § 26 Absatz 3 Satz 5 und 6 bleibt unberührt.

4. Viertes Buch Sozialgesetzbuch
– Gemeinsame Vorschriften für die Sozialversicherung –
(SGB IV)[1]

In der Fassung der Bekanntmachung vom 12. November 2009[2]
(BGBl. I S. 3710, ber. S. 3973 und BGBl. 2011 I S. 363)

FNA 860-4-1

zuletzt geänd. durch Art. 7a G zur Fortschreibung der Vorschriften für Blut- und Gewebezubereitungen und zur Änd. anderer Vorschriften v. 18.7.2017 (BGBl. I S. 2757)

Inhaltsübersicht

§§

Erster Abschnitt. Grundsätze und Begriffsbestimmungen

Erster Titel. Geltungsbereich und Umfang der Versicherung

Sachlicher Geltungsbereich	1
Versicherter Personenkreis	2
Persönlicher und räumlicher Geltungsbereich	3
Ausstrahlung	4
Einstrahlung	5
Vorbehalt abweichender Regelungen	6

Zweiter Titel. Beschäftigung und selbständige Tätigkeit

Beschäftigung	7
Anfrageverfahren	7a
Wertguthabenvereinbarung	7b
Verwendung von Wertguthaben	7c
Führung und Verwaltung von Wertguthaben	7d
Insolvenzschutz	7e
Übertragung von Wertguthaben	7f
(aufgehoben)	7g
Geringfügige Beschäftigung und geringfügige selbständige Tätigkeit	8
Geringfügige Beschäftigung in Privathaushalten	8a
Beschäftigungsort	9
Beschäftigungsort für besondere Personengruppen	10
Tätigkeitsort	11
Hausgewerbetreibende, Heimarbeiter und Zwischenmeister	12
Reeder, Seeleute und Deutsche Seeschiffe	13

Dritter Titel. Arbeitsentgelt und sonstiges Einkommen

Arbeitsentgelt	14
Arbeitseinkommen	15
Gesamteinkommen	16
Verordnungsermächtigung	17
Umrechnung von ausländischem Einkommen	17a
Bezugsgröße	18

---

[1] Die Änderungen durch G v. 11.8.2014 (BGBl. I S. 1348) und G v. 11.11.2016 (BGBl. I S. 2500), die erst **mWv 1.1.2019**, und die Änderungen durch G v. 17.7.2017 (BGBl. I S. 2575), die erst **mWv 1.1.2025** in Kraft treten, sind im Text noch nicht berücksichtigt.

[2] Neubekanntmachung des SGB IV idF der Bek. v. 23.1.2006 (BGBl. I S. 86) in der ab 1.9.2009 geltenden Fassung.

4 SGB IV

4. Buch. Gem. Vorschr. f. d. Sozialvers.

§§

Vierter Titel. Einkommen beim Zusammentreffen mit Renten wegen Todes

Art des zu berücksichtigenden Einkommens	18a
Höhe des zu berücksichtigenden Einkommens	18b
Erstmalige Ermittlung des Einkommens	18c
Einkommensänderungen	18d
Ermittlung von Einkommensänderungen	18e

Fünfter Titel. Erhebung, Verarbeitung und Nutzung der Versicherungsnummer

Zulässigkeit der Erhebung, Verarbeitung und Nutzung	18f
Angabe der Versicherungsnummer	18g

Sechster Titel. Sozialversicherungsausweis

Ausstellung des Sozialversicherungsausweises	18h

Siebter Titel. Betriebsnummer

Betriebsnummer für Beschäftigungsbetriebe der Arbeitgeber	18i
Betriebsnummer für Beschäftigungsbetriebe weiterer Meldepflichtiger	18k
Identifikation weiterer Verfahrensbeteiligter in elektronischen Meldeverfahren	18l
Verarbeitung und Nutzung der Betriebsnummer	18m
Absendernummer	18n

Zweiter Abschnitt. Leistungen und Beiträge

Erster Titel. Leistungen

Leistungen auf Antrag oder von Amts wegen	19
Benachteiligungsverbot	19a

Zweiter Titel. Beiträge

Aufbringung der Mittel, Gleitzone	20
Bemessung der Beiträge	21
Entstehen der Beitragsansprüche, Zusammentreffen mehrerer Versicherungsverhältnisse	22
Fälligkeit	23
Einmalig gezahltes Arbeitsentgelt als beitragspflichtige Einnahmen	23a
Beitragspflichtige Einnahmen bei flexiblen Arbeitszeitregelungen	23b
Sonstige nicht beitragspflichtige Einnahmen	23c
Säumniszuschlag	24
Verjährung	25
Beanstandung und Erstattung zu Unrecht entrichteter Beiträge	26
Verzinsung und Verjährung des Erstattungsanspruchs	27
Verrechnung und Aufrechnung des Erstattungsanspruchs	28

Dritter Abschnitt. Meldepflichten des Arbeitgebers, Gesamtsozialversicherungsbeitrag

Erster Titel. Meldungen des Arbeitgebers und ihre Weiterleitung

Meldepflicht	28a
Inhalte und Verfahren für die Gemeinsamen Grundsätze und die Datenfeldbeschreibung	28b
Verordnungsermächtigung	28c

Zweiter Titel. Verfahren und Haftung bei der Beitragszahlung

Gesamtsozialversicherungsbeitrag	28d
Zahlungspflicht, Vorschuss	28e
Aufzeichnungspflicht, Nachweise der Beitragsabrechnung und der Beitragszahlung	28f
Beitragsabzug	28g
Einzugsstellen	28h
Zuständige Einzugsstelle	28i
Weiterleitung von Beiträgen	28k
Vergütung	28l
Sonderregelungen für bestimmte Personengruppen	28m
Verordnungsermächtigung	28n

Inhaltsübersicht SGB IV 4

§§

Dritter Titel. Auskunfts- und Vorlagepflicht, Prüfung, Schadensersatzpflicht und Verzinsung

Auskunfts- und Vorlagepflicht des Beschäftigten	28o
Prüfung bei den Arbeitgebern	28p
Prüfung bei den Einzugsstellen und den Trägern der Rentenversicherung	28q
Schadensersatzpflicht, Verzinsung	28r

Vierter Abschnitt. Träger der Sozialversicherung

Erster Titel. Verfassung

Rechtsstellung	29
Eigene und übertragene Aufgaben	30
Organe	31
(weggefallen)	32
Vertreterversammlung, Verwaltungsrat	33
Satzung	34
Vorstand	35
Vorstand bei Orts-, Betriebs- und Innungskrankenkassen sowie Ersatzkassen	35a
Geschäftsführer	36
Besondere Ausschüsse	36a
Verhinderung von Organen	37
Beanstandung von Rechtsverstößen	38
Versichertenälteste und Vertrauenspersonen	39
Ehrenämter	40
Entschädigung der ehrenamtlich Tätigen	41
Haftung	42

Zweiter Titel. Zusammensetzung, Wahl und Verfahren der Selbstverwaltungsorgane, Versichertenältesten und Vertrauenspersonen

Mitglieder der Selbstverwaltungsorgane	43
Zusammensetzung der Selbstverwaltungsorgane	44
Sozialversicherungswahlen	45
Wahl der Vertreterversammlung	46
Gruppenzugehörigkeit	47
Vorschlagslisten	48
Vorschlagsrecht der Arbeitnehmervereinigungen	48a
Feststellungsverfahren	48b
Feststellung der allgemeinen Vorschlagsberechtigung	48c
Stimmenzahl	49
Wahlrecht	50
Wählbarkeit	51
Wahl des Vorstandes	52
Wahlorgane	53
Durchführung der Wahl	54
Wahlunterlagen und Mitwirkung der Arbeitgeber	55
Wahlordnung	56
Rechtsbehelfe im Wahlverfahren	57
Amtsdauer	58
Verlust der Mitgliedschaft	59
Ergänzung der Selbstverwaltungsorgane	60
Wahl der Versichertenältesten und der Vertrauenspersonen	61
Vorsitzende der Selbstverwaltungsorgane	62
Beratung	63
Beschlussfassung	64
Getrennte Abstimmung	65
Erledigungsausschüsse	66

Dritter Titel. Haushalts- und Rechnungswesen

Aufstellung des Haushaltsplans	67
Bedeutung und Wirkung des Haushaltsplans	68

4 SGB IV 4. Buch. Gem. Vorschr. f. d. Sozialvers.

	§§
Ausgleich, Wirtschaftlichkeit und Sparsamkeit, Kosten- und Leistungsrechnung, Personalbedarfsermittlung	69
Haushaltsplan	70
Haushaltsplan der Deutschen Rentenversicherung Knappschaft-Bahn-See	71
Haushaltsplan der Bundesagentur für Arbeit	71a
Veranschlagung der Arbeitsmarktmittel der Bundesagentur für Arbeit	71b
Eingliederungsrücklage der Bundesagentur für Arbeit	71c
Haushaltsplan und Kostenverteilungsverfahren der Sozialversicherung für Landwirtschaft, Forsten und Gartenbau	71d
Ausweisung der Schiffssicherheitsabteilung im Haushaltsplan	71e
Haushaltsplan der Unfallversicherung Bund und Bahn	71f
Vorläufige Haushaltsführung	72
Überplanmäßige und außerplanmäßige Ausgaben	73
Nachtragshaushalt	74
Verpflichtungsermächtigungen	75
Erhebung der Einnahmen	76
Rechnungsabschluss, Jahresrechnung und Entlastung	77
Geltung von Haushaltsvorschriften des Bundes für die Bundesagentur für Arbeit	77a
Verordnungsermächtigung	78
Geschäftsübersichten und Statistiken der Sozialversicherung	79

Vierter Titel. Vermögen

Verwaltung der Mittel	80
Betriebsmittel	81
Rücklage	82
Anlegung der Rücklage	83
Beleihung von Grundstücken	84
Genehmigungsbedürftige Vermögensanlagen	85
Ausnahmegenehmigung	86

Fünfter Titel. Aufsicht

Umfang der Aufsicht	87
Prüfung und Unterrichtung	88
Aufsichtsmittel	89
Aufsichtsbehörden	90
Zuständigkeitsbereich	90a

Fünfter Abschnitt. Versicherungsbehörden

Arten	91
Versicherungsämter	92
Aufgaben der Versicherungsämter	93
Bundesversicherungsamt	94

Sechster Abschnitt. Übermittlung und Verarbeitung von elektronischen Daten in der Sozialversicherung

Erster Titel. Übermittlung von Daten zur und innerhalb der Sozialversicherung

Gemeinsame Grundsätze Technik	95

Zweiter Titel. Annahme, Weiterleitung und Verarbeitung der Daten der Arbeitgeber durch die Sozialversicherungsträger

Kommunikationsserver	96
Annahmestellen	97
Weiterleitung der Daten durch die Einzugsstellen	98

Dritter Titel. Übermittlung von Daten im Lohnnachweisverfahren der Unfallversicherung

Übermittlung von Daten durch den Unternehmer im Lohnnachweisverfahren	99
Inhalt des elektronischen Lohnnachweises	100
Stammdatendatei	101
Verarbeitung, Weiterleitung und Nutzung der Daten zum Lohnnachweisverfahren	102
Gemeinsame Grundsätze zur Datenübermittlung an die Unfallversicherung	103

§§

Siebter Abschnitt. Informationsangebote in den Meldeverfahren der sozialen Sicherung

Informations- und Beratungsanspruch	104
Informationsportal	105

Achter Abschnitt. Elektronisches Antrags- und Bescheinigungsverfahren

Elektronischer Antrag auf Ausstellung einer Bescheinigung über die anzuwendenden Rechtsvorschriften bei Beschäftigung nach Artikel 12 Absatz 1 der Verordnung (EG) Nr. 883/2004 und bei Ausnahmevereinbarungen nach Artikel 16 der Verordnung (EG) Nr. 883/2004	106
Elektronische Übermittlung von Bescheinigungen für Entgeltersatzleistungen	107
Elektronische Übermittlung von sonstigen Bescheinigungen an die Sozialversicherungsträger	108
(weggefallen)	109, 110

Neunter Abschnitt. Aufbewahrung von Unterlagen

Aufbewahrungspflicht	110a
Rückgabe, Vernichtung und Archivierung von Unterlagen	110b
Verwaltungsvereinbarungen, Verordnungsermächtigung	110c
Beweiswirkung	110d

Zehnter Abschnitt. Bußgeldvorschriften

Bußgeldvorschriften	111
Allgemeines über Bußgeldvorschriften	112
Zusammenarbeit mit anderen Behörden	113

Elfter Abschnitt. Übergangsvorschriften

Einkommen beim Zusammentreffen mit Renten wegen Todes	114
Geringfügige Beschäftigung und geringfügige selbständige Tätigkeit	115
Übergangsregelungen für bestehende Wertguthaben	116
Übergangsregelung zur Beitragshaftung	116a
Verwaltungsausgaben der knappschaftlichen Krankenversicherung der Rentner	117
Übergangsregelung für Tätigkeiten als Notärztin oder Notarzt im Rettungsdienst	118
Übergangsregelung zur Aufhebung des Verfahrens des elektronischen Entgeltnachweises; Löschung der bisher gespeicherten Daten	119
Übergangsregelung zur Änderung der Wählbarkeitsvoraussetzungen	120

Erster Abschnitt. Grundsätze und Begriffsbestimmungen

Erster Titel. Geltungsbereich und Umfang der Versicherung

§ 1 Sachlicher Geltungsbereich. (1) ¹Die Vorschriften dieses Buches gelten für die gesetzliche Kranken-, Unfall- und Rentenversicherung einschließlich der Alterssicherung der Landwirte sowie die soziale Pflegeversicherung (Versicherungszweige). ²Die Vorschriften dieses Buches gelten mit Ausnahme des Ersten und Zweiten Titels des Vierten Abschnitts und des Fünften Abschnitts auch für die Arbeitsförderung. ³Die Bundesagentur für Arbeit gilt im Sinne dieses Buches als Versicherungsträger.

(2) § 18h gilt auch für die Sozialhilfe und die Grundsicherung für Arbeitsuchende; außerdem gelten die §§ 18f, 18g und 19a für die Grundsicherung für Arbeitsuchende.

(3) Regelungen in den Sozialleistungsbereichen dieses Gesetzbuches, die in den Absätzen 1 und 2 genannt sind, bleiben unberührt, soweit sie von den Vorschriften dieses Buches abweichen.

§ 2 Versicherter Personenkreis. (1) Die Sozialversicherung umfasst Personen, die kraft Gesetzes oder Satzung (Versicherungspflicht) oder auf Grund freiwilligen Beitritts oder freiwilliger Fortsetzung der Versicherung (Versicherungsberechtigung) versichert sind.

(1a) Deutsche im Sinne der Vorschriften über die Sozialversicherung und die Arbeitsförderung sind Deutsche im Sinne des Artikels 116 des Grundgesetzes.

(2) In allen Zweigen der Sozialversicherung sind nach Maßgabe der besonderen Vorschriften für die einzelnen Versicherungszweige versichert

1. Personen, die gegen Arbeitsentgelt oder zu ihrer Berufsausbildung beschäftigt sind,
2. behinderte Menschen, die in geschützten Einrichtungen beschäftigt werden,
3. Landwirte.

(3) ¹Deutsche Seeleute, die auf einem Seeschiff beschäftigt sind, das nicht berechtigt ist, die Bundesflagge zu führen, werden auf Antrag des Reeders

1. in der gesetzlichen Kranken-, Renten- und Pflegeversicherung versichert und in die Versicherungspflicht nach dem Dritten Buch[1)] einbezogen,
2. in der gesetzlichen Unfallversicherung versichert, wenn der Reeder das Seeschiff der Unfallverhütung und Schiffssicherheitsüberwachung durch die Berufsgenossenschaft Verkehrswirtschaft Post-Logistik Telekommunikation unterstellt hat und der Staat, dessen Flagge das Seeschiff führt, dem nicht widerspricht.

²Für deutsche Seeleute, die ihren Wohnsitz oder gewöhnlichen Aufenthalt im Inland haben und auf einem Seeschiff beschäftigt sind, das im überwiegenden wirtschaftlichen Eigentum eines deutschen Reeders mit Sitz im Inland steht, ist der Reeder verpflichtet, einen Antrag nach Satz 1 Nummer 1 und unter den Voraussetzungen des Satzes 1 Nummer 2 einen Antrag nach Satz 1 Nummer 2 zu stellen. ³Der Reeder hat auf Grund der Antragstellung gegenüber den Versicherungsträgern die Pflichten eines Arbeitgebers. ⁴Ein Reeder mit Sitz im Ausland hat für die Erfüllung seiner Verbindlichkeiten gegenüber den Versicherungsträgern einen Bevollmächtigten im Inland zu bestellen. ⁵Der Reeder und der Bevollmächtigte haften gegenüber den Versicherungsträgern als Gesamtschuldner; sie haben auf Verlangen entsprechende Sicherheit zu leisten.

(4) Die Versicherung weiterer Personengruppen in einzelnen Versicherungszweigen ergibt sich aus den für sie geltenden besonderen Vorschriften.

§ 3 Persönlicher und räumlicher Geltungsbereich. Die Vorschriften über die Versicherungspflicht und die Versicherungsberechtigung gelten,

1. soweit sie eine Beschäftigung oder eine selbständige Tätigkeit voraussetzen, für alle Personen, die im Geltungsbereich dieses Gesetzbuchs beschäftigt oder selbständig tätig sind,
2. soweit sie eine Beschäftigung oder eine selbständige Tätigkeit nicht voraussetzen, für alle Personen, die ihren Wohnsitz oder gewöhnlichen Aufenthalt im Geltungsbereich dieses Gesetzbuchs haben.

[1)] Nr. 3.

1. Abschnitt. Grundsätze u. Begriffsbest. §§ 4–7 SGB IV 4

§ 4 Ausstrahlung. (1) Soweit die Vorschriften über die Versicherungspflicht und die Versicherungsberechtigung eine Beschäftigung voraussetzen, gelten sie auch für Personen, die im Rahmen eines im Geltungsbereich dieses Gesetzbuchs bestehenden Beschäftigungsverhältnisses in ein Gebiet außerhalb dieses Geltungsbereichs entsandt werden, wenn die Entsendung infolge der Eigenart der Beschäftigung oder vertraglich im Voraus zeitlich begrenzt ist.

(2) Für Personen, die eine selbständige Tätigkeit ausüben, gilt Absatz 1 entsprechend.

§ 5 Einstrahlung. (1) Soweit die Vorschriften über die Versicherungspflicht und die Versicherungsberechtigung eine Beschäftigung voraussetzen, gelten sie nicht für Personen, die im Rahmen eines außerhalb des Geltungsbereichs dieses Gesetzbuchs bestehenden Beschäftigungsverhältnisses in diesen Geltungsbereich entsandt werden, wenn die Entsendung infolge der Eigenart der Beschäftigung oder vertraglich im Voraus zeitlich begrenzt ist.

(2) Für Personen, die eine selbständige Tätigkeit ausüben, gilt Absatz 1 entsprechend.

§ 6 Vorbehalt abweichender Regelungen. Regelungen des über- und zwischenstaatlichen Rechts bleiben unberührt.

Zweiter Titel. Beschäftigung und selbständige Tätigkeit

§ 7 Beschäftigung. (1) [1] Beschäftigung ist die nichtselbständige Arbeit, insbesondere in einem Arbeitsverhältnis. [2] Anhaltspunkte für eine Beschäftigung sind eine Tätigkeit nach Weisungen und eine Eingliederung in die Arbeitsorganisation des Weisungsgebers.

(1a) [1] Eine Beschäftigung besteht auch in Zeiten der Freistellung von der Arbeitsleistung von mehr als einem Monat, wenn

1. während der Freistellung Arbeitsentgelt aus einem Wertguthaben nach § 7b fällig ist und
2. das monatlich fällige Arbeitsentgelt in der Zeit der Freistellung nicht unangemessen von dem für die vorausgegangenen zwölf Kalendermonate abweicht, in denen Arbeitsentgelt bezogen wurde.

[2] Satz 1 gilt entsprechend, wenn während einer bis zu dreimonatigen Freistellung Arbeitsentgelt aus einer Vereinbarung zur flexiblen Gestaltung der werktäglichen oder wöchentlichen Arbeitszeit oder dem Ausgleich betrieblicher Produktions- und Arbeitszeitzyklen fällig ist. [3] Beginnt ein Beschäftigungsverhältnis mit einer Zeit der Freistellung, gilt Satz 1 Nummer 2 mit der Maßgabe, dass das monatlich fällige Arbeitsentgelt in der Zeit der Freistellung nicht unangemessen von dem für die Zeit der Arbeitsleistung abweichen darf, mit der das Arbeitsentgelt später erzielt werden soll. [4] Eine Beschäftigung gegen Arbeitsentgelt besteht während der Zeit der Freistellung auch, wenn die Arbeitsleistung, mit der das Arbeitsentgelt später erzielt werden soll, wegen einer im Zeitpunkt der Vereinbarung nicht vorhersehbaren vorzeitigen Beendigung des Beschäftigungsverhältnisses nicht mehr erbracht werden kann. [5] Die Vertragsparteien können beim Abschluss der Vereinbarung nur für den Fall, dass Wertguthaben wegen der Beendigung der Beschäftigung auf Grund verminderter Erwerbsfähigkeit, des Erreichens einer Altersgrenze, zu der eine Rente

wegen Alters beansprucht werden kann, oder des Todes des Beschäftigten nicht mehr für Zeiten einer Freistellung von der Arbeitsleistung verwendet werden können, einen anderen Verwendungszweck vereinbaren. [6] Die Sätze 1 bis 4 gelten nicht für Beschäftigte, auf die Wertguthaben übertragen werden. [7] Bis *[bis 30.6.2018:* zur Herstellung einheitlicher Einkommensverhältnisse im Inland] *[ab 1.7.2018: zum 31. Dezember 2024]* werden Wertguthaben, die durch Arbeitsleistung im Beitrittsgebiet erzielt werden, getrennt erfasst; sind für die Beitrags- oder Leistungsberechnung im Beitrittsgebiet und im übrigen Bundesgebiet unterschiedliche Werte vorgeschrieben, sind die Werte maßgebend, die für den Teil des Inlandes gelten, in dem das Wertguthaben erzielt worden ist.

(1b) Die Möglichkeit eines Arbeitnehmers zur Vereinbarung flexibler Arbeitszeiten gilt nicht als eine die Kündigung des Arbeitsverhältnisses durch den Arbeitgeber begründende Tatsache im Sinne des § 1 Absatz 2 Satz 1 des Kündigungsschutzgesetzes.

(2) Als Beschäftigung gilt auch der Erwerb beruflicher Kenntnisse, Fertigkeiten oder Erfahrungen im Rahmen betrieblicher Berufsbildung.

(3) [1] Eine Beschäftigung gegen Arbeitsentgelt gilt als fortbestehend, solange das Beschäftigungsverhältnis ohne Anspruch auf Arbeitsentgelt fortdauert, jedoch nicht länger als einen Monat. [2] Eine Beschäftigung gilt auch als fortbestehend, wenn Arbeitsentgelt aus einem der Deutschen Rentenversicherung Bund übertragenen Wertguthaben bezogen wird. [3] Satz 1 gilt nicht, wenn Krankengeld, Krankentagegeld, Verletztengeld, Versorgungskrankengeld, Übergangsgeld, Pflegeunterstützungsgeld oder Mutterschaftsgeld oder nach gesetzlichen Vorschriften Erziehungsgeld oder Elterngeld bezogen oder Elternzeit in Anspruch genommen oder Wehrdienst oder Zivildienst geleistet wird. [4] Satz 1 gilt auch nicht für die Freistellung nach § 3 des Pflegezeitgesetzes.

(4) Beschäftigt ein Arbeitgeber einen Ausländer ohne die nach § 284 Absatz 1 des Dritten Buches[1)] erforderliche Genehmigung oder ohne die nach § 4 Absatz 3 des Aufenthaltsgesetzes erforderliche Berechtigung zur Erwerbstätigkeit, wird vermutet, dass ein Beschäftigungsverhältnis gegen Arbeitsentgelt für den Zeitraum von drei Monaten bestanden hat.

§ 7a Anfrageverfahren. (1) [1] Die Beteiligten können schriftlich oder elektronisch eine Entscheidung beantragen, ob eine Beschäftigung vorliegt, es sei denn, die Einzugsstelle oder ein anderer Versicherungsträger hatte im Zeitpunkt der Antragstellung bereits ein Verfahren zur Feststellung einer Beschäftigung eingeleitet. [2] Die Einzugsstelle hat einen Antrag nach Satz 1 zu stellen, wenn sich aus der Meldung des Arbeitgebers (§ 28a) ergibt, dass der Beschäftigte Ehegatte, Lebenspartner oder Abkömmling des Arbeitgebers oder geschäftsführender Gesellschafter einer Gesellschaft mit beschränkter Haftung ist. [3] Über den Antrag entscheidet abweichend von § 28h Absatz 2 die Deutsche Rentenversicherung Bund.

(2) Die Deutsche Rentenversicherung Bund entscheidet auf Grund einer Gesamtwürdigung aller Umstände des Einzelfalles, ob eine Beschäftigung vorliegt.

(3) [1] Die Deutsche Rentenversicherung Bund teilt den Beteiligten schriftlich oder elektronisch mit, welche Angaben und Unterlagen sie für ihre Entschei-

---

[1)] Nr. 3.

1. Abschnitt. Grundsätze u. Begriffsbest. **§ 7b SGB IV 4**

dung benötigt. ²Sie setzt den Beteiligten eine angemessene Frist, innerhalb der diese die Angaben zu machen und die Unterlagen vorzulegen haben.

(4) Die Deutsche Rentenversicherung Bund teilt den Beteiligten mit, welche Entscheidung sie zu treffen beabsichtigt, bezeichnet die Tatsachen, auf die sie ihre Entscheidung stützen will, und gibt den Beteiligten Gelegenheit, sich zu der beabsichtigten Entscheidung zu äußern.

(5) Die Deutsche Rentenversicherung Bund fordert die Beteiligten auf, innerhalb einer angemessenen Frist die Tatsachen anzugeben, die eine Widerlegung begründen, wenn diese die Vermutung widerlegen wollen.

(6) ¹Wird der Antrag nach Absatz 1 innerhalb eines Monats nach Aufnahme der Tätigkeit gestellt und stellt die Deutsche Rentenversicherung Bund ein versicherungspflichtiges Beschäftigungsverhältnis fest, tritt die Versicherungspflicht mit der Bekanntgabe der Entscheidung ein, wenn der Beschäftigte

1. zustimmt und
2. er für den Zeitraum zwischen Aufnahme der Beschäftigung und der Entscheidung eine Absicherung gegen das finanzielle Risiko von Krankheit und zur Altersvorsorge vorgenommen hat, die der Art nach den Leistungen der gesetzlichen Krankenversicherung und der gesetzlichen Rentenversicherung entspricht.

²Der Gesamtsozialversicherungsbeitrag wird erst zu dem Zeitpunkt fällig, zu dem die Entscheidung, dass eine Beschäftigung vorliegt, unanfechtbar geworden ist.

(7) ¹Widerspruch und Klage gegen Entscheidungen, dass eine Beschäftigung vorliegt, haben aufschiebende Wirkung. ²Eine Klage auf Erlass der Entscheidung ist abweichend von § 88 Absatz 1 des Sozialgerichtsgesetzes[1)] nach Ablauf von drei Monaten zulässig.

§ 7b Wertguthabenvereinbarung. Eine Wertguthabenvereinbarung liegt vor, wenn

1. der Aufbau des Wertguthabens auf Grund einer schriftlichen Vereinbarung erfolgt,
2. diese Vereinbarung nicht das Ziel der flexiblen Gestaltung der werktäglichen oder wöchentlichen Arbeitszeit oder den Ausgleich betrieblicher Produktions- und Arbeitszeitzyklen verfolgt,
3. Arbeitsentgelt in das Wertguthaben eingebracht wird, um es für Zeiten der Freistellung von der Arbeitsleistung oder der Verringerung der vertraglich vereinbarten Arbeitszeit zu entnehmen,
4. das aus dem Wertguthaben fällige Arbeitsentgelt mit einer vor oder nach der Freistellung von der Arbeitsleistung oder der Verringerung der vertraglich vereinbarten Arbeitszeit erbrachten Arbeitsleistung erzielt wird und
5. das fällige Arbeitsentgelt insgesamt 450 Euro monatlich übersteigt, es sei denn, die Beschäftigung wurde vor der Freistellung als geringfügige Beschäftigung ausgeübt.

[1)] Nr. **20**.

§ 7c Verwendung von Wertguthaben. (1) Das Wertguthaben auf Grund einer Vereinbarung nach § 7b kann in Anspruch genommen werden

1. für gesetzlich geregelte vollständige oder teilweise Freistellungen von der Arbeitsleistung oder gesetzlich geregelte Verringerungen der Arbeitszeit, insbesondere für Zeiten,

    a) in denen der Beschäftigte eine Freistellung nach § 3 des Pflegezeitgesetzes oder nach § 2 des Familienpflegezeitgesetzes verlangen kann,

    b) in denen der Beschäftigte nach § 15 des Bundeselterngeld- und Elternzeitgesetzes ein Kind selbst betreut und erzieht,

    c) für die der Beschäftigte eine Verringerung seiner vertraglich vereinbarten Arbeitszeit nach § 8 des Teilzeit- und Befristungsgesetzes verlangen kann; § 8 des Teilzeit- und Befristungsgesetzes gilt mit der Maßgabe, dass die Verringerung der Arbeitszeit auf die Dauer der Entnahme aus dem Wertguthaben befristet werden kann,

2. für vertraglich vereinbarte vollständige oder teilweise Freistellungen von der Arbeitsleistung oder vertraglich vereinbarte Verringerungen der Arbeitszeit, insbesondere für Zeiten,

    a) die unmittelbar vor dem Zeitpunkt liegen, zu dem der Beschäftigte eine Rente wegen Alters nach dem Sechsten Buch[1] bezieht oder beziehen könnte oder

    b) in denen der Beschäftigte an beruflichen Qualifizierungsmaßnahmen teilnimmt.

(2) Die Vertragsparteien können die Zwecke, für die das Wertguthaben in Anspruch genommen werden kann, in der Vereinbarung nach § 7b abweichend von Absatz 1 auf bestimmte Zwecke beschränken.

§ 7d Führung und Verwaltung von Wertguthaben. (1) ¹Wertguthaben sind als Arbeitsentgeltguthaben einschließlich des darauf entfallenden Arbeitgeberanteils am Gesamtsozialversicherungsbeitrag zu führen. ²Die Arbeitszeitguthaben sind in Arbeitsentgelt umzurechnen.

(2) Arbeitgeber haben Beschäftigte mindestens einmal jährlich in Textform über die Höhe ihres im Wertguthaben enthaltenen Arbeitsentgeltguthabens zu unterrichten.

(3) ¹Für die Anlage von Wertguthaben gelten die Vorschriften über die Anlage der Mittel von Versicherungsträgern nach dem Vierten Titel des Vierten Abschnitts entsprechend, mit der Maßgabe, dass eine Anlage in Aktien oder Aktienfonds bis zu einer Höhe von 20 Prozent zulässig und ein Rückfluss zum Zeitpunkt der Inanspruchnahme des Wertguthabens mindestens in der Höhe des angelegten Betrages gewährleistet ist. ²Ein höherer Anlageanteil in Aktien oder Aktienfonds ist zulässig, wenn

1. dies in einem Tarifvertrag oder auf Grund eines Tarifvertrages in einer Betriebsvereinbarung vereinbart ist oder

2. das Wertguthaben nach der Wertguthabenvereinbarung ausschließlich für Freistellungen nach § 7c Absatz 1 Nummer 2 Buchstabe a in Anspruch genommen werden kann.

---

[1] Nr. 6.

§ 7e Insolvenzschutz. (1) ¹Die Vertragsparteien treffen im Rahmen ihrer Vereinbarung nach § 7b durch den Arbeitgeber zu erfüllende Vorkehrungen, um das Wertguthaben einschließlich des darin enthaltenen Gesamtsozialversicherungsbeitrages gegen das Risiko der Insolvenz des Arbeitgebers vollständig abzusichern, soweit

1. ein Anspruch auf Insolvenzgeld nicht besteht und wenn
2. das Wertguthaben des Beschäftigten einschließlich des darin enthaltenen Gesamtsozialversicherungsbeitrages einen Betrag in Höhe der monatlichen Bezugsgröße übersteigt.

²In einem Tarifvertrag oder auf Grund eines Tarifvertrages in einer Betriebsvereinbarung kann ein von Satz 1 Nummer 2 abweichender Betrag vereinbart werden.

(2) ¹Zur Erfüllung der Verpflichtung nach Absatz 1 sind Wertguthaben unter Ausschluss der Rückführung durch einen Dritten zu führen, der im Fall der Insolvenz des Arbeitgebers für die Erfüllung der Ansprüche aus dem Wertguthaben für den Arbeitgeber einsteht, insbesondere in einem Treuhandverhältnis, das die unmittelbare Übertragung des Wertguthabens in das Vermögen des Dritten und die Anlage des Wertguthabens auf einem offenen Treuhandkonto oder in anderer geeigneter Weise sicherstellt. ²Die Vertragsparteien können in der Vereinbarung nach § 7b ein anderes, einem Treuhandverhältnis im Sinne des Satzes 1 gleichwertiges Sicherungsmittel vereinbaren, insbesondere ein Versicherungsmodell oder ein schuldrechtliches Verpfändungs- oder Bürgschaftsmodell mit ausreichender Sicherung gegen Kündigung.

(3) Keine geeigneten Vorkehrungen sind bilanzielle Rückstellungen sowie zwischen Konzernunternehmen (§ 18 des Aktiengesetzes) begründete Einstandspflichten, insbesondere Bürgschaften, Patronatserklärungen oder Schuldbeitritte.

(4) Der Arbeitgeber hat den Beschäftigten unverzüglich über die Vorkehrungen zum Insolvenzschutz in geeigneter Weise schriftlich zu unterrichten, wenn das Wertguthaben die in Absatz 1 Satz 1 Nummer 2 genannten Voraussetzungen erfüllt.

(5) Hat der Beschäftigte den Arbeitgeber schriftlich aufgefordert, seinen Verpflichtungen nach den Absätzen 1 bis 3 nachzukommen und weist der Arbeitgeber dem Beschäftigten nicht innerhalb von zwei Monaten nach der Aufforderung die Erfüllung seiner Verpflichtung zur Insolvenzsicherung des Wertguthabens nach, kann der Beschäftigte die Vereinbarung nach § 7b mit sofortiger Wirkung kündigen; das Wertguthaben ist nach Maßgabe des § 23b Absatz 2 aufzulösen.

(6) ¹Stellt der Träger der Rentenversicherung bei der Prüfung des Arbeitgebers nach § 28p fest, dass

1. für ein Wertguthaben keine Insolvenzschutzregelung getroffen worden ist,
2. die gewählten Sicherungsmittel nicht geeignet sind im Sinne des Absatzes 3,
3. die Sicherungsmittel in ihrem Umfang das Wertguthaben um mehr als 30 Prozent unterschreiten oder
4. die Sicherungsmittel den im Wertguthaben enthaltenen Gesamtsozialversicherungsbeitrag nicht umfassen,

weist er in dem Verwaltungsakt nach § 28p Absatz 1 Satz 5 den in dem Wertguthaben enthaltenen und vom Arbeitgeber zu zahlenden Gesamtsozialversicherungsbeitrag aus. ²Weist der Arbeitgeber dem Träger der Rentenversicherung innerhalb von zwei Monaten nach der Feststellung nach Satz 1 nach, dass er seiner Verpflichtung nach Absatz 1 nachgekommen ist, entfällt die Verpflichtung zur sofortigen Zahlung des Gesamtsozialversicherungsbeitrages. ³Hat der Arbeitgeber den Nachweis nach Satz 2 nicht innerhalb der dort vorgesehenen Frist erbracht, ist die Vereinbarung nach § 7b als von Anfang an unwirksam anzusehen; das Wertguthaben ist aufzulösen.

(7) ¹Kommt es wegen eines nicht geeigneten oder nicht ausreichenden Insolvenzschutzes zu einer Verringerung oder einem Verlust des Wertguthabens, haftet der Arbeitgeber für den entstandenen Schaden. ²Ist der Arbeitgeber eine juristische Person oder eine Gesellschaft ohne Rechtspersönlichkeit haften auch die organschaftlichen Vertreter gesamtschuldnerisch für den Schaden. ³Der Arbeitgeber oder ein organschaftlicher Vertreter haften nicht, wenn sie den Schaden nicht zu vertreten haben.

(8) Eine Beendigung, Auflösung oder Kündigung der Vorkehrungen zum Insolvenzschutz vor der bestimmungsgemäßen Auflösung des Wertguthabens ist unzulässig, es sei denn, die Vorkehrungen werden mit Zustimmung des Beschäftigten durch einen mindestens gleichwertigen Insolvenzschutz abgelöst.

(9) Die Absätze 1 bis 8 finden keine Anwendung gegenüber dem Bund, den Ländern, Gemeinden, Körperschaften, Stiftungen und Anstalten des öffentlichen Rechts, über deren Vermögen die Eröffnung des Insolvenzverfahrens nicht zulässig ist, sowie solchen juristischen Personen des öffentlichen Rechts, bei denen der Bund, ein Land oder eine Gemeinde kraft Gesetzes die Zahlungsfähigkeit sichert.

§ 7f Übertragung von Wertguthaben.

(1) ¹Bei Beendigung der Beschäftigung kann der Beschäftigte durch schriftliche Erklärung gegenüber dem bisherigen Arbeitgeber verlangen, dass das Wertguthaben nach § 7b

1. auf den neuen Arbeitgeber übertragen wird, wenn dieser mit dem Beschäftigten eine Wertguthabenvereinbarung nach § 7b abgeschlossen und der Übertragung zugestimmt hat,
2. auf die Deutsche Rentenversicherung Bund übertragen wird, wenn das Wertguthaben einschließlich des Gesamtsozialversicherungsbeitrages einen Betrag in Höhe des Sechsfachen der monatlichen Bezugsgröße übersteigt; die Rückübertragung ist ausgeschlossen.

²Nach der Übertragung sind die mit dem Wertguthaben verbundenen Arbeitgeberpflichten vom neuen Arbeitgeber oder von der Deutschen Rentenversicherung Bund zu erfüllen.

(2) ¹Im Fall der Übertragung auf die Deutsche Rentenversicherung Bund kann der Beschäftigte das Wertguthaben für Zeiten der Freistellung von der Arbeitsleistung und Zeiten der Verringerung der vertraglich vereinbarten Arbeitszeit nach § 7c Absatz 1 sowie auch außerhalb eines Arbeitsverhältnisses für die in § 7c Absatz 1 Nummer 2 Buchstabe a genannten Zeiten in Anspruch nehmen. ²Der Antrag ist spätestens einen Monat vor der begehrten Freistellung schriftlich bei der Deutschen Rentenversicherung Bund zu stellen; in dem Antrag ist auch anzugeben, in welcher Höhe Arbeitsentgelt aus dem Wert-

guthaben entnommen werden soll; dabei ist § 7 Absatz 1a Satz 1 Nummer 2 zu berücksichtigen.

(3) ¹Die Deutsche Rentenversicherung Bund verwaltet die ihr übertragenen Wertguthaben einschließlich des darin enthaltenen Gesamtsozialversicherungsbeitrages als ihr übertragene Aufgabe bis zu deren endgültiger Auflösung getrennt von ihrem sonstigen Vermögen treuhänderisch. ²Die Wertguthaben sind nach den Vorschriften über die Anlage der Mittel von Versicherungsträgern nach dem Vierten Titel des Vierten Abschnitts anzulegen. ³Die der Deutschen Rentenversicherung Bund durch die Übertragung, Verwaltung und Verwendung von Wertguthaben entstehenden Kosten sind vollständig vom Wertguthaben in Abzug zu bringen und in der Mitteilung an den Beschäftigten nach § 7d Absatz 2 gesondert auszuweisen.

§ 7g *(aufgehoben)*

§ 8[1]) **Geringfügige Beschäftigung und geringfügige selbständige Tätigkeit.** (1) Eine geringfügige Beschäftigung liegt vor, wenn

1. das Arbeitsentgelt aus dieser Beschäftigung regelmäßig im Monat 450 Euro nicht übersteigt,

2. die Beschäftigung innerhalb eines Kalenderjahres auf längstens zwei Monate oder 50 Arbeitstage nach ihrer Eigenart begrenzt zu sein pflegt oder im Voraus vertraglich begrenzt ist, es sei denn, dass die Beschäftigung berufsmäßig ausgeübt wird und ihr Entgelt 450 Euro im Monat übersteigt.

(2) ¹Bei der Anwendung des Absatzes 1 sind mehrere geringfügige Beschäftigungen nach Nummer 1 oder Nummer 2 sowie geringfügige Beschäftigungen nach Nummer 1 mit Ausnahme einer geringfügigen Beschäftigung nach Nummer 1 und nicht geringfügige Beschäftigungen zusammenzurechnen. ²Eine geringfügige Beschäftigung liegt nicht mehr vor, sobald die Voraussetzungen des Absatzes 1 entfallen. ³Wird beim Zusammenrechnen nach Satz 1 festgestellt, dass die Voraussetzungen einer geringfügigen Beschäftigung nicht mehr vorliegen, tritt die Versicherungspflicht erst mit dem Tag ein, an dem die Entscheidung über die Versicherungspflicht nach § 37 des Zehnten Buches[2]) durch die Einzugsstelle nach § 28i Satz 5 oder einen anderen Träger der Rentenversicherung bekannt gegeben wird. ⁴Dies gilt nicht, wenn der Arbeitgeber vorsätzlich oder grob fahrlässig versäumt hat, den Sachverhalt für die versicherungsrechtliche Beurteilung der Beschäftigung aufzuklären.

(3) ¹Die Absätze 1 und 2 gelten entsprechend, soweit anstelle einer Beschäftigung eine selbständige Tätigkeit ausgeübt wird. ²Dies gilt nicht für das Recht der Arbeitsförderung.

§ 8a Geringfügige Beschäftigung in Privathaushalten. ¹Werden geringfügige Beschäftigungen ausschließlich in Privathaushalten ausgeübt, gilt § 8. ²Eine geringfügige Beschäftigung im Privathaushalt liegt vor, wenn diese durch einen privaten Haushalt begründet ist und die Tätigkeit sonst gewöhnlich durch Mitglieder des privaten Haushalts erledigt wird.

---

[1]) Siehe hierzu ua auch § 115
[2]) Nr. **10**.

§ 9 Beschäftigungsort. (1) Beschäftigungsort ist der Ort, an dem die Beschäftigung tatsächlich ausgeübt wird.

(2) Als Beschäftigungsort gilt der Ort, an dem eine feste Arbeitsstätte errichtet ist, wenn Personen

1. von ihr aus mit einzelnen Arbeiten außerhalb der festen Arbeitsstätte beschäftigt werden oder
2. außerhalb der festen Arbeitsstätte beschäftigt werden und diese Arbeitsstätte sowie der Ort, an dem die Beschäftigung tatsächlich ausgeübt wird, im Bezirk desselben Versicherungsamts liegen.

(3) Sind Personen bei einem Arbeitgeber an mehreren festen Arbeitsstätten beschäftigt, gilt als Beschäftigungsort die Arbeitsstätte, in der sie überwiegend beschäftigt sind.

(4) Erstreckt sich eine feste Arbeitsstätte über den Bezirk mehrerer Gemeinden, gilt als Beschäftigungsort der Ort, an dem die Arbeitsstätte ihren wirtschaftlichen Schwerpunkt hat.

(5) [1] Ist eine feste Arbeitsstätte nicht vorhanden und wird die Beschäftigung an verschiedenen Orten ausgeübt, gilt als Beschäftigungsort der Ort, an dem der Betrieb seinen Sitz hat. [2] Leitet eine Außenstelle des Betriebs die Arbeiten unmittelbar, ist der Sitz der Außenstelle maßgebend. [3] Ist nach den Sätzen 1 und 2 ein Beschäftigungsort im Geltungsbereich dieses Gesetzbuchs nicht vorhanden, gilt als Beschäftigungsort der Ort, an dem die Beschäftigung erstmals im Geltungsbereich dieses Gesetzbuchs ausgeübt wird.

(6) [1] In den Fällen der Ausstrahlung gilt der bisherige Beschäftigungsort als fortbestehend. [2] Ist ein solcher nicht vorhanden, gilt als Beschäftigungsort der Ort, an dem der Betrieb, von dem der Beschäftigte entsandt wird, seinen Sitz hat.

(7) [1] Gelten für einen Arbeitnehmer auf Grund über- oder zwischenstaatlichen Rechts die deutschen Rechtsvorschriften über soziale Sicherheit und übt der Arbeitnehmer die Beschäftigung nicht im Geltungsbereich dieses Buches aus, gilt Absatz 6 entsprechend. [2] Ist auch danach kein Beschäftigungsort im Geltungsbereich dieses Buches gegeben, gilt der Arbeitnehmer als in Berlin (Ost) beschäftigt.

§ 10 Beschäftigungsort für besondere Personengruppen. (1) Für Personen, die ein freiwilliges soziales Jahr oder ein freiwilliges ökologisches Jahr im Sinne des Jugendfreiwilligendienstegesetzes leisten, gilt als Beschäftigungsort der Ort, an dem der Träger des freiwilligen sozialen Jahres oder des freiwilligen ökologischen Jahres seinen Sitz hat.

(2) [1] Für Entwicklungshelfer gilt als Beschäftigungsort der Sitz des Trägers des Entwicklungsdienstes. [2] Für auf Antrag im Ausland versicherte Personen gilt als Beschäftigungsort der Sitz der antragstellenden Stelle.

(3) [1] Für Seeleute gilt als Beschäftigungsort der Heimathafen des Seeschiffs. [2] Ist ein Heimathafen im Geltungsbereich dieses Gesetzbuchs nicht vorhanden, gilt als Beschäftigungsort Hamburg.

§ 11 Tätigkeitsort. (1) Die Vorschriften über den Beschäftigungsort gelten für selbständige Tätigkeiten entsprechend, soweit sich nicht aus Absatz 2 Abweichendes ergibt.

(2) Ist eine feste Arbeitsstätte nicht vorhanden und wird die selbständige Tätigkeit an verschiedenen Orten ausgeübt, gilt als Tätigkeitsort der Ort des Wohnsitzes oder des gewöhnlichen Aufenthalts.

§ 12 Hausgewerbetreibende, Heimarbeiter und Zwischenmeister.

(1) Hausgewerbetreibende sind selbständig Tätige, die in eigener Arbeitsstätte im Auftrag und für Rechnung von Gewerbetreibenden, gemeinnützigen Unternehmen oder öffentlich-rechtlichen Körperschaften gewerblich arbeiten, auch wenn sie Roh- oder Hilfsstoffe selbst beschaffen oder vorübergehend für eigene Rechnung tätig sind.

(2) Heimarbeiter sind sonstige Personen, die in eigener Arbeitsstätte im Auftrag und für Rechnung von Gewerbetreibenden, gemeinnützigen Unternehmen oder öffentlich-rechtlichen Körperschaften erwerbsmäßig arbeiten, auch wenn sie Roh- oder Hilfsstoffe selbst beschaffen; sie gelten als Beschäftigte.

(3) Als Arbeitgeber der Hausgewerbetreibenden oder Heimarbeiter gilt, wer die Arbeit unmittelbar an sie vergibt, als Auftraggeber der, in dessen Auftrag und für dessen Rechnung sie arbeiten.

(4) Zwischenmeister ist, wer, ohne Arbeitnehmer zu sein, die ihm übertragene Arbeit an Hausgewerbetreibende oder Heimarbeiter weitergibt.

(5) [1] Als Hausgewerbetreibende, Heimarbeiter oder Zwischenmeister gelten auch die nach § 1 Absatz 2 Satz 1 Buchstaben a, c und d des Heimarbeitsgesetzes gleichgestellten Personen. [2] Dies gilt nicht für das Recht der Arbeitsförderung.

§ 13 Reeder, Seeleute und Deutsche Seeschiffe.
(1) [1] Reeder sind die Eigentümer von Seeschiffen. [2] Seeleute sind alle abhängig beschäftigten Besatzungsmitglieder an Bord von Seeschiffen; Kanalsteurer auf dem Nord-Ostsee-Kanal stehen den Seeleuten gleich.

(2) Als deutsche Seeschiffe gelten alle zur Seefahrt bestimmten Schiffe, die berechtigt sind, die Bundesflagge zu führen.

Dritter Titel. Arbeitsentgelt und sonstiges Einkommen

§ 14 Arbeitsentgelt.
(1) [1] Arbeitsentgelt sind alle laufenden oder einmaligen Einnahmen aus einer Beschäftigung, gleichgültig, ob ein Rechtsanspruch auf die Einnahmen besteht, unter welcher Bezeichnung oder in welcher Form sie geleistet werden und ob sie unmittelbar aus der Beschäftigung oder im Zusammenhang mit ihr erzielt werden. [2] Arbeitsentgelt sind auch Entgeltteile, die durch Entgeltumwandlung nach § 1 Absatz 2 Nummer 3 des Betriebsrentengesetzes für betriebliche Altersversorgung in den Durchführungswegen Direktzusage oder Unterstützungskasse verwendet werden, soweit sie 4 vom Hundert der jährlichen Beitragsbemessungsgrenze der allgemeinen Rentenversicherung übersteigen.

(2) [1] Ist ein Nettoarbeitsentgelt vereinbart, gelten als Arbeitsentgelt die Einnahmen des Beschäftigten einschließlich der darauf entfallenden Steuern und der seinem gesetzlichen Anteil entsprechenden Beiträge zur Sozialversicherung und zur Arbeitsförderung. [2] Sind bei illegalen Beschäftigungsverhältnissen Steu-

ern und Beiträge zur Sozialversicherung und zur Arbeitsförderung nicht gezahlt worden, gilt ein Nettoarbeitsentgelt als vereinbart.

(3) Wird ein Haushaltsscheck (§ 28a Absatz 7) verwendet, bleiben Zuwendungen unberücksichtigt, die nicht in Geld gewährt worden sind.

§ 15 Arbeitseinkommen. (1) [1] Arbeitseinkommen ist der nach den allgemeinen Gewinnermittlungsvorschriften des Einkommensteuerrechts ermittelte Gewinn aus einer selbständigen Tätigkeit. [2] Einkommen ist als Arbeitseinkommen zu werten, wenn es als solches nach dem Einkommensteuerrecht zu bewerten ist.

(2) Bei Landwirten, deren Gewinn aus Land- und Forstwirtschaft nach § 13a des Einkommensteuergesetzes ermittelt wird, ist als Arbeitseinkommen der sich aus § 32 Absatz 6 des Gesetzes über die Alterssicherung der Landwirte ergebende Wert anzusetzen.

§ 16 Gesamteinkommen. Gesamteinkommen ist die Summe der Einkünfte im Sinne des Einkommensteuerrechts; es umfasst insbesondere das Arbeitsentgelt und das Arbeitseinkommen.

§ 17 Verordnungsermächtigung. (1) [1] Das Bundesministerium für Arbeit und Soziales wird ermächtigt, durch Rechtsverordnung mit Zustimmung des Bundesrates zur Wahrung der Belange der Sozialversicherung und der Arbeitsförderung, zur Förderung der betrieblichen Altersversorgung oder zur Vereinfachung des Beitragseinzugs zu bestimmen,

1. dass einmalige Einnahmen oder laufende Zulagen, Zuschläge, Zuschüsse oder ähnliche Einnahmen, die zusätzlich zu Löhnen oder Gehältern gewährt werden, und steuerfreie Einnahmen ganz oder teilweise nicht als Arbeitsentgelt gelten,
2. dass Beiträge an Direktversicherungen und Zuwendungen an Pensionskassen oder Pensionsfonds ganz oder teilweise nicht als Arbeitsentgelt gelten,
3. wie das Arbeitsentgelt, das Arbeitseinkommen und das Gesamteinkommen zu ermitteln und zeitlich zuzurechnen sind,
4. den Wert der Sachbezüge nach dem tatsächlichen Verkehrswert im Voraus für jedes Kalenderjahr.

[2] Dabei ist eine möglichst weitgehende Übereinstimmung mit den Regelungen des Steuerrechts sicherzustellen.

(2) [1] Das Bundesministerium für Arbeit und Soziales bestimmt im Voraus für jedes Kalenderjahr durch Rechtsverordnung mit Zustimmung des Bundesrates die Bezugsgröße (§ 18). [2] Das Bundesministerium für Arbeit und Soziales wird ermächtigt, durch Rechtsverordnung mit Zustimmung des Bundesrates auch sonstige aus der Bezugsgröße abzuleitende Beträge zu bestimmen.

§ 17a Umrechnung von ausländischem Einkommen. (1) [1] Ist Einkommen zu berücksichtigen, das in fremder Währung erzielt wird, wird es in Euro nach dem Referenzkurs umgerechnet, den die Europäische Zentralbank öffentlich bekannt gibt. [2] Wird für die fremde Währung von der Europäischen Zentralbank ein Referenzkurs nicht veröffentlicht, wird das Einkommen nach dem von der Deutschen Bundesbank ermittelten Mittelkurs für die Währung des betreffenden Landes umgerechnet; für Länder mit differenziertem Kurssystem ist der Kurs für den nichtkommerziellen Bereich zugrunde zu legen.

(2) ¹ Bei Berücksichtigung von Einkommen ist in den Fällen, in denen der Beginn der Leistung oder der neu berechneten Leistung in der Vergangenheit liegt, der Umrechnungskurs für den Kalendermonat maßgebend, in dem die Anrechnung des Einkommens beginnt. ² Bei Berücksichtigung von Einkommen ist in den Fällen, in denen der Beginn der Leistung oder der neu berechneten Leistung nicht in der Vergangenheit liegt, der Umrechnungskurs für den ersten Monat des Kalendervierteljahres maßgebend, das dem Beginn der Berücksichtigung von Einkommen vorausgeht. ³ Überstaatliches Recht bleibt unberührt.

(3) ¹ Der angewandte Umrechnungskurs bleibt so lange maßgebend, bis

1. die Sozialleistung zu ändern ist,

2. sich das zu berücksichtigende Einkommen ändert oder

3. eine Kursveränderung von mehr als 10 vom Hundert gegenüber der letzten Umrechnung eintritt, jedoch nicht vor Ablauf von drei Kalendermonaten.

² Die Kursveränderung nach Nummer 3 sowie der neue Umrechnungskurs werden in entsprechender Anwendung von Absatz 2 ermittelt.

(4) ¹ Die Absätze 1 bis 3 finden entsprechende Anwendung auf

1. Unterhaltsleistungen,

2. Prämien für eine Krankenversicherung.

² Sie finden keine Anwendung bei der Ermittlung von Bemessungsgrundlagen von Sozialleistungen.

(5) Die Absätze 1 bis 4 sind auch anzuwenden, wenn der Versicherungsfall vor dem 1. Juli 1985 eingetreten ist.

§ 18 Bezugsgröße. (1) Bezugsgröße im Sinne der Vorschriften für die Sozialversicherung ist, soweit in den besonderen Vorschriften für die einzelnen Versicherungszweige nichts Abweichendes bestimmt ist, das Durchschnittsentgelt der gesetzlichen Rentenversicherung im vorvergangenen Kalenderjahr, aufgerundet auf den nächsthöheren, durch 420 teilbaren Betrag.

(2) ¹ Die Bezugsgröße für das Beitrittsgebiet (Bezugsgröße [Ost]) verändert sich zum 1. Januar eines jeden Kalenderjahres auf den Wert, der sich ergibt, wenn der für das vorvergangene Kalenderjahr geltende Wert der Anlage 1 zum Sechsten Buch¹⁾ durch den für das Kalenderjahr der Veränderung bestimmten *[bis 30.6.2018: vorläufigen]* Wert der Anlage 10 zum Sechsten Buch geteilt wird, aufgerundet auf den nächsthöheren, durch 420 teilbaren Betrag. *[Satz 2 ab 1.7.2018:]* ² *Für die Zeit ab 1. Januar 2025 ist eine Bezugsgröße (Ost) nicht mehr zu bestimmen.*

(3) Beitrittsgebiet ist das in Artikel 3 des Einigungsvertrages genannte Gebiet.

---

¹⁾ Nr. 6.

Vierter Titel. Einkommen beim Zusammentreffen mit Renten wegen Todes

§ 18a Art des zu berücksichtigenden Einkommens. (1) ¹Bei Renten wegen Todes sind als Einkommen zu berücksichtigen

1. Erwerbseinkommen,
2. Leistungen, die erbracht werden, um Erwerbseinkommen zu ersetzen (Erwerbsersatzeinkommen),
3. Vermögenseinkommen,
4. Elterngeld und
5. Aufstockungsbeträge und Zuschläge nach § 3 Nummer 28 des Einkommensteuergesetzes.

²Nicht zu berücksichtigen sind

1. Arbeitsentgelt, das eine Pflegeperson von dem Pflegebedürftigen erhält, wenn das Entgelt das dem Umfang der Pflegetätigkeit entsprechende Pflegegeld nach § 37 des Elften Buches[1] nicht übersteigt,
2. Einnahmen aus Altersvorsorgeverträgen, soweit sie nach § 10a oder Abschnitt XI des Einkommensteuergesetzes gefördert worden sind,
3. Renten nach § 3 Nummer 8a des Einkommensteuergesetzes und
4. Arbeitsentgelt, das ein behinderter Mensch von einem Träger einer in § 1 Satz 1 Nummer 2 des Sechsten Buches[2] genannten Einrichtung erhält.

³Die Sätze 1 und 2 gelten auch für vergleichbare ausländische Einkommen.

(2) Erwerbseinkommen im Sinne des Absatzes 1 Satz 1 Nummer 1 sind Arbeitsentgelt, Arbeitseinkommen und vergleichbares Einkommen.

(2a) Arbeitseinkommen im Sinne des Absatzes 2 Satz 1 ist die positive Summe der Gewinne oder Verluste aus folgenden Arbeitseinkommensarten:

1. Gewinne aus Land- und Forstwirtschaft im Sinne der §§ 13, 13a und 14 des Einkommensteuergesetzes in Verbindung mit § 15 Absatz 2,
2. Gewinne aus Gewerbebetrieb im Sinne der §§ 15, 16 und 17 des Einkommensteuergesetzes und
3. Gewinne aus selbständiger Arbeit im Sinne des § 18 des Einkommensteuergesetzes.

(3) ¹Erwerbsersatzeinkommen im Sinne des Absatzes 1 Satz 1 Nummer 2 sind

1. das Krankengeld, das Verletztengeld, das Versorgungskrankengeld, das Mutterschaftsgeld, das Übergangsgeld, das Pflegeunterstützungsgeld, das Kurzarbeitergeld, das Arbeitslosengeld, das Insolvenzgeld, das Krankentagegeld und vergleichbare Leistungen,
2. Renten der Rentenversicherung wegen Alters oder verminderter Erwerbsfähigkeit, die Erziehungsrente, die Knappschaftsausgleichsleistung, das Anpassungsgeld für entlassene Arbeitnehmer des Bergbaus und Leistungen nach den §§ 27 und 28 des Sozialversicherungs-Angleichungsgesetzes Saar,

---

[1] Nr. 11.
[2] Nr. 6.

3. Altersrenten und Renten wegen Erwerbsminderung der Alterssicherung der Landwirte, die an ehemalige Landwirte oder mitarbeitende Familienangehörige gezahlt werden,
4. die Verletztenrente der Unfallversicherung, soweit sie einen der Grundrente nach dem Bundesversorgungsgesetz entsprechenden Betrag übersteigt; eine Kürzung oder ein Wegfall der Verletztenrente wegen Anstaltspflege oder Aufnahme in ein Alters- oder Pflegeheim bleibt unberücksichtigt; bei einer Minderung der Erwerbsfähigkeit um 20 vom Hundert ist ein Betrag in Höhe von zwei Dritteln, bei einer Minderung der Erwerbsfähigkeit um 10 vom Hundert ist ein Betrag in Höhe von einem Drittel der Mindestgrundrente anzusetzen,
5. das Ruhegehalt und vergleichbare Bezüge aus einem öffentlich-rechtlichen Dienst- oder Amtsverhältnis oder aus einem versicherungsfreien Arbeitsverhältnis mit Anspruch auf Versorgung nach beamtenrechtlichen Vorschriften oder Grundsätzen, Altersgeld oder vergleichbare Alterssicherungsleistungen sowie vergleichbare Bezüge aus der Versorgung der Abgeordneten, Leistungen nach dem Bundesversorgungsteilungsgesetz und vergleichbare Leistungen nach entsprechenden länderrechtlichen Regelungen,
6. das Unfallruhegehalt und vergleichbare Bezüge aus einem öffentlich-rechtlichen Dienst- oder Amtsverhältnis oder aus einem versicherungsfreien Arbeitsverhältnis mit Anspruch auf Versorgung nach beamtenrechtlichen Vorschriften oder Grundsätzen sowie vergleichbare Bezüge aus der Versorgung der Abgeordneten; wird daneben kein Unfallausgleich gezahlt, gilt Nummer 4 letzter Teilsatz entsprechend,
7. Renten der öffentlich-rechtlichen Versicherungs- oder Versorgungseinrichtungen bestimmter Berufsgruppen wegen Minderung der Erwerbsfähigkeit oder Alters,
8. der Berufsschadensausgleich nach § 30 Absatz 3 bis 11 des Bundesversorgungsgesetzes und anderen Gesetzen, die die entsprechende Anwendung der Leistungsvorschriften des Bundesversorgungsgesetzes vorsehen,
9. Renten wegen Alters oder verminderter Erwerbsfähigkeit, die aus Anlass eines Arbeitsverhältnisses zugesagt worden sind sowie Leistungen aus der Versorgungsausgleichskasse,
10. Renten wegen Alters oder verminderter Erwerbsfähigkeit aus privaten Lebens- und Rentenversicherungen, allgemeinen Unfallversicherungen sowie sonstige private Versorgungsrenten.

[2] Kinderzuschuss, Kinderzulage und vergleichbare kindbezogene Leistungen bleiben außer Betracht. [3] Wird eine Kapitalleistung oder anstelle einer wiederkehrenden Leistung eine Abfindung gezahlt, ist der Betrag als Einkommen zu berücksichtigen, der bei einer Verrentung der Kapitalleistung oder als Rente ohne die Abfindung zu zahlen wäre.

(4) Vermögenseinkommen im Sinne des Absatzes 1 Satz 1 Nummer 3 ist die positive Summe der positiven oder negativen Überschüsse, Gewinne oder Verluste aus folgenden Vermögenseinkommensarten:

1. a) Einnahmen aus Kapitalvermögen im Sinne des § 20 des Einkommensteuergesetzes; Einnahmen im Sinne des § 20 Absatz 1 Nummer 6 des Einkommensteuergesetzes in der ab dem 1. Januar 2005 geltenden Fassung sind auch bei einer nur teilweisen Steuerpflicht jeweils die vollen Unter-

schiedsbeträge zwischen den Versicherungsleistungen einerseits und den auf sie entrichteten Beiträgen oder den Anschaffungskosten bei entgeltlichem Erwerb des Anspruchs auf die Versicherungsleistung andererseits,

b) Einnahmen aus Versicherungen auf den Erlebens- oder Todesfall im Sinne des § 10 Absatz 1 Nummer 2 Buchstabe b Doppelbuchstabe cc und dd des Einkommensteuergesetzes in der am 1. Januar 2004 geltenden Fassung, wenn die Laufzeit dieser Versicherungen vor dem 1. Januar 2005 begonnen hat und ein Versicherungsbeitrag bis zum 31. Dezember 2004 entrichtet wurde, es sei denn, sie werden wegen Todes geleistet; zu den Einnahmen gehören außerrechnungsmäßige und rechnungsmäßige Zinsen aus den Sparanteilen, die in den Beiträgen zu diesen Versicherungen enthalten sind, im Sinne des § 20 Absatz 1 Nummer 6 des Einkommensteuergesetzes in der am 21. September 2002 geltenden Fassung.
Bei der Ermittlung der Einnahmen ist als Werbungskostenpauschale der Sparer-Pauschbetrag abzuziehen,

2. Einnahmen aus Vermietung und Verpachtung im Sinne des § 21 des Einkommensteuergesetzes nach Abzug der Werbungskosten und

3. Gewinne aus privaten Veräußerungsgeschäften im Sinne des § 23 des Einkommensteuergesetzes, soweit sie mindestens 600 Euro im Kalenderjahr betragen.

§ 18b Höhe des zu berücksichtigenden Einkommens. (1) [1] Maßgebend ist das für denselben Zeitraum erzielte monatliche Einkommen. [2] Mehrere zu berücksichtigende Einkommen sind zusammenzurechnen. [3] Wird die Rente nur für einen Teil des Monats gezahlt, ist das entsprechend gekürzte monatliche Einkommen maßgebend. [4] Einmalig gezahltes Vermögenseinkommen gilt als für die dem Monat der Zahlung folgenden zwölf Kalendermonate als erzielt. [5] Einmalig gezahltes Vermögenseinkommen ist Einkommen, das einem bestimmten Zeitraum nicht zugeordnet werden kann oder in einem Betrag für mehr als zwölf Monate gezahlt wird.

(2) [1] Bei Erwerbseinkommen und Erwerbsersatzeinkommen nach § 18a Absatz 3 Satz 1 Nummer 1 gilt als monatliches Einkommen im Sinne von Absatz 1 Satz 1 das im letzten Kalenderjahr aus diesen Einkommensarten erzielte Einkommen, geteilt durch die Zahl der Kalendermonate, in denen es erzielt wurde. [2] Wurde Erwerbseinkommen neben Erwerbsersatzeinkommen nach § 18a Absatz 3 Satz 1 Nummer 1 erzielt, sind diese Einkommen zusammenzurechnen; wurden diese Einkommen zeitlich aufeinander folgend erzielt, ist das Erwerbseinkommen maßgebend. [3] Die für einmalig gezahltes Arbeitsentgelt in § 23a getroffene zeitliche Zuordnung gilt entsprechend. [4] Für die Zeiten des Bezugs von Kurzarbeitergeld ist das dem Versicherungsträger gemeldete Arbeitsentgelt maßgebend. [5] Bei Vermögenseinkommen gilt als monatliches Einkommen im Sinne von Absatz 1 Satz 1 ein Zwölftel dieses im letzten Kalenderjahr erzielten Einkommens; bei einmalig gezahltem Vermögenseinkommen gilt ein Zwölftel des gezahlten Betrages als monatliches Einkommen nach Absatz 1 Satz 1. [6] Steht das zu berücksichtigende Einkommen des vorigen Kalenderjahres noch nicht fest, so wird das voraussichtlich erzielte Einkommen zugrunde gelegt.

1. Abschnitt. Grundsätze u. Begriffsbest. **§ 18b SGB IV 4**

(3) ¹Ist im letzten Kalenderjahr Einkommen nach Absatz 2 nicht oder nur Erwerbsersatzeinkommen nach § 18a Absatz 3 Satz 1 Nummer 1 erzielt worden, gilt als monatliches Einkommen im Sinne von Absatz 1 Satz 1 das laufende Einkommen. ²Satz 1 gilt auch bei der erstmaligen Feststellung der Rente, wenn das laufende Einkommen im Durchschnitt voraussichtlich um wenigstens zehn vom Hundert geringer ist als das nach Absatz 2 maßgebende Einkommen; jährliche Sonderzuwendungen sind beim laufenden Einkommen mit einem Zwölftel zu berücksichtigen. ³Umfasst das laufende Einkommen Erwerbsersatzeinkommen im Sinne von § 18a Absatz 3 Satz 1 Nummer 1, ist dieses nur zu berücksichtigen, solange diese Leistung gezahlt wird.

(4) Bei Erwerbsersatzeinkommen nach § 18a Absatz 3 Satz 1 Nummer 2 bis 10 gilt als monatliches Einkommen im Sinne von Absatz 1 Satz 1 das laufende Einkommen; jährliche Sonderzuwendungen sind beim laufenden Einkommen mit einem Zwölftel zu berücksichtigen.

(5) ¹Das monatliche Einkommen ist zu kürzen

1. bei Arbeitsentgelt um 40 vom Hundert, jedoch bei

   a) Bezügen aus einem öffentlich-rechtlichen Dienst- oder Amtsverhältnis oder aus einem versicherungsfreien Arbeitsverhältnis mit Anwartschaft auf Versorgung nach beamtenrechtlichen Vorschriften oder Grundsätzen und bei Einkommen, das solchen Bezügen vergleichbar ist, um 27,5 vom Hundert,

   b) Beschäftigten, die die Voraussetzungen des § 172 Absatz 1 des Sechsten Buches[1]) erfüllen, um 30,5 vom Hundert;

   das Arbeitsentgelt von Beschäftigten, die die Voraussetzungen des § 172 Absatz 3 oder § 276a des Sechsten Buches erfüllen, und Aufstockungsbeträge nach § 3 Absatz 1 Satz 1 Nummer 1 Buchstabe a des Altersteilzeitgesetzes werden nicht gekürzt, Zuschläge nach § 6 Absatz 2 des Bundesbesoldungsgesetzes werden um 7,65 vom Hundert gekürzt,

2. bei Arbeitseinkommen um 39,8 vom Hundert, bei steuerfreien Einnahmen im Rahmen des Halbeinkünfteverfahrens oder des Teileinkünfteverfahrens um 24,8 vom Hundert,

3. bei Leistungen nach § 18a Absatz 3 Satz 1 Nummer 7 um 27,5 vom Hundert bei Leistungsbeginn vor dem Jahre 2011 und um 29,6 vom Hundert bei Leistungsbeginn nach dem Jahre 2010,

4. bei Leistungen nach § 18a Absatz 3 Satz 1 Nummer 5 und 6 um 23,7 vom Hundert bei Leistungsbeginn vor dem Jahre 2011 und um 25 vom Hundert bei Leistungsbeginn nach dem Jahre 2010,

5. bei Leistungen nach § 18a Absatz 3 Satz 1 Nummer 9 um 17,5 vom Hundert; sofern es sich dabei um Leistungen handelt, die der nachgelagerten Besteuerung unterliegen, ist das monatliche Einkommen um 21,2 vom Hundert bei Leistungsbeginn vor dem Jahre 2011 und um 23 vom Hundert bei Leistungsbeginn nach dem Jahre 2010 zu kürzen,

6. bei Leistungen nach § 18a Absatz 3 Satz 1 Nummer 10 um 12,7 vom Hundert,

---

[1]) Nr. 6.

7. bei Vermögenseinkommen um 25 vom Hundert; bei steuerfreien Einnahmen nach dem Halbeinkünfteverfahren um 5 vom Hundert; bei Besteuerung nach dem gesonderten Steuertarif für Einkünfte aus Kapitalvermögen um 30 vom Hundert; Einnahmen aus Versicherungen nach § 18a Absatz 4 Nummer 1 werden nur gekürzt, soweit es sich um steuerpflichtige Kapitalerträge handelt,
8. bei Leistungen nach § 18a Absatz 3 Satz 1 Nummer 2 und 3 um 13 vom Hundert bei Leistungsbeginn vor dem Jahre 2011 und um 14 vom Hundert bei Leistungsbeginn nach dem Jahre 2010.

² Die Leistungen nach § 18a Absatz 3 Satz 1 Nummer 1 und 4 sind um den Anteil der vom Berechtigten zu tragenden Beiträge zur Bundesagentur für Arbeit und, soweit Beiträge zur sonstigen Sozialversicherung oder zu einem Krankenversicherungsunternehmen gezahlt werden, zusätzlich um 10 vom Hundert zu kürzen.

(5a) Elterngeld wird um den anrechnungsfreien Betrag nach § 10 des Bundeselterngeld- und Elternzeitgesetzes gekürzt.

(6) Soweit ein Versicherungsträger über die Höhe des zu berücksichtigenden Einkommens entschieden hat, ist diese Entscheidung auch für einen anderen Versicherungsträger bindend.

§ 18c Erstmalige Ermittlung des Einkommens. (1) Der Berechtigte hat das zu berücksichtigende Einkommen nachzuweisen.

(2) ¹ Bezieher von Arbeitsentgelt und diesem vergleichbaren Einkommen können verlangen, dass ihnen der Arbeitgeber eine Bescheinigung über das von ihnen für das letzte Kalenderjahr erzielte Arbeitsentgelt oder vergleichbare Einkommen und den Zeitraum, für den es gezahlt wurde, ausstellt. ² Der Arbeitgeber ist zur Ausstellung der Bescheinigung nicht verpflichtet, wenn er der Sozialversicherung das Arbeitsentgelt gemäß den Vorschriften über die Erfassung von Daten und Datenübermittlung bereits gemeldet hat. ³ Satz 2 gilt nicht, wenn das tatsächliche Entgelt die Beitragsbemessungsgrenze übersteigt oder die abgegebene Meldung nicht für die Rentenversicherung bestimmt war.

(3) Bezieher von Erwerbsersatzeinkommen können verlangen, dass ihnen die Zahlstelle eine Bescheinigung über das von ihr im maßgebenden Zeitraum gezahlte Erwerbsersatzeinkommen und den Zeitraum, für den es gezahlt wurde, ausstellt.

(4) Bezieher von Vermögenseinkommen können verlangen, dass ihnen die Kapitalerträge nach § 20 des Einkommensteuergesetzes auszahlende Stelle eine Bescheinigung über die von ihr im letzten Kalenderjahr gezahlten Erträge ausstellt.

§ 18d Einkommensänderungen. (1) ¹ Einkommensänderungen sind erst vom nächstfolgenden 1. Juli an zu berücksichtigen; einmalig gezahltes Vermögenseinkommen ist vom Beginn des Kalendermonats an zu berücksichtigen, für den es als erzielt gilt. ² Eine Änderung des Einkommens ist auch die Änderung des zu berücksichtigenden voraussichtlichen Einkommens oder die Feststellung des tatsächlichen Einkommens nach der Berücksichtigung voraussichtlichen Einkommens.

(2) ¹Minderungen des berücksichtigten Einkommens können vom Zeitpunkt ihres Eintritts an berücksichtigt werden, wenn das laufende Einkommen im Durchschnitt voraussichtlich um wenigstens zehn vom Hundert geringer ist als das berücksichtigte Einkommen; Erwerbsersatzeinkommen im Sinne von § 18a Absatz 3 Satz 1 Nummer 1 ist zu berücksichtigen, solange diese Leistung gezahlt wird. ²Jährliche Sonderzuwendungen sind mit einem Zwölftel zu berücksichtigen.

§ 18e Ermittlung von Einkommensänderungen. (1) ¹Für Bezieher von Arbeitsentgelt und diesem vergleichbaren Einkommen hat der Arbeitgeber auf Verlangen des Versicherungsträgers das von ihnen für das letzte Kalenderjahr erzielte Arbeitsentgelt und vergleichbare Einkommen und den Zeitraum, für den es gezahlt wurde, mitzuteilen. ²Der Arbeitgeber ist zur Mitteilung nicht verpflichtet, wenn er der Sozialversicherung das Arbeitsentgelt gemäß den Vorschriften über die Erfassung von Daten und Datenübermittlung bereits gemeldet hat. ³Satz 2 gilt nicht, wenn das tatsächliche Entgelt die Beitragsbemessungsgrenze übersteigt.

(2) Bezieher von Arbeitseinkommen haben auf Verlangen des Versicherungsträgers ihr im letzten Kalenderjahr erzieltes Arbeitseinkommen und den Zeitraum, in dem es erzielt wurde, bis zum 31. März des Folgejahres mitzuteilen.

(3) Für Bezieher von Erwerbsersatzeinkommen haben die Zahlstellen auf Verlangen des Versicherungsträgers das von ihnen im maßgebenden Zeitraum gezahlte Erwerbsersatzeinkommen und den Zeitraum, für den es gezahlt wurde, mitzuteilen.

(3a) ¹Bezieher von Vermögenseinkommen haben auf Verlangen des Versicherungsträgers ihr im letzten Kalenderjahr erzieltes Einkommen mitzuteilen. ²Für Bezieher von Kapitalerträgen nach § 20 des Einkommensteuergesetzes haben die auszahlenden Stellen eine Bescheinigung über die von ihr gezahlten Erträge auszustellen.

(4) *(aufgehoben)*

(5) Im Fall des § 18d Absatz 2 findet § 18c für den erforderlichen Nachweis der Einkommensminderung entsprechende Anwendung.

(6) Bei der Berücksichtigung von Einkommensänderungen bedarf es nicht der vorherigen Anhörung des Berechtigten.

(7) Wird eine Rente wegen Todes wegen der Höhe des zu berücksichtigenden Einkommens nach dem 1. Juli eines jeden Jahres weiterhin in vollem Umfang nicht gezahlt, ist der Erlass eines erneuten Verwaltungsaktes nicht erforderlich.

Fünfter Titel. Erhebung, Verarbeitung und Nutzung der Versicherungsnummer

§ 18f Zulässigkeit der Erhebung, Verarbeitung und Nutzung.

(1) ¹Die Sozialversicherungsträger, ihre Verbände, ihre Arbeitsgemeinschaften, die Bundesagentur für Arbeit, die Deutsche Post AG, soweit sie mit der Berechnung oder Auszahlung von Sozialleistungen betraut ist, die Versorgungsträger nach § 8 Absatz 4 des Gesetzes zur Überführung der Ansprüche und Anwartschaften aus Zusatz- und Sonderversorgungssystemen des Beitrittsgebiets und die Künstlersozialkasse dürfen die Versicherungsnummer nur erhe-

4 SGB IV § 18f   4. Buch. Gem. Vorschr. f. d. Sozialvers.

ben, verarbeiten oder nutzen, soweit dies zur personenbezogenen Zuordnung der Daten für die Erfüllung einer gesetzlichen Aufgabe nach diesem Gesetzbuch erforderlich ist; die Deutsche Rentenversicherung Bund darf die Versicherungsnummer auch zur Erfüllung ihrer Aufgaben im Rahmen der Förderung der zusätzlichen kapitalgedeckten Altersvorsorge nach § 91 des Einkommensteuergesetzes erheben, verarbeiten und nutzen. ²Aufgaben nach diesem Gesetzbuch sind auch diejenigen auf Grund von über- und zwischenstaatlichem Recht im Bereich der sozialen Sicherheit. ³Bei Untersuchungen für Zwecke der Prävention, der Rehabilitation und der Forschung, die dem Ziel dienen, gesundheitlichen Schäden bei Versicherten vorzubeugen oder diese zu beheben, und für entsprechende Dateien darf die Versicherungsnummer nur erhoben, verarbeitet oder genutzt werden, soweit ein einheitliches Ordnungsmerkmal zur personenbezogenen Zuordnung der Daten bei langfristigen Beobachtungen erforderlich ist und der Aufbau eines besonderen Ordnungsmerkmals mit erheblichem organisatorischem Aufwand verbunden wäre oder mehrere der in Satz 1 genannten Stellen beteiligt sind, die nicht über ein einheitliches Ordnungsmerkmal verfügen. ⁴Die Versicherungsnummer darf nach Maßgabe von Satz 3 von überbetrieblichen arbeitsmedizinischen Diensten nach § 24 des Siebten Buches[1]), auch soweit sie das Arbeitssicherheitsgesetz anwenden, erhoben, verarbeitet oder genutzt werden.

(2) ¹Die anderen in § 35 des Ersten Buches[2]) genannten Stellen dürfen die Versicherungsnummer nur erheben, verarbeiten oder nutzen, soweit im Einzelfall oder in festgelegten Verfahren eine Übermittlung von Daten gegenüber den in Absatz 1 genannten Stellen oder ihren Aufsichtsbehörden, auch unter Einschaltung von Vermittlungsstellen, für die Erfüllung einer gesetzlichen Aufgabe nach diesem Gesetzbuch erforderlich ist. ²Satz 1 gilt für die in § 69 Absatz 2 des Zehnten Buches[3]) genannten Stellen für die Erfüllung ihrer dort genannten Aufgaben entsprechend.

(2a) Die Statistischen Ämter des Bundes und der Länder dürfen die Versicherungsnummer nur erheben, verarbeiten oder nutzen, soweit dies im Einzelfall für die Erfüllung einer gesetzlichen Aufgabe zur Erhebung statistischer Daten erforderlich ist.

[Abs. 2b ab 31.12.2018:]

(2b) Das Bundesamt für Strahlenschutz darf die Versicherungsnummer erheben, verarbeiten oder nutzen, soweit dies erforderlich ist, um für Zwecke des Strahlenschutzregisters eine persönliche Kennnummer zu erzeugen, die es ermöglicht, Daten zur Exposition durch ionisierende Strahlung dauerhaft und eindeutig Personen zuzuordnen.

(3) ¹Andere Behörden, Gerichte, Arbeitgeber oder Dritte dürfen die Versicherungsnummer nur erheben, verarbeiten oder nutzen, soweit dies für die Erfüllung einer gesetzlichen Aufgabe der in Absatz 1 genannten Stellen erforderlich ist

1. bei Mitteilungen, für die die Verarbeitung oder Nutzung von Versicherungsnummern in Rechtsvorschriften vorgeschrieben ist,

2. im Rahmen der Beitragszahlung oder

3. bei der Leistungserbringung einschließlich Abrechnung und Erstattung.

---

[1]) Nr. 7.
[2]) Nr. 1.
[3]) Nr. 10.

[2] Ist anderen Behörden, Gerichten, Arbeitgebern oder Dritten die Versicherungsnummer vom Versicherten oder seinen Hinterbliebenen oder nach dem Zweiten Kapitel des Zehnten Buches befugt übermittelt worden, darf die Versicherungsnummer, soweit die Übermittlung von Daten gegenüber den in Absatz 1 und den in § 69 Absatz 2 des Zehnten Buches genannten Stellen erforderlich ist, verarbeitet oder genutzt werden.

(4) Die Versicherungsnummer darf auch bei der Verarbeitung von Sozialdaten im Auftrag gemäß § 80 des Zehnten Buches verarbeitet oder genutzt werden.

(5) Die in Absatz 2 oder 3 genannten Stellen dürfen die Versicherungsnummer nicht verarbeiten oder nutzen, um ihre Dateien danach zu ordnen oder für den Zugriff zu erschließen.

§ 18g Angabe der Versicherungsnummer. [1] Vertragsbestimmungen, durch die der Einzelne zur Angabe der Versicherungsnummer für eine nicht nach § 18f zugelassene Erhebung, Verarbeitung oder Nutzung verpflichtet werden soll, sind unwirksam. [2] Eine befugte Übermittlung der Versicherungsnummer begründet kein Recht, die Versicherungsnummer in anderen als den in § 18f genannten Fällen zu speichern.

Sechster Titel. Sozialversicherungsausweis

§ 18h Ausstellung des Sozialversicherungsausweises. (1) [1] Die Datenstelle der Rentenversicherung stellt für jede Person, für die sie eine Versicherungsnummer vergibt, einen Sozialversicherungsausweis aus, der nur folgende personenbezogene Daten über die Inhaberin oder den Inhaber enthalten darf:

1. die Versicherungsnummer,
2. den Familiennamen und den Geburtsnamen und
3. den Vornamen,
4. das Ausstellungsdatum.

[2] Die Daten zu den Nummern 1 bis 4 sind außerdem codiert aufzubringen und digital zu signieren; § 95 gilt. [3] Die Gestaltung und das Verfahren zur Ausstellung des Sozialversicherungsausweises legt die Deutsche Rentenversicherung Bund in Grundsätzen fest, die vom Bundesministerium für Arbeit und Soziales zu genehmigen und im Bundesanzeiger zu veröffentlichen sind.

(2) [1] Beschäftigte sind verpflichtet, den Sozialversicherungsausweis bei Beginn einer Beschäftigung dem Arbeitgeber vorzulegen. [2] Kann der Beschäftigte dies nicht zum Zeitpunkt des Beschäftigungsbeginns, so hat er dies unverzüglich nachzuholen.

(3) [1] Die Inhaberin oder der Inhaber ist verpflichtet, der zuständigen Einzugsstelle (§ 28i) oder dem Rentenversicherungsträger den Verlust des Sozialversicherungsausweises oder sein Wiederauffinden unverzüglich anzuzeigen. [2] Ein neuer Sozialversicherungsausweis wird ausgestellt

1. auf Antrag bei der zuständigen Einzugsstelle oder beim Rentenversicherungsträger, wenn der Sozialversicherungsausweis zerstört worden, abhanden gekommen oder unbrauchbar geworden ist,
2. von Amts wegen, wenn sich die Versicherungsnummer, der Familienname oder der Vorname geändert hat.

³ Eine Person darf nur einen auf ihren Namen ausgestellten Sozialversicherungsausweis besitzen; unbrauchbare und weitere Sozialversicherungsausweise sind an die zuständige Einzugsstelle oder den Rentenversicherungsträger zurückzugeben.

Siebter Titel. Betriebsnummer

§ 18i Betriebsnummer für Beschäftigungsbetriebe der Arbeitgeber.

(1) Der Arbeitgeber hat zur Teilnahme an den Meldeverfahren zur Sozialversicherung bei der Bundesagentur für Arbeit eine Betriebsnummer für jeden seiner Beschäftigungsbetriebe elektronisch zu beantragen.

(2) Der Arbeitgeber hat zur Vergabe der Betriebsnummer der Bundesagentur für Arbeit die dazu notwendigen Angaben, insbesondere den Namen und die Anschrift des Beschäftigungsbetriebes, den Beschäftigungsort, die wirtschaftliche Tätigkeit des Beschäftigungsbetriebes und die Rechtsform des Betriebes elektronisch zu übermitteln.

(3) ¹ Der Beschäftigungsbetrieb ist eine nach der Gemeindegrenze und der wirtschaftlichen Betätigung abgegrenzte Einheit, in der Beschäftigte für einen Arbeitgeber tätig sind. ² Für einen Arbeitgeber kann es mehrere Beschäftigungsbetriebe in einer Gemeinde geben, sofern diese Beschäftigungsbetriebe eine jeweils eigene, wirtschaftliche Einheit bilden. ³ Für Beschäftigungsbetriebe desselben Arbeitgebers mit unterschiedlicher wirtschaftlicher Betätigung oder in verschiedenen Gemeinden sind jeweils eigene Betriebsnummern zu vergeben.

(4) Änderungen zu den Angaben nach Absatz 2 sowie eine Meldung im Fall der vollständigen Beendigung der Betriebstätigkeit sind vom Arbeitgeber, nach Eröffnung des Insolvenzverfahrens vom Insolvenzverwalter, unverzüglich der Bundesagentur für Arbeit durch gesicherte und verschlüsselte Datenübertragung aus systemgeprüften Programmen oder mittels maschinell erstellter Ausfüllhilfen zu übermitteln.

(5) Das Nähere zum Verfahren und zum Inhalt der zu übermittelnden Angaben, insbesondere der Datensätze, regeln die Gemeinsamen Grundsätze nach § 28b Absatz 1 Satz 1 Nummer 1 bis 3.

(6) Die Betriebsnummern und alle Angaben nach den Absätzen 2 und 4 werden bei der Bundesagentur für Arbeit in einer elektronischen Datei der Beschäftigungsbetriebe gespeichert.

§ 18k Betriebsnummer für Beschäftigungsbetriebe weiterer Meldepflichtiger. (1) ¹ Arbeitgeber von knappschaftlichen Beschäftigungsbetrieben und von Beschäftigungsbetrieben der Seefahrt haben abweichend von § 18i Absatz 1 die Betriebsnummer bei der Deutschen Rentenversicherung Knappschaft-Bahn-See zu beantragen, die diese im Auftrag der Bundesagentur für Arbeit vergibt. ² § 18i Absatz 4 gilt entsprechend.

(2) Für Arbeitgeber von Beschäftigten in privaten Haushalten, die eine Meldung nach § 28a Absatz 7 abzugeben haben, vergibt die Deutsche Rentenversicherung Knappschaft-Bahn-See im Auftrag der Bundesagentur für Arbeit eine Betriebsnummer bei Eingang der ersten Meldung.

(3) Die Deutsche Rentenversicherung Knappschaft-Bahn-See übermittelt die vergebenen Betriebsnummern mit den nach § 18i Absatz 2 erforderlichen Angaben unverzüglich nach Vergabe oder Änderung an die Datei der Beschäftigungsbetriebe der Bundesagentur für Arbeit; § 18i Absatz 6 gilt entsprechend.

§ 18l Identifikation weiterer Verfahrensbeteiligter in elektronischen Meldeverfahren. (1) ¹Beauftragt der Arbeitgeber einen Dritten mit der Durchführung der Meldeverfahren nach diesem Gesetzbuch, hat diese Stelle unverzüglich eine Betriebsnummer nach § 18i Absatz 1 zu beantragen, soweit sie nicht schon über eine eigene Betriebsnummer verfügt. ² § 18i Absatz 2 bis 6 gilt entsprechend.

(2) ¹ Sonstige Verfahrensbeteiligte haben vor Teilnahme an den Meldeverfahren nach diesem Gesetzbuch eine Betriebsnummer nach § 18i Absatz 1 zu beantragen, soweit sie nicht schon über eine eigene Betriebsnummer verfügen. ² Diese Betriebsnummer gilt in den elektronischen Übertragungsverfahren als Kennzeichnung des Verfahrensbeteiligten. ³ § 18i Absatz 2 bis 6 gilt entsprechend.

§ 18m Verarbeitung und Nutzung der Betriebsnummer. (1) Die Bundesagentur für Arbeit übermittelt die Betriebsnummern und die Angaben nach § 18i Absatz 2 und 4 aus der Datei der Beschäftigungsbetriebe den Leistungsträgern nach den §§ 12 und 18 bis 29 des Ersten Buches[1], der Künstlersozialkasse, der Datenstelle der Rentenversicherung, den berufsständischen Versorgungseinrichtungen und deren Datenannahmestelle und der Deutschen Gesetzlichen Unfallversicherung e.V. zur weiteren Verarbeitung und Nutzung, soweit dies für die Erfüllung ihrer Aufgaben nach diesem Gesetzbuch erforderlich ist.

(2) ¹ Die Sozialversicherungsträger, ihre Verbände und ihre Arbeitsgemeinschaften, die Künstlersozialkasse, die Behörden der Zollverwaltung, soweit sie Aufgaben nach § 2 des Schwarzarbeitsbekämpfungsgesetzes oder nach § 66 des Zehnten Buches[2] wahrnehmen, sowie die zuständigen Aufsichtsbehörden und die Arbeitgeber dürfen die Betriebsnummern verarbeiten, nutzen und übermitteln, soweit dies für die Erfüllung einer Aufgabe nach diesem Gesetzbuch oder dem Künstlersozialversicherungsgesetz erforderlich ist. ² Andere Behörden, Gerichte oder Dritte dürfen die Betriebsnummern verarbeiten, nutzen oder übermitteln, soweit dies für die Erfüllung einer gesetzlichen Aufgabe einer der in Satz 1 genannten Stellen erforderlich ist.

§ 18n Absendernummer. (1) Eine meldende Stelle erhält auf elektronischen Antrag bei der Vergabe eines Zertifikates zur Sicherung der Datenübertragung von der das Zertifikat ausstellenden Stelle eine Absendernummer, die der Betriebsnummer der meldenden Stelle entspricht.

(2) ¹ In den Fällen, in denen eine meldende Stelle für einen Beschäftigungsbetrieb für mehr als einen Abrechnungskreis Meldungen erstatten will, erhält sie auf elektronischen Antrag bei der Vergabe eines weiteren Zertifikates zur Sicherung der Datenübertragung von der das Zertifikat ausstellenden Stelle eine gesonderte Absendernummer. ² Für diese gesonderte achtstellige Absen-

---

[1] Nr. 4.
[2] Nr. 10.

dernummer ist ein festgelegter alphanumerischer Nummernkreis zu nutzen. [3] Das Nähere zum Aufbau der Nummer, zu den übermittelnden Angaben und zum Verfahren regeln die Gemeinsamen Grundsätze nach § 28b Absatz 1 Satz 1 Nummer 4.

Zweiter Abschnitt. Leistungen und Beiträge

Erster Titel. Leistungen

§ 19 Leistungen auf Antrag oder von Amts wegen. [1] Leistungen in der gesetzlichen Kranken- und Rentenversicherung, nach dem Recht der Arbeitsförderung sowie in der sozialen Pflegeversicherung werden auf Antrag erbracht, soweit sich aus den Vorschriften für die einzelnen Versicherungszweige nichts Abweichendes ergibt. [2] Leistungen in der gesetzlichen Unfallversicherung werden von Amts wegen erbracht, soweit sich aus den Vorschriften für die gesetzliche Unfallversicherung nichts Abweichendes ergibt.

§ 19a Benachteiligungsverbot. [1] Bei der Inanspruchnahme von Leistungen, die den Zugang zu allen Formen und allen Ebenen der Berufsberatung, der Berufsbildung, der beruflichen Weiterbildung, der Umschulung einschließlich der praktischen Berufserfahrung betreffen, darf niemand aus Gründen der Rasse oder wegen der ethnischen Herkunft, des Geschlechts, der Religion oder Weltanschauung, einer Behinderung, des Alters oder der sexuellen Identität benachteiligt werden. [2] Ansprüche können nur insoweit geltend gemacht oder hergeleitet werden, als deren Voraussetzungen und Inhalt durch die Vorschriften der besonderen Teile dieses Gesetzbuchs im Einzelnen bestimmt sind.

Zweiter Titel. Beiträge

§ 20 Aufbringung der Mittel, Gleitzone. (1) Die Mittel der Sozialversicherung einschließlich der Arbeitsförderung werden nach Maßgabe der besonderen Vorschriften für die einzelnen Versicherungszweige durch Beiträge der Versicherten, der Arbeitgeber und Dritter, durch staatliche Zuschüsse und durch sonstige Einnahmen aufgebracht.

(2) Eine Gleitzone im Sinne dieses Gesetzbuches liegt bei einem Beschäftigungsverhältnis mit einem daraus erzielten Arbeitsentgelt von 450,01 Euro bis 850,00 Euro im Monat vor, das die Grenze von 850,00 Euro im Monat regelmäßig nicht überschreitet; bei mehreren Beschäftigungsverhältnissen ist das insgesamt erzielte Arbeitsentgelt maßgebend.

(3) [1] Der Arbeitgeber trägt abweichend von den besonderen Vorschriften für Beschäftigte für die einzelnen Versicherungszweige den Gesamtsozialversicherungsbeitrag allein, wenn

1. Versicherte, die zu ihrer Berufsausbildung beschäftigt sind, ein Arbeitsentgelt erzielen, das auf den Monat bezogen 325 Euro nicht übersteigt, oder
2. Versicherte ein freiwilliges soziales Jahr oder ein freiwilliges ökologisches Jahr im Sinne des Jugendfreiwilligendienstegesetzes oder einen Bundesfreiwilligendienst nach dem Bundesfreiwilligendienstgesetz leisten.

[2] Wird infolge einmalig gezahlten Arbeitsentgelts die in Satz 1 genannte Grenze überschritten, tragen die Versicherten und die Arbeitgeber den Gesamtsozial-

versicherungsbeitrag von dem diese Grenze übersteigenden Teil des Arbeitsentgelts jeweils zur Hälfte; in der gesetzlichen Krankenversicherung gilt dies nur für den um den Beitragsanteil, der allein vom Arbeitnehmer zu tragen ist, reduzierten Beitrag.

§ 21 Bemessung der Beiträge. Die Versicherungsträger haben die Beiträge, soweit diese von ihnen festzusetzen sind, so zu bemessen, dass die Beiträge zusammen mit den anderen Einnahmen

1. die gesetzlich vorgeschriebenen und zugelassenen Ausgaben des Versicherungsträgers decken und
2. sicherstellen, dass die gesetzlich vorgeschriebenen oder zugelassenen Betriebsmittel und Rücklagen bereitgehalten werden können.

§ 22 Entstehen der Beitragsansprüche, Zusammentreffen mehrerer Versicherungsverhältnisse. (1) [1] Die Beitragsansprüche der Versicherungsträger entstehen, sobald ihre im Gesetz oder auf Grund eines Gesetzes bestimmten Voraussetzungen vorliegen. [2] Bei einmalig gezahltem Arbeitsentgelt sowie bei Arbeitsentgelt, das aus Arbeitszeitguthaben abgeleiteten Entgeltguthaben errechnet wird, entstehen die Beitragsansprüche, sobald dieses ausgezahlt worden ist. [3] Satz 2 gilt nicht, soweit das einmalig gezahlte Arbeitsentgelt nur wegen eines Insolvenzereignisses im Sinne des § 165 des Dritten Buches[1]) vom Arbeitgeber nicht ausgezahlt worden ist oder die Beiträge für aus Arbeitszeitguthaben abgeleiteten Entgeltguthaben schon aus laufendem Arbeitsentgelt gezahlt wurden.

(2) [1] Treffen beitragspflichtige Einnahmen aus mehreren Versicherungsverhältnissen zusammen und übersteigen sie die für das jeweilige Versicherungsverhältnis maßgebliche Beitragsbemessungsgrenze, so vermindern sie sich zum Zwecke der Beitragsberechnung nach dem Verhältnis ihrer Höhe so zueinander, dass sie zusammen höchstens die Beitragsbemessungsgrenze erreichen. [2] Die beitragspflichtigen Einnahmen aus dem jeweiligen Versicherungsverhältnis sind vor der Verhältnisrechnung nach Satz 1 auf die maßgebliche Beitragsbemessungsgrenze zu reduzieren. [3] Für die knappschaftliche Rentenversicherung und die allgemeine Rentenversicherung sind die Berechnungen nach Satz 1 getrennt durchzuführen.

§ 23 Fälligkeit. (1) [1] Laufende Beiträge, die geschuldet werden, werden entsprechend den Regelungen der Satzung der Krankenkasse und den Entscheidungen des Spitzenverbandes Bund der Krankenkassen fällig. [2] Beiträge, die nach dem Arbeitsentgelt oder dem Arbeitseinkommen zu bemessen sind, sind in voraussichtlicher Höhe der Beitragsschuld spätestens am drittletzten Bankarbeitstag des Monats fällig, in dem die Beschäftigung oder Tätigkeit, mit der das Arbeitsentgelt oder Arbeitseinkommen erzielt wird, ausgeübt worden ist oder als ausgeübt gilt; ein verbleibender Restbetrag wird zum drittletzten Bankarbeitstag des Folgemonats fällig. [3] Der Arbeitgeber kann abweichend von Satz 2 den Betrag in Höhe der Beiträge des Vormonats zahlen; für einen verbleibenden Restbetrag bleibt es bei der Fälligkeit zum drittletzten Bankarbeitstag des Folgemonats. [4] Sonstige Beiträge werden spätestens am Fünfzehnten des Monats fällig, der auf den Monat folgt, für den sie zu entrichten sind.

---

[1]) Nr. 3.

⁵ Die erstmalige Fälligkeit der Beiträge für die nach § 3 Satz 1 Nummer 1a des Sechsten Buches[1]) versicherten Pflegepersonen ist abhängig von dem Zeitpunkt, zu dem die Pflegekasse, das private Versicherungsunternehmen, die Festsetzungsstelle für die Beihilfe oder der Dienstherr bei Heilfürsorgeberechtigten die Versicherungspflicht der Pflegeperson festgestellt hat oder ohne Verschulden hätte feststellen können. ⁶ Wird die Feststellung in der Zeit vom Ersten bis zum Fünfzehnten eines Monats getroffen, werden die Beiträge erstmals spätestens am Fünfzehnten des folgenden Monats fällig; wird die Feststellung in der Zeit vom Sechzehnten bis zum Ende eines Monats getroffen, werden die Beiträge erstmals am Fünfzehnten des zweiten darauffolgenden Monats fällig; das Nähere vereinbaren die Spitzenverbände der beteiligten Träger der Sozialversicherung, der Verband der privaten Krankenversicherung e.V. und die Festsetzungsstellen für die Beihilfe.

(2) ¹ Die Beiträge für eine Sozialleistung im Sinne des § 3 Satz 1 Nummer 3 des Sechsten Buches einschließlich Sozialleistungen, auf die die Vorschriften des Fünften[2]) und des Sechsten Buches über die Kranken- und Rentenversicherung der Bezieher von Arbeitslosengeld oder die Krankenversicherung der Bezieher von Arbeitslosengeld II entsprechend anzuwenden sind, werden am Achten des auf die Zahlung der Sozialleistung folgenden Monats fällig. ² Die Träger der Rentenversicherung und die Bundesagentur für Arbeit können unbeschadet des Satzes 1 vereinbaren, dass die Beiträge zur Rentenversicherung aus Sozialleistungen der Bundesagentur für Arbeit zu den vom Bundesversicherungsamt festgelegten Fälligkeitsterminen für die Rentenzahlungen im Inland gezahlt werden. ³ Die Träger der Rentenversicherung mit Ausnahme der Deutschen Rentenversicherung Knappschaft-Bahn-See als Träger der knappschaftlichen Rentenversicherung, die Bundesagentur für Arbeit und die Behörden des sozialen Entschädigungsrechts können unbeschadet des Satzes 1 vereinbaren, dass die Beiträge zur Rentenversicherung und nach dem Recht der Arbeitsförderung aus Sozialleistungen nach dem sozialen Entschädigungsrecht in voraussichtlicher Höhe der Beitragsschuld spätestens zum 30. Juni des laufenden Jahres und ein verbleibender Restbetrag zum nächsten Fälligkeitstermin gezahlt werden.

(2a) Bei Verwendung eines Haushaltsschecks (§ 28a Absatz 7) sind die Beiträge für das in den Monaten Januar bis Juni erzielte Arbeitsentgelt am 31. Juli des laufenden Jahres und für das in den Monaten Juli bis Dezember erzielte Arbeitsentgelt am 31. Januar des folgenden Jahres fällig.

(3) ¹ Geschuldete Beiträge der Unfallversicherung werden am Fünfzehnten des Monats fällig, der dem Monat folgt, in dem der Beitragsbescheid dem Zahlungspflichtigen bekannt gegeben worden ist; Entsprechendes gilt für Beitragsvorschüsse, wenn der Bescheid hierüber keinen anderen Fälligkeitstermin bestimmt. ² Die landwirtschaftliche Berufsgenossenschaft kann in ihrer Satzung von Satz 1 abweichende Fälligkeitstermine bestimmen. ³ Für den Tag der Zahlung und die zulässigen Zahlungsmittel gelten die für den Gesamtsozialversicherungsbeitrag geltenden Bestimmungen entsprechend. ⁴ Die Fälligkeit von Beiträgen für geringfügig Beschäftigte in Privathaushalten, die nach § 28a Absatz 7 der Einzugsstelle gemeldet worden sind, richtet sich abweichend von Satz 1 nach Absatz 2a.

---

[1]) Nr. **6**.
[2]) Nr. **5**.

(4) Besondere Vorschriften für einzelne Versicherungszweige, die von den Absätzen 1 bis 3 abweichen oder abweichende Bestimmungen zulassen, bleiben unberührt.

§ 23a Einmalig gezahltes Arbeitsentgelt als beitragspflichtige Einnahmen. (1) [1] Einmalig gezahltes Arbeitsentgelt sind Zuwendungen, die dem Arbeitsentgelt zuzurechnen sind und nicht für die Arbeit in einem einzelnen Entgeltabrechnungszeitraum gezahlt werden. [2] Als einmalig gezahltes Arbeitsentgelt gelten nicht Zuwendungen nach Satz 1, wenn sie

1. üblicherweise zur Abgeltung bestimmter Aufwendungen des Beschäftigten, die auch im Zusammenhang mit der Beschäftigung stehen,
2. als Waren oder Dienstleistungen, die vom Arbeitgeber nicht überwiegend für den Bedarf seiner Beschäftigten hergestellt, vertrieben oder erbracht werden und monatlich in Anspruch genommen werden können,
3. als sonstige Sachbezüge, die monatlich gewährt werden, oder
4. als vermögenswirksame Leistungen

vom Arbeitgeber erbracht werden. [3] Einmalig gezahltes Arbeitsentgelt ist dem Entgeltabrechnungszeitraum zuzuordnen, in dem es gezahlt wird, soweit die Absätze 2 und 4 nichts Abweichendes bestimmen.

(2) Einmalig gezahltes Arbeitsentgelt, das nach Beendigung oder bei Ruhen des Beschäftigungsverhältnisses gezahlt wird, ist dem letzten Entgeltabrechnungszeitraum des laufenden Kalenderjahres zuzuordnen, auch wenn dieser nicht mit Arbeitsentgelt belegt ist.

(3) [1] Das einmalig gezahlte Arbeitsentgelt ist bei der Feststellung des beitragspflichtigen Arbeitsentgelts für Beschäftigte zu berücksichtigen, soweit das bisher gezahlte beitragspflichtige Arbeitsentgelt die anteilige Beitragsbemessungsgrenze nicht erreicht. [2] Die anteilige Beitragsbemessungsgrenze ist der Teil der Beitragsbemessungsgrenze, der der Dauer aller Beschäftigungsverhältnisse bei demselben Arbeitgeber im laufenden Kalenderjahr bis zum Ablauf des Entgeltabrechnungszeitraumes entspricht, dem einmalig gezahltes Arbeitsentgelt zuzuordnen ist; auszunehmen sind Zeiten, die nicht mit Beiträgen aus laufendem (nicht einmalig gezahltem) Arbeitsentgelt belegt sind.

(4) [1] In der Zeit vom 1. Januar bis zum 31. März einmalig gezahltes Arbeitsentgelt ist dem letzten Entgeltabrechnungszeitraum des vergangenen Kalenderjahres zuzuordnen, wenn es vom Arbeitgeber dieses Entgeltabrechnungszeitraumes gezahlt wird und zusammen mit dem sonstigen für das laufende Kalenderjahr festgestellten beitragspflichtigen Arbeitsentgelt die anteilige Beitragsbemessungsgrenze nach Absatz 3 Satz 2 übersteigt. [2] Satz 1 gilt nicht für nach dem 31. März einmalig gezahltes Arbeitsentgelt, das nach Absatz 2 einem in der Zeit vom 1. Januar bis zum 31. März liegenden Entgeltabrechnungszeitraum zuzuordnen ist.

(5) Ist der Beschäftigte in der gesetzlichen Krankenversicherung pflichtversichert, ist für die Zuordnung des einmalig gezahlten Arbeitsentgelts nach Absatz 4 Satz 1 allein die Beitragsbemessungsgrenze der gesetzlichen Krankenversicherung maßgebend.

§ 23b Beitragspflichtige Einnahmen bei flexiblen Arbeitszeitregelungen. (1) [1] Bei Vereinbarungen nach § 7b ist für Zeiten der tatsächlichen Arbeitsleistung und für Zeiten der Inanspruchnahme des Wertguthabens nach § 7c das in dem jeweiligen Zeitraum fällige Arbeitsentgelt als Arbeitsentgelt im Sinne des § 23 Absatz 1 maßgebend. ²Im Falle des § 23a Absatz 3 und 4 gilt das in dem jeweils maßgebenden Zeitraum erzielte Arbeitsentgelt bis zu einem Betrag in Höhe der Beitragsbemessungsgrenze als bisher gezahltes beitragspflichtiges Arbeitsentgelt; in Zeiten einer Freistellung von der Arbeitsleistung tritt an die Stelle des erzielten Arbeitsentgelts das fällige Arbeitsentgelt.

(2) ¹Soweit das Wertguthaben nicht gemäß § 7c verwendet wird, insbesondere

1. nicht laufend für eine Zeit der Freistellung von der Arbeitsleistung oder der Verringerung der vertraglich vereinbarten Arbeitszeit in Anspruch genommen wird oder

2. nicht mehr für solche Zeiten gezahlt werden kann, da das Beschäftigungsverhältnis vorzeitig beendet wurde,

ist als Arbeitsentgelt im Sinne des § 23 Absatz 1 ohne Berücksichtigung einer Beitragsbemessungsgrenze die Summe der Arbeitsentgelte maßgebend, die zum Zeitpunkt der tatsächlichen Arbeitsleistung ohne Berücksichtigung der Vereinbarung nach § 7b beitragspflichtig gewesen wäre. ²Maßgebend ist jedoch höchstens der Betrag des Wertguthabens aus diesen Arbeitsentgelten zum Zeitpunkt der nicht zweckentsprechenden Verwendung des Arbeitsentgelts. ³Zugrunde zu legen ist der Zeitraum ab dem Abrechnungsmonat der ersten Gutschrift auf einem Wertguthaben bis zum Zeitpunkt der nicht zweckentsprechenden Verwendung des Arbeitsentgelts. ⁴Bei einem nach § 7f Absatz 1 Satz 1 Nummer 2 auf die Deutsche Rentenversicherung Bund übertragenen Wertguthaben gelten die Sätze 1 bis 3 entsprechend, soweit das Wertguthaben wegen der Inanspruchnahme einer Rente wegen verminderter Erwerbsfähigkeit, einer Rente wegen Alters oder wegen des Todes des Versicherten nicht mehr in Anspruch genommen werden kann. ⁵Wird das Wertguthaben vereinbarungsgemäß an einen bestimmten Wertmaßstab gebunden, ist der im Zeitpunkt der nicht zweckentsprechenden Verwendung des Arbeitsentgelts maßgebende angepasste Betrag als Höchstbetrag der Berechnung zugrunde zu legen. ⁶Im Falle der Insolvenz des Arbeitgebers gilt auch als beitragspflichtiges Arbeitsentgelt höchstens der Betrag, der als Arbeitsentgelt den gezahlten Beiträgen zugrunde liegt. ⁷Für die Berechnung der Beiträge sind der für den Entgeltabrechnungszeitraum nach den Sätzen 8 und 9 für den einzelnen Versicherungszweig geltende Beitragssatz und die für diesen Zeitraum für den Einzug des Gesamtsozialversicherungsbeitrags zuständige Einzugsstelle maßgebend; für Beschäftigte, die bei keiner Krankenkasse versichert sind, gilt § 28i Satz 2 entsprechend. ⁸Die Beiträge sind mit den Beiträgen der Entgeltabrechnung für den Kalendermonat fällig, der dem Kalendermonat folgt, in dem

1. im Fall der Insolvenz die Mittel für die Beitragszahlung verfügbar sind,

2. das Arbeitsentgelt nicht zweckentsprechend verwendet wird.

⁹Wird durch einen Bescheid eines Trägers der Rentenversicherung der Eintritt von verminderter Erwerbsfähigkeit festgestellt, gilt der Zeitpunkt des Eintritts der verminderten Erwerbsfähigkeit als Zeitpunkt der nicht zweckentsprechenden Verwendung des bis dahin erzielten Wertguthabens; in diesem Fall sind die Beiträge mit den Beiträgen der auf das Ende des Beschäftigungsverhältnisses folgenden Entgeltabrechnung fällig. ¹⁰Wird eine Rente wegen verminderter Erwerbsfähigkeit in Anspruch genommen und besteht ein nach § 7f Absatz 1 Satz 1 Nummer 2 an die Deutsche Rentenversicherung Bund übertragenes

2. Abschnitt. Leistungen u. Beiträge § 23b SGB IV 4

Wertguthaben, kann der Versicherte der Auflösung dieses Wertguthabens widersprechen. [11] Ist für den Fall der Insolvenz des Arbeitgebers ein Dritter Schuldner des Arbeitsentgelts, erfüllt dieser insoweit die Pflichten des Arbeitgebers.

(2a) [1] Als Arbeitsentgelt im Sinne des § 23 Absatz 1 gilt im Falle des Absatzes 2 auch der positive Betrag, der sich ergibt, wenn die Summe der ab dem Abrechnungsmonat der ersten Gutschrift auf einem Wertguthaben für die Zeit der Arbeitsleistung maßgebenden Beträge der jeweiligen Beitragsbemessungsgrenze um die Summe der in dieser Zeit der Arbeitsleistung abgerechneten beitragspflichtigen Arbeitsentgelte gemindert wird, höchstens der Betrag des Wertguthabens im Zeitpunkt der nicht zweckentsprechenden Verwendung des Arbeitsentgelts. [2] Absatz 2 Satz 5 bis 11 findet Anwendung, Absatz 1 Satz 2 findet keine Anwendung.

(3) Kann das Wertguthaben wegen Beendigung des Beschäftigungsverhältnisses nicht mehr nach § 7c oder § 7f Absatz 2 Satz 1 verwendet werden und ist der Versicherte unmittelbar anschließend wegen Arbeitslosigkeit bei einer deutschen Agentur für Arbeit als Arbeitsuchender gemeldet und bezieht eine öffentlich-rechtliche Leistung oder nur wegen des zu berücksichtigenden Einkommens oder Vermögens nicht, sind die Beiträge spätestens sieben Kalendermonate nach dem Kalendermonat, in dem das Arbeitsentgelt nicht zweckentsprechend verwendet worden ist, oder bei Aufnahme einer Beschäftigung in diesem Zeitraum zum Zeitpunkt des Beschäftigungsbeginns fällig, es sei denn, eine zweckentsprechende Verwendung wird vereinbart; beginnt in diesem Zeitraum eine Rente wegen Alters oder Todes oder tritt verminderte Erwerbsfähigkeit ein, gelten diese Zeitpunkte als Zeitpunkt der nicht zweckentsprechenden Verwendung.

(3a) [1] Sieht die Vereinbarung nach § 7b bereits bei ihrem Abschluss für den Fall, dass Wertguthaben wegen der Beendigung der Beschäftigung auf Grund verminderter Erwerbsfähigkeit, des Erreichens einer Altersgrenze, zu der eine Rente wegen Alters beansprucht werden kann, oder des Todes des Beschäftigten nicht mehr für Zeiten einer Freistellung von der Arbeitsleistung oder der Verringerung der vertraglich vereinbarten Arbeitszeit verwendet werden können, deren Verwendung für Zwecke der betrieblichen Altersversorgung vor, gilt das bei Eintritt dieser Fälle für Zwecke der betrieblichen Altersversorgung verwendete Wertguthaben nicht als beitragspflichtiges Arbeitsentgelt; dies gilt nicht,

1. wenn die Vereinbarung über die betriebliche Altersversorgung eine Abfindung vorsieht oder zulässt oder Leistungen im Falle des Todes, der Invalidität und des Erreichens einer Altersgrenze, zu der eine Rente wegen Alters beansprucht werden kann, nicht gewährleistet sind oder

2. soweit bereits im Zeitpunkt der Ansammlung des Wertguthabens vorhersehbar ist, dass es nicht für Zwecke nach § 7c oder § 7f Absatz 2 Satz 1 verwendet werden kann.

[2] Die Bestimmungen dieses Absatzes finden keine Anwendung auf Vereinbarungen, die nach dem 13. November 2008 geschlossen worden sind.

(4) Werden Wertguthaben auf Dritte übertragen, gelten die Absätze 2 bis 3a nur für den Übertragenden, der die Arbeitsleistung tatsächlich erbringt.

§ 23c Sonstige nicht beitragspflichtige Einnahmen. (1) ¹ Zuschüsse des Arbeitgebers zum Krankengeld, Verletztengeld, Übergangsgeld, Pflegeunterstützungsgeld oder Krankentagegeld und sonstige Einnahmen aus einer Beschäftigung, die für die Zeit des Bezuges von Krankengeld, Krankentagegeld, Versorgungskrankengeld, Verletztengeld, Übergangsgeld, Pflegeunterstützungsgeld, Mutterschaftsgeld, Erziehungsgeld oder Elterngeld weiter erzielt werden, gelten nicht als beitragspflichtiges Arbeitsentgelt, wenn die Einnahmen zusammen mit den genannten Sozialleistungen das Nettoarbeitsentgelt (§ 47 des Fünften Buches[1])) nicht um mehr als 50 Euro im Monat übersteigen. ² Zur Berechnung des Nettoarbeitsentgelts bei freiwilligen Mitgliedern der gesetzlichen Krankenversicherung ist der um den Beitragszuschuss für Beschäftigte verminderte Beitrag des Versicherten zur Kranken- und Pflegeversicherung abzuziehen; dies gilt entsprechend für Personen und für ihre nicht selbstversicherten Angehörigen, die bei einem privaten Krankenversicherungsunternehmen versichert sind einschließlich der Versicherung für das Krankentagegeld. ³ Für Beschäftigte, die nach § 6 Absatz 1 Satz 1 Nummer 1 des Sechsten Buches[2]) von der Versicherungspflicht befreit sind und Pflichtbeiträge an eine berufsständische Versorgungseinrichtung entrichten, sind bei der Ermittlung des Nettoentgeltes die um den Arbeitgeberzuschuss nach § 172a des Sechsten Buches verminderten Pflichtbeiträge des Beschäftigten entsprechend abzuziehen.

(2) ¹ Einnahmen aus Tätigkeiten als Notärztin oder Notarzt im Rettungsdienst sind nicht beitragspflichtig, wenn diese Tätigkeiten neben

1. einer Beschäftigung mit einem Umfang von regelmäßig mindestens 15 Stunden wöchentlich außerhalb des Rettungsdienstes oder

2. einer Tätigkeit als zugelassener Vertragsarzt oder als Arzt in privater Niederlassung

ausgeübt werden. ² Für Tätigkeiten, bei denen die Einnahmen nach Satz 1 nicht beitragspflichtig sind, bestehen keine Meldepflichten nach diesem Buch.

§ 24 Säumniszuschlag. (1) ¹ Für Beiträge und Beitragsvorschüsse, die der Zahlungspflichtige nicht bis zum Ablauf des Fälligkeitstages gezahlt hat, ist für jeden angefangenen Monat der Säumnis ein Säumniszuschlag von eins vom Hundert des rückständigen, auf 50 Euro nach unten abgerundeten Betrages zu zahlen. ² Bei einem rückständigen Betrag unter 100 Euro ist der Säumniszuschlag nicht zu erheben, wenn dieser gesondert schriftlich anzufordern wäre.

(2) Wird eine Beitragsforderung durch Bescheid mit Wirkung für die Vergangenheit festgestellt, ist ein darauf entfallender Säumniszuschlag nicht zu erheben, soweit der Beitragsschuldner glaubhaft macht, dass er unverschuldet keine Kenntnis von der Zahlungspflicht hatte.

(3) ¹ Hat der Zahlungspflichtige ein Lastschriftmandat zum Einzug der Beiträge erteilt, so sind Säumniszuschläge zu erheben, wenn der Beitragseinzug aus Gründen, die vom Zahlungspflichtigen zu vertreten sind, nicht ausgeführt werden kann oder zurückgerufen wird. ² Zusätzlich zum Säumniszuschlag soll der Gläubiger vom Zahlungspflichtigen den Ersatz der von einem Geldinstitut erhobenen Entgelte für Rücklastschriften verlangen; dieser Kostenersatz ist wie

---

[1]) Nr. 5.
[2]) Nr. 6.

2. Abschnitt. Leistungen u. Beiträge   §§ 25, 26   SGB IV 4

die Gebühren, die im Zusammenhang mit der Durchsetzung von Beitragsansprüchen erhoben werden, zu behandeln.

§ 25 Verjährung. (1) [1] Ansprüche auf Beiträge verjähren in vier Jahren nach Ablauf des Kalenderjahrs, in dem sie fällig geworden sind. [2] Ansprüche auf vorsätzlich vorenthaltene Beiträge verjähren in dreißig Jahren nach Ablauf des Kalenderjahrs, in dem sie fällig geworden sind.

(2) [1] Für die Hemmung, die Ablaufhemmung, den Neubeginn und die Wirkung der Verjährung gelten die Vorschriften des Bürgerlichen Gesetzbuchs sinngemäß. [2] Die Verjährung ist für die Dauer einer Prüfung beim Arbeitgeber gehemmt; diese Hemmung der Verjährung bei einer Prüfung gilt auch gegenüber den auf Grund eines Werkvertrages für den Arbeitgeber tätigen Nachunternehmern und deren weiteren Nachunternehmern. [3] Satz 2 gilt nicht, wenn die Prüfung unmittelbar nach ihrem Beginn für die Dauer von mehr als sechs Monaten aus Gründen unterbrochen wird, die die prüfende Stelle zu vertreten hat. [4] Die Hemmung beginnt mit dem Tag des Beginns der Prüfung beim Arbeitgeber oder bei der von Arbeitgeber mit der Lohn- und Gehaltsabrechnung beauftragten Stelle und endet mit der Bekanntgabe des Beitragsbescheides, spätestens nach Ablauf von sechs Kalendermonaten nach Abschluss der Prüfung. [5] Kommt es aus Gründen, die die prüfende Stelle nicht zu vertreten hat, zu einem späteren Beginn der Prüfung, beginnt die Hemmung mit dem von dem Versicherungsträger in seiner Prüfungsankündigung ursprünglich bestimmten Tag. [6] Die Sätze 2 bis 5 gelten für Prüfungen der Beitragszahlung bei sonstigen Versicherten, in Fällen der Nachversicherung und bei versicherungspflichtigen Selbständigen entsprechend. [7] Die Sätze 1 bis 5 gelten entsprechend für Prüfungen im Bereich der Bemessung, Entrichtung und Weiterleitung von Beiträgen zur gesetzlichen Krankenversicherung.

§ 26 Beanstandung und Erstattung zu Unrecht entrichteter Beiträge.

(1) [1] Sind Pflichtbeiträge in der Rentenversicherung für Zeiten nach dem 31. Dezember 1972 trotz Fehlens der Versicherungspflicht nicht spätestens bei der nächsten Prüfung beim Arbeitgeber beanstandet worden, gilt § 45 Absatz 2 des Zehnten Buches[1] entsprechend. [2] Beiträge, die nicht mehr beanstandet werden dürfen, gelten als zu Recht entrichtete Pflichtbeiträge. [3] Gleiches gilt für zu Unrecht entrichtete Beiträge nach Ablauf der in § 27 Absatz 2 Satz 1 bestimmten Frist.

(2) Zu Unrecht entrichtete Beiträge sind zu erstatten, es sei denn, dass der Versicherungsträger bis zur Geltendmachung des Erstattungsanspruchs auf Grund dieser Beiträge oder für den Zeitraum, für den die Beiträge zu Unrecht entrichtet worden sind, Leistungen erbracht oder zu erbringen hat; Beiträge, die für Zeiten entrichtet worden sind, die während des Bezugs von Leistungen beitragsfrei sind, sind jedoch zu erstatten.

(3) [1] Der Erstattungsanspruch steht dem zu, der die Beiträge getragen hat. [2] Soweit dem Arbeitgeber Beiträge, die er getragen hat, von einem Dritten ersetzt worden sind, entfällt sein Erstattungsanspruch.

(4) [1] In den Fällen, in denen eine Mehrfachbeschäftigung vorliegt und nicht auszuschließen ist, dass die Voraussetzungen des § 22 Absatz 2 vorliegen, hat

---

[1] Nr. 10.

die Einzugsstelle nach Eingang der Entgeltmeldungen von Amts wegen die Ermittlung einzuleiten, ob Beiträge zu Unrecht entrichtet wurden. ²Die Einzugsstelle kann weitere Angaben zur Ermittlung der zugrunde zu legenden Entgelte von den Meldepflichtigen anfordern. ³Die elektronische Anforderung hat durch gesicherte und verschlüsselte Datenübertragung zu erfolgen. ⁴Dies gilt auch für die Rückübermittlung der ermittelten Gesamtentgelte an die Meldepflichtigen. ⁵Die Einzugsstelle hat das Verfahren innerhalb von zwei Monaten nach Vorliegen aller insoweit erforderlichen Meldungen abzuschließen. ⁶Das Verfahren gilt für Abrechnungszeiträume ab dem 1. Januar 2015. ⁷Das Nähere zum Verfahren, zu den zu übermittelnden Daten sowie den Datensätzen regeln die Gemeinsamen Grundsätze nach § 28b Absatz 1.

§ 27 Verzinsung und Verjährung des Erstattungsanspruchs. (1) ¹Der Erstattungsanspruch ist nach Ablauf eines Kalendermonats nach Eingang des vollständigen Erstattungsantrags, beim Fehlen eines Antrags nach der Bekanntgabe der Entscheidung über die Erstattung bis zum Ablauf des Kalendermonats vor der Zahlung mit vier vom Hundert zu verzinsen. ²Verzinst werden volle Euro-Beträge. ³Dabei ist der Kalendermonat mit dreißig Tagen zugrunde zu legen.

(2) ¹Der Erstattungsanspruch verjährt in vier Jahren nach Ablauf des Kalenderjahrs, in dem die Beiträge entrichtet worden sind. ²Beanstandet der Versicherungsträger die Rechtswirksamkeit von Beiträgen, beginnt die Verjährung mit dem Ablauf des Kalenderjahrs der Beanstandung.

(3) ¹Für die Hemmung, die Ablaufhemmung, den Neubeginn und die Wirkung der Verjährung gelten die Vorschriften des Bürgerlichen Gesetzbuchs sinngemäß. ²Die Verjährung wird auch durch schriftlichen Antrag auf die Erstattung oder durch Erhebung eines Widerspruchs gehemmt. ³Die Hemmung endet sechs Monate nach Bekanntgabe der Entscheidung über den Antrag oder den Widerspruch.

§ 28 Verrechnung und Aufrechnung des Erstattungsanspruchs. Der für die Erstattung zuständige Leistungsträger kann

1. mit Ermächtigung eines anderen Leistungsträgers dessen Ansprüche gegen den Berechtigten mit dem ihm obliegenden Erstattungsbetrag verrechnen,
2. mit Zustimmung des Berechtigten die zu Unrecht entrichteten Beiträge mit künftigen Beitragsansprüchen aufrechnen.

Dritter Abschnitt. Meldepflichten des Arbeitgebers, Gesamtsozialversicherungsbeitrag

Erster Titel. Meldungen des Arbeitgebers und ihre Weiterleitung

§ 28a Meldepflicht. (1) ¹Der Arbeitgeber oder ein anderer Meldepflichtiger hat der Einzugsstelle für jeden in der Kranken-, Pflege-, Rentenversicherung oder nach dem Recht der Arbeitsförderung kraft Gesetzes Versicherten

1. bei Beginn der versicherungspflichtigen Beschäftigung,
2. bei Ende der versicherungspflichtigen Beschäftigung,
3. bei Eintritt eines Insolvenzereignisses,

3. Abschnitt. Meldepflichten d. Arbeitgebers § 28a SGB IV 4

4. (weggefallen)
5. bei Änderungen in der Beitragspflicht,
6. bei Wechsel der Einzugsstelle,
7. bei Anträgen auf Altersrenten oder Auskunftsersuchen des Familiengerichts in Versorgungsausgleichsverfahren,
8. bei Unterbrechung der Entgeltzahlung,
9. bei Auflösung des Arbeitsverhältnisses,
10. auf Anforderung der Einzugsstelle nach § 26 Absatz 4 Satz 2,
11. bei Antrag des geringfügig Beschäftigten nach § 6 Absatz 1b des Sechsten Buches[1]) auf Befreiung von der Versicherungspflicht,
12. bei einmalig gezahltem Arbeitsentgelt,
13. bei Beginn der Berufsausbildung,
14. bei Ende der Berufsausbildung,
15. bei Wechsel *[ab 1.7.2018: im Zeitraum bis zum 31. Dezember 2024]* von einem Beschäftigungsbetrieb im Beitrittsgebiet zu einem Beschäftigungsbetrieb im übrigen Bundesgebiet oder umgekehrt,
16. bei Beginn der Altersteilzeitarbeit,
17. bei Ende der Altersteilzeitarbeit,
18. bei Änderung des Arbeitsentgelts, wenn die in § 8 Absatz 1 Nummer 1 genannte Grenze über- oder unterschritten wird,
19. bei nach § 23b Absatz 2 bis 3 gezahltem Arbeitsentgelt oder
20. bei Wechsel *[ab 1.7.2018: im Zeitraum bis zum 31. Dezember 2024]* von einem Wertguthaben, das im Beitrittsgebiet und einem Wertguthaben, das im übrigen Bundesgebiet erzielt wurde,

eine Meldung zu erstatten. ²Jede Meldung sowie die darin enthaltenen Datensätze sind mit einem eindeutigen Kennzeichen zur Identifizierung zu versehen. ³Meldungen nach diesem Buch erfolgen, soweit nichts Abweichendes geregelt ist, durch elektronische Datenübermittlung (Datenübertragung); dabei sind Datenschutz und Datensicherheit nach dem jeweiligen Stand der Technik sicherzustellen und bei Nutzung allgemein zugänglicher Netze Verschlüsselungsverfahren zu verwenden. ⁴ Arbeitgeber oder andere Meldepflichtige haben ihre Meldungen durch Datenübertragung aus systemgeprüften Programmen oder mittels maschinell erstellter Ausfüllhilfen zu erstatten.

(2) Der Arbeitgeber hat jeden am 31. Dezember des Vorjahres Beschäftigten nach Absatz 1 zu melden (Jahresmeldung).

(2a) ¹Der Arbeitgeber hat für jeden in einem Kalenderjahr Beschäftigten, der in der Unfallversicherung versichert ist, zum 16. Februar des Folgejahres eine besondere Jahresmeldung zur Unfallversicherung zu erstatten. ²Diese Meldung enthält über die Angaben nach Absatz 3 Satz 1 Nummer 1 bis 3, 6 und 9 hinaus folgende Angaben:
1. die Mitgliedsnummer des Unternehmers;
2. die Betriebsnummer des zuständigen Unfallversicherungsträgers;

---
[1]) Nr. 6.

3. das in der Unfallversicherung beitragspflichtige Arbeitsentgelt in Euro und seine Zuordnung zur jeweilig anzuwendenden Gefahrtarifstelle.

³ Arbeitgeber, die Mitglied der landwirtschaftlichen Berufsgenossenschaft sind und für deren Beitragsberechnung der Arbeitswert keine Anwendung findet, haben Meldungen nach Satz 2 Nummer 1 bis 3 nicht zu erstatten. ⁴ Abweichend von Satz 1 ist die Meldung bei Eintritt eines Insolvenzereignisses, bei einer endgültigen Einstellung des Unternehmens oder bei der Beendigung aller Beschäftigungsverhältnisse mit der nächsten Entgeltabrechnung, spätestens innerhalb von sechs Wochen, abzugeben.

(3) ¹ Die Meldungen enthalten für jeden Versicherten insbesondere

1. seine Versicherungsnummer, soweit bekannt,
2. seinen Familien- und Vornamen,
3. sein Geburtsdatum,
4. seine Staatsangehörigkeit,
5. Angaben über seine Tätigkeit nach dem Schlüsselverzeichnis der Bundesagentur für Arbeit,
6. die Betriebsnummer seines Beschäftigungsbetriebes,
7. die Beitragsgruppen,
8. die zuständige Einzugsstelle und
9. den Arbeitgeber.

² Zusätzlich sind anzugeben

1. bei der Anmeldung
   a) die Anschrift,
   b) der Beginn der Beschäftigung,
   c) sonstige für die Vergabe der Versicherungsnummer erforderliche Angaben,
   d) die Angabe, ob zum Arbeitgeber eine Beziehung als Ehegatte, Lebenspartner oder Abkömmling besteht,
   e) die Angabe, ob es sich um eine Tätigkeit als geschäftsführender Gesellschafter einer Gesellschaft mit beschränkter Haftung handelt,
   f) die Angabe der Staatsangehörigkeit,
2. bei allen Entgeltmeldungen
   a) eine Namens-, Anschriften- oder Staatsangehörigkeitsänderung, soweit diese Änderung nicht schon anderweitig gemeldet ist,
   b) das in der Rentenversicherung oder nach dem Recht der Arbeitsförderung beitragspflichtige Arbeitsentgelt in Euro,
   c) *(aufgehoben)*
   d) der Zeitraum, in dem das angegebene Arbeitsentgelt erzielt wurde,
   e) Wertguthaben, die auf die Zeit nach Eintritt der Erwerbsminderung entfallen,
3. *(aufgehoben)*
4. bei der Meldung nach Absatz 1 Satz 1 Nummer 19
   a) das Arbeitsentgelt in Euro, für das Beiträge gezahlt worden sind,
   b) im Falle des § 23b Absatz 2 der Kalendermonat und das Jahr der nicht zweckentsprechenden Verwendung des Arbeitsentgelts, im Falle der Zah-

lungsunfähigkeit des Arbeitgebers jedoch der Kalendermonat und das Jahr der Beitragszahlung.

(3a) [1] Der Arbeitgeber oder eine Zahlstelle nach § 202 Absatz 2 des Fünften Buches[1)] kann in den Fällen, in denen für eine Meldung keine Versicherungsnummer des Beschäftigten oder Versorgungsempfängers vorliegt, im Verfahren nach Absatz 1 eine Meldung zur Abfrage der Versicherungsnummer an die Datenstelle der Rentenversicherung übermitteln; die weiteren Meldepflichten bleiben davon unberührt. [2] Die Datenstelle der Rentenversicherung übermittelt dem Arbeitgeber oder der Zahlstelle unverzüglich durch Datenübertragung die Versicherungsnummer oder den Hinweis, dass die Vergabe der Versicherungsnummer mit der Anmeldung erfolgt.

(4) [1] Arbeitgeber haben den Tag des Beginns eines Beschäftigungsverhältnisses spätestens bei dessen Aufnahme an die Datenstelle der Rentenversicherung nach Satz 2 zu melden, sofern sie Personen in folgenden Wirtschaftsbereichen oder Wirtschaftszweigen beschäftigen:

1. im Baugewerbe,
2. im Gaststätten- und Beherbergungsgewerbe,
3. im Personenbeförderungsgewerbe,
4. im Speditions-, Transport- und damit verbundenen Logistikgewerbe,
5. im Schaustellergewerbe,
6. bei Unternehmen der Forstwirtschaft,
7. im Gebäudereinigungsgewerbe,
8. bei Unternehmen, die sich am Auf- und Abbau von Messen und Ausstellungen beteiligen,
9. in der Fleischwirtschaft,
10. im Prostitutionsgewerbe.

[2] Die Meldung enthält folgende Angaben über den Beschäftigten:

1. den Familien- und die Vornamen,
2. die Versicherungsnummer, soweit bekannt, ansonsten die zur Vergabe einer Versicherungsnummer notwendigen Angaben (Tag und Ort der Geburt, Anschrift),
3. die Betriebsnummer des Arbeitgebers und
4. den Tag der Beschäftigungsaufnahme.

[3] Die Meldung wird in der Stammsatzdatei nach § 150 Absatz 1 und 2 des Sechsten Buches gespeichert. [4] Die Meldung gilt nicht als Meldung nach Absatz 1 Satz 1 Nummer 1.

(4a) [1] Der Meldepflichtige erstattet die Meldungen nach Absatz 1 Satz 1 Nummer 10 an die zuständige Einzugsstelle. [2] In der Meldung sind insbesondere anzugeben:

1. die Versicherungsnummer des Beschäftigten,
2. die Betriebsnummer des Beschäftigungsbetriebes,
3. das monatliche laufende und einmalig gezahlte Arbeitsentgelt, von dem Beiträge zur Renten-, Arbeitslosen-, Kranken- und Pflegeversicherung für

---

[1)] Nr. 5.

das der Ermittlung nach § 26 Absatz 4 zugrunde liegende Kalenderjahr berechnet wurden.

(5) Der Meldepflichtige hat der zu meldenden Person den Inhalt der Meldung in Textform mitzuteilen; dies gilt nicht, wenn die Meldung ausschließlich auf Grund einer Veränderung der Daten für die gesetzliche Unfallversicherung erfolgt.

(6) Soweit der Arbeitgeber eines Hausgewerbetreibenden Arbeitgeberpflichten erfüllt, gilt der Hausgewerbetreibende als Beschäftigter.

(6a) Beschäftigt ein Arbeitgeber, der

1. im privaten Bereich nichtgewerbliche Zwecke oder
2. mildtätige, kirchliche, religiöse, wissenschaftliche oder gemeinnützige Zwecke im Sinne des § 10b des Einkommensteuergesetzes

verfolgt, Personen geringfügig nach § 8, kann er auf Antrag abweichend von Absatz 1 Meldungen auf Vordrucken erstatten, wenn er glaubhaft macht, dass ihm eine Meldung auf maschinell verwertbaren Datenträgern oder durch Datenübertragung nicht möglich ist.

(7) [1] Der Arbeitgeber hat der Einzugsstelle für einen im privaten Haushalt Beschäftigten anstelle einer Meldung nach Absatz 1 unverzüglich eine vereinfachte Meldung (Haushaltsscheck) mit den Angaben nach Absatz 8 Satz 1 zu erstatten, wenn das Arbeitsentgelt (§ 14 Absatz 3) aus dieser Beschäftigung regelmäßig 450 Euro im Monat nicht übersteigt. [2] Der Arbeitgeber kann die Meldung nach Satz 1 auch durch Datenübertragung aus systemgeprüften Programmen oder mit maschinell erstellten Ausfüllhilfen übermitteln. [3] Der Arbeitgeber hat der Einzugsstelle gesondert schriftlich ein Lastschriftmandat zum Einzug des Gesamtsozialversicherungsbeitrags zu erteilen. [4] Die Absätze 2 bis 5 gelten nicht.

(8) [1] Der Haushaltsscheck enthält

1. den Familiennamen, Vornamen, die Anschrift und die Betriebsnummer des Arbeitgebers,
2. den Familiennamen, Vornamen, die Anschrift und die Versicherungsnummer des Beschäftigten; kann die Versicherungsnummer nicht angegeben werden, ist das Geburtsdatum des Beschäftigten einzutragen,
3. die Angabe, ob der Beschäftigte im Zeitraum der Beschäftigung bei mehreren Arbeitgebern beschäftigt ist, und
4. a) bei einer Meldung bei jeder Lohn- oder Gehaltszahlung den Zeitraum der Beschäftigung, das Arbeitsentgelt (§ 14 Absatz 3) für diesen Zeitraum sowie am Ende der Beschäftigung den Zeitpunkt der Beendigung,
   b) bei einer Meldung zu Beginn der Beschäftigung deren Beginn und das monatliche Arbeitsentgelt (§ 14 Absatz 3),
   c) bei einer Meldung wegen Änderung des Arbeitsentgelts (§ 14 Absatz 3) den neuen Betrag und den Zeitpunkt der Änderung,
   d) bei einer Meldung am Ende der Beschäftigung den Zeitpunkt der Beendigung,
   e) bei Erklärung des Verzichts auf Versicherungsfreiheit nach § 230 Absatz 8 Satz 2 des Sechsten Buches den Zeitpunkt des Verzichts,
   f) bei Antrag auf Befreiung von der Versicherungspflicht nach § 6 Absatz 1b des Sechsten Buches den Tag des Zugangs des Antrags beim Arbeitgeber.

3. Abschnitt. Meldepflichten d. Arbeitgebers § 28a SGB IV 4

²Bei sich anschließenden Meldungen kann von der Angabe der Anschrift des Arbeitgebers und des Beschäftigten abgesehen werden.

(9) ¹Soweit nicht anders geregelt, gelten für versicherungsfrei oder von der Versicherungspflicht befreite geringfügig Beschäftigte die Absätze 1 bis 6 entsprechend. ²Eine Jahresmeldung nach Absatz 2 ist für geringfügig Beschäftigte nach § 8 Absatz 1 Nummer 2 nicht zu erstatten.

(10) ¹Der Arbeitgeber hat für Beschäftigte, die nach § 6 Absatz 1 Satz 1 Nummer 1 des Sechsten Buches von der Versicherungspflicht befreit und Mitglied einer berufsständischen Versorgungseinrichtung sind, die Meldungen nach den Absätzen 1, 2 und 9 zusätzlich an die Annahmestelle der berufsständischen Versorgungseinrichtungen zu erstatten; dies gilt nicht für Meldungen nach Absatz 1 Satz 1 Nummer 10. ²Die Datenübermittlung hat durch gesicherte und verschlüsselte Datenübertragung aus systemgeprüften Programmen oder mittels systemgeprüfter maschinell erstellter Ausfüllhilfen zu erfolgen. ³Zusätzlich zu den Angaben nach Absatz 3 enthalten die Meldungen die Mitgliedsnummer des Beschäftigten bei der Versorgungseinrichtung. ⁴Die Absätze 5 bis 6a gelten entsprechend.

(11) ¹Der Arbeitgeber hat für Beschäftigte, die nach § 6 Absatz 1 Satz 1 Nummer 1 des Sechsten Buches von der Versicherungspflicht befreit und Mitglied in einer berufsständischen Versorgungseinrichtung sind, der Annahmestelle der berufsständischen Versorgungseinrichtungen monatliche Meldungen zur Beitragserhebung zu erstatten. ²Absatz 10 Satz 2 gilt entsprechend. ³Diese Meldungen enthalten für den Beschäftigten

1. die Mitgliedsnummer bei der Versorgungseinrichtung oder, wenn die Mitgliedsnummer nicht bekannt ist, die Personalnummer beim Arbeitgeber, den Familien- und Vornamen, das Geschlecht und das Geburtsdatum,
2. den Zeitraum, für den das Arbeitsentgelt gezahlt wird,
3. das beitragspflichtige ungekürzte laufende Arbeitsentgelt für den Zahlungszeitraum,
4. das beitragspflichtige ungekürzte einmalig gezahlte Arbeitsentgelt im Monat der Abrechnung,
5. die Anzahl der Sozialversicherungstage im Zahlungszeitraum,
6. den Beitrag, der bei Firmenzahlern für das Arbeitsentgelt nach Nummer 3 und 4 anfällt,
7. die Betriebsnummer der Versorgungseinrichtung,
8. die Betriebsnummer des Beschäftigungsbetriebes,
9. den Arbeitgeber,
10. den Ort des Beschäftigungsbetriebes,
11. den Monat der Abrechnung.

⁴Soweit nicht aus der Entgeltbescheinigung des Beschäftigten zu entnehmen ist, dass die Meldung erfolgt ist und welchen Inhalt sie hatte, gilt Absatz 5.

(12) Der Arbeitgeber hat auch für ausschließlich nach § 2 Absatz 1 Nummer 1 des Siebten Buches[1] versicherte Beschäftigte mit beitragspflichtigem Entgelt Meldungen nach den Absätzen 1 und 3 Satz 2 Nummer 2 abzugeben.

---

[1] Nr. 7.

(13) ¹Die Künstlersozialkasse hat für die nach dem Künstlersozialversicherungsgesetz krankenversicherungspflichtigen Mitglieder monatlich eine Meldung an die zuständige Krankenkasse (§ 28i) durch Datenübermittlung mit den für den Nachweis der Beitragspflicht notwendigen Angaben, insbesondere die Versicherungsnummer, den Namen und Vornamen, den beitragspflichtigen Zeitraum, die Höhe des der Beitragspflicht zu Grunde liegenden Arbeitseinkommens, ein Kennzeichen über die Ruhensanordnung gemäß § 16 Absatz 2 des Künstlersozialversicherungsgesetzes und den Verweis auf die Versicherungspflicht in der Rentenversicherung des Versicherten zu übermitteln. ²Den Übertragungsweg und die Einzelheiten des Verfahrens wie den Aufbau des Datensatzes regeln die Künstlersozialkasse und der Spitzenverband Bund der Krankenkassen in Gemeinsamen Grundsätzen entsprechend § 28b Absatz 1. ³Bei der Nutzung allgemein zugänglicher Netze sind dem jeweiligen Stand der Technik entsprechende Verschlüsselungsverfahren zu verwenden.

§ 28b Inhalte und Verfahren für die Gemeinsamen Grundsätze und die Datenfeldbeschreibung. (1) ¹Der Spitzenverband Bund der Krankenkassen, die Deutsche Rentenversicherung Bund, die Deutsche Rentenversicherung Knappschaft-Bahn-See, die Bundesagentur für Arbeit und die Deutsche Gesetzliche Unfallversicherung e.V. bestimmen in Gemeinsamen Grundsätzen bundeseinheitlich:

1. die Schlüsselzahlen für Personengruppen, Beitragsgruppen und für Abgabegründe der Meldungen,

2. den Aufbau, den Inhalt und die Identifizierung der einzelnen Datensätze für die Übermittlung von Meldungen und Beitragsnachweisen durch den Arbeitgeber an die Sozialversicherungsträger, soweit nichts Abweichendes in diesem Buch geregelt ist,

3. den Aufbau und den Inhalt der einzelnen Datensätze für die Übermittlung von Eingangs- und Weiterleitungsbestätigungen, Fehlermeldungen und sonstigen Meldungen der Sozialversicherungsträger und anderer am Meldeverfahren beteiligter Stellen an die Arbeitgeber in den Verfahren nach Nummer 2,

4. gesondert den Aufbau und den Inhalt der Datensätze für die Kommunikationsdaten, die einheitlich am Beginn und am Ende jeder Datei in den Verfahren nach Nummer 2 bei jeder Datenübertragung vom Arbeitgeber an die Sozialversicherung und bei Meldungen an den Arbeitgeber zu übermitteln sind,

5. gesondert den Aufbau und den Inhalt aller Bestandsprüfungen in den elektronischen Verfahren mit den Arbeitgebern sowie das Verfahren zur Weiterleitung der geänderten Meldung an die Empfänger der Meldung und den Meldepflichtigen.

²Satz 1 Nummer 3 bis 5 gilt auch für das Zahlstellenmeldeverfahren nach § 202 des Fünften Buches[1)] und für das Antragsverfahren nach § 2 Absatz 3 des Aufwendungsausgleichsgesetzes. ³Die Gemeinsamen Grundsätze bedürfen der Genehmigung des Bundesministeriums für Arbeit und Soziales, das vorher die Bundesvereinigung der Deutschen Arbeitgeberverbände anzuhören hat.

[1)] Nr. 5.

3. Abschnitt. Meldepflichten d. Arbeitgebers §§ 28c, 28d SGB IV 4

(2) ¹Der Spitzenverband Bund der Krankenkassen, die Deutsche Rentenversicherung Bund, die Deutsche Rentenversicherung Knappschaft-Bahn-See und die Deutsche Gesetzliche Unfallversicherung e.V. bestimmen bundeseinheitlich die Gestaltung des Haushaltsschecks nach § 28a Absatz 7 und das der Einzugsstelle in diesem Verfahren zu erteilende Lastschriftmandat durch Gemeinsame Grundsätze. ²Die Grundsätze bedürfen der Genehmigung des Bundesministeriums für Arbeit und Soziales, das vorher in Bezug auf die steuerrechtlichen Angaben das Bundesministerium der Finanzen anzuhören hat.

(3) Soweit Meldungen nach § 28a Absatz 10 oder 11 betroffen sind, gilt Absatz 1 entsprechend mit der Maßgabe, dass die Arbeitsgemeinschaft berufsständischer Versorgungseinrichtungen e.V. zu beteiligen ist.

(4) ¹Alle Datenfelder sind eindeutig zu beschreiben und in allen Verfahren, für die Grundsätze oder Gemeinsame Grundsätze nach diesem Gesetzbuch und für das Aufwendungsausgleichsgesetz gelten, verbindlich in der jeweils aktuellen Beschreibung zu verwenden. ²Zur Sicherung der einheitlichen Verwendung hält der Spitzenverband Bund der Krankenkassen eine Datenbankanwendung vor, in der alle Datenfelder beschrieben sowie ihre Verwendung in Datensätzen und Datenbausteinen in historisierter wie auch in aktueller Form gespeichert sind und von den an den Meldeverfahren nach diesem Gesetzbuch Beteiligten ab dem 1. Juli 2017 automatisiert abgerufen werden können. ³Das Nähere zur Darstellung, zur Aktualisierung und zum Abrufverfahren der Daten regeln die in Absatz 1 Satz 1 genannten Organisationen der Sozialversicherung in Gemeinsamen Grundsätzen; Absatz 3 gilt entsprechend. ⁴Die Grundsätze bedürfen der Genehmigung des Bundesministeriums für Arbeit und Soziales.

§ 28c Verordnungsermächtigung. Das Bundesministerium für Arbeit und Soziales wird ermächtigt, durch Rechtsverordnung mit Zustimmung des Bundesrates das Nähere über das Melde- und Beitragsnachweisverfahren zu bestimmen, insbesondere

1. die Frist der Meldungen und Beitragsnachweise,
2. (weggefallen)
3. welche zusätzlichen, für die Verarbeitung der Meldungen und Beitragsnachweise oder die Durchführung der Versicherung erforderlichen Angaben zu machen sind,
4. das Verfahren über die Prüfung, Sicherung und Weiterleitung der Daten,
5. unter welchen Voraussetzungen Systemprüfungen durchzuführen, Meldungen und Beitragsnachweise durch Datenübertragung zu erstatten sind,
6. in welchen Fällen auf einzelne Meldungen oder Angaben verzichtet wird,
7. in welcher Form und Frist der Arbeitgeber die Beschäftigten über die Meldungen zu unterrichten hat.

Zweiter Titel. Verfahren und Haftung bei der Beitragszahlung

§ 28d Gesamtsozialversicherungsbeitrag. ¹Die Beiträge in der Kranken- oder Rentenversicherung für einen kraft Gesetzes versicherten Beschäftigten oder Hausgewerbetreibenden sowie der Beitrag aus Arbeitsentgelt aus einer versicherungspflichtigen Beschäftigung nach dem Recht der Arbeitsförderung werden als Gesamtsozialversicherungsbeitrag gezahlt. ²Satz 1 gilt auch für den

Beitrag zur Pflegeversicherung für einen in der Krankenversicherung kraft Gesetzes versicherten Beschäftigten. ³Die nicht nach dem Arbeitsentgelt zu bemessenden Beiträge in der landwirtschaftlichen Krankenversicherung für einen kraft Gesetzes versicherten Beschäftigten gelten zusammen mit den Beiträgen zur Rentenversicherung und Arbeitsförderung im Sinne des Satzes 1 ebenfalls als Gesamtsozialversicherungsbeitrag.

§ 28e Zahlungspflicht, Vorschuss. (1) ¹Den Gesamtsozialversicherungsbeitrag hat der Arbeitgeber und in den Fällen der nach § 7f Absatz 1 Satz 1 Nummer 2 auf die Deutsche Rentenversicherung Bund übertragenen Wertguthaben die Deutsche Rentenversicherung Bund zu zahlen. ²Die Zahlung des vom Beschäftigten zu tragenden Teils des Gesamtsozialversicherungsbeitrags gilt als aus dem Vermögen des Beschäftigten erbracht. ³Ist ein Träger der Kranken- oder Rentenversicherung oder die Bundesagentur für Arbeit der Arbeitgeber, gilt der jeweils für diesen Leistungsträger oder, wenn eine Krankenkasse der Arbeitgeber ist, auch der für die Pflegekasse bestimmte Anteil am Gesamtsozialversicherungsbeitrag als gezahlt; dies gilt für die Beiträge zur Rentenversicherung auch im Verhältnis der Träger der Rentenversicherung untereinander.

(2) ¹Für die Erfüllung der Zahlungspflicht des Arbeitgebers haftet bei einem wirksamen Vertrag der Entleiher wie ein selbstschuldnerischer Bürge, soweit ihm Arbeitnehmer gegen Vergütung zur Arbeitsleistung überlassen worden sind. ²Er kann die Zahlung verweigern, solange die Einzugsstelle den Arbeitgeber nicht gemahnt hat und die Mahnfrist nicht abgelaufen ist. ³Zahlt der Verleiher das vereinbarte Arbeitsentgelt oder Teile des Arbeitsentgelts an den Leiharbeitnehmer, obwohl der Vertrag nach § 9 Absatz 1 Nummer 1 bis 1b des Arbeitnehmerüberlassungsgesetzes unwirksam ist, so hat er auch den hierauf entfallenden Gesamtsozialversicherungsbeitrag an die Einzugsstelle zu zahlen. ⁴Hinsichtlich der Zahlungspflicht nach Satz 3 gilt der Verleiher neben dem Entleiher als Arbeitgeber; beide haften insoweit als Gesamtschuldner.

(2a) ¹Für die Erfüllung der Zahlungspflicht, die sich für den Arbeitgeber knappschaftlicher Arbeiten im Sinne von § 134 Absatz 4 des Sechsten Buches[1]) ergibt, haftet der Arbeitgeber des Bergwerksbetriebes, mit dem die Arbeiten räumlich und betrieblich zusammenhängen, wie ein selbstschuldnerischer Bürge. ²Der Arbeitgeber des Bergwerksbetriebes kann die Befriedigung verweigern, solange die Einzugsstelle den Arbeitgeber der knappschaftlichen Arbeiten nicht gemahnt hat und die Mahnfrist nicht abgelaufen ist.

(3) Für die Erfüllung der Zahlungspflicht des Arbeitgebers von Seeleuten nach § 13 Absatz 1 Satz 2 haften Arbeitgeber und Reeder als Gesamtschuldner.

(3a) ¹Ein Unternehmer des Baugewerbes, der einen anderen Unternehmer mit der Erbringung von Bauleistungen im Sinne des § 101 Absatz 2 des Dritten Buches[2]) beauftragt, haftet für die Erfüllung der Zahlungspflicht dieses Unternehmers oder eines von diesem Unternehmer beauftragten Verleihers wie ein selbstschuldnerischer Bürge. ²Satz 1 gilt entsprechend für die vom Nachunternehmer gegenüber ausländischen Sozialversicherungsträgern abzuführenden Beiträge. ³Absatz 2 Satz 2 gilt entsprechend.

---

[1]) Nr. 6.
[2]) Nr. 3.

(3b) ¹Die Haftung nach Absatz 3a entfällt, wenn der Unternehmer nachweist, dass er ohne eigenes Verschulden davon ausgehen konnte, dass der Nachunternehmer oder ein von ihm beauftragter Verleiher seine Zahlungspflicht erfüllt. ²Ein Verschulden des Unternehmers ist ausgeschlossen, soweit und solange er Fachkunde, Zuverlässigkeit und Leistungsfähigkeit des Nachunternehmers oder des von diesem beauftragten Verleihers durch eine Präqualifikation nachweist, die die Eignungsvoraussetzungen nach § 8 der Vergabe- und Vertragsordnung für Bauleistungen Teil A in der Fassung der Bekanntmachung vom 20. März 2006 (BAnz. Nr. 94a vom 18. Mai 2006) erfüllt.

(3c) ¹Ein Unternehmer, der Bauleistungen im Auftrag eines anderen Unternehmers erbringt, ist verpflichtet, auf Verlangen der Einzugsstelle Firma und Anschrift dieses Unternehmers mitzuteilen. ²Kann der Auskunftsanspruch nach Satz 1 nicht durchgesetzt werden, hat ein Unternehmer, der einen Gesamtauftrag für die Erbringung von Bauleistungen für ein Bauwerk erhält, der Einzugsstelle auf Verlangen Firma und Anschrift aller Unternehmer, die von ihm mit der Erbringung von Bauleistungen beauftragt wurden, zu benennen.

(3d) ¹Absatz 3a gilt ab einem geschätzten Gesamtwert aller für ein Bauwerk in Auftrag gegebenen Bauleistungen von 275 000 Euro. ²Für die Schätzung gilt § 3 der Vergabeverordnung vom 9. Januar 2001 (BGBl. I S. 110), die zuletzt durch Artikel 3 Absatz 1 des Gesetzes vom 16. Mai 2001 (BGBl. I S. 876) geändert worden ist.

(3e) ¹Die Haftung des Unternehmers nach Absatz 3a erstreckt sich in Abweichung von der dort getroffenen Regelung auf das von dem Nachunternehmer beauftragte nächste Unternehmen, wenn die Beauftragung des unmittelbaren Nachunternehmers bei verständiger Würdigung der Gesamtumstände als ein Rechtsgeschäft anzusehen ist, dessen Ziel vor allem die Auflösung der Haftung nach Absatz 3a ist. ²Maßgeblich für die Würdigung ist die Verkehrsanschauung im Baubereich. ³Ein Rechtsgeschäft im Sinne dieser Vorschrift, das als Umgehungstatbestand anzusehen ist, ist in der Regel anzunehmen,

a) wenn der unmittelbare Nachunternehmer weder selbst eigene Bauleistungen noch planerische oder kaufmännische Leistungen erbringt oder
b) wenn der unmittelbare Nachunternehmer weder technisches noch planerisches oder kaufmännisches Fachpersonal in nennenswertem Umfang beschäftigt oder
c) wenn der unmittelbare Nachunternehmer in einem gesellschaftsrechtlichen Abhängigkeitsverhältnis zum Hauptunternehmer steht.

⁴Besonderer Prüfung bedürfen die Umstände des Einzelfalles vor allem in den Fällen, in denen der unmittelbare Nachunternehmer seinen handelsrechtlichen Sitz außerhalb des Europäischen Wirtschaftsraums hat.

(3f) ¹Der Unternehmer kann den Nachweis nach Absatz 3b Satz 2 anstelle der Präqualifikation auch durch Vorlage einer Unbedenklichkeitsbescheinigung der zuständigen Einzugsstelle für den Nachunternehmer oder den von diesem beauftragten Verleiher erbringen. ²Die Unbedenklichkeitsbescheinigung enthält Angaben über die ordnungsgemäße Zahlung der Sozialversicherungsbeiträge und die Zahl der gemeldeten Beschäftigten. ³Die Bundesregierung berichtet unter Beteiligung des Normenkontrollrates über die Wirksamkeit und Reichweite der Generalunternehmerhaftung für Sozialversicherungsbeiträge im Baugewerbe, insbesondere über die Haftungsfreistellung nach Satz 1 und nach Absatz 3b, den gesetzgebenden Körperschaften im Jahr 2012.

(4) Die Haftung umfasst die Beiträge und Säumniszuschläge, die infolge der Pflichtverletzung zu zahlen sind, sowie die Zinsen für gestundete Beiträge (Beitragsansprüche).

(5) Die Satzung der Einzugsstelle kann bestimmen, unter welchen Voraussetzungen vom Arbeitgeber Vorschüsse auf den Gesamtsozialversicherungsbeitrag verlangt werden können.

§ 28f Aufzeichnungspflicht, Nachweise der Beitragsabrechnung und der Beitragszahlung.

(1) ¹Der Arbeitgeber hat für jeden Beschäftigten, getrennt nach Kalenderjahren, Entgeltunterlagen im Geltungsbereich dieses Gesetzes in deutscher Sprache zu führen und bis zum Ablauf des auf die letzte Prüfung (§ 28p) folgenden Kalenderjahres geordnet aufzubewahren. ²Satz 1 gilt nicht hinsichtlich der Beschäftigten in privaten Haushalten. ³Die landwirtschaftliche Krankenkasse kann wegen der mitarbeitenden Familienangehörigen Ausnahmen zulassen. ⁴Für die Aufbewahrung der Beitragsabrechnungen und der Beitragsnachweise gilt Satz 1.

(1a) Bei der Ausführung eines Dienst- oder Werkvertrages im Baugewerbe hat der Unternehmer die Entgeltunterlagen und die Beitragsabrechnung so zu gestalten, dass eine Zuordnung der Arbeitnehmer, des Arbeitsentgelts und des darauf entfallenden Gesamtsozialversicherungsbeitrags zu dem jeweiligen Dienst- oder Werkvertrag möglich ist.

(2) ¹Hat ein Arbeitgeber die Aufzeichnungspflicht nicht ordnungsgemäß erfüllt und können dadurch die Versicherungs- oder Beitragspflicht oder die Beitragshöhe nicht festgestellt werden, kann der prüfende Träger der Rentenversicherung den Beitrag in der Kranken-, Pflege- und Rentenversicherung und zur Arbeitsförderung von der Summe der vom Arbeitgeber gezahlten Arbeitsentgelte geltend machen. ²Satz 1 gilt nicht, soweit ohne unverhältnismäßig großen Verwaltungsaufwand festgestellt werden kann, dass Beiträge nicht zu zahlen waren oder Arbeitsentgelt einem bestimmten Beschäftigten zugeordnet werden kann. ³Soweit der prüfende Träger der Rentenversicherung die Höhe der Arbeitsentgelte nicht oder nicht ohne unverhältnismäßig großen Verwaltungsaufwand ermitteln kann, hat er diese zu schätzen. ⁴Dabei ist für das monatliche Arbeitsentgelt eines Beschäftigten das am Beschäftigungsort ortsübliche Arbeitsentgelt mitzuberücksichtigen. ⁵Der prüfende Träger der Rentenversicherung hat einen auf Grund der Sätze 1, 3 und 4 ergangenen Bescheid insoweit zu widerrufen, als nachträglich Versicherungs- oder Beitragspflicht oder Versicherungsfreiheit festgestellt und die Höhe des Arbeitsentgelts nachgewiesen werden. ⁶Die von dem Arbeitgeber auf Grund dieses Bescheides geleisteten Zahlungen sind insoweit mit der Beitragsforderung zu verrechnen.

(3) ¹Der Arbeitgeber hat der Einzugsstelle einen Beitragsnachweis zwei Arbeitstage vor Fälligkeit der Beiträge durch Datenübertragung zu übermitteln; dies gilt nicht hinsichtlich der Beschäftigten in privaten Haushalten bei Verwendung von Haushaltsschecks. ²Übermittelt der Arbeitgeber den Beitragsnachweis nicht zwei Arbeitstage vor Fälligkeit der Beiträge, so kann die Einzugsstelle das für die Beitragsberechnung maßgebende Arbeitsentgelt schätzen, bis der Nachweis ordnungsgemäß übermittelt wird. ³Der Beitragsnachweis gilt für die Vollstreckung als Leistungsbescheid der Einzugsstelle und im Insolvenzverfahren als Dokument zur Glaubhaftmachung der Forderungen der Einzugsstelle. ⁴Im Beitragsnachweis ist auch die Steuernummer des Arbeitgebers an-

3. Abschnitt. Meldepflichten d. Arbeitgebers § 28g SGB IV 4

zugeben, wenn der Beitragsnachweis die Pauschsteuer für geringfügig Beschäftigte enthält.

(4) ¹Arbeitgeber, die den Gesamtsozialversicherungsbeitrag an mehrere Orts- oder Innungskrankenkassen zu zahlen haben, können bei

1. dem jeweils zuständigen Bundesverband oder

2. einer Orts- oder Innungskrankenkasse

(beauftragte Stelle) für die jeweilige Kassenart beantragen, dass der beauftragten Stelle der jeweilige Beitragsnachweis eingereicht wird. ²Dies gilt auch für Arbeitgeber, die den Gesamtsozialversicherungsbeitrag an mehrere Betriebskrankenkassen zu zahlen haben, gegenüber dem jeweiligen Bundesverband. ³Gibt die beauftragte Stelle dem Antrag statt, hat sie die zuständigen Einzugsstellen zu unterrichten. ⁴Im Falle des Satzes 1 erhält die beauftragte Stelle auch den Gesamtsozialversicherungsbeitrag, den sie arbeitstäglich durch Überweisung unmittelbar an folgende Stellen weiterzuleiten hat:

1. die Beiträge zur Kranken- und Pflegeversicherung an die zuständigen Einzugsstellen,

2. die Beiträge zur Rentenversicherung gemäß § 28k,

3. die Beiträge zur Arbeitsförderung an die Bundesagentur für Arbeit.

⁵Die beauftragte Stelle hat die für die zuständigen Einzugsstellen bestimmten Beitragsnachweise an diese weiterzuleiten. ⁶Die Träger der Pflegeversicherung, der Rentenversicherung und die Bundesagentur für Arbeit können den Beitragsnachweis sowie den Eingang, die Verwaltung und die Weiterleitung ihrer Beiträge bei der beauftragten Stelle prüfen. ⁷§ 28q Absatz 2 und 3 sowie § 28r Absatz 1 und 2 gelten entsprechend.

[Abs. 5 bis 30.6.2018:]

(5) ¹Abweichend von Absatz 1 Satz 1 sind die am 31. Dezember 1991 im Beitrittsgebiet vorhandenen Entgeltunterlagen mindestens bis zum 31. Dezember 2011 vom Arbeitgeber aufzubewahren. ²Die Pflicht zur Aufbewahrung erlischt, wenn der Arbeitgeber die Entgeltunterlagen dem Betroffenen aushändigt oder die für die Rentenversicherung erforderlichen Daten bescheinigt, frühestens jedoch mit Ablauf des auf die letzte Prüfung der Träger der Rentenversicherung bei dem Arbeitgeber folgenden Kalenderjahres, und wenn ein Unternehmen aufgelöst wird.

§ 28g Beitragsabzug. ¹Der Arbeitgeber und in den Fällen der nach § 7f Absatz 1 Satz 1 Nummer 2 auf die Deutsche Rentenversicherung Bund übertragenen Wertguthaben die Deutsche Rentenversicherung Bund hat gegen den Beschäftigten einen Anspruch auf den vom Beschäftigten zu tragenden Teil des Gesamtsozialversicherungsbeitrags. ²Dieser Anspruch kann nur durch Abzug vom Arbeitsentgelt geltend gemacht werden. ³Ein unterbliebener Abzug darf nur bei den drei nächsten Lohn- oder Gehaltszahlungen nachgeholt werden, danach nur dann, wenn der Abzug ohne Verschulden des Arbeitgebers unterblieben ist. ⁴Die Sätze 2 und 3 gelten nicht, wenn der Beschäftigte seinen Pflichten nach § 28o Absatz 1 vorsätzlich oder grob fahrlässig nicht nachkommt oder er den Gesamtsozialversicherungsbeitrag allein trägt oder solange der Beschäftigte nur Sachbezüge erhält.

§ 28h Einzugsstellen.

(1) ¹Der Gesamtsozialversicherungsbeitrag ist an die Krankenkassen (Einzugsstellen) zu zahlen. ²Die Einzugsstelle überwacht die Einreichung des Beitragsnachweises und die Zahlung des Gesamtsozialversicherungsbeitrags. ³Beitragsansprüche, die nicht rechtzeitig erfüllt worden sind, hat die Einzugsstelle geltend zu machen.

(2) ¹Die Einzugsstelle entscheidet über die Versicherungspflicht und Beitragshöhe in der Kranken-, Pflege- und Rentenversicherung sowie nach dem Recht der Arbeitsförderung; sie erlässt auch den Widerspruchsbescheid. ²Soweit die Einzugsstelle die Höhe des Arbeitsentgelts nicht oder nicht ohne unverhältnismäßig großen Verwaltungsaufwand ermitteln kann, hat sie dieses zu schätzen. ³Dabei ist für das monatliche Arbeitsentgelt des Beschäftigten das am Beschäftigungsort ortsübliche Arbeitsentgelt mit zu berücksichtigen. ⁴Die nach § 28i Satz 5 zuständige Einzugsstelle prüft die Einhaltung der Arbeitsentgeltgrenze bei geringfügiger Beschäftigung nach den §§ 8 und 8a und entscheidet bei deren Überschreiten über die Versicherungspflicht in der Kranken-, Pflege- und Rentenversicherung sowie nach dem Recht der Arbeitsförderung; sie erlässt auch den Widerspruchsbescheid.

(3) ¹Bei Verwendung eines Haushaltsschecks vergibt die Einzugsstelle im Auftrag der Bundesagentur für Arbeit die Betriebsnummer des Arbeitgebers, berechnet den Gesamtsozialversicherungsbeitrag und die Umlagen nach dem Aufwendungsausgleichsgesetz und zieht diese vom Arbeitgeber im Wege des Lastschriftverfahrens ein. ²Die Einzugsstelle meldet bei Beginn und Ende der Beschäftigung und zum Jahresende der Datenstelle der Rentenversicherung die für die Rentenversicherung und die Bundesagentur für Arbeit erforderlichen Daten eines jeden Beschäftigten. ³Die Einzugsstelle teilt dem Beschäftigten den Inhalt der abgegebenen Meldung schriftlich oder durch gesicherte Datenübertragung mit.

(4) Bei Verwendung eines Haushaltsschecks bescheinigt die Einzugsstelle dem Arbeitgeber zum Jahresende

1. den Zeitraum, für den Beiträge zur Rentenversicherung gezahlt wurden, und

2. die Höhe des Arbeitsentgelts (§ 14 Absatz 3), des von ihm getragenen Gesamtsozialversicherungsbeitrags und der Umlagen.

§ 28i Zuständige Einzugsstelle.

¹Zuständige Einzugsstelle für den Gesamtsozialversicherungsbeitrag ist die Krankenkasse, von der die Krankenversicherung durchgeführt wird. ²Für Beschäftigte, die bei keiner Krankenkasse versichert sind, werden Beiträge zur Rentenversicherung und zur Arbeitsförderung an die Einzugsstelle gezahlt, die der Arbeitgeber in entsprechender Anwendung des § 175 Absatz 3 Satz 2 des Fünften Buches[1]) gewählt hat. ³Zuständige Einzugsstelle ist in den Fällen des § 28f Absatz 2 die nach § 175 Absatz 3 Satz 3 des Fünften Buches bestimmte Krankenkasse. ⁴Zuständige Einzugsstelle ist in den Fällen des § 2 Absatz 3 die Deutsche Rentenversicherung Knappschaft-Bahn-See. ⁵Bei geringfügigen Beschäftigungen ist zuständige Einzugsstelle die Deutsche Rentenversicherung Knappschaft-Bahn-See als Träger der Rentenversicherung.

---

¹) Nr. 5.

3. Abschnitt. Meldepflichten d. Arbeitgebers §§ 28k, 28l SGB IV 4

§ 28k Weiterleitung von Beiträgen. (1) ¹Die Einzugsstelle leitet dem zuständigen Träger der Pflegeversicherung, der Rentenversicherung und der Bundesagentur für Arbeit die für diese gezahlten Beiträge einschließlich der Zinsen auf Beiträge und Säumniszuschläge arbeitstäglich weiter; dies gilt entsprechend für die Weiterleitung der Beiträge zur gesetzlichen Krankenversicherung an den Gesundheitsfonds. ²Die Deutsche Rentenversicherung Bund teilt den Einzugsstellen die zuständigen Träger der Rentenversicherung und deren Beitragsanteil spätestens bis zum 31. Oktober eines jeden Jahres für das folgende Kalenderjahr mit. ³Die Deutsche Rentenversicherung Bund legt den Verteilungsschlüssel für die Aufteilung der Beitragseinnahmen der allgemeinen Rentenversicherung auf die einzelnen Träger unter Berücksichtigung der folgenden Parameter fest:

1. Für die Aufteilung zwischen Deutsche Rentenversicherung Bund und Regionalträgern:

    a) Für 2005 die prozentuale Aufteilung der gezahlten Pflichtbeiträge zur Rentenversicherung der Arbeiter und der Rentenversicherung der Angestellten im Jahr 2003,

    b) Fortschreibung dieser Anteile in den folgenden Jahren unter Berücksichtigung der Veränderung des Anteils der bei den Regionalträgern Pflichtversicherten gegenüber dem jeweiligen vorvergangenen Kalenderjahr.

2. Für die Aufteilung der Beiträge unter den Regionalträgern: Das Verhältnis der Pflichtversicherten dieser Träger untereinander.

3. Für die Aufteilung zwischen Deutsche Rentenversicherung Bund und Deutsche Rentenversicherung Knappschaft-Bahn-See: Das Verhältnis der in der allgemeinen Rentenversicherung Pflichtversicherten dieser Träger untereinander.

(2) ¹Bei geringfügigen Beschäftigungen werden die Beiträge zur Krankenversicherung an den Gesundheitsfonds, bei Versicherten in der landwirtschaftlichen Krankenversicherung an die Sozialversicherung für Landwirtschaft, Forsten und Gartenbau weitergeleitet. ²Das Nähere zur Bestimmung des Anteils der Sozialversicherung für Landwirtschaft, Forsten und Gartenbau, insbesondere über eine pauschale Berechnung und Aufteilung, vereinbaren die Sozialversicherung für Landwirtschaft, Forsten und Gartenbau und die Spitzenverbände der beteiligten Träger der Sozialversicherung.

§ 28l Vergütung. (1) ¹Die Einzugsstellen, die Träger der Rentenversicherung und die Bundesagentur für Arbeit erhalten für

1. die Geltendmachung der Beitragsansprüche,

2. den Einzug, die Verwaltung, die Weiterleitung, die Abrechnung und die Abstimmung der Beiträge,

3. die Prüfung bei den Arbeitgebern,

4. die Durchführung der Meldeverfahren,

5. die Ausstellung der Sozialversicherungsausweise und

6. die Durchführung des Haushaltsscheckverfahrens, soweit es über die Verfahren nach den Nummern 1 bis 5 hinausgeht und Aufgaben der Sozialversicherung betrifft,

eine pauschale Vergütung, mit der alle dadurch entstehenden Kosten abgegolten werden, dies gilt entsprechend für die Künstlersozialkasse. ²Die Höhe und die Verteilung der Vergütung werden durch Vereinbarung zwischen dem Spitzenverband Bund der Krankenkassen, der Deutschen Rentenversicherung Bund, der Bundesagentur für Arbeit und der Künstlersozialkasse geregelt; vor dem Abschluss und vor Änderungen der Vereinbarung ist die Sozialversicherung für Landwirtschaft, Forsten und Gartenbau anzuhören. ³In der Vereinbarung ist auch für den Fall, dass eine Einzugsstelle ihre Pflichten nicht ordnungsgemäß erfüllt und dadurch erhebliche Beitragsrückstände entstehen, festzulegen, dass sich die Vergütung für diesen Zeitraum angemessen mindert. ⁴Die Deutsche Rentenversicherung Knappschaft-Bahn-See wird ermächtigt, die ihr von den Krankenkassen nach Satz 1 zustehende Vergütung mit den nach § 28k Absatz 2 Satz 1 an den Gesundheitsfonds weiterzuleitenden Beiträgen zur Krankenversicherung für geringfügige Beschäftigungen aufzurechnen.

(2) Soweit die Einzugsstellen oder die beauftragten Stellen (§ 28f Absatz 4) bei der Verwaltung von Fremdbeiträgen Gewinne erzielen, wird deren Aufteilung durch Vereinbarungen zwischen den Krankenkassen oder ihren Verbänden und der Deutschen Rentenversicherung Bund sowie der Bundesagentur für Arbeit geregelt.

§ 28m Sonderregelungen für bestimmte Personengruppen. (1) Der Beschäftigte hat den Gesamtsozialversicherungsbeitrag zu zahlen, wenn sein Arbeitgeber ein ausländischer Staat, eine über- oder zwischenstaatliche Organisation oder eine Person ist, die nicht der inländischen Gerichtsbarkeit untersteht und die Zahlungspflicht nach § 28e Absatz 1 Satz 1 nicht erfüllt.

(2) ¹Heimarbeiter und Hausgewerbetreibende können, falls der Arbeitgeber seiner Verpflichtung nach § 28e bis zum Fälligkeitstage nicht nachkommt, den Gesamtsozialversicherungsbeitrag selbst zahlen. ²Soweit sie den Gesamtsozialversicherungsbeitrag selbst zahlen, entfallen die Pflichten des Arbeitgebers; § 28f Absatz 1 bleibt unberührt.

(3) Zahlt der Beschäftigte oder der Hausgewerbetreibende den Gesamtsozialversicherungsbeitrag, hat er auch die Meldungen nach § 28a abzugeben; bei den Meldungen hat die Einzugsstelle mitzuwirken.

(4) Der Beschäftigte oder der Hausgewerbetreibende, der den Gesamtsozialversicherungsbeitrag gezahlt hat, hat gegen den Arbeitgeber einen Anspruch auf den vom Arbeitgeber zu tragenden Teil des Gesamtsozialversicherungsbeitrags.

§ 28n Verordnungsermächtigung. Das Bundesministerium für Arbeit und Soziales wird ermächtigt, durch Rechtsverordnung mit Zustimmung des Bundesrates zu bestimmen,

1. die Berechnung des Gesamtsozialversicherungsbeitrags und der Beitragsbemessungsgrenzen für kürzere Zeiträume als ein Kalenderjahr,
2. zu welchem Zeitpunkt die Beiträge als eingezahlt gelten, in welcher Reihenfolge eine Schuld getilgt wird und welche Zahlungsmittel verwendet werden dürfen,
3. Näheres über die Weiterleitung und Abrechnung der Beiträge einschließlich Zinsen auf Beiträge und der Säumniszuschläge durch die Einzugsstellen an die Träger der Pflegeversicherung, der Rentenversicherung, den Gesund-

heitsfonds und die Bundesagentur für Arbeit, insbesondere über Zahlungsweise und das Verfahren nach § 28f Absatz 4, wobei von der arbeitstäglichen Weiterleitung bei Beträgen unter 2 500 Euro abgesehen werden kann,

4. Näheres über die Führung von Entgeltunterlagen und zur Beitragsabrechnung sowie zur Verwendung des Beitragsnachweises.

Dritter Titel. Auskunfts- und Vorlagepflicht, Prüfung, Schadensersatzpflicht und Verzinsung

§ 28o Auskunfts- und Vorlagepflicht des Beschäftigten. (1) Der Beschäftigte hat dem Arbeitgeber die zur Durchführung des Meldeverfahrens und der Beitragszahlung erforderlichen Angaben zu machen und, soweit erforderlich, Unterlagen vorzulegen; dies gilt bei mehreren Beschäftigungen sowie bei Bezug weiterer in der gesetzlichen Krankenversicherung beitragspflichtiger Einnahmen gegenüber allen beteiligten Arbeitgebern.

(2) [1] Der Beschäftigte hat auf Verlangen den zuständigen Versicherungsträgern unverzüglich Auskunft über die Art und Dauer seiner Beschäftigungen, die hierbei erzielten Arbeitsentgelte, seine Arbeitgeber und die für die Erhebung von Beiträgen notwendigen Tatsachen zu erteilen und sich für die Prüfung der Meldungen und der Beitragszahlung erforderlichen Unterlagen vorzulegen. [2] Satz 1 gilt für den Hausgewerbetreibenden, soweit er den Gesamtsozialversicherungsbeitrag zahlt, entsprechend.

§ 28p Prüfung bei den Arbeitgebern. (1) [1] Die Träger der Rentenversicherung prüfen bei den Arbeitgebern, ob diese ihre Meldepflichten und ihre sonstigen Pflichten nach diesem Gesetzbuch, die im Zusammenhang mit dem Gesamtsozialversicherungsbeitrag stehen, ordnungsgemäß erfüllen; sie prüfen insbesondere die Richtigkeit der Beitragszahlungen und der Meldungen (§ 28a) mindestens alle vier Jahre. [2] Die Prüfung soll in kürzeren Zeitabständen erfolgen, wenn der Arbeitgeber dies verlangt. [3] Die Einzugsstelle unterrichtet den für den Arbeitgeber zuständigen Träger der Rentenversicherung, wenn sie eine alsbaldige Prüfung bei dem Arbeitgeber für erforderlich hält. [4] Die Prüfung umfasst auch die Entgeltunterlagen der Beschäftigten, für die Beiträge nicht gezahlt wurden. [5] Die Träger der Rentenversicherung erlassen im Rahmen der Prüfung Verwaltungsakte zur Versicherungspflicht und Beitragshöhe in der Kranken-, Pflege- und Rentenversicherung sowie nach dem Recht der Arbeitsförderung einschließlich der Widerspruchsbescheide gegenüber den Arbeitgebern; insoweit gelten § 28h Absatz 2 sowie § 93 in Verbindung mit § 89 Absatz 5 des Zehnten Buches[1]) nicht. [6] Die landwirtschaftliche Krankenkasse nimmt abweichend von Satz 1 die Prüfung für die bei ihr versicherten mitarbeitenden Familienangehörigen vor.

(1a) [1] Die Prüfung nach Absatz 1 umfasst die ordnungsgemäße Erfüllung der Meldepflichten nach dem Künstlersozialversicherungsgesetz und die rechtzeitige und vollständige Entrichtung der Künstlersozialabgabe durch die Arbeitgeber. [2] Die Prüfung erfolgt

---

[1]) Nr. 10.

1. mindestens alle vier Jahre bei den Arbeitgebern, die als abgabepflichtige Unternehmer nach § 24 des Künstlersozialversicherungsgesetzes bei der Künstlersozialkasse erfasst wurden,
2. mindestens alle vier Jahre bei den Arbeitgebern mit mehr als 19 Beschäftigten und
3. bei mindestens 40 Prozent der im jeweiligen Kalenderjahr zur Prüfung nach Absatz 1 anstehenden Arbeitgeber mit weniger als 20 Beschäftigten.

³Bei Arbeitgebern, die eine Betriebsstruktur mit Haupt- und Unterbetrieben mit jeweils eigener Betriebsnummer aufweisen, wird der Arbeitgeber insgesamt geprüft. ⁴Das Prüfverfahren kann mit der Aufforderung zur Meldung eingeleitet werden. ⁵Die Träger der Deutschen Rentenversicherung erlassen die erforderlichen Verwaltungsakte zur Künstlersozialabgabepflicht, zur Höhe der Künstlersozialabgabe und zur Höhe der Vorauszahlungen nach dem Künstlersozialversicherungsgesetz einschließlich der Widerspruchsbescheide. ⁶Die Träger der Rentenversicherung unterrichten die Künstlersozialkasse über Sachverhalte, welche die Melde- und Abgabepflichten der Arbeitgeber nach dem Künstlersozialversicherungsgesetz betreffen. ⁷Für die Prüfung der Arbeitgeber durch die Künstlersozialkasse gilt § 35 des Künstlersozialversicherungsgesetzes.

(1b) ¹Die Träger der Rentenversicherung legen im Benehmen mit der Künstlersozialkasse die Kriterien zur Auswahl der nach Absatz 1a Satz 2 Nummer 3 zu prüfenden Arbeitgeber fest. ²Die Auswahl dient dem Ziel, alle abgabepflichtigen Arbeitgeber zu erfassen. ³Arbeitgeber mit weniger als 20 Beschäftigten, die nach Absatz 1a Satz 2 Nummer 3 zu prüfen sind, werden durch die Träger der Rentenversicherung im Rahmen der Prüfung nach Absatz 1 im Hinblick auf die Künstlersozialabgabe beraten. ⁴Dazu erhalten sie mit der Prüfankündigung Hinweise zur Künstlersozialabgabe. ⁵Im Rahmen der Prüfung nach Absatz 1 lässt sich der zuständige Träger der Rentenversicherung durch den Arbeitgeber schriftlich oder elektronisch bestätigen, dass der Arbeitgeber über die Künstlersozialabgabe unterrichtet wurde und abgabepflichtige Sachverhalte melden wird. ⁶Bestätigt der Arbeitgeber dies nicht, wird die Prüfung nach Absatz 1a Satz 1 unverzüglich durchgeführt. ⁷Erlangt ein Träger der Rentenversicherung im Rahmen einer Prüfung nach Absatz 1 bei Arbeitgebern mit weniger als 20 Beschäftigten, die nicht nach Absatz 1a Satz 2 Nummer 3 geprüft werden, Hinweise auf einen künstlersozialabgabepflichtigen Sachverhalt, muss er diesen nachgehen.

(1c) ¹Die Träger der Rentenversicherung teilen den Trägern der Unfallversicherung die Feststellungen aus der Prüfung bei den Arbeitgebern nach § 166 Absatz 2 des Siebten Buches[1)] mit. ²Die Träger der Unfallversicherung erlassen die erforderlichen Bescheide.

(2) ¹Im Bereich der Regionalträger richtet sich die örtliche Zuständigkeit nach dem Sitz der Lohn- und Gehaltsabrechnungsstelle des Arbeitgebers. ²Die Träger der Rentenversicherung stimmen sich darüber ab, welche Arbeitgeber sie prüfen; ein Arbeitgeber ist jeweils nur von einem Träger der Rentenversicherung zu prüfen.

(3) Die Träger der Rentenversicherung unterrichten die Einzugsstellen über Sachverhalte, soweit sie die Zahlungspflicht oder die Meldepflicht des Arbeitgebers betreffen.

[1)] Nr. 7.

3. Abschnitt. Meldepflichten d. Arbeitgebers § 28p SGB IV 4

(4) (weggefallen)

(5) ¹Die Arbeitgeber sind verpflichtet, angemessene Prüfhilfen zu leisten. ²Abrechnungsverfahren, die mit Hilfe automatischer Einrichtungen durchgeführt werden, sind in die Prüfung einzubeziehen.

(6) ¹Zu prüfen sind auch steuerberatende Stellen, Rechenzentren und vergleichbare Einrichtungen, die im Auftrag des Arbeitgebers oder einer von ihm beauftragten Person Löhne und Gehälter abrechnen oder Meldungen erstatten. ²Die örtliche Zuständigkeit richtet sich im Bereich der Regionalträger nach dem Sitz dieser Stellen. ³Absatz 5 gilt entsprechend.

(6a) ¹Für die Prüfung nach Absatz 1 gilt § 147 Absatz 6 Satz 1 und 2 der Abgabenordnung entsprechend mit der Maßgabe, dass der Rentenversicherungsträger eine Übermittlung der Daten im Einvernehmen mit dem Arbeitgeber verlangen kann. ²Die Deutsche Rentenversicherung Bund bestimmt in Grundsätzen bundeseinheitlich das Nähere zum Verfahren der Datenübermittlung und der dafür erforderlichen Datensätze und Datenbausteine. ³Die Grundsätze bedürfen der Genehmigung des Bundesministeriums für Arbeit und Soziales, das vorher die Bundesvereinigung der Deutschen Arbeitgeberverbände anzuhören hat.

(7) ¹Die Träger der Rentenversicherung haben eine Übersicht über die Ergebnisse ihrer Prüfungen zu führen und bis zum 31. März eines jeden Jahres für das abgelaufene Kalenderjahr den Aufsichtsbehörden vorzulegen. ²Das Nähere über Inhalt und Form der Übersicht bestimmen einvernehmlich die Aufsichtsbehörden der Träger der Rentenversicherung mit Wirkung für diese.

(8) ¹Die Deutsche Rentenversicherung Bund führt eine Datei, in der der Name, die Anschrift, die Betriebsnummer, der für den Arbeitgeber zuständige Unfallversicherungsträger und weitere Identifikationsmerkmale eines jeden Arbeitgebers sowie die für die Planung der Prüfungen bei den Arbeitgebern und die für die Übersichten nach Absatz 7 erforderlichen Daten gespeichert sind; die Deutsche Rentenversicherung Bund darf die in dieser Datei gespeicherten Daten nur für die Prüfung bei den Arbeitgebern und zur Ermittlung der nach dem Künstlersozialversicherungsgesetz abgabepflichtigen Unternehmer verarbeiten und nutzen. ²In die Datei ist eine Kennzeichnung aufzunehmen, wenn nach § 166 Absatz 2 Satz 2 des Siebten Buches die Prüfung der Arbeitgeber für die Unfallversicherung nicht von den Trägern der Rentenversicherung durchzuführen ist; die Träger der Unfallversicherung haben die erforderlichen Angaben zu übermitteln. ³Die Datenstelle der Rentenversicherung führt für die Prüfung bei den Arbeitgebern eine Datei, in der neben der Betriebsnummer eines jeden Arbeitgebers, die Betriebsnummer des für den Arbeitgeber zuständigen Unfallversicherungsträgers, die Unfallversicherungsmitgliedsnummer des Arbeitgebers, das in der Unfallversicherung beitragspflichtige Entgelt der bei ihm Beschäftigten in Euro, die anzuwendenden Gefahrtarifstellen der bei ihm Beschäftigten, die Versicherungsnummern der bei ihm Beschäftigten einschließlich des Beginns und des Endes von deren Beschäftigung, die Bezeichnung der für jeden Beschäftigten zuständigen Einzugsstelle sowie eine Kennzeichnung des Vorliegens einer geringfügigen Beschäftigung gespeichert sind. ⁴Sie darf die Daten der Stammsatzdatei nach § 150 Absatz 1 und 2 des Sechsten Buches[1)] sowie die Daten der Datei nach § 150 Absatz 3 des Sechsten

---

[1)] Nr. 6.

Buches und der Stammdatendatei nach § 101 für die Prüfung bei den Arbeitgebern verarbeiten und nutzen; die Daten der Stammsatzdatei darf sie auch für Prüfungen nach § 212a des Sechsten Buches verarbeiten und nutzen. [5] Sie ist verpflichtet, auf Anforderung des prüfenden Trägers der Rentenversicherung

1. die in den Dateien nach den Sätzen 1 und 3 gespeicherten Daten,
2. die in den Versicherungskonten der Träger der Rentenversicherung gespeicherten, auf den Prüfungszeitraum entfallenden Daten der bei dem zu prüfenden Arbeitgeber Beschäftigten,
3. die bei den für den Arbeitgeber zuständigen Einzugsstellen gespeicherten Daten aus den Beitragsnachweisen (§ 28f Absatz 3) für die Zeit nach dem Zeitpunkt, bis zu dem der Arbeitgeber zuletzt geprüft wurde,
4. die bei der Künstlersozialkasse über den Arbeitgeber gespeicherten Daten zur Melde- und Abgabepflicht für den Zeitraum seit der letzten Prüfung sowie
5. die bei den Trägern der Unfallversicherung gespeicherten Daten zur Melde- und Beitragspflicht sowie zur Gefahrtarifstelle für den Zeitraum seit der letzten Prüfung

zu erheben, zu verarbeiten und zu nutzen, soweit dies für die Prüfung, ob die Arbeitgeber ihre Meldepflichten und ihre sonstigen Pflichten nach diesem Gesetzbuch, die im Zusammenhang mit dem Gesamtsozialversicherungsbeitrag stehen, sowie ihre Pflichten als zur Abgabe Verpflichtete nach dem Künstlersozialversicherungsgesetz und ihre Pflichten nach dem Siebten Buch zur Meldung und Beitragszahlung ordnungsgemäß erfüllen, erforderlich ist. [6] Die dem prüfenden Träger der Rentenversicherung übermittelten Daten sind unverzüglich nach Abschluss der Prüfung bei der Datenstelle und beim prüfenden Träger der Rentenversicherung zu löschen. [7] Die Träger der Rentenversicherung, die Einzugsstellen, die Künstlersozialkasse und die Bundesagentur für Arbeit sind verpflichtet, der Deutschen Rentenversicherung Bund und der Datenstelle die für die Prüfung bei den Arbeitgebern erforderlichen Daten zu übermitteln. [8] Sind für die Prüfung bei den Arbeitgebern Daten zu übermitteln, so dürfen sie auch durch Abruf im automatisierten Verfahren übermittelt werden, ohne dass es einer Genehmigung nach § 79 Absatz 1 des Zehnten Buches bedarf.

(9) Das Bundesministerium für Arbeit und Soziales bestimmt im Einvernehmen mit dem Bundesministerium für Gesundheit durch Rechtsverordnung mit Zustimmung des Bundesrates das Nähere über

1. den Umfang der Pflichten des Arbeitgebers und der in Absatz 6 genannten Stellen bei Abrechnungsverfahren, die mit Hilfe automatischer Einrichtungen durchgeführt werden,
2. die Durchführung der Prüfung sowie die Behebung von Mängeln, die bei der Prüfung festgestellt worden sind, und
3. den Inhalt der Datei nach Absatz 8 Satz 1 hinsichtlich der für die Planung der Prüfungen bei Arbeitgebern und der für die Prüfung bei Einzugsstellen erforderlichen Daten, über den Aufbau und die Aktualisierung dieser Datei sowie über den Umfang der Daten aus der Datei nach Absatz 8 Satz 1, die von den Einzugsstellen und der Bundesagentur für Arbeit nach § 28q Absatz 5 abgerufen werden können.

3. Abschnitt. Meldepflichten d. Arbeitgebers § 28q SGB IV 4

(10) Arbeitgeber werden wegen der Beschäftigten in privaten Haushalten nicht geprüft.

(11) ¹ Sind beim Übergang der Prüfung der Arbeitgeber von Krankenkassen auf die Träger der Rentenversicherung Angestellte übernommen worden, die am 1. Januar 1995 ganz oder überwiegend mit der Prüfung der Arbeitgeber beschäftigt waren, sind die bis zum Zeitpunkt der Übernahme gültigen Tarifverträge oder sonstigen kollektiven Vereinbarungen für die übernommenen Arbeitnehmer bis zum Inkrafttreten neuer Tarifverträge oder sonstiger kollektiver Vereinbarungen maßgebend. ² Soweit es sich bei einem gemäß Satz 1 übernommenen Beschäftigten um einen Dienstordnungs-Angestellten handelt, tragen der aufnehmende Träger der Rentenversicherung und die abgebende Krankenkasse bei Eintritt des Versorgungsfalles die Versorgungsbezüge anteilig, sofern der Angestellte im Zeitpunkt der Übernahme das 45. Lebensjahr bereits vollendet hatte. ³ § 107b Absatz 2 bis 5 des Beamtenversorgungsgesetzes gilt sinngemäß.

§ 28q Prüfung bei den Einzugsstellen und den Trägern der Rentenversicherung. (1) ¹ Die Träger der Rentenversicherung und die Bundesagentur für Arbeit prüfen bei den Einzugsstellen die Durchführung der Aufgaben, für die die Einzugsstellen eine Vergütung nach § 28l Absatz 1 erhalten, mindestens alle vier Jahre. ² Satz 1 gilt auch im Verhältnis der Deutschen Rentenversicherung Bund zur Künstlersozialkasse. ³ Die Deutsche Rentenversicherung Bund speichert in der in § 28p Absatz 8 Satz 1 genannten Datei Daten aus dem Bescheid des Trägers der Rentenversicherung nach § 28p Absatz 1 Satz 5, soweit dies für die Prüfung bei den Einzugsstellen nach Satz 1 erforderlich ist. ⁴ Sie darf diese Daten nur für die Prüfung bei den Einzugsstellen verarbeiten und nutzen. ⁵ Die Datenstelle der Rentenversicherung hat auf Anforderung des prüfenden Trägers der Rentenversicherung die in der Datei nach § 28p Absatz 8 Satz 3 gespeicherten Daten zu verarbeiten, zu nutzen und diesem zu übermitteln, soweit dies für die Prüfung nach Satz 1 erforderlich ist. ⁶ Die Übermittlung darf auch durch Abruf im automatisierten Verfahren erfolgen, ohne dass es einer Genehmigung nach § 79 Absatz 1 des Zehnten Buches[1]) bedarf.

(1a) ¹ Die Träger der Rentenversicherung und die Bundesagentur für Arbeit prüfen bei den Einzugsstellen für das Bundesversicherungsamt als Verwalter des Gesundheitsfonds im Hinblick auf die Krankenversicherungsbeiträge im Sinne des § 28d Absatz 1 Satz 1 die Geltendmachung der Beitragsansprüche, den Einzug, die Verwaltung, die Weiterleitung und die Abrechnung der Beiträge entsprechend § 28l Absatz 1 Satz 1 Nummer 1 und 2. ² Absatz 1 Satz 3 und 4 gilt entsprechend. ³ Die mit der Prüfung nach Satz 1 befassten Stellen übermitteln dem Bundesversicherungsamt als Verwalter des Gesundheitsfonds die zur Geltendmachung der in § 28r Absatz 1 und 2 bezeichneten Rechte erforderlichen Prüfungsergebnisse. ⁴ Die durch die Aufgabenübertragung und -wahrnehmung entstehenden Kosten sind den Trägern der Rentenversicherung und der Bundesagentur für Arbeit aus den Einnahmen des Gesundheitsfonds zu erstatten. ⁵ Die Einzelheiten des Verfahrens und der Vergütung vereinbaren die Träger der Rentenversicherung und die Bundesagentur für Arbeit mit dem Bundesversicherungsamt als Verwalter des Gesundheitsfonds.

---

[1]) Nr. 10.

(2) Die Einzugsstellen haben die für die Prüfung erforderlichen Unterlagen bis zur nächsten Einzugsstellenprüfung aufzubewahren und bei der Prüfung bereitzuhalten.

(3) [1] Die Einzugsstellen sind verpflichtet, bei der Darlegung der Kassen- und Rechnungsführung aufklärend mitzuwirken und bei Verfahren, die mit Hilfe automatischer Einrichtungen durchgeführt werden, angemessene Prüfhilfen zu leisten. [2] Der Spitzenverband Bund der Krankenkassen, die Deutsche Rentenversicherung Bund und die Bundesagentur für Arbeit treffen entsprechende Vereinbarungen. [3] Die Deutsche Rentenversicherung Knappschaft-Bahn-See und die landwirtschaftliche Krankenkasse können dabei ausgenommen werden.

(4) [1] Die Prüfung erstreckt sich auf alle Stellen, die Aufgaben der in Absatz 1 genannten Art für die Einzugsstelle wahrnehmen. [2] Die Absätze 2 und 3 gelten insoweit für diese Stellen entsprechend.

(5) [1] Die Einzugsstellen und die Bundesagentur für Arbeit prüfen gemeinsam bei den Trägern der Rentenversicherung deren Aufgaben nach § 28p mindestens alle vier Jahre. [2] Die Prüfung kann durch Abruf der Arbeitgeberdateien (§ 28p Absatz 8) im automatisierten Verfahren durchgeführt werden. [3] Bei geringfügigen Beschäftigungen gelten die Sätze 1 und 2 nicht für die Deutsche Rentenversicherung Knappschaft-Bahn-See als Einzugsstelle.

§ 28r Schadensersatzpflicht, Verzinsung. (1) [1] Verletzt ein Organ oder ein Bediensteter der Einzugsstelle schuldhaft eine diesem nach diesem Abschnitt auferlegte Pflicht, haftet die Einzugsstelle dem Träger der Pflegeversicherung, der Rentenversicherung und der Bundesagentur für Arbeit sowie dem Gesundheitsfonds für einen diesen zugefügten Schaden. [2] Die Schadensersatzpflicht wegen entgangener Zinsen beschränkt sich auf den sich aus Absatz 2 ergebenden Umfang.

(2) Werden Beiträge, Zinsen auf Beiträge oder Säumniszuschläge schuldhaft nicht rechtzeitig weitergeleitet, hat die Einzugsstelle Zinsen in Höhe von zwei vom Hundert über dem jeweiligen Basiszinssatz nach § 247 des Bürgerlichen Gesetzbuchs zu zahlen.

(3) [1] Verletzt ein Organ oder ein Bediensteter des Trägers der Rentenversicherung schuldhaft eine diesem nach § 28p auferlegte Pflicht, haftet der Träger der Rentenversicherung dem Gesundheitsfonds, der Krankenkasse, der Pflegekasse und der Bundesagentur für Arbeit für einen diesen zugefügten Schaden; dies gilt entsprechend gegenüber den Trägern der Unfallversicherung für die Prüfung nach § 166 Absatz 2 des Siebten Buches[1]. [2] Für entgangene Beiträge sind Zinsen in Höhe von zwei vom Hundert über dem jeweiligen Basiszinssatz nach § 247 des Bürgerlichen Gesetzbuchs zu zahlen.

---

[1] Nr. 7.

Vierter Abschnitt. Träger der Sozialversicherung

Erster Titel. Verfassung

§ 29 Rechtsstellung. (1) Die Träger der Sozialversicherung (Versicherungsträger) sind rechtsfähige Körperschaften des öffentlichen Rechts mit Selbstverwaltung.

(2) Die Selbstverwaltung wird, soweit § 44 nichts Abweichendes bestimmt, durch die Versicherten und die Arbeitgeber ausgeübt.

(3) Die Versicherungsträger erfüllen im Rahmen des Gesetzes und des sonstigen für sie maßgebenden Rechts ihre Aufgaben in eigener Verantwortung.

§ 30 Eigene und übertragene Aufgaben. (1) Die Versicherungsträger dürfen nur Geschäfte zur Erfüllung ihrer gesetzlich vorgeschriebenen oder zugelassenen Aufgaben führen und ihre Mittel nur für diese Aufgaben sowie die Verwaltungskosten verwenden.

(2) [1] Den Versicherungsträgern dürfen Aufgaben anderer Versicherungsträger und Träger öffentlicher Verwaltung nur auf Grund eines Gesetzes übertragen werden; dadurch entstehende Kosten sind ihnen zu erstatten. [2] Verwaltungsvereinbarungen der Versicherungsträger zur Durchführung ihrer Aufgaben bleiben unberührt.

(3) [1] Versicherungsträger können die für sie zuständigen obersten Bundes- und Landesbehörden insbesondere in Fragen der Rechtsetzung kurzzeitig personell unterstützen. [2] Dadurch entstehende Kosten sind ihnen grundsätzlich zu erstatten; Ausnahmen werden in den jeweiligen Gesetzen zur Feststellung der Haushalte von Bund und Ländern festgelegt.

§ 31 Organe. (1) [1] Bei jedem Versicherungsträger werden als Selbstverwaltungsorgane eine Vertreterversammlung und ein Vorstand gebildet. [2] Jeder Versicherungsträger hat einen Geschäftsführer, der dem Vorstand mit beratender Stimme angehört. [3] Die Aufgaben des Geschäftsführers werden bei der Deutschen Rentenversicherung Bund durch das Direktorium wahrgenommen.

(2) Die Vertreterversammlung, der Vorstand und der Geschäftsführer nehmen im Rahmen ihrer Zuständigkeit die Aufgaben des Versicherungsträgers wahr.

(3) [1] Die vertretungsberechtigten Organe des Versicherungsträgers haben die Eigenschaft einer Behörde. [2] Sie führen das Dienstsiegel des Versicherungsträgers.

(3a) [1] Bei den in § 35a Absatz 1 genannten Krankenkassen wird abweichend von Absatz 1 ein Verwaltungsrat als Selbstverwaltungsorgan sowie ein hauptamtlicher Vorstand gebildet. [2] § 31 Absatz 1 Satz 2 gilt für diese Krankenkassen nicht.

(3b) [1] Bei der Deutschen Rentenversicherung Bund werden eine Bundesvertreterversammlung und ein Bundesvorstand gebildet. [2] Diese Organe entscheiden anstelle der Vertreterversammlung und des Vorstandes, soweit § 64 Absatz 4 gilt.

(4) [1] Die Sektionen, die Bezirksverwaltungen und die Landesgeschäftsstellen der Versicherungsträger können Selbstverwaltungsorgane bilden. [2] Die Satzung

grenzt die Aufgaben und die Befugnisse dieser Organe gegenüber den Aufgaben und Befugnissen der Organe der Hauptverwaltung ab.

§ 32 *(aufgehoben)*

§ 33 Vertreterversammlung, Verwaltungsrat. (1) [1] Die Vertreterversammlung beschließt die Satzung und sonstiges autonomes Recht des Versicherungsträgers sowie in den übrigen durch Gesetz oder sonstiges für den Versicherungsträger maßgebendes Recht vorgesehenen Fällen. [2] Bei der Deutschen Rentenversicherung Bund wird der Beschluss über die Satzung von der Bundesvertreterversammlung nach § 31 Absatz 3b gefasst; der Beschluss wird gemäß § 64 Absatz 4 gefasst, soweit die Satzung Regelungen zu Grundsatz- und Querschnittsaufgaben der Deutschen Rentenversicherung oder zu gemeinsamen Angelegenheiten der Träger der Rentenversicherung trifft. [3] Im Übrigen entscheidet die Mehrheit der abgegebenen Stimmen der durch Wahl der Versicherten und Arbeitgeber der Deutschen Rentenversicherung Bund bestimmten Mitglieder.

(2) [1] Die Vertreterversammlung vertritt den Versicherungsträger gegenüber dem Vorstand und dessen Mitgliedern. [2] Sie kann in der Satzung oder im Einzelfall bestimmen, dass das Vertretungsrecht gemeinsam durch die Vorsitzenden der Vertreterversammlung ausgeübt wird.

(3) [1] Die Absätze 1 und 2 gelten entsprechend für den Verwaltungsrat nach § 31 Absatz 3a. [2] Soweit das Sozialgesetzbuch Bestimmungen über die Vertreterversammlung oder deren Vorsitzenden trifft, gelten diese für den Verwaltungsrat oder dessen Vorsitzenden. [3] Dem Verwaltungsrat oder dessen Vorsitzenden obliegen auch die Aufgaben des Vorstandes oder dessen Vorsitzenden nach § 37 Absatz 2, § 38 und nach dem Zweiten Titel.

(4) [1] Soweit das Sozialgesetzbuch Bestimmungen über die Vertreterversammlung oder deren Vorsitzenden trifft, gelten diese für die Bundesvertreterversammlung oder deren Vorsitzenden entsprechend. [2] Für den Beschluss über die Satzung gilt Absatz 1 Satz 2 und 3.

§ 34 Satzung. (1) [1] Jeder Versicherungsträger gibt sich eine Satzung. [2] Sie bedarf der Genehmigung der nach den besonderen Vorschriften für die einzelnen Versicherungszweige zuständigen Behörde.

(2) [1] Die Satzung und sonstiges autonomes Recht sind öffentlich bekannt zu machen. [2] Sie treten, wenn kein anderer Zeitpunkt bestimmt ist, am Tag nach ihrer Bekanntmachung in Kraft. [3] Die Art der Bekanntmachung wird durch die Satzung geregelt.

§ 35 Vorstand. (1) [1] Der Vorstand verwaltet den Versicherungsträger und vertritt ihn gerichtlich und außergerichtlich, soweit Gesetz oder sonstiges für den Versicherungsträger maßgebendes Recht nichts Abweichendes bestimmen. [2] In der Satzung oder im Einzelfall durch den Vorstand kann bestimmt werden, dass auch einzelne Mitglieder des Vorstands den Versicherungsträger vertreten können.

(2) Der Vorstand erlässt Richtlinien für die Führung der Verwaltungsgeschäfte, soweit diese dem Geschäftsführer obliegen.

(3) ¹Bei der Deutschen Rentenversicherung Bund obliegen die Aufgaben nach den Absätzen 1 und 2 dem Bundesvorstand nach § 31 Absatz 3b, soweit Grundsatz- und Querschnittsaufgaben oder gemeinsame Angelegenheiten der Träger der Rentenversicherung betroffen sind und soweit Gesetz oder sonstiges für die Deutsche Rentenversicherung Bund maßgebendes Recht nichts Abweichendes bestimmen. ²Soweit das Sozialgesetzbuch Bestimmungen über den Vorstand oder dessen Vorsitzenden trifft, gelten diese für den Bundesvorstand oder dessen Vorsitzenden entsprechend.

§ 35a Vorstand bei Orts-, Betriebs- und Innungskrankenkassen sowie Ersatzkassen.

(1) ¹Bei den Orts-, Betriebs- und Innungskrankenkassen sowie den Ersatzkassen verwaltet der Vorstand die Krankenkasse und vertritt die Krankenkasse gerichtlich und außergerichtlich, soweit Gesetz und sonstiges für die Krankenkasse maßgebendes Recht nichts Abweichendes bestimmt. ²In der Satzung oder im Einzelfall durch den Vorstand kann bestimmt werden, dass auch einzelne Mitglieder des Vorstandes die Krankenkasse vertreten können. ³Innerhalb der vom Vorstand erlassenen Richtlinien verwaltet jedes Mitglied des Vorstands seinen Geschäftsbereich eigenverantwortlich. ⁴Bei Meinungsverschiedenheiten entscheidet der Vorstand; bei Stimmengleichheit entscheidet der Vorsitzende.

(2) ¹Der Vorstand hat dem Verwaltungsrat zu berichten über

1. die Umsetzung von Entscheidungen von grundsätzlicher Bedeutung,
2. die finanzielle Situation und die voraussichtliche Entwicklung.

²Außerdem ist dem Vorsitzenden des Verwaltungsrates aus sonstigen wichtigen Anlässen zu berichten.

(3) ¹Die Mitglieder des Vorstandes üben ihre Tätigkeit hauptamtlich aus. ²Die Amtszeit beträgt bis zu sechs Jahre; die Wiederwahl ist möglich.

(4) ¹Der Vorstand besteht bei Krankenkassen mit bis zu 500 000 Mitgliedern aus höchstens zwei Personen, bei mehr als 500 000 Mitgliedern aus höchstens drei Personen. ²Die Mitglieder des Vorstandes vertreten sich gegenseitig. ³§ 37 Absatz 2 gilt entsprechend. ⁴Besteht der Vorstand nur aus einer Person, hat der Verwaltungsrat einen leitenden Beschäftigten der Krankenkasse mit dessen Stellvertretung zu beauftragen.

(5) ¹Der Vorstand sowie aus seiner Mitte der Vorstandsvorsitzende und dessen Stellvertreter werden von dem Verwaltungsrat gewählt. ²Bei Betriebskrankenkassen bleibt § 147 Absatz 2 des Fünften Buches¹⁾ unberührt; bestellt der Arbeitgeber auf seine Kosten die für die Führung der Geschäfte erforderlichen Personen, so bedarf die Bestellung der Mitglieder des Vorstandes der Zustimmung der Mehrheit der Versichertenvertreter im Verwaltungsrat. ³Stimmt der Verwaltungsrat nicht zu und bestellt der Arbeitgeber keine anderen Mitglieder des Vorstandes, die die Zustimmung finden, werden die Aufgaben der Vorstandsmitglieder auf Kosten der Betriebskrankenkasse durch die Aufsichtsbehörde oder durch Beauftragte der Aufsichtsbehörde einstweilen wahrgenommen.

(6) ¹Der Verwaltungsrat hat bei seiner Wahl darauf zu achten, dass die Mitglieder des Vorstands die erforderliche fachliche Eignung zur Führung der

---

¹⁾ Nr. 5.

Verwaltungsgeschäfte besitzen auf Grund einer Fort- oder Weiterbildung im Krankenkassendienst oder einer Fachhochschul- oder Hochschulausbildung sowie in beiden Fällen zusätzlich auf Grund mehrjähriger Berufserfahrung in herausgehobenen Führungsfunktionen. ² Die Höhe der jährlichen Vergütungen der einzelnen Vorstandsmitglieder einschließlich Nebenleistungen sowie die wesentlichen Versorgungsregelungen sind in einer Übersicht jährlich zum 1. März, erstmalig zum 1. März 2004 im Bundesanzeiger und gleichzeitig, begrenzt auf die jeweilige Krankenkasse und ihre Verbände, in der Mitgliederzeitschrift der betreffenden Krankenkasse zu veröffentlichen. ³ Die Art und die Höhe finanzieller Zuwendungen, die den Vorstandsmitgliedern in Zusammenhang mit ihrer Vorstandstätigkeit von Dritten gewährt werden, sind dem Vorsitzenden und dem stellvertretenden Vorsitzenden des Verwaltungsrates mitzuteilen.

(6a) ¹ Der Abschluss, die Verlängerung oder die Änderung eines Vorstandsdienstvertrags bedürfen zu ihrer Wirksamkeit der vorherigen Zustimmung der Aufsichtsbehörde. ² Die Vergütung der Mitglieder des Vorstandes hat in angemessenem Verhältnis zum Aufgabenbereich, zur Größe und zur Bedeutung der Körperschaft zu stehen. ³ Dabei ist insbesondere die Zahl der Mitglieder der Körperschaft zu berücksichtigen.

(7) ¹ Für eine Amtsenthebung und eine Amtsentbindung eines Mitglieds des Vorstands durch den Verwaltungsrat gilt § 59 Absatz 2 und 3 entsprechend. ² Gründe für eine Amtsenthebung oder eine Amtsentbindung sind auch Unfähigkeit zur ordnungsgemäßen Geschäftsführung oder Vertrauensentzug durch den Verwaltungsrat, es sei denn, dass das Vertrauen aus offenbar unsachlichen Gründen entzogen worden ist. ³ Verstößt ein Mitglied des Vorstandes in grober Weise gegen seine Amtspflichten und kommt ein Beschluss des Verwaltungsrates nach § 59 Absatz 3 Satz 1 nicht innerhalb einer angemessenen Frist zustande, hat die Aufsichtsbehörde dieses Mitglied seines Amtes zu entheben; Rechtsbehelfe gegen die Amtsenthebung haben keine aufschiebende Wirkung.

§ 36 Geschäftsführer. (1) Der Geschäftsführer führt hauptamtlich die laufenden Verwaltungsgeschäfte, soweit Gesetz oder sonstiges für den Versicherungsträger maßgebendes Recht nichts Abweichendes bestimmen, und vertritt den Versicherungsträger insoweit gerichtlich und außergerichtlich.

(2) Der Geschäftsführer und sein Stellvertreter werden auf Vorschlag des Vorstands von der Vertreterversammlung gewählt; § 59 Absatz 2 bis 4 gilt entsprechend.

(2a) ¹ Der Geschäftsführer und sein Stellvertreter werden bei der Unfallversicherung Bund und Bahn vom Bundesministerium für Arbeit und Soziales bestellt; die Bestellung bedarf der Zustimmung des Vorstandes. ² Vor der Bestellung des Geschäftsführers der Unfallversicherung Bund und Bahn ist der Beirat bei der Künstlersozialkasse zu hören.

(3) ¹ Bei den Feuerwehr-Unfallkassen bestimmt die zuständige oberste Verwaltungsbehörde das Nähere über die Führung der Geschäfte. ² Die Bestellung des Geschäftsführers bedarf der Zustimmung des Vorstands.

(3a) ¹ Das Direktorium der Deutschen Rentenversicherung Bund besteht aus einem Präsidenten als Vorsitzenden und zwei Geschäftsführern. ² Die Grundsatz- und Querschnittsaufgaben und die Außendarstellung der Deutschen Rentenversicherung Bund werden grundsätzlich vom Präsidenten wahrgenommen.

4. Abschnitt. Träger d. Sozialversicherung § 36a SGB IV 4

³ Im Übrigen werden die Aufgabenbereiche der Mitglieder des Direktoriums durch die Satzung bestimmt. ⁴ Die Vorschriften über den Geschäftsführer und § 36 Absatz 4 Satz 4 und 5 gelten für das Direktorium entsprechend.

(3b) ¹ Das Direktorium der Deutschen Rentenversicherung Bund wird auf Vorschlag des Bundesvorstandes von der Bundesvertreterversammlung gemäß § 64 Absatz 4 gewählt. ² Über den Vorschlag entscheidet der Bundesvorstand der Deutschen Rentenversicherung Bund gemäß § 64 Absatz 4. ³ Die Amtsdauer der Mitglieder beträgt sechs Jahre.

(4) ¹ Bei Versicherungsträgern mit mehr als eineinhalb Millionen Versicherten kann die Satzung bestimmen, dass die Vertreterversammlung auf Vorschlag des Vorstands eine aus drei Personen bestehende Geschäftsführung und aus deren Mitte einen Vorsitzenden wählt. ² Das Gleiche gilt bei Versicherungsträgern, die für mehrere Versicherungszweige zuständig sind. ³ Die Vorschriften über den Geschäftsführer gelten für die Geschäftsführung entsprechend. ⁴ Die Mitglieder der Geschäftsführung vertreten sich gegenseitig. ⁵ Die Satzung kann bestimmen, dass auch einzelne Mitglieder der Geschäftsführung den Versicherungsträger vertreten können.

(5) ¹ Für den Geschäftsführer, seinen Stellvertreter und die Mitglieder der Geschäftsführung gelten die dienstrechtlichen Vorschriften der Sozialversicherungsgesetze und die hiernach anzuwendenden anderen dienstrechtlichen Vorschriften. ² Die in diesen vorgeschriebenen Voraussetzungen dienstrechtlicher Art müssen bei der Wahl erfüllt sein.

(6) ¹ Soweit nach den für eine dienstordnungsmäßige Anstellung geltenden Vorschriften nur die Anstellung von Personen zulässig ist, die einen bestimmten Ausbildungsgang oder eine Probezeit zurückgelegt oder bestimmte Prüfungen abgelegt haben, gilt das nicht für Bewerber für das Amt eines Geschäftsführers oder eines Mitglieds der Geschäftsführung, die die erforderliche Befähigung durch Lebens- und Berufserfahrung erworben haben. ² Die Feststellung, ob ein Bewerber die erforderliche Befähigung durch Lebens- und Berufserfahrung erworben hat, trifft die für die Sozialversicherung zuständige oberste Verwaltungsbehörde. ³ Sie hat innerhalb von vier Monaten nach Vorlage der erforderlichen Unterlagen über die Befähigung des Bewerbers zu entscheiden. ⁴ Die Sätze 2 und 3 gelten auch, wenn eine Dienstordnung die Anstellung eines Bewerbers für das Amt eines Stellvertreters des Geschäftsführers zulässt, der die Befähigung hierfür durch Lebens- und Berufserfahrung erworben hat.

§ 36a Besondere Ausschüsse. (1) ¹ Durch Satzung können

1. der Erlass von Widerspruchsbescheiden und
2. in der Unfallversicherung ferner
    a) die erstmalige Entscheidung über Renten, Entscheidungen über Rentenerhöhungen, Rentenherabsetzungen und Rentenentziehungen wegen Änderung der gesundheitlichen Verhältnisse,
    b) Entscheidungen über Abfindungen mit Gesamtvergütungen, Renten als vorläufige Entschädigungen, laufende Beihilfen und Leistungen bei Pflegebedürftigkeit

besonderen Ausschüssen übertragen werden. ² § 35 Absatz 2 gilt entsprechend.
³ Die Sozialversicherung für Landwirtschaft, Forsten und Gartenbau richtet insbesondere für die in der landwirtschaftlichen Sozialversicherung vertretenen Sparten (Landwirtschaft, Forsten und Gartenbau) fachbezogene besondere Aus-

schüsse ein, die Vorschlagsrechte haben; das Nähere wird durch die Satzung bestimmt.

(2) ¹ Die Satzung regelt das Nähere, insbesondere die Zusammensetzung der besonderen Ausschüsse und die Bestellung ihrer Mitglieder. ² Zu Mitgliedern der besonderen Ausschüsse können nur Personen bestellt werden, die die Voraussetzungen der Wählbarkeit als Organmitglied erfüllen und, wenn die Satzung deren Mitwirkung vorsieht, Bedienstete des Versicherungsträgers. ³ In Angelegenheiten der Künstlersozialversicherung können auf Vorschlag der Künstlersozialkasse zu Mitgliedern der besonderen Ausschüsse Personen aus den Kreisen der nach dem Künstlersozialversicherungsgesetz Versicherten und der zur Künstlersozialabgabe Verpflichteten und Bedienstete der Deutschen Rentenversicherung Bund, der Deutschen Rentenversicherung Knappschaft-Bahn-See und der Regionalträger der gesetzlichen Rentenversicherung bestellt werden.

(3) Die §§ 40 bis 42 sowie § 63 Absatz 3a und 4 gelten für die ehrenamtlichen Mitglieder der besonderen Ausschüsse entsprechend.

§ 37 Verhinderung von Organen.
(1) ¹ Solange und soweit die Wahl zu Selbstverwaltungsorganen nicht zustande kommt oder Selbstverwaltungsorgane sich weigern, ihre Geschäfte zu führen, werden sie auf Kosten des Versicherungsträgers durch die Aufsichtsbehörde selbst oder durch Beauftragte geführt. ² Die Verpflichtung der Aufsichtsbehörde, die Mitglieder der Selbstverwaltungsorgane zu berufen, wenn eine Wahl nicht zustande kommt, bleibt unberührt.

(2) ¹ Sind der Geschäftsführer und sein Stellvertreter oder ein Mitglied der Geschäftsführung für längere Zeit an der Ausübung ihres Amtes verhindert oder ist ihr Amt längere Zeit unbesetzt, kann der Vorstand einen leitenden Beschäftigten des Versicherungsträgers mit der vorübergehenden Wahrnehmung dieses Amtes beauftragen; bei einer Geschäftsführung erstreckt sich die Wahrnehmung des Amtes nicht auf den Vorsitz. ² Die Beauftragung ist der Aufsichtsbehörde unverzüglich anzuzeigen.

§ 38 Beanstandung von Rechtsverstößen.
(1) ¹ Verstößt der Beschluss eines Selbstverwaltungsorgans gegen Gesetz oder sonstiges für den Versicherungsträger maßgebendes Recht, hat der Vorsitzende des Vorstands den Beschluss schriftlich und mit Begründung zu beanstanden und dabei eine angemessene Frist zur erneuten Beschlussfassung zu setzen. ² Die Beanstandung hat aufschiebende Wirkung.

(2) ¹ Verbleibt das Selbstverwaltungsorgan bei seinem Beschluss, hat der Vorsitzende des Vorstands die Aufsichtsbehörde zu unterrichten. ² Die aufschiebende Wirkung bleibt bis zu einer Entscheidung der Aufsichtsbehörde, längstens bis zum Ablauf von zwei Monaten nach ihrer Unterrichtung, bestehen.

§ 39 Versichertenälteste und Vertrauenspersonen.
(1) Bei den Trägern der Rentenversicherung wählt die Vertreterversammlung Versichertenälteste.

(2) Die Satzung kann bestimmen, dass

1. bei den Trägern der Rentenversicherung die Wahl von Versichertenältesten unterbleibt,

2. auch bei anderen Versicherungsträgern die Vertreterversammlung Versichertenälteste wählt,

3. die Vertreterversammlung Vertrauenspersonen der Arbeitgeber und bei der Sozialversicherung für Landwirtschaft, Forsten und Gartenbau Vertrauenspersonen der Selbständigen ohne fremde Arbeitskräfte wählt.

(3) [1] Die Versichertenältesten haben insbesondere die Aufgabe, eine ortsnahe Verbindung des Versicherungsträgers mit den Versicherten und den Leistungsberechtigten herzustellen und diese zu beraten und zu betreuen. [2] Die Satzung bestimmt das Nähere.

§ 40 Ehrenämter. (1) [1] Die Mitglieder der Selbstverwaltungsorgane sowie die Versichertenältesten und die Vertrauenspersonen üben ihre Tätigkeit ehrenamtlich aus. [2] Stellvertreter haben für die Zeit, in der sie die Mitglieder vertreten oder andere ihnen übertragene Aufgaben wahrnehmen, die Rechte und Pflichten eines Mitglieds. [3] Satz 2 gilt für Stellvertreter von Versichertenältesten und Vertrauenspersonen entsprechend.

(2) Niemand darf in der Übernahme oder Ausübung eines Ehrenamts behindert oder wegen der Übernahme oder Ausübung eines solchen Amtes benachteiligt werden.

§ 41 Entschädigung der ehrenamtlich Tätigen. (1) [1] Der Versicherungsträger erstattet den Mitgliedern der Selbstverwaltungsorgane sowie den Versichertenältesten und den Vertrauenspersonen ihre baren Auslagen; er kann hierfür feste Sätze vorsehen. [2] Die Auslagen des Vorsitzenden und der stellvertretenden Vorsitzenden eines Selbstverwaltungsorgans für ihre Tätigkeit außerhalb der Sitzung können mit einem Pauschbetrag abgegolten werden.

(2) [1] Der Versicherungsträger ersetzt den Mitgliedern der Selbstverwaltungsorgane sowie den Versichertenältesten und den Vertrauenspersonen den tatsächlich entgangenen regelmäßigen Bruttoverdienst und erstattet ihnen die den Arbeitnehmeranteil übersteigenden Beiträge, die sie als ehrenamtlich tätige Arbeitnehmer nach der Vorschrift des Sechsten Buches[1]) über die Beitragstragung selbst zu tragen haben. [2] Die Entschädigung beträgt für jede Stunde der versäumten regelmäßigen Arbeitszeit höchstens ein Fünfundsiebzigstel der monatlichen Bezugsgröße (§ 18). [3] Wird durch schriftliche Erklärung des Berechtigten glaubhaft gemacht, dass ein Verdienstausfall entstanden ist, lässt sich dessen Höhe jedoch nicht nachweisen, ist für jede Stunde der versäumten regelmäßigen Arbeitszeit ein Drittel des in Satz 2 genannten Höchstbetrags zu ersetzen. [4] Der Verdienstausfall wird je Kalendertag für höchstens zehn Stunden geleistet; die letzte angefangene Stunde ist voll zu rechnen.

(3) [1] Den Mitgliedern der Selbstverwaltungsorgane kann für jeden Kalendertag einer Sitzung ein Pauschbetrag für Zeitaufwand geleistet werden; die Höhe des Pauschbetrags soll unter Beachtung des § 40 Absatz 1 Satz 1 in einem angemessenen Verhältnis zu dem regelmäßig außerhalb der Arbeitszeit erforderlichen Zeitaufwand, insbesondere für die Vorbereitung der Sitzungen, stehen. [2] Ein Pauschbetrag für Zeitaufwand kann für die Tätigkeit außerhalb von Sitzungen den Vorsitzenden und den stellvertretenden Vorsitzenden der Selbstverwaltungsorgane sowie den Versichertenältesten und den Vertrauensper-

---
[1]) Nr. 6.

sonen, bei außergewöhnlicher Inanspruchnahme auch anderen Mitgliedern der Selbstverwaltungsorgane geleistet werden.

(4) [1] Die Vertreterversammlung beschließt auf Vorschlag des Vorstands die festen Sätze und die Pauschbeträge nach den Absätzen 1 und 3. [2] Bei den in § 35a Absatz 1 genannten Krankenkassen entfällt der Vorschlag des Vorstandes. [3] Die Beschlüsse bedürfen der Genehmigung der Aufsichtsbehörde.

§ 42 Haftung. (1) Die Haftung der Mitglieder der Selbstverwaltungsorgane richtet sich bei Verletzung einer ihnen einem Dritten gegenüber obliegenden Amtspflicht nach § 839 des Bürgerlichen Gesetzbuchs und Artikel 34 des Grundgesetzes.

(2) Die Mitglieder der Selbstverwaltungsorgane haften für den Schaden, der dem Versicherungsträger aus einer vorsätzlichen oder grob fahrlässigen Verletzung der ihnen obliegenden Pflichten entsteht.

(3) Auf Ersatz des Schadens aus einer Pflichtverletzung kann der Versicherungsträger nicht im Voraus, auf einen entstandenen Schadensersatzanspruch nur mit Genehmigung der Aufsichtsbehörde verzichten.

(4) Für Versichertenälteste und Vertrauenspersonen gelten die Absätze 1 bis 3 entsprechend.

Zweiter Titel. Zusammensetzung, Wahl und Verfahren der Selbstverwaltungsorgane, Versichertenältesten und Vertrauenspersonen

§ 43 Mitglieder der Selbstverwaltungsorgane. (1) [1] Die Zahl der Mitglieder der Selbstverwaltungsorgane wird durch die Satzung entsprechend der Größe des Versicherungsträgers bestimmt und kann nur für die folgende Wahlperiode geändert werden. [2] Die Vertreterversammlung hat höchstens sechzig Mitglieder; der Verwaltungsrat der in § 35a Absatz 1 genannten Krankenkassen hat höchstens dreißig Mitglieder. [3] Die Vertreterversammlungen der Träger der gesetzlichen Rentenversicherung haben jeweils höchstens dreißig Mitglieder; bis zum Ablauf der am 1. Oktober 2005 laufenden Wahlperiode gilt Satz 2. [4] Für die Bundesvertreterversammlung der Deutschen Rentenversicherung Bund gilt § 44 Absatz 5.

(2) [1] Ein Mitglied, das verhindert ist, wird durch einen Stellvertreter vertreten. [2] Stellvertreter sind die als solche in der Vorschlagsliste benannten und verfügbaren Personen in der Reihenfolge ihrer Aufstellung bis zu einer Zahl, die die der Mitglieder um vier übersteigt; Mitglieder, die eine persönliche Stellvertretung nach Satz 5 haben, bleiben hierbei unberücksichtigt. [3] Bei dem Bundesvorstand der Deutschen Rentenversicherung Bund sind Stellvertreter die als solche gewählten Personen. [4] Bei der Bundesvertreterversammlung der Deutschen Rentenversicherung Bund gilt Entsprechendes für die von den Regionalträgern und der Deutschen Rentenversicherung Knappschaft-Bahn-See gewählten Mitglieder. [5] Anstelle einer Stellvertretung nach Satz 2 können für einzelne oder alle Mitglieder des Vorstandes sowie für einzelne oder alle Mitglieder des Verwaltungsrates der in § 35a Absatz 1 genannten Krankenkassen in der Vorschlagsliste ein erster und ein zweiter persönlicher Stellvertreter benannt werden.

4. Abschnitt. Träger d. Sozialversicherung §44 SGB IV 4

(3) ¹Mitglieder der Vertreterversammlung und ihre Stellvertreter können nicht gleichzeitig bei demselben Versicherungsträger Mitglieder des Vorstandes oder deren Stellvertreter sein. ²Eine Mitgliedschaft in den Selbstverwaltungsorganen mehrerer Krankenkassen ist ausgeschlossen.

§ 44 Zusammensetzung der Selbstverwaltungsorgane. (1) Die Selbstverwaltungsorgane setzen sich zusammen

1. je zur Hälfte aus Vertretern der Versicherten und der Arbeitgeber, soweit in den Nummern 2 und 3 nichts Abweichendes bestimmt ist,
2. bei der Sozialversicherung für Landwirtschaft, Forsten und Gartenbau je zu einem Drittel aus Vertretern der versicherten Arbeitnehmer (Versicherten), der Selbständigen ohne fremde Arbeitskräfte und der Arbeitgeber,
3. bei den Ersatzkassen aus Vertretern der Versicherten; dies gilt nicht nach Fusionen mit einer Krankenkasse einer anderen Kassenart oder bei der Gründung neuer Institutionen.

(2) ¹Bei Betriebskrankenkassen, die für einen Betrieb oder mehrere Betriebe desselben Arbeitgebers bestehen, gehören den Selbstverwaltungsorganen außer den Vertretern der Versicherten der Arbeitgeber oder sein Vertreter an. ²Er hat die dieselbe Zahl der Stimmen wie die Vertreter der Versicherten; bei einer Abstimmung kann er jedoch nicht mehr Stimmen abgeben, als den anwesenden Versichertenvertretern zustehen. ³Bei Betriebskrankenkassen, die für Betriebe mehrerer Arbeitgeber bestehen, gehören dem Verwaltungsrat jeder Arbeitgeber oder sein Vertreter an, sofern die Satzung nichts anderes bestimmt. ⁴Die Zahl der dem Verwaltungsrat angehörenden Arbeitgeber oder ihrer Vertreter darf die Zahl der Versichertenvertreter nicht übersteigen; Satz 2 gilt entsprechend. ⁵Die Satzung legt das Verfahren zur Bestimmung der Arbeitgebervertreter des Verwaltungsrates sowie die Verteilung der Stimmen und die Stellvertretung fest. ⁶Die Sätze 1 bis 5 gelten nicht für Betriebskrankenkassen, deren Satzung eine Regelung nach § 173 Absatz 2 Satz 1 Nummer 4 des Fünften Buches[1]) enthält.

(2a) ¹Bei den Unfallkassen der Länder und Gemeinden und den gemeinsamen Unfallkassen für den Landes- und kommunalen Bereich gehören den Selbstverwaltungsorganen außer den Vertretern der Versicherten eine gleiche Anzahl von Arbeitgebervertretern oder ein Arbeitgebervertreter an. ²Die Arbeitgebervertreter werden bestimmt

1. bei den Unfallkassen der Länder von der nach Landesrecht zuständigen Stelle,
2. bei den Unfallkassen der Gemeinden von der nach der Ortssatzung zuständigen Stelle,
3. bei den gemeinsamen Unfallkassen für den Landes- und kommunalen Bereich

   a) für den Landesbereich von der nach Landesrecht zuständigen Stelle,

   b) für den kommunalen Bereich, wenn in den Unfallkassen nur eine Gemeinde einbezogen ist, von der nach der Ortssatzung zuständigen Stelle.

³Gehört dem Selbstverwaltungsorgan nur ein Arbeitgebervertreter an, hat er die gleiche Zahl der Stimmen wie die Vertreter der Versicherten; bei einer Abstimmung kann er jedoch nicht mehr Stimmen abgeben, als den anwesenden

---
[1]) Nr. 5.

Vertretern der Versicherten zustehen. ⁴Das Verhältnis der Zahl der Stimmen der Vertreter aus dem Landesbereich zu der Zahl der Stimmen der Vertreter aus dem kommunalen Bereich bei den Unfallkassen im Sinne der Nummer 3 entspricht dem Verhältnis der auf diese beiden Bereiche entfallenden nach § 2 Absatz 1 Nummer 1, 2 und 8 des Siebten Buches[1)] versicherten Personen im vorletzten Kalenderjahr vor der Wahl; das Nähere bestimmt die Satzung.

(3) ¹In den Selbstverwaltungsorganen der Sozialversicherung für Landwirtschaft, Forsten und Gartenbau wirken in Angelegenheiten der Krankenversicherung der Landwirte und der Alterssicherung der Landwirte die Vertreter der Selbständigen, die in der betreffenden Versicherung nicht versichert sind und die nicht zu den in § 51 Absatz 4 genannten Beauftragten gehören, sowie die Vertreter der Arbeitnehmer nicht mit. ²An die Stelle der nicht mitwirkenden Vertreter der Selbständigen treten die Stellvertreter, die in der betreffenden Versicherung versichert sind; sind solche Stellvertreter nicht in genügender Zahl vorhanden, ist die Liste der Stellvertreter nach § 60 zu ergänzen.

(3a) Das Bundesministerium für Arbeit und Soziales und das Bundesministerium für Ernährung und Landwirtschaft gehören den Selbstverwaltungsorganen der Sozialversicherung für Landwirtschaft, Forsten und Gartenbau mit beratender Stimme an; für das Bundesministerium für Arbeit und Soziales gilt dies nicht, soweit Fragen der landwirtschaftlichen Krankenversicherung berührt werden.

(4) ¹Krankenkassen nach § 35a können die Zusammensetzung des Verwaltungsrates, insbesondere die Zahl der dem Verwaltungsrat angehörenden Arbeitgeber- und Versichertenvertreter sowie die Zahl und die Verteilung der Stimmen, in ihrer Satzung mit einer Mehrheit von mehr als drei Vierteln der stimmberechtigten Mitglieder von der folgenden Wahlperiode an abweichend von den Absätzen 1 und 2 regeln. ²Der Verwaltungsrat muss mindestens zur Hälfte aus Vertretern der Versicherten bestehen. ³Im Fall der Vereinigung von Krankenkassen können die Verwaltungsräte der beteiligten Krankenkassen die Zusammensetzung des Verwaltungsrates der neuen Krankenkasse nach den Sätzen 1 und 2 mit der in Satz 1 genannten Mehrheit auch für die laufende Wahlperiode regeln.

(5) ¹Die Vertreterversammlungen der Regionalträger der gesetzlichen Rentenversicherung und der Deutschen Rentenversicherung Knappschaft-Bahn-See wählen aus ihrer Selbstverwaltung jeweils zwei Mitglieder in die Bundesvertreterversammlung der Deutschen Rentenversicherung Bund. ²Die Gewählten müssen je zur Hälfte der Gruppe der Versicherten und der Gruppe der Arbeitgeber angehören. ³Die weiteren Mitglieder der Bundesvertreterversammlung der Deutschen Rentenversicherung Bund werden von den Versicherten und Arbeitgebern der Deutschen Rentenversicherung Bund gewählt; ihre Anzahl wird durch die Satzung festgelegt und darf die Zahl 30 nicht überschreiten. ⁴Der Vertreterversammlung der Deutschen Rentenversicherung Bund gehören die durch Wahl der Versicherten und Arbeitgeber der Deutschen Rentenversicherung Bund bestimmten Mitglieder an.

(6) ¹Der Bundesvorstand der Deutschen Rentenversicherung Bund besteht aus 22 Mitgliedern. ²Zwölf Mitglieder werden auf Vorschlag der Vertreter der Regionalträger, acht Mitglieder auf Vorschlag der nach Absatz 5 Satz 3 gewähl-

---

[1)] Nr. 7.

4. Abschnitt. Träger d. Sozialversicherung §§ 45–47 SGB IV 4

ten Vertreter der Deutschen Rentenversicherung Bund und zwei Mitglieder auf Vorschlag der Vertreter der Deutschen Rentenversicherung Knappschaft-Bahn-See gewählt. ³Die Gewählten müssen je zur Hälfte der Gruppe der Versicherten und der Gruppe der Arbeitgeber angehören. ⁴Dem Vorstand der Deutschen Rentenversicherung Bund gehören die Mitglieder des Bundesvorstandes der Deutschen Rentenversicherung Bund an, die auf Vorschlag der nach Absatz 5 Satz 3 gewählten Vertreter der Deutschen Rentenversicherung Bund bestimmt werden.

(7) ¹Bei der Unfallversicherung Bund und Bahn gehören den Selbstverwaltungsorganen Arbeitgebervertreter mit insgesamt der gleichen Stimmzahl wie die Vertreter der Versicherten an. ²Die Arbeitgebervertreter werden vom Bundesministerium für Arbeit und Soziales auf Vorschlag des Bundesministeriums für Verkehr und digitale Infrastruktur, des Bundesministeriums des Innern, des Bundesministeriums der Finanzen, des Bundesministeriums der Verteidigung, des Bundesministeriums für Arbeit und Soziales und der Bundesagentur für Arbeit bestellt. ³Die auf Vorschlag des Bundesministeriums für Verkehr und digitale Infrastruktur bestellten Arbeitgebervertreter haben in den Selbstverwaltungsorganen einen Stimmenanteil von 40 Prozent der Stimmenzahl der Arbeitgebervertreter. ⁴Das Nähere regelt die Satzung.

§ 45 Sozialversicherungswahlen. (1) ¹Die Wahlen sind entweder allgemeine Wahlen oder Wahlen in besonderen Fällen. ²Allgemeine Wahlen sind die im gesamten Wahlgebiet regelmäßig und einheitlich stattfindenden Wahlen. ³Wahlen in besonderen Fällen sind Wahlen zu den Organen neu errichteter Versicherungsträger und Wahlen, die erforderlich werden, weil eine Wahl für ungültig erklärt worden ist (Wiederholungswahlen).

(2) ¹Die Wahlen sind frei und geheim; es gelten die Grundsätze der Verhältniswahl. ²Das Wahlergebnis wird nach dem Höchstzahlverfahren d'Hondt ermittelt. ³Dabei werden nur die Vorschlagslisten berücksichtigt, die mindestens fünf vom Hundert der abgegebenen gültigen Stimmen erhalten haben.

§ 46 Wahl der Vertreterversammlung. (1) Die Versicherten und die Arbeitgeber wählen die Vertreter ihrer Gruppen in die Vertreterversammlung getrennt auf Grund von Vorschlagslisten; das Gleiche gilt bei der Sozialversicherung für Landwirtschaft, Forsten und Gartenbau für die Selbständigen ohne fremde Arbeitskräfte.

(2) Wird aus einer Gruppe nur eine Vorschlagsliste zugelassen oder werden auf mehreren Vorschlagslisten insgesamt nicht mehr Bewerber benannt, als Mitglieder zu wählen sind, gelten die Vorgeschlagenen als gewählt.

(3) ¹Ist eine Wahl zur Vertreterversammlung nicht zustande gekommen oder ist nicht die vorgeschriebene Zahl von Mitgliedern gewählt oder kein Stellvertreter benannt worden, zeigt der Vorstand dies der Aufsichtsbehörde unverzüglich an. ²Diese beruft die Mitglieder und die Stellvertreter aus der Zahl der Wählbaren. ³Bei neu errichteten Versicherungsträgern trifft die Anzeigepflicht den Wahlausschuss.

§ 47 Gruppenzugehörigkeit. (1) Zur Gruppe der Versicherten gehören
1. bei den Krankenkassen deren Mitglieder sowie die Mitglieder der jeweils zugehörigen Pflegekasse,

2. bei den Trägern der Unfallversicherung die versicherten Personen, die regelmäßig mindestens zwanzig Stunden im Monat eine die Versicherung begründende Tätigkeit ausüben, und die Rentenbezieher, die der Gruppe der Versicherten unmittelbar vor dem Ausscheiden aus der versicherten Tätigkeit angehört haben,
3. bei den Trägern der Rentenversicherung diejenigen versicherten Personen, die eine Versicherungsnummer erhalten oder beantragt haben, und die Rentenbezieher.

(2) Zur Gruppe der Arbeitgeber gehören
1. die Personen, die regelmäßig mindestens einen beim Versicherungsträger versicherungspflichtigen Arbeitnehmer beschäftigen; dies gilt nicht für Personen, die bei demselben Versicherungsträger zur Gruppe der Versicherten gehören und nur einen Arbeitnehmer im Haushalt beschäftigen,
2. bei den Trägern der Unfallversicherung auch die versicherten Selbständigen und ihre versicherten Ehegatten oder Lebenspartner, soweit Absatz 3 nichts Abweichendes bestimmt, und die Rentenbezieher, die der Gruppe der Arbeitgeber unmittelbar vor dem Ausscheiden aus der versicherten Tätigkeit angehört haben,
3. bei den Feuerwehr-Unfallkassen auch die Gemeinden und die Gemeindeverbände.

(3) Zur Gruppe der Selbständigen ohne fremde Arbeitskräfte gehören bei der Sozialversicherung für Landwirtschaft, Forsten und Gartenbau
1. die versicherten Selbständigen ohne fremde Arbeitskräfte und ihre versicherten Ehegatten oder Lebenspartner; dies gilt nicht für Personen, die in den letzten zwölf Monaten sechsundzwanzig Wochen als Arbeitnehmer in der Land- oder Forstwirtschaft unfallversichert waren,
2. die Rentenbezieher, die der Gruppe der Selbständigen ohne fremde Arbeitskräfte unmittelbar vor dem Ausscheiden aus der versicherten Tätigkeit angehört haben.

(4) Wer gleichzeitig die Voraussetzungen der Zugehörigkeit zu den Gruppen der Versicherten und der Arbeitgeber oder der Selbständigen ohne fremde Arbeitskräfte desselben Versicherungsträgers erfüllt, gilt nur als zur Gruppe der Arbeitgeber oder der Gruppe der Selbständigen ohne fremde Arbeitskräfte gehörig.

(5) Rentenbezieher im Sinne der Vorschriften über die Selbstverwaltung ist, wer eine Rente aus eigener Versicherung von dem jeweiligen Versicherungsträger bezieht.

§ 48 Vorschlagslisten. (1) [1] Das Recht, Vorschlagslisten einzureichen, haben
1. Gewerkschaften sowie andere selbständige Arbeitnehmervereinigungen mit sozial- oder berufspolitischer Zwecksetzung (sonstige Arbeitnehmervereinigungen) sowie deren Verbände,
2. Vereinigungen von Arbeitgebern sowie deren Verbände,
3. für die Gruppe der Selbständigen ohne fremde Arbeitskräfte berufsständische Vereinigungen der Landwirtschaft sowie deren Verbände und für die Gruppe der bei den Trägern der gesetzlichen Unfallversicherung versicherten Angehörigen der freiwilligen Feuerwehren die Landesfeuerwehrverbände,

4. Abschnitt. Träger d. Sozialversicherung **§ 48 SGB IV 4**

4. Versicherte, Selbständige ohne fremde Arbeitskräfte und Arbeitgeber (freie Listen).

² Verbände der vorschlagsberechtigten Organisationen haben nur dann das Recht, Vorschlagslisten einzureichen, wenn alle oder mindestens drei ihrer vorschlagsberechtigten Mitgliedsorganisationen darauf verzichten, eine Vorschlagsliste einzureichen.

(2) ¹ Vorschlagslisten der Versicherten und der Selbständigen ohne fremde Arbeitskräfte müssen bei einem Versicherungsträger mit

bis zu		150	Versicherten von	5 Personen,
151	bis	1 000	Versicherten von	10 Personen,
1 001	bis	5 000	Versicherten von	15 Personen,
5 001	bis	10 000	Versicherten von	20 Personen,
10 001	bis	50 000	Versicherten von	30 Personen,
50 001	bis	100 000	Versicherten von	100 Personen,
100 001	bis	500 000	Versicherten von	250 Personen,
500 001	bis	1 000 000	Versicherten von	500 Personen,
1 000 001	bis	3 000 000	Versicherten von	1 000 Personen,
mehr als		3 000 000	Versicherten von	2 000 Personen

unterzeichnet sein. ² Für die in Satz 1 genannte Anzahl von Versicherten ist der 31. Dezember des zweiten Kalenderjahres vor dem Kalenderjahr der Wahlausschreibung maßgebend.

(3) ¹ Berechtigt zur Unterzeichnung einer Vorschlagsliste nach Absatz 2 sind Personen, die am Tag der Wahlausschreibung die Voraussetzungen des Wahlrechts nach § 50 oder der Wählbarkeit nach § 51 Absatz 1 Satz 2 erfüllen. ² Von der Gesamtzahl der Unterzeichner dürfen höchstens fünfundzwanzig vom Hundert dem Personenkreis angehören, der nach § 51 Absatz 6 Nummer 5 und 6 nicht wählbar ist.

(4) ¹ Die Absätze 2 und 3 gelten für Vorschlagslisten der in Absatz 1 Satz 1 Nummer 1 genannten Arbeitnehmervereinigungen sowie deren Verbände entsprechend. ² Das gilt nicht, wenn diese

1. seit der vorangegangenen Wahl mit mindestens einem Vertreter ununterbrochen in der Vertreterversammlung vertreten sind oder

2. bei der vorangegangenen Wahl einer Gemeinschaftsliste angehörten und mindestens ein Vertreter dieser Gemeinschaftsliste seitdem ununterbrochen der Vertreterversammlung angehört oder

3. bei der vorangegangenen Wahl eine Vorschlagsliste eingereicht oder einer Gemeinschaftsliste angehört hatten und nur deshalb nicht mit mindestens einem Vertreter ununterbrochen der Vertreterversammlung angehören, weil der oder die Vertreter nach einer Vereinigung nicht als Mitglied berufen worden waren.

³ Schließen sich zwei oder mehrere Arbeitnehmervereinigungen zu einer neuen Arbeitnehmervereinigung zusammen, gelten die Absätze 2 und 3 nicht, wenn seit der letzten Wahl auch nur eine der bisherigen Arbeitnehmervereinigungen ununterbrochen in der Vertreterversammlung vertreten war.

4 SGB IV § 48a 4. Buch. Gem. Vorschr. f. d. Sozialvers.

(5) ¹Für Vorschlagslisten der Arbeitgeber gelten die Absätze 2 und 3, für Vorschlagslisten von Arbeitgebervereinigungen sowie deren Verbände Absatz 4 entsprechend. ²Die Unterzeichner einer Vorschlagsliste müssen zusammen über die den Mindestzahlen entsprechende Stimmenzahl (§ 49 Absatz 2) verfügen.

(6) ¹Die Vorschlagslisten dürfen als Mitglieder der Selbstverwaltungsorgane und deren Stellvertreter von jeweils drei Personen nur einen Beauftragten (§ 51 Absatz 4 Satz 1) enthalten. ²Die Reihenfolge der Stellvertreter ist so festzulegen, dass erst jeder dritte Stellvertreter zu den Beauftragten gehört.

(7) ¹Eine Zusammenlegung mehrerer Vorschlagslisten zu einer Vorschlagsliste und eine Verbindung mehrerer Vorschlagslisten sind zulässig. ²Verbundene Listen gelten bei der Ermittlung des Wahlergebnisses im Verhältnis zu den übrigen Listen als eine Liste.

§ 48a Vorschlagsrecht der Arbeitnehmervereinigungen. (1) ¹Arbeitnehmervereinigungen haben nur dann das Recht, Vorschlagslisten einzureichen, wenn sie die arbeitsrechtlichen Voraussetzungen für die Gewerkschaftseigenschaft erfüllen oder wenn sie nach dem Gesamtbild der tatsächlichen Verhältnisse, insbesondere nach Umfang und Festigkeit ihrer Organisation, der Zahl ihrer beitragszahlenden Mitglieder, ihrer Tätigkeit und ihrem Hervortreten in der Öffentlichkeit eine ausreichende Gewähr für die Ernsthaftigkeit und Dauerhaftigkeit ihrer sozial- oder berufspolitischen Zwecksetzung und die Unterstützung der auf ihren Vorschlag hin gewählten Organmitglieder und Versichertenältesten bieten. ²Die sozial- oder berufspolitische Tätigkeit darf sich nicht nur auf die Einreichung von Vorschlagslisten zu den Sozialversicherungswahlen beschränken, sondern muss auch als eigenständige Aufgabe der Arbeitnehmervereinigung die Verwirklichung sozialer oder beruflicher Ziele für die versicherten Arbeitnehmer oder einzelne Gruppen der versicherten Arbeitnehmer umfassen.

(2) ¹Der Name und die Kurzbezeichnung einer Arbeitnehmervereinigung dürfen nicht geeignet sein, einen Irrtum über Art, Umfang und Zwecksetzung der Vereinigung herbeizuführen. ²In der Arbeitnehmervereinigung dürfen nur Arbeitnehmer und, wenn im Namen der Arbeitnehmervereinigung eine bestimmte Personengruppe genannt ist, nur dieser Personengruppe angehörende Arbeitnehmer maßgebenden Einfluss haben.

(3) Eine Arbeitnehmervereinigung, der zu mehr als fünfundzwanzig vom Hundert Bedienstete des Versicherungsträgers angehören, in deren Vorstand Bedienstete einen Stimmanteil von mehr als fünfundzwanzig vom Hundert haben oder in der ihnen auf andere Weise ein nicht unerheblicher Einfluss eingeräumt ist, ist nicht vorschlagsberechtigt.

(4) ¹Die Arbeitnehmervereinigung muss von Beginn des Kalenderjahres vor dem Kalenderjahr der Wahlausschreibung an ständig eine Anzahl beitragszahlender Mitglieder haben, die mindestens der Hälfte der nach § 48 Absatz 2 geforderten Unterschriftenzahl entspricht. ²Das tatsächliche Beitragsaufkommen muss die Arbeitnehmervereinigung in die Lage versetzen, ihre Vereinstätigkeit nachhaltig auszuüben und den Vereinszweck zu verfolgen.

(5) Die Satzung der Arbeitnehmervereinigung muss Bestimmungen enthalten über
1. Name, Sitz und Zweck der Vereinigung,
2. Eintritt und Austritt der Mitglieder,

3. Rechte und Pflichten der Mitglieder,
4. Zusammensetzung und Befugnisse des Vorstandes und der übrigen Organe,
5. Voraussetzung, Form und Frist der Einberufung der Mitgliederversammlung, Tätigkeitsbericht und Rechnungslegung durch den Vorstand sowie Zustandekommen und Beurkundung der Beschlüsse.

§ 48b Feststellungsverfahren. (1) [1] Ob eine Vereinigung als Arbeitnehmervereinigung vorschlagsberechtigt ist, wird bei Vereinigungen, bei denen nicht eine ununterbrochene Vertretung nach § 48 Absatz 4 vorliegt, vorab festgestellt. [2] Der Antrag auf Feststellung ist bis zum 28. Februar des dem Wahljahr vorhergehenden Jahres beim Wahlausschuss des Versicherungsträgers einzureichen.

(2) [1] Der Wahlausschuss kann dem Antragsteller eine Frist zur Ergänzung seines Antrags mit ausschließender Wirkung setzen. [2] Die Entscheidung soll innerhalb von drei Monaten nach Ablauf der Antragsfrist getroffen werden.

(3) [1] Gegen die Entscheidung des Wahlausschusses können der Antragsteller und die nach § 57 Absatz 2 anfechtungsberechtigten Personen und Vereinigungen innerhalb von zwei Wochen Beschwerde einlegen. [2] Für das Beschwerdeverfahren gilt Absatz 2 entsprechend.

§ 48c Feststellung der allgemeinen Vorschlagsberechtigung. (1) [1] Arbeitnehmervereinigungen, die bei allen Versicherungsträgern die Voraussetzungen der Vorschlagsberechtigung erfüllen und glaubhaft machen, dass sie bei mindestens fünf Versicherungsträgern Vorschlagslisten einreichen werden, können die Feststellung ihrer allgemeinen Vorschlagsberechtigung beim Bundeswahlbeauftragten beantragen. [2] Die Feststellung der allgemeinen Vorschlagsberechtigung hat die Wirkung einer Feststellung nach § 48b Absatz 1 Satz 1.

(2) [1] Der Antrag auf Feststellung ist bis zum 2. Januar des dem Wahljahr vorhergehenden Jahres zu stellen. [2] Der Bundeswahlbeauftragte darf die allgemeine Vorschlagsberechtigung nur feststellen, wenn dies ohne zeitaufwendige Ermittlungen möglich ist. [3] Die Entscheidung ist spätestens bis zum 31. Januar zu treffen und dem Antragsteller unverzüglich bekannt zu geben. [4] Der Bundeswahlbeauftragte hat die Namen der Arbeitnehmervereinigungen, deren allgemeine Vorschlagsberechtigung festgestellt wurde, nach Ablauf der Entscheidungsfrist im Bundesanzeiger zu veröffentlichen.

(3) [1] Gegen die Feststellung der allgemeinen Vorschlagsberechtigung können die nach § 57 Absatz 2 anfechtungsberechtigten Personen und Vereinigungen spätestens zwei Wochen nach ihrer Bekanntmachung im Bundesanzeiger Beschwerde einlegen. [2] Für das Beschwerdeverfahren gilt § 48b Absatz 2 entsprechend. [3] Wird die Entscheidung des Bundeswahlbeauftragten im Beschwerdeverfahren aufgehoben, gilt § 48b mit der Maßgabe, dass der Antrag auf Feststellung innerhalb eines Monats nach Bekanntgabe der Beschwerdeentscheidung zu stellen ist. [4] Die Ablehnung der Feststellung der allgemeinen Vorschlagsberechtigung ist unanfechtbar.

§ 49 Stimmenzahl. (1) Jeder Versicherte hat eine Stimme.

(2) [1] Das Stimmrecht eines Wahlberechtigten, der zur Gruppe der Arbeitgeber gehört, bemisst sich nach der Zahl der am Stichtag für das Wahlrecht

(§ 50 Absatz 1) bei ihm beschäftigten, beim Versicherungsträger versicherungspflichtigen und wahlberechtigten Personen. ² Er hat bei

0 bis	20 Versicherten	eine Stimme,
21 bis	50 Versicherten	zwei Stimmen,
51 bis	100 Versicherten	drei Stimmen und

je weiteren 1 bis 100 Versicherten eine weitere Stimme bis zur Höchstzahl von zwanzig Stimmen. ³ Für das Stimmrecht des Arbeitgebers bei einem Regionalträger der gesetzlichen Rentenversicherung ist unerheblich, bei welchem Regionalträger der gesetzlichen Rentenversicherung die Versicherten wahlberechtigt sind.

(3) ¹ Bei den Gemeindeunfallversicherungsverbänden, den gemeinsamen Unfallkassen und den Feuerwehr-Unfallkassen haben Gemeinden eine Stimme je angefangene 1 000 Einwohner, Landkreise eine Stimme je angefangene 10 000 Einwohner, Bezirksverbände und Landschaftsverbände eine Stimme je angefangene 100 000 Einwohner. ² Hierbei ist die letzte vor dem Stichtag für das Wahlrecht (§ 50 Absatz 1) von der für die Statistik zuständigen Landesbehörde veröffentlichte und fortgeschriebene Einwohnerzahl zugrunde zu legen.

(4) Die Satzung kann für Abstufung und Höchstzahl der Stimmen von den Absätzen 2 und 3 Abweichendes bestimmen.

§ 50 Wahlrecht. (1) ¹ Wahlberechtigt ist, wer an dem in der Wahlausschreibung bestimmten Tag (Stichtag für das Wahlrecht)

1. bei dem Versicherungsträger zu einer der Gruppen gehört, aus deren Vertretern sich die Selbstverwaltungsorgane des Versicherungsträgers zusammensetzen,

2. das sechzehnte Lebensjahr vollendet hat,

3. eine Wohnung in einem Mitgliedstaat der Europäischen Union, einem Vertragsstaat des Abkommens über den Europäischen Wirtschaftsraum oder der Schweiz innehat oder sich gewöhnlich dort aufhält oder regelmäßig dort beschäftigt oder tätig ist.

² Wahlberechtigte, die ihren Wohnsitz oder gewöhnlichen Aufenthalt außerhalb des Geltungsbereichs dieses Gesetzbuchs haben, können in der Renten- und Unfallversicherung an der Wahl nur teilnehmen, wenn sie in der Zeit zwischen dem 107. und dem 37. Tag vor dem Wahltag bei dem Versicherungsträger einen Antrag auf Teilnahme an der Wahl stellen. ³ In der Rentenversicherung ist ein Versicherter bei dem Träger wahlberechtigt, der sein Versicherungskonto führt, ein Rentenbezieher bei dem Träger, der die Rente leistet.

(2) Wahlberechtigt ist nicht, wer aus den in § 13 des Bundeswahlgesetzes genannten Gründen vom Wahlrecht ausgeschlossen ist.

(3) Die Satzung kann bestimmen, dass nicht wahlberechtigt ist, wer am Stichtag für das Wahlrecht fällige Beiträge nicht bezahlt hat.

(4) Anstelle eines nach den Absätzen 1 und 2 nicht wahlberechtigten Arbeitgebers kann sein gesetzlicher Vertreter oder, wenn ein solcher nicht vorhanden ist, ein Geschäftsführer oder bevollmächtigter Betriebsleiter das Wahlrecht ausüben; die Absätze 1 und 2 gelten entsprechend.

§ 51 SGB IV

§ 51 Wählbarkeit. (1) [1] Wählbar ist, wer am Tag der Wahlausschreibung (Stichtag für die Wählbarkeit)

1. bei dem Versicherungsträger zu einer der Gruppen gehört, aus deren Vertretern sich die Selbstverwaltungsorgane des Versicherungsträgers zusammensetzen,
2. das Alter erreicht hat, mit dem nach § 2 des Bürgerlichen Gesetzbuchs die Volljährigkeit eintritt,
3. das Wahlrecht zum Deutschen Bundestag besitzt oder im Gebiet der Bundesrepublik Deutschland seit mindestens sechs Jahren eine Wohnung innehat, sich sonst gewöhnlich aufhält oder regelmäßig beschäftigt oder tätig ist,
4. eine Wohnung in dem Bezirk des Versicherungsträgers oder in einem nicht weiter als einhundert Kilometer von dessen Grenze entfernten Ort im Geltungsbereich dieses Gesetzbuchs innehat oder sich gewöhnlich dort aufhält oder in dem Bezirk des Versicherungsträgers regelmäßig beschäftigt oder tätig ist.

[2] In der Rentenversicherung gilt § 50 Absatz 1 Satz 3 entsprechend; wer bei einem hiernach zuständigen Regionalträger der gesetzlichen Rentenversicherung nach Satz 1 Nummer 4 nicht wählbar ist, ist wählbar bei dem Regionalträger der gesetzlichen Rentenversicherung, in dessen Zuständigkeitsbereich er seine Wohnung oder seinen gewöhnlichen Aufenthalt hat. [3] Satz 1 Nummer 2 und 4 gilt auch in den Fällen der Absätze 2 bis 5, Satz 1 Nummer 3 auch in den Fällen der Absätze 2, 4 und 5.

(2) Wählbar als Vertreter der Arbeitgeber ist auch ein gesetzlicher Vertreter, Geschäftsführer oder bevollmächtigter Betriebsleiter eines Arbeitgebers.

(3) Wählbar als Versichertenältester ist, wer versichert oder Rentenbezieher ist und seine Wohnung oder seinen gewöhnlichen Aufenthalt in dem Versichertenältestenbezirk hat.

(4) [1] Wählbar sind auch andere Personen, wenn sie als Vertreter der Versicherten von den Gewerkschaften oder den sonstigen Arbeitnehmervereinigungen oder deren Verbänden, als Vertreter der Arbeitgeber von den Vereinigungen von Arbeitgebern oder deren Verbänden, als Vertreter der Selbständigen ohne fremde Arbeitskräfte von den berufsständischen Vereinigungen der Landwirtschaft oder deren Verbänden vorgeschlagen werden (Beauftragte). [2] Von der Gesamtzahl der Mitglieder einer Gruppe in einem Selbstverwaltungsorgan darf nicht mehr als ein Drittel zu den Beauftragten gehören; jedem Selbstverwaltungsorgan kann jedoch ein Beauftragter je Gruppe angehören. [3] Eine Abweichung von Satz 2, die sich infolge der Vertretung eines Organmitglieds ergibt, ist zulässig.

(5) Bei der Berufsgenossenschaft Verkehrswirtschaft Post-Logistik Telekommunikation sind als Vertreter der Versicherten auch Personen wählbar, die mindestens fünf Jahre lang als Seeleute bei der Berufsgenossenschaft Verkehrswirtschaft Post-Logistik Telekommunikation versichert waren, noch in näherer Beziehung zur Seefahrt stehen und nicht Unternehmer sind.

(5a) Wer nach dem Stichtag für die Wählbarkeit seine Gruppenzugehörigkeit wegen Arbeitslosigkeit verliert, verliert nicht deshalb seine Wählbarkeit bis zum Ende der Amtsperiode.

(6) Wählbar ist nicht, wer

1. aus den in § 13 des Bundeswahlgesetzes genannten Gründen vom Wahlrecht ausgeschlossen ist,
2. auf Grund Richterspruchs nicht die Fähigkeit besitzt, öffentliche Ämter zu bekleiden und Rechte aus öffentlichen Wahlen zu erlangen,
3. in Vermögensverfall geraten ist,
4. seit den letzten Wahlen wegen grober Verletzung seiner Pflichten nach § 59 Absatz 3 seines Amtes enthoben worden ist,
5. a) als Beamter, Angestellter oder Arbeiter bei dem Versicherungsträger oder dessen Verbänden,
   b) als leitender Beamter oder Angestellter bei einer Behörde, die Aufsichtsrechte gegenüber dem Versicherungsträger hat, oder
   c) als anderer Beamter oder Angestellter bei einer solchen Behörde im Fachgebiet Sozialversicherung

   beschäftigt ist oder innerhalb von zwölf Monaten vor dem Wahltag beschäftigt war,
6. a) regelmäßig für den Versicherungsträger oder im Rahmen eines mit ihm abgeschlossenen Vertrags freiberuflich oder
   b) in Geschäftsstellen der Deutschen Rentenversicherung Knappschaft-Bahn-See in knappschaftlich versicherten Betrieben

   tätig ist.

(7) Die Satzung kann bestimmen, dass nicht wählbar ist, wer am Tag der Wahlausschreibung fällige Beiträge nicht bezahlt hat.

(8) Als Versichertenältester ist nicht wählbar, wer zur geschäftsmäßigen Besorgung fremder Rechtsangelegenheiten zugelassen ist.

§ 52 Wahl des Vorstandes.

(1) Die Vertreter der Versicherten und der Arbeitgeber in der Vertreterversammlung wählen auf Grund von Vorschlagslisten getrennt die Vertreter ihrer Gruppe in den Vorstand; das Gleiche gilt bei der Sozialversicherung für Landwirtschaft, Forsten und Gartenbau für die Selbständigen ohne fremde Arbeitskräfte.

(2) Die Vorschlagslisten müssen von zwei Mitgliedern der Gruppe der Vertreterversammlung, für die sie gelten sollen, unterzeichnet sein.

(3) § 45 Absatz 2, § 46 Absatz 2 und 3 Satz 1 und 2, § 48 Absatz 7 und § 51 gelten entsprechend.

(4) Die Mitglieder des Bundesvorstandes der Deutschen Rentenversicherung Bund werden gemäß § 64 Absatz 4 gewählt.

§ 53 Wahlorgane.

(1) [1] Zur Durchführung der Wahlen werden als Wahlorgane Wahlbeauftragte, Wahlausschüsse und Wahlleitungen bestellt. [2] Die Mitglieder der Wahlorgane und die Personen, die bei der Ermittlung des Wahlergebnisses zugezogen werden (Wahlhelfer), üben ihre Tätigkeit ehrenamtlich aus.

(2) [1] Der Bundeswahlbeauftragte und sein Stellvertreter werden vom Bundesministerium für Arbeit und Soziales, die Landeswahlbeauftragten und ihre Stellvertreter von den für die Sozialversicherung zuständigen obersten Verwaltungsbehörden der Länder bestellt. [2] Dem Bundeswahlbeauftragten obliegen

die allgemeinen Aufgaben und die Durchführung der Wahlen zu den Selbstverwaltungsorganen der bundesunmittelbaren Versicherungsträger, den Landeswahlbeauftragten die Durchführung der Wahlen zu den Selbstverwaltungsorganen der landesunmittelbaren Versicherungsträger.

(3) Der Bundeswahlbeauftragte kann für einzelne Zweige der Versicherung Richtlinien erlassen, um sicherzustellen, dass die Wahlen einheitlich durchgeführt werden.

(4) Die Wahlbeauftragten und ihre Stellvertreter sind berechtigt, sich an Ort und Stelle davon zu überzeugen, dass die Wahlräume den Vorschriften der Wahlordnung entsprechend eingerichtet sind und dass bei der Wahlhandlung und bei der Ermittlung des Wahlergebnisses den Vorschriften dieses Gesetzes und der Wahlordnung entsprechend verfahren wird.

§ 54 Durchführung der Wahl. (1) Die Wahlberechtigten wählen durch briefliche Stimmabgabe.

(2) [1] Soweit Wahlunterlagen nicht übersandt, sondern ausgehändigt werden, hat der Arbeitgeber oder der sonst für die Aushändigung der Wahlunterlagen Zuständige Vorkehrungen zu treffen, dass die Wahlberechtigten ihre Stimmzettel unbeobachtet kennzeichnen und in den Umschlägen verschließen können. [2] Sind mehr als 300 Wahlunterlagen an einem Ort auszuhändigen, sollen hierfür besondere Räume eingerichtet werden, in denen auch die Abgabe der Wahlbriefe zu ermöglichen ist. [3] Der Arbeitgeber oder der sonst für die Ausgabe der Wahlunterlagen Zuständige hat dafür Sorge zu tragen, dass in den Räumen zur Stimmabgabe und im Bereich der nach Satz 1 zur Wahrung des Wahlgeheimnisses vorzusehenden Einrichtungen jede Beeinflussung der Wahlberechtigten durch Wort, Ton, Schrift oder Bild unterbleibt.

(3) Der Tag, bis zu dem die Wahlbriefe bei den Versicherungsträgern eingegangen sein müssen (Wahltag), ist vom Bundeswahlbeauftragten für alle Versicherungsträger einheitlich zu bestimmen, soweit nicht Abweichungen geboten sind.

(4) Wahlbriefe können von den Absendern bei der Deutschen Post AG unentgeltlich eingeliefert werden, wenn sie sich in amtlichen Wahlbriefumschlägen befinden.

§ 55 Wahlunterlagen und Mitwirkung der Arbeitgeber. (1) Die Wahlberechtigten wählen mit den ihnen ausgehändigten Wahlunterlagen.

(2) Verpflichtet, Wahlunterlagen auszustellen und sie den Wahlberechtigten auszuhändigen, sind
die Versicherungsträger,
die Arbeitgeber im Einvernehmen mit dem Betriebsrat,
die Gemeindeverwaltungen,
die Dienststellen des Bundes und der Länder sowie
die Bundesagentur für Arbeit.

(3) Ist in der Verordnung nach § 56 vorgesehen, dass anstelle der Arbeitgeber die Unfallversicherungsträger die Wahlausweise ausstellen, haben die Arbeitgeber den Unfallversicherungsträgern die hierfür notwendigen Angaben zu machen.

§ 56 Wahlordnung. ¹Das Bundesministerium für Arbeit und Soziales erlässt durch Rechtsverordnung mit Zustimmung des Bundesrates die zur Durchführung der Wahlen erforderliche Wahlordnung. ²Es trifft darin insbesondere Vorschriften über

1. die Bestellung der Wahlbeauftragten, die Bildung der Wahlausschüsse und der Wahlleitungen sowie über die Befugnisse, die Beschlussfähigkeit und das Verfahren der Wahlorgane,
2. die Entschädigung der Wahlbeauftragten, der Mitglieder der Wahlausschüsse, der Mitglieder der Wahlleitungen und der Wahlhelfer,
3. die Vorbereitung der Wahlen einschließlich der Unterrichtung der Wahlberechtigten über den Zweck und den Ablauf des Wahlverfahrens sowie über die zur Wahl zugelassenen Vorschlagslisten,
4. den Zeitpunkt für die Wahlen,
5. die Feststellung der Vorschlagsberechtigung, die Angaben und Unterlagen, die zur Feststellung der Vorschlagsberechtigung zu machen oder vorzulegen sind, die Einreichung, den Inhalt und die Form der Vorschlagslisten sowie der dazugehörigen Unterlagen, über ihre Prüfung, die Beseitigung von Mängeln sowie über ihre Zulassung und Bekanntgabe und über Rechtsbehelfe gegen die Entscheidungen der Wahlorgane,
6. die Listenzusammenlegung, die Listenverbindung und die Zurücknahme von Vorschlagslisten,
7. die Wahlbezirke sowie die Wahlräume und ihre Einrichtung,
8. die Ausstellung und Aushändigung von Wahlunterlagen,
9. die Form und den Inhalt der Wahlunterlagen,
10. die Stimmabgabe,
11. die Briefwahl,
12. die Ermittlung und Feststellung der Wahlergebnisse und ihre Bekanntgabe sowie die Benachrichtigung der Gewählten,
13. die Wahlen in besonderen Fällen,
14. die Kosten der Wahlen und einen Kostenausgleich.

§ 57 Rechtsbehelfe im Wahlverfahren. (1) Gegen Entscheidungen und Maßnahmen, die sich unmittelbar auf das Wahlverfahren beziehen, sind nur die in dieser Vorschrift, in § 48b Absatz 3, § 48c Absatz 3 Satz 1 und in der Wahlordnung vorgesehenen Rechtsbehelfe zulässig.

(2) Die in § 48 Absatz 1 genannten Personen und Vereinigungen, der Bundeswahlbeauftragte und der zuständige Landeswahlbeauftragte können die Wahl durch Klage gegen den Versicherungsträger anfechten.

(3) ¹Die Klage kann erhoben werden, sobald öffentlich bekannt gemacht ist, dass eine Wahlhandlung unterbleibt, oder sobald ein Wahlergebnis öffentlich bekannt gemacht worden ist. ²Die Klage ist spätestens einen Monat nach dem Tage der öffentlichen Bekanntmachung des endgültigen Wahlergebnisses bei dem für den Sitz des Versicherungsträgers zuständigen Sozialgericht zu erheben. ³Ein Vorverfahren findet nicht statt.

(4) Die Klage ist unzulässig, soweit von dem Recht, gegen eine Entscheidung des Wahlausschusses den hierfür vorgesehenen Rechtsbehelf einzulegen, kein Gebrauch gemacht worden ist.

4. Abschnitt. Träger d. Sozialversicherung §§ 58, 59 SGB IV 4

(5) Während des Wahlverfahrens kann das Gericht auf Antrag eine einstweilige Anordnung treffen, wenn ein Wahlverstoß vorliegt, der dazu führen würde, dass im Wahlanfechtungsverfahren die Wahl für ungültig erklärt wird.

(6) Hat das Gericht eine Entscheidung nach § 131 Absatz 4 des Sozialgerichtsgesetzes[1]) getroffen, kann es auf Antrag eine einstweilige Anordnung hinsichtlich der personellen Besetzung der Selbstverwaltungsorgane erlassen.

(7) Beschlüsse, die ein Selbstverwaltungsorgan bis zu dem Zeitpunkt einer Entscheidung nach § 131 Absatz 4 des Sozialgerichtsgesetzes getroffen hat, bleiben wirksam.

§ 58 Amtsdauer. (1) ¹Die gewählten Bewerber werden Mitglieder des Selbstverwaltungsorgans an dem Tage, an dem die erste Sitzung des Organs stattfindet. ²Die neu gewählte Vertreterversammlung tritt spätestens fünf Monate nach dem Wahltag zusammen.

(2) ¹Die Amtsdauer der Mitglieder der Selbstverwaltungsorgane beträgt sechs Jahre; sie endet jedoch unabhängig vom Zeitpunkt der Wahl mit dem Zusammentritt der in den nächsten allgemeinen Wahlen neu gewählten Selbstverwaltungsorgane. ²Wiederwahl ist zulässig.

§ 59 Verlust der Mitgliedschaft. (1) Die Mitgliedschaft in einem Selbstverwaltungsorgan endet vorzeitig

1. durch Tod,
2. durch Erwerb der Mitgliedschaft für ein anderes Selbstverwaltungsorgan, wenn die gleichzeitige Zugehörigkeit zu beiden Selbstverwaltungsorganen ausgeschlossen ist,
3. mit Eintritt der Unanfechtbarkeit eines Beschlusses nach Absatz 2 oder 3.

(2) ¹Der Vorstand hat ein Mitglied eines Selbstverwaltungsorgans durch Beschluss von seinem Amt zu entbinden, wenn ein wichtiger Grund vorliegt oder wenn die Voraussetzungen der Wählbarkeit nicht vorgelegen haben oder nachträglich weggefallen sind. ²Jedes Mitglied hat dem Vorsitzenden des Vorstands unverzüglich Veränderungen anzuzeigen, die seine Wählbarkeit berühren.

(3) ¹Verstößt ein Mitglied eines Selbstverwaltungsorgans in grober Weise gegen seine Amtspflichten, hat der Vorstand das Mitglied durch Beschluss seines Amtes zu entheben. ²Der Vorstand kann die sofortige Vollziehung des Beschlusses anordnen; die Anordnung hat die Wirkung, dass das Mitglied sein Amt nicht ausüben kann. ³Für ein Mitglied des Verwaltungsrates der in § 35a Absatz 1 genannten Krankenkassen finden die Sätze 1 und 2 auch dann Anwendung, wenn in seiner Person ein Wahlausschlussgrund nach § 51 Absatz 6 vorliegt.

(4) ¹Betrifft ein Beschluss nach Absatz 2 oder 3 ein Mitglied der Vertreterversammlung, bedarf er der Zustimmung des Vorsitzenden der Vertreterversammlung. ²Stimmt der Vorsitzende nicht zu oder betrifft der Beschluss ihn selbst, entscheidet die Vertreterversammlung.

(5) Für stellvertretende Mitglieder der Selbstverwaltungsorgane gelten die Absätze 1 bis 4 entsprechend.

---

[1]) Nr. 20.

(6) Endet die Mitgliedschaft in einem Selbstverwaltungsorgan, tritt bis zur Ergänzung des Organs an die Stelle des ausgeschiedenen Mitglieds ein Stellvertreter.

§ 60 Ergänzung der Selbstverwaltungsorgane. (1) [1] Scheiden Mitglieder oder stellvertretende Mitglieder eines Selbstverwaltungsorgans vorzeitig aus, fordert der Vorsitzende des Vorstands die Stelle, die die Vorschlagsliste der Ausgeschiedenen eingereicht hat (Listenträger), unverzüglich auf, innerhalb zweier Monate Nachfolger vorzuschlagen. [2] Sind in einer Liste Stellvertreter in ausreichender Zahl vorhanden und hält der Listenträger weitere Stellvertreter nicht für erforderlich, kann der Vorstand zulassen, dass von einer Ergänzung abgesehen wird, wenn die in § 48 Absatz 6 Satz 2 vorgeschriebene Reihenfolge gewahrt ist.

(1a) [1] Scheiden von den Regionalträgern oder der Deutschen Rentenversicherung Knappschaft-Bahn-See gewählte Mitglieder oder stellvertretende Mitglieder der Bundesvertreterversammlung der Deutschen Rentenversicherung Bund aus, fordert der Vorsitzende des Bundesvorstandes den jeweiligen Regionalträger oder die Deutsche Rentenversicherung Knappschaft-Bahn-See auf, unverzüglich Nachfolger zu wählen. [2] Scheiden von den Regionalträgern oder der Deutschen Rentenversicherung Knappschaft-Bahn-See vorgeschlagene Mitglieder oder stellvertretende Mitglieder des Bundesvorstandes der Deutschen Rentenversicherung Bund aus, fordert der Vorsitzende des Bundesvorstandes die Vorschlagsberechtigten auf, unverzüglich Nachfolger zur Wahl vorzuschlagen. [3] Das Nähere regelt die Satzung. [4] Absatz 2, Absatz 3 Satz 2, Absatz 4 und 5 gelten entsprechend.

(2) Liegen bei einem als Nachfolger Vorgeschlagenen die Voraussetzungen der Wählbarkeit nicht vor, fordert der Vorsitzende des Vorstands den Listenträger auf, innerhalb eines Monats einen anderen Nachfolger vorzuschlagen.

(3) [1] Erfüllt ein fristgerecht als Nachfolger für die Vertreterversammlung Vorgeschlagener die Voraussetzungen der Wählbarkeit, stellt der Vorstand nach Anhörung des Vorsitzenden der Vertreterversammlung durch Beschluss fest, dass der Vorgeschlagene als gewählt gilt, und benachrichtigt hiervon das neue Mitglied, den Vorsitzenden der Vertreterversammlung, den Listenträger, die Aufsichtsbehörde und den Wahlbeauftragten. [2] Wird dem Vorstand innerhalb der Frist nach den Absätzen 1 und 2 kein Nachfolger vorgeschlagen, der die Voraussetzungen der Wählbarkeit erfüllt, beruft die Aufsichtsbehörde den Nachfolger aus der Zahl der Wählbaren.

(4) [1] Erfüllt ein fristgerecht als Nachfolger für den Vorstand Vorgeschlagener die Voraussetzungen der Wählbarkeit, teilt der Vorsitzende des Vorstandes dies nach Anhörung des Vorsitzenden der Vertreterversammlung allen Mitgliedern der Gruppe in der Vertreterversammlung mit, die den Ausgeschiedenen gewählt hat, und weist darauf hin, dass der Vorgeschlagene als gewählt gilt, wenn innerhalb eines Monats kein anderer Vorschlag beim Vorstand eingeht. [2] Nach Ablauf eines Monats gilt Absatz 3 Satz 1 entsprechend. [3] Wird dem Vorstand innerhalb der Frist nach den Absätzen 1 und 2 kein Nachfolger vorgeschlagen, der die Voraussetzungen der Wählbarkeit erfüllt, oder wird ihm innerhalb der in Satz 1 genannten Frist noch ein anderer Vorschlag eingereicht, sind sämtliche Mitglieder in der betreffenden Gruppe des Vorstands und ihre Stellvertreter nach § 52 neu zu wählen.

(5) ¹ § 46 Absatz 3 Satz 1 und 2 sowie die §§ 51 und 57 gelten entsprechend. ² An die Stelle des Zeitpunkts der Wahlausschreibung in § 51 Absatz 1 tritt der Zeitpunkt der Aufforderung nach Absatz 1 Satz 1.

§ 61 Wahl der Versichertenältesten und der Vertrauenspersonen.

(1) ¹ Für die Wahl der Versichertenältesten und der Vertrauenspersonen gelten die §§ 52, 56 bis 60 und 62 Absatz 4 entsprechend, soweit die Satzung nichts Abweichendes bestimmt. ² Den Vorschlagslisten sind Vorschläge der Organisationen und Wählergruppen zugrunde zu legen, die zur Einreichung von Vorschlagslisten für die Wahl der Mitglieder der Vertreterversammlung berechtigt sind.

(2) ¹ Die Stellvertretung der Versichertenältesten und der Vertrauenspersonen wird durch die Satzung geregelt. ² Die Satzung kann die Nachfolge vorzeitig ausscheidender Versichertenältesten und Vertrauenspersonen abweichend von § 60 regeln.

§ 62 Vorsitzende der Selbstverwaltungsorgane.

(1) ¹ Die Selbstverwaltungsorgane wählen aus ihrer Mitte einen Vorsitzenden und einen stellvertretenden Vorsitzenden, bei der Sozialversicherung für Landwirtschaft, Forsten und Gartenbau einen ersten und einen zweiten stellvertretenden Vorsitzenden. ² Der Vorsitzende und die stellvertretenden Vorsitzenden müssen, mit Ausnahme bei den Ersatzkassen, verschiedenen Gruppen angehören.

(2) ¹ Erhält in zwei Wahlgängen kein Mitglied die Mehrheit der satzungsmäßigen Mitgliederzahl, ist gewählt, wer im dritten Wahlgang die meisten Stimmen auf sich vereinigt. ² Bei gleicher Stimmenzahl gelten die Mitglieder, die diese Stimmenzahl erreichen, mit der Maßgabe als gewählt, dass sie den Vorsitz unter gegenseitiger Stellvertretung abwechselnd je für ein Jahr zu führen haben. ³ Gilt hiernach mehr als die vorgeschriebene Zahl von Personen als gewählt, entscheidet das Los; das Gleiche gilt für die Reihenfolge. ⁴ Bei der Wahl des Vorsitzenden und des stellvertretenden Vorsitzenden der Bundesvertreterversammlung und des Bundesvorstandes der Deutschen Rentenversicherung Bund ist abweichend von Satz 1 in den ersten beiden Wahlgängen jeweils eine Mehrheit nach § 64 Absatz 4 erforderlich.

(3) ¹ Die Satzung kann bestimmen, dass die Vertreter der einzelnen Gruppen abwechselnd mindestens für ein Jahr den Vorsitz führen. ² Bei der Sozialversicherung für Landwirtschaft, Forsten und Gartenbau haben die Vertreter der einzelnen Gruppen während ihrer Amtsdauer abwechselnd je für mindestens ein Jahr den Vorsitz zu führen; Entsprechendes gilt für die Stellvertretung. ³ Die Vertreter von zwei Gruppen können vereinbaren, dass für die Dauer der auf ihre Vertreter entfallenden Vorsitzendentätigkeit einer der Vertreter den Vorsitz führt. ⁴ Die Satzung bestimmt das Nähere.

(4) Zu Vorsitzenden oder zu stellvertretenden Vorsitzenden gewählte Mitglieder der Selbstverwaltungsorgane erwerben ihr Amt mit der Erklärung, dass sie die Wahl annehmen.

(5) ¹ Schließen Tatsachen das Vertrauen der Mitglieder eines Selbstverwaltungsorgans zu der Amtsführung eines Vorsitzenden oder stellvertretenden Vorsitzenden aus, kann ihn das Organ mit einer Mehrheit von zwei Dritteln seiner satzungsmäßigen Mitgliederzahl abberufen. ² Beim Ausscheiden eines Vorsit-

zenden oder stellvertretenden Vorsitzenden auf eigenen Wunsch endet die Amtsdauer mit der Neuwahl.

(6) ¹ Für einen nach Absatz 5 ausscheidenden Vorsitzenden oder stellvertretenden Vorsitzenden wird ein Nachfolger gewählt. ² Für einen nach § 59 ausscheidenden Vorsitzenden oder stellvertretenden Vorsitzenden wird ein Nachfolger nach Ergänzung des Selbstverwaltungsorgans gewählt.

§ 63 Beratung. (1) Jedes Selbstverwaltungsorgan gibt sich eine Geschäftsordnung.

(2) ¹ Die Selbstverwaltungsorgane werden von ihren Vorsitzenden nach Bedarf einberufen. ² Sie müssen einberufen werden, wenn ein Drittel der Mitglieder es verlangt.

(3) ¹ Die Sitzungen des Vorstands sind nicht öffentlich. ² Die Sitzungen der Vertreterversammlung sind öffentlich, soweit sie sich nicht mit personellen Angelegenheiten des Versicherungsträgers, Grundstücksgeschäften oder geheimhaltungsbedürftigen Tatsachen (§ 35 des Ersten Buches[1]) befassen. ³ Für weitere Beratungspunkte kann in nicht öffentlicher Sitzung die Öffentlichkeit ausgeschlossen werden; der Beschluss ist in öffentlicher Sitzung bekannt zu geben.

(3a) ¹ Ein Mitglied eines Selbstverwaltungsorgans darf bei der Beratung und Abstimmung nicht anwesend sein, wenn hierbei personenbezogene Daten eines Arbeitnehmers offengelegt werden, der ihm im Rahmen eines Dienst- oder Arbeitsverhältnisses untergeordnet ist, oder wenn das Mitglied des Selbstverwaltungsorgans Angehöriger der Personalverwaltung des Betriebes ist, dem der Arbeitnehmer angehört. ² Diesen Personen darf insbesondere auch bei der Vorbereitung einer Beratung keine Kenntnis von solchen Daten gegeben werden. ³ Personenbezogene Daten im Sinne der Sätze 1 und 2 sind

1. die in § 76 Absatz 1 des Zehnten Buches[2] bezeichneten Daten und
2. andere Daten, soweit Grund zur Annahme besteht, dass durch die Kenntnisnahme der genannten Personen schutzwürdige Belange des Arbeitnehmers beeinträchtigt werden.

(4) ¹ Ein Mitglied eines Selbstverwaltungsorgans darf bei der Beratung und Abstimmung nicht anwesend sein, wenn ein Beschluss ihm selbst, einer ihm nahestehenden Person (§ 383 Absatz 1 Nummer 1 bis 3 der Zivilprozessordnung) oder einer von ihm vertretenen Person einen unmittelbaren Vorteil oder Nachteil bringen kann. ² Satz 1 gilt nicht, wenn das Mitglied nur als Angehöriger einer Personengruppe beteiligt ist, deren gemeinsame Interessen durch die Angelegenheit berührt werden.

(5) Der Vorstand kann zu Tagesordnungspunkten, bei denen wesentliche Fragen der Gesundheit berührt werden, einen auf den jeweiligen Gebieten der Sozialmedizin und der Sozialversicherung fachlich einschlägig erfahrenen Arzt mit beratender Stimme hinzuziehen.

§ 64 Beschlussfassung. (1) ¹ Soweit Gesetz oder sonstiges für den Versicherungsträger maßgebendes Recht nichts Abweichendes bestimmt, sind die Selbstverwaltungsorgane beschlussfähig, wenn sämtliche Mitglieder ordnungs-

---

[1] Nr. 1.
[2] Nr. 10.

gemäß geladen sind und die Mehrheit der Mitglieder anwesend und stimmberechtigt ist. ²Ist ein Selbstverwaltungsorgan nicht beschlussfähig, kann der Vorsitzende anordnen, dass in der nächsten Sitzung über den Gegenstand der Abstimmung auch dann beschlossen werden kann, wenn die in Satz 1 bestimmte Mehrheit nicht vorliegt; hierauf ist in der Ladung zur nächsten Sitzung hinzuweisen.

(2) ¹Die Beschlüsse werden, soweit Gesetz oder sonstiges Recht nichts Abweichendes bestimmt, mit der Mehrheit der abgegebenen Stimmen gefasst. ²Bei Stimmengleichheit wird die Abstimmung nach erneuter Beratung wiederholt; bei erneuter Stimmengleichheit gilt der Antrag als abgelehnt.

(3) ¹Der Vorstand kann in eiligen Fällen ohne Sitzung schriftlich abstimmen. ²Die Vertreterversammlung kann schriftlich abstimmen, soweit die Satzung es zulässt. ³Wenn ein Fünftel der Mitglieder des Selbstverwaltungsorgans der schriftlichen Abstimmung widerspricht, ist über die Angelegenheit in der nächsten Sitzung zu beraten und abzustimmen.

(4) ¹Beschlüsse der Bundesvertreterversammlung und des Bundesvorstandes der Deutschen Rentenversicherung Bund in Grundsatz- und Querschnittsaufgaben und in gemeinsamen Angelegenheiten der Träger der Rentenversicherung werden mit der Mehrheit von mindestens zwei Dritteln aller gewichteten Stimmen der satzungsmäßigen Mitgliederzahl getroffen. ²Bei Beschlüssen der Bundesvertreterversammlung und des Bundesvorstandes werden die Stimmen der Regionalträger mit insgesamt 55 vom Hundert und die der Bundesträger mit insgesamt 45 vom Hundert gewichtet. ³In der Bundesvertreterversammlung orientiert sich die Gewichtung innerhalb der Regionalträger und innerhalb der Bundesträger jeweils an der Anzahl der Versicherten der einzelnen Träger. ⁴Im Bundesvorstand gilt Entsprechendes innerhalb der Bundesträger.
⁵Das Nähere zur Stimmengewichtung nach Satz 1 bis 4 regelt die Satzung.

§ 65 Getrennte Abstimmung. (1) In den Selbstverwaltungsorganen der Sozialversicherung für Landwirtschaft, Forsten und Gartenbau ist zur Beschlussfassung eine Mehrheit in den Gruppen der Versicherten, der Selbständigen ohne fremde Arbeitskräfte und der Arbeitgeber erforderlich für

1. die Wahl des Geschäftsführers und seines Stellvertreters,
2. die Anstellung, die Beförderung, die Kündigung und die Entlassung der der Dienstordnung unterstehenden Angestellten in einer besoldungsrechtlichen Stellung, die einem Amt der Besoldungsgruppe A 12 der Bundesbesoldungsordnung oder einer höheren Besoldungsgruppe vergleichbar ist,
3. die Einstellung, die Höhergruppierung und die Kündigung von Beschäftigten der Entgeltgruppe 12 oder einer höheren Entgeltgruppe,
4. den Beschluss über den Haushalt,
5. die personelle Besetzung von Ausschüssen,
6. den Beschluss über die Unfallverhütungsvorschriften.

(2) Über einen abgelehnten Antrag ist auf Verlangen der Antragsteller innerhalb von drei Wochen nochmals abzustimmen.

§ 66 Erledigungsausschüsse. (1) ¹Die Selbstverwaltungsorgane können die Erledigung einzelner Aufgaben, mit Ausnahme der Rechtsetzung, Ausschüssen übertragen. ²Zu Mitgliedern können bis zur Hälfte der Mitglieder einer jeden

Gruppe auch Stellvertreter von Mitgliedern des Organs bestellt werden. ³Die Organe können die Stellvertretung für die Ausschussmitglieder abweichend von § 43 Absatz 2 regeln.

(2) Für die Beratung und Abstimmung gelten die §§ 63 und 64 entsprechend.

Dritter Titel. Haushalts- und Rechnungswesen

§ 67 Aufstellung des Haushaltsplans. (1) Die Versicherungsträger stellen für jedes Kalenderjahr (Haushaltsjahr) einen Haushaltsplan auf, der alle im Haushaltsjahr voraussichtlich zu leistenden Ausgaben und voraussichtlich benötigten Verpflichtungsermächtigungen sowie alle im Haushaltsjahr zu erwartenden Einnahmen enthält.

(2) Im Haushaltsplan sind die Stellen für die Beamten und die dienstordnungsmäßig Angestellten der Versicherungsträger nach Besoldungsgruppen auszubringen; für die übrigen Beschäftigten der Versicherungsträger sind die Haushaltsansätze nach Vergütungs- und Lohngruppen zu erläutern.

§ 68 Bedeutung und Wirkung des Haushaltsplans. (1) ¹Der Haushaltsplan dient der Feststellung der Mittel, die zur Erfüllung der Aufgaben des Versicherungsträgers im Haushaltsjahr voraussichtlich erforderlich sind. ²Er ist die Grundlage für die Haushalts- und Wirtschaftsführung und stellt sicher, dass insbesondere die gesetzlich vorgeschriebenen Ausgaben rechtzeitig geleistet werden können.

(2) Durch den Haushaltsplan werden Ansprüche oder Verbindlichkeiten weder begründet noch aufgehoben.

§ 69 Ausgleich, Wirtschaftlichkeit und Sparsamkeit, Kosten- und Leistungsrechnung, Personalbedarfsermittlung. (1) Der Haushalt ist in Einnahme und Ausgabe auszugleichen.

(2) Bei der Aufstellung und Ausführung des Haushaltsplans hat der Versicherungsträger sicherzustellen, dass er die ihm obliegenden Aufgaben unter Berücksichtigung der Grundsätze der Wirtschaftlichkeit und Sparsamkeit erfüllen kann.

(3) Für alle finanzwirksamen Maßnahmen sind angemessene Wirtschaftlichkeitsuntersuchungen durchzuführen.

(4) In geeigneten Bereichen ist eine Kosten- und Leistungsrechnung einzuführen.

(5) Die Träger der Kranken- und Rentenversicherung, die gewerblichen Berufsgenossenschaften, die Unfallversicherungsträger der öffentlichen Hand sowie die Sozialversicherung für Landwirtschaft, Forsten und Gartenbau führen in geeigneten Bereichen ein Benchmarking durch.

(6) ¹Die Sozialversicherungsträger dürfen Planstellen und Stellen nur ausbringen, soweit sie unter Anwendung angemessener und anerkannter Methoden der Personalbedarfsermittlung begründet sind. ²Die Erforderlichkeit der im Haushaltsplan ausgebrachten Planstellen und Stellen ist bei gegebenem Anlass, im Übrigen regelmäßig zu überprüfen.

4. Abschnitt. Träger d. Sozialversicherung **§ 70 SGB IV 4**

§ 70 Haushaltsplan. (1) [1] Der Haushaltsplan wird vom Vorstand aufgestellt. [2] Die Vertreterversammlung stellt ihn fest.

(2) Der Haushaltsplan der Träger der Unfallversicherung ist vor Beginn des Kalenderjahrs, für das er gelten soll, der Aufsichtsbehörde vorzulegen, wenn diese es verlangt.

(3) [1] Die Regionalträger der gesetzlichen Rentenversicherung haben den vom Vorstand aufgestellten Haushaltsplan spätestens am 1. Oktober vor Beginn des Kalenderjahrs, für das er gelten soll, der Aufsichtsbehörde von Amts wegen vorzulegen. [2] Die Aufsichtsbehörde kann den Haushaltsplan oder einzelne Ansätze innerhalb von sechs Wochen nach Vorlage beanstanden, soweit gegen Gesetz oder sonstiges für den Versicherungsträger maßgebendes Recht verstoßen oder die Leistungsfähigkeit des Versicherungsträgers zur Erfüllung seiner Verpflichtungen gefährdet wird. [3] Die Aufsichtsbehörde kann ebenfalls beanstanden, wenn bei landesunmittelbaren Versicherungsträgern die Bewertungs- oder Bewirtschaftungsmaßstäbe des aufsichtführenden Landes und bei bundesunmittelbaren Versicherungsträgern die Bewertungs- und Bewirtschaftungsmaßstäbe des Bundes nicht beachtet sind; die Besonderheiten der Versicherungsträger sind hierbei zu berücksichtigen. [4] Berücksichtigt die Vertreterversammlung bei der Feststellung des Haushaltsplans die Beanstandung nicht, kann die Aufsichtsbehörde insoweit den Feststellungsbeschluss aufheben und den Haushaltsplan selbst feststellen.

(4) [1] Für die Deutsche Rentenversicherung Bund gilt Absatz 3 mit der Maßgabe, dass

1. anstelle der Aufsichtsbehörde die Bundesregierung zuständig ist,
2. der Haushaltsplan spätestens am 1. September vorzulegen ist und innerhalb von zwei Monaten beanstandet werden kann.

[2] Im Haushaltsplan der Deutschen Rentenversicherung Bund werden die Einnahmen und Ausgaben für Grundsatz- und Querschnittsaufgaben und für gemeinsame Angelegenheiten der Träger der Rentenversicherung in einer gesonderten Anlage zum Haushalt ausgewiesen. [3] Die Anlage wird vom Bundesvorstand gemäß § 64 Absatz 4 aufgestellt und von der Bundesvertreterversammlung der Deutschen Rentenversicherung Bund gemäß § 64 Absatz 4 festgestellt.

(5) [1] Die Träger der Krankenversicherung und die Träger der Pflegeversicherung haben den vom Vorstand aufgestellten Haushaltsplan spätestens am 1. November vor Beginn des Kalenderjahrs, für das er gelten soll, der Aufsichtsbehörde vorzulegen, wenn diese es verlangt. [2] Auf Verlangen der Aufsichtsbehörde ist der Haushaltsplan zusätzlich in einer maschinell auswertbaren Form zu übermitteln. [3] Näheres hierzu, insbesondere zur Form und Struktur der Datenmeldung, wird von den Aufsichtsbehörden mit dem Spitzenverband Bund der Krankenkassen vereinbart. [4] Die Aufsichtsbehörde kann den Haushaltsplan oder einzelne Ansätze innerhalb von einem Monat nach Vorlage beanstanden, soweit gegen Gesetz oder sonstiges für den Träger maßgebendes Recht verstoßen wird, insbesondere soweit dadurch die wirtschaftliche Leistungsfähigkeit des Versicherungsträgers zur Erfüllung seiner Verpflichtungen gefährdet wird.

§ 71 Haushaltsplan der Deutschen Rentenversicherung Knappschaft-Bahn-See.
(1) ¹Der Haushaltsplan der Deutschen Rentenversicherung Knappschaft-Bahn-See ist getrennt nach knappschaftlicher Krankenversicherung, knappschaftlicher Pflegeversicherung, knappschaftlicher Rentenversicherung und allgemeiner Rentenversicherung aufzustellen. ²Hierbei gelten Verwaltungsausgaben der knappschaftlichen Krankenversicherung und der allgemeinen Rentenversicherung als Verwaltungsausgaben der knappschaftlichen Rentenversicherung. ³Die Abstimmung nach § 220 Absatz 3 des Sechsten Buches[1)] bleibt unberührt.

(2) Die knappschaftliche Krankenversicherung und die allgemeine Rentenversicherung haben der knappschaftlichen Rentenversicherung die Verwaltungsausgaben ihrer Eigeneinrichtungen sowie die nach einem von der Aufsichtsbehörde zu genehmigenden Schlüssel auf sie entfallenden Verwaltungsausgaben zu erstatten.

(3) ¹Der Haushaltsplan bedarf der Genehmigung durch die Bundesregierung. ²Er soll so rechtzeitig festgestellt werden, dass er bis zum 1. November vor Beginn des Kalenderjahrs, für das er gelten soll, der Bundesregierung vorgelegt werden kann. ³Diese kann die Genehmigung auch für einzelne Ansätze versagen, wenn der Haushaltsplan gegen Gesetz oder sonstiges für den Versicherungsträger maßgebendes Recht verstößt oder die Leistungsfähigkeit der Deutschen Rentenversicherung Knappschaft-Bahn-See zur Erfüllung ihrer Verpflichtungen gefährdet oder wenn bei Ansätzen für die knappschaftliche oder allgemeine Rentenversicherung die Bewertungs- oder Bewirtschaftungsmaßstäbe des Bundes nicht beachtet sind.

§ 71a Haushaltsplan der Bundesagentur für Arbeit.
(1) ¹Der Haushaltsplan der Bundesagentur für Arbeit wird vom Vorstand aufgestellt. ²Der Verwaltungsrat stellt den Haushaltsplan fest.

(2) Der Haushaltsplan bedarf der Genehmigung durch die Bundesregierung.

(3) Die Genehmigung kann auch für einzelne Ansätze versagt oder unter Bedingungen und mit Auflagen erteilt werden, wenn der Haushaltsplan gegen Gesetz oder sonstiges für die Bundesagentur maßgebendes Recht verstößt oder die Bewertungs- und Bewirtschaftungsmaßstäbe des Bundes oder die Grundsätze der Sozial-, Wirtschafts- und Finanzpolitik der Bundesregierung nicht berücksichtigt werden.

(4) ¹Enthält die Genehmigung Bedingungen oder Auflagen, stellt der Verwaltungsrat erneut den Haushaltsplan fest. ²Werden Bedingungen oder Auflagen nicht berücksichtigt, hat der Verwaltungsrat der Bundesregierung einen geänderten Haushaltsplan zur Genehmigung vorzulegen; einen nur mit Liquiditätshilfen ausgeglichenen Haushaltsplan kann das Bundesministerium für Arbeit und Soziales in der durch die Bundesregierung genehmigten Fassung selbst feststellen.

§ 71b Veranschlagung der Arbeitsmarktmittel der Bundesagentur für Arbeit.
(1) Die für Ermessensleistungen der aktiven Arbeitsförderung veranschlagten Mittel mit Ausnahme der Mittel für

---

[1)] Nr. 6.

4. Abschnitt. Träger d. Sozialversicherung §§ 71c, 71d SGB IV 4

1. die Erstattung von Maßnahmekosten nach § 54 des Dritten Buches[1]),
2. die Berufsausbildungsbeihilfe nach § 57 Absatz 2 Satz 2 des Dritten Buches,
3. die allgemeinen Leistungen zur Teilhabe am Arbeitsleben nach § 113 Absatz 1 Nummer 1 des Dritten Buches,
4. den Zuschuss zur Ausbildungsvergütung für schwerbehinderte Menschen nach § 73 des Dritten Buches und den Eingliederungszuschuss nach § 90 Absatz 2 bis 4 des Dritten Buches und
5. Leistungen der Trägerförderung nach § 440 Absatz 5 des Dritten Buches sind im Haushalt der Bundesagentur für Arbeit in einen Eingliederungstitel einzustellen.

(2) [1]Die in dem Eingliederungstitel veranschlagten Mittel sind den Agenturen für Arbeit zur Bewirtschaftung zuzuweisen, soweit nicht andere Dienststellen die Aufgaben wahrnehmen. [2]Bei der Zuweisung der Mittel sind insbesondere die regionale Entwicklung der Beschäftigung, die Nachfrage nach Arbeitskräften, Art und Umfang der Arbeitslosigkeit sowie die jeweilige Ausgabenentwicklung im abgelaufenen Haushaltsjahr zu berücksichtigen. [3]Agenturen für Arbeit, die im Vergleich zu anderen Agenturen für Arbeit schneller und wirtschaftlicher Arbeitslose eingliedern, sind bei der Mittelzuweisung nicht ungünstiger zu stellen.

(3) [1]Die Agenturen für Arbeit stellen für jede Art dieser Ermessensleistungen der Arbeitsförderung Mittel unter Berücksichtigung der Besonderheiten der Lage und Entwicklung des regionalen Arbeitsmarktes bereit. [2]Dabei ist ein angemessener Anteil für die Förderung der Anbahnung und Aufnahme einer nach dem Dritten Buch versicherungspflichtigen Beschäftigung sicherzustellen (Vermittlungsbudget).

(4) Die zugewiesenen Mittel sind so zu bewirtschaften, dass eine Bewilligung und Erbringung der einzelnen Leistungen im gesamten Haushaltsjahr gewährleistet ist.

(5) [1]Die Ausgabemittel des Eingliederungstitels sind nur in das nächste Haushaltsjahr übertragbar. [2]Die jeweiligen nicht verausgabten Mittel der Agenturen für Arbeit werden diesen im nächsten Haushaltsjahr zusätzlich zu den auf sie entfallenden Mitteln zugewiesen. [3]Verpflichtungsermächtigungen für folgende Jahre sind im gleichen Verhältnis anzuheben.

§ 71c Eingliederungsrücklage der Bundesagentur für Arbeit. [1]Die bis zum Ende des Haushaltsjahres nicht verausgabten Mittel des Eingliederungstitels der Bundesagentur für Arbeit werden einer Eingliederungsrücklage zugeführt. [2]Soweit Liquiditätshilfen nach § 364 des Dritten Buches[1]) geleistet werden, erfolgt eine Zuführung zur Eingliederungsrücklage nicht. [3]Die Eingliederungsrücklage ist bis zum Schluss des nächsten Haushaltsjahres aufzulösen und dient zur Deckung der nach § 71b Absatz 5 gebildeten Ausgabereste.

§ 71d Haushaltsplan und Kostenverteilungsverfahren der Sozialversicherung für Landwirtschaft, Forsten und Gartenbau. (1) [1]Der Haushaltsplan der Sozialversicherung für Landwirtschaft, Forsten und Gartenbau ist getrennt für die Versicherungszweige landwirtschaftliche Unfallversicherung,

---

[1]) Nr. 3.

Alterssicherung der Landwirte, landwirtschaftliche Krankenversicherung und landwirtschaftliche Pflegeversicherung aufzustellen. ²Der Haushaltsplan soll so rechtzeitig festgestellt werden, dass er bis zum 15. November vor Beginn des Kalenderjahres, für das er gelten soll, der Aufsichtsbehörde vorgelegt werden kann.

(2) Die Sozialversicherung für Landwirtschaft, Forsten und Gartenbau hat sicherzustellen, dass die Kosten, die für die Erfüllung von Aufgaben mehrerer oder aller Versicherungszweige entstehen, durch geeignete Verfahren sachgerecht auf die Versicherungszweige landwirtschaftliche Unfallversicherung, landwirtschaftliche Krankenversicherung und Alterssicherung der Landwirte verteilt werden (Kostenverteilungsschlüssel).

(3) ¹Der Haushaltsplan und der Kostenverteilungsschlüssel bedürfen der Genehmigung durch die Aufsichtsbehörde. ²Die Genehmigung wird im Einvernehmen mit dem Bundesministerium für Ernährung und Landwirtschaft erteilt. ³Die Aufsichtsbehörde kann die Genehmigung des Haushaltsplans auch für einzelne Ansätze versagen, soweit gegen Gesetz oder sonstiges für den Versicherungsträger maßgebendes Recht verstoßen wird, die Leistungsfähigkeit des Versicherungsträgers zur Erfüllung seiner Verpflichtungen gefährdet wird oder die Bewertungs- oder Bewirtschaftungsmaßstäbe des Bundes nicht beachtet sind; die Besonderheiten des Versicherungsträgers sind hierbei zu berücksichtigen.

§ 71e Ausweisung der Schiffssicherheitsabteilung im Haushaltsplan.
¹Im Haushaltsplan der gewerblichen Berufsgenossenschaft, der die Durchführung von Aufgaben nach § 6 des Seeaufgabengesetzes übertragen worden ist, sind die für die Durchführung anzusetzenden Einnahmen und Ausgaben, insbesondere die Personalkosten, in einer gesonderten Aufstellung auszuweisen. ²Der Haushaltsplan bedarf insoweit der Genehmigung des Bundesversicherungsamtes im Einvernehmen mit dem Bundesministerium für Arbeit und Soziales und dem Bundesministerium für Verkehr und digitale Infrastruktur.

§ 71f Haushaltsplan der Unfallversicherung Bund und Bahn.
(1) ¹Der Haushaltsplan der Unfallversicherung Bund und Bahn wird in Teilhaushalten aufgestellt, in denen die im Zuständigkeitsbereich nach § 125 Absatz 1 des Siebten Buches[1] und im Zuständigkeitsbereich nach § 125 Absatz 2 des Siebten Buches anfallenden Einnahmen und Ausgaben getrennt veranschlagt werden. ²Der Haushaltsplan bedarf der Genehmigung des Bundesversicherungsamtes. ³Die Genehmigung des Teilhaushaltes für den Zuständigkeitsbereich nach § 125 Absatz 1 des Siebten Buches erfolgt im Einvernehmen mit dem Bundesministerium für Arbeit und Soziales und dem Bundesministerium der Finanzen. ⁴Die Genehmigung des Teilhaushaltes für den Zuständigkeitsbereich nach § 125 Absatz 2 des Siebten Buches erfolgt im Einvernehmen mit dem Bundesministerium für Verkehr und digitale Infrastruktur. ⁵Der Haushaltsplan soll so rechtzeitig festgestellt werden, dass er spätestens am 1. Dezember vor Beginn des Kalenderjahres, für das er gelten soll, der genehmigenden Stelle vorgelegt werden kann. ⁶Die genehmigende Stelle kann die Genehmigung auch für einzelne Ansätze versagen, wenn der Haushaltsplan gegen Gesetz oder sonstiges für den Versicherungsträger maßgebendes Recht verstößt oder die

---

[1] Nr. 7.

Leistungsfähigkeit des Versicherungsträgers zur Erfüllung seiner Verpflichtungen gefährdet oder wenn die Bewertungs- oder Bewirtschaftungsmaßstäbe des Bundes nicht beachtet sind.

(2) ¹Die dem Zuständigkeitsbereich nach § 125 Absatz 1 des Siebten Buches und die dem Zuständigkeitsbereich nach § 125 Absatz 2 des Siebten Buches unmittelbar zuzurechnenden Verwaltungsausgaben werden in dem entsprechenden Teilhaushalt veranschlagt. ²Die den Zuständigkeitsbereichen nicht unmittelbar zurechenbaren Verwaltungsausgaben werden im Rahmen einer Kosten-Leistungs-Rechnung ermittelt, die den jeweils aktuellen Grundsätzen und Prinzipien der standardisierten Kosten- und Leistungsrechnung des Bundes entspricht. ³Die Verwaltungsausgaben, die den Zuständigkeitsbereichen nicht unmittelbar zugeordnet werden können, werden im Teilhaushalt für die Aufgaben nach § 125 Absatz 1 des Siebten Buches veranschlagt. ⁴Der nach der Kosten- und Leistungsrechnung auf den Zuständigkeitsbereich nach § 125 Absatz 2 des Siebten Buches entfallende Anteil der nicht unmittelbar zurechenbaren Verwaltungsausgaben wird dem Bund monatlich nach Genehmigung des Bundesversicherungsamtes aus dem Teilhaushalt für den Zuständigkeitsbereich nach § 125 Absatz 2 des Siebten Buches erstattet. ⁵Die Ausgaben für die Vertreterversammlung und den Vorstand werden nach einem Schlüssel in den Teilhaushalten veranschlagt, der nach objektiven und gewichteten Kriterien gebildet wird. ⁶Das Nähere regelt die Satzung der Unfallversicherung Bund und Bahn.

(3) Einsparungen für überplanmäßige und außerplanmäßige Ausgaben nach § 73 Absatz 2 Satz 3 und 4 an anderer Stelle des Haushaltsplans erfolgen in dem Teilhaushalt, in dem diese Ausgaben geleistet werden.

§ 72 Vorläufige Haushaltsführung. (1) Soweit der Haushaltsplan zu Beginn des Haushaltsjahrs noch nicht in Kraft getreten ist, ist der Vorstand ermächtigt zuzulassen, dass der Versicherungsträger die Ausgaben leistet, die unvermeidbar sind,

1. um seine rechtlich begründeten Verpflichtungen und Aufgaben zu erfüllen,

2. um Bauten und Beschaffungen fortzusetzen, sofern durch den Haushalt eines Vorjahrs bereits Beträge bewilligt worden sind.

(2) ¹Der Vorstand hat seinen Beschluss unverzüglich der Aufsichtsbehörde anzuzeigen; der Beschluss des Vorstandes der Deutschen Rentenversicherung Bund ist dem Bundesministerium für Arbeit und Soziales anzuzeigen. ²Bei der Deutschen Rentenversicherung Knappschaft-Bahn-See und der Bundesagentur für Arbeit bedarf der Beschluss der Genehmigung des Bundesministeriums für Arbeit und Soziales, die jeweils im Einvernehmen mit dem Bundesministerium der Finanzen erfolgt. ³Bei der Sozialversicherung für Landwirtschaft, Forsten und Gartenbau bedarf der Beschluss der Genehmigung der Aufsichtsbehörde, die im Einvernehmen mit dem Bundesministerium für Ernährung und Landwirtschaft erfolgt.

§ 73 Überplanmäßige und außerplanmäßige Ausgaben. (1) ¹Überplanmäßige und außerplanmäßige Ausgaben sowie Maßnahmen, durch die Verpflichtungen entstehen können, für die Ausgaben im Haushaltsplan nicht veranschlagt sind, bedürfen der Einwilligung des Vorstands, bei der Bundesagentur für Arbeit des Verwaltungsrats. ²Sie darf nur erteilt werden, wenn

1. ein unvorhergesehenes und unabweisbares Bedürfnis vorliegt und
2. durch sie der Haushaltsplan nicht in wesentlichen Punkten verändert wird oder es sich um außerplanmäßige Ausgaben handelt, die nicht von erheblicher finanzieller Bedeutung sind.

(2) ¹ Die Einwilligung ist unverzüglich der Aufsichtsbehörde, die Einwilligung des Vorstandes der Deutschen Rentenversicherung Bund dem Bundesministerium für Arbeit und Soziales anzuzeigen, das das Bundesministerium der Finanzen unterrichtet. ² Bei der Deutschen Rentenversicherung Knappschaft-Bahn-See und der Bundesagentur für Arbeit ist die Genehmigung des Bundesministeriums für Arbeit und Soziales erforderlich, die jeweils im Einvernehmen mit dem Bundesministerium der Finanzen erfolgt. ³ Bei der Unfallversicherung Bund und Bahn ist für überplanmäßige und außerplanmäßige Ausgaben im Teilhaushalt für den Zuständigkeitsbereich nach § 125 Absatz 1 des Siebten Buches[1]) die Genehmigung des Bundesversicherungsamtes erforderlich, die im Einvernehmen mit dem Bundesministerium für Arbeit und Soziales und dem Bundesministerium der Finanzen erfolgt. ⁴ Für überplanmäßige und außerplanmäßige Ausgaben im Teilhaushalt für den Zuständigkeitsbereich nach § 125 Absatz 2 des Siebten Buches erfolgt die Genehmigung des Bundesversicherungsamtes im Einvernehmen mit dem Bundesministerium für Verkehr und digitale Infrastruktur. ⁵ Bei der Sozialversicherung für Landwirtschaft, Forsten und Gartenbau ist die Genehmigung der Aufsichtsbehörde erforderlich, die im Einvernehmen mit dem Bundesministerium für Ernährung und Landwirtschaft erfolgt; Ausgaben bis zu einem Betrag von 50 000 Euro bedürfen nicht der Genehmigung.

(3) Kann die Einwilligung des Vorstands, bei der Bundesagentur für Arbeit des Verwaltungsrats, oder die Genehmigung des Bundesministeriums für Arbeit und Soziales ausnahmsweise und im Einzelfall nicht vor der Leistung von Ausgaben eingeholt werden, weil diese unaufschiebbar sind, sind sie unverzüglich nachzuholen.

§ 74 Nachtragshaushalt. ¹ Willigt der Vorstand, bei der Bundesagentur für Arbeit der Verwaltungsrat, in überplanmäßige oder außerplanmäßige Ausgaben nach § 73 Absatz 1 nicht ein, ist für Nachträge ein Nachtragshaushaltsplan festzustellen. ² Auf ihn finden die Vorschriften für den Haushaltsplan und die vorläufige Haushaltsführung entsprechende Anwendung.

§ 75 Verpflichtungsermächtigungen. (1) ¹ Maßnahmen, die den Versicherungsträger zur Leistung von Ausgaben in künftigen Haushaltsjahren verpflichten können (Verpflichtungsermächtigungen), sind nur zulässig, wenn der Haushaltsplan dazu ermächtigt. ² Ausnahmen bedürfen der Einwilligung des Vorstands. ³ § 73 Absatz 1 Satz 2 Nummer 1 sowie Absatz 2 und 3 gelten entsprechend.

(2) ¹ Verpflichtungen für laufende Geschäfte dürfen eingegangen werden, ohne dass die Voraussetzungen des Absatzes 1 vorliegen. ² Einer Verpflichtungsermächtigung bedarf es auch dann nicht, wenn zu Lasten übertragbarer Ausgaben Verpflichtungen eingegangen werden, die im folgenden Haushaltsjahr zu Ausgaben führen.

---

[1]) Nr. 7.

4. Abschnitt. Träger d. Sozialversicherung § 76 SGB IV 4

§ 76 Erhebung der Einnahmen. (1) Einnahmen sind rechtzeitig und vollständig zu erheben.

(2) [1] Der Versicherungsträger darf Ansprüche nur

1. stunden, wenn die sofortige Einziehung mit erheblichen Härten für die Anspruchsgegner verbunden wäre und der Anspruch durch die Stundung nicht gefährdet wird,
2. niederschlagen, wenn feststeht, dass die Einziehung keinen Erfolg haben wird, oder wenn die Kosten der Einziehung außer Verhältnis zur Höhe des Anspruchs stehen,
3. erlassen, wenn deren Einziehung nach Lage des einzelnen Falles unbillig wäre; unter den gleichen Voraussetzungen können bereits entrichtete Beiträge erstattet oder angerechnet werden.

[2] Die Stundung soll gegen angemessene Verzinsung und in der Regel nur gegen Sicherheitsleistung gewährt werden. [3] Im Falle des Satzes 1 Nummer 2 dürfen Beitragsansprüche auch niedergeschlagen werden, wenn der Arbeitgeber mehr als sechs Monate meldepflichtige Beschäftigte nicht mehr gemeldet hat und die Ansprüche die von den Spitzenverbänden der Sozialversicherung und der Bundesagentur für Arbeit gemeinsam und einheitlich festgelegten Beträge nicht überschreiten; die Grenzbeträge sollen auch an eine vorherige Vollstreckungsmaßnahme gebunden werden, wenn die Kosten der Maßnahme in einem wirtschaftlich vertretbaren Verhältnis zur Höhe der Forderung stehen. [4] Die Vereinbarung nach Satz 3 bedarf der Genehmigung des Bundesministeriums für Arbeit und Soziales. [5] Kommt eine Vereinbarung nach Satz 3 nicht innerhalb einer vom Bundesministerium für Arbeit und Soziales festgesetzten Frist zustande, bestimmt dieses nach Anhörung der Beteiligten die Beträge durch Rechtsverordnung mit Zustimmung des Bundesrates.

(3) [1] Für Ansprüche auf den Gesamtsozialversicherungsbeitrag trifft die Entscheidung nach Absatz 2 die zuständige Einzugsstelle. [2] Hat die Einzugsstelle einem Schuldner für länger als zwei Monate Beitragsansprüche gestundet, deren Höhe die Bezugsgröße übersteigt, ist sie verpflichtet, bei der nächsten Monatsabrechnung der zuständigen Träger der Rentenversicherung und der Bundesagentur für Arbeit über die Höhe der auf sie entfallenden Beitragsansprüche und über den Zeitraum, für den die Beitragsansprüche gestundet sind, zu unterrichten. [3] Die Einzugsstelle darf

1. eine weitere Stundung der Beitragsansprüche sowie
2. die Niederschlagung von Beitragsansprüchen, deren Höhe insgesamt die Bezugsgröße übersteigt, und
3. den Erlass von Beitragsansprüchen, deren Höhe insgesamt den Betrag von einem Sechstel der Bezugsgröße übersteigt,

nur im Einvernehmen mit den beteiligten Trägern der Rentenversicherung und der Bundesagentur für Arbeit vornehmen.

(4) [1] Die Einzugsstelle kann einen Vergleich über rückständige Beitragsansprüche schließen, wenn dies für die Einzugsstelle, die beteiligten Träger der Rentenversicherung und die Bundesagentur für Arbeit wirtschaftlich und zweckmäßig ist. [2] Die Einzugsstelle darf den Vergleich über rückständige Beitragsansprüche, deren Höhe die Bezugsgröße insgesamt übersteigt, nur im Einvernehmen mit den beteiligten Trägern der Rentenversicherung und der Bundesagentur für Arbeit schließen. [3] Der Träger der Unfallversicherung kann

einen Vergleich über rückständige Beitragsansprüche schließen, wenn dies wirtschaftlich und zweckmäßig ist. ⁴ Für die Träger der Rentenversicherung gilt Satz 3, soweit es sich nicht um Ansprüche aus dem Gesamtsozialversicherungsbeitrag handelt.

(5) Die Bundesagentur für Arbeit kann einen Vergleich abschließen, wenn dies wirtschaftlich und zweckmäßig ist.

§ 77 Rechnungsabschluss, Jahresrechnung und Entlastung. (1) ¹ Die Versicherungsträger schließen für jedes Kalenderjahr zur Rechnungslegung die Rechnungsbücher ab und stellen auf der Grundlage der Rechnungslegung eine Jahresrechnung auf. ² Über die Entlastung des Vorstands und des Geschäftsführers wegen der Jahresrechnung beschließt die Vertreterversammlung. ³ Über die Entlastung des Bundesvorstandes und des Geschäftsführers wegen der Rechnungsergebnisse für die Grundsatz- und Querschnittsaufgaben bei der Deutschen Rentenversicherung Bund beschließt die Bundesvertreterversammlung mit der Mehrheit von mindestens zwei Dritteln der gewichteten Stimmen der satzungsmäßigen Mitgliederzahl. ⁴ Über die Entlastung des Vorstands der Bundesagentur für Arbeit beschließt der Verwaltungsrat.

(1a) ¹ Die Jahresrechnung einer Krankenkasse einschließlich der Deutschen Rentenversicherung Knappschaft-Bahn-See, soweit sie die Krankenversicherung nach dem Fünften Buch[1]) durchführt, hat ein den tatsächlichen Verhältnissen entsprechendes Bild der Vermögens-, Finanz- und Ertragslage der Krankenkasse zu vermitteln. ² Die gesetzlichen Vertreter der Krankenkasse haben bei der Unterzeichnung der Jahresrechnung nach bestem Wissen schriftlich zu versichern, dass die Jahresrechnung ein den tatsächlichen Verhältnissen entsprechendes Bild im Sinne des Satzes 1 vermittelt. ³ Dabei sind bei der Bewertung der in der Jahresrechnung oder den ihr zu Grunde liegenden Büchern und Aufzeichnungen ausgewiesenen Vermögensgegenstände und Verbindlichkeiten insbesondere folgende Grundsätze zu beachten:

1. Die Saldenvorträge zu Beginn des Rechnungsjahres müssen mit den entsprechenden Schlusssalden der Jahresrechnungen des vorhergehenden Rechnungsjahres übereinstimmen.
2. Die Jahresrechnung muss klar und übersichtlich sein: Insbesondere dürfen keine Veränderungen vorgenommen werden, die
   a) dazu führen, dass der ursprüngliche Inhalt einer Eintragung oder Aufzeichnung nicht mehr feststellbar ist, oder
   b) es ungewiss lassen, ob sie ursprünglich oder erst später gemacht worden sind.
3. Die Vermögensgegenstände und Verbindlichkeiten müssen zum Abschlussstichtag einzeln bewertet sein.
4. Es ist vorsichtig zu bewerten, namentlich sind alle vorhersehbaren Risiken und Verluste, die bis zum Abschlussstichtag entstanden sind, zu berücksichtigen, selbst wenn diese erst zwischen dem Abschlussstichtag und dem Tag der Aufstellung der Jahresrechnung bekannt geworden sind; Gewinne sind nur zu berücksichtigen, wenn sie am Abschlussstichtag realisiert sind.

---

[1]) Nr. 5.

5. Aufwendungen und Erträge des Rechnungsjahres sind unabhängig von den Zeitpunkten der entsprechenden Zahlungen in der Jahresrechnung zu berücksichtigen.
6. Die auf die vorhergehende Jahresrechnung angewandten Bewertungsmethoden sollen beibehalten werden.

⁴Ausführungsbestimmungen über die Grundsätze nach Satz 3 können daneben in die Rechtsverordnung nach § 78 Satz 1 aufgenommen werden, soweit dies erforderlich ist, um eine nach einheitlichen Kriterien und Strukturen gestaltete Jahresrechnung zu schaffen und um eine einheitliche Bewertung der von den Krankenkassen aufgestellten Unterlagen zu ihrer Finanzlage zu erhalten. ⁵Die Jahresrechnung ist von einem Wirtschaftsprüfer oder einem vereidigten Buchprüfer zu prüfen und zu testieren. ⁶Ein Wirtschaftsprüfer oder ein vereidigter Buchprüfer ist von der Prüfung ausgeschlossen, wenn er in den letzten fünf aufeinanderfolgenden Jahren ohne Unterbrechung die Prüfung durchgeführt hat.

(2) Bei der Deutschen Rentenversicherung Knappschaft-Bahn-See sind die Buchführung, die Rechnungslegung und die Rechnungsprüfung für die knappschaftliche Krankenversicherung, knappschaftliche Pflegeversicherung und die allgemeine sowie die knappschaftliche Rentenversicherung getrennt durchzuführen.

(3) Bei der Deutschen Rentenversicherung Bund sind die Rechnungsergebnisse für die Grundsatz- und Querschnittsaufgaben gesondert nachzuweisen.

§ 77a Geltung von Haushaltsvorschriften des Bundes für die Bundesagentur für Arbeit.
¹Für die Aufstellung und Ausführung des Haushaltsplans sowie für die sonstige Haushaltswirtschaft der Bundesagentur für Arbeit gelten die Vorschriften der Bundeshaushaltsordnung sinngemäß. ²Die allgemeinen Grundsätze der Haushaltswirtschaft des Bundes sind zu beachten. ³Abweichungen von Satz 1 können nach § 1 Absatz 3 des Dritten Buches[1]) vereinbart werden.

§ 78 Verordnungsermächtigung.
¹Die Bundesregierung wird ermächtigt, durch Rechtsverordnung mit Zustimmung des Bundesrates für die Sozialversicherungsträger mit Ausnahme der Bundesagentur für Arbeit Grundsätze über die Aufstellung des Haushaltsplans, seine Ausführung, die Rechnungsprüfung und die Entlastung sowie die Zahlung, die Buchführung und die Rechnungslegung zu regeln. ²Die Regelung ist nach den Grundsätzen des für den Bund und die Länder geltenden Haushaltsrechts vorzunehmen; sie hat die Besonderheiten der Sozialversicherung und der einzelnen Versicherungszweige zu berücksichtigen.

§ 79 Geschäftsübersichten und Statistiken der Sozialversicherung.
(1) ¹Die Versicherungsträger haben Übersichten über ihre Geschäfts- und Rechnungsergebnisse sowie sonstiges statistisches Material aus ihrem Geschäftsbereich zu erstellen und dem Bundesministerium für Arbeit und Soziales, landesunmittelbare Versicherungsträger auch den für die Sozialversicherung zuständigen obersten Verwaltungsbehörden der Länder oder den von diesen

---

[1]) Nr. 3.

bestimmten Stellen vorzulegen. ²Die Unterlagen für das Bundesministerium für Arbeit und Soziales sind dem im jeweiligen Versicherungszweig im gesamten Geltungsbereich dieses Buches zuständigen Verband maschinell verwertbar und geprüft zuzuleiten. ³Nach Aufbereitung leitet dieser die Unterlagen in maschinell verwertbarer Form an das Bundesministerium für Arbeit und Soziales sowie an die zuständigen obersten Verwaltungsbehörden der Länder oder an die von ihnen bestimmten Stellen weiter. ⁴Der Verband hat die aufbereiteten Unterlagen der landesunmittelbaren Versicherungsträger den für die Sozialversicherung zuständigen obersten Verwaltungsbehörden der Länder oder den von diesen bestimmten Stellen auf Verlangen zuzuleiten; dies gilt entsprechend für Unterlagen der bundesunmittelbaren Versicherungsträger, die Versicherte oder Mitglieder in dem betreffenden Land haben. ⁵Soweit ein Versicherungsträger einem Verband nicht angehört, kann er die Unterlagen dem Bundesministerium für Arbeit und Soziales unmittelbar oder über einen in seinem Versicherungszweig zuständigen Verband vorlegen; bei unmittelbarer Vorlage werden die Unterlagen nach Satz 3 vom Bundesministerium für Arbeit und Soziales zugeleitet. ⁶Das Bundesministerium für Arbeit und Soziales kann zulassen, dass ihm abweichend von Satz 2 die Unterlagen der Träger der allgemeinen Rentenversicherung und der knappschaftlichen Rentenversicherung unmittelbar vorgelegt werden. ⁷Die Sozialversicherung für Landwirtschaft, Forsten und Gartenbau legt dem Bundesministerium für Arbeit und Soziales die Unterlagen eines Kalenderjahres bis spätestens 30. Juni des folgenden Kalenderjahres unmittelbar vor.

(2) ¹Das Nähere zu Absatz 1, insbesondere zu Inhalt, Art und Form der Unterlagen, wird durch allgemeine Verwaltungsvorschriften bestimmt. ²Soweit sich die allgemeinen Verwaltungsvorschriften nur an bundesunmittelbare Versicherungsträger richten, werden sie vom Bundesministerium für Arbeit und Soziales erlassen.

(3) Das Bundesministerium für Arbeit und Soziales erstellt alljährlich eine Übersicht über die gesamten Geschäfts- und Rechnungsergebnisse des abgeschlossenen Geschäftsjahrs.

(3a) ¹Im Bereich der gesetzlichen Krankenversicherung und der sozialen Pflegeversicherung sind die Absätze 1 bis 3 mit den Maßgaben anzuwenden, dass an die Stelle des Bundesministeriums für Arbeit und Soziales das Bundesministerium für Gesundheit tritt und beim Erlass der allgemeinen Verwaltungsvorschriften nach Absatz 2 Satz 2 auch das Einvernehmen mit dem Bundesministerium für Arbeit und Soziales herzustellen ist. ²Soweit Bedarf für besondere Nachweise im Bereich der landwirtschaftlichen Krankenversicherung besteht, sind die Absätze 1 bis 3 mit den Maßgaben anzuwenden, dass an die Stelle des Bundesministeriums für Arbeit und Soziales das Bundesministerium für Ernährung und Landwirtschaft tritt und beim Erlass der allgemeinen Verwaltungsvorschriften nach Absatz 2 Satz 2 auch das Einvernehmen mit dem Bundesministerium für Arbeit und Soziales und dem Bundesministerium für Gesundheit herzustellen ist.

(3b) Soweit Versichertenstatistiken und Statistiken der Sozialgerichtsbarkeit der gesetzlichen Krankenversicherung und der sozialen Pflegeversicherung vom Bundesministerium für Arbeit und Soziales genutzt werden, sind die Daten auch dem Bundesministerium für Arbeit und Soziales vorzulegen.

(4) Diese Vorschrift findet auf die Bundesagentur für Arbeit keine Anwendung.

Vierter Titel. Vermögen

§ 80 Verwaltung der Mittel. (1) Die Mittel des Versicherungsträgers sind so anzulegen und zu verwalten, dass ein Verlust ausgeschlossen erscheint, ein angemessener Ertrag erzielt wird und eine ausreichende Liquidität gewährleistet ist.

(2) Die Mittel der Versicherungsträger sind getrennt von den Mitteln Dritter zu verwalten.

§ 81 Betriebsmittel. Die Versicherungsträger haben nach Maßgabe der besonderen Vorschriften für die einzelnen Versicherungszweige kurzfristig verfügbare Mittel zur Bestreitung ihrer laufenden Ausgaben sowie zum Ausgleich von Einnahme- und Ausgabeschwankungen (Betriebsmittel) bereitzuhalten.

§ 82 Rücklage. Die Versicherungsträger haben nach Maßgabe der besonderen Vorschriften für die einzelnen Versicherungszweige zur Sicherstellung ihrer Leistungsfähigkeit, insbesondere für den Fall, dass Einnahme- und Ausgabeschwankungen durch Einsatz der Betriebsmittel nicht mehr ausgeglichen werden können, eine Rücklage bereitzuhalten.

§ 83 Anlegung der Rücklage. (1) Die Rücklage kann, soweit in den besonderen Vorschriften für die einzelnen Versicherungszweige nichts Abweichendes bestimmt ist und die Anlage den dort geregelten Liquiditätserfordernissen entspricht, nur angelegt werden in

1. Schuldverschreibungen von Ausstellern mit Sitz in einem Mitgliedsstaat der Europäischen Gemeinschaften, wenn die Schuldverschreibungen an einer Börse in der Europäischen Gemeinschaft zum amtlichen Handel zugelassen sind oder in einen anderen organisierten Markt in einem Mitgliedsstaat der Europäischen Gemeinschaften einbezogen sind, der anerkannt und für das Publikum offen ist und dessen Funktionsweise ordnungsgemäß ist. Wertpapiere gemäß Satz 1, deren Zulassung in den amtlichen Handel an einer Börse in der Europäischen Gemeinschaft oder deren Einbeziehung in einen organisierten Markt in einem Mitgliedsstaat der Europäischen Gemeinschaften nach den Ausgabebedingungen zu beantragen ist, dürfen ebenfalls erworben werden, sofern die Zulassung oder Einbeziehung innerhalb eines Jahres nach ihrer Ausgabe erfolgt,
2. Schuldverschreibungen und sonstige Gläubigerrechte verbriefende Wertpapiere von Ausstellern mit Sitz in einem Mitgliedsstaat der Europäischen Gemeinschaften, wenn für die Einlösung der Forderung eine öffentlichrechtliche Gewährleistung besteht oder eine Sicherungseinrichtung der Kreditwirtschaft für die Einlösung der Forderung eintritt oder kraft Gesetzes eine besondere Deckungsmasse besteht,
3. Schuldbuchforderungen gegen öffentlich-rechtliche Stellen aus dem Gebiet der Europäischen Gemeinschaften,

4. Forderungen aus Darlehen und Einlagen gegen

a) öffentlich-rechtliche Gebiets- oder Personenkörperschaften oder Sondervermögen aus dem Gebiet der Europäischen Gemeinschaften,

b) Personen und Gesellschaften des privaten Rechts aus dem Gebiet der Europäischen Gemeinschaften, wenn für die Forderungen eine öffentlich-rechtliche Einrichtung die Gewährleistung für Rückzahlung und Verzinsung übernimmt oder wenn bei Kreditinstituten eine Sicherungseinrichtung der Kreditwirtschaft in die Gewährleistung eintritt,

5. Anteilen an Sondervermögen nach dem Gesetz über Kapitalanlagegesellschaften, wenn sichergestellt ist, dass für das Sondervermögen nur Vermögensgegenstände gemäß den Nummern 1 bis 4 und 8 dieser Vorschrift erworben werden dürfen,

6. Forderungen, für die eine sichere Hypothek, Grund- oder Rentenschuld an einem Grundstück, Wohnungseigentum oder Erbbaurecht im Bereich der Europäischen Gemeinschaften besteht,

7. Beteiligungen an gemeinnützigen Einrichtungen, soweit die Zweckbestimmung der Mittelhingabe vorwiegend den Aufgaben des Versicherungsträgers dient sowie Darlehen für gemeinnützige Zwecke,

8. Grundstücken und grundstücksgleichen Rechten im Gebiet der Europäischen Gemeinschaften.

(2) [1] Die Anlegung der Rücklage soll grundsätzlich in der im Inland geltenden Währung erfolgen. [2] Der Erwerb von auf die Währung eines anderen Mitgliedsstaates der Europäischen Gemeinschaft lautenden Forderungen ist nur in Verbindung mit einem Kurssicherungsgeschäft zulässig.

(3) Anlagen für soziale Zwecke sollen mit Vorrang berücksichtigt werden.

(4) Den Staaten der Europäischen Gemeinschaften in den Absätzen 1 und 2 stehen die Staaten des Abkommens über den Europäischen Wirtschaftsraum und die Schweiz gleich.

§ 84 Beleihung von Grundstücken. Eine Hypothek, Grundschuld oder Rentenschuld ist als sicher anzusehen, wenn die Beleihung die ersten zwei Drittel des Wertes des Grundstücks, Wohnungseigentums oder Erbbaurechts nicht übersteigt.

§ 85 Genehmigungsbedürftige Vermögensanlagen. (1) [1] Die Darlehen für gemeinnützige Zwecke, der Erwerb und das Leasen von Grundstücken und grundstücksgleichen Rechten sowie die Errichtung, die Erweiterung und der Umbau von Gebäuden bedürfen der Genehmigung der Aufsichtsbehörde. [2] Die Absicht, sich zur Aufgabenerfüllung an Einrichtungen mit Ausnahme von Arbeitsgemeinschaften im Sinne dieses Gesetzbuches zu beteiligen, sowie die Absicht, Datenverarbeitungsanlagen und -systeme anzukaufen, zu leasen oder anzumieten oder sich an solchen zu beteiligen, ist der Aufsichtsbehörde vor Abschluss verbindlicher Vereinbarungen anzuzeigen. [3] Solange das Systemkonzept der Datenverarbeitung nicht grundlegend verändert wird, ist eine Anzeige nach Satz 2 nicht erforderlich. [4] Die Sätze 2 und 3 gelten für die Beschaffung und bei den Rentenversicherungsträgern auch für die Eigenentwicklung von Datenverarbeitungsprogrammen entsprechend. [5] Jede Anzeige hat so umfassend und rechtzeitig zu erfolgen, dass der Aufsichtsbehörde vor Vertragsabschluss

ausreichend Zeit zur Prüfung und Beratung des Versicherungsträgers bleibt.
[6] Die Aufsichtsbehörde kann auf eine Anzeige verzichten.

(2) [1] Der Erwerb und das Leasen von Grundstücken und grundstücksgleichen Rechten sowie die Errichtung, die Erweiterung und der Umbau von Gebäuden bedürfen keiner Genehmigung, wenn die veranschlagten Kosten für ein Vorhaben 0,3 vom Hundert des zuletzt festgestellten Haushaltsvolumens des Versicherungsträgers, mindestens jedoch 22 800 Euro (Stand Haushaltsjahr 2000) und höchstens 342 000 Euro (Stand Haushaltsjahr 2000), nicht übersteigen. [2] Bei dem Leasen von Grundstücken ist von dem fiktiven Kaufpreis auszugehen.

(3) Der Mindest- und Höchstbetrag nach Absatz 2 verändert sich in demselben Verhältnis wie der Baukostenindex, den das Bundesministerium für Arbeit und Soziales alljährlich bekannt gibt.

(3a) [1] Mietverträge von Krankenkassen und ihren Verbänden sind der Aufsichtsbehörde vor ihrem Abschluss vorzulegen, wenn die anzumietende Fläche 7 500 Quadratmeter überschreitet und eine Mietdauer von mehr als zehn Jahren fest vereinbart werden soll. [2] Absatz 1 Satz 5 und 6 gilt entsprechend.

(4) Diese Vorschrift findet auf die Bundesagentur für Arbeit keine Anwendung.

(5) Maßnahmen einer Einrichtung, an der ein Versicherungsträger beteiligt ist und die nach den Absätzen 1 bis 4 genehmigungs- oder anzeigepflichtig wären, hat der Versicherungsträger der Aufsichtsbehörde rechtzeitig anzuzeigen.

§ 86 Ausnahmegenehmigung. Die Versicherungsträger können in Einzelfällen mit Genehmigung der Aufsichtsbehörde ihre Rücklage abweichend von § 83 anlegen, wenn sie nicht oder noch nicht nach dieser Vorschrift angelegt werden kann oder wenn wichtige Gründe eine im Interesse des Versicherungsträgers liegende andere Anlegung rechtfertigen.

Fünfter Titel. Aufsicht

§ 87 Umfang der Aufsicht. (1) [1] Die Versicherungsträger unterliegen staatlicher Aufsicht. [2] Sie erstreckt sich auf die Beachtung von Gesetz und sonstigem Recht, das für die Versicherungsträger maßgebend ist.

(2) Auf den Gebieten der Prävention in der gesetzlichen Unfallversicherung erstreckt sich die Aufsicht auch auf den Umfang und die Zweckmäßigkeit der Maßnahmen.

(3) [1] Soweit die Deutsche Gesetzliche Unfallversicherung e.V. Aufgaben nach § 14 Absatz 4, § 15 Absatz 1, § 20 Absatz 2 Satz 2, § 31 Absatz 2 Satz 2, § 32 Absatz 4, § 34 Absatz 3 Satz 1, § 40 Absatz 5, § 41 Absatz 4 und § 43 Absatz 5 des Siebten Buches[1]) wahrnimmt, untersteht sie der Rechtsaufsicht des Bundesministeriums für Arbeit und Soziales. [2] Das Bundesministerium für Arbeit und Soziales kann die Aufsicht mit Ausnahme der Aufsicht im Bereich der Prävention ganz oder teilweise dem Bundesversicherungsamt übertragen.

---

[1]) Nr. 7.

§ 88 Prüfung und Unterrichtung. (1) Die Aufsichtsbehörde kann die Geschäfts- und Rechnungsführung des Versicherungsträgers prüfen.

(2) Die Versicherungsträger haben der Aufsichtsbehörde oder ihren Beauftragten auf Verlangen alle Unterlagen vorzulegen und alle Auskünfte zu erteilen, die zur Ausübung des Aufsichtsrechts auf Grund pflichtgemäßer Prüfung der Aufsichtsbehörde gefordert werden.

§ 89 Aufsichtsmittel. (1) [1] Wird durch das Handeln oder Unterlassen eines Versicherungsträgers das Recht verletzt, soll die Aufsichtsbehörde zunächst beratend darauf hinwirken, dass der Versicherungsträger die Rechtsverletzung behebt. [2] Kommt der Versicherungsträger dem innerhalb angemessener Frist nicht nach, kann die Aufsichtsbehörde den Versicherungsträger verpflichten, die Rechtsverletzung zu beheben. [3] Die Verpflichtung kann mit den Mitteln des Verwaltungsvollstreckungsrechts durchgesetzt werden, wenn ihre sofortige Vollziehung angeordnet worden oder sie unanfechtbar geworden ist. [4] Die Aufsicht kann die Zwangsmittel für jeden Fall der Nichtbefolgung androhen. [5] § 13 Absatz 6 Satz 2 des Verwaltungs-Vollstreckungsgesetzes ist nicht anwendbar.

(2) Absatz 1 gilt für die Aufsicht nach § 87 Absatz 2 entsprechend.

(3) [1] Die Aufsichtsbehörde kann verlangen, dass die Selbstverwaltungsorgane zu Sitzungen einberufen werden. [2] Wird ihrem Verlangen nicht entsprochen, kann sie die Sitzungen selbst anberaumen und die Verhandlungen leiten.

§ 90 Aufsichtsbehörden. (1) [1] Die Aufsicht über die Versicherungsträger, deren Zuständigkeitsbereich sich über das Gebiet eines Landes hinaus erstreckt (bundesunmittelbare Versicherungsträger), führt das Bundesversicherungsamt, auf den Gebieten der Prävention in der gesetzlichen Unfallversicherung das Bundesministerium für Arbeit und Soziales. [2] Die Aufsicht über die Unfallversicherung Bund und Bahn auf dem Gebiet der Prävention führt das Bundesministerium des Innern.

(2) Die Aufsicht über die Versicherungsträger, deren Zuständigkeitsbereich sich nicht über das Gebiet eines Landes hinaus erstreckt (landesunmittelbare Versicherungsträger), führen die für die Sozialversicherung zuständigen obersten Verwaltungsbehörden der Länder oder die von den Landesregierungen durch Rechtsverordnung bestimmten Behörden; die Landesregierungen können diese Ermächtigung auf die obersten Landesbehörden weiter übertragen.

(2a) [1] Die Aufsicht über die Deutsche Rentenversicherung Bund führt das Bundesversicherungsamt. [2] Soweit die Deutsche Rentenversicherung Bund Grundsatz- und Querschnittsaufgaben wahrnimmt, führt das Bundesministerium für Arbeit und Soziales die Aufsicht; es kann die Aufsicht teilweise dem Bundesversicherungsamt übertragen.

(3) Abweichend von Absatz 1 führen die Verwaltungsbehörden nach Absatz 2 die Aufsicht über Versicherungsträger, deren Zuständigkeitsbereich sich über das Gebiet eines Landes, aber nicht über mehr als drei Länder hinaus erstreckt und für die das aufsichtführende Land durch die beteiligten Länder bestimmt ist.

(4) [1] Die Aufsichtsbehörden treffen sich regelmäßig zu einem Erfahrungsaustausch. [2] Soweit dieser Erfahrungsaustausch Angelegenheiten der Sozialversicherung für Landwirtschaft, Forsten und Gartenbau betrifft, nehmen auch das

5. Abschnitt. Versicherungsbehörden   §§ 90a–93   SGB IV   4

Bundesministerium für Arbeit und Soziales und das Bundesministerium für Ernährung und Landwirtschaft teil.

§ 90a Zuständigkeitsbereich. (1) Der Zuständigkeitsbereich im Sinne des § 90 wird bestimmt:
1. bei Ortskrankenkassen durch die Region, für die sie bestehen (§ 143 des Fünften Buches[1]),
2. bei Betriebskrankenkassen durch die Betriebe, für die sie ihrer Satzung nach zuständig sind; unselbständige Betriebsteile mit weniger als zehn Mitgliedern in einem Land bleiben unberücksichtigt,
3. bei Innungskrankenkassen durch die Bezirke der Handwerksinnungen, für die sie ihrer Satzung nach bestehen,
4. bei Ersatzkassen durch die in der Satzung festgelegten Bezirke.

(2) Enthält die Satzung einer Betriebs- oder Innungskrankenkasse eine Regelung nach § 173 Absatz 2 Satz 1 Nummer 4 des Fünften Buches in der ab 1. Januar 1996 geltenden Fassung, wird der Zuständigkeitsbereich bestimmt durch die Region (§ 173 Absatz 2 Satz 2 des Fünften Buches), für die sie ihrer Satzung nach zuständig ist.

Fünfter Abschnitt. Versicherungsbehörden

§ 91 Arten. (1) [1] Versicherungsbehörden sind die Versicherungsämter und das Bundesversicherungsamt. [2] Durch Landesrecht können weitere Versicherungsbehörden errichtet werden.

(2) Die Landesregierungen können einzelne Aufgaben, die dieses Gesetzbuch den obersten Landesbehörden zuweist, auf Versicherungsbehörden und andere Behörden ihres Landes durch Rechtsverordnung übertragen; die Landesregierungen können diese Ermächtigung auf die obersten Landesbehörden weiter übertragen.

§ 92 Versicherungsämter. [1] Versicherungsamt ist die untere Verwaltungsbehörde. [2] Die Landesregierungen werden ermächtigt, durch Rechtsverordnung zu bestimmen, welche Behörde zuständige Behörde im Sinne von Satz 1 ist. [3] Sie können diese Ermächtigung auf die obersten Verwaltungsbehörden der Länder übertragen. [4] Die Landesregierungen oder die von ihnen bestimmten Stellen können durch Rechtsverordnung bestimmen, dass ein gemeinsames Versicherungsamt für die Bezirke mehrerer unterer Verwaltungsbehörden bei einer dieser Behörden errichtet wird. [5] Durch Vereinbarung der beteiligten Landesregierungen oder der von ihnen bestimmten Stellen kann ein gemeinsames Versicherungsamt bei einer unteren Verwaltungsbehörde auch für Gebietsteile mehrerer Länder errichtet werden.

§ 93 Aufgaben der Versicherungsämter. (1) [1] Die Versicherungsämter haben in allen Angelegenheiten der Sozialversicherung Auskunft zu erteilen und die sonstigen ihnen durch Gesetz oder sonstiges Recht übertragenen Aufgaben wahrzunehmen. [2] Die Landesregierungen können einzelne Aufgaben der Ver-

---
[1] Nr. 5.

sicherungsämter den Gemeindebehörden durch Rechtsverordnung übertragen; die Landesregierungen können diese Ermächtigung auf die obersten Landesbehörden weiter übertragen.

(2) ¹Die Versicherungsämter haben Anträge auf Leistungen aus der Sozialversicherung entgegenzunehmen. ²Auf Verlangen des Versicherungsträgers haben sie den Sachverhalt aufzuklären, Beweismittel beizufügen, sich, soweit erforderlich, zu den entscheidungserheblichen Tatsachen zu äußern und Unterlagen unverzüglich an den Versicherungsträger weiterzuleiten.

(3) ¹Zuständig ist das Versicherungsamt, in dessen Bezirk der Leistungsberechtigte zur Zeit des Antrags seinen Wohnsitz oder gewöhnlichen Aufenthalt oder seinen Beschäftigungsort oder Tätigkeitsort hat. ²Ist ein solcher Ort im Geltungsbereich dieses Gesetzbuchs nicht vorhanden, richtet sich die Zuständigkeit nach dem Ort, in dem zuletzt die Voraussetzungen des Satzes 1 erfüllt waren.

§ 94 Bundesversicherungsamt. (1) ¹Das Bundesversicherungsamt ist eine selbständige Bundesoberbehörde. ²Es hat seinen Sitz in Bonn.

(2) ¹Das Bundesversicherungsamt hat die ihm durch Gesetz oder sonstiges Recht übertragenen Aufgaben wahrzunehmen. ²Es untersteht dem Bundesministerium für Arbeit und Soziales, für den Bereich der gesetzlichen Krankenversicherung und sozialen Pflegeversicherung dem Bundesministerium für Gesundheit. ³Es ist, soweit es die Aufsicht nach diesem Gesetzbuch ausübt, nur an allgemeine Weisungen des zuständigen Bundesministeriums gebunden.

(3) ¹Das Bundesversicherungsamt begleitet in Abstimmung mit dem Bundesministerium für Arbeit und Soziales und dem Bundesministerium für Ernährung und Landwirtschaft die Sozialversicherung für Landwirtschaft, Forsten und Gartenbau bei der Weiterentwicklung der Informationstechnik. ²Die Kosten des Bundesversicherungsamtes werden von der Sozialversicherung für Landwirtschaft, Forsten und Gartenbau erstattet. ³Die Kosten werden nach dem tatsächlich entstandenen Personal- und Sachaufwand berechnet.

Sechster Abschnitt. Übermittlung und Verarbeitung von elektronischen Daten in der Sozialversicherung

Erster Titel. Übermittlung von Daten zur und innerhalb der Sozialversicherung

§ 95 Gemeinsame Grundsätze Technik. ¹Der Spitzenverband Bund der Krankenkassen, die Deutsche Rentenversicherung Bund, die Deutsche Rentenversicherung Knappschaft-Bahn-See, die Bundesagentur für Arbeit und die Deutsche Gesetzliche Unfallversicherung e.V. vereinbaren in Gemeinsamen Grundsätzen die Standards für die elektronische Datenübermittlung an die oder innerhalb der Sozialversicherung, insbesondere zur Verschlüsselung der Daten, zur Übertragungstechnik, zur Kennzeichnung bei Weiterleitung von Meldungen durch ein Referenzdatum und zu den jeweiligen Schnittstellen. ²Kommen hierbei Verfahren für die Verschlüsselung oder Signatur zum Einsatz, sind diese nach dem Stand der Technik umzusetzen. ³Der Stand der Technik ist den Technischen Richtlinien des Bundesamtes für Sicherheit in der Informationstechnik zu entnehmen. ⁴Soweit Standards vereinbart werden, von denen die landwirtschaftliche Sozialversicherung oder die berufsständische Versorgung betroffen ist, sind deren Spitzenorganisationen zu beteiligen. [5] Die Gemeinsamen Grundsätze bedürfen der Genehmigung des Bundesministeriums für Arbeit und Soziales, das vorher das Bundesministerium für Gesundheit und, soweit die Meldeverfahren der Arbeitgeber betroffen sind, die Bundesvereinigung der Deutschen Arbeitgeberverbände anzuhören hat.

Zweiter Titel. Annahme, Weiterleitung und Verarbeitung der Daten der Arbeitgeber durch die Sozialversicherungsträger

§ 96 Kommunikationsserver. (1) [1] Zur Bündelung der Datenübermittlung vom Arbeitgeber an die Sozialversicherungsträger und andere öffentliche Stellen nach diesem Gesetzbuch und dem Aufwendungsausgleichsgesetz sowie des zugehörigen Rückmeldeverfahrens betreiben die gesetzliche Krankenversicherung und die Datenstelle der Rentenversicherung jeweils einen Kommunikationsserver. [2] Eingehende Meldungen der Arbeitgeber sind unverzüglich an die zuständige Annahmestelle weiterzuleiten. [3] Der technische Eingang der Meldung ist zu quittieren.

(2) [1] Der Meldepflichtige hat Meldungen der Sozialversicherungsträger oder anderer öffentlicher Stellen nach diesem Gesetzbuch mindestens einmal wöchentlich von den Kommunikationsservern abzurufen und zu verarbeiten. [2] Der verwertbare Empfang ist durch den Meldepflichtigen zu quittieren. [3] Mit der Annahme der Quittung durch den Kommunikationsserver gelten die Meldungen als dem Meldepflichtigen zugegangen. [4] 30 Tage nach Eingang der Quittung sind diese Meldungen durch den Sozialversicherungsträger oder die andere öffentliche Stelle zu löschen. [5] Erfolgt keine Quittierung, werden Meldungen 30 Tage nach der Bereitstellung zum Abruf gelöscht. [6] Satz 1 gilt nicht für Arbeitgeber, die Meldungen nach § 28a Absatz 6a und 7 abgeben. [7] Diese erhalten die Meldungen von den Sozialversicherungsträgern in schriftlicher Form übermittelt. [8] Das Nähere zum Abrufverfahren wird in Gemeinsamen Grundsätzen entsprechend § 28b Absatz 1 Satz 1 Nummer 3 geregelt.

§ 97 Annahmestellen. (1) [1] Die Sozialversicherungsträger und die berufsständischen Versorgungseinrichtungen errichten zur Annahme der Daten vom oder zur Meldung zum Arbeitgeber, zu ihrer technischen Prüfung und zur Weiterleitung innerhalb eines Sozialversicherungszweiges oder an andere Sozialversicherungsträger oder öffentliche Stellen Annahmestellen. [2] Annahmestellen errichten die Krankenkassen. [3] Eine Annahmestelle errichten ferner:

1. die Sozialversicherung für Landwirtschaft, Forsten und Gartenbau,
2. die Träger der Rentenversicherung bei der Datenstelle der Rentenversicherung,
3. die Deutsche Rentenversicherung Knappschaft-Bahn-See,
4. die Bundesagentur für Arbeit,
5. die Unfallversicherungsträger bei der Deutschen Gesetzlichen Unfallversicherung e.V.,
6. die berufsständischen Versorgungseinrichtungen bei der Arbeitsgemeinschaft berufsständischer Versorgungseinrichtungen e.V.

(2) Abweichend von Absatz 1 kann ein Sozialversicherungsträger durch schriftliche Vereinbarung einen anderen Sozialversicherungsträger mit dem Betrieb der Annahmestelle beauftragen.

(3) [1] Die erstannehmende Annahmestelle hat nach der Entschlüsselung der Daten und der technischen Prüfung die technisch fehlerfreien Daten innerhalb eines Arbeitstages an den Adressaten der Datenübermittlung weiterzuleiten. [2] Die meldende Stelle erhält mit der Weiterleitung eine Weiterleitungsbestätigung; die Meldungen gelten damit als dem Adressaten zugegangen.

(4) [1] Technisch fehlerhafte Meldungen sind innerhalb eines Arbeitstages mit einer Fehlermeldung durch Datenübertragung zurückzuweisen. [2] Zur Verbesserung der Qualität der Meldungen richten die Krankenkassen ein Qualitätsmanagement ein, das zur Beseitigung festgestellter technischer Mängel in der Software der meldenden Krankenkasse oder der Annahmestelle in einer Frist von 30 Tagen verpflichtet. [3] Rückweisungen seitens der Meldepflichtigen sind nur durch die jeweils aktuell gültigen Kernprüfprogramme zulässig, die in der Abrechnungssoftware installiert sind. [4] Das Nähere zum Verfahren regeln Grundsätze des Spitzenverbandes Bund der Krankenkassen. [5] Die Grundsätze bedürfen der Genehmigung des Bundesministeriums für Arbeit und Soziales im Einvernehmen mit dem Bundesministerium für Gesundheit; die Bundesvereinigung der Deutschen Arbeitgeberverbände ist vorher anzuhören.

(5) [1] Die Annahmestelle darf die Meldungen unter Beachtung der Datensicherheit und Datenvollständigkeit in ein anderes technisches Format umwandeln, wenn dies für die weitere Verarbeitung und Nutzung der Meldungen beim Adressaten der Daten notwendig oder wirtschaftlicher ist. [2] Die Meldungen sind ohne inhaltliche Veränderungen in verschlüsselter Form oder über eine gesicherte Leitung an den Adressaten weiterzuleiten. [3] Der Adressat der Meldungen hat diese elektronisch anzunehmen und zu verarbeiten.

§ 98 Weiterleitung der Daten durch die Einzugsstellen.
(1) [1] Die Einzugsstellen nehmen, soweit durch dieses Gesetzbuch nichts anderes bestimmt ist, die für die gesetzliche Kranken-, Pflege- und Rentenversicherung sowie nach dem Recht der Arbeitsförderung zu übermittelnden Daten von der erstannehmenden Annahmestelle entgegen. [2] Dies gilt auch für die Daten nach § 196 Absatz 2 Satz 3 des Sechsten Buches[1]). [3] Die Einzugsstellen haben dafür zu sorgen, dass die Meldungen rechtzeitig erstattet werden, die erforderlichen Daten vollständig und richtig enthalten sind und innerhalb von drei Arbeitstagen an die Adressaten der Meldeinhalte weitergeleitet werden. [4] Die Einzugsstellen können die Weiterleitung der Daten an andere Sozialversicherungsträger oder andere öffentliche Stellen an eine Annahmestelle übertragen.

(2) [1] Die Einzugsstelle unterzieht die Meldungen nach § 28a einer automatisierten inhaltlichen Prüfung im Abgleich mit ihren Bestandsdaten (Bestandsprüfung). [2] Stellt sie in einer Meldung einen Fehler fest, hat sie die festgestellten Abweichungen mit dem Meldepflichtigen aufzuklären. [3] Wird in der Folge der Inhalt der Meldung durch die Einzugsstelle verändert, hat sie die Veränderung dem Meldepflichtigen durch Datenübertragung unverzüglich zu melden; § 28a Absatz 1 Satz 2 und § 96 Absatz 2 Satz 6 und 7 gelten entsprechend. [4] Die Sätze 1 bis 3 gelten entsprechend für alle anderen Adressaten von Meldungen.

---

[1]) Nr. 6.

⁵Die Sätze 1 bis 3 gelten entsprechend für § 28f Absatz 3 Satz 1 sowie für Meldungen nach § 107 Absatz 1 Satz 1 sowie für Meldungen nach § 202 Absatz 1 Satz 1 des Fünften Buches[1] und nach § 2 Absatz 3 Satz 1 des Aufwendungsausgleichsgesetzes.

Dritter Titel. Übermittlung von Daten im Lohnnachweisverfahren der Unfallversicherung

§ 99 Übermittlung von Daten durch den Unternehmer im Lohnnachweisverfahren. (1) ¹Hat ein Unternehmer nach § 165 Absatz 1 Satz 1 des Siebten Buches[2] für das Kalenderjahr, in dem Beitragspflicht bestand, einen Lohnnachweis zu erstellen, hat er diesen bis zum 16. Februar des Folgejahres durch elektronische Datenübertragung an den zuständigen Unfallversicherungsträger zu übermitteln. ²Die Übermittlung hat aus einem systemgeprüften Entgeltabrechnungsprogramm oder einer systemgeprüften Ausfüllhilfe nach § 28a Absatz 1 Satz 2 und 3 zu erfolgen. ³Die Sätze 1 und 2 gelten nicht für Unternehmer, deren Beiträge für ihre Beschäftigten auf der Basis von Einwohnerzahlen nach § 185 Absatz 4 Satz 1 des Siebten Buches erhoben werden, sowie für private Haushalte nach § 129 Absatz 1 Nummer 2 des Siebten Buches.

(2) ¹Der Unternehmer übermittelt die Meldungen nach Absatz 1 an die Annahmestelle der Unfallversicherungsträger. ²Übermittelt ein Unternehmer Meldungen für mehrere meldende Stellen oder gesondert für verschiedene Gruppen von Versicherten, hat er diese Meldungen jeweils gesondert als Teillohnnachweis zu erstatten.

(3) ¹Sind Korrekturen der gemeldeten Daten notwendig, hat der Unternehmer die fehlerhafte Meldung unverzüglich zu stornieren und die Meldung erneut zu erstatten. ²Werden fehlerhafte Meldungen zurückgewiesen, sind unverzüglich berichtigte Meldungen erneut zu erstatten.

(4) ¹Abweichend von Absatz 3 ist eine Meldung nach Absatz 1 bei Insolvenz, Einstellung oder Überweisung des Unternehmens, bei Unternehmerwechsel, bei der Beendigung aller Beschäftigungsverhältnisse oder anderen Sachverhalten, die zu einem Wegfall der die Abrechnung durchführenden Stelle führen, mit der nächsten Entgeltabrechnung, spätestens innerhalb von sechs Wochen, abzugeben. ²Das Nähere regeln die Gemeinsamen Grundsätze nach § 103.

§ 100 Inhalt des elektronischen Lohnnachweises. (1) Die Meldung des elektronischen Lohnnachweises enthält insbesondere folgende Angaben:
1. die Mitgliedsnummer des Unternehmers;
2. die Betriebsnummer der die Abrechnung durchführenden Stelle;
3. die Betriebsnummer des zuständigen Unfallversicherungsträgers;
4. das in der Unfallversicherung beitragspflichtige Arbeitsentgelt, die geleisteten Arbeitsstunden und die Anzahl der zu meldenden Versicherten, bezogen auf die anzuwendenden Gefahrtarifstellen.

---

[1] Nr. 5.
[2] Nr. 7.

(2) Absatz 1 gilt für die Erstellung von Teillohnnachweisen nach § 99 Absatz 2 entsprechend.

(3) Das Nähere zum Verfahren, zu den Datensätzen und zu weiteren zu übermittelnden Angaben, insbesondere der zu verwendenden Schlüsselzahlen, regeln die Gemeinsamen Grundsätze nach § 103.

§ 101 Stammdatendatei. (1) Die Deutsche Gesetzliche Unfallversicherung e.V. errichtet eine Stammdatendatei, in der der zuständige Unfallversicherungsträger, die Mitgliedsnummer des Unternehmers, die anzuwendenden Gefahrtarifstellen, die dazugehörigen Betriebsnummern der die Abrechnung durchführenden Stellen und gegebenenfalls weitere erforderliche Identifikationsmerkmale gespeichert sind.

(2) [1] Die Unfallversicherungsträger melden alle notwendigen Daten zur Errichtung einer Stammdatendatei an die Deutsche Gesetzliche Unfallversicherung e.V., Änderungen der Daten sind unverzüglich zu melden. [2] Die Unfallversicherungsträger dürfen die zur Erledigung ihrer gesetzlichen Aufgaben notwendigen Daten aus der Stammdatendatei abrufen, verarbeiten und nutzen.

(3) Die Deutsche Rentenversicherung Bund, die Datenstelle der Rentenversicherung und die Deutsche Rentenversicherung Knappschaft-Bahn-See dürfen zur Erfüllung der gesetzlichen Aufgaben nach diesem Buch die Daten der Stammdatendatei abrufen und nutzen.

(4) Die Unternehmer haben zur Durchführung der Meldungen nach § 28a Absatz 2a und § 99 einen automatisierten Abgleich mit den Daten der Stammdatendatei durchzuführen.

(5) Das Nähere zum Aufbau und zum Abrufverfahren, insbesondere zu den Datensätzen, wird in den Gemeinsamen Grundsätzen nach § 103 geregelt.

§ 102 Verarbeitung, Weiterleitung und Nutzung der Daten zum Lohnnachweisverfahren. (1) [1] Für die Annahme, Prüfung und Weiterleitung der Meldung nach § 99 gilt für die Annahmestelle der Unfallversicherungsträger § 97 Absatz 3 bis 5 entsprechend. [2] Die Deutsche Gesetzliche Unfallversicherung e.V. erstellt Kernprüfprogramme zur Sicherung der Qualität der Meldungen im elektronischen Lohnnachweisverfahren der gesetzlichen Unfallversicherung; die Erfüllung der Aufgaben der Kernprüfprogramme ist Bestandteil der Systemprüfung von Entgeltprogrammen für Arbeitgeber.

(2) [1] Die Annahmestelle leitet die Meldung nach § 99 an die Deutsche Gesetzliche Unfallversicherung e.V. innerhalb eines Arbeitstages weiter. [2] Die Deutsche Gesetzliche Unfallversicherung e.V. prüft diese Meldungen gegen ihre Informationen im Stammdatendienst und leitet fehlerfreie Meldungen an den zuständigen Unfallversicherungsträger innerhalb eines Arbeitstages weiter.

(3) Das Nähere zum Verfahren, zur Weiterleitung und zur Nutzung der Daten regeln die Gemeinsamen Grundsätze nach § 103.

§ 103 Gemeinsame Grundsätze zur Datenübermittlung an die Unfallversicherung. [1] Die Deutsche Rentenversicherung Bund, die Deutsche Gesetzliche Unfallversicherung e.V. und der Spitzenverband Bund der Krankenkassen bestimmen in Gemeinsamen Grundsätzen bundeseinheitlich das Nähere zu den Verfahren nach den §§ 99, 100, 101 und 102. [2] Die Grundsätze bedürfen der Genehmigung des Bundesministeriums für Arbeit und Soziales, das vorher die Bundesvereinigung der Deutschen Arbeitgeberverbände anzuhören hat.

Siebter Abschnitt. Informationsangebote in den Meldeverfahren der sozialen Sicherung

§ 104 Informations- und Beratungsanspruch. ¹ Arbeitgeber und Beschäftigte haben einen Anspruch, von den an den Meldeverfahren nach diesem Buch beteiligten Sozialversicherungsträgern über ihre Rechte und Pflichten nach diesem Gesetzbuch und nach dem Aufwendungsausgleichsgesetz beraten zu werden. ² In Einzelfällen sind die Sozialversicherungsträger verpflichtet, die Arbeitgeber bei der Aufklärung von Sachverhalten zu unterstützen, damit diese ihren Pflichten ordnungsgemäß nachkommen können. ³ Darüber hinaus stellen die nach diesem Buch beteiligten Sozialversicherungsträger in allgemein zugänglicher Form allen Verfahrensbeteiligten allgemeine Informationen zu ihren versicherungsrechtlichen, melderechtlichen und beitragsrechtlichen Rechten und Pflichten zur Verfügung, um ihrer Auskunftspflicht nachzukommen.

§ 105 Informationsportal. (1) Zur Erfüllung der Auskunftspflicht der Sozialversicherungsträger nach § 104 Satz 3 wird beim Spitzenverband Bund der Krankenkassen ein allgemein zugängliches elektronisch gestütztes Informationsportal errichtet; er kann diese Aufgabe an eine geeignete Arbeitsgemeinschaft der gesetzlichen Krankenkassen nach § 94 Absatz 1a Satz 1 des Zehnten Buches[1)] oder nach § 219 des Fünften Buches[2)] übertragen.

(2) ¹ Die Sozialversicherungsträger sind jeweils für die Erarbeitung und inhaltlich richtige Darstellung der von ihnen zu verantwortenden Fachverfahren im Informationsportal zuständig. ² Weitere Verfahrensbeteiligte sollen sich am Informationsportal im Rahmen von Vereinbarungen beteiligen, insbesondere über eine anteilige Kostentragung.

(3) Das Nähere über den Aufbau, die Nutzung und die Inhalte des Informationsportals regeln die Verfahrensbeteiligten in Gemeinsamen Grundsätzen, die vom Bundesministerium für Arbeit und Soziales im Einvernehmen mit dem Bundesministerium für Gesundheit zu genehmigen sind.

(4) ¹ Die Sozialversicherungsträger tragen die nachgewiesenen Investitions- und laufenden Betriebskosten des Informationsportals gemeinsam. ² Von diesen Kosten übernehmen:

1. 50 Prozent der Spitzenverband Bund der Krankenkassen, der auch für die Pflegekassen handelt,
2. 30 Prozent die Deutsche Rentenversicherung Bund,
3. 10 Prozent die Bundesagentur für Arbeit und
4. 10 Prozent die Deutsche Gesetzliche Unfallversicherung e.V.

³ Die Aufteilung der Kosten innerhalb der gesetzlichen Krankenversicherung und der sozialen Pflegeversicherung, der gesetzlichen Rentenversicherung und

---

[1)] Nr. 10.
[2)] Nr. 5.

der gesetzlichen Unfallversicherung regeln die Träger in ihrem jeweiligen Bereich im Rahmen ihrer Selbstverwaltung.

(5) Der Spitzenverband Bund der Krankenkassen hat bis zum 31. Dezember 2018 dem Bundesministerium für Arbeit und Soziales einen Bericht über die Nutzung, Kostenverteilung und mögliche Perspektiven des Informationsportals vorzulegen.

Achter Abschnitt. Elektronisches Antrags- und Bescheinigungsverfahren

§ 106 Elektronischer Antrag auf Ausstellung einer Bescheinigung über die anzuwendenden Rechtsvorschriften bei Beschäftigung nach Artikel 12 Absatz 1 der Verordnung (EG) Nr. 883/2004 und bei Ausnahmevereinbarungen nach Artikel 16 der Verordnung (EG) Nr. 883/2004. (1) ¹ Gelten für vorübergehend in einem anderen Mitgliedstaat der Europäischen Union, in einem Vertragsstaat des Abkommens über den Europäischen Wirtschaftsraum oder in der Schweiz Beschäftigte die deutschen Rechtsvorschriften über soziale Sicherheit nach Artikel 12 Absatz 1 der Verordnung (EG) Nr. 883/2004 des Europäischen Parlaments und des Rates vom 29. April 2004 zur Koordinierung der Systeme der sozialen Sicherheit (ABl. L 166 vom 30.4.2004, S. 1, L 200 vom 7.6.2004, S. 1), die zuletzt durch die Verordnung (EU) Nr. 465/2012 (ABl. L 149 vom 8.6.2012, S. 4) geändert worden ist, so kann der Arbeitgeber einen Antrag auf Ausstellung einer entsprechenden Bescheinigung über die Fortgeltung der deutschen Rechtsvorschriften (A1-Bescheinigung) für diesen Beschäftigten an die zuständige Stelle durch Datenübertragung aus einem systemgeprüften Programm oder mittels einer maschinell erstellten Ausfüllhilfe übermitteln. ² Die zuständige Stelle hat den Antrag elektronisch anzunehmen, zu verarbeiten und zu nutzen. ³ Ist festgestellt, dass die deutschen Rechtsvorschriften über soziale Sicherheit gelten, erfolgt die Übermittlung der Daten der A1-Bescheinigung innerhalb von drei Arbeitstagen durch Datenübermittlung an den Arbeitgeber, der diese Bescheinigung unverzüglich auszudrucken und seinen Beschäftigten auszuhändigen hat.

(2) ¹ In den Fällen, in denen die deutschen Rechtsvorschriften über soziale Sicherheit auf Grund einer Vereinbarung nach Artikel 16 der Verordnung (EG) Nr. 883/2004 gelten sollen, gilt für das Antragsverfahren Absatz 1 entsprechend. ² Beschäftigte haben in diesem Fall zusätzlich eine schriftliche Erklärung an die zuständige Stelle zu senden, in der sie bestätigen, dass eine solche Vereinbarung in ihrem Interesse liegt.

(3) Das Nähere zum Verfahren und zu den Inhalten des Antrages und der zu übermittelnden Datensätze nach den Absätzen 1 und 2 regeln der Spitzenverband Bund der Krankenkassen, die Deutsche Rentenversicherung Bund, die Deutsche Gesetzliche Unfallversicherung e.V. und die Arbeitsgemeinschaft berufsständischer Versorgungseinrichtungen e.V. in Gemeinsamen Grundsätzen, die vom Bundesministerium für Arbeit und Soziales zu genehmigen sind; die Bundesvereinigung der Deutschen Arbeitgeberverbände ist vorher anzuhören.

§ **107 Elektronische Übermittlung von Bescheinigungen für Entgeltersatzleistungen.** (1) ¹Sind zur Gewährung von Krankengeld, Verletztengeld, Übergangsgeld, Pflegeunterstützungsgeld oder Mutterschaftsgeld Angaben über das Beschäftigungsverhältnis notwendig und sind diese dem Leistungsträger aus anderem Grund nicht bekannt, sind sie durch eine Bescheinigung des Arbeitgebers nachzuweisen. ²Diese Bescheinigung kann der Leistungsträger im Einzelfall vom Arbeitgeber elektronisch durch Datenübertragung anfordern. ³Der Arbeitgeber hat dem Leistungsträger diese Bescheinigung im Einzelfall durch gesicherte und verschlüsselte Datenübertragung aus systemgeprüften Programmen oder mittels maschinell erstellter Ausfüllhilfen zu übermitteln. ⁴Der Leistungsträger hat diese Daten elektronisch anzunehmen, zu verarbeiten und zu nutzen. ⁵Die Sätze 3 und 4 gelten nicht für Einzelfälle, in denen ein elektronisches Meldeverfahren nicht wirtschaftlich durchzuführen ist. ⁶Den Aufbau der Datensätze, notwendige Schlüsselzahlen und Angaben sowie die Ausnahmen nach Satz 5 bestimmen der Spitzenverband Bund der Krankenkassen, die Deutsche Rentenversicherung Bund, die Bundesagentur für Arbeit und die Deutsche Gesetzliche Unfallversicherung e.V. sowie die Sozialversicherung für Landwirtschaft, Forsten und Gartenbau in Gemeinsamen Grundsätzen. ⁷Die Gemeinsamen Grundsätze bedürfen der Genehmigung des Bundesministeriums für Arbeit und Soziales im Einvernehmen mit dem Bundesministerium für Gesundheit und dem Bundesministerium für Ernährung und Landwirtschaft; die Bundesvereinigung der Deutschen Arbeitgeberverbände ist vorher anzuhoren. ⁸Die Sätze 2 bis 7 gelten nicht für die Gewährung von Krankengeld bei einer Spende von Organen, Geweben oder Blut zur Separation von Blutstammzellen oder anderen Blutbestandteilen nach § 44a des Fünften Buches[1]) und von Pflegeunterstützungsgeld nach § 44a Absatz 3 des Elften Buches[2]).

(2) ¹Der Leistungsträger hat dem Arbeitgeber alle notwendigen Angaben zur Berechnung des beitragspflichtigen Arbeitsentgeltes nach § 23c, insbesondere die Dauer und die Höhe der gezahlten Leistung, sowie mögliche Rückmeldungen an den Arbeitgeber durch Datenübertragung zu übermitteln. ²Die Leistungsträger haben auf Antrag des Arbeitgebers Mitteilungen über die Zeiten, die auf den Anspruch des Beschäftigten auf Entgeltfortzahlung anrechenbar sind, die Versicherungsnummer für Anträge auf Leistungen nach Absatz 1 Satz 1 und die im Zusammenhang mit der Entgeltersatzleistung für die Erstellung einer Meldung nach § 28a notwendigen Informationen durch Datenübertragung zu übermitteln. ³Der Antrag des Arbeitgebers nach Satz 2 ist durch Datenübertragung zu übermitteln. ⁴Das Nähere zu den Angaben und zum Verfahren nach den Sätzen 1 bis 3 und zu den Ausnahmeregelungen regeln die in Absatz 1 Satz 6 genannten Sozialversicherungsträger in Gemeinsamen Grundsätzen; Absatz 1 Satz 7 gilt entsprechend. ⁵Private Krankenversicherungsunternehmen können im Fall der Zahlung von Krankentagegeld Meldungen an den Arbeitgeber nach den Sätzen 1 und 2 übermitteln.

§ **108 Elektronische Übermittlung von sonstigen Bescheinigungen an die Sozialversicherungsträger.** (1) ¹Arbeitgeber, die Bescheinigungen nach den §§ 312, 312a und 313 des Dritten Buches[3]) elektronisch nach § 313a des

---
[1]) Nr. 5.
[2]) Nr. 11.
[3]) Nr. 3.

Dritten Buches übermitteln, haben diese Meldungen durch gesicherte und verschlüsselte Datenübertragung aus systemgeprüften Programmen oder mittels maschinell erstellter Ausfüllhilfen zu erstatten. ² In diesen Fällen hat die Bundesagentur für Arbeit alle Rückmeldungen an die Arbeitgeber ebenfalls durch Datenübertragung zu erstatten. ³ Die Bundesagentur für Arbeit bestimmt das Nähere zu den Datensätzen, den notwendigen Schlüsselzahlen und zu den Angaben für die Meldungen und Rückmeldungen sowie zum Verfahren bundeseinheitlich in Grundsätzen. ⁴ Die Grundsätze bedürfen der Genehmigung des Bundesministeriums für Arbeit und Soziales; die Bundesvereinigung der Deutschen Arbeitgeberverbände ist vorher anzuhören.

(2) ¹ Arbeitgeber, die für Zwecke der gesetzlichen Rentenversicherung Bescheinigungen im Sinne der §§ 18c und 18e oder Auskünfte im Sinne von § 98 des Zehnten Buches[1]) elektronisch übermitteln wollen (§ 196a des Sechsten Buches[2])), haben diese Meldungen durch gesicherte und verschlüsselte Datenübertragung aus systemgeprüften Programmen oder mittels maschinell erstellter Ausfüllhilfen zu erstatten. ² Die Datenstelle der Rentenversicherung hat Anfragen sowie Rückmeldungen an die Arbeitgeber durch gesicherte und verschlüsselte Datenübertragung zu übermitteln. ³ Die Deutsche Rentenversicherung Bund bestimmt das Nähere zu den Datensätzen, den notwendigen Schlüsselzahlen und zu den Angaben für die Meldungen und Rückmeldungen sowie zum Verfahren und zu Ausnahmeregelungen bundeseinheitlich in Grundsätzen. ⁴ Die Grundsätze bedürfen der Genehmigung des Bundesministeriums für Arbeit und Soziales; die Bundesvereinigung der Deutschen Arbeitgeberverbände ist vorher anzuhören.

§§ 109, 110 (weggefallen)

Neunter Abschnitt. Aufbewahrung von Unterlagen

§ 110a Aufbewahrungspflicht. (1) Die Behörde bewahrt Unterlagen, die für ihre öffentlich-rechtliche Verwaltungstätigkeit, insbesondere für die Durchführung eines Verwaltungsverfahrens oder für die Feststellung einer Leistung, erforderlich sind, nach den Grundsätzen ordnungsmäßiger Aufbewahrung auf.

(2) ¹ Die Behörde kann an Stelle der schriftlichen Unterlagen diese als Wiedergabe auf einem Bildträger oder auf anderen dauerhaften Datenträgern aufbewahren, soweit dies unter Beachtung der Grundsätze der Wirtschaftlichkeit und Sparsamkeit den Grundsätzen ordnungsmäßiger Aufbewahrung entspricht. ² Nach den Grundsätzen ordnungsmäßiger Aufbewahrung von auf Datenträgern aufbewahrten Unterlagen ist insbesondere sicherzustellen, dass

1. die Wiedergabe auf einem Bildträger oder die Daten auf einem anderen dauerhaften Datenträger
    a) mit der diesen zugrunde gelegten schriftlichen Unterlage bildlich und inhaltlich vollständig übereinstimmen, wenn sie lesbar gemacht werden,

---

[1]) Nr. 10.
[2]) Nr. 6.

b) während der Dauer der Aufbewahrungsfrist jederzeit verfügbar sind und unverzüglich bildlich und inhaltlich unverändert lesbar gemacht werden können,

2. die Ausdrucke oder sonstigen Reproduktionen mit der schriftlichen Unterlage bildlich und inhaltlich übereinstimmen und
3. als Unterlage für die Herstellung der Wiedergabe nur dann der Abdruck einer Unterlage verwendet werden darf, wenn die dem Abdruck zugrunde liegende Unterlage bei der Behörde nicht mehr vorhanden ist.

³ Die Sätze 1 und 2 gelten auch für die Aufbewahrung von Unterlagen, die nur mit Hilfe einer Datenverarbeitungsanlage erstellt worden sind, mit der Maßgabe, dass eine bildliche Übereinstimmung der Wiedergabe auf dem dauerhaften Datenträger mit der erstmals erstellten Unterlage nicht sichergestellt sein muss.

(3) ¹ Können aufzubewahrende Unterlagen nur in der Form einer Wiedergabe auf einem Bildträger oder als Daten auf anderen dauerhaften Datenträgern vorgelegt werden, sind, soweit die Akteneinsicht zu gestatten ist, bei der Behörde auf ihre Kosten diejenigen Hilfsmittel zur Verfügung zu stellen, die erforderlich sind, die Unterlagen lesbar zu machen. ² Soweit erforderlich, ist die Behörde verpflichtet, die Unterlagen ganz oder teilweise auszudrucken oder ohne Hilfsmittel lesbare Reproduktionen beizubringen; die Behörde kann Ersatz ihrer Aufwendungen in angemessenem Umfang verlangen.

(4) Absatz 2 gilt nicht für Unterlagen, die als Wiedergabe auf einem Bildträger aufbewahrt werden, wenn diese Wiedergabe vor dem 1. Februar 2003 durchgeführt wird.

§ 110b Rückgabe, Vernichtung und Archivierung von Unterlagen.

(1) ¹ Unterlagen, die für eine öffentlich-rechtliche Verwaltungstätigkeit einer Behörde nicht mehr erforderlich sind, können nach den Absätzen 2 und 3 zurückgegeben oder vernichtet werden. ² Die Anbietungs- und Übergabepflichten nach den Vorschriften des Bundesarchivgesetzes und der entsprechenden gesetzlichen Vorschriften der Länder bleiben unberührt. ³ Satz 1 gilt insbesondere für

1. Unterlagen, deren Aufbewahrungsfristen abgelaufen sind,
2. Unterlagen, die nach Maßgabe des § 110a Absatz 2 als Wiedergabe auf einem maschinell verwertbaren dauerhaften Datenträger aufbewahrt werden und
3. der Behörde vom Betroffenen oder von Dritten zur Verfügung gestellte Unterlagen.

(2) Unterlagen, die einem Träger der gesetzlichen Rentenversicherung von Versicherten, Antragstellern oder von anderen Stellen zur Verfügung gestellt worden sind, sind diesen zurückzugeben, soweit sie nicht als Ablichtung oder Abschrift dem Träger auf Anforderung von den genannten Stellen zur Verfügung gestellt worden sind; werden die Unterlagen anderen Stellen zur Verfügung gestellt, sind sie von diesen Stellen auf Anforderung zurückzugeben.

(3) Die übrigen Unterlagen im Sinne von Absatz 1 werden vernichtet, soweit kein Grund zu der Annahme besteht, dass durch die Vernichtung schutzwürdige Interessen des Betroffenen beeinträchtigt werden.

§ 110c Verwaltungsvereinbarungen, Verordnungsermächtigung.

(1) ¹ Die Spitzenverbände der Träger der Sozialversicherung und die Bundesagentur für Arbeit vereinbaren gemeinsam unter besonderer Berücksichtigung der schutzwürdigen Interessen der Betroffenen das Nähere zu den Grundsätzen ordnungsmäßiger Aufbewahrung im Sinne des § 110a, den Voraussetzungen der Rückgabe und Vernichtung von Unterlagen sowie die Aufbewahrungsfristen für Unterlagen. ² Dies gilt entsprechend für die ergänzenden Vorschriften des E-Government-Gesetzes. ³ Die Vereinbarung kann auf bestimmte Sozialleistungsbereiche beschränkt werden; sie ist von den beteiligten Spitzenverbänden abzuschließen. ⁴ Die Vereinbarungen bedürfen der Genehmigung der beteiligten Bundesministerien.

(2) Soweit Vereinbarungen nicht getroffen sind, wird die Bundesregierung ermächtigt, durch Rechtsverordnung mit Zustimmung des Bundesrates unter besonderer Berücksichtigung der schutzwürdigen Interessen der Betroffenen

1. das Nähere zu bestimmen über

   a) die Grundsätze ordnungsmäßiger Aufbewahrung im Sinne des § 110a,

   b) die Rückgabe und Vernichtung von Unterlagen,

2. für bestimmte Unterlagen allgemeine Aufbewahrungsfristen festzulegen.

§ 110d *(aufgehoben)*

Zehnter Abschnitt. Bußgeldvorschriften

§ 111 Bußgeldvorschriften.

(1) ¹ Ordnungswidrig handelt, wer vorsätzlich oder leichtfertig

1. entgegen § 18f Absatz 1 bis 3 Satz 1 oder Absatz 5 die Versicherungsnummer erhebt, verarbeitet oder nutzt,

1a. entgegen § 18i Absatz 4 eine Änderung oder Meldung nicht, nicht richtig, nicht vollständig, nicht in der vorgeschriebenen Weise oder nicht rechtzeitig übermittelt,

2. entgegen

   a) § 28a Absatz 1 bis 3 oder 9, oder

   b) § 28a Absatz 4 Satz 1,

   jeweils in Verbindung mit einer Rechtsverordnung nach § 28c Nummer 1, eine Meldung nicht, nicht richtig, nicht vollständig, nicht in der vorgeschriebenen Weise oder nicht rechtzeitig erstattet,

2a. entgegen § 28a Absatz 7 Satz 1 oder 2 eine Meldung nicht, nicht richtig, nicht vollständig oder nicht rechtzeitig erstattet,

2b. entgegen § 28a Absatz 10 Satz 1 oder Absatz 11 Satz 1, jeweils in Verbindung mit einer Rechtsverordnung nach § 28c Absatz 1 Nummer 1, eine Meldung nicht, nicht richtig, nicht vollständig oder nicht rechtzeitig erstattet,

2c. entgegen § 28a Absatz 12 in Verbindung mit einer Rechtsverordnung nach § 28c Absatz 1 Nummer 1 eine Meldung nicht, nicht richtig, nicht vollständig oder nicht rechtzeitig abgibt,

10. Abschnitt. Bußgeldvorschriften § 111 SGB IV 4

2d. entgegen § 28e Absatz 3c eine Auskunft nicht, nicht richtig oder nicht vollständig erteilt,
3. entgegen § 28f Absatz 1 Satz 1 Lohnunterlagen nicht führt oder nicht aufbewahrt,
3a. entgegen § 28f Absatz 1a eine Lohnunterlage oder eine Beitragsabrechnung nicht oder nicht richtig gestaltet,
3b. entgegen § 28f Absatz 5 Satz 1 eine Lohnunterlage nicht oder nicht für die vorgeschriebene Dauer aufbewahrt,
4. entgegen § 28o,
   a) eine Auskunft nicht, nicht richtig, nicht vollständig oder nicht rechtzeitig erteilt oder
   b) die erforderlichen Unterlagen nicht, nicht vollständig oder nicht rechtzeitig vorlegt,
5. entgegen § 99 Absatz 1 Satz 1 einen Lohnnachweis nicht, nicht richtig, nicht vollständig, nicht in der vorgeschriebenen Weise oder nicht rechtzeitig übermittelt,
6. entgegen § 99 Absatz 3, auch in Verbindung mit Absatz 4 Satz 1, eine Meldung nicht, nicht richtig, nicht vollständig oder nicht rechtzeitig erstattet oder
7. (weggefallen)
8. einer Rechtsverordnung nach § 28c Nummer 3 bis 5, 7 oder 8, § 28n Satz 1 Nummer 4 oder § 28p Absatz 9 oder einer vollziehbaren Anordnung auf Grund einer solchen Rechtsverordnung zuwiderhandelt, soweit die Rechtsverordnung für einen bestimmten Tatbestand auf diese Bußgeldvorschrift verweist.

²In den Fällen der Nummer 2a findet § 266a Absatz 2 des Strafgesetzbuches keine Anwendung.

(2) Ordnungswidrig handelt, wer als Arbeitgeber einem Beschäftigten oder Hausgewerbetreibenden einen höheren Betrag von dessen Arbeitsentgelt abzieht, als den Teil, den der Beschäftigte oder Hausgewerbetreibende vom Gesamtsozialversicherungsbeitrag zu tragen hat.

(3) Ordnungswidrig handelt, wer
1. entgegen § 40 Absatz 2 einen anderen behindert oder benachteiligt oder
2. entgegen § 77 Absatz 1a Satz 2 eine Versicherung nicht, nicht richtig oder nicht in der vorgeschriebenen Weise abgibt.

(3a) Ordnungswidrig handelt, wer
1. entgegen § 55 Absatz 2 in Verbindung mit einer Rechtsverordnung nach § 56 als Arbeitgeber eine Wahlunterlage nicht, nicht richtig, nicht vollständig oder nicht rechtzeitig ausstellt oder
2. entgegen § 55 Absatz 3 in Verbindung mit einer Rechtsverordnung nach § 56 eine Angabe nicht, nicht richtig, nicht vollständig oder nicht rechtzeitig macht.

(4) Die Ordnungswidrigkeit kann in den Fällen des Absatzes 1 Nummer 2d und 3 und des Absatzes 3 Nummer 2 mit einer Geldbuße bis zu fünfzigtausend Euro, in den Fällen des Absatzes 1 Nummer 2, 2b, 2c und 5 mit einer Geldbuße

bis zu fünfundzwanzigtausend Euro, in den übrigen Fällen mit einer Geldbuße bis zu fünftausend Euro geahndet werden.

§ 112 Allgemeines über Bußgeldvorschriften. (1) Verwaltungsbehörden im Sinne des § 36 Absatz 1 Nummer 1 des Gesetzes über Ordnungswidrigkeiten sind

1. der Versicherungsträger, soweit das Gesetz nichts anderes bestimmt,
2. die nach Landesrecht zuständige Stelle bei Ordnungswidrigkeiten nach § 111 Absatz 1 Satz 1 Nummer 1; mangels einer Regelung im Landesrecht bestimmt die Landesregierung die zuständige Stelle,
3. die Behörden der Zollverwaltung bei Ordnungswidrigkeiten
   a) nach § 111 Absatz 1 Satz 1 Nummer 2 Buchstabe a, soweit sie einen Verstoß im Rahmen der ihnen zugewiesenen Tätigkeiten feststellen,
   b) nach § 111 Absatz 1 Satz 1 Nummer 2 Buchstabe b, soweit sie einen Verstoß im Rahmen ihrer Prüfungstätigkeit nach § 2 des Schwarzarbeitsbekämpfungsgesetzes feststellen,
4. die Einzugsstelle bei Ordnungswidrigkeiten nach § 111 Absatz 1 Satz 1 Nummer 2 Buchstabe a und b, soweit nicht die Zuständigkeit der Behörden der Zollverwaltung nach Nummer 3 gegeben ist, sowie bei Ordnungswidrigkeiten nach § 111 Absatz 1 Satz 1 Nummer 2a, 4, 8 und Absatz 2,

4a. der Träger der Rentenversicherung bei Ordnungswidrigkeiten nach § 111 Absatz 1 Nummer 3 bis 3b sowie bei Ordnungswidrigkeiten nach § 111 Absatz 1 Satz 1 Nummer 2, 4, 8 und Absatz 2, wenn die Prüfung nach § 28p vom Träger der Rentenversicherung durchgeführt oder eine Meldung direkt an sie erstattet wird,

4b. die landwirtschaftliche Krankenkasse bei Ordnungswidrigkeiten nach § 111 Absatz 1 Nummer 3 bis 3b im Falle der Prüfung von mitarbeitenden Familienangehörigen nach § 28p Absatz 1 Satz 6,

4c. *(aufgehoben)*

5. die Aufsichtsbehörde des Versicherungsträgers bei Ordnungswidrigkeiten nach § 111 Absatz 3.

(2) Wird in den Fällen des Absatzes 1 Nummer 1 und 4 gegen den Bußgeldbescheid ein zulässiger Einspruch eingelegt, nimmt die von der Vertreterversammlung bestimmte Stelle die weiteren Aufgaben der Verwaltungsbehörde (§ 69 Absatz 2, 3 und 5 des Gesetzes über Ordnungswidrigkeiten) wahr.

(3) ¹Die Geldbußen fließen in den Fällen des Absatzes 1 Nummer 1, 3 und 4 in die Kasse der Verwaltungsbehörde, die den Bußgeldbescheid erlassen hat; § 66 des Zehnten Buches[1]) gilt entsprechend. ²Diese Kasse trägt abweichend von § 105 Absatz 2 des Gesetzes über Ordnungswidrigkeiten die notwendigen Auslagen; sie ist auch ersatzpflichtig im Sinne des § 110 Absatz 4 des Gesetzes über Ordnungswidrigkeiten.

§ 113 Zusammenarbeit mit anderen Behörden. ¹Zur Verfolgung und Ahndung der Ordnungswidrigkeiten nach § 111 arbeiten die Behörden der Zollverwaltung, die Einzugsstellen und die Träger der Rentenversicherung

---
[1]) Nr. 10.

11. Abschnitt. Übergangsvorschriften § 114 SGB IV 4

zusammen, wenn sich im Einzelfall konkrete Anhaltspunkte für Verstöße gegen die in § 2 Absatz 1 des Schwarzarbeitsbekämpfungsgesetzes genannten Vorschriften ergeben. ² Sie unterrichten sich gegenseitig über die für die Verfolgung und Ahndung der Ordnungswidrigkeiten notwendigen Tatsachen. ³ Ergeben sich Anhaltspunkte für Verstöße gegen die Mitwirkungspflicht nach § 60 Absatz 1 Satz 1 Nummer 2 des Ersten Buches[1]) gegenüber einem Träger der Sozialhilfe oder die Meldepflicht nach § 8a des Asylbewerberleistungsgesetzes, unterrichten sie die Träger der Sozialhilfe oder die für die Durchführung des Asylbewerberleistungsgesetzes zuständigen Behörden.

Elfter Abschnitt. Übergangsvorschriften

§ 114 Einkommen beim Zusammentreffen mit Renten wegen Todes.

(1) Wenn der versicherte Ehegatte vor dem 1. Januar 2002 verstorben ist oder die Ehe vor diesem Tag geschlossen wurde und mindestens ein Ehegatte vor dem 2. Januar 1962 geboren ist, sind bei Renten wegen Todes als Einkommen zu berücksichtigen:

1. Erwerbseinkommen,

2. Leistungen, die auf Grund oder in entsprechender Anwendung öffentlich-rechtlicher Vorschriften erbracht werden, um Erwerbseinkommen zu ersetzen (Erwerbsersatzeinkommen), mit Ausnahme von Zusatzleistungen.

(2) Absatz 1 gilt auch für Erziehungsrenten, wenn der geschiedene Ehegatte vor dem 1. Januar 2002 verstorben ist oder die geschiedene Ehe vor diesem Tag geschlossen wurde und mindestens einer der geschiedenen Ehegatten vor dem 2. Januar 1962 geboren ist.

(3) ¹ Erwerbsersatzeinkommen im Sinne des Absatzes 1 Nummer 2 sind Leistungen nach § 18a Absatz 3 Satz 1 Nummer 1 bis 8. ² Als Zusatzleistungen im Sinne des Absatzes 1 Nummer 2 gelten Leistungen der öffentlich-rechtlichen Zusatzversorgungen sowie bei Leistungen nach § 18a Absatz 3 Satz 1 Nummer 2 der Teil, der auf einer Höherversicherung beruht.

(4) ¹ Wenn der versicherte Ehegatte vor dem 1. Januar 2002 verstorben ist oder die Ehe vor diesem Tag geschlossen wurde und mindestens ein Ehegatte vor dem 2. Januar 1962 geboren ist, ist das monatliche Einkommen zu kürzen

1. bei Leistungen nach § 18a Absatz 3 Satz 1 Nummer 2, die nach den besonderen Vorschriften für die knappschaftliche Rentenversicherung berechnet sind, um 25 vom Hundert,

2. bei Leistungen nach § 18a Absatz 3 Satz 1 Nummer 5 und 6 um 42,7 vom Hundert bei Leistungsbeginn vor dem Jahre 2011 und um 43,6 vom Hundert bei Leistungsbeginn nach dem Jahre 2010 und

3. bei Leistungen nach § 18a Absatz 3 Satz 1 Nummer 7 um 29 vom Hundert bei Leistungsbeginn vor dem Jahre 2011 und um 31 vom Hundert bei Leistungsbeginn nach dem Jahre 2010.

² Dies gilt auch für Erziehungsrenten, wenn der geschiedene Ehegatte vor dem 1. Januar 2002 verstorben ist oder die geschiedene Ehe vor diesem Tag ge-

---

[1]) Nr. 1.

schlossen wurde und mindestens einer der geschiedenen Ehegatten vor dem 2. Januar 1962 geboren ist.

(5) Bestand am 31. Dezember 2001 Anspruch auf eine Rente wegen Todes, ist das monatliche Einkommen bis zum 30. Juni 2002 zu kürzen

1. bei Arbeitsentgelt um 35 vom Hundert, bei Arbeitseinkommen um 30 vom Hundert, bei Bezügen aus einem öffentlich-rechtlichen Dienst- oder Amtsverhältnis oder aus einem versicherungsfreien Arbeitsverhältnis mit Anwartschaften auf Versorgung nach beamtenrechtlichen Vorschriften oder Grundsätzen und bei Einkommen, das solchen Bezügen vergleichbar ist, jedoch nur um 27,5 vom Hundert,

2. bei Leistungen nach § 18a Absatz 3 Satz 1 Nummer 2, die nach den besonderen Vorschriften für die knappschaftliche Rentenversicherung berechnet sind, um 25 vom Hundert und bei Leistungen nach § 18a Absatz 3 Satz 1 Nummer 7 um 27,5 vom Hundert,

3. bei Leistungen nach § 18a Absatz 3 Satz 1 Nummer 5 und 6 um 37,5 vom Hundert.

§ 115 Geringfügige Beschäftigung und geringfügige selbständige Tätigkeit. Vom 1. Januar 2015 bis einschließlich 31. Dezember 2018 gilt § 8 Absatz 1 Nummer 2 mit der Maßgabe, dass die Beschäftigung innerhalb eines Kalenderjahres auf längstens drei Monate oder 70 Arbeitstage nach ihrer Eigenart begrenzt zu sein pflegt oder im Voraus vertraglich begrenzt ist, es sei denn, dass die Beschäftigung berufsmäßig ausgeübt wird und ihr Entgelt 450 Euro im Monat übersteigt.

§ 116 Übergangsregelungen für bestehende Wertguthaben.

(1) Wertguthaben für Beschäftigte, die am 1. Januar 2009 abweichend von § 7d Absatz 1 als Zeitguthaben geführt werden, können als Zeitguthaben oder als Entgeltguthaben geführt werden; dies gilt auch für neu vereinbarte Wertguthabenvereinbarungen auf der Grundlage früherer Vereinbarungen.

(2) § 7c Absatz 1 findet nur auf Wertguthabenvereinbarungen Anwendung, die nach dem 1. Januar 2009 geschlossen worden sind.

(3) Für Wertguthabenvereinbarungen nach § 7b, die vor dem 31. Dezember 2008 geschlossen worden sind und in denen entgegen § 7e Absatz 1 und 2 keine Vorkehrungen für den Fall der Insolvenz des Arbeitgebers vereinbart sind, gilt § 7e Absatz 5 und 6 mit Wirkung ab dem 1. Juni 2009.

§ 116a Übergangsregelung zur Beitragshaftung. § 28e Absatz 3b und 3d Satz 1 in der am 30. September 2009 geltenden Fassung finden weiter Anwendung, wenn der Unternehmer mit der Erbringung der Bauleistungen vor dem 1. Oktober 2009 beauftragt worden ist.

§ 117 Verwaltungsausgaben der knappschaftlichen Krankenversicherung der Rentner. Soweit die Ausgaben der knappschaftlichen Krankenversicherung der Rentner für Versorgungsleistungen der Knappschaftsärzte und Knappschaftszahnärzte die entsprechenden Einnahmen übersteigen, sind sie abweichend von § 71 Absatz 2 der knappschaftlichen Rentenversicherung nicht zu erstatten.

§ 118 Übergangsregelung für Tätigkeiten als Notärztin oder Notarzt im Rettungsdienst. § 23c Absatz 2 gilt nicht für Einnahmen aus einer vor dem 11. April 2017 vereinbarten Tätigkeit als Notärztin oder Notarzt im Rettungsdienst.

§ 119 Übergangsregelungen zur Aufhebung des Verfahrens des elektronischen Entgeltnachweises; Löschung der bisher gespeicherten Daten. (1) [1] Alle Daten, die nach den §§ 96, 97 sowie 99 bis 102 in der bis zum Ablauf des 2. Dezember 2011 geltenden Fassung an die Zentrale Speicherstelle und an die Registratur Fachverfahren übermittelt wurden und gespeichert werden, sowie alle sonstigen im Zusammenhang mit dem Verfahren des elektronischen Entgeltnachweises entstandenen und gespeicherten Daten sind von der Zentralen Speicherstelle und der Registratur Fachverfahren unverzüglich zu löschen. [2] Der Bundesbeauftragte für den Datenschutz und die Informationsfreiheit hat den nach § 99 Absatz 3 Satz 2 in der bis zum Ablauf des 2. Dezember 2011 geltenden Fassung verwalteten Datenbank-Hauptschlüssel unverzüglich zu löschen.

(2) Für die Zwecke des Absatzes 1 bleiben die Zentrale Speicherstelle und die Registratur Fachverfahren nach § 96 in der bis zum Ablauf des 2. Dezember 2011 geltenden Fassung bestehen, bis die Löschung der bei der jeweiligen Stelle gespeicherten Daten nach Absatz 1 abgeschlossen ist.

§ 120 Übergangsregelung zur Änderung der Wählbarkeitsvoraussetzungen. [1] § 51 Absatz 6 Nummer 5 und § 59 Absatz 3 in der jeweils bis zum 31. Dezember 2017 geltenden Fassung finden bis zum Ende der Amtsperiode weiterhin Anwendung auf bis dahin bereits gewählte Mitglieder eines Selbstverwaltungsorgans einschließlich ihrer Stellvertreter. [2] Maßgeblich ist der Wahltag im Sinne des § 54 Absatz 3.

5. Sozialgesetzbuch (SGB) Fünftes Buch (V) – Gesetzliche Krankenversicherung –[1)2)3)]

Vom 20. Dezember 1988

(BGBl. I S. 2477)

FNA 860-5

zuletzt geänd. durch Art. 4 BetriebsrentenstärkungsG v. 17.8.2017 (BGBl. I S. 3214)

Nichtamtliche Inhaltsübersicht

§§

Erstes Kapitel. Allgemeine Vorschriften

Solidarität und Eigenverantwortung	1
Leistungen	2
Leistungen an behinderte und chronisch kranke Menschen	2a
Geschlechtsspezifische Besonderheiten	2b
Solidarische Finanzierung	3
Krankenkassen	4
Sonderregelungen zum Verwaltungsverfahren	4a

Zweites Kapitel. Versicherter Personenkreis

Erster Abschnitt. Versicherung kraft Gesetzes

Versicherungspflicht	5
Versicherungsfreiheit	6
Versicherungsfreiheit bei geringfügiger Beschäftigung	7
Befreiung von der Versicherungspflicht	8

Zweiter Abschnitt. Versicherungsberechtigung

Freiwillige Versicherung	9

Dritter Abschnitt. Versicherung der Familienangehörigen

Familienversicherung	10

Drittes Kapitel. Leistungen der Krankenversicherung

Erster Abschnitt. Übersicht über die Leistungen

Leistungsarten	11

Zweiter Abschnitt. Gemeinsame Vorschriften

Wirtschaftlichkeitsgebot	12
Kostenerstattung	13
Teilkostenerstattung	14
Ärztliche Behandlung, elektronische Gesundheitskarte	15
Ruhen des Anspruchs	16
Leistungen bei Beschäftigung im Ausland	17
Kostenübernahme bei Behandlung außerhalb des Geltungsbereichs des Vertrages zur Gründung der Europäischen Gemeinschaft und des Abkommens über den Europäischen Wirtschaftsraum	18
Erlöschen des Leistungsanspruchs	19

[1)] Verkündet als Art. 1 Gesetz zur Strukturreform im Gesundheitswesen (Gesundheits-Reformgesetz – GRG) v. 20.12.1988 (BGBl. I S. 2477); Inkrafttreten gem. Art. 79 Abs. 1 dieses G am 1.1. 1989, mit Ausnahme der in Abs. 2 bis 5 dieses Artikels genannten Abweichungen.
[2)] Für das Gebiet der ehem. DDR beachte die Überleitungsregelungen der §§ 309 bis 311.
[3)] Die Änderungen durch G v. 23.12.2016 (BGBl. I S. 3234) und G v. 17.6.2017 (BGBl. I S. 2581), die erst **mWv 1.1.2020** in Kraft treten, sind im Text noch nicht berücksichtigt.

Inhaltsübersicht SGB V 5

§§

Dritter Abschnitt. Leistungen zur Verhütung von Krankheiten, betriebliche Gesundheitsförderung und Prävention arbeitsbedingter Gesundheitsgefahren, Förderung der Selbsthilfe sowie Leistungen bei Schwangerschaft und Mutterschaft

Primäre Prävention und Gesundheitsförderung	20
Leistungen zur Gesundheitsförderung und Prävention in Lebenswelten	20a
Betriebliche Gesundheitsförderung	20b
Prävention arbeitsbedingter Gesundheitsgefahren	20c
Nationale Präventionsstrategie	20d
Nationale Präventionskonferenz	20e
Landesrahmenvereinbarungen zur Umsetzung der nationalen Präventionsstrategie	20f
Modellvorhaben	20g
Förderung der Selbsthilfe	20h
Primäre Prävention durch Schutzimpfungen	20i
Verhütung von Zahnerkrankungen (Gruppenprophylaxe)	21
Verhütung von Zahnerkrankungen (Individualprophylaxe)	22
Verhütung von Zahnerkrankungen bei Pflegebedürftigen und Menschen mit Behinderungen	22a
Medizinische Vorsorgeleistungen	23
Medizinische Vorsorge für Mütter und Väter	24
Empfängnisverhütung	24a
Schwangerschaftsabbruch und Sterilisation	24b
Leistungen bei Schwangerschaft und Mutterschaft	24c
Ärztliche Betreuung und Hebammenhilfe	24d
Versorgung mit Arznei-, Verband-, Heil- und Hilfsmitteln	24e
Entbindung	24f
Häusliche Pflege	24g
Haushaltshilfe	24h
Mutterschaftsgeld	24i

Vierter Abschnitt. Leistungen zur Erfassung von gesundheitlichen Risiken und Früherkennung von Krankheiten

Gesundheitsuntersuchungen	25
Organisierte Früherkennungsprogramme	25a
Gesundheitsuntersuchungen für Kinder und Jugendliche	26

Fünfter Abschnitt. Leistungen bei Krankheit

Erster Titel. Krankenbehandlung

Krankenbehandlung	27
Künstliche Befruchtung	27a
Zweitmeinung	27b
Ärztliche und zahnärztliche Behandlung	28
Kieferorthopädische Behandlung	29
(aufgehoben)	30, 30a
Arznei- und Verbandmittel, Verordnungsermächtigung	31
Medikationsplan	31a
Heilmittel	32
Hilfsmittel	33
(aufgehoben)	33a
Ausgeschlossene Arznei-, Heil- und Hilfsmittel	34
(aufgehoben)	34a
Festbeträge für Arznei- und Verbandmittel	35
Bewertung des Nutzens von Arzneimitteln mit neuen Wirkstoffen	35a
Kosten-Nutzen-Bewertung von Arzneimitteln	35b
Zulassungsüberschreitende Anwendung von Arzneimitteln	35c
Festbeträge für Hilfsmittel	36
Häusliche Krankenpflege	37
Soziotherapie	37a
Spezialisierte ambulante Palliativversorgung	37b
Haushaltshilfe	38
Krankenhausbehandlung	39

5 SGB V 5. Buch. Gesetzl. Krankenversicherung

	§§
Stationäre und ambulante Hospizleistungen	39a
Hospiz- und Palliativberatung durch die Krankenkassen	39b
Kurzzeitpflege bei fehlender Pflegebedürftigkeit	39c
Leistungen zur medizinischen Rehabilitation	40
Medizinische Rehabilitation für Mütter und Väter	41
Belastungserprobung und Arbeitstherapie	42
Ergänzende Leistungen zur Rehabilitation	43
Nichtärztliche sozialpädiatrische Leistungen	43a
Nichtärztliche Leistungen für Erwachsene mit geistiger Behinderung oder schweren Mehrfachbehinderungen	43b
Zahlungsweg	43c

Zweiter Titel. Krankengeld

Krankengeld	44
Krankengeld bei Spende von Organen, Geweben oder Blut zur Separation von Blutstammzellen oder anderen Blutbestandteilen	44a
Krankengeld bei Erkrankung des Kindes	45
Entstehen des Anspruchs auf Krankengeld	46
Höhe und Berechnung des Krankengeldes	47
Beitragszahlungen der Krankenkassen an berufsständische Versorgungseinrichtungen	47a
Höhe und Berechnung des Krankengeldes bei Beziehern von Arbeitslosengeld, Unterhaltsgeld oder Kurzarbeitergeld	47b
Dauer des Krankengeldes	48
Ruhen des Krankengeldes	49
Ausschluß und Kürzung des Krankengeldes	50
Wegfall des Krankengeldes, Antrag auf Leistungen zur Teilhabe	51

Dritter Titel. Leistungsbeschränkungen

Leistungsbeschränkung bei Selbstverschulden	52
Leistungsausschluss	52a

Sechster Abschnitt. Selbstbehalt, Beitragsrückzahlung

Wahltarife	53
(aufgehoben)	54

Siebter Abschnitt. Zahnersatz

Leistungsanspruch	55
Festsetzung der Regelversorgungen	56
Beziehungen zu Zahnärzten und Zahntechnikern	57
(aufgehoben)	58, 59

Achter Abschnitt. Fahrkosten

Fahrkosten	60

Neunter Abschnitt. Zuzahlungen, Belastungsgrenze

Zuzahlungen	61
Belastungsgrenze	62
(aufgehoben)	62a

Zehnter Abschnitt. Weiterentwicklung der Versorgung

Grundsätze	63
Vereinbarungen mit Leistungserbringern	64
Modellvorhaben zur Arzneimittelversorgung	64a
Modellvorhaben zur Versorgung psychisch kranker Menschen	64b
Modellvorhaben zum Screening auf 4MRGN	64c
Modellvorhaben zur Heilmittelversorgung	64d
Auswertung der Modellvorhaben	65
Bonus für gesundheitsbewusstes Verhalten	65a
Förderung von Einrichtungen zur Verbraucher- und Patientenberatung	65b
Klinische Krebsregister	65c
Förderung besonderer Therapieeinrichtungen	65d

Inhaltsübersicht SGB V 5

§§

Unterstützung der Versicherten bei Behandlungsfehlern 66
Elektronische Kommunikation..... 67
Finanzierung einer persönlichen elektronischen Gesundheitsakte..... 68

Viertes Kapitel. Beziehungen der Krankenkassen zu den Leistungserbringern

Erster Abschnitt. Allgemeine Grundsätze

Anwendungsbereich..... 69
Qualität, Humanität und Wirtschaftlichkeit 70
Beitragssatzstabilität 71

Zweiter Abschnitt. Beziehungen zu Ärzten, Zahnärzten und Psychotherapeuten

Erster Titel. Sicherstellung der vertragsärztlichen und vertragszahnärztlichen Versorgung

Sicherstellung der vertragsärztlichen und vertragszahnärztlichen Versorgung 72
Übergang des Sicherstellungsauftrags auf die Krankenkassen..... 72a
Kassenärztliche Versorgung, Verordnungsermächtigung..... 73
(aufgehoben) 73a
Hausarztzentrierte Versorgung..... 73b
(aufgehoben) 73c, 73d
Stufenweise Wiedereingliederung..... 74
Inhalt und Umfang der Sicherstellung..... 75
Förderung der Weiterbildung..... 75a
Freie Arztwahl..... 76

Zweiter Titel. Kassenärztliche und Kassenzahnärztliche Vereinigungen

Kassenärztliche Vereinigungen und Bundesvereinigungen 77
Dienstleistungsgesellschaften..... 77a
Besondere Regelungen zu Einrichtungen und Arbeitsgemeinschaften der Kassenärztlichen Bundesvereinigungen 77b
Aufsicht, Haushalts- und Rechnungswesen, Vermögen, Statistiken 78
Aufsichtsmittel in besonderen Fällen bei den Kassenärztlichen Bundesvereinigungen 78a
Entsandte Person für besondere Angelegenheiten bei den Kassenärztlichen Bundesvereinigungen..... 78b
Berichtspflicht des Bundesministeriums für Gesundheit..... 78c
Organe 79
Verhinderung von Organen; Bestellung eines Beauftragten..... 79a
Beratender Fachausschuß für Psychotherapie 79b
Beratender Fachausschuss für hausärztliche Versorgung; weitere beratende Fachausschüsse 79c
Wahl und Abberufung..... 80
Satzung 81
Stellen zur Bekämpfung von Fehlverhalten im Gesundheitswesen..... 81a

Dritter Titel. Verträge auf Bundes- und Landesebene

Grundsätze..... 82
Gesamtverträge 83
Arznei- und Heilmittelvereinbarung 84
Gesamtvergütung 85
(aufgehoben) 85a–86
Bundesmantelvertrag, einheitlicher Bewertungsmaßstab, bundeseinheitliche Orientierungswerte 87
Regionale Euro-Gebührenordnung, Morbiditätsbedingte Gesamtvergütung, Behandlungsbedarf der Versicherten..... 87a
Vergütung der Ärzte (Honorarverteilung) 87b
Transparenz der Vergütung vertragsärztlicher Leistungen 87c
Vergütung vertragsärztlicher Leistungen im Jahr 2012 ..... 87d
Zahlungsanspruch bei Mehrkosten..... 87e

Vierter Titel. Zahntechnische Leistungen

Bundesleistungsverzeichnis, Vergütungen..... 88

397

Fünfter Titel. Schiedswesen

	§§
Schiedsamt	89

Sechster Titel. Landesausschüsse und Gemeinsamer Bundesausschuss

Landesausschüsse	90
Gemeinsames Landesgremium	90a
Gemeinsamer Bundesausschuss	91
Aufsicht über den Gemeinsamen Bundesausschuss, Haushalts- und Rechnungswesen, Vermögen	91a
Richtlinien des Gemeinsamen Bundesausschusses	92
Innovationsfonds, Grundlagen der Förderung von neuen Versorgungsformen zur Weiterentwicklung der Versorgung und von Versorgungsforschung durch den Gemeinsamen Bundesausschuss	92a
Durchführung der Förderung von neuen Versorgungsformen zur Weiterentwicklung der Versorgung und von Versorgungsforschung durch den Gemeinsamen Bundesausschuss	92b
Übersicht über ausgeschlossene Arzneimittel	93
Wirksamwerden der Richtlinien	94

Siebter Titel. Voraussetzungen und Formen der Teilnahme von Ärzten und Zahnärzten an der Versorgung

Teilnahme an der vertragsärztlichen Versorgung	95
Voraussetzung für die Eintragung in das Arztregister für Vertragsärzte	95a
Kollektiver Verzicht auf die Zulassung	95b
Voraussetzung für die Eintragung von Psychotherapeuten in das Arztregister	95c
Pflicht zur fachlichen Fortbildung	95d
Zulassungsausschüsse	96
Berufungsausschüsse	97
Zulassungsverordnungen	98

Achter Titel. Bedarfsplanung, Unterversorgung, Überversorgung

Bedarfsplan	99
Unterversorgung	100
Überversorgung	101
(aufgehoben)	102
Zulassungsbeschränkungen	103
Verfahren bei Zulassungsbeschränkungen	104
Förderung der vertragsärztlichen Versorgung	105

Neunter Titel. Wirtschaftlichkeits- und Abrechnungsprüfung

Wirtschaftlichkeitsprüfung	106
Wirtschaftlichkeitsprüfung ärztlicher Leistungen	106a
Wirtschaftlichkeitsprüfung ärztlich verordneter Leistungen	106b
Prüfungsstelle und Beschwerdeausschuss bei Wirtschaftlichkeitsprüfungen	106c
Abrechnungsprüfung in der vertragsärztlichen Versorgung	106d

Dritter Abschnitt. Beziehungen zu Krankenhäusern und anderen Einrichtungen

Krankenhäuser, Vorsorge- oder Rehabilitationseinrichtungen	107
Zugelassene Krankenhäuser	108
Krankenhausgesellschaften	108a
Abschluß von Versorgungsverträgen mit Krankenhäusern	109
Kündigung von Versorgungsverträgen mit Krankenhäusern	110
Qualitätsverträge	110a
Versorgungsverträge mit Vorsorge- oder Rehabilitationseinrichtungen	111
Versorgungsverträge mit Einrichtungen des Müttergenesungswerks oder gleichartigen Einrichtungen	111a
Landesschiedsstelle für Vergütungsvereinbarungen zwischen Krankenkassen und Trägern von Vorsorge- oder Rehabilitationseinrichtungen	111b
Versorgungsverträge mit Rehabilitationseinrichtungen	111c
Zweiseitige Verträge und Rahmenempfehlungen über Krankenhausbehandlung	112
Qualitäts- und Wirtschaftlichkeitsprüfung der Krankenhausbehandlung	113
Landesschiedsstelle	114

Inhaltsübersicht SGB V 5

§§

Vierter Abschnitt. Beziehungen zu Krankenhäusern und Vertragsärzten

Dreiseitige Verträge und Rahmenempfehlungen zwischen Krankenkassen, Krankenhäusern und Vertragsärzten	115
Vor- und nachstationäre Behandlung im Krankenhaus	115a
Ambulantes Operieren im Krankenhaus	115b
Fortsetzung der Arzneimitteltherapie nach Krankenhausbehandlung	115c
Stationsäquivalente psychiatrische Behandlung	115d
Ambulante Behandlung durch Krankenhausärzte	116
Ambulante Behandlung durch Krankenhäuser bei Unterversorgung	116a
Ambulante spezialfachärztliche Versorgung	116b
Hochschulambulanzen	117
Psychiatrische Institutsambulanzen	118
Geriatrische Institutsambulanzen	118a
Sozialpädiatrische Zentren	119
Ambulante Behandlung in Einrichtungen der Behindertenhilfe	119a
Ambulante Behandlung in stationären Pflegeeinrichtungen	119b
Medizinische Behandlungszentren	119c
Vergütung ambulanter Krankenhausleistungen	120
Belegärztliche Leistungen	121
Genehmigung zur Durchführung künstlicher Befruchtungen	121a
Behandlung in Praxiskliniken	122
(aufgehoben)	123

Fünfter Abschnitt. Beziehungen zu Leistungserbringern von Heilmitteln

Zulassung	124
Rahmenempfehlungen und Verträge	125

Sechster Abschnitt. Beziehungen zu Leistungserbringern von Hilfsmitteln

Versorgung durch Vertragspartner	126
Verträge	127
Unzulässige Zusammenarbeit zwischen Leistungserbringern und Vertragsärzten	128

Siebter Abschnitt. Beziehungen zu Apotheken und pharmazeutischen Unternehmern

Rahmenvertrag über die Arzneimittelversorgung	129
Krankenhausapotheken	129a
Rabatt	130
Rabatte der pharmazeutischen Unternehmer	130a
Vereinbarungen zwischen dem Spitzenverband Bund der Krankenkassen und pharmazeutischen Unternehmern über Erstattungsbeträge für Arzneimittel, Verordnungsermächtigung	130b
Verträge von Krankenkassen mit pharmazeutischen Unternehmern	130c
Rahmenverträge mit pharmazeutischen Unternehmern	131

Achter Abschnitt. Beziehungen zu sonstigen Leistungserbringern

Versorgung mit Haushaltshilfe	132
Versorgung mit häuslicher Krankenpflege	132a
Versorgung mit Soziotherapie	132b
Versorgung mit sozialmedizinischen Nachsorgemaßnahmen	132c
Spezialisierte ambulante Palliativversorgung	132d
Versorgung mit Schutzimpfungen	132e
Versorgung durch Betriebsärzte	132f
Gesundheitliche Versorgungsplanung für die letzte Lebensphase	132g
Versorgungsverträge mit Kurzzeitpflegeeinrichtungen	132h
Versorgung mit Krankentransportleistungen	133
(aufgehoben)	134
Versorgung mit Hebammenhilfe	134a

Neunter Abschnitt. Sicherung der Qualität der Leistungserbringung

Bewertung von Untersuchungs- und Behandlungsmethoden	135
Verpflichtung der Leistungserbringer zur Qualitätssicherung	135a
Förderung der Qualität durch die Kassenärztlichen Vereinigungen	135b

5 SGB V 5. Buch. Gesetzl. Krankenversicherung

	§§
Förderung der Qualität durch die Deutsche Krankenhausgesellschaft	135c
Richtlinien des Gemeinsamen Bundesausschusses zur Qualitätssicherung	136
Richtlinien des Gemeinsamen Bundesausschusses zur Qualitätssicherung in ausgewählten Bereichen	136a
Beschlüsse des Gemeinsamen Bundesausschusses zur Qualitätssicherung im Krankenhaus	136b
Beschlüsse des Gemeinsamen Bundesausschusses zu Qualitätssicherung und Krankenhausplanung	136c
Evaluation und Weiterentwicklung der Qualitätssicherung durch den Gemeinsamen Bundesausschuss	136d
Durchsetzung und Kontrolle der Qualitätsanforderungen des Gemeinsamen Bundesausschusses	137
Institut für Qualitätssicherung und Transparenz im Gesundheitswesen	137a
Aufträge des Gemeinsamen Bundesausschusses an das Institut nach § 137a	137b
Bewertung von Untersuchungs- und Behandlungsmethoden im Krankenhaus	137c
Qualitätssicherung bei der ambulanten und stationären Vorsorge oder Rehabilitation	137d
Erprobung von Untersuchungs- und Behandlungsmethoden	137e
Strukturierte Behandlungsprogramme bei chronischen Krankheiten	137f
Zulassung strukturierter Behandlungsprogramme	137g
Bewertung neuer Untersuchungs- und Behandlungsmethoden mit Medizinprodukten hoher Risikoklasse	137h
Pflegepersonaluntergrenzen in pflegesensitiven Bereichen in Krankenhäusern; Verordnungsermächtigung	137i
Neue Heilmittel	138
Hilfsmittelverzeichnis, Qualitätssicherung bei Hilfsmitteln	139
Institut für Qualität und Wirtschaftlichkeit im Gesundheitswesen	139a
Aufgabendurchführung	139b
Finanzierung	139c
Erprobung von Leistungen und Maßnahmen zur Krankenbehandlung	139d

Zehnter Abschnitt. Eigeneinrichtungen der Krankenkassen

Eigeneinrichtungen	140

Elfter Abschnitt. Sonstige Beziehungen zu den Leistungserbringern

Besondere Versorgung	140a

Zwölfter Abschnitt. Beziehungen zu Leistungserbringern europäischer Staaten

Verträge mit Leistungserbringern europäischer Staaten	140e

Dreizehnter Abschnitt. Beteiligung von Patientinnen und Patienten, Beauftragte oder Beauftragter der Bundesregierung für die Belange der Patientinnen und Patienten

Beteiligung von Interessenvertretungen der Patientinnen und Patienten	140f
Verordnungsermächtigung	140g
Amt, Aufgabe und Befugnisse der oder des Beauftragten der Bundesregierung für die Belange der Patientinnen und Patienten	140h

Fünftes Kapitel. Sachverständigenrat zur Begutachtung der Entwicklung im Gesundheitswesen

(aufgehoben)	141
Unterstützung der Konzertierten Aktion; Sachverständigenrat	142

Sechstes Kapitel. Organisation der Krankenkassen

Erster Abschnitt. Arten der Krankenkassen

Erster Titel. Ortskrankenkassen

Bezirk der Ortskrankenkassen	143
Freiwillige Vereinigung	144
Vereinigung innerhalb eines Landes auf Antrag	145
Verfahren bei Vereinigung innerhalb eines Landes auf Antrag	146
Schließung	146a

Inhaltsübersicht

§§

Zweiter Titel. Betriebskrankenkassen

Errichtung	147
Verfahren bei Errichtung	148
Ausdehnung auf weitere Betriebe	149
Freiwillige Vereinigung	150
Ausscheiden von Betrieben	151
Auflösung	152
Schließung	153
(aufgehoben)	154
Abwicklung der Geschäfte, Haftung für Verpflichtungen	155
Betriebskrankenkassen öffentlicher Verwaltungen	156

Dritter Titel. Innungskrankenkassen

Errichtung	157
Verfahren bei Errichtung	158
Ausdehnung auf weitere Handwerksinnungen	159
Vereinigung von Innungskrankenkassen	160
Ausscheiden einer Handwerksinnung	161
Auflösung	162
Schließung	163
Auseinandersetzung, Abwicklung der Geschäfte, Haftung bei Verpflichtungen, Dienstordnungsangestellte	164

Vierter Titel. *(aufgehoben)*

(aufgehoben)	165

Fünfter Titel. Landwirtschaftliche Krankenkasse

Landwirtschaftliche Krankenkasse	166

Sechster Titel. Deutsche Rentenversicherung Knappschaft-Bahn-See

Deutsche Rentenversicherung Knappschaft-Bahn-See	167

Siebter Titel. Ersatzkassen

Ersatzkassen	168
Vereinigung von Ersatzkassen	168a
(aufgehoben)	169
Schließung	170
Auseinandersetzung, Abwicklung der Geschäfte, Haftung für Verpflichtungen	171

Achter Titel. Kassenartenübergreifende Regelungen

Kassenartenübergreifende Vereinigung von Krankenkassen	171a
Insolvenz von Krankenkassen	171b
Aufhebung der Haftung nach § 12 Abs. 2 der Insolvenzordnung	171c
Haftung im Insolvenzfall	171d
Deckungskapital für Altersversorgungsverpflichtungen	171e
Insolvenzfähigkeit von Krankenkassenverbänden	171f
Vermeidung der Schließung oder Insolvenz von Krankenkassen	172
Zusammenschlusskontrolle bei Vereinigungen von Krankenkassen	172a

Zweiter Abschnitt. Wahlrechte der Mitglieder

Allgemeine Wahlrechte	173
Besondere Wahlrechte	174
Ausübung des Wahlrechts	175
(aufgehoben)	176–185

Dritter Abschnitt. Mitgliedschaft und Verfassung

Erster Titel. Mitgliedschaft

Beginn der Mitgliedschaft Versicherungspflichtiger	186
Beginn der Mitgliedschaft bei einer neu errichteten Krankenkasse	187
Beginn der freiwilligen Mitgliedschaft	188

5 SGB V 5. Buch. Gesetzl. Krankenversicherung

	§§
Mitgliedschaft von Rentenantragstellern	189
Ende der Mitgliedschaft Versicherungspflichtiger	190
Ende der freiwilligen Mitgliedschaft	191
Fortbestehen der Mitgliedschaft Versicherungspflichtiger	192
Fortbestehen der Mitgliedschaft bei Wehrdienst oder Zivildienst	193

Zweiter Titel. Satzung, Organe

Satzung der Krankenkassen	194
Genehmigung der Satzung	195
Einsichtnahme in die Satzung	196
Verwaltungsrat	197
Stellen zur Bekämpfung von Fehlverhalten im Gesundheitswesen	197a
Aufgabenerledigung durch Dritte	197b

Vierter Abschnitt. Meldungen

Meldepflicht des Arbeitgebers für versicherungspflichtig Beschäftigte	198
Meldepflichten bei unständiger Beschäftigung	199
Meldepflichten bei sonstigen versicherungspflichtigen Personen	200
Meldepflichten bei Rentenantragstellung und Rentenbezug	201
Meldepflichten bei Versorgungsbezügen	202
Meldepflichten bei Bezug von Erziehungsgeld oder Elterngeld	203
Meldepflicht bei Bezug von Arbeitslosengeld, Arbeitslosengeld II oder Unterhaltsgeld	203a
Meldepflichten bei Einberufung zum Wehrdienst oder Zivildienst	204
Meldepflichten bestimmter Versicherungspflichtiger	205
Auskunfts- und Mitteilungspflichten der Versicherten	206

Siebtes Kapitel. Verbände der Krankenkassen

Bildung und Vereinigung von Landesverbänden	207
Aufsicht, Haushalts- und Rechnungswesen, Vermögen, Statistiken	208
Verwaltungsrat der Landesverbände	209
Vorstand bei den Landesverbänden	209a
Satzung der Landesverbände	210
Aufgaben der Landesverbände	211
Entscheidungen auf Landesebene	211a
Bundesverbände, Deutsche Rentenversicherung Knappschaft-Bahn-See, Verbände der Ersatzkassen	212
Rechtsnachfolge, Vermögensübergang, Arbeitsverhältnisse	213
Aufgaben	214
(aufgehoben)	215–217
Errichtung des Spitzenverbandes Bund der Krankenkassen	217a
Organe	217b
Wahl des Verwaltungsrates und des Vorsitzenden der Mitgliederversammlung	217c
Aufsicht, Haushalts- und Rechnungswesen, Vermögen, Statistiken	217d
Satzung	217e
Aufgaben des Spitzenverbandes Bund der Krankenkassen	217f
Aufsichtsmittel in besonderen Fällen bei dem Spitzenverband Bund der Krankenkassen	217g
Entsandte Person für besondere Angelegenheiten bei dem Spitzenverband Bund der Krankenkassen	217h
Verhinderung von Organen, Bestellung eines Beauftragten	217i
Berichtspflicht des Bundesministeriums für Gesundheit	217j
Regionale Kassenverbände	218
Besondere Regelungen zu Einrichtungen und Arbeitsgemeinschaften des Spitzenverbandes Bund der Krankenkassen	219
Deutsche Verbindungsstelle Krankenversicherung – Ausland	219a
Datenaustausch im automatisierten Verfahren zwischen den Trägern der sozialen Sicherheit und der Deutschen Verbindungsstelle Krankenversicherung – Ausland	219b
Dateien bei der Deutschen Verbindungsstelle Krankenversicherung – Ausland	219c
Nationale Kontaktstelle	219d

Achtes Kapitel. Finanzierung

Erster Abschnitt. Beiträge

Erster Titel. Aufbringung der Mittel

	§§
Grundsatz	220
Beteiligung des Bundes an Aufwendungen	221
(aufgehoben)	222
Beitragspflicht, beitragspflichtige Einnahmen, Beitragsbemessungsgrenze	223
Beitragsfreiheit bei Krankengeld, Mutterschaftsgeld oder Erziehungsgeld oder Elterngeld	224
Beitragsfreiheit bestimmter Rentenantragsteller	225

Zweiter Titel. Beitragspflichtige Einnahmen der Mitglieder

Beitragspflichtige Einnahmen versicherungspflichtig Beschäftigter	226
Beitragspflichtige Einnahmen versicherungspflichtiger Rückkehrer in die gesetzliche Krankenversicherung und bisher nicht Versicherter	227
Rente als beitragspflichtige Einnahmen	228
Versorgungsbezüge als beitragspflichtige Einnahmen	229
Rangfolge der Einnahmearten versicherungspflichtig Beschäftigter	230
Erstattung von Beiträgen	231
Beitragspflichtige Einnahmen unständig Beschäftigter	232
Beitragspflichtige Einnahmen der Bezieher von Arbeitslosengeld, Unterhaltsgeld oder Kurzarbeitergeld	232a
Beitragspflichtige Einnahmen der Bezieher von Pflegeunterstützungsgeld	232b
Beitragspflichtige Einnahmen der Seeleute	233
Beitragspflichtige Einnahmen der Künstler und Publizisten	234
Beitragspflichtige Einnahmen von Rehabilitanden, Jugendlichen und Behinderten in Einrichtungen	235
Beitragspflichtige Einnahmen der Studenten und Praktikanten	236
Beitragspflichtige Einnahmen versicherungspflichtiger Rentner	237
Rangfolge der Einnahmearten versicherungspflichtiger Rentner	238
Rangfolge der Einnahmearten freiwillig versicherter Rentner	238a
Beitragsbemessung bei Rentenantragstellern	239
Beitragspflichtige Einnahmen freiwilliger Mitglieder	240

Dritter Titel. Beitragssätze, Zusatzbeitrag

Allgemeiner Beitragssatz	241
(aufgehoben)	241a
Zusatzbeitrag	242
Durchschnittlicher Zusatzbeitragssatz	242a
(aufgehoben)	242b
Ermäßigter Beitragssatz	243
Ermäßigter Beitrag für Wehrdienstleistende und Zivildienstleistende	244
Beitragssatz für Studenten und Praktikanten	245
Beitragssatz für Bezieher von Arbeitslosengeld II	246
Beitragssatz aus der Rente	247
Beitragssatz aus Versorgungsbezügen und Arbeitseinkommen	248

Vierter Titel. Tragung der Beiträge

Tragung der Beiträge bei versicherungspflichtiger Beschäftigung	249
Tragung der Beiträge bei Versicherungspflichtigen mit Rentenbezug	249a
Beitrag des Arbeitgebers bei geringfügiger Beschäftigung	249b
Tragung der Beiträge bei Bezug von Pflegeunterstützungsgeld	249c
Tragung der Beiträge durch das Mitglied	250
Tragung der Beiträge durch Dritte	251

Fünfter Titel. Zahlung der Beiträge

Beitragszahlung	252
Beitragszahlung aus dem Arbeitsentgelt	253
Beitragszahlung der Studenten	254
Beitragszahlung aus der Rente	255

	§§
Beitragszahlung aus Versorgungsbezügen	256
Ermäßigung und Erlass von Beitragsschulden und Säumniszuschlägen	256a

Zweiter Abschnitt. Beitragszuschüsse

Beitragszuschüsse für Beschäftigte	257
Beitragszuschüsse für andere Personen	258

Dritter Abschnitt. Verwendung und Verwaltung der Mittel

Mittel der Krankenkasse	259
Betriebsmittel	260
Rücklage	261
Gesamtrücklage	262
Verwaltungsvermögen	263
(aufgehoben)	263a
Übernahme der Krankenbehandlung für nicht Versicherungspflichtige gegen Kostenerstattung	264

Vierter Abschnitt. Finanzausgleiche und Zuweisungen aus dem Gesundheitsfonds

Finanzausgleich für aufwendige Leistungsfälle	265
Finanzielle Hilfen zur Vermeidung der Schließung oder Insolvenz einer Krankenkasse	265a
Freiwillige finanzielle Hilfen	265b
Zuweisungen aus dem Gesundheitsfonds (Risikostrukturausgleich)	266
Datenerhebungen zum Risikostrukturausgleich	267
Weiterentwicklung des Risikostrukturausgleichs	268
Sonderregelungen für Krankengeld und Auslandsversicherte	269
Zuweisungen aus dem Gesundheitsfonds für sonstige Ausgaben	270
Einkommensausgleich	270a
Gesundheitsfonds	271
Sicherstellung der Einnahmen des Gesundheitsfonds	271a
(aufgehoben)	272
Sicherung der Datengrundlagen für den Risikostrukturausgleich	273

Fünfter Abschnitt. Prüfung der Krankenkassen und ihrer Verbände

Prüfung der Geschäfts-, Rechnungs- und Betriebsführung	274

Neuntes Kapitel. Medizinischer Dienst der Krankenversicherung

Erster Abschnitt. Aufgaben

Begutachtung und Beratung	275
Durchführung und Umfang von Qualitätskontrollen in Krankenhäusern durch den Medizinischen Dienst	275a
Durchführung und Umfang von Qualitäts- und Abrechnungsprüfungen bei Leistungen der häuslichen Krankenpflege durch den Medizinischen Dienst	275b
Zusammenarbeit	276
Mitteilungspflichten	277

Zweiter Abschnitt. Organisation

Arbeitsgemeinschaft	278
Verwaltungsrat und Geschäftsführer; Beirat	279
Aufgaben des Verwaltungsrats	280
Finanzierung und Aufsicht	281
Medizinischer Dienst des Spitzenverbandes Bund der Krankenkassen	282
Ausnahmen	283

Zehntes Kapitel. Versicherungs- und Leistungsdaten, Datenschutz, Datentransparenz

Erster Abschnitt. Informationsgrundlagen

Erster Titel. Grundsätze der Datenverwendung

Sozialdaten bei den Krankenkassen	284
Personenbezogene Daten bei den Kassenärztlichen Vereinigungen	285
Datenübersicht	286
Forschungsvorhaben	287

§§

Zweiter Titel. Informationsgrundlagen der Krankenkassen

Versichertenverzeichnis	288
Nachweispflicht bei Familienversicherung	289
Krankenversichertennummer	290
Elektronische Gesundheitskarte als Versicherungsnachweis	291
Elektronische Gesundheitskarte und Telematikinfrastruktur	291a
Gesellschaft für Telematik	291b
Schlichtungsstelle der Gesellschaft für Telematik	291c
Integration offener Schnittstellen in informationstechnische Systeme, Verordnungsermächtigung	291d
Interoperabilitätsverzeichnis	291e
Übermittlung elektronischer Briefe in der vertragsärztlichen Versorgung	291f
Vereinbarung über technische Verfahren zur konsiliarischen Befundbeurteilung und zur Videosprechstunde	291g
Angaben über Leistungsvoraussetzungen	292
Kennzeichen für Leistungsträger und Leistungserbringer	293

Zweiter Abschnitt. Übermittlung und Aufbereitung von Leistungsdaten, Datentransparenz

Erster Titel. Übermittlung von Leistungsdaten

Pflichten der Leistungserbringer	294
Mitteilung von Krankheitsursachen und drittverursachten Gesundheitsschäden	294a
Abrechnung ärztlicher Leistungen	295
Abrechnung der im Rahmen von Verträgen nach § 73b und § 140a sowie vom Krankenhaus im Notfall erbrachten Leistungen	295a
Datenübermittlung für Wirtschaftlichkeitsprüfungen	296
Weitere Regelungen zur Datenübermittlung für Wirtschaftlichkeitsprüfungen	297
Übermittlung versichertenbezogener Daten	298
Datenerhebung, -verarbeitung und -nutzung für Zwecke der Qualitätssicherung	299
Abrechnung der Apotheken und weiterer Stellen	300
Krankenhäuser	301
Abrechnung der Hebammen und der von ihnen geleiteten Einrichtungen	301a
Abrechnung der sonstigen Leistungserbringer	302
Ergänzende Regelungen	303

Zweiter Titel. Datentransparenz

Wahrnehmung der Aufgaben der Datentransparenz	303a
Datenübermittlung	303b
Vertrauensstelle	303c
Datenaufbereitungsstelle	303d
Datenverarbeitung und -nutzung, Verordnungsermächtigung	303e
(aufgehoben)	303f

Dritter Abschnitt. Datenlöschung, Auskunftspflicht

Aufbewahrung von Daten bei Krankenkassen, Kassenärztlichen Vereinigungen und Geschäftsstellen der Prüfungsausschüsse	304
Auskünfte an Versicherte	305
Beratung der Vertragsärzte	305a
Veröffentlichung der Jahresrechnungsergebnisse	305b

Elftes Kapitel. Straf- und Bußgeldvorschriften

Zusammenarbeit zur Verfolgung und Ahndung von Ordnungswidrigkeiten	306
Bußgeldvorschriften	307
Strafvorschriften	307a
Strafvorschriften	307b

Zwölftes Kapitel. Überleitungsregelungen aus Anlaß der Herstellung der Einheit Deutschlands

(aufgehoben)	308
Versicherter Personenkreis	309
Leistungen	310

	§§
Beziehungen der Krankenkassen zu den Leistungserbringern	311
(aufgehoben)	311a–313a

Dreizehntes Kapitel. Weitere Übergangsvorschriften

Beitragszuschüsse für Beschäftigte	314
Standardtarif für Personen ohne Versicherungsschutz	315
Übergangsregelung zur enteralen Ernährung	316
Psychotherapeuten	317
Übergangsregelung für die knappschaftliche Krankenversicherung	318
Übergangsregelung zum Krankengeldwahltarif	319
Übergangsregelung zur befristeten Weiteranwendung aufgehobener Vorschriften	320
Übergangsregelung für die Anforderungen an die strukturierten Behandlungsprogramme nach § 137g Absatz 1	321
Übergangsregelung zur Beitragsbemessung aus Renten und aus Versorgungsbezügen	322

Erstes Kapitel. Allgemeine Vorschriften

§ 1 Solidarität und Eigenverantwortung. [1] Die Krankenversicherung als Solidargemeinschaft hat die Aufgabe, die Gesundheit der Versicherten zu erhalten, wiederherzustellen oder ihren Gesundheitszustand zu bessern. [2] Das umfasst auch die Förderung der gesundheitlichen Eigenkompetenz und Eigenverantwortung der Versicherten. [3] Die Versicherten sind für ihre Gesundheit mit verantwortlich; sie sollen durch eine gesundheitsbewußte Lebensführung, durch frühzeitige Beteiligung an gesundheitlichen Vorsorgemaßnahmen sowie durch aktive Mitwirkung an Krankenbehandlung und Rehabilitation dazu beitragen, den Eintritt von Krankheit und Behinderung zu vermeiden oder ihre Folgen zu überwinden. [4] Die Krankenkassen haben den Versicherten dabei durch Aufklärung, Beratung und Leistungen zu helfen und auf gesunde Lebensverhältnisse hinzuwirken.

§ 2 Leistungen. (1) [1] Die Krankenkassen stellen den Versicherten die im Dritten Kapitel genannten Leistungen unter Beachtung des Wirtschaftlichkeitsgebots (§ 12) zur Verfügung, soweit diese Leistungen nicht der Eigenverantwortung der Versicherten zugerechnet werden. [2] Behandlungsmethoden, Arznei- und Heilmittel der besonderen Therapierichtungen sind nicht ausgeschlossen. [3] Qualität und Wirksamkeit der Leistungen haben dem allgemein anerkannten Stand der medizinischen Erkenntnisse zu entsprechen und den medizinischen Fortschritt zu berücksichtigen.

(1a) [1] Versicherte mit einer lebensbedrohlichen oder regelmäßig tödlichen Erkrankung oder mit einer zumindest wertungsmäßig vergleichbaren Erkrankung, für die eine allgemein anerkannte, dem medizinischen Standard entsprechende Leistung nicht zur Verfügung steht, können auch eine von Absatz 1 Satz 3 abweichende Leistung beanspruchen, wenn eine nicht ganz entfernt liegende Aussicht auf Heilung oder auf eine spürbare positive Einwirkung auf den Krankheitsverlauf besteht. [2] Die Krankenkasse erteilt für Leistungen nach Satz 1 vor Beginn der Behandlung eine Kostenübernahmeerklärung, wenn Versicherte oder behandelnde Leistungserbringer dies beantragen. [3] Mit der Kostenübernahmeerklärung wird die Abrechnungsmöglichkeit der Leistung nach Satz 1 festgestellt.

1. Kapitel. Allgemeine Vorschriften §§ 2a–4 SGB V

(2) ¹Die Versicherten erhalten die Leistungen als Sach- und Dienstleistungen, soweit dieses oder das Neunte Buch¹⁾ nichts Abweichendes vorsehen. ²Die Leistungen werden auf Antrag durch ein Persönliches Budget erbracht; § 29 des Neunten Buches gilt entsprechend. ³Über die Erbringung der Sach- und Dienstleistungen schließen die Krankenkassen nach den Vorschriften des Vierten Kapitel Verträge mit den Leistungserbringern.

(3) ¹Bei der Auswahl der Leistungserbringer ist ihre Vielfalt zu beachten. ²Den religiösen Bedürfnissen der Versicherten ist Rechnung zu tragen.

(4) Krankenkassen, Leistungserbringer und Versicherte haben darauf zu achten, daß die Leistungen wirksam und wirtschaftlich erbracht und nur im notwendigen Umfang in Anspruch genommen werden.

§ 2a Leistungen an behinderte und chronisch kranke Menschen. Den besonderen Belangen behinderter und chronisch kranker Menschen ist Rechnung zu tragen.

§ 2b Geschlechtsspezifische Besonderheiten. Bei den Leistungen der Krankenkassen ist geschlechtsspezifischen Besonderheiten Rechnung zu tragen.

§ 3 Solidarische Finanzierung. ¹Die Leistungen und sonstigen Ausgaben der Krankenkassen werden durch Beiträge finanziert. ²Dazu entrichten die Mitglieder und die Arbeitgeber Beiträge, die sich in der Regel nach den beitragspflichtigen Einnahmen der Mitglieder richten. ³Für versicherte Familienangehörige werden Beiträge nicht erhoben.

§ 4 Krankenkassen. (1) Die Krankenkassen sind rechtsfähige Körperschaften des öffentlichen Rechts mit Selbstverwaltung.

(2) Die Krankenversicherung ist in folgende Kassenarten gegliedert:

Allgemeine Ortskrankenkassen,

Betriebskrankenkassen,

Innungskrankenkassen,

Sozialversicherung für Landwirtschaft, Forsten und Gartenbau als Träger der Krankenversicherung der Landwirte,

die Deutsche Rentenversicherung Knappschaft-Bahn-See als Träger der Krankenversicherung (Deutsche Rentenversicherung Knappschaft-Bahn-See),

Ersatzkassen.

(3) ¹Im Interesse der Leistungsfähigkeit und Wirtschaftlichkeit der gesetzlichen Krankenversicherung arbeiten die Krankenkassen und ihre Verbände sowohl innerhalb einer Kassenart als auch kassenartenübergreifend miteinander und mit allen anderen Einrichtungen des Gesundheitswesens eng zusammen. ²Krankenkassen können die Unterlassung unzulässiger Werbemaßnahmen von anderen Krankenkassen verlangen; § 12 Absatz 1 bis 3 des Gesetzes gegen den unlauteren Wettbewerb gilt entsprechend.

(4) ¹Die Krankenkassen haben bei der Durchführung ihrer Aufgaben und in ihren Verwaltungsangelegenheiten sparsam und wirtschaftlich zu verfahren und

---

¹⁾ Nr. 9.

dabei ihre Ausgaben so auszurichten, dass Beitragserhöhungen ausgeschlossen werden, es sei denn, die notwendige medizinische Versorgung ist auch nach Ausschöpfung von Wirtschaftlichkeitsreserven nicht zu gewährleisten. ²Die Verwaltungsausgaben der einzelnen Krankenkasse dürfen sich in den Jahren 2011 und 2012 gegenüber dem Jahr 2010 nicht erhöhen. ³Zu den Verwaltungsausgaben zählen auch die Kosten der Krankenkasse für die Durchführung ihrer Verwaltungsaufgaben durch Dritte. ⁴Abweichend von Satz 2 sind

1. Veränderungen der für die Zuweisung nach § 270 Absatz 1 Satz 1 Buchstabe c maßgeblichen Bestimmungsgrößen sowie
2. Erhöhungen der Verwaltungsausgaben, die auf der Durchführung der Sozialversicherungswahlen beruhen, es sei denn, dass das Wahlverfahren nach § 46 Absatz 2 des Vierten Buches[1)] durchgeführt wird,

zu berücksichtigen. ⁵In Fällen unabweisbaren personellen Mehrbedarfs durch gesetzlich neu zugewiesene Aufgaben kann die Aufsichtsbehörde eine Ausnahme von Satz 2 zulassen, soweit die Krankenkasse nachweist, dass der Mehrbedarf nicht durch Ausschöpfung von Wirtschaftlichkeitsreserven gedeckt werden kann. ⁶Die Sätze 2 und 3, Satz 4 Nummer 2 und Satz 5 gelten für die Verbände der Krankenkassen entsprechend.

(5) In den Verwaltungsvorschriften nach § 78 Satz 1 und § 77 Absatz 1a des Vierten Buches ist sicherzustellen, dass Verwaltungsausgaben, die der Werbung neuer Mitglieder dienen, nach für alle Krankenkassen gleichen Grundsätzen gebucht werden.

(6) ¹Bei Krankenkassen, die bis zum 31. Dezember 2011 nicht an mindestens 10 Prozent ihrer Versicherten elektronische Gesundheitskarten nach § 291a ausgegeben haben, reduzieren sich abweichend von Absatz 4 Satz 2 die Verwaltungsausgaben im Jahr 2012 gegenüber dem Jahr 2010 um 2 Prozent. ²Bei Krankenkassen, die bis zum 31. Dezember 2012 nicht an mindestens 70 Prozent ihrer Versicherten elektronische Gesundheitskarten nach § 291a ausgegeben haben, dürfen sich die Verwaltungsausgaben im Jahr 2013 gegenüber dem Jahr 2010 nicht erhöhen. ³Absatz 4 Satz 4 Nummer 1 und Satz 5 sowie § 291a Absatz 7 Satz 7 gelten entsprechend. ⁴Für die Bestimmung des Versichertenanteils ist die Zahl der Versicherten am 1. Juli 2011 maßgeblich.

§ 4a Sonderregelungen zum Verwaltungsverfahren. Abweichungen von den Regelungen des Verwaltungsverfahrens gemäß den §§ 266, 267 und 269 durch Landesrecht sind ausgeschlossen.

Zweites Kapitel. Versicherter Personenkreis

Erster Abschnitt. Versicherung kraft Gesetzes

§ 5 Versicherungspflicht. (1) Versicherungspflichtig sind
1. Arbeiter, Angestellte und zu ihrer Berufsausbildung Beschäftigte, die gegen Arbeitsentgelt beschäftigt sind,

---

[1)] Nr. 4.

2. Kapitel. Versicherter Personenkreis § 5 SGB V 5

2. Personen in der Zeit, für die sie Arbeitslosengeld nach dem Dritten Buch[1] beziehen oder nur deshalb nicht beziehen, weil der Anspruch wegen einer Sperrzeit (§ 159 des Dritten Buches) oder wegen einer Urlaubsabgeltung (§ 157 Absatz 2 des Dritten Buches) ruht; dies gilt auch, wenn die Entscheidung, die zum Bezug der Leistung geführt hat, rückwirkend aufgehoben oder die Leistung zurückgefordert oder zurückgezahlt worden ist,

2a. Personen in der Zeit, für die sie Arbeitslosengeld II nach dem Zweiten Buch[2] beziehen, es sei denn, dass diese Leistung nur darlehensweise gewährt wird oder nur Leistungen nach § 24 Absatz 3 Satz 1 des Zweiten Buches bezogen werden; dies gilt auch, wenn die Entscheidung, die zum Bezug der Leistung geführt hat, rückwirkend aufgehoben oder die Leistung zurückgefordert oder zurückgezahlt worden ist.

3. Landwirte, ihre mitarbeitenden Familienangehörigen und Altenteiler nach näherer Bestimmung des Zweiten Gesetzes über die Krankenversicherung der Landwirte,

4. Künstler und Publizisten nach näherer Bestimmung des Künstlersozialversicherungsgesetzes,

5. Personen, die in Einrichtungen der Jugendhilfe für eine Erwerbstätigkeit befähigt werden sollen,

6. Teilnehmer an Leistungen zur Teilhabe am Arbeitsleben sowie an Abklärungen der beruflichen Eignung oder Arbeitserprobung, es sei denn, die Maßnahmen werden nach den Vorschriften des Bundesversorgungsgesetzes erbracht,

7. behinderte Menschen, die in anerkannten Werkstätten für behinderte Menschen oder in Blindenwerkstätten im Sinne des § 226 des Neunten Buches[3] oder für diese Einrichtungen in Heimarbeit oder bei einem anderen Leistungsanbieter nach § 60 des Neunten Buches tätig sind,

8. behinderte Menschen, die in Anstalten, Heimen oder gleichartigen Einrichtungen in gewisser Regelmäßigkeit eine Leistung erbringen, die einem Fünftel der Leistung eines voll erwerbsfähigen Beschäftigten in gleichartiger Beschäftigung entspricht; hierzu zählen auch Dienstleistungen für den Träger der Einrichtung,

9. Studenten, die an staatlichen oder staatlich anerkannten Hochschulen eingeschrieben sind, unabhängig davon, ob sie ihren Wohnsitz oder gewöhnlichen Aufenthalt im Inland haben, wenn für sie auf Grund über- oder zwischenstaatlichen Rechts kein Anspruch auf Sachleistungen besteht, bis zum Abschluß des vierzehnten Fachsemesters, längstens bis zur Vollendung des dreißigsten Lebensjahres; Studenten nach Abschluß des vierzehnten Fachsemesters oder nach Vollendung des dreißigsten Lebensjahres sind nur versicherungspflichtig, wenn die Art der Ausbildung oder familiäre sowie persönliche Gründe, insbesondere der Erwerb der Zugangsvoraussetzungen in einer Ausbildungsstätte des Zweiten Bildungswegs, die Überschreitung der Altersgrenze oder eine längere Fachstudienzeit rechtfertigen,

10. Personen, die eine in Studien- oder Prüfungsordnungen vorgeschriebene berufspraktische Tätigkeit ohne Arbeitsentgelt verrichten, sowie zu ihrer

---

[1] Nr. 3.
[2] Nr. 2.
[3] Nr. 9.

Berufsausbildung ohne Arbeitsentgelt Beschäftigte; Auszubildende des Zweiten Bildungswegs, die sich in einem förderungsfähigen Teil eines Ausbildungsabschnitts nach dem Bundesausbildungsförderungsgesetz befinden, sind Praktikanten gleichgestellt,

11. Personen, die die Voraussetzungen für den Anspruch auf eine Rente aus der gesetzlichen Rentenversicherung erfüllen und diese Rente beantragt haben, wenn sie seit der erstmaligen Aufnahme einer Erwerbstätigkeit bis zur Stellung des Rentenantrags mindestens neun Zehntel der zweiten Hälfte des Zeitraums Mitglied oder nach § 10 versichert waren,

11a. Personen, die eine selbständige künstlerische oder publizistische Tätigkeit vor dem 1. Januar 1983 aufgenommen haben, die Voraussetzungen für den Anspruch auf eine Rente aus der Rentenversicherung erfüllen und diese Rente beantragt haben, wenn sie mindestens neun Zehntel des Zeitraums zwischen dem 1. Januar 1985 und der Stellung des Rentenantrags nach dem Künstlersozialversicherungsgesetz in der gesetzlichen Krankenversicherung versichert waren; für Personen, die am 3. Oktober 1990 ihren Wohnsitz im Beitrittsgebiet hatten, ist anstelle des 1. Januar 1985 der 1. Januar 1992 maßgebend,

11b. Personen, die die Voraussetzungen für den Anspruch

a) auf eine Waisenrente nach § 48 des Sechsten Buches[1]) oder

b) auf eine entsprechende Leistung einer berufsständischen Versorgungseinrichtung, wenn der verstorbene Elternteil zuletzt als Beschäftigter von der Versicherungspflicht in der gesetzlichen Rentenversicherung wegen einer Pflichtmitgliedschaft in einer berufsständischen Versorgungseinrichtung nach § 6 Absatz 1 Satz 1 Nummer 1 des Sechsten Buches befreit war,

erfüllen und diese beantragt haben; dies gilt nicht für Personen, die zuletzt vor der Stellung des Rentenantrags privat krankenversichert waren, es sei denn, sie erfüllen die Voraussetzungen für eine Familienversicherung mit Ausnahme des § 10 Absatz 1 Satz 1 Nummer 2 oder die Voraussetzungen der Nummer 11,

12. Personen, die die Voraussetzungen für den Anspruch auf eine Rente aus der gesetzlichen Rentenversicherung erfüllen und diese Rente beantragt haben, wenn sie zu den in § 1 oder § 17a des Fremdrentengesetzes oder zu den in § 20 des Gesetzes zur Wiedergutmachung nationalsozialistischen Unrechts in der Sozialversicherung genannten Personen gehören und ihren Wohnsitz innerhalb der letzten 10 Jahre vor der Stellung des Rentenantrags in das Inland verlegt haben,

13. Personen, die keinen anderweitigen Anspruch auf Absicherung im Krankheitsfall haben und

a) zuletzt gesetzlich krankenversichert waren oder

b) bisher nicht gesetzlich oder privat krankenversichert waren, es sei denn, dass sie zu den in Absatz 5 oder den in § 6 Abs. 1 oder 2 genannten Personen gehören oder bei Ausübung ihrer beruflichen Tätigkeit im Inland gehört hätten.

---

[1]) Nr. **6**.

2. Kapitel. Versicherter Personenkreis § 5 SGB V 5

(2) ¹Der nach Absatz 1 Nr. 11 erforderlichen Mitgliedszeit steht bis zum 31. Dezember 1988 die Zeit der Ehe mit einem Mitglied gleich, wenn die mit dem Mitglied verheiratete Person nicht mehr als nur geringfügig beschäftigt oder geringfügig selbständig tätig war. ²Bei Personen, die ihren Rentenanspruch aus der Versicherung einer anderen Person ableiten, gelten die Voraussetzungen des Absatzes 1 Nr. 11 oder 12 als erfüllt, wenn die andere Person diese Voraussetzungen erfüllt hatte. ³Auf die nach Absatz 1 Nummer 11 erforderliche Mitgliedszeit wird für jedes Kind, Stiefkind oder Pflegekind (§ 56 Absatz 2 Nummer 2 des Ersten Buches[1]) eine Zeit von drei Jahren angerechnet.

(3) Als gegen Arbeitsentgelt beschäftigte Arbeiter und Angestellte im Sinne des Absatzes 1 Nr. 1 gelten Bezieher von Vorruhestandsgeld, wenn sie unmittelbar vor Bezug des Vorruhestandsgeldes versicherungspflichtig waren und das Vorruhestandsgeld mindestens in Höhe von 65 vom Hundert des Bruttoarbeitsentgelts im Sinne des § 3 Abs. 2 des Vorruhestandsgesetzes gezahlt wird.

(4) Als Bezieher von Vorruhestandsgeld ist nicht versicherungspflichtig, wer im Ausland seinen Wohnsitz oder gewöhnlichen Aufenthalt in einem Staat hat, mit dem für Arbeitnehmer mit Wohnsitz oder gewöhnlichem Aufenthalt in diesem Staat keine über- oder zwischenstaatlichen Regelungen über Sachleistungen bei Krankheit bestehen.

(4a) ¹Auszubildende, die im Rahmen eines Berufsausbildungsvertrages nach dem Berufsbildungsgesetz in einer außerbetrieblichen Einrichtung ausgebildet werden, stehen den Beschäftigten zur Berufsausbildung im Sinne des Absatzes 1 Nr. 1 gleich. ²Teilnehmer an dualen Studiengängen stehen den Beschäftigten zur Berufsausbildung im Sinne des Absatzes 1 Nummer 1 gleich. ³Als zu ihrer Berufsausbildung Beschäftigte im Sinne des Absatzes 1 Nr. 1 gelten Personen, die als nicht satzungsmäßige Mitglieder geistlicher Genossenschaften oder ähnlicher religiöser Gemeinschaften für den Dienst in einer solchen Genossenschaft oder ähnlichen religiösen Gemeinschaft außerschulisch ausgebildet werden.

(5) ¹Nach Absatz 1 Nr. 1 oder 5 bis 12 ist nicht versicherungspflichtig, wer hauptberuflich selbständig erwerbstätig ist. ²Bei Personen, die im Zusammenhang mit ihrer selbständigen Erwerbstätigkeit regelmäßig mindestens einen Arbeitnehmer mehr als geringfügig beschäftigen, wird vermutet, dass sie hauptberuflich selbständig erwerbstätig sind; als Arbeitnehmer gelten für Gesellschafter auch die Arbeitnehmer der Gesellschaft.

(5a) ¹Nach Absatz 1 Nr. 2a ist nicht versicherungspflichtig, wer zuletzt vor dem Bezug von Arbeitslosengeld II privat krankenversichert war oder weder gesetzlich noch privat krankenversichert war und zu den in Absatz 5 oder den in § 6 Abs. 1 oder 2 genannten Personen gehört oder bei Ausübung seiner beruflichen Tätigkeit im Inland gehört hätte. ²Satz 1 gilt nicht für Personen, die am 31. Dezember 2008 nach § 5 Abs. 1 Nr. 2a versicherungspflichtig waren, für die Dauer ihrer Hilfebedürftigkeit. ³Personen nach Satz 1 sind nicht nach § 10 versichert. ⁴Personen nach Satz 1, die am 31. Dezember 2015 die Voraussetzungen des § 10 erfüllt haben, sind ab dem 1. Januar 2016 versicherungspflichtig nach Absatz 1 Nummer 2a, solange sie diese Voraussetzungen erfüllen.

---

[1] Nr. 1.

(6) ¹ Nach Absatz 1 Nr. 5 bis 7 oder 8 ist nicht versicherungspflichtig, wer nach Absatz 1 Nr. 1 versicherungspflichtig ist. ² Trifft eine Versicherungspflicht nach Absatz 1 Nr. 6 mit einer Versicherungspflicht nach Absatz 1 Nr. 7 oder 8 zusammen, geht die Versicherungspflicht vor, nach der die höheren Beiträge zu zahlen sind.

(7) ¹ Nach Absatz 1 Nr. 9 oder 10 ist nicht versicherungspflichtig, wer nach Absatz 1 Nr. 1 bis 8, 11 bis 12 versicherungspflichtig oder nach § 10 versichert ist, es sei denn, der Ehegatte, der Lebenspartner oder das Kind des Studenten oder Praktikanten ist nicht versichert oder die Versicherungspflicht nach Absatz 1 Nummer 11b besteht über die Altersgrenze des § 10 Absatz 2 Nummer 3 hinaus. ² Die Versicherungspflicht nach Absatz 1 Nr. 9 geht der Versicherungspflicht nach Absatz 1 Nr. 10 vor.

(8) ¹ Nach Absatz 1 Nr. 11 bis 12 ist nicht versicherungspflichtig, wer nach Absatz 1 Nr. 1 bis 7 oder 8 versicherungspflichtig ist. ² Satz 1 gilt für die in § 190 Abs. 11a genannten Personen entsprechend. ³ Bei Beziehern einer Rente der gesetzlichen Rentenversicherung, die nach dem 31. März 2002 nach § 5 Abs. 1 Nr. 11 versicherungspflichtig geworden sind, deren Anspruch auf Rente schon an diesem Tag bestand und die bis zu diesem Zeitpunkt nach § 10 oder nach § 7 des Zweiten Gesetzes über die Krankenversicherung der Landwirte versichert waren, aber nicht die Vorversicherungszeit des § 5 Abs. 1 Nr. 11 in der seit dem 1. Januar 1993 geltenden Fassung erfüllt hatten und deren Versicherung nach § 10 oder nach § 7 des Zweiten Gesetzes über die Krankenversicherung der Landwirte nicht von einer der in § 9 Abs. 1 Nr. 6 genannten Personen abgeleitet worden ist, geht die Versicherung nach § 10 oder nach § 7 des Zweiten Gesetzes über die Krankenversicherung der Landwirte der Versicherung nach § 5 Abs. 1 Nr. 11 vor.

(8a) ¹ Nach Absatz 1 Nr. 13 ist nicht versicherungspflichtig, wer nach Absatz 1 Nr. 1 bis 12 versicherungspflichtig, freiwilliges Mitglied oder nach § 10 versichert ist. ² Satz 1 gilt entsprechend für Empfänger laufender Leistungen nach dem Dritten, Vierten, Sechsten und Siebten Kapitel des Zwölften Buches[1)] und für Empfänger laufender Leistungen nach § 2 des Asylbewerberleistungsgesetzes. ³ Satz 2 gilt auch, wenn der Anspruch auf diese Leistungen für weniger als einen Monat unterbrochen wird. ⁴ Der Anspruch auf Leistungen nach § 19 Abs. 2 gilt nicht als Absicherung im Krankheitsfall im Sinne von Absatz 1 Nr. 13, sofern im Anschluss daran kein anderweitiger Anspruch auf Absicherung im Krankheitsfall besteht.

(9) ¹ Kommt eine Versicherung nach den §§ 5, 9 oder 10 nach Kündigung des Versicherungsvertrages nicht zu Stande oder endet eine Versicherung nach den §§ 5 oder 10 vor Erfüllung der Vorversicherungszeit nach § 9, ist das private Krankenversicherungsunternehmen zum erneuten Abschluss eines Versicherungsvertrages verpflichtet, wenn der vorherige Vertrag für mindestens fünf Jahre vor seiner Kündigung ununterbrochen bestanden hat. ² Der Abschluss erfolgt ohne Risikoprüfung zu gleichen Tarifbedingungen, die zum Zeitpunkt der Kündigung bestanden haben; die bis zum Ausscheiden erworbenen Alterungsrückstellungen sind dem Vertrag zuzuschreiben. ³ Wird eine gesetzliche Krankenversicherung nach Satz 1 nicht begründet, tritt der neue Versicherungsvertrag am Tag nach der Beendigung des vorhergehenden Ver-

---

[1)] Nr. 12.

2. Kapitel. Versicherter Personenkreis　　　　　　　　　　**§ 6　SGB V 5**

sicherungsvertrages in Kraft. ⁴Endet die gesetzliche Krankenversicherung nach Satz 1 vor Erfüllung der Vorversicherungszeit, tritt der neue Versicherungsvertrag am Tag nach Beendigung der gesetzlichen Krankenversicherung in Kraft. ⁵Die Verpflichtung nach Satz 1 endet drei Monate nach der Beendigung des Versicherungsvertrages, wenn eine Versicherung nach den §§ 5, 9 oder 10 nicht begründet wurde. ⁶Bei Beendigung der Versicherung nach den §§ 5 oder 10 vor Erfüllung der Vorversicherungszeiten nach § 9 endet die Verpflichtung nach Satz 1 längstens zwölf Monate nach der Beendigung des privaten Versicherungsvertrages. ⁷Die vorstehenden Regelungen zum Versicherungsvertrag sind auf eine Anwartschaftsversicherung in der privaten Krankenversicherung entsprechend anzuwenden.

(10) *(nicht belegt)*

(11) ¹Ausländer, die nicht Angehörige eines Mitgliedstaates der Europäischen Union, Angehörige eines Vertragsstaates des Abkommens über den Europäischen Wirtschaftsraum oder Staatsangehörige der Schweiz sind, werden von der Versicherungspflicht nach Absatz 1 Nr. 13 erfasst, wenn sie eine Niederlassungserlaubnis oder eine Aufenthaltserlaubnis mit einer Befristung auf mehr als zwölf Monate nach dem Aufenthaltsgesetz besitzen und für die Erteilung dieser Aufenthaltstitel keine Verpflichtung zur Sicherung des Lebensunterhalts nach § 5 Abs. 1 Nr. 1 des Aufenthaltsgesetzes besteht. ²Angehörige eines anderen Mitgliedstaates der Europäischen Union, Angehörige eines anderen Vertragsstaates des Abkommens über den Europäischen Wirtschaftsraum oder Staatsangehörige der Schweiz werden von der Versicherungspflicht nach Absatz 1 Nr. 13 nicht erfasst, wenn die Voraussetzung für die Wohnortnahme in Deutschland die Existenz eines Krankenversicherungsschutzes nach § 4 des Freizügigkeitsgesetzes/EU ist. ³Bei Leistungsberechtigten nach dem Asylbewerberleistungsgesetz liegt eine Absicherung im Krankheitsfall bereits dann vor, wenn ein Anspruch auf Leistungen bei Krankheit, Schwangerschaft und Geburt nach § 4 des Asylbewerberleistungsgesetzes dem Grunde nach besteht.

§ 6 Versicherungsfreiheit.

(1) Versicherungsfrei sind

1. Arbeiter und Angestellte, deren regelmäßiges Jahresarbeitsentgelt die Jahresarbeitsentgeltgrenze nach den Absätzen 6 oder 7 übersteigt; Zuschläge, die mit Rücksicht auf den Familienstand gezahlt werden, bleiben unberücksichtigt,

1a. nicht-deutsche Besatzungsmitglieder deutscher Seeschiffe, die ihren Wohnsitz oder gewöhnlichen Aufenthalt nicht in einem Mitgliedstaat der Europäischen Union, einem Vertragsstaat des Abkommens über den Europäischen Wirtschaftsraum oder der Schweiz haben,

2. Beamte, Richter, Soldaten auf Zeit sowie Berufssoldaten der Bundeswehr und sonstige Beschäftigte des Bundes, eines Landes, eines Gemeindeverbandes, einer Gemeinde, von öffentlich-rechtlichen Körperschaften, Anstalten, Stiftungen oder Verbänden öffentlich-rechtlicher Körperschaften oder deren Spitzenverbänden, wenn sie nach beamtenrechtlichen Vorschriften oder Grundsätzen bei Krankheit Anspruch auf Fortzahlung der Bezüge und auf Beihilfe oder Heilfürsorge haben,

3. Personen, die während der Dauer ihres Studiums als ordentliche Studierende einer Hochschule oder einer der fachlichen Ausbildung dienenden Schule gegen Arbeitsentgelt beschäftigt sind,

4. Geistliche der als öffentlich-rechtliche Körperschaften anerkannten Religionsgesellschaften, wenn sie nach beamtenrechtlichen Vorschriften oder Grundsätzen bei Krankheit Anspruch auf Fortzahlung der Bezüge und auf Beihilfe haben,

5. Lehrer, die an privaten genehmigten Ersatzschulen hauptamtlich beschäftigt sind, wenn sie nach beamtenrechtlichen Vorschriften oder Grundsätzen bei Krankheit Anspruch auf Fortzahlung der Bezüge und auf Beihilfe haben,

6. die in den Nummern 2, 4 und 5 genannten Personen, wenn ihnen ein Anspruch auf Ruhegehalt oder ähnliche Bezüge zuerkannt ist und sie Anspruch auf Beihilfe im Krankheitsfalle nach beamtenrechtlichen Vorschriften oder Grundsätzen haben,

7. satzungsmäßige Mitglieder geistlicher Genossenschaften, Diakonissen und ähnliche Personen, wenn sie sich aus überwiegend religiösen oder sittlichen Beweggründen mit Krankenpflege, Unterricht oder anderen gemeinnützigen Tätigkeiten beschäftigen und nicht mehr als freien Unterhalt oder ein geringes Entgelt beziehen, das nur zur Beschaffung der unmittelbaren Lebensbedürfnisse an Wohnung, Verpflegung, Kleidung und dergleichen ausreicht,

8. Personen, die nach dem Krankheitsfürsorgesystem der Europäischen Gemeinschaften bei Krankheit geschützt sind.

(2) Nach § 5 Abs. 1 Nr. 11 versicherungspflichtige Hinterbliebene der in Absatz 1 Nr. 2 und 4 bis 6 genannten Personen sind versicherungsfrei, wenn sie ihren Rentenanspruch nur aus der Versicherung dieser Personen ableiten und nach beamtenrechtlichen Vorschriften oder Grundsätzen bei Krankheit Anspruch auf Beihilfe haben.

(3) [1] Die nach Absatz 1 oder anderen gesetzlichen Vorschriften mit Ausnahme von Absatz 2 und § 7 versicherungsfreien oder von der Versicherungspflicht befreiten Personen bleiben auch dann versicherungsfrei, wenn sie eine der in § 5 Abs. 1 Nr. 1 oder Nr. 5 bis 13 genannten Voraussetzungen erfüllen. [2] Dies gilt nicht für die in Absatz 1 Nr. 3 genannten Personen, solange sie während ihrer Beschäftigung versicherungsfrei sind.

(3a) [1] Personen, die nach Vollendung des 55. Lebensjahres versicherungspflichtig werden, sind versicherungsfrei, wenn sie in den letzten fünf Jahren vor Eintritt der Versicherungspflicht nicht gesetzlich versichert waren. [2] Weitere Voraussetzung ist, dass diese Personen mindestens die Hälfte dieser Zeit versicherungsfrei, von der Versicherungspflicht befreit oder nach § 5 Abs. 5 nicht versicherungspflichtig waren. [3] Der Voraussetzung nach Satz 2 stehen die Ehe oder die Lebenspartnerschaft mit einer in Satz 2 genannten Person gleich. [4] Satz 1 gilt nicht für Personen, die nach § 5 Abs. 1 Nr. 13 versicherungspflichtig sind.

(4) [1] Wird die Jahresarbeitsentgeltgrenze überschritten, endet die Versicherungspflicht mit Ablauf des Kalenderjahres, in dem sie überschritten wird. [2] Dies gilt nicht, wenn das Entgelt die vom Beginn des nächsten Kalenderjahres an geltende Jahresarbeitsentgeltgrenze nicht übersteigt. [3] Rückwirkende Erhöhungen des Entgelts werden dem Kalenderjahr zugerechnet, in dem der Anspruch auf das erhöhte Entgelt entstanden ist.

(5) *(aufgehoben)*

(6) ¹Die Jahresarbeitsentgeltgrenze nach Absatz 1 Nr. 1 beträgt im Jahr 2003 45 900 Euro.¹⁾ ²Sie ändert sich zum 1. Januar eines jeden Jahres in dem Verhältnis, in dem die Bruttolöhne und -gehälter je Arbeitnehmer (§ 68 Abs. 2 Satz 1 des Sechsten Buches²⁾) im vergangenen Kalenderjahr zu den entsprechenden Bruttolöhnen und -gehältern im vorvergangenen Kalenderjahr stehen. ³Die veränderten Beträge werden nur für das Kalenderjahr, für das die Jahresarbeitsentgeltgrenze bestimmt wird, auf das nächsthöhere Vielfache von 450 aufgerundet. ⁴Die Bundesregierung setzt die Jahresarbeitsentgeltgrenze in der Rechtsverordnung nach § 160 des Sechsten Buches Sozialgesetzbuch fest.

(7) ¹Abweichend von Absatz 6 Satz 1 beträgt die Jahresarbeitsentgeltgrenze für Arbeiter und Angestellte, die am 31. Dezember 2002 wegen Überschreitens der an diesem Tag geltenden Jahresarbeitsentgeltgrenze versicherungsfrei und bei einem privaten Krankenversicherungsunternehmen in einer substitutiven Krankenversicherung versichert waren, im Jahr 2003 41 400 Euro.³⁾ ²Absatz 6 Satz 2 bis 4 gilt entsprechend.

(8) Der Ausgangswert für die Bestimmung der Jahresarbeitsentgeltgrenze für das Jahr 2004 beträgt für die in Absatz 6 genannten Arbeiter und Angestellten 45 594,05 Euro und für die in Absatz 7 genannten Arbeiter und Angestellten 41 034,64 Euro.

§ 7 Versicherungsfreiheit bei geringfügiger Beschäftigung. (1) ¹Wer eine geringfügige Beschäftigung nach §§ 8, 8a des Vierten Buches⁴⁾ ausübt, ist in dieser Beschäftigung versicherungsfrei; dies gilt nicht für eine Beschäftigung

1. im Rahmen betrieblicher Berufsbildung,
2. nach dem Jugendfreiwilligendienstegesetz,
3. nach dem Bundesfreiwilligendienstgesetz.

²§ 8 Abs. 2 des Vierten Buches ist mit der Maßgabe anzuwenden, daß eine Zusammenrechnung nach einer nicht geringfügigen Beschäftigung nur erfolgt, wenn diese Versicherungspflicht begründet.

(2) ¹Personen, die am 31. März 2003 nur in einer Beschäftigung versicherungspflichtig waren, die die Merkmale einer geringfügigen Beschäftigung nach den §§ 8, 8a des Vierten Buches erfüllt, und die nach dem 31. März 2003 nicht die Voraussetzungen für eine Versicherung nach § 10 erfüllen, bleiben in dieser Beschäftigung versicherungspflichtig. ²Sie werden auf ihren Antrag von der Versicherungspflicht befreit. ³§ 8 Abs. 2 gilt entsprechend mit der Maßgabe, dass an die Stelle des Zeitpunkts des Beginns der Versicherungspflicht der 1. April 2003 tritt. ⁴Die Befreiung ist auf die jeweilige Beschäftigung beschränkt.

(3) ¹Personen, die am 31. Dezember 2012 in einer mehr als geringfügigen Beschäftigung versicherungspflichtig waren, die die Merkmale einer geringfügigen Beschäftigung in der ab dem 1. Januar 2013 geltenden Fassung der §§ 8 oder 8a des Vierten Buches erfüllt, bleiben in dieser Beschäftigung längs-

---

¹⁾ Siehe hierzu die Sozialversicherungs-Rechengrößenverordnung 2018 v. 16.11.2017 (BGBl. I S. 3778); die Jahresarbeitsentgeltgrenze nach § 6 Absatz 6 beträgt für das Jahr 2018 59 400 Euro.
²⁾ Nr. **6**.
³⁾ Siehe hierzu die Sozialversicherungs-Rechengrößenverordnung 2018 v. 16.11.2017 (BGBl. I S. 3778); die Jahresarbeitsentgeltgrenze nach § 6 Absatz 7 beträgt für das Jahr 2018 53 100 Euro.
⁴⁾ Nr. **4**.

tens bis zum 31. Dezember 2014 versicherungspflichtig, sofern sie nicht die Voraussetzungen für eine Versicherung nach § 10 erfüllen und solange das Arbeitsentgelt 400,00 Euro monatlich übersteigt. ² Sie werden auf ihren Antrag von der Versicherungspflicht nach Satz 1 befreit. ³ § 8 Absatz 2 gilt entsprechend mit der Maßgabe, dass an die Stelle des Zeitpunkts des Beginns der Versicherungspflicht der 1. Januar 2013 tritt.

§ 8 Befreiung von der Versicherungspflicht. (1) Auf Antrag wird von der Versicherungspflicht befreit, wer versicherungspflichtig wird

1. wegen Änderung der Jahresarbeitsentgeltgrenze nach § 6 Abs. 6 Satz 2 oder Abs. 7,

1a. durch den Bezug von Arbeitslosengeld oder Unterhaltsgeld (§ 5 Abs. 1 Nr. 2) und in den letzten fünf Jahren vor dem Leistungsbezug nicht gesetzlich krankenversichert war, wenn er bei einem Krankenversicherungsunternehmen versichert ist und Vertragsleistungen erhält, die der Art und dem Umfang nach den Leistungen dieses Buches entsprechen,

2. durch Aufnahme einer nicht vollen Erwerbstätigkeit nach § 2 des Bundeserziehungsgeldgesetzes oder nach § 1 Abs. 6 des Bundeselterngeld- und Elternzeitgesetzes während der Elternzeit; die Befreiung erstreckt sich nur auf die Elternzeit,

2a. durch Herabsetzung der regelmäßigen Wochenarbeitszeit während einer Freistellung nach § 3 des Pflegezeitgesetzes oder der Familienpflegezeit nach § 2 des Familienpflegezeitgesetzes; die Befreiung erstreckt sich nur auf die Dauer einer Freistellung oder die Dauer der Familienpflegezeit,

3. weil seine Arbeitszeit auf die Hälfte oder weniger als die Hälfte der regelmäßigen Wochenarbeitszeit vergleichbarer Vollbeschäftigter des Betriebes herabgesetzt wird; dies gilt auch für Beschäftigte, die im Anschluß an ihr bisheriges Beschäftigungsverhältnis bei einem anderen Arbeitgeber ein Beschäftigungsverhältnis aufnehmen, das die Voraussetzungen des vorstehenden Halbsatzes erfüllt, sowie für Beschäftigte, die im Anschluss an die Zeiten des Bezugs von Elterngeld oder der Inanspruchnahme von Elternzeit oder einer Freistellung nach § 3 des Pflegezeitgesetzes oder § 2 des Familienpflegezeitgesetzes ein Beschäftigungsverhältnis im Sinne des ersten Teilsatzes aufnehmen, das bei Vollbeschäftigung zur Versicherungsfreiheit nach § 6 Absatz 1 Nummer 1 führen würde; Voraussetzung ist ferner, daß der Beschäftigte seit mindestens fünf Jahren wegen Überschreitens der Jahresarbeitsentgeltgrenze versicherungsfrei ist; Zeiten des Bezugs von Erziehungsgeld oder Elterngeld oder der Inanspruchnahme von Elternzeit oder einer Freistellung nach § 3 des Pflegezeitgesetzes oder § 2 des Familienpflegezeitgesetzes werden angerechnet,

4. durch den Antrag auf Rente oder den Bezug von Rente oder die Teilnahme an einer Leistung zur Teilhabe am Arbeitsleben (§ 5 Abs. 1 Nr. 6, 11 bis 12),

5. durch die Einschreibung als Student oder die berufspraktische Tätigkeit (§ 5 Abs. 1 Nr. 9 oder 10),

6. durch die Beschäftigung als Arzt im Praktikum,

7. durch die Tätigkeit in einer Einrichtung für behinderte Menschen (§ 5 Abs. 1 Nr. 7 oder 8).

(2) ¹Der Antrag ist innerhalb von drei Monaten nach Beginn der Versicherungspflicht bei der Krankenkasse zu stellen. ²Die Befreiung wirkt vom Beginn der Versicherungspflicht an, wenn seit diesem Zeitpunkt noch keine Leistungen in Anspruch genommen wurden, sonst vom Beginn des Kalendermonats an, der auf die Antragstellung folgt. ³Die Befreiung kann nicht widerrufen werden. ⁴Die Befreiung wird nur wirksam, wenn das Mitglied das Bestehen eines anderweitigen Anspruchs auf Absicherung im Krankheitsfall nachweist.

(3) ¹Personen, die am 31. Dezember 2014 von der Versicherungspflicht nach Absatz 1 Nummer 2a befreit waren, bleiben auch für die Dauer der Nachpflegephase nach § 3 Absatz 1 Nummer 1 Buchstabe c des Familienpflegezeitgesetzes in der am 31. Dezember 2014 geltenden Fassung befreit. ²Bei Anwendung des Absatzes 1 Nummer 3 steht der Freistellung nach § 2 des Familienpflegezeitgesetzes die Nachpflegephase nach § 3 Absatz 1 Nummer 1 Buchstabe c des Familienpflegezeitgesetzes in der am 31. Dezember 2014 geltenden Fassung gleich.

Zweiter Abschnitt. Versicherungsberechtigung

§ 9 Freiwillige Versicherung. (1) ¹Der Versicherung können beitreten

1. Personen, die als Mitglieder aus der Versicherungspflicht ausgeschieden sind und in den letzten fünf Jahren vor dem Ausscheiden mindestens vierundzwanzig Monate oder unmittelbar vor dem Ausscheiden ununterbrochen mindestens zwölf Monate versichert waren; Zeiten der Mitgliedschaft nach § 189 und Zeiten, in denen eine Versicherung allein deshalb bestanden hat, weil Arbeitslosengeld II zu Unrecht bezogen wurde, werden nicht berücksichtigt,
2. Personen, deren Versicherung nach § 10 erlischt oder nur deswegen nicht besteht, weil die Voraussetzungen des § 10 Abs. 3 vorliegen, wenn sie oder der Elternteil, aus dessen Versicherung die Familienversicherung abgeleitet wurde, die in Nummer 1 genannte Vorversicherungszeit erfüllen,
3. Personen, die erstmals eine Beschäftigung im Inland aufnehmen und nach § 6 Absatz 1 Nummer 1 versicherungsfrei sind; Beschäftigungen vor oder während der beruflichen Ausbildung bleiben unberücksichtigt,
4. schwerbehinderte Menschen im Sinne des Neunten Buches[1], wenn sie, ein Elternteil, ihr Ehegatte oder ihr Lebenspartner in den letzten fünf Jahren vor dem Beitritt mindestens drei Jahre versichert waren, es sei denn, sie konnten wegen ihrer Behinderung diese Voraussetzung nicht erfüllen; die Satzung kann das Recht zum Beitritt von einer Altersgrenze abhängig machen,
5. Arbeitnehmer, deren Mitgliedschaft durch Beschäftigung im Ausland oder bei einer zwischenstaatlichen oder überstaatlichen Organisation endete, wenn sie innerhalb von zwei Monaten nach Rückkehr in das Inland oder nach Beendigung ihrer Tätigkeit bei der zwischenstaatlichen oder überstaatlichen Organisation wieder eine Beschäftigung aufnehmen,
6. innerhalb von sechs Monaten nach dem Eintritt der Versicherungspflicht Bezieher einer Rente der gesetzlichen Rentenversicherung, die nach dem 31. März 2002 nach § 5 Abs. 1 Nr. 11 versicherungspflichtig geworden sind, deren Anspruch auf Rente schon an diesem Tag bestand, die aber nicht die

---

[1] Nr. 9.

Vorversicherungszeit nach § 5 Abs. 1 Nr. 11 in der seit dem 1. Januar 1993 geltenden Fassung erfüllt hatten und die deswegen bis zum 31. März 2002 freiwillige Mitglieder waren,

7. innerhalb von sechs Monaten nach ständiger Aufenthaltnahme im Inland oder innerhalb von drei Monaten nach Ende des Bezugs von Arbeitslosengeld II Spätaussiedler sowie deren gemäß § 7 Abs. 2 Satz 1 des Bundesvertriebenengesetzes leistungsberechtigte Ehegatten und Abkömmlinge, die bis zum Verlassen ihres früheren Versicherungsbereichs bei einem dortigen Träger der gesetzlichen Krankenversicherung versichert waren.

² Für die Berechnung der Vorversicherungszeiten nach Satz 1 Nr. 1 gelten 360 Tage eines Bezugs von Leistungen, die nach § 339 des Dritten Buches[1]) berechnet werden, als zwölf Monate.

(2) Der Beitritt ist der Krankenkasse innerhalb von drei Monaten anzuzeigen,

1. im Falle des Absatzes 1 Nr. 1 nach Beendigung der Mitgliedschaft,
2. im Falle des Absatzes 1 Nr. 2 nach Beendigung der Versicherung oder nach Geburt des Kindes,
3. im Falle des Absatzes 1 Satz 1 Nummer 3 nach Aufnahme der Beschäftigung,
4. im Falle des Absatzes 1 Nr. 4 nach Feststellung der Behinderung nach § 151 des Neunten Buches,
5. im Falle des Absatzes 1 Nummer 5 nach Rückkehr in das Inland oder nach Beendigung der Tätigkeit bei der zwischenstaatlichen oder überstaatlichen Organisation.

(3) Kann zum Zeitpunkt des Beitritts zur gesetzlichen Krankenversicherung nach Absatz 1 Nr. 7 eine Bescheinigung nach § 15 Abs. 1 oder 2 des Bundesvertriebenengesetzes nicht vorgelegt werden, reicht als vorläufiger Nachweis der vom Bundesverwaltungsamt im Verteilungsverfahren nach § 8 Abs. 1 des Bundesvertriebenengesetzes ausgestellte Registrierschein und die Bestätigung der für die Ausstellung einer Bescheinigung nach § 15 Abs. 1 oder 2 des Bundesvertriebenengesetzes zuständigen Behörde, dass die Ausstellung dieser Bescheinigung beantragt wurde.

Dritter Abschnitt. Versicherung der Familienangehörigen

§ 10 Familienversicherung. (1) ¹ Versichert sind der Ehegatte, der Lebenspartner und die Kinder von Mitgliedern sowie die Kinder von familienversicherten Kindern, wenn diese Familienangehörigen

1. ihren Wohnsitz oder gewöhnlichen Aufenthalt im Inland haben,
2. nicht nach § 5 Abs. 1 Nr. 1, 2, 2a, 3 bis 8, 11 bis 12 oder nicht freiwillig versichert sind,
3. nicht versicherungsfrei oder nicht von der Versicherungspflicht befreit sind; dabei bleibt die Versicherungsfreiheit nach § 7 außer Betracht,
4. nicht hauptberuflich selbständig erwerbstätig sind und

---

[1]) Nr. 3.

2. Kapitel. Versicherter Personenkreis   § 10   SGB V   5

5. kein Gesamteinkommen haben, das regelmäßig im Monat ein Siebtel der monatlichen Bezugsgröße nach § 18 des Vierten Buches[1]) überschreitet; bei Renten wird der Zahlbetrag ohne den auf Entgeltpunkte für Kindererziehungszeiten entfallenden Teil berücksichtigt; für geringfügig Beschäftigte nach § 8 Abs. 1 Nr. 1, § 8a des Vierten Buches beträgt das zulässige Gesamteinkommen 450 Euro.

[2] Eine hauptberufliche selbständige Tätigkeit im Sinne des Satzes 1 Nr. 4 ist nicht deshalb anzunehmen, weil eine Versicherung nach § 1 Abs. 3 des Gesetzes über die Alterssicherung der Landwirte vom 29. Juli 1994 (BGBl. I S. 1890, 1891) besteht. [3] Das Gleiche gilt bis zum 31. Dezember 2018 für eine Tagespflegeperson, die bis zu fünf gleichzeitig anwesende, fremde Kinder in Tagespflege betreut. [4] Ehegatten und Lebenspartner sind für die Dauer der Schutzfristen nach § 3 des Mutterschutzgesetzes sowie der Elternzeit nicht versichert, wenn sie zuletzt vor diesen Zeiträumen nicht gesetzlich krankenversichert waren.

(2) Kinder sind versichert
1. bis zur Vollendung des achtzehnten Lebensjahres,
2. bis zur Vollendung des dreiundzwanzigsten Lebensjahres, wenn sie nicht erwerbstätig sind,
3. bis zur Vollendung des fünfundzwanzigsten Lebensjahres, wenn sie sich in Schul- oder Berufsausbildung befinden oder ein freiwilliges soziales Jahr oder ein freiwilliges ökologisches Jahr im Sinne des Jugendfreiwilligendienstegesetzes oder Bundesfreiwilligendienst nach dem Bundesfreiwilligendienstgesetz leisten; wird die Schul- oder Berufsausbildung durch Erfüllung einer gesetzlichen Dienstpflicht des Kindes unterbrochen oder verzögert, besteht die Versicherung auch für einen der Dauer dieses Dienstes entsprechenden Zeitraum über das fünfundzwanzigste Lebensjahr hinaus; dies gilt ab dem 1. Juli 2011 auch bei einer Unterbrechung oder Verzögerung durch den freiwilligen Wehrdienst nach § 58b des Soldatengesetzes, einen Freiwilligendienst nach dem Bundesfreiwilligendienstgesetz, dem Jugendfreiwilligendienstegesetz oder einen vergleichbaren anerkannten Freiwilligendienst oder durch eine Tätigkeit als Entwicklungshelfer im Sinne des § 1 Absatz 1 des Entwicklungshelfer-Gesetzes für die Dauer von höchstens zwölf Monaten,
4. ohne Altersgrenze, wenn sie als behinderte Menschen (§ 2 Abs. 1 Satz 1 des Neunten Buches[2])) außerstande sind, sich selbst zu unterhalten; Voraussetzung ist, daß die Behinderung zu einem Zeitpunkt vorlag, in dem das Kind nach Nummer 1, 2 oder 3 versichert war.

(3) Kinder sind nicht versichert, wenn der mit den Kindern verwandte Ehegatte oder Lebenspartner des Mitglieds nicht Mitglied einer Krankenkasse ist und sein Gesamteinkommen regelmäßig im Monat ein Zwölftel der Jahresarbeitsentgeltgrenze übersteigt und regelmäßig höher als das Gesamteinkommen des Mitglieds ist; bei Renten wird der Zahlbetrag berücksichtigt.

(4) [1] Als Kinder im Sinne der Absätze 1 bis 3 gelten auch Stiefkinder und Enkel, die das Mitglied überwiegend unterhält, sowie Pflegekinder (§ 56 Abs. 2 Nr. 2 des Ersten Buches[3])). [2] Kinder, die mit dem Ziel der Annahme als

---

[1]) Nr. 4.
[2]) Nr. 9.
[3]) Nr. 1.

Kind in die Obhut des Annehmenden aufgenommen sind und für die die zur Annahme erforderliche Einwilligung der Eltern erteilt ist, gelten als Kinder des Annehmenden und nicht mehr als Kinder der leiblichen Eltern. ³ Stiefkinder im Sinne des Satzes 1 sind auch die Kinder des Lebenspartners eines Mitglieds.

(5) Sind die Voraussetzungen der Absätze 1 bis 4 mehrfach erfüllt, wählt das Mitglied die Krankenkasse.

(6) ¹ Das Mitglied hat die nach den Absätzen 1 bis 4 Versicherten mit den für die Durchführung der Familienversicherung notwendigen Angaben sowie die Änderung dieser Angaben an die zuständige Krankenkasse zu melden. ² Der Spitzenverband Bund der Krankenkassen legt für die Meldung nach Satz 1 ein einheitliches Verfahren und einheitliche Meldevordrucke fest.

Drittes Kapitel. Leistungen der Krankenversicherung

Erster Abschnitt. Übersicht über die Leistungen

§ 11 Leistungsarten. (1) Versicherte haben nach den folgenden Vorschriften Anspruch auf Leistungen

1. bei Schwangerschaft und Mutterschaft (§§ 24c bis 24i),
2. zur Verhütung von Krankheiten und von deren Verschlimmerung sowie zur Empfängnisverhütung, bei Sterilisation und bei Schwangerschaftsabbruch (§§ 20 bis 24b),
3. zur Erfassung von gesundheitlichen Risiken und Früherkennung von Krankheiten (§§ 25 und 26),
4. zur Behandlung einer Krankheit (§§ 27 bis 52),
5. des Persönlichen Budgets nach § 29 des Neunten Buches[1].

(2) ¹ Versicherte haben auch Anspruch auf Leistungen zur medizinischen Rehabilitation sowie auf unterhaltssichernde und andere ergänzende Leistungen, die notwendig sind, um eine Behinderung oder Pflegebedürftigkeit abzuwenden, zu beseitigen, zu mindern, auszugleichen, ihre Verschlimmerung zu verhüten oder ihre Folgen zu mildern. ² Leistungen der aktivierenden Pflege nach Eintritt von Pflegebedürftigkeit werden von den Pflegekassen erbracht. ³ Die Leistungen nach Satz 1 werden unter Beachtung des Neunten Buches erbracht, soweit in diesem Buch nichts anderes bestimmt ist.

(3) Bei stationärer Behandlung umfassen die Leistungen auch die aus medizinischen Gründen notwendige Mitaufnahme einer Begleitperson des Versicherten oder bei stationärer Behandlung in einem Krankenhaus nach § 108 oder einer Vorsorge- oder Rehabilitationseinrichtung nach § 107 Absatz 2 die Mitaufnahme einer Pflegekraft, soweit Versicherte ihre Pflege nach § 63b Absatz 6 Satz 1 des Zwölften Buches[2] durch von ihnen beschäftigte besondere Pflegekräfte sicherstellen.

(4) ¹ Versicherte haben Anspruch auf ein Versorgungsmanagement insbesondere zur Lösung von Problemen beim Übergang in die verschiedenen Versorgungsbereiche; dies umfasst auch die fachärztliche Anschlussversorgung.

---
[1] Nr. **9**.
[2] Nr. **12**.

3. Kapitel. Leistungen der Krankenvers. **§ 12 SGB V**

²Die betroffenen Leistungserbringer sorgen für eine sachgerechte Anschlussversorgung des Versicherten und übermitteln sich gegenseitig die erforderlichen Informationen. ³Sie sind zur Erfüllung dieser Aufgabe von den Krankenkassen zu unterstützen. ⁴In das Versorgungsmanagement sind die Pflegeeinrichtungen einzubeziehen; dabei ist eine enge Zusammenarbeit mit Pflegeberatern und Pflegeberaterinnen nach § 7a des Elften Buches[1]) zu gewährleisten. ⁵Das Versorgungsmanagement und eine dazu erforderliche Übermittlung von Daten darf nur mit Einwilligung und nach vorheriger Information des Versicherten erfolgen. ⁶Soweit in Verträgen nach § 140a nicht bereits entsprechende Regelungen vereinbart sind, ist das Nähere im Rahmen von Verträgen mit sonstigen Leistungserbringern der gesetzlichen Krankenversicherung und mit Leistungserbringern nach dem Elften Buch sowie mit den Pflegekassen zu regeln.

(5) ¹Auf Leistungen besteht kein Anspruch, wenn sie als Folge eines Arbeitsunfalls oder einer Berufskrankheit im Sinne der gesetzlichen Unfallversicherung zu erbringen sind. ²Dies gilt auch in Fällen des § 12a des Siebten Buches[2]).

(6) ¹Die Krankenkasse kann in ihrer Satzung zusätzliche vom Gemeinsamen Bundesausschuss nicht ausgeschlossene Leistungen in der fachlich gebotenen Qualität im Bereich der medizinischen Vorsorge und Rehabilitation (§§ 23, 40), der Leistungen von Hebammen bei Schwangerschaft und Mutterschaft (§ 24d), der künstlichen Befruchtung (§ 27a), der zahnärztlichen Behandlung ohne die Versorgung mit Zahnersatz (§ 28 Absatz 2), bei der Versorgung mit nicht verschreibungspflichtigen apothekenpflichtigen Arzneimitteln (§ 34 Absatz 1 Satz 1), mit Heilmitteln (§ 32) und Hilfsmitteln (§ 33), im Bereich der häuslichen Krankenpflege (§ 37) und der Haushaltshilfe (§ 38) sowie Leistungen von nicht zugelassenen Leistungserbringern vorsehen. ²Die Satzung muss insbesondere die Art, die Dauer und den Umfang der Leistung bestimmen; sie hat hinreichende Anforderungen an die Qualität der Leistungserbringung zu regeln. ³Die zusätzlichen Leistungen sind von den Krankenkassen in ihrer Rechnungslegung gesondert auszuweisen.

Zweiter Abschnitt. Gemeinsame Vorschriften

§ 12 Wirtschaftlichkeitsgebot. (1) ¹Die Leistungen müssen ausreichend, zweckmäßig und wirtschaftlich sein; sie dürfen das Maß des Notwendigen nicht überschreiten. ²Leistungen, die nicht notwendig oder unwirtschaftlich sind, können Versicherte nicht beanspruchen, dürfen die Leistungserbringer nicht bewirken und die Krankenkassen nicht bewilligen.

(2) Ist für eine Leistung ein Festbetrag festgesetzt, erfüllt die Krankenkasse ihre Leistungspflicht mit dem Festbetrag.

(3) Hat die Krankenkasse Leistungen ohne Rechtsgrundlage oder entgegen geltendem Recht erbracht und hat ein Vorstandsmitglied hiervon gewußt oder hätte es hiervon wissen müssen, hat die zuständige Aufsichtsbehörde nach Anhörung des Vorstandsmitglieds den Verwaltungsrat zu veranlassen, das Vorstandsmitglied auf Ersatz des aus der Pflichtverletzung entstandenen Schadens in Anspruch zu nehmen, falls der Verwaltungsrat das Regreßverfahren nicht bereits von sich aus eingeleitet hat.

---

[1]) Nr. 11.
[2]) Nr. 7.

§ 13 Kostenerstattung. (1) Die Krankenkasse darf anstelle der Sach- oder Dienstleistung (§ 2 Abs. 2) Kosten nur erstatten, soweit es dieses oder das Neunte Buch[1)] vorsieht.

(2) [1] Versicherte können anstelle der Sach- oder Dienstleistungen Kostenerstattung wählen. [2] Hierüber haben sie ihre Krankenkasse vor Inanspruchnahme der Leistung in Kenntnis zu setzen. [3] Der Leistungserbringer hat die Versicherten vor Inanspruchnahme der Leistung darüber zu informieren, dass Kosten, die nicht von der Krankenkasse übernommen werden, von dem Versicherten zu tragen sind. [4] Eine Einschränkung der Wahl auf den Bereich der ärztlichen Versorgung, der zahnärztlichen Versorgung, den stationären Bereich oder auf veranlasste Leistungen ist möglich. [5] Nicht im Vierten Kapitel genannte Leistungserbringer dürfen nur nach vorheriger Zustimmung der Krankenkasse in Anspruch genommen werden. [6] Eine Zustimmung kann erteilt werden, wenn medizinische oder soziale Gründe eine Inanspruchnahme dieser Leistungserbringer rechtfertigen und eine zumindest gleichwertige Versorgung gewährleistet ist. [7] Die Inanspruchnahme von Leistungserbringern nach § 95b Absatz 3 Satz 1 im Wege der Kostenerstattung ist ausgeschlossen. [8] Anspruch auf Erstattung besteht höchstens in Höhe der Vergütung, die die Krankenkasse bei Erbringung als Sachleistung zu tragen hätte. [9] Die Satzung hat das Verfahren der Kostenerstattung zu regeln. [10] Sie kann dabei Abschläge vom Erstattungsbetrag für Verwaltungskosten in Höhe von höchstens 5 Prozent in Abzug bringen. [11] Im Falle der Kostenerstattung nach § 129 Absatz 1 Satz 5 sind die der Krankenkasse entgangenen Rabatte nach § 130a Absatz 8 sowie die Mehrkosten im Vergleich zur Abgabe eines Arzneimittels nach § 129 Absatz 1 Satz 3 und 4 zu berücksichtigen; die Abschläge sollen pauschaliert werden. [12] Die Versicherten sind an ihre Wahl der Kostenerstattung mindestens ein Kalendervierteljahr gebunden.

(3) [1] Konnte die Krankenkasse eine unaufschiebbare Leistung nicht rechtzeitig erbringen oder hat sie eine Leistung zu Unrecht abgelehnt und sind dadurch Versicherten für die selbstbeschaffte Leistung Kosten entstanden, sind diese von der Krankenkasse in der entstandenen Höhe zu erstatten, soweit die Leistung notwendig war. [2] Die Kosten für selbstbeschaffte Leistungen zur medizinischen Rehabilitation nach dem Neunten Buch werden nach § 18 des Neunten Buches erstattet.

(3a) [1] Die Krankenkasse hat über einen Antrag auf Leistungen zügig, spätestens bis zum Ablauf von drei Wochen nach Antragseingang oder in Fällen, in denen eine gutachtliche Stellungnahme, insbesondere des Medizinischen Dienstes der Krankenversicherung (Medizinischer Dienst), eingeholt wird, innerhalb von fünf Wochen nach Antragseingang zu entscheiden. [2] Wenn die Krankenkasse eine gutachtliche Stellungnahme für erforderlich hält, hat sie diese unverzüglich einzuholen und die Leistungsberechtigten hierüber zu unterrichten. [3] Der Medizinische Dienst nimmt innerhalb von drei Wochen gutachtlich Stellung. [4] Wird ein im Bundesmantelvertrag für Zahnärzte vorgesehenes Gutachterverfahren durchgeführt, hat die Krankenkasse ab Antragseingang innerhalb von sechs Wochen zu entscheiden; der Gutachter nimmt innerhalb von vier Wochen Stellung. [5] Kann die Krankenkasse Fristen nach Satz 1 oder Satz 4 nicht einhalten, teilt sie dies den Leistungsberechtigten unter Darlegung der Gründe rechtzeitig schriftlich mit. [6] Erfolgt keine Mitteilung eines hinrei-

---

[1)] Nr. 9.

3. Kapitel. Leistungen der Krankenvers.   § 14   SGB V 5

chenden Grundes, gilt die Leistung nach Ablauf der Frist als genehmigt. ⁷ Beschaffen sich Leistungsberechtigte nach Ablauf der Frist eine erforderliche Leistung selbst, ist die Krankenkasse zur Erstattung der hierdurch entstandenen Kosten verpflichtet. ⁸ Die Krankenkasse berichtet dem Spitzenverband Bund der Krankenkassen jährlich über die Anzahl der Fälle, in denen Fristen nicht eingehalten oder Kostenerstattungen vorgenommen wurden. ⁹ Für Leistungen zur medizinischen Rehabilitation gelten die §§ 14 bis 24 des Neunten Buches zur Koordinierung der Leistungen und zur Erstattung selbst beschaffter Leistungen.

(4) ¹ Versicherte sind berechtigt, auch Leistungserbringer in einem anderen Mitgliedstaat der Europäischen Union, einem anderen Vertragsstaat des Abkommens über den Europäischen Wirtschaftsraum oder der Schweiz anstelle der Sach- oder Dienstleistung im Wege der Kostenerstattung in Anspruch zu nehmen, es sei denn, Behandlungen für diesen Personenkreis im anderen Staat sind auf der Grundlage eines Pauschbetrages zu erstatten oder unterliegen auf Grund eines vereinbarten Erstattungsverzichts nicht der Erstattung. ² Es dürfen nur solche Leistungserbringer in Anspruch genommen werden, bei denen die Bedingungen des Zugangs und der Ausübung des Berufes Gegenstand einer Richtlinie der Europäischen Gemeinschaft sind oder die im jeweiligen nationalen System der Krankenversicherung des Aufenthaltsstaates zur Versorgung der Versicherten berechtigt sind. ³ Der Anspruch auf Erstattung besteht höchstens in Höhe der Vergütung, die die Krankenkasse bei Erbringung als Sachleistung im Inland zu tragen hätte. ⁴ Die Satzung hat das Verfahren der Kostenerstattung zu regeln. ⁵ Sie hat dabei ausreichende Abschläge vom Erstattungsbetrag für Verwaltungskosten und fehlende Wirtschaftlichkeitsprüfungen vorzusehen sowie vorgesehene Zuzahlungen in Abzug zu bringen. ⁶ Ist eine dem allgemein anerkannten Stand der medizinischen Erkenntnisse entsprechende Behandlung einer Krankheit nur in einem anderen Mitgliedstaat der Europäischen Union oder einem anderen Vertragsstaat des Abkommens über den Europäischen Wirtschaftsraum möglich, kann die Krankenkasse die Kosten der erforderlichen Behandlung auch ganz übernehmen.

(5) ¹ Abweichend von Absatz 4 können in einem anderen Mitgliedstaat der Europäischen Union, einem anderen Vertragsstaat des Abkommens über den Europäischen Wirtschaftsraum oder der Schweiz Krankenhausleistungen nach § 39 nur nach vorheriger Zustimmung durch die Krankenkassen in Anspruch genommen werden. ² Die Zustimmung darf nur versagt werden, wenn die gleiche oder eine für den Versicherten ebenso wirksame, dem allgemein anerkannten Stand der medizinischen Erkenntnisse entsprechende Behandlung einer Krankheit rechtzeitig bei einem Vertragspartner der Krankenkasse im Inland erlangt werden kann.

(6) § 18 Abs. 1 Satz 2 und Abs. 2 gilt in den Fällen der Absätze 4 und 5 entsprechend.

§ 14 Teilkostenerstattung. (1) ¹ Die Satzung kann für Angestellte der Krankenkassen und ihrer Verbände, für die eine Dienstordnung nach § 351 der Reichsversicherungsordnung gilt, und für Beamte, die in einer Betriebskrankenkasse oder in der knappschaftlichen Krankenversicherung tätig sind, bestimmen, daß an die Stelle der nach diesem Buch vorgesehenen Leistungen ein Anspruch auf Teilkostenerstattung tritt. ² Sie hat die Höhe des Erstattungsanspruchs in Vomhundertsätzen festzulegen und das Nähere über die Durchführung des Erstattungsverfahrens zu regeln.

(2) ¹Die in Absatz 1 genannten Versicherten können sich jeweils im voraus für die Dauer von zwei Jahren für die Teilkostenerstattung nach Absatz 1 entscheiden. ²Die Entscheidung wirkt auch für ihre nach § 10 versicherten Angehörigen.

§ 15 Ärztliche Behandlung, elektronische Gesundheitskarte.

(1) ¹Ärztliche oder zahnärztliche Behandlung wird von Ärzten oder Zahnärzten erbracht, soweit nicht in Modellvorhaben nach § 63 Abs. 3c etwas anderes bestimmt ist. ²Sind Hilfeleistungen anderer Personen erforderlich, dürfen sie nur erbracht werden, wenn sie vom Arzt (Zahnarzt) angeordnet und von ihm verantwortet werden.

(2) Versicherte, die ärztliche, zahnärztliche oder psychotherapeutische Behandlung in Anspruch nehmen, haben dem Arzt, Zahnarzt oder Psychotherapeuten vor Beginn der Behandlung ihre elektronische Gesundheitskarte zum Nachweis der Berechtigung zur Inanspruchnahme von Leistungen auszuhändigen.

(3) ¹Für die Inanspruchnahme anderer Leistungen stellt die Krankenkasse den Versicherten Berechtigungsscheine aus, soweit es zweckmäßig ist. ²Der Berechtigungsschein ist vor der Inanspruchnahme der Leistung dem Leistungserbringer auszuhändigen.

(4) ¹In den Berechtigungsscheinen sind die Angaben nach § 291 Abs. 2 Satz 1 Nr. 1 bis 9, bei befristeter Gültigkeit das Datum des Fristablaufs, aufzunehmen. ²Weitere Angaben dürfen nicht aufgenommen werden.

(5) In dringenden Fällen kann die elektronische Gesundheitskarte oder der Berechtigungsschein nachgereicht werden.

(6) ¹Jeder Versicherte erhält die elektronische Gesundheitskarte bei der erstmaligen Ausgabe und bei Beginn der Versicherung bei einer Krankenkasse sowie bei jeder weiteren, nicht vom Versicherten verschuldeten erneuten Ausgabe gebührenfrei. ²Die Krankenkassen haben einem Missbrauch der Karten durch geeignete Maßnahmen entgegenzuwirken. ³Muß die Karte auf Grund von vom Versicherten verschuldeten Gründen neu ausgestellt werden, kann eine Gebühr von 5 Euro erhoben werden; diese Gebühr ist auch von den nach § 10 Versicherten zu zahlen. ⁴Satz 3 gilt entsprechend, wenn die Karte aus vom Versicherten verschuldeten Gründen nicht ausgestellt werden kann und von der Krankenkasse eine zur Überbrückung von Übergangszeiten befristete Ersatzbescheinigung zum Nachweis der Berechtigung zur Inanspruchnahme von Leistungen ausgestellt wird. ⁵Die wiederholte Ausstellung einer Bescheinigung nach Satz 4 kommt nur in Betracht, wenn der Versicherte bei der Ausstellung der elektronischen Gesundheitskarte mitwirkt; hierauf ist der Versicherte bei der erstmaligen Ausstellung einer Ersatzbescheinigung hinzuweisen. ⁶Die Krankenkasse kann die Aushändigung der elektronische Gesundheitskarte vom Vorliegen der Meldung nach § 10 Abs. 6 abhängig machen.

§ 16 Ruhen des Anspruchs.
(1) ¹Der Anspruch auf Leistungen ruht, solange Versicherte

3. Kapitel. Leistungen der Krankenvers. **§ 16 SGB V**

1. sich im Ausland aufhalten, und zwar auch dann, wenn sie dort während eines vorübergehenden Aufenthalts erkranken, soweit in diesem Gesetzbuch nichts Abweichendes bestimmt ist,
2. Dienst auf Grund einer gesetzlichen Dienstpflicht oder Dienstleistungen und Übungen nach dem Vierten Abschnitt des Soldatengesetzes leisten,
2a. in einem Wehrdienstverhältnis besonderer Art nach § 6 des Einsatz-Weiterverwendungsgesetzes stehen,
3. nach dienstrechtlichen Vorschriften Anspruch auf Heilfürsorge haben oder als Entwicklungshelfer Entwicklungsdienst leisten,
4. sich in Untersuchungshaft befinden, nach § 126a der Strafprozeßordnung einstweilen untergebracht sind oder gegen sie eine Freiheitsstrafe oder freiheitsentziehende Maßregel der Besserung und Sicherung vollzogen wird, soweit die Versicherten als Gefangene Anspruch auf Gesundheitsfürsorge nach dem Strafvollzugsgesetz haben oder sonstige Gesundheitsfürsorge erhalten.

²Satz 1 gilt nicht für den Anspruch auf Mutterschaftsgeld.

(2) Der Anspruch auf Leistungen ruht, soweit Versicherte gleichartige Leistungen von einem Träger der Unfallversicherung im Ausland erhalten.

(3) ¹Der Anspruch auf Leistungen ruht, soweit durch das Seearbeitsgesetz für den Fall der Erkrankung oder Verletzung Vorsorge getroffen ist. ²Er ruht insbesondere, solange das Besatzungsmitglied an Bord des Schiffes oder auf der Reise befindet, es sei denn, das Besatzungsmitglied hat nach § 100 Absatz 1 des Seearbeitsgesetzes die Leistungen der Krankenkasse gewählt oder der Reeder hat das Besatzungsmitglied nach § 100 Absatz 2 des Seearbeitsgesetzes an die Krankenkasse verwiesen.

(3a) ¹Der Anspruch auf Leistungen für nach dem Künstlersozialversicherungsgesetz Versicherte, die mit einem Betrag in Höhe von Beitragsanteilen für zwei Monate im Rückstand sind und trotz Mahnung nicht zahlen, ruht nach näherer Bestimmung des § 16 Abs. 2 des Künstlersozialversicherungsgesetzes. ²Satz 1 gilt entsprechend für Mitglieder nach den Vorschriften dieses Buches, die mit einem Betrag in Höhe von Beitragsanteilen für zwei Monate im Rückstand sind und trotz Mahnung nicht zahlen, ausgenommen sind Untersuchungen zur Früherkennung von Krankheiten nach den §§ 25 und 26 und Leistungen, die zur Behandlung akuter Erkrankungen und Schmerzzuständen sowie bei Schwangerschaft und Mutterschaft erforderlich sind; das Ruhen endet, wenn alle rückständigen und die auf die Zeit des Ruhens entfallenden Beitragsanteile gezahlt sind. ³Ist eine wirksame Ratenzahlungsvereinbarung zu Stande gekommen, hat das Mitglied ab diesem Zeitpunkt wieder Anspruch auf Leistungen, solange die Raten vertragsgemäß entrichtet werden. ⁴Das Ruhen tritt nicht ein oder endet, wenn Versicherte hilfebedürftig im Sinne des Zweiten[1]) oder Zwölften Buches[2]) sind oder werden.

(4) Der Anspruch auf Krankengeld ruht nicht, solange sich Versicherte nach Eintritt der Arbeitsunfähigkeit mit Zustimmung der Krankenkasse im Ausland aufhalten.

---

[1]) Nr. **2**.
[2]) Nr. **12**.

§ 17 Leistungen bei Beschäftigung im Ausland. (1) ¹Mitglieder, die im Ausland beschäftigt sind und während dieser Beschäftigung erkranken oder bei denen Leistungen bei Schwangerschaft oder Mutterschaft erforderlich sind, erhalten die ihnen nach diesem Kapitel zustehenden Leistungen von ihrem Arbeitgeber. ²Satz 1 gilt entsprechend für die nach § 10 versicherten Familienangehörigen, soweit sie das Mitglied für die Zeit dieser Beschäftigung begleiten oder besuchen.

(2) Die Krankenkasse hat dem Arbeitgeber die ihm nach Absatz 1 entstandenen Kosten bis zu der Höhe zu erstatten, in der sie ihr im Inland entstanden wären.

(3) Die zuständige Krankenkasse hat dem Reeder die Aufwendungen zu erstatten, die ihm nach § 104 Absatz 2 des Seearbeitsgesetzes entstanden sind.

§ 18 Kostenübernahme bei Behandlung außerhalb des Geltungsbereichs des Vertrages zur Gründung der Europäischen Gemeinschaft und des Abkommens über den Europäischen Wirtschaftsraum.

(1) ¹Ist eine dem allgemein anerkannten Stand der medizinischen Erkenntnisse entsprechende Behandlung einer Krankheit nur außerhalb des Geltungsbereichs des Vertrages zur Gründung der Europäischen Gemeinschaft und des Abkommens über den Europäischen Wirtschaftsraum möglich, kann die Krankenkasse die Kosten der erforderlichen Behandlung ganz oder teilweise übernehmen. ²Der Anspruch auf Krankengeld ruht in diesem Fall nicht.

(2) In den Fällen des Absatzes 1 kann die Krankenkasse auch weitere Kosten für den Versicherten und für eine erforderliche Begleitperson ganz oder teilweise übernehmen.

(3) ¹Ist während eines vorübergehenden Aufenthalts außerhalb des Geltungsbereichs des Vertrages zur Gründung der Europäischen Gemeinschaft und des Abkommens über den Europäischen Wirtschaftsraum eine Behandlung unverzüglich erforderlich, die auch im Inland möglich wäre, hat die Krankenkasse die Kosten der erforderlichen Behandlung insoweit zu übernehmen, als Versicherte sich hierfür wegen einer Vorerkrankung oder ihres Lebensalters nachweislich nicht versichern können und die Krankenkasse dies vor Beginn des Aufenthalts außerhalb des Geltungsbereichs des Vertrages zur Gründung der Europäischen Gemeinschaft und des Abkommens über den Europäischen Wirtschaftsraum festgestellt hat. ²Die Kosten dürfen nur bis zu der Höhe, in der sie im Inland entstanden wären, und nur für längstens sechs Wochen im Kalenderjahr übernommen werden. ³Eine Kostenübernahme ist nicht zulässig, wenn Versicherte sich zur Behandlung ins Ausland begeben. ⁴Die Sätze 1 und 3 gelten entsprechend für Auslandsaufenthalte, die aus schulischen oder Studiengründen erforderlich sind; die Kosten dürfen nur bis zu der Höhe übernommen werden, in der sie im Inland entstanden wären.

§ 19 Erlöschen des Leistungsanspruchs. (1) Der Anspruch auf Leistungen erlischt mit dem Ende der Mitgliedschaft, soweit in diesem Gesetzbuch nichts Abweichendes bestimmt ist.

(1a) ¹Endet die Mitgliedschaft durch die Schließung oder Insolvenz einer Krankenkasse, gelten die von dieser Krankenkasse getroffenen Leistungsentscheidungen mit Wirkung für die aufnehmende Krankenkasse fort. ²Hiervon ausgenommen sind Leistungen aufgrund von Satzungsregelungen. ³Beim Abschluss von Wahltarifen, die ein Mitglied zum Zeitpunkt der Schließung in vergleichbarer Form bei der bisherigen Krankenkasse abgeschlossen hatte, dürfen von der aufnehmenden Krankenkasse keine Wartezeiten geltend gemacht werden. ⁴Die Vorschriften des Zehnten Buches[1], insbesondere zur Rücknahme von Leistungsentscheidungen, bleiben hiervon unberührt.

(2) ¹Endet die Mitgliedschaft Versicherungspflichtiger, besteht Anspruch auf Leistungen längstens für einen Monat nach dem Ende der Mitgliedschaft, solange keine Erwerbstätigkeit ausgeübt wird. ²Eine Versicherung nach § 10 hat Vorrang vor dem Leistungsanspruch nach Satz 1.

(3) Endet die Mitgliedschaft durch Tod, erhalten die nach § 10 versicherten Angehörigen Leistungen längstens für einen Monat nach dem Tode des Mitglieds.

Dritter Abschnitt. Leistungen zur Verhütung von Krankheiten, betriebliche Gesundheitsförderung und Prävention arbeitsbedingter Gesundheitsgefahren, Förderung der Selbsthilfe sowie Leistungen bei Schwangerschaft und Mutterschaft

§ 20 **Primäre Prävention und Gesundheitsförderung.** (1) ¹Die Krankenkasse sieht in der Satzung Leistungen zur Verhinderung und Verminderung von Krankheitsrisiken (primäre Prävention) sowie zur Förderung des selbstbestimmten gesundheitsorientierten Handelns der Versicherten (Gesundheitsförderung) vor. ²Die Leistungen sollen insbesondere zur Verminderung sozial bedingter sowie geschlechtsbezogener Ungleichheit von Gesundheitschancen beitragen. ³Die Krankenkasse legt dabei die Handlungsfelder und Kriterien nach Absatz 2 zugrunde.

(2) ¹Der Spitzenverband Bund der Krankenkassen legt unter Einbeziehung unabhängigen, insbesondere gesundheitswissenschaftlichen, ärztlichen, arbeitsmedizinischen, psychotherapeutischen, psychologischen, pflegerischen, ernährungs-, sport-, sucht-, erziehungs- und sozialwissenschaftlichen Sachverstandes sowie des Sachverstandes der Menschen mit Behinderung einheitliche Handlungsfelder und Kriterien für die Leistungen nach Absatz 1 fest, insbesondere hinsichtlich Bedarf, Zielgruppen, Zugangswegen, Inhalt, Methodik, Qualität, intersektoraler Zusammenarbeit, wissenschaftlicher Evaluation und der Messung der Erreichung der mit den Leistungen verfolgten Ziele. ²Er bestimmt außerdem die Anforderungen und ein einheitliches Verfahren für die Zertifizierung von Leistungsangeboten durch die Krankenkassen, um insbesondere die einheitliche Qualität von Leistungen nach Absatz 4 Nummer 1 und 3 sicherzustellen. ³Der Spitzenverband Bund der Krankenkassen stellt sicher, dass seine Festlegungen nach den Sätzen 1 und 2 sowie eine Übersicht der nach Satz 2 zertifizierten Leistungen der Krankenkassen auf seiner Internetseite veröffentlicht werden. ⁴Die Krankenkassen erteilen dem Spitzenverband Bund der Krankenkassen hierfür sowie für den nach § 20d Absatz 2 Nummer 2 zu erstellenden Bericht die erforderlichen Auskünfte und übermitteln ihm nicht versichertenbezogen die erforderlichen Daten.

---

[1] Nr. 10.

(3) ¹Bei der Aufgabenwahrnehmung nach Absatz 2 Satz 1 berücksichtigt der Spitzenverband Bund der Krankenkassen auch die folgenden Gesundheitsziele im Bereich der Gesundheitsförderung und Prävention:

1. Diabetes mellitus Typ 2: Erkrankungsrisiko senken, Erkrankte früh erkennen und behandeln,
2. Brustkrebs: Mortalität vermindern, Lebensqualität erhöhen,
3. Tabakkonsum reduzieren,
4. gesund aufwachsen: Lebenskompetenz, Bewegung, Ernährung,
5. gesundheitliche Kompetenz erhöhen, Souveränität der Patientinnen und Patienten stärken,
6. depressive Erkrankungen: verhindern, früh erkennen, nachhaltig behandeln,
7. gesund älter werden und
8. Alkoholkonsum reduzieren.

²Bei der Berücksichtigung des in Satz 1 Nummer 1 genannten Ziels werden auch die Ziele und Teilziele beachtet, die in der Bekanntmachung über die Gesundheitsziele und Teilziele im Bereich der Prävention und Gesundheitsförderung vom 21. März 2005 (BAnz. S. 5304) festgelegt sind. ³Bei der Berücksichtigung der in Satz 1 Nummer 2, 3 und 8 genannten Ziele werden auch die Ziele und Teilziele beachtet, die in der Bekanntmachung über die Gesundheitsziele und Teilziele im Bereich der Prävention und Gesundheitsförderung vom 27. April 2015 (BAnz. AT 19.05.2015 B3) festgelegt sind. ⁴Bei der Berücksichtigung der in Satz 1 Nummer 4 bis 7 genannten Ziele werden auch die Ziele und Teilziele beachtet, die in der Bekanntmachung über die Gesundheitsziele und Teilziele im Bereich der Prävention und Gesundheitsförderung vom 26. Februar 2013 (BAnz. AT 26.03.2013 B3) festgelegt sind. ⁵Der Spitzenverband Bund der Krankenkassen berücksichtigt auch die von der Nationalen Arbeitsschutzkonferenz im Rahmen der gemeinsamen deutschen Arbeitsschutzstrategie nach § 20a Absatz 2 Nummer 1 des Arbeitsschutzgesetzes entwickelten Arbeitsschutzziele.

(4) Leistungen nach Absatz 1 werden erbracht als

1. Leistungen zur verhaltensbezogenen Prävention nach Absatz 5,
2. Leistungen zur Gesundheitsförderung und Prävention in Lebenswelten für in der gesetzlichen Krankenversicherung Versicherte nach § 20a und
3. Leistungen zur Gesundheitsförderung in Betrieben (betriebliche Gesundheitsförderung) nach § 20b.

(5) ¹Die Krankenkasse kann eine Leistung zur verhaltensbezogenen Prävention nach Absatz 4 Nummer 1 erbringen, wenn diese nach Absatz 2 Satz 2 von einer Krankenkasse oder von einem mit der Wahrnehmung dieser Aufgabe beauftragten Dritten in ihrem Namen zertifiziert ist. ²Bei ihrer Entscheidung über eine Leistung zur verhaltensbezogenen Prävention berücksichtigt die Krankenkasse eine Präventionsempfehlung nach § 25 Absatz 1 Satz 2, nach § 26 Absatz 1 Satz 3 oder eine im Rahmen einer arbeitsmedizinischen Vorsorge oder einer sonstigen ärztlichen Untersuchung schriftlich abgegebene Empfehlung. ³Die Krankenkasse darf die sich aus der Präventionsempfehlung ergebenden personenbezogenen Daten nur mit schriftlicher Einwilligung und nach vorheriger schriftlicher Information des Versicherten erheben, verarbeiten und nutzen. ⁴Die Einwilligung kann jederzeit schriftlich widerrufen werden.

⁵Die Krankenkassen dürfen ihre Aufgaben nach dieser Vorschrift an andere Krankenkassen, deren Verbände oder Arbeitsgemeinschaften übertragen. ⁶Für Leistungen zur verhaltensbezogenen Prävention, die die Krankenkasse wegen besonderer beruflicher oder familiärer Umstände wohnortfern erbringt, gilt § 23 Absatz 2 Satz 2 entsprechend.

(6) ¹Die Ausgaben der Krankenkassen für die Wahrnehmung ihrer Aufgaben nach dieser Vorschrift und nach den §§ 20a bis 20c sollen insgesamt im Jahr 2015 für jeden ihrer Versicherten einen Betrag in Höhe von 3,17 Euro und ab dem Jahr 2016 einen Betrag in Höhe von 7 Euro umfassen. ²Ab dem Jahr 2016 wenden die Krankenkassen von dem Betrag nach Satz 1 für jeden ihrer Versicherten mindestens 2 Euro jeweils für Leistungen nach den §§ 20a und 20b auf. ³Unterschreiten die jährlichen Ausgaben einer Krankenkasse den Betrag nach Satz 2 für Leistungen nach § 20a, so stellt die Krankenkasse diese nicht ausgegebenen Mittel im Folgejahr zusätzlich für Leistungen nach § 20a zur Verfügung. ⁴Die Ausgaben nach den Sätzen 1 und 2 sind in den Folgejahren entsprechend der prozentualen Veränderung der monatlichen Bezugsgröße nach § 18 Absatz 1 des Vierten Buches[1]) anzupassen.

§ 20a Leistungen zur Gesundheitsförderung und Prävention in Lebenswelten. (1) ¹Lebenswelten im Sinne des § 20 Absatz 4 Nummer 2 sind für die Gesundheit bedeutsame, abgrenzbare soziale Systeme insbesondere des Wohnens, des Lernens, des Studierens, der medizinischen und pflegerischen Versorgung sowie der Freizeitgestaltung einschließlich des Sports. ²Die Krankenkassen fördern unbeschadet der Aufgaben anderer auf der Grundlage von Rahmenvereinbarungen nach § 20f Absatz 1 mit Leistungen zur Gesundheitsförderung und Prävention in Lebenswelten insbesondere den Aufbau und die Stärkung gesundheitsförderlicher Strukturen. ³Hierzu erheben sie unter Beteiligung der Versicherten und der für die Lebenswelt Verantwortlichen die gesundheitliche Situation einschließlich ihrer Risiken und Potenziale und entwickeln Vorschläge zur Verbesserung der gesundheitlichen Situation sowie zur Stärkung der gesundheitlichen Ressourcen und Fähigkeiten und unterstützen deren Umsetzung. ⁴Bei der Wahrnehmung ihrer Aufgaben nach Satz 2 sollen die Krankenkassen zusammenarbeiten und kassenübergreifende Leistungen zur Gesundheitsförderung und Prävention in Lebenswelten erbringen. ⁵Bei der Erbringung von Leistungen für Personen, deren berufliche Eingliederung auf Grund gesundheitlicher Einschränkungen besonders erschwert ist, arbeiten die Krankenkassen mit der Bundesagentur für Arbeit und mit den kommunalen Trägern der Grundsicherung für Arbeitsuchende eng zusammen.

(2) Die Krankenkasse kann Leistungen zur Gesundheitsförderung und Prävention in Lebenswelten erbringen, wenn die Bereitschaft der für die Lebenswelt Verantwortlichen zur Umsetzung von Vorschlägen zur Verbesserung der gesundheitlichen Situation sowie zur Stärkung der gesundheitlichen Ressourcen und Fähigkeiten besteht und sie mit einer angemessenen Eigenleistung zur Umsetzung der Rahmenvereinbarungen nach § 20f beitragen.

(3) ¹Zur Unterstützung der Krankenkassen bei der Wahrnehmung ihrer Aufgaben zur Gesundheitsförderung und Prävention in Lebenswelten für in der gesetzlichen Krankenversicherung Versicherte, insbesondere in Kindertageseinrichtungen, in sonstigen Einrichtungen der Kinder- und Jugendhilfe, in Schu-

---

[1]) Nr. 4.

len sowie in den Lebenswelten älterer Menschen und zur Sicherung und Weiterentwicklung der Qualität der Leistungen beauftragt der Spitzenverband Bund der Krankenkassen die Bundeszentrale für gesundheitliche Aufklärung ab dem Jahr 2016 insbesondere mit der Entwicklung der Art und der Qualität krankenkassenübergreifender Leistungen, deren Implementierung und deren wissenschaftlicher Evaluation. ²Der Spitzenverband Bund der Krankenkassen legt dem Auftrag die nach § 20 Absatz 2 Satz 1 festgelegten Handlungsfelder und Kriterien sowie die in den Rahmenvereinbarungen nach § 20f jeweils getroffenen Festlegungen zugrunde. ³Im Rahmen des Auftrags nach Satz 1 soll die Bundeszentrale für gesundheitliche Aufklärung geeignete Kooperationspartner heranziehen. ⁴Die Bundeszentrale für gesundheitliche Aufklärung erhält für die Ausführung des Auftrags nach Satz 1 vom Spitzenverband Bund der Krankenkassen eine pauschale Vergütung in Höhe von mindestens 0,45 Euro aus dem Betrag, den die Krankenkassen nach § 20 Absatz 6 Satz 2 für Leistungen zur Gesundheitsförderung und Prävention in Lebenswelten aufzuwenden haben. ⁵Die Vergütung nach Satz 4 erfolgt quartalsweise und ist am ersten Tag des jeweiligen Quartals zu leisten. ⁶Sie ist nach Maßgabe von § 20 Absatz 6 Satz 3 jährlich anzupassen. ⁷Die Bundeszentrale für gesundheitliche Aufklärung stellt sicher, dass die vom Spitzenverband Bund der Krankenkassen geleistete Vergütung ausschließlich zur Durchführung des Auftrags nach diesem Absatz eingesetzt wird und dokumentiert dies nach Maßgabe des Spitzenverbandes Bund der Krankenkassen.

(4) ¹Das Nähere über die Beauftragung der Bundeszentrale für gesundheitliche Aufklärung nach Absatz 3, insbesondere zum Inhalt und Umfang, zur Qualität und zur Prüfung der Wirtschaftlichkeit sowie die für die Durchführung notwendigen Kosten, vereinbaren der Spitzenverband Bund der Krankenkassen und die Bundeszentrale für gesundheitliche Aufklärung erstmals bis zum 30. November 2015. ²Kommt die Vereinbarung nicht innerhalb der Frist nach Satz 1 zustande, erbringt die Bundeszentrale für gesundheitliche Aufklärung die Leistungen nach Absatz 3 Satz 1 unter Berücksichtigung der vom Spitzenverband Bund der Krankenkassen nach § 20 Absatz 2 Satz 1 festgelegten Handlungsfelder und Kriterien sowie unter Beachtung der in den Rahmenvereinbarungen nach § 20f getroffenen Festlegungen und des Wirtschaftlichkeitsgebots nach § 12. ³Der Spitzenverband Bund der Krankenkassen regelt in seiner Satzung das Verfahren zur Aufbringung der erforderlichen Mittel durch die Krankenkassen. ⁴§ 89 Absatz 3 bis 5 des Zehnten Buches[1]) gilt entsprechend.

§ 20b Betriebliche Gesundheitsförderung. (1) ¹Die Krankenkassen fördern mit Leistungen zur Gesundheitsförderung in Betrieben (betriebliche Gesundheitsförderung) insbesondere den Aufbau und die Stärkung gesundheitsförderlicher Strukturen. ²Hierzu erheben sie unter Beteiligung der Versicherten und der Verantwortlichen für den Betrieb sowie der Betriebsärzte und der Fachkräfte für Arbeitssicherheit die gesundheitliche Situation einschließlich ihrer Risiken und Potenziale und entwickeln Vorschläge zur Verbesserung der gesundheitlichen Situation sowie zur Stärkung der gesundheitlichen Ressourcen und Fähigkeiten und unterstützen deren Umsetzung. ³Für im Rahmen der

---

[1]) Nr. 10.

Gesundheitsförderung in Betrieben erbrachte Leistungen zur individuellen, verhaltensbezogenen Prävention gilt § 20 Absatz 5 Satz 1 entsprechend.

(2) ¹ Bei der Wahrnehmung von Aufgaben nach Absatz 1 arbeiten die Krankenkassen mit dem zuständigen Unfallversicherungsträger sowie mit den für den Arbeitsschutz zuständigen Landesbehörden zusammen. ² Sie können Aufgaben nach Absatz 1 durch andere Krankenkassen, durch ihre Verbände oder durch zu diesem Zweck gebildete Arbeitsgemeinschaften (Beauftragte) mit deren Zustimmung wahrnehmen lassen und sollen bei der Aufgabenwahrnehmung mit anderen Krankenkassen zusammenarbeiten. ³ § 88 Abs. 1 Satz 1 und Abs. 2 des Zehnten Buches[1]) und § 219 gelten entsprechend.

(3) ¹ Die Krankenkassen bieten Unternehmen unter Nutzung bestehender Strukturen in gemeinsamen regionalen Koordinierungsstellen Beratung und Unterstützung an. ² Die Beratung und Unterstützung umfasst insbesondere die Information über Leistungen nach Absatz 1 und die Klärung, welche Krankenkasse im Einzelfall Leistungen nach Absatz 1 im Betrieb erbringt. ³ Örtliche Unternehmensorganisationen sollen an der Beratung beteiligt werden. ⁴ Die Landesverbände der Krankenkassen und die Ersatzkassen regeln einheitlich und gemeinsam das Nähere über die Aufgaben, die Arbeitsweise und die Finanzierung der Koordinierungsstellen sowie über die Beteiligung örtlicher Unternehmensorganisationen durch Kooperationsvereinbarungen. ⁵ Auf die zum Zwecke der Vorbereitung und Umsetzung der Kooperationsvereinbarungen gebildeten Arbeitsgemeinschaften findet § 94 Absatz 1a Satz 2 und 3 des Zehnten Buches keine Anwendung.

(4) ¹ Unterschreiten die jährlichen Ausgaben einer Krankenkasse den Betrag nach § 20 Absatz 6 Satz 2 für Leistungen nach Absatz 1, stellt die Krankenkasse die nicht verausgabten Mittel dem Spitzenverband Bund der Krankenkassen zur Verfügung. ² Dieser verteilt die Mittel nach einem von ihm festzulegenden Schlüssel auf die Landesverbände der Krankenkassen und die Ersatzkassen, die Kooperationsvereinbarungen mit örtlichen Unternehmensorganisationen nach Absatz 3 Satz 4 abgeschlossen haben. ³ Die Mittel dienen der Umsetzung der Kooperationsvereinbarungen nach Absatz 3 Satz 4.

§ 20c Prävention arbeitsbedingter Gesundheitsgefahren. (1) ¹ Die Krankenkassen unterstützen die Träger der gesetzlichen Unfallversicherung bei ihren Aufgaben zur Verhütung arbeitsbedingter Gesundheitsgefahren. ² Insbesondere erbringen sie in Abstimmung mit den Trägern der gesetzlichen Unfallversicherung auf spezifische arbeitsbedingte Gesundheitsrisiken ausgerichtete Maßnahmen zur betrieblichen Gesundheitsförderung nach § 20b und informieren diese über die Erkenntnisse, die sie über Zusammenhänge zwischen Erkrankungen und Arbeitsbedingungen gewonnen haben. ³ Ist anzunehmen, dass bei einem Versicherten eine berufsbedingte gesundheitliche Gefährdung oder eine Berufskrankheit vorliegt, hat die Krankenkasse dies unverzüglich den für den Arbeitsschutz zuständigen Stellen und dem Unfallversicherungsträger mitzuteilen.

(2) ¹ Zur Wahrnehmung der Aufgaben nach Absatz 1 arbeiten die Krankenkassen eng mit den Trägern der gesetzlichen Unfallversicherung sowie mit den für den Arbeitsschutz zuständigen Landesbehörden zusammen. ² Dazu sollen sie

---

[1]) Nr. **10**.

und ihre Verbände insbesondere regionale Arbeitsgemeinschaften bilden. ³ § 88 Abs. 1 Satz 1 und Abs. 2 des Zehnten Buches[1]) und § 219 gelten entsprechend.

§ 20d Nationale Präventionsstrategie. (1) Die Krankenkassen entwickeln im Interesse einer wirksamen und zielgerichteten Gesundheitsförderung und Prävention mit den Trägern der gesetzlichen Rentenversicherung, der gesetzlichen Unfallversicherung und den Pflegekassen eine gemeinsame nationale Präventionsstrategie und gewährleisten ihre Umsetzung und Fortschreibung im Rahmen der Nationalen Präventionskonferenz nach § 20e.

(2) Die Nationale Präventionsstrategie umfasst insbesondere

1. die Vereinbarung bundeseinheitlicher, trägerübergreifender Rahmenempfehlungen zur Gesundheitsförderung und Prävention nach Absatz 3,

2. die Erstellung eines Berichts über die Entwicklung der Gesundheitsförderung und Prävention (Präventionsbericht) nach Absatz 4.

(3) ¹ Zur Sicherung und Weiterentwicklung der Qualität von Gesundheitsförderung und Prävention sowie der Zusammenarbeit der für die Erbringung von Leistungen zur Prävention in Lebenswelten und in Betrieben zuständigen Träger und Stellen vereinbaren die Träger nach Absatz 1 bundeseinheitliche, trägerübergreifende Rahmenempfehlungen, insbesondere durch Festlegung gemeinsamer Ziele, vorrangiger Handlungsfelder und Zielgruppen, der zu beteiligenden Organisationen und Einrichtungen sowie zu Dokumentations- und Berichtspflichten erstmals zum 31. Dezember 2015. ² Bei der Festlegung gemeinsamer Ziele werden auch die Ziele der gemeinsamen deutschen Arbeitsschutzstrategie sowie die von der Ständigen Impfkommission gemäß § 20 Absatz 2 des Infektionsschutzgesetzes empfohlenen Schutzimpfungen berücksichtigt. ³ Die Rahmenempfehlungen werden im Benehmen mit dem Bundesministerium für Gesundheit, dem Bundesministerium für Arbeit und Soziales, dem Bundesministerium für Ernährung und Landwirtschaft, dem Bundesministerium für Familie, Senioren, Frauen und Jugend, dem Bundesministerium des Innern und den Ländern vereinbart. ⁴ Das Bundesministerium für Gesundheit beteiligt weitere Bundesministerien, soweit die Rahmenempfehlungen ihre Zuständigkeit berühren. ⁵ An der Vorbereitung der Rahmenempfehlungen werden die Bundesagentur für Arbeit, die kommunalen Träger der Grundsicherung für Arbeitsuchende über ihre Spitzenverbände auf Bundesebene, die für den Arbeitsschutz zuständigen obersten Landesbehörden sowie die Träger der öffentlichen Jugendhilfe über die obersten Landesjugendbehörden beteiligt.

(4) ¹ Die Nationale Präventionskonferenz erstellt den Präventionsbericht alle vier Jahre, erstmals zum 1. Juli 2019, und leitet ihn dem Bundesministerium für Gesundheit zu. ² Das Bundesministerium für Gesundheit legt den Bericht den gesetzgebenden Körperschaften des Bundes vor und fügt eine Stellungnahme der Bundesregierung bei. ³ Der Bericht enthält insbesondere Angaben zu den Erfahrungen mit der Anwendung der §§ 20 bis 20g und zu den Ausgaben für die Leistungen der Träger nach Absatz 1 und im Fall des § 20e Absatz 1 Satz 3 bis 5 auch der Unternehmen der privaten Krankenversicherung und der Unternehmen, die die private Pflege-Pflichtversicherung durchführen, den Zugangs-

---

[1]) Nr. 10.

3. Kapitel. Leistungen der Krankenvers. § 20e SGB V 5

wegen, den erreichten Personen, der Erreichung der gemeinsamen Ziele und der Zielgruppen, den Erfahrungen mit der Qualitätssicherung und der Zusammenarbeit bei der Durchführung von Leistungen sowie zu möglichen Schlussfolgerungen. [4] Der Bericht enthält auch Empfehlungen für die weitere Entwicklung des in § 20 Absatz 6 Satz 1 bestimmten Ausgabenrichtwerts für Leistungen der Krankenkassen nach den §§ 20 bis 20c und der in § 20 Absatz 6 Satz 2 bestimmten Mindestwerte für Leistungen der Krankenkassen nach den §§ 20a und 20b. [5] Die Leistungsträger nach Satz 3 erteilen der Nationalen Präventionskonferenz die für die Erstellung des Präventionsberichts erforderlichen Auskünfte. [6] Das Robert Koch-Institut liefert für den Präventionsbericht die im Rahmen des Gesundheitsmonitorings erhobenen relevanten Informationen. [7] Die Länder können regionale Erkenntnisse aus ihrer Gesundheitsberichterstattung für den Präventionsbericht zur Verfügung stellen.

§ 20e Nationale Präventionskonferenz. (1) [1] Die Aufgabe der Entwicklung und Fortschreibung der nationalen Präventionsstrategie wird von der Nationalen Präventionskonferenz als Arbeitsgemeinschaft der gesetzlichen Spitzenorganisationen der Leistungsträger nach § 20d Absatz 1 mit je zwei Sitzen wahrgenommen. [2] Die Leistungsträger nach § 20d Absatz 1 setzen die Präventionsstrategie in engem Zusammenwirken um. [3] Im Fall einer angemessenen finanziellen Beteiligung der Unternehmen der privaten Krankenversicherung und der Unternehmen, die die private Pflege-Pflichtversicherung durchführen, an Programmen und Projekten im Sinne der Rahmenempfehlungen nach § 20d Absatz 2 Nummer 1 erhält der Verband der privaten Krankenversicherungsunternehmen e.V. ebenfalls einen Sitz. [4] Die Höhe der hierfür jährlich von den Unternehmen der privaten Krankenversicherung zur Verfügung zu stellenden Mittel bemisst sich mindestens nach dem Betrag, den die Krankenkassen nach § 20 Absatz 6 Satz 2 und 3 für Leistungen zur Gesundheitsförderung und Prävention nach § 20a aufzuwenden haben, multipliziert mit der Anzahl der in der privaten Krankenversicherung Vollversicherten. [5] Die Höhe der hierfür jährlich von den Unternehmen, die die private Pflege-Pflichtversicherung durchführen, zur Verfügung zu stellenden Mittel bemisst sich nach dem Betrag, den die Pflegekassen nach § 5 Absatz 2 des Elften Buches[1]) für Leistungen zur Prävention in Lebenswelten aufzuwenden haben, multipliziert mit der Anzahl ihrer Versicherten. [6] Bund und Länder erhalten jeweils vier Sitze mit beratender Stimme. [7] Darüber hinaus entsenden die kommunalen Spitzenverbände auf Bundesebene, die Bundesagentur für Arbeit, die repräsentativen Spitzenorganisationen der Arbeitgeber und Arbeitnehmer sowie das Präventionsforum jeweils einen Vertreter in die Nationale Präventionskonferenz, die mit beratender Stimme an den Sitzungen teilnehmen. [8] Die Nationale Präventionskonferenz gibt sich eine Geschäftsordnung; darin werden insbesondere die Arbeitsweise und das Beschlussverfahren festgelegt. [9] Die Geschäftsordnung muss einstimmig angenommen werden. [10] Die Geschäftsstelle, die die Mitglieder der Nationalen Präventionskonferenz bei der Wahrnehmung ihrer Aufgabe nach Satz 1 unterstützt, wird bei der Bundeszentrale für gesundheitliche Aufklärung angesiedelt.

(2) [1] Die Nationale Präventionskonferenz wird durch ein Präventionsforum beraten, das in der Regel einmal jährlich stattfindet. [2] Das Präventionsforum

---

[1]) Nr. 11.

setzt sich aus Vertretern der für die Gesundheitsförderung und Prävention maßgeblichen Organisationen und Verbände sowie der stimmberechtigten und beratenden Mitglieder der Nationalen Präventionskonferenz nach Absatz 1 zusammen. ³Die Nationale Präventionskonferenz beauftragt die Bundesvereinigung für Prävention und Gesundheitsförderung e.V. mit der Durchführung des Präventionsforums und erstattet dieser die notwendigen Aufwendungen. ⁴Die Einzelheiten zur Durchführung des Präventionsforums einschließlich der für die Durchführung notwendigen Kosten werden in der Geschäftsordnung der Nationalen Präventionskonferenz geregelt.

§ 20f Landesrahmenvereinbarungen zur Umsetzung der nationalen Präventionsstrategie. (1) ¹Zur Umsetzung der nationalen Präventionsstrategie schließen die Landesverbände der Krankenkassen und die Ersatzkassen, auch für die Pflegekassen, mit den Trägern der gesetzlichen Rentenversicherung, den Trägern der gesetzlichen Unfallversicherung und mit den in den Ländern zuständigen Stellen gemeinsame Rahmenvereinbarungen auf Landesebene. ²Die für die Rahmenvereinbarungen maßgeblichen Leistungen richten sich nach § 20 Absatz 4 Nummer 2 und 3, nach den §§ 20a bis 20c sowie nach den für die Pflegekassen, für die Träger der gesetzlichen Rentenversicherung und für die Träger der gesetzlichen Unfallversicherung jeweils geltenden Leistungsgesetzen.

(2) ¹Die an den Rahmenvereinbarungen Beteiligten nach Absatz 1 treffen Festlegungen unter Berücksichtigung der bundeseinheitlichen, trägerübergreifenden Rahmenempfehlungen nach § 20d Absatz 2 Nummer 1 und der regionalen Erfordernisse insbesondere über

1. gemeinsam und einheitlich zu verfolgende Ziele und Handlungsfelder,
2. die Koordinierung von Leistungen zwischen den Beteiligten,
3. die einvernehmliche Klärung von Zuständigkeitsfragen,
4. Möglichkeiten der gegenseitigen Beauftragung der Leistungsträger nach dem Zehnten Buch,
5. die Zusammenarbeit mit dem öffentlichen Gesundheitsdienst und den Trägern der örtlichen öffentlichen Jugendhilfe und
6. die Mitwirkung weiterer für die Gesundheitsförderung und Prävention relevanter Einrichtungen und Organisationen.

²An der Vorbereitung der Rahmenvereinbarungen werden die Bundesagentur für Arbeit, die für den Arbeitsschutz zuständigen obersten Landesbehörden und die kommunalen Spitzenverbände auf Landesebene beteiligt. ³Sie können den Rahmenvereinbarungen beitreten. ⁴Auf die zum Zwecke der Vorbereitung und Umsetzung der Rahmenvereinbarungen gebildeten Arbeitsgemeinschaften wird § 94 Absatz 1a Satz 2 und 3 des Zehnten Buches[1] nicht angewendet.

§ 20g Modellvorhaben. (1) ¹Die Leistungsträger nach § 20d Absatz 1 und ihre Verbände können zur Erreichung der in den Rahmenempfehlungen nach § 20d Absatz 2 Nummer 1 festgelegten gemeinsamen Ziele einzeln oder in Kooperation mit Dritten, insbesondere den in den Ländern zuständigen Stellen nach § 20f Absatz 1, Modellvorhaben durchführen. ²Anhand der Modellvor-

---

[1] Nr. 10.

haben soll die Qualität und Effizienz der Versorgung mit Leistungen zur Gesundheitsförderung und Prävention in Lebenswelten und mit Leistungen zur betrieblichen Gesundheitsförderung verbessert werden. ³ Die Modellvorhaben können auch der wissenschaftlich fundierten Auswahl geeigneter Maßnahmen der Zusammenarbeit dienen. ⁴ Die Aufwendungen der Krankenkassen für Modellvorhaben sind auf die Mittel nach § 20 Absatz 6 Satz 2 anzurechnen.

(2) Die Modellvorhaben sind im Regelfall auf fünf Jahre zu befristen und nach allgemein anerkannten wissenschaftlichen Standards wissenschaftlich zu begleiten und auszuwerten.

§ 20h Förderung der Selbsthilfe. (1) ¹ Die Krankenkassen und ihre Verbände fördern Selbsthilfegruppen und -organisationen, die sich die gesundheitliche Prävention oder die Rehabilitation von Versicherten bei einer der im Verzeichnis nach Satz 2 aufgeführten Krankheiten zum Ziel gesetzt haben, sowie Selbsthilfekontaktstellen im Rahmen der Festlegungen des Absatzes 3. ² Der Spitzenverband Bund der Krankenkassen beschließt ein Verzeichnis der Krankheitsbilder, bei deren gesundheitlicher Prävention oder Rehabilitation eine Förderung zulässig ist; sie haben die Kassenärztliche Bundesvereinigung und die Vertretungen der für die Wahrnehmung der Interessen der Selbsthilfe maßgeblichen Spitzenorganisationen zu beteiligen. ³ Selbsthilfekontaktstellen müssen für eine Förderung ihrer gesundheitsbezogenen Arbeit themen-, bereichs- und indikationsgruppenübergreifend tätig sein.

(2) ¹ Der Spitzenverband Bund der Krankenkassen beschließt Grundsätze zu den Inhalten der Förderung der Selbsthilfe und zur Verteilung der Fördermittel auf die verschiedenen Förderebenen und Förderbereiche. ² Die in Absatz 1 Satz 2 genannten Vertretungen der Selbsthilfe sind zu beteiligen. ³ Die Förderung kann durch pauschale Zuschüsse und als Projektförderung erfolgen.

(3) ¹ Die Ausgaben der Krankenkassen und ihrer Verbände für die Wahrnehmung der Aufgaben nach Absatz 1 Satz 1 sollen insgesamt im Jahr 2016 für jeden ihrer Versicherten einen Betrag von 1,05 Euro umfassen; sie sind in den Folgejahren entsprechend der prozentualen Veränderung der monatlichen Bezugsgröße nach § 18 Abs. 1 des Vierten Buches[1)] anzupassen. ² Für die Förderung auf der Landesebene und in den Regionen sind die Mittel entsprechend dem Wohnort der Versicherten aufzubringen. ³ Mindestens 50 vom Hundert der in Satz 1 bestimmten Mittel sind für kassenartenübergreifende Gemeinschaftsförderung aufzubringen. ⁴ Über die Vergabe der Fördermittel aus der Gemeinschaftsförderung beschließen die Krankenkassen oder ihre Verbände auf den jeweiligen Förderebenen gemeinsam nach Maßgabe der in Absatz 2 Satz 1 genannten Grundsätze und nach Beratung mit den zur Wahrnehmung der Interessen der Selbsthilfe jeweils maßgeblichen Vertretungen von Selbsthilfegruppen, -organisationen und -kontaktstellen. ⁵ Erreicht eine Krankenkasse den in Satz 1 genannten Betrag der Förderung in einem Jahr nicht, hat sie die nicht verausgabten Fördermittel im Folgejahr zusätzlich für die Gemeinschaftsförderung zur Verfügung zu stellen.

§ 20i Primäre Prävention durch Schutzimpfungen. (1) ¹ Versicherte haben Anspruch auf Leistungen für Schutzimpfungen im Sinne des § 2 Nr. 9 des Infektionsschutzgesetzes. ² Satz 1 gilt für Schutzimpfungen, die wegen eines

---

[1)] Nr. 4.

erhöhten Gesundheitsrisikos durch einen Auslandsaufenthalt indiziert sind, nur dann, wenn der Auslandsaufenthalt beruflich bedingt oder im Rahmen der Ausbildung vorgeschrieben ist oder wenn zum Schutz der öffentlichen Gesundheit ein besonderes Interesse daran besteht, der Einschleppung einer übertragbaren Krankheit in die Bundesrepublik Deutschland vorzubeugen. [3] Einzelheiten zu Voraussetzungen, Art und Umfang der Leistungen bestimmt der Gemeinsame Bundesausschuss in Richtlinien nach § 92 auf der Grundlage der Empfehlungen der Ständigen Impfkommission beim Robert Koch-Institut gemäß § 20 Abs. 2 des Infektionsschutzgesetzes unter besonderer Berücksichtigung der Bedeutung der Schutzimpfungen für die öffentliche Gesundheit. [4] Abweichungen von den Empfehlungen der Ständigen Impfkommission sind besonders zu begründen. [5] Zu Änderungen der Empfehlungen der Ständigen Impfkommission hat der Gemeinsame Bundesausschuss innerhalb von drei Monaten nach ihrer Veröffentlichung eine Entscheidung zu treffen. [6] Kommt eine Entscheidung nicht fristgemäß zu Stande, dürfen insoweit die von der Ständigen Impfkommission empfohlenen Schutzimpfungen mit Ausnahme von Schutzimpfungen nach Satz 2 erbracht werden, bis die Richtlinie vorliegt. [7] Der Anspruch nach Satz 1 schließt die Bereitstellung des erforderlichen Impfausweisvordruckes ein.

(2) Die Krankenkasse kann in ihrer Satzung weitere Schutzimpfungen vorsehen.

(3) [1] Die Krankenkassen haben außerdem im Zusammenwirken mit den Behörden der Länder, die für die Durchführung von Schutzimpfungen nach dem Infektionsschutzgesetz zuständig sind, unbeschadet der Aufgaben anderer, gemeinsam und einheitlich Schutzimpfungen ihrer Versicherten zu fördern und sich durch Erstattung der Sachkosten an den Kosten der Durchführung zu beteiligen. [2] Dies gilt entsprechend für die Erstattung der Kosten für den Impfstoff für Personen bis zum vollendeten 18. Lebensjahr aus Mitgliedstaaten der Europäischen Union, deren Versicherteneigenschaft in der gesetzlichen Krankenversicherung zum Zeitpunkt der Durchführung der Schutzimpfung noch nicht festgestellt ist und die nicht privat krankenversichert sind. [3] Zur Durchführung der Maßnahmen und zur Erstattung der Sachkosten schließen die Landesverbände der Krankenkassen und die Ersatzkassen gemeinsam Rahmenvereinbarungen mit den in den Ländern dafür zuständigen Stellen. [4] Dabei sollen vereinfachte Möglichkeiten für die Abrechnung der zu erstattenden Sachkosten vorgesehen werden.

§ 21 Verhütung von Zahnerkrankungen (Gruppenprophylaxe).

(1) [1] Die Krankenkassen haben im Zusammenwirken mit den Zahnärzten und den für die Zahngesundheitspflege in den Ländern zuständigen Stellen unbeschadet der Aufgaben anderer gemeinsam und einheitlich Maßnahmen zur Erkennung und Verhütung von Zahnerkrankungen ihrer Versicherten, die das zwölfte Lebensjahr noch nicht vollendet haben, zu fördern und sich an den Kosten der Durchführung zu beteiligen. [2] Sie haben auf flächendeckende Maßnahmen hinzuwirken. [3] In Schulen und Behinderteneinrichtungen, in denen das durchschnittliche Kariesrisiko der Schüler überproportional hoch ist, werden die Maßnahmen bis zum 16. Lebensjahr durchgeführt. [4] Die Maßnahmen sollen vorrangig in Gruppen, insbesondere in Kindergärten und Schulen, durchgeführt werden; sie sollen sich insbesondere auf die Untersuchung der Mundhöhle, Erhebung des Zahnstatus, Zahnschmelzhärtung, Ernährungsbera-

3. Kapitel. Leistungen der Krankenvers. §§ 22, 22a SGB V 5

tung und Mundhygiene erstrecken. ⁵ Für Kinder mit besonders hohem Kariesrisiko sind spezifische Programme zu entwickeln.

(2) ¹ Zur Durchführung der Maßnahmen nach Absatz 1 schließen die Landesverbände der Krankenkassen und die Ersatzkassen mit den zuständigen Stellen nach Absatz 1 Satz 1 gemeinsame Rahmenvereinbarungen. ² Der Spitzenverband Bund der Krankenkassen hat bundeseinheitliche Rahmenempfehlungen insbesondere über Inhalt, Finanzierung, nicht versichertenbezogene Dokumentation und Kontrolle zu beschließen.

(3) Kommt eine gemeinsame Rahmenvereinbarung nach Absatz 2 Satz 1 nicht zustande, werden Inhalt, Finanzierung, nicht versichertenbezogene Dokumentation und Kontrolle unter Berücksichtigung der bundeseinheitlichen Rahmenempfehlungen des Spitzenverbandes Bund der Krankenkassen durch Rechtsverordnung der Landesregierung bestimmt.

§ 22 Verhütung von Zahnerkrankungen (Individualprophylaxe).

(1) Versicherte, die das sechste, aber noch nicht das achtzehnte Lebensjahr vollendet haben, können sich zur Verhütung von Zahnerkrankungen einmal in jedem Kalenderhalbjahr zahnärztlich untersuchen lassen.

(2) Die Untersuchungen sollen sich auf den Befund des Zahnfleisches, die Aufklärung über Krankheitsursachen und ihre Vermeidung, das Erstellen von diagnostischen Vergleichen zur Mundhygiene, zum Zustand des Zahnfleisches und zur Anfälligkeit gegenüber Karieserkrankungen, auf die Motivation und Einweisung bei der Mundpflege sowie auf Maßnahmen zur Schmelzhärtung der Zähne erstrecken.

(3) Versicherte, die das sechste, aber noch nicht das achtzehnte Lebensjahr vollendet haben, haben Anspruch auf Fissurenversiegelung der Molaren.

(4) *(aufgehoben)*

(5) Der Gemeinsame Bundesausschuss regelt das Nähere über Art, Umfang und Nachweis der individualprophylaktischen Leistungen in Richtlinien nach § 92.

§ 22a Verhütung von Zahnerkrankungen bei Pflegebedürftigen und Menschen mit Behinderungen.
(1) ¹ Versicherte, die einem Pflegegrad nach § 15 des Elften Buches[1] zugeordnet sind oder Eingliederungshilfe nach § 53 des Zwölften Buches[2] erhalten, haben Anspruch auf Leistungen zur Verhütung von Zahnerkrankungen. ² Die Leistungen umfassen insbesondere die Erhebung eines Mundgesundheitsstatus, die Aufklärung über die Bedeutung der Mundhygiene und über Maßnahmen zu deren Erhaltung, die Erstellung eines Planes zur individuellen Mund- und Prothesenpflege sowie die Entfernung harter Zahnbeläge. ³ Pflegepersonen des Versicherten sollen in die Aufklärung und Planerstellung nach Satz 2 einbezogen werden.

(2) Das Nähere über Art und Umfang der Leistungen regelt der Gemeinsame Bundesausschuss in Richtlinien nach § 92.

---

[1] Nr. **11**.
[2] Nr. **12**.

§ 23 Medizinische Vorsorgeleistungen. (1) Versicherte haben Anspruch auf ärztliche Behandlung und Versorgung mit Arznei-, Verband-, Heil- und Hilfsmitteln, wenn diese notwendig sind,

1. eine Schwächung der Gesundheit, die in absehbarer Zeit voraussichtlich zu einer Krankheit führen würde, zu beseitigen,

2. einer Gefährdung der gesundheitlichen Entwicklung eines Kindes entgegenzuwirken,

3. Krankheiten zu verhüten oder deren Verschlimmerung zu vermeiden oder

4. Pflegebedürftigkeit zu vermeiden.

(2) ¹ Reichen bei Versicherten die Leistungen nach Absatz 1 nicht aus oder können sie wegen besonderer beruflicher oder familiärer Umstände nicht durchgeführt werden, kann die Krankenkasse aus medizinischen Gründen erforderliche ambulante Vorsorgeleistungen in anerkannten Kurorten erbringen. ² Die Satzung der Krankenkasse kann zu den übrigen Kosten, die Versicherten im Zusammenhang mit dieser Leistung entstehen, einen Zuschuß von bis zu 16 Euro täglich vorsehen. ³ Bei ambulanten Vorsorgeleistungen für versicherte chronisch kranke Kleinkinder kann der Zuschuss nach Satz 2 auf bis zu 25 Euro erhöht werden.

(3) In den Fällen der Absätze 1 und 2 sind die §§ 31 bis 34 anzuwenden.

(4) ¹ Reichen bei Versicherten die Leistungen nach Absatz 1 und 2 nicht aus, kann die Krankenkasse Behandlung mit Unterkunft und Verpflegung in einer Vorsorgeeinrichtung erbringen, mit der ein Vertrag nach § 111 besteht; für pflegende Angehörige kann die Krankenkasse unter denselben Voraussetzungen Behandlung mit Unterkunft und Verpflegung auch in einer Vorsorgeeinrichtung erbringen, mit der ein Vertrag nach § 111a besteht. ² Die Krankenkasse führt statistische Erhebungen über Anträge auf Leistungen nach Satz 1 und Absatz 2 sowie deren Erledigung durch.

(5) ¹ Die Krankenkasse bestimmt nach den medizinischen Erfordernissen des Einzelfalls unter entsprechender Anwendung des Wunsch- und Wahlrechts der Leistungsberechtigten nach § 8 des Neunten Buches[1]) Art, Dauer, Umfang, Beginn und Durchführung der Leistungen nach Absatz 4 sowie die Vorsorgeeinrichtung nach pflichtgemäßem Ermessen; die Krankenkasse berücksichtigt bei ihrer Entscheidung die besonderen Belange pflegender Angehöriger. ² Leistungen nach Absatz 4 sollen für längstens drei Wochen erbracht werden, es sei denn, eine Verlängerung der Leistung ist aus medizinischen Gründen dringend erforderlich. ³ Satz 2 gilt nicht, soweit der Spitzenverband Bund der Krankenkassen nach Anhörung der für die Wahrnehmung der Interessen der ambulanten und stationären Vorsorgeeinrichtungen auf Bundesebene maßgeblichen Spitzenorganisationen in Leitlinien Indikationen festgelegt und diesen jeweils eine Regeldauer zugeordnet hat; von dieser Regeldauer kann nur abgewichen werden, wenn dies aus dringenden medizinischen Gründen im Einzelfall erforderlich ist. ⁴ Leistungen nach Absatz 2 können nicht vor Ablauf von drei, Leistungen nach Absatz 4 können nicht vor Ablauf von vier Jahren nach Durchführung solcher oder ähnlicher Leistungen erbracht werden, deren Kosten auf Grund öffentlich-rechtlicher Vorschriften getragen oder bezuschusst

---

[1]) Nr. **9**.

worden sind, es sei denn, eine vorzeitige Leistung ist aus medizinischen Gründen dringend erforderlich.

(6) ¹ Versicherte, die eine Leistung nach Absatz 4 in Anspruch nehmen und das achtzehnte Lebensjahr vollendet haben, zahlen je Kalendertag den sich nach § 61 Satz 2 ergebenden Betrag an die Einrichtung. ² Die Zahlung ist an die Krankenkasse weiterzuleiten.

(7) Medizinisch notwendige stationäre Vorsorgemaßnahmen für versicherte Kinder, die das 14. Lebensjahr noch nicht vollendet haben, sollen in der Regel für vier bis sechs Wochen erbracht werden.

§ 24 Medizinische Vorsorge für Mütter und Väter.

(1) ¹ Versicherte haben unter den in § 23 Abs. 1 genannten Voraussetzungen Anspruch auf aus medizinischen Gründen erforderliche Vorsorgeleistungen in einer Einrichtung des Müttergenesungswerks oder einer gleichartigen Einrichtung; die Leistung kann in Form einer Mutter-Kind-Maßnahme erbracht werden. ² Satz 1 gilt auch für Vater-Kind-Maßnahmen in dafür geeigneten Einrichtungen. ³ Vorsorgeleistungen nach den Sätzen 1 und 2 werden in Einrichtungen erbracht, mit denen ein Versorgungsvertrag nach § 111a besteht. ⁴ § 23 Abs. 4 Satz 1 gilt nicht; § 23 Abs. 4 Satz 2 gilt entsprechend.

(2) § 23 Abs. 5 gilt entsprechend.

(3) ¹ Versicherte, die das achtzehnte Lebensjahr vollendet haben und eine Leistung nach Absatz 1 in Anspruch nehmen, zahlen je Kalendertag den sich nach § 61 Satz 2 ergebenden Betrag an die Einrichtung. ² Die Zahlung ist an die Krankenkasse weiterzuleiten.

§ 24a Empfängnisverhütung.

(1) ¹ Versicherte haben Anspruch auf ärztliche Beratung über Fragen der Empfängnisregelung. ² Zur ärztlichen Beratung gehören auch die erforderliche Untersuchung und die Verordnung von empfängnisregelnden Mitteln.

(2) ¹ Versicherte bis zum vollendeten 20. Lebensjahr haben Anspruch auf Versorgung mit verschreibungspflichtigen empfängnisverhütenden Mitteln; § 31 Abs. 2 bis 4 gilt entsprechend. ² Satz 1 gilt entsprechend für nicht verschreibungspflichtige Notfallkontrazeptiva, soweit sie ärztlich verordnet werden; § 129 Absatz 5a gilt entsprechend.

§ 24b Schwangerschaftsabbruch und Sterilisation.

(1) ¹ Versicherte haben Anspruch auf Leistungen bei einer durch Krankheit erforderlichen Sterilisation und bei einem nicht rechtswidrigen Abbruch der Schwangerschaft durch einen Arzt. ² Der Anspruch auf Leistungen bei einem nicht rechtswidrigen Schwangerschaftsabbruch besteht nur, wenn dieser in einer Einrichtung im Sinne des § 13 Abs. 1 des Schwangerschaftskonfliktgesetzes vorgenommen wird.

(2) ¹ Es werden ärztliche Beratung über die Erhaltung und den Abbruch der Schwangerschaft, ärztliche Untersuchung und Begutachtung zur Feststellung der Voraussetzungen für eine durch Krankheit erforderliche Sterilisation oder für einen nicht rechtswidrigen Schwangerschaftsabbruch, ärztliche Behandlung, Versorgung mit Arznei-, Verbands- und Heilmitteln sowie Krankenhauspflege gewährt. ² Anspruch auf Krankengeld besteht, wenn Versicherte wegen einer durch Krankheit erforderlichen Sterilisation oder wegen eines nicht

rechtswidrigen Abbruchs der Schwangerschaft durch einen Arzt arbeitsunfähig werden, es sei denn, es besteht ein Anspruch nach § 44 Abs. 1.

(3) Im Fall eines unter den Voraussetzungen des § 218a Abs. 1 des Strafgesetzbuches vorgenommenen Abbruchs der Schwangerschaft haben Versicherte Anspruch auf die ärztliche Beratung über die Erhaltung und den Abbruch der Schwangerschaft, die ärztliche Behandlung mit Ausnahme der Vornahme des Abbruchs und der Nachbehandlung bei komplikationslosem Verlauf, die Versorgung mit Arznei-, Verband- und Heilmitteln sowie auf Krankenhausbehandlung, falls und soweit die Maßnahmen dazu dienen,

1. die Gesundheit des Ungeborenen zu schützen, falls es nicht zum Abbruch kommt,
2. die Gesundheit der Kinder aus weiteren Schwangerschaften zu schützen oder
3. die Gesundheit der Mutter zu schützen, insbesondere zu erwartenden Komplikationen aus dem Abbruch der Schwangerschaft vorzubeugen oder eingetretene Komplikationen zu beseitigen.

(4) [1] Die nach Absatz 3 vom Anspruch auf Leistungen ausgenommene ärztliche Vornahme des Abbruchs umfaßt

1. die Anästhesie,
2. den operativen Eingriff oder die Gabe einer den Schwangerschaftsabbruch herbeiführenden Medikation,
3. die vaginale Behandlung einschließlich der Einbringung von Arzneimitteln in die Gebärmutter,
4. die Injektion von Medikamenten,
5. die Gabe eines wehenauslösenden Medikamentes,
6. die Assistenz durch einen anderen Arzt,
7. die körperlichen Untersuchungen im Rahmen der unmittelbaren Operationsvorbereitung und der Überwachung im direkten Anschluß an die Operation.

[2] Mit diesen ärztlichen Leistungen im Zusammenhang stehende Sachkosten, insbesondere für Narkosemittel, Verbandmittel, Abdecktücher, Desinfektionsmittel fallen ebenfalls nicht in die Leistungspflicht der Krankenkassen. [3] Bei vollstationärer Vornahme des Abbruchs übernimmt die Krankenkasse nicht die mittleren Kosten der Leistungen nach den Sätzen 1 und 2 für den Tag, an dem der Abbruch vorgenommen wird. [4] Das DRG-Institut ermittelt die Kosten nach Satz 3 gesondert und veröffentlicht das Ergebnis jährlich in Zusammenhang mit dem Entgeltsystem nach § 17b des Krankenhausfinanzierungsgesetzes.

§ 24c Leistungen bei Schwangerschaft und Mutterschaft. Die Leistungen bei Schwangerschaft und Mutterschaft umfassen

1. ärztliche Betreuung und Hebammenhilfe,
2. Versorgung mit Arznei-, Verband-, Heil- und Hilfsmitteln,
3. Entbindung,
4. häusliche Pflege,
5. Haushaltshilfe,
6. Mutterschaftsgeld.

3. Kapitel. Leistungen der Krankenvers. **§§ 24d–24i SGB V 5**

§ 24d Ärztliche Betreuung und Hebammenhilfe. ¹Die Versicherte hat während der Schwangerschaft, bei und nach der Entbindung Anspruch auf ärztliche Betreuung sowie auf Hebammenhilfe einschließlich der Untersuchungen zur Feststellung der Schwangerschaft und zur Schwangerenvorsorge; ein Anspruch auf Hebammenhilfe im Hinblick auf die Wochenbettbetreuung besteht bis zum Ablauf von zwölf Wochen nach der Geburt, weitergehende Leistungen bedürfen der ärztlichen Anordnung. ²Sofern das Kind nach der Entbindung nicht von der Versicherten versorgt werden kann, hat das versicherte Kind Anspruch auf die Leistungen der Hebammenhilfe, die sich auf dieses beziehen. ³Die ärztliche Betreuung umfasst auch die Beratung der Schwangeren zur Bedeutung der Mundgesundheit für Mutter und Kind einschließlich des Zusammenhangs zwischen Ernährung und Krankheitsrisiko sowie die Einschätzung oder Bestimmung des Übertragungsrisikos von Karies. ⁴Die ärztliche Beratung der Versicherten umfasst bei Bedarf auch Hinweise auf regionale Unterstützungsangebote für Eltern und Kind.

§ 24e Versorgung mit Arznei-, Verband-, Heil- und Hilfsmitteln. ¹Die Versicherte hat während der Schwangerschaft und im Zusammenhang mit der Entbindung Anspruch auf Versorgung mit Arznei-, Verband-, Heil- und Hilfsmitteln. ²Die für die Leistungen nach den §§ 31 bis 33 geltenden Vorschriften gelten entsprechend; bei Schwangerschaftsbeschwerden und im Zusammenhang mit der Entbindung finden § 31 Absatz 3, § 32 Absatz 2, § 33 Absatz 8 und § 127 Absatz 4 keine Anwendung.

§ 24f Entbindung. ¹Die Versicherte hat Anspruch auf ambulante oder stationäre Entbindung. ²Die Versicherte kann ambulant in einem Krankenhaus, in einer von einer Hebamme oder einem Entbindungspfleger geleiteten Einrichtung, in einer ärztlich geleiteten Einrichtung, in einer Hebammenpraxis oder im Rahmen einer Hausgeburt entbinden. ³Wird die Versicherte zur stationären Entbindung in einem Krankenhaus oder in einer anderen stationären Einrichtung aufgenommen, hat sie für sich und das Neugeborene Anspruch auf Unterkunft, Pflege und Verpflegung. ⁴Für diese Zeit besteht kein Anspruch auf Krankenhausbehandlung. ⁵§ 39 Absatz 2 gilt entsprechend.

§ 24g Häusliche Pflege. ¹Die Versicherte hat Anspruch auf häusliche Pflege, soweit diese wegen Schwangerschaft oder Entbindung erforderlich ist. ²§ 37 Absatz 3 und 4 gilt entsprechend.

§ 24h Haushaltshilfe. ¹Die Versicherte erhält Haushaltshilfe, soweit ihr wegen Schwangerschaft oder Entbindung die Weiterführung des Haushalts nicht möglich und eine andere im Haushalt lebende Person den Haushalt nicht weiterführen kann. ²§ 38 Absatz 4 gilt entsprechend.

§ 24i Mutterschaftsgeld. (1) ¹Weibliche Mitglieder, die bei Arbeitsunfähigkeit Anspruch auf Krankengeld haben oder denen wegen der Schutzfristen nach § 3 des Mutterschutzgesetzes kein Arbeitsentgelt gezahlt wird, erhalten Mutterschaftsgeld. ²Mutterschaftsgeld erhalten auch Frauen, deren Arbeitsverhältnis unmittelbar vor Beginn der Schutzfrist nach § 3 Absatz 1 des Mutterschutzgesetzes endet, wenn sie am letzten Tag des Arbeitsverhältnisses Mitglied einer Krankenkasse waren.

(2) ¹ Für Mitglieder, die bei Beginn der Schutzfrist vor der Entbindung nach § 3 Absatz 1 des Mutterschutzgesetzes in einem Arbeitsverhältnis stehen oder in Heimarbeit beschäftigt sind oder deren Arbeitsverhältnis nach Maßgabe von § 17 Absatz 2 des Mutterschutzgesetzes gekündigt worden ist, wird als Mutterschaftsgeld das um die gesetzlichen Abzüge verminderte durchschnittliche kalendertägliche Arbeitsentgelt der letzten drei abgerechneten Kalendermonate vor Beginn der Schutzfrist nach § 3 Absatz 1 des Mutterschutzgesetzes gezahlt. ² Es beträgt höchstens 13 Euro für den Kalendertag. ³ Für die Ermittlung des durchschnittlichen kalendertäglichen Arbeitsentgelts gilt § 21 des Mutterschutzgesetzes entsprechend. ⁴ Übersteigt das durchschnittliche Arbeitsentgelt 13 Euro kalendertäglich, wird der übersteigende Betrag vom Arbeitgeber oder von der für die Zahlung des Mutterschaftsgeldes zuständigen Stelle nach den Vorschriften des Mutterschutzgesetzes gezahlt. ⁵ Für Frauen nach Absatz 1 Satz 2 sowie für andere Mitglieder wird das Mutterschaftsgeld in Höhe des Krankengeldes gezahlt.

(3) ¹ Das Mutterschaftsgeld wird für die letzten sechs Wochen vor dem voraussichtlichen Tag der Entbindung, den Entbindungstag und für die ersten acht Wochen nach der Entbindung gezahlt. ² Bei Früh- und Mehrlingsgeburten sowie in Fällen, in denen vor Ablauf von acht Wochen nach der Entbindung bei dem Kind eine Behinderung im Sinne von § 2 Absatz 1 Satz 1 des Neunten Buches[1]) ärztlich festgestellt und ein Antrag nach § 3 Absatz 2 Satz 2 des Mutterschutzgesetzes gestellt wird, verlängert sich der Zeitraum der Zahlung des Mutterschaftsgeldes nach Satz 1 auf die ersten zwölf Wochen nach der Entbindung. ³ Wird bei Frühgeburten und sonstigen vorzeitigen Entbindungen der Zeitraum von sechs Wochen vor dem voraussichtlichen Tag der Entbindung verkürzt, so verlängert sich die Bezugsdauer um den Zeitraum, der vor der Entbindung nicht in Anspruch genommen werden konnte. ⁴ Für die Zahlung des Mutterschaftsgeldes vor der Entbindung ist das Zeugnis eines Arztes oder einer Hebamme maßgebend, in dem der voraussichtliche Tag der Entbindung angegeben ist. ⁵ Bei Entbindungen nach dem voraussichtlichen Tag der Entbindung verlängert sich die Bezugsdauer um den Tag der Entbindung entsprechend. ⁶ Für Mitglieder, deren Arbeitsverhältnis während der Schutzfristen nach § 3 des Mutterschutzgesetzes beginnt, wird das Mutterschaftsgeld von Beginn des Arbeitsverhältnisses an gezahlt.

(4) ¹ Der Anspruch auf Mutterschaftsgeld ruht, soweit und solange das Mitglied beitragspflichtiges Arbeitsentgelt, Arbeitseinkommen oder Urlaubsabgeltung erhält. ² Dies gilt nicht für einmalig gezahltes Arbeitsentgelt.

Vierter Abschnitt. Leistungen zur Erfassung von gesundheitlichen Risiken und Früherkennung von Krankheiten

§ 25 Gesundheitsuntersuchungen. (1) ¹ Versicherte, die das 18. Lebensjahr vollendet haben, haben Anspruch auf alters-, geschlechter- und zielgruppengerechte ärztliche Gesundheitsuntersuchungen zur Erfassung und Bewertung gesundheitlicher Risiken und Belastungen, zur Früherkennung von bevölkerungsmedizinisch bedeutsamen Krankheiten und eine darauf abgestimmte präventionsorientierte Beratung, einschließlich einer Überprüfung des Impfstatus im Hinblick auf die Empfehlungen der Ständigen Impfkommission nach § 20

---

[1]) Nr. 9.

Absatz 2 des Infektionsschutzgesetzes. ²Die Untersuchungen umfassen, sofern medizinisch angezeigt, eine Präventionsempfehlung für Leistungen zur verhaltensbezogenen Prävention nach § 20 Absatz 5. ³Die Präventionsempfehlung wird in Form einer ärztlichen Bescheinigung erteilt. ⁴Sie informiert über Möglichkeiten und Hilfen zur Veränderung gesundheitsbezogener Verhaltensweisen und kann auch auf andere Angebote zur verhaltensbezogenen Prävention hinweisen wie beispielsweise auf die vom Deutschen Olympischen Sportbund e.V. und der Bundesärztekammer empfohlenen Bewegungsangebote in Sportvereinen oder auf sonstige qualitätsgesicherte Bewegungsangebote in Sport- oder Fitnessstudios sowie auf Angebote zur Förderung einer ausgewogenen Ernährung.

(2) Versicherte, die das 18. Lebensjahr vollendet haben, haben Anspruch auf Untersuchungen zur Früherkennung von Krebserkrankungen.

(3) ¹Voraussetzung für die Untersuchung nach den Absätzen 1 und 2 ist, dass es sich um Krankheiten handelt, die wirksam behandelt werden können oder um zu erfassende gesundheitliche Risiken und Belastungen, die durch geeignete Leistungen zur verhaltensbezogenen Prävention nach § 20 Absatz 5 vermieden, beseitigt oder vermindert werden können. ²Die im Rahmen der Untersuchungen erbrachten Maßnahmen zur Früherkennung setzen ferner voraus, dass

1. das Vor- und Frühstadium dieser Krankheiten durch diagnostische Maßnahmen erfassbar ist,
2. die Krankheitszeichen medizinisch-technisch genügend eindeutig zu erfassen sind,
3. genügend Ärzte und Einrichtungen vorhanden sind, um die aufgefundenen Verdachtsfälle eindeutig zu diagnostizieren und zu behandeln.

³Stellt der Gemeinsame Bundesausschuss bei seinen Beratungen über eine Gesundheitsuntersuchung nach Absatz 1 fest, dass notwendige Erkenntnisse fehlen, kann er eine Richtlinie zur Erprobung der geeigneten inhaltlichen und organisatorischen Ausgestaltung der Gesundheitsuntersuchung beschließen. ⁴§ 137e gilt entsprechend.

(4) ¹Die Untersuchungen nach Absatz 1 und 2 sollen, soweit berufsrechtlich zulässig, zusammen angeboten werden. ²Der Gemeinsame Bundesausschuss bestimmt in den Richtlinien nach § 92 das Nähere über Inhalt, Art und Umfang der Untersuchungen sowie die Erfüllung der Voraussetzungen nach Absatz 3. ³Ferner bestimmt er für die Untersuchungen die Zielgruppen, Altersgrenzen und die Häufigkeit der Untersuchungen. ⁴Der Gemeinsame Bundesausschuss regelt erstmals bis zum 31. Juli 2016 in Richtlinien nach § 92 das Nähere zur Ausgestaltung der Präventionsempfehlung nach Absatz 1 Satz 2. ⁵Im Übrigen beschließt der Gemeinsame Bundesausschuss erstmals bis zum 31. Juli 2018 in Richtlinien nach § 92 das Nähere über die Gesundheitsuntersuchungen nach Absatz 1 zur Erfassung und Bewertung gesundheitlicher Risiken und Belastungen sowie eine Anpassung der Richtlinie im Hinblick auf Gesundheitsuntersuchungen zur Früherkennung von bevölkerungsmedizinisch bedeutsamen Krankheiten. ⁶Die Frist nach Satz 5 verlängert sich in dem Fall einer Erprobung nach Absatz 3 Satz 3 um zwei Jahre.

[Abs. 4a ab 31.12.2018:]
(4a) Legt das Bundesministerium für Umwelt, Naturschutz, Bau und Reaktorsicherheit in einer Rechtsverordnung nach § 84 Absatz 2 des Strahlenschutzgesetzes die

Zulässigkeit einer Früherkennungsuntersuchung fest, für die der Gemeinsame Bundesausschuss noch keine Richtlinie nach § 92 Absatz 1 Satz 2 Nummer 3 beschlossen hat, prüft der Gemeinsame Bundesausschuss innerhalb von 18 Monaten nach Inkrafttreten der Rechtsverordnung, ob die Früherkennungsuntersuchung nach Absatz 1 oder Absatz 2 zu Lasten der Krankenkassen zu erbringen ist und regelt gegebenenfalls das Nähere nach Absatz 3 Satz 2 und 3. Gelangt der Gemeinsame Bundesausschuss zu der Feststellung, dass der Nutzen der neuen Früherkennungsuntersuchung noch nicht hinreichend belegt ist, so hat er in der Regel eine Richtlinie nach § 137e zu beschließen.

(5) [1] In den Richtlinien des Gemeinsamen Bundesausschusses ist ferner zu regeln, dass die Durchführung von Maßnahmen nach den Absätzen 1 und 2 von einer Genehmigung der Kassenärztlichen Vereinigung abhängig ist, wenn es zur Sicherung der Qualität der Untersuchungen geboten ist, dass Ärzte mehrerer Fachgebiete zusammenwirken oder die teilnehmenden Ärzte eine Mindestzahl von Untersuchungen durchführen oder besondere technische Einrichtungen vorgehalten werden oder dass besonders qualifiziertes nichtärztliches Personal mitwirkt. [2] Ist es erforderlich, dass die teilnehmenden Ärzte eine hohe Mindestzahl von Untersuchungen durchführen oder dass bei der Leistungserbringung Ärzte mehrerer Fachgebiete zusammenwirken, legen die Richtlinien außerdem Kriterien für die Bemessung des Versorgungsbedarfs fest, so dass eine bedarfsgerechte räumliche Verteilung gewährleistet ist. [3] Die Auswahl der Ärzte durch die Kassenärztliche Vereinigung erfolgt auf der Grundlage der Bewertung ihrer Qualifikation und der geeigneten räumlichen Zuordnung ihres Praxissitzes für die Versorgung im Rahmen eines in den Richtlinien geregelten Ausschreibungsverfahrens. [4] Die Genehmigung zur Durchführung der Früherkennungsuntersuchungen kann befristet und mit für das Versorgungsziel notwendigen Auflagen erteilt werden.

§ 25a Organisierte Früherkennungsprogramme. (1) [1] Untersuchungen zur Früherkennung von Krebserkrankungen gemäß § 25 Absatz 2, für die von der Europäischen Kommission veröffentlichte Europäische Leitlinien zur Qualitätssicherung von Krebsfrüherkennungsprogrammen vorliegen, sollen als organisierte Krebsfrüherkennungsprogramme angeboten werden. [2] Diese Programme umfassen insbesondere

1. die regelmäßige Einladung der Versicherten in Textform zur Früherkennungsuntersuchung nach Satz 1,

2. die mit der Einladung erfolgende umfassende und verständliche Information der Versicherten über Nutzen und Risiken der jeweiligen Untersuchung, über die nach Absatz 4 vorgesehene Erhebung, Verarbeitung und Nutzung der personenbezogenen Daten, die zum Schutz dieser Daten getroffenen Maßnahmen, die verantwortliche Stelle und bestehende Widerspruchsrechte,

3. die inhaltliche Bestimmung der Zielgruppen, der Untersuchungsmethoden, der Abstände zwischen den Untersuchungen, der Altersgrenzen, des Vorgehens zur Abklärung auffälliger Befunde und der Maßnahmen zur Qualitätssicherung sowie

4. die systematische Erfassung, Überwachung und Verbesserung der Qualität der Krebsfrüherkennungsprogramme unter besonderer Berücksichtigung der Teilnahmeraten, des Auftretens von Intervallkarzinomen, falsch positiver

3. Kapitel. Leistungen der Krankenvers. **§ 25a SGB V 5**

Diagnosen und der Sterblichkeit an der betreffenden Krebserkrankung unter den Programmteilnehmern. ³ Die Maßnahmen nach Satz 2 Nummer 4 beinhalten auch einen Abgleich der Daten, die nach § 299 zum Zwecke der Qualitätssicherung an eine vom Gemeinsamen Bundesausschuss bestimmte Stelle übermittelt werden, mit Daten der epidemiologischen oder der klinischen Krebsregister, soweit dies insbesondere für die Erfassung des Auftretens von Intervallkarzinomen und der Sterblichkeit an der betreffenden Krebserkrankung unter den Programmteilnehmern erforderlich ist und landesrechtliche Vorschriften die Übermittlung von Krebsregisterdaten erlauben. ⁴ Die entstehenden Kosten für den Datenabgleich werden von den Krankenkassen getragen.

(2) ¹ Der Gemeinsame Bundesausschuss regelt bis zum 30. April 2016 in Richtlinien nach § 92 das Nähere über die Durchführung der organisierten Krebsfrüherkennungsprogramme für Früherkennungsuntersuchungen, für die bereits Europäische Leitlinien zur Qualitätssicherung nach Absatz 1 Satz 1 vorliegen. ² Für künftige Leitlinien erfolgt eine Regelung innerhalb von drei Jahren nach Veröffentlichung der Leitlinien. ³ Handelt es sich um eine neue Früherkennungsuntersuchung, für die noch keine Richtlinien nach § 92 Absatz 1 Satz 2 Nummer 3 bestehen, prüft der Gemeinsame Bundesausschuss zunächst innerhalb von drei Jahren nach Veröffentlichung der Leitlinien, ob die Früherkennungsuntersuchung nach § 25 Absatz 2 zu Lasten der Krankenkassen zu erbringen ist, und regelt gegebenenfalls innerhalb von weiteren drei Jahren das Nähere über die Durchführung des organisierten Krebsfrüherkennungsprogramms. ⁴ In den Richtlinien über die Durchführung der organisierten Krebsfrüherkennungsprogramme ist insbesondere das Nähere zum Einladungswesen, zur Qualitätssicherung und zum Datenabgleich mit den Krebsregistern festzulegen, und es sind die hierfür zuständigen Stellen zu bestimmen. ⁵ Der Verband der Privaten Krankenversicherung ist bei den Richtlinien zu beteiligen.

(3) ¹ Stellt der Gemeinsame Bundesausschuss bei seinen Beratungen fest, dass notwendige Erkenntnisse fehlen, kann er eine Richtlinie zur Erprobung der geeigneten inhaltlichen und organisatorischen Ausgestaltung eines organisierten Krebsfrüherkennungsprogramms beschließen. ² § 137e gilt entsprechend. ³ Die Frist nach Absatz 2 Satz 1 bis 3 für die Regelung des Näheren über die Durchführung der organisierten Krebsfrüherkennungsprogramme verlängert sich in diesem Fall um den Zeitraum der Vorbereitung, Durchführung und Auswertung der Erprobung, längstens jedoch um fünf Jahre.

(4) ¹ Die nach Absatz 2 Satz 4 in den Richtlinien bestimmten Stellen sind befugt, die für die Wahrnehmung ihrer Aufgaben erforderlichen und in den Richtlinien aufgeführten Daten nach den dort genannten Vorgaben zu erheben, zu verarbeiten und zu nutzen. ² Für die Einladungen nach Absatz 1 Satz 2 Nummer 1 dürfen die in § 291 Absatz 2 Satz 1 Nummer 2 bis 6 genannten Daten der Krankenkassen erhoben, verarbeitet und genutzt werden; sofern andere Stellen als die Krankenkassen die Aufgabe der Einladung wahrnehmen, darf die Krankenversichertennummer nur in pseudonymisierter Form verwendet werden. ³ Die Versicherten können in Textform weiteren Einladungen widersprechen; sie sind in den Einladungen auf ihr Widerspruchsrecht hinzuweisen. ⁴ Andere personenbezogene Daten der Krankenkassen, insbesondere Befunddaten und Daten über die Inanspruchnahme von Krebsfrüherkennungsuntersuchungen, dürfen für die Einladungen nur mit Einwilligung der Versicherten verwendet werden. ⁵ Für die Datenerhebungen, -verarbeitungen und

-nutzungen zum Zwecke der Qualitätssicherung nach Absatz 1 Satz 2 Nummer 4 gilt § 299, sofern der Versicherte nicht schriftlich oder elektronisch widersprochen hat. ⁶ Ein Abgleich der Daten nach Satz 4 und der Daten, die nach § 299 zum Zwecke der Qualitätssicherung an eine vom Gemeinsamen Bundesausschuss bestimmte Stelle übermittelt werden, mit Daten der epidemiologischen oder klinischen Krebsregister ist unter Beachtung der landesrechtlichen Vorschriften zulässig, sofern der Versicherte nicht schriftlich widersprochen hat. ⁷ Der Gemeinsame Bundesausschuss legt in den Richtlinien fest, welche Daten für den Abgleich zwischen den von ihm bestimmten Stellen und den epidemiologischen oder klinischen Krebsregistern übermittelt werden sollen.

(5) ¹ Der Gemeinsame Bundesausschuss oder eine von ihm beauftragte Stelle veröffentlicht alle zwei Jahre einen Bericht über den Stand der Maßnahmen nach Absatz 1 Satz 2 Nummer 4. ² Der Gemeinsame Bundesausschuss oder eine von ihm beauftragte Stelle übermittelt auf Antrag, nach Prüfung des berechtigten Interesses des Antragstellers, anonymisierte Daten zum Zwecke der wissenschaftlichen Forschung. ³ Die Entscheidung über den Antrag ist dem Antragsteller innerhalb von zwei Monaten nach Antragstellung mitzuteilen; eine Ablehnung ist zu begründen.

§ 26 Gesundheitsuntersuchungen für Kinder und Jugendliche.

(1) ¹ Versicherte Kinder und Jugendliche haben bis zur Vollendung des 18. Lebensjahres Anspruch auf Untersuchungen zur Früherkennung von Krankheiten, die ihre körperliche, geistige oder psycho-soziale Entwicklung in nicht geringfügigem Maße gefährden. ² Die Untersuchungen beinhalten auch eine Erfassung und Bewertung gesundheitlicher Risiken einschließlich einer Überprüfung der Vollständigkeit des Impfstatus sowie eine darauf abgestimmte präventionsorientierte Beratung einschließlich Informationen zu regionalen Unterstützungsangeboten für Eltern und Kind. ³ Die Untersuchungen umfassen, sofern medizinisch angezeigt, eine Präventionsempfehlung für Leistungen zur verhaltensbezogenen Prävention nach § 20 Absatz 5, die sich altersentsprechend an das Kind, den Jugendlichen oder die Eltern oder andere Sorgeberechtigte richten kann. ⁴ Die Präventionsempfehlung wird in Form einer ärztlichen Bescheinigung erteilt. ⁵ Zu den Früherkennungsuntersuchungen auf Zahn-, Mund- und Kieferkrankheiten gehören insbesondere die Inspektion der Mundhöhle, die Einschätzung oder Bestimmung des Kariesrisikos, die Ernährungs- und Mundhygieneberatung sowie Maßnahmen zur Schmelzhärtung der Zähne und zur Keimzahlsenkung. ⁶ Die Leistungen nach Satz 5 werden bis zur Vollendung des sechsten Lebensjahres erbracht und können von Ärzten oder Zahnärzten erbracht werden.

(2) ¹ § 25 Absatz 3 gilt entsprechend. ² Der Gemeinsame Bundesausschuss bestimmt in den Richtlinien nach § 92 das Nähere über Inhalt, Art und Umfang der Untersuchungen nach Absatz 1 sowie über die Erfüllung der Voraussetzungen nach § 25 Absatz 3. ³ Ferner bestimmt er die Altersgrenzen und die Häufigkeit dieser Untersuchungen. ⁴ Der Gemeinsame Bundesausschuss regelt erstmals bis zum 31. Juli 2016 in Richtlinien nach § 92 das Nähere zur Ausgestaltung der Präventionsempfehlung nach Absatz 1 Satz 3. ⁵ Er regelt insbesondere das Nähere zur Ausgestaltung der zahnärztlichen Früherkennungsuntersuchungen zur Vermeidung frühkindlicher Karies.

(3) ¹ Die Krankenkassen haben im Zusammenwirken mit den für die Kinder- und Gesundheitspflege durch Landesrecht bestimmten Stellen der Länder auf eine Inanspruchnahme der Leistungen nach Absatz 1 hinzuwirken. ² Zur Durchführung der Maßnahmen nach Satz 1 schließen die Landesverbände der Krankenkassen und die Ersatzkassen mit den Stellen der Länder nach Satz 1 gemeinsame Rahmenvereinbarungen.

Fünfter Abschnitt. Leistungen bei Krankheit

Erster Titel. Krankenbehandlung

§ 27 Krankenbehandlung. (1) ¹ Versicherte haben Anspruch auf Krankenbehandlung, wenn sie notwendig ist, um eine Krankheit zu erkennen, zu heilen, ihre Verschlimmerung zu verhüten oder Krankheitsbeschwerden zu lindern. ² Die Krankenbehandlung umfaßt
1. Ärztliche Behandlung einschließlich Psychotherapie als ärztliche und psychotherapeutische Behandlung,
2. zahnärztliche Behandlung,
2a. Versorgung mit Zahnersatz einschließlich Zahnkronen und Suprakonstruktionen,
3. Versorgung mit Arznei-, Verband-, Heil- und Hilfsmitteln,
4. häusliche Krankenpflege und Haushaltshilfe,
5. Krankenhausbehandlung,
6. Leistungen zur medizinischen Rehabilitation und ergänzende Leistungen.

³ Zur Krankenbehandlung gehört auch die palliative Versorgung der Versicherten. ⁴ Bei der Krankenbehandlung ist den besonderen Bedürfnissen psychisch Kranker Rechnung zu tragen, insbesondere bei der Versorgung mit Heilmitteln und bei der medizinischen Rehabilitation. ⁵ Zur Krankenbehandlung gehören auch Leistungen zur Herstellung der Zeugungs- oder Empfängnisfähigkeit, wenn diese Fähigkeit nicht vorhanden war oder durch Krankheit oder wegen einer durch Krankheit erforderlichen Sterilisation verlorengegangen war.

(1a) ¹ Spender von Organen oder Geweben oder von Blut zur Separation von Blutstammzellen oder anderen Blutbestandteilen (Spender) haben bei einer nach den §§ 8 und 8a des Transplantationsgesetzes erfolgenden Spende von Organen oder Geweben oder im Zusammenhang mit einer im Sinne von § 9 des Transfusionsgesetzes erfolgenden Spende zum Zwecke der Übertragung auf Versicherte (Entnahme bei lebenden Spendern) Anspruch auf Leistungen der Krankenbehandlung. ² Dazu gehören die ambulante und stationäre Behandlung der Spender, die medizinisch erforderliche Vor- und Nachbetreuung, Leistungen zur medizinischen Rehabilitation sowie die Erstattung des Ausfalls von Arbeitseinkünften als Krankengeld nach § 44a und erforderlicher Fahrkosten; dies gilt auch für Leistungen, die über die Leistungen nach dem Dritten Kapitel dieses Gesetzes, auf die ein Anspruch besteht, hinausgehen, soweit sie vom Versicherungsschutz des Spenders umfasst sind. ³ Zuzahlungen sind von den Spendern nicht zu leisten. ⁴ Zuständig für Leistungen nach den Sätzen 1 und 2 ist die Krankenkasse der Empfänger von Organen, Geweben oder Blutstammzellen sowie anderen Blutbestandteilen (Empfänger). ⁵ Im Zusammenhang mit der Spende von Knochenmark nach den §§ 8 und 8a des Transplantationsgesetzes, von Blutstammzellen oder anderen Blutbestandteilen nach § 9 des Transfusionsgesetzes können die Erstattung der erforderlichen Fahrkosten des Spenders und die Erstattung der Entgeltfortzahlung an den Arbeitgeber nach § 3a Absatz 2 Satz 1 des Entgeltfortzahlungsgesetzes einschließlich der Befugnis zum Erlass der hierzu erforderlichen Verwaltungsakte auf Dritte übertragen werden. [6] Das Nähere kann der Spitzenverband Bund der Krankenkassen mit den für die nationale und internationale Suche nach nichtverwandten Spendern von Blutstammzellen aus Knochenmark oder peripherem Blut maßgeblichen Organisationen vereinbaren. [7] Für die Behandlung von Folgeerkrankungen der Spender ist die Krankenkasse der Spender zuständig, sofern der Leistungsanspruch nicht nach § 11 Absatz 5 ausgeschlossen ist. [8] Ansprüche nach diesem Absatz haben auch nicht gesetzlich krankenversicherte Personen. [9] Die Krankenkasse der Spender ist befugt, die für die Leistungserbringung nach den Sätzen 1 und 2 erforderlichen personenbezogenen Daten an die Krankenkasse oder das private Krankenversicherungsunternehmen der Empfänger zu übermitteln; dies gilt auch für personenbezogene Daten von nach dem Künstlersozialversicherungsgesetz Krankenversicherungspflichtigen. [10] Die nach Satz 7 übermittelten Daten dürfen nur für die Erbringung von Leistungen nach den Sätzen 1 und 2 verarbeitet und genutzt werden. [11] Die Datenverarbeitung und Nutzung nach den Sätzen 7 und 8 darf nur mit schriftlicher Einwilligung der Spender, der eine umfassende Information vorausgegangen ist, erfolgen.

(2) Versicherte, die sich nur vorübergehend im Inland aufhalten, Ausländer, denen eine Aufenthaltserlaubnis nach § 25 Abs. 4 bis 5 des Aufenthaltsgesetzes erteilt wurde, sowie

1. asylsuchende Ausländer, deren Asylverfahren noch nicht unanfechtbar abgeschlossen ist,
2. Vertriebene im Sinne des § 1 Abs. 2 Nr. 2 und 3 des Bundesvertriebenengesetzes sowie Spätaussiedler im Sinne des § 4 des Bundesvertriebenengesetzes, ihre Ehegatten, Lebenspartner und Abkömmlinge im Sinne des § 7 Abs. 2 des Bundesvertriebenengesetzes haben Anspruch auf Versorgung mit Zahnersatz, wenn sie unmittelbar vor Inanspruchnahme mindestens ein Jahr lang Mitglied einer Krankenkasse (§ 4) oder nach § 10 versichert waren oder wenn die Behandlung aus medizinischen Gründen ausnahmsweise unaufschiebbar ist.

§ 27a Künstliche Befruchtung. (1) Die Leistungen der Krankenbehandlung umfassen auch medizinische Maßnahmen zur Herbeiführung einer Schwangerschaft, wenn

1. diese Maßnahmen nach ärztlicher Feststellung erforderlich sind,
2. nach ärztlicher Feststellung hinreichende Aussicht besteht, daß durch die Maßnahmen eine Schwangerschaft herbeigeführt wird; eine hinreichende Aussicht besteht nicht mehr, wenn die Maßnahme drei Mal ohne Erfolg durchgeführt worden ist,
3. die Personen, die diese Maßnahmen in Anspruch nehmen wollen, miteinander verheiratet sind,
4. ausschließlich Ei- und Samenzellen der Ehegatten verwendet werden und
5. sich die Ehegatten vor Durchführung der Maßnahmen von einem Arzt, der die Behandlung nicht selbst durchführt, über eine solche Behandlung unter Berücksichtigung ihrer medizinischen und psychosozialen Gesichtspunkte haben unterrichten lassen und der Arzt sie an einen der Ärzte oder eine der

3. Kapitel. Leistungen der Krankenvers. **§ 27b SGB V 5**

Einrichtungen überwiesen hat, denen eine Genehmigung nach § 121a erteilt worden ist.

(2) ¹ Absatz 1 gilt auch für Inseminationen, die nach Stimulationsverfahren durchgeführt werden und bei denen dadurch ein erhöhtes Risiko von Schwangerschaften mit drei oder mehr Embryonen besteht. ² Bei anderen Inseminationen ist Absatz 1 Nr. 2 zweiter Halbsatz und Nr. 5 nicht anzuwenden.

(3) ¹ Anspruch auf Sachleistungen nach Absatz 1 besteht nur für Versicherte, die das 25. Lebensjahr vollendet haben; der Anspruch besteht nicht für weibliche Versicherte, die das 40. und für männliche Versicherte, die das 50. Lebensjahr vollendet haben. ² Vor Beginn der Behandlung ist der Krankenkasse ein Behandlungsplan zur Genehmigung vorzulegen. ³ Die Krankenkasse übernimmt 50 vom Hundert der mit dem Behandlungsplan genehmigten Kosten der Maßnahmen, die bei ihrem Versicherten durchgeführt werden.

(4) Der Gemeinsame Bundesausschuss bestimmt in den Richtlinien nach § 92 die medizinischen Einzelheiten zu Voraussetzungen, Art und Umfang der Maßnahmen nach Absatz 1.

§ 27b Zweitmeinung. (1) ¹ Versicherte, bei denen die Indikation zu einem planbaren Eingriff gestellt wird, bei dem insbesondere im Hinblick auf die zahlenmäßige Entwicklung seiner Durchführung die Gefahr einer Indikationsausweitung nicht auszuschließen ist, haben Anspruch darauf, eine unabhängige ärztliche Zweitmeinung bei einem Arzt oder einer Einrichtung nach Absatz 3 einzuholen. ² Die Zweitmeinung kann nicht bei einem Arzt oder einer Einrichtung eingeholt werden, durch den oder durch die der Eingriff durchgeführt werden soll.

(2) ¹ Der Gemeinsame Bundesausschuss bestimmt in seinen Richtlinien nach § 92 Absatz 1 Satz 2 Nummer 13, für welche planbaren Eingriffe nach Absatz 1 Satz 1 der Anspruch auf Einholung der Zweitmeinung im Einzelnen besteht. ² Er legt indikationsspezifische Anforderungen an die Abgabe der Zweitmeinung zum empfohlenen Eingriff und an die Erbringer einer Zweitmeinung fest, um eine besondere Expertise zur Zweitmeinungserbringung zu sichern. ³ Kriterien für die besondere Expertise sind

1. eine langjährige fachärztliche Tätigkeit in einem Fachgebiet, das für die Indikation zum Eingriff maßgeblich ist,
2. Kenntnisse über den aktuellen Stand der wissenschaftlichen Forschung zur jeweiligen Diagnostik und Therapie einschließlich Kenntnissen über Therapiealternativen zum empfohlenen Eingriff.

⁴ Der Gemeinsame Bundesausschuss kann Anforderungen mit zusätzlichen Kriterien festlegen. ⁵ Zusätzliche Kriterien sind insbesondere

1. Erfahrungen mit der Durchführung des jeweiligen Eingriffs,
2. regelmäßige gutachterliche Tätigkeit in einem für die Indikation maßgeblichen Fachgebiet oder
3. besondere Zusatzqualifikationen, die für die Beurteilung einer gegebenenfalls interdisziplinär abzustimmenden Indikationsstellung von Bedeutung sind.

⁶ Der Gemeinsame Bundesausschuss berücksichtigt bei den Festlegungen nach Satz 2 die Möglichkeiten einer telemedizinischen Erbringung der Zweitmeinung. ⁷ Er beschließt die Festlegungen nach den Sätzen 1 bis 5 erstmals bis zum 31. Dezember 2015.

(3) Zur Erbringung einer Zweitmeinung sind berechtigt:
1. zugelassene Ärzte,
2. zugelassene medizinische Versorgungszentren,
3. ermächtigte Ärzte und Einrichtungen,
4. zugelassene Krankenhäuser sowie
5. nicht an der vertragsärztlichen Versorgung teilnehmende Ärzte, die nur zu diesem Zweck an der vertragsärztlichen Versorgung teilnehmen,

soweit sie die Anforderungen nach Absatz 2 Satz 2 erfüllen.

(4) Die Kassenärztlichen Vereinigungen und die Landeskrankenhausgesellschaften informieren inhaltlich abgestimmt über Leistungserbringer, die unter Berücksichtigung der vom Gemeinsamen Bundesausschuss nach Absatz 2 Satz 2 festgelegten Anforderungen zur Erbringung einer unabhängigen Zweitmeinung geeignet und bereit sind.

(5) [1] Der Arzt, der die Indikation für einen Eingriff nach Absatz 1 Satz 1 in Verbindung mit Absatz 2 Satz 1 stellt, muss den Versicherten über das Recht, eine unabhängige ärztliche Zweitmeinung einholen zu können, aufklären und ihn auf die Informationsangebote über geeignete Leistungserbringer nach Absatz 4 hinweisen. [2] Die Aufklärung muss mündlich erfolgen; ergänzend kann auf Unterlagen Bezug genommen werden, die der Versicherte in Textform erhält. [3] Der Arzt hat dafür Sorge zu tragen, dass die Aufklärung in der Regel mindestens zehn Tage vor dem geplanten Eingriff erfolgt. [4] In jedem Fall hat die Aufklärung so rechtzeitig zu erfolgen, dass der Versicherte seine Entscheidung über die Einholung einer Zweitmeinung wohlüberlegt treffen kann. [5] Der Arzt hat den Versicherten auf sein Recht auf Überlassung von Abschriften der Befundunterlagen aus der Patientenakte gemäß § 630g Absatz 2 des Bürgerlichen Gesetzbuchs, die für die Einholung der Zweitmeinung erforderlich sind, hinzuweisen. [6] Die Kosten, die dem Arzt durch die Zusammenstellung und Überlassung von Befundunterlagen für die Zweitmeinung entstehen, trägt die Krankenkasse.

(6) [1] Die Krankenkasse kann in ihrer Satzung zusätzliche Leistungen zur Einholung einer unabhängigen ärztlichen Zweitmeinung vorsehen. [2] Sofern diese zusätzlichen Leistungen die vom Gemeinsamen Bundesausschuss bestimmten Eingriffe nach Absatz 2 Satz 1 betreffen, müssen sie die Anforderungen nach Absatz 2 Satz 2 erfüllen, die der Gemeinsame Bundesausschuss festgelegt hat. [3] Dies gilt auch, wenn die Krankenkasse ein Zweitmeinungsverfahren im Rahmen von Verträgen der besonderen Versorgung nach § 140a anbietet.

§ 28 Ärztliche und zahnärztliche Behandlung. (1) [1] Die ärztliche Behandlung umfaßt die Tätigkeit des Arztes, die zur Verhütung, Früherkennung und Behandlung von Krankheiten nach den Regeln der ärztlichen Kunst ausreichend und zweckmäßig ist. [2] Zur ärztlichen Behandlung gehört auch die Hilfeleistung anderer Personen, die von dem Arzt angeordnet und von ihm zu verantworten ist. [3] Die Partner der Bundesmantelverträge legen bis zum 30. Juni 2012 für die ambulante Versorgung beispielhaft fest, bei welchen Tätigkeiten Personen nach Satz 2 ärztliche Leistungen erbringen können und welche Anforderungen an die Erbringung zu stellen sind. [4] Der Bundesärztekammer ist Gelegenheit zur Stellungnahme zu geben.

3. Kapitel. Leistungen der Krankenvers. **§ 29 SGB V 5**

(2) ¹Die zahnärztliche Behandlung umfaßt die Tätigkeit des Zahnarztes, die zur Verhütung, Früherkennung und Behandlung von Zahn-, Mund- und Kiefererkrankungen nach den Regeln der zahnärztlichen Kunst ausreichend und zweckmäßig ist; sie umfasst auch konservierend-chirurgische Leistungen und Röntgenleistungen, die im Zusammenhang mit Zahnersatz einschließlich Zahnkronen und Suprakonstruktionen erbracht werden. ²Wählen Versicherte bei Zahnfüllungen eine darüber hinausgehende Versorgung, haben sie die Mehrkosten selbst zu tragen. ³In diesen Fällen ist von den Kassen die vergleichbare preisgünstigste plastische Füllung als Sachleistung abzurechnen. ⁴In Fällen des Satzes 2 ist vor Beginn der Behandlung eine schriftliche Vereinbarung zwischen dem Zahnarzt und dem Versicherten zu treffen. ⁵Die Mehrkostenregelung gilt nicht für Fälle, in denen intakte plastische Füllungen ausgetauscht werden. ⁶Nicht zur zahnärztlichen Behandlung gehört die kieferorthopädische Behandlung von Versicherten, die zu Beginn der Behandlung das 18. Lebensjahr vollendet haben. ⁷Dies gilt nicht für Versicherte mit schweren Kieferanomalien, die ein Ausmaß haben, das kombinierte kieferchirurgische und kieferorthopädische Behandlungsmaßnahmen erfordert. ⁸Ebenso gehören funktionsanalytische und funktionstherapeutische Maßnahmen nicht zur zahnärztlichen Behandlung; sie dürfen von den Krankenkassen auch nicht bezuschußt werden. ⁹Das Gleiche gilt für implantologische Leistungen, es sei denn, es liegen seltene vom Gemeinsamen Bundesausschuss in Richtlinien nach § 92 Abs. 1 festzulegende Ausnahmeindikationen für besonders schwere Fälle vor, in denen die Krankenkasse diese Leistung einschließlich der Suprakonstruktion als Sachleistung im Rahmen einer medizinischen Gesamtbehandlung erbringt. ¹⁰Absatz 1 Satz 2 gilt entsprechend.

(3) ¹Die psychotherapeutische Behandlung einer Krankheit wird durch Psychologische Psychotherapeuten und Kinder- und Jugendlichenpsychotherapeuten (Psychotherapeuten), soweit sie zur psychotherapeutischen Behandlung zugelassen sind, sowie durch Vertragsärzte entsprechend den Richtlinien nach § 92 durchgeführt. ²Absatz 1 Satz 2 gilt entsprechend. ³Spätestens nach den probatorischen Sitzungen gemäß § 92 Abs. 6a hat der Psychotherapeut vor Beginn der Behandlung den Konsiliarbericht eines Vertragsarztes zur Abklärung einer somatischen Erkrankung sowie, falls der somatisch abklärende Vertragsarzt dies für erforderlich hält, eines psychiatrisch tätigen Vertragsarztes einzuholen.

§ 29 Kieferorthopädische Behandlung. (1) Versicherte haben Anspruch auf kieferorthopädische Versorgung in medizinisch begründeten Indikationsgruppen, bei denen eine Kiefer- oder Zahnfehlstellung vorliegt, die das Kauen, Beißen, Sprechen oder Atmen erheblich beeinträchtigt oder zu beeinträchtigen droht.

(2) ¹Versicherte leisten zu der kieferorthopädischen Behandlung nach Absatz 1 einen Anteil in Höhe von 20 vom Hundert der Kosten an den Vertragszahnarzt. ²Satz 1 gilt nicht für im Zusammenhang mit kieferorthopädischer Behandlung erbrachte konservierend-chirurgische und Röntgenleistungen. ³Befinden sich mindestens zwei versicherte Kinder, die bei Beginn der Behandlung das 18. Lebensjahr noch nicht vollendet haben und mit ihren Erziehungsberechtigten in einem gemeinsamen Haushalt leben, in kieferorthopädischer Behandlung, beträgt der Anteil nach Satz 1 für das zweite und jedes weitere Kind 10 vom Hundert.

(3) ¹Der Vertragszahnarzt rechnet die kieferorthopädische Behandlung abzüglich des Versichertenanteils nach Absatz 2 Satz 1 und 3 mit der Kassenzahnärztlichen Vereinigung ab. ²Wenn die Behandlung in dem durch den Behandlungsplan bestimmten medizinisch erforderlichen Umfang abgeschlossen worden ist, zahlt die Kasse den von den Versicherten geleisteten Anteil nach Absatz 2 Satz 1 und 3 an die Versicherten zurück.

(4) ¹Der Gemeinsame Bundesausschuss bestimmt in den Richtlinien nach § 92 Abs. 1 befundbezogen die objektiv überprüfbaren Indikationsgruppen, bei denen die in Absatz 1 genannten Voraussetzungen vorliegen. ²Dabei sind auch einzuhaltende Standards zur kieferorthopädischen Befunderhebung und Diagnostik vorzugeben.

§§ 30, 30a *(aufgehoben)*

§ 31 Arznei- und Verbandmittel, Verordnungsermächtigung.

(1) ¹Versicherte haben Anspruch auf Versorgung mit apothekenpflichtigen Arzneimitteln, soweit die Arzneimittel nicht nach § 34 oder durch Richtlinien nach § 92 Abs. 1 Satz 2 Nr. 6 ausgeschlossen sind, und auf Versorgung mit Verbandmitteln, Harn- und Blutteststreifen. ²Der Gemeinsame Bundesausschuss hat in den Richtlinien nach § 92 Abs. 1 Satz 2 Nr. 6 festzulegen, in welchen medizinisch notwendigen Fällen Stoffe und Zubereitungen aus Stoffen, die als Medizinprodukte nach § 3 Nr. 1 oder Nr. 2 des Medizinproduktegesetzes zur Anwendung am oder im menschlichen Körper bestimmt sind, ausnahmsweise in die Arzneimittelversorgung einbezogen werden; § 34 Abs. 1 Satz 5, 7 und 8 und Abs. 6 sowie die §§ 35, 126 und 127 gelten entsprechend. ³Für verschreibungspflichtige und nicht verschreibungspflichtige Medizinprodukte nach Satz 2 gilt § 34 Abs. 1 Satz 6 entsprechend. ⁴Der Vertragsarzt kann Arzneimittel, die auf Grund der Richtlinien nach § 92 Abs. 1 Satz 2 Nr. 6 von der Versorgung ausgeschlossen sind, ausnahmsweise in medizinisch begründeten Einzelfällen mit Begründung verordnen. ⁵Für die Versorgung nach Satz 1 können die Versicherten unter den Apotheken, für die der Rahmenvertrag nach § 129 Abs. 2 Geltung hat, frei wählen.

(1a) ¹Verbandmittel sind Gegenstände einschließlich Fixiermaterial, deren Hauptwirkung darin besteht, oberflächengeschädigte Körperteile zu bedecken, Körperflüssigkeiten von oberflächengeschädigten Körperteilen aufzusaugen oder beides zu erfüllen. ²Die Eigenschaft als Verbandmittel entfällt insbesondere nicht, wenn ein Gegenstand ergänzend eine Wunde feucht hält. ³Erfasst sind auch Gegenstände, die zur individuellen Erstellung von einmaligen Verbänden an Körperteilen, die nicht oberflächengeschädigt sind, gegebenenfalls mehrfach verwendet werden, um Körperteile zu stabilisieren, zu immobilisieren oder zu komprimieren. ⁴Das Nähere zur Abgrenzung von Verbandmitteln zu sonstigen Produkten zur Wundbehandlung regelt der Gemeinsame Bundesausschuss bis zum 30. April 2018 in den Richtlinien nach § 92 Absatz 1 Satz 2 Nummer 6; Absatz 1 Satz 2 gilt für diese sonstigen Produkte entsprechend. ⁵Bis zwölf Monate nach dem Wirksamwerden der Regelungen nach Satz 4 sind solche Gegenstände weiterhin zu Lasten der Krankenkassen zu erbringen, die vor dem 11. April 2017 erbracht wurden.

(2) ¹Für ein Arznei- oder Verbandmittel, für das ein Festbetrag nach § 35 festgesetzt ist, trägt die Krankenkasse die Kosten bis zur Höhe dieses Betrages, für andere Arznei- oder Verbandmittel die vollen Kosten, jeweils abzüglich der

vom Versicherten zu leistenden Zuzahlung und der Abschläge nach den §§ 130, 130a und dem Gesetz zur Einführung von Abschlägen der pharmazeutischen Großhändler. ²Hat die Krankenkasse mit einem pharmazeutischen Unternehmen, das ein Festbetragsarzneimittel anbietet, eine Vereinbarung nach § 130a Abs. 8 abgeschlossen, trägt die Krankenkasse abweichend von Satz 1 den Apothekenverkaufspreis dieses Mittels abzüglich der Zuzahlungen und Abschläge nach den §§ 130 und 130a Abs. 1, 3a und 3b. ³Diese Vereinbarung ist nur zulässig, wenn hierdurch die Mehrkosten der Überschreitung des Festbetrages ausgeglichen werden. ⁴Die Krankenkasse übermittelt die erforderlichen Angaben einschließlich des Arzneimittel- und des Institutionskennzeichens der Krankenkasse an die Vertragspartner nach § 129 Abs. 2; das Nähere ist in den Verträgen nach § 129 Abs. 2 und 5 zu vereinbaren. ⁵Versicherte und Apotheken sind nicht verpflichtet, Mehrkosten an die Krankenkasse zurückzuzahlen, wenn die von der Krankenkasse abgeschlossene Vereinbarung den gesetzlichen Anforderungen nicht entspricht.

(2a) *(aufgehoben)*

(3) ¹Versicherte, die das achtzehnte Lebensjahr vollendet haben, leisten an die abgebende Stelle zu jedem zu Lasten der gesetzlichen Krankenversicherung verordneten Arznei- und Verbandmittel als Zuzahlung den sich nach § 61 Satz 1 ergebenden Betrag, jedoch jeweils nicht mehr als die Kosten des Mittels. ²Satz 1 findet keine Anwendung bei Harn- und Blutteststreifen. ³Satz 1 gilt auch für Medizinprodukte, die nach Absatz 1 Satz 2 und 3 in die Versorgung mit Arzneimitteln einbezogen worden sind. ⁴Der Spitzenverband Bund der Krankenkassen kann Arzneimittel, deren Abgabepreis des pharmazeutischen Unternehmers ohne Mehrwertsteuer mindestens um 30 vom Hundert niedriger als der jeweils gültige Festbetrag ist, der diesem Preis zugrunde liegt, von der Zuzahlung freistellen, wenn hieraus Einsparungen zu erwarten sind. ⁵Für andere Arzneimittel, für die eine Vereinbarung nach § 130a Abs. 8 besteht, kann die Krankenkasse die Zuzahlung um die Hälfte ermäßigen oder aufheben, wenn hieraus Einsparungen zu erwarten sind. ⁶Absatz 2 Satz 4 gilt entsprechend.

(4) ¹Das Nähere zu therapiegerechten und wirtschaftlichen Packungsgrößen bestimmt das Bundesministerium für Gesundheit durch Rechtsverordnung ohne Zustimmung des Bundesrates. ²Ein Fertigarzneimittel, dessen Packungsgröße die größte der auf Grund der Verordnung nach Satz 1 bestimmte Packungsgröße übersteigt, ist nicht Gegenstand der Versorgung nach Absatz 1 und darf nicht zu Lasten der gesetzlichen Krankenversicherung abgegeben werden.

(5) ¹Versicherte haben Anspruch auf bilanzierte Diäten zur enteralen Ernährung, wenn eine diätetische Intervention mit bilanzierten Diäten medizinisch notwendig, zweckmäßig und wirtschaftlich ist. ²Der Gemeinsame Bundesausschuss legt in den Richtlinien nach § 92 Abs. 1 Satz 2 Nr. 6 fest, unter welchen Voraussetzungen welche bilanzierten Diäten zur enteralen Ernährung vom Vertragsarzt verordnet werden können und veröffentlicht im Bundesanzeiger eine Zusammenstellung der verordnungsfähigen Produkte. ³§ 34 Abs. 6 gilt entsprechend. ⁴In die Zusammenstellung sollen nur Produkte aufgenommen werden, die die Anforderungen der Richtlinie erfüllen. ⁵Für die Zuzahlung gilt Absatz 3 Satz 1 entsprechend. ⁶Für die Abgabe von bilanzierten Diäten zur enteralen Ernährung gelten die §§ 126 und 127 entsprechend. ⁷Bei Verein-

barungen nach § 84 Abs. 1 Satz 2 Nr. 1 sind Leistungen nach Satz 1 zu berücksichtigen.

(6) ¹ Versicherte mit einer schwerwiegenden Erkrankung haben Anspruch auf Versorgung mit Cannabis in Form von getrockneten Blüten oder Extrakten in standardisierter Qualität und auf Versorgung mit Arzneimitteln mit den Wirkstoffen Dronabinol oder Nabilon, wenn

1. eine allgemein anerkannte, dem medizinischen Standard entsprechende Leistung
   a) nicht zur Verfügung steht oder
   b) im Einzelfall nach der begründeten Einschätzung der behandelnden Vertragsärztin oder des behandelnden Vertragsarztes unter Abwägung der zu erwartenden Nebenwirkungen und unter Berücksichtigung des Krankheitszustandes der oder des Versicherten nicht zur Anwendung kommen kann,
2. eine nicht ganz entfernt liegende Aussicht auf eine spürbare positive Einwirkung auf den Krankheitsverlauf oder auf schwerwiegende Symptome besteht.

² Die Leistung bedarf bei der ersten Verordnung für eine Versicherte oder einen Versicherten der nur in begründeten Ausnahmefällen abzulehnenden Genehmigung der Krankenkasse, die vor Beginn der Leistung zu erteilen ist. ³ Verordnet die Vertragsärztin oder der Vertragsarzt die Leistung nach Satz 1 im Rahmen der Versorgung nach § 37b, ist über den Antrag auf Genehmigung nach Satz 2 abweichend von § 13 Absatz 3a Satz 1 innerhalb von drei Tagen nach Antragseingang zu entscheiden. ⁴ Das Bundesinstitut für Arzneimittel und Medizinprodukte wird mit einer bis zum 31. März 2022 laufenden nichtinterventionellen Begleiterhebung zum Einsatz der Arzneimittel nach Satz 1 beauftragt. ⁵ Die Vertragsärztin oder der Vertragsarzt, die oder der die Leistung nach Satz 1 verordnet, übermittelt die für die Begleiterhebung erforderlichen Daten dem Bundesinstitut für Arzneimittel und Medizinprodukte in anonymisierter Form; über diese Übermittlung ist die oder der Versicherte vor Verordnung der Leistung von der Vertragsärztin oder dem Vertragsarzt zu informieren. ⁶ Das Bundesinstitut für Arzneimittel und Medizinprodukte darf die nach Satz 5 übermittelten Daten nur in anonymisierter Form und nur zum Zweck der wissenschaftlichen Begleiterhebung verarbeiten und nutzen. ⁷ Das Bundesministerium für Gesundheit wird ermächtigt, durch Rechtsverordnung, die nicht der Zustimmung des Bundesrates bedarf, den Umfang der zu übermittelnden Daten, das Verfahren zur Durchführung der Begleiterhebung einschließlich der anonymisierten Datenübermittlung sowie das Format des Studienberichts nach Satz 8 zu regeln. ⁸ Auf der Grundlage der Ergebnisse der Begleiterhebung nach Satz 4 regelt der Gemeinsame Bundesausschuss innerhalb von sechs Monaten nach der Übermittlung der Ergebnisse der Begleiterhebung in Form eines Studienberichts das Nähere zur Leistungsgewährung in den Richtlinien nach § 92 Absatz 1 Satz 2 Nummer 6. ⁹ Der Studienbericht wird vom Bundesinstitut für Arzneimittel und Medizinprodukte auf seiner Internetseite veröffentlicht.

§ 31a Medikationsplan. (1) ¹ Versicherte, die gleichzeitig mindestens drei verordnete Arzneimittel anwenden, haben ab dem 1. Oktober 2016 Anspruch auf Erstellung und Aushändigung eines Medikationsplans in Papierform durch

3. Kapitel. Leistungen der Krankenvers. **§ 31a SGB V 5**

einen an der vertragsärztlichen Versorgung teilnehmenden Arzt. ² Das Nähere zu den Voraussetzungen des Anspruchs nach Satz 1 vereinbaren die Kassenärztliche Bundesvereinigung und der Spitzenverband Bund der Krankenkassen bis zum 30. Juni 2016 mit Wirkung zum 1. Oktober 2016 als Bestandteil der Bundesmantelverträge. ³ Jeder an der vertragsärztlichen Versorgung teilnehmende Arzt ist verpflichtet, bei der Verordnung eines Arzneimittels den Versicherten, der einen Anspruch nach Satz 1 hat, über diesen Anspruch zu informieren.

(2) ¹ In dem Medikationsplan sind mit Anwendungshinweisen zu dokumentieren

1. alle Arzneimittel, die dem Versicherten verordnet worden sind,

2. Arzneimittel, die der Versicherte ohne Verschreibung anwendet, sowie

3. Hinweise auf Medizinprodukte, soweit sie für die Medikation nach den Nummern 1 und 2 relevant sind.

² Den besonderen Belangen der blinden und sehbehinderten Patienten ist bei der Erläuterung der Inhalte des Medikationsplans Rechnung zu tragen.

(3) ¹ Der Arzt nach Absatz 1 Satz 1 hat den Medikationsplan zu aktualisieren, sobald er die Medikation ändert oder er Kenntnis davon erlangt, dass eine anderweitige Änderung der Medikation eingetreten ist. ² Auf Wunsch des Versicherten hat die Apotheke bei Abgabe eines Arzneimittels eine insoweit erforderliche Aktualisierung des Medikationsplans vorzunehmen. ³ Ab dem 1. Januar 2019 besteht der Anspruch auf Aktualisierung über den Anspruch nach Satz 1 hinaus gegenüber jedem an der vertragsärztlichen Versorgung teilnehmenden Arzt sowie nach Satz 2 gegenüber der abgebenden Apotheke, wenn der Versicherte gegenüber dem Arzt oder der abgebenden Apotheke den Zugriff auf die Daten nach § 291a Absatz 3 Satz 1 Nummer 3 erlaubt. ⁴ Die Aktualisierungen nach Satz 3 sind mittels der elektronischen Gesundheitskarte zu speichern, sofern der Versicherte dies wünscht.

(4) ¹ Inhalt, Struktur und Vorgaben zur Erstellung und Aktualisierung des Medikationsplans sowie ein Verfahren zu seiner Fortschreibung vereinbaren die Kassenärztliche Bundesvereinigung, die Bundesärztekammer und die für die Wahrnehmung der wirtschaftlichen Interessen gebildete maßgebliche Spitzenorganisation der Apotheker auf Bundesebene bis zum 30. April 2016 im Benehmen mit dem Spitzenverband Bund der Krankenkassen und der Deutschen Krankenhausgesellschaft. ² Den auf Bundesebene für die Wahrnehmung der Interessen der Patienten und der Selbsthilfe chronisch kranker und behinderter Menschen maßgeblichen Organisationen ist Gelegenheit zur Stellungnahme zu geben. ³ Kommt die Vereinbarung nicht innerhalb der Frist nach Satz 1 zustande, ist auf Antrag einer der Vereinbarungspartner nach Satz 1 oder des Bundesministeriums für Gesundheit ein Schlichtungsverfahren bei der Schlichtungsstelle nach § 291c Absatz 1 einzuleiten. ⁴ Innerhalb von vier Wochen nach Einleitung des Schlichtungsverfahrens hat die Schlichtungsstelle einen Entscheidungsvorschlag vorzulegen. ⁵ Vor ihrem Entscheidungsvorschlag hat die Schlichtungsstelle den in den Sätzen 1 und 2 genannten Organisationen Gelegenheit zur Stellungnahme zu geben. ⁶ Kommt innerhalb von zwei Wochen nach Vorlage des Entscheidungsvorschlags keine Entscheidung der Vereinbarungspartner zustande, entscheidet die Schlichtungsstelle anstelle der Vereinbarungspartner innerhalb von zwei Wochen. ⁷ Auf die Entscheidungen der Schlichtungsstelle findet § 291c Absatz 7 Satz 4 bis 6 Anwendung. ⁸ Die Ent-

scheidung der Schlichtungsstelle ist für die Vereinbarungspartner nach Satz 1 und für die Leistungserbringer und Krankenkassen sowie für ihre Verbände nach diesem Buch verbindlich; sie kann nur durch eine alternative Entscheidung der Vereinbarungspartner nach Satz 1 in gleicher Sache ersetzt werden.

(5) ¹ Für die elektronische Verarbeitung und Nutzung der Daten des Medikationsplans ist die Vereinbarung nach Absatz 4 Satz 1 erstmals bis zum 30. April 2017 so fortzuschreiben, dass Daten nach Absatz 2 Satz 1 in den von Vertragsärzten zur Verordnung genutzten elektronischen Programmen und in den elektronischen Programmen der Apotheken einheitlich abgebildet und zur Prüfung der Arzneimitteltherapiesicherheit genutzt werden können. ² Bei der Fortschreibung nach Satz 1 ist der Gesellschaft für Telematik Gelegenheit zur Stellungnahme zu geben. ³ Kommt die erstmalige Fortschreibung nach Satz 1 nicht innerhalb der dort genannten Frist zustande, gilt Absatz 4 Satz 3 bis 8 entsprechend.

(6) Von den Regelungen dieser Vorschrift bleiben regionale Modellvorhaben nach § 63 unberührt.

§ 32 Heilmittel. (1) ¹ Versicherte haben Anspruch auf Versorgung mit Heilmitteln, soweit sie nicht nach § 34 ausgeschlossen sind. ² Für nicht nach Satz 1 ausgeschlossene Heilmittel bleibt § 92 unberührt.

(1a) ¹ Der Gemeinsame Bundesausschuss regelt bis zum 30. Juni 2016 in seiner Richtlinie nach § 92 Absatz 1 Satz 2 Nummer 6 das Nähere zur Heilmittelversorgung von Versicherten mit langfristigem Behandlungsbedarf. ² Er hat insbesondere zu bestimmen, wann ein langfristiger Heilmittelbedarf vorliegt, und festzulegen, ob und inwieweit ein Genehmigungsverfahren durchzuführen ist. ³ Ist in der Richtlinie ein Genehmigungsverfahren vorgesehen, so ist über die Anträge innerhalb von vier Wochen zu entscheiden; ansonsten gilt die Genehmigung nach Ablauf der Frist als erteilt. ⁴ Soweit zur Entscheidung ergänzende Informationen des Antragstellers erforderlich sind, ist der Lauf der Frist bis zum Eingang dieser Informationen unterbrochen.

(2) ¹ Versicherte, die das achtzehnte Lebensjahr vollendet haben, haben zu den Kosten der Heilmittel als Zuzahlung den sich nach § 61 Satz 3 ergebenden Betrag an die abgebende Stelle zu leisten. ² Dies gilt auch, wenn Massagen, Bäder und Krankengymnastik als Bestandteil der ärztlichen Behandlung (§ 27 Satz 2 Nr. 1) oder bei ambulanter Behandlung in Krankenhäusern, Rehabilitations- oder anderen Einrichtungen abgegeben werden. ³ Die Zuzahlung für die in Satz 2 genannten Heilmittel, die als Bestandteil der ärztlichen Behandlung abgegeben werden, errechnet sich nach den Preisen, die für die Krankenkasse des Versicherten nach § 125 für den Bereich des Vertragsarztsitzes vereinbart sind. ⁴ Bestehen insoweit unterschiedliche Preisvereinbarungen, hat die Krankenkasse einen durchschnittlichen Preis zu errechnen. ⁵ Die Krankenkasse teilt die anzuwendenden Preise den Kassenärztlichen Vereinigungen mit, die die Vertragsärzte darüber unterrichten.

§ 33 Hilfsmittel. (1) ¹ Versicherte haben Anspruch auf Versorgung mit Hörhilfen, Körperersatzstücken, orthopädischen und anderen Hilfsmitteln, die im Einzelfall erforderlich sind, um den Erfolg der Krankenbehandlung zu sichern, einer drohenden Behinderung vorzubeugen oder eine Behinderung auszugleichen, soweit die Hilfsmittel nicht als allgemeine Gebrauchsgegenstände des täglichen Lebens anzusehen oder nach § 34 Abs. 4 ausgeschlossen sind. ² Die

3. Kapitel. Leistungen der Krankenvers. § 33 SGB V 5

Hilfsmittel müssen mindestens die im Hilfsmittelverzeichnis nach § 139 Absatz 2 festgelegten Anforderungen an die Qualität der Versorgung und der Produkte erfüllen, soweit sie im Hilfsmittelverzeichnis nach § 139 Absatz 1 gelistet oder von den dort genannten Produktgruppen erfasst sind. ³ Der Anspruch auf Versorgung mit Hilfsmitteln zum Behinderungsausgleich hängt bei stationärer Pflege nicht davon ab, in welchem Umfang eine Teilhabe am Leben der Gemeinschaft noch möglich ist; die Pflicht der stationären Pflegeeinrichtungen zur Vorhaltung von Hilfsmitteln und Pflegehilfsmitteln, die für den üblichen Pflegebetrieb jeweils notwendig sind, bleibt hiervon unberührt. ⁴ Für nicht durch Satz 1 ausgeschlossene Hilfsmittel bleibt § 92 Abs. 1 unberührt. ⁵ Der Anspruch umfasst auch zusätzlich zur Bereitstellung des Hilfsmittels zu erbringende, notwendige Leistungen wie die notwendige Änderung, Instandsetzung und Ersatzbeschaffung von Hilfsmitteln, die Ausbildung in ihrem Gebrauch und, soweit zum Schutz der Versicherten vor unvertretbaren gesundheitlichen Risiken erforderlich, die nach dem Stand der Technik zur Erhaltung der Funktionsfähigkeit und der technischen Sicherheit notwendigen Wartungen und technischen Kontrollen. ⁶ Wählen Versicherte Hilfsmittel oder zusätzliche Leistungen, die über das Maß des Notwendigen hinausgehen, haben sie die Mehrkosten und dadurch bedingte höhere Folgekosten selbst zu tragen. ⁷ § 18 Absatz 6a des Elften Buches[1]) ist zu beachten.

(2) ¹ Versicherte haben bis zur Vollendung des 18. Lebensjahres Anspruch auf Versorgung mit Sehhilfen entsprechend den Voraussetzungen nach Absatz 1. ² Für Versicherte, die das 18. Lebensjahr vollendet haben, besteht der Anspruch auf Sehhilfen, wenn sie

1. nach ICD 10-GM 2017 auf Grund ihrer Sehbeeinträchtigung oder Blindheit bei bestmöglicher Brillenkorrektur auf beiden Augen eine schwere Sehbeeinträchtigung mindestens der Stufe 1 oder
2. einen verordneten Fern-Korrekturausgleich für einen Refraktionsfehler von mehr als 6 Dioptrien bei Myopie oder Hyperopie oder mehr als 4 Dioptrien bei Astigmatismus

aufweisen; Anspruch auf therapeutische Sehhilfen besteht, wenn diese der Behandlung von Augenverletzungen oder Augenerkrankungen dienen. ³ Der Gemeinsame Bundesausschuss bestimmt in Richtlinien nach § 92, bei welchen Indikationen therapeutische Sehhilfen verordnet werden. ⁴ Der Anspruch auf Versorgung mit Sehhilfen umfaßt nicht die Kosten des Brillengestells.

(3) ¹ Anspruch auf Versorgung mit Kontaktlinsen besteht für anspruchsberechtigte Versicherte nach Absatz 2 nur in medizinisch zwingend erforderlichen Ausnahmefällen. ² Der Gemeinsame Bundesausschuss bestimmt in den Richtlinien nach § 92, bei welchen Indikationen Kontaktlinsen verordnet werden. ³ Wählen Versicherte statt einer erforderlichen Brille Kontaktlinsen und liegen die Voraussetzungen des Satzes 1 nicht vor, zahlt die Krankenkasse als Zuschuß zu den Kosten von Kontaktlinsen höchstens den Betrag, den sie für eine erforderliche Brille aufzuwenden hätte. ⁴ Die Kosten für Pflegemittel werden nicht übernommen.

(4) Ein erneuter Anspruch auf Versorgung mit Sehhilfen nach Absatz 2 besteht für Versicherte, die das vierzehnte Lebensjahr vollendet haben, nur bei einer Änderung der Sehfähigkeit um mindestens 0,5 Dioptrien; für medizinisch

---

¹⁾ Nr. 11.

zwingend erforderliche Fälle kann der Gemeinsame Bundesausschuss in den Richtlinien nach § 92 Ausnahmen zulassen.

(5) ¹ Die Krankenkasse kann den Versicherten die erforderlichen Hilfsmittel auch leihweise überlassen. ² Sie kann die Bewilligung von Hilfsmitteln davon abhängig machen, daß die Versicherten sich das Hilfsmittel anpassen oder sich in seinem Gebrauch ausbilden lassen.

(5a) ¹ Eine vertragsärztliche Verordnung ist für die Beantragung von Leistungen nach den Absätzen 1 bis 4 nur erforderlich, soweit eine erstmalige oder erneute ärztliche Diagnose oder Therapieentscheidung medizinisch geboten ist. ² Abweichend von Satz 1 können die Krankenkassen eine vertragsärztliche Verordnung als Voraussetzung für die Kostenübernahme verlangen, soweit sie auf die Genehmigung der beantragten Hilfsmittelversorgung verzichtet haben. ³ § 18 Absatz 6a des Elften Buches ist zu beachten.

(5b) ¹ Sofern die Krankenkassen nicht auf die Genehmigung der beantragten Hilfsmittelversorgung verzichten, haben sie den Antrag auf Bewilligung eines Hilfsmittels mit eigenem weisungsgebundenem Personal zu prüfen. ² Sie können in geeigneten Fällen durch den Medizinischen Dienst vor Bewilligung eines Hilfsmittels nach § 275 Absatz 3 Nummer 1 prüfen lassen, ob das Hilfsmittel erforderlich ist. ³ Eine Beauftragung Dritter ist nicht zulässig.

(6) ¹ Die Versicherten können alle Leistungserbringer in Anspruch nehmen, die Vertragspartner ihrer Krankenkasse sind. ² Hat die Krankenkasse Verträge nach § 127 Abs. 1 über die Versorgung mit bestimmten Hilfsmitteln geschlossen, erfolgt die Versorgung durch einen Vertragspartner, der den Versicherten von der Krankenkasse zu benennen ist. ³ Abweichend von Satz 2 können Versicherte ausnahmsweise einen anderen Leistungserbringer wählen, wenn ein berechtigtes Interesse besteht; dadurch entstehende Mehrkosten haben sie selbst zu tragen. ⁴ Im Falle des § 127 Absatz 1 Satz 4 können die Versicherten einen der Leistungserbringer frei auswählen.

(7) Die Krankenkasse übernimmt die jeweils vertraglich vereinbarten Preise.

(8) ¹ Versicherte, die das 18. Lebensjahr vollendet haben, leisten zu jedem zu Lasten der gesetzlichen Krankenversicherung abgegebenen Hilfsmittel als Zuzahlung den sich nach § 61 Satz 1 ergebenden Betrag zu dem von der Krankenkasse zu übernehmenden Betrag an die abgebende Stelle. ² Der Vergütungsanspruch nach Absatz 7 verringert sich um die Zuzahlung; § 43c Abs. 1 Satz 2 findet keine Anwendung. ³ Die Zuzahlung bei zum Verbrauch bestimmten Hilfsmitteln beträgt 10 vom Hundert des insgesamt von der Krankenkasse zu übernehmenden Betrags, jedoch höchstens 10 Euro für den gesamten Monatsbedarf.

(9) Absatz 1 Satz 5 gilt entsprechend für Intraokularlinsen beschränkt auf die Kosten der Linsen.

§ 33a *(aufgehoben)*

§ 34 Ausgeschlossene Arznei-, Heil- und Hilfsmittel. (1) ¹ Nicht verschreibungspflichtige Arzneimittel sind von der Versorgung nach § 31 ausgeschlossen. ² Der Gemeinsame Bundesausschuss legt in den Richtlinien nach § 92 Abs. 1 Satz 2 Nr. 6 fest, welche nicht verschreibungspflichtigen Arzneimittel, die bei der Behandlung schwerwiegender Erkrankungen als Therapiestandard gelten, zur Anwendung bei diesen Erkrankungen mit Begründung

vom Vertragsarzt ausnahmsweise verordnet werden können. ³ Dabei ist der therapeutischen Vielfalt Rechnung zu tragen. ⁴ Der Gemeinsame Bundesausschuss hat auf der Grundlage der Richtlinie nach Satz 2 dafür Sorge zu tragen, dass eine Zusammenstellung der verordnungsfähigen Fertigarzneimittel erstellt, regelmäßig aktualisiert wird und im Internet abruffähig sowie in elektronisch weiterverarbeitbarer Form zur Verfügung steht. ⁵ Satz 1 gilt nicht für:
1. versicherte Kinder bis zum vollendeten 12. Lebensjahr,
2. versicherte Jugendliche bis zum vollendeten 18. Lebensjahr mit Entwicklungsstörungen.

⁶ Für Versicherte, die das achtzehnte Lebensjahr vollendet haben, sind von der Versorgung nach § 31 folgende verschreibungspflichtige Arzneimittel bei Verordnung in den genannten Anwendungsgebieten ausgeschlossen:
1. Arzneimittel zur Anwendung bei Erkältungskrankheiten und grippalen Infekten einschließlich der bei diesen Krankheiten anzuwendenden Schnupfenmittel, Schmerzmittel, hustendämpfenden und hustenlösenden Mittel,
2. Mund- und Rachentherapeutika, ausgenommen bei Pilzinfektionen,
3. Abführmittel,
4. Arzneimittel gegen Reisekrankheit.

⁷ Von der Versorgung sind außerdem Arzneimittel ausgeschlossen, bei deren Anwendung eine Erhöhung der Lebensqualität im Vordergrund steht. ⁸ Ausgeschlossen sind insbesondere Arzneimittel, die überwiegend zur Behandlung der erektilen Dysfunktion, der Anreizung sowie Steigerung der sexuellen Potenz, zur Raucherentwöhnung, zur Abmagerung, oder zur Zügelung des Appetits, zur Regulierung des Körpergewichts oder zur Verbesserung des Haarwuchses dienen. ⁹ Das Nähere regeln die Richtlinien nach § 92 Abs. 1 Satz 2 Nr. 6.

(2) *(aufgehoben)*

(3) ¹ Der Ausschluss der Arzneimittel, die in Anlage 2 Nummer 2 bis 6 der Verordnung über unwirtschaftliche Arzneimittel in der gesetzlichen Krankenversicherung vom 21. Februar 1990 (BGBl. I S. 301), die zuletzt durch die Verordnung vom 9. Dezember 2002 (BGBl. I S. 4554) geändert worden ist, aufgeführt sind, gilt als Verordnungsausschluss des Gemeinsamen Bundesausschusses und ist Teil der Richtlinien nach § 92 Absatz 1 Satz 2 Nummer 6. ² Bei der Beurteilung von Arzneimitteln der besonderen Therapierichtungen wie homöopathischen, phytotherapeutischen und anthroposophischen Arzneimitteln ist der besonderen Wirkungsweise dieser Arzneimittel Rechnung zu tragen.

(4) ¹ Das Bundesministerium für Gesundheit kann durch Rechtsverordnung mit Zustimmung des Bundesrates Hilfsmittel von geringem oder umstrittenem therapeutischen Nutzen oder geringem Abgabepreis bestimmen, deren Kosten die Krankenkasse nicht übernimmt. ² Die Rechtsverordnung kann auch bestimmen, inwieweit geringfügige Kosten der notwendigen Änderung, Instandsetzung und Ersatzbeschaffung sowie der Ausbildung im Gebrauch der Hilfsmittel von der Krankenkasse nicht übernommen werden. ³ Die Sätze 1 und 2 gelten nicht für die Instandsetzung von Hörgeräten und ihre Versorgung mit Batterien bei Versicherten, die das achtzehnte Lebensjahr noch nicht vollendet haben. ⁴ Für nicht durch Rechtsverordnung nach Satz 1 ausgeschlossene Hilfsmittel bleibt § 92 unberührt.

(5) *(aufgehoben)*

(6) ¹ Pharmazeutische Unternehmer können beim Gemeinsamen Bundesausschuss Anträge zur Aufnahme von Arzneimitteln in die Zusammenstellung nach Absatz 1 Satz 2 und 4 stellen. ² Die Anträge sind ausreichend zu begründen; die erforderlichen Nachweise sind dem Antrag beizufügen. ³ Sind die Angaben zur Begründung des Antrags unzureichend, teilt der Gemeinsame Bundesausschuss dem Antragsteller unverzüglich mit, welche zusätzlichen Einzelangaben erforderlich sind. ⁴ Der Gemeinsame Bundesausschuss hat über ausreichend begründete Anträge nach Satz 1 innerhalb von 90 Tagen zu bescheiden und den Antragsteller über Rechtsmittel und Rechtsmittelfristen zu belehren. ⁵ Eine ablehnende Entscheidung muss eine auf objektiven und überprüfbaren Kriterien beruhende Begründung enthalten. ⁶ Für das Antragsverfahren sind Gebühren zu erheben. ⁷ Das Nähere insbesondere zur ausreichenden Begründung und zu den erforderlichen Nachweisen regelt der Gemeinsame Bundesausschuss.

§ 34a *(aufgehoben)*

§ 35 Festbeträge für Arznei- und Verbandmittel. (1) ¹ Der Gemeinsame Bundesausschuss bestimmt in den Richtlinien nach § 92 Abs. 1 Satz 2 Nr. 6, für welche Gruppen von Arzneimitteln Festbeträge festgesetzt werden können. ² In den Gruppen sollen Arzneimittel mit

1. denselben Wirkstoffen,

2. pharmakologisch-therapeutisch vergleichbaren Wirkstoffen, insbesondere mit chemisch verwandten Stoffen,

3. therapeutisch vergleichbarer Wirkung, insbesondere Arzneimittelkombinationen,

zusammengefaßt werden; unterschiedliche Bioverfügbarkeiten wirkstoffgleicher Arzneimittel sind zu berücksichtigen, sofern sie für die Therapie bedeutsam sind. ³ Bei der Bildung von Gruppen nach Satz 1 soll bei Arzneimitteln mit Wirkstoffen zur Behandlung bakterieller Infektionskrankheiten (Antibiotika) die Resistenzsituation berücksichtigt werden. ⁴ Arzneimittel, die als Reserveantibiotika für die Versorgung von Bedeutung sind, können von der Bildung von Gruppen nach Satz 1 ausgenommen werden. ⁵ Die nach Satz 2 Nr. 2 und 3 gebildeten Gruppen müssen gewährleisten, daß Therapiemöglichkeiten nicht eingeschränkt werden und medizinisch notwendige Verordnungsalternativen zur Verfügung stehen; insbesondere können altersgerechte Darreichungsformen für Kinder berücksichtigt werden. ⁶ Ausgenommen von den nach Satz 2 Nummer 2 und 3 gebildeten Gruppen sind Arzneimittel mit patentgeschützten Wirkstoffen, deren Wirkungsweise neuartig ist oder die eine therapeutische Verbesserung, auch wegen geringerer Nebenwirkungen, bedeuten. ⁷ Als neuartig gilt ein Wirkstoff, solange derjenige Wirkstoff, der als erster dieser Gruppe in Verkehr gebracht worden ist, unter Patentschutz steht. ⁸ Der Gemeinsame Bundesausschuss ermittelt auch die nach Absatz 3 notwendigen rechnerischen mittleren Tages- oder Einzeldosen oder anderen geeigneten Vergleichsgrößen. ⁹ Für die Vorbereitung der Beschlüsse nach Satz 1 durch die Geschäftsstelle des Gemeinsamen Bundesausschusses gilt § 106 Absatz 3 Satz 1 entsprechend. ¹⁰ Soweit der Gemeinsame Bundesausschuss Dritte beauftragt, hat er zu gewährleisten, dass diese ihre Bewertungsgrundsätze und die Begründung für ihre

Bewertungen einschließlich der verwendeten Daten offen legen. [11] Die Namen beauftragter Gutachter dürfen nicht genannt werden.

(1a) *(aufgehoben)*

(1b) [1] Eine therapeutische Verbesserung nach Absatz 1 Satz 6 liegt vor, wenn das Arzneimittel einen therapierelevanten höheren Nutzen als andere Arzneimittel dieser Wirkstoffgruppe hat und deshalb als zweckmäßige Therapie regelmäßig oder auch für relevante Patientengruppen oder Indikationsbereiche den anderen Arzneimitteln dieser Gruppe vorzuziehen ist. [2] Bewertungen nach Satz 1 erfolgen für gemeinsame Anwendungsgebiete der Arzneimittel der Wirkstoffgruppe. [3] Ein höherer Nutzen nach Satz 1 kann auch eine Verringerung der Häufigkeit oder des Schweregrads therapierelevanter Nebenwirkungen sein. [4] Der Nachweis einer therapeutischen Verbesserung erfolgt aufgrund der Fachinformationen und durch Bewertung von klinischen Studien nach methodischen Grundsätzen der evidenzbasierten Medizin, soweit diese Studien allgemein verfügbar sind oder gemacht werden und ihre Methodik internationalen Standards entspricht. [5] Vorrangig sind klinische Studien, insbesondere direkte Vergleichsstudien mit anderen Arzneimitteln dieser Wirkstoffgruppe mit patientenrelevanten Endpunkten, insbesondere Mortalität, Morbidität und Lebensqualität, zu berücksichtigen. [6] Die Ergebnisse der Bewertung sind in der Begründung zu dem Beschluss nach Absatz 1 Satz 1 fachlich und methodisch aufzubereiten, sodass die tragenden Gründe des Beschlusses nachvollziehbar sind. [7] Vor der Entscheidung sind die Sachverständigen nach Absatz 2 auch mündlich anzuhören. [8] Vorbehaltlich einer abweichenden Entscheidung des Gemeinsamen Bundesausschusses aus wichtigem Grund ist die Begründung des Beschlusses bekannt zu machen, sobald die Vorlage nach § 94 Abs. 1 erfolgt, spätestens jedoch mit Bekanntgabe des Beschlusses im Bundesanzeiger. [9] Ein Arzneimittel, das von einer Festbetragsgruppe freigestellt ist, weil es einen therapierelevanten höheren Nutzen nur für einen Teil der Patienten oder Indikationsbereiche des gemeinsamen Anwendungsgebietes nach Satz 1 hat, ist nur für diese Anwendungen wirtschaftlich; das Nähere ist in den Richtlinien nach § 92 Abs. 1 Satz 2 Nr. 6 zu regeln.

(2) [1] Sachverständigen der medizinischen und pharmazeutischen Wissenschaft und Praxis sowie der Arzneimittelhersteller und der Berufsvertretungen der Apotheker ist vor der Entscheidung des Gemeinsamen Bundesausschusses Gelegenheit zur Stellungnahme zu geben; bei der Beurteilung von Arzneimitteln der besonderen Therapierichtungen sind auch Stellungnahmen von Sachverständigen dieser Therapierichtungen einzuholen. [2] Die Stellungnahmen sind in die Entscheidung einzubeziehen.

(3) [1] Der Spitzenverband Bund der Krankenkassen setzt den jeweiligen Festbetrag auf der Grundlage von rechnerischen mittleren Tages- oder Einzeldosen oder anderen geeigneten Vergleichsgrößen fest. [2] Der Spitzenverband Bund der Krankenkassen kann einheitliche Festbeträge für Verbandmittel festsetzen. [3] Für die Stellungnahmen der Sachverständigen gilt Absatz 2 entsprechend.

(4) *(aufgehoben)*

(5) [1] Die Festbeträge sind so festzusetzen, daß sie im allgemeinen eine ausreichende, zweckmäßige und wirtschaftliche sowie in der Qualität gesicherte Versorgung gewährleisten. [2] Sie haben Wirtschaftlichkeitsreserven auszuschöpfen, sollen einen wirksamen Preiswettbewerb auslösen und haben sich deshalb an möglichst preisgünstigen Versorgungsmöglichkeiten auszurichten; soweit

wie möglich ist eine für die Therapie hinreichende Arzneimittelauswahl sicherzustellen. ³ Die Festbeträge sind mindestens einmal im Jahr zu überprüfen; sie sind in geeigneten Zeitabständen an eine veränderte Marktlage anzupassen. ⁴ Der Festbetrag für die Arzneimittel in einer Festbetragsgruppe nach Absatz 1 Satz 2 soll den höchsten Abgabepreis des unteren Drittels des Intervalls zwischen dem niedrigsten und dem höchsten Preis einer Standardpackung nicht übersteigen. ⁵ Dabei müssen mindestens ein Fünftel aller Verordnungen und mindestens ein Fünftel aller Packungen zum Festbetrag verfügbar sein; zugleich darf die Summe der jeweiligen Vomhundertsätze der Verordnungen und Packungen, die nicht zum Festbetrag erhältlich sind, den Wert von 160 nicht überschreiten. ⁶ Bei der Berechnung nach Satz 4 sind hochpreisige Packungen mit einem Anteil von weniger als 1 vom Hundert an den verordneten Packungen in der Festbetragsgruppe nicht zu berücksichtigen. ⁷ Für die Zahl der Verordnungen sind die zum Zeitpunkt des Berechnungsstichtages zuletzt verfügbaren Jahresdaten nach § 84 Abs. 5 zu Grunde zu legen.

(6) ¹ Sofern zum Zeitpunkt der Anpassung des Festbetrags ein gültiger Beschluss nach § 31 Absatz 3 Satz 4 vorliegt und tatsächlich Arzneimittel auf Grund dieses Beschlusses von der Zuzahlung freigestellt sind, soll der Festbetrag so angepasst werden, dass auch nach der Anpassung eine hinreichende Versorgung mit Arzneimitteln ohne Zuzahlung gewährleistet werden kann. ² In diesem Fall darf die Summe nach Absatz 5 Satz 5 den Wert von 100 nicht überschreiten, wenn zu erwarten ist, dass anderenfalls keine hinreichende Anzahl zuvor auf Grund von § 31 Absatz 3 Satz 4 von der Zuzahlung freigestellter Arzneimittel weiterhin freigestellt wird.

(7) ¹ Die Festbeträge sind im Bundesanzeiger bekanntzumachen. ² Klagen gegen die Festsetzung der Festbeträge haben keine aufschiebende Wirkung. ³ Ein Vorverfahren findet nicht statt. ⁴ Eine gesonderte Klage gegen die Gruppeneinteilung nach Absatz 1 Satz 1 bis 6, gegen die rechnerischen mittleren Tages- oder Einzeldosen oder anderen geeigneten Vergleichsgrößen nach Absatz 1 Satz 8 oder gegen sonstige Bestandteile der Festsetzung der Festbeträge ist unzulässig.

(8) ¹ Der Spitzenverband Bund der Krankenkassen erstellt und veröffentlicht Übersichten über sämtliche Festbeträge und die betroffenen Arzneimittel und übermittelt diese im Wege der Datenübertragung dem Deutschen Institut für medizinische Dokumentation und Information zur abruffähigen Veröffentlichung im Internet. ² Die Übersichten sind vierteljährlich zu aktualisieren.

(9) ¹ Der Spitzenverband Bund der Krankenkassen rechnet die nach Absatz 7 Satz 1 bekannt gemachten Festbeträge für verschreibungspflichtige Arzneimittel entsprechend den Handelszuschlägen der Arzneimittelpreisverordnung in der ab dem 1. Januar 2012 geltenden Fassung um und macht die umgerechneten Festbeträge bis zum 30. Juni 2011 bekannt. ² Für die Umrechnung ist die Einholung von Stellungnahmen Sachverständiger nicht erforderlich. ³ Die umgerechneten Festbeträge finden ab dem 1. Januar 2012 Anwendung.

§ 35a Bewertung des Nutzens von Arzneimitteln mit neuen Wirkstoffen. (1) ¹ Der Gemeinsame Bundesausschuss bewertet den Nutzen von erstattungsfähigen Arzneimitteln mit neuen Wirkstoffen. ² Hierzu gehört insbesondere die Bewertung des Zusatznutzens gegenüber der zweckmäßigen Vergleichstherapie, des Ausmaßes des Zusatznutzens und seiner therapeutischen Bedeutung. ³ Die Nutzenbewertung erfolgt auf Grund von Nachweisen des pharmazeutischen Unternehmers, die er einschließlich aller von ihm durchgeführten oder in Auftrag gegebenen klinischen Prüfungen spätestens zum Zeitpunkt des erstmaligen Inverkehrbringens sowie vier Wochen nach Zulassung neuer Anwendungsgebiete des Arzneimittels an den Gemeinsamen Bundesausschuss elektronisch zu übermitteln hat, und die insbesondere folgende Angaben enthalten müssen:

1. zugelassene Anwendungsgebiete,
2. medizinischer Nutzen,
3. medizinischer Zusatznutzen im Verhältnis zur zweckmäßigen Vergleichstherapie,
4. Anzahl der Patienten und Patientengruppen, für die ein therapeutisch bedeutsamer Zusatznutzen besteht,
5. Kosten der Therapie für die gesetzliche Krankenversicherung,
6. Anforderung an eine qualitätsgesicherte Anwendung.

[4] Bei Arzneimitteln, die pharmakologisch-therapeutisch vergleichbar mit Festbetragsarzneimitteln sind, ist der medizinische Zusatznutzen nach Satz 3 Nummer 3 als therapeutische Verbesserung entsprechend § 35 Absatz 1b Satz 1 bis 5 nachzuweisen. [5] Legt der pharmazeutische Unternehmer die erforderlichen Nachweise trotz Aufforderung durch den Gemeinsamen Bundesausschuss nicht rechtzeitig oder nicht vollständig vor, gilt ein Zusatznutzen als nicht belegt. [6] Der Gemeinsame Bundesausschuss bestimmt in seiner Verfahrensordnung, wann die Voraussetzungen nach Satz 5 vorliegen. [7] Das Bundesministerium für Gesundheit regelt durch Rechtsverordnung ohne Zustimmung des Bundesrats das Nähere zur Nutzenbewertung. [8] Darin sind insbesondere festzulegen:

1. Anforderungen an die Übermittlung der Nachweise nach Satz 3,
2. Grundsätze für die Bestimmung der zweckmäßigen Vergleichstherapie und des Zusatznutzens, und dabei auch die Fälle, in denen zusätzliche Nachweise erforderlich sind, und die Voraussetzungen, unter denen Studien bestimmter Evidenzstufen zu verlangen sind; Grundlage sind die internationalen Standards der evidenzbasierten Medizin und der Gesundheitsökonomie,
3. Verfahrensgrundsätze,
4. Grundsätze der Beratung nach Absatz 7,
5. die Veröffentlichung der Nachweise, die der Nutzenbewertung zu Grunde liegen, sowie
6. Übergangsregelungen für Arzneimittel mit neuen Wirkstoffen, die bis zum 31. Juli 2011 erstmals in den Verkehr gebracht werden.

[9] Der Gemeinsame Bundesausschuss regelt weitere Einzelheiten erstmals innerhalb eines Monats nach Inkrafttreten der Rechtsverordnung in seiner Verfahrensordnung. [10] Zur Bestimmung der zweckmäßigen Vergleichstherapie kann er verlangen, dass der pharmazeutische Unternehmer Informationen zu den Anwendungsgebieten des Arzneimittels übermittelt, für die eine Zulassung beantragt wird. [11] Für Arzneimittel, die zur Behandlung eines seltenen Leidens nach der Verordnung (EG) Nr. 141/2000 des Europäischen Parlaments und des Rates vom 16. Dezember 1999 über Arzneimittel für seltene Leiden zugelassen sind, gilt der medizinische Zusatznutzen durch die Zulassung als belegt; Nachweise nach Satz 3 Nummer 2 und 3 müssen nicht vorgelegt werden. [12] Übersteigt der Umsatz des Arzneimittels nach Satz 10 mit der gesetzlichen Kranken-

versicherung zu Apothekenverkaufspreisen einschließlich Umsatzsteuer in den letzten zwölf Kalendermonaten einen Betrag von 50 Millionen Euro, hat der pharmazeutische Unternehmer innerhalb von drei Monaten nach Aufforderung durch den Gemeinsamen Bundesausschuss Nachweise nach Satz 3 zu übermitteln und darin den Zusatznutzen gegenüber der zweckmäßigen Vergleichstherapie abweichend von Satz 10 nachzuweisen. [13] Der Umsatz nach Satz 11 ist auf Grund der Angaben nach § 84 Absatz 5 Satz 4 zu ermitteln.

(1a) [1] Der Gemeinsame Bundesausschuss hat den pharmazeutischen Unternehmer von der Verpflichtung zur Vorlage der Nachweise nach Absatz 1 und das Arzneimittel von der Nutzenbewertung nach Absatz 3 auf Antrag freizustellen, wenn zu erwarten ist, dass den gesetzlichen Krankenkassen nur geringfügige Ausgaben für das Arzneimittel entstehen werden. [2] Der pharmazeutische Unternehmer hat seinen Antrag entsprechend zu begründen. [3] Der Gemeinsame Bundesausschuss kann die Freistellung befristen. [4] Ein Antrag auf Freistellung nach Satz 1 ist nur vor der erstmaligen Verpflichtung zur Vorlage der Nachweise nach Absatz 1 Satz 3 zulässig. [5] Das Nähere regelt der Gemeinsame Bundesausschuss in seiner Verfahrensordnung.

(1b) Für folgende Arzneimittel besteht keine Verpflichtung zur Vorlage von Nachweisen nach Absatz 1 Satz 3:
1. für Arzneimittel, die nach § 34 Absatz 1 Satz 5 für versicherte Kinder und Jugendliche nicht von der Versorgung nach § 31 ausgeschlossen sind,
2. für verschreibungspflichtige Arzneimittel, die nach § 34 Absatz 1 Satz 6 von der Versorgung nach § 31 ausgeschlossen sind.

(2) [1] Der Gemeinsame Bundesausschuss prüft die Nachweise nach Absatz 1 Satz 3 und entscheidet, ob er die Nutzenbewertung selbst durchführt oder hiermit das Institut für Qualität und Wirtschaftlichkeit im Gesundheitswesen oder Dritte beauftragt. [2] Der Gemeinsame Bundesausschuss und das Institut für Qualität und Wirtschaftlichkeit im Gesundheitswesen erhalten auf Verlangen Einsicht in die Zulassungsunterlagen bei der zuständigen Bundesoberbehörde. [3] Die Nutzenbewertung ist spätestens innerhalb von drei Monaten nach dem nach Absatz 1 Satz 3 maßgeblichen Zeitpunkt für die Einreichung der Nachweise abzuschließen und im Internet zu veröffentlichen.

(3) [1] Der Gemeinsame Bundesausschuss beschließt über die Nutzenbewertung innerhalb von drei Monaten nach ihrer Veröffentlichung. [2] § 92 Absatz 3a gilt entsprechend mit der Maßgabe, dass Gelegenheit auch zur mündlichen Stellungnahme zu geben ist. [3] Mit dem Beschluss wird insbesondere der Zusatznutzen des Arzneimittels festgestellt. [4] Die Geltung des Beschlusses über die Nutzenbewertung kann befristet werden. [5] Der Beschluss ist im Internet zu veröffentlichen. [6] Der Beschluss ist Teil der Richtlinie nach § 92 Absatz 1 Satz 2 Nummer 6; § 94 Absatz 1 gilt nicht.

(3a) [1] Der Gemeinsame Bundesausschuss veröffentlicht innerhalb eines Monats nach dem Beschluss nach Absatz 3 eine maschinenlesbare Fassung zu dem Beschluss, die zur Abbildung in elektronischen Programmen nach § 73 Absatz 9 geeignet ist und den Anforderungen der Rechtsverordnung nach § 73 Absatz 9 Satz 2 genügt. [2] Das Nähere regelt der Gemeinsame Bundesausschuss erstmals innerhalb von drei Monaten nach Inkrafttreten der Rechtsverordnung nach § 73 Absatz 9 Satz 2 in seiner Verfahrensordnung. [3] Vor der erstmaligen Beschlussfassung nach Satz 2 findet § 92 Absatz 3a entsprechende Anwendung. [4] Zu den vor der erstmaligen Änderung der Verfahrensordnung nach Satz 2 gefassten Beschlüssen nach Absatz 3 veröffentlicht der Gemeinsame Bundesausschuss die maschinenlesbare Fassung nach Satz 1 innerhalb von sechs Monaten nach der erstmaligen Änderung der Verfahrensordnung nach Satz 2.

(4) ¹ Wurde für ein Arzneimittel nach Absatz 1 Satz 4 keine therapeutische Verbesserung festgestellt, ist es in dem Beschluss nach Absatz 3 in die Festbetragsgruppe nach § 35 Absatz 1 mit pharmakologisch-therapeutisch vergleichbaren Arzneimitteln einzuordnen. ² § 35 Absatz 1b Satz 6 gilt entsprechend. ³ § 35 Absatz 1b Satz 7 und 8 sowie Absatz 2 gilt nicht.

(5) ¹ Für ein Arzneimittel, für das ein Beschluss nach Absatz 3 vorliegt, kann der pharmazeutische Unternehmer eine erneute Nutzenbewertung beantragen, wenn er die Erforderlichkeit wegen neuer wissenschaftlicher Erkenntnisse nachweist. ² Der Gemeinsame Bundesausschuss entscheidet über diesen Antrag innerhalb von acht Wochen. ³ Der pharmazeutische Unternehmer übermittelt dem Gemeinsamen Bundesausschuss auf Anforderung die Nachweise nach Absatz 1 Satz 3 innerhalb von drei Monaten. ⁴ Die erneute Nutzenbewertung beginnt frühestens ein Jahr nach Veröffentlichung des Beschlusses nach Absatz 3. ⁵ Die Absätze 1 bis 4 und 5a bis 8 gelten entsprechend.

(5a) ¹ Stellt der Gemeinsame Bundesausschuss in seinem Beschluss nach Absatz 3 keinen Zusatznutzen oder nach Absatz 4 keine therapeutische Verbesserung fest, hat er auf Verlangen des pharmazeutischen Unternehmers eine Bewertung nach § 35b oder nach § 139a Absatz 3 Nummer 5 in Auftrag zu geben, wenn der pharmazeutische Unternehmer die Kosten hierfür trägt. ² Die Verpflichtung zur Festsetzung eines Festbetrags oder eines Erstattungsbetrags bleibt unberührt.

(5b) ¹ Der Gemeinsame Bundesausschuss kann den für die Vorlage der erforderlichen Nachweise maßgeblichen Zeitpunkt auf Antrag des pharmazeutischen Unternehmers abweichend von Absatz 1 Satz 3 bestimmen, wenn innerhalb eines Zeitraums von sechs Monaten ab dem nach Absatz 1 Satz 3 maßgeblichen Zeitpunkt die Zulassung von mindestens einem neuen Anwendungsgebiet zu erwarten ist. ² Der vom Gemeinsamen Bundesausschuss bestimmte maßgebliche Zeitpunkt darf nicht mehr als sechs Monate nach dem maßgeblichen Zeitpunkt nach Absatz 1 Satz 3 liegen. ³ Der pharmazeutische Unternehmer hat den Antrag spätestens drei Monate vor dem maßgeblichen Zeitpunkt nach Absatz 1 Satz 3 zu stellen. ⁴ Der Gemeinsame Bundesausschuss entscheidet über den Antrag innerhalb von acht Wochen. ⁵ Er regelt das Nähere in seiner Verfahrensordnung. ⁶ § 130b Absatz 3a Satz 2 und 3 und Absatz 4 Satz 3 bleiben unberührt.

(6) ¹ Für ein Arzneimittel mit einem Wirkstoff, der kein neuer Wirkstoff im Sinne des Absatzes 1 Satz 1 ist, kann der Gemeinsame Bundesausschuss eine Nutzenbewertung nach Absatz 1 veranlassen, wenn für das Arzneimittel eine neue Zulassung mit neuem Unterlagenschutz erteilt wird. ² Satz 1 gilt auch für Arzneimittel mit einem neuen Wirkstoff im Sinne des Absatzes 1 Satz 1, wenn für das Arzneimittel eine neue Zulassung mit neuem Unterlagenschutz erteilt wird. ³ Das Nähere regelt der Gemeinsame Bundesausschuss in seiner Verfahrensordnung.

(7) ¹ Der Gemeinsame Bundesausschuss berät den pharmazeutischen Unternehmer insbesondere zu vorzulegenden Unterlagen und Studien sowie zur Vergleichstherapie. ² Er kann hierüber Vereinbarungen mit dem pharmazeutischen Unternehmer treffen. ³ Eine Beratung vor Beginn von Zulassungsstudien

der Phase drei oder zur Planung klinischer Prüfungen soll unter Beteiligung des Bundesinstituts für Arzneimittel und Medizinprodukte oder des Paul-Ehrlich-Instituts stattfinden. [4] Der pharmazeutische Unternehmer erhält eine Niederschrift über das Beratungsgespräch. [5] Das Nähere einschließlich der Erstattung der für diese Beratung entstandenen Kosten ist in der Verfahrensordnung zu regeln.

(8) [1] Eine gesonderte Klage gegen die Aufforderung zur Übermittlung der Nachweise nach Absatz 1, die Nutzenbewertung nach Absatz 2, den Beschluss nach Absatz 3 und die Einbeziehung eines Arzneimittels in eine Festbetragsgruppe nach Absatz 4 ist unzulässig. [2] § 35 Absatz 7 Satz 1 bis 3 gilt entsprechend.

§ 35b Kosten-Nutzen-Bewertung von Arzneimitteln.

(1) [1] Der Gemeinsame Bundesausschuss beauftragt auf Grund eines Antrags nach § 130b Absatz 8 das Institut für Qualität und Wirtschaftlichkeit im Gesundheitswesen mit einer Kosten-Nutzen-Bewertung. [2] In dem Auftrag ist insbesondere festzulegen, für welche zweckmäßige Vergleichstherapie und Patientengruppen die Bewertung erfolgen soll sowie welcher Zeitraum, welche Art von Nutzen und Kosten und welches Maß für den Gesamtnutzen bei der Bewertung zu berücksichtigen sind; das Nähere regelt der Gemeinsame Bundesausschuss in seiner Verfahrensordnung; für die Auftragserteilung gilt § 92 Absatz 3a entsprechend mit der Maßgabe, dass der Gemeinsame Bundesausschuss auch eine mündliche Anhörung durchführt. [3] Die Bewertung erfolgt durch Vergleich mit anderen Arzneimitteln und Behandlungsformen unter Berücksichtigung des therapeutischen Zusatznutzens für die Patienten im Verhältnis zu den Kosten; Basis für die Bewertung sind die Ergebnisse klinischer Studien sowie derjenigen Versorgungsstudien, die mit dem Gemeinsamen Bundesausschuss nach Absatz 2 vereinbart wurden oder die der Gemeinsame Bundesausschuss auf Antrag des pharmazeutischen Unternehmens anerkennt; § 35a Absatz 1 Satz 3 und Absatz 2 Satz 2 gilt entsprechend. [4] Beim Patienten-Nutzen sollen insbesondere die Verbesserung des Gesundheitszustandes, eine Verkürzung der Krankheitsdauer, eine Verlängerung der Lebensdauer, eine Verringerung der Nebenwirkungen sowie eine Verbesserung der Lebensqualität, bei der wirtschaftlichen Bewertung auch die Angemessenheit und Zumutbarkeit einer Kostenübernahme durch die Versichertengemeinschaft angemessen berücksichtigt werden. [5] Das Institut bestimmt auftragsbezogen über die Methoden und Kriterien für die Erarbeitung von Bewertungen nach Satz 1 auf der Grundlage der in den jeweiligen Fachkreisen anerkannten internationalen Standards der evidenzbasierten Medizin und der Gesundheitsökonomie. [6] Das Institut gewährleistet vor Abschluss von Bewertungen hohe Verfahrenstransparenz und eine angemessene Beteiligung der in § 35 Abs. 2 und § 139a Abs. 5 Genannten. [7] Das Institut veröffentlicht die jeweiligen Methoden und Kriterien im Internet.

(2) [1] Der Gemeinsame Bundesausschuss kann mit dem pharmazeutischen Unternehmer Versorgungsstudien und die darin zu behandelnden Schwerpunkte vereinbaren. [2] Die Frist zur Vorlage dieser Studien bemisst sich nach der Indikation und dem nötigen Zeitraum zur Bereitstellung valider Daten; sie soll drei Jahre nicht überschreiten. [3] Das Nähere regelt der Gemeinsame Bundesausschuss in seiner Verfahrensordnung. [4] Die Studien sind auf Kosten des pharmazeutischen Unternehmers bevorzugt in Deutschland durchzuführen.

3. Kapitel. Leistungen der Krankenvers. § 35c SGB V 5

(3) ¹Auf Grundlage der Kosten-Nutzen-Bewertung nach Absatz 1 beschließt der Gemeinsame Bundesausschuss über die Kosten-Nutzen-Bewertung und veröffentlicht den Beschluss im Internet. ²§ 92 Absatz 3a gilt entsprechend. ³Mit dem Beschluss werden insbesondere der Zusatznutzen sowie die Therapiekosten bei Anwendung des jeweiligen Arzneimittels festgestellt. ⁴Der Beschluss ist Teil der Richtlinie nach § 92 Absatz 1 Satz 2 Nummer 6; der Beschluss kann auch Therapiehinweise nach § 92 Absatz 2 enthalten. ⁵§ 94 Absatz 1 gilt nicht.

(4) ¹Gesonderte Klagen gegen den Auftrag nach Absatz 1 Satz 1 oder die Bewertung nach Absatz 1 Satz 3 sind unzulässig. ²Klagen gegen eine Feststellung des Kosten-Nutzen-Verhältnisses nach Absatz 3 haben keine aufschiebende Wirkung.

§ 35c Zulassungsüberschreitende Anwendung von Arzneimitteln.

(1) ¹Für die Abgabe von Bewertungen zum Stand der wissenschaftlichen Erkenntnis über die Anwendung von zugelassenen Arzneimitteln für Indikationen und Indikationsbereiche, für die sie nach dem Arzneimittelgesetz nicht zugelassen sind, beruft das Bundesministerium für Gesundheit Expertengruppen beim Bundesinstitut für Arzneimittel und Medizinprodukte, davon mindestens eine ständige Expertengruppe, die fachgebietsbezogen ergänzt werden kann. ²Das Nähere zur Organisation und Arbeitsweise der Expertengruppen regelt eine Geschäftsordnung des Bundesinstituts für Arzneimittel und Medizinprodukte, die der Zustimmung des Bundesministeriums für Gesundheit bedarf. ³Zur Sicherstellung der fachlichen Unabhängigkeit der Experten gilt § 139b Absatz 3 Satz 2 entsprechend. ⁴Der Gemeinsame Bundesausschuss kann die Expertengruppen mit Bewertungen nach Satz 1 beauftragen; das Nähere regelt er in seiner Verfahrensordnung. ⁵Bewertungen nach Satz 1 kann auch das Bundesministerium für Gesundheit beauftragen. ⁶Die Bewertungen werden dem Gemeinsamen Bundesausschuss als Empfehlung zur Beschlussfassung nach § 92 Absatz 1 Satz 2 Nummer 6 zugeleitet. ⁷Bewertungen sollen nur mit Zustimmung der betroffenen pharmazeutischen Unternehmer erstellt werden. ⁸Gesonderte Klagen gegen diese Bewertungen sind unzulässig.

(2) ¹Außerhalb des Anwendungsbereichs des Absatzes 1 haben Versicherte Anspruch auf Versorgung mit zugelassenen Arzneimitteln in klinischen Studien, sofern hierdurch eine therapierelevante Verbesserung der Behandlung einer schwerwiegenden Erkrankung im Vergleich zu bestehenden Behandlungsmöglichkeiten zu erwarten ist, damit verbundene Mehrkosten in einem angemessenen Verhältnis zum erwarteten medizinischen Zusatznutzen stehen, die Behandlung durch einen Arzt erfolgt, der an der vertragsärztlichen Versorgung oder an der ambulanten Versorgung nach den §§ 116b und 117 teilnimmt, und der Gemeinsame Bundesausschuss der Arzneimittelverordnung nicht widerspricht. ²Eine Leistungspflicht der Krankenkasse ist ausgeschlossen, sofern das Arzneimittel auf Grund arzneimittelrechtlicher Vorschriften vom pharmazeutischen Unternehmer kostenlos bereitzustellen ist. ³Der Gemeinsame Bundesausschuss ist mindestens zehn Wochen vor dem Beginn der Arzneimittelverordnung zu informieren; er kann innerhalb von acht Wochen nach Eingang der Mitteilung widersprechen, sofern die Voraussetzungen nach Satz 1 nicht erfüllt sind. ⁴Das Nähere, auch zu den Nachweisen und Informationspflichten, regelt der Gemeinsame Bundesausschuss in den Richtlinien nach § 92 Abs. 1 Satz 2 Nr. 6. ⁵Leisten Studien nach Satz 1 für die Erweiterung einer Zulassung einen

entscheidenden Beitrag, hat der pharmazeutische Unternehmer den Krankenkassen die Verordnungskosten zu erstatten. ⁶ Dies gilt auch für eine Genehmigung für das Inverkehrbringen nach europäischem Recht.

§ 36 Festbeträge für Hilfsmittel. (1) ¹ Der Spitzenverband Bund der Krankenkassen bestimmt Hilfsmittel, für die Festbeträge festgesetzt werden. ² Dabei sollen unter Berücksichtigung des Hilfsmittelverzeichnisses nach § 139 in ihrer Funktion gleichartige und gleichwertige Mittel in Gruppen zusammengefasst und die Einzelheiten der Versorgung festgelegt werden. ³ Den maßgeblichen Spitzenorganisationen der betroffenen Hersteller und Leistungserbringer auf Bundesebene ist unter Übermittlung der hierfür erforderlichen Informationen innerhalb einer angemessenen Frist vor der Entscheidung Gelegenheit zur Stellungnahme zu geben; die Stellungnahmen sind in die Entscheidung einzubeziehen.

(2) ¹ Der Spitzenverband Bund der Krankenkassen setzt für die Versorgung mit den nach Absatz 1 bestimmten Hilfsmitteln einheitliche Festbeträge fest. ² Absatz 1 Satz 3 gilt entsprechend. ³ Die Hersteller und Leistungserbringer sind verpflichtet, dem Spitzenverband Bund der Krankenkassen auf Verlangen die zur Wahrnehmung der Aufgaben nach Satz 1 und nach Absatz 1 Satz 1 und 2 erforderlichen Informationen und Auskünfte, insbesondere auch zu den Abgabepreisen der Hilfsmittel, zu erteilen.

(3) § 35 Abs. 5 und 7 gilt entsprechend.

§ 37 Häusliche Krankenpflege. (1) ¹ Versicherte erhalten in ihrem Haushalt, ihrer Familie oder sonst an einem geeigneten Ort, insbesondere in betreuten Wohnformen, Schulen und Kindergärten, bei besonders hohem Pflegebedarf auch in Werkstätten für behinderte Menschen neben der ärztlichen Behandlung häusliche Krankenpflege durch geeignete Pflegekräfte, wenn Krankenhausbehandlung geboten, aber nicht ausführbar ist, oder wenn sie durch die häusliche Krankenpflege vermieden oder verkürzt wird. ² § 10 der Werkstättenverordnung bleibt unberührt. ³ Die häusliche Krankenpflege umfaßt die im Einzelfall erforderliche Grund- und Behandlungspflege sowie hauswirtschaftliche Versorgung. ⁴ Der Anspruch besteht bis zu vier Wochen je Krankheitsfall. ⁵ In begründeten Ausnahmefällen kann die Krankenkasse die häusliche Krankenpflege für einen längeren Zeitraum bewilligen, wenn der Medizinische Dienst (§ 275) festgestellt hat, daß dies aus den in Satz 1 genannten Gründen erforderlich ist.

(1a) ¹ Versicherte erhalten an geeigneten Orten im Sinne von Absatz 1 Satz 1 wegen schwerer Krankheit oder wegen akuter Verschlimmerung einer Krankheit, insbesondere nach einem Krankenhausaufenthalt, nach einer ambulanten Operation oder nach einer ambulanten Krankenhausbehandlung, soweit keine Pflegebedürftigkeit mit Pflegegrad 2, 3, 4 oder 5 im Sinne des Elften Buches[1]) vorliegt, die erforderliche Grundpflege und hauswirtschaftliche Versorgung. ² Absatz 1 Satz 4 und 5 gilt entsprechend.

(2) ¹ Versicherte erhalten in ihrem Haushalt, ihrer Familie oder sonst an einem geeigneten Ort, insbesondere in betreuten Wohnformen, Schulen und Kindergärten, bei besonders hohem Pflegebedarf auch in Werkstätten für be-

---

[1]) Nr. 11.

hinderte Menschen als häusliche Krankenpflege Behandlungspflege, wenn diese zur Sicherung des Ziels der ärztlichen Behandlung erforderlich ist. ² § 10 der Werkstättenverordnung bleibt unberührt. ³ Der Anspruch nach Satz 1 besteht über die dort genannten Fälle hinaus ausnahmsweise auch für solche Versicherte in zugelassenen Pflegeeinrichtungen im Sinne des § 43 des Elften Buches, die auf Dauer, voraussichtlich für mindestens sechs Monate, einen besonders hohen Bedarf an medizinischer Behandlungspflege haben. ⁴ Die Satzung kann bestimmen, dass die Krankenkasse zusätzlich zur Behandlungspflege nach Satz 1 als häusliche Krankenpflege auch Grundpflege und hauswirtschaftliche Versorgung erbringt. ⁵ Die Satzung kann dabei Dauer und Umfang der Grundpflege und der hauswirtschaftlichen Versorgung nach Satz 4 bestimmen. ⁶ Leistungen nach den Sätzen 4 und 5 sind nach Eintritt von Pflegebedürftigkeit mit mindestens Pflegegrad 2 im Sinne des Elften Buches nicht zulässig. ⁷ Versicherte, die nicht auf Dauer in Einrichtungen nach § 71 Abs. 2 oder 4 des Elften Buches aufgenommen sind, erhalten Leistungen nach Satz 1 und den Sätzen 4 bis 6 auch dann, wenn ihr Haushalt nicht mehr besteht und ihnen nur zur Durchführung der Behandlungspflege vorübergehender Aufenthalt in einer Einrichtung oder in einer anderen geeigneten Unterkunft zur Verfügung gestellt wird. ⁸ Versicherte erhalten in stationären Einrichtungen im Sinne des § 43a des Elften Buches Leistungen nach Satz 1, wenn der Bedarf an Behandlungspflege eine ständige Überwachung und Versorgung durch eine qualifizierte Pflegefachkraft erfordert.

(2a) ¹ Die häusliche Krankenpflege nach den Absätzen 1 und 2 umfasst auch die ambulante Palliativversorgung. ² Für Leistungen der ambulanten Palliativversorgung ist regelmäßig ein begründeter Ausnahmefall im Sinne von Absatz 1 Satz 5 anzunehmen. ³ § 37b Absatz 4 gilt für die häusliche Krankenpflege zur ambulanten Palliativversorgung entsprechend.

(3) Der Anspruch auf häusliche Krankenpflege besteht nur, soweit eine im Haushalt lebende Person den Kranken in dem erforderlichen Umfang nicht pflegen und versorgen kann.

(4) Kann die Krankenkasse keine Kraft für die häusliche Krankenpflege stellen oder besteht Grund, davon abzusehen, sind den Versicherten die Kosten für eine selbstbeschaffte Kraft in angemessener Höhe zu erstatten.

(5) Versicherte, die das 18. Lebensjahr vollendet haben, leisten als Zuzahlung den sich nach § 61 Satz 3 ergebenden Betrag, begrenzt auf die für die ersten 28 Kalendertage der Leistungsinanspruchnahme je Kalenderjahr anfallenden Kosten an die Krankenkasse.

(6) Der Gemeinsame Bundesausschuss legt in Richtlinien nach § 92 fest, an welchen Orten und in welchen Fällen Leistungen nach den Absätzen 1 und 2 auch außerhalb des Haushalts und der Familie des Versicherten erbracht werden können.

(7) ¹ Der Gemeinsame Bundesausschuss regelt in Richtlinien nach § 92 unter Berücksichtigung bestehender Therapieangebote das Nähere zur Versorgung von chronischen und schwer heilenden Wunden. ² Die Versorgung von chronischen und schwer heilenden Wunden kann auch in spezialisierten Einrichtungen an einem geeigneten Ort außerhalb der Häuslichkeit von Versicherten erfolgen.

§ 37a Soziotherapie.

(1) ¹ Versicherte, die wegen schwerer psychischer Erkrankung nicht in der Lage sind, ärztliche oder ärztlich verordnete Leistungen selbständig in Anspruch zu nehmen, haben Anspruch auf Soziotherapie, wenn dadurch Krankenhausbehandlung vermieden oder verkürzt wird oder wenn diese geboten, aber nicht ausführbar ist. ² Die Soziotherapie umfasst im Rahmen des Absatzes 2 die im Einzelfall erforderliche Koordinierung der verordneten Leistungen sowie Anleitung und Motivation zu deren Inanspruchnahme. ³ Der Anspruch besteht für höchstens 120 Stunden innerhalb von drei Jahren je Krankheitsfall.

(2) Der Gemeinsame Bundesausschuss bestimmt in den Richtlinien nach § 92 das Nähere über Voraussetzungen, Art und Umfang der Versorgung nach Absatz 1, insbesondere

1. die Krankheitsbilder, bei deren Behandlung im Regelfall Soziotherapie erforderlich ist,
2. die Ziele, den Inhalt, den Umfang, die Dauer und die Häufigkeit der Soziotherapie,
3. die Voraussetzungen, unter denen Ärzte zur Verordnung von Soziotherapie berechtigt sind,
4. die Anforderungen an die Therapiefähigkeit des Patienten,
5. Inhalt und Umfang der Zusammenarbeit des verordnenden Arztes mit dem Leistungserbringer.

(3) Versicherte, die das 18. Lebensjahr vollendet haben, leisten als Zuzahlung je Kalendertag der Leistungsinanspruchnahme den sich nach § 61 Satz 1 ergebenden Betrag an die Krankenkasse.

§ 37b Spezialisierte ambulante Palliativversorgung.

(1) ¹ Versicherte mit einer nicht heilbaren, fortschreitenden und weit fortgeschrittenen Erkrankung bei einer zugleich begrenzten Lebenserwartung, die eine besonders aufwändige Versorgung benötigen, haben Anspruch auf spezialisierte ambulante Palliativversorgung. ² Die Leistung ist von einem Vertragsarzt oder Krankenhausarzt zu verordnen. ³ Die spezialisierte ambulante Palliativversorgung umfasst ärztliche und pflegerische Leistungen einschließlich ihrer Koordination insbesondere zur Schmerztherapie und Symptomkontrolle und zielt darauf ab, die Betreuung der Versicherten nach Satz 1 in der vertrauten Umgebung des häuslichen oder familiären Bereichs zu ermöglichen; hierzu zählen beispielsweise Einrichtungen der Eingliederungshilfe für behinderte Menschen und der Kinder- und Jugendhilfe. ⁴ Versicherte in stationären Hospizen haben einen Anspruch auf die Teilleistung der erforderlichen ärztlichen Versorgung im Rahmen der spezialisierten ambulanten Palliativversorgung. ⁵ Dies gilt nur, wenn und soweit nicht andere Leistungsträger zur Leistung verpflichtet sind. ⁶ Dabei sind die besonderen Belange von Kindern zu berücksichtigen.

(2) ¹ Versicherte in stationären Pflegeeinrichtungen im Sinne von § 72 Abs. 1 des Elften Buches[1)] haben in entsprechender Anwendung des Absatzes 1 einen Anspruch auf spezialisierte Palliativversorgung. ² Die Verträge nach § 132d Abs. 1 regeln, ob die Leistung nach Absatz 1 durch Vertragspartner der

---

[1)] Nr. 11.

Krankenkassen in der Pflegeeinrichtung oder durch Personal der Pflegeeinrichtung erbracht wird; § 132d Abs. 2 gilt entsprechend.

(3) Der Gemeinsame Bundesausschuss bestimmt in den Richtlinien nach § 92 das Nähere über die Leistungen, insbesondere

1. die Anforderungen an die Erkrankungen nach Absatz 1 Satz 1 sowie an den besonderen Versorgungsbedarf der Versicherten,
2. Inhalt und Umfang der spezialisierten ambulanten Palliativversorgung einschließlich von deren Verhältnis zur ambulanten Versorgung und der Zusammenarbeit der Leistungserbringer mit den bestehenden ambulanten Hospizdiensten und stationären Hospizen (integrativer Ansatz); die gewachsenen Versorgungsstrukturen sind zu berücksichtigen,
3. Inhalt und Umfang der Zusammenarbeit des verordnenden Arztes mit dem Leistungserbringer.

(4) ^{1}Der Spitzenverband Bund der Krankenkassen berichtet dem Bundesministerium für Gesundheit erstmals bis zum 31. Dezember 2017 und danach alle drei Jahre über die Entwicklung der spezialisierten ambulanten Palliativversorgung und die Umsetzung der dazu erlassenen Richtlinien des Gemeinsamen Bundesausschusses. ^{2}Er bestimmt zu diesem Zweck die von seinen Mitgliedern zu übermittelnden statistischen Informationen über die geschlossenen Verträge und die erbrachten Leistungen der spezialisierten ambulanten Palliativversorgung.

§ 38 Haushaltshilfe. (1) ^{1}Versicherte erhalten Haushaltshilfe, wenn ihnen wegen Krankenhausbehandlung oder wegen einer Leistung nach § 23 Abs. 2 oder 4, §§ 24, 37, 40 oder § 41 die Weiterführung des Haushalts nicht möglich ist. ^{2}Voraussetzung ist ferner, daß im Haushalt ein Kind lebt, das bei Beginn der Haushaltshilfe das zwölfte Lebensjahr noch nicht vollendet hat oder das behindert und auf Hilfe angewiesen ist. ^{3}Darüber hinaus erhalten Versicherte, soweit keine Pflegebedürftigkeit mit Pflegegrad 2, 3, 4 oder 5 im Sinne des Elften Buches[1]) vorliegt, auch dann Haushaltshilfe, wenn ihnen die Weiterführung des Haushalts wegen schwerer Krankheit oder wegen akuter Verschlimmerung einer Krankheit, insbesondere nach einem Krankenhausaufenthalt, nach einer ambulanten Operation oder nach einer ambulanten Krankenhausbehandlung, nicht möglich ist, längstens jedoch für die Dauer von vier Wochen. ^{4}Wenn im Haushalt ein Kind lebt, das bei Beginn der Haushaltshilfe das zwölfte Lebensjahr noch nicht vollendet hat oder das behindert und auf Hilfe angewiesen ist, verlängert sich der Anspruch nach Satz 3 auf längstens 26 Wochen. ^{5}Die Pflegebedürftigkeit von Versicherten schließt Haushaltshilfe nach den Sätzen 3 und 4 zur Versorgung des Kindes nicht aus.

(2) ^{1}Die Satzung kann bestimmen, daß die Krankenkasse in anderen als den in Absatz 1 genannten Fällen Haushaltshilfe erbringt, wenn Versicherten wegen Krankheit die Weiterführung des Haushalts nicht möglich ist. ^{2}Sie kann dabei von Absatz 1 Satz 2 bis 4 abweichen sowie Umfang und Dauer der Leistung bestimmen.

(3) Der Anspruch auf Haushaltshilfe besteht nur, soweit eine im Haushalt lebende Person den Haushalt nicht weiterführen kann.

---

[1]) Nr. 11.

(4) ¹Kann die Krankenkasse keine Haushaltshilfe stellen oder besteht Grund, davon abzusehen, sind den Versicherten die Kosten für eine selbstbeschaffte Haushaltshilfe in angemessener Höhe zu erstatten. ²Für Verwandte und Verschwägerte bis zum zweiten Grad werden keine Kosten erstattet; die Krankenkasse kann jedoch die erforderlichen Fahrkosten und den Verdienstausfall erstatten, wenn die Erstattung in einem angemessenen Verhältnis zu den sonst für eine Ersatzkraft entstehenden Kosten steht.

(5) Versicherte, die das 18. Lebensjahr vollendet haben, leisten als Zuzahlung je Kalendertag der Leistungsinanspruchnahme den sich nach § 61 Satz 1 ergebenden Betrag an die Krankenkasse.

§ 39 Krankenhausbehandlung. (1) ¹Die Krankenhausbehandlung wird vollstationär, stationsäquivalent, teilstationär, vor- und nachstationär sowie ambulant erbracht. ²Versicherte haben Anspruch auf vollstationäre oder stationsäquivalente Behandlung durch ein nach § 108 zugelassenes Krankenhaus, wenn die Aufnahme oder die Behandlung im häuslichen Umfeld nach Prüfung durch das Krankenhaus erforderlich ist, weil das Behandlungsziel nicht durch teilstationäre, vor- und nachstationäre oder ambulante Behandlung einschließlich häuslicher Krankenpflege erreicht werden kann. ³Die Krankenhausbehandlung umfaßt im Rahmen des Versorgungsauftrags des Krankenhauses alle Leistungen, die im Einzelfall nach Art und Schwere der Krankheit für die medizinische Versorgung der Versicherten im Krankenhaus notwendig sind, insbesondere ärztliche Behandlung (§ 28 Abs. 1), Krankenpflege, Versorgung mit Arznei-, Heil- und Hilfsmitteln, Unterkunft und Verpflegung; die akutstationäre Behandlung umfasst auch die im Einzelfall erforderlichen und zum frühestmöglichen Zeitpunkt einsetzenden Leistungen zur Frührehabilitation. ⁴Die stationsäquivalente Behandlung umfasst eine psychiatrische Behandlung im häuslichen Umfeld durch mobile ärztlich geleitete multiprofessionelle Behandlungsteams. ⁵Sie entspricht hinsichtlich der Inhalte sowie der Flexibilität und Komplexität der Behandlung einer vollstationären Behandlung.

(1a) ¹Die Krankenhausbehandlung umfasst ein Entlassmanagement zur Unterstützung einer sektorenübergreifenden Versorgung der Versicherten beim Übergang in die Versorgung nach Krankenhausbehandlung. ²§ 11 Absatz 4 Satz 4 gilt. ³Das Krankenhaus kann mit Leistungserbringern nach § 95 Absatz 1 Satz 1 vereinbaren, dass diese Aufgaben des Entlassmanagements wahrnehmen. ⁴§ 11 des Apothekengesetzes bleibt unberührt. ⁵Der Versicherte hat gegenüber der Krankenkasse einen Anspruch auf Unterstützung des Entlassmanagements nach Satz 1; soweit Hilfen durch die Pflegeversicherung in Betracht kommen, kooperieren Kranken- und Pflegekassen miteinander. ⁶Soweit dies für die Versorgung des Versicherten unmittelbar nach der Entlassung erforderlich ist, können die Krankenhäuser die in § 92 Absatz 1 Satz 2 Nummer 6 genannten Leistungen verordnen und die Arbeitsunfähigkeit feststellen; hierfür gelten die Bestimmungen über die vertragsärztliche Versorgung mit der Maßgabe, dass bis zur Verwendung der Arztnummer nach § 293 Absatz 7 Satz 3 Nummer 1 eine im Rahmenvertrag nach Satz 9 erster Halbsatz zu vereinbarende alternative Kennzeichnung zu verwenden ist. ⁷Bei der Verordnung von Arzneimitteln können Krankenhäuser eine Packung mit dem kleinsten Packungsgrößenkennzeichen gemäß der Packungsgrößenverordnung verordnen; im Übrigen können die in § 92 Absatz 1 Satz 2 Nummer 6 genannten Leistungen für die Versorgung in einem Zeitraum von bis zu sieben Tagen verordnet und die Arbeitsunfähigkeit festgestellt werden (§ 92 Absatz 1 Satz 2 Nummer 7). [8] Der Gemeinsame Bundesausschuss bestimmt in den Richtlinien nach § 92 Absatz 1 Satz 2 Nummer 6 und 7 die weitere Ausgestaltung des Verordnungsrechts nach Satz 7. [9] Die weiteren Einzelheiten zu den Sätzen 1 bis 7, insbesondere zur Zusammenarbeit der Leistungserbringer mit den Krankenkassen, regeln der Spitzenverband Bund der Krankenkassen auch als Spitzenverband Bund der Pflegekassen, die Kassenärztliche Bundesvereinigung und die Deutsche Krankenhausgesellschaft unter Berücksichtigung der Richtlinien des Gemeinsamen Bundesausschusses bis zum 31. Dezember 2015 in einem Rahmenvertrag; Satz 2 Satz 2 gilt entsprechend; kommt eine Vereinbarung nicht zustande, kann auch das Bundesministerium für Gesundheit das Schiedsamt anrufen. [10] Vor Abschluss des Rahmenvertrages ist der für die Wahrnehmung der wirtschaftlichen Interessen gebildeten maßgeblichen Spitzenorganisation der Apotheker sowie den Vereinigungen der Träger der Pflegeeinrichtungen auf Bundesebene Gelegenheit zur Stellungnahme zu geben. [11] Das Entlassmanagement und eine dazu erforderliche Erhebung, Verarbeitung und Nutzung personenbezogener Daten dürfen nur mit Einwilligung und nach vorheriger Information des Versicherten erfolgen. [12] Die Einwilligung kann jederzeit widerrufen werden. [13] Information, Einwilligung und Widerruf bedürfen der Schriftform.

(2) Wählen Versicherte ohne zwingenden Grund ein anderes als ein in der ärztlichen Einweisung genanntes Krankenhaus, können ihnen die Mehrkosten ganz oder teilweise auferlegt werden.

(3) [1] Die Landesverbände der Krankenkassen, die Ersatzkassen und die Deutsche Rentenversicherung Knappschaft-Bahn-See gemeinsam erstellen unter Mitwirkung der Landeskrankenhausgesellschaft und der Kassenärztlichen Vereinigung ein Verzeichnis der Leistungen und Entgelte für die Krankenhausbehandlung in den zugelassenen Krankenhäusern im Land oder in einer Region und passen es der Entwicklung an (Verzeichnis stationärer Leistungen und Entgelte). [2] Dabei sind die Entgelte so zusammenzustellen, daß sie miteinander verglichen werden können. [3] Die Krankenkassen haben darauf hinzuwirken, daß Vertragsärzte und Versicherte das Verzeichnis bei der Verordnung und Inanspruchnahme von Krankenhausbehandlung beachten.

(4) [1] Versicherte, die das achtzehnte Lebensjahr vollendet haben, zahlen von Beginn der vollstationären Krankenhausbehandlung an innerhalb eines Kalenderjahrs für längstens 28 Tage den sich nach § 61 Satz 2 ergebenden Betrag je Kalendertag an das Krankenhaus. [2] Die innerhalb des Kalenderjahres bereits an einen Träger der gesetzlichen Rentenversicherung geleistete Zahlung nach § 32 Abs. 1 Satz 2 des Sechsten Buches[1)] sowie die nach § 40 Abs. 6 Satz 1 geleistete Zahlung sind auf die Zahlung nach Satz 1 anzurechnen.

§ 39a Stationäre und ambulante Hospizleistungen.

(1) [1] Versicherte, die keiner Krankenhausbehandlung bedürfen, haben im Rahmen der Verträge nach Satz 4 Anspruch auf einen Zuschuß zu stationärer oder teilstationärer Versorgung in Hospizen, in denen palliativ-medizinische Behandlung erbracht wird, wenn eine ambulante Versorgung im Haushalt oder der Familie des Versicherten nicht erbracht werden kann. [2] Die Krankenkasse trägt die zuschussfähigen Kosten nach Satz 1 unter Anrechnung der Leistungen nach dem

---

[1)] Nr. 6.

Elften Buch[1]) zu 95 Prozent. ³Der Zuschuss darf kalendertäglich 9 Prozent der monatlichen Bezugsgröße nach § 18 Abs. 1 des Vierten Buches[2]) nicht unterschreiten und unter Anrechnung der Leistungen anderer Sozialleistungsträger die tatsächlichen kalendertäglichen Kosten nach Satz 1 nicht überschreiten. ⁴Der Spitzenverband Bund der Krankenkassen vereinbart mit den für die Wahrnehmung der Interessen der stationären Hospize maßgeblichen Spitzenorganisationen des Nähere über Art und Umfang der Versorgung nach Satz 1. ⁵Dabei ist den besonderen Belangen der Versorgung in Kinderhospizen und in Erwachsenenhospizen durch jeweils gesonderte Vereinbarungen nach Satz 4 ausreichend Rechnung zu tragen. ⁶In den Vereinbarungen nach Satz 4 sind bundesweit geltende Standards zum Leistungsumfang und zur Qualität der zuschussfähigen Leistungen festzulegen. ⁷Der besondere Verwaltungsaufwand stationärer Hospize ist dabei zu berücksichtigen. ⁸Die Vereinbarungen nach Satz 4 sind spätestens bis zum 31. Dezember 2016 und danach mindestens alle vier Jahre zu überprüfen und an aktuelle Versorgungs- und Kostenentwicklungen anzupassen. ⁹In den Vereinbarungen ist auch zu regeln, in welchen Fällen Bewohner einer stationären Pflegeeinrichtung in ein stationäres Hospiz wechseln können; dabei sind die berechtigten Wünsche der Bewohner zu berücksichtigen. ¹⁰Der Kassenärztlichen Bundesvereinigung ist Gelegenheit zur Stellungnahme zu geben. ¹¹In den über die Einzelheiten der Versorgung nach Satz 1 zwischen Krankenkassen und Hospizen abzuschließenden Verträgen ist zu regeln, dass im Falle von Nichteinigung eine von den Parteien zu bestimmende unabhängige Schiedsperson den Vertragsinhalt festlegt. ¹²Einigen sich die Vertragspartner nicht auf eine Schiedsperson, so wird diese von der für die vertragschließende Krankenkasse zuständigen Aufsichtsbehörde bestimmt. ¹³Die Kosten des Schiedsverfahrens tragen die Vertragspartner zu gleichen Teilen.

(2) ¹Die Krankenkasse hat ambulante Hospizdienste zu fördern, die für Versicherte, die keiner Krankenhausbehandlung und keiner stationären oder teilstationären Versorgung in einem Hospiz bedürfen, qualifizierte ehrenamtliche Sterbebegleitung in deren Haushalt, in der Familie, in stationären Pflegeeinrichtungen, in Einrichtungen der Eingliederungshilfe für behinderte Menschen oder der Kinder- und Jugendhilfe erbringen. ²Satz 1 gilt entsprechend, wenn ambulante Hospizdienste für Versicherte in Krankenhäusern Sterbebegleitung im Auftrag des jeweiligen Krankenhausträgers erbringen. ³Voraussetzung der Förderung ist außerdem, dass der ambulante Hospizdienst

1. mit palliativ-medizinisch erfahrenen Pflegediensten und Ärzten zusammenarbeitet sowie

2. unter der fachlichen Verantwortung einer Krankenschwester, eines Krankenpflegers oder einer anderen fachlich qualifizierten Person steht, die über mehrjährige Erfahrung in der palliativ-medizinischen Pflege oder über eine entsprechende Weiterbildung verfügt und eine Weiterbildung als verantwortliche Pflegefachkraft oder in Leitungsfunktionen nachweisen kann.

⁴Der ambulante Hospizdienst erbringt palliativ-pflegerische Beratung durch entsprechend ausgebildete Fachkräfte und stellt die Gewinnung, Schulung, Koordination und Unterstützung der ehrenamtlich tätigen Personen, die für die Sterbebegleitung zur Verfügung stehen, sicher. ⁵Die Förderung nach Satz 1

---

[1]) Nr. 11.
[2]) Nr. 4.

erfolgt durch einen angemessenen Zuschuss zu den notwendigen Personal- und Sachkosten. ⁶Der Zuschuss bezieht sich auf Leistungseinheiten, die sich aus dem Verhältnis der Zahl der qualifizierten Ehrenamtlichen zu der Zahl der Sterbebegleitungen bestimmen. ⁷Die Ausgaben der Krankenkassen für die Förderung nach Satz 1 betragen je Leistungseinheit 13 vom Hundert der monatlichen Bezugsgröße nach § 18 Absatz 1 des Vierten Buches, sie dürfen die zuschussfähigen Personal- und Sachkosten des Hospizdienstes nicht überschreiten. ⁸Der Spitzenverband Bund der Krankenkassen vereinbart mit den für die Wahrnehmung der Interessen der ambulanten Hospizdienste maßgeblichen Spitzenorganisationen das Nähere zu den Voraussetzungen der Förderung sowie zu Inhalt, Qualität und Umfang der ambulanten Hospizarbeit. ⁹Dabei ist den besonderen Belangen der Versorgung von Kindern durch ambulante Hospizdienste und der ambulanten Hospizarbeit in Pflegeeinrichtungen nach § 72 des Elften Buches ausreichend Rechnung zu tragen. ¹⁰Es ist sicherzustellen, dass ein bedarfsgerechtes Verhältnis von ehrenamtlichen und hauptamtlichen Mitarbeitern gewährleistet ist, und dass die Förderung zeitnah ab dem Zeitpunkt erfolgt, in dem der ambulante Hospizdienst zuschussfähige Sterbebegleitung leistet. ¹¹Die Vereinbarung ist spätestens zum 31. Dezember 2016 und danach mindestens alle vier Jahre zu überprüfen und an aktuelle Versorgungs- und Kostenentwicklungen anzupassen. ¹²Pflegeeinrichtungen nach § 72 des Elften Buches sollen mit ambulanten Hospizdiensten zusammenarbeiten.

§ 39b Hospiz- und Palliativberatung durch die Krankenkassen.

(1) ¹Versicherte haben Anspruch auf individuelle Beratung und Hilfestellung durch die Krankenkasse zu den Leistungen der Hospiz- und Palliativversorgung. ²Der Anspruch umfasst auch die Erstellung einer Übersicht der Ansprechpartner der regional verfügbaren Beratungs- und Versorgungsangebote. ³Die Krankenkasse leistet bei Bedarf Hilfestellung bei der Kontaktaufnahme und Leistungsinanspruchnahme. ⁴Die Beratung soll mit der Pflegeberatung nach § 7a des Elften Buches[1]) und anderen bereits in Anspruch genommenen Beratungsangeboten abgestimmt werden. ⁵Auf Verlangen des Versicherten sind Angehörige und andere Vertrauenspersonen an der Beratung zu beteiligen. ⁶Im Auftrag des Versicherten informiert die Krankenkasse die Leistungserbringer und Einrichtungen, die an der Versorgung des Versicherten mitwirken, über die wesentlichen Beratungsinhalte und Hilfestellungen oder händigt dem Versicherten zu diesem Zweck ein entsprechendes Begleitschreiben aus. ⁷Maßnahmen nach dieser Vorschrift und die dazu erforderliche Erhebung, Verarbeitung und Nutzung personenbezogener Daten dürfen nur mit schriftlicher Einwilligung und nach vorheriger schriftlicher Information des Versicherten erfolgen. ⁸Die Einwilligung kann jederzeit schriftlich widerrufen werden. ⁹Die Krankenkassen dürfen ihre Aufgaben nach dieser Vorschrift an andere Krankenkassen, deren Verbände oder Arbeitsgemeinschaften übertragen.

(2) ¹Die Krankenkasse informiert ihre Versicherten in allgemeiner Form über die Möglichkeiten persönlicher Vorsorge für die letzte Lebensphase, insbesondere zu Patientenverfügung, Vorsorgevollmacht und Betreuungsverfügung. ²Der Spitzenverband Bund der Krankenkassen regelt erstmals bis zum 30. Juni 2016 für seine Mitglieder das Nähere zu Form und Inhalt der Informa-

---

[1]) Nr. 11.

tionen und berücksichtigt dabei das Informationsmaterial und die Formulierungshilfen anderer öffentlicher Stellen.

§ 39c Kurzzeitpflege bei fehlender Pflegebedürftigkeit. [1] Reichen Leistungen der häuslichen Krankenpflege nach § 37 Absatz 1a bei schwerer Krankheit oder wegen akuter Verschlimmerung einer Krankheit, insbesondere nach einem Krankenhausaufenthalt, nach einer ambulanten Operation oder nach einer ambulanten Krankenhausbehandlung, nicht aus, erbringt die Krankenkasse die erforderliche Kurzzeitpflege entsprechend § 42 des Elften Buches[1)] für eine Übergangszeit, wenn keine Pflegebedürftigkeit mit Pflegegrad 2, 3, 4 oder 5 im Sinne des Elften Buches festgestellt ist. [2] Im Hinblick auf die Leistungsdauer und die Leistungshöhe gilt § 42 Absatz 2 Satz 1 und 2 des Elften Buches entsprechend. [3] Die Leistung kann in zugelassenen Einrichtungen nach dem Elften Buch oder in anderen geeigneten Einrichtungen erbracht werden. [4] Der Spitzenverband Bund der Krankenkassen legt über das Bundesministerium für Gesundheit dem Deutschen Bundestag bis Ende des Jahres 2018 einen Bericht vor, in dem die Erfahrungen mit der Einführung eines Anspruchs auf Leistungen nach dieser Vorschrift wiedergegeben werden.

§ 40 Leistungen zur medizinischen Rehabilitation. (1) [1] Reicht bei Versicherten eine ambulante Krankenbehandlung nicht aus, um die in § 11 Abs. 2 beschriebenen Ziele zu erreichen, erbringt die Krankenkasse aus medizinischen Gründen erforderliche ambulante Rehabilitationsleistungen in Rehabilitationseinrichtungen, für die ein Versorgungsvertrag nach § 111c besteht; dies schließt mobile Rehabilitationsleistungen durch wohnortnahe Einrichtungen ein. [2] Leistungen nach Satz 1 sind auch in stationären Pflegeeinrichtungen nach § 72 Abs. 1 des Elften Buches[1)] zu erbringen.

(2) [1] Reicht die Leistung nach Absatz 1 nicht aus, erbringt die Krankenkasse stationäre Rehabilitation mit Unterkunft und Verpflegung in einer nach § 37 Absatz 3 des Neunten Buches[2)] zertifizierten Rehabilitationseinrichtung, mit der ein Vertrag nach § 111 besteht; für pflegende Angehörige kann die Krankenkasse unter denselben Voraussetzungen stationäre Rehabilitation mit Unterkunft und Verpflegung auch in einer zertifizierten Rehabilitationseinrichtung erbringen, mit der ein Vertrag nach § 111a besteht. [2] Wählt der Versicherte eine andere zertifizierte Einrichtung, so hat er die dadurch entstehenden Mehrkosten zu tragen; dies gilt nicht für solche Mehrkosten, die im Hinblick auf die Beachtung des Wunsch- und Wahlrechts nach § 8 des Neunten Buches angemessen sind. [3] Die Krankenkasse führt nach Geschlecht differenzierte statistische Erhebungen über Anträge auf Leistungen nach Satz 1 und Absatz 1 sowie deren Erledigung durch. [4] § 39 Absatz 1a gilt entsprechend mit der Maßgabe, dass bei dem Rahmenvertrag entsprechend § 39 Absatz 1a die für die Erbringung von Leistungen zur medizinischen Rehabilitation maßgeblichen Verbände auf Bundesebene zu beteiligen sind; bei Anrufung des Bundesschiedsamtes entsprechend § 118a Absatz 2 Satz 2 ist das Bundesschiedsamt anstelle der Vertreter der Deutschen Krankenhausgesellschaft um Vertreter der für die Erbringung von Leistungen zur medizinischen Rehabilitation maßgeblichen Verbände auf Bundesebene zu erweitern.

[1)] Nr. 11.
[2)] Nr. 9.

3. Kapitel. Leistungen der Krankenvers. § 40 SGB V 5

(3) ¹Die Krankenkasse bestimmt nach den medizinischen Erfordernissen des Einzelfalls unter Beachtung des Wunsch- und Wahlrechts der Leistungsberechtigten nach § 8 des Neunten Buches Art, Dauer, Umfang, Beginn und Durchführung der Leistungen nach den Absätzen 1 und 2 sowie die Rehabilitationseinrichtung nach pflichtgemäßem Ermessen; die Krankenkasse berücksichtigt bei ihrer Entscheidung die besonderen Belange pflegender Angehöriger. ²Leistungen nach Absatz 1 sollen für längstens 20 Behandlungstage, Leistungen nach Absatz 2 für längstens drei Wochen erbracht werden, es sei denn, eine Verlängerung der Leistung ist aus medizinischen Gründen dringend erforderlich. ³Satz 2 gilt nicht, soweit der Spitzenverband Bund der Krankenkassen nach Anhörung der für die Wahrnehmung der Interessen der ambulanten und stationären Rehabilitationseinrichtungen auf Bundesebene maßgeblichen Spitzenorganisationen in Leitlinien Indikationen festgelegt und diesen jeweils eine Regeldauer zugeordnet hat; von dieser Regeldauer kann nur abgewichen werden, wenn dies aus dringenden medizinischen Gründen im Einzelfall erforderlich ist. ⁴Leistungen nach den Absätzen 1 und 2 können nicht vor Ablauf von vier Jahren nach Durchführung solcher oder ähnlicher Leistungen erbracht werden, deren Kosten auf Grund öffentlich-rechtlicher Vorschriften getragen oder bezuschusst worden sind, es sei denn, eine vorzeitige Leistung ist aus medizinischen Gründen dringend erforderlich. ⁵ § 23 Abs. 7 gilt entsprechend. ⁶Die Krankenkasse zahlt der Pflegekasse einen Betrag in Höhe von 3 072 Euro für pflegebedürftige Versicherte, für die innerhalb von sechs Monaten nach Antragstellung keine notwendigen Leistungen zur medizinischen Rehabilitation erbracht worden sind. ⁷Satz 6 gilt nicht, wenn die Krankenkasse die fehlende Leistungserbringung nicht zu vertreten hat. ⁸Die Krankenkasse berichtet ihrer Aufsichtsbehörde jährlich über Fälle nach Satz 6.

(4) Leistungen nach den Absätzen 1 und 2 werden nur erbracht, wenn nach den für andere Träger der Sozialversicherung geltenden Vorschriften mit Ausnahme der §§ 14, 15a, 17 und 31 solche Leistungen nicht erbracht werden können.

(5) ¹Versicherte, die eine Leistung nach Absatz 1 oder 2 in Anspruch nehmen und das achtzehnte Lebensjahr vollendet haben, zahlen je Kalendertag den sich nach § 61 Satz 2 ergebenden Betrag an die Einrichtung. ²Die Zahlungen sind an die Krankenkasse weiterzuleiten.

(6) ¹Versicherte, die das achtzehnte Lebensjahr vollendet haben und eine Leistung nach Absatz 1 oder 2 in Anspruch nehmen, deren unmittelbarer Anschluß an eine Krankenhausbehandlung medizinisch notwendig ist (Anschlußrehabilitation), zahlen den sich nach § 61 Satz 2 ergebenden Betrag für längstens 28 Tage je Kalenderjahr an die Einrichtung; als unmittelbar gilt der Anschluß auch, wenn die Maßnahme innerhalb von 14 Tagen beginnt, es sei denn, die Einhaltung dieser Frist ist aus zwingenden tatsächlichen oder medizinischen Gründen nicht möglich. ²Die innerhalb des Kalenderjahres bereits an einen Träger der gesetzlichen Rentenversicherung geleistete kalendertägliche Zahlung nach § 32 Abs. 1 Satz 2 des Sechsten Buches[1]) sowie die nach § 39 Abs. 4 geleistete Zahlung sind auf die Zahlung nach Satz 1 anzurechnen. ³Die Zahlungen sind an die Krankenkasse weiterzuleiten.

---

[1]) Nr. 6.

(7) ¹Der Spitzenverband Bund der Krankenkassen legt unter Beteiligung der Arbeitsgemeinschaft nach § 282 (Medizinischer Dienst der Spitzenverbände der Krankenkassen) Indikationen fest, bei denen für eine medizinisch notwendige Leistung nach Absatz 2 die Zuzahlung nach Absatz 6 Satz 1 Anwendung findet, ohne daß es sich um Anschlußrehabilitation handelt. ²Vor der Festlegung der Indikationen ist den für die Wahrnehmung der Interessen der stationären Rehabilitation auf Bundesebene maßgebenden Organisationen Gelegenheit zur Stellungnahme zu geben; die Stellungnahmen sind in die Entscheidung einzubeziehen.

§ 41 Medizinische Rehabilitation für Mütter und Väter. (1) ¹Versicherte haben unter den in § 27 Abs. 1 genannten Voraussetzungen Anspruch auf aus medizinischen Gründen erforderliche Rehabilitationsleistungen in einer Einrichtung des Müttergenesungswerks oder einer gleichartigen Einrichtung; die Leistung kann in Form einer Mutter-Kind-Maßnahme erbracht werden. ²Satz 1 gilt auch für Vater-Kind-Maßnahmen in dafür geeigneten Einrichtungen. ³Rehabilitationsleistungen nach den Sätzen 1 und 2 werden in Einrichtungen erbracht, mit denen ein Versorgungsvertrag nach § 111a besteht. ⁴§ 40 Abs. 1 Satz 1 und 2 gilt nicht; § 40 Abs. 2 Satz 3 und 4 gilt entsprechend.

(2) § 40 Abs. 3 und 4 gilt entsprechend.

(3) ¹Versicherte, die das achtzehnte Lebensjahr vollendet haben und eine Leistung nach Absatz 1 in Anspruch nehmen, zahlen je Kalendertag den sich nach § 61 Satz 2 ergebenden Betrag an die Einrichtung. ²Die Zahlungen sind an die Krankenkasse weiterzuleiten.

§ 42 Belastungserprobung und Arbeitstherapie. Versicherte haben Anspruch auf Belastungserprobung und Arbeitstherapie, wenn nach den für andere Träger der Sozialversicherung geltenden Vorschriften solche Leistungen nicht erbracht werden können.

§ 43 Ergänzende Leistungen zur Rehabilitation. (1) Die Krankenkasse kann neben den Leistungen, die nach § 64 Abs. 1 Nr. 2 bis 6 sowie nach §§ 73 und 74 des Neunten Buches[1]) als ergänzende Leistungen zu erbringen sind,

1. solche Leistungen zur Rehabilitation ganz oder teilweise erbringen oder fördern, die unter Berücksichtigung von Art oder Schwere der Behinderung erforderlich sind, um das Ziel der Rehabilitation zu erreichen oder zu sichern, aber nicht zu den Leistungen zur Teilhabe am Arbeitsleben oder den Leistungen zur allgemeinen sozialen Eingliederung gehören,
2. wirksame und effiziente Patientenschulungsmaßnahmen für chronisch Kranke erbringen; Angehörige und ständige Betreuungspersonen sind einzubeziehen, wenn dies aus medizinischen Gründen erforderlich ist,

wenn zuletzt die Krankenkasse Krankenbehandlung geleistet hat oder leistet.

(2) ¹Die Krankenkasse erbringt aus medizinischen Gründen in unmittelbarem Anschluss an eine Krankenhausbehandlung nach § 39 Abs. 1 oder stationäre Rehabilitation erforderliche sozialmedizinische Nachsorgemaßnahmen für chronisch kranke oder schwerstkranke Kinder und Jugendliche, die das 14. Lebensjahr, in besonders schwerwiegenden Fällen das 18. Lebensjahr, noch

---

[1]) Nr. 9.

nicht vollendet haben, wenn die Nachsorge wegen der Art, Schwere und Dauer der Erkrankung notwendig ist, um den stationären Aufenthalt zu verkürzen oder die anschließende ambulante ärztliche Behandlung zu sichern. ²Die Nachsorgemaßnahmen umfassen die im Einzelfall erforderliche Koordinierung der verordneten Leistungen sowie Anleitung und Motivation zu deren Inanspruchnahme. ³Angehörige und ständige Betreuungspersonen sind einzubeziehen, wenn dies aus medizinischen Gründen erforderlich ist. ⁴Der Spitzenverband Bund der Krankenkassen bestimmt das Nähere zu den Voraussetzungen sowie zu Inhalt und Qualität der Nachsorgemaßnahmen.

§ 43a Nichtärztliche sozialpädiatrische Leistungen. (1) Versicherte Kinder haben Anspruch auf nichtärztliche sozialpädiatrische Leistungen, insbesondere auf psychologische, heilpädagogische und psychosoziale Leistungen, wenn sie unter ärztlicher Verantwortung erbracht werden und erforderlich sind, um eine Krankheit zum frühestmöglichen Zeitpunkt zu erkennen und einen Behandlungsplan aufzustellen; § 46 des Neunten Buches[1)] bleibt unberührt.

(2) Versicherte Kinder haben Anspruch auf nichtärztliche sozialpädiatrische Leistungen, die unter ärztlicher Verantwortung in der ambulanten psychiatrischen Behandlung erbracht werden.

§ 43b Nichtärztliche Leistungen für Erwachsene mit geistiger Behinderung oder schweren Mehrfachbehinderungen. ¹Versicherte Erwachsene mit geistiger Behinderung oder schweren Mehrfachbehinderungen haben Anspruch auf nichtärztliche Leistungen, insbesondere auf psychologische, therapeutische und psychosoziale Leistungen, wenn sie unter ärztlicher Verantwortung durch ein medizinisches Behandlungszentrum nach § 119c erbracht werden und erforderlich sind, um eine Krankheit zum frühestmöglichen Zeitpunkt zu erkennen und einen Behandlungsplan aufzustellen. ²Dies umfasst auch die im Einzelfall erforderliche Koordinierung von Leistungen.

§ 43c Zahlungsweg. (1) ¹Leistungserbringer haben Zahlungen, die Versicherte zu entrichten haben, einzuziehen und mit ihrem Vergütungsanspruch gegenüber der Krankenkasse zu verrechnen. ²Zahlt der Versicherte trotz einer gesonderten schriftlichen Aufforderung durch den Leistungserbringer nicht, hat die Krankenkasse die Zahlung einzuziehen.

(2) *(aufgehoben)*

(3) ¹Zuzahlungen, die Versicherte nach § 39 Abs. 4 zu entrichten haben, hat das Krankenhaus einzubehalten; sein Vergütungsanspruch gegenüber der Krankenkasse verringert sich entsprechend. ²Absatz 1 Satz 2 gilt nicht. ³Zahlt der Versicherte trotz einer gesonderten schriftlichen Aufforderung durch das Krankenhaus nicht, hat dieses im Auftrag der Krankenkasse die Zuzahlung einzuziehen. ⁴Die Krankenhäuser werden zur Durchführung des Verwaltungsverfahrens nach Satz 3 beliehen. ⁵Sie können hierzu Verwaltungsakte gegenüber den Versicherten erlassen; Klagen gegen diese Verwaltungsakte haben keine aufschiebende Wirkung; ein Vorverfahren findet nicht statt. ⁶Die zuständige Krankenkasse erstattet dem Krankenhaus je durchgeführtem Verwaltungsverfahren nach Satz 3 eine angemessene Kostenpauschale. ⁷Die dem Krankenhaus für Klagen von Versicherten gegen den Verwaltungsakt entstehenden

---

[1)] Nr. 9.

Kosten werden von den Krankenkassen getragen. ⁸ Das Vollstreckungsverfahren für Zuzahlungen nach § 39 Absatz 4 wird von der zuständigen Krankenkasse durchgeführt. ⁹ Das Nähere zur Umsetzung der Kostenerstattung nach den Sätzen 6 und 7 vereinbaren der Spitzenverband Bund und die Deutsche Krankenhausgesellschaft. ¹⁰ Soweit die Einziehung der Zuzahlung durch das Krankenhaus erfolglos bleibt, verringert sich abweichend von Satz 1 der Vergütungsanspruch des Krankenhauses gegenüber der Krankenkasse nicht. ¹¹ Zwischen dem Krankenhaus und der Krankenkasse können abweichende Regelungen zum Zahlungsweg vereinbart werden, soweit dies wirtschaftlich ist.

Zweiter Titel. Krankengeld

§ 44 Krankengeld. (1) Versicherte haben Anspruch auf Krankengeld, wenn die Krankheit sie arbeitsunfähig macht oder sie auf Kosten der Krankenkasse stationär in einem Krankenhaus, einer Vorsorge- oder Rehabilitationseinrichtung (§ 23 Abs. 4, §§ 24, 40 Abs. 2 und § 41) behandelt werden.

(2) ¹ Keinen Anspruch auf Krankengeld haben

1. die nach § 5 Abs. 1 Nr. 2a, 5, 6, 9, 10 oder 13 sowie die nach § 10 Versicherten; dies gilt nicht für die nach § 5 Abs. 1 Nr. 6 Versicherten, wenn sie Anspruch auf Übergangsgeld haben, und für Versicherte nach § 5 Abs. 1 Nr. 13, soweit sie abhängig beschäftigt und nicht nach den §§ 8 und 8a des Vierten Buches¹⁾ geringfügig beschäftigt sind,

2. hauptberuflich selbständig Erwerbstätige, es sei denn, das Mitglied erklärt gegenüber der Krankenkasse, dass die Mitgliedschaft den Anspruch auf Krankengeld umfassen soll (Wahlerklärung),

3. Versicherte nach § 5 Absatz 1 Nummer 1, die bei Arbeitsunfähigkeit nicht mindestens sechs Wochen Anspruch auf Fortzahlung des Arbeitsentgelts auf Grund des Entgeltfortzahlungsgesetzes, eines Tarifvertrags, einer Betriebsvereinbarung oder anderer vertraglicher Zusagen oder auf Zahlung einer die Versicherungspflicht begründenden Sozialleistung haben, es sei denn, das Mitglied gibt eine Wahlerklärung ab, dass die Mitgliedschaft den Anspruch auf Krankengeld umfassen soll. Dies gilt nicht für Versicherte, die nach § 10 des Entgeltfortzahlungsgesetzes Anspruch auf Zahlung eines Zuschlages zum Arbeitsentgelt haben,

4. Versicherte, die eine Rente aus einer öffentlich-rechtlichen Versicherungseinrichtung oder Versorgungseinrichtung ihrer Berufsgruppe oder von anderen vergleichbaren Stellen beziehen, die ihrer Art nach den in § 50 Abs. 1 genannten Leistungen entspricht. Für Versicherte nach Satz 1 Nr. 4 gilt § 50 Abs. 2 entsprechend, soweit sie eine Leistung beziehen, die ihrer Art nach den in dieser Vorschrift aufgeführten Leistungen entspricht.

² Für die Wahlerklärung nach Satz 1 Nummer 2 und 3 gilt § 53 Absatz 8 Satz 1 entsprechend. ³ Für die nach Nummer 2 und 3 aufgeführten Versicherten bleibt § 53 Abs. 6 unberührt.

(3) Der Anspruch auf Fortzahlung des Arbeitsentgelts bei Arbeitsunfähigkeit richtet sich nach arbeitsrechtlichen Vorschriften.

---

¹⁾ Nr. 4.

(4) ¹Versicherte haben Anspruch auf individuelle Beratung und Hilfestellung durch die Krankenkasse, welche Leistungen und unterstützende Angebote zur Wiederherstellung der Arbeitsfähigkeit erforderlich sind. ²Maßnahmen nach Satz 1 und die dazu erforderliche Erhebung, Verarbeitung und Nutzung personenbezogener Daten dürfen nur mit schriftlicher Einwilligung und nach vorheriger schriftlicher Information des Versicherten erfolgen. ³Die Einwilligung kann jederzeit schriftlich widerrufen werden. ⁴Die Krankenkassen dürfen ihre Aufgaben nach Satz 1 an die in § 35 des Ersten Buches[1]) genannten Stellen übertragen. ⁵Das Bundesministerium für Gesundheit legt dem Deutschen Bundestag bis zum 31. Dezember 2018 einen Bericht über die Umsetzung des Anspruchs auf individuelle Beratung und Hilfestellung durch die Krankenkassen nach diesem Absatz vor.

§ 44a Krankengeld bei Spende von Organen, Geweben oder Blut zur Separation von Blutstammzellen oder anderen Blutbestandteilen.

¹Spender von Organen, Geweben oder Blut zur Separation von Blutstammzellen oder anderen Blutbestandteilen nach § 27 Absatz 1a Satz 1 haben Anspruch auf Krankengeld, wenn die Spende an Versicherte sie arbeitsunfähig macht. ²Das Krankengeld wird den Spendern von der Krankenkasse der Empfänger in Höhe des vor Beginn der Arbeitsunfähigkeit regelmäßig erzielten Nettoarbeitsentgelts oder Arbeitseinkommens bis zur Höhe des Betrages der kalendertäglichen Beitragsbemessungsgrenze geleistet. ³Für nach dem Künstlersozialversicherungsgesetz versicherungspflichtige Spender ist das ausgefallene Arbeitseinkommen im Sinne von Satz 2 aus demjenigen Arbeitseinkommen zu berechnen, das der Beitragsbemessung für die letzten zwölf Kalendermonate vor Beginn der Arbeitsunfähigkeit im Hinblick auf die Spende zugrunde gelegen hat. ⁴§ 44 Absatz 3, § 47 Absatz 2 bis 4, die §§ 47b, 49 und 50 gelten entsprechend; Ansprüche nach § 44 sind gegenüber Ansprüchen nach dieser Vorschrift ausgeschlossen. ⁵Ansprüche nach dieser Vorschrift haben auch nicht gesetzlich krankenversicherte Personen.

§ 45 Krankengeld bei Erkrankung des Kindes.

(1) ¹Versicherte haben Anspruch auf Krankengeld, wenn es nach ärztlichem Zeugnis erforderlich ist, daß sie zur Beaufsichtigung, Betreuung oder Pflege ihres erkrankten und versicherten Kindes der Arbeit fernbleiben, eine andere in ihrem Haushalt lebende Person das Kind nicht beaufsichtigen, betreuen oder pflegen kann und das Kind das zwölfte Lebensjahr noch nicht vollendet hat oder behindert und auf Hilfe angewiesen ist. ²§ 10 Abs. 4 und § 44 Absatz 2 gelten.

(2) ¹Anspruch auf Krankengeld nach Absatz 1 besteht in jedem Kalenderjahr für jedes Kind längstens für 10 Arbeitstage, für alleinerziehende Versicherte längstens für 20 Arbeitstage. ²Der Anspruch nach Satz 1 besteht für Versicherte für nicht mehr als 25 Arbeitstage, für alleinerziehende Versicherte für nicht mehr als 50 Arbeitstage je Kalenderjahr. ³Das Krankengeld nach Absatz 1 beträgt 90 Prozent des ausgefallenen Nettoarbeitsentgelts aus beitragspflichtigem Arbeitsentgelt der Versicherten, bei Bezug von beitragspflichtigem einmalig gezahltem Arbeitsentgelt (§ 23a des Vierten Buches[2]) in den der Freistellung von Arbeitsleistung nach Absatz 3 vorangegangenen zwölf Kalender-

---

[1]) Nr. 1.
[2]) Nr. 4.

monaten 100 Prozent des ausgefallenen Nettoarbeitsentgelts aus beitragspflichtigem Arbeitsentgelt; es darf 70 Prozent der Beitragsbemessungsgrenze nach § 223 Absatz 3 nicht überschreiten. ⁴ Erfolgt die Berechnung des Krankengeldes nach Absatz 1 aus Arbeitseinkommen, beträgt dies 70 Prozent des erzielten regelmäßigen Arbeitseinkommens, soweit es der Beitragsberechnung unterliegt ⁵ § 47 Absatz 1 Satz 6 bis 8 und Absatz 4 Satz 3 bis 5 gilt entsprechend.

(3) ¹ Versicherte mit Anspruch auf Krankengeld nach Absatz 1 haben für die Dauer dieses Anspruchs gegen ihren Arbeitgeber Anspruch auf unbezahlte Freistellung von der Arbeitsleistung, soweit nicht aus dem gleichen Grund Anspruch auf bezahlte Freistellung besteht. ² Wird der Freistellungsanspruch nach Satz 1 geltend gemacht, bevor die Krankenkasse ihre Leistungsverpflichtung nach Absatz 1 anerkannt hat, und sind die Voraussetzungen dafür nicht erfüllt, ist der Arbeitgeber berechtigt, die gewährte Freistellung von der Arbeitsleistung auf einen späteren Freistellungsanspruch zur Beaufsichtigung, Betreuung oder Pflege eines erkrankten Kindes anzurechnen. ³ Der Freistellungsanspruch nach Satz 1 kann nicht durch Vertrag ausgeschlossen oder beschränkt werden.

(4) ¹ Versicherte haben ferner Anspruch auf Krankengeld, wenn sie zur Beaufsichtigung, Betreuung oder Pflege ihres erkrankten und versicherten Kindes der Arbeit fernbleiben, sofern das Kind das zwölfte Lebensjahr noch nicht vollendet hat oder behindert und auf Hilfe angewiesen ist und nach ärztlichem Zeugnis an einer Erkrankung leidet,

a) die progredient verläuft und bereits ein weit fortgeschrittenes Stadium erreicht hat,

b) bei der eine Heilung ausgeschlossen und eine palliativ-medizinische Behandlung notwendig oder von einem Elternteil erwünscht ist und

c) die lediglich eine begrenzte Lebenserwartung von Wochen oder wenigen Monaten erwarten lässt.

² Der Anspruch besteht nur für ein Elternteil. ³ Absatz 1 Satz 2, Absatz 3 und § 47 gelten entsprechend.

(5) Anspruch auf unbezahlte Freistellung nach den Absätzen 3 und 4 haben auch Arbeitnehmer, die nicht Versicherte mit Anspruch auf Krankengeld nach Absatz 1 sind.

§ 46 Entstehen des Anspruchs auf Krankengeld. ¹ Der Anspruch auf Krankengeld entsteht

1. bei Krankenhausbehandlung oder Behandlung in einer Vorsorge- oder Rehabilitationseinrichtung (§ 23 Abs. 4, §§ 24, 40 Abs. 2 und § 41) von ihrem Beginn an,

2. im Übrigen von dem Tag der ärztlichen Feststellung der Arbeitsunfähigkeit an.

² Der Anspruch auf Krankengeld bleibt jeweils bis zu dem Tag bestehen, an dem die weitere Arbeitsunfähigkeit wegen derselben Krankheit ärztlich festgestellt wird, wenn diese ärztliche Feststellung spätestens am nächsten Werktag nach dem zuletzt bescheinigten Ende der Arbeitsunfähigkeit erfolgt; Samstage gelten insoweit nicht als Werktage. ³ Für die nach dem Künstlersozialversicherungsgesetz Versicherten sowie für Versicherte, die eine Wahlerklärung nach § 44 Absatz 2 Satz 1 Nummer 2 abgegeben haben, entsteht der Anspruch von

3. Kapitel. Leistungen der Krankenvers. § 47 SGB V 5

der siebten Woche der Arbeitsunfähigkeit an. [4] Der Anspruch auf Krankengeld für die in Satz 3 genannten Versicherten nach dem Künstlersozialversicherungsgesetz entsteht bereits vor der siebten Woche der Arbeitsunfähigkeit zu dem von der Satzung bestimmten Zeitpunkt, spätestens jedoch mit Beginn der dritten Woche der Arbeitsunfähigkeit, wenn der Versicherte bei seiner Krankenkasse einen Tarif nach § 53 Abs. 6 gewählt hat.

§ 47 Höhe und Berechnung des Krankengeldes. (1) [1] Das Krankengeld beträgt 70 vom Hundert des erzielten regelmäßigen Arbeitsentgelts und Arbeitseinkommens, soweit es der Beitragsberechnung unterliegt (Regelentgelt). [2] Das aus dem Arbeitsentgelt berechnete Krankengeld darf 90 vom Hundert des bei entsprechender Anwendung des Absatzes 2 berechneten Nettoarbeitsentgelts nicht übersteigen. [3] Für die Berechnung des Nettoarbeitsentgelts nach Satz 2 ist der sich aus dem kalendertäglichen Hinzurechnungsbetrag nach Absatz 2 Satz 6 ergebende Anteil am Nettoarbeitsentgelt mit dem Vomhundertsatz anzusetzen, der sich aus dem Verhältnis des kalendertäglichen Regelentgeltbetrages nach Absatz 2 Satz 1 bis 5 zu dem sich aus diesem Regelentgeltbetrag ergebenden Nettoarbeitsentgelt ergibt. [4] Das nach Satz 1 bis 3 berechnete kalendertägliche Krankengeld darf das sich aus dem Arbeitsentgelt nach Absatz 2 Satz 1 bis 5 ergebende kalendertägliche Nettoarbeitsentgelt nicht übersteigen. [5] Das Regelentgelt wird nach den Absätzen 2, 4 und 6 berechnet. [6] Das Krankengeld wird für Kalendertage gezahlt. [7] Ist es für einen ganzen Kalendermonat zu zahlen, ist dieser mit dreißig Tagen anzusetzen. [8] Bei der Berechnung des Regelentgelts nach Satz 1 und des Nettoarbeitsentgelts nach den Sätzen 2 und 4 sind die für die jeweilige Beitragsbemessung und Beitragstragung geltenden Besonderheiten der Gleitzone nach § 20 Abs. 2 des Vierten Buches[1]) nicht zu berücksichtigen.

(2) [1] Für die Berechnung des Regelentgelts ist das von dem Versicherten im letzten vor Beginn der Arbeitsunfähigkeit abgerechneten Entgeltabrechnungszeitraum, mindestens das während der letzten abgerechneten vier Wochen (Bemessungszeitraum) erzielte und um einmalig gezahltes Arbeitsentgelt verminderte Arbeitsentgelt durch die Zahl der Stunden zu teilen, für die es gezahlt wurde.[2]) [2] Das Ergebnis ist mit der Zahl der sich aus dem Inhalt des Arbeitsverhältnisses ergebenden regelmäßigen wöchentlichen Arbeitsstunden zu vervielfachen und durch sieben zu teilen. [3] Ist das Arbeitsentgelt nach Monaten bemessen oder ist eine Berechnung des Regelentgelts nach den Sätzen 1 und 2 nicht möglich, gilt der dreißigste Teil des im letzten vor Beginn der Arbeitsunfähigkeit abgerechneten Kalendermonat erzielten und um einmalig gezahltes Arbeitsentgelt verminderten Arbeitsentgelts als Regelentgelt. [4] Wenn mit einer Arbeitsleistung Arbeitsentgelt erzielt wird, das für Zeiten einer Freistellung vor oder nach dieser Arbeitsleistung fällig wird (Wertguthaben nach § 7b des Vierten Buches), ist für die Berechnung des Regelentgelts das im Bemessungszeitraum der Beitragsberechnung zugrundeliegende und um einmalig gezahltes Arbeitsentgelt verminderte Arbeitsentgelt maßgebend; Wertguthaben, die nicht gemäß einer Vereinbarung über flexible Arbeitszeitregelungen verwendet wer-

---

[1]) Nr. **4**.
[2]) Die Regelungen des § 47 Abs. 2 Satz 1 sind gemäß BVerfGE v. 24.5.2000 – 1 BvL 1/98, 1 BvL 4/98, 1 BvL 15/99 (BGBl. 2000 I S. 1082) – mit Art. 3 Abs. 1 des Grundgesetzes unvereinbar, soweit danach einmalig gezahltes Arbeitsentgelt zu Sozialversicherungsbeiträgen herangezogen wird, ohne dass es bei der Berechnung sämtlicher beitragsfinanzierter Lohnersatzleistungen berücksichtigt wird.

den (§ 23b Abs. 2 des Vierten Buches), bleiben außer Betracht. ⁵Bei der Anwendung des Satzes 1 gilt als regelmäßige wöchentliche Arbeitszeit die Arbeitszeit, die dem gezahlten Arbeitsentgelt entspricht. ⁶ Für die Berechnung des Regelentgelts ist der dreihundertsechzigste Teil des einmalig gezahlten Arbeitsentgelts, das in den letzten zwölf Kalendermonaten vor Beginn der Arbeitsunfähigkeit nach § 23a des Vierten Buches der Beitragsberechnung zugrunde gelegen hat, dem nach Satz 1 bis 5 berechneten Arbeitsentgelt hinzuzurechnen.

(3) Die Satzung kann bei nicht kontinuierlicher Arbeitsverrichtung und -vergütung abweichende Bestimmungen zur Zahlung und Berechnung des Krankengeldes vorsehen, die sicherstellen, daß das Krankengeld seine Entgeltersatzfunktion erfüllt.

(4) ¹Für Seeleute gelten als Regelentgelt die beitragspflichtigen Einnahmen nach § 233 Abs. 1. ²Für Versicherte, die nicht Arbeitnehmer sind, gilt als Regelentgelt der kalendertägliche Betrag, der zuletzt vor Beginn der Arbeitsunfähigkeit für die Beitragsbemessung aus Arbeitseinkommen maßgebend war. ³Für nach dem Künstlersozialversicherungsgesetz Versicherte ist das Regelentgelt aus dem Arbeitseinkommen zu berechnen, das der Beitragsbemessung für die letzten zwölf Kalendermonate vor Beginn der Arbeitsunfähigkeit zugrunde gelegen hat; dabei ist für den Kalendertag der dreihundertsechzigste Teil dieses Betrages anzusetzen. ⁴Die Zahl dreihundertsechzig ist um die Zahl der Kalendertage zu vermindern, in denen eine Versicherungspflicht nach dem Künstlersozialversicherungsgesetz nicht bestand oder für die nach § 234 Abs. 1 Satz 3 Arbeitseinkommen nicht zugrunde zu legen ist. ⁵Die Beträge nach § 226 Abs. 1 Satz 1 Nr. 2 und 3 bleiben außer Betracht.

(5) *(aufgehoben)*

(6) Das Regelentgelt wird bis zur Höhe des Betrages der kalendertäglichen Beitragsbemessungsgrenze berücksichtigt.

§ 47a Beitragszahlungen der Krankenkassen an berufsständische Versorgungseinrichtungen. (1) ¹Für Bezieher von Krankengeld, die wegen einer Pflichtmitgliedschaft in einer berufsständischen Versorgungseinrichtung von der Versicherungspflicht in der gesetzlichen Rentenversicherung befreit sind, zahlen die Krankenkassen auf Antrag des Mitglieds diejenigen Beiträge an die zuständige berufsständische Versorgungseinrichtung, wie sie bei Eintritt von Versicherungspflicht nach § 3 Satz 1 Nummer 3 des Sechsten Buches[1)] an die gesetzliche Rentenversicherung zu entrichten wären. ²Die von der Krankenkasse zu zahlenden Beiträge sind auf die Höhe der Beiträge begrenzt, die die Krankenkasse ohne die Befreiung von der Versicherungspflicht in der gesetzlichen Rentenversicherung für die Dauer des Leistungsbezugs zu tragen hätte; sie dürfen die Hälfte der in der Zeit des Leistungsbezugs vom Mitglied an die berufsständische Versorgungseinrichtung zu zahlenden Beiträge nicht übersteigen.

(2) ¹Die Krankenkassen haben der zuständigen berufsständischen Versorgungseinrichtung den Beginn und das Ende der Beitragszahlung sowie die Höhe der der Beitragsberechnung zugrunde liegenden beitragspflichtigen Einnahmen und den zu zahlenden Beitrag für das Mitglied zu übermitteln; ab dem

---

[1)] Nr. **6.**

1. Januar 2017 erfolgt die Übermittlung durch elektronischen Nachweis. ²Das Nähere zum Verfahren, zu notwendigen weiteren Angaben und den Datensatz regeln der Spitzenverband Bund der Krankenkassen und die Arbeitsgemeinschaft berufsständischer Versorgungseinrichtungen bis zum 31. Juli 2016 in gemeinsamen Grundsätzen, die vom Bundesministerium für Gesundheit zu genehmigen sind.

§ 47b Höhe und Berechnung des Krankengeldes bei Beziehern von Arbeitslosengeld, Unterhaltsgeld oder Kurzarbeitergeld.
(1) ¹Das Krankengeld für Versicherte nach § 5 Abs. 1 Nr. 2 wird in Höhe des Betrages des Arbeitslosengeldes oder des Unterhaltsgeldes gewährt, den der Versicherte zuletzt bezogen hat. ²Das Krankengeld wird vom ersten Tage der Arbeitsunfähigkeit an gewährt.

(2) ¹Ändern sich während des Bezuges von Krankengeld die für den Anspruch auf Arbeitslosengeld oder Unterhaltsgeld maßgeblichen Verhältnisse des Versicherten, so ist auf Antrag des Versicherten als Krankengeld derjenige Betrag zu gewähren, den der Versicherte als Arbeitslosengeld oder Unterhaltsgeld erhalten würde, wenn er nicht erkrankt wäre. ²Änderungen, die zu einer Erhöhung des Krankengeldes um weniger als zehn vom Hundert führen würden, werden nicht berücksichtigt.

(3) Für Versicherte, die während des Bezuges von Kurzarbeitergeld arbeitsunfähig erkranken, wird das Krankengeld nach dem regelmäßigen Arbeitsentgelt, das zuletzt vor Eintritt des Arbeitsausfalls erzielt wurde (Regelentgelt), berechnet.

(4) ¹Für Versicherte, die arbeitsunfähig erkranken, bevor in ihrem Betrieb die Voraussetzungen für den Bezug von Kurzarbeitergeld nach dem Dritten Buch[1)] erfüllt sind, wird, solange Anspruch auf Fortzahlung des Arbeitsentgelts im Krankheitsfalle besteht, neben dem Arbeitsentgelt als Krankengeld der Betrag des Kurzarbeitergeldes gewährt, den der Versicherte erhielte, wenn er nicht arbeitsunfähig wäre. ²Der Arbeitgeber hat das Krankengeld kostenlos zu errechnen und auszuzahlen. ³Der Arbeitnehmer hat die erforderlichen Angaben zu machen.

(5) Bei der Ermittlung der Bemessungsgrundlage für die Leistungen der gesetzlichen Krankenversicherung ist von dem Arbeitsentgelt auszugehen, das bei der Bemessung der Beiträge zur gesetzlichen Krankenversicherung zugrunde gelegt wurde.

(6) ¹In den Fällen des § 232a Abs. 3 wird das Krankengeld abweichend von Absatz 3 nach dem Arbeitsentgelt unter Hinzurechnung des Winterausfallgeldes berechnet. ²Die Absätze 4 und 5 gelten entsprechend.

§ 48 Dauer des Krankengeldes.
(1) ¹Versicherte erhalten Krankengeld ohne zeitliche Begrenzung, für den Fall der Arbeitsunfähigkeit wegen derselben Krankheit jedoch für längstens achtundsiebzig Wochen innerhalb von je drei Jahren, gerechnet vom Tage des Beginns der Arbeitsunfähigkeit an. ²Tritt während der Arbeitsunfähigkeit eine weitere Krankheit hinzu, wird die Leistungsdauer nicht verlängert.

[1)] Nr. 3.

(2) Für Versicherte, die im letzten Dreijahreszeitraum wegen derselben Krankheit für achtundsiebzig Wochen Krankengeld bezogen haben, besteht nach Beginn eines neuen Dreijahreszeitraums ein neuer Anspruch auf Krankengeld wegen derselben Krankheit, wenn sie bei Eintritt der erneuten Arbeitsunfähigkeit mit Anspruch auf Krankengeld versichert sind und in der Zwischenzeit mindestens sechs Monate

1. nicht wegen dieser Krankheit arbeitsunfähig waren und
2. erwerbstätig waren oder der Arbeitsvermittlung zur Verfügung standen.

(3) [1] Bei der Feststellung der Leistungsdauer des Krankengeldes werden Zeiten, in denen der Anspruch auf Krankengeld ruht oder für die das Krankengeld versagt wird, wie Zeiten des Bezugs von Krankengeld berücksichtigt. [2] Zeiten, für die kein Anspruch auf Krankengeld besteht, bleiben unberücksichtigt.

§ 49 Ruhen des Krankengeldes. (1) Der Anspruch auf Krankengeld ruht,

1. soweit und solange Versicherte beitragspflichtiges Arbeitsentgelt oder Arbeitseinkommen erhalten; dies gilt nicht für einmalig gezahltes Arbeitsentgelt,
2. solange Versicherte Elternzeit nach dem Bundeselterngeld- und Elternzeitgesetz in Anspruch nehmen; dies gilt nicht, wenn die Arbeitsunfähigkeit vor Beginn der Elternzeit eingetreten ist oder das Krankengeld aus dem Arbeitsentgelt zu berechnen ist, das aus einer versicherungspflichtigen Beschäftigung während der Elternzeit erzielt worden ist,
3. soweit und solange Versicherte Versorgungskrankengeld, Übergangsgeld, Unterhaltsgeld oder Kurzarbeitergeld beziehen,
3a. solange Versicherte Mutterschaftsgeld oder Arbeitslosengeld beziehen oder der Anspruch wegen einer Sperrzeit nach dem Dritten Buch[1)] ruht,
4. soweit und solange Versicherte Entgeltersatzleistungen, die ihrer Art nach den in Nummer 3 genannten Leistungen vergleichbar sind, von einem Träger der Sozialversicherung oder einer staatlichen Stelle im Ausland erhalten,
5. solange die Arbeitsunfähigkeit der Krankenkasse nicht gemeldet wird; dies gilt nicht, wenn die Meldung innerhalb einer Woche nach Beginn der Arbeitsunfähigkeit erfolgt,
6. soweit und solange für Zeiten einer Freistellung von der Arbeitsleistung (§ 7 Abs. 1a des Vierten Buches[2)]) eine Arbeitsleistung nicht geschuldet wird,
7. während der ersten sechs Wochen der Arbeitsunfähigkeit für Versicherte, die eine Wahlerklärung nach § 44 Absatz 2 Satz 1 Nummer 3 abgegeben haben.

(2) *(aufgehoben)*

(3) Auf Grund gesetzlicher Bestimmungen gesenkte Entgelt- oder Entgeltersatzleistungen dürfen bei der Anwendung des Absatzes 1 nicht aufgestockt werden.

[1)] Nr. 3.
[2)] Nr. 4.

3. Kapitel. Leistungen der Krankenvers. §§ 50, 51 SGB V 5

§ 50 Ausschluß und Kürzung des Krankengeldes. (1) ¹Für Versicherte, die

1. Rente wegen voller Erwerbsminderung, Erwerbsunfähigkeit oder Vollrente wegen Alters aus der gesetzlichen Rentenversicherung,
2. Ruhegehalt, das nach beamtenrechtlichen Vorschriften oder Grundsätzen gezahlt wird,
3. Vorruhestandsgeld nach § 5 Abs. 3,
4. Leistungen, die ihrer Art nach den in den Nummern 1 und 2 genannten Leistungen vergleichbar sind, wenn sie von einem Träger der gesetzlichen Rentenversicherung oder einer staatlichen Stelle im Ausland gezahlt werden,
5. Leistungen, die ihrer Art nach den in den Nummern 1 und 2 genannten Leistungen vergleichbar sind, wenn sie nach den ausschließlich für das in Artikel 3 des Einigungsvertrages genannte Gebiet geltenden Bestimmungen gezahlt werden,

beziehen, endet ein Anspruch auf Krankengeld vom Beginn dieser Leistungen an; nach Beginn dieser Leistungen entsteht ein neuer Krankengeldanspruch nicht. ²Ist über den Beginn der in Satz 1 genannten Leistungen hinaus Krankengeld gezahlt worden und übersteigt dieses den Betrag der Leistungen, kann die Krankenkasse den überschießenden Betrag vom Versicherten nicht zurückfordern. ³In den Fällen der Nummer 4 gilt das überzahlte Krankengeld bis zur Höhe der dort genannten Leistungen als Vorschuß des Trägers oder der Stelle; es ist zurückzuzahlen. ⁴Wird eine der in Satz 1 genannten Leistungen nicht mehr gezahlt, entsteht ein Anspruch auf Krankengeld, wenn das Mitglied bei Eintritt einer erneuten Arbeitsunfähigkeit mit Anspruch auf Krankengeld versichert ist.

(2) Das Krankengeld wird um den Zahlbetrag

1. der Altersrente, der Rente wegen Erwerbsminderung oder der Landabgaberente aus der Alterssicherung der Landwirte,
2. der Rente wegen teilweiser Erwerbsminderung, Berufsunfähigkeit oder der Teilrente wegen Alters aus der gesetzlichen Rentenversicherung,
3. der Knappschaftsausgleichsleistung oder der Rente für Bergleute oder
4. einer vergleichbaren Leistung, die von einem Träger oder einer staatlichen Stelle im Ausland gezahlt wird,
5. von Leistungen, die ihrer Art nach den in den Nummern 1 bis 3 genannten Leistungen vergleichbar sind, wenn sie nach den ausschließlich für das in dem in Artikel 3 des Einigungsvertrages genannten Gebiets geltenden Bestimmungen gezahlt werden,

gekürzt, wenn die Leistung von einem Zeitpunkt nach dem Beginn der Arbeitsunfähigkeit oder der stationären Behandlung an zuerkannt wird.

§ 51 Wegfall des Krankengeldes, Antrag auf Leistungen zur Teilhabe.

(1) ¹Versicherten, deren Erwerbsfähigkeit nach ärztlichem Gutachten erheblich gefährdet oder gemindert ist, kann die Krankenkasse eine Frist von zehn Wochen setzen, innerhalb der sie einen Antrag auf Leistungen zur medizinischen Rehabilitation und zur Teilhabe am Arbeitsleben zu stellen haben. ²Haben diese Versicherten ihren Wohnsitz oder gewöhnlichen Aufenthalt im Ausland, kann ihnen die Krankenkasse eine Frist von zehn Wochen setzen,

innerhalb der sie entweder einen Antrag auf Leistungen zur medizinischen Rehabilitation und zur Teilhabe am Arbeitsleben bei einem Leistungsträger mit Sitz im Inland oder einen Antrag auf Rente wegen voller Erwerbsminderung bei einem Träger der gesetzlichen Rentenversicherung mit Sitz im Inland zu stellen haben.

(2) Erfüllen Versicherte die Voraussetzungen für den Bezug der Regelaltersrente oder Altersrente aus der Alterssicherung der Landwirte bei Vollendung des 65. Lebensjahres, kann ihnen die Krankenkasse eine Frist von zehn Wochen setzen, innerhalb der sie den Antrag auf diese Leistung zu stellen haben.

(3) [1] Stellen Versicherte innerhalb der Frist den Antrag nicht, entfällt der Anspruch auf Krankengeld mit Ablauf der Frist. [2] Wird der Antrag später gestellt, lebt der Anspruch auf Krankengeld mit dem Tag der Antragstellung wieder auf.

Dritter Titel. Leistungsbeschränkungen

§ 52 Leistungsbeschränkung bei Selbstverschulden. (1) Haben sich Versicherte eine Krankheit vorsätzlich oder bei einem von ihnen begangenen Verbrechen oder vorsätzlichen Vergehen zugezogen, kann die Krankenkasse sie an den Kosten der Leistungen in angemessener Höhe beteiligen und das Krankengeld ganz oder teilweise für die Dauer dieser Krankheit versagen und zurückfordern.

(2) Haben sich Versicherte eine Krankheit durch eine medizinisch nicht indizierte ästhetische Operation, eine Tätowierung oder ein Piercing zugezogen, hat die Krankenkasse die Versicherten in angemessener Höhe an den Kosten zu beteiligen und das Krankengeld für die Dauer dieser Behandlung ganz oder teilweise zu versagen oder zurückzufordern.

§ 52a Leistungsausschluss. [1] Auf Leistungen besteht kein Anspruch, wenn sich Personen in den Geltungsbereich dieses Gesetzbuchs begeben, um in einer Versicherung nach § 5 Abs. 1 Nr. 13 oder auf Grund dieser Versicherung in einer Versicherung nach § 10 missbräuchlich Leistungen in Anspruch zu nehmen. [2] Das Nähere zur Durchführung regelt die Krankenkasse in ihrer Satzung.

Sechster Abschnitt. Selbstbehalt, Beitragsrückzahlung

§ 53 Wahltarife. (1) [1] Die Krankenkasse kann in ihrer Satzung vorsehen, dass Mitglieder jeweils für ein Kalenderjahr einen Teil der von der Krankenkasse zu tragenden Kosten übernehmen können (Selbstbehalt). [2] Die Krankenkasse hat für diese Mitglieder Prämienzahlungen vorzusehen.

(2) [1] Die Krankenkasse kann in ihrer Satzung für Mitglieder, die im Kalenderjahr länger als drei Monate versichert waren, eine Prämienzahlung vorsehen, wenn sie und ihre nach § 10 mitversicherten Angehörigen in diesem Kalenderjahr Leistungen zu Lasten der Krankenkasse nicht in Anspruch genommen haben. [2] Die Prämienzahlung darf ein Zwölftel der jeweils im Kalenderjahr gezahlten Beiträge nicht überschreiten und wird innerhalb eines Jahres nach Ablauf des Kalenderjahres an das Mitglied gezahlt. [3] Die im dritten und vierten Abschnitt genannten Leistungen mit Ausnahme der Leistungen nach § 23 Abs. 2 und den §§ 24 bis 24b sowie Leistungen für Versicherte, die das 18. Lebensjahr noch nicht vollendet haben, bleiben unberücksichtigt.

3. Kapitel. Leistungen der Krankenvers. **§ 53 SGB V 5**

(3) ¹Die Krankenkasse hat in ihrer Satzung zu regeln, dass für Versicherte, die an besonderen Versorgungsformen nach §63, § 73b, § 137f oder § 140a teilnehmen, Tarife angeboten werden. ²Für diese Versicherten kann die Krankenkasse eine Prämienzahlung oder Zuzahlungsermäßigungen vorsehen.

(4) ¹Die Krankenkasse kann in ihrer Satzung vorsehen, dass Mitglieder für sich und ihre nach § 10 mitversicherten Angehörigen Tarife für Kostenerstattung wählen. ²Sie kann die Höhe der Kostenerstattung variieren und hierfür spezielle Prämienzahlungen durch die Versicherten vorsehen. ³§ 13 Abs. 2 Satz 2 und 3 gilt nicht.

(5) Die Krankenkasse kann in ihrer Satzung die Übernahme der Kosten für Arzneimittel der besonderen Therapierichtungen regeln, die nach § 34 Abs. 1 Satz 1 von der Versorgung ausgeschlossen sind, und hierfür spezielle Prämienzahlungen durch die Versicherten vorsehen.

(6) ¹Die Krankenkasse hat in ihrer Satzung für die in § 44 Absatz 2 Nummer 2 und 3 genannten Versicherten gemeinsame Tarife sowie Tarife für die nach dem Künstlersozialversicherungsgesetz Versicherten anzubieten, die einen Anspruch auf Krankengeld entsprechend § 46 Satz 1 oder zu einem späteren Zeitpunkt entstehen lassen, für die Versicherten nach dem Künstlersozialversicherungsgesetz jedoch spätestens mit Beginn der dritten Woche der Arbeitsunfähigkeit. ²Von § 47 kann abgewichen werden. ³Die Krankenkasse hat entsprechend der Leistungserweiterung Prämienzahlungen des Mitglieds vorzusehen. ⁴Die Höhe der Prämienzahlung ist unabhängig von Alter, Geschlecht oder Krankheitsrisiko des Mitglieds festzulegen. ⁵Die Krankenkasse kann durch Satzungsregelung die Durchführung von Wahltarifen nach Satz 1 auf eine andere Krankenkasse oder einen Landesverband übertragen. ⁶In diesen Fällen erfolgt die Prämienzahlung weiterhin an die übertragende Krankenkasse. ⁷Die Rechenschaftslegung erfolgt durch die durchführende Krankenkasse oder den durchführenden Landesverband.

(7) Die Krankenkasse kann in ihrer Satzung für bestimmte Mitgliedergruppen, für die sie den Umfang der Leistungen nach Vorschriften dieses Buches beschränkt, der Leistungsbeschränkung entsprechende Prämienzahlung vorsehen.

(8) ¹Die Mindestbindungsfrist beträgt für die Wahltarife nach den Absätzen 2, 4 und 5 ein Jahr und für die Wahltarife nach den Absätzen 1 und 6 drei Jahre; für die Wahltarife nach Absatz 3 gilt keine Mindestbindungsfrist. ²Die Mitgliedschaft kann frühestens zum Ablauf der Mindestbindungsfrist nach Satz 1, aber nicht vor Ablauf der Mindestbindungsfrist nach § 175 Absatz 4 Satz 1 gekündigt werden; § 175 Absatz 4 Satz 5 gilt mit Ausnahme für Mitglieder in Wahltarifen nach Absatz 6. ³Die Satzung hat für Tarife ein Sonderkündigungsrecht in besonderen Härtefällen vorzusehen. ⁴Die Prämienzahlung an Versicherte darf bis zu 20 vom Hundert, für eine oder mehrere Tarife 30 vom Hundert der vom Mitglied im Kalenderjahr getragenen Beiträge mit Ausnahme der Beitragszuschüsse nach § 106 des Sechsten Buches[1]) sowie § 257 Abs. 1 Satz 1, jedoch nicht mehr als 600 Euro, bei einem oder mehreren Tarifen 900 Euro jährlich betragen. ⁵Satz 4 gilt nicht für Versicherte, die Teilkostenerstattung nach § 14 gewählt haben. ⁶Mitglieder, deren Beiträge vollständig von Dritten getragen werden, können nur Tarife nach Absatz 3 wählen.

---

¹⁾ Nr. **6**.

(9) ¹ Die Aufwendungen für jeden Wahltarif müssen jeweils aus Einnahmen, Einsparungen und Effizienzsteigerungen aus diesen Wahltarifen auf Dauer finanziert werden. ² Kalkulatorische Einnahmen, die allein durch das Halten oder die Neugewinnung von Mitgliedern erzielt werden, dürfen dabei nicht berücksichtigt werden; wurden solche Einnahmen bei der Kalkulation von Wahltarifen berücksichtigt, ist die Kalkulation unverzüglich, spätestens bis zum 31. Dezember 2013 entsprechend umzustellen. ³ Die Krankenkassen haben über die Berechnung nach den Sätzen 1 und 2 der zuständigen Aufsichtsbehörde regelmäßig, mindestens alle drei Jahre, Rechenschaft abzulegen. ⁴ Sie haben hierzu ein versicherungsmathematisches Gutachten vorzulegen über die wesentlichen versicherungsmathematischen Annahmen, die der Berechnung der Beiträge und der versicherungstechnischen Rückstellungen der Wahltarife zugrunde liegen.

§ 54 *(aufgehoben)*

Siebter Abschnitt. Zahnersatz

§ 55 Leistungsanspruch. (1) ¹ Versicherte haben nach den Vorgaben in den Sätzen 2 bis 7 Anspruch auf befundbezogene Festzuschüsse bei einer medizinisch notwendigen Versorgung mit Zahnersatz einschließlich Zahnkronen und Suprakonstruktionen (zahnärztliche und zahntechnische Leistungen) in den Fällen, in denen eine zahnprothetische Versorgung notwendig ist und die geplante Versorgung einer Methode entspricht, die gemäß § 135 Abs. 1 anerkannt ist. ² Die Festzuschüsse umfassen 50 vom Hundert der nach § 57 Abs. 1 Satz 6 und Absatz 2 Satz 5 und 6 festgesetzten Beträge für die jeweilige Regelversorgung. ³ Für eigene Bemühungen zur Gesunderhaltung der Zähne erhöhen sich die Festzuschüsse nach Satz 2 um 20 vom Hundert. ⁴ Die Erhöhung entfällt, wenn der Gebisszustand des Versicherten regelmäßige Zahnpflege nicht erkennen lässt und der Versicherte während der letzten fünf Jahre vor Beginn der Behandlung

1. die Untersuchungen nach § 22 Abs. 1 nicht in jedem Kalenderhalbjahr in Anspruch genommen hat und

2. sich nach Vollendung des 18. Lebensjahres nicht wenigstens einmal in jedem Kalenderjahr hat zahnärztlich untersuchen lassen.

⁵ Die Festzuschüsse nach Satz 2 erhöhen sich um weitere 10 vom Hundert, wenn der Versicherte seine Zähne regelmäßig gepflegt und in den letzten zehn Kalenderjahren vor Beginn der Behandlung die Untersuchungen nach Satz 4 Nr. 1 und 2 ohne Unterbrechung in Anspruch genommen hat. ⁶ Dies gilt nicht in den Fällen des Absatzes 2. ⁷ Für Versicherte, die nach dem 31. Dezember 1978 geboren sind, gilt der Nachweis für eigene Bemühungen zur Gesunderhaltung der Zähne für die Jahre 1997 und 1998 als erbracht.

(2) ¹ Versicherte haben bei der Versorgung mit Zahnersatz zusätzlich zu den Festzuschüssen nach Absatz 1 Satz 2 Anspruch auf einen Betrag in jeweils gleicher Höhe, angepasst an die Höhe der für die Regelversorgungsleistungen tatsächlich anfallenden Kosten, höchstens jedoch in Höhe der tatsächlich entstandenen Kosten, wenn sie ansonsten unzumutbar belastet würden; wählen Versicherte, die unzumutbar belastet würden, nach Absatz 4 oder 5 einen über die Regelversorgung hinausgehenden gleich- oder andersartigen Zahnersatz,

3. Kapitel. Leistungen der Krankenvers. **§ 55 SGB V 5**

leisten die Krankenkassen nur den doppelten Festzuschuss. ²Eine unzumutbare Belastung liegt vor, wenn

1. die monatlichen Bruttoeinnahmen zum Lebensunterhalt des Versicherten 40 vom Hundert der monatlichen Bezugsgröße nach § 18 des Vierten Buches[1]) nicht überschreiten,

2. der Versicherte Hilfe zum Lebensunterhalt nach dem Zwölften Buch[2]) oder im Rahmen der Kriegsopferfürsorge nach dem Bundesversorgungsgesetz, Leistungen nach dem Recht der bedarfsorientierten Grundsicherung, Leistungen zur Sicherung des Lebensunterhalts nach dem Zweiten Buch[3]), Ausbildungsförderung nach dem Bundesausbildungsförderungsgesetz oder dem Dritten Buch[4]) erhält oder

3. die Kosten der Unterbringung in einem Heim oder einer ähnlichen Einrichtung von einem Träger der Sozialhilfe oder der Kriegsopferfürsorge getragen werden.

³Als Einnahmen zum Lebensunterhalt der Versicherten gelten auch die Einnahmen anderer in dem gemeinsamen Haushalt lebender Angehöriger und Angehöriger des Lebenspartners. ⁴Zu den Einnahmen zum Lebensunterhalt gehören nicht Grundrenten, die Beschädigte nach dem Bundesversorgungsgesetz oder nach anderen Gesetzen in entsprechender Anwendung des Bundesversorgungsgesetzes erhalten, sowie Renten oder Beihilfen, die nach dem Bundesentschädigungsgesetz für Schäden an Körper und Gesundheit gezahlt werden, bis zur Höhe der vergleichbaren Grundrente nach dem Bundesversorgungsgesetz. ⁵Der in Satz 2 Nr. 1 genannte Vomhundertsatz erhöht sich für den ersten in dem gemeinsamen Haushalt lebenden Angehörigen des Versicherten um 15 vom Hundert und für jeden weiteren in dem gemeinsamen Haushalt lebenden Angehörigen des Versicherten und des Lebenspartners um 10 vom Hundert der monatlichen Bezugsgröße nach § 18 des Vierten Buches.

(3) ¹Versicherte haben bei der Versorgung mit Zahnersatz zusätzlich zu den Festzuschüssen nach Absatz 1 Satz 2 Anspruch auf einen weiteren Betrag. ²Die Krankenkasse erstattet den Versicherten den Betrag, um den die Festzuschüsse nach Absatz 1 Satz 2 das Dreifache der Differenz zwischen den monatlichen Bruttoeinnahmen zum Lebensunterhalt und der zur Gewährung eines zweifachen Festzuschusses nach Absatz 2 Satz 2 Nr. 1 maßgebenden Einnahmegrenze übersteigen. ³Die Beteiligung an den Kosten umfasst höchstens einen Betrag in Höhe der zweifachen Festzuschüsse nach Absatz 1 Satz 2, jedoch nicht mehr als die tatsächlich entstandenen Kosten.

(4) Wählen Versicherte einen über die Regelversorgung gemäß § 56 Abs. 2 hinausgehenden gleichartigen Zahnersatz, haben sie die Mehrkosten gegenüber den in § 56 Abs. 2 Satz 10 aufgelisteten Leistungen selbst zu tragen.

(5) Die Krankenkassen haben die bewilligten Festzuschüsse nach Absatz 1 Satz 2 bis 7, den Absätzen 2 und 3 in den Fällen zu erstatten, in denen eine von der Regelversorgung nach § 56 Abs. 2 abweichende, andersartige Versorgung durchgeführt wird.

---

[1]) Nr. 4.
[2]) Nr. 12.
[3]) Nr. 2.
[4]) Nr. 3.

§ 56 Festsetzung der Regelversorgungen. (1) Der Gemeinsame Bundesausschuss bestimmt in Richtlinien, erstmalig bis zum 30. Juni 2004, die Befunde, für die Festzuschüsse nach § 55 gewährt werden und ordnet diesen prothetische Regelversorgungen zu.

(2) [1] Die Bestimmung der Befunde erfolgt auf der Grundlage einer international anerkannten Klassifikation des Lückengebisses. [2] Dem jeweiligen Befund wird eine zahnprothetische Regelversorgung zugeordnet. [3] Diese hat sich an zahnmedizinisch notwendigen zahnärztlichen und zahntechnischen Leistungen zu orientieren, die zu einer ausreichenden, zweckmäßigen und wirtschaftlichen Versorgung mit Zahnersatz einschließlich Zahnkronen und Suprakonstruktionen bei einem Befund im Sinne von Satz 1 nach dem allgemein anerkannten Stand der zahnmedizinischen Erkenntnisse gehören. [4] Bei der Zuordnung der Regelversorgung zum Befund sind insbesondere die Funktionsdauer, die Stabilität und die Gegenbezahnung zu berücksichtigen. [5] Zumindest bei kleinen Lücken ist festsitzender Zahnersatz zu Grunde zu legen. [6] Bei großen Brücken ist die Regelversorgung auf den Ersatz von bis zu vier fehlenden Zähnen je Kiefer und bis zu drei fehlenden Zähnen je Seitenzahngebiet begrenzt. [7] Bei Kombinationsversorgungen ist die Regelversorgung auf zwei Verbindungselemente je Kiefer, bei Versicherten mit einem Restzahnbestand von höchstens drei Zähnen je Kiefer auf drei Verbindungselemente je Kiefer begrenzt. [8] Regelversorgungen umfassen im Oberkiefer Verblendungen bis einschließlich Zahn fünf, im Unterkiefer bis einschließlich Zahn vier. [9] In der Festlegung der Regelversorgung einzubeziehen sind die Befunderhebung, die Planung, die Vorbereitung des Restgebisses, die Beseitigung von groben Okklusionshindernissen und alle Maßnahmen zur Herstellung und Eingliederung des Zahnersatzes einschließlich der Nachbehandlung sowie die Unterweisung im Gebrauch des Zahnersatzes. [10] Bei der Festlegung der Regelversorgung für zahnärztliche Leistungen und für zahntechnische Leistungen sind jeweils die einzelnen Leistungen nach § 87 Abs. 2 und § 88 Abs. 1 getrennt aufzulisten. [11] Inhalt und Umfang der Regelversorgungen sind in geeigneten Zeitabständen zu überprüfen und an die zahnmedizinische Entwicklung anzupassen. [12] Der Gemeinsame Bundesausschuss kann von den Vorgaben der Sätze 5 bis 8 abweichen und die Leistungsbeschreibung fortentwickeln.

(3) Vor der Entscheidung des Gemeinsamen Bundesausschusses nach Absatz 2 ist dem Verband Deutscher Zahntechniker-Innungen Gelegenheit zur Stellungnahme zu geben; die Stellungnahme ist in die Entscheidung über die Regelversorgung hinsichtlich der zahntechnischen Leistungen einzubeziehen.

(4) Der Gemeinsame Bundesausschuss hat jeweils bis zum 30. November eines Kalenderjahres die Befunde, die zugeordneten Regelversorgungen einschließlich der nach Absatz 2 Satz 10 aufgelisteten zahnärztlichen und zahntechnischen Leistungen sowie die Höhe der auf die Regelversorgung entfallenden Beträge nach § 57 Abs. 1 Satz 6 und Absatz 2 Satz 5 und 6 in den Abstaffelungen nach § 55 Abs. 1 Satz 2, 3 und 5 sowie Abs. 2 im Bundesanzeiger bekannt zu machen.

(5) [1] § 94 Abs. 1 Satz 2 gilt mit der Maßgabe, dass die Beanstandungsfrist einen Monat beträgt. [2] Erlässt das Bundesministerium für Gesundheit die Richtlinie nach § 94 Abs. 1 Satz 5, gilt § 87 Abs. 6 Satz 4 zweiter Halbsatz und Satz 6 entsprechend.

§ 57 Beziehungen zu Zahnärzten und Zahntechnikern. (1) [1] Der Spitzenverband Bund der Krankenkassen und die Kassenzahnärztliche Bundesvereinigung vereinbaren jeweils bis zum 30. September eines Kalenderjahres für das Folgejahr, erstmalig bis zum 30. September 2004 für das Jahr 2005, die Höhe der Vergütungen für die zahnärztlichen Leistungen bei den Regelversorgungen nach § 56 Abs. 2 Satz 2. [2] Für die erstmalige Vereinbarung ermitteln die Vertragspartner nach Satz 1 den bundeseinheitlichen durchschnittlichen Punktwert des Jahres 2004 für zahnärztliche Leistungen beim Zahnersatz einschließlich Zahnkronen gewichtet nach der Zahl der Versicherten. [3] Soweit Punktwerte für das Jahr 2004 bis zum 30. Juni 2004 von den Partnern der Gesamtverträge nicht vereinbart sind, werden die Punktwerte des Jahres 2003 unter Anwendung der für das Jahr 2004 nach § 71 Abs. 3 maßgeblichen durchschnittlichen Veränderungsrate der beitragspflichtigen Einnahmen aller Mitglieder der Krankenkassen je Mitglied für das gesamte Bundesgebiet festgelegt. [4] Für das Jahr 2005 wird der durchschnittliche Punktwert nach den Sätzen 2 und 3 unter Anwendung der für das Jahr 2005 nach § 71 Abs. 3 maßgeblichen durchschnittlichen Veränderungsrate der beitragspflichtigen Einnahmen aller Mitglieder der Krankenkassen je Mitglied für das gesamte Bundesgebiet festgelegt. [5] Für die folgenden Kalenderjahre gelten § 71 Abs. 1 bis 3 sowie § 85 Abs. 3. [6] Die Beträge nach Satz 1 ergeben sich jeweils aus der Summe der Punktzahlen der nach § 56 Abs. 2 Satz 10 aufgelisteten zahnärztlichen Leistungen, multipliziert mit den jeweils vereinbarten Punktwerten. [7] Die Vertragspartner nach Satz 1 informieren den Gemeinsamen Bundesausschuss über die Beträge nach Satz 6. [8] § 89 Abs. 4 gilt mit der Maßgabe, dass auch § 89 Abs. 1 und 1a entsprechend gilt. [9] Die Festsetzungsfristen nach § 89 Abs. 1 Satz 2 und 3 und Abs. 1a Satz 2 betragen für die Festsetzungen nach den Sätzen 2 bis 4 zwei Monate.

(2) [1] Der Spitzenverband Bund der Krankenkassen und der Verband Deutscher Zahntechniker-Innungen vereinbaren jeweils zum 30. September eines Kalenderjahres die Veränderung der erstmalig für das Jahr 2005 ermittelten bundeseinheitlichen durchschnittlichen Preise. [2] § 71 Absatz 1 bis 3 gilt. [3] Die Landesverbände der Krankenkassen und die Ersatzkassen gemeinsam und einheitlich vereinbaren mit den Innungsverbänden der Zahntechniker-Innungen die Höchstpreise für die zahntechnischen Leistungen bei den Regelversorgungen nach § 56 Absatz 2 Satz 2; sie dürfen die für das jeweilige Kalenderjahr nach Satz 1 festgesetzten bundeseinheitlichen Preise um bis zu 5 Prozent unteroder überschreiten. [4] Für die Vereinbarungen nach Satz 2 gilt § 71 nicht. [5] Die für die Festlegung der Festzuschüsse nach § 55 Absatz 1 Satz 2 maßgeblichen Beträge für die zahntechnischen Leistungen bei den Regelversorgungen, die nicht von Zahnärzten erbracht werden, ergeben sich als Summe der bundeseinheitlichen Preise nach Satz 1 der nach § 56 Absatz 2 Satz 10 aufgelisteten zahntechnischen Leistungen. [6] Die Höchstpreise nach Satz 3 und die Beträge nach Satz 5 vermindern sich um 5 Prozent für zahntechnische Leistungen, die von Zahnärzten erbracht werden. [7] Die Vertragspartner nach Satz 1 informieren den Gemeinsamen Bundesausschuss über die Beträge für die zahntechnischen Leistungen bei Regelversorgungen. [8] § 89 Absatz 7 gilt mit der Maßgabe, dass die Festsetzungsfristen nach § 89 Absatz 1 Satz 1 und 3 und Absatz 1a Satz 2 für die Festsetzungen nach Satz 1 jeweils einen Monat betragen.

§§ 58, 59 *(aufgehoben)*

Achter Abschnitt. Fahrkosten

§ 60 Fahrkosten. (1) ¹Die Krankenkasse übernimmt nach den Absätzen 2 und 3 die Kosten für Fahrten einschließlich der Transporte nach § 133 (Fahrkosten), wenn sie im Zusammenhang mit einer Leistung der Krankenkasse aus zwingenden medizinischen Gründen notwendig sind. ²Welches Fahrzeug benutzt werden kann, richtet sich nach der medizinischen Notwendigkeit im Einzelfall. ³Die Krankenkasse übernimmt Fahrkosten zu einer ambulanten Behandlung unter Abzug des nach § 61 Satz 1 ergebenden Betrages in besonderen Ausnahmefällen, die der Gemeinsame Bundesausschuss in den Richtlinien nach § 92 Abs. 1 Satz 2 Nr. 12 festgelegt hat. ⁴Die Übernahme von Fahrkosten nach Satz 3 und nach Absatz 2 Satz 1 Nummer 3 für Fahrten zur ambulanten Behandlung erfolgt nur nach vorheriger Genehmigung durch die Krankenkasse.

(2) ¹Die Krankenkasse übernimmt die Fahrkosten in Höhe des sich nach § 61 Satz 1 ergebenden Betrages je Fahrt übersteigenden Betrages

1. bei Leistungen, die stationär erbracht werden; dies gilt bei einer Verlegung in ein anderes Krankenhaus nur, wenn die Verlegung aus zwingenden medizinischen Gründen erforderlich ist, oder bei einer mit Einwilligung der Krankenkasse erfolgten Verlegung in ein wohnortnahes Krankenhaus,
2. bei Rettungsfahrten zum Krankenhaus auch dann, wenn eine stationäre Behandlung nicht erforderlich ist,
3. bei anderen Fahrten von Versicherten, die während der Fahrt einer fachlichen Betreuung oder der besonderen Einrichtungen eines Krankenkraftwagens bedürfen oder bei denen dies auf Grund ihres Zustandes zu erwarten ist (Krankentransport),
4. bei Fahrten von Versicherten zu einer ambulanten Krankenbehandlung sowie zu einer Behandlung nach § 115a oder § 115b, wenn dadurch eine an sich gebotene vollstationäre oder teilstationäre Krankenhausbehandlung (§ 39) vermieden oder verkürzt wird oder diese nicht ausführbar ist, wie bei einer stationären Krankenhausbehandlung.

²Soweit Fahrten nach Satz 1 von Rettungsdiensten durchgeführt werden, zieht die Krankenkasse die Zuzahlung von in Höhe des sich nach § 61 Satz 1 ergebenden Betrages je Fahrt von dem Versicherten ein.

(3) Als Fahrkosten werden anerkannt

1. bei Benutzung eines öffentlichen Verkehrsmittels der Fahrpreis unter Ausschöpfung von Fahrpreisermäßigungen,
2. bei Benutzung eines Taxis oder Mietwagens, wenn ein öffentliches Verkehrsmittel nicht benutzt werden kann, der nach § 133 berechnungsfähige Betrag,
3. bei Benutzung eines Krankenkraftwagens oder Rettungsfahrzeugs, wenn ein öffentliches Verkehrsmittel, ein Taxi oder ein Mietwagen nicht benutzt werden kann, der nach § 133 berechnungsfähige Betrag,
4. bei Benutzung eines privaten Kraftfahrzeugs für jeden gefahrenen Kilometer den jeweils auf Grund des Bundesreisekostengesetzes festgesetzten Höchstbetrag für Wegstreckenentschädigung, höchstens jedoch die Kosten, die bei

Inanspruchnahme des nach Nummer 1 bis 3 erforderlichen Transportmittels entstanden wären.

(4) ¹Die Kosten des Rücktransports in das Inland werden nicht übernommen. ²§ 18 bleibt unberührt.

(5) Im Zusammenhang mit Leistungen zur medizinischen Rehabilitation werden Fahr- und andere Reisekosten nach § 73 Absatz 1 bis 3 des Neunten Buches[1)] übernommen.

Neunter Abschnitt. Zuzahlungen, Belastungsgrenze

§ 61 Zuzahlungen. ¹Zuzahlungen, die Versicherte zu leisten haben, betragen 10 vom Hundert des Abgabepreises, mindestens jedoch 5 Euro und höchstens 10 Euro; allerdings jeweils nicht mehr als die Kosten des Mittels. ²Als Zuzahlungen zu stationären Maßnahmen werden je Kalendertag 10 Euro erhoben. ³Bei Heilmitteln und häuslicher Krankenpflege beträgt die Zuzahlung 10 vom Hundert der Kosten sowie 10 Euro je Verordnung. ⁴Geleistete Zuzahlungen sind von dem zum Einzug Verpflichteten gegenüber dem Versicherten zu quittieren; ein Vergütungsanspruch hierfür besteht nicht.

§ 62 Belastungsgrenze. (1) ¹Versicherte haben während jedes Kalenderjahres nur Zuzahlungen bis zur Belastungsgrenze zu leisten; wird die Belastungsgrenze bereits innerhalb eines Kalenderjahres erreicht, hat die Krankenkasse eine Bescheinigung darüber zu erteilen, dass für den Rest des Kalenderjahres keine Zuzahlungen mehr zu leisten sind. ²Die Belastungsgrenze beträgt zwei vom Hundert der jährlichen Bruttoeinnahmen zum Lebensunterhalt; für chronisch Kranke, die wegen derselben schwerwiegenden Krankheit in Dauerbehandlung sind, beträgt sie 1 vom Hundert der jährlichen Bruttoeinnahmen zum Lebensunterhalt. ³Abweichend von Satz 2 beträgt die Belastungsgrenze 2 vom Hundert der jährlichen Bruttoeinnahmen zum Lebensunterhalt für nach dem 1. April 1972 geborene chronisch kranke Versicherte, die ab dem 1. Januar 2008 die in § 25 Absatz 1 genannten Gesundheitsuntersuchungen vor der Erkrankung nicht regelmäßig in Anspruch genommen haben. ⁴Für Versicherte nach Satz 3, die an einem für ihre Erkrankung bestehenden strukturierten Behandlungsprogramm teilnehmen, beträgt die Belastungsgrenze 1 vom Hundert der jährlichen Bruttoeinnahmen zum Lebensunterhalt. ⁵Der Gemeinsame Bundesausschuss legt in seinen Richtlinien fest, in welchen Fällen Gesundheitsuntersuchungen ausnahmsweise nicht zwingend durchgeführt werden müssen. ⁶Die weitere Dauer der in Satz 2 genannten Behandlung ist der Krankenkasse jeweils spätestens nach Ablauf eines Kalenderjahres nachzuweisen und vom Medizinischen Dienst der Krankenversicherung, soweit erforderlich, zu prüfen; die Krankenkasse kann auf den jährlichen Nachweis verzichten, wenn bereits die notwendigen Feststellungen getroffen worden sind und im Einzelfall keine Anhaltspunkte für einen Wegfall der chronischen Erkrankung vorliegen. ⁷Die Krankenkassen sind verpflichtet, ihre Versicherten zu Beginn eines Kalenderjahres auf die für sie in diesem Kalenderjahr maßgeblichen Untersuchungen nach § 25 Abs. 1 hinzuweisen. ⁸Das Nähere zur Definition einer schwerwiegenden chronischen Erkrankung bestimmt der Gemeinsame Bundesausschuss in den Richtlinien nach § 92.

[1)] Nr. **9**.

5 SGB V § 62　　　　　　　　　　5. Buch. Gesetzl. Krankenversicherung

(2) ¹Bei der Ermittlung der Belastungsgrenzen nach Absatz 1 werden die Zuzahlungen und die Bruttoeinnahmen zum Lebensunterhalt des Versicherten, seines Ehegatten oder Lebenspartners, der minderjährigen oder nach § 10 versicherten Kinder des Versicherten, seines Ehegatten oder Lebenspartners sowie der Angehörigen im Sinne des § 8 Absatz 4 des Zweiten Gesetzes über die Krankenversicherung der Landwirte jeweils zusammengerechnet, soweit sie im gemeinsamen Haushalt leben. ²Hierbei sind die jährlichen Bruttoeinnahmen für den ersten in dem gemeinsamen Haushalt lebenden Angehörigen des Versicherten um 15 vom Hundert und für jeden weiteren in dem gemeinsamen Haushalt lebenden Angehörigen des Versicherten und des Lebenspartners um 10 vom Hundert der jährlichen Bezugsgröße nach § 18 des Vierten Buches[1]) zu vermindern. ³Für jedes Kind des Versicherten und des Lebenspartners sind die jährlichen Bruttoeinnahmen um den sich aus den Freibeträgen nach § 32 Abs. 6 Satz 1 und 2 des Einkommensteuergesetzes ergebenden Betrag zu vermindern; die nach Satz 2 bei der Ermittlung der Belastungsgrenze vorgesehene Berücksichtigung entfällt. ⁴Zu den Einnahmen zum Lebensunterhalt gehören nicht Grundrenten, die Beschädigte nach dem Bundesversorgungsgesetz oder nach anderen Gesetzen in entsprechender Anwendung des Bundesversorgungsgesetzes erhalten, sowie Renten oder Beihilfen, die nach dem Bundesentschädigungsgesetz für Schäden an Körper und Gesundheit gezahlt werden, bis zur Höhe der vergleichbaren Grundrente nach dem Bundesversorgungsgesetz. ⁵Abweichend von den Sätzen 1 bis 3 ist bei Versicherten,

1. die Hilfe zum Lebensunterhalt oder Grundsicherung im Alter und bei Erwerbsminderung nach dem Zwölften Buch[2]) oder die ergänzende Hilfe zum Lebensunterhalt nach dem Bundesversorgungsgesetz oder nach einem Gesetz, das dieses für anwendbar erklärt, erhalten,

2. bei denen die Kosten der Unterbringung in einem Heim oder einer ähnlichen Einrichtung von einem Träger der Sozialhilfe oder der Kriegsopferfürsorge getragen werden

sowie für den in § 264 genannten Personenkreis als Bruttoeinnahmen zum Lebensunterhalt für die gesamte Bedarfsgemeinschaft nur der Regelsatz für die Regelbedarfsstufe 1 nach der Anlage zu § 28 des Zwölften Buches maßgeblich. ⁶Bei Versicherten, die Leistungen zur Sicherung des Lebensunterhalts nach dem Zweiten Buch erhalten, ist abweichend von den Sätzen 1 bis 3 als Bruttoeinnahmen zum Lebensunterhalt für die gesamte Bedarfsgemeinschaft nur der Regelbedarf nach § 20 Absatz 2 Satz 1 des Zweiten Buches[3]) maßgeblich. ⁷Bei Ehegatten und Lebenspartnern ist ein gemeinsamer Haushalt im Sinne des Satzes 1 auch dann anzunehmen, wenn ein Ehegatte oder Lebenspartner dauerhaft in eine vollstationäre Einrichtung aufgenommen wurde, in der Leistungen gemäß § 43 oder § 43a des Elften Buches[4]) erbracht werden.

(3) ¹Die Krankenkasse stellt dem Versicherten eine Bescheinigung über die Befreiung nach Absatz 1 aus. ²Diese darf keine Angaben über das Einkommen des Versicherten oder anderer zu berücksichtigender Personen enthalten.

(4) *(aufgehoben)*

---

[1]) Nr. 4.
[2]) Nr. 12.
[3]) Nr. 2.
[4]) Nr. 11.

(5) Die Spitzenverbände der Krankenkassen evaluieren für das Jahr 2006 die Ausnahmeregelungen von der Zuzahlungspflicht hinsichtlich ihrer Steuerungswirkung und legen dem Deutschen Bundestag hierzu über das Bundesministerium für Gesundheit spätestens bis zum 30. Juni 2007 einen Bericht vor.

§ 62a *(aufgehoben)*

Zehnter Abschnitt. Weiterentwicklung der Versorgung

§ 63 Grundsätze. (1) Die Krankenkassen und ihre Verbände können im Rahmen ihrer gesetzlichen Aufgabenstellung zur Verbesserung der Qualität und der Wirtschaftlichkeit der Versorgung Modellvorhaben zur Weiterentwicklung der Verfahrens-, Organisations-, Finanzierungs- und Vergütungsformen der Leistungserbringung durchführen oder nach § 64 vereinbaren.

(2) Die Krankenkassen können Modellvorhaben zu Leistungen zur Verhütung und Früherkennung von Krankheiten, zur Krankenbehandlung sowie bei Schwangerschaft und Mutterschaft, die nach den Vorschriften dieses Buches oder auf Grund hiernach getroffener Regelungen keine Leistungen der Krankenversicherung sind, durchführen oder nach § 64 vereinbaren.

(3) [1] Bei der Vereinbarung und Durchführung von Modellvorhaben nach Absatz 1 kann von den Vorschriften des Vierten und des Zehnten Kapitels dieses Buches, soweit es für die Modellvorhaben erforderlich ist, und des Krankenhausfinanzierungsgesetzes, des Krankenhausentgeltgesetzes sowie den nach diesen Vorschriften getroffenen Regelungen abgewichen werden; der Grundsatz der Beitragssatzstabilität gilt entsprechend. [2] Gegen diesen Grundsatz wird insbesondere für den Fall nicht verstoßen, daß durch ein Modellvorhaben entstehende Mehraufwendungen durch nachzuweisende Einsparungen auf Grund der in dem Modellvorhaben vorgesehenen Maßnahmen ausgeglichen werden. [3] Einsparungen nach Satz 2 können, soweit sie die Mehraufwendungen überschreiten, auch an die an einem Modellvorhaben teilnehmenden Versicherten weitergeleitet werden. [4] Satz 1 gilt mit der Maßgabe, dass von § 284 Abs. 1 Satz 5 nicht abgewichen werden darf.

(3a) [1] Gegenstand von Modellvorhaben nach Absatz 1, in denen von den Vorschriften des Zehnten Kapitels dieses Buches abgewichen wird, können insbesondere informationstechnische und organisatorische Verbesserungen der Datenverwendung, einschließlich der Erweiterungen der Befugnisse zur Erhebung, Verarbeitung und Nutzung von personenbezogenen Daten sein. [2] Von den Vorschriften des Zehnten Kapitels dieses Buches zur Erhebung, Verarbeitung und Nutzung personenbezogener Daten darf nur mit schriftlicher Einwilligung des Versicherten und nur in dem Umfang abgewichen werden, der erforderlich ist, um die Ziele des Modellvorhabens zu erreichen. [3] Der Versicherte ist vor Erteilung der Einwilligung schriftlich oder elektronisch darüber zu unterrichten, inwieweit das Modellvorhaben von den Vorschriften des Zehnten Kapitels dieses Buches abweicht und aus welchen Gründen diese Abweichungen erforderlich sind. [4] Die Einwilligung des Versicherten hat sich auf Zweck, Inhalt, Art, Umfang und Dauer der Erhebung, Verarbeitung und Nutzung seiner personenbezogenen Daten sowie die daran Beteiligten zu erstrecken; die Einwilligung kann widerrufen werden. [5] Beim Einsatz mobiler personenbezogener Speicher- und Verarbeitungsmedien gilt § 6c des Bundesdatenschutzgesetzes entsprechend.

5 SGB V § 63   5. Buch. Gesetzl. Krankenversicherung

(3b) ¹ Modellvorhaben nach Absatz 1 können vorsehen, dass Angehörige der im Krankenpflegegesetz und im Altenpflegegesetz geregelten Berufe
1. die Verordnung von Verbandsmitteln und Pflegehilfsmitteln sowie
2. die inhaltliche Ausgestaltung der häuslichen Krankenpflege einschließlich deren Dauer

vornehmen, soweit diese auf Grund ihrer Ausbildung qualifiziert sind und es sich bei der Tätigkeit nicht um selbständige Ausübung von Heilkunde handelt. ² Modellvorhaben nach Absatz 1 können vorsehen, dass Physiotherapeuten mit einer Erlaubnis nach § 1 Abs. 1 Nr. 2 des Masseur- und Physiotherapeutengesetzes die Auswahl und die Dauer der physikalischen Therapie und die Frequenz der Behandlungseinheiten bestimmen, soweit die Physiotherapeuten auf Grund ihrer Ausbildung qualifiziert sind und es sich bei der Tätigkeit nicht um selbständige Ausübung von Heilkunde handelt. ³ Satz 2 gilt im Bereich ergotherapeutischer Behandlungen entsprechend für Ergotherapeuten mit einer Erlaubnis nach § 1 Absatz 1 des Ergotherapeutengesetzes.

(3c) ¹ Modellvorhaben nach Absatz 1 können eine Übertragung der ärztlichen Tätigkeiten, bei denen es sich um selbständige Ausübung von Heilkunde handelt und für die die Angehörigen des im Krankenpflegegesetz geregelten Berufes auf Grund einer Ausbildung nach § 4 Abs. 7 des Krankenpflegegesetzes qualifiziert sind, auf diese vorsehen. ² Satz 1 gilt für die Angehörigen des im Altenpflegegesetz geregelten Berufes auf Grund einer Ausbildung nach § 4 Abs. 7 des Altenpflegegesetzes entsprechend. ³ Der Gemeinsame Bundesausschuss legt in Richtlinien fest, bei welchen Tätigkeiten eine Übertragung von Heilkunde auf die Angehörigen der in den Sätzen 1 und 2 genannten Berufe im Rahmen von Modellvorhaben erfolgen kann. ⁴ Vor der Entscheidung des Gemeinsamen Bundesausschusses ist der Bundesärztekammer sowie den maßgeblichen Verbänden der Pflegeberufe Gelegenheit zur Stellungnahme zu geben. ⁵ Die Stellungnahmen sind in die Entscheidungen einzubeziehen.

(4) ¹ Gegenstand von Modellvorhaben nach Absatz 2 können nur solche Leistungen sein, über deren Eignung als Leistung der Krankenversicherung der Gemeinsame Bundesausschuss nach § 91 im Rahmen der Beschlüsse nach § 92 Abs. 1 Satz 2 Nr. 5 oder im Rahmen der Beschlüsse nach § 137c Abs. 1 keine ablehnende Entscheidung getroffen hat. ² Fragen der biomedizinischen Forschung sowie Forschungen zur Entwicklung und Prüfung von Arzneimitteln und Medizinprodukten können nicht Gegenstand von Modellvorhaben sein.

(5) ¹ Die Modellvorhaben sind im Regelfall auf längstens acht Jahre zu befristen. ² Verträge nach § 64 Abs. 1 sind den für die Vertragsparteien zuständigen Aufsichtsbehörden vorzulegen. ³ Modellvorhaben nach Absatz 1, in denen von den Vorschriften des Zehnten Kapitels dieses Buches abgewichen werden kann, sind auf längstens fünf Jahre zu befristen; personenbezogene Daten, die in Abweichung von den Regelungen des Zehnten Kapitels dieses Buches erhoben, verarbeitet oder genutzt worden sind, sind unverzüglich nach Abschluss des Modellvorhabens zu löschen. ⁴ Über Modellvorhaben nach Absatz 1, in denen von den Vorschriften des Zehnten Kapitels dieses Buches abgewichen wird, sind der Bundesbeauftragte für den Datenschutz oder die Landesbeauftragten für den Datenschutz, soweit diese zuständig sind, rechtzeitig vor Beginn des Modellvorhabens zu unterrichten.

(6) ¹ Modellvorhaben nach den Absätzen 1 und 2 können auch von den Kassenärztlichen Vereinigungen im Rahmen ihrer gesetzlichen Aufgabenstel-

3. Kapitel. Leistungen der Krankenvers. **§ 64 SGB V 5**

lung mit den Krankenkassen oder ihren Verbänden vereinbart werden. ²Die Vorschriften dieses Abschnitts gelten entsprechend.

§ 64 Vereinbarungen mit Leistungserbringern. (1) ¹Die Krankenkassen und ihre Verbände können mit den in der gesetzlichen Krankenversicherung zugelassenen Leistungserbringern oder Gruppen von Leistungserbringern Vereinbarungen über die Durchführung von Modellvorhaben nach § 63 Abs. 1 oder 2 schließen. ²Soweit die ärztliche Behandlung im Rahmen der vertragsärztlichen Versorgung betroffen ist, können sie nur mit einzelnen Vertragsärzten, mit Gemeinschaften dieser Leistungserbringer oder mit Kassenärztlichen Vereinigungen Verträge über die Durchführung von Modellvorhaben nach § 63 Abs. 1 oder 2 schließen.

(2) *(aufgehoben)*

(3) ¹Werden in einem Modellvorhaben nach § 63 Abs. 1 oder § 64a Leistungen außerhalb der für diese Leistungen geltenden Vergütungen nach § 85 oder § 87a, der Ausgabenvolumen nach § 84 oder der Krankenhausbudgets vergütet, sind die Vergütungen oder der Behandlungsbedarf nach § 87a Absatz 3 Satz 2, die Ausgabenvolumen oder die Budgets, in denen die Ausgaben für diese Leistungen enthalten sind, entsprechend der Zahl und der Morbiditäts- oder Risikostruktur der am Modellversuch teilnehmenden Versicherten sowie dem in den Verträgen nach Absatz 1 jeweils vereinbarten Inhalt des Modellvorhabens zu bereinigen; die Budgets der teilnehmenden Krankenhäuser sind dem geringeren Leistungsumfang anzupassen. ²Kommt eine Einigung der zuständigen Vertragsparteien über die Bereinigung der Vergütungen, Ausgabenvolumen oder Budgets nach Satz 1 nicht zustande, können auch die Krankenkassen oder ihre Verbände, die Vertragspartner der Vereinbarung nach Absatz 1 sind, das Schiedsamt nach § 89 oder die Schiedsstelle nach § 18a Abs. 1 des Krankenhausfinanzierungsgesetzes anrufen. ³Vereinbaren alle gemäß § 18 Abs. 2 des Krankenhausfinanzierungsgesetzes an der Pflegesatzvereinbarung beteiligten Krankenkassen gemeinsam ein Modellvorhaben, das die gesamten nach der Bundespflegesatzverordnung oder dem Krankenhausentgeltgesetz vergüteten Leistungen eines Krankenhauses für Versicherte umfaßt, sind die vereinbarten Entgelte für alle Benutzer des Krankenhauses einheitlich zu berechnen. ⁴Bei der Ausgliederung nach Satz 1 sind nicht auf die einzelne Leistung bezogene, insbesondere periodenfremde, Finanzierungsverpflichtungen in Höhe der ausgegliederten Belegungsanteile dem Modellvorhaben zuzuordnen. ⁵Für die Bereinigung des Behandlungsbedarfs nach § 87a Absatz 3 Satz 2 gilt § 73b Absatz 7 entsprechend; falls eine Vorabeinschreibung der teilnehmenden Versicherten nicht möglich ist, kann eine rückwirkende Bereinigung vereinbart werden. ⁶Die Krankenkasse kann bei Verträgen nach Satz 1 auf die Bereinigung verzichten, wenn das voraussichtliche Bereinigungsvolumen einer Krankenkasse für ein Modellvorhaben geringer ist als der Aufwand für die Durchführung dieser Bereinigung. ⁷Der Bewertungsausschuss hat in seinen Vorgaben gemäß § 87a Absatz 5 Satz 7 zur Bereinigung und zur Ermittlung der kassenspezifischen Aufsatzwerte des Behandlungsbedarfs auch Vorgaben zur Höhe des Schwellenwertes für das voraussichtliche Bereinigungsvolumen, unterhalb dessen von einer basiswirksamen Bereinigung abgesehen werden kann, zu der pauschalen Ermittlung und Übermittlung des voraussichtlichen Bereinigungsvolumens an die Vertragspartner nach § 73b Absatz 7

Satz 1 sowie zu dessen Anrechnung beim Aufsatzwert der betroffenen Krankenkasse zu machen.

(4) ¹Die Vertragspartner nach Absatz 1 Satz 1 können Modellvorhaben zur Vermeidung einer unkoordinierten Mehrfachinanspruchnahme von Vertragsärzten durch die Versicherten durchführen. ²Sie können vorsehen, daß der Vertragsarzt, der vom Versicherten weder als erster Arzt in einem Behandlungsquartal noch mit Überweisung noch zur Einholung einer Zweitmeinung in Anspruch genommen wird, von diesem Versicherten verlangen kann, daß die bei ihm in Anspruch genommenen Leistungen im Wege der Kostenerstattung abgerechnet werden.

§ 64a Modellvorhaben zur Arzneimittelversorgung. (1) ¹Die Kassenärztliche Vereinigung und die für die Wahrnehmung der wirtschaftlichen Interessen maßgebliche Organisation der Apotheker auf Landesebene gemeinsam können mit den für ihren Bezirk zuständigen Landesverbänden der Krankenkassen und den Ersatzkassen gemeinsam die Durchführung eines Modellvorhabens nach § 63 zur Verbesserung der Qualität und Wirtschaftlichkeit der Arzneimittelversorgung für eine Zeitdauer von bis zu drei Jahren vereinbaren. ²Werden Modellvorhaben in mehreren Bezirken der Kassenärztlichen Vereinigungen vereinbart, sollen sich die Kassenärztlichen Vereinigungen auf die Durchführung des Modellvorhabens in einem Bezirk einigen. ³Überschüsse aufgrund von Minderaufwendungen, die durch Maßnahmen des Modellvorhabens nach Satz 1 bei den Krankenkassen realisiert werden, sind in Teilen an die Leistungserbringer weiterzuleiten. ⁴Die durch das Modellvorhaben den Krankenkassen entstehenden Mehraufwendungen sind auszugleichen. ⁵Die Vereinbarung nach Satz 1 umfasst das Nähere zu dem Modellvorhaben, insbesondere

1. einen Katalog für eine wirtschaftliche Wirkstoffauswahl in allen versorgungsrelevanten Indikationen,
2. die im Modellprojekt zu erbringenden Leistungen und deren Dokumentation,
3. die Grundsätze zur Ermittlung von Überschüssen und deren teilweise Weiterleitung an die Leistungserbringer nach Satz 3 sowie zum Ausgleichsverfahren nach Satz 4.

⁶Im Übrigen gilt für die Vereinbarung nach Satz 1 § 63 Absatz 3 und 4 bis 6 entsprechend. ⁷§ 65 gilt entsprechend mit der Maßgabe, dass die Begleitung und Auswertung von den Vertragspartnern nach Satz 1 veranlasst wird. ⁸Für das Modellvorhaben ist eine Vereinbarung nach § 106b Absatz 1 Satz 1 zu treffen. ⁹Die Kassenärztliche Bundesvereinigung und die Vertragspartner nach § 129 Absatz 2 können gemeinsame Empfehlungen insbesondere zum Inhalt und zur Durchführung des Modellvorhabens vereinbaren, die in der Vereinbarung nach Satz 1 zu beachten sind.

(2) ¹Soweit keine Einigung über die Durchführung eines Modellvorhabens nach Absatz 1 erzielt wird, kann jede Vertragspartei das Schiedsamt für die vertragsärztliche Versorgung nach § 89 Absatz 2 zur Festsetzung des Inhalts der Vereinbarung nach Absatz 1 anrufen. ²Die Festsetzung soll unterbleiben, wenn in dem Bezirk einer anderen Kassenärztlichen Vereinigung bereits ein Modellvorhaben vereinbart wurde. ³Das Schiedsamt wird um Vertreter der für die Wahrnehmung der wirtschaftlichen Interessen gebildeten maßgeblichen Spit-

zenorganisation der Apotheker in der gleichen Zahl erweitert, wie sie jeweils für die Vertreter der Krankenkassen und der Kassenärztlichen Vereinigung vorgesehen ist. [4] Das so erweiterte Schiedsamt beschließt mit einer Mehrheit von zwei Dritteln der Stimmen der Mitglieder.

§ 64b Modellvorhaben zur Versorgung psychisch kranker Menschen.

(1) [1] Gegenstand von Modellvorhaben nach § 63 Absatz 1 oder 2 kann auch die Weiterentwicklung der Versorgung psychisch kranker Menschen sein, die auf eine Verbesserung der Patientenversorgung oder der sektorenübergreifenden Leistungserbringung ausgerichtet ist, einschließlich der komplexen psychiatrischen Behandlung im häuslichen Umfeld. [2] In jedem Land soll unter besonderer Berücksichtigung der Kinder- und Jugendpsychiatrie mindestens ein Modellvorhaben nach Satz 1 durchgeführt werden; dabei kann ein Modellvorhaben auf mehrere Länder erstreckt werden. [3] Eine bestehende Verpflichtung der Leistungserbringer zur Versorgung bleibt unberührt. [4] § 63 Absatz 3 ist für Modellvorhaben nach Satz 1 mit der Maßgabe anzuwenden, dass von den Vorgaben der §§ 295, 300, 301 und 302 sowie des § 17d Absatz 9 des Krankenhausfinanzierungsgesetzes nicht abgewichen werden darf. [5] § 63 Absatz 5 Satz 1 gilt nicht. [6] Die Meldung nach Absatz 3 Satz 2 hat vor der Vereinbarung zu erfolgen.

(2) [1] Die Modellvorhaben nach Absatz 1 sind im Regelfall auf längstens acht Jahre zu befristen. [2] Unter Vorlage des Berichts nach § 65 können die Krankenkassen und die Vertragsparteien bei den zuständigen Aufsichtsbehörden eine Verlängerung beantragen.

(3) [1] Dem DRG-Institut der Selbstverwaltungspartner nach § 17b Absatz 2 des Krankenhausfinanzierungsgesetzes sind neben den nach § 21 des Krankenhausentgeltgesetzes zu übermittelnden Daten von den Vertragsparteien des Modellvorhabens insbesondere auch Informationen zur vereinbarten Art und Anzahl der Patientinnen und Patienten, zu spezifischen Leistungsinhalten und den der verhandelten Vergütungen zugrunde gelegten Kosten sowie zu strukturellen Merkmalen des jeweiligen Modellvorhabens einschließlich der Auswertung nach § 65 mitzuteilen. [2] Über Art und Umfang der zu meldenden Daten sowie zur Meldung von Modellvorhaben beim DRG-Institut schließen die Selbstverwaltungspartner nach § 17b Absatz 2 des Krankenhausfinanzierungsgesetzes bis zum 31. Dezember 2012 eine Vereinbarung. [3] § 21 Absatz 4, 5 Satz 1 und 2 sowie Absatz 6 des Krankenhausentgeltgesetzes ist für die Vereinbarung und die Datenübermittlung entsprechend anzuwenden. [4] Für die Finanzierung der Aufgaben des DRG-Instituts gilt § 17d Absatz 5 des Krankenhausfinanzierungsgesetzes entsprechend.

(4) Private Krankenversicherungen und der Verband der privaten Krankenversicherung können sich an Modellvorhaben nach Absatz 1 und deren Finanzierung beteiligen.

§ 64c Modellvorhaben zum Screening auf 4MRGN.

(1) [1] Die in § 115 Absatz 1 Satz 1 genannten Vertragspartner vereinbaren gemeinsam und einheitlich im Einvernehmen mit dem Robert Koch-Institut die Durchführung eines Modellvorhabens nach § 63, um Erkenntnisse zur Effektivität und zum Aufwand eines Screenings auf 4MRGN (Multiresistente gramnegative Stäbchen mit einer Resistenz gegen vier der vier Antibiotikagruppen) im Vorfeld eines planbaren Krankenhausaufenthaltes zu gewinnen. [2] Das Modellvorhaben

ist insbesondere auf die Risikopersonen nach Maßgabe der Empfehlungen der Kommission für Krankenhaushygiene und Infektionsprävention auszurichten. ³ Die Kassenärztlichen Vereinigungen verständigen sich auf die Durchführung eines Modellvorhabens in mindestens einer Kassenärztlichen Vereinigung. ⁴ Soweit eine überbezirkliche Versorgung besteht, soll das Modellvorhaben in den betroffenen Kassenärztlichen Vereinigungen gemeinsam durchgeführt werden. ⁵ Das Modellvorhaben kann in mehreren Kassenärztlichen Vereinigungen durchgeführt werden, insbesondere um ausreichende Fallzahlen zu gewährleisten und um regionale Unterschiede in der Bevölkerungsstruktur zu berücksichtigen. ⁶ § 65 gilt mit der Maßgabe, dass die wissenschaftliche Begleitung und Auswertung des Modellvorhabens im Einvernehmen mit dem Robert Koch-Institut zu erfolgen hat.

(2) ¹ Soweit bis zum 31. Dezember 2015 keine Einigung über die Durchführung eines Modellvorhabens nach Absatz 1 erzielt wird, kann jede Vertragspartei die Landesschiedsstelle nach § 114 anrufen. ² § 115 Absatz 3 gilt entsprechend. ³ Die Anrufung der Schiedsstelle soll unterbleiben, wenn in einer anderen Kassenärztlichen Vereinigung bereits ein Modellvorhaben nach Absatz 1 vereinbart wurde, keine überbezirkliche Versorgung besteht oder eine Durchführung in mehreren Kassenärztlichen Vereinigungen aus wissenschaftlichen Gründen nicht erforderlich ist.

§ 64d Modellvorhaben zur Heilmittelversorgung. (1) ¹ Die Landesverbände der Krankenkassen und die Ersatzkassen haben gemeinsam und einheitlich mit den für die Wahrnehmung der Interessen der Heilmittelerbringer maßgeblichen Verbänden auf Landesebene zur Stärkung der Verantwortung der Heilmittelerbringer die Durchführung von Modellvorhaben nach Satz 3 zu vereinbaren. ² Dabei kann ein Modellvorhaben auch auf mehrere Länder erstreckt werden. ³ In den Modellvorhaben ist vorzusehen, dass die Heilmittelerbringer auf der Grundlage einer vertragsärztlich festgestellten Diagnose und Indikation für eine Heilmittelbehandlung selbst die Auswahl und die Dauer der Therapie sowie die Frequenz der Behandlungseinheiten bestimmen. ⁴ In der Vereinbarung nach Satz 1 ist die mit dem Modellvorhaben verbundene höhere Verantwortung der Heilmittelerbringer, insbesondere im Hinblick auf zukünftige Mengenentwicklungen und auf die Anforderungen an die Qualifikation der Heilmittelerbringer, zu berücksichtigen. ⁵ Zudem ist in der Vereinbarung festzulegen, inwieweit die Heilmittelerbringer bei der Leistungserbringung von den Vorgaben der Richtlinien des Gemeinsamen Bundesausschusses nach § 92 Absatz 1 Satz 2 Nummer 6 abweichen dürfen. Vereinbarungen nach Satz 1 sind den zuständigen Aufsichtsbehörden vorzulegen. ⁶ § 211a gilt entsprechend.

(2) Voraussetzung für die Teilnahme der Heilmittelerbringer ist, dass sie

1. nach § 124 Absatz 2 zur Versorgung zugelassen sind,

2. auf Grund ihrer Ausbildung über die notwendige Qualifikation verfügen und gegebenenfalls weitere von den Vertragspartnern nach Absatz 1 vertraglich vereinbarte Qualifikationsanforderungen erfüllen und

3. ihre Tätigkeit nicht als selbständige Heilkunde ausüben.

(3) ¹ Die Modellvorhaben nach Absatz 1 sind im Regelfall auf längstens drei Jahre zu befristen. ² § 65 gilt entsprechend. ³ § 63 Absatz 3b Satz 2 und 3 bleibt unberührt.

(4) Im Übrigen gilt für Heilmittel, die nach der Richtlinie des Gemeinsamen Bundesausschusses gemäß § 92 Absatz 1 Satz 2 Nummer 6 zur Behandlung krankheitsbedingter Schädigungen nur verordnungsfähig sind, wenn die Schädigungen auf Grund bestimmter Grunderkrankungen eintreten, dass auch ihre Anwendung bei anderen ursächlichen Grunderkrankungen Gegenstand von Modellvorhaben nach § 63 Absatz 2 sein kann.

§ 65 Auswertung der Modellvorhaben. [1] Die Krankenkassen oder ihre Verbände haben eine wissenschaftliche Begleitung und Auswertung der Modellvorhaben im Hinblick auf die Erreichung der Ziele der Modellvorhaben nach § 63 Abs. 1 oder Abs. 2 nach allgemein anerkannten wissenschaftlichen Standards zu veranlassen. [2] Der von unabhängigen Sachverständigen zu erstellende Bericht über die Ergebnisse der Auswertung ist zu veröffentlichen.

§ 65a Bonus für gesundheitsbewusstes Verhalten. (1) [1] Die Krankenkasse soll in ihrer Satzung bestimmen, unter welchen Voraussetzungen Versicherte, die

1. regelmäßig Leistungen zur Erfassung von gesundheitlichen Risiken und Früherkennung von Krankheiten nach den §§ 25 und 26 in Anspruch nehmen,

2. Leistungen für Schutzimpfungen nach § 20i in Anspruch nehmen oder

3. regelmäßig Leistungen der Krankenkassen zur verhaltensbezogenen Prävention nach § 20 Absatz 5 in Anspruch nehmen oder an vergleichbaren, qualitätsgesicherten Angeboten zur Förderung eines gesundheitsbewussten Verhaltens teilnehmen,

[2] Anspruch auf einen Bonus haben, der zusätzlich zu der in § 62 Absatz 1 Satz 2 genannten abgesenkten Belastungsgrenze zu gewähren ist.

(2) Die Krankenkasse soll in ihrer Satzung auch vorsehen, dass bei Maßnahmen zur betrieblichen Gesundheitsförderung durch Arbeitgeber sowohl der Arbeitgeber als auch die teilnehmenden Versicherten einen Bonus erhalten.

(3) [1] Die Aufwendungen für Maßnahmen nach Absatz 1 müssen mittelfristig aus Einsparungen und Effizienzsteigerungen, die durch diese Maßnahmen erzielt werden, finanziert werden. [2] Die Krankenkassen haben regelmäßig, mindestens alle drei Jahre, über diese Einsparungen gegenüber der zuständigen Aufsichtsbehörde Rechenschaft abzulegen. [3] Werden keine Einsparungen erzielt, dürfen keine Boni für die entsprechenden Versorgungsformen gewährt werden.

§ 65b Förderung von Einrichtungen zur Verbraucher- und Patientenberatung. (1) [1] Der Spitzenverband Bund der Krankenkassen fördert Einrichtungen, die Verbraucherinnen und Verbraucher sowie Patientinnen und Patienten in gesundheitlichen und gesundheitsrechtlichen Fragen qualitätsgesichert und kostenfrei informieren und beraten, mit dem Ziel, die Patientenorientierung im Gesundheitswesen zu stärken und Problemlagen im Gesundheitssystem aufzuzeigen. [2] Der Spitzenverband Bund der Krankenkassen darf auf den Inhalt oder den Umfang der Beratungstätigkeit keinen Einfluss nehmen. [3] Die Förderung einer Einrichtung zur Verbraucher- und Patientenberatung setzt deren Nachweis über ihre Neutralität und Unabhängigkeit voraus. [4] Die Vorbereitung der Vergabe der Fördermittel und die Entscheidung darüber erfolgt durch den

Spitzenverband Bund der Krankenkassen im Einvernehmen mit der oder dem Beauftragten der Bundesregierung für die Belange der Patientinnen und Patienten; die Fördermittel werden jeweils für eine Laufzeit von sieben Jahren vergeben. [5] Die oder der Beauftragte der Bundesregierung für die Belange der Patientinnen und Patienten und der Spitzenverband Bund der Krankenkassen werden bei der Vergabe und während der Förderphase durch einen Beirat beraten. [6] Der Beirat tagt unter der Leitung der oder des Beauftragten der Bundesregierung für die Belange der Patientinnen und Patienten mindestens zweimal jährlich; ihm gehören Vertreterinnen und Vertreter der Wissenschaften und Patientenorganisationen, zwei Vertreterinnen oder Vertreter des Bundesministeriums für Gesundheit und eine Vertreterin oder ein Vertreter des Bundesministeriums der Justiz und für Verbraucherschutz sowie im Fall einer angemessenen finanziellen Beteiligung der privaten Krankenversicherungen an der Förderung nach Satz 1 eine Vertreterin oder ein Vertreter des Verbandes der privaten Krankenversicherung an. [7] Der Spitzenverband Bund der Krankenkassen hat den Beirat jährlich über Angelegenheiten betreffend die Förderung nach Satz 1 zu unterrichten. [8] Der nach Satz 1 geförderten Beratungseinrichtung ist auf Antrag die Gelegenheit zu geben, sich gegenüber dem Beirat zu äußern.

(2) [1] Die Fördersumme nach Absatz 1 Satz 1 beträgt im Jahr 2016 insgesamt 9 000 000 Euro und ist in den Folgejahren entsprechend der prozentualen Veränderung der monatlichen Bezugsgröße nach § 18 Absatz 1 des Vierten Buches[1)] anzupassen. [2] Sie umfasst auch die für die Qualitätssicherung und die Berichterstattung notwendigen Aufwendungen. [3] Die Fördermittel nach Satz 1 werden durch eine Umlage der Krankenkassen gemäß dem Anteil ihrer eigenen Mitglieder an der Gesamtzahl der Mitglieder aller Krankenkassen erbracht. [4] Die Zahl der Mitglieder der Krankenkassen ist nach dem Vordruck KM6 der Statistik über die Versicherten in der gesetzlichen Krankenversicherung jeweils zum 1. Juli eines Jahres zu bestimmen.

§ 65c Klinische Krebsregister. (1) [1] Zur Verbesserung der Qualität der onkologischen Versorgung richten die Länder klinische Krebsregister ein. [2] Die klinischen Krebsregister haben insbesondere folgende Aufgaben:

1. die personenbezogene Erfassung der Daten aller in einem regional festgelegten Einzugsgebiet stationär und ambulant versorgten Patientinnen und Patienten über das Auftreten, die Behandlung und den Verlauf von bösartigen Neubildungen einschließlich ihrer Frühstadien sowie von gutartigen Tumoren des zentralen Nervensystems nach Kapitel II der Internationalen statistischen Klassifikation der Krankheiten und verwandter Gesundheitsprobleme (ICD) mit Ausnahme der Daten von Erkrankungsfällen, die an das Deutsche Kinderkrebsregister zu melden sind,

2. die Auswertung der erfassten klinischen Daten und die Rückmeldung der Auswertungsergebnisse an die einzelnen Leistungserbringer,

3. den Datenaustausch mit anderen regionalen klinischen Krebsregistern bei solchen Patientinnen und Patienten, bei denen Hauptwohnsitz und Behandlungsort in verschiedenen Einzugsgebieten liegen, sowie mit Auswertungsstellen der klinischen Krebsregistrierung auf Landesebene,

---

[1)] Nr. 4.

4. die Förderung der interdisziplinären, direkt patientenbezogenen Zusammenarbeit bei der Krebsbehandlung,
5. die Beteiligung an der einrichtungs- und sektorenübergreifenden Qualitätssicherung des Gemeinsamen Bundesausschusses nach § 136 Absatz 1 Satz 1 Nummer 1 in Verbindung mit § 135a Absatz 2 Nummer 1,
6. die Zusammenarbeit mit Zentren in der Onkologie,
7. die Erfassung von Daten für die epidemiologischen Krebsregister,
8. die Bereitstellung notwendiger Daten zur Herstellung von Versorgungstransparenz und zu Zwecken der Versorgungsforschung.

[3] Die klinische Krebsregistrierung erfolgt auf der Grundlage des bundesweit einheitlichen Datensatzes der Arbeitsgemeinschaft Deutscher Tumorzentren und der Gesellschaft der epidemiologischen Krebsregister in Deutschland zur Basisdokumentation für Tumorkranke und ihn ergänzender Module flächendeckend sowie möglichst vollzählig. [4] Die Daten sind jährlich landesbezogen auszuwerten. [5] Eine flächendeckende klinische Krebsregistrierung kann auch länderübergreifend erfolgen. [6] Die für die Einrichtung und den Betrieb der klinischen Krebsregister nach Satz 2 notwendigen Bestimmungen einschließlich datenschutzrechtlicher Regelungen bleiben dem Landesrecht vorbehalten.

(2) [1] Die Krankenkassen fördern den Betrieb klinischer Krebsregister nach Absatz 1 Satz 2, indem sie eine Pauschale nach Absatz 4 Satz 2 bis 4 zahlen. [2] Der Spitzenverband Bund der Krankenkassen beschließt bis zum 31. Dezember 2013 einheitliche Voraussetzungen für diese Förderung. [3] Er hat in den Fördervoraussetzungen insbesondere Folgendes festzulegen:
1. die sachgerechte Organisation und Ausstattung der klinischen Krebsregister einschließlich eines einheitlichen Datenformates und entsprechender Schnittstellen zur Annahme, Verarbeitung und Weiterleitung der Daten,
2. die Mindestanforderungen an den Grad der Erfassung und an die Vollständigkeit der verschiedenen Datenkategorien nach Absatz 1 Satz 2 Nummer 1 sowie über notwendige Verfahren zur Datenvalidierung,
3. ein einheitliches Verfahren zur Rückmeldung der Auswertungsergebnisse an die Leistungserbringer,
4. die notwendigen Verfahren zur Qualitätsverbesserung der Krebsbehandlung,
5. die erforderlichen Instrumente zur Unterstützung der interdisziplinären Zusammenarbeit nach Absatz 1 Satz 2 Nummer 4,
6. die Kriterien, Inhalte und Indikatoren für eine landesbezogene Auswertung, die eine länderübergreifende Vergleichbarkeit garantieren,
7. die Modalitäten für die Abrechnung der klinischen Krebsregister mit den Krankenkassen.

[4] Über die Festlegungen nach den Sätzen 2 und 3 entscheidet der Spitzenverband Bund der Krankenkassen im Benehmen mit zwei von der Gesundheitsministerkonferenz der Länder zu bestimmenden Vertretern. [5] Soweit die Länder Einwände gegen die Festlegungen haben, sind diese dem Bundesministerium für Gesundheit vorzulegen, das in diesem Fall die entsprechenden Fördervoraussetzungen festsetzen kann.

(3) [1] Bei der Erarbeitung der Fördervoraussetzungen hat der Spitzenverband Bund der Krankenkassen folgende Organisationen und Personen zu beteiligen:
1. die Kassenärztlichen Bundesvereinigungen,

5 SGB V § 65c 5. Buch. Gesetzl. Krankenversicherung

2. die Deutsche Krankenhausgesellschaft,
3. den Gemeinsamen Bundesausschuss,
4. die Deutsche Krebsgesellschaft,
5. die Deutsche Krebshilfe,
6. die Arbeitsgemeinschaft Deutscher Tumorzentren,
7. die Gesellschaft der epidemiologischen Krebsregister in Deutschland,
8. die Bundesärztekammer,
9. die Arbeitsgemeinschaft der Wissenschaftlichen Medizinischen Fachgesellschaften sowie
10. die für die Wahrnehmung der Interessen der Patientinnen und Patienten und der Selbsthilfe chronisch kranker und behinderter Menschen maßgeblichen Organisationen.

[2] Der Verband der Privaten Krankenversicherung ist an der Erarbeitung der Fördervoraussetzungen zu beteiligen, wenn die privaten Krankenversicherungsunternehmen den Betrieb der klinischen Krebsregister fördern, indem sie die Pauschale nach Absatz 4 Satz 2 bis 4 für Meldungen in Bezug auf privat krankenversicherte Personen zahlen. [3] Gleiches gilt für die Träger der Kosten in Krankheits-, Pflege- und Geburtsfällen nach beamtenrechtlichen Vorschriften, wenn sie für Meldungen in Bezug auf die nach diesen Vorschriften berechtigten Personen einen Teil der fallbezogenen Krebsregisterpauschale nach Absatz 4 Satz 2 bis 4 zahlen.

(4) [1] Auf Antrag eines klinischen Krebsregisters oder dessen Trägers stellen die Landesverbände der Krankenkassen und die Ersatzkassen gemeinsam und einheitlich mit Wirkung für ihre Mitgliedskassen fest, dass

1. das klinische Krebsregister die Fördervoraussetzungen nach Absatz 2 Satz 2 und 3 erfüllt und
2. in dem Land, in dem das klinische Krebsregister seinen Sitz hat, eine flächendeckende klinische Krebsregistrierung und eine Zusammenarbeit mit den epidemiologischen Krebsregistern gewährleistet sind.

[2] Weist ein klinisches Krebsregister auf Grund der Feststellungen nach Satz 1 nach, dass die Fördervoraussetzungen erfüllt sind, so zahlt die Krankenkasse an dieses Register oder dessen Träger einmalig für jede verarbeitete Meldung zur Neuerkrankung an einem Tumor nach Absatz 1 Nummer 1 mit Ausnahme der Meldungen von nicht-melanotischen Hautkrebsarten und ihrer Frühstadien eine fallbezogene Krebsregisterpauschale in Höhe von 119 Euro. [3] Ab dem Jahr 2015 erhöht sich die fallbezogene Krebsregisterpauschale nach Satz 2 jährlich entsprechend der prozentualen Veränderung der monatlichen Bezugsgröße nach § 18 Absatz 1 des Vierten Buches[1]. [4] Die Landesverbände der Krankenkassen und die Ersatzkassen gemeinsam und einheitlich können mit Wirkung für ihre Mitgliedskassen mit dem Land eine von Satz 2 abweichende Höhe der fallbezogenen Krebsregisterpauschale vereinbaren, wenn dies auf Grund regionaler Besonderheiten erforderlich ist. [5] Im Falle des Absatzes 3 Satz 2 tritt der jeweilige Landesausschuss des Verbandes der Privaten Krankenversicherung bei der Vereinbarung nach Satz 4 an die Seite der Landesverbände der Krankenkassen und der Ersatzkassen. [6] Der Spitzenverband Bund der Krankenkassen passt

---

[1] Nr. 4.

die Pauschale nach Satz 2 an, wenn die Anpassung erforderlich ist, um 90 Prozent der durchschnittlichen Betriebskosten der nach Absatz 2 Satz 1 geförderten klinischen Krebsregister abzudecken. [7] Die erstmalige Überprüfung der Pauschale erfolgt spätestens bis zum Ablauf des Jahres 2019; Absatz 2 Satz 4 und 5 gilt entsprechend.

(5) [1] In einer Übergangsphase bis zum 31. Dezember 2017 zahlt die Krankenkasse die Pauschale nach Absatz 4 Satz 2 bis 4 unabhängig von den Feststellungen nach Absatz 4 Satz 1 an die klinischen Krebsregister, die von den Ländern für ein festgelegtes Einzugsgebiet als zuständig bestimmt worden sind. [2] Eine anderweitige Finanzierung der klinischen Krebsregister aus Mitteln der gesetzlichen Krankenversicherung ist in diesen Fällen ausgeschlossen. [3] Die Landesverbände der Krankenkassen und die Ersatzkassen gemeinsam und einheitlich können mit dem Land für die Übergangsphase Vereinbarungen über den Prozess zur Einrichtung und Weiterentwicklung der klinischen Krebsregister treffen. [4] Erfüllt ein klinisches Krebsregister die Anforderungen nach Absatz 4 Satz 1 Nummer 1 nach Ablauf der Übergangsphase nach Satz 1 oder zu einem späteren Zeitpunkt nicht, hat das klinische Krebsregister die Möglichkeit der Nachbesserung innerhalb eines Jahres. [5] Für diesen Zeitraum gilt Satz 1 entsprechend.

(6) [1] Für jede landesrechtlich vorgesehene Meldung der zu übermittelnden klinischen Daten an ein klinisches Krebsregister, das nach Absatz 4 Satz 1 förderfähig ist, ist den Leistungserbringern vom jeweiligen klinischen Krebsregister eine Meldevergütung zu zahlen, wenn die zu übermittelnden Daten vollständig gemeldet wurden. [2] Satz 1 gilt nicht für Meldungen, die nichtmelanotische Hautkrebsarten und ihre Frühstadien betreffen. [3] Die Krankenkasse des gemeldeten Versicherten hat dem klinischen Krebsregister die nach Satz 1 entstandenen Kosten zu erstatten. [4] Die Übergangsregelung nach Absatz 5 gilt entsprechend. [5] Die Höhe der einzelnen Meldevergütungen vereinbart der Spitzenverband Bund der Krankenkassen mit der Deutschen Krankenhausgesellschaft und den Kassenärztlichen Bundesvereinigungen bis zum 31. Dezember 2013. [6] Wenn die privaten Krankenversicherungsunternehmen den klinischen Krebsregistern die Kosten für Vergütungen von Meldungen von Daten privat krankenversicherter Personen erstatten, tritt der Verband der Privaten Krankenversicherung bei der Vereinbarung nach Satz 5 an die Seite des Spitzenverbandes Bund der Krankenkassen. [7] Gleiches gilt für die Träger der Kosten in Krankheits-, Pflege- und Geburtsfällen nach beamtenrechtlichen Vorschriften, wenn sie den klinischen Krebsregistern einen Teil der Kosten für Vergütungen von Meldungen von Daten der nach diesen Vorschriften berechtigten Personen erstatten. [8] Kommt eine Vereinbarung bis zu dem in Satz 5 genannten Zeitpunkt nicht zustande, haben sich die Vereinbarungspartner nach Satz 5 auf eine unabhängige Schiedsperson zu verständigen, die die Höhe der einzelnen Meldevergütungen festlegt. [9] Einigen sich die Vereinbarungspartner nicht auf eine Schiedsperson, so wird diese vom Bundesministerium für Gesundheit bestellt. [10] Die Kosten des Schiedsverfahrens tragen die Vereinbarungspartner zu gleichen Teilen. [11] Klagen gegen die Bestimmung der Schiedsperson haben keine aufschiebende Wirkung. [12] Klagen gegen die Festlegung der Höhe der einzelnen Meldevergütungen richten sich gegen einen der Vereinbarungspartner, nicht gegen die Schiedsperson.

(7) [1] Klinische Krebsregister und Auswertungsstellen der klinischen Krebsregistrierung auf Landesebene arbeiten mit dem Gemeinsamen Bundesaus-

schuss bei der Qualitätssicherung der onkologischen Versorgung zusammen. ²Der Gemeinsame Bundesausschuss lässt notwendige bundesweite Auswertungen der klinischen Krebsregisterdaten durchführen. ³Hierfür übermitteln die Auswertungsstellen der klinischen Krebsregistrierung auf Landesebene dem Gemeinsamen Bundesausschuss oder dem nach Satz 4 benannten Empfänger auf Anforderung die erforderlichen Daten in anonymisierter Form. ⁴Der Gemeinsame Bundesausschuss bestimmt durch Beschluss die von den Auswertungsstellen der klinischen Krebsregistrierung auf Landesebene zu übermittelnden Daten, den Empfänger dieser Daten sowie Inhalte und Kriterien für Auswertungen nach Satz 2; § 92 Absatz 7e gilt entsprechend. ⁵Bei der Erarbeitung und Festlegung von Kriterien und Inhalten der bundesweiten Auswertungen nach Satz 2 ist der Deutschen Krebsgesellschaft, der Deutschen Krebshilfe und der Arbeitsgemeinschaft Deutscher Tumorzentren Gelegenheit zum Einbringen von Vorschlägen zu geben.

(8) ¹Bei Maßnahmen der einrichtungs- und sektorenübergreifenden Qualitätssicherung nach § 135a Absatz 2 Nummer 1 in Verbindung mit § 136 Absatz 1 Satz 1 Nummer 1 in der onkologischen Versorgung soll der Gemeinsame Bundesausschuss die klinischen Krebsregister unter Einhaltung der Vorgaben des § 299 bei der Aufgabenerfüllung einbeziehen. ²Soweit den klinischen Krebsregistern Aufgaben nach Satz 1 übertragen werden, sind sie an Richtlinien nach § 92 Absatz 1 Nummer 13 gebunden.

(9) ¹Der Gemeinsame Bundesausschuss gleicht erstmals bis zum 31. Dezember 2013 die Dokumentationsanforderungen, die für die Zulassung von strukturierten Behandlungsprogrammen für Brustkrebs nach § 137f Absatz 2 Satz 2 Nummer 5 geregelt sind, an den bundesweit einheitlichen Datensatz der Arbeitsgemeinschaft Deutscher Tumorzentren und der Gesellschaft der epidemiologischen Krebsregister in Deutschland zur Basisdokumentation für Tumorkranke und ihn ergänzende Module an. ²Leistungserbringer, die an einem nach § 137g Absatz 1 zugelassenen, strukturierten Behandlungsprogramm für Brustkrebs in koordinierender Funktion teilnehmen, können die in dem Programm für die Annahme der Dokumentationsdaten nach § 137f Absatz 2 Satz 2 Nummer 5 zuständige Stelle mit der Meldung der entsprechenden Daten an das klinische Krebsregister beauftragen, wenn die Versicherte nach umfassender Information hierin schriftlich eingewilligt hat. ³Die Einwilligung kann widerrufen werden. ⁴Macht der Leistungserbringer von der Möglichkeit nach Satz 2 Gebrauch, erhält er insoweit keine Meldevergütungen nach Absatz 6.

(10) ¹Der Spitzenverband Bund der Krankenkassen veröffentlicht ab dem Jahr 2018 alle fünf Jahre einen Bericht über die bundesweiten Ergebnisse der klinischen Krebsregistrierung in patientenverständlicher Form, wozu auch die barrierefreie Bereitstellung des Berichtes gehört. ²Der Bericht ist auf der Grundlage der Landesauswertungen nach Absatz 1 Satz 3 und der Ergebnisse von Bundesauswertungen des Gemeinsamen Bundesausschusses nach Absatz 9 Satz 2 zu erstellen. ³Die Auswertungsstellen der klinischen Krebsregistrierung auf Landesebene und der Gemeinsame Bundesausschuss liefern dem Spitzenverband Bund der Krankenkassen die Auswertungen, die zum Erstellen des Berichts benötigt werden.

§ 65d Förderung besonderer Therapieeinrichtungen.

(1) ¹Der Spitzenverband Bund der Krankenkassen fördert ab 1. Januar 2017 mit insgesamt fünf Millionen Euro je Kalenderjahr im Rahmen von Modellvorhaben Leistungs-

erbringer, die Patienten mit pädophilen Sexualstörungen behandeln. ²Förderungsfähig sind an der vertragsärztlichen Versorgung teilnehmende Leistungserbringer, die ein freiwilliges Therapieangebot vorhalten und die vom Spitzenverband Bund der Krankenkassen als förderungsfähig anerkannt werden. ³Für die Erhebung, Verarbeitung und Nutzung personenbezogener Daten im Rahmen der Modellvorhaben gilt § 63 Absatz 3 Satz 1 und 4, Absatz 3a und 5 entsprechend mit der Maßgabe, dass die Anonymität der Patienten zu gewährleisten ist. ⁴Die Anonymität darf nur eingeschränkt werden, soweit die Patienten dazu ihre Einwilligung erteilen.

(2) ¹Der Spitzenverband Bund der Krankenkassen hat eine wissenschaftliche Begleitung und Auswertung der Modellvorhaben im Hinblick auf die Erreichung der Ziele der Modellvorhaben nach allgemein anerkannten wissenschaftlichen Standards zu veranlassen. ²Ziel dieser wissenschaftlichen Begleitung und Auswertung ist die Erreichung möglichst hochwertiger Evidenz zur Wirksamkeit der Therapieangebote nach Absatz 1 unter Berücksichtigung der Besonderheiten der pädophilen Sexualstörungen.

(3) ¹Der von unabhängigen Sachverständigen zu erstellende Bericht über die Ergebnisse der Auswertung nach Absatz 2 ist zu veröffentlichen. ²Die Sachverständigen dürfen nicht für Krankenkassen, Kassenärztliche Vereinigungen oder deren Verbände tätig oder als Leistungserbringer oder deren Angestellte am Modellvorhaben beteiligt sein.

(4) ¹Die Finanzierung der Fördermittel nach Absatz 1 erfolgt durch eine Umlage der Krankenkassen gemäß dem Anteil ihrer Versicherten an der Gesamtzahl der in der gesetzlichen Krankenversicherung Versicherten. ²Das Nähere zur Umlage und zur Vergabe der Fördermittel bestimmt der Spitzenverband Bund der Krankenkassen. ³An Modellvorhaben nach Absatz 1 und ihrer Finanzierung können sich über die Fördersumme nach Absatz 1 Satz 1 hinaus weitere Einrichtungen beteiligen, insbesondere private Krankenversicherungen und der Verband der Privaten Krankenversicherung sowie öffentliche Stellen. ⁴Das Verfahren nach § 64 Absatz 3 ist nicht anzuwenden.

§ 66 Unterstützung der Versicherten bei Behandlungsfehlern. ¹Die Krankenkassen sollen die Versicherten bei der Verfolgung von Schadensersatzansprüchen, die bei der Inanspruchnahme von Versicherungsleistungen aus Behandlungsfehlern entstanden sind und nicht nach § 116 des Zehnten Buches[1)] auf die Krankenkassen übergehen, unterstützen. ²Die Unterstützung der Krankenkassen nach Satz 1 kann insbesondere die Prüfung der von den Versicherten vorgelegten Unterlagen auf Vollständigkeit und Plausibilität, mit Einwilligung der Versicherten die Anforderung weiterer Unterlagen bei den Leistungserbringern, die Veranlassung einer sozialmedizinischen Begutachtung durch den Medizinischen Dienst nach § 275 Absatz 3 Nummer 4 sowie eine abschließende Gesamtbewertung aller vorliegenden Unterlagen umfassen. ³Die auf Grundlage der Einwilligung der Versicherten bei den Leistungserbringern erhobenen Daten dürfen ausschließlich zum Zwecke der Unterstützung des Versicherten bei Behandlungsfehlern verwendet werden.

§ 67 Elektronische Kommunikation. (1) Zur Verbesserung der Qualität und Wirtschaftlichkeit der Versorgung soll die papiergebundene Kommunikati-

---

[1)] Nr. 10.

on unter den Leistungserbringern und mit den Krankenkassen so bald und so umfassend wie möglich durch die elektronische und maschinell verwertbare Übermittlung von Befunden, Diagnosen, Therapieempfehlungen, Behandlungsberichten und Unterlagen in Genehmigungsverfahren, die sich auch für eine einrichtungsübergreifende fallbezogene Zusammenarbeit eignet, ersetzt werden.

(2) Die Krankenkassen und Leistungserbringer sowie ihre Verbände sollen den Übergang zur elektronischen Kommunikation nach Absatz 1 finanziell unterstützen.

§ 68 Finanzierung einer persönlichen elektronischen Gesundheitsakte.
[1] Zur Verbesserung der Qualität und der Wirtschaftlichkeit der Versorgung können die Krankenkassen ihren Versicherten zu von Dritten angebotenen Dienstleistungen der elektronischen Speicherung und Übermittlung patientenbezogener Gesundheitsdaten finanzielle Unterstützung gewähren. [2] Das Nähere ist durch die Satzung zu regeln.

Viertes Kapitel. Beziehungen der Krankenkassen zu den Leistungserbringern

Erster Abschnitt. Allgemeine Grundsätze

§ 69 Anwendungsbereich. (1) [1] Dieses Kapitel sowie die §§ 63 und 64 regeln abschließend die Rechtsbeziehungen der Krankenkassen und ihrer Verbände zu Ärzten, Zahnärzten, Psychotherapeuten, Apotheken sowie sonstigen Leistungserbringern und ihren Verbänden, einschließlich der Beschlüsse des Gemeinsamen Bundesausschusses und der Landesausschüsse nach den §§ 90 bis 94. [2] Die Rechtsbeziehungen der Krankenkassen und ihrer Verbände zu den Krankenhäusern und ihren Verbänden werden abschließend in diesem Kapitel, in den §§ 63, 64 und in dem Krankenhausfinanzierungsgesetz, dem Krankenhausentgeltgesetz sowie den hiernach erlassenen Rechtsverordnungen geregelt. [3] Für die Rechtsbeziehungen nach den Sätzen 1 und 2 gelten im Übrigen die Vorschriften des Bürgerlichen Gesetzbuches entsprechend, soweit sie mit den Vorgaben des § 70 und den übrigen Aufgaben und Pflichten der Beteiligten nach diesem Kapitel vereinbar sind. [4] Die Sätze 1 bis 3 gelten auch, soweit durch diese Rechtsbeziehungen Rechte Dritter betroffen sind.

(2) [1] Die §§ 1, 2, 3 Absatz 1, §§ 19, 20, 21, 32 bis 34a, 48 bis 80, 81 Absatz 2 Nummer 1, 2a und 6, Absatz 3 Nummer 1 und 2, Absatz 4 bis 10 und §§ 82 bis 95 des Gesetzes gegen Wettbewerbsbeschränkungen gelten für die in Absatz 1 genannten Rechtsbeziehungen entsprechend. [2] Satz 1 gilt nicht für Verträge und sonstige Vereinbarungen von Krankenkassen oder deren Verbänden mit Leistungserbringern oder deren Verbänden, zu deren Abschluss die Krankenkassen oder deren Verbände gesetzlich verpflichtet sind. [3] Satz 1 gilt auch nicht für Beschlüsse, Empfehlungen, Richtlinien oder sonstige Entscheidungen der Krankenkassen oder deren Verbände, zu denen sie gesetzlich verpflichtet sind, sowie für Beschlüsse, Richtlinien und sonstige Entscheidungen des Gemeinsamen Bundesausschusses, zu denen er gesetzlich verpflichtet ist.

(3) Auf öffentliche Aufträge nach diesem Buch sind die Vorschriften des Teils 4 des Gesetzes gegen Wettbewerbsbeschränkungen anzuwenden.

(4) ¹ Bei der Vergabe öffentlicher Dienstleistungsaufträge nach den §§ 63 und 140a über soziale und andere besondere Dienstleistungen im Sinne des Anhangs XIV der Richtlinie 2014/24/EU des Europäischen Parlaments und des Rates vom 26. Februar 2014, die im Rahmen einer heilberuflichen Tätigkeit erbracht werden, kann der öffentliche Auftraggeber abweichend von § 119 Absatz 1 und § 130 Absatz 1 Satz 1 des Gesetzes gegen Wettbewerbsbeschränkungen sowie von § 14 Absatz 1 bis 3 der Vergabeverordnung andere Verfahren vorsehen, die die Grundsätze der Transparenz und der Gleichbehandlung gewährleisten. ² Ein Verfahren ohne Teilnahmewettbewerb und ohne vorherige Veröffentlichung nach § 66 der Vergabeverordnung darf der öffentliche Auftraggeber nur in den Fällen des § 14 Absatz 4 und 6 der Vergabeverordnung vorsehen. ³ Von den Vorgaben der §§ 15 bis 36 und 42 bis 65 der Vergabeverordnung, mit Ausnahme der §§ 53, 58, 60 und 63, kann abgewichen werden. ⁴ Der Spitzenverband Bund der Krankenkassen berichtet dem Bundesministerium für Gesundheit bis zum 17. April 2019 über die Anwendung dieses Absatzes durch seine Mitglieder.

§ 70 Qualität, Humanität und Wirtschaftlichkeit. (1) ¹ Die Krankenkassen und die Leistungserbringer haben eine bedarfsgerechte und gleichmäßige, dem allgemein anerkannten Stand der medizinischen Erkenntnisse entsprechende Versorgung der Versicherten zu gewährleisten. ² Die Versorgung der Versicherten muß ausreichend und zweckmäßig sein, darf das Maß des Notwendigen nicht überschreiten und muß in der fachlich gebotenen Qualität sowie wirtschaftlich erbracht werden.

(2) Die Krankenkassen und die Leistungserbringer haben durch geeignete Maßnahmen auf eine humane Krankenbehandlung ihrer Versicherten hinzuwirken.

§ 71 Beitragssatzstabilität. (1) ¹ Die Vertragspartner auf Seiten der Krankenkassen und der Leistungserbringer haben die Vereinbarungen über die Vergütungen nach diesem Buch so zu gestalten, dass Beitragserhöhungen ausgeschlossen werden, es sei denn, die notwendige medizinische Versorgung ist auch nach Ausschöpfung von Wirtschaftlichkeitsreserven nicht zu gewährleisten (Grundsatz der Beitragssatzstabilität). ² Ausgabensteigerungen auf Grund von gesetzlich vorgeschriebenen Vorsorge- und Früherkennungsmaßnahmen oder für zusätzliche Leistungen, die im Rahmen zugelassener strukturierter Behandlungsprogramme (§ 137g) auf Grund der Anforderungen der Richtlinien des Gemeinsamen Bundesausschusses nach § 137f oder der Rechtsverordnung nach § 266 Abs. 7 erbracht werden, verletzen nicht den Grundsatz der Beitragssatzstabilität.

(2) ¹ Um den Vorgaben nach Absatz 1 Satz 1 Halbsatz 1 zu entsprechen, darf die vereinbarte Veränderung der jeweiligen Vergütung die sich bei Anwendung der Veränderungsrate für das gesamte Bundesgebiet nach Absatz 3 ergebende Veränderung der Vergütung nicht überschreiten. ² Abweichend von Satz 1 ist eine Überschreitung zulässig, wenn die damit verbundenen Mehrausgaben durch vertraglich abgesicherte oder bereits erfolgte Einsparungen in anderen Leistungsbereichen ausgeglichen werden.

(3) ¹ Das Bundesministerium für Gesundheit stellt bis zum 15. September eines jeden Jahres für die Vereinbarungen der Vergütungen des jeweils folgenden Kalenderjahres die nach den Absätzen 1 und 2 anzuwendende durch-

schnittliche Veränderungsrate der beitragspflichtigen Einnahmen aller Mitglieder der Krankenkassen je Mitglied für den gesamten Zeitraum der zweiten Hälfte des Vorjahres und der ersten Hälfte des laufenden Jahres gegenüber dem entsprechenden Zeitraum der jeweiligen Vorjahre fest. ²Grundlage sind die monatlichen Erhebungen der Krankenkassen und die vierteljährlichen Rechnungsergebnisse des Gesundheitsfonds, die die beitragspflichtigen Einnahmen aller Mitglieder der Krankenkassen ausweisen. ³Die Feststellung wird durch Veröffentlichung im Bundesanzeiger bekannt gemacht. ⁴Bei der Ermittlung der durchschnittlichen Veränderungsrate nach Satz 1 werden für die Jahre 2017 und 2018 die Mitglieder nicht berücksichtigt, die nach § 5 Absatz 1 Nummer 2a in der am 31. Dezember 2015 geltenden Fassung vorrangig familienversichert gewesen wären.

(4) ¹Die Vereinbarungen über die Vergütung der Leistungen nach § 57 Abs. 1 und 2, §§ 83 und 85 sind den für die Vertragsparteien zuständigen Aufsichtsbehörden vorzulegen. ²Die Aufsichtsbehörden können die Vereinbarungen bei einem Rechtsverstoß innerhalb von zwei Monaten nach Vorlage beanstanden.

(5) Die Vereinbarungen nach Absatz 4 Satz 1 und die Verträge nach den §§ 73b und 140a sind unabhängig von Absatz 4 auch den für die Sozialversicherung zuständigen obersten Verwaltungsbehörden der Länder, in denen sie wirksam werden, zu übermitteln, soweit diese nicht die Aufsicht über die vertragsschließende Krankenkasse führen.

(6) ¹Wird durch einen der in den §§ 73b und 140a genannten Verträge das Recht erheblich verletzt, kann die Aufsichtsbehörde abweichend von § 89 Absatz 1 Satz 1 und 2 des Vierten Buches[1]) alle Anordnungen treffen, die für eine sofortige Behebung der Rechtsverletzung geeignet und erforderlich sind. ²Sie kann gegenüber der Krankenkasse insbesondere anordnen, den Vertrag dafür zu ändern oder aufzuheben. ³Die Krankenkasse kann bei einer solchen Anordnung den Vertrag auch außerordentlich kündigen. ⁴Besteht die Gefahr eines schweren, nicht wieder gutzumachenden Schadens insbesondere für die Belange der Versicherten, kann die Aufsichtsbehörde einstweilige Maßnahmen anordnen. ⁵Ein Zwangsgeld kann bis zu einer Höhe von 10 Millionen Euro zugunsten des Gesundheitsfonds nach § 271 festgesetzt werden. ⁶Die Aufsichtsbehörde kann eine erhebliche Rechtsverletzung auch feststellen, nachdem diese beendet ist, sofern ein berechtigtes Interesse an der Feststellung besteht. ⁷Rechtsbehelfe gegen Anordnungen nach den Sätzen 1 bis 4 haben keine aufschiebende Wirkung. ⁸Die Sätze 1 bis 7 gelten auch für Verträge nach § 140a Absatz 1 Satz 3. ⁹Verträge zwischen Krankenkassen und Leistungserbringern dürfen keine Vorschläge in elektronischer oder maschinell verwertbarer Form für die Vergabe und Dokumentation von Diagnosen für den Vertragspartner beinhalten. ¹⁰Die Krankenkassen haben auf Verlangen der zuständigen Aufsichtsbehörde bezüglich der Einhaltung Nachweise zu erbringen.

---

[1]) Nr. 4.

Zweiter Abschnitt. Beziehungen zu Ärzten, Zahnärzten und Psychotherapeuten

Erster Titel. Sicherstellung der vertragsärztlichen und vertragszahnärztlichen Versorgung

§ 72 Sicherstellung der vertragsärztlichen und vertragszahnärztlichen Versorgung. (1) [1] Ärzte, Zahnärzte, Psychotherapeuten, medizinische Versorgungszentren und Krankenkassen wirken zur Sicherstellung der vertragsärztlichen Versorgung der Versicherten zusammen. [2] Soweit sich die Vorschriften dieses Kapitels auf Ärzte beziehen, gelten sie entsprechend für Zahnärzte, Psychotherapeuten und medizinische Versorgungszentren, sofern nichts Abweichendes bestimmt ist.

(2) Die vertragsärztliche Versorgung ist im Rahmen der gesetzlichen Vorschriften und der Richtlinien des Gemeinsamen Bundesausschusses durch schriftliche Verträge der Kassenärztlichen Vereinigungen mit den Verbänden der Krankenkassen so zu regeln, daß eine ausreichende, zweckmäßige und wirtschaftliche Versorgung der Versicherten unter Berücksichtigung des allgemein anerkannten Standes der medizinischen Erkenntnisse gewährleistet ist und die ärztlichen Leistungen angemessen vergütet werden.

(3) Für die knappschaftliche Krankenversicherung gelten die Absätze 1 und 2 entsprechend, soweit das Verhältnis zu den Ärzten nicht durch die Deutsche Rentenversicherung Knappschaft-Bahn-See nach den örtlichen Verhältnissen geregelt ist.

§ 72a Übergang des Sicherstellungsauftrags auf die Krankenkassen.

(1) Haben mehr als 50 vom Hundert aller in einem Zulassungsbezirk oder einem regionalen Planungsbereich niedergelassenen Vertragsärzte auf ihre Zulassung nach § 95b Abs. 1 verzichtet oder die vertragsärztliche Versorgung verweigert und hat die Aufsichtsbehörde nach Anhörung der Landesverbände der Krankenkassen, der Ersatzkassen und der Kassenärztlichen Vereinigung festgestellt, daß dadurch die vertragsärztliche Versorgung nicht mehr sichergestellt ist, erfüllen insoweit die Krankenkassen und ihre Verbände den Sicherstellungsauftrag.

(2) An der Erfüllung des Sicherstellungsauftrags nach Absatz 1 wirkt die Kassenärztliche Vereinigung insoweit mit, als die vertragsärztliche Versorgung weiterhin durch zugelassene oder ermächtigte Ärzte sowie durch ermächtigte Einrichtungen durchgeführt wird.

(3) [1] Erfüllen die Krankenkassen den Sicherstellungsauftrag, schließen die Krankenkassen oder die Landesverbände der Krankenkassen und die Ersatzkassen gemeinsam und einheitlich Einzel- oder Gruppenverträge mit Ärzten, Zahnärzten, Krankenhäusern oder sonstigen geeigneten Einrichtungen. [2] Sie können auch Eigeneinrichtungen gemäß § 140 Abs. 2 errichten. [3] Mit Ärzten oder Zahnärzten, die in einem mit anderen Vertragsärzten aufeinander abgestimmten Verfahren oder Verhalten auf ihre Zulassung als Vertragsarzt verzichteten (§ 95b Abs. 1), dürfen keine Verträge nach Satz 1 abgeschlossen werden.

(4) [1] Die Verträge nach Absatz 3 dürfen mit unterschiedlichem Inhalt abgeschlossen werden. [2] Die Höhe der vereinbarten Vergütung an Ärzte oder Zahnärzte soll sich an Inhalt, Umfang und Schwierigkeit der zugesagten Leistungen, an erweiterten Gewährleistungen oder eingeräumten Garantien oder verein-

barten Verfahren zur Qualitätssicherung orientieren. ³ Ärzten, die unmittelbar nach der Feststellung der Aufsichtsbehörde nach Absatz 1 Verträge nach Absatz 3 abschließen, können höhere Vergütungsansprüche eingeräumt werden als Ärzten, mit denen erst später Verträge abgeschlossen werden.

(5) Soweit für die Sicherstellung der Versorgung Verträge nach Absatz 3 nicht ausreichen, können auch mit Ärzten und geeigneten Einrichtungen mit Sitz im Ausland Verträge zur Versorgung der Versicherten geschlossen werden.

(6) Ärzte oder Einrichtungen, mit denen nach Absatz 3 und 5 Verträge zur Versorgung der Versicherten geschlossen worden sind, sind verpflichtet und befugt, die für die Erfüllung der Aufgaben der Krankenkassen und die für die Abrechnung der vertraglichen Vergütung notwendigen Angaben, die aus der Erbringung, der Verordnung sowie der Abgabe von Versicherungsleistungen entstehen, aufzuzeichnen und den Krankenkassen mitzuteilen.

§ 73 Kassenärztliche Versorgung, Verordnungsermächtigung. (1) ¹Die vertragsärztliche Versorgung gliedert sich in die hausärztliche und die fachärztliche Versorgung. ²Die hausärztliche Versorgung beinhaltet insbesondere

1. die allgemeine und fortgesetzte ärztliche Betreuung eines Patienten in Diagnostik und Therapie bei Kenntnis seines häuslichen und familiären Umfeldes; Behandlungsmethoden, Arznei- und Heilmittel der besonderen Therapierichtungen sind nicht ausgeschlossen,

2. die Koordination diagnostischer, therapeutischer und pflegerischer Maßnahmen,

3. die Dokumentation, insbesondere Zusammenführung, Bewertung und Aufbewahrung der wesentlichen Behandlungsdaten, Befunde und Berichte aus der ambulanten und stationären Versorgung,

4. die Einleitung oder Durchführung präventiver und rehabilitativer Maßnahmen sowie die Integration nichtärztlicher Hilfen und flankierender Dienste in die Behandlungsmaßnahmen.

(1a) ¹An der hausärztlichen Versorgung nehmen

1. Allgemeinärzte,

2. Kinderärzte,

3. Internisten ohne Schwerpunktbezeichnung, die die Teilnahme an der hausärztlichen Versorgung gewählt haben,

4. Ärzte, die nach § 95a Abs. 4 und 5 Satz 1 in das Arztregister eingetragen sind und

5. Ärzte, die am 31. Dezember 2000 an der hausärztlichen Versorgung teilgenommen haben,

teil (Hausärzte). ²Die übrigen Fachärzte nehmen an der fachärztlichen Versorgung teil. ³Der Zulassungsausschuss kann für Kinderärzte und Internisten ohne Schwerpunktbezeichnung eine von Satz 1 abweichende befristete Regelung treffen, wenn eine bedarfsgerechte Versorgung nicht gewährleistet ist. ⁴Hat der Landesausschuss der Ärzte und Krankenkassen für die Arztgruppe der Hausärzte, der Kinderärzte oder der Fachinternisten eine Feststellung nach § 100 Absatz 1 Satz 1 getroffen, fasst der Zulassungsausschuss innerhalb von sechs Monaten den Beschluss, ob eine Regelung nach Satz 3 getroffen wird. ⁵Kinderärzte mit Schwerpunktbezeichnung können auch an der fachärztlichen

4. Kapitel. Beziehungen der Krankenkassen   § 73   SGB V 5

Versorgung teilnehmen. ⁶ Der Zulassungsausschuss kann Allgemeinärzten und Ärzten ohne Gebietsbezeichnung, die im Wesentlichen spezielle Leistungen erbringen, auf deren Antrag die Genehmigung zur ausschließlichen Teilnahme an der fachärztlichen Versorgung erteilen.

(1b) ¹ Ein Hausarzt darf mit schriftlicher Einwilligung des Versicherten, die widerrufen werden kann, bei Leistungserbringern, die einen seiner Patienten behandeln, die den Versicherten betreffenden Behandlungsdaten und Befunde zum Zwecke der Dokumentation und der weiteren Behandlung erheben. ² Die einen Versicherten behandelnden Leistungserbringer sind verpflichtet, den Versicherten nach dem von ihm gewählten Hausarzt zu fragen und diesem mit schriftlicher Einwilligung des Versicherten, die widerrufen werden kann, die in Satz 1 genannten Daten zum Zwecke der bei diesem durchzuführenden Dokumentation und der weiteren Behandlung zu übermitteln; die behandelnden Leistungserbringer sind berechtigt, mit schriftlicher Einwilligung des Versicherten, die widerrufen werden kann, die für die Behandlung erforderlichen Behandlungsdaten und Befunde bei dem Hausarzt und anderen Leistungserbringern zu erheben und für die Zwecke der von ihnen zu erbringenden Leistungen zu verarbeiten und zu nutzen. ³ Der Hausarzt darf die ihm nach den Sätzen 1 und 2 übermittelten Daten nur zu dem Zweck verarbeiten und nutzen, zu dem sie ihm übermittelt worden sind; er ist berechtigt und verpflichtet, die für die Behandlung erforderlichen Daten und Befunde an die den Versicherten auch behandelnden Leistungserbringer mit dessen schriftlicher Einwilligung, die widerrufen werden kann, zu übermitteln. ⁴ § 276 Abs. 2 Satz 1 Halbsatz 2 bleibt unberührt. ⁵ Bei einem Hausarztwechsel ist der bisherige Hausarzt des Versicherten verpflichtet, dem neuen Hausarzt die bei ihm über den Versicherten gespeicherten Unterlagen mit dessen Einverständnis vollständig zu übermitteln; der neue Hausarzt darf die in diesen Unterlagen enthaltenen personenbezogenen Daten erheben.

(1c) *(aufgehoben)*

(2) ¹ Die vertragsärztliche Versorgung umfaßt die

1. ärztliche Behandlung,
2. zahnärztliche Behandlung und kieferorthopädische Behandlung nach Maßgabe des § 28 Abs. 2,
2a. Versorgung mit Zahnersatz einschließlich Zahnkronen und Suprakonstruktionen, soweit sie § 56 Abs. 2 entspricht,
3. Maßnahmen zur Früherkennung von Krankheiten,
4. Ärztliche Betreuung bei Schwangerschaft und Mutterschaft,
5. Verordnung von Leistungen zur medizinischen Rehabilitation,
6. Anordnung der Hilfeleistung anderer Personen,
7. Verordnung von Arznei-, Verband-, Heil- und Hilfsmitteln, Krankentransporten sowie Krankenhausbehandlung oder Behandlung in Vorsorge- oder Rehabilitationseinrichtungen,
8. Verordnung häuslicher Krankenpflege,
9. Ausstellung von Bescheinigungen und Erstellung von Berichten, die die Krankenkassen oder der Medizinische Dienst (§ 275) zur Durchführung ihrer gesetzlichen Aufgaben oder die die Versicherten für den Anspruch auf Fortzahlung des Arbeitsentgelts benötigen,

10. medizinische Maßnahmen zur Herbeiführung einer Schwangerschaft nach § 27a Abs. 1,
11. ärztlichen Maßnahmen nach den §§ 24a und 24b,
12. Verordnung von Soziotherapie,
13. Zweitmeinung nach § 27b,
14. Verordnung von spezialisierter ambulanter Palliativversorgung nach § 37b.

²Satz 1 Nummer 2 bis 4, 6, 8, 10, 11 und 14 gilt nicht für Psychotherapeuten; Satz 1 Nummer 9 gilt nicht für Psychotherapeuten, soweit sich diese Regelung auf die Feststellung und die Bescheinigung von Arbeitsunfähigkeit bezieht. ³Satz 1 Nummer 5 gilt für Psychotherapeuten in Bezug auf die Verordnung von Leistungen zur psychotherapeutischen Rehabilitation. ⁴Satz 1 Nummer 7 gilt für Psychotherapeuten in Bezug auf die Verordnung von Krankentransporten sowie Krankenhausbehandlung. ⁵Das Nähere zu den Verordnungen durch Psychotherapeuten bestimmt der Gemeinsame Bundesausschuss in seinen Richtlinien nach § 92 Absatz 1 Satz 2 Nummer 6, 8 und 12.

(3) In den Gesamtverträgen ist zu vereinbaren, inwieweit Maßnahmen zur Vorsorge und Rehabilitation, soweit sie nicht zur kassenärztlichen Versorgung nach Absatz 2 gehören, Gegenstand der kassenärztlichen Versorgung sind.

(4) ¹Krankenhausbehandlung darf nur verordnet werden, wenn eine ambulante Versorgung der Versicherten zur Erzielung des Heil- oder Linderungserfolgs nicht ausreicht. ²Die Notwendigkeit der Krankenhausbehandlung ist bei der Verordnung zu begründen. ³In der Verordnung von Krankenhausbehandlung sind in den geeigneten Fällen auch die beiden nächsterreichbaren, für die vorgesehene Krankenhausbehandlung geeigneten Krankenhäuser anzugeben. ⁴Das Verzeichnis nach § 39 Abs. 3 ist zu berücksichtigen.

(5) ¹Der an der kassenärztlichen Versorgung teilnehmende Arzt und die ermächtigte Einrichtung sollen bei der Verordnung von Arzneimitteln die Preisvergleichsliste nach § 92 Abs. 2 beachten. ²Sie können auf dem Verordnungsblatt oder in dem elektronischen Verordnungsdatensatz ausschließen, dass die Apotheken ein preisgünstigeres wirkstoffgleiches Arzneimittel anstelle des verordneten Mittels abgeben. ³Verordnet der Arzt ein Arzneimittel, dessen Preis den Festbetrag nach § 35 überschreitet, hat der Arzt den Versicherten über die sich aus seiner Verordnung ergebende Pflicht zur Übernahme der Mehrkosten hinzuweisen.

(6) Zur kassenärztlichen Versorgung gehören Maßnahmen zur Früherkennung von Krankheiten nicht, wenn sie im Rahmen der Krankenhausbehandlung oder der stationären Entbindung durchgeführt werden, es sei denn, die ärztlichen Leistungen werden von einem Belegarzt erbracht.

(7) ¹Es ist Vertragsärzten nicht gestattet, für die Zuweisung von Versicherten oder für die Vergabe und Dokumentation von Diagnosen ein Entgelt oder sonstige wirtschaftliche Vorteile sich versprechen oder sich gewähren zu lassen oder selbst zu versprechen oder zu gewähren. ²§ 128 Absatz 2 Satz 3 gilt entsprechend.

(8) ¹Zur Sicherung der wirtschaftlichen Verordnungsweise haben die Kassenärztlichen Vereinigungen und die Kassenärztlichen Bundesvereinigungen sowie die Krankenkassen und ihre Verbände die Vertragsärzte auch vergleichend über preisgünstige verordnungsfähige Leistungen und Bezugsquellen, einschließlich der jeweiligen Preise und Entgelte zu informieren sowie nach

4. Kapitel. Beziehungen der Krankenkassen § 73 SGB V 5

dem allgemeinen anerkannten Stand der medizinischen Erkenntnisse Hinweise zu Indikation und therapeutischen Nutzen zu geben. ²Die Informationen und Hinweise für die Verordnung von Arznei-, Verband- und Heilmitteln erfolgen insbesondere auf der Grundlage der Hinweise nach § 92 Abs. 2 Satz 3, der Rahmenvorgaben nach § 84 Abs. 7 Satz 1 und der getroffenen Arzneimittelvereinbarungen nach § 84 Abs. 1. ³In den Informationen und Hinweisen sind Handelsbezeichnung, Indikationen und Preise sowie weitere für die Verordnung von Arzneimitteln bedeutsame Angaben insbesondere auf Grund der Richtlinien nach § 92 Abs. 1 Satz 2 Nr. 6 in einer Weise anzugeben, die unmittelbar einen Vergleich ermöglichen; dafür können Arzneimittel ausgewählt werden, die einen maßgeblichen Anteil an der Versorgung der Versicherten im Indikationsgebiet haben. ⁴Die Kosten der Arzneimittel je Tagesdosis sind nach den Angaben der anatomisch-therapeutisch-chemischen Klassifikation anzugeben. ⁵Es gilt die vom Deutschen Institut für medizinische Dokumentation und Information im Auftrage des Bundesministeriums für Gesundheit herausgegebene Klassifikation in der jeweils gültigen Fassung. ⁶Die Übersicht ist für einen Stichtag zu erstellen und in geeigneten Zeitabständen, im Regelfall jährlich, zu aktualisieren.

(9) ¹Vertragsärzte dürfen für die Verordnung von Arzneimitteln nur solche elektronischen Programme nutzen, die mindestens folgende Inhalte mit dem jeweils aktuellen Stand enthalten:

1. die Informationen nach Absatz 8 Satz 2 und 3,
2. die Informationen über das Vorliegen von Rabattverträgen nach § 130a Absatz 8,
3. die Informationen nach § 131 Absatz 4 Satz 2,
4. die zur Erstellung und Aktualisierung des Medikationsplans nach § 31a notwendigen Funktionen und Informationen sowie
5. die Informationen nach § 35a Absatz 3a Satz 1

und die von der Kassenärztlichen Bundesvereinigung für die vertragsärztliche Versorgung zugelassen sind. ²Das Bundesministerium für Gesundheit wird ermächtigt, durch Rechtsverordnung ohne Zustimmung des Bundesrates das Nähere insbesondere zu den Mindestanforderungen der Informationen nach Satz 1 Nummer 5 und zur Veröffentlichung der Beschlüsse nach § 35a Absatz 3a zu regeln. ³Es kann in der Rechtsverordnung auch das Nähere zu den weiteren Anforderungen nach Satz 1 regeln. ⁴Es kann dabei Vorgaben zur Abbildung der für die vertragsärztliche Versorgung geltenden Regelungen zur Zweckmäßigkeit und Wirtschaftlichkeit der Verordnung von Arzneimitteln im Vergleich zu anderen Therapiemöglichkeiten machen. ⁵Es kann auch Vorgaben zu semantischen und technischen Voraussetzungen zur Interoperabilität machen. ⁶Weitere Einzelheiten sind in den Verträgen nach § 82 Absatz 1 zu vereinbaren. ⁷Die Vereinbarungen in den Verträgen nach § 82 Absatz 1 sind innerhalb von drei Monaten nach dem erstmaligen Inkrafttreten der Rechtsverordnung nach den Sätzen 2 bis 4 sowie nach dem jeweiligen Inkrafttreten einer Änderung der Rechtsverordnung anzupassen. ⁸Sie sind davon unabhängig in regelmäßigen Abständen zu überprüfen und bei Bedarf anzupassen.

(10) ¹Für die Verordnung von Heilmitteln dürfen Vertragsärzte ab dem 1. Januar 2017 nur solche elektronischen Programme nutzen, die die Informationen der Richtlinien nach § 92 Absatz 1 Satz 2 Nummer 6 in Verbindung mit § 92 Absatz 6 und über besondere Verordnungsbedarfe nach § 106b Ab-

satz 2 Satz 4 enthalten und die von der Kassenärztlichen Bundesvereinigung für die vertragsärztliche Versorgung zugelassen sind. ²Das Nähere ist in den Verträgen nach § 82 Absatz 1 zu vereinbaren.

§ 73a *(aufgehoben)*

§ 73b Hausarztzentrierte Versorgung.
(1) Die Krankenkassen haben ihren Versicherten eine besondere hausärztliche Versorgung (hausarztzentrierte Versorgung) anzubieten.

(2) Dabei ist sicherzustellen, dass die hausarztzentrierte Versorgung insbesondere folgenden Anforderungen genügt, die über die vom Gemeinsamen Bundesausschuss sowie in den Bundesmantelverträgen geregelten Anforderungen an die hausärztliche Versorgung nach § 73 hinausgehen:

1. Teilnahme der Hausärzte an strukturierten Qualitätszirkeln zur Arzneimitteltherapie unter Leitung entsprechend geschulter Moderatoren,
2. Behandlung nach für die hausärztliche Versorgung entwickelten, evidenzbasierten, praxiserprobten Leitlinien,
3. Erfüllung der Fortbildungspflicht nach § 95d durch Teilnahme an Fortbildungen, die sich auf hausarzttypische Behandlungsprobleme konzentrieren, wie patientenzentrierte Gesprächsführung, psychosomatische Grundversorgung, Palliativmedizin, allgemeine Schmerztherapie, Geriatrie,
4. Einführung eines einrichtungsinternen, auf die besonderen Bedingungen einer Hausarztpraxis zugeschnittenen, indikatorengestützten und wissenschaftlich anerkannten Qualitätsmanagements.

(3) ¹Die Teilnahme an der hausarztzentrierten Versorgung ist freiwillig. ²Die Teilnehmer verpflichten sich schriftlich gegenüber ihrer Krankenkasse, nur einen von ihnen aus dem Kreis der Hausärzte nach Absatz 4 gewählten Hausarzt in Anspruch zu nehmen sowie ambulante fachärztliche Behandlung mit Ausnahme der Leistungen der Augenärzte und Frauenärzte nur auf dessen Überweisung; die direkte Inanspruchnahme eines Kinderarztes bleibt unberührt. ³Die Versicherten können die Teilnahmeerklärung innerhalb von zwei Wochen nach deren Abgabe in Textform oder zur Niederschrift bei der Krankenkasse ohne Angabe von Gründen widerrufen. ⁴Zur Fristwahrung genügt die rechtzeitige Absendung der Widerrufserklärung an die Krankenkasse. ⁵Die Widerrufsfrist beginnt, wenn die Krankenkasse dem Versicherten eine Belehrung über sein Widerrufsrecht in Textform mitgeteilt hat, frühestens jedoch mit der Abgabe der Teilnahmeerklärung. ⁶Wird das Widerrufsrecht nicht ausgeübt, ist der Versicherte an seine Teilnahmeerklärung und an die Wahl seines Hausarztes mindestens ein Jahr gebunden; er darf den gewählten Hausarzt nur bei Vorliegen eines wichtigen Grundes wechseln. ⁷Das Nähere zur Durchführung der Teilnahme der Versicherten, insbesondere zur Bindung an den gewählten Hausarzt, zu weiteren Ausnahmen von dem Überweisungsgebot und zu den Folgen bei Pflichtverstößen der Versicherten, regeln die Krankenkassen in den Teilnahmeerklärungen. ⁸Die Satzung der Krankenkasse hat Regelungen zur Abgabe der Teilnahmeerklärung zu enthalten; die Regelungen sind auf der Grundlage der Richtlinie nach § 217f Absatz 4a zu treffen.

(4) ¹Zur flächendeckenden Sicherstellung des Angebots nach Absatz 1 haben Krankenkassen allein oder in Kooperation mit anderen Krankenkassen spätestens bis zum 30. Juni 2009 Verträge mit Gemeinschaften zu schließen, die

mindestens die Hälfte der an der hausärztlichen Versorgung teilnehmenden Allgemeinärzte des Bezirks der Kassenärztlichen Vereinigung vertreten. [2] Können sich die Vertragsparteien nicht einigen, kann die Gemeinschaft die Einleitung eines Schiedsverfahrens nach Absatz 4a beantragen. [3] Ist ein Vertrag nach Satz 1 zustande gekommen oder soll ein Vertrag zur Versorgung von Kindern und Jugendlichen geschlossen werden, können Verträge auch abgeschlossen werden mit

1. vertragsärztlichen Leistungserbringern, die an der hausärztlichen Versorgung nach § 73 Abs. 1a teilnehmen,
2. Gemeinschaften dieser Leistungserbringer,
3. Trägern von Einrichtungen, die eine hausarztzentrierte Versorgung durch vertragsärztliche Leistungserbringer, die an der hausärztlichen Versorgung nach § 73 Abs. 1a teilnehmen, anbieten,
4. Kassenärztlichen Vereinigungen, soweit Gemeinschaften nach Nummer 2 sie hierzu ermächtigt haben.

[4] Finden die Krankenkassen in dem Bezirk einer Kassenärztlichen Vereinigung keinen Vertragspartner, der die Voraussetzungen nach Satz 1 erfüllt, haben sie zur flächendeckenden Sicherstellung des Angebots nach Absatz 1 Verträge mit einem oder mehreren der in Satz 3 genannten Vertragspartner zu schließen. [5] In den Fällen der Sätze 3 und 4 besteht kein Anspruch auf Vertragsabschluss; die Aufforderung zur Abgabe eines Angebots ist unter Bekanntgabe objektiver Auswahlkriterien auszuschreiben. [6] Soweit die hausärztliche Versorgung der Versicherten durch Verträge nach diesem Absatz durchgeführt wird, ist der Sicherstellungsauftrag nach § 75 Abs. 1 eingeschränkt. [7] Satz 6 gilt nicht für die Organisation der vertragsärztlichen Versorgung zu den sprechstundenfreien Zeiten.

(4a) [1] Beantragt eine Gemeinschaft gemäß Absatz 4 Satz 2 die Einleitung eines Schiedsverfahrens, haben sich die Parteien auf eine unabhängige Schiedsperson zu verständigen, die den Inhalt des Vertrages nach Absatz 4 Satz 1 festlegt. [2] Einigen sich die Parteien nicht auf eine Schiedsperson, so wird diese von der für die Krankenkasse zuständigen Aufsichtsbehörde bestimmt. [3] Die Kosten des Schiedsverfahrens tragen die Vertragspartner zu gleichen Teilen. [4] Klagen gegen die Bestimmung der Schiedsperson haben keine aufschiebende Wirkung. [5] Klagen gegen die Festlegung des Vertragsinhalts richten sich gegen eine der beiden Vertragsparteien, nicht gegen die Schiedsperson.

(5) [1] In den Verträgen nach Absatz 4 sind das Nähere über den Inhalt und die Durchführung der hausarztzentrierten Versorgung, insbesondere die Ausgestaltung der Anforderungen nach Absatz 2, sowie die Vergütung zu regeln; in Verträgen, die nach dem 31. März 2014 zustande kommen, sind zudem Wirtschaftlichkeitskriterien und Maßnahmen bei Nichteinhaltung der vereinbarten Wirtschaftlichkeitskriterien sowie Regelungen zur Qualitätssicherung zu vereinbaren. [2] Eine Beteiligung der Kassenärztlichen Vereinigung bei der Ausgestaltung und Umsetzung der Anforderungen nach Absatz 2 ist möglich. [3] Die Verträge können auch Abweichendes von den im Dritten Kapitel benannten Leistungen beinhalten, soweit sie die in § 11 Absatz 6 genannten Leistungen, Leistungen nach den §§ 20d, 25, 26, 37a und 37b sowie ärztliche Leistungen einschließlich neuer Untersuchungs- und Behandlungsmethoden betreffen, soweit der Gemeinsame Bundesausschuss nach § 91 im Rahmen der Beschlüsse nach § 92 Absatz 1 Satz 2 Nummer 5 keine ablehnende Entscheidung getrof-

fen hat. ⁴ Die Einzelverträge können Abweichendes von den Vorschriften dieses Kapitels sowie den nach diesen Vorschriften getroffenen Regelungen regeln. ⁵ § 106d Absatz 3 gilt hinsichtlich der arzt- und versichertenbezogenen Prüfung der Abrechnungen auf Rechtmäßigkeit entsprechend. ⁶ Zugelassene strukturierte Behandlungsprogramme nach §§ 137f und 137g sind, soweit sie die hausärztliche Versorgung betreffen, Bestandteil der Verträge nach Absatz 4. ⁷ Vereinbarungen über zusätzliche Vergütungen für Diagnosen können nicht Gegenstand der Verträge sein.

(6) Die Krankenkassen haben ihre Versicherten in geeigneter Weise umfassend über Inhalt und Ziele der hausarztzentrierten Versorgung sowie über die jeweils wohnortnah teilnehmenden Hausärzte zu informieren.

(7) ¹ Die Vertragspartner der Gesamtverträge haben den Behandlungsbedarf nach § 87a Absatz 3 Satz 2 zu bereinigen. ² Die Bereinigung erfolgt rechtzeitig zu dem Kalendervierteljahr, für welches die Gesamtvergütung bereinigt werden soll, entsprechend der Zahl und der Morbiditätsstruktur der für dieses Kalendervierteljahr eingeschriebenen Versicherten sowie dem vertraglich vereinbarten Inhalt der hausarztzentrierten Versorgung nach Maßgabe der Vorgaben des Bewertungsausschusses nach § 87a Absatz 5 Satz 7. ³ Dabei können die Bereinigungsbeträge unter Beachtung der Maßgaben nach Satz 2 auch pauschaliert ermittelt werden. ⁴ Kommt eine rechtzeitige Einigung über die Bereinigung des Behandlungsbedarfs nicht zustande, können auch die Vertragspartner der Verträge über eine hausarztzentrierte Versorgung das Schiedsamt nach § 89 anrufen. ⁵ Die für die Bereinigungsverfahren erforderlichen arzt- und versichertenbezogenen Daten übermitteln die Krankenkassen den zuständigen Gesamtvertragspartnern bis spätestens drei Wochen vor dem Kalendervierteljahr, für welches die Gesamtvergütung für die in diesem Kalendervierteljahr eingeschriebenen Versicherten bereinigt werden soll. ⁶ Die Krankenkasse kann, falls eine rechtzeitige Bereinigung nicht festgesetzt worden ist, den Behandlungsbedarf unter Beachtung der Maßgaben nach Satz 2 vorläufig bereinigen. ⁷ Sie kann auch die Anerkennung und Umsetzung des geltenden Bereinigungsverfahrens für die Bereinigung der Gesamtvergütung für an der hausarztzentrierten Versorgung teilnehmende Versicherte mit Wohnort im Bezirk anderer Kassenärztlichen Vereinigungen von diesen Kassenärztlichen Vereinigungen verlangen. ⁸ Für die Bereinigung des Behandlungsbedarfs nach Satz 7 sowie für den Fall der Rückführung von Bereinigungsbeträgen bei Beendigung der Teilnahme eines Versicherten sind die Verfahren gemäß § 87a Absatz 5 Satz 9 anzuwenden. ⁹ Die Kassenärztlichen Vereinigungen haben die zur Bereinigung erforderlichen Vorgaben im Rahmen ihrer gesetzlichen Aufgaben umzusetzen.

(8) Die Vertragsparteien nach Absatz 4 können vereinbaren, dass Aufwendungen für Leistungen, die über die hausärztliche Versorgung nach § 73 hinausgehen und insoweit nicht unter die Bereinigungspflicht nach Absatz 7 fallen, aus Einsparungen und Effizienzsteigerungen, die aus den Maßnahmen von Verträgen nach Absatz 4 erzielt werden, finanziert werden.

(9) Die Einhaltung der nach Absatz 5 Satz 1 vereinbarten Wirtschaftlichkeitskriterien muss spätestens vier Jahre nach dem Wirksamwerden der zugrunde liegenden Verträge nachweisbar sein; § 88 Absatz 2 des Vierten Buches[1)] gilt entsprechend.

[1)] Nr. 4.

§§ 73c, 73d *(aufgehoben)*

§ 74 Stufenweise Wiedereingliederung. Können arbeitsunfähige Versicherte nach ärztlicher Feststellung ihre bisherige Tätigkeit teilweise verrichten und können sie durch eine stufenweise Wiederaufnahme ihrer Tätigkeit voraussichtlich besser wieder in das Erwerbsleben eingegliedert werden, soll der Arzt auf der Bescheinigung über die Arbeitsunfähigkeit Art und Umfang der möglichen Tätigkeiten angeben und dabei in geeigneten Fällen die Stellungnahme des Betriebsarztes oder mit Zustimmung der Krankenkasse die Stellungnahme des Medizinischen Dienstes (§ 275) einholen.

§ 75 Inhalt und Umfang der Sicherstellung. (1) ¹Die Kassenärztlichen Vereinigungen und die Kassenärztlichen Bundesvereinigungen haben die vertragsärztliche Versorgung in dem in § 73 Abs. 2 bezeichneten Umfang sicherzustellen und den Krankenkassen und ihren Verbänden gegenüber die Gewähr dafür zu übernehmen, daß die vertragsärztliche Versorgung den gesetzlichen und vertraglichen Erfordernissen entspricht. ²Kommt die Kassenärztliche Vereinigung ihrem Sicherstellungsauftrag aus Gründen, die sie zu vertreten hat, nicht nach, können die Krankenkassen die in den Gesamtverträgen nach § 85 oder § 87a vereinbarten Vergütungen teilweise zurückbehalten. ³Die Einzelheiten regeln die Partner der Bundesmantelverträge.

(1a) ¹Der Sicherstellungsauftrag nach Absatz 1 umfasst auch die angemessene und zeitnahe Zurverfügungstellung der fachärztlichen Versorgung. ²Hierzu haben die Kassenärztlichen Vereinigungen bis zum 23. Januar 2016 Terminservicestellen einzurichten; die Terminservicestellen können in Kooperation mit den Landesverbänden der Krankenkassen und den Ersatzkassen betrieben werden. ³Die Terminservicestelle hat Versicherten bei Vorliegen einer Überweisung zu einem Facharzt innerhalb einer Woche einen Behandlungstermin bei einem Leistungserbringer nach § 95 Absatz 1 Satz 1 zu vermitteln; einer Überweisung bedarf es nicht, wenn ein Behandlungstermin bei einem Augenarzt oder einem Frauenarzt zu vermitteln ist. ⁴Die Wartezeit auf den zu vermittelnden Behandlungstermin darf vier Wochen nicht überschreiten. ⁵Die Entfernung zwischen Wohnort des Versicherten und dem vermittelten Facharzt muss zumutbar sein. ⁶Kann die Terminservicestelle keinen Behandlungstermin bei einem Leistungserbringer nach § 95 Absatz 1 Satz 1 innerhalb der Frist nach Satz 4 vermitteln, hat sie einen ambulanten Behandlungstermin in einem zugelassenen Krankenhaus anzubieten; die Sätze 3 bis 5 gelten entsprechend. ⁷Satz 6 gilt nicht bei verschiebbaren Routineuntersuchungen und in Fällen von Bagatellerkrankungen sowie bei weiteren vergleichbaren Fällen. ⁸Für die ambulante Behandlung im Krankenhaus gelten die Bestimmungen über die vertragsärztliche Versorgung. ⁹In den Fällen von Satz 7 hat die Terminservicestelle einen Behandlungstermin bei einem Leistungserbringer nach § 95 Absatz 1 Satz 1 in einer angemessenen Frist zu vermitteln. ¹⁰Im Bundesmantelvertrag nach § 82 Absatz 1 sind bis zum 23. Oktober 2015 insbesondere Regelungen zu treffen

1. zum Nachweis des Vorliegens einer Überweisung,
2. zur zumutbaren Entfernung nach Satz 5, differenziert nach Arztgruppen,
3. über das Nähere zu den Fällen nach Satz 7,
4. zur Notwendigkeit weiterer Behandlungen nach § 76 Absatz 1a Satz 2.

¹¹ Im Bundesmantelvertrag können zudem ergänzende Regelungen insbesondere zu weiteren Ausnahmen von der Notwendigkeit des Vorliegens einer Überweisung getroffen werden. ¹² Die Sätze 2 bis 11 gelten nicht für Behandlungen nach § 28 Absatz 2 und § 29. ¹³ Ab Inkrafttreten des Beschlusses des Gemeinsamen Bundesausschusses nach § 92 Absatz 6a Satz 3 gelten die Sätze 2 bis 11 für Behandlungen nach § 28 Absatz 3 hinsichtlich der Vermittlung eines Termins für ein Erstgespräch im Rahmen der psychotherapeutischen Sprechstunden und der sich aus der Abklärung ergebenden zeitnah erforderlichen Behandlungstermine; einer Überweisung bedarf es nicht. ¹⁴ Die Kassenärztliche Bundesvereinigung kann die Kassenärztlichen Vereinigungen durch das Angebot einer Struktur für ein elektronisch gestütztes Wartezeitenmanagement bei der Terminvermittlung unterstützen. ¹⁵ Die Kassenärztliche Bundesvereinigung evaluiert die Auswirkungen der Tätigkeit der Terminservicestellen insbesondere im Hinblick auf die Erreichung der fristgemäßen Vermittlung von Facharztterminen, auf die Häufigkeit der Inanspruchnahme und auf die Vermittlungsquote. ¹⁶ Über die Ergebnisse hat die Kassenärztliche Bundesvereinigung dem Bundesministerium für Gesundheit jährlich, erstmals zum 30. Juni 2017, zu berichten.

(1b) ¹ Der Sicherstellungsauftrag nach Absatz 1 umfasst auch die vertragsärztliche Versorgung zu den sprechstundenfreien Zeiten (Notdienst), nicht jedoch die notärztliche Versorgung im Rahmen des Rettungsdienstes, soweit Landesrecht nichts anderes bestimmt. ² Die Kassenärztlichen Vereinigungen sollen den Notdienst auch durch Kooperation und eine organisatorische Verknüpfung mit zugelassenen Krankenhäusern sicherstellen; hierzu sollen sie entweder Notdienstpraxen in oder an Krankenhäusern einrichten oder Notfallambulanzen der Krankenhäuser unmittelbar in den Notdienst einbinden. ³ Nicht an der vertragsärztlichen Versorgung teilnehmende zugelassene Krankenhäuser und Ärzte, die aufgrund einer Kooperationsvereinbarung mit der Kassenärztlichen Vereinigung in den Notdienst einbezogen sind, sind zur Leistungserbringung im Rahmen des Notdienstes berechtigt und nehmen zu diesem Zweck an der vertragsärztlichen Versorgung teil. ⁴ Satz 3 gilt entsprechend für nicht an der vertragsärztlichen Versorgung teilnehmende Ärzte im Rahmen der notärztlichen Versorgung des Rettungsdienstes, soweit entsprechend Satz 1 durch Landesrecht bestimmt ist, dass auch diese Versorgung vom Sicherstellungsauftrag der Kassenärztlichen Vereinigung umfasst ist. ⁵ Die Kassenärztlichen Vereinigungen sollen mit den Landesapothekerkammern in einen Informationsaustausch über die Organisation des Notdienstes treten, um die Versorgung der Versicherten im Notdienst zu verbessern; die Ergebnisse aus diesem Informationsaustausch sind in die Kooperationen nach Satz 2 einzubeziehen. ⁶ Die Kassenärztlichen Vereinigungen sollen mit den Rettungsleitstellen der Länder kooperieren.

(2) ¹ Die Kassenärztlichen Vereinigungen und die Kassenärztlichen Bundesvereinigungen haben die Rechte der Vertragsärzte gegenüber den Krankenkassen wahrzunehmen. ² Sie haben die Erfüllung der den Vertragsärzten obliegenden Pflichten zu überwachen und die Vertragsärzte, soweit notwendig, unter Anwendung der in § 81 Abs. 5 vorgesehenen Maßnahmen zur Erfüllung dieser Pflichten anzuhalten.

(3) ¹ Die Kassenärztlichen Vereinigungen und die Kassenärztlichen Bundesvereinigungen haben auch die ärztliche Versorgung von Personen sicherzustellen, die auf Grund dienstrechtlicher Vorschriften über die Gewährung von

4. Kapitel. Beziehungen der Krankenkassen § 75 SGB V 5

Heilfürsorge einen Anspruch auf unentgeltliche ärztliche Versorgung haben, soweit die Erfüllung dieses Anspruchs nicht auf andere Weise gewährleistet ist. ²Die ärztlichen Leistungen sind so zu vergüten, wie die Ersatzkassen die vertragsärztlichen Leistungen vergüten. ³Die Sätze 1 und 2 gelten entsprechend für ärztliche Untersuchungen zur Durchführung der allgemeinen Wehrpflicht sowie Untersuchungen zur Vorbereitung von Personalentscheidungen und betriebs- und fürsorgeärztliche Untersuchungen, die von öffentlich-rechtlichen Kostenträgern veranlaßt werden.

(3a) ¹Die Kassenärztlichen Vereinigungen und die Kassenärztlichen Bundesvereinigungen haben auch die ärztliche Versorgung der in den brancheneinheitlichen Standardtarifen nach § 257 Abs. 2a in Verbindung mit § 314 und nach § 257 Abs. 2a in Verbindung mit § 315 sowie dem brancheneinheitlichen Basistarif nach § 152 Absatz 1 des Versicherungsaufsichtsgesetzes und dem Notlagentarif nach § 153 des Versicherungsaufsichtsgesetzes Versicherten mit den in diesen Tarifen versicherten ärztlichen Leistungen sicherzustellen. ²Solange und soweit nach Absatz 3b nichts Abweichendes vereinbart und festgesetzt wird, sind die in Satz 1 genannten Leistungen einschließlich der belegärztlichen Leistungen nach § 121 nach der Gebührenordnung für Ärzte oder der Gebührenordnung für Zahnärzte mit der Maßgabe zu vergüten, dass Gebühren für die in Abschnitt M des Gebührenverzeichnisses der Gebührenordnung für Ärzte genannten Leistungen sowie für die Leistung nach Nummer 437 des Gebührenverzeichnisses der Gebührenordnung für Ärzte nur bis zum 1,16fachen des Gebührensatzes der Gebührenordnung für Ärzte, Gebühren für die in Abschnitten A, E und O des Gebührenverzeichnisses der Gebührenordnung für Ärzte genannten Leistungen nur bis zum 1,38fachen des Gebührensatzes der Gebührenordnung für Ärzte, Gebühren für die übrigen Leistungen des Gebührenverzeichnisses der Gebührenordnung für Ärzte nur bis zum 1,8fachen des Gebührensatzes der Gebührenordnung für Ärzte und Gebühren für die Leistungen des Gebührenverzeichnisses der Gebührenordnung für Zahnärzte nur bis zum 2fachen des Gebührensatzes der Gebührenordnung für Zahnärzte berechnet werden dürfen. ³Für die Vergütung von in den §§ 115b und 116b bis 119 genannten Leistungen gilt Satz 2 entsprechend, wenn diese für die in Satz 1 genannten Versicherten im Rahmen der dort genannten Tarife erbracht werden.

(3b) ¹Die Vergütung für die in Absatz 3a Satz 2 genannten Leistungen kann in Verträgen zwischen dem Verband der privaten Krankenversicherung einheitlich mit Wirkung für die Unternehmen der privaten Krankenversicherung und im Einvernehmen mit den Trägern der Kosten in Krankheits-, Pflege- und Geburtsfällen nach beamtenrechtlichen Vorschriften mit den Kassenärztlichen Vereinigungen oder den Kassenärztlichen Bundesvereinigungen ganz oder teilweise abweichend von den Vorgaben des Absatzes 3a Satz 2 geregelt werden. ²Für den Verband der privaten Krankenversicherung gilt § 158 Absatz 2 des Versicherungsaufsichtsgesetzes entsprechend. ³Wird zwischen den Beteiligten nach Satz 1 keine Einigung über eine von Absatz 3a Satz 2 abweichende Vergütungsregelung erzielt, kann der Beteiligte, der die Abweichung verlangt, die Schiedsstelle nach Absatz 3c anrufen. ⁴Diese hat innerhalb von drei Monaten über die Gegenstände, über die keine Einigung erzielt werden konnte, zu entscheiden und den Vertragsinhalt festzusetzen. ⁵Die Schiedsstelle hat ihre Entscheidung so zu treffen, dass der Vertragsinhalt

1. den Anforderungen an eine ausreichende, zweckmäßige, wirtschaftliche und in der Qualität gesicherte ärztliche Versorgung der in Absatz 3a Satz 1 genannten Versicherten entspricht,

2. die Vergütungsstrukturen vergleichbarer Leistungen aus dem vertragsärztlichen und privatärztlichen Bereich berücksichtigt und

3. die wirtschaftlichen Interessen der Vertragsärzte sowie die finanziellen Auswirkungen der Vergütungsregelungen auf die Entwicklung der Prämien für die Tarife der in Absatz 3a Satz 1 genannten Versicherten angemessen berücksichtigt.

⁶Wird nach Ablauf einer von den Vertragsparteien nach Satz 1 vereinbarten oder von der Schiedsstelle festgesetzten Vertragslaufzeit keine Einigung über die Vergütung erzielt, gilt der bisherige Vertrag bis zu der Entscheidung der Schiedsstelle weiter. ⁷Für die in Absatz 3a Satz 1 genannten Versicherten und Tarife kann die Vergütung für die in den §§ 115b und 116b bis 119 genannten Leistungen in Verträgen zwischen dem Verband der privaten Krankenversicherung einheitlich mit Wirkung für die Unternehmen der privaten Krankenversicherung und im Einvernehmen mit den Trägern der Kosten in Krankheits-, Pflege- und Geburtsfällen nach beamtenrechtlichen Vorschriften mit den entsprechenden Leistungserbringern oder den sie vertretenden Verbänden ganz oder teilweise abweichend von den Vorgaben des Absatzes 3a Satz 2 und 3 geregelt werden; Satz 2 gilt entsprechend. ⁸Wird nach Ablauf einer von den Vertragsparteien nach Satz 7 vereinbarten Vertragslaufzeit keine Einigung über die Vergütung erzielt, gilt der bisherige Vertrag weiter.

(3c) ¹Die Kassenärztlichen Bundesvereinigungen bilden mit dem Verband der privaten Krankenversicherung je eine gemeinsame Schiedsstelle. ²Sie besteht aus Vertretern der Kassenärztlichen Bundesvereinigung oder der Kassenzahnärztlichen Bundesvereinigung einerseits und Vertretern des Verbandes der privaten Krankenversicherung und der Träger der Kosten in Krankheits-, Pflege- und Geburtsfällen nach beamtenrechtlichen Vorschriften andererseits in gleicher Zahl, einem unparteiischen Vorsitzenden und zwei weiteren unparteiischen Mitgliedern sowie je einem Vertreter des Bundesministeriums der Finanzen und des Bundesministeriums für Gesundheit. ³Die Amtsdauer beträgt vier Jahre. ⁴Über den Vorsitzenden und die weiteren unparteiischen Mitglieder sowie deren Stellvertreter sollen sich die Vertragsparteien einigen. ⁵Kommt eine Einigung nicht zu Stande, gilt § 89 Abs. 3 Satz 4 bis 6 entsprechend. ⁶Im Übrigen gilt § 129 Abs. 9 entsprechend. ⁷Die Aufsicht über die Geschäftsführung der Schiedsstelle führt das Bundesministerium der Finanzen; § 129 Abs. 10 Satz 2 gilt entsprechend.

(4) ¹Die Kassenärztlichen Vereinigungen und die Kassenärztlichen Bundesvereinigungen haben auch die ärztliche Behandlung von Gefangenen in Justizvollzugsanstalten in Notfällen außerhalb der Dienstzeiten der Anstaltsärzte und Anstaltszahnärzte sicherzustellen, soweit die Behandlung nicht auf andere Weise gewährleistet ist. ²Absatz 3 Satz 2 gilt entsprechend.

(5) Soweit die ärztliche Versorgung in der knappschaftlichen Krankenversicherung nicht durch Knappschaftsärzte sichergestellt wird, gelten die Absätze 1 und 2 entsprechend.

(6) Mit Zustimmung der Aufsichtsbehörden können die Kassenärztlichen Vereinigungen und Kassenärztlichen Bundesvereinigungen weitere Aufgaben

der ärztlichen Versorgung insbesondere für andere Träger der Sozialversicherung übernehmen.

(7) ¹ Die Kassenärztlichen Bundesvereinigungen haben
1. die erforderlichen Richtlinien für die Durchführung der von ihnen im Rahmen ihrer Zuständigkeit geschlossenen Verträge aufzustellen,
2. in Richtlinien die überbezirkliche Durchführung der vertragsärztlichen Versorgung und den Zahlungsausgleich hierfür zwischen den Kassenärztlichen Vereinigungen zu regeln, soweit nicht in Bundesmantelverträgen besondere Vereinbarungen getroffen sind,
3. Richtlinien über die Betriebs-, Wirtschafts- und Rechnungsführung der Kassenärztlichen Vereinigungen aufzustellen und
4. Richtlinien für die Umsetzung einer bundeseinheitlichen Notdienstnummer aufzustellen.

² Die Richtlinie nach Satz 1 Nr. 2 muss sicherstellen, dass die für die erbrachte Leistung zur Verfügung stehende Vergütung die Kassenärztliche Vereinigung erreicht, in deren Bezirk die Leistung erbracht wurde; eine Vergütung auf der Basis bundesdurchschnittlicher Verrechnungspunktwerte ist zulässig. ³ Die Richtlinie nach Satz 1 Nr. 2 kann auch Regelungen über die Abrechnungs-, Wirtschaftlichkeits- und Qualitätsprüfung sowie über Verfahren bei Disziplinarangelegenheiten bei überörtlichen Berufsausübungsgemeinschaften, die Mitglieder in mehreren Kassenärztlichen Vereinigungen haben, treffen, soweit hierzu nicht in den Bundesmantelverträgen besondere Vereinbarungen getroffen sind.

(7a) ¹ Abweichend von Absatz 7 Satz 2 muss die für die ärztliche Versorgung geltende Richtlinie nach Absatz 7 Satz 1 Nr. 2 sicherstellen, dass die Kassenärztliche Vereinigung, in deren Bezirk die Leistungen erbracht wurden (Leistungserbringer-KV), von der Kassenärztlichen Vereinigung, in deren Bezirk der Versicherte seinen Wohnort hat (Wohnort-KV), für die erbrachten Leistungen jeweils die entsprechenden Vergütungen der in der Leistungserbringer-KV geltenden Euro-Gebührenordnung nach § 87a Abs. 2 erhält. ² Dabei ist das Benehmen mit dem Spitzenverband Bund der Krankenkassen herzustellen.

(8) Die Kassenärztlichen Vereinigungen und die Kassenärztlichen Bundesvereinigungen haben durch geeignete Maßnahmen darauf hinzuwirken, daß die zur Ableistung der Vorbereitungszeiten von Ärzten sowie die zur allgemeinmedizinischen Weiterbildung in den Praxen niedergelassener Vertragsärzte benötigten Plätze zur Verfügung stehen.

(9) Die Kassenärztlichen Vereinigungen sind verpflichtet, mit Einrichtungen nach § 13 des Schwangerschaftskonfliktgesetzes auf deren Verlangen Verträge über die ambulante Erbringung der in § 24b aufgeführten ärztlichen Leistungen zu schließen und die Leistungen außerhalb des Verteilungsmaßstabes nach den zwischen den Kassenärztlichen Vereinigungen und den Einrichtungen nach § 13 des Schwangerschaftskonfliktgesetzes oder deren Verbänden vereinbarten Sätzen zu vergüten.

§ 75a Förderung der Weiterbildung. (1) ¹ Die Kassenärztlichen Vereinigungen und die Krankenkassen sind zur Sicherung der hausärztlichen Versorgung verpflichtet, die allgemeinmedizinische Weiterbildung in den Praxen zugelassener Ärzte und zugelassener medizinischer Versorgungszentren zu fördern. ²Die Kassenärztlichen Vereinigungen und die Krankenkassen tragen die Kosten der Förderung für die Weiterbildung in der Allgemeinmedizin im ambulanten Bereich je zur Hälfte. ³Die Zuschüsse der Krankenkassen werden außerhalb der Gesamtvergütung für die vertragsärztliche Versorgung gewährt. ⁴Die Förderung ist von der Weiterbildungsstelle auf die im Krankenhaus übliche Vergütung anzuheben und an den Weiterzubildenden in voller Höhe auszuzahlen.

(2) ¹Die Krankenkassen sind zur Sicherung der hausärztlichen Versorgung auch verpflichtet, die allgemeinmedizinische Weiterbildung in zugelassenen Krankenhäusern und in Vorsorge- und Rehabilitationseinrichtungen, für die ein Versorgungsvertrag nach § 111 besteht, zu fördern. ²Die Zuschüsse der Krankenkassen werden außerhalb der mit den Krankenhäusern vereinbarten Budgets gewährt.

(3) ¹Die Anzahl der zu fördernden Stellen soll bundesweit insgesamt mindestens 7 500 betragen. ²Die Kassenärztlichen Vereinigungen dürfen die Anzahl der zu fördernden Weiterbildungsstellen nicht begrenzen.

(4) ¹Die Kassenärztliche Bundesvereinigung vereinbart mit dem Spitzenverband Bund der Krankenkassen und der Deutschen Krankenhausgesellschaft bis zum 23. Oktober 2015 das Nähere über den Umfang und die Durchführung der finanziellen Förderung nach den Absätzen 1 bis 3. ²Sie haben insbesondere Vereinbarungen zu treffen über

1. die Höhe der finanziellen Förderung,
2. die Sicherstellung einer durchgängigen Förderung auch bei einem Wechsel in eine andere Weiterbildungsstelle in einem Bezirk einer anderen Kassenärztlichen Vereinigung,
3. die Verteilung der zu fördernden Stellen auf die Kassenärztlichen Vereinigungen,
4. ein finanzielles Ausgleichverfahren, wenn in einem Bezirk einer Kassenärztlichen Vereinigung mehr oder weniger Weiterbildungsstellen gefördert werden, als nach Nummer 3 vorgesehen sind, sowie
5. die zu fördernden Fachärzte aus dem Bereich der allgemeinen fachärztlichen Versorgung, die an der Grundversorgung teilnehmen (grundversorgende Fachärzte).

³Mit der Bundesärztekammer ist das Benehmen herzustellen.

(5) ¹Die Höhe der finanziellen Beteiligung der Krankenkassen an den Kosten der Förderung der allgemeinmedizinischen Weiterbildung vermindert sich um den von den privaten Krankenversicherungsunternehmen gezahlten Betrag. ²Über die Verträge nach Absatz 4 ist das Einvernehmen mit dem Verband der Privaten Krankenversicherung anzustreben.

(6) ¹Die nach Absatz 4 Satz 2 Nummer 1 zu vereinbarende Höhe der finanziellen Förderung ist so zu bemessen, dass die Weiterzubildenden in allen Weiterbildungseinrichtungen nach den Absätzen 1 und 2 eine angemessene Vergütung erhalten. ²In Gebieten, für die der Landesausschuss der Ärzte und Krankenkassen für den Bereich der hausärztlichen Versorgung eine Feststellung nach § 100 Absatz 1 Satz 1 getroffen hat, soll eine höhere finanzielle Förderung vorgesehen werden. ³Die Vertragspartner haben die Angemessenheit der Förderung regelmäßig zu überprüfen und soweit erforderlich anzupassen.

4. Kapitel. Beziehungen der Krankenkassen § 76 SGB V 5

(7) In den Verträgen nach Absatz 4 kann auch vereinbart werden, dass
1. die Fördermittel durch eine zentrale Stelle auf Landes- oder Bundesebene verwaltet werden,
2. eine finanzielle Beteiligung an regionalen Projekten zur Förderung der Allgemeinmedizin erfolgt,
3. bis zu 5 Prozent der vorgesehenen Fördermittel überregional für die Errichtung und Organisation von Einrichtungen, die die Qualität und Effizienz der Weiterbildung verbessern können, bereitgestellt werden,
4. in einem Förderungszeitraum nicht abgerufene Fördermittel in den darauffolgenden Förderzeitraum übertragen sowie überregional und unabhängig von der Art der Weiterbildungseinrichtung bereitgestellt werden.

(8) Die Kassenärztlichen Vereinigungen können zur Erfüllung der in Absatz 1 genannten Aufgaben kooperieren oder eine Kassenärztliche Vereinigung mit der Durchführung der Aufgaben nach Absatz 1 beauftragen.

(9) [1] Die Absätze 1 und 4 bis 8 gelten für die Förderung der Weiterbildung in der ambulanten grundversorgenden fachärztlichen Versorgung nach Maßgabe der Vereinbarung nach Absatz 4 Satz 2 Nummer 5 entsprechend. [2] Es sind bundesweit bis zu 1 000 Stellen zu fördern.

§ 76 Freie Arztwahl. (1) [1] Die Versicherten können unter den zur vertragsärztlichen Versorgung zugelassenen Ärzten, den medizinischen Versorgungszentren, den ermächtigten Ärzten, den ermächtigten oder nach § 116b an der ambulanten Versorgung teilnehmenden Einrichtungen, den Zahnkliniken der Krankenkassen, den Eigeneinrichtungen der Krankenkassen nach § 140 Abs. 2 Satz 2, den nach § 72a Abs. 3 vertraglich zur ärztlichen Behandlung verpflichteten Ärzten und Zahnärzten, den zum ambulanten Operieren zugelassenen Krankenhäusern sowie den Einrichtungen nach § 75 Abs. 9 frei wählen. [2] Andere Ärzte dürfen nur in Notfällen in Anspruch genommen werden. [3] Die Inspruchnahme der Eigeneinrichtungen der Krankenkassen nach § 140 Abs. 1 und 2 Satz 1 richtet sich nach den hierüber abgeschlossenen Verträgen. [4] Die Zahl der Eigeneinrichtungen darf auf Grund vertraglicher Vereinbarung vermehrt werden, wenn die Voraussetzungen des § 140 Abs. 2 Satz 1 erfüllt sind.

(1a) [1] In den Fällen des § 75 Absatz 1a Satz 6 können Versicherte auch zugelassene Krankenhäuser in Anspruch nehmen, die nicht an der vertragsärztlichen Versorgung teilnehmen. [2] Die Inanspruchnahme umfasst auch weitere auf den Termin folgende notwendige Behandlungen, die dazu dienen, den Behandlungserfolg zu sichern oder zu festigen.

(2) Wird ohne zwingenden Grund ein anderer als einer der nächsterreichbaren an der vertragsärztlichen Versorgung teilnehmenden Ärzte, Einrichtungen oder medizinische Versorgungszentren in Anspruch genommen, hat der Versicherte die Mehrkosten zu tragen.

(3) [1] Die Versicherten sollen den an der vertragsärztlichen Versorgung teilnehmenden Arzt innerhalb eines Kalendervierteljahres nur bei Vorliegen eines wichtigen Grundes wechseln. [2] Der Versicherte wählt einen Hausarzt. [3] Der Arzt hat den Versicherten vorab über Inhalt und Umfang der hausärztlichen Versorgung (§ 73) zu unterrichten; eine Teilnahme an der hausärztlichen Versorgung hat er auf seinem Praxisschild anzugeben.

(3a) Die Partner der Verträge nach § 82 Abs. 1 haben geeignete Maßnahmen zu vereinbaren, die einer unkoordinierten Mehrfachinanspruchnahme von Vertragsärzten entgegenwirken und den Informationsaustausch zwischen vor- und nachbehandelnden Ärzten gewährleisten.

(4) Die Übernahme der Behandlung verpflichtet die in Absatz 1 genannten Personen oder Einrichtungen dem Versicherten gegenüber zur Sorgfalt nach den Vorschriften des bürgerlichen Vertragsrechts.

(5) [1] Die Versicherten der knappschaftlichen Krankenversicherung können unter den Knappschaftsärzten und den in Absatz 1 genannten Personen und Einrichtungen frei wählen. [2] Die Absätze 2 bis 4 gelten entsprechend.

Zweiter Titel. Kassenärztliche und Kassenzahnärztliche Vereinigungen

§ 77 Kassenärztliche Vereinigungen und Bundesvereinigungen.

(1) [1] Zur Erfüllung der ihnen durch dieses Buch übertragenen Aufgaben der vertragsärztlichen Versorgung bilden die Vertragsärzte für den Bereich jedes Landes eine Kassenärztliche und eine Kassenzahnärztliche Vereinigung (Kassenärztliche Vereinigungen). [2] Bestehen in einem Land mehrere Kassenärztliche Vereinigungen, können sich diese nach Absatz 2 vereinigen.

(2) [1] Mit Zustimmung der für die Sozialversicherung zuständigen obersten Verwaltungsbehörden der Länder können sich Kassenärztliche Vereinigungen auf Beschluss ihrer Vertreterversammlungen auch für den Bereich mehrerer Länder vereinigen. [2] Der Beschluss bedarf der Genehmigung der vor der Vereinigung zuständigen Aufsichtsbehörden. [3] § 144 Absatz 2 bis 4 gilt entsprechend. [4] Die Bundesvereinigung nach Absatz 4 ist vor der Vereinigung zu hören. [5] Die gemeinsame Kassenärztliche Vereinigung kann nach Bereichen der an der Vereinigung beteiligten Kassenärztlichen Vereinigungen getrennte Gesamtverträge längstens für bis zu vier Quartale anwenden. [6] Darüber hinaus können die Vertragspartner der Gesamtverträge unterschiedliche Vergütungen im Einvernehmen mit der zuständigen Aufsichtsbehörde vereinbaren, soweit es zum Ausgleich unterschiedlicher landesrechtlicher Bestimmungen oder aus anderen besonderen Gründen erforderlich ist.

(3) [1] Die zugelassenen Ärzte, die im Rahmen der vertragsärztlichen Versorgung in den zugelassenen medizinischen Versorgungszentren tätigen angestellten Ärzte, die bei Vertragsärzten nach § 95 Abs. 9 und 9a angestellten Ärzte, die in Eigeneinrichtungen nach § 105 Absatz 1 Satz 2 und Absatz 5 Satz 1 angestellten Ärzte sind und die an der vertragsärztlichen Versorgung teilnehmenden ermächtigten Krankenhausärzte sind Mitglieder der für ihren Arztsitz zuständigen Kassenärztlichen Vereinigung. [2] Voraussetzung der Mitgliedschaft angestellter Ärzte in der für ihren Arztsitz zuständigen Kassenärztlichen Vereinigung ist, dass sie mindestens zehn Stunden pro Woche beschäftigt sind.

(4) [1] Die Kassenärztlichen Vereinigungen bilden die Kassenärztliche Bundesvereinigung und die Kassenzahnärztliche Bundesvereinigung (Kassenärztliche Bundesvereinigungen). [2] Die Kassenärztlichen Vereinigungen und Kassenärztlichen Bundesvereinigungen können die für sie zuständigen obersten Bundes- und Landesbehörden insbesondere in Fragen der Rechtsetzung kurzzeitig personell unterstützen. [3] Dadurch entstehende Kosten sind ihnen grundsätzlich zu erstatten; Ausnahmen werden in den jeweiligen Gesetzen zur Feststellung der Haushalte von Bund und Ländern festgelegt.

(5) Die Kassenärztlichen Vereinigungen und die Kassenärztlichen Bundesvereinigungen sind Körperschaften des öffentlichen Rechts.

(6) [1] §§ 88, 94 Abs. 1a bis 4 und § 97 Abs. 1 Satz 1 bis 4 des Zehnten Buches[1]) gelten entsprechend. [2] Wenn eine Kassenärztliche Vereinigung eine andere Kassenärztliche Vereinigung nach Satz 1 in Verbindung mit § 88 des Zehnten Buches beauftragt, eine ihr obliegende Aufgabe wahrzunehmen und hiermit eine Erhebung, Verarbeitung und Nutzung von Sozialdaten durch die Beauftragte verbunden ist, wird die Beauftragte mit dem Empfang der ihr nach § 285 Absatz 3 Satz 7 übermittelten Sozialdaten verantwortliche Stelle nach § 67 Absatz 9 Satz 1 des Zehnten Buches. [3] § 80 Absatz 3 Satz 1 Nummer 1 bis 3 und Satz 2 des Zehnten Buches gilt entsprechend, Satz 1 Nummer 1 jedoch mit der Maßgabe, dass nur der Auftragnehmer anzuzeigen ist.

§ 77a Dienstleistungsgesellschaften.

(1) Die Kassenärztlichen Vereinigungen und die Kassenärztlichen Bundesvereinigungen können zur Erfüllung der in Absatz 2 aufgeführten Aufgaben Gesellschaften gründen.

(2) Gesellschaften nach Absatz 1 können gegenüber vertragsärztlichen Leistungserbringern folgende Aufgaben erfüllen:
1. Beratung beim Abschluss von Verträgen, die die Versorgung von Versicherten mit Leistungen der gesetzlichen Krankenversicherung betreffen,
2. Beratung in Fragen der Datenverarbeitung, der Datensicherung und des Datenschutzes,
3. Beratung in allgemeinen wirtschaftlichen Fragen, die die Vertragsarzttätigkeit betreffen,
4. Vertragsabwicklung für Vertragspartner von Verträgen, die die Versorgung von Versicherten mit Leistungen der gesetzlichen Krankenversicherung betreffen,
5. Übernahme von Verwaltungsaufgaben für Praxisnetze.

(3) [1] Gesellschaften nach Absatz 1 dürfen nur gegen Kostenersatz tätig werden. [2] Eine Finanzierung aus Mitteln der Kassenärztlichen Vereinigungen oder Kassenärztlichen Bundesvereinigungen ist ausgeschlossen.

§ 77b Besondere Regelungen zu Einrichtungen und Arbeitsgemeinschaften der Kassenärztlichen Bundesvereinigungen.

(1) [1] Vor der Entscheidung des Vorstandes der Kassenärztlichen Bundesvereinigungen über die Errichtung, Übernahme oder wesentliche Erweiterung von Einrichtungen im Sinne des § 85 Absatz 1 des Vierten Buches[2]) sowie über eine unmittelbare oder mittelbare Beteiligung an solchen Einrichtungen ist die Vertreterversammlung der Kassenärztlichen Bundesvereinigungen durch den Vorstand auf der Grundlage geeigneter Daten umfassend über die Chancen und Risiken der beabsichtigten Betätigung zu unterrichten. [2] Die Entscheidung des Vorstandes nach Satz 1 bedarf der Zustimmung der Vertreterversammlung.

(2) [1] Der Vorstand hat zur Information der Vertreterversammlung der Kassenärztlichen Bundesvereinigungen jährlich einen Bericht über die Einrichtungen zu erstellen, an denen die Kassenärztlichen Bundesvereinigungen beteiligt

---
[1]) Nr. 10.
[2]) Nr. 4.

sind. ²Der Beteiligungsbericht muss zu jeder Einrichtung mindestens Angaben enthalten über

1. den Gegenstand der Einrichtung, die Beteiligungsverhältnisse, die Besetzung der Organe der Einrichtung und die Beteiligungen der Einrichtung an weiteren Einrichtungen,
2. den fortbestehenden Zusammenhang zwischen der Beteiligung an der Einrichtung und den gesetzlichen Aufgaben der Kassenärztlichen Bundesvereinigungen,
3. die Grundzüge des Geschäftsverlaufs der Einrichtung, die Ertragslage der Einrichtung, die Kapitalzuführungen an und die Kapitalentnahmen aus der Einrichtung durch die Kassenärztlichen Bundesvereinigungen, die Auswirkungen der Kapitalzuführungen und Kapitalentnahmen auf die Haushaltswirtschaft der Kassenärztlichen Bundesvereinigungen und die von den Kassenärztlichen Bundesvereinigungen der Einrichtung gewährten Sicherheiten,
4. die im Geschäftsjahr gewährten Gesamtbezüge der Mitglieder der Geschäftsführung, des Aufsichtsrates, des Beirates oder eines ähnlichen Gremiums der Einrichtung für jedes einzelne Gremium sowie die im Geschäftsjahr gewährten Bezüge eines jeden Mitglieds dieser Gremien unter Namensnennung.

³Der Bericht über das abgelaufene Geschäftsjahr ist der Vertreterversammlung der Kassenärztlichen Bundesvereinigungen und der Aufsichtsbehörde spätestens am 1. Oktober des folgenden Jahres vorzulegen.

(3) Für die Aufsicht über die Arbeitsgemeinschaften nach § 94 Absatz 1a des Zehnten Buches[1]) in Verbindung mit § 77 Absatz 6 Satz 1, an denen die Kassenärztlichen Bundesvereinigungen beteiligt sind, gilt § 89 des Vierten Buches entsprechend.

(4) Die Absätze 1 und 2 gelten entsprechend für Dienstleistungsgesellschaften nach § 77a, an denen die Kassenärztlichen Bundesvereinigungen beteiligt sind, und für Arbeitsgemeinschaften nach § 94 Absatz 1a des Zehnten Buches in Verbindung mit § 77 Absatz 6 Satz 1, an denen die Kassenärztlichen Bundesvereinigungen beteiligt sind.

§ 78 Aufsicht, Haushalts- und Rechnungswesen, Vermögen, Statistiken. (1) Die Aufsicht über die Kassenärztlichen Bundesvereinigungen führt das Bundesministerium für Gesundheit, die Aufsicht über die Kassenärztlichen Vereinigungen führen die für die Sozialversicherung zuständigen obersten Verwaltungsbehörden der Länder.

(2) ¹Die Aufsicht über die für den Bereich mehrerer Länder gebildeten gemeinsamen Kassenärztlichen Vereinigungen führt die für die Sozialversicherung zuständige oberste Verwaltungsbehörde des Landes, in dem diese Vereinigungen ihren Sitz haben. ²Die Aufsicht ist im Benehmen mit den zuständigen obersten Verwaltungsbehörden der beteiligten Länder wahrzunehmen.

(3) ¹Die Aufsicht erstreckt sich auf die Beachtung von Gesetz und sonstigem Recht. ²Die §§ 88 und 89 des Vierten Buches[2]) gelten entsprechend.

(4) Für die Vollstreckung von Aufsichtsverfügungen gegen die Kassenärztlichen Bundesvereinigungen kann die Aufsichtsbehörde ein Zwangsgeld bis zu

---

[1]) Nr. **10**.
[2]) Nr. **4**.

einer Höhe von 10 000 000 Euro zugunsten des Gesundheitsfonds nach § 271 festsetzen.

(5) ¹Die Kosten der Tätigkeit der Kassenärztlichen Bundesvereinigungen werden nach Maßgabe des Haushaltsplans durch die Beiträge der Kassenärztlichen Vereinigungen gemäß den Vorgaben der Satzungen der Kassenärztlichen Bundesvereinigungen aufgebracht, soweit sie nicht durch sonstige Einnahmen gedeckt werden. ²Für die Kassenärztlichen Bundesvereinigungen gelten für das Haushalts- und Rechnungswesen einschließlich der Statistiken die §§ 67 bis 70 Absatz 1 und 5, die §§ 72 bis 77 Absatz 1 und 1a und die §§ 78 und 79 Absatz 1 und 2 in Verbindung mit Absatz 3a, für das Vermögen die §§ 80 bis 83 und 85 des Vierten Buches sowie § 220 Absatz 1 Satz 2 und für die Verwendung der Mittel § 305b entsprechend. ³Die Jahresrechnung nach § 77 Absatz 1a des Vierten Buches ist für das abgelaufene Haushaltsjahr bis zum 1. Oktober des Folgejahres aufzustellen und der Aufsichtsbehörde vorzulegen. ⁴Betriebsmittel dürfen die Ausgaben nicht übersteigen, die nach dem Haushaltsplan der Kassenärztlichen Bundesvereinigungen auf eineinhalb Monate entfallen. ⁵Rücklagen sind zulässig, sofern sie angemessen sind und für einen den gesetzlichen Aufgaben dienenden Zweck bestimmt sind. ⁶Soweit Vermögen nicht zur Rücklagenbildung erforderlich ist, ist es zur Senkung der Beiträge der Kassenärztlichen Vereinigungen zu verwenden oder an die Kassenärztlichen Vereinigungen zurückzuzahlen.

(6) Für die Kassenärztlichen Vereinigungen gelten für das Haushalts- und Rechnungswesen einschließlich der Statistiken die §§ 67 bis 70 Absatz 1 und 5, die §§ 72 bis 77 Absatz 1 und die §§ 78 und 79 Absatz 1 und 2 in Verbindung mit Absatz 3a, für das Vermögen die §§ 80 und 85 des Vierten Buches und für die Verwendung der Mittel § 305b entsprechend.

§ 78a Aufsichtsmittel in besonderen Fällen bei den Kassenärztlichen Bundesvereinigungen. (1) ¹Ergibt sich nachträglich, dass eine Satzung nicht hätte genehmigt werden dürfen, oder bedarf eine Satzung wegen nachträglich eingetretener rechtlicher oder tatsächlicher Umstände, die zur Rechtswidrigkeit der Satzung führen, einer Änderung, so kann die Aufsichtsbehörde anordnen, dass die Kassenärztlichen Bundesvereinigungen innerhalb einer bestimmten Frist die erforderlichen Änderungen vornehmen. ²Kommen die Kassenärztlichen Bundesvereinigungen der Anordnung innerhalb der Frist nicht nach, so kann die Aufsichtsbehörde die erforderlichen Änderungen selbst vornehmen.

(2) ¹Ist zur Umsetzung von gesetzlichen Vorschriften oder aufsichtsrechtlichen Verfügungen ein Beschluss der Vertreterversammlung erforderlich, so kann die Aufsichtsbehörde anordnen, dass dieser Beschluss innerhalb einer bestimmten Frist gefasst wird. ²Wird der erforderliche Beschluss innerhalb der Frist nicht gefasst, so kann die Aufsichtsbehörde den Beschluss der Vertreterversammlung ersetzen.

(3) ¹Verstößt ein Beschluss der Vertreterversammlung der Kassenärztlichen Bundesvereinigungen gegen ein Gesetz oder gegen sonstiges für die Kassenärztlichen Bundesvereinigungen maßgebendes Recht, so kann die Aufsichtsbehörde anordnen, den Beschluss innerhalb einer bestimmten Frist aufzuheben. ²Mit Zugang der Anordnung darf der Beschluss nicht vollzogen werden. ³Die Aufsichtsbehörde kann verlangen, dass Maßnahmen, die aufgrund des Beschlusses getroffen wurden, rückgängig gemacht werden. ⁴Kommen die Kassenärzt-

lichen Bundesvereinigungen der Anordnung innerhalb der Frist nicht nach, so kann die Aufsichtsbehörde den Beschluss aufheben.

(4) ¹Einer Anordnung mit Fristsetzung bedarf es nicht, wenn ein Beschluss nach Absatz 1 oder Absatz 2 auf Grund gesetzlicher Regelungen innerhalb einer bestimmten Frist zu fassen ist. ²Klagen gegen Anordnungen und Maßnahmen der Aufsichtsbehörde nach den Absätzen 1 bis 3 haben keine aufschiebende Wirkung.

§ 78b Entsandte Person für besondere Angelegenheiten bei den Kassenärztlichen Bundesvereinigungen. (1) ¹Solange und soweit die ordnungsgemäße Verwaltung bei den Kassenärztlichen Bundesvereinigungen gefährdet ist, kann die Aufsichtsbehörde eine Person an die Kassenärztlichen Bundesvereinigungen entsenden, diese Person mit der Wahrnehmung von Aufgaben bei den Kassenärztlichen Bundesvereinigungen betrauen und ihr hierfür die erforderlichen Befugnisse übertragen. ²Die ordnungsgemäße Verwaltung ist insbesondere gefährdet, wenn

1. ein Mitglied des Vorstandes interne oder externe Maßnahmen ergreift, die nicht im Einklang mit den eigenen Verwaltungsvorschriften oder satzungsrechtlichen oder gesetzlichen Vorschriften stehen,
2. ein Mitglied des Vorstandes Handlungen vornimmt, die die interne Organisation der Verwaltung oder auch die Zusammenarbeit der Organe untereinander erheblich beeinträchtigen,
3. die Umsetzung von Aufsichtsverfügungen nicht gewährleistet ist oder
4. hinreichende Anhaltspunkte dafür vorliegen, dass eine Pflichtverletzung eines Organmitglieds oder eines ehemaligen Organmitglieds einen Schaden der Körperschaft verursacht hat.

³Die Aufsichtsbehörde kann die Person in diesen Fällen zur Beratung und Unterstützung des Vorstandes oder der Vertreterversammlung, zur Überwachung der Umsetzung von Aufsichtsverfügungen oder zur Prüfung von Schadensersatzansprüchen gegen Organmitglieder oder ehemalige Organmitglieder entsenden. ⁴Die Aufsichtsbehörde bestimmt, in welchem Umfang die entsandte Person im Innenverhältnis anstelle der Organe handeln darf. ⁵Die Befugnisse der Organe im Außenverhältnis bleiben unberührt. ⁶Die Entsendung erfolgt durch Verwaltungsakt gegenüber den Kassenärztlichen Bundesvereinigungen.

(2) ¹Die nach Absatz 1 entsandte Person ist im Rahmen ihrer Aufgaben berechtigt, von den Mitgliedern der Organe und von den Beschäftigten der Kassenärztlichen Bundesvereinigungen Auskünfte und die Vorlage von Unterlagen zu verlangen. ²Sie kann an allen Sitzungen der Organe und sonstigen Gremien der Kassenärztlichen Bundesvereinigungen in beratender Funktion teilnehmen, die Geschäftsräume der Kassenärztlichen Bundesvereinigungen betreten und Nachforschungen zur Erfüllung ihrer Aufgaben anstellen. ³Die Organe und Organmitglieder haben die entsandte Person bei der Wahrnehmung von deren Aufgaben zu unterstützen. ⁴Die entsandte Person ist verpflichtet, der Aufsichtsbehörde Auskunft über alle Erkenntnisse zu geben, die sie im Rahmen ihrer Tätigkeit gewonnen hat.

(3) ¹Die Kassenärztlichen Bundesvereinigungen gewähren der nach Absatz 1 entsandten Person eine Vergütung und angemessene Auslagen. ²Die Höhe der Vergütung wird von der Aufsichtsbehörde durch Verwaltungsakt gegenüber

den Kassenärztlichen Bundesvereinigungen festgesetzt. ³Die Kassenärztlichen Bundesvereinigungen tragen zudem die übrigen Kosten, die durch die Entsendung entstehen.

(4) ¹Der Entsendung der Person hat eine Anordnung vorauszugehen, mit der die Aufsichtsbehörde den Kassenärztlichen Bundesvereinigungen aufgibt, innerhalb einer bestimmten Frist das Erforderliche zur Gewährleistung einer ordnungsgemäßen Verwaltung zu veranlassen. ²Klagen gegen die Anordnung nach Satz 1 oder gegen die Entsendung der Person haben keine aufschiebende Wirkung.

§ 78c Berichtspflicht des Bundesministeriums für Gesundheit.

Sofern schutzwürdige Belange Dritter nicht entgegenstehen, hat das Bundesministerium für Gesundheit dem Ausschuss für Gesundheit des Deutschen Bundestages jährlich zum 1. März, erstmalig zum 1. März 2018, einen Bericht über aufsichtsrechtliche Maßnahmen nach § 78a Absatz 1 bis 3, § 78b Absatz 1 und 4 Satz 1 und § 79a Absatz 1a und 2 Satz 1, über den Erlass von Verpflichtungsbescheiden nach § 89 Absatz 1 Satz 2 des Vierten Buches[1]) in Verbindung mit § 78 Absatz 3 Satz 2 sowie über den Sachstand der Aufsichtsverfahren vorzulegen.

§ 79 Organe.

(1) Bei den Kassenärztlichen Vereinigungen und den Kassenärztlichen Bundesvereinigungen werden eine Vertreterversammlung als Selbstverwaltungsorgan sowie ein hauptamtlicher Vorstand gebildet.

(2) ¹Die Satzungen bestimmen die Zahl der Mitglieder der Vertreterversammlung der Kassenärztlichen Vereinigungen und Kassenärztlichen Bundesvereinigungen. ²Die Vertreterversammlung der Kassenärztlichen Vereinigungen hat bis zu 30 Mitglieder. ³Bei mehr als 5 000 Mitgliedern der Kassenärztlichen Vereinigung oder mehr als 2 000 Mitgliedern der Kassenzahnärztlichen Vereinigung kann die Zahl der Mitglieder auf bis zu 40, bei mehr als 10 000 Mitgliedern der Kassenärztlichen Vereinigung oder mehr als 5 000 Mitgliedern der Kassenzahnärztlichen Vereinigung auf bis zu 50 erhöht werden. ⁴Die Vertreterversammlung der Kassenärztlichen Bundesvereinigungen hat bis zu 60 Mitglieder.

(3) ¹Die Vertreterversammlung hat insbesondere
1. die Satzung und sonstiges autonomes Recht zu beschließen,
2. den Vorstand zu überwachen,
3. alle Entscheidungen zu treffen, die für die Körperschaft von grundsätzlicher Bedeutung sind,
4. den Haushaltsplan festzustellen,
5. über die Entlastung des Vorstandes wegen der Jahresrechnung zu beschließen,
6. die Körperschaft gegenüber dem Vorstand und dessen Mitgliedern zu vertreten,
7. über den Erwerb, die Veräußerung oder die Belastung von Grundstücken sowie über die Errichtung von Gebäuden zu beschließen.

---

[1]) Nr. 4.

² Sie kann sämtliche Geschäfts- und Verwaltungsunterlagen einsehen und prüfen. ³ Die Vertreterversammlung der Kassenärztlichen Bundesvereinigungen kann von dem Vorstand jederzeit einen Bericht über die Angelegenheiten der Körperschaft verlangen. ⁴ Der Bericht ist rechtzeitig und in der Regel schriftlich zu erstatten. ⁵ Die Vertreterversammlung der Kassenärztlichen Bundesvereinigungen kann die Rechte nach den Sätzen 2 und 3 auch mit einem Viertel der abgegebenen Stimmen ihrer Mitglieder geltend machen. ⁶ Der Vorstand hat die Vertreterversammlung der Kassenärztlichen Bundesvereinigungen über die Nebentätigkeit in ärztlichen Organisationen zu informieren.

(3a) ¹ In der Vertreterversammlung der Kassenärztlichen Bundesvereinigung stimmen über die Belange, die ausschließlich die hausärztliche Versorgung betreffen, nur die Vertreter der Hausärzte, über die Belange, die ausschließlich die fachärztliche Versorgung betreffen, nur die Vertreter der Fachärzte ab. ² Bei gemeinsamen Abstimmungen einschließlich der Wahlen nach § 80 Absatz 2 sind die Stimmen so zu gewichten, dass insgesamt eine Parität der Stimmen zwischen Vertretern der Hausärzte und Vertretern der Fachärzte in der Vertreterversammlung besteht. ³ Das Nähere zur Abgrenzung der Abstimmungsgegenstände nach Satz 1 und zur Stimmengewichtung nach Satz 2 regelt die Satzung bis spätestens zum 1. November 2015; der Satzungsbeschluss bedarf der Mehrheit von zwei Dritteln der Stimmen der Mitglieder der Vertreterversammlung.

(3b) ¹ Die Vertreterversammlung der Kassenärztlichen Bundesvereinigungen hat ihre Beschlüsse nachvollziehbar zu begründen. ² Sie hat ihre Sitzungen zu protokollieren. ³ Die Vertreterversammlung der Kassenärztlichen Bundesvereinigungen kann ein Wortprotokoll verlangen. ⁴ Abstimmungen in der Vertreterversammlung der Kassenärztlichen Bundesvereinigungen erfolgen in der Regel nicht geheim. ⁵ Eine geheime Abstimmung findet nur in besonderen Angelegenheiten statt. ⁶ Eine namentliche Abstimmung erfolgt über die in der Satzung nach § 81 Absatz 1 festzulegenden haftungsrelevanten Abstimmungsgegenstände. ⁷ Die Sitzungen der Vertreterversammlung sind in der Regel öffentlich. ⁸ Die Öffentlichkeit kann nur in besonderen Fällen ausgeschlossen werden, insbesondere wenn berechtigte Interessen Einzelner einer öffentlichen Sitzung entgegenstehen.

(3c) ¹ Verpflichtet sich ein Mitglied der Vertreterversammlung der Kassenärztlichen Bundesvereinigungen außerhalb seiner Tätigkeit in der Vertreterversammlung durch einen Dienstvertrag, durch den ein Arbeitsverhältnis nicht begründet wird, oder durch einen Werkvertrag gegenüber den Kassenärztlichen Bundesvereinigungen zu einer Tätigkeit höherer Art, so hängt die Wirksamkeit des Vertrages von der Zustimmung der Vertreterversammlung ab. ² Gewähren die Kassenärztlichen Bundesvereinigungen aufgrund des Dienstvertrages oder des Werkvertrages dem Mitglied der Vertreterversammlung eine Vergütung, ohne dass die Vertreterversammlung diesem Vertrag zugestimmt hat, so hat das Mitglied der Vertreterversammlung die Vergütung zurückzugewähren, es sei denn, dass die Vertreterversammlung den Vertrag nachträglich genehmigt. ³ Ein Anspruch des Mitglieds der Vertreterversammlung gegen die Kassenärztlichen Bundesvereinigungen auf Herausgabe der durch die geleistete Tätigkeit erlangten Bereicherung bleibt unberührt. ⁴ Der Anspruch kann jedoch nicht gegen den Rückgewähranspruch aufgerechnet werden.

(3d) Die Höhe der jährlichen Entschädigungen der einzelnen Mitglieder der Vertreterversammlung einschließlich Nebenleistungen sind in einer Übersicht jährlich zum 1. März, erstmals zum 1. März 2017, von den Kassenärztlichen Bundesvereinigungen im Bundesanzeiger und gleichzeitig in den jeweiligen Mitteilungen der Kassenärztlichen Bundesvereinigungen zu veröffentlichen.

(4) ¹Der Vorstand der Kassenärztlichen Vereinigungen und der Kassenzahnärztlichen Bundesvereinigung besteht aus bis zu drei Mitgliedern. ²Der Vorstand der Kassenärztlichen Bundesvereinigung besteht aus drei Mitgliedern. ³Bei Meinungsverschiedenheiten im Vorstand der Kassenärztlichen Bundesvereinigung entscheidet der Vorstand mit der Mehrheit seiner Mitglieder. ⁴Bei Stimmengleichheit entscheidet der Vorsitzende. ⁵Die Mitglieder des Vorstandes vertreten sich gegenseitig. ⁶Sie üben ihre Tätigkeit hauptamtlich aus. ⁷Wird ein Arzt in den hauptamtlichen Vorstand gewählt, kann er eine ärztliche Tätigkeit als Nebentätigkeit in begrenztem Umfang weiterführen oder seine Zulassung ruhen lassen. ⁸Die Amtszeit beträgt sechs Jahre, es sei denn, ein Vorstandsmitglied wird während der laufenden Amtsdauer der Vertreterversammlung gewählt; die Wiederwahl ist möglich. ⁹Die Höhe der jährlichen Vergütungen der einzelnen Vorstandsmitglieder einschließlich Nebenleistungen sowie die wesentlichen Versorgungsregelungen sind in einer Übersicht jährlich zum 1. März, erstmalig zum 1. März 2005 im Bundesanzeiger und gleichzeitig getrennt nach den kassenärztlichen und kassenzahnärztlichen Organisationen in den jeweiligen Mitteilungen der Kassenärztlichen Bundesvereinigungen zu veröffentlichen. ¹⁰Die Art und die Höhe finanzieller Zuwendungen, die den Vorstandsmitgliedern im Zusammenhang mit ihrer Vorstandstätigkeit von Dritten gewährt werden, sind dem Vorsitzenden und den stellvertretenden Vorsitzenden der Vertreterversammlung mitzuteilen.

(5) ¹Der Vorstand verwaltet die Körperschaft und vertritt sie gerichtlich und außergerichtlich, soweit Gesetz oder sonstiges Recht nichts Abweichendes bestimmen. ²In der Satzung oder im Einzelfall durch den Vorstand kann bestimmt werden, dass auch einzelne Mitglieder des Vorstandes die Körperschaft vertreten können.

(6) ¹§ 35a Abs. 1 Satz 3 und 4, Abs. 2, 5 Satz 1, Abs. 6a, 7 und § 42 Abs. 1 bis 3 des Vierten Buches[1)] gelten entsprechend. ²Die Vertreterversammlung hat bei ihrer Wahl darauf zu achten, dass die Mitglieder des Vorstandes die erforderliche fachliche Eignung für ihren jeweiligen Geschäftsbereich besitzen. ³Die Aufsichtsbehörde kann vor ihrer Entscheidung nach § 35a Absatz 6a des Vierten Buches in Verbindung mit Satz 1 verlangen, dass ihr die Kassenärztlichen Bundesvereinigungen eine unabhängige rechtliche und wirtschaftliche Bewertung der Vorstandsdienstverträge vorlegen.

(7) ¹Der Vorstand der Kassenärztlichen Bundesvereinigungen hat geeignete Maßnahmen zur Herstellung und Sicherung einer ordnungsgemäßen Verwaltungsorganisation zu ergreifen. ²In der Verwaltungsorganisation ist insbesondere ein angemessenes internes Kontrollverfahren mit einem internen Kontrollsystem und mit einer unabhängigen internen Revision einzurichten. ³Die interne Revision berichtet in regelmäßigen Abständen dem Vorstand sowie bei festgestellten Verstößen gegen gesetzliche Regelungen oder andere wesentliche Vorschriften auch der Aufsichtsbehörde. ⁴Beziehen sich die festgestellten Verstöße auf das Handeln von Vorstandsmitgliedern, so ist auch der Vertreterversammlung zu berichten.

[1)] Nr. 4.

§ 79a Verhinderung von Organen; Bestellung eines Beauftragten.

(1) ¹ Solange und soweit die Wahl der Vertreterversammlung und des Vorstandes der Kassenärztlichen Vereinigungen nicht zustande kommt oder die Vertreterversammlung oder der Vorstand der Kassenärztlichen Vereinigungen sich weigert, ihre oder seine Geschäfte zu führen, nimmt auf Kosten der Kassenärztlichen Vereinigungen die Aufsichtsbehörde selbst oder ein von ihr bestellter Beauftragter die Aufgaben der Kassenärztlichen Vereinigungen wahr. ² Auf deren Kosten werden die Geschäfte durch die Aufsichtsbehörde selbst oder durch den von ihr bestellten Beauftragten auch dann geführt, wenn die Vertreterversammlung oder der Vorstand die Funktionsfähigkeit der Körperschaft gefährden, insbesondere wenn sie die Körperschaft nicht mehr im Einklang mit den Gesetzen und der Satzung verwalten, die Auflösung der Kassenärztlichen Vereinigung betreiben oder das Vermögen gefährdende Entscheidungen beabsichtigen oder treffen.

(1a) ¹ Solange und soweit die Wahl der Vertreterversammlung und des Vorstandes der Kassenärztlichen Bundesvereinigungen nicht zustande kommt oder die Vertreterversammlung oder der Vorstand der Kassenärztlichen Bundesvereinigungen sich weigert, ihre oder seine Geschäfte zu führen, kann die Aufsichtsbehörde die Geschäfte selbst führen oder einen Beauftragten bestellen und ihm ganz oder teilweise die Befugnisse eines oder mehrerer Organe der Kassenärztlichen Bundesvereinigungen übertragen. ² Dies gilt auch, wenn die Vertreterversammlung oder der Vorstand die Funktionsfähigkeit der Körperschaft gefährdet, insbesondere wenn sie oder er die Körperschaft nicht mehr im Einklang mit den Gesetzen oder mit der Satzung verwaltet, die Auflösung der Kassenärztlichen Bundesvereinigungen betreibt oder das Vermögen gefährdende Entscheidungen beabsichtigt oder trifft.

(1b) ¹ Die Bestellung eines Beauftragten nach Absatz 1a erfolgt durch Verwaltungsakt gegenüber den Kassenärztlichen Bundesvereinigungen. ² Die Befugnisse und Rechte des Organs, für die der Beauftragte bestellt wird, ruhen in dem Umfang und für die Dauer der Bestellung im Innen- und Außenverhältnis. ³ Die Kassenärztlichen Bundesvereinigungen gewähren dem nach Absatz 1a bestellten Beauftragten eine Vergütung und angemessene Auslagen. ⁴ Die Höhe der Vergütung wird von der Aufsichtsbehörde durch Verwaltungsakt gegenüber den Kassenärztlichen Bundesvereinigungen festgesetzt. ⁵ Die Kassenärztlichen Bundesvereinigungen tragen zudem die übrigen Kosten, die durch die Bestellung des Beauftragten entstehen. ⁶ Werden dem Beauftragten Befugnisse des Vorstandes übertragen, ist die Vergütung des Vorstandes entsprechend zu kürzen.

(2) ¹ Der Führung der Geschäfte durch die Aufsichtsbehörde oder der Bestellung eines Beauftragten hat eine Anordnung vorauszugehen, mit der die Aufsichtsbehörde den Kassenärztlichen Vereinigungen oder den Kassenärztlichen Bundesvereinigungen aufgibt, innerhalb einer bestimmten Frist das Erforderliche zu veranlassen. ² Klagen gegen die Anordnung nach Satz 1, gegen die Entscheidung über die Bestellung eines Beauftragten oder gegen die Wahrnehmung der Aufgaben der Kassenärztlichen Vereinigungen oder der Kassenärztlichen Bundesvereinigungen durch die Aufsichtsbehörde haben keine aufschiebende Wirkung. ³ Die Aufsichtsbehörde oder die von ihr bestellten Beauftragten haben die Stellung des Organs der Kassenärztlichen Vereinigung, für das sie die Geschäfte führen.

4. Kapitel. Beziehungen der Krankenkassen §§ 79b–80 SGB V 5

§ 79b Beratender Fachausschuß für Psychotherapie. ¹ Bei den Kassenärztlichen Vereinigungen und der Kassenärztlichen Bundesvereinigung wird ein beratender Fachausschuß für Psychotherapie gebildet. ² Der Ausschuß besteht aus fünf Psychologischen Psychotherapeuten und einem Kinder- und Jugendlichenpsychotherapeuten sowie Vertretern der Ärzte in gleicher Zahl, die von der Vertreterversammlung aus dem Kreis der Mitglieder ihrer Kassenärztlichen Vereinigung in unmittelbarer und geheimer Wahl gewählt werden. ³ Für die Wahl der Mitglieder des Fachausschusses bei der Kassenärztlichen Bundesvereinigung gilt Satz 2 mit der Maßgabe, daß die von den Psychotherapeuten gestellten Mitglieder des Fachausschusses zugelassene Psychotherapeuten sein müssen. ⁴ Dem Ausschuß ist vor Entscheidungen der Kassenärztlichen Vereinigungen und der Kassenärztlichen Bundesvereinigung in den die Sicherstellung der psychotherapeutischen Versorgung berührenden wesentlichen Fragen rechtzeitig Gelegenheit zur Stellungnahme zu geben. ⁵ Seine Stellungnahmen sind in die Entscheidungen einzubeziehen. ⁶ Das Nähere regelt die Satzung. ⁷ Die Befugnisse der Vertreterversammlungen der Kassenärztlichen Vereinigungen und der Kassenärztlichen Bundesvereinigung bleiben unberührt.

§ 79c Beratender Fachausschuss für hausärztliche Versorgung; weitere beratende Fachausschüsse. ¹ Bei den Kassenärztlichen Vereinigungen und der Kassenärztlichen Bundesvereinigung wird jeweils ein beratender Fachausschuss gebildet für

1. die hausärztliche Versorgung,
2. die fachärztliche Versorgung und
3. angestellte Ärztinnen und Ärzte.

² Die Fachausschüsse nach Satz 1 Nummer 1 und 2 bestehen aus Mitgliedern, die an der jeweiligen Versorgung teilnehmen und nicht bereits Mitglied in einem Fachausschuss nach § 79b sind. ³ Der Fachausschuss nach Satz 1 Nummer 3 besteht aus Mitgliedern, die angestellte Ärztinnen und Ärzte nach § 77 Absatz 3 Satz 2 sind. ⁴ Weitere beratende Fachausschüsse, insbesondere für rehabilitationsmedizinische Fragen können gebildet werden. ⁵ Die Mitglieder der beratenden Fachausschüsse sind von der Vertreterversammlung aus dem Kreis der Mitglieder der Kassenärztlichen Vereinigungen in unmittelbarer und geheimer Wahl zu wählen. ⁶ Das Nähere über die beratenden Fachausschüsse und ihre Zusammensetzung regelt die Satzung. ⁷ § 79b Satz 5 bis 8 gilt entsprechend.

§ 80 Wahl und Abberufung. (1) ¹ Die Mitglieder der Kassenärztlichen Vereinigungen wählen in unmittelbarer und geheimer Wahl die Mitglieder der Vertreterversammlung. ² Die Wahlen erfolgen nach den Grundsätzen der Verhältniswahl auf Grund von Listen- und Einzelwahlvorschlägen. ³ Die Psychotherapeuten wählen ihre Mitglieder der Vertreterversammlung entsprechend den Sätzen 1 und 2 mit der Maßgabe, dass sie höchstens mit einem Zehntel der Mitglieder in der Vertreterversammlung vertreten sind. ⁴ Das Nähere zur Wahl der Mitglieder der Vertreterversammlung, einschließlich des Anteils der übrigen Mitglieder der Kassenärztlichen Vereinigungen, bestimmt die Satzung.

(1a) ¹ Der Vorsitzende und jeweils ein Stellvertreter des Vorsitzenden der Kassenärztlichen Vereinigungen sind Mitglieder der Vertreterversammlung der Kassenärztlichen Bundesvereinigungen. ² Die Mitglieder der Vertreterversammlungen der Kassenärztlichen Vereinigungen wählen in unmittelbarer und geheimer Wahl aus ihren Reihen die weiteren Mitglieder der Vertreterversammlung der Kassenärztlichen Bundesvereinigungen. ³ Absatz 1 gilt entsprechend mit der Maßgabe, dass die Kassenärztlichen Vereinigungen entsprechend ihrem jeweiligen Anteil ihrer Mitglieder an der Gesamtzahl der Mitglieder der Kassenärztlichen Vereinigungen berücksichtigt werden.

(2) ¹ Die Vertreterversammlung wählt in unmittelbarer und geheimer Wahl
1. aus ihrer Mitte einen Vorsitzenden und einen stellvertretenden Vorsitzenden,
2. die Mitglieder des Vorstandes,
3. den Vorsitzenden des Vorstandes und den stellvertretenden Vorsitzenden des Vorstandes.

² Der Vorsitzende der Vertreterversammlung und sein Stellvertreter dürfen nicht zugleich Vorsitzender oder stellvertretender Vorsitzender des Vorstandes sein. ³ Für jeweils ein Mitglied des Vorstandes der Kassenärztlichen Vereinigungen und der Kassenärztlichen Bundesvereinigung erfolgt die Wahl auf der Grundlage von getrennten Vorschlägen der Mitglieder der Vertreterversammlung, die an der hausärztlichen Versorgung teilnehmen, und der Mitglieder der Vertreterversammlung, die an der fachärztlichen Versorgung teilnehmen. ⁴ Mindestens ein Mitglied des Vorstandes der Kassenärztlichen Bundesvereinigung darf weder an der hausärztlichen noch an der fachärztlichen Versorgung teilnehmen. ⁵ Für die Wahl des Vorstandsvorsitzenden der Kassenärztlichen Bundesvereinigung ist eine Mehrheit von zwei Dritteln der Stimmen der Mitglieder der Vertreterversammlung erforderlich. ⁶ Kommt eine solche Mehrheit nicht zustande, so genügt im dritten Wahlgang die einfache Mehrheit der Stimmen der Mitglieder der Vertreterversammlung.

(3) ¹ Die Mitglieder der Vertreterversammlung der Kassenärztlichen Vereinigungen und der Kassenärztlichen Bundesvereinigungen werden für sechs Jahre gewählt. ² Die Amtsdauer endet ohne Rücksicht auf den Zeitpunkt der Wahl jeweils mit dem Schluß des sechsten Kalenderjahres. ³ Die Gewählten bleiben nach Ablauf dieser Zeit bis zur Amtsübernahme ihrer Nachfolger im Amt.

(4) ¹ Die Vertreterversammlung der Kassenärztlichen Bundesvereinigungen kann ihren Vorsitzenden oder dessen Stellvertreter abberufen, wenn wichtige Tatsachen das Vertrauen der Mitglieder der Vertreterversammlung zu der Amtsführung des Vorsitzenden oder des stellvertretenden Vorsitzenden ausschließen, insbesondere wenn der Vorsitzende oder der stellvertretende Vorsitzende seine Pflicht als Willensvertreter der Vertreterversammlung verletzt hat oder seine Informationspflichten gegenüber der Vertreterversammlung verletzt hat. ² Für die Abberufung ist die einfache Mehrheit der abgegebenen Stimmen erforderlich. ³ Mit dem Beschluss über die Abberufung muss die Vertreterversammlung gleichzeitig einen Nachfolger für den Vorsitzenden oder den stellvertretenden Vorsitzenden wählen. ⁴ Die Amtszeit des abberufenen Vorsitzenden oder des abberufenen stellvertretenden Vorsitzenden endet mit der Abberufung.

§ 81 Satzung. (1) ¹ Die Satzung muss insbesondere Bestimmungen enthalten über
1. Namen, Bezirk und Sitz der Vereinigung,
2. Zusammensetzung, Wahl und Zahl der Mitglieder der Organe,
3. Öffentlichkeit und Art der Beschlussfassung der Vertreterversammlung,

4. Kapitel. Beziehungen der Krankenkassen **§ 81a** SGB V 5

4. Rechte und Pflichten der Organe und der Mitglieder,
5. Aufbringung und Verwaltung der Mittel,
6. jährliche Prüfung der Betriebs- und Rechnungsprüfung und Abnahme der Jahresrechnung,
7. Änderung der Satzung,
8. Entschädigungsregelung für Organmitglieder,
9. Art der Bekanntmachungen,
10. die vertragsärztlichen Pflichten zur Ausfüllung des Sicherstellungsauftrags.

[2] Die Satzung bedarf der Genehmigung der Aufsichtsbehörde.

(2) Sollen Verwaltungs- und Abrechnungsstellen errichtet werden, müssen die Satzungen der Kassenärztlichen Vereinigungen Bestimmungen über Errichtung und Aufgaben dieser Stellen enthalten.

(3) Die Satzungen der Kassenärztlichen Vereinigungen müssen Bestimmungen enthalten, nach denen

1. die von den Kassenärztlichen Bundesvereinigungen abzuschließenden Verträge und die dazu gefaßten Beschlüsse sowie die Bestimmungen über die überbezirkliche Durchführung der vertragsärztlichen Versorgung und den Zahlungsausgleich zwischen den Kassenärztlichen Vereinigungen für die Kassenärztlichen Vereinigungen und ihre Mitglieder verbindlich sind,
2. die Richtlinien nach § 75 Abs. 7, § 92, § 136 Absatz 1 und § 136a Absatz 4 für die Kassenärztlichen Vereinigungen und ihre Mitglieder verbindlich sind.

(4) Die Satzungen der Kassenärztlichen Vereinigungen müssen Bestimmungen enthalten über die Fortbildung der Ärzte auf dem Gebiet der vertragsärztlichen Tätigkeit, das Nähere über die Art und Weise der Fortbildung sowie die Teilnahmepflicht.

(5) [1] Die Satzungen der Kassenärztlichen Vereinigungen müssen ferner die Voraussetzungen und das Verfahren zur Verhängung von Maßnahmen gegen Mitglieder bestimmen, die ihre vertragsärztlichen Pflichten nicht oder nicht ordnungsgemäß erfüllen. [2] Maßnahmen nach Satz 1 sind je nach der Schwere der Verfehlung Verwarnung, Verweis, Geldbuße oder die Anordnung des Ruhens der Zulassung oder der vertragsärztlichen Beteiligung bis zu zwei Jahren. [3] Das Höchstmaß der Geldbußen kann bis zu fünfzigtausend Euro betragen. [4] Ein Vorverfahren (§ 78 des Sozialgerichtsgesetzes[1])) findet nicht statt.

§ 81a Stellen zur Bekämpfung von Fehlverhalten im Gesundheitswesen. (1) [1] Die Kassenärztlichen Vereinigungen und die Kassenärztlichen Bundesvereinigungen richten organisatorische Einheiten ein, die Fällen und Sachverhalten nachzugehen haben, die auf Unregelmäßigkeiten oder auf rechtswidrige oder zweckwidrige Nutzung von Finanzmitteln im Zusammenhang mit den Aufgaben der jeweiligen Kassenärztlichen Vereinigung oder Kassenärztlichen Bundesvereinigung hindeuten. [2] Sie nehmen Kontrollbefugnisse nach § 67c Abs. 3 des Zehnten Buches[2]) wahr.

(2) [1] Jede Person kann sich in den Angelegenheiten des Absatzes 1 an die Kassenärztlichen Vereinigungen und Kassenärztlichen Bundesvereinigungen

---
[1]) Nr. 20.
[2]) Nr. 10.

wenden. ²Die Einrichtungen nach Absatz 1 gehen den Hinweisen nach, wenn sie auf Grund der einzelnen Angaben oder der Gesamtumstände glaubhaft erscheinen.

(3) ¹Die Kassenärztlichen Vereinigungen und die Kassenärztlichen Bundesvereinigungen haben zur Erfüllung der Aufgaben nach Absatz 1 untereinander und mit den Krankenkassen und ihren Verbänden zusammenzuarbeiten. ²Die Kassenärztlichen Bundesvereinigungen organisieren für ihren Bereich einen regelmäßigen Erfahrungsaustausch mit Einrichtungen nach Absatz 1 Satz 1, an dem die Vertreter der Einrichtungen nach § 197a Absatz 1 Satz 1, der berufsständischen Kammern und der Staatsanwaltschaft in geeigneter Form zu beteiligen sind. ³Über die Ergebnisse des Erfahrungsaustausches sind die Aufsichtsbehörden zu informieren.

(3a) ¹Die Einrichtungen nach Absatz 1 dürfen personenbezogene Daten, die von ihnen zur Erfüllung ihrer Aufgaben nach Absatz 1 erhoben oder an sie weitergegeben oder übermittelt wurden, untereinander und an Einrichtungen nach § 197a Absatz 1 übermitteln, soweit dies für die Feststellung und Bekämpfung von Fehlverhalten im Gesundheitswesen beim Empfänger erforderlich ist. ²Der Empfänger darf diese nur zu dem Zweck verarbeiten und nutzen, zu dem sie ihm übermittelt worden sind.

(4) Die Kassenärztlichen Vereinigungen und die Kassenärztlichen Bundesvereinigungen sollen die Staatsanwaltschaft unverzüglich unterrichten, wenn die Prüfung ergibt, dass ein Anfangsverdacht auf strafbare Handlungen mit nicht nur geringfügiger Bedeutung für die gesetzliche Krankenversicherung bestehen könnte.

(5) ¹Der Vorstand hat der Vertreterversammlung im Abstand von zwei Jahren über die Arbeit und Ergebnisse der organisatorischen Einheiten nach Absatz 1 zu berichten. ²In den Berichten sind zusammengefasst auch die Anzahl der Mitglieder der Kassenärztlichen Vereinigung, bei denen es im Berichtszeitraum Hinweise auf Pflichtverletzungen gegeben hat, die Anzahl der nachgewiesenen Pflichtverletzungen, die Art und Schwere der Pflichtverletzung und die dagegen getroffenen Maßnahmen, einschließlich der Maßnahmen nach § 81 Absatz 5, sowie der verhinderte und der entstandene Schaden zu nennen; wiederholt aufgetretene Fälle sowie sonstige geeignete Fälle sind als anonymisierte Fallbeispiele zu beschreiben. ³Die Berichte sind der zuständigen Aufsichtsbehörde zuzuleiten; die Berichte der Kassenärztlichen Vereinigungen sind auch den Kassenärztlichen Bundesvereinigungen zuzuleiten.

(6) ¹Die Kassenärztlichen Bundesvereinigungen treffen bis zum 1. Januar 2017 nähere Bestimmungen über

1. die einheitliche Organisation der Einrichtungen nach Absatz 1 Satz 1 bei ihren Mitgliedern,
2. die Ausübung der Kontrollen nach Absatz 1 Satz 2,
3. die Prüfung der Hinweise nach Absatz 2,
4. die Zusammenarbeit nach Absatz 3,
5. die Unterrichtung nach Absatz 4 und
6. die Berichte nach Absatz 5.

²Die Bestimmungen nach Satz 1 sind dem Bundesministerium für Gesundheit vorzulegen. ³Die Kassenärztlichen Bundesvereinigungen führen die Berichte nach Absatz 5, die ihnen von ihren Mitgliedern zuzuleiten sind, zusammen,

gleichen die Ergebnisse mit dem Spitzenverband Bund der Krankenkassen ab und veröffentlichen ihre eigenen Berichte im Internet.

Dritter Titel. Verträge auf Bundes- und Landesebene

§ 82 Grundsätze. (1) [1] Den allgemeinen Inhalt der Gesamtverträge vereinbaren die Kassenärztlichen Bundesvereinigungen mit dem Spitzenverband Bund der Krankenkassen in Bundesmantelverträgen. [2] Der Inhalt der Bundesmantelverträge ist Bestandteil der Gesamtverträge.

(2) [1] Die Vergütungen der an der vertragsärztlichen Versorgung teilnehmenden Ärzte und Einrichtungen werden von den Landesverbänden der Krankenkassen und den Ersatzkassen mit den Kassenärztlichen Vereinigungen durch Gesamtverträge geregelt. [2] Die Verhandlungen können auch von allen Kassenarten gemeinsam geführt werden.

(3) Die Kassenärztlichen Bundesvereinigungen können mit nicht bundesunmittelbaren Ersatzkassen, der Deutschen Rentenversicherung Knappschaft-Bahn-See und der landwirtschaftlichen Krankenkasse von § 83 Satz 1 abweichende Verfahren zur Vereinbarung der Gesamtverträge, von § 85 Abs. 1 und § 87a Abs. 3 abweichende Verfahren zur Entrichtung der in den Gesamtverträgen vereinbarten Vergütungen sowie von § 291 Abs. 2 Nr. 1 abweichende Kennzeichen vereinbaren.

§ 83 Gesamtverträge. [1] Die Kassenärztlichen Vereinigungen schließen mit den für ihren Bezirk zuständigen Landesverbänden der Krankenkassen und den Ersatzkassen Gesamtverträge über die vertragsärztliche Versorgung der Mitglieder mit Wohnort in ihrem Bezirk einschließlich der mitversicherten Familienangehörigen; die Landesverbände der Krankenkassen schließen die Gesamtverträge mit Wirkung für die Krankenkassen der jeweiligen Kassenart. [2] Für die Deutsche Rentenversicherung Knappschaft-Bahn-See gilt Satz 1 entsprechend, soweit die ärztliche Versorgung durch die Kassenärztliche Vereinigung sichergestellt wird. [3] § 82 Abs. 2 Satz 2 gilt entsprechend. [4] Kassenindividuelle oder kassenartenspezifische Vereinbarungen über zusätzliche Vergütungen für Diagnosen können nicht Gegenstand der Gesamtverträge sein; § 71 Absatz 6 gilt entsprechend. [5] Satz 4 gilt nicht für vertragszahnärztliche Leistungen.

§ 84 Arznei- und Heilmittelvereinbarung. (1) [1] Die Landesverbände der Krankenkassen und die Ersatzkassen gemeinsam und einheitlich und die Kassenärztliche Vereinigung treffen zur Sicherstellung der vertragsärztlichen Versorgung mit Leistungen nach § 31 bis zum 30. November für das jeweils folgende Kalenderjahr eine Arzneimittelvereinbarung. [2] Die Vereinbarung umfasst

1. ein Ausgabenvolumen für die insgesamt von den Vertragsärzten nach § 31 veranlassten Leistungen,
2. Versorgungs- und Wirtschaftlichkeitsziele und konkrete, auf die Umsetzung dieser Ziele ausgerichtete Maßnahmen, insbesondere Verordnungsanteile für Wirkstoffe und Wirkstoffgruppen im jeweiligen Anwendungsgebiet, auch zur Verordnung wirtschaftlicher Einzelmengen (Zielvereinbarungen), insbesondere zur Information und Beratung und
3. Kriterien für Sofortmaßnahmen zur Einhaltung des vereinbarten Ausgabenvolumens innerhalb des laufenden Kalenderjahres.

5 SGB V § 84 5. Buch. Gesetzl. Krankenversicherung

³ Kommt eine Vereinbarung bis zum Ablauf der in Satz 1 genannten Frist nicht zustande, gilt die bisherige Vereinbarung bis zum Abschluss einer neuen Vereinbarung oder einer Entscheidung durch das Schiedsamt weiter. ⁴ Die Landesverbände der Krankenkassen und die Ersatzkassen teilen das nach Satz 2 Nr. 1 vereinbarte oder schiedsamtlich festgelegte Ausgabenvolumen dem Spitzenverband Bund der Krankenkassen mit. ⁵ Die Krankenkasse kann mit Ärzten abweichende oder über die Regelungen nach Satz 2 hinausgehende Vereinbarungen treffen.

(2) Bei der Anpassung des Ausgabenvolumens nach Absatz 1 Nr. 1 sind insbesondere zu berücksichtigen

1. Veränderungen der Zahl und Altersstruktur der Versicherten,
2. Veränderungen der Preise der Leistungen nach § 31,
3. Veränderungen der gesetzlichen Leistungspflicht der Krankenkassen,
4. Änderungen der Richtlinien des Gemeinsamen Bundesausschusses nach § 92 Abs. 1 Nr. 6,
5. der wirtschaftliche und qualitätsgesicherte Einsatz innovativer Arzneimittel,
6. Veränderungen der sonstigen indikationsbezogenen Notwendigkeit und Qualität bei der Arzneimittelverordnung auf Grund von getroffenen Zielvereinbarungen nach Absatz 1 Nr. 2,
7. Veränderungen des Verordnungsumfangs von Leistungen nach § 31 auf Grund von Verlagerungen zwischen den Leistungsbereichen und
8. Ausschöpfung von Wirtschaftlichkeitsreserven entsprechend den Zielvereinbarungen nach Absatz 1 Nr. 2.

(3) ¹ Überschreitet das tatsächliche, nach Absatz 5 Satz 1 bis 3 festgestellte Ausgabenvolumen für Leistungen nach § 31 das nach Absatz 1 Nr. 1 vereinbarte Ausgabenvolumen, ist diese Überschreitung Gegenstand der Gesamtverträge. ² Die Vertragsparteien haben dabei die Ursachen der Überschreitung, insbesondere auch die Erfüllung der Zielvereinbarungen nach Absatz 1 Nr. 2 zu berücksichtigen. ³ Bei Unterschreitung des nach Absatz 1 Nr. 1 vereinbarten Ausgabenvolumens kann diese Unterschreitung Gegenstand der Gesamtverträge werden.

(4) Werden die Zielvereinbarungen nach Absatz 1 Nr. 2 erfüllt, entrichten die beteiligten Krankenkassen auf Grund einer Regelung der Parteien der Gesamtverträge auch unabhängig von der Einhaltung des vereinbarten Ausgabenvolumens nach Absatz 1 Nr. 1 einen vereinbarten Bonus an die Kassenärztliche Vereinigung.

(4a) Die Vorstände der Krankenkassenverbände sowie der Ersatzkassen, soweit sie Vertragspartei nach Absatz 1 sind, und der Kassenärztlichen Vereinigungen haften für eine ordnungsgemäße Umsetzung der vorgenannten Maßnahmen.

(5) ¹ Zur Feststellung des tatsächlichen Ausgabenvolumens nach Absatz 3 erfassen die Krankenkassen die während der Geltungsdauer der Arzneimittelvereinbarung veranlassten Ausgaben arztbezogen, nicht versichertenbezogen. ² Sie übermitteln diese Angaben nach Durchführung der Abrechnungsprüfung dem Spitzenverband Bund der Krankenkassen, der diese Daten kassenartenübergreifend zusammenführt und jeweils der Kassenärztlichen Vereinigung übermittelt, der die Ärzte, welche die Ausgaben veranlasst haben, angehören; zugleich übermittelt der Spitzenverband Bund der Krankenkassen diese Daten

4. Kapitel. Beziehungen der Krankenkassen **§ 85 SGB V 5**

den Landesverbänden der Krankenkassen und den Ersatzkassen, die Vertragspartner der jeweiligen Kassenärztlichen Vereinigung nach Absatz 1 sind. ³ Ausgaben nach Satz 1 sind auch Ausgaben für Leistungen nach § 31, die durch Kostenerstattung vergütet worden sind. ⁴ Zudem erstellt der Spitzenverband Bund der Krankenkassen für jede Kassenärztliche Vereinigung monatliche Berichte über die Entwicklung der Ausgaben von Leistungen nach § 31 und übermittelt diese Berichte als Schnellinformationen den Vertragspartnern nach Absatz 1 insbesondere für Abschluss und Durchführung der Arzneimittelvereinbarung sowie für die Informationen nach § 73 Abs. 8. ⁵ Für diese Berichte gelten Satz 1 und 2 entsprechend; Satz 2 gilt mit der Maßgabe, dass die Angaben vor Durchführung der Abrechnungsprüfung zu übermitteln sind. ⁶ Die Kassenärztliche Bundesvereinigung erhält für die Vereinbarung der Rahmenvorgaben nach Absatz 7 und für die Informationen nach § 73 Abs. 8 eine Auswertung dieser Berichte. ⁷ Die Krankenkassen sowie der Spitzenverband Bund der Krankenkassen können eine Arbeitsgemeinschaft nach § 219 mit der Durchführung der vorgenannten Aufgaben beauftragen. ⁸ § 304 Abs. 1 Satz 1 Nr. 2 gilt entsprechend.

(6) ¹ Die Kassenärztliche Bundesvereinigung und der Spitzenverband Bund der Krankenkassen vereinbaren bis zum 30. September für das jeweils folgende Kalenderjahr Rahmenvorgaben für die Inhalte der Arzneimittelvereinbarungen nach Absatz 1 sowie für die Inhalte der Informationen und Hinweise nach § 73 Abs. 8. ² Die Rahmenvorgaben haben die Arzneimittelverordnungen zwischen den Kassenärztlichen Vereinigungen zu vergleichen und zu bewerten; dabei ist auf Unterschiede in der Versorgungsqualität und Wirtschaftlichkeit hinzuweisen. ³ Von den Rahmenvorgaben dürfen die Vertragspartner der Arzneimittelvereinbarung nur abweichen, soweit dies durch die regionalen Versorgungsbedingungen begründet ist.

(7) ¹ Die Absätze 1 bis 6 sind für Heilmittel unter Berücksichtigung der besonderen Versorgungs- und Abrechnungsbedingungen im Heilmittelbereich entsprechend anzuwenden. ² Veranlasste Ausgaben im Sinne des Absatzes 5 Satz 1 betreffen die während der Geltungsdauer der Heilmittelvereinbarung mit den Krankenkassen abgerechneten Leistungen.

(8) Das Bundesministerium für Gesundheit kann bei Ereignissen mit erheblicher Folgewirkung für die medizinische Versorgung zur Gewährleistung der notwendigen Versorgung mit Leistungen nach § 31 die Ausgabenvolumen nach Absatz 1 Nr. 1 durch Rechtsverordnung mit Zustimmung des Bundesrates erhöhen.

§ 85 Gesamtvergütung. (1) Die Krankenkasse entrichtet nach Maßgabe der Gesamtverträge an die jeweilige Kassenärztliche Vereinigung mit befreiender Wirkung eine Gesamtvergütung für die gesamte vertragsärztliche Versorgung der Mitglieder mit Wohnort im Bezirk der Kassenärztlichen Vereinigung einschließlich der mitversicherten Familienangehörigen.

(2) ¹ Die Höhe der Gesamtvergütung wird im Gesamtvertrag vereinbart; die Landesverbände der Krankenkassen treffen die Vereinbarung mit Wirkung für die Krankenkassen der jeweiligen Kassenart. ² Die Gesamtvergütung ist das Ausgabenvolumen für die Gesamtheit der zu vergütenden vertragsärztlichen Leistungen; sie kann als Festbetrag oder auf der Grundlage des Bewertungsmaßstabes nach Einzelleistungen, nach einer Kopfpauschale, nach einer Fallpauschale oder nach einem System berechnet werden, das sich aus der Ver-

bindung dieser oder weiterer Berechnungsarten ergibt. ³ Die Vereinbarung unterschiedlicher Vergütungen für die Versorgung verschiedener Gruppen von Versicherten ist nicht zulässig. ⁴ Die Vertragsparteien haben auch eine angemessene Vergütung für nichtärztliche Leistungen im Rahmen sozialpädiatrischer und psychiatrischer Tätigkeit und für eine besonders qualifizierte onkologische Versorgung zu vereinbaren; das Nähere ist jeweils im Bundesmantelvertrag zu vereinbaren. ⁵ Die Vergütungen der Untersuchungen nach den §§ 22, 25 Abs. 1 und 2, § 26 werden als Pauschalen vereinbart. ⁶ Beim Zahnersatz sind Vergütungen für die Aufstellung eines Heil- und Kostenplans nicht zulässig. ⁷ Soweit die Gesamtvergütung auf der Grundlage von Einzelleistungen vereinbart wird, ist der Betrag des Ausgabenvolumens nach Satz 2 zu bestimmen. ⁸ Ausgaben für Kostenerstattungsleistungen nach § 13 Abs. 2 und nach § 53 Abs. 4 mit Ausnahme der Kostenerstattungsleistungen nach § 13 Abs. 2 Satz 6 und Ausgaben auf Grund der Mehrkostenregelung nach § 28 Abs. 2 Satz 3 sind auf das Ausgabenvolumen nach Satz 2 anzurechnen.

(2a) ¹ Für die Vereinbarung der Vergütungen vertragszahnärztlicher Leistungen im Jahr 2013 ermitteln die Landesverbände der Krankenkassen und die Ersatzkassen einmalig gemeinsam und einheitlich mit der jeweiligen Kassenzahnärztlichen Vereinigung bis zum 31. Dezember 2012 die durchschnittlichen Punktwerte des Jahres 2012 für zahnärztliche Leistungen ohne Zahnersatz, gewichtet nach den gegenüber der jeweiligen Kassenzahnärztlichen Vereinigung abgerechneten Punktmengen. ² Soweit Punktwerte für das Jahr 2012 bis zum 30. September 2012 von den Partnern der Gesamtverträge nicht vereinbart sind, werden die Punktwerte des Jahres 2011 unter Berücksichtigung des Absatzes 3g und unter Anwendung der um 0,5 Prozentpunkte verminderten für das Jahr 2012 nach § 71 Absatz 3 für das gesamte Bundesgebiet festgestellten Veränderungsrate zugrunde gelegt. ³ Erfolgt die Vergütung nicht auf der Grundlage von vereinbarten Punktwerten, legen die Vertragspartner nach Satz 1 für die jeweiligen Leistungsbereiche einen fiktiven Punktwert fest, der sich aus dem Verhältnis der abgerechneten Punktmenge zur vereinbarten Gesamtvergütung im Jahr 2012 ergibt. ⁴ Die Partner der Gesamtverträge passen die für das Jahr 2012 vereinbarte Gesamtvergütung auf der Grundlage der nach den Sätzen 1 bis 3 festgestellten Punktwerte an und legen diese als Ausgangsbasis für die Vertragsverhandlungen für das Jahr 2013 zugrunde.

(2b) *(aufgehoben)*

(2c) ¹ Die Vertragspartner nach § 82 Abs. 1 können vereinbaren, daß für die Gesamtvergütungen getrennte Vergütungsanteile für die an der vertragsärztlichen Versorgung beteiligten Arztgruppen zugrunde gelegt werden; sie können auch die Grundlagen für die Bemessung der Vergütungsanteile regeln. ² § 89 Abs. 1 gilt nicht.

(2d) Die am 31. Dezember 2010 geltenden Punktwerte für zahnärztliche Leistungen ohne Zahnersatz dürfen sich im Jahr 2011 höchstens um die um 0,25 Prozentpunkte verminderte und im Jahr 2012 höchstens um die um 0,5 Prozentpunkte verminderte nach § 71 Absatz 3 für das gesamte Bundesgebiet festgestellte Veränderungsrate verändern; dies gilt nicht für Leistungen der Individualprophylaxe und Früherkennung.

(3) ¹ In der vertragszahnärztlichen Versorgung vereinbaren die Vertragsparteien des Gesamtvertrages die Veränderungen der Gesamtvergütungen unter Berücksichtigung der Zahl und Struktur der Versicherten, der Morbiditätsent-

4. Kapitel. Beziehungen der Krankenkassen § 85 SGB V 5

wicklung, der Kosten- und Versorgungsstruktur, der für die vertragszahnärztliche Tätigkeit aufzuwendenden Arbeitszeit sowie der Art und des Umfangs der zahnärztlichen Leistungen, soweit sie auf einer Veränderung des gesetzlichen oder satzungsmäßigen Leistungsumfangs beruhen. ²Bei der Vereinbarung der Veränderungen der Gesamtvergütungen ist der Grundsatz der Beitragssatzstabilität (§ 71) in Bezug auf das Ausgabenvolumen für die Gesamtheit der zu vergütenden vertragszahnärztlichen Leistungen ohne Zahnersatz neben den Kriterien nach Satz 1 zu berücksichtigen. ³Absatz 2 Satz 2 bleibt unberührt. ⁴Die Krankenkassen haben den Kassenzahnärztlichen Vereinigungen die Zahl ihrer Versicherten vom 1. Juli eines Jahres, die ihren Wohnsitz im Bezirk der jeweiligen Kassenzahnärztlichen Vereinigung haben, gegliedert nach den Altersgruppen des Vordrucks KM 6 der Statistik über die Versicherten in der gesetzlichen Krankenversicherung bis zum 1. Oktober des Jahres mitzuteilen. ⁵Bei den Verhandlungen über die Vereinbarungen nach Satz 1 für das Jahr 2013 sind die gegenüber der jeweiligen Kassenzahnärztlichen Vereinigung für das Jahr 2012 abgerechneten Punktmengen für zahnärztliche Leistungen ohne Zahnersatz nach sachlich-rechnerischer Berichtigung angemessen zu berücksichtigen.

(3a)–(3e) *(aufgehoben)*

(3f) Die nach Absatz 3 zu vereinbarenden Veränderungen der Gesamtvergütungen als Ausgabenvolumen für die Gesamtheit der zu vergütenden vertragszahnärztlichen Leistungen ohne Zahnersatz dürfen sich im Jahr 2011 höchstens um die um 0,25 Prozentpunkte verminderte und im Jahr 2012 höchstens um die um 0,5 Prozentpunkte verminderte nach § 71 Absatz 3 für das gesamte Bundesgebiet festgestellte Veränderungsrate verändern; dies gilt nicht für Leistungen der Individualprophylaxe und Früherkennung.

(3g) ¹Zur Angleichung der Vergütung für zahnärztliche Leistungen ohne Zahnersatz werden die für das Jahr 2011 vereinbarten Punktwerte und Gesamtvergütungen im Jahr 2012 zusätzlich zu der nach Absatz 3 in Verbindung mit den Absätzen 2d und 3f vereinbarten Veränderung im Gebiet der in Artikel 1 Absatz 1 des Einigungsvertrages genannten Länder um 2,5 Prozent und im Land Berlin um 2 Prozent erhöht. ²Die sich daraus ergebenden Punktwerte und Gesamtvergütungen des Jahres 2012 werden im Jahr 2013 im Gebiet der in Artikel 1 Absatz 1 des Einigungsvertrages genannten Länder zusätzlich zu der nach Absatz 3 vereinbarten Veränderung um weitere 2,5 Prozent und im Land Berlin um weitere 2 Prozent erhöht. ³Die Veränderungen der Gesamtvergütungen des Jahres 2014 sind auf die nach Satz 2 erhöhten Gesamtvergütungen zu beziehen.

(4) ¹Die Kassenzahnärztliche Vereinigung verteilt die Gesamtvergütungen an die Vertragszahnärzte. ²Sie wendet dabei in der vertragszahnärztlichen Versorgung den im Benehmen mit den Landesverbänden der Krankenkassen und den Ersatzkassen festgesetzten Verteilungsmaßstab an. ³Bei der Verteilung der Gesamtvergütungen sind Art und Umfang der Leistungen der Vertragszahnärzte zugrunde zu legen; dabei ist jeweils für die von den Krankenkassen einer Kassenart gezahlten Vergütungsbeträge ein Punktwert in gleicher Höhe zugrunde zu legen. ⁴Der Verteilungsmaßstab hat sicherzustellen, dass die Gesamtvergütungen gleichmäßig auf das gesamte Jahr verteilt werden. ⁵Der Verteilungsmaßstab hat Regelungen zur Verhinderung einer übermäßigen Ausdehnung der Tätigkeit des Vertragszahnarztes entsprechend seinem Versorgungsauftrag nach § 95 Absatz 3 Satz 1 vorzusehen. ⁶Widerspruch und Klage gegen

die Honorarfestsetzung sowie ihre Änderung oder Aufhebung haben keine aufschiebende Wirkung.

(4a) *(aufgehoben)*

(4b) [1] Ab einer Gesamtpunktmenge je Vertragszahnarzt aus vertragszahnärztlicher Behandlung einschließlich der kieferorthopädischen Behandlung von 262 500 Punkten je Kalenderjahr verringert sich der Vergütungsanspruch für die weiteren vertragszahnärztlichen Behandlungen im Sinne des § 73 Abs. 2 Nr. 2 um 20 vom Hundert, ab einer Punktmenge von 337 500 je Kalenderjahr um 30 vom Hundert und ab einer Punktmenge von 412 500 je Kalenderjahr um 40 vom Hundert; für Kieferorthopäden verringert sich der Vergütungsanspruch für die weiteren vertragszahnärztlichen Behandlungen ab einer Gesamtpunktmenge von 280 000 Punkten je Kalenderjahr um 20 vom Hundert, ab einer Punktmenge von 360 000 Punkten je Kalenderjahr um 30 vom Hundert und ab einer Punktmenge von 440 000 Punkten je Kalenderjahr um 40 vom Hundert. [2] Satz 1 gilt für ermächtigte Zahnärzte, für bei Vertragszahnärzten nach § 95 Abs. 9 Satz 1 angestellte Zahnärzte und für in medizinischen Versorgungszentren angestellte Zahnärzte entsprechend. [3] Die Punktmengengrenzen bei Berufsausübungsgemeinschaften richten sich nach der Zahl der zahnärztlichen Mitglieder. [4] Die Punktmengen erhöhen sich um 25 vom Hundert für Entlastungs-, Weiterbildungs- und Vorbereitungsassistenten. [5] Bei Teilzeit oder nicht ganzjähriger Beschäftigung verringert sich die Punktmengengrenze nach Satz 1 oder die zusätzlich zu berücksichtigende Punktmenge nach Satz 4 entsprechend der Beschäftigungsdauer. [6] Die Punktmengen umfassen alle vertragszahnärztlichen Leistungen im Sinne des § 73 Abs. 2 Nr. 2. [7] In der Ermittlung der Punktmengen sind die Kostenerstattungen nach § 13 Abs. 2 einzubeziehen. [8] Diese werden den Kassenzahnärztlichen Vereinigungen von den Krankenkassen mitgeteilt.

(4c) Die Kassenzahnärztliche Vereinigung hat die zahnprothetischen und kieferorthopädischen Rechnungen zahnarzt- und krankenkassenbezogen nach dem Leistungsquartal zu erfassen und mit den abgerechneten Leistungen nach § 28 Abs. 2 Satz 1, 3, 7, 9 und den gemeldeten Kostenerstattungen nach § 13 Abs. 2 und nach § 53 Abs. 4 zusammenzuführen und die Punktmengen bei der Ermittlung der Gesamtpunktmenge nach Absatz 4b zugrunde zu legen.

(4d) [1] Die Kassenzahnärztlichen Vereinigungen teilen den Krankenkassen bei jeder Rechnungslegung mit, welche Vertragszahnärzte, welche bei Vertragszahnärzten nach § 95 Abs. 9 Satz 1 angestellten Zahnärzte und welche in medizinischen Versorgungszentren angestellten Zahnärzte die Punktmengengrenzen nach Absatz 4b überschreiten. [2] Dabei ist für diese Zahnärzte die Punktmenge sowie der Zeitpunkt anzugeben, ab dem die Überschreitung der Punktmengengrenzen eingetreten ist. [3] Die Zahl der Entlastungs-, Weiterbildungs- und Vorbereitungsassistenten einschließlich ihrer Beschäftigungsdauer sind, bezogen auf die einzelne Praxis, ebenfalls mitzuteilen.

(4e) [1] Die Kassenzahnärztlichen Vereinigungen haben die Honorareinsparungen aus den Vergütungsminderungen nach Absatz 4b an die Krankenkassen weiterzugeben. [2] Die Durchführung der Vergütungsminderung durch die Kassenzahnärztliche Vereinigung erfolgt durch Absenkung der vertraglich vereinbarten Punktwerte ab dem Zeitpunkt der jeweiligen Grenzwertüberschreitungen nach Absatz 4b. [3] Die abgesenkten Punktwerte nach Satz 2 sind den auf dem Zeitpunkt der Grenzwertüberschreitungen folgenden Abrechnungen gegenüber den Krankenkassen zugrunde zu legen. ⁴ Überzahlungen werden mit der nächsten Abrechnung verrechnet. ⁵ Weitere Einzelheiten können die Vertragspartner der Vergütungsverträge (§ 83) regeln.

(4f) ¹ Die Krankenkasse hat ein Zurückbehaltungsrecht in Höhe von 10 vom Hundert gegenüber jeder Forderung der Kassenzahnärztlichen Vereinigung, solange die Kassenzahnärztliche Vereinigung ihren Pflichten aus den Absätzen 4c bis 4e nicht nachkommt. ² Der Anspruch auf Auszahlung der nach Satz 1 einbehaltenen Beträge erlischt, wenn die Kassenzahnärztliche Vereinigung bis zur letzten Quartalsabrechnung eines Jahres ihre Verpflichtungen für dieses Jahr nicht oder nicht vollständig erfüllt.

§§ 85a–86 *(aufgehoben)*

§ 87 Bundesmantelvertrag, einheitlicher Bewertungsmaßstab, bundeseinheitliche Orientierungswerte.

(1) ¹ Die Kassenärztlichen Bundesvereinigungen vereinbaren mit dem Spitzenverband Bund der Krankenkassen durch Bewertungsausschüsse als Bestandteil der Bundesmantelverträge einen einheitlichen Bewertungsmaßstab für die ärztlichen und einen einheitlichen Bewertungsmaßstab für die zahnärztlichen Leistungen, im ärztlichen Bereich einschließlich der Sachkosten. ² In den Bundesmantelverträgen sind auch die Regelungen, die zur Organisation der vertragsärztlichen Versorgung notwendig sind, insbesondere Vordrucke und Nachweise, zu vereinbaren. ³ Bei der Gestaltung der Arzneiverordnungsblätter ist § 73 Abs. 5 zu beachten. ⁴ Die Arzneiverordnungsblätter sind so zu gestalten, daß bis zu drei Verordnungen je Verordnungsblatt möglich sind. ⁵ Dabei ist für jede Verordnung ein Feld für die Auftragung des Kennzeichens nach § 300 Abs. 1 Nr. 1 sowie ein weiteres Feld vorzusehen, in dem der Arzt seine Entscheidung nach § 73 Abs. 5 durch Ankreuzen kenntlich machen kann. ⁶ Die Kassenärztlichen Bundesvereinigungen und der Spitzenverband Bund der Krankenkassen prüfen, inwieweit bislang papiergebundene Verfahren zur Organisation der vertragsärztlichen Versorgung durch elektronische Kommunikationsverfahren ersetzt werden können. ⁷ Das Ergebnis der Prüfung ist dem Bundesministerium für Gesundheit spätestens am 31. Dezember 2016 vorzulegen.

(1a) ¹ In dem Bundesmantelvertrag haben die Kassenzahnärztliche Bundesvereinigung und der Spitzenverband Bund der Krankenkassen festzulegen, dass die Kosten für Zahnersatz einschließlich Zahnkronen und Suprakonstruktionen, soweit die gewählte Versorgung der Regelversorgung nach § 56 Abs. 2 entspricht, gegenüber den Versicherten nach Absatz 2 abzurechnen sind. ² Darüber hinaus sind im Bundesmantelvertrag folgende Regelungen zu treffen: Der Vertragszahnarzt hat vor Beginn der Behandlung einen kostenfreien Heil- und Kostenplan zu erstellen, der den Befund, die Regelversorgung und die tatsächlich geplante Versorgung auch in den Fällen des § 55 Abs. 4 und 5 nach Art, Umfang und Kosten beinhaltet. ³ Im Heil- und Kostenplan sind Angaben zum Herstellungsort des Zahnersatzes zu machen. ⁴ Der Heil- und Kostenplan ist von der Krankenkasse vor Beginn der Behandlung insgesamt zu prüfen. ⁵ Die Krankenkasse kann den Befund, die Versorgungsnotwendigkeit und die geplante Versorgung begutachten lassen. ⁶ Bei bestehender Versorgungsnotwendigkeit bewilligt die Krankenkasse die Festzuschüsse gemäß § 55 Abs. 1 oder 2 entsprechend dem im Heil- und Kostenplan ausgewiesenen Befund. ⁷ Nach Abschluss der Behandlung rechnet der Vertragszahnarzt die von der Krankenkasse bewilligten Festzuschüsse mit Ausnahme der Fälle des § 55 Abs. 5 mit der Kassenzahnärztlichen Vereinigung ab. ⁸ Der Vertragszahnarzt hat bei Rechnungslegung eine Durchschrift der Rechnung des gewerblichen oder des praxiseigenen Labors über zahntechnische Leistungen und die Erklärung nach Anhang VIII der Richtlinie 93/42/EWG des Rates vom 14. Juni 1993 über Medizinprodukte (ABl. EG Nr. L 169 S. 1) in der jeweils geltenden Fassung beizufügen. ⁹ Der Bundesmantelvertrag regelt auch das Nähere zur Ausgestaltung des Heil- und Kostenplans, insbesondere muss aus dem Heil- und Kostenplan erkennbar sein, ob die zahntechnischen Leistungen von Zahnärzten erbracht werden oder nicht.

(1b) ¹ Die Kassenärztliche Bundesvereinigung und der Spitzenverband Bund der Krankenkassen vereinbaren im Bundesmantelvertrag erstmals bis spätestens zum 30. Juni 2016 die Voraussetzungen für eine besonders qualifizierte und koordinierte palliativ-medizinische Versorgung. ² Im Bundesmantelvertrag sind insbesondere zu vereinbaren:

1. Inhalte und Ziele der qualifizierten und koordinierten palliativ-medizinischen Versorgung und deren Abgrenzung zu anderen Leistungen,
2. Anforderungen an die Qualifikation der ärztlichen Leistungserbringer,
3. Anforderungen an die Koordination und interprofessionelle Strukturierung der Versorgungsabläufe sowie die aktive Kooperation mit den weiteren an der Palliativversorgung beteiligten Leistungserbringern, Einrichtungen und betreuenden Angehörigen,
4. Maßnahmen zur Sicherung der Versorgungsqualität.

³ Der Bundesärztekammer und der Bundespsychotherapeutenkammer sowie den in § 92 Absatz 7b genannten Organisationen ist vor Abschluss der Vereinbarung Gelegenheit zur Stellungnahme zu geben. ⁴ Die Stellungnahmen sind in den Entscheidungsprozess einzubeziehen. ⁵ Auf der Grundlage der Vereinbarung hat der Bewertungsausschuss den einheitlichen Bewertungsmaßstab für ärztliche Leistungen nach Absatz 2 Satz 2 zu überprüfen und innerhalb von sechs Monaten nach dem in Satz 1 genannten Zeitpunkt anzupassen. ⁶ Der Bewertungsausschuss hat dem Bundesministerium für Gesundheit erstmals bis zum 31. Dezember 2017 und danach jährlich über die Entwicklung der abgerechneten palliativ-medizinischen Leistungen auch in Kombination mit anderen vertragsärztlichen Leistungen, über die Zahl und Qualifikation der ärztlichen Leistungserbringer, über die Versorgungsqualität sowie über die Auswirkungen auf die Verordnung der spezialisierten ambulanten Palliativversorgung zu berichten. ⁷ Das Bundesministerium für Gesundheit kann das Nähere zum Inhalt des Berichts und zu den dafür erforderlichen Auswertungen bestimmen.

(2) ¹ Der einheitliche Bewertungsmaßstab bestimmt den Inhalt der abrechnungsfähigen Leistungen und ihr wertmäßiges, in Punkten ausgedrücktes Verhältnis zueinander; soweit möglich, sind die Leistungen mit Angaben für den zur Leistungserbringung erforderlichen Zeitaufwand des Vertragsarztes zu versehen; dies gilt nicht für vertragszahnärztliche Leistungen. ² Die Bewertungsmaßstäbe sind in bestimmten Zeitabständen auch daraufhin zu überprüfen, ob die Leistungsbeschreibungen und ihre Bewertungen noch dem Stand der medizinischen Wissenschaft und Technik sowie dem Erfordernis der Rationalisierung im Rahmen wirtschaftlicher Leistungserbringung entsprechen, wobei in die Überprüfung des einheitlichen Bewertungsmaßstabes für ärztliche Leistun-

4. Kapitel. Beziehungen der Krankenkassen **§ 87 SGB V 5**

gen auch die Regelung nach § 33 Absatz 9 erstmalig bis spätestens zum 31. Oktober 2012 einzubeziehen ist; bei der Bewertung der Leistungen ist insbesondere der Aspekt der wirtschaftlichen Nutzung der bei der Erbringung von Leistungen eingesetzten medizinisch-technischen Geräte zu berücksichtigen. [3] Im Bewertungsmaßstab für die ärztlichen Leistungen ist die Bewertung der Leistungen nach Satz 1 und die Überprüfung der wirtschaftlichen Aspekte nach Satz 2 unter Berücksichtigung der Besonderheiten der jeweils betroffenen Arztgruppen auf der Grundlage von sachgerechten Stichproben bei vertragsärztlichen Leistungserbringern auf in bestimmten Zeitabständen zu aktualisierender betriebswirtschaftlicher Basis durchzuführen; die Bewertung der von einer Arztpraxis oder einem medizinischen Versorgungszentrum in einem bestimmten Zeitraum erbrachten Leistungen kann dabei insgesamt so festgelegt werden, dass sie ab einem bestimmten Schwellenwert mit zunehmender Menge sinkt. [4] Die Bewertung der Sachkosten kann abweichend von Satz 1 in Eurobeträgen bestimmt werden.

(2a) [1] Die im einheitlichen Bewertungsmaßstab für ärztliche Leistungen aufgeführten Leistungen sind entsprechend der in § 73 Abs. 1 festgelegten Gliederung der vertragsärztlichen Versorgung in Leistungen der hausärztlichen und Leistungen der fachärztlichen Versorgung zu gliedern mit der Maßgabe, dass unbeschadet gemeinsam abrechenbarer Leistungen Leistungen der hausärztlichen Versorgung nur von den an der hausärztlichen Versorgung teilnehmenden Ärzten und Leistungen der fachärztlichen Versorgung nur von den an der fachärztlichen Versorgung teilnehmenden Ärzten abgerechnet werden dürfen; die Leistungen der fachärztlichen Versorgung sind in der Weise zu gliedern, dass den einzelnen Facharztgruppen die von ihnen ausschließlich abrechenbaren Leistungen zugeordnet werden. [2] Bei der Bestimmung der Arztgruppen nach Satz 1 ist der Versorgungsauftrag der jeweiligen Arztgruppe im Rahmen der vertragsärztlichen Versorgung zugrunde zu legen. [3] Der einheitliche Bewertungsmaßstab für ärztliche Leistungen hat eine Regelung zu enthalten, nach der ärztliche Leistungen zur Diagnostik und ambulanten Eradikationstherapie einschließlich elektronischer Dokumentation von Trägern mit dem Methicillin-resistenten Staphylococcus aureus (MRSA) vergütet werden. [4] Die Kassenärztliche Bundesvereinigung berichtet dem Bundesministerium für Gesundheit quartalsbezogen über Auswertungsergebnisse der Regelung nach Satz 3. [5] Das Bundesministerium für Gesundheit kann das Nähere zum Inhalt des Berichts nach Satz 4 sowie zur Auswertung der anonymisierten Dokumentationen zum Zwecke der Versorgungsforschung und zur Förderung der Qualität bestimmen; es kann auch den Bewertungsausschuss mit der Vorlage des Berichts beauftragen. [6] Im Übrigen gilt die Veröffentlichungspflicht gemäß § 135b Absatz 1 Satz 2. [7] Bei der Überprüfung nach Absatz 2 Satz 2 prüft der Bewertungsausschuss bis spätestens zum 31. Oktober 2012, in welchem Umfang ambulante telemedizinische Leistungen erbracht werden können; auf dieser Grundlage beschließt er bis spätestens zum 31. März 2013, inwieweit der einheitliche Bewertungsmaßstab für ärztliche Leistungen anzupassen ist. [8] In die Überprüfung nach Absatz 2 Satz 2 ist auch einzubeziehen, in welchem Umfang delegationsfähige Leistungen durch Personen nach § 28 Absatz 1 Satz 2 qualifiziert erbracht und angemessen vergütet werden können; auf dieser Grundlage ist eine Anpassung des einheitlichen Bewertungsmaßstabes für ärztliche Leistungen unter Berücksichtigung der unterschiedlichen Versorgungsstrukturen bis zum 23. Januar 2016 zu beschließen. [9] Nach Inkrafttreten der Bestimmungen nach § 27b Absatz 2 Satz 2 ist im einheitlichen Bewertungsmaßstab für ärztliche Leistungen durch den Bewertungsausschuss gemäß Absatz 5a eine Regelung zu treffen, nach der die Leistungen und Kosten im Rahmen der Einholung der Zweitmeinungen nach § 27b abgerechnet werden können. [10] Sofern drei Monate nach Inkrafttreten der Bestimmungen des Gemeinsamen Bundesausschusses nach § 27b Absatz 2 keine Regelung im einheitlichen Bewertungsmaßstab für ärztliche Leistungen getroffen wurde, können Versicherte die Leistungen nach § 27b bei den dafür berechtigten Leistungserbringern im Wege der Kostenerstattung nach § 13 Absatz 1 in Anspruch nehmen. [11] Die Kosten sind von der Krankenkasse in der entstandenen Höhe zu erstatten. [12] Die Möglichkeit der Inanspruchnahme im Wege der Kostenerstattung nach § 13 Absatz 1 endet, sobald die Regelung nach Satz 9 in Kraft getreten ist. [13] Bis spätestens zum 31. Dezember 2015 ist mit Wirkung zum 1. April 2016 eine Regelung zu treffen, nach der die zusätzlichen ärztlichen Kooperations- und Koordinationsleistungen in Kooperationsverträgen, die den Anforderungen nach § 119b Absatz 2 entsprechen, vergütet werden. [14] Das Bundesministerium für Gesundheit kann für den Fall, dass Beschlüsse des Bewertungsausschusses zu telemedizinischen Leistungen nicht oder teilweise nicht oder nicht innerhalb einer vom Bundesministerium für Gesundheit gesetzten Frist zustande kommen, den erweiterten Bewertungsausschuss nach Absatz 4 mit Wirkung für die Vertragspartner anrufen; Absatz 6 gilt. [15] Der Bewertungsausschuss legt dem Bundesministerium für Gesundheit im Abstand von zwei Jahren beginnend zum 31. Oktober 2016 einen Bericht über den Stand der Beratungen nach Satz 7 vor, in dem der Stand der Arbeiten der vom Bewertungsausschuss erfassten und bearbeiteten Leistungen dargestellt wird. [16] Das Bundesministerium für Gesundheit leitet den Bericht an den Deutschen Bundestag weiter. [17] Der Bewertungsausschuss prüft bis zum 30. Juni 2016, inwieweit durch den Einsatz sicherer elektronischer Informations- und Kommunikationstechnologien konsiliarische Befundbeurteilungen von Röntgenaufnahmen und bis zum 30. September 2016, inwieweit durch den Einsatz sicherer elektronischer Informations- und Kommunikationstechnologien Videosprechstunden telemedizinisch erbracht werden können. [18] Auf der Grundlage dieser Prüfung beschließt er bis zum 31. Dezember 2016 mit Wirkung zum 1. April 2017 für konsiliarische Befundbeurteilungen von Röntgenaufnahmen und bis zum 31. März 2017 mit Wirkung zum 1. Juli 2017 für Videosprechstunden entsprechende Anpassungen des einheitlichen Bewertungsmaßstabes für ärztliche Leistungen. [19] Die Anpassung erfolgt auf der Grundlage der Vereinbarung nach § 291g. [20] Sofern der Bewertungsausschuss für konsiliarische Befundbeurteilungen von Röntgenaufnahmen bis zum 31. Dezember 2016 und für Videosprechstunden bis zum 31. März 2017 auf der Grundlage der Vereinbarung nach § 291g die erforderlichen Beschlüsse nicht getroffen hat, gilt § 291 Absatz 2b Satz 7 bis 9 entsprechend für die Kassenärztliche Bundesvereinigung und den Spitzenverband Bund der Krankenkassen. [21] Bis zum 30. Juni 2016 ist mit Wirkung zum 1. Oktober 2016 eine Regelung zu treffen, nach der ärztliche Leistungen nach § 31a vergütet werden. [22] Bis zum 30. September 2017 ist mit Wirkung zum 1. Januar 2018 eine Regelung zu treffen, nach der ärztliche Leistungen zur Erstellung und Aktualisierung von Datensätzen nach § 291a Absatz 3 Satz 1 Nummer 1 vergütet werden. [23] Der Bewertungsausschuss nach Absatz 5a hat bis spätestens zum 31. Dezember 2016 die Regelungen für die Versorgung im Notfall und im Notdienst im einheitlichen Bewertungsmaßstab für ärztliche Leistungen nach dem Schweregrad der Fälle zu

4. Kapitel. Beziehungen der Krankenkassen   § 87 SGB V 5

differenzieren. [24] Zwei Jahre nach Inkrafttreten dieser Regelungen hat der Bewertungsausschuss nach Absatz 5a die Entwicklung der Leistungen zu evaluieren und hierüber dem Bundesministerium für Gesundheit zu berichten; Absatz 3a gilt entsprechend. [25] Der Bewertungsausschuss überprüft, in welchem Umfang Diagnostika zur schnellen und zur qualitätsgesicherten Antibiotikatherapie eingesetzt werden können, und beschließt auf dieser Grundlage erstmals bis spätestens zum 1. Dezember 2017 entsprechende Anpassungen des einheitlichen Bewertungsmaßstabes für ärztliche Leistungen.

(2b) [1] Die im einheitlichen Bewertungsmaßstab für ärztliche Leistungen aufgeführten Leistungen der hausärztlichen Versorgung sollen als Versichertenpauschalen abgebildet werden; für Leistungen, die besonders gefördert werden sollen oder nach Absatz 2a Satz 7 und 8 telemedizinisch oder im Wege der Delegation erbracht werden können, sind Einzelleistungen oder Leistungskomplexe vorzusehen. [2] Mit den Pauschalen nach Satz 1 sollen die gesamten im Abrechnungszeitraum regelmäßig oder sehr selten und zugleich mit geringem Aufwand im Rahmen der hausärztlichen Versorgung eines Versicherten erbrachten Leistungen einschließlich der anfallenden Betreuungs-, Koordinations- und Dokumentationsleistungen vergütet werden. [3] Die Pauschalen nach Satz 1 sollen einerseits nach Patienten, die in der jeweiligen Arztpraxis erstmals diagnostiziert und behandelt werden, sowie andererseits nach Patienten, bei denen eine begonnene Behandlung fortgeführt wird, und soweit möglich nach weiteren insbesondere auf der Grundlage von Abrechnungsdaten empirisch ermittelten Morbiditätskriterien insbesondere zur Abbildung des Schweregrads der Erkrankung differenziert werden, um mit dem Gesundheitszustand verbundene Unterschiede im Behandlungsaufwand der Versicherten zu berücksichtigen. [4] Zudem können Qualitätszuschläge vorgesehen werden, mit denen die in besonderen Behandlungsfällen erforderliche Qualität vergütet wird.

(2c) [1] Die im einheitlichen Bewertungsmaßstab für ärztliche Leistungen aufgeführten Leistungen der fachärztlichen Versorgung sollen arztgruppenspezifisch und unter Berücksichtigung der Besonderheiten kooperativer Versorgungsformen als Grund- und Zusatzpauschalen abgebildet werden; Einzelleistungen sollen vorgesehen werden, soweit dies medizinisch oder auf Grund von Besonderheiten bei Veranlassung und Ausführung der Leistungserbringung, einschließlich der Möglichkeit telemedizinischer Erbringung gemäß Absatz 2a Satz 7 oder der Erbringung im Wege der Delegation nach Absatz 2a Satz 8, erforderlich ist. [2] Mit den Grundpauschalen nach Satz 1 sollen die regelmäßig oder sehr selten und zugleich mit geringem Aufwand von der Arztgruppe in jedem Behandlungsfall erbrachten Leistungen vergütet werden; die Grundpauschalen sollen dabei soweit möglich und sachgerecht einerseits nach Patienten, die in der jeweiligen Arztpraxis erstmals diagnostiziert und behandelt werden, sowie andererseits nach Patienten, bei denen eine begonnene Behandlung fortgeführt wird, sowie nach insbesondere auf der Grundlage von Abrechnungsdaten empirisch ermittelten Morbiditätskriterien insbesondere zur Abbildung des Schweregrads der Erkrankung, falls dieser nicht durch die Zusatzpauschalen nach Satz 3 berücksichtigt wird, differenziert werden. [3] Mit den Zusatzpauschalen nach Satz 1 wird der besondere Leistungsaufwand vergütet, der sich aus den Leistungs-, Struktur- und Qualitätsmerkmalen des Leistungserbringers und, soweit dazu Veranlassung besteht, in bestimmten Behandlungsfällen ergibt. [4] Abweichend von Satz 3 kann die Behandlung von Versichertengruppen, die mit einem erheblichen therapeutischen Leistungsaufwand und

5 SGB V § 87 5. Buch. Gesetzl. Krankenversicherung

überproportionalen Kosten verbunden ist, mit arztgruppenspezifischen diagnosebezogenen Fallpauschalen vergütet werden. ⁵ Für die Versorgung im Rahmen von kooperativen Versorgungsformen sind spezifische Fallpauschalen festzulegen, die dem fallbezogenen Zusammenwirken von Ärzten unterschiedlicher Fachrichtungen in diesen Versorgungsformen Rechnung tragen. ⁶ Die Bewertungen für psychotherapeutische Leistungen haben eine angemessene Höhe der Vergütung je Zeiteinheit zu gewährleisten.

(2d) ¹ Im einheitlichen Bewertungsmaßstab für ärztliche Leistungen sind Regelungen einschließlich Prüfkriterien vorzusehen, die sicherstellen, dass der Leistungsinhalt der in den Absätzen 2a Satz 3, 2a bis 2c genannten Leistungen und Pauschalen jeweils vollständig erbracht wird, die jeweiligen notwendigen Qualitätsstandards eingehalten, die abgerechneten Leistungen auf den medizinisch notwendigen Umfang begrenzt sowie bei Abrechnung der Fallpauschalen nach Absatz 2c Satz 5 die Mindestanforderungen zu der institutionellen Ausgestaltung der Kooperation der beteiligten Ärzte eingehalten werden; dazu kann die Abrechenbarkeit der Leistungen an die Einhaltung der vom Gemeinsamen Bundesausschuss und in den Bundesmantelverträgen beschlossenen Qualifikations- und Qualitätssicherungsanforderungen sowie an die Einhaltung der gegenüber der Kassenärztlichen Vereinigung zu erbringenden Dokumentationsverpflichtungen geknüpft werden. ² Zudem können Regelungen vorgesehen werden, die darauf abzielen, dass die Abrechnung der Versichertenpauschalen nach Absatz 2b Satz 1 sowie der Grundpauschalen nach Absatz 2c Satz 1 für einen Versicherten nur durch einen Arzt im Abrechnungszeitraum erfolgt, oder es können Regelungen zur Kürzung der Pauschalen für den Fall eines Arztwechsels des Versicherten innerhalb des Abrechnungszeitraums vorgesehen werden.

(2e) Im einheitlichen Bewertungsmaßstab für ärztliche Leistungen ist jährlich bis zum 31. August ein bundeseinheitlicher Punktwert als Orientierungswert in Euro zur Vergütung der vertragsärztlichen Leistungen festzulegen.

(2f) *(aufgehoben)*

(2g) Bei der Anpassung des Orientierungswertes nach Absatz 2e sind insbesondere

1. die Entwicklung der für Arztpraxen relevanten Investitions- und Betriebskosten, soweit diese nicht bereits durch die Weiterentwicklung der Bewertungsrelationen nach Absatz 2 Satz 2 erfasst worden sind,
2. Möglichkeiten zur Ausschöpfung von Wirtschaftlichkeitsreserven, soweit diese nicht bereits durch die Weiterentwicklung der Bewertungsrelationen nach Absatz 2 Satz 2 erfasst worden sind, sowie
3. die allgemeine Kostendegression bei Fallzahlsteigerungen, soweit diese nicht durch eine Abstaffelungsregelung nach Absatz 2 Satz 3 berücksichtigt worden ist,

zu berücksichtigen.

(2h) ¹ Die im einheitlichen Bewertungsmaßstab für zahnärztliche Leistungen aufgeführten Leistungen können zu Leistungskomplexen zusammengefasst werden. ² Die Leistungen sind entsprechend einer ursachengerechten, zahnsubstanzschonenden und präventionsorientierten Versorgung insbesondere nach dem Kriterium der erforderlichen Arbeitszeit gleichgewichtig in und zwischen den Leistungsbereichen für Zahnerhaltung, Prävention, Zahnersatz und Kiefer-

4. Kapitel. Beziehungen der Krankenkassen §87 SGB V 5

orthopädie zu bewerten. ³Bei der Festlegung der Bewertungsrelationen ist wissenschaftlicher Sachverstand einzubeziehen.

(2i) ¹Im einheitlichen Bewertungsmaßstab für zahnärztliche Leistungen ist eine zusätzliche Leistung vorzusehen für das erforderliche Aufsuchen von Versicherten, die einem Pflegegrad nach § 15 des Elften Buches[1]) zugeordnet sind, Eingliederungshilfe nach § 53 des Zwölften Buches[2]) erhalten und die die Zahnarztpraxis aufgrund ihrer Pflegebedürftigkeit, Behinderung oder Einschränkung nicht oder nur mit hohem Aufwand aufsuchen können. ² § 71 Absatz 1 Satz 2 gilt entsprechend.

(2j) ¹Für Leistungen, die im Rahmen eines Vertrages nach § 119b Absatz 1 erbracht werden, ist im einheitlichen Bewertungsmaßstab für zahnärztliche Leistungen eine zusätzliche, in der Bewertung über Absatz 2i Satz 1 hinausgehende Leistung vorzusehen. ²Voraussetzung für die Abrechnung dieser zusätzlichen Leistung ist die Einhaltung der in der Vereinbarung nach § 119b Absatz 2 festgelegten Anforderungen. ³Die Leistung nach Absatz 2i Satz 1 ist in diesen Fällen nicht berechnungsfähig. ⁴ § 71 Absatz 1 Satz 2 gilt entsprechend.

(3) ¹Der Bewertungsausschuß besteht aus drei von der Kassenärztlichen Bundesvereinigung bestellten Vertretern sowie drei vom Spitzenverband Bund der Krankenkassen bestellten Vertreter. ²Den Vorsitz führt abwechselnd ein Vertreter der Ärzte und ein Vertreter der Krankenkassen. ³Die Beratungen des Bewertungsausschusses einschließlich der Beratungsunterlagen und Niederschriften sind vertraulich. ⁴Die Vertraulichkeit gilt auch für die zur Vorbereitung und Durchführung der Beratungen im Bewertungsausschuss dienenden Unterlagen der Trägerorganisationen und des Instituts des Bewertungsausschusses.

(3a) ¹Der Bewertungsausschuss analysiert die Auswirkungen seiner Beschlüsse insbesondere auf die Versorgung der Versicherten mit vertragsärztlichen Leistungen, auf die vertragsärztlichen Honorare sowie auf die Ausgaben der Krankenkassen. ²Das Bundesministerium für Gesundheit kann das Nähere zum Inhalt der Analysen bestimmen. ³Absatz 6 gilt entsprechend.

(3b) ¹Der Bewertungsausschuss wird bei der Wahrnehmung seiner Aufgaben von einem Institut unterstützt, das gemäß der vom Bewertungsausschuss nach Absatz 3e zu vereinbarenden Geschäftsordnung die Beschlüsse nach den §§ 87, 87a und 116b Absatz 6 sowie die Analysen nach Absatz 3a vorbereitet. ²Träger des Instituts sind die Kassenärztliche Bundesvereinigung und der Spitzenverband Bund der Krankenkassen. ³Ist das Institut nicht oder nicht in einer seiner Aufgaben entsprechenden Weise errichtet, kann das Bundesministerium für Gesundheit eine oder mehrere der in Satz 2 genannten Organisationen zur Errichtung des Instituts verpflichten oder eine oder mehrere der in Satz 2 genannten Organisationen oder einen Dritten mit den Aufgaben nach Satz 1 beauftragen. ⁴Satz 3 gilt entsprechend, wenn das Institut seine Aufgaben nicht in dem vorgesehenen Umfang nicht entsprechend den geltenden Vorgaben erfüllt oder wenn es aufgelöst wird. ⁵Abweichend von den Sätzen 1 und 2 können die in Satz 2 genannten Organisationen einen Dritten mit den Aufgaben nach Satz 1 beauftragen. ⁶Sie haben im Zeitraum bis zur Herstellung

---

[1]) Nr. 11.
[2]) Nr. 12.

der vollständigen Arbeitsfähigkeit des Instituts oder des von ihnen beauftragten Dritten sicherzustellen, dass der Bewertungsausschuss die in Satz 1 genannten Aufgaben in vollem Umfang und fristgerecht erfüllen kann. ⁷Hierzu hat der Bewertungsausschuss festzustellen, ob und in welchem Umfang das Institut oder der beauftragte Dritte arbeitsfähig ist und ob abweichend von Satz 2 die dort genannten Aufgaben zwischen dem Institut oder dem beauftragten Dritten und der Kassenärztlichen Bundesvereinigung und dem Spitzenverband Bund der Krankenkassen aufgeteilt werden sollen; Absatz 6 gilt entsprechend.

(3c) ¹Die Finanzierung des Instituts oder des beauftragten Dritten nach Absatz 3b erfolgt durch die Erhebung eines Zuschlags auf jeden ambulant-kurativen Behandlungsfall in der vertragsärztlichen Versorgung. ²Der Zuschlag ist von den Krankenkassen außerhalb der Gesamtvergütung nach § 85 oder der morbiditätsbedingten Gesamtvergütung nach § 87a zu finanzieren. ³Das Nähere bestimmt der Bewertungsausschuss in seinem Beschluss nach Absatz 3e Satz 1 Nr. 3.

(3d) ¹Über die Ausstattung des Instituts oder des beauftragten Dritten nach Absatz 3b mit den für die Aufgabenwahrnehmung erforderlichen Sachmitteln, die Einstellung des Personals und die Nutzung der Daten gemäß Absatz 3f durch das Institut oder den beauftragten Dritten entscheidet der Bewertungsausschuss; Absatz 6 gilt entsprechend. ²Die innere Organisation ist jeweils so zu gestalten, dass sie den besonderen Anforderungen des Datenschutzes nach § 78a des Zehnten Buches[1)] gerecht wird.

(3e) ¹Der Bewertungsausschuss beschließt
1. bis spätestens zum 31. August 2017 eine Verfahrensordnung, in der er insbesondere die Antragsberechtigten, methodische Anforderungen und Fristen in Bezug auf die Vorbereitung und Durchführung der Beratungen sowie die Beschlussfassung über die Aufnahme in den einheitlichen Bewertungsmaßstab insbesondere solcher neuer Laborleistungen und neuer humangenetischer Leistungen regelt, bei denen es sich jeweils nicht um eine neue Untersuchungs- oder Behandlungsmethode nach § 135 Absatz 1 Satz 1 handelt,
2. eine Geschäftsordnung, in der er Regelungen zur Arbeitsweise des Bewertungsausschusses und des Instituts gemäß Absatz 3b trifft, insbesondere zur Geschäftsführung und zur Art und Weise der Vorbereitung der in Absatz 3b Satz 1 genannten Beschlüsse, Analysen und Berichte, sowie
3. eine Finanzierungsregelung, in der er Näheres zur Erhebung des Zuschlags nach Absatz 3c bestimmt.

²Die Verfahrensordnung, die Geschäftsordnung und die Finanzierungsregelung bedürfen der Genehmigung des Bundesministeriums für Gesundheit. ³Die Verfahrensordnung und die Geschäftsordnung sind im Internet zu veröffentlichen. ⁴Der Bewertungsausschuss ist verpflichtet, im Einvernehmen mit dem Gemeinsamen Bundesausschuss hinsichtlich einer neuen Leistung auf Verlangen Auskunft zu erteilen, ob die Aufnahme der neuen Leistung in den einheitlichen Bewertungsmaßstab in eigener Zuständigkeit des Bewertungsausschusses beraten werden kann oder ob es sich dabei um eine neue Methode handelt, die nach § 135 Absatz 1 Satz 1 zunächst einer Bewertung durch den Gemeinsamen Bundesausschuss bedarf. ⁵Eine Auskunft können pharmazeutische Unternehmer, Hersteller von Medizinprodukten, Hersteller von Diagnos-

---

[1)] Nr. 10.

4. Kapitel. Beziehungen der Krankenkassen § 87 SGB V 5

tikleistungen und deren jeweilige Verbände, einschlägige Berufsverbände, medizinische Fachgesellschaften und die für die Wahrnehmung der Interessen der Patientinnen und Patienten und der Selbsthilfe chronisch kranker und behinderter Menschen auf Bundesebene maßgeblichen Organisationen nach § 140f verlangen. [6] Das Nähere regeln der Bewertungsausschuss und der Gemeinsame Bundesausschuss im gegenseitigen Einvernehmen in ihrer jeweiligen Verfahrensordnung.

(3f) [1] Die Kassenärztlichen Vereinigungen und die Krankenkassen erfassen jeweils nach Maßgabe der vom Bewertungsausschuss zu bestimmenden inhaltlichen und verfahrensmäßigen Vorgaben die für die Aufgaben des Bewertungsausschusses nach diesem Gesetz erforderlichen Daten, einschließlich der Daten nach § 73b Absatz 7 Satz 5 und § 140a Absatz 6, arzt- und versichertenbezogen in einheitlicher pseudonymisierter Form. [2] Die Daten nach Satz 1 werden jeweils unentgeltlich von den Kassenärztlichen Vereinigungen an die Kassenärztliche Bundesvereinigung und von den Krankenkassen an den Spitzenverband Bund der Krankenkassen übermittelt, die diese Daten jeweils zusammenführen und sie unentgeltlich dem Institut oder dem beauftragten Dritten gemäß Absatz 3b übermitteln. [3] Soweit erforderlich hat der Bewertungsausschuss darüber hinaus Erhebungen und Auswertungen nicht personenbezogener Daten durchzuführen oder in Auftrag zu geben oder Sachverständigengutachten einzuholen. [4] Für die Erhebung und Verarbeitung der Daten nach den Sätzen 2 und 3 kann der Bewertungsausschuss eine Datenstelle errichten oder eine externe Datenstelle beauftragen; für die Finanzierung der Datenstelle gelten die Absätze 3c und 3e entsprechend. [5] Personenbezogene Daten nach Satz 1 sind zu löschen, sobald sie nicht mehr benötigt werden. [6] Das Verfahren der Pseudonymisierung nach Satz 1 ist vom Bewertungsausschuss im Einvernehmen mit dem Bundesamt für Sicherheit in der Informationstechnik zu bestimmen.

(3g) Die Regelungen der Absätze 3a bis 3f gelten nicht für den für zahnärztliche Leistungen zuständigen Bewertungsausschuss.

(4) [1] Kommt im Bewertungsausschuß durch übereinstimmenden Beschluß aller Mitglieder eine Vereinbarung ganz oder teilweise nicht zustande, wird der Bewertungsausschuß auf Verlangen von mindestens zwei Mitgliedern um einen unparteiischen Vorsitzenden und zwei weitere unparteiische Mitglieder erweitert. [2] Für die Benennung des unparteiischen Vorsitzenden gilt § 89 Abs. 3 entsprechend. [3] Von den weiteren unparteiischen Mitgliedern wird ein Mitglied von der Kassenärztlichen Bundesvereinigung sowie ein Mitglied vom Spitzenverband Bund der Krankenkassen benannt.

(5) [1] Der erweiterte Bewertungsausschuß setzt mit der Mehrheit seiner Mitglieder die Vereinbarung fest. [2] Die Festsetzung hat die Rechtswirkung einer vertraglichen Vereinbarung im Sinne des § 82 Abs. 1. [3] Zur Vorbereitung von Maßnahmen nach Satz 1 für den Bereich der ärztlichen Leistungen hat das Institut oder der beauftragte Dritte nach Absatz 3b dem zuständigen erweiterten Bewertungsausschuss unmittelbar und unverzüglich nach dessen Weisungen zuzuarbeiten. [4] Absatz 3 Satz 3 und 4 gilt entsprechend; auch für die Unterlagen der unparteiischen Mitglieder gilt Vertraulichkeit.

(5a) [1] Bei Beschlüssen zur Anpassung des einheitlichen Bewertungsmaßstabes zur Vergütung der Leistungen der spezialfachärztlichen Versorgung nach § 116b sind der Bewertungsausschuss für ärztliche Leistungen nach Absatz 3 sowie der erweiterte Bewertungsausschuss für ärztliche Leistungen nach Absatz 4 jeweils um drei Vertreter der Deutschen Krankenhausgesellschaft und jeweils um drei weitere Vertreter des Spitzenverbandes Bund der Krankenkassen zu ergänzen. ²Für den erweiterten Bewertungsausschuss nach Satz 1 ist darüber hinaus jeweils ein weiteres unparteiisches Mitglied von der Deutschen Krankenhausgesellschaft und vom Spitzenverband Bund der Krankenkassen zu benennen. ³Die Benennung soll bis spätestens zum 31. März 2016 erfolgen. ⁴Bis zur Benennung gilt die Besetzung in der bis zum 31. Dezember 2015 geltenden Fassung fort.

(5b) ¹Der einheitliche Bewertungsmaßstab für ärztliche Leistungen ist innerhalb von sechs Monaten nach Inkrafttreten der Beschlüsse des Gemeinsamen Bundesausschusses über die Einführung neuer Untersuchungs- und Behandlungsmethoden nach § 92 Absatz 1 Satz 2 Nummer 5 in Verbindung mit § 135 Absatz 1 anzupassen. ²Satz 1 gilt entsprechend für weitere Richtlinienbeschlüsse des Gemeinsamen Bundesausschusses, die eine Anpassung des einheitlichen Bewertungsmaßstabes für ärztliche Leistungen erforderlich machen. ³In diesem Zusammenhang notwendige Vereinbarungen nach § 135 Absatz 2 sind zeitgleich zu treffen. ⁴Für Beschlüsse des Gemeinsamen Bundesausschusses, die vor dem 23. Juli 2015 in Kraft getreten sind, gelten die Sätze 1 bis 3 entsprechend mit der Maßgabe, dass die Frist nach Satz 1 mit dem 23. Juli 2015 beginnt. ⁵Der einheitliche Bewertungsmaßstab für ärztliche Leistungen ist zeitgleich mit dem Beschluss nach § 35a Absatz 3 Satz 1 anzupassen, sofern die Fachinformation des Arzneimittels zu seiner Anwendung eine zwingend erforderliche Leistung vorsieht, die eine Anpassung des einheitlichen Bewertungsmaßstabes für ärztliche Leistungen erforderlich macht. ⁶Das Nähere zu ihrer Zusammenarbeit regeln der Bewertungsausschuss und der Gemeinsame Bundesausschuss im gegenseitigen Einvernehmen in ihrer jeweiligen Verfahrensordnung. ⁷Für Beschlüsse nach § 35a Absatz 3 Satz 1, die vor dem 13. Mai 2017 getroffen worden sind, gilt Satz 5 entsprechend mit der Maßgabe, dass der Bewertungsausschuss spätestens bis 13. November 2017 den einheitlichen Bewertungsmaßstab für ärztliche Leistungen anzupassen hat.

(6) ¹Das Bundesministerium für Gesundheit kann an den Sitzungen der Bewertungsausschüsse, des Instituts oder des beauftragten Dritten nach Absatz 3b sowie der von diesen jeweils gebildeten Unterausschüssen und Arbeitsgruppen teilnehmen; ihm sind die Beschlüsse der Bewertungsausschüsse zusammen mit den den Beschlüssen zugrunde liegenden Beratungsunterlagen und den für die Beschlüsse jeweils entscheidungserheblichen Gründen vorzulegen. ²Das Bundesministerium für Gesundheit kann die Beschlüsse innerhalb von zwei Monaten beanstanden; es kann im Rahmen der Prüfung eines Beschlusses vom Bewertungsausschuss zusätzliche Informationen und ergänzende Stellungnahmen dazu anfordern; bis zum Eingang der Auskünfte ist der Lauf der Frist unterbrochen. ³Die Nichtbeanstandung eines Beschlusses kann vom Bundesministerium für Gesundheit mit Auflagen verbunden werden; das Bundesministerium für Gesundheit kann zur Erfüllung einer Auflage eine angemessene Frist setzen. ⁴Kommen Beschlüsse der Bewertungsausschüsse ganz oder teilweise nicht oder nicht innerhalb einer vom Bundesministerium für Gesundheit gesetzten Frist zustande oder werden die Beanstandungen des Bundesministeriums für Gesundheit nicht innerhalb einer von ihm gesetzten Frist behoben, kann das Bundesministerium für Gesundheit die Vereinbarungen festsetzen; es kann dazu Datenerhebungen in Auftrag geben oder Sachverständigengutachten einholen. ⁵Zur Vorbereitung von Maßnahmen nach

Satz 4 für den Bereich der ärztlichen Leistungen hat das Institut oder der beauftragte Dritte oder die vom Bundesministerium für Gesundheit beauftragte Organisation gemäß Absatz 3b dem Bundesministerium für Gesundheit unmittelbar und unverzüglich nach dessen Weisungen zuzuarbeiten. [6] Die mit den Maßnahmen nach Satz 4 verbundenen Kosten sind von dem Spitzenverband Bund der Krankenkassen und der Kassenärztlichen Bundesvereinigung jeweils zur Hälfte zu tragen; das Nähere bestimmt das Bundesministerium für Gesundheit. [7] Abweichend von Satz 4 kann das Bundesministerium für Gesundheit für den Fall, dass Beschlüsse der Bewertungsausschüsse nicht oder teilweise nicht oder nicht innerhalb einer vom Bundesministerium für Gesundheit gesetzten Frist zustande kommen, den erweiterten Bewertungsausschuss nach Absatz 4 mit Wirkung für die Vertragspartner anrufen. [8] Der erweiterte Bewertungsausschuss setzt mit der Mehrheit seiner Mitglieder innerhalb einer vom Bundesministerium für Gesundheit gesetzten Frist die Vereinbarung fest; Satz 1 bis 6 gilt entsprechend. [9] Die Beschlüsse und die entscheidungserheblichen Gründe sind im Deutschen Ärzteblatt oder im Internet bekannt zu machen; falls die Bekanntmachung im Internet erfolgt, muss im Deutschen Ärzteblatt ein Hinweis auf die Fundstelle veröffentlicht werden.

(7) Klagen gegen Maßnahmen des Bundesministeriums für Gesundheit nach Absatz 2a Satz 14 und Absatz 6 haben keine aufschiebende Wirkung.

§ 87a Regionale Euro-Gebührenordnung, Morbiditätsbedingte Gesamtvergütung, Behandlungsbedarf der Versicherten. (1) Abweichend von § 82 Abs. 2 Satz 2 und § 85 gelten für die Vergütung vertragsärztlicher Leistungen die in Absatz 2 bis 6 getroffenen Regelungen; dies gilt nicht für vertragszahnärztliche Leistungen.

(2) [1] Die Kassenärztliche Vereinigung und die Landesverbände der Krankenkassen und die Ersatzkassen gemeinsam und einheitlich vereinbaren auf der Grundlage des Orientierungswertes gemäß § 87 Absatz 2e jeweils bis zum 31. Oktober eines jeden Jahres einen Punktwert, der zur Vergütung der vertragsärztlichen Leistungen im Folgejahr anzuwenden ist. [2] Die Vertragspartner nach Satz 1 können dabei einen Zuschlag auf den oder einen Abschlag von dem Orientierungswert gemäß § 87 Absatz 2e vereinbaren, um insbesondere regionale Besonderheiten bei der Kosten- und Versorgungsstruktur zu berücksichtigen. [3] Darüber hinaus können auf der Grundlage von durch den Bewertungsausschuss festzulegenden Kriterien zur Verbesserung der Versorgung der Versicherten, insbesondere in Planungsbereichen, für die Feststellungen nach § 100 Absatz 1 oder Absatz 3 getroffen wurden, Zuschläge auf den Orientierungswert nach § 87 Absatz 2e für besonders förderungswürdige Leistungen sowie für Leistungen von besonders zu fördernden Leistungserbringern vereinbart werden. [4] Bei der Festlegung des Zu- oder Abschlags ist zu gewährleisten, dass die medizinisch notwendige Versorgung der Versicherten sichergestellt ist. [5] Aus dem vereinbarten Punktwert nach diesem Absatz und dem einheitlichen Bewertungsmaßstab für ärztliche Leistungen gemäß § 87 Absatz 1 ist eine regionale Gebührenordnung mit Euro-Preisen (regionale Euro-Gebührenordnung) zu erstellen. [6] Besonders förderungswürdige Leistungen nach Satz 3 können auch vertragsärztliche Leistungen sein, die telemedizinisch erbracht werden.

(3) [1] Ebenfalls jährlich bis zum 31. Oktober vereinbaren die in Absatz 2 Satz 1 genannten Vertragsparteien gemeinsam und einheitlich für das Folgejahr

5 SGB V § 87a
5. Buch. Gesetzl. Krankenversicherung

mit Wirkung für die Krankenkassen die von den Krankenkassen mit befreiender Wirkung an die jeweilige Kassenärztliche Vereinigung zu zahlenden morbiditätsbedingten Gesamtvergütungen für die gesamte vertragsärztliche Versorgung der Versicherten mit Wohnort im Bezirk der Kassenärztlichen Vereinigung. ² Hierzu vereinbaren sie als Punktzahlvolumen auf der Grundlage des einheitlichen Bewertungsmaßstabes den mit der Zahl und der Morbiditätsstruktur der Versicherten verbundenen Behandlungsbedarf und bewerten diesen mit dem nach Absatz 2 Satz 1 vereinbarten Punktwert in Euro; der vereinbarte Behandlungsbedarf gilt als notwendige medizinische Versorgung gemäß § 71 Abs. 1 Satz 1. ³ Die im Rahmen des Behandlungsbedarfs erbrachten Leistungen sind mit den Preisen der Euro-Gebührenordnung nach Absatz 2 Satz 5 zu vergüten. ⁴ Darüber hinausgehende Leistungen, die sich aus einem bei der Vereinbarung der morbiditätsbedingten Gesamtvergütung nicht vorhersehbaren Anstieg des morbiditätsbedingten Behandlungsbedarfs ergeben, sind von den Krankenkassen zeitnah, spätestens im folgenden Abrechnungszeitraum unter Berücksichtigung der Empfehlungen nach Absatz 5 Satz 1 Nr. 1 ebenfalls mit den in der Euro-Gebührenordnung nach Absatz 2 Satz 5 enthaltenen Preisen zu vergüten. ⁵ Vertragsärztliche Leistungen bei der Substitutionsbehandlung der Drogenabhängigkeit gemäß den Richtlinien des Gemeinsamen Bundesausschusses sind von den Krankenkassen außerhalb der nach Satz 1 vereinbarten Gesamtvergütungen mit den Preisen der Euro-Gebührenordnung nach Absatz 2 zu vergüten; in Vereinbarungen nach Satz 1 kann darüber hinaus geregelt werden, dass weitere vertragsärztliche Leistungen außerhalb der nach Satz 1 vereinbarten Gesamtvergütungen mit den Preisen der Euro-Gebührenordnung nach Absatz 2 vergütet werden, wenn sie besonders gefördert werden sollen oder soweit dies medizinisch oder auf Grund von Besonderheiten bei Veranlassung und Ausführung der Leistungserbringung erforderlich ist.

(3a) ¹ Für den Fall der überbezirklichen Durchführung der vertragsärztlichen Versorgung sind die Leistungen abweichend von Absatz 3 Satz 3 und 4 von den Krankenkassen mit den Preisen zu vergüten, die in der Kassenärztlichen Vereinigung gelten, deren Mitglied der Leistungserbringer ist. ² Weichen die nach Absatz 2 Satz 5 vereinbarten Preise von den Preisen nach Satz 1 ab, so ist die Abweichung zeitnah, spätestens bei der jeweils folgenden Vereinbarung der Veränderung der morbiditätsbedingten Gesamtvergütung zu berücksichtigen. ³ Die Zahl der Versicherten nach Absatz 3 Satz 2 ist entsprechend der Zahl der auf den zu Grunde gelegten Zeitraum entfallenden Versichertentage zu ermitteln. ⁴ Weicht die bei der Vereinbarung der morbiditätsbedingten Gesamtvergütung zu Grunde gelegte Zahl der Versicherten von der tatsächlichen Zahl der Versicherten im Vereinbarungszeitraum ab, ist die Abweichung zeitnah, spätestens bei der jeweils folgenden Vereinbarung der Veränderung der morbiditätsbedingten Gesamtvergütung zu berücksichtigen. ⁵ Ausgaben für Kostenerstattungsleistungen nach § 13 Abs. 2 und nach § 53 Abs. 4 mit Ausnahme der Kostenerstattungsleistungen nach § 13 Abs. 2 Satz 5 sind auf die nach Absatz 3 Satz 1 zu zahlende Gesamtvergütung anzurechnen.

(4) ¹ Grundlage der Vereinbarung über die Anpassung des Behandlungsbedarfs jeweils aufsetzend auf dem insgesamt für alle Versicherten mit Wohnort im Bezirk einer Kassenärztlichen Vereinigung für das Vorjahr nach Absatz 3 Satz 2 vereinbarten und bereinigten Behandlungsbedarf sind insbesondere Veränderungen

4. Kapitel. Beziehungen der Krankenkassen § 87a SGB V 5

1. der Zahl der Versicherten der Krankenkasse mit Wohnort im Bezirk der jeweiligen Kassenärztlichen Vereinigung,
2. der Morbiditätsstruktur der Versicherten aller Krankenkassen mit Wohnort im Bezirk der jeweiligen Kassenärztlichen Vereinigung,
3. von Art und Umfang der ärztlichen Leistungen, soweit sie auf einer Veränderung des gesetzlichen oder satzungsmäßigen Leistungsumfangs der Krankenkassen oder auf Beschlüssen des Gemeinsamen Bundesausschusses nach § 135 Absatz 1 beruhen,
4. des Umfangs der vertragsärztlichen Leistungen aufgrund von Verlagerungen von Leistungen zwischen dem stationären und dem ambulanten Sektor und
5. des Umfangs der vertragsärztlichen Leistungen aufgrund der Ausschöpfung von Wirtschaftlichkeitsreserven bei der vertragsärztlichen Leistungserbringung;

dabei sind die Empfehlungen und Vorgaben des Bewertungsausschusses gemäß Absatz 5 zu berücksichtigen. [2] Bei der Ermittlung des Aufsatzwertes für den Behandlungsbedarf nach Satz 1 für eine Krankenkasse ist ihr jeweiliger Anteil an dem insgesamt für alle Versicherten mit Wohnort im Bezirk der Kassenärztlichen Vereinigung für das Vorjahr vereinbarten, bereinigten Behandlungsbedarf entsprechend ihres aktuellen Anteils an der Menge der für vier Quartale abgerechneten Leistungen jeweils nach sachlich rechnerischer Richtigstellung anzupassen. [3] Die jeweils jahresbezogene Veränderung der Morbiditätsstruktur im Bezirk einer Kassenärztlichen Vereinigung ist auf der Grundlage der vertragsärztlichen Behandlungsdiagnosen gemäß § 295 Absatz 1 Satz 2 einerseits sowie auf der Grundlage demografischer Kriterien (Alter und Geschlecht) andererseits durch eine gewichtete Zusammenfassung der vom Bewertungsausschuss auf Empfehlungen nach Absatz 5 Satz 2 bis 4 mitgeteilten Raten zu vereinbaren. [4] Falls erforderlich, können weitere für die ambulante Versorgung relevante Morbiditätskriterien herangezogen werden.

(4a) [1] Über eine mit Wirkung ab dem 1. Januar 2017 einmalige basiswirksame Erhöhung des nach Absatz 4 Satz 1 für das Jahr 2016 angepassten Aufsatzwertes ist in den Vereinbarungen nach Absatz 3 Satz 1 im Jahr 2016 zu verhandeln, wenn die jeweils für das Jahr 2014 und jeweils einschließlich der Bereinigungen zu berechnende durchschnittliche an die Kassenärztliche Vereinigung entrichtete morbiditätsbedingte Gesamtvergütung je Versicherten mit Wohnort im Bezirk der Kassenärztlichen Vereinigung die durchschnittliche an alle Kassenärztlichen Vereinigungen im Bundesgebiet entrichtete morbiditätsbedingte Gesamtvergütung je Versicherten unterschreitet. [2] Die Berechnungen nach Satz 1 werden durch das Institut nach § 87 Absatz 3b Satz 1 durchgeführt. [3] Es teilt den Vertragsparteien nach Absatz 2 Satz 1 und dem Bundesministerium für Gesundheit das Ergebnis bis spätestens zum 15. September 2016 mit. [4] Eine einmalige basiswirksame Erhöhung des Aufsatzwertes ist nur dann zu vereinbaren, wenn in den Verhandlungen nach Satz 1 festgestellt wird, dass der Aufsatzwert im Jahr 2014 unbegründet zu niedrig war. [5] Ob und in welchem Umfang der Aufsatzwert im Jahr 2014 unbegründet zu niedrig war, ist von der Kassenärztlichen Vereinigung auch unter Berücksichtigung der Inanspruchnahme des stationären Sektors nachzuweisen. [6] Der Aufsatzwert ist in dem Umfang zu erhöhen, wie der Aufsatzwert im Jahr 2014 unbegründet zu niedrig war. [7] Die durch die vereinbarte Erhöhung des Aufsatzwertes einschließlich der Bereinigungen sich ergebende morbiditätsbedingte Gesamtvergütung je Versicherten mit Wohnort im Bezirk der betroffenen Kassenärztlichen Vereinigung im Jahr 2014 darf die für das Jahr 2014 berechnete durchschnittliche an alle Kassenärztlichen Vereinigungen im Bundesgebiet einschließlich der Bereinigung entrichtete morbiditätsbedingte Gesamtvergütung je Versicherten nicht übersteigen. [8] Die Erhöhung erfolgt um einen im Bezirk der Kassenärztlichen Vereinigung für alle Krankenkassen einheitlichen Faktor. [9] Die vereinbarte Erhöhung kann auch schrittweise über mehrere Jahre verteilt werden. [10] Die zusätzlichen Mittel sind zur Verbesserung der Versorgungsstruktur einzusetzen. [11] Umverteilungen zu Lasten anderer Kassenärztlicher Vereinigungen sind auszuschließen.

(5) [1] Der Bewertungsausschuss beschließt Empfehlungen

1. zur Vereinbarung des Umfangs des nicht vorhersehbaren Anstiegs des morbiditätsbedingten Behandlungsbedarfs nach Absatz 3 Satz 4,

2. zur Vereinbarung von Veränderungen der Morbiditätsstruktur nach Absatz 4 Satz 1 Nummer 2 sowie

3. zur Bestimmung von Vergütungen nach Absatz 3 Satz 5.

[2] Bei der Empfehlung teilt der Bewertungsausschuss den in Absatz 2 Satz 1 genannten Vertragspartnern die Ergebnisse der Berechnungen des Instituts des Bewertungsausschusses zu den Veränderungen der Morbiditätsstruktur nach Absatz 4 Satz 1 Nummer 2 mit. [3] Das Institut des Bewertungsausschusses errechnet für jeden Bezirk einer Kassenärztlichen Vereinigung zwei einheitliche Veränderungsraten, wobei eine Rate insbesondere auf den Behandlungsdiagnosen gemäß § 295 Absatz 1 Satz 2 und die andere Rate auf demografischen Kriterien (Alter und Geschlecht) basiert. [4] Die Veränderungsraten werden auf der Grundlage des Beschlusses des erweiterten Bewertungsausschusses vom 2. September 2009 Teil B Nummer 2.3 bestimmt mit der Maßgabe, die Datengrundlagen zu aktualisieren. [5] Zur Ermittlung der diagnosenbezogenen Rate ist das geltende Modell des Klassifikationsverfahrens anzuwenden. [6] Der Bewertungsausschuss kann das Modell in bestimmten Zeitabständen auf seine weitere Eignung für die Anwendung in der vertragsärztlichen Versorgung überprüfen und fortentwickeln [7] Der Bewertungsausschuss hat zudem Vorgaben für ein Verfahren zur Bereinigung des Behandlungsbedarfs in den durch dieses Gesetz vorgesehenen Fällen sowie zur Ermittlung der Aufsatzwerte nach Absatz 4 Satz 1 und der Anteile der einzelnen Krankenkassen nach Absatz 4 Satz 2 zu beschließen; er kann darüber hinaus insbesondere Empfehlungen zur Vereinbarung von Veränderungen nach Absatz 4 Satz 1 Nummer 3 bis 5 und Satz 3 und 4 sowie ein Verfahren zur Bereinigung der Relativgewichte des Klassifikationsverfahrens im Falle von Vergütungen nach Absatz 3 Satz 5 beschließen. [8] Die Empfehlungen nach Satz 1 sowie die Vorgaben nach Satz 7 sind jährlich bis spätestens zum 31. August zu beschließen; die Mitteilungen nach Satz 2 erfolgen jährlich bis spätestens zum 15. September. [9] Der Bewertungsausschuss beschließt geeignete pauschalierende Verfahren zur Bereinigung des Behandlungsbedarfs in den Fällen des § 73b Absatz 7 Satz 7 und 8. [10] In den Vorgaben zur Ermittlung der Aufsatzwerte nach Absatz 4 Satz 1 sind auch Vorgaben zu beschließen, die die Aufsatzwerte einmalig und basiswirksam jeweils in dem Umfang erhöhen, der dem jeweiligen Betrag der Honorarerhöhung durch die Aufhebung des Investitionskostenabschlags nach § 120 Absatz 3 Satz 2 in der bis einschließlich 31. Dezember 2015 geltenden Fassung entspricht.

(6) Der Bewertungsausschuss beschließt erstmals bis zum 31. März 2012 Vorgaben zu Art, Umfang, Zeitpunkt und Verfahren der für die Vereinbarungen und Berechnungen nach den Absätzen 2 bis 4 erforderlichen Datenübermittlungen von den Kassenärztlichen Vereinigungen und Krankenkassen an das Institut des Bewertungsausschusses, welches den Vertragspartnern nach Absatz 2 Satz 1 die jeweils erforderlichen Datengrundlagen bis zum 30. Juni eines jeden Jahres zur Verfügung stellt; § 87 Absatz 3f Satz 2 gilt entsprechend.

§ 87b Vergütung der Ärzte (Honorarverteilung). (1) [1] Die Kassenärztliche Vereinigung verteilt die vereinbarten Gesamtvergütungen an die Ärzte, Psychotherapeuten, medizinischen Versorgungszentren sowie ermächtigten Einrichtungen, die an der vertragsärztlichen Versorgung teilnehmen, getrennt für die Bereiche der hausärztlichen und der fachärztlichen Versorgung; dabei sollen die von fachärztlich tätigen Ärzten erbrachten hausärztlichen Leistungen nicht den hausärztlichen Teil der Gesamtvergütungen und die von hausärztlich tätigen Ärzten erbrachten fachärztlichen Leistungen nicht den fachärztlichen Teil der Gesamtvergütungen mindern. [2] Die Kassenärztliche Vereinigung wendet bei der Verteilung den Verteilungsmaßstab an, der im Benehmen mit den Landesverbänden der Krankenkassen und den Ersatzkassen festgesetzt worden ist. [3] Die Vergütung der Leistungen im Notfall und im Notdienst erfolgt aus einem vor der Trennung für die Versorgungsbereiche gebildeten eigenen Honorarvolumen mit der Maßgabe, dass für diese Leistungen im Verteilungsmaßstab keine Maßnahmen zur Begrenzung oder Minderung des Honorars angewandt werden dürfen. [4] Bisherige Bestimmungen, insbesondere zur Zuweisung von arzt- und praxisbezogenen Regelleistungsvolumen, gelten bis zur Entscheidung über einen Verteilungsmaßstab vorläufig fort.

(2) [1] Der Verteilungsmaßstab hat Regelungen vorzusehen, die verhindern, dass die Tätigkeit des Leistungserbringers über seinen Versorgungsauftrag nach § 95 Absatz 3 oder seinen Ermächtigungsumfang hinaus übermäßig ausgedehnt wird; dabei soll dem Leistungserbringer eine Kalkulationssicherheit hinsichtlich der Höhe seines zu erwartenden Honorars ermöglicht werden. [2] Der Verteilungsmaßstab hat der kooperativen Behandlung von Patienten in dafür gebildeten Versorgungsformen angemessen Rechnung zu tragen. [3] Für Praxisnetze, die von den Kassenärztlichen Vereinigungen anerkannt sind, müssen gesonderte Vergütungsregelungen vorgesehen werden; für solche Praxisnetze können auch eigene Honorarvolumen als Teil der morbiditätsbedingten Gesamtvergütungen nach § 87a Absatz 3 gebildet werden. [4] Im Verteilungsmaßstab sind Regelungen zur Vergütung psychotherapeutischer Leistungen der Psychotherapeuten, der Fachärzte für Kinder- und Jugendpsychiatrie und -psychotherapie, der Fachärzte für Psychiatrie und Psychotherapie, der Fachärzte für Nervenheilkunde, der Fachärzte für psychosomatische Medizin und Psychotherapie sowie der ausschließlich psychotherapeutisch tätigen Ärzte zu treffen, die eine angemessene Höhe der Vergütung je Zeiteinheit gewährleisten. [5] Im Verteilungsmaßstab dürfen keine Maßnahmen zur Begrenzung oder Minderung des Honorars für anästhesiologische Leistungen angewandt werden, die im Zusammenhang mit vertragszahnärztlichen Behandlungen von Patienten mit mangelnder Kooperationsfähigkeit bei geistiger Behinderung oder schwerer Dyskinesie notwendig sind. [6] Widerspruch und Klage gegen die Honorarfestsetzung sowie gegen deren Änderung oder Aufhebung haben keine aufschiebende Wirkung.

(3) ¹ Hat der Landesausschuss der Ärzte und Krankenkassen einen Beschluss nach § 100 Absatz 1 oder 3 getroffen, dürfen für Ärzte der betroffenen Arztgruppe im Verteilungsmaßstab Maßnahmen zur Fallzahlbegrenzung oder -minderung nicht bei der Behandlung von Patienten des betreffenden Planungsbereiches angewendet werden. ² Darüber hinausgehend hat der Verteilungsmaßstab geeignete Regelungen vorzusehen, nach der die Kassenärztliche Vereinigung im Einzelfall verpflichtet ist, zu prüfen, ob und in welchem Umfang diese Maßnahme ausreichend ist, die Sicherstellung der medizinischen Versorgung zu gewährleisten. ³ Die Kassenärztliche Vereinigung veröffentlicht einmal jährlich in geeigneter Form Informationen über die Grundsätze und Versorgungsziele des Honorarverteilungsmaßstabs.

(4) ¹ Die Kassenärztliche Bundesvereinigung hat Vorgaben zur Festlegung und Anpassung des Vergütungsvolumens für die hausärztliche und fachärztliche Versorgung nach Absatz 1 Satz 2 sowie Kriterien und Qualitätsanforderungen für die Anerkennung besonders förderungswürdiger Praxisnetze nach Absatz 2 Satz 2 als Rahmenvorgabe für Richtlinien der Kassenärztlichen Vereinigungen, insbesondere zu Versorgungszielen, im Einvernehmen mit dem Spitzenverband Bund der Krankenkassen zu bestimmen. ² Darüber hinaus hat die Kassenärztliche Bundesvereinigung Vorgaben insbesondere zu den Regelungen des Absatzes 2 Satz 2 bis 4 und zur Durchführung geeigneter und neutraler Verfahren zur Honorarbereinigung zu bestimmen; dabei ist das Benehmen mit dem Spitzenverband Bund der Krankenkassen herzustellen. ³ Die Vorgaben nach den Sätzen 1 und 2 sind von den Kassenärztlichen Vereinigungen zu beachten. ⁴ Die Kassenärztlichen Vereinigungen haben bis spätestens zum 23. Oktober 2015 Richtlinien nach Satz 1 zu beschließen.

(5) Die Regelungen der Absätze 1 bis 4 gelten nicht für vertragszahnärztliche Leistungen.

§ 87c Transparenz der Vergütung vertragsärztlicher Leistungen.

¹ Die Kassenärztliche Bundesvereinigung veröffentlicht für jedes Quartal zeitnah nach Abschluss der jeweiligen Abrechnungszeitraumes sowie für jede Kassenärztliche Vereinigung einen Bericht über die Ergebnisse der Honorarverteilung, über die Gesamtvergütungen, über die Bereinigungssummen und über das Honorar je Arzt und je Arztgruppe. ² Zusätzlich ist über Arztzahlen, Fallzahlen und Leistungsmengen zu informieren, um mögliche regionale Honorarunterschiede zu erklären. ³ Die Kassenärztlichen Vereinigungen übermitteln der Kassenärztlichen Bundesvereinigung hierzu die erforderlichen Daten. ⁴ Das Nähere bestimmt die Kassenärztliche Bundesvereinigung.

§ 87d Vergütung vertragsärztlicher Leistungen im Jahr 2012.

(1) ¹ Für das Jahr 2012 ist kein Beschluss nach § 87 Absatz 2g zur Anpassung des Orientierungswertes nach § 87 Absatz 2e zu treffen. ² Der in § 87a Absatz 2 Satz 1 genannte Punktwert wird für das Jahr 2012 nicht angepasst. ³ Die nach § 87a Absatz 2 Satz 2 bis 5 für das Jahr 2010 vereinbarten Zuschläge dürfen mit Wirkung für das Jahr 2012 in der Höhe nicht angepasst und darüber hinausgehende Zuschläge auf den Orientierungswert nicht vereinbart werden.

(2) ¹ Der Behandlungsbedarf für das Jahr 2012 ist je Krankenkasse zu ermitteln, indem der für das Jahr 2011 vereinbarte, bereinigte Behandlungsbedarf je Versicherten um 1,25 Prozent erhöht wird. ² § 87a Absatz 3 Satz 5 zweiter Halbsatz bleibt unberührt. ³ Der sich aus Satz 1 ergebende Behandlungsbedarf

für das Jahr 2012 wird mit dem in Absatz 1 Satz 2 genannten Punktwert in Euro bewertet. ⁴Die Regelungen nach § 87a Absatz 3 Satz 4 sowie nach § 87a Absatz 4 Nummer 2, 4 und 5 werden für das Jahr 2012 nicht angewendet.

§ 87e Zahlungsanspruch bei Mehrkosten. ¹Abrechnungsgrundlage für die Mehrkosten nach § 28 Abs. 2 Satz 2 und § 55 Abs. 4 ist die Gebührenordnung für Zahnärzte. ²Der Zahlungsanspruch des Vertragszahnarztes gegenüber dem Versicherten ist bei den für diese Mehrkosten zu Grunde liegenden Leistungen auf das 2,3fache des Gebührensatzes der Gebührenordnung für Zahnärzte begrenzt. ³Bei Mehrkosten für lichthärtende Composite-Füllungen in Schicht- und Ätztechnik im Seitenzahnbereich nach § 28 Abs. 2 Satz 2 ist höchstens das 3,5fache des Gebührensatzes der Gebührenordnung für Zahnärzte berechnungsfähig. ⁴Die Begrenzung nach den Sätzen 2 und 3 entfällt, wenn der Gemeinsame Bundesausschuss seinen Auftrag gemäß § 92 Abs. 1a und der Bewertungsausschuss seinen Auftrag gemäß § 87 Abs. 2h Satz 2 erfüllt hat. ⁵Maßgebend ist der Tag des Inkrafttretens der Richtlinien und der Tag des Beschlusses des Bewertungsausschusses.

Vierter Titel. Zahntechnische Leistungen

§ 88 Bundesleistungsverzeichnis, Vergütungen. (1) ¹Der Spitzenverband Bund der Krankenkassen vereinbart mit dem Verband Deutscher Zahntechniker-Innungen ein bundeseinheitliches Verzeichnis der abrechnungsfähigen zahntechnischen Leistungen. ²Das bundeseinheitliche Verzeichnis ist im Benehmen mit der Kassenzahnärztlichen Bundesvereinigung zu vereinbaren.

(2) ¹Die Landesverbände der Krankenkassen und die Ersatzkassen vereinbaren mit den Innungsverbänden der Zahntechniker die Vergütungen für die nach dem bundeseinheitlichen Verzeichnis abrechnungsfähigen zahntechnischen Leistungen, ohne die zahntechnischen Leistungen beim Zahnersatz einschließlich Zahnkronen und Suprakonstruktionen. ²Die vereinbarten Vergütungen sind Höchstpreise. ³Die Krankenkassen können die Versicherten sowie die Zahnärzte über preisgünstige Versorgungsmöglichkeiten informieren.

(3) ¹Preise für zahntechnische Leistungen nach Absatz 1, ohne die zahntechnischen Leistungen beim Zahnersatz einschließlich Zahnkronen und Suprakonstruktionen, die von einem Zahnarzt erbracht werden, haben die Preise nach Absatz 2 Satz 1 und 2 um mindestens 5 vom Hundert zu unterschreiten. ²Hierzu können Verträge nach § 83 abgeschlossen werden.

Fünfter Titel. Schiedswesen

§ 89 Schiedsamt. (1) ¹Kommt ein Vertrag über die vertragsärztliche Versorgung ganz oder teilweise nicht zustande, setzt das Schiedsamt mit der Mehrheit seiner Mitglieder innerhalb von drei Monaten den Vertragsinhalt fest. ²Kündigt eine Vertragspartei einen Vertrag, hat sie die Kündigung dem zuständigen Schiedsamt schriftlich mitzuteilen. ³Kommt bis zum Ablauf eines Vertrages ein neuer Vertrag nicht zustande, setzt das Schiedsamt mit der Mehrheit seiner Mitglieder innerhalb von drei Monaten dessen Inhalt fest. ⁴In diesem Fall gelten die Bestimmungen des bisherigen Vertrages bis zur Entscheidung des Schiedsamts vorläufig weiter. ⁵Kommt ein Vertrag bis zum Ablauf von drei Monaten durch Schiedsspruch nicht zu Stande und setzt das Schiedsamt auch innerhalb einer von der zuständigen Aufsichtsbehörde bestimmten Frist den Vertragsinhalt nicht fest, setzt die für das Schiedsamt zuständige Aufsichtsbehörde den Vertragsinhalt fest. ⁶Die Klage gegen die Festsetzung des Schiedsamts hat keine aufschiebende Wirkung.

(1a) ¹Kommt ein gesetzlich vorgeschriebener Vertrag über die vertragsärztliche Versorgung ganz oder teilweise nicht zustande und stellt keine der Vertragsparteien bei dem Schiedsamt den Antrag, eine Einigung herbeizuführen, können die zuständigen Aufsichtsbehörden nach Ablauf einer von ihnen gesetzten angemessenen Frist oder nach Ablauf einer für das Zustandekommen des Vertrags gesetzlich vorgesehenen Frist das Schiedsamt mit Wirkung für die Vertragsparteien anrufen. ²Das Schiedsamt setzt mit der Mehrheit seiner Mitglieder innerhalb von drei Monaten den Vertragsinhalt fest. ³Absatz 1 Satz 5 gilt entsprechend. ⁴Die Klage gegen die Festsetzung des Schiedsamts hat keine aufschiebende Wirkung.

(2) ¹Die Kassenärztlichen Vereinigungen, die Landesverbände der Krankenkassen sowie die Ersatzkassen bilden je ein gemeinsames Schiedsamt für die vertragsärztliche und die vertragszahnärztliche Versorgung (Landesschiedsamt). ²Das Schiedsamt besteht aus Vertretern der Ärzte und der Krankenkassen in gleicher Zahl sowie einem unparteiischen Vorsitzenden und zwei weiteren unparteiischen Mitgliedern. ³Bei der Entscheidung über einen Vertrag, der nicht alle Kassenarten betrifft, wirken nur Vertreter der betroffenen Kassenarten im Schiedsamt mit. ⁴Die in Satz 1 genannten Krankenkassen und Verbände der Krankenkassen können von Satz 3 abweichende Regelungen vereinbaren.

(3) ¹Über den Vorsitzenden und die zwei weiteren unparteiischen Mitglieder sowie deren Stellvertreter sollen sich die Kassenärztlichen Vereinigungen, die Landesverbände der Krankenkassen und die Ersatzkassen einigen. ²§ 213 Abs. 2 in der bis zum 31. Dezember 2008 geltenden Fassung gilt für die Landesverbände der Krankenkassen und die Ersatzkassen entsprechend. ³Die Amtsdauer beträgt vier Jahre. ⁴Soweit eine Einigung nicht zustande kommt, stellen die Beteiligten eine gemeinsame Liste auf, die mindestens die Namen für zwei Vorsitzende und je zwei weitere unparteiische Mitglieder sowie deren Stellvertreter enthalten muß. ⁵Kommt es nicht zu einer Einigung über den Vorsitzenden, die unparteiischen Mitglieder oder die Stellvertreter aus der gemeinsam erstellten Liste, entscheidet das Los, wer das Amt des Vorsitzenden, der weiteren unparteiischen Mitglieder und der Stellvertreter auszuüben hat. ⁶Die Amtsdauer beträgt in diesem Fall ein Jahr. ⁷Die Mitglieder des Schiedsamts führen ihr Amt als Ehrenamt. ⁸Sie sind an Weisungen nicht gebunden.

(4) ¹Die Kassenärztlichen Bundesvereinigungen und der Spitzenverband Bund der Krankenkassen bilden je ein gemeinsames Schiedsamt für die vertragsärztliche und die vertragszahnärztliche Versorgung. ²Absatz 2 Satz 2 bis 4 und Absatz 3 gelten entsprechend.

(5) ¹Die Aufsicht über die Schiedsämter nach Absatz 2 führen die für die Sozialversicherung zuständigen obersten Verwaltungsbehörden der Länder oder die von den Landesregierungen durch Rechtsverordnung bestimmten Behörden; die Landesregierungen können diese Ermächtigung auf die obersten Landesbehörden weiterübertragen. ²Die Aufsicht über die Schiedsämter nach Absatz 4 führt das Bundesministerium für Gesundheit. ³Die Aufsicht erstreckt sich auf die Beachtung von Gesetz und sonstigem Recht. ⁴Die Entscheidungen der Schiedsämter über die Vergütung der Leistungen nach § 57 Abs. 1 und 2, §§ 83, 85 und 87a sind den zuständigen Aufsichtsbehörden vorzulegen. ⁵Die

4. Kapitel. Beziehungen der Krankenkassen   § 90   SGB V 5

Aufsichtsbehörden können die Entscheidungen bei einem Rechtsverstoß innerhalb von zwei Monaten nach Vorlage beanstanden. [6] Für Klagen der Vertragspartner gegen die Beanstandung gelten die Vorschriften über die Anfechtungsklage entsprechend.

(6) Das Bundesministerium für Gesundheit bestimmt durch Rechtsverordnung mit Zustimmung des Bundesrates das Nähere über die Zahl, die Bestellung, die Amtsdauer, die Amtsführung, die Erstattung der baren Auslagen und die Entschädigung für Zeitaufwand der Mitglieder der Schiedsämter, die Geschäftsführung, das Verfahren, die Erhebung und die Höhe der Gebühren sowie über die Verteilung der Kosten.

(7) [1] Der Verband Deutscher Zahntechniker-Innungen und der Spitzenverband Bund der Krankenkassen bilden ein Bundesschiedsamt. [2] Das Schiedsamt besteht aus Vertretern des Verbandes Deutscher Zahntechniker-Innungen und des Spitzenverbandes Bund der Krankenkassen in gleicher Zahl sowie einem unparteiischen Vorsitzenden und zwei weiteren unparteiischen Mitgliedern. [3] Im übrigen gelten die Absätze 1, 1a, 3 und 5 Satz 2 und 3 sowie die auf Grund des Absatzes 6 erlassene Schiedsamtsverordnung entsprechend.

(8) [1] Die Innungsverbände der Zahntechniker, die Landesverbände der Krankenkassen und die Ersatzkassen bilden ein Landesschiedsamt. [2] Das Schiedsamt besteht aus Vertretern der Innungsverbände der Zahntechniker und der Krankenkassen in gleicher Zahl sowie einem unparteiischen Vorsitzenden und zwei weiteren unparteiischen Mitgliedern. [3] Im übrigen gelten die Absätze 1, 1a und 3 sowie Absatz 5 entsprechend.

Sechster Titel. Landesausschüsse und Gemeinsamer Bundesausschuss

§ 90 Landesausschüsse. (1) [1] Die Kassenärztlichen Vereinigungen und die Landesverbände der Krankenkassen sowie die Ersatzkassen bilden für den Bereich jedes Landes einen Landesausschuß der Ärzte und Krankenkassen und einen Landesausschuß der Zahnärzte und Krankenkassen. [2] Die Ersatzkassen können diese Aufgabe auf eine im Bezirk der Kassenärztlichen Vereinigung von den Ersatzkassen gebildete Arbeitsgemeinschaft oder eine Ersatzkasse übertragen.

(2) [1] Die Landesausschüsse bestehen aus einem unparteiischen Vorsitzenden, zwei weiteren unparteiischen Mitgliedern, neun Vertretern der Ärzte, drei Vertretern der Ortskrankenkassen, drei Vertretern der Ersatzkassen, je einem Vertreter der Betriebskrankenkassen und der Innungskrankenkassen sowie einem gemeinsamen Vertreter der landwirtschaftlichen Krankenkasse und der Knappschaft-Bahn-See. [2] Über den Vorsitzenden und die zwei weiteren unparteiischen Mitglieder sowie deren Stellvertreter sollen sich die Kassenärztlichen Vereinigungen und die Landesverbände sowie die Ersatzkassen einigen. [3] Kommt eine Einigung nicht zustande, werden sie durch die für die Sozialversicherung zuständige oberste Verwaltungsbehörde des Landes im Benehmen mit den Kassenärztlichen Vereinigungen, den Landesverbänden der Krankenkassen sowie den Ersatzkassen berufen. [4] Besteht in dem Bereich eines Landesausschusses ein Landesverband einer bestimmten Kassenart nicht und verringert sich dadurch die Zahl der Vertreter der Krankenkassen, verringert sich die Zahl der Ärzte entsprechend. [5] Die Vertreter der Ärzte und ihre Stellvertreter werden von den Kassenärztlichen Vereinigungen, die Vertreter der Krankenkassen und

ihre Stellvertreter werden von den Landesverbänden der Krankenkassen sowie den Ersatzkassen bestellt.

(3) ¹ Die Mitglieder der Landesausschüsse führen ihr Amt als Ehrenamt. ² Sie sind an Weisungen nicht gebunden. ³ Die beteiligten Kassenärztlichen Vereinigungen einerseits und die Verbände der Krankenkassen sowie die Ersatzkassen andererseits tragen die Kosten der Landesausschüsse je zur Hälfte. ⁴ Das Bundesministerium für Gesundheit bestimmt durch Rechtsverordnung mit Zustimmung des Bundesrates nach Anhörung der Kassenärztlichen Bundesvereinigungen und des Spitzenverbandes Bund der Krankenkassen das Nähere über die Amtsdauer, die Amtsführung, die Erstattung der baren Auslagen und die Entschädigung für Zeitaufwand der Ausschußmitglieder sowie über die Verteilung der Kosten.

(4) ¹ Die Aufgaben der Landesausschüsse bestimmen sich nach diesem Buch. ² In den Landesausschüssen sowie den erweiterten Landesausschüssen nach § 116b Absatz 3 wirken die für die Sozialversicherung zuständigen obersten Landesbehörden beratend mit. ³ Das Mitberatungsrecht umfasst auch das Recht zur Anwesenheit bei der Beschlussfassung.

(5) ¹ Die Aufsicht über die Landesausschüsse führen die für die Sozialversicherung zuständigen obersten Verwaltungsbehörden der Länder. ² § 87 Absatz 1 Satz 2 und die §§ 88 und 89 des Vierten Buches[1]) gelten entsprechend.

(6) ¹ Die von den Landesausschüssen getroffenen Entscheidungen nach § 99 Absatz 2, § 100 Absatz 1 Satz 1 und Absatz 3 sowie § 103 Absatz 1 Satz 1 und Absatz 3 sind den für die Sozialversicherung zuständigen obersten Landesbehörden vorzulegen. ² Diese können die Entscheidungen innerhalb von zwei Monaten beanstanden. ³ § 94 Absatz 1 Satz 3 bis 5 gilt entsprechend.

§ 90a Gemeinsames Landesgremium. (1) ¹ Nach Maßgabe der landesrechtlichen Bestimmungen kann für den Bereich des Landes ein gemeinsames Gremium aus Vertretern des Landes, der Kassenärztlichen Vereinigung, der Landesverbände der Krankenkassen sowie der Ersatzkassen und der Landeskrankenhausgesellschaft sowie weiteren Beteiligten gebildet werden. ² Das gemeinsame Landesgremium kann Empfehlungen zu sektorenübergreifenden Versorgungsfragen abgeben; hierzu gehören auch Empfehlungen zu einer sektorenübergreifenden Notfallversorgung.

(2) Soweit das Landesrecht es vorsieht, ist dem gemeinsamen Landesgremium Gelegenheit zu geben, zu der Aufstellung und der Anpassung der Bedarfspläne nach § 99 Absatz 1 und zu den von den Landesausschüssen zu treffenden Entscheidungen nach § 99 Absatz 2, § 100 Absatz 1 Satz 1 und Absatz 3 sowie § 103 Absatz 1 Satz 1 Stellung zu nehmen.

§ 91 Gemeinsamer Bundesausschuss. (1) ¹ Die Kassenärztlichen Bundesvereinigungen, die Deutsche Krankenhausgesellschaft und der Spitzenverband Bund der Krankenkassen bilden einen Gemeinsamen Bundesausschuss. ² Der Gemeinsame Bundesausschuss ist rechtsfähig. ³ Er wird durch den Vorsitzenden des Beschlussgremiums gerichtlich und außergerichtlich vertreten.

(2) ¹ Das Beschlussgremium des Gemeinsamen Bundesausschusses besteht aus einem unparteiischen Vorsitzenden, zwei weiteren unparteiischen Mitgliedern,

---

[1]) Nr. 4.

4. Kapitel. Beziehungen der Krankenkassen **§ 91 SGB V 5**

einem von der Kassenzahnärztlichen Bundesvereinigung, jeweils zwei von der Kassenärztlichen Bundesvereinigung und der Deutschen Krankenhausgesellschaft und fünf von dem Spitzenverband Bund der Krankenkassen benannten Mitgliedern. ²Für die Berufung des unparteiischen Vorsitzenden und der weiteren unparteiischen Mitglieder sowie jeweils zweier Stellvertreter einigen sich die Organisationen nach Absatz 1 Satz 1 jeweils auf einen Vorschlag und legen diese Vorschläge dem Bundesministerium für Gesundheit spätestens zwölf Monate vor Ablauf der Amtszeit vor. ³Als unparteiische Mitglieder und deren Stellvertreter können nur Personen benannt werden, die im vorangegangenen Jahr nicht bei den Organisationen nach Absatz 1 Satz 1, bei deren Mitgliedern, bei Verbänden von deren Mitgliedern oder in einem Krankenhaus beschäftigt oder selbst als Vertragsarzt, Vertragszahnarzt oder Vertragspsychotherapeut tätig waren ⁴Das Bundesministerium für Gesundheit übermittelt die Vorschläge an den Ausschuss für Gesundheit des Deutschen Bundestages. ⁵Der Ausschuss für Gesundheit des Deutschen Bundestages kann einem Vorschlag nach nichtöffentlicher Anhörung der jeweils vorgeschlagenen Person innerhalb von sechs Wochen mit einer Mehrheit von zwei Dritteln seiner Mitglieder durch Beschluss widersprechen, sofern er die Unabhängigkeit oder die Unparteilichkeit der vorgeschlagenen Person als nicht gewährleistet ansieht. ⁶Die Organisationen nach Absatz 1 Satz 1 legen innerhalb von sechs Wochen, nachdem das Bundesministerium für Gesundheit den Gemeinsamen Bundesausschuss über einen erfolgten Widerspruch unterrichtet hat, einen neuen Vorschlag vor. ⁷Widerspricht der Ausschuss für Gesundheit des Deutschen Bundestages nach Satz 5 auch dem neuen Vorschlag innerhalb von sechs Wochen oder haben die Organisationen nach Absatz 1 Satz 1 keinen neuen Vorschlag vorgelegt, erfolgt die Berufung durch das Bundesministerium für Gesundheit. ⁸Die Unparteiischen üben ihre Tätigkeit in der Regel hauptamtlich aus; eine ehrenamtliche Ausübung ist zulässig, soweit die Unparteiischen von ihren Arbeitgebern in dem für die Tätigkeit erforderlichen Umfang freigestellt werden. ⁹Die Stellvertreter der Unparteiischen sind ehrenamtlich tätig. ¹⁰Hauptamtliche Unparteiische stehen während ihrer Amtszeit in einem Dienstverhältnis zum Gemeinsamen Bundesausschuss. ¹¹Zusätzlich zu ihren Aufgaben im Beschlussgremium übernehmen die einzelnen Unparteiischen den Vorsitz der Unterausschüsse des Gemeinsamen Bundesausschusses. ¹²Der Vorsitzende nach Absatz 1 Satz 3 stellt übergreifend die Einhaltung aller dem Gemeinsamen Bundesausschuss auferlegten gesetzlichen Fristen sicher. ¹³Zur Erfüllung dieser Aufgabe nimmt er eine zeitliche Steuerungsverantwortung wahr, er erstattet auch den nach Absatz 11 jährlich vorzulegenden Bericht. ¹⁴Die Organisationen nach Absatz 1 Satz 1 schließen die Dienstvereinbarungen mit den hauptamtlichen Unparteiischen; § 35a Absatz 6 Satz 2 und Absatz 6a Satz 1 und 2 des Vierten Buches[1]) gilt entsprechend. ¹⁵Die von den Organisationen benannten sonstigen Mitglieder des Beschlussgremiums üben ihre Tätigkeit ehrenamtlich aus; sie sind bei den Entscheidungen im Beschlussgremium an Weisungen nicht gebunden. ¹⁶Die Organisationen nach Absatz 1 Satz 1 benennen für jedes von ihnen benannte Mitglied bis zu zwei Stellvertreter. ¹⁷Die Amtszeit im Beschlussgremium beträgt ab der am 1. Juli 2012 beginnenden Amtszeit sechs Jahre.

(2a) ¹Bei Beschlüssen, die allein einen der Leistungssektoren wesentlich betreffen, werden ab dem 1. Februar 2012 alle fünf Stimmen der Leistungs-

---

[1]) Nr. 4.

erbringerseite anteilig auf diejenigen Mitglieder übertragen, die von der betroffenen Leistungserbringerorganisation nach Absatz 1 Satz 1 benannt worden sind. ²Bei Beschlüssen, die allein zwei der drei Leistungssektoren wesentlich betreffen, werden ab dem 1. Februar 2012 die Stimmen der von der nicht betroffenen Leistungserbringerorganisation benannten Mitglieder anteilig auf diejenigen Mitglieder übertragen, die von den betroffenen Leistungserbringerorganisationen benannt worden sind. ³Der Gemeinsame Bundesausschuss legt in seiner Geschäftsordnung erstmals bis zum 31. Januar 2012 fest, welche Richtlinien und Entscheidungen allein einen oder allein zwei der Leistungssektoren wesentlich betreffen. ⁴Bei Beschlüssen zur Bewertung ärztlicher Untersuchungs- und Behandlungsmethoden wird die Stimme des von der Kassenzahnärztlichen Bundesvereinigung benannten Mitglieds ab dem 1. Januar 2012 anteilig auf die von der Kassenärztlichen Bundesvereinigung und der Deutschen Krankenhausgesellschaft benannten Mitglieder übertragen.

(3) ¹Für die Tragung der Kosten des Gemeinsamen Bundesausschusses mit Ausnahme der Kosten der von den Organisationen nach Absatz 1 Satz 1 benannten Mitglieder gilt § 139c entsprechend. ²Im Übrigen gilt § 90 Abs. 3 Satz 4 entsprechend mit der Maßgabe, dass vor Erlass der Rechtsverordnung außerdem die Deutsche Krankenhausgesellschaft anzuhören ist.

(3a) ¹Verletzen Mitglieder oder deren Stellvertreter, die von den in Absatz 1 Satz 1 genannten Organisationen benannt oder berufen werden, in der ihnen insoweit übertragenen Amtsführung die ihnen einem Dritten gegenüber obliegende Amtspflicht, gilt § 42 Absatz 1 bis 3 des Vierten Buches mit der Maßgabe entsprechend, dass die Verantwortlichkeit den Gemeinsamen Bundesausschuss, nicht aber die in Absatz 1 Satz 1 genannten Organisationen, trifft. ²Dies gilt auch im Falle einer Berufung der unparteiischen Mitglieder und deren Stellvertreter durch das Bundesministerium für Gesundheit nach Absatz 2 Satz 7. ³Soweit von den in Absatz 1 Satz 1 genannten Organisationen für die Vorbereitung von Entscheidungen des Gemeinsamen Bundesausschusses Personen für die nach seiner Geschäftsordnung bestehenden Gremien benannt werden und diese Personen zur Wahrung der Vertraulichkeit der für den Gemeinsamen Bundesausschuss geheimhaltungspflichtigen, ihnen zugänglichen Unterlagen und Informationen verpflichtet werden, gilt Satz 1 entsprechend. ⁴Das Gleiche gilt für nach § 140f Absatz 2 Satz 1 zweiter Halbsatz benannte sachkundige Personen, denen zur Ausübung ihres Mitberatungsrechts für den Gemeinsamen Bundesausschuss geheimhaltungspflichtige Unterlagen und Informationen zugänglich gemacht werden, wenn sie durch den Gemeinsamen Bundesausschuss zur Wahrung der Vertraulichkeit dieser Unterlagen verpflichtet worden sind. ⁵Das Nähere regelt der Gemeinsame Bundesausschuss in seiner Geschäftsordnung.

(4) ¹Der Gemeinsame Bundesausschuss beschließt

1. eine Verfahrensordnung, in der er insbesondere methodische Anforderungen an die wissenschaftliche sektorenübergreifende Bewertung des Nutzens, einschließlich Bewertungen nach den §§ 35a und 35b, der Notwendigkeit und der Wirtschaftlichkeit von Maßnahmen als Grundlage für Beschlüsse sowie die Anforderungen an den Nachweis der fachlichen Unabhängigkeit von Sachverständigen und das Verfahren der Anhörung zu den jeweiligen Richtlinien, insbesondere die Feststellung der anzuhörenden Stellen, die Art und Weise der Anhörung und deren Auswertung, regelt,

2. eine Geschäftsordnung, in der er Regelungen zur Arbeitsweise des Gemeinsamen Bundesausschusses insbesondere zur Geschäftsführung, zur Vorbereitung der Richtlinienbeschlüsse durch Einsetzung von in der Regel sektorenübergreifend gestalteten Unterausschüssen, zum Vorsitz der Unterausschüsse durch die Unparteiischen des Beschlussgremiums sowie zur Zusammenarbeit der Gremien und der Geschäftsstelle des Gemeinsamen Bundesausschusses trifft; in der Geschäftsordnung sind Regelungen zu treffen zur Gewährleistung des Mitberatungsrechts der von den Organisationen nach § 140f Abs. 2 entsandten sachkundigen Personen.

[2] Die Verfahrensordnung und die Geschäftsordnung bedürfen der Genehmigung des Bundesministeriums für Gesundheit. [3] Die Genehmigung gilt als erteilt, wenn das Bundesministerium für Gesundheit sie nicht innerhalb von drei Monaten nach Vorlage des Beschlusses und der tragenden Gründe ganz oder teilweise versagt. [4] Das Bundesministerium für Gesundheit kann im Rahmen der Genehmigungsprüfung vom Gemeinsamen Bundesausschuss zusätzliche Informationen und ergänzende Stellungnahmen anfordern; bis zum Eingang der Auskünfte ist der Lauf der Frist nach Satz 3 unterbrochen. [5] Wird die Genehmigung ganz oder teilweise versagt, so kann das Bundesministerium für Gesundheit insbesondere zur Sicherstellung einer sach- und funktionsgerechten Ausgestaltung der Arbeitsweise und des Bewertungsverfahrens des Gemeinsamen Bundesausschusses erforderliche Änderungen bestimmen und anordnen, dass der Gemeinsame Bundesausschuss innerhalb einer bestimmten Frist die erforderlichen Änderungen vornimmt. [6] Kommt der Gemeinsame Bundesausschuss der Anordnung innerhalb der Frist nicht nach, so kann das Bundesministerium für Gesundheit die erforderlichen Änderungen selbst vornehmen. [7] Die Sätze 5 und 6 gelten entsprechend, wenn sich die Erforderlichkeit der Änderung einer bereits genehmigten Regelung der Verfahrensordnung oder der Geschäftsordnung erst nachträglich ergibt. [8] Klagen gegen Anordnungen und Maßnahmen des Bundesministeriums für Gesundheit nach den Sätzen 3 bis 7 haben keine aufschiebende Wirkung.

(5) [1] Bei Beschlüssen, deren Gegenstand die Berufsausübung der Ärzte, Psychotherapeuten oder Zahnärzte berührt, ist der jeweiligen Arbeitsgemeinschaft der Kammern dieser Berufe auf Bundesebene Gelegenheit zur Stellungnahme zu geben. [2] § 136b Absatz 2 Satz 2 bleibt unberührt.

(5a) Bei Beschlüssen des Gemeinsamen Bundesausschusses, die die Erhebung, Verarbeitung oder Nutzung personenbezogener oder personenbeziehbarer Daten regeln oder voraussetzen, ist dem Bundesbeauftragten für den Datenschutz und die Informationsfreiheit Gelegenheit zur Stellungnahme zu geben; die Stellungnahme ist in die Entscheidung einzubeziehen.

(6) Die Beschlüsse des Gemeinsamen Bundesausschusses mit Ausnahme der Beschlüsse zu Entscheidungen nach § 136d sind für die Träger nach Absatz 1 Satz 1, deren Mitglieder und Mitgliedskassen sowie für die Versicherten und die Leistungserbringer verbindlich.

(7) [1] Das Beschlussgremium des Gemeinsamen Bundesausschusses nach Absatz 2 Satz 1 fasst seine Beschlüsse mit der Mehrheit seiner Mitglieder, sofern die Geschäftsordnung nichts anderes bestimmt. [2] Beschlüsse zur Arzneimittelversorgung und zur Qualitätssicherung sind in der Regel sektorenübergreifend zu fassen. [3] Beschlüsse, die nicht allein einen der Leistungssektoren wesentlich betreffen und die zur Folge haben, dass eine bisher zulasten der Krankenkassen

erbringbare Leistung zukünftig nicht mehr zu deren Lasten erbracht werden darf, bedürfen einer Mehrheit von neun Stimmen. ⁴Der unparteiische Vorsitzende und die weiteren unparteiischen Mitglieder können dem Beschlussgremium gemeinsam einen eigenen Beschlussvorschlag zur Entscheidung vorlegen. ⁵Mit der Vorbereitung eines Beschlussvorschlags können sie die Geschäftsführung beauftragen. ⁶Die Sitzungen des Beschlussgremiums sind in der Regel öffentlich. ⁷Die nichtöffentlichen Beratungen des Gemeinsamen Bundesausschusses, insbesondere auch die Beratungen in den vorbereitenden Gremien, sind einschließlich der Beratungsunterlagen und Niederschriften vertraulich.

(8) *(aufgehoben)*

(9) ¹Jedem, der berechtigt ist, zu einem Beschluss des Gemeinsamen Bundesausschusses Stellung zu nehmen und eine schriftliche oder elektronische Stellungnahme abgegeben hat, ist in der Regel auch Gelegenheit zu einer mündlichen Stellungnahme zu geben. ²Der Gemeinsame Bundesausschuss hat in seiner Verfahrensordnung vorzusehen, dass die Teilnahme jeweils eines Vertreters einer zu einem Beschlussgegenstand stellungnahmeberechtigten Organisation an den Beratungen zu diesem Gegenstand in dem zuständigen Unterausschuss zugelassen werden kann.

(10) ¹Der Gemeinsame Bundesausschuss ermittelt spätestens ab dem 1. September 2012 die infolge seiner Beschlüsse zu erwartenden Bürokratiekosten im Sinne des § 2 Absatz 2 des Gesetzes zur Einsetzung eines Nationalen Normenkontrollrates und stellt diese Kosten in der Begründung des jeweiligen Beschlusses nachvollziehbar dar. ²Bei der Ermittlung der Bürokratiekosten ist die Methodik nach § 2 Absatz 3 des Gesetzes zur Einsetzung eines Nationalen Normenkontrollrates anzuwenden. ³Das Nähere regelt der Gemeinsame Bundesausschuss bis zum 30. Juni 2012 in seiner Verfahrensordnung.

(11) ¹Der Gemeinsame Bundesausschuss hat dem Ausschuss für Gesundheit des Deutschen Bundestages einmal jährlich zum 31. März über das Bundesministerium für Gesundheit einen Bericht über die Einhaltung der Fristen nach § 135 Absatz 1 Satz 4 und 5, § 137c Absatz 1 Satz 6 und 7 sowie § 137h Absatz 4 Satz 5 vorzulegen, in dem im Falle von Fristüberschreitungen auch die zur Straffung des Verfahrens unternommenen Maßnahmen und die besonderen Schwierigkeiten einer Bewertung, die zu einer Fristüberschreitung geführt haben können, im Einzelnen dargelegt werden müssen. ²Zudem sind in dem Bericht auch alle anderen Beratungsverfahren über Entscheidungen und Richtlinien des Gemeinsamen Bundesausschusses darzustellen, die seit förmlicher Einleitung des Beratungsverfahrens länger als drei Jahre andauern und in denen noch keine abschließende Beschlussfassung erfolgt ist.

§ 91a Aufsicht über den Gemeinsamen Bundesausschuss, Haushalts- und Rechnungswesen, Vermögen.
(1) ¹Die Aufsicht über den Gemeinsamen Bundesausschuss führt das Bundesministerium für Gesundheit. ²Die §§ 87 bis 89 des Vierten Buches[1)] gelten entsprechend. ³Für das Haushalts- und Rechnungswesen gelten die §§ 67 bis 69 Absatz 1 und 2, § 70 Absatz 1 und die §§ 76 bis 77 Absatz 1 und 1a des Vierten Buches entsprechend. ⁴Der Gemeinsame Bundesausschuss übermittelt seinen Haushaltsplan dem Bundes-

---
[1)] Nr. 4.

ministerium für Gesundheit. ⁵ Er teilt dem Bundesministerium für Gesundheit mit, wenn er eine vorläufige Haushaltsführung, die Genehmigung überplanmäßiger oder außerplanmäßiger Ausgaben oder einen Nachtragshaushalt beschließt. ⁶ Für das Vermögen gelten die §§ 80 bis 83 und 85 Absatz 1 Satz 1 und Absatz 2 bis 5 des Vierten Buches und für die Verwendung der Mittel § 305b entsprechend. ⁷ Für das Verwaltungsvermögen gilt § 263 entsprechend. ⁸ Für die Höhe der Betriebsmittel gilt § 260 Absatz 2 Satz 1 entsprechend. ⁹ Soweit Vermögen nicht zur Rücklagenbildung erforderlich ist, ist es zur Senkung der nach § 91 Absatz 3 Satz 1 in Verbindung mit § 139c zu erhebenden Zuschläge zu verwenden.

(2) Für die Vollstreckung von Aufsichtsverfügungen gegen den Gemeinsamen Bundesausschuss kann die Aufsichtsbehörde ein Zwangsgeld bis zu einer Höhe von 10 000 000 Euro zugunsten des Gesundheitsfonds nach § 271 festsetzen.

(3) ¹ Der Gemeinsame Bundesausschuss hat geeignete Maßnahmen zur Herstellung und Sicherung einer ordnungsgemäßen Verwaltungsorganisation zu ergreifen. ² In der Verwaltungsorganisation ist insbesondere ein angemessenes internes Kontrollverfahren mit einem internen Kontrollsystem einzurichten. ³ Die Ergebnisse des internen Kontrollsystems sind dem Beschlussgremium nach § 91 Absatz 2 Satz 1 und dem Innovationsausschuss nach § 92b Absatz 1 in regelmäßigen Abständen sowie bei festgestellten Verstößen gegen gesetzliche Regelungen oder andere wesentliche Vorschriften auch der Aufsichtsbehörde mitzuteilen.

(4) Die Vorschriften über die Errichtung, Übernahme oder wesentliche Erweiterung von Einrichtungen sowie über eine unmittelbare oder mittelbare Beteiligung an Einrichtungen nach § 219 Absatz 2 bis 4 gelten entsprechend.

§ 92 Richtlinien des Gemeinsamen Bundesausschusses. (1) ¹ Der Gemeinsame Bundesausschuss beschließt die zur Sicherung der ärztlichen Versorgung erforderlichen Richtlinien über die Gewähr für eine ausreichende, zweckmäßige und wirtschaftliche Versorgung der Versicherten; dabei ist den besonderen Erfordernissen der Versorgung behinderter oder von Behinderung bedrohter Menschen und psychisch Kranker Rechnung zu tragen, vor allem bei den Leistungen zur Belastungserprobung und Arbeitstherapie; er kann dabei die Erbringung und Verordnung von Leistungen oder Maßnahmen einschränken oder ausschließen, wenn nach allgemein anerkanntem Stand der medizinischen Erkenntnisse der diagnostische oder therapeutische Nutzen, die medizinische Notwendigkeit oder die Wirtschaftlichkeit nicht nachgewiesen sind; er kann die Verordnung von Arzneimitteln einschränken oder ausschließen, wenn die Unzweckmäßigkeit erwiesen oder eine andere, wirtschaftlichere Behandlungsmöglichkeit mit vergleichbarem diagnostischen oder therapeutischen Nutzen verfügbar ist. ² Er soll insbesondere Richtlinien beschließen über die

1. ärztliche Behandlung,

2. zahnärztliche Behandlung einschließlich der Versorgung mit Zahnersatz sowie kieferorthopädische Behandlung,

3. Maßnahmen zur Früherkennung von Krankheiten und zur Qualitätssicherung der Früherkennungsuntersuchungen sowie zur Durchführung organisierter Krebsfrüherkennungsprogramme nach § 25a einschließlich der sys-

tematischen Erfassung, Überwachung und Verbesserung der Qualität dieser Programme,
4. ärztliche Betreuung bei Schwangerschaft und Mutterschaft,
5. Einführung neuer Untersuchungs- und Behandlungsmethoden,
6. Verordnung von Arznei-, Verband-, Heil- und Hilfsmitteln, Krankenhausbehandlung, häuslicher Krankenpflege und Soziotherapie,
7. Beurteilung der Arbeitsunfähigkeit einschließlich der Arbeitsunfähigkeit nach § 44a Satz 1 sowie der nach § 5 Abs. 1 Nr. 2a versicherten erwerbsfähigen Hilfebedürftigen im Sinne des Zweiten Buches[1)],
8. Verordnung von im Einzelfall gebotenen Leistungen zur medizinischen Rehabilitation und die Beratung über Leistungen zur medizinischen Rehabilitation, Leistungen zur Teilhabe am Arbeitsleben und ergänzende Leistungen zur Rehabilitation,
9. Bedarfsplanung,
10. medizinische Maßnahmen zur Herbeiführung einer Schwangerschaft nach § 27a Abs. 1,
11. Maßnahmen nach den §§ 24a und 24b,
12. Verordnung von Krankentransporten,
13. Qualitätssicherung,
14. spezialisierte ambulante Palliativversorgung,
15. Schutzimpfungen.

(1a) ¹Die Richtlinien nach Absatz 1 Satz 2 Nr. 2 sind auf eine ursachengerechte, zahnsubstanzschonende und präventionsorientierte zahnärztliche Behandlung einschließlich der Versorgung mit Zahnersatz sowie kieferorthopädischer Behandlung auszurichten. ²Der Gemeinsame Bundesausschuss hat die Richtlinien auf der Grundlage auch von externem, umfassendem zahnmedizinisch-wissenschaftlichem Sachverstand zu beschließen. ³Das Bundesministerium für Gesundheit kann dem Gemeinsamen Bundesausschuss vorgeben, einen Beschluss zu einzelnen dem Bundesausschuss durch Gesetz zugewiesenen Aufgaben zu fassen oder zu überprüfen und hierzu eine angemessene Frist setzen. ⁴Bei Nichteinhaltung der Frist fasst eine aus den Mitgliedern des Bundesausschusses zu bildende Schiedsstelle innerhalb von 30 Tagen den erforderlichen Beschluss. ⁵Die Schiedsstelle besteht aus dem unparteiischen Vorsitzenden, den zwei weiteren unparteiischen Mitgliedern des Bundesausschusses und je einem von der Kassenzahnärztlichen Bundesvereinigung und dem Spitzenverband Bund der Krankenkassen bestimmten Vertreter. ⁶Vor der Entscheidung des Bundesausschusses über die Richtlinien nach Absatz 1 Satz 2 Nr. 2 ist den für die Wahrnehmung der Interessen von Zahntechnikern maßgeblichen Spitzenorganisationen auf Bundesebene Gelegenheit zur Stellungnahme zu geben; die Stellungnahmen sind in die Entscheidung einzubeziehen.

(1b) Vor der Entscheidung des Gemeinsamen Bundesausschusses über die Richtlinien nach Absatz 1 Satz 4 ist den in § 134a Absatz 1 genannten Organisationen der Leistungserbringer auf Bundesebene Gelegenheit zur Stellungnahme zu geben; die Stellungnahmen sind in die Entscheidung einzubeziehen.

[1)] Nr. 2.

4. Kapitel. Beziehungen der Krankenkassen **§ 92 SGB V 5**

(2) ¹Die Richtlinien nach Absatz 1 Satz 2 Nr. 6 haben Arznei- und Heilmittel unter Berücksichtigung der Bewertungen nach den §§ 35a und 35b so zusammenzustellen, daß dem Arzt die wirtschaftliche und zweckmäßige Auswahl der Arzneimitteltherapie ermöglicht wird. ²Die Zusammenstellung der Arzneimittel ist nach Indikationsgebieten und Stoffgruppen zu gliedern. ³Um dem Arzt eine therapie- und preisgerechte Auswahl der Arzneimittel zu ermöglichen, sind zu den einzelnen Indikationsgebieten Hinweise aufzunehmen, aus denen sich für Arzneimittel mit pharmakologisch vergleichbaren Wirkstoffen oder therapeutisch vergleichbarer Wirkung eine Bewertung des therapeutischen Nutzens auch im Verhältnis zu den Therapiekosten und damit zur Wirtschaftlichkeit der Verordnung ergibt; § 73 Abs. 8 Satz 3 bis 6 gilt entsprechend. ⁴Um dem Arzt eine therapie- und preisgerechte Auswahl der Arzneimittel zu ermöglichen, können ferner für die einzelnen Indikationsgebiete die Arzneimittel in folgenden Gruppen zusammengefaßt werden:

1. Mittel, die allgemein zur Behandlung geeignet sind,
2. Mittel, die nur bei einem Teil der Patienten oder in besonderen Fällen zur Behandlung geeignet sind,
3. Mittel, bei deren Verordnung wegen bekannter Risiken oder zweifelhafter therapeutischer Zweckmäßigkeit besondere Aufmerksamkeit geboten ist.

⁵Absatz 3a gilt entsprechend. ⁶In den Therapiehinweisen nach den Sätzen 1 und 7 können Anforderungen an die qualitätsgesicherte Anwendung von Arzneimitteln festgestellt werden, insbesondere bezogen auf die Qualifikation des Arztes oder auf die zu behandelnden Patientengruppen. ⁷In den Richtlinien nach Absatz 1 Satz 2 Nr. 6 können auch Therapiehinweise zu Arzneimitteln außerhalb von Zusammenstellungen gegeben werden; die Sätze 3 und 4 sowie Absatz 1 Satz 1 dritter Halbsatz gelten entsprechend. ⁸Die Therapiehinweise nach den Sätzen 1 und 7 können Empfehlungen zu den Anteilen einzelner Wirkstoffe an den Verordnungen im Indikationsgebiet vorsehen. ⁹Der Gemeinsame Bundesausschuss regelt die Grundsätze für die Therapiehinweise nach den Sätzen 1 und 7 in seiner Verfahrensordnung. ¹⁰Verordnungseinschränkungen oder Verordnungsausschlüsse nach Absatz 3 für Arzneimittel beschließt der Gemeinsame Bundesausschuss gesondert in Richtlinien außerhalb von Therapiehinweisen. ¹¹Der Gemeinsame Bundesausschuss kann die Verordnung eines Arzneimittels nur einschränken oder ausschließen, wenn die Wirtschaftlichkeit nicht durch einen Festbetrag nach § 35 hergestellt werden kann. ¹²Verordnungseinschränkungen oder -ausschlüsse eines Arzneimittels wegen Unzweckmäßigkeit nach Absatz 1 Satz 1 dürfen den Feststellungen der Zulassungsbehörde über Qualität, Wirksamkeit und Unbedenklichkeit eines Arzneimittels nicht widersprechen.

(2a) ¹Der Gemeinsame Bundesausschuss kann im Einzelfall mit Wirkung für die Zukunft vom pharmazeutischen Unternehmer im Benehmen mit der Arzneimittelkommission der deutschen Ärzteschaft und dem Bundesinstitut für Arzneimittel und Medizinprodukte oder dem Paul-Ehrlich-Institut innerhalb einer angemessenen Frist ergänzende versorgungsrelevante Studien zur Bewertung der Zweckmäßigkeit eines Arzneimittels fordern. ²Absatz 3a gilt für die Forderung nach Satz 1 entsprechend. ³Das Nähere zu den Voraussetzungen, zu der Forderung ergänzender Studien, zu Fristen sowie zu den Anforderungen an die Studien regelt der Gemeinsame Bundesausschuss in seiner Verfahrensordnung. ⁴Werden die Studien nach Satz 1 nicht oder nicht rechtzeitig vorgelegt,

573

kann der Gemeinsame Bundesausschuss das Arzneimittel abweichend von Absatz 1 Satz 1 von der Verordnungsfähigkeit ausschließen. ⁵ Eine gesonderte Klage gegen die Forderung ergänzender Studien ist ausgeschlossen.

(3) ¹ Für Klagen gegen die Zusammenstellung der Arzneimittel nach Absatz 2 gelten die Vorschriften über die Anfechtungsklage entsprechend. ² Die Klagen haben keine aufschiebende Wirkung. ³ Ein Vorverfahren findet nicht statt. ⁴ Eine gesonderte Klage gegen die Gliederung nach Indikationsgebieten oder Stoffgruppen nach Absatz 2 Satz 2, die Zusammenfassung der Arzneimittel in Gruppen nach Absatz 2 Satz 4 oder gegen sonstige Bestandteile der Zusammenstellung nach Absatz 2 ist unzulässig.

(3a) ¹ Vor der Entscheidung über die Richtlinien zur Verordnung von Arzneimitteln nach Absatz 1 Satz 2 Nr. 6 und Therapiehinweisen nach Absatz 2 Satz 7 ist den Sachverständigen der medizinischen und pharmazeutischen Wissenschaft und Praxis sowie den für die Wahrnehmung der wirtschaftlichen Interessen gebildeten maßgeblichen Spitzenorganisationen der pharmazeutischen Unternehmer, den betroffenen pharmazeutischen Unternehmern, den Berufsvertretungen der Apotheker und den maßgeblichen Dachverbänden der Ärztegesellschaften der besonderen Therapierichtungen auf Bundesebene Gelegenheit zur Stellungnahme zu geben. ² Die Stellungnahmen sind in die Entscheidung einzubeziehen. ³ Der Gemeinsame Bundesausschuss hat unter Wahrung der Betriebs- und Geschäftsgeheimnisse Gutachten oder Empfehlungen von Sachverständigen, die er bei Richtlinien zur Verordnung von Arzneimitteln nach Absatz 1 Satz 2 Nr. 6 sowie bei Therapiehinweisen nach Absatz 2 Satz 7 zu Grunde legt, bei Einleitung des Stellungnahmeverfahrens zu benennen und zu veröffentlichen sowie in den tragenden Gründen der Beschlüsse zu benennen.

(4) In den Richtlinien nach Absatz 1 Satz 2 Nr. 3 sind insbesondere zu regeln

1. die Anwendung wirtschaftlicher Verfahren und die Voraussetzungen, unter denen mehrere Maßnahmen zur Früherkennung zusammenzufassen sind,

2. das Nähere über die Bescheinigungen und Aufzeichnungen bei Durchführung der Maßnahmen zur Früherkennung von Krankheiten,

3. Einzelheiten zum Verfahren und zur Durchführung von Auswertungen der Aufzeichnungen sowie der Evaluation der Maßnahmen zur Früherkennung von Krankheiten einschließlich der organisierten Krebsfrüherkennungsprogramme nach § 25a.

(5) ¹ Vor der Entscheidung des Gemeinsamen Bundesausschusses über die Richtlinien nach Absatz 1 Satz 2 Nr. 8 ist den in § 111b Satz 1 genannten Organisationen der Leistungerbringer, den Rehabilitationsträgern (§ 6 Abs. 1 Nr. 2 bis 7 des Neunten Buches[1)]) sowie der Bundesarbeitsgemeinschaft für Rehabilitation Gelegenheit zur Stellungnahme zu geben; die Stellungnahmen sind in die Entscheidung einzubeziehen. ² In den Richtlinien ist zu regeln, bei welchen Behinderungen, unter welchen Voraussetzungen und nach welchen Verfahren die Vertragsärzte die Krankenkassen über die Behinderungen von Versicherten zu unterrichten haben.

[1)] Nr. 9.

(6) ¹ In den Richtlinien nach Absatz 1 Satz 2 Nr. 6 ist insbesondere zu regeln

1. der Katalog verordnungsfähiger Heilmittel,
2. die Zuordnung der Heilmittel zu Indikationen,
3. die Besonderheiten bei Wiederholungsverordnungen und
4. Inhalt und Umfang der Zusammenarbeit des verordnenden Vertragsarztes mit dem jeweiligen Heilmittelerbringer.

² Vor der Entscheidung des Bundesausschusses über die Richtlinien zur Verordnung von Heilmitteln nach Absatz 1 Satz 2 Nr. 6 ist den in § 125 Abs. 1 Satz 1 genannten Organisationen der Leistungserbringer Gelegenheit zur Stellungnahme zu geben; die Stellungnahmen sind in die Entscheidung einzubeziehen.

(6a) ¹ In den Richtlinien nach Absatz 1 Satz 2 Nr. 1 ist insbesondere das Nähere über die psychotherapeutisch behandlungsbedürftigen Krankheiten, die zur Krankenbehandlung geeigneten Verfahren, das Antrags- und Gutachterverfahren, die probatorischen Sitzungen sowie über Art, Umfang und Durchführung der Behandlung zu regeln. ² Die Richtlinien haben darüber hinaus Regelungen zu treffen über die inhaltlichen Anforderungen an den Konsiliarbericht und an die fachlichen Anforderungen des den Konsiliarbericht (§ 28 Abs. 3) abgebenden Vertragsarztes. ³ Der Gemeinsame Bundesausschuss beschließt bis zum 30. Juni 2016 in den Richtlinien Regelungen zur Flexibilisierung des Therapieangebotes, insbesondere zur Einrichtung von psychotherapeutischen Sprechstunden, zur Förderung der frühzeitigen diagnostischen Abklärung und der Akutversorgung, zur Förderung von Gruppentherapien und der Rezidivprophylaxe sowie zur Vereinfachung des Antrags- und Gutachterverfahrens.

(7) ¹ In den Richtlinien nach Absatz 1 Satz 2 Nr. 6 sind insbesondere zu regeln

1. die Verordnung der häuslichen Krankenpflege und deren ärztliche Zielsetzung,
2. Inhalt und Umfang der Zusammenarbeit des verordnenden Vertragsarztes mit dem jeweiligen Leistungserbringer und dem Krankenhaus,
3. die Voraussetzungen für die Verordnung häuslicher Krankenpflege und für die Mitgabe von Arzneimitteln im Krankenhaus im Anschluss an einen Krankenhausaufenthalt,
4. Näheres zur Verordnung häuslicher Krankenpflege zur Dekolonisation von Trägern mit dem Methicillin-resistenten Staphylococcus aureus (MRSA),
5. Näheres zur Verordnung häuslicher Krankenpflege zur ambulanten Palliativversorgung.

² Vor der Entscheidung des Gemeinsamen Bundesausschusses über die Richtlinien zur Verordnung von häuslicher Krankenpflege nach Absatz 1 Satz 2 Nr. 6 ist den in § 132a Abs. 1 Satz 1 genannten Leistungserbringern und zu den Regelungen gemäß Satz 1 Nummer 5 zusätzlich den maßgeblichen Spitzenorganisationen der Hospizarbeit und der Palliativversorgung auf Bundesebene Gelegenheit zur Stellungnahme zu geben; die Stellungnahmen sind in die Entscheidung einzubeziehen.

(7a) Vor der Entscheidung des Gemeinsamen Bundesausschusses über die Richtlinien zur Verordnung von Hilfsmitteln nach Absatz 1 Satz 2 Nr. 6 ist den in § 127 Absatz 6 Satz 1 genannten Organisationen der Leistungserbringer und den Spitzenorganisationen der betroffenen Hilfsmittelhersteller auf Bundesebene Gelegenheit zur Stellungnahme zu geben; die Stellungnahmen sind in die Entscheidung einzubeziehen.

(7b) [1] Vor der Entscheidung über die Richtlinien zur Verordnung von spezialisierter ambulanter Palliativversorgung nach Absatz 1 Satz 2 Nr. 14 ist den maßgeblichen Organisationen der Hospizarbeit und der Palliativversorgung sowie den in § 132a Abs. 1 Satz 1 genannten Organisationen Gelegenheit zur Stellungnahme zu geben. [2] Die Stellungnahmen sind in die Entscheidung einzubeziehen.

(7c) Vor der Entscheidung über die Richtlinien zur Verordnung von Soziotherapie nach Absatz 1 Satz 2 Nr. 6 ist den maßgeblichen Organisationen der Leistungserbringer der Soziotherapieversorgung Gelegenheit zur Stellungnahme zu geben; die Stellungnahmen sind in die Entscheidung einzubeziehen.

(7d) [1] Vor der Entscheidung über die Richtlinien nach den §§ 135, 137c und § 137e ist den jeweils einschlägigen wissenschaftlichen Fachgesellschaften Gelegenheit zur Stellungnahme zu geben; bei Methoden, deren technische Anwendung maßgeblich auf dem Einsatz eines Medizinprodukts beruht, ist auch den für die Wahrnehmung der wirtschaftlichen Interessen gebildeten maßgeblichen Spitzenorganisationen der Medizinproduktehersteller und den jeweils betroffenen Medizinprodukteherstellern Gelegenheit zur Stellungnahme zu geben. [2] Bei Methoden, bei denen radioaktive Stoffe oder ionisierende Strahlung am Menschen angewandt werden, ist auch der Strahlenschutzkommission Gelegenheit zur Stellungnahme zu geben. [3] Die Stellungnahmen sind in die Entscheidung einzubeziehen.

(7e) [1] Bei den Richtlinien nach Absatz 1 Satz 2 Nummer 9 erhalten die Länder ein Mitberatungsrecht. [2] Es wird durch zwei Vertreter der Länder ausgeübt, die von der Gesundheitsministerkonferenz der Länder benannt werden. [3] Die Mitberatung umfasst auch das Recht, Beratungsgegenstände auf die Tagesordnung setzen zu lassen und das Recht zur Anwesenheit bei der Beschlussfassung.

(7f) [1] Bei den Richtlinien nach Absatz 1 Satz 2 Nummer 13 und den Beschlüssen nach den §§ 136b und 136c erhalten die Länder ein Mitberatungsrecht, soweit diese Richtlinien und Beschlüsse für die Krankenhausplanung von Bedeutung sind; Absatz 7e Satz 2 und 3 gilt entsprechend. [2] Vor der Entscheidung über die Richtlinien nach § 136 Absatz 1 in Verbindung mit § 136a Absatz 1 Satz 1 bis 3 ist dem Robert Koch-Institut Gelegenheit zur Stellungnahme zu geben. [3] Das Robert Koch-Institut hat die Stellungnahme mit den wissenschaftlichen Kommissionen am Robert Koch-Institut nach § 23 des Infektionsschutzgesetzes abzustimmen. [4] Die Stellungnahme ist in die Entscheidung einzubeziehen.

(8) Die Richtlinien des Gemeinsamen Bundesausschusses sind Bestandteil der Bundesmantelverträge.

§ 92a Innovationsfonds, Grundlagen der Förderung von neuen Versorgungsformen zur Weiterentwicklung der Versorgung und von Versorgungsforschung durch den Gemeinsamen Bundesausschuss.

(1) [1] Der Gemeinsame Bundesausschuss fördert neue Versorgungsformen, die über die bisherige Regelversorgung hinausgehen. [2] Gefördert werden insbesondere Vorhaben, die eine Verbesserung der sektorenübergreifenden Versorgung zum Ziel haben und hinreichendes Potential aufweisen, dauerhaft in die Versorgung aufgenommen zu werden. [3] Voraussetzung für eine Förderung ist, dass eine wissenschaftliche Begleitung und Auswertung der Vorhaben erfolgt. [4] Förderkriterien sind insbesondere:

1. Verbesserung der Versorgungsqualität und Versorgungseffizienz,
2. Behebung von Versorgungsdefiziten,
3. Optimierung der Zusammenarbeit innerhalb und zwischen verschiedenen Versorgungsbereichen, Versorgungseinrichtungen und Berufsgruppen,
4. interdisziplinäre und fachübergreifende Versorgungsmodelle,
5. Übertragbarkeit der Erkenntnisse, insbesondere auf andere Regionen oder Indikationen,
6. Verhältnismäßigkeit von Implementierungskosten und Nutzen,
7. Evaluierbarkeit.

[5] Förderfähig sind nur diejenigen Kosten, die dem Grunde nach nicht von den Vergütungssystemen der Regelversorgung umfasst sind. [6] Bei der Antragstellung ist in der Regel eine Krankenkasse zu beteiligen. [7] Ein Anspruch auf Förderung besteht nicht.

(2) [1] Der Gemeinsame Bundesausschuss fördert Versorgungsforschung, die auf einen Erkenntnisgewinn zur Verbesserung der bestehenden Versorgung in der gesetzlichen Krankenversicherung ausgerichtet ist. [2] Antragsteller für eine Förderung von Versorgungsforschung können insbesondere universitäre und nichtuniversitäre Forschungseinrichtungen sein. [3] Für Verträge, die nach den §§ 73c und 140a in der am 22. Juli 2015 geltenden Fassung geschlossen wurden, kann auf Antrag der Vertragsparteien eine wissenschaftliche Begleitung und Auswertung gefördert werden, wenn die Vertragsinhalte hinreichendes Potential aufweisen, in die Regelversorgung überführt zu werden. [4] Ein Anspruch auf Förderung besteht nicht. [5] Die für Versorgungsforschung zur Verfügung stehenden Mittel können auch für Forschungsvorhaben zur Weiterentwicklung und insbesondere Evaluation der Richtlinien des Gemeinsamen Bundesausschusses eingesetzt werden.

(3) [1] Die Fördersumme für neue Versorgungsformen und Versorgungsforschung nach den Absätzen 1 und 2 beträgt in den Jahren 2016 bis 2019 jeweils 300 Millionen Euro. [2] Sie umfasst auch die für die Verwaltung der Mittel und die Durchführung der Förderung einschließlich der wissenschaftlichen Auswertung nach Absatz 5 notwendigen Aufwendungen. [3] Soweit hierfür bereits im Jahr 2015 Ausgaben anfallen, werden diese aus der Liquiditätsreserve des Gesundheitsfonds getragen; der Betrag nach § 271 Absatz 2 Satz 5 verringert sich für das Jahr 2016 um den im Jahr 2015 in Anspruch genommenen Betrag. [4] Von der Fördersumme sollen 75 Prozent für die Förderung nach Absatz 1 und 25 Prozent für die Förderung nach Absatz 2 verwendet werden. [5] Mittel, die im Haushaltsjahr nicht bewilligt wurden, sind entsprechend Absatz 4 Satz 1 anteilig an den Gesundheitsfonds (Liquiditätsreserve) und die Krankenkassen zu-

rückzuführen. ⁶ Die Laufzeit eines Vorhabens nach den Absätzen 1 und 2 kann bis zu vier Jahre betragen.

(4) ¹ Die Mittel nach Absatz 3, verringert um den Finanzierungsanteil der landwirtschaftlichen Krankenkasse nach § 221 Absatz 3 Satz 1 Nummer 1, werden durch den Gesundheitsfonds (Liquiditätsreserve) und die nach § 266 am Risikostrukturausgleich teilnehmenden Krankenkassen jeweils zur Hälfte getragen. ² Das Bundesversicherungsamt erhebt und verwaltet die Mittel (Innovationsfonds) und zahlt die Fördermittel auf der Grundlage der Entscheidungen des Innovationsausschusses nach § 92b aus. ³ Die dem Bundesversicherungsamt im Zusammenhang mit dem Innovationsfonds entstehenden Ausgaben werden aus den Einnahmen des Innovationsfonds gedeckt. ⁴ Das Nähere zur Erhebung der Mittel für den Innovationsfonds durch das Bundesversicherungsamt bei den nach § 266 am Risikostrukturausgleich teilnehmenden Krankenkassen regelt die Rechtsverordnung nach § 266 Absatz 7 Satz 1; § 266 Absatz 6 Satz 7 gilt entsprechend. ⁵ Das Nähere zur Weiterleitung der Mittel an den Innovationsfonds und zur Verwaltung der Mittel des Innovationsfonds bestimmt das Bundesversicherungsamt im Benehmen mit dem Innovationsausschuss und dem Spitzenverband Bund der Krankenkassen.

(5) ¹ Das Bundesministerium für Gesundheit veranlasst eine wissenschaftliche Auswertung der Förderung nach dieser Vorschrift im Hinblick auf deren Eignung zur Weiterentwicklung der Versorgung. ² Die hierfür entstehenden Ausgaben werden aus den Einnahmen des Innovationsfonds gedeckt. ³ Das Bundesministerium für Gesundheit übersendet dem Deutschen Bundestag zum 31. März 2019 einen Zwischenbericht über die wissenschaftliche Auswertung. ⁴ Einen abschließenden Bericht über das Ergebnis der wissenschaftlichen Auswertung legt das Bundesministerium für Gesundheit dem Deutschen Bundestag zum 31. März 2021 vor.

§ 92b Durchführung der Förderung von neuen Versorgungsformen zur Weiterentwicklung der Versorgung und von Versorgungsforschung durch den Gemeinsamen Bundesausschuss. (1) ¹ Zur Durchführung der Förderung wird beim Gemeinsamen Bundesausschuss bis zum 1. Januar 2016 ein Innovationsausschuss eingerichtet. ² Dem Innovationsausschuss gehören drei vom Spitzenverband Bund der Krankenkassen benannte Mitglieder des Beschlussgremiums nach § 91 Absatz 2, jeweils ein von der Kassenärztlichen Bundesvereinigung, der Kassenzahnärztlichen Bundesvereinigung und der Deutschen Krankenhausgesellschaft benanntes Mitglied des Beschlussgremiums nach § 91 Absatz 2, der unparteiische Vorsitzende des Gemeinsamen Bundesausschusses sowie zwei Vertreter des Bundesministeriums für Gesundheit und ein Vertreter des Bundesministeriums für Bildung und Forschung an. ³ Die für die Wahrnehmung der Interessen der Patientinnen und Patienten und der Selbsthilfe chronisch kranker und behinderter Menschen auf Bundesebene maßgeblichen Organisationen erhalten ein Mitberatungs- und Antragsrecht. ⁴ § 140f Absatz 2 Satz 2 bis 7, Absatz 5 sowie 6 gilt entsprechend.

(2) ¹ Der Innovationsausschuss legt in Förderbekanntmachungen die Schwerpunkte und Kriterien für die Förderung nach § 92a Absatz 1 und 2 Satz 1 bis 4 fest. ² Er führt auf der Grundlage der Förderbekanntmachungen Interessenbekundungsverfahren durch und entscheidet über die eingegangenen Anträge auf Förderung. ³ Der Innovationsausschuss entscheidet auch über die Verwendung der Mittel nach § 92a Absatz 2 Satz 5. ⁴ Entscheidungen des Innovationsaus-

schusses bedürfen einer Mehrheit von sieben Stimmen. ⁵ Der Innovationsausschuss beschließt eine Geschäfts- und Verfahrensordnung, in der er insbesondere seine Arbeitsweise und die Zusammenarbeit mit der Geschäftsstelle nach Absatz 3 sowie das Förderverfahren nach Satz 2 regelt. ⁶ Die Geschäfts- und Verfahrensordnung bedarf der Genehmigung des Bundesministeriums für Gesundheit.

(3) ¹ Zur Vorbereitung und Umsetzung der Entscheidungen des Innovationsausschusses wird eine Geschäftsstelle eingerichtet. ² Der personelle und sachliche Bedarf des Innovationsausschusses und seiner Geschäftsstelle wird vom Innovationsausschuss bestimmt und ist vom Gemeinsamen Bundesausschuss in seinen Haushalt einzustellen.

(4) Die Geschäftsstelle nach Absatz 3 untersteht der fachlichen Weisung des Innovationsausschusses und der dienstlichen Weisung des unparteiischen Vorsitzenden des Gemeinsamen Bundesausschusses und hat insbesondere folgende Aufgaben:

1. Erarbeitung von Entwürfen für Förderbekanntmachungen,
2. Möglichkeit zur Einholung eines Zweitgutachtens, insbesondere durch das Institut für Qualität und Wirtschaftlichkeit im Gesundheitswesen nach § 139a oder das Institut für Qualitätssicherung und Transparenz nach § 137a,
3. Erlass von Förderbescheiden,
4. Veranlassung der Auszahlung der Fördermittel durch das Bundesversicherungsamt,
5. Prüfung der ordnungsgemäßen Verwendung der Fördermittel und eventuelle Rückforderung der Fördermittel,
6. Veröffentlichung der aus dem Innovationsfonds geförderten Vorhaben.

(5) ¹ Zur Einbringung wissenschaftlichen und versorgungspraktischen Sachverstands in die Beratungsverfahren des Innovationsausschusses wird ein Expertenbeirat gebildet. ² Mitglieder des Expertenbeirats sind Vertreter aus Wissenschaft und Versorgungspraxis. ³ Die Zahl der Mitglieder soll zehn nicht überschreiten. ⁴ Der Expertenbeirat wird vom Bundesministerium für Gesundheit berufen. ⁵ Die Empfehlungen des Expertenbeirats sind vom Innovationsausschuss in seine Entscheidungen einzubeziehen. ⁶ Abweichungen vom Votum des Expertenbeirats sind vom Innovationsausschuss schriftlich zu begründen.

(6) Der Expertenbeirat hat insbesondere folgende Aufgaben:
1. Abgabe von Empfehlungen zum Inhalt der Förderbekanntmachungen auf Grundlage von Entwürfen der Geschäftsstelle nach Absatz 3,
2. Durchführung von Kurzbegutachtungen der Anträge auf Förderung,
3. Abgabe einer Empfehlung zur Förderentscheidung.

(7) ¹ Klagen bei Streitigkeiten nach dieser Vorschrift haben keine aufschiebende Wirkung. ² Ein Vorverfahren findet nicht statt.

§ 93 Übersicht über ausgeschlossene Arzneimittel. (1) ¹ Der Gemeinsame Bundesausschuss soll in regelmäßigen Zeitabständen die nach § 34 Abs. 1 oder durch Rechtsverordnung auf Grund des § 34 Abs. 2 und 3 ganz oder für bestimmte Indikationsgebiete von der Versorgung nach § 31 ausgeschlossenen Arzneimittel in einer Übersicht zusammenstellen. ² Die Übersicht ist im Bundesanzeiger bekanntzumachen.

(2) Kommt der Gemeinsame Bundesausschuß seiner Pflicht nach Absatz 1 nicht oder nicht in einer vom Bundesministerium für Gesundheit gesetzten Frist nach, kann das Bundesministerium für Gesundheit die Übersicht zusammenstellen und im Bundesanzeiger bekannt machen.

§ 94 Wirksamwerden der Richtlinien. (1) [1] Die vom Gemeinsamen Bundesausschuss beschlossenen Richtlinien sind dem Bundesministerium für Gesundheit vorzulegen. [2] Es kann sie innerhalb von zwei Monaten beanstanden; bei Beschlüssen nach § 35 Abs. 1 innerhalb von vier Wochen. [3] Das Bundesministerium für Gesundheit kann im Rahmen der Richtlinienprüfung vom Gemeinsamen Bundesausschuss zusätzliche Informationen und ergänzende Stellungnahmen anfordern; bis zum Eingang der Auskünfte ist der Lauf der Frist nach Satz 2 unterbrochen. [4] Die Nichtbeanstandung einer Richtlinie kann vom Bundesministerium für Gesundheit mit Auflagen verbunden werden; das Bundesministerium für Gesundheit kann zur Erfüllung einer Auflage eine angemessene Frist setzen. [5] Kommen die für die Sicherstellung der ärztlichen Versorgung erforderlichen Beschlüsse des Gemeinsamen Bundesausschusses nicht oder nicht innerhalb einer vom Bundesministerium für Gesundheit gesetzten Frist zustande oder werden die Beanstandungen des Bundesministeriums für Gesundheit nicht innerhalb der von ihm gesetzten Frist behoben, erläßt das Bundesministerium für Gesundheit die Richtlinien.

(2) [1] Die Richtlinien sind im Bundesanzeiger und deren tragende Gründe im Internet bekanntzumachen. [2] Die Bekanntmachung der Richtlinien muss auch einen Hinweis auf die Fundstelle der Veröffentlichung der tragenden Gründe im Internet enthalten.

(3) Klagen gegen Maßnahmen des Bundesministeriums für Gesundheit nach Absatz 1 haben keine aufschiebende Wirkung.

Siebter Titel. Voraussetzungen und Formen der Teilnahme von Ärzten und Zahnärzten an der Versorgung

§ 95 Teilnahme an der vertragsärztlichen Versorgung. (1) [1] An der vertragsärztlichen Versorgung nehmen zugelassene Ärzte und zugelassene medizinische Versorgungszentren sowie ermächtigte Ärzte und ermächtigte Einrichtungen teil. [2] Medizinische Versorgungszentren sind ärztlich geleitete Einrichtungen, in denen Ärzte, die in das Arztregister nach Absatz 2 Satz 3 eingetragen sind, als Angestellte oder Vertragsärzte tätig sind. [3] Der ärztliche Leiter muss in dem medizinischen Versorgungszentrum selbst als angestellter Arzt oder als Vertragsarzt tätig sein; er ist in medizinischen Fragen weisungsfrei. [4] Sind in einem medizinischen Versorgungszentrum Angehörige unterschiedlicher Berufsgruppen, die an der vertragsärztlichen Versorgung teilnehmen, tätig, ist auch eine kooperative Leitung möglich. [5] Die Zulassung erfolgt für den Ort der Niederlassung als Arzt oder den Ort der Niederlassung als medizinisches Versorgungszentrum (Vertragsarztsitz).

(1a) [1] Medizinische Versorgungszentren können von zugelassenen Ärzten, von zugelassenen Krankenhäusern, von Erbringern nichtärztlicher Dialyseleistungen nach § 126 Absatz 3, von gemeinnützigen Trägern, die aufgrund von Zulassung oder Ermächtigung an der vertragsärztlichen Versorgung teilnehmen, oder von Kommunen gegründet werden; die Gründung ist nur in der Rechtsform einer Personengesellschaft, einer eingetragenen Genossenschaft oder einer Gesellschaft mit beschränkter Haftung oder in einer öffentlich rechtlichen Rechtsform möglich. ²Die Zulassung von medizinischen Versorgungszentren, die am 1. Januar 2012 bereits zugelassen sind, gilt unabhängig von der Trägerschaft und der Rechtsform des medizinischen Versorgungszentrums unverändert fort. ³Für die Gründung von medizinischen Versorgungszentren durch Kommunen findet § 105 Absatz 5 Satz 1 bis 4 keine Anwendung.

(2) ¹Um die Zulassung als Vertragsarzt kann sich jeder Arzt bewerben, der seine Eintragung in ein Arzt- oder Zahnarztregister (Arztregister) nachweist. ²Die Arztregister werden von den Kassenärztlichen Vereinigungen für jeden Zulassungsbezirk geführt. ³Die Eintragung in ein Arztregister erfolgt auf Antrag

1. nach Erfüllung der Voraussetzungen nach § 95a für Vertragsärzte und nach § 95c für Psychotherapeuten,

2. nach Ableistung einer zweijährigen Vorbereitungszeit für Vertragszahnärzte.

⁴Das Nähere regeln die Zulassungsverordnungen. ⁵Um die Zulassung kann sich ein medizinisches Versorgungszentrum bewerben, dessen Ärzte in das Arztregister nach Satz 3 eingetragen sind. ⁶Für die Zulassung eines medizinischen Versorgungszentrums in der Rechtsform einer Gesellschaft mit beschränkter Haftung ist außerdem Voraussetzung, dass die Gesellschafter selbstschuldnerische Bürgschaftserklärungen oder andere Sicherheitsleistungen nach § 232 des Bürgerlichen Gesetzbuchs für Forderungen von Kassenärztlichen Vereinigungen und Krankenkassen gegen das medizinische Versorgungszentrum aus dessen vertragsärztlicher Tätigkeit abgeben; dies gilt auch für Forderungen, die erst nach Auflösung des medizinischen Versorgungszentrums fällig werden. ⁷Die Anstellung eines Arztes in einem zugelassenen medizinischen Versorgungszentrum bedarf der Genehmigung des Zulassungsausschusses. ⁸Die Genehmigung ist zu erteilen, wenn die Voraussetzungen des Satzes 5 erfüllt sind; Absatz 9b gilt entsprechend. ⁹Anträge auf Zulassung eines Arztes und auf Zulassung eines medizinischen Versorgungszentrums sowie auf Genehmigung der Anstellung eines Arztes in einem zugelassenen medizinischen Versorgungszentrum sind abzulehnen, wenn bei Antragstellung für die dort tätigen Ärzte Zulassungsbeschränkungen nach § 103 Abs. 1 Satz 2 angeordnet sind. ¹⁰Für die in den medizinischen Versorgungszentren angestellten Ärzte gilt § 135 entsprechend.

(3) ¹Die Zulassung bewirkt, daß der Vertragsarzt Mitglied der für seinen Kassenarztsitz zuständigen Kassenärztlichen Vereinigung wird und zur Teilnahme an der vertragsärztlichen Versorgung im Umfang seines aus der Zulassung folgenden zeitlich vollen oder hälftigen Versorgungsauftrages berechtigt und verpflichtet ist. ²Die Zulassung des medizinischen Versorgungszentrums bewirkt, dass die in dem Versorgungszentrum angestellten Ärzte Mitglieder der für den Vertragsarztsitz des Versorgungszentrums zuständigen Kassenärztlichen Vereinigung sind und dass das zugelassene medizinische Versorgungszentrum insoweit zur Teilnahme an der vertragsärztlichen Versorgung berechtigt und verpflichtet ist. ³Die vertraglichen Bestimmungen über die vertragsärztliche Versorgung sind verbindlich. ⁴Die Einhaltung der sich aus den Sätzen 1 und 2 ergebenden Versorgungsaufträge sind von der Kassenärztlichen Vereinigung zu prüfen. ⁵Die Ergebnisse sind den Landes- und Zulassungsausschüssen mindestens jährlich zu übermitteln.

(4) ¹ Die Ermächtigung bewirkt, daß der ermächtigte Arzt oder die ermächtigte Einrichtung zur Teilnahme an der vertragsärztlichen Versorgung berechtigt und verpflichtet ist. ² Die vertraglichen Bestimmungen über die vertragsärztliche Versorgung sind für sie verbindlich. ³ Die Absätze 5 bis 7, § 75 Abs. 2 und § 81 Abs. 5 gelten entsprechend.

(5) ¹ Die Zulassung ruht auf Beschluß des Zulassungsausschusses, wenn der Vertragsarzt seine Tätigkeit nicht aufnimmt oder nicht ausübt, ihre Aufnahme aber in angemessener Frist zu erwarten ist, oder auf Antrag eines Vertragsarztes, der in den hauptamtlichen Vorstand nach § 79 Abs. 1 gewählt worden ist. ² Unter den gleichen Voraussetzungen kann bei vollem Versorgungsauftrag das hälftige Ruhen der Zulassung beschlossen werden.

(6) ¹ Die Zulasssung ist zu entziehen, wenn ihre Voraussetzungen nicht oder nicht mehr vorliegen, der Vertragsarzt die vertragsärztliche Tätigkeit nicht aufnimmt oder nicht mehr ausübt oder seine vertragsärztlichen Pflichten gröblich verletzt. ² Der Zulassungsausschuss kann in diesen Fällen statt einer vollständigen auch eine hälftige Entziehung der Zulassung beschließen. ³ Einem medizinischen Versorgungszentrum ist die Zulassung auch dann zu entziehen, wenn die Gründungsvoraussetzung des Absatzes 1 Satz 4 und 5 oder des Absatzes 1a Satz 1 länger als sechs Monate nicht mehr vorliegt. ⁴ Die Gründereigenschaft nach Absatz 1a Satz 1 bleibt auch für die angestellten Ärzte bestehen, die auf ihre Zulassung zugunsten der Anstellung in einem medizinischen Versorgungszentrum verzichtet haben, solange sie in dem medizinischen Versorgungszentrum tätig sind und Gesellschafter des medizinischen Versorgungszentrums sind. ⁵ Medizinischen Versorgungszentren, die unter den in Absatz 1a Satz 2 geregelten Bestandsschutz fallen, ist die Zulassung zu entziehen, wenn die Gründungsvoraussetzungen des Absatzes 1 Satz 6 zweiter Halbsatz in der bis zum 31. Dezember 2011 geltenden Fassung seit mehr als sechs Monaten nicht mehr vorliegen oder das medizinische Versorgungszentrum gegenüber dem Zulassungsausschuss nicht bis zum 30. Juni 2012 nachweist, dass die ärztliche Leitung den Voraussetzungen des Absatzes 1 Satz 3 entspricht.

(7) ¹ Die Zulassung endet mit dem Tod, mit dem Wirksamwerden eines Verzichts, mit dem Ablauf des Befristungszeitraumes oder mit dem Wegzug des Berechtigten aus dem Bezirk seines Kassenarztsitzes. ² Die Zulassung eines medizinischen Versorgungszentrums endet mit dem Wirksamwerden eines Verzichts, der Auflösung, dem Ablauf des Befristungszeitraumes oder mit dem Wegzug des zugelassenen medizinischen Versorgungszentrums aus dem Bezirk des Vertragsarztsitzes.

(8) *(aufgehoben)*

(9) ¹ Der Vertragsarzt kann mit Genehmigung des Zulassungsausschusses Ärzte, die in das Arztregister eingetragen sind, anstellen, sofern für die Arztgruppe, der der anzustellende Arzt angehört, keine Zulassungsbeschränkungen angeordnet sind. ² Sind Zulassungsbeschränkungen angeordnet, gilt Satz 1 mit der Maßgabe, dass die Voraussetzungen des § 101 Abs. 1 Satz 1 Nr. 5 erfüllt sein müssen. ³ Das Nähere zu der Anstellung von Ärzten bei Vertragsärzten bestimmen die Zulassungsverordnungen. ⁴ Absatz 5 gilt entsprechend.

(9a) ¹ Der an der hausärztlichen Versorgung teilnehmende Vertragsarzt kann mit Genehmigung des Zulassungsausschusses Ärzte, die von einer Hochschule mindestens halbtags als angestellte oder beamtete Hochschullehrer für Allgemeinmedizin oder als deren wissenschaftliche Mitarbeiter beschäftigt werden

4. Kapitel. Beziehungen der Krankenkassen §95 SGB V 5

und in das Arztregister eingetragen sind, unabhängig von Zulassungsbeschränkungen anstellen. ²Bei der Ermittlung des Versorgungsgrades in einem Planungsbereich sind diese angestellten Ärzte nicht mitzurechnen.

(9b) Eine genehmigte Anstellung nach Absatz 9 Satz 1 ist auf Antrag des anstellenden Vertragsarztes vom Zulassungsausschuss in eine Zulassung umzuwandeln, sofern der Umfang der Tätigkeit des angestellten Arztes einem ganzen oder halben Versorgungsauftrag entspricht; beantragt der anstellende Vertragsarzt nicht zugleich bei der Kassenärztlichen Vereinigung die Durchführung eines Nachbesetzungsverfahrens nach § 103 Absatz 4, wird der bisher angestellte Arzt Inhaber der Zulassung.

(10) ¹Psychotherapeuten werden zur vertragsärztlichen Versorgung zugelassen, wenn sie

1. bis zum 31. Dezember 1998 die Voraussetzungen der Approbation nach § 12 des Psychotherapeutengesetzes und des Fachkundennachweises nach § 95c Satz 2 Nr. 3 erfüllt und den Antrag auf Erteilung der Zulassung gestellt haben,

2. bis zum 31. März 1999 die Approbationsurkunde vorlegen und

3. in der Zeit vom 25. Juni 1994 bis zum 24. Juni 1997 an der ambulanten psychotherapeutischen Versorgung der Versicherten der gesetzlichen Krankenversicherung teilgenommen haben.

²Der Zulassungsausschuß hat über die Zulassunganträge bis zum 30. April 1999 zu entscheiden.

(11) ¹Psychotherapeuten werden zur vertragsärztlichen Versorgung ermächtigt, wenn sie

1. bis zum 31. Dezember 1998 die Voraussetzungen der Approbation nach § 12 des Psychotherapeutengesetzes erfüllt und 500 dokumentierte Behandlungsstunden oder 250 dokumentierte Behandlungsstunden unter qualifizierter Supervision in Behandlungsverfahren erbracht haben, die der Gemeinsame Bundesausschuss in den bis zum 31. Dezember 1998 geltenden Richtlinien über die Durchführung der Psychotherapie in der vertragsärztlichen Versorgung anerkannt hat (Psychotherapie-Richtlinien in der Neufassung vom 3. Juli 1987 – BAnz. Nr. 156 Beilage Nr. 156a –, zuletzt geändert durch Bekanntmachung vom 12. März 1997 – BAnz. Nr. 49 S. 2946), und den Antrag auf Nachqualifikation gestellt haben,

2. bis zum 31. März 1999 die Approbationsurkunde vorlegen und

3. in der Zeit vom 25. Juni 1994 bis zum 24. Juni 1997 an der ambulanten psychotherapeutischen Versorgung der Versicherten der gesetzlichen Krankenversicherung teilgenommen haben.

²Der Zulassungsausschuß hat über die Anträge bis zum 30. April 1999 zu entscheiden. ³Die erfolgreiche Nachqualifikation setzt voraus, daß die für die Approbation gemäß § 12 Abs. 1 und § 12 Abs. 3 des Psychotherapeutengesetzes geforderte Qualifikation, die geforderten Behandlungsstunden, Behandlungsfälle und die theoretische Ausbildung in vom Gemeinsamen Bundesausschuss anerkannten Behandlungsverfahren erbracht wurden. ⁴Bei Nachweis des erfolgreichen Abschlusses der Nachqualifikation hat der Zulassungsausschuß auf Antrag die Ermächtigung in eine Zulassung umzuwandeln. ⁵Die Ermächtigung des Psychotherapeuten erlischt bei Beendigung der Nachqualifikation, spätestens fünf Jahre nach Erteilung der Ermächtigung; sie bleibt jedoch bis zur

Entscheidung des Zulassungsausschusses erhalten, wenn der Antrag auf Umwandlung bis fünf Jahre nach Erteilung der Ermächtigung gestellt wurde.

(11a) [1] Für einen Psychotherapeuten, der bis zum 31. Dezember 1998 wegen der Betreuung und der Erziehung eines Kindes in den ersten drei Lebensjahren, für das ihm die Personensorge zustand und mit dem er in einem Haushalt gelebt hat, keine Erwerbstätigkeit ausgeübt hat, wird die in Absatz 11 Satz 1 Nr. 1 genannte Frist zur Antragstellung für eine Ermächtigung und zur Erfüllung der Behandlungsstunden um den Zeitraum hinausgeschoben, der der Kindererziehungszeit entspricht, höchstens jedoch um drei Jahre. [2] Die Ermächtigung eines Psychotherapeuten ruht in der Zeit, in der er wegen der Betreuung und der Erziehung eines Kindes in den ersten drei Lebensjahren, für das ihm die Personensorge zusteht und das mit ihm in einem Haushalt lebt, keine Erwerbstätigkeit ausübt. [3] Sie verlängert sich längstens um den Zeitraum der Kindererziehung.

(11b) [1] Für einen Psychotherapeuten, der in dem in Absatz 10 Satz 1 Nr. 3 und Absatz 11 Satz 1 Nr. 3 genannten Zeitraum wegen der Betreuung und Erziehung eines Kindes in den ersten drei Lebensjahren, für das ihm die Personensorge zustand und mit dem er in einem Haushalt gelebt hat, keine Erwerbstätigkeit ausgeübt hat, wird der Beginn der Frist um die Zeit vorverlegt, die der Zeit der Kindererziehung in dem Dreijahreszeitraum entspricht. [2] Begann die Kindererziehungszeit vor dem 25. Juni 1994, berechnet sich die Frist vom Zeitpunkt des Beginns der Kindererziehungszeit an.

(12) [1] Der Zulassungsausschuß kann über Zulassungsanträge von Psychotherapeuten und überwiegend oder ausschließlich psychotherapeutisch tätige Ärzte, die nach dem 31. Dezember 1998 gestellt werden, erst dann entscheiden, wenn der Landesausschuß der Ärzte und Krankenkassen die Feststellung nach § 103 Abs. 1 Satz 1 getroffen hat. [2] Anträge nach Satz 1 sind wegen Zulassungsbeschränkungen auch dann abzulehnen, wenn diese bei Antragstellung noch nicht angeordnet waren.

(13) [1] In Zulassungssachen der Psychotherapeuten und der überwiegend oder ausschließlich psychotherapeutisch tätigen Ärzte (§ 101 Abs. 4 Satz 1) treten abweichend von § 96 Abs. 2 Satz 1 und § 97 Abs. 2 Satz 1 an die Stelle der Vertreter der Ärzte Vertreter der Psychotherapeuten und der Ärzte in gleicher Zahl; unter den Vertretern der Psychotherapeuten muß mindestens ein Kinder- und Jugendlichenpsychotherapeut sein. [2] Für die erstmalige Besetzung der Zulassungsausschüsse und der Berufungsausschüsse nach Satz 1 werden die Vertreter der Psychotherapeuten von der zuständigen Aufsichtsbehörde auf Vorschlag der für die beruflichen Interessen maßgeblichen Organisationen der Psychotherapeuten auf Landesebene berufen.

§ 95a Voraussetzung für die Eintragung in das Arztregister für Vertragsärzte.
(1) Bei Ärzten setzt die Eintragung in das Arztregister voraus:

1. die Approbation als Arzt,
2. den erfolgreichen Abschluß entweder einer allgemeinmedizinischen Weiterbildung oder einer Weiterbildung in einem anderen Fachgebiet mit der Befugnis zum Führen einer entsprechenden Gebietsbezeichnung oder den Nachweis einer Qualifikation, die gemäß den Absätzen 4 und 5 anerkannt ist.

4. Kapitel. Beziehungen der Krankenkassen § 95a SGB V 5

(2) ¹ Eine allgemeinmedizinische Weiterbildung im Sinne des Absatzes 1 Nr. 2 ist nachgewiesen, wenn der Arzt nach landesrechtlichen Vorschriften zum Führen der Facharztbezeichnung für Allgemeinmedizin berechtigt ist und diese Berechtigung nach einer mindestens fünfjährigen erfolgreichen Weiterbildung in der Allgemeinmedizin bei zur Weiterbildung ermächtigten Ärzten und in dafür zugelassene Einrichtungen erworben hat. ² Bis zum 31. Dezember 2008 ist eine dem Satz 1 entsprechende mindestens dreijährige Weiterbildung ausnahmsweise ausreichend, wenn nach den entsprechenden landesrechtlichen Vorschriften eine begonnene Weiterbildung in der Allgemeinmedizin, für die eine Dauer von mindestens drei Jahren vorgeschrieben war, wegen der Erziehung eines Kindes in den ersten drei Lebensjahren, für das dem Arzt die Personensorge zustand und mit dem er in einem Haushalt gelebt hat, die Weiterbildung unterbrochen worden ist und nach den landesrechtlichen Vorschriften als mindestens dreijährige Weiterbildung fortgesetzt werden darf. ³ Satz 2 gilt entsprechend, wenn aus den dort genannten Gründen der Kindererziehung die Aufnahme einer vertragsärztlichen Tätigkeit in der Allgemeinmedizin vor dem 1. Januar 2006 nicht möglich war und ein entsprechender Antrag auf Eintragung in das Arztregister auf der Grundlage einer abgeschlossenen mindestens dreijährigen Weiterbildung bis zum 31. Dezember 2008 gestellt wird.

(3) ¹ Die allgemeinmedizinische Weiterbildung muß unbeschadet ihrer mindestens fünfjährigen Dauer inhaltlich mindestens den Anforderungen nach Artikel 28 der Richtlinie 2005/36/EG des Europäischen Parlaments und des Rates vom 7. September 2005 über die Anerkennung von Berufsqualifikationen (ABl. EU Nr. L 255 S. 22, 2007 Nr. L 271 S. 18) entsprechen und mit dem Erwerb der Facharztbezeichnung für Allgemeinmedizin abschließen. ² Sie hat insbesondere folgende Tätigkeiten einzuschließen:

1. mindestens sechs Monate in der Praxis eines zur Weiterbildung in der Allgemeinmedizin ermächtigten niedergelassenen Arztes,

2. mindestens sechs Monate in zugelassenen Krankenhäusern,

3. höchstens sechs Monate in anderen zugelassenen Einrichtungen oder Diensten des Gesundheitswesens, die sich mit Allgemeinmedizin befassen, soweit der Arzt mit einer patientenbezogenen Tätigkeit betraut ist.

(4) Die Voraussetzungen zur Eintragung sind auch erfüllt, wenn der Arzt auf Grund von landesrechtlichen Vorschriften zur Ausführung des Artikels 30 der Richtlinie 2005/36/EG des Europäischen Parlaments und des Rates vom 7. September 2005 über die Anerkennung von Berufsqualifikationen (ABl. EU Nr. L 255 S. 22, 2007 Nr. L 271 S. 18) bis zum 31. Dezember 1995 die Bezeichnung „Praktischer Arzt" erworben hat.

(5) ¹ Einzutragen sind auf ihren Antrag auch im Inland zur Berufsausübung zugelassene Ärzte, wenn sie Inhaber eines Ausbildungsnachweises über eine inhaltlich mindestens den Anforderungen nach Artikel 28 der Richtlinie 2005/36/EG des Europäischen Parlaments und des Rates vom 7. September 2005 über die Anerkennung von Berufsqualifikationen (ABl. EU Nr. L 255 S. 22, 2007 Nr. L 271 S. 18) entsprechende besondere Ausbildung in der Allgemeinmedizin sind und dieser Ausbildungsnachweis in einem Mitgliedstaat der Europäischen Union oder einem anderen Vertragsstaat des Abkommens über den Europäischen Wirtschaftsraum oder einem Vertragsstaat, dem Deutschland und die Europäische Gemeinschaft oder Deutschland und die Europäische Union

vertraglich einen entsprechenden Rechtsanspruch eingeräumt haben, ausgestellt worden ist. ²Einzutragen sind auch Inhaber von Bescheinigungen über besondere erworbene Rechte von praktischen Ärzten nach Artikel 30 der in Satz 1 genannten Richtlinie, Inhaber eines Ausbildungsnachweises über eine inhaltlich mindestens den Anforderungen nach Artikel 25 dieser Richtlinie entsprechende fachärztliche Weiterbildung oder Inhaber einer Bescheinigung über besondere erworbene Rechte von Fachärzten nach Artikel 27 dieser Richtlinie.

§ 95b Kollektiver Verzicht auf die Zulassung. (1) Mit den Pflichten eines Vertragsarztes ist es nicht vereinbar, in einem mit anderen Ärzten aufeinander abgestimmten Verfahren oder Verhalten auf die Zulassung als Vertragsarzt zu verzichten.

(2) Verzichten Vertragsärzte in einem mit anderen Vertragsärzten aufeinander abgestimmten Verfahren oder Verhalten auf ihre Zulassung als Vertragsarzt und kommt es aus diesem Grund zur Feststellung der Aufsichtsbehörde nach § 72a Abs. 1, kann eine erneute Zulassung frühestens nach Ablauf von sechs Jahren nach Abgabe der Verzichtserklärung erteilt werden.

(3) ¹Nimmt ein Versicherter einen Arzt oder Zahnarzt in Anspruch, der auf seine Zulassung nach Absatz 1 verzichtet hat, zahlt die Krankenkasse die Vergütung mit befreiender Wirkung an den Arzt oder Zahnarzt. ²Der Vergütungsanspruch gegen die Krankenkasse ist auf das 1,0fache des Gebührensatzes der Gebührenordnung für Ärzte oder der Gebührenordnung für Zahnärzte beschränkt. ³Ein Vergütungsanspruch des Arztes oder Zahnarztes gegen den Versicherten besteht nicht. ⁴Abweichende Vereinbarungen sind nichtig.

§ 95c Voraussetzung für die Eintragung von Psychotherapeuten in das Arztregister. ¹Bei Psychotherapeuten setzt die Eintragung in das Arztregister voraus:

1. die Approbation als Psychotherapeut nach § 2 oder 12 des Psychotherapeutengesetzes und
2. den Fachkundenachweis.

²Der Fachkundenachweis setzt voraus

1. für den nach § 2 Abs. 1 des Psychotherapeutengesetzes approbierten Psychotherapeuten, daß der Psychotherapeut die vertiefte Ausbildung gemäß § 8 Abs. 3 Nr. 1 des Psychotherapeutengesetzes in einem durch den Gemeinsamen Bundesausschuss nach § 92 Abs. 6a anerkannten Behandlungsverfahren erfolgreich abgeschlossen hat;
2. für den nach § 2 Abs. 2 und Abs. 3 des Psychotherapeutengesetzes approbierten Psychotherapeuten, daß die Approbation zugrundeliegende Ausbildung und Prüfung in einem durch den Gemeinsamen Bundesausschuss nach § 92 Abs. 6a anerkannten Behandlungsverfahren abgeschlossen wurden;
3. für den nach § 12 des Psychotherapeutengesetzes approbierten Psychotherapeuten, daß er die für eine Approbation geforderte Qualifikation, Weiterbildung oder Behandlungsstunden, Behandlungsfälle und die theoretische Ausbildung in einem durch den Gemeinsamen Bundesausschuss nach § 92 Abs. 1 Satz 2 Nr. 1 anerkannten Behandlungsverfahren nachweist.

§ 95d SGB V 5

§ 95d Pflicht zur fachlichen Fortbildung.

(1) ¹ Der Vertragsarzt ist verpflichtet, sich in dem Umfang fachlich fortzubilden, wie es zur Erhaltung und Fortentwicklung der zu seiner Berufsausübung in der vertragsärztlichen Versorgung erforderlichen Fachkenntnisse notwendig ist. ² Die Fortbildungsinhalte müssen dem aktuellen Stand der wissenschaftlichen Erkenntnisse auf dem Gebiet der Medizin, Zahnmedizin oder Psychotherapie entsprechen. ³ Sie müssen frei von wirtschaftlichen Interessen sein.

(2) ¹ Der Nachweis über die Fortbildung kann durch Fortbildungszertifikate der Kammern der Ärzte, der Zahnärzte sowie der Psychologischen Psychotherapeuten und Kinder- und Jugendlichenpsychotherapeuten erbracht werden. ² Andere Fortbildungszertifikate müssen den Kriterien entsprechen, die die jeweilige Arbeitsgemeinschaft der Kammern dieser Berufe auf Bundesebene aufgestellt hat. ³ In Ausnahmefällen kann die Übereinstimmung der Fortbildung mit den Anforderungen nach Absatz 1 Satz 2 und 3 auch durch sonstige Nachweise erbracht werden; die Einzelheiten werden von den Kassenärztlichen Bundesvereinigungen nach Absatz 6 Satz 2 geregelt.

(3) ¹ Ein Vertragsarzt hat alle fünf Jahre gegenüber der Kassenärztlichen Vereinigung den Nachweis zu erbringen, dass er in dem zurückliegenden Fünfjahreszeitraum seiner Fortbildungspflicht nach Absatz 1 nachgekommen ist; für die Zeit des Ruhens der Zulassung ist die Frist unterbrochen. ² Endet das bisherige Zulassung infolge Wegzugs des Vertragsarztes aus dem Bezirk seines Vertragsarztsitzes, läuft die bisherige Frist weiter. ³ Erbringt ein Vertragsarzt den Fortbildungsnachweis nicht oder nicht vollständig, ist die Kassenärztliche Vereinigung verpflichtet, das an ihn zu zahlende Honorar aus der Vergütung vertragsärztlicher Tätigkeit für die ersten vier Quartale, die auf den Fünfjahreszeitraum folgen, um 10 vom Hundert zu kürzen, ab dem darauf folgenden Quartal um 25 vom Hundert. ⁴ Ein Vertragsarzt kann die für den Fünfjahreszeitraum festgelegte Fortbildung binnen zwei Jahren ganz oder teilweise nachholen; die nachgeholte Fortbildung wird auf den folgenden Fünfjahreszeitraum nicht angerechnet. ⁵ Die Honorarkürzung endet nach Ablauf des Quartals, in dem der vollständige Fortbildungsnachweis erbracht wird. ⁶ Erbringt ein Vertragsarzt den Fortbildungsnachweis nicht spätestens zwei Jahre nach Ablauf des Fünfjahreszeitraums, soll die Kassenärztliche Vereinigung unverzüglich gegenüber dem Zulassungsausschuss einen Antrag auf Entziehung der Zulassung stellen. ⁷ Wird die Zulassungsentziehung abgelehnt, endet die Honorarkürzung nach Ablauf des Quartals, in dem der Vertragsarzt den vollständigen Fortbildungsnachweis des folgenden Fünfjahreszeitraums erbringt.

(4) Die Absätze 1 bis 3 gelten für ermächtigte Ärzte entsprechend.

(5) ¹ Die Absätze 1 und 2 gelten entsprechend für angestellte Ärzte eines medizinischen Versorgungszentrums, eines Vertragsarztes oder einer Einrichtung nach § 105 Absatz 1 Satz 2, Absatz 5 oder nach § 119b. ² Den Fortbildungsnachweis nach Absatz 3 für die von ihm angestellten Ärzte führt das medizinische Versorgungszentrum oder der Vertragsarzt; für die in einer Einrichtung nach § 105 Absatz 5 oder nach § 119b angestellten Ärzte wird der Fortbildungsnachweis nach Absatz 3 von der Einrichtung geführt. ³ Übt ein angestellter Arzt die Beschäftigung länger als drei Monate nicht aus, hat die Kassenärztliche Vereinigung auf Antrag den Fünfjahreszeitraum um die Fehlzeiten zu verlängern. ⁴ Absatz 3 Satz 2 bis 5 und 7 gilt entsprechend mit der Maßgabe, dass das Honorar des medizinischen Versorgungszentrums, des Vertragsarztes oder der Einrichtung nach § 105 Absatz 1 Satz 2, Absatz 5 oder

nach § 119b gekürzt wird. ⁵ Die Honorarkürzung endet auch dann, wenn der Kassenärztlichen Vereinigung die Beendigung des Beschäftigungsverhältnisses nachgewiesen wird, nach Ablauf des Quartals, in dem das Beschäftigungsverhältnis endet. ⁶ Besteht das Beschäftigungsverhältnis fort und wird nicht spätestens zwei Jahre nach Ablauf des Fünfjahreszeitraums für einen angestellten Arzt der Fortbildungsnachweis gemäß Satz 2 erbracht, soll die Kassenärztliche Vereinigung unverzüglich gegenüber dem Zulassungsausschuss einen Antrag auf Widerruf der Genehmigung der Anstellung stellen.

(6) ¹ Die Kassenärztlichen Bundesvereinigungen regeln im Einvernehmen mit den zuständigen Arbeitsgemeinschaften der Kammern auf Bundesebene den angemessenen Umfang der im Fünfjahreszeitraum notwendigen Fortbildung. ² Die Kassenärztlichen Bundesvereinigungen regeln das Verfahren des Fortbildungsnachweises und der Honorarkürzung. ³ Es ist insbesondere festzulegen, in welchen Fällen Vertragsärzte bereits vor Ablauf des Fünfjahreszeitraums Anspruch auf eine schriftliche oder elektronische Anerkennung abgeleisteter Fortbildung haben. ⁴ Die Regelungen sind für die Kassenärztlichen Vereinigungen verbindlich.

§ 96 Zulassungsausschüsse. (1) Zur Beschlußfassung und Entscheidung in Zulassungssachen errichten die Kassenärztlichen Vereinigungen und die Landesverbände der Krankenkassen sowie die Ersatzkassen für den Bezirk jeder Kassenärztlichen Vereinigung oder für Teile dieses Bezirks (Zulassungsbezirk) einen Zulassungsausschuß für Ärzte und einen Zulassungsausschuß für Zahnärzte.

(2) ¹ Die Zulassungsausschüsse bestehen aus Vertretern der Ärzte und der Krankenkassen in gleicher Zahl. ² Die Vertreter der Ärzte und ihre Stellvertreter werden von den Kassenärztlichen Vereinigungen, die Vertreter der Krankenkassen und ihre Stellvertreter von den Landesverbänden der Krankenkassen und den Ersatzkassen bestellt. ³ Die Mitglieder der Zulassungsausschüsse führen ihr Amt als Ehrenamt. ⁴ Sie sind an Weisungen nicht gebunden. ⁵ Den Vorsitz führt abwechselnd ein Vertreter der Ärzte und der Krankenkassen. ⁶ Die Zulassungsausschüsse beschließen mit einfacher Stimmenmehrheit, bei Stimmengleichheit gilt ein Antrag als abgelehnt.

(3) ¹ Die Geschäfte der Zulassungsausschüsse werden bei den Kassenärztlichen Vereinigungen geführt. ² Die Kosten der Zulassungsausschüsse werden, soweit sie nicht durch Gebühren gedeckt sind, je zur Hälfte von den Kassenärztlichen Vereinigungen einerseits und den Landesverbänden der Krankenkassen und den Ersatzkassen andererseits getragen.

(4) ¹ Gegen die Entscheidungen der Zulassungsausschüsse können die am Verfahren beteiligten Ärzte und Einrichtungen, die Kassenärztlichen Vereinigungen und die Landesverbände der Krankenkassen sowie die Ersatzkassen den Berufungsausschuß anrufen. ² Die Anrufung hat aufschiebende Wirkung.

§ 97 Berufungsausschüsse. (1) ¹ Die Kassenärztlichen Vereinigungen und die Landesverbände der Krankenkassen sowie die Ersatzkassen errichten für den Bezirk jeder Kassenärztlichen Vereinigung einen Berufungsausschuß für Ärzte und einen Berufungsausschuß für Zahnärzte. ² Sie können nach Bedarf mehrere Berufungsausschüsse für den Bezirk einer Kassenärztlichen Vereinigung oder einen gemeinsamen Berufungsausschuß für die Bezirke mehrerer Kassenärztlicher Vereinigungen errichten.

4. Kapitel. Beziehungen der Krankenkassen § 98 SGB V 5

(2) ¹ Die Berufungsausschüsse bestehen aus einem Vorsitzenden mit der Befähigung zum Richteramt und aus Vertretern der Ärzte einerseits und der Landesverbände der Krankenkassen sowie der Ersatzkassen andererseits in gleicher Zahl als Beisitzern. ² Über den Vorsitzenden sollen sich die Beisitzer einigen. ³ Kommt eine Einigung nicht zustande, beruft ihn die für die Sozialversicherung zuständige oberste Verwaltungsbehörde im Benehmen mit den Kassenärztlichen Vereinigungen und den Landesverbänden der Krankenkassen sowie den Ersatzkassen. ⁴ § 96 Abs. 2 Satz 2 bis 5 und 7 und Abs. 3 gilt entsprechend.

(3) ¹ Für das Verfahren sind § 84 Abs. 1 und § 85 Abs. 3 des Sozialgerichtsgesetzes[1]) anzuwenden. ² Das Verfahren vor dem Berufungsausschuß gilt als Vorverfahren (§ 78 des Sozialgerichtsgesetzes).

(4) Der Berufungsausschuß kann die sofortige Vollziehung seiner Entscheidung im öffentlichen Interesse anordnen.

(5) ¹ Die Aufsicht über die Geschäftsführung der Zulassungsausschüsse und der Berufungsausschüsse führen die für die Sozialversicherung zuständigen obersten Verwaltungsbehörden der Länder. ² Sie berufen die Vertreter der Ärzte und der Krankenkassen, wenn und solange die Kassenärztlichen Vereinigungen, die Landesverbände der Krankenkassen oder die Ersatzkassen diese nicht bestellen.

§ 98 Zulassungsverordnungen.

(1) ¹ Die Zulassungsverordnungen regeln das Nähere über die Teilnahme an der vertragsärztlichen Versorgung sowie die zu ihrer Sicherstellung erforderliche Bedarfsplanung (§ 99) und die Beschränkung von Zulassungen. ² Sie werden vom Bundesministerium für Gesundheit mit Zustimmung des Bundesrates als Rechtsverordnung erlassen.

(2) Die Zulassungsverordnungen müssen Vorschriften enthalten über

1. die Zahl, die Bestellung und die Abberufung der Mitglieder der Ausschüsse sowie ihrer Stellvertreter, ihre Amtsdauer, ihre Amtsführung und die ihnen zu gewährende Erstattung der baren Auslagen und Entschädigung für Zeitaufwand,
2. die Geschäftsführung der Ausschüsse,
3. das Verfahren der Ausschüsse entsprechend den Grundsätzen des Vorverfahrens in der Sozialgerichtsbarkeit,
4. die Verfahrensgebühren unter Berücksichtigung des Verwaltungsaufwandes und der Bedeutung der Angelegenheit für den Gebührenschuldner sowie über die Verteilung der Kosten der Ausschüsse auf die beteiligten Verbände,
5. die Führung der Arztregister durch die Kassenärztlichen Vereinigungen und die Führung von Bundesarztregistern durch die Kassenärztlichen Bundesvereinigungen sowie das Recht auf Einsicht in diese Register und die Registerakten, insbesondere durch die betroffenen Ärzte und Krankenkassen,
6. das Verfahren für die Eintragung in die Arztregister sowie über die Verfahrensgebühren unter Berücksichtigung des Verwaltungsaufwandes und der Bedeutung der Angelegenheit für den Gebührenschuldner,
7. die Bildung und Abgrenzung der Zulassungsbezirke,

---

[1]) Nr. 20.

8. die Aufstellung, Abstimmung, Fortentwicklung und Auswertung der für die mittel- und langfristige Sicherstellung der vertragsärztlichen Versorgung erforderlichen Bedarfspläne sowie die hierbei notwendige Zusammenarbeit mit anderen Stellen, deren Unterrichtung und die Beratung in den Landesausschüssen der Ärzte und Krankenkassen,
9. die Ausschreibung von Vertragsarztsitzen,
10. die Voraussetzungen für die Zulassung hinsichtlich der Vorbereitung und der Eignung zur Ausübung der vertragsärztlichen Tätigkeit sowie die nähere Bestimmung des zeitlichen Umfangs des Versorgungsauftrages aus der Zulassung,
11. die Voraussetzungen, unter denen Ärzte, insbesondere in Krankenhäusern und Einrichtungen der beruflichen Rehabilitation, oder in besonderen Fällen Einrichtungen durch die Zulassungsausschüsse zur Teilnahme an der vertragsärztlichen Versorgung ermächtigt werden können, die Rechte und Pflichten der ermächtigten Ärzte und ermächtigten Einrichtungen sowie die Zulässigkeit einer Vertretung von ermächtigten Krankenhausärzten durch Ärzte mit derselben Gebietsbezeichnung,
12. die Voraussetzungen für eine Befristung von Zulassungen,
13. die Voraussetzungen, unter denen nach den Grundsätzen der Ausübung eines freien Berufes die Vertragsärzte angestellte Ärzte, Assistenten und Vertreter in der vertragsärztlichen Versorgung beschäftigen dürfen oder die vertragsärztliche Tätigkeit an weiteren Orten ausüben können,
13a. die Voraussetzungen, unter denen die zur vertragsärztlichen Versorgung zugelassenen Leistungserbringer die vertragsärztliche Tätigkeit gemeinsam ausüben können,
14. die Teilnahme an der vertragsärztlichen Versorgung durch Ärzte, denen die zuständige deutsche Behörde eine Erlaubnis zur vorübergehenden Ausübung des ärztlichen Berufes erteilt hat, sowie durch Ärzte, die zur vorübergehenden Erbringung von Dienstleistungen im Sinne des Artikels 50 des Vertrages zur Gründung der Europäischen Gemeinschaft oder des Artikels 37 des Abkommens über den Europäischen Wirtschaftsraum im Inland tätig werden,
15. die zur Sicherstellung der vertragsärztlichen Versorgung notwendigen angemessenen Fristen für die Beendigung der vertragsärztlichen Tätigkeit bei Verzicht.

(3) Absatz 2 Nummer 12 gilt nicht für die Zulassungsverordnung für Vertragszahnärzte.

Achter Titel. Bedarfsplanung, Unterversorgung, Überversorgung

§ 99 Bedarfsplan. (1) [1]Die Kassenärztlichen Vereinigungen haben im Einvernehmen mit den Landesverbänden der Krankenkassen und den Ersatzkassen nach Maßgabe der vom Gemeinsamen Bundesausschuss erlassenen Richtlinien auf Landesebene einen Bedarfsplan zur Sicherstellung der vertragsärztlichen Versorgung aufzustellen und jeweils der Entwicklung anzupassen. [2]Die Ziele und Erfordernisse der Raumordnung und Landesplanung sowie der Krankenhausplanung sind zu beachten. [3]Soweit es zur Berücksichtigung regionaler Besonderheiten, insbesondere der regionalen Demografie und Morbidität, für eine bedarfsgerechte Versorgung erforderlich ist, kann von den Richtlinien des

Gemeinsamen Bundesausschusses abgewichen werden. ⁴Den zuständigen Landesbehörden und den auf Landesebene für die Wahrnehmung der Interessen der Patientinnen und Patienten und der Selbsthilfe chronisch kranker und behinderter Menschen maßgeblichen Organisationen ist Gelegenheit zur Stellungnahme zu geben. ⁵Der aufgestellte oder angepasste Bedarfsplan ist der für die Sozialversicherung zuständigen obersten Landesbehörde vorzulegen. ⁶Sie kann den Bedarfsplan innerhalb einer Frist von zwei Monaten beanstanden. ⁷Der Bedarfsplan ist in geeigneter Weise zu veröffentlichen.

(2) ¹Kommt das Einvernehmen zwischen den Kassenärztlichen Vereinigungen, den Landesverbänden der Krankenkassen und den Ersatzkassen nicht zustande, kann jeder der Beteiligten den Landesausschuß der Ärzte und Krankenkassen anrufen. ²Dies gilt auch für den Fall, dass kein Einvernehmen darüber besteht, wie einer Beanstandung des Bedarfsplans abzuhelfen ist.

(3) Die Landesausschüsse beraten die Bedarfspläne nach Absatz 1 und entscheiden im Falle des Absatzes 2.

§ 100 Unterversorgung. (1) ¹Den Landesausschüssen der Ärzte und Krankenkassen obliegt die Feststellung, daß in bestimmten Gebieten eines Zulassungsbezirks eine ärztliche Unterversorgung eingetreten ist oder in absehbarer Zeit droht; die durch Ermächtigung an der vertragsärztlichen Versorgung teilnehmenden Ärzte sind bei der Feststellung einer Unterversorgung nicht zu berücksichtigen. ²Sie haben den für die betroffenen Gebiete zuständigen Kassenärztlichen Vereinigungen eine angemessene Frist zur Beseitigung oder Abwendung der Unterversorgung einzuräumen.

(2) Konnte durch Maßnahmen einer Kassenärztlichen Vereinigung oder durch andere geeignete Maßnahmen die Sicherstellung nicht gewährleistet werden und dauert die Unterversorgung auch nach Ablauf der Frist an, haben die Landesausschüsse mit verbindlicher Wirkung für die Zulassungsausschüsse nach deren Anhörung Zulassungsbeschränkungen in anderen Gebieten nach den Zulassungsverordnungen anzuordnen.

(3) Den Landesausschüssen der Ärzte und Krankenkassen obliegt nach Maßgabe der Richtlinien nach § 101 Abs. 1 Nr. 3a die Feststellung, dass in einem nicht unterversorgten Planungsbereich zusätzlicher lokaler Versorgungsbedarf besteht.

(4) Absatz 1 Satz 2 und Absatz 2 gelten nicht für Zahnärzte.

§ 101 Überversorgung. (1) ¹Der Gemeinsame Bundesausschuss beschließt in Richtlinien Bestimmungen über

1. einheitliche Verhältniszahlen für den allgemeinen bedarfsgerechten Versorgungsgrad in der vertragsärztlichen Versorgung,
2. Maßstäbe für eine ausgewogene hausärztliche und fachärztliche Versorgungsstruktur,
2a. Regelungen, mit denen bei der Berechnung des Versorgungsgrades die von Ärzten erbrachten spezialfachärztlichen Leistungen nach § 116b berücksichtigt werden,
2b. Regelungen, mit denen bei der Berechnung des Versorgungsgrades die durch Ermächtigung an der vertragsärztlichen Versorgung teilnehmenden Ärzte berücksichtigt werden,

3. Vorgaben für die ausnahmsweise Besetzung zusätzlicher Vertragsarztsitze, soweit diese zur Gewährleistung der vertragsärztlichen Versorgung in einem Versorgungsbereich unerläßlich sind, um einen zusätzlichen lokalen oder einen qualifikationsbezogenen Versorgungsbedarf insbesondere innerhalb einer Arztgruppe zu decken,

3a. allgemeine Voraussetzungen, nach denen die Landesausschüsse der Ärzte und Krankenkassen nach § 100 Abs. 3 einen zusätzlichen lokalen Versorgungsbedarf in nicht unterversorgten Planungsbereichen feststellen können,

4. Ausnahmeregelungen für die Zulassung eines Arztes in einem Planungsbereich, für den Zulassungsbeschränkungen angeordnet sind, sofern der Arzt die vertragsärztliche Tätigkeit gemeinsam mit einem dort bereits tätigen Vertragsarzt desselben Fachgebiets oder, sofern die Weiterbildungsordnungen Facharztbezeichnungen vorsehen, derselben Facharztbezeichnung ausüben will und sich die Partner der Berufsausübungsgemeinschaft gegenüber dem Zulassungsausschuß zu einer Leistungsbegrenzung verpflichten, die den bisherigen Praxisumfang nicht wesentlich überschreitet, dies gilt für die Anstellung eines Arztes in einer Einrichtung nach § 311 Abs. 2 Satz 1 und in einem medizinischen Versorgungszentrum entsprechend; bei der Ermittlung des Versorgungsgrades ist der Arzt nicht mitzurechnen,

5. Regelungen für die Anstellung von Ärzten bei einem Vertragsarzt desselben Fachgebiets oder, sofern die Weiterbildungsordnungen Facharztbezeichnungen vorsehen, mit derselben Facharztbezeichnung in einem Planungsbereich, für den Zulassungsbeschränkungen angeordnet sind, sofern sich der Vertragsarzt gegenüber dem Zulassungsausschuß zu einer Leistungsbegrenzung verpflichtet, die den bisherigen Praxisumfang nicht wesentlich überschreitet, und Ausnahmen von der Leistungsbegrenzung, soweit und solange dies zur Deckung eines zusätzlichen lokalen Versorgungsbedarfs erforderlich ist; bei der Ermittlung des Versorgungsgrades sind die angestellten Ärzte nicht mitzurechnen,

6. Ausnahmeregelungen zur Leistungsbegrenzung nach den Nummern 4 und 5 im Fall eines unterdurchschnittlichen Praxisumfangs; für psychotherapeutische Praxen mit unterdurchschnittlichem Praxisumfang soll eine Vergrößerung des Praxisumfangs nicht auf den Fachgruppendurchschnitt begrenzt werden.

[2] Sofern die Weiterbildungsordnungen mehrere Facharztbezeichnungen innerhalb desselben Fachgebiets vorsehen, bestimmen die Richtlinien nach Nummer 4 und 5 auch, welche Facharztbezeichnungen bei der gemeinschaftlichen Berufsausübung nach Nummer 4 und bei der Anstellung nach Nummer 5 vereinbar sind. [3] Überversorgung ist anzunehmen, wenn der allgemeine bedarfsgerechte Versorgungsgrad um 10 vom Hundert überschritten ist. [4] Der allgemeine bedarfsgerechte Versorgungsgrad ist erstmals bundeseinheitlich zum Stand vom 31. Dezember 1990 zu ermitteln. [5] Bei der Ermittlung des Versorgungsgrades ist die Entwicklung des Zugangs zur vertragsärztlichen Versorgung seit dem 31. Dezember 1980 arztgruppenspezifisch angemessen zu berücksichtigen. [6] Die regionalen Planungsbereiche sind mit Wirkung zum 1. Januar 2013 so festzulegen, dass eine flächendeckende Versorgung sichergestellt wird. [7] Der Gemeinsame Bundesausschuss trifft mit Wirkung zum

1. Januar 2017 die erforderlichen Anpassungen für eine bedarfsgerechte Versorgung nach Prüfung der Verhältniszahlen gemäß Absatz 2 Nummer 3 und unter Berücksichtigung der Möglichkeit zu einer kleinräumigen Planung, insbesondere für die Arztgruppe nach Absatz 4. [8] Bei der Berechnung des Versorgungsgrades in einem Planungsbereich sind Vertragsärzte mit einem hälftigen Versorgungsauftrag mit dem Faktor 0,5 sowie die bei einem Vertragsarzt nach § 95 Abs. 9 Satz 1 angestellten Ärzte, die in einem medizinischen Versorgungszentrum angestellten Ärzte und die in einer Einrichtung nach § 105 Absatz 1 Satz 2 angestellten Ärzte entsprechend ihrer Arbeitszeit anteilig zu berücksichtigen. [9] Erbringen die in Satz 7 genannten Ärzte spezialfachärztliche Leistungen nach § 116b, ist dies bei der Berechnung des Versorgungsgrades nach Maßgabe der Bestimmungen nach Satz 1 Nummer 2a zu berücksichtigen. [10] Die Berücksichtigung ermächtigter Ärzte und der in ermächtigten Einrichtungen tätigen Ärzte erfolgt nach Maßgabe der Bestimmungen nach Satz 1 Nummer 2b.

(2) Der Gemeinsame Bundesausschuss hat die auf der Grundlage des Absatzes 1 Satz 4 und 5 ermittelten Verhältniszahlen anzupassen oder neue Verhältniszahlen festzulegen, wenn dies erforderlich ist

1. wegen der Änderung der fachlichen Ordnung der Arztgruppen,
2. weil die Zahl der Ärzte einer Arztgruppe bundesweit die Zahl 1 000 übersteigt oder
3. zur Sicherstellung der bedarfsgerechten Versorgung; dabei sind insbesondere die demografische Entwicklung sowie die Sozial- und Morbiditätsstruktur zu berücksichtigen.

(3) [1] Im Falle des Absatzes 1 Satz 1 Nr. 4 erhält der Arzt eine auf die Dauer der gemeinsamen vertragsärztlichen Tätigkeit beschränkte Zulassung. [2] Die Beschränkung und die Leistungsbegrenzung nach Absatz 1 Satz 1 Nr. 4 enden bei Aufhebung der Zulassungsbeschränkungen nach § 103 Abs. 3, spätestens jedoch nach zehnjähriger gemeinsamer vertragsärztlicher Tätigkeit. [3] Endet die Beschränkung, wird der Arzt bei der Ermittlung des Versorgungsgrades mitgerechnet. [4] Im Falle der Praxisfortführung nach § 103 Abs. 4 ist bei der Auswahl der Bewerber die gemeinschaftliche Praxisausübung des in Absatz 1 Satz 1 Nr. 4 genannten Arztes erst nach mindestens fünfjähriger gemeinsamer vertragsärztlicher Tätigkeit zu berücksichtigen. [5] Für die Einrichtungen nach § 311 Abs. 2 Satz 1 gelten die Sätze 2 und 3 entsprechend.

(3a) [1] Die Leistungsbegrenzung nach Absatz 1 Satz 1 Nr. 5 endet bei Aufhebung der Zulassungsbeschränkungen. [2] Endet die Leistungsbegrenzung, wird der angestellte Arzt bei der Ermittlung des Versorgungsgrades mitgerechnet.

(4) [1] Überwiegend oder ausschließlich psychotherapeutisch tätige Ärzte und Psychotherapeuten bilden eine Arztgruppe im Sinne des Absatzes 2. [2] Der allgemeine bedarfsgerechte Versorgungsgrad ist für diese Arztgruppe erstmals zum Stand vom 1. Januar 1999 zu ermitteln. [3] Zu zählen sind die zugelassenen Ärzte sowie die Psychotherapeuten, die nach § 95 Abs. 10 zugelassen werden. [4] Dabei sind überwiegend psychotherapeutisch tätige Ärzte mit dem Faktor 0,7 zu berücksichtigen. [5] In den Richtlinien nach Absatz 1 ist für die Zeit bis zum 31. Dezember 2015 sicherzustellen, dass mindestens ein Versorgungsanteil in Höhe von 25 Prozent der allgemeinen Verhältniszahl den überwiegend oder ausschließlich psychotherapeutisch tätigen Ärzten und mindestens ein Versorgungsanteil in Höhe von 20 Prozent der allgemeinen Verhältniszahl den Leis-

tungserbringern nach Satz 1, die ausschließlich Kinder und Jugendliche psychotherapeutisch betreuen, vorbehalten ist. ⁶ Ab dem 1. Januar 2016 gelten die in Satz 5 vorgesehenen Mindestversorgungsanteile mit der Maßgabe fort, dass der Gemeinsame Bundesausschuss ihre Höhe aus Versorgungsgründen bedarfsgerecht anpassen kann; zudem können innerhalb des Mindestversorgungsanteils für überwiegend oder ausschließlich psychotherapeutisch tätige Ärzte weitere nach Fachgebieten differenzierte Mindestversorgungsanteile vorgesehen werden. ⁷ Bei der Feststellung der Überversorgung nach § 103 Abs. 1 sind die ermächtigten Psychotherapeuten nach § 95 Abs. 11 mitzurechnen.

(5) ¹ Hausärzte (§ 73 Abs. 1a) bilden ab dem 1. Januar 2001 mit Ausnahme der Kinderärzte eine Arztgruppe im Sinne des Absatzes 2; Absatz 4 bleibt unberührt. ² Der allgemeine bedarfsgerechte Versorgungsgrad ist für diese Arztgruppe erstmals zum Stand vom 31. Dezember 1995 zu ermitteln. ³ Die Verhältniszahlen für die an der fachärztlichen Versorgung teilnehmenden Internisten sind zum Stand vom 31. Dezember 1995 neu zu ermitteln. ⁴ Der Gemeinsame Bundesausschuss hat die neuen Verhältniszahlen bis zum 31. März 2000 zu beschließen. ⁵ Der Landesausschuss hat die Feststellungen nach § 103 Abs. 1 Satz 1 erstmals zum Stand vom 31. Dezember 2000 zu treffen. ⁶ Ein Wechsel für Internisten ohne Schwerpunktbezeichnung in die hausärztliche oder fachärztliche Versorgung ist nur dann zulässig, wenn dafür keine Zulassungsbeschränkungen nach § 103 Abs. 1 angeordnet sind.

(6) Absatz 1 Satz 1 Nummer 2a, 2b, 3, 4, 5 und 6 und Absätze 3 und 3a gelten nicht für Zahnärzte.

§ 102 *(aufgehoben)*

§ 103 Zulassungsbeschränkungen.

(1) ¹ Die Landesausschüsse der Ärzte und Krankenkassen stellen fest, ob eine Überversorgung vorliegt; die durch Ermächtigung an der vertragsärztlichen Versorgung teilnehmenden Ärzte sind bei der Feststellung einer Überversorgung nicht zu berücksichtigen. ² Wenn dies der Fall ist, hat der Landesausschuß nach den Vorschriften der Zulassungsverordnungen und unter Berücksichtigung der Richtlinien des Gemeinsamen Bundesausschusses Zulassungsbeschränkungen anzuordnen. ³ Darüber hinaus treffen die Landesausschüsse eine Feststellung, wenn der allgemeine bedarfsgerechte Versorgungsgrad um 40 Prozent überschritten ist.

(2) ¹ Die Zulassungsbeschränkungen sind räumlich zu begrenzen. ² Sie können einen oder mehrere Planungsbereiche einer Kassenärztlichen Vereinigung umfassen. ³ Sie sind arztgruppenbezogen unter angemessener Berücksichtigung der Besonderheiten bei den Kassenarten anzuordnen.

(3) Die Zulassungsbeschränkungen sind aufzuheben, wenn die Voraussetzungen für eine Überversorgung entfallen sind.

(3a) ¹ Wenn die Zulassung eines Vertragsarztes in einem Planungsbereich, für den Zulassungsbeschränkungen angeordnet sind, durch Tod, Verzicht oder Entziehung endet und die Praxis von einem Nachfolger weitergeführt werden soll, entscheidet der Zulassungsausschuss auf Antrag des Vertragsarztes oder seiner zur Verfügung über die Praxis berechtigten Erben, ob ein Nachbesetzungsverfahren nach Absatz 4 für den Vertragsarztsitz durchgeführt werden soll. ² Satz 1 gilt auch bei hälftigem Verzicht oder bei hälftiger Entziehung; Satz 1 gilt nicht, wenn ein Vertragsarzt, dessen Zulassung befristet ist, vor Ablauf der

4. Kapitel. Beziehungen der Krankenkassen § 103 SGB V 5

Frist auf seine Zulassung verzichtet. ³ Der Zulassungsausschuss kann den Antrag ablehnen, wenn eine Nachbesetzung des Vertragsarztsitzes aus Versorgungsgründen nicht erforderlich ist; dies gilt nicht, sofern die Praxis von einem Nachfolger weitergeführt werden soll, der dem in Absatz 4 Satz 5 Nummer 4, 5 und 6 bezeichneten Personenkreis angehört oder der sich verpflichtet, die Praxis in ein anderes Gebiet des Planungsbereichs zu verlegen, in dem nach Mitteilung der Kassenärztlichen Vereinigung aufgrund einer zu geringen Ärztedichte ein Versorgungsbedarf besteht. ⁴ Für einen Nachfolger, der dem in Absatz 4 Satz 5 Nummer 4 bezeichneten Personenkreis angehört, gilt Satz 3 zweiter Halbsatz mit der Maßgabe, dass dieser Nachfolger die vertragsärztliche Tätigkeit in einem Gebiet, in dem der Landesausschuss nach § 100 Absatz 1 das Bestehen von Unterversorgung festgestellt hat, nach dem 23. Juli 2015 erstmals aufgenommen hat. ⁵ Für einen Nachfolger, der dem in Absatz 4 Satz 5 Nummer 6 bezeichneten Personenkreis angehört, gilt Satz 3 zweiter Halbsatz mit der Maßgabe, dass das Anstellungsverhältnis oder der gemeinschaftliche Betrieb der Praxis mindestens drei Jahre lang angedauert haben muss. ⁶ Satz 5 gilt nicht, wenn das Anstellungsverhältnis oder der gemeinschaftliche Praxisbetrieb vor dem 5. März 2015 begründet wurde. ⁷ Hat der Landesausschuss eine Feststellung nach Absatz 1 Satz 3 getroffen, soll der Zulassungsausschuss den Antrag auf Durchführung eines Nachbesetzungsverfahrens ablehnen, wenn eine Nachbesetzung des Vertragsarztsitzes aus Versorgungsgründen nicht erforderlich ist. ⁸ Im Fall des Satzes 7 gelten Satz 3 zweiter Halbsatz sowie die Sätze 4 bis 6 entsprechend; Absatz 4 Satz 9 gilt mit der Maßgabe, dass die Nachbesetzung abgelehnt werden soll. ⁹ Der Zulassungsausschuss beschließt mit einfacher Stimmenmehrheit; bei Stimmengleichheit ist dem Antrag abweichend von § 96 Absatz 2 Satz 6 zu entsprechen. ¹⁰ § 96 Absatz 4 findet keine Anwendung. ¹¹ Ein Vorverfahren (§ 78 des Sozialgerichtsgesetzes¹)) findet nicht statt. ¹² Klagen gegen einen Beschluss des Zulassungsausschusses, mit dem einem Antrag auf Durchführung eines Nachbesetzungsverfahrens entsprochen wird, haben keine aufschiebende Wirkung. ¹³ Hat der Zulassungsausschuss den Antrag abgelehnt, hat die Kassenärztliche Vereinigung dem Vertragsarzt oder seinen zur Verfügung über die Praxis berechtigten Erben eine Entschädigung in der Höhe des Verkehrswertes der Arztpraxis zu zahlen. ¹⁴ Bei der Ermittlung des Verkehrswertes ist auf den Verkehrswert abzustellen, der nach Absatz 4 Satz 8 bei Fortführung der Praxis maßgeblich wäre.

(4) ¹ Hat der Zulassungsausschuss in einem Planungsbereich, für den Zulassungsbeschränkungen angeordnet sind, nach Absatz 3a einem Antrag auf Durchführung eines Nachbesetzungsverfahrens entsprochen, hat die Kassenärztliche Vereinigung den Vertragsarztsitz in den für ihre amtlichen Bekanntmachungen vorgesehenen Blättern unverzüglich auszuschreiben und eine Liste der eingehenden Bewerbungen zu erstellen. ² Satz 1 gilt auch bei hälftigem Verzicht oder bei hälftiger Entziehung der Zulassung. ³ Dem Zulassungsausschuß sowie dem Vertragsarzt oder seinen Erben ist eine Liste der eingehenden Bewerbungen zur Verfügung zu stellen. ⁴ Unter mehreren Bewerbern, die die ausgeschriebene Praxis als Nachfolger des bisherigen Vertragsarztes fortführen wollen, hat der Zulassungsausschuß den Nachfolger nach pflichtgemäßem Ermessen auszuwählen. ⁵ Bei der Auswahl der Bewerber sind folgende Kriterien zu berücksichtigen:

---

¹⁾ Nr. 20.

1. die berufliche Eignung,

2. das Approbationsalter,

3. die Dauer der ärztlichen Tätigkeit,

4. eine mindestens fünf Jahre dauernde vertragsärztliche Tätigkeit in einem Gebiet, in dem der Landesausschuss nach § 100 Absatz 1 das Bestehen von Unterversorgung festgestellt hat,

5. ob der Bewerber Ehegatte, Lebenspartner oder ein Kind des bisherigen Vertragsarztes ist,

6. ob der Bewerber ein angestellter Arzt des bisherigen Vertragsarztes oder ein Vertragsarzt ist, mit dem die Praxis bisher gemeinschaftlich betrieben wurde,

7. ob der Bewerber bereit ist, besondere Versorgungsbedürfnisse, die in der Ausschreibung der Kassenärztlichen Vereinigung definiert worden sind, zu erfüllen,

8. Belange von Menschen mit Behinderung beim Zugang zur Versorgung.

[6] Ab dem 1. Januar 2006 sind für ausgeschriebene Hausarztsitze vorrangig Allgemeinärzte zu berücksichtigen. [7] Die Dauer der ärztlichen Tätigkeit nach Satz 5 Nummer 3 wird verlängert um Zeiten, in denen die ärztliche Tätigkeit wegen der Erziehung von Kindern oder der Pflege pflegebedürftiger naher Angehöriger in häuslicher Umgebung unterbrochen worden ist. [8] Die wirtschaftlichen Interessen des ausscheidenden Vertragsarztes oder seiner Erben sind nur insoweit zu berücksichtigen, als der Kaufpreis die Höhe des Verkehrswerts der Praxis nicht übersteigt. [9] Kommt der Zulassungsausschuss in den Fällen des Absatzes 3a Satz 3 zweiter Halbsatz bei der Auswahlentscheidung nach Satz 4 zu dem Ergebnis, dass ein Bewerber auszuwählen ist, der nicht dem in Absatz 3a Satz 3 zweiter Halbsatz in Verbindung mit Absatz 3a Satz 4 bis 6 bezeichneten Personenkreis angehört, kann er die Nachbesetzung des Vertragsarztsitzes mit der Mehrheit seiner Stimmen ablehnen, wenn eine Nachbesetzung aus Versorgungsgründen nicht erforderlich ist; Absatz 3a Satz 10, 11, 13 und 14 gilt in diesem Fall entsprechend. [10] Hat sich ein medizinisches Versorgungszentrum auf die Nachbesetzung des Vertragsarztsitzes beworben, kann auch anstelle der in Satz 5 genannten Kriterien die Ergänzung des besonderen Versorgungsangebots des medizinischen Versorgungszentrums berücksichtigt werden.

(4a) [1] Verzichtet ein Vertragsarzt in einem Planungsbereich, für den Zulassungsbeschränkungen angeordnet sind, auf seine Zulassung, um in einem medizinischen Versorgungszentrum tätig zu werden, so hat der Zulassungsausschuss die Anstellung zu genehmigen, wenn Gründe der vertragsärztlichen Versorgung dem nicht entgegenstehen; eine Fortführung der Praxis nach Absatz 4 ist nicht möglich. [2] Nach einer Tätigkeit von mindestens fünf Jahren in einem medizinischen Versorgungszentrum, dessen Sitz in einem Planungsbereich liegt, für den Zulassungsbeschränkungen angeordnet sind, erhält ein Arzt unbeschadet der Zulassungsbeschränkungen auf Antrag eine Zulassung in diesem Planungsbereich; dies gilt nicht für Ärzte, die auf Grund einer Nachbesetzung nach Satz 5 oder erst seit dem 1. Januar 2007 in einem medizinischen Versorgungszentrum tätig sind. [3] Medizinischen Versorgungszentren ist die Nachbesetzung einer Arztstelle möglich, auch wenn Zulassungsbeschränkungen angeordnet sind. [4] § 95 Absatz 9b gilt entsprechend.

4. Kapitel. Beziehungen der Krankenkassen § 103 SGB V 5

(4b) ¹ Verzichtet ein Vertragsarzt in einem Planungsbereich, für den Zulassungsbeschränkungen angeordnet sind, auf seine Zulassung, um bei einem Vertragsarzt als nach § 95 Abs. 9 Satz 1 angestellter Arzt tätig zu werden, so hat der Zulassungsausschuss die Anstellung zu genehmigen, wenn Gründe der vertragsärztlichen Versorgung dem nicht entgegenstehen; eine Fortführung der Praxis nach Absatz 4 ist nicht möglich. ² Soll die vertragsärztliche Tätigkeit in den Fällen der Beendigung der Zulassung durch Tod, Verzicht oder Entziehung von einem Praxisnachfolger weitergeführt werden, kann die Praxis auch in der Form weitergeführt werden, dass ein Vertragsarzt den Vertragsarztsitz übernimmt und die vertragsärztliche Tätigkeit durch einen angestellten Arzt in seiner Praxis weiterführt, wenn Gründe der vertragsärztlichen Versorgung dem nicht entgegenstehen. ³ Die Nachbesetzung der Stelle eines nach § 95 Abs. 9 Satz 1 angestellten Arztes ist möglich, auch wenn Zulassungsbeschränkungen angeordnet sind. ⁴ § 95 Absatz 9b gilt entsprechend.

(4c) ¹ Soll die vertragsärztliche Tätigkeit in den Fällen der Beendigung der Zulassung durch Tod, Verzicht oder Entziehung von einem Praxisnachfolger weitergeführt werden, kann die Praxis auch in der Form weitergeführt werden, dass ein medizinisches Versorgungszentrum den Vertragsarztsitz übernimmt und die vertragsärztliche Tätigkeit durch einen angestellten Arzt in der Einrichtung weiterführt, wenn Gründe der vertragsärztlichen Versorgung dem nicht entgegenstehen. ² Die Absätze 3a, 4 und 5 gelten entsprechend. ³ Absatz 4 gilt mit der Maßgabe, dass bei der Auswahl des Praxisnachfolgers ein medizinisches Versorgungszentrum, bei dem die Mehrheit der Geschäftsanteile und der Stimmrechte nicht bei Ärzten liegt, die in dem medizinischen Versorgungszentrum als Vertragsärzte tätig sind, gegenüber den übrigen Bewerbern nachrangig zu berücksichtigen ist. ⁴ Dieser Nachrang gilt nicht für ein medizinisches Versorgungszentrum, das am 31. Dezember 2011 zugelassen war und bei dem die Mehrheit der Geschäftsanteile und der Stimmrechte bereits zu diesem Zeitpunkt nicht bei den dort tätigen Vertragsärzten lag.

(5) ¹ Die Kassenärztlichen Vereinigungen (Registerstelle) führen für jeden Planungsbereich eine Warteliste. ² In die Warteliste werden auf Antrag die Ärzte, die sich um einen Vertragsarztsitz bewerben und in das Arztregister eingetragen sind, aufgenommen. ³ Bei der Auswahl der Bewerber für die Übernahme einer Vertragsarztpraxis nach Absatz 4 ist die Dauer der Eintragung in die Warteliste zu berücksichtigen.

(6) ¹ Endet die Zulassung eines Vertragsarztes, der die Praxis bisher mit einem oder mehreren Vertragsärzten gemeinschaftlich ausgeübt hat, so gelten die Absätze 4 und 5 entsprechend. ² Die Interessen des oder der in der Praxis verbleibenden Vertragsärzte sind bei der Bewerberauswahl angemessen zu berücksichtigen.

(7) ¹ In einem Planungsbereich, für den Zulassungsbeschränkungen angeordnet sind, haben Krankenhausträger das Angebot zum Abschluß von Belegarztverträgen auszuschreiben. ² Kommt ein Belegarztvertrag mit einem im Planungsbereich niedergelassenen Vertragsarzt nicht zustande, kann der Krankenhausträger mit einem bisher im Planungsbereich nicht niedergelassenen geeigneten Arzt einen Belegarztvertrag schließen. ³ Dieser erhält eine auf die Dauer der belegärztlichen Tätigkeit beschränkte Zulassung; die Beschränkung entfällt bei Aufhebung der Zulassungsbeschränkungen nach Absatz 3, spätestens nach Ablauf von zehn Jahren.

(8) Die Absätze 1 bis 7 gelten nicht für Zahnärzte.

§ 104 Verfahren bei Zulassungsbeschränkungen. (1) Die Zulassungsverordnungen bestimmen, unter welchen Voraussetzungen, in welchem Umfang und für welche Dauer zur Sicherstellung einer bedarfsgerechten ärztlichen Versorgung in solchen Gebieten eines Zulassungsbezirks, in denen eine vertragsärztliche Unterversorgung eingetreten ist oder in absehbarer Zeit droht, Beschränkungen der Zulassungen in hiervon nicht betroffenen Gebieten von Zulassungsbezirken nach vorheriger Ausschöpfung anderer geeigneter Maßnahmen vorzusehen und inwieweit hierbei die Zulassungsausschüsse an die Anordnung der Landesausschüsse gebunden sind und Härtefälle zu berücksichtigen haben.

(2) Die Zulassungsverordnungen bestimmen nach Maßgabe des § 101 auch das Nähere über das Verfahren bei der Anordnung von Zulassungsbeschränkungen bei vertragsärztlicher Überversorgung.

(3) Die Absätze 1 und 2 gelten nicht für Zahnärzte.

§ 105 Förderung der vertragsärztlichen Versorgung. (1) [1] Die Kassenärztlichen Vereinigungen haben mit Unterstützung der Kassenärztlichen Bundesvereinigungen entsprechend den Bedarfsplänen alle geeigneten finanziellen und sonstigen Maßnahmen zu ergreifen, um die Sicherstellung der vertragsärztlichen Versorgung zu gewährleisten, zu verbessern oder zu fördern; zu den möglichen Maßnahmen gehört auch die Zahlung von Sicherstellungszuschlägen an Vertragsärzte in Gebieten oder in Teilen von Gebieten, für die der Landesausschuss der Ärzte und Krankenkassen die Feststellung nach § 100 Abs. 1 und 3 getroffen hat. [2] Zum Betreiben von Einrichtungen, die der unmittelbaren medizinischen Versorgung der Versicherten dienen, oder zur Beteiligung an solchen Einrichtungen bedürfen die Kassenärztlichen Vereinigungen des Benehmens mit den Landesverbänden der Krankenkassen und den Ersatzkassen. [3] Die in den Einrichtungen nach Satz 2 erbrachten ärztlichen Leistungen sind aus der vertragsärztlichen Gesamtvergütung zu vergüten.

(1a) [1] Die Kassenärztliche Vereinigung kann zur Finanzierung von Fördermaßnahmen zur Sicherstellung der vertragsärztlichen Versorgung einen Strukturfonds bilden, für den sie 0,1 Prozent der nach § 87a Absatz 3 Satz 1 vereinbarten morbiditätsbedingten Gesamtvergütungen zur Verfügung stellt. [2] Hat die Kassenärztliche Vereinigung einen Strukturfonds nach Satz 1 gebildet, haben die Landesverbände der Krankenkassen und die Ersatzkassen zusätzlich einen Betrag in gleicher Höhe in den Strukturfonds zu entrichten. [3] Mittel des Strukturfonds sollen insbesondere für Zuschüsse zu den Investitionskosten bei der Neuniederlassung oder der Gründung von Zweigpraxen, für Zuschläge zur Vergütung und zur Ausbildung sowie für die Vergabe von Stipendien verwendet werden.

(2) [1] Die Kassenärztlichen Vereinigungen haben darauf hinzuwirken, daß medizinisch-technische Leistungen, die der Arzt zur Unterstützung seiner Maßnahmen benötigt, wirtschaftlich erbracht werden. [2] Die Kassenärztlichen Vereinigungen sollen ermöglichen, solche Leistungen im Rahmen der vertragsärztlichen Versorgung von Gemeinschaftseinrichtungen der niedergelassenen Ärzte zu beziehen, wenn eine solche Erbringung medizinischen Erfordernissen genügt.

(3) ¹Die Kassenärztlichen Vereinigungen können den freiwilligen Verzicht auf die Zulassung als Vertragsarzt finanziell fördern. ²In einem Planungsbereich, für den Zulassungsbeschränkungen angeordnet sind, ist eine finanzielle Förderung auch durch den Aufkauf der Arztpraxis durch die Kassenärztliche Vereinigung möglich, wenn auf eine Ausschreibung zur Nachbesetzung nach § 103 Absatz 4 Satz 1 verzichtet wird.

(4) ¹Der Landesausschuss der Ärzte und Krankenkassen entscheidet über die Gewährung der Sicherstellungszuschläge nach Absatz 1 Satz 1 zweiter Halbsatz, über die Höhe der zu zahlenden Sicherstellungszuschläge je Arzt, über die Dauer der Maßnahme sowie über die Anforderungen an den berechtigten Personenkreis. ²Die für den Vertragsarzt zuständige Kassenärztliche Vereinigung und die Krankenkassen, die an diese Kassenärztliche Vereinigung eine Vergütung nach Maßgabe des Gesamtvertrages nach § 83 oder § 87a entrichten, tragen den sich aus Satz 1 ergebenden Zahlbetrag an den Vertragsarzt jeweils zur Hälfte. ³Über das Nähere zur Aufteilung des auf die Krankenkassen entfallenden Betrages nach Satz 2 auf die einzelnen Krankenkassen entscheidet der Landesausschuss der Ärzte und Krankenkassen.

(5) ¹Kommunen können mit Zustimmung der Kassenärztlichen Vereinigung in begründeten Ausnahmefällen eigene Einrichtungen zur unmittelbaren medizinischen Versorgung der Versicherten betreiben. ²Ein begründeter Ausnahmefall kann insbesondere dann vorliegen, wenn eine Versorgung auf andere Weise nicht sichergestellt werden kann. ³Sind die Voraussetzungen nach Satz 1 erfüllt, hat der Zulassungsausschuss die Einrichtung auf Antrag zur Teilnahme an der vertragsärztlichen Versorgung mit angestellten Ärzten, die in das Arztregister eingetragen sind, zu ermächtigen. ⁴§ 95 Absatz 2 Satz 7 bis 10 gilt entsprechend. ⁵In der kommunalen Eigeneinrichtung tätige Ärzte sind bei ihren ärztlichen Entscheidungen nicht an Weisungen von Nichtärzten gebunden.

Neunter Titel. Wirtschaftlichkeits- und Abrechnungsprüfung

§ 106 Wirtschaftlichkeitsprüfung. (1) ¹Die Krankenkassen und die Kassenärztlichen Vereinigungen überwachen die Wirtschaftlichkeit der vertragsärztlichen Versorgung durch Beratungen und Prüfungen. ²Die Landesverbände der Krankenkassen und die Ersatzkassen gemeinsam und einheitlich und die Kassenärztlichen Vereinigungen vereinbaren Inhalt und Durchführung der Beratungen und Prüfungen nach Absatz 2 sowie die Voraussetzungen für Einzelfallprüfungen. ³Die Vertragspartner können die Prüfungsstelle mit der Prüfung ärztlich verordneter Leistungen in der ambulanten Versorgung außerhalb der vertragsärztlichen Versorgung beauftragen und tragen die Kosten. ⁴Die Krankenkassen übermitteln der Prüfungsstelle die Daten in der ambulanten Versorgung außerhalb der vertragsärztlichen Versorgung verordneten Leistungen; dabei sind zusätzlich die Zahl der Behandlungsfälle und eine Zuordnung der verordneten Leistungen zum Datum der Behandlung zu übermitteln. ⁵Die §§ 296 und 297 gelten entsprechend.

(2) ¹Die Wirtschaftlichkeit der Versorgung wird von der Prüfungsstelle nach § 106c geprüft durch

1. arztbezogene Prüfungen ärztlicher Leistungen nach § 106a,
2. arztbezogene Prüfungen ärztlich verordneter Leistungen nach § 106b.

²Die Prüfungen werden auf der Grundlage der Daten durchgeführt, die der Prüfungsstelle nach § 106c gemäß § 296 Absatz 1, 2 und 4 sowie § 297 Ab-

satz 1 bis 3 übermittelt werden. ³Hat die Prüfungsstelle Zweifel an der Richtigkeit der übermittelten Daten, ermittelt sie die Datengrundlagen für die Prüfung aus einer Stichprobe der abgerechneten Behandlungsfälle des Arztes und rechnet die so ermittelten Teildaten nach einem statistisch zulässigen Verfahren auf die Grundgesamtheit der Arztpraxis hoch.

(3) ¹Die Prüfungsstelle nach § 106c bereitet die für die Prüfungen nach Absatz 2 erforderlichen Daten und sonstigen Unterlagen auf, trifft Feststellungen zu den für die Beurteilung der Wirtschaftlichkeit wesentlichen Sachverhalten und entscheidet unter Beachtung der Vereinbarungen nach den §§ 106a und 106b, ob der Vertragsarzt, der ermächtigte Arzt oder die ermächtigte Einrichtung gegen das Wirtschaftlichkeitsgebot verstoßen hat und welche Maßnahmen zu treffen sind. ²Eine Maßnahme kann insbesondere auch die Festsetzung einer Nachforderung oder einer Kürzung sein. ³Gezielte Beratungen sollen weiteren Maßnahmen in der Regel vorangehen. ⁴Die Prüfungsstelle berät die Vertragsärzte auf der Grundlage von Übersichten über die von ihnen im Zeitraum eines Jahres oder in einem kürzeren Zeitraum erbrachten, verordneten oder veranlassten Leistungen über Fragen der Wirtschaftlichkeit und Qualität der Versorgung.

(4) ¹Werden Wirtschaftlichkeitsprüfungen nicht in dem vorgesehenen Umfang oder nicht entsprechend den für ihre Durchführung geltenden Vorgaben durchgeführt, haften die zuständigen Vorstandsmitglieder der Krankenkassenverbände und Kassenärztlichen Vereinigungen für eine ordnungsgemäße Umsetzung. ²Können Wirtschaftlichkeitsprüfungen nicht in dem vorgesehenen Umfang oder nicht entsprechend den für ihre Durchführung geltenden Vorgaben durchgeführt werden, weil die erforderlichen Daten nach den §§ 296 und 297 nicht oder nicht im vorgesehenen Umfang oder nicht fristgerecht übermittelt worden sind, haften die zuständigen Vorstandsmitglieder der Krankenkassen oder der Kassenärztlichen Vereinigungen. ³Die zuständige Aufsichtsbehörde hat nach Anhörung der Vorstandsmitglieder und der jeweils entsandten Vertreter im Ausschuss den Verwaltungsrat oder die Vertreterversammlung zu veranlassen, das Vorstandsmitglied auf Ersatz des aus der Pflichtverletzung entstandenen Schadens in Anspruch zu nehmen, falls der Verwaltungsrat oder die Vertreterversammlung das Regressverfahren nicht bereits von sich aus eingeleitet hat.

(5) Die Absätze 1 bis 4 gelten auch für die Prüfung der Wirtschaftlichkeit der im Krankenhaus erbrachten ambulanten ärztlichen und belegärztlichen Leistungen.

§ 106a Wirtschaftlichkeitsprüfung ärztlicher Leistungen. (1) ¹Die Wirtschaftlichkeit der Versorgung wird geprüft durch die arztbezogene Prüfung ärztlicher Leistungen auf der Grundlage von arztbezogenen und versichertenbezogenen Stichproben, die mindestens 2 Prozent der Ärzte je Quartal umfassen (Zufälligkeitsprüfung). ²Die Höhe der Stichprobe ist nach Arztgruppen gesondert zu bestimmen. ³Die Zufälligkeitsprüfung umfasst neben dem zur Abrechnung vorgelegten Leistungsvolumen auch Überweisungen, Feststellungen der Arbeitsunfähigkeit sowie sonstige veranlasste ärztliche Leistungen, insbesondere aufwändige medizinisch-technische Leistungen; honorarwirksame Begrenzungsregelungen haben keinen Einfluss auf die Prüfungen. ⁴Der einer Zufälligkeitsprüfung zugrunde zu legende Zeitraum beträgt mindestens ein Jahr.

(2) Gegenstand der Beurteilung der Wirtschaftlichkeit in den Zufälligkeitsprüfungen sind, soweit dafür Veranlassung besteht,

1. die medizinische Notwendigkeit der Leistungen (Indikation),
2. die Eignung der Leistungen zur Erreichung des therapeutischen oder diagnostischen Ziels (Effektivität),
3. die Übereinstimmung der Leistungen mit den anerkannten Kriterien für ihre fachgerechte Erbringung (Qualität), insbesondere mit den in den Richtlinien des Gemeinsamen Bundesausschusses enthaltenen Vorgaben,
4. die Angemessenheit der durch die Leistungen verursachten Kosten im Hinblick auf das Behandlungsziel,
5. bei Leistungen des Zahnersatzes und der Kieferorthopädie auch die Vereinbarkeit der Leistungen mit dem Heil- und Kostenplan.

(3) [1] Die Kassenärztlichen Bundesvereinigungen und der Spitzenverband Bund der Krankenkassen vereinbaren Richtlinien zum Inhalt und zur Durchführung der Zufälligkeitsprüfungen, insbesondere zu den Beurteilungsgegenständen nach Absatz 2, zur Bestimmung zum Umfang der Stichproben sowie zur Auswahl von Leistungsmerkmalen. [2] Die Richtlinien sind dem Bundesministerium für Gesundheit vorzulegen. [3] Es kann sie innerhalb von zwei Monaten beanstanden. [4] Kommen die Richtlinien nicht zustande oder werden die Beanstandungen des Bundesministeriums für Gesundheit nicht innerhalb einer von ihm gesetzten Frist behoben, kann das Bundesministerium für Gesundheit die Richtlinien erlassen.

(4) [1] Die Richtlinien nach Absatz 3 sind Inhalt der Vereinbarungen nach § 106 Absatz 1 Satz 2. [2] In den Vereinbarungen nach § 106 Absatz 1 Satz 2 ist insbesondere das Verfahren der Bestimmung der Stichproben für die Zufälligkeitsprüfungen festzulegen; dabei kann die Bildung von Stichprobengruppen abweichend von den Fachgebieten nach ausgewählten Leistungsmerkmalen vorgesehen werden. [3] Die in § 106 Absatz 1 Satz 2 genannten Vertragspartner können über die Zufälligkeitsprüfung hinaus Prüfungen ärztlicher Leistungen nach Durchschnittswerten oder andere arztbezogene Prüfungsarten vereinbaren; dabei dürfen versichertenbezogene Daten nur nach den Vorschriften des Zehnten Kapitels erhoben, verarbeitet oder genutzt werden.

(5) Ergeben die Prüfungen nach Absatz 1 sowie nach Absatz 4 Satz 3 und nach § 275 Absatz 1 Nummer 3 Buchstabe b, § 275 Absatz 1a und 1b, dass ein Arzt Arbeitsunfähigkeit festgestellt hat, obwohl die medizinischen Voraussetzungen dafür nicht vorlagen, kann der Arbeitgeber, der zu Unrecht Arbeitsentgelt gezahlt hat, und die Krankenkasse, die zu Unrecht Krankengeld gezahlt hat, von dem Arzt Schadensersatz verlangen, wenn die Arbeitsunfähigkeit grob fahrlässig oder vorsätzlich festgestellt worden ist, obwohl die Voraussetzungen dafür nicht vorgelegen hatten.

§ 106b Wirtschaftlichkeitsprüfung ärztlich verordneter Leistungen.

(1) [1] Die Wirtschaftlichkeit der Versorgung mit ärztlich verordneten Leistungen wird ab dem 1. Januar 2017 anhand von Vereinbarungen geprüft, die von den Landesverbänden der Krankenkassen und den Ersatzkassen gemeinsam und einheitlich mit den Kassenärztlichen Vereinigungen zu treffen sind. [2] Auf Grundlage dieser Vereinbarungen können Nachforderungen wegen unwirtschaftlicher Verordnungsweise nach § 106 Absatz 3 festgelegt werden. [3] In den

Vereinbarungen müssen Regelungen zu Wirtschaftlichkeitsprüfungen in allen Bereichen ärztlich verordneter Leistungen enthalten sein. ⁴ Die Vereinbarungen nach Satz 1 gelten für Leistungen, die ab dem 1. Januar 2017 verordnet werden.

(2) ¹ Die Kassenärztlichen Bundesvereinigungen und der Spitzenverband Bund der Krankenkassen vereinbaren einheitliche Rahmenvorgaben für die Prüfungen nach Absatz 1. ² Darin ist insbesondere festzulegen, in welchem Umfang Wirtschaftlichkeitsprüfungen mindestens durchgeführt werden sollen. ³ Festzulegen ist auch ein Verfahren, das sicherstellt, dass individuelle Beratungen bei statistischen Prüfungen der Ärztinnen und Ärzte der Festsetzung einer Nachforderung bei erstmaliger Auffälligkeit vorgehen; dies gilt nicht für Einzelfallprüfungen. ⁴ Die Vereinbarungspartner nach Satz 1 legen zudem besondere Verordnungsbedarfe für die Verordnung von Heilmitteln fest, die bei den Prüfungen nach Absatz 1 anzuerkennen sind. ⁵ Die Vertragspartner nach Absatz 1 Satz 1 können darüber hinaus weitere anzuerkennende besondere Verordnungsbedarfe vereinbaren. ⁶ Kommt eine Vereinbarung nach Satz 1 erstmalig bis zum 31. Oktober 2015 nicht zustande, entscheidet das Schiedsamt nach § 89 Absatz 4. ⁷ Die Klage gegen die Festsetzung des Schiedsamts hat keine aufschiebende Wirkung.

(3) ¹ Sofern Vereinbarungen nach Absatz 1 bis zum 31. Juli 2016 ganz oder teilweise nicht zustande kommen, wird der Vertragsinhalt durch das Schiedsamt nach § 89 festgesetzt. ² Die Klage gegen die Festsetzung des Schiedsamts hat keine aufschiebende Wirkung. ³ Bis zu einer Vereinbarung nach Absatz 1 gelten die Regelungen in den §§ 84, 106, 296 und 297 in der am 31. Dezember 2016 geltenden Fassung fort.

(4) Wirtschaftlichkeitsprüfungen unterliegen nicht:
1. Verordnungen von Heilmitteln für Versicherte mit langfristigem Behandlungsbedarf nach § 32 Absatz 1a;
2. Verordnungen von Arzneimitteln, für die der Arzt einem Vertrag nach § 130a Absatz 8 beigetreten ist; die Krankenkasse übermittelt der Prüfungsstelle die notwendigen Angaben, insbesondere die Arzneimittelkennzeichen, die teilnehmenden Ärzte und die Laufzeit der Verträge.

(5) § 130b Absatz 2 und § 130c Absatz 4 bleiben unberührt.

§ 106c Prüfungsstelle und Beschwerdeausschuss bei Wirtschaftlichkeitsprüfungen.

(1) ¹ Die Landesverbände der Krankenkassen und die Ersatzkassen sowie die Kassenärztlichen Vereinigungen bilden jeweils eine gemeinsame Prüfungsstelle und einen gemeinsamen Beschwerdeausschuss. ² Der Beschwerdeausschuss besteht aus Vertretern der Kassenärztlichen Vereinigung und der Krankenkassen in gleicher Zahl sowie einem unparteiischen Vorsitzenden. ³ Die Amtsdauer beträgt zwei Jahre. ⁴ Bei Stimmengleichheit gibt die Stimme des Vorsitzenden den Ausschlag. ⁵ Über den Vorsitzenden, dessen Stellvertreter sowie den Sitz des Beschwerdeausschusses sollen sich die Vertragspartner nach Satz 1 einigen. ⁶ Kommt eine Einigung nicht zustande, beruft die Aufsichtsbehörde nach Absatz 5 im Benehmen mit den Vertragspartnern nach Satz 1 den Vorsitzenden und dessen Stellvertreter und entscheidet über den Sitz des Beschwerdeausschusses.

(2) ¹ Die Prüfungsstelle und der Beschwerdeausschuss nehmen ihre Aufgaben jeweils eigenverantwortlich wahr; der Beschwerdeausschuss wird bei der Erfül-

4. Kapitel. Beziehungen der Krankenkassen § 106c SGB V 5

lung seiner laufenden Geschäfte von der Prüfungsstelle organisatorisch unterstützt. ²Die Prüfungsstelle wird bei der Kassenärztlichen Vereinigung, einem Landesverband der Krankenkassen oder bei einer bereits bestehenden Arbeitsgemeinschaft im Land errichtet. ³Über die Errichtung, den Sitz und den Leiter der Prüfungsstelle einigen sich die Vertragspartner nach Absatz 1 Satz 1; sie einigen sich auf Vorschlag des Leiters jährlich bis zum 30. November über die personelle, sachliche sowie finanzielle Ausstattung der Prüfungsstelle für das folgende Kalenderjahr. ⁴Der Leiter führt die laufenden Verwaltungsgeschäfte der Prüfungsstelle und gestaltet die innere Organisation so, dass sie den besonderen Anforderungen des Datenschutzes nach § 78a des Zehnten Buches[1]) gerecht wird. ⁵Kommt eine Einigung nach den Sätzen 2 und 3 nicht zustande, entscheidet die Aufsichtsbehörde nach Absatz 5. ⁶Die Kosten der Prüfungsstelle und des Beschwerdeausschusses tragen die Kassenärztliche Vereinigung und die beteiligten Krankenkassen je zur Hälfte. ⁷Das Bundesministerium für Gesundheit bestimmt durch Rechtsverordnung mit Zustimmung des Bundesrates das Nähere zur Geschäftsführung der Prüfungsstellen und der Beschwerdeausschüsse einschließlich der Entschädigung der Vorsitzenden der Ausschüsse und zu den Pflichten der von den in Absatz 1 Satz 1 genannten Vertragspartnern entsandten Vertreter. ⁸Die Rechtsverordnung kann auch die Voraussetzungen und das Verfahren zur Verhängung von Maßnahmen gegen Mitglieder der Ausschüsse bestimmen, die ihre Pflichten nach diesem Gesetzbuch nicht oder nicht ordnungsgemäß erfüllen.

(3) ¹Gegen die Entscheidungen der Prüfungsstelle können die betroffenen Ärzte und ärztlich geleiteten Einrichtungen, die Krankenkassen, die betroffenen Landesverbände der Krankenkassen sowie die Kassenärztlichen Vereinigungen die Beschwerdeausschüsse anrufen. ²Die Anrufung hat aufschiebende Wirkung. ³Für das Verfahren sind § 84 Absatz 1 und § 85 Absatz 3 des Sozialgerichtsgesetzes[2]) anzuwenden. ⁴Das Verfahren vor dem Beschwerdeausschuss gilt als Vorverfahren im Sinne des § 78 des Sozialgerichtsgesetzes. ⁵Die Klage gegen eine vom Beschwerdeausschuss festgesetzte Maßnahme hat keine aufschiebende Wirkung. ⁶Abweichend von Satz 1 findet in Fällen der Festsetzung einer Ausgleichspflicht für den Mehraufwand bei Leistungen, die durch das Gesetz oder durch die Richtlinien nach § 92 ausgeschlossen sind, eine Anrufung des Beschwerdeausschusses nicht statt.

(4) ¹Die Vertragspartner nach Absatz 1 Satz 1 können mit Zustimmung der für sie zuständigen Aufsichtsbehörde die gemeinsame Bildung einer Prüfungsstelle und eines Beschwerdeausschusses über den Bereich eines Landes oder einer anderen Kassenärztlichen Vereinigung hinaus vereinbaren. ²Die Aufsicht über eine für den Bereich mehrerer Länder tätige Prüfungsstelle und einen für den Bereich mehrerer Länder tätigen Beschwerdeausschuss führt die für die Sozialversicherung zuständige oberste Verwaltungsbehörde des Landes, in dem der Ausschuss oder die Stelle ihren Sitz hat. ³Die Aufsicht ist im Benehmen mit den zuständigen obersten Verwaltungsbehörden der beteiligten Länder wahrzunehmen.

(5) ¹Die Aufsicht über die Prüfungsstellen und Beschwerdeausschüsse führen die für die Sozialversicherung zuständigen obersten Verwaltungsbehörden der Länder. ²Die Prüfungsstellen und die Beschwerdeausschüsse erstellen einmal

---
[1]) Nr. 10.
[2]) Nr. 20.

jährlich eine Übersicht über die Zahl der durchgeführten Beratungen und Prüfungen sowie die von ihnen festgesetzten Maßnahmen. ³ Die Übersicht ist der Aufsichtsbehörde vorzulegen.

§ 106d **Abrechnungsprüfung in der vertragsärztlichen Versorgung.**

(1) Die Kassenärztlichen Vereinigungen und die Krankenkassen prüfen die Rechtmäßigkeit und Plausibilität der Abrechnungen in der vertragsärztlichen Versorgung.

(2) ¹ Die Kassenärztliche Vereinigung stellt die sachliche und rechnerische Richtigkeit der Abrechnungen der an der vertragsärztlichen Versorgung teilnehmenden Ärzte und Einrichtungen fest; dazu gehört auch die arztbezogene Prüfung der Abrechnungen auf Plausibilität sowie die Prüfung der abgerechneten Sachkosten. ² Gegenstand der arztbezogenen Plausibilitätsprüfung ist insbesondere der Umfang der je Tag abgerechneten Leistungen im Hinblick auf den damit verbundenen Zeitaufwand des Arztes; Vertragsärzte und angestellte Ärzte sind entsprechend des jeweiligen Versorgungsauftrages gleich zu behandeln. ³ Bei der Prüfung nach Satz 2 ist ein Zeitrahmen für das pro Tag höchstens abrechenbare Leistungsvolumen zu Grunde zu legen; zusätzlich können Zeitrahmen für die in längeren Zeitperioden höchstens abrechenbaren Leistungsvolumina zu Grunde gelegt werden. ⁴ Soweit Angaben zum Zeitaufwand nach § 87 Abs. 2 Satz 1 zweiter Halbsatz bestimmt sind, sind diese bei den Prüfungen nach Satz 2 zu Grunde zu legen. ⁵ Satz 2 bis 4 gilt nicht für die vertragszahnärztliche Versorgung. ⁶ Bei den Prüfungen ist von dem jeweils angeforderten Punktzahlvolumen unabhängig von honorarwirksamen Begrenzungsregelungen auszugehen. ⁷ Soweit es für den jeweiligen Prüfungsgegenstand erforderlich ist, sind die Abrechnungen vorangegangener Abrechnungszeiträume in die Prüfung einzubeziehen. ⁸ Die Kassenärztliche Vereinigung unterrichtet die in Absatz 5 genannten Verbände der Krankenkassen sowie die Ersatzkassen unverzüglich über die Durchführung der Prüfungen und deren Ergebnisse. ⁹ Satz 2 gilt auch für Verfahren, die am 31. Dezember 2014 noch nicht rechtskräftig abgeschlossen waren.

(3) ¹ Die Krankenkassen prüfen die Abrechnungen der an der vertragsärztlichen Versorgung teilnehmenden Ärzte und Einrichtungen insbesondere hinsichtlich

1. des Bestehens und des Umfangs ihrer Leistungspflicht,
2. der Plausibilität von Art und Umfang der für die Behandlung eines Versicherten abgerechneten Leistungen in Bezug auf die angegebene Diagnose, bei zahnärztlichen Leistungen in Bezug auf die angegebenen Befunde,
3. der Plausibilität der Zahl der vom Versicherten in Anspruch genommenen Ärzte, unter Berücksichtigung ihrer Fachgruppenzugehörigkeit.

² Sie unterrichten die Kassenärztlichen Vereinigungen unverzüglich über die Durchführung der Prüfungen und deren Ergebnisse.

(4) ¹ Die Krankenkassen oder ihre Verbände können, sofern dazu Veranlassung besteht, gezielte Prüfungen durch die Kassenärztliche Vereinigung nach Absatz 2 beantragen. ² Die Kassenärztliche Vereinigung kann, sofern dazu Veranlassung besteht, Prüfungen durch die Krankenkassen nach Absatz 3 beantragen. ³ Bei festgestellter Unplausibilität nach Absatz 3 Satz 1 Nr. 2 oder 3 kann die Krankenkasse oder ihr Verband eine Wirtschaftlichkeitsprüfung ärztlicher Leistungen beantragen; dies gilt für die Kassenärztliche Vereinigung bei fest-

4. Kapitel. Beziehungen der Krankenkassen § 107 SGB V 5

gestellter Unplausibilität nach Absatz 2 entsprechend. ⁴ Wird ein Antrag nach Satz 1 von der Kassenärztlichen Vereinigung nicht innerhalb von sechs Monaten bearbeitet, kann die Krankenkasse einen Betrag in Höhe der sich unter Zugrundelegung des Antrags ergebenden Honorarberichtigung auf die zu zahlende Gesamtvergütung anrechnen.

(5) ¹ Die Kassenärztlichen Vereinigungen und die Landesverbände der Krankenkassen und die Ersatzkassen gemeinsam und einheitlich vereinbaren Inhalt und Durchführung der Prüfungen nach den Absätzen 2 bis 4. ² In den Vereinbarungen sind auch Maßnahmen für den Fall von Verstößen gegen Abrechnungsbestimmungen, einer Überschreitung der Zeitrahmen nach Absatz 2 Satz 3 sowie des Nichtbestehens einer Leistungspflicht der Krankenkassen, soweit dies dem Leistungserbringer bekannt sein musste, vorzusehen. ³ Der Inhalt der Richtlinien nach Absatz 6 ist Bestandteil der Vereinbarungen.

(6) ¹ Die Kassenärztlichen Bundesvereinigungen und der Spitzenverband Bund der Krankenkassen vereinbaren Richtlinien zum Inhalt und zur Durchführung der Prüfungen nach den Absätzen 2 und 3 einschließlich des Einsatzes eines elektronisch gestützten Regelwerks; die Richtlinien enthalten insbesondere Vorgaben zu den Kriterien nach Absatz 2 Satz 2 und 3. ² Die Richtlinien sind dem Bundesministerium für Gesundheit vorzulegen. ³ Es kann sie innerhalb von zwei Monaten beanstanden. ⁴ Kommen die Richtlinien nicht zu Stande oder werden die Beanstandungen des Bundesministeriums für Gesundheit nicht innerhalb einer von ihm gesetzten Frist behoben, kann das Bundesministerium für Gesundheit die Richtlinien erlassen.

(7) § 106 Abs. 4b gilt entsprechend.

Dritter Abschnitt. Beziehungen zu Krankenhäusern und anderen Einrichtungen

§ 107 Krankenhäuser, Vorsorge- oder Rehabilitationseinrichtungen.

(1) Krankenhäuser im Sinne dieses Gesetzbuchs sind Einrichtungen, die

1. der Krankenhausbehandlung oder Geburtshilfe dienen,
2. fachlich-medizinisch unter ständiger ärztlicher Leitung stehen, über ausreichende, ihrem Versorgungsauftrag entsprechende diagnostische und therapeutische Möglichkeiten verfügen und nach wissenschaftlich anerkannten Methoden arbeiten,
3. mit Hilfe von jederzeit verfügbarem ärztlichem, Pflege-, Funktions- und medizinisch-technischem Personal darauf eingerichtet sind, vorwiegend durch ärztliche und pflegerische Hilfeleistung Krankheiten der Patienten zu erkennen, zu heilen, ihre Verschlimmerung zu verhüten, Krankheitsbeschwerden zu lindern oder Geburtshilfe zu leisten,

und in denen

4. die Patienten untergebracht und verpflegt werden können.

(2) Vorsorge- oder Rehabilitationseinrichtungen im Sinne dieses Gesetzbuchs sind Einrichtungen, die

1. der stationären Behandlung der Patienten dienen, um

a) eine Schwächung der Gesundheit, die in absehbarer Zeit voraussichtlich zu einer Krankheit führen würde, zu beseitigen oder einer Gefährdung der gesundheitlichen Entwicklung eines Kindes entgegenzuwirken (Vorsorge) oder

b) eine Krankheit zu heilen, ihre Verschlimmerung zu verhüten oder Krankheitsbeschwerden zu lindern oder im Anschluß an Krankenhausbehandlung den dabei erzielten Behandlungserfolg zu sichern oder zu festigen, auch mit dem Ziel, eine drohende Behinderung oder Pflegebedürftigkeit abzuwenden, zu beseitigen, zu mindern, auszugleichen, ihre Verschlimmerung zu verhüten oder ihre Folgen zu mildern (Rehabilitation), wobei Leistungen der aktivierenden Pflege nicht von den Krankenkassen übernommen werden dürfen,

2. fachlich-medizinisch unter ständiger ärztlicher Verantwortung und unter Mitwirkung von besonders geschultem Personal darauf eingerichtet sind, den Gesundheitszustand der Patienten nach einem ärztlichen Behandlungsplan vorwiegend durch Anwendung von Heilmitteln einschließlich Krankengymnastik, Bewegungstherapie, Sprachtherapie oder Arbeits- und Beschäftigungstherapie, ferner durch andere geeignete Hilfen, auch durch geistige und seelische Einwirkungen, zu verbessern und den Patienten bei der Entwicklung eigener Abwehr- und Heilungskräfte zu helfen,

und in denen

3. die Patienten untergebracht und verpflegt werden können.

§ 108 Zugelassene Krankenhäuser. Die Krankenkassen dürfen Krankenhausbehandlung nur durch folgende Krankenhäuser (zugelassene Krankenhäuser) erbringen lassen:

1. Krankenhäuser, die nach den landesrechtlichen Vorschriften als Hochschulklinik anerkannt sind,
2. Krankenhäuser, die in den Krankenhausplan eines Landes aufgenommen sind (Plankrankenhäuser), oder
3. Krankenhäuser, die einen Versorgungsvertrag mit den Landesverbänden der Krankenkassen und den Verbänden der Ersatzkassen abgeschlossen haben.

§ 108a Krankenhausgesellschaften. [1] Die Landeskrankenhausgesellschaft ist ein Zusammenschluß von Trägern zugelassener Krankenhäuser im Land. [2] In der Deutschen Krankenhausgesellschaft sind die Landeskrankenhausgesellschaften zusammengeschlossen. [3] Bundesverbände oder Landesverbände der Krankenhausträger können den Krankenhausgesellschaften angehören.

§ 109 Abschluß von Versorgungsverträgen mit Krankenhäusern.

(1) [1] Der Versorgungsvertrag nach § 108 Nr. 3 kommt durch Einigung zwischen den Landesverbänden der Krankenkassen und den Ersatzkassen gemeinsam und dem Krankenhausträger zustande; er bedarf der Schriftform. [2] Bei den Hochschulkliniken gilt die Anerkennung nach den landesrechtlichen Vorschriften, bei den Plankrankenhäusern die Aufnahme in den Krankenhausbedarfsplan nach § 8 Abs. 1 Satz 2 des Krankenhausfinanzierungsgesetzes als Abschluss des Versorgungsvertrages. [3] Dieser ist für alle Krankenkassen im Inland unmittelbar verbindlich. [4] Die Vertragsparteien nach Satz 1 können im Einvernehmen mit der für die Krankenhausplanung zuständigen Landesbehörde eine gegenüber dem Krankenhausplan geringere Bettenzahl vereinbaren, soweit die Leistungsstruktur des Krankenhauses nicht verändert wird; die Vereinbarung kann be-

4. Kapitel. Beziehungen der Krankenkassen　　　　§ 110　SGB V　5

fristet werden. ⁵ Enthält der Krankenhausplan keine oder keine abschließende Festlegung der Bettenzahl oder der Leistungsstruktur des Krankenhauses, werden diese durch die Vertragsparteien nach Satz 1 im Benehmen mit der für die Krankenhausplanung zuständigen Landesbehörde ergänzend vereinbart.

(2) ¹ Ein Anspruch auf Abschluß eines Versorgungsvertrags nach § 108 Nr. 3 besteht nicht. ² Bei notwendiger Auswahl zwischen mehreren geeigneten Krankenhäusern, die sich um den Abschluß eines Versorgungsvertrags bewerben, entscheiden die Landesverbände der Krankenkassen und die Ersatzkassen gemeinsam unter Berücksichtigung der öffentlichen Interessen und der Vielfalt der Krankenhausträger nach pflichtgemäßem Ermessen, welches Krankenhaus den Erfordernissen einer qualitativ hochwertigen, patienten- und bedarfsgerechten sowie leistungsfähigen und wirtschaftlichen Krankenhausbehandlung am besten gerecht wird.

(3) ¹ Ein Versorgungsvertrag nach § 108 Nr. 3 darf nicht abgeschlossen werden, wenn das Krankenhaus

1. nicht die Gewähr für eine leistungsfähige und wirtschaftliche Krankenhausbehandlung bietet,
2. bei den maßgeblichen planungsrelevanten Qualitätsindikatoren nach § 6 Absatz 1a des Krankenhausfinanzierungsgesetzes auf der Grundlage der vom Gemeinsamen Bundesausschuss nach § 136c Absatz 2 übermittelten Maßstäbe und Bewertungskriterien nicht nur vorübergehend eine in einem erheblichen Maß unzureichende Qualität aufweist, die im jeweiligen Landesrecht vorgesehenen Qualitätsanforderungen nicht nur vorübergehend und in einem erheblichen Maß nicht erfüllt, höchstens drei Jahre in Folge Qualitätsabschlägen nach § 5 Absatz 3a des Krankenhausentgeltgesetzes unterliegt oder
3. für eine bedarfsgerechte Krankenhausbehandlung der Versicherten nicht erforderlich ist.

² Abschluß und Ablehnung des Versorgungsvertrags werden mit der Genehmigung durch die zuständigen Landesbehörden wirksam. ³ Verträge, die vor dem 1. Januar 1989 nach § 371 Abs. 2 der Reichsversicherungsordnung abgeschlossen worden sind, gelten bis zu ihrer Kündigung nach § 110 weiter.

(4) ¹ Mit einem Versorgungsvertrag nach Absatz 1 wird das Krankenhaus für die Dauer des Vertrages zur Krankenhausbehandlung der Versicherten zugelassen. ² Das zugelassene Krankenhaus ist im Rahmen seines Versorgungsauftrags zur Krankenhausbehandlung (§ 39) der Versicherten verpflichtet. ³ Die Krankenkassen sind verpflichtet, unter Beachtung der Vorschriften dieses Gesetzbuchs mit dem Krankenhausträger Pflegesatzverhandlungen nach Maßgabe des Krankenhausfinanzierungsgesetzes, des Krankenhausentgeltgesetzes und der Bundespflegesatzverordnung zu führen.

§ 110 Kündigung von Versorgungsverträgen mit Krankenhäusern.

(1) ¹ Ein Versorgungsvertrag nach § 109 Abs. 1 kann von jeder Vertragspartei mit einer Frist von einem Jahr ganz oder teilweise gekündigt werden, von den Landesverbänden der Krankenkassen und den Ersatzkassen nur gemeinsam und nur aus den in § 109 Abs. 3 Satz 1 genannten Gründen. ² Die Kündigung hat zu erfolgen, wenn der in § 109 Absatz 3 Satz 1 Nummer 2 genannte Kündigungsgrund vorliegt. ³ Eine Kündigung ist nur zulässig, wenn die Kündigungsgründe nicht nur vorübergehend bestehen. ⁴ Bei Plankrankenhäusern ist die

Kündigung mit einem Antrag an die zuständige Landesbehörde auf Aufhebung oder Änderung des Feststellungsbescheids nach § 8 Abs. 1 Satz 2 des Krankenhausfinanzierungsgesetzes zu verbinden, mit dem das Krankenhaus in den Krankenhausplan des Landes aufgenommen worden ist. ⁵ Kommt ein Beschluss über die Kündigung eines Versorgungsvertrags durch die Landesverbände der Krankenkassen und der Ersatzkassen nicht zustande, entscheidet eine unabhängige Schiedsperson über die Kündigung, wenn dies von Kassenarten beantragt wird, die mindestens ein Drittel der landesweiten Anzahl der Versicherten auf sich vereinigen. ⁶ Einigen sich die Landesverbände der Krankenkassen und die Ersatzkassen nicht auf eine Schiedsperson, wird diese von der für die Landesverbände der Krankenkassen zuständigen Aufsichtsbehörde bestimmt. ⁷ Klagen gegen die Bestimmung der Schiedsperson haben keine aufschiebende Wirkung. ⁸ Die Kosten des Schiedsverfahrens tragen die Landesverbände der Krankenkassen und die Ersatzkassen entsprechend der landesweiten Anzahl ihrer Versicherten. ⁹ Klagen gegen die Entscheidung der Schiedsperson über die Kündigung richten sich gegen die Landesverbände der Krankenkassen und die Ersatzkassen, nicht gegen die Schiedsperson.

(2) ¹ Die Kündigung durch die in Absatz 1 Satz 1 genannten Verbände wird mit der Genehmigung durch die zuständige Landesbehörde wirksam. ² Diese hat ihre Entscheidung zu begründen. ³ Bei Plankrankenhäusern kann die Genehmigung nur versagt werden, wenn und soweit das Krankenhaus für die Versorgung unverzichtbar ist und die zuständige Landesbehörde die Unabweisbarkeit des Bedarfs schriftlich oder elektronisch dargelegt hat. ⁴ Die Genehmigung gilt als erteilt, wenn die zuständige Landesbehörde nicht innerhalb von drei Monaten nach Mitteilung der Kündigung widersprochen hat. ⁵ Die Landesbehörde hat einen Widerspruch spätestens innerhalb von drei weiteren Monaten schriftlich oder elektronisch zu begründen. ⁶ Mit Wirksamwerden der Kündigung gilt ein Plankrankenhaus insoweit nicht mehr als zugelassenes Krankenhaus.

§ 110a Qualitätsverträge. (1) ¹ Krankenkassen oder Zusammenschlüsse von Krankenkassen sollen zu den vom Gemeinsamen Bundesausschuss nach § 136b Absatz 1 Nummer 4[1)] festgelegten Leistungen oder Leistungsbereichen mit dem Krankenhausträger Verträge schließen zur Förderung einer qualitativ hochwertigen stationären Versorgung (Qualitätsverträge). ² Ziel der Qualitätsverträge ist die Erprobung, inwieweit sich eine weitere Verbesserung der Versorgung mit stationären Behandlungsleistungen, insbesondere durch die Vereinbarung von Anreizen sowie höherwertigen Qualitätsanforderungen erreichen lässt. ³ Die Qualitätsverträge sind zu befristen. ⁴ In den Qualitätsverträgen darf nicht vereinbart werden, dass der Abschluss von Qualitätsverträgen mit anderen Krankenkassen oder Zusammenschlüssen von Krankenkassen unzulässig ist. ⁵ Ein Anspruch auf Abschluss eines Qualitätsvertrags besteht nicht.

(2) ¹ Der Spitzenverband Bund der Krankenkassen und die Deutsche Krankenhausgesellschaft vereinbaren für die Qualitätsverträge nach Absatz 1 bis spätestens zum 31. Juli 2018 die verbindlichen Rahmenvorgaben für den Inhalt der Verträge. ² Die Rahmenvorgaben, insbesondere für die Qualitätsanforderungen, sind nur soweit zu vereinheitlichen, wie dies für eine aussagekräftige Evaluierung der Qualitätsverträge erforderlich ist. ³ Kommt eine Vereinbarung

---

[1)] Nr. 5.

nach Satz 1 ganz oder teilweise nicht zustande, setzt die Schiedsstelle nach § 18a Absatz 6 des Krankenhausfinanzierungsgesetzes auf Antrag einer Vertragspartei oder des Bundesministeriums für Gesundheit den Inhalt der Rahmenvorgaben fest.

§ 111 Versorgungsverträge mit Vorsorge- oder Rehabilitationseinrichtungen. (1) Die Krankenkassen dürfen medizinische Leistungen zur Vorsorge (§ 23 Abs. 4) oder Leistungen zur medizinischen Rehabilitation einschließlich der Anschlußheilbehandlung (§ 40), die eine stationäre Behandlung, aber keine Krankenhausbehandlung erfordern, nur in Vorsorge- oder Rehabilitationseinrichtungen erbringen lassen, mit denen ein Versorgungsvertrag nach Absatz 2 besteht; für pflegende Angehörige dürfen die Krankenkassen diese Leistungen auch in Vorsorge- und Rehabilitationseinrichtungen erbringen lassen, mit denen ein Vertrag nach § 111a besteht.

(2) [1] Die Landesverbände der Krankenkassen und die Ersatzkassen gemeinsam schließen mit Wirkung für ihre Mitgliedskassen einheitliche Versorgungsverträge über die Durchführung der in Absatz 1 genannten Leistungen mit Vorsorge- oder Rehabilitationseinrichtungen, die

1. die Anforderungen des § 107 Abs. 2 erfüllen und
2. für eine bedarfsgerechte, leistungsfähige und wirtschaftliche Versorgung der Versicherten ihrer Mitgliedskassen mit stationären medizinischen Leistungen zur Vorsorge oder Leistungen zur medizinischen Rehabilitation einschließlich der Anschlußheilbehandlung notwendig sind.

[2] § 109 Abs. 1 Satz 1 gilt entsprechend. [3] Die Landesverbände der Krankenkassen eines anderen Bundeslandes und die Ersatzkassen können einem nach Satz 1 geschlossenen Versorgungsvertrag beitreten, soweit für die Behandlung der Versicherten ihrer Mitgliedskassen in der Vorsorge- oder Rehabilitationseinrichtung ein Bedarf besteht.

(3) [1] Bei Vorsorge- oder Rehabilitationseinrichtungen, die vor dem 1. Januar 1989 stationäre medizinische Leistungen für die Krankenkassen erbracht haben, gilt ein Versorgungsvertrag in dem Umfang der in den Jahren 1986 bis 1988 erbrachten Leistungen als abgeschlossen. [2] Satz 1 gilt nicht, wenn die Einrichtung die Anforderungen nach Absatz 2 Satz 1 nicht erfüllt und die zuständigen Landesverbände der Krankenkassen und die Ersatzkassen gemeinsam dies bis zum 30. Juni 1989 gegenüber dem Träger der Einrichtung schriftlich geltend machen.

(4) [1] Mit dem Versorgungsvertrag wird die Vorsorge- oder Rehabilitationseinrichtung für die Dauer des Vertrages zur Versorgung der Versicherten mit stationären medizinischen Leistungen zur Vorsorge oder Rehabilitation zugelassen. [2] Der Versorgungsvertrag kann von den Landesverbänden der Krankenkassen und den Ersatzkassen gemeinsam mit einer Frist von einem Jahr gekündigt werden, wenn die Voraussetzungen für seinen Abschluß nach Absatz 2 Satz 1 nicht mehr gegeben sind. [3] Mit der für die Krankenhausplanung zuständigen Landesbehörde ist Einvernehmen über Abschluß und Kündigung des Versorgungsvertrags anzustreben.

(5) [1] Die Vergütungen für die in Absatz 1 genannten Leistungen werden zwischen den Krankenkassen und den Trägern der zugelassenen Vorsorge- oder Rehabilitationseinrichtungen vereinbart. [2] Kommt eine Vereinbarung innerhalb von zwei Monaten, nachdem eine Vertragspartei nach Satz 1 schriftlich zur

Aufnahme von Verhandlungen aufgefordert hat, nicht oder teilweise nicht zustande, wird ihr Inhalt auf Antrag einer Vertragspartei durch die Landesschiedsstelle festgesetzt. ³ Die Landesschiedsstelle ist dabei an die für die Vertragsparteien geltenden Rechtsvorschriften gebunden.

(6) Soweit eine wirtschaftlich und organisatorisch selbständige, gebietsärztlich geleitete Vorsorge- oder Rehabilitationseinrichtung an einem zugelassenen Krankenhaus die Anforderungen des Absatzes 2 Satz 1 erfüllt, gelten im übrigen die Absätze 1 bis 5.

§ 111a Versorgungsverträge mit Einrichtungen des Müttergenesungswerks oder gleichartigen Einrichtungen. (1) ¹ Die Krankenkassen dürfen stationäre medizinische Leistungen zur Vorsorge für Mütter und Väter (§ 24) oder Rehabilitation für Mütter und Väter (§ 41) nur in Einrichtungen des Müttergenesungswerks oder gleichartigen Einrichtungen oder für Vater-Kind-Maßnahmen geeigneten Einrichtungen erbringen lassen, mit denen ein Versorgungsvertrag besteht. ² § 111 Abs. 2, 4 Satz 1 und 2 und Abs. 5 sowie § 111b gelten entsprechend.

(2) ¹ Bei Einrichtungen des Müttergenesungswerks oder gleichartigen Einrichtungen, die vor dem 1. August 2002 stationäre medizinische Leistungen für die Krankenkassen erbracht haben, gilt ein Versorgungsvertrag in dem Umfang der im Jahr 2001 erbrachten Leistungen als abgeschlossen. ² Satz 1 gilt nicht, wenn die Einrichtung die Anforderungen nach § 111 Abs. 2 Satz 1 nicht erfüllt und die zuständigen Landesverbände der Krankenkassen und die Ersatzkassen gemeinsam dies bis zum 1. Januar 2004 gegenüber dem Träger der Einrichtung schriftlich geltend machen.

§ 111b Landesschiedsstelle für Vergütungsvereinbarungen zwischen Krankenkassen und Trägern von Vorsorge- oder Rehabilitationseinrichtungen. (1) ¹ Die Landesverbände der Krankenkassen und die Ersatzkassen gemeinsam und die für die Wahrnehmung der Interessen der Vorsorge- und Rehabilitationseinrichtungen auf Landesebene maßgeblichen Verbände bilden miteinander für jedes Land eine Schiedsstelle. ² Diese entscheidet in den Angelegenheiten, die ihr nach diesem Buch zugewiesen sind.

(2) ¹ Die Schiedsstelle besteht aus einem unparteiischen Vorsitzenden und zwei weiteren unparteiischen Mitgliedern sowie aus Vertretern der jeweiligen Vertragsparteien nach § 111 Absatz 5 Satz 1 oder im Falle ambulanter Rehabilitationseinrichtungen nach § 111c Absatz 3 Satz 1 in gleicher Zahl; für den Vorsitzenden und die unparteiischen Mitglieder können Stellvertreter bestellt werden. ² Der Vorsitzende und die unparteiischen Mitglieder werden von den beteiligten Verbänden nach Absatz 1 gemeinsam bestellt. ³ Kommt eine Einigung nicht zustande, werden sie von den zuständigen Landesbehörden bestellt.

(3) ¹ Die Mitglieder der Schiedsstelle führen ihr Amt als Ehrenamt. ² Sie sind an Weisungen nicht gebunden. ³ Jedes Mitglied hat eine Stimme. ⁴ Die Entscheidungen werden von der Mehrheit der Mitglieder getroffen. ⁶ Ergibt sich keine Mehrheit, gibt die Stimme des Vorsitzenden den Ausschlag.

(4) Die Rechtsaufsicht über die Schiedsstelle führt die zuständige Landesbehörde.

(5) ¹ Die Landesregierungen werden ermächtigt, durch Rechtsverordnung das Nähere über die Zahl, die Bestellung, die Amtsdauer und die Amtsführung,

die Erstattung der baren Auslagen und die Entschädigung für Zeitaufwand der Mitglieder der Schiedsstelle, die Geschäftsführung, das Verfahren, die Erhebung und die Höhe der Gebühren sowie über die Verteilung der Kosten zu bestimmen. ²Sie können diese Ermächtigung durch RechtsVO auf oberste Landesbehörden übertragen.

§ 111c Versorgungsverträge mit Rehabilitationseinrichtungen.

(1) Die Landesverbände der Krankenkassen und die Ersatzkassen gemeinsam schließen mit Wirkung für ihre Mitgliedskassen einheitliche Versorgungsverträge über die Durchführung der in § 40 Absatz 1 genannten ambulanten Leistungen zur medizinischen Rehabilitation mit Rehabilitationseinrichtungen,

1. für die ein Versorgungsvertrag nach § 111 Absatz 2 besteht und
2. die für eine bedarfsgerechte, leistungsfähige und wirtschaftliche Versorgung der Versicherten ihrer Mitgliedskassen mit ambulanten Leistungen zur medizinischen Rehabilitation einschließlich der Anschlussrehabilitation notwendig sind. Soweit es für die Erbringung wohnortnaher ambulanter Leistungen zur medizinischen Rehabilitation erforderlich ist, können Verträge nach Satz 1 auch mit Einrichtungen geschlossen werden, die die in Satz 1 genannten Voraussetzungen erfüllen, ohne dass für sie ein Versorgungsvertrag nach § 111 besteht.

(2) ¹§ 109 Absatz 1 Satz 1 gilt entsprechend. ²Die Landesverbände der Krankenkassen eines anderen Bundeslandes und die Ersatzkassen können einem nach Absatz 1 geschlossenen Versorgungsvertrag beitreten, soweit für die Behandlung der Versicherten ihrer Mitgliedskassen in der Rehabilitationseinrichtung ein Bedarf besteht. ³Mit dem Versorgungsvertrag wird die Rehabilitationseinrichtung für die Dauer des Vertrages zur Versorgung der Versicherten mit ambulanten medizinischen Leistungen zur Rehabilitation zugelassen. ⁴Der Versorgungsvertrag kann von den Landesverbänden der Krankenkassen und den Ersatzkassen gemeinsam mit einer Frist von einem Jahr gekündigt werden, wenn die Voraussetzungen für seinen Abschluss nach Absatz 1 nicht mehr gegeben sind. ⁵Mit der für die Krankenhausplanung zuständigen Landesbehörde ist Einvernehmen über Abschluss und Kündigung des Versorgungsvertrags anzustreben.

(3) ¹Die Vergütungen für die in § 40 Absatz 1 genannten Leistungen werden zwischen den Krankenkassen und den Trägern der zugelassenen Rehabilitationseinrichtungen vereinbart. ²Kommt eine Vereinbarung innerhalb von zwei Monaten, nachdem eine Vertragspartei nach Satz 1 schriftlich zur Aufnahme von Verhandlungen aufgefordert hat, nicht oder teilweise nicht zustande, wird ihr Inhalt auf Antrag einer Vertragspartei durch die Landesschiedsstelle nach § 111b festgesetzt. ³Diese ist dabei an die für die Vertragsparteien geltenden Rechtsvorschriften gebunden.

(4) ¹Bei Einrichtungen, die vor dem 1. Januar 2012 ambulante Leistungen zur medizinischen Rehabilitation erbracht haben, gilt ein Versorgungsvertrag nach § 111c in dem Umfang der bis dahin erbrachten Leistungen als abgeschlossen. ²Satz 1 gilt nicht, wenn die Einrichtung die Anforderungen nach Absatz 1 nicht erfüllt und die zuständigen Landesverbände der Krankenkassen und die Ersatzkassen gemeinsam dies bis zum 31. Dezember 2012 gegenüber dem Träger der Einrichtung schriftlich geltend machen.

§ 112 Zweiseitige Verträge und Rahmenempfehlungen über Krankenhausbehandlung. (1) Die Landesverbände der Krankenkassen und die Ersatzkassen gemeinsam schließen mit der Landeskrankenhausgesellschaft oder mit den Vereinigungen der Krankenhausträger im Land gemeinsam Verträge, um sicherzustellen, daß Art und Umfang der Krankenhausbehandlung den Anforderungen dieses Gesetzbuchs entsprechen.

(2) [1] Die Verträge regeln insbesondere
1. die allgemeinen Bedingungen der Krankenhausbehandlung einschließlich der
   a) Aufnahme und Entlassung der Versicherten,
   b) Kostenübernahme, Abrechnung der Entgelte, Berichte und Bescheinigungen,
2. die Überprüfung der Notwendigkeit und Dauer der Krankenhausbehandlung einschließlich eines Kataloges von Leistungen, die in der Regel teilstationär erbracht werden können,
3. Verfahrens- und Prüfungsgrundsätze für Wirtschaftlichkeits- und Qualitätsprüfungen,
4. die soziale Betreuung und Beratung der Versicherten im Krankenhaus,
5. den nahtlosen Übergang von der Krankenhausbehandlung zur Rehabilitation oder Pflege,
6. das Nähere über Voraussetzungen, Art und Umfang der medizinischen Maßnahmen zur Herbeiführung einer Schwangerschaft nach § 27a Abs. 1.

[2] Sie sind für die Krankenkassen und die zugelassenen Krankenhäuser im Land unmittelbar verbindlich.

(3) Kommt ein Vertrag nach Absatz 1 bis zum 31. Dezember 1989 ganz oder teilweise nicht zustande, wird sein Inhalt auf Antrag einer Vertragspartei durch die Landesschiedsstelle nach § 114 festgesetzt.

(4) [1] Die Verträge nach Absatz 1 können von jeder Vertragspartei mit einer Frist von einem Jahr ganz oder teilweise gekündigt werden. [2] Satz 1 gilt entsprechend für die von der Landesschiedsstelle nach Absatz 3 getroffenen Regelungen. [3] Diese können auch ohne Kündigung jederzeit durch einen Vertrag nach Absatz 1 ersetzt werden.

(5) Der Spitzenverband Bund der Krankenkassen und die Deutsche Krankenhausgesellschaft oder die Bundesverbände der Krankenhausträger gemeinsam sollen Rahmenempfehlungen zum Inhalt der Verträge nach Absatz 1 abgeben.

(6) Beim Abschluß der Verträge nach Absatz 1 und bei Abgabe der Empfehlungen nach Absatz 5 sind, soweit darin Regelungen nach Absatz 2 Nr. 5 getroffen werden, die Spitzenorganisationen der Vorsorge- und Rehabilitationseinrichtungen zu beteiligen.

§ 113 Qualitäts- und Wirtschaftlichkeitsprüfung der Krankenhausbehandlung. (1) [1] Die Landesverbände der Krankenkassen, die Ersatzkassen und der Landesausschuß des Verbandes der privaten Krankenversicherung können gemeinsam die Wirtschaftlichkeit, Leistungsfähigkeit und Qualität der Krankenhausbehandlung eines zugelassenen Krankenhauses durch einvernehmlich mit dem Krankenhausträger bestellte Prüfer untersuchen lassen. [2] Kommt eine

4. Kapitel. Beziehungen der Krankenkassen **§ 114 SGB V 5**

Einigung über den Prüfer nicht zustande, wird dieser auf Antrag innerhalb von zwei Monaten von der Landesschiedsstelle nach § 114 Abs. 1 bestimmt. [3] Der Prüfer ist unabhängig und an Weisungen nicht gebunden.

(2) Die Krankenhäuser und ihre Mitarbeiter sind verpflichtet, dem Prüfer und seinen Beauftragten auf Verlangen die für die Wahrnehmung ihrer Aufgaben notwendigen Unterlagen vorzulegen und Auskünfte zu erteilen.

(3) [1] Das Prüfungsergebnis ist, unabhängig von den sich daraus ergebenden Folgerungen für eine Kündigung des Versorgungsvertrags nach § 110, in der nächstmöglichen Pflegesatzvereinbarung mit Wirkung für die Zukunft zu berücksichtigen. [2] Die Vorschriften über Wirtschaftlichkeitsprüfungen nach der Bundespflegesatzverordnung bleiben unberührt.

(4) [1] Die Wirtschaftlichkeit und Qualität der Versorgung durch Hochschulambulanzen nach § 117, psychiatrische Institutsambulanzen nach § 118, sozialpädiatrische Zentren nach § 119 sowie medizinische Behandlungszentren nach § 119c werden von den Krankenkassen in entsprechender Anwendung der nach §§ 106 bis 106b und 106d und § 135b geltenden Regelungen geprüft. [2] Die Wirtschaftlichkeit der ärztlich verordneten Leistungen im Rahmen des Entlassmanagements nach § 39 Absatz 1a Satz 5 und der Inanspruchnahme eines Krankenhauses nach § 76 Absatz 1a wird durch die Prüfungsstellen nach § 106c entsprechend §§ 106 bis 106b gegen Kostenersatz durchgeführt, soweit die Krankenkasse mit dem Krankenhaus nichts anderes vereinbart hat.

§ 114 Landesschiedsstelle. (1) [1] Die Landesverbände der Krankenkassen und die Ersatzkassen gemeinsam und die Landeskrankenhausgesellschaften oder die Vereinigungen der Krankenhausträger im Land gemeinsam bilden für jedes Land eine Schiedsstelle. [2] Diese entscheidet in den ihr nach diesem Buch zugewiesenen Aufgaben.

(2) [1] Die Landesschiedsstelle besteht aus Vertretern der Krankenkassen und zugelassenen Krankenhäuser in gleicher Zahl sowie einem unparteiischen Vorsitzenden und zwei weiteren unparteiischen Mitgliedern. [2] Die Vertreter der Krankenkassen und deren Stellvertreter werden von den Landesverbänden der Krankenkassen und den Ersatzkassen, die Vertreter der zugelassenen Krankenhäuser und deren Stellvertreter von der Landeskrankenhausgesellschaft bestellt. [3] Der Vorsitzende und die weiteren unparteiischen Mitglieder werden von den beteiligten Organisationen gemeinsam bestellt. [4] Kommt eine Einigung nicht zustande, werden sie in entsprechender Anwendung des Verfahrens nach § 89 Abs. 3 Satz 3 und 4 durch Los bestellt. [5] Soweit beteiligte Organisationen keine Vertreter bestellen oder im Verfahren nach Satz 3 keine Kandidaten für das Amt des Vorsitzenden oder der weiteren unparteiischen Mitglieder benennen, bestellt die zuständige Landesbehörde auf Antrag einer beteiligten Organisation die Vertreter und benennt die Kandidaten; die Amtsdauer der Mitglieder der Schiedsstelle beträgt in diesem Fall ein Jahr.

(3) [1] Die Mitglieder der Schiedsstelle führen ihr Amt als Ehrenamt. [2] Sie sind an Weisungen nicht gebunden. [3] Jedes Mitglied hat eine Stimme. [4] Die Entscheidungen werden mit der Mehrheit der Mitglieder getroffen. [5] Ergibt sich keine Mehrheit, gibt die Stimme des Vorsitzenden den Ausschlag.

(4) Die Aufsicht über die Geschäftsführung der Schiedsstelle führt die zuständige Landesbehörde.

(5) Die Landesregierungen werden ermächtigt, durch Rechtsverordnung das Nähere über die Zahl, die Bestellung, die Amtsdauer und die Amtsführung, die Erstattung der baren Auslagen und die Entschädigung für Zeitaufwand der Mitglieder der Schiedsstelle und der erweiterten Schiedsstelle (§ 115 Abs. 3), die Geschäftsführung, das Verfahren, die Erhebung und die Höhe der Gebühren sowie über die Verteilung der Kosten zu bestimmen.

Vierter Abschnitt. Beziehungen zu Krankenhäusern und Vertragsärzten

§ 115 Dreiseitige Verträge und Rahmenempfehlungen zwischen Krankenkassen, Krankenhäusern und Vertragsärzten. (1) Die Landesverbände der Krankenkassen und die Ersatzkassen gemeinsam und die Kassenärztlichen Vereinigungen schließen mit der Landeskrankenhausgesellschaft oder mit den Vereinigungen der Krankenhausträger im Land gemeinsam Verträge mit dem Ziel, durch enge Zusammenarbeit zwischen Vertragsärzten und zugelassenen Krankenhäusern eine nahtlose ambulante und stationäre Behandlung der Versicherten zu gewährleisten.

(2) ¹ Die Verträge regeln insbesondere

1. die Förderung des Belegarztwesens und der Behandlung in Einrichtungen, in denen die Versicherten durch Zusammenarbeit mehrerer Vertragsärzte ambulant und stationär versorgt werden (Praxiskliniken),
2. die gegenseitige Unterrichtung über die Behandlung der Patienten sowie über die Überlassung und Verwendung von Krankenunterlagen,
3. die Zusammenarbeit bei der Gestaltung und Durchführung eines ständig einsatzbereiten Notdienstes; darüber hinaus können auf Grundlage des einheitlichen Bewertungsmaßstabs für ärztliche Leistungen ergänzende Regelungen zur Vergütung vereinbart werden,
4. die Durchführung einer vor- und nachstationären Behandlung im Krankenhaus nach § 115a einschließlich der Prüfung der Wirtschaftlichkeit und der Verhinderung von Mißbrauch; in den Verträgen können von § 115a Abs. 2 Satz 1 bis 3 abweichende Regelungen vereinbart werden,
5. die allgemeinen Bedingungen der ambulanten Behandlung im Krankenhaus,
6. ergänzende Vereinbarungen zu Voraussetzungen, Art und Umfang des Entlassmanagements nach § 39 Absatz 1a.

² Sie sind für die Krankenkassen, die Vertragsärzte und die zugelassenen Krankenhäuser im Land unmittelbar verbindlich.

(3) ¹ Kommt ein Vertrag nach Absatz 1 ganz oder teilweise nicht zustande, wird sein Inhalt auf Antrag einer Vertragspartei durch die Landesschiedsstelle nach § 114 festgesetzt. ² Diese wird hierzu um Vertreter der Vertragsärzte in der gleichen Zahl erweitert, wie sie jeweils für die Vertreter der Krankenkassen und Krankenhäuser vorgesehen ist (erweiterte Schiedsstelle). ³ Die Vertreter der Vertragsärzte werden von den Kassenärztlichen Vereinigungen bestellt. ⁴ Das Nähere wird durch die Rechtsverordnung nach § 114 Abs. 5 bestimmt. ⁵ Für die Kündigung der Verträge sowie die vertragliche Ablösung der von der erweiterten Schiedsstelle festgesetzten Verträge gilt § 112 Abs. 4 entsprechend.

(3a) ¹ Kommt eine vertragliche Regelung nach Absatz 2 Satz 1 Nummer 3 bis zum 30. Juni 2016 nicht zustande, wird ihr Inhalt innerhalb von sechs

Wochen durch die Landesschiedsstelle nach § 114 festgelegt. ²Absatz 3 Satz 2 bis 5 gilt entsprechend.

(4) ¹Kommt eine Regelung nach Absatz 1 bis 3 bis zum 31. Dezember 1990 ganz oder teilweise nicht zustande, wird ihr Inhalt durch Rechtsverordnung der Landesregierung bestimmt. ²Eine Regelung nach den Absätzen 1 bis 3 ist zulässig, solange und soweit die Landesregierung eine Rechtsverordnung nicht erlassen hat.

(5) Der Spitzenverband Bund der Krankenkassen, die Kassenärztlichen Bundesvereinigungen und die Deutsche Krankenhausgesellschaft oder die Bundesverbände der Krankenhausträger gemeinsam sollen Rahmenempfehlungen zum Inhalt der Verträge nach Absatz 1 abgeben.

§ 115a Vor- und nachstationäre Behandlung im Krankenhaus.

(1) ¹Das Krankenhaus kann bei Verordnung von Krankenhausbehandlung Versicherte in medizinisch geeigneten Fällen ohne Unterkunft und Verpflegung behandeln, um

1. die Erforderlichkeit einer vollstationären Krankenhausbehandlung zu klären oder die vollstationäre Krankenhausbehandlung vorzubereiten (vorstationäre Behandlung) oder
2. im Anschluß an eine vollstationäre Krankenhausbehandlung den Behandlungserfolg zu sichern oder zu festigen (nachstationäre Behandlung).

²Das Krankenhaus kann die Behandlung nach Satz 1 auch durch hierzu ausdrücklich beauftragte niedergelassene Vertragsärzte in den Räumen des Krankenhauses oder der Arztpraxis erbringen. ³Absatz 2 Satz 5 findet insoweit keine Anwendung.

(2) ¹Die vorstationäre Behandlung ist auf längstens drei Behandlungstage innerhalb von fünf Tagen vor Beginn der stationären Behandlung begrenzt. ²Die nachstationäre Behandlung darf sieben Behandlungstage innerhalb von 14 Tagen, bei Organübertragungen nach § 9 Absatz 2 des Transplantationsgesetzes drei Monate nach Beendigung der stationären Krankenhausbehandlung nicht überschreiten. ³Die Frist von 14 Tagen oder drei Monaten kann in medizinisch begründeten Einzelfällen im Einvernehmen mit dem einweisenden Arzt verlängert werden. ⁴Kontrolluntersuchungen bei Organübertragungen nach § 9 Absatz 2 des Transplantationsgesetzes dürfen vom Krankenhaus auch nach Beendigung der nachstationären Behandlung fortgeführt werden, um die weitere Krankenbehandlung oder Maßnahmen der Qualitätssicherung wissenschaftlich zu begleiten oder zu unterstützen. ⁵Eine notwendige ärztliche Behandlung außerhalb des Krankenhauses während der vor- und nachstationären Behandlung wird im Rahmen des Sicherstellungsauftrags durch die an der vertragsärztlichen Versorgung teilnehmenden Ärzte gewährleistet. ⁶Das Krankenhaus hat den einweisenden Arzt über die vor- oder nachstationäre Behandlung sowie diesen und die an der weiteren Krankenbehandlung jeweils beteiligten Ärzte über die Kontrolluntersuchungen und deren Ergebnis unverzüglich zu unterrichten. ⁷Die Sätze 2 bis 6 gelten für die Nachbetreuung von Organspendern nach § 8 Abs. 3 Satz 1 des Transplantationsgesetzes entsprechend.

(3) ¹Die Landesverbände der Krankenkassen, die Ersatzkassen und der Landesausschuß des Verbandes der privaten Krankenversicherung gemeinsam vereinbaren mit der Landeskrankenhausgesellschaft oder mit den Vereinigungen der Krankenhausträger im Land gemeinsam und im Benehmen mit der Kassen-

ärztlichen Vereinigung die Vergütung der Leistungen mit Wirkung für die Vertragsparteien nach § 18 Abs. 2 des Krankenhausfinanzierungsgesetzes. ²Die Vergütung soll pauschaliert werden und geeignet sein, eine Verminderung der stationären Kosten herbeizuführen. ³Der Spitzenverband Bund der Krankenkassen und die Deutsche Krankenhausgesellschaft oder die Bundesverbände der Krankenhausträger gemeinsam geben im Benehmen mit der Kassenärztlichen Bundesvereinigung Empfehlungen zur Vergütung ab. ⁴Diese gelten bis zum Inkrafttreten einer Vereinbarung nach Satz 1. ⁵Kommt eine Vereinbarung über die Vergütung innerhalb von drei Monaten nicht zustande, nachdem eine Vertragspartei schriftlich zur Aufnahme der Verhandlungen aufgefordert hat, setzt die Schiedsstelle nach § 18a Abs. 1 des Krankenhausfinanzierungsgesetzes auf Antrag einer Vertragspartei oder der zuständigen Landesbehörde die Vergütung fest.

§ 115b Ambulantes Operieren im Krankenhaus. (1) [1]Der Spitzenverband Bund der Krankenkassen, die Deutsche Krankenhausgesellschaft oder die Bundesverbände der Krankenhausträger gemeinsam und die Kassenärztlichen Bundesvereinigungen vereinbaren

1. einen Katalog ambulant durchführbarer Operationen und sonstiger stationsersetzender Eingriffe,

2. einheitliche Vergütungen für Krankenhäuser und Vertragsärzte.

²In der Vereinbarung nach Satz 1 Nr. 1 sind bis zum 31. Dezember 2000 die ambulant durchführbaren Operationen und stationsersetzenden Eingriffe gesondert zu benennen, die in der Regel ambulant durchgeführt werden können, und allgemeine Tatbestände zu bestimmen, bei deren Vorliegen eine stationäre Durchführung erforderlich sein kann. ³In der Vereinbarung sind die Qualitätsvoraussetzungen nach § 135 Abs. 2 sowie die Richtlinien und Beschlüsse des Gemeinsamen Bundesausschusses nach § 92 Abs. 1 Satz 2 und den §§ 136 bis 136b zu berücksichtigen. ⁴In der Vereinbarung ist vorzusehen, dass die Leistungen nach Satz 1 auch auf der Grundlage einer vertraglichen Zusammenarbeit des Krankenhauses mit niedergelassenen Vertragsärzten ambulant im Krankenhaus erbracht werden können.

(2) ¹Die Krankenhäuser sind zur ambulanten Durchführung der in dem Katalog genannten Operationen und stationsersetzenden Eingriffe zugelassen. ²Hierzu bedarf es einer Mitteilung des Krankenhauses an die Landesverbände der Krankenkassen und die Ersatzkassen, die Kassenärztliche Vereinigung und den Zulassungsausschuß (§ 96); die Kassenärztliche Vereinigung unterrichtet die Landeskrankenhausgesellschaft über den Versorgungsgrad in der vertragsärztlichen Versorgung. ³Das Krankenhaus ist zur Einhaltung des Vertrages nach Absatz 1 verpflichtet. ⁴Die Leistungen werden unmittelbar von den Krankenkassen vergütet. ⁵Die Prüfung der Wirtschaftlichkeit und Qualität erfolgt durch die Krankenkassen; die Krankenhäuser übermitteln den Krankenkassen die Daten nach § 301, soweit dies für die Erfüllung der Aufgaben der Krankenkassen erforderlich ist.

(3) ¹Kommt eine Vereinbarung nach Absatz 1 ganz oder teilweise nicht zu Stande, wird ihr Inhalt auf Antrag einer Vertragspartei durch das Bundesschiedsamt nach § 89 Abs. 4 festgesetzt. ²Dieses wird hierzu um Vertreter der Deutschen Krankenhausgesellschaft in der gleichen Zahl erweitert, wie sie jeweils für die Vertreter der Krankenkassen und der Kassenärztlichen Bundes-

vereinigungen vorgesehen ist (erweitertes Bundesschiedsamt). ³Das erweiterte Bundesschiedsamt beschließt mit einer Mehrheit von zwei Dritteln der Stimmen der Mitglieder. ⁴§ 112 Abs. 4 gilt entsprechend.

(4) ¹In der Vereinbarung nach Absatz 1 können Regelungen über ein gemeinsames Budget zur Vergütung der ambulanten Operationsleistungen der Krankenhäuser und der Vertragsärzte getroffen werden. ²Die Mittel sind aus der Gesamtvergütung und den Budgets der zum ambulanten Operieren zugelassenen Krankenhäuser aufzubringen.

§ 115c Fortsetzung der Arzneimitteltherapie nach Krankenhausbehandlung.

(1) ¹Ist im Anschluss an eine Krankenhausbehandlung die Verordnung von Arzneimitteln erforderlich, hat das Krankenhaus dem weiterbehandelnden Vertragsarzt die Therapievorschläge unter Verwendung der Wirkstoffbezeichnungen mitzuteilen. ²Falls preisgünstigere Arzneimittel mit pharmakologisch vergleichbaren Wirkstoffen oder therapeutisch vergleichbarer Wirkung verfügbar sind, ist mindestens ein preisgünstigerer Therapievorschlag anzugeben. ³Abweichungen in den Fällen der Sätze 1 und 2 sind in medizinisch begründeten Ausnahmefällen zulässig.

(2) Ist im Anschluss an eine Krankenhausbehandlung die Fortsetzung der im Krankenhaus begonnenen Arzneimitteltherapie in der vertragsärztlichen Versorgung für einen längeren Zeitraum notwendig, soll das Krankenhaus bei der Entlassung Arzneimittel anwenden, die auch bei Verordnung in der vertragsärztlichen Versorgung zweckmäßig und wirtschaftlich sind, soweit dies ohne eine Beeinträchtigung der Behandlung im Einzelfall oder ohne eine Verlängerung der Verweildauer möglich ist.

§ 115d Stationsäquivalente psychiatrische Behandlung.

(1) ¹Psychiatrische Krankenhäuser mit regionaler Versorgungsverpflichtung sowie Allgemeinkrankenhäuser mit selbständigen, fachärztlich geleiteten psychiatrischen Abteilungen mit regionaler Versorgungsverpflichtung können in medizinisch geeigneten Fällen, wenn eine Indikation für eine stationäre psychiatrische Behandlung vorliegt, anstelle einer vollstationären Behandlung eine stationsäquivalente psychiatrische Behandlung im häuslichen Umfeld erbringen. ²Der Krankenhausträger stellt sicher, dass die erforderlichen Ärzte und nichtärztlichen Fachkräfte und die notwendigen Einrichtungen für eine stationsäquivalente Behandlung bei Bedarf zur Verfügung stehen. ³In geeigneten Fällen, insbesondere wenn dies der Behandlungskontinuität dient oder aus Gründen der Wohnortnähe sachgerecht ist, kann das Krankenhaus an der ambulanten psychiatrischen Versorgung teilnehmende Leistungserbringer oder ein anderes zur Erbringung der stationsäquivalenten Behandlung berechtigtes Krankenhaus mit der Durchführung von Teilen der Behandlung beauftragen.

(2) ¹Der Spitzenverband Bund der Krankenkassen, der Verband der Privaten Krankenversicherung und die Deutsche Krankenhausgesellschaft vereinbaren im Benehmen mit der Kassenärztlichen Bundesvereinigung bis zum 30. Juni 2017

1. die Anforderungen an die Dokumentation; dabei ist sicherzustellen, dass für die stationsäquivalente psychiatrische Behandlung die Krankenhausbehandlungsbedürftigkeit dokumentiert wird,
2. die Anforderungen an die Qualität der Leistungserbringung,

3. die Anforderungen an die Beauftragung von an der ambulanten psychiatrischen Behandlung teilnehmenden Leistungserbringern oder anderen, zur Erbringung der stationsäquivalenten Behandlung berechtigten Krankenhäusern.

²Kommt eine Vereinbarung nach Satz 1 ganz oder teilweise nicht fristgerecht zustande, entscheidet die Schiedsstelle nach § 18a Absatz 6 des Krankenhausfinanzierungsgesetzes ohne Antrag einer Vertragspartei innerhalb von sechs Wochen.

(3) Die Vertragsparteien nach Absatz 2 Satz 1 vereinbaren bis zum 28. Februar 2017 im Benehmen mit den maßgeblichen medizinischen Fachgesellschaften die Leistungsbeschreibung der stationsäquivalenten psychiatrischen Behandlung als Grundlage für die Verschlüsselung der Leistungen nach § 301 Absatz 2 Satz 2.

(4) ¹Der Spitzenverband Bund der Krankenkassen, der Verband der Privaten Krankenversicherung und die Deutsche Krankenhausgesellschaft legen dem Bundesministerium für Gesundheit bis zum 31. Dezember 2021 einen gemeinsamen Bericht über die Auswirkungen der stationsäquivalenten psychiatrischen Behandlung im häuslichen Umfeld auf die Versorgung der Patientinnen und Patienten einschließlich der finanziellen Auswirkungen vor. ²Die für den Bericht erforderlichen Daten sind ihnen von den Krankenkassen, den Unternehmen der privaten Krankenversicherung und den Krankenhäusern in anonymisierter Form zu übermitteln.

§ 116 Ambulante Behandlung durch Krankenhausärzte.
¹Ärzte, die in einem Krankenhaus, einer Vorsorge- oder Rehabilitationseinrichtung, mit der ein Versorgungsvertrag nach § 111 Absatz 2 besteht, oder nach § 119b Absatz 1 Satz 3 oder 4 in einer stationären Pflegeeinrichtung tätig sind, können, soweit sie über eine abgeschlossene Weiterbildung verfügen, mit Zustimmung des jeweiligen Trägers der Einrichtung, in der der Arzt tätig ist, vom Zulassungsausschuß (§ 96) zur Teilnahme an der vertragsärztlichen Versorgung der Versicherten ermächtigt werden. ²Die Ermächtigung ist zu erteilen, soweit und solange eine ausreichende ärztliche Versorgung der Versicherten ohne die besonderen Untersuchungs- und Behandlungsmethoden oder Kenntnisse von hierfür geeigneten Ärzten der in Satz 1 genannten Einrichtungen nicht sichergestellt wird.

§ 116a Ambulante Behandlung durch Krankenhäuser bei Unterversorgung.
¹Der Zulassungsausschuss muss zugelassene Krankenhäuser für das entsprechende Fachgebiet in den Planungsbereichen, in denen der Landesausschuss der Ärzte und Krankenkassen eingetretene Unterversorgung nach § 100 Absatz 1 oder einen zusätzlichen lokalen Versorgungsbedarf nach § 100 Absatz 3 festgestellt hat, auf deren Antrag zur vertragsärztlichen Versorgung ermächtigen, soweit und solange dies zur Beseitigung der Unterversorgung oder zur Deckung des zusätzlichen lokalen Versorgungsbedarfs erforderlich ist. ²Der Ermächtigungsbeschluss ist nach zwei Jahren zu überprüfen.

§ 116b Ambulante spezialfachärztliche Versorgung.
(1) ¹Die ambulante spezialfachärztliche Versorgung umfasst die Diagnostik und Behandlung komplexer, schwer therapierbarer Krankheiten, die je nach Krankheit eine spezielle Qualifikation, eine interdisziplinäre Zusammenarbeit und besondere

4. Kapitel. Beziehungen der Krankenkassen § 116b SGB V 5

Ausstattungen erfordern. ²Hierzu gehören nach Maßgabe der Absätze 4 und 5 insbesondere folgende Erkrankungen mit besonderen Krankheitsverläufen, seltene Erkrankungen und Erkrankungszustände mit entsprechend geringen Fallzahlen sowie hochspezialisierte Leistungen:

1. Erkrankungen mit besonderen Krankheitsverläufen wie
   a) onkologische Erkrankungen,
   b) rheumatologische Erkrankungen,
   c) HIV/AIDS,
   d) Herzinsuffizienz (NYHA Stadium 3–4),
   e) Multiple Sklerose,
   f) zerebrale Anfallsleiden (Epilepsie),
   g) komplexe Erkrankungen im Rahmen der pädiatrischen Kardiologie,
   h) Folgeschäden bei Frühgeborenen oder
   i) Querschnittslähmung bei Komplikationen, die eine interdisziplinäre Versorgung erforderlich machen;
   bei Erkrankungen nach den Buchstaben c bis i umfasst die ambulante spezialfachärztliche Versorgung nur schwere Verlaufsformen der jeweiligen Erkrankungen mit besonderen Krankheitsverläufen;
2. seltene Erkrankungen und Erkrankungszustände mit entsprechend geringen Fallzahlen wie
   a) Tuberkulose,
   b) Mukoviszidose,
   c) Hämophilie,
   d) Fehlbildungen, angeborene Skelettsystemfehlbildungen und neuromuskuläre Erkrankungen,
   e) schwerwiegende immunologische Erkrankungen,
   f) biliäre Zirrhose,
   g) primär sklerosierende Cholangitis,
   h) Morbus Wilson,
   i) Transsexualismus,
   j) Versorgung von Kindern mit angeborenen Stoffwechselstörungen,
   k) Marfan-Syndrom,
   l) pulmonale Hypertonie,
   m) Kurzdarmsyndrom oder
   n) Versorgung von Patienten vor oder nach Organtransplantation und von lebenden Spendern sowie
3. hochspezialisierte Leistungen wie
   a) CT/MRT-gestützte interventionelle schmerztherapeutische Leistungen oder
   b) Brachytherapie.

³Untersuchungs- und Behandlungsmethoden können Gegenstand des Leistungsumfangs in der ambulanten spezialfachärztlichen Versorgung sein, soweit

der Gemeinsame Bundesausschuss im Rahmen der Beschlüsse nach § 137c für die Krankenhausbehandlung keine ablehnende Entscheidung getroffen hat.

(2) ¹ An der vertragsärztlichen Versorgung teilnehmende Leistungserbringer und nach § 108 zugelassene Krankenhäuser sind berechtigt, Leistungen der ambulanten spezialfachärztlichen Versorgung nach Absatz 1, deren Behandlungsumfang der Gemeinsame Bundesausschuss nach den Absätzen 4 und 5 bestimmt hat, zu erbringen, soweit sie die hierfür jeweils maßgeblichen Anforderungen und Voraussetzungen nach den Absätzen 4 und 5 erfüllen und dies gegenüber dem nach Maßgabe des Absatzes 3 Satz 1 erweiterten Landesausschuss der Ärzte und Krankenkassen nach § 90 Absatz 1 unter Beifügung entsprechender Belege anzeigen. ² Soweit der Abschluss von Vereinbarungen nach Absatz 4 Satz 9 und 10 zwischen den in Satz 1 genannten Leistungserbringern erforderlich ist, sind diese im Rahmen des Anzeigeverfahrens nach Satz 1 ebenfalls vorzulegen. ³ Dies gilt nicht, wenn der Leistungserbringer glaubhaft versichert, dass ihm die Vorlage aus den in Absatz 4 Satz 11 zweiter Halbsatz genannten Gründen nicht möglich ist. ⁴ Der Leistungserbringer ist nach Ablauf einer Frist von zwei Monaten nach Eingang seiner Anzeige zur Teilnahme an der ambulanten spezialfachärztlichen Versorgung berechtigt, es sei denn, der Landesausschuss nach Satz 1 teilt ihm innerhalb dieser Frist mit, dass er die Anforderungen und Voraussetzungen hierfür nicht erfüllt. ⁵ Der Landesausschuss nach Satz 1 kann von dem anzeigenden Leistungserbringer zusätzlich erforderliche Informationen und ergänzende Stellungnahmen anfordern; bis zum Eingang der Auskünfte ist der Lauf der Frist nach Satz 4 unterbrochen. ⁶ Danach läuft die Frist weiter; der Zeitraum der Unterbrechung wird in die Frist nicht eingerechnet. ⁷ Nach Satz 4 berechtigte Leistungserbringer haben ihre Teilnahme an der ambulanten spezialfachärztlichen Versorgung den Landesverbänden der Krankenkassen und den Ersatzkassen, der Kassenärztlichen Vereinigung sowie der Landeskrankenhausgesellschaft zu melden und dabei den Erkrankungs- und Leistungsbereich anzugeben, auf den sich die Berechtigung erstreckt. ⁸ Erfüllt der Leistungserbringer die für ihn nach den Sätzen 1 und 2 maßgeblichen Voraussetzungen für die Berechtigung zur Teilnahme an der ambulanten spezialfachärztlichen Versorgung nicht mehr, hat er dies unverzüglich unter Angabe des Zeitpunkts ihres Wegfalls gegenüber dem Landesausschuss nach Satz 1 anzuzeigen sowie den in Satz 7 genannten Stellen zu melden. ⁹ Der Landesausschuss nach Satz 1 kann einen an der ambulanten spezialfachärztlichen Versorgung teilnehmenden Leistungserbringer aus gegebenem Anlass sowie unabhängig davon nach Ablauf von mindestens fünf Jahren seit seiner erstmaligen Teilnahmeanzeige oder der letzten späteren Überprüfung seiner Teilnahmeberechtigung auffordern, ihm gegenüber innerhalb einer Frist von zwei Monaten nachzuweisen, dass er die Voraussetzungen für seine Teilnahme an der ambulanten spezialfachärztlichen Versorgung weiterhin erfüllt. ¹⁰ Die Sätze 4, 5 und 8 gelten entsprechend.

(3) ¹ Für die Wahrnehmung der Aufgaben nach Absatz 2 wird der Landesausschuss der Ärzte und Krankenkassen nach § 90 Absatz 1 um Vertreter der Krankenhäuser in der gleichen Zahl erweitert, wie sie nach § 90 Absatz 2 jeweils für die Vertreter der Krankenkassen und die Vertreter der Ärzte vorgesehen ist (erweiterter Landesausschuss). ² Die Vertreter der Krankenhäuser werden von der Landeskrankenhausgesellschaft bestellt. ³ Über den Vorsitzenden des erweiterten Landesausschusses und die zwei weiteren unparteiischen Mitglieder sowie deren Stellvertreter sollen sich die beteiligten Kassenärzt-

4. Kapitel. Beziehungen der Krankenkassen § **116b** SGB V 5

lichen Vereinigungen, die Landesverbände der Krankenkassen und die Ersatzkassen sowie die Landeskrankenhausgesellschaft einigen. ⁴ Kommt eine Einigung nicht zustande, werden sie durch die für die Sozialversicherung zuständige oberste Verwaltungsbehörde des Landes im Benehmen mit den beteiligten Kassenärztlichen Vereinigungen, den Landesverbänden der Krankenkassen und den Ersatzkassen sowie der Landeskrankenhausgesellschaft berufen. ⁵ Die dem Landesausschuss durch die Wahrnehmung der Aufgaben nach Absatz 2 entstehenden Kosten werden zur Hälfte von den Verbänden der Krankenkassen und den Ersatzkassen sowie zu je einem Viertel von den beteiligten Kassenärztlichen Vereinigungen und der Landeskrankenhausgesellschaft getragen. ⁶ Der erweiterte Landesausschuss beschließt mit einfacher Mehrheit; bei der Gewichtung der Stimmen zählen die Stimmen der Vertreter der Krankenkassen doppelt. ⁷ Der erweiterte Landesausschuss kann für die Beschlussfassung über Entscheidungen im Rahmen des Anzeigeverfahrens nach Absatz 2 in seiner Geschäftsordnung abweichend von Satz 1 die Besetzung mit einer kleineren Zahl von Mitgliedern festlegen; die Mitberatungsrechte nach § 90 Absatz 4 Satz 2 sowie § 140f Absatz 3 bleiben unberührt. ⁸ Er ist befugt, geeignete Dritte ganz oder teilweise mit der Durchführung von Aufgaben nach Absatz 2 zu beauftragen und kann hierfür nähere Vorgaben beschließen.

(4) ¹ Der Gemeinsame Bundesausschuss regelt in einer Richtlinie bis zum 31. Dezember 2012 das Nähere zur ambulanten spezialfachärztlichen Versorgung nach Absatz 1. ² Er konkretisiert die Erkrankungen nach Absatz 1 Satz 2 nach der Internationalen Klassifikation der Krankheiten in der jeweiligen vom Deutschen Institut für medizinische Dokumentation und Information im Auftrag des Bundesministeriums für Gesundheit herausgegebenen deutschen Fassung oder nach weiteren von ihm festzulegenden Merkmalen und bestimmt den Behandlungsumfang. ³ In Bezug auf Krankenhäuser, die an der ambulanten spezialfachärztlichen Versorgung teilnehmen, hat der Gemeinsame Bundesausschuss für Leistungen, die sowohl ambulant spezialfachärztlich als auch teilstationär oder stationär erbracht werden können, allgemeine Tatbestände zu bestimmen, bei deren Vorliegen eine ambulante spezialfachärztliche Leistungserbringung ausnahmsweise nicht ausreichend ist und eine teilstationäre oder stationäre Durchführung erforderlich sein kann. ⁴ Er regelt die sächlichen und personellen Anforderungen an die ambulante spezialfachärztliche Leistungserbringung sowie sonstige Anforderungen an die Qualitätssicherung unter Berücksichtigung der Ergebnisse nach § 137a Absatz 3. ⁵ Bei Erkrankungen mit besonderen Krankheitsverläufen setzt die ambulante spezialfachärztliche Versorgung die Überweisung durch einen Vertragsarzt voraus; das Nähere hierzu regelt der Gemeinsame Bundesausschuss in seiner Richtlinie nach Satz 1. ⁶ Satz 5 gilt nicht bei Zuweisung von Versicherten aus dem stationären Bereich. ⁷ Für seltene Erkrankungen und Erkrankungszustände mit entsprechend geringen Fallzahlen sowie hochspezialisierte Leistungen regelt der Gemeinsame Bundesausschuss, in welchen Fällen die ambulante spezialfachärztliche Leistungserbringung die Überweisung durch den behandelnden Arzt voraussetzt. ⁸ Für die Behandlung von Erkrankungen mit besonderen Krankheitsverläufen nach Absatz 1 Satz 2 Nummer 1, bei denen es sich nicht zugleich um seltene Erkrankungen oder Erkrankungszustände mit entsprechend geringen Fallzahlen handelt, kann er Empfehlungen als Entscheidungshilfe für den behandelnden Arzt abgeben, in welchen medizinischen Fallkonstellationen bei der jeweiligen Krankheit von einem besonderen Krankheitsverlauf aus-

zugehen ist. ⁹ Zudem kann er für die Versorgung bei Erkrankungen mit besonderen Krankheitsverläufen Regelungen zu Vereinbarungen treffen, die eine Kooperation zwischen den beteiligten Leistungserbringern nach Absatz 2 Satz 1 in diesem Versorgungsbereich fördern. ¹⁰ Für die Versorgung von Patienten mit onkologischen Erkrankungen hat er Regelungen für solche Vereinbarungen zu treffen. ¹¹ Diese Vereinbarungen nach den Sätzen 9 und 10 sind Voraussetzung für die Teilnahme an der ambulanten spezialfachärztlichen Versorgung, es sei denn, dass ein Leistungserbringer eine Vereinbarung nach den Sätzen 9 oder 10 nicht abschließen kann, weil in seinem für die ambulante spezialfachärztliche Versorgung relevanten Einzugsbereich

a) kein geeigneter Kooperationspartner vorhanden ist oder

b) er dort trotz ernsthaften Bemühens innerhalb eines Zeitraums von mindestens zwei Monaten keinen zur Kooperation mit ihm bereiten geeigneten Leistungserbringer finden konnte.

¹² Der Gemeinsame Bundesausschuss hat spätestens jeweils zwei Jahre nach dem Inkrafttreten eines Richtlinienbeschlusses, der für eine Erkrankung nach Absatz 1 Satz 2 Nummer 1 Buchstabe a oder Buchstabe b getroffen wurde, die Auswirkungen dieses Beschlusses hinsichtlich Qualität, Inanspruchnahme und Wirtschaftlichkeit der ambulanten spezialfachärztlichen Versorgung sowie die Erforderlichkeit einer Anpassung dieses Beschlusses zu prüfen. ¹³ Über das Ergebnis der Prüfung berichtet der Gemeinsame Bundesausschuss dem Bundesministerium für Gesundheit.

(5) ¹ Der Gemeinsame Bundesausschuss ergänzt den Katalog nach Absatz 1 Satz 2 auf Antrag eines Unparteiischen nach § 91 Absatz 2 Satz 1, einer Trägerorganisation des Gemeinsamen Bundesausschusses oder der für die Wahrnehmung der Interessen der Patientinnen und Patienten und der Selbsthilfe chronisch kranker und behinderter Menschen auf Bundesebene maßgeblichen Organisationen nach § 140f nach Maßgabe des Absatzes 1 Satz 1 um weitere Erkrankungen mit besonderen Krankheitsverläufen, seltene Erkrankungen und Erkrankungszustände mit entsprechend geringen Fallzahlen sowie hochspezialisierte Leistungen. ² Im Übrigen gilt Absatz 4 entsprechend.

(6) ¹ Die Leistungen der ambulanten spezialfachärztlichen Versorgung werden unmittelbar von der Krankenkasse vergütet; Leistungserbringer können die Kassenärztliche Vereinigung gegen Aufwendungsersatz mit der Abrechnung von Leistungen der ambulanten spezialfachärztlichen Versorgung beauftragen. ² Für die Vergütung der Leistungen der ambulanten spezialfachärztlichen Versorgung vereinbaren der Spitzenverband Bund der Krankenkassen, die Deutsche Krankenhausgesellschaft und die Kassenärztliche Bundesvereinigung gemeinsam und einheitlich die Kalkulationssystematik, diagnosebezogene Gebührenpositionen in Euro sowie deren jeweilige verbindliche Einführungszeitpunkte nach Inkrafttreten der entsprechenden Richtlinien gemäß den Absätzen 4 und 5. ³ Die Kalkulation erfolgt auf betriebswirtschaftlicher Grundlage ausgehend vom einheitlichen Bewertungsmaßstab für ärztliche Leistungen unter ergänzender Berücksichtigung der nichtärztlichen Leistungen, der Sachkosten sowie der spezifischen Investitionsbedingungen. ⁴ Bei den seltenen Erkrankungen und Erkrankungszuständen mit entsprechend geringen Fallzahlen sollen die Gebührenpositionen für die Diagnostik und die Behandlung getrennt kalkuliert werden. ⁵ Die Vertragspartner können einen Dritten mit der Kalkulation beauftragen. ⁶ Die Gebührenpositionen sind in regelmäßigen Zeitabstän-

4. Kapitel. Beziehungen der Krankenkassen § 116b SGB V 5

den daraufhin zu überprüfen, ob sie noch dem Stand der medizinischen Wissenschaft und Technik sowie dem Grundsatz der wirtschaftlichen Leistungserbringung entsprechen. [7] Kommt eine Vereinbarung nach Satz 2 ganz oder teilweise nicht zustande, wird ihr Inhalt auf Antrag einer Vertragspartei durch das Schiedsamt nach § 89 Absatz 4 innerhalb von drei Monaten festgesetzt, das hierzu um weitere Vertreter der Deutschen Krankenhausgesellschaft sowie der Krankenkassen in jeweils gleicher Zahl erweitert wird und mit einer Mehrheit der Stimmen der Mitglieder beschließt; § 112 Absatz 4 gilt entsprechend. [8] Bis zum Inkrafttreten einer Vereinbarung nach Satz 2 erfolgt die Vergütung auf der Grundlage der vom Bewertungsausschuss gemäß § 87 Absatz 5a bestimmten abrechnungsfähigen ambulanten spezialfachärztlichen Leistungen des einheitlichen Bewertungsmaßstabs für ärztliche Leistungen mit dem Preis der jeweiligen regionalen Euro-Gebührenordnung. [9] Der Bewertungsausschuss gemäß § 87 Absatz 5a hat den einheitlichen Bewertungsmaßstab für ärztliche Leistungen bis zum Inkrafttreten einer Vereinbarung nach Satz 2 und jeweils bis spätestens sechs Monate nach Inkrafttreten der Richtlinien gemäß den Absätzen 4 und 5 insbesondere so anzupassen, dass die Leistungen nach Absatz 1 unter Berücksichtigung der Vorgaben nach den Absätzen 4 und 5 angemessen bewertet sind und nur von den an der ambulanten spezialfachärztlichen Versorgung teilnehmenden Leistungserbringern abgerechnet werden können. [10] Die Prüfung der Abrechnung und der Wirtschaftlichkeit sowie der Qualität, soweit der Gemeinsame Bundesausschuss hierzu in der Richtlinie nach Absatz 4 keine abweichende Regelung getroffen hat, erfolgt durch die Krankenkassen, die hiermit eine Arbeitsgemeinschaft oder den Medizinischen Dienst der Krankenversicherung beauftragen können; ihnen sind die für die Prüfungen erforderlichen Belege und Berechtigungsdaten nach Absatz 2 auf Verlangen vorzulegen. [11] Für die Abrechnung gilt § 295 Absatz 1b Satz 1 entsprechend. [12] Das Nähere über Form und Inhalt des Abrechnungsverfahrens sowie über die erforderlichen Vordrucke wird von den Vertragsparteien nach Satz 2 vereinbart; Satz 7 gilt entsprechend. [13] Die morbiditätsbedingte Gesamtvergütung ist nach Maßgabe der Vorgaben des Bewertungsausschusses nach § 87a Absatz 5 Satz 7 in den Vereinbarungen nach § 87a Absatz 3 um die Leistungen zu bereinigen, die Bestandteil der ambulanten spezialfachärztlichen Versorgung sind. [14] Die Bereinigung darf nicht zulasten des hausärztlichen Vergütungsanteils und der fachärztlichen Grundversorgung gehen. [15] In den Vereinbarungen zur Bereinigung ist auch über notwendige Korrekturverfahren zu entscheiden.

(7) [1] Die ambulante spezialfachärztliche Versorgung nach Absatz 1 schließt die Verordnung von Leistungen nach § 73 Absatz 2 Nummer 5 bis 8 und 12 ein, soweit diese zur Erfüllung des Behandlungsauftrags nach Absatz 2 erforderlich sind; § 73 Absatz 2 Nummer 9 gilt entsprechend. [2] Die Richtlinien nach § 92 Absatz 1 Satz 2 gelten entsprechend. [3] Die Vereinbarungen über Vordrucke und Nachweise nach § 87 Absatz 1 Satz 2 sowie die Richtlinien nach § 75 Absatz 7 gelten entsprechend, soweit sie Regelungen zur Verordnung von Leistungen nach Satz 1 betreffen. [4] Verordnungen im Rahmen der Versorgung nach Absatz 1 sind auf den Vordrucken gesondert zu kennzeichnen. [5] Leistungserbringer nach Absatz 2 erhalten ein Kennzeichen nach § 293 Absatz 1 und Absatz 4 Satz 2 Nummer 1, das eine eindeutige Zuordnung im Rahmen der Abrechnung nach den §§ 300 und 302 ermöglicht, und tragen dieses auf die Vordrucke auf. [6] Das Nähere zu Form und Zuweisung der Kennzeichen nach den Sätzen 4 und 5, zur Bereitstellung der Vordrucke sowie zur Auf-

tragung der Kennzeichen auf die Vordrucke ist in der Vereinbarung nach Absatz 6 Satz 12 zu regeln. ⁷Für die Prüfung der Wirtschaftlichkeit der Verordnungen nach Satz 1 gilt § 113 Absatz 4 entsprechend mit der Maßgabe, dass die Prüfung durch die Prüfungsstellen gegen Kostenersatz durchgeführt wird, soweit die Krankenkasse mit dem Leistungserbringer nach Absatz 2 nichts anderes vereinbart hat.

(8) ¹Bestimmungen, die von einem Land nach § 116b Absatz 2 Satz 1 in der bis zum 31. Dezember 2011 geltenden Fassung getroffen wurden, gelten weiter. ²Bestimmungen nach Satz 1 für eine Erkrankung nach Absatz 1 Satz 2 Nummer 1 oder Nummer 2 oder eine hochspezialisierte Leistung nach Absatz 1 Satz 2 Nummer 3, für die der Gemeinsame Bundesausschuss das Nähere zur ambulanten spezialfachärztlichen Versorgung in der Richtlinie nach Absatz 4 Satz 1 geregelt hat, werden unwirksam, wenn das Krankenhaus zu dieser Erkrankung oder hochspezialisierten Leistung zur Teilnahme an der ambulanten spezialfachärztlichen Versorgung berechtigt ist, spätestens jedoch drei Jahre nach Inkrafttreten des entsprechenden Richtlinienbeschlusses des Gemeinsamen Bundesausschusses. ³Die von zugelassenen Krankenhäusern aufgrund von Bestimmungen nach Satz 1 erbrachten Leistungen werden nach § 116b Absatz 5 in der bis zum 31. Dezember 2011 geltenden Fassung vergütet.

(9) ¹Die Auswirkungen der ambulanten spezialfachärztlichen Versorgung auf die Kostenträger, die Leistungserbringer sowie auf die Patientenversorgung sind fünf Jahre nach Inkrafttreten des Gesetzes zu bewerten. ²Gegenstand der Bewertung sind insbesondere der Stand der Versorgungsstruktur, der Qualität sowie der Abrechnung der Leistungen in der ambulanten spezialfachärztlichen Versorgung auch im Hinblick auf die Entwicklung in anderen Versorgungsbereichen. ³Die Ergebnisse der Bewertung sind dem Bundesministerium für Gesundheit zum 31. März 2017 zuzuleiten. ⁴Die Bewertung und die Berichtspflicht obliegen dem Spitzenverband Bund, der Kassenärztlichen Bundesvereinigung und der Deutschen Krankenhausgesellschaft gemeinsam.

§ 117 Hochschulambulanzen. (1) ¹Ambulanzen, Institute und Abteilungen der Hochschulkliniken (Hochschulambulanzen) sind zur ambulanten ärztlichen Behandlung der Versicherten und der in § 75 Absatz 3 genannten Personen

1. in dem für Forschung und Lehre erforderlichen Umfang sowie
2. für solche Personen, die wegen Art, Schwere oder Komplexität ihrer Erkrankung einer Untersuchung oder Behandlung durch die Hochschulambulanz bedürfen,

ermächtigt. ²In den Fällen von Satz 1 Nummer 2 kann die ambulante ärztliche Behandlung nur auf Überweisung eines Facharztes in Anspruch genommen werden. ³Der Spitzenverband Bund der Krankenkassen, die Kassenärztliche Bundesvereinigung und die Deutsche Krankenhausgesellschaft vereinbaren die Gruppe derjenigen Patienten, die wegen Art, Schwere oder Komplexität der Erkrankung einer Versorgung durch die Hochschulambulanzen bedürfen. ⁴Sie können zudem Ausnahmen von dem fachärztlichen Überweisungsgebot in den Fällen von Satz 1 Nummer 2 vereinbaren. ⁵Kommt eine Einigung bis zum 23. Januar 2016 ganz oder teilweise nicht zustande, wird ihr Inhalt auf Antrag einer Vertragspartei durch das Bundesschiedsamt nach § 89 Absatz 4 innerhalb von drei Monaten festgelegt. ⁶Dieses wird hierzu um Vertreter der Deutschen

4. Kapitel. Beziehungen der Krankenkassen § 118 SGB V 5

Krankenhausgesellschaft in der gleichen Zahl erweitert, wie sie jeweils für die Vertreter der Krankenkassen und der Kassenärztlichen Bundesvereinigung vorgesehen ist (erweitertes Bundesschiedsamt). [7] Das erweiterte Bundesschiedsamt beschließt mit einer Mehrheit von zwei Dritteln der Stimmen der Mitglieder. [8] Soweit und solange kein Vertrag nach Satz 3 zustande gekommen ist, können die Hochschulen oder Hochschulkliniken mit den Kassenärztlichen Vereinigungen im Einvernehmen mit den Landesverbänden der Krankenkassen und der Ersatzkassen die Festlegungen nach den Sätzen 3 und 4 vereinbaren. [9] Ist ein Vertrag nach Satz 3 zustande gekommen, können Hochschulen oder Hochschulkliniken zur Berücksichtigung regionaler Besonderheiten mit den Kassenärztlichen Vereinigungen im Einvernehmen mit den Landesverbänden der Krankenkassen und der Ersatzkassen gemeinsam und einheitlich durch Vertrag Abweichendes von dem Vertrag nach Satz 3 regeln.

(2) [1] Absatz 1 gilt entsprechend für die Ermächtigung der Hochschulambulanzen an Psychologischen Universitätsinstituten im Rahmen des für Forschung und Lehre erforderlichen Umfangs sowie für solche Personen, die wegen Art, Schwere oder Komplexität ihrer Erkrankung einer Untersuchung oder Behandlung durch die Hochschulambulanzen bedürfen. [2] Für die Vergütung gilt § 120 Abs. 2 bis 4 entsprechend.

(3) [1] Ambulanzen an Ausbildungsstätten nach § 6 des Psychotherapeutengesetzes sind zur ambulanten psychotherapeutischen Behandlung der Versicherten und der in § 75 Absatz 3 genannten Personen in Behandlungsverfahren, die vom Gemeinsamen Bundesausschuss nach § 92 Absatz 6a anerkannt sind, ermächtigt, sofern die Krankenbehandlung unter der Verantwortung von Personen stattfindet, die die fachliche Qualifikation für die psychotherapeutische Behandlung im Rahmen der vertragsärztlichen Versorgung erfüllen. [2] Für die Vergütung gilt § 120 Absatz 2 Satz 1 und 2 entsprechend mit der Maßgabe, dass dabei eine Abstimmung mit Entgelten für vergleichbare Leistungen erfolgen soll. [3] Im Übrigen gilt § 120 Absatz 3 Satz 2 und 3 sowie Absatz 4 Satz 1 entsprechend.

(4) [1] Untersuchungs- und Behandlungsmethoden können Gegenstand des Leistungsumfangs der Hochschulambulanzen nach den Absätzen 1 und 2 sein, soweit der Gemeinsame Bundesausschuss im Rahmen der Beschlüsse nach § 137c für die Krankenhausbehandlung keine ablehnende Entscheidung getroffen hat. [2] § 137c Absatz 3 gilt entsprechend.

§ 118 Psychiatrische Institutsambulanzen. (1) [1] Psychiatrische Krankenhäuser sind vom Zulassungsausschuss zur ambulanten psychiatrischen und psychotherapeutischen Versorgung der Versicherten zu ermächtigen. [2] Die Behandlung ist auf diejenigen Versicherten auszurichten, die wegen Art, Schwere oder Dauer ihrer Erkrankung oder wegen zu großer Entfernung zu geeigneten Ärzten auf die Behandlung durch diese Krankenhäuser angewiesen sind. [3] Der Krankenhausträger stellt sicher, dass die für die ambulante psychiatrische und psychotherapeutische Behandlung erforderlichen Ärzte und nichtärztlichen Fachkräfte sowie die notwendigen Einrichtungen bei Bedarf zur Verfügung stehen.

(2) [1] Allgemeinkrankenhäuser mit selbständigen, fachärztlich geleiteten psychiatrischen Abteilungen mit regionaler Versorgungsverpflichtung sind zur psychiatrischen und psychotherapeutischen Behandlung der im Vertrag nach Satz 2 vereinbarten Gruppe von Kranken ermächtigt. [2] Der Spitzenverband

Bund der Krankenkassen mit der Deutschen Krankenhausgesellschaft und der Kassenärztlichen Bundesvereinigung legen in einem Vertrag die Gruppe psychisch Kranker fest, die wegen ihrer Art, Schwere oder Dauer ihrer Erkrankung der ambulanten Behandlung durch die Einrichtungen nach Satz 1 bedürfen. ³ Kommt der Vertrag ganz oder teilweise nicht zu Stande, wird sein Inhalt auf Antrag einer Vertragspartei durch das Bundesschiedsamt nach § 89 Abs. 4 festgelegt. ⁴ Dieses wird hierzu um Vertreter der Deutschen Krankenhausgesellschaft in der gleichen Zahl erweitert, wie sie jeweils für die Vertreter der Krankenkassen und der Kassenärztlichen Bundesvereinigung vorgesehen ist (erweitertes Bundesschiedsamt). ⁵ Das erweiterte Bundesschiedsamt beschließt mit einer Mehrheit von zwei Dritteln der Stimmen der Mitglieder. ⁶ Absatz 1 Satz 3 gilt. ⁷ Für die Qualifikation der Krankenhausärzte gilt § 135 Abs. 2 entsprechend.

(3) ¹ Absatz 2 gilt für psychosomatische Krankenhäuser sowie für psychiatrische Krankenhäuser und Allgemeinkrankenhäuser mit selbständigen, fachärztlich geleiteten psychosomatischen Abteilungen entsprechend. ² In dem Vertrag nach Absatz 2 Satz 2 regeln die Vertragsparteien auch,

1. unter welchen Voraussetzungen eine ambulante psychosomatische Versorgung durch die Einrichtungen nach Satz 1 als bedarfsgerecht anzusehen ist, insbesondere weil sie eine zentrale Versorgungsfunktion wahrnehmen,
2. besondere Anforderungen an eine qualitativ hochwertige Leistungserbringung sowie
3. das Verfahren, in dem nachzuweisen ist, ob diese vertraglichen Vorgaben erfüllt sind.

³ Die ambulante ärztliche Behandlung in einer Einrichtung nach Satz 1 kann nur auf Überweisung in Anspruch genommen werden. ⁴ Die Überweisung soll in der Regel durch einen Facharzt für psychosomatische Medizin und Psychotherapie oder durch Ärzte mit äquivalenter Weiterbildung oder Zusatzweiterbildung erfolgen.

(4) Die in den Absätzen 1 und 2 genannten Krankenhäuser sind vom Zulassungsausschuss auch dann zur ambulanten psychiatrischen und psychotherapeutischen Versorgung zu ermächtigen, wenn die Versorgung durch räumlich und organisatorisch nicht angebundene Einrichtungen der Krankenhäuser erfolgt, soweit und solange die Ermächtigung notwendig ist, um eine Versorgung nach Maßgabe der Absätze 1 und 2 sicherzustellen.

§ 118a Geriatrische Institutsambulanzen. (1) ¹ Geriatrische Fachkrankenhäuser, Allgemeinkrankenhäuser mit selbstständigen geriatrischen Abteilungen, geriatrische Rehabilitationskliniken und dort angestellte Ärzte sowie Krankenhausärzte können vom Zulassungsausschuss zu einer strukturierten und koordinierten ambulanten geriatrischen Versorgung der Versicherten ermächtigt werden. ² Die Ermächtigung ist zu erteilen, soweit und solange sie notwendig ist, um eine ausreichende ambulante geriatrische Versorgung nach Absatz 2 Satz 1 Nummer 1 sicherzustellen. ³ Voraussetzung für die Erteilung einer Ermächtigung ist, dass die Einrichtung unter fachärztlich geriatrischer Leitung steht; die Ermächtigung eines in der geriatrischen Rehabilitationsklinik angestellten Arztes oder eines Krankenhausarztes setzt voraus, dass dieser über eine geriatrische Weiterbildung verfügt.

(2) ¹Der Spitzenverband Bund der Krankenkassen und die Kassenärztliche Bundesvereinigung vereinbaren im Einvernehmen mit der Deutschen Krankenhausgesellschaft:

1. Inhalt und Umfang einer strukturierten und koordinierten Versorgung geriatrischer Patienten nach Nummer 2,
2. die Gruppe derjenigen geriatrischen Patienten, die wegen Art, Schwere und Komplexität ihrer Krankheitsverläufe einer Versorgung nach Nummer 1 bedürfen,
3. sächliche und personelle Voraussetzungen an die Leistungserbringung sowie sonstige Anforderungen an die Qualitätssicherung und
4. in welchen Fällen die ermächtigte Einrichtung oder der ermächtigte Krankenhausarzt unmittelbar oder auf Überweisung in Anspruch genommen werden kann.

²Kommt eine Vereinbarung nach Satz 1 ganz oder teilweise nicht zustande, wird ihr Inhalt auf Antrag einer Vertragspartei durch das Bundesschiedsamt nach § 89 Absatz 4 innerhalb von drei Monaten festgelegt, das hierzu um Vertreter der Deutschen Krankenhausgesellschaft sowie der Krankenkassen in jeweils gleicher Zahl erweitert wird und mit einfacher Stimmenmehrheit entscheidet; § 112 Absatz 4 gilt entsprechend.

§ 119 Sozialpädiatrische Zentren. (1) ¹Sozialpädiatrische Zentren, die fachlich-medizinisch unter ständiger ärztlicher Leitung stehen und die Gewähr für eine leistungsfähige und wirtschaftliche sozialpädiatrische Behandlung bieten, können vom Zulassungausschuß (§ 96) zur ambulanten sozialpädiatrischen Behandlung von Kindern ermächtigt werden. ²Die Ermächtigung ist zu erteilen, soweit und solange sie notwendig ist, um eine ausreichende sozialpädiatrische Behandlung sicherzustellen.

(2) ¹Die Behandlung durch sozialpädiatrische Zentren ist auf diejenigen Kinder auszurichten, die wegen der Art, Schwere oder Dauer ihrer Krankheit oder einer drohenden Krankheit nicht von geeigneten Ärzten oder in geeigneten Frühförderstellen behandelt werden können. ²Die Zentren sollen mit den Ärzten und den Frühförderstellen eng zusammenarbeiten.

§ 119a Ambulante Behandlung in Einrichtungen der Behindertenhilfe. ¹Einrichtungen der Behindertenhilfe, die über eine ärztlich geleitete Abteilung verfügen, sind vom Zulassungsausschuss zur ambulanten ärztlichen Behandlung von Versicherten mit geistiger Behinderung zu ermächtigen, soweit und solange eine ausreichende ärztliche Versorgung dieser Versicherten ohne die besonderen Untersuchungs- und Behandlungsmethoden oder Kenntnisse der Ärzte in den Einrichtungen durch niedergelassene Ärzte nicht sichergestellt ist. ²Die Behandlung ist auf diejenigen Versicherten auszurichten, die wegen der Art oder Schwere ihrer Behinderung auf die ambulante Behandlung in diesen Einrichtungen angewiesen sind. ³In dem Zulassungsbescheid ist zu regeln, ob und in welchen Fällen die Ärzte in den Einrichtungen unmittelbar oder auf Überweisung in Anspruch genommen werden können. ⁴Die ärztlich geleiteten Abteilungen sollen mit den übrigen Leistungserbringern eng zusammenarbeiten.

§ 119b Ambulante Behandlung in stationären Pflegeeinrichtungen.

(1) ¹ Stationäre Pflegeeinrichtungen sollen einzeln oder gemeinsam bei entsprechendem Bedarf unbeschadet des § 75 Abs. 1 Kooperationsverträge mit dafür geeigneten vertragsärztlichen Leistungserbringern schließen. ² Auf Antrag der Pflegeeinrichtung hat die Kassenärztliche Vereinigung zur Sicherstellung einer ausreichenden ärztlichen Versorgung von pflegebedürftigen Versicherten in der Pflegeeinrichtung Verträge nach Satz 1 zu vermitteln. ³ Kommt ein Vertrag nach Satz 1 nicht innerhalb einer Frist von sechs Monaten nach Zugang des Antrags der Pflegeeinrichtung zustande, ist die Pflegeeinrichtung vom Zulassungsausschuss zur Teilnahme an der vertragsärztlichen Versorgung der pflegebedürftigen Versicherten in der Pflegeeinrichtung mit angestellten Ärzten, die in das Arztregister eingetragen sind und geriatrisch fortgebildet sein sollen, zu ermächtigen; die Anstellung bedarf der Genehmigung des Zulassungsausschusses. ⁴ Soll die Versorgung der pflegebedürftigen Versicherten durch einen in mehreren Pflegeeinrichtungen angestellten Arzt erfolgen, ist der angestellte Arzt zur Teilnahme an der vertragsärztlichen Versorgung der pflegebedürftigen Versicherten in den Pflegeeinrichtungen zu ermächtigen. ⁵ Das Recht auf freie Arztwahl der Versicherten in der Pflegeeinrichtung bleibt unberührt. ⁶ Der in der Pflegeeinrichtung tätige Arzt ist bei seinen ärztlichen Entscheidungen nicht an Weisungen von Nichtärzten gebunden. ⁷ Er soll mit den übrigen Leistungserbringern eng zusammenarbeiten.

(2) Die Vertragsparteien der Verträge nach § 82 Absatz 1 und § 87 Absatz 1 vereinbaren im Benehmen mit den Vereinigungen der Träger der Pflegeeinrichtungen auf Bundesebene sowie den Verbänden der Pflegeberufe auf Bundesebene insbesondere zur Verbesserung der Qualität der Versorgung Anforderungen an eine kooperative und koordinierte ärztliche und pflegerische Versorgung von pflegebedürftigen Versicherten in stationären Pflegeeinrichtungen.

(3) ¹ Der Bewertungsausschuss für ärztliche Leistungen evaluiert die mit der Vergütungsregelung nach § 87 Absatz 2a verbundenen Auswirkungen auf das Versorgungsgeschehen im Bereich der vertragsärztlichen Versorgung einschließlich der finanziellen Auswirkungen auf die Krankenkassen und berichtet der Bundesregierung bis zum 31. Dezember 2017 über die Ergebnisse. ² Die für die Durchführung der Evaluation erforderlichen Daten sind von den Kassenärztlichen Vereinigungen, den Krankenkassen und den Pflegekassen zu erfassen und jeweils über die Kassenärztliche Bundesvereinigung und den Spitzenverband Bund der Krankenkassen an den Bewertungsausschuss nach Satz 1 zu übermitteln; § 87 Absatz 3f gilt entsprechend.

§ 119c Medizinische Behandlungszentren.

(1) ¹ Medizinische Behandlungszentren für Erwachsene mit geistiger Behinderung oder schweren Mehrfachbehinderungen, die fachlich unter ständiger ärztlicher Leitung stehen und die Gewähr für eine leistungsfähige und wirtschaftliche Behandlung bieten, können vom Zulassungsausschuss zur ambulanten Behandlung von Erwachsenen mit geistiger Behinderung oder schweren Mehrfachbehinderungen ermächtigt werden. ² Die Ermächtigung ist zu erteilen, soweit und solange sie notwendig ist, um eine ausreichende Versorgung von Erwachsenen mit geistiger Behinderung oder schweren Mehrfachbehinderungen sicherzustellen.

(2) ¹ Die Behandlung durch medizinische Behandlungszentren ist auf diejenigen Erwachsenen auszurichten, die wegen der Art, Schwere oder Komplexität ihrer Behinderung auf die ambulante Behandlung in diesen Einrichtungen

angewiesen sind. ²Die medizinischen Behandlungszentren sollen dabei mit anderen behandelnden Ärzten, den Einrichtungen und Diensten der Eingliederungshilfe und mit dem Öffentlichen Gesundheitsdienst eng zusammenarbeiten.

§ 120 Vergütung ambulanter Krankenhausleistungen. (1) ¹Die im Krankenhaus erbrachten ambulanten ärztlichen Leistungen der ermächtigten Krankenhausärzte, die in stationären Pflegeeinrichtungen erbrachten ambulanten ärztlichen Leistungen von nach § 119b Absatz 1 Satz 4 ermächtigten Ärzten, ambulante ärztliche Leistungen, die in ermächtigten Einrichtungen erbracht werden, und Leistungen, die im Rahmen einer Inanspruchnahme nach § 27b Absatz 3 Nummer 4 oder nach § 76 Absatz 1a erbracht werden, werden nach den für Vertragsärzte geltenden Grundsätzen aus der vertragsärztlichen Gesamtvergütung vergütet. ²Die mit diesen Leistungen verbundenen allgemeinen Praxiskosten, die durch die Anwendung von ärztlichen Geräten entstehenden Kosten sowie die sonstigen Sachkosten sind mit den Gebühren abgegolten, soweit in den einheitlichen Bewertungsmaßstäben nichts Abweichendes bestimmt ist. ³Die den ermächtigten Krankenhausärzten zustehende Vergütung wird für diese vom Krankenhausträger mit der Kassenärztlichen Vereinigung abgerechnet und nach Abzug der anteiligen Verwaltungskosten sowie der dem Krankenhaus nach Satz 2 entstehenden Kosten an die berechtigten Krankenhausärzte weitergeleitet. ⁴Die Vergütung der von nach § 119b Absatz 1 Satz 4 ermächtigten Ärzten erbrachten Leistungen wird von der stationären Pflegeeinrichtung mit der Kassenärztlichen Vereinigung abgerechnet. ⁵Die Vergütung der Leistungen, die im Rahmen einer Inanspruchnahme nach § 76 Absatz 1a erbracht werden, wird vom Krankenhausträger nach Maßgabe der regionalen Euro-Gebührenordnung mit der Kassenärztlichen Vereinigung abgerechnet.

(1a) ¹Ergänzend zur Vergütung nach Absatz 1 sollen die Landesverbände der Krankenkassen und die Ersatzkassen gemeinsam und einheitlich für die in kinder- und jugendmedizinischen, kinderchirurgischen und kinderorthopädischen sowie insbesondere pädaudiologischen und kinderradiologischen Fachabteilungen von Krankenhäusern erbrachten ambulanten Leistungen mit dem Krankenhausträger fall- oder einrichtungsbezogene Pauschalen vereinbaren, wenn diese erforderlich sind, um die Behandlung von Kindern und Jugendlichen, die auf Überweisung erfolgt, angemessen zu vergüten. ²Die Pauschalen werden von der Krankenkasse unmittelbar vergütet. ³§ 295 Absatz 1b Satz 1 gilt entsprechend. ⁴Das Nähere über Form und Inhalt der Abrechnungsunterlagen und der erforderlichen Vordrucke wird in der Vereinbarung nach § 301 Absatz 3 geregelt. ⁵Soweit für ein Jahr für diese Leistungen erstmals Pauschalen nach Satz 1 vereinbart werden, sind bei besonderen Einrichtungen einmalig die Erlössumme nach § 6 Absatz 3 des Krankenhausentgeltgesetzes für dieses Jahr in Höhe der Summe der nach Satz 1 vereinbarten Pauschalen zu vermindern. ⁶Der jeweilige Minderungsbetrag ist bereits bei der Vereinbarung der Vergütung nach Satz 1 festzulegen. ⁷Bei der Vereinbarung des Landesbasisfallwerts nach § 10 des Krankenhausentgeltgesetzes ist die Summe der für das jeweilige Jahr erstmalig vereinbarten ambulanten Pauschalen ausgabenmindernd zu berücksichtigen.

(2) ¹Die Leistungen der Hochschulambulanzen, der psychiatrischen Institutsambulanzen, der sozialpädiatrischen Zentren und der medizinischen Behandlungszentren werden unmittelbar von der Krankenkasse vergütet. ²Die

5 SGB V § 120 5. Buch. Gesetzl. Krankenversicherung

Vergütung wird von den Landesverbänden der Krankenkassen und den Ersatzkassen gemeinsam und einheitlich mit den Hochschulen oder Hochschulkliniken, den Krankenhäusern oder den sie vertretenden Vereinigungen im Land vereinbart; die Höhe der Vergütung für die Leistungen der jeweiligen Hochschulambulanz gilt auch für andere Krankenkassen im Inland, wenn deren Versicherte durch diese Hochschulambulanz behandelt werden. ³ Sie muss die Leistungsfähigkeit der Hochschulambulanzen, der psychiatrischen Institutsambulanzen, der sozialpädiatrischen Zentren und der medizinischen Behandlungszentren bei wirtschaftlicher Betriebsführung gewährleisten. ⁴ Bei der Vergütung der Leistungen der Hochschulambulanzen sind die Grundsätze nach Absatz 3 Satz 4 erstmals bis zum 1. Juli 2017 und danach jeweils innerhalb von sechs Monaten nach Inkrafttreten der Anpassung der Grundsätze nach Absatz 3 Satz 4 zu berücksichtigen. ⁵ Bei den Vergütungsvereinbarungen für Hochschulambulanzen nach Satz 2 sind Vereinbarungen nach Absatz 1a Satz 1 zu berücksichtigen.

(3) ¹ Die Vergütung der Leistungen der Hochschulambulanzen, der psychiatrischen Institutsambulanzen, der sozialpädiatrischen Zentren, der medizinischen Behandlungszentren und sonstiger ermächtigter ärztlich geleiteter Einrichtungen kann pauschaliert werden. ² § 295 Absatz 1b Satz 1 gilt entsprechend. ³ Das Nähere über Form und Inhalt der Abrechnungsunterlagen und der erforderlichen Vordrucke wird für die Hochschulambulanzen, die psychiatrischen Institutsambulanzen, die sozialpädiatrischen Zentren und die medizinischen Behandlungszentren von den Vertragsparteien nach § 301 Absatz 3, für die sonstigen ermächtigten ärztlich geleiteten Einrichtungen von den Vertragsparteien nach § 83 Satz 1 vereinbart. ⁴ Die Vertragsparteien nach § 301 Absatz 3 vereinbaren bis zum 23. Januar 2016 bundeseinheitliche Grundsätze, die die Besonderheiten der Hochschulambulanzen angemessen abbilden, insbesondere zur Vergütungsstruktur und zur Leistungsdokumentation.

(3a) ¹ Die Vergütung der Leistungen, die im Rahmen einer Inanspruchnahme nach § 76 Absatz 1a erbracht werden, erfolgt mit den festen Preisen der regionalen Euro-Gebührenordnung zu Lasten des Anteils der morbiditätsbedingten Gesamtvergütungen, der für den Bereich der fachärztlichen Versorgung zu bilden ist, es sei denn, die Vertragsparteien nach § 87a Absatz 2 Satz 1 haben für diese Leistungen Vergütungen nach § 87a Absatz 2 Satz 3 oder § 87a Absatz 3 Satz 5 vereinbart. ² Eine Prüfung der Abrechnungen auf Plausibilität ist nicht vorzunehmen. ³ Das Nähere über Form und Inhalt der Abrechnungsunterlagen und der erforderlichen Vordrucke bestimmt die Kassenärztliche Vereinigung im Einvernehmen mit der Landeskrankenhausgesellschaft und den Landesverbänden der Krankenkassen und den Ersatzkassen gemeinsam und einheitlich unter Berücksichtigung der Regelungen nach § 87 Absatz 1 Satz 2 bis zum 23. Januar 2016; § 115 Absatz 3 gilt entsprechend. ⁴ Die in § 112 Absatz 1 genannten Vertragspartner treffen eine Vereinbarung über eine pauschale Vergütung und Abrechnung des Sprechstundenbedarfs mit den Krankenkassen im Rahmen der Inanspruchnahme nach § 76 Absatz 1a; § 112 Absatz 5 gilt entsprechend.

(4) ¹ Kommt eine Vereinbarung nach Absatz 1a Satz 1 oder nach Absatz 2 Satz 2 oder eine Berücksichtigung der Grundsätze nach Absatz 2 Satz 4 ganz oder teilweise nicht zustande, setzt die Schiedsstelle nach § 18a Abs. 1 des Krankenhausfinanzierungsgesetzes auf Antrag einer Vertragspartei die Vergütung fest; im Falle von Vereinbarungen nach Absatz 1a Satz 1 hat die

Schiedsstelle zunächst festzustellen, ob die Vereinbarung erforderlich ist, um die Behandlung von Kindern und Jugendlichen, die auf Überweisung erfolgt, angemessen zu vergüten. ² Kommt die Vereinbarung nach Absatz 3 Satz 4 ganz oder teilweise nicht zustande, setzt die Schiedsstelle nach § 18a Absatz 6 des Krankenhausfinanzierungsgesetzes in der Besetzung ohne den Vertreter des Verbandes der privaten Krankenversicherung auf Antrag einer Vertragspartei den Inhalt innerhalb von sechs Wochen fest. ³ Kommt die Vereinbarung nach Absatz 3a Satz 4 ganz oder teilweise nicht zustande, setzt die Schiedsstelle nach § 114 auf Antrag einer Vertragspartei den Inhalt innerhalb von sechs Wochen fest.

(5) Beamtenrechtliche Vorschriften über die Entrichtung eines Entgelts bei der Inanspruchnahme von Einrichtungen, Personal und Material des Dienstherrn oder vertragliche Regelungen über ein weitergehendes Nutzungsentgelt, das neben der Kostenerstattung auch einen Vorteilsausgleich umfaßt, und sonstige Abgaben der Ärzte werden durch die Absätze 1 bis 4 nicht berührt.

§ 121 Belegärztliche Leistungen.

(1) ¹ Die Vertragsparteien nach § 115 Abs. 1 wirken gemeinsam mit Krankenkassen und zugelassenen Krankenhäusern auf eine leistungsfähige und wirtschaftliche belegärztliche Behandlung der Versicherten hin. ² Die Krankenhäuser sollen Belegärzten gleicher Fachrichtung die Möglichkeit geben, ihre Patienten gemeinsam zu behandeln (kooperatives Belegarztwesen).

(2) Belegärzte im Sinne dieses Gesetzbuchs sind nicht am Krankenhaus angestellte Vertragsärzte, die berechtigt sind, ihre Patienten (Belegpatienten) im Krankenhaus unter Inanspruchnahme der hierfür bereitgestellten Dienste, Einrichtungen und Mittel vollstationär oder teilstationär zu behandeln, ohne hierfür vom Krankenhaus eine Vergütung zu erhalten.

(3) ¹ Die belegärztlichen Leistungen werden aus der vertragsärztlichen Gesamtvergütung vergütet. ² Die Vergütung hat die Besonderheiten der belegärztlichen Tätigkeit zu berücksichtigen. ³ Hierzu gehören auch leistungsgerechte Entgelte für

1. den ärztlichen Bereitschaftsdienst für Belegpatienten und
2. die vom Belegarzt veranlaßten Leistungen nachgeordneter Ärzte des Krankenhauses, die bei der Behandlung seiner Belegpatienten in demselben Fachgebiet wie der Belegarzt tätig werden.

(4) Der Bewertungsausschuss hat in einem Beschluss nach § 87 mit Wirkung zum 1. April 2007 im einheitlichen Bewertungsmaßstab für ärztliche Leistungen Regelungen zur angemessenen Bewertung der belegärztlichen Leistungen unter Berücksichtigung der Vorgaben nach Absatz 3 Satz 2 und 3 zu treffen.

(5) Abweichend von den Vergütungsregelungen in Absatz 2 bis 4 können Krankenhäuser mit Belegbetten zur Vergütung der belegärztlichen Leistungen mit Belegärzten Honorarverträge schließen.

(6) ¹ Für belegärztliche Leistungen gelten die Richtlinien und Beschlüsse des Gemeinsamen Bundesausschusses nach den §§ 136 bis 136b zur Qualitätssicherung im Krankenhaus bis zum Inkrafttreten vergleichbarer Regelungen für die vertragsärztliche oder sektorenübergreifende Qualitätssicherung. ² Die in der stationären Qualitätssicherung für belegärztliche Leistungen erhobenen Qualitätsdaten werden bei der Auswertung der planungsrelevanten Qualitätsindikatoren nach § 136c Absatz 1 und 2 sowie bei der qualitätsabhängigen Vergütung

eines Krankenhauses nach § 5 Absatz 3a des Krankenhausentgeltgesetzes berücksichtigt. [3] Die Folgen, die diese Berücksichtigung im Verhältnis zwischen dem Krankenhaus und dem Belegarzt haben soll, werden zwischen diesen vertraglich vereinbart.

§ 121a Genehmigung zur Durchführung künstlicher Befruchtungen.

(1) [1] Die Krankenkassen dürfen Maßnahmen zur Herbeiführung einer Schwangerschaft (§ 27a Abs. 1) nur erbringen lassen durch

1. Vertragsärzte,
2. zugelassene medizinische Versorgungszentren,
3. ermächtigte Ärzte,
4. ermächtigte ärztlich geleitete Einrichtungen oder
5. zugelassene Krankenhäuser,

denen die zuständige Behörde eine Genehmigung nach Absatz 2 zur Durchführung dieser Maßnahmen erteilt hat. [2] Satz 1 gilt bei Inseminationen nur dann, wenn sie nach Stimulationsverfahren durchgeführt werden, bei denen dadurch ein erhöhtes Risiko von Schwangerschaften mit drei oder mehr Embryonen besteht.

(2) Die Genehmigung darf den im Absatz 1 Satz 1 genannten Ärzten oder Einrichtungen nur erteilt werden, wenn sie

1. über die für die Durchführung der Maßnahmen zur Herbeiführung einer Schwangerschaft (§ 27a Abs. 1) notwendigen diagnostischen und therapeutischen Möglichkeiten verfügen und nach wissenschaftlich anerkannten Methoden arbeiten und
2. die Gewähr für eine bedarfsgerechte, leistungsfähige und wirtschaftliche Durchführung von Maßnahmen zur Herbeiführung einer Schwangerschaft (§ 27a Abs. 1) bieten.

(3) [1] Ein Anspruch auf Genehmigung besteht nicht. [2] Bei notwendiger Auswahl zwischen mehreren geeigneten Ärzten oder Einrichtungen, die sich um die Genehmigung bewerben, entscheidet die zuständige Behörde unter Berücksichtigung der öffentlichen Interessen und der Vielfalt der Bewerber nach pflichtgemäßem Ermessen, welche Ärzte oder welche Einrichtungen den Erfordernissen einer bedarfsgerechten, leistungsfähigen und wirtschaftlichen Durchführung von Maßnahmen zur Herbeiführung einer Schwangerschaft (§ 27a Abs. 1) am besten gerecht werden.

(4) Die zur Erteilung der Genehmigung zuständigen Behörden bestimmt die nach Landesrecht zuständige Stelle, mangels einer solchen Bestimmung die Landesregierung; diese kann die Ermächtigung weiter übertragen.

§ 122 Behandlung in Praxiskliniken.
[1] Der Spitzenverband Bund der Krankenkassen und die für die Wahrnehmung der Interessen der in Praxiskliniken tätigen Vertragsärzte gebildete Spitzenorganisation vereinbaren in einem Rahmenvertrag

1. einen Katalog von in Praxiskliniken nach § 115 Absatz 2 Satz 1 Nr. 1 ambulant oder stationär durchführbaren stationsersetzenden Behandlungen,
2. Maßnahmen zur Sicherung der Qualität der Behandlung, der Versorgungsabläufe und der Behandlungsergebnisse.

4. Kapitel. Beziehungen der Krankenkassen §§ 123, 124 SGB V 5

² Die Praxiskliniken nach § 115 Absatz 2 Satz 1 Nr. 1 sind zur Einhaltung des Vertrages nach Satz 1 verpflichtet.

§ 123 *(aufgehoben)*

Fünfter Abschnitt. Beziehungen zu Leistungserbringern von Heilmitteln

§ 124 Zulassung. (1) Heilmittel, die als Dienstleistungen abgegeben werden, insbesondere Leistungen der physikalischen Therapie, der Sprachtherapie oder der Ergotherapie, dürfen an Versicherte nur von zugelassenen Leistungserbringern abgegeben werden.

(2) ¹ Zuzulassen ist, wer

1. die für die Leistungserbringung erforderliche Ausbildung sowie eine entsprechende zur Führung der Berufsbezeichnung berechtigende Erlaubnis besitzt,

2. über eine Praxisausstattung verfügt, die eine zweckmäßige und wirtschaftliche Leistungserbringung gewährleistet, und

3. die für die Versorgung der Versicherten geltenden Vereinbarungen anerkennt.

² Ein zugelassener Leistungserbringer von Heilmitteln ist in einem weiteren Heilmittelbereich zuzulassen, sofern er für diesen Bereich die Voraussetzungen des Satzes 1 Nr. 2 und 3 erfüllt und eine oder mehrere Personen beschäftigt, die die Voraussetzungen des Satzes 1 Nr. 1 nachweisen.

(3) Krankenhäuser, Rehabilitationseinrichtungen und ihnen vergleichbare Einrichtungen dürfen die in Absatz 1 genannten Heilmittel durch Personen abgeben, die die Voraussetzungen nach Absatz 2 Nr. 1 erfüllen; Absatz 2 Nr. 2 und 3 gilt entsprechend.

(4) ¹ Der Spitzenverband Bund der Krankenkassen gibt Empfehlungen für eine einheitliche Anwendung der Zulassungsbedingungen nach Absatz 2 ab. ² Die für die Wahrnehmung der wirtschaftlichen Interessen maßgeblichen Spitzenorganisationen der Leistungserbringer auf Bundesebene sollen gehört werden.

(5) ¹ Die Zulassung wird von den Landesverbänden der Krankenkassen und den Ersatzkassen erteilt. ² Die Zulassung berechtigt zur Versorgung der Versicherten. ³ Die Landesverbände der Krankenkassen und die Ersatzkassen können die Entscheidung über die Erteilung oder Aufhebung der Zulassung oder über den Widerspruch dagegen auf einen anderen Landesverband oder den Verband der Ersatzkassen übertragen, der zu diesem Zweck Verwaltungsakte erlassen darf.

(6) ¹ Die Zulassung kann widerrufen werden, wenn der Leistungserbringer nach Erteilung der Zulassung die Voraussetzungen nach Absatz 2 Nr. 1, 2 oder 3 nicht mehr erfüllt. ² Die Zulassung kann auch widerrufen werden, wenn der Leistungserbringer die Fortbildung nicht innerhalb der Nachfrist gemäß § 125 Absatz 2 Satz 4 erbringt. ³ Absatz 5 Satz 1 gilt entsprechend.

(7) ¹ Die am 30. Juni 2008 bestehenden Zulassungen, die von den Verbänden der Ersatzkassen erteilt wurden, gelten als von den Ersatzkassen gemäß Absatz 5 erteilte Zulassungen weiter. ² Absatz 6 gilt entsprechend.

§ 125 Rahmenempfehlungen und Verträge. (1) [1] Der Spitzenverband Bund der Krankenkassen und die für die Wahrnehmung der Interessen der Heilmittelerbringer maßgeblichen Spitzenorganisationen auf Bundesebene sollen unter Berücksichtigung der Richtlinien nach § 92 Abs. 1 Satz 2 Nr. 6 gemeinsam Rahmenempfehlungen über die einheitliche Versorgung mit Heilmitteln abgeben; es kann auch mit den für den jeweiligen Leistungsbereich maßgeblichen Spitzenorganisationen eine gemeinsame entsprechende Rahmenempfehlung abgegeben werden. [2] Vor Abschluß der Rahmenempfehlungen ist der Kassenärztlichen Bundesvereinigung Gelegenheit zur Stellungnahme zu geben. [3] Die Stellungnahme ist in den Entscheidungsprozeß der Partner der Rahmenempfehlungen einzubeziehen. [4] In den Rahmenempfehlungen sind insbesondere zu regeln:

1. Inhalt der einzelnen Heilmittel einschließlich Umfang und Häufigkeit ihrer Anwendungen im Regelfall sowie deren Regelbehandlungszeit,
2. Maßnahmen zur Fort- und Weiterbildung sowie zur Qualitätssicherung, die die Qualität der Behandlung, der Versorgungsabläufe und der Behandlungsergebnisse umfassen,
3. Inhalt und Umfang der Zusammenarbeit des Heilmittelerbringers mit dem verordnenden Vertragsarzt,
3a. Vorgaben für die notwendigen Angaben der Heilmittelverordnung sowie einheitliche Regelungen zur Abrechnung,
4. Maßnahmen der Wirtschaftlichkeit der Leistungserbringung und deren Prüfung und
5. Vorgaben für Vergütungsstrukturen einschließlich der Transparenzvorgaben für die Vergütungsverhandlungen zum Nachweis der tatsächlich gezahlten Tariflöhne oder Arbeitsentgelte.

[5] Kommt eine Einigung nicht zustande, wird der Empfehlungsinhalt durch eine von den Empfehlungspartnern nach Satz 1 gemeinsam zu benennende unabhängige Schiedsperson festgelegt. [6] Einigen sich die Empfehlungspartner nicht auf eine Schiedsperson, so wird diese von der für den Spitzenverband Bund der Krankenkassen zuständigen Aufsichtsbehörde bestimmt. [7] Die Kosten des Schiedsverfahrens tragen der Spitzenverband Bund der Krankenkassen und die für die Wahrnehmung der Interessen der Heilmittelerbringer maßgeblichen Spitzenorganisationen je zur Hälfte. [8] Die Inhalte der Rahmenempfehlungen nach Satz 4 Nummer 3a sind den Verträgen nach Absatz 2 zugrunde zu legen.

(2) [1] Über die Einzelheiten der Versorgung mit Heilmitteln, der erforderlichen Weiterbildungen, über die Preise, deren Abrechnung und die Verpflichtung der Leistungserbringer zur Fortbildung schließen die Krankenkassen, ihre Landesverbände oder Arbeitsgemeinschaften Verträge mit Leistungserbringern oder Verbänden oder sonstigen Zusammenschlüssen der Leistungserbringer; die vereinbarten Preise sind Höchstpreise. [2] Für die Jahre 2017 bis 2019 gilt § 71 für die Verträge nach Satz 1 nicht. [3] Für den Fall, dass die Fortbildung gegenüber dem jeweiligen Vertragspartner nicht nachgewiesen wird, sind in den Verträgen nach Satz 1 Vergütungsabschläge vorzusehen. [4] Dem Leistungserbringer ist eine Frist zu setzen, innerhalb derer er die Fortbildung nachholen kann. [5] Soweit sich die Vertragspartner in den mit Verbänden der Leistungserbringer abgeschlossenen Verträgen nicht auf die Vertragspreise oder eine Anpassung der Vertragspreise einigen, werden die Preise von einer von den Vertragspartnern gemeinsam zu benennenden unabhängigen Schiedsperson

innerhalb von drei Monaten festgelegt. ⁶ Die Benennung der Schiedsperson kann von den Vertragspartnern für das jeweilige Schiedsverfahren oder für einen Zeitraum von bis zu vier Jahren erfolgen. ⁷ Einigen sich die Vertragspartner nicht auf eine Schiedsperson, wird diese von der für die vertragsschließende Krankenkasse oder den vertragsschließenden Landesverband zuständigen Aufsichtsbehörde innerhalb eines Monats nach Vorliegen der für die Bestimmung der Schiedsperson notwendigen Informationen bestimmt; Satz 6 gilt entsprechend mit der Maßgabe, dass die Schiedsperson auch für nachfolgende Schiedsverfahren des Verbandes der Leistungserbringer mit anderen Krankenkassen oder Landesverbänden bestimmt werden kann. ⁸ Die Kosten des Schiedsverfahrens tragen die Verbände der Leistungserbringer sowie die Krankenkassen oder ihre Landesverbände je zur Hälfte. ⁹ Widersprüche und Klagen gegen die Bestimmung der Schiedsperson haben keine aufschiebende Wirkung. ¹⁰ Klagen gegen die Festlegung des Vertragsinhalts richten sich gegen eine der beiden Vertragsparteien, nicht gegen die Schiedsperson.

(2a) Die Vertragspartner nach Absatz 2 Satz 1 schließen Verträge über eine zentrale und bundeseinheitliche Prüfung und Listung der Weiterbildungsträger, der Weiterbildungsstätten sowie der Fachlehrer hinsichtlich der Erfüllung der Anforderungen an die Durchführung von besonderen Maßnahmen der Physiotherapie unter Berücksichtigung der Richtlinien nach § 92 Absatz 1 Satz 2 Nummer 6 und der Rahmenempfehlungen nach Absatz 1.

(3) ¹ Untergrenze für die in den Jahren 2016 bis 2021 nach Absatz 2 zu vereinbarenden Höchstpreise ist der Betrag, der sich jeweils aus dem niedrigsten Preis zuzüglich zwei Drittel der Differenz zwischen dem niedrigsten und dem höchsten Preis des betreffenden Landes ergibt. ² Bei der Ermittlung der niedrigsten und der höchsten Preise sind diejenigen Höchstpreise zu berücksichtigen, die zwischen den Krankenkassen, ihren Landesverbänden oder Arbeitsgemeinschaften mit Verbänden der Leistungserbringer vereinbart wurden. ³ Die Vertragspartner auf Kassenseite melden dem Spitzenverband Bund der Krankenkassen jährlich zum 1. April die zu diesem Zeitpunkt gültigen Preise. ⁴ Der Spitzenverband Bund der Krankenkassen ermittelt daraus für jedes Land die Untergrenze nach Satz 1 und teilt diese sowie den höchsten Preis den Vertragspartnern nach Absatz 2 Satz 1 auf Anfrage mit. ⁵ Preisanhebungen oberhalb der nach § 71 Absatz 3 festgestellten Veränderungsrate verletzen nicht den Grundsatz der Beitragssatzstabilität, wenn sie erforderlich sind, um die Untergrenze nach Satz 1 zu erreichen; Absatz 2 Satz 2 bleibt unberührt. ⁶ Die Sätze 1 bis 5 gelten nur für die am Risikostrukturausgleich teilnehmenden Krankenkassen.

Sechster Abschnitt. Beziehungen zu Leistungserbringern von Hilfsmitteln

§ 126 Versorgung durch Vertragspartner. (1) ¹ Hilfsmittel dürfen an Versicherte nur auf der Grundlage von Verträgen nach § 127 Abs. 1, 2 und 3 abgegeben werden. ² Vertragspartner der Krankenkassen können nur Leistungserbringer sein, die die Voraussetzungen für eine ausreichende, zweckmäßige und funktionsgerechte Herstellung, Abgabe und Anpassung der Hilfsmittel erfüllen. ³ Der Spitzenverband Bund der Krankenkassen gibt Empfehlungen für eine einheitliche Anwendung der Anforderungen nach Satz 2, einschließlich der Fortbildung der Leistungserbringer, ab.

5 SGB V § 126
5. Buch. Gesetzl. Krankenversicherung

(1a) ¹Die Krankenkassen stellen sicher, dass die Voraussetzungen nach Absatz 1 Satz 2 erfüllt sind. ²Die Leistungserbringer führen den Nachweis der Erfüllung der Voraussetzungen nach Absatz 1 Satz 2 durch Vorlage eines Zertifikats einer geeigneten, unabhängigen Stelle (Präqualifizierungsstelle); bei Verträgen nach § 127 Absatz 3 kann der Nachweis im Einzelfall auch durch eine Feststellung der Krankenkasse erfolgen. ³Die Leistungserbringer haben einen Anspruch auf Erteilung des Zertifikats oder eine Feststellung der Krankenkasse nach Satz 2 zweiter Halbsatz, wenn sie die Voraussetzungen nach Absatz 1 Satz 2 erfüllen. ⁴Bei der Prüfung der Voraussetzungen nach Absatz 1 Satz 2 haben die Präqualifizierungsstelle im Rahmen ihrer Zertifizierungstätigkeit und die Krankenkasse bei ihrer Feststellung die Empfehlungen nach Absatz 1 Satz 3 zu beachten. ⁵Die Zertifikate sind auf höchstens fünf Jahre zu befristen. ⁶Erteilte Zertifikate sind einzuschränken, auszusetzen oder zurückzuziehen, wenn die erteilende Stelle oder die Stelle nach Absatz 2 Satz 6 auf Grund von Überwachungstätigkeiten im Sinne der DIN EN ISO/IEC 17065, Ausgabe Januar 2013, feststellt, dass die Voraussetzungen nach Absatz 1 Satz 2 nicht oder nicht mehr erfüllt sind, soweit der Leistungserbringer nicht innerhalb einer angemessenen Frist die Übereinstimmung herstellt. ⁷Die erteilenden Stellen dürfen die für den Nachweis der Erfüllung der Anforderungen nach Absatz 1 Satz 2 erforderlichen Daten von Leistungserbringern erheben, verarbeiten und nutzen. ⁸Sie haben den Spitzenverband Bund der Krankenkassen entsprechend seiner Vorgaben über ausgestellte sowie über verweigerte, eingeschränkte, ausgesetzte und zurückgezogene Zertifikate einschließlich der für die Identifizierung der jeweiligen Leistungserbringer erforderlichen Daten zu unterrichten. ⁹Der Spitzenverband Bund der Krankenkassen ist befugt, die übermittelten Daten zu verarbeiten und den Krankenkassen sowie der nationalen Akkreditierungsstelle nach Absatz 2 Satz 1 bekannt zu geben.

(2) ¹Als Präqualifizierungsstellen dürfen nur Zertifizierungsstellen für Produkte, Prozesse und Dienstleistungen gemäß DIN EN ISO/IEC 17065, Ausgabe Januar 2013, tätig werden, die die Vorgaben nach Absatz 1a Satz 4 bis 8 beachten und von einer nationalen Akkreditierungsstelle im Sinne der Verordnung (EG) Nr. 765/2008 des Europäischen Parlaments und des Rates vom 9. Juli 2008 über die Vorschriften für die Akkreditierung und Marktüberwachung im Zusammenhang mit der Vermarktung von Produkten und zur Aufhebung der Verordnung (EWG) Nr. 339/93 des Rates (ABl. L 218 vom 13.8.2008, S. 30) in der jeweils geltenden Fassung akkreditiert worden sind. ²Die Akkreditierung ist auf höchstens fünf Jahre zu befristen. ³Die Akkreditierung erlischt mit dem Ablauf der Frist, mit der Einstellung des Betriebes der Präqualifizierungsstelle oder durch Verzicht der Präqualifizierungsstelle. ⁴Die Einstellung und der Verzicht sind der nationalen Akkreditierungsstelle unverzüglich mitzuteilen. ⁵Die bisherige Präqualifizierungsstelle ist verpflichtet, die Leistungserbringer, denen sie Zertifikate erteilt hat, über das Erlöschen ihrer Akkreditierung zu informieren. ⁶Die Leistungserbringer haben umgehend mit einer anderen Präqualifizierungsstelle die Fortführung des Präqualifizierungsverfahrens zu vereinbaren, der die bisherige Präqualifizierungsstelle die ihr vorliegenden Antragsunterlagen in elektronischer Form zur Verfügung zu stellen hat. ⁷Das Bundesministerium für Gesundheit übt im Anwendungsbereich dieses Gesetzes die Fachaufsicht über die nationale Akkreditierungsstelle aus. ⁸Präqualifizierungsstellen, die seit dem 1. Juli 2010 Aufgaben nach Absatz 1a wahrnehmen, haben spätestens bis zum 31. Juli 2017 einen Antrag auf Ak-

kreditierung nach Satz 1 zu stellen und spätestens bis zum 30. April 2019 den Nachweis über eine erfolgreiche Akkreditierung zu erbringen. [9] Die nationale Akkreditierungsstelle überwacht die Einhaltung der sich aus der DIN EN ISO/IEC 17065 und den Vorgaben nach Absatz 1a Satz 4 bis 8 für die Präqualifizierungsstellen ergebenden Anforderungen und Verpflichtungen. [10] Sie hat die Akkreditierung einzuschränken, auszusetzen oder zurückzunehmen, wenn die Präqualifizierungsstelle die Anforderungen für die Akkreditierung nicht oder nicht mehr erfüllt oder ihre Verpflichtungen erheblich verletzt; die Sätze 5 und 6 gelten entsprechend. [11] Für die Prüfung, ob die Präqualifizierungsstellen ihren Verpflichtungen nachkommen, kann die nationale Akkreditierungsstelle nach Absatz 2 Satz 1 auf Informationen der Krankenkassen oder des Spitzenverbandes Bund der Krankenkassen, berufsständischer Organisationen und Aufsichtsbehörden zurückgreifen.

(3) Für nichtärztliche Dialyseleistungen, die nicht in der vertragsärztlichen Versorgung erbracht werden, gelten die Regelungen dieses Abschnitts entsprechend.

§ 127 Verträge. (1) [1] Soweit dies zur Gewährleistung einer wirtschaftlichen und in der Qualität gesicherten Versorgung zweckmäßig ist, können die Krankenkassen, ihre Landesverbände oder Arbeitsgemeinschaften im Wege der Ausschreibung Verträge mit Leistungserbringern oder zu diesem Zweck gebildeten Zusammenschlüssen der Leistungserbringer über die Lieferung einer bestimmten Menge von Hilfsmitteln, die Durchführung einer bestimmten Anzahl von Versorgungen oder die Versorgung für einen bestimmten Zeitraum schließen. [2] Dabei haben sie durch die Leistungsbeschreibung eine hinreichende Auswahl an mehrkostenfreien Hilfsmitteln, die Qualität der Hilfsmittel, die notwendige Beratung der Versicherten und die sonstigen, zusätzlichen Leistungen im Sinne des § 33 Absatz 1 Satz 5 sicherzustellen sowie für eine wohnortnahe Versorgung der Versicherten zu sorgen. [3] Den Verträgen sind mindestens die im Hilfsmittelverzeichnis nach § 139 Absatz 2 festgelegten Anforderungen an die Qualität der Versorgung und Produkte zugrunde zu legen. [4] Werden nach Abschluss des Vertrages die Anforderungen an die Qualität der Versorgung und Produkte nach § 139 Absatz 2 durch Fortschreibung des Hilfsmittelverzeichnisses verändert, liegt darin eine wesentliche Änderung der Verhältnisse, die die Vertragsparteien zur Vertragsanpassung oder Kündigung berechtigt. [5] Verträge nach Satz 1 können mit mehreren Leistungserbringern abgeschlossen werden. [6] Für Hilfsmittel, die für einen bestimmten Versicherten individuell angefertigt werden, oder Versorgungen mit hohem Dienstleistungsanteil sind Ausschreibungen nicht zweckmäßig. [7] Öffentliche Aufträge im Sinne des § 103 Absatz 1 des Gesetzes gegen Wettbewerbsbeschränkungen, deren geschätzter Auftragswert ohne Umsatzsteuer den maßgeblichen Schwellenwert gemäß § 106 des Gesetzes gegen Wettbewerbsbeschränkungen erreicht oder überschreitet, sind nach Maßgabe des Teils 4 des Gesetzes gegen Wettbewerbsbeschränkungen zu vergeben.

(1a) [1] Der Spitzenverband Bund der Krankenkassen und die Spitzenorganisationen der Leistungserbringer auf Bundesebene geben erstmalig bis zum 30. Juni 2009 gemeinsam Empfehlungen zur Zweckmäßigkeit von Ausschreibungen ab. [2] Kommt eine Einigung bis zum Ablauf der nach Satz 1 bestimmten Frist nicht zustande, wird der Empfehlungsinhalt durch eine von den Empfehlungspartnern nach Satz 1 gemeinsam zu benennende unabhängige Schiedsperson festgelegt. ³ Einigen sich die Empfehlungspartner nicht auf eine Schiedsperson, so wird diese von der für den Spitzenverband Bund der Krankenkassen zuständigen Aufsichtsbehörde bestimmt. ⁴ Die Kosten des Schiedsverfahrens tragen der Spitzenverband Bund und die Spitzenorganisationen der Leistungserbringer je zur Hälfte.

(1b) ¹ Bei Ausschreibungen nach Absatz 1 ist der Zuschlag auf das wirtschaftlichste Angebot zu erteilen. ² Der Preis darf nicht das alleinige Zuschlagskriterium sein. ³ Zu berücksichtigen sind verschiedene, mit dem Auftragsgegenstand in Verbindung stehende Kriterien, wie etwa Qualität, technischer Wert, Zweckmäßigkeit, Zugänglichkeit der Leistung insbesondere für Menschen mit Behinderungen, Organisation, Qualifikation und Erfahrung des mit der Ausführung des Auftrags betrauten Personals, Kundendienst und technische Hilfe, Lieferbedingungen, Betriebs- und Lebenszykluskosten und Preis. ⁴ Die Leistungsbeschreibung oder die Zuschlagskriterien müssen so festgelegt und bestimmt sein, dass qualitative Aspekte angemessen berücksichtigt sind; soweit diese qualitativen Anforderungen der Liefer- oder Dienstleistungen nicht bereits in der Leistungsbeschreibung festgelegt sind, darf die Gewichtung der Zuschlagskriterien, die nicht den Preis oder die Kosten betreffen, 50 Prozent nicht unterschreiten. ⁵ § 60 der Vergabeverordnung zum Ausschluss ungewöhnlich niedriger Angebote bleibt unberührt.

(2) ¹ Soweit Ausschreibungen nach Absatz 1 nicht durchgeführt werden, schließen die Krankenkassen, ihre Landesverbände oder Arbeitsgemeinschaften Verträge mit Leistungserbringern oder Verbänden oder sonstigen Zusammenschlüssen der Leistungserbringer über die Einzelheiten der Versorgung mit Hilfsmitteln, deren Wiedereinsatz, die Qualität der Hilfsmittel und zusätzlich zu erbringender Leistungen, die Anforderungen an die Fortbildung der Leistungserbringer, die Preise und die Abrechnung. ² Absatz 1 Satz 2 und 3 gilt entsprechend. ³ Die Absicht, über die Versorgung mit bestimmten Hilfsmitteln Verträge zu schließen, ist in geeigneter Weise öffentlich bekannt zu machen. ⁴ Über die Inhalte abgeschlossener Verträge sind andere Leistungserbringer auf Nachfrage unverzüglich zu informieren.

(2a) ¹ Den Verträgen nach Absatz 2 Satz 1 können Leistungserbringer zu den gleichen Bedingungen als Vertragspartner beitreten, soweit sie nicht auf Grund bestehender Verträge bereits zur Versorgung der Versicherten berechtigt sind. ² Verträgen, die mit Verbänden oder sonstigen Zusammenschlüssen der Leistungserbringer abgeschlossen wurden, können auch Verbände und sonstige Zusammenschlüsse der Leistungserbringer beitreten. ³ Die Sätze 1 und 2 gelten entsprechend für fortgeltende Verträge, die vor dem 1. April 2007 abgeschlossen wurden. ⁴ § 126 Abs. 1a und 2 bleibt unberührt.

(3) ¹ Soweit für ein erforderliches Hilfsmittel keine Verträge der Krankenkasse nach Absatz 1 und 2 mit Leistungserbringern bestehen oder durch Vertragspartner eine Versorgung der Versicherten in einer für sie zumutbaren Weise nicht möglich ist, trifft die Krankenkasse eine Vereinbarung im Einzelfall mit einem Leistungserbringer; Absatz 1 Satz 2 und 3 gilt entsprechend. ² Sie kann vorher auch bei anderen Leistungserbringern in pseudonymisierter Form Preisangebote einholen. ³ In den Fällen des § 33 Abs. 1 Satz 5 und Abs. 6 Satz 3 gilt Satz 1 entsprechend.

(4) Für Hilfsmittel, für die ein Festbetrag festgesetzt wurde, können in den Verträgen nach den Absätzen 1, 2 und 3 Preise höchstens bis zur Höhe des Festbetrags vereinbart werden.

(4a) [1] Die Leistungserbringer haben die Versicherten vor Inanspruchnahme der Leistung zu beraten, welche Hilfsmittel und zusätzlichen Leistungen nach § 33 Absatz 1 Satz 1 und 5 für die konkrete Versorgungssituation im Einzelfall geeignet und notwendig sind. [2] Die Leistungserbringer haben die Beratung nach Satz 1 schriftlich zu dokumentieren und sich durch Unterschrift der Versicherten bestätigen zu lassen. [3] Das Nähere ist in den Verträgen nach § 127 zu regeln. [4] Im Falle des § 33 Absatz 1 Satz 6 sind die Versicherten vor der Wahl der Hilfsmittel oder zusätzlicher Leistungen auch über die von ihnen zu tragenden Mehrkosten zu informieren. [5] Satz 2 gilt entsprechend.

(5) [1] Die Krankenkassen haben ihre Versicherten über die zur Versorgung berechtigten Vertragspartner und über die wesentlichen Inhalte der Verträge zu informieren. [2] Abweichend von Satz 1 informieren die Krankenkassen ihre Versicherten auf Nachfrage, wenn diese bereits einen Leistungserbringer gewählt oder die Krankenkassen auf die Genehmigung der beantragten Hilfsmittelversorgung verzichtet haben. [3] Sie können auch den Vertragsärzten entsprechende Informationen zur Verfügung stellen. [4] Die Krankenkassen haben die wesentlichen Inhalte der Verträge nach Satz 1 für Versicherte anderer Krankenkassen im Internet zu veröffentlichen.

(5a) [1] Die Krankenkassen überwachen die Einhaltung der vertraglichen und gesetzlichen Pflichten der Leistungserbringer nach diesem Gesetz. [2] Zur Sicherung der Qualität in der Hilfsmittelversorgung führen sie Auffälligkeits- und Stichprobenprüfungen durch. [3] Die Leistungserbringer sind verpflichtet, den Krankenkassen auf Verlangen die für die Prüfungen nach Satz 1 erforderlichen einrichtungsbezogenen Informationen und Auskünfte zu erteilen und die von den Versicherten unterzeichnete Bestätigung über die Durchführung der Beratung nach Absatz 4a Satz 1 vorzulegen. [4] Soweit es für Prüfungen nach Satz 1 erforderlich ist und der Versicherte nach vorheriger Information schriftlich eingewilligt hat, können die Krankenkassen von den Leistungserbringern auch die personenbezogene Dokumentation über den Verlauf der Versorgung einzelner Versicherter anfordern. [5] Die Leistungserbringer sind insoweit zur Datenübermittlung verpflichtet. [6] Die Krankenkassen stellen vertraglich sicher, dass Verstöße der Leistungserbringer gegen ihre vertraglichen und gesetzlichen Pflichten nach diesem Gesetz angemessen geahndet werden. [7] Schwerwiegende Verstöße sind der Stelle, die das Zertifikat nach § 126 Absatz 1a Satz 2 erteilt hat, mitzuteilen.

(5b) Der Spitzenverband Bund der Krankenkassen gibt bis zum 30. Juni 2017 Rahmenempfehlungen zur Sicherung der Qualität in der Hilfsmittelversorgung ab, in denen insbesondere Regelungen zum Umfang der Stichprobenprüfungen in den jeweiligen Produktbereichen, zu möglichen weiteren Überwachungsinstrumenten und darüber getroffen werden, wann Auffälligkeiten anzunehmen sind.

(6) [1] Der Spitzenverband Bund der Krankenkassen und die für die Wahrnehmung der Interessen der Leistungserbringer maßgeblichen Spitzenorganisationen auf Bundesebene geben bis zum 31. Dezember 2017 gemeinsam Rahmenempfehlungen zur Vereinfachung und Vereinheitlichung der Durchführung und Abrechnung der Versorgung mit Hilfsmitteln ab; Absatz 1a Satz 2 bis

4 gilt entsprechend. ²In den Empfehlungen können auch Regelungen über die in § 302 Absatz 2 Satz 1 und Absatz 3 genannten Inhalte getroffen werden. ³§ 139 Absatz 2 bleibt unberührt. ⁴Die Empfehlungen nach Satz 1 sind den Verträgen nach den Absätzen 1, 2 und 3 zugrunde zu legen.

§ 128 Unzulässige Zusammenarbeit zwischen Leistungserbringern und Vertragsärzten. (1) ¹Die Abgabe von Hilfsmitteln an Versicherte über Depots bei Vertragsärzten ist unzulässig, soweit es sich nicht um Hilfsmittel handelt, die zur Versorgung in Notfällen benötigt werden. ²Satz 1 gilt entsprechend für die Abgabe von Hilfsmitteln in Krankenhäusern und anderen medizinischen Einrichtungen.

(2) ¹Leistungserbringer dürfen Vertragsärzte sowie Ärzte in Krankenhäusern und anderen medizinischen Einrichtungen nicht gegen Entgelt oder Gewährung sonstiger wirtschaftlicher Vorteile an der Durchführung der Versorgung mit Hilfsmitteln beteiligen oder solche Zuwendungen im Zusammenhang mit der Verordnung von Hilfsmitteln gewähren. ²Unzulässig ist ferner die Zahlung einer Vergütung für zusätzliche privatärztliche Leistungen, die im Rahmen der Versorgung mit Hilfsmitteln von Vertragsärzten erbracht werden, durch Leistungserbringer. ³Unzulässige Zuwendungen im Sinne des Satzes 1 sind auch die unentgeltliche oder verbilligte Überlassung von Geräten und Materialien und Durchführung von Schulungsmaßnahmen, die Gestellung von Räumlichkeiten oder Personal oder die Beteiligung an den Kosten hierfür sowie Einkünfte aus Beteiligungen an Unternehmen von Leistungserbringern, die Vertragsärzte durch ihr Verordnungs- oder Zuweisungsverhalten selbst maßgeblich beeinflussen.

(3) ¹Die Krankenkassen stellen vertraglich sicher, dass Verstöße gegen die Verbote nach den Absätzen 1 und 2 angemessen geahndet werden. ²Für den Fall schwerwiegender und wiederholter Verstöße ist vorzusehen, dass Leistungserbringer für die Dauer von bis zu zwei Jahren von der Versorgung der Versicherten ausgeschlossen werden können.

(4) ¹Vertragsärzte dürfen nur auf der Grundlage vertraglicher Vereinbarungen mit Krankenkassen über die ihnen im Rahmen der vertragsärztlichen Versorgung obliegenden Aufgaben hinaus an der Durchführung der Versorgung mit Hilfsmitteln mitwirken. ²Die Absätze 1 bis 3 bleiben unberührt. ³Über eine Mitwirkung nach Satz 1 informieren die Krankenkassen die für die jeweiligen Vertragsärzte zuständige Ärztekammer.

(4a) ¹Krankenkassen können mit Vertragsärzten Verträge nach Absatz 4 abschließen, wenn die Wirtschaftlichkeit und die Qualität der Versorgung dadurch nicht eingeschränkt werden. ²§ 126 Absatz 1 Satz 2 und 3 sowie Absatz 1a gilt entsprechend auch für die Vertragsärzte. ³In den Verträgen sind die von den Vertragsärzten zusätzlich zu erbringenden Leistungen und welche Vergütung sie dafür erhalten eindeutig festzulegen. ⁴Die zusätzlichen Leistungen sind unmittelbar von den Krankenkassen an die Vertragsärzte zu vergüten. ⁵Jede Mitwirkung der Leistungserbringer an der Abrechnung und der Abwicklung der Vergütung der von den Vertragsärzten erbrachten Leistungen ist unzulässig.

(4b) ¹Vertragsärzte, die auf der Grundlage von Verträgen nach Absatz 4 an der Durchführung der Hilfsmittelversorgung mitwirken, haben die von ihnen ausgestellten Verordnungen der jeweils zuständigen Krankenkasse zur Genehmigung der Versorgung zu übersenden. ²Die Verordnungen sind den Versicherten von den Krankenkassen zusammen mit der Genehmigung zu übermitteln. ³Dabei haben die Krankenkassen die Versicherten in geeigneter Weise über die verschiedenen Versorgungswege zu beraten.

(5) ¹Absatz 4 Satz 3 gilt entsprechend, wenn Krankenkassen Auffälligkeiten bei der Ausführung von Verordnungen von Vertragsärzten bekannt werden, die auf eine mögliche Zuweisung von Versicherten an bestimmte Leistungserbringer oder eine sonstige Form unzulässiger Zusammenarbeit hindeuten. ²In diesen Fällen ist auch die zuständige Kassenärztliche Vereinigung zu informieren. ³Gleiches gilt, wenn Krankenkassen Hinweise auf die Forderung oder Annahme unzulässiger Zuwendungen oder auf eine unzulässige Beeinflussung von Versicherten nach Absatz 5a vorliegen.

(5a) Vertragsärzte, die unzulässige Zuwendungen fordern oder annehmen oder Versicherte zur Inanspruchnahme einer privatärztlichen Versorgung anstelle der ihnen zustehenden Leistung der gesetzlichen Krankenversicherung beeinflussen, verstoßen gegen ihre vertragsärztlichen Pflichten.

(5b) Die Absätze 2, 3, 5 und 5a gelten für die Versorgung mit Heilmitteln entsprechend.

(6) ¹Ist gesetzlich nichts anderes bestimmt, gelten bei der Erbringung von Leistungen nach den §§ 31 und 116b Absatz 7 die Absätze 1 bis 3 sowohl zwischen pharmazeutischen Unternehmern, Apotheken, pharmazeutischen Großhändlern und sonstigen Anbietern von Gesundheitsleistungen als auch jeweils gegenüber Vertragsärzten, Ärzten in Krankenhäusern und Krankenhausträgern entsprechend. ²Hiervon unberührt bleiben gesetzlich zulässige Vereinbarungen von Krankenkassen mit Leistungserbringern über finanzielle Anreize für die Mitwirkung an der Erschließung von Wirtschaftlichkeitsreserven und die Verbesserung der Qualität der Versorgung bei der Verordnung von Leistungen nach den §§ 31 und 116b Absatz 7. ³Die Sätze 1 und 2 gelten auch bei Leistungen zur Versorgung von chronischen und schwer heilenden Wunden nach § 37 Absatz 7 gegenüber den Leistungserbringern, die diese Leistungen erbringen.

Siebter Abschnitt. Beziehungen zu Apotheken und pharmazeutischen Unternehmern

§ 129 Rahmenvertrag über die Arzneimittelversorgung. (1) ¹Die Apotheken sind bei der Abgabe verordneter Arzneimittel an Versicherte nach Maßgabe des Rahmenvertrages nach Absatz 2 verpflichtet zur

1. Abgabe eines preisgünstigen Arzneimittels in den Fällen, in denen der verordnende Arzt

    a) ein Arzneimittel nur unter seiner Wirkstoffbezeichnung verordnet oder

    b) die Ersetzung des Arzneimittels durch ein wirkstoffgleiches Arzneimittel nicht ausgeschlossen hat,

2. Abgabe von preisgünstigen importierten Arzneimitteln, deren für den Versicherten maßgeblicher Arzneimittelabgabepreis unter Berücksichtigung der Abschläge nach § 130a Absatz 1, 1a, 2, 3a und 3b mindestens 15 vom Hundert oder mindestens 15 Euro niedriger ist als der Preis des Bezugsarzneimittels; in dem Rahmenvertrag nach Absatz 2 können Regelungen vereinbart werden, die zusätzliche Wirtschaftlichkeitsreserven erschließen,

5 SGB V § 129

3. Abgabe von wirtschaftlichen Einzelmengen und
4. Angabe des Apothekenabgabepreises auf der Arzneimittelpackung.

²Bei der Abgabe eines Arzneimittels nach Satz 1 Nummer 1 haben die Apotheken ein Arzneimittel abzugeben, das mit dem verordneten in Wirkstärke und Packungsgröße identisch ist, für ein gleiches Anwendungsgebiet zugelassen ist und die gleiche oder eine austauschbare Darreichungsform besitzt; als identisch gelten dabei Packungsgrößen mit dem gleichen Packungsgrößenkennzeichen nach der in § 31 Absatz 4 genannten Rechtsverordnung. ³Dabei ist die Ersetzung durch ein wirkstoffgleiches Arzneimittel vorzunehmen, für das eine Vereinbarung nach § 130a Abs. 8 mit Wirkung für die Krankenkasse besteht, soweit hierzu in Verträgen nach Absatz 5 nichts anderes vereinbart ist. ⁴Eine Ersetzung durch ein wirkstoffgleiches Arzneimittel ist auch bei Fertigarzneimitteln vorzunehmen, die für in Apotheken hergestellte parenterale Zubereitungen verwendet werden, wenn für das wirkstoffgleiche Arzneimittel eine Vereinbarung nach § 130a Absatz 8a mit Wirkung für die Krankenkasse besteht und sofern in Verträgen nach Absatz 5 nichts anderes vereinbart ist. ⁵Besteht keine entsprechende Vereinbarung nach § 130a Abs. 8, hat die Apotheke die Ersetzung durch ein preisgünstigeres Arzneimittel nach Maßgabe des Rahmenvertrages vorzunehmen. ⁶Abweichend von den Sätzen 3 und 5 können Versicherte gegen Kostenerstattung ein anderes Arzneimittel erhalten, wenn die Voraussetzungen nach Satz 2 erfüllt sind. ⁷§ 13 Absatz 2 Satz 2 und 12 findet keine Anwendung. ⁸Bei der Abgabe von importierten Arzneimitteln und ihren Bezugsarzneimitteln gelten die Sätze 3 und 5 entsprechend; dabei hat die Abgabe eines Arzneimittels, für das eine Vereinbarung nach § 130a Absatz 8 besteht, Vorrang vor der Abgabe nach Satz 1 Nummer 2.

(1a) ¹Der Gemeinsame Bundesausschuss gibt in den Richtlinien nach § 92 Abs. 1 Satz 2 Nr. 6 unverzüglich Hinweise zur Austauschbarkeit von Darreichungsformen unter Berücksichtigung ihrer therapeutischen Vergleichbarkeit. ²Der Gemeinsame Bundesausschuss bestimmt in den Richtlinien nach § 92 Absatz 1 Satz 2 Nummer 6 erstmals bis zum 30. September 2014 die Arzneimittel, bei denen die Ersetzung durch ein wirkstoffgleiches Arzneimittel abweichend von Absatz 1 Satz 1 Nummer 1 Buchstabe b ausgeschlossen ist; dabei sollen insbesondere Arzneimittel mit geringer therapeutischer Breite berücksichtigt werden. ³Das Nähere regelt der Gemeinsame Bundesausschuss in seiner Verfahrensordnung.

(2) Der Spitzenverband Bund der Krankenkassen und die für die Wahrnehmung der wirtschaftlichen Interessen gebildete maßgebliche Spitzenorganisation der Apotheker regeln in einem gemeinsamen Rahmenvertrag das Nähere.

(3) Der Rahmenvertrag nach Absatz 2 hat Rechtswirkung für Apotheken, wenn sie

1. einem Mitgliedsverband der Spitzenorganisation angehören und die Satzung des Verbandes vorsieht, daß von der Spitzenorganisation abgeschlossene Verträge dieser Art Rechtswirkung für die dem Verband angehörenden Apotheken haben, oder
2. dem Rahmenvertrag beitreten.

(4) ¹Im Rahmenvertrag nach Absatz 2 ist zu regeln, welche Maßnahmen die Vertragspartner auf Landesebene ergreifen können, wenn Apotheken gegen ihre Verpflichtungen nach Absatz 1, 2 oder 5 verstoßen. ²In dem Rahmenvertrag ist erstmals bis zum 1. Januar 2016 zu regeln, in welchen Fällen einer

4. Kapitel. Beziehungen der Krankenkassen § 129 SGB V 5

Beanstandung der Abrechnung durch Krankenkassen, insbesondere bei Formfehlern, eine Retaxation vollständig oder teilweise unterbleibt; kommt eine Regelung nicht innerhalb der Frist zustande, entscheidet die Schiedsstelle nach Absatz 8. ³Bei gröblichen und wiederholten Verstößen ist vorzusehen, daß Apotheken von der Versorgung der Versicherten bis zur Dauer von zwei Jahren ausgeschlossen werden können.

(5) ¹Die Krankenkassen oder ihre Verbände können mit der für die Wahrnehmung der wirtschaftlichen Interessen maßgeblichen Organisation der Apotheker auf Landesebene ergänzende Verträge schließen. ²Absatz 3 gilt entsprechend. ³In dem Vertrag nach Satz 1 kann abweichend vom Rahmenvertrag nach Absatz 2 vereinbart werden, dass die Apotheke die Ersetzung wirkstoffgleicher Arzneimittel so vorzunehmen hat, dass der Krankenkasse Kosten nur in Höhe eines zu vereinbarenden durchschnittlichen Betrags je Arzneimittel entstehen. ⁴Verträge nach Satz 3 in der bis zum 12. Mai 2017 geltenden Fassung werden mit Ablauf des 31. August 2017 unwirksam.

(5a) Bei Abgabe eines nicht verschreibungspflichtigen Arzneimittels gilt bei Abrechnung nach § 300 ein für die Versicherten maßgeblicher Arzneimittelabgabepreis in Höhe des Abgabepreises des pharmazeutischen Unternehmens zuzüglich der Zuschläge nach den §§ 2 und 3 der Arzneimittelpreisverordnung in der am 31. Dezember 2003 gültigen Fassung.

(5b) ¹Apotheken können an vertraglich vereinbarten Versorgungsformen beteiligt werden; die Angebote sind öffentlich auszuschreiben. ²In Verträgen nach Satz 1 sollen auch Maßnahmen zur qualitätsgesicherten Beratung des Versicherten durch die Apotheke vereinbart werden. ³In der besonderen Versorgung kann in Verträgen nach Satz 1 das Nähere über Qualität und Struktur der Arzneimittelversorgung für die an der integrierten Versorgung teilnehmenden Versicherten auch abweichend von Vorschriften dieses Buches vereinbart werden.

(5c) ¹Für Zubereitungen aus Fertigarzneimitteln gelten die Preise, die zwischen der mit der Wahrnehmung der wirtschaftlichen Interessen gebildeten maßgeblichen Spitzenorganisation der Apotheker und dem Spitzenverband Bund der Krankenkassen auf Grund von Vorschriften nach dem Arzneimittelgesetz vereinbart sind. ²Für parenterale Zubereitungen aus Fertigarzneimitteln in der Onkologie haben die Vertragspartner nach Satz 1 die Höhe der Preise nach Satz 1 neu zu vereinbaren. ³Kommt eine Vereinbarung nach Satz 1 oder 2 ganz oder teilweise nicht zustande, entscheidet die Schiedsstelle nach Absatz 8. ⁴Die Vereinbarung nach Satz 2 ist bis zum 31. August 2017 zu treffen. ⁵Die Vereinbarung oder der Schiedsspruch gilt bis zum Wirksamwerden einer neuen Vereinbarung fort. ⁶Gelten für Fertigarzneimittel in parenteralen Zubereitungen keine Vereinbarungen über die zu berechnenden Einkaufspreise nach Satz 1, berechnet die Apotheke ihre tatsächlich vereinbarten Einkaufspreise, höchstens jedoch die Apothekeneinkaufspreise, die bei Abgabe an Verbraucher auf Grund der Preisvorschriften nach dem Arzneimittelgesetz oder auf Grund von Satz 1 gelten, jeweils abzüglich der Abschläge nach § 130a Absatz 1. ⁷Kostenvorteile durch die Verwendung von Teilmengen von Fertigarzneimitteln sind zu berücksichtigen. ⁸Der Spitzenverband Bund der Krankenkassen und die Krankenkasse können von der Apotheke Nachweise über Bezugsquellen und verarbeitete Mengen sowie die tatsächlich vereinbarten Einkaufspreise und vom pharmazeutischen Unternehmer über die Abnehmer, die abgegebenen Mengen und die vereinbarten Preise für Fertigarzneimittel in parenteralen Zubereitungen verlangen. ⁹Sofern eine Apotheke bei der parenteralen Zubereitung aus Fertigarzneimitteln in der Onkologie einen Betrieb, der nach § 21 Absatz 2 Nummer 1b Buchstabe a erste Alternative des Arzneimittelgesetzes tätig wird, beauftragt, können der Spitzenverband Bund der Krankenkassen und die Krankenkasse von der Apotheke auch einen Nachweis über den tatsächlichen Einkaufspreis dieses Betriebs verlangen. ¹⁰Der Anspruch nach Satz 8 umfasst jeweils auch die auf das Fertigarzneimittel und den Gesamtumsatz bezogenen Rabatte. ¹¹Klagen über den Auskunftsanspruch haben keine aufschiebende Wirkung; ein Vorverfahren findet nicht statt. ¹²Die Krankenkasse kann ihren Landesverband mit der Prüfung beauftragen.

(6) ¹Die für die Wahrnehmung der wirtschaftlichen Interessen gebildete maßgebliche Spitzenorganisation der Apotheker ist verpflichtet, die zur Wahrnehmung der Aufgaben nach Absatz 1 Satz 4 und Absatz 1a, die zur Herstellung einer pharmakologisch-therapeutischen und preislichen Transparenz im Rahmen der Richtlinien nach § 92 Abs. 1 Satz 2 Nr. 6 und die zur Festsetzung von Festbeträgen nach § 35 Abs. 1 und 2 oder zur Erfüllung der Aufgaben nach § 35a Abs. 1 Satz 2 und Abs. 5 erforderlichen Daten dem Gemeinsamen Bundesausschuss sowie dem Spitzenverband Bund der Krankenkassen zu übermitteln und auf Verlangen notwendige Auskünfte zu erteilen. ²Das Nähere regelt der Rahmenvertrag nach Absatz 2.

(7) Kommt der Rahmenvertrag nach Absatz 2 ganz oder teilweise nicht oder nicht innerhalb einer vom Bundesministerium für Gesundheit bestimmten Frist zustande, wird der Vertragsinhalt durch die Schiedsstelle nach Absatz 8 festgesetzt.

(8) ¹Der Spitzenverband Bund der Krankenkassen und die für die Wahrnehmung der wirtschaftlichen Interessen gebildete maßgebliche Spitzenorganisation der Apotheker bilden eine gemeinsame Schiedsstelle. ²Sie besteht aus Vertretern der Krankenkassen und der Apotheker in gleicher Zahl sowie aus einem unparteiischen Vorsitzenden und zwei weiteren unparteiischen Mitgliedern. ³Über den Vorsitzenden und die zwei weiteren unparteiischen Mitglieder sowie deren Stellvertreter sollen sich die Vertragspartner einigen. ⁴Kommt eine Einigung nicht zustande, gilt § 89 Absatz 3 Satz 4 bis 6 entsprechend.

(9) ¹Die Schiedsstelle gibt sich eine Geschäftsordnung. ²Die Mitglieder der Schiedsstelle führen ihr Amt als Ehrenamt. ³Sie sind an Weisungen nicht gebunden. ⁴Jedes Mitglied hat eine Stimme. ⁵Die Entscheidungen werden mit der Mehrheit der Mitglieder getroffen. ⁶Ergibt sich keine Mehrheit, gibt die Stimme des Vorsitzenden den Ausschlag. ⁷Klagen gegen Festsetzungen der Schiedsstelle haben keine aufschiebende Wirkung.

(10) ¹Die Aufsicht über die Geschäftsführung der Schiedsstelle führt das Bundesministerium für Gesundheit. ²Es kann durch Rechtsverordnung mit Zustimmung des Bundesrates das Nähere über die Zahl und die Bestellung der Mitglieder, die Erstattung der baren Auslagen und die Entschädigung für Zeitaufwand der Mitglieder, das Verfahren sowie über die Verteilung der Kosten regeln.

§ 129a Krankenhausapotheken. ¹Die Krankenkassen oder ihre Verbände vereinbaren mit dem Träger des zugelassenen Krankenhauses das Nähere über die Abgabe verordneter Arzneimittel durch die Krankenhausapotheke an Versicherte, insbesondere die Höhe des für den Versicherten maßgeblichen Abgabepreises. ²Die nach § 300 Abs. 3 getroffenen Regelungen sind Teil der Vereinbarungen nach Satz 1. ³Eine Krankenhausapotheke darf verordnete Arzneimittel zu Lasten von Krankenkassen nur abgeben, wenn für sie eine Vereinbarung nach Satz 1 besteht. ⁴Die Regelungen des § 129 Absatz 5c Satz 8 und 12 gelten für Vereinbarungen nach Satz 1 entsprechend.

§ 130 Rabatt. (1) Die Krankenkassen erhalten von den Apotheken für verschreibungspflichtige Fertigarzneimittel sowie für Zubereitungen nach § 5 Absatz 3 der Arzneimittelpreisverordnung, die nicht § 5 Absatz 6 der Arzneimittelpreisverordnung unterfallen, einen Abschlag von 1,77 Euro je Arzneimittel, für sonstige Arzneimittel einen Abschlag in Höhe von 5 vom Hundert auf den für den Versicherten maßgeblichen Arzneimittelabgabepreis.

(2) ¹Ist für das Arzneimittel ein Festbetrag nach § 35 festgesetzt, bemißt sich der Abschlag nach dem Festbetrag. ²Liegt der maßgebliche Arzneimittelabgabepreis nach Absatz 1 unter dem Festbetrag, bemißt sich der Abschlag nach dem niedrigeren Abgabepreis.

(3) ¹Die Gewährung des Abschlags setzt voraus, daß die Rechnung des Apothekers innerhalb von zehn Tagen nach Eingang bei der Krankenkasse beglichen wird. ²Das Nähere regelt der Rahmenvertrag nach § 129.

§ 130a Rabatte der pharmazeutischen Unternehmer. (1) ¹Die Krankenkassen erhalten von Apotheken für zu ihren Lasten abgegebene Arzneimittel einen Abschlag in Höhe von 7 vom Hundert des Abgabepreises des pharmazeutischen Unternehmers ohne Mehrwertsteuer. ²Für Arzneimittel nach Absatz 3b Satz 1 beträgt der Abschlag nach Satz 1 6 vom Hundert. ³Pharmazeutische Unternehmer sind verpflichtet, den Apotheken den Abschlag zu erstatten. ⁴Soweit pharmazeutische Großhändler nach Absatz 5 bestimmt sind, sind pharmazeutische Unternehmer verpflichtet, den Abschlag den pharmazeutischen Großhändlern zu erstatten. ⁵Der Abschlag ist den Apotheken und pharmazeutischen Großhändlern innerhalb von zehn Tagen nach Geltendmachung des Anspruches zu erstatten. ⁶Satz 1 gilt für Fertigarzneimittel, deren Apothekenabgabepreise aufgrund der Preisvorschriften nach dem Arzneimittelgesetz oder aufgrund des § 129 Abs. 5a bestimmt sind, sowie für Arzneimittel, die nach § 129a abgegeben werden. ⁷Die Krankenkassen erhalten den Abschlag nach Satz 1 für Fertigarzneimittel in parenteralen Zubereitungen sowie für Arzneimittel, die nach § 129a abgegeben werden, auf den Abgabepreis des pharmazeutischen Unternehmers ohne Mehrwertsteuer, der bei Abgabe an Verbraucher auf Grund von Preisvorschriften nach dem Arzneimittelgesetz gilt. ⁸Wird nur eine Teilmenge des Fertigarzneimittels zubereitet, wird der Abschlag nur für diese Mengeneinheiten erhoben.

(1a) ¹Vom 1. August 2010 bis zum 31. Dezember 2013 beträgt der Abschlag für verschreibungspflichtige Arzneimittel einschließlich Fertigarzneimittel in parenteralen Zubereitungen abweichend von Absatz 1 16 Prozent. ²Satz 1 gilt nicht für Arzneimittel nach Absatz 3b Satz 1. ³Die Differenz des Abschlags nach Satz 1 zu dem Abschlag nach Absatz 1 mindert die am 30. Juli 2010 bereits vertraglich vereinbarten Rabatte nach Absatz 8 entsprechend. ⁴Eine Absenkung des Abgabepreises des pharmazeutischen Unternehmers ohne Mehrwertsteuer gegenüber dem Preisstand am 1. August 2009, die ab dem 1. August 2010 vorgenommen wird, mindert den Abschlag nach Satz 1 in Höhe des Betrags der Preissenkung, höchstens in Höhe der Differenz des

Abschlags nach Satz 1 zu dem Abschlag nach Absatz 1; § 130a Absatz 3b Satz 2 zweiter Halbsatz gilt entsprechend. ⁵ Für Arzneimittel, die nach dem 1. August 2009 in den Markt eingeführt wurden, gilt Satz 4 mit der Maßgabe, dass der Preisstand der Markteinführung Anwendung findet. ⁶ Hat ein pharmazeutischer Unternehmer für ein Arzneimittel, das im Jahr 2010 zu Lasten der gesetzlichen Krankenversicherung abgegeben wurde und das dem erhöhten Abschlag nach Satz 1 unterliegt, auf Grund einer Preissenkung ab dem 1. August 2010 nicht den Abschlag gezahlt, obwohl die Preissenkung nicht zu einer Unterschreitung des am 1. August 2009 geltenden Abgabepreises des pharmazeutischen Unternehmers um mindestens 10 Prozent geführt hat, gilt für die im Jahr 2011 abgegebenen Arzneimittel abweichend von Satz 1 ein Abschlag von 20,5 Prozent. ⁷ Das gilt nicht, wenn der pharmazeutische Unternehmer den nach Satz 6 nicht gezahlten Abschlag spätestens bis zu dem Tag vollständig leistet, an dem der Abschlag für die im Dezember 2010 abgegebenen Arzneimittel zu zahlen ist. ⁸ Der erhöhte Abschlag von 20,5 Prozent wird durch eine erneute Preissenkung gegenüber dem am 1. August 2009 geltenden Abgabepreis des pharmazeutischen Unternehmers gemindert; Satz 4 gilt entsprechend.

(2) ¹ Die Krankenkassen erhalten von den Apotheken für die zu ihren Lasten abgegebenen Impfstoffe für Schutzimpfungen nach § 20i Absatz 1 einen Abschlag auf den Abgabepreis des pharmazeutischen Unternehmers ohne Mehrwertsteuer, mit dem der Unterschied zu einem geringeren durchschnittlichen Preis nach Satz 2 je Mengeneinheit ausgeglichen wird. ² Der durchschnittliche Preis je Mengeneinheit ergibt sich aus den tatsächlich gültigen Abgabepreisen des pharmazeutischen Unternehmers in den vier Mitgliedstaaten der Europäischen Union mit den am nächsten kommenden Bruttonationaleinkommen, gewichtet nach den jeweiligen Umsätzen und Kaufkraftparitäten. ³ Absatz 1 Satz 3 bis 5, Absätze 6 und 7 sowie § 131 Absatz 4 gelten entsprechend. ⁴ Der pharmazeutische Unternehmer ermittelt die Höhe des Abschlags nach Satz 1 und den durchschnittlichen Preis nach Satz 2 und übermittelt dem Spitzenverband Bund der Krankenkassen auf Anfrage die Angaben zu der Berechnung. ⁵ Das Nähere regelt der Spitzenverband Bund der Krankenkassen. ⁶ Bei Preisvereinbarungen für Impfstoffe, für die kein einheitlicher Apothekenabgabepreis nach den Preisvorschriften auf Grund des Arzneimittelgesetzes gilt, darf höchstens ein Betrag vereinbart werden, der dem entsprechenden Apothekenabgabepreis abzüglich des Abschlags nach Satz 1 entspricht.

(3) Die Absätze 1, 1a und 2 gelten nicht für Arzneimittel, für die ein Festbetrag auf Grund des § 35 festgesetzt ist.

(3a) ¹ Erhöht sich der Abgabepreis des pharmazeutischen Unternehmers ohne Mehrwertsteuer gegenüber dem Preisstand am 1. August 2009, erhalten die Krankenkassen für die zu ihren Lasten abgegebenen Arzneimittel ab dem 1. August 2010 bis zum 31. Dezember 2022 einen Abschlag in Höhe des Betrages der Preiserhöhung; dies gilt nicht für Arzneimittel, für die ein Festbetrag auf Grund des § 35 festgesetzt ist. ² Zur Berechnung des Abschlags nach Satz 1 ist der Preisstand vom 1. August 2009 erstmalig am 1. Juli 2018 und jeweils am 1. Juli der Folgejahre um den Betrag anzuheben, der sich aus der Veränderung des vom Statistischen Bundesamt festgelegten Verbraucherpreisindex für Deutschland im Vergleich zum Vorjahr ergibt. ³ Für Arzneimittel, die nach dem 1. August 2010 in den Markt eingeführt werden, gilt Satz 1 mit der Maßgabe, dass der Preisstand der Markteinführung Anwendung findet. ⁴ Bei Neueinführungen eines Arzneimittels, für das der pharmazeutische Unternehmer bereits ein Arzneimittel mit gleichem Wirkstoff und vergleichbarer Darreichungsform in Verkehr gebracht hat, ist der Abschlag auf Grundlage des Preises je Mengeneinheit der Packung zu berechnen, die dem neuen Arzneimittel in Bezug auf die Packungsgröße unter Berücksichtigung der Wirkstärke am nächsten kommt. ⁵ Satz 4 gilt entsprechend bei Änderungen zu den Angaben des pharmazeutischen Unternehmers oder zum Mitvertrieb durch einen anderen pharmazeutischen Unternehmer. ⁶ Für importierte Arzneimittel, die nach § 129 Absatz 1 Satz 1 Nummer 2 abgegeben werden, gilt abweichend von Satz 1 ein Abrechnungsbetrag von höchstens dem Betrag, welcher entsprechend den Vorgaben des § 129 Absatz 1 Satz 1 Nummer 2 niedriger ist als der Arzneimittelabgabepreis des Bezugsarzneimittels einschließlich Mehrwertsteuer, unter Berücksichtigung von Abschlägen für das Bezugsarzneimittel aufgrund dieser Vorschrift. ⁷ Abschläge nach Absatz 1, 1a und 3b werden zusätzlich zu dem Abschlag nach den Sätzen 1 bis 5 erhoben. ⁸ Rabattbeträge, die auf Preiserhöhungen nach Absatz 1 und 3b zu gewähren sind, vermindern den Abschlag nach den Sätzen 1 bis 6 entsprechend. ⁹ Für die Abrechnung des Abschlags nach den Sätzen 1 bis 6 gelten die Absätze 1, 5 bis 7 und 9 entsprechend. ¹⁰ Absatz 4 findet Anwendung. ¹¹ Das Nähere regelt der Spitzenverband Bund der Krankenkassen ab dem 13. Mai 2017 im Benehmen mit den für die Wahrnehmung der wirtschaftlichen Interessen gebildeten maßgeblichen Spitzenorganisationen der pharmazeutischen Unternehmer auf Bundesebene. ¹² Der Abschlag nach Satz 1 gilt entsprechend für Arzneimittel, die nach § 129a abgegeben werden; Absatz 1 Satz 7 gilt entsprechend.

(3b) ¹ Für patentfreie, wirkstoffgleiche Arzneimittel erhalten die Krankenkassen ab dem 1. April 2006 einen Abschlag von 10 vom Hundert des Abgabepreises des pharmazeutischen Unternehmers ohne Mehrwertsteuer; für preisgünstige importierte Arzneimittel gilt Absatz 3a Satz 6 entsprechend. ² Eine Absenkung des Abgabepreises des pharmazeutischen Unternehmers ohne Mehrwertsteuer, die ab dem 1. Januar 2007 vorgenommen wird, vermindert den Abschlag nach Satz 1 in Höhe des Betrages der Preissenkung; wird der Preis innerhalb der folgenden 36 Monate erhöht, erhöht sich der Abschlag nach Satz 1 um den Betrag der Preiserhöhung ab der Wirksamkeit der Preiserhöhung bei der Abrechnung mit der Krankenkasse. ³ Die Sätze 1 und 2 gelten nicht für Arzneimittel, deren Abgabepreis des pharmazeutischen Unternehmers ohne Mehrwertsteuer mindestens um 30 vom Hundert niedriger als der jeweils gültige Festbetrag ist, der diesem Preis zugrunde liegt. ⁴ Absatz 3a Satz 8 bis 11 gilt entsprechend. ⁵ Satz 2 gilt nicht für ein Arzneimittel, dessen Abgabepreis nach Satz 1 im Zeitraum von 36 Monaten vor der Preissenkung erhöht worden ist; Preiserhöhungen vor dem 1. Dezember 2006 sind nicht zu berücksichtigen. ⁶ Für ein Arzneimittel, dessen Preis einmalig zwischen dem 1. Dezember 2006 und dem 1. April 2007 erhöht und anschließend gesenkt worden ist, kann der pharmazeutische Unternehmer den Abschlag nach Satz 1 durch eine ab 1. April 2007 neu vorgenommene Preissenkung von mindestens 10 vom Hundert des Abgabepreises des pharmazeutischen Unternehmers ohne Mehrwertsteuer ablösen, sofern er für die Dauer von zwölf Monaten ab der neu vorgenommenen Preissenkung einen weiteren Abschlag von 2 vom Hundert des Abgabepreises nach Satz 1 gewährt.

(4) ¹ Das Bundesministerium für Gesundheit hat nach einer Überprüfung der Erforderlichkeit der Abschläge nach den Absätzen 1, 1a und 3a nach Maßgabe des Artikels 4 der Richtlinie 89/105/EWG des Rates vom 21. Dezember

1988 betreffend die Transparenz von Maßnahmen zur Regelung der Preisfestsetzung bei Arzneimitteln für den menschlichen Gebrauch und ihre Einbeziehung in die staatlichen Krankenversicherungssysteme die Abschläge durch Rechtsverordnung mit Zustimmung des Bundesrates aufzuheben oder zu verringern, wenn und soweit diese nach der gesamtwirtschaftlichen Lage, einschließlich ihrer Auswirkung auf die gesetzliche Krankenversicherung, nicht mehr gerechtfertigt sind. [2] Über Anträge pharmazeutischer Unternehmer nach Artikel 4 der in Satz 1 genannten Richtlinie auf Ausnahme von den nach den Absätzen 1, 1a und 3a vorgesehenen Abschlägen entscheidet das Bundesministerium für Gesundheit. [3] Das Vorliegen eines Ausnahmefalls und der besonderen Gründe sind im Antrag hinreichend darzulegen. [4] § 34 Absatz 6 Satz 3 bis 5 und 7 gilt entsprechend. [5] Das Bundesministerium für Gesundheit kann Sachverständige mit der Prüfung der Angaben des pharmazeutischen Unternehmers beauftragen. [6] Dazu hat es die Wahrung der Betriebs- und Geschäftsgeheimnisse sicherzustellen. [7] § 137g Absatz 1 Satz 7 bis 9 und 13 gilt entsprechend mit der Maßgabe, dass die tatsächlich entstandenen Kosten auf der Grundlage pauschalierter Kostensätze berechnet werden können. [8] Das Bundesministerium für Gesundheit kann die Aufgaben nach den Sätzen 2 bis 7 auf eine Bundesoberbehörde übertragen.

(5) Der pharmazeutische Unternehmer kann berechtigte Ansprüche auf Rückzahlung der Abschläge nach den Absätzen 1, 1a, 2, 3a und 3b gegenüber der begünstigten Krankenkasse geltend machen.

(6) [1] Zum Nachweis des Abschlags übermitteln die Apotheken die Arzneimittelkennzeichen über die abgegebenen Arzneimittel sowie deren Abgabedatum auf der Grundlage der den Krankenkassen nach § 300 Abs. 1 übermittelten Angaben maschinenlesbar an die pharmazeutischen Unternehmer oder, bei einer Vereinbarung nach Absatz 5, an die pharmazeutischen Großhändler. [2] Die pharmazeutischen Unternehmer sind verpflichtet, die erforderlichen Angaben zur Bestimmung des Abschlags an die für die Wahrnehmung der wirtschaftlichen Interessen maßgeblichen Organisationen der Apotheker sowie den Spitzenverband Bund der Krankenkassen zur Erfüllung ihrer gesetzlichen Aufgaben auf maschinell lesbaren Datenträgern zu übermitteln. [3] Die für die Wahrnehmung der wirtschaftlichen Interessen gebildeten maßgeblichen Spitzenorganisationen der Apotheker, der pharmazeutischen Großhändler und der pharmazeutischen Unternehmer können in einem gemeinsamen Rahmenvertrag das Nähere regeln.

(7) [1] Die Apotheke kann den Abschlag nach Ablauf der Frist nach Absatz 1 Satz 4 gegenüber pharmazeutischen Großhändlern verrechnen. [2] Pharmazeutische Großhändler können den nach Satz 1 verrechneten Abschlag, auch in pauschalierter Form, gegenüber den pharmazeutischen Unternehmern verrechnen.

(8) [1] Die Krankenkassen oder ihre Verbände können mit pharmazeutischen Unternehmern Rabatte für die zu ihren Lasten abgegebenen Arzneimittel vereinbaren. [2] Dabei kann insbesondere eine mengenbezogene Staffelung des Preisnachlasses, ein jährliches Umsatzvolumen mit Ausgleich von Mehrerlösen oder eine Erstattung in Abhängigkeit von messbaren Therapieerfolgen vereinbart werden. *[Sätze 3 und 4 ab 1.3.2018:]* [3] *Verträge nach Satz 1 über patentfreie Arzneimittel sind so zu vereinbaren, dass die Pflicht des pharmazeutischen Unternehmers zur Gewährleistung der Lieferfähigkeit frühestens sechs Monate nach Versendung der Information nach § 134 Absatz 1 des Gesetzes gegen Wettbewerbsbeschränkungen*

4. Kapitel. Beziehungen der Krankenkassen **§ 130b** SGB V 5

und frühestens drei Monate nach Zuschlagserteilung beginnt. ⁴*Der Bieter, dessen Angebot berücksichtigt werden soll, ist zeitgleich zur Information nach § 134 Absatz 1 des Gesetzes gegen Wettbewerbsbeschränkungen über die geplante Annahme des Angebots zu informieren.* ³ *[ab 1.3.2018:* ⁵*]* Rabatte nach Satz 1 sind von den pharmazeutischen Unternehmern an die Krankenkassen zu vergüten. ⁴ *[ab 1.3.2018:* ⁶*]* Eine Vereinbarung nach Satz 1 berührt die Abschläge nach den Absätzen 3a und 3b nicht; Abschläge nach den Absätzen 1, 1a und 2 können abgelöst werden, sofern dies ausdrücklich vereinbart ist. ⁵ *[ab 1.3.2018:* ⁷*]* Die Krankenkassen oder ihre Verbände können Leistungserbringer oder Dritte am Abschluss von Verträgen nach Satz 1 beteiligen oder diese mit dem Abschluss solcher Verträge beauftragen. ⁶ *[ab 1.3.2018:* ⁸*]* Die Vereinbarung von Rabatten nach Satz 1 soll für eine Laufzeit von zwei Jahren erfolgen. ⁷ *[ab 1.3.2018:* ⁹*]* Dabei ist der Vielfalt der Anbieter Rechnung zu tragen.

(8a) ¹Die Landesverbände der Krankenkassen und die Ersatzkassen können einheitlich und gemeinsam zur Versorgung ihrer Versicherten mit in Apotheken hergestellten parenteralen Zubereitungen aus Fertigarzneimitteln in der Onkologie zur unmittelbaren ärztlichen Anwendung bei Patienten mit pharmazeutischen Unternehmern Rabatte für die jeweils verwendeten Fertigarzneimittel vereinbaren. ²Absatz 8 *[bis 28.2.2018:* Satz 2 bis 7*] [ab 1.3.2018:* Satz 2 bis 9*]* gilt entsprechend. ³In den Vereinbarungen nach Satz 1 ist die Sicherstellung einer bedarfsgerechten Versorgung der Versicherten zu berücksichtigen.

(9) ¹Pharmazeutische Unternehmer können einen Antrag nach Absatz 4 Satz 2 auch für ein Arzneimittel stellen, das zur Behandlung eines seltenen Leidens nach der Verordnung (EG) Nr. 141/2000 des Europäischen Parlaments und des Rates vom 16. Dezember 1999 zugelassen ist. ²Dem Antrag ist stattzugeben, wenn der Antragsteller nachweist, dass durch einen Abschlag nach den Absätzen 1, 1a und 3a auch Aufwendungen insbesondere für Forschung und Entwicklung für das Arzneimittel nicht mehr finanziert werden.

§ 130b Vereinbarungen zwischen dem Spitzenverband Bund der Krankenkassen und pharmazeutischen Unternehmern über Erstattungsbeträge für Arzneimittel, Verordnungsermächtigung. (1) ¹Der Spitzenverband Bund der Krankenkassen vereinbart mit pharmazeutischen Unternehmern im Benehmen mit dem Verband der privaten Krankenversicherung auf Grundlage des Beschlusses des Gemeinsamen Bundesausschusses über die Nutzenbewertung nach § 35a Absatz 3 mit Wirkung für alle Krankenkassen Erstattungsbeträge für Arzneimittel, die mit diesem Beschluss keiner Festbetragsgruppe zugeordnet wurden. ²Dabei soll jeweils ein Vertreter eines Krankenkassenverbandes an der Verhandlung teilnehmen; das Nähere regelt der Spitzenverband Bund der Krankenkassen in seiner Satzung. ³Für Arzneimittel nach § 129a kann mit dem pharmazeutischen Unternehmer höchstens der Erstattungsbetrag vereinbart werden. ⁴*[bis 28.2.2018:* § 130a Absatz 8 Satz 4*] [ab 1.3.2018:* § 130a Absatz 8 Satz 6*]* gilt entsprechend. ⁵Die Vereinbarung soll auch Anforderungen an die Zweckmäßigkeit, Qualität und Wirtschaftlichkeit einer Verordnung beinhalten. ⁶Der pharmazeutische Unternehmer soll dem Spitzenverband Bund der Krankenkassen die Angaben zur Höhe seines tatsächlichen Abgabepreises in anderen europäischen Ländern übermitteln. ⁷Die Verhandlungen und deren Vorbereitung einschließlich der Beratungsunterlagen und Niederschriften zur Vereinbarung des Erstattungsbetrages sind vertraulich.

(1a) ¹ Bei einer Vereinbarung nach Absatz 1 können insbesondere auch mengenbezogene Aspekte, wie eine mengenbezogene Staffelung oder ein jährliches Gesamtvolumen, vereinbart werden. ² Eine Vereinbarung nach Absatz 1 kann auch das Gesamtausgabenvolumen des Arzneimittels unter Beachtung seines Stellenwerts in der Versorgung berücksichtigen. ³ Dies kann eine Begrenzung des packungsbezogenen Erstattungsbetrags oder die Berücksichtigung mengenbezogener Aspekte erforderlich machen. ⁴ Das Nähere zur Abwicklung solcher Vereinbarungen, insbesondere im Verhältnis zu den Krankenkassen und im Hinblick auf deren Mitwirkungspflichten, regelt der Spitzenverband Bund der Krankenkassen in seiner Satzung.

(2) ¹ Eine Vereinbarung nach Absatz 1 soll vorsehen, dass Verordnungen des Arzneimittels von der Prüfungsstelle als bei den Wirtschaftlichkeitsprüfungen nach den §§ 106 bis 106c zu berücksichtigende Praxisbesonderheiten anerkannt werden, wenn der Arzt bei der Verordnung im Einzelfall die dafür vereinbarten Anforderungen an die Verordnung eingehalten hat. ² Diese Anforderungen sind in den Programmen zur Verordnung von Arzneimitteln nach § 73 Absatz 9 Satz 1 zu hinterlegen. ³ Das Nähere ist in den Verträgen nach § 82 Absatz 1 zu vereinbaren.

(3) ¹ Für ein Arzneimittel, das nach dem Beschluss des Gemeinsamen Bundesausschusses nach § 35a Absatz 3 keinen Zusatznutzen hat und keiner Festbetragsgruppe zugeordnet werden kann, soll ein Erstattungsbetrag nach Absatz 1 vereinbart werden, der nicht zu höheren Jahrestherapiekosten führt als die nach § 35a Absatz 1 Satz 7 bestimmte zweckmäßige Vergleichstherapie. ² Sind nach § 35a Absatz 1 Satz 7 mehrere Alternativen für die zweckmäßige Vergleichstherapie bestimmt, soll der Erstattungsbetrag nicht zu höheren Jahrestherapiekosten führen als die wirtschaftlichste Alternative. ³ Absatz 2 findet keine Anwendung. ⁴ Soweit nichts anderes vereinbart wird, kann der Spitzenverband Bund der Krankenkassen zur Festsetzung eines Festbetrags nach § 35 Absatz 3 die Vereinbarung abweichend von Absatz 7 außerordentlich kündigen. ⁵ Für ein Arzneimittel, für das ein Zusatznutzen nach § 35a Absatz 1 Satz 5 als nicht belegt gilt, ist ein Erstattungsbetrag zu vereinbaren, der zu in angemessenem Umfang geringeren Jahrestherapiekosten führt als die nach § 35a Absatz 1 Satz 7 bestimmte zweckmäßige Vergleichstherapie. ⁶ Sind nach § 35a Absatz 1 Satz 7 mehrere Alternativen für die zweckmäßige Vergleichstherapie bestimmt, ist ein Erstattungsbetrag zu vereinbaren, der zu in angemessenem Umfang geringeren Jahrestherapiekosten führt als die wirtschaftlichste Alternative.

(3a) ¹ Der nach Absatz 1 vereinbarte Erstattungsbetrag gilt einschließlich der Vereinbarungen für die Anerkennung von Praxisbesonderheiten nach Absatz 2 für alle Arzneimittel mit dem gleichen neuen Wirkstoff, die ab dem 1. Januar 2011 in Verkehr gebracht worden sind. ² Er gilt ab dem 13. Monat nach dem erstmaligen Inverkehrbringen eines Arzneimittels mit dem Wirkstoff. ³ Wird auf Grund einer Nutzenbewertung nach Zulassung eines neuen Anwendungsgebiets ein neuer Erstattungsbetrag vereinbart, gilt dieser ab dem 13. Monat nach Zulassung des neuen Anwendungsgebiets. ⁴ In den Fällen, in denen die Geltung des für ein anderes Arzneimittel mit dem gleichen Wirkstoff vereinbarten Erstattungsbetrags im Hinblick auf die Versorgung nicht sachgerecht wäre oder eine unbillige Härte darstellen würde, vereinbart der GKV-Spitzenverband mit dem pharmazeutischen Unternehmer abweichend von Satz 1 insbesondere einen eigenen Erstattungsbetrag. ⁵ Der darin vereinbarte Erstattungs-

4. Kapitel. Beziehungen der Krankenkassen § 130b SGB V 5

betrag gilt ebenfalls ab dem 13. Monat nach dem erstmaligen Inverkehrbringen eines Arzneimittels mit dem Wirkstoff mit der Maßgabe, dass die Differenz zwischen dem Erstattungsbetrag und dem bis zu dessen Vereinbarung tatsächlich gezahlten Abgabepreis auszugleichen ist. [6] Das Nähere, insbesondere zur Abgrenzung der Fälle nach Satz 4, ist in der Vereinbarung nach Absatz 9 zu regeln.

(4) [1] Kommt eine Vereinbarung nach Absatz 1 oder 3 nicht innerhalb von sechs Monaten nach Veröffentlichung des Beschlusses nach § 35a Absatz 3 oder nach § 35b Absatz 3 zustande, setzt die Schiedsstelle nach Absatz 5 den Vertragsinhalt innerhalb von drei Monaten fest. [2] Die Schiedsstelle entscheidet unter freier Würdigung aller Umstände des Einzelfalls und berücksichtigt dabei die Besonderheiten des jeweiligen Therapiegebietes. [3] Der im Schiedsspruch festgelegte Erstattungsbetrag gilt ab dem 13. Monat nach dem in § 35a Absatz 1 Satz 3 genannten Zeitpunkt mit der Maßgabe, dass die Preisdifferenz zwischen dem von der Schiedsstelle festgelegten Erstattungsbetrag und dem tatsächlich gezahlten Abgabepreis bei der Festsetzung auszugleichen ist. [4] Die Schiedsstelle gibt dem Verband der privaten Krankenversicherung vor ihrer Entscheidung Gelegenheit zur Stellungnahme. [5] Klagen gegen Entscheidungen der Schiedsstelle haben keine aufschiebende Wirkung. [6] Ein Vorverfahren findet nicht statt. [7] Absatz 1 Satz 7 gilt entsprechend.

(5) [1] Der Spitzenverband Bund der Krankenkassen und die für die Wahrnehmung der wirtschaftlichen Interessen gebildeten maßgeblichen Spitzenorganisationen der pharmazeutischen Unternehmer auf Bundesebene bilden eine gemeinsame Schiedsstelle. [2] Sie besteht aus einem unparteiischen Vorsitzenden und zwei weiteren unparteiischen Mitgliedern sowie aus jeweils zwei Vertretern der Vertragsparteien nach Absatz 1. [3] Die Patientenorganisationen nach § 140f können beratend an den Sitzungen der Schiedsstelle teilnehmen. [4] Über den Vorsitzenden und die zwei weiteren unparteiischen Mitglieder sowie deren Stellvertreter sollen sich die Verbände nach Satz 1 einigen. [5] Kommt eine Einigung nicht zustande, gilt § 89 Absatz 3 Satz 4 bis 6 entsprechend.

(6) [1] Die Schiedsstelle gibt sich eine Geschäftsordnung. [2] Über die Geschäftsordnung entscheiden die unparteiischen Mitglieder im Benehmen mit den Verbänden nach Absatz 5 Satz 1. [3] Die Geschäftsordnung bedarf der Genehmigung des Bundesministeriums für Gesundheit. [4] Im Übrigen gilt § 129 Absatz 9 und 10 entsprechend. [5] In der Rechtsverordnung nach § 129 Absatz 10 Satz 2 kann das Nähere über die Zahl und die Bestellung der Mitglieder, die Erstattung der baren Auslagen und die Entschädigung für Zeitaufwand der Mitglieder, das Verfahren sowie über die Verteilung der Kosten geregelt werden.

(7) [1] Eine Vereinbarung nach Absatz 1 oder 3 oder ein Schiedsspruch nach Absatz 4 kann von einer Vertragspartei frühestens nach einem Jahr gekündigt werden. [2] Die Vereinbarung oder der Schiedsspruch gilt bis zum Wirksamwerden einer neuen Vereinbarung fort. [3] Bei Veröffentlichung eines neuen Beschlusses zur Nutzenbewertung nach § 35a Absatz 3 oder zur Kosten-Nutzen-Bewertung nach § 35b Absatz 3 für das Arzneimittel sowie bei Vorliegen der Voraussetzungen für die Bildung einer Festbetragsgruppe nach § 35 Absatz 1 ist eine Kündigung vor Ablauf eines Jahres möglich.

(7a) [1] Für Arzneimittel, für die nach dem Beschluss nach § 35a Absatz 3 ein Zusatznutzen in keinem Anwendungsgebiet belegt ist und für die vor dem

13. Mai 2017 ein Erstattungsbetrag nach Absatz 3 vereinbart oder nach Absatz 4 festgesetzt wurde, kann die Vereinbarung oder der Schiedsspruch von jeder Vertragspartei bis zum 13. August 2017 gekündigt werden, auch wenn sich das Arzneimittel im Geltungsbereich dieses Gesetzes nicht im Verkehr befindet. ²Im Fall einer Kündigung nach Satz 1 ist unverzüglich erneut ein Erstattungsbetrag nach Absatz 3 zu vereinbaren. ³Satz 1 gilt nicht, wenn der Zusatznutzen nach § 35a Absatz 1 Satz 5 als nicht belegt gilt.

(8) ¹Nach einem Schiedsspruch nach Absatz 4 kann jede Vertragspartei beim Gemeinsamen Bundesausschuss eine Kosten-Nutzen-Bewertung nach § 35b beantragen. ²Die Geltung des Schiedsspruchs bleibt hiervon unberührt. ³Der Erstattungsbetrag ist auf Grund des Beschlusses über die Kosten-Nutzen-Bewertung nach § 35b Absatz 3 neu zu vereinbaren. ⁴Die Absätze 1 bis 7 gelten entsprechend.

(9) ¹Die Verbände nach Absatz 5 Satz 1 treffen eine Rahmenvereinbarung über die Maßstäbe für Vereinbarungen nach Absatz 1. ²Darin legen sie insbesondere Kriterien fest, die neben dem Beschluss nach § 35a und den Vorgaben nach Absatz 1 zur Vereinbarung eines Erstattungsbetrags nach Absatz 1 heranzuziehen sind. ³Für Arzneimittel, für die der Gemeinsame Bundesausschuss nach § 35a Absatz 3 einen Zusatznutzen festgestellt hat, sollen die Jahrestherapiekosten vergleichbarer Arzneimittel sowie die tatsächlichen Abgabepreise in anderen europäischen Ländern gewichtet nach den jeweiligen Umsätzen und Kaufkraftparitäten berücksichtigt werden. ⁴In der Vereinbarung nach Satz 1 sind auch Maßstäbe für die Angemessenheit der Abschläge nach Absatz 3 Satz 5 und 6 zu vereinbaren. ⁵In der Vereinbarung nach Satz 1 ist auch das Nähere zu Inhalt, Form und Verfahren der jeweils erforderlichen Auswertung der Daten nach § 217f Absatz 7 und der Übermittlung der Auswertungsergebnisse an die pharmazeutischen Unternehmer sowie zur Aufteilung der entstehenden Kosten zu vereinbaren. ⁶Kommt eine Rahmenvereinbarung nicht zustande, setzen die unparteiischen Mitglieder der Schiedsstelle die Rahmenvereinbarung im Benehmen mit den Verbänden auf Antrag einer Vertragspartei nach Satz 1 fest. ⁷Kommt eine Rahmenvereinbarung nicht innerhalb einer vom Bundesministerium für Gesundheit gesetzten Frist zustande, gilt Satz 5 entsprechend. ⁸Eine Klage gegen Entscheidungen der Schiedsstelle hat keine aufschiebende Wirkung. ⁹Ein Vorverfahren findet nicht statt. ¹⁰Absatz 1 Satz 7 gilt entsprechend.

(10) Der Gemeinsame Bundesausschuss, der Spitzenverband Bund der Krankenkassen und das Institut für Qualität und Wirtschaftlichkeit im Gesundheitswesen schließen mit dem Verband der privaten Krankenversicherung eine Vereinbarung über die von den Unternehmen der privaten Krankenversicherung zu erstattenden Kosten für die Nutzen-Bewertung nach § 35a und für die Kosten-Nutzen-Bewertung nach § 35b sowie für die Festsetzung eines Erstattungsbetrags nach Absatz 4.

§ 130c Verträge von Krankenkassen mit pharmazeutischen Unternehmern. (1) ¹Krankenkassen oder ihre Verbände können abweichend von bestehenden Vereinbarungen oder Schiedssprüchen nach § 130b mit pharmazeutischen Unternehmern Vereinbarungen über die Erstattung von Arzneimitteln sowie zur Versorgung ihrer Versicherten mit Arzneimitteln treffen. ²Dabei kann insbesondere eine mengenbezogene Staffelung des Preisnachlasses, ein jährliches Umsatzvolumen mit Ausgleich von Mehrerlösen oder eine Erstattung in Abhängigkeit von messbaren Therapieerfolgen vereinbart werden. ³Durch eine Vereinbarung nach Satz 1 kann eine Vereinbarung nach § 130b ergänzt oder ganz oder teilweise abgelöst werden; dabei können auch zusätzliche Rabatte auf den Erstattungsbetrag vereinbart werden. ⁴§ 78 Absatz 3a des Arzneimittelgesetzes bleibt unberührt. ⁵Die Ergebnisse der Bewertungen nach den §§ 35a und 35b, die Richtlinien nach § 92, die Vereinbarungen nach § 84 und die Informationen nach § 73 Absatz 8 Satz 1 sind zu berücksichtigen. ⁶§ 130a Absatz 8 gilt entsprechend.

(2) Die Krankenkassen informieren ihre Versicherten und die an der vertragsärztlichen Versorgung teilnehmenden Ärzte umfassend über die vereinbarten Versorgungsinhalte.

(3) Die Krankenkassen oder ihre Verbände können mit Ärzten, kassenärztlichen Vereinigungen oder Verbänden von Ärzten Regelungen zur bevorzugten Verordnung von Arzneimitteln nach Absatz 1 Satz 1 entsprechend § 84 Absatz 1 Satz 5 treffen.

(4) Arzneimittelverordnungen im Rahmen einer Vereinbarung nach Absatz 3 Satz 1 sind von der Prüfungsstelle als bei den Wirtschaftlichkeitsprüfungen nach den §§ 106 bis 106c zu berücksichtigende Praxisbesonderheiten anzuerkennen, soweit dies vereinbart wurde und die vereinbarten Voraussetzungen zur Gewährleistung von Zweckmäßigkeit, Qualität und Wirtschaftlichkeit der Versorgung eingehalten sind.

(5) ¹Informationen über die Regelungen nach Absatz 3 sind in den Programmen zur Verordnung von Arzneimitteln nach § 73 Absatz 9 Satz 1 zu hinterlegen. ²Das Nähere ist in den Verträgen nach § 82 Absatz 1 zu vereinbaren.

§ 131 Rahmenverträge mit pharmazeutischen Unternehmern.

(1) Der Spitzenverband Bund der Krankenkassen und die für die Wahrnehmung der wirtschaftlichen Interessen gebildeten maßgeblichen Spitzenorganisationen der pharmazeutischen Unternehmer auf Bundesebene können einen Vertrag über die Arzneimittelversorgung in der gesetzlichen Krankenversicherung schließen.

(2) Der Vertrag kann sich erstrecken auf

1. die Bestimmung therapiegerechter und wirtschaftlicher Packungsgrößen und die Ausstattung der Packungen,
2. Maßnahmen zur Erleichterung der Erfassung und Auswertung von Arzneimittelpreisdaten, Arzneimittelverbrauchsdaten und Arzneimittelverordnungsdaten einschließlich des Datenaustausches, insbesondere für die Ermittlung der Preisvergleichsliste (§ 92 Abs. 2) und die Festsetzung von Festbeträgen.

(3) § 129 Abs. 3 gilt für pharmazeutische Unternehmer entsprechend.

(4) ¹Die pharmazeutischen Unternehmer sind verpflichtet, die zur Herstellung einer pharmakologisch-therapeutischen und preislichen Transparenz im Rahmen der Richtlinien nach § 92 Abs. 1 Satz 2 Nr. 6 und die zur Festsetzung von Festbeträgen nach § 35 Abs. 1 und 2 oder zur Erfüllung der Aufgaben nach § 35a Abs. 1 Satz 2 und Abs. 5 sowie die zur Wahrnehmung der Aufgaben nach § 129 Abs. 1a erforderlichen Daten dem Gemeinsamen Bundesausschuss sowie dem Spitzenverband Bund der Krankenkassen zu übermitteln

und auf Verlangen notwendige Auskünfte zu erteilen. *[Satz 2 bis 29.4.2018:]* ²Für die Abrechnung von Fertigarzneimitteln übermitteln die pharmazeutischen Unternehmer die für die Abrechnung nach § 300 erforderlichen Preis- und Produktangaben einschließlich der Rabatte nach § 130a an die in § 129 Abs. 2 genannten Verbände sowie an die Kassenärztliche Bundesvereinigung und den Gemeinsamen Bundesausschuss im Wege elektronischer Datenübertragung und maschinell verwertbar auf Datenträgern; dabei ist auch der für den Versicherten maßgebliche Arzneimittelabgabepreis (§ 129 Abs. 5a) anzugeben. *[Satz 2 ab 30.4.2018:]* ²*Für die Abrechnung von Fertigarzneimitteln, von Verbandmitteln und von Produkten, die gemäß den Richtlinien nach § 92 Absatz 1 Satz 2 Nummer 6 zu Lasten der gesetzlichen Krankenversicherung verordnet werden können, übermitteln die pharmazeutischen Unternehmer und sonstigen Hersteller die für die Abrechnung nach § 300 erforderlichen Preis- und Produktangaben einschließlich der Rabatte nach § 130a an die in § 129 Absatz 2 genannten Verbände sowie an die Kassenärztliche Bundesvereinigung und den Gemeinsamen Bundesausschuss im Wege elektronischer Datenübertragung und maschinell verwertbar auf Datenträgern; dabei ist auch der für den Versicherten maßgebliche Arzneimittelabgabepreis nach § 129 Absatz 5a sowie für Produkte nach § 31 Absatz 1 Satz 2 und Absatz 1a Satz 1 und 4 ein Kennzeichen zur Verordnungsfähigkeit zu Lasten der gesetzlichen Krankenversicherung anzugeben.* ³Das Nähere zur Übermittlung der in Satz 2 genannten Angaben vereinbaren die Verbände nach § 129 Absatz 2. ⁴Sie können die Übermittlung der Angaben nach Satz 2 innerhalb angemessener Frist unmittelbar von dem pharmazeutischen Unternehmer verlangen. ⁵Sie können fehlerhafte Angaben selbst korrigieren und die durch eine verspätete Übermittlung oder erforderliche Korrektur entstandenen Aufwendungen geltend machen. ⁶Die nach Satz 2 übermittelten Angaben oder, im Falle einer Korrektur nach Satz 5, die korrigierten Angaben sind verbindlich. ⁷Die Abrechnung der Apotheken gegenüber den Krankenkassen und die Erstattung der Abschläge nach § 130a Absatz 1, 1a, 2, 3a und 3b durch die pharmazeutischen Unternehmer an die Apotheken erfolgt auf Grundlage der Angaben nach Satz 2. ⁸Die Korrektur fehlerhafter Angaben und die Geltendmachung der Ansprüche kann auf Dritte übertragen werden. ⁹Zur Sicherung der Ansprüche nach Satz 4 können einstweilige Verfügungen auch ohne die Darlegung und Glaubhaftmachung der in den §§ 935 und 940 der Zivilprozessordnung bezeichneten Voraussetzungen erlassen werden. ¹⁰Entsprechendes gilt für einstweilige Anordnungen nach § 86b Absatz 2 Satz 1 und 2 des Sozialgerichtsgesetzes[1].

(5) ¹Die pharmazeutischen Unternehmer sind verpflichtet, auf den äußeren Umhüllungen der Arzneimittel das Arzneimittelkennzeichen nach § 300 Abs. 1 Nr. 1 in einer für Apotheken maschinell erfaßbaren bundeseinheitlichen Form anzugeben. ²Das Nähere regelt der Spitzenverband Bund der Krankenkassen und die für die Wahrnehmung der wirtschaftlichen Interessen gebildeten maßgeblichen Spitzenorganisationen der pharmazeutischen Unternehmer auf Bundesebene in Verträgen.

Achter Abschnitt. Beziehungen zu sonstigen Leistungserbringern

§ 132 Versorgung mit Haushaltshilfe. (1) ¹Über Inhalt, Umfang, Vergütung sowie Prüfung der Qualität und Wirtschaftlichkeit der Dienstleistungen

---

[1] Nr. 20.

zur Versorgung mit Haushaltshilfe schließen die Krankenkassen Verträge mit geeigneten Personen, Einrichtungen oder Unternehmen. ² Im Fall der Nichteinigung wird der Vertragsinhalt durch eine von den Vertragspartnern zu bestimmende unabhängige Schiedsperson festgelegt. ³ Einigen sich die Vertragspartner nicht auf eine Schiedsperson, so wird diese von der für die Vertrag schließende Krankenkasse zuständigen Aufsichtsbehörde bestimmt. ⁴ Die Kosten des Schiedsverfahrens tragen die Vertragsparteien zu gleichen Teilen. ⁵ Abweichend von Satz 1 kann die Krankenkasse zur Gewährung von Haushaltshilfe auch geeignete Personen anstellen.

(2) ¹ Die Krankenkasse hat darauf zu achten, daß die Leistungen wirtschaftlich und preisgünstig erbracht werden. ² Bei der Auswahl der Leistungserbringer ist ihrer Vielfalt, insbesondere der Bedeutung der freien Wohlfahrtspflege, Rechnung zu tragen.

§ 132a Versorgung mit häuslicher Krankenpflege. (1) ¹ Der Spitzenverband Bund der Krankenkassen und die für die Wahrnehmung der Interessen von Pflegediensten maßgeblichen Spitzenorganisationen auf Bundesebene haben unter Berücksichtigung der Richtlinien nach § 92 Abs. 1 Satz 2 Nr. 6 gemeinsam Rahmenempfehlungen über die einheitliche und flächendeckende Versorgung mit häuslicher Krankenpflege abzugeben; für Pflegedienste, die einer Kirche oder einer Religionsgemeinschaft des öffentlichen Rechts oder einem sonstigen freigemeinnützigen Träger zuzuordnen sind, können die Rahmenempfehlungen gemeinsam mit den übrigen Partnern der Rahmenempfehlungen auch von der Kirche oder der Religionsgemeinschaft oder von dem Wohlfahrtsverband abgeschlossen werden, dem die Einrichtung angehört. ² Vor Abschluß der Vereinbarung ist der Kassenärztlichen Bundesvereinigung und der Deutschen Krankenhausgesellschaft Gelegenheit zur Stellungnahme zu geben. ³ Die Stellungnahmen sind in den Entscheidungsprozeß der Partner der Rahmenempfehlungen einzubeziehen. ⁴ In den Rahmenempfehlungen sind insbesondere zu regeln:

1. Eignung der Leistungserbringer einschließlich Anforderungen an die Eignung zur Versorgung nach § 37 Absatz 7,
2. Maßnahmen zur Qualitätssicherung und Fortbildung,
3. Inhalt und Umfang der Zusammenarbeit des Leistungserbringers mit dem verordnenden Vertragsarzt und dem Krankenhaus,
4. Grundsätze der Wirtschaftlichkeit der Leistungserbringung einschließlich deren Prüfung,
5. Grundsätze der Vergütungen und ihrer Strukturen einschließlich der Transparenzvorgaben für die Vergütungsverhandlungen zum Nachweis der tatsächlich gezahlten Tariflöhne oder Arbeitsentgelte und
6. Grundsätze zum Verfahren der Prüfung der Leistungspflicht der Krankenkassen sowie zum Abrechnungsverfahren einschließlich der für diese Zwecke jeweils zu übermittelnden Daten.

⁵ Um den Besonderheiten der intensivpflegerischen Versorgung im Rahmen der häuslichen Krankenpflege Rechnung zu tragen, sind in den Rahmenempfehlungen auch Regelungen über die behandlungspflegerische Versorgung von Versicherten, die auf Grund eines besonders hohen Bedarfs an diesen Leistungen oder einer Bedrohung ihrer Vitalfunktion einer ununterbrochenen Anwesenheit einer Pflegekraft bedürfen, vorzusehen. ⁶ In den Rahmenempfehlungen

nach Satz 4 Nummer 6 können auch Regelungen über die nach § 302 Absatz 2 Satz 1 und Absatz 3 in Richtlinien geregelten Inhalte getroffen werden; in diesem Fall gilt § 302 Absatz 4. ⁷ Die Inhalte der Rahmenempfehlungen sind den Verträgen nach Absatz 4 zugrunde zu legen.

(2) ¹ Kommt eine Rahmenempfehlung nach Absatz 1 ganz oder teilweise nicht zu Stande, können die Rahmenempfehlungspartner die Schiedsstelle nach Absatz 3 anrufen. ² Die Schiedsstelle kann auch vom Bundesministerium für Gesundheit angerufen werden. ³ Sie setzt innerhalb von drei Monaten den betreffenden Rahmenempfehlungsinhalt fest.

(3) ¹ Der Spitzenverband Bund der Krankenkassen und die für die Wahrnehmung der Interessen von Pflegediensten maßgeblichen Spitzenorganisationen auf Bundesebene bilden erstmals bis zum 1. Juli 2017 eine gemeinsame Schiedsstelle. ² Sie besteht aus Vertretern der Krankenkassen und der Pflegedienste in gleicher Zahl sowie aus einem unparteiischen Vorsitzenden und zwei weiteren unparteiischen Mitgliedern. ³ Die Amtsdauer beträgt vier Jahre. ⁴ Über den Vorsitzenden und die zwei weiteren unparteiischen Mitglieder sowie deren Stellvertreter sollen sich die Rahmenempfehlungspartner einigen. ⁵ Kommt eine Einigung nicht zu Stande, gilt § 89 Absatz 3 Satz 5 und 6 entsprechend. ⁶ Das Bundesministerium für Gesundheit kann durch Rechtsverordnung mit Zustimmung des Bundesrates das Nähere über die Zahl und die Bestellung der Mitglieder, die Erstattung der baren Auslagen und die Entschädigung für den Zeitaufwand der Mitglieder, das Verfahren sowie über die Verteilung der Kosten regeln. ⁷ § 129 Absatz 9 und 10 Satz 1 gilt entsprechend.

(4) ¹ Über die Einzelheiten der Versorgung mit häuslicher Krankenpflege, über die Preise und deren Abrechnung und die Verpflichtung der Leistungserbringer zur Fortbildung schließen die Krankenkassen Verträge mit den Leistungserbringern. ² Wird die Fortbildung nicht nachgewiesen, sind Vergütungsabschläge vorzusehen. ³ Dem Leistungserbringer ist eine Frist zu setzen, innerhalb derer er die Fortbildung nachholen kann. ⁴ Erbringt der Leistungserbringer in diesem Zeitraum die Fortbildung nicht, ist der Vertrag zu kündigen. ⁵ Die Krankenkassen haben darauf zu achten, dass die Leistungen wirtschaftlich und preisgünstig erbracht werden. ⁶ Verträge dürfen nur mit Leistungserbringern abgeschlossen werden, die die Gewähr für eine leistungsgerechte und wirtschaftliche Versorgung bieten. ⁷ Im Fall der Nichteinigung wird der Vertragsinhalt durch eine von den Vertragspartnern zu bestimmende unabhängige Schiedsperson innerhalb von drei Monaten festgelegt. ⁸ Einigen sich die Vertragspartner nicht auf eine Schiedsperson, so wird diese von der für die vertragschließende Krankenkasse zuständigen Aufsichtsbehörde innerhalb eines Monats nach Vorliegen der für die Bestimmung der Schiedsperson notwendigen Informationen bestimmt. ⁹ Die Kosten des Schiedsverfahrens tragen die Vertragspartner zu gleichen Teilen. ¹⁰ Bei der Auswahl der Leistungserbringer ist ihrer Vielfalt, insbesondere der Bedeutung der freien Wohlfahrtspflege, Rechnung zu tragen. ¹¹ Die Leistungserbringer sind verpflichtet, an Qualitäts- und Abrechnungsprüfungen nach § 275b teilzunehmen; § 114 Absatz 2 des Elften Buches[1]) bleibt unberührt. ¹² Der Leistungserbringer hat der Krankenkasse anzuzeigen, dass er behandlungspflegerische Leistungen im Sinne des Absatzes 1 Satz 5 erbringt, wenn er diese Leistungen für mindestens zwei Versicherte in einer durch den Leistungserbringer oder einen Dritten organisierten Wohn-

---

¹) Nr. 11.

einheit erbringt. [13] Abweichend von Satz 1 kann die Krankenkasse zur Gewährung von häuslicher Krankenpflege geeignete Personen anstellen.

§ 132b Versorgung mit Soziotherapie. (1) Die Krankenkassen oder die Landesverbände der Krankenkassen können unter Berücksichtigung der Richtlinien nach § 37a Abs. 2 mit geeigneten Personen oder Einrichtungen Verträge über die Versorgung mit Soziotherapie schließen, soweit dies für eine bedarfsgerechte Versorgung notwendig ist.

(2) [1] Im Fall der Nichteinigung wird der Vertragsinhalt durch eine von den Vertragspartnern zu bestimmende unabhängige Schiedsperson festgelegt. [2] Einigen sich die Vertragspartner nicht auf eine Schiedsperson, so wird diese von der für die vertragsschließende Krankenkasse zuständigen Aufsichtsbehörde innerhalb eines Monats nach Vorliegen der für die Bestimmung der Schiedsperson notwendigen Informationen bestimmt. [3] Die Kosten des Schiedsverfahrens tragen die Vertragspartner zu gleichen Teilen.

§ 132c Versorgung mit sozialmedizinischen Nachsorgemaßnahmen.

(1) Die Krankenkassen oder die Landesverbände der Krankenkassen können mit geeigneten Personen oder Einrichtungen Verträge über die Erbringung sozialmedizinischer Nachsorgemaßnahmen schließen, soweit dies für eine bedarfsgerechte Versorgung notwendig ist.

(2) Der Spitzenverband Bund der Krankenkassen legt in Empfehlungen die Anforderungen an die Leistungserbringer der sozialmedizinischen Nachsorgemaßnahmen fest.

§ 132d Spezialisierte ambulante Palliativversorgung. (1) [1] Über die spezialisierte ambulante Palliativversorgung einschließlich der Vergütung und deren Abrechnung schließen die Krankenkassen unter Berücksichtigung der Richtlinien nach § 37b Verträge mit geeigneten Einrichtungen oder Personen, soweit dies für eine bedarfsgerechte Versorgung notwendig ist. [2] In den Verträgen ist ergänzend zu regeln, in welcher Weise die Leistungserbringer auch beratend tätig werden. [3] Im Fall der Nichteinigung wird der Vertragsinhalt durch eine von den Vertragspartnern zu bestimmende unabhängige Schiedsperson festgelegt. [4] Einigen sich die Vertragspartner nicht auf eine Schiedsperson, so wird diese von der für die vertragschließende Krankenkasse zuständigen Aufsichtsbehörde bestimmt. [5] Die Kosten des Schiedsverfahrens tragen die Vertragspartner zu gleichen Teilen.

(2) Der Spitzenverband Bund der Krankenkassen legt gemeinsam und einheitlich unter Beteiligung der Deutschen Krankenhausgesellschaft, der Vereinigungen der Träger der Pflegeeinrichtungen auf Bundesebene, der Spitzenorganisationen der Hospizarbeit und der Palliativversorgung sowie der Kassenärztlichen Bundesvereinigung in Empfehlungen

1. die sächlichen und personellen Anforderungen an die Leistungserbringung,
2. Maßnahmen zur Qualitätssicherung und Fortbildung,
3. Maßstäbe für eine bedarfsgerechte Versorgung mit spezialisierter ambulanter Palliativversorgung

fest.

(3) ¹ Krankenkassen können Verträge, die eine ambulante Palliativversorgung und die spezialisierte ambulante Palliativversorgung umfassen, auch auf Grundlage der §§ 73b oder 140a abschließen. ² Die Qualitätsanforderungen in den Empfehlungen nach Absatz 2 und in den Richtlinien nach § 37b Absatz 3 und § 92 Absatz 7 Satz 1 Nummer 5 gelten entsprechend.

§ 132e Versorgung mit Schutzimpfungen. ¹ Die Krankenkassen oder ihre Verbände schließen mit Kassenärztlichen Vereinigungen, geeigneten Ärzten einschließlich Betriebsärzten, deren Gemeinschaften, Einrichtungen mit geeignetem ärztlichen Personal oder dem öffentlichen Gesundheitsdienst Verträge über die Durchführung von Schutzimpfungen nach § 20i Absatz 1 und 2. ² Dabei haben sie sicherzustellen, dass insbesondere die an der vertragsärztlichen Versorgung teilnehmenden Ärzte sowie Fachärzte für Arbeitsmedizin und Ärzte mit der Zusatzbezeichnung „Betriebsmedizin", die nicht an der vertragsärztlichen Versorgung teilnehmen, berechtigt sind, Schutzimpfungen zu Lasten der Krankenkasse vorzunehmen. ³ Im Fall von Nichteinigung innerhalb einer Frist von drei Monaten nach der Entscheidung gemäß § 20i Absatz 1 Satz 3 legt eine von den Vertragsparteien zu bestimmende unabhängige Schiedsperson den Vertragsinhalt fest. ⁴ Einigen sich die Vertragsparteien nicht auf eine Schiedsperson, so wird diese von der für die vertragsschließende Krankenkasse oder für den vertragsschließenden Verband zuständigen Aufsichtsbehörde bestimmt. ⁵ Die Kosten des Schiedsverfahrens tragen die Vertragspartner zu gleichen Teilen. ⁶ Endet ein Vertrag, der die Versorgung mit Schutzimpfungen durch die in Satz 2 genannten Personen regelt, so gelten seine Bestimmungen bis zum Abschluss eines neuen Vertrages oder bis zur Entscheidung der Schiedsperson vorläufig weiter.

§ 132f Versorgung durch Betriebsärzte. Die Krankenkassen oder ihre Verbände können in Ergänzung zur vertragsärztlichen Versorgung und unter Berücksichtigung der Richtlinien nach § 25 Absatz 4 Satz 2 mit geeigneten Fachärzten für Arbeitsmedizin oder den über die Zusatzbezeichnung „Betriebsmedizin" verfügenden Ärzten oder deren Gemeinschaften Verträge über die Durchführung von Gesundheitsuntersuchungen nach § 25 Absatz 1, über Maßnahmen zur betrieblichen Gesundheitsförderung, über Präventionsempfehlungen, Empfehlungen medizinischer Vorsorgeleistungen und über die Heilmittelversorgung schließen, soweit diese in Ergänzung zur arbeitsmedizinischen Vorsorge erbracht werden.

§ 132g Gesundheitliche Versorgungsplanung für die letzte Lebensphase. (1) ¹ Zugelassene Pflegeeinrichtungen im Sinne des § 43 des Elften Buches[1]) und Einrichtungen der Eingliederungshilfe für behinderte Menschen können den Versicherten in den Einrichtungen eine gesundheitliche Versorgungsplanung für die letzte Lebensphase anbieten. ² Versicherte sollen über die medizinisch-pflegerische Versorgung und Betreuung in der letzten Lebensphase beraten werden, und ihnen sollen Hilfen und Angebote der Sterbebegleitung aufgezeigt werden. ³ Im Rahmen einer Fallbesprechung soll nach den individuellen Bedürfnissen des Versicherten insbesondere auf medizinische Abläufe in der letzten Lebensphase und während des Sterbeprozesses eingegangen, sollen

---

[1]) Nr. 11.

möglicke Notfallsituationen besprochen und geeignete einzelne Maßnahmen der palliativ-medizinischen, palliativ-pflegerischen und psychosozialen Versorgung dargestellt werden. ⁴Die Fallbesprechung kann bei wesentlicher Änderung des Versorgungs- oder Pflegebedarfs auch mehrfach angeboten werden.

(2) ¹In die Fallbesprechung ist der den Versicherten behandelnde Hausarzt oder sonstige Leistungserbringer der vertragsärztlichen Versorgung nach § 95 Absatz 1 Satz 1 einzubeziehen. ²Auf Wunsch des Versicherten sind Angehörige und weitere Vertrauenspersonen zu beteiligen. ³Für mögliche Notfallsituationen soll die erforderliche Übergabe des Versicherten an relevante Rettungsdienste und Krankenhäuser vorbereitet werden. ⁴Auch andere regionale Betreuungs- und Versorgungsangebote sollen einbezogen werden, um die umfassende medizinische, pflegerische, hospizliche und seelsorgerische Begleitung nach Maßgabe der individuellen Versorgungsplanung für die letzte Lebensphase sicherzustellen. ⁵Die Einrichtungen nach Absatz 1 Satz 1 können das Beratungsangebot selbst oder in Kooperation mit anderen regionalen Beratungsstellen durchführen.

(3) ¹Der Spitzenverband Bund der Krankenkassen vereinbart mit den Vereinigungen der Träger der in Absatz 1 Satz 1 genannten Einrichtungen auf Bundesebene erstmals bis zum 31. Dezember 2016 das Nähere über die Inhalte und Anforderungen der Versorgungsplanung nach den Absätzen 1 und 2. ²Den Kassenärztlichen Bundesvereinigungen, der Deutschen Krankenhausgesellschaft, den für die Wahrnehmung der Interessen der Hospizdienste und stationären Hospize maßgeblichen Spitzenorganisationen, den Verbänden der Pflegeberufe auf Bundesebene, den maßgeblichen Organisationen für die Wahrnehmung der Interessen und der Selbsthilfe der pflegebedürftigen und behinderten Menschen, dem Medizinischen Dienst des Spitzenverbandes Bund der Krankenkassen, dem Verband der Privaten Krankenversicherung e.V., der Bundesarbeitsgemeinschaft der überörtlichen Träger der Sozialhilfe sowie der Bundesvereinigung der kommunalen Spitzenverbände ist Gelegenheit zur Stellungnahme zu geben. ³§ 132d Absatz 1 Satz 3 bis 5 gilt entsprechend.

(4) ¹Die Krankenkasse des Versicherten trägt die notwendigen Kosten für die nach Maßgabe der Vereinbarung nach Absatz 3 erbrachten Leistungen der Einrichtung nach Absatz 1 Satz 1. ²Die Kosten sind für Leistungseinheiten zu tragen, die die Zahl der benötigten qualifizierten Mitarbeiter und die Zahl der durchgeführten Beratungen berücksichtigen. ³Das Nähere zu den erstattungsfähigen Kosten und zu der Höhe der Kostentragung ist in der Vereinbarung nach Absatz 3 zu regeln. ⁴Der Spitzenverband Bund der Krankenkassen regelt für seine Mitglieder das Erstattungsverfahren. ⁵Die ärztlichen Leistungen nach den Absätzen 1 und 2 sind unter Berücksichtigung der Vereinbarung nach Absatz 3 aus der vertragsärztlichen Gesamtvergütung zu vergüten. ⁶Sofern diese ärztlichen Leistungen im Rahmen eines Vertrages nach § 132d Absatz 1 erbracht werden, ist deren Vergütung in diesen Verträgen zu vereinbaren.

(5) ¹Der Spitzenverband Bund der Krankenkassen berichtet dem Bundesministerium für Gesundheit erstmals bis zum 31. Dezember 2017 und danach alle drei Jahre über die Entwicklung der gesundheitlichen Versorgungsplanung für die letzte Lebensphase und die Umsetzung der Vereinbarung nach Absatz 3. ²Er legt zu diesem Zweck die von seinen Mitgliedern zu übermittelnden statistischen Informationen über die erstatteten Leistungen fest.

§ 132h Versorgungsverträge mit Kurzzeitpflegeeinrichtungen. Die Krankenkassen oder die Landesverbände der Krankenkassen können mit geeigneten Einrichtungen Verträge über die Erbringung von Kurzzeitpflege nach § 39c schließen, soweit dies für eine bedarfsgerechte Versorgung notwendig ist.

§ 133 Versorgung mit Krankentransportleistungen. (1) [1] Soweit die Entgelte für die Inanspruchnahme von Leistungen des Rettungsdienstes und anderer Krankentransporte nicht durch landesrechtliche oder kommunalrechtliche Bestimmungen festgelegt werden, schließen die Krankenkassen oder ihre Landesverbände Verträge über die Vergütung dieser Leistungen unter Beachtung des § 71 Abs. 1 bis 3 mit dafür geeigneten Einrichtungen oder Unternehmen. [2] Kommt eine Vereinbarung nach Satz 1 nicht zu Stande und sieht das Landesrecht für diesen Fall eine Festlegung der Vergütungen vor, ist auch bei dieser Festlegung § 71 Abs. 1 bis 3 zu beachten. [3] Sie haben dabei die Sicherstellung der flächendeckenden rettungsdienstlichen Versorgung und die Empfehlungen der Konzertierten Aktion im Gesundheitswesen zu berücksichtigen. [4] Die vereinbarten Preise sind Höchstpreise. [5] Die Preisvereinbarungen haben sich an möglichst preisgünstigen Versorgungsmöglichkeiten auszurichten.

(2) Werden die Entgelte für die Inanspruchnahme von Leistungen des Rettungsdienstes durch landesrechtliche oder kommunalrechtliche Bestimmungen festgelegt, können die Krankenkassen ihre Leistungspflicht zur Übernahme der Kosten auf Festbeträge an die Versicherten in Höhe vergleichbarer wirtschaftlich erbrachter Leistungen beschränken, wenn

1. vor der Entgeltfestsetzung den Krankenkassen oder ihren Verbänden keine Gelegenheit zur Erörterung gegeben wurde,
2. bei der Entgeltbemessung Investitionskosten und Kosten der Reservevorhaltung berücksichtigt worden sind, die durch eine über die Sicherstellung der Leistungen des Rettungsdienstes hinausgehende öffentliche Aufgabe der Einrichtungen bedingt sind, oder
3. die Leistungserbringung gemessen an den rechtlich vorgegebenen Sicherstellungsverpflichtungen unwirtschaftlich ist.

(3) Absatz 1 gilt auch für Leistungen des Rettungsdienstes und andere Krankentransporte im Rahmen des Personenbeförderungsgesetzes.

(4) § 127 Absatz 6 gilt entsprechend.

§ 134 *(aufgehoben)*

§ 134a Versorgung mit Hebammenhilfe. (1) [1] Der Spitzenverband Bund der Krankenkassen schließt mit den für die Wahrnehmung der wirtschaftlichen Interessen gebildeten maßgeblichen Berufsverbänden der Hebammen und den Verbänden der von Hebammen geleiteten Einrichtungen auf Bundesebene mit bindender Wirkung für die Krankenkassen Verträge über die Versorgung mit Hebammenhilfe, die abrechnungsfähigen Leistungen unter Einschluss einer Betriebskostenpauschale bei ambulanten Entbindungen in von Hebammen geleiteten Einrichtungen, die Anforderungen an die Qualitätssicherung in diesen Einrichtungen, die Anforderungen an die Qualität der Hebammenhilfe einschließlich der Verpflichtung der Hebammen zur Teilnahme an Qualitätssicherungsmaßnahmen sowie über die Höhe der Vergütung und die Einzelheiten der Vergütungsabrechnung durch die Krankenkassen. [2] Die Vertragspartner haben dabei den Bedarf der Versicherten an Hebammenhilfe unter Einbeziehung der in § 24f Satz 2 geregelten Wahlfreiheit der Versicherten und deren Qualität, den Grundsatz der Beitragssatzstabilität sowie die berechtigten wirtschaftlichen Interessen der freiberuflich tätigen Hebammen zu berücksichtigen. ³ Bei der Berücksichtigung der wirtschaftlichen Interessen der freiberuflich tätigen Hebammen nach Satz 2 sind insbesondere Kostensteigerungen zu beachten, die die Berufsausübung betreffen.

(1a) ¹ Die Vereinbarungen nach Absatz 1 Satz 1 zu den Anforderungen an die Qualität der Hebammenhilfe sind bis zum 31. Dezember 2014 zu treffen. ² Sie sollen Mindestanforderungen an die Struktur-, Prozess- und Ergebnisqualität umfassen sowie geeignete verwaltungsunaufwendige Verfahren zum Nachweis der Erfüllung dieser Qualitätsanforderungen festlegen.

(1b) ¹ Hebammen, die Leistungen der Geburtshilfe erbringen und die Erfüllung der Qualitätsanforderungen nach Absatz 1a nachgewiesen haben, erhalten für Geburten ab dem 1. Juli 2015 einen Sicherstellungszuschlag nach Maßgabe der Vereinbarungen nach Satz 3, wenn ihre wirtschaftlichen Interessen wegen zu geringer Geburtenzahlen bei der Vereinbarung über die Höhe der Vergütung nach Absatz 1 nicht ausreichend berücksichtigt sind. ² Die Auszahlung des Sicherstellungszuschlags erfolgt nach Ende eines Abrechnungszeitraums auf Antrag der Hebamme durch den Spitzenverband Bund der Krankenkassen. ³ In den Vereinbarungen, die nach Absatz 1 Satz 1 zur Höhe der Vergütung getroffen werden, sind bis zum 1. Juli 2015 die näheren Einzelheiten der Anspruchsvoraussetzungen und des Verfahrens nach Satz 1 zu regeln. ⁴ Zu treffen sind insbesondere Regelungen über die Höhe des Sicherstellungszuschlags in Abhängigkeit von der Anzahl der betreuten Geburten, der Anzahl der haftpflichtversicherten Monate für Hebammen mit Geburtshilfe ohne Vorschäden und der Höhe der zu entrichtenden Haftpflichtprämie, die Anforderungen an die von der Hebamme zu erbringenden Nachweise sowie die Auszahlungsmodalitäten. ⁵ Dabei muss die Hebamme gewährleisten, dass sie bei geringer Geburtenzahl unterjährige Wechselmöglichkeiten der Haftpflichtversicherungsform in Anspruch nimmt. ⁶ Die erforderlichen Angaben nach den Sätzen 3 bis 5 hat die Hebamme im Rahmen ihres Antrags nach Satz 2 zu übermitteln. ⁷ Für die Erfüllung der Aufgaben nach Satz 2 übermitteln die Krankenkassen dem Spitzenverband Bund der Krankenkassen leistungserbringer- und nicht versichertenbezogen die erforderlichen Daten nach § 301a Absatz 1 Satz 1 Nummer 2 bis 6.

(1c) Die Vertragspartner vereinbaren in den Verträgen nach Absatz 1 Satz 1 bis zum 30. September 2014 zusätzlich zu den nach Absatz 1 Satz 3 vorzunehmenden Vergütungsanpassungen einen Zuschlag auf die Abrechnungspositionen für Geburtshilfeleistungen bei Hausgeburten, außerklinischen Geburten in von Hebammen geleiteten Einrichtungen sowie Geburten durch Beleghebammen in einer Eins-zu-eins-Betreuung ohne Schichtdienst, der von den Krankenkassen für Geburten vom 1. Juli 2014 bis zum 30. Juni 2015 an die Hebammen zu zahlen ist.

(2) ¹ Die Verträge nach Absatz 1 haben Rechtswirkung für freiberuflich tätige Hebammen, wenn sie

1. einem Verband nach Absatz 1 Satz 1 auf Bundes- oder Landesebene angehören und die Satzung des Verbandes vorsieht, dass die von dem Verband nach

5 SGB V § 135 5. Buch. Gesetzl. Krankenversicherung

Absatz 1 abgeschlossenen Verträge Rechtswirkung für die dem Verband angehörenden Hebammen haben, oder

2. einem nach Absatz 1 geschlossenen Vertrag beitreten.

²Hebammen, für die die Verträge nach Absatz 1 keine Rechtswirkung haben, sind nicht als Leistungserbringer zugelassen. ³Das Nähere über Form und Verfahren des Nachweises der Mitgliedschaft in einem Verband nach Satz 1 Nr. 1 sowie des Beitritts nach Satz 1 Nr. 2 regelt der Spitzenverband Bund der Krankenkassen.

(3) ¹Kommt ein Vertrag nach Absatz 1 ganz oder teilweise nicht oder nicht bis zum Ablauf der nach Absatz 1a Satz 1, Absatz 1b Satz 3 und Absatz 1c vorgegebenen Fristen zu Stande, wird der Vertragsinhalt durch die Schiedsstelle nach Absatz 4 festgesetzt. ²Der bisherige Vertrag gilt bis zur Entscheidung durch die Schiedsstelle vorläufig weiter.

(4) ¹Der Spitzenverband Bund der Krankenkassen und die für die Wahrnehmung der wirtschaftlichen Interessen gebildeten maßgeblichen Berufsverbände der Hebammen sowie die Verbände der von Hebammen geleiteten Einrichtungen auf Bundesebene bilden eine gemeinsame Schiedsstelle. ²Sie besteht aus Vertretern der Krankenkassen und der Hebammen in gleicher Zahl sowie aus einem unparteiischen Vorsitzenden und zwei weiteren unparteiischen Mitgliedern. ³Die Amtsdauer beträgt vier Jahre. ⁴Über den Vorsitzenden und die zwei weiteren unparteiischen Mitglieder sowie deren Stellvertreter sollen sich die Vertragspartner einigen. ⁵Kommt eine Einigung nicht zu Stande, gilt § 89 Abs. 3 Satz 5 und 6 entsprechend. ⁶Im Übrigen gilt § 129 Abs. 9 und 10 entsprechend.

(5) ¹Ein Ersatzanspruch nach § 116 Absatz 1 des Zehnten Buches[1)] wegen Schäden aufgrund von Behandlungsfehlern in der Geburtshilfe kann von Kranken- und Pflegekassen gegenüber freiberuflich tätigen Hebammen nur geltend gemacht werden, wenn der Schaden vorsätzlich oder grob fahrlässig verursacht wurde. ²Im Fall einer gesamtschuldnerischen Haftung können Kranken- und Pflegekassen einen nach § 116 Absatz 1 des Zehnten Buches übergegangenen Ersatzanspruch im Umfang des Verursachungs- und Verschuldensanteils der nach Satz 1 begünstigten Hebamme gegenüber den übrigen Gesamtschuldnern nicht geltend machen.

(6) Als Hebammen im Sinne dieser Vorschrift gelten auch Entbindungspfleger.

Neunter Abschnitt. Sicherung der Qualität der Leistungserbringung

§ 135 Bewertung von Untersuchungs- und Behandlungsmethoden.

(1) ¹Neue Untersuchungs- und Behandlungsmethoden dürfen in der vertragsärztlichen und vertragszahnärztlichen Versorgung zu Lasten der Krankenkassen nur erbracht werden, wenn der Gemeinsame Bundesausschuss auf Antrag eines Unparteiischen nach § 91 Abs. 2 Satz 1, einer Kassenärztlichen Bundesvereinigung, einer Kassenärztlichen Vereinigung oder des Spitzenverbandes Bund der Krankenkassen in Richtlinien nach § 92 Abs. 1 Satz 2 Nr. 5 Empfehlungen abgegeben hat über

---

[1)] Nr. 10.

4. Kapitel. Beziehungen der Krankenkassen § 135 SGB V 5

1. die Anerkennung des diagnostischen und therapeutischen Nutzens der neuen Methode sowie deren medizinische Notwendigkeit und Wirtschaftlichkeit – auch im Vergleich zu bereits zu Lasten der Krankenkassen erbrachte Methoden – nach dem jeweiligen Stand der wissenschaftlichen Erkenntnisse in der jeweiligen Therapierichtung,
2. die notwendige Qualifikation der Ärzte, die apparativen Anforderungen sowie Anforderungen an Maßnahmen der Qualitätssicherung, um eine sachgerechte Anwendung der neuen Methode zu sichern, und
3. die erforderlichen Aufzeichnungen über die ärztliche Behandlung.

²Der Gemeinsame Bundesausschuss überprüft die zu Lasten der Krankenkassen erbrachten vertragsärztlichen und vertragszahnärztlichen Leistungen daraufhin, ob sie den Kriterien nach Satz 1 Nr. 1 entsprechen. ³Falls die Überprüfung ergibt, daß diese Kriterien nicht erfüllt werden, dürfen die Leistungen nicht mehr als vertragsärztliche oder vertragszahnärztliche Leistungen zu Lasten der Krankenkassen erbracht werden. ⁴Die Beschlussfassung über die Annahme eines Antrags nach Satz 1 muss spätestens drei Monate nach Antragseingang erfolgen. ⁵Das sich anschließende Methodenbewertungsverfahren ist in der Regel innerhalb von spätestens drei Jahren abzuschließen, es sei denn, dass auch bei Straffung des Verfahrens im Einzelfall eine längere Verfahrensdauer erforderlich ist. ⁶Hat der Gemeinsame Bundesausschuss in einem Verfahren zur Bewertung einer neuen Untersuchungs- und Behandlungsmethode nach Ablauf von sechs Monaten seit Vorliegen der für die Entscheidung erforderlichen Auswertung der wissenschaftlichen Erkenntnisse noch keinen Beschluss gefasst, können die Antragsberechtigten nach Satz 1 sowie das Bundesministerium für Gesundheit vom Gemeinsamen Bundesausschuss die Beschlussfassung innerhalb eines Zeitraums von weiteren sechs Monaten verlangen. ⁷Kommt innerhalb dieser Frist kein Beschluss zustande, darf die Untersuchungs- und Behandlungsmethode in der vertragsärztlichen oder vertragszahnärztlichen Versorgung zu Lasten der Krankenkassen erbracht werden.

(2) ¹Für ärztliche und zahnärztliche Leistungen, welche wegen der Anforderungen an ihre Ausführung oder wegen der Neuheit des Verfahrens besonderer Kenntnisse und Erfahrungen (Fachkundenachweis), einer besonderen Praxisausstattung oder anderer Anforderungen an die Versorgungsqualität bedürfen, können die Partner der Bundesmantelverträge einheitlich entsprechende Voraussetzungen für die Ausführung und Abrechnung dieser Leistungen vereinbaren. ²Soweit für die notwendigen Kenntnisse und Erfahrungen, welche als Qualifikation vorausgesetzt werden müssen, in landesrechtlichen Regelungen zur ärztlichen Berufsausübung, insbesondere solchen des Facharztrechts, bundesweit inhaltsgleich und hinsichtlich der Qualitätsvoraussetzungen nach Satz 1 gleichwertige Qualifikationen eingeführt sind, sind diese notwendige und ausreichende Voraussetzung. ³Wird die Erbringung ärztlicher Leistungen erstmalig von einer Qualifikation abhängig gemacht, so können die Vertragspartner für Ärzte, welche entsprechende Qualifikationen nicht während einer Weiterbildung erworben haben, übergangsweise Qualifikationen einführen, welche dem Kenntnis- und Erfahrungsstand der facharztrechtlichen Regelungen entsprechen müssen. ⁴Abweichend von Satz 2 können die Vertragspartner nach Satz 1 zur Sicherung der Qualität und der Wirtschaftlichkeit der Leistungserbringung Regelungen treffen, nach denen die Erbringung bestimmter medizinisch-technischer Leistungen den Fachärzten vorbehalten ist, für die diese Leistungen zum Kern ihres Fachgebietes gehören. ⁵Die nach der Rechtsverordnung nach

§ 140g anerkannten Organisationen sind vor dem Abschluss von Vereinbarungen nach Satz 1 in die Beratungen der Vertragspartner einzubeziehen; die Organisationen benennen hierzu sachkundige Personen. ⁶ § 140f Absatz 5 gilt entsprechend. ⁷ Das Nähere zum Verfahren vereinbaren die Vertragspartner nach Satz 1. ⁸ Für die Vereinbarungen nach diesem Absatz gilt § 87 Absatz 6 Satz 9 entsprechend.

§ 135a Verpflichtung der Leistungserbringer zur Qualitätssicherung.

(1) ¹ Die Leistungserbringer sind zur Sicherung und Weiterentwicklung der Qualität der von ihnen erbrachten Leistungen verpflichtet. ² Die Leistungen müssen dem jeweiligen Stand der wissenschaftlichen Erkenntnisse entsprechen und in der fachlich gebotenen Qualität erbracht werden.

(2) Vertragsärzte, medizinische Versorgungszentren, zugelassene Krankenhäuser, Erbringer von Vorsorgeleistungen oder Rehabilitationsmaßnahmen und Einrichtungen, mit denen ein Versorgungsvertrag nach § 111a besteht, sind nach Maßgabe der §§ 136 bis 136b und 137d verpflichtet,

1. sich an einrichtungsübergreifenden Maßnahmen der Qualitätssicherung zu beteiligen, die insbesondere zum Ziel haben, die Ergebnisqualität zu verbessern und

2. einrichtungsintern ein Qualitätsmanagement einzuführen und weiterzuentwickeln, wozu in Krankenhäusern auch die Verpflichtung zur Durchführung eines patientenorientierten Beschwerdemanagements gehört.

(3) ¹ Meldungen und Daten aus einrichtungsinternen und einrichtungsübergreifenden Risikomanagement- und Fehlermeldesystemen nach Absatz 2 in Verbindung mit § 136a Absatz 3 dürfen im Rechtsverkehr nicht zum Nachteil des Meldenden verwendet werden. ² Dies gilt nicht, soweit die Verwendung zur Verfolgung einer Straftat, die im Höchstmaß mit mehr als fünf Jahren Freiheitsstrafe bedroht ist und auch im Einzelfall besonders schwer wiegt, erforderlich ist und die Erforschung des Sachverhalts oder die Ermittlung des Aufenthaltsorts des Beschuldigten auf andere Weise aussichtslos oder wesentlich erschwert wäre.

§ 135b Förderung der Qualität durch die Kassenärztlichen Vereinigungen.

(1) ¹ Die Kassenärztlichen Vereinigungen haben Maßnahmen zur Förderung der Qualität der vertragsärztlichen Versorgung durchzuführen. ² Die Ziele und Ergebnisse dieser Qualitätssicherungsmaßnahmen sind von den Kassenärztlichen Vereinigungen zu dokumentieren und jährlich zu veröffentlichen.

(2) ¹ Die Kassenärztlichen Vereinigungen prüfen die Qualität der in der vertragsärztlichen Versorgung erbrachten Leistungen einschließlich der belegärztlichen Leistungen im Einzelfall durch Stichproben; in Ausnahmefällen sind auch Vollerhebungen zulässig. ² Der Gemeinsame Bundesausschuss entwickelt in Richtlinien nach § 92 Absatz 1 Satz 2 Nummer 13 Kriterien zur Qualitätsbeurteilung in der vertragsärztlichen Versorgung sowie nach Maßgabe des § 299 Absatz 1 und 2 Vorgaben zu Auswahl, Umfang und Verfahren der Qualitätsprüfungen nach Satz 1; dabei sind die Ergebnisse nach § 137a Absatz 3 zu berücksichtigen.

(3) Die Absätze 1 und 2 gelten auch für die im Krankenhaus erbrachten ambulanten ärztlichen Leistungen.

4. Kapitel. Beziehungen der Krankenkassen **§§ 135c, 136 SGB V 5**

(4) ¹ Zur Förderung der Qualität der vertragsärztlichen Versorgung können die Kassenärztlichen Vereinigungen mit einzelnen Krankenkassen oder mit den für ihren Bezirk zuständigen Landesverbänden der Krankenkassen oder den Verbänden der Ersatzkassen unbeschadet der Regelungen des § 87a gesamtvertragliche Vereinbarungen schließen, in denen für bestimmte Leistungen einheitlich strukturierte und elektronisch dokumentierte besondere Leistungs-, Struktur- oder Qualitätsmerkmale festgelegt werden, bei deren Erfüllung die an dem jeweiligen Vertrag teilnehmenden Ärzte Zuschläge zu den Vergütungen erhalten. ² In den Verträgen nach Satz 1 ist ein Abschlag von dem nach § 87a Absatz 2 Satz 1 vereinbarten Punktwert für die an dem jeweiligen Vertrag beteiligten Krankenkassen und die von dem Vertrag erfassten Leistungen, die von den an dem Vertrag nicht teilnehmenden Ärzten der jeweiligen Facharztgruppe erbracht werden, zu vereinbaren, durch den die Mehrleistungen nach Satz 1 für die beteiligten Krankenkassen ausgeglichen werden.

§ 135c Förderung der Qualität durch die Deutsche Krankenhausgesellschaft. (1) ¹ Die Deutsche Krankenhausgesellschaft fördert im Rahmen ihrer Aufgaben die Qualität der Versorgung im Krankenhaus. ² Sie hat in ihren Beratungs- und Formulierungshilfen für Verträge der Krankenhäuser mit leitenden Ärzten im Einvernehmen mit der Bundesärztekammer Empfehlungen abzugeben, die sicherstellen, dass Zielvereinbarungen ausgeschlossen sind, die auf finanzielle Anreize insbesondere für einzelne Leistungen, Leistungsmengen, Leistungskomplexe oder Messgrößen hierfür abstellen. ³ Die Empfehlungen sollen insbesondere die Unabhängigkeit medizinischer Entscheidungen sichern.

(2) ¹ Der Qualitätsbericht des Krankenhauses nach § 136b Absatz 1 Satz 1 Nummer 3 hat eine Erklärung zu enthalten, die unbeschadet der Rechte Dritter Auskunft darüber gibt, ob sich das Krankenhaus bei Verträgen mit leitenden Ärzten an die Empfehlungen nach Absatz 1 Satz 2 hält. ² Hält sich das Krankenhaus nicht an die Empfehlungen, hat es unbeschadet der Rechte Dritter anzugeben, welche Leistungen oder Leistungsbereiche von solchen Zielvereinbarungen betroffen sind.

§ 136 Richtlinien des Gemeinsamen Bundesausschusses zur Qualitätssicherung. (1) ¹ Der Gemeinsame Bundesausschuss bestimmt für die vertragsärztliche Versorgung und für zugelassene Krankenhäuser grundsätzlich einheitlich für alle Patienten durch Richtlinien nach § 92 Absatz 1 Satz 2 Nummer 13 insbesondere

1. die verpflichtenden Maßnahmen der Qualitätssicherung nach § 135a Absatz 2, § 115b Absatz 1 Satz 3 und § 116b Absatz 4 Satz 4 unter Beachtung der Ergebnisse nach § 137a Absatz 3 sowie die grundsätzlichen Anforderungen an ein einrichtungsinternes Qualitätsmanagement und

2. Kriterien für die indikationsbezogene Notwendigkeit und Qualität der durchgeführten diagnostischen und therapeutischen Leistungen, insbesondere aufwändiger medizintechnischer Leistungen; dabei sind auch Mindestanforderungen an die Struktur-, Prozess- und Ergebnisqualität festzulegen.

² Soweit erforderlich erlässt der Gemeinsame Bundesausschuss die notwendigen Durchführungsbestimmungen. ³ Er kann dabei die Finanzierung der notwendigen Strukturen zur Durchführung von Maßnahmen der einrichtungsübergreifenden Qualitätssicherung insbesondere über Qualitätssicherungszuschläge regeln.

(2) ¹Die Richtlinien nach Absatz 1 sind sektorenübergreifend zu erlassen, es sei denn, die Qualität der Leistungserbringung kann nur durch sektorbezogene Regelungen angemessen gesichert werden. ²Die Regelungen nach § 136a Absatz 4 und § 136b bleiben unberührt.

(3) Der Verband der Privaten Krankenversicherung, die Bundesärztekammer sowie die Berufsorganisationen der Pflegeberufe sind bei den Richtlinien nach § 92 Absatz 1 Satz 2 Nummer 13 zu beteiligen; die Bundespsychotherapeutenkammer und die Bundeszahnärztekammer sind, soweit jeweils die Berufsausübung der Psychotherapeuten oder der Zahnärzte berührt ist, zu beteiligen.

§ 136a Richtlinien des Gemeinsamen Bundesausschusses zur Qualitätssicherung in ausgewählten Bereichen. (1) ¹Der Gemeinsame Bundesausschuss legt in seinen Richtlinien nach § 136 Absatz 1 geeignete Maßnahmen zur Sicherung der Hygiene in der Versorgung fest und bestimmt insbesondere für die einrichtungsübergreifende Qualitätssicherung der Krankenhäuser Indikatoren zur Beurteilung der Hygienequalität. ²Er hat die Festlegungen nach Satz 1 erstmalig bis zum 31. Dezember 2016 zu beschließen. ³Der Gemeinsame Bundesausschuss berücksichtigt bei den Festlegungen etablierte Verfahren zur Erfassung, Auswertung und Rückkopplung von nosokomialen Infektionen, antimikrobiellen Resistenzen und zum Antibiotika-Verbrauch sowie die Empfehlungen der nach § 23 Absatz 1 und 2 des Infektionsschutzgesetzes beim Robert Koch-Institut eingerichteten Kommissionen. ⁴Die nach der Einführung mit den Indikatoren nach Satz 1 gemessenen und für eine Veröffentlichung geeigneten Ergebnisse sind in den Qualitätsberichten nach § 136b Absatz 1 Satz 1 Nummer 3 darzustellen. ⁵Der Gemeinsame Bundesausschuss soll ihm bereits zugängliche Erkenntnisse zum Stand der Hygiene in den Krankenhäusern unverzüglich in die Qualitätsberichte aufnehmen lassen sowie zusätzliche Anforderungen nach § 136b Absatz 6 zur Verbesserung der Informationen über die Hygiene stellen.

(2) ¹Der Gemeinsame Bundesausschuss legt in seinen Richtlinien nach § 136 Absatz 1 geeignete Maßnahmen zur Sicherung der Qualität in der psychiatrischen und psychosomatischen Versorgung fest. ²Dazu bestimmt er insbesondere verbindliche Mindestvorgaben für die Ausstattung der stationären Einrichtungen mit dem für die Behandlung erforderlichen therapeutischen Personal sowie Indikatoren zur Beurteilung der Struktur-, Prozess- und Ergebnisqualität für die einrichtungs- und sektorenübergreifende Qualitätssicherung in der psychiatrischen und psychosomatischen Versorgung. ³Die Mindestvorgaben zur Personalausstattung nach Satz 2 sollen möglichst evidenzbasiert sein und zu einer leitliniengerechten Behandlung beitragen. ⁴Der Gemeinsame Bundesausschuss bestimmt zu den Mindestvorgaben zur Personalausstattung nach Satz 2 notwendige Ausnahmetatbestände und Übergangsregelungen. ⁵Den betroffenen medizinischen Fachgesellschaften ist Gelegenheit zur Stellungnahme zu geben. ⁶Die Stellungnahmen sind durch den Gemeinsamen Bundesausschuss in die Entscheidung einzubeziehen. ⁷Bei Festlegungen nach den Sätzen 1 und 2 für die kinder- und jugendpsychiatrische Versorgung hat er die Besonderheiten zu berücksichtigen, die sich insbesondere aus den altersabhängigen Anforderungen an die Versorgung von Kindern und Jugendlichen ergeben. ⁸Der Gemeinsame Bundesausschuss hat die verbindlichen Mindestvorgaben und Indikatoren nach Satz 2 erstmals bis spätestens zum 30. September 2019 mit Wirkung zum 1. Januar 2020 zu beschließen. ⁹Informationen

über die Umsetzung der verbindlichen Mindestvorgaben zur Ausstattung mit therapeutischem Personal und die nach der Einführung mit den Indikatoren nach Satz 2 gemessenen und für eine Veröffentlichung geeigneten Ergebnisse sind in den Qualitätsberichten nach § 136b Absatz 1 Satz 1 Nummer 3 darzustellen.

(3) [1] Der Gemeinsame Bundesausschuss bestimmt in seinen Richtlinien über die grundsätzlichen Anforderungen an ein einrichtungsinternes Qualitätsmanagement nach § 136 Absatz 1 Satz 1 Nummer 1 wesentliche Maßnahmen zur Verbesserung der Patientensicherheit und legt insbesondere Mindeststandards für Risikomanagement- und Fehlermeldesysteme fest. [2] Über die Umsetzung von Risikomanagement- und Fehlermeldesystemen in Krankenhäusern ist in den Qualitätsberichten nach § 136b Absatz 1 Satz 1 Nummer 3 zu informieren. [3] Als Grundlage für die Vereinbarung von Vergütungszuschlägen nach § 17b Absatz 1a Nummer 4 des Krankenhausfinanzierungsgesetzes bestimmt der Gemeinsame Bundesausschuss Anforderungen an einrichtungsübergreifende Fehlermeldesysteme, die in besonderem Maße geeignet erscheinen, Risiken und Fehlerquellen in der stationären Versorgung zu erkennen, auszuwerten und zur Vermeidung unerwünschter Ereignisse beizutragen.

(4) [1] Der Gemeinsame Bundesausschuss hat auch Qualitätskriterien für die Versorgung mit Füllungen und Zahnersatz zu beschließen. [2] Bei der Festlegung von Qualitätskriterien für Zahnersatz ist der Verband Deutscher Zahntechniker-Innungen zu beteiligen; die Stellungnahmen sind in die Entscheidung einzubeziehen. [3] Der Zahnarzt übernimmt für Füllungen und für die Versorgung mit Zahnersatz eine zweijährige Gewähr. [4] Identische und Teilwiederholungen von Füllungen sowie die Erneuerung und Wiederherstellung von Zahnersatz einschließlich Zahnkronen sind in diesem Zeitraum vom Zahnarzt kostenfrei vorzunehmen. [5] Ausnahmen hiervon bestimmen die Kassenzahnärztliche Bundesvereinigung und der Spitzenverband Bund der Krankenkassen. [6] § 195 des Bürgerlichen Gesetzbuchs bleibt unberührt. [7] Längere Gewährleistungsfristen können zwischen den Kassenzahnärztlichen Vereinigungen und den Landesverbänden der Krankenkassen und den Ersatzkassen sowie in Einzel- oder Gruppenverträgen zwischen Zahnärzten und Krankenkassen vereinbart werden. [8] Die Krankenkassen können hierfür Vergütungszuschläge gewähren; der Eigenanteil der Versicherten bei Zahnersatz bleibt unberührt. [9] Die Zahnärzte, die ihren Patienten eine längere Gewährleistungsfrist einräumen, können dies ihren Patienten bekannt machen.

§ 136b Beschlüsse des Gemeinsamen Bundesausschusses zur Qualitätssicherung im Krankenhaus.

(1) [1] Der Gemeinsame Bundesausschuss fasst für zugelassene Krankenhäuser grundsätzlich einheitlich für alle Patientinnen und Patienten auch Beschlüsse über

1. die im Abstand von fünf Jahren zu erbringenden Nachweise über die Erfüllung der Fortbildungspflichten der Fachärzte, der Psychologischen Psychotherapeuten und der Kinder- und Jugendlichenpsychotherapeuten,

2. einen Katalog planbarer Leistungen, bei denen die Qualität des Behandlungsergebnisses von der Menge der erbrachten Leistungen abhängig ist, sowie Mindestmengen für die jeweiligen Leistungen je Arzt oder Standort eines Krankenhauses oder je Arzt und Standort eines Krankenhauses und Ausnahmetatbestände,

3. Inhalt, Umfang und Datenformat eines jährlich zu veröffentlichenden strukturierten Qualitätsberichts der zugelassenen Krankenhäuser,

4. vier Leistungen oder Leistungsbereiche, zu denen Verträge nach § 110a mit Anreizen für die Einhaltung besonderer Qualitätsanforderungen erprobt werden sollen,

5. einen Katalog von Leistungen oder Leistungsbereichen, die sich für eine qualitätsabhängige Vergütung mit Zu- und Abschlägen eignen, sowie Qualitätsziele und Qualitätsindikatoren.

²§ 136 Absatz 1 Satz 2 gilt entsprechend. ³Der Verband der Privaten Krankenversicherung, die Bundesärztekammer sowie die Berufsorganisationen der Pflegeberufe sind bei den Beschlüssen nach den Nummern 1 bis 5 zu beteiligen; bei den Beschlüssen nach den Nummern 1 und 3 ist zusätzlich die Bundespsychotherapeutenkammer zu beteiligen.

(2) ¹Die Beschlüsse nach Absatz 1 Satz 1 sind für zugelassene Krankenhäuser unmittelbar verbindlich. ²Sie haben Vorrang vor Verträgen nach § 112 Absatz 1, soweit diese keine ergänzenden Regelungen zur Qualitätssicherung enthalten. ³Verträge zur Qualitätssicherung nach § 112 Absatz 2 gelten bis zum Inkrafttreten von Beschlüssen nach Absatz 1 und Richtlinien nach § 136 Absatz 1 fort. ⁴Ergänzende Qualitätsanforderungen im Rahmen der Krankenhausplanung der Länder sind zulässig.

(3) ¹Der Gemeinsame Bundesausschuss soll bei den Mindestmengenfestlegungen nach Absatz 1 Satz 1 Nummer 2 Ausnahmetatbestände und Übergangsregelungen vorsehen, um unbillige Härten insbesondere bei nachgewiesener, hoher Qualität unterhalb der festgelegten Mindestmenge zu vermeiden. ²Er regelt in seiner Verfahrensordnung das Nähere insbesondere zur Auswahl einer planbaren Leistung nach Absatz 1 Satz 1 Nummer 2 sowie zur Festlegung der Höhe einer Mindestmenge. ³Der Gemeinsame Bundesausschuss soll insbesondere die Auswirkungen von neu festgelegten Mindestmengen möglichst zeitnah evaluieren und die Festlegungen auf der Grundlage des Ergebnisses anpassen.

(4) ¹Wenn die nach Absatz 1 Satz 1 Nummer 2 erforderliche Mindestmenge bei planbaren Leistungen voraussichtlich nicht erreicht wird, dürfen entsprechende Leistungen nicht bewirkt werden. ²Einem Krankenhaus, das die Leistungen dennoch bewirkt, steht kein Vergütungsanspruch zu. ³Für die Zulässigkeit der Leistungserbringung muss der Krankenhausträger gegenüber den Landesverbänden der Krankenkassen und der Ersatzkassen jährlich darlegen, dass die erforderliche Mindestmenge im jeweils nächsten Kalenderjahr auf Grund berechtigter mengenmäßiger Erwartungen voraussichtlich erreicht wird (Prognose). ⁴Eine berechtigte mengenmäßige Erwartung liegt in der Regel vor, wenn das Krankenhaus im vorausgegangenen Kalenderjahr die maßgebliche Mindestmenge je Arzt oder Standort eines Krankenhauses oder je Arzt und Standort eines Krankenhauses erreicht hat. ⁵Der Gemeinsame Bundesausschuss regelt im Beschluss nach Absatz 1 Satz 1 Nummer 2 das Nähere zur Darlegung der Prognose. ⁶Die Landesverbände der Krankenkassen und der Ersatzkassen können bei begründeten erheblichen Zweifeln an der Richtigkeit die vom Krankenhausträger getroffene Prognose widerlegen. ⁷Gegen die Entscheidung nach Satz 6 ist der Rechtsweg vor den Gerichten der Sozialgerichtsbarkeit gegeben. ⁸Ein Vorverfahren findet nicht statt.

4. Kapitel. Beziehungen der Krankenkassen § 136b SGB V 5

(5) [1] Die für die Krankenhausplanung zuständige Landesbehörde kann Leistungen aus dem Katalog nach Absatz 1 Satz 1 Nummer 2 bestimmen, bei denen die Anwendung des Absatzes 4 Satz 1 und 2 die Sicherstellung einer flächendeckenden Versorgung der Bevölkerung gefährden könnte. [2] Die Landesbehörde entscheidet auf Antrag des Krankenhauses für diese Leistungen über die Nichtanwendung des Absatzes 4 Satz 1 und 2.

(6) [1] In dem Bericht nach Absatz 1 Satz 1 Nummer 3 ist der Stand der Qualitätssicherung insbesondere unter Berücksichtigung der Anforderungen nach § 136 Absatz 1 und § 136a sowie der Umsetzung der Regelungen nach Absatz 1 Satz 1 Nummer 1 und 2 darzustellen. [2] Der Bericht hat auch Art und Anzahl der Leistungen des Krankenhauses auszuweisen sowie Informationen zu Nebendiagnosen, die mit wesentlichen Hauptdiagnosen häufig verbunden sind, zu enthalten. [3] Ergebnisse von Patientenbefragungen, soweit diese vom Gemeinsamen Bundesausschuss veranlasst werden, sind in den Qualitätsbericht aufzunehmen. [4] Der Bericht ist in einem für die Abbildung aller Kriterien geeigneten standardisierten Datensatzformat zu erstellen. [5] In einem speziellen Berichtsteil sind die besonders patientenrelevanten Informationen in übersichtlicher Form und in allgemein verständlicher Sprache zusammenzufassen. [6] Besonders patientenrelevant sind insbesondere Informationen zur Patientensicherheit und hier speziell zur Umsetzung des Risiko- und Fehlermanagements, zu Maßnahmen der Arzneimitteltherapiesicherheit, zur Einhaltung von Hygienestandards sowie zu Maßzahlen der Personalausstattung in den Fachabteilungen des jeweiligen Krankenhauses.

(7) [1] Die Qualitätsberichte nach Absatz 1 Satz 1 Nummer 3 sind über den in dem Beschluss festgelegten Empfängerkreis hinaus vom Gemeinsamen Bundesausschuss, von den Landesverbänden der Krankenkassen und den Ersatzkassen im Internet zu veröffentlichen. [2] Zum Zwecke der Erhöhung von Transparenz und Qualität der stationären Versorgung können die Kassenärztlichen Vereinigungen sowie die Krankenkassen und ihre Verbände die Vertragsärzte und die Versicherten auf der Basis der Qualitätsberichte auch vergleichend über die Qualitätsmerkmale der Krankenhäuser informieren und Empfehlungen aussprechen. [3] Das Krankenhaus hat den Qualitätsbericht auf der eigenen Internetseite leicht auffindbar zu veröffentlichen.

(8) [1] Der Gemeinsame Bundesausschuss hat die Festlegung der vier Leistungen oder Leistungsbereiche nach Absatz 1 Satz 1 Nummer 4 bis zum 31. Dezember 2017 zu beschließen. [2] Er hat das Institut nach § 137a mit einer Untersuchung zur Entwicklung der Versorgungsqualität bei den ausgewählten Leistungen und Leistungsbereichen nach Abschluss des Erprobungszeitraums zu beauftragen. [3] Gegenstand der Untersuchung ist auch ein Vergleich der Versorgungsqualität von Krankenhäusern mit und ohne Vertrag nach § 110a.

(9) [1] Der Gemeinsame Bundesausschuss hat die Festlegungen zu den Leistungen oder Leistungsbereichen nach Absatz 1 Satz 1 Nummer 5, die sich für eine qualitätsabhängige Vergütung eignen, erstmals bis spätestens zum 31. Dezember 2017 zu beschließen. [2] Qualitätszu- und -abschläge für die Einhaltung oder Nichteinhaltung von Mindestanforderungen nach § 136 Absatz 1 Satz 1 Nummer 2 sind ausgeschlossen. [3] Der Gemeinsame Bundesausschuss regelt ein Verfahren, das den Krankenkassen und den Krankenhäusern ermöglicht, auf der Grundlage der beschlossenen Festlegungen Qualitätszuschläge für außerordentlich gute und Qualitätsabschläge für unzureichende Leistungen zu vereinbaren. [4] Hierfür hat er insbesondere jährlich Bewertungskriterien für außer-

ordentlich gute und unzureichende Qualität zu veröffentlichen, möglichst aktuelle Datenübermittlungen der Krankenhäuser zu den festgelegten Qualitätsindikatoren an das Institut nach § 137a vorzusehen und die Auswertung der Daten sicherzustellen. ⁵ Die Auswertungsergebnisse sind den Krankenkassen und den Krankenhäusern jeweils zeitnah zur Verfügung zu stellen; dies kann über eine Internetplattform erfolgen. ⁶ Die Krankenkassen geben in das Informationsangebot nach Satz 5 regelmäßig Angaben ein, welche Krankenhäuser Qualitätszu- oder -abschläge für welche Leistungen oder Leistungsbereiche erhalten; den für die Krankenhausplanung zuständigen Landesbehörden ist der Zugang zu diesen Informationen zu eröffnen.

§ 136c Beschlüsse des Gemeinsamen Bundesausschusses zu Qualitätssicherung und Krankenhausplanung. (1) ¹ Der Gemeinsame Bundesausschuss beschließt Qualitätsindikatoren zur Struktur-, Prozess- und Ergebnisqualität, die als Grundlage für qualitätsorientierte Entscheidungen der Krankenhausplanung geeignet sind und nach § 6 Absatz 1a des Krankenhausfinanzierungsgesetzes Bestandteil des Krankenhausplans werden. ² Der Gemeinsame Bundesausschuss übermittelt die Beschlüsse zu diesen planungsrelevanten Qualitätsindikatoren als Empfehlungen an die für die Krankenhausplanung zuständigen Landesbehörden; § 91 Absatz 6 bleibt unberührt. ³ Ein erster Beschluss ist bis zum 31. Dezember 2016 zu fassen.

(2) ¹ Der Gemeinsame Bundesausschuss übermittelt den für die Krankenhausplanung zuständigen Landesbehörden sowie den Landesverbänden der Krankenkassen und den Ersatzkassen regelmäßig einrichtungsbezogen Auswertungsergebnisse der einrichtungsübergreifenden Qualitätssicherung zu nach Absatz 1 Satz 1 beschlossenen planungsrelevanten Qualitätsindikatoren sowie Maßstäbe und Kriterien zur Bewertung der Qualitätsergebnisse von Krankenhäusern. ² Die Maßstäbe und Kriterien müssen eine Bewertung der Qualitätsergebnisse von Krankenhäusern insbesondere im Hinblick darauf ermöglichen, ob eine in einem erheblichen Maß unzureichende Qualität im Sinne von § 8 Absatz 1a Satz 1 und Absatz 1b des Krankenhausfinanzierungsgesetzes und § 109 Absatz 3 Satz 1 Nummer 2 vorliegt. ³ Hierfür hat der Gemeinsame Bundesausschuss sicherzustellen, dass die Krankenhäuser dem Institut nach § 137a zu den planungsrelevanten Qualitätsindikatoren quartalsweise Daten der einrichtungsübergreifenden Qualitätssicherung liefern. ⁴ Er soll das Auswertungsverfahren einschließlich des strukturierten Dialogs für diese Indikatoren um sechs Monate verkürzen.

(3) ¹ Der Gemeinsame Bundesausschuss beschließt erstmals bis zum 31. Dezember 2016 bundeseinheitliche Vorgaben für die Vereinbarung von Sicherstellungszuschlägen nach § 17b Absatz 1a Nummer 6 des Krankenhausfinanzierungsgesetzes in Verbindung mit § 5 Absatz 2 des Krankenhausentgeltgesetzes. ² Der Gemeinsame Bundesausschuss hat insbesondere Vorgaben zu beschließen

1. zur Erreichbarkeit (Minutenwerte) für die Prüfung, ob die Leistungen durch ein anderes geeignetes Krankenhaus, das die Leistungsart erbringt, ohne Zuschlag erbracht werden können,
2. zur Frage, wann ein geringer Versorgungsbedarf besteht, und
3. zur Frage, für welche Leistungen die notwendige Vorhaltung für die Versorgung der Bevölkerung sicherzustellen ist.

4. Kapitel. Beziehungen der Krankenkassen   §§ 136d, 137   SGB V   5

³ Bei dem Beschluss sind die planungsrelevanten Qualitätsindikatoren nach Absatz 1 Satz 1 zu berücksichtigen. ⁴ Der Gemeinsame Bundesausschuss legt in dem Beschluss auch das Nähere über die Prüfung der Einhaltung der Vorgaben durch die zuständige Landesbehörde nach § 5 Absatz 2 Satz 5 des Krankenhausentgeltgesetzes fest. ⁵ Den betroffenen medizinischen Fachgesellschaften ist Gelegenheit zur Stellungnahme zu geben. ⁶ Die Stellungnahmen sind bei der Beschlussfassung zu berücksichtigen.

(4) ¹ Der Gemeinsame Bundesausschuss beschließt bis zum 31. Dezember 2017 ein gestuftes System von Notfallstrukturen in Krankenhäusern, einschließlich einer Stufe für die Nichtteilnahme an der Notfallversorgung. ² Hierbei sind für jede Stufe der Notfallversorgung insbesondere Mindestvorgaben zur Art und Anzahl von Fachabteilungen, zur Anzahl und Qualifikation des vorzuhaltenden Fachpersonals sowie zum zeitlichen Umfang der Bereitstellung von Notfallleistungen differenziert festzulegen. ³ Der Gemeinsame Bundesausschuss berücksichtigt bei diesen Festlegungen planungsrelevante Qualitätsindikatoren nach Absatz 1 Satz 1, soweit diese für die Notfallversorgung von Bedeutung sind. ⁴ Den betroffenen medizinischen Fachgesellschaften ist Gelegenheit zur Stellungnahme zu geben. ⁵ Die Stellungnahmen sind bei der Beschlussfassung zu berücksichtigen. ⁶ Der Gemeinsame Bundesausschuss führt vor Beschlussfassung eine Folgenabschätzung durch und berücksichtigt deren Ergebnisse.

§ 136d Evaluation und Weiterentwicklung der Qualitätssicherung durch den Gemeinsamen Bundesausschuss. ¹ Der Gemeinsame Bundesausschuss hat den Stand der Qualitätssicherung im Gesundheitswesen festzustellen, sich daraus ergebenden Weiterentwicklungsbedarf zu benennen, eingeführte Qualitätssicherungsmaßnahmen auf ihre Wirksamkeit hin zu bewerten und Empfehlungen für eine an einheitlichen Grundsätzen ausgerichtete sowie sektoren- und berufsgruppenübergreifende Qualitätssicherung im Gesundheitswesen einschließlich ihrer Umsetzung zu erarbeiten. ² Er erstellt in regelmäßigen Abständen einen Bericht über den Stand der Qualitätssicherung.

§ 137 Durchsetzung und Kontrolle der Qualitätsanforderungen des Gemeinsamen Bundesausschusses. (1) ¹ Der Gemeinsame Bundesausschuss hat zur Förderung der Qualität ein gestuftes System von Folgen der Nichteinhaltung von Qualitätsanforderungen nach den §§ 136 bis 136c festzulegen. ² Er ermächtigt, neben Maßnahmen zur Beratung und Unterstützung bei der Qualitätsverbesserung je nach Art und Schwere von Verstößen gegen wesentliche Qualitätsanforderungen angemessene Durchsetzungsmaßnahmen vorzusehen. ³ Solche Maßnahmen können insbesondere sein

1. Vergütungsabschläge,
2. der Wegfall des Vergütungsanspruchs für Leistungen, bei denen Mindestanforderungen nach § 136 Absatz 1 Satz 1 Nummer 2 nicht erfüllt sind,
3. die Information Dritter über die Verstöße,
4. die einrichtungsbezogene Veröffentlichung von Informationen zur Nichteinhaltung von Qualitätsanforderungen.

⁴ Die Maßnahmen sind verhältnismäßig zu gestalten und anzuwenden. ⁵ Der Gemeinsame Bundesausschuss trifft die Festlegungen nach den Sätzen 1 bis 4 und zu den Stellen, denen die Durchsetzung der Maßnahmen obliegt, in

grundsätzlicher Weise in einer Richtlinie nach § 92 Absatz 1 Satz 2 Nummer 13. ⁶Die Festlegungen nach Satz 5 sind vom Gemeinsamen Bundesausschuss in einzelnen Richtlinien und Beschlüssen jeweils für die in ihnen geregelten Qualitätsanforderungen zu konkretisieren. ⁷Bei wiederholten oder besonders schwerwiegenden Verstößen kann er von dem nach Satz 1 vorgegebenen gestuften Verfahren abweichen.

(2) ¹Der Gemeinsame Bundesausschuss legt in seinen Richtlinien über Maßnahmen der einrichtungsübergreifenden Qualitätssicherung eine Dokumentationsrate von 100 Prozent für dokumentationspflichtige Datensätze der Krankenhäuser fest. ²Er hat bei der Unterschreitung dieser Dokumentationsrate Vergütungsabschläge nach § 8 Absatz 4 des Krankenhausentgeltgesetzes oder § 8 Absatz 4 der Bundespflegesatzverordnung vorzusehen, es sei denn, das Krankenhaus weist nach, dass die Unterschreitung unverschuldet ist.

(3) ¹Der Gemeinsame Bundesausschuss regelt in einer Richtlinie die Einzelheiten zu den Kontrollen des Medizinischen Dienstes der Krankenversicherung nach § 275a, die durch Anhaltspunkte begründet sein müssen oder als Stichprobenprüfungen zur Validierung der Qualitätssicherungsdaten erforderlich sind. ²Er trifft insbesondere Festlegungen, welche Stellen die Kontrollen beauftragen, welche Anhaltspunkte Kontrollen auch unangemeldet rechtfertigen, zu Art, Umfang und zum Verfahren der Kontrollen sowie zum Umgang mit den Ergebnissen und zu deren Folgen. ³Der Gemeinsame Bundesausschuss hat hierbei vorzusehen, dass die nach Absatz 1 Satz 5 für die Durchsetzung der Qualitätsanforderungen zuständigen Stellen zeitnah einrichtungsbezogen über die Prüfergebnisse informiert werden. ⁴Er legt fest, in welchen Fällen der Medizinische Dienst der Krankenversicherung die Prüfergebnisse wegen erheblicher Verstöße gegen Qualitätsanforderungen unverzüglich einrichtungsbezogen an Dritte, insbesondere an jeweils zuständige Behörden der Länder zu übermitteln hat. ⁵Die Festlegungen des Gemeinsamen Bundesausschusses nach den Sätzen 1 und 2 sollen eine möglichst aufwandsarme Durchführung der Kontrollen nach § 275a unterstützen.

§ 137a Institut für Qualitätssicherung und Transparenz im Gesundheitswesen. (1) ¹Der Gemeinsame Bundesausschuss nach § 91 gründet ein fachlich unabhängiges, wissenschaftliches Institut für Qualitätssicherung und Transparenz im Gesundheitswesen. ²Hierzu errichtet er eine Stiftung des privaten Rechts, die Trägerin des Instituts ist.

(2) ¹Der Vorstand der Stiftung bestellt die Institutsleitung mit Zustimmung des Bundesministeriums für Gesundheit. ²Das Bundesministerium für Gesundheit entsendet ein Mitglied in den Vorstand der Stiftung.

(3) ¹Das Institut arbeitet im Auftrag des Gemeinsamen Bundesausschusses an Maßnahmen zur Qualitätssicherung und zur Darstellung der Versorgungsqualität im Gesundheitswesen. ²Es soll insbesondere beauftragt werden,

1. für die Messung und Darstellung der Versorgungsqualität möglichst sektorenübergreifend abgestimmte risikoadjustierte Indikatoren und Instrumente einschließlich Module für ergänzende Patientenbefragungen zu entwickeln,

2. die notwendige Dokumentation für die einrichtungsübergreifende Qualitätssicherung unter Berücksichtigung des Gebotes der Datensparsamkeit zu entwickeln,

4. Kapitel. Beziehungen der Krankenkassen § 137a SGB V 5

3. sich an der Durchführung der einrichtungsübergreifenden Qualitätssicherung zu beteiligen und dabei, soweit erforderlich, die weiteren Einrichtungen nach Satz 3 einzubeziehen,
4. die Ergebnisse der Qualitätssicherungsmaßnahmen in geeigneter Weise und in einer für die Allgemeinheit verständlichen Form zu veröffentlichen,
5. auf der Grundlage geeigneter Daten, die in den Qualitätsberichten der Krankenhäuser veröffentlicht werden, einrichtungsbezogen vergleichende risikoadjustierte Übersichten über die Qualität in maßgeblichen Bereichen der stationären Versorgung zu erstellen und in einer für die Allgemeinheit verständlichen Form im Internet zu veröffentlichen; Ergebnisse nach Nummer 6 sollen einbezogen werden,
6. für die Weiterentwicklung der Qualitätssicherung zu ausgewählten Leistungen die Qualität der ambulanten und stationären Versorgung zusätzlich auf der Grundlage geeigneter Sozialdaten darzustellen, die dem Institut von den Krankenkassen nach § 299 Absatz 1a auf der Grundlage von Richtlinien und Beschlüssen des Gemeinsamen Bundesausschusses übermittelt werden, sowie
7. Kriterien zur Bewertung von Zertifikaten und Qualitätssiegeln, die in der ambulanten und stationären Versorgung verbreitet sind, zu entwickeln und anhand dieser Kriterien über die Aussagekraft dieser Zertifikate und Qualitätssiegel in einer für die Allgemeinheit verständlichen Form zu informieren.

[3] In den Fällen, in denen weitere Einrichtungen an der Durchführung der verpflichtenden Maßnahmen der Qualitätssicherung nach § 136 Absatz 1 Satz 1 Nummer 1 mitwirken, haben diese dem Institut nach Absatz 1 auf der Grundlage der Richtlinien des Gemeinsamen Bundesausschusses zur einrichtungsübergreifenden Qualitätssicherung die für die Wahrnehmung seiner Aufgaben nach Satz 2 erforderlichen Daten zu übermitteln.

(4) [1] Die den Gemeinsamen Bundesausschuss bildenden Institutionen, die unparteiischen Mitglieder des Gemeinsamen Bundesausschusses, das Bundesministerium für Gesundheit und die für die Wahrnehmung der Interessen der Patientinnen und Patienten und der Selbsthilfe chronisch kranker und behinderter Menschen maßgeblichen Organisationen auf Bundesebene können die Beauftragung des Instituts beim Gemeinsamen Bundesausschuss beantragen. [2] Das Bundesministerium für Gesundheit kann das Institut unmittelbar mit Untersuchungen und Handlungsempfehlungen zu den Aufgaben nach Absatz 3 für den Gemeinsamen Bundesausschuss beauftragen. [3] Das Institut kann einen Auftrag des Bundesministeriums für Gesundheit ablehnen, es sei denn, das Bundesministerium für Gesundheit übernimmt die Finanzierung der Bearbeitung des Auftrags. [4] Das Institut kann sich auch ohne Auftrag mit Aufgaben nach Absatz 3 befassen; der Vorstand der Stiftung ist hierüber von der Institutsleitung unverzüglich zu informieren. [5] Für die Tätigkeit nach Satz 4 können jährlich bis zu 10 Prozent der Haushaltsmittel eingesetzt werden, die dem Institut zur Verfügung stehen. [6] Die Ergebnisse der Arbeiten nach Satz 4 sind dem Gemeinsamen Bundesausschuss und dem Bundesministerium für Gesundheit vor der Veröffentlichung vorzulegen.

(5) [1] Das Institut hat zu gewährleisten, dass die Aufgaben nach Absatz 3 auf Basis der maßgeblichen, international anerkannten Standards der Wissenschaften erfüllt werden. [2] Hierzu ist in der Stiftungssatzung ein wissenschaftlicher Beirat aus unabhängigen Sachverständigen vorzusehen, der das Institut in grundsätzlichen Fragen berät. [3] Die Mitglieder des wissenschaftlichen Beirats

werden auf Vorschlag der Institutsleitung einvernehmlich vom Vorstand der Stiftung bestellt. [4] Der wissenschaftliche Beirat kann dem Institut Vorschläge für eine Befassung nach Absatz 4 Satz 4 machen.

(6) Zur Erledigung der Aufgaben nach Absatz 3 kann das Institut im Einvernehmen mit dem Gemeinsamen Bundesausschuss insbesondere Forschungs- und Entwicklungsaufträge an externe Sachverständige vergeben; soweit hierbei personenbezogene Daten übermittelt werden sollen, gilt § 299.

(7) Bei der Entwicklung der Inhalte nach Absatz 3 sind zu beteiligen:
1. die Kassenärztlichen Bundesvereinigungen,
2. die Deutsche Krankenhausgesellschaft,
3. der Spitzenverband Bund der Krankenkassen,
4. der Verband der Privaten Krankenversicherung,
5. die Bundesärztekammer, die Bundeszahnärztekammer und die Bundespsychotherapeutenkammer,
6. die Berufsorganisationen der Krankenpflegeberufe,
7. die wissenschaftlichen medizinischen Fachgesellschaften,
8. das Deutsche Netzwerk Versorgungsforschung,
9. die für die Wahrnehmung der Interessen der Patientinnen und Patienten und der Selbsthilfe chronisch kranker und behinderter Menschen maßgeblichen Organisationen auf Bundesebene,
10. der oder die Beauftragte der Bundesregierung für die Belange der Patientinnen und Patienten,
11. zwei von der Gesundheitsministerkonferenz der Länder zu bestimmende Vertreter sowie
12. die Bundesoberbehörden im Geschäftsbereich des Bundesministeriums für Gesundheit, soweit ihre Aufgabenbereiche berührt sind.

(8) Für die Finanzierung des Instituts gilt § 139c entsprechend.

(9) Zur Sicherstellung der fachlichen Unabhängigkeit des Instituts hat der Stiftungsvorstand dafür Sorge zu tragen, dass Interessenkonflikte von Beschäftigten des Instituts sowie von allen anderen an der Aufgabenerfüllung nach Absatz 3 beteiligten Personen und Institutionen vermieden werden.

(10) [1] Der Gemeinsame Bundesausschuss kann das Institut oder eine andere an der einrichtungsübergreifenden Qualitätssicherung beteiligte Stelle beauftragen, die bei den verpflichtenden Maßnahmen der Qualitätssicherung nach § 136 Absatz 1 Satz 1 Nummer 1 erhobenen Daten auf Antrag eines Dritten für Zwecke der wissenschaftlichen Forschung und der Weiterentwicklung der Qualitätssicherung auszuwerten. [2] Jede natürliche oder juristische Person kann hierzu beim Gemeinsamen Bundesausschuss oder bei einer nach Satz 1 beauftragten Stelle einen Antrag auf Auswertung und Übermittlung der Auswertungsergebnisse stellen. [3] Das Institut oder eine andere nach Satz 1 beauftragte Stelle übermittelt dem Antragstellenden nach Prüfung des berechtigten Interesses die anonymisierten Auswertungsergebnisse, wenn dieser sich bei der Antragstellung zur Übernahme der entstehenden Kosten bereit erklärt hat. [4] Der Gemeinsame Bundesausschuss regelt in der Verfahrensordnung für die Auswertung der nach § 136 Absatz 1 Satz 1 Nummer 1 erhobenen Daten und die Übermittlung der Auswertungsergebnisse unter Beachtung datenschutzrechtlicher Vorgaben und des Gebotes der Datensicherheit ein transparentes Ver-

fahren sowie das Nähere zum Verfahren der Kostenübernahme nach Satz 3. ⁵Der Gemeinsame Bundesausschuss hat zur Verbesserung des Datenschutzes und der Datensicherheit das für die Wahrnehmung der Aufgaben nach den Sätzen 1 und 3 notwendige Datenschutzkonzept regelmäßig durch unabhängige Gutachter prüfen und bewerten zu lassen; das Ergebnis der Prüfung ist zu veröffentlichen.

(11) ¹Der Gemeinsame Bundesausschuss beauftragt das Institut, die bei den verpflichtenden Maßnahmen der Qualitätssicherung nach § 136 Absatz 1 Satz 1 Nummer 1 erhobenen Daten den für die Krankenhausplanung zuständigen Landesbehörden oder von diesen bestimmten Stellen auf Antrag für konkrete Zwecke der qualitätsorientierten Krankenhausplanung oder ihrer Weiterentwicklung, soweit erforderlich auch einrichtungsbezogen sowie versichertenbezogen, in pseudonymisierter Form zu übermitteln. ²Die Landesbehörde hat ein berechtigtes Interesse an der Verarbeitung und Nutzung der Daten darzulegen und sicherzustellen, dass die Daten nur für die im Antrag genannten konkreten Zwecke verarbeitet und genutzt werden. ³Eine Übermittlung der Daten durch die Landesbehörden oder von diesen bestimmten Stellen an Dritte ist nicht zulässig. ⁴In dem Antrag ist der Tag, bis zu dem die übermittelten Daten aufbewahrt werden dürfen, genau zu bezeichnen. ⁵Absatz 10 Satz 3 bis 5 gilt entsprechend.

§ 137b Aufträge des Gemeinsamen Bundesausschusses an das Institut nach § 137a.

(1) ¹Der Gemeinsame Bundesausschuss beschließt zur Entwicklung und Durchführung der Qualitätssicherung sowie zur Verbesserung der Transparenz über die Qualität der ambulanten und stationären Versorgung Aufträge nach § 137a Absatz 3 an das Institut nach § 137a. ²Soweit hierbei personenbezogene Daten übermittelt werden sollen, gilt § 299.

(2) ¹Das Institut nach § 137a leitet die Arbeitsergebnisse der Aufträge nach § 137a Absatz 3 Satz 1 und 2 und Absatz 4 Satz 2 dem Gemeinsamen Bundesausschuss als Empfehlungen zu. ²Der Gemeinsame Bundesausschuss hat die Empfehlungen im Rahmen seiner Aufgabenstellung zu berücksichtigen.

§ 137c Bewertung von Untersuchungs- und Behandlungsmethoden im Krankenhaus.

(1) ¹Der Gemeinsame Bundesausschuss nach § 91 überprüft auf Antrag des Spitzenverbandes Bund der Krankenkassen, der Deutschen Krankenhausgesellschaft oder eines Bundesverbandes der Krankenhausträger Untersuchungs- und Behandlungsmethoden, die zu Lasten der gesetzlichen Krankenkassen im Rahmen einer Krankenhausbehandlung angewandt werden oder angewandt werden sollen, daraufhin, ob sie für eine ausreichende, zweckmäßige und wirtschaftliche Versorgung der Versicherten unter Berücksichtigung des allgemein anerkannten Standes der medizinischen Erkenntnisse erforderlich sind. ²Ergibt die Überprüfung, dass der Nutzen einer Methode nicht hinreichend belegt ist und sie nicht das Potenzial einer erforderlichen Behandlungsalternative bietet, insbesondere weil sie schädlich oder unwirksam ist, erlässt der Gemeinsame Bundesausschuss eine entsprechende Richtlinie, wonach die Methode im Rahmen einer Krankenhausbehandlung nicht mehr zulasten der Krankenkassen erbracht werden darf. ³Ergibt die Überprüfung, dass der Nutzen einer Methode noch nicht hinreichend belegt ist, sie aber das Potenzial einer erforderlichen Behandlungsalternative bietet, beschließt der Gemeinsame Bundesausschuss eine Richtlinie zur Erprobung nach § 137e. ⁴Nach Abschluss

der Erprobung erlässt der Gemeinsame Bundesausschuss eine Richtlinie, wonach die Methode im Rahmen einer Krankenhausbehandlung nicht mehr zulasten der Krankenkassen erbracht werden darf, wenn die Überprüfung unter Hinzuziehung der durch die Erprobung gewonnenen Erkenntnisse ergibt, dass die Methode nicht den Kriterien nach Satz 1 entspricht. [5] Ist eine Richtlinie zur Erprobung nicht zustande gekommen, weil es an einer nach § 137e Absatz 6 erforderlichen Vereinbarung fehlt, gilt Satz 4 entsprechend. [6] Die Beschlussfassung über die Annahme eines Antrags nach Satz 1 muss spätestens drei Monate nach Antragseingang erfolgen. [7] Das sich anschließende Methodenbewertungsverfahren ist in der Regel innerhalb von spätestens drei Jahren abzuschließen, es sei denn, dass auch bei Straffung des Verfahrens im Einzelfall eine längere Verfahrensdauer erforderlich ist.

(2) [1] Wird eine Beanstandung des Bundesministeriums für Gesundheit nach § 94 Abs. 1 Satz 2 nicht innerhalb der von ihm gesetzten Frist behoben, kann das Bundesministerium die Richtlinie erlassen. [2] Ab dem Tag des Inkrafttretens einer Richtlinie nach Absatz 1 Satz 2 oder 4 darf die ausgeschlossene Methode im Rahmen einer Krankenhausbehandlung nicht mehr zu Lasten der Krankenkassen erbracht werden; die Durchführung klinischer Studien bleibt von einem Ausschluss nach Absatz 1 Satz 4 unberührt.

(3) [1] Untersuchungs- und Behandlungsmethoden, zu denen der Gemeinsame Bundesausschuss bisher keine Entscheidung nach Absatz 1 getroffen hat, dürfen im Rahmen einer Krankenhausbehandlung angewandt werden, wenn sie das Potential einer erforderlichen Behandlungsalternative bieten und ihre Anwendung nach den Regeln der ärztlichen Kunst erfolgt, sie also insbesondere medizinisch indiziert und notwendig ist. [2] Dies gilt sowohl für Methoden, für die noch kein Antrag nach Absatz 1 Satz 1 gestellt wurde, als auch für Methoden, deren Bewertung nach Absatz 1 noch nicht abgeschlossen ist.

§ 137d Qualitätssicherung bei der ambulanten und stationären Vorsorge oder Rehabilitation.

(1) [1] Für stationäre Rehabilitationseinrichtungen, mit denen ein Vertrag nach § 111 oder § 111a und für ambulante Rehabilitationseinrichtungen, mit denen ein Vertrag über die Erbringung ambulanter Leistungen zur medizinischen Rehabilitation nach § 111c Absatz 1 besteht, vereinbart der Spitzenverband Bund der Krankenkassen auf der Grundlage der Empfehlungen nach § 37 Absatz 1 des Neunten Buches[1)] mit den für die Wahrnehmung der Interessen der ambulanten und stationären Rehabilitationseinrichtungen und der Einrichtungen des Müttergenesungswerks oder gleichartiger Einrichtungen auf Bundesebene maßgeblichen Spitzenorganisationen die Maßnahmen der Qualitätssicherung nach § 135a Abs. 2 Nr. 1. [2] Die Kosten der Auswertung von Maßnahmen der einrichtungsübergreifenden Qualitätssicherung tragen die Krankenkassen anteilig nach ihrer Belegung der Einrichtungen oder Fachabteilungen. [3] Das einrichtungsinterne Qualitätsmanagement und die Verpflichtung zur Zertifizierung für stationäre Rehabilitationseinrichtungen richten sich nach § 37 des Neunten Buches.

(2) [1] Für stationäre Vorsorgeeinrichtungen, mit denen ein Versorgungsvertrag nach § 111 und für Einrichtungen, mit denen ein Versorgungsvertrag nach § 111a besteht, vereinbart der Spitzenverband Bund der Krankenkassen mit den für die Wahrnehmung der Interessen der stationären Vorsorgeeinrichtun-

---

[1)] Nr. 9.

gen und der Einrichtungen des Müttergenesungswerks oder gleichartiger Einrichtungen auf Bundesebene maßgeblichen Spitzenorganisationen die Maßnahmen der Qualitätssicherung nach § 135a Abs. 2 Nr. 1 und die Anforderungen an ein einrichtungsinternes Qualitätsmanagement nach § 135a Abs. 2 Nr. 2. ²Dabei sind die gemeinsamen Empfehlungen nach § 37 Absatz 1 des Neunten Buches zu berücksichtigen und in ihren Grundzügen zu übernehmen. ³Die Kostentragungspflicht nach Absatz 1 Satz 3 gilt entsprechend.

(3) Für Leistungserbringer, die ambulante Vorsorgeleistungen nach § 23 Abs. 2 erbringen, vereinbart der Spitzenverband Bund der Krankenkassen mit der Kassenärztlichen Bundesvereinigung und den maßgeblichen Bundesverbänden der Leistungserbringer, die ambulante Vorsorgeleistungen durchführen, die grundsätzlichen Anforderungen an ein einrichtungsinternes Qualitätsmanagement nach § 135a Abs. 2 Nr. 2.

(4) ¹Die Vertragspartner haben durch geeignete Maßnahmen sicherzustellen, dass die Anforderungen an die Qualitätssicherung für die ambulante und stationäre Vorsorge und Rehabilitation einheitlichen Grundsätzen genügen, und die Erfordernisse einer sektor- und berufsgruppenübergreifenden Versorgung angemessen berücksichtigt sind. ²Bei Vereinbarungen nach den Absätzen 1 und 2 ist der Bundesärztekammer, der Bundespsychotherapeutenkammer und der Deutschen Krankenhausgesellschaft Gelegenheit zur Stellungnahme zu geben.

§ 137e Erprobung von Untersuchungs- und Behandlungsmethoden.

(1) ¹Gelangt der Gemeinsame Bundesausschuss bei der Prüfung von Untersuchungs- und Behandlungsmethoden nach § 135 oder § 137c zu der Feststellung, dass eine Methode das Potenzial einer erforderlichen Behandlungsalternative bietet, ihr Nutzen aber noch nicht hinreichend belegt ist, kann der Gemeinsame Bundesausschuss unter Aussetzung seines Bewertungsverfahrens eine Richtlinie zur Erprobung beschließen, um die notwendigen Erkenntnisse für die Bewertung des Nutzens der Methode zu gewinnen. ²Aufgrund der Richtlinie wird die Untersuchungs- oder Behandlungsmethode in einem befristeten Zeitraum im Rahmen der Krankenbehandlung oder der Früherkennung zulasten der Krankenkassen erbracht.

(2) ¹Der Gemeinsame Bundesausschuss regelt in der Richtlinie nach Absatz 1 Satz 1 die in die Erprobung einbezogenen Indikationen und die sächlichen, personellen und sonstigen Anforderungen an die Qualität der Leistungserbringung im Rahmen der Erprobung. ²Er legt zudem Anforderungen an die Durchführung, die wissenschaftliche Begleitung und die Auswertung der Erprobung fest. ³Für Krankenhäuser, die nicht an der Erprobung teilnehmen, kann der Gemeinsame Bundesausschuss nach den §§ 136 bis 136b Anforderungen an die Qualität der Leistungserbringung regeln.

(3) An der vertragsärztlichen Versorgung teilnehmende Leistungserbringer und nach § 108 zugelassene Krankenhäuser können in dem erforderlichen Umfang an der Erprobung einer Untersuchungs- oder Behandlungsmethode teilnehmen, wenn sie gegenüber der wissenschaftlichen Institution nach Absatz 5 nachweisen, dass sie die Anforderungen nach Absatz 2 erfüllen.

(4) ¹Die von den Leistungserbringern nach Absatz 3 im Rahmen der Erprobung erbrachten und verordneten Leistungen werden unmittelbar von den Krankenkassen vergütet. ²Bei voll- und teilstationären Krankenhausleistungen

werden diese durch Entgelte nach § 17b oder § 17d des Krankenhausfinanzierungsgesetzes oder nach der Bundespflegesatzverordnung vergütet. ³ Kommt für eine neue Untersuchungs- oder Behandlungsmethode, die mit pauschalierten Pflegesätzen nach § 17 Absatz 1a des Krankenhausfinanzierungsgesetzes noch nicht sachgerecht vergütet werden kann, eine sich auf den gesamten Erprobungszeitraum beziehende Vereinbarung nach § 6 Absatz 2 Satz 1 des Krankenhausentgeltgesetzes oder nach § 6 Absatz 2 Satz 1 der Bundespflegesatzverordnung nicht innerhalb von drei Monaten nach Erteilung des Auftrags des Gemeinsamen Bundesausschusses nach Absatz 5 zustande, wird ihr Inhalt durch die Schiedsstelle nach § 13 des Krankenhausentgeltgesetzes oder nach § 13 der Bundespflegesatzverordnung festgelegt. ⁴ Bei Methoden, die auch ambulant angewandt werden können, wird die Höhe der Vergütung für die ambulante Leistungserbringung durch die Vertragspartner nach § 115 Absatz 1 Satz 1 vereinbart. ⁵ Kommt eine Vereinbarung nach Satz 4 nicht innerhalb von drei Monaten nach Erteilung des Auftrags des Gemeinsamen Bundesausschusses nach Absatz 5 zustande, wird ihr Inhalt durch die erweiterte Schiedsstelle nach § 115 Absatz 3 innerhalb von sechs Wochen festgelegt. ⁶ Klagen gegen die Festlegung des Vertragsinhalts haben keine aufschiebende Wirkung.

(5) ¹ Für die wissenschaftliche Begleitung und Auswertung der Erprobung beauftragt der Gemeinsame Bundesausschuss eine unabhängige wissenschaftliche Institution. ² Die an der Erprobung teilnehmenden Leistungserbringer sind verpflichtet, die für die wissenschaftliche Begleitung und Auswertung erforderlichen Daten zu dokumentieren und der beauftragten Institution zur Verfügung zu stellen. ³ Sofern hierfür personenbezogene Daten der Versicherten benötigt werden, ist vorher deren Einwilligung einzuholen. ⁴ Für den zusätzlichen Aufwand im Zusammenhang mit der Durchführung der Erprobung erhalten die an der Erprobung teilnehmenden Leistungserbringer von der beauftragten Institution eine angemessene Aufwandsentschädigung.

(6) ¹ Beruht die technische Anwendung der Methode maßgeblich auf dem Einsatz eines Medizinprodukts, darf der Gemeinsame Bundesausschuss einen Beschluss zur Erprobung nach Absatz 1 nur dann fassen, wenn sich die Hersteller dieses Medizinprodukts oder Unternehmen, die in sonstiger Weise als Anbieter der Methode ein wirtschaftliches Interesse an einer Erbringung zulasten der Krankenkassen haben, zuvor gegenüber dem Gemeinsamen Bundesausschuss bereit erklären, die nach Absatz 5 entstehenden Kosten der wissenschaftlichen Begleitung und Auswertung in angemessenem Umfang zu übernehmen. ² Die Hersteller oder sonstigen Unternehmen vereinbaren mit der beauftragten Institution nach Absatz 5 das Nähere zur Übernahme der Kosten.

(7) ¹ Unabhängig von einem Beratungsverfahren nach § 135 oder § 137c können Hersteller eines Medizinprodukts, auf dessen Einsatz die technische Anwendung einer neuen Untersuchungs- oder Behandlungsmethode maßgeblich beruht, und Unternehmen, die in sonstiger Weise als Anbieter einer neuen Methode ein wirtschaftliches Interesse an einer Erbringung zulasten der Krankenkassen haben, beim Gemeinsamen Bundesausschuss beantragen, dass dieser eine Richtlinie zur Erprobung der neuen Methode nach Absatz 1 beschließt. ² Der Antragsteller hat aussagekräftige Unterlagen vorzulegen, aus denen hervorgeht, dass die Methode hinreichendes Potenzial für eine Erprobung bietet sowie eine Verpflichtungserklärung nach Absatz 6 abzugeben. ³ Der Gemeinsame Bundesausschuss entscheidet innerhalb von drei Monaten nach Antragstellung auf der Grundlage der vom Antragsteller zur Begründung seines

4. Kapitel. Beziehungen der Krankenkassen § 137f SGB V 5

Antrags vorgelegten Unterlagen. ⁴Beschließt der Gemeinsame Bundesausschuss eine Erprobung, entscheidet er im Anschluss an die Erprobung auf der Grundlage der gewonnenen Erkenntnisse über eine Richtlinie nach § 135 oder § 137c.

(8) ¹Der Gemeinsame Bundesausschuss berät Hersteller von Medizinprodukten und sonstige Unternehmen im Sinne von Absatz 7 Satz 1 zu den Voraussetzungen der Erbringung einer Untersuchungs- oder Behandlungsmethode zulasten der Krankenkassen. ²Das Nähere einschließlich der Erstattung der für diese Beratung entstandenen Kosten ist in der Verfahrensordnung zu regeln.

§ 137f Strukturierte Behandlungsprogramme bei chronischen Krankheiten. (1) ¹Der Gemeinsame Bundesausschuss nach § 91 legt in Richtlinien nach Maßgabe von Satz 2 geeignete chronische Krankheiten fest, für die strukturierte Behandlungsprogramme entwickelt werden sollen, die den Behandlungsablauf und die Qualität der medizinischen Versorgung chronisch Kranker verbessern. ²Bei der Auswahl der chronischen Krankheiten sind insbesondere die folgenden Kriterien zu berücksichtigen:

1. Zahl der von der Krankheit betroffenen Versicherten,
2. Möglichkeiten zur Verbesserung der Qualität der Versorgung,
3. Verfügbarkeit von evidenzbasierten Leitlinien,
4. sektorenübergreifender Behandlungsbedarf,
5. Beeinflussbarkeit des Krankheitsverlaufs durch Eigeninitiative des Versicherten und
6. hoher finanzieller Aufwand der Behandlung.

³Bis zum 31. Dezember 2016 legt der Gemeinsame Bundesausschuss weitere in § 321 Satz 1 nicht genannte, geeignete chronische Krankheiten fest und erlässt insbesondere für die Behandlung von Rückenleiden und Depressionen jeweils entsprechende Richtlinien nach Absatz 2.

(2) ¹Der Gemeinsame Bundesausschuss nach § 91 erlässt Richtlinien zu den Anforderungen an die Ausgestaltung von Behandlungsprogrammen nach Absatz 1. ²Zu regeln sind insbesondere Anforderungen an die

1. Behandlung nach dem aktuellen Stand der medizinischen Wissenschaft unter Berücksichtigung von evidenzbasierten Leitlinien oder nach der jeweils besten, verfügbaren Evidenz sowie unter Berücksichtigung des jeweiligen Versorgungssektors,
2. durchzuführenden Qualitätssicherungsmaßnahmen unter Berücksichtigung der Ergebnisse nach § 137a Absatz 3,
3. Voraussetzungen für die Einschreibung des Versicherten in ein Programm,
4. Schulungen der Leistungserbringer und der Versicherten,
5. Dokumentation einschließlich der für die Durchführung der Programme erforderlichen personenbezogenen Daten und deren Aufbewahrungsfristen,
6. Bewertung der Auswirkungen der Versorgung in den Programmen (Evaluation).

³Soweit diese Anforderungen Inhalte der ärztlichen Therapie betreffen, schränken sie den zur Erfüllung des ärztlichen Behandlungsauftrags im Einzelfall erforderlichen ärztlichen Behandlungsspielraum nicht ein. ⁴Der Spitzenverband

5 SGB V § 137f 5. Buch. Gesetzl. Krankenversicherung

Bund der Krankenkassen hat den Medizinischen Dienst des Spitzenverbandes Bund der Krankenkassen zu beteiligen. ⁵ Den für die Wahrnehmung der Interessen der ambulanten und stationären Vorsorge- und Rehabilitationseinrichtungen und der Selbsthilfe sowie den für die sonstigen Leistungserbringer auf Bundesebene maßgeblichen Spitzenorganisationen, soweit ihre Belange berührt sind, sowie dem Bundesversicherungsamt und den jeweils einschlägigen wissenschaftlichen Fachgesellschaften ist Gelegenheit zur Stellungnahme zu geben; die Stellungnahmen sind in die Entscheidungen mit einzubeziehen. ⁶ Der Gemeinsame Bundesausschuss nach § 91 hat seine Richtlinien regelmäßig zu überprüfen.

(3) ¹ Für die Versicherten ist die Teilnahme an Programmen nach Absatz 1 freiwillig. ² Voraussetzung für die Einschreibung ist die nach umfassender Information durch die Krankenkasse erteilte schriftliche Einwilligung zur Teilnahme an dem Programm, zur Erhebung, Verarbeitung und Nutzung der in den Richtlinien des Gemeinsamen Bundesausschusses nach Absatz 2 festgelegten Daten durch die Krankenkasse, die Sachverständigen nach Absatz 4 und die beteiligten Leistungserbringer sowie zur Übermittlung dieser Daten an die Krankenkasse. ³ Die Einwilligung kann widerrufen werden.

(4) ¹ Die Krankenkassen oder ihre Verbände haben nach den Richtlinien des Gemeinsamen Bundesausschusses nach Absatz 2 eine externe Evaluation der für dieselbe Krankheit nach Absatz 1 zugelassenen Programme nach Absatz 1 durch einen vom Bundesversicherungsamt im Benehmen mit der Krankenkasse oder dem Verband auf deren Kosten bestellten unabhängigen Sachverständigen auf der Grundlage allgemein anerkannter wissenschaftlicher Standards zu veranlassen, die zu veröffentlichen ist. ² Die Krankenkassen oder ihre Verbände erstellen für die Programme zudem für jedes volle Kalenderjahr Qualitätsberichte nach den Vorgaben der Richtlinien des Gemeinsamen Bundesausschusses nach Absatz 2, die dem Bundesversicherungsamt jeweils bis zum 1. Oktober des Folgejahres vorzulegen sind.

(5) ¹ Die Verbände der Krankenkassen und der Spitzenverband Bund der Krankenkassen unterstützen ihre Mitglieder bei dem Aufbau und der Durchführung von Programmen nach Absatz 1; hierzu gehört auch, dass die in Satz 2 genannten Aufträge auch von diesen Verbänden erteilt werden können, soweit hierdurch bundes- oder landeseinheitliche Vorgaben umgesetzt werden sollen. ² Die Krankenkassen können ihre Aufgaben zur Durchführung von mit zugelassenen Leistungserbringern vertraglich vereinbarten Programmen nach Absatz 1 auf Dritte übertragen. ³ § 80 des Zehnten Buches[1]) bleibt unberührt.

(6) ¹ Soweit in den Verträgen zur Durchführung strukturierter Behandlungsprogramme nach Absatz 1 die Bildung einer Arbeitsgemeinschaft vorgesehen ist, darf diese zur Erfüllung ihrer Aufgaben abweichend von § 80 Abs. 5 Nr. 2 des Zehnten Buches dem Auftragnehmer die Verarbeitung des gesamten Datenbestandes übertragen. ² Der Auftraggeber hat den für ihn zuständigen Datenschutzbeauftragten rechtzeitig vor der Auftragserteilung die in § 80 Abs. 3 Satz 1 Nr. 1 bis 4 des Zehnten Buches genannten Angaben schriftlich anzuzeigen. ³ § 80 Abs. 6 Satz 4 des Zehnten Buches bleibt unberührt. ⁴ Die für die Auftraggeber und Auftragnehmer zuständigen Aufsichtsbehörden haben bei der Kontrolle der Verträge nach Satz 1 eng zusammenzuarbeiten.

---

[1]) Nr. 10.

4. Kapitel. Beziehungen der Krankenkassen § 137g SGB V 5

(7) ¹Die Krankenkassen oder ihre Landesverbände können mit zugelassenen Krankenhäusern, die an der Durchführung eines strukturierten Behandlungsprogramms nach Absatz 1 teilnehmen, Verträge über ambulante ärztliche Behandlung schließen, soweit die Anforderungen an die ambulante Leistungserbringung in den Verträgen zu den strukturierten Behandlungsprogrammen dies erfordern. ²Für die sächlichen und personellen Anforderungen an die ambulante Leistungserbringung des Krankenhauses gelten als Mindestvoraussetzungen die Anforderungen nach § 135 entsprechend.

§ 137g Zulassung strukturierter Behandlungsprogramme. (1) ¹Das Bundesversicherungsamt hat auf Antrag einer oder mehrerer Krankenkassen oder eines Verbandes der Krankenkassen die Zulassung von Programmen nach § 137f Abs. 1 zu erteilen, wenn die Programme und die zu ihrer Durchführung geschlossenen Verträge die in den Richtlinien des Gemeinsamen Bundesausschusses nach § 137f und in der Rechtsverordnung nach § 266 Abs. 7 genannten Anforderungen erfüllen. ²Dabei kann es wissenschaftliche Sachverständige hinzuziehen. ³Die Zulassung kann mit Auflagen und Bedingungen versehen werden. ⁴Die Zulassung ist innerhalb von drei Monaten zu erteilen. ⁵Die Frist nach Satz 4 gilt als gewahrt, wenn die Zulassung aus Gründen, die von der Krankenkasse zu vertreten sind, nicht innerhalb dieser Frist erteilt werden kann. ⁶Die Zulassung wird mit dem Tage wirksam, an dem die in den Richtlinien des Gemeinsamen Bundesausschusses nach § 137f und in der Rechtsverordnung nach § 266 Abs. 7 genannten Anforderungen erfüllt und die Verträge nach Satz 1 geschlossen sind, frühestens mit dem Tag der Antragstellung, nicht jedoch vor dem Inkrafttreten dieser Richtlinien und Verordnungsregelungen. ⁷Für die Bescheiderteilung sind Kosten deckende Gebühren zu erheben. ⁸Die Kosten werden nach dem tatsächlich entstandenen Personal- und Sachaufwand berechnet. ⁹Zusätzlich zu den Personalkosten entstehende Verwaltungsausgaben sind den Kosten in ihrer tatsächlichen Höhe hinzuzurechnen. ¹⁰Soweit dem Bundesversicherungsamt im Zusammenhang mit der Zulassung von Programmen nach § 137f Abs. 1 notwendige Vorhaltekosten entstehen, die durch die Gebühren nach Satz 7 nicht gedeckt sind, sind diese aus dem Gesundheitsfonds zu finanzieren. ¹¹Das Nähere über die Berechnung der Kosten nach den Sätzen 8 und 9 und über die Berücksichtigung der Kosten nach Satz 10 im Risikostrukturausgleich regelt das Bundesministerium für Gesundheit ohne Zustimmung des Bundesrates in der Rechtsverordnung nach § 266 Abs. 7. ¹²In der Rechtsverordnung nach § 266 Abs. 7 kann vorgesehen werden, dass die tatsächlich entstandenen Kosten nach den Sätzen 8 und 9 auf der Grundlage pauschalierter Kostensätze zu berechnen sind. ¹³Klagen gegen die Gebührenbescheide des Bundesversicherungsamts haben keine aufschiebende Wirkung.

(2) ¹Die Programme und die zu ihrer Durchführung geschlossenen Verträge sind unverzüglich, spätestens innerhalb eines Jahres an Änderungen der in den Richtlinien des Gemeinsamen Bundesausschusses nach § 137f und der in der Rechtsverordnung nach § 266 Absatz 7 genannten Anforderungen anzupassen. ²Satz 1 gilt entsprechend für Programme, deren Zulassung bei Inkrafttreten von Änderungen der in den Richtlinien des Gemeinsamen Bundesausschusses nach § 137f und der in der Rechtsverordnung nach § 266 Absatz 7 genannten Anforderungen bereits beantragt ist. ³Die Krankenkasse hat dem Bundesversicherungsamt die angepassten Verträge unverzüglich vorzulegen und es über die Anpassung der Programme unverzüglich zu unterrichten.

(3) ¹Die Zulassung eines Programms ist mit Wirkung zum Zeitpunkt der Änderung der Verhältnisse aufzuheben, wenn das Programm und die zu seiner Durchführung geschlossenen Verträge die rechtlichen Anforderungen nicht mehr erfüllen. ²Die Zulassung ist mit Wirkung zum Beginn des Bewertungszeitraums aufzuheben, für den die Evaluation nach § 137f Absatz 4 Satz 1 nicht gemäß den Anforderungen nach den Richtlinien des Gemeinsamen Bundesausschusses nach § 137f durchgeführt wurde. ³Sie ist mit Wirkung zum Beginn des Kalenderjahres aufzuheben, für das ein Qualitätsbericht nach § 137f Absatz 4 Satz 2 nicht fristgerecht vorgelegt worden ist.

§ 137h Bewertung neuer Untersuchungs- und Behandlungsmethoden mit Medizinprodukten hoher Risikoklasse.

(1) ¹Wird hinsichtlich einer neuen Untersuchungs- oder Behandlungsmethode, deren technische Anwendung maßgeblich auf dem Einsatz eines Medizinprodukts mit hoher Risikoklasse beruht, erstmalig eine Anfrage nach § 6 Absatz 2 Satz 3 des Krankenhausentgeltgesetzes gestellt, hat das anfragende Krankenhaus dem Gemeinsamen Bundesausschuss zugleich Informationen über den Stand der wissenschaftlichen Erkenntnisse zu dieser Methode sowie zu der Anwendung des Medizinprodukts zu übermitteln. ²Eine Anfrage nach Satz 1 und die Übermittlung der Unterlagen erfolgt im Benehmen mit dem Hersteller derjenigen Medizinprodukte mit hoher Risikoklasse, die in dem Krankenhaus bei der Methode zur Anwendung kommen sollen. ³Weist die Methode ein neues theoretisch-wissenschaftliches Konzept auf, gibt der Gemeinsame Bundesausschuss innerhalb von zwei Wochen nach Eingang der Informationen im Wege einer öffentlichen Bekanntmachung im Internet allen Krankenhäusern, die eine Erbringung der neuen Untersuchungs- oder Behandlungsmethode vorsehen, sowie den jeweils betroffenen Medizinprodukteherstellern in der Regel einen Monat Gelegenheit, weitere Informationen im Sinne von Satz 1 an ihn zu übermitteln. ⁴Der Gemeinsame Bundesausschuss nimmt auf Grundlage der übermittelten Informationen innerhalb von drei Monaten eine Bewertung vor, ob

1. der Nutzen der Methode unter Anwendung des Medizinprodukts als hinreichend belegt anzusehen ist,

2. der Nutzen zwar als noch nicht hinreichend belegt anzusehen ist, aber die Methode unter Anwendung des Medizinprodukts das Potential einer erforderlichen Behandlungsalternative bietet, oder

3. die Methode unter Anwendung des Medizinprodukts kein Potential für eine erforderliche Behandlungsalternative bietet, insbesondere weil sie als schädlich oder unwirksam anzusehen ist.

⁵Für den Beschluss des Gemeinsamen Bundesausschusses nach Satz 4 gilt § 94 Absatz 2 Satz 1 entsprechend. ⁶Das Nähere zum Verfahren ist erstmals innerhalb von drei Monaten nach Inkrafttreten der Rechtsverordnung nach Absatz 2 in der Verfahrensordnung zu regeln. ⁷Satz 1 ist erst ab dem Zeitpunkt des Inkrafttretens der Verfahrensordnung anzuwenden.

(2) ¹Medizinprodukte mit hoher Risikoklasse nach Absatz 1 Satz 1 sind solche, die der Risikoklasse IIb oder III nach Artikel 9 in Verbindung mit Anhang IX der Richtlinie 93/42/EWG des Rates vom 14. Juni 1993 über Medizinprodukte (ABl. L 169 vom 12.7.1993, S. 1), die zuletzt durch Artikel 2 der Richtlinie 2007/47/EG (ABl. L 247 vom 21.9.2007, S. 21) geändert

4. Kapitel. Beziehungen der Krankenkassen　　　　　　§ 137h　SGB V　5

worden ist, oder den aktiven implantierbaren Medizinprodukten zuzuordnen sind und deren Anwendung einen besonders invasiven Charakter aufweist. ²Eine Methode weist ein neues theoretisch-wissenschaftliches Konzept im Sinne von Absatz 1 Satz 3 auf, wenn sich ihr Wirkprinzip oder ihr Anwendungsgebiet von anderen, in der stationären Versorgung bereits eingeführten systematischen Herangehensweisen wesentlich unterscheidet. ³Nähere Kriterien zur Bestimmung der in den Sätzen 1 und 2 genannten Voraussetzungen regelt das Bundesministerium für Gesundheit im Benehmen mit dem Bundesministerium für Bildung und Forschung erstmals bis zum 31. Dezember 2015 durch Rechtsverordnung ohne Zustimmung des Bundesrates.

(3) ¹Für eine Methode nach Absatz 1 Satz 4 Nummer 1 prüft der Gemeinsame Bundesausschuss, ob Anforderungen an die Qualität der Leistungserbringung nach den §§ 136 bis 136b zu regeln sind. ²Wenn die Methode mit pauschalierten Pflegesätzen nach § 17 Absatz 1a des Krankenhausfinanzierungsgesetzes noch nicht sachgerecht vergütet werden kann und eine Vereinbarung nach § 6 Absatz 2 Satz 1 des Krankenhausentgeltgesetzes oder nach § 6 Absatz 2 Satz 1 der Bundespflegesatzverordnung nicht innerhalb von drei Monaten nach dem Beschluss nach Absatz 1 Satz 4 zustande kommt, ist ihr Inhalt durch die Schiedsstelle nach § 13 des Krankenhausentgeltgesetzes oder nach § 13 der Bundespflegesatzverordnung festzulegen. ³Der Anspruch auf die vereinbarte oder durch die Schiedsstelle festgelegte Vergütung gilt für Behandlungsfälle, die ab dem Zeitpunkt der Anfrage nach § 6 Absatz 2 Satz 3 des Krankenhausentgeltgesetzes oder nach § 6 Absatz 2 Satz 2 der Bundespflegesatzverordnung in das Krankenhaus aufgenommen worden sind. ⁴Für die Abwicklung des Vergütungsanspruchs, der zwischen dem Zeitpunkt nach Satz 3 und der Abrechnung der vereinbarten oder durch die Schiedsstelle festgelegten Vergütung entstanden ist, ermitteln die Vertragsparteien nach § 11 des Krankenhausentgeltgesetzes oder nach § 11 der Bundespflegesatzverordnung die Differenz zwischen der vereinbarten oder durch die Schiedsstelle festgelegten Vergütung und der für die Behandlungsfälle bereits gezahlten Vergütung; für die ermittelte Differenz ist § 15 Absatz 3 des Krankenhausentgeltgesetzes oder § 15 Absatz 2 der Bundespflegesatzverordnung entsprechend anzuwenden.

(4) ¹Für eine Methode nach Absatz 1 Satz 4 Nummer 2 entscheidet der Gemeinsame Bundesausschuss innerhalb von sechs Monaten nach dem Beschluss nach Absatz 1 Satz 4 über eine Richtlinie zur Erprobung nach § 137e. ²Wenn die Methode mit pauschalierten Pflegesätzen nach § 17 Absatz 1a des Krankenhausfinanzierungsgesetzes noch nicht sachgerecht vergütet werden kann und eine Vereinbarung nach § 6 Absatz 2 Satz 1 des Krankenhausentgeltgesetzes oder nach § 6 Absatz 2 Satz 1 der Bundespflegesatzverordnung nicht innerhalb von drei Monaten nach dem Beschluss nach Absatz 1 Satz 4 zustande kommt, ist ihr Inhalt durch die Schiedsstelle nach § 13 des Krankenhausentgeltgesetzes oder nach § 13 der Bundespflegesatzverordnung festzulegen. ³Der Anspruch auf die vereinbarte oder durch die Schiedsstelle festgelegte Vergütung gilt für die Behandlungsfälle, die ab dem Zeitpunkt der Anfrage nach § 6 Absatz 2 Satz 3 des Krankenhausentgeltgesetzes oder nach § 6 Absatz 2 Satz 2 der Bundespflegesatzverordnung in das Krankenhaus aufgenommen worden sind. ⁴Für die Abwicklung des Vergütungsanspruchs, der zwischen dem Zeitpunkt nach Satz 3 und der Abrechnung der vereinbarten oder durch die Schiedsstelle festgelegten Vergütung entstanden ist, ermitteln die Vertragsparteien nach § 11 des Krankenhausentgeltgesetzes oder nach § 11 der Bundes-

pflegesatzverordnung die Differenz zwischen der vereinbarten oder durch die Schiedsstelle festgelegten Vergütung und der für die Behandlungsfälle bereits gezahlten Vergütung; für die ermittelte Differenz ist § 15 Absatz 3 des Krankenhausentgeltgesetzes oder § 15 Absatz 2 der Bundespflegesatzverordnung entsprechend anzuwenden. [5] Krankenhäuser, die die Methode unter Anwendung des Medizinprodukts zu Lasten der Krankenkassen erbringen wollen, sind verpflichtet, an einer Erprobung nach § 137e teilzunehmen. [6] Die Anforderungen an die Erprobung nach § 137e Absatz 2 haben unter Berücksichtigung der Versorgungsrealität die tatsächliche Durchführbarkeit der Erprobung und der Leistungserbringung zu gewährleisten. [7] Die Erprobung ist in der Regel innerhalb von zwei Jahren abzuschließen, es sei denn, dass auch bei Straffung des Verfahrens im Einzelfall eine längere Erprobungszeit erforderlich ist. [8] Nach Abschluss der Erprobung entscheidet der Gemeinsame Bundesausschuss innerhalb von drei Monaten über eine Richtlinie nach § 137c.

(5) Für eine Methode nach Absatz 1 Satz 4 Nummer 3 ist eine Vereinbarung nach § 6 Absatz 2 Satz 1 des Krankenhausentgeltgesetzes oder nach § 6 Absatz 2 Satz 1 der Bundespflegesatzverordnung ausgeschlossen; der Gemeinsame Bundesausschuss entscheidet unverzüglich über eine Richtlinie nach § 137c Absatz 1 Satz 2.

(6) [1] Der Gemeinsame Bundesausschuss berät Krankenhäuser und Hersteller von Medizinprodukten im Vorfeld des Verfahrens nach Absatz 1 über dessen Voraussetzungen und Anforderungen im Hinblick auf konkrete Methoden. [2] Der Gemeinsame Bundesausschuss kann im Rahmen der Beratung prüfen, ob eine Methode dem Verfahren nach Absatz 1 unterfällt, insbesondere ob sie ein neues theoretisch-wissenschaftliches Konzept aufweist, und hierzu eine Feststellung treffen. [3] Vor einem solchen Beschluss gibt er im Wege einer öffentlichen Bekanntmachung im Internet weiteren betroffenen Krankenhäusern sowie den jeweils betroffenen Medizinprodukteherstellern Gelegenheit zur Stellungnahme. [4] Die Stellungnahmen sind in die Entscheidung einzubeziehen. [5] Für den Beschluss gilt § 94 Absatz 2 Satz 1 entsprechend.

(7) [1] Klagen bei Streitigkeiten nach dieser Vorschrift haben keine aufschiebende Wirkung. [2] Ein Vorverfahren findet nicht statt.

§ 137i Pflegepersonaluntergrenzen in pflegesensitiven Bereichen in Krankenhäusern; Verordnungsermächtigung.

(1) [1] Der Spitzenverband Bund der Krankenkassen und die Deutsche Krankenhausgesellschaft legen im Benehmen mit dem Verband der Privaten Krankenversicherung pflegesensitive Bereiche im Krankenhaus fest, für die sie im Benehmen mit dem Verband der Privaten Krankenversicherung spätestens bis zum 30. Juni 2018 mit Wirkung zum 1. Januar 2019 verbindliche Pflegepersonaluntergrenzen mit Wirkung für alle gemäß § 108 zugelassenen Krankenhäuser vereinbaren. [2] Für die Ermittlung der Pflegepersonaluntergrenzen sind alle Patientinnen und Patienten gleichermaßen zu berücksichtigen. [3] Die Mindestvorgaben zur Personalausstattung nach § 136a Absatz 2 Satz 2 bleiben unberührt. [4] In den pflegesensitiven Bereichen sind die dazugehörigen Intensiveinheiten, in begründeten Fällen auch Intensiveinheiten außerhalb von pflegesensitiven Krankenhausbereichen, sowie die Besetzungen im Nachtdienst zu berücksichtigen. [5] Die Vertragsparteien nach Satz 1 haben geeignete Maßnahmen vorzusehen, um Personalverlagerungseffekte aus anderen Krankenhausbereichen zu vermeiden. [6] Sie bestimmen notwendige Ausnahmetatbestände und Übergangsregelungen sowie die Anfor-

4. Kapitel. Beziehungen der Krankenkassen **§ 137i SGB V 5**

derungen an deren Nachweis. [7] Für den Fall der Nichteinhaltung der Pflegepersonaluntergrenzen bestimmen die Vertragsparteien nach Satz 1 mit Wirkung für die Vertragsparteien nach § 11 des Krankenhausentgeltgesetzes insbesondere die Höhe und die nähere Ausgestaltung von Vergütungsabschlägen. [8] Zur Unterstützung bei der Festlegung der pflegesensitiven Bereiche sowie zur Ermittlung der Pflegepersonaluntergrenzen können sie im Bedarfsfall fachlich unabhängige wissenschaftliche Einrichtungen oder Sachverständige beauftragen. [9] Bei der Ausarbeitung und Festlegung der Pflegepersonaluntergrenzen in pflegesensitiven Bereichen sind insbesondere der Deutsche Pflegerat e.V. – DPR, Vertreter der für Personalfragen der Krankenhäuser maßgeblichen Gewerkschaften und Arbeitgeberverbände, die in § 2 Absatz 1 der Patientenbeteiligungsverordnung genannten Organisationen sowie die Arbeitsgemeinschaft der Wissenschaftlichen Medizinischen Fachgesellschaften e.V. qualifiziert zu beteiligen, indem ihnen insbesondere in geeigneter Weise die Teilnahme an und die Mitwirkung in Beratungen zu ermöglichen sind und ihre Stellungnahmen zu berücksichtigen und bei der Entscheidungsfindung miteinzubeziehen sind. [10] Kommt eine Vereinbarung über die Vergütungsabschläge nach Satz 7 bis zum 30. Juni 2018 nicht zustande, trifft die Schiedsstelle nach § 18a Absatz 6 des Krankenhausfinanzierungsgesetzes ohne Antrag einer Vertragspartei nach Satz 1 innerhalb von sechs Wochen die ausstehenden Entscheidungen.

(2) [1] Bei der Umsetzung der Vorgaben nach Absatz 1 steht das Bundesministerium für Gesundheit im ständigen fachlichen Austausch mit den Vertragsparteien nach Absatz 1 Satz 1 und beteiligt den Beauftragten der Bundesregierung für die Belange der Patientinnen und Patienten sowie Bevollmächtigten für Pflege bei den in den Sätzen 4 bis 6 vorgesehenen Verfahrensschritten. [2] Das Bundesministerium für Gesundheit kann zur Unterstützung der Vertragsparteien nach Absatz 1 Satz 1 das Institut nach § 137a mit Gutachten beauftragen; § 137a Absatz 4 Satz 3 gilt entsprechend. [3] Das Bundesministerium für Gesundheit ist berechtigt, an den Sitzungen der Vertragsparteien nach Absatz 1 Satz 1 teilzunehmen, und erhält deren fachliche Unterlagen. [4] Die Vertragsparteien nach Absatz 1 Satz 1 legen dem Bundesministerium für Gesundheit unverzüglich, spätestens bis zum 31. August 2017, einen Zeitplan mit konkreten Zeitzielen für die Entwicklung und Umsetzung der Vorgaben nach Absatz 1 vor. [5] Sie sind verpflichtet, dem Bundesministerium für Gesundheit fortlaufend, insbesondere wenn die Umsetzung der Vorgaben nach Absatz 1 oder die Erreichung der konkreten Zeitziele des Zeitplans gefährdet sind, und auf dessen Verlangen unverzüglich Auskunft über den Bearbeitungsstand der Beratungen zu geben und mögliche Lösungen für Vereinbarungshindernisse vorzulegen. [6] Die Vertragsparteien nach Absatz 1 Satz 1 legen dem Bundesministerium für Gesundheit bis zum 31. Januar 2018 einen Zwischenbericht über die Umsetzung der Vorgaben nach Absatz 1 vor.

(3) [1] Kommt die Vereinbarung nach Absatz 1 ganz oder teilweise nicht fristgerecht zustande, erlässt das Bundesministerium für Gesundheit nach Fristablauf die Vorgaben nach Absatz 1 Satz 1 bis 4 und 6 durch Rechtsverordnung ohne Zustimmung des Bundesrates. [2] Zum Erlass der Vorgaben nach Absatz 1 Satz 1 bis 4 und 6 kann das Bundesministerium für Gesundheit auf Kosten der Vertragsparteien nach Absatz 1 Satz 1 Datenerhebungen oder Auswertungen in Auftrag geben oder Sachverständigengutachten einholen. [3] Das Bundesministerium für Gesundheit kann insbesondere das Institut für das Entgeltsystem im Krankenhaus und das Institut nach § 137a mit Auswertungen oder Sachver-

ständigengutachten beauftragen. [4] Wird das Institut für das Entgeltsystem im Krankenhaus beauftragt, sind die notwendigen Aufwendungen des Instituts aus dem Zuschlag nach § 17b Absatz 5 Satz 1 Nummer 1 des Krankenhausfinanzierungsgesetzes zu finanzieren; für die Aufwendungen des Instituts nach § 137a gilt § 137a Absatz 4 Satz 3 entsprechend.

(4) [1] Für die Jahre ab 2019 haben die Krankenhäuser durch Bestätigung eines Wirtschaftsprüfers, einer Wirtschaftsprüfungsgesellschaft, eines vereidigten Buchprüfers oder einer Buchprüfungsgesellschaft den Vertragsparteien nach Absatz 1 Satz 1, den Vertragsparteien nach § 11 des Krankenhausentgeltgesetzes und der jeweiligen für die Krankenhausplanung zuständigen Behörde den Erfüllungsgrad der Einhaltung der Pflegepersonaluntergrenzen nach Absatz 1 oder Absatz 3, differenziert nach Personalgruppen und Berufsbezeichnungen und unter Berücksichtigung des Ziels der Vermeidung von Personalverlagerungseffekten, nachzuweisen. [2] Zu diesem Zweck vereinbaren die Vertragsparteien nach Absatz 1 Satz 1 bis zum 30. Juni 2018 mit Wirkung für die Vertragsparteien nach § 11 des Krankenhausentgeltgesetzes die nähere Ausgestaltung der Nachweise. [3] Die Krankenhäuser übermitteln den Nachweis zum 30. Juni jedes Jahres für das jeweils vorangegangene Kalenderjahr, erstmals für das Jahr 2019 zum 30. Juni 2020. [4] Der Erfüllungsgrad der Einhaltung der Vorgaben nach Absatz 1 oder Absatz 3, differenziert nach Personalgruppen und Berufsbezeichnungen, ist in den Qualitätsberichten der Krankenhäuser nach § 136b Absatz 1 Satz 1 Nummer 3 darzustellen. [5] Kommt eine Vereinbarung über die nähere Ausgestaltung der Nachweise nach Satz 2 unter Einschluss der gemäß Absatz 1 Satz 5 vorzusehenden Maßnahmen zur Vermeidung von Personalverlagerungseffekten nicht zustande, trifft die Schiedsstelle nach § 18a Absatz 6 des Krankenhausfinanzierungsgesetzes ohne Antrag einer Vertragspartei nach Satz 1 innerhalb von sechs Wochen die ausstehenden Entscheidungen.

(5) Hält ein Krankenhaus die nach Absatz 1 oder Absatz 3 festgelegten verbindlichen Pflegepersonaluntergrenzen nicht ein, ohne dass ein nach Absatz 1 Satz 6 oder Absatz 3 bestimmter Ausnahmetatbestand vorliegt oder die Voraussetzungen einer nach Absatz 1 Satz 6 oder Absatz 3 bestimmten Übergangsregelung erfüllt sind, ist durch die Vertragsparteien nach § 11 des Krankenhausentgeltgesetzes ein nach Absatz 1 Satz 7 bestimmter Vergütungsabschlag zu vereinbaren.

(6) [1] Für die nach Absatz 1 oder Absatz 3 festgelegten Pflegepersonaluntergrenzen treffen die Vertragsparteien nach Absatz 1 Satz 1 unter Schätzung der personellen und finanziellen Folgen eine Rahmenvereinbarung darüber, welche Mehrkosten, die bei der Finanzierung der Pflegepersonaluntergrenzen entstehen, in Art und Umfang von den Vertragsparteien nach § 11 des Krankenhausentgeltgesetzes bei der Vereinbarung von krankenhausindividuellen Zuschlägen nach § 5 Absatz 3c des Krankenhausentgeltgesetzes zu berücksichtigen sind. [2] Dabei haben die Vertragsparteien nach Absatz 1 Satz 1 auf Grundlage von Auswertungen des Instituts für das Entgeltsystem im Krankenhaus festzustellen, inwieweit die Pflegepersonaluntergrenzen bereits durch Entgelte nach dem Krankenhausentgeltgesetz oder nach diesem Gesetz finanziert werden. [3] Kommt eine Vereinbarung nach Satz 1 nicht zustande, entscheidet auf Antrag einer der Vertragsparteien nach Absatz 1 Satz 1 die Schiedsstelle nach § 18a Absatz 6 des Krankenhausfinanzierungsgesetzes.

(7) Die Vertragsparteien nach Absatz 1 Satz 1 legen dem Deutschen Bundestag über das Bundesministerium für Gesundheit bis zum 31. Dezember 2022

4. Kapitel. Beziehungen der Krankenkassen   §§ 138, 139 SGB V 5

einen wissenschaftlich evaluierten Bericht über die Auswirkungen der festgelegten Pflegepersonaluntergrenzen in den pflegesensitiven Bereichen in Krankenhäusern vor.

§ 138 Neue Heilmittel. Die an der vertragsärztlichen Versorgung teilnehmenden Ärzte dürfen neue Heilmittel nur verordnen, wenn der Gemeinsame Bundesausschuss zuvor ihren therapeutischen Nutzen anerkannt und in den Richtlinien nach § 92 Abs. 1 Satz 2 Nr. 6 Empfehlungen für die Sicherung der Qualität bei der Leistungserbringung abgegeben hat.

§ 139 Hilfsmittelverzeichnis, Qualitätssicherung bei Hilfsmitteln.

(1) [1] Der Spitzenverband Bund der Krankenkassen erstellt ein systematisch strukturiertes Hilfsmittelverzeichnis. [2] In dem Verzeichnis sind von der Leistungspflicht umfasste Hilfsmittel aufzuführen. [3] Das Hilfsmittelverzeichnis ist im Bundesanzeiger bekannt zu machen.

(2) [1] Soweit dies zur Gewährleistung einer ausreichenden, zweckmäßigen und wirtschaftlichen Versorgung erforderlich ist, sind im Hilfsmittelverzeichnis indikations- oder einsatzbezogen besondere Qualitätsanforderungen für Hilfsmittel festzulegen. [2] Besondere Qualitätsanforderungen nach Satz 1 können auch festgelegt werden, um eine ausreichend lange Nutzungsdauer oder in geeigneten Fällen den Wiedereinsatz von Hilfsmitteln bei anderen Versicherten zu ermöglichen. [3] Im Hilfsmittelverzeichnis sind auch die Anforderungen an die zusätzlich zur Bereitstellung des Hilfsmittels zu erbringenden Leistungen zu regeln.

(3) [1] Die Aufnahme eines Hilfsmittels in das Hilfsmittelverzeichnis erfolgt auf Antrag des Herstellers. [2] Über die Aufnahme entscheidet der Spitzenverband Bund der Krankenkassen; er kann vom Medizinischen Dienst prüfen lassen, ob die Voraussetzungen nach Absatz 4 erfüllt sind. [3] Hält der Spitzenverband Bund der Krankenkassen bei der Prüfung des Antrags eine Klärung durch den Gemeinsamen Bundesausschuss für erforderlich, ob der Einsatz des Hilfsmittels untrennbarer Bestandteil einer neuen Untersuchungs- oder Behandlungsmethode ist, holt er hierzu unter Vorlage der ihm vorliegenden Unterlagen sowie einer Begründung seiner Einschätzung eine Auskunft des Gemeinsamen Bundesausschusses ein. [4] Der Gemeinsame Bundesausschuss hat die Auskunft innerhalb von sechs Monaten zu erteilen. [5] Kommt der Gemeinsame Bundesausschuss zu dem Ergebnis, dass das Hilfsmittel untrennbarer Bestandteil einer neuen Untersuchungs- oder Behandlungsmethode ist, beginnt unmittelbar das Verfahren zur Bewertung der Methode nach § 135 Absatz 1 Satz 1, wenn der Hersteller den Antrag auf Eintragung des Hilfsmittels in das Hilfsmittelverzeichnis nicht innerhalb eines Monats zurücknimmt, nachdem ihm der Spitzenverband Bund der Krankenkassen das Ergebnis der Auskunft mitgeteilt hat.

(4) [1] Das Hilfsmittel ist aufzunehmen, wenn der Hersteller die Funktionstauglichkeit und Sicherheit, die Erfüllung der Qualitätsanforderungen nach Absatz 2 und, soweit erforderlich, den medizinischen Nutzen nachgewiesen hat und es mit den für eine ordnungsgemäße und sichere Handhabung erforderlichen Informationen in deutscher Sprache versehen ist. [2] Hat der Hersteller Nachweise nach Satz 1 nur für bestimmte Indikationen erbracht, ist die Aufnahme in das Hilfsmittelverzeichnis auf diese Indikationen zu beschränken. [3] Nimmt der Hersteller an Hilfsmitteln, die im Hilfsmittelverzeichnis aufgeführt sind, Änderungen vor, hat er diese dem Spitzenverband Bund der Krankenkas-

sen unverzüglich mitzuteilen. ⁴ Die Mitteilungspflicht gilt auch, wenn ein Hilfsmittel nicht mehr hergestellt wird.

(5) ¹ Für Medizinprodukte im Sinne des § 3 Nr. 1 des Medizinproduktegesetzes gilt der Nachweis der Funktionstauglichkeit und der Sicherheit durch die CE-Kennzeichnung grundsätzlich als erbracht. ² Der Spitzenverband Bund der Krankenkassen vergewissert sich von der formalen Rechtmäßigkeit der CE-Kennzeichnung anhand der Konformitätserklärung und, soweit zutreffend, der Zertifikate der an der Konformitätsbewertung beteiligten Benannten Stelle. ³ Aus begründetem Anlass können zusätzliche Prüfungen vorgenommen und hierfür erforderliche Nachweise verlangt werden. ⁴ Prüfungen nach Satz 3 können nach erfolgter Aufnahme des Produkts auch auf der Grundlage von Stichproben vorgenommen werden. ⁵ Ergeben sich bei den Prüfungen nach Satz 2 bis 4 Hinweise darauf, dass Vorschriften des Medizinprodukterechts nicht beachtet sind, sind unbeschadet sonstiger Konsequenzen die danach zuständigen Behörden hierüber zu informieren.

(6) ¹ Legt der Hersteller unvollständige Antragsunterlagen vor, ist ihm eine angemessene Frist, die insgesamt sechs Monate nicht übersteigen darf, zur Nachreichung fehlender Unterlagen einzuräumen. ² Wenn nach Ablauf der Frist die für die Entscheidung über den Antrag erforderlichen Unterlagen nicht vollständig vorliegen, ist der Antrag abzulehnen. ³ Ansonsten entscheidet der Spitzenverband Bund der Krankenkassen innerhalb von drei Monaten nach Vorlage der vollständigen Unterlagen. ⁴ Bis zum Eingang einer im Einzelfall nach Absatz 3 Satz 3 angeforderten Auskunft des Gemeinsamen Bundesausschusses ist der Lauf der Frist nach Satz 3 unterbrochen. ⁵ Über die Entscheidung ist ein Bescheid zu erteilen. ⁶ Die Aufnahme ist zu widerrufen, wenn die Anforderungen nach Absatz 4 Satz 1 nicht mehr erfüllt sind.

(7) ¹ Der Spitzenverband Bund der Krankenkassen beschließt bis zum 31. Dezember 2017 eine Verfahrensordnung, in der er nach Maßgabe der Absätze 3 bis 6, 8 und 9 das Nähere zum Verfahren zur Aufnahme von Hilfsmitteln in das Hilfsmittelverzeichnis, zu deren Streichung und zur Fortschreibung des Hilfsmittelverzeichnisses sowie das Nähere zum Verfahren der Auskunftseinholung beim Gemeinsamen Bundesausschuss regelt. ² Er kann dabei vorsehen, dass von der Erfüllung bestimmter Anforderungen ausgegangen wird, sofern Prüfzertifikate geeigneter Institutionen vorgelegt werden oder die Einhaltung einschlägiger Normen oder Standards in geeigneter Weise nachgewiesen wird. ³ In der Verfahrensordnung legt er insbesondere Fristen für die regelmäßige Fortschreibung des Hilfsmittelverzeichnisses fest. ⁴ Den maßgeblichen Spitzenorganisationen der betroffenen Hersteller und Leistungserbringer auf Bundesebene ist vor Beschlussfassung innerhalb einer angemessenen Frist Gelegenheit zur Stellungnahme zu geben; die Stellungnahmen sind in die Entscheidung einzubeziehen. ⁵ Die Verfahrensordnung bedarf der Genehmigung des Bundesministeriums für Gesundheit. ⁶ Für Änderungen der Verfahrensordnung gelten die Sätze 4 und 5 entsprechend. ⁷ Sofern dies in einer Rechtsverordnung nach Absatz 8 vorgesehen ist, erhebt der Spitzenverband Bund der Krankenkassen Gebühren zur Deckung seiner Verwaltungsausgaben nach Satz 1.

(8) ¹ Das Bundesministerium für Gesundheit kann durch Rechtsverordnung ohne Zustimmung des Bundesrates bestimmen, dass für das Verfahren zur Aufnahme von Hilfsmitteln in das Hilfsmittelverzeichnis Gebühren von den Herstellern zu erheben sind. ² Es legt die Höhe der Gebühren unter Berücksichti-

gung des Verwaltungsaufwandes und der Bedeutung der Angelegenheit für den Gebührenschuldner fest. ³ In der Rechtsverordnung kann vorgesehen werden, dass die tatsächlich entstandenen Kosten auf der Grundlage pauschalierter Kostensätze zu berechnen sind.

(9) ¹ Das Hilfsmittelverzeichnis ist regelmäßig fortzuschreiben. ² Der Spitzenverband Bund der Krankenkassen hat bis zum 31. Dezember 2018 sämtliche Produktgruppen, die seit dem 30. Juni 2015 nicht mehr grundlegend aktualisiert wurden, einer systematischen Prüfung zu unterziehen und sie im erforderlichen Umfang fortzuschreiben. ³ Er legt dem Ausschuss für Gesundheit des Deutschen Bundestages über das Bundesministerium für Gesundheit einmal jährlich zum 1. März einen Bericht über die im Berichtszeitraum erfolgten sowie über die begonnenen, aber noch nicht abgeschlossenen Fortschreibungen vor. ⁴ Die Fortschreibung umfasst die Weiterentwicklung und Änderungen der Systematik und der Anforderungen nach Absatz 2, die Aufnahme neuer Hilfsmittel sowie die Streichung von Hilfsmitteln.

(10) ¹ Zum Zweck der Fortschreibung nach Absatz 9 Satz 1, 2 und 4 kann der Spitzenverband Bund der Krankenkassen von dem Hersteller für seine im Hilfsmittelverzeichnis aufgeführten Produkte innerhalb einer in der Verfahrensordnung festgelegten angemessenen Frist die zur Prüfung der Anforderungen nach Absatz 4 Satz 1 erforderlichen Unterlagen anfordern. ² Bringt der Hersteller die angeforderten Unterlagen nicht fristgemäß bei, verliert die Aufnahme des Produktes in das Hilfsmittelverzeichnis ihre Wirksamkeit und das Produkt ist unmittelbar aus dem Hilfsmittelverzeichnis zu streichen. ³ Ergibt die Prüfung, dass die Anforderungen nach Absatz 4 Satz 1 nicht oder nicht mehr erfüllt sind, ist die Aufnahme zurückzunehmen oder zu widerrufen. ⁴ Nach Eintritt der Bestandskraft des Rücknahme- oder Widerrufsbescheids ist das Produkt aus dem Hilfsmittelverzeichnis zu streichen. ⁵ Für die Prüfung, ob ein Hilfsmittel noch hergestellt wird, gelten die Sätze 1 bis 3 entsprechend mit der Maßgabe, dass die Streichung auch zu einem späteren Zeitpunkt erfolgen kann.

(11) ¹ Vor einer Weiterentwicklung und Änderungen der Systematik und der Anforderungen nach Absatz 2 ist den maßgeblichen Spitzenorganisationen der betroffenen Hersteller und Leistungserbringer auf Bundesebene unter Übermittlung der hierfür erforderlichen Informationen innerhalb einer angemessenen Frist Gelegenheit zur Stellungnahme zu geben; die Stellungnahmen sind in die Entscheidung einzubeziehen. ² Der Spitzenverband Bund der Krankenkassen kann auch Stellungnahmen von medizinischen Fachgesellschaften sowie Sachverständigen aus Wissenschaft und Technik einholen.

§ 139a Institut für Qualität und Wirtschaftlichkeit im Gesundheitswesen.

(1) ¹ Der Gemeinsame Bundesausschuss nach § 91 gründet ein fachlich unabhängiges, rechtsfähiges, wissenschaftliches Institut für Qualität und Wirtschaftlichkeit im Gesundheitswesen und ist dessen Träger. ² Hierzu kann eine Stiftung des privaten Rechts errichtet werden.

(2) ¹ Die Bestellung der Institutsleitung hat im Einvernehmen mit dem Bundesministerium für Gesundheit zu erfolgen. ² Wird eine Stiftung des privaten Rechts errichtet, erfolgt das Einvernehmen innerhalb des Stiftungsvorstands, in den das Bundesministerium für Gesundheit einen Vertreter entsendet.

(3) Das Institut wird zu Fragen von grundsätzlicher Bedeutung für die Qualität und Wirtschaftlichkeit der im Rahmen der gesetzlichen Krankenversicherung erbrachten Leistungen insbesondere auf folgenden Gebieten tätig:

1. Recherche, Darstellung und Bewertung des aktuellen medizinischen Wissensstandes zu diagnostischen und therapeutischen Verfahren bei ausgewählten Krankheiten,
2. Erstellung von wissenschaftlichen Ausarbeitungen, Gutachten und Stellungnahmen zu Fragen der Qualität und Wirtschaftlichkeit der im Rahmen der gesetzlichen Krankenversicherung erbrachten Leistungen unter Berücksichtigung alters-, geschlechts- und lebenslagenspezifischer Besonderheiten,
3. Bewertungen evidenzbasierter Leitlinien für die epidemiologisch wichtigsten Krankheiten,
4. Abgabe von Empfehlungen zu Disease-Management-Programmen,
5. Bewertung des Nutzens und der Kosten von Arzneimitteln,
6. Bereitstellung von für alle Bürgerinnen und Bürger verständlichen allgemeinen Informationen zur Qualität und Effizienz in der Gesundheitsversorgung sowie zu Diagnostik und Therapie von Krankheiten mit erheblicher epidemiologischer Bedeutung,
7. Beteiligung an internationalen Projekten zur Zusammenarbeit und Weiterentwicklung im Bereich der evidenzbasierten Medizin.

(4) ¹Das Institut hat zu gewährleisten, dass die Bewertung des medizinischen Nutzens nach den international anerkannten Standards der evidenzbasierten Medizin und die ökonomische Bewertung nach den hierfür maßgeblichen international anerkannten Standards, insbesondere der Gesundheitsökonomie erfolgt. ²Es hat in regelmäßigen Abständen über die Arbeitsprozesse und -ergebnisse einschließlich der Grundlagen für die Entscheidungsfindung öffentlich zu berichten.

(5) ¹Das Institut hat in allen wichtigen Abschnitten des Bewertungsverfahrens Sachverständigen der medizinischen, pharmazeutischen und gesundheitsökonomischen Wissenschaft und Praxis, den Arzneimittelherstellern sowie den für die Wahrnehmung der Interessen der Patientinnen und Patienten und der Selbsthilfe chronisch Kranker und behinderter Menschen maßgeblichen Organisationen sowie die oder dem Beauftragten der Bundesregierung für die Belange der Patientinnen und Patienten Gelegenheit zur Stellungnahme zu geben. ²Die Stellungnahmen sind in die Entscheidung einzubeziehen.

(6) Zur Sicherstellung der fachlichen Unabhängigkeit des Instituts haben die Beschäftigten vor ihrer Einstellung alle Beziehungen zu Interessenverbänden, Auftragsinstituten, insbesondere der pharmazeutischen Industrie und der Medizinprodukteindustrie, einschließlich Art und Höhe von Zuwendungen offen zu legen.

§ 139b Aufgabendurchführung. (1) ¹Der Gemeinsame Bundesausschuss nach § 91 beauftragt das Institut mit Arbeiten nach § 139a Abs. 3. ²Die den Gemeinsamen Bundesausschuss bildenden Institutionen, das Bundesministerium für Gesundheit und die für die Wahrnehmung der Interessen der Patientinnen und Patienten und der Selbsthilfe chronisch kranker und behinderter Menschen maßgeblichen Organisationen sowie die oder der Beauftragte der

Bundesregierung für die Belange der Patientinnen und Patienten können die Beauftragung des Institutes beim Gemeinsamen Bundesausschuss beantragen.

(2) ¹Das Bundesministerium für Gesundheit kann die Bearbeitung von Aufgaben nach § 139a Abs. 3 unmittelbar beim Institut beantragen. ²Das Institut kann einen Antrag des Bundesministeriums für Gesundheit als unbegründet ablehnen, es sei denn, das Bundesministerium für Gesundheit übernimmt die Finanzierung der Bearbeitung des Auftrags.

(3) ¹Zur Erledigung der Aufgaben nach § 139a Abs. 3 Nr. 1 bis 5 hat das Institut wissenschaftliche Forschungsaufträge an externe Sachverständige zu vergeben. ²Diese haben alle Beziehungen zu Interessenverbänden, Auftragsinstituten, insbesondere der pharmazeutischen Industrie und der Medizinprodukteindustrie, einschließlich Art und Höhe von Zuwendungen offen zu legen.

(4) ¹Das Institut leitet die Arbeitsergebnisse der Aufträge nach den Absätzen 1 und 2 dem Gemeinsamen Bundesausschuss nach § 91 als Empfehlungen zu. ²Der Gemeinsame Bundesausschuss hat die Empfehlungen im Rahmen seiner Aufgabenstellung zu berücksichtigen.

(5) ¹Versicherte und sonstige interessierte Einzelpersonen können beim Institut Bewertungen nach § 139a Absatz 3 Nummer 1 und 2 zu medizinischen Verfahren und Technologien vorschlagen. ²Das Institut soll die für die Versorgung von Patientinnen und Patienten besonders bedeutsamen Vorschläge auswählen und bearbeiten.

§ 139c Finanzierung. ¹Die Finanzierung des Instituts nach § 139a Abs. 1 erfolgt jeweils zur Hälfte durch die Erhebung eines Zuschlags für jeden abzurechnenden Krankenhausfall und durch die zusätzliche Anhebung der Vergütungen für die ambulante vertragsärztliche und vertragszahnärztliche Versorgung nach den §§ 85 und 87a um einen entsprechenden Vomhundertsatz. ²Die im stationären Bereich erhobenen Zuschläge werden in der Rechnung des Krankenhauses gesondert ausgewiesen; sie gehen nicht in den Gesamtbetrag oder die Erlösausgleiche nach dem Krankenhausentgeltgesetz oder der Bundespflegesatzverordnung ein. ³Der Zuschlag für jeden Krankenhausfall, die Anteile der Kassenärztlichen und der Kassenzahnärztlichen Vereinigungen sowie das Nähere zur Weiterleitung dieser Mittel an eine zu benennende Stelle werden durch den Gemeinsamen Bundesausschuss festgelegt.

§ 139d Erprobung von Leistungen und Maßnahmen zur Krankenbehandlung. ¹Gelangt der Gemeinsame Bundesausschuss bei seinen Beratungen über eine Leistung oder Maßnahme zur Krankenbehandlung, die kein Arzneimittel ist und die nicht der Bewertung nach § 135 oder § 137c unterliegt, zu der Feststellung, dass sie das Potential einer erforderlichen Behandlungsalternative bietet, ihr Nutzen aber noch nicht hinreichend belegt ist, kann der Gemeinsame Bundesausschuss unter Aussetzung seines Bewertungsverfahrens im Einzelfall und nach Maßgabe der hierzu in seinen Haushalt eingestellten Mittel eine wissenschaftliche Untersuchung zur Erprobung der Leistung oder Maßnahme in Auftrag geben oder sich an einer solchen beteiligen. ²Das Nähere regelt der Gemeinsame Bundesausschuss in seiner Verfahrensordnung.

Zehnter Abschnitt. Eigeneinrichtungen der Krankenkassen

§ 140 Eigeneinrichtungen. (1) [1] Krankenkassen dürfen der Versorgung der Versicherten dienende Eigeneinrichtungen, die am 1. Januar 1989 bestehen, weiterbetreiben. [2] Die Eigeneinrichtungen können nach Art, Umfang und finanzieller Ausstattung an den Versorgungsbedarf unter Beachtung der Landeskrankenhausplanung und der Zulassungsbeschränkungen im vertragsärztlichen Bereich angepasst werden; sie können Gründer von medizinischen Versorgungszentren nach § 95 Abs. 1 sein.

(2) [1] Sie dürfen neue Eigeneinrichtungen nur errichten, soweit sie die Durchführung ihrer Aufgaben bei der Gesundheitsvorsorge und der Rehabilitation auf andere Weise nicht sicherstellen können. [2] Die Krankenkassen oder ihre Verbände dürfen Eigeneinrichtungen auch dann errichten, wenn mit ihnen der Sicherstellungsauftrag nach § 72a Abs. 1 erfüllt werden soll.

Elfter Abschnitt. Sonstige Beziehungen zu den Leistungserbringern

§ 140a Besondere Versorgung. (1) [1] Die Krankenkassen können Verträge mit den in Absatz 3 genannten Leistungserbringern über eine besondere Versorgung der Versicherten abschließen. [2] Sie ermöglichen eine verschiedene Leistungssektoren übergreifende oder eine interdisziplinär fachübergreifende Versorgung (integrierte Versorgung) sowie unter Beteiligung vertragsärztlicher Leistungserbringer oder deren Gemeinschaften besondere ambulante ärztliche Versorgungsaufträge. [3] Verträge, die nach den §§ 73a, 73c und 140a in der am 22. Juli 2015 geltenden Fassung geschlossen wurden, gelten fort. [4] Soweit die Versorgung der Versicherten nach diesen Verträgen durchgeführt wird, ist der Sicherstellungsauftrag nach § 75 Absatz 1 eingeschränkt. [5] Satz 4 gilt nicht für die Organisation der vertragsärztlichen Versorgung zu den sprechstundenfreien Zeiten.

(2) [1] Die Verträge können Abweichendes von den Vorschriften dieses Kapitels, des Krankenhausfinanzierungsgesetzes, des Krankenhausentgeltgesetzes sowie den nach diesen Vorschriften getroffenen Regelungen beinhalten. [2] Die Verträge können auch Abweichendes von den im Dritten Kapitel benannten Leistungen beinhalten, soweit sie die in § 11 Absatz 6 genannten Leistungen, Leistungen nach den §§ 20d, 25, 26, 27b, 37a und 37b sowie ärztliche Leistungen einschließlich neuer Untersuchungs- und Behandlungsmethoden betreffen. [3] Die Sätze 1 und 2 gelten insoweit, als über die Eignung der Vertragsinhalte als Leistung der gesetzlichen Krankenversicherung der Gemeinsame Bundesausschuss nach § 91 im Rahmen der Beschlüsse nach § 92 Absatz 1 Satz 2 Nummer 5 oder im Rahmen der Beschlüsse nach § 137c Absatz 1 keine ablehnende Entscheidung getroffen hat und die abweichende Regelung dem Sinn und der Eigenart der vereinbarten besonderen Versorgung entspricht, sie insbesondere darauf ausgerichtet ist, die Qualität, die Wirksamkeit und die Wirtschaftlichkeit der Versorgung zu verbessern. [4] Die Wirtschaftlichkeit der besonderen Versorgung muss spätestens vier Jahre nach dem Wirksamwerden der zugrunde liegenden Verträge nachweisbar sein; § 88 Absatz 2 des Vierten Buches[1)] gilt entsprechend. [5] Für die Qualitätsanforderungen zur Durchführung der Verträge gelten die vom Gemeinsamen Bundesausschuss sowie die in den

---

[1)] Nr. 4.

Bundesmantelverträgen für die Leistungserbringung in der vertragsärztlichen Versorgung beschlossenen Anforderungen als Mindestvoraussetzungen entsprechend. ⁶ Gegenstand der Verträge dürfen auch Vereinbarungen sein, die allein die Organisation der Versorgung betreffen. ⁷ Vereinbarungen über zusätzliche Vergütungen für Diagnosen können nicht Gegenstand der Verträge sein.

(3) ¹ Die Krankenkassen können nach Maßgabe von Absatz 1 Satz 2 Verträge abschließen mit:

1. nach diesem Kapitel zur Versorgung der Versicherten berechtigten Leistungserbringern oder deren Gemeinschaften,

2. Trägern von Einrichtungen, die eine besondere Versorgung durch zur Versorgung der Versicherten nach dem Vierten Kapitel berechtigte Leistungserbringer anbieten,

3. Pflegekassen und zugelassenen Pflegeeinrichtungen auf der Grundlage des § 92b des Elften Buches¹⁾,

4. Praxiskliniken nach § 115 Absatz 2 Satz 1 Nummer 1,

5. pharmazeutischen Unternehmern,

6. Herstellern von Medizinprodukten im Sinne des Gesetzes über Medizinprodukte,

7. Kassenärztlichen Vereinigungen zur Unterstützung von Mitgliedern, die an der besonderen Versorgung teilnehmen.

² Die Partner eines Vertrages über eine besondere Versorgung nach Absatz 1 können sich auf der Grundlage ihres jeweiligen Zulassungsstatus für die Durchführung der besonderen Versorgung darauf verständigen, dass Leistungen auch dann erbracht werden können, wenn die Erbringung dieser Leistungen vom Zulassungs-, Ermächtigungs- oder Berechtigungsstatus des jeweiligen Leistungserbringers nicht gedeckt ist.

(4) ¹ Die Versicherten erklären ihre freiwillige Teilnahme an der besonderen Versorgung schriftlich gegenüber ihrer Krankenkasse. ² Die Versicherten können die Teilnahmeerklärung innerhalb von zwei Wochen nach deren Abgabe in Textform oder zur Niederschrift bei der Krankenkasse ohne Angabe von Gründen widerrufen. ³ Zur Fristwahrung genügt die rechtzeitige Absendung der Widerrufserklärung an die Krankenkasse. ⁴ Die Widerrufsfrist beginnt, wenn die Krankenkasse dem Versicherten eine Belehrung über sein Widerrufsrecht in Textform mitgeteilt hat, frühestens jedoch mit der Abgabe der Teilnahmeerklärung. ⁵ Das Nähere zur Durchführung der Teilnahme der Versicherten, insbesondere zur zeitlichen Bindung an die Teilnahmeerklärung, zur Bindung an die vertraglich gebundenen Leistungserbringer und zu den Folgen bei Pflichtverstößen der Versicherten, regeln die Krankenkassen in den Teilnahmeerklärungen. ⁶ Die Satzung der Krankenkasse hat Regelungen zur Abgabe der Teilnahmeerklärungen zu enthalten. ⁷ Die Regelungen sind auf der Grundlage der Richtlinie nach § 217f Absatz 4a zu treffen.

(5) Die Erhebung, Verarbeitung und Nutzung der für die Durchführung der Verträge nach Absatz 1 erforderlichen personenbezogenen Daten durch die Vertragspartner nach Absatz 1 darf nur mit Einwilligung und nach vorheriger Information der Versicherten erfolgen.

---

¹⁾ Nr. 11.

(6) ¹ Für die Bereinigung des Behandlungsbedarfs nach § 87a Absatz 3 Satz 2 gilt § 73b Absatz 7 entsprechend; falls eine Vorabeinschreibung der teilnehmenden Versicherten nicht möglich ist, kann eine rückwirkende Bereinigung vereinbart werden. ² Die Krankenkasse kann bei Verträgen nach Absatz 1 auf die Bereinigung verzichten, wenn das voraussichtliche Bereinigungsvolumen einer Krankenkasse für einen Vertrag nach Absatz 1 geringer ist als der Aufwand für die Durchführung dieser Bereinigung. ³ Der Bewertungsausschuss hat in seinen Vorgaben gemäß § 87a Absatz 5 Satz 7 zur Bereinigung und zur Ermittlung der kassenspezifischen Aufsatzwerte des Behandlungsbedarfs auch Vorgaben zur Höhe des Schwellenwertes für das voraussichtliche Bereinigungsvolumen, unterhalb dessen von einer basiswirksamen Bereinigung abgesehen werden kann, zu der pauschalen Ermittlung und Übermittlung des voraussichtlichen Bereinigungsvolumens an die Vertragspartner nach § 73b Absatz 7 Satz 1 sowie zu dessen Anrechnung beim Aufsatzwert der betroffenen Krankenkasse zu machen.

§§ 140b–140d *(nicht mehr belegt)*

Zwölfter Abschnitt. Beziehungen zu Leistungserbringern europäischer Staaten

§ 140e Verträge mit Leistungserbringern europäischer Staaten. Krankenkassen dürfen zur Versorgung ihrer Versicherten nach Maßgabe des Dritten Kapitels und des dazugehörigen untergesetzlichen Rechts Verträge mit Leistungserbringern nach § 13 Absatz 4 Satz 2 in anderen Mitgliedstaaten der Europäischen Union, in den Vertragsstaaten des Abkommens über den Europäischen Wirtschaftsraum oder in der Schweiz abschließen.

Dreizehnter Abschnitt. Beteiligung von Patientinnen und Patienten, Beauftragte oder Beauftragter der Bundesregierung für die Belange der Patientinnen und Patienten

§ 140f Beteiligung von Interessenvertretungen der Patientinnen und Patienten. (1) Die für die Wahrnehmung der Interessen der Patientinnen und Patienten und der Selbsthilfe chronisch kranker und behinderter Menschen maßgeblichen Organisationen sind in Fragen, die die Versorgung betreffen, nach Maßgabe der folgenden Vorschriften zu beteiligen.

(2) ¹ Im Gemeinsamen Bundesausschuss nach § 91 und in der Nationalen Präventionskonferenz nach § 20e Absatz 1 erhalten die für die Wahrnehmung der Interessen der Patientinnen und Patienten und der Selbsthilfe chronisch kranker und behinderter Menschen auf Bundesebene maßgeblichen Organisationen ein Mitberatungsrecht; die Organisationen benennen hierzu sachkundige Personen. ² Das Mitberatungsrecht beinhaltet auch das Recht zur Anwesenheit bei der Beschlussfassung. ³ Die Zahl der sachkundigen Personen soll höchstens der Zahl der von dem Spitzenverband Bund der Krankenkassen entsandten Mitglieder in diesem Gremium entsprechen. ⁴ Die sachkundigen Personen werden einvernehmlich von den in der Verordnung nach § 140g genannten oder nach der Verordnung anerkannten Organisationen benannt. ⁵ Bei Beschlüssen des Gemeinsamen Bundesausschusses nach § 56 Abs. 1, § 92 Abs. 1 Satz 2, § 116b Abs. 4, § 135b Absatz 2 Satz 2, den §§ 136 bis 136b, 136d,

4. Kapitel. Beziehungen der Krankenkassen § 140f SGB V 5

137a, 137b, 137c und 137f erhalten die Organisationen das Recht, Anträge zu stellen. ⁶ Der Gemeinsame Bundesausschuss hat über Anträge der Organisationen nach Satz 5 in der nächsten Sitzung des jeweiligen Gremiums zu beraten. ⁷ Wenn über einen Antrag nicht entschieden werden kann, soll in der Sitzung das Verfahren hinsichtlich der weiteren Beratung und Entscheidung festgelegt werden. ⁸ Entscheidungen über die Einrichtung einer Arbeitsgruppe und die Bestellung von Sachverständigen durch einen Unterausschuss sind nur im Einvernehmen mit den benannten Personen zu treffen. ⁹ Dabei haben diese ihr Votum einheitlich abzugeben.

(3) ¹ Die auf Landesebene für die Wahrnehmung der Interessen der Patientinnen und Patienten und der Selbsthilfe chronisch kranker und behinderter Menschen maßgeblichen Organisationen erhalten in

1. den Landesausschüssen nach § 90 sowie den erweiterten Landesausschüssen nach § 116b Absatz 3,

2. dem gemeinsamen Landesgremium nach § 90a,

3. den Zulassungsausschüssen nach § 96 und den Berufungsausschüssen nach § 97, soweit Entscheidungen betroffen sind über

   a) die ausnahmeweise Besetzung zusätzlicher Vertragsarztsitze nach § 101 Absatz 1 Satz 1 Nummer 3,

   b) die Befristung einer Zulassung nach § 19 Absatz 4 der Zulassungsverordnung für Vertragsärzte,

   c) die Ermächtigung von Ärzten und Einrichtungen,

4. den Zulassungsausschüssen nach § 96, soweit Entscheidungen betroffen sind über

   a) die Durchführung eines Nachbesetzungsverfahrens nach § 103 Absatz 3a,

   b) die Ablehnung einer Nachbesetzung nach § 103 Absatz 4 Satz 9,

ein Mitberatungsrecht; die Organisationen benennen hierzu sachkundige Personen. ² Das Mitberatungsrecht beinhaltet auch das Recht zur Anwesenheit bei der Beschlussfassung. ³ Die Zahl der sachkundigen Personen soll höchstens der Zahl der von den Krankenkassen entsandten Mitglieder in diesen Gremien entsprechen. ⁴ Die sachkundigen Personen werden einvernehmlich von den in der Verordnung nach § 140g genannten oder nach der Verordnung anerkannten Organisationen benannt.

(4) ¹ Bei einer Änderung, Neufassung oder Aufhebung der in § 21 Abs. 2, § 112 Absatz 5, § 115 Abs. 5, § 124 Abs. 4, § 125 Abs. 1, § 126 Abs. 1 Satz 3, § 127 Absatz 1a Satz 1, Absatz 5b und 6, §§ 132a, 132c Absatz 2, § 132d Abs. 2, § 133 Absatz 4 und § 217f Absatz 4a vorgesehenen Rahmenempfehlungen, Empfehlungen und Richtlinien des Spitzenverbandes Bund der Krankenkassen, des Hilfsmittelverzeichnisses nach § 139 sowie bei der Bestimmung der Festbetragsgruppen nach § 36 Abs. 1 und der Festsetzung der Festbeträge nach § 36 Abs. 2 wirken die in der Verordnung nach § 140g genannten oder nach der Verordnung anerkannten Organisationen beratend mit. ² Das Mitberatungsrecht beinhaltet auch das Recht zur Anwesenheit bei der Beschlussfassung. ³ Wird ihrem schriftlichen Anliegen nicht gefolgt, sind ihnen auf Verlangen die Gründe dafür schriftlich mitzuteilen.

(5) ¹ Die sachkundigen Personen erhalten Reisekosten nach dem Bundesreisekostengesetz oder nach den Vorschriften des Landes über Reisekostenver-

gütung, Ersatz des Verdienstausfalls in entsprechender Anwendung des § 41 Abs. 2 des Vierten Buches[1]) sowie einen Pauschbetrag für Zeitaufwand in Höhe eines Fünfzigstels der monatlichen Bezugsgröße (§ 18 des Vierten Buches) für jeden Kalendertag einer Sitzung. ² Der Anspruch richtet sich gegen die Gremien, in denen sie als sachkundige Personen mitberatend tätig sind.

(6) ¹ Die in der Verordnung nach § 140g genannten oder nach der Verordnung anerkannten Organisationen sowie die sachkundigen Personen werden bei der Durchführung ihres Mitberatungsrechts nach Absatz 2 vom Gemeinsamen Bundesausschuss durch geeignete Maßnahmen organisatorisch und inhaltlich unterstützt. ² Hierzu kann der Gemeinsame Bundesausschuss eine Stabstelle Patientenbeteiligung einrichten. ³ Die Unterstützung erfolgt insbesondere durch Organisation von Fortbildung und Schulungen, Aufbereitung von Sitzungsunterlagen, koordinatorische Leitung des Benennungsverfahrens auf Bundesebene und bei der Ausübung des in Absatz 2 Satz 4 genannten Antragsrechts. ⁴ Der Anspruch auf Unterstützung durch den Gemeinsamen Bundesausschuss gilt ebenso für die Wahrnehmung der Antrags-, Beteiligungs- und Stellungnahmerechte nach § 137a Absatz 4 und 7, § 139a Absatz 5 sowie § 139b Absatz 1. ⁵ Der Anspruch auf Übernahme von Reisekosten, Aufwandsentschädigung und Verdienstausfall nach Absatz 5 besteht auch für die Teilnahme der sachkundigen Personen an Koordinierungs- und Abstimmungstreffen sowie an Fortbildungen und Schulungen nach Satz 3.

(7) ¹ Die in der Verordnung nach § 140g genannten oder nach der Verordnung anerkannten Organisationen sowie die sachkundigen Personen werden bei der Durchführung ihres Mitberatungsrechts nach Absatz 3 von den Landesausschüssen nach § 90 unterstützt. ² Die Unterstützung erstreckt sich insbesondere auf die Übernahme von Reisekosten, Aufwandsentschädigung und Verdienstausfall entsprechend Absatz 5 für jährlich bis zu sechs Koordinierungs- und Abstimmungstreffen, auf Fortbildungen und Schulungen der sachkundigen Personen sowie auf die Durchführung des Benennungsverfahrens nach Absatz 3 Satz 4.

(8) ¹ Die in der Verordnung nach § 140g genannten oder nach der Verordnung nach § 140g anerkannten Organisationen erhalten für den Aufwand zur Koordinierung ihrer Beteiligungsrechte einen Betrag in Höhe von 120 Euro für jede neu für ein Gremium benannte sachkundige Person. ² Der Anspruch richtet sich gegen das jeweilige Gremium, in dem die sachkundige Person tätig ist. ³ Der Anspruch ist durch den von den anerkannten Organisationen gebildeten Koordinierungsausschuss geltend zu machen.

§ 140g Verordnungsermächtigung. Das Bundesministerium für Gesundheit wird ermächtigt, durch Rechtsverordnung mit Zustimmung des Bundesrates Näheres zu den Voraussetzungen der Anerkennung der für die Wahrnehmung der Interessen der Patientinnen und Patienten und der Selbsthilfe chronisch kranker und behinderter Menschen maßgeblichen Organisationen auf Bundesebene, insbesondere zu den Erfordernissen an die Organisationsform und die Offenlegung der Finanzierung, sowie zum Verfahren der Patientenbeteiligung zu regeln.

---

[1]) Nr. 4.

§ 140h Amt, Aufgabe und Befugnisse der oder des Beauftragten der Bundesregierung für die Belange der Patientinnen und Patienten.

(1) ¹Die Bundesregierung bestellt eine Beauftragte oder einen Beauftragten für die Belange der Patientinnen und Patienten. ²Der beauftragten Person ist die für die Erfüllung ihrer Aufgabe notwendige Personal- und Sachausstattung zur Verfügung zu stellen. ³Das Amt endet, außer im Falle der Entlassung, mit dem Zusammentreten eines neuen Bundestages.

(2) ¹Aufgabe der beauftragten Person ist es, darauf hinzuwirken, dass die Belange von Patientinnen und Patienten besonders hinsichtlich ihrer Rechte auf umfassende und unabhängige Beratung und objektive Information durch Leistungserbringer, Kostenträger und Behörden im Gesundheitswesen und auf die Beteiligung bei Fragen der Sicherstellung der medizinischen Versorgung berücksichtigt werden. ²Sie setzt sich bei der Wahrnehmung dieser Aufgabe dafür ein, dass unterschiedliche Lebensbedingungen und Bedürfnisse von Frauen und Männern beachtet und in der medizinischen Versorgung sowie in der Forschung geschlechtsspezifische Aspekte berücksichtigt werden. ³Die beauftragte Person soll die Rechte der Patientinnen und Patienten umfassend, in allgemein verständlicher Sprache und in geeigneter Form zusammenstellen und zur Information der Bevölkerung bereithalten.

(3) ¹Zur Wahrnehmung der Aufgabe nach Absatz 2 beteiligen die Bundesministerien die beauftragte Person bei allen Gesetzes-, Verordnungs- und sonstigen wichtigen Vorhaben, soweit sie Fragen der Rechte und des Schutzes von Patientinnen und Patienten behandeln oder berühren. ²Alle Bundesbehörden und sonstigen öffentlichen Stellen im Bereich des Bundes unterstützen die beauftragte Person bei der Erfüllung der Aufgabe.

Fünftes Kapitel. Sachverständigenrat zur Begutachtung der Entwicklung im Gesundheitswesen

§ 141 *(aufgehoben)*

§ 142 Unterstützung der Konzertierten Aktion; Sachverständigenrat.

(1) ¹Das Bundesministerium für Gesundheit beruft einen Sachverständigenrat zur Begutachtung der Entwicklung im Gesundheitswesen. ²Zur Unterstützung der Arbeiten des Sachverständigenrates richtet das Bundesministerium für Gesundheit eine Geschäftsstelle ein.

(2) ¹Der Sachverständigenrat hat die Aufgabe, Gutachten zur Entwicklung der gesundheitlichen Versorgung mit ihren medizinischen und wirtschaftlichen Auswirkungen zu erstellen. ²Im Rahmen der Gutachten entwickelt der Sachverständigenrat unter Berücksichtigung der finanziellen Rahmenbedingungen und vorhandener Wirtschaftlichkeitsreserven Prioritäten für den Abbau von Versorgungsdefiziten und bestehenden Überversorgungen und zeigt Möglichkeiten und Wege zur Weiterentwicklung des Gesundheitswesens auf; er kann in seine Gutachten Entwicklungen in anderen Zweigen der Sozialen Sicherung einbeziehen. ³Das Bundesministerium für Gesundheit kann den Gegenstand der Gutachten näher bestimmen sowie den Sachverständigenrat mit der Erstellung von Sondergutachten beauftragen.

(3) ¹Der Sachverständigenrat erstellt das Gutachten im Abstand von zwei Jahren und leitet es dem Bundesministerium für Gesundheit in der Regel zum 15. April eines Jahres zu. ²Das Bundesministerium für Gesundheit legt das Gutachten den gesetzgebenden Körperschaften des Bundes unverzüglich vor.

Sechstes Kapitel. Organisation der Krankenkassen

Erster Abschnitt. Arten der Krankenkassen

Erster Titel. Ortskrankenkassen

§ 143 Bezirk der Ortskrankenkassen. (1) Ortskrankenkassen bestehen für abgegrenzte Regionen.

(2) ¹Die Landesregierung kann die Abgrenzung der Regionen durch Rechtsverordnung regeln. ²Die Landesregierung kann die Ermächtigung auf die nach Landesrecht zuständige Behörde übertragen.

(3) Die betroffenen Länder können durch Staatsvertrag vereinbaren, daß sich die Region über mehrere Länder erstreckt.

§ 144 Freiwillige Vereinigung. (1) ¹Ortskrankenkassen können sich auf Beschluss ihrer Verwaltungsräte auch dann vereinigen, wenn sich der Bezirk der neuen Krankenkasse nach der Vereinigung über das Gebiet eines Landes hinaus erstreckt. ²Der Beschluß bedarf der Genehmigung der vor der Vereinigung zuständigen Aufsichtsbehörden.

(2) Die beteiligten Krankenkassen fügen dem Antrag auf Genehmigung eine Satzung, einen Vorschlag zur Berufung der Mitglieder der Organe, ein Konzept zur Organisations-, Personal- und Finanzstruktur der neuen Krankenkasse einschließlich der Zahl und der Verteilung ihrer Geschäftsstellen sowie eine Vereinbarung über die Rechtsbeziehungen zu Dritten bei.

(3) Die Aufsichtsbehörde genehmigt die Satzung und die Vereinbarung, beruft die Mitglieder der Organe und bestimmt den Zeitpunkt, an dem die Vereinigung wirksam wird.

(4) ¹Mit diesem Zeitpunkt sind die bisherigen Krankenkassen geschlossen. ²Die neue Krankenkasse tritt in die Rechte und Pflichten der bisherigen Krankenkassen ein.

§ 145 Vereinigung innerhalb eines Landes auf Antrag. (1) Die Landesregierung kann auf Antrag einer Ortskrankenkasse oder des Landesverbandes durch Rechtsverordnung einzelne oder alle Ortskrankenkassen des Landes nach Anhörung der betroffenen Ortskrankenkassen und ihrer Landesverbände vereinigen, wenn

1. durch die Vereinigung die Leistungsfähigkeit der betroffenen Krankenkassen verbessert werden kann oder
2. der Bedarfssatz einer Ortskrankenkasse den durchschnittlichen Bedarfssatz aller Ortskrankenkassen auf Bundes- oder Landesebene um mehr als 5 vom Hundert übersteigt. § 313 Abs. 10 Buchstabe a gilt entsprechend.

6. Kapitel. Organisation der Krankenkassen **§§ 146–147 SGB V 5**

(2) Die Landesregierung vereinigt auf Antrag des Landesverbandes durch Rechtsverordnung einzelne oder alle Ortskrankenkassen des Landes nach Anhörung der betroffenen Ortskrankenkassen und ihrer Landesverbände, wenn

1. die Voraussetzungen nach Absatz 1 erfüllt sind und
2. eine freiwillige Vereinigung innerhalb von zwölf Monaten nach Antragstellung nicht zustande gekommen ist. Erstreckt sich der Bezirk nach der Vereinigung der Ortskrankenkassen über das Gebiet eines Landes hinaus, gilt § 143 Abs. 3 entsprechend.

(3) [1] Bedarfssatz ist das Verhältnis der Ausgaben für Leistungen zur Summe der beitragspflichtigen Einnahmen der Mitglieder im abgelaufenen Geschäftsjahr. [2] Die Ausgaben sind zu mindern um die von Dritten erstatteten Ausgaben für Leistungen, um die Ausgaben für Mehr- und Erprobungsleistungen sowie für Leistungen, auf die kein Rechtsanspruch besteht, um den nach § 266 erhaltenen Risikostrukturausgleich und um den nach § 269 erhaltenen Ausgleich aus dem Risikopool. [3] Zu den Ausgaben zählen auch die nach den §§ 266 und 269 zu tragenden Ausgleiche.

§ 146 Verfahren bei Vereinigung innerhalb eines Landes auf Antrag.

(1) Werden Ortskrankenkassen nach § 145 vereinigt, legen sie der Aufsichtsbehörde eine Satzung, einen Vorschlag zur Berufung der Mitglieder der Organe und eine Vereinbarung über die Neuordnung der Rechtsbeziehungen zu Dritten vor.

(2) Die Aufsichtsbehörde genehmigt die Satzung und die Vereinbarung, beruft die Mitglieder der Organe und bestimmt den Zeitpunkt, an dem die Vereinigung wirksam wird.

(3) [1] Mit diesem Zeitpunkt sind die bisherigen Krankenkassen geschlossen. [2] Die neue Krankenkasse tritt in die Rechte und Pflichten der bisherigen Krankenkassen ein.

(4) [1] Kommen die beteiligten Krankenkassen ihrer Verpflichtung nach Absatz 1 nicht innerhalb einer von der Aufsichtsbehörde gesetzten Frist nach, setzt die Aufsichtsbehörde die Satzung fest, bestellt die Mitglieder der Organe, regelt die Neuordnung der Rechtsbeziehungen zu Dritten und bestimmt den Zeitpunkt, an dem die Vereinigung wirksam wird. [2] Absatz 3 gilt.

§ 146a Schließung. [1] Eine Ortskrankenkasse wird von der Aufsichtsbehörde geschlossen, wenn ihre Leistungsfähigkeit nicht mehr auf Dauer gesichert ist. [2] Die Aufsichtsbehörde bestimmt den Zeitpunkt, an dem die Schließung wirksam wird, wobei zwischen diesem Zeitpunkt und der Zustellung des Schließungsbescheids mindestens acht Wochen liegen müssen. [3] § 155, mit Ausnahme von Absatz 4 Satz 9, und § 164 Abs. 2 bis 5 gelten entsprechend.

Zweiter Titel. Betriebskrankenkassen

§ 147 Errichtung. (1) Der Arbeitgeber kann für einen oder mehrere Betriebe eine Betriebskrankenkasse errichten, wenn

1. in diesen Betrieben regelmäßig mindestens 1 000 Versicherungspflichtige beschäftigt werden und
2. ihre Leistungsfähigkeit auf Dauer gesichert ist.

(2) ¹ Bei Betriebskrankenkassen, deren Satzung keine Regelung nach § 173 Abs. 2 Satz 1 Nr. 4 enthält, kann der Arbeitgeber auf seine Kosten die für die Führung der Geschäfte erforderlichen Personen bestellen. ² Nicht bestellt werden dürfen Personen, die im Personalbereich des Betriebes oder Dienstbetriebes tätig sein dürfen. ³ Wird eine Betriebskrankenkasse nach dem 31. Dezember 1995 errichtet, ist in der dem Antrag auf Genehmigung nach § 148 Abs. 3 beigefügten Satzung zu bestimmen, ob der Arbeitgeber auf seine Kosten das Personal bestellt. ⁴ Lehnt der Arbeitgeber die weitere Übernahme der Kosten des für die Führung der Geschäfte erforderlichen Personals durch unwiderrufliche Erklärung gegenüber dem Vorstand der Krankenkasse ab, übernimmt die Betriebskrankenkasse spätestens zum 1. Januar des auf den Zugang der Erklärung folgenden übernächsten Kalenderjahres die bisher mit der Führung der Geschäfte der Betriebskrankenkasse beauftragten Personen, wenn diese zustimmen. ⁵ Die Betriebskrankenkasse tritt in die Rechte und Pflichten aus den Dienst- oder Arbeitsverhältnissen der übernommenen Personen ein; § 613a des Bürgerlichen Gesetzbuchs ist entsprechend anzuwenden. ⁶ Neueinstellungen nimmt vom Tag des Zugangs der Erklärung nach Satz 4 an die Betriebskrankenkasse vor. ⁷ Die Sätze 4 bis 6 gelten entsprechend, wenn die Betriebskrankenkasse in ihrer Satzung eine Regelung nach § 173 Abs. 2 Satz 1 Nr. 4 vorsieht, vom Tag des Wirksamwerdens dieser Satzungsbestimmung an.

(2a) ¹ Betriebskrankenkassen nach Absatz 2 Satz 1, bei denen der Arbeitgeber auf seine Kosten die für die Führung der Geschäfte erforderlichen Personen bestellt, leiten 85 vom Hundert ihrer Zuweisungen, die sie nach § 270 Absatz 1 Satz 1 Buchstabe c erhalten, an den Arbeitgeber weiter. ² Trägt der Arbeitgeber die Kosten der für die Führung der Geschäfte der Betriebskrankenkasse erforderlichen Personen nur anteilig, reduziert sich der von der Betriebskrankenkasse an den Arbeitgeber weiterzuleitende Betrag entsprechend. ³ Die weitergeleiteten Beträge sind gesondert auszuweisen. ⁴ Der weiterzuleitende Betrag nach den Sätzen 1 und 2 ist auf die Höhe der Kosten begrenzt, die der Arbeitgeber tatsächlich trägt.

(3) ¹ Betriebskrankenkassen, deren Satzung am 1. Januar 2004 eine Regelung nach § 173 Abs. 2 Satz 1 Nr. 4 enthält und bei denen der Arbeitgeber die Kosten des für die Führung der Geschäfte erforderlichen Personals trägt, übernehmen spätestens bis zum 31. Dezember 2004 die mit der Führung der Geschäfte beauftragten Personen, wenn diese zustimmen. ² Absatz 2 Satz 5 gilt entsprechend. ³ Neueinstellungen nimmt ab dem 1. Januar 2004 die Betriebskrankenkasse vor.

(4) ¹ Absatz 1 gilt nicht für Betriebe, die als Leistungserbringer zugelassen sind oder deren maßgebliche Zielsetzung die Wahrnehmung wirtschaftlicher Interessen von Leistungserbringern ist, soweit sie nach diesem Buch Verträge mit den Krankenkassen oder deren Verbänden zu schließen haben. ² Satz 1 gilt nicht für Leistungserbringer, die nicht überwiegend Leistungen auf Grund von Verträgen mit den Krankenkassen oder deren Verbänden erbringen.

§ 148 Verfahren bei Errichtung. (1) ¹ Die Errichtung der Betriebskrankenkasse bedarf der Genehmigung der nach der Errichtung zuständigen Aufsichtsbehörde. ² Die Genehmigung darf nur versagt werden, wenn eine der in § 147 Abs. 1 genannten Voraussetzungen nicht vorliegt oder die Krankenkasse zum Errichtungszeitpunkt nicht 1 000 Mitglieder haben wird.

6. Kapitel. Organisation der Krankenkassen §§ 149–153 SGB V 5

(2) ¹Die Errichtung bedarf der Zustimmung der Mehrheit der im Betrieb Beschäftigten. ²Die Aufsichtsbehörde oder die von ihr beauftragte Behörde leitet die Abstimmung. ³Die Abstimmung ist geheim.

(3) ¹Der Arbeitgeber hat dem Antrag auf Genehmigung eine Satzung beizufügen. ²Die Aufsichtsbehörde genehmigt die Satzung und bestimmt den Zeitpunkt, an dem die Errichtung wirksam wird.

§ 149 Ausdehnung auf weitere Betriebe. ¹Eine Betriebskrankenkasse, deren Satzung keine Regelung nach § 173 Abs. 2 Satz 1 Nr. 4 enthält, kann auf Antrag des Arbeitgebers auf weitere Betriebe desselben Arbeitgebers ausgedehnt werden. ²§ 148 gilt entsprechend.

§ 150 Freiwillige Vereinigung. (1) ¹Betriebskrankenkassen können sich auf Beschluß ihrer Verwaltungsräte zu einer gemeinsamen Betriebskrankenkasse vereinigen. ²Der Beschluß bedarf der Genehmigung der vor der Vereinigung zuständigen Aufsichtsbehörden.

(2) ¹§ 144 Abs. 2 bis 4 gilt entsprechend. ²Für Betriebskrankenkassen, deren Satzungen eine Regelung nach § 173 Abs. 2 Satz 1 Nr. 4 enthalten, gelten die §§ 145 und 146 entsprechend; für die Vereinigung einer oder mehrerer bundesunmittelbarer Betriebskrankenkassen mit anderen Betriebskrankenkassen gilt § 168a Abs. 2 entsprechend.

§ 151 Ausscheiden von Betrieben. (1) Geht von mehreren Betrieben desselben Arbeitgebers, für die eine gemeinsame Betriebskrankenkasse besteht, einer auf einen anderen Arbeitgeber über, kann jeder beteiligte Arbeitgeber das Ausscheiden des übergegangenen Betriebes aus der gemeinsamen Betriebskrankenkasse beantragen.

(2) ¹Besteht für mehrere Betriebe verschiedener Arbeitgeber eine gemeinsame Betriebskrankenkasse, kann jeder beteiligte Arbeitgeber beantragen, mit seinem Betrieb aus der gemeinsamen Betriebskrankenkasse auszuscheiden. ²Satz 1 gilt nicht für Betriebskrankenkassen mehrerer Arbeitgeber, deren Satzung eine Regelung nach § 173 Abs. 2 Satz 1 Nr. 4 enthält.

(3) ¹Über den Antrag auf Ausscheiden des Betriebes aus der gemeinsamen Betriebskrankenkasse entscheidet die Aufsichtsbehörde. ²Sie bestimmt den Zeitpunkt, an dem das Ausscheiden wirksam wird.

§ 152 Auflösung. ¹Eine Betriebskrankenkasse kann auf Antrag des Arbeitgebers aufgelöst werden, wenn der Verwaltungsrat mit einer Mehrheit von mehr als drei Vierteln der stimmberechtigten Mitglieder zustimmt. ²Über den Antrag entscheidet die Aufsichtsbehörde. ³Sie bestimmt den Zeitpunkt, an dem die Auflösung wirksam wird. ⁴Die Sätze 1 und 2 gelten nicht, wenn die Satzung der Betriebskrankenkasse eine Regelung nach § 173 Abs. 2 Satz 1 Nr. 4 enthält. ⁵Für Betriebskrankenkassen mehrerer Arbeitgeber, die nach dem 31. Dezember 1995 vereinigt wurden, ist der Antrag nach Satz 1 von allen beteiligten Arbeitgebern zu stellen.

§ 153 Schließung. ¹Eine Betriebskrankenkasse wird von der Aufsichtsbehörde geschlossen, wenn

1. der Betrieb schließt, für den sie errichtet worden ist und die Satzung keine Regelung nach § 173 Abs. 2 Satz 1 Nr. 4 enthält,
2. sie nicht hätte errichtet werden dürfen oder
3. ihre Leistungsfähigkeit nicht mehr auf Dauer gesichert ist.

²Die Aufsichtsbehörde bestimmt den Zeitpunkt, an dem die Schließung wirksam wird, wobei zwischen diesem Zeitpunkt und der Zustellung des Schließungsbescheids mindestens acht Wochen liegen müssen.

§ 154 *(aufgehoben)*

§ 155 Abwicklung der Geschäfte, Haftung für Verpflichtungen.

(1) ¹Der Vorstand einer aufgelösten oder geschlossenen Betriebskrankenkasse wickelt die Geschäfte ab. ²Bis die Geschäfte abgewickelt sind, gilt die Betriebskrankenkasse als fortbestehend, soweit es der Zweck der Abwicklung erfordert. ³Scheidet ein Vorstand nach Auflösung oder Schließung aus dem Amt, bestimmt die Aufsichtsbehörde nach Anhörung des Spitzenverbandes Bund der Krankenkassen und des Landesverbandes den Abwicklungsvorstand. ⁴§ 35a Abs. 7 des Vierten Buches[1]) gilt entsprechend.

(2) ¹Der Vorstand macht die Auflösung oder Schließung öffentlich bekannt. ²Die Befriedigung von Gläubigern, die ihre Forderungen nicht innerhalb von sechs Monaten nach der Bekanntmachung anmelden, kann verweigert werden, wenn die Bekanntmachung einen entsprechenden Hinweis enthält. ³Bekannte Gläubiger sind unter Hinweis auf diese Folgen zur Anmeldung besonders aufzufordern. ⁴Die Sätze 2 und 3 gelten nicht für Ansprüche aus der Versicherung sowie für Forderungen auf Grund zwischen- oder überstaatlichen Rechts. ⁵Der Vorstand hat unverzüglich nach Zustellung des Schließungsbescheids jedem Mitglied einen Vordruck mit den für die Erklärung nach § 175 Absatz 1 Satz 1 erforderlichen und den von der gewählten Krankenkasse für die Erbringung von Leistungen benötigten Angaben sowie eine wettbewerbsneutral gestaltete Übersicht über die wählbaren Krankenkassen zu übermitteln und darauf hinzuweisen, dass der ausgefüllte Vordruck an ihn zur Weiterleitung an die gewählte Krankenkasse zurückgesandt werden kann. ⁶Er hat die einzelnen Mitgliedergruppen ferner auf die besonderen Fristen für die Ausübung des Kassenwahlrechts nach § 175 Absatz 3a hinzuweisen sowie auf die Folgen einer nicht rechtzeitigen Ausübung des Wahlrechts. ⁷Der Abwicklungsvorstand hat außerdem die zur Meldung verpflichtete Stelle über die Schließung zu informieren sowie über die Fristen für die Ausübung des Kassenwahlrechts und für die Anmeldung des Mitglieds, wenn das Wahlrecht nicht rechtzeitig ausgeübt wird.

(3) ¹Verbleibt nach Abwicklung der Geschäfte noch Vermögen, geht dieses auf den Landesverband über. ²Das Vermögen geht auf den Spitzenverband Bund der Krankenkassen über, der dieses auf die übrigen Betriebskrankenkassen verteilt, wenn der Landesverband nicht besteht oder die Betriebskrankenkasse keinem Landesverband angehörte.

(4) ¹Reicht das Vermögen einer aufgelösten oder geschlossenen Betriebskrankenkasse nicht aus, um die Gläubiger zu befriedigen, hat der Arbeitgeber die Verpflichtungen zu erfüllen. ²Sind mehrere Arbeitgeber beteiligt, haften sie

---

[1]) Nr. 4.

als Gesamtschuldner. ³ Reicht das Vermögen des Arbeitgebers nicht aus, um die Gläubiger zu befriedigen, haben die übrigen Betriebskrankenkassen die Verpflichtungen zu erfüllen. ⁴ Die Sätze 1 bis 3 gelten nicht, wenn die Satzung der geschlossenen Betriebskrankenkasse eine Regelung nach § 173 Abs. 2 Satz 1 Nr. 4 enthält; in diesem Fall haben die übrigen Betriebskrankenkassen die Verpflichtungen zu erfüllen. ⁵ Die Erfüllung der Verpflichtungen nach den Sätzen 3 und 4 kann nur vom Spitzenverband Bund der Krankenkassen verlangt werden, der die Verteilung auf die einzelnen Betriebskrankenkassen vornimmt und die zur Tilgung erforderlichen Beträge von den Betriebskrankenkassen anfordert. ⁶ Sind die Betriebskrankenkassen zur Erfüllung dieser Verpflichtungen nicht in der Lage, macht der Spitzenverband Bund der Krankenkassen den nicht gedeckten Betrag bei allen anderen Krankenkassen mit Ausnahme der landwirtschaftlichen Krankenkasse geltend. ⁷ Klagen gegen die Geltendmachung der Beträge und gegen ihre Vollstreckung haben keine aufschiebende Wirkung. ⁸ Übersteigen die Verpflichtungen einer Betriebskrankenkasse ihr Vermögen zum Zeitpunkt des Inkrafttretens einer Satzungsbestimmung nach § 173 Abs. 2 Satz 1 Nr. 4, hat der Arbeitgeber den Unterschiedsbetrag innerhalb von sechs Monaten nach dem Inkrafttreten der Satzungsbestimmung auszugleichen. ⁹ § 164 Abs. 2 bis 4 gilt entsprechend mit der Maßgabe, dass § 164 Abs. 3 Satz 3 nur für Beschäftigte gilt, deren Arbeitsverhältnis nicht durch ordentliche Kündigung beendet werden kann.

(5) ¹ Für die Erfüllung
1. einer am 1. Januar 2008 bestehende Verschuldung,
2. der sonstigen Schließungskosten, wenn die Auflösung oder Schließung innerhalb von 10 Jahren nach dem 1. Januar 2008 erfolgt und die an diesem Tag bestehende Verschuldung nach Nummer 1 zum Zeitpunkt der Auflösung oder Schließung noch nicht getilgt war,
3. der Ansprüche der Leistungserbringer und der Ansprüche aus der Versicherung,
4. der in § 171d Abs. 1 Satz 3 genannten Verpflichtungen bis zum 31. Dezember 2049 sowie
5. der Forderungen auf Grund zwischen- und überstaatlichen Rechts

einer aufgelösten oder geschlossenen Betriebskrankenkasse haftet auch die neue Krankenkasse, wenn sich eine Betriebskrankenkasse nach dem 1. April 2007 mit einer anderen Krankenkasse nach § 171a vereinigt und die neue Krankenkasse einer anderen Kassenart angehört. ² Die Haftung nach Satz 1 wird nicht dadurch berührt, dass sich die aufgelöste oder geschlossene Betriebskrankenkasse nach dem 1. April 2007 mit einer anderen Krankenkasse nach § 171a vereinigt hat und die neue Krankenkasse einer anderen Kassenart angehört. ³ Der Spitzenverband Bund der Krankenkassen stellt für jede Betriebskrankenkasse die Höhe der am 1. Januar 2008 bestehenden Verschuldung fest und nimmt ihre Verteilung auf die einzelnen Betriebskrankenkassen bei Auflösung oder Schließung einer Betriebskrankenkasse vor. ⁴ Absatz 4 Satz 5 bis 7 gilt entsprechend.

§ 156 Betriebskrankenkassen öffentlicher Verwaltungen. ¹ Die §§ 147 bis 155 Abs. 4 gelten entsprechend für Dienstbetriebe von Verwaltungen des Bundes, der Länder, der Gemeindeverbände oder der Gemeinden. ² An die Stelle des Arbeitgebers tritt die Verwaltung.

Dritter Titel. Innungskrankenkassen

§ 157 Errichtung. (1) Eine oder mehrere Handwerksinnungen können für die Handwerksbetriebe ihrer Mitglieder, die in die Handwerksrolle eingetragen sind, eine Innungskrankenkasse errichten.

(2) Eine Innungskrankenkasse darf nur errichtet werden, wenn

1. in den Handwerksbetrieben der Mitglieder der Handwerksinnung regelmäßig mindestens 1 000 Versicherungspflichtige beschäftigt werden,
2. ihre Leistungsfähigkeit auf Dauer gesichert ist.

(3) Absatz 1 gilt nicht für Handwerksbetriebe, die als Leistungserbringer zugelassen sind, soweit sie nach diesem Buch Verträge mit den Krankenkassen oder deren Verbänden zu schließen haben.

§ 158 Verfahren bei Errichtung. (1) [1] Die Errichtung der Innungskrankenkasse bedarf der Genehmigung der nach der Errichtung zuständigen Aufsichtsbehörde. [2] Die Genehmigung darf nur versagt werden, wenn eine der in § 157 genannten Voraussetzungen nicht vorliegt oder die Krankenkasse zum Errichtungszeitpunkt nicht 1 000 Mitglieder haben wird.

(2) Die Errichtung bedarf der Zustimmung der Innungsversammlung und der Mehrheit der in den Innungsbetrieben Beschäftigten.

(3) [1] Für das Verfahren gilt § 148 Abs. 2 Satz 2 und 3 und Abs. 3 entsprechend. [2] An die Stelle des Arbeitgebers tritt die Handwerksinnung.

§ 159 Ausdehnung auf weitere Handwerksinnungen. (1) [1] Wird eine Handwerksinnung, die allein oder gemeinsam mit anderen Handwerksinnungen eine Innungskrankenkasse errichtet hat (Trägerinnung), mit einer anderen Handwerksinnung vereinigt, für die keine Innungskrankenkasse besteht, so gehören die in den Betrieben der anderen Handwerksinnung versicherungspflichtigen Beschäftigten der Innungskrankenkasse an, wenn die Mehrheit der in den Innungsbetrieben Beschäftigten zustimmt; § 157 Abs. 2 Nr. 2 gilt entsprechend. [2] Satz 1 gilt entsprechend, wenn eine Trägerinnung ihren Zuständigkeitsbereich örtlich oder sachlich erweitert. [3] § 158 gilt entsprechend.

(2) [1] Wird auf Grund von Änderungen des Handwerksrechts der Kreis der Innungsmitglieder einer Trägerinnung verändert, hat die zuständige Aufsichtsbehörde den Mitgliederkreis der Innungskrankenkasse entsprechend anzupassen. [2] Sind von der Anpassung mehr als 1 000 Beschäftigte von Innungsmitgliedern der Trägerinnung betroffen, gelten die §§ 157, 158 entsprechend.

(3) Erstreckt sich die Innungskrankenkasse nach der Anpassung über die Bezirke mehrerer Aufsichtsbehörden, treffen die Entscheidung nach Absatz 2 die Aufsichtsbehörden, die vor der Anpassung zuständig waren.

§ 160 Vereinigung von Innungskrankenkassen. (1) [1] Innungskrankenkassen können sich auf Beschluß ihrer Verwaltungsräte miteinander vereinigen. [2] Der Beschluß bedarf der Genehmigung der vor der Vereinigung zuständigen Aufsichtsbehörden. [3] Für das Verfahren gilt § 144 Abs. 2 bis 4 entsprechend.

(2) [1] Innungskrankenkassen werden vereinigt, wenn sich ihre Trägerinnungen vereinigen. [2] Für das Verfahren gilt § 146 entsprechend.

(3) Für die Vereinigung von Innungskrankenkassen durch die Landesregierung gelten die §§ 145 und 146 entsprechend.

§ 161 Ausscheiden einer Handwerksinnung.

¹Eine Handwerksinnung kann das Ausscheiden aus einer gemeinsamen Innungskrankenkasse beantragen. ²Über den Antrag auf Ausscheiden entscheidet die Aufsichtsbehörde. ³Sie bestimmt den Zeitpunkt, an dem das Ausscheiden wirksam wird. ⁴Die Sätze 1 bis 3 gelten nicht für Innungskrankenkassen, deren Satzung eine Regelung nach § 173 Abs. 2 Satz 1 Nr. 4 enthält.

§ 162 Auflösung.

¹Eine Innungskrankenkasse kann auf Antrag der Innungsversammlung nach Anhörung des Gesellenausschusses, eine gemeinsame Innungskrankenkasse auf Antrag aller Innungsversammlungen nach Anhörung der Gesellenausschüsse aufgelöst werden, wenn der Verwaltungsrat mit einer Mehrheit von mehr als drei Vierteln der stimmberechtigten Mitglieder zustimmt. ²Über den Antrag entscheidet die Aufsichtsbehörde. ³Sie bestimmt den Zeitpunkt, an dem die Auflösung wirksam wird. ⁴Die Sätze 1 bis 3 gelten nicht, wenn die Satzung der Innungskrankenkasse eine Regelung nach § 173 Abs. 2 Satz 1 Nr. 4 enthält.

§ 163 Schließung.

¹Eine Innungskrankenkasse wird von der Aufsichtsbehörde geschlossen, wenn

1. die Handwerksinnung, die sie errichtet hat, aufgelöst wird, eine gemeinsame Innungskrankenkasse dann, wenn alle beteiligten Handwerksinnungen aufgelöst werden,

2. sie nicht hätte errichtet werden dürfen oder

3. ihre Leistungsfähigkeit nicht mehr auf Dauer gesichert ist.

²Die Aufsichtsbehörde bestimmt den Zeitpunkt, an dem die Schließung wirksam wird, wobei zwischen diesem Zeitpunkt und der Zustellung des Schließungsbescheids mindestens acht Wochen liegen müssen. ³Satz 1 Nr. 1 gilt nicht, wenn die Satzung der Innungskrankenkasse eine Regelung nach § 173 Abs. 2 Satz 1 Nr. 4 enthält.

§ 164 Auseinandersetzung, Abwicklung der Geschäfte, Haftung bei Verpflichtungen, Dienstordnungsangestellte.

(1) ¹Bei Auflösung und Schließung von Innungskrankenkassen gelten die §§ 154 und 155 Abs. 1 bis 3 entsprechend. ²Reicht das Vermögen einer aufgelösten oder geschlossenen Innungskrankenkasse nicht aus, um die Gläubiger zu befriedigen, hat die Handwerksinnung die Verpflichtungen zu erfüllen. ³Sind mehrere Handwerksinnungen beteiligt, haften sie als Gesamtschuldner. ⁴Reicht das Vermögen der Handwerksinnung nicht aus, um die Gläubiger zu befriedigen, haben die übrigen Innungskrankenkassen die Verpflichtungen zu erfüllen. ⁵Die Sätze 2 bis 4 gelten nicht, wenn die Satzung der geschlossenen Innungskrankenkasse eine Regelung nach § 173 Abs. 2 Satz 1 Nr. 4 enthält; in diesem Fall haben die übrigen Innungskrankenkassen die Verpflichtungen zu erfüllen. ⁶Für die Haftung nach den Sätzen 4 und 5 gilt § 155 Abs. 4 Satz 5 bis 7 und Abs. 5 entsprechend. ⁷Für die Haftung im Zeitpunkt des Inkrafttretens einer Satzungsbestimmung nach § 173 Abs. 2 Satz 1 Nr. 4 gilt § 155 Abs. 4 Satz 8 entsprechend.

(2) Die Versorgungsansprüche der am Tag der Auflösung oder Schließung einer Innungskrankenkasse vorhandenen Versorgungsempfänger und ihrer Hinterbliebenen bleiben unberührt.

(3) ¹ Die dienstordnungsmäßigen Angestellten sind verpflichtet, eine vom Landesverband der Innungskrankenkassen nachgewiesene dienstordnungsmäßige Stellung bei ihm oder einer anderen Innungskrankenkasse anzutreten, wenn die Stellung nicht in auffälligem Mißverhältnis zu den Fähigkeiten der Angestellten steht. ² Entstehen hierdurch geringere Besoldungs- oder Versorgungsansprüche, sind diese auszugleichen. ³ Den übrigen Beschäftigten ist bei dem Landesverband der Innungskrankenkassen oder einer anderen Innungskrankenkasse eine Stellung anzubieten, die ihnen unter Berücksichtigung ihrer Fähigkeiten und bisherigen Dienststellung zuzumuten ist. ⁴ Jede Innungskrankenkasse ist verpflichtet, entsprechend ihrem Anteil an der Zahl der Versicherten aller Innungskrankenkassen dienstordnungsmäßige Stellungen nach Satz 1 nachzuweisen und Anstellungen nach Satz 3 anzubieten; die Nachweise und Angebote sind den Beschäftigten in geeigneter Form zugänglich zu machen.

(4) ¹ Die Vertragsverhältnisse der Beschäftigten, die nicht nach Absatz 3 untergebracht werden, enden mit dem Tag der Auflösung oder Schließung. ² Vertragsmäßige Rechte, zu einem früheren Zeitpunkt zu kündigen, werden hierdurch nicht berührt.

(5) Für die Haftung aus den Verpflichtungen nach den Absätzen 2 bis 4 gilt Absatz 1 und § 155 Abs. 5 entsprechend.

Vierter Titel. *(aufgehoben)*

§ 165 *(aufgehoben)*

Fünfter Titel. Landwirtschaftliche Krankenkasse

§ 166 Landwirtschaftliche Krankenkasse. Die Sozialversicherung für Landwirtschaft, Forsten und Gartenbau als Träger der Krankenversicherung der Landwirte führt die Krankenversicherung nach dem Zweiten Gesetz über die Krankenversicherung der Landwirte durch; sie führt in Angelegenheiten der Krankenversicherung die Bezeichnung landwirtschaftliche Krankenkasse.

Sechster Titel. Deutsche Rentenversicherung Knappschaft-Bahn-See

§ 167 Deutsche Rentenversicherung Knappschaft-Bahn-See. Die Deutsche Rentenversicherung Knappschaft-Bahn-See führt die Krankenversicherung nach den Vorschriften dieses Buches durch.

Siebter Titel. Ersatzkassen

§ 168 Ersatzkassen. (1) Ersatzkassen sind am 31. Dezember 1992 bestehende Krankenkassen, bei denen Versicherte die Mitgliedschaft bis zum 31. Dezember 1995 durch Ausübung des Wahlrechts erlangen können.

(2) Beschränkungen des aufnahmeberechtigten Mitgliederkreises sind nicht zulässig.

(3) ¹ Der Bezirk einer Ersatzkasse kann durch Satzungsregelung auf das Gebiet eines oder mehrerer Länder oder das Bundesgebiet erweitert werden. ² Die Satzungsregelung bedarf der Genehmigung der vor der Erweiterung zuständigen Aufsichtsbehörde.

§ 168a Vereinigung von Ersatzkassen. (1) ¹ Ersatzkassen können sich auf Beschluß ihrer Verwaltungsräte vereinigen. ² Der Beschluß bedarf der Genehmigung der vor der Vereinigung zuständigen Aufsichtsbehörden. ³ Für das Verfahren gilt § 144 Abs. 2 bis 4 entsprechend.

(2) ¹ Das Bundesministerium für Gesundheit kann auf Antrag einer Ersatzkasse durch Rechtsverordnung mit Zustimmung des Bundesrates einzelne Ersatzkassen nach Anhörung der betroffenen Ersatzkassen vereinigen. ² Für die Vereinigung von Ersatzkassen durch Rechtsverordnung des Bundesministeriums für Gesundheit gelten die §§ 145 und 146 entsprechend.

§ 169 *(aufgehoben)*

§ 170 Schließung. ¹ Eine Ersatzkasse wird von der Aufsichtsbehörde geschlossen, wenn ihre Leistungsfähigkeit nicht mehr auf Dauer gesichert ist. ² Die Aufsichtsbehörde bestimmt den Zeitpunkt, an dem die Schließung wirksam wird, wobei zwischen diesem Zeitpunkt und der Zustellung des Schließungsbescheids mindestens acht Wochen liegen müssen.

§ 171 Auseinandersetzung, Abwicklung der Geschäfte, Haftung für Verpflichtungen. ¹ Bei Schließung gelten die §§ 154, 155 Abs. 1 bis 3 und § 164 Abs. 2 bis 5 entsprechend mit der Maßgabe, dass § 164 Abs. 3 Satz 3 nur für Beschäftigte gilt, deren Arbeitsverhältnis nicht durch ordentliche Kündigung beendet werden kann. ² Reicht das Vermögen einer geschlossenen Ersatzkasse nicht aus, um die Gläubiger zu befriedigen, gilt § 155 Abs. 4 Satz 4 bis 7 und Abs. 5 entsprechend.

Achter Titel. Kassenartenübergreifende Regelungen

§ 171a Kassenartenübergreifende Vereinigung von Krankenkassen.

(1) ¹ Die im Ersten bis Dritten und Siebten Titel dieses Abschnitts genannten Krankenkassen können sich auf Beschluss ihrer Verwaltungsräte mit den in diesen Titeln genannten Krankenkassen anderer Kassenarten vereinigen. ² Der Beschluss bedarf der Genehmigung der vor der Vereinigung zuständigen Aufsichtsbehörden. ³ § 144 Abs. 2 bis 4 gilt entsprechend mit der Maßgabe, dass dem Antrag auf Genehmigung auch eine Erklärung beizufügen ist, welche Kassenartzugehörigkeit aufrechterhalten bleiben soll. ⁴ Soll danach die neue Krankenkasse Mitglied des Verbandes werden, dem die an der Vereinigung beteiligte Krankenkasse mit der kleinsten Mitgliederzahl am Tag der Beantragung der Genehmigung angehört hat, kann dieser die Mitgliedschaft der neuen Krankenkasse gegenüber den Aufsichtsbehörden nach Satz 2 ablehnen, wenn auf Grund einer von der Aufsichtsbehörde dieses Verbandes durchgeführten Prüfung einvernehmlich festgestellt wird, dass hierdurch seine finanziellen Grundlagen gefährdet würden.

(2) ¹ Die neue Krankenkasse hat für die Dauer von fünf Jahren nach dem Wirksamwerden der Vereinigung Zahlungsverpflichtungen auf Grund der Haftung nach Schließung einer Krankenkasse oder der Gewährung finanzieller Hilfen nach § 265a gegenüber den Verbänden zu erfüllen, denen gegenüber die an der Vereinigung beteiligten Krankenkassen ohne die Vereinigung zahlungspflichtig geworden wären. ² § 155 Abs. 5 gilt. ³ Die für die Ermittlung der Zahlungsverpflichtung maßgeblichen Größen sind auf die neue Krankenkasse unter Zugrundelegung des Verhältnisses anzuwenden, in dem diese Größen bei den an der Vereinigung beteiligten Krankenkassen am Tag der Stellung des

Antrags auf Genehmigung der Vereinigung zueinander gestanden haben. ⁴Die neue Krankenkasse hat den betroffenen Verbänden die für die Ermittlung der Höhe des Zahlungsanspruchs erforderlichen Angaben mitzuteilen. ⁵Handelt es sich bei der neuen Krankenkasse um eine Betriebs- oder Ersatzkasse, gilt bei Schließung dieser Krankenkasse § 164 Abs. 2 bis 5 entsprechend.

§ 171b Insolvenz von Krankenkassen. (1) ¹Vom 1. Januar 2010 an findet § 12 Abs. 1 Nr. 2 der Insolvenzordnung auf Krankenkassen keine Anwendung. ²Von diesem Zeitpunkt an gilt die Insolvenzordnung für die Krankenkassen nach Maßgabe der nachfolgenden Absätze.

(2) ¹Wird eine Krankenkasse zahlungsunfähig oder ist sie voraussichtlich nicht in der Lage, die bestehenden Zahlungspflichten im Zeitpunkt der Fälligkeit zu erfüllen (drohende Zahlungsunfähigkeit), oder tritt Überschuldung ein, hat der Vorstand der Krankenkasse dies der zuständigen Aufsichtsbehörde unter Beifügung aussagefähiger Unterlagen unverzüglich anzuzeigen. ²Verbindlichkeiten der Krankenkasse, für die nach § 171d Abs. 1 der Spitzenverband Bund der Krankenkassen haftet, sind bei der Feststellung der Überschuldung nicht zu berücksichtigen.

(3) ¹Der Antrag auf Eröffnung des Insolvenzverfahrens über das Vermögen der Krankenkasse kann nur von der Aufsichtsbehörde gestellt werden. ²Liegen zugleich die Voraussetzungen für eine Schließung wegen auf Dauer nicht mehr gesicherter Leistungsfähigkeit vor, soll die Aufsichtsbehörde anstelle des Antrages nach Satz 1 die Krankenkasse schließen. ³Stellt die Aufsichtsbehörde den Antrag nach Satz 1 nicht innerhalb von drei Monaten nach Eingang der in Absatz 2 Satz 1 genannten Anzeige, ist die spätere Stellung eines Insolvenzantrages so lange ausgeschlossen, wie der Insolvenzgrund, der zu der Anzeige geführt hat, fortbesteht. ⁴§ 155 Absatz 2 Satz 5 bis 7 gilt entsprechend, wenn die Aufsichtsbehörde den Antrag auf Eröffnung des Insolvenzverfahrens gestellt hat.

(4) ¹Die Aufsichtsbehörde hat den Spitzenverband Bund der Krankenkassen unverzüglich über die Anzeige nach Absatz 2 Satz 1 und die Antragstellung nach Absatz 3 Satz 1 zu unterrichten. ²Der Spitzenverband Bund der Krankenkassen unterrichtet hierüber unverzüglich die Krankenkassen derselben Kassenart oder deren Landesverbände. ³Vor der Bestellung des Insolvenzverwalters hat das Insolvenzgericht die Aufsichtsbehörde zu hören. ⁴Der Aufsichtsbehörde ist der Eröffnungsbeschluss gesondert zuzustellen. ⁵Die Aufsichtsbehörde und der Spitzenverband Bund der Krankenkassen können jederzeit vom Insolvenzgericht und dem Insolvenzverwalter Auskünfte über den Stand des Verfahrens verlangen.

(5) Mit dem Tag der Eröffnung des Insolvenzverfahrens oder dem Tag der Rechtskraft des Beschlusses, durch den die Eröffnung des Insolvenzverfahrens mangels Masse abgelehnt worden ist, ist die Krankenkasse geschlossen mit der Maßgabe, dass die Abwicklung der Geschäfte der Krankenkasse im Fall der Eröffnung des Insolvenzverfahrens nach den Vorschriften der Insolvenzordnung erfolgt.

(6) ¹Zum Vermögen einer Krankenkasse gehören die Betriebsmittel, die Rücklage und das Verwaltungsvermögen. ²Abweichend von § 260 Abs. 2 Satz 2 bleiben die Beitragsforderungen der Krankenkasse außer Betracht, soweit sie dem Gesundheitsfonds als Sondervermögen zufließen.

(7) Für die bis zum 31. Dezember 2009 entstandenen Wertguthaben aus Altersteilzeitvereinbarungen sind die Verpflichtungen nach § 8a des Altersteilzeitgesetzes vollständig spätestens ab dem 1. Januar 2015 zu erfüllen.

§ 171c Aufhebung der Haftung nach § 12 Abs. 2 der Insolvenzordnung. Vom 1. Januar 2009 an haften die Länder nicht mehr nach § 12 Abs. 2 der Insolvenzordnung für die Ansprüche der Beschäftigten von Krankenkassen auf Leistungen der Altersversorgung und auf Insolvenzgeld.

§ 171d Haftung im Insolvenzfall. (1) [1] Wird über das Vermögen einer Krankenkasse das Insolvenzverfahren eröffnet oder die Eröffnung mangels Masse rechtskräftig abgewiesen (Insolvenzfall), haftet der Spitzenverband Bund der Krankenkassen für die bis zum 31. Dezember 2009 entstandenen Altersversorgungs- und Altersteilzeitverpflichtungen dieser Krankenkasse und für Verpflichtungen aus Darlehen, die zur Ablösung von Verpflichtungen gegenüber einer öffentlich-rechtlichen Einrichtung zur betrieblichen Altersversorgung aufgenommen worden sind, soweit die Erfüllung dieser Verpflichtungen durch den Insolvenzfall beeinträchtigt oder unmöglich wird. [2] Soweit der Träger der Insolvenzsicherung nach dem Betriebsrentengesetz die unverfallbaren Altersversorgungsverpflichtungen einer Krankenkasse zu erfüllen hat, ist ein Rückgriff gegen die anderen Krankenkassen oder ihre Verbände ausgeschlossen. [3] Der Spitzenverband Bund der Krankenkassen macht die zur Erfüllung seiner Haftungsverpflichtung erforderlichen Beträge bei den übrigen Krankenkassen der Kassenart sowie bis zum 31. Dezember 2049 anteilig auch bei den Krankenkassen geltend, die aus einer Vereinigung nach § 171a hervorgegangen sind, wenn an der Vereinigung eine Krankenkasse beteiligt war, die dieser Kassenart angehört hat. [4] Sind die in Satz 3 genannten Krankenkassen nicht in der Lage, die Verpflichtungen nach Satz 1 zu erfüllen, macht der Spitzenverband Bund der Krankenkassen den nicht gedeckten Betrag bei allen anderen Krankenkassen geltend. [5] § 155 Abs. 4 Satz 7 und § 164 Abs. 2 bis 4 gelten entsprechend.

(1a) Die Haftung für Altersteilzeitverpflichtungen nach Absatz 1 Satz 1 gilt nicht für Insolvenzfälle nach dem 1. Januar 2015.

(2) [1] Das Nähere zur Geltendmachung der Beträge nach Absatz 1 Satz 3 und 4, Absatz 5 Satz 1 und 2 sowie nach § 155 Abs. 4 Satz 5 und 6 und Abs. 5 Satz 1 Nr. 3 und 5 regelt das Bundesministerium für Gesundheit durch Rechtsverordnung mit Zustimmung des Bundesrates. [2] Dabei ist vorzusehen, dass Betriebs- und Innungskrankenkassen, deren Satzungen keine Regelung nach § 173 Abs. 2 Satz 1 Nr. 4 enthalten, an der Finanzierung mit einer Quote in Höhe von 20 Prozent des an sich zu zahlenden Betrages beteiligt werden. [3] In der Rechtsverordnung kann auch geregelt werden, welche Angaben die Krankenkassen dem Spitzenverband Bund der Krankenkassen für die Durchführung des Absatzes 1 Satz 3 und 4 mitzuteilen haben, einschließlich der Zeitpunkte für die Übermittlung dieser Angaben.

(3) [1] Im Fall der Insolvenz einer Krankenkasse, bei der vor dem 1. Januar 2010 das Insolvenzverfahren nicht zulässig war, umfasst der Insolvenzschutz nach dem Vierten Abschnitt des Betriebsrentengesetzes nur die Ansprüche und Anwartschaften aus Versorgungszusagen, die nach dem 31. Dezember 2009 entstanden sind. [2] Die §§ 7 bis 15 des Betriebsrentengesetzes gelten nicht für Krankenkassen, die auf Grund Landesgesetz Pflichtmitglied beim Kommunalen Versorgungsverband Baden-Württemberg oder Sachsen sind. [3] Hiervon aus-

genommen ist die AOK Baden-Württemberg. ⁴ Falls die Mitgliedschaft endet, gilt Satz 1 entsprechend.

(4) ¹ Hat der Spitzenverband Bund der Krankenkassen auf Grund des Absatzes 1 Leistungen zu erbringen, gehen die Ansprüche der Berechtigten auf ihn über; § 9 Absatz 2 bis 3a mit Ausnahme des Absatzes 3 Satz 1 letzter Halbsatz des Betriebsrentengesetzes gilt entsprechend für den Spitzenverband Bund der Krankenkassen. ² Der Spitzenverband Bund der Krankenkassen macht die Ansprüche nach Satz 1 im Insolvenzverfahren zu Gunsten der Krankenkassen nach Absatz 1 Satz 3 und 4 geltend.

(5) ¹ Für die in § 155 Abs. 5 Satz 1 Nr. 3 und 5 genannten Ansprüche und Forderungen haften im Insolvenzfall die übrigen Krankenkassen der Kassenart. ² Übersteigen die Verpflichtungen nach Satz 1 1 Prozent des Gesamtbetrages der Zuweisungen, den die Krankenkassen der jeweiligen Kassenart aus dem Gesundheitsfonds jährlich erhalten, haften hierfür auch die Krankenkassen der anderen Kassenarten. ³ § 155 Abs. 4 Satz 5 bis 7 gilt entsprechend. ⁴ Soweit Krankenkassen nach Satz 1 oder Satz 2 Leistungen zu erbringen haben, gehen die Ansprüche der Versicherten und der Leistungserbringer auf sie über. ⁵ Absatz 4 Satz 2 gilt entsprechend.

(6) ¹ Wird der Spitzenverband Bund der Krankenkassen nach dieser Vorschrift oder nach § 155 Absatz 4 oder Absatz 5 von Gläubigern einer Krankenkasse in Anspruch genommen, kann er zur Zwischenfinanzierung des Haftungsbetrags ein nicht zu verzinsendes Darlehen in Höhe von bis zu 750 Millionen Euro aus der Liquiditätsreserve des Gesundheitsfonds nach § 271 Absatz 2 aufnehmen. ² Das Nähere zur Darlehensaufnahme vereinbart der Spitzenverband Bund der Krankenkassen mit dem Bundesversicherungsamt. ³ Ein zum 31. Dezember eines Jahres noch nicht getilgter Darlehensbetrag ist bis zum 28. Februar des Folgejahres zurückzuzahlen. ⁴ Überschreitet der zum Ende eines Kalendermonats festgestellte, für einen Schließungsfall aufgenommene Darlehensbetrag den Betrag von 50 Millionen Euro, ist dieser Betrag bis zum Ende des übernächsten Kalendermonats zurückzuzahlen. ⁵ Die darlehensweise Inanspruchnahme des Gesundheitsfonds für Zwecke dieses Absatzes darf insgesamt den in Satz 1 genannten Betrag nicht übersteigen. ⁶ § 271 Absatz 3 gilt entsprechend.

§ 171e Deckungskapital für Altersversorgungsverpflichtungen.

(1) ¹ Krankenkassen haben für Versorgungszusagen, die eine direkte Einstandspflicht nach § 1 Abs. 1 Satz 3 des Betriebsrentengesetzes auslösen sowie für ihre Beihilfeverpflichtungen durch mindestens jährliche Zuführungen vom 1. Januar 2010 an bis spätestens zum 31. Dezember 2049 ein wertgleiches Deckungskapital zu bilden, mit dem der voraussichtliche Barwert dieser Verpflichtungen an diesem Tag vollständig ausfinanziert wird. ² Auf der Passivseite der Vermögensrechnung sind Rückstellungen in Höhe des vorhandenen Deckungskapitals zu bilden. ³ Satz 1 gilt nicht, soweit eine Krankenkasse der Aufsichtsbehörde durch ein versicherungsmathematisches Gutachten nachweist, dass für ihre Verpflichtungen aus Versorgungsanwartschaften und -ansprüchen sowie für ihre Beihilfeverpflichtungen ein Deckungskapital besteht, das die in Satz 1 und in der Rechtsverordnung nach Absatz 3 genannten Voraussetzungen erfüllt. ⁴ Der Nachweis ist bei wesentlichen Änderungen der Berechnungsgrundlagen, in der Regel alle fünf Jahre, zu aktualisieren. ⁵ Das Deckungskapital darf nur zweckentsprechend verwendet werden.

6. Kapitel. Organisation der Krankenkassen §§ 171f, 172 SGB V 5

(2) ¹ Soweit Krankenversicherungsträger vor dem 31. Dezember 2009 Mitglied einer öffentlich-rechtlichen Versorgungseinrichtung geworden sind, werden die zu erwartenden Versorgungsleistungen im Rahmen der Verpflichtungen nach Absatz 1 entsprechend berücksichtigt. ² Wurde vor dem 31. Dezember 2009 Deckungskapital bei aufsichtspflichtigen Unternehmen im Sinne des § 1 Absatz 1 Nummer 1 und 5 des Versicherungsaufsichtsgesetzes gebildet, wird dieses anteilig berücksichtigt, sofern es sich um Versorgungszusagen nach Absatz 1 Satz 1 handelt. ³ Soweit Krankenversicherungsträger dem Versorgungsrücklagegesetz des Bundes oder entsprechender Landesgesetze unterliegen, ist das nach den Vorgaben dieser Gesetze gebildete Kapital ebenfalls zu berücksichtigen.

(2a) ¹ Für die Anlage der Mittel zur Finanzierung des Deckungskapitals für Altersrückstellungen gelten die Vorschriften des Vierten Titels des Vierten Abschnitts des Vierten Buches[1)] mit der Maßgabe, dass eine Anlage auch in Euro-denominierten Aktien im Rahmen eines passiven, indexorientierten Managements zulässig ist. ² Die Anlageentscheidungen sind jeweils so zu treffen, dass der Anteil an Aktien maximal 10 Prozent des Deckungskapitals beträgt. ³ Änderungen des Aktienkurses können vorübergehend zu einem höheren Anteil an Aktien am Deckungskapital führen.

(3) ¹ Das Bundesministerium für Gesundheit regelt durch Rechtsverordnung mit Zustimmung des Bundesrates das Nähere über

1. die Abgrenzung der Versorgungsverpflichtungen, für die das Deckungskapital zu bilden ist,
2. die allgemeinen versicherungsmathematischen Vorgaben für die Ermittlung des Barwertes der Versorgungsverpflichtungen,
3. die Höhe der für die Bildung des Deckungskapitals erforderlichen Zuweisungsbeträge und über die Überprüfung und Anpassung der Höhe der Zuweisungsbeträge,
4. das Zahlverfahren der Zuweisungen zum Deckungskapital,
5. die Anrechnung von Deckungskapital bei den jeweiligen Durchführungswegen der betrieblichen Altersversorgung.

² Das Bundesministerium für Gesundheit kann die Befugnis nach Satz 1 durch Rechtsverordnung mit Zustimmung des Bundesrates auf das Bundesversicherungsamt übertragen. ³ In diesem Fall gilt für die dem Bundesversicherungsamt entstehenden Ausgaben § 271 Abs. 6 entsprechend.

§ 171f Insolvenzfähigkeit von Krankenkassenverbänden.
Die §§ 171b bis 171e gelten für die Verbände der Krankenkassen entsprechend.

§ 172 Vermeidung der Schließung oder Insolvenz von Krankenkassen.

(1) ¹ Vor Errichtung, Vereinigung, Öffnung (§ 173 Abs. 2 Satz 1 Nr. 4), Auflösung oder Schließung von Krankenkassen sind die Verbände der beteiligten Krankenkassen zu hören. ² Satz 1 gilt entsprechend, wenn eine Krankenkasse ihren Sitz in den Bezirk eines anderen Verbandes verlegt.

(2) ¹ Die Krankenkassen haben dem Spitzenverband Bund der Krankenkassen und dem Landesverband, dem sie angehören, auf Verlangen unverzüglich die

---
[1)] Nr. 4.

Unterlagen vorzulegen und die Auskünfte zu erteilen, die diese zur Beurteilung ihrer dauerhaften Leistungsfähigkeit für erforderlich halten, oder ihnen auf Verlangen die Einsichtnahme in diese Unterlagen in ihren Räumen zu gestatten. ² Stellt der Spitzenverband Bund der Krankenkassen fest, dass in der letzten Vierteljahresrechnung einer Krankenkasse die Ausgaben die Einnahmen um einen Betrag überstiegen haben, der größer ist als 0,5 Prozent der durchschnittlichen monatlichen Zuweisungen aus dem Gesundheitsfonds für den zu beurteilenden Berichtszeitraum, so hat er hierüber die zuständige Aufsichtsbehörde zu unterrichten. ³ Darüber hinaus hat der Spitzenverband Bund der Krankenkassen den Aufsichtsbehörden die in den Jahresrechnungen zum Stichtag 31. Dezember eines jeden Kalenderjahres ausgewiesenen Betriebsmittel, Rücklagen und Geldmittel zur Anschaffung und Erneuerung von Verwaltungsvermögen einer Krankenkasse mitzuteilen. ⁴ Die Aufsichtsbehörde hat unter Berücksichtigung der in den Sätzen 2 und 3 genannten Finanzdaten vom Vorstand einer Krankenkasse unverzüglich die Vorlage der in Satz 1 genannten Unterlagen und Auskünfte zu verlangen, wenn sich daraus Anhaltspunkte für eine dauerhafte Gefährdung der wirtschaftlichen Leistungsfähigkeit der Kasse ergeben. ⁵ Hält der Verband auf Grund der nach Satz 1 übermittelten Informationen die dauerhafte Leistungsfähigkeit der Krankenkasse für bedroht, hat er die Krankenkasse über geeignete Maßnahmen zur Sicherung ihrer dauerhaften Leistungsfähigkeit zu beraten und die Aufsichtsbehörde der Krankenkasse über die finanzielle Situation der Krankenkasse und die vorgeschlagenen Maßnahmen zu unterrichten. ⁶ Kommt eine Krankenkasse ihren Verpflichtungen nach den Sätzen 1 und 4 nicht nach, ist die Aufsichtsbehörde der Krankenkasse auch hierüber zu unterrichten.

(3) ¹ Stellt die Aufsichtsbehörde im Benehmen mit dem Spitzenverband Bund der Krankenkassen fest, dass bei einer Krankenkasse nur durch die Vereinigung mit einer anderen Krankenkasse die Leistungsfähigkeit auf Dauer gesichert oder der Eintritt von Zahlungsunfähigkeit oder Überschuldung vermieden werden kann, kann dieser der Aufsichtsbehörde Vorschläge für eine Vereinigung dieser Krankenkasse mit einer anderen Krankenkasse vorlegen. ² Kommt bei der in ihrer Leistungsfähigkeit gefährdeten Krankenkasse ein Beschluss über eine freiwillige Vereinigung innerhalb einer von der Aufsichtsbehörde gesetzten Frist nicht zustande, ersetzt die Aufsichtsbehörde diesen Beschluss.

§ 172a Zusammenschlusskontrolle bei Vereinigungen von Krankenkassen. (1) Bei der freiwilligen Vereinigung von Krankenkassen finden die Vorschriften über die Zusammenschlusskontrolle nach dem Siebten Abschnitt des Ersten Teils des Gesetzes gegen Wettbewerbsbeschränkungen nach Maßgabe des Absatzes 2 sowie die §§ 48, 49, 50c Absatz 2, §§ 54 bis 80 und 81 Absatz 2 und 3 Nummer 3, Absatz 4 bis 10 und die §§ 83 bis 86a des Gesetzes gegen Wettbewerbsbeschränkungen entsprechende Anwendung.

(2) ¹ Finden die Vorschriften über die Zusammenschlusskontrolle Anwendung, darf die Genehmigung nach § 144 Absatz 3 erst erfolgen, wenn das Bundeskartellamt die Vereinigung nach § 40 des Gesetzes gegen Wettbewerbsbeschränkungen freigegeben hat oder sie als freigegeben gilt. ² Hat der Vorstand einer an der Vereinigung beteiligten Krankenkasse eine Anzeige nach § 171b Absatz 2 Satz 1 abgegeben, beträgt die Frist nach § 40 Absatz 2 Satz 2 des Gesetzes gegen Wettbewerbsbeschränkungen sechs Wochen. ³ Vor einer Unter-

6. Kapitel. Organisation der Krankenkassen　　　§ 173　SGB V 5

sagung ist mit den zuständigen Aufsichtsbehörden nach § 90 des Vierten Buches[1]) das Benehmen herzustellen. ⁴ Neben die obersten Landesbehörden nach § 42 Absatz 4 Satz 2 des Gesetzes gegen Wettbewerbsbeschränkungen treten die zuständigen Aufsichtsbehörden nach § 90 des Vierten Buches. ⁵ § 41 Absatz 3 und 4 des Gesetzes gegen Wettbewerbsbeschränkungen gilt nicht.

Zweiter Abschnitt. Wahlrechte der Mitglieder

§ 173 Allgemeine Wahlrechte. (1) Versicherungspflichtige (§ 5) und Versicherungsberechtigte (§ 9) sind Mitglied der von ihnen gewählten Krankenkasse, soweit in den nachfolgenden Vorschriften, im Zweiten Gesetz über die Krankenversicherung der Landwirte oder im Künstlersozialversicherungsgesetz nichts Abweichendes bestimmt ist.

(2) ¹ Versicherungspflichtige und Versicherungsberechtigte können wählen

1. die Ortskrankenkasse des Beschäftigungs- oder Wohnorts,
2. jede Ersatzkasse, deren Zuständigkeit sich nach der Satzung auf den Beschäftigungs- oder Wohnort erstreckt,
3. die Betriebs- oder Innungskrankenkasse, wenn sie in dem Betrieb beschäftigt sind, für den die Betriebs- oder die Innungskrankenkasse besteht,
4. die Betriebs- oder Innungskrankenkasse, wenn die Satzung der Betriebs- oder Innungskrankenkasse dies vorsieht,
4a. die Deutsche Rentenversicherung Knappschaft-Bahn-See,
5. die Krankenkasse, bei der vor Beginn der Versicherungspflicht oder Versicherungsberechtigung zuletzt eine Mitgliedschaft oder eine Versicherung nach § 10 bestanden hat,
6. die Krankenkasse, bei der der Ehegatte oder der Lebenspartner versichert ist.

² Falls die Satzung eine Regelung nach Nummer 4 enthält, gilt diese für die Gebiete der Länder, in denen Betriebe oder Innungsbetriebe bestehen und die Zuständigkeit für diese Betriebe sich aus der Satzung der Betriebs- oder Innungskrankenkasse ergibt; soweit eine Satzungsregelung am 31. März 2007 für ein darüber hinaus gehendes Gebiet gegolten hat, bleibt dies unberührt; die Satzung darf das Wahlrecht nicht auf bestimmte Personen beschränken oder von Bedingungen abhängig machen. ³ Eine Satzungsregelung nach Satz 1 Nr. 4 kann nicht widerrufen werden. ⁴ Ist an der Vereinigung von Betriebskrankenkassen oder von Innungskrankenkassen eine Krankenkasse mit einer Satzungsregelung nach Satz 1 Nr. 4 beteiligt, gilt diese Satzungsregelung auch für die vereinigte Krankenkasse. ⁵ Satz 1 Nr. 4 und Satz 4 gelten nicht für Betriebskrankenkassen, die für Betriebe privater Kranken- oder Lebensversicherungen errichtet oder aus einer Vereinigung mit solchen Betriebskrankenkassen hervorgegangen sind, wenn die Satzung dieser Krankenkassen am 26. September 2003 keine Regelung nach Satz 1 Nr. 4 enthalten hat.

(2a) § 2 Abs. 1 der Verordnung über den weiteren Ausbau der knappschaftlichen Versicherung in der im Bundesgesetzblatt Teil III, Gliederungsnummer 822-4, veröffentlichten bereinigten Fassung, die zuletzt durch Artikel 22 Nr. 1 des Gesetzes vom 22. Dezember 1983 (BGBl. I S. 1532) geändert worden ist,

---

[1]) Nr. 4.

gilt nicht für Personen, die nach dem 31. März 2007 Versicherte der Deutschen Rentenversicherung Knappschaft-Bahn-See werden.

(3) Studenten können zusätzlich die Ortskrankenkasse oder jede Ersatzkasse an dem Ort wählen, in dem die Hochschule ihren Sitz hat.

(4) Nach § 5 Abs. 1 Nr. 5 bis 8 versicherungspflichtige Jugendliche, Teilnehmer an Leistungen zur Teilhabe am Arbeitsleben, behinderte Menschen und nach § 5 Abs. 1 Nr. 11 und 12 oder nach § 9 versicherte Rentner sowie nach § 9 Abs. 1 Nr. 4 versicherte behinderte Menschen können zusätzlich die Krankenkasse wählen, bei der ein Elternteil versichert ist.

(5) Versicherte Rentner können zusätzlich die Betriebs- oder Innungskrankenkasse wählen, wenn sie in dem Betrieb beschäftigt gewesen sind, für den die Betriebs- oder Innungskrankenkasse besteht.

(6) Für nach § 10 Versicherte gilt die Wahlentscheidung des Mitglieds.

(7) War an einer Vereinigung nach § 171a eine Betriebs- oder Innungskrankenkasse ohne Satzungsregelung nach Absatz 2 Satz 1 Nr. 4 beteiligt, und gehört die aus der Vereinigung hervorgegangene Krankenkasse einem Verband der Betriebs- oder Innungskrankenkassen an, ist die neue Krankenkasse auch für die Versicherungspflichtigen und Versicherungsberechtigten wählbar, die ein Wahlrecht zu der Betriebs- oder Innungskrankenkasse gehabt hätten, wenn deren Satzung vor der Vereinigung eine Regelung nach Absatz 2 Satz 1 Nr. 4 enthalten hätte.

§ 174 Besondere Wahlrechte. (1) *(aufgehoben)*

(2) Für Versicherungspflichtige und Versicherungsberechtigte, die bei einer Betriebs- oder Innungskrankenkasse beschäftigt sind oder vor dem Rentenbezug beschäftigt waren, gilt § 173 Abs. 2 Satz 1 Nr. 3 entsprechend.

(3) Versicherungspflichtige und Versicherungsberechtigte, die bei einem Verband der Betriebs- oder Innungskrankenkassen beschäftigt sind oder vor dem Rentenbezug beschäftigt waren, können eine Betriebs- oder Innungskrankenkasse am Wohn- oder Beschäftigungsort wählen.

(4) *(aufgehoben)*

(5) Abweichend von § 173 werden Versicherungspflichtige nach § 5 Abs. 1 Nr. 13 Mitglied der Krankenkasse oder des Rechtsnachfolgers der Krankenkasse, bei der sie zuletzt versichert waren, andernfalls werden sie Mitglied der von ihnen nach § 173 Abs. 1 gewählten Krankenkasse; § 173 gilt.

§ 175 Ausübung des Wahlrechts. (1) [1]Die Ausübung des Wahlrechts ist gegenüber der gewählten Krankenkasse zu erklären. [2]Diese darf die Mitgliedschaft nicht ablehnen oder die Erklärung nach Satz 1 durch falsche oder unvollständige Beratung verhindern oder erschweren. [3]Das Wahlrecht kann nach Vollendung des 15. Lebensjahres ausgeübt werden.

(2) [1]Die gewählte Krankenkasse hat nach Ausübung des Wahlrechts unverzüglich eine Mitgliedsbescheinigung auszustellen. [2]Hat innerhalb der letzten 18 Monate vor Beginn der Versicherungspflicht oder Versicherungsberechtigung eine Mitgliedschaft bei einer anderen Krankenkasse bestanden, kann die Mitgliedsbescheinigung nur ausgestellt werden, wenn die Kündigungsbestätigung nach Absatz 4 Satz 3 vorgelegt wird. [3]Eine Mitgliedsbescheinigung ist

6. Kapitel. Organisation der Krankenkassen § 175 SGB V 5

zum Zweck der Vorlage bei der zur Meldung verpflichteten Stelle auch bei Eintritt einer Versicherungspflicht unverzüglich auszustellen.

(2a) ¹ Liegen der Aufsichtsbehörde Anhaltspunkte dafür vor, dass eine Krankenkasse entgegen Absatz 1 Satz 2 eine Mitgliedschaft rechtswidrig abgelehnt hat oder die Abgabe der Erklärung nach Absatz 1 Satz 1 verhindert oder erschwert, hat sie diesen Anhaltspunkten unverzüglich nachzugehen und die Krankenkasse zur Behebung einer festgestellten Rechtsverletzung und zur Unterlassung künftiger Rechtsverletzungen zu verpflichten. ² Als rechtswidrig ist insbesondere eine Beratung durch die angegangene Krankenkasse anzusehen, die dazu führt, dass von der Erklärung nach Absatz 1 Satz 1 ganz abgesehen wird oder diese nur unter erschwerten Bedingungen abgegeben werden kann. ³ Die Verpflichtung der Krankenkasse nach Satz 1 ist mit der Androhung eines Zwangsgeldes von bis zu 50 000 Euro für jeden Fall der Zuwiderhandlung zu verbinden. ⁴ Rechtsbehelfe gegen Maßnahmen der Aufsichtsbehörde nach den Sätzen 1 und 3 haben keine aufschiebende Wirkung. ⁵ Vorstandsmitglieder, die vorsätzlich oder fahrlässig nicht verhindern, dass die Krankenkasse entgegen Absatz 1 Satz 2 eine Mitgliedschaft rechtswidrig ablehnt oder die Abgabe der Erklärung nach Absatz 1 Satz 1 verhindert oder erschwert, sind der Krankenkasse zum Ersatz des daraus entstehenden Schadens als Gesamtschuldner verpflichtet. ⁶ Die zuständige Aufsichtsbehörde hat nach Anhörung des Vorstandsmitglieds den Verwaltungsrat zu veranlassen, das Vorstandsmitglied in Anspruch zu nehmen, falls der Verwaltungsrat das Regressverfahren nicht bereits von sich aus eingeleitet hat.

(3) ¹ Versicherungspflichtige haben der zur Meldung verpflichteten Stelle unverzüglich eine Mitgliedsbescheinigung vorzulegen. ² Wird die Mitgliedsbescheinigung nicht spätestens zwei Wochen nach Eintritt der Versicherungspflicht vorgelegt, hat die zur Meldung verpflichtete Stelle den Versicherungspflichtigen ab Eintritt der Versicherungspflicht bei der Krankenkasse anzumelden, bei der zuletzt eine Versicherung bestand; bestand vor Eintritt der Versicherungspflicht keine Versicherung, hat die zur Meldung verpflichtete Stelle den Versicherungspflichtigen ab Eintritt der Versicherungspflicht bei einer nach § 173 wählbaren Krankenkasse anzumelden und den Versicherungspflichtigen unverzüglich über die gewählte Krankenkasse zu unterrichten. ³ Für die Fälle, in denen eine Mitgliedsbescheinigung nach Satz 1 nicht vorgelegt wird und keine Meldung nach Satz 2 erfolgt, legt der Spitzenverband Bund der Krankenkassen Regeln über die Zuständigkeit fest.

(3a) ¹ Bei Schließung oder Insolvenz einer Krankenkasse haben Versicherungspflichtige spätestens innerhalb von sechs Wochen nach Zustellung des Schließungsbescheids oder der Stellung des Insolvenzantrags (§ 171b Absatz 3 Satz 1) der zur Meldung verpflichteten Stelle eine Mitgliedsbescheinigung vorzulegen. ² Wird die Mitgliedsbescheinigung nicht rechtzeitig vorgelegt, gilt Absatz 3 Satz 2 entsprechend mit der Maßgabe, dass die Anmeldung durch die zur Meldung verpflichtete Stelle innerhalb von weiteren zwei Wochen mit Wirkung ab dem Zeitpunkt zu erfolgen hat, an dem die Schließung wirksam wird. ³ Bei Stellung eines Insolvenzantrags erfolgt die Meldung zum ersten Tag des laufenden Monats, spätestens zu dem Zeitpunkt, an dem das Insolvenzverfahren eröffnet oder der Antrag mangels Masse abgewiesen wird. ⁴ Wird die Krankenkasse nicht geschlossen, bleibt die Mitgliedschaft bei dieser Krankenkasse bestehen. ⁵ Die gewählten Krankenkassen haben der geschlossenen oder insolventen Krankenkasse unverzüglich eine Mitgliedsbescheinigung zu übermitteln. ⁶ Mitglieder, bei denen keine zur Meldung verpflichtete Stelle besteht, haben der geschlossenen Krankenkasse innerhalb von drei Monaten nach dem in Satz 1 genannten Zeitpunkt eine Mitgliedsbescheinigung vorzulegen.

(4) ¹ Versicherungspflichtige und Versicherungsberechtigte sind an die Wahl der Krankenkasse mindestens 18 Monate gebunden. ² Eine Kündigung der Mitgliedschaft ist zum Ablauf des übernächsten Kalendermonats möglich, gerechnet von dem Monat, in dem das Mitglied die Kündigung erklärt. ³ Die Krankenkasse hat dem Mitglied unverzüglich, spätestens jedoch innerhalb von zwei Wochen nach Eingang der Kündigung eine Kündigungsbestätigung auszustellen. ⁴ Die Kündigung wird wirksam, wenn das Mitglied innerhalb der Kündigungsfrist eine Mitgliedschaft bei einer anderen Krankenkasse durch eine Mitgliedsbescheinigung oder das Bestehen einer anderweitigen Absicherung im Krankheitsfall nachweist. ⁵ Erhebt die Krankenkasse nach § 242 Absatz 1 erstmals einen Zusatzbeitrag oder erhöht sie ihren Zusatzbeitragssatz, kann die Kündigung der Mitgliedschaft abweichend von Satz 1 bis zum Ablauf des Monats erklärt werden, für den der Zusatzbeitrag erstmals erhoben wird oder für den der Zusatzbeitragssatz erhöht wird. ⁶ Die Krankenkasse hat spätestens einen Monat vor dem in Satz 5 genannten Zeitpunkt ihre Mitglieder in einem gesonderten Schreiben auf das Kündigungsrecht nach Satz 5, auf die Höhe des durchschnittlichen Zusatzbeitragssatzes nach § 242a sowie auf die Übersicht des Spitzenverbandes Bund der Krankenkassen zu den Zusatzbeitragssätzen der Krankenkassen nach § 242 Absatz 5 hinzuweisen; überschreitet der neu erhobene Zusatzbeitrag oder der erhöhte Zusatzbeitragssatz den durchschnittlichen Zusatzbeitragssatz, so sind die Mitglieder auf die Möglichkeit hinzuweisen, in eine günstigere Krankenkasse zu wechseln. ⁷ Kommt die Krankenkasse ihrer Hinweispflicht nach Satz 6 gegenüber einem Mitglied verspätet nach, gilt eine erfolgte Kündigung als in dem Monat erklärt, für den der Zusatzbeitrag erstmalig erhoben wird oder für den der Zusatzbeitragssatz erhöht wird; hiervon ausgenommen sind Kündigungen, die bis zu dem in Satz 5 genannten Zeitpunkt ausgeübt worden sind. ⁸ Die Sätze 1 und 4 gelten nicht, wenn die Kündigung eines Versicherungsberechtigten erfolgt, weil die Voraussetzungen einer Versicherung nach § 10 erfüllt sind, Satz 1 gilt nicht, wenn die Kündigung erfolgt, weil keine Mitgliedschaft bei einer Krankenkasse begründet werden soll. ⁹ Die Krankenkassen können in ihren Satzungen vorsehen, dass die Frist nach Satz 1 nicht gilt, wenn eine Mitgliedschaft bei einer anderen Krankenkasse der gleichen Kassenart begründet werden soll.

(5) Absatz 4 gilt nicht für Versicherungspflichtige, die durch die Errichtung oder Ausdehnung einer Betriebs- oder Innungskrankenkasse oder durch betriebliche Veränderungen Mitglieder einer Betriebs- oder Innungskrankenkasse werden können, wenn sie die Wahl innerhalb von zwei Wochen nach dem Zeitpunkt der Errichtung, Ausdehnung oder betrieblichen Veränderung ausüben.

(6) Der Spitzenverband Bund der Krankenkassen legt für die Meldungen und Mitgliedsbescheinigungen nach dieser Vorschrift einheitliche Verfahren und Vordrucke fest.

§§ 176–185 *(aufgehoben)*

6. Kapitel. Organisation der Krankenkassen § 186 SGB V 5

Dritter Abschnitt. Mitgliedschaft und Verfassung
Erster Titel. Mitgliedschaft

§ 186 Beginn der Mitgliedschaft Versicherungspflichtiger. (1) Die Mitgliedschaft versicherungspflichtig Beschäftigter beginnt mit dem Tag des Eintritts in das Beschäftigungsverhältnis.

(2) ¹Die Mitgliedschaft unständig Beschäftigter (§ 179 Abs. 2) beginnt mit dem Tag der Aufnahme der unständigen Beschäftigung, für die die zuständige Krankenkasse erstmalig Versicherungspflicht festgestellt hat, wenn die Feststellung innerhalb eines Monats nach Aufnahme der Beschäftigung erfolgt, andernfalls mit dem Tag der Feststellung. ²Die Mitgliedschaft besteht auch an den Tagen fort, an denen der unständig Beschäftigte vorübergehend, längstens für drei Wochen nicht beschäftigt wird.

(2a) Die Mitgliedschaft der Bezieher von Arbeitslosengeld II nach dem Zweiten Buch[1] und Arbeitslosengeld oder Unterhaltsgeld nach dem Dritten Buch[2] beginnt mit dem Tag, von dem an die Leistung bezogen wird.

(3) ¹Die Mitgliedschaft der nach dem Künstlersozialversicherungsgesetz Versicherten beginnt mit dem Tag, an dem die Versicherungspflicht auf Grund der Feststellung der Künstlersozialkasse beginnt. ²Ist die Versicherungspflicht nach dem Künstlersozialversicherungsgesetz durch eine unständige Beschäftigung (§ 179 Abs. 2) unterbrochen worden, beginnt die Mitgliedschaft mit dem Tag nach dem Ende der unständigen Beschäftigung. ³Kann nach § 9 des Künstlersozialversicherungsgesetzes ein Versicherungsvertrag gekündigt werden, beginnt die Mitgliedschaft mit dem auf die Kündigung folgenden Monat, spätestens zwei Monate nach der Feststellung der Versicherungspflicht.

(4) Die Mitgliedschaft von Personen, die in Einrichtungen der Jugendhilfe für eine Erwerbstätigkeit befähigt werden, beginnt mit dem Beginn der Maßnahme.

(5) Die Mitgliedschaft versicherungspflichtiger Teilnehmer an Leistungen zur Teilhabe am Arbeitsleben beginnt mit dem Beginn der Maßnahme.

(6) Die Mitgliedschaft versicherungspflichtiger behinderter Menschen beginnt mit dem Beginn der Tätigkeit in den anerkannten Werkstätten für behinderte Menschen, Anstalten, Heimen oder gleichartigen Einrichtungen.

(7) Die Mitgliedschaft versicherungspflichtiger Studenten beginnt mit dem Semester, frühestens mit dem Tag der Einschreibung oder der Rückmeldung an der Hochschule.

(8) ¹Die Mitgliedschaft versicherungspflichtiger Praktikanten beginnt mit dem Tag der Aufnahme der berufspraktischen Tätigkeit. ²Die Mitgliedschaft von zu ihrer Berufsausbildung ohne Arbeitsentgelt Beschäftigten beginnt mit dem Tag des Eintritts in die Beschäftigung.

(9) Die Mitgliedschaft versicherungspflichtiger Rentner beginnt mit dem Tag der Stellung des Rentenantrags.

(10) Wird die Mitgliedschaft Versicherungspflichtiger zu einer Krankenkasse gekündigt (§ 175), beginnt die Mitgliedschaft bei der neugewählten Kranken-

---
[1] Nr. 2.
[2] Nr. 3.

kasse abweichend von den Absätzen 1 bis 9 mit dem Tag nach Eintritt der Rechtswirksamkeit der Kündigung.

(11) ¹Die Mitgliedschaft der nach § 5 Abs. 1 Nr. 13 Versicherungspflichtigen beginnt mit dem ersten Tag ohne anderweitigen Anspruch auf Absicherung im Krankheitsfall im Inland. ²Die Mitgliedschaft von Ausländern, die nicht Angehörige eines Mitgliedstaates der Europäischen Union, eines Vertragsstaates des Abkommens über den Europäischen Wirtschaftsraum oder Staatsangehörige der Schweiz sind, beginnt mit dem ersten Tag der Geltung der Niederlassungserlaubnis oder der Aufenthaltserlaubnis. ³Für Personen, die am 1. April 2007 keinen anderweitigen Anspruch auf Absicherung im Krankheitsfall haben, beginnt die Mitgliedschaft an diesem Tag.

§ 187 Beginn der Mitgliedschaft bei einer neu errichteten Krankenkasse. Die Mitgliedschaft bei einer neu errichteten Krankenkasse beginnt für Versicherungspflichtige, für die diese Krankenkasse zuständig ist, mit dem Zeitpunkt, an dem die Errichtung der Krankenkasse wirksam wird.

§ 188 Beginn der freiwilligen Mitgliedschaft. (1) Die Mitgliedschaft Versicherungsberechtigter beginnt mit dem Tag ihres Beitritts zur Krankenkasse.

(2) ¹Die Mitgliedschaft der in § 9 Abs. 1 Nr. 1 und 2 genannten Versicherungsberechtigten beginnt mit dem Tag nach dem Ausscheiden aus der Versicherungspflicht oder mit dem Tag nach dem Ende der Versicherung nach § 10. ²Die Mitgliedschaft der in § 9 Absatz 1 Satz 1 Nummer 3 und 5 genannten Versicherungsberechtigten beginnt mit dem Tag der Aufnahme der Beschäftigung. ³Die Mitgliedschaft der in § 9 Abs. 1 Nr. 6 genannten Versicherungsberechtigten beginnt mit dem Eintritt der Versicherungspflicht nach § 5 Abs. 1 Nr. 11.

(3) Der Beitritt ist schriftlich zu erklären.

(4) ¹Für Personen, deren Versicherungspflicht oder Familienversicherung endet, setzt sich die Versicherung mit dem Tag nach dem Ausscheiden aus der Versicherungspflicht oder mit dem Tag nach dem Ende der Familienversicherung als freiwillige Mitgliedschaft fort, es sei denn, das Mitglied erklärt innerhalb von zwei Wochen nach Hinweis der Krankenkasse über die Austrittsmöglichkeiten seinen Austritt. ²Der Austritt wird nur wirksam, wenn das Mitglied das Bestehen eines anderweitigen Anspruchs auf Absicherung im Krankheitsfall nachweist. ³Satz 1 gilt nicht für Personen, deren Versicherungspflicht endet, wenn die übrigen Voraussetzungen für eine Familienversicherung erfüllt sind oder ein Anspruch nach § 19 Absatz 2 besteht, sofern im Anschluss daran das Bestehen eines anderweitigen Anspruchs auf Absicherung im Krankheitsfall nachgewiesen wird. ⁴Bei Saisonarbeitnehmern, deren Versicherungspflicht mit der Beendigung der Saisonarbeitnehmertätigkeit endet, setzt sich die Versicherung nur dann nach Satz 1 fort, wenn diese Personen innerhalb von drei Monaten nach dem Ende der Versicherungspflicht ihren Beitritt zur freiwilligen Versicherung gegenüber ihrer bisherigen Krankenkasse erklären und ihren Wohnsitz oder ständigen Aufenthalt in der Bundesrepublik Deutschland nachweisen. ⁵Ein Saisonarbeitnehmer nach Satz 4 ist ein Arbeitnehmer, der vorübergehend für eine versicherungspflichtige auf bis zu acht Monate befristete Beschäftigung in der Bundesrepublik Deutschland gekommen ist, um mit seiner Tätigkeit einen jahreszeitlich bedingten jährlich wiederkehrenden erhöhten Arbeitskräftebedarf des Arbeitgebers abzudecken. ⁶Der

Arbeitgeber hat den Saisonarbeitnehmer nach Satz 4 im Meldeverfahren nach § 28a des Vierten Buches[1)] gesondert zu kennzeichnen. [7] Die Krankenkasse hat den Saisonarbeitnehmer nach Satz 4, nachdem der Arbeitgeber der Krankenkasse den Beginn der Beschäftigungsaufnahme gemeldet hat, unverzüglich auf das Beitrittsrecht und seine Nachweispflicht nach Satz 4 hinzuweisen.

§ 189 Mitgliedschaft von Rentenantragstellern. (1) [1] Als Mitglieder gelten Personen, die eine Rente der gesetzlichen Rentenversicherung beantragt haben und die Voraussetzungen nach § 5 Absatz 1 Nummer 11 bis 12 und Absatz 2, jedoch nicht die Voraussetzungen für den Bezug der Rente erfüllen. [2] Satz 1 gilt nicht für Personen, die nach anderen Vorschriften versicherungspflichtig oder nach § 6 Abs. 1 versicherungsfrei sind.

(2) [1] Die Mitgliedschaft beginnt mit dem Tag der Stellung des Rentenantrags. [2] Sie endet mit dem Tod oder mit dem Tag, an dem der Antrag zurückgenommen oder die Ablehnung des Antrags unanfechtbar wird.

§ 190 Ende der Mitgliedschaft Versicherungspflichtiger. (1) Die Mitgliedschaft Versicherungspflichtiger endet mit dem Tod des Mitglieds.

(2) Die Mitgliedschaft versicherungspflichtig Beschäftigter endet mit Ablauf des Tages, an dem das Beschäftigungsverhältnis gegen Arbeitsentgelt endet.

(3) *(aufgehoben)*

(4) Die Mitgliedschaft unständig Beschäftigter endet, wenn das Mitglied die berufsmäßige Ausübung der unständigen Beschäftigung nicht nur vorübergehend aufgibt, spätestens mit Ablauf von drei Wochen nach dem Ende der letzten unständigen Beschäftigung.

(5) Die Mitgliedschaft der nach dem Künstlersozialversicherungsgesetz Versicherten endet mit dem Tage, an dem die Versicherungspflicht auf Grund der Feststellung der Künstlersozialkasse endet; § 192 Abs. 1 Nr. 2 und 3 bleibt unberührt.

(6) Die Mitgliedschaft von Personen, die in Einrichtungen der Jugendhilfe für eine Erwerbstätigkeit befähigt werden, endet mit dem Ende der Maßnahme.

(7) Die Mitgliedschaft versicherungspflichtiger Teilnehmer an Leistungen zur Teilhabe am Arbeitsleben endet mit dem Ende der Maßnahme, bei Weiterzahlung des Übergangsgeldes mit Ablauf des Tages, bis zu dem Übergangsgeld gezahlt wird.

(8) Die Mitgliedschaft von versicherungspflichtigen behinderten Menschen in anerkannten Werkstätten für behinderte Menschen, Anstalten, Heimen oder gleichartigen Einrichtungen endet mit Aufgabe der Tätigkeit.

(9) Die Mitgliedschaft versicherungspflichtiger Studenten endet einen Monat nach Ablauf des Semesters, für das sie sich zuletzt eingeschrieben oder zurückgemeldet haben.

(10) [1] Die Mitgliedschaft versicherungspflichtiger Praktikanten endet mit dem Tag der Aufgabe der berufspraktischen Tätigkeit. [2] Die Mitgliedschaft von zu ihrer Berufsausbildung ohne Arbeitsentgelt Beschäftigten endet mit dem Tag der Aufgabe der Beschäftigung.

[1)] Nr. 4.

(11) Die Mitgliedschaft versicherungspflichtiger Rentner endet

1. mit Ablauf des Monats, in dem der Anspruch auf Rente wegfällt oder die Entscheidung über den Wegfall oder den Entzug der Rente unanfechtbar geworden ist, frühestens mit Ablauf des Monats, für den letztmalig Rente zu zahlen ist,
2. bei Gewährung einer Rente für zurückliegende Zeiträume mit Ablauf des Monats, in dem die Entscheidung unanfechtbar wird.

(11a) Die Mitgliedschaft der in § 9 Abs. 1 Nr. 6 genannten Personen, die das Beitrittsrecht ausgeübt haben, sowie ihrer Familienangehörigen, die nach dem 31. März 2002 nach § 5 Abs. 1 Nr. 11 versicherungspflichtig geworden sind, deren Anspruch auf Rente schon an diesem Tag bestand, die aber nicht die Vorversicherungszeit des § 5 Abs. 1 Nr. 11 in der seit dem 1. Januar 1993 geltenden Fassung erfüllt hatten und die bis zum 31. März 2002 nach § 10 oder nach § 7 des Zweiten Gesetzes über die Krankenversicherung der Landwirte versichert waren, endet mit dem Eintritt der Versicherungspflicht nach § 5 Abs. 1 Nr. 11.

(12) Die Mitgliedschaft der Bezieher von Arbeitslosengeld II nach dem Zweiten Buch[1)] und Arbeitslosengeld oder Unterhaltsgeld nach dem Dritten Buch[2)] endet mit Ablauf des letzten Tages, für den die Leistung bezogen wird.

(13) [1] Die Mitgliedschaft der in § 5 Abs. 1 Nr. 13 genannten Personen endet mit Ablauf des Vortages, an dem

1. ein anderweitiger Anspruch auf Absicherung im Krankheitsfall begründet wird oder
2. der Wohnsitz oder gewöhnliche Aufenthalt in einen anderen Staat verlegt wird.

[2] Satz 1 Nr. 1 gilt nicht für Mitglieder, die Empfänger von Leistungen nach dem Dritten, Vierten, Sechsten und Siebten Kapitel des Zwölften Buches[3)] sind.

§ 191 Ende der freiwilligen Mitgliedschaft.
Die freiwillige Mitgliedschaft endet

1. mit dem Tod des Mitglieds,
2. mit Beginn einer Pflichtmitgliedschaft oder
3. mit dem Wirksamwerden der Kündigung (§ 175 Abs. 4); die Satzung kann einen früheren Zeitpunkt bestimmen, wenn das Mitglied die Voraussetzungen einer Versicherung nach § 10 erfüllt.

§ 192 Fortbestehen der Mitgliedschaft Versicherungspflichtiger.

(1) Die Mitgliedschaft Versicherungspflichtiger bleibt erhalten, solange

1. sie sich in einem rechtmäßigen Arbeitskampf befinden,
2. Anspruch auf Krankengeld oder Mutterschaftsgeld besteht oder eine dieser Leistungen oder nach gesetzlichen Vorschriften Erziehungsgeld oder El-

---

[1)] Nr. 2.
[2)] Nr. 3.
[3)] Nr. 12.

6. Kapitel. Organisation der Krankenkassen § 193 SGB V 5

terngeld bezogen oder Elternzeit in Anspruch genommen oder Pflegeunterstützungsgeld bezogen wird,

2a. von einem privaten Krankenversicherungsunternehmen, von einem Beihilfeträger des Bundes, von sonstigen öffentlich-rechtlichen Trägern von Kosten in Krankheitsfällen auf Bundesebene, von dem Träger der Heilfürsorge im Bereich des Bundes, von dem Träger der truppenärztlichen Versorgung oder von einem öffentlich-rechtlichen Träger von Kosten in Krankheitsfällen auf Landesebene, soweit das Landesrecht dies vorsieht, Leistungen für den Ausfall von Arbeitseinkünften im Zusammenhang mit einer nach den §§ 8 und 8a des Transplantationsgesetzes erfolgenden Spende von Organen oder Geweben oder im Zusammenhang mit einer Spende von Blut zur Separation von Blutstammzellen oder anderen Blutbestandteilen im Sinne von § 9 des Transfusionsgesetzes bezogen werden oder diese beansprucht werden können,

3. von einem Rehabilitationsträger während einer Leistung zur medizinischen Rehabilitation Verletztengeld, Versorgungskrankengeld oder Übergangsgeld gezahlt wird oder

4. Kurzarbeitergeld nach dem Dritten Buch[1)] bezogen wird.

(2) Während der Schwangerschaft bleibt die Mitgliedschaft Versicherungspflichtiger auch erhalten, wenn das Beschäftigungsverhältnis vom Arbeitgeber zulässig aufgelöst oder das Mitglied unter Wegfall des Arbeitsentgelts beurlaubt worden ist, es sei denn, es besteht eine Mitgliedschaft nach anderen Vorschriften.

§ 193 Fortbestehen der Mitgliedschaft bei Wehrdienst oder Zivildienst. (1) ¹Bei versicherungspflichtig Beschäftigten, denen nach § 1 Abs. 2 des Arbeitsplatzschutzgesetzes Entgelt weiterzugewähren ist, gilt das Beschäftigungsverhältnis als durch den Wehrdienst nach § 4 Abs. 1 und § 6b Abs. 1 des Wehrpflichtgesetzes nicht unterbrochen. ²Dies gilt auch für Personen in einem Wehrdienstverhältnis besonderer Art nach § 6 des Einsatz-Weiterverwendungsgesetzes, wenn sie den Einsatzunfall in einem Versicherungsverhältnis erlitten haben.

(2) ¹Bei Versicherungspflichtigen, die nicht unter Absatz 1 fallen, sowie bei freiwilligen Mitgliedern berührt der Wehrdienst nach § 4 Abs. 1 und § 6b Abs. 1 des Wehrpflichtgesetzes eine bestehende Mitgliedschaft bei einer Krankenkasse nicht. ²Die versicherungspflichtige Mitgliedschaft gilt als fortbestehend, wenn die Versicherungspflicht am Tag vor dem Beginn des Wehrdienstes endet oder wenn zwischen dem letzten Tag der Mitgliedschaft und dem Beginn des Wehrdienstes ein Samstag, Sonntag oder gesetzlicher Feiertag liegt. ³Absatz 1 Satz 2 gilt entsprechend.

(3) Die Absätze 1 und 2 gelten für den Zivildienst entsprechend.

(4) ¹Die Absätze 1 und 2 gelten für Personen, die Dienstleistungen oder Übungen nach dem Vierten Abschnitt des Soldatengesetzes leisten. ²Die Dienstleistungen und Übungen gelten nicht als Beschäftigungen im Sinne des § 5 Abs. 1 Nr. 1 und § 6 Abs. 1 Nr. 3.

[1)] Nr. 3.

(5) Die Zeit in einem Wehrdienstverhältnis besonderer Art nach § 6 des Einsatz-Weiterverwendungsgesetzes gilt nicht als Beschäftigung im Sinne von § 5 Abs. 1 Nr. 1 und § 6 Abs. 1 Nr. 3.

Zweiter Titel. Satzung, Organe

§ 194 Satzung der Krankenkassen. (1) Die Satzung muß insbesondere Bestimmungen enthalten über

1. Namen und Sitz der Krankenkasse,
2. Bezirk der Krankenkasse und Kreis der Mitglieder,
3. Art und Umfang der Leistungen, soweit sie nicht durch Gesetz bestimmt sind,
4. Festsetzung des Zusatzbeitrags nach § 242,
5. Zahl der Mitglieder der Organe,
6. Rechte und Pflichten der Organe,
7. Art der Beschlußfassung des Verwaltungsrates,
8. Bemessung der Entschädigungen für Organmitglieder,
9. jährliche Prüfung der Betriebs- und Rechnungsführung und Abnahme der Jahresrechnung,
10. Zusammensetzung und Sitz der Widerspruchsstelle und
11. Art der Bekanntmachungen.

(1a) ¹ Die Satzung kann eine Bestimmung enthalten, nach der die Krankenkasse den Abschluss privater Zusatzversicherungsverträge zwischen ihren Versicherten und privaten Krankenversicherungsunternehmen vermitteln kann. ² Gegenstand dieser Verträge können alle Leistungen sein, die den gesetzlichen Krankenversicherungsschutz ergänzen, insbesondere Ergänzungstarife zur Kostenerstattung, Wahlarztbehandlung im Krankenhaus, Ein- oder Zweibettzuschlag im Krankenhaus sowie eine Auslandskrankenversicherung.

(2) ¹ Die Satzung darf keine Bestimmungen enthalten, die den Aufgaben der gesetzlichen Krankenversicherung widersprechen. ² Sie darf Leistungen nur vorsehen, soweit dieses Buch sie zuläßt.

§ 195 Genehmigung der Satzung. (1) Die Satzung bedarf der Genehmigung der Aufsichtsbehörde.

(2) ¹ Ergibt sich nachträglich, daß eine Satzung nicht hätte genehmigt werden dürfen, kann die Aufsichtsbehörde anordnen, daß die Krankenkasse innerhalb einer bestimmten Frist die erforderliche Änderung vornimmt. ² Kommt die Krankenkasse der Anordnung nicht innerhalb dieser Frist nach, kann die Aufsichtsbehörde die erforderliche Änderung anstelle der Krankenkasse selbst vornehmen. ³ Klagen gegen Maßnahmen der Aufsichtsbehörde nach den Sätzen 1 und 2 haben keine aufschiebende Wirkung.

(3) Absatz 2 gilt entsprechend, wenn die Satzung wegen nachträglich eingetretener Umstände einer Änderung bedarf.

§ 196 Einsichtnahme in die Satzung. (1) Die geltende Satzung kann in den Geschäftsräumen der Krankenkasse während der üblichen Geschäftsstunden eingesehen werden.

(2) Jedes Mitglied erhält unentgeltlich ein Merkblatt über Beginn und Ende der Mitgliedschaft bei Pflichtversicherung und freiwilliger Versicherung, über Beitrittsrechte sowie die von der Krankenkasse zu gewährenden Leistungen und über die Beiträge.

§ 197 Verwaltungsrat. (1) Der Verwaltungsrat hat insbesondere
1. die Satzung und sonstiges autonomes Recht zu beschließen,
1a. den Vorstand zu überwachen,
1b. alle Entscheidungen zu treffen, die für die Krankenkasse von grundsätzlicher Bedeutung sind,
2. den Haushaltsplan festzustellen,
3. über die Entlastung des Vorstands wegen der Jahresrechnung zu beschließen,
4. die Krankenkasse gegenüber dem Vorstand und dessen Mitgliedern zu vertreten,
5. über den Erwerb, die Veräußerung oder die Belastung von Grundstücken sowie über die Errichtung von Gebäuden zu beschließen und
6. über die Auflösung der Krankenkasse oder die freiwillige Vereinigung mit anderen Krankenkassen zu beschließen.

(2) Der Verwaltungsrat kann sämtliche Geschäfts- und Verwaltungsunterlagen einsehen und prüfen.

(3) Der Verwaltungsrat soll zur Erfüllung seiner Aufgaben Fachausschüsse bilden.

§ 197a Stellen zur Bekämpfung von Fehlverhalten im Gesundheitswesen. (1) [1] Die Krankenkassen, wenn angezeigt ihre Landesverbände, und der Spitzenverband Bund der Krankenkassen richten organisatorische Einheiten ein, die Fällen und Sachverhalten nachzugehen haben, die auf Unregelmäßigkeiten oder auf rechtswidrige oder zweckwidrige Nutzung von Finanzmitteln im Zusammenhang mit den Aufgaben der jeweiligen Krankenkasse oder des jeweiligen Verbandes hindeuten. [2] Sie nehmen Kontrollbefugnisse nach § 67c Abs. 3 des Zehnten Buches[1]) wahr.

(2) [1] Jede Person kann sich in Angelegenheiten des Absatzes 1 an die Krankenkassen und die weiteren in Absatz 1 genannten Organisationen wenden. [2] Die Einrichtungen nach Absatz 1 gehen den Hinweisen nach, wenn sie auf Grund der einzelnen Angaben oder der Gesamtumstände glaubhaft erscheinen.

(3) [1] Die Krankenkassen und die weiteren in Absatz 1 genannten Organisationen haben zur Erfüllung der Aufgaben nach Absatz 1 untereinander und mit den Kassenärztlichen Vereinigungen und Kassenärztlichen Bundesvereinigungen zusammenzuarbeiten. [2] Der Spitzenverband Bund der Krankenkassen organisiert einen regelmäßigen Erfahrungsaustausch mit Einrichtungen nach Absatz 1 Satz 1, an dem die Vertreter der Einrichtungen nach § 81a Absatz 1 Satz 1, der berufsständischen Kammern und der Staatsanwaltschaft in geeigneter Form zu beteiligen sind. [3] Über die Ergebnisse des Erfahrungsaustausches sind die Aufsichtsbehörden zu informieren.

---

[1]) Nr. 10.

(3a) ¹Die Einrichtungen nach Absatz 1 dürfen personenbezogene Daten, die von ihnen zur Erfüllung ihrer Aufgaben nach Absatz 1 erhoben oder an sie weitergegeben oder übermittelt wurden, untereinander und an Einrichtungen nach § 81a übermitteln, soweit dies für die Feststellung und Bekämpfung von Fehlverhalten im Gesundheitswesen beim Empfänger erforderlich ist. ²Der Empfänger darf diese nur zu dem Zweck verarbeiten und nutzen, zu dem sie ihm übermittelt worden sind.

(4) Die Krankenkassen und die weiteren in Absatz 1 genannten Organisationen sollen die Staatsanwaltschaft unverzüglich unterrichten, wenn die Prüfung ergibt, dass ein Anfangsverdacht auf strafbare Handlungen mit nicht nur geringfügiger Bedeutung für die gesetzliche Krankenversicherung bestehen könnte.

(5) ¹Der Vorstand der Krankenkassen und der weiteren in Absatz 1 genannten Organisationen hat dem Verwaltungsrat im Abstand von zwei Jahren über die Arbeit und Ergebnisse der organisatorischen Einheiten nach Absatz 1 zu berichten. ²Der Bericht ist der zuständigen Aufsichtsbehörde und dem Spitzenverband Bund der Krankenkassen zuzuleiten. ³In dem Bericht sind zusammengefasst auch die Anzahl der Leistungserbringer und Versicherten, bei denen es im Berichtszeitraum Hinweise auf Pflichtverletzungen oder Leistungsmissbrauch gegeben hat, die Anzahl der nachgewiesenen Fälle, die Art und Schwere des Pflichtverstoßes und die dagegen getroffenen Maßnahmen sowie der verhinderte und der entstandene Schaden zu nennen; wiederholt aufgetretene Fälle sowie sonstige geeignete Fälle sind als anonymisierte Fallbeispiele zu beschreiben.

(6) ¹Der Spitzenverband Bund der Krankenkassen trifft bis zum 1. Januar 2017 nähere Bestimmungen über

1. die einheitliche Organisation der Einrichtungen nach Absatz 1 Satz 1 bei seinen Mitgliedern,
2. die Ausübung der Kontrollen nach Absatz 1 Satz 2,
3. die Prüfung der Hinweise nach Absatz 2,
4. die Zusammenarbeit nach Absatz 3,
5. die Unterrichtung nach Absatz 4 und
6. die Berichte nach Absatz 5.

²Die Bestimmungen nach Satz 1 sind dem Bundesministerium für Gesundheit vorzulegen. ³Der Spitzenverband Bund der Krankenkassen führt die Berichte nach Absatz 5, die ihm von seinen Mitgliedern zuzuleiten sind, zusammen, gleicht die Ergebnisse mit den Kassenärztlichen Bundesvereinigungen ab und veröffentlicht seinen eigenen Bericht im Internet.

§ 197b Aufgabenerledigung durch Dritte. ¹Krankenkassen können die ihnen obliegenden Aufgaben durch Arbeitsgemeinschaften oder durch Dritte mit deren Zustimmung wahrnehmen lassen, wenn die Aufgabenwahrnehmung durch die Arbeitsgemeinschaften oder den Dritten wirtschaftlicher ist, es im wohlverstandenen Interesse der Betroffenen liegt und Rechte der Versicherten nicht beeinträchtigt werden. ²Wesentliche Aufgaben zur Versorgung der Versicherten dürfen nicht in Auftrag gegeben werden. ³§ 88 Abs. 3 und 4 und die §§ 89, 90 bis 92 und 97 des Zehnten Buches[1)] gelten entsprechend.

[1)] Nr. 10.

6. Kapitel. Organisation der Krankenkassen §§ 198–201 SGB V 5

Vierter Abschnitt. Meldungen

§ 198 Meldepflicht des Arbeitgebers für versicherungspflichtig Beschäftigte. Der Arbeitgeber hat die versicherungspflichtig Beschäftigten nach den §§ 28a bis 28c des Vierten Buches[1)] an die zuständige Krankenkasse zu melden.

§ 199 Meldepflichten bei unständiger Beschäftigung. (1) [1] Unständig Beschäftigte haben der nach § 179 Abs. 1 zuständigen Krankenkasse Beginn und Ende der berufsmäßigen Ausübung von unständigen Beschäftigungen unverzüglich zu melden. [2] Der Arbeitgeber hat die unständig Beschäftigten auf ihre Meldepflicht hinzuweisen.

(2) [1] Gesamtbetriebe, in denen regelmäßig unständig Beschäftigte beschäftigt werden, haben die sich aus diesem Buch ergebenden Pflichten der Arbeitgeber zu übernehmen. [2] Welche Einrichtungen als Gesamtbetriebe gelten, richtet sich nach Landesrecht.

§ 200 Meldepflichten bei sonstigen versicherungspflichtigen Personen. (1) [1] Eine Meldung nach § 28a Abs. 1 bis 3 des Vierten Buches[1)] hat zu erstatten

1. für Personen, die in Einrichtungen der Jugendhilfe für eine Erwerbstätigkeit befähigt werden sollen oder in Werkstätten für behinderte Menschen, Blindenwerkstätten, Anstalten, Heimen oder gleichartigen Einrichtungen tätig sind, der Träger dieser Einrichtung,
2. für Personen, die an Leistungen zur Teilhabe am Arbeitsleben teilnehmen, der zuständige Rehabilitationsträger,
3. für Personen, die Vorruhestandsgeld beziehen, der zur Zahlung des Vorruhestandsgeldes Verpflichtete.

[2] § 28a Abs. 5 sowie die §§ 28b und 28c des Vierten Buches gelten entsprechend.

(2) [1] Die staatlichen und die staatlich anerkannten Hochschulen haben versicherte Studenten, die Ausbildungsstätten versicherungspflichtige Praktikanten und zu ihrer Berufsausbildung ohne Arbeitsentgelt Beschäftigte der zuständigen Krankenkasse zu melden. [2] Das Bundesministerium für Gesundheit regelt durch Rechtsverordnung mit Zustimmung des Bundesrates Inhalt, Form und Frist der Meldungen sowie das Nähere über das Meldeverfahren.

§ 201 Meldepflichten bei Rentenantragstellung und Rentenbezug.

(1) [1] Wer eine Rente der gesetzlichen Rentenversicherung beantragt, hat mit dem Antrag eine Meldung für die zuständige Krankenkasse einzureichen. [2] Der Rentenversicherungsträger hat die Meldung unverzüglich an die zuständige Krankenkasse weiterzugeben.

(2) Wählen versicherungspflichtige Rentner oder Hinterbliebene eine andere Krankenkasse, hat die gewählte Krankenkasse dies der bisherigen Krankenkasse und dem zuständigen Rentenversicherungsträger unverzüglich mitzuteilen.

(3) [1] Nehmen versicherungspflichtige Rentner oder Hinterbliebene eine versicherungspflichtige Beschäftigung auf, für die eine andere als die bisherige

---

[1)] Nr. 4.

Krankenkasse zuständig ist, hat die für das versicherungspflichtige Beschäftigungsverhältnis zuständige Krankenkasse dies der bisher zuständigen Krankenkasse und dem Rentenversicherungsträger mitzuteilen. ²Satz 1 gilt entsprechend, wenn das versicherungspflichtige Beschäftigungsverhältnis endet.

(4) Der Rentenversicherungsträger hat der zuständigen Krankenkasse unverzüglich mitzuteilen

1. Beginn und Höhe einer Rente der gesetzlichen Rentenversicherung, den Monat, für den die Rente erstmalig laufend gezahlt wird,
2. den Tag der Rücknahme des Rentenantrags,
3. bei Ablehnung des Rentenantrags den Tag, an dem über den Rentenantrag verbindlich entschieden worden ist,
4. Ende, Entzug, Wegfall und sonstige Nichtleistung der Rente sowie
5. Beginn und Ende der Beitragszahlung aus der Rente.

(5) ¹Wird der Bezieher einer Rente der gesetzlichen Rentenversicherung versicherungspflichtig, hat die Krankenkasse dies dem Rentenversicherungsträger unverzüglich mitzuteilen. ²Satz 1 gilt entsprechend, wenn die Versicherungspflicht aus einem anderen Grund als den in Absatz 4 Nr. 4 genannten Gründen endet.

(6) ¹Die Meldungen sind auf maschinell verwertbaren Datenträgern oder durch Datenübertragung zu erstatten. ²Der Spitzenverband Bund der Krankenkassen vereinbart mit der Deutschen Rentenversicherung Bund das Nähere über das Verfahren im Benehmen mit dem Bundesversicherungsamt.

§ 202 Meldepflichten bei Versorgungsbezügen. (1) ¹Die Zahlstelle hat bei der erstmaligen Bewilligung von Versorgungsbezügen sowie bei Mitteilung über die Beendigung der Mitgliedschaft eines Versorgungsempfängers und in den Fällen des § 5 Absatz 1 Nummer 11b die zuständige Krankenkasse des Versorgungsempfängers zu ermitteln und dieser Beginn, Höhe, Veränderungen und Ende der Versorgungsbezüge und in den Fällen des § 5 Absatz 1 Nummer 11b den Tag der Antragstellung unverzüglich mitzuteilen. ²Bei den am 1. Januar 1989 vorhandenen Versorgungsempfängern hat die Ermittlung der Krankenkasse innerhalb von sechs Monaten zu erfolgen. ³Der Versorgungsempfänger hat der Zahlstelle seine Krankenkasse anzugeben und einen Kassenwechsel sowie die Aufnahme einer versicherungspflichtigen Beschäftigung anzuzeigen. ⁴Die Krankenkasse hat der Zahlstelle von Versorgungsbezügen und dem Bezieher von Versorgungsbezügen unverzüglich die Beitragspflicht des Versorgungsempfängers und, soweit die Summe der beitragspflichtigen Einnahmen nach § 237 Satz 1 Nummer 1 und 2 die Beitragsbemessungsgrenze überschreitet, deren Umfang mitzuteilen.

(2) ¹Die Zahlstelle hat der zuständigen Krankenkasse die Meldung durch gesicherte und verschlüsselte Datenübertragung aus systemgeprüften Programmen oder mittels maschineller Ausfüllhilfen zu erstatten. ²Die Krankenkasse hat nach inhaltlicher Prüfung alle fehlerfreien Angaben elektronisch zu übernehmen, zu verarbeiten und zu nutzen. ³Alle Rückmeldungen der Krankenkasse an die Zahlstelle erfolgen arbeitstäglich durch Datenübertragung. ⁴Den Aufbau des Datensatzes, notwendige Schlüsselzahlen und Angaben legt der Spitzenverband Bund der Krankenkassen in Grundsätzen fest, die vom Bundesministerium für Arbeit und Soziales im Einvernehmen mit dem Bundesminis-

terium für Gesundheit zu genehmigen sind; die Bundesvereinigung der Deutschen Arbeitgeberverbände ist anzuhören.

(3) ¹Die Zahlstellen haben für die Durchführung der Meldeverfahren nach diesem Gesetzbuch eine Zahlstellennummer beim Spitzenverband Bund der Krankenkassen elektronisch zu beantragen. ²Die Zahlstellennummern und alle Angaben, die zur Vergabe der Zahlstellennummer notwendig sind, werden in einer gesonderten elektronischen Datei beim Spitzenverband Bund der Krankenkassen gespeichert. ³Die Sozialversicherungsträger, ihre Verbände und ihre Arbeitsgemeinschaften, die Künstlersozialkasse, die Behörden der Zollverwaltung, soweit sie Aufgaben nach § 2 des Schwarzarbeitsbekämpfungsgesetzes oder nach § 66 des Zehnten Buches[1]) wahrnehmen, sowie die zuständigen Aufsichtsbehörden und die Arbeitgeber dürfen die Zahlstellennummern verarbeiten, nutzen und übermitteln, soweit dies für die Erfüllung einer gesetzlichen Aufgabe nach diesem Gesetzbuch erforderlich ist. ⁴Andere Behörden, Gerichte oder Dritte dürfen die Zahlstellennummern verarbeiten, nutzen oder übermitteln, soweit dies für die Erfüllung einer gesetzlichen Aufgabe einer der in Satz 3 genannten Stellen erforderlich ist. ⁵Das Nähere zum Verfahren und den Aufbau der Zahlstellennummer regeln die Grundsätze nach Absatz 2 Satz 4.

§ 203 Meldepflichten bei Bezug von Erziehungsgeld oder Elterngeld.
Die Zahlstelle des Erziehungsgeldes oder Elterngeldes hat der zuständigen Krankenkasse Beginn und Ende der Zahlung des Erziehungsgeldes oder Elterngeldes unverzüglich mitzuteilen.

§ 203a Meldepflicht bei Bezug von Arbeitslosengeld, Arbeitslosengeld II oder Unterhaltsgeld.
Die Agenturen für Arbeit oder in den Fällen des § 6a des Zweiten Buches[2]) die zugelassenen kommunalen Träger erstatten die Meldungen hinsichtlich der nach § 5 Abs. 1 Nr. 2 und Nr. 2a Versicherten entsprechend §§ 28a bis 28c des Vierten Buches[3]).

§ 204 Meldepflichten bei Einberufung zum Wehrdienst oder Zivildienst.
(1) ¹Bei Einberufung zu einem Wehrdienst hat bei versicherungspflichtig Beschäftigten der Arbeitgeber und bei Arbeitslosen die Agentur für Arbeit den Beginn des Wehrdienstes sowie das Ende des Grundwehrdienstes und einer Wehrübung oder einer Dienstleistung oder Übung nach dem Vierten Abschnitt des Soldatengesetzes der zuständigen Krankenkasse unverzüglich zu melden. ²Das Ende eines Wehrdienstes nach § 4 Abs. 1 Nr. 6 des Wehrpflichtgesetzes hat das Bundesministerium der Verteidigung oder die von ihm bestimmte Stelle zu melden. ³Sonstige Versicherte haben die Meldungen nach Satz 1 selbst zu erstatten.

(2) ¹Absatz 1 gilt für den Zivildienst entsprechend. ²An die Stelle des Bundesministeriums der Verteidigung tritt das Bundesamt für den Zivildienst.

§ 205 Meldepflichten bestimmter Versicherungspflichtiger.
Versicherungspflichtige, die eine Rente der gesetzlichen Rentenversicherung oder der

---
[1]) Nr. **10**.
[2]) Nr. **2**.
[3]) Nr. **4**.

Rente vergleichbare Einnahmen (Versorgungsbezüge) beziehen, haben ihrer Krankenkasse unverzüglich zu melden

1. Beginn und Höhe der Rente,
2. Beginn, Höhe, Veränderungen und die Zahlstelle der Versorgungsbezüge sowie
3. Beginn, Höhe und Veränderungen des Arbeitseinkommens.

§ 206 Auskunfts- und Mitteilungspflichten der Versicherten. (1) [1]Wer versichert ist oder als Versicherter in Betracht kommt, hat der Krankenkasse, soweit er nicht nach § 28o des Vierten Buches[1]) auskunftspflichtig ist,

1. auf Verlangen über alle für die Feststellung der Versicherungs- und Beitragspflicht und für die Durchführung der der Krankenkasse übertragenen Aufgaben erforderlichen Tatsachen unverzüglich Auskunft zu erteilen,
2. Änderungen in den Verhältnissen, die für die Feststellung der Versicherungs- und Beitragspflicht erheblich sind und nicht durch Dritte gemeldet werden, unverzüglich mitzuteilen.

[2]Er hat auf Verlangen die Unterlagen, aus denen die Tatsachen oder die Änderung der Verhältnisse hervorgehen, der Krankenkasse in deren Geschäftsräumen unverzüglich vorzulegen.

(2) Entstehen der Krankenkasse durch eine Verletzung der Pflichten nach Absatz 1 zusätzliche Aufwendungen, kann sie von dem Verpflichteten die Erstattung verlangen.

Siebtes Kapitel. Verbände der Krankenkassen

§ 207 Bildung und Vereinigung von Landesverbänden. (1) [1]In jedem Land bilden

die Ortskrankenkassen einen Landesverband der Ortskrankenkassen,

die Betriebskrankenkassen einen Landesverband der Betriebskrankenkassen,

die Innungskrankenkassen einen Landesverband der Innungskrankenkassen.

[2]Die Landesverbände der Krankenkassen sind Körperschaften des öffentlichen Rechts. [3]Die Krankenkassen gehören mit Ausnahme der Betriebskrankenkassen der Dienstbetriebe des Bundes dem Landesverband des Landes an, in dem sie ihren Sitz haben. [4]Andere Krankenkassen können den Landesverbänden beitreten.

(2) [1]Bestehen in einem Land am 1. Januar 1989 mehrere Landesverbände, bestehen diese fort, wenn die für die Sozialversicherung zuständige oberste Verwaltungsbehörde des Landes ihre Zustimmung nicht bis zum 31. Dezember 1989 versagt. [2]Die für die Sozialversicherung zuständigen obersten Verwaltungsbehörden der Länder können ihre Zustimmung nach Satz 1 unter Einhaltung einer einjährigen Frist zum Ende eines Kalenderjahres widerrufen. [3]Versagen oder widerrufen sie die Zustimmung, regeln sie die Durchführung der erforderlichen Organisationsänderungen.

---

[1]) Nr. 4.

(2a) Vereinigen sich in einem Land alle Mitglieder eines Landesverbandes oder werden alle Mitglieder eines Landesverbandes durch die Landesregierung zu einer Krankenkasse vereinigt, tritt diese Krankenkasse in die Rechte und Pflichten des Landesverbandes ein.

(3) [1] Länderübergreifende Landesverbände bestehen fort, wenn nicht eine der für die Sozialversicherung zuständigen obersten Verwaltungsbehörden in den betroffenen Ländern ihre Zustimmung bis zum 31. Dezember 1989 versagt. [2] Jede dieser obersten Verwaltungsbehörden der Länder kann ihre Zustimmung unter Einhaltung einer einjährigen Frist zum Ende eines Kalenderjahres widerrufen. [3] Wird die Zustimmung versagt oder widerrufen, regeln die beteiligten Länder die Durchführung der erforderlichen Organisationsänderungen einvernehmlich.

(4) [1] Besteht in einem Land nur eine Krankenkasse der gleichen Art, nimmt sie zugleich die Aufgaben eines Landesverbandes wahr. [2] Sie hat insoweit die Rechtsstellung eines Landesverbands.

(4a) [1] Besteht in einem Land für eine Kassenart kein Landesverband, nimmt ein anderer Landesverband dieser Kassenart mit Zustimmung der für die Sozialversicherung zuständigen obersten Verwaltungsbehörden der beteiligten Länder die Aufgabe eines Landesverbandes in diesem Land wahr. [2] Kommt eine Einigung der Beteiligten nicht innerhalb von drei Monaten nach Wegfall des Landesverbandes zustande, nimmt der Bundesverband der Kassenart diese Aufgabe wahr.

(5) [1] Mit Zustimmung der für die Sozialversicherung zuständigen obersten Verwaltungsbehörden der Länder können sich Landesverbände der gleichen Krankenkassenart zu einem Verband zusammenschließen. [2] Das gilt auch, wenn die Landesverbände ihren Sitz in verschiedenen Ländern haben.

§ 208 Aufsicht, Haushalts- und Rechnungswesen, Vermögen, Statistiken. (1) Die Landesverbände unterstehen der Aufsicht der für die Sozialversicherung zuständigen obersten Verwaltungsbehörde des Landes, in dem sie ihren Sitz haben.

(2) [1] Für die Aufsicht gelten die §§ 87 bis 89 des Vierten Buches[1]). [2] Für das Haushalts- und Rechnungswesen einschließlich der Statistiken gelten die §§ 67 bis 70 Abs. 1 und 5, §§ 72 bis 77 Abs. 1, §§ 78 und 79 Abs. 1 und 2, für das Vermögen die §§ 80 und 85 des Vierten Buches. [3] Für das Verwaltungsvermögen gilt § 263 entsprechend.

§ 209 Verwaltungsrat der Landesverbände. (1) [1] Bei den Landesverbänden der Krankenkassen wird als Selbstverwaltungsorgan ein Verwaltungsrat nach näherer Bestimmung der Satzungen gebildet. [2] Der Verwaltungsrat hat höchstens 30 Mitglieder. [3] In dem Verwaltungsrat müssen, soweit möglich, alle Mitgliedskassen vertreten sein.

(2) [1] Der Verwaltungsrat setzt sich je zur Hälfte aus Vertretern der Versicherten und der Arbeitgeber zusammen. [2] Die Versicherten wählen die Vertreter der Versicherten, die Arbeitgeber wählen die Vertreter der Arbeitgeber. [3] § 44 Abs. 4 des Vierten Buches[1]) gilt entsprechend.

---

[1]) Nr. 4.

(3) Die Mitglieder des Verwaltungsrats werden von dem Verwaltungsrat der Mitgliedskassen aus dessen Reihen gewählt.

(4) [1] Für den Verwaltungsrat gilt § 197 entsprechend. [2] § 33 Abs. 3, § 37 Abs. 1, die §§ 40, 41, 42 Abs. 1 bis 3, § 51 Abs. 1 Satz 1 Nr. 3, die §§ 58, 59, 62, 63 Abs. 1, 3, 4, § 64 Abs. 3 und § 66 Abs. 1 des Vierten Buches gelten entsprechend.

§ 209a Vorstand bei den Landesverbänden. [1] Bei den Landesverbänden der Orts-, Betriebs- und Innungskrankenkassen wird ein Vorstand gebildet. [2] Er besteht aus höchstens drei Personen. [3] § 35a Abs. 1 bis 3 und 5 bis 7 des Vierten Buches[1)] gilt entsprechend.

§ 210 Satzung der Landesverbände. (1) [1] Jeder Landesverband hat durch seinen Verwaltungsrat eine Satzung aufzustellen. [2] Die Satzung bedarf der Genehmigung der für die Sozialversicherung zuständigen obersten Verwaltungsbehörde des Landes. [3] Die Satzung muß Bestimmungen enthalten über

1. Namen, Bezirk und Sitz des Verbandes,
2. Zahl und Wahl der Mitglieder des Verwaltungsrats und ihrer Vertreter,
3. Entschädigungen für Organmitglieder,
4. Öffentlichkeit des Verwaltungsrats,
5. Rechte und Pflichten der Mitgliedskassen,
6. Aufbringung und Verwaltung der Mittel,
7. jährliche Prüfung der Betriebs- und Rechnungsführung,
8. Art der Bekanntmachungen.

[4] § 34 Abs. 2 des Vierten Buches[1)] gilt entsprechend.

(2) Die Satzung muß ferner Bestimmungen darüber enthalten, daß die von dem Spitzenverband Bund der Krankenkassen abzuschließenden Verträge und die Richtlinien nach den §§ 92, und § 282 für die Landesverbände und ihre Mitgliedskassen verbindlich sind.

§ 211 Aufgaben der Landesverbände. (1) Die Landesverbände haben die ihnen gesetzlich zugewiesenen Aufgaben zu erfüllen.

(2) Die Landesverbände unterstützen die Mitgliedskassen bei der Erfüllung ihrer Aufgaben und bei der Wahrnehmung ihrer Interessen, insbesondere durch

1. Beratung und Unterrichtung,
2. Sammlung und Aufbereitung von statistischem Material zu Verbandszwecken,
3. Abschluß und Änderung von Verträgen, insbesondere mit anderen Trägern der Sozialversicherung, soweit sie von der Mitgliedskasse hierzu bevollmächtigt worden sind,
4. Übernahme der Vertretung der Mitgliedskassen gegenüber anderen Trägern der Sozialversicherung, Behörden und Gerichten,
5. Entscheidung von Zuständigkeitskonflikten zwischen den Mitgliedskassen,

---

[1)] Nr. 4.

7. Kapitel. Verbände der Krankenkassen §§ 211a, 212 SGB V 5

6. Förderung und Mitwirkung bei der beruflichen Aus-, Fort- und Weiterbildung der bei den Mitgliedskassen Beschäftigten,

7. Arbeitstagungen,

8. Entwicklung und Abstimmung von Verfahren und Programmen für die automatische Datenverarbeitung, den Datenschutz und die Datensicherung sowie den Betrieb von Rechenzentren in Abstimmung mit den Mitgliedskassen.

(3) Die Landesverbände sollen die zuständigen Behörden in Fragen der Gesetzgebung und Verwaltung unterstützen; § 30 Abs. 3 des Vierten Buches[1]) ist entsprechend anzuwenden.

(4) [1] Die für die Finanzierung der Aufgaben eines Landesverbandes erforderlichen Mittel werden von seinen Mitgliedskassen sowie von den Krankenkassen derselben Kassenart mit Mitgliedern mit Wohnsitz im Zuständigkeitsbereich des Landesverbandes aufgebracht. [2] Die mitgliedschaftsrechtliche Zuordnung der Krankenkassen nach § 207 Abs. 1 Satz 3 bleibt unberührt. [3] Das Nähere zur Aufbringung der Mittel nach Satz 1 vereinbaren die Landesverbände. [4] Kommt die Vereinbarung nach Satz 3 nicht bis zum 1. November eines Jahres zustande, wird der Inhalt der Vereinbarung durch eine von den Vertragsparteien zu bestimmende Schiedsperson festgelegt.

§ 211a Entscheidungen auf Landesebene. [1] Die Landesverbände der Krankenkassen und die Ersatzkassen sollen sich über die von ihnen nach diesem Gesetz gemeinsam und einheitlich zu treffenden Entscheidungen einigen. [2] Kommt eine Einigung nicht zustande, erfolgt die Beschlussfassung durch je einen Vertreter der Kassenart, dessen Stimme mit der landesweiten Anzahl der Versicherten nach der Statistik KM 6 seiner Kassenart zu gewichten ist. [3] Die Gewichtung ist entsprechend der Entwicklung der Versichertenzahlen nach der Statistik KM 6 jährlich zum 1. Januar anzupassen.

§ 212 Bundesverbände, Deutsche Rentenversicherung Knappschaft-Bahn-See, Verbände der Ersatzkassen. (1) [1] Die nach § 212 Abs. 1 in der bis zum 31. Dezember 2008 geltenden Fassung bestehenden Bundesverbände werden kraft Gesetzes zum 1. Januar 2009 in Gesellschaften des bürgerlichen Rechts umgewandelt. [2] Gesellschafter der Gesellschaften sind die am 31. Dezember 2008 vorhandenen Mitglieder des jeweiligen Bundesverbandes. [3] Die Gesellschaften sind bis zum 31. Dezember 2012 verpflichtet, den bei den bis zum 31. Dezember 2008 bestehenden Bundesverbänden unbefristet tätigen Angestellten ein neues Beschäftigungsverhältnis zu vermitteln. [4] So lange sind betriebsbedingte Kündigungen unzulässig [5] Nach dem 31. Dezember 2012 steht es den Gesellschaftern frei, über den Fortbestand der Gesellschaft und die Gestaltung der Gesellschaftsverhältnisse zu entscheiden. [6] Soweit sich aus den folgenden Vorschriften nichts anderes ergibt, finden die Vorschriften des Bürgerlichen Gesetzbuchs über die Gesellschaft bürgerlichen Rechts Anwendung. [7] Der Gesellschaft nach Satz 1 können Krankenkassen der jeweiligen Kassenart beitreten.

(2) *(aufgehoben)*

---

[1]) Nr. 4.

(3) Für die knappschaftliche Krankenversicherung nimmt die Deutsche Rentenversicherung Knappschaft-Bahn-See die Aufgaben eines Landesverbands wahr.

(4) ¹ Die Gesellschaften nach Absatz 1 sind Rechtsnachfolger der nach § 212 in der bis zum 31. Dezember 2008 geltenden Fassung bestehenden Bundesverbände. ² Zweck der Gesellschaft ist die Erfüllung ihrer sich nach § 214 ergebenden oder zusätzlich vertraglich vereinbarten Aufgaben. ³ Bis zum Abschluss eines Gesellschaftsvertrages gelten die zur Erreichung des Gesellschaftszwecks erforderlichen Pflichten und Rechte als vereinbart. ⁴ Das Betriebsverfassungsgesetz findet Anwendung.

(5) ¹ Die Ersatzkassen können sich zu Verbänden zusammenschließen. ² Die Verbände haben in der Satzung ihre Zwecke und Aufgaben festzusetzen. ³ Die Satzungen bedürfen der Genehmigung, der Antrag auf Eintragung in das Vereinsregister der Einwilligung der Aufsichtsbehörde. ⁴ Die Ersatzkassen haben für alle Verträge auf Landesebene, die nicht gemeinsam und einheitlich abzuschließen sind, jeweils einen Bevollmächtigten mit Abschlussbefugnis zu benennen. ⁵ Ersatzkassen können sich auf eine gemeinsame Vertretung auf Landesebene einigen. ⁶ Für gemeinsam und einheitlich abzuschließende Verträge auf Landesebene müssen sich die Ersatzkassen auf einen gemeinsamen Bevollmächtigten mit Abschlussbefugnis einigen. ⁷ In den Fällen der Sätze 5 und 6 können die Ersatzkassen die Verbände der Ersatzkassen als Bevollmächtigte benennen. ⁸ Sofern nichts anderes bestimmt ist, haben die Ersatzkassen für sonstige Maßnahmen und Entscheidungen einen gemeinsamen Vertreter zu benennen. ⁹ Können sich die Ersatzkassen in den Fällen der Sätze 6 und 8 nicht auf einen gemeinsamen Vertreter einigen, bestimmt die Aufsicht den Vertreter. ¹⁰ Soweit für die Aufgabenerfüllung der Erlass von Verwaltungsakten notwendig ist, haben im Falle der Bevollmächtigung die Verbände der Ersatzkassen hierzu die Befugnis.

(6) ¹ Absatz 5 Satz 6, 8 und 9 gilt für die Krankenkassen der anderen Kassenarten entsprechend. ² Besteht in einem Land ein Landesverband, gilt abweichend von Satz 1 der Landesverband als Bevollmächtigter der Kassenart. ³ Satz 2 gilt entsprechend, wenn die Aufgaben eines Landesverbandes von einer Krankenkasse oder einem anderen Landesverband nach § 207 wahrgenommen werden. ⁴ Bestehen in einem Land mehrere Landesverbände, gelten diese in ihrem jeweiligen Zuständigkeitsbereich als Bevollmächtigte.

§ 213 Rechtsnachfolge, Vermögensübergang, Arbeitsverhältnisse.

(1) ¹ Das den bis zum 31. Dezember 2008 bestehenden Bundesverbänden zustehende Vermögen wandelt sich in Gesamthandsvermögen der Gesellschaften des bürgerlichen Rechts um. ² Für die Arbeitsverhältnisse findet § 613a des Bürgerlichen Gesetzbuchs entsprechend Anwendung. ³ Für Ansprüche aus Dienst- und Arbeitsvertrag einschließlich der Ansprüche auf Versorgung haften die Gesellschafter zeitlich unbeschränkt. ⁴ Bei Auflösung eines Verbandes der Ersatzkassen oder des Austritts eines Mitglieds aus einem Verband der Ersatzkassen haften die Vereinsmitglieder für Ansprüche aus Dienst- und Arbeitsvertrag einschließlich der Ansprüche auf Versorgung zeitlich unbeschränkt. ⁵ Die bei den bis zum 31. Dezember 2008 bestehenden Bundesverbänden tätigen Angestellten, für die die Dienstordnung gilt, werden unter Wahrung ihrer Rechtsstellung und Fortgeltung der jeweiligen Dienstordnungen bei den Gesellschaften beschäftigt. ⁶ § 164 Abs. 2 und 3 gilt entsprechend. ⁷ Angestell-

te, für die die Dienstordnung gilt, haben einen Anspruch auf Anstellung bei einem Landesverband ihrer Wahl; der Landesverband muss zuvor Mitglied des Bundesverbandes nach § 212 in der bis zum 31. Dezember 2008 geltenden Fassung gewesen sein, bei dem der Dienstordnungsangestellte angestellt war. [8] Der Landesverband oder die Krankenkasse, der oder die einen Dienstordnungsangestellten oder einen übrigen Beschäftigten anstellt, dessen Arbeitsplatz bei einem der bis zum 31. Dezember 2008 bestehenden Bundesverbände oder bei einer der in Satz 1 genannten Gesellschaften bürgerlichen Rechts weggefallen ist, hat einen Ausgleichsanspruch gegen die übrigen Landesverbände oder Krankenkassen der Kassenart. [9] Für die Vergütungs- und Versorgungsansprüche haften die Gesellschafter zeitlich unbeschränkt. [10] Die Sätze 6 bis 9 gelten auch für die Beschäftigten der Verbände der Ersatzkassen.

(2) [1] Die in den Bundesverbänden bis zum 31. Dezember 2008 bestehenden Personalräte nehmen ab dem 1. Januar 2009 die Aufgaben eines Betriebsrates mit dessen Rechten und Pflichten nach dem Betriebsverfassungsgesetz übergangsweise wahr. [2] Das Übergangsmandat endet, sobald ein Betriebsrat gewählt und das Wahlergebnis bekannt gegeben ist; es besteht längstens bis zum 31. Mai 2010.

(3) Die in den Bundesverbänden am 31. Dezember 2008 jeweils bestehenden Dienstvereinbarungen gelten in den Gesellschaften des bürgerlichen Rechts als Betriebsvereinbarungen für längstens 24 Monate fort, soweit sie nicht durch andere Regelungen ersetzt werden.

(4) [1] Auf die bis zum 31. Dezember 2008 förmlich eingeleiteten Beteiligungsverfahren im Bereich der Bundesverbände finden bis zu deren Abschluss die Bestimmungen des Bundespersonalvertretungsgesetzes sinngemäß Anwendung. [2] Dies gilt auch für Verfahren vor der Einigungsstelle und den Verwaltungsgerichten. [3] In den Fällen der Sätze 1 und 2 tritt in diesen Verfahren an die Stelle der Personalvertretung die nach dem Betriebsverfassungsgesetz zuständige Arbeitnehmervertretung.

(5) Bei der Fusion von Landesverbänden wird die Gesellschaft mit dem Rechtsnachfolger des fusionierten Landesverbandes fortgeführt.

(6) [1] Der Spitzenverband Bund soll den Beschäftigten der nach § 212 Abs. 1 in der bis zum 31. Dezember 2008 geltenden Fassung bestehenden Bundesverbände sowie den Beschäftigten der Verbände der Ersatzkassen eine Anstellung anbieten, soweit dies für eine ordnungsgemäße Erfüllung der Aufgaben des Spitzenverbandes Bund erforderlich ist. [2] Einer vorherigen Ausschreibung bedarf es nicht.

§ 214 Aufgaben. [1] Die Gesellschaft hat die Aufgabe, die Verpflichtungen auf Grund der Rechtsnachfolge oder aus Gesetz zu erfüllen. [2] Die Gesellschafter können im Gesellschaftsvertrag weitere Aufgaben zur Unterstützung der Durchführung der gesetzlichen Krankenversicherung vereinbaren.

§§ 215–217 *(aufgehoben)*

§ 217a Errichtung des Spitzenverbandes Bund der Krankenkassen.

(1) Die Krankenkassen bilden den Spitzenverband Bund der Krankenkassen.

(2) Der Spitzenverband Bund der Krankenkassen ist eine Körperschaft des öffentlichen Rechts.

§ 217b Organe.

(1) ¹Bei dem Spitzenverband Bund der Krankenkassen wird als Selbstverwaltungsorgan ein Verwaltungsrat gebildet. ²Ein Mitglied des Verwaltungsrates muss dem Verwaltungsrat, dem ehrenamtlichen Vorstand oder der Vertreterversammlung einer Mitgliedskasse angehören. ³§ 33 Abs. 3, die §§ 40, 41, 42 Abs. 1 bis 3, die §§ 58, 59, 62 Absatz 1 bis 4 und 6, § 63 Abs. 1, 3, 4, § 64 Abs. 1 bis 3 und § 66 Abs. 1 des Vierten Buches[1]) und § 197 gelten entsprechend.

(1a) ¹Der Verwaltungsrat kann sämtliche Geschäfts- und Verwaltungsunterlagen einsehen und prüfen. ²Der Verwaltungsrat kann von dem Vorstand jederzeit einen Bericht über Angelegenheiten der Körperschaften verlangen. ³Der Bericht ist rechtzeitig und in der Regel schriftlich zu erstatten. ⁴Die Rechte nach den Sätzen 1 und 2 können auch mit einem Viertel der abgegebenen Stimmen im Verwaltungsrat geltend gemacht werden.

(1b) ¹Der Verwaltungsrat hat seine Beschlüsse nachvollziehbar zu begründen. ²Er hat seine Sitzungen zu protokollieren. ³Der Verwaltungsrat kann ein Wortprotokoll verlangen. ⁴Abstimmungen erfolgen in der Regel nicht geheim. ⁵Eine geheime Abstimmung findet nur in besonderen Angelegenheiten statt. ⁶Eine namentliche Abstimmung erfolgt über die in der Satzung nach § 217e Absatz 1 festzulegenden haftungsrelevanten Abstimmungsgegenstände.

(1c) ¹Verpflichtet sich ein Mitglied des Verwaltungsrates außerhalb seiner Tätigkeit im Verwaltungsrat durch einen Dienstvertrag, durch den ein Arbeitsverhältnis nicht begründet wird, oder durch einen Werkvertrag gegenüber dem Spitzenverband Bund der Krankenkassen zu einer Tätigkeit höherer Art, so hängt die Wirksamkeit des Vertrages von der Zustimmung des Verwaltungsrates ab. ²Gewährt der Spitzenverband Bund der Krankenkassen auf Grund des Dienstvertrages oder des Werkvertrages dem Mitglied des Verwaltungsrates eine Vergütung, ohne dass der Verwaltungsrat diesem Vertrag zugestimmt hat, so hat das Mitglied des Verwaltungsrates die Vergütung zurückzugewähren, es sei denn, dass der Verwaltungsrat den Vertrag nachträglich genehmigt. ³Ein Anspruch des Mitglieds des Verwaltungsrates gegen den Spitzenverband Bund der Krankenkassen auf Herausgabe der durch die geleistete Tätigkeit erlangten Bereicherung bleibt unberührt. ⁴Der Anspruch kann jedoch nicht gegen den Rückgewähranspruch aufgerechnet werden.

(1d) Die Höhe der jährlichen Entschädigungen der einzelnen Mitglieder des Verwaltungsrates einschließlich Nebenleistungen sind in einer Übersicht jährlich zum 1. März, erstmals zum 1. März 2017, vom Spitzenverband Bund der Krankenkassen im Bundesanzeiger und gleichzeitig in den Mitteilungen des Spitzenverbandes Bund der Krankenkassen zu veröffentlichen.

(1e) ¹Der Verwaltungsrat kann seinen Vorsitzenden oder dessen Stellvertreter abberufen, wenn bestimmte Tatsachen das Vertrauen der Mitglieder des Verwaltungsrates zu der Amtsführung des Vorsitzenden oder des stellvertretenden Vorsitzenden ausschließen, insbesondere wenn der Vorsitzende oder der stellvertretende Vorsitzende seine Pflicht als Willensvertreter des Verwaltungsrates verletzt hat oder seine Informationspflichten gegenüber dem Verwaltungsrat verletzt hat. ²Für die Abberufung ist die einfache Mehrheit der abgegebenen Stimmen erforderlich. ³Mit dem Beschluss über die Abberufung muss der Verwaltungsrat gleichzeitig einen Nachfolger für den Vorsitzenden oder den

---

[1]) Nr. 4.

7. Kapitel. Verbände der Krankenkassen **§ 217c SGB V 5**

stellvertretenden Vorsitzenden wählen. ⁴Die Amtszeit des abberufenen Vorsitzenden oder des abberufenen stellvertretenden Vorsitzenden endet mit der Abberufung.

(2) ¹Bei dem Spitzenverband Bund der Krankenkassen wird ein Vorstand gebildet. ²Der Vorstand besteht aus höchstens drei Personen. ³Der Vorstand sowie aus seiner Mitte der Vorstandsvorsitzende und dessen Stellvertreter werden von dem Verwaltungsrat gewählt. ⁴Der Vorstand verwaltet den Spitzenverband und vertritt den Spitzenverband gerichtlich und außergerichtlich, soweit Gesetz oder sonstiges für den Spitzenverband maßgebendes Recht nichts Abweichendes bestimmen. ⁵Die Mitglieder des Vorstandes üben ihre Tätigkeit hauptamtlich aus. ⁶§ 35a Abs. 1 bis 3, 6 bis 7 des Vierten Buches gilt entsprechend. ⁷Die Aufsichtsbehörde kann vor ihrer Entscheidung nach § 35a Absatz 6a des Vierten Buches in Verbindung mit Satz 6 verlangen, dass ihr der Spitzenverband Bund der Krankenkassen eine unabhängige rechtliche und wirtschaftliche Bewertung der Vorstandsdienstverträge vorlegt.

(2a) ¹Der Vorstand hat geeignete Maßnahmen zur Herstellung und Sicherung einer ordnungsgemäßen Verwaltungsorganisation zu ergreifen. ²In der Verwaltungsorganisation ist insbesondere ein angemessenes internes Kontrollverfahren mit einem internen Kontrollsystem und mit einer unabhängigen internen Revision einzurichten. ³Die interne Revision berichtet in regelmäßigen Abständen dem Vorstand und bei festgestellten Verstößen gegen gesetzliche Regelungen oder andere wesentliche Vorschriften auch der Aufsichtsbehörde. ⁴Beziehen sich die festgestellten Verstöße auf das Handeln von Vorstandsmitgliedern, so ist auch dem Verwaltungsrat zu berichten.

(3) ¹Bei dem Spitzenverband Bund der Krankenkassen wird eine Mitgliederversammlung gebildet. ²Die Mitgliederversammlung wählt den Verwaltungsrat. ³In die Mitgliederversammlung entsendet jede Mitgliedskasse jeweils einen Vertreter der Versicherten und der Arbeitgeber aus ihrem Verwaltungsrat, ihrem ehrenamtlichen Vorstand oder ihrer Vertreterversammlung. ⁴Eine Ersatzkasse, deren Verwaltungsrat nicht zur Hälfte mit Vertretern der Arbeitgeber besetzt ist, entsendet jeweils zwei Vertreter der Versicherten aus ihrem Verwaltungsrat. ⁵§ 64 Abs. 1 und 3 des Vierten Buches gilt entsprechend.

§ 217c Wahl des Verwaltungsrates und des Vorsitzenden der Mitgliederversammlung. (1) ¹Der Verwaltungsrat besteht aus höchstens 52 Mitgliedern. ²Zu wählen sind als Mitglieder des Verwaltungsrates Versichertenvertreter und Arbeitgebervertreter für die Allgemeinen Ortskrankenkassen, die Ersatzkassen, die Betriebskrankenkassen und die Innungskrankenkassen sowie gemeinsame Versicherten- und Arbeitgebervertreter für die Deutsche Rentenversicherung Knappschaft-Bahn-See und die landwirtschaftliche Krankenkasse. ³Abweichend von Satz 2 sind für die Ersatzkassen, deren Verwaltungsrat nicht zur Hälfte mit Vertretern der Arbeitgeber besetzt ist, nur Versichertenvertreter zu wählen. ⁴Für jedes Mitglied ist ein Stellvertreter zu wählen. ⁵§ 43 Absatz 2 des Vierten Buches[1]) gilt entsprechend. ⁶Die Verteilung der Sitze bestimmt sich nach den bundesweiten Versichertenzahlen der Kassenarten zum 1. Januar des Kalenderjahres, in dem die Mitgliederversammlung den Verwaltungsrat für die neue Wahlperiode wählt.

---

1) Nr. 4.

(2) ¹ Die für die Krankenkassen einer Kassenart zu wählenden Mitglieder des Verwaltungsrates müssen jeweils zur Hälfte der Gruppe der Versicherten und der Gruppe der Arbeitgeber angehören. ² Abweichend von Satz 1 ist für die Festlegung der Zahl der Arbeitgebervertreter, die für die Ersatzkassen zu wählen sind, deren Verwaltungsrat mit Arbeitgebervertretern besetzt ist, die Hälfte des Anteils der Versichertenzahlen dieser Ersatzkassen an den bundesweiten Versichertenzahlen aller Ersatzkassen zum 1. Januar des Kalenderjahres zu Grunde zu legen, in dem der Verwaltungsrat gewählt wird. ³ Bei Abstimmungen des Verwaltungsrates sind die Stimmen zu gewichten, soweit dies erforderlich ist, um insgesamt eine Parität der Stimmen zwischen Versichertenvertretern und Arbeitgebervertretern im Verwaltungsrat herzustellen. ⁴ Die Verteilung der Sitze und die Gewichtung der Stimmen zwischen den Kassenarten haben zu einer größtmöglichen Annäherung an den prozentualen Versichertenanteil der jeweiligen Kassenart zu führen. ⁵ Die Einzelheiten zur Sitzverteilung und Stimmengewichtung regelt die Satzung spätestens sechs Monate vor dem Ende der Amtsdauer des Verwaltungsrates. ⁶ Die Satzung kann vorsehen, dass die Stimmenverteilung während einer Wahlperiode an die Entwicklung der Versichertenzahlen angepasst wird.

(3) ¹ Die Wahl des Verwaltungsrates wird nach Vorschlagslisten durchgeführt. ² Jede Kassenart soll eine Vorschlagsliste erstellen, die mindestens so viele Bewerber enthält, wie ihr Sitze nach der Satzung zugeordnet sind. ³ Entsprechendes gilt für die nach Absatz 1 gemeinsam zu wählenden Mitglieder für die Deutsche Rentenversicherung Knappschaft-Bahn-See und die landwirtschaftliche Krankenkasse. ⁴ Verständigt sich eine Kassenart nicht auf eine Vorschlagsliste, benennt jede Krankenkasse dieser Kassenart einen Bewerber als Versichertenvertreter und einen Bewerber als Arbeitgebervertreter; die Ersatzkassen, deren Verwaltungsrat nicht zur Hälfte mit Vertretern der Arbeitgeber besetzt ist, benennen jeweils bis zu drei Versichertenvertreter. ⁵ Aus den eingereichten Einzelvorschlägen erstellt der Vorsitzende der Mitgliederversammlung die kassenartbezogene Vorschlagsliste mit den Bewerbern. ⁶ Entsprechendes gilt für die Erstellung der Vorschlagslisten mit den zu wählenden Stellvertretern. ⁷ Die Vorschlagslisten werden getrennt für die Vertreter der Versicherten und der Arbeitgeber sowie jeweils deren Stellvertreter erstellt. ⁸ Die Wahl erfolgt jeweils getrennt für die Vertreter der Versicherten und der Arbeitgeber, getrennt für deren Stellvertreter sowie getrennt nach Kassenarten. ⁹ Die Versichertenvertreter in der Mitgliederversammlung wählen die Versichertenvertreter und deren Stellvertreter aus den Vorschlagslisten für den Verwaltungsrat. ¹⁰ Die Arbeitgebervertreter in der Mitgliederversammlung wählen die Arbeitgebervertreter und deren Stellvertreter aus den Vorschlagslisten für den Verwaltungsrat. ¹¹ Bei den nach Satz 8 getrennten Wahlgängen hat ein wahlberechtigter Vertreter der Mitgliedskasse bei einem Wahlgang so viele Stimmen, wie jeweils Sitze nach der Satzung zur Verfügung stehen.

(4) ¹ Gewählt sind jeweils die Bewerber auf der Vorschlagsliste, die die höchste der nach Absatz 4 gewichteten, abgegebenen Stimmenzahl erhalten (Höchstzahlen). ² Dabei sind so viele Bewerber mit den Höchstzahlen gewählt, wie Sitze je Kassenart nach der Satzung zu verteilen sind. ³ Entsprechendes gilt für die Wahl der Stellvertreter.

(5) ¹ Bei der Wahl der Mitglieder des Verwaltungsrates durch die Mitgliederversammlung sind die Stimmen der Mitgliedskassen des Spitzenverbandes Bund zu gewichten. ² Die Gewichtung orientiert sich an der bundesweiten Anzahl

der Versicherten eines Mitgliedes am 1. Januar eines Jahres. ³ Die Gewichtung ist entsprechend der Entwicklung der Versichertenzahlen jährlich zum 1. Februar anzupassen. ⁴ Das Nähere regelt die Satzung.

(6) ¹ Die Mitgliederversammlung wählt aus ihren Reihen einen Vorsitzenden und dessen Stellvertreter. ² Die Wahl des Vorsitzenden der Mitgliederversammlung erfolgt mit einer Mehrheit von zwei Dritteln der abgegebenen Stimmen der Mitgliedskassen. ³ Für die Mitgliedskasse kann nur eine einheitliche Stimmabgabe erfolgen. ⁴ Das Bundesministerium für Gesundheit lädt die Mitglieder des Spitzenverbandes Bund zu der ersten konstituierenden Mitgliederversammlung ein und leitet in dieser ersten Sitzung die Wahl des Vorsitzenden der Mitgliederversammlung. ⁵ Für die erste Sitzung der Mitgliederversammlung gilt § 76 der Wahlordnung für die Sozialversicherung entsprechend mit der Maßgabe, dass der Vertreter des Bundesministeriums für Gesundheit die Aufgaben des Wahlausschusses wahrnimmt. ⁶ Zu den nachfolgenden Sitzungen der Mitgliederversammlung beruft der Vorsitzende ein. ⁷ Er leitet die Wahl des Verwaltungsrates und stellt das Wahlergebnis fest. ⁸ Das Nähere regelt die Satzung.

(7) ¹ Der Vorsitzende der Mitgliederversammlung lädt den gewählten Verwaltungsrat zu seiner konstituierenden Sitzung ein und leitet die Wahl des Vorsitzenden des Verwaltungsrates. ² Für die erste Sitzung des Verwaltungsrates gelten die §§ 75 und 76 der Wahlordnung für die Sozialversicherung entsprechend mit der Maßgabe, dass der Vorsitzende der Mitgliederversammlung die Aufgaben des Wahlausschusses wahrnimmt.

(8) Das Nähere zur Durchführung der Wahl des Verwaltungsrates und der Wahl des Vorsitzenden der Mitgliederversammlung sowohl für die Wahl im Errichtungsstadium wie auch für die folgenden Wahlen nach Ablauf der jeweiligen Amtsperioden kann das Bundesministerium für Gesundheit durch Rechtsverordnung ohne Zustimmung des Bundesrates in einer Wahlordnung regeln.

§ 217d Aufsicht, Haushalts- und Rechnungswesen, Vermögen, Statistiken.

(1) ¹ Der Spitzenverband Bund der Krankenkassen untersteht der Aufsicht des Bundesministeriums für Gesundheit, bei Ausführung des § 217f Abs. 3 der Aufsicht des Bundesministeriums für Arbeit und Soziales. ² Die Aufsicht über den Spitzenverband Bund der Krankenkassen in seiner Funktion als Verbindungsstelle nach § 219a wird vom Bundesministerium für Gesundheit im Einvernehmen mit dem Bundesministerium für Arbeit und Soziales ausgeübt.

(2) ¹ Die Kosten der Tätigkeit des Spitzenverbandes Bund der Krankenkassen werden nach Maßgabe des Haushaltsplans durch die Beiträge der Mitgliedskassen gemäß den Vorgaben der Satzung aufgebracht, soweit sie nicht durch sonstige Einnahmen gedeckt werden. ² Für die Aufsicht über den Spitzenverband Bund der Krankenkassen gelten die §§ 87 bis 89 des Vierten Buches[1)] entsprechend. ³ Für das Haushalts- und Rechnungswesen einschließlich der Statistiken gelten die §§ 67 bis 70 Absatz 1 und 5, die §§ 72 bis 77 Absatz 1 und 1a und die §§ 78 und 79 Absatz 1 und 2 in Verbindung mit Absatz 3a, für das Vermögen die §§ 80 bis 83 und 85 des Vierten Buches sowie § 220 Absatz 1 Satz 2 und für die Verwendung der Mittel § 305b entsprechend. ⁴ Die

---
[1)] Nr. 4.

Jahresrechnung nach § 77 Absatz 1a des Vierten Buches ist für das abgelaufene Haushaltsjahr bis zum 1. Oktober des Folgejahres aufzustellen und der Aufsichtsbehörde vorzulegen. ⁵ Betriebsmittel dürfen die Ausgaben nicht übersteigen, die nach dem Haushaltsplan des Spitzenverbandes Bund der Krankenkassen auf eineinhalb Monate entfallen. ⁶ Rücklagen sind zulässig, sofern sie angemessen sind und für einen den gesetzlichen Aufgaben dienenden Zweck bestimmt sind. ⁷ Soweit Vermögen nicht zur Rücklagenbildung erforderlich ist, ist es zur Senkung der Beiträge der Mitgliedskassen zu verwenden oder an die Mitgliedskassen zurückzuzahlen.

(3) Für die Vollstreckung von Aufsichtsverfügungen gegen den Spitzenverband Bund der Krankenkassen kann die Aufsichtsbehörde ein Zwangsgeld bis zu einer Höhe von 10 000 000 Euro zugunsten des Gesundheitsfonds nach § 271 festsetzen.

§ 217e Satzung. (1) ¹ Der Verwaltungsrat hat eine Satzung zu beschließen. ² Die Satzung bedarf der Genehmigung der zuständigen Aufsichtsbehörde. ³ Der Spitzenverband Bund hat seinen Sitz in Berlin; die Satzung kann einen davon abweichenden Sitz bestimmen. ⁴ Die Verbindungsstelle (§ 219a) hat ihren Sitz in Bonn; die Satzung kann einen davon abweichenden Sitz in Berücksichtigung der spezifischen Aufgabenstellung festlegen. ⁵ Die Satzung muss Bestimmungen enthalten über

1. die Wahl des Verwaltungsrates und des Vorstandes sowie die Ergänzung des Verwaltungsrates bei vorzeitigem Ausscheiden eines Mitglieds,
2. die Entschädigung der Mitglieder des Verwaltungsrates,
3. die Aufbringung und Verwaltung der Mittel,
4. die Beurkundung der Beschlüsse des Verwaltungsrates,
5. die Herstellung der Öffentlichkeit der Sitzungen des Verwaltungsrates,
6. das Nähere über die Entsendung der Vertreter der Mitgliedskassen in die Mitgliederversammlung, über die Wahl des Vorsitzenden der Mitgliederversammlung sowie dessen Aufgaben,
7. die Rechte und Pflichten der Mitgliedskassen,
8. die jährliche Prüfung der Betriebs- und Rechnungsführung,
9. die Art der Bekanntmachung.

⁶ § 34 Abs. 2 des Vierten Buches[1)] gilt entsprechend.

(2) Die vom Spitzenverband Bund der Krankenkassen abgeschlossenen Verträge und seine sonstigen Entscheidungen gelten für die Mitgliedskassen des Spitzenverbandes, die Landesverbände der Krankenkassen und die Versicherten.

§ 217f Aufgaben des Spitzenverbandes Bund der Krankenkassen.

(1) Der Spitzenverband Bund der Krankenkassen hat ab dem 1. Juli 2008 die ihm gesetzlich zugewiesenen Aufgaben zu erfüllen.

(2) ¹ Der Spitzenverband Bund der Krankenkassen unterstützt die Krankenkassen und ihre Landesverbände bei der Erfüllung ihrer Aufgaben und bei der Wahrnehmung ihrer Interessen, insbesondere durch die Entwicklung von und Abstimmung zu Datendefinitionen (Formate, Strukturen und Inhalte) und Pro-

---

[1)] Nr. 4.

7. Kapitel. Verbände der Krankenkassen § 217f SGB V 5

zessoptimierungen (Vernetzung der Abläufe) für den elektronischen Datenaustausch in der gesetzlichen Krankenversicherung und mit den Arbeitgebern. ²Die Wahrnehmung der Interessen der Krankenkassen bei über- und zwischenstaatlichen Organisationen und Einrichtungen ist Aufgabe des Spitzenverbandes Bund der Krankenkassen.

(3) ¹Der Spitzenverband Bund der Krankenkassen trifft in grundsätzlichen Fach- und Rechtsfragen Entscheidungen zum Beitrags- und Meldeverfahren und zur einheitlichen Erhebung der Beiträge (§§ 23, 76 des Vierten Buches[1]). ²Der Spitzenverband Bund der Krankenkassen gibt Empfehlungen zur Benennung und Verteilung von beauftragten Stellen nach § 28f Abs. 4 des Vierten Buches.

(4) Der Spitzenverband Bund der Krankenkassen trifft Entscheidungen zur Organisation des Qualitäts- und Wirtschaftlichkeitswettbewerbs der Krankenkassen, insbesondere zu dem Erlass von Rahmenrichtlinien für den Aufbau und die Durchführung eines zielorientierten Benchmarking der Leistungs- und Qualitätsdaten.

(4a) ¹Der Spitzenverband Bund der Krankenkassen legt in einer Richtlinie allgemeine Vorgaben zu den Regelungen nach § 73b Absatz 3 Satz 8 und § 140a Absatz 4 Satz 6 und 7 fest. ²Die Richtlinie bedarf der Genehmigung des Bundesministeriums für Gesundheit.

(4b) ¹Der Spitzenverband Bund der Krankenkassen legt bis zum 31. Januar 2018 in einer Richtlinie Maßnahmen zum Schutz von Sozialdaten der Versicherten vor unbefugter Kenntnisnahme fest, die von den Krankenkassen bei Kontakten mit ihren Versicherten anzuwenden sind. ²Die Maßnahmen müssen geeignet sein, im Verhältnis zum Gefährdungspotential mit abgestuften Verfahren den Schutz der Sozialdaten zu gewährleisten und dem Stand der Technik entsprechen. ³Insbesondere für die elektronische Übermittlung von Sozialdaten hat die Richtlinie Maßnahmen zur sicheren Identifizierung und zur sicheren Datenübertragung vorzusehen; hierbei sollen bereits vorhandene Verfahren für einen sicheren elektronischen Identitätsnachweis nach § 36a Absatz 2 Satz 5 des Ersten Buches[2] berücksichtigt werden. ⁴Die Richtlinie hat Konzepte zur Umsetzung der Maßnahmen durch die Krankenkassen und Vorgaben für eine Zertifizierung durch unabhängige Gutachter vorzusehen. ⁵Sie ist in Abstimmung mit der oder dem Bundesbeauftragten für den Datenschutz und die Informationsfreiheit und dem Bundesamt für Sicherheit in der Informationstechnik zu erstellen und bedarf der Genehmigung des Bundesministeriums für Gesundheit.

(5) Die von den bis zum 31. Dezember 2008 bestehenden Bundesverbänden sowie der Deutschen Rentenversicherung Knappschaft-Bahn-See, den Verbänden der Ersatzkassen und der See-Krankenkasse bis zum 30. Juni 2008 zu treffenden Vereinbarungen, Regelungen und Entscheidungen gelten solange fort, bis der Spitzenverband Bund im Rahmen seiner Aufgabenstellung neue Vereinbarungen, Regelungen oder Entscheidungen trifft oder Schiedsämter den Inhalt von Verträgen neu festsetzen.

(6) Der Spitzenverband Bund der Krankenkassen trifft Entscheidungen, die bei Schließung oder Insolvenz einer Krankenkasse im Zusammenhang mit dem

---

[1] Nr. 4.
[2] Nr. 1.

Mitgliederübergang der Versicherten erforderlich sind, um die Leistungsansprüche der Versicherten sicherzustellen und die Leistungen abzurechnen.

(7) Der Spitzenverband Bund der Krankenkassen kann zur Durchführung seiner gesetzlichen Aufgaben nach § 130b die Daten nach § 268 Absatz 3 Satz 14 in Verbindung mit Satz 1 Nummer 1 bis 7 anonymisiert und ohne Krankenkassenbezug verarbeiten und nutzen.

§ 217g Aufsichtsmittel in besonderen Fällen bei dem Spitzenverband Bund der Krankenkassen. (1) ¹Ergibt sich nachträglich, dass eine Satzung nicht hätte genehmigt werden dürfen, oder bedarf eine Satzung wegen nachträglich eingetretener rechtlicher oder tatsächlicher Umstände, die zur Rechtswidrigkeit der Satzung führen, einer Änderung, so kann die Aufsichtsbehörde anordnen, dass der Spitzenverband Bund der Krankenkassen innerhalb einer bestimmten Frist die erforderlichen Änderungen vornimmt. ²Kommt der Spitzenverband Bund der Krankenkassen der Anordnung innerhalb der Frist nicht nach, so kann die Aufsichtsbehörde die erforderlichen Änderungen selbst vornehmen.

(2) ¹Ist zur Umsetzung von gesetzlichen Vorschriften oder aufsichtsrechtlichen Verfügungen ein Beschluss des Verwaltungsrates erforderlich, so kann die Aufsichtsbehörde anordnen, dass dieser Beschluss innerhalb einer bestimmten Frist gefasst wird. ²Wird der erforderliche Beschluss innerhalb der Frist nicht gefasst, so kann die Aufsichtsbehörde den Beschluss des Verwaltungsrates ersetzen.

(3) ¹Verstößt ein Beschluss des Verwaltungsrates des Spitzenverbandes Bund der Krankenkassen gegen ein Gesetz oder gegen sonstiges für den Spitzenverband Bund der Krankenkassen maßgebendes Recht, so kann die Aufsichtsbehörde anordnen, den Beschluss innerhalb einer bestimmten Frist aufzuheben. ²Mit Zugang der Anordnung darf der Beschluss nicht vollzogen werden. ³Die Aufsichtsbehörde kann verlangen, dass Maßnahmen, die auf Grund des Beschlusses getroffen wurden, rückgängig gemacht werden. ⁴Kommt der Spitzenverband Bund der Krankenkassen der Anordnung innerhalb der Frist nicht nach, so kann die Aufsichtsbehörde den Beschluss aufheben.

(4) ¹Einer Anordnung mit Fristsetzung bedarf es nicht, wenn ein Beschluss nach Absatz 1 oder Absatz 2 auf Grund gesetzlicher Regelungen innerhalb einer bestimmten Frist zu fassen ist. ²Klagen gegen Anordnungen und Maßnahmen der Aufsichtsbehörde nach den Absätzen 1 bis 3 haben keine aufschiebende Wirkung.

§ 217h Entsandte Person für besondere Angelegenheiten bei dem Spitzenverband Bund der Krankenkassen. (1) ¹Solange und soweit die ordnungsgemäße Verwaltung bei dem Spitzenverband Bund der Krankenkassen gefährdet ist, kann die Aufsichtsbehörde eine Person an den Spitzenverband Bund der Krankenkassen entsenden, diese Person mit der Wahrnehmung von Aufgaben bei dem Spitzenverband Bund der Krankenkassen betrauen und ihr hierfür die erforderlichen Befugnisse übertragen. ²Die ordnungsgemäße Verwaltung ist insbesondere gefährdet, wenn

1. ein Mitglied des Vorstandes interne oder externe Maßnahmen ergreift, die nicht im Einklang mit den eigenen Verwaltungsvorschriften oder satzungsrechtlichen oder gesetzlichen Vorschriften stehen,

2. ein Mitglied des Vorstandes Handlungen vornimmt, die die interne Organisation der Verwaltung oder auch die Zusammenarbeit der Organe untereinander erheblich beeinträchtigen,
3. die Umsetzung von Aufsichtsverfügungen nicht gewährleistet ist oder
4. hinreichende Anhaltspunkte dafür vorliegen, dass eine Pflichtverletzung eines Organmitglieds oder eines ehemaligen Organmitglieds einen Schaden der Körperschaft verursacht hat.

³ Die Aufsichtsbehörde kann die Person in diesen Fällen zur Beratung und Unterstützung des Vorstandes oder des Verwaltungsrates, zur Überwachung der Umsetzung von Aufsichtsverfügungen oder zur Prüfung von Schadensersatzansprüchen gegen Organmitglieder oder ehemalige Organmitglieder entsenden. ⁴ Die Aufsichtsbehörde bestimmt, in welchem Umfang die entsandte Person im Innenverhältnis anstelle der Organe handeln darf. ⁵ Die Befugnisse der Organe im Außenverhältnis bleiben unberührt. ⁶ Die Entsendung erfolgt durch Verwaltungsakt gegenüber dem Spitzenverband Bund der Krankenkassen.

(2) ¹ Die nach Absatz 1 entsandte Person ist im Rahmen ihrer Aufgaben berechtigt, von den Mitgliedern der Organe und von den Beschäftigten des Spitzenverbandes Bund der Krankenkassen Auskünfte und die Vorlage von Unterlagen zu verlangen. ² Sie kann an allen Sitzungen der Organe und sonstigen Gremien des Spitzenverbandes Bund der Krankenkassen in beratender Funktion teilnehmen, die Geschäftsräume des Spitzenverbandes Bund der Krankenkassen betreten und Nachforschungen zur Erfüllung ihrer Aufgaben anstellen. ³ Die Organe und Organmitglieder haben die entsandte Person bei der Wahrnehmung von deren Aufgaben zu unterstützen. ⁴ Die entsandte Person ist verpflichtet, der Aufsichtsbehörde Auskunft über alle Erkenntnisse zu geben, die sie im Rahmen ihrer Tätigkeit gewonnen hat.

(3) ¹ Der Spitzenverband Bund der Krankenkassen gewährt der nach Absatz 1 entsandten Person eine Vergütung und angemessene Auslagen. ² Die Höhe der Vergütung wird von der Aufsichtsbehörde durch Verwaltungsakt gegenüber dem Spitzenverband Bund der Krankenkassen festgesetzt. ³ Der Spitzenverband Bund der Krankenkassen trägt zudem die übrigen Kosten, die durch die Entsendung entstehen.

(4) ¹ Der Entsendung der Person hat eine Anordnung vorauszugehen, mit der die Aufsichtsbehörde dem Spitzenverband Bund der Krankenkassen aufgibt, innerhalb einer bestimmten Frist das Erforderliche zur Gewährleistung einer ordnungsgemäßen Verwaltung zu veranlassen. ² Klagen gegen die Anordnung nach Satz 1 oder gegen die Entsendung der Person haben keine aufschiebende Wirkung.

§ 217i Verhinderung von Organen, Bestellung eines Beauftragten.

(1) ¹ Solange und soweit die Wahl des Verwaltungsrates und des Vorstandes des Spitzenverbandes Bund der Krankenkassen nicht zustande kommt oder der Verwaltungsrat oder der Vorstand des Spitzenverbandes Bund der Krankenkassen sich weigert, seine Geschäfte zu führen, kann die Aufsichtsbehörde die Geschäfte selbst führen oder einen Beauftragten bestellen und ihm ganz oder teilweise die Befugnisse eines oder mehrerer Organe des Spitzenverbandes Bund der Krankenkassen übertragen. ² Dies gilt auch, wenn der Verwaltungsrat oder der Vorstand die Funktionsfähigkeit der Körperschaft gefährdet, insbeson-

dere wenn er die Körperschaft nicht mehr im Einklang mit den Gesetzen oder mit der Satzung verwaltet, die Auflösung des Spitzenverbandes Bund der Krankenkassen betreibt oder das Vermögen gefährdende Entscheidungen beabsichtigt oder trifft.

(2) ¹ Die Bestellung eines Beauftragten nach Absatz 1 erfolgt durch Verwaltungsakt gegenüber dem Spitzenverband Bund der Krankenkassen. ² Die Befugnisse und Rechte des Organs, für das der Beauftragte bestellt wird, ruhen in dem Umfang und für die Dauer der Bestellung im Innen- und Außenverhältnis. ³ Der Spitzenverband Bund der Krankenkassen gewährt dem nach Absatz 1 bestellten Beauftragten eine Vergütung und angemessene Auslagen. ⁴ Die Höhe der Vergütung wird von der Aufsichtsbehörde durch Verwaltungsakt gegenüber dem Spitzenverband Bund der Krankenkassen festgesetzt. ⁵ Der Spitzenverband Bund der Krankenkassen trägt zudem die übrigen Kosten, die durch die Bestellung des Beauftragten entstehen. ⁶ Werden dem Beauftragten Befugnisse des Vorstandes übertragen, ist die Vergütung des Vorstandes entsprechend zu kürzen.

(3) ¹ Der Führung der Geschäfte durch die Aufsichtsbehörde oder der Bestellung eines Beauftragten hat eine Anordnung vorauszugehen, mit der die Aufsichtsbehörde dem Spitzenverband Bund der Krankenkassen aufgibt, innerhalb einer bestimmten Frist das Erforderliche zu veranlassen. ² Klagen gegen die Anordnung nach Satz 1, gegen die Entscheidung über die Bestellung eines Beauftragten oder gegen die Wahrnehmung der Aufgaben des Spitzenverbandes Bund der Krankenkassen durch die Aufsichtsbehörde haben keine aufschiebende Wirkung.

§ 217j Berichtspflicht des Bundesministeriums für Gesundheit. Sofern schutzwürdige Belange Dritter nicht entgegenstehen, hat das Bundesministerium für Gesundheit dem Ausschuss für Gesundheit des Deutschen Bundestages jährlich zum 1. März, erstmalig zum 1. März 2018, einen Bericht über aufsichtsrechtliche Maßnahmen nach § 217g Absatz 1 bis 3, § 217h Absatz 1 und 4 Satz 1 und § 217i Absatz 1 und 3 Satz 1 und den Erlass von Verpflichtungsbescheiden nach § 89 Absatz 1 Satz 2 des Vierten Buches[1]) in Verbindung mit § 217d Absatz 2 Satz 2 sowie über den Sachstand der Aufsichtsverfahren vorzulegen.

§ 218 Regionale Kassenverbände. (1) Orts-, Betriebs- und Innungskrankenkassen können sich durch übereinstimmenden Beschluß ihrer Verwaltungsräte zu einem Kassenverband vereinigen, wenn sie ihren Sitz im Bezirk desselben Versicherungsamts haben.

(2) Mit Genehmigung der für die Sozialversicherung zuständigen obersten Verwaltungsbehörde des Landes kann sich ein Kassenverband über die Bezirke oder Bezirksteile mehrerer Versicherungsämter erstrecken.

§ 219 Besondere Regelungen zu Einrichtungen und Arbeitsgemeinschaften des Spitzenverbandes Bund der Krankenkassen. (1) Die Krankenkassen und ihre Verbände können insbesondere mit Kassenärztlichen Vereinigungen und anderen Leistungserbringern sowie mit dem öffentlichen Gesundheitsdienst zur Förderung der Gesundheit, Prävention, Versorgung chro-

---

[1]) Nr. 4.

nisch Kranker und Rehabilitation Arbeitsgemeinschaften zur Wahrnehmung der in § 94 Abs. 1a Satz 1 des Zehnten Buches[1] genannten Aufgaben bilden.

(2) ¹Vor der Entscheidung des Vorstandes des Spitzenverbandes Bund der Krankenkassen über die Errichtung, Übernahme oder wesentliche Erweiterung von Einrichtungen im Sinne des § 85 Absatz 1 des Vierten Buches[2] sowie über eine unmittelbare oder mittelbare Beteiligung an solchen Einrichtungen ist der Verwaltungsrat des Spitzenverbandes Bund der Krankenkassen durch den Vorstand auf der Grundlage geeigneter Daten umfassend über die Chancen und Risiken der beabsichtigten Betätigung zu unterrichten. ²Die Entscheidung des Vorstandes nach Satz 1 bedarf der Zustimmung des Verwaltungsrates.

(3) ¹Der Vorstand hat zur Information des Verwaltungsrates des Spitzenverbandes Bund der Krankenkassen jährlich einen Bericht über die Einrichtungen zu erstellen, an denen der Spitzenverband Bund der Krankenkassen beteiligt ist. ²Der Beteiligungsbericht muss zu jeder Einrichtung mindestens Angaben enthalten über

1. den Gegenstand der Einrichtung, die Beteiligungsverhältnisse, die Besetzung der Organe der Einrichtung und die Beteiligungen der Einrichtung an weiteren Einrichtungen,

2. den fortbestehenden Zusammenhang zwischen der Beteiligung an der Einrichtung und den gesetzlichen Aufgaben des Spitzenverbandes Bund der Krankenkassen,

3. die Grundzüge des Geschäftsverlaufs der Einrichtung, die Ertragslage der Einrichtung, die Kapitalzuführungen an und die Kapitalentnahmen aus der Einrichtung durch den Spitzenverband Bund der Krankenkassen, die Auswirkungen der Kapitalzuführungen und Kapitalentnahmen auf die Haushaltswirtschaft des Spitzenverbandes Bund der Krankenkassen und die von dem Spitzenverband Bund der Krankenkassen der Einrichtung gewährten Sicherheiten,

4. die im Geschäftsjahr gewährten Gesamtbezüge der Mitglieder der Geschäftsführung, des Aufsichtsrates, des Beirates oder eines ähnlichen Gremiums der Einrichtung für jedes einzelne Gremium sowie die im Geschäftsjahr gewährten Bezüge eines jeden Mitglieds dieser Gremien unter Namensnennung.

³Der Bericht über das abgelaufene Geschäftsjahr ist dem Verwaltungsrat des Spitzenverbandes Bund der Krankenkassen und der Aufsichtsbehörde spätestens am 1. Oktober des folgenden Jahres vorzulegen.

(4) Für die Aufsicht über die Arbeitsgemeinschaften nach § 94 Absatz 1a des Zehnten Buches in Verbindung mit Absatz 1, an denen der Spitzenverband Bund der Krankenkassen beteiligt ist, gilt § 89 des Vierten Buches entsprechend.

(5) Die Absätze 2 und 3 gelten entsprechend für Arbeitsgemeinschaften nach § 94 Absatz 1a des Zehnten Buches in Verbindung mit Absatz 1, an denen der Spitzenverband Bund der Krankenkassen beteiligt ist.

---

[1] Nr. **10**.
[2] Nr. **4**.

§ 219a Deutsche Verbindungsstelle Krankenversicherung – Ausland.

(1) ¹ Der Spitzenverband Bund der Krankenkassen nimmt die Aufgaben der Deutschen Verbindungsstelle Krankenversicherung – Ausland (Verbindungsstelle) wahr. ² Er erfüllt dabei die ihm durch über- und zwischenstaatliches sowie durch innerstaatliches Recht übertragenen Aufgaben. ³ Insbesondere gehören hierzu

1. Vereinbarungen mit ausländischen Verbindungsstellen,
2. Kostenabrechnungen mit in- und ausländischen Stellen,
3. Festlegung des anzuwendenden Versicherungsrechts,
4. Koordinierung der Verwaltungshilfe und Durchführung des Datenaustauschs in grenzüberschreitenden Fällen,
5. Aufklärung, Beratung und Information,
6. Wahrnehmung der Aufgaben der nationalen Kontaktstelle nach § 219d.

⁴ Die Festlegung des anzuwendenden Versicherungsrechts erfolgt für in Deutschland wohnende und gewöhnlich in mehreren Mitgliedstaaten der Europäischen Union erwerbstätige Personen im Benehmen mit der Arbeitsgemeinschaft Berufsständischer Versorgungseinrichtungen oder der Sozialversicherung für Landwirtschaft, Forsten und Gartenbau, soweit es sich um Mitglieder einer berufsständischen Versorgungseinrichtung oder der landwirtschaftlichen Sozialversicherung handelt oder eine solche Mitgliedschaft bei Anwendbarkeit des deutschen Rechts gegeben wäre. ⁵ Die Satzung des Spitzenverbandes kann Einzelheiten zur Aufgabenerfüllung regeln und dabei im Rahmen der Zuständigkeit des Spitzenverbandes Bund der Verbindungsstelle auch weitere Aufgaben übertragen.

(2) ¹ Der Spitzenverband Bund der Krankenkassen ist Rechtsnachfolger der Deutschen Verbindungsstelle Krankenversicherung – Ausland (Verbindungsstelle) nach § 219a in der bis zum 31. Dezember 2007 geltenden Fassung. ² § 613a des Bürgerlichen Gesetzbuchs findet entsprechend Anwendung. ³ Der für das Jahr 2008 aufgestellte Haushaltsplan gilt als Teil des Haushalts des Spitzenverbandes fort.

(3) ¹ Der Verwaltungsrat hat für die Erfüllung der Aufgaben nach Absatz 1 einen Geschäftsführer und seinen Stellvertreter zu bestellen. ² Der Geschäftsführer verwaltet den Spitzenverband Bund in allen Angelegenheiten nach Absatz 1 und vertritt den Spitzenverband Bund in diesen Angelegenheiten gerichtlich und außergerichtlich, soweit Gesetz oder sonstiges maßgebendes Recht nichts anderes bestimmen. ³ Für den Abschluss des Dienstvertrages gilt § 35a Abs. 6 Satz 1 des Vierten Buches[1)] entsprechend. ⁴ Das Nähere über die Grundsätze der Geschäftsführung durch den Geschäftsführer bestimmt die Satzung.

(4) ¹ Der Verwaltungsrat hat den Gesamthaushaltsplan des Spitzenverbandes Bund für den Aufgabenbereich der Verbindungsstelle zu untergliedern. ² Die Haushaltsführung hat getrennt nach den Aufgabenbereichen zu erfolgen.

(5) ¹ Die zur Finanzierung der Verbindungsstelle erforderlichen Mittel werden durch eine Umlage, deren Berechnungskriterien in der Satzung festgelegt werden (§ 217e Abs. 1 Nr. 3), und durch die sonstigen Einnahmen der Ver-

---

[1)] Nr. 4.

bindungsstelle aufgebracht. ²Die Satzung muss insbesondere Bestimmungen zur ausschließlichen Verwendung der für die Aufgabenerfüllung verfügbaren Mittel für Zwecke der Verbindungsstelle enthalten.

§ 219b Datenaustausch im automatisierten Verfahren zwischen den Trägern der sozialen Sicherheit und der Deutschen Verbindungsstelle Krankenversicherung – Ausland. Der Datenaustausch der Krankenkassen und der anderen Träger der sozialen Sicherheit mit dem Spitzenverband Bund der Krankenkassen, Deutsche Verbindungsstelle Krankenversicherung – Ausland, erfolgt im automatisierten Verfahren, soweit hierfür strukturierte Dokumente zur Verfügung stehen, die von der bei der Kommission der Europäischen Union eingesetzten Verwaltungskommission für die Koordinierung der Systeme der sozialen Sicherheit festgelegt worden sind.

§ 219c Dateien bei der Deutschen Verbindungsstelle Krankenversicherung – Ausland. (1) Zur Durchführung von Artikel 15 der Verordnung (EG) Nr. 987/2009 des Europäischen Parlaments und des Rates vom 16. September 2009 zur Festlegung der Modalitäten für die Durchführung der Verordnung (EG) Nr. 883/2004 über die Koordinierung der Systeme der sozialen Sicherheit (ABl. L 284 vom 30.10.2009, S. 1) melden die Krankenkassen und die anderen Träger der sozialen Sicherheit, die für die Festlegung der anzuwendenden Rechtsvorschriften zuständig sind, dem Spitzenverband Bund der Krankenkassen, Deutsche Verbindungsstelle Krankenversicherung – Ausland, im automatisierten Verfahren diejenigen Daten, die

1. in der von der Verwaltungskommission festgelegten Bescheinigung über die anzuwendenden Rechtsvorschriften oder
2. in den entsprechenden strukturierten Dokumenten

enthalten sind.

(2) ¹Wenn die zuständigen Behörden des Mitgliedstaates, in dem die Tätigkeit ausgeübt wird, dies verlangen, leitet der Spitzenverband Bund der Krankenkassen, Deutsche Verbindungsstelle Krankenversicherung – Ausland, die Daten unverzüglich an den Träger des Mitgliedstaates weiter. ²Andernfalls werden die Daten gespeichert und für spätere Anforderungen aus dem Mitgliedstaat, in dem die Tätigkeit ausgeübt wird oder ausgeübt wurde, zur Verfügung gehalten.

(3) Anforderungen und auch die bei der Antwort anfallenden Daten dürfen ebenfalls gespeichert werden.

(4) Die Daten sind spätestens fünf Jahre nach Ablauf des Geltungszeitraums zu löschen, der in der Bescheinigung oder dem entsprechenden strukturierten Dokument genannt ist.

§ 219d Nationale Kontaktstelle. (1) ¹Die Aufgaben der nationalen Kontaktstelle nach der Richtlinie 2011/24/EU des Europäischen Parlaments und des Rates vom 9. März 2011 über die Ausübung der Patientenrechte in der grenzüberschreitenden Gesundheitsversorgung (ABl. L 88 vom 4.4.2011, S. 45) nimmt der Spitzenverband Bund der Krankenkassen, Deutsche Verbindungsstelle Krankenversicherung – Ausland, ab dem 25. Oktober 2013 wahr. ²Sie stellt insbesondere Informationen über

5 SGB V § 219d 5. Buch. Gesetzl. Krankenversicherung

1. nationale Gesundheitsdienstleister, geltende Qualitäts- und Sicherheitsbestimmungen, Patientenrechte einschließlich der Möglichkeiten ihrer Durchsetzung sowie die Zugänglichkeit von Krankenhäusern für Menschen mit Behinderungen,

2. die Rechte und Ansprüche des Versicherten bei Inanspruchnahme grenzüberschreitender Leistungen in anderen Mitgliedstaaten,

3. Mindestanforderungen an eine im grenzüberschreitenden Verkehr anerkennungsfähige Verschreibung und

4. Kontaktstellen in anderen Mitgliedstaaten

zur Verfügung. ³ In den Informationen nach Satz 2 Nummer 2 ist klar zu unterscheiden zwischen den Rechten, die Versicherte nach § 13 Absatz 4 und 5 in Umsetzung der Richtlinie 2011/24/EU geltend machen können, und den Rechten, die Versicherte aus der Verordnung (EG) Nr. 883/2004 des Europäischen Parlaments und des Rates vom 29. April 2004 zur Koordinierung der Systeme der sozialen Sicherheit (ABl. L 166 vom 30.4.2004, S. 1) geltend machen können. ⁴ Die Deutsche Krankenhausgesellschaft, die Kassenärztliche Bundesvereinigung, die Kassenzahnärztliche Bundesvereinigung und die privaten Krankenversicherungen stellen der nationalen Kontaktstelle die zur Aufgabenerfüllung erforderlichen Informationen zur Verfügung. ⁵ Soweit es zur Erfüllung ihrer Aufgaben erforderlich ist, darf die nationale Kontaktstelle personenbezogene Daten der anfragenden Versicherten nur mit deren schriftlicher Einwilligung und nach deren vorheriger Information verarbeiten und nutzen.

(2) Der Spitzenverband Bund der Krankenkassen, Deutsche Verbindungsstelle Krankenversicherung – Ausland, und die in Absatz 1 Satz 3 genannten Organisationen vereinbaren das Nähere zur Bereitstellung der Informationen durch die nationale Kontaktstelle gemäß Absatz 1 Satz 2 in einem Vertrag.

(3) ¹ An den zur Finanzierung der Aufgaben der nationalen Kontaktstelle erforderlichen Kosten sind die in Absatz 1 Satz 3 genannten Organisationen zu beteiligen. ² Das Nähere zur Finanzierung, insbesondere auch zur Höhe der jährlich erforderlichen Mittel, vereinbaren der Spitzenverband Bund der Krankenkassen, Deutsche Verbindungsstelle Krankenversicherung – Ausland, und die in Absatz 1 Satz 3 genannten Organisationen in dem Vertrag nach Absatz 2. ³ Wird nichts Abweichendes vereinbart, beteiligen sich die privaten Krankenversicherungen zu 5 Prozent, die Deutsche Krankenhausgesellschaft zu 20 Prozent, die Kassenärztliche Bundesvereinigung zu 20 Prozent sowie die Kassenzahnärztliche Bundesvereinigung zu 10 Prozent an den zur Aufgabenerfüllung erforderlichen Kosten.

(4) Die in Absatz 1 Satz 2 genannten Informationen müssen leicht zugänglich sein und, soweit erforderlich, auf elektronischem Wege und in barrierefreien Formaten bereitgestellt werden.

(5) Die nationale Kontaktstelle arbeitet mit den nationalen Kontaktstellen anderer Mitgliedstaaten und der Europäischen Kommission in Fragen grenzüberschreitender Gesundheitsversorgung zusammen.

Achtes Kapitel. Finanzierung

Erster Abschnitt. Beiträge

Erster Titel. Aufbringung der Mittel

§ 220 Grundsatz. (1) ¹Die Mittel der Krankenversicherung werden durch Beiträge und sonstige Einnahmen aufgebracht; als Beiträge gelten auch Zusatzbeiträge nach § 242. ²Darlehensaufnahmen sind nicht zulässig. ³Die Aufsichtsbehörde kann im Einzelfall Darlehensaufnahmen bei Kreditinstituten zur Finanzierung des Erwerbs von Grundstücken für Eigeneinrichtungen nach § 140 sowie der Errichtung, der Erweiterung oder des Umbaus von Gebäuden für Eigeneinrichtungen nach § 140 genehmigen.

(2) ¹Der beim Bundesversicherungsamt gebildete Schätzerkreis schätzt jedes Jahr bis zum 15. Oktober für das jeweilige Jahr und für das Folgejahr
1. die Höhe der voraussichtlichen beitragspflichtigen Einnahmen der Mitglieder der Krankenkassen,
2. die Höhe der voraussichtlichen jährlichen Einnahmen des Gesundheitsfonds,
3. die Höhe der voraussichtlichen jährlichen Ausgaben der Krankenkassen sowie
4. die voraussichtliche Zahl der Versicherten und der Mitglieder der Krankenkassen.

²Die Schätzung für das Folgejahr dient als Grundlage für die Festlegung des durchschnittlichen Zusatzbeitragssatzes nach § 242a, für die Zuweisungen aus dem Gesundheitsfonds nach den §§ 266 und 270 sowie für die Durchführung des Einkommensausgleichs nach § 270a. ³Bei der Schätzung der Höhe der voraussichtlichen jährlichen Einnahmen bleiben die Beträge nach § 271 Absatz 1a außer Betracht.

(3) ¹Für das Haushalts- und Rechnungswesen einschließlich der Statistiken bei der Verwaltung des Gesundheitsfonds durch das Bundesversicherungsamt gelten die §§ 67 bis 69, 70 Abs. 5, § 72 Abs. 1 und 2 Satz 1 erster Halbsatz, die §§ 73 bis 77 Absatz 1a Satz 1 bis 6 und § 79 Abs. 1 und 2 in Verbindung mit Abs. 3a des Vierten Buches[1]) sowie die auf Grund des § 78 des Vierten Buches erlassenen Rechtsverordnungen entsprechend. ²Für das Vermögen gelten die §§ 80 und 85 des Vierten Buches entsprechend. ³Die Bestellung des Wirtschaftsprüfers oder des vereidigten Buchprüfers zur Prüfung der Jahresrechnung des Gesundheitsfonds erfolgt durch die beim Bundesversicherungsamt eingerichtete Prüfstelle im Einvernehmen mit dem Bundesministerium für Gesundheit und dem Bundesministerium der Finanzen. ⁴Die Entlastung des Präsidenten oder der Präsidentin des Bundesversicherungsamts als Verwalter des Gesundheitsfonds erfolgt durch das Bundesministerium für Gesundheit im Einvernehmen mit dem Bundesministerium der Finanzen.

§ 221 Beteiligung des Bundes an Aufwendungen. (1) Der Bund leistet zur pauschalen Abgeltung der Aufwendungen der Krankenkassen für versicherungsfremde Leistungen 10,5 Milliarden Euro für das Jahr 2014, 11,5 Milliarden Euro für das Jahr 2015, 14 Milliarden Euro für das Jahr 2016 und ab dem

---

[1]) Nr. 4.

Jahr 2017 jährlich 14,5 Milliarden Euro in monatlich zum ersten Bankarbeitstag zu überweisenden Teilbeträgen an den Gesundheitsfonds.

(2) ¹ Der Gesundheitsfonds überweist von den ihm zufließenden Leistungen des Bundes nach Absatz 1 der landwirtschaftlichen Krankenkasse den auf sie entfallenden Anteil an der Beteiligung des Bundes. ² Der Überweisungsbetrag nach Satz 1 bemisst sich nach dem Verhältnis der Anzahl der Versicherten dieser Krankenkasse zu der Anzahl der Versicherten aller Krankenkassen; maßgebend sind die Verhältnisse am 1. Juli des Vorjahres.

(3) ¹ Der Überweisungsbetrag nach Absatz 2 Satz 1 reduziert sich

1. in den Jahren 2016 bis 2019 um den auf die landwirtschaftliche Krankenkasse entfallenden Anteil an der Finanzierung des Innovationsfonds nach § 92a Absatz 3 und 4 und

2. ab dem Jahr 2016 um den auf die landwirtschaftliche Krankenkasse entfallenden Anteil an der Finanzierung des Strukturfonds nach Maßgabe der §§ 12 bis 14 des Krankenhausfinanzierungsgesetzes; solange der Anteil noch nicht feststeht, ist er vorläufig auf 1 Million Euro für das Haushaltsjahr festzulegen.

² Absatz 2 Satz 2 gilt entsprechend. ³ Der Anteil nach Satz 1 Nummer 1 wird dem Innovationsfonds und der Anteil nach Satz 1 Nummer 2 dem Strukturfonds zugeführt. ⁴ Mittel für den Innovationsfonds nach § 92a Absatz 3 und 4, die im Haushaltsjahr nicht verausgabt wurden, sind nach Vorliegen der Geschäfts- und Rechnungsergebnisse des Gesundheitsfonds für das abgelaufene Kalenderjahr anteilig an die landwirtschaftliche Krankenkasse zurückzuführen.

§ 222 *(aufgehoben)*

§ 223 Beitragspflicht, beitragspflichtige Einnahmen, Beitragsbemessungsgrenze.
(1) Die Beiträge sind für jeden Kalendertag der Mitgliedschaft zu zahlen, soweit dieses Buch nichts Abweichendes bestimmt.

(2) ¹ Die Beiträge werden nach den beitragspflichtigen Einnahmen der Mitglieder bemessen. ² Für die Berechnung ist die Woche zu sieben, der Monat zu dreißig und das Jahr zu dreihundertsechzig Tagen anzusetzen.

(3) ¹ Beitragspflichtige Einnahmen sind bis zu einem Betrag von einem Dreihundertsechzigstel der Jahresarbeitsentgeltgrenze nach § 6 Abs. 7 für den Kalendertag zu berücksichtigen (Beitragsbemessungsgrenze). ² Einnahmen, die diesen Betrag übersteigen, bleiben außer Ansatz, soweit dieses Buch nichts Abweichendes bestimmt.

§ 224 Beitragsfreiheit bei Krankengeld, Mutterschaftsgeld oder Erziehungsgeld oder Elterngeld.
(1) ¹ Beitragsfrei ist ein Mitglied für die Dauer des Anspruchs auf Krankengeld oder Mutterschaftsgeld oder des Bezugs von Elterngeld oder Betreuungsgeld. ² Die Beitragsfreiheit erstreckt sich nur auf die in Satz 1 genannten Leistungen.

(2) Durch die Beitragsfreiheit wird ein Anspruch auf Schadensersatz nicht ausgeschlossen oder gemindert.

§ 225 Beitragsfreiheit bestimmter Rentenantragsteller.
¹ Beitragsfrei ist ein Rentenantragsteller bis zum Beginn der Rente, wenn er

1. als hinterbliebener Ehegatte oder hinterbliebener Lebenspartner eines nach § 5 Abs. 1 Nr. 11 oder 12 versicherungspflichtigen Rentners, der bereits Rente bezogen hat, Hinterbliebenenrente beantragt,
2. als Waise die Voraussetzungen nach § 5 Absatz 1 Nummer 11b erfüllt und die dort genannten Leistungen vor Vollendung des achtzehnten Lebensjahres beantragt oder
3. ohne die Versicherungspflicht nach § 5 Abs. 1 Nr. 11 oder 12 nach § 10 dieses Buches oder nach § 7 des Zweiten Gesetzes über die Krankenversicherung der Landwirte versichert wäre.

²Satz 1 gilt nicht, wenn der Rentenantragsteller Arbeitseinkommen oder Versorgungsbezüge erhält. ³§ 226 Abs. 2 gilt entsprechend.

Zweiter Titel. Beitragspflichtige Einnahmen der Mitglieder

§ 226 Beitragspflichtige Einnahmen versicherungspflichtig Beschäftigter. (1) ¹Bei versicherungspflichtig Beschäftigten werden der Beitragsbemessung zugrunde gelegt

1. das Arbeitsentgelt aus einer versicherungspflichtigen Beschäftigung,
2. der Zahlbetrag der Rente der gesetzlichen Rentenversicherung,
3. der Zahlbetrag der der Rente vergleichbaren Einnahmen (Versorgungsbezüge),
4. das Arbeitseinkommen, soweit es neben einer Rente der gesetzlichen Rentenversicherung oder Versorgungsbezügen erzielt wird.

²Dem Arbeitsentgelt steht das Vorruhestandsgeld gleich. ³Bei Auszubildenden, die in einer außerbetrieblichen Einrichtung im Rahmen eines Berufsausbildungsvertrages nach dem Berufsbildungsgesetz ausgebildet werden, steht die Ausbildungsvergütung dem Arbeitsentgelt gleich.

(2) Die nach Absatz 1 Satz 1 Nr. 3 und 4 zu bemessenden Beiträge sind nur zu entrichten, wenn die monatlichen beitragspflichtigen Einnahmen nach Absatz 1 Satz 1 Nr. 3 und 4 insgesamt ein Zwanzigstel der monatlichen Bezugsgröße nach § 18 des Vierten Buches[1)] übersteigen.

(3) Für Schwangere, deren Mitgliedschaft nach § 192 Abs. 2 erhalten bleibt, gelten die Bestimmungen der Satzung.

(4) Bei Arbeitnehmern, die gegen ein monatliches Arbeitsentgelt bis zum oberen Grenzbetrag der Gleitzone (§ 20 Absatz 2 des Vierten Buches) mehr als geringfügig beschäftigt sind, gilt der Betrag der beitragspflichtigen Einnahme nach § 163 Absatz 10 Satz 1 bis 5 und 8 oder § 276b des Sechsten Buches[2)] entsprechend.

§ 227 Beitragspflichtige Einnahmen versicherungspflichtiger Rückkehrer in die gesetzliche Krankenversicherung und bisher nicht Versicherter. Für die nach § 5 Abs. 1 Nr. 13 Versicherungspflichtigen gilt § 240 entsprechend.

[1)] Nr. 4.
[2)] Nr. 6.

§ 228 Rente als beitragspflichtige Einnahmen.

(1) ¹Als Rente der gesetzlichen Rentenversicherung gelten Renten der allgemeinen Rentenversicherung sowie Renten der knappschaftlichen Rentenversicherung einschließlich der Steigerungsbeträge aus Beiträgen der Höherversicherung. ²Satz 1 gilt auch, wenn vergleichbare Renten aus dem Ausland bezogen werden.

(2) ¹Bei der Beitragsbemessung sind auch Nachzahlungen einer Rente nach Absatz 1 zu berücksichtigen, soweit sie auf einen Zeitraum entfallen, in dem der Rentner Anspruch auf Leistungen nach diesem Buch hatte. ²Die Beiträge aus der Nachzahlung gelten als Beiträge für die Monate, für die die Rente nachgezahlt wird.

§ 229 Versorgungsbezüge als beitragspflichtige Einnahmen.

(1) ¹Als der Rente vergleichbare Einnahmen (Versorgungsbezüge) gelten, soweit sie wegen einer Einschränkung der Erwerbsfähigkeit oder zur Alters- oder Hinterbliebenenversorgung erzielt werden,

1. Versorgungsbezüge aus einem öffentlich-rechtlichen Dienstverhältnis oder aus einem Arbeitsverhältnis mit Anspruch auf Versorgung nach beamtenrechtlichen Vorschriften oder Grundsätzen; außer Betracht bleiben
   a) lediglich übergangsweise gewährte Bezüge,
   b) unfallbedingte Leistungen und Leistungen der Beschädigtenversorgung,
   c) bei einer Unfallversorgung ein Betrag von 20 vom Hundert des Zahlbetrags und
   d) bei einer erhöhten Unfallversorgung der Unterschiedsbetrag zum Zahlbetrag der Normalversorgung, mindestens 20 vom Hundert des Zahlbetrags der erhöhten Unfallversorgung,
2. Bezüge aus der Versorgung der Abgeordneten, Parlamentarischen Staatssekretäre und Minister,
3. Renten der Versicherungs- und Versorgungseinrichtungen, die für Angehörige bestimmter Berufe errichtet sind,
4. Renten und Landabgaberenten nach dem Gesetz über die Alterssicherung der Landwirte mit Ausnahme einer Übergangshilfe,
5. Renten der betrieblichen Altersversorgung einschließlich der Zusatzversorgung im öffentlichen Dienst und der hüttenknappschaftlichen Zusatzversorgung; außer Betracht bleiben Leistungen aus Altersvorsorgevermögen im Sinne des § 92 des Einkommensteuergesetzes.

²Satz 1 gilt auch, wenn Leistungen dieser Art aus dem Ausland oder von einer zwischenstaatlichen oder überstaatlichen Einrichtung bezogen werden. ³Tritt an die Stelle der Versorgungsbezüge eine nicht regelmäßig wiederkehrende Leistung oder ist eine solche Leistung vor Eintritt des Versicherungsfalls vereinbart oder zugesagt worden, gilt ein Einhundertzwanzigstel der Leistung als monatlicher Zahlbetrag der Versorgungsbezüge, längstens jedoch für einhundertzwanzig Monate.

(2) Für Nachzahlungen von Versorgungsbezügen gilt § 228 Abs. 2 entsprechend.

§ 230 Rangfolge der Einnahmearten versicherungspflichtig Beschäftigter.

¹Erreicht das Arbeitsentgelt nicht die Beitragsbemessungsgrenze, werden nacheinander der Zahlbetrag der Versorgungsbezüge und das Arbeitsein-

kommen des Mitglieds bis zur Beitragsbemessungsgrenze berücksichtigt. ²Der Zahlbetrag der Rente der gesetzlichen Rentenversicherung wird getrennt von den übrigen Einnahmearten bis zur Beitragsbemessungsgrenze berücksichtigt.

§ 231 Erstattung von Beiträgen. (1) Beiträge aus Versorgungsbezügen oder Arbeitseinkommen werden dem Mitglied durch die Krankenkasse auf Antrag erstattet, soweit sie auf Beträge entfallen, um die die Versorgungsbezüge und das Arbeitseinkommen zusammen mit dem Arbeitsentgelt einschließlich des einmalig gezahlten Arbeitsentgelts die anteilige Jahresarbeitsentgeltgrenze nach § 6 Abs. 7 überschritten haben.

(2) ¹Die zuständige Krankenkasse erstattet dem Mitglied auf Antrag die von ihm selbst getragenen Anteile an den Beiträgen aus der Rente der gesetzlichen Rentenversicherung, soweit sie auf Beträge entfallen, um die die Rente zusammen mit den übrigen der Beitragsbemessung zugrunde gelegten Einnahmen des Mitglieds die Beitragsbemessungsgrenze überschritten hat. ²Die Satzung der Krankenkasse kann Näheres über die Durchführung der Erstattung bestimmen. ³Wenn dem Mitglied auf Antrag von ihm getragene Beitragsanteile nach Satz 1 erstattet werden, werden dem Träger der gesetzlichen Rentenversicherung die von diesem insoweit getragenen Beitragsanteile erstattet.

(3) Weist ein Mitglied, dessen Beiträge nach § 240 Absatz 4a Satz 6 festgesetzt wurden, innerhalb von drei Jahren nach Ablauf des Kalenderjahres, für das die Beiträge zu zahlen waren, beitragspflichtige Einnahmen nach, die für den Kalendertag unterhalb des 30. Teils der monatlichen Beitragsbemessungsgrenze liegen, wird dem Mitglied der Anteil der gezahlten Beiträge erstattet, der die Beiträge übersteigt, die das Mitglied auf der Grundlage der tatsächlich erzielten beitragspflichtigen Einnahmen nach § 240 hätte zahlen müssen.

§ 232 Beitragspflichtige Einnahmen unständig Beschäftigter. (1) ¹Für unständig Beschäftigte ist als beitragspflichtige Einnahmen ohne Rücksicht auf die Beschäftigungsdauer das innerhalb eines Kalendermonats erzielte Arbeitsentgelt bis zur Höhe von einem Zwölftel der Jahresarbeitsentgeltgrenze nach § 6 Abs. 7 zugrunde zu legen. ²Die §§ 226 und 228 bis 231 dieses Buches sowie § 23a des Vierten Buches[1)] gelten.

(2) ¹Bestanden innerhalb eines Kalendermonats mehrere unständige Beschäftigungen und übersteigt das Arbeitsentgelt insgesamt die genannte monatliche Bemessungsgrenze nach Absatz 1, sind bei der Berechnung der Beiträge die einzelnen Arbeitsentgelte anteilmäßig nur zu berücksichtigen, soweit der Gesamtbetrag die monatliche Bemessungsgrenze nicht übersteigt. ²Auf Antrag des Mitglieds oder eines Arbeitgebers verteilt die Krankenkasse die Beiträge nach den anrechenbaren Arbeitsentgelten.

(3) Unständig ist die Beschäftigung, die auf weniger als eine Woche entweder nach der Natur der Sache befristet zu sein pflegt oder im Voraus durch den Arbeitsvertrag befristet ist.

§ 232a Beitragspflichtige Einnahmen der Bezieher von Arbeitslosengeld, Unterhaltsgeld oder Kurzarbeitergeld. (1) ¹Als beitragspflichtige Einnahmen gelten

---

[1)] Nr. 4.

1. bei Personen, die Arbeitslosengeld oder Unterhaltsgeld nach dem Dritten Buch[1]) beziehen, 80 vom Hundert des der Leistung zugrunde liegenden, durch sieben geteilten wöchentlichen Arbeitsentgelts nach § 226 Abs. 1 Satz 1 Nr. 1, soweit es ein Dreihundertsechzigstel der Jahresarbeitsentgeltgrenze nach § 6 Abs. 7 nicht übersteigt; 80 vom Hundert des beitragspflichtigen Arbeitsentgelts aus einem nicht geringfügigen Beschäftigungsverhältnis sind abzuziehen,
2. bei Personen, die Arbeitslosengeld II beziehen, das 0,2155fache der monatlichen Bezugsgröße; abweichend von § 223 Absatz 1 sind die Beiträge für jeden Kalendermonat, in dem mindestens für einen Tag eine Mitgliedschaft besteht, zu zahlen.

²Bei Personen, die Teilarbeitslosengeld oder Teilunterhaltsgeld nach dem Dritten Buch beziehen, ist Satz 1 Nr. 1 zweiter Teilsatz nicht anzuwenden. ³Ab Beginn des zweiten Monats bis zur zwölften Woche einer Sperrzeit oder ab Beginn des zweiten Monats eines Ruhenszeitraumes wegen einer Urlaubsabgeltung gelten die Leistungen als bezogen.

(1a) ¹Der Faktor nach Absatz 1 Satz 1 Nummer 2 ist im Jahr 2018 im Hinblick auf die für die Berechnung maßgebliche Struktur der Bezieherinnen und Bezieher von Arbeitslosengeld II zu überprüfen. ²Bei Veränderungen ist der Faktor nach Absatz 1 Satz 1 Nummer 2 mit Wirkung zum 1. Januar 2018 neu zu bestimmen. ³Das Nähere über das Verfahren einer nachträglichen Korrektur bestimmen das Bundesministerium für Gesundheit und das Bundesministerium für Arbeit und Soziales im Einvernehmen mit dem Bundesministerium der Finanzen.

(2) Soweit Kurzarbeitergeld nach dem Dritten Buch gewährt wird, gelten als beitragspflichtige Einnahmen nach § 226 Abs. 1 Satz 1 Nr. 1 80 vom Hundert des Unterschiedsbetrages zwischen dem Sollentgelt und dem Istentgelt nach § 106 des Dritten Buches.

(3) § 226 gilt entsprechend.

§ 232b Beitragspflichtige Einnahmen der Bezieher von Pflegeunterstützungsgeld.
(1) Bei Personen, die Pflegeunterstützungsgeld nach § 44a Absatz 3 des Elften Buches[2]) beziehen, gelten 80 Prozent des während der Freistellung ausgefallenen, laufenden Arbeitsentgelts als beitragspflichtige Einnahmen.

(2) ¹Für Personen, deren Mitgliedschaft nach § 192 Absatz 1 Nummer 2 erhalten bleibt, gelten § 226 Absatz 1 Nummer 2 bis 4 und Absatz 2 sowie die §§ 228 bis 231 entsprechend. ²Die Einnahmen nach § 226 Absatz 1 Satz 1 Nummer 2 bis 4 unterliegen höchstens in dem Umfang der Beitragspflicht, in dem zuletzt vor dem Bezug des Pflegeunterstützungsgeldes Beitragspflicht bestand. ³Für freiwillige Mitglieder gilt Satz 2 entsprechend.

§ 233 Beitragspflichtige Einnahmen der Seeleute.
(1) Für Seeleute gilt als beitragspflichtige Einnahme der Betrag, der nach dem Recht der gesetzlichen Unfallversicherung für die Beitragsberechnung maßgebend ist.

---
[1]) Nr. 3.
[2]) Nr. 11.

(2) § 226 Abs. 1 Satz 1 Nr. 2 bis 4 und Abs. 2 sowie die §§ 228 bis 231 gelten entsprechend.

§ 234 Beitragspflichtige Einnahmen der Künstler und Publizisten.

(1) [1] Für die nach dem Künstlersozialversicherungsgesetz versicherungspflichtigen Mitglieder wird der Beitragsbemessung der dreihundertsechzigste Teil des voraussichtlichen Jahresarbeitseinkommens (§ 12 des Künstlersozialversicherungsgesetzes), mindestens jedoch der einhundertachtzigste Teil der monatlichen Bezugsgröße nach § 18 des Vierten Buches Sozialgesetzbuch[1]) zugrunde gelegt. [2] Für die Dauer des Bezugs von Elterngeld oder Erziehungsgeld oder für die Zeit, in der Erziehungsgeld nur wegen des zu berücksichtigenden Einkommens nicht bezogen wird, wird auf Antrag des Mitglieds das in dieser Zeit voraussichtlich erzielte Arbeitseinkommen nach Satz 1 mit dem auf den Kalendertag entfallenden Teil zugrunde gelegt, wenn es im Durchschnitt monatlich 325 Euro übersteigt. [3] Für Kalendertage, für die Anspruch auf Krankengeld oder Mutterschaftsgeld besteht oder für die Beiträge nach § 251 Abs. 1 zu zahlen sind, wird Arbeitseinkommen nicht zugrunde gelegt. [4] Arbeitseinkommen sind auch die Vergütungen für die Verwertung und Nutzung urheberrechtlich geschützter Werke oder Leistungen.

(2) § 226 Abs. 1 Satz 1 Nr. 2 bis 4 und Abs. 2 sowie die §§ 228 bis 231 gelten entsprechend.

§ 235 Beitragspflichtige Einnahmen von Rehabilitanden, Jugendlichen und Behinderten in Einrichtungen. (1) [1] Für die nach § 5 Abs. 1 Nr. 6 versicherungspflichtigen Teilnehmer an Leistungen zur Teilhabe am Arbeitsleben gilt als beitragspflichtige Einnahmen 80 vom Hundert des Regelentgelts, das der Berechnung des Übergangsgeldes zugrunde liegt. [2] Das Entgelt ist um den Zahlbetrag der Rente wegen verminderter Erwerbsfähigkeit sowie um das Entgelt zu kürzen, das aus einer die Versicherungspflicht begründenden Beschäftigung erzielt wird. [3] Bei Personen, die kein Teilübergangsgeld nach dem Dritten Buch[2]) beziehen, ist Satz 2 nicht anzuwenden. [4] Wird das Übergangsgeld, das Verletztengeld oder das Versorgungskrankengeld angepaßt, ist das Entgelt um den gleichen Vomhundertsatz zu erhöhen. [5] Für Teilnehmer, die kein Übergangsgeld erhalten, sowie für die nach § 5 Abs. 1 Nr. 5 Versicherungspflichtigen gilt als beitragspflichtige Einnahmen ein Arbeitsentgelt in Höhe von 20 vom Hundert der monatlichen Bezugsgröße nach § 18 des Vierten Buches[1]).

(2) [1] Für Personen, deren Mitgliedschaft nach § 192 Abs. 1 Nr. 3 erhalten bleibt, sind die vom zuständigen Rehabilitationsträger nach § 251 Abs. 1 zu tragenden Beiträge nach 80 vom Hundert des Regelentgelts zu bemessen, das der Berechnung des Übergangsgeldes, des Verletztengeldes oder des Versorgungskrankengeldes zugrunde liegt. [2] Absatz 1 Satz 3 gilt. [3] Bei Personen, die Verletztengeld nach § 45 Absatz 4 des Siebten Buches[3]) in Verbindung mit § 45 Absatz 1 beziehen, gelten abweichend von Satz 1 als beitragspflichtige Einnahmen 80 Prozent des während der Freistellung ausgefallenen laufenden Arbeitsentgelts oder des der Leistung zugrunde liegenden Arbeitseinkommens.

---
[1]) Nr. 4.
[2]) Nr. 3.
[3]) Nr. 7.

(3) Für die nach § 5 Abs. 1 Nr. 7 und 8 versicherungspflichtigen behinderten Menschen ist als beitragspflichtige Einnahmen das tatsächlich erzielte Arbeitsentgelt, mindestens jedoch ein Betrag in Höhe von 20 vom Hundert der monatlichen Bezugsgröße nach § 18 des Vierten Buches zugrunde zu legen.

(4) § 226 Abs. 1 Satz 1 Nr. 2 bis 4 und Abs. 2 sowie die §§ 228 bis 231 gelten entsprechend; bei Anwendung des § 230 Satz 1 ist das Arbeitsentgelt vorrangig zu berücksichtigen.

§ 236 Beitragspflichtige Einnahmen der Studenten und Praktikanten.

(1) [1] Für die nach § 5 Abs. 1 Nr. 9 und 10 Versicherungspflichtigen gilt als beitragspflichtige Einnahmen ein Dreißigstel des Betrages, der als monatlicher Bedarf nach § 13 Abs. 1 Nr. 2 und Abs. 2 des Bundesausbildungsförderungsgesetzes für Studenten festgesetzt ist, die nicht bei ihren Eltern wohnen. [2] Änderungen des Bedarfsbetrags sind vom Beginn des auf die Änderung folgenden Semesters an zu berücksichtigen.

(2) [1] § 226 Abs. 1 Satz 1 Nr. 2 bis 4 und Abs. 2 sowie die §§ 228 bis 231 gelten entsprechend. [2] Die nach § 226 Abs. 1 Satz 1 Nr. 3 und 4 zu bemessenden Beiträge sind nur zu entrichten, soweit sie die nach Absatz 1 zu bemessenden Beiträge übersteigen.

§ 237 Beitragspflichtige Einnahmen versicherungspflichtiger Rentner.
[1] Bei versicherungspflichtigen Rentnern werden der Beitragsbemessung zugrunde gelegt

1. der Zahlbetrag der Rente der gesetzlichen Rentenversicherung,
2. der Zahlbetrag der der Rente vergleichbaren Einnahmen und
3. das Arbeitseinkommen.

[2] Bei Versicherungspflichtigen nach § 5 Absatz 1 Nummer 11b sind die dort genannten Leistungen bis zum Erreichen der Altersgrenzen des § 10 Absatz 2 beitragsfrei. [3] Dies gilt entsprechend für die Waisenrente nach § 15 des Gesetzes über die Alterssicherung der Landwirte. [4] § 226 Abs. 2 und die §§ 228, 229 und 231 gelten entsprechend.

§ 238 Rangfolge der Einnahmearten versicherungspflichtiger Rentner.
Erreicht der Zahlbetrag der Rente der gesetzlichen Rentenversicherung nicht die Beitragsbemessungsgrenze, werden nacheinander der Zahlbetrag der Versorgungsbezüge und das Arbeitseinkommen des Mitglieds bis zur Beitragsbemessungsgrenze berücksichtigt.

§ 238a Rangfolge der Einnahmearten freiwillig versicherter Rentner.
Bei freiwillig versicherten Rentnern werden der Beitragsbemessung nacheinander der Zahlbetrag der Rente, der Zahlbetrag der Versorgungsbezüge, das Arbeitseinkommen und die sonstigen Einnahmen, die die wirtschaftliche Leistungsfähigkeit des freiwilligen Mitglieds bestimmen (§ 240 Abs. 1), bis zur Beitragsbemessungsgrenze zugrunde gelegt.

§ 239 Beitragsbemessung bei Rentenantragstellern.
[1] Bei Rentenantragstellern wird die Beitragsbemessung für die Zeit der Rentenantragstellung bis zum Beginn der Rente durch den Spitzenverband Bund der Krankenkassen geregelt. [2] Dies gilt auch für Personen, bei denen die Rentenzahlung eingestellt

8. Kapitel. Finanzierung § 240 SGB V 5

wird, bis zum Ablauf des Monats, in dem die Entscheidung über Wegfall oder Entzug der Rente unanfechtbar geworden ist. ³ § 240 gilt entsprechend.

§ 240 Beitragspflichtige Einnahmen freiwilliger Mitglieder. (1) ¹ Für freiwillige Mitglieder wird die Beitragsbemessung einheitlich durch den Spitzenverband Bund der Krankenkassen geregelt. ² Dabei ist sicherzustellen, daß die Beitragsbelastung die gesamte wirtschaftliche Leistungsfähigkeit des freiwilligen Mitglieds berücksichtigt; sofern und solange Mitglieder Nachweise über die beitragspflichtigen Einnahmen auf Verlangen der Krankenkasse nicht vorlegen, gilt als beitragspflichtige Einnahmen für den Kalendertag der dreißigste Teil der monatlichen Beitragsbemessungsgrenze (§ 223).

(2) ¹ Bei der Bestimmung der wirtschaftlichen Leistungsfähigkeit sind mindestens die Einnahmen des freiwilligen Mitglieds zu berücksichtigen, die bei einem vergleichbaren versicherungspflichtig Beschäftigten der Beitragsbemessung zugrunde zu legen sind. ² Abstufungen nach dem Familienstand oder der Zahl der Angehörigen, für die eine Versicherung nach § 10 besteht, sind unzulässig. ³ Der zur sozialen Sicherung vorgesehene Teil des Gründungszuschusses nach § 94 des Dritten Buches¹⁾ in Höhe von monatlich 300 Euro darf nicht berücksichtigt werden. ⁴ Ebenfalls nicht zu berücksichtigen ist das an eine Pflegeperson weitergereichte Pflegegeld bis zur Höhe des Pflegegeldes nach § 37 Absatz 1 des Elften Buches²⁾. ⁵ Die §§ 223 und 228 Abs. 2, § 229 Abs. 2 und die §§ 238a, 247 Satz 1 und 2 und 248 Satz 1 und 2 dieses Buches sowie § 23a des Vierten Buches³⁾ gelten entsprechend.

(3) ¹ Für freiwillige Mitglieder, die neben dem Arbeitsentgelt eine Rente der gesetzlichen Rentenversicherung beziehen, ist der Zahlbetrag der Rente getrennt von den übrigen Einnahmen bis zur Beitragsbemessungsgrenze zu berücksichtigen. ² Soweit dies insgesamt zu einer über der Beitragsbemessungsgrenze liegenden Beitragsbelastung führen würde, ist statt des entsprechenden Beitrags aus der Rente nur der Zuschuß des Rentenversicherungsträgers einzuzahlen.

(4) ¹ Als beitragspflichtige Einnahmen gilt für den Kalendertag mindestens der neunzigste Teil der monatlichen Bezugsgröße. ² Für freiwillige Mitglieder, die hauptberuflich selbständig erwerbstätig sind, gilt als beitragspflichtige Einnahmen für den Kalendertag der dreißigste Teil der monatlichen Beitragsbemessungsgrenze (§ 223), bei Nachweis niedrigerer Einnahmen jedoch mindestens der vierzigste Teil, für freiwillige Mitglieder, die einen monatlichen Gründungszuschuss nach § 93 des Dritten Buches oder eine entsprechende Leistung nach § 16b des Zweiten Buches⁴⁾ erhalten, der sechzigste Teil der monatlichen Bezugsgröße. ³ Der Spitzenverband Bund der Krankenkassen bestimmt, unter welchen Voraussetzungen darüber hinaus der Beitragsbemessung hauptberuflich selbstständig Erwerbstätiger niedrigere Einnahmen, mindestens jedoch der sechzigste Teil der monatlichen Bezugsgröße, zugrunde gelegt werden. ⁴ Dabei sind insbesondere das Vermögen des Mitglieds sowie Einkommen und Vermögen von Personen, die mit dem Mitglied in Bedarfsgemeinschaft leben, zu berücksichtigen. ⁵ Die durch den Spitzenverband Bund der Krankenkassen auf

---

¹⁾ Nr. 3.
²⁾ Nr. 11.
³⁾ Nr. 4.
⁴⁾ Nr. 2.

Grundlage der Sätze 3 und 4 bestimmten Voraussetzungen für eine Beitragsberechnung sind bis zur endgültigen Beitragsfestsetzung nach Absatz 4a Satz 3 durch das Mitglied nachzuweisen. [6] Für die Beurteilung der selbständigen Erwerbstätigkeit einer Tagespflegeperson gilt § 10 Abs. 1 Satz 2 und 3 entsprechend. [7] Für freiwillige Mitglieder, die Schüler einer Fachschule oder Berufsfachschule oder als Studenten an einer ausländischen staatlichen oder staatlich anerkannten Hochschule eingeschrieben sind oder regelmäßig als Arbeitnehmer ihre Arbeitsleistung im Umherziehen anbieten (Wandergesellen), gilt § 236 in Verbindung mit § 245 Abs. 1 entsprechend. [8] Satz 1 gilt nicht für freiwillige Mitglieder, die die Voraussetzungen für den Anspruch auf eine Rente aus der gesetzlichen Rentenversicherung erfüllen und diese Rente beantragt haben, wenn sie seit der erstmaligen Aufnahme einer Erwerbstätigkeit bis zur Stellung des Rentenantrags mindestens neun Zehntel der zweiten Hälfte dieses Zeitraums Mitglied oder nach § 10 versichert waren; § 5 Abs. 2 Satz 1 gilt entsprechend.

(4a) [1] Die nach dem Arbeitseinkommen zu bemessenden Beiträge werden auf der Grundlage des zuletzt erlassenen Einkommensteuerbescheides vorläufig festgesetzt; dabei ist der Einkommensteuerbescheid für die Beitragsbemessung ab Beginn des auf die Ausfertigung folgenden Monats heranzuziehen; Absatz 1 Satz 2 zweiter Halbsatz gilt entsprechend. [2] Bei Aufnahme einer selbstständigen Tätigkeit werden die Beiträge auf der Grundlage der nachgewiesenen voraussichtlichen Einnahmen vorläufig festgesetzt. [3] Die nach den Sätzen 1 und 2 vorläufig festgesetzten Beiträge werden auf Grundlage der tatsächlich erzielten beitragspflichtigen Einnahmen für das jeweilige Kalenderjahr nach Vorlage des jeweiligen Einkommensteuerbescheides endgültig festgesetzt. [4] Weist das Mitglied seine tatsächlichen Einnahmen auf Verlangen der Krankenkasse nicht innerhalb von drei Jahren nach Ablauf des jeweiligen Kalenderjahres nach, gilt für die endgültige Beitragsfestsetzung nach Satz 3 als beitragspflichtige Einnahme für den Kalendertag der 30. Teil der monatlichen Beitragsbemessungsgrenze. [5] Für die Bemessung der Beiträge aus Einnahmen aus Vermietung und Verpachtung gelten die Sätze 1, 3 und 4 entsprechend. [6] Die Sätze 1 bis 5 gelten nicht, wenn auf Grund des zuletzt erlassenen Einkommensteuerbescheides oder einer Erklärung des Mitglieds für den Kalendertag beitragspflichtige Einnahmen in Höhe des 30. Teils der monatlichen Beitragsbemessungsgrenze zugrunde gelegt werden.

(4b) [1] Der Beitragsbemessung für freiwillige Mitglieder sind 10 vom Hundert der monatlichen Bezugsgröße nach § 18 des Vierten Buches zugrunde zu legen, wenn der Anspruch auf Leistungen für das Mitglied und seine nach § 10 versicherten Angehörigen während eines Auslandsaufenthaltes, der durch die Berufstätigkeit des Mitglieds, seines Ehegatten, seines Lebenspartners oder eines seiner Elternteile bedingt ist, oder nach § 16 Abs. 1 Nr. 3 ruht. [2] Satz 1 gilt entsprechend, wenn nach § 16 Abs. 1 der Anspruch auf Leistungen aus anderem Grund für länger als drei Kalendermonate ruht, sowie für Versicherte während einer Tätigkeit für eine internationale Organisation im Geltungsbereich dieses Gesetzes.

(5) Soweit bei der Beitragsbemessung freiwilliger Mitglieder das Einkommen von Ehegatten oder Lebenspartnern nach dem Lebenspartnerschaftsgesetz, die nicht einer Krankenkasse nach § 4 Absatz 2 angehören, berücksichtigt wird, ist von diesem Einkommen für jedes gemeinsame unterhaltsberechtigte Kind, für das eine Familienversicherung wegen der Regelung des § 10 Absatz 3 nicht

besteht, ein Betrag in Höhe von einem Drittel der monatlichen Bezugsgröße, für nach § 10 versicherte Kinder ein Betrag in Höhe von einem Fünftel der monatlichen Bezugsgröße abzusetzen.

Dritter Titel. Beitragssätze, Zusatzbeitrag

§ 241 Allgemeiner Beitragssatz. Der allgemeine Beitragssatz beträgt 14,6 Prozent der beitragspflichtigen Einnahmen der Mitglieder.

§ 241a *(aufgehoben)*

§ 242 Zusatzbeitrag. (1) [1] Soweit der Finanzbedarf einer Krankenkasse durch die Zuweisungen aus dem Gesundheitsfonds nicht gedeckt ist, hat sie in ihrer Satzung zu bestimmen, dass von ihren Mitgliedern ein einkommensabhängiger Zusatzbeitrag erhoben wird. [2] Die Krankenkassen haben den einkommensabhängigen Zusatzbeitrag als Prozentsatz der beitragspflichtigen Einnahmen jedes Mitglieds zu erheben (kassenindividueller Zusatzbeitragssatz). [3] Der Zusatzbeitragssatz ist so zu bemessen, dass die Einnahmen aus dem Zusatzbeitrag zusammen mit den Zuweisungen aus dem Gesundheitsfonds und den sonstigen Einnahmen die im Haushaltsjahr voraussichtlich zu leistenden Ausgaben und die vorgeschriebene Höhe der Rücklage decken; dabei ist die Höhe der voraussichtlichen beitragspflichtigen Einnahmen aller Krankenkassen nach § 220 Absatz 2 Satz 2 je Mitglied zugrunde zu legen.

(2) [1] Ergibt sich während des Haushaltsjahres, dass die Betriebsmittel der Krankenkassen einschließlich der Zuführung aus der Rücklage zur Deckung der Ausgaben nicht ausreichen, ist der Zusatzbeitragssatz nach Absatz 1 durch Änderung der Satzung zu erhöhen. [2] Muss eine Krankenkasse kurzfristig ihre Leistungsfähigkeit erhalten, so hat der Vorstand zu beschließen, dass der Zusatzbeitragssatz bis zur satzungsmäßigen Neuregelung erhöht wird; der Beschluss bedarf der Genehmigung der Aufsichtsbehörde. [3] Kommt kein Beschluss zustande, ordnet die Aufsichtsbehörde die notwendige Erhöhung des Zusatzbeitragssatzes an. [4] Klagen gegen die Anordnung nach Satz 3 haben keine aufschiebende Wirkung.

(3) [1] Die Krankenkasse hat den Zusatzbeitrag abweichend von Absatz 1 in Höhe des durchschnittlichen Zusatzbeitragssatzes nach § 242a zu erheben für

1. Mitglieder nach § 5 Absatz 1 Nummer 2a,
2. Mitglieder nach § 5 Absatz 1 Nummer 5 und 6 und Absatz 4a Satz 1,
3. Mitglieder nach § 5 Absatz 1 Nummer 7 und 8, wenn das tatsächliche Arbeitsentgelt den nach § 235 Absatz 3 maßgeblichen Mindestbetrag nicht übersteigt,
4. Mitglieder, deren Mitgliedschaft nach § 192 Absatz 1 Nummer 3 oder nach § 193 Absatz 2 bis 5 oder nach § 8 des Eignungsübungsgesetzes fortbesteht,
5. Mitglieder, die Verletztengeld nach dem Siebten Buch[1]), Versorgungskrankengeld nach dem Bundesversorgungsgesetz oder vergleichbare Entgeltersatzleistungen beziehen, sowie

---

[1]) Nr. 7.

6. Beschäftigte, bei denen § 20 Absatz 3 Satz 1 Nummer 1 oder Nummer 2 oder Satz 2 des Vierten Buches[1)] angewendet wird.

² Auf weitere beitragspflichtige Einnahmen dieser Mitglieder findet der Beitragssatz nach Absatz 1 Anwendung.

(4) Die Vorschriften des Zweiten und Dritten Abschnitts des Vierten Buches gelten entsprechend.

(5) ¹ Die Krankenkassen melden die Zusatzbeitragssätze nach Absatz 1 dem Spitzenverband Bund der Krankenkassen. ² Der Spitzenverband Bund der Krankenkassen führt eine laufend aktualisierte Übersicht, welche Krankenkassen einen Zusatzbeitrag erheben und in welcher Höhe, und veröffentlicht diese Übersicht im Internet. ³ Das Nähere zu Zeitpunkt, Form und Inhalt der Meldungen sowie zur Veröffentlichung regelt der Spitzenverband Bund der Krankenkassen.

§ 242a Durchschnittlicher Zusatzbeitragssatz. (1) Der durchschnittliche Zusatzbeitragssatz ergibt sich aus der Differenz zwischen den voraussichtlichen jährlichen Ausgaben der Krankenkassen und den voraussichtlichen jährlichen Einnahmen des Gesundheitsfonds, die für die Zuweisungen nach den §§ 266 und 270 zur Verfügung stehen, geteilt durch die voraussichtlichen jährlichen beitragspflichtigen Einnahmen der Mitglieder aller Krankenkassen, multipliziert mit 100.

(2) Das Bundesministerium für Gesundheit legt nach Auswertung der Ergebnisse des Schätzerkreises nach § 220 Absatz 2 die Höhe des durchschnittlichen Zusatzbeitragssatzes für das Folgejahr fest und gibt diesen Wert in Prozent jeweils bis zum 1. November eines Kalenderjahres im Bundesanzeiger bekannt.

§ 242b *(aufgehoben)*

§ 243 Ermäßigter Beitragssatz. ¹ Für Mitglieder, die keinen Anspruch auf Krankengeld haben, gilt ein ermäßigter Beitragssatz. ² Dies gilt nicht für die Beitragsbemessung nach § 240 Absatz 4b. ³ Der ermäßigte Beitragssatz beträgt 14,0 Prozent der beitragspflichtigen Einnahmen der Mitglieder.

§ 244 Ermäßigter Beitrag für Wehrdienstleistende und Zivildienstleistende. (1) ¹ Bei Einberufung zu einem Wehrdienst wird der Beitrag für

1. Wehrdienstleistende nach § 193 Abs. 1 auf ein Drittel,

2. Wehrdienstleistende nach § 193 Abs. 2 auf ein Zehntel

des Beitrags ermäßigt, der vor der Einberufung zuletzt zu entrichten war. ² Dies gilt nicht für aus Renten der gesetzlichen Rentenversicherung, Versorgungsbezügen und Arbeitseinkommen zu bemessende Beiträge.

(2) Das Bundesministerium für Gesundheit kann im Einvernehmen mit dem Bundesministerium der Verteidigung und dem Bundesministerium der Finanzen durch Rechtsverordnung mit Zustimmung des Bundesrates für die Beitragszahlung nach Absatz 1 Satz 1 Nr. 2 eine pauschale Beitragsberechnung vorschreiben und die Zahlungsweise regeln.

[1)] Nr. 4.

(3) ¹Die Absätze 1 und 2 gelten für Zivildienstleistende entsprechend. ²Bei einer Rechtsverordnung nach Absatz 2 tritt an die Stelle des Bundesministeriums der Verteidigung das Bundesministerium für Familie, Senioren, Frauen und Jugend.

§ 245 Beitragssatz für Studenten und Praktikanten. (1) Für die nach § 5 Abs. 1 Nr. 9 und 10 Versicherungspflichtigen gelten als Beitragssatz sieben Zehntel des allgemeinen Beitragssatzes.

(2) Der Beitragssatz nach Absatz 1 gilt auch für Personen, deren Mitgliedschaft in der studentischen Krankenversicherung nach § 190 Abs. 9 endet und die sich freiwillig weiterversichert haben, bis zu der das Studium abschließenden Prüfung, jedoch längstens für die Dauer von sechs Monaten.

§ 246 Beitragssatz für Bezieher von Arbeitslosengeld II. Für Personen, die Arbeitslosengeld II beziehen, gilt als Beitragssatz der ermäßigte Beitragssatz nach § 243.

§ 247 Beitragssatz aus der Rente. ¹Für Versicherungspflichtige findet für die Bemessung der Beiträge aus Renten der gesetzlichen Rentenversicherung der allgemeine Beitragssatz nach § 241 Anwendung. ²Abweichend von Satz 1 gilt bei Versicherungspflichtigen für die Bemessung der Beiträge aus ausländischen Renten nach § 228 Absatz 1 Satz 2 die Hälfte des allgemeinen Beitragssatzes. ³Veränderungen des Zusatzbeitragssatzes gelten jeweils vom ersten Tag des zweiten auf die Veränderung folgenden Kalendermonats an; dies gilt nicht für ausländische Renten nach § 228 Absatz 1 Satz 2.

§ 248 Beitragssatz aus Versorgungsbezügen und Arbeitseinkommen. ¹Bei Versicherungspflichtigen gilt für die Bemessung der Beiträge aus Versorgungsbezügen und Arbeitseinkommen der allgemeine Beitragssatz. ²Abweichend von Satz 1 gilt bei Versicherungspflichtigen für die Bemessung der Beiträge aus Versorgungsbezügen nach § 229 Abs. 1 Satz 1 Nr. 4 die Hälfte des allgemeinen Beitragssatzes. ³Veränderung des Zusatzbeitragssatzes gelten für Versorgungsbezüge nach § 229 in den Fällen des § 256 Absatz 1 Satz 1 jeweils vom ersten Tag des zweiten auf die Veränderung folgenden Kalendermonats an.

Vierter Titel. Tragung der Beiträge

§ 249 Tragung der Beiträge bei versicherungspflichtiger Beschäftigung. (1) ¹Bei versicherungspflichtig Beschäftigten nach § 5 Abs. 1 Nr. 1 und 13 trägt der Arbeitgeber die Hälfte der Beiträge des Mitglieds aus dem Arbeitsentgelt nach dem allgemeinen oder ermäßigten Beitragssatz; im Übrigen tragen die Beschäftigten die Beiträge. ²Bei geringfügig Beschäftigten gilt § 249b.

(2) Der Arbeitgeber trägt den Beitrag allein für Beschäftigte, soweit Beiträge für Kurzarbeitergeld zu zahlen sind.

(3) ¹Abweichend von Absatz 1 werden die Beiträge bei versicherungspflichtig Beschäftigten mit einem monatlichen Arbeitsentgelt innerhalb der Gleitzone nach § 20 Abs. 2 des Vierten Buches[1)] vom Arbeitgeber in Höhe der Hälfte

---

[1)] Nr. 4.

des Betrages, der sich ergibt, wenn der allgemeine oder ermäßigte Beitragssatz auf das der Beschäftigung zugrunde liegende Arbeitsentgelt angewendet wird, im Übrigen vom Versicherten getragen. ²Dies gilt auch für Personen, für die § 7 Absatz 3 Anwendung findet.

§ 249a Tragung der Beiträge bei Versicherungspflichtigen mit Rentenbezug. ¹Bei Versicherungspflichtigen, die eine Rente nach § 228 Absatz 1 Satz 1 beziehen, trägt der Träger der Rentenversicherung die Hälfte der nach der Rente zu bemessenden Beiträge nach dem allgemeinen Beitragssatz; im Übrigen tragen die Rentner die Beiträge. ²Bei Versicherungspflichtigen, die eine für sie nach § 237 Satz 2 beitragsfreie Waisenrente nach § 48 des Sechsten Buches[1]) beziehen, trägt der Träger der Rentenversicherung die Hälfte der nach dieser Rente zu bemessenden Beiträge nach dem allgemeinen Beitragssatz, wie er sie ohne die Beitragsfreiheit zu tragen hätte. ³Die Beiträge aus ausländischen Renten nach § 228 Absatz 1 Satz 2 tragen die Rentner allein.

§ 249b Beitrag des Arbeitgebers bei geringfügiger Beschäftigung. ¹Der Arbeitgeber einer Beschäftigung nach § 8 Abs. 1 Nr. 1 des Vierten Buches[2]) hat für Versicherte, die in dieser Beschäftigung versicherungsfrei oder nicht versicherungspflichtig sind, einen Beitrag in Höhe von 13 vom Hundert des Arbeitsentgelts dieser Beschäftigung zu tragen. ²Für Beschäftigte in Privathaushalten nach § 8a Satz 1 des Vierten Buches, die in dieser Beschäftigung versicherungsfrei oder nicht versicherungspflichtig sind, hat der Arbeitgeber einen Beitrag in Höhe von 5 vom Hundert des Arbeitsentgelts dieser Beschäftigung zu tragen. ³Für den Beitrag des Arbeitgebers gelten der Dritte Abschnitt des Vierten Buches sowie § 111 Abs. 1 Nr. 2 bis 4, 8 und Abs. 2 und 4 des Vierten Buches entsprechend.

§ 249c Tragung der Beiträge bei Bezug von Pflegeunterstützungsgeld. ¹Bei Bezug von Pflegeunterstützungsgeld werden die Beiträge, soweit sie auf das Pflegeunterstützungsgeld entfallen, getragen

1. bei Personen, die einen in der sozialen Pflegeversicherung versicherten Pflegebedürftigen pflegen, von den Versicherten und der Pflegekasse je zur Hälfte,
2. bei Personen, die einen in der privaten Pflege-Pflichtversicherung versicherungspflichtigen Pflegebedürftigen pflegen, von den Versicherten und dem privaten Versicherungsunternehmen je zur Hälfte,
3. bei Personen, die einen Pflegebedürftigen pflegen, der wegen Pflegebedürftigkeit Beihilfeleistungen oder Leistungen der Heilfürsorge und Leistungen einer Pflegekasse oder eines privaten Versicherungsunternehmens erhält, von den Versicherten zur Hälfte und von der Festsetzungsstelle für die Beihilfe oder vom Dienstherrn und der Pflegekasse oder dem privaten Versicherungsunternehmen jeweils anteilig,

im Übrigen von der Pflegekasse, dem privaten Versicherungsunternehmen oder anteilig von der Festsetzungsstelle für die Beihilfe oder dem Dienstherrn und der Pflegekasse oder dem privaten Versicherungsunternehmen. ²Die Beiträge werden von der Pflegekasse oder dem privaten Versicherungsunternehmen

---

[1]) Nr. 6.
[2]) Nr. 4.

8. Kapitel. Finanzierung §§ 250, 251 SGB V

allein oder anteilig von der Festsetzungsstelle für die Beihilfe oder dem Dienstherrn und der Pflegekasse oder dem privaten Versicherungsunternehmen getragen, wenn das dem Pflegeunterstützungsgeld zugrunde liegende monatliche Arbeitsentgelt 450 Euro nicht übersteigt.

§ 250 Tragung der Beiträge durch das Mitglied. (1) Versicherungspflichtige tragen die Beiträge aus
1. den Versorgungsbezügen,
2. dem Arbeitseinkommen,
3. den beitragspflichtigen Einnahmen nach § 236 Abs. 1

allein.

(2) Freiwillige Mitglieder, in § 189 genannte Rentenantragsteller sowie Schwangere, deren Mitgliedschaft nach § 192 Abs. 2 erhalten bleibt, tragen den Beitrag allein.

(3) Versicherungspflichtige nach § 5 Abs. 1 Nr. 13 tragen ihre Beiträge mit Ausnahme der aus Arbeitsentgelt und nach § 228 Absatz 1 Satz 1 zu tragenden Beiträge allein.

§ 251 Tragung der Beiträge durch Dritte. (1) Der zuständige Rehabilitationsträger trägt die auf Grund der Teilnahme an Leistungen zur Teilhabe am Arbeitsleben sowie an Berufsfindung oder Arbeitserprobung (§ 5 Abs. 1 Nr. 6) oder des Bezugs von Übergangsgeld, Verletztengeld oder Versorgungskrankengeld (§ 192 Abs. 1 Nr. 3) zu zahlenden Beiträge.

(2) [1] Der Träger der Einrichtung trägt den Beitrag allein
1. für die nach § 5 Abs. 1 Nr. 5 versicherungspflichtigen Jugendlichen,
2. für die nach § 5 Abs. 1 Nr. 7 oder 8 versicherungspflichtigen behinderten Menschen, wenn das tatsächliche Arbeitsentgelt den nach § 235 Abs. 3 maßgeblichen Mindestbetrag nicht übersteigt; im übrigen gilt § 249 Abs. 1 entsprechend.

[2] Für die nach § 5 Abs. 1 Nr. 7 versicherungspflichtigen behinderten Menschen sind die Beiträge, die der Träger der Einrichtung zu tragen hat, von den für die behinderten Menschen zuständigen Leistungsträgern zu erstatten.
[3] Satz 1 Nummer 2 und Satz 2 gelten für einen anderen Leistungsanbieter nach § 60 des Neunten Buches[1)] entsprechend.

(3) [1] Die Künstlersozialkasse trägt die Beiträge für die nach dem Künstlersozialversicherungsgesetz versicherungspflichtigen Mitglieder. [2] Hat die Künstlersozialkasse nach § 16 Abs. 2 Satz 2 des Künstlersozialversicherungsgesetzes das Ruhen der Leistungen festgestellt, entfällt für die Zeit des Ruhens die Pflicht zur Entrichtung des Beitrages, es sei denn, das Ruhen endet nach § 16 Abs. 2 Satz 5 des Künstlersozialversicherungsgesetzes. [3] Bei einer Vereinbarung nach § 16 Abs. 2 Satz 6 des Künstlersozialversicherungsgesetzes ist die Künstlersozialkasse zur Entrichtung der Beiträge für die Zeit des Ruhens insoweit verpflichtet, als der Versicherte seine Beitragsanteile zahlt.

(4) [1] Der Bund trägt die Beiträge für Wehrdienst- und Zivildienstleistende im Falle des § 193 Abs. 2 und 3 sowie für die nach § 5 Abs. 1 Nr. 2a ver-

---
[1)] Nr. 9.

sicherungspflichtigen Beziehern von Arbeitslosengeld II. ²Die Höhe der vom Bund zu tragenden Zusatzbeiträge für die nach § 5 Absatz 1 Nummer 2a versicherungspflichtigen Beziehern von Arbeitslosengeld II wird für ein Kalenderjahr jeweils im Folgejahr abschließend festgestellt. ³Hierzu ermittelt das Bundesministerium für Gesundheit den rechnerischen Zusatzbeitragssatz, der sich als Durchschnitt der im Kalenderjahr geltenden Zusatzbeitragssätze der Krankenkassen nach § 242 Absatz 1 unter Berücksichtigung der Zahl ihrer Mitglieder ergibt. ⁴Weicht der durchschnittliche Zusatzbeitragssatz nach § 242a von dem für das Kalenderjahr nach Satz 2 ermittelten rechnerischen Zusatzbeitragssatz ab, so erfolgt zwischen dem Gesundheitsfonds und dem Bundeshaushalt ein finanzieller Ausgleich des sich aus der Abweichung ergebenden Differenzbetrags. ⁵Den Ausgleich führt das Bundesversicherungsamt für den Gesundheitsfonds nach § 271 und das Bundesministerium für Arbeit und Soziales im Einvernehmen mit dem Bundesministerium der Finanzen für den Bund durch. ⁶Ein Ausgleich findet nicht statt, wenn sich ein Betrag von weniger als einer Million Euro ergibt.

(4a) Die Bundesagentur für Arbeit trägt die Beiträge für die Bezieher von Arbeitslosengeld und Unterhaltsgeld nach dem Dritten Buch[1]).

(4b) Für Personen, die als nicht satzungsmäßige Mitglieder geistlicher Genossenschaften oder ähnlicher religiöser Gemeinschaften für den Dienst in einer solchen Genossenschaft oder ähnlichen religiösen Gemeinschaft außerschulisch ausgebildet werden, trägt die geistliche Genossenschaft oder ähnliche religiöse Gemeinschaft die Beiträge.

(4c) Für Auszubildende, die in einer außerbetrieblichen Einrichtung im Rahmen eines Berufsausbildungsvertrages nach dem Berufsbildungsgesetz ausgebildet werden, trägt der Träger der Einrichtung die Beiträge.

(5) ¹Die Krankenkassen sind zur Prüfung der Beitragszahlung berechtigt. ²In den Fällen der Absätze 3, 4 und 4a ist das Bundesversicherungsamt zur Prüfung der Beitragszahlung berechtigt. ³Ihm sind die für die Durchführung der Prüfung erforderlichen Unterlagen vorzulegen und die erforderlichen Auskünfte zu erteilen. ⁴Das Bundesversicherungsamt kann die Prüfung durch eine Krankenkasse oder einen Landesverband wahrnehmen lassen; der Beauftragte muss zustimmen. ⁵Dem Beauftragten sind die erforderlichen Unterlagen vorzulegen und die erforderlichen Auskünfte zu erteilen. ⁶Der Beauftragte darf die erhobenen Daten nur zum Zweck der Durchführung der Prüfung verarbeiten und nutzen. ⁷Die Daten sind nach Abschluss der Prüfung zu löschen. ⁸Im Übrigen gelten für die Datenerhebung, Verarbeitung und Nutzung die Vorschriften des Ersten[2]) und Zehnten Buches[3]).

Fünfter Titel. Zahlung der Beiträge

§ 252 Beitragszahlung. (1) ¹Soweit gesetzlich nichts Abweichendes bestimmt ist, sind die Beiträge von demjenigen zu zahlen, der sie zu tragen hat. ²Abweichend von Satz 1 zahlen die Bundesagentur für Arbeit oder in den Fällen des § 6a des Zweiten Buches die zugelassenen kommunalen Träger die Beiträge für die Bezieher von Arbeitslosengeld II nach dem Zweiten Buch.

---

[1]) Nr. 3.
[2]) Nr. 1.
[3]) Nr. 10.

(2) ¹Die Beitragszahlung erfolgt in den Fällen des § 251 Abs. 3, 4 und 4a an den Gesundheitsfonds. ²Ansonsten erfolgt die Beitragszahlung an die nach § 28i des Vierten Buches¹⁾ zuständige Einzugsstelle. ³Die Einzugsstellen leiten die nach Satz 2 gezahlten Beiträge einschließlich der Zinsen auf Beiträge und Säumniszuschläge arbeitstäglich an den Gesundheitsfonds weiter. ⁴Das Weitere zum Verfahren der Beitragszahlungen nach Satz 1 und Beitragsweiterleitungen nach Satz 3 wird durch Rechtsverordnung nach den §§ 28c und 28n des Vierten Buches geregelt.

(2a) ¹Die Pflegekassen zahlen für Bezieher von Pflegeunterstützungsgeld die Beiträge nach § 249c Satz 1 Nummer 1 und 3. ²Die privaten Versicherungsunternehmen, die Festsetzungsstellen für die Beihilfe oder die Dienstherren zahlen die Beiträge nach § 249c Satz 1 Nummer 2 und 3; der Verband der privaten Krankenversicherung e.V., die Festsetzungsstellen für die Beihilfe und die Dienstherren vereinbaren mit dem Spitzenverband Bund der Krankenkassen und dem Bundesversicherungsamt Näheres über die Zahlung und Abrechnung der Beiträge. ³Für den Beitragsabzug gilt § 28g Satz 1 und 2 des Vierten Buches entsprechend.

(3) ¹Schuldet ein Mitglied Auslagen, Gebühren, insbesondere Mahn- und Vollstreckungsgebühren sowie wie Gebühren zu behandelnde Entgelte für Rücklastschriften, Beiträge, den Zusatzbeitrag nach § 242 in der bis zum 31. Dezember 2014 geltenden Fassung, Prämien nach § 53, Säumniszuschläge, Zinsen, Bußgelder oder Zwangsgelder, kann es bei Zahlung bestimmen, welche Schuld getilgt werden soll. ²Trifft das Mitglied keine Bestimmung, werden die Schulden in der genannten Reihenfolge getilgt. ³Innerhalb der gleichen Schuldenart werden die einzelnen Schulden nach ihrer Fälligkeit, bei gleichzeitiger Fälligkeit anteilmäßig getilgt.

(4) Für die Haftung der Einzugsstellen wegen schuldhafter Pflichtverletzung beim Einzug von Beiträgen nach Absatz 2 Satz 2 gilt § 28r Abs. 1 und 2 des Vierten Buches entsprechend.

(5) Das Bundesministerium für Gesundheit regelt durch Rechtsverordnung mit Zustimmung des Bundesrates das Nähere über die Prüfung der von den Krankenkassen mitzuteilenden Daten durch die mit der Prüfung nach § 274 befassten Stellen einschließlich der Folgen fehlerhafter Datenlieferungen oder nicht prüfbarer Daten sowie das Verfahren der Prüfung und der Prüfkriterien für die Bereiche der Beitragsfestsetzung, des Beitragseinzugs und der Weiterleitung von Beiträgen nach Absatz 2 Satz 2 durch die Krankenkassen, auch abweichend von § 274.

(6) Stellt die Aufsichtsbehörde fest, dass eine Krankenkasse die Monatsabrechnungen über die Sonstigen Beiträge gegenüber dem Bundesversicherungsamt als Verwalter des Gesundheitsfonds entgegen der Rechtsverordnung auf Grundlage der §§ 28n und 28p des Vierten Buches nicht, nicht vollständig, nicht richtig oder nicht fristgerecht abgibt, kann sie die Aufforderung zur Behebung der festgestellten Rechtsverletzung und zur Unterlassung künftiger Rechtsverletzungen mit der Androhung eines Zwangsgeldes bis zu 50 000 Euro für jeden Fall der Zuwiderhandlung verbinden.

---

¹⁾ Nr. 4.

§ 253 Beitragszahlung aus dem Arbeitsentgelt. Für die Zahlung der Beiträge aus Arbeitsentgelt bei einer versicherungspflichtigen Beschäftigung gelten die Vorschriften über den Gesamtsozialversicherungsbeitrag nach den §§ 28d bis 28n und § 28r des Vierten Buches[1]).

§ 254 Beitragszahlung der Studenten. [1] Versicherungspflichtige Studenten haben vor der Einschreibung oder Rückmeldung an der Hochschule die Beiträge für das Semester im voraus an die zuständige Krankenkasse zu zahlen. [2] Der Spitzenverband Bund der Krankenkassen kann andere Zahlungsweisen vorsehen. [3] Weist ein als Student zu Versichernder die Erfüllung der ihm gegenüber der Krankenkasse auf Grund dieses Gesetzbuchs auferlegten Verpflichtungen nicht nach, verweigert die Hochschule die Einschreibung oder die Annahme der Rückmeldung.

§ 255 Beitragszahlung aus der Rente. (1) [1] Beiträge, die Versicherungspflichtige aus ihrer Rente nach § 228 Absatz 1 Satz 1 zu tragen haben, sind von den Trägern der Rentenversicherung bei der Zahlung der Rente einzubehalten und zusammen mit den von den Trägern der Rentenversicherung zu tragenden Beiträgen an die Deutsche Rentenversicherung Bund für die Krankenkassen mit Ausnahme der landwirtschaftlichen Krankenkasse zu zahlen. [2] Bei einer Änderung in der Höhe der Beiträge ist die Erteilung eines besonderen Bescheides durch den Träger der Rentenversicherung nicht erforderlich.

(2) [1] Ist bei der Zahlung der Rente die Einbehaltung von Beiträgen nach Absatz 1 unterblieben, sind die rückständigen Beiträge durch den Träger der Rentenversicherung aus der weiterhin zu zahlenden Rente einzubehalten; § 51 Abs. 2 des Ersten Buches[2]) gilt entsprechend. [2] Wird die Rente nicht mehr gezahlt, obliegt der Einzug von rückständigen Beiträgen der zuständigen Krankenkasse. [3] Der Träger der Rentenversicherung haftet mit dem von ihm zu tragenden Anteil an den Aufwendungen für die Krankenversicherung.

(3) [1] Soweit im Folgenden nichts Abweichendes bestimmt ist, werden die Beiträge nach den Absätzen 1 und 2 am letzten Bankarbeitstag des Monats fällig, der dem Monat folgt, für den die Rente gezahlt wird. [2] Wird eine Rente am letzten Bankarbeitstag des Monats ausgezahlt, der dem Monat vorausgeht, in dem sie fällig wird (§ 272a des Sechsten Buches[3])), werden die Beiträge nach den Absätzen 1 und 2 abweichend von Satz 1 am letzten Bankarbeitstag des Monats, für den die Rente gezahlt wird, fällig. [3] Am Achten eines Monats wird ein Betrag in Höhe von 300 Millionen Euro fällig; die im selben Monat fälligen Beträge nach den Sätzen 1 und 2 verringern sich um diesen Betrag. [4] Die Deutsche Rentenversicherung Bund leitet die Beiträge nach den Absätzen 1 und 2 an den Gesundheitsfonds weiter und teilt dem Bundesversicherungsamt bis zum 15. des Monats die voraussichtliche Höhe der am letzten Bankarbeitstag fälligen Beträge mit.

§ 256 Beitragszahlung aus Versorgungsbezügen. (1) [1] Für Versicherungspflichtige, die eine Rente der gesetzlichen Rentenversicherung beziehen,

---

[1]) Nr. 4.
[2]) Nr. 1.
[3]) Nr. 6.

haben die Zahlstellen der Versorgungsbezüge die Beiträge aus Versorgungsbezügen einzubehalten und an die zuständige Krankenkasse zu zahlen. ²Die zu zahlenden Beiträge werden am 15. des Folgemonats der Auszahlung der Versorgungsbezüge fällig. ³Die Zahlstellen haben der Krankenkasse die einbehaltenen Beiträge nachzuweisen; § 28f Absatz 3 Satz 1 und 2 des Vierten Buches[1]) gilt entsprechend. ⁴Die Beitragsnachweise sind von den Zahlstellen durch Datenübertragung zu übermitteln; § 202 Absatz 2 gilt entsprechend. ⁵Bezieht das Mitglied Versorgungsbezüge von mehreren Zahlstellen und übersteigen die Versorgungsbezüge zusammen mit dem Zahlbetrag der Rente der gesetzlichen Rentenversicherung die Beitragsbemessungsgrenze, verteilt die Krankenkasse auf Antrag des Mitglieds oder einer der Zahlstellen die Beiträge.

(2) ¹§ 255 Abs. 2 Satz 1 und 2 gilt entsprechend. ²Die Krankenkasse zieht die Beiträge aus nachgezahlten Versorgungsbezügen ein. ³Dies gilt nicht für Beiträge aus Nachzahlungen aufgrund von Anpassungen der Versorgungsbezüge an die wirtschaftliche Entwicklung. ⁴Die Erstattung von Beiträgen obliegt der zuständigen Krankenkasse. ⁵Die Krankenkassen können mit den Zahlstellen der Versorgungsbezüge Abweichendes vereinbaren.

(3) ¹Die Krankenkasse überwacht die Beitragszahlung. ²Sind für die Überwachung der Beitragszahlung durch eine Zahlstelle mehrere Krankenkassen zuständig, haben sie zu vereinbaren, daß eine dieser Krankenkassen die Überwachung für die beteiligten Krankenkassen übernimmt. ³§ 98 Abs. 1 Satz 2 des Zehnten Buches[2]) gilt entsprechend.

(4) Zahlstellen, die regelmäßig an weniger als dreißig beitragspflichtige Mitglieder Versorgungsbezüge auszahlen, können bei der zuständigen Krankenkasse beantragen, daß das Mitglied die Beiträge selbst zahlt.

§ 256a Ermäßigung und Erlass von Beitragsschulden und Säumniszuschlägen. (1) Zeigt ein Versicherter das Vorliegen der Voraussetzungen der Versicherungspflicht nach § 5 Absatz 1 Nummer 13 erst nach einem der in § 186 Absatz 11 Satz 1 und 2 genannten Zeitpunkte an, soll die Krankenkasse die für die Zeit seit dem Eintritt der Versicherungspflicht nachzuzahlenden Beiträge angemessen ermäßigen; darauf entfallende Säumniszuschläge nach § 24 des Vierten Buches[1]) sind vollständig zu erlassen.

(2) ¹Erfolgt die Anzeige nach Absatz 1 bis zum 31. Dezember 2013, soll die Krankenkasse den für die Zeit seit dem Eintritt der Versicherungspflicht nachzuzahlenden Beitrag und die darauf entfallenden Säumniszuschläge nach § 24 des Vierten Buches erlassen. ²Satz 1 gilt für bis zum 31. Juli 2013 erfolgte Anzeigen der Versicherungspflicht nach § 5 Absatz 1 Nummer 13 für noch ausstehende Beiträge und Säumniszuschläge entsprechend.

(3) Die Krankenkasse hat für Mitglieder nach § 5 Absatz 1 Nummer 13 sowie für freiwillige Mitglieder noch nicht gezahlte Säumniszuschläge in Höhe der Differenz zwischen dem nach § 24 Absatz 1a des Vierten Buches in der bis zum 31. Juli 2013 geltenden Fassung erhobenen Säumniszuschlag und dem sich bei Anwendung des in § 24 Absatz 1 des Vierten Buches ergebenden Säumniszuschlag zu erlassen.

---

[1]) Nr. 4.
[2]) Nr. 10.

(4) ¹Der Spitzenverband Bund der Krankenkassen regelt das Nähere zur Ermäßigung und zum Erlass von Beiträgen und Säumniszuschlägen nach den Absätzen 1 bis 3, insbesondere zu einem Verzicht auf die Inanspruchnahme von Leistungen als Voraussetzung für die Ermäßigung oder den Erlass. ²Die Regelungen nach Satz 1 bedürfen zu ihrer Wirksamkeit der Zustimmung des Bundesministeriums für Gesundheit und sind diesem spätestens bis zum 15. September 2013 vorzulegen.

Zweiter Abschnitt. Beitragszuschüsse

§ 257 Beitragszuschüsse für Beschäftigte. (1) ¹Freiwillig in der gesetzlichen Krankenversicherung versicherte Beschäftigte, die nur wegen Überschreitens der Jahresarbeitsentgeltgrenze versicherungsfrei sind, erhalten von ihrem Arbeitgeber als Beitragszuschuß den Betrag, den der Arbeitgeber entsprechend § 249 Absatz 1 oder 2 bei Versicherungspflicht des Beschäftigten zu tragen hätte. ²Bestehen innerhalb desselben Zeitraums mehrere Beschäftigungsverhältnisse, sind die beteiligten Arbeitgeber anteilig nach dem Verhältnis der Höhe der jeweiligen Arbeitsentgelte zur Zahlung des Beitragszuschusses verpflichtet.

(2) ¹Beschäftigte, die nur wegen Überschreitens der Jahresarbeitsentgeltgrenze oder auf Grund von § 6 Abs. 3a versicherungsfrei oder die von der Versicherungspflicht befreit und bei einem privaten Krankenversicherungsunternehmen versichert sind und für sich und ihre Angehörigen, die bei Versicherungspflicht des Beschäftigten nach § 10 versichert wären, Vertragsleistungen beanspruchen können, die der Art nach den Leistungen dieses Buches entsprechen, erhalten von ihrem Arbeitgeber einen Beitragszuschuß. ²Der Zuschuss wird in Höhe des Betrages gezahlt, der sich bei Anwendung der Hälfte des Beitragssatzes nach § 241 und der nach § 226 Absatz 1 Satz 1 Nummer 1 bei Versicherungspflicht zugrunde zu legenden beitragspflichtigen Einnahmen als Beitrag ergibt, höchstens jedoch in Höhe der Hälfte des Betrages, den der Beschäftigte für seine Krankenversicherung zu zahlen hat. ³Für Beschäftigte, die bei Versicherungspflicht keinen Anspruch auf Krankengeld hätten, tritt an die Stelle des Beitragssatzes nach § 241 der Beitragssatz nach § 243. ⁴Soweit Kurzarbeitergeld bezogen wird, ist der Beitragszuschuss in Höhe des Betrages zu zahlen, den der Arbeitgeber bei Versicherungspflicht des Beschäftigten entsprechend § 249 Absatz 2 zu tragen hätte, höchstens jedoch in Höhe des Betrages, den der Beschäftigte für seine Krankenversicherung zu zahlen hat; für die Berechnung gilt der um den durchschnittlichen Zusatzbeitragssatz nach § 242a erhöhte allgemeine Beitragssatz nach § 241. ⁵Absatz 1 Satz 2 gilt.

(2a) ¹Der Zuschuss nach Absatz 2 wird ab 1. Januar 2009 für eine private Krankenversicherung nur gezahlt, wenn das Versicherungsunternehmen

1. diese Krankenversicherung nach Art der Lebensversicherung betreibt,

2. einen Basistarif im Sinne des § 152 Absatz 1 des Versicherungsaufsichtsgesetzes anbietet,

2a. sich verpflichtet, Interessenten vor Abschluss der Versicherung das amtliche Informationsblatt der Bundesanstalt für Finanzdienstleistungsaufsicht gemäß § 146 Absatz 1 Nummer 6 des Versicherungsaufsichtsgesetzes auszuhändigen, welches über die verschiedenen Prinzipien der gesetzlichen sowie der privaten Krankenversicherung aufklärt,

3. soweit es über versicherte Personen im brancheneinheitlichen Standardtarif im Sinne von § 257 Abs. 2a in der bis zum 31. Dezember 2008 geltenden Fassung verfügt, sich verpflichtet, die in § 257 Abs. 2a in der bis zum 31. Dezember 2008 geltenden Fassung in Bezug auf den Standardtarif genannten Pflichten einzuhalten,

4. sich verpflichtet, den überwiegenden Teil der Überschüsse, die sich aus dem selbst abgeschlossenen Versicherungsgeschäft ergeben, zugunsten der Versicherten zu verwenden,

5. vertraglich auf das ordentliche Kündigungsrecht verzichtet,

6. die Krankenversicherung nicht zusammen mit anderen Versicherungssparten betreibt, wenn das Versicherungsunternehmen seinen Sitz im Geltungsbereich dieses Gesetzes hat.

[2] Der Versicherungsnehmer hat dem Arbeitgeber jeweils nach Ablauf von drei Jahren eine Bescheinigung des Versicherungsunternehmens darüber vorzulegen, dass die Aufsichtsbehörde dem Versicherungsunternehmen bestätigt hat, dass es die Versicherung, die Grundlage des Versicherungsvertrages ist, nach den in Satz 1 genannten Voraussetzungen betreibt.

(2b) *(aufgehoben)*

(2c) *(aufgehoben)*

(3) [1] Für Bezieher von Vorruhestandsgeld nach § 5 Abs. 3, die als Beschäftigte bis unmittelbar vor Beginn der Vorruhestandsleistungen Anspruch auf den vollen oder anteiligen Beitragszuschuß nach Absatz 1 hatten, bleibt der Anspruch für die Dauer der Vorruhestandsleistungen gegen den zur Zahlung des Vorruhestandsgeldes Verpflichteten erhalten. [2] Der Zuschuss wird in Höhe des Betrages gezahlt, den der Arbeitgeber bei Versicherungspflicht des Beziehers von Vorruhestandsgeld zu tragen hätte. [3] Absatz 1 Satz 2 gilt entsprechend.

(4) [1] Für Bezieher von Vorruhestandsgeld nach § 5 Abs. 3, die als Beschäftigte bis unmittelbar vor Beginn der Vorruhestandsleistungen Anspruch auf den vollen oder anteiligen Beitragszuschuß nach Absatz 2 hatten, bleibt der Anspruch für die Dauer der Vorruhestandsleistungen gegen den zur Zahlung des Vorruhestandsgeldes Verpflichteten erhalten. [2] Der Zuschuss wird in Höhe des Betrages gezahlt, der sich bei Anwendung der Hälfte des Beitragssatzes nach § 243 und des Vorruhestandsgeldes bis zur Beitragsbemessungsgrenze (§ 223 Absatz 3) als Beitrag ergibt, höchstens jedoch in Höhe der Hälfte des Betrages, den der Bezieher von Vorruhestandsgeld für seine Krankenversicherung zu zahlen hat; Absatz 1 Satz 2 gilt entsprechend.

§ 258 Beitragszuschüsse für andere Personen.

[1] In § 5 Abs. 1 Nr. 6, 7 oder 8 genannte Personen, die nach § 6 Abs. 3a versicherungsfrei sind, sowie Bezieher von Übergangsgeld, die nach § 8 Abs. 1 Nr. 4 von der Versicherungspflicht befreit sind, erhalten vom zuständigen Leistungsträger einen Zuschuß zu ihrem Krankenversicherungsbeitrag. [2] Als Zuschuß ist der Betrag zu zahlen, der von dem Leistungsträger als Beitrag bei Krankenversicherungspflicht zu zahlen wäre, höchstens jedoch der Betrag, der an das private Krankenversicherungsunternehmen zu zahlen ist. [3] § 257 Abs. 2a gilt entsprechend.

Dritter Abschnitt. Verwendung und Verwaltung der Mittel

§ 259 Mittel der Krankenkasse. Die Mittel der Krankenkasse umfassen die Betriebsmittel, die Rücklage und das Verwaltungsvermögen.

§ 260 Betriebsmittel. (1) Betriebsmittel dürfen nur verwendet werden

1. für die gesetzlich oder durch die Satzung vorgesehenen Aufgaben sowie für die Verwaltungskosten; die Aufgaben der Krankenkassen als Pflegekassen sind keine gesetzlichen Aufgaben im Sinne dieser Vorschrift,
2. zur Auffüllung der Rücklage und zur Bildung von Verwaltungsvermögen.

(2) ¹ Die Betriebsmittel sollen im Durchschnitt des Haushaltsjahres monatlich das Eineinhalbfache des nach dem Haushaltsplan der Krankenkasse auf einen Monat entfallenden Betrages der Ausgaben für die in Absatz 1 Nr. 1 genannten Zwecke nicht übersteigen. ² Bei der Feststellung der vorhandenen Betriebsmittel sind die Forderungen und Verpflichtungen der Krankenkasse zu berücksichtigen, soweit sie nicht der Rücklage oder dem Verwaltungsvermögen zuzuordnen sind. ³ Durchlaufende Gelder bleiben außer Betracht.

(3) Die Betriebsmittel sind im erforderlichen Umfang bereitzuhalten und im übrigen so anzulegen, daß sie für die in Absatz 1 genannten Zwecke verfügbar sind.

§ 261 Rücklage. (1) Die Krankenkasse hat zur Sicherstellung ihrer Leistungsfähigkeit eine Rücklage zu bilden.

(2) ¹ Die Satzung bestimmt die Höhe der Rücklage in einem Vomhundertsatz des nach dem Haushaltsplan durchschnittlich auf einen Monat entfallenden Betrages der Ausgaben für die in § 260 Abs. 1 Nr. 1 genannten Zwecke (Rücklagesoll). ² Die Rücklage muß mindestens ein Viertel und darf höchstens das Einfache des Betrages der auf den Monat entfallenden Ausgaben nach Satz 1 betragen.

(3) ¹ Die Krankenkasse kann Mittel aus der Rücklage den Betriebsmitteln zuführen, wenn Einnahme- und Ausgabeschwankungen innerhalb eines Haushaltsjahres nicht durch die Betriebsmittel ausgeglichen werden können. ² In diesem Fall soll die Rücklage in Anspruch genommen werden, wenn dadurch Erhöhungen des Zusatzbeitragssatzes nach § 242 während des Haushaltsjahres vermieden werden.

(4) Ergibt sich bei der Aufstellung des Haushaltsplans, daß die Rücklage geringer ist als das Rücklagesoll, ist bis zur Erreichung des Rücklagesolls die Auffüllung der Rücklage im Regelfall mit einem Betrag in Höhe von mindestens einem Viertel des Rücklagesolls im Haushaltsplan vorzusehen.

(5) Übersteigt die Rücklage das Rücklagesoll, ist der übersteigende Betrag den Betriebsmitteln zuzuführen.

(6) ¹ Die Rücklage ist getrennt von den sonstigen Mitteln so anzulegen, daß sie für den nach Absatz 1 genannten Zweck verfügbar ist. ² Sie wird vorbehaltlich des § 262 von der Krankenkasse verwaltet.

§ 262 Gesamtrücklage. (1) ¹ Die Satzungen der Landesverbände können bestimmen, daß die von den Verbandsmitgliedern zu bildenden Rücklagen bis zu einem Drittel des Rücklagesolls von dem Landesverband als Sondervermögen (Gesamtrücklage) verwaltet werden. ² Die Gesamtrücklage ist vorrangig vor dem von der Krankenkasse verwalteten Teil der Rücklage aufzufüllen.

(2) ¹ Die im Laufe eines Jahres entstehenden Kapitalerträge und die aus den Veräußerungen erwachsenden Gewinne der Gesamtrücklage werden gegen die aus Veräußerungen entstehenden Verluste ausgeglichen. ² Der Unterschied wird auf die beteiligten Krankenkassen nach der Höhe ihres Rücklageguthabens beim Landesverband im Jahresdurchschnitt umgelegt.

(3) ¹ Ergibt sich nach Absatz 2 ein Überschuß, wird er den Krankenkassen ausgezahlt, deren Rücklageguthaben beim Landesverband den nach Absatz 1 bestimmten Anteil erreicht hat. ² Ist dieses Rücklageguthaben noch nicht erreicht, wird der Überschuß bis zur Höhe des fehlenden Betrages nicht ausgezahlt, sondern gutgeschrieben. ³ Ergibt sich nach Absatz 2 ein Fehlbetrag, wird er dem Rücklageguthaben der Krankenkassen zur Last geschrieben.

(4) ¹ Die Krankenkasse kann über ihr Rücklageguthaben beim Landesverband erst verfügen, wenn die von ihr selbst verwalteten Rücklagemittel verbraucht sind. ² Hat die Krankenkasse ihr Rücklageguthaben verbraucht, kann sie von dem Landesverband ein Darlehen aus der Gesamtrücklage erhalten. ³ Die Satzung des Landesverbands trifft Regelungen über die Voraussetzungen der Darlehensgewährung, die Rückzahlung und die Verzinsung.

(5) Die Gesamtrücklage ist so anzulegen, daß sie für die in § 261 Abs. 1 und 4 genannten Zwecke verfügbar ist.

§ 263 Verwaltungsvermögen. (1) ¹ Das Verwaltungsvermögen der Krankenkasse umfaßt
1. Vermögensanlagen, die der Verwaltung der Krankenkasse sowie der Führung ihrer betrieblichen Einrichtungen (Eigenbetriebe) zu dienen bestimmt sind,
2. die zur Anschaffung und Erneuerung dieser Vermögensteile und für künftig zu zahlende Versorgungsbezüge der Bediensteten und ihrer Hinterbliebenen bereitgehaltenen Geldmittel,

soweit sie für die Erfüllung der Aufgaben der Krankenkasse erforderlich sind. ² Zum Verwaltungsvermögen gehören auch Grundstücke, die nur teilweise für Zwecke der Verwaltung der Krankenkasse oder für Eigenbetriebe erforderlich sind.

(2) Als Verwaltungsvermögen gelten auch sonstige Vermögensanlagen auf Grund rechtlicher Verpflichtung oder Ermächtigung, soweit sie nicht den Betriebsmitteln, der Rücklage oder einem Sondervermögen zuzuordnen sind.

§ 263a *(aufgehoben)*

§ 264 Übernahme der Krankenbehandlung für nicht Versicherungspflichtige gegen Kostenerstattung. (1) ¹ Die Krankenkasse kann für Arbeits- und Erwerbslose, die nicht gesetzlich gegen Krankheit versichert sind, für andere Hilfeempfänger sowie für die vom Bundesministerium für Gesundheit bezeichneten Personenkreise die Krankenbehandlung übernehmen, sofern der Krankenkasse Ersatz der vollen Aufwendungen für den Einzelfall sowie eines angemessenen Teils ihrer Verwaltungskosten gewährleistet wird. ² Die Krankenkasse ist zur Übernahme der Krankenbehandlung nach Satz 1 für Empfänger von Gesundheitsleistungen nach den §§ 4 und 6 des Asylbewerberleistungsgesetzes verpflichtet, wenn sie durch die Landesregierung oder die von der

Landesregierung beauftragte oberste Landesbehörde dazu aufgefordert wird und mit ihr eine entsprechende Vereinbarung mindestens auf Ebene der Landkreise oder kreisfreien Städte geschlossen wird. ³ Die Vereinbarung über die Übernahme der Krankenbehandlung nach Satz 1 für den in Satz 2 genannten Personenkreis hat insbesondere Regelungen zur Erbringung der Leistungen sowie zum Ersatz der Aufwendungen und Verwaltungskosten nach Satz 1 zu enthalten; die Ausgabe einer elektronischen Gesundheitskarte kann vereinbart werden. ⁴ Wird von der Landesregierung oder der von ihr beauftragten obersten Landesbehörde eine Rahmenvereinbarung auf Landesebene zur Übernahme der Krankenbehandlung für den in Satz 2 genannten Personenkreis gefordert, sind die Landesverbände der Krankenkassen und die Ersatzkassen gemeinsam zum Abschluss einer Rahmenvereinbarung verpflichtet. ⁵ Zudem vereinbart der Spitzenverband Bund der Krankenkassen mit den auf Bundesebene bestehenden Spitzenorganisationen der nach dem Asylbewerberleistungsgesetz zuständigen Behörden Rahmenempfehlungen zur Übernahme der Krankenbehandlung für den in Satz 2 genannten Personenkreis. ⁶ Die Rahmenempfehlungen nach Satz 5, die von den zuständigen Behörden nach dem Asylbewerberleistungsgesetz und den Krankenkassen nach den Sätzen 1 bis 3 sowie von den Vertragspartnern auf Landesebene nach Satz 4 übernommen werden sollen, regeln insbesondere die Umsetzung der leistungsrechtlichen Regelungen nach den §§ 4 und 6 des Asylbewerberleistungsgesetzes, die Abrechnung und die Abrechnungsprüfung der Leistungen sowie den Ersatz der Aufwendungen und der Verwaltungskosten der Krankenkassen nach Satz 1. ⁷ Bis zum Inkrafttreten einer Regelung, wonach die elektronische Gesundheitskarte bei Vereinbarungen nach Satz 3 zweiter Halbsatz die Angabe zu enthalten hat, dass es sich um einen Empfänger von Gesundheitsleistungen nach den §§ 4 und 6 des Asylbewerberleistungsgesetzes handelt, stellen die Vereinbarungspartner die Erkennbarkeit dieses Status in anderer geeigneter Weise sicher.

(2) ¹ Die Krankenbehandlung von Empfängern von Leistungen nach dem Dritten bis Neunten Kapitel des Zwölften Buches[1]), von Empfängern laufender Leistungen nach § 2 des Asylbewerberleistungsgesetzes und von Empfängern von Krankenhilfeleistungen nach dem Achten Buch[2]), die nicht versichert sind, wird von der Krankenkasse übernommen. ² Satz 1 gilt nicht für Empfänger, die voraussichtlich nicht mindestens einen Monat ununterbrochen Hilfe zum Lebensunterhalt beziehen, für Personen, die ausschließlich Leistungen nach § 11 Abs. 5 Satz 3 und § 33 des Zwölften Buches beziehen sowie für die in § 24 des Zwölften Buches genannten Personen.

(3) ¹ Die in Absatz 2 Satz 1 genannten Empfänger haben unverzüglich eine Krankenkasse im Bereich des für die Hilfe zuständigen Trägers der Sozialhilfe oder der öffentlichen Jugendhilfe zu wählen, die ihre Krankenbehandlung übernimmt. ² Leben mehrere Empfänger in häuslicher Gemeinschaft, wird das Wahlrecht vom Haushaltsvorstand für sich und für die Familienangehörigen ausgeübt, die bei Versicherungspflicht des Haushaltsvorstands nach § 10 versichert wären. ³ Wird das Wahlrecht nach den Sätzen 1 und 2 nicht ausgeübt, gelten § 28i des Vierten Buches[3]) und § 175 Abs. 3 Satz 2 entsprechend.

---

[1]) Nr. 12.
[2]) Nr. 8.
[3]) Nr. 4.

(4) ¹ Für die in Absatz 2 Satz 1 genannten Empfänger gelten § 11 Abs. 1 sowie die §§ 61 und 62 entsprechend. ² Sie erhalten eine elektronische Gesundheitskarte nach § 291. ³ Als Versichertenstatus nach § 291 Abs. 2 Nr. 7 gilt für Empfänger bis zur Vollendung des 65. Lebensjahres die Statusbezeichnung „Mitglied", für Empfänger nach Vollendung des 65. Lebensjahres die Statusbezeichnung „Rentner". ⁴ Empfänger, die das 65. Lebensjahr noch nicht vollendet haben, in häuslicher Gemeinschaft leben und nicht Haushaltsvorstand sind, erhalten die Statusbezeichnung „Familienversicherte".

(5) ¹ Wenn Empfänger nicht mehr bedürftig im Sinne des Zwölften Buches oder des Achten Buches sind, meldet der Träger der Sozialhilfe oder der öffentlichen Jugendhilfe diese bei der jeweiligen Krankenkasse ab. ² Bei der Abmeldung hat der Träger der Sozialhilfe oder der öffentlichen Jugendhilfe die elektronische Gesundheitskarte vom Empfänger einzuziehen und an die Krankenkasse zu übermitteln. ³ Aufwendungen, die der Krankenkasse nach Abmeldung durch eine missbräuchliche Verwendung der Karte entstehen, hat der Träger der Sozialhilfe oder der öffentlichen Jugendhilfe zu erstatten. ⁴ Satz 3 gilt nicht in den Fällen, in denen die Krankenkasse auf Grund gesetzlicher Vorschriften oder vertraglicher Vereinbarungen verpflichtet ist, ihre Leistungspflicht vor der Inanspruchnahme der Leistung zu prüfen.

(6) ¹ Bei der Bemessung der Vergütungen nach § 85 oder § 87a ist die vertragsärztliche Versorgung der Empfänger zu berücksichtigen. ² Werden die Gesamtvergütungen nach § 85 nach Kopfpauschalen berechnet, gelten die Empfänger als Mitglieder. ³ Leben mehrere Empfänger in häuslicher Gemeinschaft, gilt abweichend von Satz 2 nur der Haushaltsvorstand nach Absatz 3 als Mitglied; die vertragsärztliche Versorgung der Familienangehörigen, die nach § 10 versichert wären, wird durch die für den Haushaltsvorstand zu zahlende Kopfpauschale vergütet.

(7) ¹ Die Aufwendungen, die den Krankenkassen durch die Übernahme der Krankenbehandlung nach den Absätzen 2 bis 6 entstehen, werden ihnen von den für die Hilfe zuständigen Trägern der Sozialhilfe oder der öffentlichen Jugendhilfe vierteljährlich erstattet. ² Als angemessene Verwaltungskosten einschließlich Personalaufwand für den Personenkreis nach Absatz 2 werden bis zu 5 vom Hundert der abgerechneten Leistungsaufwendungen festgelegt. ³ Wenn Anhaltspunkte für eine unwirtschaftliche Leistungserbringung oder -gewährung vorliegen, kann der zuständige Träger der Sozialhilfe oder der öffentlichen Jugendhilfe von der jeweiligen Krankenkasse verlangen, die Angemessenheit der Aufwendungen zu prüfen und nachzuweisen.

Vierter Abschnitt. Finanzausgleiche und Zuweisungen aus dem Gesundheitsfonds

§ 265 Finanzausgleich für aufwendige Leistungsfälle. ¹ Die Satzungen der Landesverbände und der Verbände der Ersatzkassen können eine Umlage der Verbandsmitglieder vorsehen, um die Kosten für aufwendige Leistungsfälle und für andere aufwendige Belastungen ganz oder teilweise zu decken. ² Die Hilfen können auch als Darlehen gewährt werden; Näheres über Voraussetzungen, Rückzahlung und Verzinsung regelt die Satzung des Verbandes.

§ 265a Finanzielle Hilfen zur Vermeidung der Schließung oder Insolvenz einer Krankenkasse.

(1) ¹Die Satzung des Spitzenverbandes Bund der Krankenkassen hat bis zum 31. März 2009 Bestimmungen über die Gewährung finanzieller Hilfen zur Ermöglichung oder Erleichterung von Vereinigungen von Krankenkassen, die zur Abwendung von Haftungsrisiken für notwendig erachtet werden, vorzusehen. ²Näheres über Voraussetzungen, Umfang, Finanzierung und Durchführung der Hilfen regelt die Satzung des Spitzenverbandes Bund der Krankenkassen. ³In der Satzung ist vorzusehen, dass die Hilfen nur gewährt werden, wenn finanzielle Hilfe nach § 265b in ausreichender Höhe gewährt wird. ⁴Die Satzungsregelungen werden mit 70 Prozent der nach § 217c Abs. 1 Satz 2 gewichteten Stimmen der Mitglieder beschlossen.

(2) ¹Der Antrag auf Gewährung einer finanziellen Hilfe nach Absatz 1 kann nur von der Aufsichtsbehörde gestellt werden. ²Der Vorstand des Spitzenverbandes Bund der Krankenkassen entscheidet über die Gewährung der Hilfe nach Absatz 1. ³Die Hilfen können auch als Darlehen gewährt werden. ⁴Sie sind zu befristen und mit Auflagen zu versehen, die der Verbesserung der Wirtschaftlichkeit und Leistungsfähigkeit dienen.

(3) ¹Der Spitzenverband Bund der Krankenkassen macht die zur Finanzierung der Hilfen erforderlichen Beträge durch Bescheid bei seinen Mitgliedskassen mit Ausnahme der landwirtschaftlichen Krankenkasse geltend. ²Bei der Aufteilung der Finanzierung der Hilfen sind die unterschiedliche Leistungsfähigkeit der Krankenkassen sowie bereits geleistete Hilfen nach § 265b angemessen zu berücksichtigen. ³Klagen gegen die Bescheide, mit denen die Beträge zur Finanzierung der Hilfeleistungen angefordert werden, haben keine aufschiebende Wirkung.

(4) Ansprüche und Verpflichtungen auf Grund der bis zum 31. Dezember 2008 geltenden Fassung des § 265a bleiben unberührt.

§ 265b Freiwillige finanzielle Hilfen.

(1) ¹Krankenkassen können mit anderen Krankenkassen derselben Kassenart Verträge über die Gewährung von Hilfeleistungen schließen, um

1. deren Leistungs- und Wettbewerbsfähigkeit zu erhalten,
2. Haftungsfälle nach § 155 Abs. 4 und 5 und § 171d Abs. 1 Satz 3 und 4 insbesondere durch die Unterstützung von freiwilligen Vereinigungen zu verhindern oder
3. die Aufteilung der Beträge nach § 171d Abs. 1 Satz 3 und 4 abweichend von der nach § 171d Abs. 2 erlassenen Rechtsverordnung zu regeln.

²In den Verträgen ist Näheres über Umfang, Finanzierung und Durchführung der Hilfeleistungen zu regeln. ³§ 60 des Zehnten Buches[1]) gilt entsprechend. ⁴Die Verbände nach § 172 Absatz 2 Satz 1 haben den Krankenkassen nach Satz 1 auf Verlangen die Auskünfte zu erteilen, die zur Beurteilung des Umfangs der Hilfeleistungen erforderlich sind.

(2) Die Verträge sind von den für die am Vertrag beteiligten Krankenkassen zuständigen Aufsichtsbehörden zu genehmigen.

---
1) Nr. 10.

8. Kapitel. Finanzierung § 266 SGB V 5

§ 266 Zuweisungen aus dem Gesundheitsfonds (Risikostrukturausgleich). (1) ¹Die Krankenkassen erhalten als Zuweisungen aus dem Gesundheitsfonds (§ 271) zur Deckung ihrer Ausgaben eine Grundpauschale, alters-, geschlechts- und risikoadjustierte Zu- und Abschläge zum Ausgleich der unterschiedlichen Risikostrukturen und Zuweisungen für sonstige Ausgaben (§ 270). ²Mit den alters-, geschlechts- und risikoadjustierten Zuweisungen wird jährlich ein Risikostrukturausgleich durchgeführt, mit dem die finanziellen Auswirkungen von Unterschieden in der Verteilung der Versicherten auf nach Alter und Geschlecht getrennte Versichertengruppen (§ 267 Abs. 2) und Morbiditätsgruppen (§ 268) zwischen den Krankenkassen ausgeglichen werden.

(2) ¹Die Grundpauschale und die alters-, geschlechts- und risikoadjustierten Zu- und Abschläge dienen zur Deckung der standardisierten Leistungsausgaben der Krankenkassen. ²Die standardisierten Leistungsausgaben je Versicherten werden auf der Basis der durchschnittlichen Leistungsausgaben je Versicherten aller Krankenkassen jährlich so bestimmt, daß das Verhältnis der standardisierten Leistungsausgaben je Versicherten der Versichertengruppen zueinander dem Verhältnis der nach § 267 Abs. 3 für alle Krankenkassen ermittelten durchschnittlichen Leistungsausgaben je Versicherten der Versichertengruppen nach § 267 Abs. 2 zueinander entspricht.

(3) *(aufgehoben)*

(4) ¹Bei der Ermittlung der standardisierten Leistungsausgaben nach Absatz 2 bleiben außer Betracht
1. die von Dritten erstatteten Ausgaben,
2. Aufwendungen für satzungsgemäße Mehr- und Erprobungsleistungen sowie für Leistungen, auf die kein Rechtsanspruch besteht.

²Aufwendungen für eine stationäre Anschlußrehabilitation (§ 40 Abs. 6 Satz 1) sind in die Ermittlung der durchschnittlichen Leistungsausgaben nach Satz 1 einzubeziehen. ³Die Aufwendungen für die Leistungen der Knappschaftsärzte und -zahnärzte werden in der gleichen Weise berechnet wie für Vertragsärzte und -zahnärzte.

(5) ¹Das Bundesversicherungsamt ermittelt die Höhe der Zuweisungen und weist die entsprechenden Mittel den Krankenkassen zu. ²Es gibt für die Ermittlung der Höhe der Zuweisung nach Absatz 2 Satz 1 jährlich bekannt
1. die Höhe der standardisierten Leistungsausgaben aller am Ausgleich beteiligten Krankenkassen je Versicherten, getrennt nach Versichertengruppen (§ 267 Abs. 2) und Morbiditätsgruppen (§ 268 Abs. 1), und
2. die Höhe der alters-, geschlechts- und risikoadjustierten Zu- und Abschläge.

³Das Bundesversicherungsamt kann zum Zwecke der einheitlichen Zuordnung und Erfassung der für die Berechnung maßgeblichen Daten über die Vorlage der Geschäfts- und Rechnungsergebnisse hinaus weitere Auskünfte und Nachweise verlangen.

(6) ¹Das Bundesversicherungsamt stellt im Voraus für ein Kalenderjahr die Werte nach Absatz 5 Satz 2 Nr. 1 und 2 vorläufig fest. ²Es legt bei der Berechnung der Höhe der monatlichen Zuweisungen die Werte nach Satz 1, die zuletzt erhobene Zahl der Versicherten der Krankenkassen und die zum 1. Oktober des Vorjahres erhobene Zahl der Versicherten der Krankenkassen je Versichertengruppe nach § 267 Abs. 2 und je Morbiditätsgruppe nach § 268 zu-

grunde. ³Nach Ablauf des Kalenderjahres ist die Höhe der Zuweisung für jede Krankenkasse vom Bundesversicherungsamt aus den für dieses Jahr erstellten Geschäfts- und Rechnungsergebnissen und den zum 1. Oktober dieses Jahres erhobenen Versichertenzahlen der beteiligten Krankenkassen zu ermitteln. ⁴Die nach Satz 2 erhaltenen Zuweisungen gelten als Abschlagszahlungen. ⁵Sie sind nach der Ermittlung der endgültigen Höhe der Zuweisung für das Geschäftsjahr nach Satz 3 auszugleichen. ⁶Werden nach Abschluss der Ermittlung der Werte nach Satz 3 sachliche oder rechnerische Fehler in den Berechnungsgrundlagen festgestellt, hat das Bundesversicherungsamt diese bei der nächsten Ermittlung der Höhe der Zuweisungen nach den dafür geltenden Vorschriften zu berücksichtigen. ⁷Klagen gegen die Höhe der Zuweisungen im Risikostrukturausgleich einschließlich der hierauf entfallenden Nebenkosten haben keine aufschiebende Wirkung.

(7) ¹Das Bundesministerium für Gesundheit regelt durch Rechtsverordnung mit Zustimmung des Bundesrates das Nähere über

1. die Ermittlung der Höhe der Grundpauschale nach Absatz 1 Satz 1 und ihre Bekanntgabe an die Versicherten, der Werte nach Absatz 5 sowie die Art, den Umfang und den Zeitpunkt der Bekanntmachung der für die Durchführung des Risikoausgleichsverfahrens erforderlichen Daten,

2. die Abgrenzung der Leistungsausgaben nach Absatz 2, 4 und 5; dabei können für in § 267 Abs. 3 genannte Versichertengruppen abweichend von Absatz 2 Satz 3 besondere Standardisierungsverfahren und Abgrenzungen für die Berücksichtigung des Krankengeldes geregelt werden,

2a. die Abgrenzung und die Verfahren der Standardisierung der sonstigen Ausgaben nach § 270 sowie die Kriterien der Zuweisung der Mittel zur Deckung dieser Ausgaben,

3. die Abgrenzung der zu berücksichtigenden Versichertengruppen nach § 267 Absatz 2 einschließlich der Altersabstände zwischen den Altersgruppen, auch abweichend von § 267 Absatz 2; hierzu gehört auch die Festlegung der Anforderungen an die Zulassung der Programme nach § 137g hinsichtlich des Verfahrens der Einschreibung der Versicherten einschließlich der Dauer der Teilnahme und des Verfahrens der Erhebung und Übermittlung der für die Durchführung der Programme erforderlichen personenbezogenen Daten,

4. die Berechnungsverfahren sowie die Durchführung des Zahlungsverkehrs einschließlich der Stelle, der die Berechnungen und die Durchführung des Zahlungsverkehrs übertragen werden können,

5. die Fälligkeit der Beträge und die Erhebung von Säumniszuschlägen,

6. das Verfahren und die Durchführung des Ausgleichs,

7. die Festsetzung der Stichtage und Fristen nach § 267; anstelle des Stichtages nach § 267 Abs. 2 kann ein Erhebungszeitraum bestimmt werden,

8. die von den Krankenkassen, den Rentenversicherungsträgern und den Leistungserbringern mitzuteilenden Angaben,

9. die Prüfung der von den Krankenkassen mitzuteilenden Daten durch die mit der Prüfung nach § 274 befassten Stellen einschließlich der Folgen fehlerhafter Datenlieferungen oder nicht prüfbarer Daten sowie das Verfahren der Prüfung und der Prüfkriterien, auch abweichend von § 274.

8. Kapitel. Finanzierung §267 SGB V 5

²Abweichend von Satz 1 können die Verordnungsregelungen zu Absatz 4 Satz 2 und Satz 1 Nr. 3 ohne Zustimmung des Bundesrates erlassen werden.

(8) *(aufgehoben)*

(9) Die landwirtschaftliche Krankenkasse nimmt am Risikostrukturausgleich nicht teil.

§ 267 Datenerhebungen zum Risikostrukturausgleich. (1) Die Krankenkassen erheben für jedes Geschäftsjahr nicht versichertenbezogen die Leistungsausgaben in der Gliederung und nach den Bestimmungen des Kontenrahmens.

(2) ¹Die Krankenkassen erheben jährlich zum 1. Oktober die Zahl der Mitglieder und der nach § 10 versicherten Familienangehörigen nach Altersgruppen mit Altersabständen von fünf Jahren, getrennt nach Mitgliedergruppen und Geschlecht. ²Die Trennung der Mitgliedergruppen erfolgt danach, ob

1. die Mitglieder bei Arbeitsunfähigkeit für Anspruch auf Fortzahlung des Arbeitsentgelts oder auf Zahlung einer die Versicherungspflicht begründenden Sozialleistung haben, die Mitglieder nach § 46 Satz 3 einen Anspruch auf Krankengeld von der siebten Woche der Arbeitsunfähigkeit an haben oder die Mitglieder eine Wahlerklärung nach § 44 Absatz 2 Satz 1 Nummer 3 abgegeben haben,

2. die Mitglieder keinen Anspruch auf Krankengeld haben oder ob die Krankenkasse den Umfang der Leistungen auf Grund von Vorschriften dieses Buches beschränkt hat oder

3. die Mitglieder nach § 10 des Entgeltfortzahlungsgesetzes Anspruch auf Zahlung eines Zuschlages zum Arbeitsentgelt haben.

³Die Zahl der Personen, deren Erwerbsfähigkeit nach den §§ 43 und 45 des Sechsten Buches[1)] gemindert ist, wird in der Erhebung nach Satz 1 als eine gemeinsame weitere Mitgliedergruppe getrennt erhoben.

(3) ¹Die Krankenkassen erheben in Abständen von längstens drei Jahren, erstmals für das Geschäftsjahr 1994, nicht versichertenbezogen die in Absatz 1 genannten Leistungsausgaben und die Krankengeldtage auch getrennt nach den Altersgruppen gemäß Absatz 2 Satz 1 und nach dem Geschlecht der Versicherten, die Krankengeldausgaben nach § 44 und die Krankengeldtage zusätzlich gegliedert nach den in Absatz 2 Satz 2 genannten Mitgliedergruppen; die Ausgaben für Mehr- und Erprobungsleistungen und für Leistungen, auf die kein Rechtsanspruch besteht, werden mit Ausnahme der Leistungen nach § 266 Abs. 4 Satz 2 nicht erhoben. ²Bei der Erhebung nach Satz 1 sind die Leistungsausgaben für die Gruppe der Personen, deren Erwerbsfähigkeit nach den §§ 43 und 45 des Sechsten Buches gemindert ist, getrennt zu erheben. ³Die Leistungsausgaben für die Gruppen der Versicherten nach Absatz 2 Satz 4 sind bei der Erhebung nach den Sätzen 1 bis 3 nach Versichertengruppen getrennt zu erheben. ⁴Die Erhebung der Daten nach den Sätzen 1 bis 3 kann auf für die Region und die Krankenkassenart repräsentative Stichproben im Bundesgebiet oder in einzelnen Ländern begrenzt werden. ⁵Der Gesamtumfang der Stichproben beträgt höchstens 10 vom Hundert aller in der gesetzlichen Krankenversicherung Versicherten.

[1)] Nr. 6.

(4) Die Krankenkassen legen die Ergebnisse der Datenerhebung nach den Absätzen 1 und 3 bis zum 31. Mai des Folgejahres, die Ergebnisse der Datenerhebung nach Absatz 2 spätestens drei Monate nach dem Erhebungsstichtag über den Spitzenverband Bund der Krankenkassen der in der Rechtsordnung nach § 266 Abs. 7 genannten Stelle auf maschinell verwertbaren Datenträgern vor.

(5) [1] Für die Datenerfassung nach Absatz 3 können die hiervon betroffenen Krankenkassen auf der elektronischen Gesundheitskarte auch Kennzeichen für die Mitgliedergruppen nach Absatz 3 Satz 1 bis 3 verwenden. [2] Enthält die elektronische Gesundheitskarte Kennzeichnungen nach Satz 1, übertragen Ärzte und Zahnärzte diese Kennzeichnungen auf die für die vertragsärztliche Versorgung verbindlichen Verordnungsblätter und Überweisungsscheine oder in die entsprechenden elektronischen Datensätze. [3] Die Kassenärztlichen und Kassenzahnärztlichen Vereinigungen und die Leistungserbringer verwenden die Kennzeichen nach Satz 1 bei der Leistungsabrechnung; sie weisen zusätzlich die Summen der den einzelnen Kennzeichen zugeordneten Abrechnungsbeträge in der Leistungsabrechnung gesondert aus. [4] Andere Verwendungen der Kennzeichen nach Satz 1 sind unzulässig. [5] Die Kassenärztlichen und Kassenzahnärztlichen Vereinigungen und die Leistungserbringer stellen die für die Datenerfassung nach den Absätzen 1 bis 3 notwendigen Abrechnungsdaten in geeigneter Weise auf maschinell verwertbaren Datenträgern zur Verfügung.

(6) [1] Die Krankenkassen übermitteln den Trägern der gesetzlichen Rentenversicherung über den Spitzenverband Bund der Krankenkassen die Kennzeichen nach § 293 Abs. 1 sowie die Versicherungsnummern nach § 147 des Sechsten Buches der bei ihnen pflichtversicherten Rentner. [2] Die Träger der gesetzlichen Rentenversicherung melden den zuständigen Krankenkassen über den Spitzenverband Bund der Krankenkassen jährlich bis zum 31. Dezember auf der Grundlage der Kennzeichen nach Satz 1 die Information, welche Versicherten eine Rente wegen Erwerbsminderung oder eine Berufs- oder Erwerbsunfähigkeitsrente erhalten. [3] Die Träger der gesetzlichen Rentenversicherung können die Durchführung der Aufgaben nach Satz 2 auf die Deutsche Post AG übertragen; die Krankenkassen übermitteln über den Spitzenverband Bund der Krankenkassen die Daten nach Satz 1 in diesem Fall an die Deutsche Post AG. [4] § 119 Abs. 6 Satz 1 des Sechsten Buches gilt. [5] Die Träger der gesetzlichen Rentenversicherung oder die nach Satz 3 beauftragte Stelle löschen die Daten nach Satz 1, sobald sie ihre Aufgaben nach diesem Absatz durchgeführt haben. [6] Die Krankenkassen dürfen die Daten nur für die Datenerhebung nach den Absätzen 1 bis 3 verwenden. [7] Die Daten nach Satz 2 sind zu löschen, sobald der Risikostrukturausgleich nach § 266 durchgeführt und abgeschlossen ist.

(7) [1] Der Spitzenverband Bund der Krankenkassen bestimmt das Nähere über

1. den Erhebungsumfang, die Auswahl der Regionen und der Stichprobenverfahren nach Absatz 3 und

2. das Verfahren der Kennzeichnung nach Absatz 5 Satz 1.

[2] Der Spitzenverband Bund der Krankenkassen vereinbart

1. mit den Kassenärztlichen Bundesvereinigungen in den Vereinbarungen nach § 295 Abs. 3 das Nähere über das Verfahren nach Absatz 5 Satz 2 bis 4 und

2. mit der Deutschen Rentenversicherung Bund das Nähere über das Verfahren der Meldung nach Absatz 6.

(8) *(aufgehoben)*

(9) Die Kosten werden getragen

1. für die Erhebung nach den Absätzen 1 und 2 von den betroffenen Krankenkassen,
2. für die Erhebung nach Absatz 3 vom Spitzenverband Bund der Krankenkassen,
3. für die Erhebung und Verarbeitung der Daten nach Absatz 5 von den Kassenärztlichen und Kassenzahnärztlichen Vereinigungen und den übrigen Leistungserbringern,
4. für die Meldung nach Absatz 6 von den Trägern der gesetzlichen Rentenversicherung.

(10) Die Absätze 1 bis 9 gelten nicht für die landwirtschaftliche Krankenkasse.

§ 268 Weiterentwicklung des Risikostrukturausgleichs. (1) ¹Die Versichertengruppen nach § 266 Abs. 1 Satz 2 und 3 und die Gewichtungsfaktoren nach § 266 Abs. 2 Satz 2 sind vom 1. Januar 2009 an abweichend von § 266 nach Klassifikationsmerkmalen zu bilden (Morbiditätsgruppen), die zugleich

1. die Morbidität der Versicherten auf der Grundlage von Diagnosen, Diagnosegruppen, Indikationen, Indikationengruppen, medizinischen Leistungen oder Kombinationen dieser Merkmale unmittelbar berücksichtigen,
2. an der Höhe der durchschnittlichen krankheitsspezifischen Leistungsausgaben der zugeordneten Versicherten orientiert sind,
3. Anreize zu Risikoselektion verringern,
4. keine Anreize zu medizinisch nicht gerechtfertigten Leistungsausweitungen setzen und
5. 50 bis 80 insbesondere kostenintensive chronische Krankheiten und Krankheiten mit schwerwiegendem Verlauf der Auswahl der Morbiditätsgruppen zugrunde legen.

²Im Übrigen gilt § 266.

(2) ¹Das Bundesministerium für Gesundheit regelt bis zum 31. Dezember 2009 durch Rechtsverordnung nach § 266 Abs. 7 mit Zustimmung des Bundesrates das Nähere zur Umsetzung der Vorgaben nach Absatz 1. ²In der Verordnung ist auch zu bestimmen, ob einzelne oder mehrere der bis zum 31. Dezember 2008 geltenden Kriterien zur Bestimmung der Versichertengruppen neben den in Absatz 1 Satz 1 genannten Vorgaben weitergelten; § 266 Abs. 7 Nr. 3 gilt.

(3) ¹Für die Vorbereitung der Gruppenbildung und Durchführung der Untersuchung nach Absatz 2 Satz 5 erheben die Krankenkassen für die Jahre 2001 und 2002 als Stichproben entsprechend § 267 Abs. 3 Satz 3 und 4 bis zum 15. August des jeweiligen Folgejahres getrennt nach den Versichertengruppen nach § 267 Abs. 2 je Versicherten die Versichertentage und die Leistungsausgaben in der Gliederung und nach den Bestimmungen des Kontenrahmens in den Bereichen

1. Krankenhaus einschließlich der Angaben nach § 301 Abs. 1 Satz 1 Nr. 6, 7 und 9 sowie die Angabe des Tages der Aufnahme und der Aufnahmediagnosen nach § 301 Abs. 1 Satz 1 Nr. 3, jedoch ohne das Institutionskennzeichen der aufnehmenden Institution und ohne die Uhrzeit der Entlassung,
2. stationäre Anschlussrehabilitation einschließlich der Angaben nach § 301 Abs. 4 Satz 1 Nr. 5 und 7, jedoch ohne das Institutionskennzeichen der aufnehmenden Institution,
3. Arzneimittel einschließlich des Kennzeichens nach § 300 Abs. 1 Nr. 1,
4. Krankengeld nach § 44 einschließlich der Angaben nach § 295 Abs. 1 Satz 1 Nr. 1,
5. vertragsärztliche Versorgung einschließlich der Angaben nach § 295 Abs. 1 Satz 1 Nr. 2 sowie der abgerechneten Punktzahlen und Kosten und der Angaben nach § 295 Abs. 1 Satz 4, jedoch ohne den Tag der Behandlung,
6. der Leistungserbringer nach § 302 einschließlich der Diagnose, des Befunds und des Tages der Leistungserbringung, jedoch ohne die Leistungen nach Art, Menge und Preis sowie ohne die Arztnummer des verordnenden Arztes,
7. die nach den Nummern 1 bis 6 nicht erfassten Leistungsausgaben ohne die Leistungsausgaben nach § 266 Abs. 4 Satz 1.

²Sofern die Erhebung nach Satz 1 Nummer 1 bis 7 Diagnosedaten und Arzneimittelkennzeichen beinhaltet, dürfen ausschließlich Diagnosedaten und Arzneimittelkennzeichen verarbeitet oder genutzt werden, die von den Krankenkassen nach den §§ 294 bis 303 erhoben wurden. ³Die für die Stichprobe erforderlichen versichertenbezogenen Daten sind zu pseudonymisieren. ⁴Der Schlüssel für die Herstellung des Pseudonyms ist vom Beauftragten für den Datenschutz der Krankenkasse aufzubewahren und darf anderen Personen nicht zugänglich gemacht werden. ⁵Die Kassenärztlichen und Kassenzahnärztlichen Vereinigungen übermitteln den Krankenkassen die erforderlichen Daten zu Satz 1 Nr. 5 bis spätestens 1. Juli des Folgejahres. ⁶Die Daten sind vor der Übermittlung mit einem Pseudonym je Versicherten zu versehen, das den Kassenärztlichen und Kassenzahnärztlichen Vereinigungen hierfür von den Krankenkassen übermittelt wird. ⁷Die Krankenkassen übermitteln die Daten nach Satz 1 in pseudonymisierter und maschinenlesbarer Form über ihren Spitzenverband an das Bundesversicherungsamt. ⁸Die Herstellung des Versichertenbezugs ist zulässig, soweit dies für die Berücksichtigung nachträglicher Veränderungen der nach Satz 7 übermittelten Daten erforderlich ist. ⁹Über die Pseudonymisierung in der Krankenkasse und über jede Herstellung des Versichertenbezugs ist eine Niederschrift anzufertigen. ¹⁰Die Spitzenverbände der Krankenkassen bestimmen bis zum 31. März 2002 im Einvernehmen mit dem Bundesversicherungsamt in ihrer Vereinbarung nach § 267 Abs. 7 Nr. 1 und 2 sowie in Vereinbarungen mit der Kassenärztlichen Bundesvereinigung und den für die Wahrnehmung der wirtschaftlichen Interessen der übrigen Leistungserbringer gebildeten maßgeblichen Spitzenorganisationen das Nähere über den Umfang der Stichproben und das Verfahren der Datenerhebung und -übermittlung. ¹¹In der Vereinbarung nach Satz 10 kann die Stichprobenerhebung ergänzend auch auf das erste Halbjahr 2003 erstreckt werden. ¹² § 267 Abs. 9 und 10 gilt. ¹³Kommen die Vereinbarungen nach Satz 10 nicht zustande, bestimmt das Bundesministerium für Gesundheit bis zum 30. Juni 2002 in der Rechtsverordnung nach § 266 Abs. 7 das Nähere über das Verfahren. ¹⁴Die Rechtsverordnung bestimmt außerdem, welche der in Satz 1 genannten Daten vom

1. Januar 2005 an für die Durchführung des Risikostrukturausgleichs sowie für seine weitere Entwicklung zu erheben sind, Verfahren und Umfang dieser Datenerhebung sowie die Voraussetzungen, unter denen die Herstellung des Versichertenbezugs zulässig ist, Satz 2 gilt entsprechend; im Übrigen gilt § 267.

(4) ¹Die Krankenkassen erheben vom 1. Juli 2017 an versichertenbezogen den amtlichen Gemeindeschlüssel des Wohnorts des Versicherten. ²Das Nähere über die zeitliche Zuordnung und das Verfahren der Erhebung und Übermittlung der Daten nach Satz 1 bestimmt der Spitzenverband Bund der Krankenkassen im Einvernehmen mit dem Bundesversicherungsamt in der Bestimmung nach § 267 Absatz 7 Satz 1 Nummer 1 und 2. ³§ 268 Absatz 3 Satz 7 gilt entsprechend.

§ 269 Sonderregelungen für Krankengeld und Auslandsversicherte.

(1) Für die in § 267 Absatz 2 Satz 2 genannten Versichertengruppen kann das bestehende Standardisierungsverfahren für die Berücksichtigung des Krankengeldes ab dem Ausgleichsjahr 2013 um ein Verfahren ergänzt werden, das die tatsächlichen Leistungsausgaben der einzelnen Krankenkassen für Krankengeld anteilig berücksichtigt.

(2) Für Versicherte, die während des überwiegenden Teils des dem Ausgleichsjahr vorangegangenen Jahres ihren Wohnsitz oder gewöhnlichen Aufenthalt außerhalb des Gebietes der Bundesrepublik Deutschland hatten, ist ab dem Ausgleichsjahr 2013 die Höhe der Zuweisungen zur Deckung ihrer standardisierten Leistungsausgaben auf die tatsächlichen Leistungsausgaben aller Krankenkassen für diese Versichertengruppen zu begrenzen.

(3) ¹Das Bundesversicherungsamt gibt Gutachten in Auftrag, mit denen Modelle für eine zielgerichtetere Ermittlung der Zuweisungen zur Deckung der Aufwendungen für Krankengeld und für Versicherte, die während des überwiegenden Teils des dem Ausgleichsjahr vorangegangenen Jahres ihren Wohnsitz oder gewöhnlichen Aufenthalt außerhalb des Gebietes der Bundesrepublik Deutschland hatten, entwickelt werden sollen. ²Dabei ist auch zu untersuchen, ob zusätzliche Daten erforderlich sind, um das in Satz 1 genannte Ziel zu erreichen. ³§ 268 Absatz 1 Satz 1 Nummer 2 bis 4 ist bei der Entwicklung der Modelle zu beachten. ⁴Zur Erfüllung des jeweiligen Gutachtenauftrags ist der beauftragten Person oder Personengruppe beim Bundesversicherungsamt Einsicht in die diesem nach § 268 Absatz 3 Satz 7 übermittelten pseudonymisierten versichertenbezogenen Daten zu geben. ⁵Zu diesem Zweck ist der beauftragten Person oder Personengruppe bei der Deutschen Verbindungsstelle Krankenversicherung – Ausland ebenso Einsicht in die dieser nach Artikel 35 der Verordnung (EG) Nr. 883/2004 des Europäischen Parlaments und des Rates vom 29. April 2004 zur Koordinierung der Systeme der sozialen Sicherheit (ABl. L 166 vom 30.4.2004, S. 1, L 200 vom 7.6.2004, S. 1, L 204 vom 4.8.2007, S. 30) in Verbindung mit Titel IV der Verordnung (EG) Nr. 987/2009 des Europäischen Parlaments und des Rates vom 16. September 2009 zur Festlegung der Modalitäten für die Durchführung der Verordnung (EG) Nr. 883/2004 über die Koordinierung der Systeme der sozialen Sicherheit (ABl. L 284 vom 30.10.2009, S. 1) vorliegenden Daten zu geben; Einsicht ist nur in pseudonymisierte oder anonymisierte Daten zu geben.

5 SGB V § 269

(3a) ¹Das Bundesversicherungsamt gibt Folgegutachten in Auftrag, mit denen insbesondere die in den Gutachten nach Absatz 3 Satz 1 entwickelten Modelle auf Grundlage der nach § 30 Absatz 1 der Risikostruktur-Ausgleichsverordnung sowie nach den Absätzen 3b und 3c erhobenen Daten überprüft und zur Umsetzungsreife weiterentwickelt werden sollen. ²Zur Erfüllung des jeweiligen Gutachtenauftrags ist der beauftragten Person oder Personengruppe beim Bundesversicherungsamt Einsicht in die diesem nach § 30 Absatz 4 Satz 1 der Risikostruktur-Ausgleichsverordnung sowie nach Absatz 3d übermittelten pseudonymisierten versichertenbezogenen Daten zu gewähren. ³Absatz 3 Satz 3 und 5 gilt entsprechend.

(3b) ¹Im Folgegutachten zu den Zuweisungen zur Deckung der Aufwendungen für Krankengeld sind die im Gutachten nach Absatz 3 Satz 1 entwickelten Modelle für eine zielgerichtetere Ermittlung der Zuweisungen zur Deckung der Aufwendungen für Krankengeld insbesondere auf Grundlage der Daten, mit welchen sich die für die Höhe der Krankengeldausgaben der Krankenkassen maßgeblichen Bestimmungsfaktoren gemäß dem Gutachten nach Absatz 3 Satz 1 abbilden lassen, zu überprüfen und zur Umsetzungsreife weiterzuentwickeln. ²Dazu erheben die Krankenkassen für die Berichtsjahre 2016 und 2017 versichertenbezogen folgende zur Abbildung der Bestimmungsfaktoren nach Satz 1 erforderliche Angaben:

1. die beitragspflichtigen Einnahmen aus nichtselbständiger Tätigkeit gemäß der Jahresarbeitsentgeltmeldung nach § 28a Absatz 3 Satz 2 Nummer 2 Buchstabe b des Vierten Buches[1]) sowie den Zeitraum, in dem diese Einnahmen erzielt wurden,
2. die beitragspflichtigen Einnahmen aus selbständiger Tätigkeit sowie den Zeitraum, in dem diese erzielt wurden,
3. die beitragspflichtigen Einnahmen aus dem Bezug von Arbeitslosengeld nach § 136 des Dritten Buches[2]) sowie die jeweiligen Bezugstage,
4. die Diagnosen nach § 295 Absatz 1 Satz 1 Nummer 1 einschließlich des Datums der Feststellung der Arbeitsunfähigkeit und des Beginns der Arbeitsunfähigkeit,
5. die Leistungsausgaben für Krankengeld nach § 44 sowie das Datum des Beginns und des Endes des Krankengeldbezugs,
6. die Leistungsausgaben für Krankengeld nach § 45 sowie das Datum des Beginns und des Endes des Krankengeldbezugs,
7. den Tätigkeitsschlüssel nach § 28a Absatz 3 Satz 1 Nummer 5 des Vierten Buches sowie
8. die dem Beschäftigungsbetrieb des Versicherten zugeordnete Betriebsnummer nach § 28a Absatz 3 Satz 1 Nummer 6 des Vierten Buches.

(3c) ¹Im Folgegutachten zu den Zuweisungen für Versicherte, die während des überwiegenden Teils des dem Ausgleichsjahr vorangegangenen Jahres ihren Wohnsitz oder gewöhnlichen Aufenthalt außerhalb des Gebiets der Bundesrepublik Deutschland hatten, sind die im Gutachten nach Absatz 3 Satz 1 entwickelten Modelle für eine zielgerichtetere Ermittlung der Zuweisungen zur Deckung der Aufwendungen für diese Versichertengruppe insbesondere auf

---

[1]) Nr. 4.
[2]) Nr. 3.

8. Kapitel. Finanzierung § 269 SGB V 5

Grundlage der Daten, mit welchen sich die für die Höhe der Ausgaben einer Krankenkasse für diese Versichertengruppen maßgeblichen Bestimmungsfaktoren gemäß dem Gutachten nach Absatz 3 Satz 1 abbilden lassen, zu überprüfen und zur Umsetzungsreife weiterzuentwickeln. ² Dazu erheben die Krankenkassen für die Berichtsjahre 2016 und 2017 versichertenbezogen folgende zur Abbildung der Bestimmungsfaktoren nach Satz 1 erforderliche Angaben:

1. das Grenzgängerkennzeichen,
2. das Länderkennzeichen des Wohnstaats.

³ Darüber hinaus erhebt der Spitzenverband Bund der Krankenkassen, Deutsche Verbindungsstelle Krankenversicherung – Ausland –, nicht personenbezogen die mit den Krankenkassen abgerechneten Rechnungssummen, differenziert nach dem Wohnstaat, dem Abrechnungsjahr und der leistungspflichtigen Krankenkasse, und übermittelt diese an das Bundesversicherungsamt. ⁴ Das Nähere zur Erhebung und Übermittlung sowie zum Umfang der Datenerhebung nach Satz 3 bestimmt das Bundesversicherungsamt im Einvernehmen mit dem Spitzenverband Bund der Krankenkassen. ⁵ Es kann auch bestimmt werden, dass der Spitzenverband Bund der Krankenkassen, Deutsche Verbindungsstelle Krankenversicherung – Ausland –, weitere für das Gutachten nach Satz 1 erforderliche nicht personenbezogene Daten zu Abrechnungen von Versicherten nach Satz 1 erhebt und an das Bundesversicherungsamt übermittelt.

(3d) ¹ Die Daten nach den Absätzen 3b und 3c Satz 1 und 2 sind dem Bundesversicherungsamt erstmals bis zum 15. Juni 2018 und letztmals bis zum 15. April 2019 zu übermitteln; für die Erhebung und Übermittlung der Daten gilt § 268 Absatz 3 Satz 2 bis 9 entsprechend. ² Das Nähere über die zeitliche Zuordnung, zum Umfang sowie zum Verfahren der Erhebung und Übermittlung der Daten nach Satz 1 bestimmt der Spitzenverband Bund der Krankenkassen im Einvernehmen mit dem Bundesversicherungsamt in der Bestimmung nach § 267 Absatz 7 Satz 1 Nummer 1 und 2. ³ Die Nutzung der Daten nach den Absätzen 3b und 3c ist auf die Zwecke nach den Absätzen 3b und 3c beschränkt. ⁴ Das Bundesversicherungsamt oder der Spitzenverband Bund der Krankenkassen, Deutsche Verbindungsstelle Krankenversicherung – Ausland –, kann den nach Absatz 3a beauftragten Personen oder Personengruppen ausschließlich für die Zwecke der Folgegutachten nach den Absätzen 3b und 3c die jeweils erforderlichen versichertenbezogenen Daten nach Absatz 3a Satz 2 und 3 in pseudonymisierter oder anonymisierter Form übermitteln, wenn eine ausschließliche Nutzung der Daten über eine Einsichtnahme nach Absatz 3a Satz 2 und 3 aus organisatorischen oder technischen Gründen nicht ausreichend ist. ⁵ Die nach Satz 4 übermittelten Daten sind von den nach Absatz 3a beauftragten Personen oder Personengruppen jeweils unverzüglich nach Übergabe der Gutachten an das Bundesversicherungsamt zu löschen. ⁶ Die Löschung ist von den nach Absatz 3a beauftragten Personen oder Personengruppen dem Bundesversicherungsamt oder dem Spitzenverband Bund der Krankenkassen, Deutsche Verbindungsstelle Krankenversicherung – Ausland –, nachzuweisen.

(4) Das Nähere zur Umsetzung der Vorgaben der Absätze 1 bis 3d, insbesondere zur Abgrenzung der Leistungsausgaben, zum Verfahren einschließlich der Durchführung des Zahlungsverkehrs sowie zur Festlegung der Vorgaben für die Gutachten regelt die Rechtsverordnung nach § 266 Absatz 7 Satz 1.

§ 270 Zuweisungen aus dem Gesundheitsfonds für sonstige Ausgaben.

(1) ¹Die Krankenkassen erhalten aus dem Gesundheitsfonds Zuweisungen zur Deckung

a) ihrer standardisierten Aufwendungen nach § 266 Abs. 4 Satz 1 Nr. 2 mit Ausnahme der Leistungen nach § 11 Absatz 6 und § 53,

b) ihrer standardisierten Aufwendungen, die auf Grund der Entwicklung und Durchführung von Programmen nach § 137g entstehen und die in der Rechtsverordnung nach § 266 Abs. 7 näher zu bestimmen sind, sowie

c) ihrer standardisierten Verwaltungsausgaben.

² § 266 Abs. 5 Satz 1 und 3, Abs. 6 und 9 gilt entsprechend.

(2) ¹Für die Ermittlung der Höhe der Zuweisungen nach Absatz 1 erheben die Krankenkassen nicht versichertenbezogen jährlich die Aufwendungen nach § 266 Abs. 4 Satz 1 Nr. 2 und die Verwaltungsausgaben. ² § 266 Absatz 4 Satz 1 Nummer 1 und § 267 Absatz 4 gelten entsprechend.

§ 270a Einkommensausgleich.

(1) Zwischen den Krankenkassen wird im Hinblick auf die von ihnen erhobenen Zusatzbeiträge nach § 242 nach Maßgabe der folgenden Absätze ein vollständiger Ausgleich der beitragspflichtigen Einnahmen ihrer Mitglieder durchgeführt.

(2) ¹Die Krankenkassen, die einen Zusatzbeitrag nach § 242 erheben, erhalten aus dem Gesundheitsfonds die Beträge aus den Zusatzbeiträgen ihrer Mitglieder in der Höhe, die sich nach dem Einkommensausgleich ergibt. ²Die Höhe dieser Mittel für jede Krankenkasse wird ermittelt, indem der Zusatzbeitragssatz der Krankenkasse nach § 242 Absatz 1 mit den voraussichtlichen durchschnittlichen beitragspflichtigen Einnahmen je Mitglied aller Krankenkassen und ihrer Mitgliederzahl multipliziert wird.

(3) Weicht der Gesamtbetrag aus den Zusatzbeiträgen nach § 242 von den notwendigen Aufwendungen für die Mittel nach Absatz 2 ab, wird der Abweichungsbetrag entweder aus den Mitteln der Liquiditätsreserve des Gesundheitsfonds nach § 271 Absatz 2 aufgebracht oder der Liquiditätsreserve zugeführt.

(4) ¹Das Bundesversicherungsamt verwaltet für die Zwecke der Durchführung des Einkommensausgleichs die eingehenden Beträge aus den Zusatzbeiträgen; § 271 Absatz 6 Satz 1 ist entsprechend anzuwenden. ²Das Bundesversicherungsamt ermittelt die Höhe der Mittel nach Absatz 2 und weist sie den Krankenkassen zu. ³ § 266 Absatz 5 Satz 3 und Absatz 6 Satz 7 ist entsprechend anzuwenden. ⁴Das Nähere zur Ermittlung der vorläufigen und endgültigen Mittel, die die Krankenkassen im Rahmen des Einkommensausgleichs erhalten, zur Durchführung, zum Zahlungsverkehr und zur Fälligkeit der Beiträge regelt die Rechtsverordnung nach § 266 Absatz 7 Satz 1.

§ 271 Gesundheitsfonds.

(1) Das Bundesversicherungsamt verwaltet als Sondervermögen (Gesundheitsfonds) die eingehenden Beträge aus:

1. den von den Einzugsstellen nach § 28k Abs. 1 Satz 1 des Vierten Buches[1]) und nach § 252 Abs. 2 Satz 3 eingezogenen Beiträgen für die gesetzliche Krankenversicherung,

2. den Beiträgen aus Rentenzahlungen nach § 255,

---

[1]) Nr. 4.

3. den Beiträgen nach § 28k Abs. 2 des Vierten Buches,
4. der Beitragszahlung nach § 252 Abs. 2 und
5. den Bundesmitteln nach § 221.

(1a) ¹Die eingehenden Beträge nach Absatz 1 sind, soweit es sich dabei um Zusatzbeiträge nach § 242 handelt, in voller Höhe für den Einkommensausgleich nach § 270a zu verwenden. ²Sie sind dem Bundesversicherungsamt als Verwalter der eingehenden Beträge aus den Zusatzbeiträgen nachzuweisen.

(2) ¹Der Gesundheitsfonds hat liquide Mittel als Liquiditätsreserve vorzuhalten. ²Aus der Liquiditätsreserve sind unterjährige Schwankungen in den Einnahmen, nicht berücksichtigte Einnahmeausfälle in den nach § 242a Absatz 1 zugrunde gelegten voraussichtlichen jährlichen Einnahmen des Gesundheitsfonds und die erforderlichen Aufwendungen für die Durchführung des Einkommensausgleichs nach § 270a zu decken. ³Die Höhe der Liquiditätsreserve muss nach Ablauf eines Geschäftsjahres mindestens 25 Prozent der durchschnittlich auf den Monat entfallenden Ausgaben des Gesundheitsfonds betragen. ⁴Den Einnahmen des Gesundheitsfonds nach Absatz 1 werden im Jahr 2017 1,5 Milliarden Euro aus der Liquiditätsreserve zugeführt. ⁵Zur Finanzierung der Fördermittel nach § 92a Absatz 3 und 4 werden dem Innovationsfonds aus der Liquiditätsreserve des Gesundheitsfonds in den Jahren 2016 bis 2019 jährlich 150 Millionen Euro abzüglich der Hälfte des anteiligen Betrages der landwirtschaftlichen Krankenkasse gemäß § 221 Absatz 3 Satz 1 Nummer 1 und 4 zugeführt; Finanzmittel aus der Liquiditätsreserve, die im Haushaltsjahr nicht verausgabt wurden, werden nach § 92a Absatz 3 Satz 5 anteilig an die Liquiditätsreserve des Gesundheitsfonds zurückgeführt. ⁶Ab dem Jahr 2016 werden dem Strukturfonds zudem aus der Liquiditätsreserve des Gesundheitsfonds zur Finanzierung der Fördermittel nach § 12 des Krankenhausfinanzierungsgesetzes Finanzmittel bis zu einer Höhe von 500 Millionen Euro abzüglich des anteiligen Betrages der landwirtschaftlichen Krankenkasse gemäß § 221 Absatz 3 Satz 1 Nummer 2 zugeführt, soweit die Fördermittel von den Ländern nach Maßgabe der §§ 12 bis 14 des Krankenhausfinanzierungsgesetzes abgerufen werden.

(2a) ¹Bei Schließung oder Insolvenz einer Krankenkasse kann das Bundesversicherungsamt einer leistungsaushelfenden Krankenkasse auf Antrag ein Darlehen aus der Liquiditätsreserve gewähren, wenn dies erforderlich ist, um Leistungsansprüche von Versicherten zu finanzieren, deren Mitgliedschaftsverhältnisse noch nicht geklärt sind. ²Das Darlehen ist innerhalb von sechs Monaten zurückzuzahlen. ³Das Nähere zur Darlehensgewährung, Verzinsung und Rückzahlung regelt das Bundesversicherungsamt im Benehmen mit dem Spitzenverband Bund der Krankenkassen.

(3) ¹Reicht die Liquiditätsreserve nicht aus, um alle Zuweisungen nach § 266 Abs. 1 Satz 1 zu erfüllen, leistet der Bund dem Gesundheitsfonds ein nicht zu verzinsendes Liquiditätsdarlehen in Höhe der fehlenden Mittel. ²Das Darlehen ist im Haushaltsjahr zurückzuzahlen. ³Die jahresendliche Rückzahlung ist durch geeignete Maßnahmen sicherzustellen.

(4) Die im Laufe eines Jahres entstehenden Kapitalerträge werden dem Sondervermögen gutgeschrieben.

(5) Die Mittel des Gesundheitsfonds sind so anzulegen, dass sie für den in den §§ 266, 269 und 270 genannten Zweck verfügbar sind.

(6) ¹Die dem Bundesversicherungsamt bei der Verwaltung des Fonds entstehenden Ausgaben einschließlich der Ausgaben für die Durchführung und Weiterentwicklung des Risikostrukturausgleichs werden aus den Einnahmen des Gesundheitsfonds gedeckt. ²Das Nähere regelt die Rechtsverordnung nach § 266 Abs. 7.

§ 271a Sicherstellung der Einnahmen des Gesundheitsfonds.

(1) ¹Steigen die Beitragsrückstände einer Krankenkasse erheblich an, so hat die Krankenkasse nach Aufforderung durch das Bundesversicherungsamt diesem die Gründe hierfür zu berichten und innerhalb einer Frist von vier Wochen glaubhaft zu machen, dass der Anstieg nicht auf eine Pflichtverletzung zurückzuführen ist. ²Entscheidungserhebliche Tatsachen sind durch geeignete Unterlagen glaubhaft zu machen.

(2) ¹Werden die entscheidungserheblichen Unterlagen nicht vorgelegt oder reichen diese nicht zur Glaubhaftmachung eines unverschuldeten Beitragsrückstandes aus, wird die Krankenkasse säumig. ²Für jeden angefangenen Monat nach Aufforderung zur Berichtslegung wird vorläufig ein Säumniszuschlag in Höhe von 10 Prozent von dem Betrag erhoben, der sich aus der Rückstandsquote des die Berichtspflicht auslösenden Monats abzüglich der des Vorjahresmonats oder der des Vorjahresdurchschnitts der Krankenkasse, multipliziert mit den insgesamt zum Soll gestellten Beiträgen der Krankenkasse des die Berichtspflicht auslösenden Monats, ergibt. ³Es wird der jeweils niedrigere Wert zur Berechnung der Säumniszuschläge in Ansatz gebracht.

(3) ¹Die Krankenkasse erhält ihre Säumniszuschläge zurück, wenn sie innerhalb einer angemessenen, vom Bundesversicherungsamt festzusetzenden Frist, die im Regelfall drei Monate nach Eintritt der Säumnis nach Absatz 2 nicht unterschreiten soll, glaubhaft macht, dass die Beitragsrückstände nicht auf eine Pflichtverletzung ihrerseits zurückzuführen sind. ²Anderenfalls werden die Säumniszuschläge endgültig festgesetzt und verbleiben dem Gesundheitsfonds.

(4) ¹Bleiben die Beitragsrückstände auch nach Ablauf der Frist nach Absatz 3 erheblich im Sinne des Absatzes 1 und ist die Krankenkasse säumig im Sinne des Absatzes 2, ist von einer fortgesetzten Pflichtverletzung auszugehen. ²In diesem Fall soll das Bundesversicherungsamt den Säumniszuschlag um weitere 10 Prozentpunkte pro Monat bis zur vollen Höhe des für die Berechnung der Säumniszuschläge zu Grunde gelegten Differenzbetrages nach Absatz 2 erhöhen. ³Diese Säumniszuschläge gelten als endgültig festgesetzt und verbleiben dem Gesundheitsfonds.

(5) Klagen gegen die Erhebung von Säumniszuschlägen haben keine aufschiebende Wirkung.

(6) § 28r des Vierten Buches[1]) und § 251 Abs. 5 Satz 2 bleiben unberührt.

§ 272 *(aufgehoben)*

§ 273 Sicherung der Datengrundlagen für den Risikostrukturausgleich. (1) ¹Das Bundesversicherungsamt prüft im Rahmen der Durchführung des Risikostrukturausgleichs nach Maßgabe der folgenden Absätze die Datenmeldungen der Krankenkassen hinsichtlich der Vorgaben des § 268 Absatz 3

---

[1]) Nr. 4.

8. Kapitel. Finanzierung **§ 273 SGB V 5**

Satz 1, 2 und 14, insbesondere die Zulässigkeit der Meldung von Diagnosedaten und Arzneimittelkennzeichen. ²§ 266 Absatz 7 Satz 1 Nummer 9 und § 274 bleiben unberührt.

(2) ¹Das Bundesversicherungsamt unterzieht die Daten nach § 268 Absatz 3 Satz 14 in Verbindung mit Satz 1 Nummer 5 einer Prüfung zur Feststellung einer Auffälligkeit. ²Die Daten nach § 268 Absatz 3 Satz 14 in Verbindung mit Satz 1 Nummer 1 bis 4 und 6 bis 7 kann das Bundesversicherungsamt einer Prüfung zur Feststellung einer Auffälligkeit unterziehen. ³Die Prüfung erfolgt als kassenübergreifende Vergleichsanalyse. ⁴Der Vergleichsanalyse sind geeignete Analysegrößen, insbesondere Häufigkeit und Schweregrad der übermittelten Diagnosen, sowie geeignete Vergleichskenngrößen und Vergleichszeitpunkte zugrunde zu legen, um Veränderungen der Daten und ihre Bedeutung für die Klassifikation der Versicherten nach Morbidität nach § 268 Absatz 1 Satz 1 Nummer 1 erkennbar zu machen. ⁵Das Nähere, insbesondere einen Schwellenwert für die Feststellung einer Auffälligkeit, bestimmt das Bundesversicherungsamt im Benehmen mit dem Spitzenverband Bund der Krankenkassen.

(3) ¹Hat das Bundesversicherungsamt eine Auffälligkeit nach Absatz 2 festgestellt, unterzieht es die betroffene Krankenkasse insbesondere wegen der Zulässigkeit der Meldung von Diagnosedaten nach § 268 Absatz 3 Satz 14 einer Einzelfallprüfung. ²Das Gleiche gilt auch dann, wenn bestimmte Tatsachen den Verdacht begründen, dass eine Krankenkasse die Vorgaben des § 268 Absatz 3 Satz 1, 2 und 14 nicht eingehalten hat. ³Die Krankenkassen sind verpflichtet, bei der Prüfung aufklärend mitzuwirken und auf Verlangen des Bundesversicherungsamts diesem weitere Auskünfte und Nachweise, insbesondere über die zugehörigen anonymisierten Arztnummern sowie die abgerechneten Gebührenpositionen, in einer von diesem gesetzten angemessenen Frist zu liefern; legt die Krankenkasse die geforderten Unterlagen nicht innerhalb der Frist vor, kann das Bundesversicherungsamt ein Zwangsgeld entsprechend § 71 Absatz 6 Satz 5 festsetzen. ⁴Das Nähere über die einheitliche technische Aufbereitung der Daten kann das Bundesversicherungsamt bestimmen. ⁵Das Bundesversicherungsamt kann die betroffene Krankenkasse auch vor Ort prüfen. ⁶Eine Prüfung der Leistungserbringer, insbesondere im Hinblick auf Diagnosedaten, ist ausgeschlossen. ⁷Die von den Krankenkassen übermittelten Daten dürfen ausschließlich für die Prüfung zur Feststellung einer Auffälligkeit nach Absatz 2 sowie für die Einzelfallprüfung nach diesem Absatz verarbeitet oder genutzt werden.

(4) ¹Das Bundesversicherungsamt stellt als Ergebnis der Prüfungen nach den Absätzen 2 und 3 fest, ob und in welchem Umfang die betroffene Krankenkasse die Vorgaben des § 268 Absatz 3 Satz 1, 2 und 14 eingehalten hat. ²Hat die betroffene Krankenkasse die Vorgaben des § 268 Absatz 3 Satz 1, 2 und 14 nicht oder nur teilweise eingehalten, ermittelt das Bundesversicherungsamt einen Korrekturbetrag, um den die Zuweisungen nach § 266 Absatz 2 Satz 1 für diese Krankenkasse zu kürzen sind. ³Das Nähere über die Ermittlung des Korrekturbetrags und die Kürzung der Zuweisungen regelt das Bundesministerium für Gesundheit durch Rechtsverordnung nach § 266 Absatz 7 mit Zustimmung des Bundesrates.

(5) ¹Das Bundesversicherungsamt teilt der betroffenen Krankenkasse seine Feststellung nach Absatz 4 Satz 1 und den Korrekturbetrag nach Absatz 4

Satz 2 mit. ²Klagen bei Streitigkeiten nach dieser Vorschrift haben keine aufschiebende Wirkung.

Fünfter Abschnitt. Prüfung der Krankenkassen und ihrer Verbände

§ 274 Prüfung der Geschäfts-, Rechnungs- und Betriebsführung.

(1) ¹Das Bundesversicherungsamt und die für die Sozialversicherung zuständigen obersten Verwaltungsbehörden der Länder haben mindestens alle fünf Jahre die Geschäfts-, Rechnungs- und Betriebsführung der ihrer Aufsicht unterstehenden Krankenkassen und deren Arbeitsgemeinschaften zu prüfen. ²Das Bundesministerium für Gesundheit hat mindestens alle fünf Jahre die Geschäfts-, Rechnungs- und Betriebsführung des Spitzenverbandes Bund der Krankenkassen und der Kassenärztlichen Bundesvereinigungen, die für die Sozialversicherung zuständigen obersten Verwaltungsbehörden der Länder haben mindestens alle fünf Jahre die Geschäfts-, Rechnungs- und Betriebsführung der Landesverbände der Krankenkassen und der Kassenärztlichen Vereinigungen sowie der Prüfstelle und des Beschwerdeausschusses nach § 106c zu prüfen. ³Das Bundesministerium für Gesundheit kann die Prüfung der bundesunmittelbaren Krankenkassen und deren Arbeitsgemeinschaften, die der Aufsicht des Bundesversicherungsamts unterstehen, des Spitzenverbandes Bund der Krankenkassen und der Kassenärztlichen Bundesvereinigungen, die für die Sozialversicherung zuständigen obersten Verwaltungsbehörden der Länder können die Prüfung der landesunmittelbaren Krankenkassen und deren Arbeitsgemeinschaften, die ihrer Aufsicht unterstehen, der Landesverbände der Krankenkassen und der Kassenärztlichen Vereinigungen auf eine öffentlich-rechtliche Prüfungseinrichtung übertragen, die bei der Durchführung der Prüfung unabhängig ist, oder eine solche Prüfungseinrichtung errichten. ⁴Die Prüfung hat sich auf den gesamten Geschäftsbetrieb zu erstrecken; sie umfaßt die Prüfung seiner Gesetzmäßigkeit und Wirtschaftlichkeit. ⁵Die Krankenkassen, die Verbände und Arbeitsgemeinschaften der Krankenkassen, die Kassenärztlichen Vereinigungen und die Kassenärztlichen Bundesvereinigungen haben auf Verlangen alle Unterlagen vorzulegen und alle Auskünfte zu erteilen, die zur Durchführung der Prüfung erforderlich sind. ⁶Die mit der Prüfung nach diesem Absatz befassten Stellen können nach Anhörung des Spitzenverbandes Bund der Krankenkassen bestimmen, dass die Krankenkassen die zu prüfenden Daten elektronisch und in einer bestimmten Form zur Verfügung stellen.

(2) ¹Die Kosten, die den mit der Prüfung befaßten Stellen entstehen, tragen die Krankenkassen ab dem Jahr 2009 nach der Zahl ihrer Mitglieder. ²Das Nähere über die Erstattung der Kosten einschließlich der zu zahlenden Vorschüsse regeln für die Prüfung der bundesunmittelbaren Krankenkassen und des Spitzenverbandes Bund der Krankenkassen das Bundesministerium für Gesundheit, für die Prüfung der landesunmittelbaren Krankenkassen und der Landesverbände die für die Sozialversicherung zuständigen obersten Verwaltungsbehörden der Länder. ³Die Kassenärztlichen Vereinigungen, die Kassenärztlichen Bundesvereinigungen sowie die Verbände und Arbeitsgemeinschaften der Krankenkassen tragen die Kosten der bei ihnen durchgeführten Prüfungen selbst. ⁴Die Kosten werden nach dem tatsächlich entstandenen Personal- und Sachaufwand berechnet. ⁵Der Berechnung der Kosten für die Prüfung der Kassenärztlichen Bundesvereinigungen sind die vom Bundesministerium des Innern erstellten Übersichten über die Personalkostenansätze des laufenden

Rechnungsjahres für Beamte, Angestellte und Lohnempfänger einschließlich der Sachkostenpauschale eines Arbeitsplatzes/Beschäftigten in der Bundesverwaltung, der Berechnung der Kosten für die Prüfung der Kassenärztlichen Vereinigungen die entsprechenden, von der zuständigen obersten Landesbehörde erstellten Übersichten zugrunde zu legen. [6] Fehlt es in einem Land an einer solchen Übersicht, gilt die Übersicht des Bundesministeriums des Innern entsprechend. [7] Zusätzlich zu den Personalkosten entstehende Verwaltungsausgaben sind den Kosten in ihrer tatsächlichen Höhe hinzuzurechnen. [8] Die Personalkosten sind pro Prüfungsstunde anzusetzen. [9] Die Kosten der Vor- und Nachbereitung der Prüfung einschließlich der Abfassung des Prüfungsberichts und einer etwaigen Beratung sind einzubeziehen. [10] Die Prüfungskosten nach Satz 1 werden um die Prüfungskosten vermindert, die von den in Satz 3 genannten Stellen zu tragen sind.

(3) [1] Das Bundesministerium für Gesundheit kann mit Zustimmung des Bundesrates allgemeine Verwaltungsvorschriften für die Durchführung der Prüfungen erlassen. [2] Dabei ist ein regelmäßiger Erfahrungsaustausch zwischen den Prüfungseinrichtungen vorzusehen.

(4) Der Bundesrechnungshof prüft die Haushalts- und Wirtschaftsführung der gesetzlichen Krankenkassen, ihrer Verbände und Arbeitsgemeinschaften.

Neuntes Kapitel. Medizinischer Dienst der Krankenversicherung

Erster Abschnitt. Aufgaben

§ 275 Begutachtung und Beratung. (1) Die Krankenkassen sind in den gesetzlich bestimmten Fällen oder wenn es nach Art, Schwere, Dauer oder Häufigkeit der Erkrankung oder nach dem Krankheitsverlauf erforderlich ist, verpflichtet,

1. bei Erbringung von Leistungen, insbesondere zur Prüfung von Voraussetzungen, Art und Umfang der Leistung, sowie bei Auffälligkeiten zur Prüfung der ordnungsgemäßen Abrechnung,

2. zur Einleitung von Leistungen zur Teilhabe, insbesondere zur Koordinierung der Leistungen nach den §§ 14 bis 24 des Neunten Buches[1], im Benehmen mit dem behandelnden Arzt,

3. bei Arbeitsunfähigkeit

   a) zur Sicherung des Behandlungserfolgs, insbesondere zur Einleitung von Maßnahmen der Leistungsträger für die Wiederherstellung der Arbeitsfähigkeit, oder

   b) zur Beseitigung von Zweifeln an der Arbeitsunfähigkeit

eine gutachtliche Stellungnahme des Medizinischen Dienstes der Krankenversicherung (Medizinischer Dienst) einzuholen.

(1a) [1] Zweifel an der Arbeitsunfähigkeit nach Absatz 1 Nr. 3 Buchstabe b sind insbesondere in Fällen anzunehmen, in denen

---

[1] Nr. 9.

5 SGB V § 275

a) Versicherte auffällig häufig oder auffällig häufig nur für kurze Dauer arbeitsunfähig sind oder der Beginn der Arbeitsunfähigkeit häufig auf einen Arbeitstag am Beginn oder am Ende einer Woche fällt oder

b) die Arbeitsunfähigkeit von einem Arzt festgestellt worden ist, der durch die Häufigkeit der von ihm ausgestellten Bescheinigungen über Arbeitsunfähigkeit auffällig geworden ist.

²Die Prüfung hat unverzüglich nach Vorlage der ärztlichen Feststellung über die Arbeitsunfähigkeit zu erfolgen. ³Der Arbeitgeber kann verlangen, daß die Krankenkasse eine gutachtliche Stellungnahme des Medizinischen Dienstes zur Überprüfung der Arbeitsunfähigkeit einholt. ⁴Die Krankenkasse kann von einer Beauftragung des Medizinischen Dienstes absehen, wenn sich die medizinischen Voraussetzungen der Arbeitsunfähigkeit eindeutig aus den der Krankenkasse vorliegenden ärztlichen Unterlagen ergeben.

(1b) ¹Der Medizinische Dienst überprüft bei Vertragsärzten, die nach § 106a Absatz 1 geprüft werden, stichprobenartig und zeitnah Feststellungen der Arbeitsunfähigkeit. ²Die in § 106 Absatz 1 Satz 2 genannten Vertragspartner vereinbaren das Nähere.

(1c) ¹Bei Krankenhausbehandlung nach § 39 ist eine Prüfung nach Absatz 1 Nr. 1 zeitnah durchzuführen. ²Die Prüfung nach Satz 1 ist spätestens sechs Wochen nach Eingang der Abrechnung bei der Krankenkasse einzuleiten und durch den Medizinischen Dienst dem Krankenhaus anzuzeigen. ³Falls die Prüfung nicht zu einer Minderung des Abrechnungsbetrags führt, hat die Krankenkasse dem Krankenhaus eine Aufwandspauschale in Höhe von 300 Euro zu entrichten. ⁴Als Prüfung nach Satz 1 ist jede Prüfung der Abrechnung eines Krankenhauses anzusehen, mit der die Krankenkasse den Medizinischen Dienst beauftragt und die eine Datenerhebung durch den Medizinischen Dienst beim Krankenhaus erfordert.

(2) Die Krankenkassen haben durch den Medizinischen Dienst prüfen zu lassen

1. die Notwendigkeit der Leistungen nach den §§ 23, 24, 40 und 41 unter Zugrundelegung eines ärztlichen Behandlungsplans in Stichproben vor Bewilligung und regelmäßig bei beantragter Verlängerung; der Spitzenverband Bund der Krankenkassen regelt in Richtlinien den Umfang und die Auswahl der Stichprobe und kann Ausnahmen zulassen, wenn Prüfungen nach Indikation und Personenkreis nicht notwendig erscheinen; dies gilt insbesondere für Leistungen zur medizinischen Rehabilitation im Anschluß an eine Krankenhausbehandlung (Anschlußheilbehandlung),

2. (entfällt)

3. bei Kostenübernahme einer Behandlung im Ausland, ob die Behandlung einer Krankheit nur im Ausland möglich ist (§ 18),

4. ob und für welchen Zeitraum häusliche Krankenpflege länger als vier Wochen erforderlich ist (§ 37 Abs. 1),

5. ob Versorgung mit Zahnersatz aus medizinischen Gründen ausnahmsweise unaufschiebbar ist (§ 27 Abs. 2).

(3) Die Krankenkassen können in geeigneten Fällen durch den Medizinischen Dienst prüfen lassen

1. vor Bewilligung eines Hilfsmittels, ob das Hilfsmittel erforderlich ist (§ 33); der Medizinische Dienst hat hierbei den Versicherten zu beraten; er hat mit den Orthopädischen Versorgungsstellen zusammenzuarbeiten,
2. bei Dialysebehandlung, welche Form der ambulanten Dialysebehandlung unter Berücksichtigung des Einzelfalls notwendig und wirtschaftlich ist,
3. die Evaluation durchgeführter Hilfsmittelversorgungen,
4. ob Versicherten bei der Inanspruchnahme von Versicherungsleistungen aus Behandlungsfehlern ein Schaden entstanden ist (§ 66).

(3a) Ergeben sich bei der Auswertung der Unterlagen über die Zuordnung von Patienten zu den Behandlungsbereichen nach § 4 der Psychiatrie-Personalverordnung in vergleichbaren Gruppen Abweichungen, so können die Landesverbände der Krankenkassen und die Verbände der Ersatzkassen die Zuordnungen durch den Medizinischen Dienst überprüfen lassen; das zu übermittelnde Ergebnis der Überprüfung darf keine Sozialdaten enthalten.

(4) [1] Die Krankenkassen und ihre Verbände sollen bei der Erfüllung anderer als der in Absatz 1 bis 3 genannten Aufgaben im notwendigen Umfang den Medizinischen Dienst oder andere Gutachterdienste zu Rate ziehen, insbesondere für allgemeine medizinische Fragen der gesundheitlichen Versorgung und Beratung der Versicherten, für Fragen der Qualitätssicherung, für Vertragsverhandlungen mit den Leistungserbringern und für Beratungen der gemeinsamen Ausschüsse von Ärzten und Krankenkassen, insbesondere der Prüfungsausschüsse. [2] Der Medizinische Dienst führt die Aufgaben nach § 116b Absatz 2 durch, wenn der erweiterte Landesausschuss ihn hiermit nach § 116b Absatz 3 Satz 8 ganz oder teilweise beauftragt.

(4a) [1] Soweit die Erfüllung der sonstigen dem Medizinischen Dienst obliegenden Aufgaben nicht beeinträchtigt wird, kann er Beamte nach den §§ 44 bis 49 des Bundesbeamtengesetzes ärztlich untersuchen und ärztliche Gutachten fertigen. [2] Die hierdurch entstehenden Kosten sind von der Behörde, die den Auftrag erteilt hat, zu erstatten. [3] § 281 Absatz 1a Satz 2 gilt entsprechend. [4] Der Medizinische Dienst des Spitzenverbandes Bund der Krankenkassen und das Bundesministerium des Innern vereinbaren unter Beteiligung der Medizinischen Dienste, die ihre grundsätzliche Bereitschaft zur Durchführung von Untersuchungen und zur Fertigung von Gutachten nach Satz 1 erklärt haben, das Nähere über das Verfahren und die Höhe der Kostenerstattung. [5] Die Medizinischen Dienste legen die Vereinbarung ihrer Aufsichtsbehörde vor, die der Vereinbarung innerhalb von drei Monaten nach Vorlage widersprechen kann, wenn die Erfüllung der sonstigen Aufgaben des Medizinischen Dienstes gefährdet wäre.

(5) [1] Die Ärzte des Medizinischen Dienstes sind bei der Wahrnehmung ihrer medizinischen Aufgaben nur ihrem ärztlichen Gewissen unterworfen. [2] Sie sind nicht berechtigt, in die ärztliche Behandlung einzugreifen.

§ 275a Durchführung und Umfang von Qualitätskontrollen in Krankenhäusern durch den Medizinischen Dienst. (1) [1] Der Medizinische Dienst führt nach Maßgabe der folgenden Absätze und der Richtlinie des Gemeinsamen Bundesausschusses nach § 137 Absatz 3 Kontrollen zur Einhaltung von Qualitätsanforderungen in den nach § 108 zugelassenen Krankenhäusern durch. [2] Voraussetzung für die Durchführung einer solchen Kontrolle ist, dass der Medizinische Dienst hierzu von einer vom Gemeinsamen Bundesaus-

5 SGB V § 275b 5. Buch. Gesetzl. Krankenversicherung

schuss in der Richtlinie nach § 137 Absatz 3 festgelegten Stelle oder einer Stelle nach Absatz 4 beauftragt wurde. ³Die Kontrollen sind aufwandsarm zu gestalten und können unangemeldet durchgeführt werden.

(2) ¹Art und Umfang der vom Medizinischen Dienst durchzuführenden Kontrollen bestimmen sich abschließend nach dem konkreten Auftrag, den die in den Absätzen 3 und 4 genannten Stellen erteilen. ²Der Auftrag muss in einem angemessenen Verhältnis zu den Anhaltspunkten stehen, die Auslöser für die Kontrollen sind. ³Gegenstand dieser Aufträge können sein

1. die Einhaltung der Qualitätsanforderungen nach den §§ 135b und 136 bis 136c,
2. die Kontrolle der Richtigkeit der Dokumentation der Krankenhäuser im Rahmen der externen stationären Qualitätssicherung und
3. die Einhaltung der Qualitätsanforderungen der Länder, soweit dies landesrechtlich vorgesehen ist.

⁴Werden bei Durchführung der Kontrollen Anhaltspunkte für erhebliche Qualitätsmängel offenbar, die außerhalb des Kontrollauftrags liegen, so teilt der Medizinische Dienst diese dem Auftraggeber nach Absatz 3 oder Absatz 4 sowie dem Krankenhaus unverzüglich mit. ⁵Satz 2 gilt nicht für Stichprobenprüfungen zur Validierung der Qualitätssicherungsdaten nach § 137 Absatz 3 Satz 1.

(3) ¹Die vom Gemeinsamen Bundesausschuss hierfür bestimmten Stellen beauftragen den Medizinischen Dienst nach Maßgabe der Richtlinie nach § 137 Absatz 3 mit Kontrollen nach Absatz 1 in Verbindung mit Absatz 2 Satz 3 Nummer 1 und 2. ²Soweit der Auftrag auch eine Kontrolle der Richtigkeit der Dokumentation nach Absatz 2 Satz 3 Nummer 2 beinhaltet, sind dem Medizinischen Dienst vom Gemeinsamen Bundesausschuss die Datensätze zu übermitteln, die das Krankenhaus im Rahmen der externen stationären Qualitätssicherung den zuständigen Stellen gemeldet hat und deren Richtigkeit der Medizinische Dienst im Rahmen der Kontrolle zu prüfen hat.

(4) Der Medizinische Dienst kann auch von den für die Krankenhausplanung zuständigen Stellen der Länder mit Kontrollen nach Absatz 1 in Verbindung mit Absatz 2 Satz 3 Nummer 3 beauftragt werden.

§ 275b Durchführung und Umfang von Qualitäts- und Abrechnungsprüfungen bei Leistungen der häuslichen Krankenpflege durch den Medizinischen Dienst. (1) ¹Die Landesverbände der Krankenkassen veranlassen bei Leistungserbringern, mit denen die Krankenkassen Verträge nach § 132a Absatz 4 abgeschlossen haben und die keiner Regelprüfung nach § 114 Absatz 2 des Elften Buches[1]) unterliegen, Regelprüfungen durch den Medizinischen Dienst; § 114 Absatz 2 und 3 des Elften Buches gilt entsprechend. ²Der Medizinische Dienst führt bei Leistungserbringern, mit denen die Krankenkassen Verträge nach § 132a Absatz 4 abgeschlossen haben, im Auftrag der Krankenkassen oder der Landesverbände der Krankenkassen auch anlassbezogen Prüfungen durch, ob die Leistungs- und Qualitätsanforderungen nach diesem Buch und den nach diesem Buch abgeschlossenen vertraglichen Vereinbarungen für Leistungen nach § 37 erfüllt sind und ob die Abrechnung ordnungsgemäß erfolgt ist; § 114 Absatz 4 des Elften Buches gilt entsprechend.

---

¹⁾ Nr. 11.

9. Kapitel. Med. Dienst d. Krankenvers. **§ 275b SGB V 5**

³ Das Nähere, insbesondere zu den Prüfanlässen, den Inhalten der Prüfungen, der Durchführung der Prüfungen, der Beteiligung der Krankenkassen an den Prüfungen sowie zur Abstimmung der Prüfungen nach den Sätzen 1 und 2 mit den Prüfungen nach § 114 des Elften Buches bestimmt der Spitzenverband Bund der Krankenkassen in Richtlinien nach § 282 Absatz 2 Satz 3. ⁴ § 114a Absatz 7 Satz 5 bis 8 und 11 des Elften Buches gilt entsprechend mit der Maßgabe, dass auch den für die Wahrnehmung der Interessen von Pflegediensten maßgeblichen Spitzenorganisationen auf Bundesebene Gelegenheit zur Stellungnahme zu geben ist. ⁵ Die Richtlinien sind bis zum 30. September 2017 zu beschließen.

(2) ¹ Für die Durchführung der Prüfungen nach Absatz 1 gelten § 114a Absatz 1 bis 3a des Elften Buches sowie § 276 Absatz 2 Satz 3 bis 9 entsprechend. ² Prüfungen nach Absatz 1 bei Leistungserbringern, mit denen die Krankenkassen Verträge nach § 132a Absatz 4 abgeschlossen haben und die in einer Wohneinheit behandlungspflegerische Leistungen erbringen, die nach § 132a Absatz 4 Satz 12 anzeigepflichtig sind, sind grundsätzlich unangemeldet durchzuführen. ³ Räume dieser Wohneinheit, die einem Wohnrecht der Versicherten unterliegen, dürfen vom Medizinischen Dienst ohne deren Einwilligung nur betreten werden, soweit dies zur Verhütung dringender Gefahren für die öffentliche Sicherheit und Ordnung erforderlich ist; das Grundrecht der Unverletzlichkeit der Wohnung (Artikel 13 Absatz 1 des Grundgesetzes) wird insoweit eingeschränkt. ⁴ Der Medizinische Dienst ist im Rahmen der Prüfungen nach Absatz 1 befugt, zu den üblichen Geschäfts- und Betriebszeiten die Räume des Leistungserbringers, mit dem die Krankenkassen Verträge nach § 132a Absatz 4 abgeschlossen haben, zu betreten, die erforderlichen Unterlagen einzusehen und personenbezogene Daten zu erheben, zu verarbeiten und zu nutzen, soweit dies für die Prüfungen nach Absatz 1 erforderlich und in den Richtlinien nach Absatz 1 Satz 3 festgelegt ist; für die Einwilligung der Betroffenen gilt § 114a Absatz 3 Satz 5 des Elften Buches entsprechend. ⁵ Der Leistungserbringer, mit dem die Krankenkassen Verträge nach § 132a Absatz 4 abgeschlossen haben, ist zur Mitwirkung bei den Prüfungen nach Absatz 1 verpflichtet und hat dem Medizinischen Dienst Zugang zu den Räumen und den Unterlagen zu verschaffen sowie die Voraussetzungen dafür zu schaffen, dass der Medizinische Dienst die Prüfungen nach Absatz 1 ordnungsgemäß durchführen kann. ⁶ Im Rahmen der Mitwirkung ist der Leistungserbringer befugt und verpflichtet, dem Medizinischen Dienst Einsicht in personenbezogene Daten zu gewähren oder diese Daten dem Medizinischen Dienst auf dessen Anforderung zu übermitteln. ⁷ Für die Einwilligung der Betroffenen gilt § 114a Absatz 3 Satz 5 des Elften Buches entsprechend. ⁸ § 114a Absatz 4 Satz 2 und 3 des Elften Buches sowie § 277 Absatz 1 Satz 4 gelten entsprechend.

(3) ¹ Der Medizinische Dienst berichtet dem Medizinischen Dienst des Spitzenverbandes Bund der Krankenkassen über seine Erfahrungen mit den nach den Absätzen 1 und 2 durchzuführenden Prüfungen, über die Ergebnisse seiner Prüfungen sowie über seine Erkenntnisse zum Stand und zur Entwicklung der Pflegequalität und der Qualitätssicherung in der häuslichen Krankenpflege. ² Die Medizinischen Dienste stellen unter Beteiligung des Medizinischen Dienstes des Spitzenverbandes Bund der Krankenkassen die Vergleichbarkeit der gewonnenen Daten sicher. ³ Der Medizinische Dienst des Spitzenverbandes Bund der Krankenkassen hat die Erfahrungen und Erkenntnisse der Medizi-

nischen Dienste zu den nach den Absätzen 1 und 2 durchzuführenden Prüfungen sowie die Ergebnisse dieser Prüfungen in den Bericht nach § 114a Absatz 6 des Elften Buches einzubeziehen.

§ 276 Zusammenarbeit. (1) ¹Die Krankenkassen sind verpflichtet, dem Medizinischen Dienst die für die Beratung und Begutachtung erforderlichen Unterlagen vorzulegen und Auskünfte zu erteilen. ²Unterlagen, die der Versicherte über seine Mitwirkungspflicht nach den §§ 60 und 65 des Ersten Buches[1)] hinaus seiner Krankenkasse freiwillig selbst überlassen hat, dürfen an den Medizinischen Dienst nur weitergegeben werden, soweit der Versicherte eingewilligt hat. ³ Für die Einwilligung gilt § 67b Abs.2 des Zehnten Buches[2)].

(2) ¹Der Medizinische Dienst darf Sozialdaten erheben und speichern sowie einem anderen Medizinischen Dienst übermitteln, soweit dies für die Prüfungen, Beratungen und gutachtlichen Stellungnahmen nach § 275 erforderlich ist. ² Haben die Krankenkassen oder der Medizinische Dienst für eine gutachtliche Stellungnahme oder Prüfung nach § 275 Absatz 1 bis 3 erforderliche versichertenbezogene Daten bei den Leistungserbringern angefordert, so sind die Leistungserbringer verpflichtet, diese Daten unmittelbar an den Medizinischen Dienst zu übermitteln. ³ Die rechtmäßig erhobenen und gespeicherten Sozialdaten dürfen nur für die in § 275 genannten Zwecke verarbeitet oder genutzt werden, für andere Zwecke, soweit dies durch Rechtsvorschriften des Sozialgesetzbuchs angeordnet oder erlaubt ist. ⁴ Die Sozialdaten sind nach fünf Jahren zu löschen. ⁵ Die §§ 286, 287 und 304 Abs. 1 Satz 2 und 3 und Abs. 2 gelten für den Medizinischen Dienst entsprechend. ⁶ Der Medizinische Dienst hat Sozialdaten zur Identifikation des Versicherten getrennt von den medizinischen Sozialdaten des Versicherten zu speichern. ⁷ Durch technische und organisatorische Maßnahmen ist sicherzustellen, dass die Sozialdaten nur den Personen zugänglich sind, die sie zur Erfüllung ihrer Aufgaben benötigen. ⁸ Der Schlüssel für die Zusammenführung der Daten ist vom Beauftragten für den Datenschutz des Medizinischen Dienstes aufzubewahren und darf anderen Personen nicht zugänglich gemacht werden. ⁹ Jede Zusammenführung ist zu protokollieren.

(2a) ¹ Ziehen die Krankenkassen den Medizinischen Dienst oder einen anderen Gutachterdienst nach § 275 Abs. 4 zu Rate, können sie ihn mit Erlaubnis der Aufsichtsbehörde beauftragen, Datenbestände leistungserbringer- oder fallbezogen für zeitlich befristete und im Umfang begrenzte Aufträge nach § 275 Abs. 4 auszuwerten; die versichertenbezogenen Sozialdaten sind vor der Übermittlung an den Medizinischen Dienst oder den anderen Gutachterdienst zu anonymisieren. ² Absatz 2 Satz 2 gilt entsprechend.

(2b) Beauftragt der Medizinische Dienst einen Gutachter (§ 279 Abs. 5), ist die Übermittlung von erforderlichen Daten zwischen Medizinischem Dienst und dem Gutachter zulässig, soweit dies zur Erfüllung des Auftrages erforderlich ist.

(3) Für das Akteneinsichtsrecht des Versicherten gilt § 25 des Zehnten Buches entsprechend.

[1)] Nr. 1.
[2)] Nr. 10.

9. Kapitel. Med. Dienst d. Krankenvers. **§ 277 SGB V 5**

(4) ¹ Wenn es im Einzelfall zu einer gutachtlichen Stellungnahme über die Notwendigkeit und Dauer der stationären Behandlung des Versicherten erforderlich ist, sind die Ärzte des Medizinischen Dienstes befugt, zwischen 8.00 und 18.00 Uhr die Räume der Krankenhäuser und Vorsorge- oder Rehabilitationseinrichtungen zu betreten, um dort die Krankenunterlagen einzusehen und, soweit erforderlich, den Versicherten untersuchen zu können. ² In den Fällen des § 275 Abs. 3a sind die Ärzte des Medizinischen Dienstes befugt, zwischen 8.00 und 18.00 Uhr die Räume der Krankenhäuser zu betreten, um dort die zur Prüfung erforderlichen Unterlagen einzusehen.

(4a) ¹ Der Medizinische Dienst ist im Rahmen der Kontrollen nach § 275a befugt, zu den üblichen Geschäfts- und Betriebszeiten die Räume des Krankenhauses zu betreten, die erforderlichen Unterlagen einzusehen und personenbezogene Daten zu erheben, zu verarbeiten und zu nutzen, soweit dies in der Richtlinie des Gemeinsamen Bundesausschusses nach § 137 Absatz 3 festgelegt und für die Kontrollen erforderlich ist. ² Absatz 2 Satz 3 bis 9 gilt für die Durchführung von Kontrollen nach § 275a entsprechend. ³ Das Krankenhaus ist zur Mitwirkung verpflichtet und hat dem Medizinischen Dienst Zugang zu den Räumen und den Unterlagen zu verschaffen sowie die Voraussetzungen dafür zu schaffen, dass er die Kontrollen nach § 275a ordnungsgemäß durchführen kann; das Krankenhaus ist hierbei befugt und verpflichtet, dem Medizinischen Dienst Einsicht in personenbezogene Daten zu gewähren oder diese auf Anforderung des Medizinischen Dienstes zu übermitteln. ⁴ Die Sätze 1 und 2 gelten für Kontrollen nach § 275a Absatz 4 nur unter der Voraussetzung, dass das Landesrecht entsprechende Mitwirkungspflichten und datenschutzrechtliche Befugnisse der Krankenhäuser zur Gewährung von Einsicht in personenbezogene Daten vorsieht.

(5) ¹ Wenn sich im Rahmen der Überprüfung der Feststellungen von Arbeitsunfähigkeit (§ 275 Abs. 1 Nr. 3b, Abs. 1a und Abs. 1b) aus den ärztlichen Unterlagen ergibt, daß der Versicherte auf Grund seines Gesundheitszustandes nicht in der Lage ist, einer Vorladung des Medizinischen Dienstes Folge zu leisten oder wenn der Versicherte einen Vorladungstermin unter Berufung auf seinen Gesundheitszustand absagt und der Untersuchung fernbleibt, soll die Untersuchung in der Wohnung des Versicherten stattfinden. ² Verweigert er hierzu seine Zustimmung, kann ihm die Leistung versagt werden. ³ Die §§ 65, 66 des Ersten Buches bleiben unberührt.

(6) Die Aufgaben des Medizinischen Dienstes im Rahmen der sozialen Pflegeversicherung ergeben sich zusätzlich zu den Bestimmungen dieses Buches aus den Vorschriften des Elften Buches[1)].

§ 277 Mitteilungspflichten. (1) ¹ Der Medizinische Dienst hat dem an der vertragsärztlichen Versorgung teilnehmenden Arzt, sonstigen Leistungserbringern, über deren Leistungen er eine gutachtliche Stellungnahme abgegeben hat, und der Krankenkasse das Ergebnis der Begutachtung und der Krankenkasse die erforderlichen Angaben über den Befund mitzuteilen. ² Er ist befugt, den an der vertragsärztlichen Versorgung teilnehmenden Ärzten und den sonstigen Leistungserbringern, über deren Leistungen er eine gutachtliche Stellungnahme abgegeben hat, die erforderlichen Angaben über den Befund mitzuteilen. ³ Der Versicherte kann der Mitteilung über den Befund an die Leistungserbringer

---

[1)] Nr. 11.

widersprechen. ⁴Nach Abschluss der Kontrollen nach § 275a hat der Medizinische Dienst die Kontrollergebnisse dem geprüften Krankenhaus und dem jeweiligen Auftraggeber mitzuteilen. ⁵Soweit in der Richtlinie nach § 137 Absatz 3 Fälle festgelegt sind, in denen Dritte wegen erheblicher Verstöße gegen Qualitätsanforderungen unverzüglich einrichtungsbezogen über das Kontrollergebnis zu informieren sind, hat der Medizinische Dienst sein Kontrollergebnis unverzüglich an die in dieser Richtlinie abschließend benannten Dritten zu übermitteln. ⁶Soweit erforderlich und in der Richtlinie des Gemeinsamen Bundesausschusses nach § 137 Absatz 3 vorgesehen, dürfen diese Mitteilungen auch personenbezogene Angaben enthalten; in der Mitteilung an den Auftraggeber und den Dritten sind personenbezogene Daten zu anonymisieren.

(2) ¹Die Krankenkasse hat, solange ein Anspruch auf Fortzahlung des Arbeitsentgelts besteht, dem Arbeitgeber und dem Versicherten das Ergebnis des Gutachtens des Medizinischen Dienstes über die Arbeitsunfähigkeit mitzuteilen, wenn das Gutachten mit der Bescheinigung des Kassenarztes im Ergebnis nicht übereinstimmt. ²Die Mitteilung darf keine Angaben über die Krankheit des Versicherten enthalten.

Zweiter Abschnitt. Organisation

§ 278 Arbeitsgemeinschaft. (1) ¹In jedem Land wird eine von den Krankenkassen der in Absatz 2 genannten Kassenarten gemeinsam getragene Arbeitsgemeinschaft „Medizinischer Dienst der Krankenversicherung" errichtet. ²Die Arbeitsgemeinschaft ist nach Maßgabe des Artikels 73 Abs. 4 Satz 3 und 4 des Gesundheits-Reformgesetzes eine rechtsfähige Körperschaft des öffentlichen Rechts.

(2) Mitglieder der Arbeitsgemeinschaft sind die Landesverbände der Orts-, Betriebs- und Innungskrankenkassen, die landwirtschaftliche Krankenkasse, die Ersatzkassen und die BAHN-BKK.

(3) ¹Bestehen in einem Land mehrere Landesverbände einer Kassenart, kann durch Beschluß der Mitglieder der Arbeitsgemeinschaft in einem Land ein weiterer Medizinischer Dienst errichtet werden. ²Für mehrere Länder kann durch Beschluß der Mitglieder der betroffenen Arbeitsgemeinschaften ein gemeinsamer Medizinischer Dienst errichtet werden. ³Die Beschlüsse bedürfen der Zustimmung der für die Sozialversicherung zuständigen obersten Verwaltungsbehörden der betroffenen Länder.

§ 279 Verwaltungsrat und Geschäftsführer; Beirat. (1) Organe des Medizinischen Dienstes sind der Verwaltungsrat und der Geschäftsführer.

(2) ¹Der Verwaltungsrat wird von den Verwaltungsräten oder der Vertreterversammlung der Mitglieder gewählt. ²§ 51 Abs. 1 Satz 1 Nr. 2 bis 4, Abs. 6 Nr. 2 bis 4, Nr. 5 Buchstabe b und c und Nr. 6 Buchstabe a des Vierten Buches[1]) gilt entsprechend. ³Beschäftigte des Medizinischen Dienstes sind nicht wählbar. ⁴Beschäftigte der Krankenkassen oder Beschäftigte von Verbänden oder Arbeitsgemeinschaften der Krankenkassen dürfen zusammen mit höchstens einem Viertel der Mitglieder im Verwaltungsrat vertreten sein.

---

¹) Nr. 4.

(3) ¹Der Verwaltungsrat hat höchstens sechzehn Vertreter. ²Sind mehrere Landesverbände einer Kassenart Mitglieder des Medizinischen Dienstes, kann die Zahl der Vertreter im Verwaltungsrat angemessen erhöht werden. ³Die Mitglieder haben sich über die Zahl der Vertreter, die auf die einzelne Kassenart entfällt, zu einigen. ⁴Kommt eine Einigung nicht zustande, entscheidet die für die Sozialversicherung zuständige oberste Verwaltungsbehörde des Landes.

(4) ¹Der Geschäftsführer führt die Geschäfte des Medizinischen Dienstes nach den Richtlinien des Verwaltungsrats. ²Er stellt den Haushaltsplan auf und vertritt den Medizinischen Dienst gerichtlich und außergerichtlich. ³Die Höhe der jährlichen Vergütungen des Geschäftsführers und seines Stellvertreters einschließlich Nebenleistungen sowie die wesentlichen Versorgungsregelungen sind in einer Übersicht jährlich zum 1. März im Bundesanzeiger zu veröffentlichen. ⁴Abweichend davon erfolgt die erstmalige Veröffentlichung zum 1. September 2011. ⁵Die Art und die Höhe finanzieller Zuwendungen, die dem Geschäftsführer und seinem Stellvertreter im Zusammenhang mit ihrer Geschäftsführertätigkeit von Dritten gewährt werden, sind dem Vorsitzenden und dem stellvertretenden Vorsitzenden des Verwaltungsrates mitzuteilen.

(4a) ¹Bei den Medizinischen Diensten wird ein Beirat errichtet, der den Verwaltungsrat bei seinen Entscheidungen berät und durch Vorschläge und Stellungnahmen unterstützt. ²Er ist vor allen Entscheidungen des Verwaltungsrates zu hören. ³Der Beirat besteht aus bis zu acht Vertretern. ⁴Die Anzahl der Vertreter im Beirat soll der Hälfte der Anzahl der Mitglieder des Verwaltungsrates entsprechen. ⁵Die Vertreter im Beirat werden von der für die Sozialversicherung zuständigen obersten Verwaltungsbehörde des Landes bestimmt, und zwar zur einen Hälfte auf Vorschlag der für die Wahrnehmung der Interessen und der Selbsthilfe der pflegebedürftigen und behinderten Menschen sowie der pflegenden Angehörigen maßgeblichen Organisationen auf Landesebene und zur anderen Hälfte auf Vorschlag der maßgeblichen Verbände der Pflegeberufe auf Landesebene. ⁶Die für die Sozialversicherung zuständige oberste Verwaltungsbehörde des Landes bestimmt die Voraussetzungen der Anerkennung der maßgeblichen Organisationen und Verbände nach Satz 3, insbesondere zu den Erfordernissen an die Organisationsform und die Offenlegung der Finanzierung. ⁷Sie legt auch die Einzelheiten für das Verfahren der Übermittlung und der Bearbeitung der Vorschläge der Organisationen und Verbände nach Satz 3 fest. ⁸Die Kosten der Tätigkeit des Beirats trägt der Medizinische Dienst. ⁹Die Vertreter des Beirates nach Satz 1 erhalten Reisekosten nach dem Bundesreisekostengesetz oder nach den Vorschriften des Landes über Reisekostenvergütung, Ersatz des Verdienstausfalls in entsprechender Anwendung des § 41 Absatz 2 des Vierten Buches sowie einen Pauschbetrag für Zeitaufwand in Höhe eines Fünfzigstels der monatlichen Bezugsgröße (§ 18 des Vierten Buches) für jeden Kalendertag einer Sitzung. ¹⁰Das Nähere, insbesondere zum Verfahren der Beteiligung des Beirats und zu seiner Finanzierung, ist in der Satzung des Medizinischen Dienstes zu regeln.

(5) Die Fachaufgaben des Medizinischen Dienstes werden von Ärzten und Angehörigen anderer Heilberufe wahrgenommen; der Medizinische Dienst hat vorrangig Gutachter zu beauftragen.

(6) Folgende Vorschriften des Vierten Buches gelten entsprechend: §§ 34, 37, 38, 40 Abs. 1 Satz 1 und 2 und Abs. 2, §§ 41, 42 Abs. 1 bis 3, § 43 Abs. 2, §§ 58, 59 Abs. 1 bis 3, Abs. 5 und 6, §§ 60, 62 Abs. 1 Satz 1 erster Halbsatz, Abs. 2, Abs. 3 Satz 1 und 4 und Abs. 4 bis 6, § 63 Abs. 1 und 2, Abs. 3 Satz 2

und 3, Abs. 4 und 5, § 64 Abs. 1 und Abs. 2 Satz 2, Abs. 3 Satz 2 und 3 und § 66 Abs. 1 Satz 1 und Abs. 2.

§ 280 Aufgaben des Verwaltungsrats. (1) [1] Der Verwaltungsrat hat
1. die Satzung zu beschließen,
2. den Haushaltsplan festzustellen,
3. die jährliche Betriebs- und Rechnungsführung zu prüfen,
4. Richtlinien für die Erfüllung der Aufgaben des Medizinischen Dienstes unter Berücksichtigung der Richtlinien und Empfehlungen des Spitzenverbandes Bund der Krankenkassen nach § 282 Abs. 2 aufzustellen,
5. Nebenstellen zu errichten und aufzulösen,
6. den Geschäftsführer und seinen Stellvertreter zu wählen und zu entlasten.

[2] § 210 Abs. 1 gilt entsprechend. [3] § 35a Absatz 6a des Vierten Buches[1]) gilt entsprechend.

(2) [1] Beschlüsse des Verwaltungsrats werden mit einfacher Mehrheit der Mitglieder gefaßt. [2] Beschlüsse über Haushaltsangelegenheiten und über die Aufstellung und Änderung der Satzung bedürfen einer Mehrheit von zwei Dritteln der Mitglieder.

§ 281 Finanzierung und Aufsicht. (1) [1] Die zur Finanzierung der Aufgaben des Medizinischen Dienstes nach § 275 Absatz 1 bis 3a, den §§ 275a und 275b erforderlichen Mittel mit Ausnahme der erforderlichen Mittel für die Kontrollen nach § 275a Absatz 4 werden von den Krankenkassen nach § 278 Abs. 1 Satz 1 durch eine Umlage aufgebracht. [2] Die Mittel sind im Verhältnis der Zahl der Mitglieder der einzelnen Krankenkassen mit Wohnort im Einzugsbereich des Medizinischen Dienstes aufzuteilen. [3] Die Zahl der nach Satz 2 maßgeblichen Mitglieder der Krankenkasse ist nach dem Vordruck KM 6 der Statistik über die Versicherten in der gesetzlichen Krankenversicherung jeweils zum 1. Juli eines Jahres zu bestimmen. [4] Werden dem Medizinischen Dienst Aufgaben übertragen, die für die Prüfung von Ansprüchen gegenüber Leistungsträgern bestimmt sind, die nicht Mitglied der Arbeitsgemeinschaft nach § 278 sind, sind ihm die hierdurch entstehenden Kosten von den anderen Leistungsträgern zu erstatten. [5] Die Pflegekassen tragen abweichend von Satz 3 die Hälfte der Umlage nach Satz 1.

(1a) [1] Die Leistungen der Medizinischen Dienste oder anderer Gutachterdienste im Rahmen der ihnen nach § 275 Abs. 4 übertragenen Aufgaben sind von dem jeweiligen Auftraggeber durch aufwandsorientierte Nutzerentgelte zu vergüten. [2] Dies gilt auch für Kontrollen des Medizinischen Dienstes nach § 275a Absatz 4. [3] Eine Verwendung von Umlagemitteln nach Absatz 1 Satz 1 zur Finanzierung dieser Aufgaben ist auszuschließen.

(2) [1] Für das Haushalts- und Rechnungswesen einschließlich der Statistiken gelten die §§ 67 bis 69, § 70 Abs. 5, § 72 Abs. 1 und 2 Satz 1 erster Halbsatz, die §§ 73 bis 77 Abs. 1 und § 79 Abs. 1 und 2 in Verbindung mit Absatz 3a des Vierten Buches[1]) sowie die auf Grund des § 78 des Vierten Buches erlassenen Rechtsverordnungen entsprechend. [2] Für die Bildung von Rückstellungen und Deckungskapital von Altersversorgungsverpflichtungen gelten § 171e so-

---

[1]) Nr. 4.

wie § 12 Absatz 1 und 1a der Sozialversicherungs-Rechnungsverordnung entsprechend. ³ Für das Vermögen gelten die §§ 80 und 85 des Vierten Buches entsprechend.

(3) ¹ Der Medizinische Dienst untersteht der Aufsicht der für die Sozialversicherung zuständigen obersten Verwaltungsbehörde des Landes, in dem er seinen Sitz hat. ² § 87 Abs. 1 Satz 2 und die §§ 88 und 89 des Vierten Buches sowie § 274 gelten entsprechend. ³ § 275 Abs. 5 ist zu beachten.

§ 282 Medizinischer Dienst des Spitzenverbandes Bund der Krankenkassen. (1) ¹ Der Spitzenverband Bund der Krankenkassen bildet zum 1. Juli 2008 einen Medizinischen Dienst auf Bundesebene (Medizinischer Dienst des Spitzenverbandes Bund der Krankenkassen). ² Dieser ist nach Maßgabe des Artikels 73 Abs. 4 Satz 3 und 4 des Gesundheits-Reformgesetzes eine rechtsfähige Körperschaft des öffentlichen Rechts.

(2) ¹ Der Medizinische Dienst des Spitzenverbandes Bund der Krankenkassen berät den Spitzenverband Bund der Krankenkassen in allen medizinischen Fragen der diesem zugewiesenen Aufgaben. ² Der Medizinische Dienst des Spitzenverbandes Bund der Krankenkassen koordiniert und fördert die Durchführung der Aufgaben und die Zusammenarbeit der Medizinischen Dienste der Krankenversicherung in medizinischen und organisatorischen Fragen. ³ Der Spitzenverband Bund der Krankenkassen erlässt Richtlinien über die Zusammenarbeit der Krankenkassen mit den Medizinischen Diensten, zur Sicherstellung einer einheitlichen Begutachtung sowie über Grundsätze für Fort- und Weiterbildung. ⁴ Im Übrigen kann er Empfehlungen abgeben. ⁵ Die Medizinischen Dienste der Krankenversicherung haben den Medizinischen Dienst des Spitzenverbandes Bund der Krankenkassen bei der Wahrnehmung seiner Aufgaben zu unterstützen.

(2a) ¹ Mitglieder des Medizinischen Dienstes des Spitzenverbandes Bund der Krankenkassen sind der Spitzenverband Bund der Krankenkassen als allein entscheidungsbefugtes Mitglied sowie fördernde Mitglieder. ² Als fördernde Mitglieder können die Verbände der Krankenkassen und die Medizinischen Dienste der Krankenversicherung beitreten; der Beitritt von für die Wahrnehmung der Interessen der Patientinnen und Patienten und der Selbsthilfe chronisch kranker und behinderter Menschen maßgeblichen Organisationen auf Bundesebene als weitere fördernde Mitglieder kann in der Satzung nach Absatz 2e geregelt werden. ³ Organe des Medizinischen Dienstes des Spitzenverbandes Bund der Krankenkassen sind der Verwaltungsrat, die Geschäftsführung und die Mitgliederversammlung.

(2b) ¹ Bei dem Medizinischen Dienst des Spitzenverbandes Bund der Krankenkassen wird als Selbstverwaltungsorgan ein Verwaltungsrat gebildet. ² Der Verwaltungsrat setzt sich zusammen aus stimmberechtigten Vertretern der im Verwaltungsrat des Spitzenverbandes Bund der Krankenkassen vertretenen Versicherten und Arbeitgeber sowie aus stimmberechtigten Vertretern des Vorstandes des Spitzenverbandes Bund der Krankenkassen. ³ Das Nähere, insbesondere zur Zusammensetzung des Verwaltungsrates, zur Wahl des Vorsitzenden und dessen Stellvertreter sowie zur Wahl nicht stimmberechtigter Mitglieder aus dem Kreis der fördernden Mitglieder des Medizinischen Dienstes des Spitzenverbandes Bund der Krankenkassen, regelt die Satzung nach Absatz 2e.
⁴ § 217b Absatz 1 Satz 3 und Absatz 1a bis 1e gilt entsprechend.

(2c) ¹Bei dem Medizinischen Dienst des Spitzenverbandes Bund der Krankenkassen wird eine Mitgliederversammlung gebildet. ²Die Mitgliederversammlung setzt sich zusammen aus Vertretern der im Verwaltungsrat des Spitzenverbandes Bund der Krankenkassen vertretenen Versicherten und Arbeitgeber sowie aus Vertretern der fördernden Mitglieder des Medizinischen Dienstes des Spitzenverbandes Bund der Krankenkassen. ³Das Nähere regelt die Satzung nach Absatz 2e, insbesondere zur Zusammensetzung, zu den Aufgaben, zu den Rechten und Pflichten der Mitglieder, zu den Beiträgen der fördernden Mitglieder sowie zur Beschlussfassung der Mitgliederversammlung.

(2d) ¹Bei dem Medizinischen Dienst des Spitzenverbandes Bund der Krankenkassen wird eine Geschäftsführung gebildet, die Vorstand im Sinne des Sozialgesetzbuches ist. ²Die Geschäftsführung besteht aus einem Geschäftsführer und einem Stellvertreter, die vom Verwaltungsrat des Medizinischen Dienstes des Spitzenverbandes Bund der Krankenkassen gewählt werden. ³Der Geschäftsführer und sein Stellvertreter führen die Geschäfte des Medizinischen Dienstes des Spitzenverbandes Bund der Krankenkassen, soweit nicht der Verwaltungsrat oder die Mitgliederversammlung zuständig ist, und vertreten den Medizinischen Dienst des Spitzenverbandes Bund der Krankenkassen gerichtlich und außergerichtlich. ⁴In der Satzung nach Absatz 2e können die Aufgaben der Geschäftsführung näher konkretisiert werden. ⁵§ 217b Absatz 2 Satz 7 und Absatz 2a sowie § 35a Absatz 1 bis 3, 6 Satz 1, Absatz 6a und 7 des Vierten Buches[1]) gelten entsprechend.

(2e) ¹Der Verwaltungsrat hat eine Satzung zu beschließen. ²Die Satzung bedarf der Genehmigung der Aufsichtsbehörde. ³§ 34 Absatz 2 des Vierten Buches und § 217e Absatz 1 Satz 5 gelten entsprechend.

(3) ¹§ 217d Absatz 2 gilt mit der Maßgabe entsprechend, dass der Spitzenverband Bund der Krankenkassen die Mittel zur Wahrnehmung der Aufgaben des Medizinischen Dienstes des Spitzenverbandes Bund der Krankenkassen nach diesem und dem Elften Buch aufzubringen hat. ²Für fördernde Mitglieder des Medizinischen Dienstes des Spitzenverbandes Bund der Krankenkassen kann ein Beitrag zur Finanzierung vorgesehen werden. ³Das Nähere zur Finanzierung regelt die Satzung nach Absatz 2e. ⁴Für die Bildung von Rückstellungen und Deckungskapital von Altersversorgungsverpflichtungen gelten § 171e sowie § 12 Absatz 1 und 1a der Sozialversicherungs-Rechnungsverordnung entsprechend.

(4) ¹Der Medizinische Dienst des Spitzenverbandes Bund der Krankenkassen untersteht der Aufsicht des Bundesministeriums für Gesundheit. ²§ 217d Absatz 3 und die §§ 217g bis 217j, 219, 274, 279 Absatz 4 Satz 3 und 5 gelten entsprechend. ³§ 275 Absatz 5 ist zu beachten.

§ 283 Ausnahmen. Die Aufgaben des Medizinischen Dienstes nimmt für die Krankenversicherung der Deutschen Rentenversicherung Knappschaft-Bahn-See deren Sozialmedizinischer Dienst wahr.

---

[1]) Nr. 4.

Zehntes Kapitel. Versicherungs- und Leistungsdaten, Datenschutz, Datentransparenz

Erster Abschnitt. Informationsgrundlagen

Erster Titel. Grundsätze der Datenverwendung

§ 284 Sozialdaten bei den Krankenkassen. (1) ¹Die Krankenkassen dürfen Sozialdaten für Zwecke der Krankenversicherung nur erheben und speichern, soweit diese für

1. die Feststellung des Versicherungsverhältnisses und der Mitgliedschaft, einschließlich der für die Anbahnung eines Versicherungsverhältnisses erforderlichen Daten,
2. die Ausstellung des Berechtigungsscheines und der elektronischen Gesundheitskarte,
3. die Feststellung der Beitragspflicht und der Beiträge, deren Tragung und Zahlung,
4. die Prüfung der Leistungspflicht und der Erbringung von Leistungen an Versicherte einschließlich der Voraussetzungen von Leistungsbeschränkungen, die Bestimmung des Zuzahlungsstatus und die Durchführung der Verfahren bei Kostenerstattung, Beitragsrückzahlung und der Ermittlung der Belastungsgrenze,
5. die Unterstützung der Versicherten bei Behandlungsfehlern,
6. die Übernahme der Behandlungskosten in den Fällen des § 264,
7. die Beteiligung des Medizinischen Dienstes,
8. die Abrechnung mit den Leistungserbringern, einschließlich der Prüfung der Rechtmäßigkeit und Plausibilität der Abrechnung,
9. die Überwachung der Wirtschaftlichkeit der Leistungserbringung,
10. die Abrechnung mit anderen Leistungsträgern,
11. die Durchführung von Erstattungs- und Ersatzansprüchen,
12. die Vorbereitung, Vereinbarung und Durchführung von Vergütungsverträgen nach dem § 87a,
13. die Vorbereitung und Durchführung von Modellvorhaben, die Durchführung des Versorgungsmanagements nach § 11 Abs. 4, die Durchführung von Verträgen zur hausarztzentrierten Versorgung, zu besonderen Versorgungsformen und zur ambulanten Erbringung hochspezialisierter Leistungen, einschließlich der Durchführung von Wirtschaftlichkeitsprüfungen und Qualitätsprüfungen, soweit Verträge ohne Beteiligung der Kassenärztlichen Vereinigungen abgeschlossen wurden,
14. die Durchführung des Risikostrukturausgleichs (§ 266 Abs. 1 bis 6, § 267 Abs. 1 bis 6, § 268 Abs. 3) sowie zur Gewinnung von Versicherten für die Programme nach § 137g und zur Vorbereitung und Durchführung dieser Programme,
15. die Durchführung des Entlassmanagements nach § 39 Absatz 1a,
16. die Auswahl von Versicherten für Maßnahmen nach § 44 Absatz 4 Satz 1 und nach § 39b sowie zu deren Durchführung,

5 SGB V § 285 5. Buch. Gesetzl. Krankenversicherung

16a. die Überwachung der Einhaltung der vertraglichen und gesetzlichen Pflichten der Leistungserbringer von Hilfsmitteln nach § 127 Absatz 5a,

17. die Erfüllung der Aufgaben der Krankenkassen als Rehabilitationsträger nach dem Neunten Buch[1)]

erforderlich sind. ² Versichertenbezogene Angaben über ärztliche Leistungen dürfen auch auf maschinell verwertbaren Datenträgern gespeichert werden, soweit dies für die in Satz 1 Nr. 4, 8, 9, 10, 11, 12, 13, 14 und § 305 Absatz 1 bezeichneten Zwecke erforderlich ist. ³ Versichertenbezogene Angaben über ärztlich verordnete Leistungen dürfen auf maschinell verwertbaren Datenträgern gespeichert werden, soweit dies für die in Satz 1 Nr. 4, 8, 9, 10, 11, 12, 13, 14 und § 305 Abs. 1 bezeichneten Zwecke erforderlich ist. ⁴ Die nach den Sätzen 2 und 3 gespeicherten Daten sind zu löschen, sobald sie für die genannten Zwecke nicht mehr benötigt werden. ⁵ Im Übrigen gelten für die Datenerhebung und -speicherung die Vorschriften des Ersten[2)] und Zehnten Buches[3)].

(2) Im Rahmen der Überwachung der Wirtschaftlichkeit der vertragsärztlichen Versorgung dürfen versichertenbezogene Leistungs- und Gesundheitsdaten auf maschinell verwertbaren Datenträgern nur gespeichert werden, soweit dies für Stichprobenprüfungen nach § 106a Absatz 1 Satz 1 oder § 106b Absatz 1 Satz 1 erforderlich ist.

(3) ¹ Die rechtmäßig erhobenen und gespeicherten versichertenbezogenen Daten dürfen nur für die Zwecke der Aufgaben nach Absatz 1 in dem jeweils erforderlichen Umfang verarbeitet oder genutzt werden, für andere Zwecke, soweit dies durch Rechtsvorschriften des Sozialgesetzbuchs angeordnet oder erlaubt ist. ² Die Daten, die nach § 295 Abs. 1b Satz 1 an die Krankenkasse übermittelt werden, dürfen nur zu Zwecken nach Absatz 1 Satz 1 Nr. 4, 8, 9, 10, 11, 12, 13, 14 und § 305 Abs. 1 versichertenbezogen verarbeitet und genutzt werden und nur, soweit dies für diese Zwecke erforderlich ist; für die Verarbeitung und Nutzung dieser Daten zu anderen Zwecken ist der Versichertenbezug vorher zu löschen.

(4) ¹ Zur Gewinnung von Mitgliedern dürfen die Krankenkassen Daten erheben, verarbeiten und nutzen, wenn die Daten allgemein zugänglich sind, es sei denn, dass das schutzwürdige Interesse des Betroffenen an dem Ausschluss der Verarbeitung oder Nutzung überwiegt. ² Ein Abgleich der erhobenen Daten mit den Angaben nach § 291 Abs. 2 Nr. 2, 3, 4 und 5 ist zulässig. ³ Widerspricht der Betroffene bei der verantwortlichen Stelle der Nutzung oder Übermittlung seiner Daten, ist sie unzulässig. ⁴ Die Daten sind zu löschen, sobald sie für die Zwecke nach Satz 1 nicht mehr benötigt werden. ⁵ Im Übrigen gelten für die Datenerhebung, Verarbeitung und Nutzung die Vorschriften des Ersten und Zehnten Buches.

§ 285 Personenbezogene Daten bei den Kassenärztlichen Vereinigungen. (1) Die Kassenärztlichen Vereinigungen dürfen Einzelangaben über die persönlichen und sachlichen Verhältnisse der Ärzte nur erheben und speichern, soweit dies zur Erfüllung der folgenden Aufgaben erforderlich ist:

[1)] Nr. 9.
[2)] Nr. 1.
[3)] Nr. 10.

10. Kapitel. Versicherungs- u. Leistungsdaten   § 285 SGB V 5

1. Führung des Arztregisters (§ 95),
2. Sicherstellung und Vergütung der vertragsärztlichen Versorgung einschließlich der Überprüfung der Zulässigkeit und Richtigkeit der Abrechnung,
3. Vergütung der ambulanten Krankenhausleistungen (§ 120),
4. Vergütung der belegärztlichen Leistungen (§ 121),
5. Durchführung von Wirtschaftlichkeitsprüfungen (§ 106 bis § 106c),
6. Durchführung von Qualitätsprüfungen (§ 135b).

(2) Einzelangaben über die persönlichen und sachlichen Verhältnisse der Versicherten dürfen die Kassenärztlichen Vereinigungen nur erheben und speichern, soweit dies zur Erfüllung der in Absatz 1 Nr. 2, 5, 6 sowie den §§ 106d und 305 genannten Aufgaben erforderlich ist.

(3) [1] Die rechtmäßig erhobenen und gespeicherten Sozialdaten dürfen nur für die Zwecke der Aufgaben nach Absatz 1 in dem jeweils erforderlichen Umfang verarbeitet oder genutzt werden, für andere Zwecke, soweit dies durch Rechtsvorschriften des Sozialgesetzbuchs angeordnet oder erlaubt ist. [2] Die nach Absatz 1 Nr. 6 rechtmäßig erhobenen und gespeicherten Daten dürfen den ärztlichen und zahnärztlichen Stellen nach § 17a der Röntgenverordnung und den ärztlichen Stellen nach § 83 der Strahlenschutzverordnung übermittelt werden, soweit dies für die Durchführung von Qualitätsprüfungen erforderlich ist. [3] Die beteiligten Kassenärztlichen Vereinigungen dürfen die nach Absatz 1 und 2 rechtmäßig erhobenen und gespeicherten Sozialdaten der für die überörtliche Berufsausübungsgemeinschaft zuständigen Kassenärztlichen Vereinigung übermitteln, soweit dies zur Erfüllung der in Absatz 1 Nr. 1, 2, 4, 5 und 6 genannten Aufgaben erforderlich ist. [4] Sie dürfen die nach den Absätzen 1 und 2 rechtmäßig erhobenen Sozialdaten der nach § 24 Abs. 3 Satz 3 der Zulassungsverordnung für Vertragsärzte und § 24 Abs. 3 Satz 3 der Zulassungsverordnung für Vertragszahnärzte ermächtigten Vertragsärzte und Vertragszahnärzte auf Anforderung auch untereinander übermitteln, soweit dies zur Erfüllung der in Absatz 1 Nr. 2 genannten Aufgaben erforderlich ist. [5] Die zuständige Kassenärztliche und die zuständige Kassenzahnärztliche Vereinigung dürfen die nach Absatz 1 und 2 rechtmäßig erhobenen und gespeicherten Sozialdaten der Leistungserbringer, die vertragsärztliche und vertragszahnärztliche Leistungen erbringen, auf Anforderung untereinander übermitteln, soweit dies zur Erfüllung der in Absatz 1 Nr. 2 sowie in § 106a genannten Aufgaben erforderlich ist. [6] Sie dürfen rechtmäßig erhobene und gespeicherte Sozialdaten auf Anforderung auch untereinander übermitteln, soweit dies zur Erfüllung der in § 32 Abs. 1 der Zulassungsverordnung für Vertragsärzte und § 32 Abs. 1 der Zulassungsverordnung für Vertragszahnärzte genannten Aufgaben erforderlich ist. [7] Die Kassenärztlichen Vereinigungen dürfen rechtmäßig erhobene und gespeicherte Sozialdaten auch untereinander übermitteln, soweit dies im Rahmen eines Auftrags nach § 77 Absatz 6 Satz 2 in Verbindung mit § 88 des Zehnten Buches[1] erforderlich ist. [8] Versichertenbezogene Daten sind vor ihrer Übermittlung zu pseudonymisieren.

(3a) Die Kassenärztlichen Vereinigungen sind befugt, personenbezogene Daten der Ärzte, von denen sie bei Erfüllung ihrer Aufgaben nach Absatz 1 Kenntnis erlangt haben, und soweit diese

---

[1] Nr. 10.

1. für Entscheidungen über die Rücknahme, den Widerruf oder die Anordnung des Ruhens der Approbation oder
2. für berufsrechtliche Verfahren

erheblich sind, den hierfür zuständigen Behörden und Heilberufskammern zu übermitteln.

(4) Soweit sich die Vorschriften dieses Kapitels auf Ärzte und Kassenärztliche Vereinigungen beziehen, gelten sie entsprechend für Psychotherapeuten, Zahnärzte und Kassenzahnärztliche Vereinigungen.

§ 286 Datenübersicht. (1) [1] Die Krankenkassen und die Kassenärztlichen Vereinigungen erstellen einmal jährlich eine Übersicht über die Art der von ihnen oder in ihrem Auftrag gespeicherten Sozialdaten. [2] Die Übersicht ist der zuständigen Aufsichtsbehörde vorzulegen.

(2) Die Krankenkassen und die Kassenärztlichen Vereinigungen sind verpflichtet, die Übersicht nach Absatz 1 in geeigneter Weise zu veröffentlichen.

(3) Die Krankenkassen und die Kassenärztlichen Vereinigungen regeln in Dienstanweisungen das Nähere insbesondere über

1. die zulässigen Verfahren der Verarbeitung der Daten,
2. Art, Form, Inhalt und Kontrolle der einzugebenden und der auszugebenden Daten,
3. die Abgrenzung der Verantwortungsbereiche bei der Datenverarbeitung,
4. die weiteren zur Gewährleistung von Datenschutz und Datensicherheit zu treffenden Maßnahmen, insbesondere der Maßnahmen nach der Anlage zu § 78a des Zehnten Buches[1]).

§ 287 Forschungsvorhaben. (1) Die Krankenkassen und die Kassenärztlichen Vereinigungen dürfen mit Erlaubnis der Aufsichtsbehörde die Datenbestände leistungserbringer- oder fallbeziehbar für zeitlich befristete und im Umfang begrenzte Forschungsvorhaben, insbesondere zur Gewinnung epidemiologischer Erkenntnisse, von Erkenntnissen über Zusammenhänge zwischen Erkrankungen und Arbeitsbedingungen oder von Erkenntnissen über örtliche Krankheitsschwerpunkte, selbst auswerten oder über die sich aus § 304 ergebenden Fristen hinaus aufbewahren.

(2) Sozialdaten sind zu anonymisieren.

Zweiter Titel. Informationsgrundlagen der Krankenkassen

§ 288 Versichertenverzeichnis. [1] Die Krankenkasse hat ein Versichertenverzeichnis zu führen. [2] Das Versichertenverzeichnis hat alle Angaben zu enthalten, die zur Feststellung der Versicherungspflicht oder -berechtigung, zur Bemessung und Einziehung der Beiträge, soweit nach der Art der Versicherung notwendig, sowie zur Feststellung des Leistungsanspruchs einschließlich der Versicherung nach § 10 erforderlich sind.

§ 289 Nachweispflicht bei Familienversicherung. [1] Für die Eintragung in das Versichertenverzeichnis hat die Krankenkasse die Versicherung nach § 10

---
[1]) Nr. 10.

bei deren Beginn festzustellen. ²Sie kann die dazu erforderlichen Daten vom Angehörigen oder mit dessen Zustimmung vom Mitglied erheben. ³Der Fortbestand der Voraussetzungen der Versicherung nach § 10 ist auf Verlangen der Krankenkasse nachzuweisen.

§ 290 Krankenversichertennummer. (1) ¹Die Krankenkasse verwendet für jeden Versicherten eine Krankenversichertennummer. ²Die Krankenversichertennummer besteht aus einem unveränderbaren Teil zur Identifikation des Versicherten und einem veränderbaren Teil, der bundeseinheitliche Angaben zur Kassenzugehörigkeit enthält und aus dem bei Vergabe der Nummer an Versicherte nach § 10 sicherzustellen ist, dass der Bezug zu dem Angehörigen, der Mitglied ist, hergestellt werden kann. ³Der Aufbau und das Verfahren der Vergabe der Krankenversichertennummer haben den Richtlinien nach Absatz 2 zu entsprechen. ⁴Die Rentenversicherungsnummer darf nicht als Krankenversichertennummer verwendet werden. ⁵Eine Verwendung der Rentenversicherungsnummer zur Bildung der Krankenversichertennummer entsprechend Richtlinien nach Absatz 2 ist zulässig, wenn nach dem Stand von Wissenschaft und Technik sichergestellt ist, dass nach Vergabe der Krankenversichertennummer weder aus der Krankenversichertennummer auf die Rentenversicherungsnummer noch aus der Rentenversicherungsnummer auf die Krankenversichertennummer zurückgeschlossen werden kann; dieses Erfordernis gilt auch in Bezug auf die vergebende Stelle. ⁶Die Prüfung einer Mehrfachvergabe der Krankenversichertennummer durch die Vertrauensstelle bleibt davon unberührt. ⁷Wird die Rentenversicherungsnummer zur Bildung der Krankenversichertennummer verwendet, ist für Personen, denen eine Krankenversichertennummer zugewiesen werden muss und die noch keine Rentenversicherungsnummer erhalten haben, eine Rentenversicherungsnummer zu vergeben.

(2) ¹Der Spitzenverband Bund der Krankenkassen hat den Aufbau und das Verfahren der Vergabe der Krankenversichertennummer durch Richtlinien zu regeln. ²Die Krankenversichertennummer ist von einer von den Krankenkassen und ihren Verbänden räumlich, organisatorisch und personell getrennten Vertrauensstelle zu vergeben. ³Die Vertrauensstelle gilt als öffentliche Stelle und unterliegt dem Sozialgeheimnis nach § 35 des Ersten Buches¹⁾. ⁴Sie untersteht der Rechtsaufsicht des Bundesministeriums für Gesundheit. ⁵§ 274 Abs. 1 Satz 2 gilt entsprechend. ⁶Die Richtlinien sind dem Bundesministerium für Gesundheit vorzulegen. ⁷Es kann sie innerhalb von zwei Monaten beanstanden. ⁸Kommen die Richtlinien nicht innerhalb der gesetzten Frist zu Stande oder werden die Beanstandungen nicht innerhalb der vom Bundesministerium für Gesundheit gesetzten Frist behoben, kann das Bundesministerium für Gesundheit die Richtlinien erlassen.

§ 291 Elektronische Gesundheitskarte als Versicherungsnachweis.

(1) ¹Die Krankenkasse stellt für jeden Versicherten eine elektronische Gesundheitskarte aus. ²Sie dient dem Nachweis der Berechtigung zur Inanspruchnahme von Leistungen im Rahmen der vertragsärztlichen Versorgung (Versicherungsnachweis) sowie der Abrechnung mit den Leistungserbringern. ³Neben der Verwendung nach Satz 2 hat die elektronische Gesundheitskarte die Durchführung der Anwendungen nach § 291a Absatz 2 und 3 zu gewähr-

---
¹⁾ Nr. 1.

leisten. ⁴Die elektronische Gesundheitskarte ist von dem Versicherten zu unterschreiben. ⁵Die Karte gilt nur für die Dauer der Mitgliedschaft bei der ausstellenden Krankenkasse und ist nicht übertragbar. ⁶Bei Inanspruchnahme ärztlicher Behandlung bestätigt der Versicherte auf dem Abrechnungsschein des Arztes das Bestehen der Mitgliedschaft durch seine Unterschrift. ⁷Die Krankenkasse kann die Gültigkeit der Karte befristen.

(2) ¹Die elektronische Gesundheitskarte enthält vorbehaltlich des § 291a folgende Angaben:

1. die Bezeichnung der ausstellenden Krankenkasse, einschließlich eines Kennzeichens für die Kassenärztliche Vereinigung, in deren Bezirk der Versicherte seinen Wohnsitz hat,

2. den Familiennamen und Vornamen des Versicherten,

3. das Geburtsdatum des Versicherten,

4. das Geschlecht des Versicherten,

5. die Anschrift des Versicherten,

6. die Krankenversichertennummer des Versicherten,

7. den Versichertenstatus, für die Personengruppen nach § 264 Absatz 2 den Status der auftragsweisen Betreuung,

8. den Zuzahlungsstatus des Versicherten,

9. den Tag des Beginns des Versicherungsschutzes,

10. bei befristeter Gültigkeit der elektronischen Gesundheitskarte das Datum des Fristablaufs.

²Über die Angaben nach Satz 1 hinaus kann die elektronische Gesundheitskarte auch Angaben zum Nachweis von Wahltarifen nach § 53, von zusätzlichen Vertragsverhältnissen und in den Fällen des § 16 Absatz 1 Satz 1 Nummer 2 bis 4 und Absatz 3a Angaben zum Ruhen des Anspruchs auf Leistungen enthalten. ³Die Angaben nach den Sätzen 1 und 2 sind in einer Form zu speichern, die geeignet ist für eine maschinelle Übertragung auf die für die vertragsärztliche Versorgung vorgesehenen Abrechnungsunterlagen und Vordrucke nach § 295 Absatz 3 Nummer 1 und 2. ⁴Die elektronische Gesundheitskarte ist mit einem Lichtbild des Versicherten zu versehen. ⁵Versicherte bis zur Vollendung des 15. Lebensjahres sowie Versicherte, deren Mitwirkung bei der Erstellung des Lichtbildes nicht möglich ist, erhalten eine elektronische Gesundheitskarte ohne Lichtbild. ⁶Bei Vereinbarungen nach § 264 Absatz 1 Satz 3 zweiter Halbsatz hat die elektronische Gesundheitskarte die Angabe zu enthalten, dass es sich um einen Empfänger von Gesundheitsleistungen nach den §§ 4 und 6 des Asylbewerberleistungsgesetzes handelt.

(2a) Die elektronische Gesundheitskarte muss technisch geeignet sein, Authentifizierung, Verschlüsselung und elektronische Signatur zu ermöglichen.

(2b) ¹Die Krankenkassen sind verpflichtet, Dienste anzubieten, mit denen die Leistungserbringer die Gültigkeit und die Aktualität der Daten nach Absatz 1 und 2 bei den Krankenkassen online überprüfen und auf der elektronischen Gesundheitskarte aktualisieren können. ²Diese Dienste müssen auch ohne Netzanbindung an die Praxisverwaltungssysteme der Leistungserbringer online genutzt werden können. ³Die an der vertragsärztlichen Versorgung teilnehmenden Ärzte, Einrichtungen und Zahnärzte prüfen bei der erstmaligen Inanspruchnahme ihrer Leistungen durch einen Versicherten im Quartal die

10. Kapitel. Versicherungs- u. Leistungsdaten § 291 SGB V 5

Leistungspflicht der Krankenkasse durch Nutzung der Dienste nach Satz 1. ⁴ Dazu ermöglichen sie den Online-Abgleich und die -Aktualisierung der auf der elektronischen Gesundheitskarte gespeicherten Daten nach Absatz 1 und 2 mit den bei der Krankenkasse vorliegenden aktuellen Daten. ⁵ Die Prüfungspflicht besteht ab dem Zeitpunkt, ab dem die Dienste nach Satz 1 sowie die Anbindung an die Telematikinfrastruktur zur Verfügung stehen und die Vereinbarungen nach § 291a Absatz 7a und 7b geschlossen sind. ⁶ Die hierfür erforderlichen Maßnahmen hat die Gesellschaft für Telematik bis zum 30. Juni 2016 durchzuführen. ⁷ Hält die Gesellschaft für Telematik die Frist nach Satz 6 nicht ein, dürfen die Ausgaben in den Haushalten des Spitzenverbands Bund der Krankenkassen sowie der Kassenärztlichen Bundesvereinigungen ab 2017 die Ausgaben des Jahres 2014 abzüglich 1 Prozent so lange nicht überschreiten, bis die Maßnahmen nach Satz 1 durchgeführt worden sind. ⁸ Die Ausgaben zur Finanzierung der Deutschen Verbindungsstelle Krankenversicherung – Ausland, des Medizinischen Dienstes des Spitzenverbands Bund der Krankenkassen und der Gesellschaft für Telematik, die Umlagen nach den §§ 65b und 303a Absatz 3 dieses Gesetzes in Verbindung mit § 6 der Datentransparenzverordnung, die Umlagen an die Bundeszentrale für gesundheitliche Aufklärung nach § 20a sowie der Sicherstellungszuschlag für Hebammen nach § 134a Absatz 1b zählen nicht zu den Ausgaben nach Satz 7. ⁹ Das Bundesministerium für Gesundheit kann die Frist nach Satz 6 durch Rechtsverordnung ohne Zustimmung des Bundesrates verlängern. ¹⁰ § 15 Absatz 5 ist entsprechend anzuwenden. ¹¹ Die Durchführung der Prüfung ist auf der elektronischen Gesundheitskarte zu speichern. ¹² Die Mitteilung der durchgeführten Prüfung ist Bestandteil der an die Kassenärztliche oder Kassenzahnärztliche Vereinigung zu übermittelnden Abrechnungsunterlagen nach § 295. ¹³ Die technischen Einzelheiten zur Durchführung des Verfahrens nach Satz 2 bis 5 sind in den Vereinbarungen nach § 295 Absatz 3 zu regeln. ¹⁴ Den an der vertragsärztlichen Versorgung teilnehmenden Ärzten, Einrichtungen und Zahnärzten, die die Prüfung nach Satz 3 ab dem 1. Juli 2018 nicht durchführen, ist die Vergütung vertragsärztlicher Leistungen pauschal um 1 Prozent so lange zu kürzen, bis sie die Prüfung nach Satz 3 durchführen. ¹⁵ Das Bundesministerium für Gesundheit kann die Frist nach Satz 14 durch Rechtsverordnung mit Zustimmung des Bundesrates verlängern.

(3) Das Nähere zur bundesweiten Verwendung der elektronischen Gesundheitskarte als Versicherungsnachweis vereinbaren die Vertragspartner im Rahmen der Verträge nach § 87 Absatz 1.

(4) ¹ Bei Beendigung des Versicherungsschutzes oder bei einem Krankenkassenwechsel ist die elektronische Gesundheitskarte von der bisherigen Krankenkasse einzuziehen oder zu sperren, sobald die Dienste nach Absatz 2b zur Verfügung stehen. ² Abweichend von Satz 1 kann der Spitzenverband Bund der Krankenkassen zur Verbesserung der Wirtschaftlichkeit und der Optimierung der Verfahrensabläufe für die Versicherten die Weiternutzung der elektronischen Gesundheitskarte bei Kassenwechsel beschließen; dabei ist sicherzustellen, dass die Daten nach Absatz 2 Satz 1 Nummer 1, 6, 7, 9 und 10 fristgerecht aktualisiert werden. ³ Der Beschluss bedarf der Genehmigung des Bundesministeriums für Gesundheit. ⁴ Vor Erteilung der Genehmigung ist der oder dem Bundesbeauftragten für den Datenschutz und die Informationsfreiheit Gelegenheit zur Stellungnahme zu geben. ⁵ Wird die elektronische Gesundheitskarte nach Satz 1 eingezogen, hat die einziehende Krankenkasse sicherzustellen, dass

eine Weiternutzung der Daten nach § 291a Abs. 3 Satz 1 durch die Versicherten möglich ist. [6] Vor Einzug der elektronischen Gesundheitskarte hat die einziehende Krankenkasse über Möglichkeiten zur Löschung der Daten nach § 291a Abs. 3 Satz 1 zu informieren. [7] Die Sätze 5 und 6 gelten auch bei Austausch der elektronischen Gesundheitskarte im Rahmen eines bestehenden Versicherungsverhältnisses.

§ 291a Elektronische Gesundheitskarte und Telematikinfrastruktur.

(1) Die elektronische Gesundheitskarte dient mit den in den Absätzen 2 und 3 genannten Anwendungen der Verbesserung von Wirtschaftlichkeit, Qualität und Transparenz der Behandlung.

(1a) [1] Werden von Unternehmen der privaten Krankenversicherung elektronische Gesundheitskarten für die Verarbeitung und Nutzung von Daten nach Absatz 2 Satz 1 Nr. 1 und Absatz 3 Satz 1 an ihre Versicherten ausgegeben, gelten Absatz 2 Satz 1 Nr. 1 und Satz 2 sowie die Absätze 3 bis 5a, 6 und 8 entsprechend. [2] Für den Einsatz elektronischer Gesundheitskarten nach Satz 1 können Unternehmen der privaten Krankenversicherung als Versichertennummer den unveränderbaren Teil der Krankenversichertennummer nach § 290 Abs. 1 Satz 2 nutzen. [3] § 290 Abs. 1 Satz 4 bis 7 gilt entsprechend. [4] Die Vergabe der Versichertennummer erfolgt durch die Vertrauensstelle nach § 290 Abs. 2 Satz 2 und hat den Vorgaben der Richtlinien nach § 290 Abs. 2 Satz 1 für den unveränderbaren Teil der Krankenversichertennummer zu entsprechen. [5] Die Kosten zur Bildung der Versichertennummer und, sofern die Vergabe einer Rentenversicherungsnummer erforderlich ist, zur Vergabe der Rentenversicherungsnummer tragen die Unternehmen der privaten Krankenversicherung. [6] Die Regelungen dieses Absatzes gelten auch für die Postbeamtenkrankenkasse und die Krankenversorgung der Bundesbahnbeamten.

(2) [1] Die elektronische Gesundheitskarte muss geeignet sein, Angaben aufzunehmen für

1. die Übermittlung ärztlicher Verordnungen in elektronischer und maschinell verwertbarer Form sowie
2. den Berechtigungsnachweis zur Inanspruchnahme von Leistungen in einem Mitgliedstaat der Europäischen Union, einem Vertragsstaat des Abkommens über den Europäischen Wirtschaftsraum oder der Schweiz.

[2] § 6c des Bundesdatenschutzgesetzes findet Anwendung.

(3) [1] Über Absatz 2 hinaus muss die Gesundheitskarte geeignet sein, folgende Anwendungen zu unterstützen, insbesondere das Erheben, Verarbeiten und Nutzen von

1. medizinischen Daten, soweit sie für die Notfallversorgung erforderlich sind,
2. Befunden, Diagnosen, Therapieempfehlungen sowie Behandlungsberichten in elektronischer und maschinell verwertbarer Form für eine einrichtungsübergreifende, fallbezogene Kooperation (elektronischer Arztbrief),
3. Daten des Medikationsplans nach § 31a einschließlich Daten zur Prüfung der Arzneimitteltherapiesicherheit,
4. Daten über Befunde, Diagnosen, Therapiemaßnahmen, Behandlungsberichte sowie Impfungen für eine fall- und einrichtungsübergreifende Dokumentation über den Patienten (elektronische Patientenakte),
5. durch von Versicherten selbst oder für sie zur Verfügung gestellte Daten,

10. Kapitel. Versicherungs- u. Leistungsdaten § 291a SGB V 5

6. Daten über in Anspruch genommene Leistungen und deren vorläufige Kosten für die Versicherten (§ 305 Abs. 2),

7. Erklärungen der Versicherten zur Organ- und Gewebespende,

8. Hinweisen der Versicherten auf das Vorhandensein und den Aufbewahrungsort von Erklärungen zur Organ- und Gewebespende sowie

9. Hinweisen der Versicherten auf das Vorhandensein und den Aufbewahrungsort von Vorsorgevollmachten oder Patientenverfügungen nach § 1901a des Bürgerlichen Gesetzbuchs;

die Verarbeitung und Nutzung von Daten nach Nummer 1 muss auch auf der Karte ohne Netzzugang möglich sein. ²Die Authentizität der Erklärungen nach Satz 1 Nummer 7 muss sichergestellt sein. ³Spätestens bei der Versendung der Karte hat die Krankenkasse die Versicherten umfassend und in allgemein verständlicher Form über deren Funktionsweise, einschließlich der Art der auf ihr oder durch sie zu erhebenden, zu verarbeitenden oder zu nutzenden personenbezogenen Daten zu informieren. ⁴Zugriffsberechtigte nach Absatz 4 Satz 1 und Absatz 5a Satz 1 dürfen mit dem Erheben, Verarbeiten und Nutzen von Daten der Versicherten nach Satz 1 erst beginnen, wenn die Versicherten gegenüber einem zugriffsberechtigten Arzt, Zahnarzt, Psychotherapeuten oder Apotheker dazu ihre Einwilligung erklärt haben. ⁵Die Einwilligung ist bei erster Verwendung der Karte vom Leistungserbringer oder unter dessen Aufsicht von einer Person, die bei dem Leistungserbringer oder in einem Krankenhaus als berufsmäßiger Gehilfe oder zur Vorbereitung auf den Beruf tätig ist auf der Karte zu dokumentieren; die Einwilligung ist jederzeit widerruflich und kann auf einzelne Anwendungen nach diesem Absatz beschränkt werden. ⁶Satz 4 gilt nicht, wenn Versicherte mit dem Erheben, Verarbeiten und Nutzen von Daten nach Satz 1 ohne die Unterstützung von Zugriffsberechtigten nach Absatz 4 Satz 1 und Absatz 5a Satz 1 begonnen haben. ⁷§ 6c des Bundesdatenschutzgesetzes findet Anwendung.

(4) Zum Zwecke des Erhebens, Verarbeitens oder Nutzens mittels der elektronischen Gesundheitskarte dürfen, soweit es zur Versorgung der Versicherten erforderlich ist, auf Daten

1. nach Absatz 2 Satz 1 Nr. 1 ausschließlich

   a) Ärzte,

   b) Zahnärzte,

   c) Apotheker, Apothekerassistenten, Pharmazieingenieure, Apothekenassistenten,

   d) Personen, die

   aa) bei den unter Buchstabe a bis c Genannten oder

   bb) in einem Krankenhaus

   als berufsmäßige Gehilfen oder zur Vorbereitung auf den Beruf tätig sind, soweit dies im Rahmen der von ihnen zulässigerweise zu erledigenden Tätigkeiten erforderlich ist und der Zugriff unter Aufsicht der in Buchstabe a bis c Genannten erfolgt,

   e) sonstige Erbringer ärztlich verordneter Leistungen,

2. nach Absatz 3 Satz 1 Nr. 1 bis 5 ausschließlich

   a) Ärzte,

   b) Zahnärzte,

c) Apotheker, Apothekerassistenten, Pharmazieingenieure, Apothekenassistenten,
d) Personen, die
   aa) bei den unter Buchstabe a bis c Genannten oder
   bb) in einem Krankenhaus
   als berufsmäßige Gehilfen oder zur Vorbereitung auf den Beruf tätig sind, soweit dies im Rahmen der von ihnen zulässigerweise zu erledigenden Tätigkeiten erforderlich ist und der Zugriff unter Aufsicht der in Buchstabe a bis c Genannten erfolgt,
e) nach Absatz 3 Satz 1 Nr. 1, beschränkt auf den lesenden Zugriff, auch Angehörige eines anderen Heilberufs, der für die Berufsausübung oder die Führung der Berufsbezeichnung eine staatlich geregelte Ausbildung erfordert,
f) Psychotherapeuten

zugreifen. Die Versicherten haben das Recht, auf die Daten nach Absatz 2 Satz 1 und Absatz 3 Satz 1 zuzugreifen.

(5) [1] Das Erheben, Verarbeiten und Nutzen von Daten mittels der elektronischen Gesundheitskarte in den Fällen des Absatzes 3 Satz 1 ist nur mit dem Einverständnis der Versicherten zulässig. [2] Durch technische Vorkehrungen ist zu gewährleisten, dass in den Fällen des Absatzes 3 Satz 1 Nr. 2 bis 6 der Zugriff vorbehaltlich Satz 4 nur durch Autorisierung der Versicherten möglich ist. [3] Soweit es zur Notfallversorgung erforderlich ist, ist der Zugriff auf Daten nach Absatz 3 Satz 1 Nummer 1 ohne eine Autorisierung der Versicherten zulässig; ansonsten ist der Zugriff auf Daten nach Absatz 3 Satz 1 Nummer 1 zulässig, soweit er zur Versorgung der Versicherten erforderlich ist und wenn nachprüfbar protokolliert wird, dass der Zugriff mit Einverständnis der Versicherten erfolgt. [4] Bei Daten nach Absatz 3 Satz 1 Nummer 3 können die Versicherten auf das Erfordernis der Zugriffsautorisierung nach Satz 2 verzichten. [5] Der Zugriff auf Daten sowohl nach Absatz 2 Satz 1 Nr. 1 als auch nach Absatz 3 Satz 1 Nummer 1 bis 6 mittels der elektronischen Gesundheitskarte darf nur in Verbindung mit einem elektronischen Heilberufsausweis, im Falle des Absatzes 2 Satz 1 Nr. 1 auch in Verbindung mit einem entsprechenden Berufsausweis, erfolgen, die jeweils über eine Möglichkeit· zur sicheren Authentifizierung und über eine qualifizierte elektronische Signatur verfügen. [6] Zugriffsberechtigte Personen nach Absatz 4 Satz 1 Nr. 1 Buchstabe d und e sowie Nr. 2 Buchstabe d und e, die über keinen elektronischen Heilberufsausweis oder entsprechenden Berufsausweis verfügen, können auf die entsprechenden Daten zugreifen, wenn sie hierfür von Personen autorisiert sind, die über einen elektronischen Heilberufsausweis oder entsprechenden Berufsausweis verfügen, und wenn nachprüfbar elektronisch protokolliert wird, wer auf die Daten zugegriffen hat und von welcher Person die zugreifende Person autorisiert wurde. [7] Der Zugriff auf Daten nach Absatz 2 Satz 1 Nr. 1 mittels der elektronischen Gesundheitskarte kann abweichend von den Sätzen 5 und 6 auch erfolgen, wenn die Versicherten den jeweiligen Zugriff durch ein geeignetes technisches Verfahren autorisieren. [8] Abweichend von Satz 5 können die Versicherten auf Daten nach Absatz 3 Satz 1 Nummer 5 auch zugreifen, wenn sie sich für den Zugriff durch ein geeignetes technisches Verfahren authentifizieren. [9] Auf Wunsch des Versicherten haben Zugriffsberechtigte nach Absatz 4 bei Erhebung, Verarbeitung oder Nutzung der mittels der elektronischen Ge-

sundheitskarte gespeicherten Daten nach Absatz 3 Satz 1 sowie der Daten nach § 291f diese dem Versicherten als Daten nach Absatz 3 Satz 1 Nummer 5 zur Verfügung zu stellen; die Zugriffsberechtigten haben die Versicherten über diese Möglichkeit zu informieren.

(5a) ¹Zum Zwecke des Erhebens, Verarbeitens oder Nutzens mittels der elektronischen Gesundheitskarte dürfen, soweit es zur Versorgung erforderlich ist, auf Daten nach Absatz 3 Satz 1 Nummer 7 bis 9 ausschließlich

1. Ärzte,

2. Personen, die

  a) bei Ärzten oder

  b) in einem Krankenhaus

  als berufsmäßige Gehilfen oder zur Vorbereitung auf den Beruf tätig sind, soweit dies im Rahmen der von ihnen zulässigerweise zu erledigenden Tätigkeiten erforderlich ist und der Zugriff unter Aufsicht eines Arztes erfolgt,

in Verbindung mit einem elektronischen Heilberufsausweis, der über eine Möglichkeit zur sicheren Authentifizierung und über eine qualifizierte elektronische Signatur verfügt, zugreifen; Absatz 5 Satz 1 und 6 gilt entsprechend. ²Ohne Einverständnis der betroffenen Person dürfen Zugriffsberechtigte nach Satz 1 auf Daten

1. nach Absatz 3 Satz 1 Nummer 7 und 8 nur zugreifen, nachdem der Tod nach § 3 Absatz 1 Satz 1 Nummer 2 des Transplantationsgesetzes festgestellt wurde und der Zugriff zur Klärung erforderlich ist, ob die verstorbene Person in die Entnahme von Organen oder Gewebe eingewilligt hat,

2. nach Absatz 3 Satz 1 Nummer 9 nur zugreifen, wenn eine ärztlich indizierte Maßnahme unmittelbar bevorsteht und die betroffene Person nicht fähig ist, in die Maßnahme einzuwilligen.

³Zum Speichern, Verändern, Sperren oder Löschen von Daten nach Absatz 3 Satz 1 Nummer 7 durch Zugriffsberechtigte nach Satz 1 ist eine technische Autorisierung durch die Versicherten für den Zugriff erforderlich. ⁴Versicherte können auf Daten nach Absatz 3 Satz 1 Nummer 7 bis 9 zugreifen, wenn sie sich für den Zugriff durch ein geeignetes technisches Verfahren authentifizieren. ⁵Sobald die technische Infrastruktur für das Erheben, Verarbeiten und Nutzen von Daten nach Absatz 3 Satz 1 Nummer 7 bis 9 flächendeckend zur Verfügung steht, haben die Krankenkassen die Versicherten umfassend über die Möglichkeiten der Wahrnehmung ihrer Zugriffsrechte zu informieren sowie allein oder in Kooperation mit anderen Krankenkassen für ihre Versicherten technische Einrichtungen zur Wahrnehmung ihrer Zugriffsrechte nach Satz 4 flächendeckend zur Verfügung zu stellen. ⁶Der Spitzenverband Bund der Krankenkassen hat über die Ausstattung jährlich einen Bericht nach den Vorgaben des Bundesministeriums für Gesundheit zu erstellen und ihm diesen erstmals zum 31. Januar 2016 vorzulegen.

(5b) ¹Die Gesellschaft für Telematik hat Verfahren zur Unterstützung der Versicherten bei der Verwaltung von Daten nach Absatz 3 Satz 1 Nummer 7 bis 9 zu entwickeln und hierbei auch die Möglichkeit zu schaffen, dass Versicherte für die Dokumentation der Erklärung auf der elektronischen Gesundheitskarte die Unterstützung der Krankenkasse in Anspruch nehmen können. ²Bei diesen für die Versicherten freiwilligen Verfahren sind Rückmeldeverfahren der Versicherten über die Krankenkassen mit einzubeziehen, bei denen die

Krankenkassen mit Zustimmung der Versicherten Daten nach Absatz 3 Satz 1 Nummer 7 und 8 speichern und löschen können. ³ Über das Ergebnis der Entwicklung legt die Gesellschaft für Telematik dem Deutschen Bundestag über das Bundesministerium für Gesundheit spätestens bis zum 30. Juni 2013 einen Bericht vor. ⁴ Anderenfalls kann das Bundesministerium für Gesundheit Verfahren nach den Sätzen 1 und 2 im Rahmen eines Forschungs- und Entwicklungsvorhabens entwickeln lassen, dessen Kosten von der Gesellschaft für Telematik zu erstatten sind. ⁵ In diesem Fall unterrichtet das Bundesministerium für Gesundheit den Deutschen Bundestag über das Ergebnis der Entwicklung.

(5c) ¹ Die Gesellschaft für Telematik hat bis zum 31. Dezember 2018 die erforderlichen Voraussetzungen dafür zu schaffen, dass Daten über den Patienten in einer elektronischen Patientenakte nach Absatz 3 Satz 1 Nummer 4 bereitgestellt werden können. ² Die technischen und organisatorischen Verfahren hierfür müssen geeignet sein, Daten nach Absatz 3 Satz 1 Nummer 1 bis 3 sowie Daten nach § 291f für eine fall- und einrichtungsübergreifende Dokumentation verfügbar zu machen. ³ Sie sollen geeignet sein, weitere medizinische Daten des Versicherten verfügbar zu machen.

(5d) ¹ Die Länder bestimmen entsprechend dem Stand des Aufbaus der Telematikinfrastruktur
1. die Stellen, die für die Ausgabe elektronischer Heilberufs- und Berufsausweise zuständig sind, und
2. die Stellen, die bestätigen, dass eine Person
   a) befugt ist, einen der von Absatz 4 Satz 1 erfassten Berufe im Geltungsbereich dieses Gesetzes auszuüben oder, sofern für einen der in Absatz 4 Satz 1 erfassten Berufe lediglich die Führung der Berufsbezeichnung geschützt ist, die Berufsbezeichnung zu führen oder
   b) zu den sonstigen Zugriffsberechtigten nach Absatz 4 gehört.

² Die Länder können zur Wahrnehmung der Aufgaben nach Satz 1 gemeinsame Stellen bestimmen. ³ Die nach Satz 1 Nummer 2 oder nach Satz 2 jeweils zuständige Stelle hat der nach Satz 1 Nummer 1 zuständigen Stelle die für die Ausgabe elektronischer Heilberufs- und Berufsausweise erforderlichen Daten auf Anforderung zu übermitteln. ⁴ Entfällt die Befugnis zur Ausübung des Berufs, zur Führung der Berufsbezeichnung oder sonst das Zugriffsrecht nach Absatz 4, hat die jeweilige Stelle nach Satz 1 Nr. 2 oder Satz 2 die herausgebende Stelle in Kenntnis zu setzen; diese hat unverzüglich die Sperrung der Authentifizierungsfunktion des elektronischen Heilberufs- oder Berufsausweises zu veranlassen.

(6) ¹ Daten nach Absatz 2 Satz 1 Nr. 1 und Absatz 3 Satz 1 müssen auf Verlangen der Versicherten gelöscht werden; die Verarbeitung und Nutzung von Daten nach Absatz 2 Satz 1 Nr. 1 für Zwecke der Abrechnung bleiben davon unberührt. ² Daten nach Absatz 2 Satz 1 Nummer 1 und Absatz 3 Satz 1 Nummer 5 und 7 bis 9 können Versicherte auch eigenständig löschen. ³ Durch technische Vorkehrungen ist zu gewährleisten, dass mindestens die letzten 50 Zugriffe auf die Daten nach Absatz 2 oder Absatz 3 für Zwecke der Datenschutzkontrolle protokolliert werden. ⁴ Eine Verwendung der Protokolldaten für andere Zwecke ist unzulässig. ⁵ Die Protokolldaten sind durch geeignete Vorkehrungen gegen zweckfremde Verwendung und sonstigen Missbrauch zu schützen.

(7) ¹ Der Spitzenverband Bund der Krankenkassen, die Kassenärztliche Bundesvereinigung, die Kassenzahnärztliche Bundesvereinigung, die Bundesärztekammer, die Bundeszahnärztekammer, die Deutsche Krankenhausgesellschaft sowie die für die Wahrnehmung der wirtschaftlichen Interessen gebildete maßgebliche Spitzenorganisation der Apotheker auf Bundesebene schaffen die insbesondere für die Nutzung der elektronischen Gesundheitskarte und ihrer Anwendungen erforderliche interoperable und kompatible Informations-, Kommunikations- und Sicherheitsinfrastruktur (Telematikinfrastruktur). ² Sie nehmen diese Aufgabe durch eine Gesellschaft für Telematik nach Maßgabe des § 291b wahr, die die Regelungen zur Telematikinfrastruktur trifft sowie deren Aufbau und Betrieb übernimmt. ³ Über Anwendungen der elektronischen Gesundheitskarte hinaus kann die Telematikinfrastruktur für weitere elektronische Anwendungen des Gesundheitswesens sowie für die Gesundheitsforschung verwendet werden, wenn

1. die Wirksamkeit der Maßnahmen zur Gewährleistung von Datenschutz und Datensicherheit sowie die Verfügbarkeit und Nutzbarkeit der Telematikinfrastruktur nicht beeinträchtigt werden,
2. im Falle des Erhebens, Verarbeitens und Nutzens personenbezogener Daten die dafür geltenden Vorschriften zum Datenschutz eingehalten und die erforderlichen technischen Maßnahmen getroffen werden, um die Anforderungen an die Sicherheit der Anwendung im Hinblick auf die Schutzbedürftigkeit der Daten zu gewährleisten, und
3. bei den dafür erforderlichen technischen Systemen und Verfahren Barrierefreiheit für den Versicherten gewährleistet ist.

⁴ Vereinbarungen und Richtlinien zur elektronischen Datenübermittlung nach diesem Buch müssen, soweit sie die Telematikinfrastruktur berühren, mit deren Regelungen vereinbar sein. ⁵ Die in Satz 1 genannten Spitzenorganisationen treffen eine Vereinbarung zur Finanzierung

1. der erforderlichen erstmaligen Ausstattungskosten, die den Leistungserbringern in der Festlegungs-, Erprobungs- und Einführungsphase der Telematikinfrastruktur sowie
2. der Kosten, die den Leistungserbringern im laufenden Betrieb der Telematikinfrastruktur, einschließlich der Aufteilung dieser Kosten auf die in den Absätzen 7a und 7b genannten Leistungssektoren, entstehen.

⁶ Zur Finanzierung der Gesellschaft für Telematik zahlt der Spitzenverband Bund der Krankenkassen an die Gesellschaft für Telematik jährlich einen Betrag in Höhe von 1,00 Euro je Mitglied der gesetzlichen Krankenversicherung; die Zahlungen sind quartalsweise, spätestens drei Wochen vor Beginn des jeweiligen Quartals, zu leisten. ⁷ Die Höhe des Betrages kann das Bundesministerium für Gesundheit entsprechend dem Mittelbedarf der Gesellschaft für Telematik und unter Beachtung des Gebotes der Wirtschaftlichkeit durch Rechtsverordnung ohne Zustimmung des Bundesrates anpassen. ⁸ Die Kosten der Sätze 5 und 6 zählen nicht zu den Ausgaben nach § 4 Abs. 4 Satz 2 und 6.

(7a) ¹ Die bei den Krankenhäusern entstehenden Investitions- und Betriebskosten nach Absatz 7 Satz 5 Nummer 1 und 2 werden durch einen Zuschlag finanziert (Telematikzuschlag). ² Der Zuschlag nach Satz 1 wird in der Rechnung des Krankenhauses jeweils gesondert ausgewiesen; er geht nicht in den Gesamtbetrag oder die Erlösausgleiche nach dem Krankenhausentgeltgesetz oder der Bundespflegesatzverordnung ein. ³ Das Nähere zur Höhe und Erhebung des Zuschlags nach Satz 1 regelt der Spitzenverband Bund der Krankenkassen gemeinsam mit der Deutschen Krankenhausgesellschaft in einer gesonderten Vereinbarung. [4] Kommt eine Vereinbarung nicht innerhalb einer vom Bundesministerium für Gesundheit gesetzten Frist oder, in den folgenden Jahren, jeweils bis zum 30. Juni zu Stande, legt die Schiedsstelle nach § 18a Absatz 6 des Krankenhausfinanzierungsgesetzes auf Antrag einer Vertragspartei oder des Bundesministeriums für Gesundheit mit Wirkung für die Vertragsparteien innerhalb einer Frist von zwei Monaten den Vereinbarungsinhalt fest. [5] Die Klage gegen die Festsetzung der Schiedsstelle hat keine aufschiebende Wirkung. [6] Für die Finanzierung der Investitions- und Betriebskosten nach Absatz 7 Satz 5, die bei Leistungserbringern nach § 115b Absatz 2 Satz 1, § 116b Absatz 2 Satz 1 und § 120 Absatz 2 Satz 1 sowie bei Notfallambulanzen in Krankenhäusern, die Leistungen für die Versorgung im Notfall erbringen, entstehen, finden die Sätze 1 und 2 erster Halbsatz sowie die Sätze 3 und 4 entsprechend Anwendung.

(7b) [1] Zum Ausgleich der Kosten nach Absatz 7 Satz 5 erhalten die in diesem Absatz genannten Leistungserbringer nutzungsbezogene Zuschläge von den Krankenkassen. [2] Das Nähere zu den Regelungen der Vereinbarung nach Absatz 7 Satz 5 für die an der vertragsärztlichen Versorgung teilnehmenden Ärzte, Zahnärzte, Psychotherapeuten sowie medizinischen Versorgungszentren vereinbaren der Spitzenverband Bund der Krankenkassen und die Kassenärztlichen Bundesvereinigungen in den Bundesmantelverträgen. [3] Bis zum 30. September 2017 vereinbaren die Vertragspartner nach Satz 2 mit Wirkung ab dem 1. Januar 2018 nutzungsbezogene Zuschläge für die Nutzung von Daten nach Absatz 3 Satz 1 Nummer 1 und für die Nutzung von Daten nach Absatz 3 Satz 1 Nummer 3. [4] Das Nähere zu den Regelungen der Vereinbarung nach Absatz 7 Satz 5 für die Arzneimittelversorgung vereinbaren der Spitzenverband Bund der Krankenkassen und die für die Wahrnehmung der wirtschaftlichen Interessen gebildete maßgebliche Spitzenorganisation der Apotheker auf Bundesebene im Rahmenvertrag nach § 129 Abs. 2; die nutzungsbezogenen Zuschläge für die Nutzung von Daten nach Absatz 3 Satz 1 Nummer 3 sind bis zum 30. September 2017 mit Wirkung ab dem 1. Januar 2018 zu vereinbaren. [5] Kommt eine Vereinbarung nach Satz 2 nicht innerhalb einer vom Bundesministerium für Gesundheit gesetzten Frist zustande oder kommt eine Vereinbarung nach Satz 3 nicht bis zum 30. September 2017 zustande, legt das jeweils zuständige Schiedsamt nach § 89 Absatz 2 auf Antrag einer Vertragspartei oder des Bundesministeriums für Gesundheit mit Wirkung für die Vertragsparteien innerhalb einer Frist von zwei Monaten den Vereinbarungsinhalt fest. [6] Kommt eine Vereinbarung nach Satz 4 erster Halbsatz nicht innerhalb einer vom Bundesministerium für Gesundheit gesetzten Frist zustande oder kommt eine Vereinbarung nach Satz 4 zweiter Halbsatz nicht bis zum 30. September 2017 zustande, legt die Schiedsstelle nach § 129 Absatz 8 auf Antrag einer Vertragspartei oder des Bundesministeriums für Gesundheit innerhalb einer Frist von zwei Monaten den Vereinbarungsinhalt fest. [7] In den Fällen der Sätze 5 und 6 ist Absatz 7a Satz 5 entsprechend anzuwenden.

(7c) [1] Kommt eine Vereinbarung zu den Kosten nach Absatz 7 Satz 4 Nr. 1 nicht innerhalb einer vom Bundesministerium für Gesundheit gesetzten Frist zu Stande oder wird sie gekündigt, entrichten die Gesellschafter der Gesellschaft für Telematik den Finanzierungsbeitrag für die Kosten nach Absatz 7 Satz 4 Nr. 1 gemäß ihrem jeweiligen Geschäftsanteil und nach Aufforderung durch die Geschäftsführung der Gesellschaft; die Spitzenverbände der Krankenkassen erstatten den Finanzierungsbeitrag unmittelbar den Spitzenorganisationen, soweit die nachfolgenden Vorschriften keine andere Regelung enthalten. [2] Im Krankenhausbereich erfolgt die Erstattung des Finanzierungsbeitrages über einen Zuschlag entsprechend Absatz 7a Satz 1 durch vertragliche Vereinbarung der Spitzenverbände der Krankenkassen mit der Deutschen Krankenhausgesellschaft. [3] Kommt eine Vereinbarung nicht innerhalb einer vom Bundesministerium für Gesundheit gesetzten Frist oder, in den folgenden Jahren, jeweils bis zum 30. Juni zu Stande, entscheidet die Schiedsstelle nach § 18a Abs. 6 des Krankenhausfinanzierungsgesetzes auf Antrag einer Vertragspartei innerhalb einer Frist von zwei Monaten. [4] Im Bereich der vertragsärztlichen Versorgung gilt für die Erstattung des Finanzierungsbeitrages Absatz 7b Satz 1, 2 und 4 entsprechend, im Bereich der Arzneimittelversorgung gilt Absatz 7b Satz 1, 3 und 5 entsprechend.

(7d) [1] Kommt eine Vereinbarung zu den Kosten nach Absatz 7 Satz 5 Nummer 1 nicht innerhalb einer vom Bundesministerium für Gesundheit gesetzten Frist als Grundlage der Vereinbarungen nach Absatz 7a Satz 3 und 5 sowie Absatz 7b Satz 2 bis 4 zu Stande, trifft der Spitzenverband Bund der Krankenkassen Vereinbarungen zur Finanzierung der den jeweiligen Leistungserbringern entstehenden Kosten nach Absatz 7 Satz 5 Nummer 1 jeweils mit der Deutschen Krankenhausgesellschaft, den Kassenärztlichen Bundesvereinigungen und der für die Wahrnehmung der wirtschaftlichen Interessen gebildeten maßgeblichen Spitzenorganisation der Apotheker auf Bundesebene. [2] Soweit diese Vereinbarungen nicht zu Stande kommen, entscheidet bei Nichteinigung mit der Deutschen Krankenhausgesellschaft die Schiedsstelle nach § 18a Abs. 6 des Krankenhausfinanzierungsgesetzes, bei Nichteinigung mit den Kassenärztlichen Bundesvereinigungen das jeweils zuständige Schiedsamt nach § 89 Abs. 4 und bei Nichteinigung mit der für die Wahrnehmung der wirtschaftlichen Interessen gebildeten maßgeblichen Spitzenorganisation der Apotheker auf Bundesebene die Schiedsstelle nach § 129 Abs. 8 jeweils auf Antrag einer Vertragspartei innerhalb einer Frist von zwei Monaten.

(7e) [1] Kommt eine Vereinbarung zu den Kosten nach Absatz 7 Satz 5 Nummer 2 nicht innerhalb einer vom Bundesministerium für Gesundheit gesetzten Frist als Grundlage der Vereinbarungen nach Absatz 7a Satz 3 und 5, Absatz 7b Satz 2 bis 4 zu Stande, bilden die Spitzenorganisationen nach Absatz 7 Satz 1 eine gemeinsame Kommission aus Sachverständigen. [2] Die Kommission ist innerhalb einer Woche nach Ablauf der Frist nach Satz 1 zu bilden. [3] Sie besteht aus jeweils zwei Mitgliedern, die von den Spitzenorganisationen der Leistungserbringer und von dem Spitzenverband Bund der Krankenkassen berufen werden sowie einer oder einem unparteiischen Vorsitzenden, über die oder den sich die Spitzenorganisationen nach Absatz 7 Satz 1 gemeinsam verständigen. [4] Kommt es innerhalb der Frist nach Satz 2 nicht zu einer Einigung über den Vorsitz oder die Berufung der weiteren Mitglieder, beruft das Bundesministerium für Gesundheit die Vorsitzende oder den Vorsitzenden oder die weiteren Sachverständigen. [5] Die Kosten der Kommission sind aus den Finanzmitteln der Gesellschaft für Telematik zu begleichen. [6] Die Kommission gibt innerhalb von drei Monaten eine Empfehlung zur Aufteilung der Kosten, die den einzelnen Leistungssektoren nach den Absätzen 7a und 7b im laufenden Betrieb der Telematikinfrastruktur entstehen. [7] Die Empfehlung der Kommission ist innerhalb eines Monats in der Vereinbarung nach Absatz 7 Satz 5 Nummer 2 zu berücksichtigen. ⁸ Das Bundesministerium für Gesundheit wird ermächtigt, durch Rechtsverordnung ohne Zustimmung des Bundesrates die Aufteilung der Kosten, die den einzelnen Leistungssektoren nach den Absätzen 7a und 7b im laufenden Betrieb der Telematikinfrastruktur entstehen, als Grundlage der Vereinbarungen nach den Absätzen 7a und 7b festzulegen, sofern die Empfehlung der Kommission nicht berücksichtigt wird.

(8) ¹ Vom Inhaber der Karte darf nicht verlangt werden, den Zugriff auf Daten nach Absatz 2 Satz 1 Nr. 1 oder Absatz 3 Satz 1 anderen als den in Absatz 4 Satz 1 und Absatz 5a Satz 1 genannten Personen oder zu anderen Zwecken als denen der Versorgung der Versicherten, einschließlich der Abrechnung der zum Zwecke der Versorgung erbrachten Leistungen, zu gestatten; mit ihnen darf nicht vereinbart werden, Derartiges zu gestatten. ² Sie dürfen nicht bevorzugt oder benachteiligt werden, weil sie einen Zugriff bewirkt oder verweigert haben.

§ 291b Gesellschaft für Telematik. (1) ¹ Im Rahmen der Aufgaben nach § 291a Absatz 7 Satz 2 hat die Gesellschaft für Telematik

1. die funktionalen und technischen Vorgaben einschließlich eines Sicherheitskonzepts zu erstellen,

2. Inhalt und Struktur der Datensätze für deren Bereitstellung und Nutzung festzulegen,

3. Vorgaben für den sicheren Betrieb der Telematikinfrastruktur zu erstellen und ihre Umsetzung zu überwachen,

4. die notwendigen Test- und Zertifizierungsmaßnahmen sicherzustellen und

5. Verfahren einschließlich der dafür erforderlichen Authentisierungsverfahren festzulegen zur Verwaltung

   a) der in § 291a Absatz 4 und 5a geregelten Zugriffsberechtigungen und

   b) der Steuerung der Zugriffe auf Daten nach § 291a Absatz 2 und 3.

² Bei der Gestaltung der Verfahren nach Satz 1 Nummer 5 berücksichtigt die Gesellschaft für Telematik, dass die Telematikinfrastruktur schrittweise ausgebaut wird und die Zugriffsberechtigungen künftig auf weitere Leistungserbringergruppen ausgedehnt werden können. ³ Soweit bei den Festlegungen und Maßnahmen nach Satz 1 Fragen der Datensicherheit berührt sind, sind diese im Einvernehmen mit dem Bundesamt für Sicherheit in der Informationstechnik zu treffen. ⁴ Die Gesellschaft für Telematik hat die Interessen von Patienten zu wahren und die Einhaltung der Vorschriften zum Schutz personenbezogener Daten sowie zur Barrierefreiheit sicherzustellen. ⁵ Die Gesellschaft für Telematik hat Aufgaben nur insoweit wahrzunehmen, als dies zur Schaffung einer interoperablen, kompatiblen und sicheren Telematikinfrastruktur erforderlich ist. ⁶ Mit Teilaufgaben der Gesellschaft für Telematik können einzelne Gesellschafter oder Dritte beauftragt werden; hierbei sind durch die Gesellschaft für Telematik Interoperabilität, Kompatibilität und das notwendige Sicherheitsniveau der Telematikinfrastruktur zu gewährleisten. ⁷ Im Auftrag des Bundesministeriums für Gesundheit nimmt die Gesellschaft für Telematik auf europäischer Ebene Aufgaben wahr, soweit die Telematikinfrastruktur berührt ist oder künftig berührt werden kann. ⁸ Das Bundesministerium für Gesundheit kann ihr dabei Weisungen erteilen. ⁹ Bis zum 31. Dezember 2017 hat die Gesellschaft für Telematik die Maßnahmen durchzuführen, die erforderlich

sind, damit zugriffsberechtigte Ärzte auf die Daten nach § 291a Absatz 3 Satz 1 Nummer 1 zugreifen können. [10] Bis zum 31. Dezember 2017 hat die Gesellschaft für Telematik die Maßnahmen durchzuführen, die erforderlich sind, damit die Daten nach § 291a Absatz 3 Satz 1 Nummer 3 genutzt werden können. [11] § 291 Absatz 2b Satz 7 bis 9 gilt für die Fristen nach den Sätzen 9 und 10 jeweils mit der Maßgabe entsprechend, dass die Ausgaben ab dem Jahr 2018 die Ausgaben des Jahres 2014 abzüglich 1 Prozent nicht überschreiten dürfen. [12] Bis zum 31. Dezember 2018 hat die Gesellschaft für Telematik die Maßnahmen durchzuführen, die erforderlich sind, damit nach § 291a Absatz 3 Satz 1 Nummer 5 Versicherte selbst Daten zur Verfügung stellen oder Daten für sie zur Verfügung gestellt werden können. [13] Bis zum 31. Dezember 2016 hat die Gesellschaft für Telematik zu prüfen, inwieweit mobile und stationäre Endgeräte der Versicherten zur Wahrnehmung ihrer Rechte, insbesondere der Zugriffsrechte gemäß § 291a Absatz 4 Satz 2, und für die Kommunikation im Gesundheitswesen einbezogen werden können. [14] Über das Ergebnis der Prüfung nach Satz 13 legt die Gesellschaft für Telematik dem Deutschen Bundestag über das Bundesministerium für Gesundheit spätestens bis zum 31. März 2017 einen Bericht vor.

(1a) [1] Die Komponenten und Dienste der Telematikinfrastruktur werden von der Gesellschaft für Telematik zugelassen. [2] Die Zulassung wird auf Antrag des Anbieters einer Komponente oder des Anbieters eines Dienstes erteilt, wenn die Komponente oder der Dienst funktionsfähig, interoperabel und sicher ist. [3] Die Zulassung kann mit Nebenbestimmungen versehen werden. [4] Die Gesellschaft für Telematik prüft die Funktionsfähigkeit und Interoperabilität auf der Grundlage der von ihr veröffentlichten Prüfkriterien. [5] Der Nachweis der Sicherheit erfolgt nach den Vorgaben des Bundesamtes für Sicherheit in der Informationstechnik durch eine Sicherheitszertifizierung. [6] Hierzu entwickelt das Bundesamt für Sicherheit in der Informationstechnik geeignete Prüfvorschriften und veröffentlicht diese im Bundesanzeiger. [7] Das Nähere zum Zulassungsverfahren und zu den Prüfkriterien wird von der Gesellschaft für Telematik in Abstimmung mit dem Bundesamt für Sicherheit in der Informationstechnik beschlossen. [8] Die Gesellschaft für Telematik veröffentlicht eine Liste mit den zugelassenen Komponenten und Diensten. [9] Die für die Aufgaben nach den Sätzen 5, 6 und 12 beim Bundesamt für Sicherheit in der Informationstechnik entstehenden Kosten sind diesem durch die Gesellschaft für Telematik zu erstatten. [10] Die Einzelheiten werden vom Bundesamt für Sicherheit in der Informationstechnik und der Gesellschaft für Telematik einvernehmlich festgelegt. [11] Die Gesellschaft für Telematik kann eine befristete Genehmigung zur Verwendung von nicht zugelassenen Komponenten und Diensten in der Telematikinfrastruktur erteilen, wenn dies zur Aufrechterhaltung der Funktionsfähigkeit und Sicherheit der Telematikinfrastruktur erforderlich ist. [12] Hinsichtlich der Sicherheit ist die Genehmigung im Einvernehmen mit dem Bundesamt für Sicherheit in der Informationstechnik zu erteilen.

(1b) [1] Die Gesellschaft für Telematik hat eine diskriminierungsfreie Nutzung der Telematikinfrastruktur für Anwendungen nach § 291a Absatz 7 Satz 3 zu gewährleisten. [2] Dabei sind elektronische Anwendungen, die der Erfüllung von gesetzlichen Aufgaben der Kranken- und Pflegeversicherung dienen, vorrangig zu berücksichtigen. [3] Für die Nutzung der Telematikinfrastruktur für Anwendungen nach § 291a Absatz 7 Satz 3 legt die Gesellschaft für Telematik in Abstimmung mit dem Bundesamt für Sicherheit in der Informationstechnik und der oder dem Bundesbeauftragten für den Datenschutz und die Informationsfreiheit die erforderlichen Voraussetzungen bis zum 30. Juni 2016 fest und veröffentlicht diese auf ihrer Internetseite. [4] Die Erfüllung dieser Voraussetzungen muss der Anbieter einer Anwendung gegenüber der Gesellschaft für Telematik in einem Bestätigungsverfahren nachweisen. [5] Die Einzelheiten des Bestätigungsverfahrens sowie die dazu erforderlichen Prüfkriterien legt die Gesellschaft für Telematik in Abstimmung mit dem Bundesamt für Sicherheit in der Informationstechnik bis zum 30. September 2016 fest und veröffentlicht sie auf ihrer Internetseite. [6] Das Bestätigungsverfahren wird auf Antrag eines Anbieters einer Anwendung durchgeführt. [7] Die Bestätigung kann mit Nebenbestimmungen versehen werden. [8] Die Gesellschaft für Telematik veröffentlicht eine Liste mit den erteilten Bestätigungen auf ihrer Internetseite. [9] Für Leistungserbringer in der gesetzlichen Kranken- und Pflegeversicherung, die die Telematikinfrastruktur für Anwendungen nach § 291a Absatz 7 Satz 3 nutzen wollen und für die noch keine sicheren Authentisierungsverfahren nach Absatz 1 Satz 1 Nummer 5 festgelegt sind, legt die Gesellschaft für Telematik diese Verfahren in Abstimmung mit dem Bundesamt für Sicherheit in der Informationstechnik fest. [10] Die nach diesem Absatz beim Bundesamt für Sicherheit in der Informationstechnik sowie bei der oder dem Bundesbeauftragten für den Datenschutz und die Informationsfreiheit entstehenden Kosten sind durch die Gesellschaft für Telematik zu erstatten. [11] Die Gesellschaft für Telematik legt die Einzelheiten der Kostenerstattung einvernehmlich jeweils mit dem Bundesamt für Sicherheit in der Informationstechnik sowie der oder dem Bundesbeauftragten für den Datenschutz und die Informationsfreiheit fest.

(1c) [1] Betriebsleistungen sind auf der Grundlage der von der Gesellschaft für Telematik zu beschließenden Rahmenbedingungen zu erbringen. [2] Zur Durchführung des operativen Betriebs der Telematikinfrastruktur vergibt die Gesellschaft für Telematik Aufträge oder erteilt in einem transparenten und diskriminierungsfreien Verfahren Zulassungen; sind nach Absatz 1 Satz 6 erster Halbsatz einzelne Gesellschafter oder Dritte beauftragt worden, so sind die Beauftragten für die Vergabe und für die Erteilung der Zulassung zuständig. [3] Bei der Vergabe von Aufträgen sind abhängig vom Auftragswert die Vorschriften über die Vergabe öffentlicher Aufträge: Teil 4 des Gesetzes gegen Wettbewerbsbeschränkungen sowie die Vergabeverordnung und § 22 der Verordnung über das Haushaltswesen in der Sozialversicherung sowie der Abschnitt 1 des Teils A der Vergabe- und Vertragsordnung für Leistungen (VOL/A) anzuwenden. [4] Für die freihändige Vergabe von Leistungen gemäß § 3 Absatz 5 Buchstabe i der Vergabe- und Vertragsordnung für Leistungen – Teil A (VOL/A) werden die Ausführungsbestimmungen vom Bundesministerium für Gesundheit festgelegt und im Bundesanzeiger veröffentlicht. [5] Bei Zulassungsverfahren nach Satz 2 haben Anbieter von operativen Betriebsleistungen einen Anspruch auf Zulassung, wenn

1. die zu verwendenden Komponenten und Dienste nach den Absätzen 1a und 1e zugelassen sind,

2. der Anbieter den Nachweis erbringt, dass die Verfügbarkeit und Sicherheit der Betriebsleistung gewährleistet sind, und

3. der Anbieter sich vertraglich verpflichtet, die Rahmenbedingungen für Betriebsleistungen der Gesellschaft für Telematik einzuhalten.

⁶Die Zulassung kann mit Nebenbestimmungen versehen werden. ⁷Die Gesellschaft für Telematik beziehungsweise die von ihr beauftragten Organisationen können die Anzahl der Zulassungen beschränken, soweit dies zur Gewährleistung von Interoperabilität, Kompatibilität und des notwendigen Sicherheitsniveaus erforderlich ist. ⁸Die Gesellschaft für Telematik beziehungsweise die von ihr beauftragten Organisationen veröffentlichen

1. die fachlichen und sachlichen Voraussetzungen, die für den Nachweis nach Satz 5 Nr. 2 erfüllt sein müssen, sowie
2. eine Liste mit den zugelassenen Anbietern.

(1d) ¹Die Gesellschaft für Telematik kann für die Zulassungen und Bestätigungen der Absätze 1a bis 1c und 1e Gebühren und Auslagen erheben. ²Die Gebührensätze sind so zu bemessen, dass sie den auf die Leistungen entfallenden durchschnittlichen Personal- und Sachaufwand nicht übersteigen. ³Das Bundesministerium für Gesundheit wird ermächtigt, durch Rechtsverordnung ohne Zustimmung des Bundesrates die gebührenpflichtigen Tatbestände zu bestimmen und dabei feste Sätze oder Rahmensätze vorzusehen sowie Regelungen über die Gebührenentstehung, die Gebührenerhebung, die Erstattung von Auslagen, den Gebührenschuldner, Gebührenbefreiungen, die Fälligkeit, die Stundung, die Niederschlagung, den Erlass, Säumniszuschläge, die Verjährung und die Erstattung zu treffen. ⁴Für die Nutzung der Telematikinfrastruktur für Anwendungen nach § 291a Absatz 7 Satz 3, die nicht in diesem Buch oder im Elften Buch Sozialgesetzbuch geregelt sind, kann die Gesellschaft für Telematik Entgelte verlangen. ⁵Der Entgeltkatalog bedarf der Genehmigung des Bundesministeriums für Gesundheit.

(1e) ¹Die Gesellschaft für Telematik legt bis zum 31. Dezember 2016 sichere Verfahren zur Übermittlung medizinischer Dokumente über die Telematikinfrastruktur in Abstimmung mit dem Bundesamt für Sicherheit in der Informationstechnik und mit der oder dem Bundesbeauftragten für den Datenschutz und die Informationsfreiheit fest und veröffentlicht diese Festlegungen auf ihrer Internetseite. ²Die Erfüllung dieser Festlegungen muss der Anbieter eines Dienstes für ein Übermittlungsverfahren gegenüber der Gesellschaft für Telematik in einem Zulassungsverfahren nachweisen. ³Für das Zulassungsverfahren gilt Absatz 1a. ⁴Die für das Zulassungsverfahren erforderlichen Festlegungen sind bis zum 31. März 2017 zu treffen und auf der Internetseite der Gesellschaft für Telematik zu veröffentlichen. ⁵Die nach diesem Absatz bei dem Bundesamt für Sicherheit in der Informationstechnik und bei der oder dem Bundesbeauftragten für den Datenschutz und die Informationsfreiheit entstehenden Kosten sind durch die Gesellschaft für Telematik zu erstatten. ⁶Die Gesellschaft für Telematik legt die Einzelheiten der Kostenerstattung einvernehmlich mit der oder dem Bundesbeauftragten für den Datenschutz und die Informationsfreiheit fest.

(2) Der Gesellschaftsvertrag bedarf der Zustimmung des Bundesministeriums für Gesundheit und ist nach folgenden Grundsätzen zu gestalten:

1. Die in § 291a Abs. 7 Satz 1 genannten Spitzenorganisationen sind Gesellschafter der Gesellschaft für Telematik. Die Geschäftsanteile entfallen zu 50 Prozent auf den Spitzenverband Bund der Krankenkassen und zu 50 Prozent auf die anderen in § 291a Abs. 7 Satz 1 genannten Spitzenorganisationen. Mit Zustimmung des Bundesministeriums für Gesundheit können die Gesellschafter den Beitritt weiterer Spitzenorganisationen der Leistungs-

erbringer auf Bundesebene und des Verbandes der Privaten Krankenversicherung beschließen; im Falle eines Beitritts sind die Geschäftsanteile innerhalb der Gruppen der Kostenträger und Leistungserbringer entsprechend anzupassen;
2. unbeschadet zwingender gesetzlicher Mehrheitserfordernisse entscheiden die Gesellschafter mit der Mehrheit von 67 Prozent der sich aus den Geschäftsanteilen ergebenden Stimmen, soweit nicht der Gesellschaftsvertrag eine geringere Mehrheit vorsieht;
3. das Bundesministerium für Gesundheit entsendet in die Versammlung der Gesellschafter eine Vertreterin oder einen Vertreter ohne Stimmrecht.

(2a) ¹ Die Gesellschaft für Telematik hat einen Beirat einzurichten, der sie in fachlichen Belangen berät. ² Er kann Angelegenheiten von grundsätzlicher Bedeutung der Gesellschafterversammlung der Gesellschaft für Telematik zur Befassung vorlegen und ist vor der Beschlussfassung zu Angelegenheiten von grundsätzlicher Bedeutung zu hören. ³ Zu Angelegenheiten von grundsätzlicher Bedeutung gehören insbesondere:
1. Fachkonzepte zu Anwendungen der elektronischen Gesundheitskarte,
2. Planungen und Konzepte für Erprobung und Betrieb der Telematikinfrastruktur sowie
3. Konzepte zur Evaluation von Erprobungsphasen und Anwendungen.

⁴ Hierzu sind dem Beirat die entsprechenden Informationen in verständlicher Form so rechtzeitig zur Verfügung zu stellen, dass er sich mit ihnen inhaltlich befassen kann. ⁵ Die Gesellschaft für Telematik hat sich mit den Stellungnahmen des Beirats zu befassen und dem Beirat mitzuteilen, inwieweit sie die Empfehlungen des Beirats berücksichtigt. ⁶ Der Vorsitzende des Beirats kann an den Gesellschafterversammlungen der Gesellschaft für Telematik teilnehmen. ⁷ Der Beirat besteht aus vier Vertretern der Länder, drei Vertretern der für die Wahrnehmung der Interessen der Patienten und der Selbsthilfe chronisch Kranker und behinderter Menschen maßgeblichen Organisationen, drei Vertretern der Wissenschaft, drei Vertretern der für die Wahrnehmung der Interessen der Industrie maßgeblichen Bundesverbände aus dem Bereich der Informationstechnologie im Gesundheitswesen, einem Vertreter der für die Wahrnehmung der Interessen der an der hausarztzentrierten Versorgung teilnehmenden Vertragsärzte maßgeblichen Spitzenorganisation sowie der oder dem Bundesbeauftragten für den Datenschutz und die Informationsfreiheit und der oder dem Beauftragten der Bundesregierung für die Belange der Patientinnen und Patienten. ⁸ Vertreter weiterer Gruppen und Bundesbehörden können berufen werden. ⁹ Die Mitglieder des Beirats werden von der Gesellschafterversammlung der Gesellschaft für Telematik im Einvernehmen mit dem Bundesministerium für Gesundheit berufen; die Vertreter der Länder werden von den Ländern benannt. ¹⁰ Die Gesellschafter, der Geschäftsführer der Gesellschaft für Telematik sowie das Bundesministerium für Gesundheit können an den Sitzungen des Beirats teilnehmen.

(3) ¹ Wird die Gesellschaft für Telematik nicht innerhalb einer vom Bundesministerium für Gesundheit gesetzten Frist gegründet oder löst sich die Gesellschaft für Telematik auf, kann das Bundesministerium für Gesundheit eine oder mehrere der in § 291a Abs. 7 Satz 1 genannten Spitzenorganisationen zur Errichtung der Gesellschaft für Telematik verpflichten; die übrigen Spitzenorganisationen können mit Zustimmung des Bundesministeriums für Gesund-

heit der Gesellschaft für Telematik als Gesellschafter beitreten. ²Für die Finanzierung der Gesellschaft für Telematik nach Satz 1 gilt § 291a Absatz 7 Satz 6 bis 8 entsprechend.

(4) ¹Die Beschlüsse der Gesellschaft für Telematik zu den Regelungen, dem Aufbau und dem Betrieb der Telematikinfrastruktur sind dem Bundesministerium für Gesundheit vorzulegen, das sie, soweit sie gegen Gesetz oder sonstiges Recht verstoßen, innerhalb eines Monats beanstanden kann; bei der Prüfung der Beschlüsse hat das Bundesministerium für Gesundheit der oder dem Bundesbeauftragten für den Datenschutz und die Informationsfreiheit Gelegenheit zur Stellungnahme zu geben. ²In begründeten Einzelfällen, insbesondere wenn die Prüfung der Beschlüsse innerhalb von einem Monat nicht abgeschlossen werden kann, kann das Bundesministerium für Gesundheit die Frist vor ihrem Ablauf um höchstens einen Monat verlängern. ³Erfolgt keine Beanstandung, werden die Beschlüsse nach Ablauf der Beanstandungsfrist für die Leistungserbringer und Krankenkassen sowie ihre Verbände nach diesem Buch verbindlich. ⁴Kommen die erforderlichen Beschlüsse nicht innerhalb einer vom Bundesministerium für Gesundheit gesetzten Frist zustande oder werden die Beanstandungen des Bundesministeriums für Gesundheit nicht innerhalb der von ihm gesetzten Frist behoben, so kann das Bundesministerium für Gesundheit den Inhalt der Beschlüsse im Benehmen mit den zuständigen obersten Landesbehörden durch Rechtsverordnung ohne Zustimmung des Bundesrates festlegen oder die Schlichtungsstelle nach § 291c anrufen. ⁵Die Gesellschaft für Telematik ist verpflichtet, dem Bundesministerium für Gesundheit zur Vorbereitung der Rechtsverordnung unverzüglich nach dessen Weisungen zuzuarbeiten.

(5) Die vom Bundesministerium für Gesundheit und von seinem Geschäftsbereich zur Vorbereitung der Rechtsverordnung nach Absatz 4 veranlassten Kosten sind unverzüglich aus den Finanzmitteln der Gesellschaft für Telematik zu begleichen; dies gilt auch, soweit Arbeiten zur Vorbereitung der Rechtsverordnung im Rahmen von Forschungs- und Entwicklungstätigkeiten durchgeführt werden.

(6) ¹Soweit von Komponenten und Diensten eine Gefahr für die Funktionsfähigkeit oder Sicherheit der Telematikinfrastruktur ausgeht, ist die Gesellschaft für Telematik in Abstimmung mit dem Bundesamt für Sicherheit in der Informationstechnik befugt, die erforderlichen technischen und organisatorischen Maßnahmen zur Abwehr dieser Gefahr zu treffen. ²Betreiber von nach den Absätzen 1a und 1e zugelassenen Diensten und Betreiber von Diensten für nach Absatz 1b bestätigte Anwendungen haben erhebliche Störungen der Verfügbarkeit, Integrität, Authentizität und Vertraulichkeit dieser Dienste unverzüglich an die Gesellschaft für Telematik zu melden. ³Erheblich sind Störungen, die zum Ausfall oder zur Beeinträchtigung der Sicherheit oder Funktionsfähigkeit der in Satz 2 genannten Dienste oder zum Ausfall oder zur Beeinträchtigung der Sicherheit oder Funktionsfähigkeit der Telematikinfrastruktur führen können oder bereits geführt haben. ⁴Die Gesellschaft für Telematik hat die ihr nach Satz 2 gemeldeten Störungen sowie darüber hinausgehende bedeutende Störungen, die zu beträchtlichen Auswirkungen auf die Sicherheit oder Funktionsfähigkeit der Telematikinfrastruktur führen können oder bereits geführt haben, unverzüglich an das Bundesamt für Sicherheit in der Informationstechnik zu melden. ⁵Die Gesellschaft für Telematik kann zur Gefahrenabwehr im Einzelfall insbesondere Komponenten und Dienste für den Zugang

zur Telematikinfrastruktur sperren oder den weiteren Zugang zur Telematikinfrastruktur nur unter der Bedingung gestatten, dass die von der Gesellschaft für Telematik angeordneten Maßnahmen zur Beseitigung der Gefahr umgesetzt werden.

(7) [1] Die Gesellschaft für Telematik kann für Komponenten und Dienste, die die Telematikinfrastruktur nutzen, aber außerhalb der Telematikinfrastruktur betrieben werden, in Abstimmung mit dem Bundesamt für Sicherheit in der Informationstechnik solche Maßnahmen zur Überwachung des Betriebs treffen, die erforderlich sind, um die Sicherheit, Verfügbarkeit und Nutzbarkeit der Telematikinfrastruktur zu gewährleisten. [2] Die Gesellschaft für Telematik legt hierzu fest, welche näheren Angaben ihr die Betreiber der Komponenten und Dienste offenzulegen haben, damit die Überwachung durchgeführt werden kann. [3] Für die Erstattung der Kosten des Bundesamtes für Sicherheit in der Informationstechnik gilt Absatz 1a Satz 9 und 10 entsprechend.

(8) [1] Die Gesellschaft für Telematik legt dem Bundesamt für Sicherheit in der Informationstechnik auf Verlangen die folgenden Unterlagen und Informationen vor:

1. die Zulassungen und Bestätigungen nach den Absätzen 1a bis 1c und 1e einschließlich der zugrunde gelegten Dokumentation,
2. eine Aufstellung der nach den Absätzen 6 und 7 getroffenen Maßnahmen einschließlich der festgestellten Sicherheitsmängel und Ergebnisse der Maßnahmen und
3. sonstige für die Bewertung der Sicherheit der Telematikinfrastruktur sowie der zugelassenen Dienste und bestätigten Anwendungen erforderlichen Informationen.

[2] Ergibt die Bewertung der in Satz 1 genannten Informationen Sicherheitsmängel, so kann das Bundesamt für Sicherheit in der Informationstechnik der Gesellschaft für Telematik verbindliche Anweisungen zur Beseitigung der festgestellten Sicherheitsmängel erteilen. [3] Die Gesellschaft für Telematik ist befugt, Betreibern von zugelassenen Diensten und bestätigten Anwendungen nach den Absätzen 1a bis 1c und 1e verbindliche Anweisungen zur Beseitigung festgestellter Sicherheitsmängel zu erteilen. [4] Die Kosten der Überprüfung tragen

1. die Gesellschaft für Telematik, sofern das Bundesamt für Sicherheit in der Informationstechnik auf Grund von Anhaltspunkten tätig geworden ist, die berechtigte Zweifel an der Sicherheit der Telematikinfrastruktur begründeten,
2. der Betreiber von zugelassenen Diensten und bestätigten Anwendungen nach den Absätzen 1a bis 1c und 1e, sofern das Bundesamt für Sicherheit in der Informationstechnik auf Grund von Anhaltspunkten tätig geworden ist, die berechtigte Zweifel an der Sicherheit der zugelassenen Dienste und bestätigten Anwendungen begründeten.

§ 291c Schlichtungsstelle der Gesellschaft für Telematik. (1) Bei der Gesellschaft für Telematik ist eine Schlichtungsstelle einzurichten.

(2) [1] Die Schlichtungsstelle hat einen unparteiischen Vorsitzenden. [2] Über den unparteiischen Vorsitzenden sollen sich die Gesellschafter der Gesellschaft für Telematik einigen. [3] Kommt nach Fristsetzung durch das Bundesministeri-

um für Gesundheit keine Einigung zustande, benennt das Bundesministerium für Gesundheit den Vorsitzenden.

(3) ¹Der Spitzenverband Bund der Krankenkassen kann einen Vertreter als Mitglied der Schlichtungsstelle benennen, die übrigen in § 291a Absatz 7 Satz 1 genannten Gesellschafter der Gesellschaft für Telematik können einen gemeinsamen Vertreter als Mitglied der Schlichtungsstelle benennen. ²Die Amtsdauer der Mitglieder der Schlichtungsstelle beträgt zwei Jahre. ³Wiederbenennung ist zulässig.

(4) Die Schlichtungsstelle gibt sich eine Geschäftsordnung, die der Genehmigung durch das Bundesministerium für Gesundheit bedarf.

(5) ¹Die Selbstverwaltungsorganisationen tragen die Kosten für die von ihnen benannten Vertreter jeweils selbst. ²Die Kosten für den unparteiischen Vorsitzenden sowie die sonstigen Kosten der Schlichtungsstelle werden aus den Finanzmitteln der Gesellschaft für Telematik finanziert.

(6) ¹Erhält ein Beschlussvorschlag zu den Regelungen, zum Aufbau und zum Betrieb der Telematikinfrastruktur nach § 291b Absatz 4 Satz 1 in der Gesellschafterversammlung oder in anderen Beschlussgremien der Gesellschafter der Gesellschaft für Telematik nicht die für eine Beschlussfassung erforderliche Mehrheit, so wird ein Schlichtungsverfahren zu den Inhalten des Beschlussvorschlags eingeleitet, wenn mindestens 50 Prozent der Gesellschafter der Gesellschaft für Telematik oder das Bundesministerium für Gesundheit ein solches beantragen. ²Bei Beschlussvorschlägen zu § 291 Absatz 2b Satz 6 und zu § 291b Absatz 1 Satz 9 gilt Satz 1 mit der Maßgabe, dass jede der in § 291 Absatz 2b Satz 7 genannten Organisationen das Schlichtungsverfahren einleiten kann.

(7) ¹Innerhalb von vier Wochen nach Einleitung des Schlichtungsverfahrens hat die Geschäftsführung der Gesellschaft für Telematik eine Gesellschafterversammlung einzuberufen. ²Die Schlichtungsstelle hat zur Gesellschafterversammlung einen Entscheidungsvorschlag vorzulegen. ³Erhält bei der Gesellschafterversammlung kein Vorschlag die erforderliche Mehrheit, entscheidet die Schlichtungsstelle innerhalb von zwei Wochen nach der Gesellschafterversammlung. ⁴Jedes Mitglied der Schlichtungsstelle hat eine Stimme. ⁵Die Schlichtungsstelle entscheidet mit einfacher Stimmenmehrheit. ⁶Ergibt sich keine Mehrheit, gibt die Stimme des unparteiischen Vorsitzenden den Ausschlag.

(8) ¹Die Gesellschaft für Telematik oder die von ihr beauftragten Organisationen sind verpflichtet, der Schlichtungsstelle nach deren Vorgaben unverzüglich zuzuarbeiten. ²Der unparteiische Vorsitzende kann an den Gesellschafterversammlungen der Gesellschaft für Telematik teilnehmen.

(9) ¹Die Entscheidung der Schlichtungsstelle ist dem Bundesministerium für Gesundheit zur Prüfung vorzulegen. ²Bei der Prüfung der Entscheidung hat das Bundesministerium für Gesundheit der oder dem Bundesbeauftragten für den Datenschutz und die Informationsfreiheit Gelegenheit zur Stellungnahme zu geben. ³Das Bundesministerium für Gesundheit kann die Entscheidung, soweit sie gegen Gesetz oder sonstiges Recht verstößt, innerhalb von einem Monat beanstanden. ⁴Werden die Beanstandungen nicht innerhalb einer vom Bundesministerium für Gesundheit gesetzten Frist behoben, so kann das Bundesministerium für Gesundheit anstelle der Schlichtungsstelle entscheiden. ⁵Die Gesellschaft für Telematik ist verpflichtet, dem Bundesministerium für

Gesundheit zur Vorbereitung seiner Entscheidung unverzüglich nach dessen Weisungen zuzuarbeiten. [6] Die Entscheidungen nach den Sätzen 1 und 4 sind für alle Gesellschafter, für die Leistungserbringer und Krankenkassen sowie für ihre Verbände nach diesem Buch verbindlich; sie können nur durch eine alternative Entscheidung der Gesellschafterversammlung der Gesellschaft für Telematik in gleicher Sache ersetzt werden.

§ 291d Integration offener Schnittstellen in informationstechnische Systeme, Verordnungsermächtigung. (1) [1] In informationstechnische Systeme, die zum Erheben, Verarbeiten und Nutzen von personenbezogenen Patientendaten eingesetzt werden in

1. der vertragsärztlichen Versorgung,

2. der vertragszahnärztlichen Versorgung und

3. Krankenhäusern,

sind offene und standardisierte Schnittstellen zur systemneutralen Archivierung von Patientendaten sowie zur Übertragung von Patientendaten bei einem Systemwechsel zu integrieren. [2] Die Integration der Schnittstellen muss spätestens zwei Jahre, nachdem die jeweiligen Festlegungen nach den Absätzen 2 bis 4 in das Interoperabilitätsverzeichnis nach § 291e aufgenommen worden sind, erfolgt sein. [3] Informationstechnische Systeme, in die nach Satz 1 Schnittstellen integriert worden sind, bedürfen der jeweiligen Bestätigung nach den Absätzen 2 bis 4, bevor sie eingesetzt werden dürfen.

(1a) [1] Absatz 1 gilt entsprechend für die Integration von offenen und standardisierten Schnittstellen für

1. elektronische Programme, die nach § 73 Absatz 9 Satz 1 für die Verordnung von Arzneimitteln zugelassen sind, und

2. elektronische Programme, die auf Grund der Rechtsverordnung nach § 14 Absatz 8 Satz 1 des Infektionsschutzgesetzes zur Durchführung von Meldungen und Benachrichtigungen zugelassen sind.

[2] Bei den Festlegungen zu den offenen und standardisierten Schnittstellen nach den Absätzen 2 bis 4 für elektronische Programme, die nach § 73 Absatz 9 Satz 1 zugelassen sind, sind die Vorgaben nach § 73 Absatz 9 und der Rechtsverordnung nach § 73 Absatz 9 Satz 2 zu berücksichtigen. [3] Bei den Festlegungen zu den offenen und standardisierten Schnittstellen nach den Absätzen 2 bis 4 für elektronische Programme, die auf Grund der Rechtsverordnung nach § 14 Absatz 8 Satz 1 des Infektionsschutzgesetzes zugelassen sind, sind die Vorgaben der Rechtsverordnung nach § 14 Absatz 8 Satz 1 des Infektionsschutzgesetzes zu berücksichtigen; zudem ist ein Einvernehmen mit dem Robert Koch-Institut herzustellen. [4] Die Rechtsverordnung nach § 73 Absatz 9 Satz 2 und die Rechtsverordnung nach § 14 Absatz 8 Satz 1 des Infektionsschutzgesetzes können für die Integration von Schnittstellen für die elektronischen Programme eine Frist festlegen, die von der in Absatz 1 Satz 2 genannten Frist abweicht.

(1b) Das Bundesministerium für Gesundheit wird ermächtigt, durch Rechtsverordnung ohne Zustimmung des Bundesrates Fristen für die Integration weiterer offener und standardisierter Schnittstellen in informationstechnische Systeme nach Absatz 1 Satz 1 festzulegen.

(2) ¹ Für die in der vertragsärztlichen Versorgung eingesetzten informationstechnischen Systeme trifft die Kassenärztliche Bundesvereinigung im Benehmen mit der Gesellschaft für Telematik sowie den für die Wahrnehmung der Interessen der Industrie maßgeblichen Bundesverbänden aus dem Bereich der Informationstechnologie im Gesundheitswesen die erforderlichen Festlegungen zu den offenen und standardisierten Schnittstellen. ² Die Kassenärztliche Bundesvereinigung bestätigt auf Antrag eines Anbieters eines informationstechnischen Systems, dass das System die Festlegungen nach Satz 1 erfüllt. ³ Sie veröffentlicht eine Liste mit den bestätigten informationstechnischen Systemen.

(3) ¹ Für die in der vertragszahnärztlichen Versorgung eingesetzten informationstechnischen Systeme trifft die Kassenzahnärztliche Bundesvereinigung im Benehmen mit der Gesellschaft für Telematik sowie den für die Wahrnehmung der Interessen der Industrie maßgeblichen Bundesverbänden aus dem Bereich der Informationstechnologie im Gesundheitswesen die erforderlichen Festlegungen zu den offenen und standardisierten Schnittstellen. ² Die Kassenzahnärztliche Bundesvereinigung bestätigt auf Antrag eines Anbieters eines informationstechnischen Systems, dass das System die Festlegungen nach Satz 1 erfüllt. ³ Sie veröffentlicht eine Liste mit den bestätigten informationstechnischen Systemen.

(4) ¹ Für die in den Krankenhäusern eingesetzten informationstechnischen Systeme trifft die Deutsche Krankenhausgesellschaft im Benehmen mit der Gesellschaft für Telematik sowie den für die Wahrnehmung der Interessen der Industrie maßgeblichen Bundesverbänden aus dem Bereich der Informationstechnologie im Gesundheitswesen die erforderlichen Festlegungen zu den offenen und standardisierten Schnittstellen. ² Die Deutsche Krankenhausgesellschaft bestätigt auf Antrag eines Anbieters eines informationstechnischen Systems, dass das System die Festlegungen nach Satz 1 erfüllt. ³ Sie veröffentlicht eine Liste mit den bestätigten informationstechnischen Systemen.

(5) Die nach den Absätzen 2 bis 4 für die Festlegung zuständigen Organisationen stimmen sich mit dem Ziel ab, bei inhaltlichen Gemeinsamkeiten der Schnittstellen sektorübergreifende einheitliche Vorgaben zu treffen.

(6) Die nach den Absätzen 2 bis 4 getroffenen Festlegungen sind in das Interoperabilitätsverzeichnis nach § 291e aufzunehmen.

§ 291e Interoperabilitätsverzeichnis. (1) ¹ Die Gesellschaft für Telematik hat bis zum 30. Juni 2017 ein elektronisches Interoperabilitätsverzeichnis für technische und semantische Standards, Profile und Leitfäden für informationstechnische Systeme im Gesundheitswesen aufzubauen und dieses Interoperabilitätsverzeichnis zu pflegen und zu betreiben. ² Das Interoperabilitätsverzeichnis dient der Förderung der Interoperabilität zwischen informationstechnischen Systemen.

(2) Das Interoperabilitätsverzeichnis ist für die Nutzung öffentlich zur Verfügung zu stellen.

(3) ¹ Die Gesellschaft für Telematik erstellt hinsichtlich des Interoperabilitätsverzeichnisses eine Geschäfts- und Verfahrensordnung. ² Die Geschäfts- und Verfahrensordnung bedarf der Genehmigung durch das Bundesministerium für Gesundheit. ³ Sie ist dem Bundesministerium für Gesundheit spätestens zwölf Monate nach Inkrafttreten dieses Gesetzes vorzulegen. ⁴ Die Geschäfts- und Verfahrensordnung regelt das Nähere

1. zum Aufbau, zur Pflege und zum Betrieb sowie zur Nutzung des Interoperabilitätsverzeichnisses,

2. zur Benennung der Experten und zu deren Kostenerstattung nach Absatz 5,

3. zum Verfahren der Aufnahme von Informationen nach den Absätzen 7 bis 9 in das Interoperabilitätsverzeichnis sowie

4. zum Verfahren der Aufnahme von Informationen in das Informationsportal nach Absatz 11.

(4) [1] Für die Aufnahme von Informationen nach Absatz 8 in das Interoperabilitätsverzeichnis kann die Gesellschaft für Telematik Entgelte verlangen. [2] Der Entgeltkatalog bedarf der Genehmigung durch das Bundesministerium für Gesundheit.

(5) [1] Die Gesellschaft für Telematik benennt mit Zustimmung des Bundesministeriums für Gesundheit Experten, die über Fachwissen im Bereich der Gesundheitsversorgung und im Bereich der Informationstechnik und Standardisierung im Gesundheitswesen verfügen. [2] Die Experten sind aus folgenden Gruppen auszuwählen:

1. Anwendern informationstechnischer Systeme,

2. für die Wahrnehmung der Interessen der Industrie maßgeblichen Bundesverbänden aus dem Bereich der Informationstechnologie im Gesundheitswesen,

3. Ländern,

4. fachlich betroffenen Bundesbehörden,

5. fachlich betroffenen nationalen und internationalen Standardisierungs- und Normungsorganisationen sowie

6. Vertretern wissenschaftlicher Einrichtungen.

[3] Die Experten können der Gesellschaft für Telematik für den Aufbau, die Pflege und die Weiterentwicklung des Interoperabilitätsverzeichnisses Empfehlungen geben. [4] Die Gesellschaft für Telematik erstattet den Experten die ihnen durch die Mitarbeit entstehenden Kosten.

(6) [1] Die Gesellschaft für Telematik hat die Fachöffentlichkeit über den Stand des Aufbaus, der Pflege und der Weiterentwicklung des Interoperabilitätsverzeichnisses auf der Internetseite des Interoperabilitätsverzeichnisses zu informieren. [2] Die Gesellschaft für Telematik hat die Fachöffentlichkeit über elektronische Informationstechnologien zu beteiligen bei

1. Festlegungen nach Absatz 7 Satz 2,

2. Bewertungen nach Absatz 8 Satz 3 sowie

3. Empfehlungen nach Absatz 9 Satz 1.

[3] Hierzu hat die Gesellschaft für Telematik die Entwürfe der Festlegungen nach Absatz 7 Satz 2, der Bewertungen nach Absatz 8 Satz 3 und der Empfehlungen nach Absatz 9 Satz 1 auf der Internetseite des Interoperabilitätsverzeichnisses zu veröffentlichen. [4] Die Entwürfe sind mit dem Hinweis zu veröffentlichen, dass Stellungnahmen während der Veröffentlichung abgegeben werden können. [5] Die eingegangenen Stellungnahmen hat die Gesellschaft für Telematik auf der Internetseite des Interoperabilitätsverzeichnisses zu veröffentlichen und in die weitere Prüfung der Entwürfe einzubeziehen.

§ 291e SGB V 5

(7) ¹ Technische und semantische Standards, Profile und Leitfäden, die die Gesellschaft für Telematik zur Nutzung in Anwendungen nach den §§ 291 und 291a Absatz 2 und 3 festgelegt hat (Interoperabilitätsfestlegungen), sind frühestmöglich, jedoch spätestens dann in das Interoperabilitätsverzeichnis aufzunehmen, wenn sie für den flächendeckenden Wirkbetrieb der Telematikinfrastruktur freigegeben sind. ² Vor Festlegungen nach Satz 1, die die Gesellschaft für Telematik nach dem Inkrafttreten dieses Gesetzes trifft, hat sie den Experten nach Absatz 5 Gelegenheit zur Stellungnahme zu geben. ³ In ihren Stellungnahmen können die Experten weitere Empfehlungen zur Umsetzung und Nutzung der in das Interoperabilitätsverzeichnis aufgenommenen Inhalte sowie zu anwendungsspezifischen Konkretisierungen und Ergänzungen abgeben. ⁴ Die Gesellschaft für Telematik hat die Stellungnahmen in ihre Entscheidung einzubeziehen. ⁵ Die Stellungnahmen sind auf der Internetseite des Interoperabilitätsverzeichnisses zu veröffentlichen.

(8) ¹ Technische und semantische Standards, Profile und Leitfäden, deren Aufnahme nicht nach dem in Absatz 7 geregelten Verfahren erfolgt, nimmt die Gesellschaft für Telematik auf Antrag in das Interoperabilitätsverzeichnis auf. ² Antragsberechtigt sind die Anwender der informationstechnischen Systeme und deren Interessenvertretungen, die Anbieter informationstechnischer Systeme, wissenschaftliche Einrichtungen sowie Standardisierungs- und Normungsorganisationen. ³ Vor Aufnahme in das Interoperabilitätsverzeichnis bewertet die Gesellschaft für Telematik, inwieweit die technischen und semantischen Standards, Profile und Leitfäden den Interoperabilitätsfestlegungen nach Absatz 7 Satz 1 entsprechen. ⁴ Vor ihrer Bewertung hat die Gesellschaft für Telematik den Experten nach Absatz 5 Gelegenheit zur Stellungnahme zu geben. ⁵ In ihren Stellungnahmen können die Experten weitere Empfehlungen zur Umsetzung und Nutzung der in das Interoperabilitätsverzeichnis aufgenommenen Inhalte sowie zu anwendungsspezifischen Konkretisierungen und Ergänzungen abgeben. ⁶ Die Gesellschaft für Telematik hat die Stellungnahmen in ihre Entscheidung einzubeziehen. ⁷ Die Stellungnahmen der Experten sowie die Bewertung der Gesellschaft für Telematik sind auf der Internetseite des Interoperabilitätsverzeichnisses zu veröffentlichen.

(9) ¹ Die Gesellschaft für Telematik kann die Zusammenarbeit der Standardisierungs- und Normungsorganisationen unterstützen und im Interoperabilitätsverzeichnis enthaltene technische und semantische Standards, Profile und Leitfäden nach Absatz 8 als Referenz für informationstechnische Systeme im Gesundheitswesen empfehlen. ² Vor ihrer Empfehlung hat die Gesellschaft für Telematik den Experten nach Absatz 5 sowie bei Empfehlungen zur Datensicherheit und zum Datenschutz dem Bundesamt für Sicherheit in der Informationstechnik sowie dem oder der Bundesbeauftragten für den Datenschutz und die Informationsfreiheit Gelegenheit zur Stellungnahme zu geben. ³ Die Gesellschaft für Telematik hat die Stellungnahmen und Vorschläge in ihre Entscheidung einzubeziehen. ⁴ Die Stellungnahmen und Vorschläge der Experten sowie die Empfehlungen der Gesellschaft für Telematik sind auf der Internetseite des Interoperabilitätsverzeichnisses zu veröffentlichen.

(10) ¹ Elektronische Anwendungen im Gesundheitswesen dürfen aus Mitteln der gesetzlichen Krankenversicherung nur ganz oder teilweise finanziert werden, wenn die Anbieter der elektronischen Anwendungen die Festlegungen nach Absatz 7 Satz 1 sowie die Empfehlungen nach Absatz 9 Satz 1 beachten. ² Anbieter einer elektronischen Anwendung im Gesundheitswesen nach § 291a

Absatz 7 Satz 3 oder einer elektronischen Anwendung, die aus Mitteln der gesetzlichen Krankenversicherung ganz oder teilweise finanziert wird, haben einen Antrag nach Absatz 8 Satz 1 zu stellen.

(11) ¹Als Bestandteil des Interoperabilitätsverzeichnisses hat die Gesellschaft für Telematik ein Informationsportal aufzubauen. ²In das Informationsportal aufgenommen werden auf Antrag Informationen insbesondere über den Inhalt, den Verwendungszweck und die Finanzierung von elektronischen Anwendungen im Gesundheitswesen, insbesondere von telemedizinischen Anwendungen. ³Antragsberechtigt sind Projektträger und Anbieter einer elektronischen Anwendung. ⁴Projektträger und Anbieter einer elektronischen Anwendung, die aus Mitteln der gesetzlichen Krankenversicherung ganz oder teilweise finanziert wird, haben einen Antrag zu stellen. ⁵Das Nähere zu den Inhalten des Informationsportals und zu den Mindestinhalten des Antrages nach Satz 2 legt die Gesellschaft für Telematik in der Geschäfts- und Verfahrensordnung nach Absatz 3 fest.

(12) ¹Die Gesellschaft für Telematik legt dem Bundesministerium für Gesundheit zwei Jahre nach Inkrafttreten dieses Gesetzes einen Bericht vor. ²Das Bundesministerium für Gesundheit leitet den Bericht an den Deutschen Bundestag weiter. ³Der Bericht enthält Informationen über den Aufbau des Interoperabilitätsverzeichnisses, Anwendungserfahrungen und Vorschläge zur Weiterentwicklung des Interoperabilitätsverzeichnisses. ⁴Außerdem enthält er eine Einschätzung zur Standardisierung im Gesundheitswesen sowie Empfehlungen zur Harmonisierung der Standards. ⁵Das Bundesministerium für Gesundheit kann weitere Inhalte für den Bericht bestimmen. ⁶Im Abstand von zwei Jahren ist ein neuer Bericht zu erstellen und vorzulegen.

§ 291f Übermittlung elektronischer Briefe in der vertragsärztlichen Versorgung.

(1) ¹Der Zuschlag nach § 291a Absatz 7b Satz 1 erhöht sich im Jahr 2017 um eine Pauschale von 55 Cent pro Übermittlung eines elektronischen Briefs zwischen den an der vertragsärztlichen Versorgung teilnehmenden Ärzten und Einrichtungen, wenn die Übermittlung durch sichere elektronische Verfahren erfolgt und dadurch der Versand durch Post-, Boten- oder Kurierdienste entfällt. ²Der Wegfall des Versands durch Post-, Boten- oder Kurierdienste ist bei der Anpassung des Behandlungsbedarfes nach § 87a Absatz 4 zu berücksichtigen. ³§ 73 Absatz 1b Satz 1 bis 3 gilt entsprechend. ⁴Ein sicheres elektronisches Verfahren setzt voraus, dass der elektronische Brief durch geeignete technische Maßnahmen entsprechend dem aktuellen Stand der Technik gegen unberechtigte Zugriffe geschützt wird.

(2) ¹Das Nähere, insbesondere über Inhalt und Struktur des elektronischen Briefs, zur Abrechnung, zu Regelungen, die eine nicht bedarfsgerechte Mengenausweitung vermeiden, und Einzelheiten zu den Sicherheitsmaßnahmen, regelt die Kassenärztliche Bundesvereinigung im Benehmen mit dem Spitzenverband Bund der Krankenkassen und der Gesellschaft für Telematik in einer Richtlinie. ²In der Richtlinie ist festzulegen, dass für die Übermittlung des elektronischen Briefs zugelassene Dienste nach § 291b Absatz 1e genutzt werden, sobald diese zur Verfügung stehen. ³Die Richtlinie ist dem Bundesministerium für Gesundheit zur Prüfung vorzulegen. ⁴Bei der Prüfung der Richtlinie ist der oder dem Bundesbeauftragten für den Datenschutz und die Informationsfreiheit und dem Bundesamt für Sicherheit in der Informationstechnik

Gelegenheit zur Stellungnahme zu geben. ⁵Das Bundesministerium für Gesundheit kann die Richtlinie innerhalb von einem Monat beanstanden.

(3) ¹Die Kassenärztliche Bundesvereinigung bestätigt auf Antrag eines Anbieters eines informationstechnischen Systems für an der vertragsärztlichen Versorgung teilnehmende Ärzte und Einrichtungen, dass sein System die in der Richtlinie enthaltenen Vorgaben erfüllt. ²Die Kassenärztliche Bundesvereinigung veröffentlicht eine Liste mit den bestätigten informationstechnischen Systemen.

(4) ¹Die Abrechnung des Zuschlags nach Absatz 1 ist zulässig, wenn für das verwendete informationstechnische System eine Bestätigung nach Absatz 3 gegenüber der zuständigen Abrechnungsstelle nachgewiesen wird. ²Die Abrechnung eines Zuschlags nach Absatz 1 ist über die Voraussetzungen des Satzes 1 hinaus nur zulässig, wenn der elektronische Brief mit einer qualifizierten elektronischen Signatur versehen ist, die mit einem elektronischen Heilberufsausweis nach § 291a Absatz 5 Satz 5 erzeugt wurde.

(5) ¹Für den Zeitraum ab 2018 wird die Höhe des Zuschlags durch die Vertragspartner nach § 291a Absatz 7b Satz 2 vereinbart. ²Der Zuschlag darf nur vereinbart werden, wenn für die Übermittlung des elektronischen Briefs zugelassene Dienste nach § 291b Absatz 1e genutzt werden.

(6) Die Absätze 1 bis 5 gelten nicht für die Vertragszahnärzte.

§ 291g Vereinbarung über technische Verfahren zur konsiliarischen Befundbeurteilung und zur Videosprechstunde. (1) ¹Die Kassenärztliche Bundesvereinigung vereinbart bis zum 30. Juni 2016 mit dem Spitzenverband Bund der Krankenkassen im Benehmen mit der Gesellschaft für Telematik die Anforderungen an die technischen Verfahren zur telemedizinischen Erbringung der konsiliarischen Befundbeurteilung von Röntgenaufnahmen in der vertragsärztlichen Versorgung, insbesondere Einzelheiten hinsichtlich der Qualität und der Sicherheit, und die Anforderungen an die technische Umsetzung. ²Die Vereinbarung ist dem Bundesministerium für Gesundheit zur Prüfung vorzulegen. ³Bei der Prüfung der Vereinbarung ist der oder dem Bundesbeauftragten für den Datenschutz und die Informationsfreiheit und dem Bundesamt für Sicherheit in der Informationstechnik Gelegenheit zur Stellungnahme zu geben. ⁴Das Bundesministerium für Gesundheit kann die Vereinbarung innerhalb von einem Monat beanstanden.

(2) ¹Kommt die Vereinbarung nach Absatz 1 nicht bis zum 31. März 2016 zustande, so ist auf Antrag einer der Vereinbarungspartner nach Absatz 1 ein Schlichtungsverfahren bei der Schlichtungsstelle nach § 291c Absatz 1 einzuleiten. ²Innerhalb von vier Wochen nach Einleitung des Schlichtungsverfahrens hat die Schlichtungsstelle einen Entscheidungsvorschlag vorzulegen. ³Vor ihrem Entscheidungsvorschlag hat die Schlichtungsstelle den Vereinbarungspartnern nach Absatz 1 und der Gesellschaft für Telematik Gelegenheit zur Stellungnahme zu geben. ⁴Kommt innerhalb von zwei Wochen nach Vorlage des Entscheidungsvorschlags keine Entscheidung der Vereinbarungspartner nach Absatz 1 zustande, entscheidet die Schlichtungsstelle anstelle der Vereinbarungspartner nach Absatz 1 innerhalb von zwei Wochen. ⁵Auf die Entscheidungen der Schlichtungsstelle findet § 291c Absatz 7 Satz 4 bis 6 Anwendung. ⁶Die Entscheidung der Schlichtungsstelle ist für die Vereinbarungspartner nach Absatz 1 und für die Leistungserbringer und Krankenkassen sowie für ihre

Verbände nach diesem Buch verbindlich; sie kann nur durch eine alternative Entscheidung der Vereinbarungspartner nach Absatz 1 in gleicher Sache ersetzt werden.

(3) Sofern die Vereinbarung nach Absatz 1 nicht bis zum 30. Juni 2016 getroffen wird, gilt § 291 Absatz 2b Satz 7 bis 9 entsprechend für die Kassenärztliche Bundesvereinigung und den Spitzenverband Bund der Krankenkassen.

(4) Die Absätze 1 bis 3 gelten für die Vereinbarung über technische Verfahren zu Videosprechstunden entsprechend mit der Maßgabe, dass die Vereinbarung nach Absatz 1 bis zum 30. September 2016 zu treffen ist.

§ 292 Angaben über Leistungsvoraussetzungen. ¹ Die Krankenkasse hat Angaben über Leistungen, die zur Prüfung der Voraussetzungen späterer Leistungsgewährung erforderlich sind, aufzuzeichnen. ² Hierzu gehören insbesondere Angaben zur Feststellung der Voraussetzungen von Leistungsansprüchen bei Krankenhausbehandlung, medizinischen Leistungen zur Gesundheitsvorsorge und Rehabilitation sowie zur Feststellung der Voraussetzungen der Kostenerstattung und zur Leistung von Zuschüssen. ³ Im Falle der Arbeitsunfähigkeit sind auch die Diagnosen aufzuzeichnen.

§ 293 Kennzeichen für Leistungsträger und Leistungserbringer.

(1) ¹ Die Krankenkassen verwenden im Schriftverkehr, einschließlich des Einsatzes elektronischer Datenübertragung oder maschinell verwertbarer Datenträger, beim Datenaustausch, für Maßnahmen zur Qualitätssicherung und für Abrechnungszwecke mit den anderen Trägern der Sozialversicherung, der Bundesagentur für Arbeit und den Versorgungsverwaltungen der Länder sowie mit ihren Vertragspartnern einschließlich deren Mitgliedern bundeseinheitliche Kennzeichen. ² Der Spitzenverband Bund der Krankenkassen, die Spitzenorganisationen der anderen Träger der Sozialversicherung, die Postbeamtenkrankenkasse, die Bundesagentur für Arbeit und die Versorgungsverwaltungen der Länder bilden für die Vergabe der Kennzeichen nach Satz 1 eine Arbeitsgemeinschaft.

(2) Die Mitglieder der Arbeitsgemeinschaft nach Absatz 1 Satz 2 gemeinsam vereinbaren mit den Spitzenorganisationen der Leistungserbringer einheitlich Art und Aufbau der Kennzeichen und das Verfahren der Vergabe und ihre Verwendung.

(3) Kommt eine Vereinbarung nach Absatz 2 nicht oder nicht innerhalb einer vom Bundesministerium für Gesundheit gesetzten Frist zustande, kann dieses im Einvernehmen mit dem Bundesministerium für Arbeit und Soziales nach Anhörung der Beteiligten das Nähere der Regelungen über Art und Aufbau der Kennzeichen und das Verfahren der Vergabe und ihre Verwendung durch Rechtsverordnung mit Zustimmung des Bundesrates bestimmen.

(4) ¹ Die Kassenärztliche und die Kassenzahnärztliche Bundesvereinigung führen jeweils ein bundesweites Verzeichnis der an der vertragsärztlichen Versorgung teilnehmenden Ärzte und Zahnärzte sowie Einrichtungen. ² Das Verzeichnis enthält folgende Angaben:

1. Arzt- oder Zahnarztnummer (unverschlüsselt),
2. Hausarzt- oder Facharztkennung,
3. Teilnahmestatus,

4. Geschlecht des Arztes oder Zahnarztes,
5. Titel des Arztes oder Zahnarztes,
6. Name des Arztes oder Zahnarztes,
7. Vorname des Arztes oder Zahnarztes,
8. Geburtsdatum des Arztes oder Zahnarztes,
9. Straße der Arzt- oder Zahnarztpraxis oder der Einrichtung,
10. Hausnummer der Arzt- oder Zahnarztpraxis oder der Einrichtung,
11. Postleitzahl der Arzt- oder Zahnarztpraxis oder der Einrichtung,
12. Ort der Arzt- oder Zahnarztpraxis oder der Einrichtung,
13. Beginn der Gültigkeit der Arzt- oder Zahnarztnummer und
14. Ende der Gültigkeit der Arzt- oder Zahnarztnummer.

[3] Das Verzeichnis ist in monatlichen oder kürzeren Abständen zu aktualisieren. [4] Die Arzt- und Zahnarztnummer ist so zu gestalten, dass sie ohne zusätzliche Daten über den Arzt oder Zahnarzt nicht einem bestimmten Arzt oder Zahnarzt zugeordnet werden kann; dabei ist zu gewährleisten, dass die Arzt- und Zahnarztnummer eine Identifikation des Arztes oder Zahnarztes auch für die Krankenkassen und ihre Verbände für die gesamte Dauer der vertragsärztlichen oder vertragszahnärztlichen Tätigkeit ermöglicht. [5] Die Kassenärztliche Bundesvereinigung und die Kassenzahnärztliche Bundesvereinigung stellen sicher, dass das Verzeichnis die Arzt- und Zahnarztnummern enthält, welche Vertragsärzte und -zahnärzte im Rahmen der Abrechnung ihrer erbrachten und verordneten Leistungen mit den Krankenkassen nach den Vorschriften des Zweiten Abschnitts verwenden. [6] Die Kassenärztliche Bundesvereinigung und die Kassenzahnärztliche Bundesvereinigung stellen dem Spitzenverband Bund der Krankenkassen das Verzeichnis bis zum 31. März 2004 im Wege elektronischer Datenübertragung oder maschinell verwertbar auf Datenträgern zur Verfügung; Änderungen des Verzeichnisses sind dem Spitzenverband Bund der Krankenkassen in monatlichen oder kürzeren Abständen unentgeltlich zu übermitteln. [7] Der Spitzenverband Bund der Krankenkassen stellt seinen Mitgliedsverbänden und den Krankenkassen das Verzeichnis zur Erfüllung ihrer Aufgaben, insbesondere im Bereich der Gewährleistung der Qualität und der Wirtschaftlichkeit der Versorgung sowie der Aufbereitung der dafür erforderlichen Datengrundlagen, zur Verfügung; für andere Zwecke darf der Spitzenverband Bund der Krankenkassen das Verzeichnis nicht verwenden.

(5) [1] Die für die Wahrnehmung der wirtschaftlichen Interessen gebildete maßgebliche Spitzenorganisation der Apotheker führt ein bundeseinheitliches Verzeichnis über die Apotheken und stellt dieses dem Spitzenverband Bund der Krankenkassen im Wege elektronischer Datenübertragung oder maschinell verwertbar auf Datenträgern unentgeltlich zur Verfügung. [2] Änderungen des Verzeichnisses sind dem Spitzenverband Bund der Krankenkassen in monatlichen oder kürzeren Abständen unentgeltlich zu übermitteln. [3] Das Verzeichnis enthält den Namen des Apothekers, die Anschrift und das Kennzeichen der Apotheke; es ist in monatlichen oder kürzeren Abständen zu aktualisieren. [4] Die für die Wahrnehmung der wirtschaftlichen Interessen gebildete maßgebliche Spitzenorganisation der Apotheker stellt das Verzeichnis und die Änderungen nach Satz 2 auch der nach § 2 Satz 1 des Gesetzes über Rabatte für Arzneimittel gebildeten zentralen Stelle im Wege elektronischer Datenübertragung oder maschinell verwertbar auf Datenträgern zur Verfügung; die zen-

trale Stelle hat die Übermittlungskosten zu tragen. ⁵ Der Spitzenverband Bund der Krankenkassen stellt seinen Mitgliedsverbänden und den Krankenkassen das Verzeichnis zur Erfüllung ihrer Aufgaben im Zusammenhang mit der Abrechnung der Apotheken, der in den §§ 129 und 300 getroffenen Regelungen sowie der damit verbundenen Datenaufbereitungen zur Verfügung; für andere Zwecke darf der Spitzenverband Bund der Krankenkassen das Verzeichnis nicht verwenden. ⁶ Die zentrale Stelle darf das Verzeichnis an die Träger der Kosten in Krankheits-, Pflege- und Geburtsfällen nach beamtenrechtlichen Vorschriften, die Unternehmen der privaten Krankenversicherung sowie die sonstigen Träger von Kosten in Krankheitsfällen weitergeben. ⁷ Das Verzeichnis darf nur für die in § 2 des Gesetzes über Rabatte für Arzneimittel genannten Zwecke verarbeitet oder genutzt werden. ⁸ Apotheken nach Satz 1 sind verpflichtet, die für das Verzeichnis erforderlichen Auskünfte zu erteilen. ⁹ Weitere Anbieter von Arzneimitteln sind gegenüber dem Spitzenverband Bund der Krankenkassen entsprechend auskunftspflichtig.

(6) ¹ Der Spitzenverband Bund der Krankenkassen und die Deutsche Krankenhausgesellschaft führen auf der Grundlage der Vereinbarung nach § 2a Absatz 1 Satz 1 des Krankenhausfinanzierungsgesetzes ein bundesweites Verzeichnis der Standorte der nach § 108 zugelassenen Krankenhäuser und ihrer Ambulanzen. ² Sie können das Institut für das Entgeltsystem im Krankenhaus mit der Aufgabe nach Satz 1 beauftragen. ³ In diesem Fall sind die notwendigen Aufwendungen des Instituts aus dem Zuschlag nach § 17b Absatz 5 Satz 1 Nummer 1 des Krankenhausfinanzierungsgesetzes zu finanzieren. ⁴ Die zugelassenen Krankenhäuser sind verpflichtet, der das Verzeichnis führenden Stelle auf Anforderung die für den Aufbau und die Durchführung des Verzeichnisses erforderlichen Daten sowie Veränderungen dieser Daten auch ohne Anforderung zu übermitteln. ⁵ Das Verzeichnis ist in nach Satz 10 Nummer 3 zu vereinbarenden Abständen zeitnah zu aktualisieren und im Internet zu veröffentlichen. ⁶ Die Krankenhäuser verwenden die im Verzeichnis enthaltenen Kennzeichen zu Abrechnungszwecken, für Datenübermittlungen an die Datenstelle nach § 21 Absatz 1 des Krankenhausentgeltgesetzes sowie zur Erfüllung der Anforderungen der Richtlinien und Beschlüsse zur Qualitätssicherung des Gemeinsamen Bundesausschusses. ⁷ Die Kostenträger nutzen das Verzeichnis zur Erfüllung ihrer Aufgaben insbesondere im Zusammenhang mit der Abrechnung von Leistungen sowie mit Anforderungen der Richtlinien und Beschlüsse des Gemeinsamen Bundesausschusses zur Qualitätssicherung. ⁸ Der Gemeinsame Bundesausschuss nutzt das Verzeichnis, sofern dies zur Erfüllung der ihm nach diesem Gesetzbuch übertragenen Aufgaben insbesondere im Rahmen der Qualitätssicherung erforderlich ist. ⁹ Das Bundeskartellamt erhält die Daten des Verzeichnisses von der das Verzeichnis führenden Stelle im Wege elektronischer Datenübertragung oder maschinell verwertbar auf Datenträgern zur Erfüllung seiner Aufgaben nach dem Gesetz gegen Wettbewerbsbeschränkungen. ¹⁰ Die Deutsche Krankenhausgesellschaft und der Spitzenverband Bund der Krankenkassen vereinbaren bis zum 30. Juni 2017 das Nähere zu dem Verzeichnis nach Satz 1, insbesondere

1. die Art und den Aufbau des Verzeichnisses,
2. die Art und den Aufbau der im Verzeichnis enthaltenen Kennzeichen sowie die Voraussetzungen und das Verfahren für die Vergabe der Kennzeichen,
3. die geeigneten Abstände einer zeitnahen Aktualisierung und das Verfahren der kontinuierlichen Fortschreibung,

4. die sächlichen und personellen Voraussetzungen für die Verwendung der Kennzeichen sowie die sonstigen Anforderungen an die Verwendung der Kennzeichen und

5. die Finanzierung der Aufwände, die durch die Führung und die Aktualisierungen des Verzeichnisses entstehen.

[11] § 2a Absatz 2 des Krankenhausfinanzierungsgesetzes gilt entsprechend für die Auftragserteilung nach Satz 2 und die Vereinbarung nach Satz 10.

(7) [1] Der Spitzenverband Bund der Krankenkassen und die Deutsche Krankenhausgesellschaft führen ein bundesweites Verzeichnis aller in den nach § 108 zugelassenen Krankenhäusern und ihren Ambulanzen tätigen Ärzte. [2] Sie können einen Dritten mit der Aufgabe nach Satz 1 beauftragen; für eine das Verzeichnis führende Stelle, die nicht zu den in § 35 des Ersten Buches[1]) genannten Stellen gehört, gilt § 35 des Ersten Buches entsprechend. [3] Das Verzeichnis enthält für alle Ärzte nach Satz 1 folgende Angaben:

1. Arztnummer (unverschlüsselt),
2. Angaben des Arztes nach Absatz 4 Satz 2 Nummer 4 bis 8,
3. Datum des Staatsexamens,
4. Datum der Approbation,
5. Datum der Promotion,
6. Datum der Facharztanerkennung und Fachgebiet,
7. Kennzeichen im Verzeichnis nach Absatz 6 des Krankenhauses, in dem der Arzt beschäftigt ist,
8. Datum des Beginns der Tätigkeit des Arztes im Krankenhaus und
9. Datum des Endes der Tätigkeit des Arztes im Krankenhaus.

[4] Die Arztnummer nach Satz 3 Nummer 1 folgt in ihrer Struktur der Arztnummer nach Absatz 4 Satz 2 Nummer 1. [5] Die zugelassenen Krankenhäuser sind verpflichtet, der das Verzeichnis führenden Stelle auf Anforderung die für den Aufbau und die Durchführung des Verzeichnisses erforderlichen Daten sowie Veränderungen dieser Daten auch ohne Anforderung zu übermitteln. [6] Die Kosten zur Führung des Verzeichnisses tragen der Spitzenverband Bund der Krankenkassen und die Deutsche Krankenhausgesellschaft je zur Hälfte. [7] Wird das Institut für das Entgeltsystem im Krankenhaus mit der Führung des Verzeichnisses beauftragt, sind die notwendigen Aufwendungen des Instituts aus dem Zuschlag nach § 17b Absatz 5 Satz 1 Nummer 1 des Krankenhausfinanzierungsgesetzes zu finanzieren. [8] Der Spitzenverband Bund der Krankenkassen stellt seinen Mitgliedern das Verzeichnis zur Erfüllung ihrer gesetzlichen Aufgaben zur Verfügung; für andere Zwecke darf der Spitzenverband Bund der Krankenkassen das Verzeichnis nicht verwenden. [9] Die Krankenhäuser und die Krankenkassen verwenden und nutzen die im Verzeichnis enthaltenen Angaben spätestens zum 1. Januar 2019 in den gesetzlich bestimmten Fällen. [10] Der Spitzenverband Bund der Krankenkassen und die Deutsche Krankenhausgesellschaft vereinbaren im Einvernehmen mit der Kassenärztlichen Bundesvereinigung bis zum 31. Dezember 2017 das Nähere zu dem Verzeichnis nach Satz 1, insbesondere

1. die Art und den Aufbau des Verzeichnisses,

---

[1]) Nr. 1.

2. die Art, den Abgleich und den Aufbau der im Verzeichnis enthaltenen Angaben sowie die Voraussetzungen und das Verfahren für die Vergabe der Angaben nach Satz 3 Nummer 1 sowie der Verarbeitung der Angaben nach Satz 3 Nummer 2 bis 9,

3. die geeigneten Abstände einer zeitnahen Aktualisierung und das Verfahren der kontinuierlichen Fortschreibung sowie das Verfahren zur Löschung von Einträgen und

4. die sächlichen und personellen Voraussetzungen für die Verwendung der Angaben sowie die sonstigen Anforderungen an die Verwendung der Angaben.

[11] Die Vereinbarung nach Satz 10 ist für den Spitzenverband Bund der Krankenkassen, die Deutsche Krankenhausgesellschaft, die Kassenärztliche Bundesvereinigung sowie deren jeweiligen Mitglieder und für die Leistungserbringer verbindlich. [12] Kommt eine Vereinbarung nach Satz 10 ganz oder teilweise nicht zustande, wird ihr Inhalt auf Antrag einer Vertragspartei durch das Bundesschiedsamt nach § 89 Absatz 4 innerhalb von drei Monaten festgelegt, das hierzu um Vertreter der Deutschen Krankenhausgesellschaft sowie der Krankenkassen in jeweils gleicher Zahl erweitert wird und mit einfacher Stimmenmehrheit entscheidet; § 112 Absatz 4 gilt entsprechend.

Zweiter Abschnitt. Übermittlung und Aufbereitung von Leistungsdaten, Datentransparenz

Erster Titel. Übermittlung von Leistungsdaten

§ 294 Pflichten der Leistungserbringer. Die an der vertragsärztlichen Versorgung teilnehmenden Ärzte und die übrigen Leistungserbringer sind verpflichtet, die für die Erfüllung der Aufgaben der Krankenkassen sowie der Kassenärztlichen Vereinigungen notwendigen Angaben, die aus der Erbringung, der Verordnung sowie der Abgabe von Versicherungsleistungen entstehen, aufzuzeichnen und gemäß den nachstehenden Vorschriften den Krankenkassen, den Kassenärztlichen Vereinigungen oder den mit der Datenverarbeitung beauftragten Stellen mitzuteilen.

§ 294a Mitteilung von Krankheitsursachen und drittverursachten Gesundheitsschäden. (1) [1] Liegen Anhaltspunkte dafür vor, dass eine Krankheit eine Berufskrankheit im Sinne der gesetzlichen Unfallversicherung oder deren Spätfolgen oder die Folge oder Spätfolge eines Arbeitsunfalls, eines sonstigen Unfalls, einer Körperverletzung, einer Schädigung im Sinne des Bundesversorgungsgesetzes oder eines Impfschadens im Sinne des Infektionsschutzgesetzes ist oder liegen Hinweise auf drittverursachte Gesundheitsschäden vor, sind die an der vertragsärztlichen Versorgung teilnehmenden Ärzte und Einrichtungen sowie die Krankenhäuser nach § 108 verpflichtet, die erforderlichen Daten, einschließlich der Angaben über Ursachen und den möglichen Verursacher, den Krankenkassen mitzuteilen. [2] Bei Hinweisen auf drittverursachte Gesundheitsschäden, die Folge einer Misshandlung, eines sexuellen Missbrauchs, eines sexuellen Übergriffs, einer sexuellen Nötigung, einer Vergewaltigung oder einer Vernachlässigung von Kindern und Jugendlichen sein können, besteht keine Mitteilungspflicht nach Satz 1. [3] Bei Hinweisen auf drittverursachte Gesundheitsschäden, die Folge einer Misshandlung, eines sexuellen

Missbrauchs, eines sexuellen Übergriffs, einer sexuellen Nötigung oder einer Vergewaltigung einer oder eines volljährigen Versicherten sein können, besteht die Mitteilungspflicht nach Satz 1 nur dann, wenn die oder der Versicherte in die Mitteilung ausdrücklich eingewilligt hat.

(2) ¹Liegen Anhaltspunkte für ein Vorliegen der Voraussetzungen des § 52 Abs. 2 vor, sind die an der vertragsärztlichen Versorgung teilnehmenden Ärzte und Einrichtungen sowie die Krankenhäuser nach § 108 verpflichtet, den Krankenkassen die erforderlichen Daten mitzuteilen. ²Die Versicherten sind über den Grund der Meldung nach Satz 1 und die gemeldeten Daten zu informieren.

§ 295 Abrechnung ärztlicher Leistungen. (1) ¹Die an der vertragsärztlichen Versorgung teilnehmenden Ärzte und Einrichtungen sind verpflichtet,

1. in dem Abschnitt der Arbeitsunfähigkeitsbescheinigung, den die Krankenkasse erhält, die Diagnosen,
2. in den Abrechnungsunterlagen für die vertragsärztlichen Leistungen die von ihnen erbrachten Leistungen einschließlich des Tages und, soweit für die Überprüfung der Zulässigkeit und Richtigkeit der Abrechnung erforderlich, der Uhrzeit der Behandlung, bei ärztlicher Behandlung mit Diagnosen, bei zahnärztlicher Behandlung mit Zahnbezug und Befunden,
3. in den Abrechnungsunterlagen sowie auf den Vordrucken für die vertragsärztliche Versorgung ihre Arztnummer, in Überweisungsfällen die Arztnummer des überweisenden Arztes sowie die Angaben nach § 291 Abs. 2 Nr. 1 bis 10 maschinenlesbar

aufzuzeichnen und zu übermitteln. ²Die Diagnosen nach Satz 1 Nr. 1 und 2 sind nach der Internationalen Klassifikation der Krankheiten in der jeweiligen vom Deutschen Institut für medizinische Dokumentation und Information im Auftrag des Bundesministeriums für Gesundheit herausgegebenen deutschen Fassung zu verschlüsseln. ³Das Bundesministerium für Gesundheit kann das Deutsche Institut für medizinische Dokumentation und Information beauftragen, den in Satz 2 genannten Schlüssel um Zusatzkennzeichen zur Gewährleistung der für die Erfüllung der Aufgaben der Krankenkassen notwendigen Aussagefähigkeit des Schlüssels zu ergänzen. ⁴Von Vertragsärzten durchgeführte Operationen und sonstige Prozeduren sind nach dem vom Deutschen Institut für medizinische Dokumentation und Information im Auftrag des Bundesministeriums für Gesundheit herausgegebenen Schlüssel zu verschlüsseln. ⁵Das Bundesministerium für Gesundheit gibt den Zeitpunkt des Inkrafttretens der jeweiligen Fassung des Diagnosenschlüssels nach Satz 2 sowie des Prozedurenschlüssels nach Satz 4 im Bundesanzeiger bekannt.

(1a) Für die Erfüllung der Aufgaben nach § 106a sind die an der vertragsärztlichen Versorgung teilnehmenden Ärzte verpflichtet und befugt, auf Verlangen der Kassenärztlichen Vereinigungen die für die Prüfung erforderlichen Befunde vorzulegen.

(1b) ¹Ärzte, Einrichtungen und medizinische Versorgungszentren, die ohne Beteiligung der Kassenärztlichen Vereinigungen mit den Krankenkassen oder ihren Verbänden Verträge zu besonderen Versorgungsformen (§ 140a) oder zur Versorgung nach § 73b abgeschlossen haben, psychiatrische Institutsambulanzen sowie Leistungserbringer, die gemäß § 116b Abs. 2 an der ambulanten spezialfachärztlichen Versorgung teilnehmen, übermitteln die in Absatz 1 ge-

5 SGB V § 295 5. Buch. Gesetzl. Krankenversicherung

nannten Angaben, bei Krankenhäusern einschließlich ihres Institutionskennzeichens, an die jeweiligen Krankenkassen im Wege elektronischer Datenübertragung oder maschinell verwertbar auf Datenträgern; vertragsärztliche Leistungserbringer können in den Fällen des § 116b die Angaben über die Kassenärztliche Vereinigung übermitteln. ²Das Nähere regelt der Spitzenverband Bund der Krankenkassen mit Ausnahme der Datenübermittlung der Leistungserbringer, die gemäß § 116b Absatz 2 an der ambulanten spezialärztlichen Versorgung teilnehmen, sowie der psychiatrischen Institutsambulanzen. ³Die psychiatrischen Institutsambulanzen übermitteln die Angaben nach Satz 1 zusätzlich an die Datenstelle nach § 21 Absatz 1 Satz 1 des Krankenhausentgeltgesetzes. ⁴Die Selbstverwaltungspartner nach § 17b Absatz 2 des Krankenhausfinanzierungsgesetzes vereinbaren für die Dokumentation der Leistungen der psychiatrischen Institutsambulanzen nach Satz 1 sowie für die Durchführung der vom Gemeinsamen Bundesausschuss nach § 101 Absatz 1 Satz 1 Nummer 2b zu beschließenden Bestimmungen bis spätestens zum 1. Januar 2018 einen bundeseinheitlichen Katalog, der nach Art und Umfang der Leistung sowie der zur Leistungserbringung eingesetzten personellen Kapazitäten getrennt nach Berufsgruppen und Fachgebieten differenziert, sowie das Nähere zur Datenübermittlung nach Satz 1; für die Umsetzung des Prüfauftrags nach § 17d Absatz 1 Satz 3 des Krankenhausfinanzierungsgesetzes vereinbaren sie dabei auch, ob und wie der Prüfauftrag auf der Grundlage der Daten einer Vollerhebung oder einer repräsentativen Stichprobe der Leistungen psychiatrischer Institutsambulanzen sachgerecht zu erfüllen ist. ⁵§ 21 Absatz 4, Absatz 5 Satz 1 und 2 sowie Absatz 6 des Krankenhausentgeltgesetzes ist für die Vereinbarung zur Datenübermittlung entsprechend anzuwenden. ⁶Für die Vereinbarung einer bundeseinheitlichen Dokumentation der Leistungen der psychiatrischen Institutsambulanzen gilt § 21 Absatz 4 und 6 des Krankenhausentgeltgesetzes entsprechend mit der Maßgabe, dass die Schiedsstelle innerhalb von sechs Wochen entscheidet. ⁷Die Schiedsstelle entscheidet innerhalb von sechs Wochen nach Antrag einer Vertragspartei auch über die Tatbestände nach Satz 4 zweiter Halbsatz, zu denen keine Einigung zustande gekommen ist.

(2) ¹Für die Abrechnung der Vergütung übermitteln die Kassenärztlichen Vereinigungen im Wege elektronischer Datenübertragung oder maschinell verwertbar auf Datenträgern den Krankenkassen für jedes Quartal für jeden Behandlungsfall folgende Daten:

1. Angaben nach § 291 Abs. 2 Nr. 1, 6 und 7,
2. Arzt- oder Zahnarztnummer, in Überweisungsfällen die Arzt- oder Zahnarztnummer des überweisenden Arztes,
3. Art der Inanspruchnahme,
4. Art der Behandlung,
5. Tag und, soweit für die Überprüfung der Zulässigkeit und Richtigkeit der Abrechnung erforderlich, die Uhrzeit der Behandlung,
6. abgerechnete Gebührenpositionen mit den Schlüsseln nach Absatz 1 Satz 5, bei zahnärztlicher Behandlung mit Zahnbezug und Befunden,
7. Kosten der Behandlung.

²Die Kassenärztlichen Vereinigungen übermitteln für die Durchführung der Programme nach § 137g die in den Richtlinien des Gemeinsamen Bundesausschusses nach § 137f festgelegten Angaben versichertenbezogen an die

Krankenkassen, soweit sie an der Durchführung dieser Programme beteiligt sind. ³ Die Kassenärztlichen Vereinigungen übermitteln den Krankenkassen die Angaben nach Satz 1 für Versicherte, die an den Programmen nach § 137f teilnehmen, versichertenbezogen. ⁴ § 137f Abs. 3 Satz 2 bleibt unberührt.

(2a) Die an der vertragsärztlichen Versorgung teilnehmenden Ärzte und Einrichtungen sowie Leistungserbringer, die ohne Beteiligung der Kassenärztlichen Vereinigungen mit den Krankenkassen oder ihren Verbänden Verträge zu besonderen Versorgungsformen (§ 140a) oder zur Versorgung nach zur Versorgung nach § 73b abgeschlossen haben, sowie Leistungserbringer, die gemäß § 116b Abs. 2 an der ambulanten spezialfachärztlichen Versorgung teilnehmen, sind verpflichtet, die Angaben gemäß § 292 aufzuzeichnen und den Krankenkassen zu übermitteln; vertragsärztliche Leistungserbringer können in den Fällen des § 116b die Angaben über die Kassenärztliche Vereinigung übermitteln.

(3) Die Vertragsparteien der Verträge nach § 82 Abs. 1 und § 87 Abs. 1 vereinbaren als Bestandteil dieser Verträge das Nähere über

1. Form und Inhalt der Abrechnungsunterlagen für die vertragsärztlichen Leistungen,
2. Form und Inhalt der im Rahmen der vertragsärztlichen Versorgung erforderlichen Vordrucke,
3. die Erfüllung der Pflichten der Vertragsärzte nach Absatz 1,
4. die Erfüllung der Pflichten der Kassenärztlichen Vereinigungen nach Absatz 2, insbesondere auch Form, Frist und Umfang der Weiterleitung der Abrechnungsunterlagen an die Krankenkassen oder deren Verbände,
5. Einzelheiten der Datenübermittlung einschließlich einer einheitlichen Datensatzstruktur und der Aufbereitung von Abrechnungsunterlagen nach den §§ 296 und 297.

(4) ¹ Die an der vertragsärztlichen Versorgung teilnehmenden Ärzte, Einrichtungen und medizinischen Versorgungszentren haben die für die Abrechnung der Leistungen notwendigen Angaben der Kassenärztlichen Vereinigung im Wege elektronischer Datenübertragung oder maschinell verwertbar auf Datenträgern zu übermitteln. ² Das Nähere regelt die Kassenärztliche Bundesvereinigung.

§ 295a Abrechnung der im Rahmen von Verträgen nach § 73b und § 140a sowie vom Krankenhaus im Notfall erbrachten Leistungen.

(1) ¹ Für die Abrechnung der im Rahmen von Verträgen nach § 73b und § 140a erbrachten Leistungen sind die an diesen Versorgungsformen teilnehmenden Leistungserbringer befugt, die nach den Vorschriften dieses Kapitels erforderlichen Angaben an den Vertragspartner auf Leistungserbringerseite als verantwortliche Stelle zu übermitteln, indem diese Angaben entweder an ihn oder an eine nach Absatz 2 beauftragte andere Stelle weitergegeben werden; für den Vertragspartner auf Leistungserbringerseite gilt § 35 des Ersten Buches[1] entsprechend. ² Voraussetzung ist, dass der Versicherte vor Abgabe der Teilnahmeerklärung an der Versorgungsform umfassend über die vorgesehene Datenübermittlung informiert worden ist und mit der Einwilligung in die

---

[1] Nr. 1.

Teilnahme zugleich in die damit verbundene Datenübermittlung schriftlich eingewilligt hat. ³Der Vertragspartner auf Leistungserbringerseite oder die beauftragte andere Stelle dürfen die übermittelten Daten nur zu Abrechnungszwecken verarbeiten und nutzen; sie übermitteln die Daten im Wege elektronischer Datenübertragung oder maschinell verwertbar auf Datenträgern an den jeweiligen Vertragspartner auf Krankenkassenseite.

(2) ¹Der Vertragspartner auf Leistungserbringerseite darf eine andere Stelle mit der Erhebung, Verarbeitung und Nutzung der für die Abrechnung der in Absatz 1 genannten Leistungen erforderlichen personenbezogenen Daten beauftragen; § 291a bleibt unberührt. ²§ 80 des Zehnten Buches[1]) ist anzuwenden mit der weiteren Maßgabe, dass Unterauftragsverhältnisse ausgeschlossen sind und dass abweichend von dessen Absatz 5 die Beauftragung einer nichtöffentlichen Stelle auch zulässig ist, soweit die Speicherung der Daten den gesamten Datenbestand erfasst; Auftraggeber und Auftragnehmer unterliegen der Aufsicht der nach § 38 des Bundesdatenschutzgesetzes zuständigen Aufsichtsbehörde. ³Für Auftraggeber und Auftragnehmer, die nicht zu den in § 35 des Ersten Buches genannten Stellen gehören, gilt diese Vorschrift entsprechend; sie haben insbesondere die technischen und organisatorischen Maßnahmen nach § 78a des Zehnten Buches zu treffen.

(3) ¹Für die Abrechnung von im Notfall erbrachten ambulanten ärztlichen Leistungen darf das Krankenhaus eine andere Stelle mit der Erhebung, Verarbeitung und Nutzung der erforderlichen personenbezogenen Daten beauftragen, sofern der Versicherte schriftlich in die Datenweitergabe eingewilligt hat; § 291a bleibt unberührt. ²Der Auftragnehmer darf diese Daten nur zu Abrechnungszwecken verarbeiten und nutzen. ³Absatz 2 Satz 2 und 3 gilt entsprechend.

§ 296 Datenübermittlung für Wirtschaftlichkeitsprüfungen.

(1) ¹Für die arztbezogenen Prüfungen nach § 106 übermitteln die Kassenärztlichen Vereinigungen im Wege elektronischer Datenübertragung oder maschinell verwertbar auf Datenträgern den Prüfungsstellen nach § 106c aus den Abrechnungsunterlagen der Vertragsärzte für jedes Quartal folgende Daten:

1. Arztnummer, einschließlich von Angaben nach § 293 Abs. 4 Satz 1 Nr. 2, 3, 6, 7 und 9 bis 14 und Angaben zu Schwerpunkt- und Zusatzbezeichnungen sowie zusätzlichen Abrechnungsgenehmigungen,
2. Kassennummer,
3. die abgerechneten Behandlungsfälle sowie deren Anzahl, getrennt nach Mitgliedern und Rentnern sowie deren Angehörigen,
4. die Überweisungsfälle sowie die Notarzt- und Vertreterfälle sowie deren Anzahl, jeweils in der Aufschlüsselung nach Nummer 3,
5. durchschnittliche Anzahl der Fälle der vergleichbaren Fachgruppe in der Gliederung nach den Nummern 3 und 4,
6. Häufigkeit der abgerechneten Gebührenposition unter Angabe des entsprechenden Fachgruppendurchschnitts,
7. in Überweisungsfällen die Arztnummer des überweisenden Arztes.

---

[1]) Nr. 10.

10. Kapitel. Versicherungs- u. Leistungsdaten § **297** SGB V 5

² Soweit es zur Durchführung der in den Vereinbarungen nach § 106b Absatz 1 Satz 1 vorgesehenen Wirtschaftlichkeitsprüfungen erforderlich ist, sind die Daten nach Satz 1 Nummer 3 jeweils unter Angabe der nach § 295 Absatz 1 Satz 2 verschlüsselten Diagnose zu übermitteln.

(2) ¹ Für die arztbezogenen Prüfungen nach § 106 übermitteln die Krankenkassen im Wege elektronischer Datenübertragung oder maschinell verwertbar auf Datenträgern den Prüfungsstellen nach § 106c über die von allen Vertragsärzten verordneten Leistungen (Arznei-, Verband-, Heil- und Hilfsmittel sowie Krankenhausbehandlungen) für jedes Quartal folgende Daten:
1. Arztnummer des verordnenden Arztes,
2. Kassennummer,
3. Art, Menge und Kosten verordneter Arznei-, Verband-, Heil- und Hilfsmittel, getrennt nach Mitgliedern und Rentnern sowie deren Angehörigen, oder bei Arzneimitteln einschließlich des Kennzeichens nach § 300 Abs. 3 Nr. 1,
4. Häufigkeit von Krankenhauseinweisungen sowie Dauer der Krankenhausbehandlung.

² Soweit es zur Durchführung der in den Vereinbarungen nach § 106b Absatz 1 Satz 1 vorgesehenen Wirtschaftlichkeitsprüfungen erforderlich ist, sind der Prüfungsstelle auf Anforderung auch die Versichertennummern arztbezogen zu übermitteln.

(3) ¹ Die Kassenärztliche Bundesvereinigung und der Spitzenverband Bund der Krankenkassen bestimmen im Vertrag nach § 295 Abs. 3 Nr. 5 Näheres über die nach Absatz 2 Nr. 3 anzugebenden Arten und Gruppen von Arznei-, Verband- und Heilmitteln. ² Sie können auch vereinbaren, dass jedes einzelne Mittel oder dessen Kennzeichen angegeben wird. ³ Zu vereinbaren ist ferner Näheres zu den Fristen der Datenübermittlungen nach den Absätzen 1 und 2 sowie zu den Folgen der Nichteinhaltung dieser Fristen.

(4) Soweit es zur Durchführung der in den Vereinbarungen nach § 106b Absatz 1 Satz 1 vorgesehenen Wirtschaftlichkeitsprüfungen erforderlich ist, sind die an der vertragsärztlichen Versorgung teilnehmenden Ärzte und Einrichtungen verpflichtet und befugt, auf Verlangen der Prüfungsstelle nach § 106c die für die Prüfung erforderlichen Befunde vorzulegen.

§ **297** Weitere Regelungen zur Datenübermittlung für Wirtschaftlichkeitsprüfungen.

(1) Die Kassenärztlichen Vereinigungen übermitteln den Prüfungsstellen nach § 106c für jedes Quartal eine Liste der Ärzte, die gemäß § 106a Absatz 4 in die Prüfung nach § 106a einbezogen werden.

(2) ¹ Die Kassenärztlichen Vereinigungen übermitteln im Wege der elektronischen Datenübertragung oder maschinell verwertbar auf Datenträgern den Prüfungsstellen nach § 106c aus den Abrechnungsunterlagen der in die Prüfung einbezogenen Vertragsärzte folgende Daten:
1. Arztnummer,
2. Kassennummer,
3. Krankenversichertennummer,
4. abgerechnete Gebührenpositionen je Behandlungsfall einschließlich des Tages der Behandlung, bei ärztlicher Behandlung mit der nach dem in § 295 Abs. 1 Satz 2 genannten Schlüssel verschlüsselten Diagnose, bei zahnärzt-

licher Behandlung mit Zahnbezug und Befunden, bei Überweisungen mit dem Auftrag des überweisenden Arztes. ² Die Daten sind jeweils für den Zeitraum eines Jahres zu übermitteln.

(3) ¹ Die Krankenkassen übermitteln im Wege der elektronischen Datenübertragung oder maschinell verwertbar auf Datenträgern den Prüfungsstellen nach § 106c die Daten über die von den in die Prüfung nach § 106a einbezogenen Vertragsärzten getroffenen Feststellungen der Arbeitsunfähigkeit jeweils unter Angabe der Arztnummer, der Kassennummer und der Krankenversichertennummer. ² Die Daten über die Feststellungen der Arbeitsunfähigkeit enthalten zusätzlich die gemäß § 295 Abs. 1 übermittelte Diagnose sowie die Dauer der Arbeitsunfähigkeit. ³ Die Daten sind jeweils für den Zeitraum eines Jahres zu übermitteln.

(4) ¹ Soweit es zur Durchführung der in den Vereinbarungen nach § 106b Absatz 1 Satz 1 vorgesehenen Wirtschaftlichkeitsprüfungen erforderlich ist, übermitteln die Krankenkassen im Wege der elektronischen Datenübertragung oder maschinell verwertbar auf Datenträgern den Prüfungsstellen nach § 106c die Daten über die von den in die Prüfung einbezogenen Vertragsärzten verordneten Leistungen unter Angabe der Arztnummer, der Kassennummer und der Krankenversichertennummer. ² Die Daten über die verordneten Arzneimittel enthalten zusätzlich jeweils das Kennzeichen nach § 300 Absatz 3 Satz 1. ³ Die Daten über die Verordnungen von Krankenhausbehandlungen enthalten zusätzlich jeweils die gemäß § 301 übermittelten Angaben über den Tag und den Grund der Aufnahme, die Einweisungsdiagnose, die Aufnahmediagnose, die Art der durchgeführten Operationen und sonstigen Prozeduren sowie die Dauer der Krankenhausbehandlung. ⁴ Die Daten sind jeweils für den Zeitraum eines Jahres zu übermitteln.

§ 298 Übermittlung versichertenbezogener Daten. Im Rahmen eines Prüfverfahrens ist die versichertenbezogene Übermittlung von Angaben über ärztliche oder ärztlich verordnete Leistungen zulässig, soweit die Wirtschaftlichkeit oder Qualität der ärztlichen Behandlungs- oder Verordnungsweise im Einzelfall zu beurteilen ist.

§ 299 Datenerhebung, -verarbeitung und -nutzung für Zwecke der Qualitätssicherung. (1) ¹ Die an der vertragsärztlichen Versorgung teilnehmenden Ärzte, zugelassenen Krankenhäuser und übrigen Leistungserbringer gemäß § 135a Absatz 2 sind befugt und verpflichtet, personen- oder einrichtungsbezogene Daten der Versicherten und der Leistungserbringer für Zwecke der Qualitätssicherung nach § 135a Absatz 2, § 135b Absatz 2 oder § 137a Absatz 3 zu erheben, verarbeiten oder nutzen, soweit dies erforderlich und in Richtlinien und Beschlüssen des Gemeinsamen Bundesausschusses nach § 135b Absatz 2 und § 136 Absatz 1 Satz 1 und § 136b sowie in Vereinbarungen nach § 137d vorgesehen ist. ² In den Richtlinien, Beschlüssen und Vereinbarungen nach Satz 1 sind diejenigen Daten, die von den Leistungserbringern zu erheben, zu verarbeiten oder zu nutzen sind, sowie deren Empfänger festzulegen und die Erforderlichkeit darzulegen. ³ Der Gemeinsame Bundesausschuss hat bei der Festlegung der Daten nach Satz 2 in Abhängigkeit von der jeweiligen Maßnahme der Qualitätssicherung insbesondere diejenigen Daten zu bestimmen, die für die Ermittlung der Qualität von Diagnostik oder Behandlung mit Hilfe geeigneter Qualitätsindikatoren, für die Erfassung möglicher Begleit-

10. Kapitel. Versicherungs- u. Leistungsdaten **§ 299 SGB V 5**

erkrankungen und Komplikationen, für die Feststellung der Sterblichkeit sowie für eine geeignete Validierung oder Risikoadjustierung bei der Auswertung der Daten medizinisch oder methodisch notwendig sind. [4] Die Richtlinien und Beschlüsse sowie Vereinbarungen nach Satz 1 haben darüber hinaus sicherzustellen, dass

1. in der Regel die Datenerhebung auf eine Stichprobe der betroffenen Patienten begrenzt wird und die versichertenbezogenen Daten pseudonymisiert werden,
2. die Auswertung der Daten, soweit sie nicht im Rahmen der Qualitätsprüfungen durch die Kassenärztlichen Vereinigungen erfolgt, von einer unabhängigen Stelle vorgenommen wird und
3. eine qualifizierte Information der betroffenen Patienten in geeigneter Weise stattfindet.

[5] Abweichend von Satz 4 Nummer 1 können die Richtlinien, Beschlüsse und Vereinbarungen

1. auch eine Vollerhebung der Daten aller betroffenen Patienten vorsehen, sofern dies aus gewichtigen medizinisch fachlichen oder gewichtigen methodischen Gründen, die als Bestandteil der Richtlinien, Beschlüsse und Vereinbarungen dargelegt werden müssen, erforderlich ist;
2. auch vorsehen, dass von einer Pseudonymisierung der versichertenbezogenen Daten abgesehen werden kann, wenn für die Qualitätssicherung die Überprüfung der ärztlichen Behandlungsdokumentation fachlich oder methodisch erforderlich ist und die technische Beschaffenheit des die versichertenbezogenen Daten speichernden Datenträgers eine Pseudonymisierung nicht zulässt und die Anfertigung einer Kopie des speichernden Datenträgers, um auf dieser die versichertenbezogenen Daten zu pseudonymisieren, mit für die Qualitätssicherung nicht hinnehmbaren Qualitätsverlusten verbunden wäre; die Gründe sind in den Richtlinien, Beschlüssen und Vereinbarungen darzulegen.

[6] Auch Auswahl, Umfang und Verfahren der Stichprobe sind in den Richtlinien und Beschlüssen sowie den Vereinbarungen nach Satz 1 festzulegen und von den an der vertragsärztlichen Versorgung teilnehmenden Ärzten und den übrigen Leistungserbringern zu erheben und zu übermitteln. [7] Es ist auszuschließen, dass die Krankenkassen, Kassenärztlichen Vereinigungen oder deren jeweilige Verbände Kenntnis von Daten erlangen, die über den Umfang der ihnen nach den §§ 295, 300, 301, 301a und 302 zu übermittelnden Daten hinaus geht; dies gilt nicht für die Kassenärztlichen Vereinigungen in Bezug auf die für die Durchführung der Qualitätsprüfung nach § 135 Absatz 2 sowie die für die Durchführung der Aufgaben einer Datenannahmestelle oder für Einrichtungsbefragungen zur Qualitätssicherung aus Richtlinien nach § 136 Absatz 1 Satz 1 erforderlichen Daten. [8] Eine über die in den Richtlinien nach § 136 Absatz 1 Satz 1 festgelegten Zwecke hinausgehende Erhebung, Verarbeitung und Nutzung dieser Daten, insbesondere eine Zusammenführung mit anderen Daten, ist unzulässig. [9] Aufgaben zur Qualitätssicherung sind von den Kassenärztlichen Vereinigungen räumlich und personell getrennt von ihren anderen Aufgaben wahrzunehmen.

(1a) [1] Die Krankenkassen sind befugt und verpflichtet, nach § 284 Absatz 1 erhobene und gespeicherte Sozialdaten für Zwecke der Qualitätssicherung nach § 135a Absatz 2, § 135b Absatz 2 oder § 137a Absatz 3 zu verarbeiten oder zu nutzen, soweit dies erforderlich und in Richtlinien und Beschlüssen des Gemeinsamen Bundesausschusses nach § 135b Absatz 2 und § 136 Absatz 1 Satz 1, §§ 136b und 137b Absatz 1 sowie in Vereinbarungen nach § 137d vorgesehen ist. ²In den Richtlinien, Beschlüssen und Vereinbarungen nach Satz 1 sind diejenigen Daten, die von den Krankenkassen für Zwecke der Qualitätssicherung zu verarbeiten oder zu nutzen sind, sowie deren Empfänger festzulegen und die Erforderlichkeit darzulegen. ³Absatz 1 Satz 3 bis 7 gilt entsprechend.

(2) ¹Das Verfahren zur Pseudonymisierung der Daten wird durch die an der vertragsärztlichen Versorgung teilnehmenden Ärzte und übrigen Leistungserbringer gemäß § 135a Absatz 2 angewendet. ²Es ist in den Richtlinien und Beschlüssen sowie den Vereinbarungen nach Absatz 1 Satz 1 unter Berücksichtigung der Empfehlungen des Bundesamtes für Sicherheit in der Informationstechnik festzulegen. ³Das Verfahren zur Pseudonymisierung der Daten kann in den Richtlinien, Beschlüssen und Vereinbarungen auch auf eine von den Krankenkassen, Kassenärztlichen Vereinigungen oder deren jeweiligen Verbänden räumlich, organisatorisch und personell getrennte Stelle übertragen werden, wenn das Verfahren für die in Satz 1 genannten Leistungserbringer einen unverhältnismäßig hohen Aufwand bedeuten würde; für Verfahren zur Qualitätsprüfung nach § 135b Absatz 2 kann dies auch eine gesonderte Stelle bei den Kassenärztlichen Vereinigungen sein. ⁴Die Gründe für die Übertragung sind in den Richtlinien, Beschlüssen und Vereinbarungen darzulegen. ⁵Bei einer Vollerhebung nach Absatz 1 Satz 5 hat die Pseudonymisierung durch eine von den Krankenkassen, Kassenärztlichen Vereinigungen oder deren jeweiligen Verbänden räumlich organisatorisch und personell getrennten Vertrauensstelle zu erfolgen.

(2a) ¹Enthalten die für Zwecke des Absatz 1 Satz 1 erhobenen, verarbeiteten und genutzten Daten noch keine den Anforderungen des § 290 Absatz 1 Satz 2 entsprechende Krankenversichertennummer und ist in Richtlinien des Gemeinsamen Bundesausschusses vorgesehen, dass die Pseudonymisierung auf der Grundlage der Krankenversichertennummer nach § 290 Absatz 1 Satz 2 erfolgen soll, kann der Gemeinsame Bundesausschuss in den Richtlinien ein Übergangsverfahren regeln, das einen Abgleich der für einen Versicherten vorhandenen Krankenversichertennummern ermöglicht. ²In diesem Fall hat er in den Richtlinien eine von den Krankenkassen und ihren Verbänden räumlich, organisatorisch und personell getrennte eigenständige Vertrauensstelle zu bestimmen, die dem Sozialgeheimnis nach § 35 Absatz 1 des Ersten Buches¹⁾ unterliegt, an die die Krankenkassen für die in das Qualitätssicherungsverfahren einbezogenen Versicherten die vorhandenen Krankenversichertennummern übermitteln. ³Weitere Daten dürfen nicht übermittelt werden. ⁴Der Gemeinsame Bundesausschuss hat in den Richtlinien die Dauer der Übergangsregelung und den Zeitpunkt der Löschung der Daten bei der Stelle nach Satz 2 festzulegen.

(3) ¹Zur Auswertung der für Zwecke der Qualitätssicherung nach § 135a Abs. 2 erhobenen Daten bestimmen in den Fällen des § 136 Absatz 1 Satz 1 und § 136b der Gemeinsame Bundesausschuss und im Falle des § 137d die Vereinbarungspartner eine unabhängige Stelle. ²Diese darf Auswertungen nur für Qualitätssicherungsverfahren mit zuvor in den Richtlinien, Beschlüssen

---

¹⁾ Nr. 1.

10. Kapitel. Versicherungs- u. Leistungsdaten § 300 SGB V 5

oder Vereinbarungen festgelegten Auswertungszielen durchführen. ³ Daten, die für Zwecke der Qualitätssicherung nach § 135a Abs. 2 für ein Qualitätssicherungsverfahren verarbeitet werden, dürfen nicht mit für andere Zwecke als die Qualitätssicherung erhobenen Datenbeständen zusammengeführt und ausgewertet werden. ⁴ Für die unabhängige Stelle gilt § 35 Absatz 1 des Ersten Buches entsprechend.

(4) ¹ Der Gemeinsame Bundesausschuss kann zur Durchführung von Patientenbefragungen für Zwecke der Qualitätssicherung in den Richtlinien und Beschlüssen nach den §§ 136 bis 136b eine zentrale Stelle (Versendestelle) bestimmen, die die Auswahl der zu befragenden Versicherten und die Versendung der Fragebögen übernimmt. ² In diesem Fall regelt er in den Richtlinien oder Beschlüssen die Einzelheiten des Verfahrens; insbesondere legt er die Auswahlkriterien fest und bestimmt, wer welche Daten an die Versendestelle zu übermitteln hat. ³ Dabei kann er auch die Übermittlung nicht pseudonymisierter personenbezogener Daten der Versicherten und nicht pseudonymisierter personen- oder einrichtungsbezogener Daten der Leistungserbringer vorsehen, soweit dies für die Auswahl der Versicherten oder die Versendung der Fragebögen erforderlich ist. ⁴ Der Rücklauf der ausgefüllten Fragebögen darf nicht über die Versendestelle erfolgen. ⁵ Die Versendestelle muss von den Krankenkassen und ihren Verbänden, den Kassenärztlichen Vereinigungen und ihren Verbänden, der Vertrauensstelle nach Absatz 2 Satz 5, dem Institut nach § 137a und sonstigen nach Absatz 1 Satz 2 festgelegten Datenempfängern räumlich, organisatorisch und personell getrennt sein und darf über die Daten nach Satz 2 hinaus keine Behandlungs-, Leistungs- oder Sozialdaten von Versicherten erheben und verarbeiten. ⁶ Die Versendestelle hat die ihr übermittelten Identifikationsmerkmale der Versicherten in gleicher Weise geheim zu halten wie derjenige, von dem sie sie erhalten hat; sie darf diese Daten anderen Personen oder Stellen nicht zugänglich machen. ⁷ Die an der vertragsärztlichen Versorgung teilnehmenden Ärzte, zugelassenen Krankenhäuser und übrigen Leistungserbringer gemäß § 135a Absatz 2 sowie die Krankenkassen sind befugt und verpflichtet, die vom Gemeinsamen Bundesausschuss nach Satz 2 festgelegten Daten an die Stelle nach Satz 1 zu übermitteln. ⁸ Die Daten nach Satz 7 sind von der Versendestelle zu löschen, wenn sie zur Erfüllung ihrer Aufgaben nicht mehr erforderlich sind, spätestens jedoch sechs Monate nach Versendung der Fragebögen.

(5) Der Gemeinsame Bundesausschuss ist befugt und berechtigt, abweichend von Absatz 3 Satz 2 transplantationsmedizinische Qualitätssicherungsdaten, die aufgrund der Richtlinien nach § 136 Absatz 1 Satz 1 Nummer 1 erhoben werden, nach § 15e des Transplantationsgesetzes an die Transplantationsregisterstelle zu übermitteln sowie von der Transplantationsregisterstelle nach § 15f des Transplantationsgesetzes übermittelte Daten für die Weiterentwicklung von Richtlinien und Beschlüssen zur Qualitätssicherung transplantationsmedizinischer Leistungen nach den §§ 136 bis 136c zu erheben, zu verarbeiten und zu nutzen.

§ 300 Abrechnung der Apotheken und weiterer Stellen. (1) ¹ Die Apotheken und weitere Anbieter von Arzneimitteln sind verpflichtet, unabhängig von der Höhe der Zuzahlung (oder dem Eigenanteil),
1. bei Abgabe von Fertigarzneimitteln für Versicherte das nach Absatz 3 Nr. 1 zu verwendende Kennzeichen maschinenlesbar auf das für die vertragsärzt-

841

liche Versorgung verbindliche Verordnungsblatt oder in den elektronischen Verordnungsdatensatz zu übertragen,

2. die Verordnungsblätter oder die elektronischen Verordnungsdatensätze an die Krankenkassen weiterzuleiten und diesen die nach Maßgabe der nach Absatz 3 Nr. 2 getroffenen Vereinbarungen erforderlichen Abrechnungsdaten zu übermitteln.

²Satz 1 gilt auch für Apotheken und weitere Anbieter, die sonstige Leistungen nach § 31 sowie Impfstoffe nach § 20i Absatz 1 und 2 abrechnen, im Rahmen der jeweils vereinbarten Abrechnungsverfahren.

(2) ¹Die Apotheken und weitere Anbieter von Leistungen nach § 31 können zur Erfüllung ihrer Verpflichtungen nach Absatz 1 Rechenzentren in Anspruch nehmen. ²Die Rechenzentren dürfen die Daten für im Sozialgesetzbuch bestimmte Zwecke und ab dem 1. Januar 2003 nur in einer auf diese Zwecke ausgerichteten Weise verarbeiten und nutzen, soweit sie dazu von einer berechtigten Stelle beauftragt worden sind; anonymisierte Daten dürfen auch für andere Zwecke verarbeitet und genutzt werden. ³Die Rechenzentren übermitteln die Daten nach Absatz 1 auf Anforderung den Kassenärztlichen Vereinigungen, soweit diese Daten zur Erfüllung ihrer Aufgaben nach § 73 Abs. 8, den §§ 84 und 305a erforderlich sind, sowie dem Bundesministerium für Gesundheit oder einer von ihm benannten Stelle im Wege elektronischer Datenübertragung oder maschinell verwertbar auf Datenträgern. ⁴Dem Bundesministerium für Gesundheit oder der von ihm benannten Stelle sind die Daten nicht arzt- und nicht versichertenbezogen zu übermitteln. ⁵Vor der Verarbeitung der Daten durch die Kassenärztlichen Vereinigungen ist der Versichertenbezug durch eine von der jeweiligen Kassenärztlichen Vereinigung räumlich, organisatorisch und personell getrennten Stelle zu pseudonymisieren. ⁶Für die Datenübermittlung an die Kassenärztlichen Vereinigungen erhalten die Rechenzentren einen dem Arbeitsaufwand entsprechenden Aufwandsersatz. ⁷Der Arbeitsaufwand für die Datenübermittlung ist auf Nachfrage der Kassenärztlichen Vereinigungen diesen in geeigneter Form nachzuweisen.

(3) ¹Der Spitzenverband Bund der Krankenkassen und die für die Wahrnehmung der wirtschaftlichen Interessen gebildete maßgebliche Spitzenorganisation der Apotheker regeln in einer Arzneimittelabrechnungsvereinbarung das Nähere insbesondere über

1. die Verwendung eines bundeseinheitlichen Kennzeichens für das verordnete Fertigarzneimittel als Schlüssel zu Handelsname, Hersteller, Darreichungsform, Wirkstoffstärke und Packungsgröße des Arzneimittels,

2. die Einzelheiten der Übertragung des Kennzeichens und der Abrechnung, die Voraussetzungen und Einzelheiten der Übermittlung der Abrechnungsdaten im Wege elektronischer Datenübertragung oder maschinell verwertbar auf Datenträgern sowie die Weiterleitung der Verordnungsblätter an die Krankenkassen, spätestens zum 1. Januar 2006 auch die Übermittlung des elektronischen Verordnungsdatensatzes,

3. die Übermittlung des Apothekenverzeichnisses nach § 293 Abs. 5.

²Bei der nach Absatz 1 Satz 1 Nummer 2 genannten Datenübermittlung sind das bundeseinheitliche Kennzeichen der Fertigarzneimittel in parenteralen Zubereitungen sowie die enthaltenen Mengeneinheiten von Fertigarzneimitteln zu übermitteln. ³Satz 2 gilt auch für Fertigarzneimittel, aus denen wirtschaftliche Einzelmengen nach § 129 Absatz 1 Satz 1 Nummer 3 abgegeben werden.

10. Kapitel. Versicherungs- u. Leistungsdaten § 301 SGB V 5

⁴ Für Fertigarzneimittel in parenteralen Zubereitungen sind zusätzlich die mit dem pharmazeutischen Unternehmer vereinbarten Preise ohne Mehrwertsteuer zu übermitteln. ⁵ Besteht eine parenterale Zubereitung aus mehr als drei Fertigarzneimitteln, können die Vertragsparteien nach Satz 1 vereinbaren, Angaben für Fertigarzneimittel von der Übermittlung nach den Sätzen 1 und 2 auszunehmen, wenn eine Übermittlung unverhältnismäßig aufwändig wäre.

(4) Kommt eine Vereinbarung nach Absatz 3 nicht oder nicht innerhalb einer vom Bundesministerium für Gesundheit gesetzten Frist zustande, wird ihr Inhalt durch die Schiedsstelle nach § 129 Abs. 8 festgesetzt.

§ 301 Krankenhäuser. (1) ¹ Die nach § 108 zugelassenen Krankenhäuser oder ihre Krankenhausträger sind verpflichtet, den Krankenkassen bei Krankenhausbehandlung folgende Angaben im Wege elektronischer Datenübertragung oder maschinell verwertbar auf Datenträgern zu übermitteln:

1. die Angaben nach § 291 Abs. 2 Nr. 1 bis 10 sowie das krankenhausinterne Kennzeichen des Versicherten,
2. das Institutionskennzeichen der Krankenkasse und des Krankenhauses sowie ab dem 1. Januar 2020 dessen Kennzeichen nach § 293 Absatz 6,
3. den Tag, die Uhrzeit und den Grund der Aufnahme sowie die Einweisungsdiagnose, die Aufnahmediagnose, bei einer Änderung der Aufnahmediagnose die nachfolgenden Diagnosen, die voraussichtliche Dauer der Krankenhausbehandlung sowie, falls diese überschritten wird, auf Verlangen der Krankenkasse die medizinische Begründung, bei Kleinkindern bis zu einem Jahr das Aufnahmegewicht,
4. bei ärztlicher Verordnung von Krankenhausbehandlung die Arztnummer des einweisenden Arztes, bei Verlegung das Institutionskennzeichen des veranlassenden Krankenhauses, bei Notfallaufnahme die die Aufnahme veranlassende Stelle,
5. die Bezeichnung der aufnehmenden Fachabteilung, bei Verlegung die der weiterbehandelnden Fachabteilungen,
6. Datum und Art der im oder vom jeweiligen Krankenhaus durchgeführten Operationen und sonstigen Prozeduren,
7. den Tag, die Uhrzeit und den Grund der Entlassung oder der Verlegung, bei externer Verlegung das Institutionskennzeichen der aufnehmenden Institution, bei Entlassung oder Verlegung die für die Krankenhausbehandlung maßgebliche Hauptdiagnose und die Nebendiagnosen,
8. Aussagen zur Arbeitsfähigkeit und Vorschläge zur erforderlichen weiteren Behandlung für Zwecke des Entlassmanagements nach § 39 Absatz 1a mit Angabe geeigneter Einrichtungen,
9. die nach den §§ 115a und 115b sowie nach dem Krankenhausentgeltgesetz und der Bundespflegesatzverordnung berechneten Entgelte.

² Die Übermittlung der medizinischen Begründung von Verlängerungen der Verweildauer nach Satz 1 Nr. 3 sowie der Angaben nach Satz 1 Nr. 8 ist auch in nicht maschinenlesbarer Form zulässig.

(2) ¹ Die Diagnosen nach Absatz 1 Satz 1 Nr. 3 und 7 sind nach der Internationalen Klassifikation der Krankheiten in der jeweiligen vom Deutschen Institut für medizinische Dokumentation und Information im Auftrag des Bundesministeriums für Gesundheit herausgegebenen deutschen Fassung zu verschlüsseln. ² Die Operationen und sonstigen Prozeduren nach Absatz 1 Satz 1

Nr. 6 sind nach dem vom Deutschen Institut für medizinische Dokumentation und Information im Auftrag des Bundesministeriums für Gesundheit herausgegebenen Schlüssel zu verschlüsseln; der Schlüssel hat die sonstigen Prozeduren zu umfassen, die nach § 17b und § 17d des Krankenhausfinanzierungsgesetzes abgerechnet werden können. ³ Das Bundesministerium für Gesundheit gibt den Zeitpunkt der Inkraftsetzung der jeweiligen Fassung des Diagnosenschlüssels nach Satz 1 sowie des Prozedurenschlüssels nach Satz 2 im Bundesanzeiger bekannt; es kann das Deutsche Institut für medizinische Dokumentation und Information beauftragen, den in Satz 1 genannten Schlüssel um Zusatzkennzeichen zur Gewährleistung der für die Erfüllung der Aufgaben der Krankenkassen notwendigen Aussagefähigkeit des Schlüssels zu ergänzen.

(3) Das Nähere über Form und Inhalt der erforderlichen Vordrucke, die Zeitabstände für die Übermittlung der Angaben nach Absatz 1 und das Verfahren der Abrechnung im Wege elektronischer Datenübertragung oder maschinell verwertbar auf Datenträgern vereinbart der Spitzenverband Bund der Krankenkassen mit der Deutschen Krankenhausgesellschaft oder den Bundesverbänden der Krankenhausträger gemeinsam.

(4) ¹ Vorsorge- oder Rehabilitationseinrichtungen, für die ein Versorgungsvertrag nach § 111 oder § 111c besteht, sind verpflichtet, den Krankenkassen bei stationärer oder ambulanter Behandlung folgende Angaben im Wege elektronischer Datenübertragung oder maschinell verwertbar auf Datenträgern zu übermitteln:

1. die Angaben nach § 291 Abs. 2 Nr. 1 bis 10 sowie das interne Kennzeichen der Einrichtung für den Versicherten,
2. das Institutionskennzeichen der Vorsorge- oder Rehabilitationseinrichtung und der Krankenkasse,
3. den Tag der Aufnahme, die Einweisungsdiagnose, die Aufnahmediagnose, die voraussichtliche Dauer der Behandlung sowie, falls diese überschritten wird, auf Verlangen der Krankenkasse die medizinische Begründung,
4. bei ärztlicher Verordnung von Vorsorge- oder Rehabilitationsmaßnahmen die Arztnummer des einweisenden Arztes,
5. den Tag, die Uhrzeit und den Grund der Entlassung oder der externen Verlegung sowie die Entlassungs- oder Verlegungsdiagnose; bei externer Verlegung das Institutionskennzeichen der aufnehmenden Institution,
6. Angaben über die durchgeführten Vorsorge- und Rehabilitationsmaßnahmen sowie Vorschläge für die Art der weiteren Behandlung mit Angabe geeigneter Einrichtungen,
7. die berechneten Entgelte.

² Die Übermittlung der medizinischen Begründung von Verlängerungen der Verweildauer nach Satz 1 Nr. 3 sowie Angaben nach Satz 1 Nr. 6 ist auch in nicht maschinenlesbarer Form zulässig. ³ Für die Angabe der Diagnosen nach Satz 1 Nr. 3 und 5 gilt Absatz 2 entsprechend. ⁴ Absatz 3 gilt entsprechend.

(5) ¹ Die ermächtigten Krankenhausärzte sind verpflichtet, dem Krankenhausträger im Rahmen des Verfahrens nach § 120 Abs. 1 Satz 3 die für die Abrechnung der vertragsärztlichen Leistungen erforderlichen Unterlagen zu übermitteln; § 295 gilt entsprechend. ² Der Krankenhausträger hat den Kassenärztlichen Vereinigungen die Abrechnungsunterlagen zum Zweck der Abrechnung vorzulegen. ³ Die Sätze 1 und 2 gelten für die Abrechnung wahlärztlicher Leistungen entsprechend.

10. Kapitel. Versicherungs- u. Leistungsdaten   §§ 301a, 302   SGB V 5

§ 301a Abrechnung der Hebammen und der von ihnen geleiteten Einrichtungen. (1) ¹Freiberuflich tätige Hebammen und von Hebammen geleitete Einrichtungen sind verpflichtet, den Krankenkassen folgende Angaben im Wege elektronischer Datenübertragung oder maschinell verwertbar auf Datenträgern zu übermitteln:

1. die Angaben nach § 291 Abs. 2 Satz 1 Nr. 1 bis 3, 5 und 6,
2. die erbrachten Leistungen mit dem Tag der Leistungserbringung,
3. die Zeit und die Dauer der erbrachten Leistungen, soweit dies für die Höhe der Vergütung von Bedeutung ist,
4. bei der Abrechnung von Wegegeld Datum, Zeit und Ort der Leistungserbringung sowie die zurückgelegte Entfernung,
5. bei der Abrechnung von Auslagen die Art der Auslage und, soweit Auslagen für Arzneimittel abgerechnet werden, eine Auflistung der einzelnen Arzneimittel,
6. das Kennzeichen nach § 293; rechnet die Hebamme ihre Leistungen über eine zentrale Stelle ab, so ist in der Abrechnung neben dem Kennzeichen der abrechnenden Stelle das Kennzeichen der Hebamme anzugeben.

²Ist eine ärztliche Anordnung für die Abrechnung der Leistung vorgeschrieben, ist diese der Rechnung beizufügen. ³§ 134a Absatz 5 gilt entsprechend.

(2) § 302 Abs. 2 Satz 1 bis 3 und Abs. 3 gilt entsprechend.

§ 302 Abrechnung der sonstigen Leistungserbringer. (1) ¹Die Leistungserbringer im Bereich der Heil- und Hilfsmittel und die weiteren Leistungserbringer sind verpflichtet, den Krankenkassen im Wege elektronischer Datenübertragung oder maschinell verwertbar auf Datenträgern die von ihnen erbrachten Leistungen nach Art, Menge und Preis zu bezeichnen und den Tag der Leistungserbringung sowie die Arztnummer des verordnenden Arztes, die Verordnung des Arztes mit der Diagnose und den erforderlichen Angaben über den Befund und die Angaben nach § 291 Absatz 2 Nummer 1 bis 10 anzugeben; bei der Abrechnung über die Abgabe von Hilfsmitteln sind dabei die Bezeichnungen des Hilfsmittelverzeichnisses nach § 139 zu verwenden und die Höhe der mit dem Versicherten abgerechneten Mehrkosten nach § 33 Absatz 1 Satz 6 anzugeben. ²Bei der Abrechnung von Leistungen der häuslichen Krankenpflege nach § 37 ist zusätzlich zu den Angaben nach Satz 1 die Zeit der Leistungserbringung anzugeben.

(2) ¹Das Nähere über Form und Inhalt des Abrechnungsverfahrens bestimmt der Spitzenverband Bund der Krankenkassen in Richtlinien, die in den Leistungs- oder Lieferverträgen zu beachten sind. ²Die Leistungserbringer nach Absatz 1 können zur Erfüllung ihrer Verpflichtungen Rechenzentren in Anspruch nehmen. ³Die Rechenzentren dürfen die Daten für im Sozialgesetzbuch bestimmte Zwecke und nur in einer auf diese Zwecke ausgerichteten Weise verarbeiten und nutzen, soweit sie dazu von einer berechtigten Stelle beauftragt worden sind; anonymisierte Daten dürfen auch für andere Zwecke verarbeitet und genutzt werden. ⁴Die Rechenzentren dürfen die Daten nach Absatz 1 den Kassenärztlichen Vereinigungen übermitteln, soweit diese Daten zur Erfüllung ihrer Aufgaben nach § 73 Abs. 8, § 84 und § 305a erforderlich sind.

(3) Die Richtlinien haben auch die Voraussetzungen und das Verfahren bei Teilnahme an einer Abrechnung im Wege elektronischer Datenübertragung oder maschinell verwertbar auf Datenträgern zu regeln.

(4) Soweit der Spitzenverband Bund der Krankenkassen und die für die Wahrnehmung der Interessen der Leistungserbringer maßgeblichen Spitzenorganisationen auf Bundesebene in Rahmenempfehlungen Regelungen zur Abrechnung der Leistungen getroffen haben, die von den Richtlinien nach den Absätzen 2 und 3 abweichen, sind die Rahmenempfehlungen maßgeblich.

(5) [1] Der Spitzenverband Bund der Krankenkassen veröffentlicht erstmals bis zum 30. Juni 2018 und danach jährlich einen nach Produktgruppen differenzierten Bericht über die Entwicklung der Mehrkostenvereinbarungen für Versorgungen mit Hilfsmittelleistungen. [2] Der Bericht informiert ohne Versicherten- oder Einrichtungsbezug insbesondere über die Zahl der abgeschlossenen Mehrkostenvereinbarungen und die durchschnittliche Höhe der mit ihnen verbundenen Aufzahlungen der Versicherten. [3] Der Spitzenverband Bund der Krankenkassen bestimmt zu diesem Zweck die von seinen Mitgliedern zu übermittelnden statistischen Informationen sowie Art und Umfang der Übermittlung.

§ 303 Ergänzende Regelungen. (1) Die Landesverbände der Krankenkassen und die Verbände der Ersatzkassen können mit den Leistungserbringern oder ihren Verbänden vereinbaren, daß

1. der Umfang der zu übermittelnden Abrechnungsbelege eingeschränkt,
2. bei der Abrechnung von Leistungen von einzelnen Angaben ganz oder teilweise abgesehen

wird, wenn dadurch eine ordnungsgemäße Abrechnung und die Erfüllung der gesetzlichen Aufgaben der Krankenkassen nicht gefährdet werden.

(2) [1] Die Krankenkassen können zur Vorbereitung und Kontrolle der Umsetzung der Vereinbarungen nach § 84, zur Vorbereitung der Prüfungen nach den § 112 Abs. 2 Satz 1 Nr. 2 und § 113, zur Vorbereitung der Unterrichtung der Versicherten nach § 305 sowie zur Vorbereitung und Umsetzung der Beratung der Vertragsärzte nach § 305a Arbeitsgemeinschaften nach § 219 mit der Speicherung, Verarbeitung und Nutzung der dafür erforderlichen Daten beauftragen. [2] Die den Arbeitsgemeinschaften übermittelten versichertenbezogenen Daten sind vor der Übermittlung zu anonymisieren. [3] Die Identifikation des Versicherten durch die Krankenkasse ist dabei zu ermöglichen; sie ist zulässig, soweit sie für die in Satz 1 genannten Zwecke erforderlich ist. [4] § 286 gilt entsprechend.

(3) [1] Werden die den Krankenkassen nach § 291 Abs. 2 Nr. 1 bis 10, § 295 Abs. 1 und 2, § 300 Abs. 1, § 301 Abs. 1, §§ 301a und 302 Abs. 1 zu übermittelnden Daten nicht im Wege elektronischer Datenübertragung oder maschinell verwertbar auf Datenträgern übermittelt, haben die Krankenkassen die Daten nachzuerfassen. [2] Erfolgt die nicht maschinell verwertbare Datenübermittlung aus Gründen, die der Leistungserbringer zu vertreten hat, haben die Krankenkassen die mit der Nacherfassung verbundenen Kosten den betroffenen Leistungserbringern durch eine pauschale Rechnungskürzung in Höhe von bis zu 5 vom Hundert des Rechnungsbetrages in Rechnung zu stellen. [3] Für die Angabe der Diagnosen nach § 295 Abs. 1 gilt Satz 1 ab dem Zeitpunkt der

Inkraftsetzung der überarbeiteten Zehnten Fassung des Schlüssels gemäß § 295 Abs. 1 Satz 3.

(4) ¹ Sofern Datenübermittlungen zu Diagnosen nach den §§ 295 und 295a fehlerhaft oder unvollständig sind, ist eine erneute Übermittlung in korrigierter oder ergänzter Form nur im Falle technischer Übermittlungs- oder formaler Datenfehler zulässig. ² Eine nachträgliche Änderung oder Ergänzung von Diagnosedaten insbesondere auch auf Grund von Prüfungen gemäß den §§ 106 bis 106c, Unterrichtungen nach § 106d Absatz 3 Satz 2 und Anträgen nach § 106d Absatz 4 ist unzulässig. ³ Das Nähere regeln die Vertragspartner nach § 82 Absatz 1 Satz 1.

Zweiter Titel. Datentransparenz

§ 303a Wahrnehmung der Aufgaben der Datentransparenz. (1) ¹ Die Aufgaben der Datentransparenz werden von öffentlichen Stellen des Bundes als Vertrauensstelle nach § 303c und Datenaufbereitungsstelle nach § 303d wahrgenommen. ² Das Bundesministerium für Gesundheit bestimmt durch Rechtsverordnung ohne Zustimmung des Bundesrates zur Wahrnehmung der Aufgaben der Datentransparenz eine öffentliche Stelle des Bundes als Vertrauensstelle nach § 303c und eine öffentliche Stelle des Bundes als Datenaufbereitungsstelle nach § 303d.

(2) In der Rechtsverordnung nach Absatz 1 Satz 2 ist auch das Nähere zu regeln

1. zum Datenumfang,
2. zu den Verfahren der in den §§ 303a bis 303e vorgesehenen Datenübermittlungen,
3. zum Verfahren der Pseudonymisierung (§ 303c Absatz 2),
4. zu den Kriterien für die ausnahmsweise pseudonymisierte Bereitstellung von Daten (§ 303e Absatz 3 Satz 3).

(3) ¹ Die Kosten, die den öffentlichen Stellen nach Absatz 1 durch die Wahrnehmung der Aufgaben der Datentransparenz entstehen, tragen die Krankenkassen nach der Zahl ihrer Mitglieder. ² Das Nähere über die Erstattung der Kosten einschließlich der zu zahlenden Vorschüsse regelt das Bundesministerium für Gesundheit in der Rechtsverordnung nach Absatz 1 Satz 2.

§ 303b Datenübermittlung. (1) ¹ Das Bundesversicherungsamt übermittelt die nach § 268 Absatz 3 Satz 14 in Verbindung mit Satz 1 Nummer 1 bis 7 erhobenen Daten für die in § 303e Absatz 2 genannten Zwecke an die Datenaufbereitungsstelle nach § 303d sowie eine Liste mit den dazugehörigen Pseudonymen an die Vertrauensstelle nach § 303c. ² Die Daten sollen übermittelt werden, nachdem die Prüfung auf Vollständigkeit und Plausibilität durch das Bundesversicherungsamt abgeschlossen ist.

(2) ¹ Die Krankenkassen ermitteln aus den bei ihnen nach § 284 Absatz 1 gespeicherten Daten für die in § 303e Absatz 2 genannten Zwecke die Postleitzahl des Wohnortes des Versicherten (Regionalkennzeichen). ² Sie übermitteln die Regionalkennzeichen zusätzlich zu den Daten nach Absatz 1 Satz 1 jährlich an das Bundesversicherungsamt nach dem in § 268 Absatz 3 in Verbindung mit der Rechtsverordnung nach § 266 Absatz 7 geregelten Verfahren. ³ Die Krankenkassen haben die Regionalkennzeichen so zu verschlüsseln, dass

nur die Datenaufbereitungsstelle nach § 303d in der Lage ist, die Regionalkennzeichen zu entschlüsseln und mit den Daten nach Absatz 1 zusammenzuführen.

(3) ¹ Das Bundesversicherungsamt übermittelt die Regionalkennzeichen mit den Daten nach Absatz 1 an die Datenaufbereitungsstelle nach § 303d. ² Für die Jahre 2009 und 2010 übermittelt das Bundesversicherungsamt die bei ihm für Zwecke des § 272 gespeicherten Kennzeichen zum Wohnort der Versicherten an die Datenaufbereitungsstelle nach § 303d sowie eine Liste mit den dazugehörigen Pseudonymen an die Vertrauensstelle nach § 303c.

(4) Das Nähere zu den Datenübermittlungen nach den Absätzen 2 und 3 vereinbaren der Spitzenverband Bund der Krankenkassen, das Bundesversicherungsamt und die nach § 303a Absatz 1 Satz 2 bestimmten Stellen.

§ 303c Vertrauensstelle. (1) Die Vertrauensstelle überführt die ihr nach § 303b übermittelte Liste der Pseudonyme nach einem einheitlich anzuwendenden Verfahren, das im Einvernehmen mit dem Bundesamt für Sicherheit in der Informationstechnik zu bestimmen ist, in periodenübergreifende Pseudonyme.

(2) ¹ Es ist ein schlüsselabhängiges Verfahren vorzusehen und das periodenübergreifende Pseudonym ist so zu gestalten, dass für alle Leistungsbereiche ein bundesweit eindeutiger periodenübergreifender Bezug der Daten zu dem Versicherten, der Leistungen in Anspruch genommen hat, hergestellt werden kann. ² Es ist auszuschließen, dass Versicherte durch die Verarbeitung und Nutzung der Daten bei der Vertrauensstelle, der Datenaufbereitungsstelle oder den nutzungsberechtigten Stellen nach § 303e Absatz 1 wieder identifiziert werden können.

(3) ¹ Die Vertrauensstelle hat die Liste der periodenübergreifenden Pseudonyme der Datenaufbereitungsstelle zu übermitteln. ² Nach der Übermittlung dieser Liste an die Datenaufbereitungsstelle hat sie die Listen mit den temporären und den periodenübergreifenden Pseudonymen bei sich zu löschen.

(4) ¹ Die Vertrauensstelle ist räumlich, organisatorisch und personell eigenständig zu führen. ² Sie unterliegt dem Sozialgeheimnis nach § 35 des Ersten Buches[1)] und untersteht der Rechtsaufsicht des Bundesministeriums für Gesundheit.

§ 303d Datenaufbereitungsstelle. (1) ¹ Die Datenaufbereitungsstelle hat die ihr vom Bundesversicherungsamt und von der Vertrauensstelle übermittelten Daten zur Erstellung von Datengrundlagen für die in § 303e Absatz 2 genannten Zwecke aufzubereiten und den in § 303e Absatz 1 genannten Nutzungsberechtigten zur Verfügung zu stellen. ² Die Datenaufbereitungsstelle hat die Daten zu löschen, sobald diese für die Erfüllung ihrer Aufgaben nicht mehr erforderlich sind.

(2) ¹ Die Datenaufbereitungsstelle ist räumlich, organisatorisch und personell eigenständig zu führen. ² Sie unterliegt dem Sozialgeheimnis nach § 35 des Ersten Buches[1)] und untersteht der Rechtsaufsicht des Bundesministeriums für Gesundheit.

[1)] Nr. 1.

§ 303e Datenverarbeitung und -nutzung, Verordnungsermächtigung.

(1) Die bei der Datenaufbereitungsstelle gespeicherten Daten können von folgenden Institutionen verarbeitet und genutzt werden, soweit sie für die Erfüllung ihrer Aufgaben erforderlich sind:
1. dem Spitzenverband Bund der Krankenkassen,
2. den Bundes- und Landesverbänden der Krankenkassen,
3. den Krankenkassen,
4. den Kassenärztlichen Bundesvereinigungen und den Kassenärztlichen Vereinigungen,
5. den für die Wahrnehmung der wirtschaftlichen Interessen gebildeten maßgeblichen Spitzenorganisationen der Leistungserbringer auf Bundesebene,
6. den Institutionen der Gesundheitsberichterstattung des Bundes und der Länder,
7. den Institutionen der Gesundheitsversorgungsforschung,
8. den Hochschulen und sonstigen Einrichtungen mit der Aufgabe unabhängiger wissenschaftlicher Forschung, sofern die Daten wissenschaftlichen Vorhaben dienen,
9. dem Gemeinsamen Bundesausschuss,
10. dem Institut für Qualität und Wirtschaftlichkeit im Gesundheitswesen,
11. dem Institut des Bewertungsausschusses,
12. der oder dem Beauftragten der Bundesregierung für die Belange der Patientinnen und Patienten,
13. den für die Wahrnehmung der Interessen der Patientinnen und Patienten und der Selbsthilfe chronisch kranker und behinderter Menschen maßgeblichen Organisationen auf Bundesebene,
14. dem Institut nach § 137a,
15. dem Institut nach § 17b Absatz 5 des Krankenhausfinanzierungsgesetzes (DRG-Institut),
16. den für die gesetzliche Krankenversicherung zuständigen obersten Bundes- und Landesbehörden sowie deren jeweiligen nachgeordneten Bereichen und den übrigen obersten Bundesbehörden,
17. der Bundesärztekammer, der Bundeszahnärztekammer, der Bundespsychotherapeutenkammer sowie der Bundesapothekerkammer,
18. der Deutschen Krankenhausgesellschaft.

(2) ¹Die nach Absatz 1 Berechtigten können die Daten insbesondere für folgende Zwecke verarbeiten und nutzen:
1. Wahrnehmung von Steuerungsaufgaben durch die Kollektivvertragspartner,
2. Verbesserung der Qualität der Versorgung,
3. Planung von Leistungsressourcen (zum Beispiel Krankenhausplanung),
4. Längsschnittanalysen über längere Zeiträume, Analysen von Behandlungsabläufen, Analysen des Versorgungsgeschehens zum Erkennen von Fehlentwicklungen und von Ansatzpunkten für Reformen (Über-, Unter- und Fehlversorgung),
5. Unterstützung politischer Entscheidungsprozesse zur Weiterentwicklung der gesetzlichen Krankenversicherung,

6. Analyse und Entwicklung von sektorenübergreifenden Versorgungsformen sowie von Einzelverträgen der Krankenkassen.

²Die nach § 303a Absatz 1 Satz 2 bestimmte Datenaufbereitungsstelle erhebt für individuell zurechenbare öffentliche Leistungen nach § 303d Absatz 1 in Verbindung mit § 303e Absatz 3 zur Deckung des Verwaltungsaufwandes Gebühren und Auslagen. ³Die Gebührensätze sind so zu bemessen, dass das geschätzte Gebührenaufkommen den auf die Leistungen entfallenden durchschnittlichen Personal- und Sachaufwand nicht übersteigt. ⁴Das Bundesministerium für Gesundheit wird ermächtigt, durch Rechtsverordnung ohne Zustimmung des Bundesrates die gebührenpflichtigen Tatbestände zu bestimmen und dabei feste Sätze oder Rahmensätze vorzusehen sowie Regelungen über die Gebührenentstehung, die Gebührenerhebung, die Erstattung von Auslagen, den Gebührenschuldner, Gebührenbefreiungen, die Fälligkeit, die Stundung, die Niederschlagung, den Erlass, Säumniszuschläge, die Verjährung und die Erstattung zu treffen.

(3) ¹Die Datenaufbereitungsstelle hat bei Anfragen der nach Absatz 1 Berechtigten zu prüfen, ob der Zweck zur Verarbeitung und Nutzung der Daten dem Katalog nach Absatz 2 entspricht und ob der Umfang und die Struktur der Daten für diesen Zweck ausreichend und erforderlich sind. ²Die Daten werden anonymisiert zur Verfügung gestellt. ³Ausnahmsweise werden die Daten pseudonymisiert bereitgestellt, wenn dies für den angestrebten Zweck erforderlich ist. ⁴Das Ergebnis der Prüfung ist dem Antragsteller mitzuteilen und zu begründen.

§ 303f *(aufgehoben)*

Dritter Abschnitt. Datenlöschung, Auskunftspflicht

§ 304 Aufbewahrung von Daten bei Krankenkassen, Kassenärztlichen Vereinigungen und Geschäftsstellen der Prüfungsausschüsse.

(1) ¹Für das Löschen der für Aufgaben der gesetzlichen Krankenversicherung bei Krankenkassen, Kassenärztlichen Vereinigungen und Geschäftsstellen der Prüfungsausschüsse gespeicherten Sozialdaten gilt § 84 Abs. 2 des Zehnten Buches[1)] entsprechend mit der Maßgabe, daß

1. die Daten nach § 292 spätestens nach zehn Jahren,
2. Daten nach § 295 Abs. 1a, 1b und 2 sowie Daten, die für die Prüfungsausschüsse und ihre Geschäftsstellen für die Prüfungen nach § 106 bis 106c erforderlich sind, spätestens nach vier Jahren und Daten, die auf Grund der nach § 266 Abs. 7 Satz 1 erlassenen Rechtsverordnung für die Durchführung des Risikostrukturausgleichs (§§ 266, 267) erforderlich sind, spätestens nach den in der Rechtsverordnung genannten Fristen

zu löschen sind. ²Die Aufbewahrungsfristen beginnen mit dem Ende des Geschäftsjahres, in dem die Leistungen gewährt oder abgerechnet wurden. ³Abweichend von Satz 1 Nummer 2 können Krankenkassen die rechtmäßig gespeicherten ärztlichen Abrechnungsdaten für Zwecke der Weiterentwicklung und Durchführung des Risikostrukturausgleichs länger aufbewahren; sie sind nach spätestens vier Jahren zu sperren und spätestens nach den in der Rechts-

---

[1)] Nr. 10.

10. Kapitel. Versicherungs- u. Leistungsdaten § 305 SGB V 5

verordnung genannten Fristen zu löschen. ⁴Die Krankenkassen können für Zwecke der Krankenversicherung Leistungsdaten länger aufbewahren, wenn sichergestellt ist, daß ein Bezug zum Arzt und Versicherten nicht mehr herstellbar ist.

(2) Im Falle des Wechsels der Krankenkasse ist die bisher zuständige Krankenkasse verpflichtet, die für die Fortführung der Versicherung erforderlichen Angaben nach den §§ 288 und 292 auf Verlangen der neuen Krankenkasse mitzuteilen.

(3) Für die Aufbewahrung der Kranken- und sonstigen Berechtigungsscheine für die Inanspruchnahme von Leistungen einschließlich der Verordnungsblätter für Arznei-, Verband-, Heil- und Hilfsmittel gilt § 84 Abs. 2 und 6 des Zehnten Buches.

§ 305 Auskünfte an Versicherte. (1) ¹Die Krankenkassen unterrichten die Versicherten auf deren Antrag über die in einem Zeitraum von mindestens 18 Monaten vor Antragstellung in Anspruch genommenen Leistungen und deren Kosten. ²Die Unterrichtung über die in Anspruch genommenen ärztlichen Leistungen erfolgt getrennt von der Unterrichtung über die ärztlich verordneten und veranlassten Leistungen. ³Die für die Unterrichtung nach Satz 1 erforderlichen Daten dürfen ausschließlich für diesen Zweck verarbeitet und genutzt werden; eine Gesamtaufstellung der von den Versicherten in Anspruch genommenen Leistungen darf von den Krankenkassen nicht erstellt werden. ⁴Eine Mitteilung an die Leistungserbringer über die Unterrichtung des Versicherten ist nicht zulässig. ⁵Die Krankenkassen können in ihrer Satzung das Nähere über das Verfahren der Unterrichtung regeln.

(2) ¹Die an der vertragsärztlichen Versorgung teilnehmenden Ärzte, Einrichtungen und medizinischen Versorgungszentren haben die Versicherten auf Verlangen schriftlich in verständlicher Form, direkt im Anschluss an die Behandlung oder mindestens quartalsweise spätestens vier Wochen nach Ablauf des Quartals, in dem die Leistungen in Anspruch genommen worden sind, über die zu Lasten der Krankenkassen erbrachten Leistungen und deren vorläufige Kosten (Patientenquittung) zu unterrichten. ²Satz 1 gilt auch für die vertragszahnärztliche Versorgung. ³Der Versicherte erstattet für eine quartalsweise schriftliche Unterrichtung nach Satz 1 eine Aufwandspauschale in Höhe von 1 Euro zuzüglich Versandkosten. ⁴Das Nähere regelt die Kassenärztliche Bundesvereinigung. ⁵Die Krankenhäuser unterrichten die Versicherten auf Verlangen schriftlich in verständlicher Form innerhalb von vier Wochen nach Abschluss der Krankenhausbehandlung über die erbrachten Leistungen und die dafür von den Krankenkassen zu zahlenden Entgelte. ⁶Das Nähere regelt der Spitzenverband Bund der Krankenkassen und die Deutsche Krankenhausgesellschaft durch Vertrag.

(3) ¹Die Krankenkassen informieren ihre Versicherten auf Verlangen umfassend über in der gesetzlichen Krankenversicherung zugelassene Leistungserbringer einschließlich medizinische Versorgungszentren und Leistungserbringer in der besonderen Versorgung sowie über die verordnungsfähigen Leistungen und Bezugsquellen, einschließlich der Informationen nach § 73 Abs. 8, § 127 Absatz 1 Satz 4, Absatz 3 und 4a. ²Die Krankenkasse hat Versicherte vor deren Entscheidung über die Teilnahme an besonderen Versorgungsformen in Wahltarifen nach § 53 Abs. 3 umfassend über darin erbrachte Leistungen und

die beteiligten Leistungserbringer zu informieren. ³ § 69 Absatz 1 Satz 3 gilt entsprechend.

§ 305a Beratung der Vertragsärzte. ¹ Die Kassenärztlichen Vereinigungen und die Krankenkassen beraten in erforderlichen Fällen die Vertragsärzte auf der Grundlage von Übersichten über die von ihnen im Zeitraum eines Jahres oder in einem kürzeren Zeitraum erbrachten, verordneten oder veranlassten Leistungen über Fragen der Wirtschaftlichkeit. ² Ergänzend können die Vertragsärzte den Kassenärztlichen Vereinigungen die Daten über die von ihnen verordneten Leistungen nicht versichertenbezogen übermitteln, die Kassenärztlichen Vereinigungen können diese Daten für ihre Beratung des Vertragsarztes auswerten und auf der Grundlage dieser Daten erstellte vergleichende Übersichten den Vertragsärzten nicht arztbezogen zur Verfügung stellen. ³ Die Vertragsärzte und die Kassenärztlichen Vereinigungen dürfen die Daten nach Satz 2 nur für im Sozialgesetzbuch bestimmte Zwecke verarbeiten und nutzen. ⁴ Ist gesetzlich oder durch Vereinbarung nach § 130a Abs. 8 nichts anderes bestimmt, dürfen Vertragsärzte Daten über von ihnen verordnete Arzneimittel nur solchen Stellen übermitteln, die sich verpflichten, die Daten ausschließlich als Nachweis für die in einer Kassenärztlichen Vereinigung oder einer Region mit mindestens jeweils 300 000 Einwohnern oder mit jeweils mindestens 1 300 Ärzten insgesamt in Anspruch genommenen Leistungen zu verarbeiten; eine Verarbeitung dieser Daten mit regionaler Differenzierung innerhalb einer Kassenärztlichen Vereinigung, für einzelne Vertragsärzte oder Einrichtungen sowie für einzelne Apotheken ist unzulässig. ⁵ Satz 4 gilt auch für die Übermittlung von Daten über die nach diesem Buch verordnungsfähigen Arzneimittel durch Apotheken, den Großhandel, Krankenkassen sowie deren Rechenzentren. ⁶ Abweichend von Satz 4 dürfen Leistungserbringer und Krankenkassen Daten über verordnete Arzneimittel in vertraglichen Versorgungsformen nach den §§ 63, 73b, 137f oder 140a nutzen. ⁷ Eine Beratung des Arztes oder Psychotherapeuten durch die Krankenkasse oder durch einen von der Krankenkasse beauftragten Dritten im Hinblick auf die Vergabe und Dokumentation von Diagnosen auch mittels informationstechnischer Systeme ist unzulässig.

§ 305b Veröffentlichung der Jahresrechnungsergebnisse. ¹ Die Krankenkassen, mit Ausnahme der landwirtschaftlichen Krankenkasse, veröffentlichen im elektronischen Bundesanzeiger sowie auf der eigenen Internetpräsenz zum 30. November des dem Berichtsjahr folgenden Jahres die wesentlichen Ergebnisse ihrer Rechnungslegung in einer für die Versicherten verständlichen Weise. ² Die Satzung hat weitere Arten der Veröffentlichung zu regeln, die sicherstellen, dass alle Versicherten der Krankenkasse davon Kenntnis erlangen können. ³ Zu veröffentlichen sind insbesondere Angaben zur Entwicklung der Zahl der Mitglieder und Versicherten, zur Höhe und Struktur der Einnahmen, zur Höhe und Struktur der Ausgaben sowie zur Vermögenssituation. ⁴ Ausgaben für Prävention und Gesundheitsförderung sowie Verwaltungsausgaben sind gesondert auszuweisen. ⁵ Das Nähere zu den zu veröffentlichenden Angaben wird in der Allgemeinen Verwaltungsvorschrift über das Rechnungswesen in der Sozialversicherung geregelt.

Elftes Kapitel. Straf- und Bußgeldvorschriften

§ 306 Zusammenarbeit zur Verfolgung und Ahndung von Ordnungswidrigkeiten. ¹ Zur Verfolgung und Ahndung von Ordnungswidrigkeiten arbeiten die Krankenkassen insbesondere mit der Bundesagentur für Arbeit, den Behörden der Zollverwaltung, den Rentenversicherungsträgern, den Trägern der Sozialhilfe, den in § 71 des Aufenthaltsgesetzes genannten Behörden, den Finanzbehörden, den nach Landesrecht für die Verfolgung und Ahndung von Ordnungswidrigkeiten nach dem Schwarzarbeitsbekämpfungsgesetz zuständigen Behörden, den Trägern der Unfallversicherung und den für den Arbeitsschutz zuständigen Landesbehörden zusammen, wenn sich im Einzelfall konkrete Anhaltspunkte ergeben für

1. Verstöße gegen das Schwarzarbeitsbekämpfungsgesetz,
2. eine Beschäftigung oder Tätigkeit von nichtdeutschen Arbeitnehmern ohne den erforderlichen Aufenthaltstitel nach § 4 Abs. 3 des Aufenthaltsgesetzes, eine Aufenthaltsgestattung oder eine Duldung, die zur Ausübung der Beschäftigung berechtigen, oder eine Genehmigung nach § 284 Abs. 1 des Dritten Buches[1]),
3. Verstöße gegen die Mitwirkungspflicht nach § 60 Abs. 1 Satz 1 Nr. 2 des Ersten Buches[2]) gegenüber einer Dienststelle der Bundesagentur für Arbeit, einem Träger der gesetzlichen Unfall- oder Rentenversicherung oder einen Träger der Sozialhilfe oder gegen die Meldepflicht nach § 8a des Asylbewerberleistungsgesetzes,
4. Verstöße gegen das Arbeitnehmerüberlassungsgesetz,
5. Verstöße gegen die Vorschriften des Vierten[3]) und des Siebten Buches[4]) über die Verpflichtung zur Zahlung von Beiträgen, soweit sie im Zusammenhang mit den in den Nummern 1 bis 4 genannten Verstößen stehen,
6. Verstöße gegen Steuergesetze,
7. Verstöße gegen das Aufenthaltsgesetz.

² Sie unterrichten die für die Verfolgung und Ahndung zuständigen Behörden, die Träger der Sozialhilfe sowie die Behörden nach § 71 des Aufenthaltsgesetzes. ³ Die Unterrichtung kann auch Angaben über die Tatsachen enthalten, die für die Einziehung der Beiträge zur Kranken- und Rentenversicherung erforderlich sind. ⁴ Die Übermittlung von Sozialdaten, die nach den §§ 284 bis 302 von Versicherten erhoben werden, ist unzulässig.

§ 307 Bußgeldvorschriften. (1) Ordnungswidrig handelt, wer entgegen § 291a Abs. 8 Satz 1 eine dort genannte Gestattung verlangt oder mit dem Inhaber der Karte eine solche Gestattung vereinbart.

(1a) Ordnungswidrig handelt, wer vorsätzlich oder fahrlässig entgegen § 291b Absatz 6 Satz 2 und 4 eine Meldung nicht, nicht richtig, nicht vollständig oder nicht rechtzeitig vornimmt.

---
[1]) Nr. 3.
[2]) Nr. 1.
[3]) Nr. 4.
[4]) Nr. 7.

(1b) Ordnungswidrig handelt, wer vorsätzlich oder fahrlässig entgegen § 291b Absatz 8 Satz 2 einer verbindlichen Anweisung nicht, nicht vollständig oder nicht rechtzeitig Folge leistet.

(1c) Ordnungswidrig handelt, wer vorsätzlich oder fahrlässig entgegen § 291b Absatz 8 Satz 3 einer verbindlichen Anweisung nicht, nicht vollständig oder nicht rechtzeitig Folge leistet.

(2) Ordnungswidrig handelt, wer vorsätzlich oder leichtfertig

1. a) als Arbeitgeber entgegen § 204 Abs. 1 Satz 1, auch in Verbindung mit Absatz 2 Satz 1, oder

   b) entgegen § 204 Abs. 1 Satz 3, auch in Verbindung mit Absatz 2 Satz 1, oder § 205 Nr. 3 oder

   c) als für die Zahlstelle Verantwortlicher entgegen § 202 Absatz 1 Satz 1

   eine Meldung nicht, nicht richtig, nicht vollständig oder nicht rechtzeitig erstattet,

2. entgegen § 206 Abs. 1 Satz 1 eine Auskunft oder eine Änderung nicht, nicht richtig, nicht vollständig oder nicht rechtzeitig erteilt oder mitteilt oder

3. entgegen § 206 Abs. 1 Satz 2 die erforderlichen Unterlagen nicht, nicht vollständig oder nicht rechtzeitig vorlegt.

(3) Die Ordnungswidrigkeit kann in den Fällen des Absatzes 1 mit einer Geldbuße bis zu fünfzigtausend Euro, in den übrigen Fällen mit einer Geldbuße bis zu zweitausendfünfhundert Euro geahndet werden.

(4) Verwaltungsbehörde im Sinne des § 36 Absatz 1 Nummer 1 des Gesetzes über Ordnungswidrigkeiten ist in den Fällen der Absätze 1a bis 1c das Bundesamt für Sicherheit in der Informationstechnik.

§ 307a Strafvorschriften. (1) Mit Freiheitsstrafe bis zu drei Jahren oder mit Geldstrafe wird bestraft, wer entgegen § 171b Absatz 2 Satz 1 die Zahlungsunfähigkeit oder die Überschuldung nicht, nicht richtig oder nicht rechtzeitig anzeigt.

(2) Handelt der Täter fahrlässig, so ist die Strafe Freiheitsstrafe bis zu einem Jahr oder Geldstrafe.

§ 307b Strafvorschriften. (1) Mit Freiheitsstrafe bis zu einem Jahr oder mit Geldstrafe wird bestraft, wer entgegen § 291a Absatz 4 Satz 1 oder Absatz 5a Satz 1 erster Halbsatz oder Satz 2 auf dort genannte Daten zugreift.

(2) Handelt der Täter gegen Entgelt oder in der Absicht, sich oder einen Anderen zu bereichern oder einen Anderen zu schädigen, so ist die Strafe Freiheitsstrafe bis zu drei Jahren oder Geldstrafe.

(3) [1] Die Tat wird nur auf Antrag verfolgt. [2] Antragsberechtigt sind der Betroffene, der Bundesbeauftragte für den Datenschutz oder die zuständige Aufsichtsbehörde.

Zwölftes Kapitel. Überleitungsregelungen aus Anlaß der Herstellung der Einheit Deutschlands

§ 308 *(aufgehoben)*

12. Kapitel. Überleitungsregelungen §§ 309–311 SGB V 5

§ 309 Versicherter Personenkreis. (1) Soweit Vorschriften dieses Buches
1. an die Bezugsgröße anknüpfen, gilt vom 1. Januar 2001 an die Bezugsgröße nach § 18 Abs. 1 des Vierten Buches[1]) auch in dem in Artikel 3 des Einigungsvertrages genannten Gebiet,
2. an die Beitragsbemessungsgrenze in der allgemeinen Rentenversicherung anknüpfen, gilt von dem nach Nummer 1 maßgeblichen Zeitpunkt an die Beitragsbemessungsgrenze nach § 159 des Sechsten Buches[2]) auch in dem in Artikel 3 des Einigungsvertrages genannten Gebiet.

(2)–(4) *(aufgehoben)*

(5) [1] Zeiten der Versicherung, die in dem in Artikel 3 des Einigungsvertrages genannten Gebiet bis zum 31. Dezember 1990 in der Sozialversicherung oder in der Freiwilligen Krankheitskostenversicherung der Staatlichen ehemaligen Versicherung der Deutschen Demokratischen Republik oder in einem Sonderversorgungssystem (§ 1 Abs. 3 des Anspruchs- und Anwartschaftsüberführungsgesetzes) zurückgelegt wurden, gelten als Zeiten einer Pflichtversicherung bei einer Krankenkasse im Sinne dieses Buches. [2] Für die Anwendung des § 5 Abs. 1 Nr. 11 gilt Satz 1 vom 1. Januar 1991 an entsprechend für Personen, die ihren Wohnsitz und ihre Versicherung im Gebiet der Bundesrepublik Deutschland nach dem Stand vom 2. Oktober 1990 hatten und in dem in Artikel 3 des Einigungsvertrages genannten Gebiet beschäftigt waren, wenn sie nur wegen Überschreitung der in diesem Gebiet geltenden Jahresarbeitsentgeltgrenze versicherungsfrei waren und die Jahresarbeitsentgeltgrenze nach § 6 Abs. 1 Nr. 1 nicht überschritten wurde.

§ 310 Leistungen. (1), (2) *(aufgehoben)*

(3) Die erforderlichen Untersuchungen gemäß § 30 Abs. 2 Satz 2 und Abs. 7 gelten für den Zeitraum der Jahre 1989 bis 1991 als in Anspruch genommen.

§ 311 Beziehungen der Krankenkassen zu den Leistungserbringern.

(1) *(aufgehoben)*

(2) [1] Die im Beitrittsgebiet bestehenden ärztlich geleiteten kommunalen, staatlichen und freigemeinnützigen Gesundheitseinrichtungen einschließlich der Einrichtungen des Betriebsgesundheitswesens (Polikliniken, Ambulatorien, Arztpraxen) sowie diabetologische, nephrologische, onkologische und rheumatologische Fachambulanzen nehmen in dem Umfang, in dem sie am 31. Dezember 2003 zur vertragsärztlichen Versorgung zugelassen sind, weiterhin an der vertragsärztlichen Versorgung teil. [2] Im Übrigen gelten für die Einrichtungen nach Satz 1 die Vorschriften dieses Buches, die sich auf medizinische Versorgungszentren beziehen, entsprechend.

(2a), (3) *(aufgehoben)*

(4) *(aufgehoben)*

(5) § 83 gilt mit der Maßgabe, daß die Verbände der Krankenkassen mit den ermächtigten Einrichtungen oder ihren Verbänden im Einvernehmen mit den Kassenärztlichen Vereinigungen besondere Verträge schließen können.

---

[1]) Nr. 4.
[2]) Nr. 6.

(6) *(aufgehoben)*

(7) Bei Anwendung des § 95 gilt das Erfordernis des Absatzes 2 Satz 3 dieser Vorschrift nicht

a) für Ärzte, die bei Inkrafttreten dieses Gesetzes in dem in Artikel 3 des Einigungsvertrages genannten Gebiet die Facharztanerkennung besitzen,

b) für Zahnärzte, die bereits zwei Jahre in dem in Artikel 3 des Einigungsvertrages genannten Gebiet zahnärztlich tätig sind.

(8) Die Absätze 5 und 7 gelten nicht in dem in Artikel 3 des Einigungsvertrages genannten Teil des Landes Berlin.

§§ 311a–313a *(aufgehoben)*

Dreizehntes Kapitel. Weitere Übergangsvorschriften

§ 314 Beitragszuschüsse für Beschäftigte. (1) Versicherungsverträge, die den Standardtarif nach § 257 Abs. 2a in der bis zum 31. Dezember 2008 geltenden Fassung zum Gegenstand haben, werden auf Antrag der Versicherten auf Versicherungsverträge nach dem Basistarif gemäß § 152 Absatz 1 des Versicherungsaufsichtsgesetzes umgestellt.

(2) [1] Zur Gewährleistung der in § 257 Absatz 2a Satz 1 Nr. 2 und 2a bis 2c in der bis zum 31. Dezember 2008 geltenden Fassung genannten Begrenzung bleiben im Hinblick auf die ab 1. Januar 2009 weiterhin im Standardtarif Versicherten alle Versicherungsunternehmen, die die nach § 257 Abs. 2 zuschussberechtigte Krankenversicherung betreiben, verpflichtet, an einem finanziellen Spitzenausgleich teilzunehmen, dessen Ausgestaltung zusammen mit den Einzelheiten des Standardtarifs zwischen der Bundesanstalt für Finanzdienstleistungsaufsicht und dem Verband der privaten Krankenversicherung mit Wirkung für die beteiligten Unternehmen zu vereinbaren ist und der eine gleichmäßige Belastung dieser Unternehmen bewirkt. [2] Für in Absatz 2a Satz 1 Nr. 2c in der bis 31. Dezember 2008 geltenden Fassung genannte Personen, bei denen eine Behinderung nach § 4 Abs. 1 des Gesetzes zur Eingliederung Schwerbehinderter in Arbeit, Beruf und Gesellschaft festgestellt worden ist, wird ein fiktiver Zuschlag von 100 vom Hundert auf die Bruttoprämie angerechnet, der in den Ausgleich nach Satz 1 einbezogen wird.

§ 315 Standardtarif für Personen ohne Versicherungsschutz.

(1) [1] Personen, die weder

1. in der gesetzlichen Krankenversicherung versichert oder versicherungspflichtig sind,

2. über eine private Krankheitsvollversicherung verfügen,

3. einen Anspruch auf freie Heilfürsorge haben, beihilfeberechtigt sind oder vergleichbare Ansprüche haben,

4. Anspruch auf Leistungen nach dem Asylbewerberleistungsgesetz haben, noch

13. Kapitel. Weitere Übergangsvorschriften §§ 316, 317 SGB V 5

5. Leistungen nach dem Dritten, Vierten, Sechsten und Siebten Kapitel des Zwölften Buches[1]) beziehen,

können bis zum 31. Dezember 2008 Versicherungsschutz im Standardtarif gemäß § 257 Abs. 2a verlangen; in den Fällen der Nummern 4 und 5 begründen Zeiten einer Unterbrechung des Leistungsbezugs von weniger als einem Monat keinen entsprechenden Anspruch. [2] Der Antrag darf nicht abgelehnt werden. [3] Die in § 257 Abs. 2a Nr. 2b genannten Voraussetzungen gelten für Personen nach Satz 1 nicht; Risikozuschläge dürfen für sie nicht verlangt werden. [4] Abweichend von Satz 1 Nummer 3 können auch Personen mit Anspruch auf Beihilfe nach beamtenrechtlichen Grundsätzen, die bisher nicht über eine auf Ergänzung der Beihilfe beschränkte private Krankenversicherung verfügen und auch nicht freiwillig in der gesetzlichen Krankenversicherung versichert sind, eine die Beihilfe ergänzende Absicherung im Standardtarif gemäß § 257 Abs. 2a Nr. 2b verlangen.

(2) [1] Der Beitrag von im Standardtarif nach Absatz 1 versicherten Personen darf den durchschnittlichen Höchstbeitrag der gesetzlichen Krankenversicherung gemäß § 257 Abs. 2a Satz 1 Nr. 2 nicht überschreiten; die dort für Ehegatten oder Lebenspartner vorgesehene besondere Beitragsbegrenzung gilt für nach Absatz 1 versicherte Personen nicht. [2] § 152 Absatz 4 des Versicherungsaufsichtsgesetzes, § 26 Absatz 1 Satz 1 und Absatz 2 Satz 1 Nummer 2 des Zweiten Buches[2]) sowie § 32 Absatz 5 des Zwölften Buches gelten für nach Absatz 1 im Standardtarif versicherte Personen entsprechend.

(3) [1] Eine Risikoprüfung ist nur zulässig, soweit sie für Zwecke des finanziellen Spitzenausgleichs nach § 257 Abs. 2b oder für späteren Tarifwechsel erforderlich ist. [2] Abweichend von § 257 Abs. 2b sind im finanziellen Spitzenausgleich des Standardtarifs für Versicherte nach Absatz 1 die Begrenzungen gemäß Absatz 2 sowie die durch das Verbot von Risikozuschlägen gemäß Abs. 1 Satz 3 auftretenden Mehraufwendungen zu berücksichtigen.

(4) Die gemäß Absatz 1 abgeschlossenen Versicherungsverträge im Standardtarif werden zum 1. Januar 2009 auf Verträge im Basistarif nach § 152 Absatz 1 des Versicherungsaufsichtsgesetzes umgestellt.

§ 316 Übergangsregelung zur enteralen Ernährung. Versicherte haben bis zur Veröffentlichung der Zusammenstellung nach § 31 Abs. 5 Satz 2 im Bundesanzeiger Anspruch auf enterale Ernährung nach Maßgabe des Kapitels E der Arzneimittel-Richtlinien in der Fassung vom 25. August 2005 (BAnz. S. 13241).

§ 317 Psychotherapeuten. [1] Abweichend von § 95 Abs. 10 werden Psychotherapeuten zur vertragsärztlichen Versorgung zugelassen, wenn sie

1. eine Approbation nach dem Psychotherapeutengesetz und den Fachkundenachweis nach § 95c Satz 2 Nr. 3 haben,

2. in der Zeit vom 25. Juni 1994 bis zum 24. Juni 1997 an der ambulanten psychotherapeutischen Versorgung in einem anderen Mitgliedstaat der Europäischen Union oder in einem anderen Vertragsstaat des Abkommens über

---

[1]) Nr. 12.
[2]) Nr. 2.

den Europäischen Wirtschaftsraum teilgenommen haben und diese Tätigkeit vergleichbar mit der in der gesetzlichen Krankenversicherung war und

3. bis zum 30. Juni 2009 die Approbationsurkunde vorlegen und den Antrag auf Erteilung der Zulassung gestellt haben.

² Der Zulassungsausschuss hat über die Zulassungsanträge bis zum 30. September 2009 zu entscheiden.

§ 318 Übergangsregelung für die knappschaftliche Krankenversicherung. ¹ Die Regelung des § 37 Abs. 3 der Risikostruktur-Ausgleichsverordnung ist nicht anzuwenden, wenn die Deutsche Rentenversicherung Knappschaft- Bahn-See die Verwaltungsausgaben der knappschaftlichen Krankenversicherung abweichend von § 71 Abs. 1 Satz 2 des Vierten Buches[1]) getrennt im Haushaltsplan ausweist sowie die Rechnungslegung und den Jahresabschluss nach § 77 des Vierten Buches für die Verwaltungsausgaben der knappschaftlichen Krankenversicherung getrennt durchführt. ² Satz 1 gilt nur, wenn das Bundesversicherungsamt rechtzeitig vor der Bekanntmachung nach § 37 Abs. 5 der Risikostruktur-Ausgleichsverordnung für das folgende Ausgleichsjahr auf die Grundlage eines von der Deutschen Rentenversicherung Knappschaft-Bahn-See erbrachten ausreichenden Nachweises feststellt, dass die Verwaltungsausgaben der knappschaftlichen Krankenversicherung getrennt im Haushaltsplan ausgewiesen sind. ³ Entsprechend gilt Satz 1 für den Jahresausgleich nach § 41 der Risikostruktur-Ausgleichsverordnung nur, wenn das Bundesversicherungsamt rechtzeitig vor der Durchführung des Jahresausgleichs auf der Grundlage eines von der Deutschen Rentenversicherung Knappschaft-Bahn-See erbrachten ausreichenden Nachweises feststellt, dass sie die Rechnungslegung und den Jahresabschluss nach § 77 des Vierten Buches für die Verwaltungsausgaben der knappschaftlichen Krankenversicherung getrennt durchgeführt hat.

§ 319 Übergangsregelung zum Krankengeldwahltarif. (1) Wahltarife, die Versicherte auf der Grundlage der bis zum 31. Juli 2009 geltenden Fassung des § 53 Absatz 6 abgeschlossen haben, enden zu diesem Zeitpunkt.

(2) ¹ Versicherte, die am 31. Juli 2009 Leistungen aus einem Wahltarif nach § 53 Absatz 6 bezogen haben, haben Anspruch auf Leistungen nach Maßgabe ihres Wahltarifs bis zum Ende der Arbeitsunfähigkeit, die den Leistungsanspruch ausgelöst hat. ² Aufwendungen nach Satz 1 bleiben bei der Anwendung des § 53 Absatz 9 Satz 1 unberücksichtigt.

(3) ¹ Die Wahlerklärung nach § 44 Absatz 2 Satz 1 Nummer 2 oder Nummer 3 kann bis zum 30. September 2009 mit Wirkung vom 1. August 2009 abgegeben werden. ² Wahltarife nach § 53 Absatz 6 können bis zum 30. September 2009 oder zu einem in der Satzung der Krankenkasse festgelegten späteren Zeitpunkt mit Wirkung vom 1. August 2009 neu abgeschlossen werden. ³ Abweichend von den Sätzen 1 und 2 können Versicherte nach Absatz 2 innerhalb von acht Wochen nach dem Ende des Leistungsbezugs rückwirkend zu dem Tag, der auf den letzten Tag des Leistungsbezugs folgt, die Wahlerklärung nach § 44 Absatz 2 Satz 1 Nummer 2 oder Nummer 3 abgeben oder einen Wahltarif wählen.

---

[1]) Nr. 4.

13. Kapitel. Weitere Übergangsvorschriften §§ 320–322 SGB V 5

§ 320 Übergangsregelung zur befristeten Weiteranwendung aufgehobener Vorschriften. § 120 Absatz 6 und § 295 Absatz 1b Satz 5 bis 8 in der Fassung des Artikels 15 Nummer 6a Buchstabe c und Nummer 13a Buchstabe b des Gesetzes vom 17. Juli 2009 (BGBl. I S. 1990) sind bis zum 1. Juli 2011 weiter anzuwenden.

§ 321 Übergangsregelung für die Anforderungen an die strukturierten Behandlungsprogramme nach § 137g Absatz 1. ¹Die in § 28b Absatz 1, den §§ 28c, 28e sowie in den Anlagen der Risikostruktur-Ausgleichsverordnung in der bis zum 31. Dezember 2011 geltenden Fassung geregelten Anforderungen an die Zulassung von strukturierten Behandlungsprogrammen nach § 137g Absatz 1 für Diabetes mellitus Typ 2, Brustkrebs, koronare Herzkrankheit, Diabetes mellitus Typ 1 und chronisch obstruktive Atemwegserkrankungen gelten jeweils weiter bis zum Inkrafttreten der für die jeweilige Krankheit vom Gemeinsamen Bundesausschuss nach § 137f Absatz 2 zu erlassenden Richtlinien. ²Dies gilt auch für die in den §§ 28d und 28f der Risikostruktur-Ausgleichsverordnung in der bis zum 31. Dezember 2011 geltenden Fassung geregelten Anforderungen, soweit sie auf die in Satz 1 genannten Anforderungen verweisen. ³Die in § 28f Absatz 1 Nummer 3 und Absatz 1a und § 28g der Risikostruktur-Ausgleichsverordnung in der bis zum 31. Dezember 2011 geltenden Fassung geregelten Anforderungen an die Aufbewahrungsfristen gelten weiter bis zum Inkrafttreten der in den Richtlinien des Gemeinsamen Bundesausschusses nach § 137f Absatz 2 Satz 1 Nummer 5 zu regelnden Anforderungen an die Aufbewahrungsfristen. ⁴Die in § 28g der Risikostruktur-Ausgleichsverordnung in der bis zum 31. Dezember 2011 geltenden Fassung geregelten Anforderungen an die Evaluation gelten weiter bis zum Inkrafttreten der in den Richtlinien des Gemeinsamen Bundesausschusses nach § 137f Absatz 2 Satz 1 Nummer 6 zu regelnden Anforderungen an die Evaluation.

§ 322 Übergangsregelung zur Beitragsbemessung aus Renten und aus Versorgungsbezügen. Für Versicherungspflichtige findet für die Bemessung der Beiträge aus Renten der gesetzlichen Rentenversicherung sowie aus Versorgungsbezügen nach § 229 Absatz 1 Satz 1 Nummer 1, 2, 3 und 5 für die Zeit vom 1. Januar 2015 bis 28. Februar 2015 übergangsweise ein Gesamtbeitragssatz in Höhe von 15,5 Prozent sowie für die Bemessung der Beiträge aus Versorgungsbezügen nach § 229 Absatz 1 Satz 1 Nummer 4 für die Zeit vom 1. Januar 2015 bis 28. Februar 2015 übergangsweise weiter ein Gesamtbeitragssatz in Höhe von 8,2 Prozent Anwendung; von diesen gelten jeweils 0,9 Prozentpunkte als Zusatzbeitrag gemäß § 242.

# 6. Sozialgesetzbuch (SGB) Sechstes Buch (VI)
– Gesetzliche Rentenversicherung –[1)]

In der Fassung der Bekanntmachung vom 19. Februar 2002[2)]
(BGBl. I S. 754, ber. S. 1404, 3384)

FNA 860-6

zuletzt geänd. durch § 1 Abs. 3, §§ 3 und 5 Sozialversicherungs-RechengrößenVO 2018 v. 16.11. 2017 (BGBl. I S. 3778)

Inhaltsübersicht

§§

Erstes Kapitel. Versicherter Personenkreis

Erster Abschnitt. Versicherung kraft Gesetzes

Beschäftigte	1
Selbständig Tätige	2
Sonstige Versicherte	3
Versicherungspflicht auf Antrag	4
Versicherungsfreiheit	5
Befreiung von der Versicherungspflicht	6

Zweiter Abschnitt. Freiwillige Versicherung

Freiwillige Versicherung	7

Dritter Abschnitt. Nachversicherung, Versorgungsausgleich und Rentensplitting

Nachversicherung, Versorgungsausgleich und Rentensplitting	8

Zweites Kapitel. Leistungen

Erster Abschnitt. Leistungen zur Teilhabe

Erster Unterabschnitt. Voraussetzungen für die Leistungen

Aufgabe der Leistungen zur Teilhabe	9
Persönliche Voraussetzungen	10
Versicherungsrechtliche Voraussetzungen	11
Ausschluss von Leistungen	12

Zweiter Unterabschnitt. Umfang der Leistungen

Erster Titel. Allgemeines

Leistungsumfang	13

Zweiter Titel. Leistungen zur Prävention, zur medizinischen Rehabilitation, zur Teilhabe am Arbeitsleben und zur Nachsorge

Leistungen zur Prävention	14
Leistungen zur medizinischen Rehabilitation	15
Leistungen zur Kinderrehabilitation	15a
Leistungen zur Teilhabe am Arbeitsleben	16
Leistungen zur Nachsorge	17
(weggefallen)	18, 19

[1)] Die Änderungen durch G v. 17.7.2017 (BGBl. I S. 2575), die erst **mWv 1.1.2019, mWv 1.7. 2024, mWv 1.1.2025, mWv 1.1.2026** bzw. **mWv 1.2.2026** in Kraft treten, sind im Text noch nicht berücksichtigt.
[2)] Neubekanntmachung des SGB VI vom 18.12.1989 (BGBl. I S. 2261, ber. 1990 I S. 1337) in der ab 1.1.2002 geltenden Fassung.

Dritter Titel. Übergangsgeld

	§§
Anspruch	20
Höhe und Berechnung	21
(weggefallen)	22–27

Vierter Titel. Ergänzende Leistungen

Ergänzende Leistungen	28
(weggefallen)	29, 30

Fünfter Titel. Sonstige Leistungen

Sonstige Leistungen	31

Sechster Titel. Zuzahlung bei Leistungen zur medizinischen Rehabilitation und bei sonstigen Leistungen

Zuzahlung bei Leistungen zur medizinischen Rehabilitation und bei sonstigen Leistungen	32

Zweiter Abschnitt. Renten

Erster Unterabschnitt. Rentenarten und Voraussetzungen für einen Rentenanspruch

Rentenarten	33
Voraussetzungen für einen Rentenanspruch und Hinzuverdienstgrenze	34

Zweiter Unterabschnitt. Anspruchsvoraussetzungen für einzelne Renten

Erster Titel. Renten wegen Alters

Regelaltersrente	35
Altersrente für langjährig Versicherte	36
Altersrente für schwerbehinderte Menschen	37
Altersrente für besonders langjährig Versicherte	38
(weggefallen)	39
Altersrente für langjährig unter Tage beschäftigte Bergleute	40
Altersrente und Kündigungsschutz	41
Vollrente und Teilrente	42

Zweiter Titel. Renten wegen verminderter Erwerbsfähigkeit

Rente wegen Erwerbsminderung	43
(weggefallen)	44
Rente für Bergleute	45

Dritter Titel. Renten wegen Todes

Witwenrente und Witwerrente	46
Erziehungsrente	47
Waisenrente	48
Renten wegen Todes bei Verschollenheit	49

Vierter Titel. Wartezeiterfüllung

Wartezeiten	50
Anrechenbare Zeiten	51
Wartezeiterfüllung durch Versorgungsausgleich, Rentensplitting und Zuschläge an Entgeltpunkten für Arbeitsentgelt aus geringfügiger Beschäftigung	52
Vorzeitige Wartezeiterfüllung	53

Fünfter Titel. Rentenrechtliche Zeiten

Begriffsbestimmungen	54
Beitragszeiten	55
Kindererziehungszeiten	56
Berücksichtigungszeiten	57
Anrechnungszeiten	58
Zurechnungszeit	59
Zuordnung beitragsfreier Zeiten zur knappschaftlichen Rentenversicherung	60

6 SGB VI

6. Buch. Gesetzl. Rentenversicherung

	§§
Ständige Arbeiten unter Tage	61
Schadenersatz bei rentenrechtlichen Zeiten	62

Dritter Unterabschnitt. Rentenhöhe und Rentenanpassung

Erster Titel. Grundsätze

Grundsätze	63

Zweiter Titel. Berechnung und Anpassung der Renten

Rentenformel für Monatsbetrag der Rente	64
Anpassung der Renten	65
Persönliche Entgeltpunkte	66
Rentenartfaktor	67
Aktueller Rentenwert	68
Schutzklausel	68a
Verordnungsermächtigung	69

Dritter Titel. Ermittlung der persönlichen Entgeltpunkte

Entgeltpunkte für Beitragszeiten	70
Entgeltpunkte für beitragsfreie und beitragsgeminderte Zeiten (Gesamtleistungsbewertung)	71
Grundbewertung	72
Vergleichsbewertung	73
Begrenzte Gesamtleistungsbewertung	74
Entgeltpunkte für Zeiten nach Rentenbeginn	75
Zuschläge oder Abschläge beim Versorgungsausgleich	76
Zuschläge an Entgeltpunkten aus Zahlung von Beiträgen bei vorzeitiger Inanspruchnahme einer Rente wegen Alters oder bei Abfindungen einer Anwartschaft auf betriebliche Altersversorgung oder von Anrechten bei der Versorgungsausgleichskasse	76a
Zuschläge an Entgeltpunkten für Arbeitsentgelt aus geringfügiger Beschäftigung	76b
Zuschläge oder Abschläge bei Rentensplitting	76c
Zuschläge an Entgeltpunkten aus Beiträgen nach Beginn einer Rente wegen Alters	76d
Zuschläge an Entgeltpunkten für Zeiten einer besonderen Auslandsverwendung	76e
Zuschläge an Entgeltpunkten für nachversicherte Soldaten auf Zeit	76f
Zugangsfaktor	77
Zuschlag bei Waisenrenten	78
Zuschlag bei Witwenrenten und Witwerrenten	78a

Vierter Titel. Knappschaftliche Besonderheiten

Grundsatz	79
Monatsbetrag der Rente	80
Persönliche Entgeltpunkte	81
Rentenartfaktor	82
Entgeltpunkte für Beitragszeiten	83
Entgeltpunkte für beitragsfreie und beitragsgeminderte Zeiten (Gesamtleistungsbewertung)	84
Entgeltpunkte für ständige Arbeiten unter Tage (Leistungszuschlag)	85
(weggefallen)	86
Zugangsfaktor	86a
Zuschlag bei Waisenrenten	87

Fünfter Titel. Ermittlung des Monatsbetrags der Rente in Sonderfällen

Persönliche Entgeltpunkte bei Folgerenten	88
Höchstbetrag bei Witwenrenten und Witwerrenten	88a

Vierter Unterabschnitt. Zusammentreffen von Renten und Einkommen

Mehrere Rentenansprüche	89
Witwenrente und Witwerrente nach dem vorletzten Ehegatten und Ansprüche infolge Auflösung der letzten Ehe	90
Aufteilung von Witwenrenten und Witwerrenten auf mehrere Berechtigte	91
Waisenrente und andere Leistungen an Waisen	92
Rente und Leistungen aus der Unfallversicherung	93
(aufgehoben)	94, 95

Inhaltsübersicht

	§§
Nachversicherte Versorgungsbezieher	96
Rente wegen verminderter Erwerbsfähigkeit und Hinzuverdienst	96a
Einkommensanrechnung auf Renten wegen Todes	97
Reihenfolge bei der Anwendung von Berechnungsvorschriften	98

Fünfter Unterabschnitt. Beginn, Änderung und Ende von Renten

Beginn	99
Änderung und Ende	100
Beginn und Änderung in Sonderfällen	101
Befristung und Tod	102

Sechster Unterabschnitt. Ausschluss und Minderung von Renten

Absichtliche Minderung der Erwerbsfähigkeit	103
Minderung der Erwerbsfähigkeit bei einer Straftat	104
Tötung eines Angehörigen	105
(aufgehoben)	105a

Dritter Abschnitt. Zusatzleistungen

Zuschuss zur Krankenversicherung	106
(aufgehoben)	106a
Rentenabfindung	107
Beginn, Änderung und Ende von Zusatzleistungen	108

Vierter Abschnitt. Serviceleistungen

Renteninformation und Rentenauskunft	109
Hilfen in Angelegenheiten der Grundsicherung	109a

Fünfter Abschnitt. Leistungen an Berechtigte im Ausland

Grundsatz	110
Rehabilitationsleistungen und Krankenversicherungszuschuss	111
Renten bei verminderter Erwerbsfähigkeit	112
Höhe der Rente	113
Besonderheiten	114

Sechster Abschnitt. Durchführung

Erster Unterabschnitt. Beginn und Abschluss des Verfahrens

Beginn	115
Besonderheiten bei Leistungen zur Teilhabe	116
Abschluss	117

Zweiter Unterabschnitt. Auszahlung und Anpassung

Fälligkeit und Auszahlung	118
Anpassungsmitteilung	118a
Wahrnehmung von Aufgaben durch die Deutsche Post AG	119
Verordnungsermächtigung	120

Dritter Unterabschnitt. Rentensplitting

Grundsätze für das Rentensplitting unter Ehegatten	120a
Tod eines Ehegatten vor Empfang angemessener Leistungen	120b
Abänderung des Rentensplittings unter Ehegatten	120c
Verfahren und Zuständigkeit	120d
Rentensplitting unter Lebenspartnern	120e

Vierter Unterabschnitt. Besonderheiten beim Versorgungsausgleich

Interne Teilung und Verrechnung von Anrechten	120f
Externe Teilung	120g
Abzuschmelzende Anrechte	120h

Fünfter Unterabschnitt. Berechnungsgrundsätze

Allgemeine Berechnungsgrundsätze	121

6 SGB VI

6. Buch. Gesetzl. Rentenversicherung

	§§
Berechnung von Zeiten	122
Berechnung von Geldbeträgen	123
Berechnung von Durchschnittswerten und Rententeilen	124

Drittes Kapitel. Organisation, Datenschutz und Datensicherheit

Erster Abschnitt. Organisation

Erster Unterabschnitt. Deutsche Rentenversicherung

Träger der gesetzlichen Rentenversicherung	125

Zweiter Unterabschnitt. Zuständigkeit in der allgemeinen Rentenversicherung

Zuständigkeit der Träger der Rentenversicherung	126
Zuständigkeit für Versicherte und Hinterbliebene	127
Verbindungsstelle für Leistungen bei Invalidität, bei Alter und an Hinterbliebene sowie für Vorruhestandsleistungen	127a
Örtliche Zuständigkeit der Regionalträger	128
Sonderzuständigkeit der Deutschen Rentenversicherung Saarland	128a
Zuständigkeit der Deutschen Rentenversicherung Knappschaft-Bahn-See für Versicherte	129
Sonderzuständigkeit der Deutschen Rentenversicherung Knappschaft-Bahn-See	130
Auskunfts- und Beratungsstellen	131

Dritter Unterabschnitt. Zuständigkeit in der knappschaftlichen Rentenversicherung

Versicherungsträger	132
Zuständigkeit der Deutschen Rentenversicherung Knappschaft-Bahn-See für Beschäftigte	133
Knappschaftliche Betriebe und Arbeiten	134
Nachversicherung	135
Sonderzuständigkeit der Deutschen Rentenversicherung Knappschaft-Bahn-See	136
Verbindungsstelle für Leistungen bei Invalidität, bei Alter und an Hinterbliebene der knappschaftlichen Rentenversicherung	136a
Besonderheit bei der Durchführung der Versicherung und bei den Leistungen	137

Unterabschnitt 3a. Zuständigkeit der Deutschen Rentenversicherung Knappschaft-Bahn-See für die Seemannskasse

Zuständigkeit der Deutschen Rentenversicherung Knappschaft-Bahn-See für die Seemannskasse	137a
Besonderheiten bei den Leistungen und bei der Durchführung der Versicherung	137b
Vermögen, Haftung	137c
Organe	137d
Beirat	137e

Vierter Unterabschnitt. Grundsatz- und Querschnittsaufgaben der Deutschen Rentenversicherung, Erweitertes Direktorium

Grundsatz- und Querschnittsaufgaben der Deutschen Rentenversicherung	138
Erweitertes Direktorium	139
Arbeitsgruppe Personalvertretung der Deutschen Rentenversicherung	140

Fünfter Unterabschnitt. Vereinigung von Regionalträgern

Vereinigung von Regionalträgern auf Beschluss ihrer Vertreterversammlungen	141
Vereinigung von Regionalträgern durch Rechtsverordnung	142

Sechster Unterabschnitt. Beschäftigte der Versicherungsträger

Bundesunmittelbare Versicherungsträger	143
Landesunmittelbare Versicherungsträger	144

Siebter Unterabschnitt. Datenstelle der Rentenversicherung

Aufgaben der Datenstelle der Rentenversicherung	145
(aufgehoben)	146

Zweiter Abschnitt. Datenschutz und Datensicherheit

Versicherungsnummer	147
Datenerhebung, Datenverarbeitung und Datennutzung beim Rentenversicherungsträger	148

	§§
Versicherungskonto	149
Dateien bei der Datenstelle	150
Auskünfte der Deutschen Post AG	151
Antragstellung im automatisierten Verfahren beim Versicherungsamt	151a
Verordnungsermächtigung	152

Viertes Kapitel. Finanzierung

Erster Abschnitt. Finanzierungsgrundsatz und Rentenversicherungsbericht

Erster Unterabschnitt. Umlageverfahren

Umlageverfahren	153

Zweiter Unterabschnitt. Rentenversicherungsbericht und Sozialbeirat

Rentenversicherungsbericht, Stabilisierung des Beitragssatzes und Sicherung des Rentenniveaus	154
Aufgabe des Sozialbeirats	155
Zusammensetzung des Sozialbeirats	156

Zweiter Abschnitt. Beiträge und Verfahren

Erster Unterabschnitt. Beiträge

Erster Titel. Allgemeines

Grundsatz	157
Beitragssätze	158
Beitragsbemessungsgrenzen	159
Verordnungsermächtigung	160

Zweiter Titel. Beitragsbemessungsgrundlagen

Grundsatz	161
Beitragspflichtige Einnahmen Beschäftigter	162
Sonderregelung für beitragspflichtige Einnahmen Beschäftigter	163
(weggefallen)	164
Beitragspflichtige Einnahmen selbständig Tätiger	165
Beitragspflichtige Einnahmen sonstiger Versicherter	166
Freiwillig Versicherte	167

Dritter Titel. Verteilung der Beitragslast

Beitragstragung bei Beschäftigten	168
Beitragstragung bei selbständig Tätigen	169
Beitragstragung bei sonstigen Versicherten	170
Freiwillig Versicherte	171
Arbeitgeberanteil bei Versicherungsfreiheit und Befreiung von der Versicherungspflicht	172
Beitragszuschüsse des Arbeitgebers für Mitglieder berufsständischer Versorgungseinrichtungen	172a

Vierter Titel. Zahlung der Beiträge

Grundsatz	173
Beitragszahlung aus dem Arbeitsentgelt und Arbeitseinkommen	174
Beitragszahlung bei Künstlern und Publizisten	175
Beitragszahlung und Abrechnung bei Bezug von Sozialleistungen, bei Leistungen im Eingangsverfahren und im Berufsbildungsbereich anerkannter Werkstätten für behinderte Menschen	176
Beitragszahlung und Abrechnung bei Pflegepersonen	176a
Beitragszahlung für Kindererziehungszeiten	177
Verordnungsermächtigung	178

Fünfter Titel. Erstattungen

Erstattung von Aufwendungen	179
Verordnungsermächtigung	180

Sechster Titel. Nachversicherung

Berechnung und Tragung der Beiträge	181
Zusammentreffen mit vorhandenen Beiträgen	182

6 SGB VI 6. Buch. Gesetzl. Rentenversicherung

	§§
Erhöhung und Minderung der Beiträge beim Versorgungsausgleich	183
Fälligkeit der Beiträge und Aufschub	184
Zahlung der Beiträge und Wirkung der Beitragszahlung	185
Zahlung an eine berufsständische Versorgungseinrichtung	186
Zeiten einer besonderen Auslandsverwendung im Nachversicherungszeitraum	186a

Siebter Titel. Zahlung von Beiträgen in besonderen Fällen

Zahlung von Beiträgen und Ermittlung von Entgeltpunkten aus Beiträgen beim Versorgungsausgleich	187
Zahlung von Beiträgen bei vorzeitiger Inanspruchnahme einer Rente wegen Alters	187a
Zahlung von Beiträgen bei Abfindungen von Anwartschaften auf betriebliche Altersversorgung oder von Anrechten bei der Versorgungsausgleichskasse	187b
Beitragszahlung für Zeiten einer besonderen Auslandsverwendung	188

Achter Titel. Berechnungsgrundsätze

Berechnungsgrundsätze	189

Zweiter Unterabschnitt. Verfahren

Erster Titel. Meldungen

Meldepflichten bei Beschäftigten und Hausgewerbetreibenden	190
Meldepflicht von versicherungspflichtigen selbständig Tätigen	190a
Meldepflichten bei sonstigen versicherungspflichtigen Personen	191
Meldepflichten bei Einberufung zum Wehrdienst oder Zivildienst	192
Meldepflicht für Zeiten einer besonderen Auslandsverwendung	192a
Meldung von sonstigen rechtserheblichen Zeiten	193
Gesonderte Meldung und Hochrechnung	194
Verordnungsermächtigung	195

Zweiter Titel. Auskunfts- und Mitteilungspflichten

Auskunfts- und Mitteilungspflichten	196
Elektronische Bescheinigungen	196a

Dritter Titel. Wirksamkeit der Beitragszahlung

Wirksamkeit von Beiträgen	197
Neubeginn und Hemmung von Fristen	198
Vermutung der Beitragszahlung	199
Änderung der Beitragsberechnungsgrundlagen	200
Beiträge an nicht zuständige Träger der Rentenversicherung	201
Irrtümliche Pflichtbeitragszahlung	202
Glaubhaftmachung der Beitragszahlung	203

Vierter Titel. Nachzahlung

Nachzahlung von Beiträgen bei Ausscheiden aus einer internationalen Organisation	204
Nachzahlung bei Strafverfolgungsmaßnahmen	205
Nachzahlung für Geistliche und Ordensleute	206
Nachzahlung für Ausbildungszeiten	207
(weggefallen)	208
Berechtigung und Beitragsberechnung zur Nachzahlung	209

Fünfter Titel. Beitragserstattung und Beitragsüberwachung

Beitragserstattung	210
Sonderregelung bei der Zuständigkeit zu Unrecht gezahlter Beiträge	211
Beitragsüberwachung	212
Prüfung der Beitragszahlungen und Meldungen für sonstige Versicherte, Nachversicherte und für Zeiten einer besonderen Auslandsverwendung	212a
Prüfung der Beitragszahlung bei versicherungspflichtigen Selbständigen	212b

Dritter Abschnitt. Beteiligung des Bundes, Finanzbeziehungen und Erstattungen

Erster Unterabschnitt. Beteiligung des Bundes

Zuschüsse des Bundes	213

Inhaltsübersicht **SGB VI 6**

	§§
Liquiditätssicherung	214
Liquiditätserfassung	214a
Beteiligung des Bundes in der knappschaftlichen Rentenversicherung	215

Zweiter Unterabschnitt. Nachhaltigkeitsrücklage und Finanzausgleich

Nachhaltigkeitsrücklage	216
Anlage der Nachhaltigkeitsrücklage	217
(weggefallen)	218
Finanzverbund in der allgemeinen Rentenversicherung	219
Aufwendungen für Leistungen zur Teilhabe, Verwaltung und Verfahren	220
Ausgaben für das Anlagevermögen	221
Ermächtigung	222

Dritter Unterabschnitt. Erstattungen

Wanderversicherungsausgleich und Wanderungsausgleich	223
Erstattung durch die Bundesagentur für Arbeit	224
Tragung pauschalierter Beiträge für Renten wegen voller Erwerbsminderung	224a
Erstattung für Begutachtung in Angelegenheiten der Grundsicherung	224b
Erstattung durch den Träger der Versorgungslast	225
Verordnungsermächtigung	226

Vierter Unterabschnitt. Abrechnung der Aufwendungen

Abrechnung der Aufwendungen	227

Fünftes Kapitel. Sonderregelungen

Erster Abschnitt. Ergänzungen für Sonderfälle

Erster Unterabschnitt. Grundsatz

Grundsatz	228
Besonderheiten für das Beitrittsgebiet	228a
Maßgebende Werte in der Anpassungsphase	228b

Zweiter Unterabschnitt. Versicherter Personenkreis

Versicherungspflicht	229
Versicherungspflicht im Beitrittsgebiet	229a
Versicherungsfreiheit	230
Befreiung von der Versicherungspflicht	231
Befreiung von der Versicherungspflicht im Beitrittsgebiet	231a
Freiwillige Versicherung	232
Nachversicherung	233
Nachversicherung im Beitrittsgebiet	233a

Dritter Unterabschnitt. Teilhabe

Übergangsgeldanspruch und -berechnung bei Arbeitslosenhilfe	234
Übergangsgeldanspruch und -berechnung bei Unterhaltsgeldbezug	234a

Vierter Unterabschnitt. Anspruchsvoraussetzungen für einzelne Renten

Regelaltersrente	235
Altersrente für langjährig Versicherte	236
Altersrente für schwerbehinderte Menschen	236a
Altersrente für besonders langjährig Versicherte	236b
Altersrente wegen Arbeitslosigkeit oder nach Altersteilzeitarbeit	237
Altersrente für Frauen	237a
Altersrente für langjährig unter Tage beschäftigte Bergleute	238
Knappschaftsausgleichsleistung	239
Rente wegen teilweiser Erwerbsminderung bei Berufsunfähigkeit	240
Rente wegen Erwerbsminderung	241
Rente für Bergleute	242
Witwenrente und Witwerrente	242a
Witwenrente und Witwerrente an vor dem 1. Juli 1977 geschiedene Ehegatten	243
Rente wegen Todes an vor dem 1. Juli 1977 geschiedene Ehegatten im Beitrittsgebiet	243a

6 SGB VI

6. Buch. Gesetzl. Rentenversicherung

	§§
Wartezeit	243b
Anrechenbare Zeiten	244
Wartezeiterfüllung durch Zuschläge an Entgeltpunkten für Arbeitsentgelt aus geringfügiger versicherungsfreier Beschäftigung	244a
Vorzeitige Wartezeiterfüllung	245
Wartezeiterfüllung bei früherem Anspruch auf Hinterbliebenenrente im Beitrittsgebiet	245a
Beitragsgeminderte Zeiten	246
Beitragszeiten	247
Beitragszeiten im Beitrittsgebiet und im Saarland	248
Beitragszeiten wegen Kindererziehung	249
Beitragszeiten wegen Kindererziehung im Beitrittsgebiet	249a
Berücksichtigungszeiten wegen Pflege	249b
Ersatzzeiten	250
Ersatzzeiten bei Handwerkern	251
Anrechnungszeiten	252
Anrechnungszeiten im Beitrittsgebiet	252a
Pauschale Anrechnungszeit	253
Zurechnungszeit	253a
Zuordnung beitragsfreier Zeiten zur knappschaftlichen Rentenversicherung	254
Ständige Arbeiten unter Tage im Beitrittsgebiet	254a

Fünfter Unterabschnitt. Rentenhöhe und Rentenanpassung

Rentenformel für den Monatsbetrag der Rente	254b
Anpassung der Renten	254c
Entgeltpunkte (Ost)	254d
Rentenartfaktor	255
Bestimmung des aktuellen Rentenwerts (Ost) für die Zeit vom 1. Juli 2018 bis zum 1. Juli 2023	255a
Verordnungsermächtigung	255b
Anwendung des aktuellen Rentenwerts zum 1. Juli 2024	255c
Bestimmung des aktuellen Rentenwerts für die Zeit vom 1. Juli 2018 bis zum 1. Juli 2026	255d
[bis 30.6.2018:] Bestimmung des aktuellen Rentenwerts für die Zeit vom 1. Juli 2005 bis zum 1. Juli 2013	255e
[ab 1.7.2018:] (weggefallen)	*255e*
(weggefallen)	255f, 255g
Entgeltpunkte für Beitragszeiten	256
Entgeltpunkte für Beitragszeiten im Beitrittsgebiet	256a
Entgeltpunkte für glaubhaft gemachte Beitragszeiten	256b
Entgeltpunkte für nachgewiesene Beitragszeiten ohne Beitragsbemessungsgrundlage	256c
(aufgehoben)	256d
Entgeltpunkte für Berliner Beitragszeiten	257
Entgeltpunkte für saarländische Beitragszeiten	258
Entgeltpunkte für Beitragszeiten mit Sachbezug	259
Besonderheiten für Versicherte der Geburtsjahrgänge vor 1937	259a
Besonderheiten bei Zugehörigkeit zu einem Zusatz- oder Sonderversorgungssystem	259b
(aufgehoben)	259c
Beitragsbemessungsgrenzen	260
Beitragszeiten ohne Entgeltpunkte	261
Mindestentgeltpunkte bei geringem Arbeitsentgelt	262
Gesamtleistungsbewertung für beitragsfreie und beitragsgeminderte Zeiten	263
Gesamtleistungsbewertung für beitragsfreie und beitragsgeminderte Zeiten mit Entgeltpunkten (Ost)	263a
Zuschläge oder Abschläge beim Versorgungsausgleich	264
Zuschläge oder Abschläge beim Versorgungsausgleich im Beitrittsgebiet	264a
Zuschläge an Entgeltpunkten für Arbeitsentgelt aus geringfügiger versicherungsfreier Beschäftigung	264b
Zuschlag bei Hinterbliebenenrenten	264c
Zugangsfaktor	264d
Knappschaftliche Besonderheiten	265
Knappschaftliche Besonderheiten bei rentenrechtlichen Zeiten im Beitrittsgebiet	265a
(aufgehoben)	265b

	§§

Sechster Unterabschnitt. Zusammentreffen von Renten und Einkommen

Erhöhung des Grenzbetrags ... 266
Rente und Leistungen aus der Unfallversicherung ... 267

Siebter Unterabschnitt. Beginn von Witwenrenten und Witwerrenten an vor dem 1. Juli 1977 geschiedene Ehegatten und Änderung von Renten beim Versorgungsausgleich

Beginn von Witwenrenten und Witwerrenten an vor dem 1. Juli 1977 geschiedene Ehegatten.. 268
Änderung von Renten beim Versorgungsausgleich ... 268a

Achter Unterabschnitt. Zusatzleistungen

Steigerungsbeträge ... 269
(weggefallen) ... 269a
Rentenabfindung bei Wiederheirat von Witwen und Witwern ... 269b
(weggefallen) ... 270, 270a

Neunter Unterabschnitt. Leistungen an Berechtigte im Ausland und Auszahlung

Rente wegen teilweiser Erwerbsminderung bei Berufsunfähigkeit ... 270b
Höhe der Rente ... 271
Besonderheiten ... 272
Fälligkeit und Auszahlung laufender Geldleistungen bei Beginn vor dem 1. April 2004 ... 272a

Zehnter Unterabschnitt. Organisation, Datenverarbeitung und Datenschutz

Erster Titel. Organisation

Zuständigkeit der Deutschen Rentenversicherung Knappschaft-Bahn-See ... 273
Zuständigkeit in Zweifelsfällen ... 273a
(weggefallen) ... 273b

Zweiter Titel. Datenverarbeitung und Datenschutz

Dateien bei der Datenstelle hinsichtlich der Verordnung (EWG) Nr. 1408/71 des Rates vom 14. Juni 1971 ... 274
(weggefallen) ... 274a
(aufgehoben) ... 274b

Dritter Titel. Übergangsvorschriften zur Zuständigkeit der Rentenversicherungsträger

Ausgleichsverfahren ... 274c
(weggefallen) ... 274d

Elfter Unterabschnitt. Finanzierung

Erster Titel. (weggefallen)

(weggefallen) ... 275

Zweiter Titel. Beiträge

[bis 30.6.2018:] Beitragsbemessungsgrenzen im Beitrittsgebiet ... 275a
[ab 1.7.2018:] *Beitragsbemessungsgrenzen im Beitrittsgebiet für die Zeit bis zum 31. Dezember 2024..* 275a
Verordnungsermächtigung ... 275b
(weggefallen) ... 275c, 276
Arbeitgeberanteil bei Versicherungsfreiheit ... 276a
Gleitzone ... 276b
(aufgehoben) ... 276c
Beitragsrecht bei Nachversicherung ... 277
Durchführung der Nachversicherung im Beitrittsgebiet ... 277a
Mindestbeitragsbemessungsgrundlage für die Nachversicherung ... 278
Mindestbeitragsbemessungsgrundlage für die Nachversicherung im Beitrittsgebiet ... 278a
Beitragspflichtige Einnahmen bei Hebammen und Handwerkern ... 279
Beitragspflichtige Einnahmen mitarbeitender Ehegatten im Beitrittsgebiet ... 279a
Beitragsbemessungsgrundlage für freiwillig Versicherte ... 279b
Beitragstragung im Beitrittsgebiet ... 279c
Beitragszahlung im Beitrittsgebiet ... 279d
(weggefallen) ... 279e, 279f

6 SGB VI 6. Buch. Gesetzl. Rentenversicherung

	§§
Sonderregelungen bei Altersteilzeitbeschäftigten	279g
Höherversicherung für Zeiten vor 1998	280
Nachversicherung	281
Zahlung von Beiträgen im Rahmen des Versorgungsausgleichs im Beitrittsgebiet	281a
Verordnungsermächtigung	281b

Dritter Titel. Verfahren

Meldepflichten im Beitrittsgebiet	281c
Nachzahlung nach Erreichen der Regelaltersgrenze	282
(weggefallen)	283
Nachzahlung für Vertriebene, Flüchtlinge und Evakuierte	284
(aufgehoben)	284a
Nachzahlung bei Nachversicherung	285
Versicherungskarten	286
Glaubhaftmachung der Beitragszahlung und Aufteilung von Beiträgen	286a
Glaubhaftmachung der Beitragszahlung im Beitrittsgebiet	286b
Vermutung der Beitragszahlung im Beitrittsgebiet	286c
Beitragserstattung	286d
Ausweis für Arbeit und Sozialversicherung	286e
Erstattung zu Unrecht gezahlter Pflichtbeiträge an die berufsständische Versorgungseinrichtung	286f
Erstattung von nach dem 21. Juli 2009 gezahlten freiwilligen Beiträgen	286g

Vierter Titel. Berechnungsgrundlagen

(weggefallen)	287
(aufgehoben)	287a
Ausgaben für Leistungen zur Teilhabe	287b
(weggefallen)	287c
Erstattungen in besonderen Fällen	287d
Veränderung des Bundeszuschusses im Beitrittsgebiet	287e
Getrennte Abrechnung	287f
(weggefallen)	288

Fünfter Titel. Erstattungen

Wanderversicherungsausgleich	289
Besonderheiten beim Wanderversicherungsausgleich	289a
Erstattung durch den Träger der Versorgungslast	290
Erstattung durch den Träger der Versorgungslast im Beitrittsgebiet	290a
(weggefallen)	291
Erstattung von Invalidenrenten und Aufwendungen für Pflichtbeitragszeiten bei Erwerbsunfähigkeit	291a
Erstattung nicht beitragsgedeckter Leistungen	291b
(weggefallen)	291c
Verordnungsermächtigung	292
Verordnungsermächtigung für das Beitrittsgebiet	292a

Sechster Titel. Vermögensanlagen

Vermögensanlagen	293

Zwölfter Unterabschnitt. Leistungen für Kindererziehung an Mütter der Geburtsjahrgänge vor 1921

Anspruchsvoraussetzungen	294
Besonderheiten für das Beitrittsgebiet	294a
Höhe der Leistung	295
Höhe der Leistung im Beitrittsgebiet	295a
Beginn und Ende	296
(aufgehoben)	296a
Zuständigkeit	297
Durchführung	298
Anrechnungsfreiheit	299

Inhaltsübersicht **SGB VI 6**

§§

Zweiter Abschnitt. Ausnahmen von der Anwendung neuen Rechts

Erster Unterabschnitt. Grundsatz

Grundsatz 300

Zweiter Unterabschnitt. Leistungen zur Teilhabe

Leistungen zur Teilhabe 301
Einmalzahlungs-Neuregelungsgesetz 301a

Dritter Unterabschnitt. Anspruchsvoraussetzungen für einzelne Renten

Anspruch auf Altersrente in Sonderfällen 302
Renten wegen verminderter Erwerbsfähigkeit und Bergmannsvollrenten 302a
Renten wegen verminderter Erwerbsfähigkeit 302b
Witwerrente 303
Große Witwenrente und große Witwerrente wegen Berufsunfähigkeit oder Erwerbsunfähigkeit 303a
Waisenrente 304
Wartezeit und sonstige zeitliche Voraussetzungen 305

Vierter Unterabschnitt. Rentenhöhe

Grundsatz 306
Umwertung in persönliche Entgeltpunkte 307
Persönliche Entgeltpunkte aus Bestandsrenten des Beitrittsgebiets 307a
Bestandsrenten aus überführten Renten des Beitrittsgebiets 307b
Durchführung der Neuberechnung von Bestandsrenten nach § 307b 307c
Zuschlag an persönlichen Entgeltpunkten für Kindererziehung 307d
Umstellungsrenten 308
Neufeststellung auf Antrag 309
Erneute Neufeststellung von Renten 310
Neufeststellung von Renten mit Zeiten der Beschäftigung bei der Deutschen Reichsbahn oder bei der Deutschen Post 310a
Neufeststellung von Renten mit überführten Zeiten nach dem Anspruchs- und Anwartschaftsüberführungsgesetz 310b
Neufeststellung von Renten wegen Beschäftigungszeiten während des Bezugs einer Invalidenrente 310c

Fünfter Unterabschnitt. Zusammentreffen von Renten und Einkommen

Rente und Leistungen aus der Unfallversicherung 311
Mindestgrenzbetrag bei Versicherungsfällen vor dem 1. Januar 1979 312
Hinzuverdienst bei Renten wegen verminderter Erwerbsfähigkeit 313
(weggefallen) 313a
Einkommensanrechnung auf Renten wegen Todes 314
Einkommensanrechnung auf Renten wegen Todes aus dem Beitrittsgebiet 314a
(weggefallen) 314b

Sechster Unterabschnitt. Zusatzleistungen

Zuschuss zur Krankenversicherung 315
Auffüllbetrag 315a
Renten aus freiwilligen Beiträgen des Beitrittsgebiets 315b
(aufgehoben) 316

Siebter Unterabschnitt. Leistungen an Berechtigte im Ausland

Grundsatz 317
Neufeststellung 317a
(weggefallen) 318
Zusatzleistungen 319

Achter Unterabschnitt. Zusatzleistungen bei gleichzeitigem Anspruch auf Renten nach dem Übergangsrecht für Renten nach den Vorschriften des Beitrittsgebiets

Rentenzuschlag bei Rentenbeginn in den Jahren 1992 und 1993 .... 319a

	§§
Neunter Unterabschnitt. Leistungen bei gleichzeitigem Anspruch auf Renten nach dem Übergangsrecht für Renten nach den Vorschriften des Beitrittsgebiets	
Übergangszuschlag..	319b

Zehnter Unterabschnitt. (weggefallen)

(weggefallen).. 319c

Sechstes Kapitel. Bußgeldvorschriften

Bußgeldvorschriften.. 320
Zusammenarbeit zur Verfolgung und Ahndung von Ordnungswidrigkeiten..................... 321

Anlagen:

Anlage 1. Durchschnittsentgelt in Euro/DM/RM
Anlage 2. Jährliche Beitragsbemessungsgrenzen in Euro/DM/RM
Anlage 2a. Jährliche Beitragsbemessungsgrenzen des Beitrittsgebiets in Euro/DM
Anlage 2b. Jährliche Höchstwerte an Entgeltpunkten
Anlage 3. Entgeltpunkte für Beiträge nach Lohn-, Beitrags- oder Gehaltsklassen
Anlage 4. Beitragsbemessungsgrundlage für Beitragsklassen
Anlage 5. Entgeltpunkte für Berliner Beiträge
Anlage 6. Werte zur Umrechnung der Beitragsbemessungsgrundlagen von Franken in Deutsche Mark
Anlage 7. Entgeltpunkte für saarländische Beiträge
Anlage 8. Lohn-, Beitrags- oder Gehaltsklassen und Beitragsbemessungsgrundlagen in RM/DM für Sachbezugszeiten, in denen der Versicherte nicht Lehrling oder Anlernling war
Anlage 9. Im Gebiet der Bundesrepublik Deutschland ohne das Beitrittsgebiet ausgeübte Arbeiten vor dem 1. Januar 1969
Anlage 10. Werte zur Umrechnung der Beitragsbemessungsgrundlagen des Beitrittsgebiets
Anlage 11. Verdienst für freiwillige Beiträge im Beitrittsgebiet
Anlage 12. Gesamtdurchschnittseinkommen zur Umwertung der anpassungsfähigen Bestandsrenten des Beitrittsgebiets
Anlage 13. Definition der Qualifikationsgruppen
Anlage 14. Bereich
Anlage 15. Entgeltpunkte für glaubhaft gemachte Beitragszeiten mit freiwilligen Beiträgen
Anlage 16. Höchstverdienste bei glaubhaft gemachten Beitragszeiten ohne Freiwillige Zusatzrentenversicherung
Anlage 17 (weggefallen)
Anlage 18 *(aufgehoben)*
Anlage 19. Anhebung der Altersgrenze bei der Altersrente wegen Arbeitslosigkeit oder nach Altersteilzeitarbeit
Anlage 20. Anhebung der Altersgrenze bei der Altersrente für Frauen

Erstes Kapitel.[1] Versicherter Personenkreis

Erster Abschnitt. Versicherung kraft Gesetzes

§ 1 Beschäftigte. [1] Versicherungspflichtig sind

1. Personen, die gegen Arbeitsentgelt oder zu ihrer Berufsausbildung beschäftigt sind; während des Bezugs von Kurzarbeitergeld nach dem Dritten Buch[2] besteht die Versicherungspflicht fort,

---

[1] Beachte hierzu Übergangsrecht für Renten nach den Vorschriften des Beitrittsgebiets gem. Art. 2 Renten-Überleitungsgesetz v. 25.7.1991 (BGBl. I S. 1606), zuletzt geänd. durch G v. 17.7.2017 (BGBl. I S. 2575); Anspruchs- und Anwartschaftsüberführungsgesetz v. 25.7.1991 (BGBl. I S. 1606), zuletzt geänd. durch G v. 23.12.2016 (BGBl. I S. 3234) und Versorgungsruhensgesetz v. 25.7.1991 (BGBl. I S. 1606, 1684), zuletzt geänd. durch VO v. 31.8.2015 (BGBl. I S. 1474).
[2] Nr. 3.

1. Kapitel. Versicherter Personenkreis § 2 SGB VI

2. behinderte Menschen, die

   a) in anerkannten Werkstätten für behinderte Menschen oder in Blindenwerkstätten im Sinne des § 226 des Neunten Buches oder für diese Einrichtungen in Heimarbeit oder bei einem anderen Leistungsanbieter nach § 60 des Neunten Buches tätig sind,

   b) in Anstalten, Heimen oder gleichartigen Einrichtungen in gewisser Regelmäßigkeit eine Leistung erbringen, die einem Fünftel der Leistung eines voll erwerbsfähigen Beschäftigten in gleichartiger Beschäftigung entspricht; hierzu zählen auch Dienstleistungen für den Träger der Einrichtung,

3. Personen, die in Einrichtungen der Jugendhilfe oder in Berufsbildungswerken oder ähnlichen Einrichtungen für behinderte Menschen für eine Erwerbstätigkeit befähigt werden sollen; dies gilt auch für Personen während der individuellen betrieblichen Qualifizierung im Rahmen der Unterstützten Beschäftigung nach § 55 des Neunten Buches,

3a. Auszubildende, die in einer außerbetrieblichen Einrichtung im Rahmen eines Berufsausbildungsvertrages nach dem Berufsbildungsgesetz ausgebildet werden,

4. Mitglieder geistlicher Genossenschaften, Diakonissen und Angehörige ähnlicher Gemeinschaften während ihres Dienstes für die Gemeinschaft und während der Zeit ihrer außerschulischen Ausbildung.

²Personen, die Wehrdienst leisten und nicht in einem Dienstverhältnis als Berufssoldat oder Soldat auf Zeit stehen, sind in dieser Beschäftigung nicht nach Satz 1 Nr. 1 versicherungspflichtig; sie gelten als Wehrdienstleistende im Sinne des § 3 Satz 1 Nr. 2 oder 2a und Satz 4. ³Mitglieder des Vorstandes einer Aktiengesellschaft sind in dem Unternehmen, dessen Vorstand sie angehören, nicht versicherungspflichtig beschäftigt, wobei Konzernunternehmen im Sinne des § 18 des Aktiengesetzes als ein Unternehmen gelten. ⁴Die in Satz 1 Nr. 2 bis 4 genannten Personen gelten als Beschäftigte im Sinne des Rechts der Rentenversicherung. ⁵Teilnehmer an dualen Studiengängen stehen den Beschäftigten zur Berufsausbildung im Sinne des Satzes 1 Nummer 1 gleich.

§ 2 Selbständig Tätige. ¹Versicherungspflichtig sind selbständig tätige

1. Lehrer und Erzieher, die im Zusammenhang mit ihrer selbständigen Tätigkeit regelmäßig keinen versicherungspflichtigen Arbeitnehmer beschäftigen,

2. Pflegepersonen, die in der Kranken-, Wochen-, Säuglings- oder Kinderpflege tätig sind und im Zusammenhang mit ihrer selbständigen Tätigkeit regelmäßig keinen versicherungspflichtigen Arbeitnehmer beschäftigen,

3. Hebammen und Entbindungspfleger,

4. Seelotsen der Reviere im Sinne des Gesetzes über das Seelotswesen,

5. Künstler und Publizisten nach näherer Bestimmung des Künstlersozialversicherungsgesetzes,

6. Hausgewerbetreibende,

7. Küstenschiffer und Küstenfischer, die zur Besatzung ihres Fahrzeuges gehören oder als Küstenfischer ohne Fahrzeug fischen und regelmäßig nicht mehr als vier versicherungspflichtige Arbeitnehmer beschäftigen,

8. Gewerbetreibende, die in die Handwerksrolle eingetragen sind und in ihrer Person die für die Eintragung in die Handwerksrolle erforderlichen Voraussetzungen erfüllen, wobei Handwerksbetriebe im Sinne der §§ 2 und 3 der Handwerksordnung sowie Betriebsfortführungen auf Grund von § 4 der Handwerksordnung außer Betracht bleiben; ist eine Personengesellschaft in die Handwerksrolle eingetragen, gilt als Gewerbetreibender, wer als Gesellschafter in seiner Person die Voraussetzungen für die Eintragung in die Handwerksrolle erfüllt,

9. Personen, die

    a) im Zusammenhang mit ihrer selbständigen Tätigkeit regelmäßig keinen versicherungspflichtigen Arbeitnehmer beschäftigen und

    b) auf Dauer und im Wesentlichen nur für einen Auftraggeber tätig sind; bei Gesellschaftern gelten als Auftraggeber die Auftraggeber der Gesellschaft.

[2] Als Arbeitnehmer im Sinne des Satzes 1 Nr. 1, 2, 7 und 9 gelten

1. auch Personen, die berufliche Kenntnisse, Fertigkeiten oder Erfahrungen im Rahmen beruflicher Bildung erwerben,

2. nicht Personen, die geringfügig beschäftigt sind,

3. für Gesellschafter auch die Arbeitnehmer der Gesellschaft.

§ 3 Sonstige Versicherte. [1] Versicherungspflichtig sind Personen in der Zeit,

1. für die ihnen Kindererziehungszeiten anzurechnen sind (§ 56),

1a. in der sie eine oder mehrere pflegebedürftige Personen mit mindestens Pflegegrad 2 wenigstens zehn Stunden wöchentlich, verteilt auf regelmäßig mindestens zwei Tage in der Woche, in ihrer häuslichen Umgebung nicht erwerbsmäßig pflegen (nicht erwerbsmäßig tätige Pflegepersonen), wenn der Pflegebedürftige Anspruch auf Leistungen aus der sozialen Pflegeversicherung oder einer privaten Pflege-Pflichtversicherung hat,

2. in der sie aufgrund gesetzlicher Pflicht Wehrdienst oder Zivildienst leisten,

2a. in der sie sich in einem Wehrdienstverhältnis besonderer Art nach § 6 des Einsatz-Weiterverwendungsgesetzes befinden, wenn sich der Einsatzunfall während einer Zeit ereignet hat, in der sie nach Nummer 2 versicherungspflichtig waren,

3. für die sie von einem Leistungsträger Krankengeld, Verletztengeld, Versorgungskrankengeld, Übergangsgeld, Arbeitslosengeld oder von der sozialen oder einer privaten Pflegeversicherung Pflegeunterstützungsgeld beziehen, wenn sie im letzten Jahr vor Beginn der Leistung zuletzt versicherungspflichtig waren; der Zeitraum von einem Jahr verlängert sich um Anrechnungszeiten wegen des Bezugs von Arbeitslosengeld II,

3a. für die sie von einem privaten Krankenversicherungsunternehmen, von einem Beihilfeträger des Bundes, von einem sonstigen öffentlich-rechtlichen Träger von Kosten in Krankheitsfällen auf Bundesebene, von dem Träger der Heilfürsorge im Bereich des Bundes, von dem Träger der truppenärztlichen Versorgung oder von einem öffentlich-rechtlichen Träger von Kosten in Krankheitsfällen auf Landesebene, soweit das Landesrecht dies vorsieht, Leistungen für den Ausfall von Arbeitseinkünften im Zusammenhang mit einer nach den §§ 8 und 8a des Transplantationsgesetzes erfolgenden Spende von Organen oder Geweben oder im Zusammenhang mit einer im Sinne von § 9 des Transfusionsgesetzes erfolgenden Spende von Blut zur Separation von Blutstammzellen oder anderen Blutbestandteilen beziehen, wenn sie im letzten Jahr vor Beginn dieser Zahlung zuletzt versicherungspflichtig waren; der Zeitraum von einem Jahr verlängert sich um Anrechnungszeiten wegen des Bezugs von Arbeitslosengeld II,

4. für die sie Vorruhestandsgeld beziehen, wenn sie unmittelbar vor Beginn der Leistung versicherungspflichtig waren.

² Pflegepersonen, die für ihre Tätigkeit von dem oder den Pflegebedürftigen ein Arbeitsentgelt erhalten, das das dem Umfang der jeweiligen Pflegetätigkeit entsprechende Pflegegeld im Sinne des § 37 des Elften Buches[1]) nicht übersteigt, gelten als nicht erwerbsmäßig tätig; sie sind insoweit nicht nach § 1 Satz 1 Nr. 1 versicherungspflichtig. ³ Nicht erwerbsmäßig tätige Pflegepersonen, die daneben regelmäßig mehr als 30 Stunden wöchentlich beschäftigt oder selbständig tätig sind, sind nicht nach Satz 1 Nr. 1a versicherungspflichtig. ⁴ Wehrdienstleistende oder Zivildienstleistende, die für die Zeit ihres Dienstes Arbeitsentgelt weitererhalten oder Leistungen an Selbständige nach § 7 des Unterhaltssicherungsgesetzes erhalten, sind nicht nach Satz 1 Nr. 2 versicherungspflichtig; die Beschäftigung oder selbständige Tätigkeit gilt in diesen Fällen als nicht unterbrochen. ⁵ Trifft eine Versicherungspflicht nach Satz 1 Nr. 3 im Rahmen von Leistungen zur Teilhabe am Arbeitsleben mit einer Versicherungspflicht nach § 1 Satz 1 Nr. 2 oder 3 zusammen, geht die Versicherungspflicht vor, nach der die höheren Beiträge zu zahlen sind. ⁶ Die Versicherungspflicht nach Satz 1 Nr. 3 und 4 erstreckt sich auch auf Personen, die ihren gewöhnlichen Aufenthalt im Ausland haben.

§ 4 Versicherungspflicht auf Antrag. (1) ¹ Auf Antrag versicherungspflichtig sind folgende Personen, wenn die Versicherung von einer Stelle beantragt wird, die ihren Sitz im Inland hat:

1. Entwicklungshelfer im Sinne des Entwicklungshelfer-Gesetzes, die Entwicklungsdienst oder Vorbereitungsdienst leisten,

2. Angehörige eines Mitgliedstaates der Europäischen Union, Angehörige eines Vertragsstaates des Abkommens über den Europäischen Wirtschaftsraum oder Staatsangehörige der Schweiz, die für eine begrenzte Zeit im Ausland beschäftigt sind,

3. sekundierte Personen nach dem Sekundierungsgesetz.

² Auf Antrag ihres Arbeitgebers versicherungspflichtig sind auch Angehörige eines Mitgliedstaates der Europäischen Union, Angehörige eines Vertragsstaates des Abkommens über den Europäischen Wirtschaftsraum oder Staatsangehörige der Schweiz, die im Ausland bei einer amtlichen Vertretung des Bundes oder der Länder oder bei einem Leiter, Mitglied oder Bediensteten einer amtlichen Vertretung des Bundes oder der Länder beschäftigt sind. ³ Personen, denen für die Zeit des Dienstes oder der Beschäftigung im Ausland Versorgungsanwartschaften gewährleistet sind, gelten im Rahmen der Nachversicherung auch ohne Antrag als versicherungspflichtig.

---

[1]) Nr. 11.

(2) Auf Antrag versicherungspflichtig sind Personen, die nicht nur vorübergehend selbständig tätig sind, wenn sie die Versicherungspflicht innerhalb von fünf Jahren nach der Aufnahme der selbständigen Tätigkeit oder dem Ende einer Versicherungspflicht aufgrund dieser Tätigkeit beantragen.

(3) ¹ Auf Antrag versicherungspflichtig sind Personen, die

1. eine der in § 3 Satz 1 Nr. 3 genannten Sozialleistungen oder Leistungen für den Ausfall von Arbeitseinkünften nach § 3 Satz 1 Nummer 3a beziehen und nicht nach diesen Vorschriften versicherungspflichtig sind,
2. nur deshalb keinen Anspruch auf Krankengeld haben, weil sie nicht in der gesetzlichen Krankenversicherung versichert sind oder in der gesetzlichen Krankenversicherung ohne Anspruch auf Krankengeld versichert sind, für die Zeit der Arbeitsunfähigkeit oder der Ausführung von Leistungen zur medizinischen Rehabilitation oder zur Teilhabe am Arbeitsleben, wenn sie im letzten Jahr vor Beginn der Arbeitsunfähigkeit oder der Ausführung von Leistungen zur medizinischen Rehabilitation oder zur Teilhabe am Arbeitsleben zuletzt versicherungspflichtig waren, längstens jedoch für 18 Monate.

² Dies gilt auch für Personen, die ihren gewöhnlichen Aufenthalt im Ausland haben.

(3a) ¹ Die Vorschriften über die Versicherungsfreiheit und die Befreiung von der Versicherungspflicht gelten auch für die Versicherungspflicht auf Antrag nach Absatz 3. ² Bezieht sich die Versicherungsfreiheit oder die Befreiung von der Versicherungspflicht auf jede Beschäftigung oder selbständige Tätigkeit, kann ein Antrag nach Absatz 3 nicht gestellt werden. ³ Bezieht sich die Versicherungsfreiheit oder die Befreiung von der Versicherungspflicht auf eine bestimmte Beschäftigung oder bestimmte selbständige Tätigkeit, kann ein Antrag nach Absatz 3 nicht gestellt werden, wenn die Versicherungsfreiheit oder die Befreiung von der Versicherungspflicht auf der Zugehörigkeit zu einem anderweitigen Alterssicherungssystem, insbesondere einem abgeschlossenen Lebensversicherungsvertrag oder der Mitgliedschaft in einer öffentlich-rechtlichen Versicherungseinrichtung oder Versorgungseinrichtung einer Berufsgruppe (§ 6 Abs. 1 Satz 1 Nr. 1), beruht und die Zeit des Bezugs der jeweiligen Sozialleistung in dem anderweitigen Alterssicherungssystem abgesichert ist oder abgesichert werden kann.

(4) ¹ Die Versicherungspflicht beginnt

1. in den Fällen der Absätze 1 und 2 mit dem Tag, an dem erstmals die Voraussetzungen nach den Absätzen 1 und 2 vorliegen, wenn sie innerhalb von drei Monaten danach beantragt wird, sonst mit dem Tag, der dem Eingang des Antrags folgt,
2. in den Fällen des Absatzes 3 Satz 1 Nr. 1 mit Beginn der Leistung und in den Fällen des Absatzes 3 Satz 1 Nr. 2 mit Beginn der Arbeitsunfähigkeit oder Rehabilitation, wenn der Antrag innerhalb von drei Monaten danach gestellt wird, andernfalls mit dem Tag, der dem Eingang des Antrags folgt, frühestens jedoch mit dem Ende der Versicherungspflicht aufgrund einer vorausgehenden versicherungspflichtigen Beschäftigung oder Tätigkeit.

² Sie endet mit Ablauf des Tages, an dem die Voraussetzungen weggefallen sind.

1. Kapitel. Versicherter Personenkreis § 5 SGB VI 6

§ 5 Versicherungsfreiheit. (1) ¹Versicherungsfrei sind

1. Beamte und Richter auf Lebenszeit, auf Zeit oder auf Probe, Berufssoldaten und Soldaten auf Zeit sowie Beamte auf Widerruf im Vorbereitungsdienst,
2. sonstige Beschäftigte von Körperschaften, Anstalten oder Stiftungen des öffentlichen Rechts, deren Verbänden einschließlich der Spitzenverbände oder ihrer Arbeitsgemeinschaften, wenn ihnen nach beamtenrechtlichen Vorschriften oder Grundsätzen Anwartschaft auf Versorgung bei verminderter Erwerbsfähigkeit und im Alter sowie auf Hinterbliebenenversorgung gewährleistet und die Erfüllung der Gewährleistung gesichert ist,
3. Beschäftigte im Sinne von Nummer 2, wenn ihnen nach kirchenrechtlichen Regelungen eine Anwartschaft im Sinne von Nummer 2 gewährleistet und die Erfüllung der Gewährleistung gesichert ist, sowie satzungsmäßige Mitglieder geistlicher Genossenschaften, Diakonissen und Angehörige ähnlicher Gemeinschaften, wenn ihnen nach den Regeln der Gemeinschaft Anwartschaft auf die in der Gemeinschaft übliche Versorgung bei verminderter Erwerbsfähigkeit und im Alter gewährleistet und die Erfüllung der Gewährleistung gesichert ist,

in dieser Beschäftigung und in weiteren Beschäftigungen, auf die die Gewährleistung einer Versorgungsanwartschaft erstreckt wird. ²Für Personen nach Satz 1 Nr. 2 gilt dies nur, wenn sie

1. nach beamtenrechtlichen Vorschriften oder Grundsätzen Anspruch auf Vergütung und bei Krankheit auf Fortzahlung der Bezüge haben oder
2. nach beamtenrechtlichen Vorschriften oder Grundsätzen bei Krankheit Anspruch auf Beihilfe oder Heilfürsorge haben oder
3. innerhalb von zwei Jahren nach Beginn des Beschäftigungsverhältnisses in ein Rechtsverhältnis nach Nummer 1 berufen werden sollen oder
4. in einem öffentlich-rechtlichen Ausbildungsverhältnis stehen.

³Über das Vorliegen der Voraussetzungen nach Satz 1 Nr. 2 und 3 sowie nach Satz 2 und die Erstreckung der Gewährleistung auf weitere Beschäftigungen entscheidet für Beschäftigte beim Bund und bei Dienstherrn oder anderen Arbeitgebern, die der Aufsicht des Bundes unterstehen, das zuständige Bundesministerium, im Übrigen die oberste Verwaltungsbehörde des Landes, in dem die Arbeitgeber, Genossenschaften oder Gemeinschaften ihren Sitz haben. ⁴Die Gewährleistung von Anwartschaften begründet die Versicherungsfreiheit von Beginn des Monats an, in dem die Zusicherung der Anwartschaften vertraglich erfolgt.

(2) ¹Versicherungsfrei sind Personen, die eine

1. Beschäftigung nach § 8 Absatz 1 Nummer 2 oder § 8a in Verbindung mit § 8 Absatz 1 Nummer 2 des Vierten Buches[1]) oder
2. geringfügige selbständige Tätigkeit nach § 8 Absatz 3 in Verbindung mit § 8 Absatz 1 oder nach § 8 Absatz 3 in Verbindung mit den §§ 8a und 8 Absatz 1 des Vierten Buches

ausüben, in dieser Beschäftigung oder selbständigen Tätigkeit. ²§ 8 Absatz 2 des Vierten Buches ist mit der Maßgabe anzuwenden, dass eine Zusammenrechnung mit einer nicht geringfügigen selbständigen Tätigkeit nur erfolgt,

---

[1]) Nr. 4.

wenn diese versicherungspflichtig ist. ⁴Satz 1 Nummer 1 gilt nicht für Personen, die im Rahmen betrieblicher Berufsbildung beschäftigt sind.

(3) Versicherungsfrei sind Personen, die während der Dauer eines Studiums als ordentliche Studierende einer Fachschule oder Hochschule ein Praktikum ableisten, das in ihrer Studienordnung oder Prüfungsordnung vorgeschrieben ist.

(4) ¹ Versicherungsfrei sind Personen, die

1. nach Ablauf des Monats, in dem die Regelaltersgrenze erreicht wurde, eine Vollrente wegen Alters beziehen,
2. nach beamtenrechtlichen Vorschriften oder Grundsätzen oder entsprechenden kirchenrechtlichen Regelungen oder nach den Regelungen einer berufsständischen Versorgungseinrichtung eine Versorgung nach Erreichen einer Altersgrenze beziehen oder die in der Gemeinschaft übliche Versorgung im Alter nach Absatz 1 Satz 1 Nr. 3 erhalten oder
3. bis zum Erreichen der Regelaltersgrenze nicht versichert waren oder nach Erreichen der Regelaltersgrenze eine Beitragserstattung aus ihrer Versicherung erhalten haben.

²Satz 1 gilt nicht für Beschäftigte in einer Beschäftigung, in der sie durch schriftliche Erklärung gegenüber dem Arbeitgeber auf die Versicherungsfreiheit verzichten. ³Der Verzicht kann nur mit Wirkung für die Zukunft erklärt werden und ist für die Dauer der Beschäftigung bindend. ⁴Die Sätze 2 und 3 gelten entsprechend für selbständig Tätige, die den Verzicht gegenüber dem zuständigen Träger der Rentenversicherung erklären.

§ 6 Befreiung von der Versicherungspflicht.

(1) ¹ Von der Versicherungspflicht werden befreit

1. Beschäftigte und selbständig Tätige für die Beschäftigung oder selbständige Tätigkeit, wegen der sie aufgrund einer durch Gesetz angeordneten oder auf Gesetz beruhenden Verpflichtung Mitglied einer öffentlich-rechtlichen Versicherungseinrichtung oder Versorgungseinrichtung ihrer Berufsgruppe (berufsständische Versorgungseinrichtung) und zugleich kraft gesetzlicher Verpflichtung Mitglied einer berufsständischen Kammer sind, wenn

    a) am jeweiligen Ort der Beschäftigung oder selbständigen Tätigkeit für ihre Berufsgruppe bereits vor dem 1. Januar 1995 eine gesetzliche Verpflichtung zur Mitgliedschaft in der berufsständischen Kammer bestanden hat,

    b) für sie nach näherer Maßgabe der Satzung einkommensbezogene Beiträge unter Berücksichtigung der Beitragsbemessungsgrenze zur berufsständischen Versorgungseinrichtung zu zahlen sind und

    c) aufgrund dieser Beiträge Leistungen für den Fall verminderter Erwerbsfähigkeit und des Alters sowie für Hinterbliebene erbracht und angepasst werden, wobei auch die finanzielle Lage der berufsständischen Versorgungseinrichtung zu berücksichtigen ist,

2. Lehrer oder Erzieher, die an nichtöffentlichen Schulen beschäftigt sind, wenn ihnen nach beamtenrechtlichen Grundsätzen oder entsprechenden kirchenrechtlichen Regelungen Anwartschaft auf Versorgung bei verminderter Erwerbsfähigkeit und im Alter sowie auf Hinterbliebenenversorgung gewährleistet und die Erfüllung der Gewährleistung gesichert ist und wenn diese Personen die Voraussetzungen nach § 5 Abs. 1 Satz 2 Nr. 1 und 2 erfüllen,

1. Kapitel. Versicherter Personenkreis § 6 SGB VI 6

3. nichtdeutsche Besatzungsmitglieder deutscher Seeschiffe, die ihren Wohnsitz oder gewöhnlichen Aufenthalt nicht in einem Mitgliedstaat der Europäischen Union, einem Vertragsstaat des Abkommens über den Europäischen Wirtschaftsraum oder der Schweiz haben,
4. Gewerbetreibende in Handwerksbetrieben, wenn für sie mindestens 18 Jahre lang Pflichtbeiträge gezahlt worden sind.

²Die gesetzliche Verpflichtung für eine Berufsgruppe zur Mitgliedschaft in einer berufsständischen Kammer im Sinne des Satzes 1 Nr. 1 gilt mit dem Tag als entstanden, an dem das die jeweilige Kammerzugehörigkeit begründende Gesetz verkündet worden ist. ³Wird der Kreis der Pflichtmitglieder einer berufsständischen Kammer nach dem 31. Dezember 1994 erweitert, werden diejenigen Pflichtmitglieder der berufsständischen Versorgungswerks nicht nach Satz 1 Nr. 1 befreit, die nur wegen dieser Erweiterung Pflichtmitglieder ihrer Berufskammer geworden sind. ⁴Für die Bestimmung des Tages, an dem die Erweiterung des Kreises der Pflichtmitglieder erfolgt ist, ist Satz 2 entsprechend anzuwenden. ⁵Personen, die nach bereits am 1. Januar 1995 geltenden versorgungsrechtlichen Regelungen verpflichtet sind, für die Zeit der Ableistung eines gesetzlich vorgeschriebenen Vorbereitungs- oder Anwärterdienstes Mitglied einer berufsständischen Versorgungseinrichtung zu sein, werden auch dann nach Satz 1 Nr. 1 von der Versicherungspflicht befreit, wenn eine gesetzliche Verpflichtung zur Mitgliedschaft in einer berufsständischen Kammer für die Zeit der Ableistung des Vorbereitungs- oder Anwärterdienstes nicht besteht. ⁶Satz 1 Nr. 1 gilt nicht für die in Satz 1 Nr. 4 genannten Personen.

(1a) ¹Personen, die nach § 2 Satz 1 Nr. 9 versicherungspflichtig sind, werden von der Versicherungspflicht befreit
1. für einen Zeitraum von drei Jahren nach erstmaliger Aufnahme einer selbständigen Tätigkeit, die die Merkmale des § 2 Satz 1 Nr. 9 erfüllt,
2. nach Vollendung des 58. Lebensjahres, wenn sie nach einer zuvor ausgeübten selbständigen Tätigkeit erstmals nach § 2 Satz 1 Nr. 9 versicherungspflichtig werden.

²Satz 1 Nr. 1 gilt entsprechend für die Aufnahme einer zweiten selbständigen Tätigkeit, die die Merkmale des § 2 Satz 1 Nr. 9 erfüllt. ³Tritt nach Ende einer Versicherungspflicht nach § 2 Satz 1 Nr. 10 Versicherungspflicht nach § 2 Satz 1 Nr. 9 ein, wird die Zeit, in der die dort genannten Merkmale bereits vor dem Eintritt der Versicherungspflicht nach dieser Vorschrift vorgelegen haben, auf den in Satz 1 Nr. 1 genannten Zeitraum nicht angerechnet. ⁴Eine Aufnahme einer selbständigen Tätigkeit liegt nicht vor, wenn eine bestehende selbständige Existenz lediglich umbenannt oder deren Geschäftszweck gegenüber der vorangegangenen nicht wesentlich verändert worden ist.

(1b) ¹Personen, die eine geringfügige Beschäftigung nach § 8 Absatz 1 Nummer 1 oder § 8a in Verbindung mit § 8 Absatz 1 Nummer 1 des Vierten Buches[1]) ausüben, werden auf Antrag von der Versicherungspflicht befreit. ²Der schriftliche Befreiungsantrag ist dem Arbeitgeber zu übergeben. ³§ 8 Absatz 2 des Vierten Buches ist mit der Maßgabe anzuwenden, dass eine Zusammenrechnung mit einer nicht geringfügigen Beschäftigung nur erfolgt, wenn diese versicherungspflichtig ist. ⁴Der Antrag kann bei mehreren geringfügigen Beschäftigungen nur einheitlich gestellt werden und ist für die Dauer

---

¹) Nr. 4.

der Beschäftigungen bindend. ⁵ Satz 1 gilt nicht für Personen, die im Rahmen betrieblicher Berufsbildung, nach dem Jugendfreiwilligendienstegesetz, nach dem Bundesfreiwilligendienstgesetz oder nach § 1 Satz 1 Nummer 2 bis 4 beschäftigt sind oder von der Möglichkeit einer stufenweisen Wiederaufnahme einer nicht geringfügigen Tätigkeit (§ 74 des Fünften Buches[1]) Gebrauch machen.

(2) Die Befreiung erfolgt auf Antrag des Versicherten, in den Fällen des Absatzes 1 Nr. 2 und 3 auf Antrag des Arbeitgebers.

(3) ¹ Über die Befreiung entscheidet der Träger der Rentenversicherung, nachdem in den Fällen

1. des Absatzes 1 Nr. 1 die für die berufsständische Versorgungseinrichtung zuständige oberste Verwaltungsbehörde,

2. des Absatzes 1 Nr. 2 die oberste Verwaltungsbehörde des Landes, in dem der Arbeitgeber seinen Sitz hat,

das Vorliegen der Voraussetzungen bestätigt hat. ² In den Fällen des Absatzes 1b gilt die Befreiung als erteilt, wenn die nach § 28i Satz 5 des Vierten Buches zuständige Einzugsstelle nicht innerhalb eines Monats nach Eingang der Meldung des Arbeitgebers nach § 28a des Vierten Buches dem Befreiungsantrag des Beschäftigten widerspricht. ³ Die Vorschriften des Zehnten Buches[2] über die Bestandskraft von Verwaltungsakten und über das Rechtsbehelfsverfahren gelten entsprechend.

(4) ¹ Die Befreiung wirkt vom Vorliegen der Befreiungsvoraussetzungen an, wenn sie innerhalb von drei Monaten beantragt wird, sonst vom Eingang des Antrags an. ² In den Fällen des Absatzes 1b wirkt die Befreiung bei Vorliegen der Befreiungsvoraussetzungen nach Eingang der Meldung des Arbeitgebers nach § 28a des Vierten Buches bei der zuständigen Einzugsstelle rückwirkend vom Beginn des Monats, in dem der Antrag des Beschäftigten dem Arbeitgeber zugegangen ist, wenn der Arbeitgeber den Befreiungsantrag der Einzugsstelle mit der ersten folgenden Entgeltabrechnung, spätestens aber innerhalb von sechs Wochen nach Zugang, gemeldet und die Einzugsstelle innerhalb eines Monats nach Eingang der Meldung des Arbeitgebers nicht widersprochen hat. ³ Erfolgt die Meldung des Arbeitgebers später, wirkt die Befreiung vom Beginn des auf den Ablauf der Widerspruchsfrist nach Absatz 3 folgenden Monats. ⁴ In den Fällen, in denen bei einer Mehrfachbeschäftigung die Befreiungsvoraussetzungen vorliegen, hat die Einzugsstelle die weiteren Arbeitgeber über den Zeitpunkt der Wirkung der Befreiung unverzüglich durch eine Meldung zu unterrichten.

(5) ¹ Die Befreiung ist auf die jeweilige Beschäftigung oder selbständige Tätigkeit beschränkt. ² Sie erstreckt sich in den Fällen des Absatzes 1 Nr. 1 und 2 auch auf eine andere versicherungspflichtige Tätigkeit, wenn diese infolge ihrer Eigenart oder vertraglich im Voraus zeitlich begrenzt ist und der Versorgungsträger für die Zeit der Tätigkeit den Erwerb einkommensbezogener Versorgungsanwartschaften gewährleistet.

---

[1] Nr. 5.
[2] Nr. 10.

2. Kapitel. Leistungen §§ 7–9 SGB VI 6

Zweiter Abschnitt. Freiwillige Versicherung

§ 7 Freiwillige Versicherung. (1) ¹Personen, die nicht versicherungspflichtig sind, können sich für Zeiten von der Vollendung des 16. Lebensjahres an freiwillig versichern. ²Dies gilt auch für Deutsche, die ihren gewöhnlichen Aufenthalt im Ausland haben.

(2) Nach bindender Bewilligung einer Vollrente wegen Alters oder für Zeiten des Bezugs einer solchen Rente ist eine freiwillige Versicherung nicht zulässig, wenn der Monat abgelaufen ist, in dem die Regelaltersgrenze erreicht wurde.

Dritter Abschnitt. Nachversicherung, Versorgungsausgleich und Rentensplitting

§ 8 Nachversicherung, Versorgungsausgleich und Rentensplitting.

(1) ¹Versichert sind auch Personen,

1. die nachversichert sind oder
2. für die aufgrund eines Versorgungsausgleichs oder eines Rentensplittings Rentenanwartschaften übertragen oder begründet sind.

²Nachversicherte stehen den Personen gleich, die versicherungspflichtig sind.

(2) ¹Nachversichert werden Personen, die als

1. Beamte oder Richter auf Lebenszeit, auf Zeit oder auf Probe, Berufssoldaten und Soldaten auf Zeit sowie Beamte auf Widerruf im Vorbereitungsdienst,
2. sonstige Beschäftigte von Körperschaften, Anstalten oder Stiftungen des öffentlichen Rechts, deren Verbänden einschließlich der Spitzenverbände oder ihrer Arbeitsgemeinschaften,
3. satzungsmäßige Mitglieder geistlicher Genossenschaften, Diakonissen oder Angehörige ähnlicher Gemeinschaften oder
4. Lehrer oder Erzieher an nichtöffentlichen Schulen oder Anstalten

versicherungsfrei waren oder von der Versicherungspflicht befreit worden sind, wenn sie ohne Anspruch oder Anwartschaft auf Versorgung aus der Beschäftigung ausgeschieden sind oder ihren Anspruch auf Versorgung verloren haben und Gründe für einen Aufschub der Beitragszahlung (§ 184 Abs. 2) nicht gegeben sind. ²Die Nachversicherung erstreckt sich auf den Zeitraum, in dem die Versicherungsfreiheit oder die Befreiung von der Versicherungspflicht vorgelegen hat (Nachversicherungszeitraum). ³Bei einem Ausscheiden durch Tod erfolgt eine Nachversicherung nur, wenn ein Anspruch auf Hinterbliebenenrente geltend gemacht werden kann.

Zweites Kapitel. Leistungen

Erster Abschnitt. Leistungen zur Teilhabe

Erster Unterabschnitt. Voraussetzungen für die Leistungen

§ 9 Aufgabe der Leistungen zur Teilhabe. (1) ¹Die Träger der Rentenversicherung erbringen Leistungen zur Prävention, Leistungen zur medizinischen Rehabilitation, Leistungen zur Teilhabe am Arbeitsleben, Leistungen zur Nachsorge sowie ergänzende Leistungen, um

1. den Auswirkungen einer Krankheit oder einer körperlichen, geistigen oder seelischen Behinderung auf die Erwerbsfähigkeit der Versicherten vorzubeugen, entgegenzuwirken oder sie zu überwinden und

2. dadurch Beeinträchtigungen der Erwerbsfähigkeit der Versicherten oder ihr vorzeitiges Ausscheiden aus dem Erwerbsleben zu verhindern oder sie möglichst dauerhaft in das Erwerbsleben wiedereinzugliedern.

²Die Leistungen zur Teilhabe haben Vorrang vor Rentenleistungen, die bei erfolgreichen Leistungen zur Teilhabe nicht oder voraussichtlich erst zu einem späteren Zeitpunkt zu erbringen sind.

(2) Die Leistungen nach Absatz 1 sind zu erbringen, wenn die persönlichen und versicherungsrechtlichen Voraussetzungen dafür erfüllt sind.

§ 10 Persönliche Voraussetzungen.
(1) Für Leistungen zur Teilhabe haben Versicherte die persönlichen Voraussetzungen erfüllt,

1. deren Erwerbsfähigkeit wegen Krankheit oder körperlicher, geistiger oder seelischer Behinderung erheblich gefährdet oder gemindert ist und

2. bei denen voraussichtlich

   a) bei erheblicher Gefährdung der Erwerbsfähigkeit eine Minderung der Erwerbsfähigkeit durch Leistungen zur medizinischen Rehabilitation oder zur Teilhabe am Arbeitsleben abgewendet werden kann,

   b) bei geminderter Erwerbsfähigkeit diese durch Leistungen zur medizinischen Rehabilitation oder zur Teilhabe am Arbeitsleben wesentlich gebessert oder wiederhergestellt oder hierdurch deren wesentliche Verschlechterung abgewendet werden kann,

   c) bei teilweiser Erwerbsminderung ohne Aussicht auf eine wesentliche Besserung der Erwerbsfähigkeit durch Leistungen zur Teilhabe am Arbeitsleben

   aa) der bisherige Arbeitsplatz erhalten werden kann oder

   bb) ein anderer in Aussicht stehender Arbeitsplatz erlangt werden kann, wenn die Erhaltung des bisherigen Arbeitsplatzes nach Feststellung des Trägers der Rentenversicherung nicht möglich ist.

(2) Für Leistungen zur Teilhabe haben auch Versicherte die persönlichen Voraussetzungen erfüllt,

1. die im Bergbau vermindert berufsfähig sind und bei denen voraussichtlich durch die Leistungen die Erwerbsfähigkeit wesentlich gebessert oder wiederhergestellt werden kann oder

2. bei denen der Eintritt von im Bergbau verminderter Berufsfähigkeit droht und bei denen voraussichtlich durch die Leistungen der Eintritt der im Bergbau verminderten Berufsfähigkeit abgewendet werden kann.

(3) Für die Leistungen nach den §§ 14, 15a und 17 haben die Versicherten oder die Kinder die persönlichen Voraussetzungen bei Vorliegen der dortigen Anspruchsvoraussetzungen erfüllt.

2. Kapitel. Leistungen §§ 11, 12 SGB VI 6

§ 11 Versicherungsrechtliche Voraussetzungen. (1) Für Leistungen zur Teilhabe haben Versicherte die versicherungsrechtlichen Voraussetzungen erfüllt, die bei Antragstellung
1. die Wartezeit von 15 Jahren erfüllt haben oder
2. eine Rente wegen verminderter Erwerbsfähigkeit beziehen.

(2) ¹ Für die Leistungen zur Prävention und zur medizinischen Rehabilitation haben Versicherte die versicherungsrechtlichen Voraussetzungen auch erfüllt, die
1. in den letzten zwei Jahren vor der Antragstellung sechs Kalendermonate mit Pflichtbeiträgen für eine versicherte Beschäftigung oder Tätigkeit haben,
2. innerhalb von zwei Jahren nach Beendigung einer Ausbildung eine versicherte Beschäftigung oder selbständige Tätigkeit aufgenommen und bis zum Antrag ausgeübt haben oder nach einer solchen Beschäftigung oder Tätigkeit bis zum Antrag arbeitsunfähig oder arbeitslos gewesen sind oder
3. vermindert erwerbsfähig sind oder bei denen dies in absehbarer Zeit zu erwarten ist, wenn sie die allgemeine Wartezeit erfüllt haben.

² § 55 Abs. 2 ist entsprechend anzuwenden. ³ Der Zeitraum von zwei Jahren nach Nummer 1 verlängert sich um Anrechnungszeiten wegen des Bezugs von Arbeitslosengeld II. ⁴ Für die Leistungen nach § 15a an Kinder von Versicherten sind die versicherungsrechtlichen Voraussetzungen erfüllt, wenn der Versicherte die allgemeine Wartezeit oder die in Satz 1 oder in Absatz 1 genannten versicherungsrechtlichen Voraussetzungen erfüllt hat.

(2a) Leistungen zur Teilhabe am Arbeitsleben werden an Versicherte auch erbracht,
1. wenn ohne diese Leistungen Rente wegen verminderter Erwerbsfähigkeit zu leisten wäre oder
2. wenn sie für eine voraussichtlich erfolgreiche Rehabilitation unmittelbar im Anschluss an Leistungen zur medizinischen Rehabilitation der Träger der Rentenversicherung erforderlich sind.

(3) ¹ Die versicherungsrechtlichen Voraussetzungen haben auch überlebende Ehegatten erfüllt, die Anspruch auf große Witwenrente oder große Witwerrente wegen verminderter Erwerbsfähigkeit haben. ² Sie gelten für die Vorschriften dieses Abschnitts als Versicherte.

§ 12 Ausschluss von Leistungen. (1) Leistungen zur Teilhabe werden nicht für Versicherte erbracht, die
1. wegen eines Arbeitsunfalls, einer Berufskrankheit, einer Schädigung im Sinne des sozialen Entschädigungsrechts oder wegen eines Einsatzunfalls, der Ansprüche nach dem Einsatz-Weiterverwendungsgesetz begründet, gleichartige Leistungen eines anderen Rehabilitationsträgers oder Leistungen zur Eingliederung nach dem Einsatz-Weiterverwendungsgesetz erhalten können,
2. eine Rente wegen Alters von wenigstens zwei Dritteln der Vollrente beziehen oder beantragt haben,
3. eine Beschäftigung ausüben, aus der ihnen nach beamtenrechtlichen oder entsprechenden Vorschriften Anwartschaft auf Versorgung gewährleistet ist,

4. als Bezieher einer Versorgung wegen Erreichens einer Altersgrenze versicherungsfrei sind,

4a. eine Leistung beziehen, die regelmäßig bis zum Beginn einer Rente wegen Alters gezahlt wird, oder

5. sich in Untersuchungshaft oder im Vollzug einer Freiheitsstrafe oder freiheitsentziehenden Maßregel der Besserung und Sicherung befinden oder einstweilig nach § 126a Abs.1 der Strafprozessordnung untergebracht sind. Dies gilt nicht für Versicherte im erleichterten Strafvollzug bei Leistungen zur Teilhabe am Arbeitsleben.

(2) ¹Leistungen zur medizinischen Rehabilitation werden nicht vor Ablauf von vier Jahren nach Durchführung solcher oder ähnlicher Leistungen zur Rehabilitation erbracht, deren Kosten aufgrund öffentlich-rechtlicher Vorschriften getragen oder bezuschusst worden sind. ²Dies gilt nicht, wenn vorzeitige Leistungen aus gesundheitlichen Gründen dringend erforderlich sind.

Zweiter Unterabschnitt. Umfang der Leistungen

Erster Titel. Allgemeines

§ 13 Leistungsumfang. (1) ¹Der Träger der Rentenversicherung bestimmt im Einzelfall unter Beachtung der Grundsätze der Wirtschaftlichkeit und Sparsamkeit Art, Dauer, Umfang, Beginn und Durchführung dieser Leistungen sowie die Rehabilitationseinrichtung nach pflichtgemäßem Ermessen. ²Die Leistungen werden auf Antrag durch ein Persönliches Budget erbracht; § 29 des Neunten Buches gilt entsprechend.

(2) Der Träger der Rentenversicherung erbringt nicht

1. Leistungen zur medizinischen Rehabilitation in der Phase akuter Behandlungsbedürftigkeit einer Krankheit, es sei denn, die Behandlungsbedürftigkeit tritt während der Ausführung von Leistungen zur medizinischen Rehabilitation ein,

2. Leistungen zur medizinischen Rehabilitation anstelle einer sonst erforderlichen Krankenhausbehandlung,

3. Leistungen zur medizinischen Rehabilitation, die dem allgemein anerkannten Stand medizinischer Erkenntnisse nicht entsprechen.

(3) ¹Der Träger der Rentenversicherung erbringt nach Absatz 2 Nr. 1 im Benehmen mit dem Träger der Krankenversicherung für diesen Krankenbehandlung und Leistungen bei Schwangerschaft und Mutterschaft. ²Der Träger der Rentenversicherung kann von dem Träger der Krankenversicherung Erstattung der hierauf entfallenden Aufwendungen verlangen.

(4) Die Träger der Rentenversicherung vereinbaren mit den Spitzenverbänden der Krankenkassen gemeinsam und einheitlich im Benehmen mit dem Bundesministerium für Arbeit und Soziales Näheres zur Durchführung von Absatz 2 Nr. 1 und 2.

Zweiter Titel. Leistungen zur Prävention, zur medizinischen Rehabilitation, zur Teilhabe am Arbeitsleben und zur Nachsorge

§ 14 Leistungen zur Prävention. (1) ¹Die Träger der Rentenversicherung erbringen medizinische Leistungen zur Sicherung der Erwerbsfähigkeit an Ver-

2. Kapitel. Leistungen §§ 15, 15a SGB VI 6

sicherte, die erste gesundheitliche Beeinträchtigungen aufweisen, die die ausgeübte Beschäftigung gefährden. ²Die Leistungen können zeitlich begrenzt werden.

(2) ¹Um eine einheitliche Rechtsanwendung durch alle Träger der Rentenversicherung sicherzustellen, erlässt die Deutsche Rentenversicherung Bund bis zum 1. Juli 2018 im Benehmen mit dem Bundesministerium für Arbeit und Soziales eine gemeinsame Richtlinie der Träger der Rentenversicherung, die insbesondere die Ziele, die persönlichen Voraussetzungen sowie Art und Umfang der medizinischen Leistungen näher ausführt. ²Die Deutsche Rentenversicherung Bund hat die Richtlinie im Bundesanzeiger zu veröffentlichen. ³Die Richtlinie ist regelmäßig an den medizinischen Fortschritt und die gewonnenen Erfahrungen im Benehmen mit dem Bundesministerium für Arbeit und Soziales anzupassen.

(3) ¹Die Träger der Rentenversicherung beteiligen sich mit den Leistungen nach Absatz 1 an der nationalen Präventionsstrategie nach den §§ 20d bis 20g des Fünften Buches[1]. ²Sie wirken darauf hin, dass die Einführung einer freiwilligen, individuellen, berufsbezogenen Gesundheitsvorsorge für Versicherte ab Vollendung des 45. Lebensjahres trägerübergreifend in Modellprojekten erprobt wird.

§ 15 Leistungen zur medizinischen Rehabilitation. (1) ¹Die Träger der Rentenversicherung erbringen im Rahmen von Leistungen zur medizinischen Rehabilitation Leistungen nach den §§ 42 bis 47 des Neunten Buches, ausgenommen Leistungen nach § 42 Abs. 2 Nr. 2 und § 46 des Neunten Buches. ²Zahnärztliche Behandlung einschließlich der Versorgung mit Zahnersatz wird nur erbracht, wenn sie unmittelbar und gezielt zur wesentlichen Besserung oder Wiederherstellung der Erwerbsfähigkeit, insbesondere zur Ausübung des bisherigen Berufs, erforderlich und soweit sie nicht als Leistung der Krankenversicherung oder als Hilfe nach dem Fünften Kapitel des Zwölften Buches[2] zu erbringen ist.

(2) ¹Die stationären Leistungen zur medizinischen Rehabilitation werden einschließlich der erforderlichen Unterkunft und Verpflegung in Einrichtungen erbracht, die unter ständiger ärztlicher Verantwortung und unter Mitwirkung von besonders geschultem Personal entweder von dem Träger der Rentenversicherung selbst betrieben werden oder mit denen ein Vertrag nach § 38 des Neunten Buches besteht. ²Die Einrichtung braucht nicht unter ständiger ärztlicher Verantwortung zu stehen, wenn die Art der Behandlung dies nicht erfordert. ³Die Leistungen der Einrichtungen der medizinischen Rehabilitation müssen nach Art oder Schwere der Erkrankung erforderlich sein.

(3) ¹Die stationären Leistungen zur medizinischen Rehabilitation sollen für längstens drei Wochen erbracht werden. ²Sie können für einen längeren Zeitraum erbracht werden, wenn dies erforderlich ist, um das Rehabilitationsziel zu erreichen.

§ 15a Leistungen zur Kinderrehabilitation. (1) ¹Die Träger der Rentenversicherung erbringen Leistungen zur medizinischen Rehabilitation für

---
[1] Nr. 5.
[2] Nr. 12.

1. Kinder von Versicherten,

2. Kinder von Beziehern einer Rente wegen Alters oder verminderter Erwerbsfähigkeit und

3. Kinder, die eine Waisenrente beziehen.

²Voraussetzung ist, dass hierdurch voraussichtlich eine erhebliche Gefährdung der Gesundheit beseitigt oder die insbesondere durch chronische Erkrankungen beeinträchtigte Gesundheit wesentlich gebessert oder wiederhergestellt werden kann und dies Einfluss auf die spätere Erwerbsfähigkeit haben kann.

(2) ¹Kinder haben Anspruch auf Mitaufnahme

1. einer Begleitperson, wenn diese für die Durchführung oder den Erfolg der Leistung zur Kinderrehabilitation notwendig ist und

2. der Familienangehörigen, wenn die Einbeziehung der Familie in den Rehabilitationsprozess notwendig ist.

²Leistungen zur Nachsorge nach § 17 sind zu erbringen, wenn sie zur Sicherung des Rehabilitationserfolges erforderlich sind.

(3) ¹Als Kinder werden auch Kinder im Sinne des § 48 Absatz 3 berücksichtigt. ²Für die Dauer des Anspruchs gilt § 48 Absatz 4 und 5 entsprechend.

(4) ¹Die stationären Leistungen werden in der Regel für mindestens vier Wochen erbracht. ²§ 12 Absatz 2 Satz 1 findet keine Anwendung.

(5) ¹Um eine einheitliche Rechtsanwendung durch alle Träger der Rentenversicherung sicherzustellen, erlässt die Deutsche Rentenversicherung Bund bis zum 1. Juli 2018 im Benehmen mit dem Bundesministerium für Arbeit und Soziales eine gemeinsame Richtlinie der Träger der Rentenversicherung, die insbesondere die Ziele, die persönlichen Voraussetzungen sowie Art und Umfang der Leistungen näher ausführt. ²Die Deutsche Rentenversicherung Bund hat die Richtlinie im Bundesanzeiger zu veröffentlichen. ³Die Richtlinie ist regelmäßig an den medizinischen Fortschritt und die gewonnenen Erfahrungen der Träger der Rentenversicherung im Benehmen mit dem Bundesministerium für Arbeit und Soziales anzupassen.

§ 16 Leistungen zur Teilhabe am Arbeitsleben. Die Träger der gesetzlichen Rentenversicherung erbringen die Leistungen zur Teilhabe am Arbeitsleben nach den §§ 49 bis 54 des Neunten Buches, im Eingangsverfahren und im Berufsbildungsbereich der Werkstätten für behinderte Menschen nach § 57 des Neunten Buches sowie entsprechende Leistungen bei anderen Leistungsanbietern nach § 60 des Neunten Buches.

§ 17 Leistungen zur Nachsorge. (1) ¹Die Träger der Rentenversicherung erbringen im Anschluss an eine von ihnen erbrachte Leistung zur Teilhabe nachgehende Leistungen, wenn diese erforderlich sind, um den Erfolg der vorangegangenen Leistung zur Teilhabe zu sichern (Leistungen zur Nachsorge). ²Die Leistungen zur Nachsorge können zeitlich begrenzt werden.

(2) ¹Um eine einheitliche Rechtsanwendung durch alle Träger der Rentenversicherung sicherzustellen, erlässt die Deutsche Rentenversicherung Bund bis zum 1. Juli 2018 im Benehmen mit dem Bundesministerium für Arbeit und Soziales eine gemeinsame Richtlinie der Träger der Rentenversicherung, die insbesondere die Ziele, die persönlichen Voraussetzungen sowie Art und Umfang der Leistungen näher ausführt. ²Die Deutsche Rentenversicherung Bund

hat die Richtlinie im Bundesanzeiger zu veröffentlichen. ³Die Richtlinie ist regelmäßig an den medizinischen Fortschritt und die gewonnenen Erfahrungen im Benehmen mit dem Bundesministerium für Arbeit und Soziales anzupassen.

§§ 18, 19 (weggefallen)

Dritter Titel. Übergangsgeld

§ 20 Anspruch. (1) Anspruch auf Übergangsgeld haben Versicherte, die
1. von einem Träger der Rentenversicherung Leistungen zur Prävention, Leistungen zur medizinischen Rehabilitation, Leistungen zur Teilhabe am Arbeitsleben, Leistungen zur Nachsorge oder sonstige Leistungen zur Teilhabe erhalten,
2. (weggefallen)
3. bei Leistungen zur Prävention, Leistungen zur medizinischen Rehabilitation, Leistungen zur Nachsorge oder sonstigen Leistungen zur Teilhabe unmittelbar vor Beginn der Arbeitsunfähigkeit oder, wenn sie nicht arbeitsunfähig sind, unmittelbar vor Beginn der Leistungen
   a) Arbeitsentgelt oder Arbeitseinkommen erzielt und im Bemessungszeitraum Beiträge zur Rentenversicherung gezahlt haben oder
   b) Krankengeld, Verletztengeld, Versorgungskrankengeld, Übergangsgeld, Kurzarbeitergeld, Arbeitslosengeld, Arbeitslosengeld II oder Mutterschaftsgeld bezogen haben und für die von dem der Sozialleistung zugrunde liegenden Arbeitsentgelt oder Arbeitseinkommen oder im Falle des Bezugs von Arbeitslosengeld II zuvor aus Arbeitsentgelt oder Arbeitseinkommen Beiträge zur Rentenversicherung gezahlt worden sind.

(2) Versicherte, die Anspruch auf Arbeitslosengeld nach dem Dritten Buch[1]) haben, haben nur Anspruch auf Übergangsgeld, wenn sie wegen der Inanspruchnahme der Leistungen zur Teilhabe keine ganztägige Erwerbstätigkeit ausüben können.

(3) Versicherte, die Anspruch auf Krankengeld nach § 44 des Fünften Buches[2]) haben und ambulante Leistungen zur Prävention und Nachsorge in einem zeitlich geringen Umfang erhalten, haben ab Inkrafttreten der Vereinbarung nach Absatz 4 nur Anspruch auf Übergangsgeld, sofern die Vereinbarung dies vorsieht.

(4) ¹Die Deutsche Rentenversicherung Bund und der Spitzenverband Bund der Krankenkassen vereinbaren im Benehmen mit dem Bundesministerium für Arbeit und Soziales und dem Bundesministerium für Gesundheit bis zum 31. Dezember 2017, unter welchen Voraussetzungen Versicherte nach Absatz 3 einen Anspruch auf Übergangsgeld haben. ²Unzuständig geleistete Zahlungen von Entgeltersatzleistungen sind vom zuständigen Träger der Leistung zu erstatten.

§ 21 Höhe und Berechnung. (1) Höhe und Berechnung des Übergangsgeldes bestimmen sich nach Teil 1 Kapitel 11 des Neunten Buches, soweit die Absätze 2 bis 4 nichts Abweichendes bestimmen.

---

[1]) Nr. **3**.
[2]) Nr. **5**.

(2) Die Berechnungsgrundlage für das Übergangsgeld wird für Versicherte, die Arbeitseinkommen erzielt haben, und für freiwillig Versicherte, die Arbeitsentgelt erzielt haben, aus 80 vom Hundert des Einkommens ermittelt, das den vor Beginn der Leistungen für das letzte Kalenderjahr (Bemessungszeitraum) gezahlten Beiträgen zugrunde liegt.

(3) § 69 des Neunten Buches wird mit der Maßgabe angewendet, dass Versicherte unmittelbar vor dem Bezug der dort genannten Leistungen Pflichtbeiträge geleistet haben.

(4) ¹ Versicherte, die unmittelbar vor Beginn der Arbeitsunfähigkeit oder, wenn sie nicht arbeitsunfähig sind, unmittelbar vor Beginn der medizinischen Leistungen Arbeitslosengeld bezogen und die zuvor Pflichtbeiträge gezahlt haben, erhalten Übergangsgeld bei medizinischen Leistungen in Höhe des bei Krankheit zu erbringenden Krankengeldes (§ 47b Fünftes Buch[1]); Versicherte, die unmittelbar vor Beginn der Arbeitsunfähigkeit oder, wenn sie nicht arbeitsunfähig sind, unmittelbar vor Beginn der medizinischen Leistungen Arbeitslosengeld II bezogen und die zuvor Pflichtbeiträge gezahlt haben, erhalten Übergangsgeld bei medizinischen Leistungen in Höhe des Betrages des Arbeitslosengeldes II. ² Dies gilt nicht für Empfänger der Leistung,

a) die Arbeitslosengeld II nur darlehensweise oder

b) die nur Leistungen nach § 24 Absatz 3 Satz 1 des Zweiten Buches[2] beziehen, oder

c) die auf Grund von § 2 Abs. 1a des Bundesausbildungsförderungsgesetzes keinen Anspruch auf Ausbildungsförderung haben oder

d) deren Bedarf sich nach § 12 Absatz 1 Nummer 1 des Bundesausbildungsförderungsgesetzes, nach § 62 Absatz 1 oder § 124 Absatz 1 Nummer 1 des Dritten Buches[3] bemisst.

(5) Für Versicherte, die im Bemessungszeitraum eine Bergmannsprämie bezogen haben, wird die Berechnungsgrundlage um einen Betrag in Höhe der gezahlten Bergmannsprämie erhöht.

§§ 22–27 (weggefallen)

Vierter Titel. Ergänzende Leistungen

§ 28 Ergänzende Leistungen. (1) Die Leistungen zur Teilhabe werden außer durch das Übergangsgeld ergänzt durch die Leistungen nach § 64 Absatz 1 Nummer 2 bis 6 und Absatz 2 sowie nach den §§ 73 und 74 des Neunten Buches.

(2) ¹ Für ambulante Leistungen zur Prävention und Nachsorge gilt Absatz 1 mit der Maßgabe, dass die Leistungen nach den §§ 73 und 74 des Neunten Buches im Einzelfall bewilligt werden können, wenn sie zur Durchführung der Leistungen notwendig sind. ² Fahrkosten nach *§ 53 Absatz 4 des Neunten Buches*[4] können pauschaliert bewilligt werden.

---

[1] Nr. 5.
[2] Nr. 2.
[3] Nr. 3.
[4] Ab 1.1.2018 richtig wohl: „§ 73 Absatz 4 des Neunten Buches ".

§§ 29, 30 (weggefallen)

Fünfter Titel. Sonstige Leistungen

§ 31 Sonstige Leistungen. (1) Als sonstige Leistungen zur Teilhabe können erbracht werden:
1. Leistungen zur Eingliederung von Versicherten in das Erwerbsleben, die von den Leistungen nach den §§ 14, 15, 15a, 16 und 17 sowie den ergänzenden Leistungen nach § 44 des Neunten Buches nicht umfasst sind,
2. Leistungen zur onkologischen Nachsorge für Versicherte, Bezieher einer Rente und ihre jeweiligen Angehörigen sowie
3. Zuwendungen für Einrichtungen, die auf dem Gebiet der Rehabilitation forschen oder die Rehabilitation fördern.

(2) ¹Die Leistungen nach Absatz 1 Nummer 1 setzen voraus, dass die persönlichen und versicherungsrechtlichen Voraussetzungen erfüllt sind. ²Die Leistungen für Versicherte nach Absatz 1 Nummer 2 setzen voraus, dass die versicherungsrechtlichen Voraussetzungen erfüllt sind. ³Die Deutsche Rentenversicherung Bund kann im Benehmen mit dem Bundesministerium für Arbeit und Soziales Richtlinien erlassen, die insbesondere die Ziele sowie Art und Umfang der Leistungen näher ausführen.

Sechster Titel. Zuzahlung bei Leistungen zur medizinischen Rehabilitation und bei sonstigen Leistungen

§ 32 Zuzahlung bei Leistungen zur medizinischen Rehabilitation und bei sonstigen Leistungen. (1) ¹Versicherte, die das 18. Lebensjahr vollendet haben und stationäre Leistungen zur medizinischen Rehabilitation nach § 15 in Anspruch nehmen, zahlen für jeden Kalendertag dieser Leistungen den sich nach § 40 Abs. 5 des Fünften Buches[1)] ergebenden Betrag. ²Die Zuzahlung ist für längstens 14 Tage und in Höhe des sich nach § 40 Abs. 6 des Fünften Buches ergebenden Betrages zu leisten, wenn der unmittelbare Anschluss der stationären Heilbehandlung an eine Krankenhausbehandlung medizinisch notwendig ist (Anschlussrehabilitation); als unmittelbar gilt auch, wenn die Maßnahme innerhalb von 14 Tagen beginnt, es sei denn, die Einhaltung dieser Frist ist aus zwingenden tatsächlichen oder medizinischen Gründen nicht möglich. ³Hierbei ist eine innerhalb eines Kalenderjahres an einen Träger der gesetzlichen Krankenversicherung geleistete Zuzahlung anzurechnen.

(2) Absatz 1 gilt auch für Versicherte oder Bezieher einer Rente, die das 18. Lebensjahr vollendet haben und für sich, ihre Ehegatten oder Lebenspartner sonstige Leistungen stationäre Leistungen in Anspruch nehmen.

(3) Bezieht ein Versicherter Übergangsgeld, das nach § 66 Absatz 1 des Neunten Buches begrenzt ist, hat er für die Zeit des Bezugs von Übergangsgeld eine Zuzahlung nicht zu leisten.

(4) Der Träger der Rentenversicherung bestimmt, unter welchen Voraussetzungen von der Zuzahlung nach Absatz 1 oder 2 abgesehen werden kann, wenn sie den Versicherten oder den Rentner unzumutbar belasten würde.

[1)] Nr. 5.

(5) Die Zuzahlung steht der Annahme einer vollen Übernahme der Aufwendungen für die Leistungen zur Teilhabe im Sinne arbeitsrechtlicher Vorschriften nicht entgegen.

Zweiter Abschnitt. Renten

Erster Unterabschnitt. Rentenarten und Voraussetzungen für einen Rentenanspruch

§ 33 Rentenarten. (1) Renten werden geleistet wegen Alters, wegen verminderter Erwerbsfähigkeit oder wegen Todes.

(2) Renten wegen Alters sind
1. Regelaltersrente,
2. Altersrente für langjährig Versicherte,
3. Altersrente für schwerbehinderte Menschen,
3a. Altersrente für besonders langjährig Versicherte,
4. Altersrente für langjährig unter Tage beschäftigte Bergleute
sowie nach den Vorschriften des Fünften Kapitels
5. Altersrente wegen Arbeitslosigkeit oder nach Altersteilzeitarbeit,
6. Altersrente für Frauen.

(3) Renten wegen verminderter Erwerbsfähigkeit sind
1. Rente wegen teilweiser Erwerbsminderung,
2. Rente wegen voller Erwerbsminderung,
3. Rente für Bergleute.

(4) Renten wegen Todes sind
1. kleine Witwenrente oder Witwerrente,
2. große Witwenrente oder Witwerrente,
3. Erziehungsrente,
4. Waisenrente.

(5) Renten nach den Vorschriften des Fünften Kapitels sind auch die Knappschaftsausgleichsleistung, Rente wegen teilweiser Erwerbsminderung bei Berufsunfähigkeit und Witwenrente und Witwerrente an vor dem 1. Juli 1977 geschiedene Ehegatten.

§ 34 Voraussetzungen für einen Rentenanspruch und Hinzuverdienstgrenze. (1) Versicherte und ihre Hinterbliebenen haben Anspruch auf Rente, wenn die für die jeweilige Rente erforderliche Mindestversicherungszeit (Wartezeit) erfüllt ist und die jeweiligen besonderen versicherungsrechtlichen und persönlichen Voraussetzungen vorliegen.

(2) Anspruch auf eine Rente wegen Alters als Vollrente besteht vor Erreichen der Regelaltersgrenze nur, wenn die kalenderjährliche Hinzuverdienstgrenze von 6 300 Euro nicht überschritten wird.

(3) [1] Wird die Hinzuverdienstgrenze überschritten, besteht ein Anspruch auf Teilrente. [2] Die Teilrente wird berechnet, indem ein Zwölftel des die Hinzuverdienstgrenze übersteigenden Betrages zu 40 Prozent von der Vollrente abgezogen wird. [3] Überschreitet der sich dabei ergebende Rentenbetrag zusammen

mit einem Zwölftel des kalenderjährlichen Hinzuverdienstes den Hinzuverdienstdeckel nach Absatz 3a, wird der überschreitende Betrag von dem sich nach Satz 2 ergebenden Rentenbetrag abgezogen. ⁴Der Rentenanspruch besteht nicht, wenn der von der Rente abzuziehende Hinzuverdienst den Betrag der Vollrente erreicht.

(3a) ¹Der Hinzuverdienstdeckel wird berechnet, indem die monatliche Bezugsgröße mit den Entgeltpunkten (§ 66 Absatz 1 Nummer 1 bis 3) des Kalenderjahres mit den höchsten Entgeltpunkten aus den letzten 15 Kalenderjahren vor Beginn der ersten Rente wegen Alters vervielfältigt wird. ²Er beträgt mindestens die Summe aus einem Zwölftel von 6 300 Euro und dem Monatsbetrag der Vollrente. ³Der Hinzuverdienstdeckel wird jährlich zum 1. Juli neu berechnet.

(3b) ¹Als Hinzuverdienst sind Arbeitsentgelt, Arbeitseinkommen und vergleichbares Einkommen zu berücksichtigen. ²Diese Einkünfte sind zusammenzurechnen. ³Nicht als Hinzuverdienst gilt das Entgelt, das

1. eine Pflegeperson von der pflegebedürftigen Person erhält, wenn es das dem Umfang der Pflegetätigkeit entsprechende Pflegegeld im Sinne des § 37 des Elften Buches[1]) nicht übersteigt, oder

2. ein behinderter Mensch von dem Träger einer in § 1 Satz 1 Nummer 2 genannten Einrichtung erhält.

(3c) ¹Als Hinzuverdienst ist der voraussichtliche kalenderjährliche Hinzuverdienst zu berücksichtigen. ²Dieser ist jeweils vom 1. Juli an neu zu bestimmen, wenn sich dadurch eine Änderung ergibt, die den Rentenanspruch betrifft. ³Satz 2 gilt nicht in einem Kalenderjahr, in dem erstmals Hinzuverdienst oder nach Absatz 3e Hinzuverdienst in geänderter Höhe berücksichtigt wurde.

(3d) ¹Von dem Kalenderjahr an, das dem folgt, in dem erstmals Hinzuverdienst berücksichtigt wurde, ist jeweils zum 1. Juli für das vorige Kalenderjahr der tatsächliche Hinzuverdienst statt des bisher berücksichtigten Hinzuverdienstes zu berücksichtigen, wenn sich dadurch rückwirkend eine Änderung ergibt, die den Rentenanspruch betrifft. ²In dem Kalenderjahr, in dem die Regelaltersgrenze erreicht wird, ist die Überprüfung nach Satz 1 nach Ablauf des Monats durchzuführen, in dem die Regelaltersgrenze erreicht wurde; dabei ist der tatsächliche Hinzuverdienst bis zum Ablauf des Monats des Erreichens der Regelaltersgrenze zu berücksichtigen. ³Kann der tatsächliche Hinzuverdienst noch nicht nachgewiesen werden, ist er zu berücksichtigen, sobald der Nachweis vorliegt.

(3e) ¹Änderungen des nach Absatz 3c berücksichtigten Hinzuverdienstes sind auf Antrag zu berücksichtigen, wenn der voraussichtliche kalenderjährliche Hinzuverdienst um mindestens 10 Prozent vom bisher berücksichtigten Hinzuverdienst abweicht und sich dadurch eine Änderung ergibt, die den Rentenanspruch betrifft. ²Eine Änderung im Sinne von Satz 1 ist auch der Hinzutritt oder der Wegfall von Hinzuverdienst. ³Ein Hinzutritt von Hinzuverdienst oder ein höherer als der bisher berücksichtigte Hinzuverdienst wird dabei mit Wirkung für die Zukunft berücksichtigt.

---

[1]) Nr. 11.

(3f) ¹Ergibt sich nach den Absätzen 3c bis 3e eine Änderung, die den Rentenanspruch betrifft, sind die bisherigen Bescheide von dem sich nach diesen Absätzen ergebenden Zeitpunkt an aufzuheben. ²Soweit Bescheide aufgehoben wurden, sind bereits erbrachte Leistungen zu erstatten; § 50 Absatz 3 und 4 des Zehnten Buches[1]) bleibt unberührt. ³Nicht anzuwenden sind die Vorschriften zur Anhörung Beteiligter (§ 24 des Zehnten Buches), zur Rücknahme eines rechtswidrigen begünstigenden Verwaltungsaktes (§ 45 des Zehnten Buches) und zur Aufhebung eines Verwaltungsaktes mit Dauerwirkung bei Änderung der Verhältnisse (§ 48 des Zehnten Buches).

(3g) ¹Ein nach Absatz 3f Satz 2 zu erstattender Betrag in Höhe von bis zu 200 Euro ist von der laufenden Rente bis zu deren Hälfte einzubehalten, wenn das Einverständnis dazu vorliegt. ²Der Aufhebungsbescheid ist mit dem Hinweis zu versehen, dass das Einverständnis jederzeit durch schriftliche Erklärung mit Wirkung für die Zukunft widerrufen werden kann.

(4) Nach bindender Bewilligung einer Rente wegen Alters oder für Zeiten des Bezugs einer solchen Rente ist der Wechsel in eine

1. Rente wegen verminderter Erwerbsfähigkeit,
2. Erziehungsrente oder
3. andere Rente wegen Alters

ausgeschlossen.

Zweiter Unterabschnitt. Anspruchsvoraussetzungen für einzelne Renten

Erster Titel. Renten wegen Alters

§ 35 Regelaltersrente. ¹Versicherte haben Anspruch auf Regelaltersrente, wenn sie

1. die Regelaltersgrenze erreicht und
2. die allgemeine Wartezeit erfüllt

haben. ²Die Regelaltersgrenze wird mit Vollendung des 67. Lebensjahres erreicht.

§ 36 Altersrente für langjährig Versicherte. ¹Versicherte haben Anspruch auf Altersrente für langjährig Versicherte, wenn sie

1. das 67. Lebensjahr vollendet und
2. die Wartezeit von 35 Jahren erfüllt

haben. ²Die vorzeitige Inanspruchnahme dieser Altersrente ist nach Vollendung des 63. Lebensjahres möglich.

§ 37 Altersrente für schwerbehinderte Menschen. ¹Versicherte haben Anspruch auf Altersrente für schwerbehinderte Menschen, wenn sie

1. das 65. Lebensjahr vollendet haben,
2. bei Beginn der Altersrente als schwerbehinderte Menschen (§ 2 Abs. 2 Neuntes Buch) anerkannt sind und
3. die Wartezeit von 35 Jahren erfüllt haben.

---

[1]) Nr. 10.

²Die vorzeitige Inanspruchnahme dieser Altersrente ist nach Vollendung des 62. Lebensjahres möglich.

§ 38 Altersrente für besonders langjährig Versicherte. Versicherte haben Anspruch auf Altersrente für besonders langjährig Versicherte, wenn sie
1. das 65. Lebensjahr vollendet und
2. die Wartezeit von 45 Jahren erfüllt

haben.

§ 39 (weggefallen)

§ 40 Altersrente für langjährig unter Tage beschäftigte Bergleute. Versicherte haben Anspruch auf Altersrente für langjährig unter Tage beschäftigte Bergleute, wenn sie
1. das 62. Lebensjahr vollendet und
2. die Wartezeit von 25 Jahren erfüllt

haben.

§ 41 Altersrente und Kündigungsschutz. ¹Der Anspruch des Versicherten auf eine Rente wegen Alters ist nicht als ein Grund anzusehen, der die Kündigung eines Arbeitsverhältnisses durch den Arbeitgeber nach dem Kündigungsschutzgesetz bedingen kann. ²Eine Vereinbarung, die die Beendigung des Arbeitsverhältnisses eines Arbeitnehmers ohne Kündigung zu einem Zeitpunkt vorsieht, zu dem der Arbeitnehmer vor Erreichen der Regelaltersgrenze eine Rente wegen Alters beantragen kann, gilt dem Arbeitnehmer gegenüber als auf das Erreichen der Regelaltersgrenze abgeschlossen, es sei denn, dass die Vereinbarung innerhalb der letzten drei Jahre vor diesem Zeitpunkt abgeschlossen oder von dem Arbeitnehmer innerhalb der letzten drei Jahre vor diesem Zeitpunkt bestätigt worden ist. ³Sieht eine Vereinbarung die Beendigung des Arbeitsverhältnisses mit dem Erreichen der Regelaltersgrenze vor, können die Arbeitsvertragsparteien durch Vereinbarung während des Arbeitsverhältnisses den Beendigungszeitpunkt, gegebenenfalls auch mehrfach, hinausschieben.

§ 42 Vollrente und Teilrente. (1) Versicherte können eine Rente wegen Alters in voller Höhe (Vollrente) oder als Teilrente in Anspruch nehmen.

(2) ¹Eine unabhängig vom Hinzuverdienst gewählte Teilrente beträgt mindestens 10 Prozent der Vollrente. ²Sie kann höchstens in der Höhe in Anspruch genommen werden, die sich nach Anwendung von § 34 Absatz 3 ergibt.

(3) ¹Versicherte, die wegen der beabsichtigten Inanspruchnahme einer Teilrente ihre Arbeitsleistung einschränken wollen, können von ihrem Arbeitgeber verlangen, dass er mit ihnen die Möglichkeiten einer solchen Einschränkung erörtert. ²Macht der Versicherte hierzu für seinen Arbeitsbereich Vorschläge, hat der Arbeitgeber zu diesen Vorschlägen Stellung zu nehmen.

Zweiter Titel. Renten wegen verminderter Erwerbsfähigkeit

§ 43 Rente wegen Erwerbsminderung. (1) ¹Versicherte haben bis zum Erreichen der Regelaltersgrenze Anspruch auf Rente wegen teilweiser Erwerbsminderung, wenn sie

1. teilweise erwerbsgemindert sind,
2. in den letzten fünf Jahren vor Eintritt der Erwerbsminderung drei Jahre Pflichtbeiträge für eine versicherte Beschäftigung oder Tätigkeit haben und
3. vor Eintritt der Erwerbsminderung die allgemeine Wartezeit erfüllt haben.

² Teilweise erwerbsgemindert sind Versicherte, die wegen Krankheit oder Behinderung auf nicht absehbare Zeit außerstande sind, unter den üblichen Bedingungen des allgemeinen Arbeitsmarktes mindestens sechs Stunden täglich erwerbstätig zu sein.

(2) ¹ Versicherte haben bis zum Erreichen der Regelaltersgrenze Anspruch auf Rente wegen voller Erwerbsminderung, wenn sie
1. voll erwerbsgemindert sind,
2. in den letzten fünf Jahren vor Eintritt der Erwerbsminderung drei Jahre Pflichtbeiträge für eine versicherte Beschäftigung oder Tätigkeit haben und
3. vor Eintritt der Erwerbsminderung die allgemeine Wartezeit erfüllt haben.

² Voll erwerbsgemindert sind Versicherte, die wegen Krankheit oder Behinderung auf nicht absehbare Zeit außerstande sind, unter den üblichen Bedingungen des allgemeinen Arbeitsmarktes mindestens drei Stunden täglich erwerbstätig zu sein. ³ Voll erwerbsgemindert sind auch
1. Versicherte nach § 1 Satz 1 Nr. 2, die wegen Art oder Schwere der Behinderung nicht auf dem allgemeinen Arbeitsmarkt tätig sein können, und
2. Versicherte, die bereits vor Erfüllung der allgemeinen Wartezeit voll erwerbsgemindert waren, in der Zeit einer nicht erfolgreichen Eingliederung in den allgemeinen Arbeitsmarkt.

(3) Erwerbsgemindert ist nicht, wer unter den üblichen Bedingungen des allgemeinen Arbeitsmarktes mindestens sechs Stunden täglich erwerbstätig sein kann; dabei ist die jeweilige Arbeitsmarktlage nicht zu berücksichtigen.

(4) Der Zeitraum von fünf Jahren vor Eintritt der Erwerbsminderung verlängert sich um folgende Zeiten, die nicht mit Pflichtbeiträgen für eine versicherte Beschäftigung oder Tätigkeit belegt sind:
1. Anrechnungszeiten und Zeiten des Bezugs einer Rente wegen verminderter Erwerbsfähigkeit,
2. Berücksichtigungszeiten,
3. Zeiten, die nur deshalb keine Anrechnungszeiten sind, weil durch sie eine versicherte Beschäftigung oder selbständige Tätigkeit nicht unterbrochen ist, wenn in den letzten sechs Kalendermonaten vor Beginn dieser Zeiten wenigstens ein Pflichtbeitrag für eine versicherte Beschäftigung oder Tätigkeit oder eine Zeit nach Nummer 1 oder 2 liegt,
4. Zeiten einer schulischen Ausbildung nach Vollendung des 17. Lebensjahres bis zu sieben Jahren, gemindert um Anrechnungszeiten wegen schulischer Ausbildung.

(5) Eine Pflichtbeitragszeit von drei Jahren für eine versicherte Beschäftigung oder Tätigkeit ist nicht erforderlich, wenn die Erwerbsminderung aufgrund eines Tatbestandes eingetreten ist, durch den die allgemeine Wartezeit vorzeitig erfüllt ist.

(6) Versicherte, die bereits vor Erfüllung der allgemeinen Wartezeit voll erwerbsgemindert waren und seitdem ununterbrochen voll erwerbsgemindert

sind, haben Anspruch auf Rente wegen voller Erwerbsminderung, wenn sie die Wartezeit von 20 Jahren erfüllt haben.

§ 44 (weggefallen)

§ 45 Rente für Bergleute. (1) Versicherte haben bis zum Erreichen der Regelaltersgrenze Anspruch auf Rente für Bergleute, wenn sie
1. im Bergbau vermindert berufsfähig sind,
2. in den letzten fünf Jahren vor Eintritt der im Bergbau verminderten Berufsfähigkeit drei Jahre knappschaftliche Pflichtbeitragszeiten haben und
3. vor Eintritt der im Bergbau verminderten Berufsfähigkeit die allgemeine Wartezeit in der knappschaftlichen Rentenversicherung erfüllt haben.

(2) [1] Im Bergbau vermindert berufsfähig sind Versicherte, die wegen Krankheit oder Behinderung nicht imstande sind,
1. die von ihnen bisher ausgeübte knappschaftliche Beschäftigung und
2. eine andere wirtschaftlich im Wesentlichen gleichwertige knappschaftliche Beschäftigung, die von Personen mit ähnlicher Ausbildung sowie gleichwertigen Kenntnissen und Fähigkeiten ausgeübt wird,

auszuüben. [2] Die jeweilige Arbeitsmarktlage ist nicht zu berücksichtigen. [3] Nicht im Bergbau vermindert berufsfähig sind Versicherte, die eine im Sinne des Satzes 1 Nr. 2 wirtschaftlich und qualitativ gleichwertige Beschäftigung oder selbständige Tätigkeit außerhalb des Bergbaus ausüben.

(3) Versicherte haben bis zum Erreichen der Regelaltersgrenze auch Anspruch auf Rente für Bergleute, wenn sie
1. das 50. Lebensjahr vollendet haben,
2. im Vergleich zu der von ihnen bisher ausgeübten knappschaftlichen Beschäftigung eine wirtschaftlich gleichwertige Beschäftigung oder selbständige Tätigkeit nicht mehr ausüben und
3. die Wartezeit von 25 Jahren erfüllt haben.

(4) § 43 Abs. 4 und 5 ist anzuwenden.

Dritter Titel. Renten wegen Todes

§ 46 Witwenrente und Witwerrente. (1) [1] Witwen oder Witwer, die nicht wieder geheiratet haben, haben nach dem Tod des versicherten Ehegatten Anspruch auf kleine Witwenrente oder kleine Witwerrente, wenn der versicherte Ehegatte die allgemeine Wartezeit erfüllt hat. [2] Der Anspruch besteht längstens für 24 Kalendermonate nach Ablauf des Monats, in dem der Versicherte verstorben ist.

(2) [1] Witwen oder Witwer, die nicht wieder geheiratet haben, haben nach dem Tod des versicherten Ehegatten, der die allgemeine Wartezeit erfüllt hat, Anspruch auf große Witwenrente oder große Witwerrente, wenn sie
1. ein eigenes Kind oder ein Kind des versicherten Ehegatten, das das 18. Lebensjahr noch nicht vollendet hat, erziehen,
2. das 47. Lebensjahr vollendet haben oder
3. erwerbsgemindert sind.

[2] Als Kinder werden auch berücksichtigt:

1. Stiefkinder und Pflegekinder (§ 56 Abs. 2 Nr. 1 und 2 Erstes Buch[1]), die in den Haushalt der Witwe oder des Witwers aufgenommen sind,
2. Enkel und Geschwister, die in den Haushalt der Witwe oder des Witwers aufgenommen sind oder von diesen überwiegend unterhalten werden.

[3] Der Erziehung steht die in häuslicher Gemeinschaft ausgeübte Sorge für ein eigenes Kind oder ein Kind des versicherten Ehegatten, das wegen körperlicher, geistiger oder seelischer Behinderung außerstande ist, sich selbst zu unterhalten, auch nach dessen vollendetem 18. Lebensjahr gleich.

(2a) Witwen oder Witwer haben keinen Anspruch auf Witwenrente oder Witwerrente, wenn die Ehe nicht mindestens ein Jahr gedauert hat, es sei denn, dass nach den besonderen Umständen des Falles die Annahme nicht gerechtfertigt ist, dass es der alleinige oder überwiegende Zweck der Heirat war, einen Anspruch auf Hinterbliebenenversorgung zu begründen.

(2b) [1] Ein Anspruch auf Witwenrente oder Witwerrente besteht auch nicht von dem Kalendermonat an, zu dessen Beginn das Rentensplitting durchgeführt ist. [2] Der Rentenbescheid über die Bewilligung der Witwenrente oder Witwerrente ist mit Wirkung von diesem Zeitpunkt an aufzuheben; die §§ 24 und 48 des Zehnten Buches[2] sind nicht anzuwenden.

(3) Überlebende Ehegatten, die wieder geheiratet haben, haben unter den sonstigen Voraussetzungen der Absätze 1 bis 2b Anspruch auf kleine oder große Witwenrente oder Witwerrente, wenn die erneute Ehe aufgelöst oder für nichtig erklärt ist (Witwenrente oder Witwerrente nach dem vorletzten Ehegatten).

(4) [1] Für einen Anspruch auf Witwenrente oder Witwerrente gelten als Heirat auch die Begründung einer Lebenspartnerschaft, als Ehe auch eine Lebenspartnerschaft, als Witwe und Witwer auch ein überlebender Lebenspartner und als Ehegatte auch ein Lebenspartner. [2] Der Auflösung oder Nichtigkeit einer erneuten Ehe entspricht die Aufhebung oder Auflösung einer erneuten Lebenspartnerschaft.

§ 47 Erziehungsrente. (1) Versicherte haben bis zum Erreichen der Regelaltersgrenze Anspruch auf Erziehungsrente, wenn

1. ihre Ehe nach dem 30. Juni 1977 geschieden und ihr geschiedener Ehegatte gestorben ist,
2. sie ein eigenes Kind oder ein Kind des geschiedenen Ehegatten erziehen (§ 46 Abs. 2),
3. sie nicht wieder geheiratet haben und
4. sie bis zum Tod des geschiedenen Ehegatten die allgemeine Wartezeit erfüllt haben.

(2) Geschiedenen Ehegatten stehen Ehegatten gleich, deren Ehe für nichtig erklärt oder aufgehoben ist.

(3) Anspruch auf Erziehungsrente besteht bis zum Erreichen der Regelaltersgrenze auch für verwitwete Ehegatten, für die ein Rentensplitting durchgeführt wurde, wenn

---

[1] Nr. 1.
[2] Nr. 10.

2. Kapitel. Leistungen **§ 48 SGB VI 6**

1. sie ein eigenes Kind oder ein Kind des verstorbenen Ehegatten erziehen (§ 46 Abs. 2),
2. sie nicht wieder geheiratet haben und
3. sie bis zum Tod des Ehegatten die allgemeine Wartezeit erfüllt haben.

(4) Für einen Anspruch auf Erziehungsrente gelten als Scheidung einer Ehe auch die Aufhebung einer Lebenspartnerschaft, als geschiedener Ehegatte auch der frühere Lebenspartner, als Heirat auch die Begründung einer Lebenspartnerschaft, als verwitweter Ehegatte auch ein überlebender Lebenspartner und als Ehegatte auch der Lebenspartner.

§ 48 Waisenrente. (1) Kinder haben nach dem Tod eines Elternteils Anspruch auf Halbwaisenrente, wenn
1. sie noch einen Elternteil haben, der unbeschadet der wirtschaftlichen Verhältnisse unterhaltspflichtig ist, und
2. der verstorbene Elternteil die allgemeine Wartezeit erfüllt hat.

(2) Kinder haben nach dem Tod eines Elternteils Anspruch auf Vollwaisenrente, wenn
1. sie noch einen Elternteil nicht mehr haben, der unbeschadet der wirtschaftlichen Verhältnisse unterhaltspflichtig war, und
2. der verstorbene Elternteil die allgemeine Wartezeit erfüllt hat.

(3) Als Kinder werden auch berücksichtigt:
1. Stiefkinder und Pflegekinder (§ 56 Abs. 2 Nr. 1 und 2 Erstes Buch[1])), die in den Haushalt des Verstorbenen aufgenommen worden sind,
2. Enkel und Geschwister, die in den Haushalt des Verstorbenen aufgenommen waren oder von ihm überwiegend unterhalten wurden.

(4) [1] Der Anspruch auf Halb- oder Vollwaisenrente besteht längstens
1. bis zur Vollendung des 18. Lebensjahres oder
2. bis zur Vollendung des 27. Lebensjahres, wenn die Waise

a) sich in Schulausbildung oder Berufsausbildung befindet oder

b) sich in einer Übergangszeit von höchstens vier Kalendermonaten befindet, die zwischen zwei Ausbildungsabschnitten oder zwischen einem Ausbildungsabschnitt und der Ableistung des gesetzlichen Wehr- oder Zivildienstes oder der Ableistung eines freiwilligen Dienstes im Sinne des Buchstabens c liegt, oder

c) einen freiwilligen Dienst im Sinne des § 32 Absatz 4 Satz 1 Nummer 2 Buchstabe d des Einkommensteuergesetzes leistet oder

d) wegen körperlicher, geistiger oder seelischer Behinderung außerstande ist, sich selbst zu unterhalten.

[2] Eine Schulausbildung oder Berufsausbildung im Sinne des Satzes 1 liegt nur vor, wenn die Ausbildung einen tatsächlichen zeitlichen Aufwand von wöchentlich mehr als 20 Stunden erfordert. [3] Der tatsächliche zeitliche Aufwand ist ohne Bedeutung für Zeiten, in denen das Ausbildungsverhältnis trotz einer Erkrankung fortbesteht und damit gerechnet werden kann, dass die Ausbildung

---

[1]) Nr. 1.

fortgesetzt wird. ⁴Das gilt auch für die Dauer der Schutzfristen nach dem Mutterschutzgesetz.

(5) ¹In den Fällen des Absatzes 4 Nr. 2 Buchstabe a erhöht sich die für den Anspruch auf Waisenrente maßgebende Altersbegrenzung bei Unterbrechung oder Verzögerung der Schulausbildung oder Berufsausbildung durch den gesetzlichen Wehrdienst, Zivildienst oder einen gleichgestellten Dienst um die Zeit dieser Dienstleistung, höchstens um einen der Dauer des gesetzlichen Grundwehrdienstes oder Zivildienstes entsprechenden Zeitraum. ²Die Ableistung eines freiwilligen Dienstes im Sinne von Absatz 4 Nr. 2 Buchstabe c ist kein gleichgestellter Dienst im Sinne von Satz 1.

(6) Der Anspruch auf Waisenrente endet nicht dadurch, dass die Waise als Kind angenommen wird.

§ 49 Renten wegen Todes bei Verschollenheit. ¹Sind Ehegatten, geschiedene Ehegatten oder Elternteile verschollen, gelten sie als verstorben, wenn die Umstände ihren Tod wahrscheinlich machen und seit einem Jahr Nachrichten über ihr Leben nicht eingegangen sind. ²Der Träger der Rentenversicherung kann von den Berechtigten die Versicherung an Eides statt verlangen, dass ihnen weitere als die angezeigten Nachrichten über den Verschollenen nicht bekannt sind. ³Der Träger der Rentenversicherung ist berechtigt, für die Rentenleistung den nach den Umständen mutmaßlichen Todestag festzustellen. ⁴Dieser bleibt auch bei gerichtlicher Feststellung oder Beurkundung eines abweichenden Todesdatums maßgeblich.

Vierter Titel. Wartezeiterfüllung

§ 50 Wartezeiten. (1) ¹Die Erfüllung der allgemeinen Wartezeit von fünf Jahren ist Voraussetzung für einen Anspruch auf

1. Regelaltersrente,
2. Rente wegen verminderter Erwerbsfähigkeit und
3. Rente wegen Todes.

²Die allgemeine Wartezeit gilt als erfüllt für einen Anspruch auf

1. Regelaltersrente, wenn der Versicherte bis zum Erreichen der Regelaltersgrenze eine Rente wegen verminderter Erwerbsfähigkeit oder eine Erziehungsrente bezogen hat,
2. Hinterbliebenenrente, wenn der verstorbene Versicherte bis zum Tod eine Rente bezogen hat.

(2) Die Erfüllung der Wartezeit von 20 Jahren ist Voraussetzung für einen Anspruch auf Rente wegen voller Erwerbsminderung an Versicherte, die die allgemeine Wartezeit vor Eintritt der vollen Erwerbsminderung nicht erfüllt haben.

(3) Die Erfüllung der Wartezeit von 25 Jahren ist Voraussetzung für einen Anspruch auf

1. Altersrente für langjährig unter Tage beschäftigte Bergleute und
2. Rente für Bergleute vom 50. Lebensjahr an.

(4) Die Erfüllung der Wartezeit von 35 Jahren ist Voraussetzung für einen Anspruch auf

1. Altersrente für langjährig Versicherte und

2. Kapitel. Leistungen **§§ 51, 52 SGB VI**

2. Altersrente für schwerbehinderte Menschen.

(5) Die Erfüllung der Wartezeit von 45 Jahren ist Voraussetzung für einen Anspruch auf Altersrente für besonders langjährig Versicherte.

§ 51 Anrechenbare Zeiten. (1) Auf die allgemeine Wartezeit und auf die Wartezeiten von 15 und 20 Jahren werden Kalendermonate mit Beitragszeiten angerechnet.

(2) Auf die Wartezeit von 25 Jahren werden Kalendermonate mit Beitragszeiten aufgrund einer Beschäftigung mit ständigen Arbeiten unter Tage angerechnet.

(3) Auf die Wartezeit von 35 Jahren werden alle Kalendermonate mit rentenrechtlichen Zeiten angerechnet.

(3a) [1] Auf die Wartezeit von 45 Jahren werden Kalendermonate angerechnet mit

1. Pflichtbeiträgen für eine versicherte Beschäftigung oder Tätigkeit,

2. Berücksichtigungszeiten,

3. Zeiten des Bezugs von

a) Entgeltersatzleistungen der Arbeitsförderung,

b) Leistungen bei Krankheit und

c) Übergangsgeld,

soweit sie Pflichtbeitragszeiten oder Anrechnungszeiten sind; dabei werden Zeiten nach Buchstabe a in den letzten zwei Jahren vor Rentenbeginn nicht berücksichtigt, es sei denn, der Bezug von Entgeltersatzleistungen der Arbeitsförderung ist durch eine Insolvenz oder vollständige Geschäftsaufgabe des Arbeitgebers bedingt, und

4. freiwilligen Beiträgen, wenn mindestens 18 Jahre mit Zeiten nach Nummer 1 vorhanden sind; dabei werden Zeiten freiwilliger Beitragszahlung in den letzten zwei Jahren vor Rentenbeginn nicht berücksichtigt, wenn gleichzeitig Anrechnungszeiten wegen Arbeitslosigkeit vorliegen.

[2] Kalendermonate, die durch Versorgungsausgleich oder Rentensplitting ermittelt werden, werden nicht angerechnet.

(4) Auf die Wartezeiten werden auch Kalendermonate mit Ersatzzeiten (Fünftes Kapitel) angerechnet.

§ 52 Wartezeiterfüllung durch Versorgungsausgleich, Rentensplitting und Zuschläge an Entgeltpunkten für Arbeitsentgelt aus geringfügiger Beschäftigung. (1) [1] Ist ein Versorgungsausgleich in der gesetzlichen Rentenversicherung allein zugunsten von Versicherten durchgeführt, wird auf die Wartezeit die volle Anzahl an Monaten angerechnet, die sich ergibt, wenn die Entgeltpunkte für übertragene oder begründete Rentenanwartschaften durch die Zahl 0,0313 geteilt werden. [2] Ist ein Versorgungsausgleich sowohl zugunsten als auch zu Lasten von Versicherten durchgeführt und ergibt sich hieraus nach Verrechnung ein Zuwachs an Entgeltpunkten, wird auf die Wartezeit die volle Anzahl an Monaten angerechnet, die sich ergibt, wenn die Entgeltpunkte aus dem Zuwachs durch die Zahl 0,0313 geteilt werden. [3] Ein Versorgungsausgleich ist durchgeführt, wenn die Entscheidung des Familiengerichts wirksam ist. [4] Ergeht eine Entscheidung zur Abänderung des Wertausgleichs nach der Scheidung, entfällt eine bereits von der ausgleichsberechtigten Person erfüllte Wartezeit nicht. ⁵ Die Anrechnung erfolgt nur insoweit, als die in die Ehezeit oder Lebenspartnerschaftszeit fallenden Kalendermonate nicht bereits auf die Wartezeit anzurechnen sind.

(1a) ¹ Ist ein Rentensplitting durchgeführt, wird dem Ehegatten oder Lebenspartner, der einen Splittingzuwachs erhalten hat, auf die Wartezeit die volle Anzahl an Monaten angerechnet, die sich ergibt, wenn die Entgeltpunkte aus dem Splittingzuwachs durch die Zahl 0,0313 geteilt werden. ² Die Anrechnung erfolgt nur insoweit, als die in die Splittingzeit fallenden Kalendermonate nicht bereits auf die Wartezeit anzurechnen sind.

(2) ¹ Sind Zuschläge an Entgeltpunkten für Arbeitsentgelt aus geringfügiger Beschäftigung, für die Beschäftigte nach § 6 Absatz 1b von der Versicherungspflicht befreit sind, ermittelt, wird auf die Wartezeit die volle Anzahl an Monaten angerechnet, die sich ergibt, wenn die Zuschläge an Entgeltpunkten durch die Zahl 0,0313 geteilt werden. ² Zuschläge an Entgeltpunkten aus einer geringfügigen Beschäftigung, die in Kalendermonaten ausgeübt wurde, die bereits auf die Wartezeit anzurechnen sind, bleiben unberücksichtigt. ³ Wartezeitmonate für in die Ehezeit, Lebenspartnerschaftszeit oder Splittingzeit fallende Kalendermonate einer geringfügigen Beschäftigung sind vor Anwendung von Absatz 1 oder 1a gesondert zu ermitteln.

§ 53 Vorzeitige Wartezeiterfüllung.

(1) ¹ Die allgemeine Wartezeit ist vorzeitig erfüllt, wenn Versicherte

1. wegen eines Arbeitsunfalls oder einer Berufskrankheit,
2. wegen einer Wehrdienstbeschädigung nach dem Soldatenversorgungsgesetz als Wehrdienstleistende oder Soldaten auf Zeit,
3. wegen einer Zivildienstbeschädigung nach dem Zivildienstgesetz als Zivildienstleistende oder
4. wegen eines Gewahrsams (§ 1 Häftlingshilfegesetz)

vermindert erwerbsfähig geworden oder gestorben sind. ² Satz 1 Nr. 1 findet nur Anwendung für Versicherte, die bei Eintritt des Arbeitsunfalls oder der Berufskrankheit versicherungspflichtig waren oder in den letzten zwei Jahren davor mindestens ein Jahr Pflichtbeiträge für eine versicherte Beschäftigung oder Tätigkeit haben. ³ Die Sätze 1 und 2 finden für die Rente für Bergleute nur Anwendung, wenn der Versicherte vor Eintritt der im Bergbau verminderten Berufsfähigkeit zuletzt in der knappschaftlichen Rentenversicherung versichert war.

(2) ¹ Die allgemeine Wartezeit ist auch vorzeitig erfüllt, wenn Versicherte vor Ablauf von sechs Jahren nach Beendigung einer Ausbildung voll erwerbsgemindert geworden oder gestorben sind und in den letzten zwei Jahren vorher mindestens ein Jahr Pflichtbeiträge für eine versicherte Beschäftigung oder Tätigkeit haben. ² Der Zeitraum von zwei Jahren vor Eintritt der vollen Erwerbsminderung oder des Todes verlängert sich um Zeiten einer schulischen Ausbildung nach Vollendung des 17. Lebensjahres bis zu sieben Jahren.

(3) Pflichtbeiträge für eine versicherte Beschäftigung oder Tätigkeit im Sinne der Absätze 1 und 2 liegen auch vor, wenn

1. freiwillige Beiträge gezahlt worden sind, die als Pflichtbeiträge gelten, oder

2. Pflichtbeiträge aus den in § 3 oder § 4 genannten Gründen gezahlt worden sind oder als gezahlt gelten oder
3. für Anrechnungszeiten Beiträge gezahlt worden sind, die ein Leistungsträger mitgetragen hat.

Fünfter Titel. Rentenrechtliche Zeiten

§ 54 Begriffsbestimmungen. (1) Rentenrechtliche Zeiten sind
1. Beitragszeiten,
   a) als Zeiten mit vollwertigen Beiträgen,
   b) als beitragsgeminderte Zeiten,
2. beitragsfreie Zeiten und
3. Berücksichtigungszeiten.

(2) Zeiten mit vollwertigen Beiträgen sind Kalendermonate, die mit Beiträgen belegt und nicht beitragsgeminderte Zeiten sind.

(3) ¹Beitragsgeminderte Zeiten sind Kalendermonate, die sowohl mit Beitragszeiten als auch Anrechnungszeiten, einer Zurechnungszeit oder Ersatzzeiten (Fünftes Kapitel) belegt sind. ²Als beitragsgeminderte Zeiten gelten Kalendermonate mit Pflichtbeiträgen für eine Berufsausbildung (Zeiten einer beruflichen Ausbildung).

(4) Beitragsfreie Zeiten sind Kalendermonate, die mit Anrechnungszeiten, mit einer Zurechnungszeit oder mit Ersatzzeiten belegt sind, wenn für sie nicht auch Beiträge gezahlt worden sind.

§ 55 Beitragszeiten. (1) ¹Beitragszeiten sind Zeiten, für die nach Bundesrecht Pflichtbeiträge (Pflichtbeitragszeiten) oder freiwillige Beiträge gezahlt worden sind. ²Pflichtbeitragszeiten sind auch Zeiten, für die Pflichtbeiträge nach besonderen Vorschriften als gezahlt gelten. ³Als Beitragszeiten gelten auch Zeiten, für die Entgeltpunkte gutgeschrieben worden sind, weil gleichzeitig Berücksichtigungszeiten wegen Kindererziehung oder Zeiten der Pflege eines pflegebedürftigen Kindes für mehrere Kinder vorliegen.

(2) Soweit ein Anspruch auf Rente eine bestimmte Anzahl an Pflichtbeiträgen für eine versicherte Beschäftigung oder Tätigkeit voraussetzt, zählen hierzu auch
1. freiwillige Beiträge, die als Pflichtbeiträge gelten, oder
2. Pflichtbeiträge, für die aus den in § 3 oder § 4 genannten Gründen Beiträge gezahlt worden sind oder als gezahlt gelten, oder
3. Beiträge für Anrechnungszeiten, die ein Leistungsträger mitgetragen hat.

§ 56 Kindererziehungszeiten. (1) ¹Kindererziehungszeiten sind Zeiten der Erziehung eines Kindes in dessen ersten drei Lebensjahren. ²Für einen Elternteil (§ 56 Abs. 1 Satz 1 Nr. 3 und Abs. 3 Nr. 2 und 3 Erstes Buch[1])) wird eine Kindererziehungszeit angerechnet, wenn
1. die Erziehungszeit diesem Elternteil zuzuordnen ist,

---

[1]) Nr. 1.

2. die Erziehung im Gebiet der Bundesrepublik Deutschland erfolgt ist oder einer solchen gleichsteht und

3. der Elternteil nicht von der Anrechnung ausgeschlossen ist.

(2) ¹ Eine Erziehungszeit ist dem Elternteil zuzuordnen, der sein Kind erzogen hat. ² Haben mehrere Elternteile das Kind gemeinsam erzogen, wird die Erziehungszeit einem Elternteil zugeordnet. ³ Haben die Eltern ihr Kind gemeinsam erzogen, können sie durch eine übereinstimmende Erklärung bestimmen, welchem Elternteil sie zuzuordnen ist. ⁴ Die Zuordnung kann auf einen Teil der Erziehungszeit beschränkt werden. ⁵ Die übereinstimmende Erklärung der Eltern ist mit Wirkung für künftige Kalendermonate abzugeben. ⁶ Die Zuordnung kann rückwirkend für bis zu zwei Kalendermonate vor Abgabe der Erklärung erfolgen, es sei denn, für einen Elternteil ist unter Berücksichtigung dieser Zeiten eine Leistung bindend festgestellt, ein Versorgungsausgleich oder ein Rentensplitting durchgeführt. ⁷ Für die Abgabe der Erklärung gilt § 16 des Ersten Buches über die Antragstellung entsprechend. ⁸ Haben die Eltern eine übereinstimmende Erklärung nicht abgegeben, ist die Erziehungszeit der Mutter zuzuordnen. ⁹ Haben mehrere Elternteile das Kind erzogen, ist die Erziehungszeit demjenigen zuzuordnen, der das Kind überwiegend erzogen hat, soweit sich aus Satz 3 nicht etwas anderes ergibt.

(3) ¹ Eine Erziehung ist im Gebiet der Bundesrepublik Deutschland erfolgt, wenn der erziehende Elternteil sich mit dem Kind dort gewöhnlich aufgehalten hat. ² Einer Erziehung im Gebiet der Bundesrepublik Deutschland steht gleich, wenn der erziehende Elternteil sich mit seinem Kind im Ausland gewöhnlich aufgehalten hat und während der Erziehung oder unmittelbar vor der Geburt des Kindes wegen einer dort ausgeübten Beschäftigung oder selbständigen Tätigkeit Pflichtbeitragszeiten hat. ³ Dies gilt bei einem gemeinsamen Aufenthalt von Ehegatten oder Lebenspartnern im Ausland auch, wenn der Ehegatte oder Lebenspartner des erziehenden Elternteils solche Pflichtbeitragszeiten hat oder nur deshalb nicht hat, weil er zu den in § 5 Abs. 1 und 4 genannten Personen gehörte oder von der Versicherungspflicht befreit war.

(4) Elternteile sind von der Anrechnung ausgeschlossen, wenn sie

1. während der Erziehungszeit oder unmittelbar vor der Geburt des Kindes eine Beschäftigung oder selbständige Tätigkeit im Gebiet der Bundesrepublik Deutschland ausgeübt haben, die aufgrund

   a) einer zeitlich begrenzten Entsendung in dieses Gebiet (§ 5 Viertes Buch[1]) oder

   b) einer Regelung des zwischen- oder überstaatlichen Rechts oder einer für Bedienstete internationaler Organisationen getroffenen Regelung (§ 6 Viertes Buch)

   den Vorschriften über die Versicherungspflicht nicht unterliegt,

2. während der Erziehungszeit zu den in § 5 Absatz 4 genannten Personen gehören oder

3. während der Erziehungszeit Anwartschaften auf Versorgung im Alter aufgrund der Erziehung erworben haben, wenn diese nach den für sie geltenden besonderen Versorgungsregelungen systembezogen annähernd gleichwertig berücksichtigt wird wie die Kindererziehung nach diesem Buch; als in

---

[1] Nr. 4.

diesem Sinne systembezogen annähernd gleichwertig gilt eine Versorgung nach beamtenrechtlichen Vorschriften oder Grundsätzen oder entsprechenden kirchenrechtlichen Regelungen.

(5) ¹Die Kindererziehungszeit beginnt nach Ablauf des Monats der Geburt und endet nach 36 Kalendermonaten. ²Wird während dieses Zeitraums vom erziehenden Elternteil ein weiteres Kind erzogen, für das ihm eine Kindererziehungszeit anzurechnen ist, wird die Kindererziehungszeit für dieses und jedes weitere Kind um die Anzahl an Kalendermonaten der gleichzeitigen Erziehung verlängert.

§ 57 Berücksichtigungszeiten.
¹Die Zeit der Erziehung eines Kindes bis zu dessen vollendetem zehnten Lebensjahr ist bei einem Elternteil eine Berücksichtigungszeit, soweit die Voraussetzungen für die Anrechnung einer Kindererziehungszeit auch in dieser Zeit vorliegen. ²Dies gilt für Zeiten einer mehr als geringfügig ausgeübten selbständigen Tätigkeit nur, soweit diese Zeiten auch Pflichtbeitragszeiten sind.

§ 58 Anrechnungszeiten.
(1) ¹Anrechnungszeiten sind Zeiten, in denen Versicherte

1. wegen Krankheit arbeitsunfähig gewesen sind oder Leistungen zur medizinischen Rehabilitation oder zur Teilhabe am Arbeitsleben erhalten haben,

1a. nach dem vollendeten 17. und vor dem vollendeten 25. Lebensjahr mindestens einen Kalendermonat krank gewesen sind, soweit die Zeiten nicht mit anderen rentenrechtlichen Zeiten belegt sind,

2. wegen Schwangerschaft oder Mutterschaft während der Schutzfristen nach dem Mutterschutzgesetz eine versicherte Beschäftigung oder selbständige Tätigkeit nicht ausgeübt haben,

3. wegen Arbeitslosigkeit bei einer deutschen Agentur für Arbeit als Arbeitsuchende gemeldet waren und eine öffentlich-rechtliche Leistung bezogen oder nur wegen des zu berücksichtigenden Einkommens oder Vermögens nicht bezogen haben,

3a. nach dem vollendeten 17. Lebensjahr mindestens einen Kalendermonat bei einer deutschen Agentur für Arbeit als Ausbildungsuchende gemeldet waren, soweit die Zeiten nicht mit anderen rentenrechtlichen Zeiten belegt sind,

4. nach dem vollendeten 17. Lebensjahr eine Schule, Fachschule oder Hochschule besucht oder an einer berufsvorbereitenden Bildungsmaßnahme teilgenommen haben (Zeiten einer schulischen Ausbildung), insgesamt jedoch höchstens bis zu acht Jahren, oder

5. eine Rente bezogen haben, soweit diese Zeiten auch als Zurechnungszeit in der Rente berücksichtigt waren, und die vor dem Beginn dieser Rente liegende Zurechnungszeit,

6. nach dem 31. Dezember 2010 Arbeitslosengeld II bezogen haben; dies gilt nicht für Empfänger der Leistung,

a) die Arbeitslosengeld II nur darlehensweise oder

b) nur Leistungen nach § 24 Absatz 3 Satz 1 des Zweiten Buches[1)] bezogen haben.

² Berufsvorbereitende Bildungsmaßnahmen sind alle beruflichen Bildungsmaßnahmen, die auf die Aufnahme einer Berufsausbildung vorbereiten oder der beruflichen Eingliederung dienen, sowie Vorbereitungslehrgänge zum nachträglichen Erwerb des Hauptschulabschlusses und allgemeinbildende Kurse zum Abbau von schwerwiegenden beruflichen Bildungsdefiziten. ³ Zeiten, in denen Versicherte nach Vollendung des 25. Lebensjahres wegen des Bezugs von Sozialleistungen versicherungspflichtig waren, sind nicht Anrechnungszeiten nach Satz 1 Nummer 1 und 3. ⁴ Nach Vollendung des 25. Lebensjahres schließen Anrechnungszeiten wegen des Bezugs von Arbeitslosengeld II Anrechnungszeiten wegen Arbeitslosigkeit aus.

(2) ¹ Anrechnungszeiten nach Absatz 1 Satz 1 Nr. 1 und 2 bis 3a liegen nur vor, wenn dadurch eine versicherte Beschäftigung oder selbständige Tätigkeit oder ein versicherter Wehrdienst oder Zivildienst oder ein versichertes Wehrdienstverhältnis besonderer Art nach § 6 des Einsatz-Weiterverwendungsgesetzes unterbrochen ist; dies gilt nicht für Zeiten nach Vollendung des 17. und vor Vollendung des 25. Lebensjahres. ² Eine selbständige Tätigkeit ist nur dann unterbrochen, wenn sie ohne die Mitarbeit des Versicherten nicht weiter ausgeübt werden kann.

(3) Anrechnungszeiten wegen Arbeitsunfähigkeit oder der Ausführung der Leistungen zur medizinischen Rehabilitation oder zur Teilhabe am Arbeitsleben liegen bei Versicherten, die nach § 4 Abs. 3 Satz 1 Nr. 2 versicherungspflichtig werden konnten, erst nach Ablauf der auf Antrag begründeten Versicherungspflicht vor.

(4) Anrechnungszeiten liegen bei Beziehern von Arbeitslosengeld oder Übergangsgeld nicht vor, wenn die Bundesagentur für Arbeit für sie Beiträge an eine Versicherungseinrichtung oder Versorgungseinrichtung, an ein Versicherungsunternehmen oder an sie selbst gezahlt haben.

(4a) Zeiten der schulischen Ausbildung neben einer versicherten Beschäftigung oder Tätigkeit sind nur Anrechnungszeiten wegen schulischer Ausbildung, wenn der Zeitaufwand für die schulische Ausbildung unter Berücksichtigung des Zeitaufwands für die Beschäftigung oder Tätigkeit überwiegt.

(5) Anrechnungszeiten sind nicht für die Zeit der Leistung einer Rente wegen Alters zu berücksichtigen.

§ 59 Zurechnungszeit.

(1) Zurechnungszeit ist die Zeit, die bei einer Rente wegen Erwerbsminderung oder einer Rente wegen Todes hinzugerechnet wird, wenn der Versicherte das 65. Lebensjahr noch nicht vollendet hat.

(2) ¹ Die Zurechnungszeit beginnt

1. bei einer Rente wegen Erwerbsminderung mit dem Eintritt der hierfür maßgebenden Erwerbsminderung,
2. bei einer Rente wegen voller Erwerbsminderung, auf die erst nach Erfüllung einer Wartezeit von 20 Jahren ein Anspruch besteht, mit Beginn dieser Rente,

---

[1)] Nr. 2.

3. bei einer Witwenrente, Witwerrente oder Waisenrente mit dem Tod des Versicherten und
4. bei einer Erziehungsrente mit Beginn dieser Rente.
² Die Zurechnungszeit endet mit Vollendung des 65. Lebensjahres.

§ 60 Zuordnung beitragsfreier Zeiten zur knappschaftlichen Rentenversicherung. (1) Anrechnungszeiten und eine Zurechnungszeit werden der knappschaftlichen Rentenversicherung zugeordnet, wenn vor dieser Zeit der letzte Pflichtbeitrag zur knappschaftlichen Rentenversicherung gezahlt worden ist.

(2) Anrechnungszeiten wegen einer schulischen Ausbildung werden der knappschaftlichen Rentenversicherung auch dann zugeordnet, wenn während oder nach dieser Zeit die Versicherung beginnt und der erste Pflichtbeitrag zur knappschaftlichen Rentenversicherung gezahlt worden ist.

§ 61 Ständige Arbeiten unter Tage. (1) Ständige Arbeiten unter Tage sind solche Arbeiten nach dem 31. Dezember 1967, die nach ihrer Natur ausschließlich unter Tage ausgeübt werden.

(2) Den ständigen Arbeiten unter Tage werden gleichgestellt:
1. Arbeiten, die nach dem Tätigkeitsbereich der Versicherten sowohl unter Tage als auch über Tage ausgeübt werden, wenn sie während eines Kalendermonats in mindestens 18 Schichten überwiegend unter Tage ausgeübt worden sind; Schichten, die in einem Kalendermonat wegen eines auf einen Arbeitstag fallenden Feiertags ausfallen, gelten als überwiegend unter Tage verfahrene Schichten,
2. Arbeiten als Mitglieder der für den Einsatz unter Tage bestimmten Grubenwehr, mit Ausnahme als Gerätewarte, für die Dauer der Zugehörigkeit,
3. Arbeiten als Mitglieder des Betriebsrats, wenn die Versicherten bisher ständige Arbeiten unter Tage oder nach Nummer 1 oder 2 gleichgestellte Arbeiten ausgeübt haben und im Anschluss daran wegen der Betriebsratstätigkeit von diesen Arbeiten freigestellt worden sind.

(3) Als überwiegend unter Tage verfahren gelten auch Schichten, die in einem Kalendermonat wegen
1. krankheitsbedingter Arbeitsunfähigkeit,
2. bezahlten Urlaubs oder
3. Inanspruchnahme einer Leistung zur medizinischen Rehabilitation oder zur Teilnahme am Arbeitsleben oder einer Vorsorgekur

ausfallen, wenn in diesem Kalendermonat aufgrund von ständigen Arbeiten unter Tage oder gleichgestellten Arbeiten Beiträge gezahlt worden sind und die Versicherten in den drei voraufgegangenen Kalendermonaten mindestens einen Kalendermonat ständige Arbeiten unter Tage oder gleichgestellte Arbeiten ausgeübt haben.

§ 62 Schadenersatz bei rentenrechtlichen Zeiten. Durch die Berücksichtigung rentenrechtlicher Zeiten wird ein Anspruch auf Schadensersatz wegen verminderter Erwerbsfähigkeit nicht ausgeschlossen oder gemindert.

Dritter Unterabschnitt. Rentenhöhe und Rentenanpassung
Erster Titel. Grundsätze

§ 63 Grundsätze. (1) Die Höhe einer Rente richtet sich vor allem nach der Höhe der während des Versicherungslebens durch Beiträge versicherten Arbeitsentgelte und Arbeitseinkommen.

(2) ¹Das in den einzelnen Kalenderjahren durch Beiträge versicherte Arbeitsentgelt und Arbeitseinkommen wird in Entgeltpunkte umgerechnet. ²Die Versicherung eines Arbeitsentgelts oder Arbeitseinkommens in Höhe des Durchschnittsentgelts eines Kalenderjahres (Anlage 1) ergibt einen vollen Entgeltpunkt.

(3) Für beitragsfreie Zeiten werden Entgeltpunkte angerechnet, deren Höhe von der Höhe der in der übrigen Zeit versicherten Arbeitsentgelte und Arbeitseinkommen abhängig ist.

(4) Das Sicherungsziel der jeweiligen Rentenart im Verhältnis zu einer Altersrente wird durch den Rentenartfaktor bestimmt.

(5) Vorteile und Nachteile einer unterschiedlichen Rentenbezugsdauer werden durch einen Zugangsfaktor vermieden.

(6) Der Monatsbetrag einer Rente ergibt sich, indem die unter Berücksichtigung des Zugangsfaktors ermittelten persönlichen Entgeltpunkte mit dem Rentenartfaktor und dem aktuellen Rentenwert vervielfältigt werden.

(7) Der aktuelle Rentenwert[1] wird entsprechend der Entwicklung des Durchschnittsentgelts unter Berücksichtigung der Veränderung des Beitragssatzes zur allgemeinen Rentenversicherung jährlich angepasst.

Zweiter Titel. Berechnung und Anpassung der Renten

§ 64 Rentenformel für Monatsbetrag der Rente. Der Monatsbetrag der Rente ergibt sich, wenn

1. die unter Berücksichtigung des Zugangsfaktors ermittelten persönlichen Entgeltpunkte,
2. der Rentenartfaktor und
3. der aktuelle Rentenwert

mit ihrem Wert bei Rentenbeginn miteinander vervielfältigt werden.

§ 65 Anpassung der Renten. Zum 1. Juli eines jeden Jahres werden die Renten angepasst, indem der bisherige aktuelle Rentenwert durch den neuen aktuellen Rentenwert[1] ersetzt wird.

§ 66 Persönliche Entgeltpunkte. (1) Die persönlichen Entgeltpunkte für die Ermittlung des Monatsbetrags der Rente ergeben sich, indem die Summe aller Entgeltpunkte für

1. Beitragszeiten,
2. beitragsfreie Zeiten,

---

[1]) Der aktuelle Rentenwert beträgt ab dem 1. Juli 2017 31,03 Euro, der aktuelle Rentenwert (Ost) beträgt ab dem 1. Juli 2017 29,69 Euro; vgl. § 1 Abs. 1 und 2 RentenwertbestimmungsVO 2017 v. 8.6.2017 (BGBl. I S. 1522).

2. Kapitel. Leistungen § 66 SGB VI 6

3. Zuschläge für beitragsgeminderte Zeiten,
4. Zuschläge oder Abschläge aus einem durchgeführten Versorgungsausgleich oder Rentensplitting,
5. Zuschläge aus Zahlung von Beiträgen bei vorzeitiger Inanspruchnahme einer Rente wegen Alters oder bei Abfindungen von Anwartschaften auf betriebliche Altersversorgung oder von Anrechten bei der Versorgungsausgleichskasse,
6. Zuschläge an Entgeltpunkten für Arbeitsentgelt aus geringfügiger Beschäftigung,
7. Arbeitsentgelt aus nach § 23b Abs. 2 Satz 1 bis 4 des Vierten Buches[1)] aufgelösten Wertguthaben,
8. Zuschläge an Entgeltpunkten aus Beiträgen nach Beginn einer Rente wegen Alters,
9. Zuschläge an Entgeltpunkten für Zeiten einer besonderen Auslandsverwendung und
10. Zuschläge an Entgeltpunkten für nachversicherte Soldaten auf Zeit

mit dem Zugangsfaktor vervielfältigt und bei Witwenrenten und Witwerrenten sowie bei Waisenrenten um einen Zuschlag erhöht wird.

(2) Grundlage für die Ermittlung der persönlichen Entgeltpunkte sind die Entgeltpunkte
1. des Versicherten bei einer Rente wegen Alters, wegen verminderter Erwerbsfähigkeit und bei einer Erziehungsrente,
2. des verstorbenen Versicherten bei einer Witwenrente, Witwerrente und Halbwaisenrente,
3. der zwei verstorbenen Versicherten mit den höchsten Renten bei einer Vollwaisenrente.

(3) ¹Bei einer unabhängig vom Hinzuverdienst gewählten Teilrente (§ 42 Absatz 2) ergeben sich die in Anspruch genommenen Entgeltpunkte aus der Summe aller Entgeltpunkte entsprechend dem Verhältnis der Teilrente zu der Vollrente. ²Bei einer vom Hinzuverdienst abhängigen Teilrente (§ 34 Absatz 3) ergeben sich die jeweils in Anspruch genommenen Entgeltpunkte aus dem Monatsbetrag der Rente nach Anrechnung des Hinzuverdienstes im Wege einer Rückrechnung unter Berücksichtigung des maßgeblichen aktuellen Rentenwerts, des Rentenartfaktors und des jeweiligen Zugangsfaktors.

(3a) ¹Zuschläge an Entgeltpunkten aus Beiträgen nach Beginn einer Rente wegen Alters werden mit Ablauf des Kalendermonats des Erreichens der Regelaltersgrenze und anschließend jährlich zum 1. Juli berücksichtigt. ²Dabei sind für die jährliche Berücksichtigung zum 1. Juli die für das vergangene Kalenderjahr ermittelten Zuschläge maßgebend.

(4) Bei einer nur teilweise zu leistenden Rente wegen verminderter Erwerbsfähigkeit ergeben sich die jeweils in Anspruch genommenen Entgeltpunkte aus dem Monatsbetrag der Rente nach Anrechnung des Hinzuverdienstes im Wege einer Rückrechnung unter Berücksichtigung des maßgeblichen aktuellen Rentenwerts, des Rentenartfaktors und des jeweiligen Zugangsfaktors.

[1)] Nr. 4.

§ 67 Rentenartfaktor. Der Rentenartfaktor beträgt für persönliche Entgeltpunkte bei

1. Renten wegen Alters 1,0
2. Renten wegen teilweiser Erwerbsminderung 0,5
3. Renten wegen voller Erwerbsminderung 1,0
4. Erziehungsrenten 1,0
5. kleinen Witwenrenten und kleinen Witwerrenten bis zum Ende des dritten Kalendermonats nach Ablauf des Monats, in dem der Ehegatte verstorben ist, 1,0
anschließend 0,25
6. großen Witwenrenten und großen Witwerrenten bis zum Ende des dritten Kalendermonats nach Ablauf des Monats, in dem der Ehegatte verstorben ist, 1,0
anschließend 0,55
7. Halbwaisenrenten 0,1
8. Vollwaisenrenten 0,2.

§ 68 Aktueller Rentenwert. (1) ¹Der aktuelle Rentenwert ist der Betrag, der einer monatlichen Rente wegen Alters der allgemeinen Rentenversicherung entspricht, wenn für ein Kalenderjahr Beiträge aufgrund des Durchschnittsentgelts gezahlt worden sind. ²Am 30. Juni 2005 beträgt der aktuelle Rentenwert 26,13 Euro.[1] ³Er verändert sich zum 1. Juli eines jeden Jahres, indem der bisherige aktuelle Rentenwert mit den Faktoren für die Veränderung

1. der Bruttolöhne und -gehälter je Arbeitnehmer,
2. des Beitragssatzes zur allgemeinen Rentenversicherung und
3. dem Nachhaltigkeitsfaktor

vervielfältigt wird.

(2) ¹Bruttolöhne und -gehälter je Arbeitnehmer sind die durch das Statistische Bundesamt ermittelten Bruttolöhne und -gehälter je Arbeitnehmer ohne Personen in Arbeitsgelegenheiten mit Entschädigungen für Mehraufwendungen jeweils nach der Systematik der Volkswirtschaftlichen Gesamtrechnungen. ²Der Faktor für die Veränderung der Bruttolöhne und -gehälter je Arbeitnehmer wird ermittelt, indem deren Wert für das vergangene Kalenderjahr durch den Wert für das vorvergangene Kalenderjahr geteilt wird. ³Dabei wird der Wert für das vorvergangene Kalenderjahr an die Entwicklung der Einnahmen der gesetzlichen Rentenversicherung angepasst, indem er mit dem Faktor vervielfältigt wird, der sich aus dem Verhältnis der Veränderung der Bruttolöhne und -gehälter je Arbeitnehmer im vorvergangenen Kalenderjahr gegenüber dem dritten zurückliegenden Kalenderjahr und der Veränderung der aus der Versichertenstatistik der Deutschen Rentenversicherung Bund ermittelten beitragspflichtigen Bruttolöhne und -gehälter je Arbeitnehmer ohne Beamte ein-

---

[1] Der aktuelle Rentenwert beträgt ab dem 1. Juli 2017 31,03 Euro, der aktuelle Rentenwert (Ost) beträgt ab dem 1. Juli 2017 29,69 Euro; vgl. § 1 Abs. 1 und 2 RentenwertbestimmungsVO 2017 v. 8.6.2017 (BGBl. I S. 1522).

2. Kapitel. Leistungen **§ 68 SGB VI 6**

schließlich der Bezieher von Arbeitslosengeld im vorvergangenen Kalenderjahr gegenüber dem dritten zurückliegenden Kalenderjahr ergibt.

(3) ¹Der Faktor, der sich aus der Veränderung des Beitragssatzes zur allgemeinen Rentenversicherung ergibt, wird ermittelt, indem

1. der durchschnittliche Beitragssatz in der allgemeinen Rentenversicherung des vergangenen Kalenderjahres von der Differenz aus 100 vom Hundert und dem Altersvorsorgeanteil für das Jahr 2012 subtrahiert wird,
2. der durchschnittliche Beitragssatz in der allgemeinen Rentenversicherung für das vorvergangene Kalenderjahr von der Differenz aus 100 vom Hundert und dem Altersvorsorgeanteil für das Jahr 2012 subtrahiert wird,

und anschließend der nach Nummer 1 ermittelte Wert durch den nach Nummer 2 ermittelten Wert geteilt wird. ²Altersvorsorgeanteil für das Jahr 2012 ist der Wert, der im Fünften Kapitel für das Jahr 2012 als Altersvorsorgeanteil bestimmt worden ist.

(4) ¹Der Nachhaltigkeitsfaktor wird ermittelt, indem der um die Veränderung des Rentnerquotienten im vergangenen Kalenderjahr gegenüber dem vorvergangenen Kalenderjahr verminderte Wert eins mit einem Parameter α vervielfältigt und um den Wert eins erhöht wird. ²Der Rentnerquotient wird ermittelt, indem die Anzahl der Äquivalenzrentner durch die Anzahl der Äquivalenzbeitragszahler dividiert wird. ³Die Anzahl der Äquivalenzrentner wird ermittelt, indem das aus den Rechnungsergebnissen auf 1 000 Euro genau bestimmte Gesamtvolumen der Renten abzüglich erstatteter Aufwendungen für Renten und Rententeile eines Kalenderjahres durch eine Regelaltersrente desselben Kalenderjahres aus der allgemeinen Rentenversicherung mit 45 Entgeltpunkten dividiert wird. ⁴Die Anzahl der Äquivalenzbeitragszahler wird ermittelt, indem das aus den Rechnungsergebnissen auf 1 000 Euro genau bestimmte Gesamtvolumen der Beiträge aller in der allgemeinen Rentenversicherung versicherungspflichtig Beschäftigten, der geringfügig Beschäftigten (§ 8 Viertes Buch[1)]) und der Bezieher von Arbeitslosengeld eines Kalenderjahres durch den auf das Durchschnittsentgelt nach Anlage 1 entfallenden Beitrag der allgemeinen Rentenversicherung desselben Kalenderjahres dividiert wird. ⁵Die jeweilige Anzahl der Äquivalenzrentner und der Äquivalenzbeitragszahler ist auf 1 000 Personen genau zu berechnen. ⁶Der Parameter α beträgt 0,25.

(5) Der nach den Absätzen 1 bis 4 anstelle des bisherigen aktuellen Rentenwerts zu bestimmende neue aktuelle Rentenwert wird nach folgender Formel ermittelt:

$$AR_t = AR_{t-1} \times \frac{BE_{t-1}}{BE_{t-2}} \times \frac{100 - AVA_{2012} - RVB_{t-1}}{100 - AVA_{2012} - RVB_{t-2}} \times \left(\left(1 - \frac{RQ_{t-1}}{RQ_{t-2}}\right) \times \alpha + 1\right)$$

Dabei sind:

AR$_t$ = zu bestimmender aktueller Rentenwert ab dem 1. Juli,

AR$_{t-1}$ = bisheriger aktueller Rentenwert,

BE$_{t-1}$ = Bruttolöhne und -gehälter je Arbeitnehmer im vergangenen Kalenderjahr,

---

[1)] Nr. 4.

BE_{t-2}	=	Bruttolöhne und -gehälter je Arbeitnehmer im vorvergangenen Kalenderjahr unter Berücksichtigung der Veränderung der beitragspflichtigen Bruttolöhne und -gehälter je Arbeitnehmer ohne Beamte einschließlich der Bezieher von Arbeitslosengeld,
AVA_{2012}	=	Altersvorsorgeanteil für das Jahr 2012 in Höhe von 4 vom Hundert,
RVB_{t-1}	=	durchschnittlicher Beitragssatz in der allgemeinen Rentenversicherung im vergangenen Kalenderjahr,
RVB_{t-2}	=	durchschnittlicher Beitragssatz in der allgemeinen Rentenversicherung im vorvergangenen Kalenderjahr.
RQ_{t-1}	=	Rentnerquotient im vergangenen Kalenderjahr,
RQ_{t-2}	=	Rentnerquotient im vorvergangenen Kalenderjahr.

(6) *(aufgehoben)*

(7) ¹ Bei der Bestimmung des neuen aktuellen Rentenwerts sind für das vergangene Kalenderjahr die dem Statistischen Bundesamt zu Beginn des Kalenderjahres vorliegenden Daten zu den Bruttolöhnen und -gehältern je Arbeitnehmer und für das vorvergangene und das dritte zurückliegende Kalenderjahr die bei der Bestimmung des bisherigen aktuellen Rentenwerts verwendeten Daten zu den Bruttolöhnen und -gehältern je Arbeitnehmer zugrunde zu legen. ² Für die Bestimmung der beitragspflichtigen Bruttolöhne und -gehälter je Arbeitnehmer ohne Beamte einschließlich der Bezieher von Arbeitslosengeld nach Absatz 2 Satz 3 sind die der Deutschen Rentenversicherung Bund vorliegenden Daten aus der Versichertenstatistik zu verwenden. ³ Dabei sind für das vorvergangene Kalenderjahr die zu Beginn des Kalenderjahres vorliegenden Daten zu den beitragspflichtigen Bruttolöhnen und -gehältern je Arbeitnehmer ohne Beamte einschließlich der Bezieher von Arbeitslosengeld und für das dritte zurückliegende Kalenderjahr die bei der Bestimmung des bisherigen aktuellen Rentenwerts verwendeten Daten zu den beitragspflichtigen Bruttolöhnen und -gehältern je Arbeitnehmer ohne Beamte einschließlich der Bezieher von Arbeitslosengeld zugrunde zu legen. ⁴ Bei der Ermittlung des Rentnerquotienten für das vergangene Kalenderjahr sind die der Deutschen Rentenversicherung Bund im ersten Vierteljahr des Kalenderjahres vorliegenden Daten und für das vorvergangene Kalenderjahr die bei der Bestimmung des bisherigen aktuellen Rentenwerts verwendeten Daten zugrunde zu legen.

§ 68a Schutzklausel. (1) ¹ Abweichend von § 68 vermindert sich der bisherige aktuelle Rentenwert nicht, wenn der nach § 68 berechnete aktuelle Rentenwert geringer ist als der bisherige aktuelle Rentenwert. ² Die unterbliebene Minderungswirkung (Ausgleichsbedarf[1]) wird mit Erhöhungen des aktuellen Rentenwerts verrechnet. ³ Die Verrechnung darf nicht zu einer Minderung des bisherigen aktuellen Rentenwerts führen.

---

[1] Der Ausgleichsbedarf beträgt ab dem 1. Juli 2017 1,0000, der Ausgleichsbedarf (Ost) beträgt ab dem 1. Juli 2017 1,0000; vgl. § 3 Abs. 1 und 2 RentenwertbestimmungsVO 2017 v. 8.6.2017 (BGBl. I S. 1522).

(2) ¹In den Jahren, in denen Absatz 1 Satz 1 anzuwenden ist, wird der Ausgleichsbedarf ermittelt, indem der nach § 68 berechnete aktuelle Rentenwert durch den bisherigen aktuellen Rentenwert geteilt wird (Ausgleichsfaktor). ²Der Wert des Ausgleichsbedarfs verändert sich, indem der im Vorjahr bestimmte Wert mit dem Ausgleichsfaktor des laufenden Jahres vervielfältigt wird.

(3) ¹Ist der nach § 68 berechnete aktuelle Rentenwert höher als der bisherige aktuelle Rentenwert und ist der im Vorjahr bestimmte Wert des Ausgleichsbedarfs kleiner als 1,0000, wird der neue aktuelle Rentenwert abweichend von § 68 ermittelt, indem der bisherige aktuelle Rentenwert mit dem hälftigen Anpassungsfaktor vervielfältigt wird. ²Der hälftige Anpassungsfaktor wird ermittelt, indem der nach § 68 berechnete aktuelle Rentenwert durch den bisherigen aktuellen Rentenwert geteilt wird (Anpassungsfaktor) und dieser Anpassungsfaktor um 1 vermindert, durch 2 geteilt und um 1 erhöht wird. ³Der Wert des Ausgleichsbedarfs verändert sich, indem der im Vorjahr bestimmte Wert mit dem hälftigen Anpassungsfaktor vervielfältigt wird. ⁴Übersteigt der Ausgleichsbedarf nach Anwendung von Satz 3 den Wert 1,0000, wird der bisherige aktuelle Rentenwert abweichend von Satz 1 mit dem Faktor vervielfältigt, der sich ergibt, wenn der Anpassungsfaktor mit dem im Vorjahr bestimmten Wert des Ausgleichsbedarfs vervielfältigt wird; der Wert des Ausgleichsbedarfs beträgt dann 1,0000.

(4) Sind weder Absatz 1 noch Absatz 3 anzuwenden, bleibt der Wert des Ausgleichsbedarfs unverändert.

§ 69 Verordnungsermächtigung. (1) Die Bundesregierung hat durch Rechtsverordnung mit Zustimmung des Bundesrates den zum 1. Juli eines Jahres maßgebenden aktuellen Rentenwert[1]) und den Ausgleichsbedarf[2]) bis zum 30. Juni des jeweiligen Jahres zu bestimmen.

(2) ¹Die Bundesregierung hat durch Rechtsverordnung mit Zustimmung des Bundesrates zum Ende eines jeden Jahres

1. für das vergangene Kalenderjahr das auf volle Euro gerundete Durchschnittsentgelt in Anlage 1 entsprechend der Entwicklung der Bruttolöhne und -gehälter je Arbeitnehmer (§ 68 Abs. 2 Satz 1),
2. für das folgende Kalenderjahr das auf volle Euro gerundete vorläufige Durchschnittsentgelt, das sich ergibt, wenn das Durchschnittsentgelt für das vergangene Kalenderjahr um das Doppelte des Vomhundertsatzes verändert wird, um den sich das Durchschnittsentgelt des vergangenen Kalenderjahres gegenüber dem Durchschnittsentgelt des vorvergangenen Kalenderjahres verändert hat,

zu bestimmen. ²Die Bestimmung soll bis zum 31. Dezember des jeweiligen Jahres erfolgen.

---

[1]) Der aktuelle Rentenwert beträgt ab dem 1. Juli 2017 31,03 Euro, der aktuelle Rentenwert (Ost) beträgt ab dem 1. Juli 2017 29,69 Euro; vgl. § 1 Abs. 1 und 2 RentenwertbestimmungsVO 2017 v. 8.6.2017 (BGBl. I S. 1522).

[2]) Der Ausgleichsbedarf beträgt ab dem 1. Juli 2017 1,0000, der Ausgleichsbedarf (Ost) beträgt ab dem 1. Juli 2017 1,0000; vgl. § 3 Abs. 1 und 2 RentenwertbestimmungsVO 2017 v. 8.6.2017 (BGBl. I S. 1522).

Dritter Titel. Ermittlung der persönlichen Entgeltpunkte

§ 70 Entgeltpunkte für Beitragszeiten. (1) ¹ Für Beitragszeiten werden Entgeltpunkte ermittelt, indem die Beitragsbemessungsgrundlage durch das Durchschnittsentgelt (Anlage 1) für dasselbe Kalenderjahr geteilt wird. ² Für das Kalenderjahr des Rentenbeginns und für das davorliegende Kalenderjahr wird als Durchschnittsentgelt der Betrag zugrunde gelegt, der für diese Kalenderjahre vorläufig bestimmt ist.

(2) ¹ Kindererziehungszeiten erhalten für jeden Kalendermonat 0,0833 Entgeltpunkte (Entgeltpunkte für Kindererziehungszeiten). ² Entgeltpunkte für Kindererziehungszeiten sind auch Entgeltpunkte, die für Kindererziehungszeiten mit sonstigen Beitragszeiten ermittelt werden, indem die Entgeltpunkte für sonstige Beitragszeiten um 0,0833 erhöht werden, höchstens um die Entgeltpunkte bis zum Erreichen der jeweiligen Höchstwerte nach Anlage 2b.

(3) ¹ Aus der Zahlung von Beiträgen für Arbeitsentgelt aus nach § 23b Abs. 2 Satz 1 bis 4 des Vierten Buches[1)] aufgelösten Wertguthaben werden zusätzliche Entgeltpunkte ermittelt, indem dieses Arbeitsentgelt durch das vorläufige Durchschnittsentgelt (Anlage 1) für das Kalenderjahr geteilt wird, dem das Arbeitsentgelt zugeordnet ist. ² Die so ermittelten Entgeltpunkte gelten als Entgeltpunkte für Zeiten mit vollwertigen Pflichtbeiträgen nach dem 31. Dezember 1991.

(3a) ¹ Sind mindestens 25 Jahre mit rentenrechtlichen Zeiten vorhanden, werden für nach dem Jahr 1991 liegende Kalendermonate mit Berücksichtigungszeiten wegen Kindererziehung oder mit Zeiten der nicht erwerbsmäßigen Pflege eines pflegebedürftigen Kindes bis zur Vollendung des 18. Lebensjahres Entgeltpunkte zusätzlich ermittelt oder gutgeschrieben. ² Diese betragen für jeden Kalendermonat

a) mit Pflichtbeiträgen die Hälfte der hierfür ermittelten Entgeltpunkte, höchstens 0,0278 an zusätzlichen Entgeltpunkten,

b) in dem für den Versicherten Berücksichtigungszeiten wegen Kindererziehung oder Zeiten der Pflege eines pflegebedürftigen Kindes für ein Kind mit entsprechenden Zeiten für ein anderes Kind zusammentreffen, 0,0278 an gutgeschriebenen Entgeltpunkten, abzüglich des Wertes der zusätzlichen Entgeltpunkte nach Buchstabe a.

³ Die Summe der zusätzlich ermittelten und gutgeschriebenen Entgeltpunkte ist zusammen mit den für Beitragszeiten und Kindererziehungszeiten ermittelten Entgeltpunkten auf einen Wert von höchstens 0,0833 Entgeltpunkte begrenzt.

(4) ¹ Ist für eine Rente wegen Alters die voraussichtliche beitragspflichtige Einnahme für den verbleibenden Zeitraum bis zum Beginn der Rente wegen Alters vom Rentenversicherungsträger errechnet worden (§ 194 Absatz 1 Satz 6, Abs. 2 Satz 2), sind für diese Rente Entgeltpunkte daraus wie aus der Beitragsbemessungsgrundlage zu ermitteln. ² Weicht die tatsächlich erzielte beitragspflichtige Einnahme von der durch den Rentenversicherungsträger errechneten voraussichtlichen beitragspflichtigen Einnahme ab, bleibt sie für diese Rente außer Betracht.

[1)] Nr. 4.

(5) Für Zeiten, für die Beiträge aufgrund der Vorschriften des Vierten Kapitels über die Nachzahlung gezahlt worden sind, werden Entgeltpunkte ermittelt, indem die Beitragsbemessungsgrundlage durch das Durchschnittsentgelt des Jahres geteilt wird, in dem die Beiträge gezahlt worden sind.

§ 71 Entgeltpunkte für beitragsfreie und beitragsgeminderte Zeiten (Gesamtleistungsbewertung). (1) [1] Beitragsfreie Zeiten erhalten den Durchschnittswert an Entgeltpunkten, der sich aus der Gesamtleistung an Beiträgen im belegungsfähigen Zeitraum ergibt. [2] Dabei erhalten sie den höheren Durchschnittswert aus der Grundbewertung aus allen Beiträgen oder der Vergleichsbewertung aus ausschließlich vollwertigen Beiträgen.

(2) [1] Für beitragsgeminderte Zeiten ist die Summe der Entgeltpunkte um einen Zuschlag so zu erhöhen, dass mindestens der Wert erreicht wird, den diese Zeiten jeweils als beitragsfreie Anrechnungszeiten wegen Krankheit und Arbeitslosigkeit, wegen einer schulischen Ausbildung und als Zeiten wegen einer beruflichen Ausbildung oder als sonstige beitragsfreie Zeiten hätten. [2] Diese zusätzlichen Entgeltpunkte werden den jeweiligen Kalendermonaten mit beitragsgeminderten Zeiten zu gleichen Teilen zugeordnet.

(3) [1] Für die Gesamtleistungsbewertung werden jedem Kalendermonat

1. an Berücksichtigungszeit die Entgeltpunkte zugeordnet, die sich ergeben würden, wenn diese Kalendermonate Kindererziehungszeiten wären,
2. mit Zeiten einer beruflichen Ausbildung mindestens 0,0833 Entgeltpunkte zugrunde gelegt und diese Kalendermonate insoweit nicht als beitragsgeminderte Zeiten berücksichtigt.

[2] Bei der Anwendung von Satz 1 Nr. 2 gelten die ersten 36 Kalendermonate mit Pflichtbeiträgen für Zeiten einer versicherten Beschäftigung oder selbständigen Tätigkeit bis zur Vollendung des 25. Lebensjahres stets als Zeiten einer beruflichen Ausbildung. [3] Eine Zuordnung an Entgeltpunkten für Kalendermonate mit Berücksichtigungszeiten unterbleibt in dem Umfang, in dem bereits nach § 70 Abs. 3a Entgeltpunkte zusätzlich ermittelt oder gutgeschrieben worden sind. [4] Satz 1 Nr. 2 gilt nicht für Kalendermonate mit Zeiten der beruflichen Ausbildung, für die bereits Entgeltpunkte nach Satz 1 Nr. 1 zugeordnet werden.

(4) Soweit beitragsfreie Zeiten mit Zeiten zusammentreffen, die bei einer Versorgung aus einem

1. öffentlich-rechtlichen Dienstverhältnis oder
2. Arbeitsverhältnis mit Anspruch auf Versorgung nach beamtenrechtlichen Vorschriften oder Grundsätzen oder entsprechenden kirchenrechtlichen Regelungen

ruhegehaltfähig sind oder bei Eintritt des Versorgungsfalls als ruhegehaltfähig anerkannt werden, bleiben sie bei der Gesamtleistungsbewertung unberücksichtigt.

§ 72 Grundbewertung. (1) Bei der Grundbewertung werden für jeden Kalendermonat Entgeltpunkte in der Höhe zugrunde gelegt, die sich ergibt, wenn die Summe der Entgeltpunkte für Beitragszeiten und Berücksichtigungszeiten durch die Anzahl der belegungsfähigen Monate geteilt wird.

(2) ¹Der belegungsfähige Gesamtzeitraum umfasst die Zeit vom vollendeten 17. Lebensjahr bis zum

1. Kalendermonat vor Beginn der zu berechnenden Rente bei einer Rente wegen Alters, bei einer Rente wegen voller Erwerbsminderung, auf die erst nach Erfüllung einer Wartezeit von 20 Jahren ein Anspruch besteht, oder bei einer Erziehungsrente,
2. Eintritt der maßgebenden Minderung der Erwerbsfähigkeit bei einer Rente wegen verminderter Erwerbsfähigkeit,
3. Tod des Versicherten bei einer Hinterbliebenenrente.

²Der belegungsfähige Gesamtzeitraum verlängert sich um Kalendermonate mit rentenrechtlichen Zeiten vor Vollendung des 17. Lebensjahres.

(3) Nicht belegungsfähig sind Kalendermonate mit

1. beitragsfreien Zeiten, die nicht auch Berücksichtigungszeiten sind, und
2. Zeiten, in denen eine Rente aus eigener Versicherung bezogen worden ist, die nicht auch Beitragszeiten oder Berücksichtigungszeiten sind.

§ 73 Vergleichsbewertung.

¹Bei der Vergleichsbewertung werden für jeden Kalendermonat Entgeltpunkte in der Höhe zugrunde gelegt, die sich ergibt, wenn die Summe der Entgeltpunkte aus der Grundbewertung ohne Entgeltpunkte für

1. beitragsgeminderte Zeiten,
2. Berücksichtigungszeiten, die auch beitragsfreie Zeiten sind, und
3. Beitragszeiten oder Berücksichtigungszeiten, in denen eine Rente aus eigener Versicherung bezogen worden ist,

durch die Anzahl der belegungsfähigen Monate geteilt wird; bei Renten wegen verminderter Erwerbsfähigkeit werden außerdem Entgeltpunkte für die letzten vier Jahre bis zum Eintritt der hierfür maßgebenden Minderung der Erwerbsfähigkeit nicht berücksichtigt, wenn sich dadurch ein höherer Wert aus der Vergleichsbewertung ergibt. ²Dabei sind von den belegungsfähigen Monaten aus der Grundbewertung die bei der Vergleichsbewertung außer Betracht gebliebenen Kalendermonate mit Entgeltpunkten abzusetzen.

§ 74 Begrenzte Gesamtleistungsbewertung.

¹Der sich aus der Gesamtleistungsbewertung ergebende Wert wird für jeden Kalendermonat mit Zeiten einer beruflichen Ausbildung, Fachschulausbildung oder der Teilnahme an einer berufsvorbereitenden Bildungsmaßnahme auf 75 vom Hundert begrenzt. ²Der so begrenzte Gesamtleistungswert darf für einen Kalendermonat 0,0625 Entgeltpunkte nicht übersteigen. ³Zeiten einer beruflichen Ausbildung, Fachschulausbildung oder der Teilnahme an einer berufsvorbereitenden Bildungsmaßnahme werden insgesamt für höchstens drei Jahre bewertet, vorrangig die beitragsfreien Zeiten der Fachschulausbildung und der Teilnahme an einer berufsvorbereitenden Bildungsmaßnahme. ⁴Zeiten einer Schul- oder Hochschulausbildung und Kalendermonate, die nur deshalb Anrechnungszeiten sind, weil

1. Arbeitslosigkeit nach dem 30. Juni 1978 vorgelegen hat, für die Arbeitslosengeld oder Arbeitslosengeld II nicht oder Arbeitslosengeld II nur darlehensweise gezahlt worden ist oder nur Leistungen nach § 24 Absatz 3 Satz 1 des Zweiten Buches[1] erbracht worden sind,
1a. Arbeitslosengeld II bezogen worden ist,
2. Krankheit nach dem 31. Dezember 1983 vorgelegen hat und nicht Beiträge gezahlt worden sind,
3. Ausbildungssuche vorgelegen hat,
werden nicht bewertet.

§ 75 Entgeltpunkte für Zeiten nach Rentenbeginn. (1) Für Zeiten nach Beginn der zu berechnenden Rente werden Entgeltpunkte nur für eine Zurechnungszeit und für Zuschläge an Entgeltpunkten aus Beiträgen nach Beginn einer Rente wegen Alters ermittelt.

(2) [1] Bei Renten wegen verminderter Erwerbsfähigkeit werden für
1. Beitragszeiten und Anrechnungszeiten, die nach Eintritt der hierfür maßgebenden Minderung der Erwerbsfähigkeit liegen,
2. freiwillige Beiträge, die nach Eintritt der hierfür maßgebenden Minderung der Erwerbsfähigkeit gezahlt worden sind,
Entgeltpunkte nicht ermittelt. [2] Dies gilt nicht für
1. eine Rente wegen voller Erwerbsminderung, auf die erst nach Erfüllung einer Wartezeit von 20 Jahren ein Anspruch besteht,
2. freiwillige Beiträge nach Satz 1 Nr. 2, wenn die Minderung der Erwerbsfähigkeit während eines Beitragsverfahrens oder eines Verfahrens über einen Rentenanspruch eingetreten ist.

(3) Für eine Rente wegen voller Erwerbsminderung werden auf Antrag Entgeltpunkte auch für Beitragszeiten und Anrechnungszeiten nach Eintritt der vollen Erwerbsminderung ermittelt, wenn diese Beitragszeiten 20 Jahre umfassen.

(4) Für eine Rente wegen Alters besteht Anspruch auf Ermittlung von Entgeltpunkten auch für Pflichtbeiträge nach § 119 des Zehnten Buches[2], wenn diese nach dem Beginn der Rente aufgrund eines Schadensereignisses vor Rentenbeginn gezahlt worden sind; § 34 Abs. 4 Nr. 3 gilt nicht.

§ 76 Zuschläge oder Abschläge beim Versorgungsausgleich. (1) Ein zugunsten oder zulasten von Versicherten durchgeführter Versorgungsausgleich wird durch einen Zuschlag oder Abschlag an Entgeltpunkten berücksichtigt.

(2) [1] Die Übertragung oder Begründung von Rentenanwartschaften zugunsten von Versicherten führt zu einem Zuschlag an Entgeltpunkten. [2] Der Begründung von Rentenanwartschaften stehen gleich
1. die Wiederauffüllung geminderter Rentenanwartschaften (§ 187 Abs. 1 Nr. 1),
2. die Abwendung einer Kürzung der Versorgungsbezüge, wenn später eine Nachversicherung durchgeführt worden ist (§ 183 Abs. 1).

---

[1] Nr. 2.
[2] Nr. 10.

(3) Die Übertragung von Rentenanwartschaften zu Lasten von Versicherten führt zu einem Abschlag an Entgeltpunkten.

(4) ¹Die Entgeltpunkte werden in der Weise ermittelt, dass der Monatsbetrag der Rentenanwartschaften durch den aktuellen Rentenwert mit seinem Wert bei Ende der Ehezeit oder Lebenspartnerschaftszeit geteilt wird. ²Entgeltpunkte aus einer Begründung durch externe Teilung nach § 14 des Versorgungsausgleichsgesetzes werden ermittelt, indem der vom Familiengericht nach § 222 Abs. 3 des Gesetzes über das Verfahren in Familiensachen und in den Angelegenheiten der freiwilligen Gerichtsbarkeit festgesetzte Kapitalbetrag mit dem zum Ende der Ehezeit maßgebenden Umrechnungsfaktor für die Ermittlung von Entgeltpunkten im Rahmen des Versorgungsausgleichs vervielfältigt wird. ³An die Stelle des Endes der Ehezeit oder Lebenspartnerschaftszeit tritt in Fällen, in denen der Versorgungsausgleich nicht Folgesache im Sinne von § 137 Abs. 2 Satz 1 Nr. 1 des Gesetzes über das Verfahren in Familiensachen und in den Angelegenheiten der freiwilligen Gerichtsbarkeit ist oder im Abänderungsverfahren der Eingang des Antrags auf Durchführung oder Abänderung des Versorgungsausgleichs beim Familiengericht, in Fällen der Aussetzung des Verfahrens über den Versorgungsausgleich der Zeitpunkt der Wiederaufnahme des Verfahrens über den Versorgungsausgleich. ⁴Ist nach der Entscheidung des Familiengerichts der Kapitalbetrag zu verzinsen, tritt an die Stelle der in den Sätzen 2 und 3 genannten Umrechnungszeitpunkte der Zeitpunkt, bis zu dem nach der Entscheidung des Familiengerichts Zinsen zu berechnen sind.

(5) Ein Zuschlag an Entgeltpunkten, die sich aus der Zahlung von Beiträgen zur Begründung einer Rentenanwartschaft oder zur Wiederauffüllung einer geminderten Rentenanwartschaft ergeben, erfolgt nur, wenn die Beiträge bis zu einem Zeitpunkt gezahlt worden sind, bis zu dem Entgeltpunkte für freiwillig gezahlte Beiträge zu ermitteln sind.

(6) Der Zuschlag an Entgeltpunkten entfällt zu gleichen Teilen auf die in der Ehezeit oder Lebenspartnerschaftszeit liegenden Kalendermonate, der Abschlag zu gleichen Teilen auf die in der Ehezeit oder Lebenspartnerschaftszeit liegenden Kalendermonate mit Beitragszeiten und beitragsfreien Zeiten.

(7) Ist eine Rente um einen Zuschlag oder Abschlag aus einem durchgeführten Versorgungsausgleich zu verändern, ist von der Summe der bisher der Rente zugrunde liegenden Entgeltpunkte auszugehen.

§ 76a Zuschläge an Entgeltpunkten aus Zahlung von Beiträgen bei vorzeitiger Inanspruchnahme einer Rente wegen Alters oder bei Abfindungen einer Anwartschaft auf betriebliche Altersversorgung oder von Anrechten bei der Versorgungsausgleichskasse. (1) Entgeltpunkte aus der Zahlung von Beiträgen bei vorzeitiger Inanspruchnahme einer Rente wegen Alters werden ermittelt, indem gezahlte Beiträge mit dem im Zeitpunkt der Zahlung maßgebenden Umrechnungsfaktor für die Ermittlung von Entgeltpunkten im Rahmen des Versorgungsausgleichs vervielfältigt werden.

(2) Entgeltpunkte aus der Zahlung von Beiträgen bei Abfindungen von Anwartschaften auf betriebliche Altersversorgung oder von Anrechten bei der Versorgungsausgleichskasse werden ermittelt, indem aus dem Abfindungsbetrag gezahlte Beiträge mit dem zum Zeitpunkt der Zahlung maßgebenden Umrechnungsfaktor für die Ermittlung von Entgeltpunkten im Rahmen des Versorgungsausgleichs vervielfältigt werden.

(3) Ein Zuschlag aus der Zahlung solcher Beiträge erfolgt nur, wenn sie bis zu einem Zeitpunkt gezahlt worden sind, bis zu dem Entgeltpunkte für freiwillig gezahlte Beiträge zu ermitteln sind.

§ 76b Zuschläge an Entgeltpunkten für Arbeitsentgelt aus geringfügiger Beschäftigung. (1) Für Arbeitsentgelt aus geringfügiger Beschäftigung, für die Beschäftigte nach § 6 Absatz 1b von der Versicherungspflicht befreit sind, und für das der Arbeitgeber einen Beitragsanteil getragen hat, werden Zuschläge an Entgeltpunkten ermittelt.

(2) ¹ Die Zuschläge an Entgeltpunkten werden ermittelt, indem das Arbeitsentgelt, das beitragspflichtig wäre, wenn die Beschäftigung versicherungspflichtig wäre, durch das Durchschnittsentgelt (Anlage 1) für dasselbe Kalenderjahr geteilt und mit dem Verhältnis vervielfältigt wird, das dem vom Arbeitgeber gezahlten Beitragsanteil und dem Beitrag entspricht, der zu zahlen wäre, wenn das Arbeitsentgelt beitragspflichtig wäre. ² Für das Kalenderjahr des Rentenbeginns und für das davor liegende Kalenderjahr wird als Durchschnittsentgelt der Betrag zugrunde gelegt, der für diese Kalenderjahre vorläufig bestimmt ist.

(3) Für den Zuschlag an Entgeltpunkten gelten die §§ 75 und 124 entsprechend.

(4) Absatz 1 gilt nicht für Beschäftigte, die versicherungsfrei sind wegen

1. des Bezugs einer Vollrente wegen Alters nach Erreichen der Regelaltersgrenze,
2. des Bezugs einer Versorgung,
3. des Erreichens der Regelaltersgrenze oder
4. einer Beitragserstattung.

§ 76c Zuschläge oder Abschläge beim Rentensplitting. (1) Ein durchgeführtes Rentensplitting wird beim Versicherten durch Zuschläge oder Abschläge an Entgeltpunkten berücksichtigt.

(2) Zuschläge an Entgeltpunkten aus einem durchgeführten Rentensplitting entfallen zu gleichen Teilen auf die in der Splittingzeit liegenden Kalendermonate, Abschläge zu gleichen Teilen auf die in der Splittingzeit liegenden Kalendermonate mit Beitragszeiten und beitragsfreien Zeiten.

(3) Ist eine Rente um Zuschläge oder Abschläge aus einem durchgeführten Rentensplitting zu verändern, ist von der Summe der bisher der Rente zugrunde liegenden Entgeltpunkte auszugehen.

§ 76d Zuschläge an Entgeltpunkten aus Beiträgen nach Beginn einer Rente wegen Alters. Für die Ermittlung von Zuschlägen an Entgeltpunkten aus Beiträgen nach Beginn einer Rente wegen Alters gelten die Regelungen zur Ermittlung von Entgeltpunkten für Beitragszeiten oder von Zuschlägen für Arbeitsentgelt aus geringfügiger Beschäftigung entsprechend.

§ 76e Zuschläge an Entgeltpunkten für Zeiten einer besonderen Auslandsverwendung. (1) Für Zeiten einer besonderen Auslandsverwendung nach § 63c Absatz 1 des Soldatenversorgungsgesetzes oder § 31a Absatz 1 des Beamtenversorgungsgesetzes ab dem 13. Dezember 2011 werden Zuschläge an Entgeltpunkten ermittelt, wenn während dieser Zeiten Pflichtbeitragszeiten vorliegen und nach dem 30. November 2002 insgesamt mindestens 180 Tage an Zeiten einer besonderen Auslandsverwendung vorliegen, die jeweils ununterbrochen mindestens 30 Tage gedauert haben.

(2) Die Zuschläge an Entgeltpunkten betragen für jeden Kalendermonat der besonderen Auslandsverwendung 0,18 Entgeltpunkte, wenn diese Zeiten jeweils ununterbrochen mindestens 30 Tage gedauert haben; für jeden Teilzeitraum wird der entsprechende Anteil zugrunde gelegt.

§ 76f Zuschläge an Entgeltpunkten für nachversicherte Soldaten auf Zeit.
Für die Ermittlung von Zuschlägen an Entgeltpunkten aus Beiträgen für beitragspflichtige Einnahmen von nachversicherten Soldaten auf Zeit, die über dem Betrag der Beitragsbemessungsgrenze liegen, gelten die Regelungen zur Ermittlung von Entgeltpunkten für Beitragszeiten entsprechend.

§ 77 Zugangsfaktor.
(1) Der Zugangsfaktor richtet sich nach dem Alter der Versicherten bei Rentenbeginn oder bei Tod und bestimmt, in welchem Umfang Entgeltpunkte bei der Ermittlung des Monatsbetrags der Rente als persönliche Entgeltpunkte zu berücksichtigen sind.

(2) ¹ Der Zugangsfaktor ist für Entgeltpunkte, die noch nicht Grundlage von persönlichen Entgeltpunkten einer Rente waren,

1. bei Renten wegen Alters, die mit Ablauf des Kalendermonats des Erreichens der Regelaltersgrenze oder eines für den Versicherten maßgebenden niedrigeren Rentenalters beginnen, 1,0,

2. bei Renten wegen Alters, die
   a) vorzeitig in Anspruch genommen werden, für jeden Kalendermonat um 0,003 niedriger als 1,0 und
   b) nach Erreichen der Regelaltersgrenze trotz erfüllter Wartezeit nicht in Anspruch genommen werden, für jeden Kalendermonat um 0,005 höher als 1,0,

3. bei Renten wegen verminderter Erwerbsfähigkeit und bei Erziehungsrenten für jeden Kalendermonat, für den eine Rente vor Ablauf des Kalendermonats der Vollendung des 65. Lebensjahres in Anspruch genommen wird, um 0,003 niedriger als 1,0,

4. bei Hinterbliebenenrenten für jeden Kalendermonat,
   a) der sich vom Ablauf des Monats, in dem der Versicherte verstorben ist, bis zum Ablauf des Kalendermonats der Vollendung des 65. Lebensjahres des Versicherten ergibt, um 0,003 niedriger als 1,0 und
   b) für den Versicherte trotz erfüllter Wartezeit eine Rente wegen Alters nach Erreichen der Regelaltersgrenze nicht in Anspruch genommen haben, um 0,005 höher als 1,0.

²Beginnt eine Rente wegen verminderter Erwerbsfähigkeit oder eine Erziehungsrente vor Vollendung des 62. Lebensjahres oder ist bei Hinterbliebenenrenten der Versicherte vor Vollendung des 62. Lebensjahres verstorben, ist die Vollendung des 62. Lebensjahres für die Bestimmung des Zugangsfaktors maßgebend. ³ Die Zeit des Bezugs einer Rente vor Vollendung des 62. Lebensjahres des Versicherten gilt nicht als Zeit einer vorzeitigen Inanspruchnahme. ⁴ Dem Beginn und der vorzeitigen oder späteren Inanspruchnahme einer Rente wegen Alters stehen für die Ermittlung des Zugangsfaktors für Zuschläge an

Entgeltpunkten aus Beiträgen nach Beginn einer Rente wegen Alters die Zeitpunkte nach § 66 Absatz 3a Satz 1 gleich, zu denen die Zuschläge berücksichtigt werden.

(3) [1] Für diejenigen Entgeltpunkte, die bereits Grundlage von persönlichen Entgeltpunkten einer früheren Rente waren, bleibt der frühere Zugangsfaktor maßgebend. [2] Dies gilt nicht für die Hälfte der Entgeltpunkte, die Grundlage einer Rente wegen teilweiser Erwerbsminderung waren. [3] Der Zugangsfaktor wird für Entgeltpunkte, die Versicherte bei

1. einer Rente wegen Alters nicht mehr vorzeitig in Anspruch genommen haben, um 0,003 oder
2. einer Rente wegen verminderter Erwerbsfähigkeit oder einer Erziehungsrente mit einem Zugangsfaktor kleiner als 1,0 nach Ablauf des Kalendermonats der Vollendung des 62. Lebensjahres bis zum Ende des Kalendermonats der Vollendung des 65. Lebensjahres nicht in Anspruch genommen haben, um 0,003,
3. einer Rente nach Erreichen der Regelaltersgrenze nicht in Anspruch genommen haben, um 0,005

je Kalendermonat erhöht.

(4) Bei Renten wegen verminderter Erwerbsfähigkeit und bei Hinterbliebenenrenten, deren Berechnung 40 Jahre mit den in § 51 Abs. 3a und 4 und mit den in § 52 Abs. 2 genannten Zeiten zugrunde liegen, sind die Absätze 2 und 3 mit der Maßgabe anzuwenden, dass an die Stelle der Vollendung des 65. Lebensjahres die Vollendung des 63. Lebensjahres und an die Stelle der Vollendung des 62. Lebensjahres die Vollendung des 60. Lebensjahres tritt.

§ 78 Zuschlag bei Waisenrenten. (1) [1] Der Zuschlag an persönlichen Entgeltpunkten bei Waisenrenten richtet sich nach der Anzahl an Kalendermonaten mit rentenrechtlichen Zeiten und dem Zugangsfaktor des verstorbenen Versicherten. [2] Dabei wird der Zuschlag für jeden Kalendermonat mit Beitragszeiten in vollem Umfang berücksichtigt. [3] Für jeden Kalendermonat mit sonstigen rentenrechtlichen Zeiten wird der Zuschlag in dem Verhältnis berücksichtigt, in dem die Anzahl der Kalendermonate mit Beitragszeiten und Berücksichtigungszeiten zur Anzahl der für die Grundbewertung belegungsfähigen Monate steht.

(2) Bei einer Halbwaisenrente sind der Ermittlung des Zuschlags für jeden Kalendermonat 0,0833 Entgeltpunkte zugrunde zu legen.

(3) [1] Bei einer Vollwaisenrente sind der Ermittlung des Zuschlags für jeden Kalendermonat des verstorbenen Versicherten mit der höchsten Rente 0,075 Entgeltpunkte zugrunde zu legen. [2] Auf den Zuschlag werden die persönlichen Entgeltpunkte des verstorbenen Versicherten mit der zweithöchsten Rente angerechnet.

§ 78a Zuschlag bei Witwenrenten und Witwerrenten. (1) [1] Der Zuschlag an persönlichen Entgeltpunkten bei Witwenrenten und Witwerrenten richtet sich nach der Dauer der Erziehung von Kindern bis zur Vollendung ihres dritten Lebensjahres. [2] Die Dauer ergibt sich aus der Summe der Anzahl an Kalendermonaten mit Berücksichtigungszeiten wegen Kindererziehung, die der Witwe oder dem Witwer zugeordnet worden sind, beginnend nach Ablauf des Monats der Geburt, bei Geburten am Ersten eines Monats jedoch vom

Monat der Geburt an. ³Für die ersten 36 Kalendermonate sind jeweils 0,1010 Entgeltpunkte, für jeden weiteren Kalendermonat 0,0505 Entgeltpunkte zugrunde zu legen. ⁴Witwenrenten und Witwerrenten werden nicht um einen Zuschlag erhöht, solange der Rentenartfaktor mindestens 1,0 beträgt.

(1a) Absatz 1 gilt entsprechend, soweit Berücksichtigungszeiten nur deshalb nicht angerechnet werden, weil

1. die Voraussetzungen des § 56 Absatz 4 vorliegen,
2. die Voraussetzung nach § 57 Satz 2 nicht erfüllt wird oder
3. sie auf Grund einer Beitragserstattung nach § 210 untergegangen sind.

(2) ¹Sterben Versicherte vor der Vollendung des dritten Lebensjahres des Kindes, wird mindestens der Zeitraum zugrunde gelegt, der zum Zeitpunkt des Todes an der Vollendung des dritten Lebensjahres des Kindes fehlt. ²Sterben Versicherte vor der Geburt des Kindes, werden 36 Kalendermonate zugrunde gelegt, wenn das Kind innerhalb von 300 Tagen nach dem Tod geboren wird. ³Wird das Kind nach Ablauf dieser Frist geboren, erfolgt der Zuschlag mit Beginn des Monats, der auf den letzten Monat der zu berücksichtigenden Kindererziehung folgt.

(3) Absatz 1 gilt nicht, wenn eine Leistung, die dem Zuschlag gleichwertig ist, nach beamtenrechtlichen Vorschriften oder Grundsätzen oder nach entsprechenden kirchenrechtlichen Regelungen erbracht wird.

Vierter Titel. Knappschaftliche Besonderheiten

§ 79 Grundsatz. Für die Berechnung von Renten mit Zeiten in der knappschaftlichen Rentenversicherung sind die vorangehenden Vorschriften über die Rentenhöhe und die Rentenanpassung anzuwenden, soweit nicht im Folgenden etwas anderes bestimmt ist.

§ 80 Monatsbetrag der Rente. Liegen der Rente persönliche Entgeltpunkte sowohl der knappschaftlichen Rentenversicherung als auch der allgemeinen Rentenversicherung zugrunde, sind aus den persönlichen Entgeltpunkten der knappschaftlichen Rentenversicherung und denen der allgemeinen Rentenversicherung Monatsteilbeträge zu ermitteln, deren Summe den Monatsbetrag der Rente ergibt.

§ 81 Persönliche Entgeltpunkte. (1) Zur Summe aller Entgeltpunkte der knappschaftlichen Rentenversicherung gehören auch Entgeltpunkte aus dem Leistungszuschlag.

(2) Grundlage für die Ermittlung des Monatsbetrags einer Rente für Bergleute sind nur die persönlichen Entgeltpunkte, die auf die knappschaftliche Rentenversicherung entfallen.

§ 82 Rentenartfaktor. ¹Der Rentenartfaktor beträgt für persönliche Entgeltpunkte in der knappschaftlichen Rentenversicherung bei:

1. Renten wegen Alters	1,3333
2. Renten wegen teilweiser Erwerbsminderung	
a) solange eine in der knappschaftlichen Rentenversicherung versicherte Beschäftigung ausgeübt wird	0,6
b) in den übrigen Fällen	0,9

3. Renten wegen voller Erwerbsminderung	1,3333
4. Renten für Bergleute	0,5333
5. Erziehungsrenten	1,3333
6. kleinen Witwenrenten und kleinen Witwerrenten bis zum Ablauf des dritten Kalendermonats nach Ablauf des Monats, in dem der Ehegatte verstorben ist,	1,3333
anschließend	0,3333
7. großen Witwenrenten und großen Witwerrenten bis zum Ablauf des dritten Kalendermonats nach Ablauf des Monats, in dem der Ehegatte verstorben ist,	1,3333
anschließend	0,7333
8. Halbwaisenrenten	0,1333
9. Vollwaisenrenten	0,2667.

² Der Rentenartfaktor beträgt abweichend von Satz 1 für persönliche Entgeltpunkte aus zusätzlichen Entgeltpunkten für ständige Arbeiten unter Tage bei

1. Renten wegen teilweiser Erwerbsminderung	1,3333
2. Renten für Bergleute	1,3333
3. kleinen Witwenrenten und kleinen Witwerrenten bis zum Ablauf des dritten Kalendermonats nach Ablauf des Monats, in dem der Ehegatte verstorben ist,	1,3333
anschließend	0,7333.

§ 83 Entgeltpunkte für Beitragszeiten. (1) ¹ Kindererziehungszeiten erhalten für jeden Kalendermonat 0,0625 Entgeltpunkte (Entgeltpunkte für Kindererziehungszeiten). ² Entgeltpunkte für Kindererziehungszeiten sind auch Entgeltpunkte, die für Kindererziehungszeiten mit sonstigen Beitragszeiten der knappschaftlichen Rentenversicherung ermittelt werden, indem die Entgeltpunkte für diese sonstigen Beitragszeiten um 0,0625 erhöht werden, höchstens aber um drei Viertel des Unterschiedsbetrags. ³ Der Unterschiedsbetrag ergibt sich, indem die ermittelten Entgeltpunkte für sonstige Beitragszeiten um 0,0833, höchstens aber auf den jeweiligen Höchstbetrag nach Anlage 2b für die knappschaftliche Rentenversicherung erhöht und um die ermittelten Entgeltpunkte für sonstige Beitragszeiten gemindert werden. ⁴ Kindererziehungszeiten in der knappschaftlichen Rentenversicherung werden bei Anwendung des § 70 Abs. 3a wie Kindererziehungszeiten in der allgemeinen Rentenversicherung bewertet.

(2) ¹ Für Zeiten nach dem 31. Dezember 1971, in denen Versicherte eine Bergmannsprämie bezogen haben, wird die Beitragsbemessungsgrundlage, aus der die Entgeltpunkte ermittelt werden, bis zur Beitragsbemessungsgrenze um einen Betrag in Höhe der gezahlten Bergmannsprämie erhöht. ² Dies gilt nicht für die Berechnung einer Rente für Bergleute.

§ 84 Entgeltpunkte für beitragsfreie und beitragsgeminderte Zeiten (Gesamtleistungsbewertung). (1) Für die Gesamtleistungsbewertung werden jedem Kalendermonat mit Beitragszeiten der knappschaftlichen Rentenversicherung, der gleichzeitig Kindererziehungszeit ist, die um ein Drittel erhöhten Entgeltpunkte für Kindererziehungszeiten zugeordnet.

(2) Bei Kalendermonaten mit Beitragszeiten der allgemeinen Rentenversicherung, die beitragsgeminderte Zeiten sind, weil sie auch mit Anrechnungszeiten oder einer Zurechnungszeit belegt sind, die der knappschaftlichen Rentenversicherug zugeordnet sind, werden für die Ermittlung des Wertes für beitragsgeminderte Zeiten die Entgeltpunkte für diese Beitragszeiten zuvor mit 0,75 vervielfältigt.

(3) Bei Kalendermonaten mit Beitragszeiten der knappschaftlichen Rentenversicherung, die beitragsgeminderte Zeiten sind, weil sie auch mit Anrechnungszeiten oder einer Zurechnungszeit belegt sind, die der allgemeinen Rentenversicherung zugeordnet sind, werden für die Ermittlung des Wertes für beitragsgeminderte Zeiten die ohne Anwendung des Absatzes 1 ermittelten Entgeltpunkte für diese Beitragszeiten zuvor mit 1,3333 vervielfältigt.

§ 85 Entgeltpunkte für ständige Arbeiten unter Tage (Leistungszuschlag). (1) [1] Versicherte erhalten nach sechs Jahren ständiger Arbeiten unter Tage für jedes volle Jahr mit solchen Arbeiten

vom sechsten bis zum zehnten Jahr	0,125
vom elften bis zum zwanzigsten Jahr	0,25
für jedes weitere Jahr	0,375

zusätzliche Entgeltpunkte. [2] Dies gilt nicht für Zeiten, in denen eine Rente wegen Erwerbsminderung bezogen worden ist.

(2) Die zusätzlichen Entgeltpunkte werden den Kalendermonaten mit ständigen Arbeiten unter Tage zu gleichen Teilen zugeordnet.

§ 86 *(aufgehoben)*

§ 86a Zugangsfaktor. [1] Bei Renten für Bergleute ist als niedrigstes Lebensalter für die Bestimmung des Zugangsfaktors (§ 77) die Vollendung des 64. Lebensjahres zugrunde zu legen. [2] § 77 Abs. 3 Satz 2 ist bei Renten für Bergleute mit der Maßgabe anzuwenden, dass an die Stelle der Hälfte der Entgeltpunkte drei Fünftel der Entgeltpunkte treten. [3] § 77 Abs. 4 ist bei Renten für Bergleute mit der Maßgabe anzuwenden, dass als niedrigstes Lebensalter für die Bestimmung des Zugangsfaktors die Vollendung des 62. Lebensjahres zugrunde zu legen ist.

§ 87 Zuschlag bei Waisenrenten. (1) Bei der Ermittlung des Zuschlags bei Waisenrenten mit Entgeltpunkten der knappschaftlichen Rentenversicherung sind für jeden Kalendermonat mit Beitragszeiten des verstorbenen Versicherten

1.	bei einer Halbwaisenrente	0,0625 Entgeltpunkte,
2.	bei einer Vollwaisenrente	0,0563 Entgeltpunkte

zugrunde zu legen.

(2) Sind persönliche Entgeltpunkte der allgemeinen Rentenversicherung auf den Zuschlag für eine Vollwaisenrente mit Entgeltpunkten der knappschaftlichen Rentenversicherung anzurechnen, sind sie zuvor mit 0,75 zu vervielfältigen.

(3) Sind persönliche Entgeltpunkte der knappschaftlichen Rentenversicherung auf den Zuschlag für eine Vollwaisenrente mit Entgeltpunkten der allgemeinen Rentenversicherung anzurechnen, sind sie zuvor mit 1,3333 zu vervielfältigen.

Fünfter Titel. Ermittlung des Monatsbetrags der Rente in Sonderfällen

§ 88 Persönliche Entgeltpunkte bei Folgerenten. (1) ¹Hat ein Versicherter eine Rente wegen Alters bezogen, werden ihm für eine spätere Rente mindestens die bisherigen persönlichen Entgeltpunkte zugrunde gelegt. ²Hat ein Versicherter eine Rente wegen verminderter Erwerbsfähigkeit oder eine Erziehungsrente bezogen und beginnt spätestens innerhalb von 24 Kalendermonaten nach Ende des Bezugs dieser Rente erneut eine Rente, werden ihm für diese Rente mindestens die bisherigen persönlichen Entgeltpunkte zugrunde gelegt. ³Satz 2 gilt bei Renten für Bergleute nur, wenn ihnen eine Rente für Bergleute vorausgegangen ist.

(2) ¹Hat der verstorbene Versicherte eine Rente aus eigener Versicherung bezogen und beginnt spätestens innerhalb von 24 Kalendermonaten nach Ende des Bezugs dieser Rente eine Hinterbliebenenrente, werden ihr mindestens die bisherigen persönlichen Entgeltpunkte des verstorbenen Versicherten zugrunde gelegt. ²Haben eine Witwe, ein Witwer oder eine Waise eine Hinterbliebenenrente bezogen und beginnt spätestens innerhalb von 24 Kalendermonaten nach Ende des Bezugs dieser Rente erneut eine solche Rente, werden ihr mindestens die bisherigen persönlichen Entgeltpunkte zugrunde gelegt.

(3) Haben Beiträge nach Beginn einer Rente wegen Alters noch nicht zu Zuschlägen an Entgeltpunkten geführt, werden bei der Folgerente zusätzlich zu den bisherigen persönlichen Entgeltpunkten auch persönliche Entgeltpunkte aus Zuschlägen an Entgeltpunkten aus Beiträgen nach Beginn der Rente wegen Alters zugrunde gelegt.

§ 88a Höchstbetrag bei Witwenrenten und Witwerrenten. ¹Der Monatsbetrag einer Witwenrente oder Witwerrente darf den Monatsbetrag der Rente wegen voller Erwerbsminderung oder die Vollrente wegen Alters des Verstorbenen nicht überschreiten. ²Anderenfalls ist der Zuschlag an persönlichen Entgeltpunkten bei Witwenrenten und Witwerrenten entsprechend zu verringern.

Vierter Unterabschnitt. Zusammentreffen von Renten und Einkommen

§ 89 Mehrere Rentenansprüche. (1) ¹Bestehen für denselben Zeitraum Ansprüche auf mehrere Renten aus eigener Versicherung, wird nur die höchste Rente geleistet. ²Bei gleich hohen Renten ist folgende Rangfolge maßgebend:
1. Regelaltersrente,
2. Altersrente für langjährig Versicherte,
3. Altersrente für schwerbehinderte Menschen,
3a. Altersrente für besonders langjährig Versicherte,
4. Altersrente wegen Arbeitslosigkeit oder nach Altersteilzeitarbeit (Fünftes Kapitel),
5. Altersrente für Frauen (Fünftes Kapitel),
6. Altersrente für langjährig unter Tage beschäftigte Bergleute,
7. Rente wegen voller Erwerbsminderung,
8. *(aufgehoben)*
9. Erziehungsrente,
10. *(aufgehoben)*

11. Rente wegen teilweiser Erwerbsminderung,
12. Rente für Bergleute.

(2) Für den Zeitraum, für den Anspruch auf große Witwenrente oder große Witwerrente besteht, wird eine kleine Witwenrente oder eine kleine Witwerrente nicht geleistet.

(3) ¹Besteht für denselben Zeitraum Anspruch auf mehrere Waisenrenten, wird nur die höchste Waisenrente geleistet. ²Bei gleich hohen Waisenrenten wird nur die zuerst beantragte Rente geleistet.

§ 90 Witwenrente und Witwerrente nach dem vorletzten Ehegatten und Ansprüche infolge Auflösung der letzten Ehe. (1) Auf eine Witwenrente oder Witwerrente nach dem vorletzten Ehegatten werden für denselben Zeitraum bestehende Ansprüche auf Witwenrente oder Witwerrente, auf Versorgung, auf Unterhalt oder auf sonstige Renten nach dem letzten Ehegatten angerechnet; dabei werden die Vorschriften über die Einkommensanrechnung auf Renten wegen Todes nicht berücksichtigt.

(2) ¹Wurde bei der Wiederheirat eine Rentenabfindung geleistet und besteht nach Auflösung oder Nichtigerklärung der erneuten Ehe Anspruch auf Witwenrente oder Witwerrente nach dem vorletzten Ehegatten, wird für jeden Kalendermonat, der auf die Zeit nach Auflösung oder Nichtigerklärung der erneuten Ehe bis zum Ablauf des 24. Kalendermonats nach Ablauf des Monats der Wiederheirat entfällt, von dieser Rente ein Vierundzwanzigstel der Rentenabfindung in angemessenen Teilbeträgen einbehalten. ²Wurde die Rentenabfindung nach kleiner Witwenrente oder kleiner Witwerrente in verminderter Höhe geleistet, vermindert sich der Zeitraum des Einbehalts um die Kalendermonate, für die eine kleine Witwenrente oder kleine Witwerrente geleistet wurde. ³Als Teiler zur Ermittlung der Höhe des Einbehalts ist dabei die Anzahl an Kalendermonaten maßgebend, für die die Abfindung geleistet wurde. ⁴Wird die Rente verspätet beantragt, mindert sich die einzubehaltende Rentenabfindung um den Betrag, der dem Berechtigten bei frühestmöglicher Antragstellung an Witwenrente oder Witwerrente nach dem vorletzten Ehegatten zugestanden hätte.

(3) Als Witwenrente oder Witwerrente nach dem vorletzten Ehegatten gelten auch eine Witwenrente oder Witwerrente nach dem vorletzten Lebenspartner, als letzter Ehegatte auch der letzte Lebenspartner, als Wiederheirat auch die erstmalige oder erneute Begründung einer Lebenspartnerschaft und als erneute Ehe auch die erstmalige oder erneute Lebenspartnerschaft.

§ 91 Aufteilung von Witwenrenten und Witwerrenten auf mehrere Berechtigte. ¹Besteht für denselben Zeitraum aus den Rentenanwartschaften eines Versicherten Anspruch auf Witwenrente oder Witwerrente für mehrere Berechtigte, erhält jeder Berechtigte den Teil der Witwenrente oder Witwerrente, der dem Verhältnis der Dauer seiner Ehe mit dem Versicherten zu der Dauer der Ehen des Versicherten mit allen Berechtigten entspricht. ²Dies gilt nicht für Witwen oder Witwer, solange der Rentenartfaktor der Witwenrente oder Witwerrente mindestens 1,0 beträgt. ³Ergibt sich aus der Anwendung des

Rechts eines anderen Staates, dass mehrere Berechtigte vorhanden sind, erfolgt die Aufteilung nach § 34 Abs. 2 des Ersten Buches[1].

§ 92 Waisenrente und andere Leistungen an Waisen. [1] Besteht für denselben Zeitraum Anspruch auf Waisenrente aus der Rentenanwartschaft eines verstorbenen Elternteils und auf eine Leistung an Waisen, weil ein anderer verstorbener Elternteil oder bei einer Vollwaisenrente der Elternteil mit der zweithöchsten Rente zu den in § 5 Abs. 1 oder § 6 Abs. 1 Satz 1 Nr. 1 und 2 genannten Personen gehörte, wird der Zuschlag zur Waisenrente nur insoweit gezahlt, als er diese Leistung übersteigt. [2] Änderungen der Höhe der anrechenbaren Leistung an Waisen aufgrund einer regelmäßigen Anpassung sind erst zum Zeitpunkt der Anpassung der Waisenrente zu berücksichtigen.

§ 93 Rente und Leistungen aus der Unfallversicherung. (1) Besteht für denselben Zeitraum Anspruch

1. auf eine Rente aus eigener Versicherung und auf eine Verletztenrente aus der Unfallversicherung oder
2. auf eine Hinterbliebenenrente und eine entsprechende Hinterbliebenenrente aus der Unfallversicherung,

wird die Rente insoweit nicht geleistet, als die Summe der zusammentreffenden Rentenbeträge vor Einkommensanrechnung den jeweiligen Grenzbetrag übersteigt.

(2) Bei der Ermittlung der Summe der zusammentreffenden Rentenbeträge bleiben unberücksichtigt

1. bei dem Monatsteilbetrag der Rente, der auf persönlichen Entgeltpunkten der knappschaftlichen Rentenversicherung beruht,
   a) der auf den Leistungszuschlag für ständige Arbeiten unter Tage entfallende Anteil und
   b) 15 vom Hundert des verbleibenden Anteils,
2. bei der Verletztenrente aus der Unfallversicherung
   a) ein der Grundrente nach dem Bundesversorgungsgesetz entsprechender Betrag, bei einer Minderung der Erwerbsfähigkeit um 20 vom Hundert zwei Drittel der Mindestgrundrente, bei einer Minderung der Erwerbsfähigkeit um 10 vom Hundert ein Drittel der Mindestgrundrente, und
   b) je 16,67 vom Hundert des aktuellen Rentenwerts für jeden Prozentpunkt der Minderung der Erwerbsfähigkeit, wenn diese mindestens 60 vom Hundert beträgt und die Rente aufgrund einer entschädigungspflichtigen Berufskrankheit nach den Nummern 4101, 4102 oder 4111 der Anlage zur Berufskrankheiten-Verordnung vom 31. Oktober 1997 geleistet wird.

(3) [1] Der Grenzbetrag beträgt 70 vom Hundert eines Zwölftels des Jahresarbeitsverdienstes, der der Berechnung der Rente aus der Unfallversicherung zugrunde liegt, vervielfältigt mit dem jeweiligen Rentenartfaktor für persönliche Entgeltpunkte der allgemeinen Rentenversicherung; bei einer Rente für Bergleute beträgt der Faktor 0,4. [2] Mindestgrenzbetrag ist der Monatsbetrag der Rente ohne die Beträge nach Absatz 2 Nr. 1.

---

[1] Nr. 1.

(4) ¹Die Absätze 1 bis 3 werden auch angewendet,

1. soweit an die Stelle der Rente aus der Unfallversicherung eine Abfindung getreten ist,
2. soweit die Rente aus der Unfallversicherung für die Dauer einer Heimpflege gekürzt worden ist,
3. wenn nach § 10 Abs. 1 des Entwicklungshelfer-Gesetzes eine Leistung erbracht wird, die einer Rente aus der Unfallversicherung vergleichbar ist,
4. wenn von einem Träger mit Sitz im Ausland eine Rente wegen eines Arbeitsunfalls oder einer Berufskrankheit geleistet wird, die einer Rente aus der Unfallversicherung nach diesem Gesetzbuch vergleichbar ist.

²Die Abfindung tritt für den Zeitraum, für den sie bestimmt ist, an die Stelle der Rente. ³Im Fall des Satzes 1 Nr. 4 wird als Jahresarbeitsverdienst der 18fache Monatsbetrag der Rente wegen Arbeitsunfalls oder Berufskrankheit zugrunde gelegt. ⁴Wird die Rente für eine Minderung der Erwerbsfähigkeit von weniger als 100 vom Hundert geleistet, ist von dem Rentenbetrag auszugehen, der sich für eine Minderung der Erwerbsfähigkeit von 100 vom Hundert ergeben würde.

(5) ¹Die Absätze 1 bis 4 werden nicht angewendet, wenn die Rente aus der Unfallversicherung

1. für einen Versicherungsfall geleistet wird, der sich nach Rentenbeginn oder nach Eintritt der für die Rente maßgebenden Minderung der Erwerbsfähigkeit ereignet hat, oder
2. ausschließlich nach dem Arbeitseinkommen des Unternehmers oder seines Ehegatten oder Lebenspartners oder nach einem festen Betrag, der für den Unternehmer oder seinen Ehegatten oder Lebenspartner bestimmt ist, berechnet wird.

²Als Zeitpunkt des Versicherungsfalls gilt bei Berufskrankheiten der letzte Tag, an dem der Versicherte versicherte Tätigkeiten verrichtet hat, die ihrer Art nach geeignet waren, die Berufskrankheit zu verursachen. ³Satz 1 Nr. 1 gilt nicht für Hinterbliebenenrenten.

§§ 94, 95 *(aufgehoben)*

§ 96 Nachversicherte Versorgungsbezieher.
Nachversicherten, die ihren Anspruch auf Versorgung ganz und auf Dauer verloren haben, wird die Rente oder die höhere Rente für den Zeitraum nicht geleistet, für den Versorgungsbezüge zu leisten sind.

§ 96a Rente wegen verminderter Erwerbsfähigkeit und Hinzuverdienst.
(1) Eine Rente wegen verminderter Erwerbsfähigkeit wird nur in voller Höhe geleistet, wenn die kalenderjährliche Hinzuverdienstgrenze nach Absatz 1c nicht überschritten wird.

(1a) ¹Wird die Hinzuverdienstgrenze überschritten, wird die Rente nur teilweise geleistet. ²Die teilweise zu leistende Rente wird berechnet, indem ein Zwölftel des die Hinzuverdienstgrenze übersteigenden Betrages zu 40 Prozent von der Rente in voller Höhe abgezogen wird. ³Überschreitet der sich dabei ergebende Rentenbetrag zusammen mit einem Zwölftel des kalenderjährlichen Hinzuverdienstes den Hinzuverdienstdeckel nach Absatz 1b, wird der überschreitende Betrag von dem sich nach Satz 2 ergebenden Rentenbetrag abgezogen. ⁴Die Rente wird nicht geleistet, wenn der von der Rente abzuziehende Hinzuverdienst den Betrag der Rente in voller Höhe erreicht.

(1b) ¹Der Hinzuverdienstdeckel wird berechnet, indem die monatliche Bezugsgröße mit den Entgeltpunkten (§ 66 Absatz 1 Nummer 1 bis 3) des Kalenderjahres mit den höchsten Entgeltpunkten aus den letzten 15 Kalenderjahren vor Eintritt der Erwerbsminderung vervielfältigt wird. ²Er beträgt mindestens

1. bei einer Rente wegen teilweiser Erwerbsminderung die Summe aus einem Zwölftel des nach Absatz 1c Satz 1 Nummer 1 berechneten Betrags und dem Monatsbetrag der Rente in voller Höhe,
2. bei einer Rente wegen voller Erwerbsminderung die Summe aus einem Zwölftel von 6 300 Euro und dem Monatsbetrag der Rente in voller Höhe,
3. bei einer Rente für Bergleute die Summe aus einem Zwölftel des nach Absatz 1c Satz 1 Nummer 3 berechneten Betrags und dem Monatsbetrag der Rente in voller Höhe.

³Der Hinzuverdienstdeckel wird jährlich zum 1. Juli neu berechnet. ⁴Bei einer Rente für Bergleute tritt an die Stelle des Eintritts der Erwerbsminderung der Eintritt der im Bergbau verminderten Berufsfähigkeit oder die Erfüllung der Voraussetzungen nach § 45 Absatz 3.

(1c) ¹Die Hinzuverdienstgrenze beträgt

1. bei einer Rente wegen teilweiser Erwerbsminderung das 0,81fache der jährlichen Bezugsgröße, vervielfältigt mit den Entgeltpunkten (§ 66 Absatz 1 Nummer 1 bis 3) des Kalenderjahres mit den höchsten Entgeltpunkten aus den letzten 15 Kalenderjahren vor Eintritt der Erwerbsminderung, mindestens jedoch mit 0,5 Entgeltpunkten,
2. bei einer Rente wegen voller Erwerbsminderung in voller Höhe 6 300 Euro,
3. bei einer Rente für Bergleute das 0,89fache der jährlichen Bezugsgröße, vervielfältigt mit den Entgeltpunkten (§ 66 Absatz 1 Nummer 1 bis 3) des Kalenderjahres mit den höchsten Entgeltpunkten aus den letzten 15 Kalenderjahren vor Eintritt der im Bergbau verminderten Berufsfähigkeit oder der Erfüllung der Voraussetzungen nach § 45 Absatz 3, mindestens jedoch mit 0,5 Entgeltpunkten.

²Die nach Satz 1 Nummer 1 und 3 ermittelten Hinzuverdienstgrenzen werden jährlich zum 1. Juli neu berechnet.

(2) ¹Als Hinzuverdienst sind Arbeitsentgelt, Arbeitseinkommen und vergleichbares Einkommen zu berücksichtigen. ²Diese Einkünfte sind zusammenzurechnen. ³Nicht als Hinzuverdienst gilt das Entgelt,

1. das eine Pflegeperson von der pflegebedürftigen Person erhält, wenn es das dem Umfang der Pflegetätigkeit entsprechende Pflegegeld im Sinne des § 37 des Elften Buches[1]) nicht übersteigt, oder
2. das ein behinderter Mensch von dem Träger einer in § 1 Satz 1 Nummer 2 genannten Einrichtung erhält.

(3) ¹Bei einer Rente wegen teilweiser Erwerbsminderung oder einer Rente für Bergleute sind zusätzlich zu dem Hinzuverdienst nach Absatz 2 Satz 1 als Hinzuverdienst zu berücksichtigen:

---

[1]) Nr. 11.

1. Krankengeld,
   a) das aufgrund einer Arbeitsunfähigkeit geleistet wird, die nach dem Beginn der Rente eingetreten ist, oder
   b) das aufgrund einer stationären Behandlung geleistet wird, die nach dem Beginn der Rente begonnen worden ist,
2. Versorgungskrankengeld,
   a) das aufgrund einer Arbeitsunfähigkeit geleistet wird, die nach dem Beginn der Rente eingetreten ist, oder
   b) das während einer stationären Behandlungsmaßnahme geleistet wird, wenn diesem ein nach Beginn der Rente erzieltes Arbeitsentgelt oder Arbeitseinkommen zugrunde liegt,
3. Übergangsgeld,
   a) dem ein nach Beginn der Rente erzieltes Arbeitsentgelt oder Arbeitseinkommen zugrunde liegt oder
   b) das aus der gesetzlichen Unfallversicherung geleistet wird und
4. die weiteren in § 18a Absatz 3 Satz 1 Nummer 1 des Vierten Buches[1)] genannten Sozialleistungen.

²Bei einer Rente wegen voller Erwerbsminderung sind zusätzlich zu dem Hinzuverdienst nach Absatz 2 Satz 1 als Hinzuverdienst zu berücksichtigen:

1. Verletztengeld und
2. Übergangsgeld aus der gesetzlichen Unfallversicherung.

³Als Hinzuverdienst ist das der Sozialleistung zugrunde liegende Arbeitsentgelt oder Arbeitseinkommen zu berücksichtigen. ⁴Die Sätze 1 und 2 sind auch für eine Sozialleistung anzuwenden, die aus Gründen ruht, die nicht im Rentenbezug liegen.

(4) Absatz 3 wird auch für vergleichbare Leistungen einer Stelle mit Sitz im Ausland angewendet.

(5) § 34 Absatz 3c bis 3g gilt sinngemäß.

§ 97 Einkommensanrechnung auf Renten wegen Todes. (1) ¹Einkommen (§ 18a des Vierten Buches[1)]) von Berechtigten, das mit einer Witwenrente, Witwerrente oder Erziehungsrente zusammentrifft, wird hierauf angerechnet. ²Dies gilt nicht bei Witwenrenten oder Witwerrenten, solange deren Rentenartfaktor mindestens 1,0 beträgt.

(2) ¹Anrechenbar ist das Einkommen, das monatlich das 26,4fache des aktuellen Rentenwerts übersteigt. ²Das nicht anrechenbare Einkommen erhöht sich um das 5,6fache des aktuellen Rentenwerts für jedes Kind des Berechtigten, das Anspruch auf Waisenrente hat oder nur deshalb nicht hat, weil es nicht ein Kind des Verstorbenen ist. ³Von dem danach verbleibenden anrechenbaren Einkommen werden 40 vom Hundert angerechnet. ⁴Führt das Einkommen auch zur Kürzung oder zum Wegfall einer vergleichbaren Rente in einem Mitgliedstaat der Europäischen Union, einem Vertragsstaat des Abkommens über den Europäischen Wirtschaftsraum oder der Schweiz, ist der anrechenbare Betrag mit dem Teil zu berücksichtigen, der dem Verhältnis entspricht, in dem die Entgeltpunkte für Zeiten im Inland zu den Entgeltpunkten für alle in einem

---

[1)] Nr. 4.

Mitgliedstaat der Europäischen Union, einem Vertragsstaat des Abkommens über den Europäischen Wirtschaftsraum und der Schweiz zurückgelegten Zeiten stehen.

(3) ¹Für die Einkommensanrechnung ist bei Anspruch auf mehrere Renten folgende Rangfolge maßgebend:
1. *(aufgehoben)*
2. Witwenrente oder Witwerrente,
3. Witwenrente oder Witwerrente nach dem vorletzten Ehegatten.

²Die Einkommensanrechnung auf eine Hinterbliebenenrente aus der Unfallversicherung hat Vorrang vor der Einkommensanrechnung auf eine entsprechende Rente wegen Todes. ³Das auf eine Hinterbliebenenrente anzurechnende Einkommen mindert sich um den Betrag, der bereits zu einer Einkommensanrechnung auf eine vorrangige Hinterbliebenenrente geführt hat.

(4) Trifft eine Erziehungsrente mit einer Hinterbliebenenrente zusammen, ist der Einkommensanrechnung auf die Hinterbliebenenrente das Einkommen zugrunde zu legen, das sich nach Durchführung der Einkommensanrechnung auf die Erziehungsrente ergibt.

§ 98 Reihenfolge bei der Anwendung von Berechnungsvorschriften. ¹Für die Berechnung einer Rente, deren Leistung sich aufgrund eines Versorgungsausgleichs, eines Rentensplittings, eines Aufenthalts von Berechtigten im Ausland oder aufgrund eines Zusammentreffens mit Renten oder mit sonstigem Einkommen erhöht, mindert oder entfällt, sind, soweit nichts anderes bestimmt ist, die entsprechenden Vorschriften in folgender Reihenfolge anzuwenden:

1. Versorgungsausgleich und Rentensplitting,
2. Leistungen an Berechtigte im Ausland,
3. Aufteilung von Witwenrenten oder Witwerrenten auf mehrere Berechtigte,
4. Waisenrente und andere Leistungen an Waisen,
5. Rente und Leistungen aus der Unfallversicherung,
6. Witwenrente und Witwerrente nach dem vorletzten Ehegatten und Ansprüche infolge Auflösung der letzten Ehe,
7. *(aufgehoben)*
7a. Renten wegen verminderter Erwerbsfähigkeit und Hinzuverdienst,
8. Einkommensanrechnung auf Renten wegen Todes,
9. mehrere Rentenansprüche.

²Einkommen, das bei der Berechnung einer Rente aufgrund einer Regelung über das Zusammentreffen von Renten und Einkommen bereits berücksichtigt wurde, wird bei der Berechnung dieser Rente aufgrund einer weiteren solchen Regelung nicht nochmals berücksichtigt.

Fünfter Unterabschnitt. Beginn, Änderung und Ende von Renten

§ 99 Beginn. (1) ¹Eine Rente aus eigener Versicherung wird von dem Kalendermonat an geleistet, zu dessen Beginn die Anspruchsvoraussetzungen für die Rente erfüllt sind, wenn die Rente bis zum Ende des dritten Kalendermonats nach Ablauf des Monats beantragt wird, in dem die Anspruchsvoraussetzungen erfüllt sind. ² Bei späterer Antragstellung wird eine Rente aus eigener Versicherung von dem Kalendermonat an geleistet, in dem die Rente beantragt wird.

(2) ¹ Eine Hinterbliebenenrente wird von dem Kalendermonat an geleistet, zu dessen Beginn die Anspruchsvoraussetzungen für die Rente erfüllt sind. ² Sie wird bereits vom Todestag an geleistet, wenn an den Versicherten eine Rente im Sterbemonat nicht zu leisten ist. ³ Eine Hinterbliebenenrente wird nicht für mehr als zwölf Kalendermonate vor dem Monat, in dem die Rente beantragt wird, geleistet.

§ 100 Änderung und Ende. (1) ¹ Ändern sich aus tatsächlichen oder rechtlichen Gründen die Voraussetzungen für die Höhe einer Rente nach ihrem Beginn, wird die Rente in neuer Höhe von dem Kalendermonat an geleistet, zu dessen Beginn die Änderung wirksam ist. ² Satz 1 gilt nicht beim Zusammentreffen von Renten und Einkommen mit Ausnahme von § 96a.

(2) *(aufgehoben)*

(3) ¹ Fallen aus tatsächlichen oder rechtlichen Gründen die Anspruchsvoraussetzungen für eine Rente weg, endet die Rentenzahlung mit dem Beginn des Kalendermonats, zu dessen Beginn der Wegfall wirksam ist. ² Entfällt ein Anspruch auf Rente, weil sich die Erwerbsfähigkeit der Berechtigten nach einer Leistung zur medizinischen Rehabilitation oder zur Teilhabe am Arbeitsleben gebessert hat, endet die Rentenzahlung erst mit Beginn des vierten Kalendermonats nach der Besserung der Erwerbsfähigkeit. ³ Die Rentenzahlung nach Satz 2 endet mit Beginn eines dem vierten Kalendermonat vorangehenden Monats, wenn zu dessen Beginn eine Beschäftigung oder selbständige Tätigkeit ausgeübt wird, die mehr als geringfügig ist.

(4) Liegen die in § 44 Abs. 1 Satz 1 des Zehnten Buches[1)] genannten Voraussetzungen für die Rücknahme eines rechtswidrigen nicht begünstigenden Verwaltungsaktes vor, weil er auf einer Rechtsnorm beruht, die nach Erlass des Verwaltungsaktes für nichtig oder für unvereinbar mit dem Grundgesetz erklärt oder in ständiger Rechtsprechung anders als durch den Rentenversicherungsträger ausgelegt worden ist, so ist der Verwaltungsakt, wenn er unanfechtbar geworden ist, nur mit Wirkung für die Zeit ab dem Beginn des Kalendermonats nach Wirksamwerden der Entscheidung des Bundesverfassungsgerichts oder dem Bestehen der ständigen Rechtsprechung zurückzunehmen.

§ 101 Beginn und Änderung in Sonderfällen. (1) Befristete Renten wegen verminderter Erwerbsfähigkeit werden nicht vor Beginn des siebten Kalendermonats nach dem Eintritt der Minderung der Erwerbsfähigkeit geleistet.

(1a) ¹ Befristete Renten wegen voller Erwerbsminderung, auf die Anspruch unabhängig von der jeweiligen Arbeitsmarktlage besteht, werden vor Beginn des siebten Kalendermonats nach dem Eintritt der Minderung der Erwerbsfähigkeit geleistet, wenn

1. entweder

[1)] Nr. 10.

a) die Feststellung der verminderten Erwerbsfähigkeit durch den Träger der Rentenversicherung zur Folge hat, dass ein Anspruch auf Arbeitslosengeld entfällt, oder

b) nach Feststellung der verminderten Erwerbsfähigkeit durch den Träger der Rentenversicherung ein Anspruch auf Krankengeld nach § 48 des Fünften Buches[1]) oder auf Krankentagegeld von einem privaten Krankenversicherungsunternehmen endet und

2. der siebte Kalendermonat nach dem Eintritt der Minderung der Erwerbsfähigkeit noch nicht erreicht ist.

²In diesen Fällen werden die Renten von dem Tag an geleistet, der auf den Tag folgt, an dem der Anspruch auf Arbeitslosengeld, Krankengeld oder Krankentagegeld endet.

(2) Befristete große Witwenrenten oder befristete große Witwerrenten wegen Minderung der Erwerbsfähigkeit werden nicht vor Beginn des siebten Kalendermonats nach dem Eintritt der Minderung der Erwerbsfähigkeit geleistet.

(3) ¹Ist nach Beginn der Rente ein Versorgungsausgleich durchgeführt, wird die Rente der leistungsberechtigten Person von dem Kalendermonat an um Zuschläge oder Abschläge an Entgeltpunkten verändert, zu dessen Beginn der Versorgungsausgleich durchgeführt ist. ²Der Rentenbescheid ist mit Wirkung von diesem Zeitpunkt an aufzuheben; die §§ 24 und 48 des Zehnten Buches[2]) sind nicht anzuwenden. ³Bei einer rechtskräftigen Abänderung des Versorgungsausgleichs gelten die Sätze 1 und 2 mit der Maßgabe, dass auf den Zeitpunkt nach § 226 Abs. 4 des Gesetzes über das Verfahren in Familiensachen und in den Angelegenheiten der freiwilligen Gerichtsbarkeit abzustellen ist.
⁴§ 30 des Versorgungsausgleichsgesetzes bleibt unberührt.

(3a) ¹Hat das Familiengericht über eine Abänderung der Anpassung nach § 33 des Versorgungsausgleichsgesetzes rechtskräftig entschieden und mindert sich der Anpassungsbetrag, ist dieser in der Rente der leistungsberechtigten Person von dem Zeitpunkt an zu berücksichtigen, der sich aus § 34 Abs. 3 des Versorgungsausgleichsgesetzes ergibt. ²Der Rentenbescheid ist mit Wirkung von diesem Zeitpunkt an aufzuheben; die §§ 24 und 48 des Zehnten Buches sind nicht anzuwenden.

(3b) ¹Der Rentenbescheid der leistungsberechtigten Person ist aufzuheben

1. in den Fällen des § 33 Abs. 1 des Versorgungsausgleichsgesetzes mit Wirkung vom Zeitpunkt

    a) des Beginns einer Leistung an die ausgleichsberechtigte Person aus einem von ihr im Versorgungsausgleich erworbenen Anrecht (§ 33 Abs. 1 des Versorgungsausgleichsgesetzes),

    b) des Beginns einer Leistung an die ausgleichspflichtige Person aus einem von ihr im Versorgungsausgleich erworbenen Anrecht (§ 33 Abs. 3 des Versorgungsausgleichsgesetzes) oder

    c) der vollständigen Einstellung der Unterhaltszahlungen der ausgleichspflichtigen Person (§ 34 Abs. 5 des Versorgungsausgleichsgesetzes),

---

[1]) Nr. 5.
[2]) Nr. 10.

2. in den Fällen des § 35 Abs. 1 des Versorgungsausgleichsgesetzes mit Wirkung vom Zeitpunkt des Beginns einer Leistung an die ausgleichspflichtige Person aus einem von ihr im Versorgungsausgleich erworbenen Anrecht (§ 36 Abs. 4 des Versorgungsausgleichsgesetzes) und

3. in den Fällen des § 37 Abs. 3 des Versorgungsausgleichsgesetzes mit Wirkung vom Zeitpunkt der Aufhebung der Kürzung des Anrechts (§ 37 Abs. 1 des Versorgungsausgleichsgesetzes).

²Die §§ 24 und 48 des Zehnten Buches sind nicht anzuwenden.

(4) ¹Ist nach Beginn der Rente ein Rentensplitting durchgeführt, wird die Rente von dem Kalendermonat an um Zuschläge oder Abschläge an Entgeltpunkten verändert, zu dessen Beginn das Rentensplitting durchgeführt ist. ²Der Rentenbescheid ist mit Wirkung von diesem Zeitpunkt an aufzuheben; die §§ 24 und 48 des Zehnten Buches sind nicht anzuwenden. ³Entsprechendes gilt bei einer Abänderung des Rentensplittings.

(5) ¹Ist nach Beginn einer Waisenrente ein Rentensplitting durchgeführt, durch das die Waise nicht begünstigt ist, wird die Rente erst zu dem Zeitpunkt um Abschläge oder Zuschläge an Entgeltpunkten verändert, zu dem eine Rente aus der Versicherung des überlebenden Ehegatten oder Lebenspartners, der durch das Rentensplitting begünstigt ist, beginnt. ²Der Rentenbescheid der Waise ist mit Wirkung von diesem Zeitpunkt an aufzuheben; die §§ 24 und 48 des Zehnten Buches sind nicht anzuwenden. ³Entsprechendes gilt bei einer Abänderung des Rentensplittings.

§ 102 Befristung und Tod. (1) ¹Sind Renten befristet, enden sie mit Ablauf der Frist. ²Dies schließt eine vorherige Änderung oder ein Ende der Rente aus anderen Gründen nicht aus. ³Renten dürfen nur auf das Ende eines Kalendermonats befristet werden.

(2) ¹Renten wegen verminderter Erwerbsfähigkeit und große Witwenrenten oder große Witwerrenten wegen Minderung der Erwerbsfähigkeit werden auf Zeit geleistet. ²Die Befristung erfolgt für längstens drei Jahre nach Rentenbeginn. ³Sie kann verlängert werden; dabei verbleibt es bei dem ursprünglichen Rentenbeginn. ⁴Verlängerungen erfolgen für längstens drei Jahre nach dem Ablauf der vorherigen Frist. ⁵Renten, auf die ein Anspruch unabhängig von der jeweiligen Arbeitsmarktlage besteht, werden unbefristet geleistet, wenn unwahrscheinlich ist, dass die Minderung der Erwerbsfähigkeit behoben werden kann; hiervon ist nach einer Gesamtdauer der Befristung von neun Jahren auszugehen. ⁶Wird unmittelbar im Anschluss an eine auf Zeit geleistete Rente diese Rente unbefristet geleistet, verbleibt es bei dem ursprünglichen Rentenbeginn.

(2a) Werden Leistungen zur medizinischen Rehabilitation oder zur Teilhabe am Arbeitsleben erbracht, ohne dass zum Zeitpunkt der Bewilligung feststeht, wann die Leistung enden wird, kann bestimmt werden, dass Renten wegen verminderter Erwerbsfähigkeit oder große Witwenrenten oder große Witwerrenten wegen Minderung der Erwerbsfähigkeit mit Ablauf des Kalendermonats enden, in dem die Leistung zur medizinischen Rehabilitation oder zur Teilhabe am Arbeitsleben beendet wird.

(3) ¹Große Witwenrenten oder große Witwerrenten wegen Kindererziehung und Erziehungsrenten werden auf das Ende des Kalendermonats befristet,

in dem die Kindererziehung voraussichtlich endet. ²Die Befristung kann verlängert werden; dabei verbleibt es bei dem ursprünglichen Rentenbeginn.

(4) ¹Waisenrenten werden auf das Ende des Kalendermonats befristet, in dem voraussichtlich der Anspruch auf die Waisenrente entfällt. ²Die Befristung kann verlängert werden; dabei verbleibt es bei dem ursprünglichen Rentenbeginn.

(5) Renten werden bis zum Ende des Kalendermonats geleistet, in dem die Berechtigten gestorben sind.

(6) ¹Renten an Verschollene werden längstens bis zum Ende des Monats geleistet, in dem sie nach Feststellung des Rentenversicherungsträgers als verstorben gelten; § 49 gilt entsprechend. ²Widerspruch und Anfechtungsklage gegen die Feststellung des Rentenversicherungsträgers haben keine aufschiebende Wirkung. ³Kehren Verschollene zurück, lebt der Anspruch auf die Rente wieder auf; die für den Zeitraum des Wiederauflebens geleisteten Renten wegen Todes an Hinterbliebene sind auf die Nachzahlung anzurechnen.

Sechster Unterabschnitt. Ausschluss und Minderung von Renten

§ 103 Absichtliche Minderung der Erwerbsfähigkeit. Anspruch auf Rente wegen verminderter Erwerbsfähigkeit, Altersrente für schwerbehinderte Menschen oder große Witwenrente oder große Witwerrente besteht nicht für Personen, die die für die Rentenleistung erforderliche gesundheitliche Beeinträchtigung absichtlich herbeigeführt haben.

§ 104 Minderung der Erwerbsfähigkeit bei einer Straftat. (1) ¹Renten wegen verminderter Erwerbsfähigkeit, Altersrenten für schwerbehinderte Menschen oder große Witwenrenten oder große Witwerrenten können ganz oder teilweise versagt werden, wenn die Berechtigten sich die für die Rentenleistung erforderliche gesundheitliche Beeinträchtigung bei einer Handlung zugezogen haben, die nach strafgerichtlichem Urteil ein Verbrechen oder vorsätzliches Vergehen ist. ²Dies gilt auch, wenn aus einem in der Person des Berechtigten liegenden Grunde ein strafgerichtliches Urteil nicht ergeht. ³Zuwiderhandlungen gegen Bergverordnungen oder bergbehördliche Anordnungen gelten nicht als Vergehen im Sinne des Satzes 1.

(2) ¹Soweit die Rente versagt wird, kann sie an unterhaltsberechtigte Ehegatten, Lebenspartner und Kinder geleistet werden. ²Die Vorschriften der §§ 48 und 49 des Ersten Buches[1)] über die Auszahlung der Rente an Dritte werden entsprechend angewendet.

§ 105 Tötung eines Angehörigen. Anspruch auf Rente wegen Todes und auf Versichertenrente, soweit der Anspruch auf dem Rentensplitting beruht, besteht nicht für die Personen, die den Tod vorsätzlich herbeigeführt haben.

§ 105a *(aufgehoben)*

[1)] Nr. 1.

Dritter Abschnitt. Zusatzleistungen

§ 106 Zuschuss zur Krankenversicherung. (1) [1] Rentenbezieher, die freiwillig in der gesetzlichen Krankenversicherung oder bei einem Krankenversicherungsunternehmen, das der deutschen Aufsicht unterliegt, versichert sind, erhalten zu ihrer Rente einen Zuschuss zu den Aufwendungen für die Krankenversicherung. [2] Dies gilt nicht, wenn sie gleichzeitig in einer in- oder ausländischen gesetzlichen Krankenversicherung pflichtversichert sind.

(2) Für Rentenbezieher, die freiwillig in der gesetzlichen Krankenversicherung versichert sind, wird der monatliche Zuschuss in Höhe des halben Betrages geleistet, der sich aus der Anwendung des allgemeinen Beitragssatzes der gesetzlichen Krankenversicherung auf den Zahlbetrag der Rente ergibt.

(3) [1] Für Rentenbezieher, die bei einem Krankenversicherungsunternehmen versichert sind, das der deutschen Aufsicht unterliegt, wird der monatliche Zuschuss in Höhe des halben Betrages geleistet, der sich aus der Anwendung des allgemeinen Beitragssatzes der gesetzlichen Krankenversicherung auf den Zahlbetrag der Rente ergibt. [2] Der monatliche Zuschuss wird auf die Hälfte der tatsächlichen Aufwendungen für die Krankenversicherung begrenzt. [3] Beziehen Rentner mehrere Renten, wird ein begrenzter Zuschuss von den Rentenversicherungsträgern anteilig nach dem Verhältnis der Höhen der Renten geleistet. [4] Er kann auch in einer Summe zu einer dieser Renten geleistet werden.

(4) Rentenbezieher, die freiwillig in der gesetzlichen Krankenversicherung und bei einem Krankenversicherungsunternehmen versichert sind, das der deutschen Aufsicht unterliegt, erhalten zu ihrer Rente ausschließlich einen Zuschuss nach Absatz 2.

§ 106a *(aufgehoben)*

§ 107 Rentenabfindung. (1) [1] Witwenrenten oder Witwerrenten werden bei der ersten Wiederheirat der Berechtigten mit dem 24fachen Monatsbetrag abgefunden. [2] Für die Ermittlung anderer Witwenrenten oder Witwerrenten aus derselben Rentenanwartschaft wird bis zum Ablauf des 24. Kalendermonats nach Ablauf des Kalendermonats der Wiederheirat unterstellt, dass ein Anspruch auf Witwenrente oder Witwerrente besteht. [3] Bei kleinen Witwenrenten oder kleinen Witwerrenten vermindert sich das 24fache des abzufindenden Monatsbetrags um die Anzahl an Kalendermonaten, für die eine kleine Witwenrente oder kleine Witwerrente geleistet wurde. [4] Entsprechend vermindert sich die Anzahl an Kalendermonaten nach Satz 2.

(2) [1] Monatsbetrag ist der Durchschnitt der für die letzten zwölf Kalendermonate geleisteten Witwenrente oder Witwerrente. [2] Bei Wiederheirat vor Ablauf des 15. Kalendermonats nach dem Tod des Versicherten ist Monatsbetrag der Durchschnittsbetrag der Witwenrente oder Witwerrente, die nach Ablauf des dritten auf den Sterbemonat folgenden Kalendermonats zu leisten war. [3] Bei Wiederheirat vor Ablauf dieses Kalendermonats ist Monatsbetrag der Betrag der Witwenrente oder Witwerrente, der für den vierten auf den Sterbemonat folgenden Kalendermonat zu leisten wäre.

(3) Für eine Rentenabfindung gelten als erste Wiederheirat auch die erste Wiederbegründung einer Lebenspartnerschaft, die erste Heirat nach einer Lebenspartnerschaft sowie die erste Begründung einer Lebenspartnerschaft nach einer Ehe.

§ 108 Beginn, Änderung und Ende von Zusatzleistungen. (1) Für laufende Zusatzleistungen sind die Vorschriften über Beginn, Änderung und Ende von Renten entsprechend anzuwenden.

(2) ¹ Sind die Anspruchsvoraussetzungen für den Zuschuss zu den Aufwendungen für die freiwillige gesetzliche Krankenversicherung entfallen, weil die Krankenkasse rückwirkend eine Pflichtmitgliedschaft in der gesetzlichen Krankenversicherung festgestellt hat, ist der Bescheid über die Bewilligung des Zuschusses vom Beginn der Pflichtmitgliedschaft an aufzuheben. ² Dies gilt nicht für Zeiten, für die freiwillige Beiträge gezahlt wurden, die wegen § 27 Absatz 2 des Vierten Buches[1] nicht erstattet werden. ³ Nicht anzuwenden sind die Vorschriften zur Anhörung Beteiligter (§ 24 des Zehnten Buches[2]), die Vorschriften zur Rücknahme eines rechtswidrigen begünstigenden Verwaltungsaktes (§ 45 des Zehnten Buches) und die Vorschriften zur Aufhebung eines Verwaltungsaktes mit Dauerwirkung bei Änderung der Verhältnisse (§ 48 des Zehnten Buches).

Vierter Abschnitt. Serviceleistungen

§ 109 Renteninformation und Rentenauskunft. (1) ¹ Versicherte, die das 27. Lebensjahr vollendet haben, erhalten jährlich eine schriftliche oder elektronische Renteninformation. ² Nach Vollendung des 55. Lebensjahres wird diese alle drei Jahre durch eine Rentenauskunft ersetzt. ³ Besteht ein berechtigtes Interesse, kann die Rentenauskunft auch jüngeren Versicherten erteilt werden oder in kürzeren Abständen erfolgen.

(2) ¹ Die Renteninformation und die Rentenauskunft sind mit dem Hinweis zu versehen, dass sie auf der Grundlage des geltenden Rechts und der im Versicherungskonto gespeicherten rentenrechtlichen Zeiten erstellt sind und damit unter dem Vorbehalt künftiger Rechtsänderungen sowie der Richtigkeit und Vollständigkeit der im Versicherungskonto gespeicherten rentenrechtlichen Zeiten stehen. ² Mit dem Versand der zuletzt vor Vollendung des 50. Lebensjahres zu erteilenden Renteninformation ist darauf hinzuweisen, dass eine Rentenauskunft auch vor Vollendung des 55. Lebensjahres erteilt werden kann und dass eine Rentenauskunft auf Antrag auch die Höhe der Beitragszahlung zum Ausgleich einer Rentenminderung bei vorzeitiger Inanspruchnahme einer Rente wegen Alters enthält.

(3) Die Renteninformation hat insbesondere zu enthalten:
1. Angaben über die Grundlage der Rentenberechnung,
2. Angaben über die Höhe einer Rente wegen verminderter Erwerbsfähigkeit, die zu zahlen wäre, würde der Leistungsfall der vollen Erwerbsminderung vorliegen,
3. eine Prognose über die Höhe der zu erwartenden Regelaltersrente,
4. Informationen über die Auswirkungen künftiger Rentenanpassungen,
5. eine Übersicht über die Höhe der Beiträge, die für Beitragszeiten vom Versicherten, dem Arbeitgeber oder von öffentlichen Kassen gezahlt worden sind.

---

[1] Nr. 4.
[2] Nr. 10.

(4) Die Rentenauskunft hat insbesondere zu enthalten:
1. eine Übersicht über die im Versicherungskonto gespeicherten rentenrechtlichen Zeiten,
2. eine Darstellung über die Ermittlung der persönlichen Entgeltpunkte mit der Angabe ihres derzeitigen Wertes und dem Hinweis, dass sich die Berechnung der Entgeltpunkte aus beitragsfreien und beitragsgeminderten Zeiten nach der weiteren Versicherungsbiografie richtet,
3. Angaben über die Höhe der Rente, die auf der Grundlage des geltenden Rechts und der im Versicherungskonto gespeicherten rentenrechtlichen Zeiten ohne den Erwerb weiterer Beitragszeiten

   a) bei verminderter Erwerbsfähigkeit als Rente wegen voller Erwerbsminderung,

   b) bei Tod als Witwen- oder Witwerrente,

   c) nach Erreichen der Regelaltersgrenze als Regelaltersrente

   zu zahlen wäre,
4. eine Prognose über die Höhe der zu erwartenden Regelaltersrente,
5. allgemeine Hinweise

   a) zur Erfüllung der persönlichen und versicherungsrechtlichen Voraussetzungen für einen Rentenanspruch,

   b) zum Ausgleich von Abschlägen bei vorzeitiger Inanspruchnahme einer Altersrente,

   c) zu den Auswirkungen der Inanspruchnahme einer Teilrente und zu den Folgen für den Hinzuverdienst,
6. Hinweise

   a) zu den Auswirkungen der vorzeitigen Inanspruchnahme einer Rente wegen Alters,

   b) zu den Auswirkungen eines Hinausschiebens des Rentenbeginns über die Regelaltersgrenze.

(5) ¹Auf Antrag erhalten Versicherte Auskunft über die Höhe ihrer auf die Ehezeit oder Lebenspartnerschaftszeit entfallenden Rentenanwartschaft. ²Diese Auskunft erhält auf Antrag auch der Ehegatte oder geschiedene Ehegatte oder der Lebenspartner oder frühere Lebenspartner eines Versicherten, wenn der Träger der Rentenversicherung diese Auskunft nach § 74 Nr. 2 Buchstabe b des Zehnten Buches[1]) erteilen darf, weil der Versicherte seine Auskunftspflicht gegenüber dem Ehegatten oder Lebenspartner nicht oder nicht vollständig erfüllt hat. ³Die nach Satz 2 erteilte Auskunft wird auch dem Versicherten mitgeteilt. ⁴Ferner enthält die Rentenauskunft auf Antrag die Höhe der Beitragszahlung, die zum Ausgleich einer Rentenminderung bei vorzeitiger Inanspruchnahme einer Rente wegen Alters erforderlich ist, und Angaben über die ihr zugrunde liegende Altersrente. ⁵Diese Auskunft unterbleibt, wenn die Erfüllung der versicherungsrechtlichen Voraussetzungen für eine vorzeitige Rente wegen Alters offensichtlich ausgeschlossen ist.

(6) Für die Auskunft an das Familiengericht nach § 220 Abs. 4 des Gesetzes über das Verfahren in Familiensachen und in den Angelegenheiten der freiwil-

---

[1]) Nr. 10.

ligen Gerichtsbarkeit ergeben sich die nach § 39 des Versorgungsausgleichsgesetzes zu ermittelnden Entgeltpunkte aus der Berechnung einer Vollrente wegen Erreichens der Regelaltersgrenze.

§ 109a Hilfen in Angelegenheiten der Grundsicherung. (1) ¹Die Träger der Rentenversicherung informieren und beraten Personen, die
1. die Regelaltersgrenze erreicht haben oder
2. das 18. Lebensjahr vollendet haben, unabhängig von der jeweiligen Arbeitsmarktlage voll erwerbsgemindert im Sinne des § 43 Abs. 2 sind und bei denen es unwahrscheinlich ist, dass die volle Erwerbsminderung behoben werden kann,

über die Leistungsvoraussetzungen nach dem Vierten Kapitel des Zwölften Buches¹⁾, soweit die genannten Personen rentenberechtigt sind. ²Personen nach Satz 1, die nicht rentenberechtigt sind, werden auf Anfrage beraten und informiert. ³Liegt eine Rente unter dem 27fachen des aktuellen Rentenwertes, ist der Information zusätzlich ein Antragsformular beizufügen. ⁴Es ist darauf hinzuweisen, dass der Antrag auf Leistungen der Grundsicherung im Alter und bei Erwerbsminderung nach dem Vierten Kapitel des Zwölften Buches auch bei dem zuständigen Träger der Rentenversicherung gestellt werden kann, der den Antrag an den zuständigen Träger der Sozialhilfe weiterleitet. ⁵Darüber hinaus sind die Träger der Rentenversicherung verpflichtet, mit den zuständigen Trägern der Sozialhilfe zur Zielerreichung der Grundsicherung im Alter und bei Erwerbsminderung nach dem Vierten Kapitel des Zwölften Buches zusammenzuarbeiten. ⁶Eine Verpflichtung nach Satz 1 besteht nicht, wenn eine Inanspruchnahme von Leistungen der genannten Art wegen der Höhe der gezahlten Rente sowie der im Rentenverfahren zu ermittelnden weiteren Einkünfte nicht in Betracht kommt.

(2) ¹Die Träger der Rentenversicherung prüfen und entscheiden auf ein Ersuchen nach § 45 des Zwölften Buches durch den zuständigen Träger der Sozialhilfe, ob Personen, die das 18. Lebensjahr vollendet haben, unabhängig von der jeweiligen Arbeitsmarktlage voll erwerbsgemindert im Sinne des § 43 Abs. 2 sind und es unwahrscheinlich ist, dass die volle Erwerbsminderung behoben werden kann. ²Ergibt die Prüfung, dass keine volle Erwerbsminderung vorliegt, ist ergänzend eine gutachterliche Stellungnahme abzugeben, ob hilfebedürftige Personen, die das 15. Lebensjahr vollendet haben, erwerbsfähig im Sinne des § 8 des Zweiten Buches²⁾ sind.

(3) ¹Die Träger der Rentenversicherung geben nach § 44a Absatz 1 Satz 5 des Zweiten Buches eine gutachterliche Stellungnahme ab, ob hilfebedürftige Personen, die das 15. Lebensjahr vollendet haben, erwerbsfähig im Sinne des § 8 des Zweiten Buches sind. ²Ergibt die gutachterliche Stellungnahme, dass Personen, die das 18. Lebensjahr vollendet haben, unabhängig von der jeweiligen Arbeitsmarktlage voll erwerbsgemindert im Sinne des § 43 Absatz 2 Satz 2 sind, ist ergänzend zu prüfen, ob es unwahrscheinlich ist, dass die volle Erwerbsminderung behoben werden kann.

(4) Zuständig für die Prüfung und Entscheidung nach Absatz 2 und die Erstellung der gutachterlichen Stellungnahme nach Absatz 3 ist

---
¹⁾ Nr. **12.**
²⁾ Nr. **2.**

1. bei Versicherten der Träger der Rentenversicherung, der für die Erbringung von Leistungen an den Versicherten zuständig ist,
2. bei sonstigen Personen der Regionalträger, der für den Sitz des Trägers der Sozialhilfe oder der Agentur für Arbeit örtlich zuständig ist.

(5) Die kommunalen Spitzenverbände, die Bundesagentur für Arbeit und die Deutsche Rentenversicherung Bund können Vereinbarungen über das Verfahren nach den Absätzen 2 und 3 schließen.

Fünfter Abschnitt. Leistungen an Berechtigte im Ausland

§ 110 Grundsatz. (1) Berechtigte, die sich nur vorübergehend im Ausland aufhalten, erhalten für diese Zeit Leistungen wie Berechtigte, die ihren gewöhnlichen Aufenthalt im Inland haben.

(2) Berechtigte, die ihren gewöhnlichen Aufenthalt im Ausland haben, erhalten diese Leistungen, soweit nicht die folgenden Vorschriften über Leistungen an Berechtigte im Ausland etwas anderes bestimmen.

(3) Die Vorschriften dieses Abschnitts sind nur anzuwenden, soweit nicht nach über- oder zwischenstaatlichem Recht etwas anderes bestimmt ist.

§ 111 Rehabilitationsleistungen und Krankenversicherungszuschuss.
(1) Berechtigte erhalten die Leistungen zur medizinischen Rehabilitation oder zur Teilhabe am Arbeitsleben nur, wenn für sie für den Kalendermonat, in dem der Antrag gestellt ist, Pflichtbeiträge gezahlt oder nur deshalb nicht gezahlt worden sind, weil sie im Anschluss an eine versicherte Beschäftigung oder selbständige Tätigkeit arbeitsunfähig waren.

(2) Berechtigte erhalten keinen Zuschuss zu den Aufwendungen für die Krankenversicherung.

§ 112 Renten bei verminderter Erwerbsfähigkeit. [1] Berechtigte erhalten wegen verminderter Erwerbsfähigkeit eine Rente nur, wenn der Anspruch unabhängig von der jeweiligen Arbeitsmarktlage besteht. [2] Für eine Rente für Bergleute ist zusätzlich erforderlich, dass die Berechtigten auf diese Rente bereits für die Zeit, in der sie ihren gewöhnlichen Aufenthalt noch im Inland gehabt haben, einen Anspruch hatten.

§ 113 Höhe der Rente. (1) [1] Die persönlichen Entgeltpunkte von Berechtigten werden ermittelt aus
1. Entgeltpunkten für Bundesgebiets-Beitragszeiten,
2. dem Leistungszuschlag für Bundesgebiets-Beitragszeiten,
3. Zuschlägen an Entgeltpunkten aus einem durchgeführten Versorgungsausgleich oder Rentensplitting,
4. Abschlägen an Entgeltpunkten aus einem durchgeführten Versorgungsausgleich oder Rentensplitting, soweit sie auf Bundesgebiets-Beitragszeiten entfallen,
5. Zuschlägen aus Zahlung von Beiträgen bei vorzeitiger Inanspruchnahme einer Rente wegen Alters oder bei Abfindungen von Anwartschaften auf betriebliche Altersversorgung oder von Anrechten bei der Versorgungsausgleichskasse,

2. Kapitel. Leistungen §§ 114, 115 SGB VI 6

6. Zuschlägen an Entgeltpunkten für Arbeitsentgelt aus geringfügiger Beschäftigung,
7. zusätzlichen Entgeltpunkten für Arbeitsentgelt aus nach § 23b Abs. 2 Satz 1 bis 4 des Vierten Buches[1)] aufgelösten Wertguthaben,
8. Zuschlägen an Entgeltpunkten bei Witwenrenten und Witwerrenten,
9. Zuschlägen an Entgeltpunkten aus Beiträgen nach Beginn einer Rente wegen Alters,
10. Zuschlägen an Entgeltpunkten für Zeiten einer besonderen Auslandsverwendung und
11. Zuschlägen an Entgeltpunkten für nachversicherte Soldaten auf Zeit.

[2] Bundesgebiets-Beitragszeiten sind Beitragszeiten, für die Beiträge nach Bundesrecht nach dem 8. Mai 1945 gezahlt worden sind, und die diesen im Fünften Kapitel gleichgestellten Beitragszeiten.

(2) Der Zuschlag an persönlichen Entgeltpunkten bei Waisenrenten von Berechtigten wird allein aus Bundesgebiets-Beitragszeiten ermittelt.

§ 114 Besonderheiten. (1) [1] Die persönlichen Entgeltpunkte von Berechtigten werden zusätzlich ermittelt aus
1. Entgeltpunkten für beitragsfreie Zeiten,
2. dem Zuschlag an Entgeltpunkten für beitragsgeminderte Zeiten und
3. Abschlägen an Entgeltpunkten aus einem durchgeführten Versorgungsausgleich oder Rentensplitting, soweit sie auf beitragsfreie Zeiten oder einen Zuschlag an Entgeltpunkten für beitragsgeminderte Zeiten entfallen.

[2] Die nach Satz 1 ermittelten Entgeltpunkte werden dabei in dem Verhältnis berücksichtigt, in dem die Entgeltpunkte für Bundesgebiets-Beitragszeiten und die nach § 272 Abs. 1 Nr. 1 sowie § 272 Abs. 3 Satz 1 ermittelten Entgeltpunkte zu allen Entgeltpunkten für Beitragszeiten einschließlich Beschäftigungszeiten nach dem Fremdrentengesetz stehen.

(2) Der Zuschlag an persönlichen Entgeltpunkten bei Waisenrenten von Berechtigten wird zusätzlich aus
1. beitragsfreien Zeiten in dem sich nach Absatz 1 Satz 2 ergebenden Verhältnis und
2. Berücksichtigungszeiten im Inland
ermittelt.

Sechster Abschnitt. Durchführung

Erster Unterabschnitt. Beginn und Abschluss des Verfahrens

§ 115 Beginn. (1) [1] Das Verfahren beginnt mit dem Antrag, wenn nicht etwas anderes bestimmt ist. [2] Eines Antrags bedarf es nicht, wenn eine Rente wegen der Änderung der tatsächlichen oder rechtlichen Verhältnisse in niedrigerer als der bisherigen Höhe zu leisten ist.

(2) Anträge von Witwen oder Witwern auf Zahlung eines Vorschusses auf der Grundlage der für den Sterbemonat an den verstorbenen Ehegatten geleis-

---

[1)] Nr. 4.

teten Rente gelten als Anträge auf Leistung einer Witwenrente oder Witwerrente.

(3) ¹Haben Versicherte bis zum Erreichen der Regelaltersgrenze eine Rente wegen verminderter Erwerbsfähigkeit oder eine Erziehungsrente bezogen, ist anschließend eine Regelaltersrente zu leisten, wenn sie nicht etwas anderes bestimmen. ²Haben Witwen oder Witwer bis zum Erreichen der Altersgrenze für eine große Witwenrente oder große Witwerrente eine kleine Witwenrente oder kleine Witwerrente bezogen, ist anschließend eine große Witwenrente oder große Witwerrente zu leisten.

(4) ¹Leistungen zur Teilhabe können auch von Amts wegen erbracht werden, wenn die Versicherten zustimmen. ²Die Zustimmung gilt als Antrag auf Leistungen zur Teilhabe.

(5) Rentenauskünfte werden auch von Amts wegen erteilt.

(6) ¹Die Träger der Rentenversicherung sollen die Berechtigten in geeigneten Fällen darauf hinweisen, dass sie eine Leistung erhalten können, wenn sie diese beantragen. ²In Richtlinien der Deutschen Rentenversicherung Bund kann bestimmt werden, unter welchen Voraussetzungen solche Hinweise erfolgen sollen.

§ 116 Besonderheiten bei Leistungen zur Teilhabe. (1) (weggefallen)

(2) Der Antrag auf Leistungen zur medizinischen Rehabilitation oder zur Teilhabe am Arbeitsleben gilt als Antrag auf Rente, wenn Versicherte vermindert erwerbsfähig sind und

1. ein Erfolg von Leistungen zur medizinischen Rehabilitation oder zur Teilhabe am Arbeitsleben nicht zu erwarten ist oder
2. Leistungen zur medizinischen Rehabilitation oder zur Teilhabe am Arbeitsleben nicht erfolgreich gewesen sind, weil sie die verminderte Erwerbsfähigkeit nicht verhindert haben.

(3) ¹Ist Übergangsgeld gezahlt worden und wird nachträglich für denselben Zeitraum der Anspruch auf eine Rente wegen verminderter Erwerbsfähigkeit festgestellt, gilt dieser Anspruch bis zur Höhe des gezahlten Übergangsgeldes als erfüllt. ²Übersteigt das Übergangsgeld den Betrag der Rente, kann der übersteigende Betrag nicht zurückgefordert werden.

§ 117 Abschluss. Die Entscheidung über einen Anspruch auf Leistung bedarf der Schriftform.

Zweiter Unterabschnitt. Auszahlung und Anpassung

§ 118 Fälligkeit und Auszahlung. (1) ¹Laufende Geldleistungen mit Ausnahme des Übergangsgeldes werden am Ende des Monats fällig, zu dessen Beginn die Anspruchsvoraussetzungen erfüllt sind; sie werden am letzten Bankarbeitstag dieses Monats ausgezahlt. ²Bei Zahlung auf ein Konto im Inland ist die Gutschrift der laufenden Geldleistung, auch wenn sie nachträglich erfolgt, so vorzunehmen, dass die Wertstellung des eingehenden Überweisungsbetrages auf dem Empfängerkonto unter dem Datum des Tages erfolgt, an dem der Betrag dem Geldinstitut zur Verfügung gestellt worden ist. ³Für die rechtzeitige Auszahlung im Sinne von Satz 1 genügt es, wenn nach dem gewöhnlichen

2. Kapitel. Leistungen § 118 SGB VI 6

Verlauf die Wertstellung des Betrages der laufenden Geldleistung unter dem Datum des letzten Bankarbeitstages erfolgen kann.

(2) Laufende Geldleistungen, die bei Auszahlungen
1. im Inland den aktuellen Rentenwert,
2. im Ausland das Dreifache des aktuellen Rentenwerts

nicht übersteigen, können für einen angemessenen Zeitraum im Voraus ausgezahlt werden.

(2a) Nachzahlungsbeträge, die ein Zehntel des aktuellen Rentenwerts nicht übersteigen, sollen nicht ausgezahlt werden.

(3) [1] Geldleistungen, die für die Zeit nach dem Tod des Berechtigten auf ein Konto bei einem Geldinstitut, für das die Verordnung (EU) Nr. 260/2012 des Europäischen Parlaments und des Rates vom 14. März 2012 zur Festlegung der technischen Vorschriften und der Geschäftsanforderungen für Überweisungen und Lastschriften in Euro und zur Änderung der Verordnung (EG) Nr. 924/2009 (ABl. L 94 vom 30.3.2012, S. 22) gilt, überwiesen wurden, gelten als unter Vorbehalt erbracht. [2] Das Geldinstitut hat sie der überweisenden Stelle oder dem Träger der Rentenversicherung zurückzuüberweisen, wenn diese sie als zu Unrecht erbracht zurückfordern. [3] Eine Verpflichtung zur Rücküberweisung besteht nicht, soweit über den entsprechenden Betrag bei Eingang der Rückforderung bereits anderweitig verfügt wurde, es sei denn, dass die Rücküberweisung aus einem Guthaben erfolgen kann. [4] Das Geldinstitut darf den überwiesenen Betrag nicht zur Befriedigung eigener Forderungen verwenden.

(4) [1] Soweit Geldleistungen für die Zeit nach dem Tod des Berechtigten zu Unrecht erbracht worden sind, sind sowohl die Personen, die die Geldleistungen unmittelbar in Empfang genommen haben oder an die der entsprechende Betrag durch Dauerauftrag, Lastschrifteinzug oder sonstiges bankübliches Zahlungsgeschäft auf ein Konto weitergeleitet wurde (Empfänger), als auch die Personen, die als Verfügungsberechtigte über den entsprechenden Betrag ein bankübliches Zahlungsgeschäft zu Lasten des Kontos vorgenommen oder zugelassen haben (Verfügende), dem Träger der Rentenversicherung zur Erstattung des entsprechenden Betrages verpflichtet. [2] Der Träger der Rentenversicherung hat Erstattungsansprüche durch Verwaltungsakt geltend zu machen. [3] Ein Geldinstitut, das eine Rücküberweisung mit dem Hinweis abgelehnt hat, dass über den entsprechenden Betrag bereits anderweitig verfügt wurde, hat der überweisenden Stelle oder dem Träger der Rentenversicherung auf Verlangen Name und Anschrift des Empfängers oder Verfügenden und etwaiger neuer Kontoinhaber zu benennen. [4] Ein Anspruch gegen die Erben nach § 50 des Zehnten Buches[1] bleibt unberührt.

(4a) [1] Die Ansprüche nach den Absätzen 3 und 4 verjähren in vier Jahren nach Ablauf des Kalenderjahres, in dem der Träger der Rentenversicherung Kenntnis von der Überzahlung und in den Fällen des Absatzes 4 zusätzlich Kenntnis von dem Erstattungspflichtigen erlangt hat. [2] Für die Hemmung, die Ablaufhemmung, den Neubeginn und die Wirkung der Verjährung gelten die Vorschriften des Bürgerlichen Gesetzbuchs sinngemäß.

(5) Sind laufende Geldleistungen, die nach Absatz 1 auszuzahlen und in dem Monat fällig geworden sind, in dem der Berechtigte verstorben ist, auf das

---

[1] Nr. 10.

bisherige Empfängerkonto bei einem Geldinstitut überwiesen worden, ist der Anspruch der Erben gegenüber dem Träger der Rentenversicherung erfüllt.

§ 118a Anpassungsmitteilung. Rentenbezieher erhalten eine Anpassungsmitteilung, wenn sich die Höhe des aktuellen Rentenwerts verändert.

§ 119 Wahrnehmung von Aufgaben durch die Deutsche Post AG.

(1) ¹Die Träger der allgemeinen Rentenversicherung zahlen die laufenden Geldleistungen mit Ausnahme des Übergangsgeldes durch die Deutsche Post AG aus. ²Im Übrigen können die Träger der Rentenversicherung Geldleistungen durch die Deutsche Post AG auszahlen lassen.

(2) ¹Soweit die Deutsche Post AG laufende Geldleistungen für die Träger der Rentenversicherung auszahlt, führt sie auch Arbeiten zur Anpassung der Leistungen durch. ²Die Anpassungsmitteilungen ergehen im Namen des Trägers der Rentenversicherung.

(3) Die Auszahlung und die Durchführung der Anpassung von Geldleistungen durch die Deutsche Post AG umfassen auch die Wahrnehmung der damit im Zusammenhang stehenden Aufgaben der Träger der Rentenversicherung, insbesondere

1. die Überwachung der Zahlungsvoraussetzungen durch die Auswertung der Sterbefallmitteilungen nach § 101a des Zehnten Buches[1] und durch die Einholung von Lebensbescheinigungen im Rahmen des § 60 Abs. 1 und des § 65 Abs. 1 Nr. 3 des Ersten Buches[2] sowie

2. die Erstellung statistischen Materials und dessen Übermittlung an das Bundesministerium für Arbeit und Soziales und an die Deutsche Rentenversicherung Bund.

(4) ¹Die Träger der Rentenversicherung werden von ihrer Verantwortung gegenüber den Leistungsberechtigten nicht entbunden. ²Der Leistungsberechtigte soll jedoch Änderungen in den tatsächlichen oder rechtlichen Verhältnissen, die für die Auszahlung oder die Durchführung der Anpassung der von der Deutschen Post AG gezahlten Geldleistungen erheblich sind, unmittelbar der Deutschen Post AG mitteilen.

(5) ¹Zur Auszahlung der Geldleistungen erhält die Deutsche Post AG von den Trägern der Rentenversicherung monatlich rechtzeitig angemessene Vorschüsse. ²Die Deutsche Rentenversicherung Bund setzt für die Träger der allgemeinen Rentenversicherung die Vorschüsse fest.

(6) ¹Die Deutsche Post AG erhält für ihre Tätigkeit von den Trägern der Rentenversicherung eine angemessene Vergütung und auf die Vergütung monatlich rechtzeitig angemessene Vorschüsse. ²Die Deutsche Rentenversicherung Bund setzt für die Träger der allgemeinen Rentenversicherung die Vorschüsse fest.

§ 120 Verordnungsermächtigung. Das Bundesministerium für Arbeit und Soziales wird ermächtigt, im Einvernehmen mit dem Bundesministerium der Finanzen durch Rechtsverordnung mit Zustimmung des Bundesrates

---

[1] Nr. 10.
[2] Nr. 1.

1. den Inhalt der von der Deutschen Post AG wahrzunehmenden Aufgaben der Träger der Rentenversicherung nach § 119 Abs. 1 bis 3 näher zu bestimmen und die Rechte und Pflichten der Beteiligten festzulegen,
2. die Höhe und Fälligkeit der Vorschüsse, die die Deutsche Post AG von den Trägern der Rentenversicherung nach § 119 Abs. 5 erhält, näher zu bestimmen,
3. die Höhe und Fälligkeit der Vergütung und der Vorschüsse, die die Deutsche Post AG von den Trägern der Rentenversicherung nach § 119 Abs. 6 erhält, näher zu bestimmen.

Dritter Unterabschnitt. Rentensplitting

§ 120a Grundsätze für das Rentensplitting unter Ehegatten.

(1) Ehegatten können gemeinsam bestimmen, dass die von ihnen in der Ehe erworbenen Ansprüche auf eine anpassungsfähige Rente zwischen ihnen aufgeteilt werden (Rentensplitting unter Ehegatten).

(2) Die Durchführung des Rentensplittings unter Ehegatten ist zulässig, wenn
1. die Ehe nach dem 31. Dezember 2001 geschlossen worden ist oder
2. die Ehe am 31. Dezember 2001 bestand und beide Ehegatten nach dem 1. Januar 1962 geboren sind.

(3) Anspruch auf Durchführung des Rentensplittings unter Ehegatten besteht, wenn
1. erstmalig beide Ehegatten nach Ablauf des Monats, in dem die Regelaltersgrenze erreicht wurde, Anspruch auf Leistung einer Vollrente wegen Alters aus der gesetzlichen Rentenversicherung haben oder
2. erstmalig ein Ehegatte nach Ablauf des Monats, in dem die Regelaltersgrenze erreicht wurde, Anspruch auf Leistung einer Vollrente wegen Alters aus der gesetzlichen Rentenversicherung und der andere Ehegatte die Regelaltersgrenze erreicht hat oder
3. ein Ehegatte verstirbt, bevor die Voraussetzungen der Nummern 1 und 2 vorliegen. In diesem Fall kann der überlebende Ehegatte das Rentensplitting unter Ehegatten allein herbeiführen.

(4) [1] Anspruch auf Durchführung des Rentensplittings unter Ehegatten besteht nur, wenn am Ende der Splittingzeit
1. in den Fällen von Absatz 3 Nr. 1 und 2 bei beiden Ehegatten und
2. im Fall von Absatz 3 Nr. 3 beim überlebenden Ehegatten

25 Jahre an rentenrechtlichen Zeiten vorhanden sind. [2] Im Fall von Satz 1 Nr. 2 gilt als rentenrechtliche Zeit auch die Zeit vom Zeitpunkt des Todes des verstorbenen Ehegatten bis zum Erreichen der Regelaltersgrenze des überlebenden Ehegatten in dem Verhältnis, in dem die Kalendermonate an rentenrechtlichen Zeiten des überlebenden Ehegatten in der Zeit von seinem vollendeten 17. Lebensjahr bis zum Tod des verstorbenen Ehegatten zu allen Kalendermonaten in dieser Zeit stehen.

(5) Anspruch auf Durchführung des Rentensplittings unter Ehegatten besteht nicht, wenn der überlebende Ehegatte eine Rentenabfindung erhalten hat.

(6) ¹Der Anspruch auf Durchführung des Rentensplittings unter Ehegatten besteht für die Zeit vom Beginn des Monats, in dem die Ehe geschlossen worden ist, bis zum Ende des Monats, in dem der Anspruch entstanden ist (Splittingzeit). ²Entsteht der Anspruch auf Durchführung des Rentensplittings unter Ehegatten nach Ablauf des Monats, in dem die Regelaltersgrenze erreicht wurde, durch Leistung einer Vollrente wegen Alters, endet die Splittingzeit mit dem Ende des Monats vor Leistungsbeginn.

(7) ¹Die Höhe der Ansprüche richtet sich nach den Entgeltpunkten der Ehegatten, getrennt nach

1. Entgeltpunkten der allgemeinen Rentenversicherung und
2. Entgeltpunkten der knappschaftlichen Rentenversicherung,

die mit demselben aktuellen Rentenwert für die Berechnung einer Rente zu vervielfältigen sind. ²Der Ehegatte mit der jeweils niedrigeren Summe solcher Entgeltpunkte hat Anspruch auf Übertragung der Hälfte des Unterschieds zwischen den gleichartigen Entgeltpunkten der Ehegatten (Einzelsplitting).

(8) Besteht zwischen den jeweiligen Summen aller Entgeltpunkte der Ehegatten in der Splittingzeit ein Unterschied, ergibt sich für den Ehegatten mit der niedrigeren Summe aller Entgeltpunkte ein Zuwachs an Entgeltpunkten in Höhe der Hälfte des Unterschieds zwischen der Summe aller Entgeltpunkte für den Ehegatten mit der höheren Summe an Entgeltpunkten und der Summe an Entgeltpunkten des anderen Ehegatten (Splittingzuwachs).

(9) Das Rentensplitting unter Ehegatten ist durchgeführt, wenn die Entscheidung des Rentenversicherungsträgers über das Rentensplitting

1. in den Fällen von Absatz 3 Nr. 1 und 2 für beide Ehegatten und
2. im Fall von Absatz 3 Nr. 3 für den überlebenden Ehegatten

unanfechtbar geworden ist.

§ 120b Tod eines Ehegatten vor Empfang angemessener Leistungen.

(1) ¹Ist ein Ehegatte verstorben und sind ihm aus dem Rentensplitting unter Ehegatten nicht länger als 36 Monate Rentenleistungen erbracht worden, wird die Rente des überlebenden Ehegatten auf Antrag nicht länger auf Grund des Rentensplittings gekürzt. ²Satz 1 gilt nicht, wenn ein Rentensplitting nach § 120a Absatz 3 Nummer 3 herbeigeführt wurde.

(2) Antragsberechtigt ist der überlebende Ehegatte.

(3) Die Anpassung wirkt ab dem ersten Tag des Monats, der auf den Monat der Antragstellung folgt.

§ 120c Abänderung des Rentensplittings unter Ehegatten.
(1) Ehegatten haben Anspruch auf Abänderung des Rentensplittings, wenn sich für sie eine Abweichung des Wertunterschieds von dem bisher zugrunde liegenden Wertunterschied ergibt.

(2) ¹Die Änderung der Anspruchshöhe kommt nur in Betracht, wenn durch sie Versicherte

1. eine Übertragung von Entgeltpunkten erhalten, deren Wert insgesamt vom Wert der bislang insgesamt übertragenen Entgeltpunkte wesentlich abweicht, oder
2. eine maßgebende Wartezeit erfüllen.

²Eine Abweichung ist wesentlich, wenn sie 10 vom Hundert der durch die abzuändernde Entscheidung insgesamt übertragenen Entgeltpunkte, mindestens jedoch 0,5 Entgeltpunkte übersteigt, wobei Entgeltpunkte der knappschaftlichen Rentenversicherung zuvor mit 1,3333 zu vervielfältigen sind.

(3) Für den Ehegatten, der einen Splittingzuwachs erhalten hat, entfällt durch die Abänderung eine bereits erfüllte Wartezeit nicht.

(4) ¹Antragsberechtigt zur Abänderung des Rentensplittings unter Ehegatten sind neben den Ehegatten auch ihre Hinterbliebenen. ²Eine Abänderung von Amts wegen ist möglich.

(5) Das Verfahren endet mit dem Tod des antragstellenden Ehegatten oder des antragstellenden Hinterbliebenen, wenn nicht ein Antragsberechtigter binnen drei Monaten gegenüber dem Rentenversicherungsträger erklärt, das Verfahren fortsetzen zu wollen.

(6) ¹Die Ehegatten oder ihre Hinterbliebenen sind verpflichtet, einander die Auskünfte zu erteilen, die zur Wahrnehmung ihrer Rechte nach den vorstehenden Vorschriften erforderlich sind. ²Sofern ein Ehegatte oder seine Hinterbliebenen die erforderlichen Auskünfte von dem anderen Ehegatten oder dessen Hinterbliebenen nicht erhalten, haben sie einen entsprechenden Auskunftsanspruch gegen die betroffenen Rentenversicherungsträger. ³§ 74 Satz 1 Nr. 2 Buchstabe b des Zehnten Buches[1]) findet entsprechende Anwendung. ⁴Die Ehegatten und ihre Hinterbliebenen haben den betroffenen Rentenversicherungsträgern die erforderlichen Auskünfte zu erteilen.

(7) Die Abänderung des Rentensplittings unter Ehegatten ist durchgeführt, wenn die Entscheidung des Rentenversicherungsträgers über die Abänderung für die Ehegatten und ihre Hinterbliebenen unanfechtbar geworden ist.

§ 120d Verfahren und Zuständigkeit.

(1) ¹Die Erklärung der Ehegatten zum Rentensplitting kann frühestens sechs Monate vor der voraussichtlichen Erfüllung der Anspruchsvoraussetzungen abgegeben werden. ²In den Fällen des § 120a Abs. 3 Nr. 3 ist die Erklärung zum Rentensplitting von dem überlebenden Ehegatten spätestens bis zum Ablauf von zwölf Kalendermonaten nach Ablauf des Monats abzugeben (Ausschlussfrist), in dem der Ehegatte verstorben ist. ³Die Ausschlussfrist gilt nur für Todesfälle ab dem 1. Januar 2008. ⁴Die Frist des Satzes 2 wird durch ein Verfahren bei einem Rentenversicherungsträger unterbrochen; die Frist beginnt erneut nach Abschluss des Verfahrens. ⁵Eine Wiedereinsetzung in den vorigen Stand ist ausgeschlossen.

(2) ¹Erklärungen zum Rentensplitting können von einem oder von beiden Ehegatten widerrufen werden, bis das Rentensplitting durchgeführt ist. ²Nach diesem Zeitpunkt sind die Erklärungen unwiderruflich.

(3) ¹Für die Durchführung des Rentensplittings ist der Rentenversicherungsträger des jüngeren Ehegatten zuständig. ²Hat ein Ehegatte keine eigenen Anwartschaften in der gesetzlichen Rentenversicherung erworben, ist der Rentenversicherungsträger des anderen Ehegatten zuständig. ³In den Fällen des § 120a Abs. 3 Nr. 3 ist der Rentenversicherungsträger des verstorbenen Ehegatten zuständig. ⁴Ist für einen Ehegatten die Zuständigkeit der Deutschen Rentenversicherung Knappschaft-Bahn-See gegeben, ist dieser Rentenversicherungsträger für die Durchführung des Rentensplittings zuständig.

---

[1]) Nr. 10.

(4) Der am Verfahren über das Rentensplitting unter Ehegatten beteiligte, nicht zuständige Rentenversicherungsträger ist an die Entscheidung des zuständigen Rentenversicherungsträgers gebunden.

§ 120e Rentensplitting unter Lebenspartnern. ¹Lebenspartner können gemeinsam bestimmen, dass die von ihnen in der Lebenspartnerschaft erworbenen Ansprüche auf eine anpassungsfähige Rente zwischen ihnen aufgeteilt werden (Rentensplitting unter Lebenspartnern). ²Die Durchführung des Rentensplittings, der Anspruch auf eine nicht aufgrund des Rentensplittings gekürzte Rente, die Abänderung des Rentensplittings unter Lebenspartnern und das Verfahren sowie die Zuständigkeit richten sich nach den vorangegangenen Vorschriften dieses Unterabschnitts. ³Dabei gelten als Eheschließung die Begründung einer Lebenspartnerschaft, als Ehe eine Lebenspartnerschaft und als Ehegatte ein Lebenspartner.

Vierter Unterabschnitt. Besonderheiten beim Versorgungsausgleich

§ 120f Interne Teilung und Verrechnung von Anrechten. (1) Als erworbene Anrechte gleicher Art im Sinne des § 10 Abs. 2 des Versorgungsausgleichsgesetzes gelten die in der gesetzlichen Rentenversicherung erworbenen Anrechte.

(2) Als Anrechte gleicher Art im Sinne des § 10 Abs. 2 des Versorgungsausgleichsgesetzes gelten nicht

1. die *[ab 1.7.2018: bis zum 30. Juni 2024]* im Beitrittsgebiet und im übrigen Bundesgebiet erworbenen Anrechte, *[bis 30.6.2018: soweit einheitliche Einkommensverhältnisse im Gebiet der Bundesrepublik Deutschland noch nicht hergestellt sind,]*
2. die in der allgemeinen Rentenversicherung und in der knappschaftlichen Rentenversicherung erworbenen Anrechte.

§ 120g Externe Teilung. Wählt die ausgleichsberechtigte Person bei der externen Teilung von Anrechten nach dem Versorgungsausgleichsgesetz keine Zielversorgung aus und erfolgt der Ausgleich nach § 15 Abs. 5 des Versorgungsausgleichsgesetzes in der gesetzlichen Rentenversicherung, werden Anrechte mit Zahlungseingang des Betrags erworben, der vom Familiengericht nach § 222 Abs. 3 des Gesetzes über das Verfahren in Familiensachen und in den Angelegenheiten der freiwilligen Gerichtsbarkeit festgesetzt wurde.

§ 120h Abzuschmelzende Anrechte. Abzuschmelzende Anrechte im Sinne des § 19 Abs. 2 Nr. 2 des Versorgungsausgleichsgesetzes, die Ausgleichsansprüchen nach der Scheidung nach den §§ 20 bis 24 des Versorgungsausgleichsgesetzes unterliegen, sind

1. der Auffüllbetrag (§ 315a),
2. der Rentenzuschlag (§ 319a),
3. der Übergangszuschlag (§ 319b) und
4. der weiterzuzahlende Betrag oder der besitzgeschützte Zahlbetrag der nach dem Anspruchs- und Anwartschaftsüberführungsgesetz oder nach dem Zu-

satzversorgungssystem-Gleichstellungsgesetz überführten Rente des Beitrittsgebiets, soweit dieser den Monatsbetrag der Renten nach § 307b Abs. 1 Satz 3 übersteigt (§ 307b Abs. 6).

Fünfter Unterabschnitt. Berechnungsgrundsätze

§ 121 Allgemeine Berechnungsgrundsätze. (1) Berechnungen werden auf vier Dezimalstellen durchgeführt, wenn nicht etwas anderes bestimmt ist.

(2) Bei einer auf Dezimalstellen vorzunehmenden Berechnung wird die letzte Dezimalstelle um 1 erhöht, wenn sich in der folgenden Dezimalstelle eine der Zahlen 5 bis 9 ergeben würde.

(3) Bei einer Berechnung, die auf volle Werte vorzunehmen ist, wird der Wert vor der ersten Dezimalstelle um 1 erhöht, wenn sich in den ersten vier Dezimalstellen eine der Zahlen 1 bis 9 ergeben würde.

(4) Bei einer Berechnung werden vor einer Division zunächst die anderen Rechengänge durchgeführt.

§ 122 Berechnung von Zeiten. (1) Ein Kalendermonat, der nur zum Teil mit rentenrechtlichen Zeiten belegt ist, zählt als voller Monat.

(2) [1] Ein Zeitraum, der in Jahren bestimmt ist, umfasst für jedes zu berücksichtigende Jahr zwölf Monate. [2] Ist für den Beginn oder das Ende eines Zeitraums ein bestimmtes Ereignis maßgebend, wird auch der Kalendermonat, in den das Ereignis fällt, berücksichtigt.

(3) Sind Zeiten bis zu einer Höchstdauer zu berücksichtigen, werden die am weitesten zurückliegenden Kalendermonate zunächst berücksichtigt.

§ 123 Berechnung von Geldbeträgen. (1) Berechnungen von Geldbeträgen werden auf zwei Dezimalstellen durchgeführt.

(2) Bei der Ermittlung von Geldbeträgen, für die ausdrücklich ein voller Betrag vorgegeben oder bestimmt ist, wird der Betrag nur dann um 1 erhöht, wenn sich in der ersten Dezimalstelle eine der Zahlen 5 bis 9 ergeben würde.

(3) [1] Der auf einen Teilzeitraum entfallende Betrag ergibt sich, wenn der Gesamtbetrag mit dem Teilzeitraum vervielfältigt und durch den Gesamtzeitraum geteilt wird. [2] Dabei werden das Kalenderjahr mit 360 Tagen, der Kalendermonat außer bei der anteiligen Ermittlung einer Monatsrente mit 30 Tagen und die Kalenderwoche mit sieben Tagen gerechnet.

§ 124 Berechnung von Durchschnittswerten und Rententeilen.

(1) Durchschnittswerte werden aus der Summe der Einzelwerte und der für ihre Ermittlung zugrunde gelegten Summe der jeweiligen Zeiteinheiten ermittelt, soweit nicht eine andere Summe von Zeiteinheiten ausdrücklich bestimmt ist.

(2) Die Rente oder Rentenanwartschaft, die auf einen Zeitabschnitt entfällt, ergibt sich, wenn nach der Ermittlung der Entgeltpunkte für alle rentenrechtlichen Zeiten die Rente oder Rentenanwartschaft aus den Entgeltpunkten berechnet wird, die auf diesen Zeitabschnitt entfallen.

Drittes Kapitel. Organisation, Datenschutz und Datensicherheit

Erster Abschnitt. Organisation

Erster Unterabschnitt. Deutsche Rentenversicherung

§ 125 Träger der gesetzlichen Rentenversicherung. (1) ¹Die Aufgaben der gesetzlichen Rentenversicherung (allgemeine Rentenversicherung und knappschaftliche Rentenversicherung) werden von Regionalträgern und Bundesträgern wahrgenommen. ²Der Name der Regionalträger der gesetzlichen Rentenversicherung besteht aus der Bezeichnung „Deutsche Rentenversicherung" und einem Zusatz für ihre jeweilige regionale Zuständigkeit.

(2) ¹Bundesträger sind die Deutsche Rentenversicherung Bund und die Deutsche Rentenversicherung Knappschaft-Bahn-See. ²Die Deutsche Rentenversicherung Bund nimmt auch die Grundsatz- und Querschnittsaufgaben und die gemeinsamen Angelegenheiten der Träger der Rentenversicherung wahr.

Zweiter Unterabschnitt. Zuständigkeit in der allgemeinen Rentenversicherung

§ 126 Zuständigkeit der Träger der Rentenversicherung. ¹Für die Erfüllung der Aufgaben der Rentenversicherung sind in der allgemeinen Rentenversicherung die Regionalträger, die Deutsche Rentenversicherung Bund und die Deutsche Rentenversicherung Knappschaft-Bahn-See zuständig. ²Dies gilt auch für die Anwendung des über- und zwischenstaatlichen Rechts.

§ 127 Zuständigkeit für Versicherte und Hinterbliebene. (1) ¹Zuständig für Versicherte ist der Träger der Rentenversicherung, der durch die Datenstelle der Rentenversicherung bei der Vergabe der Versicherungsnummer festgelegt worden ist. ²Ist eine Versicherungsnummer noch nicht vergeben, ist bis zur Vergabe der Versicherungsnummer die Deutsche Rentenversicherung Bund zuständig.

(2) Das Erweiterte Direktorium der Deutschen Rentenversicherung Bund bestimmt die Zuordnung von Versicherten zu einem Träger der Rentenversicherung nach folgenden Grundsätzen:

1. Die Versicherten werden zu 55 vom Hundert den Regionalträgern, zu 40 vom Hundert der Deutschen Rentenversicherung Bund und zu 5 vom Hundert der Deutschen Rentenversicherung Knappschaft-Bahn-See zugeordnet.
2. Im ersten Schritt werden Versicherte gemäß § 129 oder § 133 der Deutschen Rentenversicherung Knappschaft-Bahn-See unter Anrechnung auf ihre Quote nach Nummer 1 zugeordnet.
3. Im zweiten Schritt werden den Regionalträgern so viele der verbleibenden Versicherten zugeordnet, dass, für jeden örtlichen Zuständigkeitsbereich eines Regionalträgers gesondert, jeweils die Quote nach Nummer 1 hergestellt wird.
4. Im dritten Schritt werden die übrigen Versicherten zur Herstellung der Quote nach Nummer 1 zwischen der Deutschen Rentenversicherung Bund und, unter Anrechnung der Vorwegzuordnung nach Nummer 2, der Deut-

schen Rentenversicherung Knappschaft-Bahn-See verteilt. Dabei werden der Deutschen Rentenversicherung Knappschaft-Bahn-See Versicherte in Brandenburg, Hamburg, Hessen, Nordrhein-Westfalen, Oberbayern, Sachsen und im Saarland gleichmäßig zugewiesen.

(3) [1] Für Personen, die als Hinterbliebene eines verstorbenen Versicherten Ansprüche gegen die Rentenversicherung geltend machen, ist der Träger der Rentenversicherung zuständig, an den zuletzt Beiträge für den verstorbenen Versicherten gezahlt worden sind. [2] Der so zuständige Träger bleibt auch zuständig, wenn nach dem Tod eines weiteren Versicherten ein anderer Träger zuständig wäre. [3] Bei gleichzeitigem Tod mehrerer Versicherter ist der Träger der Rentenversicherung zuständig, an den der letzte Beitrag gezahlt worden ist. [4] Sind zuletzt an mehrere Träger der Rentenversicherung Beiträge gezahlt worden, ergibt sich die Zuständigkeit nach folgender Reihenfolge:

1. Deutsche Rentenversicherung Knappschaft-Bahn-See,
2. Deutsche Rentenversicherung Bund,
3. Regionalträger.

§ 127a Verbindungsstelle für Leistungen bei Invalidität, bei Alter und an Hinterbliebene sowie für Vorruhestandsleistungen. (1) [1] Die Zuständigkeit der Träger der gesetzlichen Rentenversicherung erstreckt sich auch auf die Wahrnehmung der Aufgaben einer Verbindungsstelle, die durch über- und zwischenstaatliches Recht festgelegt sind. [2] Hierzu gehören insbesondere

1. die Prüfung und Entscheidung über die weitere Anwendbarkeit der deutschen Rechtsvorschriften für eine Person, die
   a) vorübergehend in einen anderen Mitgliedstaat der Europäischen Union, in einen anderen Vertragsstaat des Abkommens über den Europäischen Wirtschaftsraum oder in die Schweiz entsandt ist oder dort vorübergehend selbstständig tätig ist und
   b) die nicht Mitglied einer gesetzlichen Krankenkasse und nicht Mitglied einer berufsständischen Versorgungseinrichtung ist,
2. die Koordinierung der Verwaltungshilfe und des Datenaustauschs bei grenzüberschreitenden Sachverhalten,
3. Aufklärung, Beratung und Information.

(2) [1] Im Anwendungsbereich der Verordnung (EG) Nr. 883/2004 des Europäischen Parlaments und des Rates vom 29. April 2004 zur Koordinierung der Systeme der sozialen Sicherheit (ABl. L 166 vom 30.4.2004, S. 1, L 200 vom 7.6.2004, S. 1), die zuletzt durch die Verordnung (EG) Nr. 988/2009 (ABl. L 284 vom 30.10.2009, S. 43) geändert worden ist, handelt die Deutsche Rentenversicherung Bund auch als Verbindungsstelle für den Bereich der Pensionen eines Sondersystems für Beamte. [2] Sie arbeitet hierbei mit der Generalzolldirektion eng zusammen und unterstützt diese. [3] Sie darf personenbezogene Daten erheben, verarbeiten und nutzen, soweit dies zur Erfüllung ihrer Aufgaben erforderlich ist.

(3) [1] Im Anwendungsbereich der Verordnung (EG) Nr. 883/2004 handelt die Deutsche Rentenversicherung Knappschaft-Bahn-See auch als Verbindungsstelle für den Bereich der Vorruhestandsleistungen. [2] Hierzu gehören insbesondere

1. das Anpassungsgeld für entlassene Arbeitnehmer des Bergbaus und
2. das Überbrückungsgeld der Seemannskasse.

§ 128 Örtliche Zuständigkeit der Regionalträger. (1) [1] Die örtliche Zuständigkeit der Regionalträger richtet sich, soweit nicht nach Absatz 3 oder nach über- und zwischenstaatlichem Recht etwas anderes bestimmt ist, nach folgender Reihenfolge:
1. Wohnsitz,
2. gewöhnlicher Aufenthalt,
3. Beschäftigungsort,
4. Tätigkeitsort

der Versicherten oder der Hinterbliebenen im Inland. [2] Bei Leistungsansprüchen ist für die örtliche Zuständigkeit der Zeitpunkt der Antragstellung maßgebend. [3] Bei Halbwaisenrenten ist der für den überlebenden Ehegatten, bei Waisenrenten, bei denen ein überlebender Ehegatte nicht vorhanden ist, der für die jüngste Waise bestimmte Regionalträger zuständig. [4] Wären bei Leistungsansprüchen von Hinterbliebenen mehrere Regionalträger zuständig, ist der Regionalträger zuständig, bei dem zuerst ein Antrag gestellt worden ist.

(2) Liegt der nach Absatz 1 maßgebende Ort nicht im Inland, ist der Regionalträger zuständig, der zuletzt nach Absatz 1 zuständig war.

(3) Die örtliche Zuständigkeit der Regionalträger richtet sich für Berechtigte, die
1. in einem der in der nachfolgenden Tabelle genannten Staaten wohnen,
2. die Staatsangehörigkeit eines dieser Staaten besitzen und in einem Gebiet außerhalb der genannten Staaten wohnen oder
3. in Deutschland oder als Deutsche in einem Gebiet außerhalb der genannten Staaten wohnen und der letzte nach den Rechtsvorschriften eines Mitgliedstaates der Europäischen Union, eines Vertragsstaates des Abkommens über den Europäischen Wirtschaftsraum oder der Schweiz entrichtete ausländische Beitrag an einen Rentenversicherungsträger dieser Staaten gezahlt wurde,

nach der folgenden Tabelle:

Belgien	Deutsche Rentenversicherung Rheinland,
Bulgarien	Deutsche Rentenversicherung Mitteldeutschland,
Dänemark	Deutsche Rentenversicherung Nord,
Estland	Deutsche Rentenversicherung Nord,
Finnland	Deutsche Rentenversicherung Nord,
Frankreich	Deutsche Rentenversicherung Rheinland-Pfalz,
Griechenland	Deutsche Rentenversicherung Baden-Württemberg,
Großbritannien	Deutsche Rentenversicherung Nord,
Irland	Deutsche Rentenversicherung Nord,
Island	Deutsche Rentenversicherung Westfalen,
Italien	Deutsche Rentenversicherung Schwaben,
Lettland	Deutsche Rentenversicherung Nord,

Liechtenstein	Deutsche Rentenversicherung Baden-Württemberg,
Litauen	Deutsche Rentenversicherung Nord,
Luxemburg	Deutsche Rentenversicherung Rheinland-Pfalz,
Malta	Deutsche Rentenversicherung Schwaben,
Niederlande	Deutsche Rentenversicherung Westfalen,
Norwegen	Deutsche Rentenversicherung Nord,
Österreich	Deutsche Rentenversicherung Bayern Süd,
Polen	Deutsche Rentenversicherung Berlin-Brandenburg; in Fällen, in denen allein das Abkommen vom 9. Oktober 1975 über Renten- und Unfallversicherung anzuwenden ist, der nach § 128 Absatz 1 örtlich zuständige Regionalträger,
Portugal	Deutsche Rentenversicherung Nordbayern,
Rumänien	Deutsche Rentenversicherung Nordbayern,
Schweden	Deutsche Rentenversicherung Nord,
Schweiz	Deutsche Rentenversicherung Baden-Württemberg,
Slowakei	Deutsche Rentenversicherung Bayern Süd,
Slowenien	Deutsche Rentenversicherung Bayern Süd,
Spanien	Deutsche Rentenversicherung Rheinland,
Tschechische Republik	Deutsche Rentenversicherung Bayern Süd,
Ungarn	Deutsche Rentenversicherung Mitteldeutschland,
Zypern	Deutsche Rentenversicherung Baden-Württemberg.

(4) Ist kein Rentenversicherungsträger nach den Absätzen 1 bis 3 zuständig, so ist die Deutsche Rentenversicherung Rheinland zuständig.

§ 128a Sonderzuständigkeit der Deutschen Rentenversicherung Saarland. (1) ¹Die Deutsche Rentenversicherung Saarland ist örtlich zuständig, wenn

1. vor dem 1. Januar 2009 deutsche Beiträge gezahlt worden sind und der letzte deutsche Beitrag vor diesem Stichtag an die Deutsche Rentenversicherung Saarland entrichtet worden ist oder
2. vor dem 1. Januar 2009 keine deutschen Beiträge gezahlt worden sind und die Deutsche Rentenversicherung Saarland zuletzt das Versicherungskonto geführt hat.

²Satz 1 gilt unter der Voraussetzung, dass die Berechtigten

1. in Frankreich, Italien oder Luxemburg wohnen,
2. die Staatsangehörigkeit dieser Staaten besitzen und außerhalb eines Mitgliedstaates der Europäischen Union, eines Vertragsstaates des Abkommens über den Europäischen Wirtschaftsraum oder der Schweiz wohnen oder
3. als Deutsche außerhalb eines Mitgliedstaates der Europäischen Union, eines Vertragsstaates des Abkommens über den Europäischen Wirtschaftsraum oder der Schweiz wohnen und der letzte nach den Rechtsvorschriften eines nicht deutschen Mitgliedstaates der Europäischen Union, eines nicht deutschen

Vertragsstaates des Abkommens über den Europäischen Wirtschaftsraum oder der Schweiz entrichtete Beitrag an einen französischen, italienischen oder luxemburgischen Rentenversicherungsträger entrichtet worden ist.

(2) Bei Wohnsitz im Saarland ist die Deutsche Rentenversicherung Saarland auch zuständig, wenn der letzte nach den Rechtsvorschriften eines anderen Mitgliedstaates der Europäischen Union, eines anderen Vertragsstaates des Abkommens über den Europäischen Wirtschaftsraum oder nach den Rechtsvorschriften der Schweiz entrichtete Beitrag an einen französischen, italienischen oder luxemburgischen Rentenversicherungsträger entrichtet worden ist.

(3) Die Deutsche Rentenversicherung Saarland nimmt die Funktion der Verbindungsstelle für die hüttenknappschaftliche Zusatzversicherung auf der Grundlage des über- und zwischenstaatlichen Rechts wahr.

§ 129 Zuständigkeit der Deutschen Rentenversicherung Knappschaft-Bahn-See für Versicherte. (1) Die Deutsche Rentenversicherung Knappschaft-Bahn-See ist zuständig, wenn die Versicherten

1. beim Bundeseisenbahnvermögen,
2. bei der Deutschen Bahn Aktiengesellschaft oder den gemäß § 2 Abs. 1 des Deutsche Bahn Gründungsgesetzes vom 27. Dezember 1993 (BGBl. I S. 2378, 2386) ausgegliederten Aktiengesellschaften,
3. bei Unternehmen, die gemäß § 3 Abs. 3 des genannten Gesetzes aus den Aktiengesellschaften ausgegliedert worden sind, von diesen überwiegend beherrscht werden und unmittelbar und überwiegend Eisenbahnverkehrsleistungen erbringen oder eine Eisenbahninfrastruktur betreiben,
4. bei den Bahn-Versicherungsträgern, der Krankenversorgung der Bundesbahnbeamten und dem Bahnsozialwerk,
5. in der Seefahrt (Seeschifffahrt und Seefischerei) oder
6. bei der Deutschen Rentenversicherung Knappschaft-Bahn-See

beschäftigt sind.

(2) Die Deutsche Rentenversicherung Knappschaft-Bahn-See ist auch zuständig für selbständig Tätige, die als Seelotse, Küstenschiffer oder Küstenfischer versicherungspflichtig sind.

§ 130 Sonderzuständigkeit der Deutschen Rentenversicherung Knappschaft-Bahn-See. [1]Die Deutsche Rentenversicherung Knappschaft-Bahn-See ist für Leistungen zuständig, wenn ein Beitrag auf Grund einer Beschäftigung oder selbständigen Tätigkeit nach § 129 Abs. 1 oder Abs. 2 gezahlt worden ist. [2]In diesen Fällen führt die Deutsche Rentenversicherung Knappschaft-Bahn-See auch die Versicherung durch.

§ 131 Auskunfts- und Beratungsstellen. Die Regionalträger unterhalten für den Bereich der Auskunft und Beratung ein Dienststellennetz für die Deutsche Rentenversicherung.

Dritter Unterabschnitt. Zuständigkeit in der knappschaftlichen Rentenversicherung

§ 132 Versicherungsträger. Träger der knappschaftlichen Rentenversicherung ist die Deutsche Rentenversicherung Knappschaft-Bahn-See.

3. Kap. Organisation, Datenschutz u. -sicherheit §§ 133, 134 SGB VI 6

§ 133 Zuständigkeit der Deutschen Rentenversicherung Knappschaft-Bahn-See für Beschäftigte. Die Deutsche Rentenversicherung Knappschaft-Bahn-See ist zuständig, wenn die Versicherten

1. in einem knappschaftlichen Betrieb beschäftigt sind,
2. ausschließlich oder überwiegend knappschaftliche Arbeiten verrichten oder
3. bei Arbeitnehmerorganisationen oder Arbeitgeberorganisationen, die berufsständische Interessen des Bergbaus wahrnehmen, oder bei den Bergämtern, Oberbergämtern oder bergmännischen Prüfstellen, Forschungsstellen oder Rettungsstellen beschäftigt sind und für sie vor Aufnahme dieser Beschäftigung fünf Jahre Beiträge zur knappschaftlichen Rentenversicherung gezahlt worden sind.

§ 134 Knappschaftliche Betriebe und Arbeiten. (1) Knappschaftliche Betriebe sind Betriebe, in denen Mineralien oder ähnliche Stoffe bergmännisch gewonnen werden, Betriebe der Industrie der Steine und Erden jedoch nur dann, wenn sie überwiegend unterirdisch betrieben werden.

(2) Als knappschaftliche Betriebe gelten auch Versuchsgruben des Bergbaus.

(3) Knappschaftliche Betriebe sind auch Betriebsanstalten oder Gewerbeanlagen, die als Nebenbetriebe eines knappschaftlichen Betriebs mit diesem räumlich und betrieblich zusammenhängen.

(4) Knappschaftliche Arbeiten sind nachstehende Arbeiten, wenn sie räumlich und betrieblich mit einem Bergwerksbetrieb zusammenhängen, aber von einem anderen Unternehmer ausgeführt werden:

1. alle Arbeiten unter Tage mit Ausnahme von vorübergehenden Montagearbeiten,
2. Abraumarbeiten zum Aufschließen der Lagerstätte,
3. die Gewinnung oder das Verladen von Versatzmaterial innerhalb des Zechengeländes in Betrieb befindlicher Werke mit Ausnahme der Arbeiten an Baggern,
4. das Umarbeiten (Aufbereiten) von Bergehalden (Erzgruben) innerhalb des Zechengeländes in Betrieb befindlicher Werke,
5. laufende Unterhaltungsarbeiten an Grubenbahnen sowie Grubenanschlussbahnen innerhalb des Zechengeländes,
6. das Rangieren der Wagen auf den Grubenanlagen,
7. Arbeiten in den zur Zeche gehörenden Reparaturwerkstätten,
8. Arbeiten auf den Zechenholzplätzen, die nur dem Betrieb von Zechen dienen, soweit das Holz in das Eigentum der Zeche übergegangen ist,
9. Arbeiten in den Lampenstuben,
10. das Stapeln des Geförderten, das Verladen von gestürzten Produkten, das Aufhalden und das Abhalden von Produkten, von Bergen und von sonstigen Abfällen innerhalb des Zechengeländes,
11. Sanierungsarbeiten wie beispielsweise Aufräumungsarbeiten und Ebnungsarbeiten sowie das Laden von Schutt und dergleichen, wenn diese Arbeiten regelmäßig innerhalb des Zechengeländes ausgeführt werden.

(5) Knappschaftliche Arbeiten stehen für die knappschaftliche Versicherung einem knappschaftlichen Betrieb gleich.

(6) Montagearbeiten unter Tage sind knappschaftliche Arbeiten im Sinne von Absatz 4 Nr. 1, wenn sie die Dauer von drei Monaten überschreiten.

§ 135 Nachversicherung. [1] Für die Nachversicherung ist die Deutsche Rentenversicherung Knappschaft-Bahn-See als Träger der knappschaftlichen Rentenversicherung nur zuständig, soweit diese für die Zeit einer Beschäftigung bei dem Träger der knappschaftlichen Rentenversicherung durchgeführt wird. [2] Sie ist auch zuständig für die Nachversicherung einer Beschäftigung bei einem Bergamt, Oberbergamt oder einer bergmännischen Prüfstelle, wenn vor Aufgabe dieser Beschäftigung für fünf Jahre Beiträge zur knappschaftlichen Rentenversicherung gezahlt worden sind.

§ 136 Sonderzuständigkeit der Deutschen Rentenversicherung Knappschaft-Bahn-See. [1] Die Deutsche Rentenversicherung Knappschaft-Bahn-See ist für Leistungen zuständig, wenn ein Beitrag auf Grund einer Beschäftigung zur knappschaftlichen Rentenversicherung gezahlt worden ist. [2] In diesen Fällen führt die Deutsche Rentenversicherung Knappschaft-Bahn-See auch die Versicherung durch. [3] Dies gilt auch bei Anwendung des über- und zwischenstaatlichen Rechts.

§ 136a Verbindungsstelle für Leistungen bei Invalidität, bei Alter und an Hinterbliebene der knappschaftlichen Rentenversicherung. [1] Die Zuständigkeit der Deutschen Rentenversicherung Knappschaft-Bahn-See erstreckt sich auch auf die Wahrnehmung der durch über- und zwischenstaatliches Recht festgelegten Aufgaben einer Verbindungsstelle. [2] § 127a Absatz 1 Satz 2 gilt entsprechend.

§ 137 Besonderheit bei der Durchführung der Versicherung und bei den Leistungen. Die Deutsche Rentenversicherung Knappschaft-Bahn-See führt die Versicherung für Personen, die wegen

1. einer Kindererziehung,
2. eines Wehrdienstes oder Zivildienstes,
3. eines Bezuges von Sozialleistungen oder von Vorruhestandsgeld

bei ihr versichert sind, in der knappschaftlichen Rentenversicherung durch, wenn diese im letzten Jahr vor Beginn dieser Zeiten zuletzt wegen einer Beschäftigung in der knappschaftlichen Rentenversicherung versichert waren.

Unterabschnitt 3a. Zuständigkeit der Deutschen Rentenversicherung Knappschaft-Bahn-See für die Seemannskasse

§ 137a Zuständigkeit der Deutschen Rentenversicherung Knappschaft-Bahn-See für die Seemannskasse. Die Seemannskasse, die von der See-Berufsgenossenschaft gemäß § 891a der Reichsversicherungsordnung in der Fassung des Artikels 1 § 4 Nr. 2 des Rentenreformgesetzes vom 16. Oktober 1972 (BGBl. I S. 1965) und den dieses ändernden oder ergänzenden Gesetzen errichtet wurde und durchgeführt wird, wird mit Wirkung vom 1. Januar 2009 unter ihrem Namen durch die Deutsche Rentenversicherung Knappschaft-Bahn-See als Träger der allgemeinen Rentenversicherung nach den §§ 137b bis 137e weitergeführt.

§ **137b** **Besonderheiten bei den Leistungen und bei der Durchführung der Versicherung.** (1) ¹Aufgabe der Seemannskasse ist die Gewährung eines Überbrückungsgeldes nach Vollendung des 55. Lebensjahres an die bei ihr versicherten Seeleute sowie an Küstenschiffer und Küstenfischer, die aus der Seefahrt ausgeschieden sind. ²Die Satzung kann ergänzende Leistungen für Versicherte nach Erreichen der Regelaltersgrenze und bei Bezug einer Altersrente mit ungemindertem Zugangsfaktor vor Erreichen der Regelaltersgrenze vorsehen.

(2) Versicherungspflichtig sind in der Seemannskasse

1. Seeleute nach § 13 Absatz 1 des Vierten Buches[1)], die an Bord von Kauffahrteischiffen oder Fischereifahrzeugen gegen Arbeitsentgelt oder zu ihrer Berufsausbildung beschäftigt und bei der Deutschen Rentenversicherung Knappschaft-Bahn-See rentenversichert sind, sofern diese Beschäftigung nicht geringfügig im Sinne von § 8 des Vierten Buches ausgeübt wird,
2. Küstenschiffer und Küstenfischer, die nach § 2 Satz 1 Nr. 7 oder nach § 229a Abs. 1 rentenversichert sind und ihre Tätigkeit nicht im Nebenerwerb ausüben.

(2a) Für deutsche Seeleute, für die vor dem 21. April 2015 nach § 2 Absatz 3 Satz 1 Nummer 1 des Vierten Buches Versicherungspflicht bestand und die nicht bei einer gewerblichen Berufsgenossenschaft unfallversichert sind, gilt Absatz 2 Nummer 1 nicht, es sei denn, der Arbeitgeber stellt für diese Personen einen Antrag auf Versicherungspflicht in der Seemannskasse.

(2b) ¹Auf Antrag des öffentlichen Arbeitgebers werden alle von ihm beschäftigten Seeleute nach § 13 Absatz 1 des Vierten Buches, die bei der Deutschen Rentenversicherung Knappschaft-Bahn-See rentenversichert sind, in der Seemannskasse versichert. ²Die Satzung der Seemannskasse kann bestimmen, dass eine Versicherungspflicht, die bei öffentlichen Arbeitgebern am 21. April 2015 bestand, bestehen bleibt sowie dass diese sich auch auf Seeleute erstreckt, deren Beschäftigung bei diesen Arbeitgebern nach dem 21. April 2015 beginnt.

(3) Die Meldungen zur Seemannskasse sind mit den Meldungen zur Sozialversicherung (§ 28a des Vierten Buches) zu verbinden.

§ **137c** **Vermögen, Haftung.** (1) Das Vermögen der Seemannskasse geht zum 1. Januar 2009 mit allen Rechten und Pflichten auf die Deutsche Rentenversicherung Knappschaft-Bahn-See über.

(2) ¹Das Vermögen der Seemannskasse ist als Sondervermögen getrennt von dem sonstigen Vermögen der Deutschen Rentenversicherung Knappschaft-Bahn-See zu verwalten. ²Der Überschuss der Einnahmen über die Ausgaben ist dem Vermögen zuzuführen; ein etwaiger Fehlbetrag ist aus diesem zu decken. ³Der Bewirtschaftungsplan über Einnahmen und Ausgaben einschließlich der Aufwendungen für Verwaltungskosten ist in einem Einzelplan des Haushaltsplans der Deutschen Rentenversicherung Knappschaft-Bahn-See zu führen.

(3) ¹Die Mittel der Seemannskasse sind im Wege der Umlage durch die Unternehmer aufzubringen, die bei ihr versichert sind oder die bei ihr Versicherte beschäftigen. ²Das Nähere, insbesondere die Voraussetzungen und den Umfang der Leistungen sowie die Festsetzung und die Zahlung der Beiträge,

---

[1)] Nr. 4.

bestimmt die Satzung der Seemannskasse. ³ Sie kann auch eine Beteiligung der Seeleute an der Aufbringung der Mittel vorsehen.

(4) Die Haftung der Deutschen Rentenversicherung Knappschaft-Bahn-See für Verbindlichkeiten der Seemannskasse ist auf das Sondervermögen der Seemannskasse beschränkt; dieses haftet nicht für Verbindlichkeiten der übrigen Aufgabenbereiche der Deutschen Rentenversicherung Knappschaft-Bahn-See.

(5) Die Seemannskasse wird von der Aufsichtsbehörde geschlossen, wenn die Erfüllbarkeit der satzungsmäßigen Leistungspflichten nicht mehr auf Dauer gewährleistet ist.

§ 137d Organe. Die Selbstverwaltungsorgane und die Geschäftsführung der Deutschen Rentenversicherung Knappschaft-Bahn-See vertreten und verwalten die Seemannskasse nach dem für die Deutsche Rentenversicherung Knappschaft-Bahn-See als Rentenversicherungsträger geltenden Recht und nach Maßgabe der Satzung der Seemannskasse.

§ 137e Beirat. (1) ¹ Die Deutsche Rentenversicherung Knappschaft-Bahn-See bildet für die Angelegenheiten der Seemannskasse einen Beirat aus Vertretern der Unternehmer nach § 137c Abs. 3 sowie Vertretern der in der Seemannskasse versicherten Seeleute. ² Die Mitglieder des Beirats und ihre Stellvertreter werden auf Vorschlag der Tarifvertragsparteien der Seeschifffahrt durch den Vorstand der Deutschen Rentenversicherung Knappschaft-Bahn-See berufen. ³ Für ihre Amtsdauer gilt § 58 Abs. 2 des Vierten Buches[1]) entsprechend. ⁴ Ein Mitglied des Beirats kann aus wichtigem Grund vor Ablauf der Amtsdauer abberufen werden.

(2) Die §§ 40 bis 42 des Vierten Buches über Ehrenämter, Entschädigung der ehrenamtlich Tätigen und Haftung gelten entsprechend.

(3) ¹ Der Beirat berät die Selbstverwaltungsorgane der Deutschen Rentenversicherung Knappschaft-Bahn-See in den Angelegenheiten der Seemannskasse. ² Er behandelt die Entscheidungsvorlagen und legt eigene Beschlussvorschläge vor. ³ Die Satzung der Seemannskasse kann bestimmen, dass insbesondere in Belangen der Satzung der Seemannskasse, der Versicherung, der Umlage und des Sondervermögens der Vorstand und die Vertreterversammlung der Deutschen Rentenversicherung Knappschaft-Bahn-See nicht abweichend von dem Beschlussvorschlag des Beirats entscheiden dürfen. ⁴ Gelingt es in derartigen Fällen nicht, eine übereinstimmende Meinungsbildung der am Entscheidungsverfahren beteiligten Gremien herzustellen, entscheidet die Aufsichtsbehörde. ⁵ Das Nähere regelt die Satzung der Seemannskasse.

Vierter Unterabschnitt. Grundsatz- und Querschnittsaufgaben der Deutschen Rentenversicherung, Erweitertes Direktorium

§ 138 Grundsatz- und Querschnittsaufgaben der Deutschen Rentenversicherung. (1) ¹ Die Deutsche Rentenversicherung Bund nimmt die Grundsatz- und Querschnittsaufgaben der Deutschen Rentenversicherung wahr. ² Dazu gehören:
1. Vertretung der Rentenversicherung in ihrer Gesamtheit gegenüber Politik, Bundes-, Landes-, Europäischen und sonstigen nationalen und internatio-

---

[1]) Nr. 4.

3. Kap. Organisation, Datenschutz u. -sicherheit § 138 SGB VI 6

nalen Institutionen sowie Sozialpartnern, Abstimmung mit dem verfahrensführenden Träger der Rentenversicherung in Verfahren vor dem Europäischen Gerichtshof, dem Bundesverfassungsgericht und dem Bundessozialgericht,
2. Öffentlichkeitsarbeit einschließlich der Herausgabe von regelmäßigen Informationen zur Alterssicherung für Arbeitgeber, Versicherte und Rentner und der Grundsätze für regionale Broschüren,
3. Statistik,
4. Klärung von grundsätzlichen Fach- und Rechtsfragen zur Sicherung der einheitlichen Rechtsanwendung aus den Bereichen

 a) Rehabilitation und Teilhabe,

 b) Sozialmedizin,

 c) Versicherung,

 d) Beitrag,

 e) Beitragsüberwachung,

 f) Rente,

 g) Auslandsrecht, Sozialversicherungsabkommen, Recht der Europäischen Union, soweit es die Rentenversicherung betrifft,
5. Organisation des Qualitäts- und Wirtschaftlichkeitswettbewerbs zwischen den Trägern, insbesondere Erlass von Rahmenrichtlinien für Aufbau und Durchführung eines zielorientierten Benchmarking der Leistungs- und Qualitätsdaten,
6. Grundsätze für die Aufbau- und Ablauforganisation, das Personalwesen und Investitionen unter Wahrung der Selbständigkeit der Träger,
7. Grundsätze und Steuerung der Finanzausstattung und -verwaltung im Rahmen der Finanzverfassung für das gesamte System,
8. Koordinierung der Planung von Rehabilitationsmaßnahmen, insbesondere der Bettenbedarfs- und Belegungsplanung,
9. Grundsätze und Koordinierung der Datenverarbeitung und Servicefunktionen,
10. Funktion zur Registrierung und Authentifizierung für die elektronischen Serviceangebote der Rentenversicherung,
11. Funktion als Signaturstelle,
12. Grundsätze für die Aus- und Fortbildung,
13. Grundsätze der Organisation und Aufgabenzuweisung der Auskunfts- und Beratungsstellen,
14. Bereitstellung von Informationen für die Träger der Rentenversicherung,
15. Forschung im Bereich der Alterssicherung und der Rehabilitation und
16. Treuhänderschaft gemäß dem Gesetz zur Regelung der Rechtsverhältnisse der unter Artikel 131 des Grundgesetzes fallenden Personen.

(2) [1] Die Entscheidungen der Deutschen Rentenversicherung Bund zu Grundsatz- und Querschnittsaufgaben der Deutschen Rentenversicherung sowie die notwendig werdende Festlegung weiterer Grundsatz- und Quer-

schnittsaufgaben werden durch die Bundesvertreterversammlung der Deutschen Rentenversicherung Bund gemäß § 64 Abs. 4 des Vierten Buches[1]) getroffen; für die Träger der Rentenversicherung sind die Entscheidungen verbindlich. ² Die Bundesvertreterversammlung kann die Entscheidungsbefugnis gemäß § 64 Abs. 4 des Vierten Buches ganz oder teilweise auf den Bundesvorstand der Deutschen Rentenversicherung Bund übertragen, der gemäß § 64 Abs. 4 des Vierten Buches entscheidet. ³ Entscheidungen über die Auslegung von Rechtsfragen werden von der Bundesvertreterversammlung und vom Bundesvorstand mit der einfachen Mehrheit aller gewichteten Stimmen der satzungsmäßigen Mitgliederzahl getroffen.

(3) ¹ Der Bundesvorstand kann die Entscheidungsbefugnis gemäß § 64 Abs. 4 des Vierten Buches ganz oder teilweise auf einen Ausschuss des Bundesvorstandes übertragen. ² Die Entscheidungen dieses Ausschusses müssen einstimmig ergehen. ³ Der Ausschuss legt dem Bundesvorstand die Entscheidungen vor; der Bundesvorstand kann gemäß § 64 Abs. 4 des Vierten Buches abweichende Entscheidungen treffen.

(4) ¹ Soweit das Direktorium Vorlagen an die Bundesvertreterversammlung oder den Bundesvorstand unterbreitet, die verbindliche Entscheidungen oder notwendig werdende Festlegungen weiterer Grundsatz- und Querschnittsaufgaben betreffen, bedürfen diese der vorherigen Zustimmung durch das Erweiterte Direktorium. ² Beratungsergebnisse der Fachausschüsse, in denen alle Träger der Rentenversicherung vertreten sind, sind an die Bundesvertreterversammlung oder den Bundesvorstand weiterzuleiten. ³ Das Nähere regelt die Satzung.

(5) Die verbindlichen Entscheidungen und die Festlegung weiterer Grundsatz- und Querschnittsaufgaben werden im Amtlichen Mitteilungsblatt der Deutschen Rentenversicherung Bund veröffentlicht.

§ 139 Erweitertes Direktorium.

(1) ¹ Das Erweiterte Direktorium der Deutschen Rentenversicherung Bund besteht aus fünf Geschäftsführern aus dem Bereich der Regionalträger, den Mitgliedern des Direktoriums der Deutschen Rentenversicherung Bund und einem Mitglied der Geschäftsführung der Deutschen Rentenversicherung Knappschaft-Bahn-See. ² Das Erweiterte Direktorium wählt aus seiner Mitte mit der Mehrheit von mindestens zwei Dritteln aller gewichteten Stimmen einen Vorsitzenden. ³ Die Geschäftsführer aus dem Bereich der Regionalträger werden durch die Vertreter der Regionalträger in der Bundesvertreterversammlung auf Vorschlag der Vertreter der Regionalträger im Bundesvorstand mit der Mehrheit der abgegebenen Stimmen gewählt. ⁴ Das Nähere zur Beschlussfassung und zur Geschäftsordnung des Erweiterten Direktoriums bestimmt die Satzung der Deutschen Rentenversicherung Bund.

(2) ¹ Beschlüsse des Erweiterten Direktoriums werden mit der Mehrheit von mindestens zwei Dritteln aller gewichteten Stimmen getroffen. ² Die Stimmen der Regionalträger werden mit insgesamt 55 vom Hundert und die der Bundesträger mit insgesamt 45 vom Hundert gewichtet. ³ Dabei werden die Stimmen der Bundesträger untereinander nach der Anzahl der Versicherten gewichtet. ⁴ Das Nähere zur Stimmengewichtung nach Satz 2 regelt die Satzung.

---

[1]) Nr. 4.

§ 140 Arbeitsgruppe Personalvertretung der Deutschen Rentenversicherung. (1) Vor verbindlichen Entscheidungen der Deutschen Rentenversicherung Bund nach § 138 Abs. 1 über

1. Grundsätze für die Aufbau- und Ablauforganisation und das Personalwesen,
2. Grundsätze und Koordinierung der Datenverarbeitung,
3. Grundsätze für die Aus- und Fortbildung,
4. Grundsätze der Organisation der Auskunfts- und Beratungsstellen sowie
5. Entscheidungen, deren Umsetzung in gleicher Weise wie die Umsetzung von Entscheidungen gemäß den Nummern 1 bis 4 Einfluss auf die Arbeitsbedingungen der Beschäftigten haben können,

ist die Arbeitsgruppe Personalvertretung der Deutschen Rentenversicherung anzuhören.

(2) ¹Die Arbeitsgruppe Personalvertretung der Deutschen Rentenversicherung setzt sich wie folgt zusammen:
1. drei Mitglieder aus der Personalvertretung der Deutschen Rentenversicherung Bund und ein Mitglied aus der Personalvertretung der Deutschen Rentenversicherung Knappschaft-Bahn-See; Mitglieder sind jeweils der Vorsitzende des Gesamtpersonalrates oder, falls eine Stufenvertretung besteht, der Vorsitzende des Hauptpersonalrates, bei der Personalvertretung der Deutschen Rentenversicherung Bund auch die beiden weiteren Mitglieder des Vorstandes sowie
2. je ein Mitglied aus der Personalvertretung eines jeden landesunmittelbaren Trägers der Rentenversicherung; die Regelungen zur Auswahl dieser Mitglieder und das Verfahren der Entsendung werden durch Landesrecht bestimmt.

²Die Mitglieder der Arbeitsgruppe Personalvertretung beteiligen ihre jeweiligen Hauptpersonalvertretungen, sind diese nicht eingerichtet, ihre Gesamtpersonalvertretungen. ³Die Arbeitsgruppe Personalvertretung der Deutschen Rentenversicherung beschließt mit der Mehrheit der Stimmen ihrer Mitglieder eine Geschäftsordnung, die Regelungen über den Vorsitz, das Verfahren zur internen Willensbildung und zur Beschlussfassung enthalten muss. ⁴Ergänzend finden die Regelungen des Bundespersonalvertretungsgesetzes Anwendung. ⁵Kostentragende Dienststelle im Sinne des § 44 des Bundespersonalvertretungsgesetzes ist die Deutsche Rentenversicherung Bund.

Fünfter Unterabschnitt. Vereinigung von Regionalträgern

§ 141 Vereinigung von Regionalträgern auf Beschluss ihrer Vertreterversammlungen. (1) ¹Regionalträger können sich zur Verbesserung der Wirtschaftlichkeit oder Leistungsfähigkeit auf Beschluss ihrer Vertreterversammlungen zu einem Regionalträger vereinigen, wenn sich durch die Vereinigung der Zuständigkeitsbereich des neuen Regionalträgers nicht über mehr als drei Länder erstreckt. ²Der Vereinigungsbeschluss bedarf der Genehmigung der für die Sozialversicherung zuständigen obersten Landesbehörden der betroffenen Länder.

(2) ¹Im Vereinigungsbeschluss müssen insbesondere Festlegungen über Name und Sitz des neuen Regionalträgers getroffen werden. ²Auf Verlangen der für die Sozialversicherung zuständigen obersten Landesbehörde mindestens

eines betroffenen Landes muss bei länderübergreifenden Vereinigungen zusätzlich eine Festlegung über die Arbeitsmengenverteilung auf die Gebiete der Länder getroffen werden, auf die sich die an der Vereinigung beteiligten Regionalträger erstrecken.

(3) ¹Die beteiligten Regionalträger legen der nach der Vereinigung zuständigen Aufsichtsbehörde eine Satzung, einen Vorschlag zur Berufung der Mitglieder der Organe und eine Vereinbarung über die Rechtsbeziehungen zu Dritten vor. ²Die Aufsichtsbehörde genehmigt im Einvernehmen mit den Aufsichtsbehörden der übrigen Länder, auf deren Gebiete sich der Regionalträger erstreckt, die Satzung und die Vereinbarung, beruft die Mitglieder der Organe und bestimmt den Zeitpunkt, an dem die Vereinigung wirksam wird. ³Mit diesem Zeitpunkt tritt der neue Regionalträger in die Rechte und Pflichten des bisherigen Regionalträgers ein.

(4) Beschlüsse der Vertreterversammlung des neuen Regionalträgers, die von der im Vereinigungsbeschluss getroffenen Festlegung über den Namen, den Sitz oder die Arbeitsmengenverteilung wesentlich abweichen, bedürfen der Genehmigung der für die Sozialversicherung zuständigen obersten Landesbehörden der Länder, auf die sich der neue Regionalträger erstreckt.

§ 142 Vereinigung von Regionalträgern durch Rechtsverordnung.

(1) ¹Haben in einem Land mehrere Regionalträger ihren Sitz, kann die Landesregierung zur Verbesserung der Wirtschaftlichkeit oder der Leistungsfähigkeit zwei oder mehrere Regionalträger durch Rechtsverordnung vereinigen. ²Das Nähere regelt die Landesregierung nach Anhörung der beteiligten Regionalträger in der Rechtsverordnung nach Satz 1.

(2) ¹Die Landesregierungen von höchstens drei Ländern können zu den in Absatz 1 genannten Zwecken durch gleichlautende Rechtsverordnungen sich auf ihre Gebiete erstreckende Regionalträger vereinigen. ²Absatz 1 Satz 2 gilt entsprechend.

Sechster Unterabschnitt. Beschäftigte der Versicherungsträger

§ 143 Bundesunmittelbare Versicherungsträger.

(1) Die Deutsche Rentenversicherung Bund, die Deutsche Rentenversicherung Knappschaft-Bahn-See und die bundesunmittelbaren Regionalträger besitzen Dienstherrnfähigkeit im Sinne des § 2 des Bundesbeamtengesetzes.

(2) ¹Die Mitglieder des Direktoriums der Deutschen Rentenversicherung Bund werden von dem Bundespräsidenten auf Vorschlag der Bundesregierung für die Dauer von sechs Jahren zu Beamten auf Zeit ernannt. ²Die beamtenrechtlichen Vorschriften über die Laufbahnen und die Probezeit sind nicht anzuwenden.

(3) ¹Ist ein Mitglied des Direktoriums der Deutschen Rentenversicherung Bund aus einem Beamten- oder Richterverhältnis auf Lebenszeit ernannt worden, ruhen für die Dauer der Amtszeit die Rechte und Pflichten aus dem zuletzt im Beamten- oder Richterverhältnis auf Lebenszeit übertragenen Amt mit Ausnahme der Pflicht zur Amtsverschwiegenheit und des Verbots der Annahme von Belohnungen und Geschenken. ²§ 15a des Beamtenversorgungsgesetzes ist entsprechend anzuwenden.

(4) ¹Ist ein Mitglied des Direktoriums der Deutschen Rentenversicherung Bund nicht aus einem Beamten- oder Richterverhältnis auf Lebenszeit ernannt worden, ist § 66 Abs. 1 des Beamtenversorgungsgesetzes mit der Maßgabe anzuwenden, dass ein Anspruch auf Ruhegehalt aus dem Beamtenverhältnis auf Zeit mit Ablauf des Monats der Vollendung der für Bundesbeamte geltenden Regelaltersgrenze nach § 51 Abs. 1 und 2 des Bundesbeamtengesetzes entsteht. ²Die Höhe des Ruhegehalts ist entsprechend § 14 Abs. 1 und 3 des Beamtenversorgungsgesetzes zu berechnen.

(5) Wird ein Geschäftsführer der Deutschen Rentenversicherung Bund nach seiner Amtszeit zum Präsidenten der Deutschen Rentenversicherung Bund ernannt, gilt § 66 Abs. 4 Satz 2 des Beamtenversorgungsgesetzes entsprechend.

(6) Die Mitglieder der Geschäftsführungen der Deutschen Rentenversicherung Knappschaft-Bahn-See und der bundesunmittelbaren Regionalträger werden auf Vorschlag der Bundesregierung von dem Bundespräsidenten zu Beamten ernannt.

(7) ¹Das Bundesministerium für Arbeit und Soziales ernennt die übrigen Beamten der Deutschen Rentenversicherung Bund, der Deutschen Rentenversicherung Knappschaft-Bahn-See und der bundesunmittelbaren Regionalträger auf Vorschlag des jeweiligen Vorstandes. ²Es kann seine Befugnisse auf den Vorstand übertragen, dieser für den einfachen, mittleren und gehobenen Dienst auf das Direktorium oder die Geschäftsführung. ³Soweit die Ernennungsbefugnis auf den Vorstand oder auf das Direktorium oder die Geschäftsführung übertragen wird, bestimmt die Satzung, durch wen die Ernennungsurkunde zu vollziehen ist.

(8) ¹Oberste Dienstbehörde für die Mitglieder des Direktoriums der Deutschen Rentenversicherung Bund und für die Mitglieder der Geschäftsführungen der Deutschen Rentenversicherung Knappschaft-Bahn-See und der bundesunmittelbaren Regionalträger ist das Bundesministerium für Arbeit und Soziales, für die übrigen Beamten der Vorstand. ²Dieser kann seine Befugnisse auf den Präsidenten, das Direktorium, den Geschäftsführer oder auf die Geschäftsführung übertragen. ³§ 144 Abs. 1 des Bundesbeamtengesetzes und § 83 Abs. 1 des Bundesdisziplinargesetzes bleiben unberührt.

§ 144 Landesunmittelbare Versicherungsträger.

(1) Die landesunmittelbaren Regionalträger besitzen im Rahmen des Absatzes 2 Dienstherrnfähigkeit im Sinne des § 2 des Beamtenstatusgesetzes.

(2) Die Beamten der landesunmittelbaren Regionalträger sind Beamte des Landes, soweit nicht eine landesgesetzliche Regelung etwas anderes bestimmt.

(3) Die landesunmittelbaren Regionalträger tragen die Bezüge der Beamten und ihrer Hinterbliebenen.

Siebter Unterabschnitt. Datenstelle der Rentenversicherung

§ 145 Aufgaben der Datenstelle der Rentenversicherung.

(1) ¹Die Träger der Rentenversicherung unterhalten gemeinsam eine Datenstelle, die von der Deutschen Rentenversicherung Bund verwaltet wird. ²Dabei ist sicherzustellen, dass die Datenbestände, die die Deutsche Rentenversicherung Bund als Träger der Rentenversicherung führt, und die Datenbestände der Datenstelle der Rentenversicherung dauerhaft getrennt bleiben. ³Die Träger der Rentenversicherung können die Datenstelle als Vermittlungsstelle einschalten.

⁴ Sie können durch die Datenstelle auch die Ausstellung von Sozialversicherungsausweisen veranlassen.

(2) Die Deutsche Rentenversicherung Bund darf eine Datei mit Sozialdaten, die nicht ausschließlich einer Versicherungsnummer der bei ihr Versicherten zugeordnet ist, nur bei der Datenstelle und nur dann führen, wenn die Einrichtung dieser Datei gesetzlich bestimmt ist.

(3) ¹ Die Deutsche Rentenversicherung Bund kann durch öffentlich-rechtlichen Vertrag die Verpflichtung eingehen, dass die Datenstelle in Versorgungsausgleichssachen die Aufgabe als Vermittlungsstelle zur Durchführung des elektronischen Rechtsverkehrs auch für andere öffentlich-rechtliche Versorgungsträger wahrnimmt. ² Diese sind verpflichtet, der Deutschen Rentenversicherung Bund den entstehenden Aufwand zu erstatten.

(4) ¹ Die Datenstelle untersteht der Aufsicht des Bundesministeriums für Arbeit und Soziales, soweit ihr durch Gesetz oder auf Grund eines Gesetzes Aufgaben zugewiesen worden sind. ² Für die Aufsicht gelten die §§ 87 bis 89 des Vierten Buches[1]) entsprechend. ³ Das Bundesministerium für Arbeit und Soziales kann die Aufsicht ganz oder teilweise dem Bundesversicherungsamt übertragen.

§ 146 *(aufgehoben)*

Zweiter Abschnitt. Datenschutz und Datensicherheit

§ 147 Versicherungsnummer. (1) ¹ Die Datenstelle der Rentenversicherung kann für Personen eine Versicherungsnummer vergeben, wenn dies zur personenbezogenen Zuordnung der Daten für die Erfüllung einer gesetzlichen Aufgabe nach diesem Gesetzbuch erforderlich ist oder dies durch Gesetz oder aufgrund eines Gesetzes bestimmt ist. ² Für die nach diesem Buche versicherten Personen hat sie eine Versicherungsnummer zu vergeben.

(2) ¹ Die Versicherungsnummer einer Person setzt sich zusammen aus
1. der Bereichsnummer des zuständigen Trägers der Rentenversicherung,
2. dem Geburtsdatum,
3. dem Anfangsbuchstaben des Geburtsnamens,
4. der Seriennummer, die auch eine Aussage über das Geschlecht einer Person enthalten darf, und
5. der Prüfziffer.

² Weitere personenbezogene Merkmale darf die Versicherungsnummer nicht enthalten.

(3) Jede Person, an die eine Versicherungsnummer vergeben wird, und der für sie zuständige Träger der Rentenversicherung sind unverzüglich über die vergebene Versicherungsnummer sowie über die Zuordnung nach § 127 zu unterrichten.

§ 148 Datenerhebung, Datenverarbeitung und Datennutzung beim Rentenversicherungsträger. (1) ¹ Der Träger der Rentenversicherung darf Sozialdaten nur erheben, verarbeiten und nutzen, soweit dies zur Erfüllung

---
[1]) Nr. 4.

3. Kap. Organisation, Datenschutz u. -sicherheit § 148 SGB VI 6

seiner gesetzlich zugewiesenen oder zugelassenen Aufgaben erforderlich ist.
² Aufgaben nach diesem Buche sind
1. die Feststellung eines Versicherungsverhältnisses einschließlich einer Versicherungsfreiheit oder Versicherungsbefreiung,
2. der Nachweis von rentenrechtlichen Zeiten,
3. die Festsetzung und Durchführung von Leistungen zur Teilhabe,
4. die Festsetzung, Zahlung, Anpassung, Überwachung, Einstellung oder Abrechnung von Renten und anderen Geldleistungen,
5. die Erteilung von Auskünften sowie die Führung und Klärung der Versicherungskonten,
6. der Nachweis von Beiträgen und deren Erstattung.
³ Der Rentenversicherungsträger darf die Versicherungsnummer, den Familiennamen, den Geburtsnamen, die Vornamen, den Geburtsort und die Anschrift, die ihm die zentrale Stelle im Rahmen der Datenanforderung nach § 91 Abs. 1 Satz 1 des Einkommensteuergesetzes übermittelt, zur Aktualisierung der im Versicherungskonto gespeicherten Namens- und Anschriftendaten verarbeiten und nutzen.

(2) Der Träger der Rentenversicherung darf Daten, aus denen die Art einer Erkrankung erkennbar ist, zusammen mit anderen Daten in einer gemeinsamen Datei nur speichern, wenn durch technische und organisatorische Maßnahmen sichergestellt ist, dass die Daten über eine Erkrankung nur den Personen zugänglich sind, die sie zur Erfüllung ihrer Aufgaben benötigen.

(3) ¹ Die Einrichtung eines automatisierten Verfahrens, das die Übermittlung von Sozialdaten aus Dateien der Träger der Rentenversicherung durch Abruf ermöglicht, ist nur zwischen den Trägern der Rentenversicherung sowie mit der gesetzlichen Krankenversicherung, dem Bundesversicherungsamt als Verwalter des Gesundheitsfonds, der Bundesagentur für Arbeit oder in den Fällen des § 6a des Zweiten Buches[1] den zugelassenen kommunalen Trägern, der Deutschen Rentenversicherung Knappschaft-Bahn-See, soweit sie bei geringfügig Beschäftigten Aufgaben nach dem Einkommensteuergesetz durchführt, der Deutschen Post AG, soweit sie mit der Berechnung oder Auszahlung von Sozialleistungen betraut ist, der Versorgungsanstalt des Bundes und der Länder, soweit diese Daten zur Feststellung von Leistungen erforderlich sind, und den Versicherungsämtern und Gemeindebehörden, soweit sie mit der Aufnahme von Anträgen auf Leistungen aus der gesetzlichen Rentenversicherung betraut sind, zulässig; dabei dürfen auch Vermittlungsstellen eingeschaltet werden. ² Sie ist mit Leistungsträgern außerhalb des Geltungsbereichs dieses Gesetzbuchs zulässig, soweit diese Daten zur Feststellung von Leistungen nach über- und zwischenstaatlichem Recht erforderlich sind und nicht Grund zur Annahme besteht, dass dadurch schutzwürdige Belange der davon betroffenen Personen beeinträchtigt werden. ³ Die Übermittlung darf auch durch Abruf im automatisierten Verfahren erfolgen, ohne dass es einer Genehmigung nach § 79 Abs. 1 des Zehnten Buches[2] bedarf.

(4) ¹ Die Träger der Rentenversicherung dürfen der Datenstelle der Rentenversicherung Sozialdaten nur übermitteln, soweit dies zur Führung einer Datei

---

[1] Nr. 2.
[2] Nr. 10.

oder zur Erfüllung einer anderen gesetzlich vorgeschriebenen oder zugelassenen Aufgabe erforderlich ist. ² Die Einschränkungen des Satzes 1 gelten nicht, wenn die Sozialdaten in einer anonymisierten Form übermittelt werden.

§ 149 Versicherungskonto. (1) ¹ Der Träger der Rentenversicherung führt für jeden Versicherten ein Versicherungskonto, das nach der Versicherungsnummer geordnet ist. ² In dem Versicherungskonto sind die Daten, die für die Durchführung der Versicherung sowie die Feststellung und Erbringung von Leistungen einschließlich der Rentenauskunft erforderlich sind, zu speichern. ³ Ein Versicherungskonto darf auch für Personen geführt werden, die nicht nach den Vorschriften dieses Buches versichert sind, soweit es für die Feststellung der Versicherungs- oder Beitragspflicht und für Prüfungen bei Arbeitgebern (§ 28p Viertes Buch[1])) erforderlich ist.

(2) ¹ Der Träger der Rentenversicherung hat darauf hinzuwirken, dass die im Versicherungskonto gespeicherten Daten vollständig und geklärt sind. ² Die Daten sollen so gespeichert werden, dass sie jederzeit abgerufen und auf maschinell verwertbaren Datenträgern oder durch Datenübertragung übermittelt werden können. ³ Stellt der Träger der Rentenversicherung fest, dass für einen Beschäftigten mehrere Beschäftigungen nach § 8 Abs. 1 Nr. 1 oder § 8a des Vierten Buches gemeldet oder die Zeitgrenzen des § 8 Abs. 1 Nr. 2 des Vierten Buches überschritten sind, überprüft er unverzüglich diese Beschäftigungsverhältnisse. ⁴ Stellen die Träger der Rentenversicherung fest, dass eine Beschäftigung infolge einer Zusammenrechnung versicherungspflichtig ist, sie jedoch nicht oder als versicherungsfrei gemeldet worden ist, teilen sie diese Beschäftigung mit den notwendigen Daten der Einzugsstelle mit. ⁵ Satz 4 gilt entsprechend, wenn die Träger der Rentenversicherung feststellen, dass beim Zusammentreffen mehrerer Beschäftigungsverhältnisse die Voraussetzungen für die Anwendung der Vorschriften über die Gleitzone nicht oder nicht mehr vorliegen.

(3) Der Träger der Rentenversicherung unterrichtet die Versicherten regelmäßig über die in ihrem Versicherungskonto gespeicherten Sozialdaten, die für die Feststellung der Höhe einer Rentenanwartschaft erheblich sind (Versicherungsverlauf).

(4) Versicherte sind verpflichtet, bei der Klärung des Versicherungskontos mitzuwirken, insbesondere den Versicherungsverlauf auf Richtigkeit und Vollständigkeit zu überprüfen, alle für die Kontenklärung erheblichen Tatsachen anzugeben und die notwendigen Urkunden und sonstigen Beweismittel beizubringen.

(5) ¹ Hat der Versicherungsträger das Versicherungskonto geklärt oder hat der Versicherte innerhalb von sechs Kalendermonaten nach Versendung des Versicherungsverlaufs seinem Inhalt nicht widersprochen, stellt der Versicherungsträger die im Versicherungsverlauf enthaltenen und nicht bereits festgestellten Daten, die länger als sechs Kalenderjahre zurückliegen, durch Bescheid fest. ² Bei Änderungen der den Feststellungsbescheid zugrunde liegenden Vorschriften ist der Feststellungsbescheid durch einen neuen Feststellungsbescheid oder im Rentenbescheid mit Wirkung für die Vergangenheit aufzuheben; die §§ 24 und 48 des Zehnten Buches[2]) sind nicht anzuwenden.

---

[1]) Nr. 4.
[2]) Nr. 10.

³ Über die Anrechnung und Bewertung der im Versicherungsverlauf enthaltenen Daten wird erst bei Feststellung einer Leistung entschieden.

§ 150 Dateien bei der Datenstelle. (1) ¹ Bei der Datenstelle darf eine Stammsatzdatei geführt werden, soweit dies erforderlich ist, um

1. sicherzustellen, dass eine Person nur eine Versicherungsnummer erhält und eine vergebene Versicherungsnummer nicht noch einmal für eine andere Person verwendet wird,
2. für eine Person die vergebene Versicherungsnummer festzustellen,
3. zu erkennen, welcher Träger der Rentenversicherung für die Führung eines Versicherungskontos zuständig ist oder war,
4. Daten, die aufgrund eines Gesetzes oder nach über- und zwischenstaatlichem Recht entgegenzunehmen sind, an die zuständigen Stellen weiterleiten zu können,
5. zu erkennen, bei welchen Trägern der Rentenversicherung oder welchen Leistungsträgern im Ausland weitere Daten zu einer Person gespeichert sind,
6. Mütter über die Versicherungspflicht während der Kindererziehung zu unterrichten, wenn bei Geburtsmeldungen eine Versicherungsnummer der Mutter nicht eindeutig zugeordnet werden kann,
7. das Zusammentreffen von Renten aus eigener Versicherung und Hinterbliebenenrenten und Arbeitsentgelt festzustellen, um die ordnungsgemäße Berechnung und Zahlung von Beiträgen der Rentner zur gesetzlichen Krankenversicherung überprüfen zu können,
8. es den Trägern der Rentenversicherung zu ermöglichen, überlebende Ehegatten oder Lebenspartner auf das Bestehen eines Leistungsanspruchs hinzuweisen,
9. es den Trägern der Rentenversicherung zu ermöglichen, die unrechtmäßige Erbringung von Witwenrenten und Witwerrenten sowie Erziehungsrenten nach Eheschließung oder Begründung einer Lebenspartnerschaft zu vermeiden.

² Weitere Sozialdaten dürfen in der Stammsatzdatei der Datenstelle nur gespeichert werden, soweit dies zur Erfüllung einer der Deutschen Rentenversicherung Bund zugewiesenen oder übertragenen Aufgabe erforderlich und dafür die Verarbeitung oder Nutzung von Sozialdaten in einer anonymisierten Form nicht ausreichend ist.

(2) Die Stammsatzdatei darf außer den personenbezogenen Daten über das Verhältnis einer Person zur Rentenversicherung nur folgende Daten enthalten:
1. Versicherungsnummer, bei Beziehern einer Rente wegen Todes auch die Versicherungsnummer des verstorbenen Versicherten,
2. Familienname und Vornamen einschließlich des Geburtsnamens,
3. Geburtsort einschließlich des Geburtslandes,
4. Staatsangehörigkeit,
5. Tod,
6. Anschrift,
7. Betriebsnummer des Arbeitgebers,
8. Tag der Beschäftigungsaufnahme.

(3) ¹ Für die Prüfung, ob eine Beschäftigung oder selbstständige Erwerbstätigkeit innerhalb des Geltungsbereichs dieses Buches die Voraussetzungen erfüllt, nach denen die deutschen Rechtsvorschriften über die soziale Sicherheit nach den Vorschriften des Titels II der Verordnung (EG) Nr. 883/2004 keine Anwendung finden, speichert die Datenstelle der Rentenversicherung folgende Daten:

1. die Daten, die in der von der Verwaltungskommission für die Koordinierung der Systeme der sozialen Sicherheit festgelegten Bescheinigung über das anzuwendende Recht oder in dem entsprechenden strukturierten Dokument des Trägers eines anderen Mitgliedstaates der Europäischen Union, eines anderen Vertragsstaates des Abkommens über den Europäischen Wirtschaftsraum oder der Schweiz enthalten sind,
2. ein Identifikationsmerkmal der Person, für die die Bescheinigung ausgestellt oder das entsprechende strukturierte Dokument erstellt wurde,
3. ein Identifikationsmerkmal des ausländischen Arbeitgebers,
4. ein Identifikationsmerkmal des inländischen Arbeitgebers,
5. die Mitteilung über eine Anfrage beim ausstellenden Träger, einer Bescheinigung nach Nummer 1 oder eines entsprechenden strukturierten Dokuments,
6. das Ergebnis der Überprüfung der Bescheinigung nach Nummer 1 oder des entsprechenden strukturierten Dokuments.

² Als Identifikationsmerkmal des Arbeitnehmers oder der Arbeitnehmerin wird die Versicherungsnummer verwendet. ³ Ist eine Versicherungsnummer nicht vergeben, vergibt die Datenstelle ein neues Identifikationsmerkmal. ⁴ Entsprechendes gilt für das Identifikationsmerkmal des Selbständigen. ⁵ Für die Zusammensetzung dieses Identifikationsmerkmales gilt § 147 Abs. 2 entsprechend. ⁶ Die Datenstelle vergibt ein Identifikationsmerkmal des ausländischen Arbeitgebers. ⁷ Als Identifikationsmerkmal des Unternehmens im Inland wird die Betriebsnummer verwendet. ⁸ Ist eine Betriebsnummer noch nicht vergeben, vergibt die Datenstelle ein eindeutiges Identifikationsmerkmal als vorläufige Betriebsnummer. ⁹ Die Datenstelle erhebt, verarbeitet und nutzt die in Satz 1 genannten Daten, soweit dies für den darin genannten Prüfungszweck erforderlich ist. ¹⁰ Die Datenstelle übermittelt der Urlaubs- und Lohnausgleichskasse der Bauwirtschaft die in Satz 1 genannten Daten, soweit dies für die Erfüllung einer sich aus einem Tarifvertrag ergebenden Aufgabe der Urlaubs- und Lohnausgleichskasse der Bauwirtschaft zum Zwecke der Einziehung von Beiträgen und der Gewährung von Leistungen erforderlich ist. ¹¹ Die Daten sind spätestens fünf Jahre nach dem Ablauf des in der Bescheinigung oder dem entsprechenden strukturierten Dokument genannten Geltungszeitraums oder, wenn dieser nicht genannt ist, nach Ablauf des Zeitraums auf den sich der Sachverhalt bezieht, zu löschen. ¹² Das Nähere regeln die Deutsche Rentenversicherung Bund und die Spitzenverbände der gesetzlichen Unfallversicherung in gemeinsamen Grundsätzen. ¹³ Die gemeinsamen Grundsätze werden vom Bundesministerium für Arbeit und Soziales im Einvernehmen mit dem Bundesministerium der Finanzen genehmigt.

(4) Bei der Datenstelle darf zu den gesetzlich bestimmten Dateien jeweils eine weitere Datei geführt werden, soweit dies erforderlich ist, um die Ausführung des Datenschutzes, insbesondere zur Feststellung der Benutzer der Dateien, zu gewährleisten.

3. Kap. Organisation, Datenschutz u. -sicherheit **§ 151 SGB VI 6**

(5) ¹Die Einrichtung eines automatisierten Abrufverfahrens für eine Datei der Datenstelle ist nur gegenüber den in § 148 Abs. 3 genannten Stellen, der Deutschen Rentenversicherung Bund, soweit sie als zentrale Stelle Aufgaben nach dem Einkommensteuergesetz durchführt, den Trägern der gesetzlichen Unfallversicherung, soweit sie prüfen, ob eine Beschäftigung den Voraussetzungen entspricht, unter denen die deutschen Rechtsvorschriften über die soziale Sicherheit keine Anwendung finden, oder für eine Beschäftigung die Meldungen nach § 110 Abs. 1a Satz 2 des Siebten Buches[1]) prüfen, ob die Meldungen nach § 28a des Vierten Buches[2]) erstattet wurden, und den Behörden der Zollverwaltung, soweit diese Aufgaben nach § 2 des Schwarzarbeitsbekämpfungsgesetzes durchführen, zulässig. ²Die dort enthaltenen besonderen Voraussetzungen für die Deutsche Post AG, für die Versicherungsämter und Gemeindebehörden und für Leistungsträger im Ausland müssen auch bei Satz 1 erfüllt sein. ³Die Einrichtung eines automatisierten Abrufverfahrens für eine Datei der Datenstelle ist ferner gegenüber dem Bundesamt für Güterverkehr, soweit dieses Aufgaben nach § 11 Absatz 2 Nummer 3 Buchstabe a des Güterkraftverkehrsgesetzes wahrnimmt, zulässig.

§ 151 Auskünfte der Deutschen Post AG. (1) Die Deutsche Post AG darf den für Sozialleistungen zuständigen Leistungsträgern und den diesen Gleichgestellten (§ 35 Erstes Buch[3]) sowie § 69 Abs. 2 Zehntes Buch[4])) von den Sozialdaten, die ihr im Zusammenhang mit der Zahlung, Anpassung, Überwachung, Einstellung oder Abrechnung von Renten oder anderen Geldleistungen nach diesem Buche bekannt geworden sind und die sie nach den Vorschriften des Zweiten Kapitels des Zehnten Buches übermitteln darf, nur folgende Daten übermitteln:

1. Familienname und Vornamen einschließlich des Geburtsnamens,
2. Geburtsdatum,
3. Versicherungsnummer,
4. Daten über den Familienstand,
5. Daten über den Tod einschließlich der Daten, die sich aus den Sterbefallmitteilungen der Meldebehörden nach § 101a des Zehnten Buches ergeben,
6. Daten über das Versicherungsverhältnis,
7. Daten über die Art und Höhe der Geldleistung einschließlich der diese Leistung unmittelbar bestimmenden Daten,
8. Daten über Beginn, Änderung und Ende der Geldleistung einschließlich der diese unmittelbar bestimmenden Daten,
9. Daten über die Zahlung einer Geldleistung,
10. Daten über Mitteilungsempfänger oder nicht nur vorübergehend Bevollmächtigte sowie über weitere Forderungsberechtigte.

(2) Die Deutsche Post AG darf dem Träger der Rentenversicherung von den Sozialdaten, die ihr im Zusammenhang mit der Zahlung, Anpassung, Über-

---
[1]) Nr. 7.
[2]) Nr. 4.
[3]) Nr. 1.
[4]) Nr. 10.

wachung, Einstellung oder Abrechnung von Sozialleistungen anderer Sozialleistungsträger sowie von anderen Geldleistungen der den Sozialleistungsträgern Gleichgestellten bekanntgeworden sind, nur die Daten des Absatzes 1 übermitteln.

(3) Der Träger der Rentenversicherung darf der Deutschen Post AG die für die Anpassung von Renten oder anderen Geldleistungen erforderlichen Sozialdaten auch dann übermitteln, wenn diese die Anpassung der Renten oder anderen Geldleistungen der Rentenversicherung nicht selbst durchführt, diese Daten aber für Auskünfte nach Absatz 1 oder 2 von anderen Sozialleistungsträgern oder diesen Gleichgestellten benötigt werden.

§ 151a Antragstellung im automatisierten Verfahren beim Versicherungsamt. (1) Für die Aufnahme von Leistungsanträgen bei dem Versicherungsamt oder der Gemeindebehörde und die Übermittlung der Anträge an den Träger der Rentenversicherung kann ein automatisiertes Verfahren eingerichtet werden, das es dem Versicherungsamt oder der Gemeindebehörde ermöglicht, die für das automatisierte Verfahren erforderlichen Daten der Versicherten aus der Stammsatzdatei der Datenstelle der Rentenversicherung (§ 150 Abs. 2) und dem Versicherungskonto (§ 149 Abs. 1) abzurufen, wenn die Versicherten oder anderen Leistungsberechtigten ihren Wohnsitz oder gewöhnlichen Aufenthalt, ihren Beschäftigungsort oder Tätigkeitsort im Bezirk des Versicherungsamtes oder in der Gemeinde haben.

(2) [1] Aus der Stammsatzdatei dürfen nur die in § 150 Abs. 2 Nr. 1 bis 4 genannten Daten und die Angabe des aktuell kontoführenden Rentenversicherungsträgers abgerufen werden. [2] Aus dem Versicherungskonto dürfen nur folgende Daten abgerufen werden:

1. Datum des letzten Zuzugs aus dem Ausland unter Angabe des Staates,
2. Datum der letzten Kontoklärung,
3. Anschrift,
4. Datum des Eintritts in die Versicherung,
5. Lücken im Versicherungsverlauf, an deren Klärung der Versicherte noch nicht mitgewirkt hat,
6. Kindererziehungszeiten und Berücksichtigungszeiten,
7. Berufsausbildungszeiten,
8. Wartezeitauskunft zu der beantragten Rente einschließlich der Wartezeiterfüllung nach § 52,
9. die zuständigen Einzugsstellen mit Angabe des jeweiligen Zeitraums.

(3) [1] Die Deutsche Rentenversicherung Bund erstellt im Einvernehmen mit dem Bundesamt für Sicherheit in der Informationstechnik ein Sicherheitskonzept für die Einrichtung des automatisierten Verfahrens, das insbesondere die nach § 78a des Zehnten Buches[1]) erforderlichen technischen und organisatorischen Maßnahmen enthalten muss. [2] Wenn sicherheitserhebliche Änderungen am automatisierten Verfahren vorgenommen werden, das Sicherheitskonzept nicht mehr dem Stand der Technik entspricht oder dieses aus einem sonstigen Grund nicht geeignet ist, die Datensicherheit zu gewährleisten, spätestens

---

[1]) Nr. 10.

jedoch alle vier Jahre, ist das Sicherheitskonzept im Einvernehmen mit dem Bundesamt für Sicherheit in der Informationstechnik zu aktualisieren. ³Das Sicherheitskonzept ist der jeweiligen Aufsichtsbehörde unter Beifügung der Erklärung des Bundesamtes für Sicherheit in der Informationstechnik vorzulegen. ⁴Einrichtung und sicherheitserhebliche Änderungen des Verfahrens bedürfen der vorherigen Zustimmung der jeweiligen Aufsichtsbehörde. ⁵Die Zustimmung gilt als erteilt, wenn die Aufsichtsbehörde nicht innerhalb einer Frist von drei Monaten nach Vorlage des Antrags eine andere Entscheidung trifft. ⁶Die Aufsichtsbehörde kann den Betrieb des Verfahrens untersagen, wenn eine Aktualisierung nicht erfolgt.

§ 152 Verordnungsermächtigung. Das Bundesministerium für Arbeit und Soziales wird ermächtigt, durch Rechtsverordnung mit Zustimmung des Bundesrates

1. Personen, an die eine Versicherungsnummer zu vergeben ist,
2. den Zeitpunkt der Vergabe einer Versicherungsnummer,
3. das Nähere über die Zusammensetzung der Versicherungsnummer sowie über ihre Änderung,
4. die für die Vergabe einer Versicherungsnummer zuständigen Versicherungsträger,
5. das Nähere über Voraussetzungen, Form und Inhalt sowie Verfahren der Versendung von Versicherungsverläufen,
6. die Art und den Umfang des Datenaustausches zwischen den Trägern der Rentenversicherung sowie mit der Deutschen Post AG sowie die Führung des Versicherungskontos und die Art der Daten, die darin gespeichert werden dürfen,
7. Fristen, mit deren Ablauf Sozialdaten spätestens zu löschen sind,
8. die Behandlung von Versicherungsunterlagen einschließlich der Voraussetzungen, unter denen sie vernichtet werden können, sowie die Art, den Umfang und den Zeitpunkt ihrer Vernichtung

zu bestimmen.

Viertes Kapitel. Finanzierung

Erster Abschnitt. Finanzierungsgrundsatz und Rentenversicherungsbericht

Erster Unterabschnitt. Umlageverfahren

§ 153 Umlageverfahren. (1) In der Rentenversicherung werden die Ausgaben eines Kalenderjahres durch die Einnahmen des gleichen Kalenderjahres und, soweit erforderlich, durch Entnahmen aus der Nachhaltigkeitsrücklage gedeckt.

(2) Einnahmen der allgemeinen Rentenversicherung sind insbesondere die Beiträge und die Zuschüsse des Bundes, Einnahmen der knappschaftlichen

Rentenversicherung sind insbesondere die Beiträge und die Mittel des Bundes zum Ausgleich von Einnahmen und Ausgaben.

(3) ¹ Nach § 7f Abs. 1 Satz 1 Nr. 2 des Vierten Buches[1]) übertragene Wertguthaben sind nicht Teil des Umlageverfahrens. ² Insbesondere sind die aus der Übertragung und Verwendung von Wertguthaben fließenden und zu verwaltenden Mittel keine Einnahmen, Ausgaben oder Zahlungsverpflichtungen der allgemeinen Rentenversicherung.

Zweiter Unterabschnitt. Rentenversicherungsbericht und Sozialbeirat

§ 154 Rentenversicherungsbericht, Stabilisierung des Beitragssatzes und Sicherung des Rentenniveaus. (1) ¹ Die Bundesregierung erstellt jährlich einen Rentenversicherungsbericht. ² Der Bericht enthält

1. auf der Grundlage der letzten Ermittlungen der Zahl der Versicherten und Rentner sowie der Einnahmen, der Ausgaben und der Nachhaltigkeitsrücklage insbesondere Modellrechnungen zur Entwicklung von Einnahmen und Ausgaben, der Nachhaltigkeitsrücklage sowie des jeweils erforderlichen Beitragssatzes in den künftigen 15 Kalenderjahren,

2. eine Übersicht über die voraussichtliche finanzielle Entwicklung der Rentenversicherung in den künftigen fünf Kalenderjahren auf der Grundlage der aktuellen Einschätzung der mittelfristigen Wirtschaftsentwicklung,

3. eine Darstellung, wie sich die Anhebung der Altersgrenzen voraussichtlich auf die Arbeitsmarktlage, die Finanzlage der Rentenversicherung und andere öffentliche Haushalte auswirkt,

[Nr. 4 bis 30.6.2018:]

4. bis zur Angleichung der Lohn- und Gehaltssituation im Beitrittsgebiet an die Lohn- und Gehaltssituation im Bundesgebiet ohne das Beitrittsgebiet eine gesonderte Darstellung über die Entwicklung der Renten im Beitrittsgebiet.

³ Die Entwicklung in der allgemeinen Rentenversicherung und in der knappschaftlichen Rentenversicherung ist getrennt darzustellen. ⁴ Der Bericht ist bis zum 30. November eines jeden Jahres den gesetzgebenden Körperschaften zuzuleiten.

(2) ¹ Der Rentenversicherungsbericht ist einmal in jeder Wahlperiode des Deutschen Bundestages um einen Bericht zu ergänzen, der insbesondere darstellt:

1. die Leistungen der anderen ganz oder teilweise öffentlich finanzierten Alterssicherungssysteme sowie deren Finanzierung,

2. die Einkommenssituation der Leistungsbeziecher der Alterssicherungssysteme,

3. das Zusammentreffen von Leistungen der Alterssicherungssysteme,

4. in welchem Umfang die steuerliche Förderung nach § 10a oder Abschnitt XI und § 3 Nr. 63 des Einkommensteuergesetzes in Anspruch genommen worden ist und welchen Grad der Verbreitung die betriebliche und private Altersvorsorge dadurch erreicht haben und

5. die Höhe des Gesamtversorgungsniveaus, das für typische Rentner einzelner Zugangsjahrgänge unter Berücksichtigung ergänzender Altersvorsorge in Form einer Rente aus einem geförderten Altersvorsorgevertrag sowie einer

---

[1]) Nr. 4.

4. Kapitel. Finanzierung § 155 SGB VI 6

Rente aus der Anlage der Nettoeinkommenserhöhung aus den steuerfrei gestellten Beiträgen zur gesetzlichen Rentenversicherung und der steuerlichen Belastung ermittelt wird.
[2] Die Darstellungen zu der Nummern 4 sind erstmals im Jahr 2005 vorzulegen.

(3) [1] Die Bundesregierung hat den gesetzgebenden Körperschaften geeignete Maßnahmen vorzuschlagen, wenn

1. der Beitragssatz in der allgemeinen Rentenversicherung in der mittleren Variante der 15-jährigen Vorausberechnungen des Rentenversicherungsberichts bis zum Jahre 2020 20 vom Hundert oder bis zum Jahre 2030 22 vom Hundert überschreitet,

2. der Verhältniswert aus einer jahresdurchschnittlichen verfügbaren Standardrente und dem verfügbaren Durchschnittsentgelt in der mittleren Variante der 15-jährigen Vorausberechnungen des Rentenversicherungsberichts (Sicherungsniveau vor Steuern) bis zum Jahr 2020 46 vom Hundert oder bis zum Jahr 2030 43 vom Hundert unterschreitet; verfügbare Standardrente ist die Regelaltersrente aus der allgemeinen Rentenversicherung mit 45 Entgeltpunkten ohne Berücksichtigung der auf sie entfallenden Steuern, gemindert um den allgemeinen Beitragsanteil sowie den durchschnittlichen Zusatzbeitrag zur Krankenversicherung und den Beitrag zur Pflegeversicherung; verfügbares Durchschnittsentgelt ist das Durchschnittsentgelt ohne Berücksichtigung der darauf entfallenden Steuern, gemindert um den durchschnittlich zu entrichtenden Arbeitnehmersozialbeitrag einschließlich des durchschnittlichen Aufwands zur zusätzlichen Altersvorsorge.

[2] Die Bundesregierung soll den gesetzgebenden Körperschaften geeignete Maßnahmen vorschlagen, wenn sich zeigt, dass durch die Förderung der freiwilligen zusätzlichen Altersvorsorge eine ausreichende Verbreitung nicht erreicht werden kann.

(4) [1] Die Bundesregierung hat den gesetzgebenden Körperschaften vom Jahre 2010 an alle vier Jahre über die Entwicklung der Beschäftigung älterer Arbeitnehmer zu berichten und eine Einschätzung darüber abzugeben, ob die Anhebung der Regelaltersgrenze unter Berücksichtigung der Entwicklung der Arbeitsmarktlage sowie der wirtschaftlichen und sozialen Situation älterer Arbeitnehmer weiterhin vertretbar erscheint und die getroffenen gesetzlichen Regelungen bestehen bleiben können. [2] In diesem Bericht sind zur Beibehaltung eines Sicherungsniveauziels vor Steuern von 46 vom Hundert über das Jahr 2020 hinaus von der Bundesregierung entsprechende Maßnahmen unter Wahrung der Beitragssatzstabilität vorzuschlagen. [3] Die Bundesregierung berichtet zudem vom Jahre 2018 an über die Auswirkungen der Altersrente für besonders langjährig Versicherte in der Fassung des RV-Leistungsverbesserungsgesetzes, insbesondere über den Umfang der Inanspruchnahme und die Erfüllung der Zugangsvoraussetzungen vor dem Hintergrund der Berücksichtigung von Zeiten des Arbeitslosengeldbezugs und macht Vorschläge für eine Weiterentwicklung dieser Rentenart.

§ 155 Aufgabe des Sozialbeirats. (1) Der Sozialbeirat hat insbesondere die Aufgabe, in einem Gutachten zum Rentenversicherungsbericht der Bundesregierung Stellung zu nehmen.

(2) Das Gutachten des Sozialbeirats ist zusammen mit dem Rentenversicherungsbericht den gesetzgebenden Körperschaften zuzuleiten.

§ 156 Zusammensetzung des Sozialbeirats. (1) ¹Der Sozialbeirat besteht aus

1. vier Vertretern der Versicherten,
2. vier Vertretern der Arbeitgeber,
3. einem Vertreter der Deutschen Bundesbank und
4. drei Vertretern der Wirtschafts- und Sozialwissenschaften.

²Seine Geschäfte führt das Bundesministerium für Arbeit und Soziales.

(2) ¹Die Bundesregierung beruft die Mitglieder des Sozialbeirats für die Dauer von vier Jahren. ²Es werden

1. vom Bundesvorstand der Deutschen Rentenversicherung Bund gemäß § 64 Abs. 4 des Vierten Buches¹⁾ je drei Vertreter der allgemeinen Rentenversicherung und
2. vom Vorstand der Deutschen Rentenversicherung Knappschaft-Bahn-See als Träger der knappschaftlichen Rentenversicherung je ein Vertreter

der Versicherten und der Arbeitgeber vorgeschlagen; hierbei ist sicherzustellen, dass die Regionalträger und die Bundesträger gleichgewichtig im Sozialbeirat vertreten sind.

(3) ¹Die vorgeschlagenen Personen müssen die Voraussetzungen für die Mitgliedschaft in einem Organ der Selbstverwaltung (§ 51 Viertes Buch) erfüllen. ²Vor der Berufung der Vertreter der Wirtschafts- und Sozialwissenschaften ist die Hochschulrektorenkonferenz anzuhören.

Zweiter Abschnitt. Beiträge und Verfahren
Erster Unterabschnitt. Beiträge
Erster Titel. Allgemeines

§ 157 Grundsatz. Die Beiträge werden nach einem Vomhundertsatz (Beitragssatz) von der Beitragsbemessungsgrundlage erhoben, die nur bis zur jeweiligen Beitragsbemessungsgrenze berücksichtigt wird.

§ 158 Beitragssätze. (1) ¹Der Beitragssatz in der allgemeinen Rentenversicherung ist vom 1. Januar eines Jahres an zu verändern, wenn am 31. Dezember dieses Jahres bei Beibehaltung des bisherigen Beitragssatzes die Mittel der Nachhaltigkeitsrücklage

1. das 0,2fache der durchschnittlichen Ausgaben zu eigenen Lasten der Träger der allgemeinen Rentenversicherung für einen Kalendermonat (Mindestrücklage) voraussichtlich unterschreiten oder
2. das 1,5fache der in Nummer 1 genannten Ausgaben für einen Kalendermonat (Höchstnachhaltigkeitsrücklage) voraussichtlich übersteigen.

²Ausgaben zu eigenen Lasten sind alle Ausgaben nach Abzug des Bundeszuschusses nach § 213 Abs. 2, der Erstattungen und der empfangenen Ausgleichszahlungen.

(2) ¹Der Beitragssatz ist so neu festzusetzen, dass die voraussichtlichen Beitragseinnahmen unter Berücksichtigung der voraussichtlichen Entwicklung der

---

¹⁾ Nr. 4.

Bruttolöhne und -gehälter je Arbeitnehmer (§ 68 Abs. 2 Satz 1) und der Zahl der Pflichtversicherten zusammen mit den Zuschüssen des Bundes und den sonstigen Einnahmen unter Berücksichtigung von Entnahmen aus der Nachhaltigkeitsrücklage ausreichen, um die voraussichtlichen Ausgaben in dem auf die Festsetzung folgenden Kalenderjahr zu decken und sicherzustellen, dass die Mittel der Nachhaltigkeitsrücklage am Ende dieses Kalenderjahres
1. im Falle von Absatz 1 Nr. 1 dem Betrag der Mindestrücklage oder
2. im Falle von Absatz 1 Nr. 2 dem Betrag der Höchstnachhaltigkeitsrücklage
voraussichtlich entsprechen. ²Der Beitragssatz ist auf eine Dezimalstelle aufzurunden.

(3) Der Beitragssatz in der knappschaftlichen Rentenversicherung wird jeweils in dem Verhältnis verändert, in dem er sich in der allgemeinen Rentenversicherung ändert; der Beitragssatz ist nur für das jeweilige Kalenderjahr auf eine Dezimalstelle aufzurunden.

(4) Wird der Beitragssatz in der allgemeinen Rentenversicherung vom 1. Januar des Jahres an nicht verändert, macht das Bundesministerium für Arbeit und Soziales im Bundesgesetzblatt das Weitergelten der Beitragssätze bekannt[1]).

§ 159 Beitragsbemessungsgrenzen. ¹Die Beitragsbemessungsgrenzen in der allgemeinen Rentenversicherung sowie in der knappschaftlichen Rentenversicherung ändern sich zum 1. Januar eines Jahres in dem Verhältnis, in dem die Bruttolöhne und -gehälter je Arbeitnehmer (§ 68 Abs. 2 Satz 1) im vergangenen zu den entsprechenden Bruttolöhnen und -gehältern im vorvergangenen Kalenderjahr stehen. ²Die veränderten Beträge werden nur für das Kalenderjahr, für das die Beitragsbemessungsgrenze bestimmt wird, auf das nächsthöhere Vielfache von 600 aufgerundet.

§ 160 Verordnungsermächtigung. Die Bundesregierung hat durch Rechtsverordnung mit Zustimmung des Bundesrates
1. die Beitragssätze in der Rentenversicherung,
2. in Ergänzung der Anlage 2 die Beitragsbemessungsgrenzen
festzusetzen.

Zweiter Titel. Beitragsbemessungsgrundlagen

§ 161 Grundsatz. (1) Beitragsbemessungsgrundlage für Versicherungspflichtige sind die beitragspflichtigen Einnahmen.

(2) Beitragsbemessungsgrundlage für freiwillig Versicherte ist jeder Betrag zwischen der Mindestbeitragsbemessungsgrundlage (§ 167) und der Beitragsbemessungsgrenze.

§ 162 Beitragspflichtige Einnahmen Beschäftigter. Beitragspflichtige Einnahmen sind

---

[1]) Siehe hierzu die Bek. der Beitragssätze in der allgemeinen Rentenversicherung und der knappschaftlichen Rentenversicherung, wonach der Beitragssatz für das Jahr 2018 in der allgemeinen Rentenversicherung 18,6 Prozent und in der knappschaftlichen Rentenversicherung 24,7 Prozent beträgt.

1. bei Personen, die gegen Arbeitsentgelt beschäftigt werden, das Arbeitsentgelt aus der versicherungspflichtigen Beschäftigung, jedoch bei Personen, die zu ihrer Berufsausbildung beschäftigt werden, mindestens 1 vom Hundert der Bezugsgröße,

2. bei behinderten Menschen das Arbeitsentgelt, mindestens 80 vom Hundert der Bezugsgröße,

2a. bei behinderten Menschen, die im Anschluss an eine Beschäftigung in einer nach dem Neunten Buch anerkannten Werkstatt für behinderte Menschen oder nach einer Beschäftigung bei einem anderen Leistungsanbieter nach § 60 des Neunten Buches in einem Inklusionsbetrieb (§ 215 des Neunten Buches) beschäftigt sind, das Arbeitsentgelt, mindestens 80 vom Hundert der Bezugsgröße,

3. bei Personen, die für eine Erwerbstätigkeit befähigt werden sollen oder im Rahmen einer Unterstützten Beschäftigung nach § 55 des Neunten Buches individuell betrieblich qualifiziert werden, ein Arbeitsentgelt in Höhe von 20 vom Hundert der monatlichen Bezugsgröße,

3a. bei Auszubildenden, die in einer außerbetrieblichen Einrichtung im Rahmen eines Berufsausbildungsvertrages nach dem Berufsbildungsgesetz ausgebildet werden, ein Arbeitsentgelt in Höhe der Ausbildungsvergütung,

4. bei Mitgliedern geistlicher Genossenschaften, Diakonissen und Angehörigen ähnlicher Gemeinschaften die Geld- und Sachbezüge, die sie persönlich erhalten, jedoch bei Mitgliedern, denen nach Beendigung ihrer Ausbildung eine Anwartschaft auf die in der Gemeinschaft übliche Versorgung nicht gewährleistet oder für die die Gewährleistung nicht gesichert ist (§ 5 Abs. 1 Satz 1 Nr. 3), mindestens 40 vom Hundert der Bezugsgröße,

5. bei Personen, deren Beschäftigung nach dem Einkommensteuerrecht als selbständige Tätigkeit bewertet wird, ein Einkommen in Höhe der Bezugsgröße, bei Nachweis eines niedrigeren oder höheren Einkommens jedoch dieses Einkommen, mindestens jedoch monatlich 450 Euro. § 165 Abs. 1 Satz 2 bis 10 gilt entsprechend.

§ 163 Sonderregelung für beitragspflichtige Einnahmen Beschäftigter. (1) ¹Für unständig Beschäftigte ist als beitragspflichtige Einnahmen ohne Rücksicht auf die Beschäftigungsdauer das innerhalb eines Kalendermonats erzielte Arbeitsentgelt bis zur Höhe der monatlichen Beitragsbemessungsgrenze zugrunde zu legen. ²Unständig ist die Beschäftigung, die auf weniger als eine Woche entweder nach der Natur der Sache befristet zu sein pflegt oder im Voraus durch den Arbeitsvertrag befristet ist. ³Bestanden innerhalb eines Kalendermonats mehrere unständige Beschäftigungen und übersteigt das Arbeitsentgelt insgesamt die monatliche Beitragsbemessungsgrenze, sind bei der Berechnung der Beiträge die einzelnen Arbeitsentgelte anteilmäßig nur zu berücksichtigen, soweit der Gesamtbetrag die monatliche Beitragsbemessungsgrenze nicht übersteigt. ⁴Soweit Versicherte oder Arbeitgeber dies beantragen, verteilt die zuständige Einzugsstelle die Beiträge nach den zu berücksichtigenden Arbeitsentgelten aus unständigen Beschäftigungen.

(2) ¹Für Seeleute gilt als beitragspflichtige Einnahme der Betrag, der nach dem Recht der gesetzlichen Unfallversicherung für die Beitragsberechnung maßgebend ist. ² § 215 Abs. 4 des Siebten Buches[1] gilt entsprechend.

(3) ¹Bei Arbeitnehmern, die ehrenamtlich tätig sind und deren Arbeitsentgelt infolge der ehrenamtlichen Tätigkeit gemindert wird, gilt auch der Betrag zwischen dem tatsächlich erzielten Arbeitsentgelt und dem Arbeitsentgelt, das ohne die ehrenamtliche Tätigkeit erzielt worden wäre, höchstens bis zur Beitragsbemessungsgrenze als Arbeitsentgelt (Unterschiedsbetrag), wenn der Arbeitnehmer dies beim Arbeitgeber beantragt. ²Satz 1 gilt nur für ehrenamtliche Tätigkeiten für Körperschaften, Anstalten oder Stiftungen des öffentlichen Rechts, deren Verbände einschließlich der Spitzenverbände oder ihrer Arbeitsgemeinschaften, Parteien, Gewerkschaften, sowie Körperschaften, Personenvereinigungen und Vermögensmassen, die wegen des ausschließlichen und unmittelbaren Dienstes für gemeinnützige, mildtätige oder kirchliche Zwecke von der Körperschaftsteuer befreit sind. ³Der Antrag kann nur für laufende und künftige Lohn- und Gehaltsabrechnungszeiträume gestellt werden.

(4) ¹Bei Versicherten, die eine versicherungspflichtige ehrenamtliche Tätigkeit aufnehmen und für das vergangene Kalenderjahr freiwillige Beiträge gezahlt haben, gilt jeder Betrag zwischen dem Arbeitsentgelt und der Beitragsbemessungsgrenze als Arbeitsentgelt (Unterschiedsbetrag), wenn die Versicherten dies beim Arbeitgeber beantragen. ²Satz 1 gilt nur für versicherungspflichtige ehrenamtliche Tätigkeiten für Körperschaften des öffentlichen Rechts. ³Der Antrag kann nur für laufende und künftige Lohn- und Gehaltsabrechnungszeiträume gestellt werden.

(5) ¹Bei Arbeitnehmern, die nach dem Altersteilzeitgesetz Aufstockungsbeträge zum Arbeitsentgelt erhalten, gilt auch mindestens ein Betrag in Höhe von 80 vom Hundert des Regelarbeitsentgelts für die Altersteilzeitarbeit, begrenzt auf den Unterschiedsbetrag zwischen 90 vom Hundert der monatlichen Beitragsbemessungsgrenze und dem Regelarbeitsentgelt, höchstens jedoch bis zur Beitragsbemessungsgrenze, als beitragspflichtige Einnahme. ²Für Personen, die nach § 3 Satz 1 Nr. 3 für die Zeit des Bezugs von Krankengeld, Versorgungskrankengeld, Verletztengeld oder Übergangsgeld versichert sind, und für Personen, die für die Zeit der Arbeitsunfähigkeit oder der Ausführung von Leistungen zur Teilhabe, in der sie Krankentagegeld von einem privaten Krankenversicherungsunternehmen erhalten, nach § 4 Abs. 3 Satz 1 Nr. 2 versichert sind, gilt Satz 1 entsprechend.

(6) Soweit Kurzarbeitergeld geleistet wird, gilt als beitragspflichtige Einnahmen 80 vom Hundert des Unterschiedsbetrags zwischen dem Soll-Entgelt und dem Ist-Entgelt nach § 106 des Dritten Buches[2].

(7) *(aufgehoben)*

(8) Bei Arbeitnehmern, die eine geringfügige Beschäftigung ausüben, ist beitragspflichtige Einnahme das Arbeitsentgelt, mindestens jedoch der Betrag in Höhe von 175 Euro.

(9) *(aufgehoben)*

---

[1] Nr. 7.
[2] Nr. 3.

(10) ¹Bei Arbeitnehmern, die gegen ein monatliches Arbeitsentgelt bis zum oberen Grenzbetrag der Gleitzone (§ 20 Abs. 2 Viertes Buch¹⁾) mehr als geringfügig beschäftigt sind, ist beitragspflichtige Einnahme der Betrag, der sich aus folgender Formel ergibt:

$$F \times 450 + \left(\left\{ \frac{850}{850-450} \right\} - \left\{ \frac{450}{850-450} \right\} \times F \right) \times (AE - 450)$$

²Dabei ist AE das Arbeitsentgelt und F der Faktor, der sich ergibt, wenn der Wert 30 vom Hundert durch den Gesamtsozialversicherungsbeitragssatz des Kalenderjahres, in dem der Anspruch auf das Arbeitsentgelt entstanden ist, geteilt wird. ³Der Gesamtsozialversicherungsbeitragssatz eines Kalenderjahres ergibt sich aus der Summe der zum 1. Januar desselben Kalenderjahres geltenden Beitragssätze in der allgemeinen Rentenversicherung, in der gesetzlichen Pflegeversicherung sowie zur Arbeitsförderung und des um den durchschnittlichen Zusatzbeitragssatz erhöhten allgemeinen Beitragssatzes in der gesetzlichen Krankenversicherung. ⁴Für die Zeit vom 1. Juli 2006 bis zum 31. Dezember 2006 beträgt der Faktor F 0,7160. ⁵Der Gesamtsozialversicherungsbeitragssatz und der Faktor F sind vom Bundesministerium für Arbeit und Soziales bis zum 31. Dezember eines Jahres für das folgende Kalenderjahr im Bundesanzeiger bekannt zu geben. ⁶Abweichend von Satz 1 ist beitragspflichtige Einnahme das Arbeitsentgelt aus der versicherungspflichtigen Beschäftigung, wenn der Arbeitnehmer dies schriftlich gegenüber dem Arbeitgeber erklärt. ⁷Die Erklärung kann nur mit Wirkung für die Zukunft und bei mehreren Beschäftigungen nach Satz 1 nur einheitlich abgegeben werden und ist für die Dauer der Beschäftigungen bindend. ⁸Satz 1 gilt nicht für Personen, die zu ihrer Berufsausbildung beschäftigt sind.

§ 164 (weggefallen)

§ 165 Beitragspflichtige Einnahmen selbständig Tätiger.

(1) ¹Beitragspflichtige Einnahmen sind

1. bei selbständig Tätigen ein Arbeitseinkommen in Höhe der Bezugsgröße, bei Nachweis eines niedrigeren oder höheren Arbeitseinkommens jedoch dieses Arbeitseinkommen, mindestens jedoch monatlich 450 Euro,

2. bei Seelotsen das Arbeitseinkommen,

3. bei Künstlern und Publizisten das voraussichtliche Jahresarbeitseinkommen (§ 12 Künstlersozialversicherungsgesetz), mindestens jedoch 3 900 Euro, wobei Arbeitseinkommen auch die Vergütung für die Verwertung und Nutzung urheberrechtlich geschützter Werke oder Leistungen sind,

4. bei Hausgewerbetreibenden das Arbeitseinkommen,

5. bei Küstenschiffern und Küstenfischern das in der Unfallversicherung maßgebende beitragspflichtige Arbeitseinkommen.

²Beitragspflichtige Einnahmen sind bei selbständig Tätigen abweichend von Satz 1 Nr. 1 bis zum Ablauf von drei Kalenderjahren nach dem Jahr der Aufnahme der selbständigen Tätigkeit ein Arbeitseinkommen in Höhe von 50 vom Hundert der Bezugsgröße, auf Antrag des Versicherten jedoch ein Arbeitseinkommen in Höhe der Bezugsgröße. ³Für den Nachweis des von der Bezugs-

---

¹⁾ Nr. 4.

größe abweichenden Arbeitseinkommens nach Satz 1 Nummer 1 sind die sich aus dem letzten Einkommensteuerbescheid für das zeitnaheste Kalenderjahr ergebenden Einkünfte aus der versicherungspflichtigen selbständigen Tätigkeit so lange maßgebend, bis ein neuer Einkommensteuerbescheid vorgelegt wird; wurden diese Einkünfte nicht während des gesamten Kalenderjahres erzielt, sind sie auf ein Jahresarbeitseinkommen hochzurechnen. [4] Das nach Satz 3 festgestellte Arbeitseinkommen ist mit dem Vomhundertsatz zu vervielfältigen, der sich aus dem Verhältnis des vorläufigen Durchschnittsentgelts (Anlage 1) für das Kalenderjahr, für das das Arbeitseinkommen nachzuweisen ist, zu dem Durchschnittsentgelt (Anlage 1) für das maßgebende Veranlagungsjahr des Einkommensteuerbescheides ergibt. [5] Übersteigt das nach Satz 4 festgestellte Arbeitseinkommen die Beitragsbemessungsgrenze des nachzuweisenden Kalenderjahres, wird ein Arbeitseinkommen in Höhe der jeweiligen Beitragsbemessungsgrenze so lange zugrunde gelegt, bis sich aus einem neuen Einkommensteuerbescheid niedrigere Einkünfte ergeben. [6] Der Einkommensteuerbescheid ist dem Träger der Rentenversicherung spätestens zwei Kalendermonate nach seiner Ausfertigung vorzulegen. [7] Statt des Einkommensteuerbescheides kann auch eine Bescheinigung des Finanzamtes vorgelegt werden, die die für den Nachweis des Arbeitseinkommens erforderlichen Daten des Einkommensteuerbescheides enthält. [8] Änderungen des Arbeitseinkommens werden vom Ersten des auf die Vorlage des Bescheides oder der Bescheinigung folgenden Kalendermonats, spätestens aber vom Beginn des dritten Kalendermonats nach Ausfertigung des Einkommensteuerbescheides, an berücksichtigt. [9] Ist eine Veranlagung zur Einkommensteuer aufgrund der versicherungspflichtigen selbständigen Tätigkeit noch nicht erfolgt, ist für das Jahr des Beginns der Versicherungspflicht ein Jahresarbeitseinkommen zugrunde zu legen, das sich aus den vom Versicherten vorzulegenden Unterlagen ergibt. [10] Für die Folgejahre ist Satz 4 sinngemäß anzuwenden.

(1a) [1] Abweichend von Absatz 1 Satz 3 ist auf Antrag des Versicherten vom laufenden Arbeitseinkommen auszugehen, wenn dieses im Durchschnitt voraussichtlich um wenigstens 30 vom Hundert geringer ist als das Arbeitseinkommen nach Absatz 1 Satz 3. [2] Das laufende Arbeitseinkommen ist durch entsprechende Unterlagen nachzuweisen. [3] Änderungen des Arbeitseinkommens werden vom Ersten des auf die Vorlage der Nachweise folgenden Kalendermonats an berücksichtigt. [4] Das festgestellte laufende Arbeitseinkommen bleibt so lange maßgebend, bis der Einkommensteuerbescheid über dieses Veranlagungsjahr vorgelegt wird und zu berücksichtigen ist. [5] Für die Folgejahre ist Absatz 1 Satz 4 sinngemäß anzuwenden. [6] Die Sätze 1 bis 3 gelten entsprechend für Küstenschiffer und Küstenfischer, wenn das laufende Arbeitseinkommen im Durchschnitt voraussichtlich um wenigstens 30 vom Hundert geringer ist als das Arbeitseinkommen nach Absatz 1 Satz 1 Nummer 5. [7] Das für Küstenschiffer und Küstenfischer festgestellte laufende Arbeitseinkommen bleibt für ein Jahr maßgebend. [8] Für die Folgejahre sind die Sätze 6 und 7 erneut anzuwenden.

(1b) Bei Künstlern und Publizisten wird für die Dauer des Bezugs von Elterngeld oder Erziehungsgeld oder für die Zeit, in der Erziehungsgeld nur wegen des zu berücksichtigenden Einkommens nicht bezogen wird, auf Antrag des Versicherten das in diesen Zeiten voraussichtlich erzielte Arbeitseinkommen, wenn es im Durchschnitt monatlich 325 Euro übersteigt, zugrunde gelegt.

(2) Für Hausgewerbetreibende, die ehrenamtlich tätig sind, gelten die Regelungen für Arbeitnehmer, die ehrenamtlich tätig sind, entsprechend.

(3) Bei Selbständigen, die auf Antrag versicherungspflichtig sind, gelten als Arbeitseinkommen im Sinne von § 15 des Vierten Buches[1)] auch die Einnahmen, die steuerrechtlich als Einkommen aus abhängiger Beschäftigung behandelt werden.

§ 166 Beitragspflichtige Einnahmen sonstiger Versicherter.

(1) Beitragspflichtige Einnahmen sind

1. bei Personen, die als Wehr- oder Zivildienstleistende versichert sind, 60 vom Hundert der Bezugsgröße, jedoch bei Personen, die Leistungen an Nichtselbständige nach § 6 des Unterhaltssicherungsgesetzes erhalten, das Arbeitsentgelt, das dieser Leistung vor Abzug von Steuern und Beitragsanteilen zugrunde liegt,

1a. bei Personen, die in einem Wehrdienstverhältnis besonderer Art nach § 6 des Einsatz-Weiterverwendungsgesetzes versichert sind, die daraus gewährten Dienstbezüge in dem Umfang, in dem sie bei Beschäftigten als Arbeitsentgelt zu berücksichtigen wären,

2. bei Personen, die Arbeitslosengeld, Übergangsgeld, Krankengeld, Verletztengeld oder Versorgungskrankengeld beziehen, 80 vom Hundert des der Leistung zugrunde liegenden Arbeitsentgelts oder Arbeitseinkommens, wobei 80 vom Hundert des beitragspflichtigen Arbeitsentgelts aus einem nicht geringfügigen Beschäftigungsverhältnis abzuziehen sind, und bei gleichzeitigem Bezug von Krankengeld neben einer anderen Leistung das dem Krankengeld zugrunde liegende Einkommen nicht zu berücksichtigen ist,

2a. bei Personen, die im Anschluss an den Bezug von Arbeitslosengeld II Übergangsgeld oder Verletztengeld beziehen, monatlich der Betrag von 205 Euro,

2b. bei Personen, die Krankengeld nach § 44a des Fünften Buches[2)] beziehen, das der Leistung zugrunde liegende Arbeitsentgelt oder Arbeitseinkommen; wird dieses Krankengeld nach § 47b des Fünften Buches gezahlt, gilt Nummer 2,

2c. bei Personen, die Teilarbeitslosengeld beziehen, 80 vom Hundert des dieser Leistung zugrunde liegenden Arbeitsentgelts,

2d. bei Personen, die von einem privaten Krankenversicherungsunternehmen, von einem Beihilfeträger des Bundes, von einem sonstigen öffentlich-rechtlichen Träger von Kosten in Krankheitsfällen auf Bundesebene, von dem Träger der Heilfürsorge im Bereich des Bundes, von dem Träger der truppenärztlichen Versorgung oder von einem öffentlich-rechtlichen Träger von Kosten in Krankheitsfällen auf Landesebene, soweit Landesrecht dies vorsieht, Leistungen für den Ausfall von Arbeitseinkünften im Zusammenhang mit einer nach den §§ 8 und 8a des Transplantationsgesetzes erfolgenden Spende von Organen oder Geweben oder im Zusammenhang mit einer im Sinne von § 9 des Transfusionsgesetzes erfolgenden Spende von Blut zur Separation von Blutstammzellen oder anderen Blutbestand-

---

[1)] Nr. 4.
[2)] Nr. 5.

teilen beziehen, das diesen Leistungen zugrunde liegende Arbeitsentgelt oder Arbeitseinkommen,

2e. bei Personen, die Krankengeld nach § 45 Absatz 1 des Fünften Buches oder Verletztengeld nach § 45 Absatz 4 des Siebten Buches[1)] in Verbindung mit § 45 Absatz 1 des Fünften Buches beziehen, 80 vom Hundert des während der Freistellung ausgefallenen, laufenden Arbeitsentgelts oder des der Leistung zugrunde liegenden Arbeitseinkommens,

2f. bei Personen, die Pflegeunterstützungsgeld beziehen, 80 vom Hundert des während der Freistellung ausgefallenen, laufenden Arbeitsentgelts,

3. bei Beziehern von Vorruhestandsgeld das Vorruhestandsgeld,

4. bei Entwicklungshelfern das Arbeitsentgelt oder, wenn dies günstiger ist, der Betrag, der sich ergibt, wenn die Beitragsbemessungsgrenze mit dem Verhältnis vervielfältigt wird, in dem die Summe der Arbeitsentgelte oder Arbeitseinkommen für die letzten drei vor Aufnahme der nach § 4 Abs. 1 versicherungspflichtigen Beschäftigung oder Tätigkeit voll mit Pflichtbeiträgen belegten Kalendermonate zur Summe der Beträge der Beitragsbemessungsgrenzen für diesen Zeitraum steht; der Verhältniswert beträgt mindestens 0,6667,

4a. bei Personen, die für eine begrenzte Zeit im Ausland beschäftigt sind, das Arbeitsentgelt oder der sich abweichend vom Arbeitsentgelt nach Nummer 4 ergebende Betrag, wenn dies mit der antragstellenden Stelle vereinbart wird; die Vereinbarung kann nur für laufende und künftige Lohn- und Gehaltsabrechnungszeiträume getroffen werden,

4b. bei sekundierten Personen das Arbeitsentgelt und die Leistungen nach § 9 des Sekundierungsgesetzes; im Übrigen gilt Nummer 4 entsprechend,

4c. bei sonstigen im Ausland beschäftigten Personen, die auf Antrag versicherungspflichtig sind, das Arbeitsentgelt,

5. bei Personen, die für Zeiten der Arbeitsunfähigkeit oder der Ausführung von Leistungen zur Teilhabe ohne Anspruch auf Krankengeld versichert sind, 80 vom Hundert des zuletzt für einen vollen Kalendermonat versicherten Arbeitsentgelts oder Arbeitseinkommens.

(2) [1] Beitragspflichtige Einnahmen sind bei nicht erwerbsmäßig tätigen Pflegepersonen bei Pflege einer

1. pflegebedürftigen Person des Pflegegrades 5 nach § 15 Absatz 3 Satz 4 Nummer 5 des Elften Buches[2)]

   a) 100 vom Hundert der Bezugsgröße, wenn die pflegebedürftige Person ausschließlich Pflegegeld nach § 37 des Elften Buches bezieht,

   b) 85 vom Hundert der Bezugsgröße, wenn die pflegebedürftige Person Kombinationsleistungen nach § 38 des Elften Buches bezieht,

   c) 70 vom Hundert der Bezugsgröße, wenn die pflegebedürftige Person ausschließlich Pflegesachleistungen nach § 36 des Elften Buches bezieht,

2. pflegebedürftigen Person des Pflegegrades 4 nach § 15 Absatz 3 Satz 4 Nummer 4 des Elften Buches

---

[1)] Nr. 7.
[2)] Nr. 11.

a) 70 vom Hundert der Bezugsgröße, wenn die pflegebedürftige Person ausschließlich Pflegegeld nach § 37 des Elften Buches bezieht,

b) 59,5 vom Hundert der Bezugsgröße, wenn die pflegebedürftige Person Kombinationsleistungen nach § 38 des Elften Buches bezieht,

c) 49 vom Hundert der Bezugsgröße, wenn die pflegebedürftige Person ausschließlich Pflegesachleistungen nach § 36 des Elften Buches bezieht,

3. pflegebedürftigen Person des Pflegegrades 3 nach § 15 Absatz 3 Satz 4 Nummer 3 des Elften Buches

a) 43 vom Hundert der Bezugsgröße, wenn die pflegebedürftige Person ausschließlich Pflegegeld nach § 37 des Elften Buches bezieht,

b) 36,55 vom Hundert der Bezugsgröße, wenn die pflegebedürftige Person Kombinationsleistungen nach § 38 des Elften Buches bezieht,

c) 30,1 vom Hundert der Bezugsgröße, wenn die pflegebedürftige Person ausschließlich Pflegesachleistungen nach § 36 des Elften Buches bezieht,

4. pflegebedürftigen Person des Pflegegrades 2 nach § 15 Absatz 3 Satz 4 Nummer 2 des Elften Buches

a) 27 vom Hundert der Bezugsgröße, wenn die pflegebedürftige Person ausschließlich Pflegegeld nach § 37 des Elften Buches bezieht,

b) 22,95 vom Hundert der Bezugsgröße, wenn die pflegebedürftige Person Kombinationsleistungen nach § 38 des Elften Buches bezieht,

c) 18,9 vom Hundert der Bezugsgröße, wenn die pflegebedürftige Person ausschließlich Pflegesachleistungen nach § 36 des Elften Buches bezieht.

²Üben mehrere nicht erwerbsmäßig tätige Pflegepersonen die Pflege gemeinsam aus (Mehrfachpflege), sind die beitragspflichtigen Einnahmen nach Satz 1 entsprechend dem nach § 44 Absatz 1 Satz 3 des Elften Buches festgestellten prozentualen Umfang der jeweiligen Pflegetätigkeit im Verhältnis zum Gesamtpflegeaufwand je pflegebedürftiger Person aufzuteilen. ³Werden mehrere Pflegebedürftige gepflegt, ergeben sich die beitragspflichtigen Einnahmen jeweils nach den Sätzen 1 und 2.

§ 167 Freiwillig Versicherte.
Die Mindestbeitragsbemessungsgrundlage beträgt für freiwillig Versicherte monatlich 450 Euro.

Dritter Titel. Verteilung der Beitragslast

§ 168 Beitragstragung bei Beschäftigten.
(1) Die Beiträge werden getragen

1. bei Personen, die gegen Arbeitsentgelt beschäftigt werden, von den Versicherten und von den Arbeitgebern je zur Hälfte,

1a. bei Arbeitnehmern, die Kurzarbeitergeld beziehen, vom Arbeitgeber,

1b. bei Personen, die gegen Arbeitsentgelt geringfügig versicherungspflichtig beschäftigt werden, von den Arbeitgebern in Höhe des Betrages, der 15 vom Hundert des der Beschäftigung zugrunde liegenden Arbeitsentgelts entspricht, im Übrigen vom Versicherten,

1c. bei Personen, die gegen Arbeitsentgelt in Privathaushalten geringfügig versicherungspflichtig beschäftigt werden, von den Arbeitgebern in Höhe des Betrages, der 5 vom Hundert des der Beschäftigung zugrunde liegenden Arbeitsentgelts entspricht, im Übrigen vom Versicherten,

4. Kapitel. Finanzierung § 168 SGB VI 6

1d. bei Arbeitnehmern, deren beitragspflichtige Einnahme sich nach § 163 Abs. 10 Satz 1 bestimmt, von den Arbeitgebern in Höhe der Hälfte des Betrages, der sich ergibt, wenn der Beitragssatz auf das der Beschäftigung zugrunde liegende Arbeitsentgelt angewendet wird, im Übrigen vom Versicherten,

2. bei behinderten Menschen von den Trägern der Einrichtung oder dem anderen Leistungsanbieter nach § 60 des Neunten Buches, wenn ein Arbeitsentgelt nicht bezogen wird oder das monatliche Arbeitsentgelt 20 vom Hundert der monatlichen Bezugsgröße nicht übersteigt, sowie für den Betrag zwischen dem monatlichen Arbeitsentgelt und 80 vom Hundert der monatlichen Bezugsgröße, wenn das monatliche Arbeitsentgelt 80 vom Hundert der monatlichen Bezugsgröße nicht übersteigt, im Übrigen von den Versicherten und den Trägern der Einrichtung oder dem anderen Leistungsanbieter nach § 60 des Neunten Buches je zur Hälfte,

2a. bei behinderten Menschen, die im Anschluss an eine Beschäftigung in einer nach dem Neunten Buch anerkannten Werkstatt für behinderte Menschen oder nach einer Beschäftigung bei einem anderen Leistungsanbieter nach § 60 des Neunten Buches in einem Inklusionsbetrieb (§ 215 des Neunten Buches) beschäftigt sind, von den Trägern der Inklusionsbetriebe für den Betrag zwischen dem monatlichen Arbeitsentgelt und 80 vom Hundert der monatlichen Bezugsgröße, wenn das monatliche Arbeitsentgelt 80 vom Hundert der monatlichen Bezugsgröße nicht übersteigt, im Übrigen von den Versicherten und den Trägern der Inklusionsbetriebe je zur Hälfte,

3. bei Personen, die für eine Erwerbstätigkeit befähigt werden sollen, von den Trägern der Einrichtung,

3a. bei Auszubildenden, die in einer außerbetrieblichen Einrichtung im Rahmen eines Berufsausbildungsvertrages nach dem Berufsbildungsgesetz ausgebildet werden, von den Trägern der Einrichtung,

3b. bei behinderten Menschen während der individuellen betrieblichen Qualifizierung im Rahmen der Unterstützten Beschäftigung nach § 55 des Neunten Buches von dem zuständigen Rehabilitationsträger,

4. bei Mitgliedern geistlicher Genossenschaften, Diakonissen und Angehörigen ähnlicher Gemeinschaften von den Genossenschaften oder Gemeinschaften, wenn das monatliche Arbeitsentgelt 40 vom Hundert der monatlichen Bezugsgröße nicht übersteigt, im Übrigen von den Mitgliedern und den Genossenschaften oder Gemeinschaften je zur Hälfte,

5. bei Arbeitnehmern, die ehrenamtlich tätig sind, für den Unterschiedsbetrag von ihnen selbst,

6. bei Arbeitnehmern, die nach dem Altersteilzeitgesetz Aufstockungsbeträge zum Arbeitsentgelt erhalten, für die sich nach § 163 Abs. 5 Satz 1 ergebende beitragspflichtige Einnahme von den Arbeitgebern,

7. bei Arbeitnehmern, die nach dem Altersteilzeitgesetz Aufstockungsbeträge zum Krankengeld, Versorgungskrankengeld, Verletztengeld, Übergangsgeld oder Krankentagegeld erhalten, für die sich nach § 163 Abs. 5 Satz 2 ergebende beitragspflichtige Einnahme

a) von der Bundesagentur oder, im Fall der Leistungserbringung nach § 10 Abs. 2 Satz 2 des Altersteilzeitgesetzes, von den Arbeitgebern, wenn die Voraussetzungen des § 4 des Altersteilzeitgesetzes vorliegen,

b) von den Arbeitgebern, wenn die Voraussetzungen des § 4 des Altersteilzeitgesetzes nicht vorliegen.

(2) Wird infolge einmalig gezahlten Arbeitsentgelts die in Absatz 1 Nr. 2 genannte Grenze von 20 vom Hundert der monatlichen Bezugsgröße überschritten, tragen die Versicherten und die Arbeitgeber die Beiträge von dem diese Grenze übersteigenden Teil des Arbeitsentgelts jeweils zur Hälfte; im Übrigen tragen die Arbeitgeber den Beitrag allein.

(3) Personen, die in der knappschaftlichen Rentenversicherung versichert sind, tragen die Beiträge in Höhe des Vomhundertsatzes, den sie zu tragen hätten, wenn sie in der allgemeinen Rentenversicherung versichert wären; im Übrigen tragen die Arbeitgeber die Beiträge.

§ 169 Beitragstragung bei selbständig Tätigen. Die Beiträge werden getragen

1. bei selbständig Tätigen von ihnen selbst,
2. bei Künstlern und Publizisten von der Künstlersozialkasse,
3. bei Hausgewerbetreibenden von den Versicherten und den Arbeitgebern je zur Hälfte,
4. bei Hausgewerbetreibenden, die ehrenamtlich tätig sind, für den Unterschiedsbetrag von ihnen selbst.

§ 170 Beitragstragung bei sonstigen Versicherten. (1) Die Beiträge werden getragen

1. bei Wehr- oder Zivildienstleistenden, Personen in einem Wehrdienstverhältnis besonderer Art nach § 6 des Einsatz-Weiterverwendungsgesetzes und für Kindererziehungszeiten vom Bund,
2. bei Personen, die
   a) Krankengeld oder Verletztengeld beziehen, von den Beziehern der Leistung und den Leistungsträgern je zur Hälfte, soweit sie auf die Leistung entfallen und diese Leistungen nicht in Höhe der Leistungen der Bundesagentur für Arbeit zu zahlen sind, im Übrigen vom Leistungsträger; die Beiträge werden auch dann von den Leistungsträgern getragen, wenn die Bezieher der Leistung zur Berufsausbildung beschäftigt sind und das der Leistung zugrunde liegende Arbeitsentgelt auf den Monat bezogen 450 Euro nicht übersteigt,
   b) Versorgungskrankengeld, Übergangsgeld oder Arbeitslosengeld beziehen, von den Leistungsträgern,
   c) Krankengeld nach § 44a des Fünften Buches[1] beziehen, vom Leistungsträger,
   d) für Personen, die Leistungen für den Ausfall von Arbeitseinkünften im Zusammenhang mit einer nach den §§ 8 und 8a des Transplantationsgesetzes erfolgenden Spende von Organen oder Geweben oder im Zusammenhang mit einer im Sinne von § 9 des Transfusionsgesetzes erfolgenden Spende von Blut zur Separation von Blutstammzellen oder anderen Blutbestandteilen erhalten, von der Stelle, die die Leistung erbringt;

---

[1] Nr. 5.

4. Kapitel. Finanzierung § 170 SGB VI 6

wird die Leistung von mehreren Stellen erbracht, sind die Beiträge entsprechend anteilig zu tragen,

e) Pflegeunterstützungsgeld beziehen, von den Beziehern der Leistung zur Hälfte, soweit sie auf die Leistung entfallen, im Übrigen

aa) von der Pflegekasse, wenn der Pflegebedürftige in der sozialen Pflegeversicherung versichert ist,

bb) von dem privaten Versicherungsunternehmen, wenn der Pflegebedürftige in der sozialen Pflegeversicherung versicherungsfrei ist,

cc) von der Festsetzungsstelle für die Beihilfe oder dem Dienstherrn und der Pflegekasse oder dem privaten Versicherungsunternehmen anteilig, wenn der Pflegebedürftige Anspruch auf Beihilfe oder Heilfürsorge hat und in der sozialen Pflegeversicherung oder bei einem privaten Versicherungsunternehmen versichert ist; ist ein Träger der Rentenversicherung Festsetzungsstelle für die Beihilfe, gelten die Beiträge insoweit als gezahlt; dies gilt auch im Verhältnis der Rentenversicherungsträger untereinander;

die Beiträge werden von den Stellen, die die Leistung zu erbringen haben, allein getragen, wenn die Bezieher der Leistung zur Berufsausbildung beschäftigt sind und das der Leistung zugrunde liegende Arbeitsentgelt auf den Monat bezogen 450 Euro nicht übersteigt; Doppelbuchstabe cc gilt entsprechend,

3. bei Bezug von Vorruhestandsgeld von den Beziehern und den zur Zahlung des Vorruhestandsgeldes Verpflichteten je zur Hälfte,

4. bei Entwicklungshelfern, bei Personen, die für eine begrenzte Zeit im Ausland beschäftigt sind, bei sekundierten Personen oder bei sonstigen im Ausland beschäftigten Personen von den antragstellenden Stellen,

5. bei Zeiten der Arbeitsunfähigkeit oder der Ausführung von Leistungen zur Teilhabe ohne Anspruch auf Krankengeld von den Versicherten selbst,

6. bei nicht erwerbsmäßig tätigen Pflegepersonen, die einen

a) in der sozialen Pflegeversicherung versicherten Pflegebedürftigen pflegen, von der Pflegekasse,

b) in der sozialen Pflegeversicherung versicherungsfreien Pflegebedürftigen pflegen, von dem privaten Versicherungsunternehmen,

c) Pflegebedürftigen pflegen, der wegen Pflegebedürftigkeit Beihilfeleistungen oder Leistungen der Heilfürsorge und Leistungen einer Pflegekasse oder eines privaten Versicherungsunternehmens erhält, von der Festsetzungsstelle für die Beihilfe oder vom Dienstherrn und der Pflegekasse oder dem privaten Versicherungsunternehmen anteilig; ist ein Träger der Rentenversicherung Festsetzungsstelle für die Beihilfe, gelten die Beiträge insoweit als gezahlt; dies gilt auch im Verhältnis der Rentenversicherungsträger untereinander.

(2) [1] Bezieher von Krankengeld, Pflegeunterstützungsgeld oder Verletztengeld, die in der knappschaftlichen Rentenversicherung versichert sind, tragen die Beiträge in Höhe des Vomhundertsatzes, den sie zu tragen hätten, wenn sie in der allgemeinen Rentenversicherung versichert wären; im Übrigen tragen die Beiträge die Leistungsträger. [2] Satz 1 gilt entsprechend für Bezieher von

Vorruhestandsgeld, die in der knappschaftlichen Rentenversicherung versichert sind.

§ 171 Freiwillig Versicherte. Freiwillig Versicherte tragen ihre Beiträge selbst.

§ 172 Arbeitgeberanteil bei Versicherungsfreiheit und Befreiung von der Versicherungspflicht. (1) ¹Für Beschäftigte, die versicherungsfrei sind wegen

1. des Bezugs einer Vollrente wegen Alters nach Ablauf des Monats, in dem die Regelaltersgrenze erreicht wurde,
2. des Bezugs einer Versorgung,
3. des Erreichens der Regelaltersgrenze oder
4. einer Beitragserstattung,

tragen die Arbeitgeber die Hälfte des Beitrags, der zu zahlen wäre, wenn die Beschäftigten versicherungspflichtig wären; in der knappschaftlichen Rentenversicherung ist statt der Hälfte des Beitrags der auf die Arbeitgeber entfallende Beitragsanteil zu zahlen. ²Satz 1 findet keine Anwendung auf versicherungsfrei geringfügig Beschäftigte und Beschäftigte nach § 1 Satz 1 Nr. 2.

(2) *(aufgehoben)*

(3) ¹Für Beschäftigte nach § 8 Abs. 1 Nr. 1 des Vierten Buches[1]), die in dieser Beschäftigung nach § 6 Absatz 1b oder nach anderen Vorschriften von der Versicherungspflicht befreit sind oder die nach § 5 Abs. 4 versicherungsfrei sind, tragen die Arbeitgeber einen Beitragsanteil in Höhe von 15 vom Hundert des Arbeitsentgelts, das beitragspflichtig wäre, wenn die Beschäftigten versicherungspflichtig wären. ²Dies gilt nicht für Personen, die während der Dauer eines Studiums als ordentliche Studierende einer Fachschule oder Hochschule ein Praktikum ableisten, das nicht in ihrer Studienordnung oder Prüfungsordnung vorgeschrieben ist.

(3a) Für Beschäftigte in Privathaushalten nach § 8a Satz 1 des Vierten Buches, die in dieser Beschäftigung nach § 6 Absatz 1b oder nach anderen Vorschriften von der Versicherungspflicht befreit sind oder die nach § 5 Abs. 4 versicherungsfrei sind, tragen die Arbeitgeber einen Beitragsanteil in Höhe von 5 vom Hundert des Arbeitsentgelts, das beitragspflichtig wäre, wenn die Beschäftigten versicherungspflichtig wären.

(4) Für den Beitragsanteil des Arbeitgebers gelten die Vorschriften des Dritten Abschnitts des Vierten Buches sowie die Bußgeldvorschriften des § 111 Abs. 1 Nr. 2 bis 4, 8 und Abs. 2 und 4 des Vierten Buches entsprechend.

§ 172a Beitragszuschüsse des Arbeitgebers für Mitglieder berufsständischer Versorgungseinrichtungen. Für Beschäftigte, die nach § 6 Absatz 1 Satz 1 Nummer 1 von der Versicherungspflicht befreit sind, zahlen die Arbeitgeber einen Zuschuss in Höhe der Hälfte des Beitrags zu einer berufsständischen Versorgungseinrichtung, höchstens aber die Hälfte des Beitrags, der zu zahlen wäre, wenn die Beschäftigten nicht von der Versicherungspflicht in der gesetzlichen Rentenversicherung befreit worden wären.

---

[1]) Nr. 4.

Vierter Titel. Zahlung der Beiträge

§ 173 Grundsatz. Die Beiträge sind, soweit nicht etwas anderes bestimmt ist, von denjenigen, die sie zu tragen haben (Beitragsschuldner), unmittelbar an die Träger der Rentenversicherung zu zahlen.

§ 174 Beitragszahlung aus dem Arbeitsentgelt und Arbeitseinkommen. (1) Für die Zahlung der Beiträge von Versicherungspflichtigen aus Arbeitsentgelt und von Hausgewerbetreibenden gelten die Vorschriften über den Gesamtsozialversicherungsbeitrag (§§ 28d bis 28n und 28r Viertes Buch[1]).

(2) Für die Beitragszahlung

1. aus dem Arbeitseinkommen von Seelotsen,
2. aus Vorruhestandsgeld,
3. aus der maßgebenden beitragspflichtigen Einnahme für Entwicklungshelfer, für Personen, die für eine begrenzte Zeit im Ausland beschäftigt sind, für sekundierte Personen oder für die sonstigen im Ausland beschäftigten Personen

gilt Absatz 1 entsprechend.

(3) Für die Beitragszahlung nach Absatz 2 gelten als Arbeitgeber

1. die Lotsenbrüderschaften,
2. die zur Zahlung des Vorruhestandsgeldes Verpflichteten,
3. die antragstellenden Stellen.

§ 175 Beitragszahlung bei Künstlern und Publizisten. (1) Die Künstlersozialkasse zahlt für nachgewiesene Zeiten des Bezugs von Krankengeld, Verletztengeld, Versorgungskrankengeld, Übergangsgeld oder Mutterschaftsgeld sowie für nachgewiesene Anrechnungszeiten von Künstlern und Publizisten keine Beiträge.

(2) Die Künstlersozialkasse ist zur Zahlung eines Beitrags für Künstler und Publizisten nur insoweit verpflichtet, als diese ihren Beitragsanteil zur Rentenversicherung nach dem Künstlersozialversicherungsgesetz an die Künstlersozialkasse gezahlt haben.

§ 176 Beitragszahlung und Abrechnung bei Bezug von Sozialleistungen, bei Leistungen im Eingangsverfahren und im Berufsbildungsbereich anerkannter Werkstätten für behinderte Menschen. (1) [1] Soweit Personen, die Krankengeld, Pflegeunterstützungsgeld oder Verletztengeld beziehen, an den Beiträgen zur Rentenversicherung beteiligt sind, zahlen die Leistungsträger die Beiträge an die Träger der Rentenversicherung. [2] Als Leistungsträger gelten bei Bezug von Pflegeunterstützungsgeld auch private Versicherungsunternehmen, Festsetzungsstellen für die Beihilfe und Dienstherren. [3] Für den Beitragsabzug gilt § 28g Satz 1 des Vierten Buches[1] entsprechend.

(2) [1] Das Nähere über Zahlung und Abrechnung der Beiträge für Bezieher von Sozialleistungen können die Leistungsträger und die Deutsche Rentenversicherung Bund durch Vereinbarung regeln. [2] Bei Bezug von Pflegeunterstützungsgeld gilt § 176a entsprechend.

---

[1] Nr. 4.

(3) ¹ Ist ein Träger der Rentenversicherung Träger der Rehabilitation, gelten die Beiträge als gezahlt. ² Satz 1 gilt entsprechend bei Leistungen im Eingangsverfahren und im Berufsbildungsbereich anerkannter Werkstätten für behinderte Menschen oder entsprechenden Leistungen bei einem anderen Leistungsanbieter nach § 60 des Neunten Buches.

§ 176a Beitragszahlung und Abrechnung bei Pflegepersonen. Das Nähere über Zahlung und Abrechnung der Beiträge für nicht erwerbsmäßig tätige Pflegepersonen können die Spitzenverbände der Pflegekassen, der Verband der privaten Krankenversicherung e.V., die Festsetzungsstellen für die Beihilfe und die Deutsche Rentenversicherung Bund durch Vereinbarung regeln.

§ 177 Beitragszahlung für Kindererziehungszeiten. (1) Die Beiträge für Kindererziehungszeiten werden vom Bund gezahlt.

(2) ¹ Der Bund zahlt zur pauschalen Abgeltung für die Beitragszahlung für Kindererziehungszeiten an die allgemeine Rentenversicherung für das Jahr 2000 einen Betrag in Höhe von 22,4 Milliarden Deutsche Mark. ² Dieser Betrag verändert sich im jeweils folgenden Kalenderjahr in dem Verhältnis, in dem

1. die Bruttolöhne und -gehälter je Arbeitnehmer (§ 68 Abs. 2 Satz 1) im vergangenen Kalenderjahr zu den entsprechenden Bruttolöhnen und -gehältern im vorvergangenen Kalenderjahr stehen,
2. bei Veränderungen des Beitragssatzes der Beitragssatz des Jahres, für das er bestimmt wird, zum Beitragssatz des laufenden Kalenderjahres steht,
3. die Anzahl der unter Dreijährigen im vorvergangenen Kalenderjahr zur entsprechenden Anzahl der unter Dreijährigen in dem dem vorvergangenen vorausgehenden Kalenderjahr steht.

(3) ¹ Bei der Bestimmung der Bruttolöhne und -gehälter je Arbeitnehmer sind für das vergangene Kalenderjahr die dem Statistischen Bundesamt zu Beginn eines Kalenderjahres vorliegenden Daten und für das vorvergangene Kalenderjahr die bei der Bestimmung der bisherigen Veränderungsrate verwendeten Daten zugrunde zu legen. ² Bei der Anzahl der unter Dreijährigen in einem Kalenderjahr sind die für das jeweilige Kalenderjahr zum Jahresende vorliegenden Daten des Statistischen Bundesamtes zugrunde zu legen.

(4) ¹ Die Beitragszahlung des Bundes erfolgt in zwölf gleichen Monatsraten. ² Die Festsetzung und Auszahlung der Monatsraten sowie die Abrechnung führt das Bundesversicherungsamt entsprechend den haushaltsrechtlichen Vorschriften durch.

§ 178 Verordnungsermächtigung. (1) Das Bundesministerium für Arbeit und Soziales wird ermächtigt, im Einvernehmen mit dem Bundesministerium der Verteidigung, dem Bundesministerium für Familie, Senioren, Frauen und Jugend und dem Bundesministerium der Finanzen durch Rechtsverordnung mit Zustimmung des Bundesrates

1. eine pauschale Berechnung der Beiträge für Wehrdienstleistende und Zivildienstleistende sowie die Berechnung der Beiträge für Personen in einem Wehrdienstverhältnis besonderer Art nach § 6 des Einsatz-Weiterverwendungsgesetzes,
2. die Verteilung des Gesamtbetrags auf die Träger der Rentenversicherung und

4. Kapitel. Finanzierung §179 SGB VI 6

3. die Zahlungsweise sowie das Verfahren zu bestimmen.

(2) Das Bundesministerium für Arbeit und Soziales wird ermächtigt, durch Rechtsverordnung mit Zustimmung des Bundesrates Berechnungs- und Zahlungsweise sowie das Verfahren für die Zahlung der Beiträge außerhalb der Vorschriften über den Einzug des Gesamtsozialversicherungsbeitrags und für die Zahlungsweise von Pflichtbeiträgen und von freiwilligen Beiträgen bei Aufenthalt im Ausland zu bestimmen.

(3) Das Bundesministerium für Arbeit und Soziales macht im Einvernehmen mit dem Bundesministerium der Finanzen den Betrag, der vom Bund für Kindererziehungszeiten an die allgemeine Rentenversicherung pauschal zu zahlen ist, im Bundesanzeiger bekannt.

Fünfter Titel. Erstattungen

§ 179 Erstattung von Aufwendungen. (1) [1] Für behinderte Menschen nach § 1 Satz 1 Nummer 2 Buchstabe a, die im Arbeitsbereich einer anerkannten Werkstatt für behinderte Menschen oder bei einem anderen Leistungsanbieter nach § 60 des Neunten Buches tätig sind, erstattet der Bund den Trägern der Einrichtung oder dem anderen Anbieter nach § 60 des Neunten Buches die Beiträge, die auf den Betrag zwischen dem tatsächlich erzielten monatlichen Arbeitsentgelt und 80 Prozent der monatlichen Bezugsgröße entfallen, wenn das tatsächlich erzielte monatliche Arbeitsentgelt 80 Prozent der monatlichen Bezugsgröße nicht übersteigt; der Bund erstattet den Trägern der Einrichtung oder dem anderen Leistungsanbieter nach § 60 des Neunten Buches ferner die Beiträge für behinderte Menschen im Eingangsverfahren und im Berufsbildungsbereich einer anerkannten Werkstatt für behinderte Menschen oder in einer entsprechenden Bildungsmaßnahme bei einem anderen Leistungsanbieter nach § 60 des Neunten Buches, soweit Satz 2 nichts anderes bestimmt. [2] Im Übrigen erstatten die Kostenträger den Trägern der Einrichtung oder dem anderen Leistungsanbieter nach § 60 des Neunten Buches die von diesen getragenen Beiträge für behinderte Menschen; das gilt auch, wenn sie im Eingangsverfahren oder im Berufsbildungsbereich anerkannter Werkstätten für behinderte Menschen oder in einer entsprechenden Bildungsmaßnahme bei einem anderen Leistungsanbieter nach § 60 des Neunten Buches tätig sind, soweit die Bundesagentur für Arbeit, die Träger der Unfallversicherung oder die Träger der Rentenversicherung zuständige Kostenträger sind. [3] Für behinderte Menschen, die im Anschluss an eine Beschäftigung in einer nach dem Neunten Buch anerkannten Werkstatt für behinderte Menschen oder im Anschluss an eine Beschäftigung bei einem anderen Leistungsanbieter nach § 60 des Neunten Buches in einem Inklusionsbetrieb (§ 215 des Neunten Buches) beschäftigt sind, gilt Satz 1 entsprechend. [4] Die zuständigen Stellen, die Erstattungen des Bundes nach Satz 1 oder 3 durchführen, können auch nach erfolgter Erstattung bei den davon umfassten Einrichtungen, anderen Leistungsanbietern nach § 60 des Neunten Buches, Inklusionsbetrieben oder bei deren Trägern die Voraussetzungen der Erstattung prüfen. [5] Soweit es im Einzelfall erforderlich ist, haben die von der Erstattung umfassten Einrichtungen, anderen Leistungsanbietern nach § 60 des Neunten Buches, Inklusionsbetriebe oder deren Träger den zuständigen Stellen auf Verlangen über alle Tatsachen Auskunft zu erteilen, die für die Prüfung der Voraussetzungen der Erstattung erforderlich sind. ⁶ Sie haben auf Verlangen die Geschäftsbücher, Listen oder andere Unterlagen, aus denen die Angaben über die der Erstattung zu Grunde liegende Beschäftigung hervorgehen, während der Betriebszeit nach ihrer Wahl entweder in ihren eigenen Geschäftsräumen oder denen der zuständigen Stelle zur Einsicht vorzulegen. ⁷ Das Wahlrecht nach Satz 6 entfällt, wenn besondere Gründe eine Prüfung in den Geschäftsräumen der Einrichtungen, anderen Leistungsanbietern nach § 60 des Neunten Buches, Inklusionsbetriebe oder deren Trägern gerechtfertigt erscheinen lassen.

(1a) ¹ Ein auf anderen gesetzlichen Vorschriften beruhender Anspruch auf Ersatz eines Schadens geht auf den Bund über, soweit dieser aufgrund des Schadensereignisses Erstattungsleistungen nach Absatz 1 Satz 1 und 3 erbracht hat. ² Die nach Landesrecht für die Erstattung von Aufwendungen für die gesetzliche Rentenversicherung der in Werkstätten oder bei einem anderen Leistungsanbieter nach § 60 des Neunten Buches beschäftigten behinderten Menschen zuständige Stelle macht den nach Satz 1 übergegangenen Anspruch geltend. ³ § 116 Abs. 2 bis 7, 9 und die §§ 117 und 118 des Zehnten Buches¹⁾ gelten entsprechend. ⁴ Werden Beiträge nach Absatz 1 Satz 2 erstattet, gelten die Sätze 1 und 3 entsprechend mit der Maßgabe, dass der Anspruch auf den Kostenträger übergeht. ⁵ Der Kostenträger erfragt, ob ein Schadensereignis vorliegt und übermittelt diese Antwort an die Stelle, die den Anspruch auf Ersatz von Beiträgen zur Rentenversicherung geltend macht.

(2) ¹ Bei den nach § 4 Absatz 1 versicherten Personen sind unbeschadet der Regelung über die Beitragstragung Vereinbarungen zulässig, wonach Versicherte den antragstellenden Stellen die Beiträge ganz oder teilweise zu erstatten haben. ² Besteht eine Pflicht zur Antragstellung nach § 11 des Entwicklungshelfer-Gesetzes, so ist eine Vereinbarung zulässig, soweit die Entwicklungshelfer von einer Stelle im Sinne des § 5 Abs. 2 des Entwicklungshelfer-Gesetzes Zuwendungen erhalten, die zur Abdeckung von Risiken bestimmt sind, die von der Rentenversicherung abgesichert werden.

§ 180 Verordnungsermächtigung. Das Bundesministerium für Arbeit und Soziales wird ermächtigt, im Einvernehmen mit dem Bundesministerium der Finanzen durch Rechtsverordnung mit Zustimmung des Bundesrates das Nähere über die Erstattung von Beiträgen für behinderte Menschen, die Zahlung von Vorschüssen sowie die Prüfung der Voraussetzungen der Erstattungen bei den Einrichtungen, bei anderen Leistungsanbietern nach § 60 des Neunten Buches, Inklusionsbetrieben und bei deren Trägern einschließlich deren Mitwirkung gemäß § 179 Abs. 1 zu regeln.

Sechster Titel. Nachversicherung

§ 181 Berechnung und Tragung der Beiträge. (1) ¹ Die Berechnung der Beiträge erfolgt nach den Vorschriften, die zum Zeitpunkt der Zahlung der Beiträge für versicherungspflichtige Beschäftigte gelten. ² Als Zeitpunkt der Zahlung gilt der Tag der Wertstellung des Gegenwerts der Beiträge auf dem Konto des Rentenversicherungsträgers.

(2) ¹ Beitragsbemessungsgrundlage sind die beitragspflichtigen Einnahmen aus der Beschäftigung im Nachversicherungszeitraum bis zur jeweiligen Bei-

---

¹⁾ Nr. 10.

tragsbemessungsgrenze. ²Ist die Gewährleistung der Versorgungsanwartschaft auf eine weitere Beschäftigung erstreckt worden, werden für diesen Zeitraum auch die beitragspflichtigen Einnahmen aus der weiteren Beschäftigung, bei Entwicklungshelfern und Personen, die für eine begrenzte Zeit im Ausland beschäftigt sind, der sich aus § 166 Absatz 1 Nummer 4 und 4a ergebende Betrag bis zur jeweiligen Beitragsbemessungsgrenze zugrunde gelegt.

(2a) ¹Bei nachzuversichernden Soldaten auf Zeit sind abweichend von Absatz 2 Satz 1 Beitragsbemessungsgrundlage die um 20 vom Hundert erhöhten beitragspflichtigen Einnahmen. ²Bei der Erhöhung der beitragspflichtigen Einnahmen sind abweichend von § 157 auch beitragspflichtige Einnahmen über der jeweiligen Beitragsbemessungsgrenze zu berücksichtigen, höchstens bis zu einem Betrag der um 20 vom Hundert erhöhten Beitragsbemessungsgrenze.

(3) ¹Mindestbeitragsbemessungsgrundlage ist ein Betrag in Höhe von 40 vom Hundert der jeweiligen Bezugsgröße, für Ausbildungszeiten die Hälfte dieses Betrages und für Zeiten einer Teilzeitbeschäftigung der Teil dieses Betrages, der dem Verhältnis der ermäßigten zur regelmäßigen Arbeitszeit entspricht. ²Mindestbeitragsbemessungsgrundlage für die dem Grundwehrdienst entsprechenden Dienstzeiten von Zeit- oder Berufssoldaten ist der Betrag, der für die Berechnung der Beiträge für Grundwehrdienstleistende im jeweiligen Zeitraum maßgebend war.

(4) Die Beitragsbemessungsgrundlage und die Mindestbeitragsbemessungsgrundlage werden für die Berechnung der Beiträge um den Vomhundertsatz angepasst, um den das vorläufige Durchschnittsentgelt für das Kalenderjahr, in dem die Beiträge gezahlt werden, das Durchschnittsentgelt für das Kalenderjahr, für das die Beiträge gezahlt werden, übersteigt oder unterschreitet.

(5) ¹Die Beiträge werden von den Arbeitgebern, Genossenschaften oder Gemeinschaften getragen. ²Ist die Gewährleistung der Versorgungsanwartschaft auf eine weitere Beschäftigung erstreckt worden, werden die Beiträge für diesen Zeitraum von den Arbeitgebern, Genossenschaften oder Gemeinschaften getragen, die die Gewährleistung erstreckt haben; Erstattungsvereinbarungen sind zulässig.

§ 182 Zusammentreffen mit vorhandenen Beiträgen.
(1) ¹Sind für den Nachversicherungszeitraum bereits Pflichtbeiträge gezahlt worden, haben die Arbeitgeber, Genossenschaften oder Gemeinschaften die Beiträge für die Nachversicherung nur insoweit zu zahlen, als dadurch die jeweilige Beitragsbemessungsgrenze nicht überschritten wird. ²Bei nachzuversichernden Soldaten auf Zeit ist eine Überschreitung der Beitragsbemessungsgrenze nach Maßgabe des § 181 Absatz 2a zulässig.

(2) ¹Sind für den Nachversicherungszeitraum bereits freiwillige Beiträge gezahlt worden, werden sie erstattet. ²Freiwillige Beiträge, die von den Arbeitgebern, Genossenschaften oder Gemeinschaften getragen wurden, gelten als bereits gezahlte Beiträge für die Nachversicherung und werden von dem Gesamtbetrag der Beiträge abgesetzt; ihr Wert erhöht sich um den Vomhundertsatz, um den das vorläufige Durchschnittsentgelt für das Kalenderjahr, in dem die Beiträge für die Nachversicherung gezahlt werden, das Durchschnittsentgelt für das Kalenderjahr, für das die freiwilligen Beiträge gezahlt wurden, übersteigt.

§ 183 Erhöhung und Minderung der Beiträge beim Versorgungsausgleich. (1) ¹Die Beiträge erhöhen sich für Nachzuversichernde, zu deren Lasten ein Versorgungsausgleich durchgeführt worden ist, wenn diese eine Kürzung ihrer Versorgungsbezüge durch die Zahlung eines Kapitalbetrags an den Arbeitgeber oder Träger der Versorgungslast ganz oder teilweise abgewendet haben. ²Erhöhungsbetrag ist der Betrag, der zum Zeitpunkt der Zahlung der Beiträge für die Nachversicherung erforderlich ist, um Rentenanwartschaften in der gleichen Höhe zu begründen, in der die Minderung der Versorgungsanwartschaften abgewendet wurde.

(2) ¹Die Beiträge mindern sich für Nachzuversichernde, zu deren Lasten ein Versorgungsausgleich durchgeführt worden ist, wenn der Träger der Versorgungslast

1. bereits Aufwendungen des Trägers der Rentenversicherung aus der Versicherung des Ausgleichsberechtigten erstattet hat (§ 225 Abs. 1),
2. zur Ablösung der Erstattungspflicht für die Begründung von Rentenanwartschaften zugunsten des Ausgleichsberechtigten Beiträge gezahlt hat (§ 225 Abs. 2).

²Minderungsbetrag ist

1. in den Fällen des Satzes 1 Nr. 1 ein Betrag von zwei Dritteln der erstatteten Aufwendungen,
2. in den Fällen des Satzes 1 Nr. 2 der Betrag der gezahlten Beiträge, erhöht um den Vomhundertsatz, um den das vorläufige Durchschnittsentgelt für das Kalenderjahr, in dem die Beiträge für die Nachversicherung gezahlt werden, das Durchschnittsentgelt übersteigt, das für die Berechnung der Beiträge zur Ablösung der Erstattungspflicht maßgebend war.

§ 184 Fälligkeit der Beiträge und Aufschub. (1) ¹Die Beiträge sind zu zahlen, wenn die Voraussetzungen für die Nachversicherung eingetreten sind, insbesondere Gründe für einen Aufschub der Beitragszahlung nicht gegeben sind. ²§ 24 des Vierten Buches[1)] ist mit der Maßgabe anzuwenden, dass die Säumnis drei Monate nach Eintritt der Fälligkeit beginnt und für die Ermittlung des rückständigen Betrages die zu diesem Zeitpunkt geltenden Rechengrößen anzuwenden sind. ³Sind die Beiträge vor dem 1. Oktober 1994 fällig geworden, beginnt die Säumnis am 1. Januar 1995; für die Berechnung des rückständigen Betrages sind die zu diesem Zeitpunkt geltenden Rechengrößen anzuwenden.

(2) ¹Die Beitragszahlung wird aufgeschoben, wenn

1. die Beschäftigung nach einer Unterbrechung, die infolge ihrer Eigenart oder vertraglich im Voraus zeitlich begrenzt ist, voraussichtlich wieder aufgenommen wird,
2. eine andere Beschäftigung sofort oder voraussichtlich innerhalb von zwei Jahren nach dem Ausscheiden aufgenommen wird, in der wegen Gewährleistung einer Versorgungsanwartschaft Versicherungsfreiheit besteht oder eine Befreiung von der Versicherungspflicht erfolgt, sofern der Nachversicherungszeitraum bei der Versorgungsanwartschaft aus der anderen Beschäftigung berücksichtigt wird,

---

[1)] Nr. 4.

3. eine widerrufliche Versorgung gezahlt wird, die der aus einer Nachversicherung erwachsenden Rentenanwartschaft mindestens gleichwertig ist.

²Der Aufschub der Beitragszahlung erstreckt sich in den Fällen des Satzes 1 Nr. 1 und 2 auch auf die Zeit der wieder aufgenommenen oder anderen Beschäftigung und endet mit einem Eintritt der Nachversicherungsvoraussetzungen für diese Beschäftigungen.

(3) Über den Aufschub der Beitragszahlung entscheiden die Arbeitgeber, Genossenschaften oder Gemeinschaften.

(4) ¹Wird die Beitragszahlung aufgeschoben, erteilen die Arbeitgeber, Genossenschaften oder Gemeinschaften den ausgeschiedenen Beschäftigten und dem Träger der Rentenversicherung eine Bescheinigung über den Nachversicherungszeitraum und die Gründe für einen Aufschub der Beitragszahlung (Aufschubbescheinigung). ²Die ausgeschiedenen Beschäftigten und der Träger der Rentenversicherung können verlangen, dass sich die Aufschubbescheinigung auch auf die beitragspflichtigen Einnahmen erstreckt, die einer Nachversicherung in den einzelnen Kalenderjahren zugrunde zu legen wären.

§ 185 Zahlung der Beiträge und Wirkung der Beitragszahlung.

(1) ¹Die Arbeitgeber, Genossenschaften oder Gemeinschaften zahlen die Beiträge unmittelbar an den Träger der Rentenversicherung. ²Sie haben dem Träger der Rentenversicherung mit der Beitragszahlung mitzuteilen, ob und in welcher Höhe ein Versorgungsausgleich zu Lasten der Nachversicherten durchgeführt und eine Kürzung der Versorgungsbezüge durch die Zahlung eines Kapitalbetrags abgewendet wurde. ³Satz 1 gilt nicht, wenn der Arbeitgeber ein Träger der Rentenversicherung ist; in diesen Fällen gelten die Beiträge als zu dem Zeitpunkt gezahlt, zu dem die Voraussetzungen für die Nachversicherung eingetreten sind.

(2) ¹Die gezahlten Beiträge gelten als rechtzeitig gezahlte Pflichtbeiträge. ²Hat das Familiengericht vor Durchführung der Nachversicherung einen Versorgungsausgleich zu Lasten von Nachversicherten durchgeführt, gilt

1. eine Begründung von Rentenanwartschaften und

2. eine Übertragung von Anrechten aus einer Beamtenversorgung auf Grund einer internen Teilung in der Beamtenversorgung

mit der Zahlung der Beiträge an den Träger der Rentenversicherung oder in den Fällen des Absatzes 1 Satz 3 mit dem Eintritt der Voraussetzungen für die Nachversicherung als in der Rentenversicherung übertragen. ³In den Fällen des Satzes 2 Nr. 2 gelten für die Ermittlung des Abschlags an Entgeltpunkten § 76 Abs. 4 und § 264a Abs. 2 entsprechend; an die Stelle des Monatsbetrags der Rentenanwartschaft tritt der vom Familiengericht für die ausgleichsberechtigte Person durch interne Teilung festgesetzte monatliche Betrag.

(2a) ¹Beiträge, die für frühere Soldaten auf Zeit während des Bezugs von Übergangsgebührnissen gezahlt worden sind, gelten bis zum Ablauf von 18 Monaten nach Wegfall der Übergangsgebührnisse als widerruflich gezahlt. ²Der Arbeitgeber ist bis dahin zum Widerruf der Zahlung berechtigt, wenn

1. die Nachversicherten bis zum Ablauf eines Jahres nach Wegfall der Übergangsgebührnisse eine Beschäftigung aufgenommen haben, in der wegen Gewährleistung einer Versorgungsanwartschaft Versicherungsfreiheit besteht oder eine Befreiung von der Versicherungspflicht erfolgt ist,

2. der Nachversicherungszeitraum bei der Versorgungsanwartschaft aus dieser Beschäftigung berücksichtigt wird,
3. bis zum Zeitpunkt des Widerrufs Leistungen der Rentenversicherung unter Berücksichtigung der Nachversicherung weder erbracht wurden noch aufgrund eines bis zum Zeitpunkt des Widerrufs gestellten Antrags zu erbringen sind und
4. bis zum Zeitpunkt des Widerrufs eine Entscheidung über einen Versorgungsausgleich zu Lasten des Nachversicherten unter Berücksichtigung der Nachversicherung nicht getroffen worden ist.

³ Wird die Zahlung widerrufen, werden die Beiträge zurückgezahlt. ⁴ Der Anspruch auf Rückzahlung der Beiträge ist nach Ablauf von sechs Monaten fällig. ⁵ Nach Rückzahlung der Beiträge ist die Nachversicherung als von Anfang an nicht erfolgt und nach § 184 Abs. 2 Satz 1 Nr. 2 aufgeschoben anzusehen.

(3) ¹ Die Arbeitgeber, Genossenschaften oder Gemeinschaften erteilen den Nachversicherten oder den Hinterbliebenen und dem Träger der Rentenversicherung eine Bescheinigung über den Nachversicherungszeitraum und die der Nachversicherung in den einzelnen Kalenderjahren zugrunde gelegten beitragspflichtigen Einnahmen (Nachversicherungsbescheinigung). ² Der Betrag der beitragspflichtigen Einnahmen, der sich aus der Erhöhung nach § 181 Absatz 2a ergibt, ist in der Nachversicherungsbescheinigung gesondert auszuweisen.

(4) Der Träger der Rentenversicherung teilt den Nachversicherten die aufgrund der Nachversicherung in ihrem Versicherungskonto gespeicherten Daten mit.

§ 186 Zahlung an eine berufsständische Versorgungseinrichtung.

(1) Nachzuversichernde können beantragen, dass die Arbeitgeber, Genossenschaften oder Gemeinschaften die Beiträge an eine berufsständische Versorgungseinrichtung zahlen, wenn sie
1. im Nachversicherungszeitraum ohne die Versicherungsfreiheit die Voraussetzungen für eine Befreiung nach § 6 Abs. 1 Satz 1 Nr. 1 erfüllt hätten oder
2. innerhalb eines Jahres nach dem Eintritt der Voraussetzungen für die Nachversicherung aufgrund einer durch Gesetz angeordneten oder auf Gesetz beruhenden Verpflichtung Mitglied dieser Einrichtung werden.

(2) Nach dem Tod von Nachzuversichernden steht das Antragsrecht nacheinander zu
1. überlebenden Ehegatten oder Lebenspartner,
2. den Waisen gemeinsam,
3. früheren Ehegatten oder Lebenspartner.

(3) Der Antrag kann nur innerhalb eines Jahres nach dem Eintritt der Voraussetzungen für die Nachversicherung gestellt werden.

§ 186a Zeiten einer besonderen Auslandsverwendung im Nachversicherungszeitraum.

(1) Liegen Zeiten einer besonderen Auslandsverwendung nach § 76e in einem Nachversicherungszeitraum, gilt § 188 Absatz 1 mit der Maßgabe, dass die Beiträge für die Zuschläge an Entgeltpunkten erst zu

zahlen sind, wenn die Voraussetzungen für die Nachversicherung eingetreten sind; § 184 gilt entsprechend.

(2) ¹Der Bund teilt dem Träger der Rentenversicherung die im Nachversicherungszeitraum liegenden Zeiten einer besonderen Auslandsverwendung mit, für die Zuschläge an Entgeltpunkten nach § 76e zu ermitteln sind. ²Der Nachzuversichernde erhält eine entsprechende Bescheinigung. ³Der Träger der Rentenversicherung ergänzt die Mitteilung nach § 185 Absatz 4 an den Nachzuversichernden um die Zeiten nach Satz 1.

(3) Werden für Nachzuversichernde Beiträge an eine berufsständische Versorgungseinrichtung nach § 186 gezahlt, sind auch Beiträge nach § 188 Absatz 3 an die berufsständische Versorgungseinrichtung zu zahlen.

Siebter Titel. Zahlung von Beiträgen in besonderen Fällen

§ 187 Zahlung von Beiträgen und Ermittlung von Entgeltpunkten aus Beiträgen beim Versorgungsausgleich.

(1) Im Rahmen des Versorgungsausgleichs können Beiträge gezahlt werden, um

1. Rentenanwartschaften, die um einen Abschlag an Entgeltpunkten gemindert worden sind, ganz oder teilweise wieder aufzufüllen,
2. auf Grund

   a) einer Entscheidung des Familiengerichts zum Ausgleich von Anrechten durch externe Teilung (§ 15 des Versorgungsausgleichsgesetzes) oder

   b) einer wirksamen Vereinbarung nach § 6 des Versorgungsausgleichsgesetzes Rentenanwartschaften zu begründen,
3. die Erstattungspflicht für die Begründung von Rentenanwartschaften zugunsten des Ausgleichsberechtigten abzulösen (§ 225 Abs. 2).

(2) ¹Für die Zahlung der Beiträge werden die Rentenanwartschaften in Entgeltpunkte umgerechnet. ²Die Entgeltpunkte werden in der Weise ermittelt, dass der Monatsbetrag der Rentenanwartschaften durch den aktuellen Rentenwert mit seinem Wert bei Ende der Ehezeit oder Lebenspartnerschaftszeit geteilt wird. ³Der Monatsbetrag der Rentenanwartschaften der knappschaftlichen Rentenversicherung wird durch das 1,3333fache des aktuellen Rentenwerts geteilt.

(3) ¹Für je einen Entgeltpunkt ist der Betrag zu zahlen, der sich ergibt, wenn der zum Zeitpunkt der Beitragszahlung geltende Beitragssatz auf das für das Kalenderjahr der Beitragszahlung bestimmte vorläufige Durchschnittsentgelt angewendet wird. ²Der Zahlbetrag wird nach den Rechengrößen zur Durchführung des Versorgungsausgleichs ermittelt, die das Bundesministerium für Arbeit und Soziales im Bundesgesetzblatt bekannt macht. ³Die Rechengrößen enthalten Faktoren zur Umrechnung von Entgeltpunkten in Beiträge und umgekehrt sowie zur Umrechnung von Kapitalwerten in Entgeltpunkte; dabei können Rundungsvorschriften der Berechnungsgrundsätze unberücksichtigt bleiben, um genauere Ergebnisse zu erzielen.

(3a) Entgeltpunkte aus der Zahlung von Beiträgen nach Absatz 1 Nr. 1 oder Nr. 2 Buchstabe b werden ermittelt, indem die Beiträge mit dem zum Zeitpunkt der Zahlung maßgebenden Faktor nach Absatz 3 vervielfältigt werden.

(4) Nach bindender Bewilligung einer Vollrente wegen Alters ist eine Beitragszahlung zur Wiederauffüllung oder Begründung von Rentenanwartschaf-

ten nicht zulässig, wenn der Monat abgelaufen ist, in dem die Regelaltersgrenze erreicht wurde.

(5) ¹Die Beiträge nach Absatz 1 Nr. 1 gelten als zum Zeitpunkt des Endes der Ehezeit oder Lebenspartnerschaftszeit gezahlt, wenn sie von ausgleichspflichtigen Personen, die ihren gewöhnlichen Aufenthalt

1. im Inland haben, bis zum Ende des dritten Kalendermonats,

2. im Ausland haben, bis zum Ende des sechsten Kalendermonats

nach Zugang der Mitteilung über die Rechtskraft der Entscheidung des Familiengerichts gezahlt werden. ²Ist der Versorgungsausgleich nicht Folgesache im Sinne von § 137 Abs. 2 Nr. 1 des Gesetzes über das Verfahren in Familiensachen und in den Angelegenheiten der freiwilligen Gerichtsbarkeit, tritt an die Stelle des Zeitpunkts des Endes der Ehezeit oder Lebenspartnerschaftszeit der Eingang des Antrags auf Durchführung des Versorgungsausgleichs beim Familiengericht. ³Im Abänderungsverfahren tritt an die Stelle des Zeitpunkts des Endes der Ehezeit oder Lebenspartnerschaftszeit oder des in Satz 2 genannten Zeitpunkts der Eingang des Abänderungsantrags beim Familiengericht. ⁴Hat das Familiengericht das Verfahren über den Versorgungsausgleich ausgesetzt, tritt für die Beitragshöhe an die Stelle des Zeitpunkts des Endes der Ehezeit oder Lebenspartnerschaftszeit oder des in Satz 2 oder 3 genannten Zeitpunkts der Zeitpunkt der Wiederaufnahme des Verfahrens über den Versorgungsausgleich.

(6) ¹Die Beiträge nach Absatz 1 Nr. 2 Buchstabe b gelten zu dem Zeitpunkt als gezahlt, zu dem die Vereinbarung nach § 6 des Versorgungsausgleichsgesetzes geschlossen worden ist, wenn sie bis zum Ende des dritten Kalendermonats nach Zugang der Mitteilung über die Rechtskraft der Entscheidung des Familiengerichts gezahlt werden. ²An die Stelle der Frist von drei Kalendermonaten tritt die Frist von sechs Kalendermonaten, wenn die ausgleichspflichtige Person ihren gewöhnlichen Aufenthalt im Ausland hat. ³Liegt der sich aus Satz 1 ergebende Zeitpunkt

1. vor dem Ende der Ehezeit oder der Lebenspartnerschaftszeit, tritt an die Stelle des Zeitpunkts nach Satz 1 das Ende der Ehezeit oder Lebenspartnerschaftszeit;

2. in den Fällen, in denen der Versorgungsausgleich nicht Folgesache im Sinne des § 137 Abs. 2 Satz 1 Nr. 1 des Gesetzes über das Verfahren in Familiensachen und in den Angelegenheiten der freiwilligen Gerichtsbarkeit ist, vor dem Eingang des Antrags auf Durchführung des Versorgungsausgleichs beim Familiengericht, tritt an die Stelle des Zeitpunkts nach Satz 1 der Eingang des Antrags auf Durchführung des Versorgungsausgleichs beim Familiengericht;

3. vor dem Eingang des Abänderungsantrags beim Familiengericht, tritt an die Stelle des Zeitpunkts nach Satz 1 der Eingang des Abänderungsantrags beim Familiengericht;

4. in den Fällen, in denen das Familiengericht den Versorgungsausgleich ausgesetzt hat, vor dem Zeitpunkt der Wiederaufnahme des Verfahrens über den Versorgungsausgleich, tritt für die Beitragshöhe an die Stelle des Zeitpunkts nach Satz 1 der Zeitpunkt der Wiederaufnahme des Verfahrens über den Versorgungsausgleich.

4. Kapitel. Finanzierung § 187a SGB VI 6

⁴ Ist eine Verzinsung der Beiträge vereinbart worden, tritt an die Stelle der in den Sätzen 1 bis 3 genannten Zeitpunkte für die Beitragshöhe der Zeitpunkt, bis zu dem Zinsen zu berechnen sind.

(7) Sind Beiträge nach Absatz 1 Nr. 1 gezahlt worden und ergeht eine Entscheidung zur Abänderung des Wertausgleichs nach der Scheidung, sind im Umfang der Abänderung zuviel gezahlte Beiträge unter Anrechnung der gewährten Leistungen zurückzuzahlen.

§ 187a Zahlung von Beiträgen bei vorzeitiger Inanspruchnahme einer Rente wegen Alters. (1) ¹ Bis zum Erreichen der Regelaltersgrenze können Rentenminderungen, die durch die vorzeitige Inanspruchnahme einer Rente wegen Alters entstehen, durch Zahlung von Beiträgen ausgeglichen werden. ² Die Berechtigung zu dieser Ausgleichszahlung setzt voraus, dass Versicherte zuvor im Rahmen der Auskunft über die Höhe der Beitragszahlung zum Ausgleich einer Rentenminderung bei vorzeitiger Inanspruchnahme einer Rente wegen Alters (§ 109 Absatz 5 Satz 4) erklärt haben, eine solche Rente in Anspruch nehmen zu wollen. ³ Eine Ausgleichszahlung auf Grundlage einer entsprechenden Auskunft ist ab dem Zeitpunkt nicht mehr zulässig, ab dem Versicherte die Rente wegen Alters, für die die Auskunft erteilt worden ist, nicht beansprucht haben oder ab dem eine Rente wegen Alters ohne Rentenminderungen bezogen werden kann.

(1a) ¹ Grundlage für die Ausgleichszahlung ist die Auskunft nach § 109 Absatz 5 Satz 4. ² Ein berechtigtes Interesse im Sinne des § 109 Absatz 1 Satz 3 für diese Auskunft liegt nach Vollendung des 50. Lebensjahres vor.

(2) ¹ Beiträge können bis zu der Höhe gezahlt werden, die sich nach der Auskunft über die Höhe der zum Ausgleich einer Rentenminderung bei vorzeitiger Inanspruchnahme einer Rente wegen Alters als erforderliche Beitragszahlung bei höchstmöglicher Minderung an persönlichen Entgeltpunkten durch eine vorzeitige Inanspruchnahme einer Rente wegen Alters ergibt. ² Diese Minderung wird auf der Grundlage der Summe aller Entgeltpunkte ermittelt, die mit einem Zugangsfaktor zu vervielfältigen ist und die sich bei Berechnung einer Altersrente unter Zugrundelegung des beabsichtigten Rentenbeginns ergeben würde. ³ Dabei ist für jeden Kalendermonat an bisher nicht bescheinigten künftigen rentenrechtlichen Zeiten bis zum beabsichtigten Rentenbeginn von einer Beitragszahlung nach einem vom Arbeitgeber zu bescheinigenden Arbeitsentgelt auszugehen. ⁴ Der Bescheinigung ist das gegenwärtige beitragspflichtige Arbeitsentgelt aufgrund der bisherigen Beschäftigung und der bisherigen Arbeitszeit zugrunde zu legen. ⁵ Soweit eine Vorausbescheinigung nicht vorliegt, ist von den durchschnittlichen monatlichen Entgeltpunkten der Beitragszeiten des Kalenderjahres auszugehen, für das zuletzt Entgeltpunkte ermittelt werden können.

(3) ¹ Für je einen geminderten persönlichen Entgeltpunkt ist der Betrag zu zahlen, der sich ergibt, wenn der zur Wiederauffüllung einer im Rahmen des Versorgungsausgleichs geminderten Rentenanwartschaft für einen Entgeltpunkt zu zahlende Betrag durch den jeweiligen Zugangsfaktor geteilt wird. ² Teilzahlungen sind zulässig; Beiträge können bis zu zweimal im Kalenderjahr gezahlt werden. ³ Eine Erstattung gezahlter Beiträge erfolgt nicht.

§ 187b Zahlung von Beiträgen bei Abfindungen von Anwartschaften auf betriebliche Altersversorgung oder von Anrechten bei der Versorgungsausgleichskasse. (1) Versicherte, die bei Beendigung eines Arbeitsverhältnisses nach Maßgabe des Gesetzes zur Verbesserung der betrieblichen Altersversorgung eine Abfindung für eine unverfallbare Anwartschaft auf betriebliche Altersversorgung erhalten haben, können innerhalb eines Jahres nach Zahlung der Abfindung Beiträge zur allgemeinen Rentenversicherung bis zur Höhe der geleisteten Abfindung zahlen.

(1a) Absatz 1 gilt entsprechend für die Abfindung von Anrechten, die bei der Versorgungsausgleichskasse begründet wurden.

(2) Nach bindender Bewilligung einer Vollrente wegen Alters ist eine Beitragszahlung nicht zulässig, wenn der Monat abgelaufen ist, in dem die Regelaltersgrenze erreicht wurde.

§ 188 Beitragszahlung für Zeiten einer besonderen Auslandsverwendung. (1) [1] Für Zuschläge an Entgeltpunkten für Zeiten einer besonderen Auslandsverwendung nach § 76e zahlt der Bund Beiträge. [2] Die Beiträge sind zu zahlen, wenn Versicherte die in § 76e genannten Voraussetzungen für den Zuschlag an Entgeltpunkten erfüllen, frühestens nach Beendigung der jeweiligen besonderen Auslandsverwendung. [3] Für die Höhe der Beiträge gilt § 187 Absatz 3 entsprechend. [4] § 24 aus dem Vierten Buches[1]) ist mit der Maßgabe anzuwenden, dass die Säumnis drei Monate nach Eintritt der Fälligkeit beginnt und für die Ermittlung des rückständigen Betrages die zu diesem Zeitpunkt geltenden Rechengrößen anzuwenden sind.

(2) [1] Das Nähere über die Zahlung und Abrechnung der Beiträge für Zeiten einer besonderen Auslandsverwendung können das Bundesministerium der Verteidigung und die Deutsche Rentenversicherung Bund durch Vereinbarung regeln. [2] Die Vereinbarung bedarf der Zustimmung des Bundesministeriums für Arbeit und Soziales.

(3) Für Mitglieder von berufsständischen Versorgungseinrichtungen zahlt der Bund für Zeiten einer besonderen Auslandsverwendung an die berufsständische Versorgungseinrichtung Beiträge in der Höhe, die für Zuschläge an Entgeltpunkten nach Absatz 1 zu entrichten gewesen wären.

Achter Titel. Berechnungsgrundsätze

§ 189 Berechnungsgrundsätze. Die Berechnungsgrundsätze des Zweiten Kapitels (§§ 121 bis 124) gelten entsprechend, soweit nicht etwas anderes bestimmt ist.

Zweiter Unterabschnitt. Verfahren

Erster Titel. Meldungen

§ 190 Meldepflichten bei Beschäftigten und Hausgewerbetreibenden. Versicherungspflichtig Beschäftigte und Hausgewerbetreibende sind nach den Vorschriften über die Meldepflichten der Arbeitgeber nach dem Dritten Abschnitt des Vierten Buches[1]) zu melden, soweit nicht etwas anderes bestimmt ist.

---

[1]) Nr. 4.

§ 190a Meldepflicht von versicherungspflichtigen selbständig Tätigen.

(1) ¹ Selbständig Tätige nach § 2 Satz 1 Nr. 1 bis 3 und 9 sind verpflichtet, sich innerhalb von drei Monaten nach der Aufnahme der selbständigen Tätigkeit beim zuständigen Rentenversicherungsträger zu melden. *[Sätze 2 und 3 ab 1.4.2018:]* ² *Selbständig Tätige nach § 2 Satz 1 Nr. 8 sind verpflichtet, dem zuständigen Rentenversicherungsträger die Erfüllung der für die Eintragung in die Handwerksrolle erforderlichen Voraussetzungen in ihrer Person sowie die Führung eines Handwerksbetriebs als Hauptbetrieb, der bisher als Nebenbetrieb im Sinne der §§ 2 und 3 der Handwerksordnung geführt wurde, innerhalb von drei Monaten ab Vorliegen der genannten Tatbestände zu melden.* ³ *Eine Meldung ist nicht erforderlich, soweit eine Eintragung der Tatbestände in die Handwerksrolle bereits erfolgt ist.* ² *[ab 1.4.2018:* ⁴*]* Die Vordrucke des Rentenversicherungsträgers sind zu verwenden.

(2) Das Bundesministerium für Arbeit und Soziales wird ermächtigt, durch Rechtsverordnung mit Zustimmung des Bundesrates Vorschriften zur Erfassung der nach § 2 Satz 1 Nr. 1 bis 3 und 9 versicherten Selbständigen zu erlassen.

§ 191 Meldepflichten bei sonstigen versicherungspflichtigen Personen.

¹ Eine Meldung nach § 28a Abs. 1 bis 3 des Vierten Buches[1]) haben zu erstatten

1. für Seelotsen die Lotsenbrüderschaften,
2. für Personen, für die Beiträge aus Sozialleistungen zu zahlen sind, die Leistungsträger und für Bezieher von Pflegeunterstützungsgeld die soziale oder private Pflegeversicherung,
3. für Personen, die Vorruhestandsgeld beziehen, die zur Zahlung des Vorruhestandsgeldes Verpflichteten,
4. für Entwicklungshelfer, für Personen, die für eine begrenzte Zeit im Ausland beschäftigt sind, für sekundierte Personen oder für sonstige im Ausland beschäftigte Personen die antragstellenden Stellen.

² § 28a Abs. 5 sowie die §§ 28b und 28c des Vierten Buches gelten entsprechend.

§ 192 Meldepflichten bei Einberufung zum Wehrdienst oder Zivildienst.

(1) Bei Einberufung zu einem Wehrdienst hat das Bundesministerium der Verteidigung oder die von ihm bestimmte Stelle Beginn und Ende des Wehrdienstes zu melden.

(2) Bei Einberufung zu einem Zivildienst hat das Bundesamt für Familie und zivilgesellschaftliche Aufgaben Beginn und Ende des Zivildienstes zu melden.

(3) § 28a Abs. 5 und § 28c des Vierten Buches[1]) gelten entsprechend.

§ 192a Meldepflicht für Zeiten einer besonderen Auslandsverwendung.

(1) Zeiten einer besonderen Auslandsverwendung, für die Zuschläge an Entgeltpunkten nach § 76e zu ermitteln sind, hat das Bundesministerium der Verteidigung oder die von ihm bestimmte Stelle zu melden.

(2) § 28a Absatz 5 und § 28c des Vierten Buches[1]) gelten entsprechend.

---

[1]) Nr. 4.

§ 193 Meldung von sonstigen rechtserheblichen Zeiten. Anrechnungszeiten sowie Zeiten, die für die Anerkennung von Anrechnungszeiten erheblich sein können, sind für Versicherte durch die zuständige Krankenkasse, die Deutsche Rentenversicherung Knappschaft-Bahn-See, den zugelassenen kommunalen Träger nach § 6a des Zweiten Buches[1)] oder durch die Bundesagentur für Arbeit zu melden.

§ 194 Gesonderte Meldung und Hochrechnung. (1) [1]Arbeitgeber haben auf Verlangen des Rentenantragstellers die beitragspflichtigen Einnahmen für abgelaufene Zeiträume frühestens drei Monate vor Rentenbeginn gesondert zu melden. [2]Dies gilt entsprechend bei einem Auskunftsersuchen des Familiengerichts im Versorgungsausgleichsverfahren. [3]Die Aufforderung zur Meldung nach Satz 1 erfolgt elektronisch durch den Träger der Rentenversicherung. [4]Satz 3 gilt nicht für Einzelfälle, in denen ein elektronisches Meldeverfahren nicht wirtschaftlich durchzuführen ist. [5]Die Ausnahmen bestimmt die Deutsche Rentenversicherung Bund in Grundsätzen; diese bedürfen der Genehmigung des Bundesministeriums für Arbeit und Soziales. [6]Erfolgt eine Meldung nach Satz 1, errechnet der Rentenversicherungsträger bei Anträgen auf Altersrente die voraussichtlichen beitragspflichtigen Einnahmen für den verbleibenden Beschäftigungszeitraum bis zum Rentenbeginn für bis zu drei Monaten nach den in den letzten zwölf Kalendermonaten gemeldeten beitragspflichtigen Einnahmen. [7]Die weitere Meldepflicht nach § 28a des Vierten Buches[2)] bleibt unberührt.

(2) [1]Eine gesonderte Meldung nach Absatz 1 Satz 1 haben auch die Leistungsträger über die beitragspflichtigen Einnahmen von Beziehern von Sozialleistungen und die Pflegekassen sowie die privaten Versicherungsunternehmen über die beitragspflichtigen Einnahmen nicht erwerbsmäßig tätiger Pflegepersonen zu erstatten. [2]Absatz 1 Satz 6 gilt entsprechend. [3]Die Meldepflicht nach § 191 Satz 1 Nr. 2 und nach § 44 Abs. 3 des Elften Buches[3)] bleibt unberührt.

(3) Die Beitragsberechnung erfolgt nach der tatsächlichen beitragspflichtigen Einnahme.

§ 195 Verordnungsermächtigung. Das Bundesministerium für Arbeit und Soziales wird ermächtigt, für Meldungen nach § 193 durch Rechtsverordnung mit Zustimmung des Bundesrates zu bestimmen

1. die zu meldenden Anrechnungszeiten und die zu meldenden Zeiten, die für die Anrechnung von Anrechnungszeiten erheblich sein können,
2. die Voraussetzungen und die Art und Weise der Meldungen sowie
3. das Nähere über die Bearbeitung, Sicherung und Weiterleitung der in den Meldungen enthaltenen Angaben.

Zweiter Titel. Auskunfts- und Mitteilungspflichten

§ 196 Auskunfts- und Mitteilungspflichten. (1) [1]Versicherte oder Personen, für die eine Versicherung durchgeführt werden soll, haben, soweit sie

---
[1)] Nr. 2.
[2)] Nr. 4.
[3)] Nr. 11.

4. Kapitel. Finanzierung § 196 SGB VI 6

nicht bereits nach § 280 des Vierten Buches[1)] auskunftspflichtig sind, dem Träger der Rentenversicherung
1. über alle Tatsachen, die für die Feststellung der Versicherungs- und Beitragspflicht und für die Durchführung der den Trägern der Rentenversicherung übertragenen Aufgaben erforderlich sind, auf Verlangen unverzüglich Auskunft zu erteilen,
2. Änderungen in den Verhältnissen, die für die Feststellung der Versicherungs- und Beitragspflicht erheblich sind und nicht durch Dritte gemeldet werden, unverzüglich mitzuteilen.

[2] Sie haben dem Träger der Rentenversicherung auf dessen Verlangen unverzüglich die Unterlagen vorzulegen, aus denen die Tatsachen oder die Änderungen in den Verhältnissen hervorgehen.

(2) [1] Die zuständigen Meldebehörden haben der Datenstelle der Rentenversicherung zur Durchführung ihrer Aufgaben nach § 150, zur Durchführung der Versicherung wegen Kindererziehung und zur Weiterleitung der Sterbefallmitteilung nach § 101a des Zehnten Buches[2)] die erstmalige Erfassung und jede Änderung des Vor- und des Familiennamens, des Geschlechts oder eines Doktorgrades, den Tag, den Monat und den Ort der Geburt und die Anschrift der alleinigen oder der Hauptwohnung eines Einwohners mitzuteilen. [2] Bei einer Anschriftenänderung ist zusätzlich die bisherige Anschrift, im Falle einer Geburt sind zusätzlich die Daten der Mutter nach Satz 1, bei Mehrlingsgeburten zusätzlich die Zahl der geborenen Kinder und im Sterbefall zusätzlich der Sterbetag des Verstorbenen mitzuteilen. [3] Die Datenstelle der Rentenversicherung übermittelt die Daten einer erstmaligen Erfassung oder Änderung taggleich an die zuständige Einzugsstelle nach § 28i des Vierten Buches, soweit diese bekannt ist. [4] Sind der Datenstelle der Rentenversicherung Daten von Personen übermittelt worden, die sie nicht für die Erfüllung ihrer Aufgaben nach Satz 1 benötigt, sind diese Daten von ihr unverzüglich zu löschen.

(2a) [1] Die zuständigen Meldebehörden haben der Datenstelle der Rentenversicherung zur Wahrnehmung ihrer Aufgaben
1. nach § 150 Absatz 1 Satz 1 Nummer 8 zusätzlich zur Sterbefallmitteilung den Familiennamen oder den Lebenspartnerschaftsnamen, den Vornamen, den Tag, den Monat und das Jahr der Geburt und die Anschrift der alleinigen oder der Hauptwohnung des überlebenden Ehegatten oder Lebenspartners des Verstorbenen,
2. nach § 150 Absatz 1 Satz 1 Nummer 9 bei einer Eheschließung oder einer Begründung einer Lebenspartnerschaft eines Einwohners unverzüglich das Datum dieser Eheschließung oder dieser Begründung einer Lebenspartnerschaft

mitzuteilen. [2] Die Datenstelle der Rentenversicherung hat diese Daten an den zuständigen Träger der Rentenversicherung zu übermitteln und anschließend bei sich unverzüglich zu löschen. [3] Stellt die Datenstelle der Rentenversicherung in den Fällen des Satzes 1 Nummer 2 fest, dass der Einwohner keine Witwenrente oder Witwerrente und keine Erziehungsrente bezieht, übermittelt sie die Daten nicht an den zuständigen Träger der Rentenversicherung.

[1)] Nr. 4.
[2)] Nr. 10.

[Abs. 3 bis 31.3.2018:]
(3) ¹ Die Handwerkskammern haben den Regionalträgern Anmeldungen, Änderungen und Löschungen in der Handwerksrolle mitzuteilen. ² Die Mitteilungen sind von den Regionalträgern an den zuständigen Träger der Rentenversicherung weiterzuleiten. ³ Das Bundesministerium für Arbeit und Soziales wird ermächtigt, durch allgemeine Verwaltungsvorschrift mit Zustimmung des Bundesrates Art und Umfang der Mitteilungen der Handwerkskammern zu bestimmen.

[Abs. 3 ab 1.4.2018:]
(3) ¹ Die Handwerkskammern sind verpflichtet, der Datenstelle der Rentenversicherung unverzüglich Eintragungen, Änderungen und Löschungen in der Handwerksrolle über natürliche Personen und Gesellschafter einer Personengesellschaft zu melden. ² Von der Meldepflicht ausgenommen sind Eintragungen, Änderungen und Löschungen zu Handwerksbetrieben im Sinne der §§ 2 und 3 der Handwerksordnung sowie Betriebsfortführungen auf Grund des § 4 der Handwerksordnung. ³ Mit den Meldungen sind, soweit vorhanden, die folgenden Angaben zu übermitteln:

1. *Familienname und Vornamen,*
2. *gegebenenfalls Geburtsname,*
3. *Geburtsdatum,*
4. *Staatsangehörigkeit,*
5. *Wohnanschrift,*
6. *gegebenenfalls Familienname und Vornamen des gesetzlichen Vertreters,*
7. *die Bezeichnung der Rechtsvorschriften, nach denen der Gewerbetreibende die Voraussetzungen für die Eintragung in die Handwerksrolle erfüllt,*
8. *Art und Zeitpunkt der Prüfung eines in die Handwerksrolle bereits eingetragenen Gewerbetreibenden, mittels derer die Kenntnisse und Fertigkeiten nachgewiesen wurden, die zur Ausübung des betriebenen Handwerks notwendig sind,*
9. *Firma und Anschrift der gewerblichen Niederlassung,*
10. *das zu betreibende Handwerk oder bei Ausübung mehrerer Handwerke diese Handwerke,*
11. *Tag der Eintragung in die Handwerksrolle oder Tag der Änderung oder Löschung der Eintragung sowie*
12. *bei einer Änderung oder Löschung den Grund für diese.*

⁴ Die Meldungen haben durch elektronische Datenübermittlung im eXTra-Standard durch das sichere Hypertext-Übertragungsprotokoll (https) zu erfolgen. ⁵ Bis zum 31. Dezember 2021 können die Meldungen abweichend von Satz 2 über eine von der Datenstelle der Rentenversicherung zur Verfügung gestellte Webanwendung unter Nutzung allgemein zugänglicher Netze übermittelt werden. ⁶ Die Meldungen sind für jeden Gewerbetreibenden und Gesellschafter gesondert zu erteilen. ⁷ Die Datenstelle der Rentenversicherung hat die gemeldeten Daten an den zuständigen Träger der Rentenversicherung weiterzuleiten.

§ 196a Elektronische Bescheinigungen. ¹ Fordert der Träger der Rentenversicherung für Zwecke der gesetzlichen Rentenversicherung Bescheinigungen im Sinne der §§ 18c und 18e des Vierten Buches[1] und im Sinne von § 98

---

[1] Nr. 4.

des Zehnten Buches[1)] von dem Bescheinigungspflichtigen durch gesicherte und verschlüsselte Datenübertragung an, kann dieser diese Bescheinigungen elektronisch unter den Voraussetzungen des § 108 Absatz 2 des Vierten Buches an die Datenstelle der Rentenversicherung übermitteln. [2]Satz 1 gilt nicht, wenn die Person, für die eine Bescheinigung auszustellen ist, der Übermittlung widerspricht. [3]Die Person, für die die Bescheinigung auszustellen ist, ist von dem Bescheinigungspflichtigen in allgemeiner Form schriftlich auf das Widerspruchsrecht hinzuweisen. [4]Der Träger der Rentenversicherung hat der Person, für die eine Bescheinigung nach Satz 1 elektronisch übermittelt worden ist, unverzüglich einen Ausdruck der Daten zuzuleiten.

Dritter Titel. Wirksamkeit der Beitragszahlung

§ 197 Wirksamkeit von Beiträgen. (1) Pflichtbeiträge sind wirksam, wenn sie gezahlt werden, solange der Anspruch auf ihre Zahlung noch nicht verjährt ist.

(2) Freiwillige Beiträge sind wirksam, wenn sie bis zum 31. März des Jahres, das dem Jahr folgt, für das sie gelten sollen, gezahlt werden.

(3) [1]In Fällen besonderer Härte, insbesondere bei drohendem Verlust der Anwartschaft auf eine Rente, ist auf Antrag der Versicherten die Zahlung von Beiträgen auch nach Ablauf der in den Absätzen 1 und 2 genannten Fristen zuzulassen, wenn die Versicherten an der rechtzeitigen Beitragszahlung ohne Verschulden gehindert waren. [2]Der Antrag kann nur innerhalb von drei Monaten nach Wegfall des Hinderungsgrundes gestellt werden. [3]Die Beitragszahlung hat binnen einer vom Träger der Rentenversicherung zu bestimmenden angemessenen Frist zu erfolgen.

(4) Die Wiedereinsetzung in den vorigen Stand nach § 27 des Zehnten Buches[1)] ist ausgeschlossen.

§ 198 Neubeginn und Hemmung von Fristen. [1]Die Frist des § 197 Abs. 2 wird durch ein Beitragsverfahren oder ein Verfahren über einen Rentenanspruch unterbrochen; die Frist beginnt erneut nach Abschluss des Verfahrens. [2]Diese Tatsachen hemmen auch die Verjährung des Anspruchs auf Zahlung von Beiträgen (§ 25 Abs.1 Viertes Buch[2)]) und des Anspruchs auf Erstattung von zu Unrecht gezahlten Beiträgen (§ 27 Abs. 2 Viertes Buch); die Hemmung endet sechs Monate nach Abschluss eines der in Satz 1 genannten Verfahren.

§ 199 Vermutung der Beitragszahlung. [1]Bei Beschäftigungszeiten, die den Trägern der Rentenversicherung ordnungsgemäß gemeldet worden sind, wird vermutet, dass während dieser Zeiten ein versicherungspflichtiges Beschäftigungsverhältnis mit dem gemeldeten Arbeitsentgelt bestanden hat und der Beitrag dafür wirksam gezahlt worden ist. [2]Die Versicherten können von den Trägern der Rentenversicherung die Feststellung verlangen, dass während einer ordnungsgemäß gemeldeten Beschäftigungszeit ein gültiges Versicherungsverhältnis bestanden hat. [3]Die Sätze 1 und 2 sind für Zeiten einer nicht erwerbsmäßigen häuslichen Pflege entsprechend anzuwenden.

[1)] Nr. **10**.
[2)] Nr. **4**.

§ 200 Änderung der Beitragsberechnungsgrundlagen. ¹Bei der Zahlung von freiwilligen Beiträgen für einen zurückliegenden Zeitraum sind

1. die Mindestbeitragsbemessungsgrundlage und der Beitragssatz, die zum Zeitpunkt der Zahlung gelten, und
2. die Beitragsbemessungsgrenze des Jahres, für das die Beiträge gezahlt werden,

maßgebend. ²Bei Senkung des Beitragssatzes gilt abweichend von Satz 1 der Beitragssatz, der in dem Monat maßgebend war, für den der Beitrag gezahlt wird.

§ 201 Beiträge an nicht zuständige Träger der Rentenversicherung.

(1) ¹Beiträge, die an einen nicht zuständigen Träger der Rentenversicherung gezahlt worden sind, gelten als an den zuständigen Träger der Rentenversicherung gezahlt. ²Eine Überweisung an den zuständigen Träger der Rentenversicherung findet nur in den Fällen des Absatzes 2 statt.

(2) ¹Sind Beiträge an die Deutsche Rentenversicherung Knappschaft-Bahn-See als Träger der knappschaftlichen Rentenversicherung als nicht zuständigen Träger der Rentenversicherung gezahlt, sind sie dem zuständigen Träger der Rentenversicherung zu überweisen. ²Beiträge sind vom nicht zuständigen Träger der Rentenversicherung an die Deutsche Rentenversicherung Knappschaft-Bahn-See als Träger der knappschaftlichen Rentenversicherung zu überweisen, soweit sie für die Durchführung der Versicherung zuständig ist.

(3) Unterschiedsbeträge zwischen den Beiträgen zur knappschaftlichen Rentenversicherung und den Beiträgen zur allgemeinen Rentenversicherung sind vom Arbeitgeber nachzuzahlen oder ihm zu erstatten.

§ 202 Irrtümliche Pflichtbeitragszahlung. ¹Beiträge, die in der irrtümlichen Annahme der Versicherungspflicht gezahlt und deshalb beanstandet worden sind, aber nicht zurückgefordert werden, gelten als freiwillige Beiträge. ²Werden die Beiträge zurückgefordert, dürfen für diese Zeiträume innerhalb von drei Monaten, nachdem die Beanstandung unanfechtbar geworden ist, freiwillige Beiträge gezahlt werden. ³Die Sätze 1 und 2 gelten nur, wenn die Berechtigung zur freiwilligen Versicherung in der Zeit bestand, in der die Beiträge als gezahlt gelten oder für die Beiträge gezahlt werden sollen. ⁴Fordern Arbeitgeber die von ihnen getragenen Beitragsanteile zurück, sind die Versicherten berechtigt, den an die Arbeitgeber zu erstattenden Betrag zu zahlen.

§ 203 Glaubhaftmachung der Beitragszahlung. (1) Machen Versicherte glaubhaft, dass sie eine versicherungspflichtige Beschäftigung gegen Arbeitsentgelt ausgeübt haben und für diese Beschäftigung entsprechende Beiträge gezahlt worden sind, ist die Beschäftigungszeit als Beitragszeit anzuerkennen.

(2) Machen Versicherte glaubhaft, dass der auf sie entfallende Beitragsanteil vom Arbeitsentgelt abgezogen worden ist, so gilt der Beitrag als gezahlt.

Vierter Titel. Nachzahlung

§ 204 Nachzahlung von Beiträgen bei Ausscheiden aus einer internationalen Organisation. (1) ¹Deutsche, die aus den Diensten einer zwischenstaatlichen oder überstaatlichen Organisation ausscheiden, können auf Antrag für Zeiten dieses Dienstes freiwillige Beiträge nachzahlen, wenn

1. der Dienst auf Veranlassung oder im Interesse der Bundesrepublik Deutschland geleistet wurde und
2. ihnen für diese Zeiten eine lebenslange Versorgung oder Anwartschaft auf eine lebenslange Versorgung für den Fall des Alters und auf Hinterbliebenenversorgung durch die Organisation oder eine andere öffentlich-rechtliche juristische Person nicht gewährleistet ist.

²Wird die Nachzahlung von freiwilligen Beiträgen für Zeiten beantragt, die bereits mit freiwilligen Beiträgen belegt sind, sind die bereits gezahlten Beiträge zu erstatten.

(2) ¹Der Antrag kann nur innerhalb von sechs Monaten nach Ausscheiden aus den Diensten der Organisation gestellt werden. ²Ist die Nachzahlung innerhalb dieser Frist ausgeschlossen, weil eine lebenslange Versorgung oder Anwartschaft auf eine lebenslange Versorgung für den Fall des Alters und auf Hinterbliebenenversorgung durch eine andere öffentlich-rechtliche juristische Person gewährleistet ist, kann der Antrag im Fall einer Nachversicherung wegen Ausscheidens aus einer versicherungsfreien Beschäftigung innerhalb von sechs Monaten nach Durchführung der Nachversicherung gestellt werden; diese Antragsfrist läuft frühestens am 31. Dezember 1992 ab. ³Die Erfüllung der Voraussetzungen für den Bezug einer Rente innerhalb der Antragsfrist steht der Nachzahlung nicht entgegen. ⁴Die Beiträge sind spätestens sechs Monate nach Eintritt der Bindungswirkung des Nachzahlungsbescheides nachzuzahlen.

§ 205 Nachzahlung bei Strafverfolgungsmaßnahmen.

(1) ¹Versicherte, für die ein Anspruch auf Entschädigung für Zeiten von Strafverfolgungsmaßnahmen nach dem Gesetz über die Entschädigung für Strafverfolgungsmaßnahmen rechtskräftig festgestellt ist, können auf Antrag freiwillige Beiträge für diese Zeiten nachzahlen. ²Wird für Zeiten der Strafverfolgungsmaßnahme, die bereits mit Beiträgen belegt sind, eine Nachzahlung von freiwilligen Beiträgen beantragt, sind die bereits gezahlten Beiträge denjenigen zu erstatten, die sie getragen haben. ³Wurde durch die entschädigungspflichtige Strafverfolgungsmaßnahme eine versicherungspflichtige Beschäftigung oder Tätigkeit unterbrochen, gelten die nachgezahlten Beiträge als Pflichtbeiträge. ⁴Die Erfüllung der Voraussetzungen für den Bezug einer Rente steht der Nachzahlung nicht entgegen.

(2) ¹Der Antrag kann nur innerhalb eines Jahres nach Ablauf des Kalendermonats des Eintritts der Rechtskraft der die Entschädigungspflicht der Staatskasse feststellenden Entscheidung gestellt werden. ²Die Beiträge sind innerhalb einer von dem Träger der Rentenversicherung zu bestimmenden angemessenen Frist zu zahlen.

§ 206 Nachzahlung für Geistliche und Ordensleute.

(1) Geistliche und sonstige Beschäftigte der als öffentlich-rechtliche Körperschaften anerkannten Religionsgesellschaften, Mitglieder geistlicher Genossenschaften, Diakonissen und Angehörige vergleichbarer karitativer Gemeinschaften, die als Vertriebene anerkannt sind und vor ihrer Vertreibung eine Beschäftigung oder Tätigkeit im Sinne des § 5 Abs. 1 Satz 1 Nr. 2 oder Nr. 3 ausgeübt haben, können, sofern sie eine gleichartige Beschäftigung oder Tätigkeit im Inland nicht wieder aufgenommen haben, auf Antrag für die Zeiten der Versicherungsfreiheit, längstens jedoch bis zum 1. Januar 1943 zurück, freiwillige Beiträge nachzahlen, sofern diese Zeiten nicht bereits mit Beiträgen belegt sind.

(2) Absatz 1 ist nicht anzuwenden, soweit die Zeiten der Versicherungsfreiheit bei einer Versorgung aus einem

1. öffentlich-rechtlichen Dienstverhältnis oder
2. Arbeitsverhältnis mit Anspruch auf Versorgung nach beamtenrechtlichen Vorschriften oder Grundsätzen oder entsprechenden kirchenrechtlichen Regelungen

ruhegehaltfähig sind oder bei Eintritt des Versorgungsfalls als ruhegehaltfähig anerkannt werden.

(3) Die Nachzahlung ist nur zulässig, wenn die allgemeine Wartezeit erfüllt ist oder wenn nach Wohnsitznahme im Inland für mindestens 24 Kalendermonate Pflichtbeiträge gezahlt sind.

§ 207 Nachzahlung für Ausbildungszeiten. (1) Für Zeiten einer schulischen Ausbildung nach dem vollendeten 16. Lebensjahr, die nicht als Anrechnungszeiten berücksichtigt werden, können Versicherte auf Antrag freiwillige Beiträge nachzahlen, sofern diese Zeiten nicht bereits mit Beiträgen belegt sind.

(2) ¹Der Antrag kann nur bis zur Vollendung des 45. Lebensjahres gestellt werden. ²Bis zum 31. Dezember 2004 kann der Antrag auch nach Vollendung des 45. Lebensjahres gestellt werden. ³Personen, die aus einer Beschäftigung ausscheiden, in der sie versicherungsfrei waren und für die sie nachversichert werden, sowie Personen, die aus einer Beschäftigung ausscheiden, in der sie von der Versicherungspflicht befreit waren, können den Antrag auch innerhalb von sechs Monaten nach Durchführung der Nachversicherung oder nach Wegfall der Befreiung stellen. ⁴Die Träger der Rentenversicherung können Teilzahlungen bis zu einem Zeitraum von fünf Jahren zulassen.

(3) ¹Sind Zeiten einer schulischen Ausbildung, für die Beiträge nachgezahlt worden sind, als Anrechnungszeiten zu bewerten, kann sich der Versicherte die Beiträge erstatten lassen. ² § 210 Abs. 5 gilt entsprechend.

§ 208 *(aufgehoben)*

§ 209 Berechtigung und Beitragsberechnung zur Nachzahlung.

(1) ¹Zur Nachzahlung berechtigt sind Personen, die

1. versicherungspflichtig oder
2. zur freiwilligen Versicherung berechtigt

sind, sofern sich aus den einzelnen Vorschriften über die Nachzahlung nicht etwas anderes ergibt. ²Nachzahlungen sind nur für Zeiten von der Vollendung des 16. Lebensjahres an zulässig.

(2) Für die Berechnung der Beiträge sind

1. die Mindestbeitragsbemessungsgrundlage,
2. die Beitragsbemessungsgrenze und
3. der Beitragssatz

maßgebend, die zum Zeitpunkt der Nachzahlung gelten.

Fünfter Titel. Beitragserstattung und Beitragsüberwachung

§ 210 Beitragserstattung. (1) Beiträge werden auf Antrag erstattet

4. Kapitel. Finanzierung § 210 SGB VI 6

1. Versicherten, die nicht versicherungspflichtig sind und nicht das Recht zur freiwilligen Versicherung haben,
2. Versicherten, die die Regelaltersgrenze erreicht und die allgemeine Wartezeiten nicht erfüllt haben,
3. Witwen, Witwern, überlebenden Lebenspartnern oder Waisen, wenn wegen nicht erfüllter allgemeiner Wartezeit ein Anspruch auf Rente wegen Todes nicht besteht, Halbwaisen aber nur, wenn eine Witwe, ein Witwer oder ein überlebender Lebenspartner nicht vorhanden ist. Mehreren Waisen steht der Erstattungsbetrag zu gleichen Teilen zu.

(1a) [1] Beiträge werden auf Antrag auch Versicherten erstattet, die versicherungsfrei oder von der Versicherungspflicht befreit sind, wenn sie die allgemeine Wartezeit nicht erfüllt haben. [2] Dies gilt nicht für Personen, die wegen Geringfügigkeit einer Beschäftigung oder selbständigen Tätigkeit versicherungsfrei oder von der Versicherungspflicht befreit sind. [3] Beiträge werden nicht erstattet,

1. wenn während einer Versicherungsfreiheit oder Befreiung von der Versicherungspflicht von dem Recht der freiwilligen Versicherung nach § 7 Gebrauch gemacht wurde oder
2. solange Versicherte als Beamte oder Richter auf Zeit oder auf Probe, Soldaten auf Zeit, Beamte auf Widerruf im Vorbereitungsdienst versicherungsfrei oder nur befristet von der Versicherungspflicht befreit sind.

[4] Eine freiwillige Beitragszahlung während einer Versicherungsfreiheit oder Befreiung von der Versicherungspflicht im Sinne des Satzes 3 Nummer 2 ist für eine Beitragserstattung nach Satz 1 unbeachtlich.

(2) Beiträge werden nur erstattet, wenn seit dem Ausscheiden aus der Versicherungspflicht 24 Kalendermonate abgelaufen sind und nicht erneut Versicherungspflicht eingetreten ist.

(3) [1] Beiträge werden in der Höhe erstattet, in der die Versicherten sie getragen haben. [2] War mit den Versicherten ein Nettoarbeitsentgelt vereinbart, wird der von den Arbeitgebern getragene Beitragsanteil der Arbeitnehmer erstattet. [3] Beiträge aufgrund einer Beschäftigung nach § 20 Abs. 2 des Vierten Buches[1]), einer selbständigen Tätigkeit oder freiwillige Beiträge werden zur Hälfte erstattet. [4] Beiträge der Höherversicherung werden in voller Höhe erstattet. [5] Erstattet werden nur Beiträge, die im Bundesgebiet für Zeiten nach dem 20. Juni 1948, im Land Berlin für Zeiten nach dem 24. Juni 1948 und im Saarland für Zeiten nach dem 19. November 1947 gezahlt worden sind. [6] Beiträge im Beitrittgebiet werden nur erstattet, wenn sie für Zeiten nach dem 30. Juni 1990 gezahlt worden sind.

(4) [1] Ist zugunsten oder zulasten der Versicherten ein Versorgungsausgleich durchgeführt, wird der zu erstattende Betrag um die Hälfte des Betrages erhöht oder gemindert, der bei Ende der Ehezeit oder Lebenspartnerschaftszeit als Beitrag für den Zuschlag oder den zum Zeitpunkt der Beitragserstattung noch bestehenden Abschlag zu zahlen gewesen wäre. [2] Dies gilt beim Rentensplitting entsprechend.

---

[1]) Nr. 4.

(5) Haben Versicherte eine Sach- oder Geldleistung aus der Versicherung in Anspruch genommen, können sie nur die Erstattung der später gezahlten Beiträge verlangen.

(6) ¹Der Antrag auf Erstattung kann nicht auf einzelne Beitragszeiten oder Teile der Beiträge beschränkt werden. ²Mit der Erstattung wird das bisherige Versicherungsverhältnis aufgelöst. ³Ansprüche aus den bis zur Erstattung zurückgelegten rentenrechtlichen Zeiten bestehen nicht mehr.

§ 211 Sonderregelung bei der Zuständigkeit zu Unrecht gezahlter Beiträge. ¹Die Erstattung zu Unrecht gezahlter Beiträge (§ 26 Abs. 2 und 3 Viertes Buch[1])) erfolgt abweichend von den Regelungen des Dritten Kapitels durch

1. die zuständige Einzugsstelle, wenn der Erstattungsanspruch noch nicht verjährt ist und die Beiträge vom Träger der Rentenversicherung noch nicht beanstandet worden sind,

2. den Leistungsträger, wenn die Beitragszahlung auf Versicherungspflicht wegen des Bezugs einer Sozialleistung beruht,

wenn die Träger der Rentenversicherung dies mit den Einzugsstellen oder den Leistungsträgern vereinbart haben. ²Maßgebend für die Berechnung des Erstattungsbetrags ist die dem Beitrag zugrunde liegende bescheinigte Beitragsbemessungsgrundlage. ³Der zuständige Träger der Rentenversicherung ist über die Erstattung elektronisch zu benachrichtigen.

§ 212 Beitragsüberwachung. ¹Die Träger der Rentenversicherung überwachen die rechtzeitige und vollständige Zahlung der Pflichtbeiträge, soweit sie unmittelbar an sie zu zahlen sind. ²Die Träger der Rentenversicherung sind zur Prüfung der Beitragszahlung berechtigt.

§ 212a Prüfung der Beitragszahlungen und Meldungen für sonstige Versicherte, Nachversicherte und für Zeiten einer besonderen Auslandsverwendung. (1) ¹Die Träger der Rentenversicherung prüfen bei den Stellen, die die Pflichtbeiträge für sonstige Versicherte sowie für nachversicherte Personen zu zahlen haben (Zahlungspflichtige), ob diese ihre Meldepflichten und ihre sonstigen Pflichten nach diesem Gesetzbuch im Zusammenhang mit der Zahlung von Pflichtbeiträgen ordnungsgemäß erfüllen. ²Sie prüfen insbesondere die Richtigkeit der Beitragszahlungen und der Meldungen. ³Eine Prüfung erfolgt mindestens alle vier Jahre; die Prüfung soll in kürzeren Zeitabständen erfolgen, wenn der Zahlungspflichtige dies verlangt. ⁴Die Sätze 1 bis 3 gelten entsprechend für die Stellen, die die Beiträge für Zeiten einer besonderen Auslandsverwendung zu zahlen haben.

(2) ¹Ein Zahlungspflichtiger ist jeweils nur von einem Träger der Rentenversicherung zu prüfen. ²Die Träger der Rentenversicherung stimmen sich darüber ab, welche Zahlungspflichtigen sie prüfen. ³Soweit die Prüfungen durch die Regionalträger durchgeführt werden, ist örtlich der Regionalträger zuständig, in dessen Bereich der Zahlungspflichtige seinen Sitz oder Wohnsitz hat. ⁴Eine Prüfung beim Arbeitgeber nach § 28p des Vierten Buches[1]) soll zusammen mit einer Prüfung bei den Zahlungspflichtigen durchgeführt wer-

---

[1]) Nr. 4.

4. Kapitel. Finanzierung § 212a SGB VI 6

den; eine entsprechende Kennzeichnung des Arbeitgebers in der Datei nach § 28p Abs. 8 Satz 1 des Vierten Buches ist zulässig.

(3) [1] Die Zahlungspflichtigen haben angemessene Prüfhilfen zu leisten. [2] Automatisierte Abrechnungsverfahren sind in die Prüfung einzubeziehen. [3] Die Zahlungspflichtigen und die Träger der Rentenversicherung treffen entsprechende Vereinbarungen.

(4) [1] Zu prüfen sind auch Rechenzentren und vergleichbare Stellen, soweit sie im Auftrag der Zahlungspflichtigen oder einer von ihnen beauftragten Stelle die Pflichtbeiträge berechnen, zahlen oder Meldungen erstatten. [2] Soweit die Prüfungen durch die Regionalträger durchgeführt werden, richtet sich die örtliche Zuständigkeit nach dem Sitz der Stelle. [3] Absatz 3 gilt entsprechend.

(5) [1] Die Deutsche Rentenversicherung Bund führt für die Prüfung bei den Zahlungspflichtigen eine Datei, in der folgende Daten gespeichert werden:
1. der Name,
2. die Anschrift,
3. die Betriebsnummer und, soweit erforderlich, ein weiteres Identifikationsmerkmal der Zahlungspflichtigen,
4. die für die Planung der Prüfung erforderlichen Daten der Zahlungspflichtigen und
5. die Ergebnisse der Prüfung.

[2] Sie darf die in dieser Datei gespeicherten Daten nur für die Prüfung bei den Zahlungspflichtigen und bei den Arbeitgebern verwenden. [3] Die Datenstelle der Rentenversicherung führt für die Prüfung der Zahlungspflichtigen eine Datei, in der
1. die Betriebsnummern und, soweit erforderlich, ein weiteres Identifikationsmerkmal der Zahlungspflichtigen,
2. die Versicherungsnummern der Versicherten, für welche die Zahlungspflichtigen Pflichtbeiträge zu zahlen haben und
3. der Beginn und das Ende der Zahlungspflicht

gespeichert werden; im Falle des Satzes 4 darf die Datenstelle die Daten der Stammsatzdatei (§ 150) und der Dateien nach § 28p Abs. 8 Satz 1 und 3 des Vierten Buches für die Prüfung bei den Zahlungspflichtigen verwenden. [4] Die Datenstelle der Rentenversicherung ist verpflichtet, auf Anforderung des prüfenden Trägers der Rentenversicherung
1. die in den Dateien nach den Sätzen 1 und 3 gespeicherten Daten,
2. die in den Versicherungskonten der Rentenversicherung gespeicherten, auf den Prüfungszeitraum entfallenden Daten der Versicherten, für die von den Zahlungspflichtigen Pflichtbeiträge zu zahlen waren oder zu zahlen sind, und
3. die bei den Trägern der Rentenversicherung gespeicherten Daten über die Nachweise der unmittelbar an sie zu zahlenden Pflichtbeiträge

zu erheben und zu verwenden, soweit dies für die Prüfung nach Absatz 1 erforderlich ist. [5] Die dem prüfenden Träger der Rentenversicherung übermittelten Daten sind unverzüglich nach Abschluss der Prüfung bei der Datenstelle der Rentenversicherung und beim prüfenden Träger der Rentenversicherung zu löschen. [6] Die Zahlungspflichtigen und die Träger der Rentenversicherung sind verpflichtet, der Deutschen Rentenversicherung Bund und der Datenstelle der Rentenversicherung die für die Prüfung nach Absatz 1 erforderlichen Daten zu übermitteln. ⁷Die Übermittlung darf auch durch Abruf im automatisierten Verfahren erfolgen, ohne dass es einer Genehmigung nach § 79 Abs. 1 des Zehnten Buches[1]) bedarf.

(6) Die Bundesregierung kann durch Rechtsverordnung mit Zustimmung des Bundesrates das Nähere über

1. die Pflichten der Zahlungspflichtigen und der in Absatz 4 genannten Stellen bei automatisierten Abrechnungsverfahren,
2. die Durchführung der Prüfung sowie die Behebung von Mängeln, die bei der Prüfung festgestellt worden sind, und
3. den Inhalt der Datei nach Absatz 5 Satz 1 hinsichtlich der für die Planung und für die Speicherung der Ergebnisse der Prüfungen bei Zahlungspflichtigen erforderlichen Daten sowie über den Aufbau und die Aktualisierung dieser Datei

bestimmen.

§ 212b Prüfung der Beitragszahlung bei versicherungspflichtigen Selbständigen. ¹Die Träger der Rentenversicherung sind berechtigt, Prüfungen bei den versicherungspflichtigen Selbständigen durchzuführen. ²§ 212a Abs. 2 Satz 1 bis 3, Abs. 3 Satz 1 und Abs. 6 Nr. 1 und 2 gilt entsprechend. ³§ 212a Abs. 4 gilt entsprechend mit der Maßgabe, dass die Prüfung auch bei von den versicherungspflichtigen Selbständigen beauftragten steuerberatenden Stellen durchgeführt werden darf. ⁴§ 98 Abs. 1 Satz 2 bis 4, Abs. 2, 4 und 5 Satz 1 Nr. 2 und Satz 2 des Zehnten Buches[1]) gilt entsprechend.

Dritter Abschnitt. Beteiligung des Bundes, Finanzbeziehungen und Erstattungen

Erster Unterabschnitt. Beteiligung des Bundes

§ 213 Zuschüsse des Bundes. (1) Der Bund leistet zu den Ausgaben der allgemeinen Rentenversicherung Zuschüsse.

(2) ¹Der Bundeszuschuss zu den Ausgaben der allgemeinen Rentenversicherung ändert sich im jeweils folgenden Kalenderjahr in dem Verhältnis, in dem die Bruttolöhne und -gehälter je Arbeitnehmer (§ 68 Abs. 2 Satz 1) im vergangenen Kalenderjahr zu den entsprechenden Bruttolöhnen und -gehältern im vorvergangenen Kalenderjahr stehen. ²Bei Veränderungen des Beitragssatzes ändert sich der Bundeszuschuss zusätzlich in dem Verhältnis, in dem der Beitragssatz des Jahres, für das er bestimmt wird, zum Beitragssatz des Vorjahres steht. ³Bei Anwendung von Satz 2 ist jeweils der Beitragssatz zugrunde zu legen, der sich ohne Berücksichtigung des zusätzlichen Bundeszuschusses nach Absatz 3 und des Erhöhungsbetrags nach Absatz 4 ergeben würde. *[Satz 4 bis 30.6.2018:]* ⁴Der Bundeszuschuss wird in den Jahren 2019 bis 2022 um jeweils 400 Millionen Euro erhöht; diese Beträge sind jeweils bei den Änderungen des Bundeszuschusses in den darauf folgenden Kalenderjahren nach den Sätzen 1 bis 3 zu berücksichtigen. *[Satz 4 ab 1.7.2018:]* ⁴*Der Bundeszuschuss wird in den Jahren 2019 bis 2021 um jeweils 400 Millionen Euro, im Jahr 2022 um 560 Millionen Euro und in den Jahren 2023 bis 2025 um jeweils 480 Millionen Euro*

---

[1]) Nr. **10**.

4. Kapitel. Finanzierung § 213 SGB VI 6

erhöht; diese Beträge sind jeweils bei den Änderungen des Bundeszuschusses in den darauffolgenden Kalenderjahren nach den Sätzen 1 bis 3 zu berücksichtigen.

(2a) [1] Der allgemeine Bundeszuschuss wird für das Jahr 2006 um 170 Millionen Euro und ab dem Jahr 2007 um jeweils 340 Millionen Euro pauschal vermindert. [2] Abweichungen des pauschalierten Minderungsbetrages von den tatsächlichen zusätzlichen Einnahmen eines Kalenderjahres durch Mehreinnahmen aus der Begrenzung der Sozialversicherungsfreiheit für Sonn-, Feiertags- und Nachtzuschläge auf einen Stundenlohn bis zu 25 Euro und aufgrund der Erhöhung der Pauschalabgaben für geringfügige Beschäftigung ohne Versicherungspflicht im gewerblichen Bereich von 12 vom Hundert auf 15 vom Hundert des Arbeitsentgelts in der gesetzlichen Rentenversicherung sind mit dem Bundeszuschuss nach Absatz 2 des auf die Abrechnung folgenden Haushaltsjahres zu verrechnen; Ausgangsbetrag für den Bundeszuschuss ist der jeweils zuletzt festgestellte Bundeszuschuss nach Absatz 2 ohne Minderungsbetrag.

(3) [1] Der Bund zahlt zur pauschalen Abgeltung nicht beitragsgedeckter Leistungen an die allgemeine Rentenversicherung in jedem Kalenderjahr einen zusätzlichen Bundeszuschuss. [2] Der zusätzliche Bundeszuschuss beträgt für die Monate April bis Dezember des Jahres 1998 9,6 Milliarden Deutsche Mark und für das Jahr 1999 15,6 Milliarden Deutsche Mark. [3] Für die Kalenderjahre ab 2000 verändert sich der zusätzliche Bundeszuschuss jährlich entsprechend der Veränderungsrate der Steuern vom Umsatz; hierbei bleiben Änderungen der Steuersätze im Jahr ihres Wirksamwerdens unberücksichtigt. [4] Der sich nach Satz 3 ergebende Betrag des zusätzlichen Bundeszuschusses wird für das Jahr 2000 um 1,1 Milliarden Deutsche Mark, für das Jahr 2001 um 1,1 Milliarden Deutsche Mark, für das Jahr 2002 um 664,679 Millionen Euro und für das Jahr 2003 um 102,258 Millionen Euro gekürzt. [5] Auf den zusätzlichen Bundeszuschuss werden die Erstattungen nach § 291b angerechnet. [6] Für die Zahlung, Aufteilung und Abrechnung des zusätzlichen Bundeszuschusses sind die Vorschriften über den Bundeszuschuss anzuwenden.

(4) [1] Der zusätzliche Bundeszuschuss nach Absatz 3 wird um die Einnahmen des Bundes aus dem Gesetz zur Fortführung der ökologischen Steuerreform abzüglich eines Betrages von 2,5 Milliarden Deutsche Mark im Jahr 2000 sowie eines Betrages von 1,9 Milliarden Deutsche Mark ab dem Jahr 2001 erhöht (Erhöhungsbetrag). [2] Als Erhöhungsbetrag nach Satz 1 werden für das Jahr 2000 2,6 Milliarden Deutsche Mark, für das Jahr 2001 8,14 Milliarden Deutsche Mark, für das Jahr 2002 6,81040 Milliarden Euro und für das Jahr 2003 9,51002 Milliarden Euro festgesetzt. [3] Für die Kalenderjahre nach 2003 verändern sich die Erhöhungsbeträge in dem Verhältnis, in dem die Bruttolöhne und -gehälter im vergangenen Kalenderjahr zu den entsprechenden Bruttolöhnen und -gehältern im vorvergangenen Kalenderjahr stehen; § 68 Abs. 2 Satz 1 gilt entsprechend. [4] Für die Zahlung, Aufteilung und Abrechnung des Erhöhungsbetrags sind die Vorschriften über den Bundeszuschuss anzuwenden.

(5) [1] Ab dem Jahr 2003 verringert sich der Erhöhungsbetrag um 409 Millionen Euro. [2] Bei der Feststellung der Veränderung der Erhöhungsbeträge nach Absatz 4 Satz 3 ist der Abzugsbetrag nach Satz 1 nicht zu berücksichtigen.

(6) Die Festsetzung und Auszahlung der Monatsraten sowie die Abrechnung führt das Bundesversicherungsamt durch.

§ 214 Liquiditätssicherung. (1) Reichen in der allgemeinen Rentenversicherung die liquiden Mittel der Nachhaltigkeitsrücklage nicht aus, die Zahlungsverpflichtungen zu erfüllen, leistet der Bund den Trägern der allgemeinen Rentenversicherung eine Liquiditätshilfe in Höhe der fehlenden Mittel (Bundesgarantie).

(2) Die vom Bund als Liquiditätshilfe zur Verfügung gestellten Mittel sind zurückzuzahlen, sobald und soweit sie im laufenden Kalenderjahr zur Erfüllung der Zahlungsverpflichtungen nicht mehr benötigt werden, spätestens bis zum 31. Dezember des auf die Vergabe folgenden Jahres; Zinsen sind nicht zu zahlen.

§ 214a Liquiditätserfassung. (1) [1] Die Deutsche Rentenversicherung Bund erfasst arbeitstäglich die Liquiditätslage der allgemeinen Rentenversicherung. [2] Die Träger der allgemeinen Rentenversicherung melden die hierfür erforderlichen Daten an die Deutsche Rentenversicherung Bund. [3] Das Erweiterte Direktorium bei der Deutschen Rentenversicherung Bund bestimmt die Einzelheiten des Verfahrens.

(2) [1] Die Deutsche Rentenversicherung Bund legt dem Bundesministerium für Arbeit und Soziales und dem Bundesversicherungsamt monatlich oder auf Anforderung in einer Schnellmeldung Angaben über die Höhe der aktuellen Liquidität vor. [2] Das Nähere zur Ausgestaltung dieses Meldeverfahrens wird durch eine Vereinbarung zwischen dem Bundesversicherungsamt und der Deutschen Rentenversicherung Bund geregelt.

§ 215 Beteiligung des Bundes in der knappschaftlichen Rentenversicherung. In der knappschaftlichen Rentenversicherung trägt der Bund den Unterschiedsbetrag zwischen den Einnahmen und den Ausgaben eines Kalenderjahres; er stellt hiermit zugleich deren dauernde Leistungsfähigkeit sicher.

Zweiter Unterabschnitt. Nachhaltigkeitsrücklage und Finanzausgleich

§ 216 Nachhaltigkeitsrücklage. (1) [1] Die Träger der allgemeinen Rentenversicherung halten eine gemeinsame Nachhaltigkeitsrücklage (Betriebsmittel und Rücklage), der die Überschüsse der Einnahmen über die Ausgaben zugeführt werden und aus der Defizite zu decken sind. [2] Das Verwaltungsvermögen gehört nicht zu der Nachhaltigkeitsrücklage.

(2) [1] Die gemeinsame Nachhaltigkeitsrücklage wird bis zum Umfang von 50 vom Hundert der durchschnittlichen Ausgaben zu eigenen Lasten aller Träger der allgemeinen Rentenversicherung für einen Kalendermonat dauerhaft von der Deutschen Rentenversicherung Bund verwaltet. [2] Überschreitet die gemeinsame Nachhaltigkeitsrücklage über einen längeren Zeitraum diesen Umfang, ist sie insoweit von den Trägern der allgemeinen Rentenversicherung zu verwalten. [3] Das Nähere hierzu regelt das Erweiterte Direktorium bei der Deutschen Rentenversicherung Bund.

§ 217 Anlage der Nachhaltigkeitsrücklage. (1) [1] Die Nachhaltigkeitsrücklage ist liquide anzulegen. [2] Als liquide gelten alle Vermögensanlagen mit einer Laufzeit, Kündigungsfrist oder Restlaufzeit bis zu zwölf Monaten, Vermögensanlagen mit einer Kündigungsfrist jedoch nur dann, wenn neben einer angemessenen Verzinsung ein Rückfluss mindestens in Höhe des angelegten

Betrages gewährleistet ist. ³ Soweit ein Rückfluss mindestens in Höhe des angelegten Betrages nicht gewährleistet ist, gelten Vermögensanlagen mit einer Kündigungsfrist bis zu zwölf Monaten auch dann als liquide, wenn der Unterschiedsbetrag durch eine entsprechende höhere Verzinsung mindestens ausgeglichen wird. ⁴ Als liquide gelten auch Vermögensanlagen mit einer Laufzeit oder Restlaufzeit von mehr als zwölf Monaten, wenn neben einer angemessenen Verzinsung gewährleistet ist, dass die Vermögensanlagen innerhalb von zwölf Monaten mindestens zu einem Preis in Höhe der Anschaffungskosten veräußert werden können oder ein Unterschiedsbetrag zu den Anschaffungskosten durch eine höhere Verzinsung mindestens ausgeglichen wird.

(2) Vermögensanlagen in Anteilscheinen an Sondervermögen gelten als liquide, wenn das Sondervermögen nur aus Vermögensgegenständen besteht, die die Träger der Rentenversicherung auch unmittelbar nach Absatz 1 erwerben können.

(3) Abweichend von den Absätzen 1 und 2 darf die Nachhaltigkeitsrücklage ganz oder teilweise längstens bis zum nächsten gesetzlich vorgegebenen Zahlungstermin festgelegt werden, wenn gemäß der Liquiditätserfassung nach § 214a erkennbar ist, dass der allgemeinen Rentenversicherung die liquiden Mittel der Nachhaltigkeitsrücklage nicht ausreichen, die Zahlungsverpflichtungen zu erfüllen.

§ 218 *(aufgehoben)*

§ 219 Finanzverbund in der allgemeinen Rentenversicherung.

(1) ¹ Die Ausgaben für Renten, Beitragserstattungen, die von der allgemeinen Rentenversicherung zu tragenden Beiträge zur Krankenversicherung und die sonstigen Geldleistungen, die nicht Leistungen zur Teilhabe oder Aufwendungen für Verwaltungs- und Verfahrenskosten sowie Investitionen sind, werden von den Trägern der allgemeinen Rentenversicherung nach dem Verhältnis ihrer Beitragseinnahmen jeweils für ein Kalenderjahr gemeinsam getragen. ² Die Zuschüsse des Bundes, die Beitragszahlung des Bundes für Kindererziehungszeiten und die Erstattungen des Bundes, mit Ausnahme der Erstattung für Kinderzuschüsse nach § 270 und der Erstattung durch den Träger der Versorgungslast im Beitrittsgebiet nach § 290a an die Träger der allgemeinen Rentenversicherung, werden nach dem Verhältnis ihrer Beitragseinnahmen zugeordnet. ³ Die gemeinsame Nachhaltigkeitsrücklage einschließlich der Erträge hieraus wird den Trägern der allgemeinen Rentenversicherung nach dem Verhältnis ihrer Beitragseinnahmen zugeordnet.

(2) ¹ Die Regionalträger und die Deutsche Rentenversicherung Knappschaft-Bahn-See als Träger der allgemeinen Rentenversicherung überweisen monatlich vollständig die von ihnen verwalteten Mittel an den Renten Service der Deutschen Post AG oder an die Deutsche Rentenversicherung Bund, soweit sie nicht unmittelbar für Leistungen zur Teilhabe, Verwaltungs- und Verfahrenskosten, Ausgaben für die Schaffung oder Erhaltung nicht liquider Teile des Anlagevermögens benötigt werden oder von ihnen als Nachhaltigkeitsrücklage zu verwalten sind. ² Zu den monatlichen Zahlungsterminen zählen insbesondere die Termine für die Vorschüsse zur Auszahlung der Rentenleistungen in das Inland und die Termine für sonstige gemeinsam zu finanzierende Ausgaben einschließlich der Verpflichtungen der Deutschen Rentenversicherung Bund aus der Durchführung des Zahlungsverkehrs für den

Risikostrukturausgleich gemäß § 266 des Fünften Buches[1]. ³Das Nähere hierzu regelt das Erweiterte Direktorium bei der Deutschen Rentenversicherung Bund.

(3) ¹Die Deutsche Rentenversicherung Bund füllt die für die jeweiligen Zahlungsverpflichtungen der allgemeinen Rentenversicherung fehlenden Mittel unter Berücksichtigung der Zahlungen Dritter auf. ²Reichen die verfügbaren Mittel aller Träger der allgemeinen Rentenversicherung nicht aus, die jeweiligen Zahlungsverpflichtungen zu erfüllen, beantragt sie zusätzliche finanzielle Hilfen des Bundes.

§ 220 Aufwendungen für Leistungen zur Teilhabe, Verwaltung und Verfahren. (1) ¹Die jährlichen Ausgaben im Bereich der allgemeinen Rentenversicherung und der knappschaftlichen Rentenversicherung für Leistungen zur Teilhabe werden entsprechend der voraussichtlichen Entwicklung der Bruttolöhne und -gehälter je Arbeitnehmer (§ 68 Abs. 2 Satz 1) festgesetzt. ²Überschreiten die Ausgaben am Ende eines Kalenderjahres den für dieses Kalenderjahr jeweils bestimmten Betrag, wird der sich für den jeweiligen Bereich für das zweite Kalenderjahr nach dem Jahr der Überschreitung der Ausgaben nach Satz 1 ergebende Betrag entsprechend vermindert. ³Die Ausgaben für die Erstattung von Beiträgen nach § 179 Absatz 1 Satz 2, die auf Grund einer Leistung nach § 16 im Eingangsverfahren und im Berufsbildungsbereich der Werkstätten für behinderte Menschen erbracht werden, gelten nicht als Ausgaben im Sinne des Satzes 2.

(2) ¹Die Träger der allgemeinen Rentenversicherung stimmen die auf sie entfallenden Anteile an dem Gesamtbetrag der Leistungen zur Teilhabe in der Deutschen Rentenversicherung Bund ab. ²Dabei ist darauf hinzuwirken, dass die Leistungen zur Teilhabe dem Umfang und den Kosten nach einheitlich erbracht werden. ³Das Nähere hierzu regelt das Erweiterte Direktorium bei der Deutschen Rentenversicherung Bund.

(3) ¹Die Absätze 1 und 2 gelten für Verwaltungs- und Verfahrenskosten mit der Maßgabe entsprechend, dass auch die Veränderungen der Zahl der Rentner und der Rentenzugänge sowie der Verwaltungsaufgaben zu berücksichtigen sind. ²Die Deutsche Rentenversicherung Bund wirkt darauf hin, dass die jährlichen Verwaltungs- und Verfahrenskosten bis zum Jahr 2010 um 10 vom Hundert der tatsächlichen Ausgaben für Verwaltungs- und Verfahrenskosten für das Kalenderjahr 2004 vermindert werden. ³Vom Jahr 2007 an hat die Deutsche Rentenversicherung Bund jedes Jahr dem Bundesministerium für Arbeit und Soziales über die Entwicklung der Verwaltungs- und Verfahrenskosten bei den einzelnen Trägern und in der gesetzlichen Rentenversicherung sowie über die umgesetzten und geplanten Maßnahmen zur Optimierung dieser Kosten zu berichten. ⁴Dabei ist gesondert auf die Schlussfolgerungen einzugehen, welche sich aus dem Benchmarking der Versicherungsträger ergeben.

§ 221 Ausgaben für das Anlagevermögen. ¹Für die Schaffung oder Erhaltung nicht liquider Teile des Anlagevermögens dürfen Mittel nur aufgewendet werden, wenn dies erforderlich ist, um die ordnungsgemäße und wirtschaftliche Aufgabenerfüllung der Träger der Rentenversicherung zu ermöglichen oder zu sichern. ²Mittel für die Errichtung, die Erweiterung und den

---

[1] Nr. 5.

Umbau von Gebäuden der Eigenbetriebe der Träger der Rentenversicherung dürfen nur unter der zusätzlichen Voraussetzung aufgewendet werden, dass diese Vorhaben auch unter Berücksichtigung des Gesamtbedarfs aller Träger der Rentenversicherung erforderlich sind. ³Die Träger stellen gemeinsam in der Deutschen Rentenversicherung Bund sicher, dass die Notwendigkeit von Bauvorhaben nach Satz 2 nach einheitlichen Grundsätzen beurteilt wird.

§ 222 Ermächtigung. (1) ¹Das Bundesministerium für Arbeit und Soziales wird ermächtigt, im Einvernehmen mit dem Bundesministerium der Finanzen durch Rechtsverordnung mit Zustimmung des Bundesrates das Nähere über den Umfang der gemäß § 221 Satz 1 zur Verfügung stehenden Mittel zu bestimmen. ²Dabei kann auch die Zulässigkeit entsprechender Ausgaben zeitlich begrenzt werden.

(2) Das Bundesministerium für Arbeit und Soziales wird ermächtigt, durch allgemeine Verwaltungsvorschrift mit Zustimmung des Bundesrates den Umfang des Verwaltungsvermögens abzugrenzen.

Dritter Unterabschnitt. Erstattungen

§ 223 Wanderversicherungsausgleich und Wanderungsausgleich.

(1) ¹Soweit im Leistungsfall die Deutsche Rentenversicherung Knappschaft-Bahn-See als Träger der knappschaftlichen Rentenversicherung zuständig ist, erstatten ihr die Träger der allgemeinen Rentenversicherung den von ihnen zu tragenden Anteil der Leistungen. ²Zu tragen ist der Anteil der Leistungen, der auf Zeiten in der allgemeinen Rentenversicherung entfällt.

(2) ¹Soweit im Leistungsfall ein Träger der allgemeinen Rentenversicherung zuständig ist, erstattet ihm die Deutsche Rentenversicherung Knappschaft-Bahn-See als Träger der knappschaftlichen Rentenversicherung den von ihr zu tragenden Anteil der Leistungen. ²Zu tragen ist der Anteil der Leistungen, der auf Zeiten in der knappschaftlichen Rentenversicherung entfällt.

(3) ¹Ausgaben für Leistungen zur Teilhabe werden im gleichen Verhältnis wie Rentenleistungen erstattet. ²Dabei werden nur rentenrechtliche Zeiten bis zum Ablauf des Kalenderjahres vor der Antragstellung berücksichtigt. ³Eine pauschale Erstattung kann vorgesehen werden.

(4) Die Absätze 1 und 2 gelten entsprechend für die von der Rentenversicherung zu tragenden Beiträge zur gesetzlichen Krankenversicherung sowie für die Zuschüsse zur Krankenversicherung.

(5) Bei der Anwendung der Anrechnungsvorschriften bestimmt sich der auf den jeweiligen Träger der Rentenversicherung entfallende Teil des Anrechnungsbetrags nach dem Verhältnis der Höhe dieser Leistungsanteile.

(6) ¹Die Träger der allgemeinen Rentenversicherung zahlen der Deutschen Rentenversicherung Knappschaft-Bahn-See als Träger der knappschaftlichen Rentenversicherung einen Wanderungsausgleich. ²Der auf die Träger der allgemeinen Rentenversicherung entfallende Anteil am Wanderungsausgleich bestimmt sich nach dem Verhältnis ihrer Beitragseinnahmen. ³Für die Berechnung des Wanderungsausgleichs werden miteinander vervielfältigt:

1. Die Differenz zwischen der durchschnittlichen Zahl der knappschaftlich Versicherten in dem Jahr, für das der Wanderungsausgleich gezahlt wird, und der

Zahl der am 1. Januar 1991 in der knappschaftlichen Rentenversicherung Versicherten,
2. das Durchschnittsentgelt des Jahres, für das der Wanderungsausgleich gezahlt wird, wobei für das Beitrittsgebiet das Durchschnittsentgelt durch den Faktor der Anlage 10 für dieses Jahr geteilt wird,
3. der Beitragssatz in der allgemeinen Rentenversicherung des Jahres, für das der Wanderungsausgleich gezahlt wird.

[4] Als Versicherte der knappschaftlichen Rentenversicherung gelten auch sonstige Versicherte (§ 166). [5] Der Betrag des Wanderungsausgleichs ist mit einem Faktor zu bereinigen, der die längerfristigen Veränderungen der Rentnerzahl und des Rentenvolumens in der knappschaftlichen Rentenversicherung berücksichtigt.

§ 224 Erstattung durch die Bundesagentur für Arbeit. (1) [1] Zum Ausgleich der Aufwendungen, die der Rentenversicherung für Renten wegen voller Erwerbsminderung entstehen, bei denen der Anspruch auch von der jeweiligen Arbeitsmarktlage abhängig ist, zahlt die Bundesagentur für Arbeit den Trägern der Rentenversicherung einen Ausgleichsbetrag. [2] Dieser bemisst sich pauschal nach der Hälfte der Aufwendungen für die Renten wegen voller Erwerbsminderung einschließlich der darauf entfallenden Beteiligung der Rentenversicherung an den Beiträgen zur Krankenversicherung und der durchschnittlichen Dauer des Anspruchs auf Arbeitslosengeld, der anstelle der Rente wegen voller Erwerbsminderung bestanden hätte.

(2) [1] Auf den Ausgleichsbetrag leistet die Bundesagentur für Arbeit Abschlagszahlungen, die in Teilbeträgen am Fälligkeitstag der Rentenvorschüsse in das Inland für den letzten Monat eines Kalendervierteljahres zu zahlen sind. [2] Als Abschlagszahlung werden für das Jahr 2001 185 Millionen Deutsche Mark und für das Jahr 2002 192 Millionen Euro festgesetzt. [3] In den Folgejahren werden die Abschlagszahlungen unter Berücksichtigung der Ergebnisse der Abrechnung für das jeweilige Vorjahr festgesetzt. [4] Die Abrechnung der Erstattungsbeträge erfolgt bis zum 30. September des auf das Jahr der Abschlagszahlung folgenden Jahres.

(3) [1] Das Bundesversicherungsamt führt die Abrechnung und den Zahlungsausgleich zwischen den Trägern der allgemeinen Rentenversicherung sowie der knappschaftlichen Rentenversicherung und die Verteilung auf die Träger der allgemeinen Rentenversicherung durch. [2] Es bestimmt erstmals für das Jahr 2003 die Höhe der jährlichen Abschlagszahlungen.

(4) [1] Für die Abrechnung und die Verteilung ist § 227 Abs. 1 entsprechend anzuwenden. [2] Dabei erfolgt die Abrechnung mit dem Träger der knappschaftlichen Rentenversicherung entsprechend dem Verhältnis, in dem die Ausgaben dieses Trägers für Renten wegen voller Erwerbsminderung unter Einbeziehung der im Wanderversicherungsausgleich zu zahlenden und zu erstattenden Beträge zu den entsprechenden Aufwendungen der Träger der allgemeinen Rentenversicherung zusammenstehen.

§ 224a Tragung pauschalierter Beiträge für Renten wegen voller Erwerbsminderung. (1) [1] Das Bundesversicherungsamt führt für den Gesamtbeitrag nach § 345a des Dritten Buches die Verteilung zwischen den Trägern der allgemeinen Rentenversicherung sowie der knappschaftlichen Rentenversicherung durch. ²Der Gesamtbeitrag ist mit dem Ausgleichsbetrag der Bundesagentur für Arbeit nach § 224 im Rahmen der Jahresabrechnung für diesen Ausgleichsbetrag zu verrechnen.

(2) ¹Für die Verteilung ist § 227 Abs. 1 entsprechend anzuwenden. ²Dabei erfolgt die Abrechnung mit dem Träger der knappschaftlichen Rentenversicherung entsprechend dem Verhältnis, in dem die Ausgaben dieses Trägers für Renten wegen voller Erwerbsminderung unter Einbeziehung der im Wanderversicherungsausgleich zu zahlenden und zu erstattenden Beträge zu den entsprechenden Aufwendungen der Träger der allgemeinen Rentenversicherung zusammenstehen.

§ 224b Erstattung für Begutachtung in Angelegenheiten der Grundsicherung. (1) ¹Der Bund erstattet der Deutschen Rentenversicherung Bund zum 1. Mai eines Jahres, erstmals zum 1. Mai 2010, die Kosten und Auslagen, die den Trägern der Rentenversicherung durch die Wahrnehmung ihrer Aufgaben nach § 109a Absatz 2 für das vorangegangene Jahr entstanden sind. ²Das Bundesministerium für Arbeit und Soziales, das Bundesministerium der Finanzen und die Deutsche Rentenversicherung Bund vereinbaren aufwandsgerechte Pauschalbeträge für die nach § 109a Absatz 2 je Fall entstehenden Kosten und Auslagen.

(2) Für Kosten und Auslagen durch die Wahrnehmung der Aufgaben nach § 109a Absatz 3 gilt Absatz 1 entsprechend.

(3) ¹Das Bundesversicherungsamt führt die Abrechnung nach den Absätzen 1 und 2 durch. ²Die Deutsche Rentenversicherung Bund übermittelt dem Bundesversicherungsamt bis zum 1. März eines Jahres, erstmals zum 1. März 2010, die Zahl der Fälle des vorangegangenen Jahres. ³Die Aufteilung des Erstattungsbetrages auf die Träger der Rentenversicherung erfolgt durch die Deutsche Rentenversicherung Bund. ⁴Für die Träger der allgemeinen Rentenversicherung erfolgt sie buchhalterisch.

§ 225 Erstattung durch den Träger der Versorgungslast. (1) ¹Die Aufwendungen des Trägers der Rentenversicherung aufgrund von Rentenanwartschaften, die durch Entscheidung des Familiengerichts begründet worden sind, werden von dem zuständigen Träger der Versorgungslast erstattet. ²Ist der Ehegatte oder Lebenspartner, zu dessen Lasten der Versorgungsausgleich durchgeführt wurde, später nachversichert worden, sind nur die Aufwendungen zu erstatten, die bis zum Ende des Kalenderjahres entstanden sind, das der Zahlung der Beiträge für die Nachversicherung oder in Fällen des § 185 Abs. 1 Satz 3 dem Eintritt der Voraussetzungen für die Nachversicherung vorausging. ³Ist die Nachversicherung durch eine Zahlung von Beiträgen an eine berufsständische Versorgungseinrichtung ersetzt worden (§ 186 Abs. 1), geht die Erstattungspflicht nach Satz 1 mit dem Ende des in Satz 2 genannten Kalenderjahres auf die berufsständische Versorgungseinrichtung als neuen Träger der Versorgungslast über.

(2) ¹Wird durch Entscheidung des Familiengerichts eine Rentenanwartschaft begründet, deren Monatsbetrag 1 vom Hundert der bei Ende der Ehezeit oder Lebenspartnerschaftszeit geltenden monatlichen Bezugsgröße nicht übersteigt, hat der Träger der Versorgungslast Beiträge zu zahlen. ²Absatz 1 ist nicht anzuwenden. ³Im Fall einer Abänderung einer Entscheidung des Familiengerichts gilt § 187 Abs. 7 entsprechend.

§ 226 Verordnungsermächtigung. (1) Die Bundesregierung wird ermächtigt, durch Rechtsverordnung mit Zustimmung des Bundesrates das Nähere über die Berechnung und Durchführung der Erstattung von Aufwendungen durch den Träger der Versorgungslast zu bestimmen.

(2) Das Bundesministerium für Arbeit und Soziales wird ermächtigt, im Einvernehmen mit dem Bundesministerium der Finanzen durch Rechtsverordnung mit Zustimmung des Bundesrates das Nähere über die Erstattung gemäß § 223 Abs. 3 zu bestimmen.

(3) Das Bundesministerium für Arbeit und Soziales wird ermächtigt, im Einvernehmen mit dem Bundesministerium der Finanzen durch Rechtsverordnung mit Zustimmung des Bundesrates das Nähere zur Ermittlung des Wanderungsausgleichs nach § 223 Abs. 6 zu bestimmen.

(4) Das Bundesministerium für Arbeit und Soziales wird ermächtigt, im Einvernehmen mit dem Bundesministerium der Finanzen durch Rechtsverordnung mit Zustimmung des Bundesrates das Nähere über die Pauschalierung des Ausgleichsbetrags gemäß § 224 zu bestimmen.

(5) Das Bundesministerium für Arbeit und Soziales wird ermächtigt, durch Rechtsverordnung mit Zustimmung des Bundesrates das Nähere über die Verteilung der pauschalierten Beiträge für Renten wegen voller Erwerbsminderung gemäß § 224a zu bestimmen.

Vierter Unterabschnitt. Abrechnung der Aufwendungen

§ 227 Abrechnung der Aufwendungen. (1) [1] Die Deutsche Rentenversicherung Bund verteilt die Beträge nach § 219 Abs. 1 und § 223 auf die Träger der allgemeinen Rentenversicherung und führt die Abrechnung der Träger der allgemeinen Rentenversicherung mit dem Träger der knappschaftlichen Rentenversicherung sowie mit der Deutschen Post AG durch. [2] Die Ausgleiche der Zahlungsverpflichtungen zwischen den Trägern der allgemeinen Rentenversicherung erfolgen ausschließlich buchhalterisch. [3] Die Zahlungsausgleiche der allgemeinen Rentenversicherung mit dem Träger der knappschaftlichen Rentenversicherung und mit der Deutschen Post AG werden von der Deutschen Rentenversicherung Bund innerhalb von vier Wochen nach Bekanntgabe der Abrechnung durchgeführt.

(1a) [1] Das Bundesversicherungsamt führt die Abrechnung der Zahlungen des Bundes an die gesetzliche Rentenversicherung durch. [2] Nachzahlungen des Bundes an die allgemeine Rentenversicherung werden zugunsten der Deutschen Rentenversicherung Bund und Nachzahlungen an die knappschaftliche Rentenversicherung werden an den Träger der knappschaftlichen Rentenversicherung innerhalb von vier Wochen nach Bekanntgabe der Abrechnung ausgeführt.

(2) Die Deutsche Post AG teilt der Deutschen Rentenversicherung Bund und dem Bundesversicherungsamt zum Ablauf eines Kalenderjahres die Beträge mit, die auf Anweisung der Träger der allgemeinen Rentenversicherung gezahlt worden sind.

(3) Im Übrigen obliegt dem Erweiterten Direktorium bei der Deutschen Rentenversicherung Bund die Aufstellung von Grundsätzen zur und die Steuerung der Finanzausstattung und der Finanzverwaltung im Rahmen des geltenden Rechts für das gesamte System der Deutschen Rentenversicherung.

Fünftes Kapitel. Sonderregelungen

Erster Abschnitt. Ergänzungen für Sonderfälle

Erster Unterabschnitt. Grundsatz

§ 228 Grundsatz. Die Vorschriften dieses Abschnitts ergänzen die Vorschriften der vorangehenden Kapitel für Sachverhalte, die von dem Zeitpunkt des Inkrafttretens der Vorschriften der vorangehenden Kapitel an nicht mehr oder nur noch übergangsweise eintreten können.

§ 228a Besonderheiten für das Beitrittsgebiet. (1) ¹Soweit Vorschriften dieses Buches bei Arbeitsentgelten, Arbeitseinkommen oder Beitragsbemessungsgrundlagen
1. an die Bezugsgröße anknüpfen, ist die Bezugsgröße für das Beitrittsgebiet (Bezugsgröße (Ost)),
2. an die Beitragsbemessungsgrenze anknüpfen, ist die Beitragsbemessungsgrenze für das Beitrittsgebiet (Beitragsbemessungsgrenze (Ost), Anlage 2a)

maßgebend, wenn die Einnahmen aus einer Beschäftigung oder Tätigkeit im Beitrittsgebiet erzielt werden. ²Satz 1 gilt für die Ermittlung der Beitragsbemessungsgrundlagen bei sonstigen Versicherten entsprechend.

(2) *(aufgehoben)*

(3) Soweit Vorschriften dieses Buches bei Einkommensanrechnung auf Renten wegen Todes an den aktuellen Rentenwert anknüpfen, ist der aktuelle Rentenwert (Ost) maßgebend, wenn der Berechtigte seinen gewöhnlichen Aufenthalt im Beitrittsgebiet hat.

§ 228b Maßgebende Werte in der Anpassungsphase. *[bis 30.6.2018:* Bis zur Herstellung einheitlicher Einkommensverhältnisse im Gebiet der Bundesrepublik Deutschland*] [ab 1.7.2018: Bei der Festsetzung von Werten für Zeiten bis einschließlich 31. Dezember 2024]* sind, soweit Vorschriften dieses Buches auf die Veränderung der Bruttolöhne und -gehälter je Arbeitnehmer (§ 68 Abs. 2 Satz 1) oder auf das Durchschnittsentgelt abstellen, die für das Bundesgebiet ohne das Beitrittsgebiet ermittelten Werte maßgebend, sofern nicht in den nachstehenden Vorschriften etwas anderes bestimmt ist.

Zweiter Unterabschnitt. Versicherter Personenkreis

§ 229 Versicherungspflicht. (1) ¹Personen, die am 31. Dezember 1991 als
1. Mitglieder des Vorstands einer Aktiengesellschaft,
2. selbständig tätige Lehrer, Erzieher oder Pflegepersonen im Zusammenhang mit ihrer selbständigen Tätigkeit keinen Angestellten, aber mindestens einen Arbeiter beschäftigt haben und

versicherungspflichtig waren, bleiben in dieser Tätigkeit versicherungspflichtig. ²Sie werden jedoch auf Antrag von der Versicherungspflicht befreit. ³Die Befreiung wirkt vom Eingang des Antrags an. ⁴Sie ist auf die jeweilige Tätigkeit beschränkt.

(1a) ¹Mitglieder des Vorstandes einer Aktiengesellschaft, die am 6. November 2003 in einer weiteren Beschäftigung oder selbständigen Tätigkeit nicht

6 SGB VI § 229 6. Buch. Gesetzl. Rentenversicherung

versicherungspflichtig waren, bleiben in dieser Beschäftigung oder selbständigen Tätigkeit nicht versicherungspflichtig. ²Sie können bis zum 31. Dezember 2004 die Versicherungspflicht mit Wirkung für die Zukunft beantragen.

(1b) ¹Personen, die am 28. Juni 2011 auf Grund einer Beschäftigung im Ausland bei einer amtlichen Vertretung des Bundes oder der Länder oder bei deren Leitern, deutschen Mitgliedern oder Bediensteten versicherungspflichtig waren, bleiben in dieser Beschäftigung versicherungspflichtig. ²Die Versicherungspflicht endet, wenn dies von Arbeitgeber und Arbeitnehmer gemeinsam beantragt wird; der Antrag kann bis zum 30. Juni 2012 gestellt werden. ³Die Versicherungspflicht endet von dem Kalendermonat an, der auf den Tag des Eingangs des Antrags folgt.

(2) Handwerker, die am 31. Dezember 1991 nicht versicherungspflichtig waren, bleiben in dieser Tätigkeit nicht versicherungspflichtig.

(2a) Handwerker, die am 31. Dezember 2003 versicherungspflichtig waren, bleiben in dieser Tätigkeit versicherungspflichtig; § 6 Abs. 1 Satz 1 Nr. 4 bleibt unberührt.

(3) ¹§ 2 Satz 1 Nr. 9 Buchstabe b zweiter Halbsatz und Satz 4 Nr. 3 ist auch anzuwenden, soweit die Tätigkeit in der Zeit vom 1. Januar 1999 bis zum 1. Juli 2006 ausgeübt worden ist. ²§ 2 Satz 1 Nr. 1, 2 und 9 Buchstabe a in der ab 1. Mai 2007 geltenden Fassung ist auch anzuwenden, soweit Arbeitnehmer in der Zeit vom 1. Januar 1999 bis zum 30. April 2007 beschäftigt wurden.

(4) Bezieher von Sozialleistungen, die am 31. Dezember 1995 auf Antrag versicherungspflichtig waren und nach § 4 Abs. 3a die Voraussetzungen für die Versicherungspflicht nicht mehr erfüllen, bleiben für die Zeit des Bezugs der jeweiligen Sozialleistung versicherungspflichtig.

(5) Personen, die am 31. Dezember 2012 als Beschäftigte nach § 5 Absatz 2 in der bis zum 31. Dezember 2012 geltenden Fassung wegen Verzichts auf die Versicherungsfreiheit in einer geringfügigen Beschäftigung oder mehreren geringfügigen Beschäftigungen versicherungspflichtig waren, bleiben insoweit versicherungspflichtig; § 6 Absatz 1b in der ab dem 1. Januar 2013 geltenden Fassung gilt für diese Personen bezogen auf die am 31. Dezember 2012 ausgeübte Beschäftigung und weitere Beschäftigungen, auf die sich der Verzicht auf die Versicherungsfreiheit nach § 5 Absatz 2 in der bis zum 31. Dezember 2012 geltenden Fassung erstrecken würde, nicht.

(6) ¹Personen, die am 31. März 2003 in einer Beschäftigung oder selbständigen Tätigkeit ohne einen Verzicht auf die Versicherungsfreiheit (§ 5 Absatz 2 Satz 2 in der bis zum 31. Dezember 2012 geltenden Fassung) versicherungspflichtig waren, die die Merkmale einer geringfügigen Beschäftigung oder selbständigen Tätigkeit in der ab 1. April 2003 geltenden Fassung von § 8 des Vierten Buches[1] oder die Merkmale einer geringfügigen Beschäftigung oder selbständigen Tätigkeit im Privathaushalt (§ 8a Viertes Buch) erfüllt, bleiben in dieser Beschäftigung oder selbständigen Tätigkeit versicherungspflichtig. ²Sie werden auf ihren Antrag von der Versicherungspflicht befreit. ³Die Befreiung wirkt vom 1. April 2003 an, wenn sie bis zum 30. Juni 2003 beantragt wird, sonst vom Eingang des Antrags an. ⁴Sie ist auf die jeweilige Beschäftigung oder selbständige Tätigkeit beschränkt. ⁵Für Personen, die die Voraussetzungen für

---

[1] Nr. 4.

die Versicherungspflicht nach § 2 Satz 1 Nr. 10 erfüllen, endet die Befreiung nach Satz 2 am 31. Juli 2004.

(7) ¹Selbständig Tätige, die am 31. Dezember 2012 nicht versicherungspflichtig waren, weil sie versicherungspflichtige Arbeitnehmer beschäftigt haben, bleiben in dieser Tätigkeit nicht versicherungspflichtig, wenn der beschäftigte Arbeitnehmer nicht geringfügig beschäftigt nach § 8 Absatz 1 Nummer 1 des Vierten Buches in der bis zum 31. Dezember 2012 geltenden Fassung ist. ²Personen, die am 31. Dezember 2012 in einer selbständigen Tätigkeit versicherungspflichtig waren, die die Merkmale einer geringfügigen Tätigkeit in der ab dem 1. Januar 2013 geltenden Fassung von § 8 Absatz 3 in Verbindung mit § 8 Absatz 1 Nummer 1 oder § 8 Absatz 3 in Verbindung mit den §§ 8a und 8 Absatz 1 Nummer 1 des Vierten Buches erfüllt, bleiben in dieser selbständigen Tätigkeit bis zum 31. Dezember 2014 versicherungspflichtig.

§ 229a Versicherungspflicht im Beitrittsgebiet. (1) Personen, die am 31. Dezember 1991 im Beitrittsgebiet versicherungspflichtig waren, nicht ab 1. Januar 1992 nach den §§ 1 bis 3 versicherungspflichtig geworden sind und nicht bis zum 31. Dezember 1994 beantragt haben, dass die Versicherungspflicht enden soll, bleiben in der jeweiligen Tätigkeit oder für die Zeit des jeweiligen Leistungsbezugs versicherungspflichtig.

(2) Im Beitrittsgebiet selbständig tätige Landwirte, die die Voraussetzungen des § 2 Abs. 1 Nr. 1 des Zweiten Gesetzes über die Krankenversicherung der Landwirte erfüllt haben, in der Krankenversicherung der Landwirte als Unternehmer versichert waren und am 1. Januar 1995 in dieser Tätigkeit versicherungspflichtig waren, bleiben in dieser Tätigkeit versicherungspflichtig.

§ 230 Versicherungsfreiheit. (1) ¹Personen, die am 31. Dezember 1991 als
1. Polizeivollzugsbeamte auf Widerruf,
2. Handwerker oder
3. Mitglieder der Pensionskasse deutscher Eisenbahnen und Straßenbahnen

versicherungsfrei waren, bleiben in dieser Beschäftigung oder selbständigen Tätigkeit versicherungsfrei. ²Handwerker, die am 31. Dezember 1991 aufgrund eines Lebensversicherungsvertrages versicherungsfrei waren, und Personen, die am 31. Dezember 1991 als Versorgungsbezieher versicherungsfrei waren, bleiben in jeder Beschäftigung und jeder selbständigen Tätigkeit versicherungsfrei.

(2) ¹Personen, die am 31. Dezember 1991 als versicherungspflichtige
1. Beschäftigte von Körperschaften, Anstalten oder Stiftungen des öffentlichen Rechts oder ihrer Verbände oder
2. satzungsmäßige Mitglieder geistlicher Genossenschaften, Diakonissen oder Angehörige ähnlicher Gemeinschaften,

nicht versicherungsfrei und nicht von der Versicherungspflicht befreit waren, bleiben in dieser Beschäftigung versicherungspflichtig. ²Sie werden jedoch auf Antrag unter den Voraussetzungen des § 5 Abs. 1 Satz 1 von der Versicherungspflicht befreit. ³Über die Befreiung entscheidet der Träger der Rentenversicherung, nachdem für Beschäftigte beim Bund und bei Arbeitgebern, die der Aufsicht des Bundes unterstehen, das zuständige Bundesministerium, im Übrigen die oberste Verwaltungsbehörde des Landes, in dem die Arbeitgeber,

Genossenschaften oder Gemeinschaften ihren Sitz haben, das Vorliegen der Voraussetzungen bestätigt hat. ⁴ Die Befreiung wirkt vom Eingang des Antrags an. ⁵ Sie ist auf die jeweilige Beschäftigung beschränkt.

(3) ¹ Personen, die am 31. Dezember 1991 als Beschäftigte oder selbständig Tätige nicht versicherungsfrei und nicht von der Versicherungspflicht befreit waren, werden in dieser Beschäftigung oder selbständigen Tätigkeit nicht nach § 5 Abs. 4 Nr. 2 und 3 versicherungsfrei. ² Sie werden jedoch auf Antrag von der Versicherungspflicht befreit. ³ Die Befreiung wirkt vom Eingang des Antrags an. ⁴ Sie bezieht sich auf jede Beschäftigung oder selbständige Tätigkeit.

(4) ¹ Personen, die am 1. Oktober 1996 in einer Beschäftigung oder selbständigen Tätigkeit als ordentliche Studierende einer Fachschule oder Hochschule versicherungsfrei waren, bleiben in dieser Beschäftigung oder selbständigen Tätigkeit versicherungsfrei. ² Sie können jedoch beantragen, dass die Versicherungsfreiheit endet.

(5) § 5 Abs. 1 Satz 4 ist nicht anzuwenden, wenn vor dem 1. Februar 2002 aufgrund einer Entscheidung nach § 5 Abs. 1 Satz 3 bereits Versicherungsfreiheit nach § 5 Abs. 1 Satz 1 Nr. 2 oder 3 vorlag.

(6) Personen, die nach § 5 Abs. 1 Satz 1 Nr. 2 in der bis zum 31. Dezember 2008 geltenden Fassung versicherungsfrei waren, bleiben in dieser Beschäftigung versicherungsfrei.

(7) Personen, die eine Versorgung nach § 6 des Streitkräftepersonalstruktur-Anpassungsgesetzes beziehen, sind nicht nach § 5 Absatz 4 Nummer 2 versicherungsfrei.

(8) ¹ Personen, die am 31. Dezember 2012 als Beschäftigte nach § 5 Absatz 2 Satz 1 Nummer 1 in der bis zum 31. Dezember 2012 geltenden Fassung versicherungsfrei waren, bleiben in dieser Beschäftigung versicherungsfrei, solange die Voraussetzungen einer geringfügigen Beschäftigung nach § 8 Absatz 1 Nummer 1 oder § 8a in Verbindung mit § 8 Absatz 1 Nummer 1 des Vierten Buches¹⁾ in der bis zum 31. Dezember 2012 geltenden Fassung vorliegen. ² Sie können durch schriftliche Erklärung gegenüber dem Arbeitgeber auf die Versicherungsfreiheit verzichten; der Verzicht kann nur mit Wirkung für die Zukunft und bei mehreren Beschäftigungen nur einheitlich erklärt werden und ist für die Dauer der Beschäftigungen bindend.

(9) ¹ Personen, die am 31. Dezember 2016 wegen des Bezugs einer Vollrente wegen Alters vor Erreichen der Regelaltersgrenze in einer Beschäftigung oder selbständigen Tätigkeit versicherungsfrei waren, bleiben in dieser Beschäftigung oder selbständigen Tätigkeit versicherungsfrei. ² Beschäftigte können durch schriftliche Erklärung gegenüber dem Arbeitgeber auf die Versicherungsfreiheit verzichten. ³ Der Verzicht kann nur mit Wirkung für die Zukunft erklärt werden und ist für die Dauer der Beschäftigung bindend. ⁴ Die Sätze 2 und 3 gelten entsprechend für Selbständige, die den Verzicht gegenüber dem zuständigen Träger der Rentenversicherung erklären.

§ 231 Befreiung von der Versicherungspflicht. (1) ¹ Personen, die am 31. Dezember 1991 von der Versicherungspflicht befreit waren, bleiben in derselben Beschäftigung oder selbständigen Tätigkeit von der Versicherungspflicht befreit. ² Personen, die am 31. Dezember 1991 als

---

¹⁾ Nr. 4.

5. Kapitel. Sonderregelungen **§ 231 SGB VI 6**

1. Angestellte im Zusammenhang mit der Erhöhung oder dem Wegfall der Jahresarbeitsverdienstgrenze,
2. Handwerker oder
3. Empfänger von Versorgungsbezügen

von der Versicherungspflicht befreit waren, bleiben in jeder Beschäftigung oder selbständigen Tätigkeit und bei Wehrdienstleistungen von der Versicherungspflicht befreit.

(2) Personen, die aufgrund eines bis zum 31. Dezember 1995 gestellten Antrags spätestens mit Wirkung von diesem Zeitpunkt an nach § 6 Abs. 1 Nr. 1 in der zu diesem Zeitpunkt geltenden Fassung von der Versicherungspflicht befreit sind, bleiben in der jeweiligen Beschäftigung oder selbständigen Tätigkeit befreit.

(3) Mitglieder von berufsständischen Versorgungseinrichtungen, die nur deshalb Pflichtmitglied ihrer berufsständischen Kammer sind, weil die am 31. Dezember 1994 für bestimmte Angehörige ihrer Berufsgruppe bestehende Verpflichtung zur Mitgliedschaft in einer berufsständischen Kammer nach dem 31. Dezember 1994 auf weitere Angehörige der jeweiligen Berufsgruppe erstreckt worden ist, werden bei Vorliegen der übrigen Voraussetzungen nach § 6 Abs. 1 von der Versicherungspflicht befreit, wenn

1. die Verkündung des Gesetzes, mit dem die Verpflichtung zur Mitgliedschaft in einer berufsständischen Kammer auf weitere Angehörige der Berufsgruppe erstreckt worden ist, vor dem 1. Juli 1996 erfolgt und

2. mit der Erstreckung der Verpflichtung zur Mitgliedschaft in einer berufsständischen Kammer auf weitere Angehörige der Berufsgruppe hinsichtlich des Kreises der Personen, die der berufsständischen Kammer als Pflichtmitglieder angehören, eine Rechtslage geschaffen worden ist, die am 31. Dezember 1994 bereits in mindestens der Hälfte aller Bundesländer bestanden hat.

(4) Mitglieder von berufsständischen Versorgungseinrichtungen, die nur deshalb Pflichtmitglied einer berufsständischen Versorgungseinrichtung sind, weil eine für ihre Berufsgruppe am 31. Dezember 1994 bestehende Verpflichtung zur Mitgliedschaft in der berufsständischen Versorgungseinrichtung nach dem 31. Dezember 1994 auf diejenigen Angehörigen der Berufsgruppe erstreckt worden ist, die einen gesetzlich vorgeschriebenen Vorbereitungs- oder Anwärterdienst ableisten, werden bei Vorliegen der übrigen Voraussetzungen nach § 6 Abs. 1 von der Versicherungspflicht befreit, wenn

1. die Änderung der versorgungsrechtlichen Regelungen, mit der die Verpflichtung zur Mitgliedschaft in der berufsständischen Versorgungseinrichtung auf Personen erstreckt worden ist, die einen gesetzlich vorgeschriebenen Vorbereitungs- oder Anwärterdienst ableisten, vor dem 1. Juli 1996 erfolgt und

2. mit der Erstreckung der Verpflichtung zur Mitgliedschaft in der berufsständischen Versorgungseinrichtung auf Personen, die einen gesetzlich vorgeschriebenen Vorbereitungs- oder Anwärterdienst ableisten, hinsichtlich des Kreises der Personen, die der berufsständischen Versorgungseinrichtung als Pflichtmitglieder angehören, eine Rechtslage geschaffen worden ist, die für die jeweilige Berufsgruppe bereits am 31. Dezember 1994 in mindestens einem Bundesland bestanden hat.

(4a) Die Änderungen der Bundesrechtsanwaltsordnung und der Patentanwaltsordnung durch Artikel 1 Nummer 3 und Artikel 6 des Gesetzes zur Neuordnung des Rechts der Syndikusanwälte und zur Änderung der Finanzgerichtsordnung vom 21. Dezember 2015 (BGBl. I S. 2517) gelten nicht als Änderungen, mit denen der Kreis der Pflichtmitglieder einer berufsständischen Kammer im Sinne des § 6 Absatz 1 Satz 3 erweitert wird.

(4b) [1] Eine Befreiung von der Versicherungspflicht als Syndikusrechtsanwalt oder Syndikuspatentanwalt nach § 6 Absatz 1 Satz 1 Nummer 1, die unter Berücksichtigung der Bundesrechtsanwaltsordnung in der ab dem 1. Januar 2016 geltenden Fassung oder der Patentanwaltsordnung in der ab dem 1. Januar 2016 geltenden Fassung erteilt wurde, wirkt auf Antrag vom Beginn derjenigen Beschäftigung an, für die die Befreiung von der Versicherungspflicht erteilt wird. [2] Sie wirkt auch vom Beginn davor liegender Beschäftigungen an, wenn während dieser Beschäftigungen eine Pflichtmitgliedschaft in einem berufsständischen Versorgungswerk bestand. [3] Die Befreiung nach den Sätzen 1 und 2 wirkt frühestens ab dem 1. April 2014. [4] Die Befreiung wirkt jedoch auch für Zeiten vor dem 1. April 2014, wenn für diese Zeiten einkommensbezogene Pflichtbeiträge an ein berufsständisches Versorgungswerk gezahlt wurden. [5] Die Sätze 1 bis 4 gelten nicht für Beschäftigungen, für die eine Befreiung von der Versicherungspflicht als Syndikusrechtsanwalt oder Syndikuspatentanwalt auf Grund einer vor dem 4. April 2014 ergangenen Entscheidung bestandskräftig abgelehnt wurde. [6] Der Antrag auf rückwirkende Befreiung nach den Sätzen 1 und 2 kann nur bis zum Ablauf des 1. April 2016 gestellt werden.

(4c) [1] Eine durch Gesetz angeordnete oder auf Gesetz beruhende Verpflichtung zur Mitgliedschaft in einer berufsständischen Versorgungseinrichtung im Sinne des § 6 Absatz 1 Satz 1 Nummer 1 gilt als gegeben für Personen, die

1. nach dem 3. April 2014 auf ihre Rechte aus der Zulassung zur Rechtsanwaltschaft oder Patentanwaltschaft verzichtet haben und

2. bis zum Ablauf des 1. April 2016 die Zulassung als Syndikusrechtsanwalt oder Syndikuspatentanwalt nach der Bundesrechtsanwaltsordnung in der ab dem 1. Januar 2016 geltenden Fassung oder der Patentanwaltsordnung in der ab dem 1. Januar 2016 geltenden Fassung beantragen.

[2] Satz 1 gilt nur, solange die Personen als Syndikusrechtsanwalt oder Syndikuspatentanwalt zugelassen sind und als freiwilliges Mitglied in einem Versorgungswerk einkommensbezogene Beiträge zahlen. [3] Satz 1 gilt nicht, wenn vor dem 1. Januar 2016 infolge eines Ortswechsels der anwaltlichen Tätigkeit eine Pflichtmitgliedschaft in dem neu zuständigen berufsständischen Versorgungswerk wegen Überschreitens einer Altersgrenze nicht mehr begründet werden konnte.

(4d) [1] Tritt in einer berufsständischen Versorgungseinrichtung, in der am 1. Januar 2016 eine Altersgrenze für die Begründung einer Pflichtmitgliedschaft bestand, eine Aufhebung dieser Altersgrenze bis zum Ablauf des 31. Dezember 2018 in Kraft, wirkt eine Befreiung von der Versicherungspflicht bei Personen, die infolge eines Ortswechsels eine Pflichtmitgliedschaft in einer solchen berufsständischen Versorgungseinrichtung bisher nicht begründen konnten und Beiträge als freiwillige Mitglieder entrichtet haben, auf Antrag vom Beginn des 36. Kalendermonats vor Inkrafttreten der Aufhebung der Altersgrenze in der jeweiligen berufsständischen Versorgungseinrichtung. [2] Der

5. Kapitel. Sonderregelungen §231 SGB VI 6

Antrag kann nur bis zum Ablauf von drei Kalendermonaten nach Inkrafttreten der Aufhebung der Altersgrenze gestellt werden.

(5) [1] Personen, die am 31. Dezember 1998 eine selbständige Tätigkeit ausgeübt haben, in der sie nicht versicherungspflichtig waren, und danach gemäß § 2 Satz 1 Nr. 9 versicherungspflichtig werden, werden auf Antrag von dieser Versicherungspflicht befreit, wenn sie

1. vor dem 2. Januar 1949 geboren sind oder

2. vor dem 10. Dezember 1998 mit einem öffentlichen oder privaten Versicherungsunternehmen einen Lebens- oder Rentenversicherungsvertrag abgeschlossen haben, der so ausgestaltet ist oder bis zum 30. Juni 2000 oder binnen eines Jahres nach Eintritt der Versicherungspflicht so ausgestaltet wird, dass

   a) Leistungen für den Fall der Invalidität und des Erlebens des 60. oder eines höheren Lebensjahres sowie im Todesfall Leistungen an Hinterbliebene erbracht werden und

   b) für die Versicherung mindestens ebensoviel Beiträge aufzuwenden sind, wie Beiträge zur Rentenversicherung zu zahlen wären, oder

3. vor dem 10. Dezember 1998 eine vergleichbare Form der Vorsorge betrieben haben oder nach diesem Zeitpunkt bis zum 30. Juni 2000 oder binnen eines Jahres nach Eintritt der Versicherungspflicht entsprechend ausgestalten; eine vergleichbare Vorsorge liegt vor, wenn

   a) vorhandenes Vermögen oder

   b) Vermögen, das aufgrund einer auf Dauer angelegten vertraglichen Verpflichtung angespart wird,

insgesamt gewährleisten, dass eine Sicherung für den Fall der Invalidität und des Erlebens des 60. oder eines höheren Lebensjahres sowie im Todesfall für Hinterbliebene vorhanden ist, deren wirtschaftlicher Wert nicht hinter dem einer Lebens- oder Rentenversicherung nach Nummer 2 zurückbleibt. [2] Satz 1 Nr. 2 gilt entsprechend für eine Zusage auf eine betriebliche Altersversorgung, durch die die leistungsbezogenen und aufwandsbezogenen Voraussetzungen des Satzes 1 Nr. 2 erfüllt werden. [3] Die Befreiung ist binnen eines Jahres nach Eintritt der Versicherungspflicht zu beantragen; die Frist läuft nicht vor dem 30. Juni 2000 ab. [4] Die Befreiung wirkt vom Eintritt der Versicherungspflicht an.

(6) [1] Personen, die am 31. Dezember 1998 eine nach § 2 Satz 1 Nr. 1 bis 3 oder § 229a Abs. 1 versicherungspflichtige selbständige Tätigkeit ausgeübt haben, werden auf Antrag von dieser Versicherungspflicht befreit, wenn sie

1. glaubhaft machen, dass sie bis zu diesem Zeitpunkt von der Versicherungspflicht keine Kenntnis hatten, und

2. vor dem 2. Januar 1949 geboren sind oder

3. vor dem 10. Dezember 1998 eine anderweitige Vorsorge im Sinne des Absatzes 5 Satz 1 Nr. 2 oder Nr. 3 oder Satz 2 für den Fall der Invalidität und des Erlebens des 60. oder eines höheren Lebensjahres sowie im Todesfall für Hinterbliebene getroffen haben; Absatz 5 Satz 1 Nr. 2 und 3 und Satz 2 sind mit der Maßgabe anzuwenden, dass an die Stelle des Datums 30. Juni 2000 jeweils das Datum 30. September 2001 tritt.

6 SGB VI §§ 231a–233   6. Buch. Gesetzl. Rentenversicherung

² Die Befreiung ist bis zum 30. September 2001 zu beantragen; sie wirkt vom Eintritt der Versicherungspflicht an.

(7) Personen, die nach § 6 Abs. 1 Satz 1 Nr. 2 in der bis zum 31. Dezember 2008 geltenden Fassung von der Versicherungspflicht befreit waren, bleiben in dieser Beschäftigung von der Versicherungspflicht befreit.

(8) Personen, die die Voraussetzungen für eine Befreiung von der Versicherungspflicht nach § 6 Abs. 1 Satz 1 Nr. 2 in der bis zum 31. Dezember 2008 geltenden Fassung erfüllen, nicht aber die Voraussetzungen nach § 6 Abs. 1 Satz 1 Nr. 2 in der ab 1. Januar 2009 geltenden Fassung, werden von der Versicherungspflicht befreit, wenn ihnen nach beamtenrechtlichen Grundsätzen oder entsprechenden kirchenrechtlichen Regelungen Anwartschaft auf Versorgung bei verminderter Erwerbsfähigkeit und im Alter sowie auf Hinterbliebenenversorgung durch eine für einen bestimmten Personenkreis geschaffene Versorgungseinrichtung gewährleistet ist und sie an einer nichtöffentlichen Schule beschäftigt sind, die vor dem 13. November 2008 Mitglied der Versorgungseinrichtung geworden ist.

(9) § 6 Absatz 1b gilt bis zum 31. Dezember 2014 nicht für Personen, die am 31. Dezember 2012 in einer mehr als geringfügigen Beschäftigung nach § 8 Absatz 1 Nummer 1 oder § 8a in Verbindung mit § 8 Absatz 1 Nummer 1 des Vierten Buches[1]) versicherungspflichtig waren, die die Merkmale einer geringfügigen Beschäftigung nach diesen Vorschriften in der ab dem 1. Januar 2013 geltenden Fassung erfüllt, solange das Arbeitsentgelt aus dieser Beschäftigung 400 Euro monatlich übersteigt.

§ 231a Befreiung von der Versicherungspflicht im Beitrittsgebiet.
Selbständig Tätige, die am 31. Dezember 1991 im Beitrittsgebiet aufgrund eines Versicherungsvertrages von der Versicherungspflicht befreit waren und nicht bis zum 31. Dezember 1994 erklärt haben, dass die Befreiung von der Versicherungspflicht enden soll, bleiben in jeder Beschäftigung oder selbständigen Tätigkeit und bei Wehrdienstleistungen von der Versicherungspflicht befreit.

§ 232 Freiwillige Versicherung.
(1) ¹Personen, die nicht versicherungspflichtig sind und vor dem 1. Januar 1992 vom Recht der Selbstversicherung, der Weiterversicherung oder der freiwilligen Versicherung Gebrauch gemacht haben, können sich weiterhin freiwillig versichern. ²Dies gilt für Personen, die von dem Recht der Selbstversicherung oder Weiterversicherung Gebrauch gemacht haben, auch dann, wenn sie nicht Deutsche sind und ihren gewöhnlichen Aufenthalt im Ausland haben.

(2) Nach bindender Bewilligung einer Vollrente wegen Alters oder für Zeiten des Bezugs einer solchen Rente ist eine freiwillige Versicherung nicht zulässig, wenn der Monat abgelaufen ist, in dem die Regelaltersgrenze erreicht wurde.

§ 233 Nachversicherung.
(1) ¹Personen, die vor dem 1. Januar 1992 aus einer Beschäftigung ausgeschieden sind, in der sie nach dem jeweils geltenden, dem § 5 Abs. 1, § 6 Abs. 1 Satz 1 Nr. 2, § 230 Abs. 1 Nr. 1 und 3 oder § 231 Abs. 1 Satz 1 sinngemäß entsprechenden Recht nicht versicherungspflichtig,

---

[1]) Nr. 4.

5. Kapitel. Sonderregelungen § 233a SGB VI 6

versicherungsfrei oder von der Versicherungspflicht befreit waren, werden weiterhin nach den bisherigen Vorschriften nachversichert, wenn sie ohne Anspruch oder Anwartschaft auf Versorgung aus der Beschäftigung ausgeschieden sind. [2]Dies gilt für Personen, die ihren Anspruch auf Versorgung vor dem 1. Januar 1992 verloren haben, entsprechend. [3]Wehrpflichtige, die während ihres Grundwehrdienstes vom 1. März 1957 bis zum 30. April 1961 nicht versicherungspflichtig waren, werden für die Zeit des Dienstes nachversichert, auch wenn die Voraussetzungen des Satzes 1 nicht vorliegen.

(2) [1]Personen, die nach dem 31. Dezember 1991 aus einer Beschäftigung ausgeschieden sind, in der sie nach § 5 Abs. 1, § 6 Abs. 1 Satz 1 Nr. 2, § 230 Abs. 1 Nr. 1 und 3 oder § 231 Abs. 1 Satz 1 versicherungsfrei oder von der Versicherungspflicht befreit waren, werden nach den vom 1. Januar 1992 an geltenden Vorschriften auch für Zeiträume vorher nachversichert, in denen sie nach dem jeweils geltenden, diesen Vorschriften sinngemäß entsprechenden Recht nicht versicherungspflichtig, versicherungsfrei oder von der Versicherungspflicht befreit waren. [2]Dies gilt für Personen, die ihren Anspruch auf Versorgung nach dem 31. Dezember 1991 verloren haben, entsprechend.

(3) Die Nachversicherung erstreckt sich auch auf Zeiträume, in denen die nachzuversichernden Personen mangels einer dem § 4 Abs. 1 Satz 2 entsprechenden Vorschrift oder in den Fällen des Absatzes 2 wegen Überschreitens der jeweiligen Jahresarbeitsverdienstgrenze nicht versicherungspflichtig oder versicherungsfrei waren.

§ 233a Nachversicherung im Beitrittsgebiet. (1) [1]Personen, die vor dem 1. Januar 1992 aus einer Beschäftigung im Beitrittsgebiet ausgeschieden sind, in der sie nach dem jeweils geltenden, dem § 5 Abs. 1, § 6 Abs. 1 Satz 1 Nr. 2 und § 230 Abs. 1 Nr. 3 sinngemäß entsprechenden Recht nicht versicherungspflichtig, versicherungsfrei oder von der Versicherungspflicht befreit waren, werden nachversichert, wenn sie

1. ohne Anspruch oder Anwartschaft auf Versorgung aus der Beschäftigung ausgeschieden sind und

2. einen Anspruch auf eine nach den Vorschriften dieses Buches zu berechnende Rente haben oder aufgrund der Nachversicherung erwerben würden.

[2]Der Nachversicherung werden die bisherigen Vorschriften, die im Gebiet der Bundesrepublik Deutschland außerhalb des Beitrittsgebiets anzuwenden sind oder anzuwenden waren, fiktiv zugrunde gelegt; Regelungen, nach denen eine Nachversicherung nur erfolgt, wenn sie innerhalb einer bestimmten Frist oder bis zu einem bestimmten Zeitpunkt beantragt worden ist, finden keine Anwendung. [3]Die Sätze 1 und 2 gelten entsprechend

1. für Personen, die aus einer Beschäftigung außerhalb des Beitrittsgebiets ausgeschieden sind, wenn sie aufgrund ihres gewöhnlichen Aufenthalts im Beitrittsgebiet nicht nachversichert werden konnten,

2. für Personen, die ihren Anspruch auf Versorgung vor dem 1. Januar 1992 verloren haben.

[4]Für Personen, die aus einer Beschäftigung mit Anwartschaft auf Versorgung nach kirchenrechtlichen Regelungen oder mit Anwartschaft auf die in der Gemeinschaft übliche Versorgung im Sinne des § 5 Abs. 1 Satz 1 Nr. 3 ausgeschieden sind, erfolgt eine Nachversicherung nach Satz 1 oder 2 nur, wenn sie bis zum 31. Dezember 1994 beantragt wird.

(2) ¹ Personen, die nach dem 31. Dezember 1991 aus einer Beschäftigung im Beitrittsgebiet ausgeschieden sind, in der sie nach § 5 Abs. 1 versicherungsfrei waren, werden nach den vom 1. Januar 1992 an geltenden Vorschriften auch für Zeiten vorher nachversichert, in denen sie nach dieser Vorschrift oder dem jeweils geltenden, dieser Vorschrift sinngemäß entsprechenden Recht nicht versicherungspflichtig, versicherungsfrei oder von der Versicherungspflicht befreit waren, wenn sie einen Anspruch auf eine nach den Vorschriften dieses Buches zu berechnende Rente haben oder aufgrund der Nachversicherung erwerben würden. ² Dies gilt für Personen, die ihren Anspruch auf Versorgung nach dem 31. Dezember 1991 verloren haben, entsprechend.

(3) Pfarrer, Pastoren, Prediger, Vikare und andere Mitarbeiter von Religionsgesellschaften im Beitrittsgebiet, für die aufgrund von Vereinbarungen zwischen den Religionsgesellschaften und der Deutschen Demokratischen Republik Beiträge zur Sozialversicherung für Zeiten im Dienst der Religionsgesellschaften nachgezahlt wurden, gelten für die Zeiträume, für die Beiträge nachgezahlt worden sind, als nachversichert, wenn sie einen Anspruch auf eine nach den Vorschriften dieses Buches zu berechnende Rente haben oder aufgrund der Nachversicherung erwerben würden.

(4) ¹ Diakonissen, für die aufgrund von Vereinbarungen zwischen dem Bund der Evangelischen Kirchen im Beitrittsgebiet und der Deutschen Demokratischen Republik Zeiten einer Tätigkeit in den Evangelischen Diakonissenmutterhäusern und Diakoniewerken vor dem 1. Januar 1985 im Beitrittsgebiet bei der Gewährung und Berechnung von Renten aus der Sozialversicherung zu berücksichtigen waren, werden für diese Zeiträume nachversichert, wenn sie einen Anspruch auf eine nach den Vorschriften dieses Buches zu berechnende Rente haben oder aufgrund der Nachversicherung erwerben würden. ² Dies gilt entsprechend für Mitglieder geistlicher Genossenschaften, die vor dem 1. Januar 1985 im Beitrittsgebiet eine vergleichbare Tätigkeit ausgeübt haben. ³ Für Personen, die nach dem 31. Dezember 1984 aus der Gemeinschaft ausgeschieden sind, geht die Nachversicherung nach Satz 1 oder 2 für Zeiträume vor dem 1. Januar 1985 der Nachversicherung nach Absatz 1 oder 2 vor.

(5) Die Absätze 1 und 2 gelten nicht für Zeiten, für die Ansprüche oder Anwartschaften aus einem Sonderversorgungssystem des Beitrittsgebiets im Sinne des Artikels 3 § 1 Abs. 3 des Renten-Überleitungsgesetzes erworben worden sind.

Dritter Unterabschnitt. Teilhabe

§ 234 Übergangsgeldanspruch und -berechnung bei Arbeitslosenhilfe.

(1) Bei Leistungen zur medizinischen Rehabilitation oder sonstigen Leistungen zur Teilhabe haben Versicherte auch nach dem 31. Dezember 2004 Anspruch auf Übergangsgeld, die unmittelbar vor Beginn der Arbeitsunfähigkeit oder wenn sie nicht arbeitsunfähig waren, unmittelbar vor Beginn der Leistungen Arbeitslosenhilfe bezogen haben, und für die von dem der Arbeitslosenhilfe zugrunde liegenden Arbeitsentgelt oder Arbeitseinkommen Beiträge zur Rentenversicherung gezahlt worden sind.

5. Kapitel. Sonderregelungen §§ 234a, 235 SGB VI 6

(2) Für Anspruchsberechtigte nach Absatz 1 ist für die Berechnung des Übergangsgeldes § 21 Abs. 4 in Verbindung mit § 47b des Fünften Buches[1)] jeweils in der am 31. Dezember 2004 geltenden Fassung anzuwenden.

§ 234a Übergangsgeldanspruch und -berechnung bei Unterhaltsgeldbezug. (1) Bei Leistungen zur medizinischen Rehabilitation oder sonstigen Leistungen zur Teilhabe haben Versicherte, die unmittelbar vor Beginn der Arbeitsunfähigkeit oder, wenn sie nicht arbeitsunfähig waren, unmittelbar vor Beginn der Leistungen Unterhaltsgeld bezogen haben, und für die von dem dem Unterhaltsgeld zugrunde liegenden Arbeitsentgelt oder Arbeitseinkommen Beiträge zur Rentenversicherung gezahlt worden sind, auch nach dem 31. Dezember 2004 Anspruch auf Übergangsgeld.

(2) Für Anspruchsberechtigte nach Absatz 1 ist für die Berechnung des Übergangsgeldes § 21 Abs. 4 dieses Buches in Verbindung mit § 47b des Fünften Buches[1)] jeweils in der am 30. Juni 2004 geltenden Fassung anzuwenden.

Vierter Unterabschnitt. Anspruchsvoraussetzungen für einzelne Renten

§ 235 Regelaltersrente. (1) [1] Versicherte, die vor dem 1. Januar 1964 geboren sind, haben Anspruch auf Regelaltersrente, wenn sie

1. die Regelaltersgrenze erreicht und
2. die allgemeine Wartezeit erfüllt

haben. [2] Die Regelaltersgrenze wird frühestens mit Vollendung des 65. Lebensjahres erreicht.

(2) [1] Versicherte, die vor dem 1. Januar 1947 geboren sind, erreichen die Regelaltersgrenze mit Vollendung des 65. Lebensjahres. [2] Für Versicherte, die nach dem 31. Dezember 1946 geboren sind, wird die Regelaltersgrenze wie folgt angehoben:

Versicherte Geburtsjahr	Anhebung um Monate	auf Alter	
		Jahr	Monat
1947	1	65	1
1948	2	65	2
1949	3	65	3
1950	4	65	4
1951	5	65	5
1952	6	65	6
1953	7	65	7
1954	8	65	8
1955	9	65	9
1956	10	65	10

[1)] Nr. 5.

6 SGB VI § 236 6. Buch. Gesetzl. Rentenversicherung

Versicherte Geburtsjahr	Anhebung um Monate	auf Alter Jahr	Monat
1957	11	65	11
1958	12	66	0
1959	14	66	2
1960	16	66	4
1961	18	66	6
1962	20	66	8
1963	22	66	10.

³ Für Versicherte, die

1. vor dem 1. Januar 1955 geboren sind und vor dem 1. Januar 2007 Altersteilzeitarbeit im Sinne der §§ 2 und 3 Abs. 1 Nr. 1 des Altersteilzeitgesetzes vereinbart haben oder
2. Anpassungsgeld für entlassene Arbeitnehmer des Bergbaus bezogen haben,

wird die Regelaltersgrenze nicht angehoben.

§ 236 Altersrente für langjährig Versicherte. (1) ¹ Versicherte, die vor dem 1. Januar 1964 geboren sind, haben frühestens Anspruch auf Altersrente für langjährig Versicherte, wenn sie

1. das 65. Lebensjahr vollendet und
2. die Wartezeit von 35 Jahren erfüllt

haben. ² Die vorzeitige Inanspruchnahme dieser Altersrente ist nach Vollendung des 63. Lebensjahres möglich.

(2) ¹ Versicherte, die vor dem 1. Januar 1949 geboren sind, haben Anspruch auf diese Altersrente nach Vollendung des 65. Lebensjahres. ² Für Versicherte, die nach dem 31. Dezember 1948 geboren sind, wird die Altersgrenze von 65 Jahren wie folgt angehoben:

Versicherte Geburtsjahr Geburtsmonat	Anhebung um Monate	auf Alter Jahr	Monat
1949			
Januar	1	65	1
Februar	2	65	2
März – Dezember	3	65	3
1950	4	65	4
1951	5	65	5
1952	6	65	6
1953	7	65	7
1954	8	65	8

5. Kapitel. Sonderregelungen § 236 SGB VI 6

Versicherte Geburtsjahr Geburtsmonat	Anhebung um Monate	auf Alter	
		Jahr	Monat
1955	9	65	9
1956	10	65	10
1957	11	65	11
1958	12	66	0
1959	14	66	2
1960	16	66	4
1961	18	66	6
1962	20	66	8
1963	22	66	10.

³ Für Versicherte, die
1. vor dem 1. Januar 1955 geboren sind und vor dem 1. Januar 2007 Altersteilzeitarbeit im Sinne der §§ 2 und 3 Abs. 1 Nr. 1 des Altersteilzeitgesetzes vereinbart haben oder
2. Anpassungsgeld für entlassene Arbeitnehmer des Bergbaus bezogen haben,

wird die Altersgrenze von 65 Jahren nicht angehoben.

(3) Für Versicherte, die
1. nach dem 31. Dezember 1947 geboren sind und
2. entweder
    a) vor dem 1. Januar 1955 geboren sind und vor dem 1. Januar 2007 Altersteilzeitarbeit im Sinne der §§ 2 und 3 Abs. 1 Nr. 1 des Altersteilzeitgesetzes vereinbart haben

oder
    b) Anpassungsgeld für entlassene Arbeitnehmer des Bergbaus bezogen haben,

bestimmt sich die Altersgrenze für die vorzeitige Inanspruchnahme wie folgt:

Versicherte Geburtsjahr Geburtsmonat	Vorzeitige Inanspruchnahme möglich ab Alter	
	Jahr	Monat
1948		
Januar – Februar	62	11
März – April	62	10
Mai – Juni	62	9
Juli – August	62	8
September – Oktober	62	7
November – Dezember	62	6

Versicherte Geburtsjahr Geburtsmonat	Vorzeitige Inanspruchnahme möglich ab Alter	
	Jahr	Monat
1949		
Januar – Februar	62	5
März – April	62	4
Mai – Juni	62	3
Juli – August	62	2
September – Oktober	62	1
November – Dezember	62	0
1950 – 1963	62	0.

§ 236a Altersrente für schwerbehinderte Menschen. (1) ¹Versicherte, die vor dem 1. Januar 1964 geboren sind, haben frühestens Anspruch auf Altersrente für schwerbehinderte Menschen, wenn sie

1. das 63. Lebensjahr vollendet haben,
2. bei Beginn der Altersrente als schwerbehinderte Menschen (§ 2 Abs. 2 Neuntes Buch) anerkannt sind und
3. die Wartezeit von 35 Jahren erfüllt haben.

²Die vorzeitige Inanspruchnahme dieser Altersrente ist frühestens nach Vollendung des 60. Lebensjahres möglich.

(2) ¹Versicherte, die vor dem 1. Januar 1952 geboren sind, haben Anspruch auf diese Altersrente nach Vollendung des 63. Lebensjahres; für sie ist die vorzeitige Inanspruchnahme nach Vollendung des 60. Lebensjahres möglich. ²Für Versicherte, die nach dem 31. Dezember 1951 geboren sind, werden die Altersgrenze von 63 Jahren und die Altersgrenze für die vorzeitige Inanspruchnahme wie folgt angehoben:

Versicherte Geburtsjahr Geburtsmonat	Anhebung um Monate	auf Alter		vorzeitige Inanspruchnahme möglich ab Alter	
		Jahr	Monat	Jahr	Monat
1952					
Januar	1	63	1	60	1
Februar	2	63	2	60	2
März	3	63	3	60	3
April	4	63	4	60	4
Mai	5	63	5	60	5

5. Kapitel. Sonderregelungen § 236a SGB VI 6

Versicherte Geburtsjahr Geburtsmonat	Anhebung um Monate	auf Alter		vorzeitige Inanspruchnahme möglich ab Alter	
		Jahr	Monat	Jahr	Monat
Juni – Dezember	6	63	6	60	6
1953	7	63	7	60	7
1954	8	63	8	60	8
1955	9	63	9	60	9
1956	10	63	10	60	10
1957	11	63	11	60	11
1958	12	64	0	61	0
1959	14	64	2	61	2
1960	16	64	4	61	4
1961	18	64	6	61	6
1962	20	64	8	61	8
1963	22	64	10	61	10.

[3] Für Versicherte, die

1. am 1. Januar 2007 als schwerbehinderte Menschen (§ 2 Abs. 2 Neuntes Buch) anerkannt waren und
2. entweder

   a) vor dem 1. Januar 1955 geboren sind und vor dem 1. Januar 2007 Altersteilzeitarbeit im Sinne der §§ 2 und 3 Abs. 1 Nr. 1 des Altersteilzeitgesetzes vereinbart haben

   oder

   b) Anpassungsgeld für entlassene Arbeitnehmer des Bergbaus bezogen haben,

werden die Altersgrenzen nicht angehoben.

(3) Versicherte, die vor dem 1. Januar 1951 geboren sind, haben unter den Voraussetzungen nach Absatz 1 Satz 1 Nr. 1 und 3 auch Anspruch auf diese Altersrente, wenn sie bei Beginn der Altersrente berufsunfähig oder erwerbsunfähig nach dem am 31. Dezember 2000 geltenden Recht sind.

(4) Versicherte, die vor dem 17 November 1950 geboren sind und am 16. November 2000 schwerbehindert (§ 2 Abs. 2 Neuntes Buch), berufsunfähig oder erwerbsunfähig nach dem am 31. Dezember 2000 geltenden Recht waren, haben Anspruch auf diese Altersrente, wenn sie

1. das 60. Lebensjahr vollendet haben,
2. bei Beginn der Altersrente

   a) als schwerbehinderte Menschen (§ 2 Abs. 2 Neuntes Buch) anerkannt oder

b) berufsunfähig oder erwerbsunfähig nach dem am 31. Dezember 2000 geltenden Recht sind und
3. die Wartezeit von 35 Jahren erfüllt haben.

§ 236b Altersrente für besonders langjährig Versicherte. (1) Versicherte, die vor dem 1. Januar 1964 geboren sind, haben frühestens Anspruch auf Altersrente für besonders langjährig Versicherte, wenn sie
1. das 63. Lebensjahr vollendet und
2. die Wartezeit von 45 Jahren erfüllt
haben.

(2) [1] Versicherte, die vor dem 1. Januar 1953 geboren sind, haben Anspruch auf diese Altersrente nach Vollendung des 63. Lebensjahres. [2] Für Versicherte, die nach dem 31. Dezember 1952 geboren sind, wird die Altersgrenze von 63 Jahren wie folgt angehoben:

Versicherte Geburtsjahr	Anhebung um Monate	auf Alter	
		Jahr	Monat
1953	2	63	2
1954	4	63	4
1955	6	63	6
1956	8	63	8
1957	10	63	10
1958	12	64	0
1959	14	64	2
1960	16	64	4
1961	18	64	6
1962	20	64	8
1963	22	64	10.

§ 237 Altersrente wegen Arbeitslosigkeit oder nach Altersteilzeitarbeit. (1) Versicherte haben Anspruch auf Altersrente, wenn sie
1. vor dem 1. Januar 1952 geboren sind,
2. das 60. Lebensjahr vollendet haben,
3. entweder
   a) bei Beginn der Rente arbeitslos sind und nach Vollendung eines Lebensalters von 58 Jahren und 6 Monaten insgesamt 52 Wochen arbeitslos waren oder Anpassungsgeld für entlassene Arbeitnehmer des Bergbaus bezogen haben
   oder
   b) die Arbeitszeit aufgrund von Altersteilzeitarbeit im Sinne der §§ 2 und 3 Abs. 1 Nr. 1 des Altersteilzeitgesetzes für mindestens 24 Kalendermonate vermindert haben,

5. Kapitel. Sonderregelungen § 237 SGB VI 6

4. in den letzten zehn Jahren vor Beginn der Rente acht Jahre Pflichtbeiträge für eine versicherte Beschäftigung oder Tätigkeit haben, wobei sich der Zeitraum von zehn Jahren um Anrechnungszeiten, Berücksichtigungszeiten und Zeiten des Bezugs einer Rente aus eigener Versicherung, die nicht auch Pflichtbeitragszeiten aufgrund einer versicherten Beschäftigung oder Tätigkeit sind, verlängert, und

5. die Wartezeit von 15 Jahren erfüllt haben.

(2) ¹Anspruch auf diese Altersrente haben auch Versicherte, die

1. während der Arbeitslosigkeit von 52 Wochen nur deshalb der Arbeitsvermittlung nicht zur Verfügung standen, weil sie nicht arbeitsbereit waren und nicht alle Möglichkeiten nutzten und nutzen wollten, um ihre Beschäftigungslosigkeit zu beenden,

2. nur deswegen nicht 52 Wochen arbeitslos waren, weil sie im Rahmen einer Arbeitsgelegenheit mit Entschädigung für Mehraufwendungen nach dem Zweiten Buch[1)] eine Tätigkeit von 15 Stunden wöchentlich oder mehr ausgeübt haben, oder

3. während der 52 Wochen und zu Beginn der Rente nur deswegen nicht als Arbeitslose galten, weil sie erwerbsfähige Leistungsberechtigte waren, die nach Vollendung des 58. Lebensjahres mindestens für die Dauer von zwölf Monaten Leistungen der Grundsicherung für Arbeitsuchende bezogen haben, ohne dass ihnen eine sozialversicherungspflichtige Beschäftigung angeboten worden ist.

²Der Zeitraum von zehn Jahren, in dem acht Jahre Pflichtbeiträge für eine versicherte Beschäftigung oder Tätigkeit vorhanden sein müssen, verlängert sich auch um

1. Arbeitslosigkeitszeiten nach Satz 1,

2. Ersatzzeiten,

soweit diese Zeiten nicht auch Pflichtbeiträge für eine versicherte Beschäftigung oder Tätigkeit sind. ³Vom 1. Januar 2008 an werden Arbeitslosigkeitszeiten nach Satz 1 Nr. 1 nur berücksichtigt, wenn die Arbeitslosigkeit vor dem 1. Januar 2008 begonnen hat und die Versicherten vor dem 2. Januar 1950 geboren sind.

(3) ¹Die Altersgrenze von 60 Jahren wird bei Altersrenten wegen Arbeitslosigkeit oder nach Altersteilzeitarbeit für Versicherte, die nach dem 31. Dezember 1936 geboren sind, angehoben. ²Die vorzeitige Inanspruchnahme einer solchen Altersrente ist möglich. ³Die Anhebung der Altersgrenzen und die Möglichkeit der vorzeitigen Inanspruchnahme der Altersrenten bestimmen sich nach Anlage 19.

(4) ¹Die Altersgrenze von 60 Jahren bei der Altersrente wegen Arbeitslosigkeit oder nach Altersteilzeitarbeit wird für Versicherte, die

1. bis zum 14. Februar 1941 geboren sind und

a) am 14. Februar 1996 arbeitslos waren oder Anpassungsgeld für entlassene Arbeitnehmer des Bergbaus bezogen haben oder

---

[1)] Nr. 2.

1033

b) deren Arbeitsverhältnis aufgrund einer Kündigung oder Vereinbarung, die vor dem 14. Februar 1996 erfolgt ist, nach dem 13. Februar 1996 beendet worden ist,

2. bis zum 14. Februar 1944 geboren sind und aufgrund einer Maßnahme nach Artikel 56 § 2 Buchstabe b des Vertrages über die Gründung der Europäischen Gemeinschaft für Kohle und Stahl (EGKS-V), die vor dem 14. Februar 1996 genehmigt worden ist, aus einem Betrieb der Montanindustrie ausgeschieden sind oder

3. vor dem 1. Januar 1942 geboren sind und 45 Jahre mit Pflichtbeiträgen für eine versicherte Beschäftigung oder Tätigkeit haben, wobei § 55 Abs. 2 nicht für Zeiten anzuwenden ist, in denen Versicherte wegen des Bezugs von Arbeitslosengeld, Arbeitslosenhilfe oder Arbeitslosengeld II versicherungspflichtig waren,

wie folgt angehoben:

Versicherte Geburtsjahr Geburtsmonat	Anhebung um Monate	auf Alter		vorzeitige Inanspruchnahme möglich ab Alter	
		Jahr	Monat	Jahr	Monat
vor 1941	0	60	0	60	0
1941 Januar-April	1	60	1	60	0
Mai-August	2	60	2	60	0
September-Dezember	3	60	3	60	0
1942 Januar-April	4	60	4	60	0
Mai-August	5	60	5	60	0
September-Dezember	6	60	6	60	0
1943 Januar-April	7	60	7	60	0
Mai-August	8	60	8	60	0
September-Dezember	9	60	9	60	0
1944 Januar-Februar	10	60	10	60	0

[2] Einer vor dem 14. Februar 1996 abgeschlossenen Vereinbarung über die Beendigung des Arbeitsverhältnisses steht eine vor diesem Tag vereinbarte Befristung des Arbeitsverhältnisses oder Bewilligung einer befristeten arbeitsmarktpolitischen Maßnahme gleich. [3] Ein bestehender Vertrauensschutz wird insbesondere durch die spätere Aufnahme eines Arbeitsverhältnisses oder den Eintritt in eine neue arbeitsmarktpolitische Maßnahme nicht berührt.

(5) [1] Die Altersgrenze von 60 Jahren für die vorzeitige Inanspruchnahme wird für Versicherte,

1. die am 1. Januar 2004 arbeitslos waren,

5. Kapitel. Sonderregelungen § 237a SGB VI 6

2. deren Arbeitsverhältnis aufgrund einer Kündigung oder Vereinbarung, die vor dem 1. Januar 2004 erfolgt ist, nach dem 31. Dezember 2003 beendet worden ist,
3. deren letztes Arbeitsverhältnis vor dem 1. Januar 2004 beendet worden ist und die am 1. Januar 2004 beschäftigungslos im Sinne des § 138 Abs. 1 Nr. 1 des Dritten Buches[1]) waren,
4. die vor dem 1. Januar 2004 Altersteilzeitarbeit im Sinne der §§ 2 und 3 Abs. 1 Nr. 1 des Altersteilzeitgesetzes vereinbart haben oder
5. die Anpassungsgeld für entlassene Arbeitnehmer des Bergbaus bezogen haben,

nicht angehoben. ²Einer vor dem 1. Januar 2004 abgeschlossenen Vereinbarung über die Beendigung des Arbeitsverhältnisses steht eine vor diesem Tag vereinbarte Befristung des Arbeitsverhältnisses oder Bewilligung einer befristeten arbeitsmarktpolitischen Maßnahme gleich. ³Ein bestehender Vertrauensschutz wird insbesondere durch die spätere Aufnahme eines Arbeitsverhältnisses oder den Eintritt in eine neue arbeitsmarktpolitische Maßnahme nicht berührt.

§ 237a Altersrente für Frauen. (1) Versicherte Frauen haben Anspruch auf Altersrente, wenn sie

1. vor dem 1. Januar 1952 geboren sind,
2. das 60. Lebensjahr vollendet,
3. nach Vollendung des 40. Lebensjahres mehr als zehn Jahre Pflichtbeiträge für eine versicherte Beschäftigung oder Tätigkeit und
4. die Wartezeit von 15 Jahren erfüllt

haben.

(2) ¹Die Altersgrenze von 60 Jahren wird bei Altersrenten für Frauen für Versicherte, die nach dem 31. Dezember 1939 geboren sind, angehoben. ²Die vorzeitige Inanspruchnahme einer solchen Altersrente ist möglich. ³Die Anhebung der Altersgrenzen und die Möglichkeit der vorzeitigen Inanspruchnahme der Altersrenten bestimmen sich nach Anlage 20.

(3) ¹Die Altersgrenze von 60 Jahren bei der Altersrente für Frauen wird für Frauen, die

1. bis zum 7. Mai 1941 geboren sind und
   a) am 7. Mai 1996 arbeitslos waren, Anpassungsgeld für entlassene Arbeitnehmer des Bergbaus, Vorruhestandsgeld oder Überbrückungsgeld der Seemannskasse bezogen haben oder
   b) deren Arbeitsverhältnis aufgrund einer Kündigung oder Vereinbarung, die vor dem 7. Mai 1996 erfolgt ist, nach dem 6. Mai 1996 beendet worden ist,
2. bis zum 7. Mai 1944 geboren sind und aufgrund einer Maßnahme nach Artikel 56 § 2 Buchstabe b des Vertrages über die Gründung der Europäischen Gemeinschaft für Kohle und Stahl (EGKS-V), die vor dem 7. Mai 1996 genehmigt worden ist, aus einem Betrieb der Montanindustrie ausgeschieden sind oder

---

[1]) Nr. 3.

3. vor dem 1. Januar 1942 geboren sind und 45 Jahre mit Pflichtbeiträgen für eine versicherte Beschäftigung oder Tätigkeit haben, wobei § 55 Abs. 2 nicht für Zeiten anzuwenden ist, in denen Versicherte wegen des Bezugs von Arbeitslosengeld oder Arbeitslosenhilfe versicherungspflichtig waren,

wie folgt angehoben:

Versicherte Geburtsjahr Geburtsmonat	Anhebung um Monate	auf Alter		vorzeitige Inanspruchnahme möglich ab Alter	
		Jahr	Monat	Jahr	Monat
vor 1941	0	60	0	60	0
1941					
Januar–April	1	60	1	60	0
Mai–August	2	60	2	60	0
September–Dezember	3	60	3	60	0
1942					
Januar–April	4	60	4	60	0
Mai–August	5	60	5	60	0
September–Dezember	6	60	6	60	0
1943					
Januar–April	7	60	7	60	0
Mai–August	8	60	8	60	0
September–Dezember	9	60	9	60	0
1944					
Januar–April	10	60	10	60	0
Mai	11	60	11	60	0

[2] Einer vor dem 7. Mai 1996 abgeschlossenen Vereinbarung über die Beendigung des Arbeitsverhältnisses steht eine vor diesem Tag vereinbarte Befristung des Arbeitsverhältnisses oder Bewilligung einer befristeten arbeitsmarktpolitischen Maßnahme gleich. [3] Ein bestehender Vertrauensschutz wird insbesondere durch die spätere Aufnahme eines Arbeitsverhältnisses oder den Eintritt in eine neue arbeitsmarktpolitische Maßnahme nicht berührt.

§ 238 Altersrente für langjährig unter Tage beschäftigte Bergleute.

(1) Versicherte, die vor dem 1. Januar 1964 geboren sind, haben frühestens Anspruch auf Altersrente für langjährig unter Tage beschäftigte Bergleute, wenn sie

1. das 60. Lebensjahr vollendet und
2. die Wartezeit von 25 Jahren erfüllt haben.

(2) [1] Versicherte, die vor dem 1. Januar 1952 geboren sind, haben Anspruch auf diese Altersrente nach Vollendung des 60. Lebensjahres. [2] Für Versicherte, die nach dem 31. Dezember 1951 geboren sind, wird die Altersgrenze von 60 Jahren wie folgt angehoben:

5. Kapitel. Sonderregelungen § 238 SGB VI 6

Versicherte Geburtsjahr Geburtsmonat	Anhebung um Monate	auf Alter Jahr	Monat
1952			
Januar	1	60	1
Februar	2	60	2
März	3	60	3
April	4	60	4
Mai	5	60	5
Juni – Dezember	6	60	6
1953	7	60	7
1954	8	60	8
1955	9	60	9
1956	10	60	10
1957	11	60	11
1958	12	61	0
1959	14	61	2
1960	16	61	4
1961	18	61	6
1962	20	61	8
1963	22	61	10.

[3] Für Versicherte, die Anpassungsgeld für entlassene Arbeitnehmer des Bergbaus oder Knappschaftsausgleichsleistung bezogen haben, wird die Altersgrenze von 60 Jahren nicht angehoben.

(3) *(aufgehoben)*

(4) Die Wartezeit für die Altersrente für langjährig unter Tage beschäftigte Bergleute ist auch erfüllt, wenn die Versicherten

1. 25 Jahre mit Beitragszeiten aufgrund einer Beschäftigung mit ständigen Arbeiten unter Tage zusammen mit der knappschaftlichen Rentenversicherung zugeordneten Ersatzzeiten haben oder

2. 25 Jahre mit knappschaftlichen Beitragszeiten allein oder zusammen mit der knappschaftlichen Rentenversicherung zugeordneten Ersatzzeiten haben und

   a) 15 Jahre mit Hauerarbeiten (Anlage 9) beschäftigt waren oder

   b) die erforderlichen 25 Jahre mit Beitragszeiten aufgrund einer Beschäftigung mit ständigen Arbeiten unter Tage allein oder zusammen mit der knappschaftlichen Rentenversicherung zugeordneten Ersatzzeiten erfüllen, wenn darauf aa) für je zwei volle Kalendermonate mit Hauerarbeiten je drei Kalendermonate und

bb) für je drei volle Kalendermonate, in denen die Versicherten vor dem 1. Januar 1968 unter Tage mit anderen als Hauerarbeiten beschäftigt waren, je zwei Kalendermonate oder

cc) die vor dem 1. Januar 1968 verrichteten Arbeiten unter Tage bei Versicherten, die vor dem 1. Januar 1968 Hauerarbeiten verrichtet haben und diese wegen im Bergbau verminderter Berufsfähigkeit aufgeben mussten,

angerechnet werden.

§ 239 Knappschaftsausgleichsleistung. (1) [1] Versicherte haben Anspruch auf Knappschaftsausgleichsleistung, wenn sie

1. nach Vollendung des 55. Lebensjahres aus einem knappschaftlichen Betrieb ausscheiden, nach dem 31. Dezember 1971 ihre bisherige Beschäftigung unter Tage infolge im Bergbau verminderter Berufsfähigkeit wechseln mussten und die Wartezeit von 25 Jahren mit Beitragszeiten aufgrund einer Beschäftigung mit ständigen Arbeiten unter Tage erfüllt haben,

2. aus Gründen, die nicht in ihrer Person liegen, nach Vollendung des 55. Lebensjahres oder nach Vollendung des 50. Lebensjahres, wenn sie bis zur Vollendung des 55. Lebensjahres Anpassungsgeld für entlassene Arbeitnehmer des Bergbaus bezogen haben, aus einem knappschaftlichen Betrieb ausscheiden und die Wartezeit von 25 Jahren

   a) mit Beitragszeiten aufgrund einer Beschäftigung unter Tage erfüllt haben oder

   b) mit Beitragszeiten erfüllt haben, eine Beschäftigung unter Tage ausgeübt haben und diese Beschäftigung wegen Krankheit oder körperlicher, geistiger oder seelischer Behinderung aufgeben mussten,

oder

3. nach Vollendung des 55. Lebensjahres aus einem knappschaftlichen Betrieb ausscheiden und die Wartezeit von 25 Jahren mit knappschaftlichen Beitragszeiten erfüllt haben und

   a) vor dem 1. Januar 1972 15 Jahre mit Hauerarbeiten (Anlage 9) beschäftigt waren, wobei der knappschaftlichen Rentenversicherung zugeordnete Ersatzzeiten infolge einer Einschränkung oder Entziehung der Freiheit oder infolge Verfolgungsmaßnahmen angerechnet werden, oder

   b) vor dem 1. Januar 1972 Hauerarbeiten infolge im Bergbau verminderter Berufsfähigkeit aufgeben mussten und 25 Jahre mit ständigen Arbeiten unter Tage oder mit Arbeiten unter Tage vor dem 1. Januar 1968 beschäftigt waren oder

   c) mindestens fünf Jahre mit Hauerarbeiten beschäftigt waren und insgesamt 25 Jahre mit ständigen Arbeiten unter Tage oder mit Hauerarbeiten beschäftigt waren, wobei auf diese 25 Jahre für je zwei volle Kalendermonate mit Hauerarbeiten je drei Kalendermonate angerechnet werden.

[2] Dem Bezug von Anpassungsgeld für entlassene Arbeitnehmer des Bergbaus nach Nummer 2 steht der Bezug der Bergmannsvollrente für längstens fünf Jahre gleich.

(2) Auf die Wartezeit nach Absatz 1 werden angerechnet
1. Zeiten, in denen Versicherte vor dem 1. Januar 1968 unter Tage beschäftigt waren,
2. Anrechnungszeiten wegen Bezugs von Anpassungsgeld für entlassene Arbeitnehmer des Bergbaus auf die Wartezeit nach Absatz 1 Nr. 2 und 3, auf die Wartezeit nach Absatz 1 Nr. 2 Buchstabe a jedoch nur, wenn zuletzt eine Beschäftigung unter Tage ausgeübt worden ist,
3. Ersatzzeiten, die der knappschaftlichen Rentenversicherung zugeordnet sind, auf die Wartezeit nach Absatz 1 Nr. 2 Buchstabe b und Nr. 3 Buchstabe a.

(3) [1] Für die Feststellung und Zahlung der Knappschaftsausgleichsleistung werden die Vorschriften für die Rente wegen voller Erwerbsminderung mit Ausnahme der §§ 59 und 85 angewendet. [2] Der Zugangsfaktor beträgt 1,0. [3] Grundlage für die Ermittlung des Monatsbetrags der Knappschaftsausgleichsleistung sind nur die persönlichen Entgeltpunkte, die auf die knappschaftliche Rentenversicherung entfallen. [4] An die Stelle des Zeitpunkts von § 99 Abs. 1 tritt der Beginn des Kalendermonats, der dem Monat folgt, in dem die knappschaftliche Beschäftigung endete. [5] Neben der Knappschaftsausgleichsleistung wird eine Rente aus eigener Versicherung nicht geleistet. [6] Anspruch auf eine Knappschaftsausgleichsleistung besteht nur, wenn die kalenderjährliche Hinzuverdienstgrenze von 6 300 Euro nicht überschritten wird.

§ 240 Rente wegen teilweiser Erwerbsminderung bei Berufsunfähigkeit. (1) Anspruch auf Rente wegen teilweiser Erwerbsminderung haben bei Erfüllung der sonstigen Voraussetzungen bis zum Erreichen der Regelaltersgrenze auch Versicherte, die
1. vor dem 2. Januar 1961 geboren und
2. berufsunfähig
sind.

(2) [1] Berufsunfähig sind Versicherte, deren Erwerbsfähigkeit wegen Krankheit oder Behinderung im Vergleich zur Erwerbsfähigkeit von körperlich, geistig und seelisch gesunden Versicherten mit ähnlicher Ausbildung und gleichwertigen Kenntnissen und Fähigkeiten auf weniger als sechs Stunden gesunken ist. [2] Der Kreis der Tätigkeiten, nach denen die Erwerbsfähigkeit von Versicherten zu beurteilen ist, umfasst alle Tätigkeiten, die ihren Kräften und Fähigkeiten entsprechen und ihnen unter Berücksichtigung der Dauer und des Umfangs ihrer Ausbildung sowie ihres bisherigen Berufs und der besonderen Anforderungen ihrer bisherigen Berufstätigkeit zugemutet werden können. [3] Zumutbar ist stets eine Tätigkeit, für die die Versicherten durch Leistungen zur Teilhabe am Arbeitsleben mit Erfolg ausgebildet oder umgeschult worden sind. [4] Berufsunfähig ist nicht, wer eine zumutbare Tätigkeit mindestens sechs Stunden täglich ausüben kann; dabei ist die jeweilige Arbeitsmarktlage nicht zu berücksichtigen.

§ 241 Rente wegen Erwerbsminderung. (1) Der Zeitraum von fünf Jahren vor Eintritt der Erwerbsminderung oder Berufsunfähigkeit (§ 240), in dem Versicherte für einen Anspruch auf Rente wegen Erwerbsminderung drei Jahre Pflichtbeiträge für eine versicherte Beschäftigung oder Tätigkeit haben müssen, verlängert sich auch um Ersatzzeiten.

(2) ¹Pflichtbeiträge für eine versicherte Beschäftigung oder Tätigkeit vor Eintritt der Erwerbsminderung oder Berufsunfähigkeit (§ 240) sind für Versicherte nicht erforderlich, die vor dem 1. Januar 1984 die allgemeine Wartezeit erfüllt haben, wenn jeder Kalendermonat vom 1. Januar 1984 bis zum Kalendermonat vor Eintritt der Erwerbsminderung oder Berufsunfähigkeit (§ 240) mit

1. Beitragszeiten,
2. beitragsfreien Zeiten,
3. Zeiten, die nur deshalb nicht beitragsfreie Zeiten sind, weil durch sie eine versicherte Beschäftigung oder selbständige Tätigkeit nicht unterbrochen ist, wenn in den letzten sechs Kalendermonaten vor Beginn dieser Zeiten wenigstens ein Pflichtbeitrag, eine beitragsfreie Zeit oder eine Zeit nach Nummer 4, 5 oder 6 liegt,
4. Berücksichtigungszeiten,
5. Zeiten des Bezugs einer Rente wegen verminderter Erwerbsfähigkeit oder
6. Zeiten des gewöhnlichen Aufenthalts im Beitrittsgebiet vor dem 1. Januar 1992

(Anwartschaftserhaltungszeiten) belegt ist oder wenn die Erwerbsminderung oder Berufsunfähigkeit (§ 240) vor dem 1. Januar 1984 eingetreten ist. ²Für Kalendermonate, für die eine Beitragszahlung noch zulässig ist, ist eine Belegung mit Anwartschaftserhaltungszeiten nicht erforderlich.

§ 242 Rente für Bergleute. (1) Der Zeitraum von fünf Jahren vor Eintritt der im Bergbau verminderten Berufsfähigkeit, in dem Versicherte für einen Anspruch auf Rente wegen im Bergbau verminderter Berufsfähigkeit drei Jahre Pflichtbeiträge für eine knappschaftlich versicherte Beschäftigung oder Tätigkeit haben müssen, verlängert sich auch um Ersatzzeiten.

(2) ¹Pflichtbeiträge für eine knappschaftlich versicherte Beschäftigung oder Tätigkeit vor Eintritt der im Bergbau verminderten Berufsfähigkeit sind für Versicherte nicht erforderlich, die vor dem 1. Januar 1984 die allgemeine Wartezeit erfüllt haben, wenn jeder Kalendermonat vom 1. Januar 1984 bis zum Kalendermonat vor Eintritt der im Bergbau verminderten Berufsfähigkeit mit Anwartschaftserhaltungszeiten belegt ist oder wenn die im Bergbau verminderte Berufsfähigkeit vor dem 1. Januar 1984 eingetreten ist. ²Für Kalendermonate, für die eine Beitragszahlung noch zulässig ist, ist eine Belegung mit Anwartschaftserhaltungszeiten nicht erforderlich.

(3) Die Wartezeit für die Rente für Bergleute wegen Vollendung des 50. Lebensjahres ist auch erfüllt, wenn die Versicherten

1. 25 Jahre mit Beitragszeiten aufgrund einer Beschäftigung mit ständigen Arbeiten unter Tage zusammen mit der knappschaftlichen Rentenversicherung zugeordneten Ersatzzeiten haben oder
2. 25 Jahre mit knappschaftlichen Beitragszeiten allein oder zusammen mit der knappschaftlichen Rentenversicherung zugeordneten Ersatzzeiten haben und
   a) 15 Jahre mit Hauerarbeiten (Anlage 9) beschäftigt waren oder
   b) die erforderlichen 25 Jahre mit Beitragszeiten aufgrund einer Beschäftigung mit ständigen Arbeiten unter Tage allein oder zusammen mit der

knappschaftlichen Rentenversicherung zugeordneten Ersatzzeiten erfüllen, wenn darauf
- aa) für je zwei volle Kalendermonate mit Hauerarbeiten je drei Kalendermonate und
- bb) für je drei volle Kalendermonate, in denen Versicherte vor dem 1. Januar 1968 unter Tage mit anderen als Hauerarbeiten beschäftigt waren, je zwei Kalendermonate oder
- cc) die vor dem 1. Januar 1968 verrichteten Arbeiten unter Tage bei Versicherten, die vor dem 1. Januar 1968 Hauerarbeiten verrichtet haben und diese wegen im Bergbau verminderter Berufsfähigkeit aufgeben mussten,

angerechnet werden.

§ 242a Witwenrente und Witwerrente. (1) ¹Anspruch auf kleine Witwenrente oder kleine Witwerrente besteht ohne Beschränkung auf 24 Kalendermonate, wenn der Ehegatte vor dem 1. Januar 2002 verstorben ist. ²Dies gilt auch, wenn mindestens ein Ehegatte vor dem 2. Januar 1962 geboren ist und die Ehe vor dem 1. Januar 2002 geschlossen wurde.

(2) Anspruch auf große Witwenrente oder große Witwerrente haben bei Erfüllung der sonstigen Voraussetzungen auch Witwen oder Witwer, die
1. vor dem 2. Januar 1961 geboren und berufsunfähig (§ 240 Abs. 2) sind oder
2. am 31. Dezember 2000 bereits berufsunfähig oder erwerbsunfähig waren und dies ununterbrochen sind.

(3) Anspruch auf Witwenrente oder Witwerrente haben bei Erfüllung der sonstigen Voraussetzungen auch Witwen oder Witwer, die nicht mindestens ein Jahr verheiratet waren, wenn die Ehe vor dem 1. Januar 2002 geschlossen wurde.

(4) Anspruch auf große Witwenrente oder große Witwerrente besteht ab Vollendung des 45. Lebensjahres, wenn die sonstigen Voraussetzungen erfüllt sind und der Versicherte vor dem 1. Januar 2012 verstorben ist.

(5) Die Altersgrenze von 45 Jahren für die große Witwenrente oder große Witwerrente wird, wenn der Versicherte nach dem 31. Dezember 2011 verstorben ist, wie folgt angehoben:

Todesjahr des Versicherten	Anhebung um Monate	auf Alter	
		Jahr	Monat
2012	1	45	1
2013	2	45	2
2014	3	45	3
2015	4	45	4
2016	5	45	5
2017	6	45	6
2018	7	45	7
2019	8	45	8

Todesjahr des Versicherten	Anhebung um Monate	auf Alter Jahr	Monat
2020	9	45	9
2021	10	45	10
2022	11	45	11
2023	12	46	0
2024	14	46	2
2025	16	46	4
2026	18	46	6
2027	20	46	8
2028	22	46	10
ab 2029	24	47	0.

§ 243 Witwenrente und Witwerrente an vor dem 1. Juli 1977 geschiedene Ehegatten. (1) Anspruch auf kleine Witwenrente oder kleine Witwerrente besteht ohne Beschränkung auf 24 Kalendermonate auch für geschiedene Ehegatten,

1. deren Ehe vor dem 1. Juli 1977 geschieden ist,
2. die weder wieder geheiratet noch eine Lebenspartnerschaft begründet haben und
3. die im letzten Jahr vor dem Tod des geschiedenen Ehegatten (Versicherter) Unterhalt von diesem erhalten haben oder im letzten wirtschaftlichen Dauerzustand vor dessen Tod einen Anspruch hierauf hatten,

wenn der Versicherte die allgemeine Wartezeit erfüllt hat und nach dem 30. April 1942 gestorben ist.

(2) Anspruch auf große Witwenrente oder große Witwerrente besteht auch für geschiedene Ehegatten,

1. deren Ehe vor dem 1. Juli 1977 geschieden ist,
2. die weder wieder geheiratet noch eine Lebenspartnerschaft begründet haben und
3. die im letzten Jahr vor dem Tod des Versicherten Unterhalt von diesem erhalten haben oder im letzten wirtschaftlichen Dauerzustand vor dessen Tod einen Anspruch hierauf hatten und
4. die entweder
    a) ein eigenes Kind oder ein Kind des Versicherten erziehen (§ 46 Abs. 2),
    b) das 45. Lebensjahr vollendet haben,
    c) erwerbsgemindert sind,
    d) vor dem 2. Januar 1961 geboren und berufsunfähig (§ 240 Abs. 2) sind oder
    e) am 31. Dezember 2000 bereits berufsunfähig oder erwerbsunfähig waren und dies ununterbrochen sind,

5. Kapitel. Sonderregelungen **§ 243 SGB VI 6**

wenn der Versicherte die allgemeine Wartezeit erfüllt hat und nach dem 30. April 1942 gestorben ist.

(3) [1] Anspruch auf große Witwenrente oder große Witwerrente besteht auch ohne Vorliegen der in Absatz 2 Nr. 3 genannten Unterhaltsvoraussetzungen für geschiedene Ehegatten, die

1. einen Unterhaltsanspruch nach Absatz 2 Nr. 3 wegen eines Arbeitsentgelts oder Arbeitseinkommens aus eigener Beschäftigung oder selbständiger Tätigkeit oder entsprechender Ersatzleistungen oder wegen des Gesamteinkommens des Versicherten nicht hatten und
2. zum Zeitpunkt der Scheidung entweder
    a) ein eigenes Kind oder ein Kind des Versicherten erzogen haben (§ 46 Abs. 2) oder
    b) das 45. Lebensjahr vollendet hatten und
3. entweder
    a) ein eigenes Kind oder ein Kind des Versicherten erziehen (§ 46 Abs. 2),
    b) erwerbsgemindert sind,
    c) vor dem 2. Januar 1961 geboren und berufsunfähig (§ 240 Abs. 2) sind,
    d) am 31. Dezember 2000 bereits berufsunfähig oder erwerbsunfähig waren und dies ununterbrochen sind oder
    e) das 60. Lebensjahr vollendet haben,

wenn auch vor Anwendung der Vorschriften über die Einkommensanrechnung auf Renten wegen Todes weder ein Anspruch auf Hinterbliebenenrente für eine Witwe oder einen Witwer noch für einen überlebenden Lebenspartner des Versicherten aus dessen Rentenanwartschaften besteht. [2] Wenn der Versicherte nach dem 31. Dezember 2011 verstorben ist, wird die Altersgrenze von 60 Jahren wie folgt angehoben:

Todesjahr des Versicherten	Anhebung um Monate	auf Alter	
		Jahr	Monat
2012	1	60	1
2013	2	60	2
2014	3	60	3
2015	4	60	4
2016	5	60	5
2017	6	60	6
2018	7	60	7
2019	8	60	8
2020	9	60	9
2021	10	60	10
2022	11	60	11
2023	12	61	0

Todesjahr des Versicherten	Anhebung um Monate	auf Alter Jahr	Monat
2024	14	61	2
2025	16	61	4
2026	18	61	6
2027	20	61	8
2028	22	61	10
ab 2029	24	62	0

(4) Anspruch auf kleine oder große Witwenrente oder Witwerrente nach dem vorletzten Ehegatten besteht unter den sonstigen Voraussetzungen der Absätze 1 bis 3 auch für geschiedene Ehegatten, die wieder geheiratet haben, wenn die erneute Ehe aufgelöst oder für nichtig erklärt ist oder wenn eine Lebenspartnerschaft begründet und diese wieder aufgehoben oder aufgelöst ist.

(5) Geschiedenen Ehegatten stehen Ehegatten gleich, deren Ehe für nichtig erklärt oder aufgehoben ist.

§ 243a Rente wegen Todes an vor dem 1. Juli 1977 geschiedene Ehegatten im Beitrittsgebiet. [1] Bestimmt sich der Unterhaltsanspruch des geschiedenen Ehegatten nach dem Recht, das im Beitrittsgebiet gegolten hat, ist § 243 nicht anzuwenden. [2] In diesen Fällen besteht Anspruch auf Erziehungsrente bei Erfüllung der sonstigen Voraussetzungen auch, wenn die Ehe vor dem 1. Juli 1977 geschieden ist.

§ 243b Wartezeit. Die Erfüllung der Wartezeit von 15 Jahren ist Voraussetzung für einen Anspruch auf

1. Altersrente wegen Arbeitslosigkeit oder nach Altersteilzeitarbeit und
2. Altersrente für Frauen.

§ 244 Anrechenbare Zeiten. (1) Sind auf die Wartezeit von 35 Jahren eine pauschale Anrechnungszeit und Berücksichtigungszeiten wegen Kindererziehung anzurechnen, die vor dem Ende der Gesamtzeit für die Ermittlung der pauschalen Anrechnungszeit liegen, darf die Anzahl an Monaten mit solchen Zeiten nicht die Gesamtlücke für die Ermittlung der pauschalen Anrechnungszeit überschreiten.

(2) Auf die Wartezeit von 15 Jahren werden Kalendermonate mit Beitragszeiten und Ersatzzeiten angerechnet.

(3) [1] Auf die Wartezeit von 45 Jahren werden Zeiten des Bezugs von Arbeitslosenhilfe und Arbeitslosengeld II nicht angerechnet. [2] Zeiten vor dem 1. Januar 2001, für die der Bezug von Leistungen nach § 51 Absatz 3a Nummer 3 Buchstabe a mit Ausnahme der Arbeitslosenhilfe oder nach Buchstabe b glaubhaft gemacht ist, werden auf die Wartezeit von 45 Jahren angerechnet. [3] Als Mittel der Glaubhaftmachung können auch Versicherungen an Eides statt zugelassen werden. [4] Der Träger der Rentenversicherung ist für die Abnahme eidesstattlicher Versicherungen zuständig.

(4) Auf die Wartezeit von 25 Jahren werden auch Anrechnungszeiten wegen des Bezugs von Anpassungsgeld für entlassene Arbeitnehmer des Bergbaus angerechnet, wenn zuletzt vor Beginn dieser Leistung eine Beschäftigung unter Tage ausgeübt worden ist.

§ 244a Wartezeiterfüllung durch Zuschläge an Entgeltpunkten für Arbeitsentgelt aus geringfügiger versicherungsfreier Beschäftigung.

¹ Sind Zuschläge an Entgeltpunkten für Arbeitsentgelt aus geringfügiger versicherungsfreier Beschäftigung nach § 264b ermittelt, wird auf die Wartezeit die volle Anzahl an Monaten angerechnet, die sich ergibt, wenn die Zuschläge an Entgeltpunkten durch die Zahl 0,0313 geteilt werden. ² Zuschläge an Entgeltpunkten aus einer geringfügigen versicherungsfreien Beschäftigung, die in Kalendermonaten ausgeübt wurde, die bereits auf die Wartezeit anzurechnen sind, bleiben unberücksichtigt. ³ Wartezeitmonate für in die Ehezeit, Lebenspartnerschaftszeit oder Splittingzeit fallende Kalendermonate einer geringfügigen versicherungsfreien Beschäftigung sind vor Anwendung von § 52 Absatz 1 oder 1a gesondert zu ermitteln.

§ 245 Vorzeitige Wartezeiterfüllung.

(1) Die Vorschrift über die vorzeitige Wartezeiterfüllung findet nur Anwendung, wenn Versicherte nach dem 31. Dezember 1972 vermindert erwerbsfähig geworden oder gestorben sind.

(2) Sind Versicherte vor dem 1. Januar 1992 vermindert erwerbsfähig geworden oder gestorben, ist die allgemeine Wartezeit auch vorzeitig erfüllt, wenn sie

1. nach dem 30. April 1942 wegen eines Arbeitsunfalls oder einer Berufskrankheit,
2. nach dem 31. Dezember 1956 wegen einer Wehrdienstbeschädigung nach dem Soldatenversorgungsgesetz als Wehrdienstleistender oder als Soldat auf Zeit oder wegen einer Zivildienstbeschädigung nach dem Zivildienstgesetz als Zivildienstleistender,
3. während eines aufgrund gesetzlicher Dienstpflicht oder Wehrpflicht oder während eines Krieges geleisteten militärischen oder militärähnlichen Dienstes (§§ 2 und 3 Bundesversorgungsgesetz),
4. nach dem 31. Dezember 1956 wegen eines Dienstes nach Nummer 3 oder während oder wegen einer anschließenden Kriegsgefangenschaft,
5. wegen unmittelbarer Kriegseinwirkung (§ 5 Bundesversorgungsgesetz),
6. nach dem 29. Januar 1933 wegen Verfolgungsmaßnahmen als Verfolgter des Nationalsozialismus (§§ 1 und 2 Bundesentschädigungsgesetz),
7. nach dem 31. Dezember 1956 während oder wegen eines Gewahrsams (§ 1 Häftlingshilfegesetz),
8. nach dem 31. Dezember 1956 während oder wegen Internierung oder Verschleppung (§ 250 Abs. 1 Nr. 2) oder
9. nach dem 30. Juni 1944 wegen Vertreibung oder Flucht als Vertriebener (§§ 1 bis 5 Bundesvertriebenengesetz),

vermindert erwerbsfähig geworden oder gestorben sind.

(3) Sind Versicherte vor dem 1. Januar 1992 und nach dem 31. Dezember 1972 erwerbsunfähig geworden oder gestorben, ist die allgemeine Wartezeit auch vorzeitig erfüllt, wenn sie

1. wegen eines Unfalls und vor Ablauf von sechs Jahren nach Beendigung einer Ausbildung erwerbsunfähig geworden oder gestorben sind und
2. in den zwei Jahren vor Eintritt der Erwerbsunfähigkeit oder des Todes mindestens sechs Kalendermonate mit Pflichtbeiträgen für eine versicherte Beschäftigung oder Tätigkeit haben.

§ 245a Wartezeiterfüllung bei früherem Anspruch auf Hinterbliebenenrente im Beitrittsgebiet. Die allgemeine Wartezeit gilt für einen Anspruch auf Hinterbliebenenrente als erfüllt, wenn der Berechtigte bereits vor dem 1. Januar 1992 einen Anspruch auf Hinterbliebenenrente nach den Vorschriften des Beitrittsgebiets gehabt hat.

§ 246 Beitragsgeminderte Zeiten. [1] Zeiten, für die für Arbeiter in der Zeit vom 1. Oktober 1921 und für Angestellte in der Zeit vom 1. August 1921 bis zum 31. Dezember 1923 Beiträge gezahlt worden sind, sind beitragsgeminderte Zeiten. [2] Bei Beginn einer Rente vor dem 1. Januar 2009 gelten die ersten 36 Kalendermonate mit Pflichtbeiträgen für Zeiten einer versicherten Beschäftigung oder selbständigen Tätigkeit bis zur Vollendung des 25. Lebensjahres stets als Zeiten einer beruflichen Ausbildung. [3] Auf die ersten 36 Kalendermonate werden Anrechnungszeiten wegen einer Lehre angerechnet.

§ 247 Beitragszeiten. (1) [1] Beitragszeiten sind auch Zeiten, für die in der Zeit vom 1. Januar 1984 bis zum 31. Dezember 1991 für Anrechnungszeiten Beiträge gezahlt worden sind, die der Versicherte ganz oder teilweise getragen hat. [2] Die Zeiten sind Pflichtbeitragszeiten, wenn ein Leistungsträger die Beiträge mitgetragen hat.

(2) Pflichtbeitragszeiten aufgrund einer versicherten Beschäftigung sind auch Zeiten, für die die Bundesagentur für Arbeit in der Zeit vom 1. Juli 1978 bis zum 31. Dezember 1982 oder ein anderer Leistungsträger in der Zeit vom 1. Oktober 1974 bis zum 31. Dezember 1983 wegen des Bezugs von Sozialleistungen Pflichtbeiträge gezahlt hat.

(2a) Pflichtbeitragszeiten aufgrund einer versicherten Beschäftigung sind auch Zeiten, in denen in der Zeit vom 1. Juni 1945 bis 30. Juni 1965 Personen als Lehrling oder sonst zu ihrer Berufsausbildung beschäftigt waren und grundsätzlich Versicherungspflicht bestand, eine Zahlung von Pflichtbeiträgen für diese Zeiten jedoch nicht erfolgte (Zeiten einer beruflichen Ausbildung).

(3) [1] Beitragszeiten sind auch Zeiten, für die nach den Reichsversicherungsgesetzen Pflichtbeiträge (Pflichtbeitragszeiten) oder freiwillige Beiträge gezahlt worden sind. [2] Zeiten vor dem 1. Januar 1924 sind jedoch nur Beitragszeiten, wenn

1. in der Zeit vom 1. Januar 1924 bis zum 30. November 1948 mindestens ein Beitrag für diese Zeit gezahlt worden ist,
2. nach dem 30. November 1948 bis zum Ablauf von drei Jahren nach dem Ende einer Ersatzzeit mindestens ein Beitrag gezahlt worden ist oder
3. mindestens die Wartezeit von 15 Jahren erfüllt ist.

§ 248 Beitragszeiten im Beitrittsgebiet und im Saarland. (1) Pflichtbeitragszeiten sind auch Zeiten, in denen Personen aufgrund gesetzlicher

5. Kapitel. Sonderregelungen §249 SGB VI 6

Pflicht nach dem 8. Mai 1945 mehr als drei Tage Wehrdienst oder Zivildienst im Beitrittsgebiet geleistet haben.

(2) Für Versicherte, die bereits vor Erfüllung der allgemeinen Wartezeit voll erwerbsgemindert waren und seitdem ununterbrochen voll erwerbsgemindert sind, gelten Zeiten des gewöhnlichen Aufenthalts im Beitrittsgebiet nach Vollendung des 16. Lebensjahres und nach Eintritt der vollen Erwerbsminderung in der Zeit vom 1. Juli 1975 bis zum 31. Dezember 1991 als Pflichtbeitragszeiten.

(3) [1] Den Beitragszeiten nach Bundesrecht stehen Zeiten nach dem 8. Mai 1945 gleich, für die Beiträge zu einem System der gesetzlichen Rentenversicherung nach vor dem Inkrafttreten von Bundesrecht geltenden Rechtsvorschriften gezahlt worden sind; dies gilt entsprechend für Beitragszeiten im Saarland bis zum 31. Dezember 1956. [2] Beitragszeiten im Beitrittsgebiet sind nicht

1. Zeiten der Schul-, Fach- oder Hochschulausbildung,
2. Zeiten einer Beschäftigung oder selbständigen Tätigkeit neben dem Bezug einer Altersrente oder einer Versorgung wegen Alters,
3. Zeiten der freiwilligen Versicherung vor dem 1. Januar 1991 nach der Verordnung über die freiwillige und zusätzliche Versicherung in der Sozialversicherung vom 28. Januar 1947, in denen Beiträge nicht mindestens in der in Anlage 11 genannten Höhe gezahlt worden sind.

(4) [1] Die Beitragszeiten werden abweichend von den Vorschriften des Dritten Kapitels der knappschaftlichen Rentenversicherung zugeordnet, wenn für die versicherte Beschäftigung Beiträge nach einem Beitragssatz für bergbaulich Versicherte gezahlt worden sind. [2] Zeiten der Versicherungspflicht von selbständig Tätigen im Beitrittsgebiet werden der allgemeinen Rentenversicherung zugeordnet.

§ 249 Beitragszeiten wegen Kindererziehung. (1) Die Kindererziehungszeit für ein vor dem 1. Januar 1992 geborenes Kind endet 24 Kalendermonate nach Ablauf des Monats der Geburt.

(2) [1] Bei der Anrechnung einer Kindererziehungszeit steht der Erziehung im Inland die Erziehung im jeweiligen Geltungsbereich der Reichsversicherungsgesetze gleich. [2] Dies gilt nicht, wenn Beitragszeiten während desselben Zeitraums aufgrund einer Versicherungslastregelung mit einem anderen Staat nicht in die Versicherungslast der Bundesrepublik Deutschland fallen würden.

(3) *(aufgehoben)*

(4) Ein Elternteil ist von der Anrechnung einer Kindererziehungszeit ausgeschlossen, wenn er vor dem 1. Januar 1921 geboren ist.

(5) Für die Feststellung der Tatsachen, die für die Anrechnung von Kindererziehungszeiten vor dem 1. Januar 1986 erheblich sind, genügt es, wenn sie glaubhaft gemacht sind.

(6) Ist die Mutter vor dem 1. Januar 1986 gestorben, wird die Kindererziehungszeit insgesamt dem Vater zugeordnet.

(7) Bei Folgerenten, die die Voraussetzungen nach § 88 Absatz 1 oder 2 erfüllen und für die ein Zuschlag an persönlichen Entgeltpunkten nach § 307d zu berücksichtigen ist, endet die Kindererziehungszeit für ein vor dem 1. Januar

1992 geborenes Kind zwölf Kalendermonate nach Ablauf des Monats der Geburt.

(8) ¹Die Anrechnung einer Kindererziehungszeit nach Absatz 1 ist ab dem 13. Kalendermonat nach Ablauf des Monats der Geburt ausgeschlossen, wenn für den Versicherten für dasselbe Kind ein Zuschlag an persönlichen Entgeltpunkten nach § 307d zu berücksichtigen ist. ²Satz 1 gilt entsprechend, wenn für einen anderen Versicherten oder Hinterbliebenen für dasselbe Kind ein Zuschlag an persönlichen Entgeltpunkten nach § 307d zu berücksichtigen ist oder zu berücksichtigen war.

§ 249a Beitragszeiten wegen Kindererziehung im Beitrittsgebiet.

(1) Elternteile, die am 18. Mai 1990 ihren gewöhnlichen Aufenthalt im Beitrittsgebiet hatten, sind von der Anrechnung einer Kindererziehungszeit ausgeschlossen, wenn sie vor dem 1. Januar 1927 geboren sind.

(2) Ist ein Elternteil bis zum 31. Dezember 1996 gestorben, wird die Kindererziehungszeit im Beitrittsgebiet vor dem 1. Januar 1992 insgesamt der Mutter zugeordnet, es sei denn, es wurde eine wirksame Erklärung zugunsten des Vaters abgegeben.

§ 249b Berücksichtigungszeiten wegen Pflege.

¹Berücksichtigungszeiten sind auf Antrag auch Zeiten der nicht erwerbsmäßigen Pflege eines Pflegebedürftigen in der Zeit vom 1. Januar 1992 bis zum 31. März 1995, solange die Pflegeperson

1. wegen der Pflege berechtigt war, Beiträge zu zahlen oder die Umwandlung von freiwilligen Beiträgen in Pflichtbeiträge zu beantragen, und
2. nicht zu den in § 56 Abs. 4 genannten Personen gehört, die von der Anrechnung einer Kindererziehungszeit ausgeschlossen sind.

²Die Zeit der Pflegetätigkeit wird von der Aufnahme der Pflegetätigkeit an als Berücksichtigungszeit angerechnet, wenn der Antrag bis zum Ablauf von drei Kalendermonaten nach Aufnahme der Pflegetätigkeit gestellt wird.

§ 250 Ersatzzeiten.

(1) Ersatzzeiten sind Zeiten vor dem 1. Januar 1992, in denen Versicherungspflicht nicht bestanden hat und Versicherte nach vollendetem 14. Lebensjahr

1. militärischen oder militärähnlichen Dienst im Sinne der §§ 2 und 3 des Bundesversorgungsgesetzes aufgrund gesetzlicher Dienstpflicht oder Wehrpflicht oder während eines Krieges geleistet haben oder aufgrund dieses Dienstes kriegsgefangen gewesen sind oder deutschen Minenräumdienst nach dem 8. Mai 1945 geleistet haben oder im Anschluss an solche Zeiten wegen Krankheit arbeitsunfähig oder unverschuldet arbeitslos gewesen sind,
2. interniert oder verschleppt oder im Anschluss an solche Zeiten wegen Krankheit arbeitsunfähig oder unverschuldet arbeitslos gewesen sind, wenn sie als Deutsche wegen ihrer Volks- oder Staatsangehörigkeit oder in ursächlichem Zusammenhang mit den Kriegsereignissen außerhalb des Gebietes der Bundesrepublik Deutschland interniert oder in ein ausländisches Staatsgebiet verschleppt waren, nach dem 8. Mai 1945 entlassen wurden und innerhalb von zwei Monaten nach der Entlassung im Gebiet der Bundesrepublik Deutschland ständigen Aufenthalt genommen haben,

wobei in die Frist von zwei Monaten Zeiten einer unverschuldeten Verzögerung der Rückkehr nicht eingerechnet werden,
3. während oder nach dem Ende eines Krieges, ohne Kriegsteilnehmer zu sein, durch feindliche Maßnahmen bis zum 30. Juni 1945 an der Rückkehr aus Gebieten außerhalb des jeweiligen Geltungsbereichs der Reichsversicherungsgesetze oder danach aus Gebieten außerhalb des Geltungsbereichs dieser Gesetze, soweit es sich nicht um das Beitrittsgebiet handelt, verhindert gewesen oder dort festgehalten worden sind,
4. in ihrer Freiheit eingeschränkt gewesen oder ihnen die Freiheit entzogen worden ist (§§ 43 und 47 Bundesentschädigungsgesetz) oder im Anschluss an solche Zeiten wegen Krankheit arbeitsunfähig oder unverschuldet arbeitslos gewesen sind oder infolge Verfolgungsmaßnahmen

   a) arbeitslos gewesen sind, auch wenn sie der Arbeitsvermittlung nicht zur Verfügung gestanden haben, längstens aber die Zeit bis zum 31. Dezember 1946, oder

   b) bis zum 30. Juni 1945 ihren Aufenthalt in Gebieten außerhalb des jeweiligen Geltungsbereichs der Reichsversicherungsgesetze oder danach in Gebieten außerhalb des Geltungsbereichs der Reichsversicherungsgesetze nach dem Stand vom 30. Juni 1945 genommen oder einen solchen beibehalten haben, längstens aber die Zeit bis zum 31. Dezember 1949,

   wenn sie zum Personenkreis des § 1 des Bundesentschädigungsgesetzes gehören (Verfolgungszeit),

5. in Gewahrsam genommen worden sind oder im Anschluss daran wegen Krankheit arbeitsunfähig oder unverschuldet arbeitslos gewesen sind, wenn sie zum Personenkreis des § 1 des Häftlingshilfegesetzes gehören oder nur deshalb nicht gehören, weil sie vor dem 3. Oktober 1990 ihren gewöhnlichen Aufenthalt im Beitrittsgebiet genommen haben, oder

5a. im Beitrittsgebiet in der Zeit vom 8. Mai 1945 bis zum 30. Juni 1990 einen Freiheitsentzug erlitten haben, soweit eine auf Rehabilitierung oder Kassation erkennende Entscheidung ergangen ist, oder im Anschluss an solche Zeiten wegen Krankheit arbeitsunfähig oder unverschuldet arbeitslos gewesen sind,

6. vertrieben, umgesiedelt oder ausgesiedelt worden sind oder auf der Flucht oder im Anschluss an solche Zeiten wegen Krankheit arbeitsunfähig oder unverschuldet arbeitslos gewesen sind, mindestens aber die Zeit vom 1. Januar 1945 bis zum 31. Dezember 1946, wenn sie zum Personenkreis der §§ 1 bis 4 des Bundesvertriebenengesetzes gehören.

(2) Ersatzzeiten sind nicht Zeiten,

1. für die eine Nachversicherung durchgeführt oder nur wegen eines fehlenden Antrags nicht durchgeführt worden ist,
2. in denen außerhalb des Gebietes der Bundesrepublik Deutschland ohne das Beitrittsgebiet eine Rente wegen Alters oder anstelle einer solchen eine andere Leistung bezogen worden ist,
3. in denen nach dem 31. Dezember 1956 die Voraussetzungen nach Absatz 1 Nr. 2, 3 und 5 vorliegen und Versicherte eine Beschäftigung oder selbständige Tätigkeit auch aus anderen als den dort genannten Gründen nicht ausgeübt haben.

§ 251 Ersatzzeiten bei Handwerkern.

(1) Ersatzzeiten werden bei versicherungspflichtigen Handwerkern, die in diesen Zeiten in die Handwerksrolle eingetragen waren, berücksichtigt, wenn für diese Zeiten Beiträge nicht gezahlt worden sind.

(2) Zeiten, in denen in die Handwerksrolle eingetragene versicherungspflichtige Handwerker im Anschluss an eine Ersatzzeit arbeitsunfähig krank gewesen sind, sind nur dann Ersatzzeiten, wenn sie in ihrem Betrieb mit Ausnahme von Lehrlingen und des Ehegatten oder eines Verwandten ersten Grades, für Zeiten vor dem 1. Mai 1985 mit Ausnahme eines Lehrlings, des Ehegatten oder eines Verwandten ersten Grades, Personen nicht beschäftigt haben, die wegen dieser Beschäftigung versicherungspflichtig waren.

(3) Eine auf eine Ersatzzeit folgende Zeit der unverschuldeten Arbeitslosigkeit vor dem 1. Juli 1969 ist bei Handwerkern nur dann eine Ersatzzeit, wenn und solange sie in der Handwerksrolle gelöscht waren.

§ 252 Anrechnungszeiten.

(1) Anrechnungszeiten sind auch Zeiten, in denen Versicherte

1. Anpassungsgeld für entlassene Arbeitnehmer des Bergbaus bezogen haben,
2. nach dem 31. Dezember 1991 eine Knappschaftsausgleichsleistung bezogen haben,
3. nach dem vollendeten 17. Lebensjahr als Lehrling nicht versicherungspflichtig oder versicherungsfrei waren und die Lehrzeit abgeschlossen haben, längstens bis zum 28. Februar 1957, im Saarland bis zum 31. August 1957,
4. vor dem vollendeten 55. Lebensjahr eine Rente wegen Berufsunfähigkeit oder Erwerbsunfähigkeit oder eine Erziehungsrente bezogen haben, in der eine Zurechnungszeit nicht enthalten war,
5. vor dem vollendeten 55. Lebensjahr eine Invalidenrente, ein Ruhegeld oder eine Knappschaftsvollrente bezogen haben, wenn diese Leistung vor dem 1. Januar 1957 weggefallen ist,
6. Schlechtwettergeld bezogen haben, wenn dadurch eine versicherte Beschäftigung oder selbständige Tätigkeit unterbrochen worden ist, längstens bis zum 31. Dezember 1978.

(2) Anrechnungszeiten sind auch Zeiten, für die

1. die Bundesagentur für Arbeit in der Zeit vom 1. Januar 1983,
2. ein anderer Leistungsträger in der Zeit vom 1. Januar 1984

bis zum 31. Dezember 1997 wegen des Bezugs von Sozialleistungen Pflichtbeiträge oder Beiträge für Anrechnungszeiten gezahlt hat.

(3) Anrechnungszeiten wegen Arbeitsunfähigkeit oder Leistungen zur medizinischen Rehabilitation oder zur Teilhabe am Arbeitsleben liegen in der Zeit vom 1. Januar 1984 bis zum 31. Dezember 1997 bei Versicherten, die

1. nicht in der gesetzlichen Krankenversicherung versichert waren oder
2. in der gesetzlichen Krankenversicherung ohne Anspruch auf Krankengeld versichert waren,

nur vor, wenn für diese Zeiten, längstens jedoch für 18 Kalendermonate, Beiträge nach mindestens 70 vom Hundert, für die Zeit vom 1. Januar 1995 an 80 vom Hundert des zuletzt für einen vollen Kalendermonat versicherten Arbeitsentgelts oder Arbeitseinkommens gezahlt worden sind.

5. Kapitel. Sonderregelungen § 252 SGB VI 6

(4) *(aufgehoben)*

(5) Zeiten einer Arbeitslosigkeit vor dem 1. Juli 1969 sind bei Handwerkern nur dann Anrechnungszeiten, wenn und solange sie in der Handwerksrolle gelöscht waren.

(6) ¹ Bei selbständig Tätigen, die auf Antrag versicherungspflichtig waren, und bei Handwerkern sind Zeiten vor dem 1. Januar 1992, in denen sie

1. wegen Krankheit arbeitsunfähig gewesen sind oder Leistungen zur medizinischen Rehabilitation oder zur Teilhabe am Arbeitsleben erhalten haben,
2. wegen Schwangerschaft oder Mutterschaft während der Schutzfristen nach dem Mutterschutzgesetz eine versicherte selbständige Tätigkeit nicht ausgeübt haben,

nur dann Anrechnungszeiten, wenn sie in ihrem Betrieb mit Ausnahme eines Lehrlings, des Ehegatten oder eines Verwandten ersten Grades Personen nicht beschäftigt haben, die wegen dieser Beschäftigung versicherungspflichtig waren. ² Anrechnungszeiten nach dem 30. April 1985 liegen auch vor, wenn die Versicherten mit Ausnahme von Lehrlingen und des Ehegatten oder eines Verwandten ersten Grades Personen nicht beschäftigt haben, die wegen dieser Beschäftigung versicherungspflichtig waren.

(7) ¹ Zeiten, in denen Versicherte

1. vor dem 1. Januar 1984 arbeitsunfähig geworden sind oder Leistungen zur medizinischen Rehabilitation oder zur Teilhabe am Arbeitsleben erhalten haben,
2. vor dem 1. Januar 1979 Schlechtwettergeld bezogen haben,
3. wegen Arbeitslosigkeit bei einer deutschen Agentur für Arbeit als Arbeitsuchende gemeldet waren und
   a) vor dem 1. Juli 1978 eine öffentlich-rechtliche Leistung bezogen haben oder
   b) vor dem 1. Januar 1992 eine öffentlich-rechtliche Leistung nur wegen des zu berücksichtigenden Einkommens oder Vermögens nicht bezogen haben,

werden nur berücksichtigt, wenn sie mindestens einen Kalendermonat andauerten. ² Folgen mehrere Zeiten unmittelbar aufeinander, werden sie zusammengerechnet.

(8) ¹ Anrechnungszeiten sind auch Zeiten nach dem 30. April 2003, in denen Versicherte

1. nach Vollendung des 58. Lebensjahres wegen Arbeitslosigkeit bei einer deutschen Agentur für Arbeit gemeldet waren,
2. der Arbeitsvermittlung nur deshalb nicht zur Verfügung standen, weil sie nicht arbeitsbereit waren und nicht alle Möglichkeiten nutzten und nutzen wollten, um ihre Beschäftigungslosigkeit zu beenden und
3. eine öffentlich-rechtliche Leistung nur wegen des zu berücksichtigenden Einkommens oder Vermögens nicht bezogen haben.

² Für Zeiten nach Satz 1 gelten die Vorschriften über Anrechnungszeiten wegen Arbeitslosigkeit. ³ Zeiten nach Satz 1 werden nach dem 31. Dezember 2007 nur dann als Anrechnungszeiten berücksichtigt, wenn die Arbeitslosigkeit vor dem 1. Januar 2008 begonnen hat und der Versicherte vor dem 2. Januar 1950 geboren ist.

(9) Anrechnungszeiten liegen bei Beziehern von Arbeitslosenhilfe, Unterhaltsgeld und Arbeitslosengeld II nicht vor, wenn die Bundesagentur für Arbeit oder in Fällen des § 6a des Zweiten Buches[1)] die zugelassenen kommunalen Träger für sie Beiträge an eine Versicherungseinrichtung oder Versorgungseinrichtung, an ein Versicherungsunternehmen oder an sie selbst gezahlt haben.

(10) Anrechnungszeiten liegen nicht vor bei Beziehern von Arbeitslosengeld II, die in der Zeit vom 1. Januar 2011 bis zum 31. Dezember 2012 versicherungspflichtig beschäftigt oder versicherungspflichtig selbständig tätig gewesen sind oder eine Leistung bezogen haben, wegen der sie nach § 3 Satz 1 Nummer 3 versicherungspflichtig gewesen sind.

§ 252a Anrechnungszeiten im Beitrittsgebiet. (1) [1] Anrechnungszeiten im Beitrittsgebiet sind auch Zeiten nach dem 8. Mai 1945, in denen Versicherte

1. wegen Schwangerschaft oder Mutterschaft während der jeweiligen Schutzfristen eine versicherte Beschäftigung oder selbständige Tätigkeit nicht ausgeübt haben,

2. vor dem 1. Januar 1992

   a) Lohnersatzleistungen nach dem Recht der Arbeitsförderung,

   b) Vorruhestandsgeld, Übergangsrente, Invalidenrente bei Erreichen besonderer Altersgrenzen, befristete erweiterte Versorgung oder

   c) Unterstützung während der Zeit der Arbeitsvermittlung

   bezogen haben,

3. vor dem 1. März 1990 arbeitslos waren oder

4. vor dem vollendeten 55. Lebensjahr Invalidenrente, Bergmannsinvalidenrente, Versorgung wegen voller Berufsunfähigkeit oder Teilberufsunfähigkeit, Unfallrente aufgrund eines Körperschadens von 66 2/3 vom Hundert, Kriegsbeschädigtenrente aus dem Beitrittsgebiet, entsprechende Renten aus einem Sonderversorgungssystem oder eine berufsbezogene Zuwendung an Ballettmitglieder in staatlichen Einrichtungen bezogen haben.

[2] Anrechnungszeiten nach Satz 1 Nr. 1 liegen vor Vollendung des 17. und nach Vollendung des 25. Lebensjahres nur vor, wenn dadurch eine versicherte Beschäftigung oder selbständige Tätigkeit unterbrochen ist. [3] Für Zeiten nach Satz 1 Nr. 2 und 3 gelten die Vorschriften über Anrechnungszeiten wegen Arbeitslosigkeit. [4] Zeiten des Fernstudiums oder des Abendunterrichts in der Zeit vor dem 1. Juli 1990 sind nicht Anrechnungszeiten wegen schulischer Ausbildung, wenn das Fernstudium oder der Abendunterricht neben einer versicherungspflichtigen Beschäftigung oder Tätigkeit ausgeübt worden ist.

(2) [1] Anstelle von Anrechnungszeiten wegen Krankheit, Schwangerschaft oder Mutterschaft vor dem 1. Juli 1990 werden pauschal Anrechnungszeiten für Ausfalltage ermittelt, wenn im Ausweis für Arbeit und Sozialversicherung Arbeitsausfalltage als Summe eingetragen sind. [2] Dazu ist die im Ausweis eingetragene Anzahl der Arbeitsausfalltage mit der Zahl 7 zu vervielfältigen, durch die Zahl 5 zu teilen und dem Ende der für das jeweilige Kalenderjahr bescheinigten Beschäftigung oder selbständigen Tätigkeit als Anrechnungszeit lückenlos zuzuordnen, wobei Zeiten vor dem 1. Januar 1984 nur berücksichtigt

---

[1)] Nr. 2.

werden, wenn nach der Zuordnung mindestens ein Kalendermonat belegt ist. ³ Insoweit ersetzen sie die für diese Zeit bescheinigten Pflichtbeitragszeiten; dies gilt nicht für die Feststellung von Pflichtbeitragszeiten für einen Anspruch auf Rente.

§ 253 Pauschale Anrechnungszeit. (1) ¹ Anrechnungszeit für die Zeit vor dem 1. Januar 1957 ist mindestens die volle Anzahl an Monaten, die sich ergibt, wenn

1. der Zeitraum vom Kalendermonat, für den der erste Pflichtbeitrag gezahlt ist, spätestens vom Kalendermonat, in den der Tag nach der Vollendung des 17. Lebensjahres des Versicherten fällt, bis zum Kalendermonat, für den der letzte Pflichtbeitrag vor dem 1. Januar 1957 gezahlt worden ist, ermittelt wird (Gesamtzeit),

2. die Gesamtzeit um die auf sie entfallenden mit Beiträgen und Ersatzzeiten belegten Kalendermonate zur Ermittlung der verbleibenden Zeit gemindert wird (Gesamtlücke) und

3. die Gesamtlücke, höchstens jedoch ein nach unten gerundetes volles Viertel der auf die Gesamtzeit entfallenden Beitragszeiten und Ersatzzeiten, mit dem Verhältnis vervielfältigt wird, in dem die Summe der auf die Gesamtzeit entfallenden mit Beitragszeiten und Ersatzzeiten belegten Kalendermonate zu der Gesamtzeit steht.

² Dabei werden Zeiten, für die eine Nachversicherung nur wegen eines fehlenden Antrags nicht durchgeführt worden ist, wie Beitragszeiten berücksichtigt.

(2) Der Anteil der pauschalen Anrechnungszeit, der auf einen Zeitabschnitt entfällt, ist die volle Anzahl an Monaten, die sich ergibt, wenn die pauschale Anrechnungszeit mit der für ihre Ermittlung maßgebenden verbleibenden Zeit in diesem Zeitabschnitt (Teillücke) vervielfältigt und durch die Gesamtlücke geteilt wird.

§ 253a Zurechnungszeit. Beginnt eine Rente wegen verminderter Erwerbsfähigkeit oder eine Erziehungsrente vor dem 1. Januar 2024 oder sind bei einer Hinterbliebenenrente Versicherte vor dem 1. Januar 2024 verstorben, wird das Ende der Zurechnungszeit wie folgt angehoben:

Bei Beginn der Rente oder bei Tod der Versicherten im Jahr	Anhebung um Monate	auf Alter	
		Jahre	Monate
2018	3	62	3
2019	6	62	6
2020	12	63	0
2021	18	63	6
2022	24	64	0
2023	30	64	6

§ 254 Zuordnung beitragsfreier Zeiten zur knappschaftlichen Rentenversicherung. (1) Ersatzzeiten werden der knappschaftlichen Rentenversicherung zugeordnet, wenn vor dieser Zeit der letzte Pflichtbeitrag zur knappschaftlichen Rentenversicherung gezahlt worden ist.

(2) Ersatzzeiten und Anrechnungszeiten wegen einer Lehre werden der knappschaftlichen Rentenversicherung auch dann zugeordnet, wenn nach dieser Zeit die Versicherung beginnt und der erste Pflichtbeitrag zur knappschaftlichen Rentenversicherung gezahlt worden ist.

(3) Anrechnungszeiten wegen des Bezugs von Anpassungsgeld und von Knappschaftsausgleichsleistung sind Zeiten der knappschaftlichen Rentenversicherung.

(4) Die pauschale Anrechnungszeit wird der knappschaftlichen Rentenversicherung in dem Verhältnis zugeordnet, in dem die knappschaftlichen Beitragszeiten und die der knappschaftlichen Rentenversicherung zugeordneten Ersatzzeiten bis zur letzten Pflichtbeitragszeit vor dem 1. Januar 1957 zu allen diesen Beitragszeiten und Ersatzzeiten stehen.

§ 254a Ständige Arbeiten unter Tage im Beitrittsgebiet. Im Beitrittsgebiet vor dem 1. Januar 1992 überwiegend unter Tage ausgeübte Tätigkeiten sind ständige Arbeiten unter Tage.

Fünfter Unterabschnitt. Rentenhöhe und Rentenanpassung

§ 254b Rentenformel für den Monatsbetrag der Rente. (1) Bis *[bis 30.6.2018: zur Herstellung einheitlicher Einkommensverhältnisse im Gebiet der Bundesrepublik Deutschland] [ab 1.7.2018: zum 30. Juni 2024]* werden persönliche Entgeltpunkte (Ost) und ein aktueller Rentenwert (Ost) für die Ermittlung des Monatsbetrags der Rente aus Zeiten außerhalb der Bundesrepublik Deutschland ohne das Beitrittsgebiet gebildet, die an die Stelle der persönlichen Entgeltpunkte und des aktuellen Rentenwerts treten.

(2) Liegen der Rente auch persönliche Entgeltpunkte zugrunde, die mit dem aktuellen Rentenwert zu vervielfältigen sind, sind Monatsteilbeträge zu ermitteln, deren Summe den Monatsbetrag der Rente ergibt.

§ 254c Anpassung der Renten. ¹Renten, denen ein aktueller Rentenwert (Ost) zugrunde liegt, werden angepasst, indem der bisherige aktuelle Rentenwert (Ost) durch den neuen aktuellen Rentenwert (Ost)[1] ersetzt wird. ²Rentenbezieher erhalten eine Anpassungsmitteilung, wenn sich die Höhe des aktuellen Rentenwerts (Ost) verändert.

§ 254d Entgeltpunkte (Ost). (1) An die Stelle der ermittelten Entgeltpunkte treten Entgeltpunkte (Ost) für
1. Zeiten mit Beiträgen für eine Beschäftigung oder selbständige Tätigkeit,
2. Pflichtbeitragszeiten aufgrund der gesetzlichen Pflicht zur Leistung von Wehrdienst oder Zivildienst oder aufgrund eines Wehrdienstverhältnisses besonderer Art nach § 6 des Einsatz-Weiterverwendungsgesetzes oder auf-

---

[1] Der aktuelle Rentenwert beträgt ab dem 1. Juli 2017 31,03 Euro, der aktuelle Rentenwert (Ost) beträgt ab dem 1. Juli 2017 29,69 Euro; vgl. § 1 Abs. 1 und 2 RentenwertbestimmungsVO 2017 v. 8.6.2017 (BGBl. I S. 1522).

5. Kapitel. Sonderregelungen§ 255 SGB VI 6

grund des Bezugs von Sozialleistungen mit Ausnahme des Bezugs von Arbeitslosengeld II,
3. Zeiten der Erziehung eines Kindes,
4. Zeiten mit freiwilligen Beiträgen vor dem 1. Januar 1992 oder danach bis zum 31. März 1999 zur Aufrechterhaltung des Anspruchs auf Rente wegen verminderter Erwerbsfähigkeit (§ 279b) bei gewöhnlichem Aufenthalt,
4a. Zeiten der nicht erwerbsmäßigen Pflege,
4b. zusätzliche Entgeltpunkte für Arbeitsentgelt aus nach § 23b Abs. 2 Satz 1 bis 4 des Vierten Buches[1)] aufgelösten Wertguthaben auf Grund einer Arbeitsleistung

im Beitrittsgebiet und

5. Zeiten mit Beiträgen für eine Beschäftigung oder selbständige Tätigkeit,
6. Zeiten der Erziehung eines Kindes,
7. Zeiten mit freiwilligen Beiträgen bei gewöhnlichem Aufenthalt

im jeweiligen Geltungsbereich der Reichsversicherungsgesetze außerhalb der Bundesrepublik Deutschland (Reichsgebiets-Beitragszeiten).

(2) [1] Absatz 1 findet keine Anwendung auf Zeiten vor dem 19. Mai 1990
1. von Versicherten, die ihren gewöhnlichen Aufenthalt am 18. Mai 1990 oder, falls sie verstorben sind, zuletzt vor dem 19. Mai 1990

a) im Gebiet der Bundesrepublik Deutschland ohne das Beitrittsgebiet hatten, solange sich der Berechtigte im Inland gewöhnlich aufhält, oder

b) im Ausland hatten und unmittelbar vor Beginn des Auslandsaufenthalts ihren gewöhnlichen Aufenthalt im Gebiet der Bundesrepublik Deutschland ohne das Beitrittsgebiet hatten,

2. mit Beiträgen aufgrund einer Beschäftigung bei einem Unternehmen im Beitrittsgebiet, für das Arbeitsentgelte in Deutsche Mark gezahlt worden sind.

[2] Satz 1 gilt nicht für Zeiten, die von der Wirkung einer Beitragserstattung nach § 286d Abs. 2 nicht erfasst werden.

(3) Für Zeiten mit Beiträgen für eine Beschäftigung oder selbständige Tätigkeit und für Zeiten der Erziehung eines Kindes vor dem 1. Februar 1949 in Berlin gelten ermittelte Entgeltpunkte nicht als Entgeltpunkte (Ost).

§ 255 Rentenartfaktor. (1) Der Rentenartfaktor beträgt für persönliche Entgeltpunkte bei großen Witwenrenten und großen Witwerrenten nach dem Ende des dritten Kalendermonats nach Ablauf des Monats, in dem der Ehegatte verstorben ist, 0,6, wenn der Ehegatte vor dem 1. Januar 2002 verstorben ist oder die Ehe vor diesem Tag geschlossen wurde und mindestens ein Ehegatte vor dem 2. Januar 1962 geboren ist.

(2) Witwenrenten und Witwerrenten aus der Rentenanwartschaft eines vor dem 1. Juli 1977 geschiedenen Ehegatten werden von Beginn an mit dem Rentenartfaktor ermittelt, der für Witwenrenten und Witwerrenten nach dem Ende des dritten Kalendermonats nach Ablauf des Monats, in dem der Ehegatte verstorben ist, maßgebend ist.

[1)] Nr. 4.

§ 255a Bestimmung des aktuellen Rentenwerts (Ost) für die Zeit vom 1. Juli 2018 bis zum 1. Juli 2023.

(1) ¹Der aktuelle Rentenwert (Ost) beträgt zum

1. Juli 2018 95,8 Prozent des aktuellen Rentenwerts,
1. Juli 2019 96,5 Prozent des aktuellen Rentenwerts,
1. Juli 2020 97,2 Prozent des aktuellen Rentenwerts,
1. Juli 2021 97,9 Prozent des aktuellen Rentenwerts,
1. Juli 2022 98,6 Prozent des aktuellen Rentenwerts,
1. Juli 2023 99,3 Prozent des aktuellen Rentenwerts.

(2) ¹Für die Zeit vom 1. Juli 2018 bis zum 1. Juli 2023 ist ein Vergleichswert zu dem nach Absatz 1 berechneten aktuellen Rentenwert (Ost) zu ermitteln. ²Der Vergleichswert wird zum 1. Juli eines jeden Jahres ausgehend von seinem Vorjahreswert nach dem für die Veränderung des aktuellen Rentenwerts geltenden Verfahren nach den §§ 68 und 255d ermittelt. ³Für die Ermittlung des Vergleichswerts zum 1. Juli 2018 gilt der am 30. Juni 2018 geltende aktuelle Rentenwert (Ost) als Vorjahreswert. ⁴Abweichend von § 68 sind für die Ermittlung des Vergleichswerts jeweils die für das Beitrittsgebiet ermittelten Bruttolöhne und -gehälter je Arbeitnehmer (§ 68 Absatz 2 Satz 1) maßgebend. ⁵Ferner ist § 68 Absatz 2 Satz 3 mit der Maßgabe anzuwenden, dass die für das Beitrittsgebiet ermittelten beitragspflichtigen Bruttolöhne und -gehälter je Arbeitnehmer ohne Beamte einschließlich der Bezieher von Arbeitslosengeld zugrunde zu legen sind. ⁶Übersteigt der Vergleichswert den nach Absatz 1 berechneten aktuellen Rentenwert (Ost), ist der Vergleichswert als aktueller Rentenwert (Ost) zum 1. Juli festzusetzen. ⁷Der festzusetzende aktuelle Rentenwert (Ost) ist mindestens um den Prozentsatz anzupassen, um den der aktuelle Rentenwert angepasst wird und darf den zum 1. Juli festzusetzenden aktuellen Rentenwert nicht übersteigen.

§ 255b Verordnungsermächtigung.

(1) Die Bundesregierung wird ermächtigt, durch Rechtsverordnung mit Zustimmung des Bundesrates den zum 1. Juli eines Jahres maßgebenden aktuellen Rentenwert (Ost)[1] bis zum 30. Juni des jeweiligen Jahres zu bestimmen.

(2) ¹Die Bundesregierung wird ermächtigt, durch Rechtsverordnung mit Zustimmung des Bundesrates zum Ende eines jeden Kalenderjahres

1. für das vergangene Kalenderjahr den Wert der Anlage 10,
2. für das folgende Kalenderjahr den vorläufigen Wert der Anlage 10

als das Vielfache des Durchschnittsentgelts der Anlage 1 zum Durchschnittsentgelt im Beitrittsgebiet zu bestimmen. ²Die Werte nach Satz 1 sind letztmals für das Jahr 2018 zu bestimmen.

§ 255c Anwendung des aktuellen Rentenwerts zum 1. Juli 2024.

¹Zum 1. Juli 2024 tritt der aktuelle Rentenwert an die Stelle des aktuellen Rentenwerts (Ost) und die hiervon betroffenen Renten sind insoweit anzupassen. ²Hierüber erhalten die Rentnerinnen und Rentner eine Anpassungsmitteilung.

---

[1] Der aktuelle Rentenwert beträgt ab dem 1. Juli 2017 31,03 Euro, der aktuelle Rentenwert (Ost) beträgt ab dem 1. Juli 2017 29,69 Euro; vgl. § 1 Abs. 1 und 2 RentenwertbestimmungsVO 2017 v. 8.6.2017 (BGBl. I S. 1522).

§ 255d Bestimmung des aktuellen Rentenwerts für die Zeit vom 1. Juli 2018 bis zum 1. Juli 2026.

(1) ¹Für die Bestimmung des aktuellen Rentenwerts für die Zeit vom 1. Juli 2018 bis zum 1. Juli 2019 wird abweichend von § 68 Absatz 4 die Anzahl der Äquivalenzbeitragszahler für das Bundesgebiet ohne das Beitrittsgebiet und das Beitrittsgebiet für die Jahre 2016 bis 2018 getrennt berechnet. ²Für die weitere Berechnung nach § 68 Absatz 4 werden die jeweiligen Ergebnisse anschließend addiert. ³Für die Berechnung sind die Werte für das Gesamtvolumen der Beiträge aller in der allgemeinen Rentenversicherung versicherungspflichtig Beschäftigten, der geringfügig Beschäftigten (§ 8 des Vierten Buches[1]) und der Bezieher von Arbeitslosengeld eines Kalenderjahres und das Durchschnittsentgelt nach Anlage 1 für das Bundesgebiet ohne das Beitrittsgebiet und für das Beitrittsgebiet getrennt zu ermitteln und der Berechnung zugrunde zu legen. ⁴Für das Beitrittsgebiet ist dabei als Durchschnittsentgelt für das jeweilige Kalenderjahr der Wert der Anlage 1 dividiert durch den Wert der Anlage 10 zu berücksichtigen.

(2) Für die Bestimmung des aktuellen Rentenwerts zum 1. Juli 2020 wird die Anzahl der Äquivalenzbeitragszahler für das Jahr 2018 abweichend von § 68 Absatz 7 nach § 68 Absatz 4 neu ermittelt.

(3) ¹Für die Bestimmung des aktuellen Rentenwerts für die Zeit vom 1. Juli 2018 bis zum 1. Juli 2025 wird abweichend von § 68 Absatz 4 die Anzahl der Äquivalenzrentner für das Bundesgebiet ohne das Beitrittsgebiet und das Beitrittsgebiet für die Jahre 2016 bis 2024 getrennt berechnet. ²Für die weitere Berechnung nach § 68 Absatz 4 werden die jeweiligen Ergebnisse anschließend addiert. ³Für die Berechnung sind die Werte für das Gesamtvolumen der Renten abzüglich erstatteter Aufwendungen für Renten und Rententeile eines Kalenderjahres und eine Regelaltersrente mit 45 Entgeltpunkten für das Bundesgebiet ohne das Beitrittsgebiet und für das Beitrittsgebiet getrennt zu ermitteln und der Berechnung zugrunde zu legen. ⁴Für das Beitrittsgebiet ist dabei bei der Berechnung der Regelaltersrente mit 45 Entgeltpunkten der aktuelle Rentenwert (Ost) zugrunde zu legen.

(4) Für die Bestimmung des aktuellen Rentenwerts zum 1. Juli 2025 sind abweichend von § 68 Absatz 7 die folgenden Daten zugrunde zu legen:

1. die dem Statistischen Bundesamt zu Beginn des Jahres 2025 für die Jahre 2022 und 2023 vorliegenden Daten zu den gesamtdeutschen Bruttolöhnen und -gehältern je Arbeitnehmer (§ 68 Absatz 2 Satz 1) und

2. die der Deutschen Rentenversicherung Bund zu Beginn des Jahres 2025 für das Jahr 2022 vorliegenden Daten zu den gesamtdeutschen beitragspflichtigen Bruttolöhnen und -gehältern je Arbeitnehmer ohne Beamte einschließlich der Bezieher von Arbeitslosengeld.

(5) Für die Bestimmung des aktuellen Rentenwerts zum 1. Juli 2026 wird abweichend von § 68 Absatz 4 als Anzahl an Äquivalenzrentnern für das Jahr 2024 der errechnete Wert aus der Rentenwertbestimmungsverordnung 2025 zugrunde gelegt, der sich aus der Summe der Anzahl der Äquivalenzrentner für das Jahr 2024 für das Bundesgebiet ohne das Beitrittsgebiet und der Anzahl der Äquivalenzrentner für das Jahr 2024 für das Beitrittsgebiet ergibt.

---

[1] Nr. 4.

[§ 255e bis 30.6.2018:]

§ 255e Bestimmung des aktuellen Rentenwerts für die Zeit vom 1. Juli 2005 bis zum 1. Juli 2013. (1) Bei der Ermittlung des aktuellen Rentenwerts für die Zeit vom 1. Juli 2005 bis zum 1. Juli 2013 tritt an die Stelle des Faktors für die Veränderung des Beitragssatzes zur allgemeinen Rentenversicherung (§ 68 Abs. 3) der Faktor für die Veränderung des Beitragssatzes zur allgemeinen Rentenversicherung und des Altersvorsorgeanteils.

(2) Der Faktor, der sich aus der Veränderung des Altersvorsorgeanteils und des Beitragssatzes zur allgemeinen Rentenversicherung ergibt, wird ermittelt, indem

1. der Altersvorsorgeanteil und der durchschnittliche Beitragssatz in der allgemeinen Rentenversicherung des vergangenen Kalenderjahres von 100 vom Hundert subtrahiert werden,
2. der Altersvorsorgeanteil und der durchschnittliche Beitragssatz in der allgemeinen Rentenversicherung für das vorvergangene Kalenderjahr von 100 vom Hundert subtrahiert werden,

und anschließend der nach Nummer 1 ermittelte Wert durch den nach Nummer 2 ermittelten Wert geteilt wird.

(3) Der Altersvorsorgeanteil beträgt für die Jahre

vor 2002	0,0 vom Hundert,
2002	0,5 vom Hundert,
2003	0,5 vom Hundert,
2004	1,0 vom Hundert,
2005	1,5 vom Hundert,
2006	2,0 vom Hundert,
2007	2,0 vom Hundert,
2008	2,0 vom Hundert,
2009	2,5 vom Hundert,
2010	3,0 vom Hundert,
2011	3,5 vom Hundert,
2012	4,0 vom Hundert.

(4) Der nach § 68 sowie den Absätzen 1 bis 3 für die Zeit vom 1. Juli 2005 bis zum 1. Juli 2013 anstelle des bisherigen aktuellen Rentenwerts zu bestimmende aktuelle Rentenwert wird nach folgender Formel ermittelt:

$$AR_t = AR_{t-1} \times \frac{BE_{t-1}}{BE_{t-2}} \times \frac{100 - AVA_{t-1} - RVB_{t-1}}{100 - AVA_{t-2} - RVB_{t-2}} \times \left(\left(1 - \frac{RQ_{t-1}}{RQ_{t-2}}\right) \times \alpha + 1\right)$$

Dabei sind:

AR_t = zu bestimmender aktueller Rentenwert ab dem 1. Juli,
AR_{t-1} = bisheriger aktueller Rentenwert,
BE_{t-1} = Bruttolöhne und -gehälter je Arbeitnehmer im vergangenen Kalenderjahr,

BE_{t-2}	=	Bruttolöhne und -gehälter je Arbeitnehmer im vorvergangenen Kalenderjahr unter Berücksichtigung der Veränderung der beitragspflichtigen Bruttolöhne und -gehälter je Arbeitnehmer ohne Beamte einschließlich der Bezieher von Arbeitslosengeld,
AVA_{t-1}	=	Altersvorsorgeanteil im vergangenen Kalenderjahr,
AVA_{t-2}	=	Altersvorsorgeanteil im vorvergangenen Kalenderjahr.
RVB_{t-1}	=	durchschnittlicher Beitragssatz in der allgemeinen Rentenversicherung im vergangenen Kalenderjahr,
RVB_{t-2}	=	durchschnittlicher Beitragssatz in der allgemeinen Rentenversicherung im vorvergangenen Kalenderjahr,
RQ_{t-1}	=	Rentnerquotient im vergangenen Kalenderjahr,
RQ_{t-2}	=	Rentnerquotient im vorvergangenen Kalenderjahr.

(5) Abweichend von § 68a Absatz 1 Satz 1 vermindert sich der bisherige aktuelle Rentenwert auch dann nicht, wenn sich durch die Veränderung des Altersvorsorgeanteils eine Minderung des bisherigen aktuellen Rentenwerts ergeben würde.

[§ 255e ab 1.7.2018:]
§ 255e *(aufgehoben)*

§§ 255f, 255g *(aufgehoben)*

§ 256 Entgeltpunkte für Beitragszeiten. (1) Für Pflichtbeitragszeiten aufgrund einer Beschäftigung in der Zeit vom 1. Juni 1945 bis 30. Juni 1965 (§ 247 Abs. 2a) werden für jeden Kalendermonat 0,025 Entgeltpunkte zugrunde gelegt.

(2) Für Zeiten vor dem 1. Januar 1992, für die für Anrechnungszeiten Beiträge gezahlt worden sind, die Versicherte ganz oder teilweise getragen haben, ist Beitragsbemessungsgrundlage der Betrag, der sich ergibt, wenn das 100fache des gezahlten Beitrags durch den für die jeweilige Zeit maßgebenden Beitragssatz geteilt wird.

(3) [1] Für Zeiten vom 1. Januar 1982 bis zum 31. Dezember 1991, für die Pflichtbeiträge gezahlt worden sind für Personen, die aufgrund gesetzlicher Pflicht mehr als drei Tage Wehrdienst oder Zivildienst geleistet haben, werden für jedes volle Kalenderjahr 0,75 Entgeltpunkte, für die Zeit vom 1. Mai 1961 bis zum 31. Dezember 1981 1,0 Entgeltpunkte, für jeden Teilzeitraum der entsprechende Anteil zugrunde gelegt. [2] Satz 1 ist für Zeiten vom 1. Januar 1990 bis zum 31. Dezember 1991 nicht anzuwenden, wenn die Pflichtbeiträge bei einer Verdienstausfallentschädigung aus dem Arbeitsentgelt berechnet worden sind. [3] Für Zeiten vor dem 1. Mai 1961 gilt Satz 1 mit der Maßgabe, dass auf Antrag 0,75 Entgeltpunkte zugrunde gelegt werden.

(4) Für Zeiten vor dem 1. Januar 1992, für die Pflichtbeiträge für behinderte Menschen in geschützten Einrichtungen gezahlt worden sind, werden auf Antrag für jedes volle Kalenderjahr mindestens 0,75 Entgeltpunkte, für jeden Teilzeitraum der entsprechende Anteil zugrunde gelegt.

(5) ¹ Für Zeiten, für die Beiträge nach Lohn-, Beitrags- oder Gehaltsklassen gezahlt worden sind, werden die Entgeltpunkte der Anlage 3 zugrunde gelegt, wenn die Beiträge nach dem vor dem 1. März 1957 geltenden Recht gezahlt worden sind. ² Sind die Beiträge nach dem in der Zeit vom 1. März 1957 bis zum 31. Dezember 1976 geltenden Recht gezahlt worden, werden für jeden Kalendermonat Entgeltpunkte aus der in Anlage 4 angegebenen Beitragsbemessungsgrundlage ermittelt.

(6) ¹ Für Zeiten vor dem 1. Januar 1957, für die Beiträge aufgrund von Vorschriften außerhalb des Vierten Kapitels nachgezahlt worden sind, werden Entgeltpunkte ermittelt, indem die Beitragsbemessungsgrundlage durch das Durchschnittsentgelt des Jahres 1957 in Höhe von 5043 Deutsche Mark geteilt wird. ² Für Zeiten, für die Beiträge nachgezahlt worden sind, ausgenommen die Zeiten, für die Beiträge wegen Heiratserstattung nachgezahlt worden sind, werden Entgeltpunkte ermittelt, indem die Beitragsbemessungsgrundlage durch das Durchschnittsentgelt des Jahres geteilt wird, in dem die Beiträge gezahlt worden sind.

(7) Für Beiträge, die für Arbeiter in der Zeit vom 1. Oktober 1921 und für Angestellte in der Zeit vom 1. August 1921 bis zum 31. Dezember 1923 gezahlt worden sind, werden für jeden Kalendermonat 0,0625 Entgeltpunkte zugrunde gelegt.

§ 256a Entgeltpunkte für Beitragszeiten im Beitrittsgebiet.

(1) ¹ Für Beitragszeiten im Beitrittsgebiet nach dem 8. Mai 1945 werden Entgeltpunkte ermittelt, indem der mit den Werten der Anlage 10 vervielfältigte Verdienst (Beitragsbemessungsgrundlage) durch das Durchschnittsentgelt für dasselbe Kalenderjahr geteilt wird. ² Für das Kalenderjahr des Rentenbeginns und für das davor liegende Kalenderjahr ist der Verdienst mit dem Wert der Anlage 10 zu vervielfältigen, der für diese Kalenderjahre vorläufig bestimmt ist. ³ Die Sätze 1 und 2 sind nicht anzuwenden für Beitragszeiten auf Grund des Bezugs von Arbeitslosengeld II.

(1a) Arbeitsentgelt aus nach § 23b Abs. 2 Satz 1 bis 4 des Vierten Buches[1] aufgelösten Wertguthaben, das durch Arbeitsleistung im Beitrittsgebiet erzielt wurde, wird mit dem vorläufigen Wert der Anlage 10 für das Kalenderjahr vervielfältigt, dem das Arbeitsentgelt zugeordnet ist.

(2) ¹ Als Verdienst zählen der tatsächlich erzielte Arbeitsverdienst und die tatsächlich erzielten Einkünfte, für die jeweils Pflichtbeiträge gezahlt worden sind, sowie der Verdienst, für den Beiträge zur Freiwilligen Zusatzrentenversicherung oder freiwillige Beiträge zur Rentenversicherung für Zeiten vor dem 1. Januar 1992 oder danach bis zum 31. März 1999 zur Aufrechterhaltung des Anspruchs auf Rente wegen verminderter Erwerbsfähigkeit (§ 279b) gezahlt worden sind. ² Für Zeiten der Beschäftigung bei der Deutschen Reichsbahn oder bei der Deutschen Post vor dem 1. Januar 1974 gelten für den oberhalb der im Beitrittsgebiet geltenden Beitragsbemessungsgrenzen nachgewiesenen Arbeitsverdienst Beiträge zur Freiwilligen Zusatzrentenversicherung als gezahlt. ³ Für Zeiten der Beschäftigung bei der Deutschen Reichsbahn oder bei der Deutschen Post vom 1. Januar 1974 bis 30. Juni 1990 gelten für den oberhalb der im Beitrittsgebiet geltenden Beitragsbemessungsgrenzen nachgewiesenen

---

[1] Nr. 4.

Arbeitsverdienst, höchstens bis zu 650 Mark monatlich, Beiträge zur Freiwilligen Zusatzrentenversicherung als gezahlt, wenn ein Beschäftigungsverhältnis bei der Deutschen Reichsbahn oder bei der Deutschen Post am 1. Januar 1974 bereits zehn Jahre ununterbrochen bestanden hat. [4] Für freiwillige Beiträge nach der Verordnung über die freiwillige und zusätzliche Versicherung in der Sozialversicherung vom 28. Januar 1947 gelten die in Anlage 11 genannten Beträge, für freiwillige Beiträge nach der Verordnung über die freiwillige Versicherung auf Zusatzrente bei der Sozialversicherung vom 15. März 1968 (GBl. II Nr. 29 S. 154) gilt das Zehnfache der gezahlten Beiträge als Verdienst.

(3) [1] Als Verdienst zählen auch die nachgewiesenen beitragspflichtigen Arbeitsverdienste und Einkünfte vor dem 1. Juli 1990, für die wegen der im Beitrittsgebiet jeweils geltenden Beitragsbemessungsgrenzen oder wegen in einem Sonderversorgungssystem erworbener Anwartschaften Pflichtbeiträge oder Beiträge zur Freiwilligen Zusatzrentenversicherung nicht gezahlt werden konnten. [2] Für Versicherte, die berechtigt waren, der Freiwilligen Zusatzrentenversicherung beizutreten, gilt dies für Beträge oberhalb der jeweiligen Beitragsbemessungsgrenzen zur Freiwilligen Zusatzrentenversicherung nur, wenn die zulässigen Höchstbeiträge zur Freiwilligen Zusatzrentenversicherung gezahlt worden sind. [3] Werden beitragspflichtige Arbeitsverdienste oder Einkünfte, für die nach den im Beitrittsgebiet jeweils geltenden Vorschriften Pflichtbeiträge oder Beiträge zur Freiwilligen Zusatzrentenversicherung nicht gezahlt werden konnten, glaubhaft gemacht, werden diese Arbeitsverdienste oder Einkünfte zu fünf Sechsteln berücksichtigt. [4] Als Mittel der Glaubhaftmachung können auch Versicherungen an Eides statt zugelassen werden. [5] Der Träger der Rentenversicherung ist für die Abnahme eidesstattlicher Versicherungen zuständig.

(3a) [1] Als Verdienst zählen für Zeiten vor dem 1. Juli 1990, in denen Versicherte ihren gewöhnlichen Aufenthalt im Gebiet der Bundesrepublik Deutschland ohne das Beitrittsgebiet hatten und Beiträge zu einem System der gesetzlichen Rentenversicherung des Beitrittsgebiets gezahlt worden sind, die Werte der Anlagen 1 bis 16 zum Fremdrentengesetz. [2] Für jeden Teilzeitraum wird der entsprechende Anteil zugrunde gelegt. [3] Dabei zählen Kalendermonate, die zum Teil mit Anrechnungszeiten wegen Krankheit oder für Ausfalltage belegt sind, als Zeiten mit vollwertigen Beiträgen. [4] Für eine Teilzeitbeschäftigung nach dem 31. Dezember 1949 werden zur Ermittlung der Entgeltpunkte die Beiträge berücksichtigt, die dem Verhältnis der Teilzeitbeschäftigung zu einer Vollzeitbeschäftigung entsprechen. [5] Für Pflichtbeitragszeiten für eine Berufsausbildung werden für jeden Kalendermonat 0,025 Entgeltpunkte zugrunde gelegt. [6] Für glaubhaft gemachte Beitragszeiten werden fünf Sechstel der Entgeltpunkte zugrunde gelegt.

(4) Für Zeiten vor dem 1. Januar 1992, in denen Personen aufgrund gesetzlicher Pflicht mehr als drei Tage Wehrdienst oder Zivildienst im Beitrittsgebiet geleistet haben, werden für jedes volle Kalenderjahr 0,75 Entgeltpunkte, für jeden Teilzeitraum der entsprechende Anteil zugrunde gelegt.

(5) Für Pflichtbeitragszeiten bei Erwerbsunfähigkeit vor dem 1. Januar 1992 werden für jedes volle Kalenderjahr mindestens 0,75 Entgeltpunkte, für jeden Teilzeitraum der entsprechende Anteil zugrunde gelegt.

§ 256b Entgeltpunkte für glaubhaft gemachte Beitragszeiten.

(1) [1] Für glaubhaft gemachte Pflichtbeitragszeiten nach dem 31. Dezember 1949 werden zur Ermittlung von Entgeltpunkten als Beitragsbemessungsgrundlage für ein Kalenderjahr einer Vollzeitbeschäftigung die Durchschnittsverdienste berücksichtigt, die sich

1. nach Einstufung der Beschäftigung in eine der in Anlage 13 genannten Qualifikationsgruppen und

2. nach Zuordnung der Beschäftigung zu einem der in Anlage 14 genannten Bereiche

für dieses Kalenderjahr ergeben, höchstens jedoch fünf Sechstel der jeweiligen Beitragsbemessungsgrenze; für jeden Teilzeitraum wird der entsprechende Anteil zugrunde gelegt. [2] Für glaubhaft gemachte Pflichtbeitragszeiten nach Einführung des Euro werden als Beitragsbemessungsgrundlage Durchschnittsverdienste in Höhe des Betrages in Euro berücksichtigt, der zur selben Anzahl an Entgeltpunkten führt, wie er sich für das Kalenderjahr vor Einführung des Euro nach Satz 1 ergeben hätte. [3] Für eine Teilzeitbeschäftigung werden die Beträge berücksichtigt, die dem Verhältnis der Teilzeitbeschäftigung zu einer Vollzeitbeschäftigung entsprechen. [4] Die Bestimmung des maßgeblichen Bereichs richtet sich danach, welchem Bereich der Betrieb, in dem der Versicherte seine Beschäftigung ausgeübt hat, zuzuordnen ist. [5] War der Betrieb Teil einer größeren Unternehmenseinheit, ist für die Bestimmung des Bereichs diese maßgeblich. [6] Kommen nach dem Ergebnis der Ermittlungen mehrere Bereiche in Betracht, ist von ihnen der Bereich mit den niedrigsten Durchschnittsverdiensten des jeweiligen Jahres maßgeblich. [7] Ist eine Zuordnung zu einem oder zu einem von mehreren Bereichen nicht möglich, erfolgt die Zuordnung zu dem Bereich mit den für das jeweilige Jahr niedrigsten Durchschnittsverdiensten. [8] Die Sätze 6 und 7 gelten entsprechend für die Zuordnung zu einer Qualifikationsgruppe. [9] Für Zeiten vor dem 1. Januar 1950 und für Zeiten im Gebiet der Bundesrepublik Deutschland ohne das Beitrittsgebiet vor dem 1. Januar 1991 werden Entgeltpunkte aus fünf Sechstel der sich aufgrund der Anlagen 1 bis 16 zum Fremdrentengesetz ergebenden Werte ermittelt, es sei denn, die Höhe der Arbeitsentgelte ist bekannt oder kann auf sonstige Weise festgestellt werden.

(2) Für glaubhaft gemachte Pflichtbeitragszeiten für eine Berufsausbildung werden für jeden Kalendermonat 0,0208, mindestens jedoch die nach Absatz 1 ermittelten Entgeltpunkte zugrunde gelegt.

(3) Für glaubhaft gemachte Beitragszeiten mit freiwilligen Beiträgen werden für Zeiten bis zum 28. Februar 1957 die Entgeltpunkte der Anlage 15 zugrunde gelegt, für Zeiten danach für jeden Kalendermonat die Entgeltpunkte, die sich aus fünf Sechsteln der Mindestbeitragsbemessungsgrundlage für freiwillige Beiträge ergeben.

(4) [1] Für glaubhaft gemachte Pflichtbeitragszeiten im Beitrittsgebiet für die Zeit vom 1. März 1971 bis zum 30. Juni 1990 gilt Absatz 1 nur so weit, wie glaubhaft gemacht ist, dass Beiträge zur Freiwilligen Zusatzrentenversicherung gezahlt worden sind. [2] Kann eine solche Beitragszahlung nicht glaubhaft gemacht werden, ist als Beitragsbemessungsgrundlage für ein Kalenderjahr höchstens ein Verdienst nach Anlage 16 zu berücksichtigen.

(5) Die Absätze 1 bis 4 sind für selbständig Tätige entsprechend anzuwenden.

§ 256c Entgeltpunkte für nachgewiesene Beitragszeiten ohne Beitragsbemessungsgrundlage.
(1) [1] Für Zeiten vor dem 1. Januar 1991, für die eine Pflichtbeitragszahlung nachgewiesen ist, werden, wenn die Höhe der Beitragsbemessungsgrundlage nicht bekannt ist oder nicht auf sonstige Weise festgestellt werden kann, zur Ermittlung von Entgeltpunkten als Beitragsbemessungsgrundlage für ein Kalenderjahr einer Vollzeitbeschäftigung die sich nach den folgenden Absätzen ergebenden Beträge zugrunde gelegt. [2] Für jeden Teilzeitraum wird der entsprechende Anteil zugrunde gelegt. [3] Für eine Teilzeitbeschäftigung nach dem 31. Dezember 1949 werden die Werte berücksichtigt, die dem Verhältnis der Teilzeitbeschäftigung zu einer Vollzeitbeschäftigung entsprechen.

(2) Für Zeiten im Gebiet der Bundesrepublik Deutschland ohne das Beitrittsgebiet und für Zeiten im Beitrittsgebiet vor dem 1. Januar 1950 sind die Beträge maßgebend, die sich aufgrund der Anlagen 1 bis 16 zum Fremdrentengesetz für dieses Kalenderjahr ergeben.

(3) [1] Für Zeiten im Beitrittsgebiet nach dem 31. Dezember 1949 sind die um ein Fünftel erhöhten Beträge maßgebend, die sich

a) nach Einstufung der Beschäftigung in eine der in Anlage 13 genannten Qualifikationsgruppen und

b) nach Zuordnung der Beschäftigung zu einem der in Anlage 14 genannten Bereiche

für dieses Kalenderjahr ergeben. [2] § 256b Abs. 1 Satz 4 bis 8 ist anzuwenden. [3] Für Pflichtbeitragszeiten für die Zeit vom 1. März 1971 bis zum 30. Juni 1990 gilt dies nur so weit, wie glaubhaft gemacht ist, dass Beiträge zur Freiwilligen Zusatzrentenversicherung gezahlt worden sind. [4] Kann eine solche Beitragszahlung nicht glaubhaft gemacht werden, ist als Beitragsbemessungsgrundlage für ein Kalenderjahr höchstens ein um ein Fünftel erhöhter Verdienst nach Anlage 16 zu berücksichtigen.

(4) Die Absätze 1 bis 3 sind nicht anzuwenden, wenn für Zeiten vor dem 1. Juli 1990 im Beitrittsgebiet beitragspflichtige Arbeitsverdienste und Einkünfte glaubhaft gemacht werden, für die wegen der im Beitrittsgebiet jeweils geltenden Beitragsbemessungsgrenzen oder wegen in einem Sonderversorgungssystem erworbener Anwartschaften Pflichtbeiträge oder Beiträge zur Freiwilligen Zusatzrentenversicherung nicht gezahlt werden konnten.

(5) Die Absätze 1 bis 4 sind für selbständig Tätige entsprechend anzuwenden.

§ 256d *(aufgehoben)*

§ 257 Entgeltpunkte für Berliner Beitragszeiten.
(1) [1] Für Zeiten, für die Beiträge zur

1. einheitlichen Sozialversicherung der Versicherungsanstalt Berlin in der Zeit vom 1. Juli 1945 bis zum 31. Januar 1949,

2. einheitlichen Sozial- oder Rentenversicherung der Versicherungsanstalt Berlin (West) in der Zeit vom 1. Februar 1949 bis zum 31. März 1952 oder

3. Rentenversicherung der Landesversicherungsanstalt Berlin vom 1. April 1952 bis zum 31. August 1952

gezahlt worden sind, werden Entgeltpunkte ermittelt, indem die Beitragsbemessungsgrundlage durch das Durchschnittsentgelt für dasselbe Kalenderjahr geteilt wird. ²Die Beitragsbemessungsgrundlage beträgt

1. für die Zeit vom 1. Juli 1945 bis zum 31. März 1946 das Fünffache der gezahlten Beiträge,

2. für die Zeit vom 1. April 1946 bis zum 31. Dezember 1950 das Fünffache der gezahlten Beiträge, höchstens jedoch 7200 Reichsmark oder Deutsche Mark für ein Kalenderjahr.

(2) Für Zeiten, für die freiwillige Beiträge oder Beiträge nach Beitragsklassen gezahlt worden sind, werden die Entgeltpunkte der Anlage 5 zugrunde gelegt.

§ 258 Entgeltpunkte für saarländische Beitragszeiten. (1) Für Zeiten vom 20. November 1947 bis zum 5. Juli 1959, für die Beiträge in Franken gezahlt worden sind, werden Entgeltpunkte ermittelt, indem das mit den Werten der Anlage 6 vervielfältigte Arbeitsentgelt (Beitragsbemessungsgrundlage) durch das Durchschnittsentgelt für dasselbe Kalenderjahr geteilt wird.

(2) ¹Für die für Zeiten vom 31. Dezember 1923 bis zum 3. März 1935 zur Rentenversicherung der Arbeiter und für Zeiten vom 1. Januar 1924 bis zum 28. Februar 1935 zur Rentenversicherung der Angestellten nach Lohn-, Beitrags- oder Gehaltsklassen in Franken gezahlten und nach der Verordnung über die Überleitung der Sozialversicherung des Saarlandes in der im Bundesgesetzblatt Teil III, Gliederungsnummer 826-4, veröffentlichten bereinigten Fassung umgestellten Beiträge werden die Entgeltpunkte der danach maßgebenden Lohn-, Beitrags- oder Gehaltsklasse der Anlage 3 zugrunde gelegt. ²Für die für Zeiten vor dem 1. März 1935 zur knappschaftlichen Pensionsversicherung gezahlten Einheitsbeiträge werden die aufgrund des § 26 der Verordnung über die Überleitung der Sozialversicherung des Saarlandes ergangenen satzungsrechtlichen Bestimmungen angewendet und Entgeltpunkte der danach maßgebenden Lohn-, Beitrags- oder Gehaltsklasse der Anlage 3 zugrunde gelegt. ³Für Zeiten, für die Beiträge vom 20. November 1947 bis zum 31. August 1957 zur Rentenversicherung der Arbeiter und vom 1. Dezember 1947 bis zum 31. August 1957 zur Rentenversicherung der Angestellten nach Lohn-, Beitrags- oder Gehaltsklassen in Franken oder vom 1. Januar 1954 bis zum 31. März 1963 zur saarländischen Altersversorgung der Landwirte und mithelfenden Familienangehörigen gezahlt worden sind, werden die Entgeltpunkte der Anlage 7 zugrunde gelegt.

(3) Wird nachgewiesen, dass das Arbeitsentgelt in Franken in der Zeit vom 20. November 1947 bis zum 31. August 1957 höher war als der Betrag, nach dem Beiträge gezahlt worden sind, wird als Beitragsbemessungsgrundlage das tatsächliche Arbeitsentgelt zugrunde gelegt.

(4) Wird glaubhaft gemacht, dass das Arbeitsentgelt in Franken in der Zeit vom 1. Januar 1948 bis zum 31. August 1957 in der Rentenversicherung der Angestellten oder in der Zeit vom 1. Januar 1949 bis zum 31. August 1957 in der Rentenversicherung der Arbeiter höher war als der Betrag, nach dem Beiträge gezahlt worden sind, wird als Beitragsbemessungsgrundlage das um 10 vom Hundert erhöhte nachgewiesene Arbeitsentgelt zugrunde gelegt.

§ 259 Entgeltpunkte für Beitragszeiten mit Sachbezug. ¹Wird glaubhaft gemacht, dass Versicherte vor dem 1. Januar 1957 während mindestens fünf

Jahren, für die Pflichtbeiträge aufgrund einer versicherten Beschäftigung in der Rentenversicherung der Arbeiter und der Angestellten gezahlt worden sind, neben Barbezügen in wesentlichem Umfang Sachbezüge erhalten haben, werden für jeden Kalendermonat solcher Zeiten mindestens Entgeltpunkte aufgrund der Beitragsbemessungsgrundlage oder der Lohn-, Gehalts- oder Beitragsklassen der Anlage 8, für jeden Teilzeitraum der entsprechende Anteil zugrunde gelegt. ²Dies gilt nicht für Zeiten der Ausbildung als Lehrling oder Anlernling. ³Als Mittel der Glaubhaftmachung können auch Versicherungen an Eides statt zugelassen werden. ⁴Der Träger der Rentenversicherung ist für die Abnahme eidesstattlicher Versicherungen zuständig.

§ 259a Besonderheiten für Versicherte der Geburtsjahrgänge vor 1937. (1) ¹Für Versicherte, die vor dem 1. Januar 1937 geboren sind und die ihren gewöhnlichen Aufenthalt am 18. Mai 1990 oder, falls sie verstorben sind, zuletzt vor dem 19. Mai 1990

1. im Gebiet der Bundesrepublik Deutschland ohne das Beitrittsgebiet hatten oder

2. im Ausland hatten und unmittelbar vor Beginn des Auslandsaufenthalts ihren gewöhnlichen Aufenthalt im Gebiet der Bundesrepublik Deutschland ohne das Beitrittsgebiet hatten,

werden für Pflichtbeitragszeiten vor dem 19. Mai 1990 anstelle der nach den §§ 256a bis 256c zu ermittelnden Werte Entgeltpunkte aufgrund der Anlagen 1 bis 16 zum Fremdrentengesetz ermittelt; für jeden Teilzeitraum wird der entsprechende Anteil zugrunde gelegt. ²Dabei zählen Kalendermonate, die zum Teil mit Anrechnungszeiten wegen Krankheit oder für Ausfalltage belegt sind, als Zeiten mit vollwertigen Beiträgen. ³Für eine Teilzeitbeschäftigung nach dem 31. Dezember 1949 werden zur Ermittlung der Entgeltpunkte die Beträge berücksichtigt, die dem Verhältnis der Teilzeitbeschäftigung zu einer Vollzeitbeschäftigung entsprechen. ⁴Für Pflichtbeitragszeiten für eine Berufsausbildung werden für jeden Kalendermonat 0,025 Entgeltpunkte zugrunde gelegt. ⁵Für Zeiten, in denen Personen vor dem 19. Mai 1990 aufgrund gesetzlicher Pflicht mehr als drei Tage Wehrdienst oder Zivildienst im Beitrittsgebiet geleistet haben, werden die Entgeltpunkte nach § 256 Abs. 3 zugrunde gelegt. ⁶Für Zeiten mit freiwilligen Beiträgen bis zum 28. Februar 1957 werden Entgeltpunkte aus der jeweils niedrigsten Beitragsklasse für freiwillige Beiträge, für Zeiten danach aus einem Bruttoarbeitsentgelt ermittelt, das für einen Kalendermonat der Mindestbeitragsbemessungsgrundlage entspricht; dabei ist von den Werten im Gebiet der Bundesrepublik Deutschland ohne das Beitrittsgebiet auszugehen. ⁷Für glaubhaft gemachte Beitragszeiten werden fünf Sechstel der Entgeltpunkte zugrunde gelegt.

(2) Absatz 1 gilt nicht für Zeiten, die von der Wirkung einer Beitragserstattung nach § 286d Abs. 2 nicht erfasst werden.

§ 259b Besonderheiten bei Zugehörigkeit zu einem Zusatz- oder Sonderversorgungssystem. (1) ¹Für Zeiten der Zugehörigkeit zu einem Zusatz- oder Sonderversorgungssystem im Sinne des Anspruchs- und Anwartschaftsüberführungsgesetzes (AAÜG) vom 25. Juli 1991 (BGBl. I S. 1677) wird bei der Ermittlung der Entgeltpunkte der Verdienst nach dem AAÜG zugrunde gelegt. ²§ 259a ist nicht anzuwenden.

(2) Als Zeiten der Zugehörigkeit zu einem Versorgungssystem gelten auch Zeiten, die vor Einführung eines Versorgungssystems in der Sozialpflichtversicherung oder in der freiwilligen Zusatzrentenversicherung zurückgelegt worden sind, wenn diese Zeiten, hätte das Versorgungssystem bereits bestanden, im Versorgungssystem zurückgelegt worden wären.

§ 259c *(aufgehoben)*

§ 260 Beitragsbemessungsgrenzen. [1] Für Zeiten, für die Beiträge aufgrund einer Beschäftigung oder selbständigen Tätigkeit in den dem Deutschen Reich eingegliederten Gebieten gezahlt worden sind, werden mindestens die im übrigen Deutschen Reich geltenden Beitragsbemessungsgrenzen angewendet. [2] Für Beitragszeiten im Beitrittsgebiet und im Saarland werden die im Bundesgebiet geltenden Beitragsbemessungsgrenzen angewendet. [3] Sind vor dem 1. Januar 1984 liegende Arbeitsausfalltage nicht als Anrechnungszeiten zu berücksichtigen, werden diese Arbeitsausfalltage bei der Bestimmung der Beitragsbemessungsgrenze als Beitragszeiten berücksichtigt.

§ 261 Beitragszeiten ohne Entgeltpunkte. Entgeltpunkte werden nicht ermittelt für

1. Pflichtbeiträge zur Rentenversicherung der Arbeiter für Zeiten vor dem 1. Januar 1957, soweit für dieselbe Zeit und Beschäftigung auch Pflichtbeiträge zur Rentenversicherung der Angestellten oder zur knappschaftlichen Rentenversicherung gezahlt worden sind,
2. Pflichtbeiträge zur Rentenversicherung der Arbeiter oder zur Rentenversicherung der Angestellten für Zeiten vor dem 1. Januar 1943, soweit für dieselbe Zeit und Beschäftigung auch Pflichtbeiträge zur knappschaftlichen Pensionsversicherung der Arbeiter oder der Angestellten gezahlt worden sind.

§ 262 Mindestentgeltpunkte bei geringem Arbeitsentgelt. (1) [1] Sind mindestens 35 Jahre mit rentenrechtlichen Zeiten vorhanden und ergibt sich aus den Kalendermonaten mit vollwertigen Pflichtbeiträgen ein Durchschnittswert von weniger als 0,0625 Entgeltpunkten, wird die Summe der Entgeltpunkte für Beitragszeiten erhöht. [2] Die zusätzlichen Entgeltpunkte sind so zu bemessen, dass sich für die Kalendermonate mit vollwertigen Pflichtbeiträgen vor dem 1. Januar 1992 ein Durchschnittswert in Höhe des 1,5fachen des tatsächlichen Durchschnittswerts, höchstens aber in Höhe von 0,0625 Entgeltpunkten ergibt.

(2) Die zusätzlichen Entgeltpunkte werden den Kalendermonaten mit vollwertigen Pflichtbeiträgen vor dem 1. Januar 1992 zu gleichen Teilen zugeordnet; dabei werden Kalendermonaten mit Entgeltpunkten (Ost) zusätzliche Entgeltpunkte (Ost) zugeordnet.

(3) Bei Anwendung der Absätze 1 und 2 gelten Pflichtbeiträge für Zeiten, in denen eine Rente aus eigener Versicherung bezogen worden ist, nicht als vollwertige Pflichtbeiträge.

§ 263 Gesamtleistungsbewertung für beitragsfreie und beitragsgeminderte Zeiten. (1) [1] Bei der Gesamtleistungsbewertung für beitragsfreie und beitragsgeminderte Zeiten werden Berücksichtigungszeiten wegen Kin-

5. Kapitel. Sonderregelungen § 263 SGB VI 6

dererziehung, die in der Gesamtlücke für die Ermittlung der pauschalen Anrechnungszeit liegen, höchstens mit der Anzahl an Monaten berücksichtigt, die zusammen mit der Anzahl an Monaten mit pauschaler Anrechnungszeit die Anzahl an Monaten der Gesamtlücke ergibt. ²Für die Gesamtleistungsbewertung werden jedem Kalendermonat an Berücksichtigungszeit wegen Pflege 0,0625 Entgeltpunkte zugeordnet, es sei denn, dass er als Beitragszeit bereits einen höheren Wert hat.

(2) *(aufgehoben)*

(2a) ¹Der sich aus der Gesamtleistungsbewertung ergebende Wert wird für jeden Kalendermonat mit Anrechnungszeiten wegen Krankheit und Arbeitslosigkeit auf 80 vom Hundert begrenzt. ²Kalendermonate, die nur deshalb Anrechnungszeiten sind, weil Arbeitslosigkeit vor dem 1. März 1990 im Beitrittsgebiet, jedoch nicht vor dem 1. Juli 1978, vorgelegen hat, werden nicht bewertet. ³Kalendermonate, die nur deshalb Anrechnungszeiten sind, weil Arbeitslosigkeit nach dem 30. Juni 1978 vorgelegen hat, für die vor dem 1. Januar 2005 aber keine Arbeitslosenhilfe gezahlt worden ist, werden nicht bewertet.

(3) ¹Der sich aus der Gesamtleistungsbewertung ergebende Wert wird für jeden Kalendermonat mit Anrechnungszeiten wegen einer Schul- oder Hochschulausbildung auf 75 vom Hundert begrenzt. ²Der so begrenzte Gesamtleistungswert darf für einen Kalendermonat 0,0625 Entgeltpunkte nicht übersteigen. ³Zeiten einer Schul- oder Hochschulausbildung werden insgesamt für höchstens drei Jahre bewertet; auf die drei Jahre werden Zeiten einer Fachschulausbildung oder der Teilnahme an einer berufsvorbereitenden Bildungsmaßnahme angerechnet. ⁴Bei der begrenzten Gesamtleistungsbewertung für die Zeiten der Schul- oder Hochschulausbildung treten an die Stelle

bei Beginn der Rente im		der Werte	
		75 vom Hundert	0,0625 Entgeltpunkte
Jahr	Monat	die Werte	
2005	Januar	75,00	0,0625
	Februar	73,44	0,0612
	März	71,88	0,0599
	April	70,31	0,0586
	Mai	68,75	0,0573
	Juni	67,19	0,0560
	Juli	65,63	0,0547
	August	64,06	0,0534
	September	62,50	0,0521
	Oktober	60,94	0,0508
	November	59,38	0,0495
	Dezember	57,81	0,0482

6 SGB VI § 263

6. Buch. Gesetzl. Rentenversicherung

bei Beginn der Rente im		der Werte	
		75 vom Hundert	0,0625 Entgeltpunkte
Jahr	Monat	die Werte	
2006	Januar	56,25	0,0469
	Februar	54,69	0,0456
	März	53,13	0,0443
	April	51,56	0,0430
	Mai	50,00	0,0417
	Juni	48,44	0,0404
	Juli	46,88	0,0391
	August	45,31	0,0378
	September	43,75	0,0365
	Oktober	42,19	0,0352
	November	40,63	0,0339
	Dezember	39,06	0,0326
2007	Januar	37,50	0,0313
	Februar	35,94	0,0299
	März	34,38	0,0286
	April	32,81	0,0273
	Mai	31,25	0,0260
	Juni	29,69	0,0247
	Juli	28,13	0,0234
	August	26,56	0,0221
	September	25,00	0,0208
	Oktober	23,44	0,0195
	November	21,88	0,0182
	Dezember	20,31	0,0169
2008	Januar	18,75	0,0156
	Februar	17,19	0,0143
	März	15,63	0,0130
	April	14,06	0,0117
	Mai	12,50	0,0104
	Juni	10,94	0,0091

bei Beginn der Rente im		der Werte	
		75 vom Hundert	0,0625 Entgeltpunkte
Jahr	Monat	die Werte	
	Juli	9,38	0,0078
	August	7,81	0,0065
	September	6,25	0,0052
	Oktober	4,69	0,0039
	November	3,13	0,0026
	Dezember	1,56	0,0013
2009	Januar	0,00	0,0000.

(4) [1] Die Summe der Entgeltpunkte für Anrechnungszeiten, die vor dem 1. Januar 1957 liegen, muss mindestens den Wert erreichen, der sich für eine pauschale Anrechnungszeit ergeben würde. [2] Die zusätzlichen Entgeltpunkte entfallen zu gleichen Teilen auf die begrenzt zu bewertenden Anrechnungszeiten vor dem 1. Januar 1957.

(5) Die Summe der Entgeltpunkte für Kalendermonate, die als Zeiten einer beruflichen Ausbildung gelten (§ 246 Satz 2), ist um einen Zuschlag so zu erhöhen, dass mindestens der Wert erreicht wird, den diese Zeiten als Zeiten einer Schul- oder Hochschulausbildung nach Absatz 3 hätten.

(6) Zeiten beruflicher Ausbildung, die für sich alleine oder bei Zusammenrechnung mit Anrechnungszeiten wegen einer schulischen Ausbildung bis zu drei Jahren, insgesamt drei Jahre überschreiten, sind um einen Zuschlag so zu erhöhen, dass mindestens der Wert erreicht wird, den diese Zeiten nach Absatz 3 hätten.

(7) [1] Für glaubhaft gemachte Zeiten beruflicher Ausbildung sind höchstens fünf Sechstel der im Rahmen der Gesamtleistungsbewertung ermittelten Entgeltpunkte zu berücksichtigen. [2] Dies gilt auch für die in den Absätzen 5 und 6 genannten Zeiten.

§ 263a Gesamtleistungsbewertung für beitragsfreie und beitragsgeminderte Zeiten mit Entgeltpunkten (Ost). [1] Nach der Gesamtleistungsbewertung ermittelte Entgeltpunkte für beitragsfreie Zeiten und der Zuschlag an Entgeltpunkten für beitragsgeminderte Zeiten werden in dem Verhältnis als Entgeltpunkte (Ost) berücksichtigt, in dem die für die Ermittlung des Gesamtleistungswerts zugrunde gelegten Entgeltpunkte (Ost) zu allen zugrunde gelegten Entgeltpunkten stehen. [2] Dabei ist für Entgeltpunkte für Berücksichtigungszeiten § 254d entsprechend anzuwenden.

§ 264 Zuschläge oder Abschläge beim Versorgungsausgleich. [1] Sind für Rentenanwartschaften Werteinheiten ermittelt worden, ergeben je 100 Werteinheiten einen Entgeltpunkt. [2] Werteinheiten der knappschaftlichen Rentenversicherung sind zuvor mit der allgemeinen Bemessungsgrundlage der knappschaftlichen Rentenversicherung für das Jahr 1991 zu vervielfältigen und durch die allgemeine Bemessungsgrundlage der Rentenversicherung der Arbeiter und der Angestellten für dasselbe Jahr zu teilen.

§ 264a Zuschläge oder Abschläge beim Versorgungsausgleich im Beitrittsgebiet. (1) Ein zugunsten oder zulasten von Versicherten durchgeführter Versorgungsausgleich wird durch einen Zuschlag oder Abschlag an Entgeltpunkten (Ost) berücksichtigt, soweit Entgeltpunkte (Ost) übertragen wurden oder das Familiengericht die Umrechnung des Monatsbetrags der begründeten Rentenanwartschaften in Entgeltpunkte (Ost) nach § 16 Abs. 3 des Versorgungsausgleichsgesetzes angeordnet hat.

(2) Die Entgeltpunkte (Ost) werden in der Weise ermittelt, dass der Monatsbetrag der Rentenanwartschaften durch den aktuellen Rentenwert (Ost) mit seinem Wert bei Ende der Ehezeit oder Lebenspartnerschaftszeit geteilt wird.

(3) Die Entgeltpunkte (Ost) treten bei der Anwendung der Vorschriften über den Versorgungsausgleich an die Stelle von Entgeltpunkten.

§ 264b Zuschläge an Entgeltpunkten für Arbeitsentgelt aus geringfügiger versicherungsfreier Beschäftigung. [1] Für Arbeitsentgelt aus geringfügiger Beschäftigung, in der Beschäftigte nach § 230 Absatz 8 versicherungsfrei sind und für das der Arbeitgeber einen Beitragsanteil getragen hat, werden Zuschläge an Entgeltpunkten ermittelt. [2] Zuschläge an Entgeltpunkten sind auch zu ermitteln, wenn ein Arbeitgeber einen Beitragsanteil für Arbeitsentgelt aus einer vor dem 1. Januar 2013 ausgeübten geringfügigen versicherungsfreien Beschäftigung getragen hat. [3] Für die Ermittlung der Zuschläge an Entgeltpunkten nach Satz 1 und 2 gilt § 76b Absatz 2 bis 4 entsprechend.

§ 264c Zuschlag bei Hinterbliebenenrenten. (1) [1] Der Zuschlag bei Witwenrenten und Witwerrenten besteht aus persönlichen Entgeltpunkten (Ost), wenn den Zeiten der Kindererziehung ausschließlich Entgeltpunkte (Ost) zugrunde liegen. [2] Der Zuschlag bei Waisenrenten besteht aus persönlichen Entgeltpunkten (Ost), wenn der Rente des verstorbenen Versicherten ausschließlich Entgeltpunkte (Ost) zugrunde liegen.

(2) Die Witwenrente oder Witwerrente erhöht sich nicht um einen Zuschlag an persönlichen Entgeltpunkten, wenn der Ehegatte vor dem 1. Januar 2002 verstorben ist oder die Ehe vor diesem Zeitpunkt geschlossen wurde und mindestens ein Ehegatte vor dem 2. Januar 1962 geboren ist.

§ 264d Zugangsfaktor. [1] Beginnt eine Rente wegen verminderter Erwerbsfähigkeit vor dem 1. Januar 2024 oder ist bei einer Rente wegen Todes der Versicherte vor dem 1. Januar 2024 verstorben, ist bei der Ermittlung des Zugangsfaktors anstelle der Vollendung des 65. Lebensjahres und des 62. Lebensjahres jeweils das in der nachfolgenden Tabelle aufgeführte Lebensalter maßgebend:

5. Kapitel. Sonderregelungen § 265 SGB VI 6

Bei Beginn der Rente oder bei Tod des Versicherten im		tritt an die Stelle des Lebensalters			
		65 Jahre das Lebensalter		62 Jahre das Lebensalter	
Jahr	Monat	Jahre	Monate	Jahre	Monate
vor 2012		63	0	60	0
2012	Januar	63	1	60	1
2012	Februar	63	2	60	2
2012	März	63	3	60	3
2012	April	63	4	60	4
2012	Mai	63	5	60	5
2012	Juni – Dezember	63	6	60	6
2013		63	7	60	7
2014		63	8	60	8
2015		63	9	60	9
2016		63	10	60	10
2017		63	11	60	11
2018		64	0	61	0
2019		64	2	61	2
2020		64	4	61	4
2021		64	6	61	6
2022		64	8	61	8
2023		64	10	61	10.

² § 77 Abs. 4 ist mit der Maßgabe anzuwenden, dass an die Stelle von 40 Jahren 35 Jahre treten.

§ 265 Knappschaftliche Besonderheiten. (1) Für Beiträge zur knappschaftlichen Rentenversicherung, die für Arbeiter in der Zeit vom 1. Oktober 1921 und für Angestellte in der Zeit vom 1. August 1921 bis zum 31. Dezember 1923 gezahlt worden sind, werden für jeden Kalendermonat 0,0625 Entgeltpunkte zugrunde gelegt.

(2) Für Zeiten, in denen Versicherte eine Bergmannsprämie vor dem 1. Januar 1992 bezogen haben, wird die der Ermittlung von Entgeltpunkten zugrunde zu legende Beitragsbemessungsgrundlage für jedes volle Kalenderjahr des Bezugs der Bergmannsprämie um das 200fache der Bergmannsprämie und für jeden Kalendermonat um ein Zwölftel dieses Jahresbetrags erhöht.

(3) Bei Kalendermonaten mit Beitragszeiten der Rentenversicherung der Arbeiter und der Angestellten, die beitragsgeminderte Zeiten sind, weil sie

auch mit Ersatzzeiten belegt sind, die der knappschaftlichen Rentenversicherung zugeordnet sind, werden für die Ermittlung des Wertes für beitragsgeminderte Zeiten die Entgeltpunkte für diese Beitragszeiten zuvor mit 0,75 vervielfältigt.

(4) Bei Kalendermonaten mit Beitragszeiten der knappschaftlichen Rentenversicherung, die beitragsgeminderte Zeiten sind, weil sie auch mit Ersatzzeiten belegt sind, die der Rentenversicherung der Arbeiter und der Angestellten zugeordnet sind, werden für die Ermittlung des Wertes für beitragsgeminderte Zeiten die ohne Anwendung des § 84 Abs. 1 ermittelten Entgeltpunkte für diese Beitragszeiten zuvor mit 1,3333 vervielfältigt.

(5) Für die Ermittlung der zusätzlichen Entgeltpunkte des Leistungszuschlags für ständige Arbeiten unter Tage werden auch Zeiten berücksichtigt, in denen Versicherte vor dem 1. Januar 1968 unter Tage beschäftigt waren, wobei für je drei volle Kalendermonate mit anderen als Hauerarbeiten je zwei Kalendermonate angerechnet werden.

(6) § 85 Abs. 1 Satz 1 gilt nicht für Zeiten, in denen eine Rente wegen Berufsunfähigkeit oder wegen Erwerbsunfähigkeit bezogen worden ist.

(7) Der Rentenartfaktor beträgt für persönliche Entgeltpunkte bei großen Witwenrenten und großen Witwerrenten in der knappschaftlichen Rentenversicherung nach dem Ende des dritten Kalendermonats nach Ablauf des Monats, in dem der Ehegatte verstorben ist, 0,8, wenn der Ehegatte vor dem 1. Januar 2002 verstorben ist oder die Ehe vor diesem Tag geschlossen wurde und mindestens ein Ehegatte vor dem 2. Januar 1962 geboren ist.

(8) ¹Beginnt eine Rente für Bergleute vor dem 1. Januar 2024 ist bei der Ermittlung des Zugangsfaktors abhängig vom Rentenbeginn anstelle der Vollendung des 64. Lebensjahres die Vollendung des nachstehend angegebenen Lebensalters maßgebend:

Bei Beginn der Rente im		tritt an die Stelle des Lebensalters 64 Jahre das Lebensalter	
Jahr	Monat	Jahre	Monate
2012	Januar	62	1
2012	Februar	62	1
2012	März	62	3
2012	April	62	4
2012	Mai	62	5
2012	Juni – Dezember	62	6
2013		62	7
2014		62	8
2015		62	9
2016		62	10
2017		62	11

5. Kapitel. Sonderregelungen §§ 265a–268 SGB VI 6

Bei Beginn der Rente im		tritt an die Stelle des Lebensalters 64 Jahre das Lebensalter	
Jahr	Monat	Jahre	Monate
2018		63	0
2019		63	2
2020		63	4
2021		63	6
2022		63	8
2023		63	10.

² § 86a ist mit der Maßgabe anzuwenden, dass an die Stelle von 40 Jahren 35 Jahre treten.

§ 265a Knappschaftliche Besonderheiten bei rentenrechtlichen Zeiten im Beitrittsgebiet. Entgeltpunkte aus dem Leistungszuschlag werden in dem Verhältnis als Entgeltpunkte (Ost) berücksichtigt, in dem die Kalendermonate mit ständigen Arbeiten unter Tage, die gleichzeitig Beitragszeiten mit Entgeltpunkten (Ost) sind, zu allen Kalendermonaten mit ständigen Arbeiten unter Tage stehen.

§ 265b *(aufgehoben)*

Sechster Unterabschnitt. Zusammentreffen von Renten und Einkommen

§ 266 Erhöhung des Grenzbetrags. Bestand am 31. Dezember 1991 Anspruch auf eine Rente nach den Vorschriften im Gebiet der Bundesrepublik Deutschland ohne das Beitrittsgebiet und auf eine Rente aus der Unfallversicherung, ist Grenzbetrag für diese und eine sich unmittelbar anschließende Rente mindestens der sich nach den §§ 311 und 312 ergebende, um die Beträge nach § 93 Abs. 2 Nr. 1 Buchstabe b und Nr. 2 Buchstabe a geminderte Betrag.

§ 267 Rente und Leistungen aus der Unfallversicherung. Bei der Ermittlung der Summe der zusammentreffenden Rentenbeträge bleibt bei der Rente aus der Unfallversicherung auch die Kinderzulage unberücksichtigt.

Siebter Unterabschnitt. Beginn von Witwenrenten und Witwerrenten an vor dem 1. Juli 1977 geschiedene Ehegatten und Änderung von Renten beim Versorgungsausgleich

§ 268 Beginn von Witwenrenten und Witwerrenten an vor dem 1. Juli 1977 geschiedene Ehegatten. Witwenrenten und Witwerrenten aus der Rentenanwartschaft eines vor dem 1. Juli 1977 geschiedenen Ehegatten werden vom Ablauf des Kalendermonats an geleistet, in dem die Rente beantragt wird.

§ 268a Änderung von Renten beim Versorgungsausgleich. (1) § 101 Abs. 3 Satz 4 in der am 31. August 2009 geltenden Fassung gilt nicht in den Fällen, in denen vor dem 30. März 2005 die zunächst nicht auf Grund des Versorgungsausgleichs gekürzte Rente begonnen hat und die Entscheidung des Familiengerichts über den Versorgungsausgleich wirksam geworden ist.

(2) § 101 Abs. 3 in der bis zum 31. August 2009 geltenden Fassung ist weiterhin anzuwenden, wenn vor dem 1. September 2009 das Verfahren über den Versorgungsausgleich eingeleitet worden ist und die auf Grund des Versorgungsausgleichs zu kürzende Rente begonnen hat.

Achter Unterabschnitt. Zusatzleistungen

§ 269 Steigerungsbeträge. (1) [1] Für Beiträge der Höherversicherung und für Beiträge nach § 248 Abs. 3 Satz 2 Nr. 3 werden zusätzlich zum Monatsbetrag einer Rente Steigerungsbeträge geleistet. [2] Diese betragen bei einer Rente aus eigener Versicherung bei Zahlung des Beitrags im Alter

bis zu 30 Jahren	1,6667 vom Hundert,
von 31 bis 35 Jahren	1,5 vom Hundert,
von 36 bis 40 Jahren	1,3333 vom Hundert,
von 41 bis 45 Jahren	1,1667 vom Hundert,
von 46 bis 50 Jahren	1,0 vom Hundert,
von 51 bis 55 Jahren	0,9167 vom Hundert,
von 56 und mehr Jahren	0,8333 vom Hundert

des Nennwerts des Beitrags, bei einer Hinterbliebenenrente vervielfältigt mit dem für die Rente maßgebenden Rentenartfaktor der allgemeinen Rentenversicherung. [3] Das Alter des Versicherten bestimmt sich nach dem Unterschied zwischen dem Kalenderjahr der Beitragszahlung und dem Geburtsjahr des Versicherten. [4] Für Beiträge, die für Arbeiter in der Zeit vom 1. Oktober 1921 und für Angestellte in der Zeit vom 1. August 1921 bis zum 31. Dezember 1923 gezahlt worden sind, werden Steigerungsbeträge nicht geleistet.

(2) [1] Werden auf eine Witwenrente oder Witwerrente nach dem vorletzten Ehegatten Ansprüche infolge Auflösung der letzten Ehe angerechnet, werden hierauf auch die zu einer Witwenrente oder Witwerrente nach dem letzten Ehegatten geleisteten Steigerungsbeträge aus Beiträgen der Höherversicherung angerechnet. [2] Werden zu einer Witwenrente oder Witwerrente nach dem vorletzten Ehegatten Steigerungsbeträge aus Beiträgen der Höherversicherung gezahlt, werden hierauf auch Ansprüche infolge Auflösung der letzten Ehe angerechnet, soweit sie noch nicht auf die Witwenrente oder Witwerrente nach dem vorletzten Ehegatten angerechnet worden sind.

(3) Werden Witwenrenten oder Witwerrenten auf mehrere Berechtigte aufgeteilt, werden im gleichen Verhältnis auch hierzu gezahlte Steigerungsbeträge aus Beiträgen der Höherversicherung aufgeteilt.

(4) Werden Witwenrenten oder Witwerrenten bei Wiederheirat des Berechtigten abgefunden, werden auch die hierzu gezahlten Steigerungsbeträge aus Beiträgen der Höherversicherung abgefunden.

§ 269a *(aufgehoben)*

§ 269b Rentenabfindung bei Wiederheirat von Witwen und Witwern.

¹Die Rentenabfindung bei Wiederheirat von Witwen und Witwern erfolgt ohne Anrechnung der bereits geleisteten kleinen Witwenrente oder kleinen Witwerrente, wenn der vorletzte Ehegatte vor dem 1. Januar 2002 verstorben ist. ²Dies gilt auch, wenn mindestens ein Ehegatte in der vorletzten Ehe vor dem 2. Januar 1962 geboren ist und diese Ehe vor dem 1. Januar 2002 geschlossen wurde.

§ 270 *(aufgehoben)*

§ 270a (weggefallen)

Neunter Unterabschnitt. Leistungen an Berechtigte im Ausland und Auszahlung

§ 270b Rente wegen teilweiser Erwerbsminderung bei Berufsunfähigkeit.

Berechtigte erhalten eine Rente wegen teilweiser Erwerbsminderung bei Berufsunfähigkeit (§ 240) nur, wenn sie auf diese Rente bereits für die Zeit, in der sie ihren gewöhnlichen Aufenthalt noch im Inland gehabt haben, einen Anspruch hatten.

§ 271 Höhe der Rente.

¹Bundesgebiets-Beitragszeiten sind auch Zeiten, für die nach den vor dem 9. Mai 1945 geltenden Reichsversicherungsgesetzen

1. Pflichtbeiträge für eine Beschäftigung oder selbständige Tätigkeit im Inland oder
2. freiwillige Beiträge für die Zeit des gewöhnlichen Aufenthalts im Inland oder außerhalb des jeweiligen Geltungsbereichs der Reichsversicherungsgesetze gezahlt worden sind. ²Kindererziehungszeiten sind Bundesgebiets-Beitragszeiten, wenn die Erziehung des Kindes im Gebiet der Bundesrepublik Deutschland erfolgt ist.

§ 272 Besonderheiten.

(1) Die persönlichen Entgeltpunkte von Berechtigten, die vor dem 19. Mai 1950 geboren sind und vor dem 19. Mai 1990 ihren gewöhnlichen Aufenthalt im Ausland genommen haben, werden zusätzlich ermittelt aus

1. Entgeltpunkten für Beitragszeiten nach dem Fremdrentengesetz, begrenzt auf die Höhe der Entgeltpunkte für Bundesgebiets-Beitragszeiten,
2. dem Leistungszuschlag für Beitragszeiten nach dem Fremdrentengesetz, begrenzt auf die Höhe des Leistungszuschlags für Bundesgebiets-Beitragszeiten,
3. dem Abschlag an Entgeltpunkten aus einem durchgeführten Versorgungsausgleich oder Rentensplitting, der auf Beitragszeiten nach dem Fremdrentengesetz entfällt, in dem Verhältnis, in dem die nach Nummer 1 begrenzten Entgeltpunkte für Beitragszeiten nach dem Fremdrentengesetz zu allen Entgeltpunkten für diese Zeiten stehen und
4. dem Zuschlag an persönlichen Entgeltpunkten bei Waisenrenten aus Beitragszeiten nach dem Fremdrentengesetz in dem sich nach Nummer 3 ergebenden Verhältnis.

(2) Entgeltpunkte für Beitragszeiten nach dem Fremdrentengesetz, die nach Absatz 1 aufgrund von Entgeltpunkten (Ost) zusätzlich zu berücksichtigen sind, gelten als Entgeltpunkte (Ost).

(3) ¹ Zu den Entgeltpunkten von Berechtigten im Sinne von Absatz 1, die auf die Höhe der Entgeltpunkte für Bundesgebiets-Beitragszeiten begrenzt zu berücksichtigen sind, gehören auch Reichsgebiets-Beitragszeiten. ² Bei der Ermittlung von Entgeltpunkten aus einem Leistungszuschlag, aus einem Abschlag aus einem durchgeführten Versorgungsausgleich oder Rentensplitting und für den Zuschlag bei einer Waisenrente sind Reichsgebiets-Beitragszeiten wie Beitragszeiten nach dem Fremdrentengesetz zu berücksichtigen.

§ 272a Fälligkeit und Auszahlung laufender Geldleistungen bei Beginn vor dem 1. April 2004. (1) ¹ Bei Beginn laufender Geldleistungen mit Ausnahme des Übergangsgeldes vor dem 1. April 2004 werden diese zu Beginn des Monats fällig, zu dessen Beginn die Anspruchsvoraussetzungen erfüllt sind; sie werden am letzten Bankarbeitstag des Monats ausgezahlt, der dem Monat der Fälligkeit vorausgeht. ² § 118 Abs. 1 Satz 2 und 3 gilt entsprechend.

(2) Absatz 1 gilt auch für aufgrund des § 89 zu zahlende Renten, für Regelaltersrenten, die im Anschluss an eine Erziehungsrente oder Rente wegen verminderter Erwerbsfähigkeit zu zahlen sind, und für Renten wegen Todes, die im Anschluss an eine Rente des verstorbenen Versicherten zu zahlen sind, wenn aus einem Versicherungskonto bei ununterbrochen anerkannten Rentenansprüchen der erstmalige Rentenbeginn vor dem 1. April 2004 liegt.

Zehnter Unterabschnitt. Organisation, Datenverarbeitung und Datenschutz

Erster Titel. Organisation

§ 273 Zuständigkeit der Deutschen Rentenversicherung Knappschaft-Bahn-See. (1) ¹ Für Beschäftigte ist die Deutsche Rentenversicherung Knappschaft-Bahn-See als Träger der knappschaftlichen Rentenversicherung auch zuständig, wenn die Versicherten auf Grund der Beschäftigung in einem nichtknappschaftlichen Betrieb bereits vor dem 1. Januar 1992 bei der Bundesknappschaft versichert waren, solange diese Beschäftigung andauert. ² Werden Beschäftigte in einem Betrieb oder Betriebsteil, für dessen Beschäftigte die Bundesknappschaft bereits vor dem 1. Januar 1992 zuständig war, infolge einer Verschmelzung, Umwandlung oder einer sonstigen Maßnahme innerhalb von 18 Kalendermonaten nach dieser Maßnahme in einem anderen Betrieb oder Betriebsteil des Unternehmens tätig, bleibt die Deutsche Rentenversicherung Knappschaft-Bahn-See als Träger der knappschaftlichen Rentenversicherung für die Dauer dieser Beschäftigung zuständig.

(2) Für Versicherte, die

1. bis zum 31. Dezember 1955 von dem Recht der Selbstversicherung oder
2. bis zum 31. Dezember 1967 von dem Recht der Weiterversicherung

in der knappschaftlichen Rentenversicherung Gebrauch gemacht haben, ist die Deutsche Rentenversicherung Knappschaft-Bahn-See als Träger der knappschaftlichen Rentenversicherung für die freiwillige Versicherung zuständig.

(3) ¹ Für Personen, die zum Zeitpunkt des Zuständigkeitswechsels nach § 130 und § 136 bereits eine Rente beziehen, bleibt der bisher zuständige

Träger der Rentenversicherung für die Dauer des Bezugs dieser Rente weiterhin zuständig. ²Bestand am 31. Dezember 2004 bei einem bisher zuständigen Träger der Rentenversicherung ein laufender Geschäftsvorfall, bleibt die Zuständigkeit bis zu dessen Abschluss erhalten.

(4) ¹Beschäftigte, die bei der Bundesknappschaft beschäftigt sind, sind bis zum 30. September 2005 in der knappschaftlichen Rentenversicherung versichert. ²Für Versicherte, die am 30. September 2005 bei der Bundesknappschaft beschäftigt und in der knappschaftlichen Rentenversicherung versichert sind, bleibt die Deutsche Rentenversicherung Knappschaft-Bahn-See als Träger der knappschaftlichen Rentenversicherung für die Dauer dieser Beschäftigung zuständig. ³Dies gilt auch für Beschäftigte der Deutschen Rentenversicherung Knappschaft-Bahn-See, deren Beschäftigung unmittelbar an ein am 30. September 2005 bei der Bundesknappschaft bestehendes Ausbildungsverhältnis anschließt.

(5) Für Beschäftigte, die am 31. Dezember 1993 nach § 3 der Satzung der damaligen Bundesbahn-Versicherungsanstalt bei diesem Versicherungsträger versichert waren und nicht zu dem Personenkreis gehören, für den die Deutsche Rentenversicherung Knappschaft-Bahn-See nach § 129 Abs. 1 zuständig ist, bleibt die Deutsche Rentenversicherung Knappschaft-Bahn-See zuständig.

§ 273a Zuständigkeit in Zweifelsfällen. Ob im Beitrittsgebiet ein Betrieb knappschaftlich ist, einem knappschaftlichen Betrieb gleichgestellt ist oder die Zuständigkeit der Deutschen Rentenversicherung Knappschaft-Bahn-See als Träger der knappschaftlichen Rentenversicherung für Arbeitnehmer außerhalb von knappschaftlichen Betrieben, die denen in knappschaftlichen Betrieben gleichgestellt sind, gegeben ist, entscheidet in Zweifelsfällen das Bundesversicherungsamt.

§ 273b *(aufgehoben)*

Zweiter Titel. Datenverarbeitung und Datenschutz

§ 274 Dateien bei der Datenstelle hinsichtlich der Verordnung (EWG) Nr. 1408/71 des Rates vom 14. Juni 1971. (1) § 150 Absatz 3 Satz 1 ist nicht im Verhältnis zu Staaten und Personengruppen anzuwenden, auf welche die Verordnung (EWG) Nr. 1408/71 des Rates vom 14. Juni 1971 zur Anwendung der Systeme der sozialen Sicherheit auf Arbeitnehmer und Selbständige sowie deren Familienangehörige, die innerhalb der Gemeinschaft zu- und abwandern (ABl. L 149 vom 5.7.1971, S. 2), die zuletzt durch die Verordnung (EG) Nr. 592/2008 (ABl. L 177 vom 4.7.2008, S. 1) geändert worden ist, weiter Anwendung findet.

(2) Für die Prüfung, ob eine Beschäftigung den Voraussetzungen entspricht, nach denen eine Bescheinigung über weiterhin anzuwendende Rechtsvorschriften (Bescheinigung E 101) nach den Artikeln 11 und 11a der Verordnung (EWG) Nr. 574/72 des Rates vom 21. März 1972 über die Durchführung der Verordnung (EWG) Nr. 1408/71 über die Anwendung der Systeme der sozialen Sicherheit auf Arbeitnehmer und Selbständige sowie deren Familienangehörige, die innerhalb der Gemeinschaft zu- und abwandern (ABl. L 74 vom 27.3.1972, S. 1), die zuletzt durch die Verordnung (EG) Nr. 120/2009 (ABl. L 39 vom 10.2.2009, S. 29) geändert worden ist, ausgestellt werden kann, werden

nach § 150 Absatz 3 vom Träger der Rentenversicherung folgende Daten gespeichert:

1. die in der Bescheinigung E 101 enthaltenen Daten,
2. ein Identifikationsmerkmal des Arbeitnehmers, der Arbeitnehmerin oder des Selbstständigen,
3. ein Identifikationsmerkmal des ausländischen Arbeitgebers,
4. ein Identifikationsmerkmal des inländischen Arbeitgebers,
5. die Mitteilung über eine Anfrage beim ausstellenden Träger einer Bescheinigung E 101 und
6. das Ergebnis der Überprüfung einer Bescheinigung E 101.

§§ 274a, 274b *(aufgehoben)*

Dritter Titel. Übergangsvorschriften zur Zuständigkeit der Rentenversicherungsträger

§ 274c Ausgleichsverfahren. (1) [1] Versicherte, die vor dem 1. Januar 2005 eine Versicherungsnummer erhalten haben (Bestandsversicherte), bleiben dem am 31. Dezember 2004 zuständigen Träger zugeordnet. [2] Ausgenommen sind Zuständigkeitswechsel

1. zwischen den Regionalträgern,
2. in die Zuständigkeit der Deutschen Rentenversicherung Knappschaft-Bahn-See und
3. auf Grund des Ausgleichsverfahrens nach Absatz 2 bis 6.

(2) [1] Das Erweiterte Direktorium der Deutschen Rentenversicherung Bund beschließt ein Ausgleichsverfahren, das die Zuständigkeit für Bestandsversicherte so festlegt, dass in einem Zeitraum von 15 Jahren eine Verteilung von 45 zu 55 vom Hundert zwischen den Bundesträgern und den Regionalträgern hergestellt wird. [2] Für das Ausgleichsverfahren wird jährlich für jeden Versichertenjahrgang und jeden örtlichen Zuständigkeitsbereich eines Regionalträgers gesondert die Differenz zwischen der Ist-Verteilung und der Soll-Verteilung zwischen den Bundes- und den Regionalträgern ermittelt und jeweils ein der Restlaufzeit entsprechender Anteil der auszugleichenden Versichertenzahl neu zugeordnet. [3] Erfasst werden erstmalig im Jahr 2005 Bestandsversicherte der Geburtsjahrgänge ab 1945 und jünger. [4] In den Folgejahren ist der Geburtsjahrgang, ab dem Bestandsversicherte in das Ausgleichsverfahren einbezogen werden, jeweils um eins zu erhöhen.

(3) Ausgenommen von dem Ausgleichsverfahren sind Bestandsversicherte,

1. für die die Deutsche Rentenversicherung Knappschaft-Bahn-See zuständig ist,
2. die bereits einmal von einem Zuständigkeitswechsel nach Absatz 2 betroffen waren,
3. die bereits Leistungen beziehen oder bei denen ein Leistungsverfahren anhängig ist, oder

4. solange deren Anwartschaften oder Rentenansprüche ganz oder teilweise im Sinne der §§ 53 und 54 des Ersten Buches[1)] übertragen, verpfändet oder gepfändet sind.

(4) Bestandsversicherte, für die zwischen- oder überstaatliches Recht zur Anwendung kommt, sind ebenfalls entsprechend der Quote zwischen Bundes- und Landesebene unter Berücksichtigung der Aufgabenentwicklung der Verbindungsstellen auszugleichen.

(5) [1] Die Ausführung des Ausgleichsverfahrens erfolgt durch die Datenstelle der Rentenversicherung; der zur Abwicklung verwendete Stammdatensatz ist entsprechend den Erfordernissen für die Dauer des Ausgleichsverfahrens zu erweitern. [2] Über Zuständigkeitswechsel sind die betroffenen Versicherten und deren Rentenversicherungsträger unverzüglich zu unterrichten.

(6) [1] Bis zum Abschluss des Ausgleichsverfahrens veröffentlicht die Deutsche Rentenversicherung Bund jährlich, erstmals im Jahr 2006, einen Bericht über die tatsächliche Arbeitsmengenverteilung zwischen den Bundes- und den Regionalträgern im Berichtsjahr sowie eine Prognose über die künftige Entwicklung auf beiden Ebenen. [2] Auf dieser Grundlage entscheidet das Erweiterte Direktorium, ob weiterer Bedarf zur Stabilisierung der Arbeitsmengen zwischen den Trägern der Rentenversicherung besteht und beschließt die erforderlichen Maßnahmen.

§ 274d *(aufgehoben)*

Elfter Unterabschnitt. Finanzierung

Erster Titel. (weggefallen)

§ 275 (weggefallen)

Zweiter Titel. Beiträge

§ 275a *[bis 30.6.2018: Beitragsbemessungsgrenzen im Beitrittsgebiet] [ab 1.7.2018: Beitragsbemessungsgrenzen im Beitrittsgebiet für die Zeit bis zum 31. Dezember 2024]* [1] Die Beitragsbemessungsgrenzen (Ost) in der allgemeinen Rentenversicherung sowie in der knappschaftlichen Rentenversicherung verändern sich zum 1. Januar eines jeden Kalenderjahres auf die Werte, die sich ergeben, wenn die für dieses Kalenderjahr jeweils geltenden Werte der Anlage 2 durch den für dieses Kalenderjahr bestimmten *[bis 30.6.2018: vorläufigen]* Wert der Anlage 10 geteilt werden. [2] Dabei ist von den ungerundeten Beträgen auszugehen, aus denen die Beitragsbemessungsgrenzen errechnet wurden. [3] Die Beitragsbemessungsgrenzen (Ost) sind für das Jahr, für das sie bestimmt werden, auf das nächsthöhere Vielfache von 600 aufzurunden. *[Satz 4 ab 1.7.2018:]*
[4] *Für die Zeit ab 1. Januar 2025 sind Beitragsbemessungsgrenzen (Ost) nicht mehr zu bestimmen.*

§ 275b Verordnungsermächtigung. Die Bundesregierung wird ermächtigt, durch Rechtsverordnung mit Zustimmung des Bundesrates die Beitragsbemessungsgrenzen in Ergänzung der Anlage 2a festzusetzen.

[1)] Nr. 1.

§§ 275c, 276 (aufgehoben)

§ 276a Arbeitgeberanteil bei Versicherungsfreiheit.

(1) ¹Für geringfügig Beschäftigte nach § 8 Absatz 1 Nummer 1 des Vierten Buches[1]), die in dieser Beschäftigung nach § 230 Absatz 8 versicherungsfrei sind, tragen die Arbeitgeber einen Beitragsanteil in Höhe von 15 Prozent des Arbeitsentgelts, das beitragspflichtig wäre, wenn die Beschäftigten versicherungspflichtig wären. ²Für geringfügig Beschäftigte in Privathaushalten nach § 8a Satz 1 des Vierten Buches, die in dieser Beschäftigung nach § 230 Absatz 8 versicherungsfrei sind, tragen die Arbeitgeber einen Beitragsanteil in Höhe von 5 Prozent des Arbeitsentgelts, das beitragspflichtig wäre, wenn die Beschäftigten versicherungspflichtig wären.

(1a) Für Beschäftigte, die nach § 230 Absatz 9 wegen des Bezugs einer Vollrente wegen Alters vor Erreichen der Regelaltersgrenze versicherungsfrei sind, gilt § 172 entsprechend.

(2) Für den Beitragsanteil des Arbeitgebers gelten die Vorschriften des Dritten Abschnitts des Vierten Buches sowie die Bußgeldvorschriften des § 111 Absatz 1 Nummer 2 bis 4, 8 und Absatz 2 und 4 des Vierten Buches entsprechend.

§ 276b Gleitzone.

(1) ¹Für Arbeitnehmer, die am 31. Dezember 2012 in einer mehr als geringfügigen Beschäftigung nach § 8 Absatz 1 Nummer 1 oder § 8a in Verbindung mit § 8 Absatz 1 Nummer 1 des Vierten Buches[1]) versicherungspflichtig waren, die die Merkmale einer geringfügigen Beschäftigung nach diesen Vorschriften in der ab dem 1. Januar 2013 geltenden Fassung erfüllt, gilt für diese Beschäftigung weiterhin § 163 Absatz 10 mit Maßgabe folgender Formel:

$$F \times 400 + (2 - F) \times (AE - 400).$$

²Satz 1 gilt längstens bis zum 31. Dezember 2014. Die Beitragstragung nach § 168 Absatz 1 Nummer 1b und 1c findet keine Anwendung.

(2) ¹Für Arbeitnehmer, die am 31. Dezember 2012 oberhalb des oberen Grenzbetrages der Gleitzone (§ 20 Absatz 2 des Vierten Buches in der bis zum 31. Dezember 2012 geltenden Fassung) beschäftigt waren und in derselben Beschäftigung ab dem 1. Januar 2013 in der Gleitzone versicherungspflichtig beschäftigt sind, ist § 163 Absatz 10 in der ab dem 1. Januar 2013 geltenden Fassung nur anzuwenden, wenn der Arbeitnehmer die Anwendung der Gleitzonenregelung schriftlich gegenüber dem Arbeitgeber erklärt. ²Eine Erklärung nach Satz 1 ist nur bis zum 31. Dezember 2014 und mit Wirkung für die Zukunft möglich.

§ 276c (aufgehoben)

§ 277 Beitragsrecht bei Nachversicherung.

(1) ¹Die Durchführung der Nachversicherung von Personen, die vor dem 1. Januar 1992 aus einer nachversicherungspflichtigen Beschäftigung ausgeschieden sind oder ihren Anspruch auf Versorgung verloren haben und bis zum 31. Dezember 1991 nicht nachversichert worden sind, richtet sich nach den vom 1. Januar 1992 an geltenden Vorschriften, soweit nicht nach Vorschriften außerhalb dieses Buches

---

[1]) Nr. 4.

anstelle einer Zahlung von Beiträgen für die Nachversicherung eine Erstattung der Aufwendungen aus der Nachversicherung vorgesehen ist. ²Eine erteilte Aufschubbescheinigung bleibt wirksam, es sei denn, dass nach den vom 1. Januar 1992 an geltenden Vorschriften Gründe für einen Aufschub der Beitragszahlung nicht mehr gegeben sind.

(2) § 181 Absatz 2a ist nicht anzuwenden, wenn die Nachversicherungsbeiträge vor dem 1. Januar 2016 fällig geworden sind.

§ 277a Durchführung der Nachversicherung im Beitrittsgebiet.

(1) ¹Bei der Durchführung der Nachversicherung von Personen, die eine nachversicherungspflichtige Beschäftigung im Beitrittsgebiet ausgeübt haben, ist die Beitragsbemessungsgrundlage für die Berechnung der Beiträge für Zeiten im Beitrittsgebiet vor dem 1. Januar 1992 mit den entsprechenden Werten der Anlage 10 und mit dem Verhältniswert zu vervielfältigen, in dem zum Zeitpunkt der Zahlung die Bezugsgröße (Ost) zur Bezugsgröße steht; die Beitragsbemessungsgrundlage ist nur bis zu einem Betrag zu berücksichtigen, der dem durch die entsprechenden Werte der Anlage 10 geteilten jeweiligen Beitragsbemessungsgrenze in der allgemeinen Rentenversicherung entspricht. ² § 181 Abs. 4 bleibt unberührt. ³Für Personen, die nach § 233a Abs. 1 Satz 2 als nachversichert gelten, erfolgt anstelle einer Zahlung von Beiträgen für die Nachversicherung eine Erstattung der Aufwendungen aus der Nachversicherung; der Durchführung der Nachversicherung und der Erstattung werden die bisherigen Vorschriften, die im Gebiet der Bundesrepublik Deutschland außerhalb des Beitrittsgebiets anzuwenden sind, fiktiv zugrunde gelegt.

(2) ¹Für Pfarrer, Pastoren, Prediger, Vikare und andere Mitarbeiter von Religionsgesellschaften im Beitrittsgebiet, die nach § 233a Abs. 3 als nachversichert gelten, gilt die Nachversicherung mit den Entgelten als durchgeführt, für die Beiträge nachgezahlt worden sind. ²Die Religionsgesellschaften haben den Nachversicherten die jeweiligen Entgelte zu bescheinigen.

(3) ¹Für Diakonissen und Mitglieder geistlicher Genossenschaften im Beitrittsgebiet, die nach § 233a Abs. 4 nachversichert werden, ist Beitragsbemessungsgrundlage für Zeiten

1. bis zum 31. Mai 1958 ein monatliches Arbeitsentgelt von 270 Deutsche Mark,

2. vom 1. Juni 1958 bis 30. Juni 1967 ein monatliches Arbeitsentgelt von 340 Deutsche Mark,

3. vom 1. Juli 1967 bis 28. Februar 1971 ein monatliches Arbeitsentgelt von 420 Deutsche Mark,

4. vom 1. März 1971 bis 30. September 1976 ein monatliches Arbeitsentgelt von 470 Deutsche Mark und

5. vom 1. Oktober 1976 bis 31. Dezember 1984 ein monatliches Arbeitsentgelt von 520 Deutsche Mark.

²Die Beitragsbemessungsgrundlage ist für die Berechnung der Beiträge mit den entsprechenden Werten der Anlage 10 und mit dem Verhältniswert zu vervielfältigen, in dem zum Zeitpunkt der Zahlung die Bezugsgröße (Ost) zur Bezugsgröße steht. ³ § 181 Abs. 4 bleibt unberührt.

§ 278 Mindestbeitragsbemessungsgrundlage für die Nachversicherung. (1) Mindestbeitragsbemessungsgrundlage ist für Zeiten

1. bis zum 31. Dezember 1956 ein monatliches Arbeitsentgelt von 150 Deutsche Mark,
2. vom 1. Januar 1957 bis zum 31. Dezember 1976 ein monatliches Arbeitsentgelt in Höhe von 20 vom Hundert der jeweiligen Beitragsbemessungsgrenze in der Rentenversicherung der Arbeiter und der Angestellten.

(2) Mindestbeitragsbemessungsgrundlage für Ausbildungszeiten ist

1. bis zum 31. Dezember 1967 ein monatliches Arbeitsentgelt von 150 Deutsche Mark,
2. vom 1. Januar 1968 bis zum 31. Dezember 1976 ein monatliches Arbeitsentgelt in Höhe von 10 vom Hundert der jeweiligen Beitragsbemessungsgrenze in der Rentenversicherung der Arbeiter und der Angestellten.

(3) Mindestbeitragsbemessungsgrundlage für Zeiten einer Teilzeitbeschäftigung ist der Teil des sich aus Absatz 1 ergebenden Betrages, der dem Verhältnis der ermäßigten zur regelmäßigen Arbeitszeit entspricht.

§ 278a Mindestbeitragsbemessungsgrundlage für die Nachversicherung im Beitrittsgebiet. (1) Mindestbeitragsbemessungsgrundlage ist für Zeiten im Beitrittsgebiet

1. bis zum 31. Dezember 1956 ein monatliches Arbeitsentgelt von 150 Deutsche Mark, das durch den jeweiligen Wert der Anlage 10 zu teilen ist,
2. vom 1. Januar 1957 bis zum 30. Juni 1990 ein monatliches Arbeitsentgelt in Höhe von 20 vom Hundert der durch den Wert der Anlage 10 geteilten jeweiligen Beitragsbemessungsgrenze in der Rentenversicherung der Arbeiter und der Angestellten,
3. vom 1. Juli 1990 an ein monatliches Arbeitsentgelt in Höhe von 40 vom Hundert der jeweiligen Bezugsgröße (Ost).

(2) Mindestbeitragsbemessungsgrundlage für Ausbildungszeiten im Beitrittsgebiet ist

1. bis zum 31. Dezember 1967 ein monatliches Arbeitsentgelt von 150 Deutsche Mark, das durch den jeweiligen Wert der Anlage 10 zu teilen ist,
2. vom 1. Januar 1968 bis zum 30. Juni 1990 ein monatliches Arbeitsentgelt in Höhe von 10 vom Hundert der durch den Wert der Anlage 10 geteilten jeweiligen Beitragsbemessungsgrenze in der Rentenversicherung der Arbeiter und der Angestellten,
3. vom 1. Juli 1990 an ein monatliches Arbeitsentgelt in Höhe von 20 vom Hundert der jeweiligen Bezugsgröße (Ost).

(3) Mindestbeitragsbemessungsgrundlage für Zeiten einer Teilzeitbeschäftigung ist der Teil des sich aus Absatz 1 ergebenden Betrages, der dem Verhältnis der ermäßigten zur regelmäßigen Arbeitszeit entspricht.

§ 279 Beitragspflichtige Einnahmen bei Hebammen und Handwerkern. (1) Beitragspflichtige Einnahmen bei selbständig tätigen Hebammen mit Niederlassungserlaubnis sind mindestens 40 vom Hundert der Bezugsgröße.

(2) [1] Beitragspflichtige Einnahmen bei selbständig tätigen Handwerkern, die in ihrem Gewerbebetrieb mit Ausnahme von Lehrlingen und des Ehegatten

oder eines Verwandten ersten Grades keine wegen dieser Beschäftigung versicherungspflichtigen Personen beschäftigen (Alleinhandwerker) und die im Jahr 1991 von der Möglichkeit Gebrauch gemacht haben, Pflichtbeiträge für weniger als zwölf Monate zu zahlen, sind für Zeiten, die sich ununterbrochen anschließen, mindestens 50 vom Hundert der Bezugsgröße. ²Für Alleinhandwerker, die im Jahr 1991 für jeden Monat Beiträge von einem niedrigeren Arbeitseinkommen als dem Durchschnittsentgelt gezahlt haben, sind beitragspflichtige Einnahmen für Zeiten, die sich ununterbrochen anschließen und in denen die im letzten Einkommensteuerbescheid ausgewiesenen Jahreseinkünfte aus Gewerbebetrieb vor Abzug der Sonderausgaben und Freibeträge weniger als 50 vom Hundert der Bezugsgröße betragen, mindestens 40 vom Hundert der Bezugsgröße. ³Abweichend von Satz 2 sind beitragspflichtige Einnahmen für Alleinhandwerker, die auch die Voraussetzungen von Satz 1 erfüllen, mindestens 20 vom Hundert der Bezugsgröße. ⁴Die Regelungen in den Sätzen 1 bis 3 sind nur anzuwenden, wenn dies bis zum 30. Juni 1992 beantragt wird.

§ 279a Beitragspflichtige Einnahmen mitarbeitender Ehegatten im Beitrittsgebiet. Beitragspflichtige Einnahmen bei im Beitrittsgebiet mitarbeitenden Ehegatten sind die Einnahmen aus der Tätigkeit.

§ 279b Beitragsbemessungsgrundlage für freiwillig Versicherte. ¹Für freiwillig Versicherte, die ihren gewöhnlichen Aufenthalt im Beitrittsgebiet haben, ist Beitragsbemessungsgrundlage ein Betrag von der Mindestbemessungsgrundlage (§ 167) bis zur Beitragsbemessungsgrenze. ² § 228a gilt nicht.

§ 279c Beitragstragung im Beitrittsgebiet.
[Abs. 1 bis 30.6.2018:]
(1) Die Beiträge werden bei Bezug von Vorruhestandsgeld nach den Vorschriften für das Beitrittsgebiet von der zahlenden Stelle allein getragen.

(2) Die Beiträge werden bei mitarbeitenden Ehegatten von diesen und den selbständig Tätigen je zur Hälfte getragen.

§ 279d Beitragszahlung im Beitrittsgebiet. ¹Für die Zahlung der Beiträge von mitarbeitenden Ehegatten gelten die Vorschriften über den Gesamtsozialversicherungsbeitrag. ²Für die Beitragszahlung gelten die selbständig Tätigen als Arbeitgeber.

§§ 279e, 279f *(aufgehoben)*

§ 279g Sonderregelungen bei Altersteilzeitbeschäftigten. Bei Arbeitnehmern, für die die Vorschriften des Altersteilzeitgesetzes in der bis zum 30. Juni 2004 geltenden Fassung anzuwenden sind, weil mit der Altersteilzeitarbeit vor dem 1. Juli 2004 begonnen wurde (§ 15g des Altersteilzeitgesetzes), sind § 163 Abs. 5 und § 168 Abs. 1 Nr. 6 und 7 in der bis zum 30. Juni 2004 geltenden Fassung anzuwenden.

§ 280 Höherversicherung für Zeiten vor 1998. Beiträge für Zeiten vor 1998 sind zur Höherversicherung gezahlt, wenn sie als solche bezeichnet sind.

§ 281 Nachversicherung. (1) [1] Sind für den Nachversicherungszeitraum bereits freiwillige Beiträge vor dem 1. Januar 1992 gezahlt worden, werden diese Beiträge nicht erstattet. [2] Sie gelten als Beiträge zur Höherversicherung.

(2) Soweit nach dem vor dem 1. Januar 1992 geltenden Recht Beiträge im Rahmen der Nachversicherung nachzuentrichten waren und noch nicht nachentrichtet sind, gelten sie erst mit der Zahlung im Sinne des § 181 Abs. 1 Satz 2 als rechtzeitig entrichtete Pflichtbeiträge.

§ 281a Zahlung von Beiträgen im Rahmen des Versorgungsausgleichs im Beitrittsgebiet. (1) Im Rahmen des Versorgungsausgleichs können Beiträge gezahlt werden, um

1. Rentenanwartschaften, die durch einen Abschlag an Entgeltpunkten (Ost) gemindert worden sind, ganz oder teilweise wieder aufzufüllen,

2. die Erstattungspflicht für die Begründung von Rentenanwartschaften in Entgeltpunkten (Ost) zugunsten des Ausgleichberechtigten abzulösen (§ 225 Abs. 2, § 264a).

(2) [1] Für die Zahlung von Beiträgen werden die Rentenanwartschaften in Entgeltpunkte (Ost) umgerechnet, soweit das Familiengericht dies angeordnet hat (§ 264a Abs. 1). [2] Die Entgeltpunkte (Ost) werden in der Weise ermittelt, dass der Monatsbetrag der Rentenanwartschaften durch den aktuellen Rentenwert (Ost) mit seinem Wert bei Ende der Ehezeit oder Lebenspartnerschaftszeit geteilt wird.

(3) [1] Für je einen Entgeltpunkt (Ost) ist der Betrag zu zahlen, der sich ergibt, wenn der zum Zeitpunkt der Beitragszahlung geltende Beitragssatz auf das für das Kalenderjahr der Beitragszahlung zugrunde zu legende Durchschnittsentgelt im Beitrittsgebiet angewendet wird. [2] Als Durchschnittsentgelt im Beitrittsgebiet ist das durch den vorläufigen Wert der Anlage 10 geteilte vorläufige Durchschnittsentgelt im übrigen Bundesgebiet zugrunde zu legen. [3] Der Zahlbetrag wird nach den Rechengrößen zur Durchführung des Versorgungsausgleichs ermittelt, die das Bundesministerium für Arbeit und Soziales im Bundesgesetzblatt bekannt macht. [4] Die Rechengrößen enthalten Faktoren zur Umrechnung von Entgeltpunkten (Ost) in Beiträge und umgekehrt; dabei können Rundungsvorschriften der Berechnungsgrundsätze unberücksichtigt bleiben, um genauere Ergebnisse zu erzielen.

(4) § 187 Abs. 4, 5 und 7 gilt auch für die Zahlung von Beiträgen im Rahmen des Versorgungsausgleichs im Beitrittsgebiet.

§ 281b Verordnungsermächtigung. Die Bundesregierung wird ermächtigt, durch Rechtsverordnung mit Zustimmung des Bundesrates für die Fälle, in denen nach Vorschriften außerhalb dieses Buches anstelle einer Zahlung von Beiträgen für die Nachversicherung eine Erstattung der Aufwendungen aus der Nachversicherung vorgesehen ist (§ 277), das Nähere über die Berechnung und Durchführung der Erstattung zu regeln.

Dritter Titel. Verfahren

§ 281c Meldepflichten im Beitrittsgebiet.
¹ Eine Meldung nach § 28a Abs. 1 bis 3 des Vierten Buches¹⁾ haben für im Beitrittsgebiet mitarbeitende Ehegatten die selbständig Tätigen zu erstatten. ² § 28a Abs. 5 sowie die §§ 28b und 28c des Vierten Buches gelten entsprechend.

§ 282 Nachzahlung nach Erreichen der Regelaltersgrenze.
(1) ¹ Vor dem 1. Januar 1955 geborene Elternteile, denen Kindererziehungszeiten anzurechnen sind oder die von § 286g Satz 1 Nummer 1 erfasst werden und die bis zum Erreichen der Regelaltersgrenze die allgemeine Wartezeit nicht erfüllt haben, können auf Antrag freiwillige Beiträge für so viele Monate nachzahlen, wie zur Erfüllung der allgemeinen Wartezeit noch erforderlich sind. ² Beiträge können nur für Zeiten nachgezahlt werden, die noch nicht mit Beiträgen belegt sind.

(2) ¹ Versicherte, die bis zum Erreichen der Regelaltersgrenze die allgemeine Wartezeit nicht erfüllt haben und am 10. August 2010 aufgrund des § 7 Absatz 2 und des § 232 Absatz 1 in der bis zum 10. August 2010 geltenden Fassung nicht das Recht zur freiwilligen Versicherung hatten, können auf Antrag freiwillige Beiträge für so viele Monate nachzahlen, wie zur Erfüllung der allgemeinen Wartezeit noch erforderlich sind. ² Beiträge können nur für Zeiten nachgezahlt werden, die noch nicht mit Beiträgen belegt sind. ³ Der Antrag kann nur bis zum 31. Dezember 2015 gestellt werden.

(3) ¹ Versicherte, die

1. nach § 1 Absatz 4 des Streitkräftepersonalstruktur-Anpassungsgesetzes oder nach § 3 Absatz 2 des Bundeswehrbeamtinnen- und Bundeswehrbeamten-Ausgliederungsgesetzes beurlaubt worden sind und
2. bis zum Erreichen der Regelaltersgrenze die allgemeine Wartezeit nicht erfüllt haben,

können, wenn zwischen der Beurlaubung und der maßgebenden gesetzlichen oder besonderen Altersgrenze weniger als 60 Kalendermonate liegen, auf Antrag freiwillige Beiträge für so viele Monate nachzahlen, wie zur Erfüllung der allgemeinen Wartezeit noch erforderlich sind. ² Beiträge können nur für Zeiten nachgezahlt werden, die noch nicht mit Beiträgen belegt sind.

§ 283 (weggefallen)

§ 284 Nachzahlung für Vertriebene, Flüchtlinge und Evakuierte.
¹ Personen im Sinne der §§ 1 bis 4 des Bundesvertriebenengesetzes und des § 1 des Bundesevakuiertengesetzes, die

1. vor der Vertreibung, der Flucht oder der Evakuierung selbständig tätig waren und
2. binnen drei Jahren nach der Vertreibung, der Flucht oder der Evakuierung oder nach Beendigung einer Ersatzzeit wegen Vertreibung, Umsiedlung, Aussiedlung oder Flucht einen Pflichtbeitrag gezahlt haben,

können auf Antrag freiwillige Beiträge für Zeiten vor Erreichen der Regelaltersgrenze bis zur Vollendung des 16. Lebensjahres, längstens aber bis zum

---

¹⁾ Nr. 4.

1. Januar 1924 zurück, nachzahlen, sofern diese Zeiten nicht bereits mit Beiträgen belegt sind. [2] Nach bindender Bewilligung einer Vollrente wegen Alters ist eine Nachzahlung nicht zulässig, wenn der Monat abgelaufen ist, in dem die Regelaltersgrenze erreicht wurde.

§ 284a *(aufgehoben)*

§ 285 Nachzahlung bei Nachversicherung. [1] Personen, die nachversichert worden sind und die aufgrund der Nachversicherung die allgemeine Wartezeit vor dem 1. Januar 1984 erfüllen, können für Zeiten nach dem 31. Dezember 1983 auf Antrag freiwillige Beiträge nachzahlen, sofern diese Zeiten nicht bereits mit Beiträgen belegt sind. [2] Der Antrag kann nur innerhalb von sechs Monaten nach Durchführung der Nachversicherung gestellt werden. [3] Die Erfüllung der Voraussetzungen für den Bezug einer Rente innerhalb der Antragsfrist steht der Nachzahlung nicht entgegen. [4] Die Beiträge sind spätestens sechs Monate nach Eintritt der Bindungswirkung des Nachzahlungsbescheides nachzuzahlen.

§ 286 Versicherungskarten. (1) Werden nach dem 31. Dezember 1991 Versicherungskarten, die nicht aufgerechnet sind, den Trägern der Rentenversicherung vorgelegt, haben die Träger der Rentenversicherung entsprechend den Regelungen über die Klärung des Versicherungskontos zu verfahren.

(2) Wenn auf einer vor dem 1. Januar 1992 rechtzeitig umgetauschten Versicherungskarte

1. Beschäftigungszeiten, die nicht länger als ein Jahr vor dem Ausstellungstag der Karte liegen, ordnungsgemäß bescheinigt oder
2. Beitragsmarken von Pflichtversicherten oder freiwillig Versicherten ordnungsgemäß verwendet sind,

so wird vermutet, dass während der in Nummer 1 genannten Zeiten ein die Versicherungspflicht begründendes Beschäftigungsverhältnis mit dem angegebenen Arbeitsentgelt bestanden hat und die dafür zu zahlenden Beiträge rechtzeitig gezahlt worden sind und während der mit Beitragsmarken belegten Zeiten ein gültiges Versicherungsverhältnis vorgelegen hat.

(3) [1] Nach Ablauf von zehn Jahren nach Aufrechnung der Versicherungskarte können von den Trägern der Rentenversicherung

1. die Richtigkeit der Eintragung der Beschäftigungszeiten, der Arbeitsentgelte und der Beiträge und
2. die Rechtsgültigkeit der Verwendung der in der Aufrechnung der Versicherungskarte bescheinigten Beitragsmarken

nicht mehr angefochten werden. [2] Dies gilt nicht, wenn Versicherte oder ihre Vertreter oder zur Fürsorge für sie Verpflichtete die Eintragung in die Entgeltbescheinigung oder die Verwendung der Marken in betrügerischer Absicht herbeigeführt haben. [3] Die Sätze 1 und 2 gelten für die knappschaftliche Rentenversicherung entsprechend.

(4) [1] Verlorene, unbrauchbare oder zerstörte Versicherungskarten werden durch die Träger der Rentenversicherung vorbehaltlich des § 286a Abs. 1 ersetzt. [2] Nachgewiesene Beiträge und Arbeitsentgelte werden beglaubigt übertragen.

5. Kapitel. Sonderregelungen § 286a SGB VI 6

(5) Machen Versicherte für Zeiten vor dem 1. Januar 1973 glaubhaft, dass sie eine versicherungspflichtige Beschäftigung gegen Arbeitsentgelt ausgeübt haben, die vor dem Ausstellungstag der Versicherungskarte liegt oder nicht auf der Karte bescheinigt ist, und für diese Beschäftigung entsprechende Beiträge gezahlt worden sind, ist die Beschäftigungszeit als Beitragszeit anzuerkennen.

(6) § 203 Abs. 2 gilt für Zeiten vor dem 1. Januar 1973 mit der Maßgabe, dass es einer Eintragung in die Versicherungskarte nicht bedarf.

(7) Die Absätze 1 bis 3 gelten entsprechend für den Nachweis der Seefahrtzeiten und Durchschnittsheuern der Seeleute.

§ 286a Glaubhaftmachung der Beitragszahlung und Aufteilung von Beiträgen. (1) [1] Fehlen für Zeiten vor dem 1. Januar 1950 die Versicherungsunterlagen, die von einem Träger der Rentenversicherung aufzubewahren gewesen sind, und wären diese in einem vernichteten oder nicht erreichbaren Teil des Karten- oder Kontenarchivs aufzubewahren gewesen oder ist glaubhaft gemacht, dass die Versicherungskarten bei dem Arbeitgeber oder Versicherten oder nach den Umständen des Falles auf dem Weg zum Träger der Rentenversicherung verloren gegangen, unbrauchbar geworden oder zerstört worden sind, sind die Zeiten der Beschäftigung oder Tätigkeit als Beitragszeit anzuerkennen, wenn glaubhaft gemacht wird, dass der Versicherte eine versicherungspflichtige Beschäftigung oder Tätigkeit ausgeübt hat und dass dafür Beiträge gezahlt worden sind. [2] Satz 1 gilt auch für freiwillig Versicherte, soweit sie die für die Feststellung rechtserheblichen Zeiten glaubhaft machen. [3] Als Mittel der Glaubhaftmachung können auch Versicherungen an Eides statt zugelassen werden. [4] Der Träger der Rentenversicherung ist für die Abnahme eidesstattlicher Versicherungen zuständig.

(2) [1] Sind in Unterlagen

1. Arbeitsentgelte in einem Gesamtbetrag für die über einen Lohn- oder Gehaltszahlungszeitraum hinausgehende Zeit,
2. Anzahl und Höhe von Beiträgen ohne eine bestimmbare zeitliche Zuordnung

bescheinigt, sind sie gleichmäßig auf die Beitragszahlungszeiträume zu verteilen. [2] Bei der Zahlung von Beiträgen nach Lohn-, Beitrags- oder Gehaltsklassen sind die niedrigsten Beiträge an den Beginn und die höchsten Beiträge an das Ende des Beitragszahlungszeitraums zu legen. [3] Ist der Beginn der Versicherung nicht bekannt, wird vermutet, dass die Versicherung mit der Vollendung des 14. Lebensjahres, frühestens am 1. Januar 1923, begonnen hat. [4] Ist das Ende der Versicherung nicht bekannt, wird vermutet, dass die Versicherung mit dem

1. Kalendermonat vor Beginn der zu berechnenden Rente bei einer Rente wegen Alters, bei einer Rente wegen Erwerbsunfähigkeit, auf die erst nach Erfüllung einer Wartezeit von 20 Jahren ein Anspruch besteht, oder bei einer Erziehungsrente,
2. Eintritt der maßgebenden Minderung der Erwerbsfähigkeit bei einer Rente wegen verminderter Erwerbsfähigkeit,
3. Tod des Versicherten bei einer Hinterbliebenenrente

geendet hat. [5] Für die knappschaftliche Rentenversicherung wird als Beginn der Versicherung die satzungsmäßige Mindestaltersgrenze vermutet.

§ 286b Glaubhaftmachung der Beitragszahlung im Beitrittsgebiet.
¹ Machen Versicherte glaubhaft, dass sie im Beitrittsgebiet in der Zeit vom 9. Mai 1945 bis 31. Dezember 1991 ein beitragspflichtiges Arbeitsentgelt oder Arbeitseinkommen erzielt haben und von diesem entsprechende Beiträge gezahlt worden sind, sind die dem Arbeitsentgelt oder Arbeitseinkommen zugrunde liegenden Zeiträume als Beitragszeit anzuerkennen. ² Satz 1 gilt auch für freiwillig Versicherte, soweit sie die für die Feststellung rechtserheblichen Zeiten glaubhaft machen. ³ Als Mittel der Glaubhaftmachung können auch Versicherungen an Eides statt zugelassen werden. ⁴ Der Träger der Rentenversicherung ist für die Abnahme eidesstattlicher Versicherungen zuständig.

§ 286c Vermutung der Beitragszahlung im Beitrittsgebiet. ¹ Sind in den Versicherungsunterlagen des Beitrittsgebiets für Zeiten vor dem 1. Januar 1992 Arbeitszeiten oder Zeiten der selbständigen Tätigkeit ordnungsgemäß bescheinigt, wird vermutet, dass während dieser Zeiten Versicherungspflicht bestanden hat und für das angegebene Arbeitsentgelt oder Arbeitseinkommen die Beiträge gezahlt worden sind. ² Satz 1 gilt nicht für Zeiten, in denen eine Rente aus der Rentenversicherung oder eine Versorgung bezogen wurde, die nach den bis zum 31. Dezember 1991 im Beitrittsgebiet geltenden Vorschriften zur Versicherungs- oder Beitragsfreiheit führte.

§ 286d Beitragserstattung. (1) Sind Beitragszeiten im Beitrittsgebiet zurückgelegt, gilt § 210 Abs. 5 mit der Maßgabe, dass eine Sachleistung, die vor dem 1. Januar 1991 im Beitrittsgebiet in Anspruch genommen worden ist, eine Erstattung nicht ausschließt.

(2) ¹ Die Wirkung der Erstattung umfasst nicht Beitragszeiten, die nach dem 20. Juni 1948 und vor dem 19. Mai 1990 im Beitrittsgebiet oder nach dem 31. Januar 1949 und vor dem 19. Mai 1990 in Berlin (Ost) zurückgelegt worden sind, wenn die Erstattung bis zum 31. Dezember 1991 durchgeführt worden ist. ² Sind für diese Zeiten Beiträge nachgezahlt worden, werden auf Antrag anstelle der Beitragszeiten nach Satz 1 die gesamten nachgezahlten Beiträge berücksichtigt. ³ Werden die nachgezahlten Beiträge nicht berücksichtigt, sind sie zu erstatten.

(3) Für die Verjährung von Ansprüchen, die am 31. Dezember 2001 bestanden haben, gilt Artikel 229 § 6 Abs. 4 des Einführungsgesetzes zum Bürgerlichen Gesetzbuche entsprechend.

(4) Ein Anspruch auf Beitragserstattung nach § 210 Absatz 1a besteht nicht, wenn am 10. August 2010 aufgrund des § 232 Absatz 1 Satz 2 Nummer 2 in der bis zum 10. August 2010 geltenden Fassung das Recht zur freiwilligen Versicherung bestand.

§ 286e Ausweis für Arbeit und Sozialversicherung. ¹ Versicherte, die für die Durchführung der Versicherung sowie für die Feststellung und Erbringung von Leistungen einschließlich der Rentenauskunft erforderliche Daten mit Eintragungen im Ausweis für Arbeit und Sozialversicherung nachweisen können, sind berechtigt,

1. in einer beglaubigten Abschrift des vollständigen Ausweises oder von Auszügen des Ausweises die Daten unkenntlich zu machen, die für den Träger der Rentenversicherung nicht erforderlich sind, und

5. Kapitel. Sonderregelungen §§ 286f–287b SGB VI 6

2. diese Abschrift dem Träger der Rentenversicherung als Nachweis vorzulegen.
²Satz 1 gilt entsprechend für Beweismittel im Sinne des § 29 Abs. 4 des Zehnten Buches[1].

§ 286f Erstattung zu Unrecht gezahlter Pflichtbeiträge an die berufsständische Versorgungseinrichtung. ¹Pflichtbeiträge, die auf Grund einer Befreiung nach § 231 Absatz 4b und 4d zu Unrecht entrichtet wurden, werden abweichend von § 211 und abweichend von § 26 Absatz 3 des Vierten Buches[2] von dem zuständigen Träger der Rentenversicherung beanstandet und unmittelbar an die zuständige berufsständische Versorgungseinrichtung erstattet. ²Zinsen nach § 27 Absatz 1 des Vierten Buches sind nicht zu zahlen. ³Sind Beiträge nach Maßgabe der Sätze 1 und 2 erstattet worden, scheidet eine Erstattung nach den allgemeinen Vorschriften aus.

§ 286g Erstattung von nach dem 21. Juli 2009 gezahlten freiwilligen Beiträgen. ¹Nach dem 21. Juli 2009 gezahlte freiwillige Beiträge werden auf Antrag in voller Höhe erstattet, wenn

1. Kindererziehungszeiten durch Bescheid für Elternteile festgestellt wurden, die von der Anrechnung nach § 56 Absatz 4 Nummer 3 in der ab dem 1. Juli 2014 geltenden Fassung ausgeschlossen sind, und

2. ohne diese Kindererziehungszeiten die allgemeine Wartezeit nicht erfüllt ist.

²§ 44 des Ersten Buches[3] und § 210 Absatz 5 gelten entsprechend. ³Sind freiwillige Beiträge für den Personenkreis nach Satz 1 nach dem 30. Juni 2014 zur Hälfte erstattet worden, wird die andere Hälfte auf Antrag nach dieser Vorschrift erstattet; § 210 Absatz 6 bleibt unberührt.

Vierter Titel. Berechnungsgrundlagen

§§ 287, 287a *(aufgehoben)*

§ 287b Ausgaben für Leistungen zur Teilhabe. (1) Bei der Anwendung von § 220 Abs. 1 ist die Veränderung der Bruttolöhne und -gehälter für die Bundesrepublik Deutschland ohne das Beitrittsgebiet und für das Beitrittsgebiet jeweils getrennt festzustellen.

[Abs. 2 bis 30.6.2018:]

(2) ¹Abweichend von der Regelung über die Veränderung der jährlichen Ausgaben für Leistungen zur Teilhabe (§ 220 Abs. 1) wird die Höhe dieser Ausgaben für das Kalenderjahr 1997 auf die Höhe der zuvor um 600 Millionen Deutsche Mark verminderten entsprechenden Ausgaben für das Kalenderjahr 1993 begrenzt. ²Der nach Satz 1 maßgebende Betrag wird für das Jahr 1998 um 450 Millionen Deutsche Mark und für das Jahr 1999 um 900 Millionen Deutsche Mark erhöht. ³Nach Inkrafttreten des Gesetzes zur Zuständigkeitsverlagerung der bisher von der Rentenversicherung erbrachten Leistung „Stationäre Heilbehandlung für Kinder" in die gesetzliche Krankenversicherung wird von den in Satz 2 genannten Erhöhungsbeträgen jährlich der Betrag von

---

[1] Nr. 10.
[2] Nr. 4.
[3] Nr. 1.

6 SGB VI § 287b   6. Buch. Gesetzl. Rentenversicherung

210 Millionen Deutsche Mark abgesetzt. ⁴Bei der Festsetzung der Ausgaben für Leistungen zur Teilhabe (§ 220 Abs. 1) für das Jahr 2000 ist der nach den Sätzen 1 bis 3 für das Jahr 1999 maßgebende Betrag zugrunde zu legen.

(3) ¹Die jährlichen Ausgaben für Leistungen zur Teilhabe werden in der Zeit vom 1. Januar 2014 bis zum 31. Dezember 2050 bedarfsgerecht unter Berücksichtigung einer Demografiekomponente fortgeschrieben. ²Die Demografiekomponente ist zusätzlich zur voraussichtlichen Entwicklung der Bruttolöhne und -gehälter je Arbeitnehmer bei der Festsetzung der jährlichen Ausgaben für Leistungen zur Teilhabe nach § 220 Absatz 1 Satz 1 als gesonderter Faktor zu berücksichtigen. ³Der Faktor wird wie folgt festgesetzt:

Jahr	Demografiekomponente
2014	1,0192
2015	1,0126
2016	1,0073
2017	1,0026
2018	0,9975
2019	0,9946
2020	0,9938
2021	0,9936
2022	0,9935
2023	0,9938
2024	0,9931
2025	0,9929
2026	0,9943
2027	0,9919
2028	0,9907
2029	0,9887
2030	0,9878
2031	0,9863
2032	0,9875
2033	0,9893
2034	0,9907
2035	0,9914
2036	0,9934
2037	0,9924
2038	0,9948
2039	0,9963
2040	0,9997
2041	1,0033
2042	1,0051

Jahr	Demografiekomponente
2043	1,0063
2044	1,0044
2045	1,0032
2046	1,0028
2047	1,0009
2048	0,9981
2049	0,9979
2050	0,9978

§ 287c *(aufgehoben)*

§ 287d Erstattungen in besonderen Fällen. (1) Der Bund erstattet den Trägern der Rentenversicherung im Beitrittsgebiet die Aufwendungen für Kriegsbeschädigtenrenten und für die Auszahlung der weiteren Sonderleistungen.

(2) ¹Das Bundesversicherungsamt verteilt die Beträge nach Absatz 1 auf die allgemeine und die knappschaftliche Rentenversicherung, setzt die Vorschüsse fest und führt die Abrechnung durch. ²Für die Träger der allgemeinen Rentenversicherung ist § 219 Abs. 1 entsprechend anzuwenden.

(3) § 179 Abs. 1a ist anzuwenden, wenn

1. das Erstattungsverfahren am 1. Januar 2001 noch nicht abschließend entschieden war und
2. das Schadensereignis nach dem 30. Juni 1983 eingetreten ist.

§ 287e Veränderung des Bundeszuschusses im Beitrittsgebiet.

(1) § 213 Abs. 2 gilt für die Bundesrepublik Deutschland ohne das Beitrittsgebiet.

(2) ¹Der Zuschuss des Bundes zu den Ausgaben der allgemeinen Rentenversicherung, soweit sie für das Beitrittsgebiet zuständig ist (Bundeszuschuss-Beitrittsgebiet), wird jeweils für ein Kalenderjahr in der Höhe geleistet, die sich ergibt, wenn die Rentenausgaben für dieses Kalenderjahr einschließlich der Aufwendungen für Kindererziehungsleistungen für Mütter der Geburtsjahrgänge vor 1927 und abzüglich erstatteter Aufwendungen für Renten und Rententeile mit dem Verhältnis vervielfältigt werden, in dem der Bundeszuschuss in der Bundesrepublik Deutschland ohne das Beitrittsgebiet zu den Rentenausgaben desselben Kalenderjahres einschließlich der Aufwendungen aus der Erbringung von Kindererziehungsleistungen für Mütter der Geburtsjahrgänge vor 1921 steht. ²Der Bundeszuschuss-Beitrittsgebiet ist auf die Träger der allgemeinen Rentenversicherung im Beitrittsgebiet entsprechend ihrem jeweiligen Verhältnis an den Beitragseinnahmen buchhalterisch aufzuteilen.

[§ 287f bis 30.6.2018:]

§ 287f Getrennte Abrechnung. Bis zur Herstellung einheitlicher Einkommensverhältnisse im Gebiet der Bundesrepublik Deutschland erfolgt die Abrechnung und die Verteilung nach § 227 Abs. 1 und 1a für die Bundesrepublik Deutschland ohne das Beitrittsgebiet und für das Beitrittsgebiet getrennt.

[§ 287f ab 1.7.2018:]

§ 287f Getrennte Abrechnung. Die Abrechnung und die Verteilung nach § 227 Absatz 1 und 1a erfolgen für Zahlungen bis zum Jahr 2024 für die Bundesrepublik Deutschland ohne das Beitrittsgebiet und für das Beitrittsgebiet getrennt.

§ 288 (weggefallen)

Fünfter Titel. Erstattungen

§ 289 Wanderversicherungsausgleich. (1) Hat ein Träger der allgemeinen Rentenversicherung eine Gesamtleistung mit einem knappschaftlichen Leistungsanteil festgestellt, so erstattet die Deutsche Rentenversicherung Knappschaft-Bahn-See als Träger der knappschaftlichen Rentenversicherung den auf sie entfallenden Leistungsanteil ohne Kinderzuschuss an die Träger der allgemeinen Rentenversicherung.

(2) Hat die Deutsche Rentenversicherung Knappschaft-Bahn-See als Träger der knappschaftlichen Rentenversicherung eine Gesamtleistung mit einem Leistungsanteil der allgemeinen Rentenversicherung festgestellt, erstatten ihr die Träger der allgemeinen Rentenversicherung den von ihnen zu tragenden Leistungsanteil und den Kinderzuschuss.

(3) Die Absätze 1 und 2 gelten entsprechend für die von der Rentenversicherung zu tragenden Beiträge zur gesetzlichen Krankenversicherung sowie für die Zuschüsse zur Krankenversicherung.

(4) Bei der Anwendung der Anrechnungsvorschriften gilt § 223 Abs. 5 entsprechend.

§ 289a Besonderheiten beim Wanderversicherungsausgleich. [1] Wurde der letzte Beitrag bis zum 31. Dezember 1991 im Beitrittsgebiet gezahlt, erstatten die Regionalträger im Beitrittsgebiet der Deutschen Rentenversicherung Knappschaft-Bahn-See als Träger der knappschaftlichen Rentenversicherung den Anteil der Leistungen, der nicht auf Zeiten in der knappschaftlichen Rentenversicherung entfällt. [2] Dabei kann auch eine pauschale Erstattung vorgesehen werden. [3] Die jährliche Abrechnung führt die Deutsche Rentenversicherung Bund entsprechend § 227 durch.

§ 290 Erstattung durch den Träger der Versorgungslast. [1] Die Aufwendungen des Trägers der Rentenversicherung aufgrund von Rentenanwartschaften, die durch Entscheidung des Familiengerichts vor dem 1. Januar 1992 begründet worden sind, werden von dem zuständigen Träger der Versorgungslast erstattet, wenn der Ehegatte, zu dessen Lasten der Versorgungsausgleich durchgeführt worden ist, vor dem 1. Januar 1992 nachversichert wurde. [2] Dies gilt nicht, wenn der Träger der Versorgungslast
1. Beiträge zur Ablösung der Erstattungspflicht gezahlt hat,
2. ungekürzte Beiträge für die Nachversicherung gezahlt hat, weil die Begründung von Rentenanwartschaften durch eine Übertragung von Rentenanwartschaften ersetzt worden ist.

§ 290a Erstattung durch den Träger der Versorgungslast im Beitrittsgebiet. Bei Renten, die nach den Vorschriften des Beitrittsgebiets berechnet worden sind, werden die Aufwendungen der Träger der Rentenversicherung für die Berücksichtigung von Zeiten, für die bei Renten, die nach den Voschriften dieses Buches berechnet werden, eine Nachversicherung als durchgeführt gilt, pauschal vom Bund und sonstigen Trägern der Versorgungslast erstattet.

§ 291 *(aufgehoben)*

§ 291a Erstattung von Invalidenrenten und Aufwendungen für Pflichtbeitragszeiten bei Erwerbsunfähigkeit.
(1) Der Bund erstattet den Trägern der Rentenversicherung die Aufwendungen für Rententeile aus der Anrechnung von Pflichtbeitragszeiten bei Erwerbsunfähigkeit im Beitrittsgebiet in der Zeit vom 1. Juli 1975 bis zum 31. Dezember 1991.

(2) Der Bund erstattet den Trägern der Rentenversicherung die Aufwendungen für die Zahlung von Invalidenrenten für behinderte Menschen.

§ 291b Erstattung nicht beitragsgedeckter Leistungen.
Der Bund erstattet den Trägern der allgemeinen Rentenversicherung die Aufwendungen für Leistungen nach dem Fremdrentenrecht.

§ 291c *(aufgehoben)*

§ 292 Verordnungsermächtigung.
(1) Das Bundesministerium für Arbeit und Soziales wird ermächtigt, im Einvernehmen mit dem Bundesministerium der Finanzen durch Rechtsverordnung mit Zustimmung des Bundesrates das Nähere über die Erstattungen gemäß § 287d zu bestimmen.

(2) Das Bundesministerium für Arbeit und Soziales wird ermächtigt, im Einvernehmen mit dem Bundesministerium der Finanzen durch Rechtsverordnung mit Zustimmung des Bundesrates das Nähere über die Erstattungen gemäß § 289a zu bestimmen.

(3) Das Bundesministerium für Arbeit und Soziales wird ermächtigt, im Einvernehmen mit dem Bundesministerium der Finanzen durch Rechtsverordnung mit Zustimmung des Bundesrates das Nähere über die Erstattungen gemäß § 291a zu bestimmen, wobei eine pauschale Erstattung vorgesehen werden kann.

§ 292a Verordnungsermächtigung für das Beitrittsgebiet.
[1] Das Bundesministerium für Arbeit und Soziales wird ermächtigt, im Einvernehmen mit dem Bundesministerium des Innern und dem Bundesministerium der Finanzen durch Rechtsverordnung mit Zustimmung des Bundesrates das Nähere über die pauschale Erstattung nach § 290a unter Berücksichtigung der besonderen Verhältnisse im Beitrittsgebiet zu bestimmen. [2] Das Bundesversicherungsamt führt die Abrechnung mit den Trägern der gesetzlichen Rentenversicherung durch.

Sechster Titel. Vermögensanlagen

§ 293 Vermögensanlagen.
(1) [1] Das am 1. Januar 1992 vorhandene Rücklagevermögen der Deutschen Rentenversicherung Knappschaft-Bahn-See als Träger der knappschaftlichen Rentenversicherung ist nicht vor Ablauf von Festlegungsfristen aufzulösen. [2] Rückflüsse aus Vermögensanlagen der Deut-

schen Rentenversicherung Knappschaft-Bahn-See als Träger der knappschaftlichen Rentenversicherung sind Einnahmen der knappschaftlichen Rentenversicherung.

(2) Die am 31. Dezember 1991 vorhandenen Anteile eines Trägers der allgemeinen Rentenversicherung an Gesellschaften, Genossenschaften, Vereinen und anderen Einrichtungen, deren Zweck der Bau und die Bewirtschaftung von Wohnungen ist und die nicht zum Verwaltungsvermögen gehören, können in dem Umfang, in dem sie am 31. Dezember 1991 bestanden haben, gehalten werden.

(3) ¹Das nicht liquide Anlagevermögen und das liquide Beteiligungsvermögen der Deutschen Rentenversicherung Bund ist unbeschadet von Absatz 2 aufzulösen, soweit es nicht in Eigenbetrieben, Verwaltungsgebäuden, Gesellschaftsanteilen an Rehabilitationseinrichtungen und Vereinsmitgliedschaften bei Rehabilitationseinrichtungen oder Darlehen nach § 221 Satz 1 besteht und soweit die Auflösung unter Beachtung des Grundsatzes der Wirtschaftlichkeit möglich ist. ²Dem Grundsatz der Wirtschaftlichkeit entspricht grundsätzlich eine Veräußerung zum Verkehrswert, jedoch nicht unter dem Anschaffungswert, bei liquidem Beteiligungsvermögen mindestens in Höhe des nach dem Ertragswertverfahren zu ermittelnden Wertes. ³Bei einer Veräußerung von Grundstücks- und Wohnungseigentum oder von Beteiligungen nach Absatz 2 sind die berechtigten Interessen der Mieter zu berücksichtigen. ⁴Bis zu einer Auflösung ist auf eine angemessene Verzinsung hinzuwirken, die auf den Verkehrswert, mindestens auf den Anschaffungswert der Vermögensanlage bezogen ist. ⁵Für die nicht liquiden Teile des Verwaltungsvermögens der Deutschen Rentenversicherung Knappschaft-Bahn-See als Träger der knappschaftlichen Rentenversicherung gelten die Sätze 1 bis 4 entsprechend.

(4) ¹Die Deutsche Rentenversicherung Bund und die Deutsche Rentenversicherung Knappschaft-Bahn-See als Träger der knappschaftlichen Rentenversicherung sind verpflichtet, das Bundesministerium für Arbeit und Soziales über die Erfüllung der Verpflichtungen nach Absatz 3 umfassend in monatlichem Abstand zu unterrichten. ²Die Erfüllung der Verpflichtungen nach Absatz 3 ist vorrangig durch die vorgenannten Träger zu bewirken. ³Im Übrigen ist das Bundesministerium für Arbeit und Soziales berechtigt, die Deutsche Rentenversicherung Bund sowie die Deutsche Rentenversicherung Knappschaft-Bahn-See als Träger der knappschaftlichen Rentenversicherung im Benehmen mit diesen bei allen Rechtsgeschäften zu vertreten, die zur Erfüllung der Verpflichtungen nach Absatz 3 vorzunehmen sind; insoweit tritt das Bundesministerium für Arbeit und Soziales an die Stelle des jeweiligen Vorstandes. ⁴Das Bundesministerium für Arbeit und Soziales kann sich dabei eines Dritten bedienen. ⁵Die Deutsche Rentenversicherung Bund und die Deutsche Rentenversicherung Knappschaft-Bahn-See als Träger der knappschaftlichen Rentenversicherung haben dem Bundesministerium für Arbeit und Soziales oder dem von diesem beauftragten Dritten die für die Vornahme dieser Rechtsgeschäfte erforderlichen Unterlagen zu übergeben und die hierfür benötigten Auskünfte zu erteilen. ⁶Rechtsgeschäfte über die nach Absatz 3 aufzulösenden Vermögensgegenstände, die von der Deutschen Rentenversicherung Bund oder von der Deutschen Rentenversicherung Knappschaft-Bahn-See als Träger der knappschaftlichen Rentenversicherung vorgenommen werden, bedürfen der Einwilligung des Bundesministeriums für Arbeit und Soziales.

Zwölfter Unterabschnitt. Leistungen für Kindererziehung an Mütter der Geburtsjahrgänge vor 1921

§ 294 Anspruchsvoraussetzungen. (1) ¹Eine Mutter, die vor dem 1. Januar 1921 geboren ist, erhält für jedes Kind, das sie im Gebiet der Bundesrepublik Deutschland lebend geboren hat, eine Leistung für Kindererziehung. ²Der Geburt im Gebiet der Bundesrepublik Deutschland steht die Geburt im jeweiligen Geltungsbereich der Reichsversicherungsgesetze gleich.

(2) Einer Geburt in den in Absatz 1 genannten Gebieten steht die Geburt außerhalb dieser Gebiete gleich, wenn die Mutter im Zeitpunkt der Geburt des Kindes ihren gewöhnlichen Aufenthalt

1. in diesen Gebieten hatte,
2. zwar außerhalb dieser Gebiete hatte, aber zum Zeitpunkt der Geburt des Kindes oder unmittelbar vorher entweder sie selbst oder ihr Ehemann, mit dem sie sich zusammen dort aufgehalten hat, wegen einer dort ausgeübten Beschäftigung oder Tätigkeit Pflichtbeitragszeiten hat oder nur deshalb nicht hat, weil sie selbst oder ihr Ehemann versicherungsfrei oder von der Versicherung befreit war, oder
3. bei Geburten bis zum 31. Dezember 1949 zwar außerhalb dieser Gebiete hatte, aber der gewöhnliche Aufenthalt in den in Absatz 1 genannten Gebieten aus Verfolgungsgründen im Sinne des § 1 des Bundesentschädigungsgesetzes aufgegeben worden ist; dies gilt auch, wenn bei Ehegatten der gemeinsame gewöhnliche Aufenthalt in den in Absatz 1 genannten Gebieten aufgegeben worden ist und nur beim Ehemann Verfolgungsgründe vorgelegen haben.

(3) Absatz 1 Satz 2 gilt nicht, wenn Beitragszeiten zum Zeitpunkt der Geburt aufgrund einer Versicherungslastregelung mit einem anderen Staat nicht in die Versicherungslast der Bundesrepublik Deutschland fallen würden.

(4) Einer Geburt in den in Absatz 1 genannten Gebieten steht bei einer Mutter, die

1. zu den in § 1 des Fremdrentengesetzes genannten Personen gehört oder
2. ihren gewöhnlichen Aufenthalt vor dem 1. September 1939 aus einem Gebiet, in dem Beiträge an einen nichtdeutschen Träger der gesetzlichen Rentenversicherung bei Eintritt des Versicherungsfalls wie nach den Vorschriften der Reichsversicherungsgesetze entrichtete Beiträge zu behandeln waren, in eines der in Absatz 1 genannten Gebiete verlegt hat,

die Geburt in den jeweiligen Herkunftsgebieten gleich.

(5) Eine Mutter, die ihren gewöhnlichen Aufenthalt im Ausland hat, erhält eine Leistung für Kindererziehung nur, wenn sie zu den in den §§ 18 und 19 des Gesetzes zur Regelung der Wiedergutmachung nationalsozialistischen Unrechts in der Sozialversicherung genannten Personen gehört.

§ 294a Besonderheiten für das Beitrittsgebiet. ¹Hatte eine Mutter am 18. Mai 1990 ihren gewöhnlichen Aufenthalt im Beitrittsgebiet und bestand für sie am 31. Dezember 1991 ein Anspruch auf eine Altersrente oder Invalidenrente aufgrund des im Beitrittsgebiet geltenden Rechts, ist § 294 nicht anzuwenden. ²Bestand ein Anspruch auf eine solche Rente nicht, besteht Anspruch auf die Leistung für Kindererziehung bei Erfüllung der sonstigen Voraussetzungen auch, wenn die Mutter vor dem 1. Januar 1927 geboren ist.

§ 295 Höhe der Leistung. Monatliche Höhe der Leistung für Kindererziehung ist das Zweifache des für die Berechnung von Renten jeweils maßgebenden aktuellen Rentenwerts.

§ 295a Höhe der Leistung im Beitrittsgebiet. [1] Monatliche Höhe der Leistung für Kindererziehung für Geburten im Beitrittsgebiet ist das Zweifache des für die Berechnung von Renten jeweils maßgebenden aktuellen Rentenwerts (Ost). [2] Dies gilt nicht für Mütter, die ihren gewöhnlichen Aufenthalt am 18. Mai 1990 entweder

1. im Gebiet der Bundesrepublik Deutschland ohne das Beitrittsgebiet oder
2. im Ausland hatten und unmittelbar vor Beginn des Auslandsaufenthalts ihren gewöhnlichen Aufenthalt im Gebiet der Bundesrepublik Deutschland ohne das Beitrittsgebiet hatten.

§ 296 Beginn und Ende. (1) Eine Leistung für Kindererziehung wird von dem Kalendermonat an gezahlt, zu dessen Beginn die Anspruchsvoraussetzungen erfüllt sind.

(2) Die Leistung wird monatlich im Voraus gezahlt.

(3) Fallen aus tatsächlichen oder rechtlichen Gründen die Anspruchsvoraussetzungen für die Leistung weg, endet sie mit dem Kalendermonat, zu dessen Beginn der Wegfall wirksam ist.

(4) Die Leistung wird bis zum Ende des Kalendermonats gezahlt, in dem die Berechtigte gestorben ist.

§ 296a *(aufgehoben)*

§ 297 Zuständigkeit. (1) [1] Zuständig für die Leistung für Kindererziehung ist der Versicherungsträger, der der Mutter eine Versichertenrente zahlt. [2] Bezieht eine Mutter nur Hinterbliebenenrente, ist der Versicherungsträger zuständig, der die Hinterbliebenenrente aus der Versicherung des zuletzt verstorbenen Versicherten zahlt. [3] In den übrigen Fällen ist die Deutsche Rentenversicherung Bund zuständig. [4] Wird für Dezember 1991 eine Leistung für Kindererziehung gezahlt, bleibt der zahlende Versicherungsträger zuständig.

(2) [1] Die Leistung für Kindererziehung wird als Zuschlag zur Rente gezahlt, wenn die Mutter eine Rente bezieht, es sei denn, dass die Rente in vollem Umfang übertragen, verpfändet oder gepfändet ist. [2] Bezieht die Mutter mehrere Renten, wird die Leistung für Kindererziehung als Zuschlag zu der Rente gezahlt, für die die Zuständigkeit nach Absatz 1 maßgebend ist.

(3) In den Fällen des § 104 Abs. 1 Satz 4 des Zehnten Buches[1)] ist der Zahlungsempfänger verpflichtet, die Leistung für Kindererziehung an die Mutter weiterzuleiten.

§ 298 Durchführung. (1) [1] Die Mutter hat das Jahr ihrer Geburt, ihren Familiennamen (jetziger und früherer Name mit Namensbestandteilen), ihren Vornamen sowie den Vornamen, das Geburtsdatum und den Geburtsort ihres Kindes nachzuweisen. [2] Für die übrigen anspruchsbegründenden Tatsachen genügt es, wenn sie glaubhaft gemacht werden.

[1)] Nr. 10.

5. Kapitel. Sonderregelungen §§ 299, 300 SGB VI 6

(2) ¹Den Nachweis über den Vornamen, das Geburtsdatum und den Geburtsort ihres Kindes hat die Mutter durch Vorlage einer Personenstandsurkunde oder einer sonstigen öffentlichen Urkunde zu führen. ²Eine Glaubhaftmachung dieser Tatsachen genügt, wenn die Mutter

1. erklärt, dass sie eine solche Urkunde nicht hat und auch in der Familie nicht beschaffen kann,

2. glaubhaft macht, dass die Anforderung einer Geburtsurkunde bei der für die Führung des Geburtseintrags zuständigen deutschen Stelle erfolglos geblieben ist, wobei die Anforderung auch als erfolglos anzusehen ist, wenn die zuständige Stelle mitteilt, dass für die Erteilung einer Geburtsurkunde der Geburtseintrag erneuert werden müsste, und

3. eine von dem für ihren Wohnort zuständigen Standesamt auszustellende Bescheinigung vorlegt, aus der sich ergibt, dass es ein die Geburt ihres Kindes ausweisendes Personenstandsregister nicht führt und nach seiner Kenntnis bei dem Standesamt I in Berlin ein urkundlicher Nachweis über die Geburt ihres Kindes oder eine Mitteilung hierüber nicht vorliegt.

³Als Mittel der Glaubhaftmachung können auch Versicherungen an Eides statt zugelassen werden.

§ 299 Anrechnungsfreiheit. ¹Die Leistung für Kindererziehung bleibt als Einkommen unberücksichtigt, wenn bei Sozialleistungen aufgrund von Rechtsvorschriften der Anspruch oder die Leistungen oder deren Höhe von anderem Einkommen abhängig ist. ²Bei Bezug einer Leistung für Kindererziehung findet § 38 des Zwölften Buches[1]) keine Anwendung. ³Auf Rechtsvorschriften beruhende Leistungen anderer, auf die ein Anspruch nicht besteht, dürfen nicht deshalb versagt werden, weil die Leistung für Kindererziehung bezogen wird.

Zweiter Abschnitt. Ausnahmen von der Anwendung neuen Rechts

Erster Unterabschnitt. Grundsatz

§ 300 Grundsatz. (1) Vorschriften dieses Gesetzbuchs sind von dem Zeitpunkt ihres Inkrafttretens an auf einen Sachverhalt oder Anspruch auch dann anzuwenden, wenn bereits vor diesem Zeitpunkt der Sachverhalt oder Anspruch bestanden hat.

(2) Aufgehobene Vorschriften dieses Gesetzbuchs und durch dieses Gesetzbuch ersetzte Vorschriften sind auch nach dem Zeitpunkt ihrer Aufhebung noch auf den bis dahin bestehenden Anspruch anzuwenden, wenn der Anspruch bis zum Ablauf von drei Kalendermonaten nach der Aufhebung geltend gemacht wird.

(3) Ist eine bereits vorher geleistete Rente neu festzustellen und sind dabei die persönlichen Entgeltpunkte neu zu ermitteln, sind die Vorschriften maßgebend, die bei erstmaliger Feststellung der Rente anzuwenden waren.

(3a) (weggefallen)

---

¹) Nr. 12.

(3b) Ist eine nach den Vorschriften des Beitrittsgebiets berechnete Rente neu festgestellt worden, werden Leistungen für Zeiten vor dem 1. Januar 1992 nicht erbracht.

(4) ¹Der Anspruch auf eine Leistung, der am 31. Dezember 1991 bestand, entfällt nicht allein deshalb, weil die Vorschriften, auf denen er beruht, durch Vorschriften dieses Gesetzbuchs ersetzt worden sind. ²Verwenden die ersetzenden Vorschriften für den gleichen Sachverhalt oder Anspruch andere Begriffe als die aufgehobenen Vorschriften, treten insoweit diese Begriffe an die Stelle der aufgehobenen Begriffe.

(5) Die Absätze 1 bis 4 gelten nicht, soweit in den folgenden Vorschriften etwas anderes bestimmt ist.

Zweiter Unterabschnitt. Leistungen zur Teilhabe

§ 301 Leistungen zur Teilhabe. (1) ¹Für Leistungen zur Teilhabe sind bis zum Ende der Leistungen die Vorschriften weiter anzuwenden, die zum Zeitpunkt der Antragstellung oder, wenn den Leistungen ein Antrag nicht vorausging, der Inanspruchnahme galten. ²Werden Leistungen zur Teilhabe nach dem bis zum 31. Dezember 2000 geltenden Recht bewilligt und besteht deshalb ein Anspruch auf Rente wegen verminderter Erwerbsfähigkeit oder auf große Witwenrente oder große Witwerrente wegen Minderung der Erwerbsfähigkeit nicht, besteht der Anspruch auf Rente weiterhin nicht, solange Übergangsgeld, Verletztengeld oder Versorgungskrankengeld geleistet wird.

(2) Die Träger der Rentenversicherung können die am 31. Dezember 1991 bestehenden Fachkliniken zur Behandlung von Erkrankungen der Atmungsorgane, die nicht überwiegend der Behandlung von Tuberkulose dienen, zur Krankenhausbehandlung weiter betreiben.

(3) Für Leistungen zur Teilhabe haben auch Versicherte die persönlichen Voraussetzungen erfüllt, die erwerbsunfähig oder berufsunfähig sind und bei denen voraussichtlich durch die Leistungen die Erwerbsfähigkeit wesentlich gebessert oder wiederhergestellt werden kann.

§ 301a Einmalzahlungs-Neuregelungsgesetz. (1) ¹Für die Ermittlung der Berechnungsgrundlage für Ansprüche auf Übergangsgeld, die vor dem 1. Januar 2001 entstanden sind, ist § 47 Abs. 1 und 2 des Fünften Buches[1]) in der vor dem 22. Juni 2000 jeweils geltenden Fassung für Zeiten nach dem 31. Dezember 1996 mit der Maßgabe entsprechend anzuwenden, dass sich das Regelentgelt um 10 vom Hundert, höchstens aber bis zur Höhe des Betrages der kalendertäglichen Beitragsbemessungsgrenze, erhöht. ²Das regelmäßige Nettoarbeitsentgelt ist um denselben Vomhundertsatz zu erhöhen.

(2) ¹Die Erhöhung nach Absatz 1 gilt für Ansprüche, über die vor dem 22. Juni 2000 bereits unanfechtbar entschieden war, nur für Zeiten vom 22. Juni 2000 an bis zum Ende der Leistungsdauer. ²Entscheidungen über die Ansprüche auf Übergangsgeld, die vor dem 22. Juni 2000 unanfechtbar geworden sind, sind nicht nach § 44 Abs. 1 des Zehnten Buches[2]) zurückzunehmen.

---

[1]) Nr. **5**.
[2]) Nr. **10**.

5. Kapitel. Sonderregelungen **§§ 302, 302a SGB VI 6**

Dritter Unterabschnitt. Anspruchsvoraussetzungen für einzelne Renten

§ 302 Anspruch auf Altersrente in Sonderfällen. (1) Bestand am 31. Dezember 1991 Anspruch auf eine Rente aus eigener Versicherung und ist der Versicherte vor dem 2. Dezember 1926 geboren, wird die Rente vom 1. Januar 1992 an ausschließlich als Regelaltersrente geleistet.

(2) Bestand am 31. Dezember 1991 Anspruch auf eine nach den Vorschriften des Beitrittsgebiets berechnete Rente wegen Alters vor Vollendung des 65. Lebensjahres, gilt diese Rente vom 1. Januar 1992 an als Regelaltersrente; dies gilt nicht für eine Bergmannsvollrente.

(3) Bestand am 31. Dezember 1991 Anspruch auf eine Rente, die vom 1. Januar 1992 an als Regelaltersrente geleistet wird oder gilt, kann diese weiterhin nur in voller Höhe in Anspruch genommen werden.

(4) Bestand am 31. Dezember 2000 Anspruch auf eine Altersrente für schwerbehinderte Menschen, Berufsunfähige oder Erwerbsunfähige, besteht dieser als Anspruch auf Altersrente für schwerbehinderte Menschen weiter.

(5) *(aufgehoben)*

(6) [1] Würde sich nach § 34 in der ab dem 1. Juli 2017 geltenden Fassung am 1. Juli 2017 ein niedrigerer Anspruch auf Teilrente wegen Alters ergeben, besteht ein am 30. Juni 2017 aufgrund von Hinzuverdienst bestehender Anspruch auf Teilrente wegen Alters unter den sonstigen Voraussetzungen des geltenden Rechts so lange weiter, bis

1. die am 30. Juni 2017 für diese Teilrente geltende monatliche Hinzuverdienstgrenze nach § 34 in der bis zum 30. Juni 2017 geltenden Fassung überschritten wird oder

2. sich nach § 34 in der ab dem 1. Juli 2017 geltenden Fassung eine mindestens gleich hohe Rente ergibt.

[2] Als Kalenderjahr nach § 34 Absatz 3c und 3d, in dem erstmals Hinzuverdienst berücksichtigt wurde, gilt das Jahr 2017. [3] Die Hinzuverdienstgrenze nach Satz 1 Nummer 1 wird jährlich entsprechend der prozentualen Veränderung der Bezugsgröße angepasst.

(7) Besteht Anspruch auf eine Rente wegen Alters und eine Aufwandsentschädigung für kommunale Ehrenbeamte, für ehrenamtlich in kommunalen Vertretungskörperschaften Tätige oder für Mitglieder der Selbstverwaltungsorgane, Versichertenälteste oder Vertrauenspersonen der Sozialversicherungsträger, gilt die Aufwandsentschädigung bis zum 30. September 2020 weiterhin nicht als Hinzuverdienst, soweit kein konkreter Verdienstausfall ersetzt wird.

§ 302a Renten wegen verminderter Erwerbsfähigkeit und Bergmannsvollrenten. (1) Bestand am 31. Dezember 1991 Anspruch auf eine nach den Vorschriften des Beitrittsgebiets berechnete Invalidenrente oder eine Bergmannsinvalidenrente, die am 30. Juni 2017 als Rente wegen Erwerbsunfähigkeit oder als Rente wegen Berufsunfähigkeit geleistet wurde, gilt diese Rente als Rente wegen voller Erwerbsminderung.

(2) *(aufgehoben)*

(3) [1] Eine als Rente wegen voller Erwerbsminderung geleistete Invalidenrente oder Bergmannsinvalidenrente wird bis zum Erreichen der Regelaltersgrenze geleistet, solange

1. Erwerbsunfähigkeit oder Berufsunfähigkeit oder volle oder teilweise Erwerbsminderung oder Berufsunfähigkeit im Sinne von § 240 Absatz 2 vorliegt oder
2. die persönlichen Voraussetzungen für den Bezug von Blindengeld oder Sonderpflegegeld nach den am 31. Dezember 1991 geltenden Vorschriften des Beitrittsgebiets vorliegen.

² Bei einer nach § 4 des Anspruchs- und Anwartschaftsüberführungsgesetzes als Invalidenrenten überführten Leistung gilt Satz 1 mit der Maßgabe, dass die Rente auch geleistet wird, solange die Erwerbsminderung vorliegt, die vor der Überführung für die Bewilligung der Leistung maßgebend war; war die Leistung befristet, gilt dies bis zum Ablauf der Frist. ³ Die zur Anwendung von Satz 2 erforderlichen Feststellungen trifft der Versorgungsträger, der die Leistung vor der Überführung gezahlt hat.

(4) Bestand am 31. Dezember 1991 Anspruch auf eine Bergmannsrente oder eine Bergmannsvollrente aus dem Beitrittsgebiet, wird diese Rente vom 1. Januar 1992 an als Rente für Bergleute geleistet.

§ 302b Renten wegen verminderter Erwerbsfähigkeit. (1) Bestand am 31. Dezember 2000 Anspruch auf eine Rente wegen Berufsunfähigkeit, die am 30. Juni 2017 weiterhin geleistet wurde, gilt diese Rente bis zum Erreichen der Regelaltersgrenze als Rente wegen teilweiser Erwerbsminderung mit dem bisherigen Rentenartfaktor, solange Berufsunfähigkeit oder teilweise Erwerbsminderung oder Berufsunfähigkeit im Sinne von § 240 Absatz 2 vorliegt.

(2) Bestand am 31. Dezember 2000 Anspruch auf eine Rente wegen Erwerbsunfähigkeit, die am 30. Juni 2017 weiterhin geleistet wurde, gilt diese Rente bis zum Erreichen der Regelaltersgrenze als Rente wegen voller Erwerbsminderung, solange Erwerbsunfähigkeit oder volle Erwerbsminderung vorliegt.

(3) Bestand am 31. Dezember 2000 Anspruch auf eine befristete Rente wegen Berufsunfähigkeit oder Erwerbsunfähigkeit, die am 30. Juni 2017 weiterhin geleistet wurde und ist der jeweilige Anspruch nach dem Ablauf der Frist von der jeweiligen Arbeitsmarktlage abhängig, ist die Befristung zu wiederholen, es sei denn, die Versicherten vollenden innerhalb von zwei Jahren nach Beginn der sich anschließenden Frist das 60. Lebensjahr.

§ 303 Witwerrente. ¹ Ist eine Versicherte vor dem 1. Januar 1986 gestorben oder haben die Ehegatten bis zum 31. Dezember 1988 eine wirksame Erklärung über die weitere Anwendung des bis zum 31. Dezember 1985 geltenden Hinterbliebenenrentenrechts abgegeben, besteht Anspruch auf eine Witwerrente unter den sonstigen Voraussetzungen des geltenden Rechts nur, wenn die Verstorbene den Unterhalt ihrer Familie im letzten wirtschaftlichen Dauerzustand vor dem Tod überwiegend bestritten hat. ² Satz 1 findet auch auf vor dem 1. Juli 1977 geschiedene Ehegatten Anwendung, wenn die Verstorbene den Unterhalt des geschiedenen Ehemanns im letzten wirtschaftlichen Dauerzustand vor dem Tod überwiegend bestritten hat.

§ 303a Große Witwenrente und große Witwerrente wegen Berufsunfähigkeit oder Erwerbsunfähigkeit. ¹ Bestand am 31. Dezember 2000 Anspruch auf große Witwenrente oder große Witwerrente wegen Berufsunfähigkeit oder Erwerbsunfähigkeit, besteht der Anspruch weiter, solange die Voraussetzungen vorliegen, die für die Bewilligung der Leistung maßgebend waren. ² Bei befristeten Renten gilt dies auch für einen Anspruch nach Ablauf der Frist.

§ 304 Waisenrente. Bestand am 31. Dezember 1991 Anspruch auf Waisenrente für eine Person über deren 25. Lebensjahr hinaus, weil sie infolge körperlicher oder geistiger Gebrechen außerstande ist, sich selbst zu unterhalten, besteht der Anspruch weiter, solange dieser Zustand andauert.

§ 305 Wartezeit und sonstige zeitliche Voraussetzungen. War die Wartezeit oder eine sonstige zeitliche Voraussetzung für eine Rente erfüllt und bestand Anspruch auf diese Rente vor dem Zeitpunkt, von dem an geänderte Vorschriften über die Wartezeit oder eine sonstige zeitliche Voraussetzung in Kraft sind, gilt die Wartezeit oder die sonstige zeitliche Voraussetzung auch dann als erfüllt, wenn dies nach der Rechtsänderung nicht mehr der Fall ist.

Vierter Unterabschnitt. Rentenhöhe

§ 306 Grundsatz. (1) Bestand Anspruch auf Leistung einer Rente vor dem Zeitpunkt einer Änderung rentenrechtlicher Vorschriften, werden aus Anlass der Rechtsänderung die einer Rente zugrunde gelegten persönlichen Entgeltpunkte nicht neu bestimmt, soweit nicht in den folgenden Vorschriften etwas anderes bestimmt ist.

(2) Wurde die Leistung einer Rente unterbrochen, so ist, wenn die Unterbrechung weniger als 24 Kalendermonate angedauert hat, die Summe der Entgeltpunkte für diese Rente nur neu zu bestimmen, wenn für die Zeit der Unterbrechung Entgeltpunkte für Beitragszeiten zu ermitteln sind.

(3) Bestand am 31. Dezember 1991 Anspruch auf eine Hinterbliebenenrente, die wegen der Ansprüche weiterer Hinterbliebener auf die Höhe der Versichertenrente gekürzt war, ist die Kürzung aufzuheben, wenn der Anspruch eines Hinterbliebenen wegfällt.

§ 307 Umwertung in persönliche Entgeltpunkte. (1) ¹ Besteht am 1. Januar 1992 Anspruch auf eine Rente, werden dafür persönliche Entgeltpunkte ermittelt (Umwertung), indem der Monatsbetrag der zu leistenden anpassungsfähigen Rente einschließlich des Erhöhungsbetrags in einer Halbwaisenrente durch den aktuellen Rentenwert und den für die Rente zu diesem Zeitpunkt maßgebenden Rentenartfaktor geteilt wird. ² Beruht der Monatsbetrag der Rente sowohl auf Zeiten der allgemeinen Rentenversicherung als auch der knappschaftlichen Rentenversicherung, erfolgt die Umwertung für die jeweiligen Rententeile getrennt. ³ Über die Umwertung ist spätestens in der Mitteilung über die Rentenanpassung zum 1. Juli 1992 zu informieren. ⁴ Ein besonderer Bescheid ist nicht erforderlich.

(2) Bei der Umwertung ist der Rentenbetrag zugrunde zu legen, der sich vor Anwendung von Vorschriften dieses Gesetzbuchs über die nur anteilige Leistung der Rente ergibt.

(3) Die Absätze 1 und 2 sind für die Ermittlung von persönlichen Entgeltpunkten aus einer vor dem 1. Januar 1992 geleisteten Rente entsprechend anzuwenden.

(4) ¹ Abweichend von Absatz 1 sind
1. Erziehungsrenten, auf die am 31. Dezember 1991 ein Anspruch bestand,
2. Renten, die nach Artikel 23 §§ 2 oder 3 des Gesetzes zu dem Vertrag vom 18. Mai 1990 über die Schaffung einer Währungs-, Wirtschafts- und Sozialunion zwischen der Bundesrebublik Deutschland und der Deutschen Demokratischen Republik vom 25. Juni 1990 (BGBl. 1990 II S. 518) berechnet worden sind und nicht mit einer nach den Vorschriften des Beitrittsgebiets berechneten Rente zusammentreffen,

für die Zeit vom 1. Januar 1992 an neu zu berechnen. ² Dabei sind mindestens die persönlichen Entgeltpunkte zugrunde zu legen, die sich bei einer Umwertung des bisherigen Rentenbetrags ergeben würden.

(5) Renten wegen verminderter Erwerbsfähigkeit, die vom 1. Januar 1992 an als Regelaltersrente geleistet werden, sind auf Antrag neu zu berechnen, wenn nach Eintritt der Minderung der Erwerbsfähigkeit Beitragszeiten zurückgelegt sind.

§ 307a Persönliche Entgeltpunkte aus Bestandsrenten des Beitrittsgebiets.

(1) ¹ Bestand am 31. Dezember 1991 Anspruch auf eine nach den Vorschriften des Beitrittsgebiets berechnete Rente, werden für den Monatsbetrag der Rente persönliche Entgeltpunkte (Ost) ermittelt. ² Dafür werden die durchschnittlichen Entgeltpunkte je Arbeitsjahr, höchstens jedoch 1,8 Entgeltpunkte, mit der Anzahl an Arbeitsjahren vervielfältigt. ³ Die Summe der persönlichen Entgeltpunkte erhöht sich für jedes bisher in der Rente berücksichtigte Kind um 0,75.

(2) ¹ Die durchschnittlichen Entgeltpunkte je Arbeitsjahr ergeben sich, wenn
1. die Summe aus dem
   a) für Renten der Sozialpflichtversicherung ermittelten 240fachen beitragspflichtigen Durchschnittseinkommen und
   b) für Renten aus der Freiwilligen Zusatzrentenversicherung ermittelten 600 Mark übersteigenden Durchschnittseinkommen, vervielfältigt mit der Anzahl der Monate der Zugehörigkeit zur Freiwilligen Zusatzrentenversicherung,
durch
2. das Gesamtdurchschnittseinkommen, das sich in Abhängigkeit vom Ende des der bisherigen Rentenberechnung zugrunde liegenden 20-Jahreszeitraums aus Anlage 12 ergibt,

geteilt wird. ² Als Zeiten der Zugehörigkeit zur Freiwilligen Zusatzrentenversicherung gelten auch Beschäftigungszeiten bei der Deutschen Reichsbahn oder bei der Deutschen Post vor dem 1. Januar 1974; für den oberhalb von 600 Mark nachgewiesenen Arbeitsverdienst gelten Beiträge zur Freiwilligen Zusatzrentenversicherung als gezahlt. ³ Als Zeiten der Zugehörigkeit zur Freiwilligen Zusatzrentenversicherung gelten auch Beschäftigungszeiten bei der Deutschen Reichsbahn oder bei der Deutschen Post vom 1. Januar 1974 bis 30. Juni 1990, wenn ein Beschäftigungsverhältnis bei der Deutschen Reichsbahn oder der Deutschen Post am 1. Januar 1974 bereits zehn Jahre ununterbrochen bestanden hat; für den oberhalb von 600 Mark nachgewiesenen Arbeitsverdienst gelten Beiträge zur Freiwilligen Zusatzrentenversicherung höchstens bis zu 650 Mark monatlich als gezahlt. ⁴ Sind mindestens 35 Arbeitsjahre zugrunde zu

5. Kapitel. Sonderregelungen § 307a SGB VI 6

legen und ergeben sich durchschnittliche Entgeltpunkte je Arbeitsjahr von weniger als 0,75, wird dieser Wert auf das 1,5fache, höchstens aber auf 0,75 erhöht. [5] Bei den 35 Arbeitsjahren nach Satz 4 ist zusätzlich zu den Arbeitsjahren nach Absatz 3 eine Kindererziehungspauschale zu berücksichtigen. [6] Die Kindererziehungspauschale beträgt bei einem Kind zehn Jahre, bei zwei Kindern 15 Jahre und bei mehr als zwei Kindern 20 Jahre, wenn diese Kinder bisher in der Rente berücksichtigt worden sind.

(3) Als Arbeitsjahre sind zugrunde zu legen

1. die Jahre einer versicherungspflichtigen Tätigkeit und
2. die Zurechnungsjahre wegen Invalidität vom Rentenbeginn bis zur Vollendung des 55. Lebensjahres des Versicherten.

(4) Für die bisher in der Rente

1. als Arbeitsjahre im Bergbau berücksichtigten Zeiten werden Entgeltpunkte der knappschaftlichen Rentenversicherung zugrunde gelegt,
2. als volle Jahre der Untertagetätigkeit berücksichtigte Zeiten werden für jedes volle Jahr vom elften bis zum zwanzigsten Jahr 0,25 und für jedes weitere Jahr 0,375 zusätzliche Entgeltpunkte für einen Leistungszuschlag ermittelt; die zusätzlichen Entgeltpunkte werden den Kalendermonaten der Untertagetätigkeit zu gleichen Teilen zugeordnet.

(5) [1] Der Zuschlag an persönlichen Entgeltpunkten bei Halbwaisenrenten beträgt 36,8967, derjenige bei Vollwaisenrenten 33,3374 Entgeltpunkte. [2] Liegen der Rente Entgeltpunkte aus Arbeitsjahren im Bergbau zugrunde, beträgt der Zuschlag bei Halbwaisenrenten 27,6795 und bei Vollwaisenrenten 24,9999 Entgeltpunkte der knappschaftlichen Rentenversicherung.

(6) [1] Sind für eine nach den Vorschriften des Beitrittsgebiets berechnete Rente, auf die am 31. Dezember 1991 Anspruch bestand, persönliche Entgeltpunkte nach den Absätzen 1 bis 4 ermittelt worden, sind diese persönlichen Entgeltpunkte einer aus der Rente abgeleiteten Hinterbliebenenrente zugrunde zu legen. [2] Dies gilt nicht, wenn von dem Verstorbenen nach Rentenbeginn rentenrechtliche Zeiten zurückgelegt worden sind oder der Verstorbene eine Rente für Bergleute bezogen hat.

(7) Sind der im Dezember 1991 geleisteten Rente ein beitragspflichtiges Durchschnittseinkommen oder die Jahre der versicherungspflichtigen Tätigkeit nicht zugeordnet, sind sie auf der Grundlage des bis zum 31. Dezember 1991 im Beitrittsgebiet geltenden Rechts zu ermitteln.

(8) [1] Die Träger der Rentenversicherung sind berechtigt, die persönlichen Entgeltpunkte in einem maschinellen Verfahren aus den vorhandenen Daten über den Rentenbeginn und das Durchschnittseinkommen zu ermitteln. [2] Dabei sind Hinterbliebenenrenten mindestens 35 Arbeitsjahre mit jeweils 0,75 Entgeltpunkten zugrunde zu legen. [3] Auf Antrag ist die Rente daraufhin zu überprüfen, ob die zugrunde gelegten Daten der Sach- und Rechtslage entsprechen. [4] Die Anträge von Berechtigten, die Gründe dafür vortragen, dass dies nicht der Fall ist, sind vorrangig zu bearbeiten; dabei sollen zunächst die Anträge älterer Berechtigter bearbeitet werden. [5] Ein Anspruch auf Überprüfung besteht für den Berechtigten nicht vor dem 1. Januar 1994. [6] Eine Überprüfung kann auch von Amts wegen vorgenommen werden. [7] Sie soll dann nach Geburtsjahrgängen gestaffelt erfolgen.

(9) Abweichend von Absatz 1 ist eine Rente nach den Vorschriften dieses Buches neu zu berechnen, wenn eine nach den am 31. Dezember 1991 geltenden Vorschriften des Beitrittsgebiets berechnete Rente

1. mit einer Zusatzrente aus Beiträgen an die Versicherungsanstalt Berlin (West), die Landesversicherungsanstalt Berlin oder die Bundesversicherungsanstalt für Angestellte in der Zeit vom 1. April 1949 bis zum 31. Dezember 1961,

2. mit einer nach Artikel 23 §§ 2 oder 3 des Gesetzes zu dem Vertrag vom 18. Mai 1990 über die Schaffung einer Währungs-, Wirtschafts- und Sozialunion zwischen der Bundesrepublik Deutschland und der Deutschen Demokratischen Republik vom 25. Juni 1990 (BGBl. 1990 II S. 518) berechneten Rente oder

3. mit einer nach den am 31. Dezember 1991 geltenden Vorschriften über die Erbringung von Leistungen an Berechtigte im Ausland berechneten Rente

zusammentrifft oder

4. geleistet wird und der Versicherte seinen gewöhnlichen Aufenthalt am 18. Mai 1990 oder, falls der Versicherte verstorben ist, zuletzt vor dem 19. Mai 1990

   a) im Gebiet der Bundesrepublik Deutschland ohne das Beitrittsgebiet hatte oder

   b) im Ausland hatte und unmittelbar vor Beginn des Auslandsaufenthalts seinen gewöhnlichen Aufenthalt im Gebiet der Bundesrepublik Deutschland ohne das Beitrittsgebiet hatte.

(10) [1] Abweichend von Absatz 1 ist eine Rente nach den Vorschriften dieses Buches auch neu zu berechnen, wenn aus im Bundesgebiet ohne das Beitrittsgebiet zurückgelegten rentenrechtlichen Zeiten eine Leistung noch nicht erbracht worden ist und die Voraussetzungen für einen Rentenanspruch nach den Vorschriften dieses Buches erfüllt sind. [2] Eine Neuberechnung erfolgt nicht, wenn im Bundesgebiet ohne das Beitrittsgebiet zurückgelegte rentenrechtliche Zeiten bei der Ermittlung der persönlichen Entgeltpunkte (Ost) als Arbeitsjahre berücksichtigt worden sind.

(11) Abweichend von den Absätzen 1 bis 10 sind Übergangshinterbliebenenrenten, auf die am 31. Dezember 1991 ein Anspruch bestand, für die Zeit vom 1. Januar 1992 an neu zu berechnen.

(12) Bestand am 31. Dezember 1991 ein Bescheid nach den Vorschriften des Beitrittsgebiets und findet auf den neuen Rentenbescheid dieses Buch Anwendung, gilt das neue Recht vom Zeitpunkt des Inkrafttretens an ohne Rücksicht auf die Bestandskraft des alten Bescheides.

§ 307b Bestandsrenten aus überführten Renten des Beitrittsgebiets.

(1) [1] Bestand am 31. Dezember 1991 Anspruch auf eine nach dem Anspruchs- und Anwartschaftsüberführungsgesetz überführte Rente des Beitrittsgebiets, ist die Rente nach den Vorschriften dieses Buches neu zu berechnen. [2] Für die Zeit vom 1. Januar 1992 an ist zusätzlich eine Vergleichsrente zu ermitteln. [3] Die höhere der beiden Renten ist zu leisten. [4] Eine Nachzahlung für die Zeit vor dem 1. Januar 1992 erfolgt nur, soweit der Monatsbetrag der neu berechneten Rente den Monatsbetrag der überführten Leistung einschließlich einer Rente aus der Sozialpflichtversicherung übersteigt.

5. Kapitel. Sonderregelungen § 307b SGB VI 6

(2) ¹Die neue Rentenberechnung nach den Vorschriften dieses Buches erfolgt für Zeiten des Bezugs der als Rente überführten Leistung, frühestens für die Zeit ab 1. Juli 1990. ²Dabei tritt anstelle des aktuellen Rentenwerts (Ost) für die Zeit vom 1. Juli 1990 bis 31. Dezember 1990 der Wert 14,93 Deutsche Mark, für die Zeit vom 1. Januar 1991 bis 30. Juni 1991 der Wert 17,18 Deutsche Mark und für die Zeit vom 1. Juli 1991 bis 31. Dezember 1991 der Wert 19,76 Deutsche Mark. ³Satz 1 und Absatz 1 Satz 2 gelten auch bei Änderung des Bescheides über die Neuberechnung. ⁴§ 44 Abs. 4 Satz 1 des Zehnten Buches[1]) ist nicht anzuwenden, wenn das Überprüfungsverfahren innerhalb von vier Jahren nach Ablauf des Jahres der erstmaligen Erteilung eines Rentenbescheides nach Absatz 1 begonnen hat.

(3) Für den Monatsbetrag der Vergleichsrente sind persönliche Entgeltpunkte (Ost) aufgrund der vorhandenen Daten des bereits geklärten oder noch zu klärenden Versicherungsverlaufs wie folgt zu ermitteln:

1. Die persönlichen Entgeltpunkte (Ost) ergeben sich, indem die Anzahl der bei der Rentenneuberechnung berücksichtigten Kalendermonate mit rentenrechtlichen Zeiten mit den durchschnittlichen Entgeltpunkten pro Monat, höchstens jedoch mit dem Wert 0,15 vervielfältigt wird. Grundlage der zu berücksichtigenden Kalendermonate einer Rente für Bergleute sind nur die Monate, die auf die knappschaftliche Rentenversicherung entfallen.

2. Bei der Anzahl der berücksichtigten Kalendermonate mit rentenrechtlichen Zeiten bleiben Kalendermonate, die ausschließlich Zeiten der Erziehung eines Kindes sind, außer Betracht.

3. Die durchschnittlichen Entgeltpunkte pro Monat ergeben sich, wenn auf der Grundlage der letzten 20 Kalenderjahre vor dem Ende der letzten versicherungspflichtigen Beschäftigung oder Tätigkeit die Summe der Arbeitsentgelte oder Arbeitseinkommen, vervielfältigt mit 240 und geteilt durch die Anzahl der dabei berücksichtigten Kalendermonate mit Pflichtbeiträgen für eine versicherte Beschäftigung oder Tätigkeit, durch das Gesamtdurchschnittseinkommen aus Anlage 12 und durch 12 geteilt wird. Arbeitsentgelte und Arbeitseinkommen sind für Zeiten vor dem 1. März 1971 bis zu höchstens 600 Mark für jeden belegten Kalendermonat zu berücksichtigen. Für Zeiten vor 1946 werden Arbeitsentgelte und Arbeitseinkommen für die Ermittlung der durchschnittlichen Entgeltpunkte pro Monat nicht berücksichtigt.

4. Sind mindestens 35 Jahre mit rentenrechtlichen Zeiten einschließlich Zeiten der Erziehung von Kindern vorhanden und ergeben sich durchschnittliche Entgeltpunkte pro Monat von weniger als 0,0625, wird dieser Wert auf das 1,5fache, höchstens aber auf 0,0625 erhöht.

5. Die Summe der persönlichen Entgeltpunkte (Ost) erhöht sich für jedes Kind, für das Beitragszeiten wegen Kindererziehung anzuerkennen sind, für die Zeit bis zum 30. Juni 1998 um 0,75, für die Zeit vom 1. Juli 1998 bis 30. Juni 1999 um 0,85, für die Zeit vom 1. Juli 1999 bis 30. Juni 2000 um 0,9 und für die Zeit ab 1. Juli 2000 um 1,0.

6. Zuschlag an persönlichen Entgeltpunkten (Ost) bei Waisenrenten ist der bei der Rentenneuberechnung ermittelte Zuschlag.

---

[1]) Nr. 10.

7. Entgeltpunkte (Ost) für ständige Arbeiten unter Tage sind die bei der Rentenneuberechnung ermittelten zusätzlichen Entgeltpunkte.

(4) ¹Die nach Absatz 1 Satz 3 maßgebende Rente ist mit dem um 6,84 vom Hundert erhöhten Monatsbetrag der am 31. Dezember 1991 überführten Leistung einschließlich einer Rente aus der Sozialpflichtversicherung (weiterzuzahlender Betrag) und dem nach dem Einigungsvertrag besitzgeschützten Zahlbetrag, der sich für den 1. Juli 1990 nach den Vorschriften des im Beitrittsgebiet geltenden Rentenrechts und den maßgebenden leistungsrechtlichen Regelungen des jeweiligen Versorgungssystems ergeben hätte, zu vergleichen. ²Die höchste Rente ist zu leisten. ³Bei der Ermittlung des Betrages der überführten Leistung einschließlich der Rente aus der Sozialpflichtversicherung ist das Rentenangleichungsgesetz vom 28. Juni 1990 (GBl. I Nr. 38 S. 495) mit der Maßgabe anzuwenden, dass eine vor Angleichung höhere Rente so lange geleistet wird, bis die anzugleichende Rente den bisherigen Betrag übersteigt.

(5) ¹Der besitzgeschützte Zahlbetrag ist zum 1. Juli eines jeden Jahres mit dem aktuellen Rentenwert anzupassen. ²Die Anpassung erfolgt, indem aus dem besitzgeschützten Zahlbetrag persönliche Entgeltpunkte ermittelt werden. ³Hierzu wird der besitzgeschützte Zahlbetrag durch den aktuellen Rentenwert in Höhe von 41,44 Deutsche Mark und den für diese Rente maßgebenden Rentenartfaktor geteilt.

(6) ¹Der weiterzuzahlende Betrag oder der besitzgeschützte Zahlbetrag wird nur so lange gezahlt, bis der Monatsbetrag die Rente nach Absatz 1 Satz 3 erreicht. ²Eine Aufhebung oder Änderung der bisherigen Bescheide ist nicht erforderlich.

(7) Für die Zeit ab 1. Januar 1992 erfolgt eine Nachzahlung nur, soweit die nach Absatz 4 maßgebende Leistung höher ist als die bereits bezogene Leistung.

(8) Die Absätze 1 bis 7 sind auch anzuwenden, wenn im Einzelfall festgestellt wird, dass in einer nach den Vorschriften des Beitrittsgebiets berechneten Bestandsrente Zeiten der Zugehörigkeit zu einem Zusatz- oder Sonderversorgungssystem berücksichtigt worden sind.

§ 307c Durchführung der Neuberechnung von Bestandsrenten nach § 307b.

(1) ¹Für die Neuberechnung von Bestandsrenten nach § 307b sind die erforderlichen Daten auch aus allen dem Berechtigten zur Verfügung stehenden Nachweisen über rentenrechtliche Zeiten und erzielte Arbeitsentgelte oder Arbeitseinkommen zu ermitteln. ²Der Berechtigte wird aufgefordert, die Nachweise zur Verfügung zu stellen und auch anzugeben, ob er oder die Person, von der sich die Berechtigung ableitet, Zeiten einer Beschäftigung oder Tätigkeit nach § 6 Abs. 2 oder 3 oder § 7 des Anspruchs- und Anwartschaftsüberführungsgesetzes hat. ³Dabei werden die älteren Berechtigten und die Personen zuerst aufgefordert, deren Leistungen nach § 10 des Anspruchs- und Anwartschaftsüberführungsgesetzes vorläufig begrenzt sind. ⁴Die von dem Berechtigten für Zeiten im Sinne des § 259b übersandten Unterlagen werden dem nach § 8 Abs. 4 des Anspruchs- und Anwartschaftsüberführungsgesetzes jeweils zuständigen Versorgungsträger unverzüglich zur Verfügung gestellt, damit dieser die Mitteilung nach § 8 des Anspruchs- und Anwartschaftsüberführungsgesetzes erstellt. ⁵Kommt der Berechtigte der Aufforderung nicht nach, wird er nach sechs Monaten hieran erinnert. ⁶Gleichzeitig wird der

Versorgungsträger aufgefordert, die ihm bekannten Daten mitzuteilen. ⁷ Weitere Ermittlungen werden nicht durchgeführt.

(2) ¹ Stehen bei der Neuberechnung Unterlagen nicht zur Vefügung und erklärt der Berechtigte glaubhaft, dass auch er über Unterlagen nicht verfügt und diese auch nicht beschaffen kann, ist zur Feststellung von Art und Umfang der rentenrechtlichen Zeiten von seinem Vorbringen auszugehen, es sei denn, es liegen Anhaltspunkte vor, dass dieses nicht zutrifft. ² Lässt sich auch auf diese Weise der Verdienst für Beitragszeiten nicht feststellen, ist § 256c entsprechend anzuwenden. ³ Lässt sich die Art der ausgeübten Beschäftigung oder Tätigkeit nicht feststellen, sind die Zeiten der Rentenversicherung der Angestellten zuzuordnen. ⁴ Kommt der Berechtigte der Aufforderung nach Absatz 1 nicht nach, teilt jedoch der Versorgungsträger Daten mit, wird die Neuberechnung ohne weitere Ermittlungen aus den bekannten Daten vorgenommen.

(3) Unterschreitet der Monatsbetrag der nach Absatz 1 neu berechneten Rente den Monatsbetrag der zuletzt vor der Neuberechnung gezahlten Rente, wird dieser so lange weitergezahlt, bis die neu berechnete Rente den weiterzuzahlenden Betrag erreicht.

§ 307d Zuschlag an persönlichen Entgeltpunkten für Kindererziehung.

(1) Bestand am 30. Juni 2014 Anspruch auf eine Rente, wird ein Zuschlag an persönlichen Entgeltpunkten für Kindererziehung für ein vor dem 1. Januar 1992 geborenes Kind berücksichtigt, wenn

1. in der Rente eine Kindererziehungszeit für den zwölften Kalendermonat nach Ablauf des Monats der Geburt angerechnet wurde,
2. kein Anspruch nach den §§ 294 und 294a besteht.

(2) ¹ Der Zuschlag beträgt für jedes Kind einen persönlichen Entgeltpunkt. ² Sind der Kindererziehungszeit ausschließlich Entgeltpunkte (Ost) zugeordnet worden, beträgt der Zuschlag für jedes Kind einen persönlichen Entgeltpunkt (Ost). ³ Ist die Kindererziehungszeit nach Absatz 1 Nummer 1 in der knappschaftlichen Rentenversicherung berücksichtigt worden, wird der Zuschlag an persönlichen Entgeltpunkten und persönlichen Entgeltpunkten (Ost) mit 0,75 vervielfältigt.

(3) Folgt auf eine Rente mit einem Zuschlag nach Absatz 1 eine Rente, die die Voraussetzungen nach § 88 Absatz 1 oder 2 erfüllt, ist der Zuschlag an persönlichen Entgeltpunkten nach den Absätzen 1 und 2 weiter zu berücksichtigen.

(4) Der Zuschlag nach Absatz 1 ist nicht zu berücksichtigen, wenn die Anrechnung von Kindererziehungszeiten nach § 56 Absatz 4 in der Fassung ab dem 1. Juli 2014 ganz oder teilweise ausgeschlossen ist.

§ 308 Umstellungsrenten.

(1) Der Rentenartfaktor beträgt für Umstellungsrenten, die als Renten wegen Erwerbsunfähigkeit gelten, 0,8667.

(2) ¹ Umstellungsrenten als Renten wegen Erwerbsunfähigkeit werden auf Antrag nach den vom 1. Januar 1992 an geltenden Vorschriften neu berechnet, wenn für Versicherte nach Vollendung des 55. Lebensjahres für zwölf Kalendermonate Beiträge gezahlt worden sind und sie erwerbsunfähig sind. ² Diese neu berechneten Renten werden nur geleistet, wenn sie um zwei Dreizehntel höher sind als die Umstellungsrenten.

(3) Entgeltpunkte für am 1. Januar 1992 laufende Umstellungsrenten werden zu gleichen Teilen lückenlos auf die Zeit vom Kalendermonat der Vollendung des 15. Lebensjahres bis zum Kalendermonat vor der Vollendung des 55. Lebensjahres der Versicherten verteilt.

§ 309 Neufeststellung auf Antrag. (1) ¹ Eine nach den Vorschriften dieses Buches berechnete Rente ist auf Antrag vom Beginn an nach dem am 1. Januar 1996 geltenden Recht neu festzustellen und zu leisten, wenn sie vor diesem Zeitpunkt begonnen hat und

1. beitragsgeminderte Zeiten wegen des Besuchs einer Schule, Fachschule oder Hochschule enthält oder

2. Anrechnungszeiten im Beitrittsgebiet wegen des Bezugs einer Übergangsrente, einer Invalidenrente bei Erreichen besonderer Altersgrenzen, einer befristeten erweiterten Versorgung oder einer berufsbezogenen Zuwendung an Ballettmitglieder in staatlichen Einrichtungen zu berücksichtigen sind oder

3. Verfolgungszeiten nach dem Beruflichen Rehabilitierungsgesetz anerkannt sind.

² Bei einem Rentenbeginn nach dem 31. Dezember 1995 ist Satz 1 mit der Maßgabe anzuwenden, dass die Rente auf der Grundlage des Rechts festzustellen und zu leisten ist, das bei erstmaliger Feststellung der Rente anzuwenden war. ³ In Fällen des Satzes 1 Nr. 3 ist bei der Feststellung der Rente nach den Sätzen 1 und 2 der § 11 Satz 2 des Beruflichen Rehabilitierungsgesetzes in der Fassung des Zweiten Gesetzes zur Verbesserung rehabilitierungsrechtlicher Vorschriften für Opfer der politischen Verfolgung in der ehemaligen DDR vom 17. Dezember 1999 (BGBl. I S. 2662) anzuwenden.

(1a) Eine nach den Vorschriften dieses Buches berechnete Rente ist auf Antrag vom Beginn an neu festzustellen und zu leisten, wenn Zeiten nach dem Beruflichen Rehabilitierungsgesetz anerkannt sind oder wenn § 3 Abs. 1 Satz 2 des Beruflichen Rehabilitierungsgesetzes anzuwenden ist.

(2) Eine Rente ist auf Antrag neu festzustellen, wenn sie vor dem 1. Januar 2001 nach den Vorschriften dieses Buches bereits neu festgestellt worden war.

(3) ¹ Eine nach den Vorschriften dieses Buches berechnete Rente ist auf Antrag von Beginn an neu festzustellen und zu leisten, wenn der Rentenbeginn vor dem 22. Juli 2017 liegt und Anrechnungszeiten, mit Ausnahme von Anrechnungszeiten wegen Arbeitsunfähigkeit oder Arbeitslosigkeit, aufgrund der Anwendung des § 58 Absatz 1 Satz 3 in der bis zum 21. Juli 2017 geltenden Fassung in der Rente nicht berücksichtigt wurden. ² Abweichend von § 300 Absatz 3 ist bei der Neufeststellung der Rente nach Satz 1 die Regelung des § 58 Absatz 1 Satz 3 und des § 74 Satz 3 in der jeweils ab dem 22. Juli 2017 geltenden Fassung anzuwenden.

§ 310 Erneute Neufeststellung von Renten. Ist eine Rente, die vor dem 1. Januar 2001 nach den Vorschriften dieses Gesetzbuchs neu festgestellt worden war, erneut neu festzustellen und sind dabei die persönlichen Entgeltpunkte neu zu ermitteln, sind der neu festzustellenden Rente mindestens die bisherigen persönlichen Entgeltpunkte zugrunde zu legen; dies gilt nicht, soweit die bisherigen persönlichen Entgeltpunkte auf einer rechtswidrigen

5. Kapitel. Sonderregelungen §§ 310a–311 SGB VI 6

Begünstigung beruhen oder eine wesentliche Änderung der tatsächlichen Verhältnisse zu Ungunsten des Rentenbeziehers eingetreten ist.

§ 310a Neufeststellung von Renten mit Zeiten der Beschäftigung bei der Deutschen Reichsbahn oder bei der Deutschen Post. (1) [1] Eine nach den Vorschriften dieses Buches berechnete Rente mit Zeiten der Beschäftigung bei der Deutschen Reichsbahn oder bei der Deutschen Post und Arbeitsverdiensten oberhalb der im Beitrittsgebiet geltenden Beitragsbemessungsgrenzen ist auf Antrag neu festzustellen, wenn sie vor dem 3. August 2001 begonnen hat. [2] Abweichend von § 300 Abs. 3 sind bei der Neufeststellung der Rente § 256a Abs. 2 und § 307a Abs. 2 in der am 1. Dezember 1998 geltenden Fassung anzuwenden.

(2) Die Neufeststellung erfolgt für die Zeit ab Rentenbeginn, frühestens für die Zeit ab 1. Dezember 1998.

§ 310b Neufeststellung von Renten mit überführten Zeiten nach dem Anspruchs- und Anwartschaftsüberführungsgesetz. [1] Eine nach den Vorschriften dieses Buches berechnete Rente, die Zeiten der Zugehörigkeit zu einem Versorgungssystem nach dem Anspruchs- und Anwartschaftsüberführungsgesetz enthält und für die die Arbeitsentgelte oder Arbeitseinkommen nach § 7 des Anspruchs- und Anwartschaftsüberführungsgesetzes in der Fassung des Renten-Überleitungsgesetzes vom 25. Juli 1991 (BGBl. I S. 1606) begrenzt worden sind, oder die Zeiten enthält, die nach § 22a des Fremdrentengesetzes begrenzt worden sind, ist neu festzustellen. [2] Bei der Neufeststellung der Rente sind § 6 Abs. 2 oder 3 und § 7 des Anspruchs- und Anwartschaftsüberführungsgesetzes, § 22a des Fremdrentengesetzes und § 307b in der am 1. Mai 1999 geltenden Fassung anzuwenden. [3] Die Sätze 1 und 2 gelten auf Antrag entsprechend in den Fällen des § 4 Abs. 4 des Anspruchs- und Anwartschaftsüberführungsgesetzes.

§ 310c Neufeststellung von Renten wegen Beschäftigungszeiten während des Bezugs einer Invalidenrente. [1] Wurden während des Bezugs einer Invalidenrente oder einer Versorgung wegen Invalidität oder wegen des Bezugs von Blindengeld oder Sonderpflegegeld nach den Vorschriften des Beitrittsgebiets bis zum 31. Dezember 1991 Zeiten einer Beschäftigung zurückgelegt, besteht ab 1. September 2001 Anspruch auf Neufeststellung einer nach den Vorschriften dieses Buches berechneten Rente, wenn sie vor dem 1. Juli 2002 begonnen hat. [2] Abweichend von § 300 Abs. 3 sind bei der Neufeststellung der Rente die Regelungen über die Berücksichtigung von Beitragszeiten aufgrund einer Beschäftigung oder selbständigen Tätigkeit während des Bezugs einer Leistung nach Satz 1 in der seit dem 1. Juli 2002 geltenden Fassung anzuwenden. [3] Der neu festgestellten Rente sind mindestens die bisherigen persönlichen Entgeltpunkte zugrunde zu legen; dies gilt nicht, soweit die bisherigen persönlichen Entgeltpunkte auf einer rechtswidrigen Begünstigung beruhen oder eine wesentliche Änderung der tatsächlichen Verhältnisse zu Ungunsten des Rentenbeziehers eingetreten ist.

Fünfter Unterabschnitt. Zusammentreffen von Renten und Einkommen

§ 311 Rente und Leistungen aus der Unfallversicherung. (1) Bestand am 31. Dezember 1991 Anspruch auf eine Rente nach den Vorschriften im

1109

Gebiet der Bundesrepublik Deutschland ohne das Beitrittsgebiet und auf eine Rente aus der Unfallversicherung, die für die Leistung der Rente zu berücksichtigen war, wird die Rente insoweit nicht geleistet, als die Summe dieser Renten den Grenzbetrag übersteigt.

(2) Bei der Ermittlung der Summe der zusammentreffenden Renten bleiben unberücksichtigt

1. bei der Rente

    a) der Betrag, der den Grenzbetrag übersteigt,

    b) der auf den Leistungszuschlag für ständige Arbeiten unter Tage entfallende Anteil,

    c) der auf den Erhöhungsbetrag in Waisenrenten entfallende Anteil,

2. bei der Verletztenrente aus der Unfallversicherung je 16,67 vom Hundert des aktuellen Rentenwerts für jeden Prozentpunkt der Minderung der Erwerbsfähigkeit, wenn diese mindestens 60 vom Hundert beträgt und die Rente aufgrund einer entschädigungspflichtigen Silikose oder Siliko-Tuberkulose geleistet wird.

(3) Bestand am 31. Dezember 1991 Anspruch auf eine Rente nach den Vorschriften im Gebiet der Bundesrepublik Deutschland ohne das Beitrittsgebiet und auf eine Rente aus der Unfallversicherung, die für die Leistung der Rente nicht zu berücksichtigen war, verbleibt es für die Leistung dieser Rente dabei.

(4) Bestand am 31. Dezember 1991 Anspruch auf eine Rente nach den Vorschriften im Gebiet der Bundesrepublik Deutschland ohne das Beitrittsgebiet mit Zeiten sowohl der Rentenversicherung der Arbeiter oder der Angestellten als auch der knappschaftlichen Rentenversicherung und ruhte wegen einer Rente aus der Unfallversicherung die Rente mit den Zeiten der knappschaftlichen Rentenversicherung vorrangig, verbleibt es für die Leistung dieser Rente dabei.

(5) [1] Der Grenzbetrag beträgt

1. bei Renten, für die die allgemeine Wartezeit in der knappschaftlichen Rentenversicherung nicht erfüllt ist,

    a) bei Renten aus eigener Versicherung   80 vom Hundert,

    b) bei Witwenrenten oder Witwerrenten   48 vom Hundert,

2. bei Renten, für die die allgemeine Wartezeit in der knappschaftlichen Rentenversicherung erfüllt ist,

    a) bei Renten aus eigener Versicherung   95 vom Hundert,

    b) bei Witwenrenten oder Witwerrenten   57 vom Hundert

eines Zwölftels des Jahresarbeitsverdienstes, der der Berechnung der Rente aus der Unfallversicherung zugrunde liegt, mindestens jedoch des Betrages, der sich ergibt, wenn der im Dezember 1991 zugrunde liegende persönliche Vomhundertsatz mit zwei Dritteln des aktuellen Rentenwerts vervielfältigt wird (Mindestgrenzbetrag). [2] Beruht die Rente ausschließlich auf Zeiten der knappschaftlichen Rentenversicherung, ist der persönliche Vomhundertsatz mit 1,0106 zu vervielfältigen. [3] Beruht sie auch auf Zeiten der Rentenversicherung der Arbeiter oder der Angestellten, ist ein durchschnittlicher persönlicher Vomhundertsatz zu ermitteln, indem der Vomhundertsatz nach Satz 2 und der persönliche Vomhundertsatz der Rentenversicherung der Arbeiter und der Angestellten mit der ihrer Ermittlung zugrunde liegenden jeweiligen Anzahl an Monaten vervielfältigt und die Summe beider Ergebnisse durch die Summe aller Monate geteilt wird. ⁴ Liegt der Rente ein persönlicher Vomhundertsatz nicht zugrunde, ist Mindestgrenzbetrag bei Renten aus eigener Versicherung das 50fache, bei Witwenrenten oder Witwerrenten das 30fache des aktuellen Rentenwerts. ⁵ Für die ersten drei Monate nach Beginn der Witwenrente oder Witwerrente wird der Grenzbetrag mit dem für eine Rente aus eigener Versicherung geltenden Vomhundertsatz ermittelt.

(6) Der Grenzbetrag beträgt bei Halbwaisenrenten das 13,33fache, bei Vollwaisenrenten das 20fache des aktuellen Rentenwerts.

(7) ¹ Für die von einem Träger mit Sitz außerhalb des Geltungsbereichs dieses Gesetzbuchs geleistete Rente wegen eines Arbeitsunfalls oder einer Berufskrankheit ist ein Jahresarbeitsverdienst nicht festzustellen. ² Bei einer an eine Witwe oder einen Witwer geleisteten Rente gilt ihr um zwei Drittel erhöhter Betrag als Vollrente.

(8) Bestand vor Inkrafttreten von Vorschriften über das Zusammentreffen von Renten und Leistungen aus der Unfallversicherung Anspruch auf eine Rente und auf eine Rente aus der Unfallversicherung, die für die Leistung der Rente nicht zu berücksichtigen war, verbleibt es für die Leistung dieser Rente dabei.

§ 312 Mindestgrenzbetrag bei Versicherungsfällen vor dem 1. Januar 1979. (1) Bestand am 31. Dezember 1991 Anspruch auf eine Rente, die auf einem Versicherungsfall vor dem 1. Januar 1979 beruht, und ruhte diese wegen einer Rente aus der Unfallversicherung, beträgt der Mindestgrenzbetrag

1. bei einer Rente aus eigener Versicherung	85 vom Hundert,
2. bei einer Witwenrente oder Witwerrente	51 vom Hundert

des Betrages, der sich ergibt, wenn der im Dezember 1991 zugrunde liegende persönliche Vomhundertsatz mit zwei Dritteln des aktuellen Rentenwerts vervielfältigt wird.

(2) Bestand am 31. Dezember 1991 Anspruch auf eine Rente, für die die allgemeine Wartezeit in der knappschaftlichen Rentenversicherung erfüllt ist und die auf einem Versicherungsfall vor dem 1. Januar 1979 beruht, und ruhte diese Rente wegen einer Rente aus der Unfallversicherung, die auf einem Unfall oder Tod vor dem 1. Januar 1979 beruht, beträgt der Mindestgrenzbetrag

1. bei einer Rente aus eigener Versicherung	100 vom Hundert,
2. bei einer Witwenrente oder Witwerrente	60 vom Hundert

des Betrages, der sich ergibt, wenn der im Dezember 1991 zugrunde liegende persönliche Vomhundertsatz mit zwei Dritteln des aktuellen Rentenwerts vervielfältigt wird.

(3) § 311 Abs. 5 Satz 2 und 3, Abs. 7 ist anzuwenden.

§ 313 Hinzuverdienst bei Renten wegen verminderter Erwerbsfähigkeit. (1) ¹ Würde sich nach den §§ 96a und 313 in der ab dem 1. Juli 2017 geltenden Fassung am 1. Juli 2017 eine niedrigere teilweise zu leistende Rente ergeben, wird eine am 30. Juni 2017 aufgrund von Hinzuverdienst teilweise geleistete Rente wegen verminderter Erwerbsfähigkeit unter den sonstigen Voraussetzungen des geltenden Rechts so lange weitergeleistet, bis

1. die am 30. Juni 2017 für diese anteilig geleistete Rente geltende Hinzuverdienstgrenze nach den §§ 96a und 313 in der bis zum 30. Juni 2017 geltenden Fassung überschritten wird oder
2. sich nach den §§ 96a und 313 in der ab dem 1. Juli 2017 geltenden Fassung eine mindestens gleich hohe Rente ergibt.

² Als Kalenderjahr nach § 96a Absatz 5 in Verbindung mit § 34 Absatz 3c und 3d, in dem erstmals Hinzuverdienst berücksichtigt wurde, gilt das Jahr 2017. ³ Die Hinzuverdienstgrenze nach Satz 1 Nummer 1 wird jährlich entsprechend der prozentualen Veränderung der Bezugsgröße angepasst.

(2) *(aufgehoben)*

(3) *(aufgehoben)*

(4) *(aufgehoben)*

(5) Bestand am 31. Dezember 1991 Anspruch auf eine nach den Vorschriften des Beitrittsgebiets berechnete Rente und ist diese Rente nicht nach den Vorschriften dieses Buches neu zu berechnen, werden als Entgeltpunkte im Sinne des § 96a Absatz 1c die nach § 307a ermittelten durchschnittlichen Entgeltpunkte zugrunde gelegt.

(6) Für Versicherte, die am 31. Dezember 1991 Anspruch auf eine nach den Vorschriften des Beitrittsgebiets berechnete Invalidenrente oder Bergmannsinvalidenrente hatten und die die persönlichen Voraussetzungen für den Bezug von Blindengeld oder Sonderpflegegeld nach den am 31. Dezember 1991 geltenden Vorschriften des Beitrittsgebiets erfüllen, gilt für diese Rente eine Hinzuverdienstgrenze nicht.

(7) *(aufgehoben)*

(8) Besteht Anspruch auf eine Rente wegen verminderter Erwerbsfähigkeit und eine Aufwandsentschädigung für kommunale Ehrenbeamte, für ehrenamtlich in kommunalen Vertretungskörperschaften Tätige oder für Mitglieder der Selbstverwaltungsorgane, Versichertenälteste oder Vertrauenspersonen der Sozialversicherungsträger, gilt die Aufwandsentschädigung bis zum 30. September 2020 weiterhin nicht als Hinzuverdienst, soweit kein konkreter Verdienstausfall ersetzt wird.

§ 313a *(aufgehoben)*

§ 314 Einkommensanrechnung auf Renten wegen Todes.

(1) Ist der Versicherte vor dem 1. Januar 1986 gestorben oder haben die Ehegatten bis zum 31. Dezember 1988 eine wirksame Erklärung über die weitere Anwendung des bis zum 31. Dezember 1985 geltenden Hinterbliebenenrentenrechts abgegeben, werden auf eine Witwenrente oder Witwerrente die Vorschriften über die Einkommensanrechnung auf Renten wegen Todes nicht angewendet.

(2) ¹ Ist der Versicherte vor dem 1. Januar 1986 gestorben und ist eine erneute Ehe der Witwe oder des Witwers aufgelöst oder für nichtig erklärt worden, werden auf eine Witwenrente oder Witwerrente nach dem vorletzten Ehegatten die Vorschriften über die Einkommensanrechnung auf Renten wegen Todes nicht angewendet. ² Besteht für denselben Zeitraum Anspruch auf

Witwenrente oder Witwerrente oder auf eine solche Rente aus der Unfallversicherung, werden diese Ansprüche in der Höhe berücksichtigt, die sich nach Anwendung der Vorschriften über die Einkommensanrechnung auf Renten wegen Todes ergibt.

(3) ¹Auf eine Witwenrente oder Witwerrente nach dem vorletzten Ehegatten, bei der Einkommen nach § 114 Absatz 1 des Vierten Buches[1)] zu berücksichtigen ist, ist eine Witwenrente oder Witwerrente nach dem letzten Ehegatten in der Höhe anzurechnen, die sich nach Anwendung der Vorschriften über die Einkommensanrechnung auf Renten wegen Todes ergibt. ²§ 97 Absatz 3 Satz 1 und 3 findet in diesen Fällen keine Anwendung.

§ 314a Einkommensanrechnung auf Renten wegen Todes aus dem Beitrittsgebiet.

(1) Bestand am 31. Dezember 1991 Anspruch auf Witwenrente oder Witwerrente aufgrund des im Beitrittsgebiet geltenden Rechts oder bestand ein solcher Anspruch nur deshalb nicht, weil die im Beitrittsgebiet geltenden besonderen Voraussetzungen nicht erfüllt waren, werden vom 1. Januar 1992 an auf die Witwenrente oder Witwerrente die Vorschriften über die Einkommensanrechnung auf Renten wegen Todes angewendet.

(2) Hatte der Versicherte oder die Witwe oder der Witwer am 18. Mai 1990 den gewöhnlichen Aufenthalt im Beitrittsgebiet, ist § 314 Absatz 1 und 2 nicht anzuwenden.

§ 314b *(aufgehoben)*

Sechster Unterabschnitt. Zusatzleistungen

§ 315 Zuschuss zur Krankenversicherung.

(1) Bestand am 31. Dezember 1991 Anspruch auf einen Zuschuss zu den Aufwendungen für die Krankenversicherung und war der Berechtigte bereits zu diesem Zeitpunkt nicht in der gesetzlichen Krankenversicherung oder bei einem der deutschen Aufsicht unterliegenden Krankenversicherungsunternehmen versichert, wird dieser Zuschuss in der bisherigen Höhe zu der Rente und einer sich unmittelbar daran anschließenden Rente desselben Berechtigten weitergeleitet.

(2) Besteht am 1. Januar 1992 Anspruch auf einen Zuschuss zu den Aufwendungen für die Krankenversicherung, der nicht nur nach Anwendung der Vorschriften eines Rentenanpassungsgesetzes für Dezember 1991 höher als der Beitragsanteil war, den der Träger der Rentenversicherung als Krankenversicherungsbeitrag für pflichtversicherte Rentenbezieher zu tragen hat, wird der Zuschuss zu der Rente und einer sich unmittelbar daran anschließenden Rente desselben Berechtigten mindestens in der bisherigen Höhe, höchstens in Höhe der Hälfte der tatsächlichen Aufwendungen für die Krankenversicherung, weitergeleitet.

(3) ¹Bestand am 31. Dezember 1991 nach einem Rentenanpassungsgesetz Anspruch auf einen Auffüllbetrag, der als Zuschuss zu den Aufwendungen für die Krankenversicherung gilt, wird dieser in der bisherigen Höhe weitergeleistet. ²Rentenerhöhungen, die sich aufgrund von Rentenanpassungen nach dem 31. Dezember 1991 ergeben, werden hierauf angerechnet.

[1)] Nr. 4.

(4) Bestand am 30. April 2007 Anspruch auf einen Zuschuss zu den Aufwendungen für die Krankenversicherung und war der Berechtigte bereits zu diesem Zeitpunkt in einer ausländischen gesetzlichen Krankenversicherung pflichtversichert, wird dieser Zuschuss zu der Rente und einer sich unmittelbar daran anschließenden Rente desselben Berechtigten weitergeleistet.

§ 315a Auffüllbetrag. [1] Ist der für den Berechtigten nach Anwendung des § 307a ermittelte Monatsbetrag der Rente für Dezember 1991 niedriger als der für denselben Monat ausgezahlte und nach dem am 31. Dezember 1991 geltenden Recht oder nach § 302a Abs. 3 weiterhin zustehende Rentenbetrag einschließlich des Ehegattenzuschlags, wird ein Auffüllbetrag in Höhe der Differenz geleistet. [2] Bei dem Vergleich werden die für Dezember 1991 nach den Vorschriften des Beitrittsgebiets geleisteten Rentenbeträge zuvor um 6,84 vom Hundert erhöht; Zusatzrenten nach § 307a Abs. 9 Nr. 1, Zusatzrenten nach der Verordnung über die freiwillige und zusätzliche Versicherung in der Sozialversicherung vom 28. Januar 1947 und Zusatzrenten nach der Verordnung über die freiwillige Versicherung auf Zusatzrente bei der Sozialversicherung vom 15. März 1968 bleiben außer Betracht. [3] Bei der Ermittlung der für Dezember 1991 nach den Vorschriften des Beitrittsgebiets geleisteten Rentenbeträge ist das Rentenangleichungsgesetz vom 28. Juni 1990 (GBl. I Nr. 38 S. 495) mit der Maßgabe anzuwenden, dass eine vor Angleichung höhere Rente so lange geleistet wird, bis die anzugleichende Rente den bisherigen Betrag übersteigt. [4] Der Auffüllbetrag wird vom 1. Januar 1996 an bei jeder Rentenanpassung um ein Fünftel des Auffüllbetrags, mindestens aber um 20 Deutsche Mark vermindert; durch die Verminderung darf der bisherige Zahlbetrag der Rente nicht unterschritten werden. [5] Ein danach noch verbleibender Auffüllbetrag wird bei den folgenden Rentenanpassungen im Umfang dieser Rentenanpassungen abgeschmolzen.

§ 315b Renten aus freiwilligen Beiträgen des Beitrittsgebiets. Bestand am 31. Dezember 1991 Anspruch auf eine

1. Rente nach der Verordnung über die Neuregelung der freiwilligen Versicherungen in der Sozialversicherung vom 25. Juni 1953 (GBl. Nr. 80 S. 823),
2. Zusatzrente nach der Verordnung über die freiwillige und zusätzliche Versicherung in der Sozialversicherung vom 28. Januar 1947,
3. Zusatzrente nach der Verordnung über die freiwillige Versicherung auf Zusatzrente bei der Sozialversicherung vom 15. März 1968,

wird diese in Höhe des um 6,84 vom Hundert erhöhten bisherigen Betrages weitergeleistet.

§ 316 *(aufgehoben)*

Siebter Unterabschnitt. Leistungen an Berechtigte im Ausland

§ 317 Grundsatz. (1) [1] Bestand Anspruch auf Leistung einer Rente vor dem Zeitpunkt, von dem an geänderte Vorschriften über Leistungen an Berechtigte im Ausland gelten, wird die Rente allein aus Anlass der Rechtsänderung nicht neu berechnet. [2] Dies gilt nicht, wenn dem Berechtigten die Rente aus Beitragszeiten im Beitrittsgebiet nicht oder nicht in vollem Umfang gezahlt werden konnte. ³Die Rente ist mindestens aus den bisherigen persönlichen Entgeltpunkten weiterzuleisten.

(2) Eine Rente an einen Hinterbliebenen ist mindestens aus den persönlichen Entgeltpunkten des verstorbenen Versicherten zu leisten, aus denen seine Rente geleistet worden ist, wenn er am 31. Dezember 1991 Anspruch auf Leistung einer Rente ins Ausland hatte und diese Rente bis zu seinem Tode bezogen hat.

(2a) ¹Bestand am 31. Dezember 1991 Anspruch auf eine Rente und ist diese Rente aufgrund einer nach dem 31. Dezember 1991 eingetretenen Änderung in den Verhältnissen, die für die Anwendung der Vorschriften über Leistungen an Berechtigte im Ausland von Bedeutung sind, neu festzustellen, ist bei der Neufeststellung das am 1. Januar 1992 geltende Recht anzuwenden. ²Hierbei sind für Berechtigte mindestens die nach § 307 ermittelten persönlichen Entgeltpunkte in dem in § 114 Abs.1 Satz 2 genannten Verhältnis zugrunde zu legen.

(3) Bestand am 31. Dezember 1991 Anspruch auf eine Rente, bei der der Anspruch oder die Höhe von der Minderung der Erwerbsfähigkeit abhängig war, und wurde hierbei die jeweilige Arbeitsmarktlage berücksichtigt oder hätte sie berücksichtigt werden können, gilt dies auch weiterhin.

(4) Berechtigte erhalten eine Rente wegen Berufsunfähigkeit nur, wenn sie auf diese Rente bereits für die Zeit, in der sie ihren gewöhnlichen Aufenthalt noch im Inland gehabt haben, einen Anspruch hatten.

§ 317a Neufeststellung. (1) ¹Eine nach den Vorschriften dieses Buches berechnete Rente, in der die persönlichen Entgeltpunkte zu 70 vom Hundert berücksichtigt wurden, wird ab dem 1. Oktober 2013 neu festgestellt. ²Bei der Neufeststellung sind die §§ 113, 114 und 272 in der am 1. Oktober 2013 geltenden Fassung anzuwenden.

(2) ¹Bestand am 31. Dezember 1991 Anspruch auf eine Rente, in der der Rentenbetrag zu 70 vom Hundert berücksichtigt wurde, wird diese auf Antrag ab 1. Oktober 2013 neu festgestellt. ²Bei der Neufeststellung sind das am 1. Januar 1992 geltende Recht und die §§ 113, 114 und 272 in der am 1. Oktober 2013 geltenden Fassung anzuwenden.

§ 318 *(aufgehoben)*

§ 319 Zusatzleistungen. (1) Bestand am 31. Dezember 1991 bei gewöhnlichem Aufenthalt im Ausland Anspruch auf einen Zuschuss zu den Aufwendungen für die Krankenversicherung, wird dieser Zuschuss in der bisherigen Höhe zu der Rente und einer sich unmittelbar daran anschließenden Rente desselben Berechtigten weitergeleitet.

(2) Berechtigte erhalten für ein Kind einen Kinderzuschuss zu einer Rente nur, wenn sie bei gewöhnlichem Aufenthalt im Ausland hierauf am 31. Dezember 1991 einen Anspruch hatten.

Achter Unterabschnitt. Zusatzleistungen bei gleichzeitigem Anspruch auf Renten nach dem Übergangsrecht für Renten nach den Vorschriften des Beitrittsgebiets

§ 319a Rentenzuschlag bei Rentenbeginn in den Jahren 1992 und 1993. [1] Ist der für den Berechtigten nach Anwendung der Vorschriften dieses Buches ermittelte Monatsbetrag der Rente bei Rentenbeginn in der Zeit vom 1. Januar 1992 bis 31. Dezember 1993 niedriger als der für den Monat des Rentenbeginns nach dem Übergangsrecht für Renten nach den Vorschriften des Beitrittsgebiets einschließlich der darin enthaltenen Vorschriften über das Zusammentreffen von Renten ermittelte Betrag, wird ein Rentenzuschlag in Höhe der Differenz geleistet, solange die rentenrechtlichen Voraussetzungen dafür vorliegen. [2] Der Rentenzuschlag wird vom 1. Januar 1996 an bei jeder Rentenanpassung um ein Fünftel des Rentenzuschlags, mindestens aber um 20 Deutsche Mark vermindert; durch die Verminderung darf der bisherige Zahlbetrag der Rente nicht unterschritten werden. [3] Ein danach noch verbleibender Rentenzuschlag wird bei den folgenden Rentenanpassungen im Umfang dieser Rentenanpassungen abgeschmolzen.

Neunter Unterabschnitt. Leistungen bei gleichzeitigem Anspruch auf Renten nach dem Übergangsrecht für Renten nach den Vorschriften des Beitrittsgebiets

§ 319b Übergangszuschlag. [1] Besteht für denselben Zeitraum Anspruch auf Leistungen nach den Vorschriften dieses Buches und auf solche nach dem Übergangsrecht für Renten nach den Vorschriften des Beitrittsgebiets, werden die Leistungen nach den Vorschriften dieses Buches erbracht. [2] Ist nach Anwendung der jeweiligen Vorschriften über das Zusammentreffen von Renten und Einkommen die Gesamtleistung nach dem Übergangsrecht für Renten nach den Vorschriften des Beitrittsgebiets höher als die Gesamtleistung nach den Vorschriften dieses Buches, wird zusätzlich zu den Leistungen nach den Vorschriften dieses Buches ein Übergangszuschlag geleistet. [3] Bestand am 31. Dezember 1991 Anspruch auf eine Rente nach den Vorschriften des Beitrittsgebiets und liegen die rentenrechtlichen Voraussetzungen danach noch vor, wird für die Feststellung der Gesamtleistung nach dem Übergangsrecht für Renten nach den Vorschriften des Beitrittsgebiets die am 31. Dezember 1991 gezahlte und um 6,84 vom Hundert erhöhte Rente berücksichtigt. [4] Der Übergangszuschlag wird in Höhe der Differenz zwischen der Gesamtleistung nach dem Übergangsrecht für Renten nach den Vorschriften des Beitrittsgebiets und der Gesamtleistung nach den Vorschriften dieses Buches gezahlt.

Zehnter Unterabschnitt. *(aufgehoben)*

§ 319c *(aufgehoben)*

Sechstes Kapitel. Bußgeldvorschriften

§ 320 Bußgeldvorschriften. (1) Ordnungswidrig handelt, wer vorsätzlich oder leichtfertig

6. Kapitel. Bußgeldvorschriften **§ 321 SGB VI 6**

1. entgegen *[bis 31.3.2018:* § 190a Abs. 1 Satz 1*] [ab 1.4.2018:* § 190a Abs. 1 Satz 1 oder 2*]* eine Meldung nicht, nicht richtig oder nicht rechtzeitig erstattet,
2. entgegen § 196 Abs. 1 Satz 1 eine Auskunft oder eine Änderung nicht, nicht richtig, nicht vollständig oder nicht rechtzeitig erteilt oder mitteilt oder
3. entgegen § 196 Abs. 1 Satz 2 die erforderlichen Unterlagen nicht, nicht vollständig oder nicht rechtzeitig vorlegt.

(2) Die Ordnungswidrigkeit kann mit einer Geldbuße bis zu zweitausendfünfhundert Euro geahndet werden.

§ 321 Zusammenarbeit zur Verfolgung und Ahndung von Ordnungswidrigkeiten. [1] Zur Verfolgung und Ahndung von Ordnungswidrigkeiten arbeiten die Rentenversicherungsträger im Rahmen der Prüfung bei den Arbeitgebern nach § 28p des Vierten Buches[1)] insbesondere mit der Bundesagentur für Arbeit, den Krankenkassen, den Behörden der Zollverwaltung, den in § 71 des Aufenthaltsgesetzes genannten Behörden, den Finanzbehörden, den nach Landesrecht für die Verfolgung und Ahndung von Ordnungswidrigkeiten nach dem Schwarzarbeitsbekämpfungsgesetz zuständigen Behörden, den Trägern der Sozialhilfe, den Unfallversicherungsträgern und den für den Arbeitsschutz zuständigen Landesbehörden zusammen, wenn sich im Einzelfall konkrete Anhaltspunkte für

1. Verstöße gegen das Schwarzarbeitsbekämpfungsgesetz,
2. eine Beschäftigung oder Tätigkeit von Ausländern ohne den erforderlichen Aufenthaltstitel nach § 4 Abs. 3 des Aufenthaltsgesetzes, eine Aufenthaltsgestattung oder eine Duldung, die zur Ausübung der Beschäftigung berechtigen, oder eine Genehmigung nach § 284 des Dritten Buches[2)],
3. Verstöße gegen die Mitwirkungspflicht nach § 60 Abs. 1 Satz 1 Nr. 2 des Ersten Buches[3)] gegenüber einer Dienststelle der Bundesagentur für Arbeit, einem Träger der gesetzlichen Kranken-, Pflege- oder Unfallversicherung oder einem Träger der Sozialhilfe oder gegen die Meldepflicht nach § 8a des Asylbewerberleistungsgesetzes,
4. Verstöße gegen das Arbeitnehmerüberlassungsgesetz,
5. Verstöße gegen die Bestimmungen des Vierten, Fünften[4)] und Siebten Buches[5)] sowie dieses Buches über die Verpflichtung zur Zahlung von Sozialversicherungsbeiträgen, soweit sie im Zusammenhang mit den in den Nummern 1 bis 4 genannten Verstößen stehen,
6. Verstöße gegen die Steuergesetze,
7. Verstöße gegen das Aufenthaltsgesetz

ergeben. [2] Sie unterrichten die für die Verfolgung und Ahndung zuständigen Behörden, die Träger der Sozialhilfe sowie die Behörden nach § 71 des Aufenthaltsgesetzes. [3] Die Unterrichtung kann auch Angaben über die Tatsachen enthalten, die für die Abgabe der Meldungen des Arbeitgebers und die Einziehung der Beiträge zur Sozialversicherung erforderlich sind.

[1)] Nr. 4.
[2)] Nr. 3.
[3)] Nr. 1.
[4)] Nr. 5.
[5)] Nr. 7.

Anlage 1

Durchschnittsentgelt in Euro/DM/RM

Jahr	Durchschnittsentgelt
1891	700
92	700
93	709
94	714
95	714
96	728
97	741
98	755
99	773
1900	796
01	814
02	841
03	855
04	887
05	910
06	946
07	987
08	1 019
09	1 046
1910	1 078
11	1 119
12	1 164
13	1 182
14	1 219
15	1 178
16	1 233
17	1 446
18	1 706
19	2 010
1920	3 729
21	9 974
24	1 233
25	1 469
26	1 642
27	1 742
28	1 983
29	2 110
1930	2 074
31	1 924
32	1 651
33	1 583
34	1 605
35	1 692
36	1 783
37	1 856
38	1 947

Anl. 1 SGB VI 6

Jahr	Durchschnittsentgelt
39	2 092
1940	2 156
41	2 297
42	2 310
43	2 324
44	2 292
45	1 778
46	1 778
47	1 833
48	2 219
49	2 838
1950	3 161
51	3 579
52	3 852
53	4 061
54	4 234
55	4 548
56	4 844
57	5 043
58	5 330
59	5 602
1960	6 101
61	6 723
62	7 328
63	7 775
64	8 467
65	9 229
66	9 893
67	10 219
68	10 842
69	11 839
1970	13 343
71	14 931
72	16 335
73	18 295
74	20 381
75	21 808
76	23 335
77	24 945
78	26 242
79	27 685
1980	29 485
81	30 900
82	32 198
83	33 293
84	34 292
85	35 286
86	36 627
87	37 726
88	38 896
89	40 063

6 SGB VI Anl. 1

Jahr	Durchschnittsentgelt	
1990	41 946	
91	44 421	43 917*)
92	46 820	45 889*)
93	48 178	49 663*)
94	49 142	51 877*)
95	50 665	50 972*)
96	51 678	51 108*)
97	52 143	53 806*)
98	52 925	53 745*)
99	53 507	53 082*)
2000	54 256	54 513*)
01	55 216	54 684*)
02	28 626	28 518*)
03	28 938	29 230*)
04	29 060	29 428*)
05	29 202	29 569*)
06	29 494	29 304*)
07	29 951	29 488*)
08	30 625	30 084*)
09	30 506	30 879*)
10	31 144	32 003*)
11	32 100	30 268*)
12	33 002	32 446*)
13	33 659	34 071*)
14	34 514	34 857*)
15	35 363	34 999*)
16	36 187	36 267*)
17	...	37 103*)
18	...	37 873*)

*) **Amtl. Anm.:** vorläufiges Durchschnittsentgelt i.S. des § 69 Abs. 2 Nr. 2.

Anlage 2

Jährliche Beitragsbemessungsgrenzen in Euro/DM/RM

Zeitraum	Allgemeine Rentenversicherung		Knappschaftliche Rentenversicherung
	Arbeiter	Angestellten	
1. 1. 1924–31. 12. 1924	1 056	4 080	
1. 1. 1925–30. 4. 1925	1 380	4 080	
1. 5. 1925–31. 12. 1925	1 380	6 000	
1. 1. 1926–31. 12. 1926	1 908	6 000	
1. 1. 1927–31. 12. 1927	2 016	6 000	
1. 1. 1928–31. 8. 1928	2 748	6 000	
1. 9. 1928–31. 12. 1928	2 748	8 400	
1. 1. 1929–31. 12. 1929	2 928	8 400	
1. 1. 1930–31. 12. 1930	2 880	8 400	
1. 1. 1931–31. 12. 1931	2 676	8 400	
1. 1. 1932–31. 12. 1932	2 292	8 400	
1. 1. 1933–31. 12. 1933	2 196	8 400	
1. 1. 1934–31. 12. 1934	2 004	7 200	
1. 1. 1935–31. 12. 1935	2 112	7 200	
1. 1. 1936–31. 12. 1936	2 220	7 200	
1. 1. 1937–31. 12. 1937	2 316	7 200	
1. 1. 1938–31. 12. 1938	2 700	7 200	
1. 1. 1939–31. 12. 1939	3 000	7 200	
1. 1. 1940–31. 12. 1940	3 096	7 200	
1. 1. 1941–31. 12. 1941	3 300	7 200	
1. 1. 1942–30. 6. 1942	3 312	7 200	
1. 7. 1942–31. 12. 1942	3 600	7 200	
1. 1. 1943–28. 2. 1947	3 600	7 200	4 800
1. 3. 1947–31. 5. 1949	3 600	7 200	7 200
1. 6. 1949–31. 8. 1952	7 200		8 400
1. 9. 1952–31. 12. 1958	9 000		12 000
1. 1. 1959–31. 12. 1959	9 600		12 000
1. 1. 1960–31. 12. 1960	10 200		12 000
1. 1. 1961–31. 12. 1961	10 800		13 200
1. 1. 1962–31. 12. 1962	11 400		13 200
1. 1. 1963–31. 12. 1963	12 000		14 400
1. 1. 1964–31. 12. 1964	13 200		16 800
1. 1. 1965–31. 12. 1965	14 400		18 000
1. 1. 1966–31. 12. 1966	15 600		19 200
1. 1. 1967–31. 12. 1967	16 800		20 400
1. 1. 1968–31. 12. 1968	19 200		22 800
1. 1. 1969–31. 12. 1969	20 400		24 000
1. 1. 1970–31. 12. 1970	21 600		25 200
1. 1. 1971–31. 12. 1971	22 800		27 600
1. 1. 1972–31. 12. 1972	25 200		30 000
1. 1. 1973–31. 12. 1973	27 600		33 600
1. 1. 1974–31. 12. 1974	30 000		37 200
1. 1. 1975–31. 12. 1975	33 600		40 800
1. 1. 1976–31. 12. 1976	37 200		45 600
1. 1. 1977–31. 12. 1977	40 800		50 400

6 SGB VI Anl. 2

6. Buch. Gesetzl. Rentenversicherung

Zeitraum	Allgemeine Renten-versicherung		Knappschaftli-che Renten-versicherung
	Arbeiter	Angestellten	
1. 1. 1978–31. 12. 1978	44 400		55 200
1. 1. 1979–31. 12. 1979	48 000		57 600
1. 1. 1980–31. 12. 1980	50 400		61 200
1. 1. 1981–31. 12. 1981	52 800		64 800
1. 1. 1982–31. 12. 1982	56 400		69 600
1. 1. 1983–31. 12. 1983	60 000		73 200
1. 1. 1984–31. 12. 1984	62 400		76 800
1. 1. 1985–31. 12. 1985	64 800		80 400
1. 1. 1986–31. 12. 1986	67 200		82 800
1. 1. 1987–31. 12. 1987	68 400		85 200
1. 1. 1988–31. 12. 1988	72 000		87 600
1. 1. 1989–31. 12. 1989	73 200		90 000
1. 1. 1990–31. 12. 1990	75 600		93 600
1. 1. 1991–31. 12. 1991	78 000		96 000
1. 1. 1992–31. 12. 1992	81 600		100 800
1. 1. 1993–31. 12. 1993	86 400		106 800
1. 1. 1994–31. 12. 1994	91 200		112 800
1. 1. 1995–31. 12. 1995	93 600		115 200
1. 1. 1996–31. 12. 1996	96 000		117 600
1. 1. 1997–31. 12. 1997	98 400		121 200
1. 1. 1998–31. 12. 1998	100 800		123 600
1. 1. 1999–31. 12. 1999	102 000		124 800
1. 1. 2000–31. 12. 2000	103 200		127 200
1. 1. 2001–31. 12. 2001	104 400		128 400
1. 1. 2002–31. 12. 2002	54 000		66 600
1. 1. 2003–31. 12. 2003	61 200		75 000
1. 1. 2004–31. 12. 2004	61 800		76 200
1. 1. 2005–31. 12. 2005	62 400		76 800
1. 1. 2006–31. 12. 2006	63 000		77 400
1. 1. 2007–31. 12. 2007	63 000		77 400
1. 1. 2008–31. 12. 2008	63 600		78 600
1. 1. 2009–31. 12. 2009	64 800		79 800
1. 1. 2010–31. 12. 2010	66 000		81 600
1. 1. 2011–31. 12. 2011	66 000		81 000
1. 1. 2012–31. 12. 2012	67 200		82 800
1. 1. 2013–31. 12. 2013	69 600		85 200
1. 1. 2014–31. 12. 2014	71 400		87 600
1. 1. 2015–31. 12. 2015	72 600		89 400
1. 1. 2016–31. 12. 2016	74 400		91 800
1. 1. 2017–31. 12. 2017	76 200		94 200
1. 1. 2018–31. 12. 2018	78 000		96 000

Anlage 2a

Jährliche Beitragsbemessungsgrenzen des Beitrittsgebiets in Euro/DM

Zeitraum	Allgemeine Rentenversicherung	Knappschaftliche Rentenversicherung
1. 7. 1990–31. 12. 1990	32 400	32 400
1. 1. 1991–30. 6. 1991	36 000	36 000
1. 7. 1991–31. 12. 1991	40 800	40 800
1. 1. 1992–31. 12. 1992	57 600	70 800
1. 1. 1993–31. 12. 1993	63 600	78 000
1. 1. 1994–31. 12. 1994	70 800	87 600
1. 1. 1995–31. 12. 1995	76 800	93 600
1. 1. 1996–31. 12. 1996	81 600	100 800
1. 1. 1997–31. 12. 1997	85 200	104 400
1. 1. 1998–31. 12. 1998	84 000	103 200
1. 1. 1999–31. 12. 1999	86 400	105 600
1. 1. 2000–31. 12. 2000	85 200	104 400
1. 1. 2001–31. 12. 2001	87 600	108 000
1. 1. 2002–31. 12. 2002	45 000	55 800
1. 1. 2003–31. 12. 2003	51 000	63 000
1. 1. 2004–31. 12. 2004	52 200	64 200
1. 1. 2005–31. 12. 2005	52 800	64 800
1. 1. 2006–31. 12. 2006	52 800	64 800
1. 1. 2007–31. 12. 2007	54 600	66 600
1. 1. 2008–31. 12. 2008	54 000	66 600
1. 1. 2009–31. 12. 2009	54 600	67 200
1. 1. 2010–31. 12. 2010	55 800	68 400
1. 1. 2011–31. 12. 2011	57 600	70 800
1. 1. 2012–31. 12. 2012	57 600	70 800
1. 1. 2013–31. 12. 2013	58 800	72 600
1. 1. 2014–31. 12. 2014	60 000	73 800
1. 1. 2015–31. 12. 2015	62 400	76 200
1. 1. 2016–31. 12. 2016	64 800	79 800
1. 1. 2017–31. 12. 2017	68 400	84 000
1. 1. 2018–31. 12. 2018	69 600	85 800

Anlage 2b

Jährliche Höchstwerte an Entgeltpunkten

Zeitraum	Allgemeine Rentenversicherung		Knappschaftliche Rentenversicherung
	Arbeiter	Angestellten	
1. 1. 1935–31. 12. 1935	1,2482	4,2553	
1. 1. 1936–31. 12. 1936	1,2451	4,0381	
1. 1. 1937–31. 12. 1937	1,2478	3,8793	
1. 1. 1938–31. 12. 1938	1,3867	3,6980	
1. 1. 1939–31. 12. 1939	1,4340	3,4417	
1. 1. 1940–31. 12. 1940	1,4360	3,3395	
1. 1. 1941–31. 12. 1941	1,4367	3,1345	
1. 1. 1942–30. 6. 1942	1,4338	3,1169	
1. 7. 1942–31. 12. 1942	1,5584	3,1169	
1. 1. 1943–31. 12. 1943	1,5491	3,0981	2,0654
1. 1. 1944–31. 12. 1944	1,5707	3,1414	2,0942
1. 1. 1945–31. 12. 1945	2,0247	4,0495	2,6997
1. 1. 1946–31. 12. 1946	2,0247	4,0495	2,6997
1. 1. 1947–28. 2. 1947	1,9640	3,9280	2,6187
1. 3. 1947–31. 12. 1947	1,9640	3,9280	3,9280
1. 1. 1948–31. 12. 1948	1,6224	3,2447	3,2447
1. 1. 1949–31. 5. 1949	1,2685	2,5370	2,5370
1. 6. 1949–31. 12. 1949	2,5370		2,9598
1. 1. 1950–31. 12. 1950	2,2778		2,6574
1. 1. 1951–31. 12. 1951	2,0117		2,3470
1. 1. 1952–31. 8. 1952	1,8692		2,1807
1. 9. 1952–31. 12. 1952	2,3364		3,1153
1. 1. 1953–31. 12. 1953	2,2162		2,9549
1. 1. 1954–31. 12. 1954	2,1256		2,8342
1. 1. 1955–31. 12. 1955	1,9789		2,6385
1. 1. 1956–31. 12. 1956	1,8580		2,4773
1. 1. 1957–31. 12. 1957	1,7847		2,3795
1. 1. 1958–31. 12. 1958	1,6886		2,2514
1. 1. 1959–31. 12. 1959	1,7137		2,1421
1. 1. 1960–31. 12. 1960	1,6719		1,9669
1. 1. 1961–31. 12. 1961	1,6064		1,9634
1. 1. 1962–31. 12. 1962	1,5557		1,8013
1. 1. 1963–31. 12. 1963	1,5434		1,8521
1. 1. 1964–31. 12. 1964	1,5590		1,9842
1. 1. 1965–31. 12. 1965	1,5603		1,9504
1. 1. 1966–31. 12. 1966	1,5769		1,9408
1. 1. 1967–31. 12. 1967	1,6440		1,9963
1. 1. 1968–31. 12. 1968	1,7709		2,1029
1. 1. 1969–31. 12. 1969	1,7231		2,0272
1. 1. 1970–31. 12. 1970	1,6188		1,8886
1. 1. 1971–31. 12. 1971	1,5270		1,8485
1. 1. 1972–31. 12. 1972	1,5427		1,8365
1. 1. 1973–31. 12. 1973	1,5086		1,8366
1. 1. 1974–31. 12. 1974	1,4720		1,8252
1. 1. 1975–31. 12. 1975	1,5407		1,8709
1. 1. 1976–31. 12. 1976	1,5942		1,9541

Anl. 2b   Anl. 2b   SGB VI   6

Zeitraum	Allgemeine Rentenversicherung		Knappschaftliche Rentenversicherung
	Arbeiter	Angestellten	
1. 1. 1977-31. 12. 1977	1,6356		2,0204
1. 1. 1978-31. 12. 1978	1,6919		2,1035
1. 1. 1979-31. 12. 1979	1,7338		2,0805
1. 1. 1980-31. 12. 1980	1,7093		2,0756
1. 1. 1981-31. 12. 1981	1,7087		2,0971
1. 1. 1982-31. 12. 1982	1,7517		2,1616
1. 1. 1983-31. 12. 1983	1,8022		2,1987
1. 1. 1984-31. 12. 1984	1,8197		2,2396
1. 1. 1985-31. 12. 1985	1,8364		2,2785
1. 1. 1986-31. 12. 1986	1,8347		2,2606
1. 1. 1987-31. 12. 1987	1,8131		2,2584
1. 1. 1988-31. 12. 1988	1,8511		2,2522
1. 1. 1989-31. 12. 1989	1,8271		2,2465
1. 1. 1990-31. 12. 1990	1,8023		2,2314

Jährliche Höchstwerte an Entgeltpunkten

Zeitraum	Allgemeine Rentenversicherung		Knappschaftliche Rentenversicherung	
	endgültige	vorläufige	endgültige	vorläufige
1. 1. 1991-31. 12. 1991	1,7559	1,7761	2,1611	2,1859
1. 1. 1992-31. 12. 1992	1,7428	1,7782	2,1529	2,1966
1. 1. 1993-31. 12. 1993	1,7933	1,7397	2,2168	2,1505
1. 1. 1994-31. 12. 1994	1,8558	1,7580	2,2954	2,1744
1. 1. 1995-31. 12. 1995	1,8474	1,8363	2,2738	2,2601
1. 1. 1996-31. 12. 1996	1,8577	1,8784	2,2756	2,3010
1. 1. 1997-31. 12. 1997	1,8871	1,8288	2,3244	2,2525
1. 1. 1998-31. 12. 1998	1,9046	1,8755	2,3354	2,2997
1. 1. 1999-31. 12. 1999	1,9063	1,9216	2,3324	2,3511
1. 1. 2000-31. 12. 2000	1,9021	1,8931	2,3444	2,3334
1. 1. 2001-31. 12. 2001		1,9092		2,3480
1. 1. 2002-31. 12. 2002		1,8935		2,3354

Anlage 3

Entgeltpunkte für Beiträge nach Lohn-, Beitrags- oder Gehaltsklassen

1. Rentenversicherung der Arbeiter

Zeitraum	Lohn- oder Beitragsklassen (Wochenbeiträge)											
	I (1)	II (2)	III (3)	IV (4)	V (5)	VI (6)	VII	VIII	IX	X	XI	XII
1. 1. 1891–31. 12. 1899	0,0071	0,0118	0,0178	0,0305	0,0306							
1. 1. 1900–31. 12. 1906	0,0061	0,0099	0,0152	0,0220	0,0263							
1. 1. 1907–30. 9. 1921	0,0044	0,0070	0,0108	0,0155	0,0164	0,0223						
1. 1. 1924–31. 12. 1933	0,0029	0,0055	0,0089	0,0122	0,0138	0,0169	0,0267					
1. 1. 1934–27. 6. 1942	0,0026	0,0045	0,0076	0,0108	0,0128	0,0157	0,0200	0,0240	0,0276	0,0271		
28. 6. 1942–29. 5. 1949	0,0024	0,0043	0,0071	0,0100	0,0128	0,0157	0,0185	0,0214	0,0244	0,0292		
30. 5. 1949–31. 12. 1954	0,0014	0,0024	0,0041	0,0057	0,0082	0,0114	0,0163	0,0228	0,0294	0,0359	0,0424	0,0534
1. 1. 1955–31. 12. 1955	0,0011	0,0020	0,0033	0,0046	0,0066	0,0092	0,0132	0,0185	0,0237	0,0290	0,0343	
1. 1. 1956–31. 12. 1956	0,0010	0,0019	0,0031	0,0043	0,0062	0,0087	0,0124	0,0173	0,0223	0,0273	0,0322	
1. 1. 1957–28. 2. 1957	0,0010	0,0018	0,0030	0,0042	0,0059	0,0083	0,0119	0,0167	0,0214	0,0262	0,0309	

2. Rentenversicherung der Angestellten

Zeitraum	Gehalts- oder Beitragsklassen (Monatsbeiträge)											
	I (A)	II (B)	III (C)	IV (D)	V (E)	VI (F)	VII (G)	VIII (H)	IX (J)	X (K)	XI	XII
1. 1. 1913–31. 7. 1921	0,0254	0,0443	0,0632	0,0824	0,1085	0,1400	0,1714	0,2159	0,2824	0,4513		
1. 1. 1924–31. 12. 1933	0,0151	0,0421	0,0835	0,1380	0,1975	0,2441	0,2996	0,3575	0,3982	0,4357		
1. 1. 1934–30. 6. 1942	0,0136	0,0389	0,0761	0,1265	0,1776	0,2291	0,2816	0,3332	0,3844	0,4037		
1. 7. 1942–31. 5. 1949	0,0119	0,0360	0,0716	0,1188	0,1663	0,2143	0,2617	0,3087	0,3562	0,4037		
1. 6. 1949–31. 12. 1954	0,0034	0,0102	0,0170	0,0238	0,0340	0,0476	0,0679	0,0951	0,1223	0,1509	0,1809	0,2223
1. 1. 1955–31. 12. 1955	0,0027	0,0082	0,0137	0,0192	0,0275	0,0385	0,0550	0,0770	0,0989	0,1237	0,1512	
1. 1. 1956–31. 12. 1956	0,0026	0,0077	0,0129	0,0181	0,0258	0,0361	0,0516	0,0723	0,0929	0,1161	0,1419	
1. 1. 1957–28. 2. 1957	0,0025	0,0074	0,0124	0,0174	0,0248	0,0347	0,0496	0,0694	0,0892	0,1115	0,1363	

3. Knappschaftliche Rentenversicherung

Arbeiter

Zeitraum	Beitragsklasse									
	I	II	III	IV	V	VI	VII	VIII	IX	X
bis 30. 9. 1921	0,0446	0,0595	0,0743	0,0892	0,1040	0,1189	0,1338			
1. 1. 1924–30. 6. 1926	0,0446	0,0595	0,0743	0,0892	0,1040	0,1189	0,1338			
1. 7. 1926–31. 12. 1938	0,0405	0,0541	0,0676	0,0811	0,0946	0,1081	0,1216	0,1387	0,1533	0,1705
1. 1. 1939–31. 12. 1942	0,0279	0,0391	0,0503	0,0615	0,0726	0,0838	0,0950	0,1062	0,1173	

Angestellte

Zeitraum	Gehaltsklasse									
	A	B	C	D	E	F	G	H	J	K
bis 31. 7. 1921	0,0223	0,0446	0,0892	0,1486	0,2081	0,2378	0,2378	0,2378		
1. 1. 1924–30. 6. 1926	0,0223	0,0446	0,0892	0,1486	0,2081	0,2378	0,2378	0,2378		
1. 7. 1926–31. 12. 1938	0,0203	0,0405	0,0811	0,1351	0,1892	0,2162	0,2162	0,2175	0,2173	0,2173
1. 1. 1939–31. 12. 1942	0,0168	0,0335	0,0671	0,1118	0,1565	0,1788	0,1788			

Doppelversicherung**)	A	B	C	D	E	F	G	H
1. 1. 1924–30. 6. 1926	0,0297	0,0595	0,1189	0,1982	0,2774	0,3171	0,3171	0,3171

) **Amtl. Anm.: Diese Werte sind nur anzusetzen, wenn neben Beiträgen zur knappschaftlichen Pensionsversicherung der Angestellten Beiträge zur Rentenversicherung der Angestellten gezahlt sind.

Anlage 4

Beitragsbemessungsgrundlage für Beitragsklassen

Bezeichnung der Beitragsklasse			Beitrags-bemessungsgrundlage DM
I			12,50
II			50
III	A	100	100
IV			150
V	B	200	200
VI			250
VII	C	300	300
VIII			350
IX	D	400	400
X			450
XI	E	500	500
XII			550
XIII	F	600	600
XIV			650
XV	G	700	700
XVI	H		750
XVII	J	800	800
XVIII	K		850
XIX	L	900	900
XX	M		950
XXI	N	1 000	1 000
XXII	O		1 050
XXIII	P	1 100	1 100
XXIV	Q		1 150
XXV	R	1 200	1 200
XXVI	S		1 250
XXVII	T	1 300	1 300
XXVIII	U		1 350
XXIX	V	1 400	1 400
		1 500	1 500
		1 600	1 600
		1 700	1 700
		1 800	1 800
		1 900	1 900
		2 000	2 000
		2 100	2 100
		2 200	2 200
		2 300	2 300
		2 400	2 400
		2 500	2 500
		2 600	2 600
		2 800	2 800
		3 100	3 100

Anlage 5

Entgeltpunkte für Berliner Beiträge

1. Freiwillige Beiträge zur Versicherungsanstalt Berlin

Zeitraum	Beitragswert zur Rentenversicherung (Gesamtbeitragswert zur Kranken- und Rentenversicherung)	
	6 (12) RM/DM	12 (20) RM/DM
1. 7. 1945–31. 5. 1949	0,0360	0,1188
1. 6. 1949–31. 12. 1950	0,0170	0,0340

2. Beiträge nach Beitragsklassen

Zeitraum	I/II	III	IV	V	VI	VII	VIII	IX	X	XI	XII
						Monatsbeiträge					
1. 6. 1949–31. 12. 1954	0,0102	0,0170	0,0238	0,0340	0,0476	0,0679	0,0951	0,1223	0,1509	0,1809	0,2223
						Wochenbeiträge					
1. 6. 1949–31. 12. 1954	0,0024	0,0041	0,0057	0,0082	0,0114	0,0163	0,0228	0,0294	0,0359	0,0424	0,0534

Anlage 6

Werte zur Umrechnung der Beitragsbemessungsgrundlagen von Franken in Deutsche Mark

Jahr	Umrechnungswert
1947	0,0143
1948	0,0143
1949	0,0147
1950	0,0148
1951	0,0127
1952	0,0113
1953	0,0112
1954	0,0113
1955	0,0113
1956	0,0108
1957	0,0103
1958	0,0093
1959	0,0091

Anlage 7

Entgeltpunkte für saarländische Beiträge

1. Rentenversicherung der Arbeiter
Beitragsklassen/Beitragswert in Franken
(Wochenbeiträge)

Zeitraum	Lohn- oder Beitragsklassen									
	I	II	III	IV	V	VI	VII	VIII	IX	X
20. 11. 1947–30. 4. 1948	0,0027	0,0054	0,0080	0,0107	0,0134	0,0161	0,0188	0,0215	0,0241	0,0268
1. 5. 1948–31. 12. 1950	0,0021	0,0041	0,0062	0,0082	0,0103	0,0123	0,0144	0,0164	0,0185	0,0205
1. 1. 1951–31. 8. 1951	0,0014	0,0028	0,0042	0,0056	0,0070	0,0083	0,0097	0,0111	0,0125	0,0139
1. 9. 1951–31. 12. 1951	0,0015	0,0030	0,0045	0,0067	0,0097	0,0126	0,0156	0,0186	0,0215	0,0245

Zeitraum	Lohn- oder Beitragsklassen									
	XI	XII	XIII	XIV	XV	XVI	XVII	XVIII	XIX	XX
20. 11. 1947–30. 4. 1948	0,0226	0,0247	0,0267	0,0288	0,0308					
1. 5. 1948–31. 12. 1950	0,0153	0,0167	0,0181	0,0195	0,0208	0,0223	0,0236	0,0250	0,0355	0,0436
1. 1. 1951–31. 8. 1951	0,0275	0,0304	0,0371	0,0436	0,0516					
1. 9. 1951–31. 12. 1951										

(Monatsbeiträge)

Zeitraum	Lohn- oder Beitragsklassen											
	1	2	3	4	5	6	7	8	9	10	11	12
1. 1. 1952–31. 12. 1955	0,0098	0,0197	0,0394	0,0591	0,0788	0,0984	0,1181	0,1575	0,1969	0,2363	0,1861	0,2482
1. 1. 1956–31. 12. 1956	0,0078	0,0155	0,0310	0,0465	0,0620	0,0776	0,0931	0,1008	0,1241	0,1551	0,1705	0,2273
1. 1. 1957–31. 8. 1957	0,0071	0,0142	0,0284	0,0426	0,0568	0,0710	0,0852	0,0924	0,1137	0,1421		

6 SGB VI Anl. 7

6. Buch. Gesetzl. Rentenversicherung

2. Rentenversicherung der Angestellten
Beitragsklassen/Beitragswert in Franken
(Monatsbeiträge)

Zeitraum	A (1)	B (2)	C (3)	D (4)	E (5)	F (6)	G (7)	H (8)	J (9)	K (10)
					Gehalts- oder Beitragsklassen					
1. 12. 1947–30. 4. 1948	0,0112	0,0224	0,0336	0,0449	0,0561	0,0673	0,0785	0,0897	0,1009	0,1122
1. 5. 1948–31. 12. 1950	0,0088	0,0176	0,0264	0,0352	0,0440	0,0528	0,0617	0,0705	0,0793	0,0881
1. 1. 1951–31. 8. 1951	0,0060	0,0119	0,0179	0,0238	0,0298	0,0358	0,0417	0,0477	0,0537	0,0596
1. 9. 1951–31. 12. 1951	0,0064	0,0128	0,0193	0,0289	0,0418	0,0547	0,0676	0,0805	0,0934	0,1063
1. 1. 1952–31. 12. 1955	0,0098	0,0197	0,0394	0,0591	0,0788	0,0984	0,1181	0,1575	0,1969	0,2363
1. 1. 1956–31. 12. 1956	0,0078	0,0155	0,0310	0,0465	0,0620	0,0776	0,0931	0,1008	0,1241	0,1551
1. 1. 1957–31. 8. 1957	0,0071	0,0142	0,0284	0,0426	0,0568	0,0710	0,0852	0,0924	0,1137	0,1421

Zeitraum	L (11)	(12)	N	O	P	Q	R	S	T	U
				Gehalts- oder Beitragsklassen						
1. 12. 1947–30. 4. 1948	0,1335	0,1669	0,2003							
1. 5. 1948–31. 12. 1950	0,0969	0,1057	0,1145							
1. 1. 1951–31. 8. 1951	0,0656	0,0715	0,0775							
1. 9. 1951–31. 12. 1951	0,1193	0,1322	0,1613							
1. 1. 1952–31. 12. 1955				0,1233	0,1321	0,1573	0,1835	0,2097	0,1290	0,1452
1. 1. 1956–31. 12. 1956	0,1861	0,2482		0,0835	0,0894	0,0954	0,1013	0,1129		
1. 1. 1957–31. 8. 1957	0,1705	0,2273		0,1936	0,2258					

3. Landwirteversorgung

Zeitraum	Lohn- oder Beitragsklassen										
	2	3	4	5	6	7	8	9	10	11	12
1. 1. 1954–31. 12. 1955	0,0197	0,0394	0,0591	0,0788	0,0984	0,1181	0,1575	0,1969	0,2363		0,2482
1. 1. 1956–31. 12. 1956	0,0155	0,0310	0,0465	0,0620	0,0776	0,0931	0,1008	0,1241	0,1551	0,1861	0,2273
1. 1. 1957–31. 8. 1957	0,0142	0,0284	0,0426	0,0568	0,0710	0,0852	0,0924	0,1137	0,1421	0,1705	0,2273
1. 9. 1957–31. 12. 1957	0,0142	0,0284	0,0426	0,0568	0,0710	0,0852	0,0924	0,1137	0,1421	0,1705	0,1942
1. 1. 1958–31. 12. 1958	0,0121	0,0243	0,0364	0,0486	0,0607	0,0728	0,0789	0,0971	0,1214	0,1457	0,1808
1. 1. 1959–31. 12. 1959	0,0113	0,0226	0,0339	0,0452	0,0565	0,0678	0,0735	0,0904	0,1130	0,1356	0,1552
1. 1. 1960–31. 12. 1960	0,0097	0,0194	0,0291	0,0388	0,0485	0,0582	0,0630	0,0776	0,0970	0,1164	0,1408
1. 1. 1961–31. 12. 1961	0,0088	0,0176	0,0264	0,0352	0,0440	0,0528	0,0572	0,0704	0,0880	0,1056	0,1292
1. 1. 1962–31. 12. 1962	0,0081	0,0162	0,0242	0,0323	0,0404	0,0485	0,0525	0,0646	0,0808	0,0969	0,1218
1. 1. 1963–31. 3. 1963	0,0076	0,0152	0,0228	0,0304	0,0381	0,0457	0,0495	0,0609	0,0761	0,0913	0,1218

Anlage 8

Lohn-, Beitrags- oder Gehaltsklassen und Beitragsbemessungsgrundlagen in RM/DM für Sachbezugszeiten, in denen der Versicherte nicht Lehrling oder Anlernling war

Zeitraum	Rentenversicherung der Arbeiter							Rentenversicherung der Angestellten	
	Arbeiter *)		in der Gruppe		Arbeiterinnen **)			Angestellte	
	1	2	3		1	2		männlich	weiblich
1. 1. 1891–31. 12. 1899	IV	III	III		III	II		D	B
1. 1. 1900–31. 12. 1906	IV	IV	III		III	III		D	C
1. 1. 1907–31. 7. 1921	V	V	IV		III	III		E	C
1. 8. 1921–30. 9. 1921	V	V	IV		III	III		–	–
1. 1. 1924–31. 12. 1925	V	V	IV		IV	III		C	B
1. 1. 1926–31. 12. 1927	VI	V	V		IV	IV		C	C
1. 1. 1928–31. 12. 1933	VII	VI	V		IV	IV		C	C
1. 1. 1934–31. 12. 1938	VI	V	V		IV	IV		C	C
1. 1. 1939–28./30. 6. 1942	VII	VI	V		V	IV		D	C
1942	2124	1824	1500		1428	1176		2604	1776
1943	2160	1860	1536		1440	1188		2628	1788
1944	2160	1860	1548		1452	1200		2604	1764
1945	1872	1608	1368		1272	1068		2028	1368
1946	1992	1716	1452		1308	1116		2016	1332
1947	2088	1788	1536		1344	1152		2088	1380
1948	2424	2076	1776		1584	1344		2544	1668
1949	2916	2508	2124		1896	1620		3264	2136
1950	2976	2556	2124		1992	1668		3612	2604
1951	3396	2916	2412		2280	1908		4092	2940
1952	3672	3156	2592		2460	2052		4380	3156
1953	3828	3300	2688		2568	2100		4584	3324
1954	3972	3420	2772		2664	2148		4740	3456
1955	4308	3708	2976		2844	2328		4848	3528
1956	4596	3948	3144		3048	2484		5124	3744

Angestellte		
Zeitraum	männlich	weiblich
1. 1. 1891-31. 12. 1899	IV	II
1. 1. 1900-31. 12. 1906	IV	III
1. 1. 1907-31. 12. 1912	V	III

*) **Arbeiter in der Rentenversicherung der Arbeiter**

Gruppe 1

Arbeiter, die aufgrund ihrer Fachausbildung ihre Arbeiten unter eigener Verantwortung selbständig ausführen.

Hierzu gehören u. a.:

Landwirtschaftsmeister

Melkermeister und Alleinmelker

Meister der Tierzucht, des Brennerei- und Molkereifaches, der Gärtner-, Kellerei- und Weinbauberufe

Handwerksmeister

Hausmeister

Gruppe 2

Arbeiter, die aufgrund einer abgeschlossenen Lehre oder mehr als sechsjähriger Berufserfahrung alle anfallenden Arbeiten beherrschen und ohne Anleitung verrichten, die motorbetriebene landwirtschaftliche Maschinen bedienen, pflegen oder reparieren, sowie Aufsichtskräfte und Arbeiter, die mit Spezialarbeiten beschäftigt werden.

Hierzu gehören u. a.:

landwirtschaftlicher Gehilfe

Gehilfe und Spezialarbeiter der Tierzucht, des Brennerei- und Molkereifaches, der Gärtner-, Kellerei- und Weinbauberufe

Vorarbeiter einschließlich „Baumeister"

Treckerfahrer (früher Gespannführer)

Kraftfahrer

Landarbeiter mit Facharbeiterbrief oder mehr als sechsjähriger Berufserfahrung

Waldarbeiter, Waldarbeitergehilfe und angelernter Waldarbeiter mit mehr als sechsjähriger Berufserfahrung

Gruppe 3

Arbeiter, die mit einfachen, als Hilfsarbeiten zu bewertenden Arbeiten beschäftigt sind, sowie alle sonstigen Arbeiter, die nicht nach der Leistungsgruppe 1 oder 2 einzustufen sind.

Hierzu gehören u. a.:

Landarbeiter mit weniger als sechsjähriger Berufserfahrung

Hilfsarbeiter

angelernter Waldarbeiter mit weniger als sechsjähriger Berufserfahrung

ungelernter Waldarbeiter

) **Arbeiterinnen in der Rentenversicherung der Arbeiter

Gruppe 1

Arbeiterinnen, die aufgrund einer abgeschlossenen Lehre oder mehr als sechsjähriger Berufserfahrung alle anfallenden Arbeiten beherrschen und ohne Anleitung verrichten, die motorgetriebene landwirtschaftliche Maschinen bedienen, pflegen oder reparieren, sowie Aufsichtskräfte und Arbeiterinnen, die mit Spezialarbeiten beschäftigt werden.

Hierzu gehören u. a.:

Gehilfin

Wirtschafterin

Vorarbeiterin

Spezialarbeiterin

Landarbeiterin mit Facharbeiterbrief oder mehr als sechsjähriger Berufserfahrung

Hausgehilfin (auch außerhalb der Landwirtschaft) mit mehr als sechsjähriger Berufserfahrung

angelernte Waldarbeiterin mit mehr als sechsjähriger Berufserfahrung

Gruppe 2

Arbeiterinnen, die mit einfachen, als Hilfsarbeiten zu bewertenden Arbeiten beschäftigt sind, sowie alle sonstigen Arbeiterinnen, die nicht nach der Leistungsgruppe 1 einzustufen sind.

Hierzu gehören u. a.:

Landarbeiterin mit weniger als sechsjähriger Berufserfahrung

Hausgehilfin (auch außerhalb der Landwirtschaft) mit weniger als sechsjähriger Berufserfahrung

Hilfsarbeiterin

angelernte Waldarbeiterin mit weniger als sechsjähriger Berufserfahrung

ungelernte Waldarbeiterin

Anlage 9

Folgende im Gebiet der Bundesrepublik Deutschland ohne das Beitrittsgebiet ausgeübte Arbeiten vor dem 1. Januar 1969 sind

I. Hauerarbeiten:

1. Bezeichnung des Versicherten und erforderliche Beschäftigungsmerkmale

Übliche Bezeichnung:	Erforderliche Merkmale der Beschäftigung
Abdämmer	Bohr- und Schießarbeiten im Steinkohlenbergbau Saar
Abteilungssteiger	Nummer 8
Anlernhauer	
Anschläger unter Tage	Auffahren beladener Förderwagen ohne mechanische Hilfe in knappschaftlichen Betrieben der Industrie der Steine und Erden und Nummer 1
Aufsichtshauer	Nummern 1, 3 und 4
Ausbildungshauer	überwiegender Einsatz unter Tage
Ausbildungssteiger	überwiegende Beschäftigung unter Tage in der Berufsausbildung
Bandmeister	im Streb- oder Streckenvortrieb
Bandverleger	Nummern 1 und 3
Bediener von Gewinnungs-, Streckenvortriebs- oder Lademaschinen	Nummern 1, 3 und 4; 1 und 3
Berauber	im Kali- oder Steinsalzbergbau und Nummer 4
Betriebsführer	unter Tage Nummer 8
Blaser	Nummern 1 und 3
Blindschachtreparaturhauer	ständige Reparaturarbeiten in Blind- oder Schrägschächten und Nummern 2 und 4
Bohrer	Nummern 1, 3 und 4 oder 1 und 3
Bohrmeister	Nummer 5 (einschließlich Streckenvortrieb) oder 6 oder 7
Drittelführer	Nummern 1, 3 und 4
Elektrohauer	Nummer 1, 5 oder 6 oder beim Streckenvortrieb
Elektrosteiger	Nummer 8

Fahrer von Gewinnungs-, Streckenvortriebs- oder Lademaschinen	Nummern 1, 3 und 4; 1 und 3
Fahrhauer	Nummern 1, 3 und 4; 8
Fahrsteiger	Nummer 8
Firstankernagler	im Erz-, Kali- oder Steinsalzbergbau
Firstankerrauber	im Erz-, Kali- oder Steinsalzbergbau
Gedingeschlepper	Nummern 1 und 3
Grubensteiger	Nummer 8
Hauer	Nummern 1, 3 und 4
Kastler	Raub- oder Umsetzarbeiten in unter starkem Druck stehenden abzuwerfenden Strecken in Abbauen oder in Blindschächten und Nummer 2
Knappe	Nummern 1 und 3
Kohlenstoßtränker	Nummern 1, 3 und 4
Lehrhauer	Nummern 1 und 3
Maschinenhauer	Nummern 1, 5 oder 6 oder beim Streckenvortrieb
Maschinensteiger	Nummer 8
Maurer	in knappschaftlichen Betrieben der Industrie der Steine und Erden und Nummer 1
Meister im Elektro- oder Maschinenbetrieb	im Steinkohlenbergbau Saar, Nummer 5 oder 6 oder beim Streckenvortrieb
Meisterhauer	überwiegender Einsatz unter Tage
Neubergmann	Nummern 1 und 3
Oberhauer	
Obersteiger unter Tage	Nummer 8
Partiemann	
Pfeilerrücker	Nummern 1 und 3
Rauber	Nummern 1, 3 und 4; 1 und 3; 2 und Raub- oder Umsetzarbeiten in unter starkem Druck stehenden abzuwerfenden Strecken, in Abbauen oder Blindschächten
Reviersteiger	Nummer 8
Rohrleger	Nummern 1 und 3
Rutschenverleger	Nummern 1 und 3
Rollochmaurer	im Erzbergbau oder in knappschaftlichen Betrieben der Industrie der Steine und Erden und Nummer 1
Rutschenmeister	
Schachthauer	ständige Reparaturarbeiten im Schacht und Nummer 4
Schachtsteiger	Nummer 8

Schießmeister	
Schießsteiger	überwiegende Beaufsichtigung der durchzuführenden Schießarbeiten
Schrapperfahrer	im Kali- oder Steinsalzbergbau und Nummer 1
Stapelreparaturhauer	ständige Reparaturarbeiten in Blind- oder Schrägschächten und Nummern 2 und 4
Stempelwart	
Stückenschießer	im Kali- oder Steinsalzbergbau und Nummer 4
Umsetzer	Nummern 1 und 3
Vermessungssteiger	überwiegend unter Tage
Versetzer	Nummern 1 und 3
Wettermann	im Pech- oder Steinkohlenbergbau
Wettersteiger	im Pech- oder Steinkohlenbergbau
ohne Bezeichnung:	ständige Reparaturarbeiten im Schacht; ständige Reparaturarbeiten in Blind- oder Schrägschächten und Nummer 2; Zimmer-, Reparatur- oder sonstige Instandsetzungsarbeiten im Abbau, beim Streckenvortrieb oder in der Aus- und Vorrichtung und Nummer 2; Aufwältigungs- und Gewältigungsarbeiten und Nummer 2; Erweitern von Strecken und Nummer 2; Nachreißarbeiten und Nummer 2.

Es ist unschädlich, wenn der Versicherte unter einer anderen Bezeichnung als der üblichen beschäftigt war, sofern seine Beschäftigung den erforderlichen Merkmalen entspricht.

2. Beschreibung der in Nummern bezeichneten Beschäftigungsmerkmale

1. Beschäftigung im Gedinge oder zu besonders vereinbartem Lohn (fester Lohn, der infolge besonders gelagerter Verhältnisse an Stelle eines regelrechten Gedinges gezahlt wurde und im Rahmen des möglichen Gedingeverdienstes lag),

2. Beschäftigung gegen einen Lohn, der mindestens dem höchsten tariflichen Schichtlohn entsprach,

3. Beschäftigung im Abbau (bei der Gewinnung, beim Ausbau, bei Raubarbeiten, beim Umbau der Fördermittel oder beim Gewinnen und Einbringen des Versatzes; auch bei planmäßiger Versatzgewinnung in besonderen Bergemühlen unter Tage außerhalb des Abbaues) oder beim Streckenvortrieb oder auch in der Aus- und Vorrichtung,

4. Beschäftigung als Besitzer eines Hauerscheins oder, soweit für die einzelne Bergbauart der Besitz eines Hauerscheins für die Ausübung von Hauerarbeiten nicht eingeführt war, als durch den Betrieb im Einvernehmen mit der Bergbehörde einem Hauer Gleichgestellter,

5. Beschäftigung im Abbau,
6. Beschäftigung in der Aus- und Vorrichtung,
7. Beschäftigung bei der Entgasung,
8. tägliche Beaufsichtigung von Personen, die Arbeiten unter den in den Nummern 1 bis 7 genannten Bedingungen ausführten, und zwar während des überwiegenden Teils der Schicht.

II. Gleichgestellte Arbeiten:

Hauerarbeiten sind auch Zeiten, in denen ein Versicherter

1. vor Ablegen seiner Hauerprüfung als Knappe unter Tage beschäftigt war, wenn er nach der Hauerprüfung eine der unter I. bezeichneten Beschäftigungen ausübte,

2. der für den Einsatz unter Tage bestimmten Grubenwehr – nicht nur als Gerätewart – angehörte,

3. Mitglied des Betriebsrates war, bisher eine der unter I. oder Nummer 1 genannten Beschäftigungen ausübte und wegen der Betriebsratstätigkeit hiervon freigestellt wurde,

4. bis zu drei Monaten im Kalenderjahr eine sonstige Beschäftigung ausübte, wenn er aus betrieblichen Gründen aus einer unter I. oder Nummer 1 genannten Beschäftigung herausgenommen wurde.

Anlage 10

Werte zur Umrechnung der Beitragsbemessungsgrundlagen des Beitrittsgebiets

[bis 30.6.2018:]

Jahr	Umrechnungswert	Vorläufiger Umrechnungswert
1945	1,0000	
1946	1,0000	
1947	1,0000	
1948	1,0000	
1949	1,0000	
1950	0,9931	
1951	1,0502	
1952	1,0617	
1953	1,0458	
1954	1,0185	
1955	1,0656	
1956	1,1029	
1957	1,1081	
1958	1,0992	
1959	1,0838	
1960	1,1451	
1961	1,2374	
1962	1,3156	
1963	1,3667	
1964	1,4568	
1965	1,5462	
1966	1,6018	
1967	1,5927	
1968	1,6405	
1969	1,7321	
1970	1,8875	
1971	2,0490	
1972	2,1705	
1973	2,3637	
1974	2,5451	
1975	2,6272	
1976	2,7344	
1977	2,8343	
1978	2,8923	
1979	2,9734	
1980	3,1208	
1981	3,1634	
1982	3,2147	
1983	3,2627	
1984	3,2885	
1985	3,3129	
1986	3,2968	
1987	3,2548	
1988	3,2381	

Anl. 10 **Anl. 10 SGB VI 6**

Jahr	Umrechnungswert	Vorläufiger Umrechnungswert
1989	3,2330	
1. Halbjahr 1990	3,0707	
2. Halbjahr 1990	2,3473	
1991	1,7235	
1992	1,4393	
1993	1,3197	
1994	1,2687	
1995	1,2317	
1996	1,2209	
1997	1,2089	
1998	1,2113	
1999	1,2054	
2000	1,2030	
2001	1,2003	
2002	1,1972	
2003	1,1943	
2004	1,1932	
2005	1,1827	
2006	1,1827	
2007	1,1841	
2008	1,1857	
2009	1,1712	
2010	1,1726	
2011	1,1740	
2012	1,1785	
2013	1,1762	
2014	1,1665	
2015	1,1502	
2016	1,1415	
2017	…	1,1193
2018	…	1,1248

[ab 1.7.2018:]

Jahr	Umrechnungswert	Vorläufiger Umrechnungswert
1945	1,0000	
1946	1,0000	
1947	1,0000	
1948	1,0000	
1949	1,0000	
1950	0,9931	
1951	1,0502	
1952	1,0617	
1953	1,0458	
1954	1,0185	
1955	1,0656	
1956	1,1029	
1957	1,1081	
1958	1,0992	
1959	1,0838	
1960	1,1451	
1961	1,2374	

6 SGB VI Anl. 10

6. Buch. Gesetzl. Rentenversicherung

Jahr	Umrechnungswert	Vorläufiger Umrechnungswert
1962	1,3156	
1963	1,3667	
1964	1,4568	
1965	1,5462	
1966	1,6018	
1967	1,5927	
1968	1,6405	
1969	1,7321	
1970	1,8875	
1971	2,0490	
1972	2,1705	
1973	2,3637	
1974	2,5451	
1975	2,6272	
1976	2,7344	
1977	2,8343	
1978	2,8923	
1979	2,9734	
1980	3,1208	
1981	3,1634	
1982	3,2147	
1983	3,2627	
1984	3,2885	
1985	3,3129	
1986	3,2968	
1987	3,2548	
1988	3,2381	
1989	3,2330	
1. Halbjahr 1990	3,0707	
2. Halbjahr 1990	2,3473	
1991	1,7235	
1992	1,4393	
1993	1,3197	
1994	1,2687	
1995	1,2317	
1996	1,2209	
1997	1,2089	
1998	1,2113	
1999	1,2054	
2000	1,2030	
2001	1,2003	
2002	1,1972	
2003	1,1943	
2004	1,1932	
2005	1,1827	
2006	1,1827	
2007	1,1841	
2008	1,1857	
2009	1,1712	
2010	1,1726	
2011	1,1740	
2012	1,1785	

Jahr	Umrechnungswert	Vorläufiger Umrechnungswert
2013	1,1762	
2014	1,1665	
2015	1,1502	
2016	1,1415	
2017	...	1,1193
2018	...	1,1248
2019	1,0840	–
2020	1,0700	–
2021	1,0560	–
2022	1,0420	–
2023	1,0280	–
2024	1,0140	–

Anlage 11

Verdienst für freiwillige Beiträge im Beitrittsgebiet

Monatsbeitrag in Mark	entsprechender Verdienst im Zeitraum	
	1. Februar 1947 bis 31. Dezember 1961	1. Januar 1962 bis 31. Dezember 1990
3	15	
6	30	keine Beitragszeit nach § 248
9	45	
12	60	
15	75	75
18	90	90
21	105	105
24	120	120
27	135	135
30	150	150
36	180	180
42	210	210
48	240	240
54	270	270
60	300	300

Anlage 12

Gesamtdurchschnittseinkommen zur Umwertung der anpassungsfähigen Bestandsrenten des Beitrittsgebiets

Ende des 20-Jahreszeitraumes		Gesamt-durchschnitts-einkommen
Jahr	Monat	
1991	2. Halbjahr	205 278
1991	1. Halbjahr	197 966
1990	2. Halbjahr	192 565
1989		189 270
1988		183 713
1987		178 310
1986		173 135
1985		168 201
1984		163 519
1983		158 903
1982		154 388
1981		149 942
1980		145 607
1979		141 487
1978		137 345
1977		133 121
1976		128 871
1975		124 729
1974		120 696
1973		116 845
1972		112 988
1971		109 090
1970		105 211
1969		101 325
1968		97 328
1967		92 938
1966		88 355
1965		83 957
1964		82 093
1963		80 195
1962		78 220
1961		76 146
1960		73 979
1959		71 651
1958		69 211
1957		66 897
1956		64 704
1955		62 390
1954		59 838
1953		56 925
1952		53 963
1951		50 863
1950		47 404
1949		43 340

Ende des 20-Jahreszeitraumes		Gesamt-durchschnitts-einkommen
Jahr	Monat	
1948		38 867
1947		36 110
1946 und früher		35 560

Anlage 13

Definition der Qualifikationsgruppen

Versicherte sind in eine der nachstehenden Qualifikationsgruppen einzustufen, wenn sie deren Qualifikationsmerkmale erfüllen und eine entsprechende Tätigkeit ausgeübt haben. Haben Versicherte aufgrund langjähriger Berufserfahrung Fähigkeiten erworben, die üblicherweise denen von Versicherten einer höheren Qualifikationsgruppe entsprechen, sind sie in diese Qualifikationsgruppe einzustufen.

Qualifikationsgruppe 1

Hochschulabsolventen

1. Personen, die in Form eines Direkt-, Fern-, Abend- oder externen Studiums an einer Universität, Hochschule, Ingenieurhochschule, Akademie oder an einem Institut mit Hochschulcharakter ein Diplom erworben oder ein Staatsexamen abgelegt haben.
2. Personen, denen aufgrund gesetzlicher Bestimmungen oder wissenschaftlicher Leistungen ein wissenschaftlicher Grad oder Titel zuerkannt worden ist (z.B. Attestation im Bereich Volksbildung, Dr. h. c., Professor).
3. Inhaber gleichwertiger Abschlusszeugnisse staatlich anerkannter höherer Schulen und Universitäten.

Hierzu zählen nicht Teilnehmer an einem verkürzten Sonderstudium (z.B. Teilstudium), das nicht mit dem Erwerb eines Diploms oder Staatsexamens abschloss.

Qualifikationsgruppe 2

Fachschulabsolventen

1. Personen, die an einer Ingenieur- oderFachschule in einer beliebigen Studienform oder extern den Fachschulabschluss entsprechend den geltenden Rechtsvorschriften erworben haben und denen eine Berufsbezeichnung der Fachschulausbildung erteilt worden ist.
2. Personen, denen aufgrund gesetzlicher Bestimmungen im Beitrittsgebiet der Fachschulabschluss bzw. eine Berufsbezeichnung der Fachschulausbildung zuerkannt worden ist.

3. Personen, die an staatlich anerkannten mittleren und höheren Fachschulen außerhalb des Beitrittsgebiets eine Ausbildung abgeschlossen haben, die der Anforderung des Fachschulabschlusses im Beitrittsgebiet entsprach, und ein entsprechendes Zeugnis besitzen.
4. Technische Fachkräfte, die berechtigt die Berufsbezeichnung „Techniker" führten, sowie Fachkräfte, die berechtigt eine dem „Techniker" gleichwertige Berufsbezeichnung entsprechend der Systematik der Berufe im Beitrittsgebiet (z.B. Topograph, Grubensteiger) führten.

Hierzu zählen nicht Teilnehmer an einem Fachschulstudium, das nicht zum Fachschulabschluss führte, und Meister, auch wenn die Ausbildung an einer Ingenieur- oder Fachschule erfolgte.

Qualifikationsgruppe 3

Meister

Personen, die einen urkundlichen Nachweis über eine abgeschlossene Qualifikation als Meister bzw. als Meister des Handwerks besitzen bzw. denen aufgrund langjähriger Berufserfahrung entsprechend den gesetzlichen Bestimmungen im Beitrittsgebiet die Qualifikation als Meister zuerkannt wurde.

Hierzu zählen nicht in Meisterfunktion eingesetzte oder den Begriff „Meister" als Tätigkeitsbezeichnung führende Personen, die einen Meisterabschluss nicht haben (z.B. Platzmeister, Wagenmeister).

Qualifikationsgruppe 4

Facharbeiter

Personen, die über die Berufsausbildung oder im Rahmen der Erwachsenenqualifizierung nach abgeschlossener Ausbildung in einem Ausbildungsberuf die Facharbeiterprüfung bestanden haben und im Besitz eines Facharbeiterzeugnisses (Facharbeiterbrief) sind oder denen aufgrund langjähriger Berufserfahrung entsprechend den gesetzlichen Bestimmungen im Beitrittsgebiet die Facharbeiterqualifikation zuerkannt worden ist.

Hierzu zählen nicht Personen, die im Rahmen der Berufsausbildung oder der Erwachsenenqualifizierung auf Teilgebieten eines Ausbildungsberufes entsprechend der Systematik der Ausbildungsberufe im Beitrittsgebiet ausgebildet worden sind.

Qualifikationsgruppe 5

Angelernte und ungelernte Tätigkeiten

1. Personen, die in der Berufsausbildung oder im Rahmen der Erwachsenenqualifizierung eine Ausbildung auf Teilgebieten eines Ausbildungsberufes abgeschlossen haben und im Besitz eines entsprechenden Zeugnisses sind.
2. Personen, die in einer produktionstechnischen oder anderen speziellen Schulung für eine bestimmte Tätigkeit angelernt worden sind.
3. Personen ohne Ausbildung oder spezielle Schulung für die ausgeübte Tätigkeit.

Anlage 14

Bereich

Energie- und Brennstoffindustrie	Tabelle 1
Chemische Industrie	Tabelle 2
Metallurgie	Tabelle 3
Baumaterialienindustrie	Tabelle 4
Wasserwirtschaft	Tabelle 5
Maschinen- und Fahrzeugbau	Tabelle 6
Elektrotechnik/Elektronik/Gerätebau	Tabelle 7
Leichtindustrie (ohne Textilindustrie)	Tabelle 8
Textilindustrie	Tabelle 9
Lebensmittelindustrie	Tabelle 10
Bauwirtschaft	Tabelle 11
Sonstige produzierende Bereiche	Tabelle 12
Produzierendes Handwerk	Tabelle 13
Land- und Forstwirtschaft	Tabelle 14
Verkehr	Tabelle 15
Post- und Fernmeldewesen	Tabelle 16
Handel	Tabelle 17
Bildung, Gesundheitswesen, Kultur und Sozialwesen	Tabelle 18
Wissenschaft, Hoch- und Fachschulwesen	Tabelle 19
Staatliche Verwaltung und Gesellschaftliche Organisationen	Tabelle 20
Sonstige nichtproduzierende Bereiche	Tabelle 21
Landwirtschaftliche Produktionsgenossenschaften	Tabelle 22
Produktionsgenossenschaften des Handwerks	Tabelle 23

noch Anlage 14

Tabelle 1

Bereich: Energie- und Brennstoffindustrie

Jahr	Qualifikationsgruppe				
	1	2	3	4	5
1950	5 371	4 139	4 377	3 218	2 622
1951	5 995	4 746	4 976	3 675	3 005
1952	6 404	5 178	5 386	3 995	3 278
1953	6 745	5 550	5 728	4 267	3 513
1954	7 028	5 866	6 011	4 495	3 712
1955	7 582	6 406	6 518	4 892	4 052
1956	7 861	6 709	6 782	5 108	4 243
1957	7 981	6 872	6 902	5 216	4 343
1958	8 289	7 193	7 180	5 443	4 543
1959	8 545	7 465	7 408	5 632	4 712
1960	9 290	8 163	8 056	6 142	5 150
1961	10 150	8 966	8 800	6 727	5 651
1962	10 965	9 730	9 502	7 281	6 128
1963	11 689	10 415	10 120	7 773	6 553
1964	12 720	11 376	11 002	8 469	7 150
1965	13 691	12 285	11 826	9 123	7 712
1966	14 484	13 036	12 494	9 657	8 173
1967	14 656	13 227	12 623	9 776	8 282
1968	15 484	14 009	13 315	10 331	8 758
1969	16 593	15 046	14 244	11 071	9 392
1970	18 545	16 850	15 892	12 372	10 499
1971	20 341	18 516	17 400	13 567	11 516
1972	22 349	20 379	19 082	14 902	12 649
1973	25 037	22 866	21 338	16 688	14 161
1974	27 715	25 348	23 576	18 463	15 661
1975	30 138	27 149	24 314	19 244	16 560
1976	32 525	29 544	26 820	21 008	17 732
1977	35 012	32 063	29 439	22 876	18 959
1978	35 781	32 839	30 225	23 890	20 255
1979	36 981	34 055	31 412	25 166	22 029
1980	40 926	37 726	34 514	27 479	23 435
1981	43 557	40 222	36 538	28 911	24 049
1982	44 903	41 417	37 598	29 631	24 572
1983	46 165	42 545	38 370	30 305	25 066

Anl. 14 SGB VI 6

Jahr	Qualifikationsgruppe				
	1	2	3	4	5
1984	46 455	42 785	39 323	30 926	25 773
1985	46 723	43 018	40 297	31 387	26 847
1986	47 542	43 602	41 121	32 148	26 900
1987	49 929	45 662	43 249	34 009	27 929
1988	51 441	46 954	44 762	35 088	28 958
1989	52 290	47 678	45 704	35 757	29 662
I/90	26 612	24 265	23 261	18 199	15 097
II/90	30 833	28 113	26 949	21 084	17 491

Jahr	Qualifikationsgruppe (endgültige Werte)				
	1	2	3	4	5
1991	65 305	59 544	57 078	44 656	37 046
1992	68 831	62 759	60 160	47 067	39 046
1993	70 827	64 579	61 905	48 432	40 178
1994	72 244	65 871	63 143	49 401	40 982
1995	74 484	67 913	65 100	50 932	42 252
1996	75 974	69 271	66 402	51 951	43 097
1997	76 658	69 894	67 000	52 419	43 485
1998	77 808	70 942	68 005	53 205	44 137
1999	78 664	71 722	68 753	53 790	44 623
2000	79 765	72 726	69 716	54 543	45 248
2001	81 177	74 013	70 950	55 508	46 049

Jahr	Qualifikationsgruppe (vorläufige Werte)				
	1	2	3	4	5
1991	64 564	58 868	56 431	44 149	36 626
1992	67 463	61 511	58 965	46 132	38 270
1993	73 011	66 571	63 814	49 926	41 418
1994	76 265	69 537	66 657	52 150	43 263
1995	74 935	68 325	65 495	51 241	42 508
1996	75 234	68 506	65 669	51 377	42 621
1997	79 202	72 124	69 136	54 090	44 872
1998	79 013	72 042	69 058	54 029	44 821
1999	78 038	71 152	68 206	53 363	44 268
2000	80 142	73 070	70 045	54 801	45 461
2001	80 395	73 300	70 266	54 973	45 605

noch Anlage 14

Tabelle 2

Bereich: Chemische Industrie

Jahr	1	Qualifikationsgruppe			
		2	3	4	5
1950	4 993	3 848	4 070	2 992	2 437
1951	5 574	4 412	4 627	3 417	2 794
1952	5 954	4 814	5 008	3 715	3 048
1953	6 272	5 160	5 326	3 967	3 266
1954	6 535	5 454	5 589	4 180	3 452
1955	7 046	5 952	6 056	4 546	3 765
1956	7 311	6 241	6 308	4 751	3 946
1957	7 430	6 398	6 426	4 856	4 044
1958	7 725	6 703	6 691	5 072	4 234
1959	7 971	6 963	6 910	5 253	4 396
1960	8 645	7 596	7 496	5 715	4 792
1961	9 332	8 242	8 090	6 184	5 195
1962	10 126	8 986	8 774	6 724	5 659
1963	10 778	9 603	9 331	7 167	6 042
1964	11 837	10 587	10 238	7 881	6 654
1965	12 824	11 507	11 078	8 546	7 224
1966	13 587	12 229	11 720	9 060	7 667
1967	13 723	12 385	11 819	9 154	7 754
1968	14 458	13 080	12 432	9 646	8 178
1969	15 538	14 089	13 338	10 367	8 794
1970	17 476	15 879	14 976	11 659	9 894
1971	19 219	17 495	16 440	12 819	10 881
1972	20 796	18 963	17 756	13 866	11 770
1973	23 306	21 285	19 863	15 534	13 182
1974	25 855	23 648	21 994	17 225	14 611
1975	28 383	25 568	22 898	18 124	15 596
1976	30 050	27 296	24 780	19 410	16 382
1977	32 282	29 562	27 143	21 092	17 481
1978	33 148	30 423	28 001	22 132	18 764
1979	34 345	31 627	29 173	23 373	20 459
1980	37 178	34 271	31 354	24 962	21 289
1981	39 004	36 018	32 719	25 889	21 535
1982	40 315	37 185	33 756	26 604	22 062
1983	41 639	38 374	34 789	27 334	22 609

Anl. 14 SGB VI 6

Jahr	Qualifikationsgruppe				
	1	2	3	4	5
1984	42 016	38 697	35 563	27 971	23 310
1985	42 427	39 063	36 592	28 501	24 379
1986	43 371	39 777	37 514	29 328	24 541
1987	44 970	41 127	38 954	30 631	25 156
1988	46 006	41 993	40 033	31 381	25 898
1989	47 312	43 139	41 353	32 353	26 839
I/90	24 410	22 257	21 335	16 693	13 847
II/90	27 059	24 673	23 651	18 504	15 350

Jahr	Qualifikationsgruppe (endgültige Werte)				
	1	2	3	4	5
1991	57 311	52 258	50 093	39 192	32 511
1992	60 406	55 080	52 798	41 308	34 267
1993	62 158	56 677	54 329	42 506	35 261
1994	63 401	57 811	55 416	43 356	35 966
1995	65 366	59 603	57 134	44 700	37 081
1996	66 673	60 795	58 277	45 594	37 823
1997	67 273	61 342	58 801	46 004	38 163
1998	68 282	62 262	59 683	46 694	38 735
1999	69 033	62 947	60 340	47 208	39 161
2000	69 999	63 828	61 185	47 869	39 709
2001	71 238	64 958	62 268	48 716	40 412

Jahr	Qualifikationsgruppe (vorläufige Werte)				
	1	2	3	4	5
1991	56 661	51 665	49 525	38 747	32 143
1992	59 205	53 985	51 748	40 487	33 586
1993	64 074	58 425	56 004	43 817	36 348
1994	66 930	61 029	58 500	45 769	37 968
1995	65 763	59 964	57 480	44 971	37 306
1996	65 937	60 123	57 633	45 090	37 405
1997	69 419	63 298	60 676	47 471	39 380
1998	69 340	63 227	60 608	47 418	39 336
1999	68 484	62 446	59 859	46 832	38 850
2000	70 330	64 130	61 473	48 095	39 897
2001	70 552	64 332	61 667	48 247	40 023

6 SGB VI Anl. 14

6. Buch. Gesetzl. Rentenversicherung

noch Anlage 14

Tabelle 3

Bereich: Metallurgie

Jahr	Qualifikationsgruppe				
	1	2	3	4	5
1950	5963	4598	4861	3573	2911
1951	6660	5272	5528	4083	3338
1952	7117	5755	5986	4440	3644
1953	7500	6171	6369	4745	3906
1954	7819	6526	6687	5001	4130
1955	8430	7122	7247	5440	4505
1956	8656	7388	7467	5625	4672
1957	8703	7494	7526	5688	4736
1958	8952	7768	7754	5878	4907
1959	9139	7984	7923	6023	5040
1960	9800	8611	8498	6478	5432
1961	10578	9343	9171	7010	5889
1962	11366	10086	9849	7547	6352
1963	12026	10716	10412	7997	6742
1964	13225	11828	11438	8805	7434
1965	14202	12744	12268	9464	8000
1966	14944	13450	12890	9964	8433
1967	15043	13576	12956	10034	8500
1968	15787	14283	13575	10533	8930
1969	16986	15402	14581	11333	9614
1970	18919	17190	16212	12622	10711
1971	20773	18909	17769	13855	11760
1972	22653	20656	19342	15105	12821
1973	25204	23018	21480	16799	14256
1974	27751	25381	23607	18487	15682
1975	30367	27355	24498	19390	16686
1976	32171	29223	26529	20780	17539
1977	34249	31364	28798	22377	18546
1978	35422	32509	29921	23650	20051
1979	36662	33760	31140	24949	21838
1980	39861	36744	33616	26764	22826
1981	41412	38241	34739	27487	22865
1982	42765	39445	35808	28220	23402
1983	43947	40501	36718	28849	23862

Jahr	Qualifikationsgruppe				
	1	2	3	4	5
1984	43 989	40 514	37 233	29 284	24 405
1985	44 287	40 775	38 196	29 751	25 447
1986	45 478	41 710	39 336	30 752	25 733
1987	46 911	42 901	40 634	31 953	26 241
1988	47 761	43 594	41 560	32 578	26 886
1989	48 503	44 225	42 394	33 168	27 514
I/90	25 129	22 912	21 963	17 184	14 255
II/90	25 335	23 100	22 144	17 325	14 371

Jahr	Qualifikationsgruppe (endgültige Werte)				
	1	2	3	4	5
1991	53 660	48 926	46 901	36 695	30 438
1992	56 558	51 568	49 434	38 677	32 082
1993	58 198	53 063	50 868	39 799	33 012
1994	59 362	54 124	51 885	40 595	33 672
1995	61 202	55 802	53 493	41 853	34 716
1996	62 426	56 918	54 563	42 690	35 410
1997	62 988	57 430	55 054	43 074	35 729
1998	63 933	58 291	55 880	43 720	36 265
1999	64 636	58 932	56 495	44 201	36 664
2000	65 541	59 757	57 286	44 820	37 177
2001	66 701	60 815	58 300	45 613	37 835

Jahr	Qualifikationsgruppe (vorläufige Werte)				
	1	2	3	4	5
1991	53 651	48 371	46 369	36 278	30 093
1992	55 433	50 543	48 451	37 907	31 444
1993	59 592	54 700	52 436	41 025	34 030
1994	62 666	57 137	54 773	42 854	35 547
1995	61 573	56 141	53 818	42 107	34 927
1996	61 736	56 289	53 960	42 219	35 019
1997	64 997	59 262	56 810	44 448	36 868
1998	64 923	59 195	56 746	44 398	36 826
1999	64 522	58 464	56 045	43 849	36 372
2000	65 851	60 040	57 556	45 032	37 353
2001	66 058	60 229	57 738	45 173	37 471

noch Anlage 14

Tabelle 4

Bereich: Baumaterialienindustrie

Jahr	Qualifikationsgruppe				
	1	2	3	4	5
1950	4 437	3 419	3 616	2 658	2 166
1951	4 955	3 922	4 113	3 037	2 484
1952	5 295	4 281	4 453	3 304	2 711
1953	5 580	4 591	4 739	3 530	2 906
1954	5 817	4 855	4 975	3 720	3 072
1955	6 267	5 294	5 387	4 043	3 349
1956	6 592	5 627	5 687	4 284	3 558
1957	6 791	5 848	5 873	4 438	3 696
1958	7 157	6 211	6 199	4 699	3 923
1959	7 486	6 540	6 490	4 934	4 128
1960	8 237	7 238	7 143	5 445	4 566
1961	8 957	7 912	7 766	5 936	4 987
1962	9 687	8 596	8 394	6 432	5 414
1963	10 362	9 233	8 971	6 891	5 809
1964	11 270	10 079	9 747	7 503	6 335
1965	12 291	11 029	10 617	8 190	6 924
1966	13 082	11 774	11 284	8 722	7 382
1967	13 245	11 953	11 408	8 835	7 484
1968	14 038	12 701	12 072	9 366	7 940
1969	15 980	14 489	13 717	10 662	9 044
1970	17 236	15 660	14 770	11 499	9 758
1971	19 104	17 390	16 341	12 742	10 816
1972	20 613	18 796	17 600	13 745	11 666
1973	23 006	21 011	19 607	15 334	13 013
1974	25 677	23 484	21 842	17 105	14 510
1975	28 116	25 328	22 683	17 953	15 449
1976	29 814	27 082	24 585	19 257	16 254
1977	31 398	28 753	26 401	20 515	17 003
1978	32 071	29 434	27 091	21 413	18 155
1979	33 187	30 561	28 189	22 585	19 769
1980	35 943	33 133	30 312	24 133	20 582
1981	37 691	34 805	31 618	25 017	20 810
1982	39 112	36 075	32 749	25 810	21 403
1983	40 236	37 081	33 617	26 413	21 847

Anl. 14 SGB VI 6

Jahr	Qualifikationsgruppe				
	1	2	3	4	5
1984	40 626	37 416	34 386	27 045	22 539
1985	40 611	37 391	35 026	27 281	23 335
1986	41 528	38 086	35 919	28 081	23 498
1987	42 642	38 998	36 957	29 046	23 853
1988	43 310	39 532	37 687	29 542	24 380
1989	44 461	40 540	38 861	30 404	25 221
I/90	23 515	21 442	20 554	16 081	13 340
II/90	26 838	24 470	23 457	18 352	15 224

Jahr	Qualifikationsgruppe (endgültige Werte)				
	1	2	3	4	5
1991	56 843	51 828	49 682	38 870	32 245
1992	59 913	54 627	52 365	40 969	33 986
1993	61 650	56 211	53 884	42 157	34 972
1994	62 883	57 335	54 962	43 000	35 671
1995	64 832	59 112	56 666	44 333	36 777
1996	66 129	60 294	57 799	45 220	37 513
1997	66 724	60 837	58 319	45 627	37 851
1998	67 725	61 750	59 194	46 311	38 419
1999	68 470	62 429	59 845	46 820	38 842
2000	69 429	63 303	60 683	47 475	39 386
2001	70 658	64 423	61 757	48 315	40 083

Jahr	Qualifikationsgruppe (vorläufige Werte)				
	1	2	3	4	5
1991	56 198	51 240	49 118	38 429	31 879
1992	58 722	53 540	51 324	40 154	33 310
1993	63 551	57 944	55 545	43 457	36 050
1994	66 384	60 527	58 020	45 394	37 656
1995	65 226	59 471	57 009	44 602	37 000
1996	65 398	59 628	57 160	44 720	37 088
1997	68 852	62 777	60 179	47 082	39 057
1998	68 774	62 706	60 111	47 029	39 014
1999	67 925	61 932	59 369	46 448	38 532
2000	69 757	63 603	60 970	47 700	39 572
2001	69 976	63 802	61 162	47 850	39 697

noch Anlage 14

Tabelle 5

Bereich: Wasserwirtschaft

Jahr	Qualifikationsgruppe				
	1	2	3	4	5
1950	4 491	3 461	3 660	2 690	2 192
1951	5 014	3 969	4 162	3 074	2 513
1952	5 357	4 332	4 506	3 342	2 743
1953	5 645	4 644	4 794	3 571	2 940
1954	5 883	4 910	5 032	3 763	3 107
1955	6 336	5 353	5 446	4 088	3 386
1956	6 632	5 661	5 722	4 310	3 579
1957	6 798	5 854	5 879	4 443	3 700
1958	7 129	6 186	6 175	4 681	3 908
1959	7 420	6 482	6 433	4 891	4 092
1960	8 118	7 134	7 040	5 367	4 500
1961	8 637	7 629	7 488	5 724	4 809
1962	9 268	8 224	8 031	6 154	5 179
1963	9 807	8 738	8 491	6 522	5 498
1964	10 660	9 534	9 220	7 097	5 992
1965	11 735	10 530	10 137	7 820	6 611
1966	12 553	11 298	10 828	8 370	7 083
1967	12 585	11 358	10 839	8 395	7 111
1968	13 362	12 089	11 490	8 915	7 558
1969	14 433	13 087	12 390	9 630	8 169
1970	16 113	14 641	13 808	10 750	9 123
1971	17 895	16 290	15 308	11 936	10 132
1972	19 395	17 686	16 560	12 932	10 977
1973	22 141	20 221	18 689	14 757	12 523
1974	24 532	22 437	20 869	16 343	13 863
1975	27 086	24 400	21 852	17 295	14 883
1976	28 675	26 047	23 646	18 522	15 633
1977	29 592	27 099	24 881	19 334	16 024
1978	29 877	27 421	25 238	19 948	16 913
1979	30 591	28 170	25 984	20 818	18 222
1980	33 218	30 620	28 014	22 303	19 021
1981	35 196	32 501	29 525	23 361	19 433
1982	36 751	33 898	30 772	24 252	20 111
1983	37 611	34 662	31 424	24 690	20 422

Anl. 14 SGB VI 6

Jahr	Qualifikationsgruppe				
	1	2	3	4	5
1984	38 519	35 475	32 602	25 642	21 370
1985	38 176	35 148	32 925	25 645	21 936
1986	39 464	36 194	34 154	26 686	22 330
1987	40 702	37 223	35 256	27 724	22 768
1988	42 154	38 477	36 681	28 754	23 730
1989	43 397	39 570	37 952	29 676	24 618
I/90	23 236	21 187	20 309	15 890	13 181
II/90	25 345	23 110	22 153	17 331	14 378

Jahr	Qualifikationsgruppe (endgültige Werte)				
	1	2	3	4	5
1991	53 681	48 947	46 920	36 707	30 453
1992	56 580	51 590	49 454	38 689	32 097
1993	58 221	53 086	50 888	39 811	33 028
1994	59 385	54 148	51 906	40 607	33 689
1995	61 226	55 827	53 515	41 866	34 733
1996	62 451	56 944	54 585	42 703	35 428
1997	63 013	57 456	55 076	43 087	35 747
1998	63 958	58 318	55 902	43 733	36 283
1999	64 662	58 959	56 517	44 214	36 682
2000	65 567	59 784	57 308	44 833	37 196
2001	66 728	60 842	58 322	45 627	37 854

Jahr	Qualifikationsgruppe (vorläufige Werte)				
	1	2	3	4	5
1991	53 072	48 392	46 388	36 291	30 107
1992	55 455	50 565	48 471	37 920	31 459
1993	60 016	54 723	52 457	41 039	34 047
1994	62 591	57 162	54 795	42 867	35 563
1995	61 598	56 165	53 840	42 120	34 944
1996	61 760	56 314	53 982	42 231	35 037
1997	65 322	59 288	56 833	44 462	36 886
1998	64 949	59 222	56 768	44 411	36 845
1999	64 147	58 490	56 067	43 863	36 390
2000	65 377	60 068	57 579	45 045	37 371
2001	66 085	60 256	57 760	45 187	37 489

noch Anlage 14

Tabelle 6

Bereich: Maschinen- und Fahrzeugbau

Jahr	Qualifikationsgruppe				
	1	2	3	4	5
1950	5 191	4 001	4 231	3 110	2 534
1951	5 796	4 588	4 811	3 553	2 906
1952	6 193	5 008	5 209	3 864	3 171
1953	6 525	5 369	5 541	4 128	3 398
1954	6 801	5 676	5 816	4 350	3 592
1955	7 340	6 201	6 309	4 736	3 923
1956	7 543	6 439	6 508	4 902	4 071
1957	7 592	6 537	6 566	4 962	4 132
1958	7 817	6 783	6 771	5 132	4 285
1959	7 988	6 978	6 925	5 265	4 405
1960	8 577	7 537	7 437	5 670	4 754
1961	9 368	8 274	8 122	6 208	5 215
1962	10 221	9 070	8 857	6 787	5 712
1963	10 798	9 621	9 349	7 180	6 053
1964	11 732	10 493	10 147	7 811	6 595
1965	12 757	11 448	11 020	8 501	7 186
1966	13 541	12 187	11 681	9 029	7 641
1967	13 723	12 385	11 819	9 154	7 754
1968	14 458	13 080	12 432	9 646	8 178
1969	15 881	14 400	13 633	10 596	8 989
1970	17 690	16 073	15 159	11 802	10 015
1971	19 392	17 652	16 587	12 934	10 979
1972	21 222	19 352	18 120	14 151	12 011
1973	23 705	21 650	20 203	15 800	13 408
1974	26 213	23 975	22 299	17 463	14 813
1975	28 650	25 809	23 114	18 294	15 742
1976	30 561	27 760	25 201	19 739	16 661
1977	32 242	29 526	27 110	21 065	17 459
1978	33 148	30 423	28 001	22 132	18 764
1979	34 265	31 554	29 105	23 318	20 411
1980	37 093	34 193	31 282	24 905	21 241
1981	39 179	36 180	32 866	26 005	21 632
1982	40 671	37 513	34 055	26 839	22 257
1983	42 046	38 749	35 129	27 601	22 830

Anl. 14

Jahr	Qualifikationsgruppe				
	1	2	3	4	5
1984	42 554	39 192	36 018	28 329	23 609
1985	42 914	39 511	37 012	28 828	24 659
1986	43 942	40 301	38 007	29 714	24 864
1987	45 100	41 245	39 066	30 720	25 228
1988	45 920	41 915	39 958	31 323	25 850
1989	46 844	42 712	40 944	32 033	26 573
I/90	23 933	21 822	20 919	16 366	13 576
II/90	27 354	24 942	23 909	18 705	15 517

Jahr	Qualifikationsgruppe (endgültige Werte)				
	1	2	3	4	5
1991	57 936	52 827	50 639	39 617	32 865
1992	61 065	55 680	53 374	41 756	34 640
1993	62 836	57 295	54 922	42 967	35 645
1994	64 093	58 441	56 020	43 826	36 358
1995	66 080	60 253	57 757	45 185	37 485
1996	67 402	61 458	58 912	46 089	38 235
1997	68 009	62 011	59 442	46 504	38 579
1998	69 029	62 941	60 334	47 202	39 158
1999	69 788	63 633	60 998	47 721	39 589
2000	70 765	64 524	61 852	48 389	40 143
2001	72 018	65 666	62 947	49 245	40 854

Jahr	Qualifikationsgruppe (vorläufige Werte)				
	1	2	3	4	5
1991	57 279	52 228	50 065	39 168	32 492
1992	59 851	54 573	52 313	40 927	33 951
1993	64 773	59 061	56 615	44 292	36 743
1994	67 660	61 693	59 138	46 266	38 381
1995	66 480	60 618	58 107	45 459	37 712
1996	66 657	60 779	58 261	45 579	37 812
1997	70 177	63 989	61 338	47 986	39 809
1998	70 098	63 916	61 268	47 933	39 764
1999	69 233	63 127	60 512	47 341	39 273
2000	71 100	64 829	62 144	48 618	40 333
2001	71 323	65 033	62 340	48 771	40 460

noch Anlage 14

Tabelle 7

Bereich: Elektrotechnik / Elektronik / Gerätebau

Jahr	Qualifikationsgruppe				
	1	2	3	4	5
1950	4 814	3 710	3 924	2 884	2 350
1951	5 375	4 255	4 462	3 295	2 694
1952	5 743	4 644	4 830	3 583	2 940
1953	6 051	4 978	5 139	3 828	3 151
1954	6 307	5 264	5 394	4 034	3 331
1955	6 803	5 747	5 848	4 390	3 636
1956	6 975	5 953	6 017	4 532	3 764
1957	7 002	6 030	6 056	4 576	3 811
1958	7 192	6 241	6 230	4 722	3 942
1959	7 332	6 405	6 356	4 832	4 043
1960	7 864	6 910	6 819	5 198	4 359
1961	8 584	7 582	7 442	5 688	4 779
1962	9 344	8 292	8 097	6 204	5 222
1963	9 926	8 844	8 594	6 601	5 564
1964	10 891	9 740	9 420	7 251	6 122
1965	11 913	10 690	10 290	7 938	6 711
1966	12 714	11 443	10 967	8 477	7 174
1967	12 881	11 625	11 094	8 592	7 279
1968	13 665	12 363	11 751	9 117	7 729
1969	15 022	13 621	12 896	10 023	8 502
1970	16 781	15 248	14 381	11 196	9 501
1971	18 528	16 866	15 849	12 358	10 490
1972	20 156	18 380	17 210	13 440	11 408
1973	22 707	20 738	19 352	15 134	12 843
1974	25 033	22 895	21 295	16 677	14 146
1975	27 429	24 709	22 129	17 515	15 071
1976	29 068	26 404	23 970	18 775	15 847
1977	30 636	28 055	25 759	20 016	16 589
1978	31 553	28 958	26 653	21 067	17 861
1979	32 868	30 267	27 918	22 367	19 578
1980	35 730	32 936	30 132	23 990	20 460
1981	37 997	35 088	31 875	25 221	20 979
1982	40 003	36 897	33 495	26 398	21 891
1983	41 277	38 040	34 487	27 096	22 412

Anl. 14 SGB VI 6

Jahr	Qualifikationsgruppe				
	1	2	3	4	5
1984	41 927	38 614	35 487	27 911	23 260
1985	42 206	38 859	36 401	28 352	24 251
1986	42 845	39 294	37 058	28 971	24 243
1987	43 806	40 062	37 945	29 838	24 505
1988	44 722	40 821	38 916	30 505	25 175
1989	45 482	41 471	39 754	31 102	25 801
I/90	23 276	21 222	20 344	15 916	13 203
II/90	26 886	24 515	23 500	18 385	15 251

Jahr	Qualifikationsgruppe (endgültige Werte)				
	1	2	3	4	5
1991	56 945	51 923	49 773	38 940	32 302
1992	60 020	54 727	52 461	41 043	34 046
1993	61 761	56 314	53 982	42 233	35 033
1994	62 996	57 440	55 062	43 078	35 734
1995	64 949	59 221	56 769	44 413	36 842
1996	66 248	60 405	57 904	45 301	37 579
1997	66 844	60 949	58 425	45 709	37 917
1998	67 847	61 863	59 301	46 395	38 486
1999	68 593	62 543	59 953	46 905	38 909
2000	69 553	63 419	60 792	47 562	39 454
2001	70 784	64 542	61 868	48 404	40 152

Jahr	Qualifikationsgruppe (vorläufige Werte)				
	1	2	3	4	5
1991	56 299	51 334	49 208	38 498	31 935
1992	58 827	53 639	51 418	40 226	33 369
1993	63 665	58 050	55 647	43 535	36 114
1994	66 502	60 638	58 127	45 476	37 723
1995	65 343	59 580	57 113	44 683	37 065
1996	65 516	59 738	57 264	44 801	37 163
1997	68 976	62 893	60 289	47 167	39 126
1998	68 898	62 821	60 220	47 113	39 082
1999	68 047	62 046	59 477	46 532	38 600
2000	69 382	63 719	61 080	47 787	39 641
2001	70 102	63 919	61 272	47 937	39 765

Tabelle 8

Bereich: Leichtindustrie (ohne Textilindustrie)

Jahr	Qualifikationsgruppe				
	1	2	3	4	5
1950	4 024	3 101	3 279	2 410	1 964
1951	4 493	3 556	3 729	2 754	2 252
1952	4 800	3 881	4 037	2 995	2 457
1953	5 058	4 161	4 295	3 199	2 634
1954	5 271	4 400	4 508	3 371	2 784
1955	5 695	4 812	4 896	3 675	3 044
1956	5 930	5 062	5 116	3 854	3 201
1957	6 047	5 207	5 229	3 952	3 291
1958	6 308	5 474	5 464	4 142	3 457
1959	6 531	5 705	5 662	4 304	3 601
1960	7 099	6 238	6 156	4 693	3 935
1961	7 675	6 779	6 654	5 086	4 273
1962	8 314	7 378	7 205	5 521	4 646
1963	8 836	7 873	7 650	5 876	4 954
1964	9 693	8 669	8 383	6 453	5 448
1965	10 468	9 393	9 043	6 976	5 897
1966	11 035	9 932	9 519	7 358	6 227
1967	11 288	10 187	9 722	7 529	6 378
1968	11 916	10 781	10 247	7 950	6 740
1969	12 666	11 485	10 873	8 451	7 169
1970	14 376	13 062	12 320	9 591	8 139
1971	15 939	14 509	13 634	10 631	9 024
1972	17 538	15 992	14 974	11 694	9 926
1973	19 677	17 971	16 770	13 115	11 130
1974	21 850	19 984	18 587	14 556	12 347
1975	24 034	21 650	19 389	15 347	13 206
1976	25 651	23 300	21 152	16 568	13 984
1977	26 982	24 709	22 687	17 629	14 611
1978	27 843	25 554	23 519	18 590	15 761
1979	28 914	26 626	24 560	19 677	17 223
1980	31 429	28 972	26 505	21 102	17 997
1981	33 226	30 682	27 872	22 054	18 345
1982	34 969	32 254	29 280	23 076	19 136
1983	36 298	33 452	30 327	23 828	19 709

Anl. 14 SGB VI 6

Jahr	Qualifikationsgruppe				
	1	2	3	4	5
1984	36 949	34 030	31 274	24 597	20 499
1985	37 246	34 292	32 123	25 020	21 401
1986	38 367	35 188	33 185	25 944	21 709
1987	39 624	36 238	34 323	26 990	22 165
1988	40 485	36 954	35 229	27 615	22 790
1989	41 610	37 940	36 370	28 454	23 604
I/90	20 924	19 078	18 288	14 308	11 869
II/90	22 406	20 430	19 585	15 322	12 711

Jahr	Qualifikationsgruppe (endgültige Werte)				
	1	2	3	4	5
1991	47 456	43 271	41 481	32 452	26 922
1992	50 019	45 608	43 721	34 204	28 376
1993	51 470	46 931	44 989	35 196	29 199
1994	52 499	47 870	45 889	35 900	29 783
1995	54 126	49 354	47 312	37 013	30 706
1996	55 209	50 341	48 258	37 753	31 320
1997	55 706	50 794	48 692	38 093	31 602
1998	56 542	51 556	49 422	38 664	32 076
1999	57 164	52 123	49 966	39 089	32 429
2000	57 964	52 853	50 666	39 636	32 883
2001	58 990	53 788	51 563	40 338	33 465

Jahr	Qualifikationsgruppe (vorläufige Werte)				
	1	2	3	4	5
1991		42 780	41 011	32 084	26 617
1992		44 701	42 852	33 525	27 812
1993		48 377	46 376	36 282	30 099
1994		50 534	48 443	37 898	31 441
1995		49 653	47 598	37 237	30 893
1996		49 785	47 725	37 336	30 974
1997		52 414	50 245	39 308	32 610
1998		52 355	50 188	39 263	32 573
1999		51 708	49 568	38 779	32 171
2000		53 103	50 905	39 824	33 038
2001		53 270	51 065	39 949	33 142

Tabelle 9

Bereich: Textilindustrie

Jahr	Qualifikationsgruppe				
	1	2	3	4	5
1950	3 539	2 727	2 884	2 120	1 727
1951	3 951	3 128	3 280	2 422	1 981
1952	4 221	3 413	3 551	2 634	2 161
1953	4 448	3 660	3 777	2 814	2 317
1954	4 636	3 869	3 965	2 965	2 449
1955	4 986	4 212	4 286	3 217	2 664
1956	5 246	4 478	4 526	3 409	2 831
1957	5 406	4 655	4 675	3 533	2 942
1958	5 699	4 945	4 936	3 742	3 124
1959	5 963	5 209	5 169	3 930	3 288
1960	6 573	5 776	5 699	4 345	3 643
1961	7 123	6 292	6 176	4 721	3 966
1962	7 761	6 887	6 725	5 153	4 337
1963	8 321	7 414	7 204	5 533	4 665
1964	9 041	8 086	7 819	6 019	5 082
1965	9 779	8 775	8 447	6 517	5 509
1966	10 369	9 332	8 944	6 914	5 851
1967	10 537	9 509	9 075	7 029	5 954
1968	11 124	10 063	9 565	7 421	6 292
1969	12 200	11 062	10 472	8 140	6 905
1970	13 441	12 213	11 518	8 967	7 610
1971	14 961	13 619	12 797	9 979	8 470
1972	16 442	14 993	14 039	10 963	9 306
1973	18 545	16 937	15 805	12 360	10 489
1974	20 634	18 872	17 553	13 746	11 660
1975	22 699	20 448	18 312	14 494	12 472
1976	24 237	22 015	19 986	15 654	13 213
1977	25 898	23 716	21 775	16 921	14 024
1978	26 806	24 602	22 643	17 897	15 174
1979	27 756	25 559	23 576	18 888	16 533
1980	30 152	27 794	25 428	20 244	17 266
1981	32 175	29 712	26 991	21 356	17 765
1982	33 588	30 980	28 124	22 165	18 381
1983	34 804	32 075	29 079	22 848	18 898

Anl. 14 **SGB VI 6**

Jahr	Qualifikationsgruppe				
	1	2	3	4	5
1984	35 335	32 543	29 908	23 523	19 603
1985	35 651	32 824	30 748	23 949	20 485
1986	37 226	34 141	32 198	25 172	21 063
1987	38 805	35 488	33 613	26 432	21 707
1988	40 357	36 836	35 117	27 528	22 718
1989	41 610	37 940	36 370	28 454	23 604
I/90	20 782	18 949	18 166	14 212	11 789
II/90	22 546	20 557	19 766	15 417	12 790

Jahr	Qualifikationsgruppe (endgültige Werte)				
	1	2	3	4	5
1991	47 753	43 540	41 737	32 653	27 089
1992	50 332	45 891	43 991	34 416	28 552
1993	51 792	47 222	45 267	35 414	29 380
1994	52 828	48 166	46 172	36 122	29 968
1995	54 466	49 659	47 603	37 242	30 897
1996	55 555	50 652	48 555	37 987	31 515
1997	56 055	51 108	48 992	38 329	31 799
1998	56 896	51 875	49 727	38 904	32 276
1999	57 522	52 446	50 274	39 332	32 631
2000	58 327	53 180	50 978	39 883	33 088
2001	59 359	54 121	51 880	40 589	33 674

Jahr	Qualifikationsgruppe (vorläufige Werte)				
	1	2	3	4	5
1991	47 211	43 046	41 264	32 283	26 782
1992	49 331	44 979	43 117	33 732	27 985
1993	53 388	48 678	46 662	36 506	30 286
1994	55 768	50 847	48 742	38 133	31 636
1995	54 796	49 961	47 892	37 468	31 084
1996	54 341	50 093	48 019	37 567	31 167
1997	57 343	52 738	50 554	39 551	32 813
1998	57 777	52 678	50 497	39 506	32 776
1999	57 364	52 028	49 874	39 019	32 371
2000	58 603	53 431	51 219	40 071	33 244
2001	58 787	53 600	51 380	40 197	33 349

Bereich: Lebensmittelindustrie

Tabelle 10

Jahr	\multicolumn{5}{c}{Qualifikationsgruppe}
	1	2	3	4	5
1950	4 095	3 156	3 338	2 454	1 999
1951	4 573	3 620	3 796	2 803	2 292
1952	4 886	3 951	4 109	3 048	2 501
1953	5 148	4 235	4 372	3 257	2 681
1954	5 365	4 478	4 589	3 432	2 834
1955	5 782	4 885	4 970	3 731	3 090
1956	6 053	5 167	5 222	3 934	3 267
1957	6 206	5 344	5 367	4 056	3 378
1958	6 510	5 649	5 639	4 274	3 568
1959	6 777	5 920	5 875	4 466	3 737
1960	7 405	6 507	6 421	4 895	4 105
1961	7 960	7 031	6 901	5 275	4 432
1962	8 620	7 649	7 469	5 723	4 817
1963	9 114	8 121	7 891	6 060	5 109
1964	9 987	8 932	8 638	6 649	5 614
1965	10 824	9 712	9 350	7 213	6 097
1966	11 587	10 429	9 995	7 726	6 539
1967	11 925	10 762	10 721	7 955	6 738
1968	12 523	11 329	10 768	8 355	7 083
1969	13 550	12 286	11 631	9 040	7 669
1970	15 232	13 839	13 052	10 162	8 623
1971	16 946	15 426	14 496	11 303	9 594
1972	18 634	16 992	15 910	12 425	10 546
1973	20 842	19 035	17 763	13 892	11 789
1974	23 209	21 227	19 743	15 462	13 115
1975	25 827	23 266	20 836	16 491	14 191
1976	27 418	24 905	22 610	17 710	14 948
1977	28 989	26 547	24 375	18 941	15 698
1978	29 638	27 201	25 036	19 788	16 777
1979	30 631	28 207	26 018	20 845	18 246
1980	33 218	30 620	28 014	22 303	19 021
1981	34 889	32 218	29 267	23 158	19 263
1982	36 395	33 569	30 474	24 017	19 916
1983	37 837	34 870	31 613	24 838	20 544

Anl. 14　SGB VI 6

Jahr	Qualifikationsgruppe				
	1	2	3	4	5
1984	38 429	35 393	32 527	25 582	21 320
1985	38 574	35 515	33 269	25 913	22 165
1986	39 464	36 194	34 134	26 686	22 330
1987	40 357	36 908	34 957	27 489	22 575
1988	41 298	37 696	35 936	28 170	23 248
1989	42 674	38 910	37 299	29 182	24 208
I/90	22 128	20 175	19 340	15 131	12 552
II/90	23 889	21 782	20 830	16 335	13 551

Jahr	Qualifikationsgruppe (endgültige Werte)				
	1	2	3	4	5
1991	50 597	46 134	44 224	34 598	28 701
1992	53 329	48 625	46 612	36 466	30 251
1993	54 876	50 035	47 964	37 524	31 128
1994	55 974	51 036	48 923	38 274	31 751
1995	57 709	52 618	50 440	39 460	32 735
1996	58 863	53 670	51 449	40 249	33 390
1997	59 393	54 153	51 912	40 611	33 691
1998	60 284	54 965	52 691	41 220	34 196
1999	60 947	55 570	53 271	41 673	34 572
2000	61 800	56 348	54 017	42 256	35 056
2001	62 894	57 345	54 973	43 004	35 676

Jahr	Qualifikationsgruppe (vorläufige Werte)				
	1	2	3	4	5
1991	50 323	45 611	43 722	34 205	28 375
1992	52 269	47 659	45 686	35 741	29 650
1993	56 568	51 578	49 443	38 681	32 088
1994	59 089	53 877	51 646	40 404	33 518
1995	58 059	52 937	50 746	39 700	32 933
1996	58 213	53 077	50 880	39 805	33 021
1997	61 287	55 880	53 567	41 907	34 765
1998	61 218	55 817	53 507	41 859	34 726
1999	60 462	55 128	52 846	41 342	34 297
2000	62 093	56 614	54 272	42 457	35 222
2001	62 288	56 793	54 443	42 590	35 333

noch Anlage 14

Bereich: Bauwirtschaft

Tabelle 11

Jahr	Qualifikationsgruppe				
	1	2	3	4	5
1950	4 347	3 350	3 543	2 604	2 122
1951	4 797	3 797	3 982	2 941	2 405
1952	5 066	4 096	4 261	3 161	2 594
1953	5 276	4 341	4 481	3 338	2 748
1954	5 435	4 537	4 648	3 476	2 871
1955	5 765	4 870	4 955	3 719	3 081
1956	6 210	5 301	5 358	4 035	3 352
1957	6 552	5 642	5 666	4 282	3 566
1958	7 071	6 136	6 125	4 643	3 876
1959	7 575	6 617	6 567	4 992	4 177
1960	8 475	7 447	7 349	5 603	4 698
1961	9 260	8 180	8 029	6 137	5 156
1962	10 012	8 884	8 675	6 648	5 595
1963	10 520	9 374	9 108	6 996	5 898
1964	11 480	10 267	9 929	7 643	6 453
1965	12 646	11 348	10 924	8 427	7 124
1966	13 610	12 250	11 740	9 075	7 680
1967	13 882	12 528	11 957	9 260	7 844
1968	14 901	13 481	12 813	9 942	8 428
1969	16 348	14 823	14 034	10 907	9 253
1970	18 465	16 777	15 823	12 319	10 454
1971	19 996	18 202	17 104	13 337	11 321
1972	21 801	19 879	18 614	14 536	12 339
1973	24 305	22 197	20 714	16 199	13 747
1974	26 821	24 531	22 816	17 868	15 156
1975	29 451	26 530	23 760	18 806	16 182
1976	31 307	28 438	25 816	20 221	17 068
1977	32 804	30 040	27 582	21 433	17 764
1978	33 348	30 606	28 169	22 265	18 877
1979	34 026	31 333	28 902	23 155	20 268
1980	36 497	33 643	30 779	24 505	20 899
1981	38 435	35 493	32 242	25 511	21 221
1982	39 736	36 651	33 271	26 221	21 745
1983	41 141	37 915	34 373	27 007	22 338

Anl. 14 SGB VI 6

Jahr	Qualifikationsgruppe				
	1	2	3	4	5
1984	41 568	38 284	35 183	27 672	23 061
1985	42 206	38 859	36 401	28 352	24 251
1986	43 196	39 616	37 362	29 209	24 441
1987	44 194	40 417	38 281	30 103	24 722
1988	44 936	41 016	39 102	30 651	25 296
1989	45 695	41 665	39 940	31 247	25 921
I/90	23 248	21 197	20 320	15 897	13 187
II/90	28 102	25 623	24 563	19 217	15 941

Jahr	Qualifikationsgruppe (endgültige Werte)				
	1	2	3	4	5
1991	59 520	54 270	52 025	40 702	33 763
1992	62 734	57 201	54 834	42 900	35 586
1993	64 553	58 860	56 424	44 144	36 618
1994	65 844	60 037	57 552	45 027	37 350
1995	67 885	61 898	59 336	46 423	38 508
1996	69 243	63 136	60 523	47 351	39 278
1997	69 866	63 704	61 068	47 777	39 632
1998	70 914	64 660	61 984	48 494	40 226
1999	71 694	65 371	62 666	49 027	40 668
2000	72 698	66 286	63 543	49 713	41 237
2001	73 985	67 459	64 668	50 593	41 967

	Qualifikationsgruppe (vorläufige Werte)				
	1	2	3	4	5
	58 845	53 654	51 434	40 240	33 380
	61 487	56 063	53 744	42 047	34 879
	66 544	60 674	58 164	45 505	37 747
	65 509	63 379	60 756	47 533	39 429
	68 297	62 274	59 697	46 704	38 742
	68 478	62 438	59 854	46 828	38 844
	72 094	65 736	63 015	49 301	40 895
	72 013	65 661	62 944	49 245	40 849
	71 124	64 851	62 167	48 637	40 345
	73 041	66 600	63 844	49 949	41 433
	73 271	66 809	64 045	50 106	41 563

Bereich: Sonstige produzierende Bereiche

Tabelle 12

Jahr	Qualifikationsgruppe				
	1	2	3	4	5
1950	6 091	4 545	4 844	3 388	2 639
1951	6 530	5 026	5 303	3 737	2 931
1952	6 690	5 277	5 517	3 914	3 087
1953	6 752	5 434	5 631	4 019	3 187
1954	6 749	5 520	5 673	4 071	3 244
1955	6 970	5 781	5 894	4 251	3 402
1956	7 332	6 153	6 227	4 512	3 625
1957	7 551	6 400	6 431	4 680	3 774
1958	7 968	6 812	6 799	4 967	4 019
1959	8 325	7 171	7 111	5 215	4 233
1960	9 155	7 939	7 823	5 757	4 687
1961	9 880	8 618	8 442	6 233	5 088
1962	10 686	9 370	9 126	6 759	5 531
1963	11 299	9 954	9 642	7 162	5 873
1964	12 244	10 831	10 437	7 774	6 388
1965	13 215	11 734	11 250	8 402	6 916
1966	13 972	12 448	11 878	8 893	7 331
1967	14 131	12 628	11 994	9 001	7 430
1968	14 808	13 270	12 547	9 437	7 798
1969	15 910	14 294	13 457	10 143	8 389
1970	17 697	15 936	14 941	11 284	9 338
1971	19 578	17 667	16 497	12 483	10 335
1972	21 203	19 170	17 832	13 518	11 193
1973	23 571	21 349	19 785	15 025	12 439
1974	25 922	23 516	21 715	16 518	13 670
1975	28 308	25 240	22 329	17 125	14 369
1976	29 570	26 611	23 907	18 137	14 884
1977	30 954	28 109	25 579	19 249	15 472
1978	31 667	28 846	26 340	20 266	16 781
1979	32 982	30 174	27 639	21 647	17 712
1980	35 580	32 575	29 560	22 956	18 908
1981	37 108	34 021	30 610	23 548	19 499
1982	38 550	35 297	31 734	24 300	20 226
1983	39 844	36 448	32 720	24 966	20 917

Anl. 14   SGB VI 6

Jahr	Qualifikationsgruppe				
	1	2	3	4	5
1984	40 299	36 870	33 633	25 790	21 579
1985	40 565	37 127	34 602	26 333	22 121
1986	41 643	37 958	35 637	27 244	22 336
1987	42 525	38 649	36 457	28 063	22 540
1988	43 125	39 112	37 152	28 500	23 018
1989	44 281	40 116	38 333	29 349	23 845
I/90	22 856	20 706	19 785	15 149	12 308
II/90	22 490	20 375	19 470	14 907	12 111

Jahr	Qualifikationsgruppe (endgültige Werte)				
	1	2	3	4	5
1991	47 634	43 154	41 238	31 573	25 651
1992	50 206	45 484	43 465	33 278	27 036
1993	51 662	46 803	44 725	34 243	27 820
1994	52 695	47 739	45 620	34 928	28 376
1995	54 329	49 219	47 034	36 011	29 256
1996	55 416	50 203	47 975	36 731	29 841
1997	55 915	50 655	48 407	37 062	30 110
1998	56 754	51 415	49 133	37 618	30 562
1999	57 378	51 981	49 673	38 032	30 898
2000	58 181	52 709	50 368	38 564	31 331
2001	59 211	53 642	51 260	39 247	31 886

Jahr	Qualifikationsgruppe (vorläufige Werte)				
	1	2	3	4	5
1991	47 094	42 665	40 770	31 215	25 360
1992	49 208	44 581	42 600	32 617	26 499
1993	53 255	48 246	46 104	35 299	28 678
1994	55 628	50 396	48 159	36 872	29 956
1995	54 658	49 518	47 319	36 229	29 434
1996	54 803	49 649	47 445	36 325	29 511
1997	57 697	52 271	49 950	38 244	31 070
1998	57 633	52 211	49 894	38 200	31 035
1999	56 921	51 567	49 278	37 729	30 652
2000	58 457	52 957	50 607	38 747	31 479
2001	58 640	53 125	50 766	38 869	31 578

noch Anlage 14

Tabelle 13

Bereich: Produzierendes Handwerk

Jahr	Qualifikationsgruppe				
	1	2	3	4	5
1950	2 820	2 173	2 299	1 689	1 377
1951	3 081	2 439	2 557	1 889	1 544
1952	3 220	2 604	2 709	2 009	1 649
1953	3 320	2 731	2 819	2 100	1 729
1954	3 385	2 826	2 895	2 165	1 788
1955	3 566	3 013	3 065	2 301	1 906
1956	3 873	3 306	3 341	2 517	2 090
1957	4 119	3 547	3 562	2 692	2 242
1958	4 481	3 889	3 882	2 942	2 456
1959	4 839	4 227	4 195	3 189	2 669
1960	5 486	4 820	4 757	3 627	3 041
1961	6 215	5 490	5 389	4 119	3 460
1962	6 980	6 194	6 048	4 634	3 900
1963	7 370	6 567	6 381	4 901	4 132
1964	7 906	7 070	6 837	5 263	4 444
1965	8 624	7 738	7 449	5 746	4 858
1966	9 541	8 587	8 230	6 362	5 384
1967	9 922	8 955	8 546	6 619	5 607
1968	10 727	9 705	9 224	7 157	6 067
1969	11 267	10 216	9 672	7 517	6 377
1970	12 746	11 581	10 923	8 504	7 216
1971	14 213	12 938	12 158	9 480	8 047
1972	15 589	14 215	13 311	10 395	8 823
1973	17 446	15 933	14 869	11 628	9 868
1974	19 240	17 597	16 366	12 817	10 872
1975	20 944	18 867	16 897	13 373	11 508
1976	22 194	20 160	18 301	14 335	12 099
1977	23 609	21 620	19 851	15 425	12 785
1978	24 253	22 559	20 487	16 193	13 729
1979	24 761	22 801	21 032	16 850	14 749
1980	27 043	24 928	22 806	18 157	15 485
1981	28 323	26 155	23 759	18 799	15 638
1982	29 713	27 406	24 879	19 607	16 260
1983	30 776	28 363	25 714	20 203	16 711

Anl. 14 SGB VI 6

Jahr	Qualifikationsgruppe				
	1	2	3	4	5
1984	31 523	29 033	26 632	20 985	17 489
1985	31 842	29 318	27 453	21 391	18 297
1986	32 485	29 793	28 097	21 966	18 381
1987	33 070	30 244	28 646	22 526	18 499
1988	34 194	31 211	29 755	23 324	19 249
1989	35 867	32 703	31 349	24 527	20 346
I/90	18 821	17 160	16 450	12 870	10 676
II/90	17 816	16 245	15 572	12 183	10 107

Jahr	Qualifikationsgruppe (endgültige Werte)				
	1	2	3	4	5
1991	37 734	34 407	32 982	25 804	21 407
1992	39 772	36 265	34 763	27 197	22 563
1993	40 925	37 317	35 771	27 986	23 217
1994	41 744	38 063	36 486	28 546	23 681
1995	43 038	39 243	37 617	29 431	24 415
1996	43 899	40 028	38 369	30 020	24 903
1997	44 294	40 388	38 714	30 290	25 127
1998	44 958	40 994	39 295	30 744	25 504
1999	45 453	41 445	39 727	31 082	25 785
2000	46 089	42 025	40 283	31 517	26 146
2001	46 905	42 769	40 996	32 075	26 609

Jahr	Qualifikationsgruppe (vorläufige Werte)				
	1	2	3	4	5
1991	37 306	34 017	32 607	25 511	21 164
1992	38 981	35 544	34 072	26 656	22 114
1993	42 187	38 467	36 874	28 849	23 933
1994	44 067	40 182	38 517	30 134	25 000
1995	43 299	39 481	37 846	29 609	24 564
1996	43 414	39 586	37 945	29 688	24 628
1997	45 706	41 676	39 949	31 256	25 929
1998	45 655	41 629	39 904	31 221	25 899
1999	45 091	41 115	39 411	30 835	25 579
2000	46 307	42 224	40 474	31 666	26 269
2001	46 453	42 357	40 601	31 766	26 352

Tabelle 14

Bereich: Land- und Forstwirtschaft

Jahr	Qualifikationsgruppe				
	1	2	3	4	5
1950	2 793	2 159	2 281	1 684	1 377
1951	3 158	2 506	2 626	1 948	1 598
1952	3 416	2 769	2 879	2 144	1 766
1953	3 644	3 005	3 100	2 319	1 916
1954	3 845	3 216	3 294	2 474	2 050
1955	4 199	3 554	3 616	2 725	2 264
1956	4 605	3 938	3 979	3 009	2 508
1957	4 946	4 266	4 284	3 250	2 716
1958	5 434	4 723	4 714	3 588	3 005
1959	5 926	5 184	5 145	3 927	3 296
1960	6 782	5 968	5 890	4 508	3 792
1961	7 490	6 625	6 504	4 991	4 206
1962	8 172	7 261	7 092	5 455	4 604
1963	8 567	7 643	7 429	5 726	4 841
1964	9 131	8 176	7 910	6 110	5 172
1965	10 345	9 293	8 950	6 927	5 871
1966	11 383	10 257	9 836	7 629	6 475
1967	11 806	10 668	10 187	7 919	6 728
1968	12 815	11 608	11 041	8 600	7 314
1969	14 195	12 888	12 211	9 530	8 112
1970	16 202	14 741	13 916	10 883	9 269
1971	18 243	16 635	15 651	12 274	10 467
1972	19 920	18 187	17 045	13 366	11 383
1973	22 420	20 495	19 139	15 014	12 774
1974	25 169	23 031	21 431	16 813	14 282
1975	27 664	24 933	22 342	17 708	15 255
1976	29 336	26 654	24 203	18 973	16 025
1977	30 791	28 194	25 883	20 102	16 653
1978	31 392	28 810	26 517	20 959	17 769
1979	32 278	29 728	27 424	21 982	19 247
1980	35 005	32 264	29 514	23 488	20 026
1981	36 745	33 923	30 806	24 351	20 237
1982	37 973	35 019	31 784	25 034	20 748
1983	39 601	36 496	33 086	25 996	21 502

Anl. 14　　　　　　　　　　　　　　　　　　　　　　　　　　　　　　　　　Anl. 14　SGB VI　6

Jahr	Qualifikationsgruppe				
	1	2	3	4	5
1984	39 834	36 695	33 731	26 552	22 146
1985	39 944	36 794	34 430	26 905	23 045
1986	40 556	37 213	35 137	27 493	23 040
1987	41 222	37 717	35 736	28 148	23 155
1988	42 192	38 534	36 747	28 859	23 861
1989	43 738	39 903	38 252	29 990	24 922
I/90	21 340	19 469	18 658	14 633	12 160
II/90	21 574	19 683	18 873	14 793	12 293

Jahr	Qualifikationsgruppe (endgültige Werte)				
	1	2	3	4	5
1991	45 694	41 689	39 973	31 332	26 037
1992	48 161	43 940	42 132	33 024	27 443
1993	49 558	45 214	43 354	33 982	28 239
1994	50 549	46 118	44 221	34 662	28 804
1995	52 116	47 548	45 592	35 737	29 697
1996	53 158	48 499	46 504	36 452	30 291
1997	53 636	48 935	46 923	36 780	30 564
1998	54 441	49 669	47 627	37 332	31 022
1999	55 040	50 215	48 151	37 743	31 363
2000	55 811	50 918	48 825	38 271	31 802
2001	56 799	51 819	49 689	38 948	32 365

Jahr	Qualifikationsgruppe (vorläufige Werte)				
	1	2	3	4	5
1991	45 175	41 216	39 520	30 976	25 741
1992	47 204	43 066	41 294	32 367	26 897
1993	51 086	46 609	44 690	35 029	29 110
1994	53 362	48 686	46 682	36 591	30 407
1995	52 432	47 836	45 869	35 953	29 877
1996	52 571	47 963	45 990	36 048	29 956
1997	55 347	50 496	48 419	37 953	31 538
1998	55 284	50 439	48 364	37 910	31 503
1999	54 601	49 816	47 768	37 442	31 114
2000	56 074	51 159	49 056	38 452	31 953
2001	56 251	51 320	49 210	38 573	32 053

Tabelle 15

Bereich: Verkehr

Jahr	1	2	Qualifikationsgruppe 3	4	5
1950	5 000	3 888	4 103	3 056	2 518
1951	5 545	4 425	4 632	3 465	2 864
1952	5 884	4 792	4 977	3 739	3 101
1953	6 155	5 098	5 256	3 964	3 297
1954	6 370	5 349	5 476	4 145	3 458
1955	6 825	5 799	5 897	4 479	3 746
1956	7 180	6 161	6 225	4 744	3 978
1957	7 396	6 401	6 427	4 913	4 130
1958	7 794	6 795	6 784	5 201	4 381
1959	8 152	7 154	7 101	5 459	4 609
1960	8 973	7 918	7 818	6 026	5 097
1961	10 029	8 894	8 736	6 749	5 719
1962	10 735	9 563	9 345	7 237	6 142
1963	11 292	10 098	9 821	7 621	6 478
1964	12 325	11 061	10 709	8 327	7 086
1965	13 298	11 972	11 540	8 990	7 659
1966	14 295	12 907	12 387	9 668	8 245
1967	14 536	13 158	12 576	9 831	8 390
1968	15 434	14 002	13 329	10 435	8 910
1969	16 741	15 221	14 434	11 317	9 667
1970	18 926	17 243	16 292	12 798	10 938
1971	21 189	19 343	18 214	14 338	12 264
1972	23 049	21 074	19 774	15 582	13 323
1973	26 224	24 007	22 446	17 697	15 117
1974	28 753	26 350	24 550	19 358	16 513
1975	31 734	28 643	25 711	20 468	17 692
1976	33 300	30 298	27 555	21 700	18 400
1977	35 281	32 355	29 752	23 241	19 357
1978	36 206	33 277	30 674	24 368	20 749
1979	37 834	34 892	32 235	25 956	22 801
1980	40 365	37 261	34 146	27 323	23 402
1981	42 411	39 207	35 668	28 339	23 668
1982	43 844	40 482	36 800	29 118	24 239
1983	45 303	41 800	37 954	29 956	24 887

Anl. 14

Jahr	Qualifikationsgruppe				
	1	2	3	4	5
1984	45 724	42 164	38 803	30 659	25 661
1985	46 451	42 823	40 159	31 435	26 989
1986	48 009	44 088	41 658	32 686	27 463
1987	50 234	46 004	43 651	34 451	28 424
1988	50 657	46 300	44 172	34 780	28 828
1989	51 518	47 033	45 134	35 443	29 517
I/90	26 681	24 359	23 364	18 355	15 287
II/90	28 100	25 654	24 607	19 332	16 100

Jahr	Qualifikationsgruppe (endgültige Werte)				
	1	2	3	4	5
1991	59 516	54 335	52 118	40 945	34 100
1992	62 730	57 269	54 932	43 156	35 941
1993	64 549	58 930	56 525	44 408	36 983
1994	65 840	60 109	57 656	45 296	37 723
1995	67 881	61 972	59 443	46 700	38 892
1996	69 239	63 211	60 632	47 634	39 670
1997	69 862	63 780	61 178	48 063	40 027
1998	70 910	64 737	62 096	48 784	40 627
1999	71 690	65 449	62 779	49 321	41 074
2000	72 694	66 365	63 658	50 011	41 649
2001	73 981	67 540	64 785	50 896	42 386

Jahr	Qualifikationsgruppe (vorläufige Werte)				
	1	2	3	4	5
1991	58 341	53 719	51 527	40 481	33 713
1992	61 483	56 131	53 840	42 298	35 227
1993	66 339	60 747	58 268	45 777	38 124
1994	69 505	63 454	60 865	47 817	39 823
1995	68 293	62 348	59 803	46 984	39 128
1996	68 474	62 513	59 962	47 108	39 232
1997	72 090	65 814	63 128	49 595	41 303
1998	72 009	65 739	63 057	49 539	41 257
1999	71 120	64 928	62 279	48 928	40 747
2000	73 037	66 679	63 959	50 248	41 846
2001	73 267	66 889	64 160	50 406	41 978

noch Anlage 14

Tabelle 16

Bereich: Post- und Fernmeldewesen

Jahr	Qualifikationsgruppe				
	1	2	3	4	5
1950	4 519	3 514	3 708	2 762	2 275
1951	4 796	3 827	4 006	2 997	2 477
1952	4 869	3 966	4 119	3 095	2 566
1953	4 875	4 038	4 163	3 140	2 611
1954	4 828	4 055	4 151	3 142	2 621
1955	4 949	4 205	4 276	3 248	2 717
1956	5 241	4 497	4 544	3 463	2 904
1957	5 435	4 703	4 723	3 610	3 035
1958	5 766	5 027	5 018	3 847	3 241
1959	6 071	5 327	5 288	4 065	3 432
1960	6 765	5 970	5 894	4 543	3 843
1961	8 743	7 754	7 616	5 884	4 986
1962	9 418	8 389	8 199	6 349	5 388
1963	10 066	9 002	8 756	6 794	5 775
1964	10 895	9 778	9 467	7 361	6 264
1965	11 559	10 406	10 030	7 814	6 657
1966	12 189	11 005	10 562	8 243	7 030
1967	12 313	11 145	10 652	8 327	7 106
1968	12 821	11 632	11 073	8 669	7 402
1969	13 892	12 631	11 978	9 391	8 022
1970	15 438	14 065	13 289	10 439	8 922
1971	17 840	16 286	15 335	12 072	10 326
1972	19 479	17 810	16 711	13 169	11 259
1973	21 751	19 912	18 617	14 678	12 538
1974	24 515	22 466	20 932	16 505	14 079
1975	26 180	23 630	21 211	16 886	14 595
1976	27 631	25 139	22 863	18 005	15 267
1977	28 959	26 557	24 421	19 077	15 888
1978	29 475	27 091	24 972	19 838	16 892
1979	30 275	27 921	25 795	20 770	18 246
1980	33 045	30 504	27 954	22 368	19 158
1981	34 958	32 317	29 400	23 359	19 508
1982	35 815	33 069	30 061	23 785	19 800
1983	37 775	34 855	31 648	24 979	20 752

Anl. 14 SGB VI 6

Jahr	Qualifikationsgruppe				
	1	2	3	4	5
1984	39 127	36 081	33 204	26 236	21 958
1985	40 066	36 937	34 638	27 114	23 279
1986	40 394	37 094	35 016	27 501	23 107
1987	41 001	37 548	35 596	28 119	23 200
1988	42 496	38 841	37 056	29 177	24 184
1989	43 068	39 319	37 715	29 629	24 675
I/90	23 690	21 628	20 745	16 297	13 573
II/90	24 566	22 427	21 512	16 901	14 074

Jahr	Qualifikationsgruppe (endgültige Werte)				
	1	2	3	4	5
1991	52 031	47 501	45 563	35 796	29 809
1992	54 841	50 066	48 023	37 729	31 419
1993	56 431	51 518	49 416	38 823	32 330
1994	57 560	52 548	50 404	39 599	32 977
1995	59 344	54 177	51 967	40 827	33 999
1996	60 531	55 261	53 006	41 644	34 679
1997	61 076	55 758	53 483	42 019	34 991
1998	61 992	56 594	54 285	42 649	35 516
1999	62 674	57 217	54 882	43 118	35 907
2000	63 551	58 018	55 650	43 722	36 410
2001	64 676	59 045	56 635	44 496	37 054

	Qualifikationsgruppe (vorläufige Werte)				
	1	2	3	4	5
	51 441	46 962	45 046	35 390	29 471
	52 750	49 070	47 068	36 979	30 794
	58 171	53 106	50 940	40 020	33 327
	60 764	55 473	53 209	41 804	34 812
	58 704	54 506	52 282	41 075	34 205
	59 862	54 650	52 420	41 183	34 296
	62 023	57 536	55 189	43 358	36 107
	62 952	57 471	55 126	43 310	36 066
	62 175	56 762	54 446	42 775	35 621
	63 852	58 292	55 914	43 928	36 581
	64 053	58 476	56 089	44 067	36 697

Bereich: Handel

Tabelle 17

Jahr	Qualifikationsgruppe				
	1	2	3	4	5
1950	4 275	3 315	3 501	2 597	2 132
1951	4 606	3 687	3 840	2 862	2 359
1952	4 748	3 860	4 010	3 003	2 483
1953	4 826	3 991	4 116	3 095	2 568
1954	4 853	4 070	4 167	3 146	2 619
1955	5 042	4 279	4 352	3 298	2 754
1956	5 375	4 608	4 656	3 541	2 965
1957	5 611	4 853	4 873	3 719	3 121
1958	5 993	5 222	5 213	3 991	3 358
1959	6 352	5 571	5 530	4 246	3 582
1960	7 079	6 244	6 165	4 747	4 013
1961	7 684	6 813	6 691	5 167	4 377
1962	8 352	7 439	7 270	5 628	4 776
1963	8 764	7 838	7 623	5 917	5 029
1964	9 437	8 471	8 201	6 380	5 432
1965	10 227	9 209	8 877	6 920	5 898
1966	10 816	9 767	9 375	7 322	6 248
1967	11 316	10 246	9 794	7 663	6 545
1968	12 070	10 954	10 430	8 174	6 985
1969	13 120	11 935	11 320	8 889	7 602
1970	14 736	13 432	12 695	9 987	8 546
1971	16 430	14 997	14 121	11 112	9 502
1972	17 798	16 263	15 252	11 994	10 239
1973	20 115	18 423	17 232	13 609	11 640
1974	22 233	20 392	19 013	15 035	12 855
1975	24 507	22 142	19 899	15 889	13 765
1976	25 904	23 593	21 471	16 974	14 434
1977	27 160	24 931	22 948	17 988	15 028
1978	27 402	25 204	23 252	18 520	15 805
1979	28 244	26 064	24 094	19 441	17 103
1980	30 550	28 215	25 873	20 740	17 791
1981	31 894	29 501	26 857	21 384	17 895
1982	33 106	30 588	27 830	22 076	18 423
1983	34 363	31 723	28 824	22 795	18 974

Anl. 14 SGB VI 6

Jahr	Qualifikationsgruppe				
	1	2	3	4	5
1984	35 081	32 367	29 835	23 598	19 789
1985	35 909	33 125	31 079	24 382	20 969
1986	36 826	33 839	31 958	25 156	21 178
1987	37 198	34 084	32 323	25 581	21 144
1988	37 761	34 532	32 955	25 993	21 582
1989	38 777	35 422	33 986	26 751	22 317
I/90	20 799	18 999	18 229	14 348	11 971
II/90	20 651	18 865	18 130	14 247	11 885

Jahr	Qualifikationsgruppe (endgültige Werte)				
	1	2	3	4	5
1991	43 739	39 956	38 336	30 175	25 173
1992	46 101	42 114	40 406	31 804	26 532
1993	47 438	43 335	41 578	32 726	27 301
1994	48 387	44 202	42 410	33 381	27 847
1995	49 887	45 572	43 725	34 416	28 710
1996	50 885	46 483	44 600	35 104	29 284
1997	51 343	46 901	45 001	35 420	29 548
1998	52 113	47 605	45 676	35 951	29 991
1999	52 686	48 129	46 178	36 346	30 321
2000	53 424	48 803	46 824	36 855	30 745
2001	54 370	49 667	47 653	37 507	31 289

Jahr	Qualifikationsgruppe (vorläufige Werte)				
	1	2	3	4	5
1991	43 243	39 503	37 901	29 833	24 887
1992	45 184	41 277	39 603	31 172	26 004
1993	48 901	44 671	42 860	33 736	28 144
1994	51 080	46 662	44 770	35 239	29 397
1995	50 189	45 848	43 990	34 624	28 884
1996	50 322	45 970	44 106	34 716	28 961
1997	52 980	48 397	46 436	36 550	30 490
1998	52 920	48 342	46 384	36 508	30 455
1999	52 267	47 745	45 811	36 058	30 080
2000	53 676	49 033	47 046	37 030	30 891
2001	53 845	49 188	47 194	37 146	30 988

Bereich: Bildung, Kultur, Gesundheits- und Sozialwesen

Tabelle 18

Jahr	Qualifikationsgruppe				
	1	2	3	4	5
1950	4 635	3 521	3 737	2 687	2 148
1951	4 971	3 888	4 088	2 960	2 380
1952	5 102	4 085	4 257	3 103	2 507
1953	5 166	4 214	4 356	3 193	2 593
1954	5 168	4 282	4 392	3 236	2 639
1955	5 366	4 504	4 586	3 396	2 780
1956	5 719	4 854	4 908	3 651	3 000
1957	5 964	5 111	5 133	3 834	3 162
1958	6 271	5 417	5 407	4 055	3 355
1959	6 615	5 756	5 711	4 298	3 567
1960	7 396	6 476	6 389	4 825	4 015
1961	8 021	7 063	6 929	5 251	4 381
1962	8 677	7 675	7 489	5 686	4 749
1963	9 152	8 127	7 889	6 000	5 017
1964	9 890	8 813	8 513	6 484	5 427
1965	10 682	9 550	9 180	7 002	5 866
1966	11 351	10 177	9 737	7 437	6 234
1967	11 785	10 593	10 090	7 716	6 470
1968	12 367	11 142	10 566	8 089	6 784
1969	13 298	12 006	11 338	8 689	7 287
1970	15 024	13 591	12 781	9 805	8 221
1971	17 448	15 809	14 805	11 363	9 520
1972	18 719	16 986	15 845	12 169	10 187
1973	20 726	18 828	17 491	13 424	11 214
1974	22 914	20 837	19 282	14 796	12 337
1975	24 323	22 116	20 473	15 668	13 044
1976	24 451	22 237	20 583	15 717	13 065
1977	25 682	23 361	21 645	16 474	13 673
1978	26 234	23 869	22 115	16 777	13 905
1979	27 285	24 833	23 007	17 399	14 399
1980	28 301	25 764	23 869	17 995	14 871
1981	30 672	27 930	25 874	19 448	16 050
1982	32 514	29 615	27 434	20 560	16 974
1983	33 283	30 326	28 093	20 971	17 320

Anl. 14 SGB VI 6

Jahr	Qualifikationsgruppe				
	1	2	3	4	5
1984	33 911	30 881	28 508	21 304	17 577
1985	34 265	31 181	28 916	21 499	17 720
1986	35 036	31 750	29 580	22 193	17 816
1987	35 667	32 229	30 285	22 840	17 942
1988	36 969	33 332	31 556	23 715	18 746
1989	39 802	35 844	34 150	25 612	20 381
I/90	21 302	19 184	18 276	13 707	10 908
II/90	20 441	18 409	17 339	13 155	10 468

Jahr	Qualifikationsgruppe (endgültige Werte)				
	1	2	3	4	5
1991	43 294	38 990	37 148	27 862	22 171
1992	45 632	41 095	39 154	29 367	23 368
1993	46 955	42 287	40 289	30 219	24 046
1994	47 894	43 133	41 095	30 823	24 527
1995	49 379	44 470	42 369	31 779	25 287
1996	50 367	45 359	43 216	32 415	25 793
1997	50 820	45 767	43 605	32 707	26 025
1998	51 582	46 454	44 259	33 198	26 415
1999	52 149	46 965	44 746	33 563	26 706
2000	52 879	47 623	45 372	34 033	27 080
2001	53 815	48 466	46 175	34 635	27 559

Jahr	Qualifikationsgruppe (vorläufige Werte)				
	1	2	3	4	5
1991	42 803	38 548	36 726	27 546	21 920
1992	44 725	40 279	38 375	28 783	22 904
1993	46 403	43 591	41 532	31 150	24 787
1994	50 560	45 533	43 383	32 539	25 892
1995	49 678	44 740	42 626	31 972	25 441
1996	45 810	44 858	42 739	32 056	25 508
1997	52 440	47 227	44 996	33 749	26 855
1998	52 382	47 173	44 945	33 712	26 825
1999	51 735	46 591	44 390	33 296	26 493
2000	53 129	47 848	45 587	34 194	27 207
2001	53 296	47 998	45 730	34 301	27 294

Bereich: Wissenschaft, Hoch- und Fachschulwesen

Tabelle 19

Jahr	Qualifikationsgruppe				
	1	2	3	4	5
1950	5 988	4 548	4 827	3 471	2 774
1951	6 433	5 031	5 290	3 831	3 080
1952	6 624	5 302	5 526	4 027	3 255
1953	6 715	5 477	5 662	4 150	3 370
1954	6 733	5 578	5 722	4 216	3 438
1955	7 012	5 885	5 993	4 437	3 633
1956	7 474	6 343	6 414	4 770	3 921
1957	7 778	6 665	6 694	5 000	4 123
1958	8 220	7 101	7 088	5 315	4 397
1959	8 626	7 506	7 446	5 605	4 651
1960	9 607	8 412	8 298	6 268	5 216
1961	10 495	9 241	9 065	6 870	5 731
1962	11 468	10 143	9 897	7 514	6 277
1963	12 140	10 780	10 485	7 959	6 655
1964	13 145	11 714	11 315	8 618	7 214
1965	14 172	12 669	12 179	9 290	7 782
1966	14 963	13 415	12 835	9 804	8 217
1967	15 635	14 054	13 386	10 237	8 584
1968	16 290	14 677	13 918	10 656	8 937
1969	17 535	15 832	14 950	11 458	9 609
1970	19 661	17 785	16 725	12 831	10 758
1971	22 177	20 093	18 818	14 442	12 100
1972	23 995	21 774	20 312	15 599	13 059
1973	26 534	24 104	22 393	17 185	14 357
1974	29 551	26 873	24 867	19 081	15 911
1975	31 589	28 723	26 590	20 348	16 941
1976	32 116	29 208	27 035	20 644	17 160
1977	33 602	30 566	28 321	21 554	17 890
1978	34 639	31 518	29 202	22 153	18 360
1979	36 058	32 818	30 405	22 993	19 029
1980	37 660	34 285	31 763	23 946	19 790
1981	40 619	36 988	34 265	25 756	21 255
1982	42 164	38 405	35 576	26 662	22 012
1983	43 642	39 765	36 837	27 499	22 711

Anl. 14 SGB VI 6

Jahr	Qualifikationsgruppe				
	1	2	3	4	5
1984	44824	40818	37814	28160	23233
1985	45326	41247	38251	28440	23441
1986	45981	41668	38951	29126	23381
1987	46815	42302	39751	29979	23550
1988	48100	43368	41057	30855	24390
1989	50524	45499	43349	32512	25872
I/90	24512	22074	21032	15773	12552
II/90	21863	19688	18757	14069	11195

Jahr	Qualifikationsgruppe (endgültige Werte)				
	1	2	3	4	5
1991	46306	41699	39727	29798	23711
1992	48807	43951	41872	31407	24991
1993	50222	45226	43086	32318	25716
1994	51226	46131	43948	32964	26230
1995	52814	47561	45310	33986	27043
1996	53870	48512	46216	34666	27584
1997	54355	48949	46632	34978	27832
1998	55170	49683	47331	35503	28249
1999	55777	50230	47852	35894	28560
2000	56558	50933	48522	36397	28960
2001	57559	51835	49381	37041	29473

Jahr	Qualifikationsgruppe (vorläufige Werte)				
	1	2	3	4	5
1991	45781	41226	39277	29460	23442
1992	47836	43077	41040	30783	24495
1993	51770	46620	44415	33314	26509
1994	54078	48698	46394	34799	27690
1995	53135	47849	45585	34192	27208
1996	53275	47976	45706	34283	27279
1997	56088	50510	48119	36093	28720
1998	56025	50452	48065	36053	28687
1999	55333	49830	47471	35608	28333
2000	56825	51173	48751	36568	29096
2001	57004	51335	48905	36684	29188

noch Anlage 14

Tabelle 20

Bereich: Staatliche Verwaltung und gesellschaftliche Organisationen

Jahr	Qualifikationsgruppe				
	1	2	3	4	5
1950	5 248	3 972	4 219	3 018	2 401
1951	5 629	4 384	4 614	3 317	2 649
1952	5 755	4 584	4 783	3 455	2 770
1953	5 813	4 716	4 880	3 540	2 849
1954	5 802	4 780	4 907	3 574	2 886
1955	6 001	5 007	5 102	3 730	3 021
1956	6 358	5 364	5 426	3 981	3 233
1957	6 607	5 626	5 653	4 160	3 388
1958	6 926	5 946	5 934	4 381	3 577
1959	7 296	6 308	6 256	4 631	3 790
1960	8 072	7 022	6 922	5 137	4 213
1961	8 820	7 714	7 560	5 625	4 622
1962	9 601	8 439	8 223	6 133	5 047
1963	10 217	9 019	8 741	6 532	5 384
1964	11 022	9 767	9 417	7 052	5 820
1965	11 904	10 585	10 155	7 618	6 295
1966	12 767	11 387	10 871	8 170	6 756
1967	13 252	11 854	11 263	8 478	7 016
1968	14 207	12 741	12 051	9 085	7 522
1969	15 568	13 993	13 178	9 948	8 239
1970	17 491	15 754	14 773	11 167	9 248
1971	19 745	17 818	16 639	12 593	10 427
1972	21 509	19 444	18 085	13 702	11 340
1973	23 706	21 464	19 886	15 083	12 473
1974	26 081	23 648	21 826	16 570	13 690
1975	27 517	24 968	23 068	17 495	14 446
1976	29 238	26 532	24 555	18 625	15 347
1977	30 949	28 091	26 016	19 734	16 229
1978	31 630	28 716	26 637	20 187	16 571
1979	32 960	29 931	27 783	21 064	17 265
1980	34 142	31 013	28 833	21 849	17 881
1981	35 161	31 949	29 723	22 511	18 398
1982	35 861	32 570	30 348	22 979	18 732
1983	37 041	33 656	31 380	23 755	19 346

Anl. 14 SGB VI 6

Jahr	Qualifikationsgruppe				
	1	2	3	4	5
1984	37 939	34 459	32 777	24 361	19 797
1985	40 702	36 956	34 588	26 166	21 220
1986	43 209	39 259	36 770	27 773	22 511
1987	43 506	39 401	37 079	28 191	22 342
1988	43 661	39 454	37 399	28 328	22 580
1989	44 328	39 997	38 144	28 804	23 082
I/90	21 909	19 769	18 854	14 237	11 409
II/90	19 304	17 418	16 611	12 544	10 052

Jahr	Qualifikationsgruppe (endgültige Werte)				
	1	2	3	4	5
1991	40 886	36 891	35 182	26 568	21 290
1992	43 094	38 883	37 082	28 003	22 440
1993	44 344	40 011	38 157	28 815	23 091
1994	45 231	40 811	38 920	29 391	23 553
1995	46 633	42 076	40 127	30 302	24 283
1996	47 566	42 918	40 930	30 908	24 769
1997	47 994	43 304	41 298	31 186	24 992
1998	48 714	43 954	41 917	31 654	25 367
1999	49 250	44 437	42 378	32 002	25 646
2000	49 940	45 059	42 971	32 450	26 005
2001	50 824	45 857	43 732	33 024	26 465

Jahr	Qualifikationsgruppe (vorläufige Werte)				
	1	2	3	4	5
1991	40 422	36 473	34 783	26 267	21 049
1992	42 237	38 111	36 345	27 446	21 994
1993	45 711	41 244	39 334	29 703	23 802
1994	47 748	43 082	41 087	31 027	24 864
1995	46 916	42 332	40 370	30 486	24 430
1996	47 040	42 443	40 477	30 567	24 495
1997	49 524	44 685	42 615	32 181	25 789
1998	49 469	44 635	42 567	32 144	25 760
1999	48 858	44 083	42 041	31 747	25 442
2000	50 175	45 273	43 175	32 604	26 128
2001	50 334	45 415	43 310	32 706	26 210

noch Anlage 14

Bereich: Sonstige nichtproduzierende Bereiche

Tabelle 21

Jahr	Qualifikationsgruppe				
	1	2	3	4	5
1950	6 199	4 795	5 067	3 745	3 066
1951	6 621	5 260	5 511	4 094	3 364
1952	6 781	5 502	5 719	4 268	3 520
1953	6 843	5 648	5 827	4 367	3 614
1954	6 820	5 710	5 848	4 402	3 654
1955	7 135	6 046	6 150	4 647	3 870
1956	7 601	6 508	6 576	4 987	4 165
1957	7 809	6 745	6 773	5 154	4 316
1958	8 078	7 031	7 018	5 358	4 499
1959	8 496	7 444	7 388	5 658	4 762
1960	9 364	8 252	8 146	6 257	5 278
1961	10 147	8 989	8 827	6 799	5 748
1962	10 934	9 730	9 507	7 343	6 219
1963	11 458	10 238	9 956	7 709	6 541
1964	12 433	11 151	10 794	8 378	7 120
1965	13 446	12 100	11 661	9 072	7 721
1966	14 332	12 936	12 413	9 679	8 248
1967	14 633	13 241	12 653	9 881	8 425
1968	15 209	13 793	13 128	10 266	8 757
1969	16 152	14 679	13 917	10 897	9 299
1970	17 894	16 293	15 388	12 065	10 296
1971	19 885	18 138	17 068	13 397	11 432
1972	21 185	19 354	18 140	14 260	12 165
1973	23 449	21 453	20 047	15 769	13 446
1974	25 532	23 389	21 783	17 152	14 614
1975	28 085	25 731	23 986	18 855	16 079
1976	27 807	25 490	23 771	18 668	15 934
1977	28 271	25 904	24 195	18 988	16 200
1978	28 078	25 742	24 056	18 866	16 089
1979	29 597	27 176	25 408	19 913	16 975
1980	31 343	28 795	26 935	21 095	17 976
1981	32 602	29 969	28 046	21 952	18 697
1982	33 536	30 844	28 879	22 589	19 263
1983	34 254	31 552	29 527	23 082	19 705

Anl. 14 SGB VI 6

Jahr	Qualifikationsgruppe				
	1	2	3	4	5
1984	34 409	31 682	29 691	23 195	19 824
1985	35 305	32 525	30 483	23 798	20 392
1986	35 811	32 864	31 007	24 293	20 367
1987	36 389	33 299	31 522	24 861	20 459
1988	36 565	33 394	31 845	25 007	20 674
1989	39 454	35 991	34 509	27 039	22 462
I/90	21 533	19 643	18 834	14 757	12 259
II/90	21 356	19 481	18 678	14 635	12 158

Jahr	Qualifikationsgruppe (endgültige Werte)				
	1	2	3	4	5
1991	45 232	41 261	39 560	30 997	25 751
1992	47 675	43 489	41 696	32 671	27 142
1993	49 058	44 750	42 905	33 618	27 929
1994	50 039	45 645	43 763	34 290	28 488
1995	51 590	47 060	45 120	35 353	29 371
1996	52 622	48 001	46 022	36 060	29 958
1997	53 096	48 433	46 436	36 385	30 228
1998	53 892	49 159	47 133	36 931	30 681
1999	54 485	49 700	47 651	37 337	31 018
2000	55 248	50 396	48 318	37 860	31 452
2001	56 226	51 288	49 173	38 530	32 009

	Qualifikationsgruppe (vorläufige Werte)				
	1	2	3	4	5
1991	44 719	40 793	39 111	30 645	25 459
1992	46 727	42 624	40 868	32 021	26 602
1993	50 570	46 130	44 228	34 655	28 790
1994	52 824	48 186	46 199	36 199	30 073
1995	51 903	47 346	45 393	35 568	29 549
1996	52 041	47 471	45 514	35 662	29 628
1997	54 789	49 978	47 917	37 545	31 192
1998	54 727	49 921	47 863	37 502	31 156
1999	54 052	49 305	47 272	37 040	30 772
2000	55 509	50 634	48 547	38 039	31 601
2001	55 684	50 793	48 699	38 158	31 700

noch Anlage 14

Tabelle 22

Bereich: Landwirtschaftliche Produktionsgenossenschaften

Jahr	Qualifikationsgruppe				
	1	2	3	4	5
1952	3 954	3 205	3 332	2 482	2 044
1953	4 060	3 347	3 454	2 584	2 134
1954	4 207	3 519	3 604	2 706	2 243
1955	4 415	3 737	3 802	2 865	2 381
1956	4 636	3 964	4 006	3 030	2 525
1957	4 773	4 117	4 134	3 137	2 621
1958	5 040	4 380	4 373	3 328	2 787
1959	5 262	4 604	4 569	3 487	2 927
1960	5 782	5 088	5 022	3 844	3 233
1961	6 389	5 651	5 548	4 257	3 588
1962	6 961	6 185	6 042	4 647	3 922
1963	7 420	6 620	6 435	4 960	4 193
1964	8 091	7 245	7 009	5 414	4 583
1965	8 819	7 923	7 630	5 905	5 005
1966	9 479	8 541	8 190	6 353	5 392
1967	9 757	8 816	8 419	6 545	5 561
1968	10 406	9 426	8 966	6 984	5 940
1969	11 410	10 359	9 815	7 660	6 520
1970	12 941	11 774	11 115	8 693	7 404
1971	14 976	13 656	12 848	10 076	8 592
1972	16 789	15 328	14 366	11 265	9 594
1973	19 339	17 678	16 509	12 951	11 018
1974	22 016	20 146	18 746	14 706	12 493
1975	25 008	22 539	20 197	16 008	13 790
1976	26 381	23 969	21 765	17 062	14 411
1977	27 543	25 220	23 153	17 982	14 896
1978	28 124	25 811	23 756	18 777	15 919
1979	28 961	26 672	24 606	19 722	17 269
1980	31 652	29 174	26 687	21 239	18 108
1981	33 309	30 751	27 925	22 074	18 345
1982	34 388	31 713	28 784	22 671	18 790
1983	35 978	33 157	30 059	23 618	19 535
1984	37 157	34 229	31 465	24 768	20 657

Anl. 14 SGB VI 6

Jahr	Qualifikationsgruppe				
	1	2	3	4	5
1985	37 591	34 626	32 449	25 320	21 687
1986	37 890	34 767	32 799	25 686	21 526
1987	38 080	34 842	33 012	26 002	21 390
1988	38 688	35 333	33 695	26 463	21 879
1989	39 880	36 383	34 886	27 344	22 723
I/90	25 887	23 618	22 645	17 750	14 750
II/90	19 249	17 561	16 839	13 199	10 968

Jahr	Qualifikationsgruppe (endgültige Werte)				
	1	2	3	4	5
1991	40 770	37 194	35 665	27 956	23 230
1992	42 972	39 202	37 591	29 466	24 484
1993	44 218	40 339	38 681	30 321	25 194
1994	45 102	41 146	39 455	30 927	25 698
1995	46 500	42 422	40 678	31 886	26 495
1996	47 430	43 270	41 492	32 524	27 025
1997	47 857	43 659	41 865	32 817	27 268
1998	48 575	44 314	42 493	33 309	27 677
1999	49 109	44 801	42 960	33 675	27 981
2000	49 797	45 428	43 561	34 146	28 373
2001	50 678	46 232	44 332	34 750	28 875

Jahr	Qualifikationsgruppe (vorläufige Werte)				
	1	2	3	4	5
1991	40 307	36 772	35 260	27 638	22 967
1992	42 117	38 424	36 844	28 879	23 998
1993	45 581	41 583	39 874	31 255	25 971
1994	47 613	43 436	41 651	32 648	27 128
1995	46 783	42 679	40 924	32 080	26 655
1996	46 906	42 792	41 033	32 164	26 726
1997	49 383	45 052	43 200	33 863	28 138
1998	49 327	45 001	43 152	33 825	28 106
1999	48 718	44 445	42 619	33 408	27 759
2000	50 032	45 643	43 768	34 308	28 507
2001	50 189	45 787	43 905	34 416	28 597

noch Anlage 14

Bereich: Produktionsgenossenschaften des Handwerks

Tabelle 23

Jahr	\	\	Qualifikationsgruppe		
	1	2	3	4	5
1953	7 062	5 810	5 997	4 467	3 678
1954	6 832	5 703	5 843	4 370	3 609
1955	6 838	5 777	5 878	4 412	3 654
1956	7 306	6 236	6 303	4 748	3 943
1957	7 559	6 509	6 537	4 940	4 114
1958	7 885	6 842	6 830	5 177	4 322
1959	8 256	7 212	7 157	5 441	4 553
1960	9 097	7 993	7 888	6 014	5 042
1961	10 146	8 962	8 797	6 724	5 649
1962	11 163	9 906	9 673	7 412	6 238
1963	12 013	10 704	10 401	7 989	6 735
1964	13 201	11 806	11 417	8 789	7 420
1965	14 496	13 008	12 522	9 660	8 166
1966	15 494	13 945	13 365	10 331	8 743
1967	15 865	14 318	13 664	10 583	8 965
1968	16 805	15 204	14 450	11 212	9 505
1969	18 289	16 583	15 700	12 202	10 351
1970	20 574	18 693	17 630	13 726	11 648
1971	21 659	19 716	18 527	14 446	12 262
1972	23 181	21 138	19 793	15 457	13 120
1973	24 677	22 538	21 031	16 448	13 958
1974	26 952	24 650	22 927	17 955	15 230
1975	29 219	26 321	23 572	18 657	16 055
1976	30 487	27 693	25 140	19 692	16 621
1977	32 303	29 582	27 161	21 106	17 492
1978	33 193	30 464	28 039	22 162	18 790
1979	33 044	30 429	28 068	22 487	19 684
1980	35 638	32 851	30 055	23 928	20 407
1981	37 518	34 646	31 473	24 903	20 715
1982	38 991	35 964	32 648	25 730	21 337
1983	40 942	37 731	34 207	26 876	22 230
1984	40 778	37 557	34 515	27 147	22 624
1985	39 130	36 027	33 748	26 286	22 484

Anl. 14   Anl. 14 SGB VI 6

Jahr	Qualifikationsgruppe				
	1	2	3	4	5
1986	39 152	35 907	33 854	26 474	22 153
1987	39 704	36 311	34 332	27 044	22 210
1988	40 679	37 130	35 337	27 747	22 899
1989	41 776	38 091	36 514	28 567	23 698
I/90	24 606	22 435	21 537	16 826	13 959
II/90	22 228	20 268	19 428	15 201	12 610

Jahr	Qualifikationsgruppe (endgültige Werte)				
	1	2	3	4	5
1991	47 079	42 928	41 149	32 196	26 708
1992	49 621	45 246	43 371	33 935	28 150
1993	51 060	46 558	44 629	34 919	28 966
1994	52 081	47 489	45 522	35 617	29 545
1995	53 696	48 961	46 933	36 721	30 461
1996	54 770	49 940	47 872	37 455	31 070
1997	55 263	50 389	48 303	37 792	31 350
1998	56 092	51 145	49 028	38 359	31 820
1999	56 709	51 708	49 567	38 781	32 170
2000	57 503	52 432	50 261	39 324	32 620
2001	58 521	53 360	51 151	40 020	33 197

Jahr	Qualifikationsgruppe (vorläufige Werte)				
	1	2	3	4	5
1991	46 545	42 441	40 682	31 831	26 405
1992	48 635	44 346	42 509	33 260	27 591
1993	52 635	47 994	46 005	35 995	29 860
1994	54 980	50 133	48 055	37 600	31 190
1995	54 021	49 258	47 217	36 944	30 646
1996	54 164	49 389	47 343	37 042	30 727
1997	57 025	51 997	49 843	38 998	32 350
1998	56 961	51 938	49 787	38 953	32 313
1999	56 258	51 296	49 172	38 472	31 914
2000	57 775	52 679	50 499	39 510	32 775
2001	57 957	52 846	50 657	39 634	32 878

Anlage 15

Entgeltpunkte für glaubhaft gemachte Beitragszeiten mit freiwilligen Beiträgen

Zeitraum	Rentenversicherung der Arbeiter Wochenbeiträge
bis 27. 6. 1942	0,0038
28. 6. 1942–29. 5. 1949	0,0036
30. 5. 1949–31. 12. 1954	0,0020
1. 1. 1955–31. 12. 1955	0,0017
1. 1. 1956–31. 12. 1956	0,0016
1. 1. 1957–28. 2. 1957	0,0015

Zeitraum	Rentenversicherung der Angestellten Monatsbeiträge
bis 30. 6. 1942	0,0324
1. 7. 1942–31. 5. 1949	0,0300
1. 6. 1949–31. 12. 1954	0,0085
1. 1. 1955–31. 12. 1955	0,0068
1. 1. 1956–31. 12. 1956	0,0064
1. 1. 1957–28. 2. 1957	0,0062

Zeitraum	Knappschaftliche Rentenversicherung Monatsbeiträge			
	weiterhin		nicht mehr	
	im Bergbau beschäftigte			
	technische Angestellte	kaufmännische Angestellte	Arbeiter	Angestellte
bis 1943	0,1434	0,1434	0,0269	0,0359
1944	0,1454	0,1454	0,0273	0,0364
1945	0,1875	0,1762	0,0352	0,0469
1946	0,1875	0,1762	0,0352	0,0469
1947	0,1819	0,1759	0,0341	0,0455
1948	0,1502	0,1502	0,0282	0,0376
1949	0,1688	0,1688	0,0220	0,0294
1950	0,1845	0,1764	0,0198	0,0264
1951	0,1630	0,1630	0,0175	0,0233
1952	0,1731	0,1731	0,0162	0,0216
1953	0,2052	0,1765	0,0154	0,0205
1954	0,1968	0,1765	0,0148	0,0197
1955	0,1832	0,1763	0,0137	0,0183
1956	0,1720	0,1720	0,0129	0,0172
bis 28. Februar 1957	0,1652	0,1652	0,0124	0,0165

Anlage 16

Höchstverdienste bei glaubhaft gemachten Beitragszeiten ohne Freiwillige Zusatzrentenversicherung

Kalenderjahr	Betrag in Deutsche Mark
1971	12 293,95
1972	13 022,85
1973	14 182,17
1974	15 270,48
1975	15 762,92
1976	16 406,14
1977	17 006,02
1978	17 353,91
1979	17 840,19
1980	18 724,60
1981	18 980,34
1982	19 287,94
1983	19 576,44
1984	19 730,72
1985	19 877,57
1986	19 780,56
1987	19 528,60
1988	19 428,57
1989	19 397,84
1. Januar 1990-30. Juni 1990	9 212,10

Anlage 17
(weggefallen)

Anlage 18
(aufgehoben)

Anlage 19

[Anhebung der Altersgrenze bei der Altersrente wegen Arbeitslosigkeit oder nach Altersteilzeitarbeit]

| Anhebung der Altersgrenze bei der Altersrente wegen Arbeitslosigkeit oder nach Altersteilzeitarbeit ||||||
| Versicherte Geburtsjahr Geburtsmonat | Anhebung um ... Monate | auf Alter || vorzeitige Inanspruchnahme möglich ab Alter ||
		Jahr	Monat	Jahr	Monat
1937					
Januar	1	60	1	60	0
Februar	2	60	2	60	0
März	3	60	3	60	0
April	4	60	4	60	0
Mai	5	60	5	60	0
Juni	6	60	6	60	0
Juli	7	60	7	60	0
August	8	60	8	60	0
September	9	60	9	60	0
Oktober	10	60	10	60	0
November	11	60	11	60	0
Dezember	12	61	0	60	0
1938					
Januar	13	61	1	60	0
Februar	14	61	2	60	0
März	15	61	3	60	0
April	16	61	4	60	0
Mai	17	61	5	60	0
Juni	18	61	6	60	0
Juli	19	61	7	60	0
August	20	61	8	60	0
September	21	61	9	60	0
Oktober	22	61	10	60	0
November	23	61	11	60	0
Dezember	24	62	0	60	0
1939					
Januar	25	62	1	60	0
Februar	26	62	2	60	0
März	27	62	3	60	0
April	28	62	4	60	0
Mai	29	62	5	60	0
Juni	30	62	6	60	0
Juli	31	62	7	60	0
August	32	62	8	60	0
September	33	62	9	60	0
Oktober	34	62	10	60	0
November	35	62	11	60	0
Dezember	36	63	0	60	0
1940					
Januar	37	63	1	60	0
Februar	38	63	2	60	0

Anl. 19 SGB VI 6

| Anhebung der Altersgrenze bei der Altersrente wegen Arbeitslosigkeit oder nach Altersteilzeitarbeit ||||||
| Versicherte Geburtsjahr Geburtsmonat | Anhebung um ... Monate | auf Alter || vorzeitige Inanspruchnahme möglich ab Alter ||
		Jahr	Monat	Jahr	Monat
März	39	63	3	60	0
April	40	63	4	60	0
Mai	41	63	5	60	0
Juni	42	63	6	60	0
Juli	43	63	7	60	0
August	44	63	8	60	0
September	45	63	9	60	0
Oktober	46	63	10	60	0
November	47	63	11	60	0
Dezember	48	64	0	60	0
1941					
Januar	49	64	1	60	0
Februar	50	64	2	60	0
März	51	64	3	60	0
April	52	64	4	60	0
Mai	53	64	5	60	0
Juni	54	64	6	60	0
Juli	55	64	7	60	0
August	56	64	8	60	0
September	57	64	9	60	0
Oktober	58	64	10	60	0
November	59	64	11	60	0
Dezember	60	65	0	60	0
1942 bis 1945	60	65	0	60	0
1946					
Januar		65	0	60	1
Februar		65	0	60	2
März		65	0	60	3
April		65	0	60	4
Mai		65	0	60	5
Juni		65	0	60	6
Juli		65	0	60	7
August		65	0	60	8
September		65	0	60	9
Oktober		65	0	60	10
November		65	0	60	11
Dezember		65	0	61	0
1947					
Januar		65	0	61	1
Februar		65	0	61	2
März		65	0	61	3
April		65	0	61	4
Mai		65	0	61	5
Juni		65	0	61	6
Juli		65	0	61	7
August		65	0	61	8
September		65	0	61	9
Oktober		65	0	61	10
November		65	0	61	11

6 SGB VI Anl. 19   6. Buch. Gesetzl. Rentenversicherung

| Anhebung der Altersgrenze bei der Altersrente wegen Arbeitslosigkeit oder nach Altersteilzeitarbeit |||||
| Versicherte Geburtsjahr Geburtsmonat | Anhebung um ... Monate | auf Alter || vorzeitige Inanspruchnahme möglich ab Alter ||
		Jahr	Monat	Jahr	Monat
Dezember		65	0	62	0
1948					
Januar		65	0	62	1
Februar		65	0	62	2
März		65	0	62	3
April		65	0	62	4
Mai		65	0	62	5
Juni		65	0	62	6
Juli		65	0	62	7
August		65	0	62	8
September		65	0	62	9
Oktober		65	0	62	10
November		65	0	62	11
Dezember		65	0	63	0
1949 – 1951		65	0	63	0

Anlage 20

[Anhebung der Altersgrenze bei der Altersrente für Frauen]

Anhebung der Altersgrenze bei der Altersrente für Frauen					
Versicherte Geburtsjahr Geburtsmonat	Anhebung um ... Monate	auf Alter		vorzeitige Inanspruchnahme möglich ab Alter	
		Jahr	Monat	Jahr	Monat
1940					
Januar	1	60	1	60	0
Februar	2	60	2	60	0
März	3	60	3	60	0
April	4	60	4	60	0
Mai	5	60	5	60	0
Juni	6	60	6	60	0
Juli	7	60	7	60	0
August	8	60	8	60	0
September	9	60	9	60	0
Oktober	10	60	10	60	0
November	11	60	11	60	0
Dezember	12	61	0	60	0
1941					
Januar	13	61	1	60	0
Februar	14	61	2	60	0
März	15	61	3	60	0
April	16	61	4	60	0
Mai	17	61	5	60	0
Juni	18	61	6	60	0
Juli	19	61	7	60	0
August	20	61	8	60	0
September	21	61	9	60	0
Oktober	22	61	10	60	0
November	23	61	11	60	0
Dezember	24	62	0	60	0
1942					
Januar	25	62	1	60	0
Februar	26	62	2	60	0
März	27	62	3	60	0
April	28	62	4	60	0
Mai	29	62	5	60	0
Juni	30	62	6	60	0
Juli	31	62	7	60	0
August	32	62	8	60	0
September	33	62	9	60	0
Oktober	34	62	10	60	0
November	35	62	11	60	0
Dezember	36	63	0	60	0

6 SGB VI Anl. 20

Anhebung der Altersgrenze bei der Altersrente für Frauen				
Versicherte Geburtsjahr Geburtsmonat	Anhebung um ... Monate	auf Alter		vorzeitige Inanspruchnahme möglich ab Alter	
		Jahr	Monat	Jahr	Monat
1943					
Januar	37	63	1	60	0
Februar	38	63	2	60	0
März	39	63	3	60	0
April	40	63	4	60	0
Mai	41	63	5	60	0
Juni	42	63	6	60	0
Juli	43	63	7	60	0
August	44	63	8	60	0
September	45	63	9	60	0
Oktober	46	63	10	60	0
November	47	63	11	60	0
Dezember	48	64	0	60	0
1944					
Januar	49	64	1	60	0
Februar	50	64	2	60	0
März	51	64	3	60	0
April	52	64	4	60	0
Mai	53	64	5	60	0
Juni	54	64	6	60	0
Juli	55	64	7	60	0
August	56	64	8	60	0
September	57	64	9	60	0
Oktober	58	64	10	60	0
November	59	64	11	60	0
Dezember	60	65	0	60	0
1945 bis 1951	60	65	0	60	0

7. Siebtes Buch Sozialgesetzbuch
– Gesetzliche Unfallversicherung –[1)][2)]

Vom 7. August 1996
(BGBl. I S. 1254)
FNA 860-7
zuletzt geänd. durch Art. 4 Rentenüberleitungs-AbschlussG v. 17.7.2017 (BGBl. I S. 2575)

Inhaltsübersicht

§§

Erstes Kapitel. Aufgaben, versicherter Personenkreis, Versicherungsfall

Erster Abschnitt. Aufgaben der Unfallversicherung

Prävention, Rehabilitation, Entschädigung	1

Zweiter Abschnitt. Versicherter Personenkreis

Versicherung kraft Gesetzes	2
Versicherung kraft Satzung	3
Versicherungsfreiheit	4
Versicherungsbefreiung	5
Freiwillige Versicherung	6

Dritter Abschnitt. Versicherungsfall

Begriff	7
Arbeitsunfall	8
Berufskrankheit	9
Erweiterung in der See- und Binnenschiffahrt	10
Mittelbare Folgen eines Versicherungsfalls	11
Versicherungsfall einer Leibesfrucht	12
Gesundheitsschaden im Zusammenhang mit der Spende von Blut oder körpereigenen Organen, Organteilen oder Gewebe	12a
Sachschäden bei Hilfeleistungen	13

Zweites Kapitel. Prävention

Grundsatz	14
Unfallverhütungsvorschriften	15
Geltung bei Zuständigkeit anderer Unfallversicherungsträger und für ausländische Unternehmen	16
Überwachung und Beratung	17
Aufsichtspersonen	18
Befugnisse der Aufsichtspersonen	19
Zusammenarbeit mit Dritten	20
Verantwortung des Unternehmers, Mitwirkung der Versicherten	21
Sicherheitsbeauftragte	22
Aus- und Fortbildung	23
Überbetrieblicher arbeitsmedizinischer und sicherheitstechnischer Dienst	24
Bericht gegenüber dem Bundestag	25

[1)] Verkündet als Art. 1 Unfallversicherungs-EinordnungsG v. 7.8.1996 (BGBl. I S. 1254, geänd. durch G v. 12.12.1996, BGBl. I S. 1859); Inkrafttreten gem. Art. 36 Satz 1 dieses G am 1.1.1997 mit Ausnahme des § 1 Nr. 1 und der §§ 14 bis 25, die gem. Art. 36 Satz 2 am 21.8.1996 in Kraft getreten sind.

[2)] Die Änderungen durch G v. 15.4.2015 (BGBl. I S. 583) und G v. 11.11.2016 (BGBl. I S. 2500), die erst **mWv 1.1.2019**, sowie die Änderungen durch G v. 17.7.2017 (BGBl. I S. 2575), die erst **mWv 1.7.2024** bzw. **mWv 1.1.2025** in Kraft treten, sind im Text noch nicht berücksichtigt.

7 SGB VII

7. Buch. Gesetzl. Unfallversicherung

§§

Drittes Kapitel. Leistungen nach Eintritt eines Versicherungsfalls

Erster Abschnitt. Heilbehandlung, Leistungen zur Teilhabe am Arbeitsleben, Leistungen zur Teilhabe am Leben in der Gemeinschaft und ergänzende Leistungen, Pflege, Geldleistungen

Erster Unterabschnitt. Anspruch und Leistungsarten

Grundsatz.. 26

Zweiter Unterabschnitt. Heilbehandlung

Umfang der Heilbehandlung...	27
Ärztliche und zahnärztliche Behandlung..	28
Arznei- und Verbandmittel	29
Heilmittel...	30
Hilfsmittel...	31
Häusliche Krankenpflege	32
Behandlung in Krankenhäusern und Rehabilitationseinrichtungen	33
Durchführung der Heilbehandlung	34

Dritter Unterabschnitt. Leistungen zur Teilhabe am Arbeitsleben

Leistungen zur Teilhabe am Arbeitsleben	35
(aufgehoben)	36–38

Vierter Unterabschnitt. Leistungen zur Teilhabe am Leben in der Gemeinschaft und ergänzende Leistungen

Leistungen zur Teilhabe am Leben in der Gemeinschaft und ergänzende Leistungen............	39
Kraftfahrzeughilfe	40
Wohnungshilfe...	41
Haushaltshilfe und Kinderbetreuungskosten	42
Reisekosten...	43

Fünfter Unterabschnitt. Leistungen bei Pflegebedürftigkeit

Pflege...	44

Sechster Unterabschnitt. Geldleistungen während der Heilbehandlung und der Leistungen zur Teilhabe am Arbeitsleben

Voraussetzungen für das Verletztengeld..	45
Beginn und Ende des Verletztengeldes	46
Höhe des Verletztengeldes	47
Beitragszahlung der Unfallversicherungsträger an berufsständische Versorgungseinrichtungen und private Krankenversicherungen	47a
Verletztengeld bei Wiedererkrankung	48
Übergangsgeld...	49
Höhe und Berechnung des Übergangsgeldes..	50
(aufgehoben)	51
Anrechnung von Einkommen auf Verletzten- und Übergangsgeld	52

Siebter Unterabschnitt. Besondere Vorschriften für die Versicherten in der Seefahrt

Vorrang der medizinischen Betreuung durch die Reeder	53

Achter Unterabschnitt. Besondere Vorschriften für die Versicherten der landwirtschaftlichen Unfallversicherung

Betriebs- und Haushaltshilfe	54
Art und Form der Betriebs- und Haushaltshilfe.....................................	55
Sonstige Ansprüche, Verletztengeld	55a

Zweiter Abschnitt. Renten, Beihilfen, Abfindungen

Erster Unterabschnitt. Renten an Versicherte

Voraussetzungen und Höhe des Rentenanspruchs..................................	56
Erhöhung der Rente bei Schwerverletzten	57
Erhöhung der Rente bei Arbeitslosigkeit	58
Höchstbetrag bei mehreren Renten	59

Inhaltsübersicht SGB VII

	§§
Minderung bei Heimpflege	60
Renten für Beamte und Berufssoldaten	61
Rente als vorläufige Entschädigung	62

Zweiter Unterabschnitt. Leistungen an Hinterbliebene

Leistungen bei Tod	63
Sterbegeld und Erstattung von Überführungskosten	64
Witwen- und Witwerrente	65
Witwen- und Witwerrente an frühere Ehegatten; mehrere Berechtigte	66
Voraussetzungen der Waisenrente	67
Höhe der Waisenrente	68
Rente an Verwandte der aufsteigenden Linie	69
Höchstbetrag der Hinterbliebenenrenten	70
Witwen-, Witwer- und Waisenbeihilfe	71

Dritter Unterabschnitt. Beginn, Änderung und Ende von Renten

Beginn von Renten	72
Änderungen und Ende von Renten	73
Ausnahmeregelungen für die Änderung von Renten	74

Vierter Unterabschnitt. Abfindung

Abfindung mit einer Gesamtvergütung	75
Abfindung bei Minderung der Erwerbsfähigkeit unter 40 vom Hundert	76
Wiederaufleben der abgefundenen Rente	77
Abfindung bei Minderung der Erwerbsfähigkeit ab 40 vom Hundert	78
Umfang der Abfindung	79
Abfindung bei Wiederheirat	80

Fünfter Unterabschnitt. Besondere Vorschriften für die Versicherten der landwirtschaftlichen Unfallversicherung

Voraussetzungen für den Rentenanspruch, Wartezeit	80a

Dritter Abschnitt. Jahresarbeitsverdienst

Erster Unterabschnitt. Allgemeines

Jahresarbeitsverdienst als Berechnungsgrundlage	81

Zweiter Unterabschnitt. Erstmalige Festsetzung

Regelberechnung	82
Jahresarbeitsverdienst kraft Satzung	83
Jahresarbeitsverdienst bei Berufskrankheiten	84
Mindest- und Höchstjahresarbeitsverdienst	85
Jahresarbeitsverdienst für Kinder	86
Jahresarbeitsverdienst nach billigem Ermessen	87
Erhöhung des Jahresarbeitsverdienstes für Hinterbliebene	88
Berücksichtigung von Anpassungen	89

Dritter Unterabschnitt. Neufestsetzung

Neufestsetzung nach voraussichtlicher Schul- oder Berufsausbildung oder Altersstufen	90
Mindest- und Höchstjahresarbeitsverdienst, Jahresarbeitsverdienst nach billigem Ermessen bei Neufestsetzung	91

Vierter Unterabschnitt. Besondere Vorschriften für die bei der Berufsgenossenschaft Verkehrswirtschaft Post-Logistik Telekommunikation versicherten Seeleute und ihre Hinterbliebenen

Jahresarbeitsverdienst für Seeleute	92

Fünfter Unterabschnitt. Besondere Vorschriften für die Versicherten der landwirtschaftlichen Unfallversicherung und ihre Hinterbliebenen

Jahresarbeitsverdienst für landwirtschaftliche Unternehmer, ihre Ehegatten und Familienangehörigen	93

7 SGB VII

7. Buch. Gesetzl. Unfallversicherung

§§

Vierter Abschnitt. Mehrleistungen

Mehrleistungen 94

Fünfter Abschnitt. Gemeinsame Vorschriften für Leistungen

Anpassung von Geldleistungen 95
Fälligkeit, Auszahlung und Berechnungsgrundsätze 96
Leistungen ins Ausland 97
Anrechnung anderer Leistungen 98
Wahrnehmung von Aufgaben durch die Deutsche Post AG 99
Verordnungsermächtigung 100
Ausschluß oder Minderung von Leistungen 101
Schriftform 102
Zwischennachricht, Unfalluntersuchung 103

Viertes Kapitel. Haftung von Unternehmern, Unternehmensangehörigen und anderen Personen

Erster Abschnitt. Beschränkung der Haftung gegenüber Versicherten, ihren Angehörigen und Hinterbliebenen

Beschränkung der Haftung der Unternehmer 104
Beschränkung der Haftung anderer im Betrieb tätiger Personen 105
Beschränkung der Haftung anderer Personen 106
Besonderheiten in der Seefahrt 107
Bindung der Gerichte 108
Feststellungsberechtigung von in der Haftung beschränkten Personen 109

Zweiter Abschnitt. Haftung gegenüber den Sozialversicherungsträgern

Haftung gegenüber den Sozialversicherungsträgern 110
Haftung des Unternehmens 111
Bindung der Gerichte 112
Verjährung 113

Fünftes Kapitel. Organisation

Erster Abschnitt. Unfallversicherungsträger

Unfallversicherungsträger 114
Prävention bei der Unfallversicherung Bund und Bahn 115
Unfallversicherungsträger im Landesbereich 116
Unfallversicherungsträger im kommunalen Bereich 117
Vereinigung von Berufsgenossenschaften 118
(weggefallen) 119, 119a
Bundes- und Landesgarantie 120

Zweiter Abschnitt. Zuständigkeit

Erster Unterabschnitt. Zuständigkeit der gewerblichen Berufsgenossenschaften

Zuständigkeit der gewerblichen Berufsgenossenschaften 121
Sachliche und örtliche Zuständigkeit 122

Zweiter Unterabschnitt. Zuständigkeit der landwirtschaftlichen Berufsgenossenschaft

Zuständigkeit der landwirtschaftlichen Berufsgenossenschaft 123
Bestandteile des landwirtschaftlichen Unternehmens 124

Dritter Unterabschnitt. Zuständigkeit der Unfallversicherungsträger der öffentlichen Hand

Zuständigkeit der Unfallversicherung Bund und Bahn 125
(weggefallen) 126, 127
Zuständigkeit der Unfallversicherungsträger im Landesbereich 128
Zuständigkeit der Unfallversicherungsträger im kommunalen Bereich 129
Zuständigkeit bei gemeinsamer Beteiligung von Bund, Ländern, Gemeinden oder Gemeindeverbänden an Unternehmen 129a

Inhaltsübersicht SGB VII 7

§§

Vierter Unterabschnitt. Gemeinsame Vorschriften über die Zuständigkeit

Örtliche Zuständigkeit	130
Zuständigkeit für Hilfs- und Nebenunternehmen	131
Zuständigkeit für Unfallversicherungsträger	132
Zuständigkeit für Versicherte	133
Zuständigkeit bei Berufskrankheiten	134
Versicherung nach mehreren Vorschriften	135
Bescheid über die Zuständigkeit, Begriff des Unternehmers	136
Wirkung von Zuständigkeitsänderungen	137
Unterrichtung der Versicherten	138
Vorläufige Zuständigkeit	139
Deutsche Verbindungsstelle Unfallversicherung – Ausland	139a

Dritter Abschnitt. Weitere Versicherungseinrichtungen

Haftpflicht- und Auslandsversicherung	140
Träger der Versicherungseinrichtungen, Aufsicht	141
Gemeinsame Einrichtungen	142
(aufgehoben)	143–143i

Vierter Abschnitt. Dienstrecht

Dienstordnung	144
Regelungen in der Dienstordnung	145
Verletzung der Dienstordnung	146
Aufstellung und Änderung der Dienstordnung	147
Dienstbezüge der Geschäftsführer der gewerblichen Berufsgenossenschaften und der Sozialversicherung für Landwirtschaft, Forsten und Gartenbau	147a
Dienstrechtliche Vorschriften der Unfallversicherung Bund und Bahn	148
(weggefallen)	149

Sechstes Kapitel. Aufbringung der Mittel

Erster Abschnitt. Allgemeine Vorschriften

Erster Unterabschnitt. Beitragspflicht

Beitragspflichtige	150
Beitragserhebung bei überbetrieblichen arbeitsmedizinischen und sicherheitstechnischen Diensten	151

Zweiter Unterabschnitt. Beitragshöhe

Umlage	152
Berechnungsgrundlagen	153
Berechnungsgrundlagen in besonderen Fällen	154
Beiträge nach der Zahl der Versicherten	155
Beiträge nach einem auf Arbeitsstunden aufgeteilten Arbeitsentgelt	156
Gefahrtarif	157
Genehmigung	158
Veranlagung der Unternehmen zu den Gefahrklassen	159
Änderung der Veranlagung	160
Mindestbeitrag	161
Zuschläge, Nachlässe, Prämien	162
Beitragszuschüsse für Küstenfischer	163

Dritter Unterabschnitt. Vorschüsse und Sicherheitsleistungen

Beitragsvorschüsse und Sicherheitsleistungen	164

Vierter Unterabschnitt. Umlageverfahren

Nachweise	165
Auskunftspflicht der Unternehmer und Beitragsüberwachung	166
Beitragsberechnung	167
Beitragsbescheid	168
(weggefallen)	169
Beitragszahlung an einen anderen Unfallversicherungsträger	170

§§

Fünfter Unterabschnitt. Betriebsmittel, Rücklage und Verwaltungsvermögen

Mittel der Unfallversicherungsträger 171
Betriebsmittel 172
Rücklage 172a
Verwaltungsvermögen 172b
Altersrückstellungen 172c

Sechster Unterabschnitt. Zusammenlegung und Teilung der Last, Teilung der Entschädigungslast bei Berufskrankheiten, Erstattungsansprüche der landwirtschaftlichen Berufsgenossenschaft

Zusammenlegung und Teilung der Last 173
Teilung der Entschädigungslast bei Berufskrankheiten 174
Erstattungsansprüche der landwirtschaftlichen Berufsgenossenschaft 175

Siebter Unterabschnitt. Lastenverteilung zwischen den gewerblichen Berufsgenossenschaften

Grundsatz 176
Begriffsbestimmungen 177
Gemeinsame Tragung der Rentenlasten 178
Sonderregelung bei außergewöhnlicher Belastung 179
Freibeträge, Unternehmen ohne Gewinnerzielungsabsicht 180
Durchführung des Ausgleichs 181

Zweiter Abschnitt. Besondere Vorschriften für die landwirtschaftliche Unfallversicherung

Berechnungsgrundlagen 182
Umlageverfahren 183
Rechenschaft über die Verwendung der Mittel 183a
Rücklage 184
(weggefallen) 184a

Dritter Abschnitt. Besondere Vorschriften für die Unfallversicherungsträger der öffentlichen Hand

Gemeindeunfallversicherungsverbände, Unfallkassen der Länder und Gemeinden, gemeinsame Unfallkassen, Feuerwehr-Unfallkassen 185
Aufwendungen der Unfallversicherung Bund und Bahn 186

Vierter Abschnitt. Gemeinsame Vorschriften

Erster Unterabschnitt. Berechnungsgrundsätze

Berechnungsgrundsätze 187

Zweiter Unterabschnitt. Reduzierung der Kosten für Verwaltung und Verfahren

Reduzierung der Kosten für Verwaltung und Verfahren in der landwirtschaftlichen Unfallversicherung 187a

Siebtes Kapitel. Zusammenarbeit der Unfallversicherungsträger mit anderen Leistungsträgern und ihre Beziehungen zu Dritten

Erster Abschnitt. Zusammenarbeit der Unfallversicherungsträger mit anderen Leistungsträgern

Auskunftspflicht der Krankenkassen 188
Beauftragung einer Krankenkasse 189
Pflicht der Unfallversicherungsträger zur Benachrichtigung der Rentenversicherungsträger beim Zusammentreffen von Renten 190

Zweiter Abschnitt. Beziehungen der Unfallversicherungsträger zu Dritten

Unterstützungspflicht der Unternehmer 191
Mitteilungs- und Auskunftspflichten von Unternehmern und Bauherren 192
Pflicht zur Anzeige eines Versicherungsfalls durch die Unternehmer 193
Meldepflicht der Eigentümer von Seeschiffen 194
Unterstützungs- und Mitteilungspflichten von Kammern und der für die Erteilung einer Gewerbe- oder Bauerlaubnis zuständigen Behörden 195
Mitteilungspflichten der Schiffsvermessungs- und -registerbehörden 196
Übermittlungspflicht weiterer Behörden 197
Auskunftspflicht der Grundstückseigentümer 198

Achtes Kapitel. Datenschutz

Erster Abschnitt. Grundsätze

	§§
Erhebung, Verarbeitung und Nutzung von Daten durch die Unfallversicherungsträger	199
Einschränkung der Übermittlungsbefugnis	200

Zweiter Abschnitt. Datenerhebung und -verarbeitung durch Ärzte

Datenerhebung und Datenverarbeitung durch Ärzte und Psychotherapeuten	201
Anzeigepflicht von Ärzten bei Berufskrankheiten	202
Auskunftspflicht von Ärzten	203

Dritter Abschnitt. Dateien

Errichtung einer Datei für mehrere Unfallversicherungsträger	204
(weggefallen)	205

Vierter Abschnitt. Sonstige Vorschriften

Übermittlung von Daten für die Forschung zur Bekämpfung von Berufskrankheiten	206
Erhebung, Verarbeitung und Nutzung von Daten zur Verhütung von Versicherungsfällen und arbeitsbedingten Gesundheitsgefahren	207
Auskünfte der Deutschen Post AG	208

Neuntes Kapitel. Bußgeldvorschriften

Bußgeldvorschriften	209
Zuständige Verwaltungsbehörde	210
Zusammenarbeit bei der Verfolgung und Ahndung von Ordnungswidrigkeiten	211

Zehntes Kapitel. Übergangsrecht

Grundsatz	212
Versicherungsschutz	213
Geltung auch für frühere Versicherungsfälle	214
Sondervorschriften für Versicherungsfälle in dem in Artikel 3 des Einigungsvertrages genannten Gebiet	215
Bezugsgröße (Ost) und aktueller Rentenwert (Ost)	216
Bestandsschutz	217
(weggefallen)	218
Leistungen an Hinterbliebene	218a
(weggefallen)	218b
Auszahlung laufender Geldleistungen bei Beginn vor dem 1. April 2004	218c
Besondere Zuständigkeiten	218d
Übergangsregelungen aus Anlass des Übergangs der Beitragsüberwachung auf die Träger der Deutschen Rentenversicherung	218e
Weitergeltung des Lohnnachweisverfahrens in der Fassung vom 31. Dezember 2005	218f
Beitragsberechnung	219
Altersrückstellungen	219a
Ausgleich unter den gewerblichen Berufsgenossenschaften	220
Besondere Vorschriften für die landwirtschaftliche Unfallversicherung	221
(weggefallen)	221a
Übergangszeit und Beitragsangleichung in der landwirtschaftlichen Unfallversicherung	221b

Elftes Kapitel. Übergangsvorschriften zur Neuorganisation der gesetzlichen Unfallversicherung

Neuorganisation der gewerblichen Berufsgenossenschaften	222
Neuorganisation der landesunmittelbaren Unfallversicherungsträger der öffentlichen Hand	223
Unternehmernummer	224
(weggefallen)	225

Anlage 1 (zu § 114) Gewerbliche Berufsgenossenschaften
Anlage 2 (weggefallen)

Erstes Kapitel. Aufgaben, versicherter Personenkreis, Versicherungsfall

Erster Abschnitt. Aufgaben der Unfallversicherung

§ 1 Prävention, Rehabilitation, Entschädigung. Aufgabe der Unfallversicherung ist es, nach Maßgabe der Vorschriften dieses Buches

1. mit allen geeigneten Mitteln Arbeitsunfälle und Berufskrankheiten sowie arbeitsbedingte Gesundheitsgefahren zu verhüten,
2. nach Eintritt von Arbeitsunfällen oder Berufskrankheiten die Gesundheit und die Leistungsfähigkeit der Versicherten mit allen geeigneten Mitteln wiederherzustellen und sie oder ihre Hinterbliebenen durch Geldleistungen zu entschädigen.

Zweiter Abschnitt. Versicherter Personenkreis

§ 2 Versicherung kraft Gesetzes. (1) Kraft Gesetzes sind versichert
1. Beschäftigte,
2. Lernende während der beruflichen Aus- und Fortbildung in Betriebsstätten, Lehrwerkstätten, Schulungskursen und ähnlichen Einrichtungen,
3. Personen, die sich Untersuchungen, Prüfungen oder ähnlichen Maßnahmen unterziehen, die aufgrund von Rechtsvorschriften zur Aufnahme einer versicherten Tätigkeit oder infolge einer abgeschlossenen versicherten Tätigkeit erforderlich sind, soweit diese Maßnahmen vom Unternehmen oder einer Behörde veranlaßt worden sind,
4. behinderte Menschen, die in anerkannten Werkstätten für behinderte Menschen, bei einem anderen Leistungsanbieter nach § 60 des Neunten Buches oder in Blindenwerkstätten im Sinne des § 226 des Neunten Buches oder für diese Einrichtungen in Heimarbeit tätig sind,
5. Personen, die
   a) Unternehmer eines landwirtschaftlichen Unternehmens sind und ihre im Unternehmen mitarbeitenden Ehegatten oder Lebenspartner,
   b) im landwirtschaftlichen Unternehmen nicht nur vorübergehend mitarbeitende Familienangehörige sind,
   c) in landwirtschaftlichen Unternehmen in der Rechtsform von Kapital- oder Personenhandelsgesellschaften regelmäßig wie Unternehmer selbständig tätig sind,
   d) ehrenamtlich in Unternehmen tätig sind, die unmittelbar der Sicherung, Überwachung oder Förderung der Landwirtschaft überwiegend dienen,
   e) ehrenamtlich in den Berufsverbänden der Landwirtschaft tätig sind, wenn für das Unternehmen die landwirtschaftliche Berufsgenossenschaft zuständig ist,
6. Hausgewerbetreibende und Zwischenmeister sowie ihre mitarbeitenden Ehegatten oder Lebenspartner,
7. selbständig tätige Küstenschiffer und Küstenfischer, die zur Besatzung ihres Fahrzeugs gehören oder als Küstenfischer ohne Fahrzeug fischen und regel-

mäßig nicht mehr als vier Arbeitnehmer beschäftigen, sowie ihre mitarbeitenden Ehegatten oder Lebenspartner,

8. a) Kinder während des Besuchs von Tageseinrichtungen, deren Träger für den Betrieb der Einrichtungen der Erlaubnis nach § 45 des Achten Buches[1)] oder einer Erlaubnis aufgrund einer entsprechenden landesrechtlichen Regelung bedürfen, während der Betreuung durch geeignete Tagespflegepersonen im Sinne von § 23 des Achten Buches sowie während der Teilnahme an vorschulischen Sprachförderungskursen, wenn die Teilnahme auf Grund landesrechtlicher Regelungen erfolgt,

b) Schüler während des Besuchs von allgemein- oder berufsbildenden Schulen und während der Teilnahme an unmittelbar vor oder nach dem Unterricht von der Schule oder im Zusammenwirken mit ihr durchgeführten Betreuungsmaßnahmen,

c) Studierende während der Aus- und Fortbildung an Hochschulen,

9. Personen, die selbständig oder unentgeltlich, insbesondere ehrenamtlich im Gesundheitswesen oder in der Wohlfahrtspflege tätig sind,

10. Personen, die

a) für Körperschaften, Anstalten oder Stiftungen des öffentlichen Rechts oder deren Verbände oder Arbeitsgemeinschaften, für die in den Nummern 2 und 8 genannten Einrichtungen oder für privatrechtliche Organisationen im Auftrag oder mit ausdrücklicher Einwilligung, in besonderen Fällen mit schriftlicher Genehmigung von Gebietskörperschaften ehrenamtlich tätig sind oder an Ausbildungsveranstaltungen für diese Tätigkeit teilnehmen,

b) für öffentlich-rechtliche Religionsgemeinschaften und deren Einrichtungen oder für privatrechtliche Organisationen im Auftrag oder mit ausdrücklicher Einwilligung, in besonderen Fällen mit schriftlicher Genehmigung von öffentlich-rechtlichen Religionsgemeinschaften ehrenamtlich tätig sind oder an Ausbildungsveranstaltungen für diese Tätigkeit teilnehmen,

11. Personen, die

a) von einer Körperschaft, Anstalt oder Stiftung des öffentlichen Rechts zur Unterstützung einer Diensthandlung herangezogen werden,

b) von einer dazu berechtigten öffentlichen Stelle als Zeugen zur Beweiserhebung herangezogen werden,

12. Personen, die in Unternehmen zur Hilfe bei Unglücksfällen oder im Zivilschutz unentgeltlich, insbesondere ehrenamtlich tätig sind oder an Ausbildungsveranstaltungen dieser Unternehmen einschließlich der satzungsmäßigen Veranstaltungen, die der Nachwuchsförderung dienen, teilnehmen,

13. Personen, die

a) bei Unglücksfällen oder gemeiner Gefahr oder Not Hilfe leisten oder einen anderen aus erheblicher gegenwärtiger Gefahr für seine Gesundheit retten,

---

[1)] Nr. 8.

b) Blut oder körpereigene Organe, Organteile oder Gewebe spenden oder bei denen Voruntersuchungen oder Nachsorgemaßnahmen anlässlich der Spende vorgenommen werden,

c) sich bei der Verfolgung oder Festnahme einer Person, die einer Straftat verdächtig ist oder zum Schutz eines widerrechtlich Angegriffenen persönlich einsetzen,

d) Tätigkeiten als Notärztin oder Notarzt im Rettungsdienst ausüben, wenn diese Tätigkeiten neben

aa) einer Beschäftigung mit einem Umfang von regelmäßig mindestens 15 Stunden wöchentlich außerhalb des Rettungsdienstes oder

bb) einer Tätigkeit als zugelassener Vertragsarzt oder als Arzt in privater Niederlassung

ausgeübt werden,

14. Personen, die

a) nach den Vorschriften des Zweiten oder des Dritten Buches der Meldepflicht unterliegen, wenn sie einer besonderen, an sie im Einzelfall gerichteten Aufforderung der Bundesagentur für Arbeit, des nach § 6 Absatz 1 Satz 1 Nummer 2 des Zweiten Buches[1]) zuständigen Trägers oder eines nach § 6a des Zweiten Buches zugelassenen kommunalen Trägers nachkommen, diese oder eine andere Stelle aufzusuchen,

b) an einer Maßnahme teilnehmen, wenn die Person selbst oder die Maßnahme über die Bundesagentur für Arbeit, einen nach § 6 Absatz 1 Satz 1 Nummer 2 des Zweiten Buches zuständigen Träger oder einen nach § 6a des Zweiten Buches zugelassenen kommunalen Träger gefördert wird,

15. Personen, die

a) auf Kosten einer Krankenkasse oder eines Trägers der gesetzlichen Rentenversicherung oder der landwirtschaftlichen Alterskasse stationäre oder teilstationäre Behandlung oder stationäre, teilstationäre oder ambulante Leistungen zur medizinischen Rehabilitation erhalten,

b) zur Vorbereitung von Leistungen zur Teilhabe am Arbeitsleben auf Aufforderung eines Trägers der gesetzlichen Rentenversicherung oder der Bundesagentur für Arbeit einen dieser Träger oder eine andere Stelle aufsuchen,

c) auf Kosten eines Unfallversicherungsträgers an vorbeugenden Maßnahmen nach § 3 der Berufskrankheiten-Verordnung teilnehmen,

16. Personen, die bei der Schaffung öffentlich geförderten Wohnraums im Sinne des Zweiten Wohnungsbaugesetzes oder im Rahmen der sozialen Wohnraumförderung bei der Schaffung von Wohnraum im Sinne des § 16 Abs. 1 Nr. 1 bis 3 des Wohnraumförderungsgesetzes oder entsprechender landesrechtlicher Regelungen im Rahmen der Selbsthilfe tätig sind,

17. Pflegepersonen im Sinne des § 19 Satz 1 und 2 des Elften Buches[2]) bei der Pflege eines Pflegebedürftigen mit mindestens Pflegegrad 2 im Sinne der §§ 14 und 15 Absatz 3 des Elften Buches; die versicherte Tätigkeit umfasst

---

[1]) Nr. 2.
[2]) Nr. 11.

pflegerische Maßnahmen in den in § 14 Absatz 2 des Elften Buches genannten Bereichen sowie Hilfen bei der Haushaltsführung nach § 18 Absatz 5a Satz 3 Nummer 2 des Elften Buches.

(1a) [1] Versichert sind auch Personen, die nach Erfüllung der Schulpflicht auf der Grundlage einer schriftlichen Vereinbarung im Dienst eines geeigneten Trägers im Umfang von durchschnittlich mindestens acht Wochenstunden und für die Dauer von mindestens sechs Monaten als Freiwillige einen Freiwilligendienst aller Generationen unentgeltlich leisten. [2] Als Träger des Freiwilligendienstes aller Generationen geeignet sind inländische juristische Personen des öffentlichen Rechts oder unter § 5 Abs. 1 Nr. 9 des Körperschaftsteuergesetzes fallende Einrichtungen zur Förderung gemeinnütziger, mildtätiger oder kirchlicher Zwecke (§§ 52 bis 54 der Abgabenordnung), wenn sie die Haftpflichtversicherung und eine kontinuierliche Begleitung der Freiwilligen und deren Fort- und Weiterbildung im Umfang von mindestens durchschnittlich 60 Stunden je Jahr sicherstellen. [3] Die Träger haben fortlaufende Aufzeichnungen zu führen über die bei ihnen nach Satz 1 tätigen Personen, die Art und den Umfang der Tätigkeiten und die Einsatzorte. [4] Die Aufzeichnungen sind mindestens fünf Jahre lang aufzubewahren.

(2) [1] Ferner sind Personen versichert, die wie nach Absatz 1 Nr. 1 Versicherte tätig werden. [2] Satz 1 gilt auch für Personen, die während einer aufgrund eines Gesetzes angeordneten Freiheitsentziehung oder aufgrund einer strafrichterlichen, staatsanwaltlichen oder jugendbehördlichen Anordnung wie Beschäftigte tätig werden.

(3) [1] Absatz 1 Nr. 1 gilt auch für

1. Personen, die im Ausland bei einer amtlichen Vertretung des Bundes oder der Länder oder bei deren Leitern, Mitgliedern oder Bediensteten beschäftigt und in der gesetzlichen Rentenversicherung nach § 4 Absatz 1 Satz 2 des Sechsten Buches[1)] pflichtversichert sind,

2. Personen, die

a) im Sinne des Entwicklungshelfer-Gesetzes Entwicklungsdienst oder Vorbereitungsdienst leisten,

b) einen entwicklungspolitischen Freiwilligendienst „weltwärts" im Sinne der Richtlinie des Bundesministeriums für wirtschaftliche Zusammenarbeit und Entwicklung vom 1. August 2007 (BAnz. 2008 S. 1297) leisten,

c) einen Internationalen Jugendfreiwilligendienst im Sinne der Richtlinie Internationaler Jugendfreiwilligendienst des Bundesministeriums für Familie, Senioren, Frauen und Jugend vom 20. Dezember 2010 (GMBl S. 1778) leisten,

3. Personen, die

a) eine Tätigkeit bei einer zwischenstaatlichen oder überstaatlichen Organisation ausüben und deren Beschäftigungsverhältnis im öffentlichen Dienst während dieser Zeit ruht,

b) als Lehrkräfte vom Auswärtigen Amt durch das Bundesverwaltungsamt an Schulen im Ausland vermittelt worden sind oder

---

[1)] Nr. 6.

c) für ihre Tätigkeit bei internationalen Einsätzen zur zivilen Krisenprävention als Sekundierte nach dem Sekundierungsgesetz abgesichert werden.

²Die Versicherung nach Satz 1 Nummer 3 Buchstabe a und c erstreckt sich auch auf Unfälle oder Krankheiten, die infolge einer Verschleppung oder einer Gefangenschaft eintreten oder darauf beruhen, dass der Versicherte aus sonstigen mit seiner Tätigkeit zusammenhängenden Gründen, die er nicht zu vertreten hat, dem Einflussbereich seines Arbeitgebers oder der für die Durchführung seines Einsatzes verantwortlichen Einrichtung entzogen ist. ³Gleiches gilt, wenn Unfälle oder Krankheiten auf gesundheitsschädigende oder sonst vom Inland wesentlich abweichende Verhältnisse bei der Tätigkeit oder dem Einsatz im Ausland zurückzuführen sind. ⁴Soweit die Absätze 1 bis 2 weder eine Beschäftigung noch eine selbständige Tätigkeit voraussetzen, gelten sie abweichend von § 3 Nr. 2 des Vierten Buches[1)] für alle Personen, die die in diesen Absätzen genannten Tätigkeiten im Inland ausüben; § 4 des Vierten Buches gilt entsprechend. ⁵Absatz 1 Nr. 13 gilt auch für Personen, die im Ausland tätig werden, wenn sie im Inland ihren Wohnsitz oder gewöhnlichen Aufenthalt haben.

(4) Familienangehörige im Sinne des Absatzes 1 Nr. 5 Buchstabe b sind

1. Verwandte bis zum dritten Grade,

2. Verschwägerte bis zum zweiten Grade,

3. Pflegekinder (§ 56 Abs. 2 Nr. 2 des Ersten Buches[2)])

der Unternehmer, ihrer Ehegatten oder ihrer Lebenspartner.

§ 3 Versicherung kraft Satzung. (1) Die Satzung kann bestimmen, daß und unter welchen Voraussetzungen sich die Versicherung erstreckt auf

1. Unternehmer und ihre im Unternehmen mitarbeitenden Ehegatten oder Lebenspartner,

2. Personen, die sich auf der Unternehmensstätte aufhalten; § 2 Abs. 3 Satz 2 erster Halbsatz gilt entsprechend,

3. Personen, die

   a) im Ausland bei einer staatlichen deutschen Einrichtung beschäftigt werden,

   b) im Ausland von einer staatlichen deutschen Einrichtung anderen Staaten zur Arbeitsleistung zur Verfügung gestellt werden;

   Versicherungsschutz besteht nur, soweit die Personen nach dem Recht des Beschäftigungsstaates nicht unfallversichert sind,

4. ehrenamtlich Tätige und bürgerschaftlich Engagierte,

5. Kinder und Jugendliche während der Teilnahme an Sprachförderungskursen, wenn die Teilnahme auf Grund landesrechtlicher Regelungen erfolgt.

(2) Absatz 1 gilt nicht für

1. Haushaltsführende,

[1)] Nr. **4.**
[2)] Nr. **1.**

2. Unternehmer von nicht gewerbsmäßig betriebenen Binnenfischereien oder Imkereien und ihre im Unternehmen mitarbeitenden Ehegatten oder Lebenspartner,
3. Personen, die aufgrund einer vom Fischerei- oder Jagdausübungsberechtigten erteilten Erlaubnis als Fischerei- oder Jagdgast fischen oder jagen,
4. Reeder, die nicht zur Besatzung des Fahrzeugs gehören, und ihre im Unternehmen mitarbeitenden Ehegatten oder Lebenspartner.

§ 4 Versicherungsfreiheit. (1) Versicherungsfrei sind
1. Personen, soweit für sie beamtenrechtliche Unfallfürsorgevorschriften oder entsprechende Grundsätze gelten; ausgenommen sind Ehrenbeamte und ehrenamtliche Richter,
2. Personen, soweit für sie das Bundesversorgungsgesetz oder Gesetze, die eine entsprechende Anwendung des Bundesversorgungsgesetzes vorsehen, gelten, es sei denn, daß

    a) der Versicherungsfall zugleich die Folge einer Schädigung im Sinne dieser Gesetze ist oder

    b) es sich um eine Schädigung im Sinne des § 5 Abs. 1 Buchstabe e des Bundesversorgungsgesetzes handelt,
3. Satzungsmäßige Mitglieder geistlicher Genossenschaften, Diakonissen und Angehörige ähnlicher Gemeinschaften, wenn ihnen nach den Regeln der Gemeinschaft Anwartschaft auf die in der Gemeinschaft übliche Versorgung gewährleistet und die Erfüllung der Gewährleistung gesichert ist.

(2) Von der Versicherung nach § 2 Abs. 1 Nr. 5 sind frei
1. Personen, die aufgrund einer vom Fischerei- oder Jagdausübungsberechtigten erteilten Erlaubnis als Fischerei- oder Jagdgast fischen oder jagen,
2. Unternehmer von Binnenfischereien, Imkereien und Unternehmen nach § 123 Abs. 1 Nr. 2, wenn diese Unternehmen nicht gewerbsmäßig betrieben werden und nicht Neben- oder Hilfsunternehmen eines anderen landwirtschaftlichen Unternehmens sind, sowie ihre im Unternehmen mitarbeitenden Ehegatten oder Lebenspartner; das gleiche gilt für Personen, die in diesen Unternehmen als Verwandte oder Verschwägerte bis zum zweiten Grad oder als Pflegekind der Unternehmer, ihrer Ehegatten oder Lebenspartner unentgeltlich tätig sind. Ein Unternehmen der Imkerei gilt als nicht gewerbsmäßig betrieben, wenn nicht mehr als 25 Bienenvölker gehalten werden.

(3) Von der Versicherung nach § 2 Abs. 1 Nr. 9 sind frei selbständig tätige Ärzte, Zahnärzte, Tierärzte, Psychologische Psychotherapeuten, Kinder- und Jugendlichenpsychotherapeuten, Heilpraktiker und Apotheker.

(4) Von der Versicherung nach § 2 Abs. 2 ist frei, wer in einem Haushalt als Verwandter oder Verschwägerter bis zum zweiten Grad oder als Pflegekind der Haushaltsführenden, der Ehegatten oder der Lebenspartner unentgeltlich tätig ist, es sei denn, er ist in einem in § 124 Nr. 1 genannten Haushalt tätig.

(5) Von der Versicherung nach § 2 Abs. 2 sind frei Personen, die als Familienangehörige (§ 2 Abs. 4) der Unternehmer, ihrer Ehegatten oder Lebenspartner in einem Unternehmen nach § 123 Abs. 1 Nr. 1 bis 5 unentgeltlich tätig sind, wenn sie die Voraussetzungen für den Anspruch auf eine Rente

wegen Alters nach dem Recht der gesetzlichen Rentenversicherung einschließlich der Alterssicherung der Landwirte erfüllen und die Rente beantragt haben.

§ 5 Versicherungsbefreiung. Von der Versicherung nach § 2 Abs. 1 Nr. 5 werden auf Antrag Unternehmer landwirtschaftlicher Unternehmen im Sinne des § 123 Abs. 1 Nr. 1 bis zu einer Größe von 0,25 Hektar und ihre Ehegatten oder Lebenspartner unwiderruflich befreit; dies gilt nicht für Spezialkulturen. ² Das Nähere bestimmt die Satzung.

§ 6 Freiwillige Versicherung. (1) ¹ Auf schriftlichen oder elektronischen Antrag können sich versichern

1. Unternehmer und ihre im Unternehmen mitarbeitenden Ehegatten oder Lebenspartner; ausgenommen sind Haushaltsführende, Unternehmer von nicht gewerbsmäßig betriebenen Binnenfischereien, von nicht gewerbsmäßig betriebenen Unternehmen nach § 123 Abs. 1 Nr. 2 und ihre Ehegatten oder Lebenspartner sowie Fischerei- und Jagdgäste,
2. Personen, die in Kapital- oder Personenhandelsgesellschaften regelmäßig wie Unternehmer selbständig tätig sind,
3. gewählte oder beauftragte Ehrenamtsträger in gemeinnützigen Organisationen,
4. Personen, die in Verbandsgremien und Kommissionen für Arbeitgeberorganisationen und Gewerkschaften sowie anderen selbständigen Arbeitnehmervereinigungen mit sozial- oder berufspolitischer Zielsetzung (sonstige Arbeitnehmervereinigungen) ehrenamtlich tätig sind oder an Ausbildungsveranstaltungen für diese Tätigkeit teilnehmen,
5. Personen, die ehrenamtlich für Parteien im Sinne des Parteiengesetzes tätig sind oder an Ausbildungsveranstaltungen für diese Tätigkeit teilnehmen.

² In den Fällen des Satzes 1 Nummer 3 kann auch die Organisation, für die die Ehrenamtsträger tätig sind, oder ein Verband, in dem die Organisation Mitglied ist, den Antrag stellen; eine namentliche Bezeichnung der Versicherten ist in diesen Fällen nicht erforderlich. ³ In den Fällen des Satzes 1 Nummer 4 und 5 gilt Satz 2 entsprechend.

(2) ¹ Die Versicherung beginnt mit dem Tag, der dem Eingang des Antrags folgt. ² Die Versicherung erlischt, wenn der Beitrag oder Beitragsvorschuß binnen zwei Monaten nach Fälligkeit nicht gezahlt worden ist. ³ Eine Neuanmeldung bleibt so lange unwirksam, bis der rückständige Beitrag oder Beitragsvorschuß entrichtet worden ist.

Dritter Abschnitt. Versicherungsfall

§ 7 Begriff. (1) Versicherungsfälle sind Arbeitsunfälle und Berufskrankheiten.

(2) Verbotswidriges Handeln schließt einen Versicherungsfall nicht aus.

§ 8 Arbeitsunfall. (1) ¹ Arbeitsunfälle sind Unfälle von Versicherten infolge einer den Versicherungsschutz nach §§ 2, 3 oder 6 begründenden Tätigkeit (versicherte Tätigkeit). ² Unfälle sind zeitlich begrenzte, von außen auf den Körper einwirkende Ereignisse, die zu einem Gesundheitsschaden oder zum Tod führen.

(2) Versicherte Tätigkeiten sind auch

1. das Zurücklegen des mit der versicherten Tätigkeit zusammenhängenden unmittelbaren Weges nach und von dem Ort der Tätigkeit,

2. das Zurücklegen des von einem unmittelbaren Weg nach und von dem Ort der Tätigkeit abweichenden Weges, um

    a) Kinder von Versicherten (§ 56 des Ersten Buches[1]), die mit ihnen in einem gemeinsamen Haushalt leben, wegen ihrer, ihrer Ehegatten oder ihrer Lebenspartner beruflichen Tätigkeit fremder Obhut anzuvertrauen oder

    b) mit anderen Berufstätigen oder Versicherten gemeinsam ein Fahrzeug zu benutzen,

3. das Zurücklegen des von einem unmittelbaren Weg nach und von dem Ort der Tätigkeit abweichenden Weges der Kinder von Personen (§ 56 des Ersten Buches), die mit ihnen in einem gemeinsamen Haushalt leben, wenn die Abweichung darauf beruht, daß die Kinder wegen der beruflichen Tätigkeit dieser Personen oder deren Ehegatten oder deren Lebenspartner fremder Obhut anvertraut werden,

4. das Zurücklegen des mit der versicherten Tätigkeit zusammenhängenden Weges von und nach der ständigen Familienwohnung, wenn die Versicherten wegen der Entfernung ihrer Familienwohnung von dem Ort der Tätigkeit an diesem oder in dessen Nähe eine Unterkunft haben,

5. das mit einer versicherten Tätigkeit zusammenhängende Verwahren, Befördern, Instandhalten und Erneuern eines Arbeitsgeräts oder einer Schutzausrüstung sowie deren Erstbeschaffung, wenn diese auf Veranlassung der Unternehmer erfolgt.

(3) Als Gesundheitsschaden gilt auch die Beschädigung oder der Verlust eines Hilfsmittels.

§ 9 Berufskrankheit. (1) [1] Berufskrankheiten sind Krankheiten, die die Bundesregierung durch Rechtsverordnung mit Zustimmung des Bundesrates als Berufskrankheiten bezeichnet und die Versicherte infolge einer den Versicherungsschutz nach §§ 2, 3 oder 6 begründenden Tätigkeit erleiden. [2] Die Bundesregierung wird ermächtigt, in der Rechtsverordnung solche Krankheiten als Berufskrankheiten zu bezeichnen, die nach den Erkenntnissen der medizinischen Wissenschaft durch besondere Einwirkungen verursacht sind, denen bestimmte Personengruppen durch ihre versicherte Tätigkeit in erheblich höherem Grade als die übrige Bevölkerung ausgesetzt sind; sie kann dabei bestimmen, daß die Krankheiten nur dann Berufskrankheiten sind, wenn sie durch Tätigkeiten in bestimmten Gefährdungsbereichen verursacht worden sind oder wenn sie zur Unterlassung aller Tätigkeiten geführt haben, die für die Entstehung, die Verschlimmerung oder das Wiederaufleben der Krankheit ursächlich waren oder sein können. [3] In der Rechtsverordnung kann ferner bestimmt werden, inwieweit Versicherte in Unternehmen der Seefahrt auch in der Zeit gegen Berufskrankheiten versichert sind, in der sie an Land beurlaubt sind.

---

[1] Nr. 1.

(2) Die Unfallversicherungsträger haben eine Krankheit, die nicht in der Rechtsverordnung bezeichnet ist oder bei der die dort bestimmten Voraussetzungen nicht vorliegen, wie eine Berufskrankheit als Versicherungsfall anzuerkennen, sofern im Zeitpunkt der Entscheidung nach neuen Erkenntnissen der medizinischen Wissenschaft die Voraussetzungen für eine Bezeichnung nach Absatz 1 Satz 2 erfüllt sind.

(3) Erkranken Versicherte, die infolge der besonderen Bedingungen ihrer versicherten Tätigkeit in erhöhtem Maße der Gefahr der Erkrankung an einer in der Rechtsverordnung nach Absatz 1 genannten Berufskrankheit ausgesetzt waren, an einer solchen Krankheit und können Anhaltspunkte für eine Verursachung außerhalb der versicherten Tätigkeit nicht festgestellt werden, wird vermutet, daß diese infolge der versicherten Tätigkeit verursacht worden ist.

(4) Setzt die Anerkennung einer Krankheit als Berufskrankheit die Unterlassung aller Tätigkeiten voraus, die für die Entstehung, die Verschlimmerung oder das Wiederaufleben der Krankheit ursächlich waren oder sein können, haben die Unfallversicherungsträger vor Unterlassung einer noch verrichteten gefährdenden Tätigkeit darüber zu entscheiden, ob die übrigen Voraussetzungen für die Anerkennung einer Berufskrankheit erfüllt sind.

(5) Soweit Vorschriften über Leistungen auf den Zeitpunkt des Versicherungsfalls abstellen, ist bei Berufskrankheiten auf den Beginn der Arbeitsunfähigkeit oder der Behandlungsbedürftigkeit oder, wenn dies für den Versicherten günstiger ist, auf den Beginn der rentenberechtigenden Minderung der Erwerbsfähigkeit abzustellen.

(6) Die Bundesregierung regelt durch Rechtsverordnung mit Zustimmung des Bundesrates

1. Voraussetzungen, Art und Umfang von Leistungen zur Verhütung des Entstehens, der Verschlimmerung oder des Wiederauflebens von Berufskrankheiten,
2. die Mitwirkung der für den medizinischen Arbeitsschutz zuständigen Stellen bei der Feststellung von Berufskrankheiten sowie von Krankheiten, die nach Absatz 2 wie Berufskrankheiten zu entschädigen sind; dabei kann bestimmt werden, daß die für den medizinischen Arbeitsschutz zuständigen Stellen berechtigt sind, Zusammenhangsgutachten zu erstellen sowie zur Vorbereitung ihrer Gutachten Versicherte zu untersuchen oder auf Kosten der Unfallversicherungsträger andere Ärzte mit der Vornahme der Untersuchungen zu beauftragen,
3. die von den Unfallversicherungsträgern für die Tätigkeit der Stellen nach Nummer 2 zu entrichtenden Gebühren; diese Gebühren richten sich nach dem für die Begutachtung erforderlichen Aufwand und den dadurch entstehenden Kosten.

(7) Die Unfallversicherungsträger haben die für den medizinischen Arbeitsschutz zuständige Stelle über den Ausgang des Berufskrankheitenverfahrens zu unterrichten, soweit ihre Entscheidung von der gutachterlichen Stellungnahme der zuständigen Stelle abweicht.

(8) Die Unfallversicherungsträger wirken bei der Gewinnung neuer medizinisch-wissenschaftlicher Erkenntnisse insbesondere zur Fortentwicklung des Berufskrankheitenrechts mit; sie sollen durch eigene Forschung oder durch Beteiligung an fremden Forschungsvorhaben dazu beitragen, den Ursachen-

zusammenhang zwischen Erkrankungshäufigkeiten in einer bestimmten Personengruppe und gesundheitsschädlichen Einwirkungen im Zusammenhang mit der versicherten Tätigkeit aufzuklären.

(9) ¹ Die für den medizinischen Arbeitsschutz zuständigen Stellen dürfen zur Feststellung von Berufskrankheiten sowie von Krankheiten, die nach Absatz 2 wie Berufskrankheiten zu entschädigen sind, Daten erheben, verarbeiten oder nutzen sowie zur Vorbereitung von Gutachten Versicherte untersuchen, soweit dies im Rahmen ihrer Mitwirkung nach Absatz 6 Nr. 2 erforderlich ist; sie dürfen diese Daten insbesondere an den zuständigen Unfallversicherungsträger übermitteln. ² Die erhobenen Daten dürfen auch zur Verhütung von Arbeitsunfällen, Berufskrankheiten und arbeitsbedingter Gesundheitsgefahren verarbeitet oder genutzt werden. ³ Soweit die in Satz 1 genannten Stellen andere Ärzte mit der Vornahme von Untersuchungen beauftragen, ist die Übermittlung von Daten zwischen diesen Stellen und den beauftragten Ärzten zulässig, soweit dies im Rahmen des Untersuchungsauftrages erforderlich ist.

§ 10 Erweiterung in der See- und Binnenschiffahrt. (1) In der See- und Binnenschiffahrt sind Versicherungsfälle auch Unfälle infolge

1. von Elementarereignissen,
2. der einem Hafen oder dem Liegeplatz eines Fahrzeugs eigentümlichen Gefahren,
3. der Beförderung von Land zum Fahrzeug oder vom Fahrzeug zum Land.

(2) In Unternehmen der Seefahrt gilt als versicherte Tätigkeit auch die freie Rückbeförderung nach dem Seearbeitsgesetz oder tariflichen Vorschriften.

§ 11 Mittelbare Folgen eines Versicherungsfalls. (1) Folgen eines Versicherungsfalls sind auch Gesundheitsschäden oder der Tod von Versicherten infolge

1. der Durchführung einer Heilbehandlung, von Leistungen zur Teilhabe am Arbeitsleben oder einer Maßnahme nach § 3 der Berufskrankheiten-Verordnung,
2. der Wiederherstellung oder Erneuerung eines Hilfsmittels,
3. der zur Aufklärung des Sachverhalts eines Versicherungsfalls angeordneten Untersuchung

einschließlich der dazu notwendigen Wege.

(2) ¹ Absatz 1 gilt entsprechend, wenn die Versicherten auf Aufforderung des Unfallversicherungsträgers diesen oder eine von ihm bezeichnete Stelle zur Vorbereitung von Maßnahmen der Heilbehandlung, der Leistungen zur Teilhabe am Arbeitsleben oder von Maßnahmen nach § 3 der Berufskrankheiten-Verordnung aufsuchen. ² Der Aufforderung durch den Unfallversicherungsträger nach Satz 1 steht eine Aufforderung durch eine mit der Durchführung der genannten Maßnahmen beauftragte Stelle gleich.

§ 12 Versicherungsfall einer Leibesfrucht. ¹ Versicherungsfall ist auch der Gesundheitsschaden einer Leibesfrucht infolge eines Versicherungsfalls der Mutter während der Schwangerschaft; die Leibesfrucht steht insoweit einem Versicherten gleich. ² Bei einer Berufskrankheit als Versicherungsfall genügt, daß der Gesundheitsschaden der Leibesfrucht durch besondere Einwirkungen verursacht worden ist, die generell geeignet sind, eine Berufskrankheit der Mutter zu verursachen.

§ 12a Gesundheitsschaden im Zusammenhang mit der Spende von Blut oder körpereigenen Organen, Organteilen oder Gewebe. (1) ¹Als Versicherungsfall im Sinne des § 7 Absatz 1 gilt bei Versicherten nach § 2 Absatz 1 Nummer 13 Buchstabe b auch der Gesundheitsschaden, der über die durch die Blut-, Organ-, Organteil- oder Gewebeentnahme regelmäßig entstehenden Beeinträchtigungen hinausgeht und in ursächlichem Zusammenhang mit der Spende steht. ²Werden dadurch Nachbehandlungen erforderlich oder treten Spätschäden auf, die als Aus- oder Nachwirkungen der Spende oder der aus der Spende resultierenden erhöhten Gesundheitsrisikos anzusehen sind, wird vermutet, dass diese hierdurch verursacht worden sind. ³Dies gilt nicht, wenn offenkundig ist, dass der Gesundheitsschaden nicht im ursächlichen Zusammenhang mit der Spende steht; eine Obduktion zum Zwecke einer solchen Feststellung darf nicht gefordert werden.

(2) ¹Absatz 1 gilt auch bei Gesundheitsschäden im Zusammenhang mit den für die Spende von Blut oder körpereigenen Organen, Organteilen oder Gewebe erforderlichen Voruntersuchungen sowie Nachsorgemaßnahmen. ²Satz 1 findet auch Anwendung, wenn es nach der Voruntersuchung nicht zur Spende kommt

§ 13 Sachschäden bei Hilfeleistungen. ¹Den nach § 2 Abs. 1 Nr. 11 Buchstabe a, Nr. 12 und Nr. 13 Buchstabe a und c Versicherten sind auf Antrag Schäden, die infolge einer der dort genannten Tätigkeiten an in ihrem Besitz befindlichen Sachen entstanden sind, sowie die Aufwendungen zu ersetzen, die sie den Umständen nach für erforderlich halten durften, soweit kein anderweitiger öffentlich-rechtlicher Ersatzanspruch besteht. ²Versicherten nach § 2 Abs. 1 Nr. 12 steht ein Ersatz von Sachschäden nur dann zu, wenn der Einsatz der infolge der versicherten Tätigkeit beschädigten Sache im Interesse des Hilfsunternehmens erfolgte, für das die Tätigkeit erbracht wurde. ³Die Sätze 1 und 2 finden keine Anwendung bei Teilnahme an Ausbildungsveranstaltungen einschließlich der satzungsmäßigen Veranstaltungen, die der Nachwuchsförderung dienen, nach § 2 Abs. 1 Nr. 12 sowie bei Versicherungsfällen nach § 8 Abs. 2. ⁴§ 116 des Zehnten Buches¹⁾ gilt entsprechend.

Zweites Kapitel. Prävention

§ 14 Grundsatz. (1) ¹Die Unfallversicherungsträger haben mit allen geeigneten Mitteln für die Verhütung von Arbeitsunfällen, Berufskrankheiten und arbeitsbedingten Gesundheitsgefahren und für eine wirksame Erste Hilfe zu sorgen. ²Sie sollen dabei auch den Ursachen von arbeitsbedingten Gefahren für Leben und Gesundheit nachgehen.

(2) Bei der Verhütung arbeitsbedingter Gesundheitsgefahren arbeiten die Unfallversicherungsträger mit den Krankenkassen zusammen.

---

¹⁾ Nr. 10.

(3) Die Unfallversicherungsträger nehmen an der Entwicklung, Umsetzung und Fortschreibung der gemeinsamen deutschen Arbeitsschutzstrategie gemäß den Bestimmungen des Fünften Abschnitts des Arbeitsschutzgesetzes und der nationalen Präventionsstrategie nach §§ 20d bis 20f des Fünften Buches[1)] teil.

(4) ¹Die Deutsche Gesetzliche Unfallversicherung e.V. unterstützt die Unfallversicherungsträger bei der Erfüllung ihrer Präventionsaufgaben nach Absatz 1. ²Sie nimmt insbesondere folgende Aufgaben wahr:

1. Koordinierung, Durchführung und Förderung gemeinsamer Maßnahmen sowie der Forschung auf dem Gebiet der Prävention von Arbeitsunfällen, Berufskrankheiten und arbeitsbedingten Gesundheitsgefahren,
2. Klärung von grundsätzlichen Fach- und Rechtsfragen zur Sicherung der einheitlichen Rechtsanwendung in der Prävention.

§ 15 Unfallverhütungsvorschriften. (1) ¹Die Unfallversicherungsträger können unter Mitwirkung der Deutschen Gesetzlichen Unfallversicherung e.V. als autonomes Recht Unfallverhütungsvorschriften über Maßnahmen zur Verhütung von Arbeitsunfällen, Berufskrankheiten und arbeitsbedingten Gesundheitsgefahren oder für eine wirksame Erste Hilfe erlassen, soweit dies zur Prävention geeignet und erforderlich ist und staatliche Arbeitsschutzvorschriften hierüber keine Regelung treffen; in diesem Rahmen können Unfallverhütungsvorschriften erlassen werden über

1. Einrichtungen, Anordnungen und Maßnahmen, welche die Unternehmer zur Verhütung von Arbeitsunfällen, Berufskrankheiten und arbeitsbedingten Gesundheitsgefahren zu treffen haben, sowie die Form der Übertragung dieser Aufgaben auf andere Personen,
2. das Verhalten der Versicherten zur Verhütung von Arbeitsunfällen, Berufskrankheiten und arbeitsbedingten Gesundheitsgefahren,
3. vom Unternehmer zu veranlassende arbeitsmedizinische Untersuchungen und sonstige arbeitsmedizinische Maßnahmen vor, während und nach der Verrichtung von Arbeiten, die für Versicherte oder für Dritte mit arbeitsbedingten Gefahren für Leben und Gesundheit verbunden sind,
4. Voraussetzungen, die der Arzt, der mit Untersuchungen oder Maßnahmen nach Nummer 3 beauftragt ist, zu erfüllen hat, sofern die ärztliche Untersuchung nicht durch eine staatliche Rechtsvorschrift vorgesehen ist,
5. die Sicherstellung einer wirksamen Ersten Hilfe durch den Unternehmer,
6. die Maßnahmen, die der Unternehmer zur Erfüllung der sich aus dem Gesetz über Betriebsärzte, Sicherheitsingenieure und andere Fachkräfte für Arbeitssicherheit ergebenden Pflichten zu treffen hat,
7. die Zahl der Sicherheitsbeauftragten, die nach § 22 unter Berücksichtigung der in den Unternehmen für Leben und Gesundheit der Versicherten bestehenden arbeitsbedingten Gefahren und der Zahl der Beschäftigten zu bestellen sind.

²In der Unfallverhütungsvorschrift nach Satz 1 Nr. 3 kann bestimmt werden, daß arbeitsmedizinische Vorsorgeuntersuchungen auch durch den Unfallversicherungsträger veranlaßt werden können. ³Die Deutsche Gesetzliche Unfall-

---

[1)] Nr. 5.

versicherung e.V. wirkt beim Erlass von Unfallverhütungsvorschriften auf Rechtseinheitlichkeit hin.

(1a) In der landwirtschaftlichen Unfallversicherung ist Absatz 1 mit der Maßgabe anzuwenden, dass Unfallverhütungsvorschriften von der landwirtschaftlichen Berufsgenossenschaft erlassen werden.

(2) ¹ Soweit die Unfallversicherungsträger Vorschriften nach Absatz 1 Satz 1 Nr. 3 erlassen, können sie zu den dort genannten Zwecken auch die Erhebung, Verarbeitung und Nutzung von folgenden Daten über die untersuchten Personen durch den Unternehmer vorsehen:

1. Vor- und Familienname, Geburtsdatum sowie Geschlecht,
2. Wohnanschrift,
3. Tag der Einstellung und des Ausscheidens,
4. Ordnungsnummer,
5. zuständige Krankenkasse,
6. Art der vom Arbeitsplatz ausgehenden Gefährdungen,
7. Art der Tätigkeit mit Angabe des Beginns und des Endes der Tätigkeit,
8. Angaben über Art und Zeiten früherer Tätigkeiten, bei denen eine Gefährdung bestand, soweit dies bekannt ist,
9. Datum und Ergebnis der ärztlichen Vorsorgeuntersuchungen; die Übermittlung von Diagnosedaten an den Unternehmer ist nicht zulässig,
10. Datum der nächsten regelmäßigen Nachuntersuchung,
11. Name und Anschrift des untersuchenden Arztes.

² Soweit die Unfallversicherungsträger Vorschriften nach Absatz 1 Satz 2 erlassen, gelten Satz 1 sowie § 24 Abs. 1 Satz 3 und 4 entsprechend.

(3) Absatz 1 Satz 1 Nr. 1 bis 5 gilt nicht für die unter bergbehördlicher Aufsicht stehenden Unternehmen.

(4) ¹ Die Vorschriften nach Absatz 1 bedürfen der Genehmigung durch das Bundesministerium für Arbeit und Soziales. ² Die Entscheidung hierüber wird im Benehmen mit den zuständigen obersten Verwaltungsbehörden der Länder getroffen. ³ Soweit die Vorschriften von einem Unfallversicherungsträger erlassen werden, welcher der Aufsicht eines Landes untersteht, entscheidet die zuständige oberste Landesbehörde über die Genehmigung im Benehmen mit dem Bundesministerium für Arbeit und Soziales. ⁴ Die Genehmigung ist zu erteilen, wenn die Vorschriften sich im Rahmen der Ermächtigung nach Absatz 1 halten und ordnungsgemäß von der Vertreterversammlung beschlossen worden sind. ⁵ Die Erfüllung der Genehmigungsvoraussetzungen nach Satz 4 ist im Antrag auf Erteilung der Genehmigung darzulegen. ⁶ Dabei hat der Unfallversicherungsträger insbesondere anzugeben, dass

1. eine Regelung der in den Vorschriften vorgesehenen Maßnahmen in staatlichen Arbeitsschutzvorschriften nicht zweckmäßig ist,
2. das mit den Vorschriften angestrebte Präventionsziel ausnahmsweise nicht durch Regeln erreicht wird, die von einem gemäß § 18 Abs. 2 Nr. 5 des Arbeitsschutzgesetzes eingerichteten Ausschuss ermittelt werden, und
3. die nach Nummer 1 und 2 erforderlichen Feststellungen in einem besonderen Verfahren unter Beteiligung von Arbeitsschutzbehörden des Bundes und der Länder getroffen worden sind.

2. Kapitel. Prävention §§ 16–19 SGB VII

[7] Für die Angabe nach Satz 6 reicht bei Unfallverhütungsvorschriften nach Absatz 1 Satz 1 Nr. 6 ein Hinweis darauf aus, dass das Bundesministerium für Arbeit und Soziales von der Ermächtigung zum Erlass einer Rechtsverordnung nach § 14 des Gesetzes über Betriebsärzte, Sicherheitsingenieure und andere Fachkräfte für Arbeitssicherheit keinen Gebrauch macht.

(5) Die Unternehmer sind über die Vorschriften nach Absatz 1 zu unterrichten und zur Unterrichtung der Versicherten verpflichtet.

§ 16 Geltung bei Zuständigkeit anderer Unfallversicherungsträger und für ausländische Unternehmen. (1) Die Unfallverhütungsvorschriften eines Unfallversicherungsträgers gelten auch, soweit in dem oder für das Unternehmen Versicherte tätig werden, für die ein anderer Unfallversicherungsträger zuständig ist.

(2) Die Unfallverhütungsvorschriften eines Unfallversicherungsträgers gelten auch für Unternehmer und Beschäftigte von ausländischen Unternehmen, die eine Tätigkeit im Inland ausüben, ohne einem Unfallversicherungsträger anzugehören.

§ 17 Überwachung und Beratung. (1) Die Unfallversicherungsträger haben die Durchführung der Maßnahmen zur Verhütung von Arbeitsunfällen, Berufskrankheiten, arbeitsbedingten Gesundheitsgefahren und für eine wirksame Erste Hilfe in den Unternehmen zu überwachen sowie die Unternehmer und die Versicherten zu beraten.

(2) [1] Soweit in einem Unternehmen Versicherte tätig sind, für die ein anderer Unfallversicherungsträger zuständig ist, kann auch dieser die Durchführung der Maßnahmen zur Verhütung von Arbeitsunfällen, Berufskrankheiten, arbeitsbedingten Gesundheitsgefahren und für eine wirksame Erste Hilfe überwachen. [2] Beide Unfallversicherungsträger sollen, wenn nicht sachliche Gründe entgegenstehen, die Überwachung und Beratung abstimmen und sich mit deren Wahrnehmung auf einen Unfallversicherungsträger verständigen.

(3) Erwachsen dem Unfallversicherungsträger durch Pflichtversäumnis eines Unternehmers bare Auslagen für die Überwachung seines Unternehmens, so kann der Vorstand dem Unternehmer diese Kosten auferlegen.

§ 18 Aufsichtspersonen. (1) Die Unfallversicherungsträger sind verpflichtet, Aufsichtspersonen in der für eine wirksame Überwachung und Beratung gemäß § 17 erforderlichen Zahl zu beschäftigen.

(2) [1] Als Aufsichtsperson darf nur beschäftigt werden, wer seine Befähigung für diese Tätigkeit durch eine Prüfung nachgewiesen hat. [2] Die Unfallversicherungsträger erlassen Prüfungsordnungen. [3] Die Prüfungsordnungen bedürfen der Genehmigung durch die Aufsichtsbehörde.

§ 19 Befugnisse der Aufsichtspersonen. (1) [1] Die Aufsichtspersonen können im Einzelfall anordnen, welche Maßnahmen Unternehmerinnen und Unternehmer oder Versicherte zu treffen haben

1. zur Erfüllung ihrer Pflichten aufgrund der Unfallverhütungsvorschriften nach § 15,
2. zur Abwendung besonderer Unfall- und Gesundheitsgefahren.

² Die Aufsichtspersonen sind berechtigt, bei Gefahr im Verzug sofort vollziehbare Anordnungen zur Abwendung von arbeitsbedingten Gefahren für Leben und Gesundheit zu treffen. ³ Anordnungen nach den Sätzen 1 und 2 können auch gegenüber Unternehmerinnen und Unternehmern sowie gegenüber Beschäftigten von ausländischen Unternehmen getroffen werden, die eine Tätigkeit im Inland ausüben, ohne einem Unfallversicherungsträger anzugehören.

(2) ¹ Zur Überwachung der Maßnahmen zur Verhütung von Arbeitsunfällen, Berufskrankheiten, arbeitsbedingten Gesundheitsgefahren und für eine wirksame Erste Hilfe sind die Aufsichtspersonen insbesondere befugt,

1. zu den Betriebs- und Geschäftszeiten Grundstücke und Betriebsstätten zu betreten, zu besichtigen und zu prüfen,
2. von dem Unternehmer die zur Durchführung ihrer Überwachungsaufgabe erforderlichen Auskünfte zu verlangen,
3. geschäftliche und betriebliche Unterlagen des Unternehmers einzusehen, soweit es die Durchführung ihrer Überwachungsaufgabe erfordert,
4. Arbeitsmittel und persönliche Schutzausrüstungen sowie ihre bestimmungsgemäße Verwendung zu prüfen,
5. Arbeitsverfahren und Arbeitsabläufe zu untersuchen und insbesondere das Vorhandensein und die Konzentration gefährlicher Stoffe und Zubereitungen zu ermitteln oder, soweit die Aufsichtspersonen und der Unternehmer die erforderlichen Feststellungen nicht treffen können, auf Kosten des Unternehmers ermitteln zu lassen,
6. gegen Empfangsbescheinigung Proben nach ihrer Wahl zu fordern oder zu entnehmen; soweit der Unternehmer nicht ausdrücklich darauf verzichtet, ist ein Teil der Proben amtlich verschlossen oder versiegelt zurückzulassen,
7. zu untersuchen, ob und auf welche betriebliche Ursachen ein Unfall, eine Erkrankung oder ein Schadensfall zurückzuführen ist,
8. die Begleitung durch den Unternehmer oder eine von ihm beauftragte Person zu verlangen.

² Der Unternehmer hat die Maßnahmen nach Satz 1 Nr. 1 und 3 bis 7 zu dulden. ³ Zur Verhütung dringender Gefahren können die Maßnahmen nach Satz 1 auch in Wohnräumen und zu jeder Tages- und Nachtzeit getroffen werden. ⁴ Das Grundrecht der Unverletzlichkeit der Wohnung (Artikel 13 des Grundgesetzes) wird insoweit eingeschränkt. ⁵ Die Eigentümer und Besitzer der Grundstücke, auf denen der Unternehmer tätig ist, haben das Betreten der Grundstücke zu gestatten.

(3) ¹ Der Unternehmer hat die Aufsichtsperson zu unterstützen, soweit dies zur Erfüllung ihrer Aufgaben erforderlich ist. ² Auskünfte auf Fragen, deren Beantwortung den Unternehmer selbst oder einen seiner in § 383 Abs. 1 Nr. 1 bis 3 der Zivilprozeßordnung bezeichneten Angehörigen der Gefahr der Verfolgung wegen einer Straftat oder Ordnungswidrigkeit aussetzen würde, können verweigert werden.

§ 20 Zusammenarbeit mit Dritten. (1) ¹ Die Unfallversicherungsträger und die für den Arbeitsschutz zuständigen Behörden wirken bei der Beratung und Überwachung der Unternehmen auf der Grundlage einer gemeinsamen Beratungs- und Überwachungsstrategie gemäß § 20a Abs. 2 Nr. 4 des Arbeitsschutzgesetzes eng zusammen und stellen den Erfahrungsaustausch sicher. ² Die gemeinsame Beratungs- und Überwachungsstrategie umfasst die Abstimmung allgemeiner Grundsätze zur methodischen Vorgehensweise bei

1. der Beratung und Überwachung der Betriebe,
2. der Festlegung inhaltlicher Beratungs- und Überwachungsschwerpunkte, aufeinander abgestimmter oder gemeinsamer Schwerpunktaktionen und Arbeitsprogramme und
3. der Förderung eines Daten- und sonstigen Informationsaustausches, insbesondere über Betriebsbesichtigungen und deren wesentliche Ergebnisse.

(2) ¹ Zur Förderung der Zusammenarbeit nach Absatz 1 wird für den Bereich eines oder mehrerer Länder eine gemeinsame landesbezogene Stelle bei einem Unfallversicherungsträger oder einem Landesverband mit Sitz im jeweiligen örtlichen Zuständigkeitsbereich eingerichtet. ² Die Deutsche Gesetzliche Unfallversicherung e.V. koordiniert die organisatorisch und verfahrensmäßig notwendigen Festlegungen für die Bildung, Mandatierung und Tätigkeit der gemeinsamen landesbezogenen Stellen. ³ Die gemeinsame landesbezogene Stelle hat die Aufgabe, mit Wirkung für die von ihr vertretenen Unfallversicherungsträger mit den für den Arbeitsschutz zuständigen Behörden Vereinbarungen über

1. die zur Umsetzung der gemeinsamen Beratungs- und Überwachungsstrategie notwendigen Maßnahmen,
2. gemeinsame Arbeitsprogramme, insbesondere zur Umsetzung der Eckpunkte im Sinne des § 20a Abs. 2 Nr. 2 des Arbeitsschutzgesetzes,

abzuschließen und deren Zielerreichung mit den von der Nationalen Arbeitsschutzkonferenz nach § 20a Abs. 2 Nr. 3 des Arbeitsschutzgesetzes bestimmten Kennziffern zu evaluieren. ⁴ Die landwirtschaftliche Berufsgenossenschaft wirkt an der Tätigkeit der gemeinsamen landesbezogenen Stelle mit.

(3) ¹ Durch allgemeine Verwaltungsvorschriften, die der Zustimmung des Bundesrates bedürfen, wird geregelt das Zusammenwirken

1. der Unfallversicherungsträger mit den Betriebsräten oder Personalräten,
2. der Unfallversicherungsträger einschließlich der gemeinsamen landesbezogenen Stellen nach Absatz 2 mit den für den Arbeitsschutz zuständigen Landesbehörden,
3. der Unfallversicherungsträger mit den für die Bergaufsicht zuständigen Behörden.

² Die Verwaltungsvorschriften nach Satz 1 Nr. 1 werden vom Bundesministerium für Arbeit und Soziales im Einvernehmen mit dem Bundesministerium des Innern, die Verwaltungsvorschriften nach Satz 1 Nr. 2 und 3 werden von der Bundesregierung erlassen. ³ Die Verwaltungsvorschriften nach Satz 1 Nr. 2 werden erst erlassen, wenn innerhalb einer vom Bundesministerium für Arbeit und Soziales gesetzten angemessenen Frist nicht für jedes Land eine Vereinbarung nach Absatz 2 Satz 3 abgeschlossen oder eine unzureichend gewordene Vereinbarung nicht geändert worden ist.

§ 21 Verantwortung des Unternehmers, Mitwirkung der Versicherten.

(1) Der Unternehmer ist für die Durchführung der Maßnahmen zur Verhütung von Arbeitsunfällen und Berufskrankheiten, für die Verhütung von

arbeitsbedingten Gesundheitsgefahren sowie für eine wirksame Erste Hilfe verantwortlich.

(2) ¹ Ist bei einer Schule der Unternehmer nicht Schulhoheitsträger, ist auch der Schulhoheitsträger in seinem Zuständigkeitsbereich für die Durchführung der in Absatz 1 genannten Maßnahmen verantwortlich. ² Der Schulhoheitsträger ist verpflichtet, im Benehmen mit dem für die Versicherten nach § 2 Abs. 1 Nr. 8 Buchstabe b zuständigen Unfallversicherungsträger Regelungen über die Durchführung der in Absatz 1 genannten Maßnahmen im inneren Schulbereich zu treffen.

(3) Die Versicherten haben nach ihren Möglichkeiten alle Maßnahmen zur Verhütung von Arbeitsunfällen, Berufskrankheiten und arbeitsbedingten Gesundheitsgefahren sowie für eine wirksame Erste Hilfe zu unterstützen und die entsprechenden Anweisungen des Unternehmers zu befolgen.

§ 22 Sicherheitsbeauftragte. (1) ¹ In Unternehmen mit regelmäßig mehr als 20 Beschäftigten hat der Unternehmer unter Beteiligung des Betriebsrates oder Personalrates Sicherheitsbeauftragte unter Berücksichtigung der im Unternehmen für die Beschäftigten bestehenden Unfall- und Gesundheitsgefahren und der Zahl der Beschäftigten zu bestellen. ² Als Beschäftigte gelten auch die nach § 2 Abs. 1 Nr. 2, 8 und 12 Versicherten. ³ In Unternehmen mit besonderen Gefahren für Leben und Gesundheit kann der Unfallversicherungsträger anordnen, daß Sicherheitsbeauftragte auch dann zu bestellen sind, wenn die Mindestbeschäftigtenzahl nach Satz 1 nicht erreicht wird. ⁴ Für Unternehmen mit geringen Gefahren für Leben und Gesundheit kann der Unfallversicherungsträger die Zahl 20 in seiner Unfallverhütungsvorschrift erhöhen.

(2) Die Sicherheitsbeauftragten haben den Unternehmer bei der Durchführung der Maßnahmen zur Verhütung von Arbeitsunfällen und Berufskrankheiten zu unterstützen, insbesondere sich von dem Vorhandensein und der ordnungsgemäßen Benutzung der vorgeschriebenen Schutzeinrichtungen und persönlichen Schutzausrüstungen zu überzeugen und auf Unfall- und Gesundheitsgefahren für die Versicherten aufmerksam zu machen.

(3) Die Sicherheitsbeauftragten dürfen wegen der Erfüllung der ihnen übertragenen Aufgaben nicht benachteiligt werden.

§ 23 Aus- und Fortbildung. (1) ¹ Die Unfallversicherungsträger haben für die erforderliche Aus- und Fortbildung der Personen in den Unternehmen zu sorgen, die mit der Durchführung der Maßnahmen zur Verhütung von Arbeitsunfällen, Berufskrankheiten und arbeitsbedingten Gesundheitsgefahren sowie mit der Ersten Hilfe betraut sind. ² Für nach dem Gesetz über Betriebsärzte, Sicherheitsingenieure und andere Fachkräfte für Arbeitssicherheit zu verpflichtende Betriebsärzte und Fachkräfte für Arbeitssicherheit, die nicht dem Unternehmen angehören, können die Unfallversicherungsträger entsprechende Maßnahmen durchführen. ³ Die Unfallversicherungsträger haben Unternehmer und Versicherte zur Teilnahme an Aus- und Fortbildungslehrgängen anzuhalten.

(2) ¹ Die Unfallversicherungsträger haben die unmittelbaren Kosten ihrer Aus- und Fortbildungsmaßnahmen sowie die erforderlichen Fahr-, Verpflegungs- und Unterbringungskosten zu tragen. ² Bei Aus- und Fortbildungsmaßnahmen für Ersthelfer, die von Dritten durchgeführt werden, haben die Unfallversicherungsträger nur die Lehrgangsgebühren zu tragen.

2. Kapitel. Prävention §§ 24, 25 SGB VII 7

(3) Für die Arbeitszeit, die wegen der Teilnahme an einem Lehrgang ausgefallen ist, besteht gegen den Unternehmer ein Anspruch auf Fortzahlung des Arbeitsentgelts.

(4) Bei der Ausbildung von Sicherheitsbeauftragten und Fachkräften für Arbeitssicherheit sind die für den Arbeitsschutz zuständigen Landesbehörden zu beteiligen.

§ 24 Überbetrieblicher arbeitsmedizinischer und sicherheitstechnischer Dienst. (1) [1] Unfallversicherungsträger können überbetriebliche arbeitsmedizinische und sicherheitstechnische Dienste einrichten; das Nähere bestimmt die Satzung. [2] Die von den Diensten gespeicherten Daten dürfen nur mit Einwilligung des Betroffenen an die Unfallversicherungsträger übermittelt werden; § 203 bleibt unberührt. [3] Die Dienste sind organisatorisch, räumlich und personell von den übrigen Organisationseinheiten der Unfallversicherungsträger zu trennen. [4] Zugang zu den Daten dürfen nur Beschäftigte der Dienste haben.

(2) [1] In der Satzung nach Absatz 1 kann auch bestimmt werden, daß die Unternehmer verpflichtet sind, sich einem überbetrieblichen arbeitsmedizinischen und sicherheitstechnischen Dienst anzuschließen, wenn sie innerhalb einer vom Unfallversicherungsträger gesetzten angemessenen Frist keine oder nicht in ausreichendem Umfang Betriebsärzte und Fachkräfte für Arbeitssicherheit bestellen. [2] Unternehmer sind von der Anschlußpflicht zu befreien, wenn sie nachweisen, daß sie ihre Pflicht nach dem Gesetz über Betriebsärzte, Sicherheitsingenieure und andere Fachkräfte für Arbeitssicherheit erfüllt haben.

§ 25 Bericht gegenüber dem Bundestag. (1) [1] Die Bundesregierung hat dem Deutschen Bundestag und dem Bundesrat alljährlich bis zum 31. Dezember des auf das Berichtsjahr folgenden Jahres einen statistischen Bericht über den Stand von Sicherheit und Gesundheit bei der Arbeit und über das Unfall- und Berufskrankheitengeschehen in der Bundesrepublik Deutschland zu erstatten, der die Berichte der Unfallversicherungsträger und die Jahresberichte der für den Arbeitsschutz zuständigen Landesbehörden zusammenfaßt. [2] Alle vier Jahre hat der Bericht einen umfassenden Überblick über die Entwicklung der Arbeitsunfälle und Berufskrankheiten, ihre Kosten und die Maßnahmen zur Sicherheit und Gesundheit bei der Arbeit zu enthalten.

(2) [1] Die Unfallversicherungsträger haben dem Bundesministerium für Arbeit und Soziales alljährlich bis zum 31. Juli des auf das Berichtsjahr folgenden Jahres über die Durchführung der Maßnahmen zur Sicherheit und Gesundheit bei der Arbeit sowie über das Unfall- und Berufskrankheitengeschehen zu berichten. [2] Landesunmittelbare Versicherungsträger reichen die Berichte über die für sie zuständigen obersten Verwaltungsbehörden der Länder ein.

Drittes Kapitel. Leistungen nach Eintritt eines Versicherungsfalls

Erster Abschnitt. Heilbehandlung, Leistungen zur Teilhabe am Arbeitsleben, Leistungen zur Teilhabe am Leben in der Gemeinschaft und ergänzende Leistungen, Pflege, Geldleistungen

Erster Unterabschnitt. Anspruch und Leistungsarten

§ 26 Grundsatz. (1) ¹Versicherte haben nach Maßgabe der folgenden Vorschriften und unter Beachtung des Neunten Buches Anspruch auf Heilbehandlung einschließlich Leistungen zur medizinischen Rehabilitation, auf Leistungen zur Teilhabe am Arbeitsleben und am Leben in der Gemeinschaft, auf ergänzende Leistungen, auf Leistungen bei Pflegebedürftigkeit sowie auf Geldleistungen. ²Die Leistungen werden auf Antrag durch ein Persönliches Budget nach § 29 des Neunten Buches erbracht; dies gilt im Rahmen des Anspruchs auf Heilbehandlung nur für die Leistungen zur medizinischen Rehabilitation.

(2) Der Unfallversicherungsträger hat mit allen geeigneten Mitteln möglichst frühzeitig

1. den durch den Versicherungsfall verursachten Gesundheitsschaden zu beseitigen oder zu bessern, seine Verschlimmerung zu verhüten und seine Folgen zu mildern,
2. den Versicherten einen ihren Neigungen und Fähigkeiten entsprechenden Platz im Arbeitsleben zu sichern,
3. Hilfen zur Bewältigung der Anforderungen des täglichen Lebens und zur Teilhabe am Leben in der Gemeinschaft sowie zur Führung eines möglichst selbständigen Lebens unter Berücksichtigung von Art und Schwere des Gesundheitsschadens bereitzustellen,
4. ergänzende Leistungen zur Heilbehandlung und zu Leistungen zur Teilhabe am Arbeitsleben und am Leben in der Gemeinschaft zu erbringen,
5. Leistungen bei Pflegebedürftigkeit zu erbringen.

(3) Die Leistungen zur Heilbehandlung und zur Rehabilitation haben Vorrang vor Rentenleistungen.

(4) ¹Qualität und Wirksamkeit der Leistungen zur Heilbehandlung und Teilhabe haben dem allgemein anerkannten Stand der medizinischen Erkenntnisse zu entsprechen und den medizinischen Fortschritt zu berücksichtigen. ²Sie werden als Dienst- und Sachleistungen zur Verfügung gestellt, soweit dieses oder das Neunte Buch keine Abweichungen vorsehen.

(5) ¹Die Unfallversicherungsträger bestimmen im Einzelfall Art, Umfang und Durchführung der Heilbehandlung und der Leistungen zur Teilhabe sowie die Einrichtungen, die diese Leistungen erbringen, nach pflichtgemäßem Ermessen. ²Dabei prüfen sie auch, welche Leistungen geeignet und zumutbar sind, Pflegebedürftigkeit zu vermeiden, zu überwinden, zu mindern oder ihre Verschlimmerung zu verhüten.

Zweiter Unterabschnitt. Heilbehandlung

§ 27 Umfang der Heilbehandlung. (1) Die Heilbehandlung umfaßt insbesondere

1. Erstversorgung,

2. ärztliche Behandlung,
3. zahnärztliche Behandlung einschließlich der Versorgung mit Zahnersatz,
4. Versorgung mit Arznei-, Verband-, Heil- und Hilfsmitteln,
5. häusliche Krankenpflege,
6. Behandlung in Krankenhäusern und Rehabilitationseinrichtungen,
7. Leistungen zur medizinischen Rehabilitation nach § 42 Abs. 2 Nr. 1 und 3 bis 7 und Abs. 3 des Neunten Buches.

(2) In den Fällen des § 8 Abs. 3 wird ein beschädigtes oder verlorengegangenes Hilfsmittel wiederhergestellt oder erneuert

(3) Während einer aufgrund eines Gesetzes angeordneten Freiheitsentziehung wird Heilbehandlung erbracht, soweit Belange des Vollzugs nicht entgegenstehen.

§ 28 Ärztliche und zahnärztliche Behandlung. (1) [1] Die ärztliche und zahnärztliche Behandlung wird von Ärzten oder Zahnärzten erbracht. [2] Sind Hilfeleistungen anderer Personen erforderlich, dürfen sie nur erbracht werden, wenn sie vom Arzt oder Zahnarzt angeordnet und von ihm verantwortet werden

(2) Die ärztliche Behandlung umfaßt die Tätigkeit der Ärzte, die nach den Regeln der ärztlichen Kunst erforderlich und zweckmäßig ist.

(3) Die zahnärztliche Behandlung umfaßt die Tätigkeit der Zahnärzte, die nach den Regeln der zahnärztlichen Kunst erforderlich und zweckmäßig ist.

(4) [1] Bei Versicherungsfällen, für die wegen ihrer Art oder Schwere besondere unfallmedizinische Behandlung angezeigt ist, wird diese erbracht. [2] Die freie Arztwahl kann insoweit eingeschränkt werden.

§ 29 Arznei- und Verbandmittel. (1) [1] Arznei- und Verbandmittel sind alle ärztlich verordneten, zur ärztlichen und zahnärztlichen Behandlung erforderlichen Mittel. [2] Ist das Ziel der Heilbehandlung mit Arznei- und Verbandmitteln zu erreichen, für die Festbeträge im Sinne des § 35 oder § 35a des Fünften Buches[1)] festgesetzt sind, trägt der Unfallversicherungsträger die Kosten bis zur Höhe dieser Beträge. [3] Verordnet der Arzt in diesen Fällen ein Arznei- oder Verbandmittel, dessen Preis den Festbetrag überschreitet, hat der Arzt die Versicherten auf die sich aus seiner Verordnung ergebende Übernahme der Mehrkosten hinzuweisen.

(2) [1] Die Rabattregelungen der §§ 130 und 130a des Fünften Buches gelten entsprechend. [2] Die Erstattungsbeträge nach § 130b des Fünften Buches gelten auch für die Abrechnung mit den Trägern der gesetzlichen Unfallversicherung.

§ 30 Heilmittel. [1] Heilmittel sind alle ärztlich verordneten Dienstleistungen, die einem Heilzweck dienen oder einen Heilerfolg sichern und nur von entsprechend ausgebildeten Personen erbracht werden dürfen. [2] Hierzu gehören insbesondere Maßnahmen der physikalischen Therapie sowie der Sprach- und Beschäftigungstherapie.

[1)] Nr. 5.

§ 31 Hilfsmittel. (1) ¹ Hilfsmittel sind alle ärztlich verordneten Sachen, die den Erfolg der Heilbehandlung sichern oder die Folgen von Gesundheitsschäden mildern oder ausgleichen. ² Dazu gehören insbesondere Körperersatzstücke, orthopädische und andere Hilfsmittel einschließlich der notwendigen Änderung, Instandsetzung und Ersatzbeschaffung sowie der Ausbildung im Gebrauch der Hilfsmittel. ³ Soweit für Hilfsmittel Festbeträge im Sinne des § 36 des Fünften Buches[1]) festgesetzt sind, gilt § 29 Abs. 1 Satz 2 und 3 entsprechend.

(2) ¹ Die Bundesregierung wird ermächtigt, durch Rechtsverordnung mit Zustimmung des Bundesrates die Ausstattung mit Körperersatzstücken, orthopädischen und anderen Hilfsmitteln zu regeln sowie bei bestimmten Gesundheitsschäden eine Entschädigung für Kleider- und Wäscheverschleiß vorzuschreiben. ² Das Nähere regeln die Verbände der Unfallversicherungsträger durch gemeinsame Richtlinien.

§ 32 Häusliche Krankenpflege. (1) Versicherte erhalten in ihrem Haushalt oder ihrer Familie neben der ärztlichen Behandlung häusliche Krankenpflege durch geeignete Pflegekräfte, wenn Krankenhausbehandlung geboten, aber nicht ausführbar ist oder wenn sie durch die häusliche Krankenpflege vermieden oder verkürzt werden kann und das Ziel der Heilbehandlung nicht gefährdet wird.

(2) Die häusliche Krankenpflege umfaßt die im Einzelfall aufgrund ärztlicher Verordnung erforderliche Grund- und Behandlungspflege sowie hauswirtschaftliche Versorgung.

(3) ¹ Ein Anspruch auf häusliche Krankenpflege besteht nur, soweit es einer im Haushalt des Versicherten lebenden Person nicht zuzumuten ist, Krankenpflege zu erbringen. ² Kann eine Pflegekraft nicht gestellt werden oder besteht Grund, von einer Gestellung abzusehen, sind die Kosten für eine selbstbeschaffte Pflegekraft in angemessener Höhe zu erstatten.

(4) Das Nähere regeln die Verbände der Unfallversicherungsträger durch gemeinsame Richtlinien.

§ 33 Behandlung in Krankenhäusern und Rehabilitationseinrichtungen. (1) ¹ Stationäre Behandlung in einem Krankenhaus oder in einer Rehabilitationseinrichtung wird erbracht, wenn die Aufnahme erforderlich ist, weil das Behandlungsziel anders nicht erreicht werden kann. ² Sie wird voll- oder teilstationär erbracht. ³ Sie umfaßt im Rahmen des Versorgungsauftrags des Krankenhauses oder der Rehabilitationseinrichtung alle Leistungen, die im Einzelfall für die medizinische Versorgung des Versicherten notwendig sind, insbesondere ärztliche Behandlung, Krankenpflege, Versorgung mit Arznei-, Verband-, Heil- und Hilfsmitteln, Unterkunft und Verpflegung.

(2) Krankenhäuser und Rehabilitationseinrichtungen im Sinne des Absatzes 1 sind die Einrichtungen nach § 107 des Fünften Buches[1]).

(3) Bei Gesundheitsschäden, für die wegen ihrer Art oder Schwere besondere unfallmedizinische stationäre Behandlung angezeigt ist, wird diese in besonderen Einrichtungen erbracht.

---

[1]) Nr. 5.

§ 34 Durchführung der Heilbehandlung.

(1) ¹Die Unfallversicherungsträger haben alle Maßnahmen zu treffen, durch die eine möglichst frühzeitig nach dem Versicherungsfall einsetzende und sachgemäße Heilbehandlung und, soweit erforderlich, besondere unfallmedizinische oder Berufskrankheiten-Behandlung gewährleistet wird. ²Sie können zu diesem Zweck die von den Ärzten und Krankenhäusern zu erfüllenden Voraussetzungen im Hinblick auf die fachliche Befähigung, die sächliche und personelle Ausstattung sowie die zu übernehmenden Pflichten festlegen. ³Sie können daneben nach Art und Schwere des Gesundheitsschadens besondere Verfahren für die Heilbehandlung vorsehen.

(2) Die Unfallversicherungsträger haben an der Durchführung der besonderen unfallmedizinischen Behandlung die Ärzte und Krankenhäuser zu beteiligen, die den nach Absatz 1 Satz 2 festgelegten Anforderungen entsprechen.

(3) ¹Die Verbände der Unfallversicherungsträger sowie die Kassenärztliche Bundesvereinigung und die Kassenzahnärztliche Bundesvereinigung (Kassenärztliche Bundesvereinigungen) schließen unter Berücksichtigung der von den Unfallversicherungsträgern gemäß Absatz 1 Satz 2 und 3 getroffenen Festlegungen mit Wirkung für ihre Mitglieder Verträge über die Durchführung der Heilbehandlung, die Vergütung der Ärzte und Zahnärzte sowie die Art und Weise der Abrechnung. ²Dem Bundesbeauftragten für den Datenschutz ist rechtzeitig vor Abschluß Gelegenheit zur Stellungnahme zu geben, sofern in den Verträgen die Erhebung, Verarbeitung oder Nutzung von personenbezogenen Daten geregelt werden sollen.

(4) Die Kassenärztlichen Bundesvereinigungen haben gegenüber den Unfallversicherungsträgern und deren Verbänden die Gewähr dafür zu übernehmen, daß die Durchführung der Heilbehandlung den gesetzlichen und vertraglichen Erfordernissen entspricht.

(5) ¹Kommt ein Vertrag nach Absatz 3 ganz oder teilweise nicht zustande, setzt ein Schiedsamt mit der Mehrheit seiner Mitglieder innerhalb von drei Monaten den Vertragsinhalt fest. ²Wird ein Vertrag gekündigt, ist dies dem zuständigen Schiedsamt mitzuteilen. ³Kommt bis zum Ablauf eines Vertrags ein neuer Vertrag nicht zustande, setzt ein Schiedsamt mit der Mehrheit seiner Mitglieder innerhalb von drei Monaten nach Vertragsablauf den neuen Inhalt fest. ⁴In diesem Fall gelten die Bestimmungen des bisherigen Vertrags bis zur Entscheidung des Schiedsamts vorläufig weiter.

(6) ¹Die Verbände der Unfallversicherungsträger und die Kassenärztlichen Bundesvereinigungen bilden je ein Schiedsamt für die medizinische und zahnmedizinische Versorgung. ²Das Schiedsamt besteht aus drei Vertretern der Kassenärztlichen Bundesvereinigungen und drei Vertretern der Verbände der Unfallversicherungsträger sowie einem unparteiischen Vorsitzenden und zwei weiteren unparteiischen Mitgliedern. ³§ 89 Abs. 3 des Fünften Buches[1]) sowie die aufgrund des § 89 Abs. 6 des Fünften Buches erlassenen Rechtsverordnungen gelten entsprechend.

(7) Die Aufsicht über die Geschäftsführung der Schiedsämter nach Absatz 6 führt das Bundesministerium für Arbeit und Soziales.

(8) ¹Die Beziehungen zwischen den Unfallversicherungsträgern und anderen als den in Absatz 3 genannten Stellen, die Heilbehandlung durchführen

---

[1]) Nr. 5.

oder an ihrer Durchführung beteiligt sind, werden durch Verträge geregelt.
² Soweit die Stellen Leistungen zur medizinischen Rehabilitation ausführen oder an ihrer Ausführung beteiligt sind, werden die Beziehungen durch Verträge nach § 38 des Neunten Buches geregelt.

Dritter Unterabschnitt. Leistungen zur Teilhabe am Arbeitsleben

§ 35 Leistungen zur Teilhabe am Arbeitsleben. (1) Die Unfallversicherungsträger erbringen die Leistungen zur Teilhabe am Arbeitsleben nach den §§ 49 bis 55 des Neunten Buches, in Werkstätten für behinderte Menschen nach den §§ 57 und 58 des Neunten Buches, bei anderen Leistungsanbietern nach § 60 des Neunten Buches sowie als Budget für Arbeit nach § 61 des Neunten Buches.

(2) Die Leistungen zur Teilhabe am Arbeitsleben umfassen auch Hilfen zu einer angemessenen Schulbildung einschließlich der Vorbereitung hierzu oder zur Entwicklung der geistigen und körperlichen Fähigkeiten vor Beginn der Schulpflicht.

(3) Ist eine von Versicherten angestrebte höherwertige Tätigkeit nach ihrer Leistungsfähigkeit und unter Berücksichtigung ihrer Eignung, Neigung und bisherigen Tätigkeit nicht angemessen, kann eine Maßnahme zur Teilhabe am Arbeitsleben bis zur Höhe des Aufwandes gefördert werden, der bei einer angemessenen Maßnahme entstehen würde.

(4) Während einer auf Grund eines Gesetzes angeordneten Freiheitsentziehung werden Leistungen zur Teilhabe am Arbeitsleben erbracht, soweit Belange des Vollzugs nicht entgegenstehen.

§§ 36–38 *(aufgehoben)*

Vierter Unterabschnitt. Leistungen zur Teilhabe am Leben in der Gemeinschaft und ergänzende Leistungen

§ 39 Leistungen zur Teilhabe am Leben in der Gemeinschaft und ergänzende Leistungen. (1) Neben den in § 64 Abs. 1 Nr. 2 bis 6 und Abs. 2 sowie in den §§ 73 und 74 des Neunten Buches genannten Leistungen umfassen die Leistungen zur Teilhabe am Leben in der Gemeinschaft und die ergänzenden Leistungen
1. Kraftfahrzeughilfe,
2. sonstige Leistungen zur Erreichung und zur Sicherstellung des Erfolges der Leistungen zur medizinischen Rehabilitation und zur Teilhabe.

(2) Zum Ausgleich besonderer Härten kann den Versicherten oder deren Angehörigen eine besondere Unterstützung gewährt werden.

§ 40 Kraftfahrzeughilfe. (1) Kraftfahrzeughilfe wird erbracht, wenn die Versicherten infolge Art oder Schwere des Gesundheitsschadens nicht nur vorübergehend auf die Benutzung eines Kraftfahrzeugs angewiesen sind, um die Teilhabe am Arbeitsleben oder am Leben in der Gemeinschaft zu ermöglichen.

(2) Die Kraftfahrzeughilfe umfaßt Leistungen zur Beschaffung eines Kraftfahrzeugs, für eine behinderungsbedingte Zusatzausstattung und zur Erlangung einer Fahrerlaubnis.

(3) ¹Für die Kraftfahrzeughilfe gilt die Verordnung über Kraftfahrzeughilfe zur beruflichen Rehabilitation vom 28. September 1987 (BGBl. I S. 2251), geändert durch Verordnung vom 30. September 1991 (BGBl. I S. 1950), in der jeweils geltenden Fassung. ²Diese Verordnung ist bei der Kraftfahrzeughilfe zur Teilhabe am Leben in der Gemeinschaft entsprechend anzuwenden.

(4) Der Unfallversicherungsträger kann im Einzelfall zur Vermeidung einer wirtschaftlichen Notlage auch einen Zuschuß zahlen, der über demjenigen liegt, der in den §§ 6 und 8 der Verordnung nach Absatz 3 vorgesehen ist.

(5) Das Nähere regeln die Verbände der Unfallversicherungsträger durch gemeinsame Richtlinien.

§ 41 Wohnungshilfe. (1) Wohnungshilfe wird erbracht, wenn infolge Art oder Schwere des Gesundheitsschadens nicht nur vorübergehend die behindertengerechte Anpassung vorhandenen oder die Bereitstellung behindertengerechten Wohnraums erforderlich ist.

(2) Wohnungshilfe wird ferner erbracht, wenn sie zur Sicherung der beruflichen Eingliederung erforderlich ist.

(3) Die Wohnungshilfe umfaßt auch Umzugskosten sowie Kosten für die Bereitstellung von Wohnraum für eine Pflegekraft.

(4) Das Nähere regeln die Verbände der Unfallversicherungsträger durch gemeinsame Richtlinien.

§ 42 Haushaltshilfe und Kinderbetreuungskosten. Haushaltshilfe und Leistungen zur Kinderbetreuung nach § 74 Abs. 1 bis 3 des Neunten Buches werden auch bei Leistungen zur Teilhabe am Leben in der Gemeinschaft erbracht.

§ 43 Reisekosten. (1) ¹Die im Zusammenhang mit der Ausführung von Leistungen zur medizinischen Rehabilitation oder zur Teilhabe am Arbeitsleben erforderlichen Reisekosten werden nach § 53 des Neunten Buches übernommen. ²Im Übrigen werden Reisekosten zur Ausführung der Heilbehandlung nach den Absätzen 2 bis 5 übernommen.

(2) Zu den Reisekosten gehören
1. Fahr- und Transportkosten,
2. Verpflegungs- und Übernachtungskosten,
3. Kosten des Gepäcktransports,
4. Wegstreckenentschädigung

für die Versicherten und für eine wegen des Gesundheitsschadens erforderliche Begleitperson.

(3) Reisekosten werden im Regelfall für zwei Familienheimfahrten im Monat oder anstelle von Familienheimfahrten für zwei Fahrten eines Angehörigen zum Aufenthaltsort des Versicherten übernommen.

(4) Entgangener Arbeitsverdienst einer Begleitperson wird ersetzt, wenn der Ersatz in einem angemessenen Verhältnis zu den sonst für eine Pflegekraft entstehenden Kosten steht.

(5) Das Nähere regeln die Verbände der Unfallversicherungsträger durch gemeinsame Richtlinien.

Fünfter Unterabschnitt. Leistungen bei Pflegebedürftigkeit

§ 44 Pflege. (1) Solange Versicherte infolge des Versicherungsfalls so hilflos sind, daß sie für die gewöhnlichen und regelmäßig wiederkehrenden Verrichtungen im Ablauf des täglichen Lebens in erheblichem Umfang der Hilfe bedürfen, wird Pflegegeld gezahlt, eine Pflegekraft gestellt oder Heimpflege gewährt.

(2)[1] [1] Das Pflegegeld ist unter Berücksichtigung der Art oder Schwere des Gesundheitsschadens sowie des Umfangs der erforderlichen Hilfe auf einen Monatsbetrag zwischen 300 Euro und 1 199 Euro (Beträge am 1. Juli 2008) festzusetzen. [2] Diese Beträge werden jeweils zum gleichen Zeitpunkt, zu dem die Renten der gesetzlichen Rentenversicherung angepasst werden, entsprechend dem Faktor angepasst, der für die Anpassung der vom Jahresarbeitsverdienst abhängigen Geldleistungen maßgebend ist. [3] Übersteigen die Aufwendungen für eine Pflegekraft das Pflegegeld, kann es angemessen erhöht werden.

(3) [1] Während einer stationären Behandlung oder der Unterbringung der Versicherten in einer Einrichtung der Teilhabe am Arbeitsleben oder einer Werkstatt für behinderte Menschen wird das Pflegegeld bis zum Ende des ersten auf die Aufnahme folgenden Kalendermonats weitergezahlt und mit dem ersten Tag des Entlassungsmonats wieder aufgenommen. [2] Das Pflegegeld kann in den Fällen des Satzes 1 ganz oder teilweise weitergezahlt werden, wenn das Ruhen eine weitere Versorgung der Versicherten gefährden würde.

(4)[2] Mit der Anpassung der Renten wird das Pflegegeld entsprechend dem Faktor angepaßt, der für die Anpassung der vom Jahresarbeitsverdienst abhängigen Geldleistungen maßgeblich ist.

(5) [1] Auf Antrag der Versicherten kann statt des Pflegegeldes eine Pflegekraft gestellt (Hauspflege) oder die erforderliche Hilfe mit Unterkunft und Verpflegung in einer geeigneten Einrichtung (Heimpflege) erbracht werden. [2] Absatz 3 Satz 2 gilt entsprechend.

(6) Die Bundesregierung setzt mit Zustimmung des Bundesrates die neuen Mindest- und Höchstbeträge nach Absatz 2 und den Anpassungsfaktor nach Absatz 4 in der Rechtsverordnung über die Bestimmung des für die Rentenanpassung in der gesetzlichen Rentenversicherung maßgebenden aktuellen Rentenwertes fest.

Sechster Unterabschnitt. Geldleistungen während der Heilbehandlung und der Leistungen zur Teilhabe am Arbeitsleben

§ 45 Voraussetzungen für das Verletztengeld. (1) Verletztengeld wird erbracht, wenn Versicherte

1. infolge des Versicherungsfalls arbeitsunfähig sind oder wegen einer Maßnahme der Heilbehandlung eine ganztägige Erwerbstätigkeit nicht ausüben können und

---

[1]) Für Versicherungsfälle, auf die § 44 Abs. 2 anzuwenden ist, beträgt das Pflegegeld der gesetzlichen Unfallversicherung ab 1.7.2017 zwischen 351 Euro und 1 400 Euro monatlich; vgl. § 5 Nr. 1 RentenwertbestimmungsVO 2017 v. 8.6.2017 (BGBl. I S. 1522).

[2]) Der Anpassungsfaktor für die zum 1.7.2017 anzupassenden Geldleistungen der gesetzlichen Unfallversicherung im Sinne des § 44 Abs. 4 und des § 95 beträgt 1,0190; vgl. § 4 Abs. 1 RentenwertbestimmungsVO 2017 v. 8.6.2017 (BGBl. I S. 1522).

2. unmittelbar vor Beginn der Arbeitsunfähigkeit oder der Heilbehandlung Anspruch auf Arbeitsentgelt, Arbeitseinkommen, Krankengeld, Pflegeunterstützungsgeld, Verletztengeld, Versorgungskrankengeld, Übergangsgeld, Unterhaltsgeld, Kurzarbeitergeld, Arbeitslosengeld, nicht nur darlehensweise gewährtes Arbeitslosengeld II oder nicht nur Leistungen für Erstausstattungen für Bekleidung bei Schwangerschaft und Geburt nach dem Zweiten Buch[1)] oder Mutterschaftsgeld hatten.

(2) [1] Verletztengeld wird auch erbracht, wenn

1. Leistungen zur Teilhabe am Arbeitsleben erforderlich sind,
2. diese Maßnahmen sich aus Gründen, die die Versicherten nicht zu vertreten haben, nicht unmittelbar an die Heilbehandlung anschließen,
3. die Versicherten ihre bisherige berufliche Tätigkeit nicht wieder aufnehmen können oder ihnen eine andere zumutbare Tätigkeit nicht vermittelt werden kann oder sie diese aus wichtigem Grund nicht ausüben können und
4. die Voraussetzungen des Absatzes 1 Nr. 2 erfüllt sind.

[2] Das Verletztengeld wird bis zum Beginn der Leistungen zur Teilhabe am Arbeitsleben erbracht. [3] Die Sätze 1 und 2 gelten entsprechend für die Zeit bis zum Beginn und während der Durchführung einer Maßnahme der Berufsfindung und Arbeitserprobung.

(3) Werden in einer Einrichtung Maßnahmen der Heilbehandlung und gleichzeitig Leistungen zur Teilhabe am Arbeitsleben für Versicherte erbracht, erhalten Versicherte Verletztengeld, wenn sie arbeitsunfähig sind oder wegen der Maßnahmen eine ganztägige Erwerbstätigkeit nicht ausüben können und die Voraussetzungen des Absatzes 1 Nr. 2 erfüllt sind.

(4) [1] Im Fall der Beaufsichtigung, Betreuung oder Pflege eines durch einen Versicherungsfall verletzten Kindes gilt § 45 des Fünften Buches[2)] entsprechend mit der Maßgabe, dass

1. das Verletztengeld 100 Prozent des ausgefallenen Nettoarbeitsentgelts beträgt und
2. das Arbeitsentgelt bis zu einem Betrag in Höhe des 450. Teils des Höchstjahresarbeitsverdienstes zu berücksichtigen ist.

[2] Erfolgt die Berechnung des Verletztengeldes aus Arbeitseinkommen, beträgt dies 80 Prozent des erzielten regelmäßigen Arbeitseinkommens bis zu einem Betrag in Höhe des 450. Teils des Höchstjahresarbeitsverdienstes.

§ 46 Beginn und Ende des Verletztengeldes. (1) Verletztengeld wird von dem Tag an gezahlt, ab dem die Arbeitsunfähigkeit ärztlich festgestellt wird, oder mit dem Tag des Beginns einer Heilbehandlungsmaßnahme, die den Versicherten an der Ausübung einer ganztägigen Erwerbstätigkeit hindert.

(2) [1] Die Satzung kann bestimmen, daß für Unternehmer, ihre Ehegatten oder ihre Lebenspartner und für den Unternehmern nach § 6 Abs. 1 Nr. 2 Gleichgestellte Verletztengeld längstens für die Dauer der ersten 13 Wochen nach dem sich aus Absatz 1 ergebenden Zeitpunkt ganz oder teilweise nicht gezahlt wird. [2] Satz 1 gilt nicht für Versicherte, die bei einer Krankenkasse mit Anspruch auf Krankengeld versichert sind.

[1)] Nr. 2.
[2)] Nr. 5.

(3) ¹ Das Verletztengeld endet

1. mit dem letzten Tag der Arbeitsunfähigkeit oder der Hinderung an einer ganztägigen Erwerbstätigkeit durch eine Heilbehandlungsmaßnahme,
2. mit dem Tag, der dem Tag vorausgeht, an dem ein Anspruch auf Übergangsgeld entsteht.

² Wenn mit dem Wiedereintritt der Arbeitsfähigkeit nicht zu rechnen ist und Leistungen zur Teilhabe am Arbeitsleben nicht zu erbringen sind, endet das Verletztengeld

1. mit dem Tag, an dem die Heilbehandlung so weit abgeschlossen ist, daß die Versicherten eine zumutbare, zur Verfügung stehende Berufs- oder Erwerbstätigkeit aufnehmen können,
2. mit Beginn der in § 50 Abs. 1 Satz 1 des Fünften Buches[1]) genannten Leistungen, es sei denn, daß diese Leistungen mit dem Versicherungsfall im Zusammenhang stehen,
3. im übrigen mit Ablauf der 78. Woche, gerechnet vom Tag des Beginns der Arbeitsunfähigkeit an, jedoch nicht vor dem Ende der stationären Behandlung.

§ 47 Höhe des Verletztengeldes. (1) ¹ Versicherte, die Arbeitsentgelt oder Arbeitseinkommen erzielt haben, erhalten Verletztengeld entsprechend § 47 Abs. 1 und 2 des Fünften Buches[1]) mit der Maßgabe, daß

1. das Regelentgelt aus dem Gesamtbetrag des regelmäßigen Arbeitsentgelts und des Arbeitseinkommens zu berechnen und bis zu einem Betrag in Höhe des 360. Teils des Höchstjahresarbeitsverdienstes zu berücksichtigen ist,
2. das Verletztenentgelt 80 vom Hundert des Regelentgelts beträgt und das bei Anwendung des § 47 Abs. 1 und 2 des Fünften Buches berechnete Nettoarbeitsentgelt nicht übersteigt.

² Arbeitseinkommen ist bei der Ermittlung des Regelentgelts mit dem 360. Teil des im Kalenderjahr vor Beginn der Arbeitsunfähigkeit oder der Maßnahme der Heilbehandlung erzielten Arbeitseinkommens zugrunde zu legen. ³ Die Satzung hat bei nicht kontinuierlicher Arbeitsverrichtung und -vergütung abweichende Bestimmungen zur Zahlung und Berechnung des Verletztengeldes vorzusehen, die sicherstellen, daß das Verletztengeld seine Entgeltersatzfunktion erfüllt.

(1a) ¹ Für Ansprüche auf Verletztengeld, die vor dem 1. Januar 2001 entstanden sind, ist § 47 Abs. 1 und 2 des Fünften Buches in der vor dem 22. Juni 2000 jeweils geltenden Fassung für Zeiten nach dem 31. Dezember 1996 mit der Maßgabe entsprechend anzuwenden, dass sich das Regelentgelt um 10 vom Hundert, höchstens aber bis zu einem Betrag in Höhe des dreihundertsechzigsten Teils des Höchstjahresarbeitsverdienstes erhöht. ² Das regelmäßige Nettoarbeitsentgelt ist um denselben Vomhundertsatz zu erhöhen. ³ Satz 1 und 2 gilt für Ansprüche, über die vor dem 22. Juni 2000 bereits unanfechtbar entschieden war, nur für Zeiten vom 22. Juni 2000 an bis zum Ende der Leistungsdauer. ⁴ Entscheidungen über die Ansprüche, die vor dem 22. Juni 2000 un-

---

[1]) Nr. 5.

anfechtbar geworden sind, sind nicht nach § 44 Abs. 1 des Zehnten Buches[1]) zurückzunehmen.

(2) ¹ Versicherte, die Arbeitslosengeld, Unterhaltsgeld oder Kurzarbeitergeld bezogen haben, erhalten Verletztengeld in Höhe des Krankengeldes nach § 47b des Fünften Buches. ² Versicherte, die nicht nur darlehensweise gewährtes Arbeitslosengeld II oder nicht nur Leistungen für Erstausstattungen für Bekleidung bei Schwangerschaft und Geburt nach dem Zweiten Buch[2]) bezogen haben, erhalten Verletztengeld in Höhe des Betrages des Arbeitslosengeldes II.

(3) Versicherte, die als Entwicklungshelfer Unterhaltsleistungen nach § 4 Abs. 1 Nr. 1 des Entwicklungshelfer-Gesetzes bezogen haben, erhalten Verletztengeld in Höhe dieses Betrages.

(4) Bei Versicherten, die unmittelbar vor dem Versicherungsfall Krankengeld, Pflegeunterstützungsgeld, Verletztengeld, Versorgungskrankengeld oder Übergangsgeld bezogen haben, wird bei der Berechnung des Verletztengeldes von dem bisher zugrunde gelegten Regelentgelt ausgegangen.

(5) ¹ Abweichend von Absatz 1 erhalten Versicherte, die den Versicherungsfall infolge einer Tätigkeit als Unternehmer, mitarbeitende Ehegatten oder Lebenspartner oder den Unternehmern nach § 6 Abs. 1 Nr. 2 Gleichgestellte erlitten haben, Verletztengeld je Kalendertag in Höhe des 450. Teils des Jahresarbeitsverdienstes. ² Ist das Verletztengeld für einen ganzen Kalendermonat zu zahlen, ist dieser mit 30 Tagen anzusetzen.

(6) Hat sich der Versicherungsfall während einer aufgrund eines Gesetzes angeordneten Freiheitsentziehung ereignet, gilt für die Berechnung des Verletztengeldes Absatz 1 entsprechend; nach der Entlassung erhalten die Versicherten Verletztengeld je Kalendertag in Höhe des 450. Teils des Jahresarbeitsverdienstes, wenn dies für die Versicherten günstiger ist.

(7) *(aufgehoben)*

(8) Die Regelung des § 90 Abs. 1 und 3 über die Neufestsetzung des Jahresarbeitsverdienstes nach voraussichtlicher Beendigung einer Schul- oder Berufsausbildung oder nach tariflichen Berufs- oder Altersstufen gilt für das Verletztengeld entsprechend.

§ 47a Beitragszahlung der Unfallversicherungsträger an berufsständische Versorgungseinrichtungen und private Krankenversicherungen.

(1) Für Bezieher von Verletztengeld, die wegen einer Pflichtmitgliedschaft in einer berufsständischen Versorgungseinrichtung von der Versicherungspflicht in der gesetzlichen Rentenversicherung befreit sind, gilt § 47a Absatz 1 des Fünftes Buches[3]) entsprechend.

(2) ¹ Die Unfallversicherungsträger haben der zuständigen berufsständischen Versorgungseinrichtung den Beginn und das Ende der Beitragszahlung sowie die Höhe der der Beitragsberechnung zugrunde liegenden beitragspflichtigen Einnahmen und den zu zahlenden Beitrag für den Versicherten zu übermitteln. ² Das Nähere zum Verfahren regeln die Deutsche Gesetzliche Unfallversicherung e.V., die Sozialversicherung für Landwirtschaft, Forsten und Gartenbau

---
[1]) Nr. 10.
[2]) Nr. 2.
[3]) Nr. 5.

und die Arbeitsgemeinschaft berufsständischer Versorgungseinrichtungen bis zum 31. Dezember 2017 in gemeinsamen Grundsätzen.

(3) ¹Bezieher von Verletztengeld, die nach § 257 Absatz 2 des Fünften Buches und § 61 Absatz 2 des Elften Buches[1]) als Beschäftigte Anspruch auf einen Zuschuss zu dem Krankenversicherungsbeitrag und Pflegeversicherungsbeitrag hatten, die an ein privates Krankenversicherungsunternehmen zu zahlen sind, erhalten einen Zuschuss zu ihrem Krankenversicherungsbeitrag und Pflegeversicherungsbeitrag. ²Als Zuschuss ist der Betrag zu zahlen, der als Beitrag bei Krankenversicherungspflicht oder Pflegeversicherungspflicht zu zahlen wäre, höchstens jedoch der Betrag, der an das private Versicherungsunternehmen zu zahlen ist.

§ 48 Verletztengeld bei Wiedererkrankung. Im Fall der Wiedererkrankung an den Folgen des Versicherungsfalls gelten die §§ 45 bis 47 mit der Maßgabe entsprechend, daß anstelle des Zeitpunkts der ersten Arbeitsunfähigkeit auf den der Wiedererkrankung abgestellt wird.

§ 49 Übergangsgeld. Übergangsgeld wird erbracht, wenn Versicherte infolge des Versicherungsfalls Leistungen zur Teilhabe am Arbeitsleben erhalten.

§ 50 Höhe und Berechnung des Übergangsgeldes. Höhe und Berechnung des Übergangsgeldes bestimmen sich nach den §§ 66 bis 71 des Neunten Buches, soweit dieses Buch nichts Abweichendes bestimmt; im Übrigen gelten die Vorschriften für das Verletztengeld entsprechend.

§ 51 *(aufgehoben)*

§ 52 Anrechnung von Einkommen auf Verletzten- und Übergangsgeld. Auf das Verletzten- und Übergangsgeld werden von dem gleichzeitig erzielten Einkommen angerechnet

1. beitragspflichtiges Arbeitsentgelt oder Arbeitseinkommen, das bei Arbeitnehmern um die gesetzlichen Abzüge und bei sonstigen Versicherten um 20 vom Hundert vermindert ist; dies gilt nicht für einmalig gezahltes Arbeitsentgelt,
2. Mutterschaftsgeld, Versorgungskrankengeld, Unterhaltsgeld, Kurzarbeitergeld, Arbeitslosengeld, nicht nur darlehensweise gewährtes Arbeitslosengeld II; dies gilt auch, wenn Ansprüche auf Leistungen nach dem Dritten Buch[2]) wegen einer Sperrzeit ruhen oder der Auszahlungsanspruch auf Arbeitslosengeld II gemindert ist.

Siebter Unterabschnitt. Besondere Vorschriften für die Versicherten in der Seefahrt

§ 53 Vorrang der medizinischen Betreuung durch die Reeder.

(1) ¹Der Anspruch von Versicherten in der Seefahrt auf Leistungen nach diesem Abschnitt ruht, soweit und solange die Reeder ihre Verpflichtung zur medizinischen Betreuung nach dem Seearbeitsgesetz erfüllen. ²Kommen die

---
[1]) Nr. 11.
[2]) Nr. 3.

Reeder der Verpflichtung nicht nach, kann der Unfallversicherungsträger von den Reedern die Erstattung in Höhe der von ihm erbrachten Leistungen verlangen.

(2) Endet die Verpflichtung der Reeder zur medizinischen Betreuung, haben sie hinsichtlich der Folgen des Versicherungsfalls die medizinische Betreuung auf Kosten des Unfallversicherungsträgers fortzusetzen, soweit dieser sie dazu beauftragt.

Achter Unterabschnitt. Besondere Vorschriften für die Versicherten der landwirtschaftlichen Unfallversicherung

§ 54 Betriebs- und Haushaltshilfe. (1) [1] Betriebshilfe erhalten landwirtschaftliche Unternehmer mit einem Unternehmen im Sinne des § 1 Abs. 2 des Gesetzes über die Alterssicherung der Landwirte während einer stationären Behandlung, wenn ihnen wegen dieser Behandlung die Weiterführung des Unternehmens nicht möglich ist und in dem Unternehmen Arbeitnehmer und mitarbeitende Familienangehörige nicht ständig beschäftigt werden. [2] Betriebshilfe wird für längstens drei Monate erbracht.

(2) [1] Haushaltshilfe erhalten landwirtschaftliche Unternehmer mit einem Unternehmen im Sinne des § 1 Abs. 2 des Gesetzes über die Alterssicherung der Landwirte, ihre im Unternehmen mitarbeitenden Ehegatten oder mitarbeitenden Lebenspartner während einer stationären Behandlung, wenn den Unternehmern, ihren Ehegatten oder Lebenspartnern wegen dieser Behandlung die Weiterführung des Haushalts nicht möglich und diese auf andere Weise nicht sicherzustellen ist. [2] Absatz 1 Satz 2 gilt entsprechend.

(3) Die Satzung kann bestimmen,
1. daß die Betriebshilfe auch an den mitarbeitenden Ehegatten oder Lebenspartner eines landwirtschaftlichen Unternehmers erbracht wird,
2. unter welchen Voraussetzungen und für wie lange Betriebs- und Haushaltshilfe den landwirtschaftlichen Unternehmern und ihren Ehegatten oder Lebenspartnern auch während einer nicht stationären Heilbehandlung erbracht wird,
3. unter welchen Voraussetzungen Betriebs- und Haushaltshilfe auch an landwirtschaftliche Unternehmer, deren Unternehmen nicht die Voraussetzungen des § 1 Absatz 5 des Gesetzes über die Alterssicherung der Landwirte erfüllen, und an ihre Ehegatten oder Lebenspartner erbracht wird,
4. daß die Betriebs- und Haushaltshilfe auch erbracht wird, wenn in dem Unternehmen Arbeitnehmer oder mitarbeitende Familienangehörige ständig beschäftigt werden,
5. unter welchen Voraussetzungen die Betriebs- und Haushaltshilfe länger als drei Monate erbracht wird,
6. von welchem Tag der Heilbehandlung an die Betriebs- oder Haushaltshilfe erbracht wird.

(4) [1] Leistungen nach den Absätzen 1 bis 3 müssen wirksam und wirtschaftlich sein; sie dürfen das Maß des Notwendigen nicht übersteigen. [2] Leistungen, die diese Voraussetzungen nicht erfüllen, können nicht beansprucht und dürfen von der landwirtschaftlichen Berufsgenossenschaft nicht bewilligt werden.

§ 55 Art und Form der Betriebs- und Haushaltshilfe. (1) [1] Bei Vorliegen der Voraussetzungen des § 54 wird Betriebs- und Haushaltshilfe in Form der Gestellung einer Ersatzkraft oder durch Erstattung der Kosten für eine selbst beschaffte betriebsfremde Ersatzkraft in angemessener Höhe gewährt. [2] Die Satzung kann die Erstattungsfähigkeit der Kosten für selbst beschaffte Ersatzkräfte begrenzen. [3] Für Verwandte und Verschwägerte bis zum zweiten Grad werden Kosten nicht erstattet; die Berufsgenossenschaft kann jedoch die erforderlichen Fahrkosten und den Verdienstausfall erstatten, wenn die Erstattung in einem angemessenen Verhältnis zu den sonst für eine Ersatzkraft entstehenden Kosten steht.

(2) [1] Die Versicherten haben sich angemessen an den entstehenden Aufwendungen für die Betriebs- und Haushaltshilfe zu beteiligen (Selbstbeteiligung); die Selbstbeteiligung beträgt für jeden Tag der Leistungsgewährung mindestens 10 Euro. [2] Das Nähere zur Selbstbeteiligung bestimmt die Satzung.

§ 55a Sonstige Ansprüche, Verletztengeld. (1) Für regelmäßig wie landwirtschaftliche Unternehmer selbständig Tätige, die kraft Gesetzes versichert sind, gelten die §§ 54 und 55 entsprechend.

(2) Versicherte, die die Voraussetzungen nach § 54 Abs. 1 bis 3 erfüllen, ohne eine Leistung nach § 55 in Anspruch zu nehmen, erhalten auf Antrag Verletztengeld, wenn dies im Einzelfall unter Berücksichtigung der Besonderheiten landwirtschaftlicher Betriebe und Haushalte sachgerecht ist.

(3) [1] Für die Höhe des Verletztengeldes gilt in den Fällen des Absatzes 2 sowie bei den im Unternehmen mitarbeitenden Familienangehörigen, soweit diese nicht nach § 2 Abs. 1 Nr. 1 versichert sind, § 13 Abs. 1 des Zweiten Gesetzes über die Krankenversicherung der Landwirte entsprechend. [2] Die Satzung bestimmt, unter welchen Voraussetzungen die in Satz 1 genannten Personen auf Antrag mit einem zusätzlichen Verletztengeld versichert werden. [3] Abweichend von § 46 Abs. 3 Satz 2 Nr. 3 endet das Verletztengeld vor Ablauf der 78. Woche mit dem Tage, an dem abzusehen ist, dass mit dem Wiedereintritt der Arbeitsfähigkeit nicht zu rechnen ist und Leistungen zur Teilhabe am Arbeitsleben nicht zu erbringen sind, jedoch nicht vor Ende der stationären Behandlung.

Zweiter Abschnitt. Renten, Beihilfen, Abfindungen

Erster Unterabschnitt. Renten an Versicherte

§ 56 Voraussetzungen und Höhe des Rentenanspruchs. (1) [1] Versicherte, deren Erwerbsfähigkeit infolge eines Versicherungsfalls über die 26. Woche nach dem Versicherungsfall hinaus um wenigstens 20 vom Hundert gemindert ist, haben Anspruch auf eine Rente. [2] Ist die Erwerbsfähigkeit infolge mehrerer Versicherungsfälle gemindert und erreichen die Vomhundertsätze zusammen wenigstens die Zahl 20, besteht für jeden, auch für einen früheren Versicherungsfall, Anspruch auf Rente. [3] Die Folgen eines Versicherungsfalls sind nur zu berücksichtigen, wenn sie die Erwerbsfähigkeit um wenigstens 10 vom Hundert mindern. [4] Den Versicherungsfällen stehen gleich Unfälle oder Entschädigungsfälle nach den Beamtengesetzen, dem Bundesversorgungsgesetz, dem Soldatenversorgungsgesetz, dem Gesetz über den zivilen Ersatzdienst, dem Gesetz über die Abgeltung von Besatzungsschäden, dem Häftlingshilfegesetz und den entsprechenden Gesetzen, die Entschädigung für Unfälle oder Beschädigungen gewähren.

(2) ¹ Die Minderung der Erwerbsfähigkeit richtet sich nach dem Umfang der sich aus der Beeinträchtigung des körperlichen und geistigen Leistungsvermögens ergebenden verminderten Arbeitsmöglichkeiten auf dem gesamten Gebiet des Erwerbslebens. ² Bei jugendlichen Versicherten wird die Minderung der Erwerbsfähigkeit nach den Auswirkungen bemessen, die sich bei Erwachsenen mit gleichem Gesundheitsschaden ergeben würden. ³ Bei der Bemessung der Minderung der Erwerbsfähigkeit werden Nachteile berücksichtigt, die die Versicherten dadurch erleiden, daß sie bestimmte von ihnen erworbene besondere berufliche Kenntnisse und Erfahrungen infolge des Versicherungsfalls nicht mehr oder nur noch in vermindertem Umfang nutzen können, soweit solche Nachteile nicht durch sonstige Fähigkeiten, deren Nutzung ihnen zugemutet werden kann, ausgeglichen werden.

(3) ¹ Bei Verlust der Erwerbsfähigkeit wird Vollrente geleistet; sie beträgt zwei Drittel des Jahresarbeitsverdienstes. ² Bei einer Minderung der Erwerbsfähigkeit wird Teilrente geleistet; sie wird in der Höhe des Vomhundertsatzes der Vollrente festgesetzt, der dem Grad der Minderung der Erwerbsfähigkeit entspricht.

§ 57 Erhöhung der Rente bei Schwerverletzten.
Können Versicherte mit Anspruch auf eine Rente nach einer Minderung der Erwerbsfähigkeit von 50 vom Hundert oder mehr oder auf mehrere Renten, deren Vomhundertsätze zusammen wenigstens die Zahl 50 erreichen (Schwerverletzte), infolge des Versicherungsfalls einer Erwerbstätigkeit nicht mehr nachgehen und haben sie keinen Anspruch auf Rente aus der gesetzlichen Rentenversicherung, erhöht sich die Rente um 10 vom Hundert.

§ 58 Erhöhung der Rente bei Arbeitslosigkeit.
¹ Solange Versicherte infolge des Versicherungsfalls ohne Anspruch auf Arbeitsentgelt oder Arbeitseinkommen sind und die Rente zusammen mit dem Arbeitslosengeld oder dem Arbeitslosengeld II nicht den sich aus § 66 Abs. 1 des Neunten Buches ergebenden Betrag des Übergangsgeldes erreicht, wird die Rente längstens für zwei Jahre nach ihrem Beginn um den Unterschiedsbetrag erhöht. ² Der Unterschiedsbetrag wird bei dem Arbeitslosengeld II nicht als Einkommen berücksichtigt. ³ Satz 1 gilt nicht, solange Versicherte Anspruch auf weiteres Erwerbsersatzeinkommen (§ 18a Abs. 3 des Vierten Buches[1)]) haben, das zusammen mit der Rente das Übergangsgeld erreicht. ⁴ Wird Arbeitslosengeld II nur darlehensweise gewährt oder erhält der Versicherte nur Leistungen nach § 24 Absatz 3 Satz 1 des Zweiten Buches[2)], finden die Sätze 1 und 2 keine Anwendung.

§ 59 Höchstbetrag bei mehreren Renten.
(1) ¹ Beziehen Versicherte mehrere Renten, so dürfen diese ohne die Erhöhung für Schwerverletzte zusammen zwei Drittel des höchsten der Jahresarbeitsverdienste nicht übersteigen, die diesen Renten zugrunde liegen. ² Soweit die Renten den Höchstbetrag übersteigen, werden sie verhältnismäßig gekürzt.

[1)] Nr. 4.
[2)] Nr. 2.

(2) Haben Versicherte eine Rentenabfindung erhalten, wird bei der Feststellung des Höchstbetrages nach Absatz 1 die der Abfindung zugrunde gelegte Rente so berücksichtigt, wie sie ohne die Abfindung noch zu zahlen wäre.

§ 60 Minderung bei Heimpflege. Für die Dauer einer Heimpflege von mehr als einem Kalendermonat kann der Unfallversicherungsträger die Rente um höchstens die Hälfte mindern, soweit dies nach den persönlichen Bedürfnissen und Verhältnissen der Versicherten angemessen ist.

§ 61 Renten für Beamte und Berufssoldaten. (1) [1] Die Renten von Beamten, die nach § 82 Abs. 4 berechnet werden, werden nur insoweit gezahlt, als sie die Dienst- oder Versorgungsbezüge übersteigen; den Beamten verbleibt die Rente jedoch mindestens in Höhe des Betrages, der bei Vorliegen eines Dienstunfalls als Unfallausgleich zu gewähren wäre. [2] Endet das Dienstverhältnis wegen Dienstunfähigkeit infolge des Versicherungsfalls, wird Vollrente insoweit gezahlt, als sie zusammen mit den Versorgungsbezügen aus dem Dienstverhältnis die Versorgungsbezüge, auf die der Beamte bei Vorliegen eines Dienstunfalls Anspruch hätte, nicht übersteigt. [3] Die Höhe dieser Versorgungsbezüge stellt die Dienstbehörde fest. [4] Für die Hinterbliebenen gilt dies entsprechend.

(2) [1] Absatz 1 gilt für die Berufssoldaten entsprechend. [2] Anstelle des Unfallausgleichs wird der Ausgleich nach § 85 des Soldatenversorgungsgesetzes gezahlt.

§ 62 Rente als vorläufige Entschädigung. (1) [1] Während der ersten drei Jahre nach dem Versicherungsfall soll der Unfallversicherungsträger die Rente als vorläufige Entschädigung festsetzen, wenn der Umfang der Minderung der Erwerbsfähigkeit noch nicht abschließend festgestellt werden kann. [2] Innerhalb dieses Zeitraums kann der Vomhundertsatz der Minderung der Erwerbsfähigkeit jederzeit ohne Rücksicht auf die Dauer der Veränderung neu festgestellt werden.

(2) [1] Spätestens mit Ablauf von drei Jahren nach dem Versicherungsfall wird die vorläufige Entschädigung als Rente auf unbestimmte Zeit geleistet. [2] Bei der erstmaligen Feststellung der Rente nach der vorläufigen Entschädigung kann der Vomhundertsatz der Minderung der Erwerbsfähigkeit abweichend von der vorläufigen Entschädigung festgestellt werden, auch wenn sich die Verhältnisse nicht geändert haben.

Zweiter Unterabschnitt. Leistungen an Hinterbliebene

§ 63 Leistungen bei Tod. (1) [1] Hinterbliebene haben Anspruch auf
1. Sterbegeld,
2. Erstattung der Kosten der Überführung an den Ort der Bestattung,
3. Hinterbliebenenrenten,
4. Beihilfe.

[2] Der Anspruch auf Leistungen nach Satz 1 Nr. 1 bis 3 besteht nur, wenn der Tod infolge eines Versicherungsfalls eingetreten ist.

(1a) Die Vorschriften dieses Unterabschnitts über Hinterbliebenenleistungen an Witwen und Witwer gelten auch für Hinterbliebenenleistungen an Lebenspartner.

(2) ¹ Dem Tod infolge eines Versicherungsfalls steht der Tod von Versicherten gleich, deren Erwerbsfähigkeit durch die Folgen einer Berufskrankheit nach den Nummern 4101 bis 4104 der Anlage 1 der Berufskrankheiten-Verordnung vom 20. Juni 1968 (BGBl. I S. 721) in der Fassung der Zweiten Verordnung zur Änderung der Berufskrankheiten-Verordnung vom 18. Dezember 1992 (BGBl. I S. 2343) um 50 vom Hundert oder mehr gemindert war. ² Dies gilt nicht, wenn offenkundig ist, daß der Tod mit der Berufskrankheit nicht in ursächlichem Zusammenhang steht; eine Obduktion zum Zwecke einer solchen Feststellung darf nicht gefordert werden.

(3) Ist ein Versicherter getötet worden, so kann der Unfallversicherungsträger die Entnahme einer Blutprobe zur Feststellung von Tatsachen anordnen, die für die Entschädigungspflicht von Bedeutung sind.

(4) ¹ Sind Versicherte im Zusammenhang mit der versicherten Tätigkeit verschollen, gelten sie als infolge eines Versicherungsfalls verstorben, wenn die Umstände ihren Tod wahrscheinlich machen und seit einem Jahr Nachrichten über ihr Leben nicht eingegangen sind. ² Der Unfallversicherungsträger kann von den Hinterbliebenen die Versicherung an Eides Statt verlangen, daß ihnen weitere als die angezeigten Nachrichten über die Verschollenen nicht bekannt sind. ³ Der Unfallversicherungsträger ist berechtigt, für die Leistungen den nach den Umständen mutmaßlichen Todestag festzustellen. ⁴ Bei Versicherten in der Seeschiffahrt wird spätestens der dem Ablauf des Heuerverhältnisses folgende Tag als Todestag festgesetzt.

§ 64 Sterbegeld und Erstattung von Überführungskosten.

(1) Witwen, Witwer, Kinder, Stiefkinder, Pflegekinder, Enkel, Geschwister, frühere Ehegatten und Verwandte der aufsteigenden Linie der Versicherten erhalten Sterbegeld in Höhe eines Siebtels der im Zeitpunkt des Todes geltenden Bezugsgröße.

(2) Kosten der Überführung an den Ort der Bestattung werden erstattet, wenn der Tod nicht am Ort der ständigen Familienwohnung der Versicherten eingetreten ist und die Versicherten sich dort aus Gründen aufgehalten haben, die im Zusammenhang mit der versicherten Tätigkeit oder mit den Folgen des Versicherungsfalls stehen.

(3) Das Sterbegeld und die Überführungskosten werden an denjenigen Berechtigten gezahlt, der die Bestattungs- und Überführungskosten trägt.

(4) Ist ein Anspruchsberechtigter nach Absatz 1 nicht vorhanden, werden die Bestattungskosten bis zur Höhe des Sterbegeldes nach Absatz 1 an denjenigen gezahlt, der diese Kosten trägt.

§ 65 Witwen- und Witwerrente.

(1) ¹ Witwen oder Witwer von Versicherten erhalten eine Witwen- oder Witwerrente, solange sie nicht wieder geheiratet haben. ² Der Anspruch auf eine Rente nach Absatz 2 Nr. 2 besteht längstens für 24 Kalendermonate nach Ablauf des Monats, in dem der Ehegatte verstorben ist.

(2) Die Rente beträgt
1. zwei Drittel des Jahresarbeitsverdienstes bis zum Ablauf des dritten Kalendermonats nach Ablauf des Monats, in dem der Ehegatte verstorben ist,
2. 30 vom Hundert des Jahresarbeitsverdienstes nach Ablauf des dritten Kalendermonats,
3. 40 vom Hundert des Jahresarbeitsverdienstes nach Ablauf des dritten Kalendermonats,
   a) solange Witwen oder Witwer ein waisenrentenberechtigtes Kind erziehen oder für ein Kind sorgen, das wegen körperlicher, geistiger oder seelischer Behinderung Anspruch auf Waisenrente hat oder nur deswegen nicht hat, weil das 27. Lebensjahr vollendet wurde,
   b) wenn Witwen oder Witwer das 47. Lebensjahr vollendet haben oder
   c) solange Witwen oder Witwer erwerbsgemindert, berufs- oder erwerbsunfähig im Sinne des Sechsten Buches[1]) sind; Entscheidungen des Trägers der Rentenversicherung über Erwerbsminderung, Berufs- oder Erwerbsunfähigkeit sind für den Unfallversicherungsträger bindend.

(3) ^{1}Einkommen (§§ 18a bis 18e des Vierten Buches[2])) von Witwen oder Witwern, das mit einer Witwenrente oder Witwerrente nach Absatz 2 Nr. 2 und 3 zusammentrifft, wird hierauf angerechnet. ^{2}Anrechenbar ist das Einkommen, das monatlich das 26,4fache des aktuellen Rentenwerts der gesetzlichen Rentenversicherung übersteigt. ^{3}Das nicht anrechenbare Einkommen erhöht sich um das 5,6fache des aktuellen Rentenwerts für jedes waisenrentenberechtigte Kind von Witwen oder Witwern. ^{4}Von den danach verbleibenden anrechenbaren Einkommen werden 40 vom Hundert angerechnet.

(4) ^{1}Für die Einkommensanrechnung ist bei Anspruch auf mehrere Renten folgende Rangfolge maßgebend:
1. *(aufgehoben)*
2. Witwenrente oder Witwerrente,
3. Witwenrente oder Witwerrente nach dem vorletzten Ehegatten.

^{2}Das auf eine Rente anrechenbare Einkommen mindert sich um den Betrag, der bereits zu einer Einkommensanrechnung auf eine vorrangige Rente geführt hat.

(5) ^{1}Witwenrente oder Witwerrente wird auf Antrag auch an überlebende Ehegatten gezahlt, die wieder geheiratet haben, wenn die erneute Ehe aufgelöst oder für nichtig erklärt ist und sie im Zeitpunkt der Wiederheirat Anspruch auf eine solche Rente hatten. ^{2}Auf eine solche Witwenrente oder Witwerrente nach dem vorletzten Ehegatten werden für denselben Zeitraum bestehende Ansprüche auf Witwenrente oder Witwerrente, auf Versorgung, auf Unterhalt oder auf sonstige Rente nach dem letzten Ehegatten angerechnet, es sei denn, daß die Ansprüche nicht zu verwirklichen sind; dabei werden die Vorschriften über die Einkommensanrechnung auf Renten wegen Todes nicht berücksichtigt.

(6) Witwen oder Witwer haben keinen Anspruch, wenn die Ehe erst nach dem Versicherungsfall geschlossen worden ist und der Tod innerhalb des ersten

---

[1]) Nr. 6.
[2]) Nr. 4.

Jahres dieser Ehe eingetreten ist, es sei denn, daß nach den besonderen Umständen des Einzelfalls die Annahme nicht gerechtfertigt ist, daß es der alleinige oder überwiegende Zweck der Heirat war, einen Anspruch auf Hinterbliebenenversorgung zu begründen.

§ 66 Witwen- und Witwerrente an frühere Ehegatten; mehrere Berechtigte. (1) ¹Frühere Ehegatten von Versicherten, deren Ehe mit ihnen geschieden, für nichtig erklärt oder aufgehoben ist, erhalten auf Antrag eine Rente entsprechend § 65, wenn die Versicherten ihnen während des letzten Jahres vor ihrem Tod Unterhalt geleistet haben oder den früheren Ehegatten im letzten wirtschaftlichen Dauerzustand vor dem Tod der Versicherten ein Anspruch auf Unterhalt zustand; § 65 Abs. 2 Nr. 1 findet keine Anwendung. ²Beruhte der Unterhaltsanspruch auf §§ 1572, 1573, 1575 oder 1576 des Bürgerlichen Gesetzbuchs, wird die Rente gezahlt, solange der frühere Ehegatte ohne den Versicherungsfall unterhaltsberechtigt gewesen wäre.

(2) Sind mehrere Berechtigte nach Absatz 1 oder nach Absatz 1 und § 65 vorhanden, erhält jeder von ihnen den Teil der für ihn nach § 65 Abs. 2 zu berechnenden Rente, der im Verhältnis zu den anderen Berechtigten der Dauer seiner Ehe mit dem Verletzten entspricht; anschließend ist § 65 Abs. 3 entsprechend anzuwenden.

(3) Renten nach Absatz 1 und § 65 sind gemäß Absatz 2 zu mindern, wenn nach Feststellung der Rente einem weiteren früheren Ehegatten Rente zu zahlen ist.

§ 67 Voraussetzungen der Waisenrente. (1) Kinder von verstorbenen Versicherten erhalten eine

1. Halbwaisenrente, wenn sie noch einen Elternteil haben,
2. Vollwaisenrente, wenn sie keine Eltern mehr haben.

(2) Als Kinder werden auch berücksichtigt

1. Stiefkinder und Pflegekinder (§ 56 Abs. 2 Nr. 1 und 2 des Ersten Buches[1]), die in den Haushalt der Versicherten aufgenommen waren,
2. Enkel und Geschwister, die in den Haushalt der Versicherten aufgenommen waren oder von ihnen überwiegend unterhalten wurden.

(3) ¹Halb- oder Vollwaisenrente wird gezahlt

1. bis zur Vollendung des 18. Lebensjahres,
2. bis zur Vollendung des 27. Lebensjahres, wenn die Waise

    a) sich in Schulausbildung oder Berufsausbildung befindet oder

    b) sich in einer Übergangszeit von höchstens vier Kalendermonaten befindet, die zwischen zwei Ausbildungsabschnitten oder zwischen einem Ausbildungsabschnitt und der Ableistung des gesetzlichen Wehr- oder Zivildienstes oder der Ableistung eines freiwilligen Dienstes im Sinne des Buchstabens c liegt, oder

    c) einen freiwilligen Dienst im Sinne des § 32 Absatz 4 Satz 1 Nummer 2 Buchstabe d des Einkommensteuergesetzes leistet oder

---

[1] Nr. 1.

d) wegen körperlicher, geistiger oder seelischer Behinderung außerstande ist, sich selbst zu unterhalten.

² Eine Schulausbildung oder Berufsausbildung im Sinne des Satzes 1 liegt nur vor, wenn die Ausbildung einen tatsächlichen zeitlichen Aufwand von wöchentlich mehr als 20 Stunden erfordert. ³ Der tatsächliche zeitliche Aufwand ist ohne Bedeutung für Zeiten, in denen das Ausbildungsverhältnis trotz einer Erkrankung fortbesteht und damit gerechnet werden kann, dass die Ausbildung fortgesetzt wird. ⁴ Das gilt auch für die Dauer der Schutzfristen nach dem Mutterschutzgesetz.

(4) ¹ In den Fällen des Absatzes 3 Nr. 2 Buchstabe a erhöht sich die maßgebende Altersgrenze bei Unterbrechung oder Verzögerung der Schulausbildung oder Berufsausbildung durch den gesetzlichen Wehrdienst, Zivildienst oder einen gleichgestellten Dienst um die Zeit dieser Dienstleistung, höchstens um einen der Dauer des gesetzlichen Grundwehrdienstes oder Zivildienstes entsprechenden Zeitraum. ² Die Ableistung eines Dienstes im Sinne von Absatz 3 Nr. 2 Buchstabe c ist kein gleichgestellter Dienst im Sinne von Satz 1.

(5) Der Anspruch auf Waisenrente endet nicht dadurch, daß die Waise als Kind angenommen wird.

§ 68 Höhe der Waisenrente. (1) Die Rente beträgt
1. 20 vom Hundert des Jahresarbeitsverdienstes für eine Halbwaise,
2. 30 vom Hundert des Jahresarbeitsverdienstes für eine Vollwaise.

(2) *(aufgehoben)*

(3) Liegen bei einem Kind die Voraussetzungen für mehrere Waisenrenten aus der Unfallversicherung vor, wird nur die höchste Rente gezahlt und bei Renten gleicher Höhe diejenige, die wegen des frühesten Versicherungsfalls zu zahlen ist.

§ 69 Rente an Verwandte der aufsteigenden Linie. (1) Verwandte der aufsteigenden Linie, Stief- oder Pflegeeltern der Verstorbenen, die von den Verstorbenen zur Zeit des Todes aus deren Arbeitsentgelt oder Arbeitseinkommen wesentlich unterhalten worden sind oder ohne den Versicherungsfall wesentlich unterhalten worden wären, erhalten eine Rente, solange sie ohne den Versicherungsfall gegen die Verstorbenen einen Anspruch auf Unterhalt wegen Unterhaltsbedürftigkeit hätten geltend machen können.

(2) ¹ Sind aus der aufsteigenden Linie Verwandte verschiedenen Grades vorhanden, gehen die näheren den entfernteren vor. ² Den Eltern stehen Stief- oder Pflegeeltern gleich.

(3) Liegen bei einem Elternteil oder bei einem Elternpaar die Voraussetzungen für mehrere Elternrenten aus der Unfallversicherung vor, wird nur die höchste Rente gezahlt und bei Renten gleicher Höhe diejenige, die wegen des frühesten Versicherungsfalls zu zahlen ist.

(4) Die Rente beträgt
1. 20 vom Hundert des Jahresarbeitsverdienstes für einen Elternteil,
2. 30 vom Hundert des Jahresarbeitsverdienstes für ein Elternpaar.

(5) Stirbt bei Empfängern einer Rente für ein Elternpaar ein Ehegatte, wird dem überlebenden Ehegatten anstelle der Rente für einen Elternteil die für den

Sterbemonat zustehende Elternrente für ein Elternpaar für die folgenden drei Kalendermonate weitergezahlt.

§ 70 Höchstbetrag der Hinterbliebenenrenten. (1) ¹Die Renten der Hinterbliebenen dürfen zusammen 80 vom Hundert des Jahresarbeitsverdienstes nicht übersteigen, sonst werden sie gekürzt, und zwar bei Witwen und Witwern, früheren Ehegatten und Waisen nach dem Verhältnis ihrer Höhe. ²Bei Anwendung von Satz 1 wird von der nach § 65 Abs. 2 Nr. 2 und 3 oder § 68 Abs. 1 berechneten Rente ausgegangen; anschließend wird § 65 Abs. 3 angewendet. ³ § 65 Abs. 2 Nr. 1 bleibt unberührt. ⁴Verwandte der aufsteigenden Linie, Stief- oder Pflegeeltern sowie Pflegekinder haben nur Anspruch, soweit Witwen und Witwer, frühere Ehegatten oder Waisen den Höchstbetrag nicht ausschöpfen.

(2) Sind für die Hinterbliebenen 80 vom Hundert des Jahresarbeitsverdienstes festgestellt und tritt später ein neuer Berechtigter hinzu, werden die Hinterbliebenenrenten nach Absatz 1 neu berechnet.

(3) Beim Wegfall einer Hinterbliebenenrente erhöhen sich die Renten der übrigen bis zum zulässigen Höchstbetrag.

§ 71 Witwen-, Witwer- und Waisenbeihilfe. (1) ¹Witwen oder Witwer von Versicherten erhalten eine einmalige Beihilfe von 40 vom Hundert des Jahresarbeitsverdienstes, wenn

1. ein Anspruch auf Hinterbliebenenrente nicht besteht, weil der Tod der Versicherten nicht Folge eines Versicherungsfalls war, und

2. die Versicherten zur Zeit ihres Todes Anspruch auf eine Rente nach einer Minderung der Erwerbsfähigkeit von 50 vom Hundert oder mehr oder auf mehrere Renten hatten, deren Vomhundertsätze zusammen mindestens die Zahl 50 erreichen; soweit Renten abgefunden wurden, wird von dem Vomhundertsatz der abgefundenen Rente ausgegangen.

² § 65 Abs. 6 gilt entsprechend.

(2) ¹Beim Zusammentreffen mehrerer Renten oder Abfindungen wird die Beihilfe nach dem höchsten Jahresarbeitsverdienst berechnet, der den Renten oder Abfindungen zugrunde lag. ²Die Beihilfe zahlt der Unfallversicherungsträger, der die danach berechnete Leistung erbracht hat, bei gleich hohen Jahresarbeitsverdiensten derjenige, der für den frühesten Versicherungsfall zuständig ist.

(3) ¹Für Vollwaisen, die bei Tod der Versicherten infolge eines Versicherungsfalls Anspruch auf Waisenrente hätten, gelten die Absätze 1 und 2 entsprechend, wenn sie zur Zeit des Todes der Versicherten mit ihnen in häuslicher Gemeinschaft gelebt haben und von ihnen überwiegend unterhalten worden sind. ²Sind mehrere Waisen vorhanden, wird die Waisenbeihilfe gleichmäßig verteilt.

(4) ¹Haben Versicherte länger als zehn Jahre eine Rente nach einer Minderung der Erwerbsfähigkeit von 80 vom Hundert oder mehr bezogen und sind sie nicht an den Folgen eines Versicherungsfalls gestorben, kann anstelle der Beihilfe nach Absatz 1 oder 3 den Berechtigten eine laufende Beihilfe bis zur Höhe einer Hinterbliebenenrente gezahlt werden, wenn die Versicherten infolge des Versicherungsfalls gehindert waren, eine entsprechende Erwerbstätigkeit auszuüben, und wenn dadurch die Versorgung der Hinterbliebenen um

mindestens 10 vom Hundert gemindert ist. ²Auf die laufende Beihilfe finden im übrigen die Vorschriften für Hinterbliebenenrenten Anwendung.

Dritter Unterabschnitt. Beginn, Änderung und Ende von Renten

§ 72 Beginn von Renten. (1) Renten an Versicherte werden von dem Tag an gezahlt, der auf den Tag folgt, an dem

1. der Anspruch auf Verletztengeld endet,
2. der Versicherungsfall eingetreten ist, wenn kein Anspruch auf Verletztengeld entstanden ist.

(2) ¹Renten an Hinterbliebene werden vom Todestag an gezahlt. ²Hinterbliebenenrenten, die auf Antrag geleistet werden, werden vom Beginn des Monats an gezahlt, der der Antragstellung folgt.

(3) ¹Die Satzung kann bestimmen, daß für Unternehmer, ihre im Unternehmen mitarbeitenden Ehegatten oder mitarbeitenden Lebenspartner und für den Unternehmern im Versicherungsschutz Gleichgestellte Rente für die ersten 13 Wochen nach dem sich aus § 46 Abs. 1 ergebenden Zeitpunkt ganz oder teilweise nicht gezahlt wird. ²Die Rente beginnt spätestens am Tag nach Ablauf der 13. Woche, sofern Verletztengeld nicht zu zahlen ist.

§ 73 Änderungen und Ende von Renten. (1) Ändern sich aus tatsächlichen oder rechtlichen Gründen die Voraussetzungen für die Höhe einer Rente nach ihrer Feststellung, wird die Rente in neuer Höhe nach Ablauf des Monats geleistet, in dem die Änderung wirksam geworden ist.

(2) ¹Fallen aus tatsächlichen oder rechtlichen Gründen die Anspruchsvoraussetzungen für eine Rente weg, wird die Rente bis zum Ende des Monats geleistet, in dem der Wegfall wirksam geworden ist. ²Satz 1 gilt entsprechend, wenn festgestellt wird, daß Versicherte, die als verschollen gelten, noch leben.

(3) Bei der Feststellung der Minderung der Erwerbsfähigkeit ist eine Änderung im Sinne des § 48 Abs. 1 des Zehnten Buches[1)] nur wesentlich, wenn sie mehr als 5 vom Hundert beträgt; bei Renten auf unbestimmte Zeit muß die Veränderung der Minderung der Erwerbsfähigkeit länger als drei Monate andauern.

(4) ¹Sind Renten befristet, enden sie mit Ablauf der Frist. ²Das schließt eine vorherige Änderung oder ein Ende der Rente aus anderen Gründen nicht aus. ³Renten dürfen nur auf das Ende eines Kalendermonats befristet werden.

(5) ¹Witwen- und Witwerrenten nach § 65 Abs. 2 Nr. 3 Buchstabe a wegen Kindererziehung werden auf das Ende des Kalendermonats befristet, in dem die Kindererziehung voraussichtlich endet. ²Waisenrenten werden auf das Ende des Kalendermonats befristet, in dem voraussichtlich der Anspruch auf die Waisenrente entfällt. ³Die Befristung kann wiederholt werden.

(6) Renten werden bis zum Ende des Kalendermonats geleistet, in dem die Berechtigten gestorben sind.

§ 74 Ausnahmeregelungen für die Änderung von Renten. (1) ¹Der Anspruch auf eine Rente, die auf unbestimmte Zeit geleistet wird, kann aufgrund einer Änderung der Minderung der Erwerbsfähigkeit zuungunsten der Ver-

---

[1)] Nr. 10.

sicherten nur in Abständen von mindestens einem Jahr geändert werden. ²Das Jahr beginnt mit dem Zeitpunkt, von dem an die vorläufige Entschädigung Rente auf unbestimmte Zeit geworden oder die letzte Rentenfeststellung bekanntgegeben worden ist.

(2) Renten dürfen nicht für die Zeit neu festgestellt werden, in der Verletztengeld zu zahlen ist oder ein Anspruch auf Verletztengeld wegen des Bezugs von Einkommen oder des Erhalts von Betriebs- und Haushaltshilfe oder wegen der Erfüllung der Voraussetzungen für den Erhalt von Betriebs- und Haushaltshilfe nicht besteht.

Vierter Unterabschnitt. Abfindung

§ 75 Abfindung mit einer Gesamtvergütung. ¹Ist nach allgemeinen Erfahrungen unter Berücksichtigung der besonderen Verhältnisse des Einzelfalles zu erwarten, daß nur eine Rente in Form der vorläufigen Entschädigung zu zahlen ist, kann der Unfallversicherungsträger die Versicherten nach Abschluß der Heilbehandlung mit einer Gesamtvergütung in Höhe des voraussichtlichen Rentenaufwandes abfinden. ²Nach Ablauf des Zeitraumes, für den die Gesamtvergütung bestimmt war, wird auf Antrag Rente als vorläufige Entschädigung oder Rente auf unbestimmte Zeit gezahlt, wenn die Voraussetzungen hierfür vorliegen.

§ 76 Abfindung bei Minderung der Erwerbsfähigkeit unter 40 vom Hundert. (1) ¹Versicherte, die Anspruch auf eine Rente wegen einer Minderung der Erwerbsfähigkeit von weniger als 40 vom Hundert haben, können auf ihren Antrag mit einem dem Kapitalwert der Rente entsprechenden Betrag abgefunden werden. ²Versicherte, die Anspruch auf mehrere Renten aus der Unfallversicherung haben, deren Vomhundertsätze zusammen die Zahl 40 nicht erreichen, können auf ihren Antrag mit einem Betrag abgefunden werden, der dem Kapitalwert einer oder mehrerer dieser Renten entspricht. ³Die Bundesregierung bestimmt durch Rechtsverordnung mit Zustimmung des Bundesrates die Berechnung des Kapitalwertes.

(2) Eine Abfindung darf nur bewilligt werden, wenn nicht zu erwarten ist, daß die Minderung der Erwerbsfähigkeit wesentlich sinkt.

(3) Tritt nach der Abfindung eine wesentliche Verschlimmerung der Folgen des Versicherungsfalls (§ 73 Abs. 3) ein, wird insoweit Rente gezahlt.

§ 77 Wiederaufleben der abgefundenen Rente. (1) Werden Versicherte nach einer Abfindung Schwerverletzte, lebt auf Antrag der Anspruch auf Rente in vollem Umfang wieder auf.

(2) ¹Die Abfindungssumme wird auf die Rente angerechnet, soweit sie die Summe der Rentenbeträge übersteigt, die den Versicherten während des Abfindungszeitraumes zugestanden hätten. ²Die Anrechnung hat so zu erfolgen, daß den Versicherten monatlich mindestens die halbe Rente verbleibt.

§ 78 Abfindung bei Minderung der Erwerbsfähigkeit ab 40 vom Hundert. (1) ¹Versicherte, die Anspruch auf eine Rente wegen einer Minderung der Erwerbsfähigkeit von 40 vom Hundert oder mehr haben, können auf ihren Antrag durch einen Geldbetrag abgefunden werden. ²Das gleiche gilt für Versicherte, die Anspruch auf mehrere Renten haben, deren Vomhundertsätze zusammen die Zahl 40 erreichen oder übersteigen.

(2) Eine Abfindung kann nur bewilligt werden, wenn

1. die Versicherten das 18. Lebensjahr vollendet haben und
2. nicht zu erwarten ist, daß innerhalb des Abfindungszeitraumes die Minderung der Erwerbsfähigkeit wesentlich sinkt.

§ 79 Umfang der Abfindung. [1] Eine Rente kann in den Fällen einer Abfindung bei einer Minderung der Erwerbsfähigkeit ab 40 vom Hundert bis zur Hälfte für einen Zeitraum von zehn Jahren abgefunden werden. [2] Als Abfindungssumme wird das Neunfache des der Abfindung zugrundeliegenden Jahresbetrages der Rente gezahlt. [3] Der Anspruch auf den Teil der Rente, an dessen Stelle die Abfindung tritt, erlischt mit Ablauf des Monats der Auszahlung für zehn Jahre.

§ 80 Abfindung bei Wiederheirat. (1) [1] Eine Witwenrente oder Witwerrente wird bei der ersten Wiederheirat der Berechtigten mit dem 24fachen Monatsbetrag abgefunden. [2] In diesem Fall werden Witwenrenten und Witwerrenten an frühere Ehegatten, die auf demselben Versicherungsfall beruhen, erst nach Ablauf von 24 Monaten neu festgesetzt. [3] Bei einer Rente nach § 65 Abs. 2 Nr. 2 vermindert sich das 24fache des abzufindenden Monatsbetrages um die Anzahl an Kalendermonaten, für die die Rente geleistet wurde. [4] Entsprechend vermindert sich die Anzahl an Kalendermonaten nach Satz 2.

(2) [1] Monatsbetrag ist der Durchschnitt der für die letzten zwölf Kalendermonate geleisteten Witwenrente oder Witwerrente. [2] Bei Wiederheirat vor Ablauf des 15. Kalendermonats nach dem Tode des Versicherten ist Monatsbetrag der Durchschnittsbetrag der Witwenrente oder Witwerrente, die nach Ablauf des dritten auf den Sterbemonat folgenden Kalendermonats zu leisten war. [3] Bei Wiederheirat vor Ablauf dieses Kalendermonats ist Monatsbetrag der Betrag der Witwenrente oder Witwerrente, der für den vierten auf den Sterbemonat folgenden Kalendermonat zu leisten wäre.

(3) [1] Wurde bei der Wiederheirat eine Rentenabfindung gezahlt und besteht nach Auflösung oder Nichtigerklärung der erneuten Ehe Anspruch auf Witwenrente oder Witwerrente nach dem vorletzten Ehegatten, wird für jeden Kalendermonat, der auf die Zeit nach Auflösung oder Nichtigerklärung der erneuten Ehe bis zum Ablauf des 24. Kalendermonats nach Ablauf des Monats der Wiederheirat entfällt, von dieser Rente ein Vierundzwanzigstel der Rentenabfindung in angemessenen Teilbeträgen einbehalten. [2] Bei verspäteter Antragstellung mindert sich die einzubehaltende Rentenabfindung um den Betrag, der den Berechtigten bei frühestmöglicher Antragstellung an Witwenrente oder Witwerrente nach dem vorletzten Ehegatten zugestanden hätte.

(4) Die Absätze 1 bis 3 gelten entsprechend für die Bezieher einer Witwen- und Witwerrente an frühere Ehegatten.

(5) Die Absätze 1 bis 4 gelten entsprechend für die Bezieher einer Witwen- oder Witwerrente an Lebenspartner.

Fünfter Unterabschnitt. Besondere Vorschriften für die Versicherten der landwirtschaftlichen Unfallversicherung

§ 80a Voraussetzungen für den Rentenanspruch, Wartezeit. (1) ¹Versicherte im Sinne des § 2 Abs. 1 Nr. 5 Buchstabe a und b haben abweichend von § 56 Abs. 1 Satz 1 Anspruch auf eine Rente, wenn ihre Erwerbsfähigkeit infolge eines Versicherungsfalls über die 26. Woche nach dem Versicherungsfall hinaus um wenigstens 30 vom Hundert gemindert ist. ²§ 56 Abs. 1 Satz 2 gilt mit der Maßgabe, dass die Vomhundertsätze zusammen wenigstens die Zahl 30 erreichen müssen.

(2) Für Versicherte im Sinne des § 2 Abs. 1 Nr. 5 Buchstabe a wird eine Rente für die ersten 26 Wochen nach dem sich aus § 46 Abs. 1 ergebenden Zeitpunkt oder, wenn kein Anspruch auf Verletztengeld entstanden ist, für die ersten 26 Wochen nach Eintritt des Versicherungsfalls, nicht gezahlt.

Dritter Abschnitt. Jahresarbeitsverdienst

Erster Unterabschnitt. Allgemeines

§ 81 Jahresarbeitsverdienst als Berechnungsgrundlage. Die Vorschriften dieses Abschnitts gelten für Leistungen in Geld, die nach dem Jahresarbeitsverdienst berechnet werden.

Zweiter Unterabschnitt. Erstmalige Festsetzung

§ 82 Regelberechnung. (1) ¹Der Jahresarbeitsverdienst ist der Gesamtbetrag der Arbeitsentgelte (§ 14 des Vierten Buches[1]) und Arbeitseinkommen (§ 15 des Vierten Buches) des Versicherten in den zwölf Kalendermonaten vor dem Monat, in dem der Versicherungsfall eingetreten ist. ²Zum Arbeitsentgelt nach Satz 1 gehört auch das Arbeitsentgelt, auf das ein nach den zwölf Kalendermonaten abgeschlossener Tarifvertrag dem Versicherten rückwirkend einen Anspruch einräumt.

(2) ¹Für Zeiten, in denen der Versicherte in dem in Absatz 1 Satz 1 genannten Zeitraum kein Arbeitsentgelt oder Arbeitseinkommen bezogen hat, wird das Arbeitsentgelt oder Arbeitseinkommen zugrunde gelegt, das seinem durchschnittlichen Arbeitsentgelt oder Arbeitseinkommen in den mit Arbeitsentgelt oder Arbeitseinkommen belegten Zeiten dieses Zeitraums entspricht. ²Erleidet jemand, der als Soldat auf Zeit, als Wehr- oder Zivildienstleistender oder als Entwicklungshelfer, beim besonderen Einsatz des Zivilschutzes oder bei einem Dienst nach dem Jugendfreiwilligendienstegesetz oder dem Bundesfreiwilligendienstgesetz tätig wird, einen Versicherungsfall, wird als Jahresarbeitsverdienst das Arbeitsentgelt oder Arbeitseinkommen zugrunde gelegt, das er durch eine Tätigkeit erzielt hätte, die der letzten Tätigkeit vor den genannten Zeiten entspricht, wenn es für ihn günstiger ist. ³Ereignet sich der Versicherungsfall innerhalb eines Jahres seit Beendigung einer Berufsausbildung, bleibt das während der Berufsausbildung erzielte Arbeitsentgelt außer Betracht, wenn es für den Versicherten günstiger ist.

(3) Arbeitsentgelt und Ausbildungsbeihilfe nach den §§ 43 und 44 des Strafvollzugsgesetzes gelten nicht als Arbeitsentgelt im Sinne der Absätze 1 und 2.

---

[1] Nr. 4.

(4) ¹Erleidet jemand, dem sonst Unfallfürsorge nach beamtenrechtlichen Vorschriften oder Grundsätzen gewährleistet ist, einen Versicherungsfall, für den ihm Unfallfürsorge nicht zusteht, gilt als Jahresarbeitsverdienst der Jahresbetrag der ruhegehaltsfähigen Dienstbezüge, die der Berechnung eines Unfallruhegehalts zugrunde zu legen wären. ²Für Berufssoldaten gilt dies entsprechend.

§ 83 Jahresarbeitsverdienst kraft Satzung. ¹Für kraft Gesetzes versicherte selbständig Tätige, für kraft Satzung versicherte Unternehmer und Ehegatten oder Lebenspartner und für freiwillig Versicherte hat die Satzung des Unfallversicherungsträgers die Höhe des Jahresarbeitsverdienstes zu bestimmen. ²Sie hat ferner zu bestimmen, daß und unter welchen Voraussetzungen die kraft Gesetzes versicherten selbständig Tätigen und die kraft Satzung versicherten Unternehmer und Ehegatten oder Lebenspartner auf ihren Antrag mit einem höheren Jahresarbeitsverdienst versichert werden.

§ 84 Jahresarbeitsverdienst bei Berufskrankheiten. ¹Bei Berufskrankheiten gilt für die Berechnung des Jahresarbeitsverdienstes als Zeitpunkt des Versicherungsfalls der letzte Tag, an dem die Versicherten versicherte Tätigkeiten verrichtet haben, die ihrer Art nach geeignet waren, die Berufskrankheit zu verursachen, wenn diese Berechnung für die Versicherten günstiger ist als eine Berechnung auf der Grundlage des in § 9 Abs. 5 genannten Zeitpunktes. ²Dies gilt ohne Rücksicht darauf, aus welchen Gründen die schädigende versicherte Tätigkeit aufgegeben worden ist.

§ 85 Mindest- und Höchstjahresarbeitsverdienst. (1) ¹Der Jahresarbeitsverdienst beträgt mindestens
1. für Versicherte, die im Zeitpunkt des Versicherungsfalls das 15., aber noch nicht das 18. Lebensjahr vollendet haben, 40 vom Hundert,
2. für Versicherte, die im Zeitpunkt des Versicherungsfalls das 18. Lebensjahr vollendet haben, 60 vom Hundert

der im Zeitpunkt des Versicherungsfalls maßgebenden Bezugsgröße. ²Satz 1 findet keine Anwendung auf Versicherte nach § 3 Abs. 1 Nr. 3.

(2) ¹Der Jahresarbeitsverdienst beträgt höchstens das Zweifache der im Zeitpunkt des Versicherungsfalls maßgebenden Bezugsgröße. ²Die Satzung kann eine höhere Obergrenze bestimmen.

§ 86 Jahresarbeitsverdienst für Kinder. Der Jahresarbeitsverdienst beträgt
1. für Versicherte, die im Zeitpunkt des Versicherungsfalls das sechste Lebensjahr nicht vollendet haben, 25 vom Hundert,
2. für Versicherte, die im Zeitpunkt des Versicherungsfalls das sechste, aber nicht das 15. Lebensjahr vollendet haben, $33^{1}/_{3}$ vom Hundert

der im Zeitpunkt des Versicherungsfalls maßgebenden Bezugsgröße.

§ 87 Jahresarbeitsverdienst nach billigem Ermessen. ¹Ist ein nach der Regelberechnung, nach den Vorschriften bei Berufskrankheiten, den Vorschriften für Kinder oder nach der Regelung über den Mindestjahresarbeitsverdienst festgesetzter Jahresarbeitsverdienst in erheblichem Maße unbillig, wird er nach billigem Ermessen im Rahmen von Mindest- und Höchstjahresarbeitsverdienst festgesetzt. ²Hierbei werden insbesondere die Fähigkeiten, die Ausbildung, die Lebensstellung und die Tätigkeit der Versicherten im Zeitpunkt des Versicherungsfalls berücksichtigt.

§ 88 Erhöhung des Jahresarbeitsverdienstes für Hinterbliebene. Ist der für die Berechnung von Geldleistungen an Hinterbliebene maßgebende Jahresarbeitsverdienst eines durch einen Versicherungsfall Verstorbenen infolge eines früheren Versicherungsfalls geringer als der für den früheren Versicherungsfall festgesetzte Jahresarbeitsverdienst, wird für den neuen Versicherungsfall dem Arbeitsentgelt und Arbeitseinkommen die an den Versicherten im Zeitpunkt des Todes zu zahlende Rente hinzugerechnet; dabei darf der Betrag nicht überschritten werden, der der Rente infolge des früheren Versicherungsfalls als Jahresarbeitsverdienst zugrunde lag.

§ 89 Berücksichtigung von Anpassungen. Beginnt die vom Jahresarbeitsverdienst abhängige Geldleistung nach dem 30. Juni eines Jahres und ist der Versicherungsfall im vergangenen Kalenderjahr oder früher eingetreten, wird der Jahresarbeitsverdienst entsprechend den für diese Geldleistungen geltenden Regelungen angepaßt.

Dritter Unterabschnitt. Neufestsetzung

§ 90 Neufestsetzung nach voraussichtlicher Schul- oder Berufsausbildung oder Altersstufen. (1) ¹Tritt der Versicherungsfall vor Beginn der Schulausbildung oder während einer Schul- oder Berufsausbildung der Versicherten ein, wird, wenn es für die Versicherten günstiger ist, der Jahresarbeitsverdienst von dem Zeitpunkt an neu festgesetzt, in dem die Ausbildung ohne den Versicherungsfall voraussichtlich beendet worden wäre oder bei einem regelmäßigen Verlauf der Ausbildung tatsächlich beendet worden ist. ²Der Neufestsetzung wird das Arbeitsentgelt zugrunde gelegt, das in diesem Zeitpunkt für Personen gleicher Ausbildung und gleichen Alters durch Tarifvertrag vorgesehen ist; besteht keine tarifliche Regelung, ist das Arbeitsentgelt maßgebend, das für derartige Tätigkeiten am Beschäftigungsort der Versicherten gilt.

(2) ¹Haben die Versicherten zur Zeit des Versicherungsfalls das 30. Lebensjahr noch nicht vollendet, wird, wenn es für sie günstiger ist, der Jahresarbeitsverdienst jeweils nach dem Arbeitsentgelt neu festgesetzt, das zur Zeit des Versicherungsfalls für Personen mit gleichartiger Tätigkeit bei Erreichung eines bestimmten Berufsjahres oder bei Vollendung eines bestimmten Lebensjahres durch Tarifvertrag vorgesehen ist; besteht keine tarifliche Regelung, ist das Arbeitsentgelt maßgebend, das für derartige Tätigkeiten am Beschäftigungsort der Versicherten gilt. ²Es werden nur Erhöhungen berücksichtigt, die bis zur Vollendung des 30. Lebensjahres vorgesehen sind.

(3) Können die Versicherten in den Fällen des Absatzes 1 oder 2 infolge des Versicherungsfalls einer Erwerbstätigkeit nicht nachgehen, wird, wenn es für sie günstiger ist, der Jahresarbeitsverdienst nach den Erhöhungen des Arbeitsentgelts neu festgesetzt, die zur Zeit des Versicherungsfalls von der Vollendung eines bestimmten Lebensjahres, der Erreichung eines bestimmten Berufsjahres oder von dem Ablauf bestimmter Bewährungszeiten durch Tarif festgesetzt sind; besteht keine tarifliche Regelung, ist das Arbeitsentgelt maßgebend, das für derartige Tätigkeiten am Beschäftigungsort der Versicherten gilt.

(4) Ist der Versicherungsfall vor Beginn der Berufsausbildung eingetreten und läßt sich auch unter Berücksichtigung der weiteren Schul- oder Berufsausbildung nicht feststellen, welches Ausbildungsziel die Versicherten ohne den Versicherungsfall voraussichtlich erreicht hätten, wird der Jahresarbeitsverdienst mit Vollendung des 21. Lebensjahres auf 75 vom Hundert und mit Vollendung des 25. Lebensjahres auf 100 vom Hundert der zu diesen Zeitpunkten maßgebenden Bezugsgröße neu festgesetzt.

(5) Wurde der Jahresarbeitsverdienst nach den Vorschriften über den Mindestjahresarbeitsverdienst oder über den Jahresarbeitsverdienst für Kinder festgesetzt, wird er, vorbehaltlich der Regelungen in den Absätzen 1 bis 4, mit Vollendung der in diesen Vorschriften genannten weiteren Lebensjahre entsprechend dem Vornhundertsatz der zu diesen Zeitpunkten maßgebenden Bezugsgröße neu festgesetzt.

(6) In den Fällen des § 82 Abs. 2 Satz 2 sind die Absätze 1 bis 3 entsprechend anzuwenden.

§ 91 Mindest- und Höchstjahresarbeitsverdienst, Jahresarbeitsverdienst nach billigem Ermessen bei Neufestsetzung. Bei Neufestsetzungen des Jahresarbeitsverdienstes nach voraussichtlicher Schul- oder Berufsausbildung oder Altersstufen sind die Vorschriften über den Mindest- und Höchstjahresarbeitsverdienst und über den Jahresarbeitsverdienst nach billigem Ermessen entsprechend anzuwenden.

Vierter Unterabschnitt. Besondere Vorschriften für die bei der Berufsgenossenschaft Verkehrswirtschaft Post-Logistik Telekommunikation versicherten Seeleute und ihre Hinterbliebenen

§ 92 Jahresarbeitsverdienst für Seeleute. (1) [1] Als Jahresarbeitsverdienst für Versicherte, die an Bord eines Seeschiffs beschäftigt sind, gilt das Zwölffache des nach Absatz 2 oder 4 festgesetzten monatlichen Durchschnitts des baren Entgelts einschließlich des Durchschnittssatzes des Werts der auf Seeschiffen gewährten Beköstigung oder Verpflegungsvergütung (Durchschnittsentgelt) zur Zeit des Versicherungsfalls. [2] Für Versicherte, die als ausländische Seeleute ohne Wohnsitz oder ständigen Aufenthalt im Inland auf Schiffen beschäftigt werden, die nach § 12 des Flaggenrechtsgesetzes in der Fassung der Bekanntmachung vom 26. Oktober 1994 (BGBl. I S. 3140) in das Internationale Seeschiffahrtsregister eingetragen sind, und denen keine deutschen Tarifheuern gezahlt werden, gelten für die Berechnung des Jahresarbeitsverdienstes die allgemeinen Vorschriften über den Jahresarbeitsverdienst mit Ausnahme der Vorschrift über den Mindestjahresarbeitsverdienst.

(2) Die Satzung kann bestimmen, daß für Versicherte mit stark schwankendem Arbeitsentgelt besondere Durchschnittsentgelte entsprechend dem üblicherweise erzielten Jahresarbeitsentgelt festgesetzt werden.

(3) Als Jahresarbeitsverdienst für die kraft Gesetzes versicherten selbständig tätigen Küstenschiffer und Küstenfischer und ihre mitarbeitenden Ehegatten oder mitarbeitenden Lebenspartner gilt der nach Absatz 4 festgesetzte Durchschnitt des Jahreseinkommens; dabei wird das gesamte Jahreseinkommen berücksichtigt.

(4) Das monatliche Durchschnittsentgelt für die in Absatz 1 Satz 1 und Absatz 2 genannten Versicherten sowie der Durchschnitt des Jahreseinkom-

mens für die in Absatz 3 genannten Versicherten werden von Ausschüssen festgesetzt, die die Vertreterversammlung bildet.

(5) ¹Die Festsetzung erfolgt im Bereich gleicher Tätigkeiten einheitlich für den Geltungsbereich dieses Gesetzes. ²Bei der Festsetzung werden die zwischen Reedern und Vereinigungen seemännischer Arbeitnehmer abgeschlossenen Tarifverträge berücksichtigt; ausgenommen bleiben die Entgelte für Versicherte, für deren Jahresarbeitsverdienst Absatz 1 Satz 2 gilt. ³Für die in Absatz 1 genannten Versicherten, die neben dem baren Entgelt, der Beköstigung oder Verpflegungsvergütung regelmäßige Nebeneinnahmen haben, wird auch deren durchschnittlicher Geldwert bei der Festsetzung des Durchschnitts eingerechnet.

(6) ¹Die Festsetzung bedarf der Genehmigung des Bundesversicherungsamts. ²Das Bundesversicherungsamt kann für die Festsetzung eine Frist bestimmen; nach Ablauf der Frist kann es die Durchschnittssätze selbst festsetzen.

(7) ¹Die Festsetzung wird in jedem Jahr einmal nachgeprüft. ²Das Bundesversicherungsamt kann auch in der Zwischenzeit Nachprüfungen anordnen.

(8) Die Satzung hat zu bestimmen, daß und unter welchen Voraussetzungen die in Absatz 3 genannten Versicherten auf ihren Antrag mit einem höheren Jahresarbeitsverdienst versichert werden.

Fünfter Unterabschnitt. Besondere Vorschriften für die Versicherten der landwirtschaftlichen Unfallversicherung und ihre Hinterbliebenen

§ 93 Jahresarbeitsverdienst für landwirtschaftliche Unternehmer, ihre Ehegatten und Familienangehörigen. (1) ¹Der Jahresarbeitsverdienst der kraft Gesetzes versicherten

1. landwirtschaftlichen Unternehmer,
2. im Unternehmen mitarbeitenden Ehegatten und Lebenspartner der landwirtschaftlichen Unternehmer,
3. regelmäßig wie landwirtschaftliche Unternehmer selbständig Tätigen,

beträgt für Versicherungsfälle, die im Jahre 1996 oder früher eingetreten sind, 19 115 Deutsche Mark. ²Für Versicherungsfälle, die im Jahre 1997 oder später eintreten, wird der in Satz 1 genannte Betrag, erstmalig zum 1. Juli 1997, entsprechend § 95 angepaßt; § 215 Abs. 5 findet keine Anwendung. ³Die landwirtschaftliche Berufsgenossenschaft unterrichtet die landwirtschaftlichen Unternehmer über den jeweils geltenden Jahresarbeitsverdienst.

(2) ¹Solange die in Absatz 1 genannten Personen Anspruch auf eine Rente auf unbestimmte Zeit nach einer Minderung der Erwerbsfähigkeit von 50 vom Hundert oder mehr haben, erhöhen sich die in Absatz 1 genannten Beträge um

1. 25 vom Hundert bei einer Minderung der Erwerbsfähigkeit von weniger als 75 vom Hundert,
2. 50 vom Hundert bei einer Minderung der Erwerbsfähigkeit von 75 vom Hundert und mehr.

²Haben Versicherte Anspruch auf mehrere Renten auf unbestimmte Zeit, deren Vomhundertsätze zusammen wenigstens die Zahl 50 erreichen und für die ein Jahresarbeitsverdienst nach dieser Vorschrift festzusetzen ist, bestimmt

sich der Jahresarbeitsverdienst nach dem Betrag, der sich aus Satz 1 für die Summe der Vomhundertsätze der Minderung der Erwerbsfähigkeit ergibt.

(3) ¹ Für die im landwirtschaftlichen Unternehmen nicht nur vorübergehend mitarbeitenden Familienangehörigen im Sinne des § 2 Abs.1 Nr. 5 Buchstabe b gilt der Mindestjahresarbeitsverdienst als Jahresarbeitsverdienst. ² Hatte der mitarbeitende Familienangehörige im Zeitpunkt des Versicherungsfalls das 15. Lebensjahr noch nicht vollendet, gilt die Vorschrift über den Jahresarbeitsverdienst für Kinder entsprechend. ³ Der Jahresarbeitsverdienst wird mit Vollendung des 15. und 18. Lebensjahres entsprechend der Regelung über den Mindestjahresarbeitsverdienst neu festgesetzt.

(4) Ist ein vorübergehend unentgeltlich in einem landwirtschaftlichen Unternehmen Beschäftigter in seinem Hauptberuf auch in einem landwirtschaftlichen Unternehmen tätig, gilt als Jahresarbeitsverdienst für diese Beschäftigung der für den Hauptberuf maßgebende Jahresarbeitsverdienst.

(5) ¹ Die Satzung hat zu bestimmen, daß und unter welchen Voraussetzungen die in Absatz 1, 2 oder 3 genannten Versicherten auf ihren Antrag mit einem höheren Jahresarbeitsverdienst versichert werden. ² Die Satzung kann bestimmen, dass die in Absätzen 1 und 2 genannten Beträge um bis zur Hälfte erhöht werden.

(6) ¹ Für Versicherte im Sinne der Absätze 1 und 3, die im Zeitpunkt des Versicherungsfalls das 65. Lebensjahr vollendet haben, wird der sich aus Absatz 1, 2 oder 3 ergebende Jahresarbeitsverdienst verringert. ² Die Verringerung nach Satz 1 beträgt

1. 65 vom Hundert für Versicherte, die im Zeitpunkt des Versicherungsfalls das 75. Lebensjahr vollendet haben,

2. 50 vom Hundert für Versicherte, die im Zeitpunkt des Versicherungsfalls das 70. Lebensjahr und noch nicht das 75. Lebensjahr vollendet haben,

3. 35 vom Hundert für die übrigen Versicherten.

³ Für Versicherte, die im Zeitpunkt des Versicherungsfalls das 65. Lebensjahr noch nicht vollendet haben und die Anspruch auf

1. vorzeitige Altersrente oder Rente wegen voller Erwerbsminderung aus der Alterssicherung der Landwirte,

2. Witwen- oder Witwerrente aus der Alterssicherung der Landwirte wegen Erwerbsminderung,

3. Überbrückungsgeld aus der Alterssicherung der Landwirte oder

4. Produktionsaufgaberente nach dem Gesetz zur Förderung der Einstellung der landwirtschaftlichen Erwerbstätigkeit

haben, ist Satz 1 entsprechend anzuwenden; die Verringerung beträgt 35 vom Hundert.

(7) ¹ Soweit Geldleistungen nach dem Jahresarbeitsverdienst im Sinne des Absatzes 1 berechnet werden, ist der nach Absatz 1 Satz 1 und 2 am 31. Dezember 2001 geltende, in Euro umzurechnende Jahresarbeitsverdienst auf zwei Dezimalstellen aufzurunden. ² Absatz 1 Satz 2 gilt entsprechend.

Vierter Abschnitt. Mehrleistungen

§ 94 Mehrleistungen. (1) ¹Die Satzung kann Mehrleistungen bestimmen für
1. Personen, die für ein in § 2 Abs. 1 Nr. 9 oder 12 genanntes Unternehmen unentgeltlich, insbesondere ehrenamtlich tätig sind,
2. Personen, die nach § 2 Abs. 1 Nr. 10, 11 oder 13 oder Abs. 3 Nr. 2 versichert sind.
3. Personen, die nach § 2 Abs. 1 Nr. 1 oder § 2 Absatz 3 Satz 1 Nummer 3 Buchstabe a versichert sind, wenn diese an einer besonderen Auslandsverwendung im Sinne des § 31a des Beamtenversorgungsgesetzes oder des § 63c des Soldatenversorgungsgesetzes teilnehmen, sowie Personen, die nach § 2 Absatz 3 Satz 1 Nummer 3 Buchstabe c versichert sind.

²Dabei können die Art der versicherten Tätigkeit, insbesondere ihre Gefährlichkeit, sowie Art und Schwere des Gesundheitsschadens berücksichtigt werden.

(2) Die Mehrleistungen zu Renten dürfen zusammen mit
1. Renten an Versicherte ohne die Zulage für Schwerverletzte 85 vom Hundert,
2. Renten an Hinterbliebene 80 vom Hundert

des Höchstjahresarbeitsverdienstes nicht überschreiten.

(2a) ¹Für die in Absatz 1 Satz 1 Nummer 3 genannten Personen kann die Satzung die Höhe des Jahresarbeitsverdienstes bis zur Höhe des Eineinhalbfachen des Jahresarbeitsverdienstes bestimmen, der nach dem Dritten Abschnitt des Dritten Kapitels maßgebend ist. ²Absatz 2 ist in diesen Fällen nicht anzuwenden.

(3) Die Mehrleistungen werden auf Geldleistungen, deren Höhe vom Einkommen abhängt, nicht angerechnet.

Fünfter Abschnitt. Gemeinsame Vorschriften für Leistungen

§ 95 Anpassung von Geldleistungen. (1) ¹Jeweils zum gleichen Zeitpunkt, zu dem die Renten der gesetzlichen Rentenversicherung angepasst werden, werden die vom Jahresarbeitsverdienst abhängigen Geldleistungen, mit Ausnahme des Verletzten- und Übergangsgeldes, für Versicherungsfälle, die im vergangenen Kalenderjahr oder früher eingetreten sind, entsprechend dem Vomhundertsatz angepaßt, um den sich die Renten aus der gesetzlichen Rentenversicherung verändern. ²Die Bundesregierung hat mit Zustimmung des Bundesrates in der Rechtsverordnung über die Bestimmung des für die Rentenanpassung in der gesetzlichen Rentenversicherung maßgebenden aktuellen Rentenwerts den Anpassungsfaktor[1] entsprechend dem Vornhundertsatz nach Satz 1 zu bestimmen.

(2) ¹Die Geldleistungen werden in der Weise angepaßt, daß sie nach einem mit dem Anpassungsfaktor vervielfältigten Jahresarbeitsverdienst berechnet werden. ²Die Vorschrift über den Höchstjahresarbeitsverdienst gilt mit der

---

[1] Der Anpassungsfaktor für die zum 1.7.2017 anzupassenden Geldleistungen der gesetzlichen Unfallversicherung im Sinne des § 44 Abs. 4 und des § 95 beträgt 1,0190; vgl. § 4 Abs. 1 Rentenwertbestimmungs VO 2017 v. 8.6.2017 (BGBl. I S. 1522).

Maßgabe, daß an die Stelle des Zeitpunkts des Versicherungsfalls der Zeitpunkt der Anpassung tritt. ³ Wird bei einer Neufestsetzung des Jahresarbeitsverdienstes nach voraussichtlicher Schul- oder Berufsausbildung oder nach bestimmten Altersstufen auf eine für diese Zeitpunkte maßgebende Berechnungsgrundlage abgestellt, gilt als Eintritt des Versicherungsfalls im Sinne des Absatzes 1 Satz 1 der Tag, an dem die Voraussetzungen für die Neufestsetzung eingetreten sind.

§ 96 Fälligkeit, Auszahlung und Berechnungsgrundsätze. (1) ¹ Laufende Geldleistungen mit Ausnahme des Verletzten- und Übergangsgeldes werden am Ende des Monats fällig, zu dessen Beginn die Anspruchsvoraussetzungen erfüllt sind; sie werden am letzten Bankarbeitstag dieses Monats ausgezahlt. ² Bei Zahlung auf ein Konto ist die Gutschrift der laufenden Geldleistung, auch wenn sie nachträglich erfolgt, so vorzunehmen, dass die Wertstellung des eingehenden Überweisungsbetrages auf dem Empfängerkonto unter dem Datum des Tages erfolgt, an dem der Betrag dem Geldinstitut zur Verfügung gestellt worden ist. ³ Für die rechtzeitige Auszahlung im Sinne von Satz 1 genügt es, wenn nach dem gewöhnlichen Verlauf die Wertstellung des Betrages der laufenden Geldleistung unter dem Datum des letzten Bankarbeitstages erfolgen kann.

(2) Laufende Geldleistungen können mit Zustimmung der Berechtigten für einen angemessenen Zeitraum im voraus ausgezahlt werden.

(3) ¹ Geldleistungen, die für die Zeit nach dem Tod des Berechtigten auf ein Konto bei einem Geldinstitut, für das die Verordnung (EU) Nr. 260/2012 des Europäischen Parlaments und des Rates vom 14. März 2012 zur Festlegung der technischen Vorschriften und der Geschäftsanforderungen für Überweisungen und Lastschriften in Euro und zur Änderung der Verordnung (EG) Nr. 924/2009 (ABl. L 94 vom 30.3.2012, S. 22) gilt, überwiesen wurden, gelten als unter Vorbehalt erbracht. ² Das Geldinstitut hat sie der überweisenden Stelle oder dem Unfallversicherungsträger zurückzuüberweisen, wenn diese sie als zu Unrecht erbracht zurückfordern. ³ Eine Verpflichtung zur Rücküberweisung besteht nicht, soweit über den entsprechenden Betrag bei Eingang der Rückforderung bereits anderweitig verfügt wurde, es sei denn, dass die Rücküberweisung aus einem Guthaben erfolgen kann. ⁴ Das Geldinstitut darf den überwiesenen Betrag nicht zur Befriedigung eigener Forderungen verwenden.

(4) ¹ Soweit Geldleistungen für die Zeit nach dem Tod des Berechtigten zu Unrecht erbracht worden sind, sind sowohl die Personen, die die Geldleistungen unmittelbar in Empfang genommen haben oder an die der entsprechende Betrag durch Dauerauftrag, Lastschrifteinzug oder sonstiges bankübliches Zahlungsgeschäft auf ein Konto weitergeleitet wurde (Empfänger), als auch die Personen, die als Verfügungsberechtigte über den entsprechenden Betrag ein bankübliches Zahlungsgeschäft zu Lasten des Kontos vorgenommen oder zugelassen haben (Verfügende), dem Träger der Unfallversicherung zur Erstattung des entsprechenden Betrages verpflichtet. ² Der Träger der Unfallversicherung hat Erstattungsansprüche durch Verwaltungsakt geltend zu machen. ³ Ein Geldinstitut, das eine Rücküberweisung mit dem Hinweis abgelehnt hat, dass über den entsprechenden Betrag bereits anderweitig verfügt wurde, hat der überweisenden Stelle oder dem Träger der Unfallversicherung auf Verlangen Name und Anschrift des Empfängers oder Verfügenden und etwaiger neuer Konto-

3. Kap. Leistungen **§§ 97–99 SGB VII 7**

inhaber zu benennen. ⁴ Ein Anspruch gegen die Erben nach § 50 des Zehnten Buches[1] bleibt unberührt.

(4a) ¹ Die Ansprüche nach den Absätzen 3 und 4 verjähren in vier Jahren nach Ablauf des Kalenderjahres, in dem der erstattungsberechtigte Träger der Unfallversicherung Kenntnis von der Überzahlung und in den Fällen des Absatzes 4 zusätzlich von dem Erstattungspflichtigen erlangt hat. ² Für die Hemmung, die Ablaufhemmung, den Neubeginn und die Wirkung der Verjährung gelten die Vorschriften des Bürgerlichen Gesetzbuchs sinngemäß.

(5) Die Berechnungsgrundsätze des § 187 gelten mit der Maßgabe, daß bei der anteiligen Ermittlung einer Monatsrente der Kalendermonat mit der Zahl seiner tatsächlichen Tage anzusetzen ist.

(6) Sind laufende Geldleistungen, die nach Absatz 1 auszuzahlen und in dem Monat fällig geworden sind, in dem der Berechtigte verstorben ist, auf das bisherige Empfängerkonto bei einem Geldinstitut überwiesen worden, ist der Anspruch der Erben gegenüber dem Träger der Unfallversicherung erfüllt.

§ 97 Leistungen ins Ausland. Berechtigte, die ihren gewöhnlichen Aufenthalt im Ausland haben, erhalten nach diesem Buch

1. Geldleistungen,
2. für alle sonstigen zu erbringenden Leistungen eine angemessene Erstattung entstandener Kosten einschließlich der Kosten für eine Pflegekraft oder für Heimpflege.

§ 98 Anrechnung anderer Leistungen. (1) Auf Geldleistungen nach diesem Buch werden Geldleistungen eines ausländischen Trägers der Sozialversicherung oder einer ausländischen staatlichen Stelle, die ihrer Art nach den Leistungen nach diesem Buch vergleichbar sind, angerechnet.

(2) Entsteht der Anspruch auf eine Geldleistung nach diesem Buch wegen eines Anspruchs auf eine Leistung nach den Vorschriften des Sechsten Buches[2] ganz oder teilweise nicht, gilt dies auch hinsichtlich vergleichbarer Leistungen, die von einem ausländischen Träger gezahlt werden.

(3) ¹ Auf Geldleistungen, die nach § 2 Abs. 3 Satz 1 Nr. 3 und § 3 Abs. 1 Nr. 3 versicherten Personen wegen eines Körper-, Sach- oder Vermögensschadens nach diesem Buch erbracht werden, sind gleichartige Geldleistungen anzurechnen, die wegen desselben Schadens von Dritten gezahlt werden. ² Geldleistungen auf Grund privater Versicherungsverhältnisse, die allein auf Beiträgen von Versicherten beruhen, werden nicht angerechnet.

§ 99 Wahrnehmung von Aufgaben durch die Deutsche Post AG.

(1) ¹ Die Unfallversicherungsträger zahlen die laufenden Geldleistungen mit Ausnahme des Verletzten- und Übergangsgeldes in der Regel durch die Deutsche Post AG aus. ² Die Unfallversicherungsträger können die laufenden Geldleistungen auch an das vom Berechtigten angegebene Geldinstitut überweisen. ³ Im übrigen können die Unfallversicherungsträger Geldleistungen durch die Deutsche Post AG auszahlen lassen.

---

[1] Nr. **10**.
[2] Nr. **6**.

(2) ¹ Soweit die Deutsche Post AG laufende Geldleistungen für die Unfallversicherungsträger auszahlt, führt sie auch Arbeiten zur Anpassung der Leistungen durch. ² Die Anpassungsmitteilungen ergehen im Namen des Unfallversicherungsträgers.

(3) ¹ Die Auszahlung und die Durchführung der Anpassung von Geldleistungen durch die Deutsche Post AG umfassen auch die Wahrnehmung der damit im Zusammenhang stehenden Aufgaben der Unfallversicherungsträger, insbesondere die Erstellung statistischen Materials und dessen Übermittlung an das Bundesministerium für Arbeit und Soziales und die Verbände der Unfallversicherungsträger. ² Die Deutsche Post AG kann entsprechende Aufgaben auch zugunsten der Unfallversicherungsträger wahrnehmen, die die laufenden Geldleistungen nicht durch sie auszahlen.

(4) ¹ Die Unfallversicherungsträger werden von ihrer Verantwortung gegenüber den Berechtigten nicht entbunden. ² Die Berechtigten sollen Änderungen in den tatsächlichen oder rechtlichen Verhältnissen, die für die Auszahlung oder die Durchführung der Anpassung der von der Deutschen Post AG gezahlten Geldleistungen erheblich sind, unmittelbar der Deutschen Post AG mitteilen.

(5) Zur Auszahlung der Geldleistungen erhält die Deutsche Post AG von den Unfallversicherungsträgern monatlich rechtzeitig angemessene Vorschüsse.

(6) Die Deutsche Post AG erhält für ihre Tätigkeit von den Unfallversicherungsträgern eine angemessene Vergütung und auf die Vergütung monatlich rechtzeitig angemessene Vorschüsse.

§ 100 Verordnungsermächtigung. Das Bundesministerium für Arbeit und Soziales wird ermächtigt, im Einvernehmen mit dem Bundesministerium der Finanzen durch Rechtsverordnung mit Zustimmung des Bundesrates

1. den Inhalt der von der Deutschen Post AG wahrzunehmenden Aufgaben der Unfallversicherungsträger näher zu bestimmen und die Rechte und Pflichten der Beteiligten festzulegen, insbesondere die Überwachung der Zahlungsvoraussetzungen durch die Auswertung der Sterbefallmitteilungen der Meldebehörden nach § 101a des Zehnten Buches[1]) und durch die Einholung von Lebensbescheinigungen im Rahmen des § 60 Abs. 1 und des § 65 Abs. 1 Nr. 3 des Ersten Buches[2]),
2. die Höhe und Fälligkeit der Vorschüsse, die die Deutsche Post AG von den Unfallversicherungsträgern erhält, näher zu bestimmen,
3. die Höhe und Fälligkeit der Vergütung und der Vorschüsse, die die Deutsche Post AG von den Unfallversicherungsträgern erhält, näher zu bestimmen.

§ 101 Ausschluß oder Minderung von Leistungen. (1) Personen, die den Tod von Versicherten vorsätzlich herbeigeführt haben, haben keinen Anspruch auf Leistungen.

(2) ¹ Leistungen können ganz oder teilweise versagt oder entzogen werden, wenn der Versicherungsfall bei einer von Versicherten begangenen Handlung eingetreten ist, die nach rechtskräftigem strafgerichtlichen Urteil ein Verbrechen oder vorsätzliches Vergehen ist. ² Zuwiderhandlungen gegen Bergverordnungen oder bergbehördliche Anordnungen gelten nicht als Vergehen im Sinne

---

[1]) Nr. **10**.
[2]) Nr. **1**.

des Satzes 1. ³ Soweit die Leistung versagt wird, kann sie an unterhaltsberechtigte Ehegatten oder Lebenspartner und Kinder geleistet werden.

§ 102 Schriftform. In den Fällen des § 36a Abs. 1 Satz 1 Nr. 2 des Vierten Buches[1]) wird die Entscheidung über einen Anspruch auf eine Leistung schriftlich erlassen.

§ 103 Zwischennachricht, Unfalluntersuchung. (1) Kann der Unfallversicherungsträger in den Fällen des § 36a Abs. 1 Satz 1 des Vierten Buches[1]) innerhalb von sechs Monaten ein Verfahren nicht abschließen, hat er den Versicherten nach Ablauf dieser Zeit und danach in Abständen von sechs Monaten über den Stand des Verfahrens schriftlich oder elektronisch zu unterrichten.

(2) Der Versicherte ist berechtigt, an der Untersuchung eines Versicherungsfalls, die am Arbeitsplatz oder am Unfallort durchgeführt wird, teilzunehmen. Hinterbliebene, die aufgrund des Versicherungsfalls Ansprüche haben können, können an der Untersuchung teilnehmen, wenn sie dies verlangen.

Viertes Kapitel. Haftung von Unternehmern, Unternehmensangehörigen und anderen Personen

Erster Abschnitt. Beschränkung der Haftung gegenüber Versicherten, ihren Angehörigen und Hinterbliebenen

§ 104 Beschränkung der Haftung der Unternehmer. (1) ¹ Unternehmer sind den Versicherten, die für ihre Unternehmen tätig sind oder zu ihren Unternehmen in einer sonstigen die Versicherung begründenden Beziehung stehen, sowie deren Angehörigen und Hinterbliebenen nach anderen gesetzlichen Vorschriften zum Ersatz des Personenschadens, den ein Versicherungsfall verursacht hat, nur verpflichtet, wenn sie den Versicherungsfall vorsätzlich oder auf einem nach § 8 Abs. 2 Nr. 1 bis 4 versicherten Weg herbeigeführt haben. ² Ein Forderungsübergang nach § 116 des Zehnten Buches[2]) findet nicht statt.

(2) Absatz 1 gilt entsprechend für Personen, die als Leibesfrucht durch einen Versicherungsfall im Sinne des § 12 geschädigt worden sind.

(3) Die nach Absatz 1 oder 2 verbleibenden Ersatzansprüche vermindern sich um die Leistungen, die Berechtigte nach Gesetz oder Satzung infolge des Versicherungsfalls erhalten.

§ 105 Beschränkung der Haftung anderer im Betrieb tätiger Personen. (1) ¹ Personen, die durch eine betriebliche Tätigkeit einen Versicherungsfall von Versicherten desselben Betriebs verursachen, sind diesen sowie deren Angehörigen und Hinterbliebenen nach anderen gesetzlichen Vorschriften zum Ersatz des Personenschadens nur verpflichtet, wenn sie den Versicherungsfall vorsätzlich oder auf einem nach § 8 Abs. 2 Nr. 1 bis 4 versicherten Weg herbeigeführt haben. ² Satz 1 gilt entsprechend bei der Schädigung von

---

[1]) Nr. 4.
[2]) Nr. 10.

Personen, die für denselben Betrieb tätig und nach § 4 Abs. 1 Nr. 1 versicherungsfrei sind. ³ § 104 Abs. 1 Satz 2, Abs. 2 und 3 gilt entsprechend.

(2) ¹ Absatz 1 gilt entsprechend, wenn nicht versicherte Unternehmer geschädigt worden sind. ² Soweit nach Satz 1 eine Haftung ausgeschlossen ist, werden die Unternehmer wie Versicherte, die einen Versicherungsfall erlitten haben, behandelt, es sei denn, eine Ersatzpflicht des Schädigers gegenüber dem Unternehmer ist zivilrechtlich ausgeschlossen. ³ Für die Berechnung von Geldleistungen gilt der Mindestjahresarbeitsverdienst als Jahresarbeitsverdienst. ⁴ Geldleistungen werden jedoch nur bis zur Höhe eines zivilrechtlichen Schadenersatzanspruchs erbracht.

§ 106 Beschränkung der Haftung anderer Personen. (1) In den in § 2 Abs. 1 Nr. 2, 3 und 8 genannten Unternehmen gelten die §§ 104 und 105 entsprechend für die Ersatzpflicht

1. der in § 2 Abs. 1 Nr. 2, 3 und 8 genannten Versicherten untereinander,

2. der in § 2 Abs. 1 Nr. 2, 3 und 8 genannten Versicherten gegenüber den Betriebsangehörigen desselben Unternehmens,

3. der Betriebsangehörigen desselben Unternehmens gegenüber den in § 2 Abs. 1 Nr. 2, 3 und 8 genannten Versicherten.

(2) Im Fall des § 2 Abs. 1 Nr. 17 gelten die §§ 104 und 105 entsprechend für die Ersatzpflicht

1. der Pflegebedürftigen gegenüber den Pflegepersonen,

2. der Pflegepersonen gegenüber den Pflegebedürftigen,

3. der Pflegepersonen desselben Pflegebedürftigen untereinander.

(3) Wirken Unternehmen zur Hilfe bei Unglücksfällen oder Unternehmen des Zivilschutzes zusammen oder verrichten Versicherte mehrerer Unternehmen vorübergehend betriebliche Tätigkeiten auf einer gemeinsamen Betriebsstätte, gelten die §§ 104 und 105 für die Ersatzpflicht der für die beteiligten Unternehmen Tätigen untereinander.

(4) Die §§ 104 und 105 gelten ferner für die Ersatzpflicht von Betriebsangehörigen gegenüber den nach § 3 Abs. 1 Nr. 2 Versicherten.

§ 107 Besonderheiten in der Seefahrt. (1) Bei Unternehmen der Seefahrt gilt § 104 auch für die Ersatzpflicht anderer das Arbeitsentgelt schuldender Personen entsprechend. § 105 gilt für den Lotsen entsprechend.

(2) Beim Zusammenstoß mehrerer Seeschiffe von Unternehmen, für die die Berufsgenossenschaft Verkehrswirtschaft Post-Logistik Telekommunikation zuständig ist, gelten die §§ 104 und 105 entsprechend für die Ersatzpflicht, auch untereinander, der Reeder der dabei beteiligten Fahrzeuge, sonstiger das Arbeitsentgelt schuldender Personen, der Lotsen und der auf den beteiligten Fahrzeugen tätigen Versicherten.

§ 108 Bindung der Gerichte. (1) Hat ein Gericht über Ersatzansprüche der in den §§ 104 bis 107 genannten Art zu entscheiden, ist es an eine unanfechtbare Entscheidung nach diesem Buch oder nach dem Sozialgerichtsgesetz[1)] in der jeweils geltenden Fassung gebunden, ob ein Versicherungsfall vorliegt, in

---

[1)] Nr. 20.

welchem Umfang Leistungen zu erbringen sind und ob der Unfallversicherungsträger zuständig ist.

(2) ¹Das Gericht hat sein Verfahren auszusetzen, bis eine Entscheidung nach Absatz 1 ergangen ist. ²Falls ein solches Verfahren noch nicht eingeleitet ist, bestimmt das Gericht dafür eine Frist, nach deren Ablauf die Aufnahme des ausgesetzten Verfahrens zulässig ist.

§ 109 Feststellungsberechtigung von in der Haftung beschränkten Personen. ¹Personen, deren Haftung nach den §§ 104 bis 107 beschränkt ist und gegen die Versicherte, ihre Angehörigen und Hinterbliebene Schadenersatzforderungen erheben, können statt der Berechtigten die Feststellungen nach § 108 beantragen oder das entsprechende Verfahren nach dem Sozialgerichtsgesetz[1)] betreiben. ²Der Ablauf von Fristen, die ohne ihr Verschulden verstrichen sind, wirkt nicht gegen sie; dies gilt nicht, soweit diese Personen das Verfahren selbst betreiben.

Zweiter Abschnitt. Haftung gegenüber den Sozialversicherungsträgern

§ 110 Haftung gegenüber den Sozialversicherungsträgern. (1) ¹Haben Personen, deren Haftung nach den §§ 104 bis 107 beschränkt ist, den Versicherungsfall vorsätzlich oder grob fahrlässig herbeigeführt, haften sie den Sozialversicherungsträgern für die infolge des Versicherungsfalls entstandenen Aufwendungen, jedoch nur bis zur Höhe des zivilrechtlichen Schadenersatzanspruchs. ²Statt der Rente kann der Kapitalwert gefordert werden. ³Das Verschulden braucht sich nur auf das den Versicherungsfall verursachende Handeln oder Unterlassen zu beziehen.

(1a) ¹Unternehmer, die Schwarzarbeit nach § 1 des Schwarzarbeitsbekämpfungsgesetzes erbringen und dadurch bewirken, dass Beiträge nach dem Sechsten Kapitel nicht, nicht in der richtigen Höhe oder nicht rechtzeitig entrichtet werden, erstatten den Unfallversicherungsträgern die Aufwendungen, die diesen infolge von Versicherungsfällen bei Ausführung der Schwarzarbeit entstanden sind. ²Eine nicht ordnungsgemäße Beitragsentrichtung wird vermutet, wenn die Unternehmer die Personen, bei denen die Versicherungsfälle eingetreten sind, nicht nach § 28a des Vierten Buches[2)] bei der Einzugsstelle oder der Datenstelle der Rentenversicherung angemeldet hatten.

(2) Die Sozialversicherungsträger können nach billigem Ermessen, insbesondere unter Berücksichtigung der wirtschaftlichen Verhältnisse des Schuldners, auf den Ersatzanspruch ganz oder teilweise verzichten.

§ 111 Haftung des Unternehmens. ¹Haben ein Mitglied eines vertretungsberechtigten Organs, Abwickler oder Liquidatoren juristischer Personen, vertretungsberechtigte Gesellschafter oder Liquidatoren einer Personengesellschaft des Handelsrechts oder gesetzliche Vertreter der Unternehmer in Ausführung der ihnen zustehenden Verrichtungen den Versicherungsfall vorsätzlich oder grob fahrlässig verursacht, haften nach Maßgabe des § 110 auch die Vertretenen. ²Eine nach § 110 bestehende Haftung derjenigen, die den Versicherungsfall verursacht haben, bleibt unberührt. ³Das gleiche gilt für Mitglieder

---

[1)] Nr. 20.
[2)] Nr. 4.

des Vorstandes eines nicht rechtsfähigen Vereins oder für vertretungsberechtigte Gesellschafter einer Personengesellschaft des bürgerlichen Rechts mit der Maßgabe, daß sich die Haftung auf das Vereins- oder das Gesellschaftsvermögen beschränkt.

§ 112 Bindung der Gerichte. § 108 über die Bindung der Gerichte gilt auch für die Ansprüche nach den §§ 110 und 111.

§ 113 Verjährung. [1] Für die Verjährung der Ansprüche nach den §§ 110 und 111 gelten die §§ 195, 199 Abs. 1 und 2 und § 203 des Bürgerlichen Gesetzbuchs entsprechend mit der Maßgabe, daß die Frist von dem Tag an gerechnet wird, an dem die Leistungspflicht für den Unfallversicherungsträger bindend festgestellt oder ein entsprechendes Urteil rechtskräftig geworden ist. [2] Artikel 229 § 6 Abs. 1 des Einführungsgesetzes zum Bürgerlichen Gesetzbuche gilt entsprechend.

Fünftes Kapitel. Organisation

Erster Abschnitt. Unfallversicherungsträger

§ 114 Unfallversicherungsträger. (1) [1] Träger der gesetzlichen Unfallversicherung (Unfallversicherungsträger) sind

1. die in der Anlage 1 aufgeführten gewerblichen Berufsgenossenschaften,
2. die Sozialversicherung für Landwirtschaft, Forsten und Gartenbau; bei Durchführung der Aufgaben nach diesem Gesetz und in sonstigen Angelegenheiten der landwirtschaftlichen Unfallversicherung führt sie die Bezeichnung landwirtschaftliche Berufsgenossenschaft,
3. die Unfallversicherung Bund und Bahn,
4. die Unfallkassen der Länder,
5. die Gemeindeunfallversicherungsverbände und Unfallkassen der Gemeinden,
6. die Feuerwehr-Unfallkassen,
7. die gemeinsamen Unfallkassen für den Landes- und den kommunalen Bereich.

[2] Die landwirtschaftliche Berufsgenossenschaft nimmt in der landwirtschaftlichen Unfallversicherung Verbandsaufgaben wahr.

(2) [1] Soweit dieses Gesetz die Unfallversicherungsträger ermächtigt, Satzungen zu erlassen, bedürfen diese der Genehmigung der Aufsichtsbehörde. [2] Ergibt sich nachträglich, daß eine Satzung nicht hätte genehmigt werden dürfen, kann die Aufsichtsbehörde anordnen, daß der Unfallversicherungsträger innerhalb einer bestimmten Frist die erforderliche Änderung vornimmt. [3] Kommt der Unfallversicherungsträger der Anordnung nicht innerhalb dieser Frist nach, kann die Aufsichtsbehörde die erforderliche Änderung anstelle des Unfallversicherungsträgers selbst vornehmen.

(3) Für die Unfallversicherung Bund und Bahn gilt Absatz 2 mit der Maßgabe, dass bei der Genehmigung folgender Satzungen das Einvernehmen mit

dem Bundesministerium für Arbeit und Soziales und dem Bundesministerium der Finanzen erforderlich ist:

1. Satzungen über die Erstreckung des Versicherungsschutzes auf Personen nach § 3 Abs. 1 Nr. 2 und 3,
2. Satzungen über die Obergrenze des Jahresarbeitsverdienstes (§ 85 Abs. 2),
3. Satzungen über Mehrleistungen (§ 94) und
4. Satzungen über die Aufwendungen der Unfallversicherung Bund und Bahn (§ 186).

§ 115 Prävention bei der Unfallversicherung Bund und Bahn.

(1) ¹Für die Unternehmen, für die die Unfallversicherung Bund und Bahn nach § 125 Absatz 1 Nummer 1 zuständig ist, erlässt das Bundesministerium des Innern im Einvernehmen mit dem Bundesministerium für Arbeit und Soziales nach Anhörung der Vertreterversammlung der Unfallversicherung Bund und Bahn durch allgemeine Verwaltungsvorschriften Regelungen über Maßnahmen im Sinne des § 15 Absatz 1; die Vertreterversammlung kann Vorschläge für diese Vorschriften machen. ²Die Unfallverhütungsvorschriften der Unfallversicherungsträger sollen dabei berücksichtigt werden. ³Die Sorge der Beachtung der nach Satz 1 erlassenen Vorschriften gehört auch zu den Aufgaben des Vorstands. ⁴Betrifft eine allgemeine Verwaltungsvorschrift nach Satz 1 nur die Zuständigkeitsbereiche des Bundesministeriums der Verteidigung oder des Bundesministeriums der Finanzen, kann jedes dieser Bundesministerien für seinen Geschäftsbereich eine allgemeine Verwaltungsvorschrift erlassen; die Verwaltungsvorschrift bedarf in diesen Fällen des Einvernehmens mit den Bundesministerien des Innern sowie für Arbeit und Soziales.

(2) ¹Abweichend von § 15 Absatz 4 Satz 1 bedürfen die Unfallverhütungsvorschriften der Unfallversicherung Bund und Bahn der Genehmigung des Bundesministeriums des Innern. ²Die Entscheidung hierüber wird im Benehmen mit dem Bundesministerium für Arbeit und Soziales getroffen.

(3) ¹Die Aufgabe der Prävention wird in den Geschäftsbereichen des Bundesministeriums der Verteidigung und des Auswärtigen Amts hinsichtlich seiner Auslandsvertretungen von dem jeweiligen Bundesministerium oder der von ihm bestimmten Stelle wahrgenommen. ²Die genannten Bundesministerien stellen sicher, dass die für die Überwachung und Beratung der Unternehmen eingesetzten Aufsichtspersonen eine für diese Tätigkeit ausreichende Befähigung besitzen.

§ 116 Unfallversicherungsträger im Landesbereich.
(1) ¹Für die Unfallversicherung im Landesbereich errichten die Landesregierungen durch Rechtsverordnung eine oder mehrere Unfallkassen. ²Die Landesregierungen können auch gemeinsame Unfallkassen für die Unfallversicherung im Landesbereich und für die Unfallversicherung einer oder mehrerer Gemeinden von zusammen wenigstens 500 000 Einwohnern errichten.

(2) Die Landesregierungen von höchstens drei Ländern können durch gleichlautende Rechtsverordnungen auch eine gemeinsame Unfallkasse entsprechend Absatz 1 errichten, wenn das aufsichtführende Land durch die beteiligten Länder in diesen Rechtsverordnungen oder durch Staatsvertrag der Länder bestimmt ist.

(3) ¹ Die Landesregierungen regeln in den Rechtsverordnungen auch das Nähere über die Eingliederung bestehender Unfallversicherungsträger in die gemeinsame Unfallkasse. ² § 118 Absatz 1 Satz 5 gilt entsprechend. ³ Bis zu den nächsten allgemeinen Wahlen in der Sozialversicherung richtet sich die Zahl der Mitglieder der Selbstverwaltungsorgane der vereinigten oder neu gebildeten Unfallversicherungsträger nach der Summe der Zahl der Mitglieder, die in den Satzungen der aufgelösten Unfallversicherungsträger bestimmt worden ist; § 43 Absatz 1 Satz 2 des Vierten Buches[1]) ist nicht anzuwenden. ⁴ Die Mitglieder der Selbstverwaltungsorgane der aufgelösten Unfallversicherungsträger und ihre Stellvertreter werden Mitglieder und Stellvertreter der Selbstverwaltungsorgane der aus ihnen gebildeten Unfallversicherungsträger. ⁵ Beschlüsse in den Selbstverwaltungsorganen der neu gebildeten Unfallversicherungsträger werden mit der Mehrheit der nach der Größe der aufgelösten Unfallversicherungsträger gewichteten Stimmen getroffen; für die Gewichtung wird ein angemessener Maßstab in der Satzung bestimmt. ⁶ Die an einer Vereinigung beteiligten Unfallversicherungsträger der öffentlichen Hand haben rechtzeitig vor dem Wirksamwerden der Vereinigung eine neue Dienstordnung zur Regelung der Rechtsverhältnisse der dienstordnungsmäßig Angestellten aufzustellen, die in Ergänzung der bestehenden Dienstordnungen einen sozialverträglichen Personalübergang gewährleistet; dabei sind die entsprechenden Regelungen für Tarifangestellte zu berücksichtigen. ⁷ Die neue Dienstordnung ist der nach der Vereinigung zuständigen Aufsichtsbehörde vorzulegen. ⁸ Die Vereinigungen sind sozialverträglich umzusetzen.

§ 117 Unfallversicherungsträger im kommunalen Bereich. (1) Soweit die Unfallversicherung im kommunalen Bereich nicht von einer gemeinsamen Unfallkasse für den Landes- und den kommunalen Bereich durchgeführt wird, errichten die Landesregierungen durch Rechtsverordnung für mehrere Gemeinden oder zusammen wenigstens 500 000 Einwohnern einen Gemeindeunfallversicherungsverband.

(2) ¹ Die Landesregierungen von höchstens drei Ländern können durch gleichlautende Rechtsverordnungen auch einen gemeinsamen Gemeindeunfallversicherungsverband entsprechend Absatz 1 errichten, wenn das aufsichtführende Land durch die beteiligten Länder in diesen Rechtsverordnungen oder durch Staatsvertrag der Länder bestimmt ist. ² § 116 Abs. 3 gilt entsprechend.

(3) ¹ Die Landesregierungen können durch Rechtsverordnung mehrere Feuerwehr-Unfallkassen oder die Feuerwehr-Unfallkassen mit den Unfallversicherungsträgern im Landesbereich und im kommunalen Bereich vereinigen. ² Für die Feuerwehr-Unfallkassen sind die für die Gemeindeunfallversicherungsverbände geltenden Vorschriften entsprechend anzuwenden. ³ Die beteiligten Gemeinden und Gemeindeverbände gelten als Unternehmer. ⁴ Die Landesregierungen von höchstens drei Ländern können durch gleichlautende Rechtsverordnungen mehrere Feuerwehr-Unfallkassen zu einer Feuerwehr-Unfallkasse vereinigen, wenn das aufsichtführende Land in diesen Rechtsverordnungen oder durch Staatsvertrag der Länder bestimmt ist. ⁵ § 118 Abs. 1 Satz 3, 5 bis 7 gilt entsprechend.

---

[1]) Nr. 4.

5. Kapitel. Organisation §118 SGB VII 7

(4) Die Landesregierungen können durch Rechtsverordnung die Unfallkassen der Gemeinden mit den Unfallversicherungsträgern im kommunalen Bereich vereinigen.

(5) Bei Vereinigungen nach den Absätzen 3 und 4 gilt § 116 Absatz 3 Satz 6 bis 8 entsprechend.

§ 118 Vereinigung von Berufsgenossenschaften. (1) [1] Berufsgenossenschaften können sich auf Beschluß ihrer Vertreterversammlungen zu einer Berufsgenossenschaft vereinigen. [2] Der Beschluß bedarf der Genehmigung der vor der Vereinigung zuständigen Aufsichtsbehörden. [3] Die beteiligten Berufsgenossenschaften legen der nach der Vereinigung zuständigen Aufsichtsbehörde eine Satzung, einen Vorschlag zur Berufung der Mitglieder der Organe und eine Vereinbarung über die Rechtsbeziehungen zu Dritten und eine Vereinbarung über die Gefahrtarif- und Beitragsgestaltung vor. [4] Diese Vereinbarung kann für eine Übergangszeit von höchstens zwölf Jahren unterschiedliche Berechnungsgrundlagen für die Beiträge oder unterschiedliche Beiträge und getrennte Umlagen für die bisherigen Zuständigkeitsbereiche der vereinigten Berufsgenossenschaften vorsehen; für Entschädigungslasten, die auf Versicherungsfällen vor der Vereinigung beruhen, kann die Vereinbarung Regelungen über den Zeitraum von zwölf Jahren hinaus vorsehen. [5] Die beteiligten Berufsgenossenschaften können außerdem für eine Übergangszeit von bis zu zehn Jahren abweichend von § 36 Abs. 2 erster Halbsatz und Abs. 4 des Vierten Buches[1]) eine besondere Regelung über die weitere Tätigkeit der bisherigen Geschäftsführer und ihrer Stellvertreter als Geschäftsführer und Stellvertreter der neuen Berufsgenossenschaft sowie über die jeweilige Zuständigkeit vereinbaren; dabei kann die Zahl der stellvertretenden Geschäftsführer bis zu vier Personen betragen oder eine aus bis zu fünf Personen bestehende Geschäftsführung gebildet werden. [6] Die Aufsichtsbehörde genehmigt die Satzung und die Vereinbarungen, beruft die Mitglieder der Organe und bestimmt den Zeitpunkt, an dem die Vereinigung wirksam wird. [7] Mit diesem Zeitpunkt tritt die neue Berufsgenossenschaft in die Rechte und Pflichten der bisherigen Berufsgenossenschaften ein.

(2) Die Vereinigung nach Absatz 1 kann für abgrenzbare Unternehmensarten der aufzulösenden Berufsgenossenschaft mit mehreren Berufsgenossenschaften erfolgen.

(3) [1] Die Einzelheiten hinsichtlich der Aufteilung des Vermögens und der Übernahme der Bediensteten werden durch die beteiligten Berufsgenossenschaften entsprechend der für das Kalenderjahr vor der Vereinigung auf die Unternehmensarten entfallenden Entschädigungslast in der Vereinbarung geregelt. [2] Die an einer Vereinigung beteiligten Berufsgenossenschaften haben rechtzeitig vor dem Wirksamwerden der Vereinigung eine neue Dienstordnung zur Regelung der Rechtsverhältnisse der dienstordnungsmäßig Angestellten aufzustellen, die in Ergänzung der bestehenden Dienstordnungen einen sozialverträglichen Personalübergang gewährleistet; dabei sind die entsprechenden Regelungen für Tarifangestellte zu berücksichtigen. [3] Die neue Dienstordnung ist zusammen mit den in Absatz 1 Satz 3 genannten Unterlagen der nach der Vereinigung zuständigen Aufsichtsbehörde vorzulegen. [4] Vereinigungen sind sozialverträglich umzusetzen.

---

[1]) Nr. 4.

(4) ¹In der Vereinbarung nach Absatz 1 über die Gefahrtarif- und Beitragsgestaltung oder in der Satzung der neuen Berufsgenossenschaft kann geregelt werden, dass die Rentenlasten und die Rehabilitationslasten sowie die anteiligen Verwaltungs- und Verfahrenskosten, die nach § 178 Abs. 1 bis 3 von der neuen Berufsgenossenschaft zu tragen sind, auf die bisherigen Zuständigkeitsbereiche der vereinigten Berufsgenossenschaften in dem Verhältnis der Lasten verteilt werden, als ob eine Vereinigung nicht stattgefunden hätte. ²Die Vertreterversammlung der neuen Berufsgenossenschaft kann mit Genehmigung des Bundesversicherungsamtes im letzten Jahr der Geltungsdauer der Regelung nach Satz 1 beschließen, die Geltung abweichend von Absatz 1 Satz 4 über den Zeitraum von zwölf Jahren hinaus für jeweils höchstens sechs weitere Jahre zu verlängern, wenn

1. eine der vereinigten Berufsgenossenschaften im Umlagejahr 2007 ausgleichsberechtigt nach § 176 Abs. 1 Nr. 1 oder Nr. 3 in der am 31. Dezember 2007 geltenden Fassung war und

2. ohne die Fortgeltung bei mindestens einem der bisherigen Zuständigkeitsbereiche der vereinigten Berufsgenossenschaften im Umlagejahr vor dem Beschluss die auf diesen Bereich entfallende anteilige Gesamtbelastung um mehr als 5 Prozent ansteigen würde.

(5) Bis zum Ende des Jahres, in dem eine Vereinigung wirksam wird, werden die sich vereinigenden Berufsgenossenschaften bezüglich der Rechte und Pflichten im Rahmen der Lastenverteilung nach den §§ 176 bis 181 als selbständige Körperschaften behandelt.

§§ 119, 119a *(aufgehoben)*

§ 120 Bundes- und Landesgarantie. Soweit durch Rechtsvorschriften des Bundes oder der Länder nicht etwas anderes bestimmt worden ist, gehen mit der Auflösung eines bundesunmittelbaren Unfallversicherungsträgers dessen Rechte und Pflichten auf den Bund und mit der Auflösung eines landesunmittelbaren Unfallversicherungsträgers dessen Rechte und Pflichten auf das aufsichtführende Land über.

Zweiter Abschnitt. Zuständigkeit

Erster Unterabschnitt. Zuständigkeit der gewerblichen Berufsgenossenschaften

§ 121 Zuständigkeit der gewerblichen Berufsgenossenschaften.

(1) Die gewerblichen Berufsgenossenschaften sind für alle Unternehmen (Betriebe, Verwaltungen, Einrichtungen, Tätigkeiten) zuständig, soweit sich nicht aus dem Zweiten und Dritten Unterabschnitt eine Zuständigkeit der landwirtschaftlichen Berufsgenossenschaft oder der Unfallversicherungsträger der öffentlichen Hand ergibt.

(2) ¹Die Berufsgenossenschaft Verkehrswirtschaft Post-Logistik Telekommunikation ist über § 122 hinaus zuständig

1. für die Unternehmensarten, für die die Berufsgenossenschaft für Transport und Verkehrswirtschaft bis zum 31. Dezember 2015 zuständig war,

5. Kapitel. Organisation   **§ 121   SGB VII 7**

2. für Unternehmen der Seefahrt, soweit sich nicht aus dem Dritten Unterabschnitt eine Zuständigkeit der Unfallversicherungsträger der öffentlichen Hand ergibt,
3. für die Bundesanstalt für Post und Telekommunikation Deutsche Bundespost,
4. für die aus dem Sondervermögen der Deutschen Bundespost hervorgegangenen Aktiengesellschaften,
5. für die Unternehmen, die
   a) aus den Unternehmen im Sinne der Nummer 4 ausgegliedert worden sind und von diesen überwiegend beherrscht werden oder
   b) aus den Unternehmen im Sinne des Buchstabens a ausgegliedert worden sind und von diesen überwiegend beherrscht werden
   und unmittelbar und überwiegend Post-, Postbank- oder Telekommunikationsaufgaben erfüllen oder diesen Zwecken wie Hilfsunternehmen dienen,
6. für die betrieblichen Sozialeinrichtungen und in den durch Satzung anerkannten Selbsthilfeeinrichtungen der Bundesanstalt für Post und Telekommunikation Deutsche Bundespost,
7. für die Bundesdruckerei GmbH und für die aus ihr ausgegliederten Unternehmen, sofern diese von der Bundesdruckerei GmbH überwiegend beherrscht werden und ihren Zwecken als Neben- oder Hilfsunternehmen überwiegend dienen,
8. für die Museumsstiftung Post und Telekommunikation.

²§ 125 Absatz 4 gilt entsprechend. ³Über die Übernahme von Unternehmen nach Satz 1 Nummer 3 bis 8 und den Widerruf entscheidet das Bundesministerium der Finanzen.

(3) ¹Seefahrt im Sinne dieses Buches ist
1. die Fahrt außerhalb der
   a) Festland- und Inselküstenlinie bei mittlerem Hochwasser,
   b) seewärtigen Begrenzung der Binnenwasserstraßen,
   c) Verbindungslinie der Molenköpfe bei an der Küste gelegenen Häfen,
   d) Verbindungslinie der äußeren Uferausläufe bei Mündungen von Flüssen, die keine Binnenwasserstraßen sind,
2. die Fahrt auf Buchten, Haffen und Watten der See,
3. für die Fischerei auch die Fahrt auf anderen Gewässern, die mit der See verbunden sind, bis zu der durch die Seeschiffahrtstraßen-Ordnung in der Fassung der Bekanntmachung vom 15. April 1987 (BGBl. I S.1266), zuletzt geändert durch Artikel 3 der Verordnung vom 7. Dezember 1994 (BGBl. I S. 3744), bestimmten inneren Grenze,
4. das Fischen ohne Fahrzeug auf den in den Nummern 1 bis 3 genannten Gewässern.

²Die Fahrt von Binnenschiffen mit einer technischen Zulassung für die Zone 1 oder 2 der Binnenschiffs-Untersuchungsordnung vom 17. März 1988 (BGBl. I S. 238), zuletzt geändert durch Artikel 10 Abs. 1 der Verordnung vom 19. Dezember 1994 (BGBl. II S. 3822), binnenwärts der Grenzen nach Anlage 8 zu § 1 Abs. 1 der Schiffssicherheitsverordnung in der Fassung der Bekanntmachung vom 21. Oktober 1994 (BGBl. I S. 3281) gilt nicht als Seefahrt im

Sinne des Satzes 1. ³Bei Inkrafttreten dieses Gesetzes bestehende Zuständigkeiten für Unternehmen der gewerblichen Schiffahrt bleiben unberührt.

§ 122 Sachliche und örtliche Zuständigkeit. (1) ¹Das Bundesministerium für Arbeit und Soziales kann durch Rechtsverordnung mit Zustimmung des Bundesrates die sachliche Zuständigkeit der gewerblichen Berufsgenossenschaften nach Art und Gegenstand der Unternehmen unter Berücksichtigung der Prävention und der Leistungsfähigkeit der Berufsgenossenschaften und die örtliche Zuständigkeit bestimmen. ²Werden dabei bestehende Zuständigkeiten verändert, ist in der Rechtsverordnung zu regeln, inwieweit die bisher zuständige Berufsgenossenschaft Betriebsmittel und Mittel aus der Rücklage an die nunmehr zuständige Berufsgenossenschaft zu übertragen hat.

(2) Soweit nichts anderes bestimmt ist, bleibt jede Berufsgenossenschaft für die Unternehmensarten sachlich zuständig, für die sie bisher zuständig war, solange eine nach Absatz 1 erlassene Rechtsverordnung die Zuständigkeit nicht anders regelt.

Zweiter Unterabschnitt. Zuständigkeit der landwirtschaftlichen Berufsgenossenschaft

§ 123 Zuständigkeit der landwirtschaftlichen Berufsgenossenschaft.

(1) Die landwirtschaftliche Berufsgenossenschaft ist für folgende Unternehmen (landwirtschaftliche Unternehmen) zuständig, soweit sich nicht aus dem Dritten Unterabschnitt eine Zuständigkeit der Unfallversicherungsträger der öffentlichen Hand ergibt:

1. Unternehmen der Land- und Forstwirtschaft einschließlich des Garten- und Weinbaues, der Fischzucht, Teichwirtschaft, Seen-, Bach- und Flußfischerei (Binnenfischerei), der Imkerei sowie der den Zielen des Natur- und Umweltschutzes dienenden Landschaftspflege,
2. Unternehmen, in denen ohne Bodenbewirtschaftung Nutz- oder Zuchttiere zum Zwecke der Aufzucht, der Mast oder der Gewinnung tierischer Produkte gehalten werden,
3. land- und forstwirtschaftliche Lohnunternehmen,
4. Park- und Gartenpflege sowie Friedhöfe,
5. Jagden,
6. die Landwirtschaftskammern und die Berufsverbände der Landwirtschaft,
7. Unternehmen, die unmittelbar der Sicherung, Überwachung oder Förderung der Landwirtschaft überwiegend dienen,
8. die Sozialversicherung für Landwirtschaft, Forsten und Gartenbau und deren weitere Einrichtungen sowie die Zusatzversorgungskasse und das Zusatzversorgungswerk für Arbeitnehmer in der Land- und Forstwirtschaft.

(2) Landwirtschaftliche Unternehmen im Sinne des Absatzes 1 sind nicht

1. Haus- und Ziergärten,
2. andere Kleingärten im Sinne des Bundeskleingartengesetzes vom 28. Februar 1983 (BGBl. I S. 210), zuletzt geändert durch Artikel 5 des Gesetzes vom 21. September 1994 (BGBl. I S. 2538),

5. Kapitel. Organisation §§ 124, 125 SGB VII

es sei denn, sie werden regelmäßig oder in erheblichem Umfang mit besonderen Arbeitskräften bewirtschaftet oder ihre Erzeugnisse dienen nicht hauptsächlich dem eigenen Haushalt.

(3) Das Bundesministerium für Arbeit und Soziales kann im Einvernehmen mit dem Bundesministerium für Ernährung und Landwirtschaft durch Rechtsverordnung mit Zustimmung des Bundesrates bestimmen, daß auch andere als die in Absatz 1 genannten Unternehmen als landwirtschaftliche Unternehmen gelten, wenn diese überwiegend der Land- und Forstwirtschaft dienen.

(4) [1] Unternehmen, die aufgrund von Allgemeinen Entscheidungen des Reichsversicherungsamtes beim Inkrafttreten dieses Buches einer landwirtschaftlichen Berufsgenossenschaft angehören, gelten als landwirtschaftliche Unternehmen. [2] Das Bundesministerium für Arbeit und Soziales kann im Einvernehmen mit dem Bundesministerium für Ernährung und Landwirtschaft diese Unternehmen in einer Rechtsverordnung mit Zustimmung des Bundesrates zusammenfassen. [3] Dabei können die Zuständigkeiten auch abweichend von den Entscheidungen des Reichsversicherungsamtes bestimmt werden, soweit dies erforderlich ist, um zusammengehörige Unternehmensarten einheitlich der landwirtschaftlichen Berufsgenossenschaft oder den gewerblichen Berufsgenossenschaften zuzuweisen.

§ 124 Bestandteile des landwirtschaftlichen Unternehmens. Zum landwirtschaftlichen Unternehmen gehören

1. die Haushalte der Unternehmer und der im Unternehmen Beschäftigten, wenn die Haushalte dem Unternehmen wesentlich dienen,
2. Bauarbeiten des Landwirts für den Wirtschaftsbetrieb,
3. Arbeiten, die Unternehmer aufgrund einer öffentlich-rechtlichen Verpflichtung als landwirtschaftliche Unternehmer zu leisten haben.

Dritter Unterabschnitt. Zuständigkeit der Unfallversicherungsträger der öffentlichen Hand

§ 125 Zuständigkeit der Unfallversicherung Bund und Bahn. (1) Die Unfallversicherung Bund und Bahn ist zuständig

1. für die Unternehmen des Bundes,
2. für die Bundesagentur für Arbeit und für Personen, die nach § 2 Absatz 1 Nummer 14 Buchstabe a versichert sind,
3. für die Betriebskrankenkassen der Dienstbetriebe des Bundes,
4. für Personen, die im Zivilschutz tätig sind oder an Ausbildungsveranstaltungen einschließlich der satzungsmäßigen Veranstaltungen, die der Nachwuchsförderung dienen, im Zivilschutz teilnehmen, es sei denn, es ergibt sich eine Zuständigkeit nach den Vorschriften für die Unfallversicherungsträger im Landes- und im kommunalen Bereich,
5. für die in den Gemeinschaften des Deutschen Roten Kreuzes ehrenamtlich Tätigen sowie für sonstige beim Deutschen Roten Kreuz mit Ausnahme der Unternehmen des Gesundheitswesens und der Wohlfahrtspflege Tätige,
6. für Personen, die
   a) nach § 2 Absatz 3 Satz 1 Nummer 2 Buchstabe a versichert sind,
   b) nach § 2 Absatz 3 Satz 1 Nummer 2 Buchstabe b versichert sind,

7. für Personen, die nach § 2 Absatz 3 Satz 1 Nummer 1 versichert sind, wenn es sich um eine Vertretung des Bundes handelt,
8. für Personen, die nach § 2 Abs. 3 Satz 1 Nr. 3 versichert sind,
9. für Personen, die nach § 3 Abs. 1 Nr. 3 versichert sind.

(2) Die Unfallversicherung Bund und Bahn ist auch zuständig
1. für das Bundeseisenbahnvermögen,
2. für die Deutsche Bahn AG und für die aus der Gesellschaft gemäß § 2 Absatz 1 des Deutsche Bahn Gründungsgesetzes vom 27. Dezember 1993 (BGBl. I S. 2378, 2386) ausgegliederten Aktiengesellschaften,
3. für die Unternehmen,
   a) die gemäß § 3 Absatz 3 des Deutsche Bahn Gründungsgesetzes aus den Unternehmen im Sinne der Nummer 2 ausgegliedert worden sind,
   b) die von den in Nummer 2 genannten Unternehmen überwiegend beherrscht werden und
   c) die unmittelbar und überwiegend Eisenbahnverkehrsleistungen erbringen oder Eisenbahninfrastruktur betreiben oder diesen Zwecken wie Hilfsunternehmen dienen,
4. für die Bahnversicherungsträger und die in der Anlage zu § 15 Absatz 2 des Bundeseisenbahnneugliederungsgesetzes vom 27. Dezember 1993 (BGBl. I S. 2378; 1994 I S. 2439) aufgeführten betrieblichen Sozialeinrichtungen und der Selbsthilfeeinrichtungen mit Ausnahme der in der Anlage unter B Nummer 6 genannten Einrichtungen sowie für die der Krankenversorgung der Bundesbahnbeamten dienenden Einrichtungen,
5. für Magnetschwebebahnunternehmen des öffentlichen Verkehrs.

(3) [1] Der Bund kann für einzelne Unternehmen der sonst zuständigen Berufsgenossenschaft beitreten. [2] Er kann zum Ende eines Kalenderjahres aus der Berufsgenossenschaft austreten. [3] Über den Eintritt und den Austritt entscheidet das zuständige Bundesministerium im Einvernehmen mit dem Bundesministerium für Arbeit und Soziales und dem Bundesministerium der Finanzen.

(4) [1] Der Bund kann ein Unternehmen, das in selbständiger Rechtsform betrieben wird, aus der Zuständigkeit der Berufsgenossenschaft in die Zuständigkeit der Unfallversicherung Bund und Bahn übernehmen, wenn er an dem Unternehmen überwiegend beteiligt ist oder auf seine Organe einen ausschlaggebenden Einfluß hat. [2] Unternehmen, die erwerbswirtschaftlich betrieben werden, sollen nicht übernommen werden. [3] Die Übernahme kann widerrufen werden; die Übernahme ist zu widerrufen, wenn die Voraussetzungen des Satzes 1 nicht mehr vorliegen. [4] Für die Übernahme und den Widerruf gilt Absatz 3 Satz 3 entsprechend. [5] Die Übernahme wird mit Beginn des folgenden, der Widerruf zum Ende des laufenden Kalenderjahres wirksam. [6] Abweichend von Satz 5 wird die Übernahme, die im Kalenderjahr der Gründung eines Unternehmens erklärt wird, mit Beginn des Unternehmens wirksam.

§§ 126, 127 *(aufgehoben)*

§ 128 Zuständigkeit der Unfallversicherungsträger im Landesbereich.

(1) Die Unfallversicherungsträger im Landesbereich sind zuständig

1. für die Unternehmen des Landes,
1a. für Unternehmen, die in selbständiger Rechtsform betrieben werden und an denen das Land
    a) bei Kapitalgesellschaften unmittelbar oder mittelbar die Mehrheit der Kapitalanteile auf sich vereint oder
    b) bei sonstigen Unternehmen die Stimmenmehrheit in dem Organ, dem die Verwaltung und Führung des Unternehmens obliegt, auf sich vereint,
2. für Kinder in Tageseinrichtungen von Trägern der freien Jugendhilfe und in anderen privaten, als gemeinnützig im Sinne des Steuerrechts anerkannten Tageseinrichtungen sowie für Kinder, die durch geeignete Tagespflegepersonen im Sinne von § 23 des Achten Buches[1]) betreut werden,
2a. für Kinder während der Teilnahme an vorschulischen Sprachförderungskursen nach § 2 Absatz 1 Nummer 8 Buchstabe a, die nicht in Tageseinrichtungen durchgeführt werden,
3. für Schüler an privaten allgemeinbildenden und berufsbildenden Schulen,
4. für Studierende an privaten Hochschulen,
5. für Personen, die nach § 2 Abs. 1 Nr. 3 versichert sind, soweit die Maßnahme von einer Landesbehörde veranlaßt worden ist,
6. für Personen, die in Einrichtungen zur Hilfe bei Unglücksfällen tätig sind oder an Ausbildungsveranstaltungen dieser Einrichtungen einschließlich der satzungsmäßigen Veranstaltungen, die der Nachwuchsförderung dienen, teilnehmen,
7. für Personen, die nach § 2 Abs. 1 Nr. 13 Buchstabe a und c versichert sind,
8. für Personen, die nach § 2 Abs. 2 Satz 2 versichert sind,
9. für Personen, die wie Beschäftigte für nicht gewerbsmäßige Halter von Fahrzeugen oder Reittieren tätig werden,
10. für Personen, die nach § 2 Absatz 3 Satz 1 Nummer 1 versichert sind, wenn es sich um eine Vertretung eines Landes handelt,
11. für Versicherte nach § 3 Absatz 1 Nummer 4 und 5.

(2) Die Landesregierungen können durch Rechtsverordnung die Zuständigkeit der Unfallversicherungsträger im kommunalen Bereich für die Versicherten nach Absatz 1 Nr. 6, 7, 9 und 11 bestimmen.

(3) *(aufgehoben)*

(4) *(aufgehoben)*

(5) Übt ein Land die Gemeindeverwaltung aus, gilt die Vorschrift über die Zuständigkeit der Unfallversicherungsträger im kommunalen Bereich entsprechend.

§ 129 Zuständigkeit der Unfallversicherungsträger im kommunalen Bereich. (1) Die Unfallversicherungsträger im kommunalen Bereich sind zuständig
1. für die Unternehmen der Gemeinden und Gemeindeverbände,

---
[1]) Nr. **8**.

1a. für Unternehmen, die in selbständiger Rechtsform betrieben werden und an denen Gemeinden oder Gemeindeverbände
   a) bei Kapitalgesellschaften unmittelbar oder mittelbar die Mehrheit der Kapitalanteile auf sich vereinen oder
   b) bei sonstigen Unternehmen die Stimmenmehrheit in dem Organ, dem die Verwaltung und Führung des Unternehmens obliegt, auf sich vereinen,
2. für Haushalte,
3. für in Eigenarbeit nicht gewerbsmäßig ausgeführte Bauarbeiten (nicht gewerbsmäßige Bauarbeiten), wenn für die einzelne geplante Bauarbeit nicht mehr als die im Bauhauptgewerbe geltende tarifliche Wochenarbeitszeit tatsächlich verwendet wird; mehrere nicht gewerbsmäßige Bauarbeiten werden dabei zusammengerechnet, wenn sie einem einheitlichen Bauvorhaben zuzuordnen sind; Nummer 1 und die §§ 125, 128 und 131 bleiben unberührt,
4. für Personen, die nach § 2 Abs. 1 Nr. 3 versichert sind, soweit die Maßnahme von einer Gemeinde veranlaßt worden ist,
5. für Personen, die Leistungen der Träger der Sozialhilfe zur Unterstützung und Aktivierung nach § 11 Absatz 3 des Zwölften Buches[1)] erhalten,
6. für Personen, die nach § 2 Abs. 1 Nr. 16 versichert sind,
7. für Pflegepersonen, die nach § 2 Abs. 1 Nr. 17 versichert sind.

(2) *(aufgehoben)*

(3) *(aufgehoben)*

(4) [1] Absatz 1 Nummer 1a gilt nicht für

1. Verkehrsunternehmen einschließlich Hafen- und Umschlagbetriebe,
2. Elektrizitäts-, Gas- und Wasserwerke sowie
3. Unternehmen, die Seefahrt betreiben.

[2] Absatz 1 Nummer 1 und 1a gilt nicht für landwirtschaftliche Unternehmen der in § 123 Absatz 1 Nummer 1, 4 und 5 genannten Art.

§ 129a Zuständigkeit bei gemeinsamer Beteiligung von Bund, Ländern, Gemeinden oder Gemeindeverbänden an Unternehmen. (1) Zur Feststellung der Voraussetzungen für die Zuständigkeit von Unfallversicherungsträgern im Landesbereich oder im kommunalen Bereich sind bei Kapitalgesellschaften Kapitalbeteiligungen von Bund, Ländern, Gemeinden und Gemeindeverbänden an Unternehmen, die in selbständiger Rechtsform betrieben werden, zusammenzurechnen.

(2) Bei einer gemeinsamen Kapitalbeteiligung von Bund, Ländern, Gemeinden oder Gemeindeverbänden an Kapitalgesellschaften richtet sich die Zuständigkeit nach der mehrheitlichen Kapitalbeteiligung.

(3) [1] Bei gleicher Kapitalbeteiligung von Bund und Ländern sowie bei gleicher Kapitalbeteiligung von Bund und Gemeinden oder Gemeindeverbänden an Kapitalgesellschaften erfolgt die Festlegung der Zuständigkeit im gegenseitigen Einvernehmen. [2] Das Einvernehmen ist herzustellen zwischen der

---

[1)] Nr. 12.

5. Kapitel. Organisation § 130 SGB VII 7

jeweils nach Landesrecht zuständigen Stelle und dem Bund; § 125 Absatz 3 Satz 3 gilt entsprechend. ³ Kann ein Einvernehmen nicht hergestellt werden, ist der Unfallversicherungsträger im Landesbereich oder im kommunalen Bereich zuständig.

(4) Bei gleicher Kapitalbeteiligung von Ländern an Kapitalgesellschaften erfolgt die Festlegung der Zuständigkeit im gegenseitigen Einvernehmen der nach Landesrecht zuständigen Stellen.

(5) Bei gleicher Kapitalbeteiligung von Ländern und Gemeinden oder Gemeindeverbänden an Kapitalgesellschaften erfolgt die Festlegung der Zuständigkeit im gegenseitigen Einvernehmen durch die jeweils nach Landesrecht zuständige Stelle.

(6) Die Absätze 1 bis 5 gelten bei sonstigen Unternehmen in selbständiger Rechtsform hinsichtlich der gemeinsamen Stimmenmehrheit von Bund, Ländern, Gemeinden oder Gemeindeverbänden in dem Organ, dem die Verwaltung und Führung des Unternehmens obliegt, entsprechend.

Vierter Unterabschnitt. Gemeinsame Vorschriften über die Zuständigkeit

§ 130 Örtliche Zuständigkeit. (1) ¹ Die örtliche Zuständigkeit des Unfallversicherungsträgers für ein Unternehmen richtet sich nach dem Sitz des Unternehmens. ² Ist ein solcher nicht vorhanden, gilt als Sitz der Wohnsitz oder gewöhnliche Aufenthaltsort des Unternehmers. ³ Bei Arbeitsgemeinschaften gilt als Sitz des Unternehmens der Ort der Tätigkeit.

(2) ¹ Hat ein Unternehmen keinen Sitz im Inland, hat der Unternehmer einen Bevollmächtigten mit Sitz im Inland, beim Betrieb eines Seeschiffs mit Sitz in einem inländischen Seehafen zu bestellen. ² Dieser hat die Pflichten des Unternehmers. ³ Als Sitz des Unternehmens gilt der Ort der Betriebsstätte im Inland, in Ermangelung eines solchen der Wohnsitz oder gewöhnliche Aufenthalt des Bevollmächtigten. ⁴ Ist kein Bevollmächtigter bestellt, gilt als Sitz des Unternehmens Berlin.

(2a) Sind auf eine Beschäftigung im Ausland für ein Unternehmen ohne Sitz im Inland nach über- oder zwischenstaatlichem Recht die Vorschriften dieses Buches anzuwenden, richtet sich die örtliche Zuständigkeit nach dem Wohnsitz oder gewöhnlichen Aufenthalt des Versicherten im Inland.

(3) ¹ Betreiben mehrere Personen ein Seeschiff, haben sie einen gemeinsamen Bevollmächtigten mit Sitz in einem inländischen Seehafen zu bestellen. ² Dieser hat die Pflichten des Unternehmers.

(4) ¹ Für Personen, die nach § 2 Abs. 1 Nr. 13 Buchstabe a und c versichert sind, richtet sich die örtliche Zuständigkeit nach dem Ort der versicherten Tätigkeit. ² Wird diese im Ausland ausgeübt, richtet sich die örtliche Zuständigkeit nach dem letzten Wohnsitz oder gewöhnlichen Aufenthalt der Versicherten im Inland. ³ Ist ein solcher nicht vorhanden, gilt Berlin als Ort der versicherten Tätigkeit.

(5) ¹ Erstreckt sich ein landwirtschaftliches Unternehmen im Sinne des § 123 Abs. 1 Nr. 1 auf die Bezirke mehrerer Gemeinden, hat es seinen Sitz dort, wo die gemeinsamen oder die seinen Hauptzwecken dienenden Wirtschaftsgebäude liegen, oder bei einem Unternehmen der Forstwirtschaft, wo der größte Teil der Forstgrundstücke liegt. ² Forstwirtschaftliche Grundstücke verschiedener

Unternehmer gelten als Einzelunternehmen, auch wenn sie derselben Betriebsleitung unterstehen.

§ 131 Zuständigkeit für Hilfs- und Nebenunternehmen. (1) [1] Umfaßt ein Unternehmen verschiedenartige Bestandteile (Hauptunternehmen, Nebenunternehmen, Hilfsunternehmen), die demselben Rechtsträger angehören, ist der Unfallversicherungsträger zuständig, dem das Hauptunternehmen angehört. [2] § 129 Absatz 4 bleibt unberührt.

(2) [1] Das Hauptunternehmen bildet den Schwerpunkt des Unternehmens. [2] Hilfsunternehmen dienen überwiegend den Zwecken anderer Unternehmensbestandteile. [3] Nebenunternehmen verfolgen überwiegend eigene Zwecke.

(3) [1] Absatz 1 gilt nicht für

1. Neben- und Hilfsunternehmen, die Seefahrt betreiben, welche über den örtlichen Verkehr hinausreicht,
2. landwirtschaftliche Nebenunternehmen mit einer Größe von mehr als fünf Hektar, Friedhöfe sowie Nebenunternehmen des Wein-, Garten- und Tabakbaus und anderer Spezialkulturen in einer Größe von mehr als 0,25 Hektar.

[2] Die Unfallversicherungsträger können eine abweichende Vereinbarung für bestimmte Arten von Nebenunternehmen oder für bestimmte in ihnen beschäftigte Versichertengruppen treffen.

§ 132 Zuständigkeit für Unfallversicherungsträger. Die Unfallversicherungsträger sind für sich und ihre eigenen Unternehmen zuständig.

§ 133 Zuständigkeit für Versicherte. (1) Sofern in diesem Abschnitt keine abweichenden Regelungen getroffen sind, bestimmt sich die Zuständigkeit für Versicherte nach der Zuständigkeit für das Unternehmen, für das die Versicherten tätig sind oder zu dem sie in einer besonderen, die Versicherung begründenden Beziehung stehen.

(2) Werden Versicherte einem Unternehmen von einem anderen Unternehmen überlassen, bestimmt sich die Zuständigkeit für die Versicherten nach der Zuständigkeit für das überlassende Unternehmen, sofern dieses zur Zahlung des Arbeitsentgelts verpflichtet ist.

§ 134 Zuständigkeit bei Berufskrankheiten. (1) [1] Wurde im Fall einer Berufskrankheit die gefährdende Tätigkeit für mehrere Unternehmen ausgeübt, für die verschiedene Unfallversicherungsträger zuständig sind, richtet sich die Zuständigkeit nach dem Unternehmen, in dem die gefährdende Tätigkeit zuletzt ausgeübt wurde; die Unfallversicherungsträger können Näheres, auch Abweichendes, durch Vereinbarung regeln. [2] Satz 1 gilt in den Fällen des § 3 der Berufskrankheiten-Verordnung entsprechend.

(2) Für die Feststellung einer Berufskrankheit sind auch Tätigkeiten zu berücksichtigen, die Versicherte im Rahmen einer Beschäftigung ausgeübt haben, für die nach § 4 Absatz 1 Versicherungsfreiheit bestand, wenn die Tätigkeiten ihrer Art nach geeignet waren, die Krankheit zu verursachen und die schädigende Einwirkung überwiegend durch die nach diesem Buch versicherten gefährdenden Tätigkeiten verursacht wurde.

5. Kapitel. Organisation §§ 135, 136 SGB VII

§ 135 Versicherung nach mehreren Vorschriften. (1) Die Versicherung nach § 2 Abs. 1 Nr. 1 geht einer Versicherung vor

1. nach § 2 Abs. 1 Nr. 2, wenn die Versicherten an der Aus- und Fortbildung auf Veranlassung des Unternehmers, bei dem sie beschäftigt sind, teilnehmen,
2. nach § 2 Abs. 1 Nr. 3, wenn die Maßnahmen auf Veranlassung des Unternehmers durchgeführt werden, bei dem die Versicherten beschäftigt sind,
3. nach § 2 Abs. 1 Nr. 8, es sei denn, es handelt sich um Schüler beim Besuch berufsbildender Schulen,
4. nach § 2 Abs. 1 Nr. 12, wenn die Versicherten an der Ausbildungsveranstaltung einschließlich der satzungsmäßigen Veranstaltung, die der Nachwuchsförderung dient, auf Veranlassung des Unternehmers, bei dem sie beschäftigt sind, teilnehmen,
5. nach § 2 Abs. 1 Nr. 13 Buchstabe a oder c, wenn die Hilfeleistung im Rahmen von Verpflichtungen aus dem Beschäftigungsverhältnis erfolgt,
5a. nach § 2 Absatz 1 Nummer 14 Buchstabe b, wenn die Versicherten an einer Maßnahme teilnehmen, die von dem Unternehmer durchgeführt wird, bei dem sie beschäftigt sind,
6. nach § 2 Abs. 1 Nr. 17,
7. nach § 2 Abs. 2.

(2) Die Versicherung als selbständig Tätige nach § 2 Abs. 1 Nr. 5, 6, 7 und 9 geht der Versicherung nach § 2 Abs. 1 Nr. 13 Buchstabe a oder c vor, es sei denn, die Hilfeleistung geht über eine dem eigenen Unternehmen dienende Tätigkeit hinaus.

(3) [1] Die Versicherung nach § 2 Abs. 1 Nr. 5, 9 und 10 geht der Versicherung nach § 2 Abs. 1 Nr. 17 vor. [2] Die Versicherung nach § 2 Abs. 1 Nr. 9 geht der Versicherung nach § 2 Abs. 1 Nr. 10 vor.

(4) Die Versicherung des im landwirtschaftlichen Unternehmen mitarbeitenden Ehegatten oder Lebenspartners nach § 2 Abs. 1 Nr. 5 Buchstabe a geht der Versicherung nach § 2 Abs. 1 Nr. 1 vor.

(4a) Die Versicherung nach § 2 Absatz 1 Nummer 13 Buchstabe d geht der Versicherung nach § 2 Absatz 1 Nummer 1 und 9 vor.

(5) Die Versicherung nach § 2 Abs. 1 Nr. 16 geht der Versicherung nach § 2 Abs. 1 Nr. 1 vor.

(5a) [1] Die Versicherung nach einer Vorschrift des § 2 Abs. 1 geht der Versicherung nach § 2 Abs. 1a vor. [2] Die Versicherung nach § 2 Abs. 1a geht der Versicherung nach § 2 Abs. 2 Satz 1 vor.

(6) Kann über die Absätze 1 bis 5 hinaus eine Tätigkeit zugleich nach mehreren Vorschriften des § 2 versichert sein, geht die Versicherung vor, der die Tätigkeit vorrangig zuzurechnen ist.

(7) [1] Absatz 6 gilt entsprechend bei versicherten Tätigkeiten nach § 2 und zugleich nach den §§ 3 und 6. [2] Die Versicherung nach § 2 Abs. 1 Nr. 9 geht der Versicherung nach § 6 Abs. 1 Nr. 3 vor.

§ 136 Bescheid über die Zuständigkeit, Begriff des Unternehmers.
(1) [1] Der Unfallversicherungsträger stellt Beginn und Ende seiner Zuständigkeit für ein Unternehmen durch schriftlichen Bescheid gegenüber dem Unter-

nehmer fest. ²Ein Unternehmen beginnt bereits mit den vorbereitenden Arbeiten für das Unternehmen. ³Bei in Eigenarbeit nicht gewerbsmäßig ausgeführten Bauarbeiten kann der Unfallversicherungsträger von der Feststellung seiner Zuständigkeit durch schriftlichen Bescheid absehen. ⁴War die Feststellung der Zuständigkeit für ein Unternehmen von Anfang an unrichtig oder ändert sich die Zuständigkeit für ein Unternehmen, überweist der Unfallversicherungsträger dieses dem zuständigen Unfallversicherungsträger. ⁵Die Überweisung erfolgt im Einvernehmen mit dem zuständigen Unfallversicherungsträger; sie ist dem Unternehmer von dem überweisenden Unfallversicherungsträger bekanntzugeben.

(2) ¹Die Feststellung der Zuständigkeit war von Anfang an unrichtig, wenn sie den Zuständigkeitsregelungen eindeutig widerspricht oder das Festhalten an dem Bescheid zu schwerwiegenden Unzuträglichkeiten führen würde. ²Eine wesentliche Änderung der tatsächlichen Verhältnisse im Sinne des § 48 Abs. 1 des Zehnten Buches[1]), die zu einer Änderung der Zuständigkeit führt, liegt vor, wenn das Unternehmen grundlegend und auf Dauer umgestaltet worden ist. ³Dies ist insbesondere dann der Fall, wenn der Zeitpunkt der Änderung der tatsächlichen Verhältnisse mehr als ein Jahr zurückliegt und seitdem keine der geänderten Zuständigkeit widersprechenden Veränderungen eingetreten sind oder wenn die Änderung der Zuständigkeit durch Zusammenführung, Aus- oder Eingliederung von abgrenzbaren Unternehmensbestandteilen bedingt ist. ⁴Eine Änderung gilt nicht als wesentlich, wenn ein Hilfsunternehmen im Sinne von § 131 Abs. 2 Satz 2 in eigener Rechtsform ausgegliedert wird, aber ausschließlich dem Unternehmen, dessen Bestandteil es ursprünglich war, dient. ⁵Satz 3 gilt nicht, wenn feststeht, dass die tatsächlichen Umstände, welche die Veränderung der Zuständigkeit begründen, innerhalb eines Zeitraums von zwei Jahren nach deren Eintritt entfallen. ⁶Stellt sich innerhalb eines Jahres nach Bestandskraft des Bescheides, mit dem erstmalig die Zuständigkeit für ein Unternehmen festgestellt wurde, heraus, dass die Zuständigkeit eines anderen Unfallversicherungsträgers gegeben ist, erfolgt eine Überweisung auch dann, wenn die weiteren Voraussetzungen in den Sätzen 1 bis 3 nicht erfüllt sind und kein Fall im Sinne des Satzes 5 vorliegt.

(3) Unternehmer ist

1. die natürliche oder juristische Person oder rechtsfähige Personenvereinigung oder -gemeinschaft, der das Ergebnis des Unternehmens unmittelbar zum Vor- oder Nachteil gereicht,
2. bei nach § 2 Abs. 1 Nr. 2 oder 15 versicherten Rehabilitanden der Rehabilitationsträger,
3. bei Versicherten nach § 2 Absatz 1 Nummer 2, 8 und 14 Buchstabe b der Sachkostenträger,
4. beim Betrieb eines Seeschiffs der Reeder,
5. bei nach § 2 Abs. 1 Nr. 10 Buchstabe a oder b Versicherten, die für eine privatrechtliche Organisation ehrenamtlich tätig werden oder an Ausbildungsveranstaltungen für diese Tätigkeit teilnehmen, die Gebietskörperschaft oder öffentlich-rechtliche Religionsgemeinschaft, in deren Auftrag oder mit deren Zustimmung die Tätigkeit erbracht wird,

---

[1]) Nr. **10**.

6. bei einem freiwilligen Dienst nach dem Jugendfreiwilligendienstegesetz oder einem Internationalen Jugendfreiwilligendienst nach § 2 Absatz 3 Satz 1 Nummer 2 Buchstabe c der zugelassene Träger oder, sofern eine Vereinbarung nach § 11 Abs. 2 des Jugendfreiwilligendienstegesetzes getroffen ist, die Einsatzstelle,

7. bei einem Dienst nach dem Bundesfreiwilligendienstgesetz die Einsatzstelle.

(4) Absatz 1 Satz 1 gilt nicht für Unfallversicherungsträger der öffentlichen Hand.

§ 137 Wirkung von Zuständigkeitsänderungen. (1) ¹Geht die Zuständigkeit für Unternehmen nach § 136 Abs. 1 Satz 4 von einem Unfallversicherungsträger auf einen anderen über, bleibt bis zum Ablauf des Kalenderjahres, in dem die Entscheidung über das Ende der Zuständigkeit des bisherigen Unfallversicherungsträgers gegenüber dem Unternehmen bindend wird, dieser Unfallversicherungsträger für das Unternehmen zuständig. ²Die Unfallversicherungsträger können Abweichendes vereinbaren.

(2) ¹Geht die Zuständigkeit für ein Unternehmen oder einen Unternehmensbestandteil von einem Unfallversicherungsträger auf einen anderen über, ist dieser auch hinsichtlich der Versicherungsfälle zuständig, die vor dem Zuständigkeitswechsel eingetreten sind; die Unfallversicherungsträger können Abweichendes vereinbaren. ²Satz 1 gilt nicht, wenn die Zuständigkeit für ein Unternehmen von der Zuständigkeit der Unfallversicherung Bund und Bahn nach § 125 Absatz 1 auf einen anderen Unfallversicherungsträger übergeht.

§ 138 Unterrichtung der Versicherten. Die Unternehmer haben die in ihren Unternehmen tätigen Versicherten darüber zu unterrichten, welcher Unfallversicherungsträger für das Unternehmen zuständig ist und an welchem Ort sich seine für Entschädigungen zuständige Geschäftsstelle befindet.

§ 139 Vorläufige Zuständigkeit. (1) Ist ein Unfallversicherungsträger der Ansicht, daß ein entschädigungspflichtiger Versicherungsfall vorliegt, für den ein anderer Unfallversicherungsträger zuständig ist, hat er vorläufige Leistungen nach § 43 des Ersten Buches[1] zu erbringen, wenn der andere Unfallversicherungsträger sich nicht für zuständig hält oder die Prüfung der Zuständigkeit nicht innerhalb von 21 Tagen abgeschlossen werden kann.

(2) ¹Wird einem Unfallversicherungsträger ein Versicherungsfall angezeigt, für den nach seiner Ansicht ein anderer Unfallversicherungsträger zuständig ist, hat er die Anzeige mit etwaigen weiteren Feststellungen an den anderen Unfallversicherungsträger unverzüglich abzugeben. ²Hält der andere Unfallversicherungsträger sich nicht für zuständig oder kann die Zuständigkeit nicht innerhalb von 21 Tagen abschließend geklärt werden, hat der erstangegangene Unfallversicherungsträger die weiteren Feststellungen zu treffen und erforderliche Leistungen nach § 43 des Ersten Buches zu erbringen.

(3) Der von dem erstangegangenen Unfallversicherungsträger angegangene Unfallversicherungsträger hat diesem unverzüglich seine Entscheidung nach den Absätzen 1 und 2 mitzuteilen.

---

[1] Nr. 1.

(4) Die Unfallversicherungsträger sind berechtigt, eine abweichende Vereinbarung über die Zuständigkeit zur Erbringung vorläufiger Leistungen nach Absatz 1 und zur Durchführung der weiteren Feststellungen nach Absatz 2 zu treffen.

§ 139a Deutsche Verbindungsstelle Unfallversicherung – Ausland.
(1) Die Deutsche Gesetzliche Unfallversicherung e.V. nimmt die Aufgaben

1. der Deutschen Verbindungsstelle Unfallversicherung – Ausland (Verbindungsstelle) auf der Grundlage des über- und zwischenstaatlichen Rechts sowie

2. des Trägers des Wohn- und Aufenthaltsorts aufgrund überstaatlichen Rechts für den Bereich der Unfallversicherung

wahr.

(2) Zu den Aufgaben nach Absatz 1 gehören insbesondere

1. der Abschluss von Vereinbarungen mit ausländischen Verbindungsstellen,

2. die Kostenabrechnungen mit in- und ausländischen Stellen,

3. die Koordinierung der Verwaltungshilfe bei grenzüberschreitenden Sachverhalten,

4. die Information, Beratung und Aufklärung sowie

5. die Umlagerechnung.

(3) [1] Die Verbindungsstelle legt die ihr durch die Erfüllung ihrer Aufgaben entstandenen Sach- und Personalkosten nach Ablauf eines Kalenderjahres auf alle deutschen Träger der gesetzlichen Unfallversicherung um. [2] Auf die Umlage kann sie Vorschüsse einfordern.

Dritter Abschnitt. Weitere Versicherungseinrichtungen

§ 140 Haftpflicht- und Auslandsversicherung. (1) Die landwirtschaftliche Berufsgenossenschaft kann für diejenigen Unternehmer und die ihnen in der Haftpflicht Gleichstehenden, deren Betriebssitz sich im örtlichen und sachlichen Zuständigkeitsbereich einer am 31. Dezember 2012 bestehenden landwirtschaftlichen Berufsgenossenschaft befindet, die bis zu diesem Zeitpunkt eine Versicherung gegen Haftpflicht nach den an diesem Tag geltenden Vorschriften betrieben hat, diese Versicherung weiter betreiben.

(2) Die Unfallversicherungsträger können durch Beschluß der Vertreterversammlung eine Versicherung gegen Unfälle einrichten, die Personen im Zusammenhang mit einer Beschäftigung bei einem inländischen Unternehmen im Ausland erleiden, wenn diese Personen nicht bereits Versicherte im Sinne dieses Buches sind.

(3) [1] Die Teilnahme an der Versicherung erfolgt auf Antrag der Unternehmer. [2] Die Mittel der Versicherung werden von den Unternehmern aufgebracht, die der Versicherung angeschlossen sind. [3] Die Beschlüsse der Vertreterversammlung, die sich auf die Einrichtungen beziehen, bedürfen der Genehmigung der Aufsichtsbehörde.

§ 141 Träger der Versicherungseinrichtungen, Aufsicht. (1) [1] Träger der Haftpflicht- und Auslandsversicherung ist der Unfallversicherungsträger. [2] Die

Aufsicht mit Ausnahme der Fachaufsicht führt die für den Unfallversicherungsträger zuständige Aufsichtsbehörde.

(2) ¹Der Unfallversicherungsträger kann die Haftpflicht- und Auslandsversicherung auch in Form einer rechtsfähigen Anstalt des öffentlichen Rechts betreiben. ²Er kann seine Rechtsträgerschaft auf eine andere öffentlich-rechtliche Einrichtung übertragen.

§ 142 Gemeinsame Einrichtungen. (1) Unfallversicherungsträger, die dieselbe Aufsichtsbehörde haben, können vereinbaren, gemeinsame Einrichtungen der Auslandsversicherung zu errichten.

(2) ¹Die Vereinbarung wird mit Beginn eines Kalenderjahres wirksam. ²Die Beschlüsse der Vertreterversammlungen über die Vereinbarung bedürfen der Genehmigung der Aufsichtsbehörde.

§ 143 *(aufgehoben)*

Abschnitt 3a. *(aufgehoben)*

§§ 143a–143i *(aufgehoben)*

Vierter Abschnitt. Dienstrecht

§ 144 Dienstordnung. ¹Die Vertreterversammlung des Unfallversicherungsträgers hat die Ein- und Anstellungsbedingungen und die Rechtsverhältnisse der Angestellten unter Berücksichtigung des Grundsatzes der funktionsgerechten Stellenbewertung durch eine Dienstordnung angemessen zu regeln, soweit nicht die Angestellten nach Tarifvertrag oder außertariflich angestellt werden. ²Dies gilt nicht für Unfallversicherungsträger mit Dienstherrnfähigkeit im Sinne des § 2 des Bundesbeamtengesetzes oder des § 2 des Beamtenstatusgesetzes.

§ 145 Regelungen in der Dienstordnung. ¹Die Dienstordnung hat die Folgen der Nichterfüllung von Pflichten und die Zuständigkeit für deren Festsetzung zu regeln. ²Weitergehende Rechtsnachteile, als sie das Disziplinarrecht für Beamte zuläßt, dürfen nicht vorgesehen werden.

§ 146 Verletzung der Dienstordnung. (1) ¹Widerspricht ein Dienstvertrag der Dienstordnung, ist er insoweit nichtig. ²Dies gilt nicht, wenn der Widerspruch zwischen Dienstvertrag und Dienstordnung auf einer nach Abschluß der Vertrages in Kraft getretenen Änderung der Dienstordnung zum Nachteil des Angestellten beruht.

§ 147 Aufstellung und Änderung der Dienstordnung. (1) Vor Aufstellung der Dienstordnung hat der Vorstand des Unfallversicherungsträgers die Personalvertretung zu hören.

(2) Die Dienstordnung bedarf der Genehmigung der Aufsichtsbehörde.

(3) Wird die Genehmigung versagt und wird in der festgesetzten Frist eine andere Dienstordnung nicht aufgestellt oder wird sie nicht genehmigt, erläßt die Aufsichtsbehörde die Dienstordnung.

(4) Die Absätze 1 bis 3 gelten für Änderungen der Dienstordnung entsprechend.

§ 147a Dienstbezüge der Geschäftsführer der gewerblichen Berufsgenossenschaften und der Sozialversicherung für Landwirtschaft, Forsten und Gartenbau. (1) Die Dienstbezüge im Dienstordnungsverhältnis oder die vertraglich zu vereinbarende Vergütung der Geschäftsführerinnen oder der Geschäftsführer oder der Vorsitzenden der Geschäftsführung der gewerblichen Berufsgenossenschaften dürfen die Dienstbezüge der folgenden Besoldungsgruppen nicht übersteigen:

Gewerbliche Berufsgenossenschaft	Höchstgrenze
1. Berufsgenossenschaft Verkehrswirtschaft Post-Logistik Telekommunikation	Besoldungsgruppe B 6
2. Berufsgenossenschaft Energie Textil Elektro Medienerzeugnisse	Besoldungsgruppe B 7
3. Berufsgenossenschaft Handel und Warendistribution	Besoldungsgruppe B 7
4. Berufsgenossenschaft Nahrungsmittel und Gastgewerbe	Besoldungsgruppe B 7
5. Berufsgenossenschaft Rohstoffe und chemische Industrie	Besoldungsgruppe B 7
6. Berufsgenossenschaft für Gesundheitsdienst und Wohlfahrtspflege	Besoldungsgruppe B 8
7. Berufsgenossenschaft der Bauwirtschaft	Besoldungsgruppe B 8
8. Berufsgenossenschaft Holz und Metall	Besoldungsgruppe B 8
9. Verwaltungs-Berufsgenossenschaft	Besoldungsgruppe B 8

(2) Für die Geschäftsführerin oder den Geschäftsführer oder die Vorsitzende oder den Vorsitzenden der Geschäftsführung der Sozialversicherung für Landwirtschaft, Forsten und Gartenbau ist die Besoldungsgruppe B 7 die Besoldungshöchstgrenze.

(3) Die stellvertretende Geschäftsführerin oder der stellvertretende Geschäftsführer, die Mitglieder einer Geschäftsführung sowie die leitende technische Aufsichtsperson sind jeweils mindestens eine Besoldungsgruppe niedriger einzustufen als die Geschäftsführerin oder der Geschäftsführer oder die Vorsitzende oder der Vorsitzende einer Geschäftsführung.

(4) Für vertraglich zu vereinbarende Vergütungen im Sinne des Absatzes 1 ist die Obergrenze das jeweilige Grundgehalt zuzüglich des Familienzuschlags der Stufe 2.

§ 148 Dienstrechtliche Vorschriften für die Unfallversicherung Bund und Bahn.
(1) ¹Die Unfallversicherung Bund und Bahn besitzt Dienstherrnfähigkeit im Sinne des § 2 des Bundesbeamtengesetzes. ²Die Beamten sind Bundesbeamte. ³Für die Arbeitnehmer und Auszubildenden gelten die Bestimmungen für Arbeitnehmer und Auszubildende des Bundes.

(2) ¹Das Bundesministerium für Arbeit und Soziales ernennt und entlässt auf Vorschlag des Vorstandes der Unfallversicherung Bund und Bahn die Beamten. ²Es kann seine Befugnis auf den Vorstand übertragen mit dem Recht, diese Befugnis ganz oder teilweise auf den Geschäftsführer weiter zu übertragen.

(3) Oberste Dienstbehörde für den Geschäftsführer und seinen Stellvertreter ist das Bundesministerium für Arbeit und Soziales, für die übrigen Beamten der Vorstand der Unfallversicherung Bund und Bahn, der seine Befugnisse ganz oder teilweise auf den Geschäftsführer übertragen kann.

§ 149 *(aufgehoben)*

Sechstes Kapitel. Aufbringung der Mittel

Erster Abschnitt. Allgemeine Vorschriften

Erster Unterabschnitt. Beitragspflicht

§ 150 Beitragspflichtige.
(1) ¹Beitragspflichtig sind die Unternehmer, für deren Unternehmen Versicherte tätig sind oder zu denen Versicherte in einer besonderen, die Versicherung begründenden Beziehung stehen. ²Die nach § 2 versicherten Unternehmer sowie die nach § 3 Abs. 1 Nr. 1 und § 6 Abs. 1 Versicherten sind selbst beitragspflichtig. ³Für Versicherte nach § 6 Absatz 1 Satz 2 ist die jeweilige Organisation oder der jeweilige Verband beitragspflichtig. ⁴Entsprechendes gilt in den Fällen des § 6 Absatz 1 Satz 3.

(2) ¹Neben den Unternehmern sind beitragspflichtig

1. die Auftraggeber, soweit sie Zwischenmeistern und Hausgewerbetreibenden zur Zahlung von Entgelt verpflichtet sind,
2. die Reeder, soweit beim Betrieb von Seeschiffen andere Unternehmer sind oder auf Seeschiffen durch andere ein Unternehmen betrieben wird.

²Die in Satz 1 Nr. 1 und 2 Genannten sowie die in § 130 Abs. 2 Satz 1 und Abs. 3 genannten Bevollmächtigten haften mit den Unternehmern als Gesamtschuldner.

(3) ¹Für die Beitragshaftung bei der Arbeitnehmerüberlassung gilt § 28e Abs. 2 und 4 des Vierten Buches[1] und für die Beitragshaftung bei der Ausführung eines Dienst- oder Werkvertrages im Baugewerbe gelten § 28e Absatz 3a bis 3f sowie § 116a des Vierten Buches entsprechend. ²Der Nachunternehmer oder der von diesem beauftragte Verleiher hat für den Nachweis nach § 28e Absatz 3f des Vierten Buches eine qualifizierte Unbedenklichkeitsbescheinigung des zuständigen Unfallversicherungsträgers vorzulegen; diese enthält insbesondere Angaben über die bei dem Unfallversicherungsträger eingetragenen Unternehmensteile und diesen zugehörigen Lohnsummen des

---

[1] Nr. 4.

Nachunternehmers oder des von diesem beauftragten Verleihers sowie die ordnungsgemäße Zahlung der Beiträge.

(4) Bei einem Wechsel der Person des Unternehmers sind der bisherige Unternehmer und sein Nachfolger bis zum Ablauf des Kalenderjahres, in dem der Wechsel angezeigt wurde, zur Zahlung der Beiträge und damit zusammenhängender Leistungen als Gesamtschuldner verpflichtet.

§ 151 Beitragserhebung bei überbetrieblichen arbeitsmedizinischen und sicherheitstechnischen Diensten. [1] Die Mittel für die Einrichtungen nach § 24 werden von den Unternehmern aufgebracht, die diesen Einrichtungen angeschlossen sind. [2] Die Satzung bestimmt das Nähere über den Maßstab, nach dem die Mittel aufzubringen sind, und über die Fälligkeit.

Zweiter Unterabschnitt. Beitragshöhe

§ 152 Umlage. (1) [1] Die Beiträge werden nach Ablauf des Kalenderjahres, in dem die Beitragsansprüche dem Grunde nach entstanden sind, im Wege der Umlage festgesetzt. [2] Die Umlage muß den Bedarf des abgelaufenen Kalenderjahres einschließlich der zur Ansammlung der Rücklage sowie des Verwaltungsvermögens nötigen Beträge decken. [3] Darüber hinaus dürfen Beiträge nur zur Zuführung zu den Betriebsmitteln erhoben werden.

(2) Abweichend von Absatz 1 werden die Beiträge für in Eigenarbeit nicht gewerbsmäßig ausgeführte Bauarbeiten (nicht gewerbsmäßige Bauarbeiten) außerhalb der Umlage erhoben.

(3) Die Satzung kann bestimmen, dass die Aufwendungen für Versicherte, die im Sinne des § 2 Absatz 1 Nummer 9 zweite Alternative unentgeltlich, insbesondere ehrenamtlich in der Wohlfahrtspflege tätig sind, außerhalb der Umlage nach Absatz 1 auf die Unternehmen und Einrichtungen der Wohlfahrtspflege umgelegt werden.

§ 153 Berechnungsgrundlagen. (1) Berechnungsgrundlagen für die Beiträge sind, soweit sich aus den nachfolgenden Vorschriften nicht etwas anderes ergibt, der Finanzbedarf (Umlagesoll), die Arbeitsentgelte der Versicherten und die Gefahrklassen.

(2) Das Arbeitsentgelt der Versicherten wird bis zur Höhe des Höchstjahresarbeitsverdienstes zugrunde gelegt.

(3) [1] Die Satzung kann bestimmen, daß der Beitragsberechnung mindestens das Arbeitsentgelt in Höhe des Mindestjahresarbeitsverdienstes für Versicherte, die das 18. Lebensjahr vollendet haben, zugrunde gelegt wird. [2] Waren die Versicherten nicht während des ganzen Kalenderjahres oder nicht ganztägig beschäftigt, wird ein entsprechender Teil dieses Betrages zugrunde gelegt.

(4) [1] Soweit Rentenlasten nach § 178 Abs. 2 und 3 gemeinsam getragen werden, bleiben bei der Beitragsberechnung Unternehmen nach § 180 Abs. 2 außer Betracht. [2] Soweit Rentenlasten nach § 178 Abs. 2 Nr. 2 und Abs. 3 Nr. 2 gemeinsam getragen werden, werden sie auf die Unternehmen ausschließlich nach den Arbeitsentgelten der Versicherten in den Unternehmen unter Berücksichtigung des Freibetrages nach § 180 Abs. 1 umgelegt.

§ 154 Berechnungsgrundlagen in besonderen Fällen. (1) [1] Berechnungsgrundlage für die Beiträge der kraft Gesetzes versicherten selbständig Tätigen, der kraft Satzung versicherten Unternehmer, Ehegatten und Lebenspartner und der freiwillig Versicherten nach § 6 Abs. 1 Nr. 1 und 2 ist anstelle der Arbeitsentgelte der kraft Satzung bestimmte Jahresarbeitsverdienst (Versicherungssumme). ² Beginnt oder endet die Versicherung im Laufe eines Kalenderjahres, wird der Beitragsberechnung nur ein entsprechender Teil des Jahresarbeitsverdienstes zugrunde gelegt. ³ Für die Berechnung der Beiträge der freiwillig Versicherten nach § 6 Abs. 1 Nr. 3 und 4 gilt § 155 entsprechend. ⁴ Die Beiträge werden für volle Monate erhoben.

(2) ¹ Soweit bei der Berufsgenossenschaft Verkehrswirtschaft Post-Logistik Telekommunikation für das Arbeitsentgelt oder das Arbeitseinkommen Durchschnittssätze gelten, sind diese maßgebend. ² Die Satzung der Berufsgenossenschaft Verkehrswirtschaft Post-Logistik Telekommunikation kann bestimmen, daß der Beitragsberechnung der Jahresarbeitsverdienst von Versicherten, die nicht als Besatzungsmitglied tätig sind, nur zum Teil zugrunde gelegt wird.

(3) Berechnungsgrundlagen für die Beiträge sind in den Fällen des § 152 Absatz 3 der für diesen Personenkreis erforderliche Finanzbedarf und das Arbeitsentgelt der Versicherten der Unternehmen und Einrichtungen der Wohlfahrtspflege.

§ 155 Beiträge nach der Zahl der Versicherten. ¹ Die Satzung kann bestimmen, daß die Beiträge nicht nach Arbeitsentgelten, sondern nach der Zahl der Versicherten unter Berücksichtigung der Gefährdungsrisiken berechnet werden. ² Grundlage für die Ermittlung der Gefährdungsrisiken sind die Leistungsaufwendungen. ³ § 157 Abs. 5 und § 158 Abs. 2 gelten entsprechend.

§ 156 Beiträge nach einem auf Arbeitsstunden aufgeteilten Arbeitsentgelt. Die Satzung kann bestimmen, daß das für die Berechnung der Beiträge maßgebende Arbeitsentgelt nach der Zahl der geleisteten Arbeitsstunden oder den für die jeweiligen Arbeiten nach allgemeinen Erfahrungswerten durchschnittlich aufzuwendenden Arbeitsstunden berechnet wird; als Entgelt für die Arbeitsstunde kann höchstens der 2100. Teil der Bezugsgröße bestimmt werden.

§ 157 Gefahrtarif. (1) ¹ Der Unfallversicherungsträger setzt als autonomes Recht einen Gefahrtarif fest. ² In dem Gefahrtarif sind zur Abstufung der Beiträge Gefahrklassen festzustellen. ³ Für die in § 121 Abs. 2 genannten Unternehmen der Seefahrt kann die Berufsgenossenschaft Verkehrswirtschaft Post-Logistik Telekommunikation Gefahrklassen feststellen.

(2) ¹ Der Gefahrtarif wird nach Tarifstellen gegliedert, in denen Gefahrengemeinschaften nach Gefährdungsrisiken unter Berücksichtigung eines versicherungsmäßigen Risikoausgleichs gebildet werden. ² Für nicht gewerbsmäßige Bauarbeiten kann eine Tarifstelle mit einer Gefahrklasse vorgesehen werden.

(3) Die Gefahrklassen werden aus dem Verhältnis der gezahlten Leistungen zu den Arbeitsentgelten berechnet.

(4) ¹ Der Gefahrtarif hat eine Bestimmung über die Festsetzung der Gefahrklassen oder die Berechnung der Beiträge für fremdartige Nebenunternehmen vorzusehen. ² Die Berechnungsgrundlagen des Unfallversicherungsträgers, dem die Nebenunternehmen als Hauptunternehmen angehören würden, sind dabei zu beachten.

(5) Der Gefahrtarif hat eine Geltungsdauer von höchstens sechs Kalenderjahren.

§ 158 Genehmigung. (1) Der Gefahrtarif und jede Änderung bedürfen der Genehmigung der Aufsichtsbehörde.

(2) ¹ Der Unfallversicherungsträger hat spätestens drei Monate vor Ablauf der Geltungsdauer des Gefahrtarifs der Aufsichtsbehörde beabsichtigte Änderungen mitzuteilen. ² Wird der Gefahrtarif in einer von der Aufsichtsbehörde gesetzten Frist nicht aufgestellt oder wird er nicht genehmigt, stellt ihn die Aufsichtsbehörde auf. ³ § 89 des Vierten Buches[1]) gilt.

§ 159 Veranlagung der Unternehmen zu den Gefahrklassen. (1) ¹ Der Unfallversicherungsträger veranlagt die Unternehmen für die Tarifzeit nach dem Gefahrtarif zu den Gefahrklassen. ² Satz 1 gilt nicht für nicht gewerbsmäßige Bauarbeiten.

(2) ¹ Für die Auskunftspflicht der Unternehmer gilt § 98 des Zehnten Buches[2]) entsprechend mit der Maßgabe, dass sich die Auskunfts- und Vorlagepflicht der Unternehmer auch auf Angaben und Unterlagen über die betrieblichen Verhältnisse erstreckt, die für die Veranlagung der Unternehmen zu den Gefahrklassen erforderlich sind. ² Soweit die Unternehmer ihrer Auskunftspflicht nicht nachkommen, nimmt der Unfallversicherungsträger die Veranlagung nach eigener Einschätzung der betrieblichen Verhältnisse vor.

§ 160 Änderung der Veranlagung. (1) Treten in den Unternehmen Änderungen ein, hebt der Unfallversicherungsträger den Veranlagungsbescheid mit Beginn des Monats auf, der der Änderungsmitteilung durch die Unternehmer folgt.

(2) Ein Veranlagungsbescheid wird mit Wirkung für die Vergangenheit aufgehoben, soweit

1. die Veranlagung zu einer zu niedrigen Gefahrklasse geführt hat oder eine zu niedrige Gefahrklasse beibehalten worden ist, weil die Unternehmer ihren Mitteilungspflichten nicht oder nicht rechtzeitig nachgekommen sind oder ihre Angaben in wesentlicher Hinsicht unrichtig oder unvollständig waren,
2. die Veranlagung zu einer zu hohen Gefahrklasse von den Unternehmern nicht zu vertreten ist.

(3) In allen übrigen Fällen wird ein Veranlagungsbescheid mit Beginn des Monats, der der Bekanntgabe des Änderungsbescheides folgt, aufgehoben.

§ 161 Mindestbeitrag. Die Satzung kann bestimmen, daß ein einheitlicher Mindestbeitrag erhoben wird.

§ 162 Zuschläge, Nachlässe, Prämien. (1) ¹ Die gewerblichen Berufsgenossenschaften haben unter Berücksichtigung der anzuzeigenden Versicherungsfälle Zuschläge aufzuerlegen oder Nachlässe zu bewilligen. ² Versicherungsfälle nach § 8 Abs. 2 Nr. 1 bis 4 bleiben dabei außer Ansatz. ³ Das Nähere bestimmt die Satzung; dabei kann sie Versicherungsfälle, die durch höhere

---

[1]) Nr. **4**.
[2]) Nr. **10**.

Gewalt oder durch alleiniges Verschulden nicht zum Unternehmen gehörender Personen eintreten, und Versicherungsfälle auf Betriebswegen sowie Berufskrankheiten ausnehmen. [4] Die Höhe der Zuschläge und Nachlässe richtet sich nach der Zahl, der Schwere oder den Aufwendungen für die Versicherungsfälle oder nach mehreren dieser Merkmale. [5] Die Satzung kann bestimmen, dass auch die nicht anzeigepflichtigen Versicherungsfälle für die Berechnung von Zuschlägen oder Nachlässen berücksichtigt werden. [6] Die Sätze 1 bis 5 gelten auch für den Zuständigkeitsbereich der Unfallversicherung Bund und Bahn nach § 125 Absatz 2. [7] Die landwirtschaftliche Berufsgenossenschaft kann durch Satzung bestimmen, daß entsprechend den Sätzen 1 bis 5 Zuschläge auferlegt oder Nachlässe bewilligt werden.

(2) [1] Die Unfallversicherungsträger können unter Berücksichtigung der Wirksamkeit der von den Unternehmern getroffenen Maßnahmen zur Verhütung von Arbeitsunfällen und Berufskrankheiten und für die Verhütung von arbeitsbedingten Gesundheitsgefahren Prämien gewähren. [2] Dabei sollen sie auch die in Inklusionsvereinbarungen (§ 166 des Neunten Buches) getroffenen Maßnahmen der betrieblichen Prävention (§ 167 des Neunten Buches) berücksichtigen.

(3) Die Absätze 1 und 2 gelten nicht für nicht gewerbsmäßige Bauarbeiten.

§ 163 Beitragszuschüsse für Küstenfischer.

(1) [1] Für die Unternehmen der Küstenfischerei, deren Unternehmer nach § 2 Abs. 1 Nr. 7 versichert sind, haben die Länder mit Küstenbezirken im voraus bemessene Zuschüsse zu den Beiträgen zu leisten; die Höhe der Zuschüsse stellt das Bundesversicherungsamt im Benehmen mit den obersten Verwaltungsbehörden der Länder mit Küstenbezirken jährlich fest. [2] Die Zuschüsse sind für jedes Land entsprechend der Höhe des Jahresarbeitsverdienstes der in diesen Unternehmen tätigen Versicherten unter Heranziehung des Haushaltsvoranschlages der Berufsgenossenschaft Verkehrswirtschaft Post-Logistik Telekommunikation festzustellen.

(2) Die Länder können die Beitragszuschüsse auf die Gemeinden oder Gemeindeverbände entsprechend der Höhe des Jahresarbeitsverdienstes der Versicherten in Unternehmen der Küstenfischerei, die in ihrem Bezirk tätig sind, verteilen.

(3) Küstenfischerei im Sinne des Absatzes 1 ist
1. der Betrieb mit Hochseekuttern bis zu 250 Kubikmetern Rauminhalt, Küstenkuttern, Fischerbooten und ähnlichen Fahrzeugen,
2. die Fischerei ohne Fahrzeug auf den in § 121 Abs. 3 Nr. 1 bis 3 genannten Gewässern.

Dritter Unterabschnitt. Vorschüsse und Sicherheitsleistungen

§ 164 Beitragsvorschüsse und Sicherheitsleistungen.

(1) Zur Sicherung des Beitragsaufkommens können die Unfallversicherungsträger Vorschüsse bis zur Höhe des voraussichtlichen Jahresbedarfs erheben.

(2) [1] Die Unfallversicherungsträger können bei einem Wechsel der Person des Unternehmers oder bei Einstellung des Unternehmens eine Beitragsabfindung oder auf Antrag eine Sicherheitsleistung festsetzen. [2] Das Nähere bestimmt die Satzung.

Vierter Unterabschnitt. Umlageverfahren

§ 165 Nachweise. (1) ¹Die Unternehmer haben nach Ablauf eines Kalenderjahres die Arbeitsentgelte der Versicherten und die geleisteten Arbeitsstunden mit dem Lohnnachweis nach § 99 des Vierten Buches[1]) zu melden. ²Soweit Beiträge für Beschäftigte erhoben werden, bei denen sich die Höhe des Beitrages nach den §§ 155, 156 und 185 Absatz 2 und 4 nicht nach den Arbeitsentgelten richtet, hat der Unternehmer die zur Berechnung der Umlage durch Satzung festgelegten Angaben nach § 99 des Vierten Buches zu melden. ³Soweit Beiträge für sonstige, nicht nach § 2 Absatz 1 Nummer 1 Versicherte nicht nach den Arbeitsentgelten erhoben werden, werden die vom Unternehmer zur Berechnung der Umlage zu meldenden Angaben sowie das Verfahren durch Satzung bestimmt.

(2) ¹Die Unternehmer nicht gewerbsmäßiger Bauarbeiten haben zur Berechnung der Beiträge einen Nachweis über die sich aus der Satzung ergebenden Berechnungsgrundlagen in der vom Unfallversicherungsträger geforderten Frist einzureichen. ²Der Unfallversicherungsträger kann für den Nachweis nach Satz 1 eine bestimmte Form vorschreiben.

(3) Soweit die Unternehmer die Angaben nicht, nicht rechtzeitig, falsch oder unvollständig machen, kann der Unfallversicherungsträger eine Schätzung vornehmen.

(4) ¹Die Unternehmer haben über die den Angaben nach den Absätzen 1 und 2 zugrunde liegenden Tatsachen Aufzeichnungen zu führen; bei der Ausführung eines Dienst- oder Werkvertrages im Baugewerbe hat der Unternehmer jeweils gesonderte Aufzeichnungen so zu führen, dass eine Zuordnung der Arbeitnehmer, der Arbeitsentgelte und der geleisteten Arbeitsstunden der Versicherten zu dem jeweiligen Dienst- oder Werkvertrag gewährleistet ist. ²Die Aufzeichnungen sind mindestens fünf Jahre lang aufzubewahren.

§ 166 Auskunftspflicht der Unternehmer und Beitragsüberwachung.

(1) Für die Auskunftspflicht der Unternehmer und die Beitragsüberwachung gelten § 98 des Zehnten Buches[2]), § 28p des Vierten Buches[1]) und die Beitragsverfahrensverordnung, entsprechend mit der Maßgabe, daß sich die Auskunfts- und Vorlagepflicht der Unternehmer und die Prüfungs- und Überwachungsbefugnis der Unfallversicherungsträger auch auf Angaben und Unterlagen über die betrieblichen Verhältnisse erstreckt, die für die Veranlagung der Unternehmen und für die Zuordnung der Entgelte der Versicherten zu den Gefahrklassen erforderlich sind.

(2) ¹Die Prüfung nach Absatz 1 bei den Arbeitgebern wird von den Trägern der Rentenversicherung im Auftrag der Unfallversicherung im Rahmen ihrer Prüfung nach § 28p des Vierten Buches durchgeführt. ²Unternehmen, bei denen der für das vorvergangene Jahr vor der Prüfung nach § 168 Absatz 1 festgestellte Beitrag einen Betrag in Höhe von 1,5 Prozent der Bezugsgröße nicht überstiegen hat, sind dabei bis auf eine durch den Unfallversicherungsträger festzulegende Stichprobe von der Prüfung ausgenommen. ³Satz 1 gilt nicht,

---
[1]) Nr. 4.
[2]) Nr. 10.

6. Kapitel. Aufbringung der Mittel   **§§ 167, 168   SGB VII 7**

1. soweit sich die Höhe des Beitrages nach den §§ 155, 156, 185 Absatz 2 oder Absatz 4 nicht nach den Arbeitsentgelten richtet,
2. wenn der Unfallversicherungsträger das Ende seiner Zuständigkeit für das Unternehmen durch einen Bescheid nach § 136 Absatz 1 festgestellt hat.

[4] Unternehmer, bei denen keine Prüfung nach § 28p des Vierten Buches durchzuführen ist, prüfen die Unfallversicherungsträger; hierfür bestimmen sie die Prüfungsabstände. [5] Die Unfallversicherungsträger können die Prüfung nach Absatz 1 selbst durchführen, wenn Anhaltspunkte vorliegen, dass der Unternehmer Arbeitsentgelte nicht oder nicht zur richtigen Gefahrklasse gemeldet hat. [6] Der für die Prüfung zuständige Rentenversicherungsträger ist über den Beginn und über das Ergebnis der Prüfung zu informieren.

(3) [1] Das Nähere über die Größe der Stichprobe nach Absatz 2 Satz 2 sowie über Art, Umfang und Zeitpunkt der Übermittlung der Angaben über die von der Prüfung ausgenommenen Unternehmen regeln die Deutsche Gesetzliche Unfallversicherung e.V. und die Deutsche Rentenversicherung Bund in einer Vereinbarung. [2] Die Träger der Rentenversicherung erhalten für die Beitragsüberwachung von den Trägern der Unfallversicherung eine pauschale Vergütung, mit der alle dadurch entstehenden Kosten abgegolten werden. [3] Die Höhe wird regelmäßig durch Vereinbarung zwischen der Deutschen Gesetzlichen Unfallversicherung e.V. und der Deutschen Rentenversicherung Bund festgesetzt. [4] Die Deutsche Gesetzliche Unfallversicherung e.V. prüft bei den Trägern der Rentenversicherung deren Aufgabenerfüllung nach Absatz 2 Satz 1.

§ 167 Beitragsberechnung. (1) Der Beitrag ergibt sich aus den zu berücksichtigenden Arbeitsentgelten, den Gefahrklassen und dem Beitragsfuß.

(2) [1] Der Beitragsfuß wird durch Division des Umlagesolls durch die Beitragseinheiten (Arbeitsentgelte × Gefahrenklassen) berechnet. [2] Beitragseinheiten der Unternehmen nicht gewerbsmäßiger Bauarbeiten werden nicht berücksichtigt; für diese Unternehmen wird der Beitrag nach dem Beitragsfuß des letzten Umlagejahres berechnet.

(3) Die Einzelheiten der Beitragsberechnung bestimmt die Satzung.

§ 168 Beitragsbescheid. (1) Der Unfallversicherungsträger teilt den Beitragspflichtigen den von ihnen zu zahlenden Beitrag schriftlich mit.

(2) [1] Der Beitragsbescheid ist mit Wirkung für die Vergangenheit zuungunsten der Beitragspflichtigen nur dann aufzuheben, wenn

1. die Veranlagung des Unternehmens zu den Gefahrklassen nachträglich geändert wird,
2. die Meldung nach § 165 Absatz 1 unrichtige Angaben enthält oder sich die Schätzung als unrichtig erweist.

[2] Wird der Beitragsbescheid aufgrund der Feststellungen einer Prüfung nach § 166 Abs. 2 aufgehoben, bedarf es nicht einer Anhörung durch den Unfallversicherungsträger nach § 24 des Zehnten Buches[1]), soweit die für die Aufhebung erheblichen Tatsachen in der Prüfung festgestellt worden sind und der

---

[1]) Nr. 10.

Arbeitgeber Gelegenheit hatte, gegenüber dem Rentenversicherungsträger hierzu Stellung zu nehmen.

(3) Die Satzung kann bestimmen, daß die Unternehmer ihren Beitrag selbst zu errechnen haben; sie regelt das Verfahren sowie die Fälligkeit des Beitrages.

(4) Für Unternehmen nicht gewerbsmäßiger Bauarbeiten wird der Beitrag festgestellt, sobald der Anspruch entstanden und der Höhe nach bekannt ist.

§ 169 *(aufgehoben)*

§ 170 Beitragszahlung an einen anderen Unfallversicherungsträger.
[1] Soweit das Arbeitsentgelt bereits in dem Lohnnachweis für einen anderen Unfallversicherungsträger enthalten ist und die Beiträge, die auf dieses Arbeitsentgelt entfallen, an diesen Unfallversicherungsträger gezahlt sind, besteht bis zur Höhe der gezahlten Beiträge ein Anspruch auf Zahlung von Beiträgen nicht. [2] Die Unfallversicherungsträger stellen untereinander fest, wem der gezahlte Beitrag zusteht.

Fünfter Unterabschnitt. Betriebsmittel, Rücklage und Verwaltungsvermögen

§ 171 Mittel der Unfallversicherungsträger.
Die Mittel der Unfallversicherungsträger umfassen die Betriebsmittel, die Rücklage und das Verwaltungsvermögen.

§ 172 Betriebsmittel.
(1) Betriebsmittel dürfen nur verwendet werden
1. für Aufgaben, die gesetzlich oder durch die Satzung vorgesehen sind, sowie für die Verwaltungskosten,
2. zur Auffüllung der Rücklage und zur Bildung von Verwaltungsvermögen.

(2) [1] Die Betriebsmittel sind im erforderlichen Umfang bereitzuhalten und im Übrigen so liquide anzulegen, dass sie für die in Absatz 1 genannten Zwecke verfügbar sind. [2] Sie dürfen die Ausgaben des abgelaufenen Kalenderjahres am 31. Dezember des laufenden Kalenderjahres nicht übersteigen.

§ 172a Rücklage.
(1) [1] Der Unfallversicherungsträger hat zur Sicherstellung seiner Leistungsfähigkeit, vorrangig für den Fall, dass Einnahme- und Ausgabeschwankungen durch Einsatz der Betriebsmittel nicht mehr ausgeglichen werden können, sowie zur Beitragsstabilisierung eine Rücklage zu bilden. [2] Sie ist so anzulegen, dass sie für die in Satz 1 genannten Zwecke verfügbar ist.

(2) Die Rücklage wird mindestens in zweifacher Höhe der durchschnittlichen monatlichen Ausgaben des abgelaufenen Kalenderjahres und höchstens bis zur vierfachen Höhe der durchschnittlichen monatlichen Ausgaben des abgelaufenen Kalenderjahres gebildet; Stichtag für die Bemessung ist der 31. Dezember des laufenden Kalenderjahres.

(3) Bis die Rücklage die in Absatz 2 vorgesehene Mindesthöhe erreicht hat, wird ihr jährlich ein Betrag in Höhe von 1,5 Prozent der Ausgaben des abgelaufenen Kalenderjahres zugeführt.

(4) Die Aufsichtsbehörde kann auf Antrag des Unfallversicherungsträgers genehmigen, dass die Rücklage bis zu einer geringeren Höhe angesammelt wird oder ihr höhere, geringere oder keine Beträge zugeführt werden.

(5) Die Zinsen aus der Rücklage fließen dieser zu, bis sie die Mindesthöhe erreicht hat, die sich aus Absatz 2 ergibt.

§ 172b Verwaltungsvermögen. (1) ¹Das Verwaltungsvermögen des Unfallversicherungsträgers umfasst

1. alle Vermögensanlagen, die der Verwaltung des Unfallversicherungsträgers zu dienen bestimmt sind, einschließlich der Mittel, die zur Anschaffung und Erneuerung dieser Vermögensteile bereitgehalten werden,
2. betriebliche Einrichtungen, Eigenbetriebe, gemeinnützige Beteiligungen und gemeinnützige Darlehen,
3. die Mittel, die für künftig zu zahlende Versorgungsbezüge und Beihilfen der Bediensteten und ihrer Hinterbliebenen bereitgehalten werden,
4. die zur Finanzierung zukünftiger Verbindlichkeiten oder Investitionen gebildeten Sondervermögen,

soweit sie für die Erfüllung der Aufgaben des Unfallversicherungsträgers erforderlich sind. ²Mittel für den Erwerb, die Errichtung, die Erweiterung und den Umbau von Immobilien der Eigenbetriebe sowie der durch Beteiligungen oder Darlehen geförderten gemeinnützigen Einrichtungen der Unfallversicherungsträger oder anderer gemeinnütziger Träger dürfen nur unter der zusätzlichen Voraussetzung aufgewendet werden, dass diese Vorhaben auch unter Berücksichtigung des Gesamtbedarfs aller Unfallversicherungsträger erforderlich sind.

(2) Als Verwaltungsvermögen gelten auch sonstige Vermögensanlagen aufgrund rechtlicher Verpflichtung oder Ermächtigung, soweit sie nicht den Betriebsmitteln oder der Rücklage zuzuordnen sind.

§ 172c Altersrückstellungen. (1) ¹Die Unfallversicherungsträger sind verpflichtet, Altersrückstellungen für die bei ihnen beschäftigten Arbeitnehmerinnen und Arbeitnehmer, denen eine Anwartschaft auf Versorgung nach beamtenrechtlichen Vorschriften oder Grundsätzen gewährleistet wird, zu bilden. ²Die Altersrückstellungen umfassen Versorgungsausgaben für Versorgungsbezüge und Beihilfen. ³Die Verpflichtung besteht auch, wenn die Unfallversicherungsträger gegenüber ihren Tarifbeschäftigten Leistungen der betrieblichen Altersvorsorge unmittelbar zugesagt haben.

(1a) ¹Für die Anlage der Mittel zur Finanzierung des Deckungskapitals für Altersrückstellungen gelten die Vorschriften des Vierten Titels des Vierten Abschnitts des Vierten Buches[1]) mit der Maßgabe, dass eine Anlage auch in Euro-denominierten Aktien im Rahmen eines passiven, indexorientierten Managements zulässig ist. ²Die Anlageentscheidungen sind jeweils so zu treffen, dass der Anteil an Aktien maximal 10 Prozent des Deckungskapitals beträgt. ³Änderungen des Aktienkurses können vorübergehend zu einem höheren Anteil an Aktien am Deckungskapital führen.

(2) Die Rückstellungen dürfen nur zweckentsprechend verwendet werden.

(3) ¹Das Bundesministerium für Arbeit und Soziales wird ermächtigt, im Einvernehmen mit dem Bundesministerium für Ernährung und Landwirtschaft das Nähere zur Höhe der für die Altersrückstellungen erforderlichen Zuweisungssätze, zum Zahlverfahren der Zuweisungen, zur Überprüfung der Höhe

---

[1]) Nr. 4.

der Zuweisungssätze sowie zur Anlage des Deckungskapitals durch Rechtsverordnung mit Zustimmung des Bundesrates zu regeln. ²Das Bundesministerium für Arbeit und Soziales kann die Befugnis nach Satz 1 mit Zustimmung des Bundesrates durch Rechtsverordnung auf das Bundesversicherungsamt übertragen. ³Rechtsverordnungen, die nach Satz 2 erlassen werden, bedürfen einer Anhörung der Deutschen Gesetzlichen Unfallversicherung e.V. sowie der landwirtschaftlichen Berufsgenossenschaft und ergehen im Einvernehmen mit dem Bundesministerium für Arbeit und Soziales sowie dem Bundesministerium für Ernährung und Landwirtschaft.

Sechster Unterabschnitt. Zusammenlegung und Teilung der Last, Teilung der Entschädigungslast bei Berufskrankheiten, Erstattungsansprüche der landwirtschaftlichen Berufsgenossenschaft

§ 173 Zusammenlegung und Teilung der Last. (1) ¹Die gewerblichen Berufsgenossenschaften können vereinbaren, ihre Entschädigungslast ganz oder zum Teil gemeinsam zu tragen. ²Dabei wird vereinbart, wie die gemeinsame Last auf die beteiligten Berufsgenossenschaften zu verteilen ist. ³Die Vereinbarung bedarf der Zustimmung der Vertreterversammlungen und der Genehmigung der Aufsichtsbehörden der beteiligten Berufsgenossenschaften. ⁴Sie darf nur mit dem Beginn eines Kalenderjahres wirksam werden.

(2) Kommt eine Vereinbarung nach Absatz 1 nicht zustande und erscheint es zur Abwendung der Gefährdung der Leistungsfähigkeit einer Berufsgenossenschaft erforderlich, so kann das Bundesministerium für Arbeit und Soziales durch Rechtsverordnung mit Zustimmung des Bundesrates bestimmen, daß Berufsgenossenschaften ihre Entschädigungslast für ein Kalenderjahr ganz oder zum Teil gemeinsam tragen oder eine vorübergehend nicht leistungsfähige Berufsgenossenschaft unterstützen, und das Nähere über die Verteilung der Last und die Höhe der Unterstützung regeln.

(3) Der Anteil der Berufsgenossenschaft an der gemeinsamen Last wird wie die Entschädigungsbeträge, die die Berufsgenossenschaft nach diesem Gesetz zu leisten hat, auf die Unternehmer verteilt, sofern die Vertreterversammlung nicht etwas anderes beschließt.

(4) ¹Gilt nach § 130 Abs. 2 Satz 4 als Sitz des Unternehmens Berlin, kann der für die Entschädigung zuständige Unfallversicherungsträger von den anderen sachlich, aber nicht örtlich zuständigen Unfallversicherungsträgern einen Ausgleich verlangen. ²Die Unfallversicherungsträger regeln das Nähere durch Vereinbarung.

§ 174 Teilung der Entschädigungslast bei Berufskrankheiten. (1) In den Fällen des § 134 kann der für die Entschädigung zuständige Unfallversicherungsträger von den anderen einen Ausgleich verlangen.

(2) Die Höhe des Ausgleichs nach Absatz 1 richtet sich nach dem Verhältnis der Dauer der gefährdenden Tätigkeit in dem jeweiligen Unternehmen zur Dauer aller gefährdenden Tätigkeiten.

(3) Die Unfallversicherungsträger regeln das Nähere durch Vereinbarung; sie können dabei einen von Absatz 2 abweichenden Verteilungsmaßstab wählen, einen pauschalierten Ausgleich vorsehen oder von einem Ausgleich absehen.

6. Kapitel. Aufbringung der Mittel §§ 175–178 SGB VII 7

§ 175 Erstattungsansprüche der landwirtschaftlichen Berufsgenossenschaft. Erleiden vorübergehend für ein landwirtschaftliches Unternehmen Tätige einen Versicherungsfall und ist für ihre hauptberufliche Tätigkeit ein anderer Unfallversicherungsträger als die landwirtschaftliche Berufsgenossenschaft zuständig, erstattet dieser der landwirtschaftlichen Berufsgenossenschaft die Leistungen, die über das hinausgehen, was mit gleichen Arbeiten dauernd in der Landwirtschaft Beschäftigte zu beanspruchen haben.

Siebter Unterabschnitt. Lastenverteilung zwischen den gewerblichen Berufsgenossenschaften

§ 176 Grundsatz. Die gewerblichen Berufsgenossenschaften tragen ihre Rentenlasten nach Maßgabe der folgenden Vorschriften gemeinsam.

§ 177 Begriffsbestimmungen. (1) Rentenlasten sind die Aufwendungen der Berufsgenossenschaften für Renten, Sterbegeld und Abfindungen.

(2) Ausgleichsjahr ist das Kalenderjahr, für das die Rentenlasten gemeinsam getragen werden.

(3) ¹Neurenten eines Jahres sind die Rentenlasten des Ausgleichsjahres aus Versicherungsfällen, für die im Ausgleichsjahr oder in einem der vier vorangegangenen Jahre erstmals Rente, Sterbegeld oder Abfindung festgestellt wurde. ²Abfindungen sind dabei auf den Gesamtbetrag zu reduzieren, der bei laufender Rentenzahlung bis zum Ende des vierten Jahres nach dem Jahr der erstmaligen Feststellung der Rente geleistet worden wäre; Abfindungen nach § 75 werden in Höhe der Abfindungssumme berücksichtigt.

(4) Rentenwert einer Berufsgenossenschaft sind die nach versicherungsmathematischen Grundsätzen bis zum Ende ihrer Laufzeit ohne Abzinsung und ohne Berücksichtigung von Rentenanpassungen zu erwartenden Aufwendungen für solche Versicherungsfälle, für die im Ausgleichsjahr erstmals Rente, Sterbegeld oder Abfindung festgestellt wurde.

(5) Entgeltsumme einer Berufsgenossenschaft sind die beitragspflichtigen Arbeitsentgelte und Versicherungssummen.

(6) Entgeltanteil einer Berufsgenossenschaft ist das Verhältnis ihrer Entgeltsumme zu der Entgeltsumme aller Berufsgenossenschaften.

(7) Latenzfaktor einer Berufsgenossenschaft ist das Verhältnis des Entgeltanteils im Ausgleichsjahr zum Entgeltanteil im 25. Jahr, das dem Ausgleichsjahr vorausgegangen ist.

(8) Freistellungsfaktor einer Berufsgenossenschaft ist das Verhältnis ihrer nach § 180 Abs. 2 reduzierten Entgeltsumme zu ihrer Entgeltsumme.

(9) Berufskrankheiten-Neurenten-Lastsatz einer in einer Tarifstelle gebildeten Gefahrgemeinschaft ist das Verhältnis der Berufskrankheiten-Neurenten der Gefahrgemeinschaft zu ihrer Entgeltsumme.

§ 178 Gemeinsame Tragung der Rentenlasten. (1) ¹Jede Berufsgenossenschaft trägt jährlich Rentenlasten in Höhe des 5,5fachen ihrer Neurenten für Arbeitsunfälle und des 3,4fachen ihrer mit dem Latenzfaktor gewichteten Neurenten für Berufskrankheiten. ²Die in Satz 1 genannten Werte sind neu festzusetzen, wenn die Summe der Rentenwerte von dem 5,5fachen aller Neurenten für Arbeitsunfälle oder dem 3,4fachen aller Neurenten für Berufskrankheiten um mehr als 0,2 abweicht. ³Die Festsetzung gilt für höchstens sechs Kalenderjahre. ⁴Die Werte sind erstmals für das Ausgleichsjahr 2014 neu festzusetzen.

(2) Soweit die Rentenlasten für Arbeitsunfälle die nach Absatz 1 zu tragenden Lasten übersteigen, tragen die Berufsgenossenschaften den übersteigenden Betrag nach folgender Maßgabe gemeinsam:

1. 30 Prozent nach dem Verhältnis ihrer mit dem Freistellungsfaktor gewichteten Neurenten für Arbeitsunfälle und
2. 70 Prozent nach dem Verhältnis der Arbeitsentgelte ihrer Versicherten.

(3) Soweit die Rentenlasten für Berufskrankheiten die nach Absatz 1 zu tragenden Lasten übersteigen, tragen die Berufsgenossenschaften den übersteigenden Betrag nach folgender Maßgabe gemeinsam:

1. 30 Prozent nach dem Verhältnis ihrer mit dem Produkt aus Freistellungs- und Latenzfaktor gewichteten Neurenten für Berufskrankheiten und
2. 70 Prozent nach dem Verhältnis der Arbeitsentgelte ihrer Versicherten.

§ 179 Sonderregelung bei außergewöhnlicher Belastung. (1) ¹Neurenten für Berufskrankheiten einer Tarifstelle gelten nicht als Neurenten im Sinne von § 177 Abs. 3, soweit

1. der Berufskrankheiten-Neurenten-Lastsatz der Tarifstelle einen Wert von 0,04 übersteigt,
2. die Berufskrankheiten-Neurenten der Tarifstelle an den Berufskrankheiten-Neurenten aller Berufsgenossenschaften mindestens 2 Prozent betragen und
3. die Tarifstelle mindestens zwölf Kalenderjahre unverändert bestanden hat.

²Wird die Tarifstelle aufgelöst, findet Satz 1 weiterhin Anwendung, wenn die Voraussetzungen der Nummern 1 und 2 im Übrigen vorliegen.

(2) ¹Der von den Berufsgenossenschaften nach § 178 Abs. 2 und 3 gemeinsam zu tragende Betrag umfasst über die Rentenlasten hinaus auch die einer Tarifstelle zuzuordnenden Rehabilitationslasten für Arbeitsunfälle und Berufskrankheiten, wenn

1. die Gesamtrentenlast der Tarifstelle mindestens 2 Prozent der Gesamtrentenlast aller Berufsgenossenschaften beträgt,
2. die Entschädigungslast der Tarifstelle mindestens 75 Prozent der ihr zuzuordnenden Entgeltsumme beträgt und
3. die Tarifstelle mindestens zwölf Kalenderjahre unverändert bestanden hat;

dies gilt bis zum Ausgleichsjahr 2031 auch für die der Tarifstelle zuzuordnenden anteiligen Verwaltungs- und Verfahrenskosten. ²Wird die Tarifstelle aufgelöst, findet Satz 1 weiterhin Anwendung, wenn die Voraussetzungen der Nummern 1 und 2 im Übrigen vorliegen. ³Rehabilitationslasten nach Satz 1 sind die Aufwendungen der Berufsgenossenschaft für Leistungen nach dem Ersten Abschnitt des Dritten Kapitels einschließlich der Leistungen nach dem Neunten Buch. ⁴Entschädigungslast nach Satz 1 Nr. 2 sind die Aufwendungen für Rehabilitation nach Satz 3 und für Renten, Sterbegeld, Beihilfen und Abfindungen. ⁵Die anteiligen Verwaltungs- und Verfahrenskosten nach Satz 1 sind entsprechend dem Verhältnis der Entschädigungslast der Tarifstelle zur Entschädigungslast aller Tarifstellen der Berufsgenossenschaft zu ermitteln. ⁶Ergibt sich aus dem Verhältnis der Entschädigungslast der Tarifstelle zur Entschädigungslast aller gewerblichen Berufsgenossenschaften ein geringerer Verwaltungskostenbetrag, ist stattdessen dieser zugrunde zu legen. ⁷Er wird den jeweils nach § 178 Abs. 2 und 3 zu verteilenden Lasten im Verhältnis der Entschädigungslasten der Tarifstelle für Unfälle und Berufskrankheiten zugeordnet.

§ 180 Freibeträge, Unternehmen ohne Gewinnerzielungsabsicht.
(1) ¹Bei der Anwendung des § 178 Abs. 2 Nr. 2 und Abs. 3 Nr. 2 bleibt für jedes Unternehmen eine Jahresentgeltsumme außer Betracht, die dem Sechsfachen der Bezugsgröße des Kalenderjahres entspricht, für das der Ausgleich durchgeführt wird. ²Der Freibetrag wird auf volle 500 Euro aufgerundet.

(2) Außer Betracht bleiben ferner die Entgeltsummen von Unternehmen nicht gewerbsmäßiger Bauarbeiten sowie von gemeinnützigen, mildtätigen und kirchlichen Einrichtungen.

§ 181 Durchführung des Ausgleichs. (1) ¹Das Bundesversicherungsamt führt nach Ablauf des Ausgleichsjahres die Lastenverteilung nach § 178 durch. ²Zu diesem Zweck ermittelt es die auszugleichenden Beträge und berechnet den Ausgleichsanteil, der auf die einzelne Berufsgenossenschaft entfällt. ³Der Zahlungsausgleich aufgrund der auszugleichenden Beträge erfolgt durch unmittelbare Zahlungen der ausgleichspflichtigen an die ausgleichsberechtigten Berufsgenossenschaften nach Zugang des Bescheides.

(2) ¹Die Berufsgenossenschaften haben dem Bundesversicherungsamt bis zum 20. März des auf das Ausgleichsjahr folgenden Kalenderjahres die Angaben zu machen, die für die Berechnung des Ausgleichs erforderlich sind. ²Das Bundesversicherungsamt stellt gegenüber den Berufsgenossenschaften bis zum 31. März diesen Jahres den jeweiligen Ausgleichsanteil fest. ³Die ausgleichspflichtigen Berufsgenossenschaften zahlen den auf sie entfallenden Ausgleichsbetrag nach Absatz 1 bis zum 25. Juni diesen Jahres an die ausgleichsberechtigten Berufsgenossenschaften.

(3) ¹Die Werte nach § 178 Abs. 1 Satz 1 sind vom Bundesversicherungsamt unter Berücksichtigung der Rentenwerte zu überprüfen. ²Das Bundesministerium für Arbeit und Soziales wird ermächtigt, durch Rechtsverordnung ohne Zustimmung des Bundesrates die Werte nach § 178 Abs. 1 Satz 1 neu festzusetzen. ³Es kann die Befugnis nach Satz 2 durch Rechtsverordnung ohne Zustimmung des Bundesrates auf das Bundesversicherungsamt übertragen. ⁴Rechtsverordnungen, die nach Satz 3 erlassen werden, bedürfen einer Anhörung der Deutschen Gesetzlichen Unfallversicherung e.V. und ergehen im Einvernehmen mit dem Bundesministerium für Arbeit und Soziales.

(4) Die Bundesregierung hat dem Deutschen Bundestag und dem Bundesrat alle vier Jahre bis zum 31. Dezember des auf das Ausgleichsjahr folgenden Jahres, erstmals bis zum 31. Dezember 2012, über die Wirkungen der gemeinsamen Tragung der Rentenlasten nach § 178 zu berichten.

(5) ¹Die Berufsgenossenschaften erstatten dem Bundesversicherungsamt die Verwaltungskosten, die bei der Durchführung des Ausgleichs entstehen. ²Das Bundesversicherungsamt weist die für die Durchführung der Abrechnung erforderlichen Verwaltungskosten pauschal nach Stellenanteilen nach. ³Der Ermittlung der Verwaltungskosten sind die Personalkostenansätze des Bundes einschließlich der Sachkostenpauschale zugrunde zu legen. ⁴Zusätzliche Verwaltungsausgaben können in ihrer tatsächlichen Höhe hinzugerechnet werden.

⁵ Die Aufteilung des Erstattungsbetrages auf die gewerblichen Berufsgenossenschaften erfolgt entsprechend ihrem Anteil an dem Zahlungsvolumen für Rentenlasten im Ausgleichsjahr vor Durchführung des Ausgleichs.

(6) Klagen gegen Feststellungsbescheide nach Absatz 2 einschließlich der hierauf entfallenden Verwaltungskosten nach Absatz 5 haben keine aufschiebende Wirkung.

Zweiter Abschnitt. Besondere Vorschriften für die landwirtschaftliche Unfallversicherung

§ 182 Berechnungsgrundlagen. (1) Auf die landwirtschaftliche Berufsgenossenschaft finden anstelle der Vorschriften über die Berechnungsgrundlagen aus dem Zweiten Unterabschnitt des Ersten Abschnitts die folgenden Absätze Anwendung.

(2) ¹ Berechnungsgrundlagen für die Beiträge der landwirtschaftlichen Berufsgenossenschaft sind das Umlagesoll, der Flächenwert, der Arbeitsbedarf, der Arbeitswert oder ein anderer vergleichbarer Maßstab. ² Die Satzung hat bei der Festlegung der Berechnungsgrundlagen die Unfallrisiken in den Unternehmen insbesondere durch die Bildung von Risikogruppen zu berücksichtigen; sie kann hierzu einen Gefahrtarif aufstellen. ³ Ein angemessener solidarischer Ausgleich ist sicherzustellen. ⁴ Die Satzung kann zusätzlich zu den Berechnungsgrundlagen nach den Sätzen 1 und 2 Mindestbeiträge und Berechnungsgrundlagen für Grundbeiträge festlegen.

(3) Für Unternehmen ohne Bodenbewirtschaftung und für Nebenunternehmen eines landwirtschaftlichen Unternehmens kann die Satzung angemessene Berechnungsgrundlagen bestimmen; Absatz 2 Satz 2 und 3 gilt entsprechend.

(4) ¹ Der Flächenwert der landwirtschaftlichen Nutzung wird durch Vervielfältigung des durchschnittlichen Hektarwertes dieser Nutzung in der Gemeinde oder in dem Gemeindeteil, in dem die Flächen gelegen sind oder der Betrieb seinen Sitz hat, mit der Größe der im Unternehmen genutzten Fläche (Eigentums- und Pachtflächen) gebildet, wobei die Satzung eine Höchstgrenze für den Hektarwert vorsehen kann. ² Die Satzung bestimmt das Nähere zum Verfahren; sie hat außerdem erforderliche Bestimmungen zu treffen über die Ermittlung des Flächenwertes für

1. die forstwirtschaftliche Nutzung,
2. das Geringstland,
3. die landwirtschaftlichen Nutzungsteile Hopfen und Spargel,
4. die weinbauliche und gärtnerische Nutzung,
5. die Teichwirtschaft und Fischzucht,
6. sonstige landwirtschaftliche Nutzung.

(5) ¹ Der Arbeitsbedarf wird nach dem Durchschnittsmaß der für die Unternehmen erforderlichen menschlichen Arbeit unter Berücksichtigung der Kulturarten geschätzt und das einzelne Unternehmen hiernach veranlagt. ² Das Nähere über die Abschätzung und die Veranlagung bestimmt die Satzung. ³ Der Abschätzungstarif hat eine Geltungsdauer von höchstens sechs Kalenderjahren; die §§ 158 und 159 gelten entsprechend.

(6) ¹ Arbeitswert ist der Wert der Arbeit, die von den im Unternehmen tätigen Versicherten im Kalenderjahr geleistet wird. ² Die Satzung bestimmt

unter Berücksichtigung von Art und Umfang der Tätigkeit, für welche Versicherten sich der Arbeitswert nach dem Arbeitsentgelt, nach dem Jahresarbeitsverdienst, nach dem Mindestjahresarbeitsverdienst oder nach in der Satzung festgelegten Beträgen bemißt. ³ Soweit sich der Arbeitswert nach den in der Satzung festgelegten Beträgen bemißt, gelten § 157 Abs. 5 und die §§ 158 bis 160 entsprechend.

§ 183 Umlageverfahren. (1) Auf die landwirtschaftliche Berufsgenossenschaft finden anstelle der Vorschriften über das Umlageverfahren aus dem Vierten Unterabschnitt des Ersten Abschnitts die folgenden Absätze Anwendung.

(2) Die Einzelheiten der Beitragsberechnung bestimmt die Satzung.

(3) ¹ Landwirtschaftlichen Unternehmern, für die versicherungsfreie Personen oder Personen tätig sind, die infolge dieser Tätigkeit bei einem anderen Unfallversicherungsträger als der landwirtschaftlichen Berufsgenossenschaft versichert sind, wird auf Antrag eine Beitragsermäßigung bewilligt. ² Das Nähere bestimmt die Satzung.

(4) Die Satzung kann bestimmen, daß und unter welchen Voraussetzungen landwirtschaftliche Unternehmer kleiner Unternehmen mit geringer Unfallgefahr ganz oder teilweise von Beiträgen befreit werden.

(5) ¹ Die landwirtschaftliche Berufsgenossenschaft teilt den Unternehmern den von ihnen zu zahlenden Beitrag schriftlich mit. ² Der Beitragsbescheid ist mit Wirkung für die Vergangenheit zuungunsten der Unternehmer nur dann aufzuheben, wenn

1. die Veranlagung des Unternehmens nachträglich geändert wird,
2. eine im Laufe des Kalenderjahres eingetretene Änderung des Unternehmens nachträglich bekannt wird,
3. die Feststellung der Beiträge auf unrichtigen Angaben des Unternehmers oder wegen unterlassener Angaben des Unternehmers auf einer Schätzung beruht.

(5a) ¹ Zur Sicherung des Beitragsaufkommens soll die landwirtschaftliche Berufsgenossenschaft Vorschüsse bis zur Höhe des voraussichtlichen Jahresbedarfs erheben. ² Die Satzung regelt das Nähere zur Fälligkeit der Beiträge und Vorschüsse sowie zum Verfahren der Zahlung.

(5b) Der Beitrag und die Vorschüsse sollen auf der Grundlage eines Lastschriftmandats eingezogen werden.

(6) ¹ Die Unternehmer haben der landwirtschaftlichen Berufsgenossenschaft über die Unternehmens-, Arbeits- und Lohnverhältnisse Auskunft zu geben, soweit dies für die Beitragsberechnung von Bedeutung ist; die Einzelheiten bestimmt die Satzung. ² § 166 Absatz 1 gilt entsprechend; die Prüfungsabstände bestimmt die landwirtschaftliche Berufsgenossenschaft. ³ Soweit die Unternehmer die Angaben nicht, nicht rechtzeitig, nicht richtig oder nicht vollständig machen, kann die landwirtschaftliche Berufsgenossenschaft eine Schätzung vornehmen. ⁴ Die Unternehmer sollen der landwirtschaftlichen Berufsgenossenschaft eine Ermächtigung zum Einzug des Beitrags und der Vorschüsse erteilen.

§ 183a Rechenschaft über die Verwendung der Mittel. Die landwirtschaftliche Berufsgenossenschaft hat in ihrer Mitgliederzeitschrift und vergleichbaren elektronischen Medien in hervorgehobener Weise und gebotener Ausführlichkeit jährlich über die Verwendung ihrer Mittel im Vorjahr Rechenschaft abzulegen und dort zugleich ihre Verwaltungsausgaben gesondert auch als Anteil des Hebesatzes oder des Beitrages auszuweisen.

§ 184 Rücklage. ¹Abweichend von § 172a Abs. 2 wird die Rücklage mindestens in einfacher Höhe der durchschnittlichen monatlichen Ausgaben des abgelaufenen Kalenderjahres und höchstens bis zur zweifachen Höhe der durchschnittlichen monatlichen Ausgaben des abgelaufenen Kalenderjahres gebildet. ²Bis sie diese Höhe erreicht hat, wird ihr jährlich ein Betrag von 0,5 Prozent der Ausgaben des abgelaufenen Kalenderjahres zugeführt. ³Es gilt § 172a Abs. 4.

§§ 184a–184d *(aufgehoben)*

Dritter Abschnitt. Besondere Vorschriften für die Unfallversicherungsträger der öffentlichen Hand

§ 185 Gemeindeunfallversicherungsverbände, Unfallkassen der Länder und Gemeinden, gemeinsame Unfallkassen, Feuerwehr-Unfallkassen. (1) ¹Von den Vorschriften des Ersten Abschnitts finden auf die Gemeindeunfallversicherungsverbände, die Unfallkassen der Länder und Gemeinden, die gemeinsamen Unfallkassen und die Feuerwehr-Unfallkassen die §§ 150, 151, 164 bis 166, 168, 172, 172b und 172c über die Beitragspflicht, die Vorschüsse und Sicherheitsleistungen, das Umlageverfahren sowie über Betriebsmittel, Verwaltungsvermögen und Altersrückstellungen nach Maßgabe der folgenden Absätze Anwendung. ²Soweit die Beitragserhebung für das laufende Jahr erfolgt, kann die Satzung bestimmen, dass die Beitragslast in Teilbeträgen angefordert wird.

(2) ¹Für Versicherte nach § 128 Abs. 1 Nr. 2 bis 9 und 11 und § 129 Abs. 1 Nr. 3 bis 7 werden Beiträge nicht erhoben. ²Die Aufwendungen für diese Versicherten werden entsprechend der in diesen Vorschriften festgelegten Zuständigkeiten auf das Land, die Gemeinden oder die Gemeindeverbände umgelegt; dabei bestimmen bei den nach § 116 Abs. 1 Satz 2 errichteten gemeinsamen Unfallkassen die Landesregierungen durch Rechtsverordnung, wer die Aufwendungen für Versicherte nach § 128 Abs. 1 Nr. 6, 7, 9 und 11 trägt. ³Bei gemeinsamen Unfallkassen sind nach Maßgabe der in den §§ 128 und 129 festgelegten Zuständigkeiten getrennte Umlagegruppen für den Landesbereich und den kommunalen Bereich zu bilden. ⁴Für Unternehmen nach § 128 Abs. 1 Nr. 1a und § 129 Abs. 1 Nr. 1a können gemeinsame Umlagegruppen gebildet werden. ⁵Bei der Vereinigung von Unfallversicherungsträgern nach den §§ 116 und 117 können die gleichlautenden Rechtsverordnungen für eine Übergangszeit von höchstens zwölf Jahren jeweils getrennte Umlagegruppen für die bisherigen Zuständigkeitsbereiche der vereinigten Unfallversicherungsträger vorsehen.

(3) ¹Die Satzung kann bestimmen, daß Aufwendungen für bestimmte Arten von Unternehmen nur auf die beteiligten Unternehmer umgelegt werden. ²Für die Gemeinden als Unternehmer können auch nach der Einwohnerzahl gestaffelte Gruppen gebildet werden.

6. Kapitel. Aufbringung der Mittel   § 186   SGB VII 7

(4) ¹Die Höhe der Beiträge richtet sich nach der Einwohnerzahl, der Zahl der Versicherten, den Arbeitsstunden oder den Arbeitsentgelten. ²Die Satzung bestimmt den Beitragsmaßstab und regelt das Nähere über seine Anwendung; sie kann einen einheitlichen Mindestbeitrag bestimmen. ³Der Beitragssatz für geringfügig Beschäftigte in Privathaushalten, die nach § 28a Abs. 7 des Vierten Buches[1] der Einzugsstelle gemeldet worden sind, beträgt für das Jahr 2006 1,6 vom Hundert des jeweiligen Arbeitsentgelts. ⁴Das Bundesministerium für Arbeit und Soziales wird ermächtigt, den Beitragssatz durch Rechtsverordnung mit Zustimmung des Bundesrates gemäß den nachfolgenden Bestimmungen zu regeln. ⁵Der Beitragssatz des Jahres 2006 gilt so lange, bis er nach Maßgabe der Regelung über die Festsetzung der Beitragssätze nach § 21 des Vierten Buches neu festzusetzen ist. ⁶Die Deutsche Gesetzliche Unfallversicherung e.V. stellt einen gemeinsamen Beitragseinzug sicher.

(5) ¹Die Satzung kann bestimmen, daß die Beiträge nach dem Grad des Gefährdungsrisikos unter Berücksichtigung der Leistungsaufwendungen abgestuft werden; § 157 Abs. 5 und § 158 gelten entsprechend. ²Die Satzung kann ferner bestimmen, daß den Unternehmen unter Berücksichtigung der Versicherungsfälle, die die nach § 2 Abs. 1 Nr. 1 und 8 Versicherten erlitten haben, entsprechend den Grundsätzen des § 162 Zuschläge auferlegt, Nachlässe bewilligt oder Prämien gewährt werden.

§ 186 Aufwendungen der Unfallversicherung Bund und Bahn.

(1) ¹Im Zuständigkeitsbereich des § 125 Absatz 1 finden von den Vorschriften des Ersten Abschnitts die §§ 150, 152, 155, 164 bis 166, 168, 172, 172b und 172c Anwendung, soweit nicht in den folgenden Absätzen Abweichendes geregelt ist. ²Das Nähere bestimmt die Satzung.

(2) ¹Die Aufwendungen für Unternehmen nach § 125 Absatz 1 Nummer 3 und Absatz 4 werden auf die beteiligten Unternehmer umgelegt. ² § 185 Abs. 5 gilt entsprechend.

(3) ¹Die Aufwendungen der Unfallversicherung Bund und Bahn für die Versicherung nach § 125 Abs. 1 Nr. 1, 4, 6 Buchstabe a, 7 und 8 werden auf die Dienststellen des Bundes umgelegt. ²Die Satzung bestimmt, in welchem Umfang diese Aufwendungen nach der Zahl der Versicherten oder den Arbeitsentgelten und in welchem Umfang nach dem Grad des Gefährdungsrisikos unter Berücksichtigung der Leistungsaufwendungen umgelegt werden. ³Die Aufwendungen für die Versicherung nach § 125 Abs. 1 Nr. 2 erstattet die Bundesagentur für Arbeit, die Aufwendungen für die Versicherung nach § 125 Abs. 1 Nr. 5 das Bundesministerium für Arbeit und Soziales, die Aufwendungen für die Versicherung nach § 125 Absatz 1 Nummer 6 Buchstabe b[2] das Bundesministerium für wirtschaftliche Zusammenarbeit und Entwicklung und die Aufwendungen für die Versicherung nach § 125 Abs. 1 Nr. 9 die jeweils zuständige Dienststelle des Bundes. ⁴Die Aufwendungen für Versicherte der alliierten Streitkräfte erstatten diese nach dem NATO-Truppenstatut und den Zusatzabkommen jeweils für ihren Bereich. ⁵Im Übrigen werden die Aufwendungen der Unfallversicherung Bund und Bahn im Zuständigkeitsbereich des § 125 Absatz 1 vom Bundesministerium für Arbeit und Soziales getragen.

---

[1] Nr. 4.
[2] Nr. 7.

(4) ¹Die Dienststellen des Bundes und die Bundesagentur für Arbeit entrichten vierteljährlich im Voraus die Abschläge auf die zu erwartenden Aufwendungen. ²Die Unfallversicherung Bund und Bahn hat der Bundesagentur für Arbeit und den Dienststellen des Bundes die für die Erstattung erforderlichen Angaben zu machen und auf Verlangen Auskunft zu erteilen. ³Das Nähere über die Durchführung der Erstattung regelt die Satzung; bei den Verwaltungskosten kann auch eine pauschalierte Erstattung vorgesehen werden.

Vierter Abschnitt. Gemeinsame Vorschriften

Erster Unterabschnitt. Berechnungsgrundsätze

§ 187 Berechnungsgrundsätze. (1) ¹Berechnungen werden auf vier Dezimalstellen durchgeführt. ²Geldbeträge werden auf zwei Dezimalstellen berechnet. ³Dabei wird die letzte Dezimalstelle um 1 erhöht, wenn sich in der folgenden Dezimalstelle eine der Zahlen 5 bis 9 ergeben würde.

(2) Bei einer Berechnung, die auf volle Werte vorzunehmen ist, wird der Wert um 1 erhöht, wenn sich in den ersten vier Dezimalstellen eine der Zahlen 1 bis 9 ergeben würde.

(3) Bei einer Berechnung von Geldbeträgen, für die ausdrücklich ein Betrag in vollem Euro vorgegeben oder bestimmt ist, wird der Betrag nur dann um 1 erhöht, wenn sich in der ersten Dezimalstelle eine der Zahlen 5 bis 9 ergeben würde.

(4) ¹Der auf einen Teilzeitraum entfaltende Betrag ergibt sich, wenn der Gesamtbetrag mit dem Teilzeitraum vervielfältigt und durch den Gesamtzeitraum geteilt wird. ²Dabei werden das Kalenderjahr mit 360 Tagen, der Kalendermonat mit 30 Tagen und die Kalenderwoche mit sieben Tagen gerechnet.

(5) Vor einer Division werden zunächst die anderen Rechengänge durchgeführt.

Zweiter Unterabschnitt. Reduzierung der Kosten für Verwaltung und Verfahren

§ 187a Reduzierung der Kosten für Verwaltung und Verfahren in der landwirtschaftlichen Unfallversicherung. (1) ¹Die landwirtschaftliche Berufsgenossenschaft ergreift Maßnahmen, damit die jährlichen Verwaltungs- und Verfahrenskosten für die landwirtschaftliche Unfallversicherung spätestens im Jahr 2016 nicht mehr als 95 Millionen Euro betragen. ²Die Sozialversicherung für Landwirtschaft, Forsten und Gartenbau legt dem Bundesministerium für Arbeit und Soziales und dem Bundesministerium für Ernährung und Landwirtschaft bis zum 31. Dezember 2017 einen Bericht über die Entwicklung der Verwaltungs- und Verfahrenskosten in der landwirtschaftlichen Unfallversicherung vor. ³Das Bundesministerium für Arbeit und Soziales und das Bundesministerium für Ernährung und Landwirtschaft leiten den Bericht an den Deutschen Bundestag und an den Bundesrat weiter und fügen eine Stellungnahme bei.

(2) Bei der Ermittlung der Verwaltungs- und Verfahrenskosten nach Absatz 1 Satz 1 bleiben Versorgungsaufwendungen und Zuführungen zum Altersrückstellungsvermögen unberücksichtigt.

Siebtes Kapitel. Zusammenarbeit der Unfallversicherungsträger mit anderen Leistungsträgern und ihre Beziehungen zu Dritten

Erster Abschnitt. Zusammenarbeit der Unfallversicherungsträger mit anderen Leistungsträgern

§ 188 Auskunftspflicht der Krankenkassen. ¹Die Unfallversicherungsträger können von den Krankenkassen Auskunft über die Behandlung, den Zustand sowie über Erkrankungen und frühere Erkrankungen des Versicherten verlangen, soweit dies für die Feststellung des Versicherungsfalls erforderlich ist. ²Sie sollen dabei ihr Auskunftsverlangen auf solche Erkrankungen oder auf solche Bereiche von Erkrankungen beschränken, die mit dem Versicherungsfall in einem ursächlichen Zusammenhang stehen können. ³Der Versicherte kann vom Unfallversicherungsträger verlangen, über die von den Krankenkassen übermittelten Daten unterrichtet zu werden; § 25 Abs. 2 des Zehnten Buches[1]) gilt entsprechend. ⁴Der Unfallversicherungsträger hat den Versicherten auf das Recht, auf Verlangen über die von den Krankenkassen übermittelten Daten unterrichtet zu werden, hinzuweisen.

§ 189 Beauftragung einer Krankenkasse. Unfallversicherungsträger können Krankenkassen beauftragen, die ihnen obliegenden Geldleistungen zu erbringen; die Einzelheiten werden durch Vereinbarung geregelt.

§ 190 Pflicht der Unfallversicherungsträger zur Benachrichtigung der Rentenversicherungsträger beim Zusammentreffen von Renten. Erbringt ein Unfallversicherungsträger für einen Versicherten oder einen Hinterbliebenen, der eine Rente aus der gesetzlichen Rentenversicherung bezieht, Rente oder Heimpflege oder ergeben sich Änderungen bei diesen Leistungen, hat der Unfallversicherungsträger den Rentenversicherungsträger unverzüglich zu benachrichtigen; bei Zahlung einer Rente ist das Maß der Minderung der Erwerbsfähigkeit anzugeben.

Zweiter Abschnitt. Beziehungen der Unfallversicherungsträger zu Dritten

§ 191 Unterstützungspflicht der Unternehmer. Die Unternehmer haben die für ihre Unternehmen zuständigen Unfallversicherungsträger bei der Durchführung der Unfallversicherung zu unterstützen; das Nähere regelt die Satzung.

§ 192 Mitteilungs- und Auskunftspflichten von Unternehmern und Bauherren. (1) Die Unternehmer haben binnen einer Woche nach Beginn des Unternehmens dem zuständigen Unfallversicherungsträger

1. die Art und den Gegenstand des Unternehmens,
2. die Zahl der Versicherten,
3. den Eröffnungstag oder den Tag der Aufnahme der vorbereitenden Arbeiten für das Unternehmen und

---

[1]) Nr. 10.

4. in den Fällen des § 130 Abs. 2 und 3 den Namen und den Wohnsitz oder gewöhnlichen Aufenthalt des Bevollmächtigten
mitzuteilen.

(2) Die Unternehmer haben Änderungen von

1. Art und Gegenstand ihrer Unternehmen, die für die Prüfung der Zuständigkeit der Unfallversicherungsträger von Bedeutung sein können,
2. Voraussetzungen für die Zuordnung zu den Gefahrklassen,
3. sonstigen Grundlagen für die Berechnung der Beiträge

innerhalb von vier Wochen dem Unfallversicherungsträger mitzuteilen.

(3) ¹Die Unternehmer haben ferner auf Verlangen des zuständigen Unfallversicherungsträgers die Auskünfte zu geben und die Beweisurkunden vorzulegen, die zur Erfüllung der gesetzlichen Aufgaben des Unfallversicherungsträgers (§ 199) erforderlich sind. ²Ist bei einer Schule der Schulhoheitsträger nicht Unternehmer, hat auch der Schulhoheitsträger die Verpflichtung zur Auskunft nach Satz 1.

(4) ¹Den Wechsel von Personen der Unternehmer haben die bisherigen Unternehmer und ihre Nachfolger innerhalb von vier Wochen nach dem Wechsel dem Unfallversicherungsträger mitzuteilen. ²Den Wechsel von Personen der Bevollmächtigten haben die Unternehmer innerhalb von vier Wochen nach dem Wechsel mitzuteilen.

(5) ¹Bauherren sind verpflichtet, auf Verlangen des zuständigen Unfallversicherungsträgers die Auskünfte zu geben, die zur Erfüllung der gesetzlichen Aufgaben des Unfallversicherungsträgers (§ 199) erforderlich sind. ²Dazu gehören

1. die Auskunft darüber, ob und welche nicht gewerbsmäßigen Bauarbeiten ausgeführt werden,
2. die Auskunft darüber, welche Unternehmer mit der Ausführung der gewerbsmäßigen Bauarbeiten beauftragt sind.

§ 193 Pflicht zur Anzeige eines Versicherungsfalls durch die Unternehmer.

(1) ¹Die Unternehmer haben Unfälle von Versicherten in ihren Unternehmen dem Unfallversicherungsträger anzuzeigen, wenn Versicherte getötet oder so verletzt sind, daß sie mehr als drei Tage arbeitsunfähig werden. ²Satz 1 gilt entsprechend für Unfälle von Versicherten, deren Versicherung weder eine Beschäftigung noch eine selbständige Tätigkeit voraussetzt.

(2) Haben Unternehmer im Einzelfall Anhaltspunkte, daß bei Versicherten ihrer Unternehmen eine Berufskrankheit vorliegen könnte, haben sie diese dem Unfallversicherungsträger anzuzeigen.

(3) ¹Bei Unfällen der nach § 2 Abs. 1 Nr. 8 Buchstabe b Versicherten hat der Schulhoheitsträger die Unfälle auch dann anzuzeigen, wenn er nicht Unternehmer ist. ²Bei Unfällen der nach § 2 Abs. 1 Nr. 15 Buchstabe a Versicherten hat der Träger der Einrichtung, in der die stationäre oder teilstationäre Behandlung oder die stationären, teilstationären oder ambulanten Leistungen zur medizinischen Rehabilitation erbracht werden, die Unfälle anzuzeigen.

(4) ¹Die Anzeige ist binnen drei Tagen zu erstatten, nachdem die Unternehmer von dem Unfall oder von den Anhaltspunkten für eine Berufskrankheit

7. Kapitel. Zusammenarbeit §§ 194, 195 SGB VII 7

Kenntnis erlangt haben. ²Der Versicherte kann vom Unternehmer verlangen, daß ihm eine Kopie der Anzeige überlassen wird.

(5) ¹Die Anzeige ist vom Betriebs- oder Personalrat mit zu unterzeichnen; bei Erstattung der Anzeige durch Datenübertragung ist anzugeben, welches Mitglied des Betriebs- oder Personalrats vor der Absendung von ihr Kenntnis genommen hat. ²Der Unternehmer hat die Sicherheitsfachkraft und den Betriebsarzt über jede Unfall- oder Berufskrankheitenanzeige in Kenntnis zu setzen. ³Verlangt der Unfallversicherungsträger zur Feststellung, ob eine Berufskrankheit vorliegt, Auskünfte über gefährdende Tätigkeiten von Versicherten, haben die Unternehmer den Betriebs- oder Personalrat über dieses Auskunftsersuchen unverzüglich zu unterrichten.

(6) *(aufgehoben)*

(7) ¹Bei Unfällen in Unternehmen, die der allgemeinen Arbeitsschutzaufsicht unterstehen, hat der Unternehmer eine Durchschrift der Anzeige der für den Arbeitsschutz zuständigen Behörde zu übersenden. ²Bei Unfällen in Unternehmen, die der bergbehördlichen Aufsicht unterstehen, ist die Durchschrift an die zuständige untere Bergbehörde zu übersenden. ³Wird eine Berufskrankheit angezeigt, übersendet die der Unfallversicherungsträger eine Durchschrift der Anzeige unverzüglich der für den medizinischen Arbeitsschutz zuständigen Landesbehörde. ⁴Wird der für den medizinischen Arbeitsschutz zuständigen Landesbehörde eine Berufskrankheit angezeigt, übersendet sie dem Unfallversicherungsträger unverzüglich eine Durchschrift der Anzeige.

(8) Das Bundesministerium für Arbeit und Soziales bestimmt durch Rechtsverordnung mit Zustimmung des Bundesrates den für Aufgaben der Prävention und der Einleitung eines Feststellungsverfahrens erforderlichen Inhalt der Anzeige, ihre Form und die Art und Weise ihrer Übermittlung sowie die Empfänger, die Anzahl und den Inhalt der Durchschriften.

(9) ¹Unfälle nach Absatz 1, die während der Fahrt auf einem Seeschiff eingetreten sind, sind ferner in das Schiffstagebuch einzutragen und dort oder in einem Anhang kurz darzustellen. ²Ist ein Schiffstagebuch nicht zu führen, haben die Schiffsführer Unfälle nach Satz 1 in einer besonderen Niederschrift nachzuweisen.

§ 194 Meldepflicht der Eigentümer von Seeschiffen. Die Seeschiffe, die unter der Bundesflagge in Dienst gestellt werden sollen, haben die Eigentümer bereits nach ihrem Erwerb oder bei Beginn ihres Baus der Berufsgenossenschaft Verkehrswirtschaft Post-Logistik Telekommunikation zu melden.

§ 195 Unterstützungs- und Mitteilungspflichten von Kammern und der für die Erteilung einer Gewerbe- oder Bauerlaubnis zuständigen Behörden. (1) Kammern und andere Zusammenschlüsse von Unternehmern, die als Körperschaften des öffentlichen Rechts errichtet sind, ferner Verbände und andere Zusammenschlüsse, denen Unternehmer kraft Gesetzes angehören oder anzugehören haben, haben die Unfallversicherungsträger bei der Ermittlung der ihnen zugehörenden Unternehmen zu unterstützen und ihnen hierzu Auskunft über Namen und Gegenstand dieser Unternehmen zu geben.

(2) ¹Behörden, denen die Erteilung einer gewerberechtlichen Erlaubnis oder eines gewerberechtlichen Berechtigungsscheins obliegt, haben den Berufsgenossenschaften über die Deutsche Gesetzliche Unfallversicherung e.V. nach

Eingang einer Anzeige nach der Gewerbeordnung, soweit ihnen bekannt, Namen, Geburtsdatum und Anschrift der Unternehmer, Namen, Gegenstand sowie Tag der Eröffnung und der Einstellung der Unternehmen mitzuteilen. ² Entsprechendes gilt bei Erteilung einer Reisegewerbekarte. ³ Im übrigen gilt Absatz 1 entsprechend.

(3) ¹ Die für die Erteilung von Bauerlaubnissen zuständigen Behörden haben dem zuständigen Unfallversicherungsträger nach Erteilung einer Bauerlaubnis den Namen und die Anschrift des Bauherrn, den Ort und die Art der Bauarbeiten, den Baubeginn sowie die Höhe der im baubehördlichen Verfahren angegebenen oder festgestellten Baukosten mitzuteilen. ² Bei nicht bauerlaubnispflichtigen Bauvorhaben trifft dieselbe Verpflichtung die für die Entgegennahme der Bauanzeige oder der Bauunterlagen zuständigen Behörden.

§ 196 Mitteilungspflichten der Schiffsvermessungs- und -registerbehörden.
¹ Das Bundesamt für Seeschiffahrt und Hydrographie teilt jede Vermessung eines Seeschiffs, die für die Führung von Schiffsregistern und des Internationalen Seeschiffahrtsregisters zuständigen Gerichte und Behörden teilen den Eingang jedes Antrags auf Eintragung eines Seeschiffs sowie jede Eintragung eines Seeschiffs der Berufsgenossenschaft Verkehrswirtschaft Post-Logistik Telekommunikation unverzüglich mit. ² Entsprechendes gilt für alle Veränderungen und Löschungen im Schiffsregister. ³ Bei Fahrzeugen, die nicht in das Schiffsregister eingetragen werden, haben die Verwaltungsbehörden und die Fischereiämter, die den Seeschiffen Unterscheidungssignale erteilen, die gleichen Pflichten.

§ 197 Übermittlungspflicht weiterer Behörden.
(1) Die Gemeinden übermitteln abweichend von § 30 der Abgabenordnung zum Zweck der Beitragserhebung auf Anforderung Daten über Eigentums- und Besitzverhältnisse an Flächen an die landwirtschaftliche Berufsgenossenschaft, soweit die Ermittlungen von der landwirtschaftlichen Berufsgenossenschaft nur mit wesentlich größerem Aufwand vorgenommen werden können als von den Gemeinden.

(2) ¹ Die Finanzbehörden übermitteln in einem automatisierten Verfahren jährlich der landwirtschaftlichen Berufsgenossenschaft die maschinell vorhandenen Feststellungen zu

1. der nutzungsartbezogenen Vergleichszahl einschließlich Einzelflächen mit Flurstückkennzeichen,
2. den Vergleichswerten sonstiger Nutzung,
3. den Zu- und Abschlägen an den Vergleichswerten,
4. dem Bestand an Vieheinheiten,
5. den Einzelertragswerten für Nebenbetriebe,
6. dem Ersatzwirtschaftswert oder zu den bei dessen Ermittlung anfallenden Berechnungsgrundlagen sowie
7. den Ertragswerten für Abbauland und Geringstland.

² Die landwirtschaftliche Berufsgenossenschaft, die landwirtschaftliche Krankenkasse und die landwirtschaftliche Alterskasse dürfen diese Daten nur zur Feststellung der Versicherungspflicht, der Beitragserhebung oder zur Überprüfung von Rentenansprüchen nach dem Gesetz über die Alterssicherung der

8. Kapitel. Datenschutz **§§ 198, 199** SGB VII

Landwirte nutzen. ³ Sind übermittelte Daten für die Überprüfung nach Satz 2 nicht mehr erforderlich, sind sie unverzüglich zu löschen.

(3) ¹ Das Bundesministerium für Arbeit und Soziales wird ermächtigt, das Nähere über das Verfahren der automatisierten Datenübermittlung durch Rechtsverordnung im Einvernehmen mit dem Bundesministerium der Finanzen und dem Bundesministerium für Ernährung und Landwirtschaft und mit Zustimmung des Bundesrates zu regeln. ² Die Einrichtung eines automatisierten Abrufverfahrens ist ausgeschlossen.

(4) ¹ Die Flurbereinigungsverwaltung und die Vermessungsverwaltung übermitteln der landwirtschaftlichen Berufsgenossenschaft und den Finanzbehörden durch ein automatisiertes Datenabrufverfahren die jeweils bei ihnen maschinell vorhandenen Betriebs-, Flächen-, Nutzungs-, Produktions- und Tierdaten sowie die sonstigen hierzu gespeicherten Angaben. ² Die übermittelten Daten dürfen durch die landwirtschaftliche Berufsgenossenschaft, landwirtschaftliche Krankenkasse und landwirtschaftliche Alterskasse nur zur Feststellung der Versicherungspflicht, zur Beitragserhebung oder zur Überprüfung von Rentenansprüchen nach dem Gesetz über die Alterssicherung der Landwirte und durch die Finanzbehörden zur Feststellung der Steuerpflicht oder zur Steuererhebung genutzt werden. ³ Sind übermittelte Daten für die Überprüfung nach Satz 2 nicht mehr erforderlich, sind sie unverzüglich zu löschen. ⁴ Die Sätze 1 und 2 gelten auch für die Ämter für Landwirtschaft und Landentwicklung, für die Veterinärverwaltung sowie sonstige nach Landesrecht zuständige Stellen, soweit diese Aufgaben wahrnehmen, die denen der Ämter für Landwirtschaft und Landentwicklung oder der Veterinärverwaltung entsprechen.

§ 198 Auskunftspflicht der Grundstückseigentümer. Eigentümer von Grundstücken, die von Unternehmern land- oder forstwirtschaftlich bewirtschaftet werden, haben der landwirtschaftlichen Berufsgenossenschaft auf Verlangen Auskunft über Größe und Lage der Grundstücke sowie Namen und Anschriften der Unternehmer zu erteilen, soweit dies für die Beitragserhebung erforderlich ist.

Achtes Kapitel. Datenschutz

Erster Abschnitt. Grundsätze

§ 199 Erhebung, Verarbeitung und Nutzung von Daten durch die Unfallversicherungsträger. (1) ¹ Die Unfallversicherungsträger dürfen Sozialdaten nur erheben und speichern, soweit dies zur Erfüllung ihrer gesetzlich vorgeschriebenen oder zugelassenen Aufgaben erforderlich ist. ² Ihre Aufgaben sind

1. die Feststellung der Zuständigkeit und des Versicherungsstatus,
2. die Erbringung der Leistungen nach dem Dritten Kapitel einschließlich Überprüfung der Leistungsvoraussetzungen und Abrechnung der Leistungen,
3. die Berechnung, Festsetzung und Erhebung von Beitragsberechnungsgrundlagen und Beiträgen nach dem Sechsten Kapitel,
4. die Durchführung von Erstattungs- und Ersatzansprüchen,

5. die Verhütung von Versicherungsfällen, die Abwendung von arbeitsbedingten Gesundheitsgefahren sowie die Vorsorge für eine wirksame Erste Hilfe nach dem Zweiten Kapitel,

6. die Erforschung von Risiken und Gesundheitsgefahren für die Versicherten.

(2) ¹Die Sozialdaten dürfen nur für Aufgaben nach Absatz 1 in dem jeweils erforderlichen Umfang verarbeitet oder genutzt werden. ²Eine Verwendung für andere Zwecke ist nur zulässig, soweit dies durch Rechtsvorschriften des Sozialgesetzbuches angeordnet oder erlaubt ist.

(3) Bei der Feststellung des Versicherungsfalls soll der Unfallversicherungsträger Auskünfte über Erkrankungen und frühere Erkrankungen des Betroffenen von anderen Stellen oder Personen erst einholen, wenn hinreichende Anhaltspunkte für den ursächlichen Zusammenhang zwischen der versicherten Tätigkeit und dem schädigenden Ereignis oder der schädigenden Einwirkung vorliegen.

§ 200 Einschränkung der Übermittlungsbefugnis. (1) § 76 Abs. 2 Nr. 1 des Zehnten Buches[1]) gilt mit der Maßgabe, daß der Unfallversicherungsträger auch auf ein gegenüber einem anderen Sozialleistungsträger bestehendes Widerspruchsrecht hinzuweisen hat, wenn dieser nicht selbst zu einem Hinweis nach § 76 Abs. 2 Nr. 1 des Zehnten Buches verpflichtet ist.

(2) Vor Erteilung eines Gutachtenauftrages soll der Unfallversicherungsträger dem Versicherten mehrere Gutachter zur Auswahl benennen; der Betroffene ist außerdem auf sein Widerspruchsrecht nach § 76 Abs. 2 des Zehnten Buches hinzuweisen und über den Zweck des Gutachtens zu informieren.

Zweiter Abschnitt. Datenerhebung und -verarbeitung durch Ärzte

§ 201 Datenerhebung und Datenverarbeitung durch Ärzte und Psychotherapeuten. (1) ¹Ärzte und Zahnärzte sowie Psychologische Psychotherapeuten und Kinder- und Jugendlichenpsychotherapeuten, die nach einem Versicherungsfall an einer Heilbehandlung nach § 34 beteiligt sind, erheben, speichern und übermitteln an die Unfallversicherungsträger Daten über die Behandlung und den Zustand des Versicherten sowie andere personenbezogene Daten, soweit dies für Zwecke der Heilbehandlung und die Erbringung sonstiger Leistungen einschließlich Überprüfung der Leistungsvoraussetzungen und Abrechnung der Leistungen erforderlich ist. ²Ferner erheben, speichern und übermitteln sie die Daten, die für ihre Entscheidung, eine Heilbehandlung nach § 34 durchzuführen, maßgeblich waren. ³Der Versicherte kann vom Unfallversicherungsträger verlangen, über die von den Ärzten und den Psychotherapeuten übermittelten Daten unterrichtet zu werden. ⁴§ 25 Abs. 2 des Zehnten Buches[1]) gilt entsprechend. ⁵Der Versicherte ist von den Ärzten und den Psychotherapeuten über den Erhebungszweck, ihre Auskunftspflicht nach den Sätzen 1 und 2 sowie über sein Recht nach Satz 3 zu unterrichten.

(2) Soweit die für den medizinischen Arbeitsschutz zuständigen Stellen und die Krankenkassen Daten nach Absatz 1 zur Erfüllung ihrer Aufgaben benötigen, dürfen die Daten auch an sie übermittelt werden.

---

[1]) Nr. 10.

8. Kapitel. Datenschutz §§ 202–204 SGB VII 7

§ 202 Anzeigepflicht von Ärzten bei Berufskrankheiten. [1] Haben Ärzte oder Zahnärzte den begründeten Verdacht, daß bei Versicherten eine Berufskrankheit besteht, haben sie dies dem Unfallversicherungsträger oder der für den medizinischen Arbeitsschutz zuständigen Stelle in der für die Anzeige von Berufskrankheiten vorgeschriebenen Form (§ 193 Abs. 8) unverzüglich anzuzeigen. [2] Die Ärzte oder Zahnärzte haben die Versicherten über den Inhalt der Anzeige zu unterrichten und ihnen den Unfallversicherungsträger und die Stelle zu nennen, denen sie die Anzeige übersenden. [3] § 193 Abs. 7 Satz 3 und 4 gilt entsprechend.

§ 203 Auskunftspflicht von Ärzten. (1) Ärzte und Zahnärzte, die nicht an einer Heilbehandlung nach § 34 beteiligt sind, sind verpflichtet, dem Unfallversicherungsträger auf Verlangen Auskunft über die Behandlung, den Zustand sowie über Erkrankungen und frühere Erkrankungen des Versicherten zu erteilen, soweit dies für die Heilbehandlung und die Erbringung sonstiger Leistungen erforderlich ist. [2] Der Unfallversicherungsträger soll Auskunftsverlangen zur Feststellung des Versicherungsfalls auf solche Erkrankungen oder auf solche Bereiche von Erkrankungen beschränken, die mit dem Versicherungsfall in einem ursächlichen Zusammenhang stehen können. [3] § 98 Abs. 2 Satz 2 des Zehnten Buches[1)] gilt entsprechend.

(2) [1] Die Unfallversicherungsträger haben den Versicherten auf ein Auskunftsverlangen nach Absatz 1 sowie auf das Recht, auf Verlangen über die von den Ärzten übermittelten Daten unterrichtet zu werden, rechtzeitig hinzuweisen. [2] § 25 Abs. 2 des Zehnten Buches gilt entsprechend.

Dritter Abschnitt. Dateien

§ 204 Errichtung einer Datei für mehrere Unfallversicherungsträger.

(1) [1] Die Errichtung einer Datei für mehrere Unfallversicherungsträger bei einem Unfallversicherungsträger oder bei einem Verband der Unfallversicherungsträger ist zulässig,

1. um Daten über Verwaltungsverfahren und Entscheidungen nach § 9 Abs. 2 zu verarbeiten, zu nutzen und dadurch eine einheitliche Beurteilung vergleichbarer Versicherungsfälle durch die Unfallversicherungsträger zu erreichen, gezielte Maßnahmen der Prävention zu ergreifen sowie neue medizinisch-wissenschaftliche Erkenntnisse zur Fortentwicklung des Berufskrankheitenrechts, insbesondere durch eigene Forschung oder durch Mitwirkung an fremden Forschungsvorhaben, zu gewinnen,

2. um Daten in Vorsorgedateien zu erheben, zu verarbeiten oder zu nutzen, damit Versicherten, die bestimmten arbeitsbedingten Gesundheitsgefahren ausgesetzt sind oder waren, Maßnahmen der Prävention oder zur Teilhabe angeboten sowie Erkenntnisse über arbeitsbedingte Gesundheitsgefahren und geeignete Maßnahmen der Prävention oder zur Teilhabe gewonnen werden können,

3. um Daten über Arbeits- und Wegeunfälle in einer Unfall-Dokumentation zu verarbeiten, zu nutzen und dadurch Größenordnungen, Schwerpunkte und Entwicklungen der Unfallbelastung in einzelnen Bereichen darzustellen,

---

[1)] Nr. 10.

damit Erkenntnisse zur Verbesserung der Prävention und der Maßnahmen zur Teilhabe gewonnen werden können,

4. um Anzeigen, Daten über Verwaltungsverfahren und Entscheidungen über Berufskrankheiten in einer Berufskrankheiten-Dokumentation zu verarbeiten, zu nutzen und dadurch Häufigkeiten und Entwicklungen im Berufskrankheitengeschehen sowie wesentliche Einwirkungen und Erkrankungsfolgen darzustellen, damit Erkenntnisse zur Verbesserung der Prävention und der Maßnahmen zur Teilhabe gewonnen werden können,

5. um Daten über Entschädigungsfälle, in denen Leistungen zur Teilhabe erbracht werden, in einer Rehabilitations- und Teilhabe-Dokumentation zu verarbeiten, zu nutzen und dadurch Schwerpunkte der Maßnahmen zur Teilhabe darzustellen, damit Erkenntnisse zur Verbesserung der Prävention und der Maßnahmen zur Teilhabe gewonnen werden können,

6. um Daten über Entschädigungsfälle, in denen Rentenleistungen oder Leistungen bei Tod erbracht werden, in einer Renten-Dokumentation zu verarbeiten, zu nutzen und dadurch Erkenntnisse über den Rentenverlauf und zur Verbesserung der Prävention und der Maßnahmen zur Teilhabe zu gewinnen.

² In den Fällen des Satzes 1 Nr. 1 und 3 bis 6 findet § 76 des Zehnten Buches[1] keine Anwendung.

(2) ¹ In den Dateien nach Absatz 1 dürfen nach Maßgabe der Sätze 2 und 3 nur folgende Daten von Versicherten erhoben, verarbeitet oder genutzt werden:

1. der zuständige Unfallversicherungsträger und die zuständige staatliche Arbeitsschutzbehörde,
2. das Aktenzeichen des Unfallversicherungsträgers,
3. Art und Hergang, Datum und Uhrzeit sowie Anzeige des Versicherungsfalls,
4. Staatsangehörigkeit und Angaben zur regionalen Zuordnung der Versicherten sowie Geburtsjahr und Geschlecht der Versicherten und der Hinterbliebenen,
5. Familienstand und Versichertenstatus der Versicherten,
6. Beruf der Versicherten, ihre Stellung im Erwerbsleben und die Art ihrer Tätigkeit,
7. Angaben zum Unternehmen einschließlich der Mitgliedsnummer,
8. die Arbeitsanamnese und die als Ursache für eine Schädigung vermuteten Einwirkungen am Arbeitsplatz,
9. die geäußerten Beschwerden und die Diagnose,
10. Entscheidungen über Anerkennung oder Ablehnung von Versicherungsfällen und Leistungen,
11. Kosten und Verlauf von Leistungen,
12. Art, Ort, Verlauf und Ergebnis von Vorsorgemaßnahmen oder Leistungen zur Teilhabe,

---

[1] Nr. 10.

8. Kapitel. Datenschutz § 204 SGB VII 7

13. die Rentenversicherungsnummer, Vor- und Familienname, Geburtsname, Geburtsdatum, Sterbedatum und Wohnanschrift der Versicherten sowie wesentliche Untersuchungsbefunde und die Planung zukünftiger Vorsorgemaßnahmen,
14. Entscheidungen (Nummer 10) mit ihrer Begründung einschließlich im Verwaltungs- oder Sozialgerichtsverfahren erstatteter Gutachten mit Angabe der Gutachter.

²In Dateien nach Absatz 1 Satz 1 Nr. 1 dürfen nur Daten nach Satz 1 Nr. 1 bis 4, 6 bis 10 und 14 verarbeitet oder genutzt werden. ³In Dateien nach Absatz 1 Satz 1 Nr. 3 bis 6 dürfen nur Daten nach Satz 1 Nr. 1 bis 12 verarbeitet oder genutzt werden.

(3) Die Errichtung einer Datei für mehrere Unfallversicherungsträger bei einem Unfallversicherungsträger oder bei einem Verband der Unfallversicherungsträger ist auch zulässig, um die von den Pflegekassen und den privaten Versicherungsunternehmen nach § 44 Abs. 2 des Elften Buches[1] zu übermittelnden Daten zu verarbeiten.

(4) ¹Die Errichtung einer Datei für mehrere Unfallversicherungsträger bei einem Unfallversicherungsträger oder bei einem Verband der Unfallversicherungsträger ist auch zulässig, soweit dies erforderlich ist, um neue Erkenntnisse zur Verhütung von Versicherungsfällen oder zur Abwendung von arbeitsbedingten Gesundheitsgefahren zu gewinnen, und dieser Zweck nur durch eine gemeinsame Datei für mehrere oder alle Unfallversicherungsträger erreicht werden kann. ²In der Datei nach Satz 1 dürfen personenbezogene Daten nur verarbeitet werden, soweit der Zweck der Datei ohne sie nicht erreicht werden kann. ³Das Bundesministerium für Arbeit und Soziales bestimmt in einer Rechtsverordnung, die der Zustimmung des Bundesrates bedarf, die Art der zu verhütenden Versicherungsfälle und der abzuwendenden arbeitsbedingten Gesundheitsgefahren sowie die Art der Daten, die in der Datei nach Satz 1 verarbeitet oder genutzt werden dürfen. ⁴In der Datei nach Satz 1 dürfen Daten nach Absatz 2 Satz 1 Nr. 13 nicht gespeichert werden.

(5) ¹Die Unfallversicherungsträger dürfen Daten nach Absatz 2 an den Unfallversicherungsträger oder den Verband, der die Datei führt, übermitteln. ²Die in der Datei nach Absatz 1 Satz 1 Nr. 1 oder 2 gespeicherten Daten dürfen von der dateiführenden Stelle an andere Unfallversicherungsträger übermittelt werden, soweit es zur Erfüllung ihrer gesetzlichen Aufgaben erforderlich ist.

(6) Der Unfallversicherungsträger oder der Verband, der die Datei errichtet, hat dem Bundesbeauftragten für den Datenschutz oder der nach Landesrecht für die Kontrolle des Datenschutzes zuständigen Stelle rechtzeitig die Errichtung einer Datei nach Absatz 1 oder 4 vorher schriftlich oder elektronisch anzuzeigen.

(7) ¹Der Versicherte ist vor der erstmaligen Speicherung seiner Sozialdaten in Dateien nach Absatz 1 Satz 1 Nr. 1 und 2 über die Art der gespeicherten Daten, die speichernde Stelle und den Zweck der Datei durch den Unfallversicherungsträger schriftlich zu unterrichten. ²Dabei ist er auf sein Auskunftsrecht nach § 83 des Zehnten Buches hinzuweisen.

---

[1] Nr. 11.

§ 205 *(aufgehoben)*

Vierter Abschnitt. Sonstige Vorschriften

§ 206 Übermittlung von Daten für die Forschung zur Bekämpfung von Berufskrankheiten. (1) ¹ Ein Arzt oder Angehöriger eines anderen Heilberufes ist befugt, für ein bestimmtes Forschungsvorhaben personenbezogene Daten den Unfallversicherungsträgern und deren Verbänden zu übermitteln, wenn die nachfolgenden Voraussetzungen erfüllt sind und die Genehmigung des Forschungsvorhabens öffentlich bekanntgegeben worden ist. ² Die Unfallversicherungsträger oder die Verbände haben den Versicherten oder den früheren Versicherten schriftlich über die übermittelten Daten und über den Zweck der Übermittlung zu unterrichten.

(2) ¹ Die Unfallversicherungsträger und ihre Verbände dürfen Sozialdaten von Versicherten und früheren Versicherten erheben, verarbeiten und nutzen, soweit dies

1. zur Durchführung eines bestimmten Forschungsvorhabens, das die Erkennung neuer Berufskrankheiten oder die Verbesserung der Prävention oder der Maßnahmen zur Teilhabe bei Berufskrankheiten zum Ziele hat, erforderlich ist und
2. der Zweck dieses Forschungsvorhabens nicht auf andere Weise, insbesondere nicht durch Erhebung, Verarbeitung und Nutzung anonymisierter Daten, erreicht werden kann.

² Voraussetzung ist, daß die zuständige oberste Bundes oder Landesbehörde die Erhebung, Verarbeitung und Nutzung der Daten für das Forschungsvorhaben genehmigt hat. ³ Erteilt die zuständige oberste Bundesbehörde die Genehmigung, sind die Bundesärztekammer und der Bundesbeauftragte für den Datenschutz anzuhören, in den übrigen Fällen der Landesbeauftragte für den Datenschutz und die Ärztekammer des Landes.

(3) Das Forschungsvorhaben darf nur durchgeführt werden, wenn sichergestellt ist, daß keinem Beschäftigten, der an Entscheidungen über Sozialleistungen oder deren Vorbereitung beteiligt ist, die Daten, die für das Forschungsvorhaben erhoben, verarbeitet oder genutzt werden, zugänglich sind oder von Zugriffsberechtigten weitergegeben werden.

(4) ¹ Die Durchführung der Forschung ist organisatorisch und räumlich von anderen Aufgaben zu trennen. ² Die übermittelten Einzelangaben dürfen nicht mit anderen personenbezogenen Daten zusammengeführt werden. ³ § 67c Abs. 5 Satz 2 und 3 des Zehnten Buches[1]) bleibt unberührt.

(5) ¹ Führen die Unfallversicherungsträger oder ihre Verbände das Forschungsvorhaben nicht selbst durch, dürfen die Daten nur anonymisiert an den für das Forschungsvorhaben Verantwortlichen übermittelt werden. ² Ist nach dem Zweck des Forschungsvorhabens zu erwarten, daß Rückfragen für einen Teil der Betroffenen erforderlich werden, sind sie an die Person zu richten, welche die Daten gemäß Absatz 1 übermittelt hat. ³ Absatz 2 gilt für den für das Forschungsvorhaben Verantwortlichen entsprechend. ⁴ Die Absätze 3 und 4 gelten entsprechend.

---

[1]) Nr. 10.

9. Kapitel. Bußgeldvorschriften §§ 207–209 SGB VII 7

§ 207 Erhebung, Verarbeitung und Nutzung von Daten zur Verhütung von Versicherungsfällen und arbeitsbedingten Gesundheitsgefahren. (1) Die Unfallversicherungsträger und ihre Verbände dürfen

1. Daten zu Stoffen, Zubereitungen und Erzeugnissen,
2. Betriebs- und Expositionsdaten zur Gefährdungsanalyse

erheben, speichern, verändern, löschen, nutzen und untereinander übermitteln, soweit dies zur Verhütung von Versicherungsfällen und arbeitsbedingten Gesundheitsgefahren erforderlich ist.

(2) Daten nach Absatz 1 dürfen an die für den Arbeitsschutz zuständigen Landesbehörden und an die für den Vollzug des Chemikaliengesetzes sowie des Rechts der Bio- und Gentechnologie zuständigen Behörden übermittelt werden.

(3) Daten nach Absatz 1 dürfen nicht an Stellen oder Personen außerhalb der Unfallversicherungsträger und ihrer Verbände sowie der zuständigen Landesbehörden übermittelt werden, wenn der Unternehmer begründet nachweist, daß ihre Verbreitung ihm betrieblich oder geschäftlich schaden könnte, und die Daten auf Antrag des Unternehmers als vertraulich gekennzeichnet sind.

§ 208 Auskünfte der Deutschen Post AG. Soweit die Deutsche Post AG Aufgaben der Unfallversicherung wahrnimmt, gilt § 151 des Sechsten Buches[1]) entsprechend.

Neuntes Kapitel. Bußgeldvorschriften

§ 209 Bußgeldvorschriften. (1) [1] Ordnungswidrig handelt, wer vorsätzlich oder fahrlässig

1. einer Unfallverhütungsvorschrift nach § 15 Abs. 1 oder 2 zuwiderhandelt, soweit sie für einen bestimmten Tatbestand auf diese Bußgeldvorschrift verweist,
2. einer vollziehbaren Anordnung nach § 19 Abs. 1 zuwiderhandelt,
3. entgegen § 19 Abs. 2 Satz 2 eine Maßnahme nicht duldet,
4. entgegen § 138 die Versicherten nicht unterrichtet,
5. entgegen
    a) § 165 Absatz 1 Satz 1, auch in Verbindung mit einer Satzung nach § 165 Absatz 1 Satz 2 oder Satz 3 dieses Buches, jeweils in Verbindung mit § 34 Absatz 1 Satz 1 des Vierten Buches[2]), oder
    b) § 194
    eine Meldung nicht, nicht richtig, nicht vollständig oder nicht rechtzeitig macht,
6. entgegen § 165 Absatz 2 Satz 1 in Verbindung mit einer Satzung nach § 34 Absatz 1 Satz 1 des Vierten Buches einen dort genannten Nachweis nicht, nicht richtig, nicht vollständig oder nicht rechtzeitig einreicht,

---

[1]) Nr. 6.
[2]) Nr. 4.

7. entgegen § 165 Abs. 4 eine Aufzeichnung nicht führt oder nicht oder nicht mindestens fünf Jahre aufbewahrt,

7a. entgegen § 183 Absatz 6 Satz 1 in Verbindung mit einer Satzung nach § 34 Absatz 1 Satz 1 des Vierten Buches eine Auskunft nicht, nicht richtig, nicht vollständig oder nicht rechtzeitig gibt,

8. entgegen § 192 Abs. 1 Nr. 1 bis 3 oder Abs. 4 Satz 1 eine Mitteilung nicht, nicht richtig, nicht vollständig oder nicht rechtzeitig macht,

9. entgegen § 193 Abs. 1 Satz 1, auch in Verbindung mit Satz 2, Abs.2, 3 Satz 2, Abs.4 oder 6 eine Anzeige nicht, nicht richtig oder nicht rechtzeitig erstattet,

10. entgegen § 193 Abs. 9 einen Unfall nicht in das Schiffstagebuch einträgt, nicht darstellt oder nicht in einer besonderen Niederschrift nachweist oder

11. entgegen § 198 oder 203 Abs. 1 Satz 1 eine Auskunft nicht, nicht richtig, nicht vollständig oder nicht rechtzeitig erteilt.

² In den Fällen der Nummer 5, die sich auf geringfügige Beschäftigungen in Privathaushalten im Sinne von § 8a des Vierten Buches beziehen, findet § 266a Abs. 2 des Strafgesetzbuches keine Anwendung.

(2) Ordnungswidrig handelt, wer als Unternehmer Versicherten Beiträge ganz oder zum Teil auf das Arbeitsentgelt anrechnet.

(3) Die Ordnungswidrigkeit kann in den Fällen des Absatzes 1 Nr. 1 bis 3 mit einer Geldbuße bis zu zehntausend Euro, in den Fällen des Absatzes 2 mit einer Geldbuße bis zu fünftausend Euro, in den übrigen Fällen mit einer Geldbuße bis zu zweitausendfünfhundert Euro geahndet werden.

§ 210 Zuständige Verwaltungsbehörde. Verwaltungsbehörde im Sinne des § 36 Abs. 1 Nr. 1 des Gesetzes über Ordnungswidrigkeiten ist der Unfallversicherungsträger.

§ 211 Zusammenarbeit bei der Verfolgung und Ahndung von Ordnungswidrigkeiten. ¹ Zur Verfolgung und Ahndung von Ordnungswidrigkeiten arbeiten die Unfallversicherungsträger insbesondere mit den Behörden der Zollverwaltung, der Bundesagentur für Arbeit, den nach § 6 Abs. 1 Satz 1 Nr. 2 des Zweiten Buches[1] zuständigen Trägern oder den nach § 6a des Zweiten Buches zugelassenen kommunalen Trägern, den Krankenkassen als Einzugsstellen für die Sozialversicherungsbeiträge, den in § 71 des Aufenthaltsgesetzes genannten Behörden, den Finanzbehörden, den nach Landesrecht für die Verfolgung und Ahndung von Ordnungswidrigkeiten nach dem Schwarzarbeitsbekämpfungsgesetz zuständigen Behörden, den Trägern der Sozialhilfe und den für den Arbeitsschutz zuständigen Landesbehörden zusammen, wenn sich im Einzelfall konkrete Anhaltspunkte für

1. Verstöße gegen das Schwarzarbeitsbekämpfungsgesetz,
2. eine Beschäftigung oder Tätigkeit von Ausländern ohne erforderlichen Aufenthaltstitel nach § 4 Abs. 3 des Aufenthaltsgesetzes, eine Aufenthaltsgestattung oder eine Duldung, die zur Ausübung der Beschäftigung berechtigen, oder eine Genehmigung nach § 284 Abs. 1 des Dritten Buches[2];

---

[1] Nr. 2.
[2] Nr. 3.

3. Verstöße gegen die Mitwirkungspflicht nach § 60 Abs. 1 Satz 1 Nr. 2 des Ersten Buches[1] gegenüber einer Dienststelle der Bundesagentur für Arbeit, einem Träger der gesetzlichen Kranken-, Pflege- oder Rentenversicherung, einem nach § 6 Abs. 1 Satz 1 Nr. 2 des Zweiten Buches zuständigen Träger oder einem nach § 6a des Zweiten Buches zugelassenen kommunalen Träger oder einem Träger der Sozialhilfe oder gegen die Meldepflicht nach § 8a des Asylbewerberleistungsgesetzes,

4. Verstöße gegen das Arbeitnehmerüberlassungsgesetz,

5. Verstöße gegen die Bestimmungen des Vierten[2] und Fünften Buches[3] sowie dieses Buches über die Verpflichtung zur Zahlung von Sozialversicherungsbeiträgen, soweit sie im Zusammenhang mit den in den Nummern 1 bis 4 genannten Verstößen stehen,

6. Verstöße gegen die Steuergesetze,

7. Verstöße gegen das Aufenthaltsgesetz

ergeben. ²Sie unterrichten die für die Verfolgung und Ahndung zuständigen Behörden, die Träger der Sozialhilfe sowie die Behörden nach § 71 des Aufenthaltsgesetzes. ³Die Unterrichtung kann auch Angaben über die Tatsachen, die für die Einziehung der Beiträge zur Unfallversicherung erforderlich sind, enthalten. ⁴Medizinische und psychologische Daten, die über einen Versicherten erhoben worden sind, dürfen die Unfallversicherungsträger nicht übermitteln.

Zehntes Kapitel. Übergangsrecht

§ 212 Grundsatz. Die Vorschriften des Ersten bis Neunten Kapitels gelten für Versicherungsfälle, die nach dem Inkrafttreten dieses Gesetzes eintreten, soweit in den folgenden Vorschriften nicht etwas anderes bestimmt ist.

§ 213 Versicherungsschutz. (1) ¹Unternehmer und ihre Ehegatten, die am Tag vor dem Inkrafttreten dieses Gesetzes nach § 539 Abs. 1 Nr. 3 oder 7 der Reichsversicherungsordnung in der zu diesem Zeitpunkt geltenden Fassung pflichtversichert waren und die nach § 2 nicht pflichtversichert sind, bleiben versichert, ohne daß es eines Antrags auf freiwillige Versicherung bedarf. ²Die Versicherung wird als freiwillige Versicherung weitergeführt. ³Sie endigt mit Ablauf des Monats, in dem ein Antrag auf Beendigung dieser Versicherung beim Unfallversicherungsträger eingegangen ist; § 6 Abs. 2 Satz 2 bleibt unberührt.

(2) Die §§ 555a und 636 Abs. 3 der Reichsversicherungsordnung in der Fassung des Artikels II § 4 Nr. 12 und 15 des Gesetzes vom 18. August 1980 (BGBl. I S. 1469, 2218) gelten auch für Versicherungsfälle, die in der Zeit vom 24. Mai 1949 bis zum 31. Oktober 1977 eingetreten sind.

(3) § 2 Abs. 1 Nr. 16 in der Fassung des Artikels 1 Nr. 2 Buchstabe b des Unfallversicherungsmodernisierungsgesetzes vom 30. Oktober 2008 (BGBl. I

---
[1] Nr. 1.
[2] Nr. 4.
[3] Nr. 5.

S. 2130) gilt auch für Versicherungsfälle, die in der Zeit vom 1. Mai 2007 bis zum 4. November 2008 eingetreten sind.

(4) [1] § 12a gilt auch für Gesundheitsschäden, die in der Zeit vom 1. Dezember 1997 bis zum 31. Juli 2012 eingetreten sind. [2] Ansprüche auf Leistungen bestehen in diesen Fällen ab dem 1. August 2012.

(5) Vom 1. November 2014 bis zum 31. Dezember 2015 gilt § 2 Absatz 1 Nummer 1 und 12 sowie Absatz 3 Satz 2 und 3 auch für Personen, die von Unternehmen zur Hilfe bei Unglücksfällen oder des Zivilschutzes in der Zuständigkeit der Unfallversicherung Bund und Bahn in das Ausland delegiert werden, wenn sie im Inland ihren Wohnsitz oder gewöhnlichen Aufenthalt haben oder die Tätigkeit im Inland beginnt oder beendet werden soll.

§ 214 Geltung auch für frühere Versicherungsfälle. (1) Die Vorschriften des Ersten und Fünften Abschnitts des Dritten Kapitels gelten auch für Versicherungsfälle, die vor dem Tag des Inkrafttretens dieses Gesetzes eingetreten sind; dies gilt nicht für die Vorschrift über Leistungen an Berechtigte im Ausland.

(2) [1] Die Vorschriften über den Jahresarbeitsverdienst gelten auch für Versicherungsfälle, die vor dem Tag des Inkrafttretens dieses Gesetzes eingetreten sind, wenn der Jahresarbeitsverdienst nach dem Inkrafttreten dieses Gesetzes erstmals oder aufgrund des § 90 neu festgesetzt wird. [2] Die Vorschrift des § 93 über den Jahresarbeitsverdienst für die Versicherten der landwirtschaftlichen Berufsgenossenschaften und ihre Hinterbliebenen gilt auch für Versicherungsfälle, die nach dem Inkrafttreten dieses Gesetzes eingetreten sind; die Geldleistungen sind von dem auf das Inkrafttreten dieses Gesetzes folgenden 1. Juli an neu festzustellen; die generelle Bestandsschutzregelung bleibt unberührt.

(3) [1] Die Vorschriften über Renten, Beihilfen, Abfindungen und Mehrleistungen gelten auch für Versicherungsfälle, die vor dem Tag des Inkrafttretens dieses Gesetzes eingetreten sind, wenn diese Leistungen nach dem Inkrafttreten dieses Gesetzes erstmals festzusetzen sind. [2] § 73 gilt auch für Versicherungsfälle, die vor dem Tag des Inkrafttretens dieses Gesetzes eingetreten sind.

(4) Soweit sich die Vorschriften über das Verfahren, den Datenschutz sowie die Beziehungen der Versicherungsträger zueinander und zu Dritten auf bestimmte Versicherungsfälle beziehen, gelten sie auch hinsichtlich der Versicherungsfälle, die vor dem Tag des Inkrafttretens dieses Gesetzes eingetreten sind.

§ 215 Sondervorschriften für Versicherungsfälle in dem in Artikel 3 des Einigungsvertrages genannten Gebiet. (1) [1] Für die Übernahme der vor dem 1. Januar 1992 eingetretenen Unfälle und Krankheiten als Arbeitsunfälle und Berufskrankheiten nach dem Recht der gesetzlichen Unfallversicherung ist § 1150 Abs. 2 und 3 der Reichsversicherungsordnung in der am Tag vor Inkrafttreten dieses Gesetzes geltenden Fassung weiter anzuwenden. [2] § 1150 Abs. 2 Satz 2 Nr. 1 der Reichsversicherungsordnung gilt nicht für Versicherungsfälle aus dem Wehrdienst ehemaliger Wehrdienstpflichtiger der Nationalen Volksarmee der Deutschen Demokratischen Republik. [3] Tritt bei diesen Personen nach dem 31. Dezember 1991 eine Berufskrankheit auf, die infolge des Wehrdienstes entstanden ist, gelten die Vorschriften dieses Buches.

(2) Die Vorschriften über den Jahresarbeitsverdienst gelten nicht für Versicherungsfälle in dem in Artikel 3 des Einigungsvertrags genannten Gebiet, die

vor dem 1. Januar 1992 eingetreten sind; für diese Versicherungsfälle ist § 1152 Abs. 2 der Reichsversicherungsordnung in der am Tag vor Inkrafttreten dieses Gesetzes geltenden Fassung weiter anzuwenden mit der Maßgabe, dass der zuletzt am 1. Juli 2001 angepasste Betrag aus § 1152 Abs. 2 der Reichsversicherungsordnung ab 1. Januar 2002 in Euro umgerechnet und auf volle Euro-Beträge aufgerundet wird.

(3) Für Versicherungsfälle im Zuständigkeitsbereich der Unfallversicherung Bund und Bahn nach § 125 Absatz 1, die nach dem 31. Dezember 1991 eingetreten sind, gilt § 85 Abs. 2 Satz 1 mit der Maßgabe, daß der Jahresarbeitsverdienst höchstens das Zweifache der im Zeitpunkt des Versicherungsfalls geltenden Bezugsgröße (West) beträgt.

(4) Für Versicherte an Bord von Seeschiffen und für nach § 2 Abs. 1 Nr. 7 versicherte Küstenschiffer und Küstenfischer ist § 1152 Abs. 6 der Reichsversicherungsordnung in der am Tag vor Inkrafttreten dieses Gesetzes geltenden Fassung weiter anzuwenden mit der Maßgabe, daß an die Stelle der dort genannten Vorschriften der Reichsversicherungsordnung § 92 dieses Buches tritt.

(5)[1)2)] [1] Die Vorschriften über die Anpassung der vom Jahresarbeitsverdienst abhängigen Geldleistungen und über die Höhe und die Anpassung des Pflegegeldes gelten nicht für Versicherungsfälle in dem in Artikel 3 des Einigungsvertrags genannten Gebiet; für diese Versicherungsfälle sind § 1151 Abs. 1 und § 1153 der Reichsversicherungsordnung in der am Tag vor Inkrafttreten dieses Gesetzes geltenden Fassung weiter anzuwenden mit der Maßgabe, daß an die Stelle der dort genannten Vorschriften der Reichsversicherungsordnung § 44 Abs. 2 und 4 sowie § 95 dieses Buches treten. [2] Abweichend von Satz 1 ist bei den Anpassungen ab dem 1. Juli 2001 der Vomhundertsatz maßgebend, um den sich die Renten aus der gesetzlichen Rentenversicherung in dem in Artikel 3 des Einigungsvertrages genannten Gebiet verändern. [3] § 1151 Abs. 1 der Reichsversicherungsordnung gilt mit der Maßgabe, dass ab 1. Januar 2002 an die Stelle des Pflegegeldrahmens in Deutscher Mark der Pflegegeldrahmen in Euro tritt, indem die zuletzt am 1. Juli 2001 angepassten Beträge in Euro umgerechnet und auf volle Euro-Beträge aufgerundet werden.

(6) Für die Feststellung und Zahlung von Renten bei Versicherungsfällen, die vor dem 1. Januar 1992 eingetreten sind, ist § 1154 der Reichsversicherungsordnung in der am Tag vor Inkrafttreten dieses Gesetzes geltenden Fassung weiter anzuwenden mit der Maßgabe, daß an die Stelle der dort genannten Vorschriften der Reichsversicherungsordnung die §§ 56 und 81 bis 91 dieses Buches treten.

(7) [1] Für die Feststellung und Zahlung von Leistungen im Todesfall ist § 1155 Abs. 1 Satz 2 und 3 sowie Abs. 2 und 3 der Reichsversicherungsordnung in der am Tag vor Inkrafttreten dieses Gesetzes geltenden Fassung weiter anzuwenden mit der Maßgabe, daß an die Stelle der dort genannten Vor-

---

[1)] Die vom Jahresarbeitsverdienst abhängigen Geldleistungen und das Pflegegeld der gesetzlichen Unfallversicherung im Sinne des § 215 Abs. 5 für Versicherungsfälle, die vor dem 1.7.2017 eingetreten sind, werden zum 1.7.2017 angepasst. Der Anpassungsfaktor beträgt 1,0359; vgl. § 4 Abs. 2 RentenwertbestimmungsVO 2017 v. 8.6.2017 (BGBl. I S. 1522).
[2)] Für Versicherungsfälle, auf die § 215 Abs. 5 anzuwenden ist, beträgt das Pflegegeld der gesetzlichen Unfallversicherung ab 1.7.2017 zwischen 330 Euro und 1 324 Euro; vgl. § 5 Nr. 2 RentenwertbestimmungsVO 2017 v. 8.6.2017 (BGBl. I S. 1522).

schriften der Reichsversicherungsordnung § 65 Abs. 3 und § 66 dieses Buches treten. ²Bestand am 31. Dezember 1991 nach dem in dem in Artikel 3 des Einigungsvertrags genannten Gebiet geltenden Recht ein Anspruch auf Witwenrente, Witwerrente oder Waisenrente, wird der Zahlbetrag dieser Rente so lange unverändert weitergezahlt, wie er den Zahlbetrag der Rente, die sich aus den §§ 63 bis 71 und aus Satz 1 ergeben würde, übersteigt.

(8) Die Vorschrift des § 1156 der Reichsversicherungsordnung in der am Tag vor Inkrafttreten dieses Gesetzes geltenden Fassung ist weiter anzuwenden.

§ 216 Bezugsgröße (Ost) und aktueller Rentenwert (Ost). (1) Soweit Vorschriften dieses Buches beim Jahresarbeitsverdienst oder beim Sterbegeld an die Bezugsgröße anknüpfen, ist die Bezugsgröße für das in Artikel 3 des Einigungsvertrags genannte Gebiet (Bezugsgröße (Ost)) maßgebend, wenn es sich um einen Versicherungsfall in diesem Gebiet handelt.

(2) Soweit Vorschriften dieses Buches bei Einkommensanrechnungen auf Leistungen an Hinterbliebene an den aktuellen Rentenwert anknüpfen, ist der aktuelle Rentenwert (Ost) maßgebend, wenn der Berechtigte seinen gewöhnlichen Aufenthalt in dem in Artikel 3 des Einigungsvertrags genannten Gebiet hat.

§ 217 Bestandsschutz. (1) ¹Ist eine Geldleistung, die aufgrund des bis zum Inkrafttreten dieses Gesetzes geltenden Rechts festgestellt worden ist oder hätte festgestellt werden müssen, höher, als sie nach diesem Buch sein würde, wird dem Berechtigten die höhere Leistung gezahlt. ²Satz 1 gilt entsprechend für die Dauer einer Geldleistung. ³Bei den nach § 2 Abs. 1 Nr. 5 Buchstabe b versicherten mitarbeitenden Familienangehörigen sind dabei auch die bisher gezahlten Zulagen an Schwerverletzte zu berücksichtigen.

(2) ¹Die §§ 590 bis 593, 598 und 600 Abs. 3 in Verbindung mit den §§ 602 und 614 der Reichsversicherungsordnung in der am 31. Dezember 1985 geltenden Fassung sind weiter anzuwenden, wenn der Tod des Versicherten vor dem 1. Januar 1986 eingetreten ist. ²§ 80 Abs. 1 ist auch anzuwenden, wenn der Tod des Versicherten vor dem 1. Januar 1986 eingetreten ist und die neue Ehe nach dem Inkrafttreten dieses Gesetzes geschlossen wird. ³Bei der Anwendung des § 65 Abs. 3 und des § 80 Abs. 3 gilt § 617 Abs. 2 und 6 der Reichsversicherungsordnung in der am Tag vor dem Inkrafttreten dieses Gesetzes geltenden Fassung.

(3) Berechtigten, die vor dem Inkrafttreten dieses Gesetzes für ein Kind Anspruch auf eine Kinderzulage hatten, wird die Kinderzulage nach Maßgabe des § 583 unter Berücksichtigung des § 584 Abs. 1 Satz 2, des § 585, des § 579 Abs. 1 Satz 2 und des § 609 Abs. 3 der Reichsversicherungsordnung in der am Tag vor dem Inkrafttreten dieses Gesetzes geltenden Fassung weiter geleistet.

(4) Artikel 1 § 9 Abs. 3 und § 10 Abs. 1 Satz 2 des Einundzwanzigsten Rentenanpassungsgesetzes vom 25. Juli 1978 (BGBl. I S.1089) sind für die Anpassung der dort genannten Geldleistungen nach § 95 weiter anzuwenden.

§ 218 *(aufgehoben)*

§ 218a Leistungen an Hinterbliebene. (1) Ist der Ehegatte vor dem 1. Januar 2002 verstorben oder wurde die Ehe vor diesem Tag geschlossen und ist

10. Kapitel. Übergangsrecht **§§ 218b–218d SGB VII 7**

mindestens ein Ehegatte vor dem 2. Januar 1962 geboren, gelten die Vorschriften über Renten an Witwen oder Witwer und Abfindungen mit der Maßgabe, dass
1. der Anspruch auf eine Rente nach § 65 Abs. 2 Nr. 2 ohne Beschränkung auf 24 Kalendermonate besteht,
2. auf eine Witwenrente oder eine Witwerrente das Einkommen anrechenbar ist, das monatlich das 26,4fache des aktuellen Rentenwerts übersteigt,
3. auf eine Abfindung nach § 80 Abs. 1 eine Rente nach § 65 Abs. 2 Nr. 2 nicht angerechnet wird.

(2) [1] Ist der Ehegatte vor dem 1. Januar 2012 verstorben, gelten die Vorschriften über Renten an Witwen oder Witwer mit der Maßgabe, dass der Anspruch auf eine Rente nach § 65 Abs. 2 Nr. 3 Buchstabe b ab Vollendung des 45. Lebensjahres besteht. [2] Ist der Ehegatte nach dem 31. Dezember 2011 verstorben, gilt für die Altersgrenze des § 65 Abs. 2 Nr. 3 Buchstabe b der § 242a Abs. 5 des Sechsten Buches[1] entsprechend.

§ 218b *(aufgehoben)*

§ 218c Auszahlung laufender Geldleistungen bei Beginn vor dem 1. April 2004. (1) [1] Bei Beginn laufender Geldleistungen mit Ausnahme des Verletzten- und Übergangsgeldes vor dem 1. April 2004 werden diese zu Beginn des Monats fällig, zu dessen Beginn die Anspruchsvoraussetzungen erfüllt sind; sie werden am letzten Bankarbeitstag des Monats ausgezahlt, der dem Monat der Fälligkeit vorausgeht. [2] § 96 Abs. 1 Satz 2 und 3 gilt entsprechend.

(2) Absatz 1 gilt auch für Renten an Hinterbliebene, die im Anschluss an eine Rente für Versicherte zu zahlen sind, wenn der erstmalige Rentenbeginn dieser Rente vor dem 1. April 2004 liegt.

§ 218d Besondere Zuständigkeiten. (1) Verändert sich aufgrund des § 128 Absatz 1 Nummer 1a, des § 129 Absatz 1 Nummer 1a und Absatz 4 oder des § 129a die Zuständigkeit für ein am 1. Januar 2013 bestehendes Unternehmen, ist dieses nach § 136 Absatz 1 Satz 4 zweite Alternative an den zuständigen Unfallversicherungsträger zu überweisen; die am 1. Januar 2013 in Kraft getretene Fassung des § 128 Absatz 1 Nummer 1a, des § 129 Absatz 1 Nummer 1a und Absatz 4 sowie des § 129a gilt insoweit als wesentliche Änderung.

(2) [1] Absatz 1 gilt nicht für Unternehmen im Sinne des § 128 Absatz 1 Nummer 1a und des § 129 Absatz 1 Nummer 1a, die am 31. Dezember 1996 bestanden haben und bei denen seitdem keine wesentliche Änderung im Sinne des § 136 Absatz 1 Satz 4 zweite Alternative eingetreten ist. [2] Dabei sind auch solche Änderungen wesentlich, die nach dem 31. Dezember 1996 eingetreten sind und nach dem § 128 Absatz 1 Nummer 1a, dem § 129 Absatz 1 Nummer 1a oder dem § 129a eine andere Zuständigkeit begründen.

(3) Absatz 1 gilt nicht für Unternehmen im Sinne des § 129 Absatz 1 Nummer 1, wenn deren Schwerpunkt im Ausnahmebereich des § 129 Absatz 4 Satz 1 liegt.

---

[1] Nr. 6.

(4) Ab dem 1. Januar 2013 eintretende wesentliche Änderungen sind zu berücksichtigen.

(5) ¹Die Deutsche Gesetzliche Unfallversicherung e. V. prüft die Auswirkungen der Zuständigkeit der Unfallversicherungsträger der Länder und Kommunen nach § 128 Absatz 1 Nummer 1a und § 129 Absatz 1 Nummer 1a auf die Belastung der betroffenen Unternehmen durch Unfallversicherungsbeiträge im Verhältnis zu gleichartigen Unternehmen, für die die gewerblichen Berufsgenossenschaften zuständig sind, und legt dem Bundesministerium für Arbeit und Soziales bis zum 31. Dezember 2013 einen Bericht über das Ergebnis der Prüfung vor. ²Bestehen hiernach wettbewerbsrelevante Unterschiede, die durch die Regelungen des Sechsten Kapitels begründet sind, enthält der Bericht auch Vorschläge zur Herstellung gleicher Wettbewerbsbedingungen der Unternehmen der betroffenen Gewerbezweige.

§ 218e Übergangsregelungen aus Anlass des Übergangs der Beitragsüberwachung auf die Träger der Deutschen Rentenversicherung.

(1) ¹Soweit der Übergang der Prüfung nach § 166 Abs. 2 auf die Träger der Rentenversicherung bei diesen Personalbedarf auslöst, können die Träger der Rentenversicherung in entsprechendem Umfang Beschäftigte der Unfallversicherungsträger übernehmen, die am 31. Dezember 2009 ganz oder überwiegend die Prüfung der Arbeitgeber vornehmen. ²Die Übernahme erfolgt im Zeitraum vom 1. Januar 2010 bis zum 31. Dezember 2011.

(2) ¹Der jeweilige Träger der Rentenversicherung tritt in den Fällen der nach Absatz 1 übergetretenen Beschäftigten in die Rechte und Pflichten aus den Arbeits- und Dienstverhältnissen ein. ²Mit dem Zeitpunkt des Übertritts sind die bei dem neuen Arbeitgeber geltenden tarifvertraglichen Regelungen, Dienstvereinbarungen, Dienstordnungen oder sonstigen Vereinbarungen maßgebend. ³Bei Beamten erfolgt die Übernahme im Wege der Versetzung; entsprechende beamtenrechtliche Vorschriften bleiben unberührt. ⁴Die in einem Beschäftigungsverhältnis bei einem Träger der gesetzlichen Unfallversicherung verbrachten Zeiten gelten bei der Anwendung beamtenrechtlicher einschließlich besoldungs- und versorgungsrechtlicher Vorschriften und tarifvertraglicher Regelungen als bei der Deutschen Rentenversicherung verbrachte Zeiten. ⁵Haben Beschäftigte aufgrund einer bisherigen tarifvertraglichen Regelung Anspruch auf ein höheres Arbeitsentgelt, erhalten sie, solange die Tätigkeit der Arbeitgeberprüfung weiterhin ausgeübt wird, eine Ausgleichszulage in Höhe der Differenz zwischen dem bisherigen Entgelt und dem Entgelt, das nach den Regelungen des Satzes 2 zusteht. ⁶Der Anspruch auf Ausgleichszulage entfällt, sobald dazu eine neue tarifvertragliche Regelung vereinbart wird.

(3) ¹Handelt es sich bei übernommenen Beschäftigten um Dienstordnungsangestellte, tragen der aufnehmende Träger der Rentenversicherung und der abgebende Unfallversicherungsträger die Versorgungsbezüge anteilig, wenn der Versorgungsfall eintritt. ²§ 107b des Beamtenversorgungsgesetzes gilt sinngemäß. ³Die übergetretenen Dienstordnungsangestellten sind innerhalb eines Jahres nach dem Übertritt in das Beamtenverhältnis zu berufen, wenn sie die erforderlichen beamtenrechtlichen Voraussetzungen erfüllen. ⁴Sie sind unmittelbar in das Beamtenverhältnis auf Lebenszeit unter Verleihung des Amtes zu berufen, das ihrer besoldungsrechtlichen Stellung nach dem Dienstvertrag am Tag vor der Berufung in das Beamtenverhältnis entspricht, sofern sie die erforderlichen beamtenrechtlichen Voraussetzungen erfüllen.

10. Kapitel. Übergangsrecht §§ 218f–220 SGB VII 7

(4) Die Prüfung der Unternehmen nach § 166 für die Jahre 2005 bis 2008 wird in den Jahren 2010 und 2011 weiter von den Unfallversicherungsträgern durchgeführt.

§ 218f Weitergeltung des Lohnnachweisverfahrens in der Fassung vom 31. Dezember 2005. Grundlage für den Beitragsbescheid für den Zeitraum vom 1. Januar 2015 bis zum 31. Dezember 2017 ist der Lohnnachweis nach § 165 Absatz 1 in der bis zum 31. Dezember 2016 gültigen Fassung.

§ 219 Beitragsberechnung. § 153 Abs. 4 in der am 31. Dezember 2007 geltenden Fassung findet bis zum Umlagejahr 2013 weiter Anwendung.

§ 219a Altersrückstellungen. (1) *(aufgehoben)*

(2) Für Personen nach § 172c Abs. 1 Satz 1, deren Beschäftigungsverhältnis zu einem Unfallversicherungsträger erstmals nach dem 31. Dezember 2009 begründet worden ist, gelten die Zuweisungssätze, die in der Rechtsverordnung nach § 16 Abs. 1 Satz 4 des Versorgungsrücklagegesetzes festgesetzt sind, entsprechend.

(3) Versorgungsausgaben für die in § 172c genannten Personenkreise, die ab dem Jahr 2030 entstehen, sowie Ausgaben, die anstelle von Versorgungsausgaben für diese Personenkreise geleistet werden, sind aus dem Altersrückstellungsvermögen zu leisten; die Aufsichtsbehörde kann eine frühere oder spätere Entnahme genehmigen.

(4) ¹Soweit Unfallversicherungsträger vor dem 31. Dezember 2009 für einen in § 172c genannten Personenkreis Mitglied einer öffentlich-rechtlichen Versorgungseinrichtung geworden sind, werden die zu erwartenden Versorgungsleistungen im Rahmen der Verpflichtungen nach § 172c entsprechend berücksichtigt. ²Wurde für die in § 172c genannten Personenkreise vor dem 31. Dezember 2009 Deckungskapital bei aufsichtspflichtigen Unternehmen im Sinne des § 1 Absatz 1 Nummer 1 und 5 des Versicherungsaufsichtsgesetzes gebildet, wird dieses anteilig im Rahmen der Verpflichtungen nach § 172c berücksichtigt.

§ 220 Ausgleich unter den gewerblichen Berufsgenossenschaften.

(1) Die §§ 176 bis 181 gelten für die Ausgleichsjahre 2008 bis 2013 mit der Maßgabe, dass die Rentenlasten im Jahr 2008 in Höhe von 15 Prozent, im Jahr 2009 in Höhe von 30 Prozent, im Jahr 2010 in Höhe von 45 Prozent, im Jahr 2011 in Höhe von 60 Prozent, im Jahr 2012 in Höhe von 75 Prozent und im Jahr 2013 in Höhe von 90 Prozent nach § 178 gemeinsam getragen werden.

(2) ¹Die §§ 176 bis 181 in der am 31. Dezember 2007 geltenden Fassung sind für die Ausgleichsjahre 2008 bis 2013 mit folgenden Maßgaben anzuwenden:

1. Bei der Ermittlung der Ausgleichsberechtigung und deren Höhe sind die zugrunde zu legenden Rechengrößen für das Ausgleichsjahr 2008 in Höhe von 85 Prozent, für das Ausgleichsjahr 2009 in Höhe von 70 Prozent, für das Ausgleichsjahr 2010 in Höhe von 55 Prozent, für das Ausgleichsjahr 2011 in Höhe von 40 Prozent, für das Ausgleichsjahr 2012 in Höhe von 25 Prozent und für das Ausgleichsjahr 2013 in Höhe von 10 Prozent anzusetzen.

2. § 176 Abs. 2 Satz 1 gilt mit der Maßgabe, dass anstelle des Wertes 1,25 für das Ausgleichsjahr 2008 der Wert 1,35, für die Ausgleichsjahre 2009 und 2010 der Wert 1,3 und für das Ausgleichsjahr 2011 der Wert 1,275 anzuwenden ist.
3. § 178 Abs. 1 gilt mit den Maßgaben, dass
   a) für die Berechnung des Rentenlastsatzes anstelle des Wertes 2,5 für das Ausgleichsjahr 2008 der Wert 3,3, für das Ausgleichsjahr 2009 der Wert 3,0 und für das Ausgleichsjahr 2010 der Wert 2,7 und
   b) für die Berechnung des Entschädigungslastsatzes anstelle des Wertes 3 für das Ausgleichsjahr 2008 der Wert 3,8, für das Ausgleichsjahr 2009 der Wert 3,4 und für das Ausgleichsjahr 2010 der Wert 3,2 anzuwenden ist.

²Die Nummern 2 und 3 gelten nicht für die Lastenausgleichspflicht und -berechtigung von Berufsgenossenschaften vom Beginn des Ausgleichsjahres an, in dem sie sich mit einer oder mehreren anderen Berufsgenossenschaften nach § 118 in der am 31. Dezember 2007 geltenden Fassung vereinigt haben.

(3) § 118 Abs. 4 in der am 31. Dezember 2007 geltenden Fassung findet bis zum Umlagejahr 2013 auf gewerbliche Berufsgenossenschaften weiter Anwendung, die die Voraussetzungen des § 176 Abs. 5 in der am 31. Dezember 2007 geltenden Fassung erfüllen, wenn die sich vereinigenden Berufsgenossenschaften bis zum 31. Dezember 2013 eine Vereinbarung nach § 176 Abs. 5 in der am 31. Dezember 2007 geltenden Fassung abgeschlossen haben.

(4) Die §§ 176 bis 181 gelten für die Berufsgenossenschaft Verkehrswirtschaft Post-Logistik Telekommunikation mit der Maßgabe, dass für den Zuständigkeitsbereich nach § 121 Absatz 2 Nummer 3 bis 8
1. bei der Ermittlung der gemeinsamen Tragung der Rentenlasten die zugrunde zu legenden Rechengrößen für das Ausgleichsjahr 2016 in Höhe von 15 Prozent, für das Ausgleichsjahr 2017 in Höhe von 30 Prozent, für das Ausgleichsjahr 2018 in Höhe von 45 Prozent, für das Ausgleichsjahr 2019 in Höhe von 60 Prozent, für das Ausgleichsjahr 2020 in Höhe von 75 Prozent und für das Ausgleichsjahr 2021 in Höhe von 90 Prozent anzusetzen sind,
2. bis zum Jahr 2021 als Latenzfaktor nach § 177 Absatz 7 der für das jeweilige Ausgleichsjahr für den Bereich der in § 121 Absatz 2 Nummer 1 und 2 genannten Unternehmensarten zu berechnende Wert anzuwenden ist.

§ 221 Besondere Vorschriften für die landwirtschaftliche Unfallversicherung. (1) Für Leistungen nach § 54 Abs. 1 und 2 sind die §§ 54 und 55 in der bis zum 31. Dezember 2007 geltenden Fassung anzuwenden, wenn die Antragstellung oder, wenn den Leistungen kein Antrag vorausging, die Inanspruchnahme vor dem 1. Januar 2008 erfolgt ist.

(2) § 80a ist nur auf Versicherungsfälle anwendbar, die nach dem 31. Dezember 2007 eingetreten sind.

(3) ¹Das Umlageverfahren nach § 183 für das Umlagejahr 2012 wird von der landwirtschaftlichen Berufsgenossenschaft auf der Grundlage des am 31. Dezember 2012 geltenden Rechts und der örtlichen und sachlichen Zuständigkeit der bis zum 31. Dezember 2012 bestehenden landwirtschaftlichen Berufsgenossenschaften durchgeführt. ²Dabei sind für das Ausgleichsjahr 2012 die §§ 184a bis 184d in der am 31. Dezember 2012 geltenden Fassung mit der Maßgabe anzuwenden, dass die landwirtschaftliche Berufsgenossenschaft den

Ausgleich im Rahmen des Verfahrens nach Satz 1 durchführt. ³Die landwirtschaftliche Berufsgenossenschaft hat die Beitragsbescheide so rechtzeitig zu erteilen, dass geschuldete Beiträge am 15. März 2013 fällig sind.

(4) Die Vertreterversammlung hat bis zum 31. Oktober 2013 die ab der Umlage 2013 anzuwendenden Berechnungsgrundlagen nach § 182 Absatz 2 bis 6 festzulegen.

(5) Betriebsmittel dürfen im Jahr 2012 nicht zur freiwilligen Auffüllung der Rücklage und nicht zur Senkung der Umlage auf einen Betrag verwendet werden, der geringer ist als die Umlage des Vorjahres.

§ 221a *(aufgehoben)*

§ 221b Übergangszeit und Beitragsangleichung in der landwirtschaftlichen Unfallversicherung.

(1) Der Beitrag, den die Unternehmer auf die Umlagen für die Jahre 2013 bis 2017 (Übergangszeit) zu zahlen haben, ergibt sich, wenn der nach den §§ 182 und 183 berechnete Beitrag mit dem Angleichungssatz multipliziert wird.

(2) ¹Der Angleichungssatz wird nach folgenden Rechengrößen bestimmt:

1. Ausgangsbeitrag ist der auf die Umlage für das Jahr 2012 nach § 221 Absatz 3 zu zahlende Beitrag;
2. Zielbeitrag ist der Beitrag, der sich bei gleichen betrieblichen Verhältnissen und gleicher Umlage für das Jahr 2012 bei Anwendung der Berechnungsgrundlagen nach § 221 Absatz 4 ergeben würde;
3. Ausgangssatz ist der Prozentsatz des Ausgangsbeitrags im Verhältnis zum Zielbeitrag;
4. der jährliche Veränderungssatz ist ein Fünftel der Differenz zwischen dem Prozentsatz des Zielbeitrags und dem Ausgangssatz.

²Der Angleichungssatz im ersten Jahr ergibt sich aus der Summe des Ausgangssatzes und des jährlichen Veränderungssatzes. ³Die Angleichungssätze in den Folgejahren ergeben sich aus der Summe des Angleichungssatzes des Vorjahres und des jährlichen Veränderungssatzes. ⁴Bei der Berechnung der Angleichungssätze ist § 187 Absatz 1 anzuwenden. ⁵Die Angleichungssätze für die Übergangszeit sind dem Unternehmer zusammen mit dem Bescheid über die Umlage für das Jahr 2013 mitzuteilen.

(3) ¹Ändern sich in der Übergangszeit die betrieblichen Verhältnisse gegenüber den für den Ausgangsbeitrag maßgebenden Verhältnissen, bleiben die Angleichungssätze nach Absatz 2 unverändert. ²Für während der Übergangszeit neu aufzunehmende Unternehmer sind die für vorherige Unternehmer nach Absatz 2 festgestellten Angleichungssätze anzuwenden.

(4) Zur Vermeidung unzumutbarer Beitragserhöhungen in der Übergangszeit kann die Satzung Härtefallregelungen vorsehen.

(5) ¹Aus den Sondervermögen können Mittel entnommen werden, um die während der Übergangszeit erfolgende Angleichung der Beiträge nach Absatz 1 zu gestalten. ²Eine sich hierdurch ergebende Verringerung der Beiträge ist in den Beitragsbescheiden gesondert auszuweisen.

(6) In der Übergangszeit ist § 184 Satz 2 nicht anzuwenden.

Elftes Kapitel. Übergangsvorschriften zur Neuorganisation der gesetzlichen Unfallversicherung

§ 222 Neuorganisation der gewerblichen Berufsgenossenschaften.

(1), (2) *(aufgehoben)*

(3) Bei Fusionen von gewerblichen Berufsgenossenschaften ist eine angemessene Vertretung der Interessen der in den bisherigen gewerblichen Berufsgenossenschaften vertretenen Branchen sowie eine ortsnahe Betreuung der Versicherten und Unternehmen sicherzustellen.

(3a) [1] Vereinigen sich gewerbliche Berufsgenossenschaften zu einer neuen gewerblichen Berufsgenossenschaft, so ist dort ein neuer Personalrat zu wählen. [2] Die bis zum Zeitpunkt des Wirksamwerdens der Vereinigung bestehenden Personalräte bestellen gemeinsam unverzüglich einen Wahlvorstand für die Neuwahl. [3] Die bisherigen Personalräte nehmen die Aufgaben des Personalrats wahr, bis sich der neue Personalrat konstituiert hat, längstens jedoch für die Dauer von drei Monaten ab dem Tag der Vereinigung. [4] Für die Jugend- und Auszubildendenvertretungen, die Schwerbehindertenvertretungen sowie die Gleichstellungsbeauftragten gelten die Sätze 1 bis 3 entsprechend.

(4) [1] Die Deutsche Gesetzliche Unfallversicherung e.V. wirkt darauf hin, dass die Verwaltungs- und Verfahrenskosten vermindert werden. [2] Vom Jahr 2009 an hat die Deutsche Gesetzliche Unfallversicherung e.V. jedes Jahr dem Bundesministerium für Arbeit und Soziales über die Entwicklung der Verwaltungs- und Verfahrenskosten bei den gewerblichen Berufsgenossenschaften sowie über die umgesetzten und geplanten Maßnahmen zur Optimierung dieser Kosten zu berichten. [3] Dabei ist gesondert auf die Schlussfolgerungen einzugehen, welche sich aus dem Benchmarking der Versicherungsträger ergeben.

§ 223 Neuorganisation der landesunmittelbaren Unfallversicherungsträger der öffentlichen Hand.
(1) [1] Die Selbstverwaltungen der landesunmittelbaren Unfallversicherungsträger der öffentlichen Hand erstellen Konzepte zur Neuorganisation und legen sie den jeweiligen Landesregierungen bis zum 31. Dezember 2008 vor. [2] Die Konzepte enthalten eine umfassende Prüfung der Möglichkeiten, die Zahl der landesunmittelbaren Unfallversicherungsträger der öffentlichen Hand auf einen pro Land zu reduzieren.

(2) [1] Die Länder setzen die Konzepte nach Absatz 1 bis zum 31. Dezember 2009 um. [2] Dabei ist eine angemessene Vertretung der Interessen von Ländern, Kommunen und Feuerwehrverbänden in den Selbstverwaltungsgremien sowie eine ortsnahe Betreuung der Versicherten und Unternehmen sicherzustellen.

§ 224 Unternehmernummer.
Die Deutsche Gesetzliche Unfallversicherung e.V. erstellt ein Konzept für die Einführung, Ausgestaltung und einheitliche Vergabe der Ordnungskennzeichen (Unternehmernummer), die für die Verwaltungsverfahren der Unfallversicherungsträger zur Beitragserhebung und der in diesem Gesetzbuch geregelten elektronischen Meldeverfahren notwendig sind, sowie für den Aufbau eines von allen Sozialversicherungsträgern nutzbaren Verzeichnisses dieser Ordnungskennzeichen und legt es dem Bundesministerium für Arbeit und Soziales bis zum 31. Dezember 2017 vor.

§ 225 *(aufgehoben)*

Anlage 1
(zu § 114)

Gewerbliche Berufsgenossenschaften

1. Berufsgenossenschaft Rohstoffe und chemische Industrie,
2. Berufsgenossenschaft Holz und Metall,
3. Berufsgenossenschaft Energie Textil Elektro Medienerzeugnisse,
4. Berufsgenossenschaft Nahrungsmittel und Gastgewerbe,
5. Berufsgenossenschaft der Bauwirtschaft,
6. Berufsgenossenschaft Handel und Warenlogistik,
7. Verwaltungs-Berufsgenossenschaft,
8. Berufsgenossenschaft Verkehrswirtschaft Post-Logistik Telekommunikation,
9. Berufsgenossenschaft für Gesundheitsdienst und Wohlfahrtspflege.

Anlage 2. *(aufgehoben)*

8. Sozialgesetzbuch (SGB) Achtes Buch (VIII) – Kinder- und Jugendhilfe –[1)]

In der Fassung der Bekanntmachung vom 11. September 2012[2)]
(BGBl. I S. 2022)
FNA 860-8

zuletzt geänd. durch Art. 10 Abs. 10 G zur Neuregelung des Schutzes von Geheimnissen bei der Mitwirkung Dritter an der Berufsausübung schweigepflichtiger Personen v. 30.10.2017 (BGBl. I S. 3618)

Inhaltsübersicht

§§

Erstes Kapitel. Allgemeine Vorschriften

Recht auf Erziehung, Elternverantwortung, Jugendhilfe	1
Aufgaben der Jugendhilfe	2
Freie und öffentliche Jugendhilfe	3
Zusammenarbeit der öffentlichen Jugendhilfe mit der freien Jugendhilfe	4
Wunsch- und Wahlrecht	5
Geltungsbereich	6
Begriffsbestimmungen	7
Beteiligung von Kindern und Jugendlichen	8
Schutzauftrag bei Kindeswohlgefährdung	8a
Fachliche Beratung und Begleitung zum Schutz von Kindern und Jugendlichen	8b
Grundrichtung der Erziehung, Gleichberechtigung von Mädchen und Jungen	9
Verhältnis zu anderen Leistungen und Verpflichtungen	10

Zweites Kapitel. Leistungen der Jugendhilfe

Erster Abschnitt. Jugendarbeit, Jugendsozialarbeit, erzieherischer Kinder- und Jugendschutz

Jugendarbeit	11
Förderung der Jugendverbände	12
Jugendsozialarbeit	13
Erzieherischer Kinder- und Jugendschutz	14
Landesrechtsvorbehalt	15

Zweiter Abschnitt. Förderung der Erziehung in der Familie

Allgemeine Förderung der Erziehung in der Familie	16
Beratung in Fragen der Partnerschaft, Trennung und Scheidung	17
Beratung und Unterstützung bei der Ausübung der Personensorge und des Umgangsrechts	18
Gemeinsame Wohnformen für Mütter/Väter und Kinder	19
Betreuung und Versorgung des Kindes in Notsituationen	20
Unterstützung bei notwendiger Unterbringung zur Erfüllung der Schulpflicht	21

Dritter Abschnitt. Förderung von Kindern in Tageseinrichtungen und in Kindertagespflege

Grundsätze der Förderung	22
Förderung in Tageseinrichtungen	22a
Förderung in Kindertagespflege	23
Anspruch auf Förderung in Tageseinrichtungen und in Kindertagespflege	24
(weggefallen)	24a
Unterstützung selbst organisierter Förderung von Kindern	25
Landesrechtsvorbehalt	26

[1)] Die Änderungen durch G v. 23.12.2016 (BGBl. I S. 3234), die erst **mWv 1.1.2020** in Kraft treten, sind im Text noch nicht berücksichtigt.
[2)] Neubekanntmachung des SGB VIII idF der Bek. v. 14.12.2006 (BGBl. I S. 3134) in der ab 1.1.2012 geltenden Fassung.

Inhaltsübersicht **SGB VIII 8**

§§

Vierter Abschnitt. Hilfe zur Erziehung, Eingliederungshilfe für seelisch behinderte Kinder und Jugendliche, Hilfe für junge Volljährige

Erster Unterabschnitt. Hilfe zur Erziehung

Hilfe zur Erziehung	27
Erziehungsberatung	28
Soziale Gruppenarbeit	29
Erziehungsbeistand, Betreuungshelfer	30
Sozialpädagogische Familienhilfe	31
Erziehung in einer Tagesgruppe	32
Vollzeitpflege	33
Heimerziehung, sonstige betreute Wohnform	34
Intensive sozialpädagogische Einzelbetreuung	35

Zweiter Unterabschnitt. Eingliederungshilfe für seelisch behinderte Kinder und Jugendliche

Eingliederungshilfe für seelisch behinderte Kinder und Jugendliche 35a

Dritter Unterabschnitt. Gemeinsame Vorschriften für die Hilfe zur Erziehung und die Eingliederungshilfe für seelisch behinderte Kinder und Jugendliche

Mitwirkung, Hilfeplan	36
Steuerungsverantwortung, Selbstbeschaffung	36a
Zusammenarbeit bei Hilfen außerhalb der eigenen Familie	37
Vermittlung bei der Ausübung der Personensorge	38
Leistungen zum Unterhalt des Kindes oder des Jugendlichen	39
Krankenhilfe	40

Vierter Unterabschnitt. Hilfe für junge Volljährige

Hilfe für junge Volljährige, Nachbetreuung 41

Drittes Kapitel. Andere Aufgaben der Jugendhilfe

Erster Abschnitt. Vorläufige Maßnahmen zum Schutz von Kindern und Jugendlichen

Inobhutnahme von Kindern und Jugendlichen	42
Vorläufige Inobhutnahme von ausländischen Kindern und Jugendlichen nach unbegleiteter Einreise	42a
Verfahren zur Verteilung unbegleiteter ausländischer Kinder und Jugendlicher	42b
Aufnahmequote	42c
Übergangsregelung	42d
Berichtspflicht	42e
Behördliches Verfahren zur Altersfeststellung	42f

Zweiter Abschnitt. Schutz von Kindern und Jugendlichen in Familienpflege und in Einrichtungen

Erlaubnis zur Kindertagespflege	43
Erlaubnis zur Vollzeitpflege	44
Erlaubnis für den Betrieb einer Einrichtung	45
Örtliche Prüfung	46
Meldepflichten	47
Tätigkeitsuntersagung	48
Sonstige betreute Wohnform	48a
Landesrechtsvorbehalt	49

Dritter Abschnitt. Mitwirkung in gerichtlichen Verfahren

Mitwirkung in Verfahren vor den Familiengerichten	50
Beratung und Belehrung in Verfahren zur Annahme als Kind	51
Mitwirkung in Verfahren nach dem Jugendgerichtsgesetz	52

Vierter Abschnitt. Beistandschaft, Pflegschaft und Vormundschaft für Kinder und Jugendliche, Auskunft über Nichtabgabe von Sorgeerklärungen

Beratung und Unterstützung bei Vaterschaftsfeststellung und Geltendmachung von Unterhaltsansprüchen	52a
Beratung und Unterstützung von Pflegern und Vormündern	53

8 SGB VIII

8. Buch. Kinder- u. Jugendhilfe

§§

Erlaubnis zur Übernahme von Vereinsvormundschaften	54
Beistandschaft, Amtspflegschaft und Amtsvormundschaft	55
Führung der Beistandschaft, der Amtspflegschaft und der Amtsvormundschaft	56
Mitteilungspflicht des Jugendamts	57
Gegenvormundschaft des Jugendamts	58
Sorgeregister; Bescheinigung über Nichtvorliegen von Eintragungen im Sorgeregister	58a

Fünfter Abschnitt. Beurkundung, vollstreckbare Urkunden

Beurkundung	59
Vollstreckbare Urkunden	60

Viertes Kapitel. Schutz von Sozialdaten

Anwendungsbereich	61
Datenerhebung	62
Datenspeicherung	63
Datenübermittlung und -nutzung	64
Besonderer Vertrauensschutz in der persönlichen und erzieherischen Hilfe	65
(weggefallen)	66
(weggefallen)	67
Sozialdaten im Bereich der Beistandschaft, Amtspflegschaft und der Amtsvormundschaft	68

Fünftes Kapitel. Träger der Jugendhilfe, Zusammenarbeit, Gesamtverantwortung

Erster Abschnitt. Träger der öffentlichen Jugendhilfe

Träger der öffentlichen Jugendhilfe, Jugendämter, Landesjugendämter	69
Organisation des Jugendamts und des Landesjugendamts	70
Jugendhilfeausschuss, Landesjugendhilfeausschuss	71
Mitarbeiter, Fortbildung	72
Tätigkeitsausschluss einschlägig vorbestrafter Personen	72a

Zweiter Abschnitt. Zusammenarbeit mit der freien Jugendhilfe, ehrenamtliche Tätigkeit

Ehrenamtliche Tätigkeit	73
Förderung der freien Jugendhilfe	74
Finanzierung von Tageseinrichtungen für Kinder	74a
Anerkennung als Träger der freien Jugendhilfe	75
Beteiligung anerkannter Träger der freien Jugendhilfe an der Wahrnehmung anderer Aufgaben	76
Vereinbarungen über die Höhe der Kosten	77
Arbeitsgemeinschaften	78

Dritter Abschnitt. Vereinbarungen über Leistungsangebote, Entgelte und Qualitätsentwicklung

Anwendungsbereich	78a
Voraussetzungen für die Übernahme des Leistungsentgelts	78b
Inhalt der Leistungs- und Entgeltvereinbarungen	78c
Vereinbarungszeitraum	78d
Örtliche Zuständigkeit für den Abschluss von Vereinbarungen	78e
Rahmenverträge	78f
Schiedsstelle	78g

Vierter Abschnitt. Gesamtverantwortung, Jugendhilfeplanung

Gesamtverantwortung, Grundausstattung	79
Qualitätsentwicklung in der Kinder- und Jugendhilfe	79a
Jugendhilfeplanung	80
Strukturelle Zusammenarbeit mit anderen Stellen und öffentlichen Einrichtungen	81

Sechstes Kapitel. Zentrale Aufgaben

Aufgaben der Länder	82
Aufgaben des Bundes, Bundesjugendkuratorium	83
Jugendbericht	84

Siebtes Kapitel. Zuständigkeit, Kostenerstattung

Erster Abschnitt. Sachliche Zuständigkeit

	§§
Sachliche Zuständigkeit	85

Zweiter Abschnitt. Örtliche Zuständigkeit

Erster Unterabschnitt. Örtliche Zuständigkeit für Leistungen

Örtliche Zuständigkeit für Leistungen an Kinder, Jugendliche und ihre Eltern	86
Örtliche Zuständigkeit für Leistungen an junge Volljährige	86a
Örtliche Zuständigkeit für Leistungen in gemeinsamen Wohnformen für Mütter/Väter und Kinder	86b
Fortdauernde Leistungsverpflichtung und Fallübergabe bei Zuständigkeitswechsel	86c
Verpflichtung zum vorläufigen Tätigwerden	86d

Zweiter Unterabschnitt. Örtliche Zuständigkeit für andere Aufgaben

Örtliche Zuständigkeit für vorläufige Maßnahmen zum Schutz von Kindern und Jugendlichen	87
Örtliche Zuständigkeit für Erlaubnis, Meldepflichten und Untersagung	87a
Örtliche Zuständigkeit für die Mitwirkung in gerichtlichen Verfahren	87b
Örtliche Zuständigkeit für die Beistandschaft, die Amtspflegschaft, die Amtsvormundschaft und die Bescheinigung nach § 58a	87c
Örtliche Zuständigkeit für weitere Aufgaben im Vormundschaftswesen	87d
Örtliche Zuständigkeit für Beurkundung und Beglaubigung	87e

Dritter Unterabschnitt. Örtliche Zuständigkeit bei Aufenthalt im Ausland

Örtliche Zuständigkeit bei Aufenthalt im Ausland	88

Vierter Unterabschnitt. Örtliche Zuständigkeit für vorläufige Maßnahmen, Leistungen und die Amtsvormundschaft für unbegleitete ausländische Kinder und Jugendliche

Örtliche Zuständigkeit für vorläufige Maßnahmen, Leistungen und die Amtsvormundschaft für unbegleitete ausländische Kinder und Jugendliche	88a

Dritter Abschnitt. Kostenerstattung

Kostenerstattung bei fehlendem gewöhnlichen Aufenthalt	89
Kostenerstattung bei fortdauernder Vollzeitpflege	89a
Kostenerstattung bei vorläufigen Maßnahmen zum Schutz von Kindern und Jugendlichen	89b
Kostenerstattung bei fortdauernder oder vorläufiger Leistungsverpflichtung	89c
Kostenerstattung bei Gewährung von Jugendhilfe nach der Einreise	89d
Schutz der Einrichtungsorte	89e
Umfang der Kostenerstattung	89f
Landesrechtsvorbehalt	89g
Übergangsvorschrift	89h

Achtes Kapitel. Kostenbeteiligung

Erster Abschnitt. Pauschalierte Kostenbeteiligung

Pauschalierte Kostenbeteiligung	90

Zweiter Abschnitt. Kostenbeiträge für stationäre und teilstationäre Leistungen sowie vorläufige Maßnahmen

Anwendungsbereich	91
Ausgestaltung der Heranziehung	92
Berechnung des Einkommens	93
Umfang der Heranziehung	94

Dritter Abschnitt. Überleitung von Ansprüchen

Überleitung von Ansprüchen	95
(weggefallen)	96

Vierter Abschnitt. Ergänzende Vorschriften

Feststellung der Sozialleistungen	97
Pflicht zur Auskunft	97a

	§§
(weggefallen)	97b
Erhebung von Gebühren und Auslagen	97c

Neuntes Kapitel. Kinder- und Jugendhilfestatistik

Zweck und Umfang der Erhebung	98
Erhebungsmerkmale	99
Hilfsmerkmale	100
Periodizität und Berichtszeitraum	101
Auskunftspflicht	102
Übermittlung	103

Zehntes Kapitel. Straf- und Bußgeldvorschriften

Bußgeldvorschriften	104
Strafvorschriften	105

Elftes Kapitel. Schlussvorschriften

Einschränkung eines Grundrechts	106

Erstes Kapitel. Allgemeine Vorschriften

§ 1 Recht auf Erziehung, Elternverantwortung, Jugendhilfe. (1) Jeder junge Mensch hat ein Recht auf Förderung seiner Entwicklung und auf Erziehung zu einer eigenverantwortlichen und gemeinschaftsfähigen Persönlichkeit.

(2) ¹ Pflege und Erziehung der Kinder sind das natürliche Recht der Eltern und die zuvörderst ihnen obliegende Pflicht. ² Über ihre Betätigung wacht die staatliche Gemeinschaft.

(3) Jugendhilfe soll zur Verwirklichung des Rechts nach Absatz 1 insbesondere

1. junge Menschen in ihrer individuellen und sozialen Entwicklung fördern und dazu beitragen, Benachteiligungen zu vermeiden oder abzubauen,
2. Eltern und andere Erziehungsberechtigte bei der Erziehung beraten und unterstützen,
3. Kinder und Jugendliche vor Gefahren für ihr Wohl schützen,
4. dazu beitragen, positive Lebensbedingungen für junge Menschen und ihre Familien sowie eine kinder- und familienfreundliche Umwelt zu erhalten oder zu schaffen.

§ 2 Aufgaben der Jugendhilfe. (1) Die Jugendhilfe umfasst Leistungen und andere Aufgaben zugunsten junger Menschen und Familien.

(2) Leistungen der Jugendhilfe sind:

1. Angebote der Jugendarbeit, der Jugendsozialarbeit und des erzieherischen Kinder- und Jugendschutzes (§§ 11 bis 14),
2. Angebote zur Förderung der Erziehung in der Familie (§§ 16 bis 21),
3. Angebote zur Förderung von Kindern in Tageseinrichtungen und in Tagespflege (§§ 22 bis 25),
4. Hilfe zur Erziehung und ergänzende Leistungen (§§ 27 bis 35, 36, 37, 39, 40),

1. Kapitel. Allgemeine Vorschriften §§ 3, 4 SGB VIII 8

5. Hilfe für seelisch behinderte Kinder und Jugendliche und ergänzende Leistungen (§§ 35a bis 37, 39, 40),
6. Hilfe für junge Volljährige und Nachbetreuung (§ 41).

(3) Andere Aufgaben der Jugendhilfe sind
1. die Inobhutnahme von Kindern und Jugendlichen (§ 42),
2. die vorläufige Inobhutnahme von ausländischen Kindern und Jugendlichen nach unbegleiteter Einreise (§ 42a),
3. die Erteilung, der Widerruf und die Zurücknahme der Pflegeerlaubnis (§§ 43, 44),
4. die Erteilung, der Widerruf und die Zurücknahme der Erlaubnis für den Betrieb einer Einrichtung sowie die Erteilung nachträglicher Auflagen und die damit verbundenen Aufgaben (§§ 45 bis 47, 48a),
5. die Tätigkeitsuntersagung (§§ 48, 48a),
6. die Mitwirkung in Verfahren vor den Familiengerichten (§ 50),
7. die Beratung und Belehrung in Verfahren zur Annahme als Kind (§ 51),
8. die Mitwirkung in Verfahren nach dem Jugendgerichtsgesetz (§ 52),
9. die Beratung und Unterstützung von Müttern bei Vaterschaftsfeststellung und Geltendmachung von Unterhaltsansprüchen sowie von Pflegern und Vormündern (§§ 52a, 53),
10. die Erteilung, der Widerruf und die Zurücknahme der Erlaubnis zur Übernahme von Vereinsvormundschaften (§ 54),
11. Beistandschaft, Amtspflegschaft, Amtsvormundschaft und Gegenvormundschaft des Jugendamts (§§ 55 bis 58),
12. Beurkundung (§ 59),
13. die Aufnahme von vollstreckbaren Urkunden (§ 60).

§ 3 Freie und öffentliche Jugendhilfe. (1) Die Jugendhilfe ist gekennzeichnet durch die Vielfalt von Trägern unterschiedlicher Wertorientierungen und die Vielfalt von Inhalten, Methoden und Arbeitsformen.

(2) [1] Leistungen der Jugendhilfe werden von Trägern der freien Jugendhilfe und von Trägern der öffentlichen Jugendhilfe erbracht. [2] Leistungsverpflichtungen, die durch dieses Buch begründet werden, richten sich an die Träger der öffentlichen Jugendhilfe.

(3) [1] Andere Aufgaben der Jugendhilfe werden von Trägern der öffentlichen Jugendhilfe wahrgenommen. [2] Soweit dies ausdrücklich bestimmt ist, können Träger der freien Jugendhilfe diese Aufgaben wahrnehmen oder mit ihrer Ausführung betraut werden.

§ 4 Zusammenarbeit der öffentlichen Jugendhilfe mit der freien Jugendhilfe. (1) [1] Die öffentliche Jugendhilfe soll mit der freien Jugendhilfe zum Wohl junger Menschen und ihrer Familien partnerschaftlich zusammenarbeiten. [2] Sie hat dabei die Selbständigkeit der freien Jugendhilfe in Zielsetzung und Durchführung ihrer Aufgaben sowie in der Gestaltung ihrer Organisationsstruktur zu achten.

(2) Soweit geeignete Einrichtungen, Dienste und Veranstaltungen von anerkannten Trägern der freien Jugendhilfe betrieben werden oder rechtzeitig

geschaffen werden können, soll die öffentliche Jugendhilfe von eigenen Maßnahmen absehen.

(3) Die öffentliche Jugendhilfe soll die freie Jugendhilfe nach Maßgabe dieses Buches fördern und dabei die verschiedenen Formen der Selbsthilfe stärken.

§ 5 Wunsch- und Wahlrecht. (1) [1] Die Leistungsberechtigten haben das Recht, zwischen Einrichtungen und Diensten verschiedener Träger zu wählen und Wünsche hinsichtlich der Gestaltung der Hilfe zu äußern. [2] Sie sind auf dieses Recht hinzuweisen.

(2) [1] Der Wahl und den Wünschen soll entsprochen werden, sofern dies nicht mit unverhältnismäßigen Mehrkosten verbunden ist. [2] Wünscht der Leistungsberechtigte die Erbringung einer in § 78a genannten Leistung in einer Einrichtung, mit deren Träger keine Vereinbarungen nach § 78b bestehen, so soll der Wahl nur entsprochen werden, wenn die Erbringung der Leistung in dieser Einrichtung im Einzelfall oder nach Maßgabe des Hilfeplanes (§ 36) geboten ist.

§ 6 Geltungsbereich. (1) [1] Leistungen nach diesem Buch werden jungen Menschen, Müttern, Vätern und Personensorgeberechtigten von Kindern und Jugendlichen gewährt, die ihren tatsächlichen Aufenthalt im Inland haben. [2] Für die Erfüllung anderer Aufgaben gilt Satz 1 entsprechend. [3] Umgangsberechtigte haben unabhängig von ihrem tatsächlichen Aufenthalt Anspruch auf Beratung und Unterstützung bei der Ausübung des Umgangsrechts, wenn das Kind oder der Jugendliche seinen gewöhnlichen Aufenthalt im Inland hat.

(2) [1] Ausländer können Leistungen nach diesem Buch nur beanspruchen, wenn sie rechtmäßig oder auf Grund einer ausländerrechtlichen Duldung ihren gewöhnlichen Aufenthalt im Inland haben. [2] Absatz 1 Satz 2 bleibt unberührt.

(3) Deutschen können Leistungen nach diesem Buch auch gewährt werden, wenn sie ihren Aufenthalt im Ausland haben und soweit sie nicht Hilfe vom Aufenthaltsland erhalten.

(4) Regelungen des über- und zwischenstaatlichen Rechts bleiben unberührt.

§ 7 Begriffsbestimmungen. (1) Im Sinne dieses Buches ist
1. Kind, wer noch nicht 14 Jahre alt ist, soweit nicht die Absätze 2 bis 4 etwas anderes bestimmen,
2. Jugendlicher, wer 14, aber noch nicht 18 Jahre alt ist,
3. junger Volljähriger, wer 18, aber noch nicht 27 Jahre alt ist,
4. junger Mensch, wer noch nicht 27 Jahre alt ist,
5. Personensorgeberechtigter, wem allein oder gemeinsam mit einer anderen Person nach den Vorschriften des Bürgerlichen Gesetzbuchs die Personensorge zusteht,
6. Erziehungsberechtigter, der Personensorgeberechtigte und jede sonstige Person über 18 Jahre, soweit sie auf Grund einer Vereinbarung mit dem Personensorgeberechtigten nicht nur vorübergehend und nicht nur für einzelne Verrichtungen Aufgaben der Personensorge wahrnimmt.

(2) Kind im Sinne des § 1 Absatz 2 ist, wer noch nicht 18 Jahre alt ist.

1. Kapitel. Allgemeine Vorschriften §§ 8, 8a SGB VIII 8

(3) Werktage im Sinne der §§ 42a bis 42c sind die Wochentage Montag bis Freitag; ausgenommen sind gesetzliche Feiertage.

(4) Die Bestimmungen dieses Buches, die sich auf die Annahme als Kind beziehen, gelten nur für Personen, die das 18. Lebensjahr noch nicht vollendet haben.

§ 8 Beteiligung von Kindern und Jugendlichen. (1) ¹Kinder und Jugendliche sind entsprechend ihrem Entwicklungsstand an allen sie betreffenden Entscheidungen der öffentlichen Jugendhilfe zu beteiligen. ²Sie sind in geeigneter Weise auf ihre Rechte im Verwaltungsverfahren sowie im Verfahren vor dem Familiengericht und dem Verwaltungsgericht hinzuweisen.

(2) Kinder und Jugendliche haben das Recht, sich in allen Angelegenheiten der Erziehung und Entwicklung an das Jugendamt zu wenden.

(3) ¹Kinder und Jugendliche haben Anspruch auf Beratung ohne Kenntnis des Personensorgeberechtigten, wenn die Beratung auf Grund einer Not- und Konfliktlage erforderlich ist und solange durch die Mitteilung an den Personensorgeberechtigten der Beratungszweck vereitelt würde. ² § 36 des Ersten Buches[1)] bleibt unberührt.

§ 8a Schutzauftrag bei Kindeswohlgefährdung. (1) ¹Werden dem Jugendamt gewichtige Anhaltspunkte für die Gefährdung des Wohls eines Kindes oder Jugendlichen bekannt, so hat es das Gefährdungsrisiko im Zusammenwirken mehrerer Fachkräfte einzuschätzen. ²Soweit der wirksame Schutz dieses Kindes oder dieses Jugendlichen nicht in Frage gestellt wird, hat das Jugendamt die Erziehungsberechtigten sowie das Kind oder den Jugendlichen in die Gefährdungseinschätzung einzubeziehen und, sofern dies nach fachlicher Einschätzung erforderlich ist, sich dabei einen unmittelbaren Eindruck von dem Kind und von seiner persönlichen Umgebung zu verschaffen. ³Hält das Jugendamt zur Abwendung der Gefährdung die Gewährung von Hilfen für geeignet und notwendig, so hat es diese den Erziehungsberechtigten anzubieten.

(2) ¹Hält das Jugendamt das Tätigwerden des Familiengerichts für erforderlich, so hat es das Gericht anzurufen; dies gilt auch, wenn die Erziehungsberechtigten nicht bereit oder in der Lage sind, bei der Abschätzung des Gefährdungsrisikos mitzuwirken. ²Besteht eine dringende Gefahr und kann die Entscheidung des Gerichts nicht abgewartet werden, so ist das Jugendamt verpflichtet, das Kind oder den Jugendlichen in Obhut zu nehmen.

(3) ¹Soweit zur Abwendung der Gefährdung das Tätigwerden anderer Leistungsträger, der Einrichtungen der Gesundheitshilfe oder der Polizei notwendig ist, hat das Jugendamt auf die Inanspruchnahme durch die Erziehungsberechtigten hinzuwirken. ²Ist ein sofortiges Tätigwerden erforderlich und wirken die Personensorgeberechtigten oder die Erziehungsberechtigten nicht mit, so schaltet das Jugendamt die anderen zur Abwendung der Gefährdung zuständigen Stellen selbst ein.

(4) ¹In Vereinbarungen mit den Trägern von Einrichtungen und Diensten, die Leistungen nach diesem Buch erbringen, ist sicherzustellen, dass

---

[1)] Nr. 1.

1. deren Fachkräfte bei Bekanntwerden gewichtiger Anhaltspunkte für die Gefährdung eines von ihnen betreuten Kindes oder Jugendlichen eine Gefährdungseinschätzung vornehmen,
2. bei der Gefährdungseinschätzung eine insoweit erfahrene Fachkraft beratend hinzugezogen wird sowie
3. die Erziehungsberechtigten sowie das Kind oder der Jugendliche in die Gefährdungseinschätzung einbezogen werden, soweit hierdurch der wirksame Schutz des Kindes oder Jugendlichen nicht in Frage gestellt wird.

²In die Vereinbarung ist neben den Kriterien für die Qualifikation der beratend hinzuzuziehenden insoweit erfahrenen Fachkraft insbesondere die Verpflichtung aufzunehmen, dass die Fachkräfte der Träger bei den Erziehungsberechtigten auf die Inanspruchnahme von Hilfen hinwirken, wenn sie diese für erforderlich halten, und das Jugendamt informieren, falls die Gefährdung nicht anders abgewendet werden kann.

(5) ¹Werden einem örtlichen Träger gewichtige Anhaltspunkte für die Gefährdung des Wohls eines Kindes oder eines Jugendlichen bekannt, so sind dem für die Gewährung von Leistungen zuständigen örtlichen Träger die Daten mitzuteilen, deren Kenntnis zur Wahrnehmung des Schutzauftrags bei Kindeswohlgefährdung nach § 8a erforderlich ist. ²Die Mitteilung soll im Rahmen eines Gespräches zwischen den Fachkräften der beiden örtlichen Träger erfolgen, an dem die Personensorgeberechtigten sowie das Kind oder der Jugendliche beteiligt werden sollen, soweit hierdurch der wirksame Schutz des Kindes oder des Jugendlichen nicht in Frage gestellt wird.

§ 8b Fachliche Beratung und Begleitung zum Schutz von Kindern und Jugendlichen. (1) Personen, die beruflich in Kontakt mit Kindern oder Jugendlichen stehen, haben bei der Einschätzung einer Kindeswohlgefährdung im Einzelfall gegenüber dem örtlichen Träger der Jugendhilfe Anspruch auf Beratung durch eine insoweit erfahrene Fachkraft.

(2) Träger von Einrichtungen, in denen sich Kinder oder Jugendliche ganztägig oder für einen Teil des Tages aufhalten oder in denen sie Unterkunft erhalten, und die zuständigen Leistungsträger, haben gegenüber dem überörtlichen Träger der Jugendhilfe Anspruch auf Beratung bei der Entwicklung und Anwendung fachlicher Handlungsleitlinien

1. zur Sicherung des Kindeswohls und zum Schutz vor Gewalt sowie
2. zu Verfahren der Beteiligung von Kindern und Jugendlichen an strukturellen Entscheidungen in der Einrichtung sowie zu Beschwerdeverfahren in persönlichen Angelegenheiten.

§ 9 Grundrichtung der Erziehung, Gleichberechtigung von Mädchen und Jungen. Bei der Ausgestaltung der Leistungen und der Erfüllung der Aufgaben sind

1. die von den Personensorgeberechtigten bestimmte Grundrichtung der Erziehung sowie die Rechte der Personensorgeberechtigten und des Kindes oder des Jugendlichen bei der Bestimmung der religiösen Erziehung zu beachten,
2. die wachsende Fähigkeit und das wachsende Bedürfnis des Kindes oder des Jugendlichen zu selbständigem, verantwortungsbewusstem Handeln sowie

2. Kapitel. Leistungen der Jugendhilfe §§ 10, 11 SGB VIII 8

die jeweiligen besonderen sozialen und kulturellen Bedürfnisse und Eigenarten junger Menschen und ihrer Familien zu berücksichtigen,
3. die unterschiedlichen Lebenslagen von Mädchen und Jungen zu berücksichtigen, Benachteiligungen abzubauen und die Gleichberechtigung von Mädchen und Jungen zu fördern.

§ 10 Verhältnis zu anderen Leistungen und Verpflichtungen. (1) ¹Verpflichtungen anderer, insbesondere der Träger anderer Sozialleistungen und der Schulen, werden durch dieses Buch nicht berührt. ²Auf Rechtsvorschriften beruhende Leistungen anderer dürfen nicht deshalb versagt werden, weil nach diesem Buch entsprechende Leistungen vorgesehen sind.

(2) ¹Unterhaltspflichtige Personen werden nach Maßgabe der §§ 90 bis 97b an den Kosten für Leistungen und vorläufige Maßnahmen nach diesem Buch beteiligt. ²Soweit die Zahlung des Kostenbeitrags die Leistungsfähigkeit des Unterhaltspflichtigen mindert oder der Bedarf des jungen Menschen durch Leistungen und vorläufige Maßnahmen nach diesem Buch gedeckt ist, ist dies bei der Berechnung des Unterhalts zu berücksichtigen.

(3) ¹Die Leistungen nach diesem Buch gehen Leistungen nach dem Zweiten Buch vor. ²Abweichend von Satz 1 gehen Leistungen nach § 3 Absatz 2, den §§ 14 bis 16g, § 19 Absatz 2 in Verbindung mit § 28 Absatz 6 des Zweiten Buches[1]) sowie Leistungen nach § 6b Absatz 2 des Bundeskindergeldgesetzes in Verbindung mit § 28 Absatz 6 des Zweiten Buches den Leistungen nach diesem Buch vor.

(4) ¹Die Leistungen nach diesem Buch gehen Leistungen nach dem Zwölften Buch vor. ²Abweichend von Satz 1 gehen Leistungen nach § 27a Absatz 1 in Verbindung mit § 34 Absatz 6 des Zwölften Buches[2]) und Leistungen der Eingliederungshilfe nach dem Zwölften Buch für junge Menschen, die körperlich oder geistig behindert oder von einer solchen Behinderung bedroht sind, den Leistungen nach diesem Buch vor. ³Landesrecht kann regeln, dass Leistungen der Frühförderung für Kinder unabhängig von der Art der Behinderung vorrangig von anderen Leistungsträgern gewährt werden.

Zweites Kapitel. Leistungen der Jugendhilfe

Erster Abschnitt. Jugendarbeit, Jugendsozialarbeit, erzieherischer Kinder- und Jugendschutz

§ 11 Jugendarbeit. (1) ¹Jungen Menschen sind die zur Förderung ihrer Entwicklung erforderlichen Angebote der Jugendarbeit zur Verfügung zu stellen. ²Sie sollen an den Interessen junger Menschen anknüpfen und von ihnen mitbestimmt und mitgestaltet werden, sie zur Selbstbestimmung befähigen und zu gesellschaftlicher Mitverantwortung und zu sozialem Engagement anregen und hinführen.

(2) ¹Jugendarbeit wird angeboten von Verbänden, Gruppen und Initiativen der Jugend, von anderen Trägern der Jugendarbeit und den Trägern der öffent-

---
[1]) Nr. 2.
[2]) Nr. 12.

1331

lichen Jugendhilfe. ² Sie umfasst für Mitglieder bestimmte Angebote, die offene Jugendarbeit und gemeinwesenorientierte Angebote.

(3) Zu den Schwerpunkten der Jugendarbeit gehören:

1. außerschulische Jugendbildung mit allgemeiner, politischer, sozialer, gesundheitlicher, kultureller, naturkundlicher und technischer Bildung,
2. Jugendarbeit in Sport, Spiel und Geselligkeit,
3. arbeitswelt-, schul- und familienbezogene Jugendarbeit,
4. internationale Jugendarbeit,
5. Kinder- und Jugenderholung,
6. Jugendberatung.

(4) Angebote der Jugendarbeit können auch Personen, die das 27. Lebensjahr vollendet haben, in angemessenem Umfang einbeziehen.

§ 12 Förderung der Jugendverbände. (1) Die eigenverantwortliche Tätigkeit der Jugendverbände und Jugendgruppen ist unter Wahrung ihres satzungsgemäßen Eigenlebens nach Maßgabe des § 74 zu fördern.

(2) ¹ In Jugendverbänden und Jugendgruppen wird Jugendarbeit von jungen Menschen selbst organisiert, gemeinschaftlich gestaltet und mitverantwortet. ² Ihre Arbeit ist auf Dauer angelegt und in der Regel auf die eigenen Mitglieder ausgerichtet, sie kann sich aber auch an junge Menschen wenden, die nicht Mitglieder sind. ³ Durch Jugendverbände und ihre Zusammenschlüsse werden Anliegen und Interessen junger Menschen zum Ausdruck gebracht und vertreten.

§ 13 Jugendsozialarbeit. (1) Jungen Menschen, die zum Ausgleich sozialer Benachteiligungen oder zur Überwindung individueller Beeinträchtigungen in erhöhtem Maße auf Unterstützung angewiesen sind, sollen im Rahmen der Jugendhilfe sozialpädagogische Hilfen angeboten werden, die ihre schulische und berufliche Ausbildung, Eingliederung in die Arbeitswelt und ihre soziale Integration fördern.

(2) Soweit die Ausbildung dieser jungen Menschen nicht durch Maßnahmen und Programme anderer Träger und Organisationen sichergestellt wird, können geeignete sozialpädagogisch begleitete Ausbildungs- und Beschäftigungsmaßnahmen angeboten werden, die den Fähigkeiten und dem Entwicklungsstand dieser jungen Menschen Rechnung tragen.

(3) ¹ Jungen Menschen kann während der Teilnahme an schulischen oder beruflichen Bildungsmaßnahmen oder bei der beruflichen Eingliederung Unterkunft in sozialpädagogisch begleiteten Wohnformen angeboten werden. ² In diesen Fällen sollen auch der notwendige Unterhalt des jungen Menschen sichergestellt und Krankenhilfe nach Maßgabe des § 40 geleistet werden.

(4) Die Angebote sollen mit den Maßnahmen der Schulverwaltung, der Bundesagentur für Arbeit, der Träger betrieblicher und außerbetrieblicher Ausbildung sowie der Träger von Beschäftigungsangeboten abgestimmt werden.

§ 14 Erzieherischer Kinder- und Jugendschutz. (1) Jungen Menschen und Erziehungsberechtigten sollen Angebote des erzieherischen Kinder- und Jugendschutzes gemacht werden.

(2) Die Maßnahmen sollen
1. junge Menschen befähigen, sich vor gefährdenden Einflüssen zu schützen und sie zu Kritikfähigkeit, Entscheidungsfähigkeit und Eigenverantwortlichkeit sowie zur Verantwortung gegenüber ihren Mitmenschen führen,
2. Eltern und andere Erziehungsberechtigte besser befähigen, Kinder und Jugendliche vor gefährdenden Einflüssen zu schützen.

§ 15 Landesrechtsvorbehalt. Das Nähere über Inhalt und Umfang der in diesem Abschnitt geregelten Aufgaben und Leistungen regelt das Landesrecht.

Zweiter Abschnitt. Förderung der Erziehung in der Familie

§ 16 Allgemeine Förderung der Erziehung in der Familie. (1) [1] Müttern, Vätern, anderen Erziehungsberechtigten und jungen Menschen sollen Leistungen der allgemeinen Förderung der Erziehung in der Familie angeboten werden. [2] Sie sollen dazu beitragen, dass Mütter, Väter und andere Erziehungsberechtigte ihre Erziehungsverantwortung besser wahrnehmen können. [3] Sie sollen auch Wege aufzeigen, wie Konfliktsituationen in der Familie gewaltfrei gelöst werden können.

(2) Leistungen zur Förderung der Erziehung in der Familie sind insbesondere
1. Angebote der Familienbildung, die auf Bedürfnisse und Interessen sowie auf Erfahrungen von Familien in unterschiedlichen Lebenslagen und Erziehungssituationen eingehen, die Familien in ihrer Gesundheitskompetenz stärken, die Familie zur Mitarbeit in Erziehungseinrichtungen und in Formen der Selbst- und Nachbarschaftshilfe besser befähigen sowie junge Menschen auf Ehe, Partnerschaft und das Zusammenleben mit Kindern vorbereiten,
2. Angebote der Beratung in allgemeinen Fragen der Erziehung und Entwicklung junger Menschen,
3. Angebote der Familienfreizeit und der Familienerholung, insbesondere in belastenden Familiensituationen, die bei Bedarf die erzieherische Betreuung der Kinder einschließen.

(3) Müttern und Vätern sowie schwangeren Frauen und werdenden Vätern sollen Beratung und Hilfe in Fragen der Partnerschaft und des Aufbaus elterlicher Erziehungs- und Beziehungskompetenzen angeboten werden.

(4) Das Nähere über Inhalt und Umfang der Aufgaben regelt das Landesrecht.

§ 17 Beratung in Fragen der Partnerschaft, Trennung und Scheidung.

(1) [1] Mütter und Väter haben im Rahmen der Jugendhilfe Anspruch auf Beratung in Fragen der Partnerschaft, wenn sie für ein Kind oder einen Jugendlichen zu sorgen haben oder tatsächlich sorgen. [2] Die Beratung soll helfen,
1. ein partnerschaftliches Zusammenleben in der Familie aufzubauen,
2. Konflikte und Krisen in der Familie zu bewältigen,
3. im Fall der Trennung oder Scheidung die Bedingungen für eine dem Wohl des Kindes oder des Jugendlichen förderliche Wahrnehmung der Elternverantwortung zu schaffen.

(2) Im Fall der Trennung und Scheidung sind Eltern unter angemessener Beteiligung des betroffenen Kindes oder Jugendlichen bei der Entwicklung eines einvernehmlichen Konzepts für die Wahrnehmung der elterlichen Sorge und der elterlichen Verantwortung zu unterstützen; dieses Konzept kann auch als Grundlage für einen Vergleich oder eine gerichtliche Entscheidung im familiengerichtlichen Verfahren dienen.

(3) Die Gerichte teilen die Rechtshängigkeit von Scheidungssachen, wenn gemeinschaftliche minderjährige Kinder vorhanden sind, sowie Namen und Anschriften der beteiligten Eheleute und Kinder dem Jugendamt mit, damit dieses die Eltern über das Leistungsangebot der Jugendhilfe nach Absatz 2 unterrichtet.

§ 18 Beratung und Unterstützung bei der Ausübung der Personensorge und des Umgangsrechts. (1) Mütter und Väter, die allein für ein Kind oder einen Jugendlichen zu sorgen haben oder tatsächlich sorgen, haben Anspruch auf Beratung und Unterstützung

1. bei der Ausübung der Personensorge einschließlich der Geltendmachung von Unterhalts- oder Unterhaltsersatzansprüchen des Kindes oder Jugendlichen,
2. bei der Geltendmachung ihrer Unterhaltsansprüche nach § 1615l des Bürgerlichen Gesetzbuchs.

(2) Mütter und Väter, die mit dem anderen Elternteil nicht verheiratet sind, haben Anspruch auf Beratung über die Abgabe einer Sorgeerklärung und die Möglichkeit der gerichtlichen Übertragung der gemeinsamen elterlichen Sorge.

(3) [1] Kinder und Jugendliche haben Anspruch auf Beratung und Unterstützung bei der Ausübung des Umgangsrechts nach § 1684 Absatz 1 des Bürgerlichen Gesetzbuchs. [2] Sie sollen dabei unterstützt werden, dass die Personen, die nach Maßgabe der §§ 1684, 1685 und 1686a des Bürgerlichen Gesetzbuchs zum Umgang mit ihnen berechtigt sind, von diesem Recht zu ihrem Wohl Gebrauch machen. [3] Eltern, andere Umgangsberechtigte sowie Personen, in deren Obhut sich das Kind befindet, haben Anspruch auf Beratung und Unterstützung bei der Ausübung des Umgangsrechts. [4] Bei der Befugnis, Auskunft über die persönlichen Verhältnisse des Kindes zu verlangen, bei der Herstellung von Umgangskontakten und bei der Ausführung gerichtlicher oder vereinbarter Umgangsregelungen soll vermittelt und in geeigneten Fällen Hilfestellung geleistet werden.

(4) Ein junger Volljähriger hat bis zur Vollendung des 21. Lebensjahres Anspruch auf Beratung und Unterstützung bei der Geltendmachung von Unterhalts- oder Unterhaltsersatzansprüchen.

§ 19 Gemeinsame Wohnformen für Mütter/Väter und Kinder.

(1) [1] Mütter oder Väter, die allein für ein Kind unter sechs Jahren zu sorgen haben oder tatsächlich sorgen, sollen gemeinsam mit dem Kind in einer geeigneten Wohnform betreut werden, wenn und solange sie auf Grund ihrer Persönlichkeitsentwicklung dieser Form der Unterstützung bei der Pflege und Erziehung des Kindes bedürfen. [2] Die Betreuung schließt auch ältere Geschwister ein, sofern die Mutter oder der Vater für sie allein zu sorgen hat. [3] Eine

schwangere Frau kann auch vor der Geburt des Kindes in der Wohnform betreut werden.

(2) Während dieser Zeit soll darauf hingewirkt werden, dass die Mutter oder der Vater eine schulische oder berufliche Ausbildung beginnt oder fortführt oder eine Berufstätigkeit aufnimmt.

(3) Die Leistung soll auch den notwendigen Unterhalt der betreuten Personen sowie die Krankenhilfe nach Maßgabe des § 40 umfassen.

§ 20 Betreuung und Versorgung des Kindes in Notsituationen.

(1) Fällt der Elternteil, der die überwiegende Betreuung des Kindes übernommen hat, für die Wahrnehmung dieser Aufgabe aus gesundheitlichen oder anderen zwingenden Gründen aus, so soll der andere Elternteil bei der Betreuung und Versorgung des im Haushalt lebenden Kindes unterstützt werden, wenn

1. er wegen berufsbedingter Abwesenheit nicht in der Lage ist, die Aufgabe wahrzunehmen,
2. die Hilfe erforderlich ist, um das Wohl des Kindes zu gewährleisten,
3. Angebote der Förderung des Kindes in Tageseinrichtungen oder in Kindertagespflege nicht ausreichen.

(2) Fällt ein allein erziehender Elternteil oder fallen beide Elternteile aus gesundheitlichen oder anderen zwingenden Gründen aus, so soll unter der Voraussetzung des Absatzes 1 Nummer 3 das Kind im elterlichen Haushalt versorgt und betreut werden, wenn und solange es für sein Wohl erforderlich ist.

§ 21 Unterstützung bei notwendiger Unterbringung zur Erfüllung der Schulpflicht. [1] Können Personensorgeberechtigte wegen des mit ihrer beruflichen Tätigkeit verbundenen ständigen Ortswechsels die Erfüllung der Schulpflicht ihres Kindes oder Jugendlichen nicht sicherstellen und ist deshalb eine anderweitige Unterbringung des Kindes oder des Jugendlichen notwendig, so haben sie Anspruch auf Beratung und Unterstützung. [2] In geeigneten Fällen können die Kosten der Unterbringung in einer für das Kind oder den Jugendlichen geeigneten Wohnform einschließlich des notwendigen Unterhalts sowie die Krankenhilfe übernommen werden. [3] Die Leistung kann über das schulpflichtige Alter hinaus gewährt werden, sofern eine begonnene Schulausbildung noch nicht abgeschlossen ist, längstens aber bis zur Vollendung des 21. Lebensjahres.

Dritter Abschnitt. Förderung von Kindern in Tageseinrichtungen und in Kindertagespflege

§ 22 Grundsätze der Förderung. (1) [1] Tageseinrichtungen sind Einrichtungen, in denen sich Kinder für einen Teil des Tages oder ganztägig aufhalten und in Gruppen gefördert werden. [2] Kindertagespflege wird von einer geeigneten Tagespflegeperson in ihrem Haushalt oder im Haushalt des Personensorgeberechtigten geleistet. [3] Das Nähere über die Abgrenzung von Tageseinrichtungen und Kindertagespflege regelt das Landesrecht. [4] Es kann auch regeln, dass Kindertagespflege in anderen geeigneten Räumen geleistet wird.

(2) Tageseinrichtungen für Kinder und Kindertagespflege sollen

1. die Entwicklung des Kindes zu einer eigenverantwortlichen und gemeinschaftsfähigen Persönlichkeit fördern,
2. die Erziehung und Bildung in der Familie unterstützen und ergänzen,
3. den Eltern dabei helfen, Erwerbstätigkeit und Kindererziehung besser miteinander vereinbaren zu können.

(3) [1] Der Förderungsauftrag umfasst Erziehung, Bildung und Betreuung des Kindes und bezieht sich auf die soziale, emotionale, körperliche und geistige Entwicklung des Kindes. [2] Er schließt die Vermittlung orientierender Werte und Regeln ein. [3] Die Förderung soll sich am Alter und Entwicklungsstand, den sprachlichen und sonstigen Fähigkeiten, der Lebenssituation sowie den Interessen und Bedürfnissen des einzelnen Kindes orientieren und seine ethnische Herkunft berücksichtigen.

§ 22a Förderung in Tageseinrichtungen. (1) [1] Die Träger der öffentlichen Jugendhilfe sollen die Qualität der Förderung in ihren Einrichtungen durch geeignete Maßnahmen sicherstellen und weiterentwickeln. [2] Dazu gehören die Entwicklung und der Einsatz einer pädagogischen Konzeption als Grundlage für die Erfüllung des Förderungsauftrags sowie der Einsatz von Instrumenten und Verfahren zur Evaluation der Arbeit in den Einrichtungen.

(2) [1] Die Träger der öffentlichen Jugendhilfe sollen sicherstellen, dass die Fachkräfte in ihren Einrichtungen zusammenarbeiten
1. mit den Erziehungsberechtigten und Tagespflegepersonen zum Wohl der Kinder und zur Sicherung der Kontinuität des Erziehungsprozesses,
2. mit anderen kinder- und familienbezogenen Institutionen und Initiativen im Gemeinwesen, insbesondere solchen der Familienbildung und -beratung,
3. mit den Schulen, um den Kindern einen guten Übergang in die Schule zu sichern und um die Arbeit mit Schulkindern in Horten und altersgemischten Gruppen zu unterstützen.

[2] Die Erziehungsberechtigten sind an den Entscheidungen in wesentlichen Angelegenheiten der Erziehung, Bildung und Betreuung zu beteiligen.

(3) [1] Das Angebot soll sich pädagogisch und organisatorisch an den Bedürfnissen der Kinder und ihrer Familien orientieren. [2] Werden Einrichtungen in den Ferienzeiten geschlossen, so hat der Träger der öffentlichen Jugendhilfe für die Kinder, die nicht von den Erziehungsberechtigten betreut werden können, eine anderweitige Betreuungsmöglichkeit sicherzustellen.

(4) [1] Kinder mit und ohne Behinderung sollen, sofern der Hilfebedarf dies zulässt, in Gruppen gemeinsam gefördert werden. [2] Zu diesem Zweck sollen die Träger der öffentlichen Jugendhilfe mit den Trägern der Sozialhilfe bei der Planung, konzeptionellen Ausgestaltung und Finanzierung des Angebots zusammenarbeiten.

(5) Die Träger der öffentlichen Jugendhilfe sollen die Realisierung des Förderungsauftrags nach Maßgabe der Absätze 1 bis 4 in den Einrichtungen anderer Träger durch geeignete Maßnahmen sicherstellen.

§ 23 Förderung in Kindertagespflege. (1) Die Förderung in Kindertagespflege nach Maßgabe von § 24 umfasst die Vermittlung des Kindes zu einer geeigneten Tagespflegeperson, soweit diese nicht von der erziehungsberechtigten Person nachgewiesen wird, deren fachliche Beratung, Begleitung und weitere Qualifizierung sowie die Gewährung einer laufenden Geldleistung an die Tagespflegeperson.

(2) Die laufende Geldleistung nach Absatz 1 umfasst
1. die Erstattung angemessener Kosten, die der Tagespflegeperson für den Sachaufwand entstehen,
2. einen Betrag zur Anerkennung ihrer Förderungsleistung nach Maßgabe von Absatz 2a,
3. die Erstattung nachgewiesener Aufwendungen für Beiträge zu einer Unfallversicherung sowie die hälftige Erstattung nachgewiesener Aufwendungen zu einer angemessenen Alterssicherung der Tagespflegeperson und
4. die hälftige Erstattung nachgewiesener Aufwendungen zu einer angemessenen Krankenversicherung und Pflegeversicherung.

(2a) [1] Die Höhe der laufenden Geldleistung wird von den Trägern der öffentlichen Jugendhilfe festgelegt, soweit Landesrecht nicht etwas anderes bestimmt. [2] Der Betrag zur Anerkennung der Förderungsleistung der Tagespflegeperson ist leistungsgerecht auszugestalten. [3] Dabei sind der zeitliche Umfang der Leistung und die Anzahl sowie der Förderbedarf der betreuten Kinder zu berücksichtigen.

(3) [1] Geeignet im Sinne von Absatz 1 sind Personen, die sich durch ihre Persönlichkeit, Sachkompetenz und Kooperationsbereitschaft mit Erziehungsberechtigten und anderen Tagespflegepersonen auszeichnen und über kindgerechte Räumlichkeiten verfügen. [2] Sie sollen über vertiefte Kenntnisse hinsichtlich der Anforderungen der Kindertagespflege verfügen, die sie in qualifizierten Lehrgängen erworben oder in anderer Weise nachgewiesen haben.

(4) [1] Erziehungsberechtigte und Tagespflegepersonen haben Anspruch auf Beratung in allen Fragen der Kindertagespflege. [2] Für Ausfallzeiten einer Tagespflegeperson ist rechtzeitig eine andere Betreuungsmöglichkeit für das Kind sicherzustellen. [3] Zusammenschlüsse von Tagespflegepersonen sollen beraten, unterstützt und gefördert werden.

§ 24 Anspruch auf Förderung in Tageseinrichtungen und in Kindertagespflege. (1) [1] Ein Kind, das das erste Lebensjahr noch nicht vollendet hat, ist in einer Einrichtung oder in Kindertagespflege zu fördern, wenn
1. diese Leistung für seine Entwicklung zu einer eigenverantwortlichen und gemeinschaftsfähigen Persönlichkeit geboten ist oder
2. die Erziehungsberechtigten
   a) einer Erwerbstätigkeit nachgehen, eine Erwerbstätigkeit aufnehmen oder Arbeit suchend sind,
   b) sich in einer beruflichen Bildungsmaßnahme, in der Schulausbildung oder Hochschulausbildung befinden oder
   c) Leistungen zur Eingliederung in Arbeit im Sinne des Zweiten Buches[1] erhalten.

[2] Lebt das Kind nur mit einem Erziehungsberechtigten zusammen, so tritt diese Person an die Stelle der Erziehungsberechtigten. [3] Der Umfang der täglichen Förderung richtet sich nach dem individuellen Bedarf.

---

[1] Nr. 2.

(2) ¹ Ein Kind, das das erste Lebensjahr vollendet hat, hat bis zur Vollendung des dritten Lebensjahres Anspruch auf frühkindliche Förderung in einer Tageseinrichtung oder in Kindertagespflege. ² Absatz 1 Satz 3 gilt entsprechend.

(3) ¹ Ein Kind, das das dritte Lebensjahr vollendet hat, hat bis zum Schuleintritt Anspruch auf Förderung in einer Tageseinrichtung. ² Die Träger der öffentlichen Jugendhilfe haben darauf hinzuwirken, dass für diese Altersgruppe ein bedarfsgerechtes Angebot an Ganztagsplätzen zur Verfügung steht. ³ Das Kind kann bei besonderem Bedarf oder ergänzend auch in Kindertagespflege gefördert werden.

(4) ¹ Für Kinder im schulpflichtigen Alter ist ein bedarfsgerechtes Angebot in Tageseinrichtungen vorzuhalten. ² Absatz 1 Satz 3 und Absatz 3 Satz 3 gelten entsprechend.

(5) ¹ Die Träger der öffentlichen Jugendhilfe oder die von ihnen beauftragten Stellen sind verpflichtet, Eltern oder Elternteile, die Leistungen nach den Absätzen 1 bis 4 in Anspruch nehmen wollen, über das Platzangebot im örtlichen Einzugsbereich und die pädagogische Konzeption der Einrichtungen zu informieren und sie bei der Auswahl zu beraten. ² Landesrecht kann bestimmen, dass die erziehungsberechtigten Personen den zuständigen Träger der öffentlichen Jugendhilfe oder die beauftragte Stelle innerhalb einer bestimmten Frist vor der beabsichtigten Inanspruchnahme der Leistung in Kenntnis setzen.

(6) Weitergehendes Landesrecht bleibt unberührt.

§ 24a *(aufgehoben)*

§ 25 Unterstützung selbst organisierter Förderung von Kindern. Mütter, Väter und andere Erziehungsberechtigte, die die Förderung von Kindern selbst organisieren wollen, sollen beraten und unterstützt werden.

§ 26 Landesrechtsvorbehalt. ¹ Das Nähere über Inhalt und Umfang der in diesem Abschnitt geregelten Aufgaben und Leistungen regelt das Landesrecht. ² Am 31. Dezember 1990 geltende landesrechtliche Regelungen, die das Kindergartenwesen dem Bildungsbereich zuweisen, bleiben unberührt.

Vierter Abschnitt. Hilfe zur Erziehung, Eingliederungshilfe für seelisch behinderte Kinder und Jugendliche, Hilfe für junge Volljährige

Erster Unterabschnitt. Hilfe zur Erziehung

§ 27 Hilfe zur Erziehung. (1) Ein Personensorgeberechtigter hat bei der Erziehung eines Kindes oder eines Jugendlichen Anspruch auf Hilfe (Hilfe zur Erziehung), wenn eine dem Wohl des Kindes oder des Jugendlichen entsprechende Erziehung nicht gewährleistet ist und die Hilfe für seine Entwicklung geeignet und notwendig ist.

(2) ¹ Hilfe zur Erziehung wird insbesondere nach Maßgabe der §§ 28 bis 35 gewährt. ² Art und Umfang der Hilfe richten sich nach dem erzieherischen Bedarf im Einzelfall; dabei soll das engere soziale Umfeld des Kindes oder des Jugendlichen einbezogen werden. ³ Die Hilfe ist in der Regel im Inland zu erbringen; sie darf nur dann im Ausland erbracht werden, wenn dies nach Maßgabe der Hilfeplanung zur Erreichung des Hilfezieles im Einzelfall erforderlich ist.

(2a) Ist eine Erziehung des Kindes oder Jugendlichen außerhalb des Elternhauses erforderlich, so entfällt der Anspruch auf Hilfe zur Erziehung nicht dadurch, dass eine andere unterhaltspflichtige Person bereit ist, diese Aufgabe zu übernehmen; die Gewährung von Hilfe zur Erziehung setzt in diesem Fall voraus, dass diese Person bereit und geeignet ist, den Hilfebedarf in Zusammenarbeit mit dem Träger der öffentlichen Jugendhilfe nach Maßgabe der §§ 36 und 37 zu decken.

(3) [1] Hilfe zur Erziehung umfasst insbesondere die Gewährung pädagogischer und damit verbundener therapeutischer Leistungen. [2] Sie soll bei Bedarf Ausbildungs- und Beschäftigungsmaßnahmen im Sinne des § 13 Absatz 2 einschließen.

(4) Wird ein Kind oder eine Jugendliche während ihres Aufenthaltes in einer Einrichtung oder einer Pflegefamilie selbst Mutter eines Kindes, so umfasst die Hilfe zur Erziehung auch die Unterstützung bei der Pflege und Erziehung dieses Kindes.

§ 28 Erziehungsberatung. [1] Erziehungsberatungsstellen und andere Beratungsdienste und -einrichtungen sollen Kinder, Jugendliche, Eltern und andere Erziehungsberechtigte bei der Klärung und Bewältigung individueller und familienbezogener Probleme und der zugrunde liegenden Faktoren, bei der Lösung von Erziehungsfragen sowie bei Trennung und Scheidung unterstützen. [2] Dabei sollen Fachkräfte verschiedener Fachrichtungen zusammenwirken, die mit unterschiedlichen methodischen Ansätzen vertraut sind.

§ 29 Soziale Gruppenarbeit. [1] Die Teilnahme an sozialer Gruppenarbeit soll älteren Kindern und Jugendlichen bei der Überwindung von Entwicklungsschwierigkeiten und Verhaltensproblemen helfen. [2] Soziale Gruppenarbeit soll auf der Grundlage eines gruppenpädagogischen Konzepts die Entwicklung älterer Kinder und Jugendlicher durch soziales Lernen in der Gruppe fördern.

§ 30 Erziehungsbeistand, Betreuungshelfer. Der Erziehungsbeistand und der Betreuungshelfer sollen das Kind oder den Jugendlichen bei der Bewältigung von Entwicklungsproblemen möglichst unter Einbeziehung des sozialen Umfelds unterstützen und unter Erhaltung des Lebensbezugs zur Familie seine Verselbständigung fördern.

§ 31 Sozialpädagogische Familienhilfe. [1] Sozialpädagogische Familienhilfe soll durch intensive Betreuung und Begleitung Familien in ihren Erziehungsaufgaben, bei der Bewältigung von Alltagsproblemen, der Lösung von Konflikten und Krisen sowie im Kontakt mit Ämtern und Institutionen unterstützen und Hilfe zur Selbsthilfe geben. [2] Sie ist in der Regel auf längere Dauer angelegt und erfordert die Mitarbeit der Familie.

§ 32 Erziehung in einer Tagesgruppe. [1] Hilfe zur Erziehung in einer Tagesgruppe soll die Entwicklung des Kindes oder des Jugendlichen durch soziales Lernen in der Gruppe, Begleitung der schulischen Förderung und Elternarbeit unterstützen und dadurch den Verbleib des Kindes oder des Jugendlichen in seiner Familie sichern. [2] Die Hilfe kann auch in geeigneten Formen der Familienpflege geleistet werden.

§ 33 Vollzeitpflege.

¹ Hilfe zur Erziehung in Vollzeitpflege soll entsprechend dem Alter und Entwicklungsstand des Kindes oder des Jugendlichen und seinen persönlichen Bindungen sowie den Möglichkeiten der Verbesserung der Erziehungsbedingungen in der Herkunftsfamilie Kindern und Jugendlichen in einer anderen Familie eine zeitlich befristete Erziehungshilfe oder eine auf Dauer angelegte Lebensform bieten. ² Für besonders entwicklungsbeeinträchtigte Kinder und Jugendliche sind geeignete Formen der Familienpflege zu schaffen und auszubauen.

§ 34 Heimerziehung, sonstige betreute Wohnform.

¹ Hilfe zur Erziehung in einer Einrichtung über Tag und Nacht (Heimerziehung) oder in einer sonstigen betreuten Wohnform soll Kinder und Jugendliche durch eine Verbindung von Alltagserleben mit pädagogischen und therapeutischen Angeboten in ihrer Entwicklung fördern. ² Sie soll entsprechend dem Alter und Entwicklungsstand des Kindes oder des Jugendlichen sowie den Möglichkeiten der Verbesserung der Erziehungsbedingungen in der Herkunftsfamilie

1. eine Rückkehr in die Familie zu erreichen versuchen oder
2. die Erziehung in einer anderen Familie vorbereiten oder
3. eine auf längere Zeit angelegte Lebensform bieten und auf ein selbständiges Leben vorbereiten.

³ Jugendliche sollen in Fragen der Ausbildung und Beschäftigung sowie der allgemeinen Lebensführung beraten und unterstützt werden.

§ 35 Intensive sozialpädagogische Einzelbetreuung.

¹ Intensive sozialpädagogische Einzelbetreuung soll Jugendlichen gewährt werden, die einer intensiven Unterstützung zur sozialen Integration und zu einer eigenverantwortlichen Lebensführung bedürfen. ² Die Hilfe ist in der Regel auf längere Zeit angelegt und soll den individuellen Bedürfnissen des Jugendlichen Rechnung tragen.

Zweiter Unterabschnitt. Eingliederungshilfe für seelisch behinderte Kinder und Jugendliche

§ 35a Eingliederungshilfe für seelisch behinderte Kinder und Jugendliche.

(1) ¹ Kinder oder Jugendliche haben Anspruch auf Eingliederungshilfe, wenn

1. ihre seelische Gesundheit mit hoher Wahrscheinlichkeit länger als sechs Monate von dem für ihr Lebensalter typischen Zustand abweicht, und
2. daher ihre Teilhabe am Leben in der Gesellschaft beeinträchtigt ist oder eine solche Beeinträchtigung zu erwarten ist.

² Von einer seelischen Behinderung bedroht im Sinne dieses Buches sind Kinder oder Jugendliche, bei denen eine Beeinträchtigung ihrer Teilhabe am Leben in der Gesellschaft nach fachlicher Erkenntnis mit hoher Wahrscheinlichkeit zu erwarten ist. ³ § 27 Absatz 4 gilt entsprechend.

(1a) ¹ Hinsichtlich der Abweichung der seelischen Gesundheit nach Absatz 1 Satz 1 Nummer 1 hat der Träger der öffentlichen Jugendhilfe die Stellungnahme

1. eines Arztes für Kinder- und Jugendpsychiatrie und -psychotherapie,
2. eines Kinder- und Jugendpsychotherapeuten oder

3. eines Arztes oder eines psychologischen Psychotherapeuten, der über besondere Erfahrungen auf dem Gebiet seelischer Störungen bei Kindern und Jugendlichen verfügt,

einzuholen. ²Die Stellungnahme ist auf der Grundlage der Internationalen Klassifikation der Krankheiten in der vom Deutschen Institut für medizinische Dokumentation und Information herausgegebenen deutschen Fassung zu erstellen. ³Dabei ist auch darzulegen, ob die Abweichung Krankheitswert hat oder auf einer Krankheit beruht. ⁴Die Hilfe soll nicht von der Person oder dem Dienst oder der Einrichtung, der die Person angehört, die die Stellungnahme abgibt, erbracht werden.

(2) Die Hilfe wird nach dem Bedarf im Einzelfall

1. in ambulanter Form,
2. in Tageseinrichtungen für Kinder oder in anderen teilstationären Einrichtungen,
3. durch geeignete Pflegepersonen und
4. in Einrichtungen über Tag und Nacht sowie sonstigen Wohnformen geleistet.

(3) Aufgabe und Ziel der Hilfe, die Bestimmung des Personenkreises sowie die Art der Leistungen richten sich nach § 53 Absatz 3 und 4 Satz 1, den §§ 54, 56 und 57 des Zwölften Buches[1], soweit diese Bestimmungen auch auf seelisch behinderte oder von einer solchen Behinderung bedrohte Personen Anwendung finden.

(4) ¹Ist gleichzeitig Hilfe zur Erziehung zu leisten, so sollen Einrichtungen, Dienste und Personen in Anspruch genommen werden, die geeignet sind, sowohl die Aufgaben der Eingliederungshilfe zu erfüllen als auch den erzieherischen Bedarf zu decken. ²Sind heilpädagogische Maßnahmen für Kinder, die noch nicht im schulpflichtigen Alter sind, in Tageseinrichtungen für Kinder zu gewähren und lässt der Hilfebedarf es zu, so sollen Einrichtungen in Anspruch genommen werden, in denen behinderte und nicht behinderte Kinder gemeinsam betreut werden.

Dritter Unterabschnitt. Gemeinsame Vorschriften für die Hilfe zur Erziehung und die Eingliederungshilfe für seelisch behinderte Kinder und Jugendliche

§ 36 Mitwirkung, Hilfeplan. (1) ¹Der Personensorgeberechtigte und das Kind oder der Jugendliche sind vor der Entscheidung über die Inanspruchnahme einer Hilfe und vor einer notwendigen Änderung von Art und Umfang der Hilfe zu beraten und auf die möglichen Folgen für die Entwicklung des Kindes oder des Jugendlichen hinzuweisen. ²Vor und während einer langfristig zu leistenden Hilfe außerhalb der eigenen Familie ist zu prüfen, ob die Annahme als Kind in Betracht kommt. ³Ist Hilfe außerhalb der eigenen Familie erforderlich, so sind die in Satz 1 genannten Personen bei der Auswahl der Einrichtung oder der Pflegestelle zu beteiligen. ⁴Der Wahl und den Wünschen ist zu entsprechen, sofern sie nicht mit unverhältnismäßigen Mehrkosten verbunden sind. ⁵Wünschen die in Satz 1 genannten Personen die Erbringung einer in § 78a genannten Leistung in einer Einrichtung, mit deren Träger keine Vereinbarungen nach § 78b bestehen, so soll der Wahl nur entsprochen wer-

---

[1] Nr. 12.

den, wenn die Erbringung der Leistung in dieser Einrichtung nach Maßgabe des Hilfeplans nach Absatz 2 geboten ist.

(2) ¹ Die Entscheidung über die im Einzelfall angezeigte Hilfeart soll, wenn Hilfe voraussichtlich für längere Zeit zu leisten ist, im Zusammenwirken mehrerer Fachkräfte getroffen werden. ² Als Grundlage für die Ausgestaltung der Hilfe sollen sie zusammen mit dem Personensorgeberechtigten und dem Kind oder dem Jugendlichen einen Hilfeplan aufstellen, der Feststellungen über den Bedarf, die zu gewährende Art der Hilfe sowie die notwendigen Leistungen enthält; sie sollen regelmäßig prüfen, ob die gewählte Hilfeart weiterhin geeignet und notwendig ist. ³ Werden bei der Durchführung der Hilfe andere Personen, Dienste oder Einrichtungen tätig, so sind sie oder deren Mitarbeiter an der Aufstellung des Hilfeplans und seiner Überprüfung zu beteiligen. ⁴ Erscheinen Maßnahmen der beruflichen Eingliederung erforderlich, so sollen auch die für die Eingliederung zuständigen Stellen beteiligt werden.

(3) Erscheinen Hilfen nach § 35a erforderlich, so soll bei der Aufstellung und Änderung des Hilfeplans sowie bei der Durchführung der Hilfe die Person, die eine Stellungnahme nach § 35a Absatz 1a abgegeben hat, beteiligt werden.

(4) Vor einer Entscheidung über die Gewährung einer Hilfe, die ganz oder teilweise im Ausland erbracht wird, soll zur Feststellung einer seelischen Störung mit Krankheitswert die Stellungnahme einer in § 35a Absatz 1a Satz 1 genannten Person eingeholt werden.

§ 36a Steuerungsverantwortung, Selbstbeschaffung. (1) ¹ Der Träger der öffentlichen Jugendhilfe trägt die Kosten der Hilfe grundsätzlich nur dann, wenn sie auf der Grundlage seiner Entscheidung nach Maßgabe des Hilfeplans unter Beachtung des Wunsch- und Wahlrechts erbracht wird; dies gilt auch in den Fällen, in denen Eltern durch das Familiengericht oder Jugendliche und junge Volljährige durch den Jugendrichter zur Inanspruchnahme von Hilfen verpflichtet werden. ² Die Vorschriften über die Heranziehung zu den Kosten der Hilfe bleiben unberührt.

(2) ¹ Abweichend von Absatz 1 soll der Träger der öffentlichen Jugendhilfe die niedrigschwellige unmittelbare Inanspruchnahme von ambulanten Hilfen, insbesondere der Erziehungsberatung, zulassen. ² Dazu soll er mit den Leistungserbringern Vereinbarungen schließen, in denen die Voraussetzungen und die Ausgestaltung der Leistungserbringung sowie die Übernahme der Kosten geregelt werden.

(3) ¹ Werden Hilfen abweichend von den Absätzen 1 und 2 vom Leistungsberechtigten selbst beschafft, so ist der Träger der öffentlichen Jugendhilfe zur Übernahme der erforderlichen Aufwendungen nur verpflichtet, wenn

1. der Leistungsberechtigte den Träger der öffentlichen Jugendhilfe vor der Selbstbeschaffung über den Hilfebedarf in Kenntnis gesetzt hat,
2. die Voraussetzungen für die Gewährung der Hilfe vorlagen und
3. die Deckung des Bedarfs

    a) bis zu einer Entscheidung des Trägers der öffentlichen Jugendhilfe über die Gewährung der Leistung oder

    b) bis zu einer Entscheidung über ein Rechtsmittel nach einer zu Unrecht abgelehnten Leistung

    keinen zeitlichen Aufschub geduldet hat.

² War es dem Leistungsberechtigten unmöglich, den Träger der öffentlichen Jugendhilfe rechtzeitig über den Hilfebedarf in Kenntnis zu setzen, so hat er dies unverzüglich nach Wegfall des Hinderungsgrundes nachzuholen.

§ 37 Zusammenarbeit bei Hilfen außerhalb der eigenen Familie.

(1) ¹ Bei Hilfen nach §§ 32 bis 34 und § 35a Absatz 2 Nummer 3 und 4 soll darauf hingewirkt werden, dass die Pflegeperson oder die in der Einrichtung für die Erziehung verantwortlichen Personen und die Eltern zum Wohl des Kindes oder des Jugendlichen zusammenarbeiten. ² Durch Beratung und Unterstützung sollen die Erziehungsbedingungen in der Herkunftsfamilie innerhalb eines im Hinblick auf die Entwicklung des Kindes oder Jugendlichen vertretbaren Zeitraums so weit verbessert werden, dass sie das Kind oder den Jugendlichen wieder selbst erziehen kann. ³ Während dieser Zeit soll durch begleitende Beratung und Unterstützung der Familien darauf hingewirkt werden, dass die Beziehung des Kindes oder Jugendlichen zur Herkunftsfamilie gefördert wird. ⁴ Ist eine nachhaltige Verbesserung der Erziehungsbedingungen in der Herkunftsfamilie innerhalb dieses Zeitraums nicht erreichbar, so soll mit den beteiligten Personen eine andere, dem Wohl des Kindes oder des Jugendlichen förderliche und auf Dauer angelegte Lebensperspektive erarbeitet werden.

(2) ¹ Die Pflegeperson hat vor der Aufnahme des Kindes oder Jugendlichen und während der Dauer des Pflegeverhältnisses Anspruch auf Beratung und Unterstützung; dies gilt auch in den Fällen, in denen für das Kind oder den Jugendlichen weder Hilfe zur Erziehung noch Eingliederungshilfe gewährt wird oder die Pflegeperson nicht der Erlaubnis zur Vollzeitpflege nach § 44 bedarf. ² Lebt das Kind oder der Jugendliche bei einer Pflegeperson außerhalb des Bereichs des zuständigen Trägers der öffentlichen Jugendhilfe, so sind ortsnahe Beratung und Unterstützung sicherzustellen. ³ Der zuständige Träger der öffentlichen Jugendhilfe hat die aufgewendeten Kosten einschließlich der Verwaltungskosten auch in den Fällen zu erstatten, in denen die Beratung und Unterstützung im Wege der Amtshilfe geleistet wird. ⁴ § 23 Absatz 4 Satz 3 gilt entsprechend.

(2a) ¹ Die Art und Weise der Zusammenarbeit sowie die damit im Einzelfall verbundenen Ziele sind im Hilfeplan zu dokumentieren. ² Bei Hilfen nach den §§ 33, 35a Absatz 2 Nummer 3 und § 41 zählen dazu auch der vereinbarte Umfang der Beratung der Pflegeperson sowie die Höhe der laufenden Leistungen zum Unterhalt des Kindes oder Jugendlichen. ³ Eine Abweichung von den dort getroffenen Feststellungen ist nur bei einer Änderung des Hilfebedarfs und entsprechender Änderung des Hilfeplans zulässig.

(3) ¹ Das Jugendamt soll den Erfordernissen des Einzelfalls entsprechend an Ort und Stelle überprüfen, ob die Pflegeperson eine dem Wohl des Kindes oder des Jugendlichen förderliche Erziehung gewährleistet. ² Die Pflegeperson hat das Jugendamt über wichtige Ereignisse zu unterrichten, die das Wohl des Kindes oder des Jugendlichen betreffen.

§ 38 Vermittlung bei der Ausübung der Personensorge. Sofern der Inhaber der Personensorge durch eine Erklärung nach § 1688 Absatz 3 Satz 1 des Bürgerlichen Gesetzbuchs die Vertretungsmacht der Pflegeperson soweit einschränkt, dass dies eine dem Wohl des Kindes oder des Jugendlichen för-

derliche Erziehung nicht mehr ermöglicht, sowie bei sonstigen Meinungsverschiedenheiten sollen die Beteiligten das Jugendamt einschalten.

§ 39 Leistungen zum Unterhalt des Kindes oder des Jugendlichen.

(1) ¹ Wird Hilfe nach den §§ 32 bis 35 oder nach § 35a Absatz 2 Nummer 2 bis 4 gewährt, so ist auch der notwendige Unterhalt des Kindes oder Jugendlichen außerhalb des Elternhauses sicherzustellen. ² Er umfasst die Kosten für den Sachaufwand sowie für die Pflege und Erziehung des Kindes oder Jugendlichen.

(2) ¹ Der gesamte regelmäßig wiederkehrende Bedarf soll durch laufende Leistungen gedeckt werden. ² Sie umfassen außer im Fall des § 32 und des § 35a Absatz 2 Nummer 2 auch einen angemessenen Barbetrag zur persönlichen Verfügung des Kindes oder des Jugendlichen. ³ Die Höhe des Betrages wird in den Fällen der §§ 34, 35, 35a Absatz 2 Nummer 4 von der nach Landesrecht zuständigen Behörde festgesetzt; die Beträge sollen nach Altersgruppen gestaffelt sein. ⁴ Die laufenden Leistungen im Rahmen der Hilfe in Vollzeitpflege (§ 33) oder bei einer geeigneten Pflegeperson (§ 35a Absatz 2 Nummer 3) sind nach den Absätzen 4 bis 6 zu bemessen.

(3) Einmalige Beihilfen oder Zuschüsse können insbesondere zur Erstausstattung einer Pflegestelle, bei wichtigen persönlichen Anlässen sowie für Urlaubs- und Ferienreisen des Kindes oder des Jugendlichen gewährt werden.

(4) ¹ Die laufenden Leistungen sollen auf der Grundlage der tatsächlichen Kosten gewährt werden, sofern sie einen angemessenen Umfang nicht übersteigen. ² Die laufenden Leistungen umfassen auch die Erstattung nachgewiesener Aufwendungen für Beiträge zu einer Unfallversicherung sowie die hälftige Erstattung nachgewiesener Aufwendungen zu einer angemessenen Alterssicherung der Pflegeperson. ³ Sie sollen in einem monatlichen Pauschalbetrag gewährt werden, soweit nicht nach der Besonderheit des Einzelfalls abweichende Leistungen geboten sind. ⁴ Ist die Pflegeperson in gerader Linie mit dem Kind oder Jugendlichen verwandt und kann sie diesem unter Berücksichtigung ihrer sonstigen Verpflichtungen und ohne Gefährdung ihres angemessenen Unterhalts Unterhalt gewähren, so kann der Teil des monatlichen Pauschalbetrages, der die Kosten für den Sachaufwand des Kindes oder Jugendlichen betrifft, angemessen gekürzt werden. ⁵ Wird ein Kind oder ein Jugendlicher im Bereich eines anderen Jugendamts untergebracht, so soll sich die Höhe des zu gewährenden Pauschalbetrages nach den Verhältnissen richten, die am Ort der Pflegestelle gelten.

(5) ¹ Die Pauschalbeträge für laufende Leistungen zum Unterhalt sollen von den nach Landesrecht zuständigen Behörden festgesetzt werden. ² Dabei ist dem altersbedingt unterschiedlichen Unterhaltsbedarf von Kindern und Jugendlichen durch eine Staffelung der Beträge nach Altersgruppen Rechnung zu tragen. ³ Das Nähere regelt Landesrecht.

(6) ¹ Wird das Kind oder der Jugendliche im Rahmen des Familienleistungsausgleichs nach § 31 des Einkommensteuergesetzes bei der Pflegeperson berücksichtigt, so ist ein Betrag in Höhe der Hälfte des Betrages, der nach § 66 des Einkommensteuergesetzes für ein erstes Kind zu zahlen ist, auf die laufenden Leistungen anzurechnen. ² Ist das Kind oder der Jugendliche nicht das älteste Kind in der Pflegefamilie, so ermäßigt sich der Anrechnungsbetrag für

3. Kapitel. Andere Aufgaben der Jugendhilfe §§ 40–42 SGB VIII 8

dieses Kind oder diesen Jugendlichen auf ein Viertel des Betrages, der für ein erstes Kind zu zahlen ist.

(7) Wird ein Kind oder eine Jugendliche während ihres Aufenthaltes in einer Einrichtung oder einer Pflegefamilie selbst Mutter eines Kindes, so ist auch der notwendige Unterhalt dieses Kindes sicherzustellen.

§ 40 Krankenhilfe. ¹Wird Hilfe nach den §§ 33 bis 35 oder nach § 35a Absatz 2 Nummer 3 oder 4 gewährt, so ist auch Krankenhilfe zu leisten; für den Umfang der Hilfe gelten die §§ 47 bis 52 des Zwölften Buches[1] entsprechend. ²Krankenhilfe muss den im Einzelfall notwendigen Bedarf in voller Höhe befriedigen. ³Zuzahlungen und Eigenbeteiligungen sind zu übernehmen. ⁴Das Jugendamt kann in geeigneten Fällen die Beiträge für eine freiwillige Krankenversicherung übernehmen, soweit sie angemessen sind.

Vierter Unterabschnitt. Hilfe für junge Volljährige

§ 41 Hilfe für junge Volljährige, Nachbetreuung. (1) ¹Einem jungen Volljährigen soll Hilfe für die Persönlichkeitsentwicklung und zu einer eigenverantwortlichen Lebensführung gewährt werden, wenn und solange die Hilfe auf Grund der individuellen Situation des jungen Menschen notwendig ist. ²Die Hilfe wird in der Regel nur bis zur Vollendung des 21. Lebensjahres gewährt; in begründeten Einzelfällen soll sie für einen begrenzten Zeitraum darüber hinaus fortgesetzt werden.

(2) Für die Ausgestaltung der Hilfe gelten § 27 Absatz 3 und 4 sowie die §§ 28 bis 30, 33 bis 36, 39 und 40 entsprechend mit der Maßgabe, dass an die Stelle des Personensorgeberechtigten oder des Kindes oder des Jugendlichen der junge Volljährige tritt.

(3) Der junge Volljährige soll auch nach Beendigung der Hilfe bei der Verselbständigung im notwendigen Umfang beraten und unterstützt werden.

Drittes Kapitel. Andere Aufgaben der Jugendhilfe

Erster Abschnitt. Vorläufige Maßnahmen zum Schutz von Kindern und Jugendlichen

§ 42 Inobhutnahme von Kindern und Jugendlichen. (1) ¹Das Jugendamt ist berechtigt und verpflichtet, ein Kind oder einen Jugendlichen in seine Obhut zu nehmen, wenn

1. das Kind oder der Jugendliche um Obhut bittet oder

2. eine dringende Gefahr für das Wohl des Kindes oder des Jugendlichen die Inobhutnahme erfordert und

   a) die Personensorgeberechtigten nicht widersprechen oder

   b) eine familiengerichtliche Entscheidung nicht rechtzeitig eingeholt werden kann oder

---

[1] Nr. 12.

8 SGB VIII § 42

3. ein ausländisches Kind oder ein ausländischer Jugendlicher unbegleitet nach Deutschland kommt und sich weder Personensorge- noch Erziehungsberechtigte im Inland aufhalten.

² Die Inobhutnahme umfasst die Befugnis, ein Kind oder einen Jugendlichen bei einer geeigneten Person, in einer geeigneten Einrichtung oder in einer sonstigen Wohnform vorläufig unterzubringen; im Fall von Satz 1 Nummer 2 auch ein Kind oder einen Jugendlichen von einer anderen Person wegzunehmen.

(2) ¹ Das Jugendamt hat während der Inobhutnahme die Situation, die zur Inobhutnahme geführt hat, zusammen mit dem Kind oder dem Jugendlichen zu klären und Möglichkeiten der Hilfe und Unterstützung aufzuzeigen. ² Dem Kind oder dem Jugendlichen ist unverzüglich Gelegenheit zu geben, eine Person seines Vertrauens zu benachrichtigen. ³ Das Jugendamt hat während der Inobhutnahme für das Wohl des Kindes oder des Jugendlichen zu sorgen und dabei den notwendigen Unterhalt und die Krankenhilfe sicherzustellen; § 39 Absatz 4 Satz 2 gilt entsprechend. ⁴ Das Jugendamt ist während der Inobhutnahme berechtigt, alle Rechtshandlungen vorzunehmen, die zum Wohl des Kindes oder Jugendlichen notwendig sind; der mutmaßliche Wille der Personensorge- oder der Erziehungsberechtigten ist dabei angemessen zu berücksichtigen. ⁵ Im Fall des Absatzes 1 Satz 1 Nummer 3 gehört zu den Rechtshandlungen nach Satz 4, zu denen das Jugendamt verpflichtet ist, insbesondere die unverzügliche Stellung eines Asylantrags für das Kind oder den Jugendlichen in Fällen, in denen Tatsachen die Annahme rechtfertigen, dass das Kind oder der Jugendliche internationalen Schutz im Sinne des § 1 Absatz 1 Nummer 2 des Asylgesetzes benötigt; dabei ist das Kind oder der Jugendliche zu beteiligen.

(3) ¹ Das Jugendamt hat im Fall des Absatzes 1 Satz 1 Nummer 1 und 2 die Personensorge- oder Erziehungsberechtigten unverzüglich von der Inobhutnahme zu unterrichten und mit ihnen das Gefährdungsrisiko abzuschätzen. ² Widersprechen die Personensorge- oder Erziehungsberechtigten der Inobhutnahme, so hat das Jugendamt unverzüglich

1. das Kind oder den Jugendlichen den Personensorge- oder Erziehungsberechtigten zu übergeben, sofern nach der Einschätzung des Jugendamts eine Gefährdung des Kindeswohls nicht besteht oder die Personensorge- oder Erziehungsberechtigten bereit und in der Lage sind, die Gefährdung abzuwenden oder

2. eine Entscheidung des Familiengerichts über die erforderlichen Maßnahmen zum Wohl des Kindes oder des Jugendlichen herbeizuführen.

³ Sind die Personensorge- oder Erziehungsberechtigten nicht erreichbar, so gilt Satz 2 Nummer 2 entsprechend. ⁴ Im Fall des Absatzes 1 Satz 1 Nummer 3 ist unverzüglich die Bestellung eines Vormunds oder Pflegers zu veranlassen. ⁵ Widersprechen die Personensorgeberechtigten der Inobhutnahme nicht, so ist unverzüglich ein Hilfeplanverfahren zur Gewährung einer Hilfe einzuleiten.

(4) Die Inobhutnahme endet mit

1. der Übergabe des Kindes oder Jugendlichen an die Personensorge- oder Erziehungsberechtigten,

2. der Entscheidung über die Gewährung von Hilfen nach dem Sozialgesetzbuch.

(5) ¹ Freiheitsentziehende Maßnahmen im Rahmen der Inobhutnahme sind nur zulässig, wenn und soweit sie erforderlich sind, um eine Gefahr für Leib oder Leben des Kindes oder des Jugendlichen oder eine Gefahr für Leib oder Leben Dritter abzuwenden. ² Die Freiheitsentziehung ist ohne gerichtliche Entscheidung spätestens mit Ablauf des Tages nach ihrem Beginn zu beenden.

(6) Ist bei der Inobhutnahme die Anwendung unmittelbaren Zwangs erforderlich, so sind die dazu befugten Stellen hinzuzuziehen.

§ 42a Vorläufige Inobhutnahme von ausländischen Kindern und Jugendlichen nach unbegleiteter Einreise. (1) ¹ Das Jugendamt ist berechtigt und verpflichtet, ein ausländisches Kind oder einen ausländischen Jugendlichen vorläufig in Obhut zu nehmen, sobald dessen unbegleitete Einreise nach Deutschland festgestellt wird. ² Ein ausländisches Kind oder ein ausländischer Jugendlicher ist grundsätzlich dann als unbegleitet zu betrachten, wenn die Einreise nicht in Begleitung eines Personensorgeberechtigten oder Erziehungsberechtigten erfolgt; dies gilt auch, wenn das Kind oder der Jugendliche verheiratet ist. ³ § 42 Absatz 1 Satz 2, Absatz 2 Satz 2 und 3, Absatz 5 sowie 6 gilt entsprechend.

(2) ¹ Das Jugendamt hat während der vorläufigen Inobhutnahme zusammen mit dem Kind oder dem Jugendlichen einzuschätzen,

1. ob das Wohl des Kindes oder des Jugendlichen durch die Durchführung des Verteilungsverfahrens gefährdet würde,
2. ob sich eine mit dem Kind oder dem Jugendlichen verwandte Person im Inland oder im Ausland aufhält,
3. ob das Wohl des Kindes oder des Jugendlichen eine gemeinsame Inobhutnahme mit Geschwistern oder anderen unbegleiteten ausländischen Kindern oder Jugendlichen erfordert und
4. ob der Gesundheitszustand des Kindes oder des Jugendlichen die Durchführung des Verteilungsverfahrens innerhalb von 14 Werktagen nach Beginn der vorläufigen Inobhutnahme ausschließt; hierzu soll eine ärztliche Stellungnahme eingeholt werden.

² Auf der Grundlage des Ergebnisses der Einschätzung nach Satz 1 entscheidet das Jugendamt über die Anmeldung des Kindes oder des Jugendlichen zur Verteilung oder den Ausschluss der Verteilung.

(3) ¹ Das Jugendamt ist während der vorläufigen Inobhutnahme berechtigt und verpflichtet, alle Rechtshandlungen vorzunehmen, die zum Wohl des Kindes oder des Jugendlichen notwendig sind. ² Dabei ist das Kind oder der Jugendliche zu beteiligen und der mutmaßliche Wille der Personen- oder der Erziehungsberechtigten angemessen zu berücksichtigen.

(4) ¹ Das Jugendamt hat der nach Landesrecht für die Verteilung von unbegleiteten ausländischen Kindern und Jugendlichen zuständigen Stelle die vorläufige Inobhutnahme des Kindes oder des Jugendlichen innerhalb von sieben Werktagen nach Beginn der Maßnahme zur Erfüllung der in § 42b genannten Aufgaben mitzuteilen. ² Zu diesem Zweck sind auch die Ergebnisse der Einschätzung nach Absatz 2 Satz 1 mitzuteilen. ³ Die nach Landesrecht zuständige Stelle hat gegenüber dem Bundesverwaltungsamt innerhalb von drei Werktagen das Kind oder den Jugendlichen zur Verteilung anzumelden oder den Ausschluss der Verteilung anzuzeigen.

(5) ¹Soll das Kind oder der Jugendliche im Rahmen eines Verteilungsverfahrens untergebracht werden, so umfasst die vorläufige Inobhutnahme auch die Pflicht,

1. die Begleitung des Kindes oder des Jugendlichen und dessen Übergabe durch eine insofern geeignete Person an das für die Inobhutnahme nach § 42 Absatz 1 Satz 1 Nummer 3 zuständige Jugendamt sicherzustellen sowie

2. dem für die Inobhutnahme nach § 42 Absatz 1 Satz 1 Nummer 3 zuständigen Jugendamt unverzüglich die personenbezogenen Daten zu übermitteln, die zur Wahrnehmung der Aufgaben nach § 42 erforderlich sind.

²Hält sich eine mit dem Kind oder dem Jugendlichen verwandte Person im Inland oder im Ausland auf, hat das Jugendamt auf eine Zusammenführung des Kindes oder des Jugendlichen mit dieser Person hinzuwirken, wenn dies dem Kindeswohl entspricht. ³Das Kind oder der Jugendliche ist an der Übergabe und an der Entscheidung über die Familienzusammenführung angemessen zu beteiligen.

(6) Die vorläufige Inobhutnahme endet mit der Übergabe des Kindes oder des Jugendlichen an die Personensorge- oder Erziehungsberechtigten oder an das aufgrund der Zuweisungsentscheidung der zuständigen Landesbehörde nach § 88a Absatz 2 Satz 1 zuständige Jugendamt oder mit der Anzeige nach Absatz 4 Satz 3 über den Ausschluss des Verteilungsverfahrens nach § 42b Absatz 4.

§ 42b Verfahren zur Verteilung unbegleiteter ausländischer Kinder und Jugendlicher. (1) ¹Das Bundesverwaltungsamt benennt innerhalb von zwei Werktagen nach Anmeldung eines unbegleiteten ausländischen Kindes oder Jugendlichen zur Verteilung durch die zuständige Landesstelle das zu dessen Aufnahme verpflichtete Land. ²Maßgebend dafür ist die Aufnahmequote nach § 42c.

(2) ¹Im Rahmen der Aufnahmequote nach § 42c soll vorrangig dasjenige Land benannt werden, in dessen Bereich das Jugendamt liegt, das das Kind oder den Jugendlichen nach § 42a vorläufig in Obhut genommen hat. ²Hat dieses Land die Aufnahmequote nach § 42c bereits erfüllt, soll das nächstgelegene Land benannt werden.

(3) ¹Die nach Landesrecht für die Verteilung von unbegleiteten ausländischen Kindern oder Jugendlichen zuständige Stelle des nach Absatz 1 benannten Landes weist das Kind oder den Jugendlichen innerhalb von zwei Werktagen einem in seinem Bereich gelegenen Jugendamt zur Inobhutnahme nach § 42 Absatz 1 Satz 1 Nummer 3 zu und teilt dies demjenigen Jugendamt mit, welches das Kind oder den Jugendlichen nach § 42a vorläufig in Obhut genommen hat. ²Maßgeblich für die Zuweisung sind die spezifischen Schutzbedürfnisse und Bedarfe unbegleiteter ausländischer Minderjähriger. ³Für die Verteilung von unbegleiteten ausländischen Kindern oder Jugendlichen ist das Landesjugendamt zuständig, es sei denn, dass Landesrecht etwas anderes regelt.

(4) Die Durchführung eines Verteilungsverfahrens ist bei einem unbegleiteten ausländischen Kind oder Jugendlichen ausgeschlossen, wenn

1. dadurch dessen Wohl gefährdet würde,

3. Kapitel. Andere Aufgaben der Jugendhilfe § 42c SGB VIII 8

2. dessen Gesundheitszustand die Durchführung eines Verteilungsverfahrens innerhalb von 14 Werktagen nach Beginn der vorläufigen Inobhutnahme gemäß § 42a nicht zulässt,

3. dessen Zusammenführung mit einer verwandten Person kurzfristig erfolgen kann, zum Beispiel aufgrund der Verordnung (EU) Nr. 604/2013 des Europäischen Parlaments und des Rates vom 26. Juni 2013 zur Festlegung der Kriterien und Verfahren zur Bestimmung des Mitgliedstaats, der für die Prüfung eines von einem Drittstaatsangehörigen oder Staatenlosen in einem Mitgliedstaat gestellten Antrags auf internationalen Schutz zuständig ist (ABl. L 180 vom 29.6.2013, S. 31), und dies dem Wohl des Kindes entspricht oder

4. die Durchführung des Verteilungsverfahrens nicht innerhalb von einem Monat nach Beginn der vorläufigen Inobhutnahme erfolgt.

(5) [1] Geschwister dürfen nicht getrennt werden, es sei denn, dass das Kindeswohl eine Trennung erfordert. [2] Im Übrigen sollen unbegleitete ausländische Kinder oder Jugendliche im Rahmen der Aufnahmequote nach § 42c nach Durchführung des Verteilungsverfahrens gemeinsam nach § 42 in Obhut genommen werden, wenn das Kindeswohl dies erfordert.

(6) [1] Der örtliche Träger stellt durch werktägliche Mitteilungen sicher, dass die nach Landesrecht für die Verteilung von unbegleiteten ausländischen Kindern und Jugendlichen zuständige Stelle jederzeit über die für die Zuweisung nach Absatz 3 erforderlichen Angaben unterrichtet wird. [2] Die nach Landesrecht für die Verteilung von unbegleiteten ausländischen Kindern oder Jugendlichen zuständige Stelle stellt durch werktägliche Mitteilungen sicher, dass das Bundesverwaltungsamt jederzeit über die Angaben unterrichtet wird, die für die Benennung des zur Aufnahme verpflichteten Landes nach Absatz 1 erforderlich sind.

(7) [1] Gegen Entscheidungen nach dieser Vorschrift findet kein Widerspruch statt. [2] Die Klage gegen Entscheidungen nach dieser Vorschrift hat keine aufschiebende Wirkung.

(8) Das Nähere regelt das Landesrecht.

§ 42c Aufnahmequote. (1) [1] Die Länder können durch Vereinbarung einen Schlüssel als Grundlage für die Benennung des zur Aufnahme verpflichteten Landes nach § 42b Absatz 1 festlegen. [2] Bis zum Zustandekommen dieser Vereinbarung oder bei deren Wegfall richtet sich die Aufnahmequote für das jeweilige Kalenderjahr nach dem von dem Büro der Gemeinsamen Wissenschaftskonferenz im Bundesanzeiger veröffentlichten Schlüssel, der für das vorangegangene Kalenderjahr entsprechend den Steuereinnahmen und der Bevölkerungszahl der Länder errechnet worden ist (Königsteiner Schlüssel), und nach dem Ausgleich für den Bestand der Anzahl unbegleiteter ausländischer Minderjähriger, denen am 1. November 2015 in den einzelnen Ländern Jugendhilfe gewährt wird. [3] Ein Land kann seiner Aufnahmepflicht eine höhere Quote als die Aufnahmequote nach Satz 1 oder 2 zugrunde legen; dies ist gegenüber dem Bundesverwaltungsamt anzuzeigen.

(2) [1] Ist die Durchführung des Verteilungsverfahrens ausgeschlossen, wird die Anzahl der im Land verbleibenden unbegleiteten ausländischen Kinder und Jugendlichen auf die Aufnahmequote nach Absatz 1 angerechnet. [2] Gleiches gilt, wenn der örtliche Träger eines anderen Landes die Zuständigkeit für die

Inobhutnahme eines unbegleiteten ausländischen Kindes oder Jugendlichen von dem nach § 88a Absatz 2 zuständigen örtlichen Träger übernimmt.

(3) Bis zum 1. Mai 2017 wird die Aufnahmepflicht durch einen Abgleich der aktuellen Anzahl unbegleiteter ausländischer Minderjähriger in den Ländern mit der Aufnahmequote nach Absatz 1 werktäglich ermittelt.

§ 42d Übergangsregelung. (1) Kann ein Land die Anzahl von unbegleiteten ausländischen Kindern oder Jugendlichen, die seiner Aufnahmequote nach § 42c entspricht, nicht aufnehmen, so kann es dies gegenüber dem Bundesverwaltungsamt anzeigen.

(2) In diesem Fall reduziert sich für das Land die Aufnahmequote

1. bis zum 1. Dezember 2015 um zwei Drittel sowie
2. bis zum 1. Januar 2016 um ein Drittel.

(3) [1] Bis zum 31. Dezember 2016 kann die Ausschlussfrist nach § 42b Absatz 4 Nummer 4 um einen Monat verlängert werden, wenn die zuständige Landesstelle gegenüber dem Bundesverwaltungsamt anzeigt, dass die Durchführung des Verteilungsverfahrens in Bezug auf einen unbegleiteten ausländischen Minderjährigen nicht innerhalb dieser Frist erfolgen kann. [2] In diesem Fall hat das Jugendamt nach Ablauf eines Monats nach Beginn der vorläufigen Inobhutnahme die Bestellung eines Vormunds oder Pflegers zu veranlassen.

(4) [1] Ab dem 1. August 2016 ist die Geltendmachung des Anspruchs des örtlichen Trägers gegenüber dem nach § 89d Absatz 3 erstattungspflichtigen Land auf Erstattung der Kosten, die vor dem 1. November 2015 entstanden sind, ausgeschlossen. [2] Der Erstattungsanspruch des örtlichen Trägers gegenüber dem nach § 89d Absatz 3 erstattungspflichtigen Land verjährt in einem Jahr; im Übrigen gilt § 113 des Zehnten Buches[1]) entsprechend.

(5) [1] Die Geltendmachung des Anspruchs des örtlichen Trägers gegenüber dem nach § 89d Absatz 3 erstattungspflichtigen Land auf Erstattung der Kosten, die nach dem 1. November 2015 entstanden sind, ist ausgeschlossen. [2] Die Erstattung dieser Kosten richtet sich nach § 89d Absatz 1.

§ 42e Berichtspflicht. Die Bundesregierung hat dem Deutschen Bundestag jährlich einen Bericht über die Situation unbegleiteter ausländischer Minderjähriger in Deutschland vorzulegen.

§ 42f Behördliches Verfahren zur Altersfeststellung. (1) [1] Das Jugendamt hat im Rahmen der vorläufigen Inobhutnahme der ausländischen Person gemäß § 42a deren Minderjährigkeit durch Einsichtnahme in deren Ausweispapiere festzustellen oder hilfsweise mittels einer qualifizierten Inaugenscheinnahme einzuschätzen und festzustellen. [2] § 8 Absatz 1 und § 42 Absatz 2 Satz 2 sind entsprechend anzuwenden.

(2) [1] Auf Antrag des Betroffenen oder seines Vertreters oder von Amts wegen hat das Jugendamt in Zweifelsfällen eine ärztliche Untersuchung zur Altersbestimmung zu veranlassen. [2] Ist eine ärztliche Untersuchung durchzuführen, ist die betroffene Person durch das Jugendamt umfassend über die Untersuchungsmethode und über die möglichen Folgen der Altersbestimmung auf-

---

[1]) Nr. 10.

3. Kapitel. Andere Aufgaben der Jugendhilfe § 43 SGB VIII 8

zuklären. ³ Ist die ärztliche Untersuchung von Amts wegen durchzuführen, ist die betroffene Person zusätzlich über die Folgen einer Weigerung, sich der ärztlichen Untersuchung zu unterziehen, aufzuklären; die Untersuchung darf nur mit Einwilligung der betroffenen Person und ihres Vertreters durchgeführt werden. ⁴ Die §§ 60, 62 und 65 bis 67 des Ersten Buches[1)] sind entsprechend anzuwenden.

(3) ¹ Widerspruch und Klage gegen die Entscheidung des Jugendamts, aufgrund der Altersfeststellung nach dieser Vorschrift die vorläufige Inobhutnahme nach § 42a oder die Inobhutnahme nach § 42 Absatz 1 Satz 1 Nummer 3 abzulehnen oder zu beenden, haben keine aufschiebende Wirkung. ² Landesrecht kann bestimmen, dass gegen diese Entscheidung Klage ohne Nachprüfung in einem Vorverfahren nach § 68 der Verwaltungsgerichtsordnung erhoben werden kann.

Zweiter Abschnitt. Schutz von Kindern und Jugendlichen in Familienpflege und in Einrichtungen

§ 43 Erlaubnis zur Kindertagespflege. (1) Eine Person, die ein Kind oder mehrere Kinder außerhalb des Haushalts des Erziehungsberechtigten während eines Teils des Tages und mehr als 15 Stunden wöchentlich gegen Entgelt länger als drei Monate betreuen will, bedarf der Erlaubnis.

(2) ¹ Die Erlaubnis ist zu erteilen, wenn die Person für die Kindertagespflege geeignet ist. ² Geeignet im Sinne des Satzes 1 sind Personen, die

1. sich durch ihre Persönlichkeit, Sachkompetenz und Kooperationsbereitschaft mit Erziehungsberechtigten und anderen Tagespflegepersonen auszeichnen und

2. über kindgerechte Räumlichkeiten verfügen.

³ Sie sollen über vertiefte Kenntnisse hinsichtlich der Anforderungen der Kindertagespflege verfügen, die sie in qualifizierten Lehrgängen erworben oder in anderer Weise nachgewiesen haben. ⁴ § 72a Absatz 1 und 5 gilt entsprechend.

(3) ¹ Die Erlaubnis befugt zur Betreuung von bis zu fünf gleichzeitig anwesenden, fremden Kindern. ² Im Einzelfall kann die Erlaubnis für eine geringere Zahl von Kindern erteilt werden. ³ Landesrecht kann bestimmen, dass die Erlaubnis zur Betreuung von mehr als fünf gleichzeitig anwesenden, fremden Kindern erteilt werden kann, wenn die Person über eine pädagogische Ausbildung verfügt; die in der Pflegestelle dürfen nicht mehr Kinder betreut werden als in einer vergleichbaren Gruppe einer Tageseinrichtung. ⁴ Die Erlaubnis ist auf fünf Jahre befristet. ⁵ Sie kann mit einer Nebenbestimmung versehen werden. ⁶ Die Tagespflegeperson hat den Träger der öffentlichen Jugendhilfe über wichtige Ereignisse zu unterrichten, die für die Betreuung des oder der Kinder bedeutsam sind.

(4) Erziehungsberechtigte und Tagespflegepersonen haben Anspruch auf Beratung in allen Fragen der Kindertagespflege.

(5) Das Nähere regelt das Landesrecht.

[1)] Nr. 1.

§ 44 Erlaubnis zur Vollzeitpflege. (1) ¹ Wer ein Kind oder einen Jugendlichen über Tag und Nacht in seinem Haushalt aufnehmen will (Pflegeperson), bedarf der Erlaubnis. ² Einer Erlaubnis bedarf nicht, wer ein Kind oder einen Jugendlichen

1. im Rahmen von Hilfe zur Erziehung oder von Eingliederungshilfe für seelisch behinderte Kinder und Jugendliche auf Grund einer Vermittlung durch das Jugendamt,
2. als Vormund oder Pfleger im Rahmen seines Wirkungskreises,
3. als Verwandter oder Verschwägerter bis zum dritten Grad,
4. bis zur Dauer von acht Wochen,
5. im Rahmen eines Schüler- oder Jugendaustausches,
6. in Adoptionspflege (§ 1744 des Bürgerlichen Gesetzbuchs)

über Tag und Nacht aufnimmt.

(2) ¹ Die Erlaubnis ist zu versagen, wenn das Wohl des Kindes oder des Jugendlichen in der Pflegestelle nicht gewährleistet ist. ² § 72a Absatz 1 und 5 gilt entsprechend.

(3) ¹ Das Jugendamt soll den Erfordernissen des Einzelfalls entsprechend an Ort und Stelle überprüfen, ob die Voraussetzungen für die Erteilung der Erlaubnis weiter bestehen. ² Ist das Wohl des Kindes oder des Jugendlichen in der Pflegestelle gefährdet und ist die Pflegeperson nicht bereit oder in der Lage, die Gefährdung abzuwenden, so ist die Erlaubnis zurückzunehmen oder zu widerrufen.

(4) Wer ein Kind oder einen Jugendlichen in erlaubnispflichtige Familienpflege aufgenommen hat, hat das Jugendamt über wichtige Ereignisse zu unterrichten, die das Wohl des Kindes oder des Jugendlichen betreffen.

§ 45 Erlaubnis für den Betrieb einer Einrichtung. (1) ¹ Der Träger einer Einrichtung, in der Kinder oder Jugendliche ganztägig oder für einen Teil des Tages betreut werden oder Unterkunft erhalten, bedarf für den Betrieb der Einrichtung der Erlaubnis. ² Einer Erlaubnis bedarf nicht, wer

1. eine Jugendfreizeiteinrichtung, eine Jugendbildungseinrichtung, eine Jugendherberge oder ein Schullandheim betreibt,
2. ein Schülerheim betreibt, das landesgesetzlich der Schulaufsicht untersteht,
3. eine Einrichtung betreibt, die außerhalb der Jugendhilfe liegende Aufgaben für Kinder oder Jugendliche wahrnimmt, wenn für sie eine entsprechende gesetzliche Aufsicht besteht oder im Rahmen des Hotel- und Gaststättengewerbes der Aufnahme von Kindern oder Jugendlichen dient.

(2) ¹ Die Erlaubnis ist zu erteilen, wenn das Wohl der Kinder und Jugendlichen in der Einrichtung gewährleistet ist. ² Dies ist in der Regel anzunehmen, wenn

1. die dem Zweck und der Konzeption der Einrichtung entsprechenden räumlichen, fachlichen, wirtschaftlichen und personellen Voraussetzungen für den Betrieb erfüllt sind,
2. die gesellschaftliche und sprachliche Integration und ein gesundheitsförderliches Lebensumfeld in der Einrichtung unterstützt werden sowie die gesundheitliche Vorsorge und die medizinische Betreuung der Kinder und Jugendlichen nicht erschwert werden sowie

3. Kapitel. Andere Aufgaben der Jugendhilfe § 46 SGB VIII 8

3. zur Sicherung der Rechte von Kindern und Jugendlichen in der Einrichtung geeignete Verfahren der Beteiligung sowie der Möglichkeit der Beschwerde in persönlichen Angelegenheiten Anwendung finden.

(3) Zur Prüfung der Voraussetzungen hat der Träger der Einrichtung mit dem Antrag

1. die Konzeption der Einrichtung vorzulegen, die auch Auskunft über Maßnahmen zur Qualitätsentwicklung und -sicherung gibt, sowie
2. im Hinblick auf die Eignung des Personals nachzuweisen, dass die Vorlage und Prüfung von aufgabenspezifischen Ausbildungsnachweisen sowie von Führungszeugnissen nach § 30 Absatz 5 und § 30a Absatz 1 des Bundeszentralregistergesetzes sichergestellt sind; Führungszeugnisse sind von dem Träger der Einrichtung in regelmäßigen Abständen erneut anzufordern und zu prüfen.

(4) [1] Die Erlaubnis kann mit Nebenbestimmungen versehen werden. [2] Zur Sicherung des Wohls der Kinder und der Jugendlichen können auch nachträgliche Auflagen erteilt werden.

(5) [1] Besteht für eine erlaubnispflichtige Einrichtung eine Aufsicht nach anderen Rechtsvorschriften, so hat die zuständige Behörde ihr Tätigwerden zuvor mit der anderen Behörde abzustimmen. [2] Sie hat den Träger der Einrichtung rechtzeitig auf weitergehende Anforderungen nach anderen Rechtsvorschriften hinzuweisen.

(6) [1] Sind in einer Einrichtung Mängel festgestellt worden, so soll die zuständige Behörde zunächst den Träger der Einrichtung über die Möglichkeiten zur Beseitigung der Mängel beraten. [2] Wenn sich die Beseitigung der Mängel auf Entgelte oder Vergütungen nach § 75 des Zwölften Buches[1]) auswirken kann, so ist der Träger der Sozialhilfe an der Beratung zu beteiligen, mit dem Vereinbarungen nach dieser Vorschrift bestehen. [3] Werden festgestellte Mängel nicht behoben, so können dem Träger der Einrichtung Auflagen erteilt werden, die zur Beseitigung einer eingetretenen oder Abwendung einer drohenden Beeinträchtigung oder Gefährdung des Wohls der Kinder oder Jugendlichen erforderlich sind. [4] Wenn sich eine Auflage auf Entgelte oder Vergütungen nach § 75 des Zwölften Buches auswirkt, so entscheidet die zuständige Behörde nach Anhörung des Trägers der Sozialhilfe, mit dem Vereinbarungen nach dieser Vorschrift bestehen, über die Erteilung der Auflage. [5] Die Auflage ist nach Möglichkeit in Übereinstimmung mit Vereinbarungen nach den §§ 75 bis 80 des Zwölften Buches auszugestalten.

(7) [1] Die Erlaubnis ist zurückzunehmen oder zu widerrufen, wenn das Wohl der Kinder oder der Jugendlichen in der Einrichtung gefährdet und der Träger der Einrichtung nicht bereit oder nicht in der Lage ist, die Gefährdung abzuwenden. [2] Widerspruch und Anfechtungsklage gegen die Rücknahme oder den Widerruf der Erlaubnis haben keine aufschiebende Wirkung.

§ 46 Örtliche Prüfung. (1) [1] Die zuständige Behörde soll nach den Erfordernissen des Einzelfalls an Ort und Stelle überprüfen, ob die Voraussetzungen für die Erteilung der Erlaubnis weiter bestehen. [2] Der Träger der Einrichtung soll bei der örtlichen Prüfung mitwirken. [3] Sie soll das Jugendamt und einen

---

[1]) Nr. 12.

zentralen Träger der freien Jugendhilfe, wenn diesem der Träger der Einrichtung angehört, an der Überprüfung beteiligen.

(2) ¹ Die von der zuständigen Behörde mit der Überprüfung der Einrichtung beauftragten Personen sind berechtigt, die für die Einrichtung benutzten Grundstücke und Räume, soweit diese nicht einem Hausrecht der Bewohner unterliegen, während der Tageszeit zu betreten, dort Prüfungen und Besichtigungen vorzunehmen, sich mit den Kindern und Jugendlichen in Verbindung zu setzen und die Beschäftigten zu befragen. ² Zur Abwehr von Gefahren für das Wohl der Kinder und der Jugendlichen können die Grundstücke und Räume auch außerhalb der in Satz 1 genannten Zeit und auch, wenn sie zugleich einem Hausrecht der Bewohner unterliegen, betreten werden. ³ Der Träger der Einrichtung hat die Maßnahmen nach den Sätzen 1 und 2 zu dulden.

§ 47 Meldepflichten. ¹ Der Träger einer erlaubnispflichtigen Einrichtung hat der zuständigen Behörde unverzüglich

1. die Betriebsaufnahme unter Angabe von Name und Anschrift des Trägers, Art und Standort der Einrichtung, der Zahl der verfügbaren Plätze sowie der Namen und der beruflichen Ausbildung des Leiters und der Betreuungskräfte,
2. Ereignisse oder Entwicklungen, die geeignet sind, das Wohl der Kinder und Jugendlichen zu beeinträchtigen, sowie
3. die bevorstehende Schließung der Einrichtung

anzuzeigen. ² Änderungen der in Nummer 1 bezeichneten Angaben sowie der Konzeption sind der zuständigen Behörde unverzüglich, die Zahl der belegten Plätze ist jährlich einmal zu melden.

§ 48 Tätigkeitsuntersagung. Die zuständige Behörde kann dem Träger einer erlaubnispflichtigen Einrichtung die weitere Beschäftigung des Leiters, eines Beschäftigten oder sonstigen Mitarbeiters ganz oder für bestimmte Funktionen oder Tätigkeiten untersagen, wenn Tatsachen die Annahme rechtfertigen, dass er die für seine Tätigkeit erforderliche Eignung nicht besitzt.

§ 48a Sonstige betreute Wohnform. (1) Für den Betrieb einer sonstigen Wohnform, in der Kinder oder Jugendliche betreut werden oder Unterkunft erhalten, gelten die §§ 45 bis 48 entsprechend.

(2) Ist die sonstige Wohnform organisatorisch mit einer Einrichtung verbunden, so gilt sie als Teil der Einrichtung.

§ 49 Landesrechtsvorbehalt. Das Nähere über die in diesem Abschnitt geregelten Aufgaben regelt das Landesrecht.

Dritter Abschnitt. Mitwirkung in gerichtlichen Verfahren

§ 50 Mitwirkung in Verfahren vor den Familiengerichten. (1) ¹ Das Jugendamt unterstützt das Familiengericht bei allen Maßnahmen, die die Sorge für die Person von Kindern und Jugendlichen betreffen. ² Es hat in folgenden Verfahren nach dem Gesetz über das Verfahren in Familiensachen und in den Angelegenheiten der freiwilligen Gerichtsbarkeit mitzuwirken:

3. Kapitel. Andere Aufgaben der Jugendhilfe § 51 SGB VIII 8

1. Kindschaftssachen (§ 162 des Gesetzes über das Verfahren in Familiensachen und in den Angelegenheiten der freiwilligen Gerichtsbarkeit),
2. Abstammungssachen (§ 176 des Gesetzes über das Verfahren in Familiensachen und in den Angelegenheiten der freiwilligen Gerichtsbarkeit),
3. Adoptionssachen (§ 188 Absatz 2, §§ 189, 194, 195 des Gesetzes über das Verfahren in Familiensachen und in den Angelegenheiten der freiwilligen Gerichtsbarkeit),
4. Ehewohnungssachen (§ 204 Absatz 2, § 205 des Gesetzes über das Verfahren in Familiensachen und in den Angelegenheiten der freiwilligen Gerichtsbarkeit) und
5. Gewaltschutzsachen (§§ 212, 213 des Gesetzes über das Verfahren in Familiensachen und in den Angelegenheiten der freiwilligen Gerichtsbarkeit).

(2) [1] Das Jugendamt unterrichtet insbesondere über angebotene und erbrachte Leistungen, bringt erzieherische und soziale Gesichtspunkte zur Entwicklung des Kindes oder des Jugendlichen ein und weist auf weitere Möglichkeiten der Hilfe hin. [2] In Kindschaftssachen informiert das Jugendamt das Familiengericht in dem Termin nach § 155 Absatz 2 des Gesetzes über das Verfahren in Familiensachen und in den Angelegenheiten der freiwilligen Gerichtsbarkeit über den Stand des Beratungsprozesses.

(3) [1] Das Jugendamt, das im Verfahren zur Übertragung der gemeinsamen Sorge nach § 155a Absatz 4 Satz 1 und § 162 des Gesetzes über das Verfahren in Familiensachen und in den Angelegenheiten der freiwilligen Gerichtsbarkeit angehört wird oder sich am Verfahren beteiligt, teilt gerichtliche Entscheidungen, aufgrund derer die Sorge gemäß § 1626a Absatz 2 Satz 1 des Bürgerlichen Gesetzbuchs den Eltern ganz oder zum Teil gemeinsam übertragen wird, dem nach § 87c Absatz 6 Satz 2 zuständigen Jugendamt zu den in § 58a genannten Zwecken unverzüglich mit. [2] Mitzuteilen sind auch das Geburtsdatum und der Geburtsort des Kindes oder des Jugendlichen sowie der Name, den das Kind oder der Jugendliche zur Zeit der Beurkundung seiner Geburt geführt hat.

§ 51 Beratung und Belehrung in Verfahren zur Annahme als Kind.

(1) [1] Das Jugendamt hat im Verfahren zur Ersetzung der Einwilligung eines Elternteils in die Annahme nach § 1748 Absatz 2 Satz 1 des Bürgerlichen Gesetzbuchs den Elternteil über die Möglichkeit der Ersetzung der Einwilligung zu belehren. [2] Es hat ihn darauf hinzuweisen, dass das Familiengericht die Einwilligung erst nach Ablauf von drei Monaten nach der Belehrung ersetzen darf. [3] Der Belehrung bedarf es nicht, wenn der Elternteil seinen Aufenthaltsort ohne Hinterlassung seiner neuen Anschrift gewechselt hat und der Aufenthaltsort vom Jugendamt während eines Zeitraums von drei Monaten trotz angemessener Nachforschungen nicht ermittelt werden konnte; in diesem Fall beginnt die Frist mit der ersten auf die Belehrung oder auf die Ermittlung des Aufenthaltsorts gerichteten Handlung des Jugendamts. [4] Die Fristen laufen frühestens fünf Monate nach der Geburt des Kindes ab.

(2) [1] Das Jugendamt soll den Elternteil mit der Belehrung nach Absatz 1 über Hilfen beraten, die die Erziehung des Kindes in der eigenen Familie ermöglichen könnten. [2] Einer Beratung bedarf es insbesondere nicht, wenn das Kind seit längerer Zeit bei den Annehmenden in Familienpflege lebt und bei seiner Herausgabe an den Elternteil eine schwere und nachhaltige Schädigung des körperlichen und seelischen Wohlbefindens des Kindes zu erwarten ist. [3] Das

Jugendamt hat dem Familiengericht im Verfahren mitzuteilen, welche Leistungen erbracht oder angeboten worden sind oder aus welchem Grund davon abgesehen wurde.

(3) Steht nicht miteinander verheirateten Eltern die elterliche Sorge nicht gemeinsam zu, so hat das Jugendamt den Vater bei der Wahrnehmung seiner Rechte nach § 1747 Absatz 1 und 3 des Bürgerlichen Gesetzbuchs zu beraten.

§ 52 Mitwirkung in Verfahren nach dem Jugendgerichtsgesetz.

(1) Das Jugendamt hat nach Maßgabe der §§ 38 und 50 Absatz 3 Satz 2 des Jugendgerichtsgesetzes im Verfahren nach dem Jugendgerichtsgesetz mitzuwirken.

(2) ¹Das Jugendamt hat frühzeitig zu prüfen, ob für den Jugendlichen oder den jungen Volljährigen Leistungen der Jugendhilfe in Betracht kommen. ²Ist dies der Fall oder ist eine geeignete Leistung bereits eingeleitet oder gewährt worden, so hat das Jugendamt den Staatsanwalt oder den Richter umgehend davon zu unterrichten, damit geprüft werden kann, ob diese Leistung ein Absehen von der Verfolgung (§ 45 JGG) oder eine Einstellung des Verfahrens (§ 47 JGG) ermöglicht.

(3) Der Mitarbeiter des Jugendamts oder des anerkannten Trägers der freien Jugendhilfe, der nach § 38 Absatz 2 Satz 2 des Jugendgerichtsgesetzes tätig wird, soll den Jugendlichen oder den jungen Volljährigen während des gesamten Verfahrens betreuen.

Vierter Abschnitt. Beistandschaft, Pflegschaft und Vormundschaft für Kinder und Jugendliche, Auskunft über Nichtabgabe von Sorgeerklärungen

§ 52a Beratung und Unterstützung bei Vaterschaftsfeststellung und Geltendmachung von Unterhaltsansprüchen.

(1) ¹Das Jugendamt hat unverzüglich nach der Geburt eines Kindes, dessen Eltern nicht miteinander verheiratet sind, der Mutter Beratung und Unterstützung insbesondere bei der Vaterschaftsfeststellung und der Geltendmachung von Unterhaltsansprüchen des Kindes anzubieten. ²Hierbei hat es hinzuweisen auf

1. die Bedeutung der Vaterschaftsfeststellung,
2. die Möglichkeiten, wie die Vaterschaft festgestellt werden kann, insbesondere bei welchen Stellen die Vaterschaft anerkannt werden kann,
3. die Möglichkeit, die Verpflichtung zur Erfüllung von Unterhaltsansprüchen nach § 59 Absatz 1 Satz 1 Nummer 3 beurkunden zu lassen,
4. die Möglichkeit, eine Beistandschaft zu beantragen, sowie auf die Rechtsfolgen einer solchen Beistandschaft,
5. die Möglichkeit der gemeinsamen elterlichen Sorge.

³Das Jugendamt hat der Mutter ein persönliches Gespräch anzubieten. ⁴Das Gespräch soll in der Regel in der persönlichen Umgebung der Mutter stattfinden, wenn diese es wünscht.

(2) Das Angebot nach Absatz 1 kann vor der Geburt des Kindes erfolgen, wenn anzunehmen ist, dass seine Eltern bei der Geburt nicht miteinander verheiratet sein werden.

(3) ¹Wurde eine nach § 1592 Nummer 1 oder 2 des Bürgerlichen Gesetzbuchs bestehende Vaterschaft zu einem Kind oder Jugendlichen durch eine gerichtliche Entscheidung beseitigt, so hat das Gericht dem Jugendamt Mitteilung zu machen. ²Absatz 1 gilt entsprechend.

(4) Das Standesamt hat die Geburt eines Kindes, dessen Eltern nicht miteinander verheiratet sind, unverzüglich dem Jugendamt anzuzeigen.

§ 53 Beratung und Unterstützung von Pflegern und Vormündern.

(1) Das Jugendamt hat dem Familiengericht Personen und Vereine vorzuschlagen, die sich im Einzelfall zum Pfleger oder Vormund eignen.

(2) Pfleger und Vormünder haben Anspruch auf regelmäßige und dem jeweiligen erzieherischen Bedarf des Mündels entsprechende Beratung und Unterstützung.

(3) ¹Das Jugendamt hat darauf zu achten, dass die Vormünder und Pfleger für die Person der Mündel, insbesondere ihre Erziehung und Pflege, Sorge tragen. ²Es hat beratend darauf hinzuwirken, dass festgestellte Mängel im Einvernehmen mit dem Vormund oder dem Pfleger behoben werden. ³Soweit eine Behebung der Mängel nicht erfolgt, hat es dies dem Familiengericht mitzuteilen. ⁴Es hat dem Familiengericht über das persönliche Ergehen und die Entwicklung eines Mündels Auskunft zu erteilen. ⁵Erlangt das Jugendamt Kenntnis von der Gefährdung des Vermögens eines Mündels, so hat es dies dem Familiengericht anzuzeigen.

(4) ¹Für die Gegenvormundschaft gelten die Absätze 1 und 2 entsprechend. ²Ist ein Verein Vormund, so findet Absatz 3 keine Anwendung.

§ 54 Erlaubnis zur Übernahme von Vereinsvormundschaften.

(1) ¹Ein rechtsfähiger Verein kann Pflegschaften oder Vormundschaften übernehmen, wenn ihm das Landesjugendamt dazu eine Erlaubnis erteilt hat. ²Er kann eine Beistandschaft übernehmen, soweit Landesrecht dies vorsieht.

(2) Die Erlaubnis ist zu erteilen, wenn der Verein gewährleistet, dass er

1. eine ausreichende Zahl geeigneter Mitarbeiter hat und diese beaufsichtigen, weiterbilden und gegen Schäden, die diese anderen im Rahmen ihrer Tätigkeit zufügen können, angemessen versichern wird,
2. sich planmäßig um die Gewinnung von Einzelvormündern und Einzelpflegern bemüht und sie in ihre Aufgaben einführt, fortbildet und berät,
3. einen Erfahrungsaustausch zwischen den Mitarbeitern ermöglicht.

(3) ¹Die Erlaubnis gilt für das jeweilige Bundesland, in dem der Verein seinen Sitz hat. ²Sie kann auf den Bereich eines Landesjugendamts beschränkt werden.

(4) ¹Das Nähere regelt das Landesrecht. ²Es kann auch weitere Voraussetzungen für die Erteilung der Erlaubnis vorsehen.

§ 55 Beistandschaft, Amtspflegschaft und Amtsvormundschaft.

(1) Das Jugendamt wird Beistand, Pfleger oder Vormund in den durch das Bürgerliche Gesetzbuch vorgesehenen Fällen (Beistandschaft, Amtspflegschaft, Amtsvormundschaft).

(2) ¹ Das Jugendamt überträgt die Ausübung der Aufgaben des Beistands, des Amtspflegers oder des Amtsvormunds einzelnen seiner Beamten oder Angestellten. ² Vor der Übertragung der Aufgaben des Amtspflegers oder des Amtsvormunds soll das Jugendamt das Kind oder den Jugendlichen zur Auswahl des Beamten oder Angestellten mündlich anhören, soweit dies nach Alter und Entwicklungsstand des Kindes oder Jugendlichen möglich ist. ³ Eine ausnahmsweise vor der Übertragung unterbliebene Anhörung ist unverzüglich nachzuholen. ⁴ Ein vollzeitbeschäftigter Beamter oder Angestellter, der nur mit der Führung von Vormundschaften oder Pflegschaften betraut ist, soll höchstens 50 und bei gleichzeitiger Wahrnehmung anderer Aufgaben entsprechend weniger Vormundschaften oder Pflegschaften führen.

(3) ¹ Die Übertragung gehört zu den Angelegenheiten der laufenden Verwaltung. ² In dem durch die Übertragung umschriebenen Rahmen ist der Beamte oder Angestellte gesetzlicher Vertreter des Kindes oder Jugendlichen. ³ Amtspfleger und Amtsvormund haben den persönlichen Kontakt zu diesem zu halten sowie dessen Pflege und Erziehung nach Maßgabe des § 1793 Absatz 1a und § 1800 des Bürgerlichen Gesetzbuchs persönlich zu fördern und zu gewährleisten.

§ 56 Führung der Beistandschaft, der Amtspflegschaft und der Amtsvormundschaft. (1) Auf die Führung der Beistandschaft, der Amtspflegschaft und der Amtsvormundschaft sind die Bestimmungen des Bürgerlichen Gesetzbuchs anzuwenden, soweit dieses Gesetz nicht etwas anderes bestimmt.

(2) ¹ Gegenüber dem Jugendamt als Amtsvormund und Amtspfleger werden die Vorschriften des § 1802 Absatz 3 und des § 1818 des Bürgerlichen Gesetzbuchs nicht angewandt. ² In den Fällen des § 1803 Absatz 2, des § 1811 und des § 1822 Nummer 6 und 7 des Bürgerlichen Gesetzbuchs ist eine Genehmigung des Familiengerichts nicht erforderlich. ³ Landesrecht kann für das Jugendamt als Amtspfleger oder als Amtsvormund weitergehende Ausnahmen von der Anwendung der Bestimmungen des Bürgerlichen Gesetzbuchs über die Vormundschaft über Minderjährige (§§ 1773 bis 1895) vorsehen, die die Aufsicht des Familiengerichts in vermögensrechtlicher Hinsicht sowie beim Abschluss von Lehr- und Arbeitsverträgen betreffen.

(3) ¹ Mündelgeld kann mit Genehmigung des Familiengerichts auf Sammelkonten des Jugendamts bereitgehalten und angelegt werden, wenn es den Interessen des Mündels dient und sofern die sichere Verwaltung, Trennbarkeit und Rechnungslegung des Geldes einschließlich der Zinsen jederzeit gewährleistet ist; Landesrecht kann bestimmen, dass eine Genehmigung des Familiengerichts nicht erforderlich ist. ² Die Anlegung von Mündelgeld gemäß § 1807 des Bürgerlichen Gesetzbuchs ist auch bei der Körperschaft zulässig, die das Jugendamt errichtet hat.

(4) Das Jugendamt hat in der Regel jährlich zu prüfen, ob im Interesse des Kindes oder des Jugendlichen seine Entlassung als Amtspfleger oder Amtsvormund und die Bestellung einer Einzelperson oder eines Vereins angezeigt ist, und dies dem Familiengericht mitzuteilen.

§ 57 Mitteilungspflicht des Jugendamts. Das Jugendamt hat dem Familiengericht unverzüglich den Eintritt einer Vormundschaft mitzuteilen.

3. Kapitel. Andere Aufgaben der Jugendhilfe §§ 58–59 SGB VIII 8

§ 58 Gegenvormundschaft des Jugendamts. Für die Tätigkeit des Jugendamts als Gegenvormund gelten die §§ 55 und 56 entsprechend.

§ 58a Sorgeregister; Bescheinigung über Nichtvorliegen von Eintragungen im Sorgeregister. (1) ¹ Zum Zwecke der Erteilung der Bescheinigung nach Absatz 2 wird für Kinder nicht miteinander verheirateter Eltern bei dem nach § 87c Absatz 6 Satz 2 zuständigen Jugendamt ein Sorgeregister geführt. ² In das Sorgeregister erfolgt jeweils eine Eintragung, wenn

1. Sorgeerklärungen nach § 1626a Absatz 1 Nummer 1 des Bürgerlichen Gesetzbuchs abgegeben werden oder
2. aufgrund einer gerichtlichen Entscheidung die elterliche Sorge den Eltern ganz oder zum Teil gemeinsam übertragen wird.

³ Das Sorgeregister enthält auch Eintragungen, wenn Sorgeerklärungen nach Artikel 224 § 2 Absatz 3 des Einführungsgesetzes zum Bürgerlichen Gesetzbuche in der bis zum 19. Mai 2013 geltenden Fassung ersetzt wurden.

(2) ¹ Liegen keine Eintragungen im Sorgeregister vor, so erhält die mit dem Vater des Kindes nicht verheiratete Mutter auf Antrag hierüber eine Bescheinigung von dem nach § 87c Absatz 6 Satz 1 zuständigen Jugendamt. ² Die Mutter hat dafür Geburtsdatum und Geburtsort des Kindes oder des Jugendlichen anzugeben sowie den Namen, den das Kind oder der Jugendliche zur Zeit der Beurkundung seiner Geburt geführt hat.

Fünfter Abschnitt. Beurkundung, vollstreckbare Urkunden

§ 59 Beurkundung. (1) ¹ Die Urkundsperson beim Jugendamt ist befugt,

1. die Erklärung, durch die die Vaterschaft anerkannt oder die Anerkennung widerrufen wird, die Zustimmungserklärung der Mutter sowie die etwa erforderliche Zustimmung des Mannes, der im Zeitpunkt der Geburt mit der Mutter verheiratet ist, des Kindes, des Jugendlichen oder eines gesetzlichen Vertreters zu einer solchen Erklärung (Erklärungen über die Anerkennung der Vaterschaft) zu beurkunden,
2. die Erklärung, durch die die Mutterschaft anerkannt wird, sowie die etwa erforderliche Zustimmung des gesetzlichen Vertreters der Mutter zu beurkunden (§ 44 Absatz 2 des Personenstandsgesetzes),
3. die Verpflichtung zur Erfüllung von Unterhaltsansprüchen eines Abkömmlings oder seines gesetzlichen Rechtsnachfolgers zu beurkunden, sofern der Abkömmling zum Zeitpunkt der Beurkundung das 21. Lebensjahr noch nicht vollendet hat,
4. die Verpflichtung zur Erfüllung von Ansprüchen auf Unterhalt (§ 1615l des Bürgerlichen Gesetzbuchs), auch des gesetzlichen Rechtsnachfolgers, zu beurkunden,
5. die Bereiterklärung der Adoptionsbewerber zur Annahme eines ihnen zur internationalen Adoption vorgeschlagenen Kindes (§ 7 Absatz 1 des Adoptionsübereinkommens-Ausführungsgesetzes) zu beurkunden,
6. den Widerruf der Einwilligung des Kindes in die Annahme als Kind (§ 1746 Absatz 2 des Bürgerlichen Gesetzbuchs) zu beurkunden,
7. die Erklärung, durch die der Vater auf die Übertragung der Sorge verzichtet (§ 1747 Absatz 3 Nummer 2 des Bürgerlichen Gesetzbuchs) zu beurkunden,

1359

8. die Sorgeerklärungen (§ 1626a Absatz 1 Nummer 1 des Bürgerlichen Gesetzbuchs) sowie die etwa erforderliche Zustimmung des gesetzlichen Vertreters eines beschränkt geschäftsfähigen Elternteils (§ 1626c Absatz 2 des Bürgerlichen Gesetzbuchs) zu beurkunden,

9. eine Erklärung des auf Unterhalt in Anspruch genommenen Elternteils nach § 252 des Gesetzes über das Verfahren in Familiensachen und in den Angelegenheiten der freiwilligen Gerichtsbarkeit aufzunehmen; § 129a der Zivilprozessordnung gilt entsprechend.

²Die Zuständigkeit der Notare, anderer Urkundspersonen oder sonstiger Stellen für öffentliche Beurkundungen bleibt unberührt.

(2) Die Urkundsperson soll eine Beurkundung nicht vornehmen, wenn ihr in der betreffenden Angelegenheit die Vertretung eines Beteiligten obliegt.

(3) ¹Das Jugendamt hat geeignete Beamte und Angestellte zur Wahrnehmung der Aufgaben nach Absatz 1 zu ermächtigen. ²Die Länder können Näheres hinsichtlich der fachlichen Anforderungen an diese Personen regeln.

§ 60 Vollstreckbare Urkunden. ¹Aus Urkunden, die eine Verpflichtung nach § 59 Absatz 1 Satz 1 Nummer 3 oder 4 zum Gegenstand haben und die von einem Beamten oder Angestellten des Jugendamts innerhalb der Grenzen seiner Amtsbefugnisse in der vorgeschriebenen Form aufgenommen worden sind, findet die Zwangsvollstreckung statt, wenn die Erklärung die Zahlung einer bestimmten Geldsumme betrifft und der Schuldner sich in der Urkunde der sofortigen Zwangsvollstreckung unterworfen hat. ²Die Zustellung kann auch dadurch vollzogen werden, dass der Beamte oder Angestellte dem Schuldner eine beglaubigte Abschrift der Urkunde aushändigt; § 173 Satz 2 und 3 der Zivilprozessordnung gilt entsprechend. ³Auf die Zwangsvollstreckung sind die Vorschriften, die für die Zwangsvollstreckung aus gerichtlichen Urkunden nach § 794 Absatz 1 Nummer 5 der Zivilprozessordnung gelten, mit folgenden Maßgaben entsprechend anzuwenden:

1. Die vollstreckbare Ausfertigung sowie die Bestätigungen nach § 1079 der Zivilprozessordnung werden von den Beamten oder Angestellten des Jugendamts erteilt, denen die Beurkundung der Verpflichtungserklärung übertragen ist. Das Gleiche gilt für die Bezifferung einer Verpflichtungserklärung nach § 790 der Zivilprozessordnung.

2. Über Einwendungen, die die Zulässigkeit der Vollstreckungsklausel oder die Zulässigkeit der Bezifferung nach § 790 der Zivilprozessordnung betreffen, über die Erteilung einer weiteren vollstreckbaren Ausfertigung sowie über Anträge nach § 1081 der Zivilprozessordnung entscheidet das für das Jugendamt zuständige Amtsgericht.

Viertes Kapitel. Schutz von Sozialdaten

§ 61 Anwendungsbereich. (1) ¹Für den Schutz von Sozialdaten bei ihrer Erhebung und Verwendung in der Jugendhilfe gelten § 35 des Ersten Buches[1], §§ 67 bis 85a des Zehnten Buches[2] sowie die nachfolgenden Vorschriften.

---
[1] Nr. 1.
[2] Nr. 10.

²Sie gelten für alle Stellen des Trägers der öffentlichen Jugendhilfe, soweit sie Aufgaben nach diesem Buch wahrnehmen. ³Für die Wahrnehmung von Aufgaben nach diesem Buch durch kreisangehörige Gemeinden und Gemeindeverbände, die nicht örtliche Träger sind, gelten die Sätze 1 und 2 entsprechend.

(2) Für den Schutz von Sozialdaten bei ihrer Erhebung und Verwendung im Rahmen der Tätigkeit des Jugendamts als Amtspfleger, Amtsvormund, Beistand und Gegenvormund gilt nur § 68.

(3) Werden Einrichtungen und Dienste der Träger der freien Jugendhilfe in Anspruch genommen, so ist sicherzustellen, dass der Schutz der personenbezogenen Daten bei der Erhebung und Verwendung in entsprechender Weise gewährleistet ist.

§ 62 Datenerhebung.

(1) Sozialdaten dürfen nur erhoben werden, soweit ihre Kenntnis zur Erfüllung der jeweiligen Aufgabe erforderlich ist.

(2) ¹Sozialdaten sind beim Betroffenen zu erheben. ²Er ist über die Rechtsgrundlage der Erhebung sowie die Zweckbestimmungen der Erhebung und Verwendung aufzuklären, soweit diese nicht offenkundig sind.

(3) Ohne Mitwirkung des Betroffenen dürfen Sozialdaten nur erhoben werden, wenn

1. eine gesetzliche Bestimmung dies vorschreibt oder erlaubt oder

2. ihre Erhebung beim Betroffenen nicht möglich ist oder die jeweilige Aufgabe ihrer Art nach eine Erhebung bei anderen erfordert, die Kenntnis der Daten aber erforderlich ist für

   a) die Feststellung der Voraussetzungen oder für die Erfüllung einer Leistung nach diesem Buch oder

   b) die Feststellung der Voraussetzungen für die Erstattung einer Leistung nach § 50 des Zehnten Buches[1)] oder

   c) die Wahrnehmung einer Aufgabe nach den §§ 42 bis 48a und nach § 52 oder

   d) die Erfüllung des Schutzauftrages bei Kindeswohlgefährdung nach § 8a oder

3. die Erhebung beim Betroffenen einen unverhältnismäßigen Aufwand erfordern würde und keine Anhaltspunkte dafür bestehen, dass schutzwürdige Interessen des Betroffenen beeinträchtigt werden oder

4. die Erhebung bei dem Betroffenen den Zugang zur Hilfe ernsthaft gefährden würde.

(4) ¹Ist der Betroffene nicht zugleich Leistungsberechtigter oder sonst an der Leistung beteiligt, so dürfen die Daten auch beim Leistungsberechtigten oder einer anderen Person, die sonst an der Leistung beteiligt ist, erhoben werden, wenn die Kenntnis der Daten für die Gewährung einer Leistung nach diesem Buch notwendig ist. ²Satz 1 gilt bei der Erfüllung anderer Aufgaben im Sinne des § 2 Absatz 3 entsprechend.

[1)] Nr. 10.

§ 63 Datenspeicherung. (1) Sozialdaten dürfen gespeichert werden, soweit dies für die Erfüllung der jeweiligen Aufgabe erforderlich ist.

(2) ¹ Daten, die zur Erfüllung unterschiedlicher Aufgaben der öffentlichen Jugendhilfe erhoben worden sind, dürfen nur zusammengeführt werden, wenn und solange dies wegen eines unmittelbaren Sachzusammenhangs erforderlich ist. ² Daten, die zu Leistungszwecken im Sinne des § 2 Absatz 2 und Daten, die für andere Aufgaben im Sinne des § 2 Absatz 3 erhoben worden sind, dürfen nur zusammengeführt werden, soweit dies zur Erfüllung der jeweiligen Aufgabe erforderlich ist.

§ 64 Datenübermittlung und -nutzung. (1) Sozialdaten dürfen zu dem Zweck übermittelt oder genutzt werden, zu dem sie erhoben worden sind.

(2) Eine Übermittlung für die Erfüllung von Aufgaben nach § 69 des Zehnten Buches[1]) ist abweichend von Absatz 1 nur zulässig, soweit dadurch der Erfolg einer zu gewährenden Leistung nicht in Frage gestellt wird.

(2a) Vor einer Übermittlung an eine Fachkraft, die der verantwortlichen Stelle nicht angehört, sind die Sozialdaten zu anonymisieren oder zu pseudonymisieren, soweit die Aufgabenerfüllung dies zulässt.

(3) Sozialdaten dürfen beim Träger der öffentlichen Jugendhilfe zum Zwecke der Planung im Sinne des § 80 gespeichert oder genutzt werden; sie sind unverzüglich zu anonymisieren.

§ 65 Besonderer Vertrauensschutz in der persönlichen und erzieherischen Hilfe. (1) ¹ Sozialdaten, die dem Mitarbeiter eines Trägers der öffentlichen Jugendhilfe zum Zwecke persönlicher und erzieherischer Hilfe anvertraut worden sind, dürfen von diesem nur weitergegeben werden

1. mit der Einwilligung dessen, der die Daten anvertraut hat, oder
2. dem Familiengericht zur Erfüllung der Aufgaben nach § 8a Absatz 2, wenn angesichts einer Gefährdung des Wohls eines Kindes oder eines Jugendlichen ohne diese Mitteilung eine für die Gewährung von Leistungen notwendige gerichtliche Entscheidung nicht ermöglicht werden könnte, oder
3. dem Mitarbeiter, der auf Grund eines Wechsels der Fallzuständigkeit im Jugendamt oder eines Wechsels der örtlichen Zuständigkeit für die Gewährung oder Erbringung der Leistung verantwortlich ist, wenn Anhaltspunkte für eine Gefährdung des Kindeswohls gegeben sind und die Daten für eine Abschätzung des Gefährdungsrisikos notwendig sind, oder
4. an die Fachkräfte, die zum Zwecke der Abschätzung des Gefährdungsrisikos nach § 8a hinzugezogen werden; § 64 Absatz 2a bleibt unberührt, oder
5. unter den Voraussetzungen, unter denen eine der in § 203 Absatz 1 oder 4 des Strafgesetzbuchs genannten Personen dazu befugt wäre.

² Gibt der Mitarbeiter anvertraute Sozialdaten weiter, so dürfen sie vom Empfänger nur zu dem Zweck weitergegeben werden, zu dem er diese befugt erhalten hat.

(2) § 35 Absatz 3 des Ersten Buches[2]) gilt auch, soweit ein behördeninternes Weitergabeverbot nach Absatz 1 besteht.

---

[1]) Nr. **10**.
[2]) Nr. **1**.

5. Kapitel. Träger der Jugendhilfe §§ 66–70 SGB VIII 8

§§ 66, 67 (weggefallen)

§ 68 Sozialdaten im Bereich der Beistandschaft, Amtspflegschaft und der Amtsvormundschaft. (1) ¹ Der Beamte oder Angestellte, dem die Ausübung der Beistandschaft, Amtspflegschaft oder Amtsvormundschaft übertragen ist, darf Sozialdaten nur erheben und verwenden, soweit dies zur Erfüllung seiner Aufgaben erforderlich ist. ² Die Nutzung dieser Sozialdaten zum Zwecke der Aufsicht, Kontrolle oder Rechnungsprüfung durch die dafür zuständigen Stellen sowie die Übermittlung an diese ist im Hinblick auf den Einzelfall zulässig.

(2) Für die Löschung und Sperrung der Daten gilt § 84 Absatz 2, 3 und 6 des Zehnten Buches[1)] entsprechend.

(3) ¹ Wer unter Beistandschaft, Amtspflegschaft oder Amtsvormundschaft gestanden hat, hat nach Vollendung des 18. Lebensjahres ein Recht auf Kenntnis der zu seiner Person gespeicherten Informationen, soweit nicht berechtigte Interessen Dritter entgegenstehen. ² Vor Vollendung des 18. Lebensjahres können ihm die gespeicherten Informationen bekannt gegeben werden, soweit er die erforderliche Einsichts- und Urteilsfähigkeit besitzt und keine berechtigten Interessen Dritter entgegenstehen. ³ Nach Beendigung einer Beistandschaft hat darüber hinaus der Elternteil, der die Beistandschaft beantragt hat, einen Anspruch auf Kenntnis der gespeicherten Daten, solange der junge Mensch minderjährig ist und der Elternteil antragsberechtigt ist.

(4) Personen oder Stellen, denen die Sozialdaten übermittelt worden sind, dürfen diese nur zu dem Zweck verwenden, zu dem sie ihnen nach Absatz 1 befugt weitergegeben worden sind.

(5) Für die Tätigkeit des Jugendamts als Gegenvormund gelten die Absätze 1 bis 4 entsprechend.

Fünftes Kapitel. Träger der Jugendhilfe, Zusammenarbeit, Gesamtverantwortung

Erster Abschnitt. Träger der öffentlichen Jugendhilfe

§ 69 Träger der öffentlichen Jugendhilfe, Jugendämter, Landesjugendämter. (1) Die Träger der öffentlichen Jugendhilfe werden durch Landesrecht bestimmt.

(2) (weggefallen)

(3) Für die Wahrnehmung der Aufgaben nach diesem Buch errichtet jeder örtliche Träger ein Jugendamt, jeder überörtliche Träger ein Landesjugendamt.

(4) Mehrere örtliche Träger und mehrere überörtliche Träger können, auch wenn sie verschiedenen Ländern angehören, zur Durchführung einzelner Aufgaben gemeinsame Einrichtungen und Dienste errichten.

§ 70 Organisation des Jugendamts und des Landesjugendamts.
(1) Die Aufgaben des Jugendamts werden durch den Jugendhilfeausschuss und durch die Verwaltung des Jugendamts wahrgenommen.

[1)] Nr. 10.

(2) Die Geschäfte der laufenden Verwaltung im Bereich der öffentlichen Jugendhilfe werden vom Leiter der Verwaltung der Gebietskörperschaft oder in seinem Auftrag vom Leiter der Verwaltung des Jugendamts im Rahmen der Satzung und der Beschlüsse der Vertretungskörperschaft und des Jugendhilfeausschusses geführt.

(3) ¹ Die Aufgaben des Landesjugendamts werden durch den Landesjugendhilfeausschuss und durch die Verwaltung des Landesjugendamts im Rahmen der Satzung und der dem Landesjugendamt zur Verfügung gestellten Mittel wahrgenommen. ² Die Geschäfte der laufenden Verwaltung werden von dem Leiter der Verwaltung des Landesjugendamts im Rahmen der Satzung und der Beschlüsse des Landesjugendhilfeausschusses geführt.

§ 71 Jugendhilfeausschuss, Landesjugendhilfeausschuss. (1) Dem Jugendhilfeausschuss gehören als stimmberechtigte Mitglieder an

1. mit drei Fünfteln des Anteils der Stimmen Mitglieder der Vertretungskörperschaft des Trägers der öffentlichen Jugendhilfe oder von ihr gewählte Frauen und Männer, die in der Jugendhilfe erfahren sind,
2. mit zwei Fünfteln des Anteils der Stimmen Frauen und Männer, die auf Vorschlag der im Bereich des öffentlichen Trägers wirkenden und anerkannten Träger der freien Jugendhilfe von der Vertretungskörperschaft gewählt werden; Vorschläge der Jugendverbände und der Wohlfahrtsverbände sind angemessen zu berücksichtigen.

(2) Der Jugendhilfeausschuss befasst sich mit allen Angelegenheiten der Jugendhilfe, insbesondere mit

1. der Erörterung aktueller Problemlagen junger Menschen und ihrer Familien sowie mit Anregungen und Vorschlägen für die Weiterentwicklung der Jugendhilfe,
2. der Jugendhilfeplanung und
3. der Förderung der freien Jugendhilfe.

(3) ¹ Er hat Beschlussrecht in Angelegenheiten der Jugendhilfe im Rahmen der von der Vertretungskörperschaft bereitgestellten Mittel, der von ihr erlassenen Satzung und der von ihr gefassten Beschlüsse. ² Er soll vor jeder Beschlussfassung der Vertretungskörperschaft in Fragen der Jugendhilfe und vor der Berufung eines Leiters des Jugendamts gehört werden und hat das Recht, an die Vertretungskörperschaft Anträge zu stellen. ³ Er tritt nach Bedarf zusammen und ist auf Antrag von mindestens einem Fünftel der Stimmberechtigten einzuberufen. ⁴ Seine Sitzungen sind öffentlich, soweit nicht das Wohl der Allgemeinheit, berechtigte Interessen einzelner Personen oder schutzbedürftiger Gruppen entgegenstehen.

(4) ¹ Dem Landesjugendhilfeausschuss gehören mit zwei Fünfteln des Anteils der Stimmen Frauen und Männer an, die auf Vorschlag der im Bereich des Landesjugendamts wirkenden und anerkannten Träger der freien Jugendhilfe von der obersten Landesjugendbehörde zu berufen sind. ² Die übrigen Mitglieder werden durch Landesrecht bestimmt. ³ Absatz 2 gilt entsprechend.

(5) ¹ Das Nähere regelt das Landesrecht. ² Es regelt die Zugehörigkeit beratender Mitglieder zum Jugendhilfeausschuss. ³ Es kann bestimmen, dass der Leiter der Verwaltung der Gebietskörperschaft oder der Leiter der Verwaltung des Jugendamts nach Absatz 1 Nummer 1 stimmberechtigt ist.

§ 72 Mitarbeiter, Fortbildung. (1) ¹Die Träger der öffentlichen Jugendhilfe sollen bei den Jugendämtern und Landesjugendämtern hauptberuflich nur Personen beschäftigen, die sich für die jeweilige Aufgabe nach ihrer Persönlichkeit eignen und eine dieser Aufgabe entsprechende Ausbildung erhalten haben (Fachkräfte) oder auf Grund besonderer Erfahrungen in der sozialen Arbeit in der Lage sind, die Aufgabe zu erfüllen. ²Soweit die jeweilige Aufgabe dies erfordert, sind mit ihrer Wahrnehmung nur Fachkräfte oder Fachkräfte mit entsprechender Zusatzausbildung zu betrauen. ³Fachkräfte verschiedener Fachrichtungen sollen zusammenwirken, soweit die jeweilige Aufgabe dies erfordert.

(2) Leitende Funktionen des Jugendamts oder des Landesjugendamts sollen in der Regel nur Fachkräften übertragen werden.

(3) Die Träger der öffentlichen Jugendhilfe haben Fortbildung und Praxisberatung der Mitarbeiter des Jugendamts und des Landesjugendamts sicherzustellen.

§ 72a Tätigkeitsausschluss einschlägig vorbestrafter Personen.

(1) ¹Die Träger der öffentlichen Jugendhilfe dürfen für die Wahrnehmung der Aufgaben in der Kinder- und Jugendhilfe keine Person beschäftigen oder vermitteln, die rechtskräftig wegen einer Straftat nach den §§ 171, 174 bis 174c, 176 bis 180a, 181a, 182 bis 184g, 184i, 201a Absatz 3, den §§ 225, 232 bis 233a, 234, 235 oder 236 des Strafgesetzbuchs verurteilt worden ist. ²Zu diesem Zweck sollen sie sich bei der Einstellung oder Vermittlung und in regelmäßigen Abständen von den betroffenen Personen ein Führungszeugnis nach § 30 Absatz 5 und § 30a Absatz 1 des Bundeszentralregistergesetzes vorlegen lassen.

(2) Die Träger der öffentlichen Jugendhilfe sollen durch Vereinbarungen mit den Trägern der freien Jugendhilfe sicherstellen, dass diese keine Person, die wegen einer Straftat nach Absatz 1 Satz 1 rechtskräftig verurteilt worden ist, beschäftigen.

(3) ¹Die Träger der öffentlichen Jugendhilfe sollen sicherstellen, dass unter ihrer Verantwortung keine neben- oder ehrenamtlich tätige Person, die wegen einer Straftat nach Absatz 1 Satz 1 rechtskräftig verurteilt worden ist, in Wahrnehmung von Aufgaben der Kinder- und Jugendhilfe Kinder oder Jugendliche beaufsichtigt, betreut, erzieht oder ausbildet oder einen vergleichbaren Kontakt hat. ²Hierzu sollen die Träger der öffentlichen Jugendhilfe über die Tätigkeiten entscheiden, die von den in Satz 1 genannten Personen auf Grund von Art, Intensität und Dauer des Kontakts dieser Personen mit Kindern und Jugendlichen nur nach Einsichtnahme in das Führungszeugnis nach Absatz 1 Satz 2 wahrgenommen werden dürfen.

(4) ¹Die Träger der öffentlichen Jugendhilfe sollen durch Vereinbarungen mit den Trägern der freien Jugendhilfe sowie mit Vereinen im Sinne des § 54 sicherstellen, dass unter deren Verantwortung keine neben- oder ehrenamtlich tätige Person, die wegen einer Straftat nach Absatz 1 Satz 1 rechtskräftig verurteilt worden ist, in Wahrnehmung von Aufgaben der Kinder- und Jugendhilfe Kinder oder Jugendliche beaufsichtigt, betreut, erzieht oder ausbildet oder einen vergleichbaren Kontakt hat. ²Hierzu sollen die Träger der öffentlichen Jugendhilfe mit den Trägern der freien Jugendhilfe Vereinbarungen über die Tätigkeiten schließen, die von den in Satz 1 genannten Personen auf Grund

von Art, Intensität und Dauer des Kontakts dieser Personen mit Kindern und Jugendlichen nur nach Einsichtnahme in das Führungszeugnis nach Absatz 1 Satz 2 wahrgenommen werden dürfen.

(5) ¹ Träger der öffentlichen und freien Jugendhilfe dürfen von den nach den Absätzen 3 und 4 eingesehenen Daten nur den Umstand, dass Einsicht in ein Führungszeugnis genommen wurde, das Datum des Führungszeugnisses und die Information erheben, ob die das Führungszeugnis betreffende Person wegen einer Straftat nach Absatz 1 Satz 1 rechtskräftig verurteilt worden ist. ² Die Träger der öffentlichen und freien Jugendhilfe dürfen diese erhobenen Daten nur speichern, verändern und nutzen, soweit dies zum Ausschluss der Personen von der Tätigkeit, die Anlass zu der Einsichtnahme in das Führungszeugnis gewesen ist, erforderlich ist. ³ Die Daten sind vor dem Zugriff Unbefugter zu schützen. ⁴ Sie sind unverzüglich zu löschen, wenn im Anschluss an die Einsichtnahme keine Tätigkeit nach Absatz 3 Satz 2 oder Absatz 4 Satz 2 wahrgenommen wird. ⁵ Andernfalls sind die Daten spätestens drei Monate nach der Beendigung einer solchen Tätigkeit zu löschen.

Zweiter Abschnitt. Zusammenarbeit mit der freien Jugendhilfe, ehrenamtliche Tätigkeit

§ 73 Ehrenamtliche Tätigkeit. In der Jugendhilfe ehrenamtlich tätige Personen sollen bei ihrer Tätigkeit angeleitet, beraten und unterstützt werden.

§ 74 Förderung der freien Jugendhilfe. (1) ¹ Die Träger der öffentlichen Jugendhilfe sollen die freiwillige Tätigkeit auf dem Gebiet der Jugendhilfe anregen; sie sollen sie fördern, wenn der jeweilige Träger
1. die fachlichen Voraussetzungen für die geplante Maßnahme erfüllt und die Beachtung der Grundsätze und Maßstäbe der Qualitätsentwicklung und Qualitätssicherung nach § 79a gewährleistet,
2. die Gewähr für eine zweckentsprechende und wirtschaftliche Verwendung der Mittel bietet,
3. gemeinnützige Ziele verfolgt,
4. eine angemessene Eigenleistung erbringt und
5. die Gewähr für eine den Zielen des Grundgesetzes förderliche Arbeit bietet.

² Eine auf Dauer angelegte Förderung setzt in der Regel die Anerkennung als Träger der freien Jugendhilfe nach § 75 voraus.

(2) ¹ Soweit von der freien Jugendhilfe Einrichtungen, Dienste und Veranstaltungen geschaffen werden, um die Gewährung von Leistungen nach diesem Buch zu ermöglichen, kann die Förderung von der Bereitschaft abhängig gemacht werden, diese Einrichtungen, Dienste und Veranstaltungen nach Maßgabe der Jugendhilfeplanung und unter Beachtung der in § 9 genannten Grundsätze anzubieten. ² § 4 Absatz 1 bleibt unberührt.

(3) ¹ Über die Art und Höhe der Förderung entscheidet der Träger der öffentlichen Jugendhilfe im Rahmen der verfügbaren Haushaltsmittel nach pflichtgemäßem Ermessen. ² Entsprechendes gilt, wenn mehrere Antragsteller die Förderungsvoraussetzungen erfüllen und die von ihnen vorgesehenen Maßnahmen gleich geeignet sind, zur Befriedigung des Bedarfs jedoch nur eine

Maßnahme notwendig ist. ³ Bei der Bemessung der Eigenleistung sind die unterschiedliche Finanzkraft und die sonstigen Verhältnisse zu berücksichtigen.

(4) Bei sonst gleich geeigneten Maßnahmen soll solchen der Vorzug gegeben werden, die stärker an den Interessen der Betroffenen orientiert sind und ihre Einflußnahme auf die Ausgestaltung der Maßnahme gewährleisten.

(5) ¹ Bei der Förderung gleichartiger Maßnahmen mehrerer Träger sind unter Berücksichtigung ihrer Eigenleistungen gleiche Grundsätze und Maßstäbe anzulegen. ² Werden gleichartige Maßnahmen von der freien und der öffentlichen Jugendhilfe durchgeführt, so sind bei der Förderung die Grundsätze und Maßstäbe anzuwenden, die für die Finanzierung der Maßnahmen der öffentlichen Jugendhilfe gelten.

(6) Die Förderung von anerkannten Trägern der Jugendhilfe soll auch Mittel für die Fortbildung der haupt-, neben- und ehrenamtlichen Mitarbeiter sowie im Bereich der Jugendarbeit Mittel für die Errichtung und Unterhaltung von Jugendfreizeit- und Jugendbildungsstätten einschließen.

§ 74a Finanzierung von Tageseinrichtungen für Kinder. ¹ Die Finanzierung von Tageseinrichtungen regelt das Landesrecht. ² Dabei können alle Träger von Einrichtungen, die die rechtlichen und fachlichen Voraussetzungen für den Betrieb der Einrichtung erfüllen, gefördert werden. ³ Die Erhebung von Teilnahmebeiträgen nach § 90 bleibt unberührt.

§ 75 Anerkennung als Träger der freien Jugendhilfe. (1) Als Träger der freien Jugendhilfe können juristische Personen und Personenvereinigungen anerkannt werden, wenn sie
1. auf dem Gebiet der Jugendhilfe im Sinne des § 1 tätig sind,
2. gemeinnützige Ziele verfolgen,
3. auf Grund der fachlichen und personellen Voraussetzungen erwarten lassen, dass sie einen nicht unwesentlichen Beitrag zur Erfüllung der Aufgaben der Jugendhilfe zu leisten imstande sind, und
4. die Gewähr für eine den Zielen des Grundgesetzes förderliche Arbeit bieten.

(2) Einen Anspruch auf Anerkennung als Träger der freien Jugendhilfe hat unter den Voraussetzungen des Absatzes 1, wer auf dem Gebiet der Jugendhilfe mindestens drei Jahre tätig gewesen ist.

(3) Die Kirchen und Religionsgemeinschaften des öffentlichen Rechts sowie die auf Bundesebene zusammengeschlossenen Verbände der freien Wohlfahrtspflege sind anerkannte Träger der freien Jugendhilfe.

§ 76 Beteiligung anerkannter Träger der freien Jugendhilfe an der Wahrnehmung anderer Aufgaben. (1) Die Träger der öffentlichen Jugendhilfe können anerkannte Träger der freien Jugendhilfe an der Durchführung ihrer Aufgaben nach den §§ 42, 42a, 43, 50 bis 52a und 53 Absatz 2 bis 4 beteiligen oder ihnen diese Aufgaben zur Ausführung übertragen.

(2) Die Träger der öffentlichen Jugendhilfe bleiben für die Erfüllung der Aufgaben verantwortlich.

§ 77 Vereinbarungen über die Höhe der Kosten. ¹ Werden Einrichtungen und Dienste der Träger der freien Jugendhilfe in Anspruch genommen, so sind

Vereinbarungen über die Höhe der Kosten der Inanspruchnahme zwischen der öffentlichen und der freien Jugendhilfe anzustreben. ²Das Nähere regelt das Landesrecht. ³Die §§ 78a bis 78g bleiben unberührt.

§ 78 Arbeitsgemeinschaften. ¹Die Träger der öffentlichen Jugendhilfe sollen die Bildung von Arbeitsgemeinschaften anstreben, in denen neben ihnen die anerkannten Träger der freien Jugendhilfe sowie die Träger geförderter Maßnahmen vertreten sind. ²In den Arbeitsgemeinschaften soll darauf hingewirkt werden, dass die geplanten Maßnahmen aufeinander abgestimmt werden und sich gegenseitig ergänzen.

Dritter Abschnitt. Vereinbarungen über Leistungsangebote, Entgelte und Qualitätsentwicklung

§ 78a Anwendungsbereich. (1) Die Regelungen der §§ 78b bis 78g gelten für die Erbringung von

1. Leistungen für Betreuung und Unterkunft in einer sozialpädagogisch begleiteten Wohnform (§ 13 Absatz 3),
2. Leistungen in gemeinsamen Wohnformen für Mütter/Väter und Kinder (§ 19),
3. Leistungen zur Unterstützung bei notwendiger Unterbringung des Kindes oder Jugendlichen zur Erfüllung der Schulpflicht (§ 21 Satz 2),
4. Hilfe zur Erziehung
    a) in einer Tagesgruppe (§ 32),
    b) in einem Heim oder einer sonstigen betreuten Wohnform (§ 34) sowie
    c) in intensiver sozialpädagogischer Einzelbetreuung (§ 35), sofern sie außerhalb der eigenen Familie erfolgt,
    d) in sonstiger teilstationärer oder stationärer Form (§ 27),
5. Eingliederungshilfe für seelisch behinderte Kinder und Jugendliche in
    a) anderen teilstationären Einrichtungen (§ 35a Absatz 2 Nummer 2 Alternative 2),
    b) Einrichtungen über Tag und Nacht sowie sonstigen Wohnformen (§ 35a Absatz 2 Nummer 4),
6. Hilfe für junge Volljährige (§ 41), sofern diese den in den Nummern 4 und 5 genannten Leistungen entspricht, sowie
7. Leistungen zum Unterhalt (§ 39), sofern diese im Zusammenhang mit Leistungen nach den Nummern 4 bis 6 gewährt werden; § 39 Absatz 2 Satz 3 bleibt unberührt.

(2) Landesrecht kann bestimmen, dass die §§ 78b bis 78g auch für andere Leistungen nach diesem Buch sowie für vorläufige Maßnahmen zum Schutz von Kindern und Jugendlichen (§ 42) gelten.

§ 78b Voraussetzungen für die Übernahme des Leistungsentgelts.

(1) Wird die Leistung ganz oder teilweise in einer Einrichtung erbracht, so ist der Träger der öffentlichen Jugendhilfe zur Übernahme des Entgelts gegenüber dem Leistungsberechtigten verpflichtet, wenn mit dem Träger der Einrichtungen oder seinem Verband Vereinbarungen über

1. Inhalt, Umfang und Qualität der Leistungsangebote (Leistungsvereinbarung),
2. differenzierte Entgelte für die Leistungsangebote und die betriebsnotwendigen Investitionen (Entgeltvereinbarung) und
3. Grundsätze und Maßstäbe für die Bewertung der Qualität der Leistungsangebote sowie über geeignete Maßnahmen zu ihrer Gewährleistung (Qualitätsentwicklungsvereinbarung)

abgeschlossen worden sind.

(2) ¹Die Vereinbarungen sind mit den Trägern abzuschließen, die unter Berücksichtigung der Grundsätze der Leistungsfähigkeit, Wirtschaftlichkeit und Sparsamkeit zur Erbringung der Leistung geeignet sind. ²Vereinbarungen über die Erbringung von Hilfe zur Erziehung im Ausland dürfen nur mit solchen Trägern abgeschlossen werden, die

1. anerkannte Träger der Jugendhilfe oder Träger einer erlaubnispflichtigen Einrichtung im Inland sind, in der Hilfe zur Erziehung erbracht wird,
2. mit der Erbringung solcher Hilfen nur Fachkräfte im Sinne des § 72 Absatz 1 betrauen und
3. die Gewähr dafür bieten, dass sie die Rechtsvorschriften des Aufenthaltslandes einhalten und mit den Behörden des Aufenthaltslandes sowie den deutschen Vertretungen im Ausland zusammenarbeiten.

(3) Ist eine der Vereinbarungen nach Absatz 1 nicht abgeschlossen, so ist der Träger der öffentlichen Jugendhilfe zur Übernahme des Leistungsentgelts nur verpflichtet, wenn dies insbesondere nach Maßgabe der Hilfeplanung (§ 36) im Einzelfall geboten ist.

§ 78c Inhalt der Leistungs- und Entgeltvereinbarungen. (1) ¹Die Leistungsvereinbarung muss die wesentlichen Leistungsmerkmale, insbesondere

1. Art, Ziel und Qualität des Leistungsangebots,
2. den in der Einrichtung zu betreuenden Personenkreis,
3. die erforderliche sächliche und personelle Ausstattung,
4. die Qualifikation des Personals sowie
5. die betriebsnotwendigen Anlagen der Einrichtung

festlegen. ²In der Vereinbarung ist aufzunehmen, unter welchen Voraussetzungen der Träger der Einrichtungen sich zur Erbringung von Leistungen verpflichtet. ³Der Träger muss gewährleisten, dass die Leistungsangebote zur Erbringung von Leistungen nach § 78a Absatz 1 geeignet sowie ausreichend, zweckmäßig und wirtschaftlich sind.

(2) ¹Die Entgelte müssen leistungsgerecht sein. ²Grundlage der Entgeltvereinbarung sind die in der Leistungs- und der Qualitätsentwicklungsvereinbarung festgelegten Leistungs- und Qualitätsmerkmale. ³Eine Erhöhung der Vergütung für Investitionen kann nur dann verlangt werden, wenn der zuständige Träger der öffentlichen Jugendhilfe der Investitionsmaßnahme vorher zugestimmt hat. ⁴Förderungen aus öffentlichen Mitteln sind anzurechnen.

§ 78d Vereinbarungszeitraum. (1) ¹Die Vereinbarungen nach § 78b Absatz 1 sind für einen zukünftigen Zeitraum (Vereinbarungszeitraum) abzuschließen. ²Nachträgliche Ausgleiche sind nicht zulässig.

(2) ¹ Die Vereinbarungen treten zu dem darin bestimmten Zeitpunkt in Kraft. ² Wird ein Zeitpunkt nicht bestimmt, so werden die Vereinbarungen mit dem Tage ihres Abschlusses wirksam. ³ Eine Vereinbarung, die vor diesen Zeitpunkt zurückwirkt, ist nicht zulässig; dies gilt nicht für Vereinbarungen vor der Schiedsstelle für die Zeit ab Eingang des Antrages bei der Schiedsstelle. ⁴ Nach Ablauf des Vereinbarungszeitraums gelten die vereinbarten Vergütungen bis zum Inkrafttreten neuer Vereinbarungen weiter.

(3) ¹ Bei unvorhersehbaren wesentlichen Veränderungen der Annahmen, die der Entgeltvereinbarung zugrunde lagen, sind die Entgelte auf Verlangen einer Vertragspartei für den laufenden Vereinbarungszeitraum neu zu verhandeln. ² Die Absätze 1 und 2 gelten entsprechend.

(4) Vereinbarungen über die Erbringung von Leistungen nach § 78a Absatz 1, die vor dem 1. Januar 1999 abgeschlossen worden sind, gelten bis zum Inkrafttreten neuer Vereinbarungen weiter.

§ 78e Örtliche Zuständigkeit für den Abschluss von Vereinbarungen.

(1) ¹ Soweit Landesrecht nicht etwas anderes bestimmt, ist für den Abschluss von Vereinbarungen nach § 78b Absatz 1 der örtliche Träger der Jugendhilfe zuständig, in dessen Bereich die Einrichtung gelegen ist. ² Die von diesem Träger abgeschlossenen Vereinbarungen sind für alle örtlichen Träger bindend.

(2) Werden in der Einrichtung Leistungen erbracht, für deren Gewährung überwiegend ein anderer örtlicher Träger zuständig ist, so hat der nach Absatz 1 zuständige Träger diesen Träger zu hören.

(3) ¹ Die kommunalen Spitzenverbände auf Landesebene und die Verbände der Träger der freien Jugendhilfe sowie die Vereinigungen sonstiger Leistungserbringer im jeweiligen Land können regionale oder landesweite Kommissionen bilden. ² Die Kommissionen können im Auftrag der Mitglieder der in Satz 1 genannten Verbände und Vereinigungen Vereinbarungen nach § 78b Absatz 1 schließen. ³ Landesrecht kann die Beteiligung der für die Wahrnehmung der Aufgaben nach § 85 Absatz 2 Nummer 5 und 6 zuständigen Behörde vorsehen.

§ 78f Rahmenverträge.

¹ Die kommunalen Spitzenverbände auf Landesebene schließen mit den Verbänden der Träger der freien Jugendhilfe und den Vereinigungen sonstiger Leistungserbringer auf Landesebene Rahmenverträge über den Inhalt der Vereinbarungen nach § 78b Absatz 1. ² Die für die Wahrnehmung der Aufgaben nach § 85 Absatz 2 Nummer 5 und 6 zuständigen Behörden sind zu beteiligen.

§ 78g Schiedsstelle.

(1) ¹ In den Ländern sind Schiedsstellen für Streit- und Konfliktfälle einzurichten. ² Sie sind mit einem unparteiischen Vorsitzenden und mit einer gleichen Zahl von Vertretern der Träger der öffentlichen Jugendhilfe sowie von Vertretern der Träger der Einrichtungen zu besetzen. ³ Der Zeitaufwand der Mitglieder ist zu entschädigen, bare Auslagen sind zu erstatten. ⁴ Für die Inanspruchnahme der Schiedsstellen können Gebühren erhoben werden.

(2) ¹ Kommt eine Vereinbarung nach § 78b Absatz 1 innerhalb von sechs Wochen nicht zustande, nachdem eine Partei schriftlich zu Verhandlungen aufgefordert hat, so entscheidet die Schiedsstelle auf Antrag einer Partei unverzüglich über die Gegenstände, über die keine Einigung erreicht werden konnte.

5. Kapitel. Träger der Jugendhilfe §§ 79, 79a SGB VIII 8

² Gegen die Entscheidung ist der Rechtsweg zu den Verwaltungsgerichten gegeben. ³ Die Klage richtet sich gegen eine der beiden Vertragsparteien, nicht gegen die Schiedsstelle. ⁴ Einer Nachprüfung der Entscheidung in einem Vorverfahren bedarf es nicht.

(3) ¹ Entscheidungen der Schiedsstelle treten zu dem darin bestimmten Zeitpunkt in Kraft. ² Wird ein Zeitpunkt für das Inkrafttreten nicht bestimmt, so werden die Festsetzungen der Schiedsstelle mit dem Tag wirksam, an dem der Antrag bei der Schiedsstelle eingegangen ist. ³ Die Festsetzung einer Vergütung, die vor diesem Zeitpunkt zurückwirkt, ist nicht zulässig. ⁴ Im Übrigen gilt § 78d Absatz 2 Satz 4 und Absatz 3 entsprechend.

(4) Die Landesregierungen werden ermächtigt, durch Rechtsverordnung das Nähere zu bestimmen über

1. die Errichtung der Schiedsstellen,
2. die Zahl, die Bestellung, die Amtsdauer und die Amtsführung ihrer Mitglieder,
3. die Erstattung der baren Auslagen und die Entschädigung für ihren Zeitaufwand,
4. die Geschäftsführung, das Verfahren, die Erhebung und die Höhe der Gebühren sowie die Verteilung der Kosten und
5. die Rechtsaufsicht.

Vierter Abschnitt. Gesamtverantwortung, Jugendhilfeplanung

§ 79 Gesamtverantwortung, Grundausstattung. (1) Die Träger der öffentlichen Jugendhilfe haben für die Erfüllung der Aufgaben nach diesem Buch die Gesamtverantwortung einschließlich der Planungsverantwortung.

(2) ¹ Die Träger der öffentlichen Jugendhilfe sollen gewährleisten, dass zur Erfüllung der Aufgaben nach diesem Buch

1. die erforderlichen und geeigneten Einrichtungen, Dienste und Veranstaltungen den verschiedenen Grundrichtungen der Erziehung entsprechend rechtzeitig und ausreichend zur Verfügung stehen; hierzu zählen insbesondere auch Pfleger, Vormünder und Pflegepersonen;
2. eine kontinuierliche Qualitätsentwicklung nach Maßgabe von § 79a erfolgt.

² Von den für die Jugendhilfe bereitgestellten Mitteln haben sie einen angemessenen Anteil für die Jugendarbeit zu verwenden.

(3) Die Träger der öffentlichen Jugendhilfe haben für eine ausreichende Ausstattung der Jugendämter und der Landesjugendämter zu sorgen; hierzu gehört auch eine dem Bedarf entsprechende Zahl von Fachkräften.

§ 79a Qualitätsentwicklung in der Kinder- und Jugendhilfe. ¹ Um die Aufgaben der Kinder- und Jugendhilfe nach § 2 zu erfüllen, haben die Träger der öffentlichen Jugendhilfe Grundsätze und Maßstäbe für die Bewertung der Qualität sowie geeignete Maßnahmen zu ihrer Gewährleistung für

1. die Gewährung und Erbringung von Leistungen,
2. die Erfüllung anderer Aufgaben,
3. den Prozess der Gefährdungseinschätzung nach § 8a,
4. die Zusammenarbeit mit anderen Institutionen

weiterzuentwickeln, anzuwenden und regelmäßig zu überprüfen. ²Dazu zählen auch Qualitätsmerkmale für die Sicherung der Rechte von Kindern und Jugendlichen in Einrichtungen und ihren Schutz vor Gewalt. ³Die Träger der öffentlichen Jugendhilfe orientieren sich dabei an den fachlichen Empfehlungen der nach § 85 Absatz 2 zuständigen Behörden und an bereits angewandten Grundsätzen und Maßstäben für die Bewertung der Qualität sowie Maßnahmen zu ihrer Gewährleistung.

§ 80 Jugendhilfeplanung. (1) Die Träger der öffentlichen Jugendhilfe haben im Rahmen ihrer Planungsverantwortung

1. den Bestand an Einrichtungen und Diensten festzustellen,
2. den Bedarf unter Berücksichtigung der Wünsche, Bedürfnisse und Interessen der jungen Menschen und der Personensorgeberechtigten für einen mittelfristigen Zeitraum zu ermitteln und
3. die zur Befriedigung des Bedarfs notwendigen Vorhaben rechtzeitig und ausreichend zu planen; dabei ist Vorsorge zu treffen, dass auch ein unvorhergesehener Bedarf befriedigt werden kann.

(2) Einrichtungen und Dienste sollen so geplant werden, dass insbesondere

1. Kontakte in der Familie und im sozialen Umfeld erhalten und gepflegt werden können,
2. ein möglichst wirksames, vielfältiges und aufeinander abgestimmtes Angebot von Jugendhilfeleistungen gewährleistet ist,
3. junge Menschen und Familien in gefährdeten Lebens- und Wohnbereichen besonders gefördert werden,
4. Mütter und Väter Aufgaben in der Familie und Erwerbstätigkeit besser miteinander vereinbaren können.

(3) ¹Die Träger der öffentlichen Jugendhilfe haben die anerkannten Träger der freien Jugendhilfe in allen Phasen ihrer Planung frühzeitig zu beteiligen. ²Zu diesem Zwecke sind sie vom Jugendhilfeausschuss, soweit sie überörtlich tätig sind, im Rahmen der Jugendhilfeplanung des überörtlichen Trägers vom Landesjugendhilfeausschuss zu hören. ³Das Nähere regelt das Landesrecht.

(4) Die Träger der öffentlichen Jugendhilfe sollen darauf hinwirken, dass die Jugendhilfeplanung und andere örtliche und überörtliche Planungen aufeinander abgestimmt werden und die Planungen insgesamt den Bedürfnissen und Interessen der jungen Menschen und ihrer Familien Rechnung tragen.

§ 81 Strukturelle Zusammenarbeit mit anderen Stellen und öffentlichen Einrichtungen. Die Träger der öffentlichen Jugendhilfe haben mit anderen Stellen und öffentlichen Einrichtungen, deren Tätigkeit sich auf die Lebenssituation junger Menschen und ihrer Familien auswirkt, insbesondere mit

1. den Trägern von Sozialleistungen nach dem Zweiten, Dritten, Vierten, Fünften, Sechsten und dem Zwölften Buch sowie Trägern von Leistungen nach dem Bundesversorgungsgesetz,
2. den Familien- und Jugendgerichten, den Staatsanwaltschaften sowie den Justizvollzugsbehörden,
3. Schulen und Stellen der Schulverwaltung,

4. Einrichtungen und Stellen des öffentlichen Gesundheitsdienstes und sonstigen Einrichtungen und Diensten des Gesundheitswesens,
5. den Beratungsstellen nach den §§ 3 und 8 des Schwangerschaftskonfliktgesetzes und Suchtberatungsstellen,
6. Einrichtungen und Diensten zum Schutz gegen Gewalt in engen sozialen Beziehungen,
7. den Stellen der Bundesagentur für Arbeit,
8. Einrichtungen und Stellen der beruflichen Aus- und Weiterbildung,
9. den Polizei- und Ordnungsbehörden,
10. der Gewerbeaufsicht und
11. Einrichtungen der Ausbildung für Fachkräfte, der Weiterbildung und der Forschung

im Rahmen ihrer Aufgaben und Befugnisse zusammenzuarbeiten.

Sechstes Kapitel. Zentrale Aufgaben

§ 82 Aufgaben der Länder. (1) Die oberste Landesjugendbehörde hat die Tätigkeit der Träger der öffentlichen und der freien Jugendhilfe und die Weiterentwicklung der Jugendhilfe anzuregen und zu fördern.

(2) Die Länder haben auf einen gleichmäßigen Ausbau der Einrichtungen und Angebote hinzuwirken und die Jugendämter und Landesjugendämter bei der Wahrnehmung ihrer Aufgaben zu unterstützen.

§ 83 Aufgaben des Bundes, Bundesjugendkuratorium. (1) [1] Die fachlich zuständige oberste Bundesbehörde soll die Tätigkeit der Jugendhilfe anregen und fördern, soweit sie von überregionaler Bedeutung ist und ihrer Art nach nicht durch ein Land allein wirksam gefördert werden kann. [2] Hierzu gehören auch die überregionalen Tätigkeiten der Jugendorganisationen der politischen Parteien auf dem Gebiet der Jugendarbeit.

(2) [1] Die Bundesregierung wird in grundsätzlichen Fragen der Jugendhilfe von einem Sachverständigengremium (Bundesjugendkuratorium) beraten. [2] Das Nähere regelt die Bundesregierung durch Verwaltungsvorschriften.

§ 84 Jugendbericht. (1) [1] Die Bundesregierung legt dem Deutschen Bundestag und dem Bundesrat in jeder Legislaturperiode einen Bericht über die Lage junger Menschen und die Bestrebungen und Leistungen der Jugendhilfe vor. [2] Neben der Bestandsaufnahme und Analyse sollen die Berichte Vorschläge zur Weiterentwicklung der Jugendhilfe enthalten; jeder dritte Bericht soll einen Überblick über die Gesamtsituation der Jugendhilfe vermitteln.

(2) [1] Die Bundesregierung beauftragt mit der Ausarbeitung der Berichte jeweils eine Kommission, der mindestens sieben Sachverständige (Jugendberichtskommission) angehören. [2] Die Bundesregierung fügt eine Stellungnahme mit den von ihr für notwendig gehaltenen Folgerungen bei.

Siebtes Kapitel. Zuständigkeit, Kostenerstattung

Erster Abschnitt. Sachliche Zuständigkeit

§ 85 Sachliche Zuständigkeit. (1) Für die Gewährung von Leistungen und die Erfüllung anderer Aufgaben nach diesem Buch ist der örtliche Träger sachlich zuständig, soweit nicht der überörtliche Träger sachlich zuständig ist.

(2) Der überörtliche Träger ist sachlich zuständig für

1. die Beratung der örtlichen Träger und die Entwicklung von Empfehlungen zur Erfüllung der Aufgaben nach diesem Buch,
2. die Förderung der Zusammenarbeit zwischen den örtlichen Trägern und den anerkannten Trägern der freien Jugendhilfe, insbesondere bei der Planung und Sicherstellung eines bedarfsgerechten Angebots an Hilfen zur Erziehung, Eingliederungshilfen für seelisch behinderte Kinder und Jugendliche und Hilfen für junge Volljährige,
3. die Anregung und Förderung von Einrichtungen, Diensten und Veranstaltungen sowie deren Schaffung und Betrieb, soweit sie den örtlichen Bedarf übersteigen; dazu gehören insbesondere Einrichtungen, die eine Schul- oder Berufsausbildung anbieten, sowie Jugendbildungsstätten,
4. die Planung, Anregung, Förderung und Durchführung von Modellvorhaben zur Weiterentwicklung der Jugendhilfe,
5. die Beratung der örtlichen Träger bei der Gewährung von Hilfe nach den §§ 32 bis 35a, insbesondere bei der Auswahl einer Einrichtung oder der Vermittlung einer Pflegeperson in schwierigen Einzelfällen,
6. die Wahrnehmung der Aufgaben zum Schutz von Kindern und Jugendlichen in Einrichtungen (§§ 45 bis 48a),
7. die Beratung der Träger von Einrichtungen während der Planung und Betriebsführung,
8. die Fortbildung von Mitarbeitern in der Jugendhilfe,
9. die Gewährung von Leistungen an Deutsche im Ausland (§ 6 Absatz 3), soweit es sich nicht um die Fortsetzung einer bereits im Inland gewährten Leistung handelt,
10. die Erteilung der Erlaubnis zur Übernahme von Pflegschaften oder Vormundschaften durch einen rechtsfähigen Verein (§ 54).

(3) Für den örtlichen Bereich können die Aufgaben nach Absatz 2 Nummer 3, 4, 7 und 8 auch vom örtlichen Träger wahrgenommen werden.

(4) Unberührt bleiben die am Tage des Inkrafttretens dieses Gesetzes geltenden landesrechtlichen Regelungen, die die in den §§ 45 bis 48a bestimmten Aufgaben einschließlich der damit verbundenen Aufgaben nach Absatz 2 Nummer 2 bis 5 und 7 mittleren Landesbehörden oder, soweit sie sich auf Kindergärten und andere Tageseinrichtungen für Kinder beziehen, unteren Landesbehörden zuweisen.

(5) Ist das Land überörtlicher Träger, so können durch Landesrecht bis zum 30. Juni 1993 einzelne seiner Aufgaben auf andere Körperschaften des öffentlichen Rechts, die nicht Träger der öffentlichen Jugendhilfe sind, übertragen werden.

Zweiter Abschnitt. Örtliche Zuständigkeit

Erster Unterabschnitt. Örtliche Zuständigkeit für Leistungen

§ 86 Örtliche Zuständigkeit für Leistungen an Kinder, Jugendliche und ihre Eltern. (1) ¹ Für die Gewährung von Leistungen nach diesem Buch ist der örtliche Träger zuständig, in dessen Bereich die Eltern ihren gewöhnlichen Aufenthalt haben. ² An die Stelle der Eltern tritt die Mutter, wenn und solange die Vaterschaft nicht anerkannt oder gerichtlich festgestellt ist. ³ Lebt nur ein Elternteil, so ist dessen gewöhnlicher Aufenthalt maßgebend.

(2) ¹ Haben die Elternteile verschiedene gewöhnliche Aufenthalte, so ist der örtliche Träger zuständig, in dessen Bereich der personensorgeberechtigte Elternteil seinen gewöhnlichen Aufenthalt hat; dies gilt auch dann, wenn ihm einzelne Angelegenheiten der Personensorge entzogen sind. ² Steht die Personensorge im Fall des Satzes 1 den Eltern gemeinsam zu, so richtet sich die Zuständigkeit nach dem gewöhnlichen Aufenthalt des Elternteils, bei dem das Kind oder der Jugendliche vor Beginn der Leistung zuletzt seinen gewöhnlichen Aufenthalt hatte. ³ Hatte das Kind oder der Jugendliche im Fall des Satzes 2 zuletzt bei beiden Elternteilen seinen gewöhnlichen Aufenthalt, so richtet sich die Zuständigkeit nach dem gewöhnlichen Aufenthalt des Elternteils, bei dem das Kind oder der Jugendliche vor Beginn der Leistung zuletzt seinen tatsächlichen Aufenthalt hatte. ⁴ Hatte das Kind oder der Jugendliche im Fall des Satzes 2 während der letzten sechs Monate vor Beginn der Leistung bei keinem Elternteil einen gewöhnlichen Aufenthalt, so ist der örtliche Träger zuständig, in dessen Bereich das Kind oder der Jugendliche vor Beginn der Leistung zuletzt seinen gewöhnlichen Aufenthalt hatte; hatte das Kind oder der Jugendliche während der letzten sechs Monate keinen gewöhnlichen Aufenthalt, so richtet sich die Zuständigkeit nach dem tatsächlichen Aufenthalt des Kindes oder des Jugendlichen vor Beginn der Leistung.

(3) Haben die Elternteile verschiedene gewöhnliche Aufenthalte und steht die Personensorge keinem Elternteil zu, so gilt Absatz 2 Satz 2 und 4 entsprechend.

(4) ¹ Haben die Eltern oder der nach den Absätzen 1 bis 3 maßgebliche Elternteil im Inland keinen gewöhnlichen Aufenthalt, oder ist ein gewöhnlicher Aufenthalt nicht feststellbar, oder sind sie verstorben, so richtet sich die Zuständigkeit nach dem gewöhnlichen Aufenthalt des Kindes oder des Jugendlichen vor Beginn der Leistung. ² Hatte das Kind oder der Jugendliche während der letzten sechs Monate vor Beginn der Leistung keinen gewöhnlichen Aufenthalt, so ist der örtliche Träger zuständig, in dessen Bereich sich das Kind oder der Jugendliche vor Beginn der Leistung tatsächlich aufhält.

(5) ¹ Begründen die Elternteile nach Beginn der Leistung verschiedene gewöhnliche Aufenthalte, so wird der örtliche Träger zuständig, in dessen Bereich der personensorgeberechtigte Elternteil seinen gewöhnlichen Aufenthalt hat; dies gilt auch dann, wenn ihm einzelne Angelegenheiten der Personensorge entzogen sind. ² Solange in diesen Fällen die Personensorge beiden Elternteilen gemeinsam oder keinem Elternteil zusteht, bleibt die bisherige Zuständigkeit bestehen. ³ Absatz 4 gilt entsprechend.

(6) ¹ Lebt ein Kind oder ein Jugendlicher zwei Jahre bei einer Pflegeperson und ist sein Verbleib bei dieser Pflegeperson auf Dauer zu erwarten, so ist oder wird abweichend von den Absätzen 1 bis 5 der örtliche Träger zuständig, in

dessen Bereich die Pflegeperson ihren gewöhnlichen Aufenthalt hat. ²Er hat die Eltern und, falls den Eltern die Personensorge nicht oder nur teilweise zusteht, den Personensorgeberechtigten über den Wechsel der Zuständigkeit zu unterrichten. ³Endet der Aufenthalt bei der Pflegeperson, so endet die Zuständigkeit nach Satz 1.

(7) ¹Für Leistungen an Kinder oder Jugendliche, die um Asyl nachsuchen oder einen Asylantrag gestellt haben, ist der örtliche Träger zuständig, in dessen Bereich sich die Person vor Beginn der Leistung tatsächlich aufhält; geht der Leistungsgewährung eine Inobhutnahme voraus, so bleibt die nach § 87 begründete Zuständigkeit bestehen. ²Unterliegt die Person einem Verteilungsverfahren, so richtet sich die örtliche Zuständigkeit nach der Zuweisungsentscheidung der zuständigen Landesbehörde; bis zur Zuweisungsentscheidung gilt Satz 1 entsprechend. ³Die nach Satz 1 oder 2 begründete örtliche Zuständigkeit bleibt auch nach Abschluss des Asylverfahrens so lange bestehen, bis die für die Bestimmung der örtlichen Zuständigkeit maßgebliche Person einen gewöhnlichen Aufenthalt im Bereich eines anderen Trägers der öffentlichen Jugendhilfe begründet. ⁴Eine Unterbrechung der Leistung von bis zu drei Monaten bleibt außer Betracht.

§ 86a Örtliche Zuständigkeit für Leistungen an junge Volljährige.

(1) Für Leistungen an junge Volljährige ist der örtliche Träger zuständig, in dessen Bereich der junge Volljährige vor Beginn der Leistung seinen gewöhnlichen Aufenthalt hat.

(2) Hält sich der junge Volljährige in einer Einrichtung oder sonstigen Wohnform auf, die der Erziehung, Pflege, Betreuung, Behandlung oder dem Strafvollzug dient, so richtet sich die örtliche Zuständigkeit nach dem gewöhnlichen Aufenthalt vor der Aufnahme in eine Einrichtung oder sonstige Wohnform.

(3) Hat der junge Volljährige keinen gewöhnlichen Aufenthalt, so richtet sich die Zuständigkeit nach seinem tatsächlichen Aufenthalt zu dem in Absatz 1 genannten Zeitpunkt; Absatz 2 bleibt unberührt.

(4) ¹Wird eine Leistung nach § 13 Absatz 3 oder nach § 21 über die Vollendung des 18. Lebensjahres hinaus weitergeführt oder geht der Hilfe für junge Volljährige nach § 41 eine dieser Leistungen, eine Leistung nach § 19 oder eine Hilfe nach den §§ 27 bis 35a voraus, so bleibt der örtliche Träger zuständig, der bis zu diesem Zeitpunkt zuständig war. ²Eine Unterbrechung der Hilfeleistung von bis zu drei Monaten bleibt dabei außer Betracht. ³Die Sätze 1 und 2 gelten entsprechend, wenn eine Hilfe für junge Volljährige nach § 41 beendet war und innerhalb von drei Monaten erneut Hilfe für junge Volljährige nach § 41 erforderlich wird.

§ 86b Örtliche Zuständigkeit für Leistungen in gemeinsamen Wohnformen für Mütter/Väter und Kinder.
(1) ¹Für Leistungen in gemeinsamen Wohnformen für Mütter oder Väter und Kinder ist der örtliche Träger zuständig, in dessen Bereich der nach § 19 Leistungsberechtigte vor Beginn der Leistung seinen gewöhnlichen Aufenthalt hat. ²§ 86a Absatz 2 gilt entsprechend.

(2) Hat der Leistungsberechtigte keinen gewöhnlichen Aufenthalt, so richtet sich die Zuständigkeit nach seinem tatsächlichen Aufenthalt zu dem in Absatz 1 genannten Zeitpunkt.

(3) [1] Geht der Leistung Hilfe nach den §§ 27 bis 35a oder eine Leistung nach § 13 Absatz 3, § 21 oder § 41 voraus, so bleibt der örtliche Träger zuständig, der bisher zuständig war. [2] Eine Unterbrechung der Hilfeleistung von bis zu drei Monaten bleibt dabei außer Betracht.

§ 86c Fortdauernde Leistungsverpflichtung und Fallübergabe bei Zuständigkeitswechsel. (1) [1] Wechselt die örtliche Zuständigkeit für eine Leistung, so bleibt der bisher zuständige örtliche Träger so lange zur Gewährung der Leistung verpflichtet, bis der nunmehr zuständige örtliche Träger die Leistung fortsetzt. [2] Dieser hat dafür Sorge zu tragen, dass der Hilfeprozess und die im Rahmen der Hilfeplanung vereinbarten Hilfeziele durch den Zuständigkeitswechsel nicht gefährdet werden.

(2) [1] Der örtliche Träger, der von den Umständen Kenntnis erhält, die den Wechsel der Zuständigkeit begründen, hat den anderen davon unverzüglich zu unterrichten. [2] Der bisher zuständige örtliche Träger hat dem nunmehr zuständigen örtlichen Träger unverzüglich die für die Hilfegewährung sowie den Zuständigkeitswechsel maßgeblichen Sozialdaten zu übermitteln. [3] Bei der Fortsetzung von Leistungen, die der Hilfeplanung nach § 36 Absatz 2 unterliegen, ist die Fallverantwortung im Rahmen eines Gespräches zu übergeben. [4] Die Personensorgeberechtigten und das Kind oder der Jugendliche sowie der junge Volljährige oder der Leistungsberechtigte nach § 19 sind an der Übergabe angemessen zu beteiligen.

§ 86d Verpflichtung zum vorläufigen Tätigwerden. Steht die örtliche Zuständigkeit nicht fest oder wird der zuständige örtliche Träger nicht tätig, so ist der örtliche Träger vorläufig zum Tätigwerden verpflichtet, in dessen Bereich sich das Kind oder der Jugendliche, der junge Volljährige oder bei Leistungen nach § 19 der Leistungsberechtigte vor Beginn der Leistung tatsächlich aufhält.

Zweiter Unterabschnitt. Örtliche Zuständigkeit für andere Aufgaben

§ 87 Örtliche Zuständigkeit für vorläufige Maßnahmen zum Schutz von Kindern und Jugendlichen. [1] Für die Inobhutnahme eines Kindes oder eines Jugendlichen (§ 42) ist der örtliche Träger zuständig, in dessen Bereich sich das Kind oder der Jugendliche vor Beginn der Maßnahme tatsächlich aufhält. [2] Die örtliche Zuständigkeit für die Inobhutnahme eines unbegleiteten ausländischen Kindes oder Jugendlichen richtet sich nach § 88a Absatz 2.

§ 87a Örtliche Zuständigkeit für Erlaubnis, Meldepflichten und Untersagung. (1) Für die Erteilung der Pflegeerlaubnis sowie deren Rücknahme oder Widerruf (§§ 43, 44) ist der örtliche Träger zuständig, in dessen Bereich die Pflegeperson ihren gewöhnlichen Aufenthalt hat.

(2) Für die Erteilung der Erlaubnis zum Betrieb einer Einrichtung oder einer selbständigen sonstigen Wohnform sowie für die Rücknahme oder den Widerruf dieser Erlaubnis (§ 45 Absatz 1 und 2, § 48a), die örtliche Prüfung (§§ 46, 48a), die Entgegennahme von Meldungen (§ 47 Absatz 1 und 2, § 48a) und

die Ausnahme von der Meldepflicht (§ 47 Absatz 3, § 48a) sowie die Untersagung der weiteren Beschäftigung des Leiters oder eines Mitarbeiters (§§ 48, 48a) ist der überörtliche Träger oder die nach Landesrecht bestimmte Behörde zuständig, in dessen oder deren Bereich die Einrichtung oder die sonstige Wohnform gelegen ist.

(3) Für die Mitwirkung an der örtlichen Prüfung (§§ 46, 48a) ist der örtliche Träger zuständig, in dessen Bereich die Einrichtung oder die selbständige sonstige Wohnform gelegen ist.

§ 87b Örtliche Zuständigkeit für die Mitwirkung in gerichtlichen Verfahren.

(1) ¹ Für die Zuständigkeit des Jugendamts zur Mitwirkung in gerichtlichen Verfahren (§§ 50 bis 52) gilt § 86 Absatz 1 bis 4 entsprechend. ² Für die Mitwirkung im Verfahren nach dem Jugendgerichtsgesetz gegen einen jungen Menschen, der zu Beginn des Verfahrens das 18. Lebensjahr vollendet hat, gilt § 86a Absatz 1 und 3 entsprechend.

(2) ¹ Die nach Absatz 1 begründete Zuständigkeit bleibt bis zum Abschluss des Verfahrens bestehen. ² Hat ein Jugendlicher oder ein junger Volljähriger in einem Verfahren nach dem Jugendgerichtsgesetz die letzten sechs Monate vor Abschluss des Verfahrens in einer Justizvollzugsanstalt verbracht, so dauert die Zuständigkeit auch nach der Entlassung aus der Anstalt so lange fort, bis der Jugendliche oder junge Volljährige einen neuen gewöhnlichen Aufenthalt begründet hat, längstens aber bis zum Ablauf von sechs Monaten nach dem Entlassungszeitpunkt.

(3) Steht die örtliche Zuständigkeit nicht fest oder wird der zuständige örtliche Träger nicht tätig, so gilt § 86d entsprechend.

§ 87c Örtliche Zuständigkeit für die Beistandschaft, die Amtspflegschaft, die Amtsvormundschaft und die Bescheinigung nach § 58a.

(1) ¹ Für die Vormundschaft nach § 1791c des Bürgerlichen Gesetzbuchs ist das Jugendamt zuständig, in dessen Bereich die Mutter ihren gewöhnlichen Aufenthalt hat. ² Wurde die Vaterschaft nach § 1592 Nummer 1 oder 2 des Bürgerlichen Gesetzbuchs durch Anfechtung beseitigt, so ist der gewöhnliche Aufenthalt der Mutter zu dem Zeitpunkt maßgeblich, zu dem die Entscheidung rechtskräftig wird. ³ Ist ein gewöhnlicher Aufenthalt der Mutter nicht festzustellen, so richtet sich die örtliche Zuständigkeit nach ihrem tatsächlichen Aufenthalt.

(2) ¹ Sobald die Mutter ihren gewöhnlichen Aufenthalt im Bereich eines anderen Jugendamts nimmt, hat das die Amtsvormundschaft führende Jugendamt bei dem Jugendamt des anderen Bereichs die Weiterführung der Amtsvormundschaft zu beantragen; der Antrag kann auch von dem anderen Jugendamt, von dem Elternteil und von jedem, der ein berechtigtes Interesse des Kindes oder des Jugendlichen geltend macht, bei dem die Amtsvormundschaft führenden Jugendamt gestellt werden. ² Die Vormundschaft geht mit der Erklärung des anderen Jugendamts auf dieses über. ³ Das abgebende Jugendamt hat den Übergang dem Familiengericht und jedem Elternteil unverzüglich mitzuteilen. ⁴ Gegen die Ablehnung des Antrags kann das Familiengericht angerufen werden.

(3) ¹ Für die Pflegschaft oder Vormundschaft, die durch Bestellung des Familiengerichts eintritt, ist das Jugendamt zuständig, in dessen Bereich das Kind

oder der Jugendliche seinen gewöhnlichen Aufenthalt hat. ² Hat das Kind oder der Jugendliche keinen gewöhnlichen Aufenthalt, so richtet sich die Zuständigkeit nach seinem tatsächlichen Aufenthalt zum Zeitpunkt der Bestellung. ³ Sobald das Kind oder der Jugendliche seinen gewöhnlichen Aufenthalt wechselt oder im Fall des Satzes 2 das Wohl des Kindes oder Jugendlichen es erfordert, hat das Jugendamt beim Familiengericht einen Antrag auf Entlassung zu stellen. ⁴ Die Sätze 1 bis 3 gelten für die Gegenvormundschaft des Jugendamts entsprechend.

(4) Für die Vormundschaft, die im Rahmen des Verfahrens zur Annahme als Kind eintritt, ist das Jugendamt zuständig, in dessen Bereich die annehmende Person ihren gewöhnlichen Aufenthalt hat.

(5) ¹ Für die Beratung und Unterstützung nach § 52a sowie für die Beistandschaft gilt Absatz 1 Satz 1 und 3 entsprechend. ² Sobald der allein sorgeberechtigte Elternteil seinen gewöhnlichen Aufenthalt im Bereich eines anderen Jugendamts nimmt, hat das die Beistandschaft führende Jugendamt bei dem Jugendamt des anderen Bereichs die Weiterführung der Beistandschaft zu beantragen; Absatz 2 Satz 2 und § 86c gelten entsprechend.

(6) ¹ Für die Erteilung der Bescheinigung nach § 58a Absatz 2 gilt Absatz 1 entsprechend. ² Die Mitteilungen nach § 1626d Absatz 2 des Bürgerlichen Gesetzbuchs, die Mitteilungen nach § 155a Absatz 3 Satz 3 und Absatz 5 Satz 2 des Gesetzes über das Verfahren in Familiensachen und in den Angelegenheiten der freiwilligen Gerichtsbarkeit sowie die Mitteilungen nach § 50 Absatz 3 sind an das für den Geburtsort des Kindes oder des Jugendlichen zuständige Jugendamt zu richten; § 88 Absatz 1 Satz 2 gilt entsprechend. ³ Das nach Satz 2 zuständige Jugendamt teilt auf Ersuchen dem nach Satz 1 zuständigen Jugendamt mit, ob Eintragungen im Sorgeregister vorliegen.

§ 87d Örtliche Zuständigkeit für weitere Aufgaben im Vormundschaftswesen. (1) Für die Wahrnehmung der Aufgaben nach § 53 ist der örtliche Träger zuständig, in dessen Bereich der Pfleger oder Vormund seinen gewöhnlichen Aufenthalt hat.

(2) Für die Erteilung der Erlaubnis zur Übernahme von Pflegschaften oder Vormundschaften durch einen rechtsfähigen Verein (§ 54) ist der überörtliche Träger zuständig, in dessen Bereich der Verein seinen Sitz hat.

§ 87e Örtliche Zuständigkeit für Beurkundung und Beglaubigung. Für Beurkundungen und Beglaubigungen nach § 59 ist die Urkundsperson bei jedem Jugendamt zuständig.

Dritter Unterabschnitt. Örtliche Zuständigkeit bei Aufenthalt im Ausland

§ 88 Örtliche Zuständigkeit bei Aufenthalt im Ausland. (1) ¹ Für die Gewährung von Leistungen der Jugendhilfe im Ausland ist der überörtliche Träger zuständig, in dessen Bereich der junge Mensch geboren ist. ² Liegt der Geburtsort im Ausland oder ist er nicht zu ermitteln, so ist das Land Berlin zuständig.

(2) Wurden bereits vor der Ausreise Leistungen der Jugendhilfe gewährt, so bleibt der örtliche Träger zuständig, der bisher tätig geworden ist; eine Unterbrechung der Hilfeleistung von bis zu drei Monaten bleibt dabei außer Betracht.

Vierter Unterabschnitt. Örtliche Zuständigkeit für vorläufige Maßnahmen, Leistungen und die Amtsvormundschaft für unbegleitete ausländische Kinder und Jugendliche

§ 88a Örtliche Zuständigkeit für vorläufige Maßnahmen, Leistungen und die Amtsvormundschaft für unbegleitete ausländische Kinder und Jugendliche. (1) Für die vorläufige Inobhutnahme eines unbegleiteten ausländischen Kindes oder Jugendlichen (§ 42a) ist der örtliche Träger zuständig, in dessen Bereich sich das Kind oder der Jugendliche vor Beginn der Maßnahme tatsächlich aufhält, soweit Landesrecht nichts anderes regelt.

(2) [1] Die örtliche Zuständigkeit für die Inobhutnahme eines unbegleiteten ausländischen Kindes oder Jugendlichen (§ 42) richtet sich nach der Zuweisungsentscheidung gemäß § 42b Absatz 3 Satz 1 der nach Landesrecht für die Verteilung von unbegleiteten ausländischen Kindern oder Jugendlichen zuständigen Stelle. [2] Ist die Verteilung nach § 42b Absatz 4 ausgeschlossen, so bleibt die nach Absatz 1 begründete Zuständigkeit bestehen. [3] Ein anderer Träger kann aus Gründen des Kindeswohls oder aus sonstigen humanitären Gründen von vergleichbarem Gewicht die örtliche Zuständigkeit von dem zuständigen Träger übernehmen.

(3) [1] Für Leistungen an unbegleitete ausländische Kinder oder Jugendliche ist der örtliche Träger zuständig, in dessen Bereich sich die Person vor Beginn der Leistung tatsächlich aufhält. [2] Geht der Leistungsgewährung eine Inobhutnahme voraus, so bleibt die nach Absatz 2 begründete Zuständigkeit bestehen, soweit Landesrecht nichts anderes regelt.

(4) Die örtliche Zuständigkeit für die Vormundschaft oder Pflegschaft, die für unbegleitete ausländische Kinder oder Jugendliche durch Bestellung des Familiengerichts eintritt, richtet sich während

1. der vorläufigen Inobhutnahme (§ 42a) nach Absatz 1,
2. der Inobhutnahme (§ 42) nach Absatz 2 und
3. der Leistungsgewährung nach Absatz 3.

Dritter Abschnitt. Kostenerstattung

§ 89 Kostenerstattung bei fehlendem gewöhnlichen Aufenthalt. Ist für die örtliche Zuständigkeit nach den §§ 86, 86a oder 86b der tatsächliche Aufenthalt maßgeblich, so sind die Kosten, die ein örtlicher Träger aufgewendet hat, von dem überörtlichen Träger zu erstatten, zu dessen Bereich der örtliche Träger gehört.

§ 89a Kostenerstattung bei fortdauernder Vollzeitpflege. (1) [1] Kosten, die ein örtlicher Träger auf Grund einer Zuständigkeit nach § 86 Absatz 6 aufgewendet hat, sind von dem örtlichen Träger zu erstatten, der zuvor zuständig war oder gewesen wäre. [2] Die Kostenerstattungspflicht bleibt bestehen, wenn die Pflegeperson ihren gewöhnlichen Aufenthalt ändert oder wenn die Leistung über die Volljährigkeit hinaus nach § 41 fortgesetzt wird.

(2) Hat oder hätte der nach Absatz 1 kostenerstattungspflichtig werdende örtliche Träger während der Gewährung einer Leistung selbst einen Kostenerstattungsanspruch gegen einen anderen örtlichen oder den überörtlichen Träger, so bleibt oder wird abweichend von Absatz 1 dieser Träger dem nun-

mehr nach § 86 Absatz 6 zuständig gewordenen örtlichen Träger kostenerstattungspflichtig.

(3) Ändert sich während der Gewährung der Leistung nach Absatz 1 der für die örtliche Zuständigkeit nach § 86 Absatz 1 bis 5 maßgebliche gewöhnliche Aufenthalt, so wird der örtliche Träger kostenerstattungspflichtig, der ohne Anwendung des § 86 Absatz 6 örtlich zuständig geworden wäre.

§ 89b Kostenerstattung bei vorläufigen Maßnahmen zum Schutz von Kindern und Jugendlichen. (1) Kosten, die ein örtlicher Träger im Rahmen der Inobhutnahme von Kindern und Jugendlichen (§ 42) aufgewendet hat, sind von dem örtlichen Träger zu erstatten, dessen Zuständigkeit durch den gewöhnlichen Aufenthalt nach § 86 begründet wird.

(2) Ist ein kostenerstattungspflichtiger örtlicher Träger nicht vorhanden, so sind die Kosten von dem überörtlichen Träger zu erstatten, zu dessen Bereich der örtliche Träger gehört.

(3) Eine nach Absatz 1 oder 2 begründete Pflicht zur Kostenerstattung bleibt bestehen, wenn und solange nach der Inobhutnahme Leistungen auf Grund einer Zuständigkeit nach § 86 Absatz 7 Satz 1 Halbsatz 2 gewährt werden.

§ 89c Kostenerstattung bei fortdauernder oder vorläufiger Leistungsverpflichtung. (1) [1] Kosten, die ein örtlicher Träger im Rahmen seiner Verpflichtung nach § 86c aufgewendet hat, sind von dem örtlichen Träger zu erstatten, der nach dem Wechsel der örtlichen Zuständigkeit zuständig geworden ist. [2] Kosten, die ein örtlicher Träger im Rahmen seiner Verpflichtung nach § 86d aufgewendet hat, sind von dem örtlichen Träger zu erstatten, dessen Zuständigkeit durch den gewöhnlichen Aufenthalt nach §§ 86, 86a und 86b begründet wird.

(2) Hat der örtliche Träger die Kosten deshalb aufgewendet, weil der zuständige örtliche Träger pflichtwidrig gehandelt hat, so hat dieser zusätzlich einen Betrag in Höhe eines Drittels der Kosten, mindestens jedoch 50 Euro, zu erstatten.

(3) Ist ein kostenerstattungspflichtiger örtlicher Träger nicht vorhanden, so sind die Kosten vom überörtlichen Träger zu erstatten, zu dessen Bereich der örtliche Träger gehört, der nach Absatz 1 tätig geworden ist.

§ 89d Kostenerstattung bei Gewährung von Jugendhilfe nach der Einreise. (1) [1] Kosten, die ein örtlicher Träger aufwendet, sind vom Land zu erstatten, wenn

1. innerhalb eines Monats nach der Einreise eines jungen Menschen oder eines Leistungsberechtigten nach § 19 Jugendhilfe gewährt wird und
2. sich die örtliche Zuständigkeit nach dem tatsächlichen Aufenthalt dieser Person oder nach der Zuweisungsentscheidung der zuständigen Landesbehörde richtet.

[2] Als Tag der Einreise gilt der Tag des Grenzübertritts, sofern dieser amtlich festgestellt wurde, oder der Tag, an dem der Aufenthalt im Inland erstmals festgestellt wurde, andernfalls der Tag der ersten Vorsprache bei einem Jugendamt. [3] Die Erstattungspflicht nach Satz 1 bleibt unberührt, wenn die Person um Asyl nachsucht oder einen Asylantrag stellt.

(2) Ist die Person im Inland geboren, so ist das Land erstattungspflichtig, in dessen Bereich die Person geboren ist.

(3) *(aufgehoben)*

(4) Die Verpflichtung zur Erstattung der aufgewendeten Kosten entfällt, wenn inzwischen für einen zusammenhängenden Zeitraum von drei Monaten Jugendhilfe nicht zu gewähren war.

(5) Kostenerstattungsansprüche nach den Absätzen 1 bis 3 gehen Ansprüchen nach den §§ 89 bis 89c und § 89e vor.

§ 89e Schutz der Einrichtungsorte. (1) [1] Richtet sich die Zuständigkeit nach dem gewöhnlichen Aufenthalt der Eltern, eines Elternteils, des Kindes oder des Jugendlichen und ist dieser in einer Einrichtung, einer anderen Familie oder sonstigen Wohnform begründet worden, die der Erziehung, Pflege, Betreuung, Behandlung oder dem Strafvollzug dient, so ist der örtliche Träger zur Erstattung der Kosten verpflichtet, in dessen Bereich die Person vor der Aufnahme in eine Einrichtung, eine andere Familie oder sonstige Wohnform den gewöhnlichen Aufenthalt hatte. [2] Eine nach Satz 1 begründete Erstattungspflicht bleibt bestehen, wenn und solange sich die örtliche Zuständigkeit nach § 86a Absatz 4 und § 86b Absatz 3 richtet.

(2) Ist ein kostenerstattungspflichtiger örtlicher Träger nicht vorhanden, so sind die Kosten von dem überörtlichen Träger zu erstatten, zu dessen Bereich der erstattungsberechtigte örtliche Träger gehört.

§ 89f Umfang der Kostenerstattung. (1) [1] Die aufgewendeten Kosten sind zu erstatten, soweit die Erfüllung der Aufgaben den Vorschriften dieses Buches entspricht. [2] Dabei gelten die Grundsätze, die im Bereich des tätig gewordenen örtlichen Trägers zur Zeit des Tätigwerdens angewandt werden.

(2) [1] Kosten unter 1 000 Euro werden nur bei vorläufigen Maßnahmen zum Schutz von Kindern und Jugendlichen (§ 89b), bei fortdauernder oder vorläufiger Leistungsverpflichtung (§ 89c) und bei Gewährung von Jugendhilfe nach der Einreise (§ 89d) erstattet. [2] Verzugszinsen können nicht verlangt werden.

§ 89g Landesrechtsvorbehalt. Durch Landesrecht können die Aufgaben des Landes und des überörtlichen Trägers nach diesem Abschnitt auf andere Körperschaften des öffentlichen Rechts übertragen werden.

§ 89h Übergangsvorschrift. (1) Für die Erstattung von Kosten für Maßnahmen der Jugendhilfe nach der Einreise gemäß § 89d, die vor dem 1. Juli 1998 begonnen haben, gilt die nachfolgende Übergangsvorschrift.

(2) [1] Kosten, für deren Erstattung das Bundesverwaltungsamt vor dem 1. Juli 1998 einen erstattungspflichtigen überörtlichen Träger bestimmt hat, sind nach den bis zu diesem Zeitpunkt geltenden Vorschriften zu erstatten. [2] Erfolgt die Bestimmung nach dem 30. Juni 1998, so sind § 86 Absatz 7, § 89b Absatz 3, die §§ 89d und 89g in der ab dem 1. Juli 1998 geltenden Fassung anzuwenden.

Achtes Kapitel. Kostenbeteiligung

Erster Abschnitt. Pauschalierte Kostenbeteiligung

§ 90 Pauschalierte Kostenbeteiligung. (1) ¹ Für die Inanspruchnahme von Angeboten

1. der Jugendarbeit nach § 11,
2. der allgemeinen Förderung der Erziehung in der Familie nach § 16 Absatz 1, Absatz 2 Nummer 1 und 3 und
3. der Förderung von Kindern in Tageseinrichtungen und Kindertagespflege nach den §§ 22 bis 24

können Kostenbeiträge festgesetzt werden. ² Soweit Landesrecht nichts anderes bestimmt, sind Kostenbeiträge, die für die Inanspruchnahme von Tageseinrichtungen und von Kindertagespflege zu entrichten sind, zu staffeln. ³ Als Kriterien können insbesondere das Einkommen, die Anzahl der kindergeldberechtigten Kinder in der Familie und die tägliche Betreuungszeit berücksichtigt werden. ⁴ Werden die Kostenbeiträge nach dem Einkommen berechnet, bleibt die Eigenheimzulage nach dem Eigenheimzulagengesetz außer Betracht.

(2) ¹ In den Fällen des Absatzes 1 Nummer 1 und 2 kann der Kostenbeitrag auf Antrag ganz oder teilweise erlassen oder ein Teilnahmebeitrag auf Antrag ganz oder teilweise vom Träger der öffentlichen Jugendhilfe übernommen werden, wenn

1. die Belastung
   a) dem Kind oder dem Jugendlichen und seinen Eltern oder
   b) dem jungen Volljährigen
   nicht zuzumuten ist und
2. die Förderung für die Entwicklung des jungen Menschen erforderlich ist.

² Lebt das Kind oder der Jugendliche nur mit einem Elternteil zusammen, so tritt dieser an die Stelle der Eltern.

(3) ¹ Im Fall des Absatzes 1 Nummer 3 soll der Kostenbeitrag auf Antrag ganz oder teilweise erlassen oder ein Teilnahmebeitrag auf Antrag ganz oder teilweise vom Träger der öffentlichen Jugendhilfe übernommen werden, wenn die Belastung den Eltern und dem Kind nicht zuzumuten ist. ² Absatz 2 Satz 2 gilt entsprechend.

(4) ¹ Für die Feststellung der zumutbaren Belastung gelten die §§ 82 bis 85, 87, 88 und 92a des Zwölften Buches[1]) entsprechend, soweit nicht Landesrecht eine andere Regelung trifft. ² Bei der Einkommensberechnung bleibt die Eigenheimzulage nach dem Eigenheimzulagengesetz außer Betracht.

Zweiter Abschnitt. Kostenbeiträge für stationäre und teilstationäre Leistungen sowie vorläufige Maßnahmen

§ 91 Anwendungsbereich. (1) Zu folgenden vollstationären Leistungen und vorläufigen Maßnahmen werden Kostenbeiträge erhoben:

---

¹) Nr. 12.

1. der Unterkunft junger Menschen in einer sozialpädagogisch begleiteten Wohnform (§ 13 Absatz 3),
2. der Betreuung von Müttern oder Vätern und Kindern in gemeinsamen Wohnformen (§ 19),
3. der Betreuung und Versorgung von Kindern in Notsituationen (§ 20),
4. der Unterstützung bei notwendiger Unterbringung junger Menschen zur Erfüllung der Schulpflicht und zum Abschluss der Schulausbildung (§ 21),
5. der Hilfe zur Erziehung

    a) in Vollzeitpflege (§ 33),

    b) in einem Heim oder einer sonstigen betreuten Wohnform (§ 34),

    c) in intensiver sozialpädagogischer Einzelbetreuung (§ 35), sofern sie außerhalb des Elternhauses erfolgt,

    d) auf der Grundlage von § 27 in stationärer Form,
6. der Eingliederungshilfe für seelisch behinderte Kinder und Jugendliche durch geeignete Pflegepersonen sowie in Einrichtungen über Tag und Nacht und in sonstigen Wohnformen (§ 35a Absatz 2 Nummer 3 und 4),
7. der Inobhutnahme von Kindern und Jugendlichen (§ 42),
8. der Hilfe für junge Volljährige, soweit sie den in den Nummern 5 und 6 genannten Leistungen entspricht (§ 41).

(2) Zu folgenden teilstationären Leistungen werden Kostenbeiträge erhoben:
1. der Betreuung und Versorgung von Kindern in Notsituationen nach § 20,
2. Hilfe zur Erziehung in einer Tagesgruppe nach § 32 und anderen teilstationären Leistungen nach § 27,
3. Eingliederungshilfe für seelisch behinderte Kinder und Jugendliche in Tageseinrichtungen und anderen teilstationären Einrichtungen nach § 35a Absatz 2 Nummer 2 und
4. Hilfe für junge Volljährige, soweit sie den in den Nummern 2 und 3 genannten Leistungen entspricht (§ 41).

(3) Die Kosten umfassen auch die Aufwendungen für den notwendigen Unterhalt und die Krankenhilfe.

(4) Verwaltungskosten bleiben außer Betracht.

(5) Die Träger der öffentlichen Jugendhilfe tragen die Kosten der in den Absätzen 1 und 2 genannten Leistungen unabhängig von der Erhebung eines Kostenbeitrags.

§ 92 Ausgestaltung der Heranziehung. (1) Aus ihrem Einkommen nach Maßgabe der §§ 93 und 94 heranzuziehen sind:
1. Kinder und Jugendliche zu den Kosten der in § 91 Absatz 1 Nummer 1 bis 7 genannten Leistungen und vorläufigen Maßnahmen,
2. junge Volljährige zu den Kosten der in § 91 Absatz 1 Nummer 1, 4 und 8 genannten Leistungen,
3. Leistungsberechtigte nach § 19 zu den Kosten der in § 91 Absatz 1 Nummer 2 genannten Leistungen,

8. Kapitel. Kostenbeteiligung **§ 93 SGB VIII 8**

4. Ehegatten und Lebenspartner junger Menschen und Leistungsberechtigter nach § 19 zu den Kosten der in § 91 Absatz 1 und 2 genannten Leistungen und vorläufigen Maßnahmen,

5. Elternteile zu den Kosten der in § 91 Absatz 1 genannten Leistungen und vorläufigen Maßnahmen; leben sie mit dem jungen Menschen zusammen, so werden sie auch zu den Kosten der in § 91 Absatz 2 genannten Leistungen herangezogen.

(1a) Zu den Kosten vollstationärer Leistungen sind junge Volljährige und volljährige Leistungsberechtigte nach § 19 zusätzlich aus ihrem Vermögen nach Maßgabe der §§ 90 und 91 des Zwölften Buches[1)] heranzuziehen.

(2) Die Heranziehung erfolgt durch Erhebung eines Kostenbeitrags, der durch Leistungsbescheid festgesetzt wird; Elternteile werden getrennt herangezogen.

(3) [1] Ein Kostenbeitrag kann bei Eltern, Ehegatten und Lebenspartnern ab dem Zeitpunkt erhoben werden, ab welchem dem Pflichtigen die Gewährung der Leistung mitgeteilt und er über die Folgen für seine Unterhaltspflicht gegenüber dem jungen Menschen aufgeklärt wurde. [2] Ohne vorherige Mitteilung kann ein Kostenbeitrag für den Zeitraum erhoben werden, in welchem der Träger der öffentlichen Jugendhilfe aus rechtlichen oder tatsächlichen Gründen, die in den Verantwortungsbereich des Pflichtigen fallen, an der Geltendmachung gehindert war. [3] Entfallen diese Gründe, ist der Pflichtige unverzüglich zu unterrichten.

(4) [1] Ein Kostenbeitrag kann nur erhoben werden, soweit Unterhaltsansprüche vorrangig oder gleichrangig Berechtigter nicht geschmälert werden. [2] Von der Heranziehung der Eltern ist abzusehen, wenn das Kind, die Jugendliche, die junge Volljährige oder die Leistungsberechtigte nach § 19 schwanger ist oder der junge Mensch oder die nach § 19 leistungsberechtigte Person ein leibliches Kind bis zur Vollendung des sechsten Lebensjahres betreut.

(5) [1] Von der Heranziehung soll im Einzelfall ganz oder teilweise abgesehen werden, wenn sonst Ziel und Zweck der Leistung gefährdet würden oder sich aus der Heranziehung eine besondere Härte ergäbe. [2] Von der Heranziehung kann abgesehen werden, wenn anzunehmen ist, dass der damit verbundene Verwaltungsaufwand in keinem angemessenen Verhältnis zu dem Kostenbeitrag stehen wird.

§ 93 Berechnung des Einkommens. (1) [1] Zum Einkommen gehören alle Einkünfte in Geld oder Geldeswert mit Ausnahme der Grundrente nach oder entsprechend dem Bundesversorgungsgesetz sowie der Renten und Beihilfen, die nach dem Bundesentschädigungsgesetz für einen Schaden an Leben sowie an Körper und Gesundheit gewährt werden bis zur Höhe der vergleichbaren Grundrente nach dem Bundesversorgungsgesetz. [2] Eine Entschädigung, die nach § 253 Absatz 2 des Bürgerlichen Gesetzbuchs wegen eines Schadens, der nicht Vermögensschaden ist, geleistet wird, ist nicht als Einkommen zu berücksichtigen. [3] Geldleistungen, die dem gleichen Zwecke wie die jeweilige Leistung der Jugendhilfe dienen, zählen nicht zum Einkommen und sind unabhängig von einem Kostenbeitrag einzusetzen. [4] Kindergeld und Leistungen, die auf

---

[1)] Nr. 12.

Grund öffentlich-rechtlicher Vorschriften zu einem ausdrücklich genannten Zweck erbracht werden, sind nicht als Einkommen zu berücksichtigen.

(2) Von dem Einkommen sind abzusetzen

1. auf das Einkommen gezahlte Steuern und
2. Pflichtbeiträge zur Sozialversicherung einschließlich der Beiträge zur Arbeitsförderung sowie
3. nach Grund und Höhe angemessene Beiträge zu öffentlichen oder privaten Versicherungen oder ähnlichen Einrichtungen zur Absicherung der Risiken Alter, Krankheit, Pflegebedürftigkeit und Arbeitslosigkeit.

(3) [1] Von dem nach den Absätzen 1 und 2 errechneten Betrag sind Belastungen der kostenbeitragspflichtigen Person abzuziehen. [2] Der Abzug erfolgt durch eine Kürzung des nach den Absätzen 1 und 2 errechneten Betrages um pauschal 25 vom Hundert. [3] Sind die Belastungen höher als der pauschale Abzug, so können sie abgezogen werden, soweit sie nach Grund und Höhe angemessen sind und die Grundsätze einer wirtschaftlichen Lebensführung nicht verletzen. [4] In Betracht kommen insbesondere

1. Beiträge zu öffentlichen oder privaten Versicherungen oder ähnlichen Einrichtungen,
2. die mit der Erzielung des Einkommens verbundenen notwendigen Ausgaben,
3. Schuldverpflichtungen.

[5] Die kostenbeitragspflichtige Person muss die Belastungen nachweisen.

(4) [1] Maßgeblich ist das durchschnittliche Monatseinkommen, das die kostenbeitragspflichtige Person in dem Kalenderjahr erzielt hat, welches dem jeweiligen Kalenderjahr der Leistung oder Maßnahme vorangeht. [2] Auf Antrag der kostenbeitragspflichtigen Person wird dieses Einkommen nachträglich durch das durchschnittliche Monatseinkommen ersetzt, welches die Person in dem jeweiligen Kalenderjahr der Leistung oder Maßnahme erzielt hat. [3] Der Antrag kann innerhalb eines Jahres nach Ablauf dieses Kalenderjahres gestellt werden. [4] Macht die kostenbeitragspflichtige Person glaubhaft, dass die Heranziehung zu den Kosten aus dem Einkommen nach Satz 1 in einem bestimmten Zeitraum eine besondere Härte für sie ergäbe, wird vorläufig von dem glaubhaft gemachten, dem Zeitraum entsprechenden Monatseinkommen ausgegangen; endgültig ist in diesem Fall das nach Ablauf des Kalenderjahres zu ermittelnde durchschnittliche Monatseinkommen dieses Jahres maßgeblich.

§ 94 Umfang der Heranziehung.

(1) [1] Die Kostenbeitragspflichtigen sind aus ihrem Einkommen in angemessenem Umfang zu den Kosten heranzuziehen. [2] Die Kostenbeiträge dürfen die tatsächlichen Aufwendungen nicht überschreiten. [3] Eltern sollen nachrangig zu den jungen Menschen herangezogen werden. [4] Ehegatten und Lebenspartner sollen nachrangig zu den jungen Menschen, aber vorrangig vor deren Eltern herangezogen werden.

(2) Für die Bestimmung des Umfangs sind bei jedem Elternteil, Ehegatten oder Lebenspartner die Höhe des nach § 93 ermittelten Einkommens und die Anzahl der Personen, die mindestens im gleichen Range wie der untergebrachte junge Mensch oder Leistungsberechtigte nach § 19 unterhaltsberechtigt sind, angemessen zu berücksichtigen.

8. Kapitel. Kostenbeteiligung §§ 95, 96 SGB VIII 8

(3) ¹Werden Leistungen über Tag und Nacht außerhalb des Elternhauses erbracht und bezieht einer der Elternteile Kindergeld für den jungen Menschen, so hat dieser unabhängig von einer Heranziehung nach Absatz 1 Satz 1 und 2 und nach Maßgabe des Absatzes 1 Satz 3 und 4 einen Kostenbeitrag in Höhe des Kindergeldes zu zahlen. ²Zahlt der Elternteil den Kostenbeitrag nach Satz 1 nicht, so sind die Träger der öffentlichen Jugendhilfe insoweit berechtigt, das auf dieses Kind entfallende Kindergeld durch Geltendmachung eines Erstattungsanspruchs nach § 74 Absatz 2 des Einkommensteuergesetzes in Anspruch zu nehmen.

(4) Werden Leistungen über Tag und Nacht erbracht und hält sich der junge Mensch nicht nur im Rahmen von Umgangskontakten bei einem Kostenbeitragspflichtigen auf, so ist die tatsächliche Betreuungsleistung über Tag und Nacht auf den Kostenbeitrag anzurechnen.

(5) Für die Festsetzung der Kostenbeiträge von Eltern, Ehegatten und Lebenspartnern junger Menschen und Leistungsberechtigter nach § 19 werden nach Einkommensgruppen gestaffelte Pauschalbeträge durch Rechtsverordnung des zuständigen Bundesministeriums mit Zustimmung des Bundesrates bestimmt.

(6) ¹Bei vollstationären Leistungen haben junge Menschen und Leistungsberechtigte nach § 19 nach Abzug der in § 93 Absatz 2 genannten Beträge 75 Prozent ihres Einkommens als Kostenbeitrag einzusetzen. ²Es kann ein geringerer Kostenbeitrag erhoben oder gänzlich von der Erhebung des Kostenbeitrags abgesehen werden, wenn das Einkommen aus einer Tätigkeit stammt, die dem Zweck der Leistung dient. ³Dies gilt insbesondere, wenn es sich um eine Tätigkeit im sozialen oder kulturellen Bereich handelt, bei der nicht die Erwerbstätigkeit, sondern das soziale oder kulturelle Engagement im Vordergrund stehen.

Dritter Abschnitt. Überleitung von Ansprüchen

§ 95 Überleitung von Ansprüchen. (1) Hat eine der in § 92 Absatz 1 genannten Personen für die Zeit, für die Jugendhilfe gewährt wird, einen Anspruch gegen einen anderen, der kein Leistungsträger im Sinne des § 12 des Ersten Buches[1] noch Kostenbeitragspflichtiger ist, so kann der Träger der öffentlichen Jugendhilfe durch schriftliche Anzeige an den anderen bewirken, dass dieser Anspruch bis zur Höhe seiner Aufwendungen auf ihn übergeht.

(2) ¹Der Übergang darf nur insoweit bewirkt werden, als bei rechtzeitiger Leistung des anderen entweder Jugendhilfe nicht gewährt worden oder ein Kostenbeitrag zu leisten wäre. ²Der Übergang ist nicht dadurch ausgeschlossen, dass der Anspruch nicht übertragen, verpfändet oder gepfändet werden kann.

(3) Die schriftliche Anzeige bewirkt den Übergang des Anspruchs für die Zeit, für die die Hilfe ohne Unterbrechung gewährt wird; als Unterbrechung gilt ein Zeitraum von mehr als zwei Monaten.

(4) Widerspruch und Anfechtungsklage gegen den Verwaltungsakt, der den Übergang des Anspruchs bewirkt, haben keine aufschiebende Wirkung.

§ 96 (weggefallen)

---

[1] Nr. 1.

Vierter Abschnitt. Ergänzende Vorschriften

§ 97 Feststellung der Sozialleistungen. ¹ Der erstattungsberechtigte Träger der öffentlichen Jugendhilfe kann die Feststellung einer Sozialleistung betreiben sowie Rechtsmittel einlegen. ² Der Ablauf der Fristen, die ohne sein Verschulden verstrichen sind, wirkt nicht gegen ihn. ³ Dies gilt nicht für die Verfahrensfristen, soweit der Träger der öffentlichen Jugendhilfe das Verfahren selbst betreibt.

§ 97a Pflicht zur Auskunft. (1) ¹ Soweit dies für die Berechnung oder den Erlass eines Kostenbeitrags oder die Übernahme eines Teilnahmebeitrags nach § 90 oder die Ermittlung eines Kostenbeitrags nach den §§ 92 bis 94 erforderlich ist, sind Eltern, Ehegatten und Lebenspartner junger Menschen sowie Leistungsberechtigter nach § 19 verpflichtet, dem örtlichen Träger über ihre Einkommensverhältnisse Auskunft zu geben. ² Junge Volljährige und volljährige Leistungsberechtigte nach § 19 sind verpflichtet, dem örtlichen Träger über ihre Einkommens- und Vermögensverhältnisse Auskunft zu geben. ³ Eltern, denen die Sorge für das Vermögen des Kindes oder des Jugendlichen zusteht, sind auch zur Auskunft über dessen Einkommen verpflichtet. ⁴ Ist die Sorge über das Vermögen des Kindes oder des Jugendlichen anderen Personen übertragen, so treten diese an die Stelle der Eltern.

(2) ¹ Soweit dies für die Berechnung der laufenden Leistung nach § 39 Absatz 6 erforderlich ist, sind Pflegepersonen verpflichtet, dem örtlichen Träger darüber Auskunft zu geben, ob der junge Mensch im Rahmen des Familienleistungsausgleichs nach § 31 des Einkommensteuergesetzes berücksichtigt wird oder berücksichtigt werden könnte und ob er ältestes Kind in der Pflegefamilie ist. ² Pflegepersonen, die mit dem jungen Menschen in gerader Linie verwandt sind, sind verpflichtet, dem örtlichen Träger über ihre Einkommens- und Vermögensverhältnisse Auskunft zu geben.

(3) ¹ Die Pflicht zur Auskunft nach den Absätzen 1 und 2 umfasst auch die Verpflichtung, Name und Anschrift des Arbeitgebers zu nennen, über die Art des Beschäftigungsverhältnisses Auskunft zu geben sowie auf Verlangen Beweisurkunden vorzulegen oder ihrer Vorlage zuzustimmen. ² Sofern landesrechtliche Regelungen nach § 90 Absatz 1 Satz 2 bestehen, in denen nach Einkommensgruppen gestaffelte Pauschalbeträge vorgeschrieben oder festgesetzt sind, ist hinsichtlich der Höhe des Einkommens die Auskunftspflicht und die Pflicht zur Vorlage von Beweisurkunden für die Berechnung des Kostenbeitrags nach § 90 Absatz 1 Nummer 3 auf die Angabe der Zugehörigkeit zu einer bestimmten Einkommensgruppe beschränkt.

(4) ¹ Kommt eine der nach den Absätzen 1 und 2 zur Auskunft verpflichteten Personen ihrer Pflicht nicht nach oder bestehen tatsächliche Anhaltspunkte für die Unrichtigkeit ihrer Auskunft, so ist der Arbeitgeber dieser Person verpflichtet, dem örtlichen Träger über die Art des Beschäftigungsverhältnisses und den Arbeitsverdienst dieser Person Auskunft zu geben; Absatz 3 Satz 2 gilt entsprechend. ² Der zur Auskunft verpflichteten Person ist vor einer Nachfrage beim Arbeitgeber eine angemessene Frist zur Erteilung der Auskunft zu setzen. ³ Sie ist darauf hinzuweisen, dass nach Fristablauf die erforderlichen Auskünfte beim Arbeitgeber eingeholt werden.

(5) ¹ Die nach den Absätzen 1 und 2 zur Erteilung einer Auskunft Verpflichteten können die Auskunft verweigern, soweit sie sich selbst oder einen der in

§ 383 Absatz 1 Nummer 1 bis 3 der Zivilprozessordnung bezeichneten Angehörigen der Gefahr aussetzen würden, wegen einer Straftat oder einer Ordnungswidrigkeit verfolgt zu werden. ²Die Auskunftspflichtigen sind auf ihr Auskunftsverweigerungsrecht hinzuweisen.

§ 97b (weggefallen)

§ 97c Erhebung von Gebühren und Auslagen. Landesrecht kann abweichend von § 64 des Zehnten Buches[1]) die Erhebung von Gebühren und Auslagen regeln.

Neuntes Kapitel. Kinder- und Jugendhilfestatistik

§ 98 Zweck und Umfang der Erhebung. (1) Zur Beurteilung der Auswirkungen der Bestimmungen dieses Buches und zu seiner Fortentwicklung sind laufende Erhebungen über

1. Kinder und tätige Personen in Tageseinrichtungen,
2. Kinder und tätige Personen in öffentlich geförderter Kindertagespflege,
3. Personen, die mit öffentlichen Mitteln geförderte Kindertagespflege gemeinsam oder auf Grund einer Erlaubnis nach § 43 Absatz 3 Satz 3 in Pflegestellen durchführen, und die von diesen betreuten Kinder,
4. die Empfänger
    a) der Hilfe zur Erziehung,
    b) der Hilfe für junge Volljährige und
    c) der Eingliederungshilfe für seelisch behinderte Kinder und Jugendliche,
5. Kinder und Jugendliche, zu deren Schutz vorläufige Maßnahmen getroffen worden sind,
6. Kinder und Jugendliche, die als Kind angenommen worden sind,
7. Kinder und Jugendliche, die unter Amtspflegschaft, Amtsvormundschaft oder Beistandschaft des Jugendamts stehen,
8. Kinder und Jugendliche, für die eine Pflegeerlaubnis erteilt worden ist,
9. Maßnahmen des Familiengerichts,
10. Angebote der Jugendarbeit nach § 11 sowie Fortbildungsmaßnahmen für ehrenamtliche Mitarbeiter anerkannter Träger der Jugendhilfe nach § 74 Absatz 6,
11. die Einrichtungen mit Ausnahme der Tageseinrichtungen, Behörden und Geschäftsstellen in der Jugendhilfe und die dort tätigen Personen sowie
12. die Ausgaben und Einnahmen der öffentlichen Jugendhilfe,
13. Gefährdungseinschätzungen nach § 8a

als Bundesstatistik durchzuführen.

(2) Zur Verfolgung der gesellschaftlichen Entwicklung im Bereich der elterlichen Sorge sind im Rahmen der Kinder- und Jugendhilfestatistik auch laufende Erhebungen über Sorgeerklärungen durchzuführen.

---

[1]) Nr. **10**.

§ 99 Erhebungsmerkmale. (1) Erhebungsmerkmale bei den Erhebungen über Hilfe zur Erziehung nach den §§ 27 bis 35, Eingliederungshilfe für seelisch behinderte Kinder und Jugendliche nach § 35a und Hilfe für junge Volljährige nach § 41 sind

1. im Hinblick auf die Hilfe
   a) Art und Name des Trägers des Hilfe durchführenden Dienstes oder der Hilfe durchführenden Einrichtung,
   b) Art der Hilfe,
   c) Ort der Durchführung der Hilfe,
   d) Monat und Jahr des Beginns und Endes sowie Fortdauer der Hilfe,
   e) familienrichterliche Entscheidungen zu Beginn der Hilfe,
   f) Intensität der Hilfe,
   g) Hilfe anregende Institutionen oder Personen,
   h) Gründe für die Hilfegewährung,
   i) Grund für die Beendigung der Hilfe,
   j) vorangegangene Gefährdungseinschätzung nach § 8a Absatz 1,
   k) Einleitung der Hilfe im Anschluss an eine vorläufige Maßnahme zum Schutz von Kindern und Jugendlichen im Fall des § 42 Absatz 1 Satz 1 Nummer 3 sowie

2. im Hinblick auf junge Menschen
   a) Geschlecht,
   b) Geburtsmonat und Geburtsjahr,
   c) Lebenssituation bei Beginn der Hilfe,
   d) anschließender Aufenthalt,
   e) nachfolgende Hilfe;

3. bei sozialpädagogischer Familienhilfe nach § 31 und anderen familienorientierten Hilfen nach § 27 zusätzlich zu den unter den Nummern 1 und 2 genannten Merkmalen
   a) Geschlecht, Geburtsmonat und Geburtsjahr der in der Familie lebenden jungen Menschen sowie
   b) Zahl der außerhalb der Familie lebenden Kinder und Jugendlichen.

(2) Erhebungsmerkmale bei den Erhebungen über vorläufige Maßnahmen zum Schutz von Kindern und Jugendlichen sind Kinder und Jugendliche, zu deren Schutz Maßnahmen nach § 42 oder § 42a getroffen worden sind, gegliedert nach

1. Art der Maßnahme, Art des Trägers der Maßnahme, Form der Unterbringung während der Maßnahme, Institution oder Personenkreis, die oder der die Maßnahme angeregt hat, Zeitpunkt des Beginns und Dauer der Maßnahme, Durchführung auf Grund einer vorangegangenen Gefährdungseinschätzung nach § 8a Absatz 1, Maßnahmeanlass, Art der anschließenden Hilfe,

2. bei Kindern und Jugendlichen zusätzlich zu den unter Nummer 1 genannten Merkmalen nach Geschlecht, Altersgruppe zu Beginn der Maßnahme, Migrationshintergrund, Art des Aufenthalts vor Beginn der Maßnahme.

9. Kapitel. Kinder- u. Jugendhilfestatistik § 99 SGB VIII 8

(3) Erhebungsmerkmale bei den Erhebungen über die Annahme als Kind sind

1. angenommene Kinder und Jugendliche, gegliedert
   a) nach nationaler Adoption und internationaler Adoption nach § 2a des Adoptionsvermittlungsgesetzes,
   b) nach Geschlecht, Geburtsjahr, Staatsangehörigkeit und Art des Trägers des Adoptionsvermittlungsdienstes,
   c) nach Herkunft des angenommenen Kindes, Art der Unterbringung vor der Adoptionspflege, Familienstand der Eltern oder des sorgeberechtigten Elternteils oder Tod der Eltern zu Beginn der Adoptionspflege sowie Ersetzung der Einwilligung zur Annahme als Kind,
   d) zusätzlich bei der internationalen Adoption (§ 2a des Adoptionsvermittlungsgesetzes) nach Staatsangehörigkeit vor Ausspruch der Adoption und nach Herkunftsland,
   e) nach Staatsangehörigkeit der oder des Annehmenden und Verwandtschaftsverhältnis zu dem Kind,
2. die Zahl der
   a) ausgesprochenen und aufgehobenen Annahmen sowie der abgebrochenen Adoptionspflegen, gegliedert nach Art des Trägers des Adoptionsvermittlungsdienstes,
   b) vorgemerkten Adoptionsbewerber, die zur Annahme als Kind vorgemerkten und in Adoptionspflege untergebrachten Kinder und Jugendlichen zusätzlich nach ihrem Geschlecht, gegliedert nach Art des Trägers des Adoptionsvermittlungsdienstes.

(4) Erhebungsmerkmal bei den Erhebungen über die Amtspflegschaft und die Amtsvormundschaft sowie die Beistandschaft ist die Zahl der Kinder und Jugendlichen unter

1. gesetzlicher Amtsvormundschaft,
2. bestellter Amtsvormundschaft,
3. bestellter Amtspflegschaft sowie
4. Beistandschaft,

gegliedert nach Geschlecht, Art des Tätigwerdens des Jugendamts sowie nach deutscher und ausländischer Staatsangehörigkeit (Deutsche/Ausländer).

(5) Erhebungsmerkmal bei den Erhebungen über

1. die Pflegeerlaubnis nach § 43 ist die Zahl der Tagespflegepersonen,
2. die Pflegeerlaubnis nach § 44 ist die Zahl der Kinder und Jugendlichen, gegliedert nach Geschlecht und Art der Pflege.

(6) Erhebungsmerkmale bei der Erhebung zum Schutzauftrag bei Kindeswohlgefährdung nach § 8a sind Kinder und Jugendliche, bei denen eine Gefährdungseinschätzung nach Absatz 1 vorgenommen worden ist, gegliedert

1. nach der die Gefährdungseinschätzung anregenden Institution oder Person, der Art der Kindeswohlgefährdung sowie dem Ergebnis der Gefährdungseinschätzung,
2. bei Kindern und Jugendlichen zusätzlich zu den in Nummer 1 genannten Merkmalen nach Geschlecht, Alter und Aufenthaltsort des Kindes oder Jugendlichen zum Zeitpunkt der Meldung sowie dem Alter der Eltern und

der Inanspruchnahme einer Leistung gemäß den §§ 16 bis 19 sowie 27 bis 35a und der Durchführung einer Maßnahme nach § 42.

(6a) Erhebungsmerkmal bei den Erhebungen über Sorgeerklärungen und die gerichtliche Übertragung der gemeinsamen elterlichen Sorge nach § 1626a Absatz 1 Nummer 3 des Bürgerlichen Gesetzbuchs ist die gemeinsame elterliche Sorge nicht miteinander verheirateter Eltern, gegliedert danach, ob Sorgeerklärungen beider Eltern vorliegen, oder den Eltern die elterliche Sorge aufgrund einer gerichtlichen Entscheidung ganz oder zum Teil gemeinsam übertragen worden ist.

(6b) Erhebungsmerkmal bei den Erhebungen über Maßnahmen des Familiengerichts ist die Zahl der Kinder und Jugendlichen, bei denen wegen einer Gefährdung ihres Wohls das familiengerichtliche Verfahren auf Grund einer Anrufung durch das Jugendamt nach § 8a Absatz 2 Satz 1 oder § 42 Absatz 3 Satz 2 Nummer 2 oder auf andere Weise eingeleitet worden ist und

1. den Personensorgeberechtigten auferlegt worden ist, Leistungen nach diesem Buch in Anspruch zu nehmen,
2. andere Gebote oder Verbote gegenüber den Personensorgeberechtigten oder Dritten ausgesprochen worden sind,
3. Erklärungen der Personensorgeberechtigten ersetzt worden sind,
4. die elterliche Sorge ganz oder teilweise entzogen und auf das Jugendamt oder einen Dritten als Vormund oder Pfleger übertragen worden ist,

gegliedert nach Geschlecht, Alter und zusätzlich bei Nummer 4 nach dem Umfang der übertragenen Angelegenheit.

(7) Erhebungsmerkmale bei den Erhebungen über Kinder und tätige Personen in Tageseinrichtungen sind

1. die Einrichtungen, gegliedert nach
    a) der Art und Name des Trägers und der Rechtsform sowie besonderen Merkmalen,
    b) der Zahl der genehmigten Plätze,
    c) der Art und Anzahl der Gruppen sowie
    d) die Anzahl der Kinder insgesamt,
2. für jede dort tätige Person
    a) Geschlecht und Beschäftigungsumfang,
    b) für das pädagogisch und in der Verwaltung tätige Personal zusätzlich Geburtsmonat und Geburtsjahr, die Art des Berufsausbildungsabschlusses, Stellung im Beruf, Art der Beschäftigung und Arbeitsbereich,
3. für die dort geförderten Kinder
    a) Geschlecht, Geburtsmonat und Geburtsjahr sowie Schulbesuch,
    b) Migrationshintergrund,
    c) Betreuungszeit und Mittagsverpflegung,
    d) erhöhter Förderbedarf,
    e) Gruppenzugehörigkeit,
    f) Monat und Jahr der Aufnahme in der Tageseinrichtung.

(7a) Erhebungsmerkmale bei den Erhebungen über Kinder in mit öffentlichen Mitteln geförderter Kindertagespflege sowie die die Kindertagespflege durchführenden Personen sind:

1. für jede tätige Person

    a) Geschlecht, Geburtsmonat und Geburtsjahr,

    b) Art und Umfang der Qualifikation, Anzahl der betreuten Kinder (Betreuungsverhältnisse am Stichtag) insgesamt und nach dem Ort der Betreuung,

2. für die dort geförderten Kinder

    a) Geschlecht, Geburtsmonat und Geburtsjahr sowie Schulbesuch,

    b) Migrationshintergrund,

    c) Betreuungszeit und Mittagsverpflegung,

    d) Art und Umfang der öffentlichen Finanzierung und Förderung,

    e) erhöhter Förderbedarf,

    f) Verwandtschaftsverhältnis zur Pflegeperson,

    g) gleichzeitig bestehende andere Betreuungsarrangements,

    h) Monat und Jahr der Aufnahme in Kindertagespflege.

(7b) Erhebungsmerkmale bei den Erhebungen über Personen, die mit öffentlichen Mitteln geförderte Kindertagespflege gemeinsam oder auf Grund einer Erlaubnis nach § 43 Absatz 3 Satz 3 durchführen und die von diesen betreuten Kinder sind die Zahl der Tagespflegepersonen und die Zahl der von diesen betreuten Kinder jeweils gegliedert nach Pflegestellen.

(8) Erhebungsmerkmale bei den Erhebungen über die Angebote der Jugendarbeit nach § 11 sowie bei den Erhebungen über Fortbildungsmaßnahmen für ehrenamtliche Mitarbeiter anerkannter Träger der Jugendhilfe nach § 74 Absatz 6 sind offene und Gruppenangebote sowie Veranstaltungen und Projekte der Jugendarbeit, soweit diese mit öffentlichen Mitteln pauschal oder maßnahmenbezogen gefördert werden oder der Träger eine öffentliche Förderung erhält, gegliedert nach

1. Art, Name und Rechtsform des Trägers,

2. Dauer, Häufigkeit, Durchführungsort und Art des Angebots; zusätzlich bei schulbezogenen Angeboten die Art der kooperierenden Schule,

3. Alter, Geschlecht sowie Art der Beschäftigung und Tätigkeit der bei der Durchführung des Angebots tätigen Personen,

4. Zahl, Geschlecht und Alter der Teilnehmenden sowie der Besucher,

5. Partnerländer und Veranstaltungen im In- oder Ausland bei Veranstaltungen und Projekten der internationalen Jugendarbeit.

(9) Erhebungsmerkmale bei den Erhebungen über die Einrichtungen, soweit sie nicht in Absatz 7 erfasst werden, sowie die Behörden und Geschäftsstellen in der Jugendhilfe und die dort tätigen Personen sind

1. die Einrichtungen, gegliedert nach der Art der Einrichtung, der Art und Name des Trägers, der Rechtsform sowie der Art und Zahl der verfügbaren Plätze,

2. die Behörden der öffentlichen Jugendhilfe sowie die Geschäftsstellen der Träger der freien Jugendhilfe, gegliedert nach der Art des Trägers und der Rechtsform,

3. für jede haupt- und nebenberuflich tätige Person
   a) (weggefallen)
   b) (weggefallen)
   c) Geschlecht und Beschäftigungsumfang,
   d) für das pädagogische und in der Verwaltung tätige Personal zusätzlich Geburtsmonat und Geburtsjahr, Art des Berufsausbildungsabschlusses, Stellung im Beruf, Art der Beschäftigung und Arbeitsbereich.

(10) Erhebungsmerkmale bei der Erhebung der Ausgaben und Einnahmen der öffentlichen Jugendhilfe sind

1. die Art des Trägers,
2. die Ausgaben für Einzel- und Gruppenhilfen, gegliedert nach Ausgabe- und Hilfeart sowie die Einnahmen nach Einnahmeart,
3. die Ausgaben und Einnahmen für Einrichtungen nach Arten gegliedert nach der Einrichtungsart,
4. die Ausgaben für das Personal, das bei den örtlichen und den überörtlichen Trägern sowie den kreisangehörigen Gemeinden und Gemeindeverbänden, die nicht örtliche Träger sind, Aufgaben der Jugendhilfe wahrnimmt.

§ 100 Hilfsmerkmale. Hilfsmerkmale sind

1. Name und Anschrift des Auskunftspflichtigen,
2. für die Erhebungen nach § 99 die Kenn-Nummer der hilfeleistenden Stelle oder der auskunftsgebenden Einrichtung; soweit eine Hilfe nach § 28 gebietsübergreifend erbracht wird, die Kenn-Nummer des Wohnsitzes des Hilfeempfängers,
3. für die Erhebungen nach § 99 Absatz 1, 2, 3 und 6 die Kenn-Nummer der betreffenden Person,
4. Name und Telefonnummer sowie Faxnummer oder E-Mail-Adresse der für eventuelle Rückfragen zur Verfügung stehenden Person.

§ 101 Periodizität und Berichtszeitraum. (1) ¹Die Erhebungen nach § 99 Absatz 1 bis 5 sowie nach Absatz 6a bis 7b und 10 sind jährlich durchzuführen, die Erhebungen nach § 99 Absatz 1, soweit sie die Eingliederungshilfe für seelisch behinderte Kinder und Jugendliche betreffen, beginnend 2007. ²Die Erhebung nach § 99 Absatz 6 erfolgt laufend. ³Die übrigen Erhebungen nach § 99 sind alle zwei Jahre durchzuführen, die Erhebungen nach § 99 Absatz 8 erstmalig für das Jahr 2015 und die Erhebungen nach § 99 Absatz 9 erstmalig für das Jahr 2014.

(2) Die Angaben für die Erhebung nach

1. § 99 Absatz 1 sind zu dem Zeitpunkt, zu dem die Hilfe endet, bei fortdauernder Hilfe zum 31. Dezember,
2.–5. (weggefallen)
6. § 99 Absatz 2 sind zum Zeitpunkt des Endes einer vorläufigen Maßnahme,
7. § 99 Absatz 3 Nummer 1 sind zum Zeitpunkt der rechtskräftigen gerichtlichen Entscheidung über die Annahme als Kind,
8. § 99 Absatz 3 Nummer 2 Buchstabe a und Absatz 6a, 6b und 10 sind für das abgelaufene Kalenderjahr,

9. Kapitel. Kinder- u. Jugendhilfestatistik   **§§ 102, 103   SGB VIII 8**

9. § 99 Absatz 3 Nummer 2 Buchstabe b und Absatz 4, 5 und 9 sind zum 31. Dezember,
10. § 99 Absatz 7, 7a und 7b sind zum 1. März,
11. § 99 Absatz 6 sind zum Zeitpunkt des Abschlusses der Gefährdungseinschätzung,
12. § 99 Absatz 8 sind für das abgelaufene Kalenderjahr

zu erteilen.

§ 102 Auskunftspflicht. (1) ¹Für die Erhebungen besteht Auskunftspflicht. ²Die Angaben zu § 100 Nummer 4 sind freiwillig.

(2) Auskunftspflichtig sind

1. die örtlichen Träger der Jugendhilfe für die Erhebungen nach § 99 Absatz 1 bis 10, nach Absatz 8 nur, soweit eigene Angebote gemacht wurden,
2. die überörtlichen Träger der Jugendhilfe für die Erhebungen nach § 99 Absatz 3 und 7 und 8 bis 10, nach Absatz 8 nur, soweit eigene Angebote gemacht wurden,
3. die obersten Landesjugendbehörden für die Erhebungen nach § 99 Absatz 7 und 8 bis 10,
4. die fachlich zuständige oberste Bundesbehörde für die Erhebung nach § 99 Absatz 10,
5. die kreisangehörigen Gemeinden und Gemeindeverbände, soweit sie Aufgaben der Jugendhilfe wahrnehmen, für die Erhebungen nach § 99 Absatz 7 bis 10,
6. die Träger der freien Jugendhilfe für Erhebungen nach § 99 Absatz 1, soweit sie eine Beratung nach § 28 oder § 41 betreffen, nach § 99 Absatz 8, soweit sie anerkannte Träger der freien Jugendhilfe nach § 75 Absatz 1 oder Absatz 3 sind, und nach § 99 Abs. 3, 7 und 9,
7. Adoptionsvermittlungsstellen nach § 2 Absatz 2 des Adoptionsvermittlungsgesetzes aufgrund ihrer Tätigkeit nach § 1 des Adoptionsvermittlungsgesetzes sowie anerkannte Auslandsvermittlungsstellen nach § 4 Absatz 2 Satz 2 des Adoptionsvermittlungsgesetzes aufgrund ihrer Tätigkeit nach § 2a Absatz 3 Nummer 3 des Adoptionsvermittlungsgesetzes gemäß § 99 Absatz 3 Nummer 1 sowie gemäß § 99 Absatz 3 Nummer 2a für die Zahl der ausgesprochenen Annahmen und gemäß § 99 Absatz 3 Nummer 2b für die Zahl der vorgemerkten Adoptionsbewerber,
8. die Leiter der Einrichtungen, Behörden und Geschäftsstellen in der Jugendhilfe für die Erhebungen nach § 99 Absatz 7 und 9.

(3) Zur Durchführung der Erhebungen nach § 99 Absatz 1, 2, 3, 7, 8 und 9 übermitteln die Träger der öffentlichen Jugendhilfe den statistischen Ämtern der Länder auf Anforderung die erforderlichen Anschriften der übrigen Auskunftspflichtigen.

§ 103 Übermittlung. (1) ¹An die fachlich zuständigen obersten Bundes- oder Landesbehörden dürfen für die Verwendung gegenüber den gesetzgebenden Körperschaften und für Zwecke der Planung, jedoch nicht für die Regelung von Einzelfällen, vom Statistischen Bundesamt und den statistischen Ämtern der Länder Tabellen mit statistischen Ergebnissen übermittelt werden, auch soweit Tabellenfelder nur einen einzigen Fall ausweisen. ²Tabellen, deren Tabellenfelder nur einen einzigen Fall ausweisen, dürfen nur dann übermittelt werden, wenn sie nicht differenzierter als auf Regierungsbezirksebene, im Fall der Stadtstaaten auf Bezirksebene, aufbereitet sind.

(2) Für ausschließlich statistische Zwecke dürfen den zur Durchführung statistischer Aufgaben zuständigen Stellen der Gemeinden und Gemeindeverbände für ihren Zuständigkeitsbereich Einzelangaben aus der Erhebung nach § 99 mit Ausnahme der Hilfsmerkmale übermittelt werden, soweit die Voraussetzungen nach § 16 Absatz 5 des Bundesstatistikgesetzes gegeben sind.

(3) Die Ergebnisse der Kinder- und Jugendhilfestatistiken gemäß den §§ 98 und 99 dürfen auf der Ebene der einzelnen Gemeinde oder des einzelnen Jugendamtsbezirkes veröffentlicht werden.

Zehntes Kapitel. Straf- und Bußgeldvorschriften

§ 104 Bußgeldvorschriften. (1) Ordnungswidrig handelt, wer
1. ohne Erlaubnis nach § 43 Absatz 1 oder § 44 Absatz 1 Satz 1 ein Kind oder einen Jugendlichen betreut oder ihm Unterkunft gewährt,
2. entgegen § 45 Absatz 1 Satz 1, auch in Verbindung mit § 48a Absatz 1, ohne Erlaubnis eine Einrichtung oder eine sonstige Wohnform betreibt oder
3. entgegen § 47 eine Anzeige nicht, nicht richtig, nicht vollständig oder nicht rechtzeitig erstattet oder eine Meldung nicht, nicht richtig, nicht vollständig oder nicht rechtzeitig macht oder
4. entgegen § 97a Absatz 4 vorsätzlich oder fahrlässig als Arbeitgeber eine Auskunft nicht, nicht richtig oder nicht vollständig erteilt.

(2) Die Ordnungswidrigkeiten nach Absatz 1 Nummer 1, 3 und 4 können mit einer Geldbuße bis zu fünfhundert Euro, die Ordnungswidrigkeit nach Absatz 1 Nummer 2 kann mit einer Geldbuße bis zu fünfzehntausend Euro geahndet werden.

§ 105 Strafvorschriften. Mit Freiheitsstrafe bis zu einem Jahr oder mit Geldstrafe wird bestraft, wer
1. eine in § 104 Absatz 1 Nummer 1 oder 2 bezeichnete Handlung begeht und dadurch leichtfertig ein Kind oder einen Jugendlichen in seiner körperlichen, geistigen oder sittlichen Entwicklung schwer gefährdet oder
2. eine in § 104 Absatz 1 Nummer 1 oder 2 bezeichnete vorsätzliche Handlung beharrlich wiederholt.

Elftes Kapitel. Schlussvorschriften

§ 106 Einschränkung eines Grundrechts. Durch § 42 Absatz 5 und § 42a Absatz 1 Satz 2 wird das Grundrecht auf Freiheit der Person (Artikel 2 Absatz 2 Satz 3 des Grundgesetzes) eingeschränkt.

9. Sozialgesetzbuch Neuntes Buch – Rehabilitation und Teilhabe von Menschen mit Behinderungen (Neuntes Buch Sozialgesetzbuch – SGB IX)[1)2)]

Vom 23. Dezember 2016
(BGBl. I S. 3234)
FNA 860-9-3
zuletzt geänd. durch Art. 23 G zur Änd. des BundesversorgungsG und anderer Vorschriften v. 17.7. 2017 (BGBl. I S. 2541)

Inhaltsübersicht

§§

Teil 1. Regelungen für Menschen mit Behinderungen und von Behinderung bedrohte Menschen

Kapitel 1. Allgemeine Vorschriften

Selbstbestimmung und Teilhabe am Leben in der Gesellschaft	1
Begriffsbestimmungen	2
Vorrang von Prävention	3
Leistungen zur Teilhabe	4
Leistungsgruppen	5
Rehabilitationsträger	6
Vorbehalt abweichender Regelungen	7
Wunsch- und Wahlrecht der Leistungsberechtigten	8

Kapitel 2. Einleitung der Rehabilitation von Amts wegen

Vorrangige Prüfung von Leistungen zur Teilhabe	9
Sicherung der Erwerbsfähigkeit	10
Förderung von Modellvorhaben zur Stärkung der Rehabilitation, Verordnungsermächtigung	11

Kapitel 3. Erkennung und Ermittlung des Rehabilitationsbedarfs

Maßnahmen zur Unterstützung der frühzeitigen Bedarfserkennung	12
Instrumente zur Ermittlung des Rehabilitationsbedarfs	13

Kapitel 4. Koordinierung der Leistungen

Leistender Rehabilitationsträger	14
Leistungsverantwortung bei Mehrheit von Rehabilitationsträgern	15
Erstattungsansprüche zwischen Rehabilitationsträgern	16
Begutachtung	17
Erstattung selbstbeschaffter Leistungen	18
Teilhabeplan	19
Teilhabeplankonferenz	20
Besondere Anforderungen an das Teilhabeplanverfahren	21
Einbeziehung anderer öffentlicher Stellen	22
Verantwortliche Stelle für den Sozialdatenschutz	23
Vorläufige Leistungen	24

Kapitel 5. Zusammenarbeit

Zusammenarbeit der Rehabilitationsträger	25

[1)] Verkündet als Art. 1 BundesteilhabeG v. 23.12.2016 (BGBl. I S. 3234); Inkrafttreten gem. Art. 26 Abs. 1 dieses G am 1.1.2018, mit Ausnahme von Teil 2 Kapitel 1 bis 7 (§§ 90–122) sowie Kapitel 9 bis 11 (§§ 135–150), die gem. Abs. 4 Nr. 1 dieses G mit Ausnahme von § 94 Absatz 1 am **1.1.2020** in Kraft treten.

[2)] Die Änderungen durch Art. 25a G v. 23.12.2016 (BGBl. I S. 3234), die erst **mWv 1.1.2023** in Kraft treten, sind im Text noch nicht berücksichtigt.

9 SGB IX

Neuntes Buch Sozialgesetzbuch

	§§
Gemeinsame Empfehlungen	26
Verordnungsermächtigung	27

Kapitel 6. Leistungsformen, Beratung

Abschnitt 1. Leistungsformen

Ausführung von Leistungen	28
Persönliches Budget	29
Verordnungsermächtigung	30
Leistungsort	31

Abschnitt 2. Beratung

Ergänzende unabhängige Teilhabeberatung	32
Pflichten der Personensorgeberechtigten	33
Sicherung der Beratung von Menschen mit Behinderungen	34
Landesärzte	35

Kapitel 7. Struktur, Qualitätssicherung und Verträge

Rehabilitationsdienste und -einrichtungen	36
Qualitätssicherung, Zertifizierung	37
Verträge mit Leistungserbringern	38

Kapitel 8. Bundesarbeitsgemeinschaft für Rehabilitation

Aufgaben	39
Rechtsaufsicht	40
Teilhabeverfahrensbericht	41

Kapitel 9. Leistungen zur medizinischen Rehabilitation

Leistungen zur medizinischen Rehabilitation	42
Krankenbehandlung und Rehabilitation	43
Stufenweise Wiedereingliederung	44
Förderung der Selbsthilfe	45
Früherkennung und Frühförderung	46
Hilfsmittel	47
Verordnungsermächtigungen	48

Kapitel 10. Leistungen zur Teilhabe am Arbeitsleben

Leistungen zur Teilhabe am Arbeitsleben, Verordnungsermächtigung	49
Leistungen an Arbeitgeber	50
Einrichtungen der beruflichen Rehabilitation	51
Rechtsstellung der Teilnehmenden	52
Dauer von Leistungen	53
Beteiligung der Bundesagentur für Arbeit	54
Unterstützte Beschäftigung	55
Leistungen in Werkstätten für behinderte Menschen	56
Leistungen im Eingangsverfahren und im Berufsbildungsbereich	57
Leistungen im Arbeitsbereich	58
Arbeitsförderungsgeld	59
Andere Leistungsanbieter	60
Budget für Arbeit	61
Wahlrecht des Menschen mit Behinderungen	62
Zuständigkeit nach den Leistungsgesetzen	63

Kapitel 11. Unterhaltssichernde und andere ergänzende Leistungen

Ergänzende Leistungen	64
Leistungen zum Lebensunterhalt	65
Höhe und Berechnung des Übergangsgelds	66
Berechnung des Regelentgelts	67
Berechnungsgrundlage in Sonderfällen	68
Kontinuität der Bemessungsgrundlage	69
Anpassung der Entgeltersatzleistungen	70

Inhaltsübersicht **SGB IX 9**

§§

Weiterzahlung der Leistungen 71
Einkommensanrechnung 72
Reisekosten 73
Haushalts- oder Betriebshilfe und Kinderbetreuungskosten 74

Kapitel 12. Leistungen zur Teilhabe an Bildung

Leistungen zur Teilhabe an Bildung 75

Kapitel 13. Soziale Teilhabe

Leistungen zur Sozialen Teilhabe 76
Leistungen für Wohnraum 77
Assistenzleistungen 78
Heilpädagogische Leistungen 79
Leistungen zur Betreuung in einer Pflegefamilie 80
Leistungen zum Erwerb und Erhalt praktischer Kenntnisse und Fähigkeiten 81
Leistungen zur Förderung der Verständigung 82
Leistungen zur Mobilität 83
Hilfsmittel 84

Kapitel 14. Beteiligung der Verbände und Träger

Klagerecht der Verbände 85
Beirat für die Teilhabe von Menschen mit Behinderungen 86
Verfahren des Beirats 87
Berichte über die Lage von Menschen mit Behinderungen und die Entwicklung ihrer Teilhabe. 88
Verordnungsermächtigung 89

Teil 2. Besondere Leistungen zur selbstbestimmten Lebensführung für Menschen mit Behinderungen (Eingliederungshilferecht)

[ab 1.1.2020:] Kapitel 1. Allgemeine Vorschriften

Aufgabe der Eingliederungshilfe *90*
Nachrang der Eingliederungshilfe *91*
Beitrag *92*
Verhältnis zu anderen Rechtsbereichen *93*
Aufgaben der Länder *94*
Sicherstellungsauftrag *95*
Zusammenarbeit *96*
Fachkräfte *97*
Örtliche Zuständigkeit *98*

[ab 1.1.2020:] Kapitel 2. Grundsätze der Leistungen

Leistungsberechtigter Personenkreis *99*
Eingliederungshilfe für Ausländer *100*
Eingliederungshilfe für Deutsche im Ausland *101*
Leistungen der Eingliederungshilfe *102*
Regelung für Menschen mit Behinderungen und Pflegebedarf *103*
Leistungen nach der Besonderheit des Einzelfalles *104*
Leistungsformen *105*
Beratung und Unterstützung *106*
Übertragung, Verpfändung oder Pfändung, Auswahlermessen *107*
Antragserfordernis *108*

[ab 1.1.2020:] Kapitel 3. Medizinische Rehabilitation

Leistungen zur medizinischen Rehabilitation *109*
Leistungserbringung *110*

[ab 1.1.2020:] Kapitel 4. Teilhabe am Arbeitsleben

Leistungen zur Beschäftigung *111*

[ab 1.1.2020:] Kapitel 5. Teilhabe an Bildung

Leistungen zur Teilhabe an Bildung *112*

§§

[ab 1.1.2020:] Kapitel 6. *Soziale Teilhabe*

Leistungen zur Sozialen Teilhabe 113
Leistungen zur Mobilität 114
Besuchsbeihilfen 115
Pauschale Geldleistung, gemeinsame Inanspruchnahme 116

[ab 1.1.2020:] Kapitel 7. *Gesamtplanung*

Gesamtplanverfahren 117
Instrumente der Bedarfsermittlung 118
Gesamtplankonferenz 119
Feststellung der Leistungen 120
Gesamtplan 121
Teilhabezielvereinbarung 122

Kapitel 8. Vertragsrecht

Allgemeine Grundsätze 123
Geeignete Leistungserbringer 124
Inhalt der schriftlichen Vereinbarung 125
Verfahren und Inkrafttreten der Vereinbarung 126
Verbindlichkeit der vereinbarten Vergütung 127
Wirtschaftlichkeits- und Qualitätsprüfung 128
Kürzung der Vergütung 129
Außerordentliche Kündigung der Vereinbarungen 130
Rahmenverträge zur Erbringung von Leistungen 131
Abweichende Zielvereinbarungen 132
Schiedsstelle 133
Sonderregelung zum Inhalt der Vereinbarungen zur Erbringung von Leistungen für minderjährige Leistungsberechtigte und in Sonderfällen 134

[ab 1.1.2020:] Kapitel 9. *Einkommen und Vermögen*

Begriff des Einkommens 135
Beitrag aus Einkommen zu den Aufwendungen 136
Höhe des Beitrages zu den Aufwendungen 137
Besondere Höhe des Beitrages zu den Aufwendungen 138
Begriff des Vermögens 139
Einsatz des Vermögens 140
Übergang von Ansprüchen 141
Sonderregelungen für minderjährige Leistungsberechtigte und in Sonderfällen 142

[ab 1.1.2020:] Kapitel 10. *Statistik*

Bundesstatistik 143
Erhebungsmerkmale 144
Hilfsmerkmale 145
Periodizität und Berichtszeitraum 146
Auskunftspflicht 147
Übermittlung, Veröffentlichung 148

[ab 1.1.2020:] Kapitel 11. *Übergangs- und Schlussbestimmungen*

Übergangsregelung für ambulant Betreute 149
Übergangsregelung zum Einsatz des Einkommens 150

Teil 3. Besondere Regelungen zur Teilhabe schwerbehinderter Menschen (Schwerbehindertenrecht)

Kapitel 1. Geschützter Personenkreis

Geltungsbereich 151
Feststellung der Behinderung, Ausweise 152
Verordnungsermächtigung 153

Kapitel 2. Beschäftigungspflicht der Arbeitgeber

Pflicht der Arbeitgeber zur Beschäftigung schwerbehinderter Menschen 154

Inhaltsübersicht

SGB IX 9

	§§
Beschäftigung besonderer Gruppen schwerbehinderter Menschen	155
Begriff des Arbeitsplatzes	156
Berechnung der Mindestzahl von Arbeitsplätzen und der Pflichtarbeitsplatzzahl	157
Anrechnung Beschäftigter auf die Zahl der Pflichtarbeitsplätze für schwerbehinderte Menschen	158
Mehrfachanrechnung	159
Ausgleichsabgabe	160
Ausgleichsfonds	161
Verordnungsermächtigungen	162

Kapitel 3. Sonstige Pflichten der Arbeitgeber; Rechte der schwerbehinderten Menschen

Zusammenwirken der Arbeitgeber mit der Bundesagentur für Arbeit und den Integrationsämtern	163
Pflichten des Arbeitgebers und Rechte schwerbehinderter Menschen	164
Besondere Pflichten der öffentlichen Arbeitgeber	165
Inklusionsvereinbarung	166
Prävention	167

Kapitel 4. Kündigungsschutz

Erfordernis der Zustimmung	168
Kündigungsfrist	169
Antragsverfahren	170
Entscheidung des Integrationsamtes	171
Einschränkungen der Ermessensentscheidung	172
Ausnahmen	173
Außerordentliche Kündigung	174
Erweiterter Beendigungsschutz	175

Kapitel 5. Betriebs-, Personal-, Richter-, Staatsanwalts- und Präsidialrat, Schwerbehindertenvertretung, Inklusionsbeauftragter des Arbeitgebers

Aufgaben des Betriebs-, Personal-, Richter-, Staatsanwalts- und Präsidialrates	176
Wahl und Amtszeit der Schwerbehindertenvertretung	177
Aufgaben der Schwerbehindertenvertretung	178
Persönliche Rechte und Pflichten der Vertrauenspersonen der schwerbehinderten Menschen	179
Konzern-, Gesamt-, Bezirks- und Hauptschwerbehindertenvertretung	180
Inklusionsbeauftragter des Arbeitgebers	181
Zusammenarbeit	182
Verordnungsermächtigung	183

Kapitel 6. Durchführung der besonderen Regelungen zur Teilhabe schwerbehinderter Menschen

Zusammenarbeit der Integrationsämter und der Bundesagentur für Arbeit	184
Aufgaben des Integrationsamtes	185
Beratender Ausschuss für behinderte Menschen bei dem Integrationsamt	186
Aufgaben der Bundesagentur für Arbeit	187
Beratender Ausschuss für behinderte Menschen bei der Bundesagentur für Arbeit	188
Gemeinsame Vorschriften	189
Übertragung von Aufgaben	190
Verordnungsermächtigung	191

Kapitel 7. Integrationsfachdienste

Begriff und Personenkreis	192
Aufgaben	193
Beauftragung und Verantwortlichkeit	194
Fachliche Anforderungen	195
Finanzielle Leistungen	196
Ergebnisbeobachtung	197
Verordnungsermächtigung	198

Kapitel 8. Beendigung der Anwendung der besonderen Regelungen zur Teilhabe schwerbehinderter und gleichgestellter behinderter Menschen

Beendigung der Anwendung der besonderen Regelungen zur Teilhabe schwerbehinderter Menschen	199

9 SGB IX — Neuntes Buch Sozialgesetzbuch

	§§
Entziehung der besonderen Hilfen für schwerbehinderte Menschen	200

Kapitel 9. Widerspruchsverfahren

Widerspruch	201
Widerspruchsausschuss bei dem Integrationsamt	202
Widerspruchsausschüsse der Bundesagentur für Arbeit	203
Verfahrensvorschriften	204

Kapitel 10. Sonstige Vorschriften

Vorrang der schwerbehinderten Menschen	205
Arbeitsentgelt und Dienstbezüge	206
Mehrarbeit	207
Zusatzurlaub	208
Nachteilsausgleich	209
Beschäftigung schwerbehinderter Menschen in Heimarbeit	210
Schwerbehinderte Beamtinnen und Beamte, Richterinnen und Richter, Soldatinnen und Soldaten	211
Unabhängige Tätigkeit	212
Geheimhaltungspflicht	213
Statistik	214

Kapitel 11. Inklusionsbetriebe

Begriff und Personenkreis	215
Aufgaben	216
Finanzielle Leistungen	217
Verordnungsermächtigung	218

Kapitel 12. Werkstätten für behinderte Menschen

Begriff und Aufgaben der Werkstatt für behinderte Menschen	219
Aufnahme in die Werkstätten für behinderte Menschen	220
Rechtsstellung und Arbeitsentgelt behinderter Menschen	221
Mitbestimmung, Mitwirkung, Frauenbeauftragte	222
Anrechnung von Aufträgen auf die Ausgleichsabgabe	223
Vergabe von Aufträgen durch die öffentliche Hand	224
Anerkennungsverfahren	225
Blindenwerkstätten	226
Verordnungsermächtigungen	227

Kapitel 13. Unentgeltliche Beförderung schwerbehinderter Menschen im öffentlichen Personenverkehr

Unentgeltliche Beförderung, Anspruch auf Erstattung der Fahrgeldausfälle	228
Persönliche Voraussetzungen	229
Nah- und Fernverkehr	230
Erstattung der Fahrgeldausfälle im Nahverkehr	231
Erstattung der Fahrgeldausfälle im Fernverkehr	232
Erstattungsverfahren	233
Kostentragung	234
Einnahmen aus Wertmarken	235
Erfassung der Ausweise	236
Verordnungsermächtigungen	237

Kapitel 14. Straf-, Bußgeld- und Schlussvorschriften

Strafvorschriften	237a
Strafvorschriften	237b
Bußgeldvorschriften	238
Stadtstaatenklausel	239
Sonderregelung für den Bundesnachrichtendienst und den Militärischen Abschirmdienst	240
Übergangsregelung	241

Teil 1. Regelungen für Menschen mit Behinderungen und von Behinderung bedrohte Menschen

Kapitel 1. Allgemeine Vorschriften

§ 1 Selbstbestimmung und Teilhabe am Leben in der Gesellschaft. ¹Menschen mit Behinderungen oder von Behinderung bedrohte Menschen erhalten Leistungen nach diesem Buch und den für die Rehabilitationsträger geltenden Leistungsgesetzen, um ihre Selbstbestimmung und ihre volle, wirksame und gleichberechtigte Teilhabe am Leben in der Gesellschaft zu fördern, Benachteiligungen zu vermeiden oder ihnen entgegenzuwirken. ²Dabei wird den besonderen Bedürfnissen von Frauen und Kindern mit Behinderungen und von Behinderung bedrohter Frauen und Kinder sowie Menschen mit seelischen Behinderungen oder von einer solchen Behinderung bedrohter Menschen Rechnung getragen.

§ 2 Begriffsbestimmungen. (1) ¹Menschen mit Behinderungen sind Menschen, die körperliche, seelische, geistige oder Sinnesbeeinträchtigungen haben, die sie in Wechselwirkung mit einstellungs- und umweltbedingten Barrieren an der gleichberechtigten Teilhabe an der Gesellschaft mit hoher Wahrscheinlichkeit länger als sechs Monate hindern können. ²Eine Beeinträchtigung nach Satz 1 liegt vor, wenn der Körper- und Gesundheitszustand von dem für das Lebensalter typischen Zustand abweicht. ³Menschen sind von Behinderung bedroht, wenn eine Beeinträchtigung nach Satz 1 zu erwarten ist.

(2) Menschen sind im Sinne des Teils 3 schwerbehindert, wenn bei ihnen ein Grad der Behinderung von wenigstens 50 vorliegt und sie ihren Wohnsitz, ihren gewöhnlichen Aufenthalt oder ihre Beschäftigung auf einem Arbeitsplatz im Sinne des § 156 rechtmäßig im Geltungsbereich dieses Gesetzbuches haben.

(3) Schwerbehinderten Menschen gleichgestellt werden sollen Menschen mit Behinderungen mit einem Grad der Behinderung von weniger als 50, aber wenigstens 30, bei denen die übrigen Voraussetzungen des Absatzes 2 vorliegen, wenn sie infolge ihrer Behinderung ohne die Gleichstellung einen geeigneten Arbeitsplatz im Sinne des § 156 nicht erlangen oder nicht behalten können (gleichgestellte behinderte Menschen).

§ 3 Vorrang von Prävention. (1) Die Rehabilitationsträger und die Integrationsämter wirken bei der Aufklärung, Beratung, Auskunft und Ausführung von Leistungen im Sinne des Ersten Buches[1)] sowie im Rahmen der Zusammenarbeit mit den Arbeitgebern nach § 167 darauf hin, dass der Eintritt einer Behinderung einschließlich einer chronischen Krankheit vermieden wird.

(2) Die Rehabilitationsträger nach § 6 Absatz 1 Nummer 1 bis 4 und 6 und ihre Verbände wirken bei der Entwicklung und Umsetzung der Nationalen Präventionsstrategie nach den Bestimmungen der §§ 20d bis 20g des Fünften Buches[2)] mit, insbesondere mit der Zielsetzung der Vermeidung von Beeinträchtigungen bei der Teilhabe am Leben in der Gesellschaft.

[1)] Nr. 1.
[2)] Nr. 5.

(3) Bei der Erbringung von Leistungen für Personen, deren berufliche Eingliederung auf Grund gesundheitlicher Einschränkungen besonders erschwert ist, arbeiten die Krankenkassen mit der Bundesagentur für Arbeit und mit den kommunalen Trägern der Grundsicherung für Arbeitsuchende nach § 20a des Fünften Buches eng zusammen.

§ 4 Leistungen zur Teilhabe. (1) Die Leistungen zur Teilhabe umfassen die notwendigen Sozialleistungen, um unabhängig von der Ursache der Behinderung

1. die Behinderung abzuwenden, zu beseitigen, zu mindern, ihre Verschlimmerung zu verhüten oder ihre Folgen zu mildern,
2. Einschränkungen der Erwerbsfähigkeit oder Pflegebedürftigkeit zu vermeiden, zu überwinden, zu mindern oder eine Verschlimmerung zu verhüten sowie den vorzeitigen Bezug anderer Sozialleistungen zu vermeiden oder laufende Sozialleistungen zu mindern,
3. die Teilhabe am Arbeitsleben entsprechend den Neigungen und Fähigkeiten dauerhaft zu sichern oder
4. die persönliche Entwicklung ganzheitlich zu fördern und die Teilhabe am Leben in der Gesellschaft sowie eine möglichst selbständige und selbstbestimmte Lebensführung zu ermöglichen oder zu erleichtern.

(2) [1] Die Leistungen zur Teilhabe werden zur Erreichung der in Absatz 1 genannten Ziele nach Maßgabe dieses Buches und der für die zuständigen Leistungsträger geltenden besonderen Vorschriften neben anderen Sozialleistungen erbracht. [2] Die Leistungsträger erbringen die Leistungen im Rahmen der für sie geltenden Rechtsvorschriften nach Lage des Einzelfalles so vollständig, umfassend und in gleicher Qualität, dass Leistungen eines anderen Trägers möglichst nicht erforderlich werden.

(3) [1] Leistungen für Kinder mit Behinderungen oder von Behinderung bedrohte Kinder werden so geplant und gestaltet, dass nach Möglichkeit Kinder nicht von ihrem sozialen Umfeld getrennt und gemeinsam mit Kindern ohne Behinderungen betreut werden können. [2] Dabei werden Kinder mit Behinderungen alters- und entwicklungsentsprechend an der Planung und Ausgestaltung der einzelnen Hilfen beteiligt und ihre Sorgeberechtigten intensiv in Planung und Gestaltung der Hilfen einbezogen.

(4) Leistungen für Mütter und Väter mit Behinderungen werden gewährt, um diese bei der Versorgung und Betreuung ihrer Kinder zu unterstützen.

§ 5 Leistungsgruppen. Zur Teilhabe am Leben in der Gesellschaft werden erbracht:

1. Leistungen zur medizinischen Rehabilitation,
2. Leistungen zur Teilhabe am Arbeitsleben,
3. unterhaltssichernde und andere ergänzende Leistungen,
4. Leistungen zur Teilhabe an Bildung und
5. Leistungen zur sozialen Teilhabe.

§ 6 Rehabilitationsträger. (1) Träger der Leistungen zur Teilhabe (Rehabilitationsträger) können sein:

1. Kapitel. Allgemeine Regelungen § 7 SGB IX

1. die gesetzlichen Krankenkassen für Leistungen nach § 5 Nummer 1 und 3,
2. die Bundesagentur für Arbeit für Leistungen nach § 5 Nummer 2 und 3,
3. die Träger der gesetzlichen Unfallversicherung für Leistungen nach § 5 Nummer 1 bis 3 und 5; für Versicherte nach § 2 Absatz 1 Nummer 8 des Siebten Buches[1)] die für diese zuständigen Unfallversicherungsträger für Leistungen nach § 5 Nummer 1 bis 5,
4. die Träger der gesetzlichen Rentenversicherung für Leistungen nach § 5 Nummer 1 bis 3, der Träger der Alterssicherung der Landwirte für Leistungen nach § 5 Nummer 1 und 3,
5. die Träger der Kriegsopferversorgung und die Träger der Kriegsopferfürsorge im Rahmen des Rechts der sozialen Entschädigung bei Gesundheitsschäden für Leistungen nach § 5 Nummer 1 bis 5,
6. die Träger der öffentlichen Jugendhilfe für Leistungen nach § 5 Nummer 1, 2, 4 und 5 sowie
7. die Träger der Eingliederungshilfe für Leistungen nach § 5 Nummer 1, 2, 4 und 5.

(2) Die Rehabilitationsträger nehmen ihre Aufgaben selbständig und eigenverantwortlich wahr.

(3) [1]Die Bundesagentur für Arbeit ist auch Rehabilitationsträger für die Leistungen zur Teilhabe am Arbeitsleben für erwerbsfähige Leistungsberechtigte mit Behinderungen im Sinne des Zweiten Buches, sofern nicht ein anderer Rehabilitationsträger zuständig ist. [2]Die Zuständigkeit der Jobcenter nach § 6d des Zweiten Buches[2)] für die Leistungen zur beruflichen Teilhabe von Menschen mit Behinderungen nach § 16 Absatz 1 des Zweiten Buches bleibt unberührt. [3]Mit Zustimmung und Beteiligung des Leistungsberechtigten kann die Bundesagentur für Arbeit mit dem zuständigen Jobcenter eine gemeinsame Beratung zur Vorbereitung des Eingliederungsvorschlags durchführen, wenn eine Teilhabeplankonferenz nach § 20 nicht durchzuführen ist. [4]Die Leistungsberechtigten und das Jobcenter können der Bundesagentur für Arbeit in diesen Fällen die Durchführung einer gemeinsamen Beratung vorschlagen. [5]§ 20 Absatz 3 und § 23 Absatz 2 gelten entsprechend. [6]Die Bundesagentur für Arbeit unterrichtet das zuständige Jobcenter und die Leistungsberechtigten schriftlich oder elektronisch über den festgestellten Rehabilitationsbedarf und ihren Eingliederungsvorschlag. [7]Das Jobcenter entscheidet unter Berücksichtigung des Eingliederungsvorschlages innerhalb von drei Wochen über die Leistungen zur beruflichen Teilhabe.

§ 7 Vorbehalt abweichender Regelungen. (1) [1]Die Vorschriften im Teil 1 gelten für die Leistungen zur Teilhabe, soweit sich aus den für den jeweiligen Rehabilitationsträger geltenden Leistungsgesetzen nichts Abweichendes ergibt. [2]Die Zuständigkeit und die Voraussetzungen für die Leistungen zur Teilhabe richten sich nach den für den jeweiligen Rehabilitationsträger geltenden Leistungsgesetzen. [3]Das Recht der Eingliederungshilfe im Teil 2 ist ein Leistungsgesetz im Sinne der Sätze 1 und 2.

[1)] Nr. 7.
[2)] Nr. 2.

(2) ¹ Abweichend von Absatz 1 gehen die Vorschriften der Kapitel 2 bis 4 den für die jeweiligen Rehabilitationsträger geltenden Leistungsgesetzen vor. ² Von den Vorschriften in Kapitel 4 kann durch Landesrecht nicht abgewichen werden.

§ 8 Wunsch- und Wahlrecht der Leistungsberechtigten. (1) ¹ Bei der Entscheidung über die Leistungen und bei der Ausführung der Leistungen zur Teilhabe wird berechtigten Wünschen der Leistungsberechtigten entsprochen. ² Dabei wird auch auf die persönliche Lebenssituation, das Alter, das Geschlecht, die Familie sowie die religiösen und weltanschaulichen Bedürfnisse der Leistungsberechtigten Rücksicht genommen; im Übrigen gilt § 33 des Ersten Buches[1]. ³ Den besonderen Bedürfnissen von Müttern und Vätern mit Behinderungen bei der Erfüllung ihres Erziehungsauftrages sowie den besonderen Bedürfnissen von Kindern mit Behinderungen wird Rechnung getragen.

(2) ¹ Sachleistungen zur Teilhabe, die nicht in Rehabilitationseinrichtungen auszuführen sind, können auf Antrag der Leistungsberechtigten als Geldleistungen erbracht werden, wenn die Leistungen hierdurch voraussichtlich bei gleicher Wirksamkeit wirtschaftlich zumindest gleichwertig ausgeführt werden können. ² Für die Beurteilung der Wirksamkeit stellen die Leistungsberechtigten dem Rehabilitationsträger geeignete Unterlagen zur Verfügung. ³ Der Rehabilitationsträger begründet durch Bescheid, wenn er den Wünschen des Leistungsberechtigten nach den Absätzen 1 und 2 nicht entspricht.

(3) Leistungen, Dienste und Einrichtungen lassen den Leistungsberechtigten möglichst viel Raum zu eigenverantwortlicher Gestaltung ihrer Lebensumstände und fördern ihre Selbstbestimmung.

(4) Die Leistungen zur Teilhabe bedürfen der Zustimmung der Leistungsberechtigten.

Kapitel 2. Einleitung der Rehabilitation von Amts wegen

§ 9 Vorrangige Prüfung von Leistungen zur Teilhabe. (1) ¹ Werden bei einem Rehabilitationsträger Sozialleistungen wegen oder unter Berücksichtigung einer Behinderung oder einer drohenden Behinderung beantragt oder erbracht, prüft dieser unabhängig von der Entscheidung über diese Leistungen, ob Leistungen zur Teilhabe voraussichtlich zur Erreichung der Ziele nach den §§ 1 und 4 erfolgreich sein können. ² Er prüft auch, ob hierfür weitere Rehabilitationsträger im Rahmen ihrer Zuständigkeit zur Koordinierung der Leistungen zu beteiligen sind. ³ Werden Leistungen zur Teilhabe nach den Leistungsgesetzen nur auf Antrag erbracht, wirken die Rehabilitationsträger nach § 12 auf eine Antragstellung hin.

(2) ¹ Leistungen zur Teilhabe haben Vorrang vor Rentenleistungen, die bei erfolgreichen Leistungen zur Teilhabe nicht oder voraussichtlich erst zu einem späteren Zeitpunkt zu erbringen wären. ² Dies gilt während des Bezuges einer Rente entsprechend.

(3) ¹ Absatz 1 ist auch anzuwenden, um durch Leistungen zur Teilhabe Pflegebedürftigkeit zu vermeiden, zu überwinden, zu mindern oder eine Verschlimmerung zu verhüten. ² Die Aufgaben der Pflegekassen als Träger der

---

[1] Nr. 1.

2. Kapitel. Einleitung der Rehabilitation §§ 10, 11 SGB IX

sozialen Pflegeversicherung bei der Sicherung des Vorrangs von Rehabilitation vor Pflege nach den §§ 18a und 31 des Elften Buches[1]) bleiben unberührt.

(4) Absatz 1 gilt auch für die Jobcenter im Rahmen ihrer Zuständigkeit für Leistungen zur beruflichen Teilhabe nach § 6 Absatz 3 mit der Maßgabe, dass sie mögliche Rehabilitationsbedarfe erkennen und auf eine Antragstellung beim voraussichtlich zuständigen Rehabilitationsträger hinwirken sollen.

§ 10 Sicherung der Erwerbsfähigkeit. (1) [1] Soweit es im Einzelfall geboten ist, prüft der zuständige Rehabilitationsträger gleichzeitig mit der Einleitung einer Leistung zur medizinischen Rehabilitation, während ihrer Ausführung und nach ihrem Abschluss, ob durch geeignete Leistungen zur Teilhabe am Arbeitsleben die Erwerbsfähigkeit von Menschen mit Behinderungen oder von Behinderung bedrohten Menschen erhalten, gebessert oder wiederhergestellt werden kann. [2] Er beteiligt die Bundesagentur für Arbeit nach § 54.

(2) Wird während einer Leistung zur medizinischen Rehabilitation erkennbar, dass der bisherige Arbeitsplatz gefährdet ist, wird mit den Betroffenen sowie dem zuständigen Rehabilitationsträger unverzüglich geklärt, ob Leistungen zur Teilhabe am Arbeitsleben erforderlich sind.

(3) Bei der Prüfung nach den Absätzen 1 und 2 wird zur Klärung eines Hilfebedarfs nach Teil 3 auch das Integrationsamt beteiligt.

(4) [1] Die Rehabilitationsträger haben in den Fällen nach den Absätzen 1 und 2 auf eine frühzeitige Antragstellung im Sinne von § 12 nach allen in Betracht kommenden Leistungsgesetzen hinzuwirken und den Antrag ungeachtet ihrer Zuständigkeit für Leistungen zur Teilhabe am Arbeitsleben entgegenzunehmen. [2] Soweit es erforderlich ist, beteiligen sie unverzüglich die zuständigen Rehabilitationsträger zur Koordinierung der Leistungen nach Kapitel 4.

(5) [1] Die Rehabilitationsträger wirken auch in den Fällen der Hinzuziehung durch Arbeitgeber infolge einer Arbeitsplatzgefährdung nach § 167 Absatz 2 Satz 4 auf eine frühzeitige Antragstellung auf Leistungen zur Teilhabe nach allen in Betracht kommenden Leistungsgesetzen hin. [2] Absatz 4 Satz 2 gilt entsprechend.

§ 11 Förderung von Modellvorhaben zur Stärkung der Rehabilitation, Verordnungsermächtigung. (1) Das Bundesministerium für Arbeit und Soziales fördert im Rahmen der für diesen Zweck zur Verfügung stehenden Haushaltsmittel im Aufgabenbereich der Grundsicherung für Arbeitsuchende und der gesetzlichen Rentenversicherung Modellvorhaben, die den Vorrang von Leistungen zur Teilhabe nach § 9 und die Sicherung der Erwerbsfähigkeit nach § 10 unterstützen.

(2) [1] Das Nähere regeln Förderrichtlinien des Bundesministeriums für Arbeit und Soziales. [2] Die Förderdauer der Modellvorhaben beträgt fünf Jahre. [3] Die Förderrichtlinien enthalten ein Datenschutzkonzept.

(3) Das Bundesministerium für Arbeit und Soziales kann durch Rechtsverordnung ohne Zustimmung des Bundesrates regeln, ob und inwieweit die Jobcenter nach § 6d des Zweiten Buches[2]), die Bundesagentur für Arbeit und die Träger der gesetzlichen Rentenversicherung bei der Durchführung eines

---
[1]) Nr. 11.
[2]) Nr. 2.

Modellvorhabens nach Absatz 1 von den für sie geltenden Leistungsgesetzen sachlich und zeitlich begrenzt abweichen können.

(4) ¹Die zuwendungsrechtliche und organisatorische Abwicklung der Modellvorhaben nach Absatz 1 erfolgt durch die Deutsche Rentenversicherung Knappschaft-Bahn-See unter der Aufsicht des Bundesministeriums für Arbeit und Soziales. ²Die Aufsicht erstreckt sich auch auf den Umfang und die Zweckmäßigkeit der Modellvorhaben. ³Die Ausgaben, welche der Deutschen Rentenversicherung Knappschaft-Bahn-See aus der Abwicklung der Modellvorhaben entstehen, werden aus den Haushaltsmitteln nach Absatz 1 vom Bund erstattet. ⁴Das Nähere ist durch Verwaltungsvereinbarung zu regeln.

(5) ¹Das Bundesministerium für Arbeit und Soziales untersucht die Wirkungen der Modellvorhaben. ²Das Bundesministerium für Arbeit und Soziales kann Dritte mit diesen Untersuchungen beauftragen.

Kapitel 3. Erkennung und Ermittlung des Rehabilitationsbedarfs

§ 12 Maßnahmen zur Unterstützung der frühzeitigen Bedarfserkennung. (1) ¹Die Rehabilitationsträger stellen durch geeignete Maßnahmen sicher, dass ein Rehabilitationsbedarf frühzeitig erkannt und auf eine Antragstellung der Leistungsberechtigten hingewirkt wird. ²Die Rehabilitationsträger unterstützen die frühzeitige Erkennung des Rehabilitationsbedarfs insbesondere durch die Bereitstellung und Vermittlung von geeigneten barrierefreien Informationsangeboten über

1. Inhalte und Ziele von Leistungen zur Teilhabe,
2. die Möglichkeit der Leistungsausführung als Persönliches Budget,
3. das Verfahren zur Inanspruchnahme von Leistungen zur Teilhabe und
4. Angebote der Beratung, einschließlich der ergänzenden unabhängigen Teilhabeberatung nach § 32.

³Die Rehabilitationsträger benennen Ansprechstellen, die Informationsangebote nach Satz 2 an Leistungsberechtigte, an Arbeitgeber und an andere Rehabilitationsträger vermitteln. ⁴Für die Zusammenarbeit der Ansprechstellen gilt § 15 Absatz 3 des Ersten Buches[1]) entsprechend.

(2) Absatz 1 gilt auch für Jobcenter im Rahmen ihrer Zuständigkeit für Leistungen zur beruflichen Teilhabe nach § 6 Absatz 3, für die Integrationsämter in Bezug auf Leistungen und sonstige Hilfen für schwerbehinderte Menschen nach Teil 3 und für die Pflegekassen als Träger der sozialen Pflegeversicherung nach dem Elften Buch.

(3) ¹Die Rehabilitationsträger, Integrationsämter und Pflegekassen können die Informationsangebote durch ihre Verbände und Vereinigungen bereitstellen und vermitteln lassen. ²Die Jobcenter können die Informationsangebote durch die Bundesagentur für Arbeit bereitstellen und vermitteln lassen.

§ 13 Instrumente zur Ermittlung des Rehabilitationsbedarfs.

(1) ¹Zur einheitlichen und überprüfbaren Ermittlung des individuellen Rehabilitationsbedarfs verwenden die Rehabilitationsträger systematische Arbeitsprozesse und standardisierte Arbeitsmittel (Instrumente) nach den für sie gel-

---

[1]) Nr. 1.

tenden Leistungsgesetzen. ²Die Instrumente sollen den von den Rehabilitationsträgern vereinbarten Grundsätzen für Instrumente zur Bedarfsermittlung nach § 26 Absatz 2 Nummer 7 entsprechen. ³Die Rehabilitationsträger können die Entwicklung von Instrumenten durch ihre Verbände und Vereinigungen wahrnehmen lassen oder Dritte mit der Entwicklung beauftragen.

(2) Die Instrumente nach Absatz 1 Satz 1 gewährleisten eine individuelle und funktionsbezogene Bedarfsermittlung und sichern die Dokumentation und Nachprüfbarkeit der Bedarfsermittlung, indem sie insbesondere erfassen,

1. ob eine Behinderung vorliegt oder einzutreten droht,
2. welche Auswirkung die Behinderung auf die Teilhabe der Leistungsberechtigten hat,
3. welche Ziele mit Leistungen zur Teilhabe erreicht werden sollen und
4. welche Leistungen im Rahmen einer Prognose zur Erreichung der Ziele voraussichtlich erfolgreich sind.

(3) Das Bundesministerium für Arbeit und Soziales untersucht die Wirkung der Instrumente nach Absatz 1 und veröffentlicht die Untersuchungsergebnisse bis zum 31. Dezember 2019.

(4) Auf Vorschlag der Rehabilitationsträger nach § 6 Absatz 1 Nummer 6 und 7 und mit Zustimmung der zuständigen obersten Landesbehörden kann das Bundesministerium für Arbeit und Soziales die von diesen Rehabilitationsträgern eingesetzten Instrumente im Sinne von Absatz 1 in die Untersuchung nach Absatz 3 einbeziehen.

Kapitel 4. Koordinierung der Leistungen

§ 14 Leistender Rehabilitationsträger. (1) ¹Werden Leistungen zur Teilhabe beantragt, stellt der Rehabilitationsträger innerhalb von zwei Wochen nach Eingang des Antrages bei ihm fest, ob er nach dem für ihn geltenden Leistungsgesetz für die Leistung zuständig ist; bei den Krankenkassen umfasst die Prüfung auch die Leistungspflicht nach § 40 Absatz 4 des Fünften Buches[1]. ²Stellt er bei der Prüfung fest, dass er für die Leistung insgesamt nicht zuständig ist, leitet er den Antrag unverzüglich dem nach seiner Auffassung zuständigen Rehabilitationsträger zu und unterrichtet hierüber den Antragsteller. ³Muss für eine solche Feststellung die Ursache der Behinderung geklärt werden und ist diese Klärung in der Frist nach Satz 1 nicht möglich, soll der Antrag unverzüglich dem Rehabilitationsträger zugeleitet werden, der die Leistung ohne Rücksicht auf die Ursache der Behinderung erbringt. ⁴Wird der Antrag bei der Bundesagentur für Arbeit gestellt, werden bei der Prüfung nach den Sätzen 1 und 2 keine Feststellungen nach § 11 Absatz 2a Nummer 1 des Sechsten Buches[2] und § 22 Absatz 2 des Dritten Buches[3] getroffen.

(2) ¹Wird der Antrag nicht weitergeleitet, stellt der Rehabilitationsträger den Rehabilitationsbedarf anhand der Instrumente zur Bedarfsermittlung nach § 13 unverzüglich und umfassend fest und erbringt die Leistungen (leistender Rehabilitationsträger). ²Muss für diese Feststellung kein Gutachten eingeholt werden, entscheidet der leistende Rehabilitationsträger innerhalb von drei

---
[1] Nr. 5.
[2] Nr. 6.
[3] Nr. 3.

Wochen nach Antragseingang. ³ Ist für die Feststellung des Rehabilitationsbedarfs ein Gutachten erforderlich, wird die Entscheidung innerhalb von zwei Wochen nach Vorliegen des Gutachtens getroffen. ⁴ Wird der Antrag weitergeleitet, gelten die Sätze 1 bis 3 für den Rehabilitationsträger, an den der Antrag weitergeleitet worden ist, entsprechend; die Frist beginnt mit dem Antragseingang bei diesem Rehabilitationsträger. ⁵ In den Fällen der Anforderung einer gutachterlichen Stellungnahme bei der Bundesagentur für Arbeit nach § 54 gilt Satz 3 entsprechend.

(3) Ist der Rehabilitationsträger, an den der Antrag nach Absatz 1 Satz 2 weitergeleitet worden ist, nach dem für ihn geltenden Leistungsgesetz für die Leistung insgesamt nicht zuständig, kann er den Antrag im Einvernehmen mit dem nach seiner Auffassung zuständigen Rehabilitationsträger an diesen weiterleiten, damit von diesem als leistendem Rehabilitationsträger über den Antrag innerhalb der bereits nach Absatz 2 Satz 4 laufenden Fristen entschieden wird und unterrichtet hierüber den Antragsteller.

(4) ¹ Die Absätze 1 bis 3 gelten sinngemäß, wenn der Rehabilitationsträger Leistungen von Amts wegen erbringt. ² Dabei tritt an die Stelle des Tages der Antragstellung der Tag der Kenntnis des voraussichtlichen Rehabilitationsbedarfs.

(5) Für die Weiterleitung des Antrages ist § 16 Absatz 2 Satz 1 des Ersten Buches[1]) nicht anzuwenden, wenn und soweit Leistungen zur Teilhabe bei einem Rehabilitationsträger beantragt werden.

§ 15 Leistungsverantwortung bei Mehrheit von Rehabilitationsträgern.

(1) ¹ Stellt der leistende Rehabilitationsträger fest, dass der Antrag neben den nach seinem Leistungsgesetz zu erbringenden Leistungen weitere Leistungen zur Teilhabe umfasst, für die er nicht Rehabilitationsträger nach § 6 Absatz 1 sein kann, leitet er den Antrag insoweit unverzüglich dem nach seiner Auffassung zuständigen Rehabilitationsträger zu. ² Dieser entscheidet über die weiteren Leistungen nach den für ihn geltenden Leistungsgesetzen in eigener Zuständigkeit und unterrichtet hierüber den Antragsteller.

(2) ¹ Hält der leistende Rehabilitationsträger für die umfassende Feststellung des Rehabilitationsbedarfs nach § 14 Absatz 2 die Feststellungen weiterer Rehabilitationsträger für erforderlich und liegt kein Fall nach Absatz 1 vor, fordert er von diesen Rehabilitationsträgern die für den Teilhabeplan nach § 19 erforderlichen Feststellungen unverzüglich an und berät diese nach § 19 trägerübergreifend. ² Die Feststellungen binden den leistenden Rehabilitationsträger bei seiner Entscheidung über den Antrag, wenn sie innerhalb von zwei Wochen nach Anforderung oder im Fall der Begutachtung innerhalb von zwei Wochen nach Vorliegen des Gutachtens beim leistenden Rehabilitationsträger eingegangen sind. ³ Anderenfalls stellt der leistende Rehabilitationsträger den Rehabilitationsbedarf nach allen in Betracht kommenden Leistungsgesetzen umfassend fest.

(3) ¹ Die Rehabilitationsträger bewilligen und erbringen die Leistungen nach den für sie jeweils geltenden Leistungsgesetzen im eigenen Namen, wenn im Teilhabeplan nach § 19 dokumentiert wurde, dass

---

[1]) Nr. 1.

4. Kapitel. Koordinierung der Leistungen § 16 SGB IX 9

1. die erforderlichen Feststellungen nach allen in Betracht kommenden Leistungsgesetzen von den zuständigen Rehabilitationsträgern getroffen wurden,
2. auf Grundlage des Teilhabeplans eine Leistungserbringung durch die nach den jeweiligen Leistungsgesetzen zuständigen Rehabilitationsträger sichergestellt ist und
3. die Leistungsberechtigten einer nach Zuständigkeiten getrennten Leistungsbewilligung und Leistungserbringung nicht aus wichtigem Grund widersprechen.

[2] Anderenfalls entscheidet der leistende Rehabilitationsträger über den Antrag in den Fällen nach Absatz 2 und erbringt die Leistungen im eigenen Namen.

(4) [1] In den Fällen der Beteiligung von Rehabilitationsträgern nach den Absätzen 1 bis 3 ist abweichend von § 14 Absatz 2 innerhalb von sechs Wochen nach Antragseingang zu entscheiden. [2] Wird eine Teilhabeplankonferenz nach § 20 durchgeführt, ist innerhalb von zwei Monaten nach Antragseingang zu entscheiden. [3] Die Antragsteller werden von dem leistenden Rehabilitationsträger über die Beteiligung von Rehabilitationsträgern sowie über die für die Entscheidung über den Antrag maßgeblichen Zuständigkeiten und Fristen unverzüglich unterrichtet.

§ 16 Erstattungsansprüche zwischen Rehabilitationsträgern.

(1) Hat ein leistender Rehabilitationsträger nach § 14 Absatz 2 Satz 4 Leistungen erbracht, für die ein anderer Rehabilitationsträger insgesamt zuständig ist, erstattet der zuständige Rehabilitationsträger die Aufwendungen des leistenden Rehabilitationsträgers nach den für den leistenden Rehabilitationsträger geltenden Rechtsvorschriften.

(2) [1] Hat ein leistender Rehabilitationsträger nach § 15 Absatz 3 Satz 2 Leistungen im eigenen Namen erbracht, für die ein beteiligter Rehabilitationsträger zuständig ist, erstattet der beteiligte Rehabilitationsträger die Aufwendungen des leistenden Rehabilitationsträgers nach den Rechtsvorschriften, die den nach § 15 Absatz 2 eingeholten Feststellungen zugrunde liegen. [2] Hat ein beteiligter Rehabilitationsträger die angeforderten Feststellungen nicht oder nicht rechtzeitig nach § 15 Absatz 2 beigebracht, erstattet der beteiligte Rehabilitationsträger die Aufwendungen des leistenden Rehabilitationsträgers nach den Rechtsvorschriften, die der Leistungsbewilligung zugrunde liegen.

(3) [1] Der Erstattungsanspruch nach den Absätzen 1 und 2 umfasst die nach den jeweiligen Leistungsgesetzen entstandenen Leistungsaufwendungen und eine Verwaltungskostenpauschale in Höhe von 5 Prozent der erstattungsfähigen Leistungsaufwendungen. [2] Eine Erstattungspflicht nach Satz 1 besteht nicht, soweit Leistungen zu Unrecht von dem leistenden Rehabilitationsträger erbracht worden sind und er hierbei grob fahrlässig oder vorsätzlich gehandelt hat.

(4) [1] Für unzuständige Rehabilitationsträger ist § 105 des Zehnten Buches[1]) nicht anzuwenden, wenn sie eine Leistung erbracht haben,
1. ohne den Antrag an den zuständigen Rehabilitationsträger nach § 14 Absatz 1 Satz 2 weiterzuleiten oder

---

[1]) Nr. 10.

9 SGB IX § 17 9. Buch. 1. Teil

2. ohne einen weiteren zuständigen Rehabilitationsträger nach § 15 zu beteiligen,

es sei denn, die Rehabilitationsträger vereinbaren Abweichendes. ²Hat ein Rehabilitationsträger von der Weiterleitung des Antrages abgesehen, weil zum Zeitpunkt der Prüfung nach § 14 Absatz 1 Satz 3 Anhaltspunkte für eine Zuständigkeit auf Grund der Ursache der Behinderung bestanden haben, bleibt § 105 des Zehnten Buches unberührt.

(5) ¹Hat der leistende Rehabilitationsträger in den Fällen des § 18 Aufwendungen für selbstbeschaffte Leistungen nach dem Leistungsgesetz eines nach § 15 beteiligten Rehabilitationsträgers zu erstatten, kann er von dem beteiligten Rehabilitationsträger einen Ausgleich verlangen, soweit dieser durch die Erstattung nach § 18 Absatz 4 Satz 2 von seiner Leistungspflicht befreit wurde. ²Hat ein beteiligter Rehabilitationsträger den Eintritt der Erstattungspflicht für selbstbeschaffte Leistungen zu vertreten, umfasst der Ausgleich den gesamten Erstattungsbetrag abzüglich des Betrages, der sich aus der bei anderen Rehabilitationsträgern eingetretenen Leistungsbefreiung ergibt.

(6) Für den Erstattungsanspruch des Trägers der Eingliederungshilfe, der öffentlichen Jugendhilfe und der Kriegsopferfürsorge gilt § 108 Absatz 2 des Zehnten Buches entsprechend.

§ 17 Begutachtung. (1) ¹Ist für die Feststellung des Rehabilitationsbedarfs ein Gutachten erforderlich, beauftragt der leistende Rehabilitationsträger unverzüglich einen geeigneten Sachverständigen. ²Er benennt den Leistungsberechtigten in der Regel drei möglichst wohnortnahe Sachverständige, soweit nicht gesetzlich die Begutachtung durch einen sozialmedizinischen Dienst vorgesehen ist. ³Haben sich Leistungsberechtigte für einen benannten Sachverständigen entschieden, wird dem Wunsch Rechnung getragen.

(2) ¹Der Sachverständige nimmt eine umfassende sozialmedizinische, bei Bedarf auch psychologische Begutachtung vor und erstellt das Gutachten innerhalb von zwei Wochen nach Auftragserteilung. ²Das Gutachten soll den von den Rehabilitationsträgern vereinbarten einheitlichen Grundsätzen zur Durchführung von Begutachtungen nach § 25 Absatz 1 Nummer 4 entsprechen. ³Die in dem Gutachten getroffenen Feststellungen zum Rehabilitationsbedarf werden den Entscheidungen der Rehabilitationsträger zugrunde gelegt. ⁴Die gesetzlichen Aufgaben der Gesundheitsämter, des Medizinischen Dienstes der Krankenversicherung nach § 275 des Fünften Buches[1]) und die gutachterliche Beteiligung der Bundesagentur für Arbeit nach § 54 bleiben unberührt.

(3) ¹Hat der leistende Rehabilitationsträger nach § 15 weitere Rehabilitationsträger beteiligt, setzt er sich bei seiner Entscheidung über die Beauftragung eines geeigneten Sachverständigen mit den beteiligten Rehabilitationsträgern über Anlass, Ziel und Umfang der Begutachtung ins Benehmen. ²Die beteiligten Rehabilitationsträger informieren den leistenden Rehabilitationsträger unverzüglich über die Notwendigkeit der Einholung von Gutachten. ³Die in dem Gutachten getroffenen Feststellungen zum Rehabilitationsbedarf werden in den Teilhabeplan nach § 19 einbezogen. ⁴Absatz 2 Satz 3 gilt entsprechend.

---

¹) Nr. 5.

4. Kapitel. Koordinierung der Leistungen § 18 SGB IX 9

(4) Die Rehabilitationsträger stellen sicher, dass sie Sachverständige beauftragen können, bei denen keine Zugangs- und Kommunikationsbarrieren bestehen.

§ 18 Erstattung selbstbeschaffter Leistungen. (1) Kann über den Antrag auf Leistungen zur Teilhabe nicht innerhalb einer Frist von zwei Monaten ab Antragseingang bei dem leistenden Rehabilitationsträger entschieden werden, teilt er den Leistungsberechtigten vor Ablauf der Frist die Gründe hierfür schriftlich mit (begründete Mitteilung).

(2) [1] In der begründeten Mitteilung ist auf den Tag genau zu bestimmen, bis wann über den Antrag entschieden wird. [2] In der begründeten Mitteilung kann der leistende Rehabilitationsträger die Frist von zwei Monaten nach Absatz 1 nur in folgendem Umfang verlängern:

1. um bis zu zwei Wochen zur Beauftragung eines Sachverständigen für die Begutachtung infolge einer nachweislich beschränkten Verfügbarkeit geeigneter Sachverständiger,
2. um bis zu vier Wochen, soweit von dem Sachverständigen die Notwendigkeit für einen solchen Zeitraum der Begutachtung schriftlich bestätigt wurde und
3. für die Dauer einer fehlenden Mitwirkung der Leistungsberechtigten, wenn und soweit den Leistungsberechtigten nach § 66 Absatz 3 des Ersten Buches[1]) schriftlich eine angemessene Frist zur Mitwirkung gesetzt wurde.

(3) [1] Erfolgt keine begründete Mitteilung, gilt die beantragte Leistung nach Ablauf der Frist als genehmigt. [2] Die beantragte Leistung gilt auch dann als genehmigt, wenn der in der Mitteilung bestimmte Zeitpunkt der Entscheidung über den Antrag ohne weitere begründete Mitteilung des Rehabilitationsträgers abgelaufen ist.

(4) [1] Beschaffen sich Leistungsberechtigte eine als genehmigt geltende Leistung selbst, ist der leistende Rehabilitationsträger zur Erstattung der Aufwendungen für selbstbeschaffte Leistungen verpflichtet. [2] Mit der Erstattung gilt der Anspruch der Leistungsberechtigten auf die Erbringung der selbstbeschafften Leistungen zur Teilhabe als erfüllt. [3] Der Erstattungsanspruch umfasst auch die Zahlung von Abschlägen im Umfang fälliger Zahlungsverpflichtungen für selbstbeschaffte Leistungen.

(5) Die Erstattungspflicht besteht nicht,
1. wenn und soweit kein Anspruch auf Bewilligung der selbstbeschafften Leistungen bestanden hätte und
2. die Leistungsberechtigten dies wussten oder infolge grober Außerachtlassung der allgemeinen Sorgfalt nicht wussten.

(6) [1] Konnte der Rehabilitationsträger eine unaufschiebbare Leistung nicht rechtzeitig erbringen oder hat er eine Leistung zu Unrecht abgelehnt und sind dadurch Leistungsberechtigten für die selbstbeschaffte Leistung Kosten entstanden, sind diese vom Rehabilitationsträger in der entstandenen Höhe zu erstatten, soweit die Leistung notwendig war. [2] Der Anspruch auf Erstattung richtet sich gegen den Rehabilitationsträger, der zum Zeitpunkt der Selbstbeschaffung über den Antrag entschieden hat. [3] Lag zum Zeitpunkt der Selbstbeschaffung

---
[1]) Nr. 1.

noch keine Entscheidung vor, richtet sich der Anspruch gegen den leistenden Rehabilitationsträger.

(7) Die Absätze 1 bis 5 gelten nicht für die Träger der Eingliederungshilfe, der öffentlichen Jugendhilfe und der Kriegsopferfürsorge.

§ 19 Teilhabeplan. (1) Soweit Leistungen verschiedener Leistungsgruppen oder mehrerer Rehabilitationsträger erforderlich sind, ist der leistende Rehabilitationsträger dafür verantwortlich, dass er und die nach § 15 beteiligten Rehabilitationsträger im Benehmen miteinander und in Abstimmung mit den Leistungsberechtigten die nach dem individuellen Bedarf voraussichtlich erforderlichen Leistungen hinsichtlich Ziel, Art und Umfang funktionsbezogen feststellen und schriftlich oder elektronisch so zusammenstellen, dass sie nahtlos ineinandergreifen.

(2) ¹ Der leistende Rehabilitationsträger erstellt in den Fällen nach Absatz 1 einen Teilhabeplan innerhalb der für die Entscheidung über den Antrag maßgeblichen Frist. ² Der Teilhabeplan dokumentiert

1. den Tag des Antragseingangs beim leistenden Rehabilitationsträger und das Ergebnis der Zuständigkeitsklärung und Beteiligung nach den §§ 14 und 15,
2. die Feststellungen über den individuellen Rehabilitationsbedarf auf Grundlage der Bedarfsermittlung nach § 13,
3. die zur individuellen Bedarfsermittlung nach § 13 eingesetzten Instrumente,
4. die gutachterliche Stellungnahme der Bundesagentur für Arbeit nach § 54,
5. die Einbeziehung von Diensten und Einrichtungen bei der Leistungserbringung,
6. erreichbare und überprüfbare Teilhabeziele und deren Fortschreibung,
7. die Berücksichtigung des Wunsch- und Wahlrechts nach § 8, insbesondere im Hinblick auf die Ausführung von Leistungen durch ein Persönliches Budget,
8. die Dokumentation der einvernehmlichen, umfassenden und trägerübergreifenden Feststellung des Rehabilitationsbedarfs in den Fällen nach § 15 Absatz 3 Satz 1,
9. die Ergebnisse der Teilhabeplankonferenz nach § 20,
10. die Erkenntnisse aus den Mitteilungen der nach § 22 einbezogenen anderen öffentlichen Stellen und
11. die besonderen Belange pflegender Angehöriger bei der Erbringung von Leistungen der medizinischen Rehabilitation.

³ Wenn Leistungsberechtigte die Erstellung eines Teilhabeplans wünschen und die Voraussetzungen nach Absatz 1 nicht vorliegen, ist Satz 2 entsprechend anzuwenden.

(3) ¹ Der Teilhabeplan wird entsprechend dem Verlauf der Rehabilitation angepasst und darauf ausgerichtet, den Leistungsberechtigten unter Berücksichtigung der Besonderheiten des Einzelfalles eine umfassende Teilhabe am Leben in der Gesellschaft zügig, wirksam, wirtschaftlich und auf Dauer zu ermöglichen. ² Dabei sichert der leistende Rehabilitationsträger durchgehend das Verfahren. ³ Die Leistungsberechtigten können von dem leistenden Rehabi-

4. Kapitel. Koordinierung der Leistungen § 20 SGB IX 9

litationsträger Einsicht in den Teilhabeplan oder die Erteilung von Ablichtungen nach § 25 des Zehnten Buches[1]) verlangen.

(4) ¹Die Rehabilitationsträger legen den Teilhabeplan bei der Entscheidung über den Antrag zugrunde. ²Die Begründung der Entscheidung über die beantragten Leistungen nach § 35 des Zehnten Buches soll erkennen lassen, inwieweit die im Teilhabeplan enthaltenen Feststellungen bei der Entscheidung berücksichtigt wurden.

(5) ¹Ein nach § 15 beteiligter Rehabilitationsträger kann das Verfahren nach den Absätzen 1 bis 3 anstelle des leistenden Rehabilitationsträgers durchführen, wenn die Rehabilitationsträger dies in Abstimmung mit den Leistungsberechtigten vereinbaren. ²Die Vorschriften über die Leistungsverantwortung der Rehabilitationsträger nach den §§ 14 und 15 bleiben hiervon unberührt.

(6) Setzen unterhaltssichernde Leistungen den Erhalt von anderen Leistungen zur Teilhabe voraus, gelten die Leistungen im Verhältnis zueinander nicht als Leistungen verschiedener Leistungsgruppen im Sinne von Absatz 1.

§ 20 Teilhabeplankonferenz. (1) ¹Mit Zustimmung der Leistungsberechtigten kann der für die Durchführung des Teilhabeplanverfahrens nach § 19 verantwortliche Rehabilitationsträger zur gemeinsamen Beratung der Feststellungen zum Rehabilitationsbedarf eine Teilhabeplankonferenz durchführen. ²Die Leistungsberechtigten, die beteiligten Rehabilitationsträger und die Jobcenter können dem nach § 19 verantwortlichen Rehabilitationsträger die Durchführung einer Teilhabeplankonferenz vorschlagen. ³Von dem Vorschlag auf Durchführung einer Teilhabeplankonferenz kann abgewichen werden,

1. wenn der zur Feststellung des Rehabilitationsbedarfs maßgebliche Sachverhalt schriftlich ermittelt werden kann,
2. wenn der Aufwand zur Durchführung nicht in einem angemessenen Verhältnis zum Umfang der beantragten Leistung steht oder
3. wenn eine Einwilligung nach § 23 Absatz 2 nicht erteilt wurde.

(2) ¹Wird von dem Vorschlag der Leistungsberechtigten auf Durchführung einer Teilhabeplankonferenz abgewichen, sind die Leistungsberechtigten über die dafür maßgeblichen Gründe zu informieren und hierzu anzuhören. ²Von dem Vorschlag der Leistungsberechtigten auf Durchführung einer Teilhabeplankonferenz kann nicht abgewichen werden, wenn Leistungen an Mütter und Väter mit Behinderungen bei der Versorgung und Betreuung ihrer Kinder beantragt wurden.

(3) ¹An der Teilhabeplankonferenz nehmen Beteiligte nach § 12 des Zehnten Buches[1]) sowie auf Wunsch der Leistungsberechtigten die Bevollmächtigten und Beistände nach § 13 des Zehnten Buches sowie sonstige Vertrauenspersonen teil. ²Auf Wunsch oder mit Zustimmung der Leistungsberechtigten können Rehabilitationsdienste, Rehabilitationseinrichtungen und Jobcenter sowie sonstige beteiligte Leistungserbringer an der Teilhabeplankonferenz teilnehmen. ³Vor der Durchführung einer Teilhabeplankonferenz sollen die Leistungsberechtigten auf die Angebote der ergänzenden unabhängigen Teilhabeberatung nach § 32 besonders hingewiesen werden.

---

[1]) Nr. 10.

(4) Wird eine Teilhabeplankonferenz nach Absatz 1 auf Wunsch und mit Zustimmung der Leistungsberechtigten eingeleitet, richtet sich die Frist zur Entscheidung über den Antrag nach § 15 Absatz 4.

§ 21 Besondere Anforderungen an das Teilhabeplanverfahren.
¹ Ist der Träger der Eingliederungshilfe der für die Durchführung des Teilhabeplanverfahrens verantwortliche Rehabilitationsträger, gelten für ihn die Vorschriften für die Gesamtplanung ergänzend; dabei ist das Gesamtplanverfahren ein Gegenstand des Teilhabeplanverfahrens. ² Ist der Träger der öffentlichen Jugendhilfe der für die Durchführung des Teilhabeplans verantwortliche Rehabilitationsträger, gelten für ihn die Vorschriften für den Hilfeplan nach § 36 des Achten Buches[1]) ergänzend.

§ 22 Einbeziehung anderer öffentlicher Stellen.
(1) Der für die Durchführung des Teilhabeplanverfahrens verantwortliche Rehabilitationsträger bezieht unter Berücksichtigung der Interessen der Leistungsberechtigten andere öffentliche Stellen in die Erstellung des Teilhabeplans in geeigneter Art und Weise ein, soweit dies zur Feststellung des Rehabilitationsbedarfs erforderlich ist.

(2) ¹ Bestehen im Einzelfall Anhaltspunkte für eine Pflegebedürftigkeit nach dem Elften Buch, wird die zuständige Pflegekasse mit Zustimmung des Leistungsberechtigten vom für die Durchführung des Teilhabeplanverfahrens verantwortlichen Rehabilitationsträger informiert und muss am Teilhabeplanverfahren beratend teilnehmen, soweit dies für den Rehabilitationsträger zur Feststellung des Rehabilitationsbedarfs erforderlich und nach den für die zuständige Pflegekasse geltenden Grundsätzen der Datenverwendung zulässig ist. ² Die §§ 18a und 31 des Elften Buches[2]) bleiben unberührt.

(3) ¹ Die Integrationsämter sind bei der Durchführung des Teilhabeplanverfahrens zu beteiligen, soweit sie Leistungen für schwerbehinderte Menschen nach Teil 3 erbringen. ² Das zuständige Integrationsamt kann das Teilhabeplanverfahren nach § 19 Absatz 5 anstelle des leistenden Rehabilitationsträgers durchführen, wenn die Rehabilitationsträger und das Integrationsamt dies in Abstimmung mit den Leistungsberechtigten vereinbaren.

(4) ¹ Die Jobcenter können dem nach Absatz 1 verantwortlichen Rehabilitationsträger ihre Beteiligung an der Durchführung des Teilhabeplanverfahrens vorschlagen. ² Sie sind zu beteiligen, soweit dies zur Feststellung des Rehabilitationsbedarfs erforderlich ist und dies den Interessen der Leistungsberechtigten entspricht. ³ Die Aufgaben und die Beteiligung der Bundesagentur für Arbeit im Rahmen ihrer Zuständigkeit nach § 6 Absatz 3 bleiben unberührt.

(5) Bestehen im Einzelfall Anhaltspunkte für einen Betreuungsbedarf nach § 1896 Absatz 1 des Bürgerlichen Gesetzbuches, informiert der für die Durchführung des Teilhabeplanverfahrens verantwortliche Rehabilitationsträger mit Zustimmung der Leistungsberechtigten die zuständige Betreuungsbehörde über die Erstellung des Teilhabeplans, soweit dies zur Vermittlung anderer Hilfen, bei denen kein Betreuer bestellt wird, erforderlich ist.

---

[1]) Nr. 8.
[2]) Nr. 11.

5. Kapitel. Zusammenarbeit §§ 23–25 SGB IX 9

§ 23 Verantwortliche Stelle für den Sozialdatenschutz. (1) Bei der Erstellung des Teilhabeplans und der Durchführung der Teilhabeplankonferenz ist der für die Durchführung des Teilhabeplanverfahrens verantwortliche Rehabilitationsträger die verantwortliche Stelle für die Erhebung, Verarbeitung und Nutzung von Sozialdaten nach § 67 Absatz 9 des Zehnten Buches[1] sowie Stelle im Sinne von § 35 Absatz 1 des Ersten Buches[2].

(2) ¹ Vor Durchführung einer Teilhabeplankonferenz hat die nach Absatz 1 verantwortliche Stelle die Einwilligung der Leistungsberechtigten im Sinne von § 67b Absatz 2 des Zehnten Buches einzuholen, wenn und soweit anzunehmen ist, dass im Rahmen der Teilhabeplankonferenz Sozialdaten erhoben, verarbeitet oder genutzt werden, deren Erforderlichkeit für die Erstellung des Teilhabeplans zum Zeitpunkt der Durchführung der Teilhabeplankonferenz nicht abschließend bewertet werden kann. ² Die Verarbeitung und Nutzung von Sozialdaten nach Durchführung der Teilhabeplankonferenz ist nur zulässig, soweit diese für die Erstellung des Teilhabeplans erforderlich sind.

(3) Die datenschutzrechtlichen Vorschriften des Ersten und des Zehnten Buches sowie die jeweiligen Leistungsgesetze der Rehabilitationsträger bleiben bei der Zuständigkeitsklärung und bei der Erstellung des Teilhabeplans unberührt.

§ 24 Vorläufige Leistungen. ¹ Die Bestimmungen dieses Kapitels lassen die Verpflichtung der Rehabilitationsträger zur Erbringung vorläufiger Leistungen nach den für sie jeweils geltenden Leistungsgesetzen unberührt. ² Vorläufig erbrachte Leistungen binden die Rehabilitationsträger nicht bei der Feststellung des Rehabilitationsbedarfs nach diesem Kapitel. ³ Werden Leistungen zur Teilhabe beantragt, ist § 43 des Ersten Buches[2] nicht anzuwenden.

Kapitel 5. Zusammenarbeit

§ 25 Zusammenarbeit der Rehabilitationsträger. (1) Im Rahmen der durch Gesetz, Rechtsverordnung oder allgemeine Verwaltungsvorschrift getroffenen Regelungen sind die Rehabilitationsträger verantwortlich, dass

1. die im Einzelfall erforderlichen Leistungen zur Teilhabe nahtlos, zügig sowie nach Gegenstand, Umfang und Ausführung einheitlich erbracht werden,
2. Abgrenzungsfragen einvernehmlich geklärt werden,
3. Beratung entsprechend den in den §§ 1 und 4 genannten Zielen geleistet wird,
4. Begutachtungen möglichst nach einheitlichen Grundsätzen durchgeführt werden,
5. Prävention entsprechend dem in § 3 Absatz 1 genannten Ziel geleistet wird sowie
6. die Rehabilitationsträger im Fall eines Zuständigkeitsübergangs rechtzeitig eingebunden werden.

(2) ¹ Die Rehabilitationsträger und ihre Verbände sollen zur gemeinsamen Wahrnehmung von Aufgaben zur Teilhabe von Menschen mit Behinderungen

---
[1] Nr. 10.
[2] Nr. 1.

insbesondere regionale Arbeitsgemeinschaften bilden. ²§ 88 Absatz 1 Satz 1 und Absatz 2 des Zehnten Buches[1]) gilt entsprechend.

§ 26 Gemeinsame Empfehlungen. (1) Die Rehabilitationsträger nach § 6 Absatz 1 Nummer 1 bis 5 vereinbaren zur Sicherung der Zusammenarbeit nach § 25 Absatz 1 gemeinsame Empfehlungen.

(2) Die Rehabilitationsträger nach § 6 Absatz 1 Nummer 1 bis 5 vereinbaren darüber hinaus gemeinsame Empfehlungen,

1. welche Maßnahmen nach § 3 geeignet sind, um den Eintritt einer Behinderung zu vermeiden,
2. in welchen Fällen und in welcher Weise rehabilitationsbedürftigen Menschen notwendige Leistungen zur Teilhabe angeboten werden, insbesondere, um eine durch eine Chronifizierung von Erkrankungen bedingte Behinderung zu verhindern,
3. über die einheitliche Ausgestaltung des Teilhabeplanverfahrens,
4. in welcher Weise die Bundesagentur für Arbeit nach § 54 zu beteiligen ist,
5. wie Leistungen zur Teilhabe nach den §§ 14 und 15 koordiniert werden,
6. in welcher Weise und in welchem Umfang Selbsthilfegruppen, -organisationen und -kontaktstellen, die sich die Prävention, Rehabilitation, Früherkennung und Bewältigung von Krankheiten und Behinderungen zum Ziel gesetzt haben, gefördert werden,
7. für Grundsätze der Instrumente zur Ermittlung des Rehabilitationsbedarfs nach § 13,
8. in welchen Fällen und in welcher Weise der behandelnde Hausarzt oder Facharzt und der Betriebs- oder Werksarzt in die Einleitung und Ausführung von Leistungen zur Teilhabe einzubinden sind,
9. zu einem Informationsaustausch mit Beschäftigten mit Behinderungen, Arbeitgebern und den in § 166 genannten Vertretungen zur möglichst frühzeitigen Erkennung des individuellen Bedarfs voraussichtlich erforderlicher Leistungen zur Teilhabe sowie
10. über ihre Zusammenarbeit mit Sozialdiensten und vergleichbaren Stellen.

(3) Bestehen für einen Rehabilitationsträger Rahmenempfehlungen auf Grund gesetzlicher Vorschriften und soll bei den gemeinsamen Empfehlungen von diesen abgewichen werden oder sollen die gemeinsamen Empfehlungen Gegenstände betreffen, die nach den gesetzlichen Vorschriften Gegenstand solcher Rahmenempfehlungen werden sollen, stellt der Rehabilitationsträger das Einvernehmen mit den jeweiligen Partnern der Rahmenempfehlungen sicher.

(4) ¹Die Träger der Renten-, Kranken- und Unfallversicherung können sich bei der Vereinbarung der gemeinsamen Empfehlungen durch ihre Spitzenverbände vertreten lassen. ²Der Spitzenverband Bund der Krankenkassen schließt die gemeinsamen Empfehlungen auch als Spitzenverband Bund der Pflegekassen ab, soweit die Aufgaben der Pflegekassen von den gemeinsamen Empfehlungen berührt sind.

---

[1]) Nr. 10.

5. Kapitel. Zusammenarbeit §27 SGB IX 9

(5) ¹An der Vorbereitung der gemeinsamen Empfehlungen werden die Träger der Eingliederungshilfe und der öffentlichen Jugendhilfe über die Bundesvereinigung der Kommunalen Spitzenverbände, die Bundesarbeitsgemeinschaft der überörtlichen Träger der Sozialhilfe, die Bundesarbeitsgemeinschaft der Landesjugendämter sowie die Integrationsämter in Bezug auf Leistungen und sonstige Hilfen für schwerbehinderte Menschen nach Teil 3 über die Bundesarbeitsgemeinschaft der Integrationsämter und Hauptfürsorgestellen beteiligt. ²Die Träger der Eingliederungshilfe und der öffentlichen Jugendhilfe orientieren sich bei der Wahrnehmung ihrer Aufgaben nach diesem Buch an den vereinbarten Empfehlungen oder können diesen beitreten.

(6) ¹Die Verbände von Menschen mit Behinderungen einschließlich der Verbände der Freien Wohlfahrtspflege, der Selbsthilfegruppen und der Interessenvertretungen von Frauen mit Behinderungen sowie die für die Wahrnehmung der Interessen der ambulanten und stationären Rehabilitationseinrichtungen auf Bundesebene maßgeblichen Spitzenverbände werden an der Vorbereitung der gemeinsamen Empfehlungen beteiligt. ²Ihren Anliegen wird bei der Ausgestaltung der Empfehlungen nach Möglichkeit Rechnung getragen. ³Die Empfehlungen berücksichtigen auch die besonderen Bedürfnisse von Frauen und Kindern mit Behinderungen oder von Behinderung bedrohter Frauen und Kinder.

(7) ¹Die beteiligten Rehabilitationsträger vereinbaren die gemeinsamen Empfehlungen im Rahmen der Bundesarbeitsgemeinschaft für Rehabilitation im Benehmen mit dem Bundesministerium für Arbeit und Soziales und den Ländern auf der Grundlage eines von ihnen innerhalb der Bundesarbeitsgemeinschaft vorbereiteten Vorschlags. ²Der oder die Bundesbeauftragte für den Datenschutz und die Informationsfreiheit wird beteiligt. ³Hat das Bundesministerium für Arbeit und Soziales zu einem Vorschlag aufgefordert, legt die Bundesarbeitsgemeinschaft für Rehabilitation den Vorschlag innerhalb von sechs Monaten vor. ⁴Dem Vorschlag wird gefolgt, wenn ihm berechtigte Interessen eines Rehabilitationsträgers nicht entgegenstehen. ⁵Einwände nach Satz 4 sind innerhalb von vier Wochen nach Vorlage des Vorschlags auszuräumen.

(8) ¹Die Rehabilitationsträger teilen der Bundesarbeitsgemeinschaft für Rehabilitation alle zwei Jahre ihre Erfahrungen mit den gemeinsamen Empfehlungen mit, die Träger der Renten-, Kranken- und Unfallversicherung über ihre Spitzenverbände. ²Die Bundesarbeitsgemeinschaft für Rehabilitation stellt dem Bundesministerium für Arbeit und Soziales und den Ländern eine Zusammenfassung zur Verfügung.

(9) Die gemeinsamen Empfehlungen können durch die regional zuständigen Rehabilitationsträger konkretisiert werden.

§ 27 Verordnungsermächtigung. ¹Vereinbaren die Rehabilitationsträger nicht innerhalb von sechs Monaten, nachdem das Bundesministerium für Arbeit und Soziales sie dazu aufgefordert hat, gemeinsame Empfehlungen nach § 26 oder ändern sie unzureichend gewordene Empfehlungen nicht innerhalb dieser Frist, kann das Bundesministerium für Arbeit und Soziales mit dem Ziel der Vereinheitlichung des Verwaltungsvollzugs in dem Anwendungsbereich der §§ 25 und 26 Regelungen durch Rechtsverordnung mit Zustimmung des Bundesrates erlassen. ²Richten sich die Regelungen nur an Rehabilitationsträger, die nicht der Landesaufsicht unterliegen, wird die Rechtsverordnung ohne Zustimmung des Bundesrates erlassen. ³Soweit sich die Regelungen an die Rehabilitationsträger nach § 6 Absatz 1 Nummer 1 richten, erlässt das Bundesministerium für Arbeit und Soziales die Rechtsverordnung im Einvernehmen mit dem Bundesministerium für Gesundheit.

Kapitel 6. Leistungsformen, Beratung

Abschnitt 1. Leistungsformen

§ 28 Ausführung von Leistungen. (1) ¹Der zuständige Rehabilitationsträger kann Leistungen zur Teilhabe

1. allein oder gemeinsam mit anderen Leistungsträgern,
2. durch andere Leistungsträger oder
3. unter Inanspruchnahme von geeigneten, insbesondere auch freien und gemeinnützigen oder privaten Rehabilitationsdiensten und -einrichtungen nach § 36

ausführen. ²Der zuständige Rehabilitationsträger bleibt für die Ausführung der Leistungen verantwortlich. ³Satz 1 gilt insbesondere dann, wenn der Rehabilitationsträger die Leistung dadurch wirksamer oder wirtschaftlicher erbringen kann.

(2) Die Leistungen werden dem Verlauf der Rehabilitation angepasst und sind darauf ausgerichtet, den Leistungsberechtigten unter Berücksichtigung der Besonderheiten des Einzelfalles zügig, wirksam, wirtschaftlich und auf Dauer eine den Zielen der §§ 1 und 4 Absatz 1 entsprechende umfassende Teilhabe am Leben in der Gesellschaft zu ermöglichen.

§ 29 Persönliches Budget. (1) ¹Auf Antrag der Leistungsberechtigten werden Leistungen zur Teilhabe durch die Leistungsform eines Persönlichen Budgets ausgeführt, um den Leistungsberechtigten in eigener Verantwortung ein möglichst selbstbestimmtes Leben zu ermöglichen. ²Bei der Ausführung des Persönlichen Budgets sind nach Maßgabe des individuell festgestellten Bedarfs die Rehabilitationsträger, die Pflegekassen und die Integrationsämter beteiligt. ³Das Persönliche Budget wird von den beteiligten Leistungsträgern trägerübergreifend als Komplexleistung erbracht. ⁴Das Persönliche Budget kann auch nicht trägerübergreifend von einem einzelnen Leistungsträger erbracht werden. ⁵Budgetfähig sind auch die neben den Leistungen nach Satz 1 erforderlichen Leistungen der Krankenkassen und der Pflegekassen, Leistungen der Träger der Unfallversicherung bei Pflegebedürftigkeit sowie Hilfe zur Pflege der Sozialhilfe, die sich auf alltägliche und regelmäßig wiederkehrende Bedarfe beziehen und als Geldleistungen oder durch Gutscheine erbracht werden können. ⁶An die Entscheidung sind die Leistungsberechtigten für die Dauer von sechs Monaten gebunden.

(2) ¹Persönliche Budgets werden in der Regel als Geldleistung ausgeführt, bei laufenden Leistungen monatlich. ²In begründeten Fällen sind Gutscheine auszugeben. ³Mit der Auszahlung oder der Ausgabe von Gutscheinen an die Leistungsberechtigten gilt deren Anspruch gegen die beteiligten Leistungsträger insoweit als erfüllt. ⁴Das Bedarfsermittlungsverfahren für laufende Leistungen wird in der Regel im Abstand von zwei Jahren wiederholt. ⁵In begründeten Fällen kann davon abgewichen werden. ⁶Persönliche Budgets werden auf der Grundlage der nach Kapitel 4 getroffenen Feststellungen so bemessen, dass der

individuell festgestellte Bedarf gedeckt wird und die erforderliche Beratung und Unterstützung erfolgen kann. ⁷Dabei soll die Höhe des Persönlichen Budgets die Kosten aller bisher individuell festgestellten Leistungen nicht überschreiten, die ohne das Persönliche Budget zu erbringen sind. ⁸§ 35a des Elften Buches[1]) bleibt unberührt.

(3) ¹Werden Leistungen zur Teilhabe in der Leistungsform des Persönlichen Budgets beantragt, ist der nach § 14 leistende Rehabilitationsträger für die Durchführung des Verfahrens zuständig. ²Satz 1 findet entsprechend Anwendung auf die Pflegekassen und die Integrationsämter. ³Enthält das Persönliche Budget Leistungen, für die der Leistungsträger nach den Sätzen 1 und 2 nicht Leistungsträger nach § 6 Absatz 1 sein kann, leitet er den Antrag insoweit unverzüglich dem nach seiner Auffassung zuständigen Leistungsträger nach § 15 zu.

(4) ¹Der Leistungsträger nach Absatz 3 und die Leistungsberechtigten schließen zur Umsetzung des Persönlichen Budgets eine Zielvereinbarung ab. ²Sie enthält mindestens Regelungen über

1. die Ausrichtung der individuellen Förder- und Leistungsziele,
2. die Erforderlichkeit eines Nachweises zur Deckung des festgestellten individuellen Bedarfs,
3. die Qualitätssicherung sowie
4. die Höhe der Teil- und des Gesamtbudgets.

³Satz 1 findet keine Anwendung, wenn allein Pflegekassen Leistungsträger nach Absatz 3 sind und sie das Persönliche Budget nach Absatz 1 Satz 4 erbringen. ⁴Die Beteiligten, die die Zielvereinbarung abgeschlossen haben, können diese aus wichtigem Grund mit sofortiger Wirkung schriftlich kündigen, wenn ihnen die Fortsetzung der Vereinbarung nicht zumutbar ist. ⁵Ein wichtiger Grund kann für die Leistungsberechtigten insbesondere in der persönlichen Lebenssituation liegen. ⁶Für den Leistungsträger kann ein wichtiger Grund dann vorliegen, wenn die Leistungsberechtigten die Vereinbarung, insbesondere hinsichtlich des Nachweises zur Bedarfsdeckung und der Qualitätssicherung nicht einhalten. ⁷Im Fall der Kündigung der Zielvereinbarung wird der Verwaltungsakt aufgehoben. ⁸Die Zielvereinbarung wird im Rahmen des Bedarfsermittlungsverfahrens für die Dauer des Bewilligungszeitraumes der Leistungen in Form des Persönlichen Budgets abgeschlossen.

§ 30 Verordnungsermächtigung. Das Bundesministerium für Arbeit und Soziales wird ermächtigt, im Einvernehmen mit dem Bundesministerium für Gesundheit durch Rechtsverordnung mit Zustimmung des Bundesrates Näheres zum Inhalt und zur Ausführung des Persönlichen Budgets, zum Verfahren sowie zur Zuständigkeit bei Beteiligung mehrerer Rehabilitationsträger zu regeln.

§ 31 Leistungsort. ¹Sach- und Dienstleistungen können auch im Ausland erbracht werden, wenn sie dort bei zumindest gleicher Qualität und Wirksamkeit wirtschaftlicher ausgeführt werden können. ²Leistungen zur Teilhabe am Arbeitsleben können im grenznahen Ausland auch ausgeführt werden,

---

[1]) Nr. 11.

wenn sie für die Aufnahme oder Ausübung einer Beschäftigung oder selbständigen Tätigkeit erforderlich sind.

Abschnitt 2. Beratung

§ 32 Ergänzende unabhängige Teilhabeberatung. (1) ¹Zur Stärkung der Selbstbestimmung von Menschen mit Behinderungen und von Behinderung bedrohter Menschen fördert das Bundesministerium für Arbeit und Soziales eine von Leistungsträgern und Leistungserbringern unabhängige ergänzende Beratung als niedrigschwelliges Angebot, das bereits im Vorfeld der Beantragung konkreter Leistungen zur Verfügung steht. ²Dieses Angebot besteht neben dem Anspruch auf Beratung durch die Rehabilitationsträger.

(2) ¹Das ergänzende Angebot erstreckt sich auf die Information und Beratung über Rehabilitations- und Teilhabeleistungen nach diesem Buch. ²Die Rehabilitationsträger informieren im Rahmen der vorhandenen Beratungsstrukturen und ihrer Beratungspflicht über dieses ergänzende Angebot.

(3) Bei der Förderung von Beratungsangeboten ist die von Leistungsträgern und Leistungserbringern unabhängige ergänzende Beratung von Betroffenen für Betroffene besonders zu berücksichtigen.

(4) ¹Das Bundesministerium für Arbeit und Soziales erlässt eine Förderrichtlinie, nach deren Maßgabe die Dienste gefördert werden können, welche ein unabhängiges ergänzendes Beratungsangebot anbieten. ²Das Bundesministerium für Arbeit und Soziales entscheidet im Benehmen mit der zuständigen obersten Landesbehörde über diese Förderung.

(5) ¹Die Förderung erfolgt aus Bundesmitteln und ist bis zum 31. Dezember 2022 befristet. ²Die Bundesregierung berichtet den gesetzgebenden Körperschaften des Bundes bis zum 30. Juni 2021 über die Einführung und Inanspruchnahme der ergänzenden unabhängigen Teilhabeberatung.

§ 33 Pflichten der Personensorgeberechtigten. Eltern, Vormünder, Pfleger und Betreuer, die bei den ihnen anvertrauten Personen Beeinträchtigungen (§ 2 Absatz 1) wahrnehmen oder durch die in § 34 genannten Personen hierauf hingewiesen werden, sollen im Rahmen ihres Erziehungs- oder Betreuungsauftrags diese Personen einer Beratungsstelle nach § 32 oder einer sonstigen Beratungsstelle für Rehabilitation zur Beratung über die geeigneten Leistungen zur Teilhabe vorstellen.

§ 34 Sicherung der Beratung von Menschen mit Behinderungen.

(1) ¹Die Beratung durch Ärzte, denen eine Person nach § 33 vorgestellt wird, erstreckt sich auf geeignete Leistungen zur Teilhabe. ²Dabei weisen sie auf die Möglichkeit der Beratung durch die Beratungsstellen der Rehabilitationsträger hin und informieren über wohnortnahe Angebote zur Beratung nach § 32. ³Werdende Eltern werden außerdem auf den Beratungsanspruch bei den Schwangerschaftsberatungsstellen hingewiesen.

(2) Nehmen Hebammen, Entbindungspfleger, medizinisches Personal außer Ärzten, Lehrer, Sozialarbeiter, Jugendleiter und Erzieher bei der Ausübung ihres Berufs Behinderungen wahr, weisen sie die Personensorgeberechtigten auf die Behinderung und auf entsprechende Beratungsangebote nach § 32 hin.

(3) Nehmen medizinisches Personal außer Ärzten und Sozialarbeiter bei der Ausübung ihres Berufs Behinderungen bei volljährigen Personen wahr, empfehlen sie diesen Personen oder ihren bestellten Betreuern, eine Beratungsstelle für Rehabilitation oder eine ärztliche Beratung über geeignete Leistungen zur Teilhabe aufzusuchen.

§ 35 Landesärzte. (1) In den Ländern können Landesärzte bestellt werden, die über besondere Erfahrungen in der Hilfe für Menschen mit Behinderungen und von Behinderung bedrohte Menschen verfügen.

(2) Die Landesärzte haben insbesondere folgende Aufgaben:
1. Gutachten für die Landesbehörden, die für das Gesundheitswesen, die Sozialhilfe und Eingliederungshilfe zuständig sind, sowie für die zuständigen Träger der Sozialhilfe und Eingliederungshilfe in besonders schwierig gelagerten Einzelfällen oder in Fällen von grundsätzlicher Bedeutung zu erstatten,
2. die für das Gesundheitswesen zuständigen obersten Landesbehörden beim Erstellen von Konzeptionen, Situations- und Bedarfsanalysen und bei der Landesplanung zur Teilhabe von Menschen mit Behinderungen und von Behinderung bedrohter Menschen zu beraten und zu unterstützen sowie selbst entsprechende Initiativen zu ergreifen und
3. die für das Gesundheitswesen zuständigen Landesbehörden über Art und Ursachen von Behinderungen und notwendige Hilfen sowie über den Erfolg von Leistungen zur Teilhabe von Menschen mit Behinderungen und von Behinderung bedrohter Menschen regelmäßig zu unterrichten.

Kapitel 7. Struktur, Qualitätssicherung und Verträge

§ 36 Rehabilitationsdienste und -einrichtungen. (1) [1] Die Rehabilitationsträger wirken gemeinsam unter Beteiligung der Bundesregierung und der Landesregierungen darauf hin, dass die fachlich und regional erforderlichen Rehabilitationsdienste und -einrichtungen in ausreichender Anzahl und Qualität zur Verfügung stehen. [2] Dabei achten die Rehabilitationsträger darauf, dass für eine ausreichende Anzahl von Rehabilitationsdiensten und -einrichtungen keine Zugangs- und Kommunikationsbarrieren bestehen. [3] Die Verbände von Menschen mit Behinderungen einschließlich der Verbände der Freien Wohlfahrtspflege, der Selbsthilfegruppen und der Interessenvertretungen von Frauen mit Behinderungen sowie die für die Wahrnehmung der Interessen der ambulanten und stationären Rehabilitationseinrichtungen auf Bundesebene maßgeblichen Spitzenverbände werden beteiligt.

(2) [1] Nehmen Rehabilitationsträger zur Ausführung von Leistungen Rehabilitationsdienste und -einrichtungen in Anspruch, erfolgt die Auswahl danach, wer die Leistung in der am besten geeigneten Form ausführt. [2] Dabei werden Rehabilitationsdienste und -einrichtungen freier oder gemeinnütziger Träger entsprechend ihrer Bedeutung für die Rehabilitation und Teilhabe von Menschen mit Behinderungen berücksichtigt und die Vielfalt der Träger gewahrt sowie deren Selbständigkeit, Selbstverständnis und Unabhängigkeit beachtet. [3] § 51 Absatz 1 Satz 2 Nummer 4 ist anzuwenden.

(3) Rehabilitationsträger können nach den für sie geltenden Rechtsvorschriften Rehabilitationsdienste oder -einrichtungen fördern, wenn dies

zweckmäßig ist und die Arbeit dieser Dienste oder Einrichtungen in anderer Weise nicht sichergestellt werden kann.

(4) Rehabilitationsdienste und -einrichtungen mit gleicher Aufgabenstellung sollen Arbeitsgemeinschaften bilden.

§ 37 Qualitätssicherung, Zertifizierung. (1) [1] Die Rehabilitationsträger nach § 6 Absatz 1 Nummer 1 bis 5 vereinbaren gemeinsame Empfehlungen zur Sicherung und Weiterentwicklung der Qualität der Leistungen, insbesondere zur barrierefreien Leistungserbringung, sowie für die Durchführung vergleichender Qualitätsanalysen als Grundlage für ein effektives Qualitätsmanagement der Leistungserbringer. [2] § 26 Absatz 4 ist entsprechend anzuwenden. [3] Die Rehabilitationsträger nach § 6 Absatz 1 Nummer 6 und 7 können den Empfehlungen beitreten.

(2) [1] Die Erbringer von Leistungen stellen ein Qualitätsmanagement sicher, das durch zielgerichtete und systematische Verfahren und Maßnahmen die Qualität der Versorgung gewährleistet und kontinuierlich verbessert. [2] Stationäre Rehabilitationseinrichtungen haben sich an dem Zertifizierungsverfahren nach Absatz 3 zu beteiligen.

(3) [1] Die Spitzenverbände der Rehabilitationsträger nach § 6 Absatz 1 Nummer 1 und 3 bis 5 vereinbaren im Rahmen der Bundesarbeitsgemeinschaft für Rehabilitation grundsätzliche Anforderungen an ein einrichtungsinternes Qualitätsmanagement nach Absatz 2 Satz 1 sowie ein einheitliches, unabhängiges Zertifizierungsverfahren, mit dem die erfolgreiche Umsetzung des Qualitätsmanagements in regelmäßigen Abständen nachgewiesen wird. [2] Den für die Wahrnehmung der Interessen der stationären Rehabilitationseinrichtungen auf Bundesebene maßgeblichen Spitzenverbänden sowie den Verbänden von Menschen mit Behinderungen einschließlich der Verbände der Freien Wohlfahrtspflege, der Selbsthilfegruppen und der Interessenvertretungen von Frauen mit Behinderungen ist Gelegenheit zur Stellungnahme zu geben. [3] Stationäre Rehabilitationseinrichtungen sind nur dann als geeignet anzusehen, wenn sie zertifiziert sind.

(4) Die Rehabilitationsträger können mit den Einrichtungen, die für sie Leistungen erbringen, über Absatz 1 hinausgehende Anforderungen an die Qualität und das Qualitätsmanagement vereinbaren.

(5) In Rehabilitationseinrichtungen mit Vertretungen der Menschen mit Behinderungen sind die nach Absatz 3 Satz 1 zu erstellenden Nachweise über die Umsetzung des Qualitätsmanagements diesen Vertretungen zur Verfügung zu stellen.

(6) § 26 Absatz 3 ist entsprechend anzuwenden für Vereinbarungen auf Grund gesetzlicher Vorschriften für die Rehabilitationsträger.

§ 38 Verträge mit Leistungserbringern. (1) Verträge mit Leistungserbringern müssen insbesondere folgende Regelungen über die Ausführung von Leistungen durch Rehabilitationsdienste und -einrichtungen, die nicht in der Trägerschaft eines Rehabilitationsträgers stehen, enthalten:

1. Qualitätsanforderungen an die Ausführung der Leistungen, das beteiligte Personal und die begleitenden Fachdienste,
2. die Übernahme von Grundsätzen der Rehabilitationsträger zur Vereinbarung von Vergütungen,

3. Rechte und Pflichten der Teilnehmer, soweit sich diese nicht bereits aus dem Rechtsverhältnis ergeben, das zwischen ihnen und dem Rehabilitationsträger besteht,
4. angemessene Mitwirkungsmöglichkeiten der Teilnehmer an der Ausführung der Leistungen,
5. Regelungen zur Geheimhaltung personenbezogener Daten,
6. Regelungen zur Beschäftigung eines angemessenen Anteils von Frauen mit Behinderungen, insbesondere Frauen mit Schwerbehinderungen sowie
7. das Angebot, Beratung durch den Träger der öffentlichen Jugendhilfe bei gewichtigen Anhaltspunkten für eine Kindeswohlgefährdung in Anspruch zu nehmen.

(2) ¹Die Bezahlung tarifvertraglich vereinbarter Vergütungen sowie entsprechender Vergütungen nach kirchlichen Arbeitsrechtsregelungen kann bei Verträgen auf der Grundlage dieses Buches nicht als unwirtschaftlich abgelehnt werden. ²Auf Verlangen des Rehabilitationsträgers ist die Zahlung von Vergütungen nach Satz 1 nachzuweisen.

(3) ¹Die Rehabilitationsträger wirken darauf hin, dass die Verträge nach einheitlichen Grundsätzen abgeschlossen werden. ²Dabei sind einheitliche Grundsätze der Wirksamkeit, Zweckmäßigkeit und Wirtschaftlichkeit zu berücksichtigen. ³Die Rehabilitationsträger können über den Inhalt der Verträge gemeinsame Empfehlungen nach § 26 vereinbaren. ⁴Mit den Arbeitsgemeinschaften der Rehabilitationsdienste und -einrichtungen können sie Rahmenverträge schließen. ⁵Der oder die Bundesbeauftragte für den Datenschutz und die Informationsfreiheit wird beteiligt.

(4) Absatz 1 Nummer 1 und 3 bis 6 wird für eigene Einrichtungen der Rehabilitationsträger entsprechend angewendet.

Kapitel 8. Bundesarbeitsgemeinschaft für Rehabilitation

§ 39 Aufgaben. (1) ¹Die Rehabilitationsträger nach § 6 Absatz 1 Nummer 1 bis 5 gestalten und organisieren die trägerübergreifende Zusammenarbeit zur einheitlichen personenzentrierten Gestaltung der Rehabilitation und der Leistungen zur Teilhabe im Rahmen einer Arbeitsgemeinschaft nach § 94 des Zehnten Buches[1]. ²Sie trägt den Namen „Bundesarbeitsgemeinschaft für Rehabilitation".

(2) Die Aufgaben der Bundesarbeitsgemeinschaft für Rehabilitation sind insbesondere
1. die Beobachtung der Zusammenarbeit der Rehabilitationsträger und die regelmäßige Auswertung und Bewertung der Zusammenarbeit; hierzu bedarf es
   a) der Erstellung von gemeinsamen Grundsätzen für die Erhebung von Daten, die der Aufbereitung und Bereitstellung von Statistiken über das Rehabilitationsgeschehen der Träger und ihrer Zusammenarbeit dienen,
   b) der Datenaufbereitung und Bereitstellung von Statistiken über das Rehabilitationsgeschehen der Träger und ihrer Zusammenarbeit und

---

[1] Nr. 10.

c) der Erhebung und Auswertung nicht personenbezogener Daten über Prozesse und Abläufe des Rehabilitationsgeschehens aus dem Aufgabenfeld der medizinischen und beruflichen Rehabilitation der Sozialversicherung mit Zustimmung des Bundesministeriums für Arbeit und Soziales,
2. die Erarbeitung von gemeinsamen Grundsätzen zur Bedarfserkennung, Bedarfsermittlung und Koordinierung von Rehabilitationsmaßnahmen und zur trägerübergreifenden Zusammenarbeit,
3. die Erarbeitung von gemeinsamen Empfehlungen zur Sicherung der Zusammenarbeit nach § 25,
4. die trägerübergreifende Fort- und Weiterbildung zur Unterstützung und Umsetzung trägerübergreifender Kooperation und Koordination,
5. die Erarbeitung trägerübergreifender Beratungsstandards und Förderung der Weitergabe von eigenen Lebenserfahrungen an andere Menschen mit Behinderungen durch die Beratungsmethode des Peer Counseling,
6. die Erarbeitung von Qualitätskriterien zur Sicherung der Struktur-, Prozess- und Ergebnisqualität im trägerübergreifenden Rehabilitationsgeschehen und Initiierung von deren Weiterentwicklung,
7. die Förderung der Partizipation Betroffener durch stärkere Einbindung von Selbsthilfe- und Selbstvertretungsorganisationen von Menschen mit Behinderungen in die konzeptionelle Arbeit der Bundesarbeitsgemeinschaft für Rehabilitation und deren Organe,
8. die Öffentlichkeitsarbeit zur Inklusion und Rehabilitation sowie
9. die Beobachtung und Bewertung der Forschung zur Rehabilitation sowie Durchführung trägerübergreifender Forschungsvorhaben.

§ 40 Rechtsaufsicht. Die Bundesarbeitsgemeinschaft für Rehabilitation untersteht der Rechtsaufsicht des Bundesministeriums für Arbeit und Soziales.

§ 41 Teilhabeverfahrensbericht. (1) Die Rehabilitationsträger nach § 6 Absatz 1 erfassen
1. die Anzahl der gestellten Anträge auf Leistungen zur Rehabilitation und Teilhabe differenziert nach Leistungsgruppen im Sinne von § 5 Nummer 1, 2, 4 und 5,
2. die Anzahl der Weiterleitungen nach § 14 Absatz 1 Satz 2,
3. in wie vielen Fällen
   a) die Zweiwochenfrist nach § 14 Absatz 1 Satz 1,
   b) die Dreiwochenfrist nach § 14 Absatz 2 Satz 2 sowie
   c) die Zweiwochenfrist nach § 14 Absatz 2 Satz 3
   nicht eingehalten wurde,
4. die durchschnittliche Zeitdauer zwischen Erteilung des Gutachtenauftrages in Fällen des § 14 Absatz 2 Satz 3 und der Vorlage des Gutachtens,
5. die durchschnittliche Zeitdauer zwischen Antragseingang beim leistenden Rehabilitationsträger und der Entscheidung nach den Merkmalen der Erledigung und der Bewilligung,
6. die Anzahl der Ablehnungen von Anträgen sowie der nicht vollständigen Bewilligung der beantragten Leistungen,

7. die durchschnittliche Zeitdauer zwischen dem Datum des Bewilligungsbescheides und dem Beginn der Leistungen mit und ohne Teilhabeplanung nach § 19, wobei in den Fällen, in denen die Leistung von einem Rehabilitationsträger nach § 6 Absatz 1 Nummer 1 erbracht wurde, das Merkmal „mit und ohne Teilhabeplanung nach § 19" nicht zu erfassen ist,
8. die Anzahl der trägerübergreifenden Teilhabeplanungen und Teilhabeplankonferenzen,
9. die Anzahl der nachträglichen Änderungen und Fortschreibungen der Teilhabepläne einschließlich der durchschnittlichen Geltungsdauer des Teilhabeplanes,
10. die Anzahl der Erstattungsverfahren nach § 16 Absatz 2 Satz 2,
11. die Anzahl der beantragten und bewilligten Leistungen in Form des Persönlichen Budgets,
12. die Anzahl der beantragten und bewilligten Leistungen in Form des trägerübergreifenden Persönlichen Budgets,
13. die Anzahl der Mitteilungen nach § 18 Absatz 1,
14. die Anzahl der Anträge auf Erstattung nach § 18 nach den Merkmalen „Bewilligung" oder „Ablehnung",
15. die Anzahl der Rechtsbehelfe sowie der erfolgreichen Rechtsbehelfe aus Sicht der Leistungsberechtigten jeweils nach den Merkmalen „Widerspruch" und „Klage",
16. die Anzahl der Leistungsberechtigten, die sechs Monate nach dem Ende der Maßnahme zur Teilhabe am Arbeitsleben eine sozialversicherungspflichtige Beschäftigung aufgenommen haben, soweit die Maßnahme von einem Rehabilitationsträger nach § 6 Absatz 1 Nummer 2 bis 7 erbracht wurde.

(2) ¹Die Rehabilitationsträger nach § 6 Absatz 1 Nummer 1 bis 5 melden jährlich die im Berichtsjahr nach Absatz 1 erfassten Angaben an ihre Spitzenverbände, die Rehabilitationsträger nach § 6 Absatz 1 Nummer 6 und 7 jeweils über ihre obersten Landesjugend- und Sozialbehörden, zur Weiterleitung an die Bundesarbeitsgemeinschaft für Rehabilitation in einem mit ihr technisch abgestimmten Datenformat. ²Die Bundesarbeitsgemeinschaft für Rehabilitation wertet die Angaben unter Beteiligung der Rehabilitationsträger aus und erstellt jährlich eine gemeinsame Übersicht. ³Die Erfassung der Angaben soll mit dem 1. Januar 2018 beginnen und ein Kalenderjahr umfassen. ⁴Der erste Bericht ist 2019 zu veröffentlichen.

(3) Der Bund erstattet der Bundesarbeitsgemeinschaft für Rehabilitation die notwendigen Aufwendungen für folgende Tätigkeiten:
1. die Bereitstellung von Daten,
2. die Datenaufarbeitung und
3. die Auswertungen über das Rehabilitationsgeschehen.

Kapitel 9. Leistungen zur medizinischen Rehabilitation

§ 42 Leistungen zur medizinischen Rehabilitation. (1) Zur medizinischen Rehabilitation von Menschen mit Behinderungen und von Behinderung bedrohter Menschen werden die erforderlichen Leistungen erbracht, um

1. Behinderungen einschließlich chronischer Krankheiten abzuwenden, zu beseitigen, zu mindern, auszugleichen, eine Verschlimmerung zu verhüten oder
2. Einschränkungen der Erwerbsfähigkeit und Pflegebedürftigkeit zu vermeiden, zu überwinden, zu mindern, eine Verschlimmerung zu verhindern sowie den vorzeitigen Bezug von laufenden Sozialleistungen zu verhüten oder laufende Sozialleistungen zu mindern.

(2) Leistungen zur medizinischen Rehabilitation umfassen insbesondere

1. Behandlung durch Ärzte, Zahnärzte und Angehörige anderer Heilberufe, soweit deren Leistungen unter ärztlicher Aufsicht oder auf ärztliche Anordnung ausgeführt werden, einschließlich der Anleitung, eigene Heilungskräfte zu entwickeln,
2. Früherkennung und Frühförderung für Kinder mit Behinderungen und von Behinderung bedrohte Kinder,
3. Arznei- und Verbandsmittel,
4. Heilmittel einschließlich physikalischer, Sprach- und Beschäftigungstherapie,
5. Psychotherapie als ärztliche und psychotherapeutische Behandlung,
6. Hilfsmittel sowie
7. Belastungserprobung und Arbeitstherapie.

(3) ¹Bestandteil der Leistungen nach Absatz 1 sind auch medizinische, psychologische und pädagogische Hilfen, soweit diese Leistungen im Einzelfall erforderlich sind, um die in Absatz 1 genannten Ziele zu erreichen. ²Solche Leistungen sind insbesondere

1. Hilfen zur Unterstützung bei der Krankheits- und Behinderungsverarbeitung,
2. Hilfen zur Aktivierung von Selbsthilfepotentialen,
3. die Information und Beratung von Partnern und Angehörigen sowie von Vorgesetzten und Kollegen, wenn die Leistungsberechtigten dem zustimmen,
4. die Vermittlung von Kontakten zu örtlichen Selbsthilfe- und Beratungsmöglichkeiten,
5. Hilfen zur seelischen Stabilisierung und zur Förderung der sozialen Kompetenz, unter anderem durch Training sozialer und kommunikativer Fähigkeiten und im Umgang mit Krisensituationen,
6. das Training lebenspraktischer Fähigkeiten sowie
7. die Anleitung und Motivation zur Inanspruchnahme von Leistungen der medizinischen Rehabilitation.

§ 43 Krankenbehandlung und Rehabilitation. Die in § 42 Absatz 1 genannten Ziele und § 12 Absatz 1 und 3 sowie § 19 gelten auch bei Leistungen der Krankenbehandlung.

§ 44 Stufenweise Wiedereingliederung. Können arbeitsunfähige Leistungsberechtigte nach ärztlicher Feststellung ihre bisherige Tätigkeit teilweise ausüben und können sie durch eine stufenweise Wiederaufnahme ihrer Tätigkeit voraussichtlich besser wieder in das Erwerbsleben eingegliedert werden,

9. Kapitel. Leistungen zur med. Rehab. §§ 45, 46 SGB IX 9

sollen die medizinischen und die sie ergänzenden Leistungen mit dieser Zielrichtung erbracht werden.

§ 45 Förderung der Selbsthilfe. [1] Selbsthilfegruppen, Selbsthilfeorganisationen und Selbsthilfekontaktstellen, die sich die Prävention, Rehabilitation, Früherkennung, Beratung, Behandlung und Bewältigung von Krankheiten und Behinderungen zum Ziel gesetzt haben, sollen nach einheitlichen Grundsätzen gefördert werden. [2] Die Daten der Rehabilitationsträger über Art und Höhe der Förderung der Selbsthilfe fließen in den Bericht der Bundesarbeitsgemeinschaft für Rehabilitation nach § 41 ein.

§ 46 Früherkennung und Frühförderung. (1) Die medizinischen Leistungen zur Früherkennung und Frühförderung für Kinder mit Behinderungen und von Behinderung bedrohte Kinder nach § 42 Absatz 2 Nummer 2 umfassen auch

1. die medizinischen Leistungen der fachübergreifend arbeitenden Dienste und Einrichtungen sowie

2. nichtärztliche sozialpädiatrische, psychologische, heilpädagogische, psychosoziale Leistungen und die Beratung der Erziehungsberechtigten, auch in fachübergreifend arbeitenden Diensten und Einrichtungen, wenn sie unter ärztlicher Verantwortung erbracht werden und erforderlich sind, um eine drohende oder bereits eingetretene Behinderung zum frühestmöglichen Zeitpunkt zu erkennen und einen individuellen Behandlungsplan aufzustellen.

(2) [1] Leistungen zur Früherkennung und Frühförderung für Kinder mit Behinderungen und von Behinderung bedrohte Kinder umfassen weiterhin nichtärztliche therapeutische, psychologische, heilpädagogische, sonderpädagogische, psychosoziale Leistungen und die Beratung der Erziehungsberechtigten durch interdisziplinäre Frühförderstellen oder nach Landesrecht zugelassene Einrichtungen mit vergleichbarem interdisziplinärem Förder-, Behandlungs- und Beratungsspektrum. [2] Die Leistungen sind erforderlich, wenn sie eine drohende oder bereits eingetretene Behinderung zum frühestmöglichen Zeitpunkt erkennen helfen oder die eingetretene Behinderung durch gezielte Förder- und Behandlungsmaßnahmen ausgleichen oder mildern.

(3) [1] Leistungen nach Absatz 1 werden in Verbindung mit heilpädagogischen Leistungen nach § 79 als Komplexleistung erbracht. [2] Die Komplexleistung umfasst auch Leistungen zur Sicherung der Interdisziplinarität. [3] Maßnahmen zur Komplexleistung können gleichzeitig oder nacheinander sowie in unterschiedlicher und gegebenenfalls wechselnder Intensität ab Geburt bis zur Einschulung eines Kindes mit Behinderungen oder drohender Behinderung erfolgen.

(4) In den Landesrahmenvereinbarungen zwischen den beteiligten Rehabilitationsträgern und den Verbänden der Leistungserbringer wird Folgendes geregelt:

1. die Anforderungen an interdisziplinäre Frühförderstellen, nach Landesrecht zugelassene Einrichtungen mit vergleichbarem interdisziplinärem Förder-, Behandlungs- und Beratungsspektrum und sozialpädiatrische Zentren zu Mindeststandards, Berufsgruppen, Personalausstattung, sachlicher und räumlicher Ausstattung,

2. die Dokumentation und Qualitätssicherung,

3. der Ort der Leistungserbringung sowie

4. die Vereinbarung und Abrechnung der Entgelte für die als Komplexleistung nach Absatz 3 erbrachten Leistungen unter Berücksichtigung der Zuwendungen Dritter, insbesondere der Länder, für Leistungen nach der Verordnung zur Früherkennung und Frühförderung.

(5) [1] Die Rehabilitationsträger schließen Vereinbarungen über die pauschalierte Aufteilung der nach Absatz 4 Nummer 4 vereinbarten Entgelte für Komplexleistungen auf der Grundlage der Leistungszuständigkeit nach Spezialisierung und Leistungsprofil des Dienstes oder der Einrichtung, insbesondere den vertretenen Fachdisziplinen und dem Diagnosespektrum der leistungsberechtigten Kinder. [2] Regionale Gegebenheiten werden berücksichtigt. [3] Der Anteil der Entgelte, der auf die für die Leistungen nach § 6 der Verordnung zur Früherkennung und Frühförderung jeweils zuständigen Träger entfällt, darf für Leistungen in interdisziplinären Frühförderstellen oder in nach Landesrecht zugelassenen Einrichtungen mit vergleichbarem interdisziplinärem Förder-, Behandlungs- und Beratungsspektrum 65 Prozent und in sozialpädiatrischen Zentren 20 Prozent nicht überschreiten. [4] Landesrecht kann andere als pauschale Abrechnungen vorsehen.

(6) Kommen Landesrahmenvereinbarungen nach Absatz 4 bis zum 31. Juli 2019 nicht zustande, sollen die Landesregierungen Regelungen durch Rechtsverordnung entsprechend Absatz 4 Nummer 1 bis 3 treffen.

§ 47 Hilfsmittel.

(1) Hilfsmittel (Körperersatzstücke sowie orthopädische und andere Hilfsmittel) nach § 42 Absatz 2 Nummer 6 umfassen die Hilfen, die von den Leistungsberechtigten getragen oder mitgeführt oder bei einem Wohnungswechsel mitgenommen werden können und unter Berücksichtigung der Umstände des Einzelfalles erforderlich sind, um

1. einer drohenden Behinderung vorzubeugen,

2. den Erfolg einer Heilbehandlung zu sichern oder

3. eine Behinderung bei der Befriedigung von Grundbedürfnissen des täglichen Lebens auszugleichen, soweit die Hilfsmittel nicht allgemeine Gebrauchsgegenstände des täglichen Lebens sind.

(2) [1] Der Anspruch auf Hilfsmittel umfasst auch die notwendige Änderung, Instandhaltung, Ersatzbeschaffung sowie die Ausbildung im Gebrauch der Hilfsmittel. [2] Der Rehabilitationsträger soll

1. vor einer Ersatzbeschaffung prüfen, ob eine Änderung oder Instandsetzung von bisher benutzten Hilfsmitteln wirtschaftlicher und gleich wirksam ist und

2. die Bewilligung der Hilfsmittel davon abhängig machen, dass die Leistungsberechtigten sich die Hilfsmittel anpassen oder sich in ihrem Gebrauch ausbilden lassen.

(3) Wählen Leistungsberechtigte ein geeignetes Hilfsmittel in einer aufwendigeren Ausführung als notwendig, tragen sie die Mehrkosten selbst.

(4) [1] Hilfsmittel können auch leihweise überlassen werden. [2] In diesem Fall gelten die Absätze 2 und 3 entsprechend.

10. Kapitel. Leistungen zur Teilhabe §§ 48, 49 SGB IX 9

§ 48 Verordnungsermächtigungen. Das Bundesministerium für Arbeit und Soziales wird ermächtigt, im Einvernehmen mit dem Bundesministerium für Gesundheit durch Rechtsverordnung mit Zustimmung des Bundesrates Näheres zu regeln

1. zur Abgrenzung der in § 46 genannten Leistungen und der weiteren Leistungen dieser Dienste und Einrichtungen und
2. zur Auswahl der im Einzelfall geeigneten Hilfsmittel, insbesondere zum Verfahren, zur Eignungsprüfung, Dokumentation und leihweisen Überlassung der Hilfsmittel sowie zur Zusammenarbeit der anderen Rehabilitationsträger mit den orthopädischen Versorgungsstellen.

Kapitel 10. Leistungen zur Teilhabe am Arbeitsleben

§ 49 Leistungen zur Teilhabe am Arbeitsleben, Verordnungsermächtigung. (1) Zur Teilhabe am Arbeitsleben werden die erforderlichen Leistungen erbracht, um die Erwerbsfähigkeit von Menschen mit Behinderungen oder von Behinderung bedrohter Menschen entsprechend ihrer Leistungsfähigkeit zu erhalten, zu verbessern, herzustellen oder wiederherzustellen und ihre Teilhabe am Arbeitsleben möglichst auf Dauer zu sichern.

(2) Frauen mit Behinderungen werden gleiche Chancen im Erwerbsleben zugesichert, insbesondere durch in der beruflichen Zielsetzung geeignete, wohnortnahe und auch in Teilzeit nutzbare Angebote.

(3) Die Leistungen zur Teilhabe am Arbeitsleben umfassen insbesondere

1. Hilfen zur Erhaltung oder Erlangung eines Arbeitsplatzes einschließlich Leistungen zur Aktivierung und beruflichen Eingliederung,
2. eine Berufsvorbereitung einschließlich einer wegen der Behinderung erforderlichen Grundausbildung,
3. die individuelle betriebliche Qualifizierung im Rahmen Unterstützter Beschäftigung,
4. die berufliche Anpassung und Weiterbildung, auch soweit die Leistungen einen zur Teilnahme erforderlichen schulischen Abschluss einschließen,
5. die berufliche Ausbildung, auch soweit die Leistungen in einem zeitlich nicht überwiegenden Abschnitt schulisch durchgeführt werden,
6. die Förderung der Aufnahme einer selbständigen Tätigkeit durch die Rehabilitationsträger nach § 6 Absatz 1 Nummer 2 bis 5 und
7. sonstige Hilfen zur Förderung der Teilhabe am Arbeitsleben, um Menschen mit Behinderungen eine angemessene und geeignete Beschäftigung oder eine selbständige Tätigkeit zu ermöglichen und zu erhalten.

(4) [1] Bei der Auswahl der Leistungen werden Eignung, Neigung, bisherige Tätigkeit sowie Lage und Entwicklung auf dem Arbeitsmarkt angemessen berücksichtigt. [2] Soweit erforderlich, wird dabei die berufliche Eignung abgeklärt oder eine Arbeitserprobung durchgeführt; in diesem Fall werden die Kosten nach Absatz 7, Reisekosten nach § 73 sowie Haushaltshilfe und Kinderbetreuungskosten nach § 74 übernommen.

(5) Die Leistungen werden auch für Zeiten notwendiger Praktika erbracht.

(6) [1] Die Leistungen umfassen auch medizinische, psychologische und pädagogische Hilfen, soweit diese Leistungen im Einzelfall erforderlich sind, um die

in Absatz 1 genannten Ziele zu erreichen oder zu sichern und Krankheitsfolgen zu vermeiden, zu überwinden, zu mindern oder ihre Verschlimmerung zu verhüten. ²Leistungen sind insbesondere
1. Hilfen zur Unterstützung bei der Krankheits- und Behinderungsverarbeitung,
2. Hilfen zur Aktivierung von Selbsthilfepotentialen,
3. die Information und Beratung von Partnern und Angehörigen sowie von Vorgesetzten und Kollegen, wenn die Leistungsberechtigten dem zustimmen,
4. die Vermittlung von Kontakten zu örtlichen Selbsthilfe- und Beratungsmöglichkeiten,
5. Hilfen zur seelischen Stabilisierung und zur Förderung der sozialen Kompetenz, unter anderem durch Training sozialer und kommunikativer Fähigkeiten und im Umgang mit Krisensituationen,
6. das Training lebenspraktischer Fähigkeiten,
7. das Training motorischer Fähigkeiten,
8. die Anleitung und Motivation zur Inanspruchnahme von Leistungen zur Teilhabe am Arbeitsleben und
9. die Beteiligung von Integrationsfachdiensten im Rahmen ihrer Aufgabenstellung (§ 193).

(7) Zu den Leistungen gehört auch die Übernahme
1. der erforderlichen Kosten für Unterkunft und Verpflegung, wenn für die Ausführung einer Leistung eine Unterbringung außerhalb des eigenen oder des elterlichen Haushalts wegen Art oder Schwere der Behinderung oder zur Sicherung des Erfolges der Teilhabe am Arbeitsleben notwendig ist sowie
2. der erforderlichen Kosten, die mit der Ausführung einer Leistung in unmittelbarem Zusammenhang stehen, insbesondere für Lehrgangskosten, Prüfungsgebühren, Lernmittel, Leistungen zur Aktivierung und beruflichen Eingliederung.

(8) ¹Leistungen nach Absatz 3 Nummer 1 und 7 umfassen auch
1. die Kraftfahrzeughilfe nach der Kraftfahrzeughilfe-Verordnung,
2. den Ausgleich für unvermeidbare Verdienstausfälle des Leistungsberechtigten oder einer erforderlichen Begleitperson wegen Fahrten der An- und Abreise zu einer Bildungsmaßnahme und zur Vorstellung bei einem Arbeitgeber, bei einem Träger oder einer Einrichtung für Menschen mit Behinderungen, durch die Rehabilitationsträger nach § 6 Absatz 1 Nummer 2 bis 5,
3. die Kosten einer notwendigen Arbeitsassistenz für schwerbehinderte Menschen als Hilfe zur Erlangung eines Arbeitsplatzes,
4. die Kosten für Hilfsmittel, die wegen Art oder Schwere der Behinderung erforderlich sind
   a) zur Berufsausübung,
   b) zur Teilhabe an einer Leistung zur Teilhabe am Arbeitsleben oder zur Erhöhung der Sicherheit auf dem Weg vom und zum Arbeitsplatz und am Arbeitsplatz selbst, es sei denn, dass eine Verpflichtung des Arbeitgebers besteht oder solche Leistungen als medizinische Leistung erbracht werden können,

10. Kapitel. Leistungen zur Teilhabe § 50 SGB IX 9

5. die Kosten technischer Arbeitshilfen, die wegen Art oder Schwere der Behinderung zur Berufsausübung erforderlich sind und

6. die Kosten der Beschaffung, der Ausstattung und der Erhaltung einer behinderungsgerechten Wohnung in angemessenem Umfang.

²Die Leistung nach Satz 1 Nummer 3 wird für die Dauer von bis zu drei Jahren bewilligt und in Abstimmung mit dem Rehabilitationsträger nach § 6 Absatz 1 Nummer 1 bis 5 durch das Integrationsamt nach § 185 Absatz 4 ausgeführt. ³Der Rehabilitationsträger erstattet dem Integrationsamt seine Aufwendungen. ⁴Der Anspruch nach § 185 Absatz 4 bleibt unberührt.

(9) Die Bundesregierung kann durch Rechtsverordnung mit Zustimmung des Bundesrates Näheres über Voraussetzungen, Gegenstand und Umfang der Leistungen der Kraftfahrzeughilfe zur Teilhabe am Arbeitsleben regeln.

§ 50 Leistungen an Arbeitgeber. (1) Die Rehabilitationsträger nach § 6 Absatz 1 Nummer 2 bis 5 können Leistungen zur Teilhabe am Arbeitsleben auch an Arbeitgeber erbringen, insbesondere als

1. Ausbildungszuschüsse zur betrieblichen Ausführung von Bildungsleistungen,

2. Eingliederungszuschüsse,

3. Zuschüsse für Arbeitshilfen im Betrieb und

4. teilweise oder volle Kostenerstattung für eine befristete Probebeschäftigung.

(2) Die Leistungen können unter Bedingungen und Auflagen erbracht werden.

(3) ¹Ausbildungszuschüsse nach Absatz 1 Nummer 1 können für die gesamte Dauer der Maßnahme geleistet werden. ²Die Ausbildungszuschüsse sollen bei Ausbildungsmaßnahmen die monatlichen Ausbildungsvergütungen nicht übersteigen, die von den Arbeitgebern im letzten Ausbildungsjahr gezahlt wurden.

(4) ¹Eingliederungszuschüsse nach Absatz 1 Nummer 2 betragen höchstens 50 Prozent der vom Arbeitgeber regelmäßig gezahlten Entgelte, soweit sie die tariflichen Arbeitsentgelte oder, wenn eine tarifliche Regelung nicht besteht, die für vergleichbare Tätigkeiten ortsüblichen Arbeitsentgelte im Rahmen der Beitragsbemessungsgrenze in der Arbeitsförderung nicht übersteigen. ²Die Eingliederungszuschüsse sollen im Regelfall für höchstens ein Jahr gezahlt werden. ³Soweit es für die Teilhabe am Arbeitsleben erforderlich ist, können die Eingliederungszuschüsse um bis zu 20 Prozentpunkte höher festgelegt und bis zu einer Förderungshöchstdauer von zwei Jahren gezahlt werden. ⁴Werden die Eingliederungszuschüsse länger als ein Jahr gezahlt, sind sie mindestens 10 Prozentpunkte zu vermindern, entsprechend der zu erwartenden Zunahme der Leistungsfähigkeit der Leistungsberechtigten und den abnehmenden Eingliederungserfordernissen gegenüber der bisherigen Förderungshöhe. ⁵Bei der Berechnung der Eingliederungszuschüsse nach Satz 1 wird auch der Anteil des Arbeitgebers am Gesamtsozialversicherungsbeitrag berücksichtigt. ⁶Eingliederungszuschüsse sind zurückzuzahlen, wenn die Arbeitsverhältnisse während des Förderungszeitraums oder innerhalb eines Zeitraums, der der Förderungsdauer entspricht, längstens jedoch von einem Jahr, nach dem Ende der Leistungen beendet werden. ⁷Der Eingliederungszuschuss muss nicht zurückgezahlt werden, wenn

1. die Leistungsberechtigten die Arbeitsverhältnisse durch Kündigung beenden oder das Mindestalter für den Bezug der gesetzlichen Altersrente erreicht haben oder
2. die Arbeitgeber berechtigt waren, aus wichtigem Grund ohne Einhaltung einer Kündigungsfrist oder aus Gründen, die in der Person oder dem Verhalten des Arbeitnehmers liegen, oder aus dringenden betrieblichen Erfordernissen, die einer Weiterbeschäftigung in diesem Betrieb entgegenstehen, zu kündigen.

[8] Die Rückzahlung ist auf die Hälfte des Förderungsbetrages, höchstens aber den im letzten Jahr vor der Beendigung des Beschäftigungsverhältnisses gewährten Förderungsbetrag begrenzt; nicht geförderte Nachbeschäftigungszeiten werden anteilig berücksichtigt.

§ 51 Einrichtungen der beruflichen Rehabilitation. (1) [1] Leistungen werden durch Berufsbildungswerke, Berufsförderungswerke und vergleichbare Einrichtungen der beruflichen Rehabilitation ausgeführt, wenn Art oder Schwere der Behinderung der Leistungsberechtigten oder die Sicherung des Erfolges die besonderen Hilfen dieser Einrichtungen erforderlich machen. [2] Die Einrichtung muss

1. eine erfolgreiche Ausführung der Leistung erwarten lassen nach Dauer, Inhalt und Gestaltung der Leistungen, nach der Unterrichtsmethode, Ausbildung und Berufserfahrung der Leitung und der Lehrkräfte sowie nach der Ausgestaltung der Fachdienste,
2. angemessene Teilnahmebedingungen bieten und behinderungsgerecht sein, insbesondere auch die Beachtung der Erfordernisse des Arbeitsschutzes und der Unfallverhütung gewährleisten,
3. den Teilnehmenden und den von ihnen zu wählenden Vertretungen angemessene Mitwirkungsmöglichkeiten an der Ausführung der Leistungen bieten sowie
4. die Leistung nach den Grundsätzen der Wirtschaftlichkeit und Sparsamkeit, insbesondere zu angemessenen Vergütungssätzen, ausführen.

[3] Die zuständigen Rehabilitationsträger vereinbaren hierüber gemeinsame Empfehlungen nach den §§ 26 und 37.

(2) [1] Werden Leistungen zur beruflichen Ausbildung in Einrichtungen der beruflichen Rehabilitation ausgeführt, sollen die Einrichtungen bei Eignung der Leistungsberechtigten darauf hinwirken, dass diese Ausbildung teilweise auch in Betrieben und Dienststellen durchgeführt wird. [2] Die Einrichtungen der beruflichen Rehabilitation unterstützen die Arbeitgeber bei der betrieblichen Ausbildung und bei der Betreuung der auszubildenden Jugendlichen mit Behinderungen.

§ 52 Rechtsstellung der Teilnehmenden. [1] Werden Leistungen in Einrichtungen der beruflichen Rehabilitation ausgeführt, werden die Teilnehmenden nicht in den Betrieb der Einrichtungen eingegliedert. [2] Sie sind keine Arbeitnehmer im Sinne des Betriebsverfassungsgesetzes und wählen zu ihrer Mitwirkung besondere Vertreter. [3] Bei der Ausführung werden die arbeitsrechtlichen Grundsätze über den Persönlichkeitsschutz, die Haftungsbeschränkung sowie die gesetzlichen Vorschriften über den Arbeitsschutz, den Schutz vor

10. Kapitel. Leistungen zur Teilhabe §§ 53–55 SGB IX 9

Diskriminierungen in Beschäftigung und Beruf, den Erholungsurlaub und die Gleichberechtigung von Männern und Frauen entsprechend angewendet.

§ 53 Dauer von Leistungen. (1) [1] Leistungen werden für die Zeit erbracht, die vorgeschrieben oder allgemein üblich ist, um das angestrebte Teilhabeziel zu erreichen. [2] Eine Förderung kann darüber hinaus erfolgen, wenn besondere Umstände dies rechtfertigen.

(2) [1] Leistungen zur beruflichen Weiterbildung sollen in der Regel bei ganztägigem Unterricht nicht länger als zwei Jahre dauern, es sei denn, dass das Teilhabeziel nur über eine länger andauernde Leistung erreicht werden kann oder die Eingliederungsaussichten nur durch eine länger andauernde Leistung wesentlich verbessert werden. [2] Abweichend von Satz 1 erster Teilsatz sollen Leistungen zur beruflichen Weiterbildung, die zu einem Abschluss in einem allgemein anerkannten Ausbildungsberuf führen und für die eine allgemeine Ausbildungsdauer von mehr als zwei Jahren vorgeschrieben ist, nicht länger als zwei Drittel der üblichen Ausbildungszeit dauern.

§ 54 Beteiligung der Bundesagentur für Arbeit. [1] Die Bundesagentur für Arbeit nimmt auf Anforderung eines anderen Rehabilitationsträgers gutachterlich Stellung zu Notwendigkeit, Art und Umfang von Leistungen unter Berücksichtigung arbeitsmarktlicher Zweckmäßigkeit. [2] Dies gilt auch, wenn sich die Leistungsberechtigten in einem Krankenhaus oder einer Einrichtung der medizinischen oder der medizinisch-beruflichen Rehabilitation aufhalten.

§ 55 Unterstützte Beschäftigung. (1) [1] Ziel der Unterstützten Beschäftigung ist es, Leistungsberechtigten mit besonderem Unterstützungsbedarf eine angemessene, geeignete und sozialversicherungspflichtige Beschäftigung zu ermöglichen und zu erhalten. [2] Unterstützte Beschäftigung umfasst eine individuelle betriebliche Qualifizierung und bei Bedarf Berufsbegleitung.

(2) [1] Leistungen zur individuellen betrieblichen Qualifizierung erhalten Menschen mit Behinderungen insbesondere, um sie für geeignete betriebliche Tätigkeiten zu erproben, auf ein sozialversicherungspflichtiges Beschäftigungsverhältnis vorzubereiten und bei der Einarbeitung und Qualifizierung auf einem betrieblichen Arbeitsplatz zu unterstützen. [2] Die Leistungen umfassen auch die Vermittlung von berufsübergreifenden Lerninhalten und Schlüsselqualifikationen sowie die Weiterentwicklung der Persönlichkeit der Menschen mit Behinderungen. [3] Die Leistungen werden vom zuständigen Rehabilitationsträger nach § 6 Absatz 1 Nummer 2 bis 5 für bis zu zwei Jahre erbracht, soweit sie wegen Art oder Schwere der Behinderung erforderlich sind. [4] Sie können bis zu einer Dauer von weiteren zwölf Monaten verlängert werden, wenn auf Grund der Art oder Schwere der Behinderung der gewünschte nachhaltige Qualifizierungserfolg im Einzelfall nicht anders erreicht werden kann und hinreichend gewährleistet ist, dass eine weitere Qualifizierung zur Aufnahme einer sozialversicherungspflichtigen Beschäftigung führt.

(3) [1] Leistungen der Berufsbegleitung erhalten Menschen mit Behinderungen insbesondere, um nach Begründung eines sozialversicherungspflichtigen Beschäftigungsverhältnisses die zu dessen Stabilisierung erforderliche Unterstützung und Krisenintervention zu gewährleisten. [2] Die Leistungen werden bei Zuständigkeit eines Rehabilitationsträgers nach § 6 Absatz 1 Nummer 3 oder 5 von diesem, im Übrigen von dem Integrationsamt im Rahmen seiner

Zuständigkeit erbracht, solange und soweit sie wegen Art oder Schwere der Behinderung zur Sicherung des Beschäftigungsverhältnisses erforderlich sind.

(4) Stellt der Rehabilitationsträger während der individuellen betrieblichen Qualifizierung fest, dass voraussichtlich eine anschließende Berufsbegleitung erforderlich ist, für die ein anderer Leistungsträger zuständig ist, beteiligt er diesen frühzeitig.

(5) [1] Die Unterstützte Beschäftigung kann von Integrationsfachdiensten oder anderen Trägern durchgeführt werden. [2] Mit der Durchführung kann nur beauftragt werden, wer über die erforderliche Leistungsfähigkeit verfügt, um seine Aufgaben entsprechend den individuellen Bedürfnissen der Menschen mit Behinderungen erfüllen zu können. [3] Insbesondere müssen die Beauftragten

1. über Fachkräfte verfügen, die eine geeignete Berufsqualifikation, eine psychosoziale oder arbeitspädagogische Zusatzqualifikation und eine ausreichende Berufserfahrung besitzen,
2. in der Lage sein, den Menschen mit Behinderungen geeignete individuelle betriebliche Qualifizierungsplätze zur Verfügung zu stellen und ihre berufliche Eingliederung zu unterstützen,
3. über die erforderliche räumliche und sächliche Ausstattung verfügen sowie
4. ein System des Qualitätsmanagements im Sinne des § 37 Absatz 2 Satz 1 anwenden.

(6) [1] Zur Konkretisierung und Weiterentwicklung der in Absatz 5 genannten Qualitätsanforderungen vereinbaren die Rehabilitationsträger nach § 6 Absatz 1 Nummer 2 bis 5 sowie die Bundesarbeitsgemeinschaft der Integrationsämter und Hauptfürsorgestellen im Rahmen der Bundesarbeitsgemeinschaft für Rehabilitation eine gemeinsame Empfehlung. [2] Die gemeinsame Empfehlung kann auch Ausführungen zu möglichen Leistungsinhalten und zur Zusammenarbeit enthalten. [3] § 26 Absatz 4, 6 und 7 sowie § 27 gelten entsprechend.

§ 56 Leistungen in Werkstätten für behinderte Menschen.

Leistungen in anerkannten Werkstätten für behinderte Menschen (§ 219) werden erbracht, um die Leistungs- oder Erwerbsfähigkeit der Menschen mit Behinderungen zu erhalten, zu entwickeln, zu verbessern oder wiederherzustellen, die Persönlichkeit dieser Menschen weiterzuentwickeln und ihre Beschäftigung zu ermöglichen oder zu sichern.

§ 57 Leistungen im Eingangsverfahren und im Berufsbildungsbereich.

(1) Leistungen im Eingangsverfahren und im Berufsbildungsbereich einer anerkannten Werkstatt für behinderte Menschen erhalten Menschen mit Behinderungen

1. im Eingangsverfahren zur Feststellung, ob die Werkstatt die geeignete Einrichtung für die Teilhabe des Menschen mit Behinderungen am Arbeitsleben ist sowie welche Bereiche der Werkstatt und welche Leistungen zur Teilhabe am Arbeitsleben für die Menschen mit Behinderungen in Betracht kommen, und um einen Eingliederungsplan zu erstellen;
2. im Berufsbildungsbereich, wenn die Leistungen erforderlich sind, um die Leistungs- oder Erwerbsfähigkeit des Menschen mit Behinderungen so weit wie möglich zu entwickeln, zu verbessern oder wiederherzustellen und erwartet werden kann, dass der Mensch mit Behinderungen nach Teilnahme

10. Kapitel. Leistungen zur Teilhabe   **§ 58 SGB IX 9**

an diesen Leistungen in der Lage ist, wenigstens ein Mindestmaß wirtschaftlich verwertbarer Arbeitsleistung im Sinne des § 219 zu erbringen.

(2) ¹Die Leistungen im Eingangsverfahren werden für drei Monate erbracht. ²Die Leistungsdauer kann auf bis zu vier Wochen verkürzt werden, wenn während des Eingangsverfahrens im Einzelfall festgestellt wird, dass eine kürzere Leistungsdauer ausreichend ist.

(3) ¹Die Leistungen im Berufsbildungsbereich werden für zwei Jahre erbracht. ²Sie werden in der Regel zunächst für ein Jahr bewilligt. ³Sie werden für ein weiteres Jahr bewilligt, wenn auf Grund einer fachlichen Stellungnahme, die rechtzeitig vor Ablauf des Förderzeitraums nach Satz 2 abzugeben ist, angenommen wird, dass die Leistungsfähigkeit des Menschen mit Behinderungen weiterentwickelt oder wiedergewonnen werden kann.

(4) ¹Zeiten der individuellen betrieblichen Qualifizierung im Rahmen einer Unterstützten Beschäftigung nach § 55 werden zur Hälfte auf die Dauer des Berufsbildungsbereichs angerechnet. ²Allerdings dürfen die Zeiten individueller betrieblicher Qualifizierung und die Zeiten des Berufsbildungsbereichs insgesamt nicht mehr als 36 Monate betragen.

§ 58 Leistungen im Arbeitsbereich. (1) ¹Leistungen im Arbeitsbereich einer anerkannten Werkstatt für behinderte Menschen erhalten Menschen mit Behinderungen, bei denen wegen Art oder Schwere der Behinderung

1. eine Beschäftigung auf dem allgemeinen Arbeitsmarkt einschließlich einer Beschäftigung in einem Inklusionsbetrieb (§ 215) oder
2. eine Berufsvorbereitung, eine individuelle betriebliche Qualifizierung im Rahmen Unterstützter Beschäftigung, eine berufliche Anpassung und Weiterbildung oder eine berufliche Ausbildung (§ 49 Absatz 3 Nummer 2 bis 6)

nicht, noch nicht oder noch nicht wieder in Betracht kommt und die in der Lage sind, wenigstens ein Mindestmaß wirtschaftlich verwertbarer Arbeitsleistung zu erbringen. ²Leistungen im Arbeitsbereich werden im Anschluss an Leistungen im Berufsbildungsbereich (§ 57) oder an entsprechende Leistungen bei einem anderen Leistungsanbieter (§ 60) erbracht; hiervon kann abgewichen werden, wenn der Mensch mit Behinderungen bereits über die für die in Aussicht genommene Beschäftigung erforderliche Leistungsfähigkeit verfügt, die er durch eine Beschäftigung auf dem allgemeinen Arbeitsmarkt erworben hat. ³Die Leistungen sollen in der Regel längstens bis zum Ablauf des Monats erbracht werden, in dem das für die Regelaltersrente im Sinne des Sechsten Buches erforderliche Lebensalter erreicht wird.

(2) Die Leistungen im Arbeitsbereich sind gerichtet auf

1. die Aufnahme, Ausübung und Sicherung einer der Eignung und Neigung des Menschen mit Behinderungen entsprechenden Beschäftigung,
2. die Teilnahme an arbeitsbegleitenden Maßnahmen zur Erhaltung und Verbesserung der im Berufsbildungsbereich erworbenen Leistungsfähigkeit und zur Weiterentwicklung der Persönlichkeit sowie
3. die Förderung des Übergangs geeigneter Menschen mit Behinderungen auf den allgemeinen Arbeitsmarkt durch geeignete Maßnahmen.

(3) ¹Die Werkstätten erhalten für die Leistungen nach Absatz 2 vom zuständigen Rehabilitationsträger angemessene Vergütungen, die den Grundsätzen

der Wirtschaftlichkeit, Sparsamkeit und Leistungsfähigkeit entsprechen. ²Die Vergütungen berücksichtigen

1. alle für die Erfüllung der Aufgaben und der fachlichen Anforderungen der Werkstatt notwendigen Kosten sowie
2. die mit der wirtschaftlichen Betätigung der Werkstatt in Zusammenhang stehenden Kosten, soweit diese unter Berücksichtigung der besonderen Verhältnisse in der Werkstatt und der dort beschäftigten Menschen mit Behinderungen nach Art und Umfang über die in einem Wirtschaftsunternehmen üblicherweise entstehenden Kosten hinausgehen.

³Können die Kosten der Werkstatt nach Satz 2 Nummer 2 im Einzelfall nicht ermittelt werden, kann eine Vergütungspauschale für diese werkstattspezifischen Kosten der wirtschaftlichen Betätigung der Werkstatt vereinbart werden.

(4) ¹Bei der Ermittlung des Arbeitsergebnisses der Werkstatt nach § 12 Absatz 4 der Werkstättenverordnung werden die Auswirkungen der Vergütungen auf die Höhe des Arbeitsergebnisses dargestellt. ²Dabei wird getrennt ausgewiesen, ob sich durch die Vergütung Verluste oder Gewinne ergeben. ³Das Arbeitsergebnis der Werkstatt darf nicht zur Minderung der Vergütungen nach Absatz 3 verwendet werden.

§ 59 Arbeitsförderungsgeld. (1) ¹Die Werkstätten für behinderte Menschen erhalten von dem zuständigen Rehabilitationsträger zur Auszahlung an die im Arbeitsbereich beschäftigten Menschen mit Behinderungen zusätzlich zu den Vergütungen nach § 58 Absatz 3 ein Arbeitsförderungsgeld. ²Das Arbeitsförderungsgeld beträgt monatlich 52 Euro für jeden im Arbeitsbereich beschäftigten Menschen mit Behinderungen, dessen Arbeitsentgelt zusammen mit dem Arbeitsförderungsgeld den Betrag von 351 Euro nicht übersteigt. ³Ist das Arbeitsentgelt höher als 299 Euro, beträgt das Arbeitsförderungsgeld monatlich den Differenzbetrag zwischen dem Arbeitsentgelt und 351 Euro.

(2) Das Arbeitsförderungsgeld bleibt bei Sozialleistungen, deren Zahlung von anderen Einkommen abhängig ist, als Einkommen unberücksichtigt.

§ 60 Andere Leistungsanbieter. (1) Menschen mit Behinderungen, die Anspruch auf Leistungen nach den §§ 57 und 58 haben, können diese auch bei einem anderen Leistungsanbieter in Anspruch nehmen.

(2) Die Vorschriften für Werkstätten für behinderte Menschen gelten mit folgenden Maßgaben für andere Leistungsanbieter:

1. sie bedürfen nicht der förmlichen Anerkennung,
2. sie müssen nicht über eine Mindestplatzzahl und die für die Erbringung der Leistungen in Werkstätten erforderliche räumliche und sächliche Ausstattung verfügen,
3. sie können ihr Angebot auf Leistungen nach § 57 oder § 58 oder Teile solcher Leistungen beschränken,
4. sie sind nicht verpflichtet, Menschen mit Behinderungen Leistungen nach § 57 oder § 58 zu erbringen, wenn und solange die Leistungsvoraussetzungen vorliegen,

5. eine dem Werkstattrat vergleichbare Vertretung wird ab fünf Wahlberechtigten gewählt. Sie besteht bei bis zu 20 Wahlberechtigten aus einem Mitglied und

6. eine Frauenbeauftragte wird ab fünf wahlberechtigten Frauen gewählt, eine Stellvertreterin ab 20 wahlberechtigten Frauen.

(3) Eine Verpflichtung des Leistungsträgers, Leistungen durch andere Leistungsanbieter zu ermöglichen, besteht nicht.

(4) Für das Rechtsverhältnis zwischen dem anderen Leistungsanbieter und dem Menschen mit Behinderungen gilt § 221 entsprechend.

§ 61 Budget für Arbeit. (1) Menschen mit Behinderungen, die Anspruch auf Leistungen nach § 58 haben und denen von einem privaten oder öffentlichen Arbeitgeber ein sozialversicherungspflichtiges Arbeitsverhältnis mit einer tarifvertraglichen oder ortsüblichen Entlohnung angeboten wird, erhalten mit Abschluss dieses Arbeitsvertrages als Leistungen zur Teilhabe am Arbeitsleben ein Budget für Arbeit.

(2) [1] Das Budget für Arbeit umfasst einen Lohnkostenzuschuss an den Arbeitgeber zum Ausgleich der Leistungsminderung des Beschäftigten und die Aufwendungen für die wegen der Behinderung erforderliche Anleitung und Begleitung am Arbeitsplatz. [2] Der Lohnkostenzuschuss beträgt bis zu 75 Prozent des vom Arbeitgeber regelmäßig gezahlten Arbeitsentgelts, höchstens jedoch 40 Prozent der monatlichen Bezugsgröße nach § 18 Absatz 1 des Vierten Buches[1]. [3] Dauer und Umfang der Leistungen bestimmen sich nach den Umständen des Einzelfalles. [4] Durch Landesrecht kann von dem Prozentsatz der Bezugsgröße nach Satz 2 zweiter Halbsatz nach oben abgewichen werden.

(3) Ein Lohnkostenzuschuss ist ausgeschlossen, wenn zu vermuten ist, dass der Arbeitgeber die Beendigung eines anderen Beschäftigungsverhältnisses veranlasst hat, um durch die ersatzweise Einstellung eines Menschen mit Behinderungen den Lohnkostenzuschuss zu erhalten.

(4) Die am Arbeitsplatz wegen der Behinderung erforderliche Anleitung und Begleitung kann von mehreren Leistungsberechtigten gemeinsam in Anspruch genommen werden.

(5) Eine Verpflichtung des Leistungsträgers, Leistungen zur Beschäftigung bei privaten oder öffentlichen Arbeitgebern zu ermöglichen, besteht nicht.

§ 62 Wahlrecht des Menschen mit Behinderungen. (1) Auf Wunsch des Menschen mit Behinderungen werden die Leistungen nach den §§ 57 und 58 von einer nach § 225 anerkannten Werkstatt für behinderte Menschen, von dieser zusammen mit einem oder mehreren anderen Leistungsanbietern oder von einem oder mehreren anderen Leistungsanbietern erbracht.

(2) Werden Teile einer Leistung im Verantwortungsbereich einer Werkstatt für behinderte Menschen oder eines anderen Leistungsanbieters erbracht, so bedarf die Leistungserbringung der Zustimmung des unmittelbar verantwortlichen Leistungsanbieters.

---

[1] Nr. 4.

§ 63 Zuständigkeit nach den Leistungsgesetzen. (1) Die Leistungen im Eingangsverfahren und im Berufsbildungsbereich einer anerkannten Werkstatt für behinderte Menschen erbringen

1. die Bundesagentur für Arbeit, soweit nicht einer der in den Nummern 2 bis 4 genannten Träger zuständig ist,
2. die Träger der Unfallversicherung im Rahmen ihrer Zuständigkeit für durch Arbeitsunfälle Verletzte und von Berufskrankheiten Betroffene,
3. die Träger der Rentenversicherung unter den Voraussetzungen der §§ 11 bis 13 des Sechsten Buches[1]) und
4. die Träger der Kriegsopferfürsorge unter den Voraussetzungen der §§ 26 und 26a des Bundesversorgungsgesetzes.

(2) Die Leistungen im Arbeitsbereich einer anerkannten Werkstatt für behinderte Menschen erbringen

1. die Träger der Unfallversicherung im Rahmen ihrer Zuständigkeit für durch Arbeitsunfälle Verletzte und von Berufskrankheiten Betroffene,
2. die Träger der Kriegsopferfürsorge unter den Voraussetzungen des § 27d Absatz 1 Nummer 3 des Bundesversorgungsgesetzes,
3. die Träger der öffentlichen Jugendhilfe unter den Voraussetzungen des § 35a des Achten Buches[2]) und
4. im Übrigen die Träger der Eingliederungshilfe unter den Voraussetzungen des § 99.

(3) [1] Absatz 1 gilt auch für die Leistungen zur beruflichen Bildung bei einem anderen Leistungsanbieter. [2] Absatz 2 gilt auch für die Leistungen zur Beschäftigung bei einem anderen Leistungsanbieter sowie die Leistung des Budgets für Arbeit.

Kapitel 11. Unterhaltssichernde und andere ergänzende Leistungen

§ 64 Ergänzende Leistungen. (1) Die Leistungen zur medizinischen Rehabilitation und zur Teilhabe am Arbeitsleben der in § 6 Absatz 1 Nummer 1 bis 5 genannten Rehabilitationsträger werden ergänzt durch

1. Krankengeld, Versorgungskrankengeld, Verletztengeld, Übergangsgeld, Ausbildungsgeld oder Unterhaltsbeihilfe,
2. Beiträge und Beitragszuschüsse
    a) zur Krankenversicherung nach Maßgabe des Fünften Buches, des Zweiten Gesetzes über die Krankenversicherung der Landwirte sowie des Künstlersozialversicherungsgesetzes,
    b) zur Unfallversicherung nach Maßgabe des Siebten Buches,
    c) zur Rentenversicherung nach Maßgabe des Sechsten Buches sowie des Künstlersozialversicherungsgesetzes,
    d) zur Bundesagentur für Arbeit nach Maßgabe des Dritten Buches,
    e) zur Pflegeversicherung nach Maßgabe des Elften Buches,

---
[1]) Nr. **6**.
[2]) Nr. **8**.

11. Kapitel. Unterhaltssich.- u. and. Leistungen § 65 SGB IX 9

3. ärztlich verordneten Rehabilitationssport in Gruppen unter ärztlicher Betreuung und Überwachung, einschließlich Übungen für behinderte oder von Behinderung bedrohte Frauen und Mädchen, die der Stärkung des Selbstbewusstseins dienen,
4. ärztlich verordnetes Funktionstraining in Gruppen unter fachkundiger Anleitung und Überwachung,
5. Reisekosten sowie
6. Betriebs- oder Haushaltshilfe und Kinderbetreuungskosten.

(2) [1] Ist der Schutz von Menschen mit Behinderungen bei Krankheit oder Pflege während der Teilnahme an Leistungen zur Teilhabe am Arbeitsleben nicht anderweitig sichergestellt, können die Beiträge für eine freiwillige Krankenversicherung ohne Anspruch auf Krankengeld und zur Pflegeversicherung bei einem Träger der gesetzlichen Kranken- oder Pflegeversicherung oder, wenn dort im Einzelfall ein Schutz nicht gewährleistet ist, die Beiträge zu einem privaten Krankenversicherungsunternehmen erbracht werden. [2] Arbeitslose Teilnehmer an Leistungen zur medizinischen Rehabilitation können für die Dauer des Bezuges von Verletztengeld, Versorgungskrankengeld oder Übergangsgeld einen Zuschuss zu ihrem Beitrag für eine private Versicherung gegen Krankheit oder für die Pflegeversicherung erhalten. [3] Der Zuschuss wird nach § 174 Absatz 2 des Dritten Buches[1] berechnet.

§ 65 Leistungen zum Lebensunterhalt. (1) Im Zusammenhang mit Leistungen zur medizinischen Rehabilitation leisten
1. Krankengeld: die gesetzlichen Krankenkassen nach Maßgabe der §§ 44 und 46 bis 51 des Fünften Buches[2] und des § 8 Absatz 2 in Verbindung mit den §§ 12 und 13 des Zweiten Gesetzes über die Krankenversicherung der Landwirte,
2. Verletztengeld: die Träger der Unfallversicherung nach Maßgabe der §§ 45 bis 48, 52 und 55 des Siebten Buches[3],
3. Übergangsgeld: die Träger der Rentenversicherung nach Maßgabe dieses Buches und der §§ 20 und 21 des Sechsten Buches[4],
4. Versorgungskrankengeld: die Träger der Kriegsopferversorgung nach Maßgabe der §§ 16 bis 16h und 18a des Bundesversorgungsgesetzes.

(2) Im Zusammenhang mit Leistungen zur Teilhabe am Arbeitsleben leisten Übergangsgeld
1. die Träger der Unfallversicherung nach Maßgabe dieses Buches und der §§ 49 bis 52 des Siebten Buches,
2. die Träger der Rentenversicherung nach Maßgabe dieses Buches und der §§ 20 und 21 des Sechsten Buches,
3. die Bundesagentur für Arbeit nach Maßgabe dieses Buches und der §§ 119 bis 121 des Dritten Buches[1],
4. die Träger der Kriegsopferfürsorge nach Maßgabe dieses Buches und des § 26a des Bundesversorgungsgesetzes.

---

[1] Nr. 3.
[2] Nr. 5.
[3] Nr. 7.
[4] Nr. 6.

(3) Menschen mit Behinderungen oder von Behinderung bedrohte Menschen haben Anspruch auf Übergangsgeld wie bei Leistungen zur Teilhabe am Arbeitsleben für den Zeitraum, in dem die berufliche Eignung abgeklärt oder eine Arbeitserprobung durchgeführt wird (§ 49 Absatz 4 Satz 2) und sie wegen der Teilnahme an diesen Maßnahmen kein oder ein geringeres Arbeitsentgelt oder Arbeitseinkommen erzielen.

(4) Der Anspruch auf Übergangsgeld ruht, solange die Leistungsempfängerin einen Anspruch auf Mutterschaftsgeld hat; § 52 Nummer 2 des Siebten Buches bleibt unberührt.

(5) Während der Ausführung von Leistungen zur erstmaligen beruflichen Ausbildung von Menschen mit Behinderungen, berufsvorbereitenden Bildungsmaßnahmen und Leistungen zur individuellen betrieblichen Qualifizierung im Rahmen Unterstützter Beschäftigung sowie im Eingangsverfahren und im Berufsbildungsbereich von anerkannten Werkstätten für behinderte Menschen und anderen Leistungsanbietern leisten
1. die Bundesagentur für Arbeit Ausbildungsgeld nach Maßgabe der §§ 122 bis 126 des Dritten Buches und
2. die Träger der Kriegsopferfürsorge Unterhaltsbeihilfe unter den Voraussetzungen der §§ 26 und 26a des Bundesversorgungsgesetzes.

(6) Die Träger der Kriegsopferfürsorge leisten in den Fällen des § 27d Absatz 1 Nummer 3 des Bundesversorgungsgesetzes ergänzende Hilfe zum Lebensunterhalt nach § 27a des Bundesversorgungsgesetzes.

(7) Das Krankengeld, das Versorgungskrankengeld, das Verletztengeld und das Übergangsgeld werden für Kalendertage gezahlt; wird die Leistung für einen ganzen Kalendermonat gezahlt, so wird dieser mit 30 Tagen angesetzt.

§ 66 Höhe und Berechnung des Übergangsgelds. (1) [1] Der Berechnung des Übergangsgelds werden 80 Prozent des erzielten regelmäßigen Arbeitsentgelts und Arbeitseinkommens, soweit es der Beitragsberechnung unterliegt (Regelentgelt), zugrunde gelegt, höchstens jedoch das in entsprechender Anwendung des § 67 berechnete Nettoarbeitsentgelt; als Obergrenze gilt die für den Rehabilitationsträger jeweils geltende Beitragsbemessungsgrenze. [2] Bei der Berechnung des Regelentgelts und des Nettoarbeitsentgelts werden die für die jeweilige Beitragsbemessung und Beitragstragung geltenden Besonderheiten der Gleitzone nach § 20 Absatz 2 des Vierten Buches[1]) nicht berücksichtigt.
[3] Das Übergangsgeld beträgt
1. 75 Prozent der Berechnungsgrundlage für Leistungsempfänger,
   a) die mindestens ein Kind im Sinne des § 32 Absatz 1, 3 bis 5 des Einkommensteuergesetzes haben,
   b) die ein Stiefkind (§ 56 Absatz 2 Nummer 1 des Ersten Buches[2])) in ihren Haushalt aufgenommen haben oder
   c) deren Ehegatten oder Lebenspartner, mit denen sie in häuslicher Gemeinschaft leben, eine Erwerbstätigkeit nicht ausüben können, weil sie die Leistungsempfänger pflegen oder selbst der Pflege bedürfen und keinen Anspruch auf Leistungen aus der Pflegeversicherung haben,
2. 68 Prozent der Berechnungsgrundlage für die übrigen Leistungsempfänger.

---

[1]) Nr. 4.
[2]) Nr. 1.

⁴ Leisten Träger der Kriegsopferfürsorge Übergangsgeld, beträgt das Übergangsgeld 80 Prozent der Berechnungsgrundlage, wenn die Leistungsempfänger eine der Voraussetzungen von Satz 3 Nummer 1 erfüllen, und im Übrigen 70 Prozent der Berechnungsgrundlage.

(2) ¹ Das Nettoarbeitsentgelt nach Absatz 1 Satz 1 berechnet sich, indem der Anteil am Nettoarbeitsentgelt, der sich aus dem kalendertäglichen Hinzurechnungsbetrag nach § 67 Absatz 1 Satz 6 ergibt, mit dem Prozentsatz angesetzt wird, der sich aus dem Verhältnis des kalendertäglichen Regelentgeltbetrages nach § 67 Absatz 1 Satz 1 bis 5 zu dem sich aus diesem Regelentgeltbetrag ergebenden Nettoarbeitsentgelt ergibt. ² Das kalendertägliche Übergangsgeld darf das kalendertägliche Nettoarbeitsentgelt, das sich aus dem Arbeitsentgelt nach § 67 Absatz 1 Satz 1 bis 5 ergibt, nicht übersteigen.

§ 67 Berechnung des Regelentgelts. (1) ¹ Für die Berechnung des Regelentgelts wird das von den Leistungsempfängern im letzten vor Beginn der Leistung oder einer vorangegangenen Arbeitsunfähigkeit abgerechneten Entgeltabrechnungszeitraum, mindestens das während der letzten abgerechneten vier Wochen (Bemessungszeitraum) erzielte und um einmalig gezahltes Arbeitsentgelt verminderte Arbeitsentgelt durch die Zahl der Stunden geteilt, für die es gezahlt wurde. ² Das Ergebnis wird mit der Zahl der sich aus dem Inhalt des Arbeitsverhältnisses ergebenden regelmäßigen wöchentlichen Arbeitsstunden vervielfacht und durch sieben geteilt. ³ Ist das Arbeitsentgelt nach Monaten bemessen oder ist eine Berechnung des Regelentgelts nach den Sätzen 1 und 2 nicht möglich, gilt der 30. ⁴ Teil des in dem letzten vor Beginn der Leistung abgerechneten Kalendermonat erzielten und um einmalig gezahltes Arbeitsentgelt verminderten Arbeitsentgelts als Regelentgelt. ⁵ Wird mit einer Arbeitsleistung Arbeitsentgelt erzielt, das für Zeiten einer Freistellung vor oder nach dieser Arbeitsleistung fällig wird (Wertguthaben nach § 7b des Vierten Buches[1]), ist für die Berechnung des Regelentgelts das im Bemessungszeitraum der Beitragsberechnung zugrunde liegende und um einmalig gezahltes Arbeitsentgelt verminderte Arbeitsentgelt maßgebend; Wertguthaben, die nicht nach einer Vereinbarung über flexible Arbeitszeitregelungen verwendet werden (§ 23b Absatz 2 des Vierten Buches), bleiben außer Betracht. ⁶ Bei der Anwendung des Satzes 1 gilt als regelmäßige wöchentliche Arbeitszeit die Arbeitszeit, die dem gezahlten Arbeitsentgelt entspricht. ⁷ Für die Berechnung des Regelentgelts wird der 360. ⁸ Teil des einmalig gezahlten Arbeitsentgelts, das in den letzten zwölf Kalendermonaten vor Beginn der Leistung nach § 23a des Vierten Buches der Beitragsberechnung zugrunde gelegen hat, dem nach den Sätzen 1 bis 5 berechneten Arbeitsentgelt hinzugerechnet.

(2) Bei Teilarbeitslosigkeit ist für die Berechnung das Arbeitsentgelt maßgebend, das in der infolge der Teilarbeitslosigkeit nicht mehr ausgeübten Beschäftigung erzielt wurde.

(3) Für Leistungsempfänger, die Kurzarbeitergeld bezogen haben, wird das regelmäßige Arbeitsentgelt zugrunde gelegt, das zuletzt vor dem Arbeitsausfall erzielt wurde.

---

[1] Nr. 4.

(4) Das Regelentgelt wird bis zur Höhe der für den Rehabilitationsträger jeweils geltenden Leistungs- oder Beitragsbemessungsgrenze berücksichtigt, in der Rentenversicherung bis zur Höhe des der Beitragsbemessung zugrunde liegenden Entgelts.

(5) Für Leistungsempfänger, die im Inland nicht einkommensteuerpflichtig sind, werden für die Feststellung des entgangenen Nettoarbeitsentgelts die Steuern berücksichtigt, die bei einer Steuerpflicht im Inland durch Abzug vom Arbeitsentgelt erhoben würden.

§ 68 Berechnungsgrundlage in Sonderfällen. (1) Für die Berechnung des Übergangsgeldes während des Bezuges von Leistungen zur Teilhabe am Arbeitsleben werden 65 Prozent eines fiktiven Arbeitsentgelts zugrunde gelegt, wenn

1. die Berechnung nach den §§ 66 und 67 zu einem geringeren Betrag führt,
2. Arbeitsentgelt oder Arbeitseinkommen nicht erzielt worden ist oder
3. der letzte Tag des Bemessungszeitraums bei Beginn der Leistungen länger als drei Jahre zurückliegt.

(2) [1] Für die Festsetzung des fiktiven Arbeitsentgelts ist der Leistungsempfänger der Qualifikationsgruppe zuzuordnen, die seiner beruflichen Qualifikation entspricht. [2] Dafür gilt folgende Zuordnung:

1. für eine Hochschul- oder Fachhochschulausbildung (Qualifikationsgruppe 1) ein Arbeitsentgelt in Höhe von einem Dreihundertstel der Bezugsgröße,
2. für einen Fachschulabschluss, den Nachweis über eine abgeschlossene Qualifikation als Meisterin oder Meister oder einen Abschluss in einer vergleichbaren Einrichtung (Qualifikationsgruppe 2) ein Arbeitsentgelt in Höhe von einem Dreihundertsechzigstel der Bezugsgröße,
3. für eine abgeschlossene Ausbildung in einem Ausbildungsberuf (Qualifikationsgruppe 3) ein Arbeitsentgelt in Höhe von einem Vierhundertfünfzigstel der Bezugsgröße und
4. bei einer fehlenden Ausbildung (Qualifikationsgruppe 4) ein Arbeitsentgelt in Höhe von einem Sechshundertstel der Bezugsgröße.

[3] Maßgebend ist die Bezugsgröße, die für den Wohnsitz oder für den gewöhnlichen Aufenthaltsort der Leistungsempfänger im letzten Kalendermonat vor dem Beginn der Leistung gilt.

§ 69 Kontinuität der Bemessungsgrundlage. Haben Leistungsempfänger Krankengeld, Verletztengeld, Versorgungskrankengeld oder Übergangsgeld bezogen und wird im Anschluss daran eine Leistung zur medizinischen Rehabilitation oder zur Teilhabe am Arbeitsleben ausgeführt, so wird bei der Berechnung der diese Leistungen ergänzenden Leistung zum Lebensunterhalt von dem bisher zugrunde gelegten Arbeitsentgelt ausgegangen; es gilt die für den Rehabilitationsträger jeweils geltende Beitragsbemessungsgrenze.

§ 70 Anpassung der Entgeltersatzleistungen. (1) Die Berechnungsgrundlage, die dem Krankengeld, dem Versorgungskrankengeld, dem Verletztengeld und dem Übergangsgeld zugrunde liegt, wird jeweils nach Ablauf eines Jahres ab dem Ende des Bemessungszeitraums an die Entwicklung der Bruttoarbeitsentgelte angepasst und zwar entsprechend der Veränderung der Bruttolöhne und -gehälter je Arbeitnehmer (§ 68 Absatz 2 Satz 1 des Sechsten Buches[1]) vom vorvergangenen zum vergangenen Kalenderjahr.

(2) Der Anpassungsfaktor wird errechnet, indem die Bruttolöhne und -gehälter je Arbeitnehmer für das vergangene Kalenderjahr durch die entsprechenden Bruttolöhne und -gehälter für das vorvergangene Kalenderjahr geteilt werden; § 68 Absatz 7 und § 121 Absatz 1 des Sechsten Buches gelten entsprechend.

(3) Eine Anpassung nach Absatz 1 erfolgt, wenn der nach Absatz 2 berechnete Anpassungsfaktor den Wert 1,0000 überschreitet.

(4) Das Bundesministerium für Arbeit und Soziales gibt jeweils zum 30. Juni eines Kalenderjahres den Anpassungsfaktor, der für die folgenden zwölf Monate maßgebend ist, im Bundesanzeiger bekannt.

§ 71 Weiterzahlung der Leistungen. (1) [1] Sind nach Abschluss von Leistungen zur medizinischen Rehabilitation oder von Leistungen zur Teilhabe am Arbeitsleben weitere Leistungen zur Teilhabe am Arbeitsleben erforderlich, während derer dem Grunde nach Anspruch auf Übergangsgeld besteht, und können diese Leistungen aus Gründen, die die Leistungsempfänger nicht zu vertreten haben, nicht unmittelbar anschließend durchgeführt werden, werden das Verletztengeld, das Versorgungskrankengeld oder das Übergangsgeld für diese Zeit weitergezahlt. [2] Voraussetzung für die Weiterzahlung ist, dass

1. die Leistungsempfänger arbeitsunfähig sind und keinen Anspruch auf Krankengeld mehr haben oder
2. den Leistungsempfängern eine zumutbare Beschäftigung aus Gründen, die sie nicht zu vertreten haben, nicht vermittelt werden kann.

(2) [1] Leistungsempfänger haben die Verzögerung von Weiterzahlungen insbesondere dann zu vertreten, wenn sie zumutbare Angebote von Leistungen zur Teilhabe am Arbeitsleben nur deshalb ablehnen, weil die Leistungen in größerer Entfernung zu ihren Wohnorten angeboten werden. [2] Für die Beurteilung der Zumutbarkeit ist § 140 Absatz 4 des Dritten Buches[2] entsprechend anzuwenden.

(3) Können Leistungsempfänger Leistungen zur Teilhabe am Arbeitsleben allein aus gesundheitlichen Gründen nicht mehr, aber voraussichtlich wieder in Anspruch nehmen, werden Übergangsgeld und Unterhaltsbeihilfe bis zum Ende dieser Leistungen, höchstens bis zu sechs Wochen weitergezahlt.

(4) [1] Sind die Leistungsempfänger im Anschluss an eine abgeschlossene Leistung zur Teilhabe am Arbeitsleben arbeitslos, werden Übergangsgeld und Unterhaltsbeihilfe während der Arbeitslosigkeit bis zu drei Monate weitergezahlt, wenn sie sich bei der Agentur für Arbeit arbeitslos gemeldet haben und einen Anspruch auf Arbeitslosengeld von mindestens drei Monaten nicht geltend machen können; die Anspruchsdauer von drei Monaten vermindert sich um die Anzahl von Tagen, für die Leistungsempfänger im Anschluss an eine abgeschlossene Leistung zur Teilhabe am Arbeitsleben einen Anspruch auf Arbeitslosengeld geltend machen können. [2] In diesem Fall beträgt das Übergangsgeld

---

[1] Nr. **6**.
[2] Nr. **3**.

1. 67 Prozent bei Leistungsempfängern, bei denen die Voraussetzungen des erhöhten Bemessungssatzes nach § 66 Absatz 1 Satz 2 Nummer 1 vorliegen und

2. 60 Prozent bei den übrigen Leistungsempfängern,

des sich aus § 66 Absatz 1 Satz 1 oder § 68 ergebenden Betrages.

(5) Ist im unmittelbaren Anschluss an Leistungen zur medizinischen Rehabilitation eine stufenweise Wiedereingliederung (§ 44) erforderlich, wird das Übergangsgeld bis zum Ende der Wiedereingliederung weitergezahlt.

§ 72 Einkommensanrechnung. (1) Auf das Übergangsgeld der Rehabilitationsträger nach § 6 Absatz 1 Nummer 2, 4 und 5 wird Folgendes angerechnet:

1. Erwerbseinkommen aus einer Beschäftigung oder einer während des Anspruchs auf Übergangsgeld ausgeübten Tätigkeit, das bei Beschäftigten um die gesetzlichen Abzüge und um einmalig gezahltes Arbeitsentgelt und bei sonstigen Leistungsempfängern um 20 Prozent zu vermindern ist,

2. Leistungen des Arbeitgebers zum Übergangsgeld, soweit sie zusammen mit dem Übergangsgeld das vor Beginn der Leistung erzielte, um die gesetzlichen Abzüge verminderte Arbeitsentgelt übersteigen,

3. Geldleistungen, die eine öffentlich-rechtliche Stelle im Zusammenhang mit einer Leistung zur medizinischen Rehabilitation oder einer Leistung zur Teilhabe am Arbeitsleben erbringt,

4. Renten wegen verminderter Erwerbsfähigkeit oder Verletztenrenten in Höhe des sich aus § 18a Absatz 3 Satz 1 Nummer 4 des Vierten Buches[1]) ergebenden Betrages, wenn sich die Minderung der Erwerbsfähigkeit auf die Höhe der Berechnungsgrundlage für das Übergangsgeld nicht ausgewirkt hat,

5. Renten wegen verminderter Erwerbsfähigkeit, die aus demselben Anlass wie die Leistungen zur Teilhabe erbracht werden, wenn durch die Anrechnung eine unbillige Doppelleistung vermieden wird,

6. Renten wegen Alters, die bei der Berechnung des Übergangsgeldes aus einem Teilarbeitsentgelt nicht berücksichtigt wurden,

7. Verletztengeld nach den Vorschriften des Siebten Buches und

8. vergleichbare Leistungen nach den Nummern 1 bis 7, die von einer Stelle außerhalb des Geltungsbereichs dieses Gesetzbuchs erbracht werden.

(2) Bei der Anrechnung von Verletztenrenten mit Kinderzulage und von Renten wegen verminderter Erwerbsfähigkeit mit Kinderzuschuss auf das Übergangsgeld bleibt ein Betrag in Höhe des Kindergeldes nach § 66 des Einkommensteuergesetzes oder § 6 des Bundeskindergeldgesetzes außer Ansatz.

(3) Wird ein Anspruch auf Leistungen, um die das Übergangsgeld nach Absatz 1 Nummer 3 zu kürzen wäre, nicht erfüllt, geht der Anspruch insoweit mit Zahlung des Übergangsgeldes auf den Rehabilitationsträger über; die §§ 104 und 115 des Zehnten Buches[2]) bleiben unberührt.

---

[1]) Nr. 4.
[2]) Nr. 10.

11. Kapitel. Unterhaltssich.- u. and. Leistungen §§ 73, 74 SGB IX 9

§ 73 Reisekosten. (1) ¹Als Reisekosten werden die erforderlichen Fahr-, Verpflegungs- und Übernachtungskosten übernommen, die im Zusammenhang mit der Ausführung einer Leistung zur medizinischen Rehabilitation oder zur Teilhabe am Arbeitsleben stehen. ²Zu den Reisekosten gehören auch die Kosten

1. für besondere Beförderungsmittel, deren Inanspruchnahme wegen der Art oder Schwere der Behinderung erforderlich ist,

2. für eine wegen der Behinderung erforderliche Begleitperson einschließlich des für die Zeit der Begleitung entstehenden Verdienstausfalls,

3. für Kinder, deren Mitnahme an den Rehabilitationsort erforderlich ist, weil ihre anderweitige Betreuung nicht sichergestellt ist sowie

4. für den erforderlichen Gepäcktransport.

(2) ¹Während der Ausführung von Leistungen zur Teilhabe am Arbeitsleben werden im Regelfall auch Reisekosten für zwei Familienheimfahrten je Monat übernommen. ²Anstelle der Kosten für die Familienheimfahrten können für Fahrten von Angehörigen vom Wohnort zum Aufenthaltsort der Leistungsempfänger und zurück Reisekosten übernommen werden.

(3) Reisekosten nach Absatz 2 werden auch im Zusammenhang mit Leistungen zur medizinischen Rehabilitation übernommen, wenn die Leistungen länger als acht Wochen erbracht werden.

(4) ¹Fahrkosten werden in Höhe des Betrages zugrunde gelegt, der bei Benutzung eines regelmäßig verkehrenden öffentlichen Verkehrsmittels der niedrigsten Beförderungsklasse des zweckmäßigsten öffentlichen Verkehrsmittels zu zahlen ist, bei Benutzung sonstiger Verkehrsmittel in Höhe der Wegstreckenentschädigung nach § 5 Absatz 1 des Bundesreisekostengesetzes. ²Bei Fahrpreiserhöhungen, die nicht geringfügig sind, hat auf Antrag des Leistungsempfängers eine Anpassung der Fahrkostenentschädigung zu erfolgen, wenn die Maßnahme noch mindestens zwei weitere Monate andauert. ³Kosten für Pendelfahrten können nur bis zur Höhe des Betrages übernommen werden, der unter Berücksichtigung von Art und Schwere der Behinderung bei einer zumutbaren auswärtigen Unterbringung für Unterbringung und Verpflegung zu leisten wäre.

§ 74 Haushalts- oder Betriebshilfe und Kinderbetreuungskosten.

(1) ¹Haushaltshilfe wird geleistet, wenn

1. den Leistungsempfängern wegen der Ausführung einer Leistung zur medizinischen Rehabilitation oder einer Leistung zur Teilhabe am Arbeitsleben die Weiterführung des Haushalts nicht möglich ist,

2. eine andere im Haushalt lebende Person den Haushalt nicht weiterführen kann und

3. im Haushalt ein Kind lebt, das bei Beginn der Haushaltshilfe noch nicht zwölf Jahre alt ist oder wenn das Kind eine Behinderung hat und auf Hilfe angewiesen ist.

²§ 38 Absatz 4 des Fünften Buches[1)] gilt entsprechend.

[1)] Nr. 5.

(2) Anstelle der Haushaltshilfe werden auf Antrag des Leistungsempfängers die Kosten für die Mitnahme oder für die anderweitige Unterbringung des Kindes bis zur Höhe der Kosten der sonst zu erbringenden Haushaltshilfe übernommen, wenn die Unterbringung und Betreuung des Kindes in dieser Weise sichergestellt ist.

(3) ¹ Kosten für die Kinderbetreuung des Leistungsempfängers können bis zu einem Betrag von 160 Euro je Kind und Monat übernommen werden, wenn die Kosten durch die Ausführung einer Leistung zur medizinischen Rehabilitation oder zur Teilhabe am Arbeitsleben unvermeidbar sind. ² Es werden neben den Leistungen zur Kinderbetreuung keine Leistungen nach den Absätzen 1 und 2 erbracht. ³ Der in Satz 1 genannte Betrag erhöht sich entsprechend der Veränderung der Bezugsgröße nach § 18 Absatz 1 des Vierten Buches[1]; § 160 Absatz 3 Satz 2 bis 5 gilt entsprechend.

(4) Abweichend von den Absätzen 1 bis 3 erbringen die landwirtschaftliche Alterskasse und die landwirtschaftliche Krankenkasse Betriebs- und Haushaltshilfe nach den §§ 10 und 36 des Gesetzes über die Alterssicherung der Landwirte und nach den §§ 9 und 10 des Zweiten Gesetzes über die Krankenversicherung der Landwirte, die landwirtschaftliche Berufsgenossenschaft für die bei ihr versicherten landwirtschaftlichen Unternehmer und im Unternehmen mitarbeitenden Ehegatten nach den §§ 54 und 55 des Siebten Buches[2].

Kapitel 12. Leistungen zur Teilhabe an Bildung

§ 75 Leistungen zur Teilhabe an Bildung. (1) Zur Teilhabe an Bildung werden unterstützende Leistungen erbracht, die erforderlich sind, damit Menschen mit Behinderungen Bildungsangebote gleichberechtigt wahrnehmen können.

(2) ¹ Die Leistungen umfassen insbesondere
1. Hilfen zur Schulbildung, insbesondere im Rahmen der Schulpflicht einschließlich der Vorbereitung hierzu,
2. Hilfen zur schulischen Berufsausbildung,
3. Hilfen zur Hochschulbildung und
4. Hilfen zur schulischen und hochschulischen beruflichen Weiterbildung.

² Die Rehabilitationsträger nach § 6 Absatz 1 Nummer 3 erbringen ihre Leistungen unter den Voraussetzungen und im Umfang der Bestimmungen des Siebten Buches als Leistungen zur Teilhabe am Arbeitsleben oder zur Teilhabe am Leben in der Gemeinschaft.

Kapitel 13. Soziale Teilhabe

§ 76 Leistungen zur Sozialen Teilhabe. (1) ¹ Leistungen zur Sozialen Teilhabe werden erbracht, um eine gleichberechtigte Teilhabe am Leben in der Gemeinschaft zu ermöglichen oder zu erleichtern, soweit sie nicht nach den Kapiteln 9 bis 12 erbracht werden. ² Hierzu gehört, Leistungsberechtigte zu einer möglichst selbstbestimmten und eigenverantwortlichen Lebensführung im eigenen Wohnraum sowie in ihrem Sozialraum zu befähigen oder sie hierbei

---

[1] Nr. 4.
[2] Nr. 7.

13. Kapitel. Soziale Teilhabe   §§ 77, 78   SGB IX   9

zu unterstützen. ³ Maßgeblich sind die Ermittlungen und Feststellungen nach den Kapiteln 3 und 4.

(2) Leistungen zur Sozialen Teilhabe sind insbesondere
1. Leistungen für Wohnraum,
2. Assistenzleistungen,
3. heilpädagogische Leistungen,
4. Leistungen zur Betreuung in einer Pflegefamilie,
5. Leistungen zum Erwerb und Erhalt praktischer Kenntnisse und Fähigkeiten,
6. Leistungen zur Förderung der Verständigung,
7. Leistungen zur Mobilität und
8. Hilfsmittel.

§ 77 Leistungen für Wohnraum. (1) ¹ Leistungen für Wohnraum werden erbracht, um Leistungsberechtigten zu Wohnraum zu verhelfen, der zur Führung eines möglichst selbstbestimmten, eigenverantwortlichen Lebens geeignet ist. ² Die Leistungen umfassen Leistungen für die Beschaffung, den Umbau, die Ausstattung und die Erhaltung von Wohnraum, der den besonderen Bedürfnissen von Menschen mit Behinderungen entspricht.

(2) Aufwendungen für Wohnraum oberhalb der Angemessenheitsgrenze nach § 42a des Zwölften Buches¹⁾ sind zu erstatten, soweit wegen des Umfangs von Assistenzleistungen ein gesteigerter Wohnraumbedarf besteht.

§ 78 Assistenzleistungen. (1) ¹ Zur selbstbestimmten und eigenständigen Bewältigung des Alltages einschließlich der Tagesstrukturierung werden Leistungen für Assistenz erbracht. ² Sie umfassen insbesondere Leistungen für die allgemeinen Erledigungen des Alltags wie die Haushaltsführung, die Gestaltung sozialer Beziehungen, die persönliche Lebensplanung, die Teilhabe am gemeinschaftlichen und kulturellen Leben, die Freizeitgestaltung einschließlich sportlicher Aktivitäten sowie die Sicherstellung der Wirksamkeit der ärztlichen und ärztlich verordneten Leistungen. ³ Sie beinhalten die Verständigung mit der Umwelt in diesen Bereichen.

(2) ¹ Die Leistungsberechtigten entscheiden auf der Grundlage des Teilhabeplans nach § 19 über die konkrete Gestaltung der Leistungen hinsichtlich Ablauf, Ort und Zeitpunkt der Inanspruchnahme. ² Die Leistungen umfassen
1. die vollständige und teilweise Übernahme von Handlungen zur Alltagsbewältigung sowie die Begleitung der Leistungsberechtigten und
2. die Befähigung der Leistungsberechtigten zu einer eigenständigen Alltagsbewältigung.

³ Die Leistungen nach Nummer 2 werden von Fachkräften als qualifizierte Assistenz erbracht. ⁴ Sie umfassen insbesondere die Anleitungen und Übungen in den Bereichen nach Absatz 1 Satz 2.

(3) Die Leistungen für Assistenz nach Absatz 1 umfassen auch Leistungen an Mütter und Väter mit Behinderungen bei der Versorgung und Betreuung ihrer Kinder.

---

¹⁾ Nr. **12.**

(4) Sind mit der Assistenz nach Absatz 1 notwendige Fahrkosten oder weitere Aufwendungen des Assistenzgebers, die nach den Besonderheiten des Einzelfalles notwendig sind, verbunden, werden diese als ergänzende Leistungen erbracht.

(5) [1] Leistungsberechtigten Personen, die ein Ehrenamt ausüben, sind angemessene Aufwendungen für eine notwendige Unterstützung zu erstatten, soweit die Unterstützung nicht zumutbar unentgeltlich erbracht werden kann. [2] Die notwendige Unterstützung soll hierbei vorrangig im Rahmen familiärer, freundschaftlicher, nachbarschaftlicher oder ähnlich persönlicher Beziehungen erbracht werden.

(6) Leistungen zur Erreichbarkeit einer Ansprechperson unabhängig von einer konkreten Inanspruchnahme werden erbracht, soweit dies nach den Besonderheiten des Einzelfalles erforderlich ist.

§ 79 Heilpädagogische Leistungen. (1) [1] Heilpädagogische Leistungen werden an noch nicht eingeschulte Kinder erbracht, wenn nach fachlicher Erkenntnis zu erwarten ist, dass hierdurch
1. eine drohende Behinderung abgewendet oder der fortschreitende Verlauf einer Behinderung verlangsamt wird oder
2. die Folgen einer Behinderung beseitigt oder gemildert werden können.

[2] Heilpädagogische Leistungen werden immer an schwerstbehinderte und schwerstmehrfachbehinderte Kinder, die noch nicht eingeschult sind, erbracht.

(2) Heilpädagogische Leistungen umfassen alle Maßnahmen, die zur Entwicklung des Kindes und zur Entfaltung seiner Persönlichkeit beitragen, einschließlich der jeweils erforderlichen nichtärztlichen therapeutischen, psychologischen, sonderpädagogischen, psychosozialen Leistungen und der Beratung der Erziehungsberechtigten, soweit die Leistungen nicht von § 46 Absatz 1 erfasst sind.

(3) [1] In Verbindung mit Leistungen zur Früherkennung und Frühförderung nach § 46 Absatz 3 werden heilpädagogische Leistungen als Komplexleistung erbracht. [2] Die Vorschriften der Verordnung zur Früherkennung und Frühförderung behinderter und von Behinderung bedrohter Kinder finden Anwendung. [3] In Verbindung mit schulvorbereitenden Maßnahmen der Schulträger werden die Leistungen ebenfalls als Komplexleistung erbracht.

§ 80 Leistungen zur Betreuung in einer Pflegefamilie. [1] Leistungen zur Betreuung in einer Pflegefamilie werden erbracht, um Leistungsberechtigten die Betreuung in einer anderen Familie als der Herkunftsfamilie durch eine geeignete Pflegeperson zu ermöglichen. [2] Bei minderjährigen Leistungsberechtigten bedarf die Pflegeperson der Erlaubnis nach § 44 des Achten Buches[1]. [3] Bei volljährigen Leistungsberechtigten gilt § 44 des Achten Buches entsprechend. [4] Die Regelungen über Verträge mit Leistungserbringern bleiben unberührt.

§ 81 Leistungen zum Erwerb und Erhalt praktischer Kenntnisse und Fähigkeiten. [1] Leistungen zum Erwerb und Erhalt praktischer Kenntnisse und Fähigkeiten werden erbracht, um Leistungsberechtigten die für sie erreichbare

---

[1] Nr. 8.

13. Kapitel. Soziale Teilhabe §§ 82–84 SGB IX 9

Teilhabe am Leben in der Gemeinschaft zu ermöglichen. ²Die Leistungen sind insbesondere darauf gerichtet, die Leistungsberechtigten in Fördergruppen und Schulungen oder ähnlichen Maßnahmen zur Vornahme lebenspraktischer Handlungen einschließlich hauswirtschaftlicher Tätigkeiten zu befähigen, sie auf die Teilhabe am Arbeitsleben vorzubereiten, ihre Sprache und Kommunikation zu verbessern und sie zu befähigen, sich ohne fremde Hilfe sicher im Verkehr zu bewegen. ³Die Leistungen umfassen auch die blindentechnische Grundausbildung.

§ 82 Leistungen zur Förderung der Verständigung. ¹Leistungen zur Förderung der Verständigung werden erbracht, um Leistungsberechtigten mit Hör- und Sprachbehinderungen die Verständigung mit der Umwelt aus besonderem Anlass zu ermöglichen oder zu erleichtern. ²Die Leistungen umfassen insbesondere Hilfen durch Gebärdensprachdolmetscher und andere geeignete Kommunikationshilfen. ³ § 17 Absatz 2 des Ersten Buches[1)] bleibt unberührt.

§ 83 Leistungen zur Mobilität. (1) Leistungen zur Mobilität umfassen

1. Leistungen zur Beförderung, insbesondere durch einen Beförderungsdienst, und

2. Leistungen für ein Kraftfahrzeug.

(2) ¹Leistungen nach Absatz 1 erhalten Leistungsberechtigte nach § 2, denen die Nutzung öffentlicher Verkehrsmittel auf Grund der Art und Schwere ihrer Behinderung nicht zumutbar ist. ²Leistungen nach Absatz 1 Nummer 2 werden nur erbracht, wenn die Leistungsberechtigten das Kraftfahrzeug führen können oder gewährleistet ist, dass ein Dritter das Kraftfahrzeug für sie führt und Leistungen nach Absatz 1 Nummer 1 nicht zumutbar oder wirtschaftlich sind.

(3) ¹Die Leistungen nach Absatz 1 Nummer 2 umfassen Leistungen

1. zur Beschaffung eines Kraftfahrzeugs,

2. für die erforderliche Zusatzausstattung,

3. zur Erlangung der Fahrerlaubnis,

4. zur Instandhaltung und

5. für die mit dem Betrieb des Kraftfahrzeugs verbundenen Kosten.

²Die Bemessung der Leistungen orientiert sich an der Kraftfahrzeughilfe-Verordnung.

(4) Sind die Leistungsberechtigten minderjährig, umfassen die Leistungen nach Absatz 1 Nummer 2 den wegen der Behinderung erforderlichen Mehraufwand bei der Beschaffung des Kraftfahrzeugs sowie Leistungen nach Absatz 3 Nummer 2.

§ 84 Hilfsmittel. (1) ¹Die Leistungen umfassen Hilfsmittel, die erforderlich sind, um eine durch die Behinderung bestehende Einschränkung einer gleichberechtigten Teilhabe am Leben in der Gemeinschaft auszugleichen. ²Hierzu gehören insbesondere barrierefreie Computer.

[1)] Nr. 1.

(2) Die Leistungen umfassen auch eine notwendige Unterweisung im Gebrauch der Hilfsmittel sowie deren notwendige Instandhaltung oder Änderung.

(3) Soweit es im Einzelfall erforderlich ist, werden Leistungen für eine Doppelausstattung erbracht.

Kapitel 14. Beteiligung der Verbände und Träger

§ 85 Klagerecht der Verbände. [1] Werden Menschen mit Behinderungen in ihren Rechten nach diesem Buch verletzt, können an ihrer Stelle und mit ihrem Einverständnis Verbände klagen, die nach ihrer Satzung Menschen mit Behinderungen auf Bundes- oder Landesebene vertreten und nicht selbst am Prozess beteiligt sind. [2] In diesem Fall müssen alle Verfahrensvoraussetzungen wie bei einem Rechtsschutzersuchen durch den Menschen mit Behinderungen selbst vorliegen.

§ 86 Beirat für die Teilhabe von Menschen mit Behinderungen.

(1) [1] Beim Bundesministerium für Arbeit und Soziales wird ein Beirat für die Teilhabe von Menschen mit Behinderungen gebildet, der das Bundesministerium für Arbeit und Soziales in Fragen der Teilhabe von Menschen mit Behinderungen berät und bei Aufgaben der Koordinierung unterstützt. [2] Zu den Aufgaben des Beirats gehören insbesondere auch

1. die Unterstützung bei der Förderung von Rehabilitationseinrichtungen und die Mitwirkung bei der Vergabe der Mittel des Ausgleichsfonds sowie
2. die Anregung und Koordinierung von Maßnahmen zur Evaluierung der in diesem Buch getroffenen Regelungen im Rahmen der Rehabilitationsforschung und als forschungsbegleitender Ausschuss die Unterstützung des Bundesministeriums bei der Festlegung von Fragestellungen und Kriterien.

[3] Das Bundesministerium für Arbeit und Soziales trifft Entscheidungen über die Vergabe der Mittel des Ausgleichsfonds nur auf Grund von Vorschlägen des Beirats.

(2) [1] Der Beirat besteht aus 49 Mitgliedern. [2] Von diesen beruft das Bundesministerium für Arbeit und Soziales

1. zwei Mitglieder auf Vorschlag der Gruppenvertreter der Arbeitnehmer im Verwaltungsrat der Bundesagentur für Arbeit,
2. zwei Mitglieder auf Vorschlag der Gruppenvertreter der Arbeitgeber im Verwaltungsrat der Bundesagentur für Arbeit,
3. sechs Mitglieder auf Vorschlag der Behindertenverbände, die nach der Zusammensetzung ihrer Mitglieder dazu berufen sind, Menschen mit Behinderungen auf Bundesebene zu vertreten,
4. 16 Mitglieder auf Vorschlag der Länder,
5. drei Mitglieder auf Vorschlag der Bundesvereinigung der kommunalen Spitzenverbände,
6. ein Mitglied auf Vorschlag der Bundesarbeitsgemeinschaft der Integrationsämter und Hauptfürsorgestellen,
7. ein Mitglied auf Vorschlag des Vorstands der Bundesagentur für Arbeit,
8. zwei Mitglieder auf Vorschlag des Spitzenverbandes Bund der Krankenkassen,

9. ein Mitglied auf Vorschlag der Spitzenvereinigungen der Träger der gesetzlichen Unfallversicherung,
10. drei Mitglieder auf Vorschlag der Deutschen Rentenversicherung Bund,
11. ein Mitglied auf Vorschlag der Bundesarbeitsgemeinschaft der überörtlichen Träger der Sozialhilfe,
12. ein Mitglied auf Vorschlag der Bundesarbeitsgemeinschaft der Freien Wohlfahrtspflege,
13. ein Mitglied auf Vorschlag der Bundesarbeitsgemeinschaft für Unterstützte Beschäftigung,
14. fünf Mitglieder auf Vorschlag der Arbeitsgemeinschaften der Einrichtungen der medizinischen Rehabilitation, der Berufsförderungswerke, der Berufsbildungswerke, der Werkstätten für behinderte Menschen und der Inklusionsbetriebe,
15. ein Mitglied auf Vorschlag der für die Wahrnehmung der Interessen der ambulanten und stationären Rehabilitationseinrichtungen auf Bundesebene maßgeblichen Spitzenverbände,
16. zwei Mitglieder auf Vorschlag der Kassenärztlichen Bundesvereinigung und der Bundesärztekammer und
17. ein Mitglied auf Vorschlag der Bundesarbeitsgemeinschaft für Rehabilitation.

[3] Für jedes Mitglied ist ein stellvertretendes Mitglied zu berufen.

§ 87 Verfahren des Beirats. [1] Der Beirat für die Teilhabe von Menschen mit Behinderungen wählt aus den ihm angehörenden Mitgliedern von Seiten der Arbeitnehmer, Arbeitgeber und Organisationen behinderter Menschen jeweils für die Dauer eines Jahres eine Vorsitzende oder einen Vorsitzenden und eine Stellvertreterin oder einen Stellvertreter. [2] Im Übrigen gilt § 189 entsprechend.

§ 88 Berichte über die Lage von Menschen mit Behinderungen und die Entwicklung ihrer Teilhabe. (1) [1] Die Bundesregierung berichtet den gesetzgebenden Körperschaften des Bundes einmal in der Legislaturperiode, mindestens jedoch alle vier Jahre, über die Lebenslagen der Menschen mit Behinderungen und der von Behinderung bedrohten Menschen sowie über die Entwicklung ihrer Teilhabe am Arbeitsleben und am Leben in der Gesellschaft. [2] Die Berichterstattung zu den Lebenslagen umfasst Querschnittsthemen wie Gender Mainstreaming, Migration, Alter, Barrierefreiheit, Diskriminierung, Assistenzbedarf und Armut. [3] Gegenstand des Berichts sind auch Forschungsergebnisse über Wirtschaftlichkeit und Wirksamkeit staatlicher Maßnahmen und der Leistungen der Rehabilitationsträger für die Zielgruppen des Berichts.

(2) Die Verbände der Menschen mit Behinderungen werden an der Weiterentwicklung des Berichtskonzeptes beteiligt.

§ 89 Verordnungsermächtigung. Das Bundesministerium für Arbeit und Soziales kann durch Rechtsverordnung mit Zustimmung des Bundesrates weitere Vorschriften über die Geschäftsführung und das Verfahren des Beirats nach § 87 erlassen.

Teil 2.¹⁾ Besondere Leistungen zur selbstbestimmten Lebensführung für Menschen mit Behinderungen (Eingliederungshilferecht)

[Kapitel 1 ab 1.1.2020:]

Kapitel 1.¹⁾ *Allgemeine Vorschriften*

§ 90¹⁾ *Aufgabe der Eingliederungshilfe.* (1) ¹ *Aufgabe der Eingliederungshilfe ist es, Leistungsberechtigten eine individuelle Lebensführung zu ermöglichen, die der Würde des Menschen entspricht, und die volle, wirksame und gleichberechtigte Teilhabe am Leben in der Gesellschaft zu fördern.* ² *Die Leistung soll sie befähigen, ihre Lebensplanung und -führung möglichst selbstbestimmt und eigenverantwortlich wahrnehmen zu können.*

(2) Besondere Aufgabe der medizinischen Rehabilitation ist es, eine Beeinträchtigung nach § 99 Absatz 1 abzuwenden, zu beseitigen, zu mindern, auszugleichen, eine Verschlimmerung zu verhüten oder die Leistungsberechtigten soweit wie möglich unabhängig von Pflege zu machen.

(3) Besondere Aufgabe der Teilhabe am Arbeitsleben ist es, die Aufnahme, Ausübung und Sicherung einer der Eignung und Neigung der Leistungsberechtigten entsprechenden Beschäftigung sowie die Weiterentwicklung ihrer Leistungsfähigkeit und Persönlichkeit zu fördern.

(4) Besondere Aufgabe der Teilhabe an Bildung ist es, Leistungsberechtigten eine ihren Fähigkeiten und Leistungen entsprechende Schulbildung und schulische und hochschulische Aus- und Weiterbildung für einen Beruf zur Förderung ihrer Teilhabe am Leben in der Gesellschaft zu ermöglichen.

(5) Besondere Aufgabe der Sozialen Teilhabe ist es, die gleichberechtigte Teilhabe am Leben in der Gemeinschaft zu ermöglichen oder zu erleichtern.

§ 91¹⁾ *Nachrang der Eingliederungshilfe.* (1) *Eingliederungshilfe erhält, wer die erforderliche Leistung nicht von anderen oder von Trägern anderer Sozialleistungen erhält.*

(2) ¹ *Verpflichtungen anderer, insbesondere der Träger anderer Sozialleistungen, bleiben unberührt.* ² *Leistungen anderer dürfen nicht deshalb versagt werden, weil dieser Teil entsprechende Leistungen vorsieht; dies gilt insbesondere bei einer gesetzlichen Verpflichtung der Träger anderer Sozialleistungen oder anderer Stellen, in ihrem Verantwortungsbereich die Verwirklichung der Rechte für Menschen mit Behinderungen zu gewährleisten oder zu fördern.*

*(3) Das Verhältnis der Leistungen der Pflegeversicherung und der Leistungen der Eingliederungshilfe bestimmt sich nach § 13 Absatz 3 des Elften Buches*²⁾.

§ 92¹⁾ *Beitrag.* *Zu den Leistungen der Eingliederungshilfe ist nach Maßgabe des Kapitels 9 ein Beitrag aufzubringen.*

---

¹⁾ Teil 2 Kapitel 1–7 (§§ 90–122) sowie Kapitel 9–11 (§§ 135–150) treten mit Ausnahme von § 94 Absatz 1, der am 1.1.2018 in Kraft getreten ist, am **1.1.2020** in Kraft, vgl. Anm. am Titel.
²⁾ Nr. **11**.

1. Kapitel. Allgemeine Vorschriften §§ 93, 94 SGB IX

§ 93[1]) **Verhältnis zu anderen Rechtsbereichen.** (1) Die Vorschriften über die Leistungen zur Sicherung des Lebensunterhalts nach dem Zweiten Buch sowie über die Hilfe zum Lebensunterhalt und die Grundsicherung im Alter und bei Erwerbsminderung nach dem Zwölften Buch bleiben unberührt.

(2) Die Vorschriften über die Hilfe zur Überwindung besonderer sozialer Schwierigkeiten nach dem Achten Kapitel des Zwölften Buches[2])*, über die Altenhilfe nach § 71 des Zwölften Buches und über die Blindenhilfe nach § 72 des Zwölften Buches bleiben unberührt.*

(3) Die Hilfen zur Gesundheit nach dem Zwölften Buch gehen den Leistungen der Eingliederungshilfe vor, wenn sie zur Beseitigung einer Beeinträchtigung mit drohender erheblicher Teilhabeeinschränkung nach § 99 geeignet sind.

§ 94[1]) **Aufgaben der Länder.** (1) Die Länder bestimmen die für die Durchführung dieses Teils zuständigen Träger der Eingliederungshilfe.

(2) ¹ Bei der Bestimmung durch Landesrecht ist sicherzustellen, dass die Träger der Eingliederungshilfe nach ihrer Leistungsfähigkeit zur Erfüllung dieser Aufgaben geeignet sind. ² Sind in einem Land mehrere Träger der Eingliederungshilfe bestimmt worden, unterstützen die obersten Landessozialbehörden die Träger bei der Durchführung der Aufgaben nach diesem Teil. ³ Dabei sollen sie insbesondere den Erfahrungsaustausch zwischen den Trägern sowie die Entwicklung und Durchführung von Instrumenten zur zielgerichteten Erbringung und Überprüfung von Leistungen und der Qualitätssicherung einschließlich der Wirksamkeit der Leistungen fördern.

(3) Die Länder haben auf flächendeckende, bedarfsdeckende, am Sozialraum orientierte und inklusiv ausgerichtete Angebote von Leistungsanbietern hinzuwirken und unterstützen die Träger der Eingliederungshilfe bei der Umsetzung ihres Sicherstellungsauftrages.

(4) ¹ Zur Förderung und Weiterentwicklung der Strukturen der Eingliederungshilfe bildet jedes Land eine Arbeitsgemeinschaft. ² Die Arbeitsgemeinschaften bestehen aus Vertretern des für die Eingliederungshilfe zuständigen Ministeriums, der Träger der Eingliederungshilfe, der Leistungserbringer sowie aus Vertretern der Verbände für Menschen mit Behinderungen. ³ Die Landesregierungen werden ermächtigt, durch Rechtsverordnung das Nähere über die Zusammensetzung und das Verfahren zu bestimmen.

(5) ¹ Die Länder treffen sich regelmäßig unter Beteiligung des Bundes sowie der Träger der Eingliederungshilfe zur Evidenzbeobachtung und zu einem Erfahrungsaustausch. ² Die Verbände der Leistungserbringer sowie die Verbände für Menschen mit Behinderungen können hinzugezogen werden. ³ Gegenstand der Evidenzbeobachtung und des Erfahrungsaustausches sind insbesondere

1. die Wirkung und Qualifizierung der Steuerungsinstrumente,

2. die Wirkungen der Regelungen zum leistungsberechtigten Personenkreis nach § 99 sowie der neuen Leistungen und Leistungsstrukturen,

3. die Umsetzung des Wunsch- und Wahlrechtes nach § 104 Absatz 1 und 2,

4. die Wirkung der Koordinierung der Leistungen und der trägerübergreifenden Verfahren der Bedarfsermittlung und -feststellung und

5. die Auswirkungen des Beitrags.

---

[1]) Teil 2 Kapitel 1–7 (§§ 90–122) sowie Kapitel 9–11 (§§ 135–150) treten mit Ausnahme von § 94 Absatz 1, der am 1.1.2018 in Kraft getreten ist, am **1.1.2020** in Kraft, vgl. Anm. am Titel.
[2]) Nr. **12**.

⁴ *Die Erkenntnisse sollen zur Weiterentwicklung der Eingliederungshilfe zusammengeführt werden.*

§ 95¹⁾ **Sicherstellungsauftrag.** ¹ *Die Träger der Eingliederungshilfe haben im Rahmen ihrer Leistungsverpflichtung eine personenzentrierte Leistung für Leistungsberechtigte unabhängig vom Ort der Leistungserbringung sicherzustellen (Sicherstellungsauftrag), soweit dieser Teil nichts Abweichendes bestimmt.* ² *Sie schließen hierzu Vereinbarungen mit den Leistungsanbietern nach den Vorschriften des Kapitels 8 ab.* ³ *Im Rahmen der Strukturplanung sind die Erkenntnisse aus der Gesamtplanung nach Kapitel 7 zu berücksichtigen.*

§ 96¹⁾ **Zusammenarbeit.** *(1) Die Träger der Eingliederungshilfe arbeiten mit Leistungsanbietern und anderen Stellen, deren Aufgabe die Lebenssituation von Menschen mit Behinderungen betrifft, zusammen.*

(2) Die Stellung der Kirchen und Religionsgesellschaften des öffentlichen Rechts sowie der Verbände der Freien Wohlfahrtspflege als Träger eigener sozialer Aufgaben und ihre Tätigkeit zur Erfüllung dieser Aufgaben werden durch diesen Teil nicht berührt.

(3) Ist die Beratung und Sicherung der gleichmäßigen, gemeinsamen oder ergänzenden Erbringung von Leistungen geboten, sollen zu diesem Zweck Arbeitsgemeinschaften gebildet werden.

(4) ¹ Sozialdaten dürfen im Rahmen der Zusammenarbeit nur erhoben, verarbeitet oder genutzt werden, soweit dies zur Erfüllung von Aufgaben nach diesem Teil erforderlich ist oder durch Rechtsvorschriften des Sozialgesetzbuches angeordnet oder erlaubt ist. ² *Die Leistungsberechtigten sind über die Erhebung, Verarbeitung und Nutzung ihrer Daten zu informieren.* ³ *Sie sind auf ihr Recht hinzuweisen, der Erhebung, Verarbeitung oder Nutzung ihrer Daten widersprechen zu können.*

§ 97¹⁾ **Fachkräfte.** ¹ *Bei der Durchführung der Aufgaben dieses Teils beschäftigen die Träger der Eingliederungshilfe eine dem Bedarf entsprechende Anzahl an Fachkräften aus unterschiedlichen Fachdisziplinen.* ² *Diese sollen*

1. *eine ihren Aufgaben entsprechende Ausbildung erhalten haben und insbesondere über umfassende Kenntnisse*

    a) *des Sozial- und Verwaltungsrechts,*

    b) *über den leistungsberechtigten Personenkreis nach § 99 oder*

    c) *von Teilhabebedarfen und Teilhabebarrieren*

    verfügen,

2. *umfassende Kenntnisse über den regionalen Sozialraum und seine Möglichkeiten zur Durchführung von Leistungen der Eingliederungshilfe haben sowie*

3. *die Fähigkeit zur Kommunikation mit allen Beteiligten haben.*

³ *Soweit Mitarbeiter der Leistungsträger nicht oder nur zum Teil die Voraussetzungen erfüllen, ist ihnen Gelegenheit zur Fortbildung und zum Austausch mit Menschen mit Behinderungen zu geben.* ⁴ *Die fachliche Fortbildung der Fachkräfte, die insbesondere die Durchführung der Aufgaben nach den §§ 106 und 117 umfasst, ist zu gewährleisten.*

---

¹⁾ Teil 2 Kapitel 1–7 (§§ 90–122) sowie Kapitel 9–11 (§§ 135–150) treten mit Ausnahme von § 94 Absatz 1, der am 1.1.2018 in Kraft getreten ist, am **1.1.2020** in Kraft, vgl. Anm. am Titel.

2. Kapitel. Grundsätze der Leistungen §§ 98–100 SGB IX

§ 98[1]) *Örtliche Zuständigkeit.* (1) [1] *Für die Eingliederungshilfe örtlich zuständig ist der Träger der Eingliederungshilfe, in dessen Bereich die leistungsberechtigte Person ihren gewöhnlichen Aufenthalt zum Zeitpunkt der ersten Antragstellung nach § 108 Absatz 1 hat oder in den zwei Monaten vor den Leistungen einer Betreuung über Tag und Nacht zuletzt gehabt hatte.* [2] *Bedarf es nach § 108 Absatz 2 keines Antrags, ist der Beginn des Verfahrens nach Kapitel 7 maßgeblich.* [3] *Diese Zuständigkeit bleibt bis zur Beendigung des Leistungsbezuges bestehen.* [4] *Sie ist neu festzustellen, wenn für einen zusammenhängenden Zeitraum von mindestens sechs Monaten keine Leistungen bezogen wurden.* [5] *Eine Unterbrechung des Leistungsbezuges wegen stationärer Krankenhausbehandlung oder medizinischer Rehabilitation gilt nicht als Beendigung des Leistungsbezuges.*

(2) [1] *Steht innerhalb von vier Wochen nicht fest, ob und wo der gewöhnliche Aufenthalt begründet worden ist, oder ist ein gewöhnlicher Aufenthalt nicht vorhanden oder nicht zu ermitteln, hat der für den tatsächlichen Aufenthalt zuständige Träger der Eingliederungshilfe über die Leistung unverzüglich zu entscheiden und sie vorläufig zu erbringen.* [2] *Steht der gewöhnliche Aufenthalt in den Fällen des Satzes 1 fest, wird der Träger der Eingliederungshilfe nach Absatz 1 örtlich zuständig und hat dem nach Satz 1 leistenden Träger die Kosten zu erstatten.* [3] *Ist ein gewöhnlicher Aufenthalt im Bundesgebiet nicht vorhanden oder nicht zu ermitteln, ist der Träger der Eingliederungshilfe örtlich zuständig, in dessen Bereich sich die leistungsberechtigte Person tatsächlich aufhält.*

(3) Werden für ein Kind vom Zeitpunkt der Geburt an Leistungen nach diesem Teil des Buches über Tag und Nacht beantragt, tritt an die Stelle seines gewöhnlichen Aufenthalts der gewöhnliche Aufenthalt der Mutter.

(4) [1] *Als gewöhnlicher Aufenthalt im Sinne dieser Vorschrift gilt nicht der stationäre Aufenthalt oder der auf richterlich angeordneter Freiheitsentziehung beruhende Aufenthalt in einer Vollzugsanstalt.* [2] *In diesen Fällen ist der Träger der Eingliederungshilfe örtlich zuständig, in dessen Bereich die leistungsberechtigte Person ihren gewöhnlichen Aufenthalt in den letzten zwei Monaten vor der Aufnahme zuletzt hatte.*

[Kapitel 2 ab 1.1.2020:]

Kapitel 2.[1]) *Grundsätze der Leistungen*

§ 99[1]) *Leistungsberechtigter Personenkreis.* Leistungen der Eingliederungshilfe erhalten Personen nach § 53 Absatz 1 und 2 des Zwölften Buches[2]) und den §§ 1 bis 3 der Eingliederungshilfe-Verordnung in der am 31. Dezember 2019 geltenden Fassung.

§ 100[1]) *Eingliederungshilfe für Ausländer.* (1) [1] *Ausländer, die sich im Inland tatsächlich aufhalten, können Leistungen nach diesem Teil erhalten, soweit dies im Einzelfall gerechtfertigt ist.* [2] *Die Einschränkung auf Ermessensleistungen nach Satz 1 gilt nicht für Ausländer, die im Besitz einer Niederlassungserlaubnis oder eines befristeten Aufenthaltstitels sind und sich voraussichtlich dauerhaft im Bundesgebiet aufhalten.* [3] *Andere Rechtsvorschriften, nach denen Leistungen der Eingliederungshilfe zu erbringen sind, bleiben unberührt.*

---

[1]) Teil 2 Kapitel 1–7 (§§ 90–122) sowie Kapitel 9–11 (§§ 135–150) treten mit Ausnahme von § 94 Absatz 1, der am 1.1.2018 in Kraft getreten ist, am **1.1.2020** in Kraft, vgl. Anm. am Titel.
[2]) Nr. **12.**

(2) Leistungsberechtigte nach § 1 des Asylbewerberleistungsgesetzes erhalten keine Leistungen der Eingliederungshilfe.

(3) Ausländer, die eingereist sind, um Leistungen nach diesem Teil zu erlangen, haben keinen Anspruch auf Leistungen der Eingliederungshilfe.

§ 101[1]) *Eingliederungshilfe für Deutsche im Ausland. (1)* [1] *Deutsche, die ihren gewöhnlichen Aufenthalt im Ausland haben, erhalten keine Leistungen der Eingliederungshilfe.* [2] *Hiervon kann im Einzelfall nur abgewichen werden, soweit dies wegen einer außergewöhnlichen Notlage unabweisbar ist und zugleich nachgewiesen wird, dass eine Rückkehr in das Inland aus folgenden Gründen nicht möglich ist:*

1. *Pflege und Erziehung eines Kindes, das aus rechtlichen Gründen im Ausland bleiben muss,*
2. *längerfristige stationäre Betreuung in einer Einrichtung oder Schwere der Pflegebedürftigkeit oder*
3. *hoheitliche Gewalt.*

(2) Leistungen der Eingliederungshilfe werden nicht erbracht, soweit sie von dem hierzu verpflichteten Aufenthaltsland oder von anderen erbracht werden oder zu erwarten sind.

(3) Art und Maß der Leistungserbringung sowie der Einsatz des Einkommens und Vermögens richten sich nach den besonderen Verhältnissen im Aufenthaltsland.

(4) [1] *Für die Leistung zuständig ist der Träger der Eingliederungshilfe, in dessen Bereich die antragstellende Person geboren ist.* [2] *Liegt der Geburtsort im Ausland oder ist er nicht zu ermitteln, wird der örtlich zuständige Träger von einer Schiedsstelle bestimmt.*

(5) Die Träger der Eingliederungshilfe arbeiten mit den deutschen Dienststellen im Ausland zusammen.

§ 102[1]) *Leistungen der Eingliederungshilfe. (1) Die Leistungen der Eingliederungshilfe umfassen*

1. *Leistungen zur medizinischen Rehabilitation,*
2. *Leistungen zur Teilhabe am Arbeitsleben,*
3. *Leistungen zur Teilhabe an Bildung und*
4. *Leistungen zur Sozialen Teilhabe.*

(2) Leistungen nach Absatz 1 Nummer 1 bis 3 gehen den Leistungen nach Absatz 1 Nummer 4 vor.

§ 103[1]) *Regelung für Menschen mit Behinderungen und Pflegebedarf.*

(1) [1] *Werden Leistungen der Eingliederungshilfe in Einrichtungen oder Räumlichkeiten im Sinne des § 43a des Elften Buches*[2]) *in Verbindung mit § 71 Absatz 4 des Elften Buches erbracht, umfasst die Leistung auch die Pflegeleistungen in diesen Einrichtungen oder Räumlichkeiten.* [2] *Stellt der Leistungserbringer fest, dass der Mensch mit Behinderungen so pflegebedürftig ist, dass die Pflege in diesen Einrichtungen oder Räumlichkeiten nicht sichergestellt werden kann, vereinbaren der Träger der Einglie-*

---

[1]) Teil 2 Kapitel 1–7 (§§ 90–122) sowie Kapitel 9–11 (§§ 135–150) treten mit Ausnahme von § 94 Absatz 1, der am 1.1.2018 in Kraft getreten ist, am **1.1.2020** in Kraft, vgl. Anm. am Titel.
[2]) Nr. 11.

derungshilfe und die zuständige Pflegekasse mit dem Leistungserbringer, dass die Leistung bei einem anderen Leistungserbringer erbracht wird; dabei ist angemessenen Wünschen des Menschen mit Behinderungen Rechnung zu tragen. ³ Die Entscheidung zur Vorbereitung der Vereinbarung nach Satz 2 erfolgt nach den Regelungen zur Gesamtplanung nach Kapitel 7.

(2) ¹ Werden Leistungen der Eingliederungshilfe außerhalb von Einrichtungen oder Räumlichkeiten im Sinne des § 43a des Elften Buches in Verbindung mit § 71 Absatz 4 des Elften Buches erbracht, umfasst die Leistung auch die Leistungen der häuslichen Pflege nach den §§ 64a bis 64f, 64i und 66 des Zwölften Buches[1]), solange die Teilhabeziele nach Maßgabe des Gesamtplanes (§ 121) erreicht werden können, es sei denn der Leistungsberechtigte hat vor Vollendung des für die Regelaltersrente im Sinne des Sechsten Buches erforderlichen Lebensjahres keine Leistungen der Eingliederungshilfe erhalten. ² Satz 1 gilt entsprechend in Fällen, in denen der Leistungsberechtigte vorübergehend Leistungen nach den §§ 64g und 64h des Zwölften Buches in Anspruch nimmt. ³ Die Länder können durch Landesrecht bestimmen, dass der für die Leistungen der häuslichen Pflege zuständige Träger der Sozialhilfe die Kosten der vom Träger der Eingliederungshilfe erbrachten Leistungen der häuslichen Pflege zu erstatten hat.

§ 104[2]) **Leistungen nach der Besonderheit des Einzelfalles.** (1) ¹ Die Leistungen der Eingliederungshilfe bestimmen sich nach der Besonderheit des Einzelfalles, insbesondere nach der Art des Bedarfes, den persönlichen Verhältnissen, dem Sozialraum und den eigenen Kräften und Mitteln; dabei ist auch die Wohnform zu würdigen. ² Sie werden so lange geleistet, wie die Teilhabeziele nach Maßgabe des Gesamtplanes (§ 121) erreichbar sind.

(2) ¹ Wünschen der Leistungsberechtigten, die sich auf die Gestaltung der Leistung richten, ist zu entsprechen, soweit sie angemessen sind. ² Die Wünsche der Leistungsberechtigten gelten nicht als angemessen,

1. wenn und soweit die Höhe der Kosten der gewünschten Leistung die Höhe der Kosten für eine vergleichbare Leistung von Leistungserbringern, mit denen eine Vereinbarung nach Kapitel 8 besteht, unverhältnismäßig übersteigt und

2. wenn der Bedarf nach der Besonderheit des Einzelfalles durch die vergleichbare Leistung gedeckt werden kann.

(3) ¹ Bei der Entscheidung nach Absatz 2 ist zunächst die Zumutbarkeit einer von den Wünschen des Leistungsberechtigten abweichenden Leistung zu prüfen. ² Dabei sind die persönlichen, familiären und örtlichen Umstände einschließlich der gewünschten Wohnform angemessen zu berücksichtigen. ³ Kommt danach ein Wohnen außerhalb von besonderen Wohnformen in Betracht, ist dieser Wohnform der Vorzug zu geben, wenn dies von der leistungsberechtigten Person gewünscht wird. ⁴ Soweit die leistungsberechtigte Person dies wünscht, sind in diesem Fall die im Zusammenhang mit dem Wohnen stehenden Assistenzleistungen nach § 113 Absatz 2 Nummer 2 im Bereich der Gestaltung sozialer Beziehungen und der persönlichen Lebensplanung nicht gemeinsam zu erbringen nach § 116 Absatz 2 Nummer 1. ⁵ Bei Unzumutbarkeit einer abweichenden Leistungsgestaltung ist ein Kostenvergleich nicht vorzunehmen.

---

[1]) Nr. **12**.
[2]) Teil 2 Kapitel 1–7 (§§ 90–122) sowie Kapitel 9–11 (§§ 135–150) treten mit Ausnahme von § 94 Absatz 1, der am 1.1.2018 in Kraft getreten ist, am **1.1.2020** in Kraft, vgl. Anm. am Titel.

(4) Auf Wunsch der Leistungsberechtigten sollen die Leistungen der Eingliederungshilfe von einem Leistungsanbieter erbracht werden, der die Betreuung durch Geistliche ihres Bekenntnisses ermöglicht.

(5) Leistungen der Eingliederungshilfe für Leistungsberechtigte mit gewöhnlichem Aufenthalt in Deutschland können auch im Ausland erbracht werden, wenn dies im Interesse der Aufgabe der Eingliederungshilfe geboten ist, die Dauer der Leistungen durch den Auslandsaufenthalt nicht wesentlich verlängert wird und keine unvertretbaren Mehraufwendungen entstehen.

§ 105[1]) **Leistungsformen.** *(1) Die Leistungen der Eingliederungshilfe werden als Sach-, Geld- oder Dienstleistung erbracht.*

(2) Zur Dienstleistung gehören insbesondere die Beratung und Unterstützung in Angelegenheiten der Leistungen der Eingliederungshilfe sowie in sonstigen sozialen Angelegenheiten.

(3) [1] *Leistungen zur Sozialen Teilhabe können mit Zustimmung der Leistungsberechtigten auch in Form einer pauschalen Geldleistung erbracht werden, soweit es dieser Teil vorsieht.* [2] *Die Träger der Eingliederungshilfe regeln das Nähere zur Höhe und Ausgestaltung der Pauschalen.*

(4) [1] *Die Leistungen der Eingliederungshilfe werden auf Antrag auch als Teil eines Persönlichen Budgets ausgeführt.* [2] *Die Vorschrift zum Persönlichen Budget nach § 29 ist insoweit anzuwenden.*

§ 106[1]) **Beratung und Unterstützung.** *(1)* [1] *Zur Erfüllung der Aufgaben dieses Teils werden die Leistungsberechtigten, auf ihren Wunsch auch im Beisein einer Person ihres Vertrauens, vom Träger der Eingliederungshilfe beraten und, soweit erforderlich, unterstützt.* [2] *Die Beratung erfolgt in einer für den Leistungsberechtigten wahrnehmbaren Form.*

(2) Die Beratung umfasst insbesondere

1. *die persönliche Situation des Leistungsberechtigten, den Bedarf, die eigenen Kräfte und Mittel sowie die mögliche Stärkung der Selbsthilfe zur Teilhabe am Leben in der Gemeinschaft einschließlich eines gesellschaftlichen Engagements,*
2. *die Leistungen der Eingliederungshilfe einschließlich des Zugangs zum Leistungssystem,*
3. *die Leistungen anderer Leistungsträger,*
4. *die Verwaltungsabläufe,*
5. *Hinweise auf Leistungsanbieter und andere Hilfemöglichkeiten im Sozialraum und auf Möglichkeiten zur Leistungserbringung,*
6. *Hinweise auf andere Beratungsangebote im Sozialraum,*
7. *eine gebotene Budgetberatung.*

(3) Die Unterstützung umfasst insbesondere

1. *Hilfe bei der Antragstellung,*
2. *Hilfe bei der Klärung weiterer zuständiger Leistungsträger,*
3. *das Hinwirken auf zeitnahe Entscheidungen und Leistungen der anderen Leistungsträger,*

---

[1]) Teil 2 Kapitel 1–7 (§§ 90–122) sowie Kapitel 9–11 (§§ 135–150) treten mit Ausnahme von § 94 Absatz 1, der am 1.1.2018 in Kraft getreten ist, am **1.1.2020** in Kraft, vgl. Anm. am Titel.

3. Kapitel. Medizinische Rehabilitation §§ 107–110 SGB IX 9

4. *Hilfe bei der Erfüllung von Mitwirkungspflichten,*
5. *Hilfe bei der Inanspruchnahme von Leistungen,*
6. *die Vorbereitung von Möglichkeiten der Teilhabe am Leben in der Gemeinschaft einschließlich des gesellschaftlichen Engagements,*
7. *die Vorbereitung von Kontakten und Begleitung zu Leistungsanbietern und anderen Hilfemöglichkeiten,*
8. *Hilfe bei der Entscheidung über Leistungserbringer sowie bei der Aushandlung und dem Abschluss von Verträgen mit Leistungserbringern sowie*
9. *Hilfe bei der Erfüllung von Verpflichtungen aus der Zielvereinbarung und dem Bewilligungsbescheid.*

(4) Die Leistungsberechtigten sind hinzuweisen auf die ergänzende unabhängige Teilhabeberatung nach § 32, auf die Beratung und Unterstützung von Verbänden der Freien Wohlfahrtspflege sowie von Angehörigen der rechtsberatenden Berufe und von sonstigen Stellen.

§ 107[1]) *Übertragung, Verpfändung oder Pfändung, Auswahlermessen.*

(1) Der Anspruch auf Leistungen der Eingliederungshilfe kann nicht übertragen, verpfändet oder gepfändet werden.

(2) Über Art und Maß der Leistungserbringung ist nach pflichtgemäßem Ermessen zu entscheiden, soweit das Ermessen nicht ausgeschlossen ist.

§ 108[1]) *Antragserfordernis.* (1) ¹*Die Leistungen der Eingliederungshilfe nach diesem Teil werden auf Antrag erbracht.* ² *Die Leistungen werden frühestens ab dem Ersten des Monats der Antragstellung erbracht, wenn zu diesem Zeitpunkt die Voraussetzungen bereits vorlagen.*

(2) Eines Antrages bedarf es nicht für Leistungen, deren Bedarf in dem Verfahren nach Kapitel 7 ermittelt worden ist.

[Kapitel 3 ab 1.1.2020:]

Kapitel 3.[1]) Medizinische Rehabilitation

§ 109[1]) *Leistungen zur medizinischen Rehabilitation.* (1) *Leistungen zur medizinischen Rehabilitation sind insbesondere die in § 42 Absatz 2 und 3 und § 64 Absatz 1 Nummer 3 bis 6 genannten Leistungen.*

(2) Die Leistungen zur medizinischen Rehabilitation entsprechen den Rehabilitationsleistungen der gesetzlichen Krankenversicherung.

§ 110[1]) *Leistungserbringung.* (1) *Leistungsberechtigte haben entsprechend den Bestimmungen der gesetzlichen Krankenversicherung die freie Wahl unter den Ärzten und Zahnärzten sowie unter den Krankenhäusern und Vorsorge- und Rehabilitationseinrichtungen.*

(2) ¹ Bei der Erbringung von Leistungen zur medizinischen Rehabilitation sind die Regelungen, die für die gesetzlichen Krankenkassen nach dem Vierten Kapitel des Fünften Buches[2]) *gelten, mit Ausnahme des Dritten Titels des Zweiten Abschnitts*

---

[1]) Teil 2 Kapitel 1–7 (§§ 90–122) sowie Kapitel 9–11 (§§ 135–150) treten mit Ausnahme von § 94 Absatz 1, der am 1.1.2018 in Kraft getreten ist, am **1.1.2020** in Kraft, vgl. Anm. am Titel.
[2]) Nr. **5.**

anzuwenden. ² *Ärzte, Psychotherapeuten im Sinne des § 28 Absatz 3 Satz 1 des Fünften Buches und Zahnärzte haben für ihre Leistungen Anspruch auf die Vergütung, welche die Ortskrankenkasse, in deren Bereich der Arzt, Psychotherapeut oder der Zahnarzt niedergelassen ist, für ihre Mitglieder zahlt.*

(3) ¹ *Die Verpflichtungen, die sich für die Leistungserbringer aus den §§ 294, 294a, 295, 300 bis 302 des Fünften Buches ergeben, gelten auch für die Abrechnung von Leistungen zur medizinischen Rehabilitation mit dem Träger der Eingliederungshilfe.* ² *Die Vereinbarungen nach § 303 Absatz 1 sowie § 304 des Fünften Buches gelten für den Träger der Eingliederungshilfe entsprechend.*

[Kapitel 4 ab 1.1.2020:]

Kapitel 4.¹⁾ Teilhabe am Arbeitsleben

§ 111¹⁾ Leistungen zur Beschäftigung. *(1) Leistungen zur Beschäftigung umfassen*

1. *Leistungen im Arbeitsbereich anerkannter Werkstätten für behinderte Menschen nach den §§ 58 und 62,*

2. *Leistungen bei anderen Leistungsanbietern nach den §§ 60 und 62 sowie*

3. *Leistungen bei privaten und öffentlichen Arbeitgebern nach § 61.*

(2) ¹ *Leistungen nach Absatz 1 umfassen auch Gegenstände und Hilfsmittel, die wegen der gesundheitlichen Beeinträchtigung zur Aufnahme oder Fortsetzung der Beschäftigung erforderlich sind.* ² *Voraussetzung für eine Hilfsmittelversorgung, dass der Leistungsberechtigte das Hilfsmittel bedienen kann.* ³ *Die Versorgung mit Hilfsmitteln schließt eine notwendige Unterweisung im Gebrauch und eine notwendige Instandhaltung oder Änderung ein.* ⁴ *Die Ersatzbeschaffung des Hilfsmittels erfolgt, wenn sie infolge der körperlichen Entwicklung der Leistungsberechtigten notwendig ist oder wenn das Hilfsmittel aus anderen Gründen ungeeignet oder unbrauchbar geworden ist.*

(3) Zu den Leistungen nach Absatz 1 Nummer 1 und 2 gehört auch das Arbeitsförderungsgeld nach § 59.

[Kapitel 5 ab 1.1.2020:]

Kapitel 5.¹⁾ Teilhabe an Bildung

§ 112¹⁾ Leistungen zur Teilhabe an Bildung. *(1)* ¹ *Leistungen zur Teilhabe an Bildung umfassen*

1. *Hilfen zu einer Schulbildung, insbesondere im Rahmen der allgemeinen Schulpflicht und zum Besuch weiterführender Schulen einschließlich der Vorbereitung hierzu; die Bestimmungen über die Ermöglichung der Schulbildung im Rahmen der allgemeinen Schulpflicht bleiben unberührt, und*

2. *Hilfen zur schulischen oder hochschulischen Ausbildung oder Weiterbildung für einen Beruf.*

² *Die Hilfen nach Satz 1 Nummer 1 schließen Leistungen zur Unterstützung schulischer Ganztagsangebote in der offenen Form ein, die im Einklang mit dem Bildungs- und Erziehungsauftrag der Schule stehen und unter deren Aufsicht und Verantwortung ausgeführt werden, an den stundenplanmäßigen Unterricht anknüpfen und in der Regel in den Räumlichkeiten der Schule oder in deren Umfeld durchgeführt werden.* ³ *Hilfen*

---

¹⁾ Teil 2 Kapitel 1–7 (§§ 90–122) sowie Kapitel 9–11 (§§ 135–150) treten mit Ausnahme von § 94 Absatz 1, der am 1.1.2018 in Kraft getreten ist, am **1.1.2020** in Kraft, vgl. Anm. am Titel.

6. Kapitel. Soziale Teilhabe § 113 SGB IX 9

nach Satz 1 Nummer 1 umfassen auch heilpädagogische und sonstige Maßnahmen, wenn die Maßnahmen erforderlich und geeignet sind, der leistungsberechtigten Person den Schulbesuch zu ermöglichen oder zu erleichtern. ⁴ Hilfen zu einer schulischen oder hochschulischen Ausbildung nach Satz 1 Nummer 2 können erneut erbracht werden, wenn dies aus behinderungsbedingten Gründen erforderlich ist. ⁵ Hilfen nach Satz 1 umfassen auch Gegenstände und Hilfsmittel, die wegen der gesundheitlichen Beeinträchtigung zur Teilhabe an Bildung erforderlich sind. ⁶ Voraussetzung für eine Hilfsmittelversorgung ist, dass die leistungsberechtigte Person das Hilfsmittel bedienen kann. ⁷ Die Versorgung mit Hilfsmitteln schließt eine notwendige Unterweisung im Gebrauch und eine notwendige Instandhaltung oder Änderung ein. ⁸ Die Ersatzbeschaffung des Hilfsmittels erfolgt, wenn sie infolge der körperlichen Entwicklung der leistungsberechtigten Person notwendig ist oder wenn das Hilfsmittel aus anderen Gründen ungeeignet oder unbrauchbar geworden ist.

(2) ¹ Hilfen nach Absatz 1 Satz 1 Nummer 2 werden erbracht für eine schulische oder hochschulische berufliche Weiterbildung, die

1. in einem zeitlichen Zusammenhang an eine duale, schulische oder hochschulische Berufsausbildung anschließt,
2. in dieselbe fachliche Richtung weiterführt und
3. es dem Leistungsberechtigten ermöglicht, das von ihm angestrebte Berufsziel zu erreichen.

² Hilfen für ein Masterstudium werden abweichend von Satz 1 Nummer 2 auch erbracht, wenn das Masterstudium auf ein zuvor abgeschlossenes Bachelorstudium aufbaut und dieses interdisziplinär ergänzt, ohne in dieselbe Fachrichtung weiterzuführen. ³ Aus behinderungsbedingten oder aus anderen, nicht von der leistungsberechtigten Person beeinflussbaren gewichtigen Gründen kann von Satz 1 Nummer 1 abgewichen werden.

(3) Hilfen nach Absatz 1 Satz 1 Nummer 2 schließen folgende Hilfen ein:

1. Hilfen zur Teilnahme an Fernunterricht,
2. Hilfen zur Ableistung eines Praktikums, das für den Schul- oder Hochschulbesuch oder für die Berufszulassung erforderlich ist, und
3. Hilfen zur Teilnahme an Maßnahmen zur Vorbereitung auf die schulische oder hochschulische Ausbildung oder Weiterbildung für einen Beruf.

(4) ¹ Die in der Schule oder Hochschule wegen der Behinderung erforderliche Anleitung und Begleitung können an mehrere Leistungsberechtigte gemeinsam erbracht werden, soweit dies nach § 104 für die Leistungsberechtigten zumutbar ist und mit Leistungserbringern entsprechende Vereinbarungen bestehen. ² Die Leistungen nach Satz 1 sind auf Wunsch der Leistungsberechtigten gemeinsam zu erbringen.

[Kapitel 6 ab 1.1.2020:]

Kapitel 6.[1]) Soziale Teilhabe

§ 113[1]) **Leistungen zur Sozialen Teilhabe.** *(1)* ¹ Leistungen zur Sozialen Teilhabe werden erbracht, um eine gleichberechtigte Teilhabe am Leben in der Gemeinschaft zu ermöglichen oder zu erleichtern, soweit sie nicht nach den Kapiteln 3 bis 5 erbracht werden. ² Hierzu gehört, Leistungsberechtigte zu einer möglichst selbstbestimmten und eigenverantwortlichen Lebensführung im eigenen Wohnraum sowie in ihrem Sozialraum

---

[1]) Teil 2 Kapitel 1–7 (§§ 90–122) sowie Kapitel 9–11 (§§ 135–150) treten mit Ausnahme von § 94 Absatz 1, der am 1.1.2018 in Kraft getreten ist, am **1.1.2020** in Kraft, vgl. Anm. am Titel.

zu befähigen oder sie hierbei zu unterstützen. ³Maßgeblich sind die Ermittlungen und Feststellungen nach Kapitel 7.

(2) Leistungen zur Sozialen Teilhabe sind insbesondere

1. *Leistungen für Wohnraum,*
2. *Assistenzleistungen,*
3. *heilpädagogische Leistungen,*
4. *Leistungen zur Betreuung in einer Pflegefamilie,*
5. *Leistungen zum Erwerb und Erhalt praktischer Kenntnisse und Fähigkeiten,*
6. *Leistungen zur Förderung der Verständigung,*
7. *Leistungen zur Mobilität,*
8. *Hilfsmittel,*
9. *Besuchsbeihilfen.*

(3) Die Leistungen nach Absatz 2 Nummer 1 bis 8 bestimmen sich nach den §§ 77 bis 84, soweit sich aus diesem Teil nichts Abweichendes ergibt.

(4) Zur Ermöglichung der gemeinschaftlichen Mittagsverpflegung in der Verantwortung einer Werkstatt für behinderte Menschen, einem anderen Leistungsanbieter oder dem Leistungserbringer vergleichbarer anderer tagesstrukturierender Maßnahmen werden die erforderliche sächliche Ausstattung, die personelle Ausstattung und die erforderlichen betriebsnotwendigen Anlagen des Leistungserbringers übernommen.

§ 114[1] **Leistungen zur Mobilität.** *Bei den Leistungen zur Mobilität nach § 113 Absatz 2 Nummer 7 gilt § 83 mit der Maßgabe, dass*

1. *die Leistungsberechtigten zusätzlich zu den in § 83 Absatz 2 genannten Voraussetzungen zur Teilhabe am Leben in der Gemeinschaft ständig auf die Nutzung eines Kraftfahrzeugs angewiesen sind und*
2. *abweichend von § 83 Absatz 3 Satz 2 die Vorschriften der §§ 6 und 8 der Kraftfahrzeughilfe-Verordnung nicht maßgeblich sind.*

§ 115[1] **Besuchsbeihilfen.** *Werden Leistungen für einen oder mehrere Anbieter über Tag und Nacht erbracht, können den Leistungsberechtigten oder ihren Angehörigen zum gegenseitigen Besuch Beihilfen geleistet werden, soweit es im Einzelfall erforderlich ist.*

§ 116[1] **Pauschale Geldleistung, gemeinsame Inanspruchnahme.**

(1) ¹Die Leistungen

1. *zur Assistenz zur Übernahme von Handlungen zur Alltagsbewältigung sowie Begleitung der Leistungsberechtigten (§ 113 Absatz 2 Nummer 2 in Verbindung mit § 78 Absatz 2 Nummer 1 und Absatz 5),*
2. *zur Förderung der Verständigung (§ 113 Absatz 2 Nummer 6) und*
3. *zur Beförderung im Rahmen der Leistungen zur Mobilität (§ 113 Absatz 2 Nummer 7 in Verbindung mit § 83 Absatz 1 Nummer 1)*

können mit Zustimmung der Leistungsberechtigten als pauschale Geldleistungen nach § 105 Absatz 3 erbracht werden. ²Die zuständigen Träger der Eingliederungshilfe

---

[1] Teil 2 Kapitel 1–7 (§§ 90–122) sowie Kapitel 9–11 (§§ 135–150) treten mit Ausnahme von § 94 Absatz 1, der am 1.1.2018 in Kraft getreten ist, am **1.1.2020** in Kraft, vgl. Anm. am Titel.

7. Kapitel. Gesamtplanung   **§ 117 SGB IX 9**

regeln das Nähere zur Höhe und Ausgestaltung der pauschalen Geldleistungen sowie zur Leistungserbringung.

(2) ¹ Die Leistungen
1. *zur Assistenz (§ 113 Absatz 2 Nummer 2),*
2. *zur Heilpädagogik (§ 113 Absatz 2 Nummer 3),*
3. *zum Erwerb und Erhalt praktischer Fähigkeiten und Kenntnisse (§ 113 Absatz 2 Nummer 5),*
4. *zur Förderung der Verständigung (§ 113 Absatz 2 Nummer 6),*
5. *zur Beförderung im Rahmen der Leistungen zur Mobilität (§ 113 Absatz 2 Nummer 7 in Verbindung mit § 83 Absatz 1 Nummer 1) und*
6. *zur Erreichbarkeit einer Ansprechperson unabhängig von einer konkreten Inanspruchnahme (§ 113 Absatz 2 Nummer 2 in Verbindung mit § 78 Absatz 6)*

können an mehrere Leistungsberechtigte gemeinsam erbracht werden, soweit dies nach § 104 für die Leistungsberechtigten zumutbar ist und mit Leistungserbringern entsprechende Vereinbarungen bestehen. ² Maßgeblich sind die Ermittlungen und Feststellungen im Rahmen der Gesamtplanung nach Kapitel 7.

(3) Die Leistungen nach Absatz 2 sind auf Wunsch der Leistungsberechtigten gemeinsam zu erbringen, soweit die Teilhabeziele erreicht werden können.

[Kapitel 7 ab 1.1.2020:]

Kapitel 7.[1]) Gesamtplanung

§ 117[1]) **Gesamtplanverfahren.** *(1) Das Gesamtplanverfahren ist nach folgenden Maßstäben durchzuführen:*
1. *Beteiligung des Leistungsberechtigten in allen Verfahrensschritten, beginnend mit der Beratung,*
2. *Dokumentation der Wünsche des Leistungsberechtigten zu Ziel und Art der Leistungen,*
3. *Beachtung der Kriterien*
   a) transparent,
   b) trägerübergreifend,
   c) interdisziplinär,
   d) konsensorientiert,
   e) individuell,
   f) lebensweltbezogen,
   g) sozialraumorientiert und
   h) zielorientiert,
4. *Ermittlung des individuellen Bedarfes,*
5. *Durchführung einer Gesamtplankonferenz,*
6. *Abstimmung der Leistungen nach Inhalt, Umfang und Dauer in einer Gesamtplankonferenz unter Beteiligung betroffener Leistungsträger.*

---

[1]) Teil 2 Kapitel 1–7 (§§ 90–122) sowie Kapitel 9–11 (§§ 135–150) treten mit Ausnahme von § 94 Absatz 1, der am 1.1.2018 in Kraft getreten ist, am **1.1.2020** in Kraft, vgl. Anm. am Titel.

(2) *Am Gesamtplanverfahren wird auf Verlangen des Leistungsberechtigten eine Person seines Vertrauens beteiligt.*

(3) ¹ *Bestehen im Einzelfall Anhaltspunkte für eine Pflegebedürftigkeit nach dem Elften Buch, wird die zuständige Pflegekasse mit Zustimmung des Leistungsberechtigten vom Träger der Eingliederungshilfe informiert und muss am Gesamtplanverfahren beratend teilnehmen, soweit dies für den Träger der Eingliederungshilfe zur Feststellung der Leistungen nach den Kapiteln 3 bis 6 erforderlich ist.* ² *Bestehen im Einzelfall Anhaltspunkte, dass Leistungen der Hilfe zur Pflege nach dem Siebten Kapitel des Zwölften Buches*¹⁾ *erforderlich sind, so soll der Träger dieser Leistungen mit Zustimmung der Leistungsberechtigten informiert und am Gesamtplanverfahren beteiligt werden, soweit dies zur Feststellung der Leistungen nach den Kapiteln 3 bis 6 erforderlich ist.*

(4) Bestehen im Einzelfall Anhaltspunkte für einen Bedarf an notwendigem Lebensunterhalt, ist der Träger dieser Leistungen mit Zustimmung des Leistungsberechtigten zu informieren und am Gesamtplanverfahren zu beteiligen, soweit dies zur Feststellung der Leistungen nach den Kapiteln 3 bis 6 erforderlich ist.

(5) § 22 Absatz 5 ist entsprechend anzuwenden, auch wenn ein Teilhabeplan nicht zu erstellen ist.

§ 118²⁾ ***Instrumente der Bedarfsermittlung.*** *(1)* ¹ *Der Träger der Eingliederungshilfe hat die Leistungen nach den Kapiteln 3 bis 6 unter Berücksichtigung der Wünsche des Leistungsberechtigten festzustellen.* ² *Die Ermittlung des individuellen Bedarfes des Leistungsberechtigten muss durch ein Instrument erfolgen, das sich an der Internationalen Klassifikation der Funktionsfähigkeit, Behinderung und Gesundheit orientiert.* ³ *Das Instrument hat die Beschreibung einer nicht nur vorübergehenden Beeinträchtigung der Aktivität und Teilhabe in den folgenden Lebensbereichen vorzusehen:*

1. Lernen und Wissensanwendung,

2. Allgemeine Aufgaben und Anforderungen,

3. Kommunikation,

4. Mobilität,

5. Selbstversorgung,

6. häusliches Leben,

7. interpersonelle Interaktionen und Beziehungen,

8. bedeutende Lebensbereiche und

9. Gemeinschafts-, soziales und staatsbürgerliches Leben.

(2) Die Landesregierungen werden ermächtigt, durch Rechtsverordnung das Nähere über das Instrument zur Bedarfsermittlung zu bestimmen.

§ 119²⁾ ***Gesamtplankonferenz.*** *(1)* ¹ *Mit Zustimmung des Leistungsberechtigten kann der Träger der Eingliederungshilfe eine Gesamtplankonferenz durchführen, um die Leistungen für den Leistungsberechtigten nach den Kapiteln 3 bis 6 sicherzustellen.* ² *Die Leistungsberechtigten und die beteiligten Rehabilitationsträger können dem nach § 15 verantwortlichen Träger der Eingliederungshilfe die Durchführung einer Gesamtplankonferenz vorschlagen.* ³ *Den Vorschlag auf Durchführung einer Gesamtplankonferenz kann der Träger der Eingliederungshilfe ablehnen, wenn der maßgebliche Sach-*

---

¹⁾ Nr. **12**.
²⁾ Teil 2 Kapitel 1–7 (§§ 90–122) sowie Kapitel 9–11 (§§ 135–150) treten mit Ausnahme von § 94 Absatz 1, der am 1.1.2018 in Kraft getreten ist, am **1.1.2020** in Kraft, vgl. Anm. am Titel.

7. Kapitel. Gesamtplanung **§ 120 SGB IX 9**

verhalt schriftlich ermittelt werden kann oder der Aufwand zur Durchführung nicht in einem angemessenen Verhältnis zum Umfang der beantragten Leistung steht.

(2) ¹ In einer Gesamtplankonferenz beraten der Träger der Eingliederungshilfe, der Leistungsberechtigte und beteiligte Leistungsträger gemeinsam auf der Grundlage des Ergebnisses der Bedarfsermittlung nach § 118 insbesondere über

1. die Stellungnahmen der beteiligten Leistungsträger und die gutachterliche Stellungnahme des Leistungserbringers bei Beendigung der Leistungen zur beruflichen Bildung nach § 57,

2. die Wünsche der Leistungsberechtigten nach § 104 Absatz 2 bis 4,

3. den Beratungs- und Unterstützungsbedarf nach § 106,

4. die Erbringung der Leistungen.

² Soweit die Beratung über die Erbringung der Leistungen nach Nummer 4 den Lebensunterhalt betrifft, umfasst sie den Anteil des Regelsatzes nach § 27a Absatz 3 des Zwölften Buches[1]*), der den Leistungsberechtigten als Barmittel verbleibt.*

(3) ¹ Ist der Träger der Eingliederungshilfe Leistungsverantwortlicher nach § 15, soll er die Gesamtplankonferenz mit einer Teilhabeplankonferenz nach § 20 verbinden. ² Ist der Träger der Eingliederungshilfe nicht Leistungsverantwortlicher nach § 15, soll er nach § 19 Absatz 5 den Leistungsberechtigten und den Rehabilitationsträgern anbieten, mit deren Einvernehmen das Verfahren anstelle des leistenden Rehabilitationsträgers durchzuführen.

(4) ¹ Beantragt eine leistungsberechtigte Mutter oder ein leistungsberechtigter Vater Leistungen zur Deckung von Bedarfen bei der Versorgung und Betreuung eines eigenen Kindes oder mehrerer eigener Kinder, so ist eine Gesamtplankonferenz mit Zustimmung des Leistungsberechtigten durchzuführen. ² Bestehen Anhaltspunkte dafür, dass diese Bedarfe durch Leistungen anderer Leistungsträger, durch das familiäre, freundschaftliche und nachbarschaftliche Umfeld oder ehrenamtlich gedeckt werden können, so informiert der Träger der Eingliederungshilfe mit Zustimmung der Leistungsberechtigten die als zuständig angesehenen Leistungsträger, die ehrenamtlich tätigen Stellen und Personen oder die jeweiligen Personen aus dem persönlichen Umfeld und beteiligt sie an der Gesamtplankonferenz.

§ 120[2]**) Feststellung der Leistungen.** *(1) Nach Abschluss der Gesamtplankonferenz stellen der Träger der Eingliederungshilfe und die beteiligten Leistungsträger ihre Leistungen nach den für sie geltenden Leistungsgesetzen innerhalb der Fristen nach den §§ 14 und 15 fest.*

(2) ¹ Der Träger der Eingliederungshilfe erlässt auf Grundlage des Gesamtplanes nach § 121 den Verwaltungsakt über die festgestellte Leistung nach den Kapiteln 3 bis 6. ² Der Verwaltungsakt enthält mindestens die bewilligten Leistungen und die jeweiligen Leistungsvoraussetzungen. ³ Die Feststellungen über die Leistungen sind für den Erlass des Verwaltungsaktes bindend. ⁴ Ist eine Gesamtplankonferenz durchgeführt worden, sind deren Ergebnisse der Erstellung des Gesamtplanes zugrunde zu legen. ⁵ Ist der Träger der Eingliederungshilfe Leistungsverantwortlicher nach § 15, sind die Feststellungen über die Leistungen für die Entscheidung nach § 15 Absatz 3 bindend.

---

[1]) Nr. **12**.
[2]) Teil 2 Kapitel 1–7 (§§ 90–122) sowie Kapitel 9–11 (§§ 135–150) treten mit Ausnahme von § 94 Absatz 1, der am 1.1.2018 in Kraft getreten ist, am **1.1.2020** in Kraft, vgl. Anm. am Titel.

(3) Wenn nach den Vorschriften zur Koordinierung der Leistungen nach Teil 1 Kapitel 4 ein anderer Rehabilitationsträger die Leistungsverantwortung trägt, bilden die im Rahmen der Gesamtplanung festgestellten Leistungen nach den Kapiteln 3 bis 6 die für den Teilhabeplan erforderlichen Feststellungen nach § 15 Absatz 2.

(4) In einem Eilfall erbringt der Träger der Eingliederungshilfe Leistungen der Eingliederungshilfe nach den Kapiteln 3 bis 6 vor Beginn der Gesamtplankonferenz vorläufig; der Umfang der vorläufigen Gesamtleistung bestimmt sich nach pflichtgemäßem Ermessen.

§ 121[1]) **Gesamtplan.** *(1) Der Träger der Eingliederungshilfe stellt unverzüglich nach der Feststellung der Leistungen einen Gesamtplan insbesondere zur Durchführung der einzelnen Leistungen oder einer Einzelleistung auf.*

(2) ¹ Der Gesamtplan dient der Steuerung, Wirkungskontrolle und Dokumentation des Teilhabeprozesses. ² Er bedarf der Schriftform und soll regelmäßig, spätestens nach zwei Jahren, überprüft und fortgeschrieben werden.

(3) Bei der Aufstellung des Gesamtplanes wirkt der Träger der Eingliederungshilfe zusammen mit

1. dem Leistungsberechtigten,

2. einer Person seines Vertrauens und

3. dem im Einzelfall Beteiligten, insbesondere mit

   a) dem behandelnden Arzt,

   b) dem Gesundheitsamt,

   c) dem Landesarzt,

   d) dem Jugendamt und

   e) den Dienststellen der Bundesagentur für Arbeit.

(4) Der Gesamtplan enthält neben den Inhalten nach § 19 mindestens

1. die im Rahmen der Gesamtplanung eingesetzten Verfahren und Instrumente sowie die Maßstäbe und Kriterien der Wirkungskontrolle einschließlich des Überprüfungszeitpunkts,

2. die Aktivitäten der Leistungsberechtigten,

3. die Feststellungen über die verfügbaren und aktivierbaren Selbsthilferessourcen des Leistungsberechtigten sowie über Art, Inhalt, Umfang und Dauer der zu erbringenden Leistungen,

4. die Berücksichtigung des Wunsch- und Wahlrechts nach § 8 im Hinblick auf eine pauschale Geldleistung,

5. die Erkenntnisse aus vorliegenden sozialmedizinischen Gutachten und

6. das Ergebnis über die Beratung des Anteils des Regelsatzes nach § 27a Absatz 3 des Zwölften Buches[2])*, der den Leistungsberechtigten als Barmittel verbleibt.*

(5) Der Träger der Eingliederungshilfe stellt der leistungsberechtigten Person den Gesamtplan zur Verfügung.

---

[1]) Teil 2 Kapitel 1–7 (§§ 90–122) sowie Kapitel 9–11 (§§ 135–150) treten mit Ausnahme von § 94 Absatz 1, der am 1.1.2018 in Kraft getreten ist, am **1.1.2020** in Kraft, vgl. Anm. am Titel.
[2]) Nr. **12**.

§ 122[1]) *Teilhabezielvereinbarung.* ¹ *Der Träger der Eingliederungshilfe kann mit dem Leistungsberechtigten eine Teilhabezielvereinbarung zur Umsetzung der Mindestinhalte des Gesamtplanes oder von Teilen der Mindestinhalte des Gesamtplanes abschließen.* ² *Die Vereinbarung wird für die Dauer des Bewilligungszeitraumes der Leistungen der Eingliederungshilfe abgeschlossen, soweit sich aus ihr nichts Abweichendes ergibt.* ³ *Bestehen Anhaltspunkte dafür, dass die Vereinbarungsziele nicht oder nicht mehr erreicht werden, hat der Träger der Eingliederungshilfe die Teilhabezielvereinbarung anzupassen.* ⁴ *Die Kriterien nach § 117 Absatz 1 Nummer 3 gelten entsprechend.*

Kapitel 8. Vertragsrecht

§ 123 Allgemeine Grundsätze. (1) ¹ Der Träger der Eingliederungshilfe darf Leistungen der Eingliederungshilfe mit Ausnahme der Leistungen nach § 113 Absatz 2 Nummer 2 in Verbindung mit § 78 Absatz 5 und § 116 Absatz 1 durch Dritte (Leistungserbringer) nur bewilligen, soweit eine schriftliche Vereinbarung zwischen dem Träger des Leistungserbringers und dem für den Ort der Leistungserbringung zuständigen Träger der Eingliederungshilfe besteht. ² Die Vereinbarung kann auch zwischen dem Träger der Eingliederungshilfe und dem Verband, dem der Leistungserbringer angehört, geschlossen werden, soweit der Verband eine entsprechende Vollmacht nachweist.

(2) ¹ Die Vereinbarungen sind für alle übrigen Träger der Eingliederungshilfe bindend. ² Die Vereinbarungen müssen den Grundsätzen der Wirtschaftlichkeit, Sparsamkeit und Leistungsfähigkeit entsprechen und dürfen das Maß des Notwendigen nicht überschreiten. ³ Sie sind vor Beginn der jeweiligen Wirtschaftsperiode für einen zukünftigen Zeitraum abzuschließen (Vereinbarungszeitraum); nachträgliche Ausgleiche sind nicht zulässig. ⁴ Die Ergebnisse der Vereinbarungen sind den Leistungsberechtigten in einer wahrnehmbaren Form zugänglich zu machen.

(3) Private und öffentliche Arbeitgeber gemäß § 61 sind keine Leistungserbringer im Sinne dieses Kapitels.

(4) ¹ Besteht eine schriftliche Vereinbarung, so ist der Leistungserbringer, soweit er kein anderer Leistungsanbieter im Sinne des § 60 ist, im Rahmen des vereinbarten Leistungsangebotes verpflichtet, Leistungsberechtigte aufzunehmen und Leistungen der Eingliederungshilfe unter Beachtung der Inhalte des Gesamtplanes nach § 121 zu erbringen. ² Die Verpflichtung zur Leistungserbringung besteht auch in den Fällen des § 116 Absatz 2.

(5) ¹ Der Träger der Eingliederungshilfe darf die Leistungen durch Leistungserbringer, mit denen keine schriftliche Vereinbarung besteht, nur erbringen, soweit

1. dies nach der Besonderheit des Einzelfalles geboten ist,
2. der Leistungserbringer ein schriftliches Leistungsangebot vorlegt, das für den Inhalt einer Vereinbarung nach § 125 gilt,
3. der Leistungserbringer sich schriftlich verpflichtet, die Grundsätze der Wirtschaftlichkeit und Qualität der Leistungserbringung zu beachten,
4. der Leistungserbringer sich schriftlich verpflichtet, bei der Erbringung von Leistungen die Inhalte des Gesamtplanes nach § 121 zu beachten,

---

[1]) Teil 2 Kapitel 1–7 (§§ 90–122) sowie Kapitel 9–11 (§§ 135–150) treten mit Ausnahme von § 94 Absatz 1, der am 1.1.2018 in Kraft getreten ist, am **1.1.2020** in Kraft, vgl. Anm. am Titel.

5. die Vergütung für die Erbringung der Leistungen nicht höher ist als die Vergütung, die der Träger der Eingliederungshilfe mit anderen Leistungserbringern für vergleichbare Leistungen vereinbart hat.

²Die allgemeinen Grundsätze der Absätze 1 bis 3 und 5 sowie die Vorschriften zur Geeignetheit der Leistungserbringer (§ 124), zum Inhalt der Vergütung (§ 125), zur Verbindlichkeit der vereinbarten Vergütung (§ 127), zur Wirtschaftlichkeits- und Qualitätsprüfung (§ 128), zur Kürzung der Vergütung (§ 129) und zur außerordentlichen Kündigung der Vereinbarung (§ 130) gelten entsprechend.

(6) Der Leistungserbringer hat gegen den Träger der Eingliederungshilfe einen Anspruch auf Vergütung der gegenüber dem Leistungsberechtigten erbrachten Leistungen der Eingliederungshilfe.

§ 124 Geeignete Leistungserbringer. (1) ¹Sind geeignete Leistungserbringer vorhanden, soll der Träger der Eingliederungshilfe zur Erfüllung seiner Aufgaben eigene Angebote nicht neu schaffen. ²Geeignet ist ein externer Leistungserbringer, der unter Sicherstellung der Grundsätze des § 104 die Leistungen wirtschaftlich und sparsam erbringen kann. ³Die durch den Leistungserbringer geforderte Vergütung ist wirtschaftlich angemessen, wenn sie im Vergleich mit der Vergütung vergleichbarer Leistungserbringer im unteren Drittel liegt (externer Vergleich). ⁴Liegt die geforderte Vergütung oberhalb des unteren Drittels, kann sie wirtschaftlich angemessen sein, sofern sie nachvollziehbar auf einem höheren Aufwand des Leistungserbringers beruht und wirtschaftlicher Betriebsführung entspricht. ⁵In den externen Vergleich sind die im Einzugsbereich tätigen Leistungserbringer einzubeziehen. ⁶Die Bezahlung tariflich vereinbarter Vergütungen sowie entsprechender Vergütungen nach kirchlichen Arbeitsrechtsregelungen kann dabei nicht als unwirtschaftlich abgelehnt werden, soweit die Vergütung aus diesem Grunde oberhalb des unteren Drittels liegt.

(2) ¹Geeignete Leistungserbringer haben zur Erbringung der Leistungen der Eingliederungshilfe eine dem Leistungsangebot entsprechende Anzahl an Fach- und anderem Betreuungspersonal zu beschäftigen. ²Sie müssen über die Fähigkeit zur Kommunikation mit den Leistungsberechtigten in einer für die Leistungsberechtigten wahrnehmbaren Form verfügen und nach ihrer Persönlichkeit geeignet sein. ³Geeignete Leistungserbringer dürfen nur solche Personen beschäftigen oder ehrenamtliche Personen, die in Wahrnehmung ihrer Aufgaben Kontakt mit Leistungsberechtigten haben, mit Aufgaben betrauen, die nicht rechtskräftig wegen einer Straftat nach den §§ 171, 174 bis 174c, 176 bis 180a, 181a, 182 bis 184g, 225, 232 bis 233a, 234, 235 oder 236 des Strafgesetzbuchs verurteilt worden sind. ⁴Die Leistungserbringer sollen sich von Fach- und anderem Betreuungspersonal, die in Wahrnehmung ihrer Aufgaben Kontakt mit Leistungsberechtigten haben, vor deren Einstellung oder Aufnahme einer dauerhaften ehrenamtlichen Tätigkeit und in regelmäßigen Abständen ein Führungszeugnis nach § 30a Absatz 1 des Bundeszentralregistergesetzes vorlegen lassen. ⁵Nimmt der Leistungserbringer Einsicht in ein Führungszeugnis nach § 30a Absatz 1 des Bundeszentralregistergesetzes, so speichert er nur den Umstand der Einsichtnahme, das Datum des Führungszeugnisses und die Information, ob die das Führungszeugnis betreffende Person wegen einer in Satz 3 genannten Straftat rechtskräftig verurteilt worden ist. ⁶Der Leistungserbringer darf diese Daten nur verändern und nutzen, soweit dies zur Prüfung

8. Kapitel. Vertragsrecht **§ 125 SGB IX 9**

der Eignung einer Person erforderlich ist. ⁷ Die Daten sind vor dem Zugriff Unbefugter zu schützen. ⁸ Sie sind unverzüglich zu löschen, wenn im Anschluss an die Einsichtnahme keine Tätigkeit für den Leistungserbringer wahrgenommen wird. ⁹ Sie sind spätestens drei Monate nach der letztmaligen Ausübung einer Tätigkeit für den Leistungserbringer zu löschen. ¹⁰ Das Fachpersonal muss zusätzlich über eine abgeschlossene berufsspezifische Ausbildung und dem Leistungsangebot entsprechende Zusatzqualifikationen verfügen.

(3) Sind mehrere Leistungserbringer im gleichen Maße geeignet, so hat der Träger der Eingliederungshilfe Vereinbarungen vorrangig mit Leistungserbringern abzuschließen, deren Vergütung bei vergleichbarem Inhalt, Umfang und Qualität der Leistung nicht höher ist als die anderer Leistungserbringer.

§ 125 Inhalt der schriftlichen Vereinbarung. (1) In der schriftlichen Vereinbarung zwischen dem Träger der Eingliederungshilfe und dem Leistungserbringer sind zu regeln:

1. Inhalt, Umfang und Qualität einschließlich der Wirksamkeit der Leistungen der Eingliederungshilfe (Leistungsvereinbarung) und

2. die Vergütung der Leistungen der Eingliederungshilfe (Vergütungsvereinbarung).

(2) ¹ In die Leistungsvereinbarung sind als wesentliche Leistungsmerkmale mindestens aufzunehmen:

1. der zu betreuende Personenkreis,

2. die erforderliche sächliche Ausstattung,

3. Art, Umfang, Ziel und Qualität der Leistungen der Eingliederungshilfe,

4. die Festlegung der personellen Ausstattung,

5. die Qualifikation des Personals sowie

6. soweit erforderlich, die betriebsnotwendigen Anlagen des Leistungserbringers.

² Soweit die Erbringung von Leistungen nach § 116 Absatz 2 zu vereinbaren ist, sind darüber hinaus die für die Leistungserbringung erforderlichen Strukturen zu berücksichtigen.

(3) ¹ Mit der Vergütungsvereinbarung werden unter Berücksichtigung der Leistungsmerkmale nach Absatz 2 Leistungspauschalen für die zu erbringenden Leistungen unter Beachtung der Grundsätze nach § 123 Absatz 2 festgelegt. ² Förderungen aus öffentlichen Mitteln sind anzurechnen. ³ Die Leistungspauschalen sind nach Gruppen von Leistungsberechtigten mit vergleichbarem Bedarf oder Stundensätzen sowie für die gemeinsame Inanspruchnahme durch mehrere Leistungsberechtigte (§ 116 Absatz 2) zu kalkulieren. ⁴ Abweichend von Satz 1 können andere geeignete Verfahren zur Vergütung und Abrechnung der Fachleistung unter Beteiligung der Interessenvertretungen der Menschen mit Behinderungen vereinbart werden.

(4) ¹ Die Vergütungsvereinbarungen mit Werkstätten für behinderte Menschen und anderen Leistungsanbietern berücksichtigen zusätzlich die mit der wirtschaftlichen Betätigung in Zusammenhang stehenden Kosten, soweit diese Kosten unter Berücksichtigung der besonderen Verhältnisse beim Leistungserbringer und der dort beschäftigten Menschen mit Behinderungen nach Art und Umfang über die in einem Wirtschaftsunternehmen üblicherweise ent-

stehenden Kosten hinausgehen. ²Können die Kosten im Einzelfall nicht ermittelt werden, kann hierfür eine Vergütungspauschale vereinbart werden. ³Das Arbeitsergebnis des Leistungserbringers darf nicht dazu verwendet werden, die Vergütung des Trägers der Eingliederungshilfe zu mindern.

§ 126 Verfahren und Inkrafttreten der Vereinbarung. (1) ¹Der Leistungserbringer oder der Träger der Eingliederungshilfe hat die jeweils andere Partei schriftlich zu Verhandlungen über den Abschluss einer Vereinbarung gemäß § 125 aufzufordern. ²Bei einer Aufforderung zum Abschluss einer Folgevereinbarung sind die Verhandlungsgegenstände zu benennen. ³Die Aufforderung durch den Leistungsträger kann an einen unbestimmten Kreis von Leistungserbringern gerichtet werden. ⁴Auf Verlangen einer Partei sind geeignete Nachweise zu den Verhandlungsgegenständen vorzulegen.

(2) ¹Kommt es nicht innerhalb von drei Monaten, nachdem eine Partei zu Verhandlungen aufgefordert wurde, zu einer schriftlichen Vereinbarung, so kann jede Partei hinsichtlich der strittigen Punkte die Schiedsstelle nach § 133 anrufen. ²Die Schiedsstelle hat unverzüglich über die strittigen Punkte zu entscheiden. ³Gegen die Entscheidung der Schiedsstelle ist der Rechtsweg zu den Sozialgerichten gegeben, ohne dass es eines Vorverfahrens bedarf. ⁴Die Klage ist gegen den Verhandlungspartner und nicht gegen die Schiedsstelle zu richten.

(3) ¹Vereinbarungen und Schiedsstellenentscheidungen treten zu dem darin bestimmten Zeitpunkt in Kraft. ²Wird ein Zeitpunkt nicht bestimmt, wird die Vereinbarung mit dem Tag ihres Abschlusses wirksam. ³Festsetzungen der Schiedsstelle werden, soweit keine Festlegung erfolgt ist, rückwirkend mit dem Tag wirksam, an dem der Antrag bei der Schiedsstelle eingegangen ist. ⁴Soweit in den Fällen des Satzes 3 während des Schiedsstellenverfahrens der Antrag geändert wurde, ist auf den Tag abzustellen, an dem der geänderte Antrag bei der Schiedsstelle eingegangen ist. ⁵Ein jeweils vor diesem Zeitpunkt zurückwirkendes Vereinbaren oder Festsetzen von Vergütungen ist in den Fällen der Sätze 1 bis 4 nicht zulässig.

§ 127 Verbindlichkeit der vereinbarten Vergütung. (1) ¹Mit der Zahlung der vereinbarten Vergütung gelten alle während des Vereinbarungszeitraumes entstandenen Ansprüche des Leistungserbringers auf Vergütung der Leistung der Eingliederungshilfe als abgegolten. ²Die im Einzelfall zu zahlende Vergütung bestimmt sich auf der Grundlage der jeweiligen Vereinbarung nach dem Betrag, der dem Leistungsberechtigten vom zuständigen Träger der Eingliederungshilfe bewilligt worden ist. ³Sind Leistungspauschalen nach Gruppen von Leistungsberechtigten kalkuliert (§ 125 Absatz 3 Satz 3), richtet sich die zu zahlende Vergütung nach der Gruppe, die dem Leistungsberechtigten vom zuständigen Träger der Eingliederungshilfe bewilligt wurde.

(2) Einer Erhöhung der Vergütung auf Grund von Investitionsmaßnahmen, die während des laufenden Vereinbarungszeitraumes getätigt werden, muss der Träger der Eingliederungshilfe zustimmen, soweit er der Maßnahme zuvor dem Grunde und der Höhe nach zugestimmt hat.

(3) ¹Bei unvorhergesehenen wesentlichen Änderungen der Annahmen, die der Vergütungsvereinbarung oder der Entscheidung der Schiedsstelle über die Vergütung zugrunde lagen, ist die Vergütung auf Verlangen einer Vertragspartei für den laufenden Vereinbarungszeitraum neu zu verhandeln. ²Für eine Neu-

8. Kapitel. Vertragsrecht §§ 128–130 SGB IX 9

verhandlung gelten die Vorschriften zum Verfahren und Inkrafttreten (§ 126) entsprechend.

(4) Nach Ablauf des Vereinbarungszeitraumes gilt die vereinbarte oder durch die Schiedsstelle festgesetzte Vergütung bis zum Inkrafttreten einer neuen Vergütungsvereinbarung weiter.

§ 128 Wirtschaftlichkeits- und Qualitätsprüfung. (1) [1] Soweit tatsächliche Anhaltspunkte dafür bestehen, dass ein Leistungserbringer seine vertraglichen oder gesetzlichen Pflichten nicht erfüllt, prüft der Träger der Eingliederungshilfe oder ein von diesem beauftragter Dritter die Wirtschaftlichkeit und Qualität einschließlich der Wirksamkeit der vereinbarten Leistungen des Leistungserbringers. [2] Zur Vermeidung von Doppelprüfungen arbeiten die Träger der Eingliederungshilfe mit den Trägern der Sozialhilfe, mit den für die Heimaufsicht zuständigen Behörden sowie mit dem Medizinischen Dienst der Krankenversicherung zusammen. [3] Durch Landesrecht kann von der Einschränkung in Satz 1 erster Halbsatz abgewichen werden.

(2) Die Prüfung nach Absatz 1 kann ohne vorherige Ankündigung erfolgen und erstreckt sich auf Inhalt, Umfang, Wirtschaftlichkeit und Qualität einschließlich der Wirksamkeit der erbrachten Leistungen.

(3) [1] Der Träger der Eingliederungshilfe hat den Leistungserbringer über das Ergebnis der Prüfung schriftlich zu unterrichten. [2] Das Ergebnis der Prüfung ist dem Leistungsberechtigten in einer wahrnehmbaren Form zugänglich zu machen.

§ 129 Kürzung der Vergütung. (1) [1] Hält ein Leistungserbringer seine gesetzlichen oder vertraglichen Verpflichtungen ganz oder teilweise nicht ein, ist die vereinbarte Vergütung für die Dauer der Pflichtverletzung entsprechend zu kürzen. [2] Über die Höhe des Kürzungsbetrags ist zwischen den Vertragsparteien Einvernehmen herzustellen. [3] Kommt eine Einigung nicht zustande, entscheidet auf Antrag einer Vertragspartei die Schiedsstelle. [4] Für das Verfahren bei Entscheidungen durch die Schiedsstelle gilt § 126 Absatz 2 und 3 entsprechend.

(2) Der Kürzungsbetrag ist an den Träger der Eingliederungshilfe bis zu der Höhe zurückzuzahlen, in der die Leistung vom Träger der Eingliederungshilfe erbracht worden ist und im Übrigen an die Leistungsberechtigten zurückzuzahlen.

(3) [1] Der Kürzungsbetrag kann nicht über die Vergütungen refinanziert werden. [2] Darüber hinaus besteht hinsichtlich des Kürzungsbetrags kein Anspruch auf Nachverhandlung gemäß § 127 Absatz 3.

§ 130 Außerordentliche Kündigung der Vereinbarungen. [1] Der Träger der Eingliederungshilfe kann die Vereinbarungen mit einem Leistungserbringer fristlos kündigen, wenn ihm ein Festhalten an den Vereinbarungen auf Grund einer groben Verletzung einer gesetzlichen oder vertraglichen Verpflichtung durch den Leistungserbringer nicht mehr zumutbar ist. [2] Eine grobe Pflichtverletzung liegt insbesondere dann vor, wenn
1. Leistungsberechtigte infolge der Pflichtverletzung zu Schaden kommen,
2. gravierende Mängel bei der Leistungserbringung vorhanden sind,

3. dem Leistungserbringer nach heimrechtlichen Vorschriften die Betriebserlaubnis entzogen ist,
4. dem Leistungserbringer der Betrieb untersagt wird oder
5. der Leistungserbringer gegenüber dem Leistungsträger nicht erbrachte Leistungen abrechnet.

³Die Kündigung bedarf der Schriftform. ⁴§ 59 des Zehnten Buches[1]) gilt entsprechend.

§ 131 Rahmenverträge zur Erbringung von Leistungen. (1) ¹Die Träger der Eingliederungshilfe schließen auf Landesebene mit den Vereinigungen der Leistungserbringer gemeinsam und einheitlich Rahmenverträge zu den schriftlichen Vereinbarungen nach § 125 ab. ²Die Rahmenverträge bestimmen

1. die nähere Abgrenzung der den Vergütungspauschalen und -beträgen nach § 125 Absatz 1 zugrunde zu legenden Kostenarten und -bestandteile sowie die Zusammensetzung der Investitionsbeträge nach § 125 Absatz 2,
2. den Inhalt und die Kriterien für die Ermittlung und Zusammensetzung der Leistungspauschalen, die Merkmale für die Bildung von Gruppen mit vergleichbarem Bedarf nach § 125 Absatz 3 Satz 3 sowie die Zahl der zu bildenden Gruppen,
3. die Höhe der Leistungspauschale nach § 125 Absatz 3 Satz 1,
4. die Zuordnung der Kostenarten und -bestandteile nach § 125 Absatz 4 Satz 1,
5. die Festlegung von Personalrichtwerten oder anderen Methoden zur Festlegung der personellen Ausstattung,
6. die Grundsätze und Maßstäbe für die Wirtschaftlichkeit und Qualität einschließlich der Wirksamkeit der Leistungen sowie Inhalt und Verfahren zur Durchführung von Wirtschaftlichkeits- und Qualitätsprüfungen und
7. das Verfahren zum Abschluss von Vereinbarungen.

³Für Leistungserbringer, die einer Kirche oder Religionsgemeinschaft des öffentlichen Rechts oder einem sonstigen freigemeinnützigen Träger zuzuordnen sind, können die Rahmenverträge auch von der Kirche oder Religionsgemeinschaft oder von dem Wohlfahrtsverband abgeschlossen werden, dem der Leistungserbringer angehört. ⁴In den Rahmenverträgen sollen die Merkmale und Besonderheiten der jeweiligen Leistungen berücksichtigt werden.

(2) Die durch Landesrecht bestimmten maßgeblichen Interessenvertretungen der Menschen mit Behinderungen wirken bei der Erarbeitung und Beschlussfassung der Rahmenverträge mit.

(3) Die Vereinigungen der Träger der Eingliederungshilfe und die Vereinigungen der Leistungserbringer vereinbaren gemeinsam und einheitlich Empfehlungen auf Bundesebene zum Inhalt der Rahmenverträge.

(4) Kommt es nicht innerhalb von sechs Monaten nach schriftlicher Aufforderung durch die Landesregierung zu einem Rahmenvertrag, so kann die Landesregierung die Inhalte durch Rechtsverordnung regeln.

---
[1]) Nr. 10.

§ 132 Abweichende Zielvereinbarungen. (1) Leistungsträger und Träger der Leistungserbringer können Zielvereinbarungen zur Erprobung neuer und zur Weiterentwicklung der bestehenden Leistungs- und Finanzierungsstrukturen abschließen.

(2) Die individuellen Leistungsansprüche der Leistungsberechtigten bleiben unberührt.

(3) Absatz 1 gilt nicht, soweit auch Leistungen nach dem Siebten Kapitel des Zwölften Buches[1] gewährt werden.

§ 133 Schiedsstelle. (1) Für jedes Land oder für Teile eines Landes wird eine Schiedsstelle gebildet.

(2) Die Schiedsstelle besteht aus Vertretern der Leistungserbringer und Vertretern der Träger der Eingliederungshilfe in gleicher Zahl sowie einem unparteiischen Vorsitzenden.

(3) [1] Die Vertreter der Leistungserbringer und deren Stellvertreter werden von den Vereinigungen der Leistungserbringer bestellt. [2] Bei der Bestellung ist die Trägervielfalt zu beachten. [3] Die Vertreter der Träger der Eingliederungshilfe und deren Stellvertreter werden von diesen bestellt. [4] Der Vorsitzende und sein Stellvertreter werden von den beteiligten Organisationen gemeinsam bestellt. [5] Kommt eine Einigung nicht zustande, werden sie durch Los bestimmt. [6] Soweit die beteiligten Organisationen der Leistungserbringer oder die Träger der Eingliederungshilfe keinen Vertreter bestellen oder im Verfahren nach Satz 3 keine Kandidaten für das Amt des Vorsitzenden und des Stellvertreters benennen, bestellt die zuständige Landesbehörde auf Antrag eines der Beteiligten die Vertreter und benennt die Kandidaten für die Position des Vorsitzenden und seines Stellvertreters.

(4) [1] Die Mitglieder der Schiedsstelle führen ihr Amt als Ehrenamt. [2] Sie sind an Weisungen nicht gebunden. [3] Jedes Mitglied hat eine Stimme. [4] Die Entscheidungen werden mit der Mehrheit der Mitglieder getroffen. [5] Ergibt sich keine Mehrheit, entscheidet die Stimme des Vorsitzenden.

(5) Die Landesregierungen werden ermächtigt, durch Rechtsverordnung das Nähere zu bestimmen über

1. die Zahl der Schiedsstellen,
2. die Zahl der Mitglieder und deren Bestellung,
3. die Amtsdauer und Amtsführung,
4. die Erstattung der baren Auslagen und die Entschädigung für den Zeitaufwand der Mitglieder der Schiedsstelle,
5. die Geschäftsführung,
6. das Verfahren,
7. die Erhebung und die Höhe der Gebühren,
8. die Verteilung der Kosten,
9. die Rechtsaufsicht sowie
10. die Beteiligung der Interessenvertretungen der Menschen mit Behinderungen.

---

[1] Nr. 12.

§ 134 Sonderregelung zum Inhalt der Vereinbarungen zur Erbringung von Leistungen für minderjährige Leistungsberechtigte und in Sonderfällen. (1) In der schriftlichen Vereinbarung zur Erbringung von Leistungen für minderjährige Leistungsberechtigte zwischen dem Träger der Eingliederungshilfe und dem Leistungserbringer sind zu regeln:

1. Inhalt, Umfang und Qualität einschließlich der Wirksamkeit der Leistungen (Leistungsvereinbarung) sowie
2. die Vergütung der Leistung (Vergütungsvereinbarung).

(2) In die Leistungsvereinbarung sind als wesentliche Leistungsmerkmale insbesondere aufzunehmen:

1. die betriebsnotwendigen Anlagen des Leistungserbringers,
2. der zu betreuende Personenkreis,
3. Art, Ziel und Qualität der Leistung,
4. die Festlegung der personellen Ausstattung,
5. die Qualifikation des Personals sowie
6. die erforderliche sächliche Ausstattung.

(3) ¹Die Vergütungsvereinbarung besteht mindestens aus

1. der Grundpauschale für Unterkunft und Verpflegung,
2. der Maßnahmepauschale sowie
3. einem Betrag für betriebsnotwendige Anlagen einschließlich ihrer Ausstattung (Investitionsbetrag).

²Förderungen aus öffentlichen Mitteln sind anzurechnen. ³Die Maßnahmepauschale ist nach Gruppen für Leistungsberechtigte mit vergleichbarem Bedarf zu kalkulieren.

(4) Die Absätze 1 bis 3 finden auch Anwendung, wenn volljährige Leistungsberechtigte Leistungen zur Schulbildung nach § 112 Absatz 1 Nummer 1 sowie Leistungen zur schulischen Ausbildung für einen Beruf nach § 112 Absatz 1 Nummer 2 erhalten, soweit diese Leistungen in besonderen Ausbildungsstätten über Tag und Nacht für Menschen mit Behinderungen erbracht werden.

[Kapitel 9 ab 1.1.2020:]

Kapitel 9.[1] Einkommen und Vermögen

§ 135[1] *Begriff des Einkommens. (1) Maßgeblich für die Ermittlung des Beitrages nach § 136 ist die Summe der Einkünfte des Vorvorjahres nach § 2 Absatz 2 des Einkommensteuergesetzes sowie bei Renteneinkünften die Bruttorente des Vorvorjahres.*

(2) Wenn zum Zeitpunkt der Leistungsgewährung eine erhebliche Abweichung zu den Einkünften des Vorvorjahres besteht, sind die voraussichtlichen Jahreseinkünfte des laufenden Jahres im Sinne des Absatzes 1 zu ermitteln und zugrunde zu legen.

§ 136[1] *Beitrag aus Einkommen zu den Aufwendungen. (1) Bei den Leistungen nach diesem Teil ist ein Beitrag zu den Aufwendungen aufzubringen, wenn das Ein-*

---

[1] Teil 2 Kapitel 1–7 (§§ 90–122) sowie Kapitel 9–11 (§§ 135–150) treten mit Ausnahme von § 94 Absatz 1, der am 1.1.2018 in Kraft getreten ist, am **1.1.2020** in Kraft, vgl. Anm. am Titel.

9. Kapitel. Einkommen und Vermögen §§ 137, 138 SGB IX 9

kommen im Sinne des § 135 der antragstellenden Person sowie bei minderjährigen Personen der Eltern oder des Elternteils im Haushalt lebenden Eltern oder des Elternteils die Beträge nach Absatz 2 übersteigt.

(2) Ein Beitrag zu den Aufwendungen ist aufzubringen, wenn das Einkommen im Sinne des § 135 überwiegend

1. *aus einer sozialversicherungspflichtigen Beschäftigung oder selbständigen Tätigkeit erzielt wird und 85 Prozent der jährlichen Bezugsgröße nach § 18 Absatz 1 des Vierten Buches[1] übersteigt oder*
2. *aus einer nicht sozialversicherungspflichtigen Beschäftigung erzielt wird und 75 Prozent der jährlichen Bezugsgröße nach § 18 Absatz 1 des Vierten Buches übersteigt oder*
3. *aus Renteneinkünften erzielt wird und 60 Prozent der jährlichen Bezugsgröße nach § 18 Absatz 1 des Vierten Buches übersteigt.*

(3) Die Beträge nach Absatz 2 erhöhen sich für den nicht getrennt lebenden Ehegatten oder Lebenspartner, den Partner einer eheähnlichen oder lebenspartnerschaftsähnlichen Gemeinschaft um 15 Prozent sowie für jedes unterhaltsberechtigte Kind im Haushalt um 10 Prozent der jährlichen Bezugsgröße nach § 18 Absatz 1 des Vierten Buches.

(4) ¹ Übersteigt das Einkommen im Sinne des § 135 einer in Absatz 3 erster Halbsatz genannten Person den Betrag, der sich nach Absatz 2 ergibt, findet Absatz 3 keine Anwendung. ² In diesem Fall erhöhen sich für jedes unterhaltsberechtigte Kind die Beträge nach Absatz 2 um 5 Prozent der jährlichen Bezugsgröße nach § 18 Absatz 1 des Vierten Buches.

(5) ¹ Ist der Leistungsberechtigte minderjährig und lebt im Haushalt der Eltern, erhöht sich der Betrag nach Absatz 2 um 75 Prozent der jährlichen Bezugsgröße nach § 18 Absatz 1 des Vierten Buches für jeden Leistungsberechtigten. ² Die Absätze 3 und 4 sind nicht anzuwenden.

§ 137[2] **Höhe des Beitrages zu den Aufwendungen.** *(1) Die antragstellende Person im Sinne des § 136 Absatz 1 hat aus dem Einkommen im Sinne des § 135 einen Beitrag zu den Aufwendungen nach Maßgabe der Absätze 2 und 3 aufzubringen.*

(2) ¹ Wenn das Einkommen die Beträge nach § 136 Absatz 2 übersteigt, ist ein monatlicher Beitrag in Höhe von 2 Prozent des den Betrag nach § 136 Absatz 2 bis 4 übersteigenden Betrages als monatlicher Beitrag aufzubringen. ² Der nach Satz 1 als monatlicher Beitrag aufzubringende Betrag ist auf volle 10 Euro abzurunden.

(3) Der Beitrag ist von der zu erbringenden Leistung abzuziehen.

(4) ¹ Ist ein Beitrag von anderen Personen aufzubringen als dem Leistungsberechtigten und ist die Durchführung der Maßnahme der Eingliederungshilfeleistung ohne Entrichtung des Beitrages gefährdet, so kann im Einzelfall die erforderliche Leistung ohne Abzug nach Absatz 3 erbracht werden. ² Im Umfang des Beitrages sind die Aufwendungen zu ersetzen.

§ 138[2] **Besondere Höhe des Beitrages zu den Aufwendungen.** *(1) Ein Beitrag ist nicht aufzubringen bei*

---

[1] Nr. 4.
[2] Teil 2 Kapitel 1–7 (§§ 90–122) sowie Kapitel 9–11 (§§ 135–150) treten mit Ausnahme von § 94 Absatz 1, der am 1.1.2018 in Kraft getreten ist, am **1.1.2020** in Kraft, vgl. Anm. am Titel.

1. *heilpädagogischen Leistungen nach § 113 Absatz 2 Nummer 3,*
2. *Leistungen zur medizinischen Rehabilitation nach § 109,*
3. *Leistungen zur Teilhabe am Arbeitsleben nach § 111 Absatz 1,*
4. *Leistungen zur Teilhabe an Bildung nach § 112 Absatz 1 Nummer 1,*
5. *Leistungen zur schulischen oder hochschulischen Ausbildung oder Weiterbildung für einen Beruf nach § 112 Absatz 1 Nummer 2, soweit diese Leistungen in besonderen Ausbildungsstätten über Tag und Nacht für Menschen mit Behinderungen erbracht werden,*
6. *Leistungen zum Erwerb und Erhalt praktischer Kenntnisse und Fähigkeiten nach § 113 Absatz 2 Nummer 5, soweit diese der Vorbereitung auf die Teilhabe am Arbeitsleben nach § 111 Absatz 1 dienen,*
7. *Leistungen nach § 113 Absatz 1, die noch nicht eingeschulten leistungsberechtigten Personen die für sie erreichbare Teilnahme am Leben in der Gemeinschaft ermöglichen sollen,*
8. *gleichzeitiger Gewährung von Leistungen zum Lebensunterhalt nach dem Zweiten oder Zwölften Buch oder nach § 27a des Bundesversorgungsgesetzes.*

(2) Wenn ein Beitrag nach § 137 aufzubringen ist, ist für weitere Leistungen im gleichen Zeitraum oder weitere Leistungen an minderjährige Kinder im gleichen Haushalt nach diesem Teil kein weiterer Beitrag aufzubringen.

(3) Bei einmaligen Leistungen zur Beschaffung von Bedarfsgegenständen, deren Gebrauch für mindestens ein Jahr bestimmt ist, ist höchstens das Vierfache des monatlichen Beitrages einmalig aufzubringen.

(4) ¹ Wenn eine volljährige nachfragende Person Leistungen bedarf, ist von den Eltern oder dem Elternteil ein Beitrag in Höhe von monatlich 32,08 Euro aufzubringen. ² § 94 Absatz 2 Satz 3 und Absatz 3 des Zwölften Buches[1) gilt entsprechend.

§ 139[2)] ***Begriff des Vermögens.*** *¹ Zum Vermögen im Sinne dieses Teils gehört das gesamte verwertbare Vermögen. ² Die Leistungen nach diesem Teil dürfen nicht abhängig gemacht werden vom Einsatz oder von der Verwertung des Vermögens im Sinne des § 90 Absatz 2 Nummer 1 bis 8 des Zwölften Buches[1)] und eines Barvermögens oder sonstiger Geldwerte bis zu einem Betrag von 150 Prozent der jährlichen Bezugsgröße nach § 18 Absatz 1 des Vierten Buches[3)].*

§ 140[2)] ***Einsatz des Vermögens.*** *(1) Die antragstellende Person sowie bei minderjährigen Personen die im Haushalt lebenden Eltern oder ein Elternteil haben vor der Inanspruchnahme von Leistungen nach diesem Teil die erforderlichen Mittel aus ihrem Vermögen aufzubringen.*

(2) ¹ Soweit für den Bedarf der nachfragenden Person Vermögen einzusetzen ist, jedoch der sofortige Verbrauch oder die sofortige Verwertung des Vermögens nicht möglich ist oder für die, die es einzusetzen hat, eine Härte bedeuten würde, soll die beantragte Leistung als Darlehen geleistet werden. ² Die Leistungserbringung kann davon abhängig gemacht werden, dass der Anspruch auf Rückzahlung dinglich oder in anderer Weise gesichert wird.

[1)] Nr. **12**.
[2)] Teil 2 Kapitel 1–7 (§§ 90–122) sowie Kapitel 9–11 (§§ 135–150) treten mit Ausnahme von § 94 Absatz 1, der am 1.1.2018 in Kraft getreten ist, am **1.1.2020** in Kraft, vgl. Anm. am Titel.
[3)] Nr. **4**.

(3) Die in § 138 Absatz 1 genannten Leistungen sind ohne Berücksichtigung von vorhandenem Vermögen zu erbringen.

§ 141[1] *Übergang von Ansprüchen.* (1) *Hat eine Person im Sinne von § 136 Absatz 1 oder der nicht getrennt lebende Ehegatte oder Lebenspartner für die antragstellende Person einen Anspruch gegen einen anderen, der kein Leistungsträger im Sinne des § 12 des Ersten Buches*[2] *ist, kann der Träger der Eingliederungshilfe durch schriftliche Anzeige an den anderen bewirken, dass dieser Anspruch bis zur Höhe seiner Aufwendungen auf ihn übergeht.*

(2) ¹ Der Übergang des Anspruches darf nur insoweit bewirkt werden, als bei rechtzeitiger Leistung des anderen entweder die Leistung nicht erbracht worden wäre oder ein Beitrag aufzubringen wäre. ² Der Übergang ist nicht dadurch ausgeschlossen, dass der Anspruch nicht übertragen, verpfändet oder gepfändet werden kann.

(3) ¹ Die schriftliche Anzeige bewirkt den Übergang des Anspruches für die Zeit, für die der leistungsberechtigten Person die Leistung ohne Unterbrechung erbracht wird. ² Als Unterbrechung gilt ein Zeitraum von mehr als zwei Monaten.

(4) ¹ Widerspruch und Anfechtungsklage gegen den Verwaltungsakt, der den Übergang des Anspruches bewirkt, haben keine aufschiebende Wirkung. ² Die §§ 115 und 116 des Zehnten Buches[3] *gehen der Regelung des Absatzes 1 vor.*

§ 142[1] *Sonderregelungen für minderjährige Leistungsberechtigte und in Sonderfällen.* (1) *Minderjährigen Leistungsberechtigten und ihren Eltern oder einem Elternteil ist bei Leistungen im Sinne des § 138 Absatz 1 Nummer 1, 2, 4, 5 und 7 die Aufbringung der Mittel für die Kosten des Lebensunterhalts nur in Höhe der für den häuslichen Lebensunterhalt ersparten Aufwendungen zuzumuten, soweit Leistungen über Tag und Nacht erbracht werden.*

(2) Sind Leistungen von einem oder mehreren Anbietern über Tag und Nacht oder über Tag oder für ärztliche oder ärztlich verordnete Maßnahmen erforderlich, sind die Leistungen, die der Vereinbarung nach § 134 Absatz 3 zugrunde liegen, durch den Träger der Eingliederungshilfe auch dann in vollem Umfang zu erbringen, wenn den minderjährigen Leistungsberechtigten und ihren Eltern oder einem Elternteil die Aufbringung der Mittel nach Absatz 1 zu einem Teil zuzumuten ist.

(3) ¹ Bei Leistungen, denen Vereinbarungen nach § 134 Absatz 4 zugrunde liegen, geht der Anspruch einer volljährigen Person auf Unterhalt gegenüber ihren Eltern wegen Leistungen nach dem Dritten Kapitel des Zwölften Buches[4] *nur in Höhe von bis zu 24,68 Euro monatlich über. ² § 94 Absatz 2 Satz 3 und Absatz 3 des Zwölften Buches gilt entsprechend.*

[Kapitel 10 ab 1.1.2020:]

Kapitel 10.[1] *Statistik*

§ 143[1] *Bundesstatistik.* *Zur Beurteilung der Auswirkungen dieses Teils und zu seiner Fortentwicklung werden Erhebungen über*

---

[1] Teil 2 Kapitel 1–7 (§§ 90–122) sowie Kapitel 9–11 (§§ 135–150) treten mit Ausnahme von § 94 Absatz 1, der am 1.1.2018 in Kraft getreten ist, am **1.1.2020** in Kraft, vgl. Anm. am Titel.
[2] Nr. **1**.
[3] Nr. **10**.
[4] Nr. **12**.

1. die Leistungsberechtigten und
2. die Ausgaben und Einnahmen der Träger der Eingliederungshilfe als Bundesstatistik durchgeführt.

§ 144[1] Erhebungsmerkmale. *(1) Erhebungsmerkmale bei den Erhebungen nach § 143 Nummer 1 sind für jeden Leistungsberechtigten*

1. *Geschlecht, Geburtsmonat und -jahr, Staatsangehörigkeit, Bundesland, Wohngemeinde und Gemeindeteil, Kennnummer des Trägers, mit anderen Leistungsberechtigten zusammenlebend, erbrachte Leistungsarten im Laufe und am Ende des Berichtsjahres,*
2. *die Höhe der Bedarfe für jede erbrachte Leistungsart, die Höhe des aufgebrachten Beitrags nach § 92, die Art des angerechneten Einkommens, Beginn und Ende der Leistungserbringung nach Monat und Jahr, die für mehrere Leistungsberechtigte erbrachte Leistung, die Leistung als pauschalierte Geldleistung, die Leistung durch ein Persönliches Budget sowie*
3. *gleichzeitiger Bezug von Leistungen nach dem Zweiten, Elften oder Zwölften Buch.*

(2) Merkmale bei den Erhebungen nach Absatz 1 Nummer 1 und 2 nach der Art der Leistung sind insbesondere:

1. *Leistung zur medizinischen Rehabilitation,*
2. *Leistung zur Beschäftigung im Arbeitsbereich anerkannter Werkstätten für behinderte Menschen,*
3. *Leistung zur Beschäftigung bei anderen Leistungsanbietern,*
4. *Leistung zur Beschäftigung bei privaten und öffentlichen Arbeitgebern,*
5. *Leistung zur Teilhabe an Bildung,*
6. *Leistung für Wohnraum,*
7. *Assistenzleistung nach § 113 Absatz 2 Nummer 2 in Verbindung mit § 78 Absatz 2 Nummer 1,*
8. *Assistenzleistung nach § 113 Absatz 2 Nummer 2 in Verbindung mit § 78 Absatz 2 Nummer 2,*
9. *heilpädagogische Leistung,*
10. *Leistung zum Erwerb praktischer Kenntnisse und Fähigkeiten,*
11. *Leistung zur Förderung der Verständigung,*
12. *Leistung für ein Kraftfahrzeug,*
13. *Leistung zur Beförderung insbesondere durch einen Beförderungsdienst,*
14. *Hilfsmittel im Rahmen der Sozialen Teilhabe und*
15. *Besuchsbeihilfen.*

(3) Erhebungsmerkmale nach § 143 Nummer 2 sind das Bundesland, die Ausgaben gesamt nach der Art der Leistungen die Einnahmen gesamt und nach Einnahmearten sowie die Höhe der aufgebrachten Beiträge gesamt.

§ 145[1] Hilfsmerkmale. *(1) Hilfsmerkmale sind*
1. *Name und Anschrift des Auskunftspflichtigen,*

---

[1] Teil 2 Kapitel 1–7 (§§ 90–122) sowie Kapitel 9–11 (§§ 135–150) treten mit Ausnahme von § 94 Absatz 1, der am 1.1.2018 in Kraft getreten ist, am **1.1.2020** in Kraft, vgl. Anm. am Titel.

2. *Name, Telefonnummer und E-Mail-Adresse der für eventuelle Rückfragen zur Verfügung stehenden Person,*
3. *für die Erhebung nach § 143 Nummer 1 die Kennnummer des Leistungsberechtigten.*

(2) [1] *Die Kennnummern nach Absatz 1 Nummer 3 dienen der Prüfung der Richtigkeit der Statistik und der Fortschreibung der jeweils letzten Bestandserhebung.* [2] *Sie enthalten keine Angaben über persönliche und sachliche Verhältnisse des Leistungsberechtigten und sind zum frühestmöglichen Zeitpunkt, spätestens nach Abschluss der wiederkehrenden Bestandserhebung, zu löschen.*

§ 146[1]) ***Periodizität und Berichtszeitraum.*** *Die Erhebungen erfolgen jährlich für das abgelaufene Kalenderjahr.*

§ 147[1]) ***Auskunftspflicht.*** *(1)* [1] *Für die Erhebungen besteht Auskunftspflicht.* [2] *Die Angaben nach § 145 Absatz 1 Nummer 2 und die Angaben zum Gemeindeteil nach § 144 Absatz 1 Nummer 1 sind freiwillig.*

(2) Auskunftspflichtig sind die Träger der Eingliederungshilfe.

§ 148[1]) ***Übermittlung, Veröffentlichung.*** *(1) Die in sich schlüssigen und nach einheitlichen Standards formatierten Einzeldatensätze sind von den Auskunftspflichtigen elektronisch bis zum Ablauf von 40 Arbeitstagen nach Ende des jeweiligen Berichtszeitraums an das jeweilige statistische Landesamt zu übermitteln.*

(2) [1] *An die fachlich zuständigen obersten Bundes- oder Landesbehörden dürfen für die Verwendung gegenüber den gesetzgebenden Körperschaften und für Zwecke der Planung, jedoch nicht für die Regelung von Einzelfällen, vom Statistischen Bundesamt und von den statistischen Ämtern der Länder Tabellen mit statistischen Ergebnissen übermittelt werden, auch soweit Tabellenfelder nur einen einzigen Fall ausweisen.* [2] *Tabellen, die nur einen einzigen Fall ausweisen, dürfen nur dann übermittelt werden, wenn sie nicht differenzierter als auf Regierungsbezirksebene, bei Stadtstaaten auf Bezirksebene, aufbereitet sind.*

(3) [1] *Die statistischen Ämter der Länder stellen dem Statistischen Bundesamt für Zusatzaufbereitungen des Bundes jährlich unverzüglich nach Aufbereitung der Bestandserhebung und der Erhebung im Laufe des Berichtsjahres die Einzelangaben aus der Erhebung zur Verfügung.* [2] *Angaben zu den Hilfsmerkmalen nach § 145 dürfen nicht übermittelt werden.*

(4) Die Ergebnisse der Bundesstatistik nach diesem Kapitel dürfen auf die einzelnen Gemeinden bezogen veröffentlicht werden.

[Kapitel 11 ab 1.1.2020:]

Kapitel 11.[1]) *Übergangs- und Schlussbestimmungen*

§ 149[1]) ***Übergangsregelung für ambulant Betreute.*** *Für Personen, die Leistungen der Eingliederungshilfe für behinderte Menschen erhalten, deren Betreuung am 26. Juni 1996 durch von ihnen beschäftigte Personen oder ambulante Dienste sichergestellt wurde, gilt § 3a des Bundessozialhilfegesetzes in der am 26. Juni 1996 geltenden Fassung.*

---

[1]) Teil 2 Kapitel 1–7 (§§ 90–122) sowie Kapitel 9–11 (§§ 135–150) treten mit Ausnahme von § 94 Absatz 1, der am 1.1.2018 in Kraft getreten ist, am **1.1.2020** in Kraft, vgl. Anm. am Titel.

§ 150[1]) **Übergangsregelung zum Einsatz des Einkommens.** Abweichend von Kapitel 9 sind bei der Festsetzung von Leistungen für Leistungsberechtigte, die am 31. Dezember 2019 Leistungen nach dem Sechsten Kapitel des Zwölften Buches[2]) in der Fassung vom 31. Dezember 2019 erhalten haben und von denen ein Einsatz des Einkommens über der Einkommensgrenze gemäß § 87 des Zwölften Buches in der Fassung vom 31. Dezember 2019 gefordert wurde, die am 31. Dezember 2019 geltenden Einkommensgrenzen nach dem Elften Kapitel des Zwölften Buches in der Fassung vom 31. Dezember 2019 zugrunde zu legen, solange der nach Kapitel 9 aufzubringende Beitrag höher ist als der Einkommenseinsatz nach dem am 31. Dezember 2019 geltenden Recht.

Teil 3. Besondere Regelungen zur Teilhabe schwerbehinderter Menschen (Schwerbehindertenrecht)

Kapitel 1. Geschützter Personenkreis

§ 151 Geltungsbereich. (1) Die Regelungen dieses Teils gelten für schwerbehinderte und diesen gleichgestellte behinderte Menschen.

(2) [1] Die Gleichstellung behinderter Menschen mit schwerbehinderten Menschen (§ 2 Absatz 3) erfolgt auf Grund einer Feststellung nach § 152 auf Antrag des behinderten Menschen durch die Bundesagentur für Arbeit. [2] Die Gleichstellung wird mit dem Tag des Eingangs des Antrags wirksam. [3] Sie kann befristet werden.

(3) Auf gleichgestellte behinderte Menschen werden die besonderen Regelungen für schwerbehinderte Menschen mit Ausnahme des § 208 und des Kapitels 13 angewendet.

(4) [1] Schwerbehinderten Menschen gleichgestellt sind auch behinderte Jugendliche und junge Erwachsene (§ 2 Absatz 1) während der Zeit ihrer Berufsausbildung in Betrieben und Dienststellen oder einer beruflichen Orientierung, auch wenn der Grad der Behinderung weniger als 30 beträgt oder ein Grad der Behinderung nicht festgestellt ist. [2] Der Nachweis der Behinderung wird durch eine Stellungnahme der Agentur für Arbeit oder durch einen Bescheid über Leistungen zur Teilhabe am Arbeitsleben erbracht. [3] Die Gleichstellung gilt nur für Leistungen des Integrationsamtes im Rahmen der beruflichen Orientierung und der Berufsausbildung im Sinne des § 185 Absatz 3 Nummer 2 Buchstabe c.

§ 152 Feststellung der Behinderung, Ausweise. (1) [1] Auf Antrag des behinderten Menschen stellen die für die Durchführung des Bundesversorgungsgesetzes zuständigen Behörden das Vorliegen einer Behinderung und den Grad der Behinderung zum Zeitpunkt der Antragstellung fest. [2] Auf Antrag kann festgestellt werden, dass ein Grad der Behinderung oder gesundheitliche Merkmale bereits zu einem früheren Zeitpunkt vorgelegen haben, wenn dafür ein besonderes Interesse glaubhaft gemacht wird. [3] Beantragt eine erwerbstätige Person die Feststellung der Eigenschaft als schwerbehinderter Mensch (§ 2

---

[1]) Teil 2 Kapitel 1–7 (§§ 90–122) sowie Kapitel 9–11 (§§ 135–150) treten mit Ausnahme von § 94 Absatz 1, der am 1.1.2018 in Kraft getreten ist, am **1.1.2020** in Kraft, vgl. Anm. am Titel.
[2]) Nr. 12.

1. Kapitel. Geschützter Personenkreis § 153 SGB IX

Absatz 2), gelten die in § 14 Absatz 2 Satz 2 und 3 sowie § 17 Absatz 1 Satz 1 und Absatz 2 Satz 1 genannten Fristen sowie § 60 Absatz 1 des Ersten Buches[1)] entsprechend. ⁴Das Gesetz über das Verwaltungsverfahren der Kriegsopferversorgung ist entsprechend anzuwenden, soweit nicht das Zehnte Buch Anwendung findet. ⁵Die Auswirkungen auf die Teilhabe am Leben in der Gesellschaft werden als Grad der Behinderung nach Zehnergraden abgestuft festgestellt. ⁶Eine Feststellung ist nur zu treffen, wenn ein Grad der Behinderung von wenigstens 20 vorliegt. ⁷Durch Landesrecht kann die Zuständigkeit abweichend von Satz 1 geregelt werden.

(2) ¹Feststellungen nach Absatz 1 sind nicht zu treffen, wenn eine Feststellung über das Vorliegen einer Behinderung und den Grad einer auf ihr beruhenden Erwerbsminderung schon in einem Rentenbescheid, einer entsprechenden Verwaltungs- oder Gerichtsentscheidung oder einer vorläufigen Bescheinigung der für diese Entscheidungen zuständigen Dienststellen getroffen worden ist, es sei denn, dass der behinderte Mensch ein Interesse an anderweitiger Feststellung nach Absatz 1 glaubhaft macht. ²Eine Feststellung nach Satz 1 gilt zugleich als Feststellung des Grades der Behinderung.

(3) ¹Liegen mehrere Beeinträchtigungen der Teilhabe am Leben in der Gesellschaft vor, so wird der Grad der Behinderung nach den Auswirkungen der Beeinträchtigungen in ihrer Gesamtheit unter Berücksichtigung ihrer wechselseitigen Beziehungen festgestellt. ²Für diese Entscheidung gilt Absatz 1, es sei denn, dass in einer Entscheidung nach Absatz 2 eine Gesamtbeurteilung bereits getroffen worden ist.

(4) Sind neben dem Vorliegen der Behinderung weitere gesundheitliche Merkmale Voraussetzung für die Inanspruchnahme von Nachteilsausgleichen, so treffen die zuständigen Behörden die erforderlichen Feststellungen im Verfahren nach Absatz 1.

(5) ¹Auf Antrag des behinderten Menschen stellen die zuständigen Behörden auf Grund einer Feststellung der Behinderung einen Ausweis über die Eigenschaft als schwerbehinderter Mensch, den Grad der Behinderung sowie im Falle des Absatzes 4 über weitere gesundheitliche Merkmale aus. ²Der Ausweis dient dem Nachweis für die Inanspruchnahme von Leistungen und sonstigen Hilfen, die schwerbehinderten Menschen nach diesem Teil oder nach anderen Vorschriften zustehen. ³Die Gültigkeitsdauer des Ausweises soll befristet werden. ⁴Er wird eingezogen, sobald der gesetzliche Schutz schwerbehinderter Menschen erloschen ist. ⁵Der Ausweis wird berichtigt, sobald eine Neufeststellung unanfechtbar geworden ist.

§ 153 Verordnungsermächtigung. (1) Die Bundesregierung wird ermächtigt, durch Rechtsverordnung mit Zustimmung des Bundesrates nähere Vorschriften über die Gestaltung der Ausweise, ihre Gültigkeit und das Verwaltungsverfahren zu erlassen.

(2) Das Bundesministerium für Arbeit und Soziales wird ermächtigt, durch Rechtsverordnung mit Zustimmung des Bundesrates die Grundsätze aufzustellen, die für die Bewertung des Grades der Behinderung, die Kriterien für die Bewertung der Hilflosigkeit und die Voraussetzungen für die Vergabe von

---

[1)] Nr. 1.

Merkzeichen maßgebend sind, die nach Bundesrecht im Schwerbehindertenausweis einzutragen sind.

Kapitel 2. Beschäftigungspflicht der Arbeitgeber

§ 154 Pflicht der Arbeitgeber zur Beschäftigung schwerbehinderter Menschen. (1) ¹Private und öffentliche Arbeitgeber (Arbeitgeber) mit jahresdurchschnittlich monatlich mindestens 20 Arbeitsplätzen im Sinne des § 156 haben auf wenigstens 5 Prozent der Arbeitsplätze schwerbehinderte Menschen zu beschäftigen. ²Dabei sind schwerbehinderte Frauen besonders zu berücksichtigen. ³Abweichend von Satz 1 haben Arbeitgeber mit jahresdurchschnittlich monatlich weniger als 40 Arbeitsplätzen jahresdurchschnittlich je Monat einen schwerbehinderten Menschen, Arbeitgeber mit jahresdurchschnittlich monatlich weniger als 60 Arbeitsplätzen jahresdurchschnittlich je Monat zwei schwerbehinderte Menschen zu beschäftigen.

(2) Als öffentliche Arbeitgeber im Sinne dieses Teils gelten

1. jede oberste Bundesbehörde mit ihren nachgeordneten Dienststellen, das Bundespräsidialamt, die Verwaltungen des Deutschen Bundestages und des Bundesrates, das Bundesverfassungsgericht, die obersten Gerichtshöfe des Bundes, der Bundesgerichtshof jedoch zusammengefasst mit dem Generalbundesanwalt, sowie das Bundeseisenbahnvermögen,
2. jede oberste Landesbehörde und die Staats- und Präsidialkanzleien mit ihren nachgeordneten Dienststellen, die Verwaltungen der Landtage, die Rechnungshöfe (Rechnungskammern), die Organe der Verfassungsgerichtsbarkeit der Länder und jede sonstige Landesbehörde, zusammengefasst jedoch diejenigen Behörden, die eine gemeinsame Personalverwaltung haben,
3. jede sonstige Gebietskörperschaft und jeder Verband von Gebietskörperschaften,
4. jede sonstige Körperschaft, Anstalt oder Stiftung des öffentlichen Rechts.

§ 155 Beschäftigung besonderer Gruppen schwerbehinderter Menschen. (1) Im Rahmen der Erfüllung der Beschäftigungspflicht sind in angemessenem Umfang zu beschäftigen:
1. schwerbehinderte Menschen, die nach Art oder Schwere ihrer Behinderung im Arbeitsleben besonders betroffen sind, insbesondere solche,
    a) die zur Ausübung der Beschäftigung wegen ihrer Behinderung nicht nur vorübergehend einer besonderen Hilfskraft bedürfen oder
    b) deren Beschäftigung infolge ihrer Behinderung nicht nur vorübergehend mit außergewöhnlichen Aufwendungen für den Arbeitgeber verbunden ist oder
    c) die infolge ihrer Behinderung nicht nur vorübergehend offensichtlich nur eine wesentlich verminderte Arbeitsleistung erbringen können oder
    d) bei denen ein Grad der Behinderung von wenigstens 50 allein infolge geistiger oder seelischer Behinderung oder eines Anfallsleidens vorliegt oder
    e) die wegen Art oder Schwere der Behinderung keine abgeschlossene Berufsbildung im Sinne des Berufsbildungsgesetzes haben,
2. schwerbehinderte Menschen, die das 50. Lebensjahr vollendet haben.

2. Kapitel. Beschäftigungspflicht §§ 156–158 SGB IX

(2) ¹ Arbeitgeber mit Stellen zur beruflichen Bildung, insbesondere für Auszubildende, haben im Rahmen der Erfüllung der Beschäftigungspflicht einen angemessenen Anteil dieser Stellen mit schwerbehinderten Menschen zu besetzen. ² Hierüber ist mit der zuständigen Interessenvertretung im Sinne des § 176 und der Schwerbehindertenvertretung zu beraten.

§ 156 Begriff des Arbeitsplatzes. (1) Arbeitsplätze im Sinne dieses Teils sind alle Stellen, auf denen Arbeitnehmerinnen und Arbeitnehmer, Beamtinnen und Beamte, Richterinnen und Richter sowie Auszubildende und andere zu ihrer beruflichen Bildung Eingestellte beschäftigt werden.

(2) Als Arbeitsplätze gelten nicht die Stellen, auf denen beschäftigt werden:
1. behinderte Menschen, die an Leistungen zur Teilhabe am Arbeitsleben nach § 49 Absatz 3 Nummer 4 in Betrieben oder Dienststellen teilnehmen,
2. Personen, deren Beschäftigung nicht in erster Linie ihrem Erwerb dient, sondern vorwiegend durch Beweggründe karitativer oder religiöser Art bestimmt ist, und Geistliche öffentlich-rechtlicher Religionsgemeinschaften,
3. Personen, deren Beschäftigung nicht in erster Linie ihrem Erwerb dient und die vorwiegend zu ihrer Heilung, Wiedereingewöhnung oder Erziehung erfolgt,
4. Personen, die an Arbeitsbeschaffungsmaßnahmen nach dem Dritten Buch teilnehmen,
5. Personen, die nach ständiger Übung in ihre Stellen gewählt werden,
6. Personen, deren Arbeits-, Dienst- oder sonstiges Beschäftigungsverhältnis wegen Wehr- oder Zivildienst, Elternzeit, unbezahlten Urlaubs, wegen Bezuges einer Rente auf Zeit oder bei Altersteilzeitarbeit in der Freistellungsphase (Verblockungsmodell) ruht, solange für sie eine Vertretung eingestellt ist.

(3) Als Arbeitsplätze gelten ferner nicht Stellen, die nach der Natur der Arbeit oder nach den zwischen den Parteien getroffenen Vereinbarungen nur auf die Dauer von höchstens acht Wochen besetzt sind, sowie Stellen, auf denen Beschäftigte weniger als 18 Stunden wöchentlich beschäftigt werden.

§ 157 Berechnung der Mindestzahl von Arbeitsplätzen und der Pflichtarbeitsplatzzahl. (1) ¹ Bei der Berechnung der Mindestzahl von Arbeitsplätzen und der Zahl der Arbeitsplätze, auf denen schwerbehinderte Menschen zu beschäftigen sind (§ 154), zählen Stellen, auf denen Auszubildende beschäftigt werden, nicht mit. ² Das Gleiche gilt für Stellen, auf denen Rechts- oder Studienreferendarinnen und -referendare beschäftigt werden, die einen Rechtsanspruch auf Einstellung haben.

(2) Bei der Berechnung sich ergebende Bruchteile von 0,5 und mehr sind aufzurunden, bei Arbeitgebern mit jahresdurchschnittlich weniger als 60 Arbeitsplätzen abzurunden.

§ 158 Anrechnung Beschäftigter auf die Zahl der Pflichtarbeitsplätze für schwerbehinderte Menschen. (1) Ein schwerbehinderter Mensch, der auf einem Arbeitsplatz im Sinne des § 156 Absatz 1 oder Absatz 2 Nummer 1 oder 4 beschäftigt wird, wird auf einen Pflichtarbeitsplatz für schwerbehinderte Menschen angerechnet.

(2) ¹ Ein schwerbehinderter Mensch, der in Teilzeitbeschäftigung kürzer als betriebsüblich, aber nicht weniger als 18 Stunden wöchentlich beschäftigt wird, wird auf einen Pflichtarbeitsplatz für schwerbehinderte Menschen angerechnet. ² Bei Herabsetzung der wöchentlichen Arbeitszeit auf weniger als 18 Stunden infolge von Altersteilzeit gilt Satz 1 entsprechend. ³ Wird ein schwerbehinderter Mensch weniger als 18 Stunden wöchentlich beschäftigt, lässt die Bundesagentur für Arbeit die Anrechnung auf einen dieser Pflichtarbeitsplätze zu, wenn die Teilzeitbeschäftigung wegen Art oder Schwere der Behinderung notwendig ist.

(3) Ein schwerbehinderter Mensch, der im Rahmen einer Maßnahme zur Förderung des Übergangs aus der Werkstatt für behinderte Menschen auf den allgemeinen Arbeitsmarkt (§ 5 Absatz 4 Satz 1 der Werkstättenverordnung) beschäftigt wird, wird auch für diese Zeit auf die Zahl der Pflichtarbeitsplätze angerechnet.

(4) Ein schwerbehinderter Arbeitgeber wird auf einen Pflichtarbeitsplatz für schwerbehinderte Menschen angerechnet.

(5) Der Inhaber eines Bergmannsversorgungsscheins wird, auch wenn er kein schwerbehinderter oder gleichgestellter behinderter Mensch im Sinne des § 2 Absatz 2 oder 3 ist, auf einen Pflichtarbeitsplatz angerechnet.

§ 159 Mehrfachanrechnung.

(1) ¹ Die Bundesagentur für Arbeit kann die Anrechnung eines schwerbehinderten Menschen, besonders eines schwerbehinderten Menschen im Sinne des § 155 Absatz 1 auf mehr als einen Pflichtarbeitsplatz, höchstens drei Pflichtarbeitsplätze für schwerbehinderte Menschen zulassen, wenn dessen Teilhabe am Arbeitsleben auf besondere Schwierigkeiten stößt. ² Satz 1 gilt auch für schwerbehinderte Menschen im Anschluss an eine Beschäftigung in einer Werkstatt für behinderte Menschen und für teilzeitbeschäftigte schwerbehinderte Menschen im Sinne des § 158 Absatz 2.

(2) ¹ Ein schwerbehinderter Mensch, der beruflich ausgebildet wird, wird auf zwei Pflichtarbeitsplätze für schwerbehinderte Menschen angerechnet. ² Satz 1 gilt auch während der Zeit einer Ausbildung im Sinne des § 51 Absatz 2, die in einem Betrieb oder einer Dienststelle durchgeführt wird. ³ Die Bundesagentur für Arbeit kann die Anrechnung auf drei Pflichtarbeitsplätze für schwerbehinderte Menschen zulassen, wenn die Vermittlung in eine berufliche Ausbildungsstelle wegen Art oder Schwere der Behinderung auf besondere Schwierigkeiten stößt. ⁴ Bei Übernahme in ein Arbeits- oder Beschäftigungsverhältnis durch den ausbildenden oder einen anderen Arbeitgeber im Anschluss an eine abgeschlossene Ausbildung wird der schwerbehinderte Mensch im ersten Jahr der Beschäftigung auf zwei Pflichtarbeitsplätze angerechnet; Absatz 1 bleibt unberührt.

(3) Bescheide über die Anrechnung eines schwerbehinderten Menschen auf mehr als drei Pflichtarbeitsplätze für schwerbehinderte Menschen, die vor dem 1. August 1986 erlassen worden sind, gelten fort.

§ 160 Ausgleichsabgabe.

(1) ¹ Solange Arbeitgeber die vorgeschriebene Zahl schwerbehinderter Menschen nicht beschäftigen, entrichten sie für jeden unbesetzten Pflichtarbeitsplatz für schwerbehinderte Menschen eine Ausgleichsabgabe. ² Die Zahlung der Ausgleichsabgabe hebt die Pflicht zur Beschäftigung schwerbehinderter Menschen nicht auf. ³ Die Ausgleichsabgabe

2. Kapitel. Beschäftigungspflicht § 160 SGB IX 9

wird auf der Grundlage einer jahresdurchschnittlichen Beschäftigungsquote ermittelt.

(2) ¹Die Ausgleichsabgabe beträgt je unbesetztem Pflichtarbeitsplatz
1. 125 Euro bei einer jahresdurchschnittlichen Beschäftigungsquote von 3 Prozent bis weniger als dem geltenden Pflichtsatz,
2. 220 Euro bei einer jahresdurchschnittlichen Beschäftigungsquote von 2 Prozent bis weniger als 3 Prozent,
3. 320 Euro bei einer jahresdurchschnittlichen Beschäftigungsquote von weniger als 2 Prozent.

²Abweichend von Satz 1 beträgt die Ausgleichsabgabe je unbesetztem Pflichtarbeitsplatz für schwerbehinderte Menschen
1. für Arbeitgeber mit jahresdurchschnittlich weniger als 40 zu berücksichtigenden Arbeitsplätzen bei einer jahresdurchschnittlichen Beschäftigung von weniger als einem schwerbehinderten Menschen 125 Euro und
2. für Arbeitgeber mit jahresdurchschnittlich weniger als 60 zu berücksichtigenden Arbeitsplätzen bei einer jahresdurchschnittlichen Beschäftigung von weniger als zwei schwerbehinderten Menschen 125 Euro und bei einer jahresdurchschnittlichen Beschäftigung von weniger als einem schwerbehinderten Menschen 220 Euro.

(3) ¹Die Ausgleichsabgabe erhöht sich entsprechend der Veränderung der Bezugsgröße nach § 18 Absatz 1 des Vierten Buches[1]). ²Sie erhöht sich zum 1. Januar eines Kalenderjahres, wenn sich die Bezugsgröße seit der letzten Neubestimmung der Beträge der Ausgleichsabgabe um wenigstens 10 Prozent erhöht hat. ³Die Erhöhung der Ausgleichsabgabe erfolgt, indem der Faktor für die Veränderung der Bezugsgröße mit dem jeweiligen Betrag der Ausgleichsabgabe vervielfältigt wird. ⁴Die sich ergebenden Beträge sind auf den nächsten durch fünf teilbaren Betrag abzurunden. ⁵Das Bundesministerium für Arbeit und Soziales gibt den Erhöhungsbetrag und die sich nach Satz 3 ergebenden Beträge der Ausgleichsabgabe im Bundesanzeiger bekannt.

(4) ¹Die Ausgleichsabgabe zahlt der Arbeitgeber jährlich zugleich mit der Erstattung der Anzeige nach § 163 Absatz 2 an das für seinen Sitz zuständige Integrationsamt. ²Ist ein Arbeitgeber mehr als drei Monate im Rückstand, erlässt das Integrationsamt einen Feststellungsbescheid über die rückständigen Beträge und zieht diese ein. ³Für rückständige Beträge der Ausgleichsabgabe erhebt das Integrationsamt nach dem 31. März Säumniszuschläge nach Maßgabe des § 24 Absatz 1 des Vierten Buches; für ihre Verwendung gilt Absatz 5 entsprechend. ⁴Das Integrationsamt kann in begründeten Ausnahmefällen von der Erhebung von Säumniszuschlägen absehen. ⁵Widerspruch und Anfechtungsklage gegen den Feststellungsbescheid haben keine aufschiebende Wirkung. ⁶Gegenüber privaten Arbeitgebern wird die Zwangsvollstreckung nach den Vorschriften über das Verwaltungszwangsverfahren durchgeführt. ⁷Bei öffentlichen Arbeitgebern wendet sich das Integrationsamt an die Aufsichtsbehörde, gegen deren Entscheidung es die Entscheidung der obersten Bundes- oder Landesbehörde anrufen kann. ⁸Die Ausgleichsabgabe wird nach Ablauf des Kalenderjahres, das auf den Eingang der Anzeige bei der Bundesagentur für Arbeit folgt, weder nachgefordert noch erstattet.

---

[1]) Nr. 4.

(5) ¹Die Ausgleichsabgabe darf nur für besondere Leistungen zur Förderung der Teilhabe schwerbehinderter Menschen am Arbeitsleben einschließlich begleitender Hilfe im Arbeitsleben (§ 185 Absatz 1 Nummer 3) verwendet werden, soweit Mittel für denselben Zweck nicht von anderer Seite zu leisten sind oder geleistet werden. ²Aus dem Aufkommen an Ausgleichsabgabe dürfen persönliche und sächliche Kosten der Verwaltung und Kosten des Verfahrens nicht bestritten werden. ³Das Integrationsamt gibt dem Beratenden Ausschuss für behinderte Menschen bei dem Integrationsamt (§ 186) auf dessen Verlangen eine Übersicht über die Verwendung der Ausgleichsabgabe.

(6) ¹Die Integrationsämter leiten den in der Rechtsverordnung nach § 162 bestimmten Prozentsatz des Aufkommens an Ausgleichsabgabe an den Ausgleichsfonds (§ 161) weiter. ²Zwischen den Integrationsämtern wird ein Ausgleich herbeigeführt. ³Der auf das einzelne Integrationsamt entfallende Anteil am Aufkommen an Ausgleichsabgabe bemisst sich nach dem Mittelwert aus dem Verhältnis der Wohnbevölkerung im Zuständigkeitsbereich des Integrationsamtes zur Wohnbevölkerung im Geltungsbereich dieses Gesetzbuches und dem Verhältnis der Zahl der im Zuständigkeitsbereich des Integrationsamtes in den Betrieben und Dienststellen beschäftigungspflichtiger Arbeitgeber auf Arbeitsplätzen im Sinne des § 156 beschäftigten und der bei den Agenturen für Arbeit arbeitslos gemeldeten schwerbehinderten und diesen gleichgestellten behinderten Menschen zur entsprechenden Zahl der schwerbehinderten und diesen gleichgestellten behinderten Menschen im Geltungsbereich dieses Gesetzbuchs.

(7) ¹Die bei den Integrationsämtern verbleibenden Mittel der Ausgleichsabgabe werden von diesen gesondert verwaltet. ²Die Rechnungslegung und die formelle Einrichtung der Rechnungen und Belege regeln sich nach den Bestimmungen, die für diese Stellen allgemein maßgebend sind.

(8) Für die Verpflichtung zur Entrichtung einer Ausgleichsabgabe (Absatz 1) gelten hinsichtlich der in § 154 Absatz 2 Nummer 1 genannten Stellen der Bund und hinsichtlich der in § 154 Absatz 2 Nummer 2 genannten Stellen das Land als ein Arbeitgeber.

§ 161 Ausgleichsfonds. ¹Zur besonderen Förderung der Einstellung und Beschäftigung schwerbehinderter Menschen auf Arbeitsplätzen und zur Förderung von Einrichtungen und Maßnahmen, die den Interessen mehrerer Länder auf dem Gebiet der Förderung der Teilhabe schwerbehinderter Menschen am Arbeitsleben dienen, ist beim Bundesministerium für Arbeit und Soziales als zweckgebundene Vermögensmasse ein Ausgleichsfonds für überregionale Vorhaben zur Teilhabe schwerbehinderter Menschen am Arbeitsleben gebildet. ²Das Bundesministerium für Arbeit und Soziales verwaltet den Ausgleichsfonds.

§ 162 Verordnungsermächtigungen. Die Bundesregierung wird ermächtigt, durch Rechtsverordnung mit Zustimmung des Bundesrates

1. die Pflichtquote nach § 154 Absatz 1 nach dem jeweiligen Bedarf an Arbeitsplätzen für schwerbehinderte Menschen zu ändern, jedoch auf höchstens 10 Prozent zu erhöhen oder bis auf 4 Prozent herabzusetzen; dabei kann die Pflichtquote für öffentliche Arbeitgeber höher festgesetzt werden als für private Arbeitgeber,

2. nähere Vorschriften über die Verwendung der Ausgleichsabgabe nach § 160 Absatz 5 und die Gestaltung des Ausgleichsfonds nach § 161, die Verwendung der Mittel durch ihn für die Förderung der Teilhabe schwerbehinderter Menschen am Arbeitsleben und das Vergabe- und Verwaltungsverfahren des Ausgleichsfonds zu erlassen,
3. in der Rechtsverordnung nach Nummer 2
   a) den Anteil des an den Ausgleichsfonds weiterzuleitenden Aufkommens an Ausgleichsabgabe entsprechend den erforderlichen Aufwendungen zur Erfüllung der Aufgaben des Ausgleichsfonds und der Integrationsämter,
   b) den Ausgleich zwischen den Integrationsämtern auf Vorschlag der Länder oder einer Mehrheit der Länder abweichend von § 160 Absatz 6 Satz 3 sowie
   c) die Zuständigkeit für die Förderung von Einrichtungen nach § 30 der Schwerbehinderten-Ausgleichsabgabeverordnung abweichend von § 41 Absatz 2 Nummer 1 dieser Verordnung und von Inklusionsbetrieben und -abteilungen abweichend von § 41 Absatz 1 Nummer 3 dieser Verordnung
   zu regeln,
4. die Ausgleichsabgabe bei Arbeitgebern, die über weniger als 30 Arbeitsplätze verfügen, für einen bestimmten Zeitraum allgemein oder für einzelne Bundesländer herabzusetzen oder zu erlassen, wenn die Zahl der unbesetzten Pflichtarbeitsplätze für schwerbehinderte Menschen die Zahl der zu beschäftigenden schwerbehinderten Menschen so erheblich übersteigt, dass die Pflichtarbeitsplätze für schwerbehinderte Menschen dieser Arbeitgeber nicht in Anspruch genommen zu werden brauchen.

Kapitel 3. Sonstige Pflichten der Arbeitgeber; Rechte der schwerbehinderten Menschen

§ 163 Zusammenwirken der Arbeitgeber mit der Bundesagentur für Arbeit und den Integrationsämtern. (1) Die Arbeitgeber haben, gesondert für jeden Betrieb und jede Dienststelle, ein Verzeichnis der bei ihnen beschäftigten schwerbehinderten, ihnen gleichgestellten behinderten Menschen und sonstigen anrechnungsfähigen Personen laufend zu führen und dieses den Vertretern oder Vertreterinnen der Bundesagentur für Arbeit und des Integrationsamtes, die für den Sitz des Betriebes oder der Dienststelle zuständig sind, auf Verlangen vorzulegen.

(2) ¹Die Arbeitgeber haben der für ihren Sitz zuständigen Agentur für Arbeit einmal jährlich bis spätestens zum 31. März für das vorangegangene Kalenderjahr, aufgegliedert nach Monaten, die Daten anzuzeigen, die zur Berechnung des Umfangs der Beschäftigungspflicht, zur Überwachung ihrer Erfüllung und der Ausgleichsabgabe notwendig sind. ²Der Anzeige sind das nach Absatz 1 geführte Verzeichnis sowie eine Kopie der Anzeige und des Verzeichnisses zur Weiterleitung an das für ihren Sitz zuständige Integrationsamt beizufügen. ³Dem Betriebs-, Personal-, Richter-, Staatsanwalts- und Präsidialrat, der Schwerbehindertenvertretung und dem Inklusionsbeauftragten des Arbeitgebers ist je eine Kopie der Anzeige und des Verzeichnisses zu übermitteln.

(3) Zeigt ein Arbeitgeber die Daten bis zum 30. Juni nicht, nicht richtig oder nicht vollständig an, erlässt die Bundesagentur für Arbeit nach Prüfung in

tatsächlicher sowie in rechtlicher Hinsicht einen Feststellungsbescheid über die zur Berechnung der Zahl der Pflichtarbeitsplätze für schwerbehinderte Menschen und der besetzten Arbeitsplätze notwendigen Daten.

(4) Die Arbeitgeber, die Arbeitsplätze für schwerbehinderte Menschen nicht zur Verfügung zu stellen haben, haben die Anzeige nur nach Aufforderung durch die Bundesagentur für Arbeit im Rahmen einer repräsentativen Teilerhebung zu erstatten, die mit dem Ziel der Erfassung der in Absatz 1 genannten Personengruppen, aufgegliedert nach Bundesländern, alle fünf Jahre durchgeführt wird.

(5) Die Arbeitgeber haben der Bundesagentur für Arbeit und dem Integrationsamt auf Verlangen die Auskünfte zu erteilen, die zur Durchführung der besonderen Regelungen zur Teilhabe schwerbehinderter und ihnen gleichgestellter behinderter Menschen am Arbeitsleben notwendig sind.

(6) [1] Für das Verzeichnis und die Anzeige des Arbeitgebers sind die mit der Bundesarbeitsgemeinschaft der Integrationsämter und Hauptfürsorgestellen abgestimmten Vordrucke der Bundesagentur für Arbeit zu verwenden. [2] Die Bundesagentur für Arbeit soll zur Durchführung des Anzeigeverfahrens in Abstimmung mit der Bundesarbeitsgemeinschaft ein elektronisches Übermittlungsverfahren zulassen.

(7) Die Arbeitgeber haben den Beauftragten der Bundesagentur für Arbeit und des Integrationsamtes auf Verlangen Einblick in ihren Betrieb oder ihre Dienststelle zu geben, soweit es im Interesse der schwerbehinderten Menschen erforderlich ist und Betriebs- oder Dienstgeheimnisse nicht gefährdet werden.

(8) Die Arbeitgeber haben die Vertrauenspersonen der schwerbehinderten Menschen (§ 177 Absatz 1 Satz 1 bis 3 und § 180 Absatz 1 bis 5) unverzüglich nach der Wahl und ihren Inklusionsbeauftragten für die Angelegenheiten der schwerbehinderten Menschen (§ 181 Satz 1) unverzüglich nach der Bestellung der für den Sitz des Betriebes oder der Dienststelle zuständigen Agentur für Arbeit und dem Integrationsamt zu benennen.

§ 164 Pflichten des Arbeitgebers und Rechte schwerbehinderter Menschen. (1) [1] Die Arbeitgeber sind verpflichtet zu prüfen, ob freie Arbeitsplätze mit schwerbehinderten Menschen, insbesondere mit bei der Agentur für Arbeit arbeitslos oder arbeitsuchend gemeldeten schwerbehinderten Menschen, besetzt werden können. [2] Sie nehmen frühzeitig Verbindung mit der Agentur für Arbeit auf. [3] Die Bundesagentur für Arbeit oder ein Integrationsfachdienst schlägt den Arbeitgebern geeignete schwerbehinderte Menschen vor. [4] Über die Vermittlungsvorschläge und vorliegende Bewerbungen von schwerbehinderten Menschen haben die Arbeitgeber die Schwerbehindertenvertretung und die in § 176 genannten Vertretungen unmittelbar nach Eingang zu unterrichten. [5] Bei Bewerbungen schwerbehinderter Richterinnen und Richter wird der Präsidialrat unterrichtet und gehört, soweit dieser an der Ernennung zu beteiligen ist. [6] Bei der Prüfung nach Satz 1 beteiligen die Arbeitgeber die Schwerbehindertenvertretung nach § 178 Absatz 2 und hören die in § 176 genannten Vertretungen an. [7] Erfüllt der Arbeitgeber seine Beschäftigungspflicht nicht und ist die Schwerbehindertenvertretung oder eine in § 176 genannte Vertretung mit der beabsichtigten Entscheidung des Arbeitgebers nicht einverstanden, ist diese unter Darlegung der Gründe mit ihnen zu erörtern. [8] Dabei wird der betroffene schwerbehinderte Mensch angehört. [9] Alle Beteiligten sind vom

Arbeitgeber über die getroffene Entscheidung unter Darlegung der Gründe unverzüglich zu unterrichten. [10] Bei Bewerbungen schwerbehinderter Menschen ist die Schwerbehindertenvertretung nicht zu beteiligen, wenn der schwerbehinderte Mensch die Beteiligung der Schwerbehindertenvertretung ausdrücklich ablehnt.

(2) [1] Arbeitgeber dürfen schwerbehinderte Beschäftigte nicht wegen ihrer Behinderung benachteiligen. [2] Im Einzelnen gelten hierzu die Regelungen des Allgemeinen Gleichbehandlungsgesetzes.

(3) [1] Die Arbeitgeber stellen durch geeignete Maßnahmen sicher, dass in ihren Betrieben und Dienststellen wenigstens die vorgeschriebene Zahl schwerbehinderter Menschen eine möglichst dauerhafte behinderungsgerechte Beschäftigung finden kann. [2] Absatz 4 Satz 2 und 3 gilt entsprechend.

(4) [1] Die schwerbehinderten Menschen haben gegenüber ihren Arbeitgebern Anspruch auf

1. Beschäftigung, bei der sie ihre Fähigkeiten und Kenntnisse möglichst voll verwerten und weiterentwickeln können,
2. bevorzugte Berücksichtigung bei innerbetrieblichen Maßnahmen der beruflichen Bildung zur Förderung ihres beruflichen Fortkommens,
3. Erleichterungen im zumutbaren Umfang zur Teilnahme an außerbetrieblichen Maßnahmen der beruflichen Bildung,
4. behinderungsgerechte Einrichtung und Unterhaltung der Arbeitsstätten einschließlich der Betriebsanlagen, Maschinen und Geräte sowie der Gestaltung der Arbeitsplätze, des Arbeitsumfelds, der Arbeitsorganisation und der Arbeitszeit, unter besonderer Berücksichtigung der Unfallgefahr,
5. Ausstattung ihres Arbeitsplatzes mit den erforderlichen technischen Arbeitshilfen

unter Berücksichtigung der Behinderung und ihrer Auswirkungen auf die Beschäftigung. [2] Bei der Durchführung der Maßnahmen nach Satz 1 Nummer 1, 4 und 5 unterstützen die Bundesagentur für Arbeit und die Integrationsämter die Arbeitgeber unter Berücksichtigung der für die Beschäftigung wesentlichen Eigenschaften der schwerbehinderten Menschen. [3] Ein Anspruch nach Satz 1 besteht nicht, soweit seine Erfüllung für den Arbeitgeber nicht zumutbar oder mit unverhältnismäßigen Aufwendungen verbunden wäre oder soweit die staatlichen oder berufsgenossenschaftlichen Arbeitsschutzvorschriften oder beamtenrechtliche Vorschriften entgegenstehen.

(5) [1] Die Arbeitgeber fördern die Einrichtung von Teilzeitarbeitsplätzen. [2] Sie werden dabei von den Integrationsämtern unterstützt. [3] Schwerbehinderte Menschen haben einen Anspruch auf Teilzeitbeschäftigung, wenn die kürzere Arbeitszeit wegen Art oder Schwere der Behinderung notwendig ist; Absatz 4 Satz 3 gilt entsprechend.

§ 165 Besondere Pflichten der öffentlichen Arbeitgeber. [1] Die Dienststellen der öffentlichen Arbeitgeber melden den Agenturen für Arbeit frühzeitig nach einer erfolglosen Prüfung zur internen Besetzung des Arbeitsplatzes frei werdende und neu zu besetzende sowie neue Arbeitsplätze (§ 156). [2] Mit dieser Meldung gilt die Zustimmung zur Veröffentlichung der Stellenangebote als erteilt. [3] Haben schwerbehinderte Menschen sich um einen solchen Arbeitsplatz beworben oder sind sie von der Bundesagentur für Arbeit oder einem von dieser beauftragten Integrationsfachdienst vorgeschlagen worden, werden sie zu einem Vorstellungsgespräch eingeladen. ⁴ Eine Einladung ist entbehrlich, wenn die fachliche Eignung offensichtlich fehlt. ⁵ Einer Inklusionsvereinbarung nach § 166 bedarf es nicht, wenn für die Dienststellen dem § 166 entsprechende Regelungen bereits bestehen und durchgeführt werden.

§ 166 Inklusionsvereinbarung. (1) ¹ Die Arbeitgeber treffen mit der Schwerbehindertenvertretung und den in § 176 genannten Vertretungen in Zusammenarbeit mit dem Inklusionsbeauftragten des Arbeitgebers (§ 181) eine verbindliche Inklusionsvereinbarung. ² Auf Antrag der Schwerbehindertenvertretung wird unter Beteiligung der in § 176 genannten Vertretungen hierüber verhandelt. ³ Ist eine Schwerbehindertenvertretung nicht vorhanden, steht das Antragsrecht den in § 176 genannten Vertretungen zu. ⁴ Der Arbeitgeber oder die Schwerbehindertenvertretung kann das Integrationsamt einladen, sich an den Verhandlungen über die Inklusionsvereinbarung zu beteiligen. ⁵ Das Integrationsamt soll dabei insbesondere darauf hinwirken, dass unterschiedliche Auffassungen überwunden werden. ⁶ Der Agentur für Arbeit und dem Integrationsamt, die für den Sitz des Arbeitgebers zuständig sind, wird die Vereinbarung übermittelt.

(2) ¹ Die Vereinbarung enthält Regelungen im Zusammenhang mit der Eingliederung schwerbehinderter Menschen, insbesondere zur Personalplanung, Arbeitsplatzgestaltung, Gestaltung des Arbeitsumfelds, Arbeitsorganisation, Arbeitszeit sowie Regelungen über die Durchführung in den Betrieben und Dienststellen. ² Dabei ist die gleichberechtigte Teilhabe schwerbehinderter Menschen am Arbeitsleben bei der Gestaltung von Arbeitsprozessen und Rahmenbedingungen von Anfang an zu berücksichtigen. ³ Bei der Personalplanung werden besondere Regelungen zur Beschäftigung eines angemessenen Anteils von schwerbehinderten Frauen vorgesehen.

(3) In der Vereinbarung können insbesondere auch Regelungen getroffen werden

1. zur angemessenen Berücksichtigung schwerbehinderter Menschen bei der Besetzung freier, frei werdender oder neuer Stellen,
2. zu einer anzustrebenden Beschäftigungsquote, einschließlich eines angemessenen Anteils schwerbehinderter Frauen,
3. zu Teilzeitarbeit,
4. zur Ausbildung behinderter Jugendlicher,
5. zur Durchführung der betrieblichen Prävention (betriebliches Eingliederungsmanagement) und zur Gesundheitsförderung,
6. über die Hinzuziehung des Werks- oder Betriebsarztes auch für Beratungen über Leistungen zur Teilhabe sowie über besondere Hilfen im Arbeitsleben.

(4) In den Versammlungen schwerbehinderter Menschen berichtet der Arbeitgeber über alle Angelegenheiten im Zusammenhang mit der Eingliederung schwerbehinderter Menschen.

§ 167 Prävention. (1) Der Arbeitgeber schaltet bei Eintreten von personen-, verhaltens- oder betriebsbedingten Schwierigkeiten im Arbeits- oder sonstigen Beschäftigungsverhältnis, die zur Gefährdung dieses Verhältnisses führen können, möglichst frühzeitig die Schwerbehindertenvertretung und die in

§ 176 genannten Vertretungen sowie das Integrationsamt ein, um mit ihnen alle Möglichkeiten und alle zur Verfügung stehenden Hilfen zur Beratung und mögliche finanzielle Leistungen zu erörtern, mit denen die Schwierigkeiten beseitigt werden können und das Arbeits- oder sonstige Beschäftigungsverhältnis möglichst dauerhaft fortgesetzt werden kann.

(2) ¹ Sind Beschäftigte innerhalb eines Jahres länger als sechs Wochen ununterbrochen oder wiederholt arbeitsunfähig, klärt der Arbeitgeber mit der zuständigen Interessenvertretung im Sinne des § 176, bei schwerbehinderten Menschen außerdem mit der Schwerbehindertenvertretung, mit Zustimmung und Beteiligung der betroffenen Person die Möglichkeiten, wie die Arbeitsunfähigkeit möglichst überwunden werden und mit welchen Leistungen oder Hilfen erneuter Arbeitsunfähigkeit vorgebeugt und der Arbeitsplatz erhalten werden kann (betriebliches Eingliederungsmanagement). ² Soweit erforderlich, wird der Werks- oder Betriebsarzt hinzugezogen. ³ Die betroffene Person oder ihr gesetzlicher Vertreter ist zuvor auf die Ziele des betrieblichen Eingliederungsmanagements sowie auf Art und Umfang der hierfür erhobenen und verwendeten Daten hinzuweisen. ⁴ Kommen Leistungen zur Teilhabe oder begleitende Hilfen im Arbeitsleben in Betracht, werden vom Arbeitgeber die Rehabilitationsträger oder bei schwerbehinderten Beschäftigten das Integrationsamt hinzugezogen. ⁵ Diese wirken darauf hin, dass die erforderlichen Leistungen oder Hilfen unverzüglich beantragt und innerhalb der Frist des § 14 Absatz 2 Satz 2 erbracht werden. ⁶ Die zuständige Interessenvertretung im Sinne des § 176, bei schwerbehinderten Menschen außerdem die Schwerbehindertenvertretung, können die Klärung verlangen. ⁷ Sie wachen darüber, dass der Arbeitgeber die ihm nach dieser Vorschrift obliegenden Verpflichtungen erfüllt.

(3) Die Rehabilitationsträger und die Integrationsämter können Arbeitgeber, die ein betriebliches Eingliederungsmanagement einführen, durch Prämien oder einen Bonus fördern.

Kapitel 4. Kündigungsschutz

§ 168 **Erfordernis der Zustimmung.** Die Kündigung des Arbeitsverhältnisses eines schwerbehinderten Menschen durch den Arbeitgeber bedarf der vorherigen Zustimmung des Integrationsamtes.

§ 169 **Kündigungsfrist.** Die Kündigungsfrist beträgt mindestens vier Wochen.

§ 170 **Antragsverfahren.** (1) ¹ Die Zustimmung zur Kündigung beantragt der Arbeitgeber bei dem für den Sitz des Betriebes oder der Dienststelle zuständigen Integrationsamt schriftlich oder elektronisch. ² Der Begriff des Betriebes und der Begriff der Dienststelle im Sinne dieses Teils bestimmen sich nach dem Betriebsverfassungsgesetz und dem Personalvertretungsrecht.

(2) Das Integrationsamt holt eine Stellungnahme des Betriebsrates oder Personalrates und der Schwerbehindertenvertretung ein und hört den schwerbehinderten Menschen an.

(3) Das Integrationsamt wirkt in jeder Lage des Verfahrens auf eine gütliche Einigung hin.

9 SGB IX §§ 171, 172

§ 171 Entscheidung des Integrationsamtes. (1) Das Integrationsamt soll die Entscheidung, falls erforderlich, auf Grund mündlicher Verhandlung, innerhalb eines Monats vom Tag des Eingangs des Antrages an treffen.

(2) ¹Die Entscheidung wird dem Arbeitgeber und dem schwerbehinderten Menschen zugestellt. ²Der Bundesagentur für Arbeit wird eine Abschrift der Entscheidung übersandt.

(3) Erteilt das Integrationsamt die Zustimmung zur Kündigung, kann der Arbeitgeber die Kündigung nur innerhalb eines Monats nach Zustellung erklären.

(4) Widerspruch und Anfechtungsklage gegen die Zustimmung des Integrationsamtes zur Kündigung haben keine aufschiebende Wirkung.

(5) ¹In den Fällen des § 172 Absatz 1 Satz 1 und Absatz 3 gilt Absatz 1 mit der Maßgabe, dass die Entscheidung innerhalb eines Monats vom Tag des Eingangs des Antrages an zu treffen ist. ²Wird innerhalb dieser Frist eine Entscheidung nicht getroffen, gilt die Zustimmung als erteilt. ³Die Absätze 3 und 4 gelten entsprechend.

§ 172 Einschränkungen der Ermessensentscheidung. (1) ¹Das Integrationsamt erteilt die Zustimmung bei Kündigungen in Betrieben und Dienststellen, die nicht nur vorübergehend eingestellt oder aufgelöst werden, wenn zwischen dem Tag der Kündigung und dem Tag, bis zu dem Gehalt oder Lohn gezahlt wird, mindestens drei Monate liegen. ²Unter der gleichen Voraussetzung soll es die Zustimmung auch bei Kündigungen in Betrieben und Dienststellen erteilen, die nicht nur vorübergehend wesentlich eingeschränkt werden, wenn die Gesamtzahl der weiterhin beschäftigten schwerbehinderten Menschen zur Erfüllung der Beschäftigungspflicht nach § 154 ausreicht. ³Die Sätze 1 und 2 gelten nicht, wenn eine Weiterbeschäftigung auf einem anderen Arbeitsplatz desselben Betriebes oder derselben Dienststelle oder auf einem freien Arbeitsplatz in einem anderen Betrieb oder einer anderen Dienststelle desselben Arbeitgebers mit Einverständnis des schwerbehinderten Menschen möglich und für den Arbeitgeber zumutbar ist.

(2) Das Integrationsamt soll die Zustimmung erteilen, wenn dem schwerbehinderten Menschen ein anderer angemessener und zumutbarer Arbeitsplatz gesichert ist.

(3) Ist das Insolvenzverfahren über das Vermögen des Arbeitgebers eröffnet, soll das Integrationsamt die Zustimmung erteilen, wenn

1. der schwerbehinderte Mensch in einem Interessenausgleich namentlich als einer der zu entlassenden Arbeitnehmer bezeichnet ist (§ 125 der Insolvenzordnung),
2. die Schwerbehindertenvertretung beim Zustandekommen des Interessenausgleichs gemäß § 178 Absatz 2 beteiligt worden ist,
3. der Anteil der nach dem Interessenausgleich zu entlassenden schwerbehinderten Menschen an der Zahl der beschäftigten schwerbehinderten Menschen nicht größer ist als der Anteil der zu entlassenden übrigen Arbeitnehmer an der Zahl der beschäftigten übrigen Arbeitnehmer und
4. die Gesamtzahl der schwerbehinderten Menschen, die nach dem Interessenausgleich bei dem Arbeitgeber verbleiben sollen, zur Erfüllung der Beschäftigungspflicht nach § 154 ausreicht.

4. Kapitel. Kündigungsschutz

§ 173 Ausnahmen. (1) ¹Die Vorschriften dieses Kapitels gelten nicht für schwerbehinderte Menschen,

1. deren Arbeitsverhältnis zum Zeitpunkt des Zugangs der Kündigungserklärung ohne Unterbrechung noch nicht länger als sechs Monate besteht oder
2. die auf Stellen im Sinne des § 156 Absatz 2 Nummer 2 bis 5 beschäftigt werden oder
3. deren Arbeitsverhältnis durch Kündigung beendet wird, sofern sie
   a) das 58. Lebensjahr vollendet haben und Anspruch auf eine Abfindung, Entschädigung oder ähnliche Leistung auf Grund eines Sozialplanes haben oder
   b) Anspruch auf Knappschaftsausgleichsleistung nach dem Sechsten Buch oder auf Anpassungsgeld für entlassene Arbeitnehmer des Bergbaus haben.

²Satz 1 Nummer 3 (Buchstabe a und b) finden Anwendung, wenn der Arbeitgeber ihnen die Kündigungsabsicht rechtzeitig mitgeteilt hat und sie der beabsichtigten Kündigung bis zu deren Ausspruch nicht widersprechen.

(2) Die Vorschriften dieses Kapitels finden ferner bei Entlassungen, die aus Witterungsgründen vorgenommen werden, keine Anwendung, sofern die Wiedereinstellung der schwerbehinderten Menschen bei Wiederaufnahme der Arbeit gewährleistet ist.

(3) Die Vorschriften dieses Kapitels finden ferner keine Anwendung, wenn zum Zeitpunkt der Kündigung die Eigenschaft als schwerbehinderter Mensch nicht nachgewiesen ist oder das Versorgungsamt nach Ablauf der Frist des § 152 Absatz 1 Satz 3 eine Feststellung wegen fehlender Mitwirkung nicht treffen konnte.

(4) Der Arbeitgeber zeigt Einstellungen auf Probe und die Beendigung von Arbeitsverhältnissen schwerbehinderter Menschen in den Fällen des Absatzes 1 Nummer 1 unabhängig von der Anzeigepflicht nach anderen Gesetzen dem Integrationsamt innerhalb von vier Tagen an.

§ 174 Außerordentliche Kündigung. (1) Die Vorschriften dieses Kapitels gelten mit Ausnahme von § 169 auch bei außerordentlicher Kündigung, soweit sich aus den folgenden Bestimmungen nichts Abweichendes ergibt.

(2) ¹Die Zustimmung zur Kündigung kann nur innerhalb von zwei Wochen beantragt werden; maßgebend ist der Eingang des Antrages bei dem Integrationsamt. ²Die Frist beginnt mit dem Zeitpunkt, in dem der Arbeitgeber von den für die Kündigung maßgebenden Tatsachen Kenntnis erlangt.

(3) ¹Das Integrationsamt trifft die Entscheidung innerhalb von zwei Wochen vom Tag des Eingangs des Antrages an. ²Wird innerhalb dieser Frist eine Entscheidung nicht getroffen, gilt die Zustimmung als erteilt.

(4) Das Integrationsamt soll die Zustimmung erteilen, wenn die Kündigung aus einem Grund erfolgt, der nicht im Zusammenhang mit der Behinderung steht.

(5) Die Kündigung kann auch nach Ablauf der Frist des § 626 Absatz 2 Satz 1 des Bürgerlichen Gesetzbuchs erfolgen, wenn sie unverzüglich nach Erteilung der Zustimmung erklärt wird.

(6) Schwerbehinderte Menschen, denen lediglich aus Anlass eines Streiks oder einer Aussperrung fristlos gekündigt worden ist, werden nach Beendigung des Streiks oder der Aussperrung wieder eingestellt.

§ 175 Erweiterter Beendigungsschutz. ¹Die Beendigung des Arbeitsverhältnisses eines schwerbehinderten Menschen bedarf auch dann der vorherigen Zustimmung des Integrationsamtes, wenn sie im Falle des Eintritts einer teilweisen Erwerbsminderung, der Erwerbsminderung auf Zeit, der Berufsunfähigkeit oder der Erwerbsunfähigkeit auf Zeit ohne Kündigung erfolgt. ²Die Vorschriften dieses Kapitels über die Zustimmung zur ordentlichen Kündigung gelten entsprechend.

Kapitel 5. Betriebs-, Personal-, Richter-, Staatsanwalts- und Präsidialrat, Schwerbehindertenvertretung, Inklusionsbeauftragter des Arbeitgebers

§ 176 Aufgaben des Betriebs-, Personal-, Richter-, Staatsanwalts- und Präsidialrates. ¹Betriebs-, Personal-, Richter-, Staatsanwalts- und Präsidialrat fördern die Eingliederung schwerbehinderter Menschen. ²Sie achten insbesondere darauf, dass die dem Arbeitgeber nach den §§ 154, 155 und 164 bis 167 obliegenden Verpflichtungen erfüllt werden; sie wirken auf die Wahl der Schwerbehindertenvertretung hin.

§ 177 Wahl und Amtszeit der Schwerbehindertenvertretung. (1) ¹In Betrieben und Dienststellen, in denen wenigstens fünf schwerbehinderte Menschen nicht nur vorübergehend beschäftigt sind, werden eine Vertrauensperson und wenigstens ein stellvertretendes Mitglied gewählt, das die Vertrauensperson im Falle der Verhinderung vertritt. ²Ferner wählen bei Gerichten, denen mindestens fünf schwerbehinderte Richter oder Richterinnen angehören, diese einen Richter oder eine Richterin zu ihrer Schwerbehindertenvertretung. ³Satz 2 gilt entsprechend für Staatsanwälte oder Staatsanwältinnen, soweit für sie eine besondere Personalvertretung gebildet wird. ⁴Betriebe oder Dienststellen, die die Voraussetzungen des Satzes 1 nicht erfüllen, können für die Wahl mit räumlich nahe liegenden Betrieben des Arbeitgebers oder gleichstufigen Dienststellen derselben Verwaltung zusammengefasst werden; soweit erforderlich, können Gerichte unterschiedlicher Gerichtszweige und Stufen zusammengefasst werden. ⁵Über die Zusammenfassung entscheidet der Arbeitgeber im Benehmen mit dem für den Sitz der Betriebe oder Dienststellen einschließlich Gerichten zuständigen Integrationsamt.

(2) Wahlberechtigt sind alle in dem Betrieb oder der Dienststelle beschäftigten schwerbehinderten Menschen.

(3) ¹Wählbar sind alle in dem Betrieb oder der Dienststelle nicht nur vorübergehend Beschäftigten, die am Wahltag das 18. Lebensjahr vollendet haben und dem Betrieb oder der Dienststelle seit sechs Monaten angehören; besteht der Betrieb oder die Dienststelle weniger als ein Jahr, so bedarf es für die Wählbarkeit nicht der sechsmonatigen Zugehörigkeit. ²Nicht wählbar ist, wer kraft Gesetzes dem Betriebs-, Personal-, Richter-, Staatsanwalts- oder Präsidialrat nicht angehören kann.

(4) In Dienststellen der Bundeswehr sind auch schwerbehinderte Soldatinnen und Soldaten wahlberechtigt und auch Soldatinnen und Soldaten wählbar.

(5) ¹Die regelmäßigen Wahlen finden alle vier Jahre in der Zeit vom 1. Oktober bis 30. November statt. ²Außerhalb dieser Zeit finden Wahlen statt, wenn
1. das Amt der Schwerbehindertenvertretung vorzeitig erlischt und ein stellvertretendes Mitglied nicht nachrückt,
2. die Wahl mit Erfolg angefochten worden ist oder
3. eine Schwerbehindertenvertretung noch nicht gewählt ist.

³Hat außerhalb des für die regelmäßigen Wahlen festgelegten Zeitraumes eine Wahl der Schwerbehindertenvertretung stattgefunden, wird die Schwerbehindertenvertretung in dem auf die Wahl folgenden nächsten Zeitraum der regelmäßigen Wahlen neu gewählt. ⁴Hat die Amtszeit der Schwerbehindertenvertretung zum Beginn des für die regelmäßigen Wahlen festgelegten Zeitraums noch nicht ein Jahr betragen, wird die Schwerbehindertenvertretung im übernächsten Zeitraum für regelmäßige Wahlen neu gewählt.

(6) ¹Die Vertrauensperson und das stellvertretende Mitglied werden in geheimer und unmittelbarer Wahl nach den Grundsätzen der Mehrheitswahl gewählt. ²Im Übrigen sind die Vorschriften über die Wahlanfechtung, den Wahlschutz und die Wahlkosten bei der Wahl des Betriebs-, Personal-, Richter-, Staatsanwalts- oder Präsidialrates sinngemäß anzuwenden. ³In Betrieben und Dienststellen mit weniger als 50 wahlberechtigten schwerbehinderten Menschen wird die Vertrauensperson und das stellvertretende Mitglied im vereinfachten Wahlverfahren gewählt, sofern der Betrieb oder die Dienststelle nicht aus räumlich weit auseinanderliegenden Teilen besteht. ⁴Ist in einem Betrieb oder einer Dienststelle eine Schwerbehindertenvertretung nicht gewählt, so kann das für den Betrieb oder die Dienststelle zuständige Integrationsamt zu einer Versammlung schwerbehinderter Menschen zum Zwecke der Wahl eines Wahlvorstandes einladen.

(7) ¹Die Amtszeit der Schwerbehindertenvertretung beträgt vier Jahre. ²Sie beginnt mit der Bekanntgabe des Wahlergebnisses oder, wenn die Amtszeit der bisherigen Schwerbehindertenvertretung noch nicht beendet ist, mit deren Ablauf. ³Das Amt erlischt vorzeitig, wenn die Vertrauensperson es niederlegt, aus dem Arbeits-, Dienst- oder Richterverhältnis ausscheidet oder die Wählbarkeit verliert. ⁴Scheidet die Vertrauensperson vorzeitig aus dem Amt aus, rückt das mit der höchsten Stimmenzahl gewählte stellvertretende Mitglied für den Rest der Amtszeit nach; dies gilt für das stellvertretende Mitglied entsprechend. ⁵Auf Antrag eines Viertels der wahlberechtigten schwerbehinderten Menschen kann der Widerspruchsausschuss bei dem Integrationsamt (§ 202) das Erlöschen des Amtes einer Vertrauensperson wegen grober Verletzung ihrer Pflichten beschließen.

(8) In Betrieben gilt § 21a des Betriebsverfassungsgesetzes entsprechend.

§ 178 Aufgaben der Schwerbehindertenvertretung. (1) ¹Die Schwerbehindertenvertretung fördert die Eingliederung schwerbehinderter Menschen in den Betrieb oder die Dienststelle, vertritt ihre Interessen in dem Betrieb oder der Dienststelle und steht ihnen beratend und helfend zur Seite. ²Sie erfüllt ihre Aufgaben insbesondere dadurch, dass sie
1. darüber wacht, dass die zugunsten schwerbehinderter Menschen geltenden Gesetze, Verordnungen, Tarifverträge, Betriebs- oder Dienstvereinbarungen und Verwaltungsanordnungen durchgeführt, insbesondere auch die dem

Arbeitgeber nach den §§ 154, 155 und 164 bis 167 obliegenden Verpflichtungen erfüllt werden,

2. Maßnahmen, die den schwerbehinderten Menschen dienen, insbesondere auch präventive Maßnahmen, bei den zuständigen Stellen beantragt,
3. Anregungen und Beschwerden von schwerbehinderten Menschen entgegennimmt und, falls sie berechtigt erscheinen, durch Verhandlung mit dem Arbeitgeber auf eine Erledigung hinwirkt; sie unterrichtet die schwerbehinderten Menschen über den Stand und das Ergebnis der Verhandlungen.

[3] Die Schwerbehindertenvertretung unterstützt Beschäftigte auch bei Anträgen an die nach § 152 Absatz 1 zuständigen Behörden auf Feststellung einer Behinderung, ihres Grades und einer Schwerbehinderung sowie bei Anträgen auf Gleichstellung an die Agentur für Arbeit. [4] In Betrieben und Dienststellen mit in der Regel mehr als 100 beschäftigten schwerbehinderten Menschen kann sie nach Unterrichtung des Arbeitgebers das mit der höchsten Stimmenzahl gewählte stellvertretende Mitglied zu bestimmten Aufgaben heranziehen. [5] Ab jeweils 100 weiteren beschäftigten schwerbehinderten Menschen kann jeweils auch das mit der nächsthöheren Stimmenzahl gewählte Mitglied herangezogen werden. [6] Die Heranziehung zu bestimmten Aufgaben schließt die Abstimmung untereinander ein.

(2) [1] Der Arbeitgeber hat die Schwerbehindertenvertretung in allen Angelegenheiten, die einen einzelnen oder die schwerbehinderten Menschen als Gruppe berühren, unverzüglich und umfassend zu unterrichten und vor einer Entscheidung anzuhören; er hat ihr die getroffene Entscheidung unverzüglich mitzuteilen. [2] Die Durchführung oder Vollziehung einer ohne Beteiligung nach Satz 1 getroffenen Entscheidung ist auszusetzen, die Beteiligung ist innerhalb von sieben Tagen nachzuholen; sodann ist endgültig zu entscheiden. [3] Die Kündigung eines schwerbehinderten Menschen, die der Arbeitgeber ohne eine Beteiligung nach Satz 1 ausspricht, ist unwirksam. [4] Die Schwerbehindertenvertretung hat das Recht auf Beteiligung am Verfahren nach § 164 Absatz 1 und beim Vorliegen von Vermittlungsvorschlägen der Bundesagentur für Arbeit nach § 164 Absatz 1 oder von Bewerbungen schwerbehinderter Menschen das Recht auf Einsicht in die entscheidungsrelevanten Teile der Bewerbungsunterlagen und Teilnahme an Vorstellungsgesprächen.

(3) [1] Der schwerbehinderte Mensch hat das Recht, bei Einsicht in die über ihn geführte Personalakte oder ihn betreffende Daten des Arbeitgebers die Schwerbehindertenvertretung hinzuzuziehen. [2] Die Schwerbehindertenvertretung bewahrt über den Inhalt der Daten Stillschweigen, soweit nicht der schwerbehinderte Mensch nicht von dieser Verpflichtung entbunden hat.

(4) [1] Die Schwerbehindertenvertretung hat das Recht, an allen Sitzungen des Betriebs-, Personal-, Richter-, Staatsanwalts- oder Präsidialrates und deren Ausschüssen sowie des Arbeitsschutzausschusses beratend teilzunehmen; sie kann beantragen, Angelegenheiten, die einzelne oder die schwerbehinderten Menschen als Gruppe besonders betreffen, auf die Tagesordnung der nächsten Sitzung zu setzen. [2] Erachtet sie einen Beschluss des Betriebs-, Personal-, Richter-, Staatsanwalts- oder Präsidialrates als eine erhebliche Beeinträchtigung wichtiger Interessen schwerbehinderter Menschen oder ist sie entgegen Absatz 2 Satz 1 nicht beteiligt worden, wird auf ihren Antrag der Beschluss für die Dauer von einer Woche vom Zeitpunkt der Beschlussfassung an ausgesetzt; die Vorschriften des Betriebsverfassungsgesetzes und des Personalvertretungsrechts

5. Kapitel. Inklusionsbeauftragter § 179 SGB IX 9

über die Aussetzung von Beschlüssen gelten entsprechend. ³ Durch die Aussetzung wird eine Frist nicht verlängert. ⁴ In den Fällen des § 21e Absatz 1 und 3 des Gerichtsverfassungsgesetzes ist die Schwerbehindertenvertretung, außer in Eilfällen, auf Antrag einer betroffenen schwerbehinderten Richterin oder eines schwerbehinderten Richters vor dem Präsidium des Gerichtes zu hören.

(5) Die Schwerbehindertenvertretung wird zu Besprechungen nach § 74 Absatz 1 des Betriebsverfassungsgesetzes, § 66 Absatz 1 des Bundespersonalvertretungsgesetzes sowie den entsprechenden Vorschriften des sonstigen Personalvertretungsrechts zwischen dem Arbeitgeber und den in Absatz 4 genannten Vertretungen hinzugezogen.

(6) ¹ Die Schwerbehindertenvertretung hat das Recht, mindestens einmal im Kalenderjahr eine Versammlung schwerbehinderter Menschen im Betrieb oder in der Dienststelle durchzuführen. ² Die für Betriebs- und Personalversammlungen geltenden Vorschriften finden entsprechende Anwendung.

(7) Sind in einer Angelegenheit sowohl die Schwerbehindertenvertretung der Richter und Richterinnen als auch die Schwerbehindertenvertretung der übrigen Bediensteten beteiligt, so handeln sie gemeinsam.

(8) Die Schwerbehindertenvertretung kann an Betriebs- und Personalversammlungen in Betrieben und Dienststellen teilnehmen, für die sie als Schwerbehindertenvertretung zuständig ist, und hat dort ein Rederecht, auch wenn die Mitglieder der Schwerbehindertenvertretung nicht Angehörige des Betriebes oder der Dienststelle sind.

§ 179 Persönliche Rechte und Pflichten der Vertrauenspersonen der schwerbehinderten Menschen. (1) Die Vertrauenspersonen führen ihr Amt unentgeltlich als Ehrenamt.

(2) Die Vertrauenspersonen dürfen in der Ausübung ihres Amtes nicht behindert oder wegen ihres Amtes nicht benachteiligt oder begünstigt werden; dies gilt auch für ihre berufliche Entwicklung.

(3) ¹ Die Vertrauenspersonen besitzen gegenüber dem Arbeitgeber die gleiche persönliche Rechtsstellung, insbesondere den gleichen Kündigungs-, Versetzungs- und Abordnungsschutz, wie ein Mitglied des Betriebs-, Personal-, Staatsanwalts- oder Richterrates. ² Das stellvertretende Mitglied besitzt während der Dauer der Vertretung und der Heranziehung nach § 178 Absatz 1 Satz 4 und 5 die gleiche persönliche Rechtsstellung wie die Vertrauensperson, im Übrigen die gleiche Rechtsstellung wie Ersatzmitglieder der in Satz 1 genannten Vertretungen.

(4) ¹ Die Vertrauenspersonen werden von ihrer beruflichen Tätigkeit ohne Minderung des Arbeitsentgelts oder der Dienstbezüge befreit, wenn und soweit es zur Durchführung ihrer Aufgaben erforderlich ist. ² Sind in den Betrieben und Dienststellen in der Regel wenigstens 100 schwerbehinderte Menschen beschäftigt, wird die Vertrauensperson auf ihren Wunsch freigestellt; weitergehende Vereinbarungen sind zulässig. ³ Satz 1 gilt entsprechend für die Teilnahme der Vertrauensperson und des mit der höchsten Stimmenzahl gewählten stellvertretenden Mitglieds sowie in den Fällen des § 178 Absatz 1 Satz 5 auch des jeweils mit der nächsthöheren Stimmenzahl gewählten weiteren stellvertretenden Mitglieds an Schulungs- und Bildungsveranstaltungen, soweit diese Kenntnisse vermitteln, die für die Arbeit der Schwerbehindertenvertretung erforderlich sind.

(5) ¹ Freigestellte Vertrauenspersonen dürfen von inner- oder außerbetrieblichen Maßnahmen der Berufsförderung nicht ausgeschlossen werden. ² Innerhalb eines Jahres nach Beendigung ihrer Freistellung ist ihnen im Rahmen der Möglichkeiten des Betriebes oder der Dienststelle Gelegenheit zu geben, eine wegen der Freistellung unterbliebene berufliche Entwicklung in dem Betrieb oder der Dienststelle nachzuholen. ³ Für Vertrauenspersonen, die drei volle aufeinander folgende Amtszeiten freigestellt waren, erhöht sich der genannte Zeitraum auf zwei Jahre.

(6) Zum Ausgleich für ihre Tätigkeit, die aus betriebsbedingten oder dienstlichen Gründen außerhalb der Arbeitszeit durchzuführen ist, haben die Vertrauenspersonen Anspruch auf entsprechende Arbeits- oder Dienstbefreiung unter Fortzahlung des Arbeitsentgelts oder der Dienstbezüge.

(7) ¹ Die Vertrauenspersonen sind verpflichtet,

1. ihnen wegen ihres Amtes anvertraute oder sonst bekannt gewordene fremde Geheimnisse, namentlich zum persönlichen Lebensbereich gehörende Geheimnisse, nicht zu offenbaren und

2. ihnen wegen ihres Amtes bekannt gewordene und vom Arbeitgeber ausdrücklich als geheimhaltungsbedürftig bezeichnete Betriebs- oder Geschäftsgeheimnisse nicht zu offenbaren und nicht zu verwerten.

² Diese Pflichten gelten auch nach dem Ausscheiden aus dem Amt. ³ Sie gelten nicht gegenüber der Bundesagentur für Arbeit, den Integrationsämtern und den Rehabilitationsträgern, soweit deren Aufgaben den schwerbehinderten Menschen gegenüber es erfordern, gegenüber den Vertrauenspersonen in den Stufenvertretungen (§ 180) sowie gegenüber den in § 79 Absatz 1 des Betriebsverfassungsgesetzes und den in den entsprechenden Vorschriften des Personalvertretungsrechts genannten Vertretungen, Personen und Stellen.

(8) ¹ Die durch die Tätigkeit der Schwerbehindertenvertretung entstehenden Kosten trägt der Arbeitgeber; für öffentliche Arbeitgeber gelten die Kostenregelungen für Personalvertretungen entsprechend. ² Das Gleiche gilt für die durch die Teilnahme der stellvertretenden Mitglieder an Schulungs- und Bildungsveranstaltungen nach Absatz 4 Satz 3 entstehenden Kosten. ³ Satz 1 umfasst auch eine Bürokraft für die Schwerbehindertenvertretung in erforderlichem Umfang.

(9) Die Räume und der Geschäftsbedarf, die der Arbeitgeber dem Betriebs-, Personal-, Richter-, Staatsanwalts- oder Präsidialrat für dessen Sitzungen, Sprechstunden und laufende Geschäftsführung zur Verfügung stellt, stehen für die gleichen Zwecke auch der Schwerbehindertenvertretung zur Verfügung, soweit ihr hierfür nicht eigene Räume und sächliche Mittel zur Verfügung gestellt werden.

§ 180 Konzern-, Gesamt-, Bezirks- und Hauptschwerbehindertenvertretung. (1) ¹ Ist für mehrere Betriebe eines Arbeitgebers ein Gesamtbetriebsrat oder für den Geschäftsbereich mehrerer Dienststellen ein Gesamtpersonalrat errichtet, wählen die Schwerbehindertenvertretungen der einzelnen Betriebe oder Dienststellen eine Gesamtschwerbehindertenvertretung. ² Ist eine Schwerbehindertenvertretung nur in einem der Betriebe oder in einer der Dienststellen gewählt, nimmt sie die Rechte und Pflichten der Gesamtschwerbehindertenvertretung wahr.

5. Kapitel. Inklusionsbeauftragter § 180 SGB IX 9

(2) ¹ Ist für mehrere Unternehmen ein Konzernbetriebsrat errichtet, wählen die Gesamtschwerbehindertenvertretungen eine Konzernschwerbehindertenvertretung. ² Besteht ein Konzernunternehmen nur aus einem Betrieb, für den eine Schwerbehindertenvertretung gewählt ist, hat sie das Wahlrecht wie eine Gesamtschwerbehindertenvertretung.

(3) ¹ Für den Geschäftsbereich mehrstufiger Verwaltungen, bei denen ein Bezirks- oder Hauptpersonalrat gebildet ist, gilt Absatz 1 sinngemäß mit der Maßgabe, dass bei den Mittelbehörden von deren Schwerbehindertenvertretung und den Schwerbehindertenvertretungen der nachgeordneten Dienststellen eine Bezirksschwerbehindertenvertretung zu wählen ist. ² Bei den obersten Dienstbehörden ist von deren Schwerbehindertenvertretung und den Bezirksschwerbehindertenvertretungen des Geschäftsbereichs eine Hauptschwerbehindertenvertretung zu wählen; ist die Zahl der Bezirksschwerbehindertenvertretungen niedriger als zehn, sind auch die Schwerbehindertenvertretungen der nachgeordneten Dienststellen wahlberechtigt.

(4) ¹ Für Gerichte eines Zweiges der Gerichtsbarkeit, für die ein Bezirks- oder Hauptrichterrat gebildet ist, gilt Absatz 3 entsprechend. ² Sind in einem Zweig der Gerichtsbarkeit bei den Gerichten der Länder mehrere Schwerbehindertenvertretungen nach § 177 zu wählen und ist in diesem Zweig kein Hauptrichterrat gebildet, ist in entsprechender Anwendung von Absatz 3 eine Hauptschwerbehindertenvertretung zu wählen. ³ Die Hauptschwerbehindertenvertretung nimmt die Aufgabe der Schwerbehindertenvertretung gegenüber dem Präsidialrat wahr.

(5) Für jede Vertrauensperson, die nach den Absätzen 1 bis 4 neu zu wählen ist, wird wenigstens ein stellvertretendes Mitglied gewählt.

(6) ¹ Die Gesamtschwerbehindertenvertretung vertritt die Interessen der schwerbehinderten Menschen in Angelegenheiten, die das Gesamtunternehmen oder mehrere Betriebe oder Dienststellen des Arbeitgebers betreffen und von den Schwerbehindertenvertretungen der einzelnen Betriebe oder Dienststellen nicht geregelt werden können, sowie die Interessen der schwerbehinderten Menschen, die in einem Betrieb oder einer Dienststelle tätig sind, für die eine Schwerbehindertenvertretung nicht gewählt ist; dies umfasst auch Verhandlungen und den Abschluss entsprechender Inklusionsvereinbarungen. ² Satz 1 gilt entsprechend für die Konzern-, Bezirks- und Hauptschwerbehindertenvertretung sowie für die Schwerbehindertenvertretung der obersten Dienstbehörde, wenn bei einer mehrstufigen Verwaltung Stufenvertretungen nicht gewählt werden. ³ Die nach Satz 2 zuständige Schwerbehindertenvertretung ist auch in persönlichen Angelegenheiten schwerbehinderter Menschen, über die eine übergeordnete Dienststelle entscheidet, zuständig; sie gibt der Schwerbehindertenvertretung der Dienststelle, die den schwerbehinderten Menschen beschäftigt, Gelegenheit zur Äußerung. ⁴ Satz 3 gilt nicht in den Fällen, in denen der Personalrat der Beschäftigungsbehörde zu beteiligen ist.

(7) § 177 Absatz 3 bis 8, § 178 Absatz 1 Satz 4 und 5, Absatz 2, 4, 5 und 7 und § 179 gelten entsprechend, § 177 Absatz 5 mit der Maßgabe, dass die Wahl der Gesamt- und Bezirksschwerbehindertenvertretungen in der Zeit vom 1. Dezember bis 31. Januar, die der Konzern- und Hauptschwerbehindertenvertretungen in der Zeit vom 1. Februar bis 31. März stattfindet, § 177 Absatz 6 mit der Maßgabe, dass bei den Wahlen zu überörtlichen Vertretungen der zweite Halbsatz des Satzes 3 nicht gilt.

(8) § 178 Absatz 6 gilt für die Durchführung von Versammlungen der Vertrauens- und der Bezirksvertrauenspersonen durch die Gesamt-, Bezirks- oder Hauptschwerbehindertenvertretung entsprechend.

§ 181 Inklusionsbeauftragter des Arbeitgebers. [1] Der Arbeitgeber bestellt einen Inklusionsbeauftragten, der ihn in Angelegenheiten schwerbehinderter Menschen verantwortlich vertritt; falls erforderlich, können mehrere Inklusionsbeauftragte bestellt werden. [2] Der Inklusionsbeauftragte soll nach Möglichkeit selbst ein schwerbehinderter Mensch sein. [3] Der Inklusionsbeauftragte achtet vor allem darauf, dass dem Arbeitgeber obliegende Verpflichtungen erfüllt werden.

§ 182 Zusammenarbeit. (1) Arbeitgeber, Inklusionsbeauftragter des Arbeitgebers, Schwerbehindertenvertretung und Betriebs-, Personal-, Richter-, Staatsanwalts- oder Präsidialrat arbeiten zur Teilhabe schwerbehinderter Menschen am Arbeitsleben in dem Betrieb oder der Dienststelle eng zusammen.

(2) [1] Die in Absatz 1 genannten Personen und Vertretungen, die mit der Durchführung dieses Teils beauftragten Stellen und die Rehabilitationsträger unterstützen sich gegenseitig bei der Erfüllung ihrer Aufgaben. [2] Vertrauensperson und Inklusionsbeauftragter des Arbeitgebers sind Verbindungspersonen zur Bundesagentur für Arbeit und zu dem Integrationsamt.

§ 183 Verordnungsermächtigung. Die Bundesregierung wird ermächtigt, durch Rechtsverordnung mit Zustimmung des Bundesrates nähere Vorschriften über die Vorbereitung und Durchführung der Wahl der Schwerbehindertenvertretung und ihrer Stufenvertretungen zu erlassen.

Kapitel 6. Durchführung der besonderen Regelungen zur Teilhabe schwerbehinderter Menschen

§ 184 Zusammenarbeit der Integrationsämter und der Bundesagentur für Arbeit. (1) Soweit die besonderen Regelungen zur Teilhabe schwerbehinderter Menschen am Arbeitsleben nicht durch freie Entschließung der Arbeitgeber erfüllt werden, werden sie
1. in den Ländern von dem Amt für die Sicherung der Integration schwerbehinderter Menschen im Arbeitsleben (Integrationsamt) und
2. von der Bundesagentur für Arbeit

in enger Zusammenarbeit durchgeführt.

(2) Die den Rehabilitationsträgern nach den geltenden Vorschriften obliegenden Aufgaben bleiben unberührt.

§ 185 Aufgaben des Integrationsamtes. (1) [1] Das Integrationsamt hat folgende Aufgaben:
1. die Erhebung und Verwendung der Ausgleichsabgabe,
2. den Kündigungsschutz,
3. die begleitende Hilfe im Arbeitsleben,
4. die zeitweilige Entziehung der besonderen Hilfen für schwerbehinderte Menschen (§ 200).

6. Kapitel. Durchführung bes. Regelungen § 185 SGB IX 9

² Die Integrationsämter werden so ausgestattet, dass sie ihre Aufgaben umfassend und qualifiziert erfüllen können. ³ Hierfür wird besonders geschultes Personal mit Fachkenntnissen des Schwerbehindertenrechts eingesetzt.

(2) ¹ Die begleitende Hilfe im Arbeitsleben wird in enger Zusammenarbeit mit der Bundesagentur für Arbeit und den übrigen Rehabilitationsträgern durchgeführt. ² Sie soll dahingehend wirken, dass die schwerbehinderten Menschen in ihrer sozialen Stellung nicht absinken, auf Arbeitsplätzen beschäftigt werden, auf denen sie ihre Fähigkeiten und Kenntnisse voll verwerten und weiterentwickeln können sowie durch Leistungen der Rehabilitationsträger und Maßnahmen der Arbeitgeber befähigt werden, sich am Arbeitsplatz und im Wettbewerb mit nichtbehinderten Menschen zu behaupten. ³ Dabei gelten als Arbeitsplätze auch Stellen, auf denen Beschäftigte befristet oder als Teilzeitbeschäftigte in einem Umfang von mindestens 15 Stunden, in Inklusionsbetrieben mindestens zwölf Stunden wöchentlich beschäftigt werden. ⁴ Die begleitende Hilfe im Arbeitsleben umfasst auch die nach den Umständen des Einzelfalles notwendige psychosoziale Betreuung schwerbehinderter Menschen. ⁵ Das Integrationsamt kann bei der Durchführung der begleitenden Hilfen im Arbeitsleben Integrationsfachdienste einschließlich psychosozialer Dienste freier gemeinnütziger Einrichtungen und Organisationen beteiligen. ⁶ Das Integrationsamt soll außerdem darauf Einfluss nehmen, dass Schwierigkeiten im Arbeitsleben verhindert oder beseitigt werden; es führt hierzu auch Schulungs- und Bildungsmaßnahmen für Vertrauenspersonen, Inklusionsbeauftragte der Arbeitgeber, Betriebs-, Personal-, Richter-, Staatsanwalts- und Präsidialräte durch. ⁷ Das Integrationsamt benennt in enger Abstimmung mit den Beteiligten des örtlichen Arbeitsmarktes Ansprechpartner, die in Handwerks- sowie in Industrie- und Handelskammern für die Arbeitgeber zur Verfügung stehen, um sie über Funktion und Aufgaben der Integrationsfachdienste aufzuklären, über Möglichkeiten der begleitenden Hilfe im Arbeitsleben zu informieren und Kontakt zum Integrationsfachdienst herzustellen.

(3) Das Integrationsamt kann im Rahmen seiner Zuständigkeit für die begleitende Hilfe im Arbeitsleben aus den ihm zur Verfügung stehenden Mitteln auch Geldleistungen erbringen, insbesondere

1. an schwerbehinderte Menschen

a) für technische Arbeitshilfen,

b) zum Erreichen des Arbeitsplatzes,

c) zur Gründung und Erhaltung einer selbständigen beruflichen Existenz,

d) zur Beschaffung, Ausstattung und Erhaltung einer behinderungsgerechten Wohnung,

e) zur Teilnahme an Maßnahmen zur Erhaltung und Erweiterung beruflicher Kenntnisse und Fertigkeiten und

f) in besonderen Lebenslagen,

2. an Arbeitgeber

a) zur behinderungsgerechten Einrichtung von Arbeits- und Ausbildungsplätzen für schwerbehinderte Menschen,

b) für Zuschüsse zu Gebühren, insbesondere Prüfungsgebühren, bei der Berufsausbildung besonders betroffener schwerbehinderter Jugendlicher und junger Erwachsener,

c) für Prämien und Zuschüsse zu den Kosten der Berufsausbildung behinderter Jugendlicher und junger Erwachsener, die für die Zeit der Berufsausbildung schwerbehinderten Menschen nach § 151 Absatz 4 gleichgestellt worden sind,

d) für Prämien zur Einführung eines betrieblichen Eingliederungsmanagements und

e) für außergewöhnliche Belastungen, die mit der Beschäftigung schwerbehinderter Menschen im Sinne des § 155 Absatz 1 Nummer 1 Buchstabe a bis d, von schwerbehinderten Menschen im Anschluss an eine Beschäftigung in einer anerkannten Werkstatt für behinderte Menschen oder im Sinne des § 158 Absatz 2 verbunden sind, vor allem, wenn ohne diese Leistungen das Beschäftigungsverhältnis gefährdet würde,

3. an Träger von Integrationsfachdiensten einschließlich psychosozialer Dienste freier gemeinnütziger Einrichtungen und Organisationen sowie an Träger von Inklusionsbetrieben,

4. zur Durchführung von Aufklärungs-, Schulungs- und Bildungsmaßnahmen,

5. nachrangig zur beruflichen Orientierung,

6. zur Deckung eines Teils der Aufwendungen für ein Budget für Arbeit.

(4) Schwerbehinderte Menschen haben im Rahmen der Zuständigkeit des Integrationsamtes aus den ihm aus der Ausgleichsabgabe zur Verfügung stehenden Mitteln Anspruch auf Übernahme der Kosten einer Berufsbegleitung nach § 55 Absatz 3.

(5) Schwerbehinderte Menschen haben im Rahmen der Zuständigkeit des Integrationsamtes für die begleitende Hilfe im Arbeitsleben aus den ihm aus der Ausgleichsabgabe zur Verfügung stehenden Mitteln Anspruch auf Übernahme der Kosten einer notwendigen Arbeitsassistenz.

(6) [1] Verpflichtungen anderer werden durch die Absätze 3 bis 5 nicht berührt. [2] Leistungen der Rehabilitationsträger nach § 6 Absatz 1 Nummer 1 bis 5 dürfen, auch wenn auf sie ein Rechtsanspruch nicht besteht, nicht deshalb versagt werden, weil nach den besonderen Regelungen für schwerbehinderte Menschen entsprechende Leistungen vorgesehen sind; eine Aufstockung durch Leistungen des Integrationsamtes findet nicht statt.

(7) [1] Die §§ 14, 15 Absatz 1, die §§ 16 und 17 gelten sinngemäß, wenn bei dem Integrationsamt eine Leistung zur Teilhabe am Arbeitsleben beantragt wird. [2] Das Gleiche gilt, wenn ein Antrag bei einem Rehabilitationsträger gestellt und der Antrag von diesem nach § 16 Absatz 2 des Ersten Buches[1)] an das Integrationsamt weitergeleitet worden ist. [3] Ist die unverzügliche Erbringung einer Leistung zur Teilhabe am Arbeitsleben erforderlich, so kann das Integrationsamt die Leistung vorläufig erbringen. [4] Hat das Integrationsamt eine Leistung erbracht, für die ein anderer Träger zuständig ist, so erstattet dieser die auf die Leistung entfallenden Aufwendungen.

(8) [1] Auf Antrag führt das Integrationsamt seine Leistungen zur begleitenden Hilfe im Arbeitsleben als Persönliches Budget aus. [2] § 29 gilt entsprechend.

[1)] Nr. 1.

§ 186 Beratender Ausschuss für behinderte Menschen bei dem Integrationsamt.
(1) ¹Bei jedem Integrationsamt wird ein Beratender Ausschuss für behinderte Menschen gebildet, der die Teilhabe der behinderten Menschen am Arbeitsleben fördert, das Integrationsamt bei der Durchführung der besonderen Regelungen für schwerbehinderte Menschen zur Teilhabe am Arbeitsleben unterstützt und bei der Vergabe der Mittel der Ausgleichsabgabe mitwirkt. ²Soweit die Mittel der Ausgleichsabgabe zur institutionellen Förderung verwendet werden, macht der Beratende Ausschuss Vorschläge für die Entscheidungen des Integrationsamtes.

(2) Der Ausschuss besteht aus zehn Mitgliedern, und zwar aus

1. zwei Mitgliedern, die die Arbeitnehmerinnen und Arbeitnehmer vertreten,
2. zwei Mitgliedern, die die privaten und öffentlichen Arbeitgeber vertreten,
3. vier Mitgliedern, die die Organisationen behinderter Menschen vertreten,
4. einem Mitglied, das das jeweilige Land vertritt,
5. einem Mitglied, das die Bundesagentur für Arbeit vertritt.

(3) ¹Für jedes Mitglied ist eine Stellvertreterin oder ein Stellvertreter zu berufen. ²Mitglieder und Stellvertreterinnen oder Stellvertreter sollen im Bezirk des Integrationsamtes ihren Wohnsitz haben.

(4) ¹Das Integrationsamt beruft auf Vorschlag

1. der Gewerkschaften des jeweiligen Landes zwei Mitglieder,
2. der Arbeitgeberverbände des jeweiligen Landes ein Mitglied,
3. der zuständigen obersten Landesbehörde oder der von ihr bestimmten Behörde ein Mitglied,
4. der Organisationen behinderter Menschen des jeweiligen Landes, die nach der Zusammensetzung ihrer Mitglieder dazu berufen sind, die behinderten Menschen in ihrer Gesamtheit zu vertreten, vier Mitglieder.

²Die zuständige oberste Landesbehörde oder die von ihr bestimmte Behörde und die Bundesagentur für Arbeit berufen je ein Mitglied.

§ 187 Aufgaben der Bundesagentur für Arbeit.
(1) Die Bundesagentur für Arbeit hat folgende Aufgaben:

1. die Berufsberatung, Ausbildungsvermittlung und Arbeitsvermittlung schwerbehinderter Menschen einschließlich der Vermittlung von in Werkstätten für behinderte Menschen Beschäftigten auf den allgemeinen Arbeitsmarkt,
2. die Beratung der Arbeitgeber bei der Besetzung von Ausbildungs- und Arbeitsplätzen mit schwerbehinderten Menschen,
3. die Förderung der Teilhabe schwerbehinderter Menschen am Arbeitsleben auf dem allgemeinen Arbeitsmarkt, insbesondere von schwerbehinderten Menschen,
   a) die wegen Art oder Schwere ihrer Behinderung oder sonstiger Umstände im Arbeitsleben besonders betroffen sind (§ 155 Absatz 1),
   b) die langzeitarbeitslos im Sinne des § 18 des Dritten Buches[1] sind,

---
[1] Nr. 3.

c) die im Anschluss an eine Beschäftigung in einer anerkannten Werkstatt für behinderte Menschen, bei einem anderen Leistungsanbieter (§ 60) oder einem Inklusionsbetrieb eingestellt werden,

d) die als Teilzeitbeschäftigte eingestellt werden oder

e) die zur Aus- oder Weiterbildung eingestellt werden,

4. im Rahmen von Arbeitsbeschaffungsmaßnahmen die besondere Förderung schwerbehinderter Menschen,
5. die Gleichstellung, deren Widerruf und Rücknahme,
6. die Durchführung des Anzeigeverfahrens (§ 163 Absatz 2 und 4),
7. die Überwachung der Erfüllung der Beschäftigungspflicht,
8. die Zulassung der Anrechnung und der Mehrfachanrechnung (§ 158 Absatz 2, § 159 Absatz 1 und 2),
9. die Erfassung der Werkstätten für behinderte Menschen, ihre Anerkennung und die Aufhebung der Anerkennung.

(2) ¹Die Bundesagentur für Arbeit übermittelt dem Bundesministerium für Arbeit und Soziales jährlich die Ergebnisse ihrer Förderung der Teilhabe schwerbehinderter Menschen am Arbeitsleben auf dem allgemeinen Arbeitsmarkt nach dessen näherer Bestimmung und fachlicher Weisung. ²Zu den Ergebnissen gehören Angaben über die Zahl der geförderten Arbeitgeber und schwerbehinderten Menschen, die insgesamt aufgewandten Mittel und die durchschnittlichen Förderungsbeträge. ³Die Bundesagentur für Arbeit veröffentlicht diese Ergebnisse.

(3) ¹Die Bundesagentur für Arbeit führt befristete überregionale und regionale Arbeitsmarktprogramme zum Abbau der Arbeitslosigkeit schwerbehinderter Menschen, besonderer Gruppen schwerbehinderter Menschen, insbesondere schwerbehinderter Frauen, sowie zur Förderung des Ausbildungsplatzangebots für schwerbehinderte Menschen durch, die ihr durch Verwaltungsvereinbarung gemäß § 368 Absatz 3 Satz 2 und Absatz 4 des Dritten Buches unter Zuweisung der entsprechenden Mittel übertragen werden. ²Über den Abschluss von Verwaltungsvereinbarungen mit den Ländern ist das Bundesministerium für Arbeit und Soziales zu unterrichten.

(4) Die Bundesagentur für Arbeit richtet zur Durchführung der ihr in diesem Teil und der ihr im Dritten Buch zur Teilhabe behinderter und schwerbehinderter Menschen am Arbeitsleben übertragenen Aufgaben in allen Agenturen für Arbeit besondere Stellen ein; bei der personellen Ausstattung dieser Stellen trägt sie dem besonderen Aufwand bei der Beratung und Vermittlung des zu betreuenden Personenkreises sowie bei der Durchführung der sonstigen Aufgaben nach Absatz 1 Rechnung.

(5) Im Rahmen der Beratung der Arbeitgeber nach Absatz 1 Nummer 2 hat die Bundesagentur für Arbeit

1. dem Arbeitgeber zur Besetzung von Arbeitsplätzen geeignete arbeitslose oder arbeitssuchende schwerbehinderte Menschen unter Darlegung der Leistungsfähigkeit und der Auswirkungen der jeweiligen Behinderung auf die angebotene Stelle vorzuschlagen,
2. ihre Fördermöglichkeiten aufzuzeigen, soweit möglich und erforderlich, auch die entsprechenden Hilfen der Rehabilitationsträger und der begleitenden Hilfe im Arbeitsleben durch die Integrationsämter.

6. Kapitel. Durchführung bes. Regelungen §§ 188–190 SGB IX 9

§ 188 Beratender Ausschuss für behinderte Menschen bei der Bundesagentur für Arbeit. (1) Bei der Zentrale der Bundesagentur für Arbeit wird ein Beratender Ausschuss für behinderte Menschen gebildet, der die Teilhabe der behinderten Menschen am Arbeitsleben durch Vorschläge fördert und die Bundesagentur für Arbeit bei der Durchführung der in diesem Teil und im Dritten Buch zur Teilhabe behinderter und schwerbehinderter Menschen am Arbeitsleben übertragenen Aufgaben unterstützt.

(2) Der Ausschuss besteht aus elf Mitgliedern, und zwar aus
1. zwei Mitgliedern, die die Arbeitnehmerinnen und Arbeitnehmer vertreten,
2. zwei Mitgliedern, die die privaten und öffentlichen Arbeitgeber vertreten,
3. fünf Mitgliedern, die die Organisationen behinderter Menschen vertreten,
4. einem Mitglied, das die Integrationsämter vertritt,
5. einem Mitglied, das das Bundesministerium für Arbeit und Soziales vertritt.

(3) Für jedes Mitglied ist eine Stellvertreterin oder ein Stellvertreter zu berufen.

(4) [1] Der Vorstand der Bundesagentur für Arbeit beruft die Mitglieder, die Arbeitnehmer und Arbeitgeber vertreten, auf Vorschlag ihrer Gruppenvertreter im Verwaltungsrat der Bundesagentur für Arbeit. [2] Er beruft auf Vorschlag der Organisationen behinderter Menschen, die nach der Zusammensetzung ihrer Mitglieder dazu berufen sind, die behinderten Menschen in ihrer Gesamtheit auf Bundesebene zu vertreten, die Mitglieder, die Organisationen der behinderten Menschen vertreten. [3] Auf Vorschlag der Bundesarbeitsgemeinschaft der Integrationsämter und Hauptfürsorgestellen beruft er das Mitglied, das die Integrationsämter vertritt, und auf Vorschlag des Bundesministeriums für Arbeit und Soziales das Mitglied, das dieses vertritt.

§ 189 Gemeinsame Vorschriften. (1) [1] Die Beratenden Ausschüsse für behinderte Menschen (§§ 186, 188) wählen aus den ihnen angehörenden Mitgliedern von Seiten der Arbeitnehmer, Arbeitgeber oder Organisationen behinderter Menschen jeweils für die Dauer eines Jahres eine Vorsitzende oder einen Vorsitzenden und eine Stellvertreterin oder einen Stellvertreter. [2] Die Gewählten dürfen nicht derselben Gruppe angehören. [3] Die Gruppen stellen in regelmäßig jährlich wechselnder Reihenfolge die Vorsitzende oder den Vorsitzenden und die Stellvertreterin oder den Stellvertreter. [4] Die Reihenfolge wird durch die Beendigung der Amtszeit der Mitglieder nicht unterbrochen. [5] Scheidet die Vorsitzende oder der Vorsitzende oder die Stellvertreterin oder der Stellvertreter aus, wird sie oder er neu gewählt.

(2) [1] Die Beratenden Ausschüsse für behinderte Menschen sind beschlussfähig, wenn wenigstens die Hälfte der Mitglieder anwesend ist. [2] Die Beschlüsse und Entscheidungen werden mit einfacher Stimmenmehrheit getroffen.

(3) [1] Die Mitglieder der Beratenden Ausschüsse für behinderte Menschen üben ihre Tätigkeit ehrenamtlich aus. [2] Ihre Amtszeit beträgt vier Jahre.

§ 190 Übertragung von Aufgaben. (1) [1] Die Landesregierung oder die von ihr bestimmte Stelle kann die Verlängerung der Gültigkeitsdauer der Ausweise nach § 152 Absatz 5, für die eine Feststellung nach § 152 Absatz 1 nicht zu treffen ist, auf andere Behörden übertragen. [2] Im Übrigen kann sie andere Behörden zur Aushändigung der Ausweise heranziehen.

(2) Die Landesregierung oder die von ihr bestimmte Stelle kann Aufgaben und Befugnisse des Integrationsamtes nach diesem Teil auf örtliche Fürsorgestellen übertragen oder die Heranziehung örtlicher Fürsorgestellen zur Durchführung der den Integrationsämtern obliegenden Aufgaben bestimmen.

§ 191 Verordnungsermächtigung. Die Bundesregierung wird ermächtigt, durch Rechtsverordnung mit Zustimmung des Bundesrates das Nähere über die Voraussetzungen des Anspruchs nach § 49 Absatz 8 Nummer 3 und § 185 Absatz 5 sowie über die Höhe, Dauer und Ausführung der Leistungen zu regeln.

Kapitel 7. Integrationsfachdienste

§ 192 Begriff und Personenkreis. (1) Integrationsfachdienste sind Dienste Dritter, die bei der Durchführung der Maßnahmen zur Teilhabe schwerbehinderter Menschen am Arbeitsleben beteiligt werden.

(2) Schwerbehinderte Menschen im Sinne des Absatzes 1 sind insbesondere

1. schwerbehinderte Menschen mit einem besonderen Bedarf an arbeitsbegleitender Betreuung,
2. schwerbehinderte Menschen, die nach zielgerichteter Vorbereitung durch die Werkstatt für behinderte Menschen am Arbeitsleben auf dem allgemeinen Arbeitsmarkt teilhaben sollen und dabei auf aufwendige, personalintensive, individuelle arbeitsbegleitende Hilfen angewiesen sind sowie
3. schwerbehinderte Schulabgänger, die für die Aufnahme einer Beschäftigung auf dem allgemeinen Arbeitsmarkt auf die Unterstützung eines Integrationsfachdienstes angewiesen sind.

(3) Ein besonderer Bedarf an arbeits- und berufsbegleitender Betreuung ist insbesondere gegeben bei schwerbehinderten Menschen mit geistiger oder seelischer Behinderung oder mit einer schweren Körper-, Sinnes- oder Mehrfachbehinderung, die sich im Arbeitsleben besonders nachteilig auswirkt und allein oder zusammen mit weiteren vermittlungshemmenden Umständen (Alter, Langzeitarbeitslosigkeit, unzureichende Qualifikation, Leistungsminderung) die Teilhabe am Arbeitsleben auf dem allgemeinen Arbeitsmarkt erschwert.

(4) [1] Der Integrationsfachdienst kann im Rahmen der Aufgabenstellung nach Absatz 1 auch zur beruflichen Eingliederung von behinderten Menschen, die nicht schwerbehindert sind, tätig werden. [2] Hierbei wird den besonderen Bedürfnissen seelisch behinderter oder von einer seelischen Behinderung bedrohter Menschen Rechnung getragen.

§ 193 Aufgaben. (1) Die Integrationsfachdienste können zur Teilhabe schwerbehinderter Menschen am Arbeitsleben (Aufnahme, Ausübung und Sicherung einer möglichst dauerhaften Beschäftigung) beteiligt werden, indem sie

1. die schwerbehinderten Menschen beraten, unterstützen und auf geeignete Arbeitsplätze vermitteln,
2. die Arbeitgeber informieren, beraten und ihnen Hilfe leisten.

7. Kapitel. Integrationsfachdienste § 194 SGB IX 9

(2) Zu den Aufgaben des Integrationsfachdienstes gehört es,
1. die Fähigkeiten der zugewiesenen schwerbehinderten Menschen zu bewerten und einzuschätzen und dabei ein individuelles Fähigkeits-, Leistungs- und Interessenprofil zur Vorbereitung auf den allgemeinen Arbeitsmarkt in enger Kooperation mit den schwerbehinderten Menschen, dem Auftraggeber und der abgebenden Einrichtung der schulischen oder beruflichen Bildung oder Rehabilitation zu erarbeiten,
2. die Bundesagentur für Arbeit auf deren Anforderung bei der Berufsorientierung und Berufsberatung in den Schulen einschließlich der auf jeden einzelnen Jugendlichen bezogenen Dokumentation der Ergebnisse zu unterstützen,
3. die betriebliche Ausbildung schwerbehinderter, insbesondere seelisch und lernbehinderter, Jugendlicher zu begleiten,
4. geeignete Arbeitsplätze (§ 156) auf dem allgemeinen Arbeitsmarkt zu erschließen,
5. die schwerbehinderten Menschen auf die vorgesehenen Arbeitsplätze vorzubereiten,
6. die schwerbehinderten Menschen, solange erforderlich, am Arbeitsplatz oder beim Training der berufspraktischen Fähigkeiten am konkreten Arbeitsplatz zu begleiten,
7. mit Zustimmung des schwerbehinderten Menschen die Mitarbeiter im Betrieb oder in der Dienststelle über Art und Auswirkungen der Behinderung und über entsprechende Verhaltensregeln zu informieren und zu beraten,
8. eine Nachbetreuung, Krisenintervention oder psychosoziale Betreuung durchzuführen sowie
9. als Ansprechpartner für die Arbeitgeber zur Verfügung zu stehen, über die Leistungen für die Arbeitgeber zu informieren und für die Arbeitgeber diese Leistungen abzuklären,
10. in Zusammenarbeit mit den Rehabilitationsträgern und den Integrationsämtern die für den schwerbehinderten Menschen benötigten Leistungen zu klären und bei der Beantragung zu unterstützen.

§ 194 Beauftragung und Verantwortlichkeit. (1) ¹Die Integrationsfachdienste werden im Auftrag der Integrationsämter oder der Rehabilitationsträger tätig. ²Diese bleiben für die Ausführung der Leistung verantwortlich.

(2) Im Auftrag legt der Auftraggeber in Abstimmung mit dem Integrationsfachdienst Art, Umfang und Dauer des im Einzelfall notwendigen Einsatzes des Integrationsfachdienstes sowie das Entgelt fest.

(3) Der Integrationsfachdienst arbeitet insbesondere mit
1. den zuständigen Stellen der Bundesagentur für Arbeit,
2. dem Integrationsamt,
3. dem zuständigen Rehabilitationsträger, insbesondere den Berufshelfern der gesetzlichen Unfallversicherung,
4. dem Arbeitgeber, der Schwerbehindertenvertretung und den anderen betrieblichen Interessenvertretungen,

5. der abgebenden Einrichtung der schulischen oder beruflichen Bildung oder Rehabilitation mit ihren begleitenden Diensten und internen Integrationsfachkräften oder -diensten zur Unterstützung von Teilnehmenden an Leistungen zur Teilhabe am Arbeitsleben,
6. den Handwerks-, den Industrie- und Handelskammern sowie den berufsständigen Organisationen,
7. wenn notwendig, auch mit anderen Stellen und Personen,

eng zusammen.

(4) [1] Näheres zur Beauftragung, Zusammenarbeit, fachlichen Leitung, Aufsicht sowie zur Qualitätssicherung und Ergebnisbeobachtung wird zwischen dem Auftraggeber und dem Träger des Integrationsfachdienstes vertraglich geregelt. [2] Die Vereinbarungen sollen im Interesse finanzieller Planungssicherheit auf eine Dauer von mindestens drei Jahren abgeschlossen werden.

(5) Die Integrationsämter wirken darauf hin, dass die berufsbegleitenden und psychosozialen Dienste bei den von ihnen beauftragten Integrationsfachdiensten konzentriert werden.

§ 195 Fachliche Anforderungen. (1) Die Integrationsfachdienste müssen
1. nach der personellen, räumlichen und sächlichen Ausstattung in der Lage sein, ihre gesetzlichen Aufgaben wahrzunehmen,
2. über Erfahrungen mit dem zu unterstützenden Personenkreis (§ 192 Absatz 2) verfügen,
3. mit Fachkräften ausgestattet sein, die über eine geeignete Berufsqualifikation, eine psychosoziale oder arbeitspädagogische Zusatzqualifikation und ausreichende Berufserfahrung verfügen, sowie
4. rechtlich oder organisatorisch und wirtschaftlich eigenständig sein.

(2) [1] Der Personalbedarf eines Integrationsfachdienstes richtet sich nach den konkreten Bedürfnissen unter Berücksichtigung der Zahl der Betreuungs- und Beratungsfälle, des durchschnittlichen Betreuungs- und Beratungsaufwands, der Größe des regionalen Einzugsbereichs und der Zahl der zu beratenden Arbeitgeber. [2] Den besonderen Bedürfnissen besonderer Gruppen schwerbehinderter Menschen, insbesondere schwerbehinderter Frauen, und der Notwendigkeit einer psychosozialen Betreuung soll durch eine Differenzierung innerhalb des Integrationsfachdienstes Rechnung getragen werden.

(3) [1] Bei der Stellenbesetzung des Integrationsfachdienstes werden schwerbehinderte Menschen bevorzugt berücksichtigt. [2] Dabei wird ein angemessener Anteil der Stellen mit schwerbehinderten Frauen besetzt.

§ 196 Finanzielle Leistungen. (1) [1] Die Inanspruchnahme von Integrationsfachdiensten wird vom Auftraggeber vergütet. [2] Die Vergütung für die Inanspruchnahme von Integrationsfachdiensten kann bei Beauftragung durch das Integrationsamt aus Mitteln der Ausgleichsabgabe erbracht werden.

(2) Die Bezahlung tarifvertraglich vereinbarter Vergütungen sowie entsprechender Vergütungen nach kirchlichen Arbeitsrechtsregelungen kann bei der Beauftragung von Integrationsfachdiensten nicht als unwirtschaftlich abgelehnt werden.

(3) ¹ Die Bundesarbeitsgemeinschaft der Integrationsämter und Hauptfürsorgestellen vereinbart mit den Rehabilitationsträgern nach § 6 Absatz 1 Nummer 2 bis 5 unter Beteiligung der maßgeblichen Verbände, darunter der Bundesarbeitsgemeinschaft, in der sich die Integrationsfachdienste zusammengeschlossen haben, eine gemeinsame Empfehlung zur Inanspruchnahme der Integrationsfachdienste durch die Rehabilitationsträger, zur Zusammenarbeit und zur Finanzierung der Kosten, die dem Integrationsfachdienst bei der Wahrnehmung der Aufgaben der Rehabilitationsträger entstehen. ² § 26 Absatz 7 und 8 gilt entsprechend.

§ 197 Ergebnisbeobachtung. (1) ¹ Der Integrationsfachdienst dokumentiert Verlauf und Ergebnis der jeweiligen Bemühungen um die Förderung der Teilhabe am Arbeitsleben. ² Er erstellt jährlich eine zusammenfassende Darstellung der Ergebnisse und legt diese den Auftraggebern nach deren näherer gemeinsamer Maßgabe vor. ³ Diese Zusammenstellung soll insbesondere geschlechtsdifferenzierte Angaben enthalten zu

1. den Zu- und Abgängen an Betreuungsfällen im Kalenderjahr,
2. dem Bestand an Betreuungsfällen,
3. der Zahl der abgeschlossenen Fälle, differenziert nach Aufnahme einer Ausbildung, einer befristeten oder unbefristeten Beschäftigung, einer Beschäftigung in einem Integrationsprojekt oder in einer Werkstatt für behinderte Menschen.

(2) Der Integrationsfachdienst dokumentiert auch die Ergebnisse seiner Bemühungen zur Unterstützung der Bundesagentur für Arbeit und die Begleitung der betrieblichen Ausbildung nach § 193 Absatz 2 Nummer 4 und 5 unter Einbeziehung geschlechtsdifferenzierter Daten und Besonderheiten sowie der Art der Behinderung.

§ 198 Verordnungsermächtigung. (1) Das Bundesministerium für Arbeit und Soziales wird ermächtigt, durch Rechtsverordnung mit Zustimmung des Bundesrates das Nähere über den Begriff und die Aufgaben des Integrationsfachdienstes, die für sie geltenden fachlichen Anforderungen und die finanziellen Leistungen zu regeln.

(2) Vereinbaren die Bundesarbeitsgemeinschaft der Integrationsämter und Hauptfürsorgestellen und die Rehabilitationsträger nicht innerhalb von sechs Monaten, nachdem das Bundesministerium für Arbeit und Soziales sie dazu aufgefordert hat, eine gemeinsame Empfehlung nach § 196 Absatz 3 oder ändern sie die unzureichend gewordene Empfehlung nicht innerhalb dieser Frist, kann das Bundesministerium für Arbeit und Soziales Regelungen durch Rechtsverordnung mit Zustimmung des Bundesrates erlassen.

Kapitel 8. Beendigung der Anwendung der besonderen Regelungen zur Teilhabe schwerbehinderter und gleichgestellter behinderter Menschen

§ 199 Beendigung der Anwendung der besonderen Regelungen zur Teilhabe schwerbehinderter Menschen. (1) Die besonderen Regelungen für schwerbehinderte Menschen werden nicht angewendet nach dem Wegfall der Voraussetzungen nach § 2 Absatz 2; wenn sich der Grad der Behinderung auf weniger als 50 verringert, jedoch erst am Ende des dritten Kalendermonats nach Eintritt der Unanfechtbarkeit des die Verringerung feststellenden Bescheides.

(2) ¹Die besonderen Regelungen für gleichgestellte behinderte Menschen werden nach dem Widerruf oder der Rücknahme der Gleichstellung nicht mehr angewendet. ²Der Widerruf der Gleichstellung ist zulässig, wenn die Voraussetzungen nach § 2 Absatz 3 in Verbindung mit § 151 Absatz 2 weggefallen sind. ³Er wird erst am Ende des dritten Kalendermonats nach Eintritt seiner Unanfechtbarkeit wirksam.

(3) Bis zur Beendigung der Anwendung der besonderen Regelungen für schwerbehinderte Menschen und ihnen gleichgestellte behinderte Menschen werden die behinderten Menschen dem Arbeitgeber auf die Zahl der Pflichtarbeitsplätze für schwerbehinderte Menschen angerechnet.

§ 200 Entziehung der besonderen Hilfen für schwerbehinderte Menschen. (1) ¹Einem schwerbehinderten Menschen, der einen zumutbaren Arbeitsplatz ohne berechtigten Grund zurückweist oder aufgibt oder sich ohne berechtigten Grund weigert, an einer Maßnahme zur Teilhabe am Arbeitsleben teilzunehmen, oder sonst durch sein Verhalten seine Teilhabe am Arbeitsleben schuldhaft vereitelt, kann das Integrationsamt im Benehmen mit der Bundesagentur für Arbeit die besonderen Hilfen für schwerbehinderte Menschen zeitweilig entziehen. ²Dies gilt auch für gleichgestellte behinderte Menschen.

(2) ¹Vor der Entscheidung über die Entziehung wird der schwerbehinderte Mensch gehört. ²In der Entscheidung wird die Frist bestimmt, für die sie gilt. ³Die Frist läuft vom Tag der Entscheidung an und beträgt nicht mehr als sechs Monate. ⁴Die Entscheidung wird dem schwerbehinderten Menschen bekannt gegeben.

Kapitel 9. Widerspruchsverfahren

§ 201 Widerspruch. (1) ¹Den Widerspruchsbescheid nach § 73 der Verwaltungsgerichtsordnung erlässt bei Verwaltungsakten der Integrationsämter und bei Verwaltungsakten der örtlichen Fürsorgestellen (§ 190 Absatz 2) der Widerspruchsausschuss bei dem Integrationsamt (§ 202). ²Des Vorverfahrens bedarf es auch, wenn den Verwaltungsakt ein Integrationsamt erlassen hat, das bei einer obersten Landesbehörde besteht.

(2) Den Widerspruchsbescheid nach § 85 des Sozialgerichtsgesetzes[1)] erlässt bei Verwaltungsakten, welche die Bundesagentur für Arbeit auf Grund dieses Teils erlässt, der Widerspruchsausschuss der Bundesagentur für Arbeit.

§ 202 Widerspruchsausschuss bei dem Integrationsamt. (1) Bei jedem Integrationsamt besteht ein Widerspruchsausschuss aus sieben Mitgliedern, und zwar aus zwei Mitgliedern, die schwerbehinderte Arbeitnehmer oder Arbeitnehmerinnen sind, zwei Mitgliedern, die Arbeitgeber sind, einem Mitglied, das das Integrationsamt vertritt, einem Mitglied, das die Bundesagentur für Arbeit vertritt, einer Vertrauensperson schwerbehinderter Menschen.

[1)] Nr. 20.

(2) Für jedes Mitglied wird ein Stellvertreter oder eine Stellvertreterin berufen.

(3) [1] Das Integrationsamt beruft auf Vorschlag der Organisationen behinderter Menschen des jeweiligen Landes die Mitglieder, die Arbeitnehmer sind, auf Vorschlag der jeweils für das Land zuständigen Arbeitgeberverbände die Mitglieder, die Arbeitgeber sind, sowie die Vertrauensperson. [2] Die zuständige oberste Landesbehörde oder die von ihr bestimmte Behörde beruft das Mitglied, das das Integrationsamt vertritt. [3] Die Bundesagentur für Arbeit beruft das Mitglied, das sie vertritt. [4] Entsprechendes gilt für die Berufung des Stellvertreters oder der Stellvertreterin des jeweiligen Mitglieds.

(4) [1] In Kündigungsangelegenheiten schwerbehinderter Menschen, die bei einer Dienststelle oder in einem Betrieb beschäftigt sind, der zum Geschäftsbereich des Bundesministeriums der Verteidigung gehört, treten an die Stelle der Mitglieder, die Arbeitgeber sind, Angehörige des öffentlichen Dienstes. [2] Dem Integrationsamt werden ein Mitglied und sein Stellvertreter oder seine Stellvertreterin von den von der Bundesregierung bestimmten Bundesbehörden benannt. [3] Eines der Mitglieder, die schwerbehinderte Arbeitnehmer oder Arbeitnehmerinnen sind, muss dem öffentlichen Dienst angehören.

(5) [1] Die Amtszeit der Mitglieder der Widerspruchsausschüsse beträgt vier Jahre. [2] Die Mitglieder der Ausschüsse üben ihre Tätigkeit unentgeltlich aus.

§ 203 Widerspruchsausschüsse der Bundesagentur für Arbeit. (1) Die Bundesagentur für Arbeit richtet Widerspruchsausschüsse ein, die aus sieben Mitgliedern bestehen, und zwar aus zwei Mitgliedern, die schwerbehinderte Arbeitnehmer oder Arbeitnehmerinnen sind, zwei Mitgliedern, die Arbeitgeber sind, einem Mitglied, das das Integrationsamt vertritt, einem Mitglied, das die Bundesagentur für Arbeit vertritt, einer Vertrauensperson schwerbehinderter Menschen.

(2) Für jedes Mitglied wird ein Stellvertreter oder eine Stellvertreterin berufen.

(3) [1] Die Bundesagentur für Arbeit beruft

1. die Mitglieder, die Arbeitnehmer oder Arbeitnehmerinnen sind, auf Vorschlag der jeweils zuständigen Organisationen behinderter Menschen, der im Benehmen mit den jeweils zuständigen Gewerkschaften, die für die Vertretung der Arbeitnehmerinteressen wesentliche Bedeutung haben, gemacht wird,

2. die Mitglieder, die Arbeitgeber sind, auf Vorschlag der jeweils zuständigen Arbeitgeberverbände, soweit sie für die Vertretung von Arbeitgeberinteressen wesentliche Bedeutung haben, sowie

3. das Mitglied, das die Bundesagentur für Arbeit vertritt, und

4. die Vertrauensperson.

[2] Die zuständige oberste Landesbehörde oder die von ihr bestimmte Behörde beruft das Mitglied, das das Integrationsamt vertritt. [3] Entsprechendes gilt für die Berufung des Stellvertreters oder der Stellvertreterin des jeweiligen Mitgliedes.

(4) § 202 Absatz 5 gilt entsprechend.

§ 204 Verfahrensvorschriften. (1) Für den Widerspruchsausschuss bei dem Integrationsamt (§ 202) und die Widerspruchsausschüsse bei der Bundesagentur für Arbeit (§ 203) gilt § 189 Absatz 1 und 2 entsprechend.

(2) Im Widerspruchsverfahren nach Kapitel 4 werden der Arbeitgeber und der schwerbehinderte Mensch vor der Entscheidung gehört; in den übrigen Fällen verbleibt es bei der Anhörung des Widerspruchsführers.

(3) [1] Die Mitglieder der Ausschüsse können wegen Besorgnis der Befangenheit abgelehnt werden. [2] Über die Ablehnung entscheidet der Ausschuss, dem das Mitglied angehört.

Kapitel 10. Sonstige Vorschriften

§ 205 Vorrang der schwerbehinderten Menschen. Verpflichtungen zur bevorzugten Einstellung und Beschäftigung bestimmter Personenkreise nach anderen Gesetzen entbinden den Arbeitgeber nicht von der Verpflichtung zur Beschäftigung schwerbehinderter Menschen nach den besonderen Regelungen für schwerbehinderte Menschen.

§ 206 Arbeitsentgelt und Dienstbezüge. (1) [1] Bei der Bemessung des Arbeitsentgelts und der Dienstbezüge aus einem bestehenden Beschäftigungsverhältnis werden Renten und vergleichbare Leistungen, die wegen der Behinderung bezogen werden, nicht berücksichtigt. [2] Die völlige oder teilweise Anrechnung dieser Leistungen auf das Arbeitsentgelt oder die Dienstbezüge ist unzulässig.

(2) Absatz 1 gilt nicht für Zeiträume, in denen die Beschäftigung tatsächlich nicht ausgeübt wird und die Vorschriften über die Zahlung der Rente oder der vergleichbaren Leistung eine Anrechnung oder ein Ruhen vorsehen, wenn Arbeitsentgelt oder Dienstbezüge gezahlt werden.

§ 207 Mehrarbeit. Schwerbehinderte Menschen werden auf ihr Verlangen von Mehrarbeit freigestellt.

§ 208 Zusatzurlaub. (1) [1] Schwerbehinderte Menschen haben Anspruch auf einen bezahlten zusätzlichen Urlaub von fünf Arbeitstagen im Urlaubsjahr; verteilt sich die regelmäßige Arbeitszeit des schwerbehinderten Menschen auf mehr oder weniger als fünf Arbeitstage in der Kalenderwoche, erhöht oder vermindert sich der Zusatzurlaub entsprechend. [2] Soweit tarifliche, betriebliche oder sonstige Urlaubsregelungen für schwerbehinderte Menschen einen längeren Zusatzurlaub vorsehen, bleiben sie unberührt.

(2) [1] Besteht die Schwerbehinderteneigenschaft nicht während des gesamten Kalenderjahres, so hat der schwerbehinderte Mensch für jeden vollen Monat der im Beschäftigungsverhältnis vorliegenden Schwerbehinderteneigenschaft einen Anspruch auf ein Zwölftel des Zusatzurlaubs nach Absatz 1 Satz 1. [2] Bruchteile von Urlaubstagen, die mindestens einen halben Tag ergeben, sind auf volle Urlaubstage aufzurunden. [3] Der so ermittelte Zusatzurlaub ist dem Erholungsurlaub hinzuzurechnen und kann bei einem nicht im ganzen Kalenderjahr bestehenden Beschäftigungsverhältnis nicht erneut gemindert werden.

(3) Wird die Eigenschaft als schwerbehinderter Mensch nach § 152 Absatz 1 und 2 rückwirkend festgestellt, finden auch für die Übertragbarkeit des Zusatz-

urlaubs in das nächste Kalenderjahr die dem Beschäftigungsverhältnis zugrunde liegenden urlaubsrechtlichen Regelungen Anwendung.

§ 209 Nachteilsausgleich. (1) Die Vorschriften über Hilfen für behinderte Menschen zum Ausgleich behinderungsbedingter Nachteile oder Mehraufwendungen (Nachteilsausgleich) werden so gestaltet, dass sie unabhängig von der Ursache der Behinderung der Art oder Schwere der Behinderung Rechnung tragen.

(2) Nachteilsausgleiche, die auf Grund bisher geltender Rechtsvorschriften erfolgen, bleiben unberührt.

§ 210 Beschäftigung schwerbehinderter Menschen in Heimarbeit.

(1) Schwerbehinderte Menschen, die in Heimarbeit beschäftigt oder diesen gleichgestellt sind (§ 1 Absatz 1 und 2 des Heimarbeitsgesetzes) und in der Hauptsache für den gleichen Auftraggeber arbeiten, werden auf die Arbeitsplätze für schwerbehinderte Menschen dieses Auftraggebers angerechnet.

(2) [1] Für in Heimarbeit beschäftigte und diesen gleichgestellte schwerbehinderte Menschen wird die in § 29 Absatz 2 des Heimarbeitsgesetzes festgelegte Kündigungsfrist von zwei Wochen auf vier Wochen erhöht; die Vorschrift des § 29 Absatz 7 des Heimarbeitsgesetzes ist sinngemäß anzuwenden. [2] Der besondere Kündigungsschutz schwerbehinderter Menschen im Sinne des Kapitels 4 gilt auch für die in Satz 1 genannten Personen.

(3) [1] Die Bezahlung des zusätzlichen Urlaubs der in Heimarbeit beschäftigten oder diesen gleichgestellten schwerbehinderten Menschen erfolgt nach den für die Bezahlung ihres sonstigen Urlaubs geltenden Berechnungsgrundsätzen. [2] Sofern eine besondere Regelung nicht besteht, erhalten die schwerbehinderten Menschen als zusätzliches Urlaubsgeld 2 Prozent des in der Zeit vom 1. Mai des vergangenen bis zum 30. April des laufenden Jahres verdienten Arbeitsentgelts ausschließlich der Unkostenzuschläge.

(4) [1] Schwerbehinderte Menschen, die als fremde Hilfskräfte eines Hausgewerbetreibenden oder eines Gleichgestellten beschäftigt werden (§ 2 Absatz 6 des Heimarbeitsgesetzes) können auf Antrag eines Auftraggebers auch auf dessen Pflichtarbeitsplätze für schwerbehinderte Menschen angerechnet werden, wenn der Arbeitgeber in der Hauptsache für diesen Auftraggeber arbeitet. [2] Wird einem schwerbehinderten Menschen im Sinne des Satzes 1, dessen Anrechnung die Bundesagentur für Arbeit zugelassen hat, durch seinen Arbeitgeber gekündigt, weil der Auftraggeber die Zuteilung von Arbeit eingestellt oder die regelmäßige Arbeitsmenge erheblich herabgesetzt hat, erstattet der Auftraggeber dem Arbeitgeber die Aufwendungen für die Zahlung des regelmäßigen Arbeitsverdienstes an den schwerbehinderten Menschen bis zur rechtmäßigen Beendigung seines Arbeitsverhältnisses.

(5) Werden fremde Hilfskräfte eines Hausgewerbetreibenden oder eines Gleichgestellten (§ 2 Absatz 6 des Heimarbeitsgesetzes) einem Auftraggeber gemäß Absatz 4 auf seine Arbeitsplätze für schwerbehinderte Menschen angerechnet, erstattet der Auftraggeber die dem Arbeitgeber nach Absatz 3 entstehenden Aufwendungen.

(6) Die den Arbeitgeber nach § 163 Absatz 1 und 5 treffenden Verpflichtungen gelten auch für Personen, die Heimarbeit ausgeben.

§ 211 Schwerbehinderte Beamtinnen und Beamte, Richterinnen und Richter, Soldatinnen und Soldaten.

(1) Die besonderen Vorschriften und Grundsätze für die Besetzung der Beamtenstellen sind unbeschadet der Geltung dieses Teils auch für schwerbehinderte Beamtinnen und Beamte so zu gestalten, dass die Einstellung und Beschäftigung schwerbehinderter Menschen gefördert und ein angemessener Anteil schwerbehinderter Menschen unter den Beamten und Beamtinnen erreicht wird.

(2) Absatz 1 gilt für Richterinnen und Richter entsprechend.

(3) ¹ Für die persönliche Rechtsstellung schwerbehinderter Soldatinnen und Soldaten gelten die §§ 2, 152, 176 bis 182, 199 Absatz 1 sowie die §§ 206, 208, 209 und 228 bis 230. ² Im Übrigen gelten für Soldatinnen und Soldaten die Vorschriften über die persönliche Rechtsstellung der schwerbehinderten Menschen, soweit sie mit den Besonderheiten des Dienstverhältnisses vereinbar sind.

§ 212 Unabhängige Tätigkeit.

Soweit zur Ausübung einer unabhängigen Tätigkeit eine Zulassung erforderlich ist, soll schwerbehinderten Menschen, die eine Zulassung beantragen, bei fachlicher Eignung und Erfüllung der sonstigen gesetzlichen Voraussetzungen die Zulassung bevorzugt erteilt werden.

§ 213 Geheimhaltungspflicht.

(1) Die Beschäftigten der Integrationsämter, der Bundesagentur für Arbeit, der Rehabilitationsträger sowie der von diesen Stellen beauftragten Integrationsfachdienste und die Mitglieder der Ausschüsse und des Beirates für die Teilhabe von Menschen mit Behinderungen (§ 86) und ihre Stellvertreterinnen oder Stellvertreter sowie zur Durchführung ihrer Aufgaben hinzugezogene Sachverständige sind verpflichtet,

1. über die wegen ihres Amtes oder Auftrages bekannt gewordene persönliche Verhältnisse und Angelegenheiten von Beschäftigten auf Arbeitsplätzen für schwerbehinderte Menschen, die ihrer Bedeutung oder ihrem Inhalt nach einer vertraulichen Behandlung bedürfen, Stillschweigen zu bewahren und

2. ihnen wegen ihres Amtes oder Auftrages bekannt gewordene und vom Arbeitgeber ausdrücklich als geheimhaltungsbedürftig bezeichnete Betriebs- oder Geschäftsgeheimnisse nicht zu offenbaren und nicht zu verwerten.

(2) ¹ Diese Pflichten gelten auch nach dem Ausscheiden aus dem Amt oder nach Beendigung des Auftrages. ² Sie gelten nicht gegenüber der Bundesagentur für Arbeit, den Integrationsämtern und den Rehabilitationsträgern, soweit deren Aufgaben gegenüber schwerbehinderten Menschen es erfordern, gegenüber der Schwerbehindertenvertretung sowie gegenüber den in § 79 Absatz 1 des Betriebsverfassungsgesetzes und den in den entsprechenden Vorschriften des Personalvertretungsrechts genannten Vertretungen, Personen und Stellen.

§ 214 Statistik.

(1) ¹ Über schwerbehinderte Menschen wird alle zwei Jahre eine Bundesstatistik durchgeführt. ² Sie umfasst die folgenden Erhebungsmerkmale:

1. die Zahl der schwerbehinderten Menschen mit gültigem Ausweis,
2. die schwerbehinderten Menschen nach Geburtsjahr, Geschlecht, Staatsangehörigkeit und Wohnort,
3. Art, Ursache und Grad der Behinderung.

11. Kapitel. Inklusionsbetriebe § 215 SGB IX 9

(2) Hilfsmerkmale sind:
1. Name, Anschrift, Telefonnummer und Adresse für elektronische Post der nach Absatz 3 Satz 2 auskunftspflichtigen Behörden,
2. Name und Kontaktdaten der für Rückfragen zur Verfügung stehenden Personen,
3. die Signiernummern für das Versorgungsamt und für das Berichtsland.

(3) [1] Für die Erhebung besteht Auskunftspflicht. [2] Auskunftspflichtig sind die nach § 152 Absatz 1 und 5 zuständigen Behörden. [3] Die Angaben zu Absatz 2 Nummer 2 sind freiwillig.

Kapitel 11. Inklusionsbetriebe

§ 215 Begriff und Personenkreis. (1) Inklusionsbetriebe sind rechtlich und wirtschaftlich selbständige Unternehmen oder unternehmensinterne oder von öffentlichen Arbeitgebern im Sinne des § 154 Absatz 2 geführte Betriebe oder Abteilungen zur Beschäftigung schwerbehinderter Menschen auf dem allgemeinen Arbeitsmarkt, deren Teilhabe an einer sonstigen Beschäftigung auf dem allgemeinen Arbeitsmarkt auf Grund von Art oder Schwere der Behinderung oder wegen sonstiger Umstände voraussichtlich trotz Ausschöpfens aller Fördermöglichkeiten und des Einsatzes von Integrationsfachdiensten auf besondere Schwierigkeiten stößt.

(2) Schwerbehinderte Menschen nach Absatz 1 sind insbesondere
1. schwerbehinderte Menschen mit geistiger oder seelischer Behinderung oder mit einer schweren Körper-, Sinnes- oder Mehrfachbehinderung, die sich im Arbeitsleben besonders nachteilig auswirkt und allein oder zusammen mit weiteren vermittlungshemmenden Umständen die Teilhabe am allgemeinen Arbeitsmarkt außerhalb eines Inklusionsbetriebes erschwert oder verhindert,
2. schwerbehinderte Menschen, die nach zielgerichteter Vorbereitung in einer Werkstatt für behinderte Menschen oder in einer psychiatrischen Einrichtung für den Übergang in einen Betrieb oder eine Dienststelle auf dem allgemeinen Arbeitsmarkt in Betracht kommen und auf diesen Übergang vorbereitet werden sollen,
3. schwerbehinderte Menschen nach Beendigung einer schulischen Bildung, die nur dann Aussicht auf eine Beschäftigung auf dem allgemeinen Arbeitsmarkt haben, wenn sie zuvor in einem Inklusionsbetrieb an berufsvorbereitenden Bildungsmaßnahmen teilnehmen und dort beschäftigt und weiterqualifiziert werden, sowie
4. schwerbehinderte Menschen, die langzeitarbeitslos im Sinne des § 18 des Dritten Buches[1)] sind.

(3) [1] Inklusionsbetriebe beschäftigen mindestens 30 Prozent schwerbehinderte Menschen im Sinne von Absatz 1. [2] Der Anteil der schwerbehinderten Menschen soll in der Regel 50 Prozent nicht übersteigen.

(4) Auf die Quoten nach Absatz 3 wird auch die Anzahl der psychisch kranken beschäftigten Menschen angerechnet, die behindert oder von Behinderung bedroht sind und deren Teilhabe an einer sonstigen Beschäftigung auf

---
[1)] Nr. 3.

dem allgemeinen Arbeitsmarkt auf Grund von Art oder Schwere der Behinderung oder wegen sonstiger Umstände auf besondere Schwierigkeiten stößt.

§ 216 Aufgaben. [1] Die Inklusionsbetriebe bieten den schwerbehinderten Menschen Beschäftigung, Maßnahmen der betrieblichen Gesundheitsförderung und arbeitsbegleitende Betreuung an, soweit erforderlich auch Maßnahmen der beruflichen Weiterbildung oder Gelegenheit zur Teilnahme an entsprechenden außerbetrieblichen Maßnahmen und Unterstützung bei der Vermittlung in eine sonstige Beschäftigung in einem Betrieb oder einer Dienststelle auf dem allgemeinen Arbeitsmarkt sowie geeignete Maßnahmen zur Vorbereitung auf eine Beschäftigung in einem Inklusionsbetrieb. [2] Satz 1 gilt entsprechend für psychisch kranke Menschen im Sinne des § 215 Absatz 4.

§ 217 Finanzielle Leistungen. (1) Inklusionsbetriebe können aus Mitteln der Ausgleichsabgabe Leistungen für Aufbau, Erweiterung, Modernisierung und Ausstattung einschließlich einer betriebswirtschaftlichen Beratung und für besonderen Aufwand erhalten.

(2) Die Finanzierung von Leistungen nach § 216 Satz 2 erfolgt durch den zuständigen Rehabilitationsträger.

§ 218 Verordnungsermächtigung. Das Bundesministerium für Arbeit und Soziales wird ermächtigt, durch Rechtsverordnung mit Zustimmung des Bundesrates das Nähere über den Begriff und die Aufgaben der Inklusionsbetriebe, die für sie geltenden fachlichen Anforderungen, die Aufnahmevoraussetzungen und die finanziellen Leistungen zu regeln.

Kapitel 12. Werkstätten für behinderte Menschen

§ 219 Begriff und Aufgaben der Werkstatt für behinderte Menschen.

(1) [1] Die Werkstatt für behinderte Menschen ist eine Einrichtung zur Teilhabe behinderter Menschen am Arbeitsleben im Sinne des Kapitels 10 des Teils 1 und zur Eingliederung in das Arbeitsleben. [2] Sie hat denjenigen behinderten Menschen, die wegen Art oder Schwere der Behinderung nicht, noch nicht oder noch nicht wieder auf dem allgemeinen Arbeitsmarkt beschäftigt werden können,

1. eine angemessene berufliche Bildung und eine Beschäftigung zu einem ihrer Leistung angemessenen Arbeitsentgelt aus dem Arbeitsergebnis anzubieten und

2. zu ermöglichen, ihre Leistungs- oder Erwerbsfähigkeit zu erhalten, zu entwickeln, zu erhöhen oder wiederzugewinnen und dabei ihre Persönlichkeit weiterzuentwickeln.

[3] Sie fördert den Übergang geeigneter Personen auf den allgemeinen Arbeitsmarkt durch geeignete Maßnahmen. [4] Sie verfügt über ein möglichst breites Angebot an Berufsbildungs- und Arbeitsplätzen sowie über qualifiziertes Personal und einen begleitenden Dienst. [5] Zum Angebot an Berufsbildungs- und Arbeitsplätzen gehören ausgelagerte Plätze auf dem allgemeinen Arbeitsmarkt. [6] Die ausgelagerten Arbeitsplätze werden zum Zwecke des Übergangs und als dauerhaft ausgelagerte Plätze angeboten.

(2) ¹Die Werkstatt steht allen behinderten Menschen im Sinne des Absatzes 1 unabhängig von Art oder Schwere der Behinderung offen, sofern erwartet werden kann, dass sie spätestens nach Teilnahme an Maßnahmen im Berufsbildungsbereich wenigstens ein Mindestmaß wirtschaftlich verwertbarer Arbeitsleistung erbringen werden. ²Dies ist nicht der Fall bei behinderten Menschen, bei denen trotz einer der Behinderung angemessenen Betreuung eine erhebliche Selbst- oder Fremdgefährdung zu erwarten ist oder das Ausmaß der erforderlichen Betreuung und Pflege die Teilnahme an Maßnahmen im Berufsbildungsbereich oder sonstige Umstände ein Mindestmaß wirtschaftlich verwertbarer Arbeitsleistung im Arbeitsbereich dauerhaft nicht zulassen.

(3) ¹Behinderte Menschen, die die Voraussetzungen für eine Beschäftigung in einer Werkstatt nicht erfüllen, sollen in Einrichtungen oder Gruppen betreut und gefördert werden, die der Werkstatt angegliedert sind. ²Die Betreuung und Förderung kann auch gemeinsam mit den Werkstattbeschäftigten in der Werkstatt erfolgen. ³Die Betreuung und Förderung soll auch Angebote zur Orientierung auf Beschäftigung enthalten.

§ 220 Aufnahme in die Werkstätten für behinderte Menschen.

(1) ¹Anerkannte Werkstätten nehmen diejenigen behinderten Menschen aus ihrem Einzugsgebiet auf, die die Aufnahmevoraussetzungen gemäß § 219 Absatz 2 erfüllen, wenn Leistungen durch die Rehabilitationsträger gewährleistet sind; die Möglichkeit zur Aufnahme in eine andere anerkannte Werkstatt nach Maßgabe des § 9 des Zwölften Buches[1]) oder entsprechender Regelungen bleibt unberührt. ²Die Aufnahme erfolgt unabhängig von

1. der Ursache der Behinderung,
2. der Art der Behinderung, wenn in dem Einzugsgebiet keine besondere Werkstatt für behinderte Menschen für diese Behinderungsart vorhanden ist, und
3. der Schwere der Behinderung, der Minderung der Leistungsfähigkeit und einem besonderen Bedarf an Förderung, begleitender Betreuung oder Pflege.

(2) Behinderte Menschen werden in der Werkstatt beschäftigt, solange die Aufnahmevoraussetzungen nach Absatz 1 vorliegen.

(3) Leistungsberechtigte Menschen mit Behinderungen, die aus einer Werkstatt für behinderte Menschen auf den allgemeinen Arbeitsmarkt übergegangen sind oder bei einem anderen Leistungsanbieter oder mit Hilfe des Budgets für Arbeit am Arbeitsleben teilnehmen, haben einen Anspruch auf Aufnahme in eine Werkstatt für behinderte Menschen.

§ 221 Rechtsstellung und Arbeitsentgelt behinderter Menschen.

(1) Behinderte Menschen im Arbeitsbereich anerkannter Werkstätten stehen, wenn sie nicht Arbeitnehmer sind, zu den Werkstätten in einem arbeitnehmerähnlichen Rechtsverhältnis, soweit sich aus dem zugrunde liegenden Sozialleistungsverhältnis nichts anderes ergibt.

(2) ¹Die Werkstätten zahlen aus ihrem Arbeitsergebnis an die im Arbeitsbereich beschäftigten behinderten Menschen ein Arbeitsentgelt, das sich aus

---

[1]) Nr. 12.

einem Grundbetrag in Höhe des Ausbildungsgeldes, das die Bundesagentur für Arbeit nach den für sie geltenden Vorschriften behinderten Menschen im Berufsbildungsbereich zuletzt leistet, und einem leistungsangemessenen Steigerungsbetrag zusammensetzt. ²Der Steigerungsbetrag bemisst sich nach der individuellen Arbeitsleistung der behinderten Menschen, insbesondere unter Berücksichtigung von Arbeitsmenge und Arbeitsgüte.

(3) Der Inhalt des arbeitnehmerähnlichen Rechtsverhältnisses wird unter Berücksichtigung des zwischen den behinderten Menschen und dem Rehabilitationsträger bestehenden Sozialleistungsverhältnisses durch Werkstattverträge zwischen den behinderten Menschen und dem Träger der Werkstatt näher geregelt.

(4) Hinsichtlich der Rechtsstellung der Teilnehmer an Maßnahmen im Eingangsverfahren und im Berufsbildungsbereich gilt § 52 entsprechend.

(5) Ist ein volljähriger behinderter Mensch gemäß Absatz 1 in den Arbeitsbereich einer anerkannten Werkstatt für behinderte Menschen im Sinne des § 219 aufgenommen worden und war er zu diesem Zeitpunkt geschäftsunfähig, so gilt der von ihm geschlossene Werkstattvertrag in Ansehung einer bereits bewirkten Leistung und deren Gegenleistung, soweit diese in einem angemessenen Verhältnis zueinander stehen, als wirksam.

(6) War der volljährige behinderte Mensch bei Abschluss eines Werkstattvertrages geschäftsunfähig, so kann der Träger einer Werkstatt das Werkstattverhältnis nur unter den Voraussetzungen für gelöst erklären, unter denen ein wirksamer Vertrag seitens des Trägers einer Werkstatt gekündigt werden kann.

(7) Die Lösungserklärung durch den Träger einer Werkstatt bedarf der schriftlichen Form und ist zu begründen.

§ 222 Mitbestimmung, Mitwirkung, Frauenbeauftragte. (1) ¹Die in § 221 Absatz 1 genannten behinderten Menschen bestimmen und wirken unabhängig von ihrer Geschäftsfähigkeit durch Werkstatträte in den ihre Interessen berührenden Angelegenheiten der Werkstatt mit. ²Die Werkstatträte berücksichtigen die Interessen der im Eingangsverfahren und im Berufsbildungsbereich der Werkstätten tätigen behinderten Menschen in angemessener und geeigneter Weise, solange für diese eine Vertretung nach § 52 nicht besteht.

(2) Ein Werkstattrat wird in Werkstätten gewählt; er setzt sich aus mindestens drei Mitgliedern zusammen.

(3) Wahlberechtigt zum Werkstattrat sind alle in § 221 Absatz 1 genannten behinderten Menschen; von ihnen sind die behinderten Menschen wählbar, die am Wahltag seit mindestens sechs Monaten in der Werkstatt beschäftigt sind.

(4) ¹Die Werkstätten für behinderte Menschen unterrichten die Personen, die behinderte Menschen gesetzlich vertreten oder mit ihrer Betreuung beauftragt sind, einmal im Kalenderjahr in einer Eltern- und Betreuerversammlung in angemessener Weise über die Angelegenheiten der Werkstatt, auf die sich die Mitwirkung erstreckt, und hören sie dazu an. ²In den Werkstätten kann im Einvernehmen mit dem Träger der Werkstatt ein Eltern- und Betreuerbeirat errichtet werden, der die Werkstatt und den Werkstattrat bei ihrer Arbeit berät und durch Vorschläge und Stellungnahmen unterstützt.

(5) ¹Behinderte Frauen im Sinne des § 221 Absatz 1 wählen in jeder Werkstatt eine Frauenbeauftragte und eine Stellvertreterin. ²In Werkstätten mit mehr als 700 wahlberechtigten Frauen wird eine zweite Stellvertreterin gewählt, in Werkstätten mit mehr als 1000 wahlberechtigten Frauen werden bis zu drei Stellvertreterinnen gewählt.

§ 223 Anrechnung von Aufträgen auf die Ausgleichsabgabe. (1) ¹Arbeitgeber, die durch Aufträge an anerkannte Werkstätten für behinderte Menschen zur Beschäftigung behinderter Menschen beitragen, können 50 Prozent des auf die Arbeitsleistung der Werkstatt entfallenden Rechnungsbetrages solcher Aufträge (Gesamtrechnungsbetrag abzüglich Materialkosten) auf die Ausgleichsabgabe anrechnen. ²Dabei wird die Arbeitsleistung des Fachpersonals zur Arbeits- und Berufsförderung berücksichtigt, nicht hingegen die Arbeitsleistung sonstiger nichtbehinderter Arbeitnehmerinnen und Arbeitnehmer. ³Bei Weiterveräußerung von Erzeugnissen anderer anerkannter Werkstätten für behinderte Menschen wird die von diesen erbrachte Arbeitsleistung berücksichtigt. ⁴Die Werkstätten bestätigen das Vorliegen der Anrechnungsvoraussetzungen in der Rechnung.

(2) Voraussetzung für die Anrechnung ist, dass

1. die Aufträge innerhalb des Jahres, in dem die Verpflichtung zur Zahlung der Ausgleichsabgabe entsteht, von der Werkstatt für behinderte Menschen ausgeführt und vom Auftraggeber bis spätestens 31. März des Folgejahres vergütet werden und

2. es sich nicht um Aufträge handelt, die Träger einer Gesamteinrichtung an Werkstätten für behinderte Menschen vergeben, die rechtlich unselbständige Teile dieser Einrichtung sind.

(3) Bei der Vergabe von Aufträgen an Zusammenschlüsse anerkannter Werkstätten für behinderte Menschen gilt Absatz 2 entsprechend.

§ 224 Vergabe von Aufträgen durch die öffentliche Hand. (1) ¹Aufträge der öffentlichen Hand, die von anerkannten Werkstätten für behinderte Menschen ausgeführt werden können, werden bevorzugt diesen Werkstätten angeboten. ²Die Bundesregierung erlässt mit Zustimmung des Bundesrates hierzu allgemeine Verwaltungsvorschriften.

(2) Absatz 1 gilt auch für Inklusionsbetriebe.

§ 225 Anerkennungsverfahren. ¹Werkstätten für behinderte Menschen, die eine Vergünstigung im Sinne dieses Kapitels in Anspruch nehmen wollen, bedürfen der Anerkennung. ²Die Entscheidung über die Anerkennung trifft auf Antrag die Bundesagentur für Arbeit im Einvernehmen mit dem Träger der Eingliederungshilfe. ³Die Bundesagentur für Arbeit führt ein Verzeichnis der anerkannten Werkstätten für behinderte Menschen. ⁴In dieses Verzeichnis werden auch Zusammenschlüsse anerkannter Werkstätten für behinderte Menschen aufgenommen.

§ 226 Blindenwerkstätten. Die §§ 223 und 224 sind auch zugunsten von auf Grund des Blindenwarenvertriebsgesetzes anerkannten Blindenwerkstätten anzuwenden.

§ 227 Verordnungsermächtigungen.

(1) Die Bundesregierung bestimmt durch Rechtsverordnung mit Zustimmung des Bundesrates das Nähere über den Begriff und die Aufgaben der Werkstatt für behinderte Menschen, die Aufnahmevoraussetzungen, die fachlichen Anforderungen, insbesondere hinsichtlich der Wirtschaftsführung, sowie des Begriffs und der Verwendung des Arbeitsergebnisses sowie das Verfahren zur Anerkennung als Werkstatt für behinderte Menschen.

(2) ¹Das Bundesministerium für Arbeit und Soziales bestimmt durch Rechtsverordnung mit Zustimmung des Bundesrates im Einzelnen die Errichtung, Zusammensetzung und Aufgaben der Werkstatträte, die Fragen, auf die sich Mitbestimmung und Mitwirkung erstrecken, einschließlich Art und Umfang der Mitbestimmung und Mitwirkung, die Vorbereitung und Durchführung der Wahl, einschließlich der Wahlberechtigung und der Wählbarkeit, die Amtszeit sowie die Geschäftsführung des Werkstattrats einschließlich des Erlasses einer Geschäftsordnung und der persönlichen Rechte und Pflichten der Mitglieder des Werkstattrats und der Kostentragung. ²In der Rechtsverordnung werden auch Art und Umfang der Beteiligung von Frauenbeauftragten, die Vorbereitung und Durchführung der Wahl einschließlich der Wahlberechtigung und der Wählbarkeit, die Amtszeit, die persönlichen Rechte und die Pflichten der Frauenbeauftragten und ihrer Stellvertreterinnen sowie die Kostentragung geregelt. ³Die Rechtsverordnung kann darüber hinaus bestimmen, dass die in ihr getroffenen Regelungen keine Anwendung auf Religionsgemeinschaften und ihre Einrichtungen finden, soweit sie eigene gleichwertige Regelungen getroffen haben.

Kapitel 13. Unentgeltliche Beförderung schwerbehinderter Menschen im öffentlichen Personenverkehr

§ 228 Unentgeltliche Beförderung, Anspruch auf Erstattung der Fahrgeldausfälle.

(1) ¹Schwerbehinderte Menschen, die infolge ihrer Behinderung in ihrer Bewegungsfähigkeit im Straßenverkehr erheblich beeinträchtigt oder hilflos oder gehörlos sind, werden von Unternehmern, die öffentlichen Personenverkehr betreiben, gegen Vorzeigen eines entsprechend gekennzeichneten Ausweises nach § 152 Absatz 5 im Nahverkehr im Sinne des § 230 Absatz 1 unentgeltlich befördert; die unentgeltliche Beförderung verpflichtet zur Zahlung eines tarifmäßigen Zuschlages bei der Benutzung zuschlagpflichtiger Züge des Nahverkehrs. ²Voraussetzung ist, dass der Ausweis mit einer gültigen Wertmarke versehen ist.

(2) ¹Die Wertmarke wird gegen Entrichtung eines Betrages von 80 Euro für ein Jahr oder 40 Euro für ein halbes Jahr ausgegeben. ²Der Betrag erhöht sich in entsprechender Anwendung des § 160 Absatz 3 jeweils zu dem Zeitpunkt, zu dem die nächste Neubestimmung der Beträge der Ausgleichsabgabe erfolgt. ³Liegt dieser Zeitpunkt innerhalb der Gültigkeitsdauer einer bereits ausgegebenen Wertmarke, ist der höhere Betrag erst im Zusammenhang mit der Ausgabe der darauffolgenden Wertmarke zu entrichten. ⁴Abweichend von § 160 Absatz 3 Satz 4 sind die sich ergebenden Beträge auf den nächsten vollen Eurobetrag aufzurunden. ⁵Das Bundesministerium für Arbeit und Soziales gibt den Erhöhungsbetrag und die sich nach entsprechender Anwendung des § 160 Absatz 3 Satz 3 ergebenden Beträge im Bundesanzeiger bekannt.

13. Kapitel. Unentgeltliche Beförderung §228 SGB IX 9

(3) ¹Wird die für ein Jahr ausgegebene Wertmarke vor Ablauf eines halben Jahres ihrer Gültigkeitsdauer zurückgegeben, wird auf Antrag die Hälfte der Gebühr erstattet. ²Entsprechendes gilt für den Fall, dass der schwerbehinderte Mensch vor Ablauf eines halben Jahres der Gültigkeitsdauer der für ein Jahr ausgegebenen Wertmarke verstirbt.

(4) Auf Antrag wird eine für ein Jahr gültige Wertmarke, ohne dass der Betrag nach Absatz 2 in seiner jeweiligen Höhe zu entrichten ist, an schwerbehinderte Menschen ausgegeben,

1. die blind im Sinne des § 72 Absatz 5 des Zwölften Buches[1] oder entsprechender Vorschriften oder hilflos im Sinne des § 33b des Einkommensteuergesetzes oder entsprechender Vorschriften sind oder

2. die Leistungen zur Sicherung des Lebensunterhalts nach dem Zweiten Buch oder für den Lebensunterhalt laufende Leistungen nach dem Dritten und Vierten Kapitel des Zwölften Buches[2], dem Achten Buch oder den §§ 27a und 27d des Bundesversorgungsgesetzes erhalten oder

3. die am 1. Oktober 1979 die Voraussetzungen nach § 2 Absatz 1 Nummer 1 bis 4 und Absatz 3 des Gesetzes über die unentgeltliche Beförderung von Kriegs- und Wehrdienstbeschädigten sowie von anderen Behinderten im Nahverkehr vom 27. August 1965 (BGBl. I S. 978), das zuletzt durch Artikel 41 des Zuständigkeitsanpassungs-Gesetzes vom 18. März 1975 (BGBl. I S. 705) geändert worden ist, erfüllten, solange ein Grad der Schädigungsfolgen von mindestens 70 festgestellt ist oder von mindestens 50 festgestellt ist und sie infolge der Schädigung erheblich gehbehindert sind; das Gleiche gilt für schwerbehinderte Menschen, die diese Voraussetzungen am 1. Oktober 1979 nur deshalb nicht erfüllt haben, weil sie ihren Wohnsitz oder ihren gewöhnlichen Aufenthalt zu diesem Zeitpunkt in dem in Artikel 3 des Einigungsvertrages genannten Gebiet hatten.

(5) ¹Die Wertmarke wird nicht ausgegeben, solange eine Kraftfahrzeugsteuerermäßigung nach § 3a Absatz 2 des Kraftfahrzeugsteuergesetzes in Anspruch genommen wird. ²Die Ausgabe der Wertmarken erfolgt auf Antrag durch die nach § 152 Absatz 5 zuständigen Behörden. ³Die Landesregierung oder die von ihr bestimmte Stelle kann die Aufgaben nach den Absätzen 2 bis 4 ganz oder teilweise auf andere Behörden übertragen. ⁴Für Streitigkeiten in Zusammenhang mit der Ausgabe der Wertmarke gilt § 51 Absatz 1 Nummer 7 des Sozialgerichtsgesetzes[3] entsprechend.

(6) Absatz 1 gilt im Nah- und Fernverkehr im Sinne des § 230, ohne dass die Voraussetzung des Absatzes 1 Satz 2 erfüllt sein muss, für die Beförderung

1. einer Begleitperson eines schwerbehinderten Menschen im Sinne des Absatzes 1, wenn die Berechtigung zur Mitnahme einer Begleitperson nachgewiesen und dies im Ausweis des schwerbehinderten Menschen eingetragen ist, und

2. des Handgepäcks, eines mitgeführten Krankenfahrstuhles, soweit die Beschaffenheit des Verkehrsmittels dies zulässt, sonstiger orthopädischer Hilfsmittel und eines Führhundes; das Gleiche gilt für einen Hund, den ein

---
[1] Nr. 12.
[2] Nr. 2.
[3] Nr. 20.

schwerbehinderter Mensch mitführt, in dessen Ausweis die Berechtigung zur Mitnahme einer Begleitperson nachgewiesen ist.

(7) [1] Die durch die unentgeltliche Beförderung nach den Absätzen 1 bis 6 entstehenden Fahrgeldausfälle werden nach Maßgabe der §§ 231 bis 233 erstattet. [2] Die Erstattungen sind aus dem Anwendungsbereich der Verordnung (EG) Nr. 1370/2007 des Europäischen Parlaments und des Rates vom 23. Oktober 2007 über öffentliche Personenverkehrsdienste auf Schiene und Straße und zur Aufhebung der Verordnungen (EWG) Nr. 1191/69 und (EWG) Nr. 1107/70 des Rates (ABl. L 315 vom 3.12.2007, S. 1) ausgenommen.

§ 229 Persönliche Voraussetzungen. (1) [1] In seiner Bewegungsfähigkeit im Straßenverkehr erheblich beeinträchtigt ist, wer infolge einer Einschränkung des Gehvermögens (auch durch innere Leiden oder infolge von Anfällen oder von Störungen der Orientierungsfähigkeit) nicht ohne erhebliche Schwierigkeiten oder nicht ohne Gefahren für sich oder andere Wegstrecken im Ortsverkehr zurückzulegen vermag, die üblicherweise noch zu Fuß zurückgelegt werden. [2] Der Nachweis der erheblichen Beeinträchtigung in der Bewegungsfähigkeit im Straßenverkehr kann bei schwerbehinderten Menschen mit einem Grad der Behinderung von wenigstens 80 nur mit einem Ausweis mit halbseitigem orangefarbenem Flächenaufdruck und eingetragenem Merkzeichen „G" geführt werden, dessen Gültigkeit frühestens mit dem 1. April 1984 beginnt, oder auf dem ein entsprechender Änderungsvermerk eingetragen ist.

(2) [1] Zur Mitnahme einer Begleitperson sind schwerbehinderte Menschen berechtigt, die bei der Benutzung von öffentlichen Verkehrsmitteln infolge ihrer Behinderung regelmäßig auf Hilfe angewiesen sind. [2] Die Feststellung bedeutet nicht, dass die schwerbehinderte Person, wenn sie nicht in Begleitung ist, eine Gefahr für sich oder für andere darstellt.

(3) [1] Schwerbehinderte Menschen mit außergewöhnlicher Gehbehinderung sind Personen mit einer erheblichen mobilitätsbezogenen Teilhabebeeinträchtigung, die einem Grad der Behinderung von mindestens 80 entspricht. [2] Eine erhebliche mobilitätsbezogene Teilhabebeeinträchtigung liegt vor, wenn sich die schwerbehinderten Menschen wegen der Schwere ihrer Beeinträchtigung dauernd nur mit fremder Hilfe oder mit großer Anstrengung außerhalb ihres Kraftfahrzeuges bewegen können. [3] Hierzu zählen insbesondere schwerbehinderte Menschen, die auf Grund der Beeinträchtigung der Gehfähigkeit und Fortbewegung – dauerhaft auch für sehr kurze Entfernungen – aus medizinischer Notwendigkeit auf die Verwendung eines Rollstuhls angewiesen sind. [4] Verschiedenste Gesundheitsstörungen (insbesondere Störungen bewegungsbezogener, neuromuskulärer oder mentaler Funktionen, Störungen des kardiovaskulären oder Atmungssystems) können die Gehfähigkeit erheblich beeinträchtigen. [5] Diese sind als außergewöhnliche Gehbehinderung anzusehen, wenn nach versorgungsärztlicher Feststellung die Auswirkung der Gesundheitsstörungen sowie deren Kombination auf die Gehfähigkeit dauerhaft so schwer ist, dass sie der unter Satz 1 genannten Beeinträchtigung gleich kommt.

§ 230 Nah- und Fernverkehr. (1) Nahverkehr im Sinne dieses Gesetzes ist der öffentliche Personenverkehr mit

1. Straßenbahnen und Obussen im Sinne des Personenbeförderungsgesetzes,

13. Kapitel. Unentgeltliche Beförderung **§ 231 SGB IX 9**

2. Kraftfahrzeugen im Linienverkehr nach den §§ 42 und 43 des Personenbeförderungsgesetzes auf Linien, bei denen die Mehrzahl der Beförderungen eine Strecke von 50 Kilometern nicht übersteigt, es sei denn, dass bei den Verkehrsformen nach § 43 des Personenbeförderungsgesetzes die Genehmigungsbehörde auf die Einhaltung der Vorschriften über die Beförderungsentgelte gemäß § 45 Absatz 3 des Personenbeförderungsgesetzes ganz oder teilweise verzichtet hat,

3. S-Bahnen in der 2. Wagenklasse,

4. Eisenbahnen in der 2. Wagenklasse in Zügen und auf Strecken und Streckenabschnitten, die in ein von mehreren Unternehmern gebildetes, mit den unter Nummer 1, 2 oder 7 genannten Verkehrsmitteln zusammenhängendes Liniennetz mit einheitlichen oder verbundenen Beförderungsentgelten einbezogen sind,

5. Eisenbahnen des Bundes in der 2. Wagenklasse in Zügen, die überwiegend dazu bestimmt sind, die Verkehrsnachfrage im Nahverkehr zu befriedigen (Züge des Nahverkehrs),

6. sonstigen Eisenbahnen des öffentlichen Verkehrs im Sinne von § 2 Absatz 1 und § 3 Absatz 1 des Allgemeinen Eisenbahngesetzes in der 2. Wagenklasse auf Strecken, bei denen der Mehrzahl der Beförderungen eine Strecke von 50 Kilometern nicht überschreitet,

7. Wasserfahrzeugen im Linien-, Fähr- und Übersetzverkehr, wenn dieser der Beförderung von Personen im Orts- und Nachbarschaftsbereich dient und Ausgangs- und Endpunkt innerhalb dieses Bereiches liegen; Nachbarschaftsbereich ist der Raum zwischen benachbarten Gemeinden, die, ohne unmittelbar aneinander grenzen zu müssen, durch einen stetigen, mehr als einmal am Tag durchgeführten Verkehr wirtschaftlich und verkehrsmäßig verbunden sind.

(2) Fernverkehr im Sinne dieses Gesetzes ist der öffentliche Personenverkehr mit

1. Kraftfahrzeugen im Linienverkehr nach § 42a Satz 1 des Personenbeförderungsgesetzes,

2. Eisenbahnen, ausgenommen der Sonderzugverkehr,

3. Wasserfahrzeugen im Fähr- und Übersetzverkehr, sofern keine Häfen außerhalb des Geltungsbereiches dieses Buches angelaufen werden, soweit der Verkehr nicht Nahverkehr im Sinne des Absatzes 1 ist.

(3) Die Unternehmer, die öffentlichen Personenverkehr betreiben, weisen im öffentlichen Personenverkehr nach Absatz 1 Nummer 2, 5, 6 und 7 im Fahrplan besonders darauf hin, inwieweit eine Pflicht zur unentgeltlichen Beförderung nach § 228 Absatz 1 nicht besteht.

§ 231 Erstattung der Fahrgeldausfälle im Nahverkehr. (1) Die Fahrgeldausfälle im Nahverkehr werden nach einem Prozentsatz der von den Unternehmern oder den Nahverkehrsorganisationen im Sinne des § 233 Absatz 2 nachgewiesenen Fahrgeldeinnahmen im Nahverkehr erstattet.

(2) [1] Fahrgeldeinnahmen im Sinne dieses Kapitels sind alle Erträge aus dem Fahrkartenverkauf. [2] Sie umfassen auch Erträge aus der Beförderung von Handgepäck, Krankenfahrstühlen, sonstigen orthopädischen Hilfsmitteln, Tieren sowie aus erhöhten Beförderungsentgelten.

(3) Werden in einem von mehreren Unternehmern gebildeten zusammenhängenden Liniennetz mit einheitlichen oder verbundenen Beförderungsentgelten die Erträge aus dem Fahrkartenverkauf zusammengefasst und den einzelnen Unternehmer anteilmäßig nach einem vereinbarten Verteilungsschlüssel zugewiesen, so ist der zugewiesene Anteil Ertrag im Sinne des Absatzes 2.

(4) [1] Der Prozentsatz im Sinne des Absatzes 1 wird für jedes Land von der Landesregierung oder der von ihr bestimmten Behörde für jeweils ein Jahr bekannt gemacht. [2] Bei der Berechnung des Prozentsatzes ist von folgenden Zahlen auszugehen:
1. der Zahl der in dem Land in dem betreffenden Kalenderjahr ausgegebenen Wertmarken und der Hälfte der in dem Land am Jahresende in Umlauf befindlichen gültigen Ausweise im Sinne des § 228 Absatz 1 von schwerbehinderten Menschen, die das sechste Lebensjahr vollendet haben und bei denen die Berechtigung zur Mitnahme einer Begleitperson im Ausweis eingetragen ist; Wertmarken mit einer Gültigkeitsdauer von einem halben Jahr und Wertmarken für ein Jahr, die vor Ablauf eines halben Jahres ihrer Gültigkeitsdauer zurückgegeben werden, werden zur Hälfte gezählt,
2. der in den jährlichen Veröffentlichungen des Statistischen Bundesamtes zum Ende des Vorjahres nachgewiesenen Zahl der Wohnbevölkerung in dem Land abzüglich der Zahl der Kinder, die das sechste Lebensjahr noch nicht vollendet haben, und der Zahlen nach Nummer 1.

[3] Der Prozentsatz ist nach folgender Formel zu berechnen:

$$\frac{\text{Nach Nummer 1 errechnete Zahl}}{\text{Nach Nummer 2 errechnete Zahl}} \times 100.$$

[4] Bei der Festsetzung des Prozentsatzes sich ergebende Bruchteile von 0,005 und mehr werden auf ganze Hundertstel aufgerundet, im Übrigen abgerundet.

(5) [1] Weist ein Unternehmen durch Verkehrszählung nach, dass das Verhältnis zwischen den nach diesem Kapitel unentgeltlich beförderten Fahrgästen und den sonstigen Fahrgästen den nach Absatz 4 festgesetzten Prozentsatz um mindestens ein Drittel übersteigt, wird neben dem sich aus der Berechnung nach Absatz 4 ergebenden Erstattungsbetrag auf Antrag der nachgewiesene, über dem Drittel liegende Anteil erstattet. [2] Die Länder können durch Rechtsverordnung bestimmen, dass die Verkehrszählung durch Dritte auf Kosten des Unternehmens zu erfolgen hat.

(6) Absatz 5 gilt nicht in Fällen des § 233 Absatz 2.

§ 232 Erstattung der Fahrgeldausfälle im Fernverkehr.

(1) Die Fahrgeldausfälle im Fernverkehr werden nach einem Prozentsatz der von den Unternehmern nachgewiesenen Fahrgeldeinnahmen im Fernverkehr erstattet.

(2) [1] Der maßgebende Prozentsatz wird vom Bundesministerium für Arbeit und Soziales im Einvernehmen mit dem Bundesministerium der Finanzen und dem Bundesministerium für Verkehr und digitale Infrastruktur für jeweils zwei Jahre bekannt gemacht. [2] Bei der Berechnung des Prozentsatzes ist von folgenden, für das letzte Jahr vor Beginn des Zweijahreszeitraumes vorliegenden Zahlen auszugehen:
1. der Zahl der im Geltungsbereich dieses Gesetzes am Jahresende in Umlauf befindlichen gültigen Ausweise nach § 228 Absatz 1, auf denen die Berech-

13. Kapitel. Unentgeltliche Beförderung § 233 SGB IX 9

tigung zur Mitnahme einer Begleitperson eingetragen ist, abzüglich 25 Prozent,

2. der in den jährlichen Veröffentlichungen des Statistischen Bundesamtes zum Jahresende nachgewiesenen Zahl der Wohnbevölkerung im Geltungsbereich dieses Gesetzes abzüglich der Zahl der Kinder, die das vierte Lebensjahr noch nicht vollendet haben, und der nach Nummer 1 ermittelten Zahl.

[3] Der Prozentsatz ist nach folgender Formel zu berechnen:

$$\frac{\text{Nach Nummer 1 errechnete Zahl}}{\text{Nach Nummer 2 errechnete Zahl}} \times 100.$$

[4] § 231 Absatz 4 letzter Satz gilt entsprechend.

§ 233 Erstattungsverfahren. (1) [1] Die Fahrgeldausfälle werden auf Antrag des Unternehmers erstattet. [2] Bei einem von mehreren Unternehmern gebildeten zusammenhängenden Liniennetz mit einheitlichen oder verbundenen Beförderungsentgelten können die Anträge auch von einer Gemeinschaftseinrichtung dieser Unternehmer für ihre Mitglieder gestellt werden. [3] Der Antrag ist innerhalb von drei Jahren nach Ablauf des Abrechnungsjahres zu stellen, und zwar für den Nahverkehr nach § 234 Satz 1 Nummer 1 und für den Fernverkehr an das Bundesverwaltungsamt, für den übrigen Nahverkehr bei den in Absatz 4 bestimmten Behörden.

(2) Haben sich in einem Bundesland mehrere Aufgabenträger des öffentlichen Personennahverkehrs auf lokaler oder regionaler Ebene zu Verkehrsverbünden zusammengeschlossen und erhalten die im Zuständigkeitsbereich dieser Aufgabenträger öffentlichen Personennahverkehr betreibenden Verkehrsunternehmen für ihre Leistungen ein mit diesen Aufgabenträgern vereinbartes Entgelt (Bruttoprinzip), können anstelle der antrags- und erstattungsberechtigten Verkehrsunternehmen auch die Nahverkehrsorganisationen Antrag auf Erstattung der in ihrem jeweiligen Gebiet entstandenen Fahrgeldausfälle stellen, sofern die Verkehrsunternehmen hierzu ihr Einvernehmen erteilt haben.

(3) [1] Die Unternehmer oder die Nahverkehrsorganisationen im Sinne des Absatzes 2 erhalten auf Antrag Vorauszahlungen für das laufende Kalenderjahr in Höhe von insgesamt 80 Prozent des zuletzt für ein Jahr festgesetzten Erstattungsbetrages. [2] Die Vorauszahlungen werden je zur Hälfte am 15. Juli und am 15. November gezahlt. [3] Der Antrag auf Vorauszahlungen gilt zugleich als Antrag im Sinne des Absatzes 1. [4] Die Vorauszahlungen sind zurückzuzahlen, wenn Unterlagen, die für die Berechnung der Erstattung erforderlich sind, nicht bis zum 31. Dezember des dritten auf die Vorauszahlung folgenden Kalenderjahres vorgelegt sind. [5] In begründeten Ausnahmefällen kann die Rückforderung der Vorauszahlungen ausgesetzt werden.

(4) [1] Die Landesregierung oder die von ihr bestimmte Stelle legt die Behörden fest, die über die Anträge auf Erstattung und Vorauszahlung entscheiden und die auf den Bund und das Land entfallenden Beträge auszahlen. [2] § 11 Absatz 2 bis 4 des Personenbeförderungsgesetzes gilt entsprechend.

(5) Erstreckt sich der Nahverkehr auf das Gebiet mehrerer Länder, entscheiden die nach Landesrecht zuständigen Landesbehörden dieser Länder darüber, welcher Teil der Fahrgeldeinnahmen jeweils auf den Bereich ihres Landes entfällt.

(6) Die Unternehmen im Sinne des § 234 Satz 1 Nummer 1 legen ihren Anträgen an das Bundesverwaltungsamt den Anteil der nachgewiesenen Fahrgeldeinnahmen im Nahverkehr zugrunde, der auf den Bereich des jeweiligen Landes entfällt; für den Nahverkehr von Eisenbahnen des Bundes im Sinne des § 230 Absatz 1 Satz 1 Nummer 5 bestimmt sich dieser Teil nach dem Anteil der Zugkilometer, die von einer Eisenbahn des Bundes mit Zügen des Nahverkehrs im jeweiligen Land erbracht werden.

(7) [1] Hinsichtlich der Erstattungen gemäß § 231 für den Nahverkehr nach § 234 Satz 1 Nummer 1 und gemäß § 232 sowie der entsprechenden Vorauszahlungen nach Absatz 3 wird dieses Kapitel in bundeseigener Verwaltung ausgeführt. [2] Die Verwaltungsaufgaben des Bundes erledigt das Bundesverwaltungsamt nach fachlichen Weisungen des Bundesministeriums für Arbeit und Soziales in eigener Zuständigkeit.

(8) [1] Für das Erstattungsverfahren gelten das Verwaltungsverfahrensgesetz und die entsprechenden Gesetze der Länder. [2] Bei Streitigkeiten über die Erstattungen und die Vorauszahlungen ist der Verwaltungsrechtsweg gegeben.

§ 234 Kostentragung. [1] Der Bund trägt die Aufwendungen für die unentgeltliche Beförderung

1. im Nahverkehr, soweit Unternehmen, die sich überwiegend in der Hand des Bundes oder eines mehrheitlich dem Bund gehörenden Unternehmens befinden (auch in Verkehrsverbünden), erstattungsberechtigte Unternehmer sind sowie

2. im Fernverkehr für die Begleitperson und die mitgeführten Gegenstände im Sinne des § 228 Absatz 6.

[2] Die Länder tragen die Aufwendungen für die unentgeltliche Beförderung im übrigen Nahverkehr.

§ 235 Einnahmen aus Wertmarken. [1] Von den durch die Ausgabe der Wertmarken erzielten jährlichen Einnahmen erhält der Bund einen Anteil von 27 Prozent. [2] Dieser ist unter Berücksichtigung der in der Zeit vom 1. Januar bis 30. Juni eines Kalenderjahres eingegangenen Einnahmen zum 15. Juli und unter Berücksichtigung der vom 1. Juli bis 31. Dezember eines Kalenderjahres eingegangenen Einnahmen zum 15. Januar des darauffolgenden Kalenderjahres an den Bund abzuführen.

§ 236 Erfassung der Ausweise. [1] Die für die Ausstellung der Ausweise nach § 152 Absatz 5 zuständigen Behörden erfassen

1. die am Jahresende im Umlauf befindlichen gültigen Ausweise, getrennt nach Art und besonderen Eintragungen,

2. die im Kalenderjahr ausgegebenen Wertmarken, unterteilt nach der jeweiligen Gültigkeitsdauer und die daraus erzielten Einnahmen

als Grundlage für die nach § 231 Absatz 4 Satz 2 Nummer 1 und § 232 Absatz 2 Satz 2 Nummer 1 zu ermittelnde Zahl der Ausweise und Wertmarken. [2] Die zuständigen obersten Landesbehörden teilen dem Bundesministerium für Arbeit und Soziales das Ergebnis der Erfassung nach Satz 1 spätestens bis zum 31. März des Jahres mit, in dem die Prozentsätze festzusetzen sind.

§ 237 Verordnungsermächtigungen.

(1) Die Bundesregierung wird ermächtigt, in der Rechtsverordnung auf Grund des § 153 Absatz 1 nähere Vorschriften über die Gestaltung der Wertmarken, ihre Verbindung mit dem Ausweis und Vermerke über ihre Gültigkeitsdauer zu erlassen.

(2) Das Bundesministerium für Arbeit und Soziales und das Bundesministerium für Verkehr und digitale Infrastruktur werden ermächtigt, durch Rechtsverordnung festzulegen, welche Zuggattungen von Eisenbahnen des Bundes zu den Zügen des Nahverkehrs im Sinne des § 230 Absatz 1 Nummer 5 und zu den zuschlagpflichtigen Zügen des Nahverkehrs im Sinne des § 228 Absatz 1 Satz 1 zweiter Halbsatz zählen.

Kapitel 14. Straf-, Bußgeld- und Schlussvorschriften

§ 237a Strafvorschriften.

(1) Mit Freiheitsstrafe bis zu zwei Jahren oder mit Geldstrafe wird bestraft, wer entgegen § 179 Absatz 7 Satz 1 Nummer 2, auch in Verbindung mit Satz 2 oder § 180 Absatz 7, ein Betriebs- oder Geschäftsgeheimnis verwertet.

(2) Die Tat wird nur auf Antrag verfolgt.

§ 237b Strafvorschriften.

(1) Mit Freiheitsstrafe bis zu einem Jahr oder mit Geldstrafe wird bestraft, wer entgegen § 179 Absatz 7 Satz 1, auch in Verbindung mit Satz 2 oder § 180 Absatz 7, ein dort genanntes Geheimnis offenbart.

(2) Handelt der Täter gegen Entgelt oder in der Absicht, sich oder einen anderen zu bereichern oder einen anderen zu schädigen, so ist die Strafe Freiheitsstrafe bis zu zwei Jahren oder Geldstrafe.

(3) Die Tat wird nur auf Antrag verfolgt.

§ 238 Bußgeldvorschriften.

(1) Ordnungswidrig handelt, wer vorsätzlich oder fahrlässig

1. entgegen § 154 Absatz 1 Satz 1, auch in Verbindung mit einer Rechtsverordnung nach § 162 Nummer 1, oder entgegen § 154 Absatz 1 Satz 3 einen schwerbehinderten Menschen nicht beschäftigt,
2. entgegen § 163 Absatz 1 ein Verzeichnis nicht, nicht richtig, nicht vollständig oder nicht in der vorgeschriebenen Weise führt oder nicht oder nicht rechtzeitig vorlegt,
3. entgegen § 163 Absatz 2 Satz 1 oder Absatz 4 eine Anzeige nicht, nicht richtig, nicht vollständig, nicht in der vorgeschriebenen Weise oder nicht rechtzeitig erstattet,
4. entgegen § 163 Absatz 5 eine Auskunft nicht, nicht richtig, nicht vollständig oder nicht rechtzeitig erteilt,
5. entgegen § 163 Absatz 7 Einblick in den Betrieb oder die Dienststelle nicht oder nicht rechtzeitig gibt,
6. entgegen § 163 Absatz 8 eine dort bezeichnete Person nicht oder nicht rechtzeitig benennt,
7. entgegen § 164 Absatz 1 Satz 4 oder 9 eine dort bezeichnete Vertretung oder einen Beteiligten nicht, nicht richtig, nicht vollständig oder nicht rechtzeitig unterrichtet oder

8. entgegen § 178 Absatz 2 Satz 1 erster Halbsatz die Schwerbehindertenvertretung nicht, nicht richtig, nicht vollständig oder nicht rechtzeitig unterrichtet oder nicht oder nicht rechtzeitig anhört.

(2) Die Ordnungswidrigkeit kann mit einer Geldbuße bis zu zehntausend Euro geahndet werden.

(3) Verwaltungsbehörde im Sinne des § 36 Absatz 1 Nummer 1 des Gesetzes über Ordnungswidrigkeiten ist die Bundesagentur für Arbeit.

(4) ¹Die Geldbußen fließen in die Kasse der Verwaltungsbehörde, die den Bußgeldbescheid erlassen hat. ² § 66 des Zehnten Buches[1)] gilt entsprechend.

(5) ¹Die nach Absatz 4 Satz 1 zuständige Kasse trägt abweichend von § 105 Absatz 2 des Gesetzes über Ordnungswidrigkeiten die notwendigen Auslagen. ²Sie ist auch ersatzpflichtig im Sinne des § 110 Absatz 4 des Gesetzes über Ordnungswidrigkeiten.

§ 239 Stadtstaatenklausel.

(1) ¹Der Senat der Freien und Hansestadt Hamburg wird ermächtigt, die Schwerbehindertenvertretung für Angelegenheiten, die mehrere oder alle Dienststellen betreffen, in der Weise zu regeln, dass die Schwerbehindertenvertretungen aller Dienststellen eine Gesamtschwerbehindertenvertretung wählen. ²Für die Wahl gilt § 177 Absatz 2, 3, 6 und 7 entsprechend.

(2) § 180 Absatz 6 Satz 1 gilt entsprechend.

§ 240 Sonderregelung für den Bundesnachrichtendienst und den Militärischen Abschirmdienst.

(1) Für den Bundesnachrichtendienst gilt dieses Gesetz mit folgenden Abweichungen:

1. Der Bundesnachrichtendienst gilt vorbehaltlich der Nummer 3 als einheitliche Dienststelle.

2. ¹Für den Bundesnachrichtendienst gelten die Pflichten zur Vorlage des nach § 163 Absatz 1 zu führenden Verzeichnisses, zur Anzeige nach § 163 Absatz 2 und zur Gewährung von Einblick nach § 163 Absatz 7 nicht. ²Die Anzeigepflicht nach § 173 Absatz 4 gilt nur für die Beendigung von Probearbeitsverhältnissen.

3. ¹Als Dienststelle im Sinne des Kapitels 5 gelten auch Teile und Stellen des Bundesnachrichtendienstes, die nicht zu seiner Zentrale gehören. ² § 177 Absatz 1 Satz 4 sowie § 180 sind nicht anzuwenden. ³In den Fällen des § 180 Absatz 6 ist die Schwerbehindertenvertretung der Zentrale des Bundesnachrichtendienstes zuständig. ⁴Im Falle des § 177 Absatz 6 Satz 4 lädt der Leiter oder die Leiterin der Dienststelle ein. ⁵Die Schwerbehindertenvertretung ist in den Fällen nicht zu beteiligen, in denen die Beteiligung der Personalvertretung nach dem Bundespersonalvertretungsgesetz ausgeschlossen ist. ⁶Der Leiter oder die Leiterin des Bundesnachrichtendienstes kann anordnen, dass die Schwerbehindertenvertretung nicht zu beteiligen ist, Unterlagen nicht vorgelegt oder Auskünfte nicht erteilt werden dürfen, wenn und soweit dies aus besonderen nachrichtendienstlichen Gründen geboten ist. ⁷Die Rechte und Pflichten der Schwerbehindertenvertretung ruhen, wenn die Rechte und Pflichten der Personalvertretung ruhen. ⁸ § 179

[1)] Nr. 10.

Absatz 7 Satz 3 ist nach Maßgabe der Sicherheitsbestimmungen des Bundesnachrichtendienstes anzuwenden. [9] § 182 Absatz 2 gilt nur für die in § 182 Absatz 1 genannten Personen und Vertretungen der Zentrale des Bundesnachrichtendienstes.

4. [1] Im Widerspruchsausschuss bei dem Integrationsamt (§ 202) und in den Widerspruchsausschüssen bei der Bundesagentur für Arbeit (§ 203) treten in Angelegenheiten schwerbehinderter Menschen, die beim Bundesnachrichtendienst beschäftigt sind, an die Stelle der Mitglieder, die Arbeitnehmer oder Arbeitnehmerinnen und Arbeitgeber sind (§ 202 Absatz 1 und § 203 Absatz 1), Angehörige des Bundesnachrichtendienstes, an die Stelle der Schwerbehindertenvertretung die Schwerbehindertenvertretung der Zentrale des Bundesnachrichtendienstes. [2] Sie werden dem Integrationsamt und der Bundesagentur für Arbeit vom Leiter oder von der Leiterin des Bundesnachrichtendienstes benannt. [3] Die Mitglieder der Ausschüsse müssen nach den dafür geltenden Bestimmungen ermächtigt sein, Kenntnis von Verschlusssachen des in Betracht kommenden Geheimhaltungsgrades zu erhalten.

5. Über Rechtsstreitigkeiten, die auf Grund dieses Buches im Geschäftsbereich des Bundesnachrichtendienstes entstehen, entscheidet im ersten und letzten Rechtszug der oberste Gerichtshof des zuständigen Gerichtszweiges.

(2) Der Militärische Abschirmdienst mit seinem Geschäftsbereich gilt als einheitliche Dienststelle.

§ 241 Übergangsregelung.

(1) Abweichend von § 154 Absatz 1 beträgt die Pflichtquote für die in § 154 Absatz 2 Nummer 1 und 4 genannten öffentlichen Arbeitgeber des Bundes weiterhin 6 Prozent, wenn sie am 31. Oktober 1999 auf mindestens 6 Prozent der Arbeitsplätze schwerbehinderte Menschen beschäftigt hatten.

(2) Eine auf Grund des Schwerbehindertengesetzes getroffene bindende Feststellung über das Vorliegen einer Behinderung, eines Grades der Behinderung und das Vorliegen weiterer gesundheitlicher Merkmale gelten als Feststellungen nach diesem Buch.

(3) Die nach § 56 Absatz 2 des Schwerbehindertengesetzes erlassenen allgemeinen Richtlinien sind bis zum Erlass von allgemeinen Verwaltungsvorschriften nach § 224 weiter anzuwenden.

(4) Auf Erstattungen nach Kapitel 13 dieses Teils ist § 231 für bis zum 31. Dezember 2004 entstandene Fahrgeldausfälle in der bis zu diesem Zeitpunkt geltenden Fassung anzuwenden.

(5) Soweit noch keine Verordnung nach § 153 Absatz 2 erlassen ist, gelten die Maßstäbe des § 30 Absatz 1 des Bundesversorgungsgesetzes und der auf Grund des § 30 Absatz 16 des Bundesversorgungsgesetzes erlassenen Rechtsverordnungen entsprechend.

(6) Bestehende Integrationsvereinbarungen im Sinne des § 83 in der bis zum 30. Dezember 2016 geltenden Fassung gelten als Inklusionsvereinbarungen fort.

(7) [1] Die nach § 22 in der am 31. Dezember 2017 geltenden Fassung bis zu diesem Zeitpunkt errichteten gemeinsamen Servicestellen bestehen längstens bis zum 31. Dezember 2018. [2] Für die Aufgaben der nach Satz 1 im Jahr 2018

bestehenden gemeinsamen Servicestellen gilt § 22 in der am 31. Dezember 2017 geltenden Fassung entsprechend.

(8) Bis zum 31. Dezember 2019 treten an die Stelle der Träger der Eingliederungshilfe als Rehabilitationsträger im Sinne dieses Buches die Träger der Sozialhilfe nach § 3 des Zwölften Buches[1]), soweit sie zur Erbringung von Leistungen der Eingliederungshilfe für Menschen mit Behinderungen nach § 8 Nummer 4 des Zwölften Buches bestimmt sind.

---

[1]) Nr. 12.

10. Zehntes Buch Sozialgesetzbuch
– Sozialverwaltungsverfahren und Sozialdatenschutz –
(SGB X)[1)]

In der Fassung der Bekanntmachung vom 18. Januar 2001[2)]

(BGBl. I S. 130)

FNA 860-10-1

zuletzt geänd. durch Art. 10 Abs. 11 G zur Neuregelung des Schutzes von Geheimnissen bei der Mitwirkung Dritter an der Berufsausübung schweigepflichtiger Personen v. 30.10.2017 (BGBl. I S. 3618)

Inhaltsübersicht

§§

Erstes Kapitel. Verwaltungsverfahren

Erster Abschnitt. Anwendungsbereich, Zuständigkeit, Amtshilfe

Anwendungsbereich	1
Örtliche Zuständigkeit	2
Amtshilfepflicht	3
Voraussetzungen und Grenzen der Amtshilfe	4
Auswahl der Behörde	5
Durchführung der Amtshilfe	6
Kosten der Amtshilfe	7

Zweiter Abschnitt. Allgemeine Vorschriften über das Verwaltungsverfahren

Erster Titel. Verfahrensgrundsätze

Begriff des Verwaltungsverfahrens	8
Nichtförmlichkeit des Verwaltungsverfahrens	9
Beteiligungsfähigkeit	10
Vornahme von Verfahrenshandlungen	11
Beteiligte	12
Bevollmächtigte und Beistände	13
Bestellung eines Empfangsbevollmächtigten	14
Bestellung eines Vertreters von Amts wegen	15
Ausgeschlossene Personen	16
Besorgnis der Befangenheit	17
Beginn des Verfahrens	18
Amtssprache	19
Untersuchungsgrundsatz	20
Beweismittel	21
Vernehmung durch das Sozial- oder Verwaltungsgericht	22
Glaubhaftmachung, Versicherung an Eides statt	23
Anhörung Beteiligter	24
Akteneinsicht durch Beteiligte	25

[1)] Die Änderungen durch G v. 23.12.2016 (BGBl. I S. 3234), die erst **mWv 1.1.2020**, die Änderungen durch G v. 17.7.2017 (BGBl. I S. 2541), die erst **mWv 25.5.2018** in Kraft treten, sowie die Änderungen durch G v. 18.7.2017 (BGBl. I S. 2739), die gem. Art. 3 Abs. 2 dieses G an dem Tag in Kraft treten, an dem die Rechtsverordnung nach § 10 des Wettbewerbsregistergesetzes in Kraft tritt, sind im Text noch nicht berücksichtigt.

[2)] Neubekanntmachung des SGB X v. 18.8.1980 (BGBl. I S. 1469, 2218) in der ab 1.1.2001 geltenden Fassung.

10 SGB X — 10. Buch. Sozialverwaltungsverfahren

§§

Zweiter Titel. Fristen, Termine, Wiedereinsetzung

Fristen und Termine ... 26
Wiedereinsetzung in den vorigen Stand ... 27
Wiederholte Antragstellung ... 28

Dritter Titel. Amtliche Beglaubigung

Beglaubigung von Dokumenten ... 29
Beglaubigung von Unterschriften ... 30

Dritter Abschnitt. Verwaltungsakt

Erster Titel. Zustandekommen des Verwaltungsaktes

Begriff des Verwaltungsaktes ... 31
Vollständig automatisierter Erlass eines Verwaltungsaktes ... 31a
Nebenbestimmungen zum Verwaltungsakt ... 32
Bestimmtheit und Form des Verwaltungsaktes ... 33
Zusicherung ... 34
Begründung des Verwaltungsaktes ... 35
Rechtsbehelfsbelehrung ... 36
Bekanntgabe des Verwaltungsaktes ... 37
Offenbare Unrichtigkeiten im Verwaltungsakt ... 38

Zweiter Titel. Bestandskraft des Verwaltungsaktes

Wirksamkeit des Verwaltungsaktes ... 39
Nichtigkeit des Verwaltungsaktes ... 40
Heilung von Verfahrens- und Formfehlern ... 41
Folgen von Verfahrens- und Formfehlern ... 42
Umdeutung eines fehlerhaften Verwaltungsaktes ... 43
Rücknahme eines rechtswidrigen nicht begünstigenden Verwaltungsaktes ... 44
Rücknahme eines rechtswidrigen begünstigenden Verwaltungsaktes ... 45
Widerruf eines rechtmäßigen nicht begünstigenden Verwaltungsaktes ... 46
Widerruf eines rechtmäßigen begünstigenden Verwaltungsaktes ... 47
Aufhebung eines Verwaltungsaktes mit Dauerwirkung bei Änderung der Verhältnisse ... 48
Rücknahme und Widerruf im Rechtsbehelfsverfahren ... 49
Erstattung zu Unrecht erbrachter Leistungen ... 50
Rückgabe von Urkunden und Sachen ... 51

Dritter Titel. Verjährungsrechtliche Wirkungen des Verwaltungsaktes

Hemmung der Verjährung durch Verwaltungsakt ... 52

Vierter Abschnitt. Öffentlich-rechtlicher Vertrag

Zulässigkeit des öffentlich-rechtlichen Vertrages ... 53
Vergleichsvertrag ... 54
Austauschvertrag ... 55
Schriftform ... 56
Zustimmung von Dritten und Behörden ... 57
Nichtigkeit des öffentlich-rechtlichen Vertrages ... 58
Anpassung und Kündigung in besonderen Fällen ... 59
Unterwerfung unter die sofortige Vollstreckung ... 60
Ergänzende Anwendung von Vorschriften ... 61

Fünfter Abschnitt. Rechtsbehelfsverfahren

Rechtsbehelfe gegen Verwaltungsakte ... 62
Erstattung von Kosten im Vorverfahren ... 63

Sechster Abschnitt. Kosten, Zustellung und Vollstreckung

Kostenfreiheit ... 64
Zustellung ... 65
Vollstreckung ... 66

Inhaltsübersicht SGB X 10

§§

[bis 24.5.2018:] Zweites Kapitel. Schutz der Sozialdaten

Erster Abschnitt. Begriffsbestimmungen

Begriffsbestimmungen 67

Zweiter Abschnitt. Datenerhebung, -verarbeitung und -nutzung

Datenerhebung 67a
Zulässigkeit der Datenverarbeitung und -nutzung.. 67b
Datenspeicherung, -veränderung und -nutzung.. 67c
Übermittlungsgrundsätze 67d
Erhebung und Übermittlung zur Bekämpfung von Leistungsmissbrauch und illegaler Ausländerbeschäftigung... 67e
Übermittlung für Aufgaben der Polizeibehörden, der Staatsanwaltschaften, Gerichte und der Behörden der Gefahrenabwehr 68
Übermittlung für die Erfüllung sozialer Aufgaben... 69
Übermittlung für die Durchführung des Arbeitsschutzes 70
Übermittlung für die Erfüllung besonderer gesetzlicher Pflichten und Mitteilungsbefugnisse.... 71
Übermittlung für den Schutz der inneren und äußeren Sicherheit 72
Übermittlung für die Durchführung eines Strafverfahrens 73
Übermittlung bei Verletzung der Unterhaltspflicht und beim Versorgungsausgleich............. 74
Übermittlung zur Durchsetzung öffentlich-rechtlicher Ansprüche und im Vollstreckungsverfahren 74a
Übermittlung von Sozialdaten für die Forschung und Planung 75
Einschränkung der Übermittlungsbefugnis bei besonders schutzwürdigen Sozialdaten 76
Übermittlung ins Ausland und an über- oder zwischenstaatliche Stellen 77
Zweckbindung und Geheimhaltungspflicht eines Dritten, an den Daten übermittelt werden.... 78

Dritter Abschnitt. Organisatorische Vorkehrungen zum Schutz der Sozialdaten, besondere Datenverarbeitungsarten

Technische und organisatorische Maßnahmen 78a
Datenvermeidung und Datensparsamkeit 78b
Datenschutzaudit.. 78c
Einrichtung automatisierter Abrufverfahren 79
Erhebung, Verarbeitung oder Nutzung von Sozialdaten im Auftrag........................... 80

Vierter Abschnitt. Rechte des Betroffenen, Datenschutzbeauftragte und Schlussvorschriften

Rechte des Einzelnen, Datenschutzbeauftragte 81
Schadenersatz... 82
Auskunft an den Betroffenen 83
Informationspflicht bei unrechtmäßiger Kenntniserlangung von Sozialdaten 83a
Berichtigung, Löschung und Sperrung von Daten; Widerspruchsrecht......................... 84
Unabdingbare Rechte des Betroffenen 84a
Bußgeldvorschriften 85
Strafvorschriften... 85a

[ab 25.5.2018:] Zweites Kapitel. Schutz der Sozialdaten

Erster Abschnitt. Begriffsbestimmungen

Begriffsbestimmungen.. *67*

Zweiter Abschnitt. Verarbeitung von Sozialdaten

Erhebung von Sozialdaten *67a*
Speicherung, Veränderung, Nutzung, Übermittlung, Einschränkung der Verarbeitung und Löschung von Sozialdaten.. *67b*
Zweckbindung sowie Speicherung, Veränderung und Nutzung von Sozialdaten zu anderen Zwecken..... *67c*
Übermittlungsgrundsätze... *67d*
Erhebung und Übermittlung zur Bekämpfung von Leistungsmissbrauch und illegaler Ausländerbeschäftigung... *67e*
Übermittlung für Aufgaben der Polizeibehörden, der Staatsanwaltschaften, Gerichte und der Behörden der Gefahrenabwehr.. *68*
Übermittlung für die Erfüllung sozialer Aufgaben *69*

1535

10 SGB X 10. Buch. Sozialverwaltungsverfahren

	§§
Übermittlung für die Durchführung des Arbeitsschutzes	70
Übermittlung für die Erfüllung besonderer gesetzlicher Pflichten und Mitteilungsbefugnisse	71
Übermittlung für den Schutz der inneren und äußeren Sicherheit	72
Übermittlung für die Durchführung eines Strafverfahrens	73
Übermittlung bei Verletzung der Unterhaltspflicht und beim Versorgungsausgleich	74
Übermittlung zur Durchsetzung öffentlich-rechtlicher Ansprüche und im Vollstreckungsverfahren	74a
Übermittlung von Sozialdaten für die Forschung und Planung	75
Einschränkung der Übermittlungsbefugnis bei besonders schutzwürdigen Sozialdaten	76
Übermittlung ins Ausland und an internationale Organisationen	77
Zweckbindung und Geheimhaltungspflicht eines Dritten, an den Daten übermittelt werden	78

Dritter Abschnitt. Besondere Datenverarbeitungsarten

Einrichtung automatisierter Verfahren auf Abruf	79
Verarbeitung von Sozialdaten im Auftrag	80

Vierter Abschnitt. Rechte der betroffenen Person, Beauftragte für den Datenschutz und Schlussvorschriften

Recht auf Anrufung, Beauftragte für den Datenschutz	81
Gerichtlicher Rechtsschutz	81a
Klagen gegen den Verantwortlichen oder Auftragsverarbeiter	81b
Antrag auf gerichtliche Entscheidung bei angenommener Europarechtswidrigkeit eines Angemessenheitsbeschlusses der Europäischen Kommission	81c
Informationspflichten bei der Erhebung von Sozialdaten bei der betroffenen Person	82
Informationspflichten, wenn Sozialdaten nicht bei der betroffenen Person erhoben wurden	82a
Auskunftsrecht der betroffenen Personen	83
Benachrichtigung bei einer Verletzung des Schutzes von Sozialdaten	83a
Recht auf Berichtigung, Löschung, Einschränkung der Verarbeitung und Widerspruch	84
Strafvorschriften	85
Bußgeldvorschriften	85a

Drittes Kapitel. Zusammenarbeit der Leistungsträger und ihre Beziehungen zu Dritten

Erster Abschnitt. Zusammenarbeit der Leistungsträger untereinander und mit Dritten

Erster Titel. Allgemeine Vorschriften

Zusammenarbeit	86

Zweiter Titel. Zusammenarbeit der Leistungsträger untereinander

Beschleunigung der Zusammenarbeit	87
Auftrag	88
Ausführung des Auftrags	89
Anträge und Widerspruch beim Auftrag	90
Erstattung von Aufwendungen	91
Kündigung des Auftrags	92
Gesetzlicher Auftrag	93
Arbeitsgemeinschaften	94
Zusammenarbeit bei Planung und Forschung	95
Ärztliche Untersuchungen, psychologische Eignungsuntersuchungen	96

Dritter Titel. Zusammenarbeit der Leistungsträger mit Dritten

Durchführung von Aufgaben durch Dritte	97
Auskunftspflicht des Arbeitgebers	98
Auskunftspflicht von Angehörigen, Unterhaltspflichtigen oder sonstigen Personen	99
Auskunftspflicht des Arztes oder Angehörigen eines anderen Heilberufs	100
Auskunftspflicht der Leistungsträger	101
Mitteilungen der Meldebehörden	101a

Zweiter Abschnitt. Erstattungsansprüche der Leistungsträger untereinander

Anspruch des vorläufig leistenden Leistungsträgers	102
Anspruch des Leistungsträgers, dessen Leistungsverpflichtung nachträglich entfallen ist	103
Anspruch des nachrangig verpflichteten Leistungsträgers	104
Anspruch des unzuständigen Leistungsträgers	105

	§§
Rangfolge bei mehreren Erstattungsberechtigten	106
Erfüllung	107
Erstattung in Geld, Verzinsung	108
Verwaltungskosten und Auslagen	109
Pauschalierung	110
Ausschlussfrist	111
Rückerstattung	112
Verjährung	113
Rechtsweg	114

Dritter Abschnitt. Erstattungs- und Ersatzansprüche der Leistungsträger gegen Dritte

Ansprüche gegen den Arbeitgeber	115
Ansprüche gegen Schadenersatzpflichtige	116
Schadenersatzansprüche mehrerer Leistungsträger	117
Bindung der Gerichte	118
Übergang von Beitragsansprüchen	119

Viertes Kapitel. Übergangs- und Schlussvorschriften

Übergangsregelung	120

Anlage (zu § 78a)

Erstes Kapitel. Verwaltungsverfahren

Erster Abschnitt. Anwendungsbereich, Zuständigkeit, Amtshilfe

§ 1 Anwendungsbereich. (1) [1] Die Vorschriften dieses Kapitels gelten für die öffentlich-rechtliche Verwaltungstätigkeit der Behörden, die nach diesem Gesetzbuch ausgeübt wird. [2] Für die öffentlich-rechtliche Verwaltungstätigkeit der Behörden der Länder, der Gemeinden und Gemeindeverbände, der sonstigen der Aufsicht des Landes unterstehenden juristischen Personen des öffentlichen Rechts zur Ausführung von besonderen Teilen dieses Gesetzbuches, die nach Inkrafttreten der Vorschriften dieses Kapitels Bestandteil des Sozialgesetzbuches werden, gilt dies nur, soweit diese besonderen Teile mit Zustimmung des Bundesrates die Vorschriften dieses Kapitels für anwendbar erklären. [3] Die Vorschriften gelten nicht für die Verfolgung und Ahndung von Ordnungswidrigkeiten.

(2) Behörde im Sinne dieses Gesetzbuches ist jede Stelle, die Aufgaben der öffentlichen Verwaltung wahrnimmt.

§ 2 Örtliche Zuständigkeit. (1) [1] Sind mehrere Behörden örtlich zuständig, entscheidet die Behörde, die zuerst mit der Sache befasst worden ist, es sei denn, die gemeinsame Aufsichtsbehörde bestimmt, dass eine andere örtlich zuständige Behörde zu entscheiden hat. [2] Diese Aufsichtsbehörde entscheidet ferner über die örtliche Zuständigkeit, wenn sich mehrere Behörden für zuständig oder für unzuständig halten oder wenn die Zuständigkeit aus anderen Gründen zweifelhaft ist. [3] Fehlt eine gemeinsame Aufsichtsbehörde, treffen die Aufsichtsbehörden die Entscheidung gemeinsam.

(2) Ändern sich im Lauf des Verwaltungsverfahrens die die Zuständigkeit begründenden Umstände, kann die bisher zuständige Behörde das Verwaltungsverfahren fortführen, wenn dies unter Wahrung der Interessen der Beteiligten der einfachen und zweckmäßigen Durchführung des Verfahrens dient und die nunmehr zuständige Behörde zustimmt.

(3) ¹ Hat die örtliche Zuständigkeit gewechselt, muss die bisher zuständige Behörde die Leistungen noch solange erbringen, bis sie von der nunmehr zuständigen Behörde fortgesetzt werden. ² Diese hat der bisher zuständigen Behörde die nach dem Zuständigkeitswechsel noch erbrachten Leistungen auf Anforderung zu erstatten. ³ § 102 Abs. 2 gilt entsprechend.

(4) ¹ Bei Gefahr im Verzug ist für unaufschiebbare Maßnahmen jede Behörde örtlich zuständig, in deren Bezirk der Anlass für die Amtshandlung hervortritt. ² Die nach den besonderen Teilen dieses Gesetzbuches örtlich zuständige Behörde ist unverzüglich zu unterrichten.

§ 3 Amtshilfepflicht. (1) Jede Behörde leistet anderen Behörden auf Ersuchen ergänzende Hilfe (Amtshilfe).

(2) Amtshilfe liegt nicht vor, wenn

1. Behörden einander innerhalb eines bestehenden Weisungsverhältnisses Hilfe leisten,
2. die Hilfeleistung in Handlungen besteht, die der ersuchten Behörde als eigene Aufgabe obliegen.

§ 4 Voraussetzungen und Grenzen der Amtshilfe. (1) Eine Behörde kann um Amtshilfe insbesondere dann ersuchen, wenn sie

1. aus rechtlichen Gründen die Amtshandlung nicht selbst vornehmen kann,
2. aus tatsächlichen Gründen, besonders weil die zur Vornahme der Amtshandlung erforderlichen Dienstkräfte oder Einrichtungen fehlen, die Amtshandlung nicht selbst vornehmen kann,
3. zur Durchführung ihrer Aufgaben auf die Kenntnis von Tatsachen angewiesen ist, die ihr unbekannt sind und die sie selbst nicht ermitteln kann,
4. zur Durchführung ihrer Aufgaben Urkunden oder sonstige Beweismittel benötigt, die sich im Besitz der ersuchten Behörde befinden,
5. die Amtshandlung nur mit wesentlich größerem Aufwand vornehmen könnte als die ersuchte Behörde.

(2) ¹ Die ersuchte Behörde darf Hilfe nicht leisten, wenn

1. sie hierzu aus rechtlichen Gründen nicht in der Lage ist,
2. durch die Hilfeleistung dem Wohl des Bundes oder eines Landes erhebliche Nachteile bereitet würden.

² Die ersuchte Behörde ist insbesondere zur Vorlage von Urkunden oder Akten sowie zur Erteilung von Auskünften nicht verpflichtet, wenn die Vorgänge nach einem Gesetz oder ihrem Wesen nach geheim gehalten werden müssen.

(3) Die ersuchte Behörde braucht Hilfe nicht zu leisten, wenn

1. eine andere Behörde die Hilfe wesentlich einfacher oder mit wesentlich geringerem Aufwand leisten kann,
2. sie die Hilfe nur mit unverhältnismäßig großem Aufwand leisten könnte,
3. sie unter Berücksichtigung der Aufgaben der ersuchenden Behörde durch die Hilfeleistung die Erfüllung ihrer eigenen Aufgaben ernstlich gefährden würde.

(4) Die ersuchte Behörde darf die Hilfe nicht deshalb verweigern, weil sie das Ersuchen aus anderen als den in Absatz 3 genannten Gründen oder weil sie die mit der Amtshilfe zu verwirklichende Maßnahme für unzweckmäßig hält.

(5) [1] Hält die ersuchte Behörde sich zur Hilfe nicht für verpflichtet, teilt sie der ersuchenden Behörde ihre Auffassung mit. [2] Besteht diese auf der Amtshilfe, entscheidet über die Verpflichtung zur Amtshilfe die gemeinsame Aufsichtsbehörde oder, sofern eine solche nicht besteht, die für die ersuchte Behörde zuständige Aufsichtsbehörde.

§ 5 Auswahl der Behörde. Kommen für die Amtshilfe mehrere Behörden in Betracht, soll nach Möglichkeit eine Behörde der untersten Verwaltungsstufe des Verwaltungszweiges ersucht werden, dem die ersuchende Behörde angehört.

§ 6 Durchführung der Amtshilfe. (1) Die Zulässigkeit der Maßnahme, die durch die Amtshilfe verwirklicht werden soll, richtet sich nach dem für die ersuchende Behörde, die Durchführung der Amtshilfe nach dem für die ersuchte Behörde geltenden Recht.

(2) [1] Die ersuchende Behörde trägt gegenüber der ersuchten Behörde die Verantwortung für die Rechtmäßigkeit der zu treffenden Maßnahme. [2] Die ersuchte Behörde ist für die Durchführung der Amtshilfe verantwortlich.

§ 7 Kosten der Amtshilfe. (1) [1] Die ersuchende Behörde hat der ersuchten Behörde für die Amtshilfe keine Verwaltungsgebühr zu entrichten. [2] Auslagen hat sie der ersuchten Behörde auf Anforderung zu erstatten, wenn sie im Einzelfall 35 Euro, bei Amtshilfe zwischen Versicherungsträgern 100 Euro übersteigen. [3] Abweichende Vereinbarungen werden dadurch nicht berührt. [4] Leisten Behörden desselben Rechtsträgers einander Amtshilfe, werden die Auslagen nicht erstattet.

(2) Nimmt die ersuchte Behörde zur Durchführung der Amtshilfe eine kostenpflichtige Amtshandlung vor, stehen ihr die von einem Dritten hierfür geschuldeten Kosten (Verwaltungsgebühren, Benutzungsgebühren und Auslagen) zu.

Zweiter Abschnitt. Allgemeine Vorschriften über das Verwaltungsverfahren

Erster Titel. Verfahrensgrundsätze

§ 8 Begriff des Verwaltungsverfahrens. Das Verwaltungsverfahren im Sinne dieses Gesetzbuches ist die nach außen wirkende Tätigkeit der Behörden, die auf die Prüfung der Voraussetzungen, die Vorbereitung und den Erlass eines Verwaltungsaktes oder auf den Abschluss eines öffentlich-rechtlichen Vertrages gerichtet ist; es schließt den Erlass des Verwaltungsaktes oder den Abschluss des öffentlich-rechtlichen Vertrages ein.

§ 9 Nichtförmlichkeit des Verwaltungsverfahrens. [1] Das Verwaltungsverfahren ist an bestimmte Formen nicht gebunden, soweit keine besonderen Rechtsvorschriften für die Form des Verfahrens bestehen. [2] Es ist einfach, zweckmäßig und zügig durchzuführen.

§ 10 Beteiligungsfähigkeit. Fähig, am Verfahren beteiligt zu sein, sind
1. natürliche und juristische Personen,
2. Vereinigungen, soweit ihnen ein Recht zustehen kann,
3. Behörden.

§ 11 Vornahme von Verfahrenshandlungen. (1) Fähig zur Vornahme von Verfahrenshandlungen sind
1. natürliche Personen, die nach bürgerlichem Recht geschäftsfähig sind,
2. natürliche Personen, die nach bürgerlichem Recht in der Geschäftsfähigkeit beschränkt sind, soweit sie für den Gegenstand des Verfahrens durch Vorschriften des bürgerlichen Rechts als geschäftsfähig oder durch Vorschriften des öffentlichen Rechts als handlungsfähig anerkannt sind,
3. juristische Personen und Vereinigungen (§ 10 Nr. 2) durch ihre gesetzlichen Vertreter oder durch besonders Beauftragte,
4. Behörden durch ihre Leiter, deren Vertreter oder Beauftragte.

(2) Betrifft ein Einwilligungsvorbehalt nach § 1903 des Bürgerlichen Gesetzbuches den Gegenstand des Verfahrens, so ist ein geschäftsfähiger Betreuter nur insoweit zur Vornahme von Verfahrenshandlungen fähig, als er nach den Vorschriften des bürgerlichen Rechts ohne Einwilligung des Betreuers handeln kann oder durch Vorschriften des öffentlichen Rechts als handlungsfähig anerkannt ist.

(3) Die §§ 53 und 55 der Zivilprozessordnung gelten entsprechend.

§ 12 Beteiligte. (1) Beteiligte sind
1. Antragsteller und Antragsgegner,
2. diejenigen, an die die Behörde den Verwaltungsakt richten will oder gerichtet hat,
3. diejenigen, mit denen die Behörde einen öffentlich-rechtlichen Vertrag schließen will oder geschlossen hat,
4. diejenigen, die nach Absatz 2 von der Behörde zu dem Verfahren hinzugezogen worden sind.

(2) [1] Die Behörde kann von Amts wegen oder auf Antrag diejenigen, deren rechtliche Interessen durch den Ausgang des Verfahrens berührt werden können, als Beteiligte hinzuziehen. [2] Hat der Ausgang des Verfahrens rechtsgestaltende Wirkung für einen Dritten, ist dieser auf Antrag als Beteiligter zu dem Verfahren hinzuzuziehen; soweit er der Behörde bekannt ist, hat diese ihn von der Einleitung des Verfahrens zu benachrichtigen.

(3) Wer anzuhören ist, ohne dass die Voraussetzungen des Absatzes 1 vorliegen, wird dadurch nicht Beteiligter.

§ 13 Bevollmächtigte und Beistände. (1) [1] Ein Beteiligter kann sich durch einen Bevollmächtigten vertreten lassen. [2] Die Vollmacht ermächtigt zu allen das Verwaltungsverfahren betreffenden Verfahrenshandlungen, sofern sich aus ihrem Inhalt nicht etwas anderes ergibt. [3] Der Bevollmächtigte hat auf Verlangen seine Vollmacht schriftlich nachzuweisen. [4] Ein Widerruf der Vollmacht wird der Behörde gegenüber erst wirksam, wenn er ihr zugeht.

(2) Die Vollmacht wird weder durch den Tod des Vollmachtgebers noch durch eine Veränderung in seiner Handlungsfähigkeit oder seiner gesetzlichen Vertretung aufgehoben; der Bevollmächtigte hat jedoch, wenn er für den Rechtsnachfolger im Verwaltungsverfahren auftritt, dessen Vollmacht auf Verlangen schriftlich beizubringen.

(3) [1] Ist für das Verfahren ein Bevollmächtigter bestellt, muss sich die Behörde an ihn wenden. [2] Sie kann sich an den Beteiligten selbst wenden, soweit er zur Mitwirkung verpflichtet ist. [3] Wendet sich die Behörde an den Beteiligten, muss der Bevollmächtigte verständigt werden. [4] Vorschriften über die Zustellung an Bevollmächtigte bleiben unberührt.

(4) [1] Ein Beteiligter kann zu Verhandlungen und Besprechungen mit einem Beistand erscheinen. [2] Das von dem Beistand Vorgetragene gilt als von dem Beteiligten vorgebracht, soweit dieser nicht unverzüglich widerspricht.

(5) Bevollmächtigte und Beistände sind zurückzuweisen, wenn sie entgegen § 3 des Rechtsdienstleistungsgesetzes Rechtsdienstleistungen erbringen.

(6) [1] Bevollmächtigte und Beistände können vom Vortrag zurückgewiesen werden, wenn sie hierzu ungeeignet sind; vom mündlichen Vortrag können sie nur zurückgewiesen werden, wenn sie zum sachgemäßen Vortrag nicht fähig sind. [2] Nicht zurückgewiesen werden können Personen, die nach § 73 Abs. 2 Satz 1 und 2 Nr. 3 bis 9 des Sozialgerichtsgesetzes[1]) zur Vertretung im sozialgerichtlichen Verfahren befugt sind.

(7) [1] Die Zurückweisung nach den Absätzen 5 und 6 ist auch dem Beteiligten, dessen Bevollmächtigter oder Beistand zurückgewiesen wird, schriftlich mitzuteilen. [2] Verfahrenshandlungen des zurückgewiesenen Bevollmächtigten oder Beistandes, die dieser nach der Zurückweisung vornimmt, sind unwirksam.

§ 14 Bestellung eines Empfangsbevollmächtigten.

[1] Ein Beteiligter ohne Wohnsitz oder gewöhnlichen Aufenthalt, Sitz oder Geschäftsleitung im Inland hat der Behörde auf Verlangen innerhalb einer angemessenen Frist einen Empfangsbevollmächtigten im Inland zu benennen. [2] Unterlässt er dies, gilt ein an ihn gerichtetes Schriftstück am siebenten Tage nach der Aufgabe zur Post und ein elektronisch übermitteltes Dokument am dritten Tage nach der Absendung als zugegangen. [3] Dies gilt nicht, wenn feststeht, dass das Dokument den Empfänger nicht oder zu einem späteren Zeitpunkt erreicht hat. [4] Auf die Rechtsfolgen der Unterlassung ist der Beteiligte hinzuweisen.

§ 15 Bestellung eines Vertreters von Amts wegen.

(1) Ist ein Vertreter nicht vorhanden, hat das Gericht auf Ersuchen der Behörde einen geeigneten Vertreter zu bestellen

1. für einen Beteiligten, dessen Person unbekannt ist,
2. für einen abwesenden Beteiligten, dessen Aufenthalt unbekannt ist oder der an der Besorgung seiner Angelegenheiten verhindert ist,
3. für einen Beteiligten ohne Aufenthalt im Inland, wenn er der Aufforderung der Behörde, einen Vertreter zu bestellen, innerhalb der ihm gesetzten Frist nicht nachgekommen ist,

---

[1]) Nr. 20.

4. für einen Beteiligten, der infolge einer psychischen Krankheit oder körperlichen, geistigen oder seelischen Behinderung nicht in der Lage ist, in dem Verwaltungsverfahren selbst tätig zu werden.

(2) [1] Für die Bestellung des Vertreters ist in den Fällen des Absatzes 1 Nr. 4 das Betreuungsgericht zuständig, in dessen Bezirk der Beteiligte seinen gewöhnlichen Aufenthalt hat; im Übrigen ist das Betreuungsgericht zuständig, in dessen Bezirk die ersuchende Behörde ihren Sitz hat. [2] Ist der Beteiligte minderjährig, tritt an die Stelle des Betreuungsgerichts das Familiengericht.

(3) [1] Der Vertreter hat gegen den Rechtsträger der Behörde, die um seine Bestellung ersucht hat, Anspruch auf eine angemessene Vergütung und auf die Erstattung seiner baren Auslagen. [2] Die Behörde kann von dem Vertretenen Ersatz ihrer Aufwendungen verlangen. [3] Sie bestimmt die Vergütung und stellt die Auslagen und Aufwendungen fest.

(4) Im Übrigen gelten für die Bestellung und für das Amt des Vertreters in den Fällen des Absatzes 1 Nr. 4 die Vorschriften über die Betreuung, in den übrigen Fällen die Vorschriften über die Pflegschaft entsprechend.

§ 16 Ausgeschlossene Personen.

(1) [1] In einem Verwaltungsverfahren darf für eine Behörde nicht tätig werden,

1. wer selbst Beteiligter ist,
2. wer Angehöriger eines Beteiligten ist,
3. wer einen Beteiligten kraft Gesetzes oder Vollmacht allgemein oder in diesem Verwaltungsverfahren vertritt oder als Beistand zugezogen ist,
4. wer Angehöriger einer Person ist, die einen Beteiligten in diesem Verfahren vertritt,
5. wer bei einem Beteiligten gegen Entgelt beschäftigt ist oder bei ihm als Mitglied des Vorstandes, des Aufsichtsrates oder eines gleichartigen Organs tätig ist; dies gilt nicht für den, dessen Anstellungskörperschaft Beteiligte ist, und nicht für Beschäftigte bei Betriebskrankenkassen,
6. wer außerhalb seiner amtlichen Eigenschaft in der Angelegenheit ein Gutachten abgegeben hat oder sonst tätig geworden ist.

[2] Dem Beteiligten steht gleich, wer durch die Tätigkeit oder durch die Entscheidung einen unmittelbaren Vorteil oder Nachteil erlangen kann. [3] Dies gilt nicht, wenn der Vor- oder Nachteil nur darauf beruht, dass jemand einer Berufs- oder Bevölkerungsgruppe angehört, deren gemeinsame Interessen durch die Angelegenheit berührt werden.

(2) [1] Absatz 1 gilt nicht für Wahlen zu einer ehrenamtlichen Tätigkeit und für die Abberufung von ehrenamtlich Tätigen. [2] Absatz 1 Nr. 3 und 5 gilt auch nicht für das Verwaltungsverfahren auf Grund der Beziehungen zwischen Ärzten, Zahnärzten und Krankenkassen.

(3) Wer nach Absatz 1 ausgeschlossen ist, darf bei Gefahr im Verzug unaufschiebbare Maßnahmen treffen.

(4) [1] Hält sich ein Mitglied eines Ausschusses oder Beirats für ausgeschlossen oder bestehen Zweifel, ob die Voraussetzungen des Absatzes 1 gegeben sind, ist dies dem Ausschuss oder Beirat mitzuteilen. [2] Der Ausschuss oder Beirat entscheidet über den Ausschluss. [3] Der Betroffene darf an dieser Entscheidung

nicht mitwirken. ⁴Das ausgeschlossene Mitglied darf bei der weiteren Beratung und Beschlussfassung nicht zugegen sein.

(5) ¹Angehörige im Sinne des Absatzes 1 Nr. 2 und 4 sind
1. der Verlobte, auch im Sinne des Lebenspartnerschaftsgesetzes,
2. der Ehegatte oder Lebenspartner,
3. Verwandte und Verschwägerte gerader Linie,
4. Geschwister,
5. Kinder der Geschwister,
6. Ehegatten oder Lebenspartner der Geschwister und Geschwister der Ehegatten oder Lebenspartner,
7. Geschwister der Eltern,
8. Personen, die durch ein auf längere Dauer angelegtes Pflegeverhältnis mit häuslicher Gemeinschaft wie Eltern und Kind miteinander verbunden sind (Pflegeeltern und Pflegekinder).

²Angehörige sind die in Satz 1 aufgeführten Personen auch dann, wenn
1. in den Fällen der Nummern 2, 3 und 6 die die Beziehung begründende Ehe oder Lebenspartnerschaft nicht mehr besteht,
2. in den Fällen der Nummern 3 bis 7 die Verwandtschaft oder Schwägerschaft durch Annahme als Kind erloschen ist,
3. im Falle der Nummer 8 die häusliche Gemeinschaft nicht mehr besteht, sofern die Personen weiterhin wie Eltern und Kind miteinander verbunden sind.

§ 17 Besorgnis der Befangenheit. (1) ¹Liegt ein Grund vor, der geeignet ist, Misstrauen gegen eine unparteiische Amtsausübung zu rechtfertigen, oder wird von einem Beteiligten das Vorliegen eines solchen Grundes behauptet, hat, wer in einem Verwaltungsverfahren für eine Behörde tätig werden soll, den Leiter der Behörde oder den von diesem Beauftragten zu unterrichten und sich auf dessen Anordnung der Mitwirkung zu enthalten. ²Betrifft die Besorgnis der Befangenheit den Leiter der Behörde, trifft diese Anordnung die Aufsichtsbehörde, sofern sich der Behördenleiter nicht selbst einer Mitwirkung enthält. ³Bei den Geschäftsführern der Versicherungsträger tritt an die Stelle der Aufsichtsbehörde der Vorstand.

(2) Für Mitglieder eines Ausschusses oder Beirats gilt § 16 Abs. 4 entsprechend.

§ 18 Beginn des Verfahrens. ¹Die Behörde entscheidet nach pflichtgemäßem Ermessen, ob und wann sie ein Verwaltungsverfahren durchführt. ²Dies gilt nicht, wenn die Behörde auf Grund von Rechtsvorschriften
1. von Amts wegen oder auf Antrag tätig werden muss,
2. nur auf Antrag tätig werden darf und ein Antrag nicht vorliegt.

§ 19 Amtssprache. (1) ¹Die Amtssprache ist deutsch. ²Menschen mit Hörbehinderungen und Menschen mit Sprachbehinderungen haben das Recht, in Deutscher Gebärdensprache, mit lautsprachbegleitenden Gebärden oder über andere geeignete Kommunikationshilfen zu kommunizieren; Kosten für Kommunikationshilfen sind von der Behörde oder dem für die Sozialleistung zuständigen Leistungsträger zu tragen. ³ § 5 der Kommunikationshilfenverordnung in der jeweils geltenden Fassung gilt entsprechend.

(1a) § 11 des Behindertengleichstellungsgesetzes gilt in seiner jeweils geltenden Fassung für das Sozialverwaltungsverfahren entsprechend.

(2) ¹ Werden bei einer Behörde in einer fremden Sprache Anträge gestellt oder Eingaben, Belege, Urkunden oder sonstige Dokumente vorgelegt, soll die Behörde unverzüglich die Vorlage einer Übersetzung innerhalb einer von ihr zu setzenden angemessenen Frist verlangen, sofern sie nicht in der Lage ist, die Anträge oder Dokumente zu verstehen. ² In begründeten Fällen kann die Vorlage einer beglaubigten oder von einem öffentlich bestellten oder beeidigten Dolmetscher oder Übersetzer angefertigten Übersetzung verlangt werden. ³ Wird die verlangte Übersetzung nicht innerhalb der gesetzten Frist vorgelegt, kann die Behörde eine Übersetzung beschaffen und hierfür Ersatz ihrer Aufwendungen in angemessenem Umfang verlangen. ⁴ Falls die Behörde Dolmetscher oder Übersetzer herangezogen hat, die nicht Kommunikationshilfe im Sinne von Absatz 1 Satz 2 sind, erhalten sie auf Antrag in entsprechender Anwendung des Justizvergütungs- und -entschädigungsgesetzes eine Vergütung; mit Dolmetschern oder Übersetzern kann die Behörde eine Vergütung vereinbaren.

(3) Soll durch eine Anzeige, einen Antrag oder die Abgabe einer Willenserklärung eine Frist in Lauf gesetzt werden, innerhalb deren die Behörde in einer bestimmten Weise tätig werden muss, und gehen diese in einer fremden Sprache ein, beginnt der Lauf der Frist erst mit dem Zeitpunkt, in dem der Behörde eine Übersetzung vorliegt.

(4) ¹ Soll durch eine Anzeige, einen Antrag oder eine Willenserklärung, die in fremder Sprache eingehen, zugunsten eines Beteiligten eine Frist gegenüber der Behörde gewahrt, ein öffentlich-rechtlicher Anspruch geltend gemacht oder eine Sozialleistung begehrt werden, gelten die Anzeige, der Antrag oder die Willenserklärung als zum Zeitpunkt des Eingangs bei der Behörde abgegeben, wenn die Behörde in der Lage ist, die Anzeige, den Antrag oder die Willenserklärung zu verstehen, oder wenn innerhalb der gesetzten Frist eine Übersetzung vorgelegt wird. ² Anderenfalls ist der Zeitpunkt des Eingangs der Übersetzung maßgebend. ³ Auf diese Rechtsfolge ist bei der Fristsetzung hinzuweisen.

§ 20 Untersuchungsgrundsatz. (1) ¹ Die Behörde ermittelt den Sachverhalt von Amts wegen. ² Sie bestimmt Art und Umfang der Ermittlungen; an das Vorbringen und an die Beweisanträge der Beteiligten ist sie nicht gebunden.

(2) Die Behörde hat alle für den Einzelfall bedeutsamen, auch die für die Beteiligten günstigen Umstände zu berücksichtigen.

(3) Die Behörde darf die Entgegennahme von Erklärungen oder Anträgen, die in ihren Zuständigkeitsbereich fallen, nicht deshalb verweigern, weil sie die Erklärung oder den Antrag in der Sache für unzulässig oder unbegründet hält.

§ 21 Beweismittel. (1) ¹ Die Behörde bedient sich der Beweismittel, die sie nach pflichtgemäßem Ermessen zur Ermittlung des Sachverhalts für erforderlich hält. ² Sie kann insbesondere

1. Auskünfte jeder Art, auch elektronisch und als elektronisches Dokument, einholen,

2. Beteiligte anhören, Zeugen und Sachverständige vernehmen oder die schriftliche oder elektronische Äußerung von Beteiligten, Sachverständigen und Zeugen einholen,
3. Urkunden und Akten beiziehen,
4. den Augenschein einnehmen.

³ Urkunden und Akten können auch in elektronischer Form beigezogen werden, es sei denn, durch Rechtsvorschrift ist etwas anderes bestimmt.

(2) ¹ Die Beteiligten sollen bei der Ermittlung des Sachverhalts mitwirken. ² Sie sollen insbesondere ihnen bekannte Tatsachen und Beweismittel angeben. ³ Eine weitergehende Pflicht, bei der Ermittlung des Sachverhalts mitzuwirken, insbesondere eine Pflicht zum persönlichen Erscheinen oder zur Aussage, besteht nur, soweit sie durch Rechtsvorschrift besonders vorgesehen ist.

(3) ¹ Für Zeugen und Sachverständige besteht eine Pflicht zur Aussage oder zur Erstattung von Gutachten, wenn sie durch Rechtsvorschrift vorgesehen ist. ² Eine solche Pflicht besteht auch dann, wenn die Aussage oder die Erstattung von Gutachten im Rahmen von § 407 der Zivilprozessordnung zur Entscheidung über die Entstehung, Erbringung, Fortsetzung, das Ruhen, die Entziehung oder den Wegfall einer Sozialleistung sowie deren Höhe unabweisbar ist. ³ Die Vorschriften der Zivilprozessordnung über das Recht, ein Zeugnis oder ein Gutachten zu verweigern, über die Ablehnung von Sachverständigen sowie über die Vernehmung von Angehörigen des öffentlichen Dienstes als Zeugen oder Sachverständige gelten entsprechend. ⁴ Falls die Behörde Zeugen, Sachverständige und Dritte herangezogen hat, erhalten sie auf Antrag in entsprechender Anwendung des Justizvergütungs- und -entschädigungsgesetzes eine Entschädigung oder Vergütung; mit Sachverständigen kann die Behörde eine Vergütung vereinbaren.

(4) Die Finanzbehörden haben, soweit es im Verfahren nach diesem Gesetzbuch erforderlich ist, Auskunft über die ihnen bekannten Einkommens- oder Vermögensverhältnisse des Antragstellers, Leistungsempfängers, Erstattungspflichtigen, Unterhaltsverpflichteten, Unterhaltsberechtigten oder der zum Haushalt rechnenden Familienmitglieder zu erteilen.

§ 22 Vernehmung durch das Sozial- oder Verwaltungsgericht.

(1) ¹ Verweigern Zeugen oder Sachverständige in den Fällen des § 21 Abs. 3 ohne Vorliegen eines der in den §§ 376, 383 bis 385 und 408 der Zivilprozessordnung bezeichneten Gründe die Aussage oder die Erstattung des Gutachtens, kann die Behörde je nach dem gegebenen Rechtsweg das für den Wohnsitz oder den Aufenthaltsort des Zeugen oder des Sachverständigen zuständige Sozial- oder Verwaltungsgericht um die Vernehmung ersuchen. ² Befindet sich der Wohnsitz oder der Aufenthaltsort des Zeugen oder des Sachverständigen nicht am Sitz eines Sozial- oder Verwaltungsgerichts oder einer Zweigstelle eines Sozialgerichts oder einer besonders errichteten Kammer eines Verwaltungsgerichts, kann auch das zuständige Amtsgericht um die Vernehmung ersucht werden. ³ In dem Ersuchen hat die Behörde den Gegenstand der Vernehmung darzulegen sowie die Namen und Anschriften der Beteiligten anzugeben. ⁴ Das Gericht hat die Beteiligten von den Beweisterminen zu benachrichtigen.

(2) Hält die Behörde mit Rücksicht auf die Bedeutung der Aussage eines Zeugen oder des Gutachtens eines Sachverständigen oder zur Herbeiführung

einer wahrheitsgemäßen Aussage die Beeidigung für geboten, kann sie das nach Absatz 1 zuständige Gericht um die eidliche Vernehmung ersuchen.

(3) Das Gericht entscheidet über die Rechtmäßigkeit einer Verweigerung des Zeugnisses, des Gutachtens oder der Eidesleistung.

(4) Ein Ersuchen nach Absatz 1 oder 2 an das Gericht darf nur von dem Behördenleiter, seinem allgemeinen Vertreter oder einem Angehörigen des öffentlichen Dienstes gestellt werden, der die Befähigung zum Richteramt hat oder die Voraussetzungen des § 110 Satz 1 des Deutschen Richtergesetzes erfüllt.

§ 23 Glaubhaftmachung, Versicherung an Eides statt. (1) [1] Sieht eine Rechtsvorschrift vor, dass für die Feststellung der erheblichen Tatsachen deren Glaubhaftmachung genügt, kann auch die Versicherung an Eides statt zugelassen werden. [2] Eine Tatsache ist dann als glaubhaft anzusehen, wenn ihr Vorliegen nach dem Ergebnis der Ermittlungen, die sich auf sämtliche erreichbaren Beweismittel erstrecken sollen, überwiegend wahrscheinlich ist.

(2) [1] Die Behörde darf bei der Ermittlung des Sachverhalts eine Versicherung an Eides statt nur verlangen und abnehmen, wenn die Abnahme der Versicherung über den betreffenden Gegenstand und in dem betreffenden Verfahren durch Gesetz oder Rechtsverordnung vorgesehen und die Behörde durch Rechtsvorschrift für zuständig erklärt worden ist. [2] Eine Versicherung an Eides statt soll nur gefordert werden, wenn andere Mittel zur Erforschung der Wahrheit nicht vorhanden sind, zu keinem Ergebnis geführt haben oder einen unverhältnismäßigen Aufwand erfordern. [3] Von eidesunfähigen Personen im Sinne des § 393 der Zivilprozessordnung darf eine eidesstattliche Versicherung nicht verlangt werden.

(3) [1] Wird die Versicherung an Eides statt von einer Behörde zur Niederschrift aufgenommen, sind zur Aufnahme nur der Behördenleiter, sein allgemeiner Vertreter sowie Angehörige des öffentlichen Dienstes befugt, welche die Befähigung zum Richteramt haben oder die Voraussetzungen des § 110 Satz 1 des Deutschen Richtergesetzes erfüllen. [2] Andere Angehörige des öffentlichen Dienstes kann der Behördenleiter oder sein allgemeiner Vertreter hierzu allgemein oder im Einzelfall schriftlich ermächtigen.

(4) [1] Die Versicherung besteht darin, dass der Versichernde die Richtigkeit seiner Erklärung über den betreffenden Gegenstand bestätigt und erklärt: „Ich versichere an Eides statt, dass ich nach bestem Wissen die reine Wahrheit gesagt und nichts verschwiegen habe." [2] Bevollmächtigte und Beistände sind berechtigt, an der Aufnahme der Versicherung an Eides statt teilzunehmen.

(5) [1] Vor der Aufnahme der Versicherung an Eides statt ist der Versichernde über die Bedeutung der eidesstattlichen Versicherung und die strafrechtlichen Folgen einer unrichtigen oder unvollständigen eidesstattlichen Versicherung zu belehren. [2] Die Belehrung ist in der Niederschrift zu vermerken.

(6) [1] Die Niederschrift hat ferner die Namen der anwesenden Personen sowie den Ort und den Tag der Niederschrift zu enthalten. [2] Die Niederschrift ist demjenigen, der die eidesstattliche Versicherung abgibt, zur Genehmigung vorzulesen oder auf Verlangen zur Durchsicht vorzulegen. [3] Die erteilte Genehmigung ist zu vermerken und von dem Versichernden zu unterschreiben. [4] Die Niederschrift ist sodann von demjenigen, der die Versicherung an Eides statt aufgenommen hat, sowie von dem Schriftführer zu unterschreiben.

1. Kapitel. Verwaltungsverfahren **§§ 24, 25 SGB X**

§ 24 Anhörung Beteiligter. (1) Bevor ein Verwaltungsakt erlassen wird, der in Rechte eines Beteiligten eingreift, ist diesem Gelegenheit zu geben, sich zu den für die Entscheidung erheblichen Tatsachen zu äußern.

(2) Von der Anhörung kann abgesehen werden, wenn
1. eine sofortige Entscheidung wegen Gefahr im Verzug oder im öffentlichen Interesse notwendig erscheint,
2. durch die Anhörung die Einhaltung einer für die Entscheidung maßgeblichen Frist in Frage gestellt würde,
3. von den tatsächlichen Angaben eines Beteiligten, die dieser in einem Antrag oder einer Erklärung gemacht hat, nicht zu seinen Ungunsten abgewichen werden soll,
4. Allgemeinverfügungen oder gleichartige Verwaltungsakte in größerer Zahl erlassen werden sollen,
5. einkommensabhängige Leistungen den geänderten Verhältnissen angepasst werden sollen,
6. Maßnahmen in der Verwaltungsvollstreckung getroffen werden sollen oder
7. gegen Ansprüche oder mit Ansprüchen von weniger als 70 Euro aufgerechnet oder verrechnet werden soll; Nummer 5 bleibt unberührt.

§ 25 Akteneinsicht durch Beteiligte. (1) [1] Die Behörde hat den Beteiligten Einsicht in die das Verfahren betreffenden Akten zu gestatten, soweit deren Kenntnis zur Geltendmachung oder Verteidigung ihrer rechtlichen Interessen erforderlich ist. [2] Satz 1 gilt bis zum Abschluss des Verwaltungsverfahrens nicht für Entwürfe zu Entscheidungen sowie die Arbeiten zu ihrer unmittelbaren Vorbereitung.

(2) [1] Soweit die Akten Angaben über gesundheitliche Verhältnisse eines Beteiligten enthalten, kann die Behörde statt dessen den Inhalt der Akten dem Beteiligten durch einen Arzt vermitteln lassen. [2] Sie soll den Inhalt der Akten durch einen Arzt vermitteln lassen, soweit zu befürchten ist, dass die Akteneinsicht dem Beteiligten einen unverhältnismäßigen Nachteil, insbesondere an der Gesundheit, zufügen würde. [3] Soweit die Akten Angaben enthalten, die die Entwicklung und Entfaltung der Persönlichkeit des Beteiligten beeinträchtigen können, gelten die Sätze 1 und 2 mit der Maßgabe entsprechend, dass der Inhalt der Akten auch durch einen Bediensteten der Behörde vermittelt werden kann, der durch Vorbildung sowie Lebens- und Berufserfahrung dazu geeignet und befähigt ist. [4] Das Recht nach Absatz 1 wird nicht beschränkt.

(3) Die Behörde ist zur Gestattung der Akteneinsicht nicht verpflichtet, soweit die Vorgänge wegen der berechtigten Interessen der Beteiligten oder dritter Personen geheim gehalten werden müssen.

(4) [1] Die Akteneinsicht erfolgt bei der Behörde, die die Akten führt. [2] Im Einzelfall kann die Einsicht auch bei einer anderen Behörde oder bei den diplomatischen oder berufskonsularischen Vertretung der Bundesrepublik Deutschland im Ausland erfolgen; weitere Ausnahmen kann die Behörde, die die Akten führt, gestatten.

(5) [1] Soweit die Akteneinsicht zu gestatten ist, können die Beteiligten Auszüge oder Abschriften selbst fertigen oder sich Ablichtungen durch die Behörde erteilen lassen. [2] Soweit die Akteneinsicht in eine elektronische Akte zu gestatten ist, kann die Behörde Akteneinsicht gewähren, indem sie Unterlagen

ganz oder teilweise ausdruckt, elektronische Dokumente auf einem Bildschirm wiedergibt, elektronische Dokumente zur Verfügung stellt oder den elektronischen Zugriff auf den Inhalt der Akte gestattet. ³Die Behörde kann Ersatz ihrer Aufwendungen in angemessenem Umfang verlangen.

Zweiter Titel. Fristen, Termine, Wiedereinsetzung

§ 26 Fristen und Termine. (1) Für die Berechnung von Fristen und für die Bestimmung von Terminen gelten die §§ 187 bis 193 des Bürgerlichen Gesetzbuches entsprechend, soweit nicht durch die Absätze 2 bis 5 etwas anderes bestimmt ist.

(2) Der Lauf einer Frist, die von einer Behörde gesetzt wird, beginnt mit dem Tag, der auf die Bekanntgabe der Frist folgt, außer wenn dem Betroffenen etwas anderes mitgeteilt wird.

(3) ¹Fällt das Ende einer Frist auf einen Sonntag, einen gesetzlichen Feiertag oder einen Sonnabend, endet die Frist mit dem Ablauf des nächstfolgenden Werktages. ²Dies gilt nicht, wenn dem Betroffenen unter Hinweis auf diese Vorschrift ein bestimmter Tag als Ende der Frist mitgeteilt worden ist.

(4) Hat eine Behörde Leistungen nur für einen bestimmten Zeitraum zu erbringen, endet dieser Zeitraum auch dann mit dem Ablauf seines letzten Tages, wenn dieser auf einen Sonntag, einen gesetzlichen Feiertag oder einen Sonnabend fällt.

(5) Der von einer Behörde gesetzte Termin ist auch dann einzuhalten, wenn er auf einen Sonntag, gesetzlichen Feiertag oder Sonnabend fällt.

(6) Ist eine Frist nach Stunden bestimmt, werden Sonntage, gesetzliche Feiertage oder Sonnabende mitgerechnet.

(7) ¹Fristen, die von einer Behörde gesetzt sind, können verlängert werden. ²Sind solche Fristen bereits abgelaufen, können sie rückwirkend verlängert werden, insbesondere wenn es unbillig wäre, die durch den Fristablauf eingetretenen Rechtsfolgen bestehen zu lassen. ³Die Behörde kann die Verlängerung der Frist nach § 32 mit einer Nebenbestimmung verbinden.

§ 27 Wiedereinsetzung in den vorigen Stand. (1) ¹War jemand ohne Verschulden verhindert, eine gesetzliche Frist einzuhalten, ist ihm auf Antrag Wiedereinsetzung in den vorigen Stand zu gewähren. ²Das Verschulden eines Vertreters ist dem Vertretenen zuzurechnen.

(2) ¹Der Antrag ist innerhalb von zwei Wochen nach Wegfall des Hindernisses zu stellen. ²Die Tatsachen zur Begründung des Antrages sind bei der Antragstellung oder im Verfahren über den Antrag glaubhaft zu machen. ³Innerhalb der Antragsfrist ist die versäumte Handlung nachzuholen. ⁴Ist dies geschehen, kann Wiedereinsetzung auch ohne Antrag gewährt werden.

(3) Nach einem Jahr seit dem Ende der versäumten Frist kann die Wiedereinsetzung nicht mehr beantragt oder die versäumte Handlung nicht mehr nachgeholt werden, außer wenn dies vor Ablauf der Jahresfrist infolge höherer Gewalt unmöglich war.

(4) Über den Antrag auf Wiedereinsetzung entscheidet die Behörde, die über die versäumte Handlung zu befinden hat.

(5) Die Wiedereinsetzung ist unzulässig, wenn sich aus einer Rechtsvorschrift ergibt, dass sie ausgeschlossen ist.

1. Kapitel. Verwaltungsverfahren §§ 28, 29 SGB X 10

§ 28 Wiederholte Antragstellung. ¹ Hat ein Leistungsberechtigter von der Stellung eines Antrages auf eine Sozialleistung abgesehen, weil ein Anspruch auf eine andere Sozialleistung geltend gemacht worden ist, und wird diese Leistung versagt oder ist sie zu erstatten, wirkt der nunmehr nachgeholte Antrag bis zu einem Jahr zurück, wenn er innerhalb von sechs Monaten nach Ablauf des Monats gestellt ist, in dem die Ablehnung oder Erstattung der anderen Leistung bindend geworden ist. ² Satz 1 gilt auch dann, wenn der rechtzeitige Antrag auf eine andere Leistung aus Unkenntnis über deren Anspruchsvoraussetzung unterlassen wurde und die zweite Leistung gegenüber der ersten Leistung, wenn diese erbracht worden wäre, nachrangig gewesen wäre.

Dritter Titel. Amtliche Beglaubigung

§ 29 Beglaubigung von Dokumenten. (1) ¹ Jede Behörde ist befugt, Abschriften von Urkunden, die sie selbst ausgestellt hat, zu beglaubigen. ² Darüber hinaus sind die von der Bundesregierung durch Rechtsverordnung bestimmten Behörden des Bundes, der bundesunmittelbaren Körperschaften, Anstalten und Stiftungen des öffentlichen Rechts und die nach Landesrecht zuständigen Behörden befugt, Abschriften zu beglaubigen, wenn die Urschrift von einer Behörde ausgestellt ist oder die Abschrift zur Vorlage bei einer Behörde benötigt wird, sofern nicht durch Rechtsvorschrift die Erteilung beglaubigter Abschriften aus amtlichen Registern und Archiven anderen Behörden ausschließlich vorbehalten ist; die Rechtsverordnung bedarf nicht der Zustimmung des Bundesrates.

(2) Abschriften dürfen nicht beglaubigt werden, wenn Umstände zu der Annahme berechtigen, dass der ursprüngliche Inhalt des Schriftstückes, dessen Abschrift beglaubigt werden soll, geändert worden ist, insbesondere wenn dieses Schriftstück Lücken, Durchstreichungen, Einschaltungen, Änderungen, unleserliche Wörter, Zahlen oder Zeichen, Spuren der Beseitigung von Wörtern, Zahlen und Zeichen enthält oder wenn der Zusammenhang eines aus mehreren Blättern bestehenden Schriftstückes aufgehoben ist.

(3) ¹ Eine Abschrift wird beglaubigt durch einen Beglaubigungsvermerk, der unter die Abschrift zu setzen ist. ² Der Vermerk muss enthalten

1. die genaue Bezeichnung des Schriftstückes, dessen Abschrift beglaubigt wird,
2. die Feststellung, dass die beglaubigte Abschrift mit dem vorgelegten Schriftstück übereinstimmt,
3. den Hinweis, dass die beglaubigte Abschrift nur zur Vorlage bei der angegebenen Behörde erteilt wird, wenn die Urschrift nicht von einer Behörde ausgestellt worden ist,
4. den Ort und den Tag der Beglaubigung, die Unterschrift des für die Beglaubigung zuständigen Bediensteten und das Dienstsiegel.

(4) Die Absätze 1 bis 3 gelten entsprechend für die Beglaubigung von

1. Ablichtungen, Lichtdrucken und ähnlichen in technischen Verfahren hergestellten Vervielfältigungen,
2. auf fototechnischem Wege von Schriftstücken hergestellten Negativen, die bei einer Behörde aufbewahrt werden,
3. Ausdrucken elektronischer Dokumente,

4. elektronischen Dokumenten,
   a) die zur Abbildung eines Schriftstücks hergestellt wurden,
   b) die ein anderes technisches Format als das mit einer qualifizierten elektronischen Signatur verbundene Ausgangsdokument erhalten haben.

(5) [1] Der Beglaubigungsvermerk muss zusätzlich zu den Angaben nach Absatz 3 Satz 2 bei der Beglaubigung
1. des Ausdrucks eines elektronischen Dokuments, das mit einer qualifizierten elektronischen Signatur verbunden ist, die Feststellungen enthalten,
   a) wen die Signaturprüfung als Inhaber der Signatur ausweist,
   b) welchen Zeitpunkt die Signaturprüfung für die Anbringung der Signatur ausweist und
   c) welche Zertifikate mit welchen Daten dieser Signatur zugrunde lagen;
2. eines elektronischen Dokuments den Namen des für die Beglaubigung zuständigen Bediensteten und die Bezeichnung der Behörde, die die Beglaubigung vornimmt, enthalten; die Unterschrift des für die Beglaubigung zuständigen Bediensteten und das Dienstsiegel nach Absatz 3 Satz 2 Nr. 4 werden durch eine dauerhaft überprüfbare qualifizierte elektronische Signatur ersetzt.

[2] Wird ein elektronisches Dokument, das ein anderes technisches Format als das mit einer qualifizierten elektronischen Signatur verbundene Ausgangsdokument erhalten hat, nach Satz 1 Nr. 2 beglaubigt, muss der Beglaubigungsvermerk zusätzlich die Feststellungen nach Satz 1 Nr. 1 für das Ausgangsdokument enthalten.

(6) Die nach Absatz 4 hergestellten Dokumente stehen, sofern sie beglaubigt sind, beglaubigten Abschriften gleich.

(7) Soweit eine Behörde über die technischen Möglichkeiten verfügt, kann sie von Urkunden, die sie selbst ausgestellt hat, auf Verlangen ein elektronisches Dokument nach Absatz 4 Nummer 4 Buchstabe a oder eine elektronische Abschrift fertigen und beglaubigen.

§ 30 Beglaubigung von Unterschriften.

(1) [1] Die von der Bundesregierung durch Rechtsverordnung bestimmten Behörden des Bundes, der bundesunmittelbaren Körperschaften, Anstalten und Stiftungen des öffentlichen Rechts und die nach Landesrecht zuständigen Behörden sind befugt, Unterschriften zu beglaubigen, wenn das unterzeichnete Schriftstück zur Vorlage bei einer Behörde oder bei einer sonstigen Stelle, der auf Grund einer Rechtsvorschrift das unterzeichnete Schriftstück vorzulegen ist, benötigt wird. [2] Dies gilt nicht für
1. Unterschriften ohne zugehörigen Text,
2. Unterschriften, die der öffentlichen Beglaubigung (§ 129 des Bürgerlichen Gesetzbuches) bedürfen.

(2) Eine Unterschrift soll nur beglaubigt werden, wenn sie in Gegenwart des beglaubigenden Bediensteten vollzogen oder anerkannt wird.

(3) [1] Der Beglaubigungsvermerk ist unmittelbar bei der Unterschrift, die beglaubigt werden soll, anzubringen. [2] Er muss enthalten
1. die Bestätigung, dass die Unterschrift echt ist,

2. die genaue Bezeichnung desjenigen, dessen Unterschrift beglaubigt wird, sowie die Angabe, ob sich der für die Beglaubigung zuständige Bedienstete Gewissheit über diese Person verschafft hat und ob die Unterschrift in seiner Gegenwart vollzogen oder anerkannt worden ist,
3. den Hinweis, dass die Beglaubigung nur zur Vorlage bei der angegebenen Behörde oder Stelle bestimmt ist,
4. den Ort und den Tag der Beglaubigung, die Unterschrift des für die Beglaubigung zuständigen Bediensteten und das Dienstsiegel.

(4) Die Absätze 1 bis 3 gelten für die Beglaubigung von Handzeichen entsprechend.

(5) Die Rechtsverordnungen nach den Absätzen 1 und 4 bedürfen nicht der Zustimmung des Bundesrates.

Dritter Abschnitt. Verwaltungsakt

Erster Titel. Zustandekommen des Verwaltungsaktes

§ 31 Begriff des Verwaltungsaktes. [1] Verwaltungsakt ist jede Verfügung, Entscheidung oder andere hoheitliche Maßnahme, die eine Behörde zur Regelung eines Einzelfalles auf dem Gebiet des öffentlichen Rechts trifft und die auf unmittelbare Rechtswirkung nach außen gerichtet ist. [2] Allgemeinverfügung ist ein Verwaltungsakt, der sich an einen nach allgemeinen Merkmalen bestimmten oder bestimmbaren Personenkreis richtet oder die öffentlich-rechtliche Eigenschaft einer Sache oder ihre Benutzung durch die Allgemeinheit betrifft.

§ 31a Vollständig automatisierter Erlass eines Verwaltungsaktes. [1] Ein Verwaltungsakt kann vollständig durch automatische Einrichtungen erlassen werden, sofern kein Anlass besteht, den Einzelfall durch Amtsträger zu bearbeiten. [2] Setzt die Behörde automatische Einrichtungen zum Erlass von Verwaltungsakten ein, muss sie für den Einzelfall bedeutsame tatsächliche Angaben des Beteiligten berücksichtigen, die im automatischen Verfahren nicht ermittelt würden.

§ 32 Nebenbestimmungen zum Verwaltungsakt. (1) Ein Verwaltungsakt, auf den ein Anspruch besteht, darf mit einer Nebenbestimmung nur versehen werden, wenn sie durch Rechtsvorschrift zugelassen ist oder wenn sie sicherstellen soll, dass die gesetzlichen Voraussetzungen des Verwaltungsaktes erfüllt werden.

(2) Unbeschadet des Absatzes 1 darf ein Verwaltungsakt nach pflichtgemäßem Ermessen erlassen werden mit
1. einer Bestimmung, nach der eine Vergünstigung oder Belastung zu einem bestimmten Zeitpunkt beginnt, endet oder für einen bestimmten Zeitraum gilt (Befristung),
2. einer Bestimmung, nach der der Eintritt oder der Wegfall einer Vergünstigung oder einer Belastung von dem ungewissen Eintritt eines zukünftigen Ereignisses abhängt (Bedingung),
3. einem Vorbehalt des Widerrufs

oder verbunden werden mit

4. einer Bestimmung, durch die dem Begünstigten ein Tun, Dulden oder Unterlassen vorgeschrieben wird (Auflage),
5. einem Vorbehalt der nachträglichen Aufnahme, Änderung oder Ergänzung einer Auflage.

(3) Eine Nebenbestimmung darf dem Zweck des Verwaltungsaktes nicht zuwiderlaufen.

§ 33 Bestimmtheit und Form des Verwaltungsaktes. (1) Ein Verwaltungsakt muss inhaltlich hinreichend bestimmt sein.

(2) [1] Ein Verwaltungsakt kann schriftlich, elektronisch, mündlich oder in anderer Weise erlassen werden. [2] Ein mündlicher Verwaltungsakt ist schriftlich oder elektronisch zu bestätigen, wenn hieran ein berechtigtes Interesse besteht und der Betroffene dies unverzüglich verlangt. [3] Ein elektronischer Verwaltungsakt ist unter denselben Voraussetzungen schriftlich zu bestätigen; § 36a Abs. 2 des Ersten Buches[1)] findet insoweit keine Anwendung.

(3) [1] Ein schriftlicher oder elektronischer Verwaltungsakt muss die erlassende Behörde erkennen lassen und die Unterschrift oder die Namenswiedergabe des Behördenleiters, seines Vertreters oder seines Beauftragten enthalten. [2] Wird für einen Verwaltungsakt, für den durch Rechtsvorschrift die Schriftform angeordnet ist, die elektronische Form verwendet, muss auch das der Signatur zugrunde liegende qualifizierte Zertifikat oder ein zugehöriges qualifiziertes Attributzertifikat die erlassende Behörde erkennen lassen. [3] Im Fall des § 36a Absatz 2 Satz 4 Nummer 3 des Ersten Buches muss die Bestätigung nach § 5 Absatz 5 des De-Mail-Gesetzes die erlassende Behörde als Nutzer des De-Mail-Kontos erkennen lassen.

(4) Für einen Verwaltungsakt kann für die nach § 36a Abs. 2 des Ersten Buches erforderliche Signatur durch Rechtsvorschrift die dauerhafte Überprüfbarkeit vorgeschrieben werden.

(5) [1] Bei einem Verwaltungsakt, der mit Hilfe automatischer Einrichtungen erlassen wird, können abweichend von Absatz 3 Satz 1 Unterschrift und Namenswiedergabe fehlen; bei einem elektronischen Verwaltungsakt muss auch das der Signatur zugrunde liegende Zertifikat nur die erlassende Behörde erkennen lassen. [2] Zur Inhaltsangabe können Schlüsselzeichen verwendet werden, wenn derjenige, für den der Verwaltungsakt bestimmt ist oder der von ihm betroffen wird, auf Grund der dazu gegebenen Erläuterungen den Inhalt des Verwaltungsaktes eindeutig erkennen kann.

§ 34 Zusicherung. (1) [1] Eine von der zuständigen Behörde erteilte Zusage, einen bestimmten Verwaltungsakt später zu erlassen oder zu unterlassen (Zusicherung), bedarf zu ihrer Wirksamkeit der schriftlichen Form. [2] Ist vor dem Erlass des zugesicherten Verwaltungsaktes die Anhörung Beteiligter oder die Mitwirkung einer anderen Behörde oder eines Ausschusses auf Grund einer Rechtsvorschrift erforderlich, darf die Zusicherung erst nach Anhörung der Beteiligten oder nach Mitwirkung dieser Behörde oder des Ausschusses gegeben werden.

(2) Auf die Unwirksamkeit der Zusicherung finden, unbeschadet des Absatzes 1 Satz 1, § 40, auf die Heilung von Mängeln bei der Anhörung Betei-

---

[1)] Nr. 1.

1. Kapitel. Verwaltungsverfahren §§ 35–37 SGB X 10

ligter und der Mitwirkung anderer Behörden oder Ausschüsse § 41 Abs. 1 Nr. 3 bis 6 sowie Abs. 2, auf die Rücknahme §§ 44 und 45, auf den Widerruf, unbeschadet des Absatzes 3, §§ 46 und 47 entsprechende Anwendung.

(3) Ändert sich nach Abgabe der Zusicherung die Sach- oder Rechtslage derart, dass die Behörde bei Kenntnis der nachträglich eingetretenen Änderung die Zusicherung nicht gegeben hätte oder aus rechtlichen Gründen nicht hätte geben dürfen, ist die Behörde an die Zusicherung nicht mehr gebunden.

§ 35 Begründung des Verwaltungsaktes. (1) [1] Ein schriftlicher oder elektronischer sowie ein schriftlich oder elektronisch bestätigter Verwaltungsakt ist mit einer Begründung zu versehen. [2] In der Begründung sind die wesentlichen tatsächlichen und rechtlichen Gründe mitzuteilen, die die Behörde zu ihrer Entscheidung bewogen haben. [3] Die Begründung von Ermessensentscheidungen muss auch die Gesichtspunkte erkennen lassen, von denen die Behörde bei der Ausübung ihres Ermessens ausgegangen ist.

(2) Einer Begründung bedarf es nicht,

1. soweit die Behörde einem Antrag entspricht oder einer Erklärung folgt und der Verwaltungsakt nicht in Rechte eines anderen eingreift,
2. soweit demjenigen, für den der Verwaltungsakt bestimmt ist oder der von ihm betroffen wird, die Auffassung der Behörde über die Sach- und Rechtslage bereits bekannt oder auch ohne Begründung für ihn ohne weiteres erkennbar ist,
3. wenn die Behörde gleichartige Verwaltungsakte in größerer Zahl oder Verwaltungsakte mit Hilfe automatischer Einrichtungen erlässt und die Begründung nach den Umständen des Einzelfalles nicht geboten ist,
4. wenn sich dies aus einer Rechtsvorschrift ergibt,
5. wenn eine Allgemeinverfügung öffentlich bekannt gegeben wird.

(3) In den Fällen des Absatzes 2 Nr. 1 bis 3 ist der Verwaltungsakt schriftlich oder elektronisch zu begründen, wenn der Beteiligte, dem der Verwaltungsakt bekannt gegeben ist, es innerhalb eines Jahres seit Bekanntgabe verlangt.

§ 36 Rechtsbehelfsbelehrung. [1] Erlässt die Behörde einen schriftlichen Verwaltungsakt oder bestätigt sie schriftlich einen Verwaltungsakt, ist der durch ihn beschwerte Beteiligte über den Rechtsbehelf und die Behörde oder das Gericht, bei denen der Rechtsbehelf anzubringen ist, deren Sitz, die einzuhaltende Frist und die Form schriftlich zu belehren. [2] Erlässt die Behörde einen elektronischen Verwaltungsakt oder bestätigt sie elektronisch einen Verwaltungsakt, hat die Rechtsbehelfsbelehrung nach Satz 1 elektronisch zu erfolgen.

§ 37 Bekanntgabe des Verwaltungsaktes. (1) [1] Ein Verwaltungsakt ist demjenigen Beteiligten bekannt zu geben, für den er bestimmt ist oder der von ihm betroffen wird. [2] Ist ein Bevollmächtigter bestellt, kann die Bekanntgabe ihm gegenüber vorgenommen werden.

(2) [1] Ein schriftlicher Verwaltungsakt, der im Inland durch die Post übermittelt wird, gilt am dritten Tag nach der Aufgabe zur Post als bekannt gegeben. [2] Ein Verwaltungsakt, der im Inland oder Ausland elektronisch übermittelt wird, gilt am dritten Tag nach der Absendung als bekannt gegeben. [3] Dies gilt nicht, wenn der Verwaltungsakt nicht oder zu einem späteren Zeit-

punkt zugegangen ist; im Zweifel hat die Behörde den Zugang des Verwaltungsaktes und den Zeitpunkt des Zugangs nachzuweisen.

(2a) ¹ Mit Einwilligung des Beteiligten können elektronische Verwaltungsakte dadurch bekannt gegeben werden, dass sie von dem Beteiligten oder seinem Bevollmächtigten über öffentlich zugängliche Netze abgerufen werden. ² Die Behörde hat zu gewährleisten, dass der Abruf nur nach Authentifizierung der berechtigten Person möglich ist und der elektronische Verwaltungsakt von ihr gespeichert werden kann. ³ Der Verwaltungsakt gilt am Tag nach dem Abruf als bekannt gegeben. ⁴ Wird der Verwaltungsakt nicht innerhalb von zehn Tagen nach Absenden einer Benachrichtigung über die Bereitstellung abgerufen, wird diese beendet. ⁵ In diesem Fall ist die Bekanntgabe nicht bewirkt; die Möglichkeit einer erneuten Bereitstellung zum Abruf oder der Bekanntgabe auf andere Weise bleibt unberührt.

(3) ¹ Ein Verwaltungsakt darf öffentlich bekannt gegeben werden, wenn dies durch Rechtsvorschrift zugelassen ist. ² Eine Allgemeinverfügung darf auch dann öffentlich bekannt gegeben werden, wenn eine Bekanntgabe an die Beteiligten untunlich ist.

(4) ¹ Die öffentliche Bekanntgabe eines schriftlichen oder elektronischen Verwaltungsaktes wird dadurch bewirkt, dass sein verfügender Teil in der jeweils vorgeschriebenen Weise entweder ortsüblich oder in der sonst für amtliche Veröffentlichungen vorgeschriebenen Art bekannt gemacht wird. ² In der Bekanntmachung ist anzugeben, wo der Verwaltungsakt und seine Begründung eingesehen werden können. ³ Der Verwaltungsakt gilt zwei Wochen nach der Bekanntmachung als bekannt gegeben. ⁴ In einer Allgemeinverfügung kann ein hiervon abweichender Tag, jedoch frühestens der auf die Bekanntmachung folgende Tag bestimmt werden.

(5) Vorschriften über die Bekanntgabe eines Verwaltungsaktes mittels Zustellung bleiben unberührt.

§ 38 Offenbare Unrichtigkeiten im Verwaltungsakt. ¹ Die Behörde kann Schreibfehler, Rechenfehler und ähnliche offenbare Unrichtigkeiten in einem Verwaltungsakt jederzeit berichtigen. ² Bei berechtigtem Interesse des Beteiligten ist zu berichtigen. ³ Die Behörde ist berechtigt, die Vorlage des Dokumentes zu verlangen, das berichtigt werden soll.

Zweiter Titel. Bestandskraft des Verwaltungsaktes

§ 39 Wirksamkeit des Verwaltungsaktes. (1) ¹ Ein Verwaltungsakt wird gegenüber demjenigen, für den er bestimmt ist oder der von ihm betroffen wird, in dem Zeitpunkt wirksam, in dem er ihm bekannt gegeben wird. ² Der Verwaltungsakt wird mit dem Inhalt wirksam, mit dem er bekannt gegeben wird.

(2) Ein Verwaltungsakt bleibt wirksam, solange und soweit er nicht zurückgenommen, widerrufen, anderweitig aufgehoben oder durch Zeitablauf oder auf andere Weise erledigt ist.

(3) Ein nichtiger Verwaltungsakt ist unwirksam.

§ 40 Nichtigkeit des Verwaltungsaktes. (1) Ein Verwaltungsakt ist nichtig, soweit er an einem besonders schwerwiegenden Fehler leidet und dies bei verständiger Würdigung aller in Betracht kommenden Umstände offensichtlich ist.

1. Kapitel. Verwaltungsverfahren § 41 SGB X 10

(2) Ohne Rücksicht auf das Vorliegen der Voraussetzungen des Absatzes 1 ist ein Verwaltungsakt nichtig,
1. der schriftlich oder elektronisch erlassen worden ist, die erlassende Behörde aber nicht erkennen lässt,
2. der nach einer Rechtsvorschrift nur durch die Aushändigung einer Urkunde erlassen werden kann, aber dieser Form nicht genügt,
3. den aus tatsächlichen Gründen niemand ausführen kann,
4. der die Begehung einer rechtswidrigen Tat verlangt, die einen Straf- oder Bußgeldtatbestand verwirklicht,
5. der gegen die guten Sitten verstößt.

(3) Ein Verwaltungsakt ist nicht schon deshalb nichtig, weil
1. Vorschriften über die örtliche Zuständigkeit nicht eingehalten worden sind,
2. eine nach § 16 Abs. 1 Satz 1 Nr. 2 bis 6 ausgeschlossene Person mitgewirkt hat,
3. ein durch Rechtsvorschrift zur Mitwirkung berufener Ausschuss den für den Erlass des Verwaltungsaktes vorgeschriebenen Beschluss nicht gefasst hat oder nicht beschlussfähig war,
4 die nach einer Rechtsvorschrift erforderliche Mitwirkung einer anderen Behörde unterblieben ist.

(4) Betrifft die Nichtigkeit nur einen Teil des Verwaltungsaktes, ist er im Ganzen nichtig, wenn der nichtige Teil so wesentlich ist, dass die Behörde den Verwaltungsakt ohne den nichtigen Teil nicht erlassen hätte.

(5) Die Behörde kann die Nichtigkeit jederzeit von Amts wegen feststellen; auf Antrag ist sie festzustellen, wenn der Antragsteller hieran ein berechtigtes Interesse hat.

§ 41 Heilung von Verfahrens- und Formfehlern. (1) Eine Verletzung von Verfahrens- oder Formvorschriften, die nicht den Verwaltungsakt nach § 40 nichtig macht, ist unbeachtlich, wenn
1. der für den Erlass des Verwaltungsaktes erforderliche Antrag nachträglich gestellt wird,
2. die erforderliche Begründung nachträglich gegeben wird,
3. die erforderliche Anhörung eines Beteiligten nachgeholt wird,
4. der Beschluss eines Ausschusses, dessen Mitwirkung für den Erlass des Verwaltungsaktes erforderlich ist, nachträglich gefasst wird,
5. die erforderliche Mitwirkung einer anderen Behörde nachgeholt wird,
6. die erforderliche Hinzuziehung eines Beteiligten nachgeholt wird.

(2) Handlungen nach Absatz 1 Nr. 2 bis 6 können bis zur letzten Tatsacheninstanz eines sozial- oder verwaltungsgerichtlichen Verfahrens nachgeholt werden.

(3) [1] Fehlt einem Verwaltungsakt die erforderliche Begründung oder ist die erforderliche Anhörung eines Beteiligten vor Erlass des Verwaltungsaktes unterblieben und ist dadurch die rechtzeitige Anfechtung des Verwaltungsaktes versäumt worden, gilt die Versäumung der Rechtsbehelfsfrist als nicht verschuldet. [2] Das für die Wiedereinsetzungsfrist maßgebende Ereignis tritt im Zeitpunkt der Nachholung der unterlassenen Verfahrenshandlung ein.

§ 42 Folgen von Verfahrens- und Formfehlern. [1] Die Aufhebung eines Verwaltungsaktes, der nicht nach § 40 nichtig ist, kann nicht allein deshalb beansprucht werden, weil er unter Verletzung von Vorschriften über das Verfahren, die Form oder die örtliche Zuständigkeit zustande gekommen ist, wenn offensichtlich ist, dass die Verletzung die Entscheidung in der Sache nicht beeinflusst hat. [2] Satz 1 gilt nicht, wenn die erforderliche Anhörung unterblieben oder nicht wirksam nachgeholt ist.

§ 43 Umdeutung eines fehlerhaften Verwaltungsaktes. (1) Ein fehlerhafter Verwaltungsakt kann in einen anderen Verwaltungsakt umgedeutet werden, wenn er auf das gleiche Ziel gerichtet ist, von der erlassenden Behörde in der geschehenen Verfahrensweise und Form rechtmäßig hätte erlassen werden können und wenn die Voraussetzungen für dessen Erlass erfüllt sind.

(2) [1] Absatz 1 gilt nicht, wenn der Verwaltungsakt, in den der fehlerhafte Verwaltungsakt umzudeuten wäre, der erkennbaren Absicht der erlassenden Behörde widerspräche oder seine Rechtsfolgen für den Betroffenen ungünstiger wären als die des fehlerhaften Verwaltungsaktes. [2] Eine Umdeutung ist ferner unzulässig, wenn der fehlerhafte Verwaltungsakt nicht zurückgenommen werden dürfte.

(3) Eine Entscheidung, die nur als gesetzlich gebundene Entscheidung ergehen kann, kann nicht in eine Ermessensentscheidung umgedeutet werden.

(4) § 24 ist entsprechend anzuwenden.

§ 44 Rücknahme eines rechtswidrigen nicht begünstigenden Verwaltungsaktes. (1) [1] Soweit sich im Einzelfall ergibt, dass bei Erlass eines Verwaltungsaktes das Recht unrichtig angewandt oder von einem Sachverhalt ausgegangen worden ist, der sich als unrichtig erweist, und soweit deshalb Sozialleistungen zu Unrecht nicht erbracht oder Beiträge zu Unrecht erhoben worden sind, ist der Verwaltungsakt, auch nachdem er unanfechtbar geworden ist, mit Wirkung für die Vergangenheit zurückzunehmen. [2] Dies gilt nicht, wenn der Verwaltungsakt auf Angaben beruht, die der Betroffene vorsätzlich in wesentlicher Beziehung unrichtig oder unvollständig gemacht hat.

(2) [1] Im Übrigen ist ein rechtswidriger nicht begünstigender Verwaltungsakt, auch nachdem er unanfechtbar geworden ist, ganz oder teilweise mit Wirkung für die Zukunft zurückzunehmen. [2] Er kann auch für die Vergangenheit zurückgenommen werden.

(3) Über die Rücknahme entscheidet nach Unanfechtbarkeit des Verwaltungsaktes die zuständige Behörde; dies gilt auch dann, wenn der zurückzunehmende Verwaltungsakt von einer anderen Behörde erlassen worden ist.

(4) [1] Ist ein Verwaltungsakt mit Wirkung für die Vergangenheit zurückgenommen worden, werden Sozialleistungen nach den Vorschriften der besonderen Teile dieses Gesetzbuches längstens für einen Zeitraum bis zu vier Jahren vor der Rücknahme erbracht. [2] Dabei wird der Zeitpunkt der Rücknahme von Beginn des Jahres an gerechnet, in dem der Verwaltungsakt zurückgenommen wird. [3] Erfolgt die Rücknahme auf Antrag, tritt bei der Berechnung des Zeitraumes, für den rückwirkend Leistungen zu erbringen sind, anstelle der Rücknahme der Antrag.

1. Kapitel. Verwaltungsverfahren   §§ 45, 46   SGB X   10

§ 45 Rücknahme eines rechtswidrigen begünstigenden Verwaltungsaktes. (1) Soweit ein Verwaltungsakt, der ein Recht oder einen rechtlich erheblichen Vorteil begründet oder bestätigt hat (begünstigender Verwaltungsakt), rechtswidrig ist, darf er, auch nachdem er unanfechtbar geworden ist, nur unter den Einschränkungen der Absätze 2 bis 4 ganz oder teilweise mit Wirkung für die Zukunft oder für die Vergangenheit zurückgenommen werden.

(2) [1] Ein rechtswidriger begünstigender Verwaltungsakt darf nicht zurückgenommen werden, soweit der Begünstigte auf den Bestand des Verwaltungsaktes vertraut hat und sein Vertrauen unter Abwägung mit dem öffentlichen Interesse an einer Rücknahme schutzwürdig ist. [2] Das Vertrauen ist in der Regel schutzwürdig, wenn der Begünstigte erbrachte Leistungen verbraucht oder eine Vermögensdisposition getroffen hat, die er nicht mehr oder nur unter unzumutbaren Nachteilen rückgängig machen kann. [3] Auf Vertrauen kann sich der Begünstigte nicht berufen, soweit

1. er den Verwaltungsakt durch arglistige Täuschung, Drohung oder Bestechung erwirkt hat,
2. der Verwaltungsakt auf Angaben beruht, die der Begünstigte vorsätzlich oder grob fahrlässig in wesentlicher Beziehung unrichtig oder unvollständig gemacht hat, oder
3. er die Rechtswidrigkeit des Verwaltungsaktes kannte oder infolge grober Fahrlässigkeit nicht kannte; grobe Fahrlässigkeit liegt vor, wenn der Begünstigte die erforderliche Sorgfalt in besonders schwerem Maße verletzt hat.

(3) [1] Ein rechtswidriger begünstigender Verwaltungsakt mit Dauerwirkung kann nach Absatz 2 nur bis zum Ablauf von zwei Jahren nach seiner Bekanntgabe zurückgenommen werden. [2] Satz 1 gilt nicht, wenn Wiederaufnahmegründe entsprechend § 580 der Zivilprozessordnung vorliegen. [3] Bis zum Ablauf von zehn Jahren nach seiner Bekanntgabe kann ein rechtswidriger begünstigender Verwaltungsakt mit Dauerwirkung nach Absatz 2 zurückgenommen werden, wenn

1. die Voraussetzungen des Absatzes 2 Satz 3 Nr. 2 oder 3 gegeben sind oder
2. der Verwaltungsakt mit einem zulässigen Vorbehalt des Widerrufs erlassen wurde.

[4] In den Fällen des Satzes 3 kann ein Verwaltungsakt über eine laufende Geldleistung auch nach Ablauf der Frist von zehn Jahren zurückgenommen werden, wenn diese Geldleistung mindestens bis zum Beginn des Verwaltungsverfahrens über die Rücknahme gezahlt wurde. [5] War die Frist von zehn Jahren am 15. April 1998 bereits abgelaufen, gilt Satz 4 mit der Maßgabe, dass der Verwaltungsakt nur mit Wirkung für die Zukunft aufgehoben wird.

(4) [1] Nur in den Fällen von Absatz 2 Satz 3 und Absatz 3 Satz 2 wird der Verwaltungsakt mit Wirkung für die Vergangenheit zurückgenommen. [2] Die Behörde muss dies innerhalb eines Jahres seit Kenntnis der Tatsachen tun, welche die Rücknahme eines rechtswidrigen begünstigenden Verwaltungsaktes für die Vergangenheit rechtfertigen.

(5) § 44 Abs. 3 gilt entsprechend.

§ 46 Widerruf eines rechtmäßigen nicht begünstigenden Verwaltungsaktes. (1) Ein rechtmäßiger nicht begünstigender Verwaltungsakt kann, auch nachdem er unanfechtbar geworden ist, ganz oder teilweise mit Wirkung für die Zukunft widerrufen werden, außer wenn ein Verwaltungsakt gleichen Inhalts erneut erlassen werden müsste oder aus anderen Gründen ein Widerruf unzulässig ist.

(2) § 44 Abs. 3 gilt entsprechend.

§ 47 Widerruf eines rechtmäßigen begünstigenden Verwaltungsaktes.

(1) Ein rechtmäßiger begünstigender Verwaltungsakt darf, auch nachdem er unanfechtbar geworden ist, ganz oder teilweise mit Wirkung für die Zukunft nur widerrufen werden, soweit

1. der Widerruf durch Rechtsvorschrift zugelassen oder im Verwaltungsakt vorbehalten ist,
2. mit dem Verwaltungsakt eine Auflage verbunden ist und der Begünstigte diese nicht oder nicht innerhalb einer ihm gesetzten Frist erfüllt hat.

(2) ¹ Ein rechtmäßiger begünstigender Verwaltungsakt, der eine Geld- oder Sachleistung zur Erfüllung eines bestimmten Zweckes zuerkennt oder hierfür Voraussetzung ist, kann, auch nachdem er unanfechtbar geworden ist, ganz oder teilweise auch mit Wirkung für die Vergangenheit widerrufen werden, wenn

1. die Leistung nicht, nicht alsbald nach der Erbringung oder nicht mehr für den in dem Verwaltungsakt bestimmten Zweck verwendet wird,
2. mit dem Verwaltungsakt eine Auflage verbunden ist und der Begünstigte diese nicht oder nicht innerhalb einer ihm gesetzten Frist erfüllt hat.

² Der Verwaltungsakt darf mit Wirkung für die Vergangenheit nicht widerrufen werden, soweit der Begünstigte auf den Bestand des Verwaltungsaktes vertraut hat und sein Vertrauen unter Abwägung mit dem öffentlichen Interesse an einem Widerruf schutzwürdig ist. ³ Das Vertrauen ist in der Regel schutzwürdig, wenn der Begünstigte erbrachte Leistungen verbraucht oder eine Vermögensdisposition getroffen hat, die er nicht mehr oder nur unter unzumutbaren Nachteilen rückgängig machen kann. ⁴ Auf Vertrauen kann sich der Begünstigte nicht berufen, soweit er die Umstände kannte oder infolge grober Fahrlässigkeit nicht kannte, die zum Widerruf des Verwaltungsaktes geführt haben. ⁵ § 45 Abs. 4 Satz 2 gilt entsprechend.

(3) § 44 Abs. 3 gilt entsprechend.

§ 48 Aufhebung eines Verwaltungsaktes mit Dauerwirkung bei Änderung der Verhältnisse.

(1) ¹ Soweit in den tatsächlichen oder rechtlichen Verhältnissen, die beim Erlass eines Verwaltungsaktes mit Dauerwirkung vorgelegen haben, eine wesentliche Änderung eintritt, ist der Verwaltungsakt mit Wirkung für die Zukunft aufzuheben. ² Der Verwaltungsakt soll mit Wirkung vom Zeitpunkt der Änderung der Verhältnisse aufgehoben werden, soweit

1. die Änderung zugunsten des Betroffenen erfolgt,
2. der Betroffene einer durch Rechtsvorschrift vorgeschriebenen Pflicht zur Mitteilung wesentlicher für ihn nachteiliger Änderungen der Verhältnisse vorsätzlich oder grob fahrlässig nicht nachgekommen ist,
3. nach Antragstellung oder Erlass des Verwaltungsaktes Einkommen oder Vermögen erzielt worden ist, das zum Wegfall oder zur Minderung des Anspruchs geführt haben würde, oder

4. der Betroffene wusste oder nicht wusste, weil er die erforderliche Sorgfalt in besonders schwerem Maße verletzt hat, dass der sich aus dem Verwaltungsakt ergebende Anspruch kraft Gesetzes zum Ruhen gekommen oder ganz oder teilweise weggefallen ist.

³ Als Zeitpunkt der Änderung der Verhältnisse gilt in Fällen, in denen Einkommen oder Vermögen auf einen zurückliegenden Zeitraum auf Grund der besonderen Teile dieses Gesetzbuches anzurechnen ist, der Beginn des Anrechnungszeitraumes.

(2) Der Verwaltungsakt ist im Einzelfall mit Wirkung für die Zukunft auch dann aufzuheben, wenn der zuständige oberste Gerichtshof des Bundes in ständiger Rechtsprechung nachträglich das Recht anders auslegt als die Behörde bei Erlass des Verwaltungsaktes und sich dieses zugunsten des Berechtigten auswirkt; § 44 bleibt unberührt.

(3) ¹ Kann ein rechtswidriger begünstigender Verwaltungsakt nach § 45 nicht zurückgenommen werden und ist eine Änderung nach Absatz 1 oder 2 zugunsten des Betroffenen eingetreten, darf die neu festzustellende Leistung nicht über den Betrag hinausgehen, wie er sich der Höhe nach ohne Berücksichtigung des Bestandskraft ergibt. ² Satz 1 gilt entsprechend, soweit einem rechtmäßigen begünstigenden Verwaltungsakt ein rechtswidriger begünstigender Verwaltungsakt zugrunde liegt, der nach § 45 nicht zurückgenommen werden kann.

(4) ¹ § 44 Abs. 3 und 4, § 45 Abs. 3 Satz 3 bis 5 und Abs. 4 Satz 2 gelten entsprechend. ² § 45 Abs. 4 Satz 2 gilt nicht im Fall des Absatzes 1 Satz 2 Nr. 1.

§ 49 Rücknahme und Widerruf im Rechtsbehelfsverfahren. § 45 Abs. 1 bis 4, §§ 47 und 48 gelten nicht, wenn ein begünstigender Verwaltungsakt, der von einem Dritten angefochten worden ist, während des Vorverfahrens oder während des sozial- oder verwaltungsgerichtlichen Verfahrens aufgehoben wird, soweit dadurch dem Widerspruch abgeholfen oder der Klage stattgegeben wird.

§ 50 Erstattung zu Unrecht erbrachter Leistungen. (1) ¹ Soweit ein Verwaltungsakt aufgehoben worden ist, sind bereits erbrachte Leistungen zu erstatten. ² Sach- und Dienstleistungen sind in Geld zu erstatten.

(2) ¹ Soweit Leistungen ohne Verwaltungsakt zu Unrecht erbracht worden sind, sind sie zu erstatten. ² §§ 45 und 48 gelten entsprechend.

(2a) ¹ Der zu erstattende Betrag ist vom Eintritt der Unwirksamkeit eines Verwaltungsaktes, auf Grund dessen Leistungen zur Förderung von Einrichtungen oder ähnliche Leistungen erbracht worden sind, mit fünf Prozentpunkten über dem Basiszinssatz jährlich zu verzinsen. ² Von der Geltendmachung des Zinsanspruchs kann insbesondere dann abgesehen werden, wenn der Begünstigte die Umstände, die zur Rücknahme, zum Widerruf oder zur Unwirksamkeit des Verwaltungsaktes geführt haben, nicht zu vertreten hat und den zu erstattenden Betrag innerhalb der von der Behörde festgesetzten Frist leistet. ³ Wird eine Leistung nicht alsbald nach der Auszahlung für den bestimmten Zweck verwendet, können für die Zeit bis zur zweckentsprechenden Verwendung Zinsen nach Satz 1 verlangt werden; Entsprechendes gilt, soweit eine

Leistung in Anspruch genommen wird, obwohl andere Mittel anteilig oder vorrangig einzusetzen sind; § 47 Abs. 2 Satz 1 Nr. 1 bleibt unberührt.

(3) ¹ Die zu erstattende Leistung ist durch schriftlichen Verwaltungsakt festzusetzen. ² Die Festsetzung soll, sofern die Leistung auf Grund eines Verwaltungsaktes erbracht worden ist, mit der Aufhebung des Verwaltungsaktes verbunden werden.

(4) ¹ Der Erstattungsanspruch verjährt in vier Jahren nach Ablauf des Kalenderjahres, in dem der Verwaltungsakt nach Absatz 3 unanfechtbar geworden ist. ² Für die Hemmung, die Ablaufhemmung, den Neubeginn und die Wirkung der Verjährung gelten die Vorschriften des Bürgerlichen Gesetzbuchs sinngemäß. ³ § 52 bleibt unberührt.

(5) Die Absätze 1 bis 4 gelten bei Berichtigungen nach § 38 entsprechend.

§ 51 Rückgabe von Urkunden und Sachen. ¹ Ist ein Verwaltungsakt unanfechtbar widerrufen oder zurückgenommen oder ist seine Wirksamkeit aus einem anderen Grund nicht oder nicht mehr gegeben, kann die Behörde die auf Grund dieses Verwaltungsaktes erteilten Urkunden oder Sachen, die zum Nachweis der Rechte aus dem Verwaltungsakt oder zu deren Ausübung bestimmt sind, zurückfordern. ² Der Inhaber und, sofern er nicht der Besitzer ist, auch der Besitzer dieser Urkunden oder Sachen sind zu ihrer Herausgabe verpflichtet. ³ Der Inhaber oder der Besitzer kann jedoch verlangen, dass ihm die Urkunden oder Sachen wieder ausgehändigt werden, nachdem sie von der Behörde als ungültig gekennzeichnet sind; dies gilt nicht bei Sachen, bei denen eine solche Kennzeichnung nicht oder nicht mit der erforderlichen Offensichtlichkeit oder Dauerhaftigkeit möglich ist.

Dritter Titel. Verjährungsrechtliche Wirkungen des Verwaltungsaktes

§ 52 Hemmung der Verjährung durch Verwaltungsakt. (1) ¹ Ein Verwaltungsakt, der zur Feststellung oder Durchsetzung des Anspruchs eines öffentlich-rechtlichen Rechtsträgers erlassen wird, hemmt die Verjährung dieses Anspruchs. ² Die Hemmung endet mit Eintritt der Unanfechtbarkeit des Verwaltungsakts oder sechs Monate nach seiner anderweitigen Erledigung.

(2) Ist ein Verwaltungsakt im Sinne des Absatzes 1 unanfechtbar geworden, beträgt die Verjährungsfrist 30 Jahre.

Vierter Abschnitt. Öffentlich-rechtlicher Vertrag

§ 53 Zulässigkeit des öffentlich-rechtlichen Vertrages. (1) ¹ Ein Rechtsverhältnis auf dem Gebiet des öffentlichen Rechts kann durch Vertrag begründet, geändert oder aufgehoben werden (öffentlich-rechtlicher Vertrag), soweit Rechtsvorschriften nicht entgegenstehen. ² Insbesondere kann die Behörde, anstatt einen Verwaltungsakt zu erlassen, einen öffentlich-rechtlichen Vertrag mit demjenigen schließen, an den sie sonst den Verwaltungsakt richten würde.

(2) Ein öffentlich-rechtlicher Vertrag über Sozialleistungen kann nur geschlossen werden, soweit die Erbringung der Leistungen im Ermessen des Leistungsträgers steht.

§ 54 Vergleichsvertrag. (1) Ein öffentlich-rechtlicher Vertrag im Sinne des § 53 Abs. 1 Satz 2, durch den eine bei verständiger Würdigung des Sachver-

1. Kapitel. Verwaltungsverfahren **§§ 55–59 SGB X 10**

halts oder der Rechtslage bestehende Ungewissheit durch gegenseitiges Nachgeben beseitigt wird (Vergleich), kann geschlossen werden, wenn die Behörde den Abschluss des Vergleichs zur Beseitigung der Ungewissheit nach pflichtgemäßem Ermessen für zweckmäßig hält.

(2) § 53 Abs. 2 gilt im Fall des Absatzes 1 nicht.

§ 55 Austauschvertrag. (1) [1] Ein öffentlich-rechtlicher Vertrag im Sinne des § 53 Abs. 1 Satz 2, in dem sich der Vertragspartner der Behörde zu einer Gegenleistung verpflichtet, kann geschlossen werden, wenn die Gegenleistung für einen bestimmten Zweck im Vertrag vereinbart wird und der Behörde zur Erfüllung ihrer öffentlichen Aufgaben dient. [2] Die Gegenleistung muss den gesamten Umständen nach angemessen sein und im sachlichen Zusammenhang mit der vertraglichen Leistung der Behörde stehen.

(2) Besteht auf die Leistung der Behörde ein Anspruch, kann nur eine solche Gegenleistung vereinbart werden, die bei Erlass eines Verwaltungsaktes Inhalt einer Nebenbestimmung nach § 32 sein könnte.

(3) § 53 Abs. 2 gilt in den Fällen der Absätze 1 und 2 nicht.

§ 56 Schriftform. Ein öffentlich-rechtlicher Vertrag ist schriftlich zu schließen, soweit nicht durch Rechtsvorschrift eine andere Form vorgeschrieben ist.

§ 57 Zustimmung von Dritten und Behörden. (1) Ein öffentlich-rechtlicher Vertrag, der in Rechte eines Dritten eingreift, wird erst wirksam, wenn der Dritte schriftlich zustimmt.

(2) Wird anstatt eines Verwaltungsaktes, bei dessen Erlass nach einer Rechtsvorschrift die Genehmigung, die Zustimmung oder das Einvernehmen einer anderen Behörde erforderlich ist, ein Vertrag geschlossen, so wird dieser erst wirksam, nachdem die andere Behörde in der vorgeschriebenen Form mitgewirkt hat.

§ 58 Nichtigkeit des öffentlich-rechtlichen Vertrages. (1) Ein öffentlich-rechtlicher Vertrag ist nichtig, wenn sich die Nichtigkeit aus der entsprechenden Anwendung von Vorschriften des Bürgerlichen Gesetzbuches ergibt.

(2) Ein Vertrag im Sinne des § 53 Abs. 1 Satz 2 ist ferner nichtig, wenn

1. ein Verwaltungsakt mit entsprechendem Inhalt nichtig wäre,
2. ein Verwaltungsakt mit entsprechendem Inhalt nicht nur wegen eines Verfahrens- oder Formfehlers im Sinne des § 42 rechtswidrig wäre und dies den Vertragschließenden bekannt war,
3. die Voraussetzungen zum Abschluss eines Vergleichsvertrages nicht vorlagen und ein Verwaltungsakt mit entsprechendem Inhalt nicht nur wegen eines Verfahrens- oder Formfehlers im Sinne des § 42 rechtswidrig wäre,
4. sich die Behörde eine nach § 55 unzulässige Gegenleistung versprechen lässt.

(3) Betrifft die Nichtigkeit nur einen Teil des Vertrages, so ist er im ganzen nichtig, wenn nicht anzunehmen ist, dass er auch ohne den nichtigen Teil geschlossen worden wäre.

§ 59 Anpassung und Kündigung in besonderen Fällen. (1) [1] Haben die Verhältnisse, die für die Festsetzung des Vertragsinhalts maßgebend gewesen sind, sich seit Abschluss des Vertrages so wesentlich geändert, dass einer Vertragspartei das Festhalten an der ursprünglichen vertraglichen Regelung nicht zuzumuten ist, so kann diese Vertragspartei eine Anpassung des Vertragsinhalts an die geänderten Verhältnisse verlangen oder, sofern eine Anpassung nicht möglich oder einer Vertragspartei nicht zuzumuten ist, den Vertrag kündigen. ²Die Behörde kann den Vertrag auch kündigen, um schwere Nachteile für das Gemeinwohl zu verhüten oder zu beseitigen.

(2) ¹Die Kündigung bedarf der Schriftform, soweit nicht durch Rechtsvorschrift eine andere Form vorgeschrieben ist. ²Sie soll begründet werden.

§ 60 Unterwerfung unter die sofortige Vollstreckung. (1) ¹Jeder Vertragschließende kann sich der sofortigen Vollstreckung aus einem öffentlich-rechtlichen Vertrag im Sinne des § 53 Abs. 1 Satz 2 unterwerfen. ²Die Behörde muss hierbei von dem Behördenleiter, seinem allgemeinen Vertreter oder einem Angehörigen des öffentlichen Dienstes, der die Befähigung zum Richteramt hat oder die Voraussetzungen des § 110 Satz 1 des Deutschen Richtergesetzes erfüllt, vertreten werden.

(2) ¹Auf öffentlich-rechtliche Verträge im Sinne des Absatzes 1 Satz 1 ist § 66 entsprechend anzuwenden. ²Will eine natürliche oder juristische Person des Privatrechts oder eine nichtrechtsfähige Vereinigung die Vollstreckung wegen einer Geldforderung betreiben, so ist § 170 Abs. 1 bis 3 der Verwaltungsgerichtsordnung entsprechend anzuwenden. ³Richtet sich die Vollstreckung wegen der Erzwingung einer Handlung, Duldung oder Unterlassung gegen eine Behörde, ist § 172 der Verwaltungsgerichtsordnung entsprechend anzuwenden.

§ 61 Ergänzende Anwendung von Vorschriften. ¹Soweit sich aus den §§ 53 bis 60 nichts Abweichendes ergibt, gelten die übrigen Vorschriften dieses Gesetzbuches. ²Ergänzend gelten die Vorschriften des Bürgerlichen Gesetzbuches entsprechend.

Fünfter Abschnitt. Rechtsbehelfsverfahren

§ 62 Rechtsbehelfe gegen Verwaltungsakte. Für förmliche Rechtsbehelfe gegen Verwaltungsakte gelten, wenn der Sozialrechtsweg gegeben ist, das Sozialgerichtsgesetz[1], wenn der Verwaltungsrechtsweg gegeben ist, die Verwaltungsgerichtsordnung und die zu ihrer Ausführung ergangenen Rechtsvorschriften, soweit nicht durch Gesetz etwas anderes bestimmt ist; im Übrigen gelten die Vorschriften dieses Gesetzbuches.

§ 63 Erstattung von Kosten im Vorverfahren. (1) ¹Soweit der Widerspruch erfolgreich ist, hat der Rechtsträger, dessen Behörde den angefochtenen Verwaltungsakt erlassen hat, demjenigen, der Widerspruch erhoben hat, die zur zweckentsprechenden Rechtsverfolgung oder Rechtsverteidigung notwendigen Aufwendungen zu erstatten. ²Dies gilt auch, wenn der Widerspruch nur deshalb keinen Erfolg hat, weil die Verletzung einer Verfahrens- oder Formvorschrift nach § 41 unbeachtlich ist. ³Aufwendungen, die durch das Verschul-

---

[1] Nr. 20.

1. Kapitel. Verwaltungsverfahren § 64 SGB X 10

den eines Erstattungsberechtigten entstanden sind, hat dieser selbst zu tragen; das Verschulden eines Vertreters ist dem Vertretenen zuzurechnen.

(2) Die Gebühren und Auslagen eines Rechtsanwalts oder eines sonstigen Bevollmächtigten im Vorverfahren sind erstattungsfähig, wenn die Zuziehung eines Bevollmächtigten notwendig war.

(3) [1] Die Behörde, die die Kostenentscheidung getroffen hat, setzt auf Antrag den Betrag der zu erstattenden Aufwendungen fest; hat ein Ausschuss oder Beirat die Kostenentscheidung getroffen, obliegt die Kostenfestsetzung der Behörde, bei der der Ausschuss oder Beirat gebildet ist. [2] Die Kostenentscheidung bestimmt auch, ob die Zuziehung eines Rechtsanwalts oder eines sonstigen Bevollmächtigten notwendig war.

Sechster Abschnitt. Kosten, Zustellung und Vollstreckung

§ 64 Kostenfreiheit. (1) [1] Für das Verfahren bei den Behörden nach diesem Gesetzbuch werden keine Gebühren und Auslagen erhoben. [2] Abweichend von Satz 1 erhalten die Träger der gesetzlichen Rentenversicherung für jede auf der Grundlage des § 74a Abs. 2 Satz 1 erteilte Auskunft eine Gebühr von 10,20 Euro.

(2) [1] Geschäfte und Verhandlungen, die aus Anlass der Beantragung, Erbringung oder der Erstattung einer Sozialleistung nötig werden, sind kostenfrei. [2] Dies gilt auch für die im Gerichts- und Notarkostengesetz bestimmten Gerichtskosten. [3] Von Beurkundungs- und Beglaubigungskosten sind befreit Urkunden, die

1. in der Sozialversicherung bei den Versicherungsträgern und Versicherungsbehörden erforderlich werden, um die Rechtsverhältnisse zwischen den Versicherungsträgern einerseits und den Arbeitgebern, Versicherten oder ihren Hinterbliebenen andererseits abzuwickeln,
2. im Sozialhilferecht, im Recht der Grundsicherung für Arbeitsuchende, im Recht der Grundsicherung im Alter und bei Erwerbsminderung, im Kinder- und Jugendhilferecht sowie im Recht der Kriegsopferfürsorge aus Anlass der Beantragung, Erbringung oder Erstattung einer nach dem Zwölften Buch[1], dem Zweiten[2] und dem Achten Buch[3] oder dem Bundesversorgungsgesetz vorgesehenen Leistung benötigt werden,
3. im Schwerbehindertenrecht von der zuständigen Stelle im Zusammenhang mit der Verwendung der Ausgleichsabgabe für erforderlich gehalten werden,
4. im Recht der sozialen Entschädigung bei Gesundheitsschäden für erforderlich gehalten werden,
5. im Kindergeldrecht für erforderlich gehalten werden.

(3) [1] Absatz 2 Satz 1 gilt auch für gerichtliche Verfahren, auf die das Gesetz über das Verfahren in Familiensachen und in den Angelegenheiten der freiwilligen Gerichtsbarkeit anzuwenden ist. [2] Im Verfahren nach der Zivilprozessordnung, dem Gesetz über das Verfahren in Familiensachen und in den Angelegenheiten der freiwilligen Gerichtsbarkeit sowie im Verfahren vor Gerichten der Sozial- und Finanzgerichtsbarkeit sind die Träger der Sozialhilfe, der

---
[1] Nr. 12.
[2] Nr. 2.
[3] Nr. 8.

Grundsicherung für Arbeitsuchende, der Leistungen nach dem Asylbewerberleistungsgesetz, der Jugendhilfe und der Kriegsopferfürsorge von den Gerichtskosten befreit; § 197a des Sozialgerichtsgesetzes[1)] bleibt unberührt.

§ 65 Zustellung. (1) [1] Soweit Zustellungen durch Behörden des Bundes, der bundesunmittelbaren Körperschaften, Anstalten und Stiftungen des öffentlichen Rechts vorgeschrieben sind, gelten die §§ 2 bis 10 des Verwaltungszustellungsgesetzes. [2] § 5 Abs. 4 des Verwaltungszustellungsgesetzes und § 178 Abs. 1 Nr. 2 der Zivilprozessordnung sind auf die nach § 73 Absatz 2 Satz 2 Nummer 5 bis 9 und Satz 3 des Sozialgerichtsgesetzes[1)] als Bevollmächtigte zugelassenen Personen entsprechend anzuwenden. [3] Diese Vorschriften gelten auch, soweit Zustellungen durch Verwaltungsbehörden der Kriegsopferversorgung vorgeschrieben sind.

(2) Für die übrigen Behörden gelten die jeweiligen landesrechtlichen Vorschriften über das Zustellungsverfahren.

§ 66 Vollstreckung. (1) [1] Für die Vollstreckung zugunsten der Behörden des Bundes, der bundesunmittelbaren Körperschaften, Anstalten und Stiftungen des öffentlichen Rechts gilt das Verwaltungs-Vollstreckungsgesetz. [2] In Angelegenheiten des § 51 des Sozialgerichtsgesetzes[1)] ist für die Anordnung der Ersatzzwangshaft das Sozialgericht zuständig. [3] Die oberste Verwaltungsbehörde kann bestimmen, dass die Aufsichtsbehörde nach Anhörung der in Satz 1 genannten Behörden für die Vollstreckung fachlich geeignete Bedienstete als Vollstreckungsbeamte und sonstige hierfür fachlich geeignete Bedienstete dieser Behörde als Vollziehungsbeamte bestellen darf; die fachliche Eignung ist durch einen qualifizierten beruflichen Abschluss, die Teilnahme an einem Lehrgang einschließlich berufspraktischer Tätigkeit oder entsprechende mehrjährige Berufserfahrung nachzuweisen. [4] Die oberste Verwaltungsbehörde kann auch bestimmen, dass die Aufsichtsbehörde nach Anhörung der in Satz 1 genannten Behörden für die Vollstreckung von Ansprüchen auf Gesamtsozialversicherungsbeiträge fachlich geeignete Bedienstete
1. der Verbände der Krankenkassen oder
2. einer bestimmten Krankenkasse

als Vollstreckungsbeamte und sonstige hierfür fachlich geeignete Bedienstete der genannten Verbände und Krankenkassen als Vollziehungsbeamte bestellen darf. [5] Der nach Satz 4 beauftragte Verband der Krankenkassen ist berechtigt, Verwaltungsakte zur Erfüllung der mit der Vollstreckung verbundenen Aufgabe zu erlassen.

(2) Absatz 1 Satz 1 bis 3 gilt auch für die Vollstreckung durch Verwaltungsbehörden der Kriegsopferversorgung; das Land bestimmt die Vollstreckungsbehörde.

(3) [1] Für die Vollstreckung zugunsten der übrigen Behörden gelten die jeweiligen landesrechtlichen Vorschriften über das Verwaltungsvollstreckungsverfahren. [2] Für die landesunmittelbaren Körperschaften, Anstalten und Stiftungen des öffentlichen Rechts gilt Absatz 1 Satz 2 bis 5 entsprechend. [3] Abweichend von Satz 1 vollstrecken die nach Landesrecht zuständigen Vollstreckungsbehörden zugunsten der landesunmittelbaren Krankenkassen, die sich

---

[1)] Nr. 20.

2. Kapitel. Schutz der Sozialdaten § 67 SGB X 10

über mehr als ein Bundesland erstrecken, nach den Vorschriften des Verwaltungs-Vollstreckungsgesetzes.

(4) ¹ Aus einem Verwaltungsakt kann auch die Zwangsvollstreckung in entsprechender Anwendung der Zivilprozessordnung stattfinden. ² Der Vollstreckungsschuldner soll vor Beginn der Vollstreckung mit einer Zahlungsfrist von einer Woche gemahnt werden. ³ Die vollstreckbare Ausfertigung erteilt der Behördenleiter, sein allgemeiner Vertreter oder ein anderer auf Antrag eines Leistungsträgers von der Aufsichtsbehörde ermächtigter Angehöriger des öffentlichen Dienstes. ⁴ Bei den Versicherungsträgern und der Bundesagentur für Arbeit tritt in Satz 3 an die Stelle der Aufsichtsbehörden der Vorstand.

[Zweites Kapitel bis 24.5.2018:]
   Zweites Kapitel. Schutz der Sozialdaten

   Erster Abschnitt. Begriffsbestimmungen

§ 67 Begriffsbestimmungen. (1) ¹ Sozialdaten sind Einzelangaben über persönliche oder sachliche Verhältnisse einer bestimmten oder bestimmbaren natürlichen Person (Betroffener), die von einer in § 35 des Ersten Buches[1] genannten Stelle im Hinblick auf ihre Aufgaben nach diesem Gesetzbuch erhoben, verarbeitet oder genutzt werden. ² Betriebs- und Geschäftsgeheimnisse sind alle betriebs- oder geschäftsbezogenen Daten, auch von juristischen Personen, die Geheimnischarakter haben.

(2) Aufgaben nach diesem Gesetzbuch sind, soweit dieses Kapitel angewandt wird, auch
1. Aufgaben auf Grund von Verordnungen, deren Ermächtigungsgrundlage sich im Sozialgesetzbuch befindet,
2. Aufgaben auf Grund von über- und zwischenstaatlichem Recht im Bereich der sozialen Sicherheit,
3. Aufgaben auf Grund von Rechtsvorschriften, die das Erste und Zehnte Buch des Sozialgesetzbuches[2] für entsprechend anwendbar erklären, und
4. Aufgaben auf Grund des Arbeitssicherheitsgesetzes und Aufgaben, soweit sie den in § 35 des Ersten Buches genannten Stellen durch Gesetz zugewiesen sind. § 8 Abs. 1 Satz 3 des Arbeitssicherheitsgesetzes bleibt unberührt.

(3) ¹ Automatisiert im Sinne dieses Gesetzbuches ist die Erhebung, Verarbeitung oder Nutzung von Sozialdaten, wenn sie unter Einsatz von Datenverarbeitungsanlagen durchgeführt wird (automatisierte Verarbeitung). ² Eine nicht automatisierte Datei ist jede nicht automatisierte Sammlung von Sozialdaten, die gleichartig aufgebaut ist und nach bestimmten Merkmalen zugänglich ist und ausgewertet werden kann.

(4) *(aufgehoben)*

(5) Erheben ist das Beschaffen von Daten über den Betroffenen.

---
[1] Nr. **1**.
[2] Nr. **10**.

1565

(6) ¹ Verarbeiten ist das Speichern, Verändern, Übermitteln, Sperren und Löschen von Sozialdaten. ² Im Einzelnen ist, ungeachtet der dabei angewendeten Verfahren,

1. Speichern das Erfassen, Aufnehmen oder Aufbewahren von Sozialdaten auf einem Datenträger zum Zwecke ihrer weiteren Verarbeitung oder Nutzung,
2. Verändern das inhaltliche Umgestalten gespeicherter Sozialdaten,
3. Übermitteln das Bekanntgeben gespeicherter oder durch Datenverarbeitung gewonnener Sozialdaten an einen Dritten in der Weise, dass

    a) die Daten an den Dritten weitergegeben werden oder

    b) der Dritte zur Einsicht oder zum Abruf bereitgehaltene Daten einsieht oder abruft;

    Übermitteln im Sinne dieses Gesetzbuches ist auch das Bekanntgeben nicht gespeicherter Sozialdaten; das Senden von Sozialdaten durch eine De-Mail-Nachricht an die jeweiligen akkreditierten Diensteanbieter – zur kurzfristigen automatisierten Entschlüsselung zum Zweck der Überprüfung auf Schadsoftware und zum Zweck der Weiterleitung an den Adressaten der De-Mail-Nachricht – ist kein Übermitteln,
4. Sperren das vollständige oder teilweise Untersagen der weiteren Verarbeitung oder Nutzung von Sozialdaten durch entsprechende Kennzeichnung,
5. Löschen das Unkenntlichmachen gespeicherter Sozialdaten.

(7) Nutzen ist jede Verwendung von Sozialdaten, soweit es sich nicht um Verarbeitung handelt, auch die Weitergabe innerhalb der verantwortlichen Stelle.

(8) Anonymisieren ist das Verändern von Sozialdaten derart, dass die Einzelangaben über persönliche oder sachliche Verhältnisse nicht mehr oder nur mit einem unverhältnismäßig großen Aufwand an Zeit, Kosten und Arbeitskraft einer bestimmten oder bestimmbaren natürlichen Person zugeordnet werden können.

(8a) Pseudonymisieren ist das Ersetzen des Namens und anderer Identifikationsmerkmale durch ein Kennzeichen zu dem Zweck, die Bestimmung des Betroffenen auszuschließen oder wesentlich zu erschweren.

(9) ¹ Verantwortliche Stelle ist jede Person oder Stelle, die Sozialdaten für sich selbst erhebt, verarbeitet oder nutzt oder dies durch andere im Auftrag vornehmen lässt. ² Werden Sozialdaten von einem Leistungsträger im Sinne von § 12 des Ersten Buches erhoben, verarbeitet oder genutzt, ist verantwortliche Stelle der Leistungsträger. ³ Ist der Leistungsträger eine Gebietskörperschaft, so sind eine verantwortliche Stelle die Organisationseinheiten, die eine Aufgabe nach einem der besonderen Teile dieses Gesetzbuches funktional durchführen.

(10) ¹ Empfänger ist jede Person oder Stelle, die Sozialdaten erhält. ² Dritter ist jede Person oder Stelle außerhalb der verantwortlichen Stelle. ³ Dritte sind nicht der Betroffene sowie diejenigen Personen und Stellen, die im Inland, in einem anderen Mitgliedstaat der Europäischen Union oder in einem anderen Vertragsstaat des Abkommens über den Europäischen Wirtschaftsraum Sozialdaten im Auftrag erheben, verarbeiten oder nutzen.

(11) Nicht-öffentliche Stellen sind natürliche und juristische Personen, Gesellschaften und andere Personenvereinigungen des privaten Rechts, soweit sie nicht unter § 81 Abs. 3 fallen.

(12) Besondere Arten personenbezogener Daten sind Angaben über die rassische und ethnische Herkunft, politische Meinungen, religiöse oder philosophische Überzeugungen, Gewerkschaftszugehörigkeit, Gesundheit oder Sexualleben.

Zweiter Abschnitt. Datenerhebung, -verarbeitung und -nutzung

§ 67a Datenerhebung. (1) ¹ Das Erheben von Sozialdaten durch in § 35 des Ersten Buches[1)] genannte Stellen ist zulässig, wenn ihre Kenntnis zur Erfüllung einer Aufgabe der erhebenden Stelle nach diesem Gesetzbuch erforderlich ist. ² Dies gilt auch für besondere Arten personenbezogener Daten (§ 67 Abs. 12). ³ Angaben über die rassische Herkunft dürfen ohne Einwilligung des Betroffenen, die sich ausdrücklich auf diese Daten beziehen, nicht erhoben werden. ⁴ Ist die Einwilligung des Betroffenen durch Gesetz vorgesehen, hat sie sich ausdrücklich auf besondere Arten personenbezogener Daten (§ 67 Abs. 12) zu beziehen.

(2) ¹ Sozialdaten sind beim Betroffenen zu erheben. ² Ohne seine Mitwirkung dürfen sie nur erhoben werden

1. bei den in § 35 des Ersten Buches oder in § 69 Abs. 2 genannten Stellen, wenn

   a) diese zur Übermittlung der Daten an die erhebende Stelle befugt sind,

   b) die Erhebung beim Betroffenen einen unverhältnismäßigen Aufwand erfordern würde und

   c) keine Anhaltspunkte dafür bestehen, dass überwiegende schutzwürdige Interessen des Betroffenen beeinträchtigt werden,

2. bei anderen Personen oder Stellen, wenn

   a) eine Rechtsvorschrift die Erhebung bei ihnen zulässt oder die Übermittlung an die erhebende Stelle ausdrücklich vorschreibt oder

   b) aa) die Aufgaben nach diesem Gesetzbuch ihrer Art nach eine Erhebung bei anderen Personen oder Stellen erforderlich machen oder

   bb) die Erhebung beim Betroffenen einen unverhältnismäßigen Aufwand erfordern würde

   und keine Anhaltspunkte dafür bestehen, dass überwiegende schutzwürdige Interessen des Betroffenen beeinträchtigt werden.

(3) ¹ Werden Sozialdaten beim Betroffenen erhoben, ist er, sofern er nicht bereits auf andere Weise Kenntnis erlangt hat, über die Zweckbestimmungen der Erhebung, Verarbeitung oder Nutzung und die Identität der verantwortlichen Stelle zu unterrichten. ² Über Kategorien von Empfängern ist der Betroffene nur zu unterrichten, soweit

1. er nach den Umständen des Einzelfalles nicht mit der Nutzung oder der Übermittlung an diese rechnen muss,

2. es sich nicht um eine Verarbeitung oder Nutzung innerhalb einer in § 35 des Ersten Buches genannten Stelle oder einer Organisationseinheit im Sinne von § 67 Abs. 9 Satz 3 handelt oder

---

[1)] Nr. 1.

10 SGB X § 67b 10. Buch. Sozialverwaltungsverfahren

3. es sich nicht um eine Kategorie von in § 35 des Ersten Buches genannten Stellen oder von Organisationseinheiten im Sinne von § 67 Abs. 9 Satz 3 handelt, die auf Grund eines Gesetzes zur engen Zusammenarbeit verpflichtet sind.

[3] Werden Sozialdaten beim Betroffenen auf Grund einer Rechtsvorschrift erhoben, die zur Auskunft verpflichtet, oder ist die Erteilung der Auskunft Voraussetzung für die Gewährung von Rechtsvorteilen, ist der Betroffene hierauf sowie auf die Rechtsvorschrift, die zur Auskunft verpflichtet, und die Folgen der Verweigerung von Angaben, sonst auf die Freiwilligkeit seiner Angaben hinzuweisen.

(4) Werden Sozialdaten statt beim Betroffenen bei einer nicht-öffentlichen Stelle erhoben, so ist die Stelle auf die Rechtsvorschrift, die zur Auskunft verpflichtet, sonst auf die Freiwilligkeit ihrer Angaben hinzuweisen.

(5) [1] Werden Sozialdaten weder beim Betroffenen noch bei einer in § 35 des Ersten Buches genannten Stelle erhoben und hat der Betroffene davon keine Kenntnis, ist er von der Speicherung, der Identität der verantwortlichen Stelle sowie über die Zweckbestimmungen der Erhebung, Verarbeitung oder Nutzung zu unterrichten. [2] Eine Pflicht zur Unterrichtung besteht nicht, wenn

1. der Betroffene bereits auf andere Weise Kenntnis von der Speicherung oder der Übermittlung erlangt hat,
2. die Unterrichtung des Betroffenen einen unverhältnismäßigen Aufwand erfordert oder
3. die Speicherung oder Übermittlung der Sozialdaten auf Grund eines Gesetzes ausdrücklich vorgesehen ist.

[3] Über Kategorien von Empfängern ist der Betroffene nur zu unterrichten, soweit

1. er nach den Umständen des Einzelfalles nicht mit der Nutzung oder der Übermittlung an diese rechnen muss,
2. es sich nicht um eine Verarbeitung oder Nutzung innerhalb einer in § 35 des Ersten Buches genannten Stelle oder einer Organisationseinheit im Sinne von § 67 Abs. 9 Satz 3 handelt oder
3. es sich nicht um eine Kategorie von in § 35 des Ersten Buches genannten Stellen oder von Organisationseinheiten im Sinne von § 67 Abs. 9 Satz 3 handelt, die auf Grund eines Gesetzes zur engen Zusammenarbeit verpflichtet sind.

[4] Sofern eine Übermittlung vorgesehen ist, hat die Unterrichtung spätestens bei der ersten Übermittlung zu erfolgen. [5] Die verantwortliche Stelle legt schriftlich fest, unter welchen Voraussetzungen von einer Unterrichtung nach Satz 2 Nr. 2 und 3 abgesehen wird. [6] § 83 Abs. 2 bis 4 gilt entsprechend.

§ 67b Zulässigkeit der Datenverarbeitung und -nutzung. (1) [1] Die Verarbeitung von Sozialdaten und deren Nutzung sind nur zulässig, soweit die nachfolgenden Vorschriften oder eine andere Rechtsvorschrift in diesem Gesetzbuch es erlauben oder anordnen oder soweit der Betroffene eingewilligt hat. [2] § 67a Abs. 1 Satz 2 bis 4 gilt entsprechend mit der Maßgabe, dass die Übermittlung ohne Einwilligung des Betroffenen nur insoweit zulässig ist, als es sich um Daten über die Gesundheit oder das Sexualleben handelt oder die Übermittlung zwischen Trägern der gesetzlichen Rentenversicherung oder zwischen Trägern der gesetzlichen Rentenversicherung und deren Arbeitsgemeinschaften zur Erfüllung einer gesetzlichen Aufgabe erforderlich ist.

(2) [1] Wird die Einwilligung bei dem Betroffenen eingeholt, ist er auf den Zweck der vorgesehenen Verarbeitung oder Nutzung sowie auf die Folgen der Verweigerung der Einwilligung hinzuweisen. [2] Die Einwilligung des Betroffenen ist nur wirksam, wenn sie auf dessen freier Entscheidung beruht. [3] Die Einwilligung und der Hinweis bedürfen der Schriftform, soweit nicht wegen besonderer Umstände eine andere Form angemessen ist. [4] Soll die Einwilligung zusammen mit anderen Erklärungen schriftlich erteilt werden, ist die Einwilligungserklärung im äußeren Erscheinungsbild der Erklärung hervorzuheben.

(3) [1] Im Bereich der wissenschaftlichen Forschung liegt ein besonderer Umstand im Sinne des Absatzes 2 Satz 3 auch dann vor, wenn durch die Schriftform der bestimmte Forschungszweck erheblich beeinträchtigt würde. [2] In diesem Fall sind der Hinweis nach Absatz 2 Satz 1 und die Gründe, aus denen sich die erhebliche Beeinträchtigung des bestimmten Forschungszweckes ergibt, schriftlich festzuhalten.

(4) Entscheidungen, die für den Betroffenen eine rechtliche Folge nach sich ziehen oder ihn erheblich beeinträchtigen, dürfen nicht ausschließlich auf eine automatisierte Verarbeitung von Sozialdaten gestützt werden, die der Bewertung einzelner Persönlichkeitsmerkmale dient.

§ 67c Datenspeicherung, -veränderung und -nutzung.

(1) [1] Das Speichern, Verändern oder Nutzen von Sozialdaten durch die in § 35 des Ersten Buches[1)] genannten Stellen ist zulässig, wenn es zur Erfüllung der in der Zuständigkeit der verantwortlichen Stelle liegenden gesetzlichen Aufgaben nach diesem Gesetzbuch erforderlich ist und es für die Zwecke erfolgt, für die die Daten erhoben worden sind. [2] Ist keine Erhebung vorausgegangen, dürfen die Daten nur für die Zwecke geändert oder genutzt werden, für die sie gespeichert worden sind.

(2) Die nach Absatz 1 gespeicherten Daten dürfen von derselben Stelle für andere Zwecke nur gespeichert, verändert oder genutzt werden, wenn

1. die Daten für die Erfüllung von Aufgaben nach anderen Rechtsvorschriften dieses Gesetzbuches als diejenigen, für die sie erhoben wurden, erforderlich sind,

2. der Betroffene im Einzelfall eingewilligt hat oder

3. es zur Durchführung eines bestimmten Vorhabens der wissenschaftlichen Forschung oder Planung im Sozialleistungsbereich erforderlich ist und die Voraussetzungen des § 75 Abs. 1 vorliegen.

(3) [1] Eine Speicherung, Veränderung oder Nutzung für andere Zwecke liegt nicht vor, wenn sie für die Wahrnehmung von Aufsichts-, Kontroll- und Disziplinarbefugnissen, der Rechnungsprüfung oder der Durchführung von Organisationsuntersuchungen für die verantwortliche Stelle erforderlich ist. [2] Das gilt auch für die Veränderung oder Nutzung zu Ausbildungs- und Prüfungszwecken durch die verantwortliche Stelle, soweit nicht überwiegende schutzwürdige Interessen des Betroffenen entgegenstehen.

[1)] Nr. 1.

(4) Sozialdaten, die ausschließlich zu Zwecken der Datenschutzkontrolle, der Datensicherung oder zur Sicherstellung eines ordnungsgemäßen Betriebes einer Datenverarbeitungsanlage gespeichert werden, dürfen nur für diese Zwecke verwendet werden.

(5) [1] Für Zwecke der wissenschaftlichen Forschung oder Planung im Sozialleistungsbereich erhobene oder gespeicherte Sozialdaten dürfen von den in § 35 des Ersten Buches genannten Stellen nur für ein bestimmtes Vorhaben der wissenschaftlichen Forschung im Sozialleistungsbereich oder der Planung im Sozialleistungsbereich verändert oder genutzt werden. [2] Die Sozialdaten sind zu anonymisieren, sobald dies nach dem Forschungs- oder Planungszweck möglich ist. [3] Bis dahin sind die Merkmale gesondert zu speichern, mit denen Einzelangaben über persönliche oder sachliche Verhältnisse einer bestimmten oder bestimmbaren Person zugeordnet werden können. [4] Sie dürfen mit den Einzelangaben nur zusammengeführt werden, soweit der Forschungs- oder Planungszweck dies erfordert.

§ 67d Übermittlungsgrundsätze.

(1) Eine Übermittlung von Sozialdaten ist nur zulässig, soweit eine gesetzliche Übermittlungsbefugnis nach den §§ 68 bis 77 oder nach einer anderen Rechtsvorschrift in diesem Gesetzbuch vorliegt.

(2) [1] Die Verantwortung für die Zulässigkeit der Übermittlung trägt die übermittelnde Stelle. [2] Erfolgt die Übermittlung auf Ersuchen des Dritten, an den die Daten übermittelt werden, trägt dieser die Verantwortung für die Richtigkeit der Angaben in seinem Ersuchen.

(3) Sind mit Sozialdaten, die nach Absatz 1 übermittelt werden dürfen, weitere personenbezogene Daten des Betroffenen oder eines Dritten so verbunden, dass eine Trennung nicht oder nur mit unvertretbarem Aufwand möglich ist, so ist die Übermittlung auch dieser Daten nur zulässig, wenn schutzwürdige Interessen des Betroffenen oder eines Dritten an deren Geheimhaltung nicht überwiegen; eine Veränderung oder Nutzung dieser Daten ist unzulässig.

(4) [1] Die Übermittlung von Sozialdaten auf maschinell verwertbaren Datenträgern oder im Wege der Datenübertragung ist auch über Vermittlungsstellen zulässig. [2] Für die Auftragserteilung an die Vermittlungsstelle gilt § 80 Abs. 2 Satz 1, für deren Anzeigepflicht § 80 Abs. 3 und für die Verarbeitung und Nutzung durch die Vermittlungsstelle § 80 Abs. 4 entsprechend.

§ 67e Erhebung und Übermittlung zur Bekämpfung von Leistungsmissbrauch und illegaler Ausländerbeschäftigung.

[1] Bei der Prüfung nach § 2 des Schwarzarbeitsbekämpfungsgesetzes oder nach § 28p des Vierten Buches[1] darf bei der überprüften Person zusätzlich erfragt werden,

1. ob und welche Art von Sozialleistungen nach diesem Gesetzbuch oder Leistungen nach dem Asylbewerberleistungsgesetz sie bezieht und von welcher Stelle sie diese Leistungen bezieht,
2. bei welcher Krankenkasse sie versichert oder ob sie als Selbständige tätig ist,
3. ob und welche Art von Beiträgen nach diesem Gesetzbuch sie abführt und

---

[1] Nr. 4.

4. ob und welche ausländischen Arbeitnehmer sie mit einer für ihre Tätigkeit erforderlichen Genehmigung und nicht zu ungünstigeren Arbeitsbedingungen als vergleichbare deutsche Arbeitnehmer beschäftigt.
²Zu Prüfzwecken dürfen die Antworten auf Fragen nach Satz 1 Nr. 1 an den jeweils zuständigen Leistungsträger und nach Satz 1 Nr. 2 bis 4 an die jeweils zuständige Einzugsstelle und die Bundesagentur für Arbeit übermittelt werden. ³Der Empfänger hat die Prüfung unverzüglich durchzuführen.

§ 68 Übermittlung für Aufgaben der Polizeibehörden, der Staatsanwaltschaften, Gerichte und der Behörden der Gefahrenabwehr.

(1) ¹Zur Erfüllung von Aufgaben der Polizeibehörden, der Staatsanwaltschaften und Gerichte, der Behörden der Gefahrenabwehr und der Justizvollzugsanstalten dürfen im Einzelfall auf Ersuchen Name, Vornamen, Geburtsdatum, Geburtsort, derzeitige Anschrift des Betroffenen, sein derzeitiger oder zukünftiger Aufenthaltsort sowie Namen, Vornamen oder Firma und Anschriften seiner derzeitigen Arbeitgeber übermittelt werden, soweit kein Grund zu der Annahme besteht, dass dadurch schutzwürdige Interessen des Betroffenen beeinträchtigt werden, und wenn das Ersuchen nicht länger als sechs Monate zurückliegt. ²Die ersuchte Stelle ist über § 4 Abs. 3 hinaus zur Übermittlung auch dann nicht verpflichtet, wenn sich die ersuchende Stelle die Angaben auf andere Weise beschaffen kann. ³Satz 2 findet keine Anwendung, wenn das Amtshilfeersuchen zur Durchführung einer Vollstreckung nach § 66 erforderlich ist.

(1a) Zu dem in § 7 Absatz 3 des Internationalen Familienrechtsverfahrensgesetzes bezeichneten Zweck ist es zulässig, für die in dieser Vorschrift bezeichneten Zentralen Behörde auf Ersuchen im Einzelfall den derzeitigen Aufenthalt des Betroffenen zu übermitteln, soweit kein Grund zur Annahme besteht, dass dadurch schutzwürdige Interessen des Betroffenen beeinträchtigt werden.

(2) Über das Übermittlungsersuchen entscheidet der Leiter der ersuchten Stelle, sein allgemeiner Stellvertreter oder ein besonders bevollmächtigter Bediensteter.

(3) ¹Eine Übermittlung der in Absatz 1 Satz 1 genannten Sozialdaten, von Angaben zur Staats- und Religionsangehörigkeit, früherer Anschriften der Betroffenen, von Namen und Anschriften früherer Arbeitgeber der Betroffenen sowie von Angaben über an Betroffene erbrachte oder demnächst zu erbringende Geldleistungen ist zulässig, soweit sie zur Durchführung einer nach Bundes- oder Landesrecht zulässigen Rasterfahndung erforderlich ist. ² § 67d Abs. 2 Satz 1 findet keine Anwendung; § 15 Abs. 2 Satz 2 und 3 des Bundesdatenschutzgesetzes gilt entsprechend.

§ 69 Übermittlung für die Erfüllung sozialer Aufgaben.

(1) Eine Übermittlung von Sozialdaten ist zulässig, soweit sie erforderlich ist
1. für die Erfüllung der Zwecke, für die sie erhoben worden sind oder für die Erfüllung einer gesetzlichen Aufgabe der übermittelnden Stelle nach diesem Gesetzbuch oder einer solchen Aufgabe des Dritten, an den die Daten übermittelt werden, wenn er eine in § 35 des Ersten Buches[1)] genannte Stelle ist,

---
[1)] Nr. 1.

2. für die Durchführung eines mit der Erfüllung einer Aufgabe nach Nummer 1 zusammenhängenden gerichtlichen Verfahrens einschließlich eines Strafverfahrens oder
3. für die Richtigstellung unwahrer Tatsachenbehauptungen des Betroffenen im Zusammenhang mit einem Verfahren über die Erbringung von Sozialleistungen; die Übermittlung bedarf der vorherigen Genehmigung durch die zuständige oberste Bundes- oder Landesbehörde.

(2) Für die Erfüllung einer gesetzlichen oder sich aus einem Tarifvertrag ergebenden Aufgabe sind den in § 35 des Ersten Buches genannten Stellen gleichgestellt
1. die Stellen, die Leistungen nach dem Lastenausgleichsgesetz, dem Bundesentschädigungsgesetz, dem Strafrechtlichen Rehabilitierungsgesetz, dem Beruflichen Rehabilitierungsgesetz, dem Gesetz über die Entschädigung für Strafverfolgungsmaßnahmen, dem Unterhaltssicherungsgesetz, dem Beamtenversorgungsgesetz und den Vorschriften, die auf das Beamtenversorgungsgesetz verweisen, dem Soldatenversorgungsgesetz, dem Anspruchs- und Anwartschaftsüberführungsgesetz und den Vorschriften der Länder über die Gewährung von Blinden- und Pflegegeldleistungen zu erbringen haben,
2. die gemeinsamen Einrichtungen der Tarifvertragsparteien im Sinne des § 4 Abs. 2 des Tarifvertragsgesetzes, die Zusatzversorgungseinrichtungen des öffentlichen Dienstes und die öffentlich-rechtlichen Zusatzversorgungseinrichtungen,
3. die Bezügestellen des öffentlichen Dienstes, soweit sie kindergeldabhängige Leistungen des Besoldungs-, Versorgungs- und Tarifrechts unter Verwendung von personenbezogenen Kindergelddaten festzusetzen haben.

(3) Die Übermittlung von Sozialdaten durch die Bundesagentur für Arbeit an die Krankenkassen ist zulässig, soweit sie erforderlich ist, den Krankenkassen die Feststellung der Arbeitgeber zu ermöglichen, die am Ausgleich der Arbeitgeberaufwendungen nach dem Aufwendungsausgleichsgesetz teilnehmen.

(4) Die Krankenkassen sind befugt, einem Arbeitgeber mitzuteilen, ob die Fortdauer einer Arbeitsunfähigkeit oder eine erneute Arbeitsunfähigkeit eines Arbeitnehmers auf derselben Krankheit beruht; die Übermittlung von Diagnosedaten an den Arbeitgeber ist nicht zulässig.

(5) Die Übermittlung von Sozialdaten ist zulässig für die Erfüllung der gesetzlichen Aufgaben der Rechnungshöfe und der anderen Stellen, auf die § 67c Abs. 3 Satz 1 Anwendung findet.

§ 70 Übermittlung für die Durchführung des Arbeitsschutzes. Eine Übermittlung von Sozialdaten ist zulässig, soweit sie zur Erfüllung der gesetzlichen Aufgaben der für den Arbeitsschutz zuständigen staatlichen Behörden oder der Bergbehörden bei der Durchführung des Arbeitsschutzes erforderlich ist und schutzwürdige Interessen des Betroffenen nicht beeinträchtigt werden oder das öffentliche Interesse an der Durchführung des Arbeitsschutzes das Geheimhaltungsinteresse des Betroffenen erheblich überwiegt.

§ 71 Übermittlung für die Erfüllung besonderer gesetzlicher Pflichten und Mitteilungsbefugnisse. (1) [1] Eine Übermittlung von Sozialdaten ist zulässig, soweit sie erforderlich ist für die Erfüllung der gesetzlichen Mitteilungspflichten

2. Kapitel. Schutz der Sozialdaten § 71 SGB X 10

1. zur Abwendung geplanter Straftaten nach § 138 des Strafgesetzbuches,
2. zum Schutz der öffentlichen Gesundheit nach § 8 des Infektionsschutzgesetzes vom 20. Juli 2000 (BGBl. I S. 1045),
3. zur Sicherung des Steueraufkommens nach § 22a Abs. 4 des Einkommensteuergesetzes und den §§ 93, 97, 105, 111 Abs. 1 und 5, § 116 der Abgabenordnung und § 32b Abs. 3 des Einkommensteuergesetzes, soweit diese Vorschriften unmittelbar anwendbar sind, und zur Mitteilung von Daten der ausländischen Unternehmen, die auf Grund bilateraler Regierungsvereinbarungen über die Beschäftigung von Arbeitnehmern zur Ausführung von Werkverträgen tätig werden, nach § 93a der Abgabenordnung,
4. zur Gewährung und Prüfung des Sonderausgabenabzugs nach § 10 des Einkommensteuergesetzes,
5. zur Überprüfung der Voraussetzungen für die Einziehung der Ausgleichszahlungen und für die Leistung von Wohngeld nach § 33 des Wohngeldgesetzes,
6. zur Bekämpfung von Schwarzarbeit und illegaler Beschäftigung nach dem Schwarzarbeitsbekämpfungsgesetz,
7. zur Mitteilung in das Gewerbezentralregister einzutragender Tatsachen an die Registerbehörde,
8. zur Erfüllung der Aufgaben der statistischen Ämter der Länder und des Statistischen Bundesamtes gemäß § 3 Abs. 1 des Statistikregistergesetzes zum Aufbau und zur Führung des Statistikregisters,
9. zur Aktualisierung des Betriebsregisters nach § 97 Abs. 5 des Agrarstatistikgesetzes,
10. zur Erfüllung der Aufgaben der Deutschen Rentenversicherung Bund als zentraler Stelle nach § 22a und § 91 Abs. 1 Satz 1 des Einkommensteuergesetzes,
11. zur Erfüllung der Aufgaben der Deutschen Rentenversicherung Knappschaft-Bahn-See, soweit sie bei geringfügig Beschäftigten Aufgaben nach dem Einkommensteuergesetz durchführt,
12. zur Erfüllung der Aufgaben des Statistischen Bundesamtes nach § 5a Absatz 1 in Verbindung mit Absatz 3 des Bundesstatistikgesetzes oder
13. nach § 69a des Erneuerbare-Energien-Gesetzes zur Berechnung der Bruttowertschöpfung im Verfahren zur Begrenzung der EEG-Umlage.

²Erklärungspflichten als Drittschuldner, welche das Vollstreckungsrecht vorsieht, werden durch Bestimmungen dieses Gesetzbuches nicht berührt. ³Eine Übermittlung von Sozialdaten ist zulässig, soweit sie erforderlich ist für die Erfüllung der gesetzlichen Pflichten zur Sicherung und Nutzung von Archivgut des Bundes nach § 1 Nummer 8 und 9, § 3 Absatz 4, nach den §§ 5 bis 7 sowie nach den §§ 10 bis 13 des Bundesarchivgesetzes oder nach entsprechenden gesetzlichen Vorschriften der Länder, die die Schutzfristen dieses Gesetzes nicht unterschreiten. ⁴Eine Übermittlung von Sozialdaten ist auch zulässig, soweit sie erforderlich ist, Meldebehörden nach § 6 Absatz 2 des Bundesmeldegesetzes über konkrete Anhaltspunkte für die Unrichtigkeit oder Unvollständigkeit von diesen auf Grund Melderechts übermittelter Daten zu unterrichten.

(2) ¹Eine Übermittlung von Sozialdaten eines Ausländers ist auch zulässig, soweit sie erforderlich ist

1. im Einzelfall auf Ersuchen der mit der Ausführung des Aufenthaltsgesetzes betrauten Behörden nach § 87 Abs. 1 des Aufenthaltsgesetzes mit der Maßgabe, dass über die Angaben nach § 68 hinaus nur mitgeteilt werden können

   a) für die Entscheidung über den Aufenthalt des Ausländers oder eines Familienangehörigen des Ausländers Daten über die Gewährung oder Nichtgewährung von Leistungen, Daten über frühere und bestehende Versicherungen und das Nichtbestehen einer Versicherung,

   b) für die Entscheidung über den Aufenthalt oder über die ausländerrechtliche Zulassung oder Beschränkung einer Erwerbstätigkeit des Ausländers Daten über die Zustimmung nach § 4 Abs. 2 Satz 3, § 17 Satz 1, § 18 Absatz 2 Satz 1, § 18a Absatz 1, § 19 Absatz 1 Satz 1 und § 19a Absatz 1 des Aufenthaltsgesetzes,

   c) für eine Entscheidung über den Aufenthalt des Ausländers Angaben darüber, ob die in § 55 Abs. 2 Nr. 4 des Aufenthaltsgesetzes bezeichneten Voraussetzungen vorliegen, und

   d) durch die Jugendämter für die Entscheidung über den weiteren Aufenthalt oder die Beendigung des Aufenthaltes eines Ausländers, bei dem ein Ausweisungsgrund nach den §§ 53 bis 56 des Aufenthaltsgesetzes vorliegt, Angaben über das zu erwartende soziale Verhalten,

2. für die Erfüllung der in § 87 Abs. 2 des Aufenthaltsgesetzes bezeichneten Mitteilungspflichten,

3. für die Erfüllung der in § 99 Absatz 1 Nummer 14 Buchstabe d, f und j des Aufenthaltsgesetzes bezeichneten Mitteilungspflichten, wenn die Mitteilung die Erteilung, den Widerruf oder Beschränkungen der Zustimmung nach § 4 Abs. 2 Satz 3, § 17 Satz 1, § 18 Absatz 2 Satz 1, § 18a Absatz 1, § 19 Absatz 1 Satz 1 und § 19a Absatz 1 des Aufenthaltsgesetzes oder eines Versicherungsschutzes oder die Gewährung von Leistungen zur Sicherung des Lebensunterhalts nach dem Zweiten Buch¹⁾ betrifft oder

4. für die Erfüllung der in § 6 Absatz 1 Nummer 8 des Gesetzes über das Ausländerzentralregister bezeichneten Mitteilungspflichten.

²Daten über die Gesundheit eines Ausländers dürfen nur übermittelt werden,

1. wenn der Ausländer die öffentliche Gesundheit gefährdet und besondere Schutzmaßnahmen zum Ausschluss der Gefährdung nicht möglich sind oder von dem Ausländer nicht eingehalten werden oder

2. soweit sie für die Feststellung erforderlich sind, ob die Voraussetzungen des § 55 Abs. 2 Nr. 4 des Aufenthaltsgesetzes vorliegen.

(2a) Eine Übermittlung personenbezogener Daten eines Leistungsberechtigten nach § 1 des Asylbewerberleistungsgesetzes ist zulässig, soweit sie für die Durchführung des Asylbewerberleistungsgesetzes erforderlich ist.

(3) ¹Eine Übermittlung von Sozialdaten ist auch zulässig, soweit es nach pflichtgemäßem Ermessen eines Leistungsträgers erforderlich ist, dem Betreuungsgericht die Bestellung eines Betreuers oder eine andere Maßnahme in

---

¹⁾ Nr. 2.

Betreuungssachen zu ermöglichen. ² § 7 des Betreuungsbehördengesetzes gilt entsprechend.

(4) ¹ Eine Übermittlung von Sozialdaten ist außerdem zulässig, soweit sie im Einzelfall für die rechtmäßige Erfüllung der in der Zuständigkeit der Zentralstelle für Finanztransaktionsuntersuchungen liegenden Aufgaben nach § 28 Absatz 1 Satz 2 Nummer 2 des Geldwäschegesetzes erforderlich ist. ² Die Übermittlung ist auf Angaben über Name und Vorname sowie früher geführte Namen, Geburtsdatum, Geburtsort, derzeitige und frühere Anschriften des Betroffenen sowie Namen und Anschriften seiner derzeitigen und früheren Arbeitgeber beschränkt.

§ 72 Übermittlung für den Schutz der inneren und äußeren Sicherheit.
(1) ¹ Eine Übermittlung von Sozialdaten ist zulässig, soweit sie im Einzelfall für die rechtmäßige Erfüllung der in der Zuständigkeit der Behörden für Verfassungsschutz, des Bundesnachrichtendienstes, des Militärischen Abschirmdienstes und des Bundeskriminalamtes liegenden Aufgaben erforderlich ist. ² Die Übermittlung ist auf Angaben über Name und Vorname sowie früher geführte Namen, Geburtsdatum, Geburtsort, derzeitige und frühere Anschriften des Betroffenen sowie Namen und Anschriften seiner derzeitigen und früheren Arbeitgeber beschränkt.

(2) ¹ Über die Erforderlichkeit des Übermittlungsersuchens entscheidet ein vom Leiter der ersuchenden Stelle bestimmter Beauftragter, der die Befähigung zum Richteramt haben oder die Voraussetzungen des § 110 des Deutschen Richtergesetzes erfüllen soll. ² Wenn eine oberste Bundes- oder Landesbehörde für die Aufsicht über die ersuchende Stelle zuständig ist, ist sie über die gestellten Übermittlungsersuchen zu unterrichten. ³ Bei der ersuchten Stelle entscheidet über das Übermittlungsersuchen der Behördenleiter oder sein allgemeiner Stellvertreter.

§ 73 Übermittlung für die Durchführung eines Strafverfahrens.
(1) Eine Übermittlung von Sozialdaten ist zulässig, soweit es zur Durchführung eines Strafverfahrens wegen eines Verbrechens oder wegen einer sonstigen Straftat von erheblicher Bedeutung erforderlich ist.

(2) Eine Übermittlung von Sozialdaten zur Durchführung eines Strafverfahrens wegen einer anderen Straftat ist zulässig, soweit die Übermittlung auf die in § 72 Abs. 1 Satz 2 genannten Angaben und die Angaben über erbrachte oder demnächst zu erbringende Geldleistungen beschränkt ist.

(3) Die Übermittlung nach den Absätzen 1 und 2 ordnet der Richter an.

§ 74 Übermittlung bei Verletzung der Unterhaltspflicht und beim Versorgungsausgleich.
(1) ¹ Eine Übermittlung von Sozialdaten ist zulässig, soweit sie erforderlich ist

1. für die Durchführung
   a) eines gerichtlichen Verfahrens oder eines Vollstreckungsverfahrens wegen eines gesetzlichen oder vertraglichen Unterhaltsanspruchs oder eines an seine Stelle getretenen Ersatzanspruchs oder
   b) eines Verfahrens über den Versorgungsausgleich nach § 220 des Gesetzes über das Verfahren in Familiensachen und in den Angelegenheiten der freiwilligen Gerichtsbarkeit oder

10 SGB X § 74a 10. Buch. Sozialverwaltungsverfahren

2. für die Geltendmachung

a) eines gesetzlichen oder vertraglichen Unterhaltsanspruchs außerhalb eines Verfahrens nach Nummer 1 Buchstabe a, soweit der Betroffene nach den Vorschriften des bürgerlichen Rechts, insbesondere nach § 1605 oder nach § 1361 Absatz 4 Satz 4, § 1580 Satz 2, § 1615a oder § 1615l Absatz 3 Satz 1 in Verbindung mit § 1605 des Bürgerlichen Gesetzbuchs, zur Auskunft verpflichtet ist, oder

b) eines Ausgleichsanspruchs im Rahmen des Versorgungsausgleichs außerhalb eines Verfahrens nach Nummer 1 Buchstabe b, soweit der Betroffene nach § 4 Absatz 1 Satz 1 des Versorgungsausgleichsgesetzes zur Auskunft verpflichtet ist, oder

3. für die Anwendung der Öffnungsklausel des § 22 Nummer 1 Satz 3 Buchstabe a Doppelbuchstabe bb Satz 2 des Einkommensteuergesetzes auf eine im Versorgungsausgleich auf die ausgleichsberechtigte Person übertragene Rentenanwartschaft, soweit die ausgleichspflichtige Person nach § 22 Nummer 1 Satz 3 Buchstabe a Doppelbuchstabe bb Satz 2 des Einkommensteuergesetzes in Verbindung mit § 4 Absatz 1 des Versorgungsausgleichsgesetzes zur Auskunft verpflichtet ist.

[2] In den Fällen der Nummern 2 und 3 ist eine Übermittlung nur zulässig, wenn der Auskunftspflichtige seine Pflicht, nachdem er unter Hinweis auf die in diesem Buch enthaltene Übermittlungsbefugnis der in § 35 des Ersten Buches[1] genannten Stellen gemahnt wurde, innerhalb angemessener Frist, nicht oder nicht vollständig erfüllt hat. [3] Diese Stellen dürfen die Anschrift des Auskunftspflichtigen zum Zwecke der Mahnung übermitteln.

(2) Eine Übermittlung von Sozialdaten durch die Träger der gesetzlichen Rentenversicherung und durch die Träger der Grundsicherung für Arbeitsuchende ist auch zulässig, soweit sie für die Erfüllung der nach § 5 des Auslandsunterhaltsgesetzes der zentralen Behörde (§ 4 des Auslandsunterhaltsgesetzes) obliegenden Aufgaben und zur Erreichung der in den §§ 16 und 17 des Auslandsunterhaltsgesetzes bezeichneten Zwecke erforderlich ist.

§ 74a Übermittlung zur Durchsetzung öffentlich-rechtlicher Ansprüche und im Vollstreckungsverfahren. (1) [1] Zur Durchsetzung von öffentlich-rechtlichen Ansprüchen in Höhe von mindestens 500 Euro dürfen im Einzelfall auf Ersuchen Name, Vorname, Geburtsdatum, Geburtsort, derzeitige Anschrift des Betroffenen, sein derzeitiger oder zukünftiger Aufenthaltsort sowie Namen, Vornamen oder Firma und Anschriften seiner derzeitigen Arbeitgeber übermittelt werden, soweit kein Grund zu der Annahme besteht, dass dadurch schutzwürdige Interessen des Betroffenen beeinträchtigt werden, und wenn das Ersuchen nicht länger als sechs Monate zurückliegt. [2] Die ersuchte Stelle ist über § 4 Abs. 3 hinaus zur Übermittlung auch dann nicht verpflichtet, wenn sich die ersuchende Stelle die Angaben auf andere Weise beschaffen kann. [3] Satz 2 findet keine Anwendung, wenn das Amtshilfeersuchen zur Durchführung einer Vollstreckung nach § 66 erforderlich ist.

(2) [1] Zur Durchführung eines Vollstreckungsverfahrens, dem zu vollstreckende Ansprüche von mindestens 500 Euro zugrunde liegen, dürfen die Träger der gesetzlichen Rentenversicherung im Einzelfall auf Ersuchen des Gerichtsvoll-

---

[1] Nr. 1.

2. Kapitel. Schutz der Sozialdaten § 75 SGB X 10

ziehers die derzeitige Anschrift des Betroffenen, seinen derzeitigen oder zukünftigen Aufenthaltsort sowie Namen, Vornamen oder Firma und Anschriften seiner derzeitigen Arbeitgeber übermitteln, soweit kein Grund zu der Annahme besteht, dass dadurch schutzwürdige Interessen des Betroffenen beeinträchtigt werden und das Ersuchen nicht länger als sechs Monate zurückliegt. ²Die Träger der gesetzlichen Rentenversicherung sind über § 4 Abs. 3 hinaus zur Übermittlung auch dann nicht verpflichtet, wenn sich die ersuchende Stelle die Angaben auf andere Weise beschaffen kann. ³Die Übermittlung ist nur zulässig, wenn

1. der Schuldner seiner Pflicht zur Abgabe der Vermögensauskunft nach § 802c der Zivilprozessordnung nicht nachkommt,
2. bei einer Vollstreckung in die in der Vermögensauskunft aufgeführten Vermögensgegenstände eine vollständige Befriedigung des Gläubigers voraussichtlich nicht zu erwarten wäre oder
3. die Anschrift oder der derzeitige oder zukünftige Aufenthaltsort des Schuldners trotz Anfrage bei der Meldebehörde nicht bekannt ist.

⁴Der Gerichtsvollzieher hat in seinem Ersuchen zu bestätigen, dass diese Voraussetzungen vorliegen.

§ 75 Übermittlung von Sozialdaten für die Forschung und Planung.

(1) ¹Eine Übermittlung von Sozialdaten ist zulässig, soweit sie erforderlich ist für ein bestimmtes Vorhaben

1. der wissenschaftlichen Forschung im Sozialleistungsbereich oder der wissenschaftlichen Arbeitsmarkt- und Berufsforschung oder
2. der Planung im Sozialleistungsbereich durch eine öffentliche Stelle im Rahmen ihrer Aufgaben

und schutzwürdige Interessen des Betroffenen nicht beeinträchtigt werden oder das öffentliche Interesse an der Forschung oder Planung das Geheimhaltungsinteresse des Betroffenen erheblich überwiegt. ²Eine Übermittlung ohne Einwilligung des Betroffenen ist nicht zulässig, soweit es zumutbar ist, die Einwilligung des Betroffenen nach § 67b einzuholen. ³Angaben über den Familien- und Vornamen, die Anschrift, die Telefonnummer sowie die für die Einleitung eines Vorhabens nach Satz 1 zwingend erforderlichen Strukturmerkmale des Betroffenen können für Befragungen auch ohne Einwilligungen übermittelt werden.

(2) ¹Die Übermittlung bedarf der vorherigen Genehmigung durch die oberste Bundes- oder Landesbehörde, die für den Bereich, aus dem die Daten herrühren, zuständig ist. ²Die oberste Bundesbehörde kann das Genehmigungsverfahren bei Anträgen von Versicherungsträgern nach § 1 Absatz 1 Satz 1 des Vierten Buches[1)] auf das Bundesversicherungsamt übertragen. ³Die Genehmigung darf im Hinblick auf die Wahrung des Sozialgeheimnisses nur versagt werden, wenn die Voraussetzungen des Absatzes 1 nicht vorliegen. ⁴Sie muss

1. den Dritten, an den die Daten übermittelt werden,
2. die Art der zu übermittelnden Sozialdaten und den Kreis der Betroffenen,

---

1) Nr. 4.

3. die wissenschaftliche Forschung oder die Planung, zu der die übermittelten Sozialdaten verwendet werden dürfen, und

4. den Tag, bis zu dem die übermittelten Sozialdaten aufbewahrt werden dürfen,

genau bezeichnen und steht auch ohne besonderen Hinweis unter dem Vorbehalt der nachträglichen Aufnahme, Änderung oder Ergänzung einer Auflage.

(3) Wird die Übermittlung von Daten an nicht-öffentliche Stellen genehmigt, hat die genehmigende Stelle durch Auflagen sicherzustellen, dass die der Genehmigung durch Absatz 1 gesetzten Grenzen beachtet und die Daten nur für den Übermittlungszweck gespeichert, verändert oder genutzt werden.

(4) Ist der Dritte, an den Daten übermittelt werden, eine nicht öffentliche Stelle, gilt § 38 des Bundesdatenschutzgesetzes mit der Maßgabe, dass die Kontrolle auch erfolgen kann, wenn die Daten nicht automatisiert oder nicht in nicht automatisierten Dateien verarbeitet oder genutzt werden.

§ 76 Einschränkung der Übermittlungsbefugnis bei besonders schutzwürdigen Sozialdaten. (1) Die Übermittlung von Sozialdaten, die einer in § 35 des Ersten Buches[1] genannten Stelle von einem Arzt oder einer anderen in § 203 Abs. 1 und 4 des Strafgesetzbuches genannten Person zugänglich gemacht worden sind, ist nur unter den Voraussetzungen zulässig, unter denen diese Person selbst übermittlungsbefugt wäre.

(2) Absatz 1 gilt nicht

1. im Rahmen des § 69 Abs. 1 Nr. 1 und 2 für Sozialdaten, die im Zusammenhang mit einer Begutachtung wegen der Erbringung von Sozialleistungen oder wegen der Ausstellung einer Bescheinigung übermittelt worden sind, es sei denn, dass der Betroffene der Übermittlung widerspricht; der Betroffene ist von der verantwortlichen Stelle zu Beginn des Verwaltungsverfahrens in allgemeiner Form schriftlich oder elektronisch auf das Widerspruchsrecht hinzuweisen,

2. im Rahmen des § 69 Abs. 4 und 5 und des § 71 Abs. 1 Satz 3,

3. im Rahmen des § 94 Abs. 2 Satz 2 des Elften Buches Sozialgesetzbuch[2].

(3) Ein Widerspruchsrecht besteht nicht in den Fällen des § 279 Abs. 5 in Verbindung mit § 275 Abs. 1 bis 3 des Fünften Buches[3].

§ 77 Übermittlung ins Ausland und an über- oder zwischenstaatliche Stellen. (1) ¹Die Übermittlung von Sozialdaten an Personen oder Stellen in anderen Mitgliedstaaten der Europäischen Union oder in anderen Vertragsstaaten des Abkommens über den Europäischen Wirtschaftsraum oder an Stellen der Organe und Einrichtungen der Europäischen Gemeinschaften ist zulässig, soweit

1. dies für die Erfüllung einer gesetzlichen Aufgabe der in § 35 des Ersten Buches[1] genannten übermittelnden Stelle nach diesem Gesetzbuch oder zur Erfüllung einer solchen Aufgabe von ausländischen Stellen erforderlich ist,

---

[1] Nr. 1.
[2] Nr. 11.
[3] Nr. 5.

2. Kapitel. Schutz der Sozialdaten § 77 SGB X 10

soweit diese Aufgaben wahrnehmen, die denen der in § 35 des Ersten Buches genannten Stellen entsprechen,

2. die Voraussetzungen des § 69 Abs. 1 Nr. 3 oder des § 70 oder einer Übermittlungsvorschrift nach dem Dritten Buch[1]) oder dem Arbeitnehmerüberlassungsgesetz vorliegen und die Aufgaben der ausländischen Stelle den in diesen Vorschriften genannten entsprechen oder

3. die Voraussetzungen des § 74 vorliegen und die gerichtlich geltend gemachten Ansprüche oder die Rechte des Empfängers den in dieser Vorschrift genannten entsprechen.

[2] Die Übermittlung von Sozialdaten unterbleibt, soweit sie zu den in Artikel 6 des Vertrages über die Europäische Union enthaltenen Grundsätzen in Widerspruch stünde.

(2) [1] Absatz 1 gilt entsprechend für die Übermittlung an Personen oder Stellen in einem Drittstaat sowie an über- oder zwischenstaatliche Stellen, wenn der Drittstaat oder die über- oder zwischenstaatliche Stelle ein angemessenes Datenschutzniveau gewährleistet. [2] Die Angemessenheit des Datenschutzniveaus wird unter Berücksichtigung aller Umstände beurteilt, die bei einer Datenübermittlung oder einer Kategorie von Datenübermittlungen von Bedeutung sind; insbesondere können die Art der Sozialdaten, die Zweckbestimmung, die Dauer der geplanten Verarbeitung, das Herkunfts- und das Endbestimmungsland, die für den betreffenden Empfänger geltenden Rechtsnormen sowie die für ihn geltenden Standesregeln und Sicherheitsmaßnahmen herangezogen werden. [3] Bis zur Feststellung der Kommission der Europäischen Gemeinschaften entscheidet das Bundesversicherungsamt, ob ein angemessenes Datenschutzniveau gewährleistet ist.

(3) [1] Eine Übermittlung von Sozialdaten an Personen oder Stellen im Ausland oder an über- oder zwischenstaatliche Stellen ist auch zulässig, wenn

1. der Betroffene seine Einwilligung gegeben hat,

2. die Übermittlung in Anwendung zwischenstaatlicher Übereinkommen auf dem Gebiet der sozialen Sicherheit erfolgt oder

3. die Voraussetzungen des § 69 Abs. 1 Nr. 2 oder des § 73 vorliegen, die Aufgaben der ausländischen Stelle den in diesen Vorschriften genannten entsprechen und der ausländische Staat oder die über- oder zwischenstaatliche Stelle ein angemessenes Datenschutzniveau (Absatz 2) gewährleistet; für die Anordnung einer Übermittlung nach § 73 ist ein Gericht im Inland zuständig.

[2] Die Übermittlung ist nur zulässig, soweit der Betroffene kein schutzwürdiges Interesse an dem Ausschluss der Übermittlung hat.

(4) Gewährleistet der Drittstaat oder die über- oder zwischenstaatliche Stelle ein angemessenes Datenschutzniveau (Absatz 2) nicht, ist die Übermittlung von Sozialdaten an die Stelle im Drittstaat oder die über- oder zwischenstaatliche Stelle auch zulässig, soweit die Voraussetzungen des § 69 Abs. 1 Nr. 1 und 2, des § 70 oder einer Übermittlungsvorschrift nach dem Dritten Buch oder dem Arbeitnehmerüberlassungsgesetz vorliegen und der Betroffene kein schutzwürdiges Interesse an dem Ausschluss der Übermittlung hat.

---

[1]) Nr. 3.

(5) Die Stelle, an die die Sozialdaten übermittelt werden, ist auf den Zweck hinzuweisen, zu dessen Erfüllung die Sozialdaten übermittelt werden.

(6) Das Bundesversicherungsamt unterrichtet das Bundesministerium des Innern über Drittstaaten und über- oder zwischenstaatliche Stellen, die kein angemessenes Datenschutzniveau gewährleisten.

§ 78 Zweckbindung und Geheimhaltungspflicht eines Dritten, an den Daten übermittelt werden. (1) [1] Personen oder Stellen, die nicht in § 35 des Ersten Buches[1]) genannt und denen Sozialdaten übermittelt worden sind, dürfen diese nur zu dem Zweck verarbeiten oder nutzen, zu dem sie ihnen befugt übermittelt worden sind. [2] Die Dritten haben die Daten in demselben Umfang geheimzuhalten wie die in § 35 des Ersten Buches genannten Stellen. [3] Sind Sozialdaten an Gerichte oder Staatsanwaltschaften übermittelt worden, dürfen diese gerichtliche Entscheidungen, die Sozialdaten enthalten, weiter übermitteln, wenn eine in § 35 des Ersten Buches genannte Stelle zur Übermittlung an den weiteren Dritten befugt wäre. [4] Abweichend von Satz 3 ist eine Übermittlung nach § 115 des Bundesbeamtengesetzes und nach Vorschriften, die auf diese Vorschrift verweisen, zulässig. [5] Sind Sozialdaten an Polizeibehörden, Staatsanwaltschaften, Gerichte oder Behörden der Gefahrenabwehr übermittelt worden, dürfen diese die Daten unabhängig vom Zweck der Übermittlung sowohl für Zwecke der Gefahrenabwehr als auch für Zwecke der Strafverfolgung und der Strafvollstreckung verarbeiten und nutzen.

(2) Werden Daten an eine nicht-öffentliche Stelle übermittelt, so sind die dort beschäftigten Personen, welche diese Daten verarbeiten oder nutzen, von dieser Stelle vor, spätestens bei der Übermittlung auf die Einhaltung der Pflichten nach Absatz 1 hinzuweisen.

(3) [1] Ergibt sich im Rahmen eines Vollstreckungsverfahrens nach § 66 die Notwendigkeit, dass eine Strafanzeige zum Schutz des Vollstreckungsbeamten erforderlich ist, so dürfen die zum Zwecke der Vollstreckung übermittelten Sozialdaten auch zum Zweck der Strafverfolgung verarbeitet oder genutzt werden, soweit dies erforderlich ist. [2] Das Gleiche gilt auch für die Klärung von Fragen im Rahmen eines Disziplinarverfahrens.

(4) Sind Sozialdaten an Gerichte oder Staatsanwaltschaften für die Durchführung eines Straf- oder Bußgeldverfahrens übermittelt worden, so dürfen sie nach Maßgabe der §§ 476, 487 Abs. 4 der Strafprozessordnung und der §§ 49b und 49c Abs. 1 des Gesetzes über Ordnungswidrigkeiten für Zwecke der wissenschaftlichen Forschung verarbeitet oder genutzt werden.

Dritter Abschnitt. Organisatorische Vorkehrungen zum Schutz der Sozialdaten, besondere Datenverarbeitungsarten

§ 78a Technische und organisatorische Maßnahmen. [1] Die in § 35 des Ersten Buches[1]) genannten Stellen, die selbst oder im Auftrag Sozialdaten erheben, verarbeiten oder nutzen, haben die technischen und organisatorischen Maßnahmen einschließlich der Dienstanweisungen zu treffen, die erforderlich sind, um die Ausführung der Vorschriften dieses Gesetzbuches, insbesondere die in der Anlage zu dieser Vorschrift genannten Anforderungen, zu gewähr-

---

[1]) Nr. 1.

leisten. ² Maßnahmen sind nicht erforderlich, wenn ihr Aufwand in keinem angemessenen Verhältnis zu dem angestrebten Schutzzweck steht.

§ 78b Datenvermeidung und Datensparsamkeit. ¹ Gestaltung und Auswahl von Datenverarbeitungssystemen haben sich an dem Ziel auszurichten, keine oder so wenig Sozialdaten wie möglich zu erheben, zu verarbeiten oder zu nutzen. ² Insbesondere ist von den Möglichkeiten der Anonymisierung und Pseudonymisierung Gebrauch zu machen, soweit dies möglich ist und der Aufwand in einem angemessenen Verhältnis zu dem angestrebten Schutzzweck steht.

§ 78c Datenschutzaudit. ¹ Zur Verbesserung des Datenschutzes und der Datensicherheit können Anbieter von Datenverarbeitungssystemen und -programmen und datenverarbeitende Stellen ihr Datenschutzkonzept sowie ihre technischen Einrichtungen durch unabhängige und zugelassene Gutachter prüfen und bewerten lassen sowie das Ergebnis der Prüfung veröffentlichen. ² Die näheren Anforderungen an die Prüfung und Bewertung, das Verfahren sowie die Auswahl und Zulassung der Gutachter werden durch besonderes Gesetz geregelt. ³ Die Sätze 1 und 2 gelten nicht für öffentliche Stellen der Länder mit Ausnahme der Sozialversicherungsträger und ihrer Verbände.

§ 79 Einrichtung automatisierter Abrufverfahren. (1) ¹ Die Einrichtung eines automatisierten Verfahrens, das die Übermittlung von Sozialdaten durch Abruf ermöglicht, ist zwischen den in § 35 des Ersten Buches[1]) genannten Stellen sowie mit der Deutschen Rentenversicherung Bund als zentraler Stelle zur Erfüllung ihrer Aufgaben nach § 91 Abs. 1 Satz 1 des Einkommensteuergesetzes und der Deutschen Rentenversicherung Knappschaft-Bahn-See, soweit sie bei geringfügig Beschäftigten Aufgaben nach dem Einkommensteuergesetz durchführt, zulässig, soweit dieses Verfahren unter Berücksichtigung der schutzwürdigen Interessen der Betroffenen wegen der Vielzahl der Übermittlungen oder wegen ihrer besonderen Eilbedürftigkeit angemessen ist und wenn die jeweiligen Aufsichtsbehörden die Teilnahme der unter ihrer Aufsicht stehenden Stellen genehmigt haben. ² Das Gleiche gilt gegenüber den in § 69 Abs. 2 und 3 genannten Stellen.

(1a) Die Einrichtung eines automatisierten Abrufverfahrens für eine Datei der Sozialversicherung für Landwirtschaft, Forsten und Gartenbau ist nur gegenüber den Trägern der gesetzlichen Rentenversicherung, der Deutschen Rentenversicherung Bund als zentraler Stelle zur Erfüllung ihrer Aufgaben nach § 91 Absatz 1 Satz 1 des Einkommensteuergesetzes, den Krankenkassen, der Bundesagentur für Arbeit und der Deutschen Post AG, soweit sie mit der Berechnung oder Auszahlung von Sozialleistungen betraut ist, zulässig; dabei dürfen auch Vermittlungsstellen eingeschaltet werden.

(2) ¹ Die beteiligten Stellen haben zu gewährleisten, dass die Zulässigkeit des Abrufverfahrens kontrolliert werden kann. ² Hierzu haben sie schriftlich oder elektronisch festzulegen:
1. Anlass und Zweck des Abrufverfahrens,
2. Dritte, an die übermittelt wird,

---

[1]) Nr. 1.

3. Art der zu übermittelnden Daten,

4. nach § 78a erforderliche technische und organisatorische Maßnahmen.

(3) Über die Einrichtung von Abrufverfahren ist in Fällen, in denen die in § 35 des Ersten Buches genannten Stellen beteiligt sind, die der Kontrolle des Bundesbeauftragten für den Datenschutz unterliegen, dieser, sonst die nach Landesrecht für die Kontrolle des Datenschutzes zuständige Stelle rechtzeitig vorher unter Mitteilung der Festlegungen nach Absatz 2 zu unterrichten.

(4) [1] Die Verantwortung für die Zulässigkeit des einzelnen Abrufs trägt der Dritte, an den übermittelt wird. [2] Die speichernde Stelle prüft die Zulässigkeit der Abrufe nur, wenn dazu Anlass besteht. [3] Sie hat mindestens bei jedem zehnten Abruf den Zeitpunkt, die abgerufenen Daten sowie Angaben zur Feststellung des Verfahrens und der für den Abruf verantwortlichen Personen zu protokollieren; die protokollierten Daten sind spätestens nach sechs Monaten zu löschen. [4] Wird ein Gesamtbestand von Sozialdaten abgerufen oder übermittelt (Stapelverarbeitung), so bezieht sich die Gewährleistung der Feststellung und Überprüfung nur auf die Zulässigkeit des Abrufes oder der Übermittlung des Gesamtbestandes.

(5) Die Absätze 1 bis 4 gelten nicht für den Abruf aus Datenbeständen, die mit Einwilligung der Betroffenen angelegt werden und die jedermann, sei es ohne oder nach besonderer Zulassung, zur Benutzung offenstehen.

§ 80 Erhebung, Verarbeitung oder Nutzung von Sozialdaten im Auftrag.

(1) [1] Werden Sozialdaten im Auftrag durch andere Stellen erhoben, verarbeitet oder genutzt, ist der Auftraggeber für die Einhaltung der Vorschriften dieses Gesetzbuches und anderer Vorschriften über den Datenschutz verantwortlich. [2] Die in den §§ 82 bis 84 genannten Rechte sind ihm gegenüber geltend zu machen.

(2) [1] Eine Auftragserteilung für die Erhebung, Verarbeitung oder Nutzung von Sozialdaten ist nur zulässig, wenn der Datenschutz beim Auftragnehmer nach der Art der zu erhebenden, zu verarbeitenden oder zu nutzenden Daten den Anforderungen genügt, die für den Auftraggeber gelten. [2] Der Auftrag ist schriftlich zu erteilen, wobei insbesondere im Einzelnen festzulegen sind:

1. der Gegenstand und die Dauer des Auftrags,
2. der Umfang, die Art und der Zweck der vorgesehenen Erhebung, Verarbeitung oder Nutzung von Daten, die Art der Daten und der Kreis der Betroffenen,
3. die nach § 78a zu treffenden technischen und organisatorischen Maßnahmen,
4. die Berichtigung, Löschung und Sperrung von Daten,
5. die bestehenden Pflichten des Auftragnehmers, insbesondere die von ihm vorzunehmenden Kontrollen,
6. die etwaige Berechtigung zur Begründung von Unterauftragsverhältnissen,
7. die Kontrollrechte des Auftraggebers und die entsprechenden Duldungs- und Mitwirkungspflichten des Auftragnehmers,
8. mitzuteilende Verstöße des Auftragnehmers oder der bei ihm beschäftigten Personen gegen Vorschriften zum Schutz von Sozialdaten oder gegen die im Auftrag getroffenen Festlegungen,

9. der Umfang der Weisungsbefugnisse, die sich der Auftraggeber gegenüber dem Auftragnehmer vorbehält,
10. die Rückgabe überlassener Datenträger und die Löschung beim Auftragnehmer gespeicherter Daten nach Beendigung des Auftrags.

[3] Der Auftraggeber ist verpflichtet, erforderlichenfalls Weisungen zur Ergänzung der beim Auftragnehmer vorhandenen technischen und organisatorischen Maßnahmen zu erteilen. [4] Der Auftraggeber hat sich vor Beginn der Datenverarbeitung und sodann regelmäßig von der Einhaltung der beim Auftragnehmer getroffenen technischen und organisatorischen Maßnahmen zu überzeugen. [5] Das Ergebnis ist zu dokumentieren. [6] Die Auftragserteilung an eine nicht-öffentliche Stelle setzt außerdem voraus, dass der Auftragnehmer dem Auftraggeber schriftlich das Recht eingeräumt hat,

1. Auskünfte bei ihm einzuholen,
2. während der Betriebs- oder Geschäftszeiten seine Grundstücke oder Geschäftsräume zu betreten und dort Besichtigungen und Prüfungen vorzunehmen und
3. geschäftliche Unterlagen sowie die gespeicherten Sozialdaten und Datenverarbeitungsprogramme einzusehen,

soweit es im Rahmen des Auftrags für die Überwachung des Datenschutzes erforderlich ist.

(3) [1] Der Auftraggeber hat seiner Aufsichtsbehörde rechtzeitig vor der Auftragserteilung

1. den Auftragnehmer, die bei diesem vorhandenen technischen und organisatorischen Maßnahmen und ergänzenden Weisungen nach Absatz 2 Satz 2 und 3,
2. die Art der Daten, die im Auftrag erhoben, verarbeitet oder genutzt werden sollen, und den Kreis der Betroffenen,
3. die Aufgabe, zu deren Erfüllung die Erhebung, Verarbeitung oder Nutzung der Daten im Auftrag erfolgen soll, sowie
4. den Abschluss von etwaigen Unterauftragsverhältnissen

schriftlich oder elektronisch anzuzeigen. [2] Wenn der Auftragnehmer eine öffentliche Stelle ist, hat er auch schriftliche oder elektronische Anzeige an seine Aufsichtsbehörde zu richten.

(4) Der Auftragnehmer darf die zur Datenverarbeitung überlassenen Sozialdaten nicht für andere Zwecke verarbeiten oder nutzen und nicht länger speichern, als der Auftraggeber schriftlich bestimmt.

(5) Die Erhebung, Verarbeitung oder Nutzung von Sozialdaten im Auftrag durch nicht-öffentliche Stellen ist nur zulässig, wenn

1. beim Auftraggeber sonst Störungen im Betriebsablauf auftreten können oder
2. die übertragenen Arbeiten beim Auftragnehmer erheblich kostengünstiger besorgt werden können und der Auftrag nicht die Speicherung des gesamten Datenbestandes des Auftraggebers umfasst. Der überwiegende Teil der Speicherung des gesamten Datenbestandes muss beim Auftraggeber oder beim Auftragnehmer, der eine öffentliche Stelle ist, und die Daten zur weiteren Datenverarbeitung im Auftrag an nicht-öffentliche Auftragnehmer weitergibt, verbleiben.

(6) ¹ Ist der Auftragnehmer eine in § 35 des Ersten Buches[1] genannte Stelle, gelten neben den §§ 85 und 85a nur § 4g Abs. 2, § 18 Abs. 2, und die §§ 24 bis 26 des Bundesdatenschutzgesetzes. ² Bei den in § 35 des Ersten Buches genannten Stellen, die nicht solche des Bundes sind, treten anstelle des Bundesbeauftragten für den Datenschutz insoweit die Landesbeauftragten für den Datenschutz. ³ Ihre Aufgaben und Befugnisse richten sich nach dem jeweiligen Landesrecht. ⁴ Ist der Auftragnehmer eine nicht-öffentliche Stelle, kontrolliert die Einhaltung der Absätze 1 bis 5 die nach Landesrecht zuständige Aufsichtsbehörde. ⁵ Bei öffentlichen Stellen der Länder, die nicht Sozialversicherungsträger oder deren Verbände sind, gelten die landesrechtlichen Vorschriften über Verzeichnisse der eingesetzten Datenverarbeitungsanlagen und Dateien.

(7) ¹ Die Absätze 1, 2, 4 und 6 gelten entsprechend, wenn die Prüfung oder Wartung automatisierter Verfahren oder von Datenverarbeitungsanlagen durch andere Stellen im Auftrag vorgenommen wird und dabei ein Zugriff auf Sozialdaten nicht ausgeschlossen werden kann. ² Verträge über Wartungsarbeiten sind in diesem Falle rechtzeitig vor der Auftragserteilung der Aufsichtsbehörde mitzuteilen; sind Störungen im Betriebsablauf zu erwarten oder bereits eingetreten, ist der Vertrag unverzüglich mitzuteilen.

Vierter Abschnitt. Rechte des Betroffenen, Datenschutzbeauftragte und Schlussvorschriften

§ 81 Rechte des Einzelnen, Datenschutzbeauftragte. (1) Ist jemand der Ansicht, bei der Erhebung, Verarbeitung oder Nutzung seiner personenbezogenen Sozialdaten in seinen Rechten verletzt worden zu sein, kann er sich

1. an den Bundesbeauftragten für den Datenschutz wenden, wenn er eine Verletzung seiner Rechte durch eine in § 35 des Ersten Buches[1] genannten Stelle des Bundes bei der Wahrnehmung von Aufgaben nach diesem Gesetzbuch behauptet,
2. an die nach Landesrecht für die Kontrolle des Datenschutzes zuständigen Stellen wenden, wenn er die Verletzung seiner Rechte durch eine andere in § 35 des Ersten Buches genannte Stelle bei der Wahrnehmung von Aufgaben nach diesem Gesetzbuch behauptet.

(2) ¹ Bei der Wahrnehmung von Aufgaben nach diesem Gesetzbuch gelten für die in § 35 des Ersten Buches genannten Stellen die §§ 24 bis 26 des Bundesdatenschutzgesetzes. ² Bei öffentlichen Stellen der Länder, die unter § 35 des Ersten Buches fallen, treten an die Stelle des Bundesbeauftragten für den Datenschutz die Landesbeauftragten für den Datenschutz. ³ Ihre Aufgaben und Befugnisse richten sich nach dem jeweiligen Landesrecht.

(3) ¹ Verbände und Arbeitsgemeinschaften der in § 35 des Ersten Buches genannten Stellen oder ihrer Verbände gelten, soweit sie Aufgaben nach diesem Gesetzbuch wahrnehmen und an ihnen Stellen des Bundes beteiligt sind, unbeschadet ihrer Rechtsform als öffentliche Stellen des Bundes, wenn sie über den Bereich eines Landes hinaus tätig werden, anderenfalls als öffentliche Stellen der Länder. ² Sonstige Einrichtungen der in § 35 des Ersten Buches genannten Stellen oder ihrer Verbände gelten als öffentliche Stellen des Bundes, wenn die absolute Mehrheit der Anteile oder der Stimmen einer oder mehrerer öffent-

---

[1] Nr. 1.

2. Kapitel. Schutz der Sozialdaten §§ 82, 83 SGB X 10

licher Stellen dem Bund zusteht, anderenfalls als öffentliche Stellen der Länder. ³Die Datenstelle der Rentenversicherung nach § 145 Abs. 1 des Sechsten Buches[1]) gilt als öffentliche Stelle des Bundes.

(4) ¹Auf die in § 35 des Ersten Buches genannten Stellen und die Vermittlungsstellen nach § 67d Abs. 4 sind die §§ 4f, 4g mit Ausnahme des Absatzes 3 sowie § 18 Abs. 2 des Bundesdatenschutzgesetzes entsprechend anzuwenden. ²In räumlich getrennten Organisationseinheiten ist sicherzustellen, dass der Beauftragte für den Datenschutz bei der Erfüllung seiner Aufgaben unterstützt wird. ³Die Sätze 1 und 2 gelten nicht für öffentliche Stellen der Länder mit Ausnahme der Sozialversicherungsträger und ihrer Verbände. ⁴Absatz 2 Satz 2 und 3 gilt entsprechend.

§ 82 Schadensersatz. ¹Fügt eine in § 35 des Ersten Buches[2]) genannte Stelle dem Betroffenen durch eine nach diesem Gesetzbuch oder nach anderen Vorschriften über den Datenschutz unzulässige oder unrichtige Erhebung, Verarbeitung oder Nutzung seiner personenbezogenen Sozialdaten einen Schaden zu, ist § 7 des Bundesdatenschutzgesetzes entsprechend anzuwenden. ²Für den Ersatz des Schadens bei unzulässiger oder unrichtiger automatisierter Erhebung, Verarbeitung oder Nutzung von personenbezogenen Sozialdaten gilt auch § 8 des Bundesdatenschutzgesetzes entsprechend.

§ 83 Auskunft an den Betroffenen. (1) ¹Dem Betroffenen ist auf Antrag Auskunft zu erteilen über

1. die zu seiner Person gespeicherten Sozialdaten, auch soweit sie sich auf die Herkunft dieser Daten beziehen,

2. die Empfänger oder Kategorien von Empfängern, an die Daten weitergegeben werden, und

3. den Zweck der Speicherung.

²In dem Antrag soll die Art der Sozialdaten, über die Auskunft erteilt werden soll, näher bezeichnet werden. ³Sind die Sozialdaten nicht automatisiert oder nicht in nicht automatisierten Dateien gespeichert, wird die Auskunft nur erteilt, soweit der Betroffene Angaben macht, die das Auffinden der Daten ermöglichen, und der für die Erteilung der Auskunft erforderliche Aufwand nicht außer Verhältnis zu dem vom Betroffenen geltend gemachten Informationsinteresse steht. ⁴Die verantwortliche Stelle bestimmt das Verfahren, insbesondere die Form der Auskunftserteilung, nach pflichtgemäßem Ermessen. ⁵§ 25 Abs. 2 gilt entsprechend.

(2) Für Sozialdaten, die nur deshalb gespeichert sind, weil sie auf Grund gesetzlicher, satzungsmäßiger oder vertraglicher Aufbewahrungsvorschriften nicht gelöscht werden dürfen, oder die ausschließlich Zwecken der Datensicherung oder der Datenschutzkontrolle dienen, gilt Absatz 1 nicht, wenn eine Auskunftserteilung einen unverhältnismäßigen Aufwand erfordern würde.

(3) Bezieht sich die Auskunftserteilung auf die Übermittlung von Sozialdaten an Staatsanwaltschaften und Gerichte im Bereich der Strafverfolgung, an Polizeibehörden, Verfassungsschutzbehörden, den Bundesnachrichtendienst

---

[1]) Nr. 6.
[2]) Nr. 1.

und den Militärischen Abschirmdienst, ist sie nur mit Zustimmung dieser Stellen zulässig.

(4) Die Auskunftserteilung unterbleibt, soweit
1. die Auskunft die ordnungsgemäße Erfüllung der in der Zuständigkeit der verantwortlichen Stelle liegenden Aufgaben gefährden würde,
2. die Auskunft die öffentliche Sicherheit gefährden oder sonst dem Wohle des Bundes oder eines Landes Nachteile bereiten würde oder
3. die Daten oder die Tatsache ihrer Speicherung nach einer Rechtsvorschrift oder ihrem Wesen nach, insbesondere wegen der überwiegenden berechtigten Interessen eines Dritten, geheim gehalten werden müssen,

und deswegen das Interesse des Betroffenen an der Auskunftserteilung zurücktreten muss.

(5) [1] Die Ablehnung der Auskunftserteilung bedarf keiner Begründung, soweit durch die Mitteilung der tatsächlichen und rechtlichen Gründe, auf die die Entscheidung gestützt wird, der mit der Auskunftsverweigerung verfolgte Zweck gefährdet würde. [2] In diesem Fall ist der Betroffene darauf hinzuweisen, dass er sich, wenn die in § 35 des Ersten Buches[1]) genannten Stellen der Kontrolle des Bundesbeauftragten für den Datenschutz unterliegen, an diesen, sonst an die nach Landesrecht für die Kontrolle des Datenschutzes zuständige Stelle wenden kann.

(6) Wird einem Auskunftsberechtigten keine Auskunft erteilt, so kann, soweit es sich um in § 35 des Ersten Buches genannte Stellen handelt, die der Kontrolle des Bundesbeauftragten für den Datenschutz unterliegen, dieser, sonst die nach Landesrecht für die Kontrolle des Datenschutzes zuständige Stelle auf Verlangen der Auskunftsberechtigten prüfen, ob die Ablehnung der Auskunftserteilung rechtmäßig war.

(7) Die Auskunft ist unentgeltlich.

§ 83a Informationspflicht bei unrechtmäßiger Kenntniserlangung von Sozialdaten. [1] Stellt eine in § 35 des Ersten Buches[1]) genannte Stelle fest, dass bei ihr gespeicherte besondere Arten personenbezogener Daten (§ 67 Absatz 12) unrechtmäßig übermittelt oder auf sonstige Weise Dritten unrechtmäßig zur Kenntnis gelangt sind und drohen schwerwiegende Beeinträchtigungen für die Rechte oder schutzwürdigen Interessen der Betroffenen, hat sie dies unverzüglich der nach § 90 des Vierten Buches[2]) zuständigen Aufsichtsbehörde, der zuständigen Datenschutzaufsichtsbehörde sowie den Betroffenen mitzuteilen. [2] § 42a Satz 2 bis 6 des Bundesdatenschutzgesetzes gilt entsprechend.

§ 84 Berichtigung, Löschung und Sperrung von Daten; Widerspruchsrecht. (1) [1] Sozialdaten sind zu berichtigen, wenn sie unrichtig sind. [2] Wird die Richtigkeit von Sozialdaten von dem Betroffenen bestritten und lässt sich weder die Richtigkeit noch die Unrichtigkeit der Daten feststellen, bewirkt dies keine Sperrung, soweit es um die Erfüllung sozialer Aufgaben geht; die ungeklärte Sachlage ist in geeigneter Weise festzuhalten. [3] Die bestrittenen Daten dürfen nur mit einem Hinweis hierauf genutzt und übermittelt werden.

---

[1]) Nr. 1.
[2]) Nr. 4.

(1a) § 20 Abs. 5 des Bundesdatenschutzgesetzes gilt entsprechend.

(2) ¹ Sozialdaten sind zu löschen, wenn ihre Speicherung unzulässig ist. ² Sie sind auch zu löschen, wenn ihre Kenntnis für die verantwortliche Stelle zur rechtmäßigen Erfüllung der in ihrer Zuständigkeit liegenden Aufgaben nicht mehr erforderlich ist und kein Grund zu der Annahme besteht, dass durch die Löschung schutzwürdige Interessen des Betroffenen beeinträchtigt werden.

(3) An die Stelle einer Löschung tritt eine Sperrung, soweit
1. einer Löschung gesetzliche, satzungsmäßige oder vertragliche Aufbewahrungsfristen entgegenstehen,
2. Grund zu der Annahme besteht, dass durch eine Löschung schutzwürdige Interessen des Betroffenen beeinträchtigt würden, oder
3. eine Löschung wegen der besonderen Art der Speicherung nicht oder nicht mit angemessenem Aufwand möglich ist.

(4) Gesperrte Sozialdaten dürfen ohne Einwilligung des Betroffenen nur übermittelt oder genutzt werden, wenn
1. es zu wissenschaftlichen Zwecken, zur Behebung einer bestehenden Beweisnot oder aus sonstigen im überwiegenden Interesse der verantwortlichen Stelle oder eines Dritten liegenden Gründen unerlässlich ist und
2. die Sozialdaten hierfür übermittelt oder genutzt werden dürften, wenn sie nicht gesperrt wären.

(5) Von der Tatsache, dass Sozialdaten bestritten oder nicht mehr bestritten sind, von der Berichtigung unrichtiger Daten sowie der Löschung oder Sperrung wegen Unzulässigkeit der Speicherung sind die Stellen zu verständigen, denen im Rahmen einer Datenübermittlung diese Daten zur Speicherung weitergegeben worden sind, wenn dies keinen unverhältnismäßigen Aufwand erfordert und schutzwürdige Interessen des Betroffenen nicht entgegenstehen.

(6) § 71 Abs. 1 Satz 3 bleibt unberührt.

§ 84a Unabdingbare Rechte des Betroffenen. (1) Die Rechte des Betroffenen nach diesem Kapitel können nicht durch Rechtsgeschäft ausgeschlossen oder beschränkt werden.

(2) ¹ Sind die Daten des Betroffenen automatisiert oder in einer nicht automatisierten Datei gespeichert und sind mehrere Stellen speicherungsberechtigt, kann der Betroffene sich an jede dieser Stellen wenden, wenn er nicht in der Lage ist festzustellen, welche Stelle die Daten gespeichert hat. ² Diese ist verpflichtet, das Vorbringen des Betroffenen an die Stelle, die die Daten gespeichert hat, weiterzuleiten. ³ Der Betroffene ist über die Weiterleitung und jene Stelle zu unterrichten.

§ 85 Bußgeldvorschriften. (1) Ordnungswidrig handelt, wer vorsätzlich oder fahrlässig
1. entgegen § 78 Abs. 1 Satz 1 Sozialdaten verarbeitet oder nutzt, wenn die Handlung nicht nach Absatz 2 Nr. 5 geahndet werden kann,
1a. entgegen § 80 Absatz 2 Satz 2 einen Auftrag nicht richtig, nicht vollständig oder nicht in der vorgeschriebenen Weise erteilt,

1b. entgegen § 80 Absatz 2 Satz 4 sich nicht vor Beginn der Datenverarbeitung von der Einhaltung der beim Auftragnehmer getroffenen technischen und organisatorischen Maßnahmen überzeugt,
2. entgegen § 80 Abs. 4, auch in Verbindung mit § 67d Abs. 4 Satz 2, Sozialdaten anderweitig verarbeitet, nutzt oder länger speichert oder
3. entgegen § 81 Abs. 4 Satz 1 dieses Gesetzes in Verbindung mit § 4f Abs. 1 Satz 1 oder 2 des Bundesdatenschutzgesetzes, diese jeweils auch in Verbindung mit § 4f Abs. 1 Satz 3 und 6 des Bundesdatenschutzgesetzes, einen Beauftragten für den Datenschutz nicht oder nicht rechtzeitig bestellt.

(2) Ordnungswidrig handelt, wer vorsätzlich oder fahrlässig
1. unbefugt Sozialdaten, die nicht allgemein zugänglich sind, erhebt oder verarbeitet,
2. unbefugt Sozialdaten, die nicht allgemein zugänglich sind, zum Abruf mittels automatisierten Verfahrens bereithält,
3. unbefugt Sozialdaten, die nicht allgemein zugänglich sind, abruft oder sich oder einem anderen aus automatisierten Verarbeitungen oder nicht automatisierten Dateien verschafft,
4. die Übermittlung von Sozialdaten, die nicht allgemein zugänglich sind, durch unrichtige Angaben erschleicht,
5. entgegen § 67c Abs. 5 Satz 1 oder § 78 Abs. 1 Satz 1 Sozialdaten für andere Zwecke nutzt, indem er sie an Dritte weitergibt oder
6. entgegen § 83a Satz 1 eine Mitteilung nicht, nicht richtig, nicht vollständig oder nicht rechtzeitig macht.

(3) [1] Die Ordnungswidrigkeit kann im Falle des Absatzes 1 mit einer Geldbuße bis zu fünfzigtausend Euro, in den Fällen des Absatzes 2 mit einer Geldbuße bis zu dreihunderttausend Euro geahndet werden. [2] Die Geldbuße soll den wirtschaftlichen Vorteil, den der Täter aus den Ordnungswidrigkeiten gezogen hat, übersteigen. [3] Reichen die in Satz 1 genannten Beträge hierfür nicht aus, so können sie überschritten werden.

§ 85a Strafvorschriften. (1) Wer eine in § 85 Abs. 2 bezeichnete vorsätzliche Handlung gegen Entgelt oder in der Absicht, sich oder einen anderen zu bereichern oder einen anderen zu schädigen, begeht, wird mit Freiheitsstrafe bis zu zwei Jahren oder mit Geldstrafe bestraft.

(2) [1] Die Tat wird nur auf Antrag verfolgt. [2] Antragsberechtigt sind der Betroffene, die verantwortliche Stelle, der Bundesbeauftragte für den Datenschutz oder der zuständige Landesbeauftragte für den Datenschutz.

[Zweites Kapitel ab 25.5.2018:]
Zweites Kapitel. Schutz der Sozialdaten

Erster Abschnitt. Begriffsbestimmungen

§ 67 *Begriffsbestimmungen. (1) Die nachfolgenden Begriffsbestimmungen gelten ergänzend zu Artikel 4 der Verordnung (EU) 2016/679 des Europäischen Parlaments und des Rates vom 27. April 2016 zum Schutz natürlicher Personen bei der Ver-*

arbeitung personenbezogener Daten, zum freien Datenverkehr und zur Aufhebung der Richtlinie 95/46/EG (Datenschutz-Grundverordnung) (ABl. L 119 vom 4.5.2016, S. 1; L 314 vom 22.11.2016, S. 72).

(2) ¹ Sozialdaten sind personenbezogene Daten (Artikel 4 Nummer 1 der Verordnung (EU) 2016/679), die von einer in § 35 des Ersten Buches[1]) genannten Stelle im Hinblick auf ihre Aufgaben nach diesem Gesetzbuch verarbeitet werden. ² Betriebs- und Geschäftsgeheimnisse sind alle betriebs- oder geschäftsbezogenen Daten, auch von juristischen Personen, die Geheimnischarakter haben.

(3) Aufgaben nach diesem Gesetzbuch sind, soweit dieses Kapitel angewandt wird, auch

1. Aufgaben auf Grund von Verordnungen, deren Ermächtigungsgrundlage sich im Sozialgesetzbuch befindet,

2. Aufgaben auf Grund von über- und zwischenstaatlichem Recht im Bereich der sozialen Sicherheit,

3. Aufgaben auf Grund von Rechtsvorschriften, die das Erste und das Zehnte Buch für entsprechend anwendbar erklären, und

4. Aufgaben auf Grund des Arbeitssicherheitsgesetzes und Aufgaben, soweit sie den in § 35 des Ersten Buches genannten Stellen durch Gesetz zugewiesen sind. § 8 Absatz 1 Satz 3 des Arbeitssicherheitsgesetzes bleibt unberührt.

(4) ¹ Werden Sozialdaten von einem Leistungsträger im Sinne von § 12 des Ersten Buches verarbeitet, ist der Verantwortliche der Leistungsträger. ² Ist der Leistungsträger eine Gebietskörperschaft, so sind der Verantwortliche die Organisationseinheiten, die eine Aufgabe nach einem der besonderen Teile dieses Gesetzbuches funktional durchführen.

(5) Nicht-öffentliche Stellen sind natürliche und juristische Personen, Gesellschaften und andere Personenvereinigungen des privaten Rechts, soweit sie nicht unter § 81 Absatz 3 fallen.

Zweiter Abschnitt. Verarbeitung von Sozialdaten

§ 67a Erhebung von Sozialdaten. (1) ¹ Die Erhebung von Sozialdaten durch die in § 35 des Ersten Buches genannten Stellen ist zulässig, wenn ihre Kenntnis zur Erfüllung einer Aufgabe der erhebenden Stelle nach diesem Gesetzbuch erforderlich ist. ² Dies gilt auch für die Erhebung der besonderen Kategorien personenbezogener Daten im Sinne des Artikels 9 Absatz 1 der Verordnung (EU) 2016/679. ³ § 22 Absatz 2 des Bundesdatenschutzgesetzes gilt entsprechend.

(2) ¹ Sozialdaten sind bei der betroffenen Person zu erheben. ² Ohne ihre Mitwirkung dürfen sie nur erhoben werden

1. bei den in § 35 des Ersten Buches[1]) oder in § 69 Absatz 2 genannten Stellen, wenn

   a) diese zur Übermittlung der Daten an die erhebende Stelle befugt sind,

   b) die Erhebung bei der betroffenen Person einen unverhältnismäßigen Aufwand erfordern würde und

   c) keine Anhaltspunkte dafür bestehen, dass überwiegende schutzwürdige Interessen der betroffenen Person beeinträchtigt werden,

---

[1]) Nr. 1.

2. bei anderen Personen oder Stellen, wenn

a) eine Rechtsvorschrift die Erhebung bei ihnen zulässt oder die Übermittlung an die erhebende Stelle ausdrücklich vorschreibt oder

b) aa) die Aufgaben nach diesem Gesetzbuch ihrer Art nach eine Erhebung bei anderen Personen oder Stellen erforderlich machen oder

bb) die Erhebung bei der betroffenen Person einen unverhältnismäßigen Aufwand erfordern würde

und keine Anhaltspunkte dafür bestehen, dass überwiegende schutzwürdige Interessen der betroffenen Person beeinträchtigt werden.

§ 67b *Speicherung, Veränderung, Nutzung, Übermittlung, Einschränkung der Verarbeitung und Löschung von Sozialdaten.* *(1) ¹ Die Speicherung, Veränderung, Nutzung, Übermittlung, Einschränkung der Verarbeitung und Löschung von Sozialdaten durch die in § 35 des Ersten Buches*[1] *genannten Stellen ist zulässig, soweit die nachfolgenden Vorschriften oder eine andere Rechtsvorschrift in diesem Gesetzbuch es erlauben oder anordnen. ² Dies gilt auch für die besonderen Kategorien personenbezogener Daten im Sinne des Artikels 9 Absatz 1 der Verordnung (EU) 2016/679. ³ Die Übermittlung von biometrischen, genetischen oder Gesundheitsdaten ist abweichend von Artikel 9 Absatz 2 Buchstabe b, d bis j der Verordnung (EU) 2016/679 nur zulässig, soweit eine gesetzliche Übermittlungsbefugnis nach den §§ 68 bis 77 oder nach einer anderen Rechtsvorschrift in diesem Gesetzbuch vorliegt. ⁴ § 22 Absatz 2 des Bundesdatenschutzgesetzes gilt entsprechend.*

(2) ¹ Zum Nachweis im Sinne des Artikels 7 Absatz 1 der Verordnung (EU) 2016/679, dass die betroffene Person in die Verarbeitung ihrer personenbezogenen Daten eingewilligt hat, soll die Einwilligung schriftlich oder elektronisch erfolgen. ² Wird die Einwilligung der betroffenen Person eingeholt, ist diese auf den Zweck der vorgesehenen Verarbeitung, auf die Folgen der Verweigerung der Einwilligung sowie auf die jederzeitige Widerrufsmöglichkeit gemäß Artikel 7 Absatz 3 der Verordnung (EU) 2016/679 hinzuweisen.

(3) Die Einwilligung zur Verarbeitung personenbezogener Daten zu Forschungszwecken kann für ein bestimmtes Vorhaben oder für bestimmte Bereiche der wissenschaftlichen Forschung erteilt werden.

§ 67c *Zweckbindung sowie Speicherung, Veränderung und Nutzung von Sozialdaten zu anderen Zwecken.* *(1) ¹ Die Speicherung, Veränderung oder Nutzung von Sozialdaten durch die in § 35 des Ersten Buches*[1] *genannten Stellen ist zulässig, wenn sie zur Erfüllung der in der Zuständigkeit des Verantwortlichen liegenden gesetzlichen Aufgaben nach diesem Gesetzbuch erforderlich ist und für die Zwecke erfolgt, für die die Daten erhoben worden sind. ² Ist keine Erhebung vorausgegangen, dürfen die Daten nur für die Zwecke geändert oder genutzt werden, für die sie gespeichert worden sind.*

(2) Die nach Absatz 1 gespeicherten Daten dürfen von demselben Verantwortlichen für andere Zwecke nur gespeichert, verändert oder genutzt werden, wenn

1. *die Daten für die Erfüllung von Aufgaben nach anderen Rechtsvorschriften dieses Gesetzbuches als diejenigen, für die sie erhoben wurden, erforderlich sind,*

---

[1] Nr. 1.

2. Kapitel. Schutz der Sozialdaten §§ 67d, 67e SGB X 10

2. es zur Durchführung eines bestimmten Vorhabens der wissenschaftlichen Forschung oder Planung im Sozialleistungsbereich erforderlich ist und die Voraussetzungen des § 75 Absatz 1, 2 oder 4a Satz 1 vorliegen.

(3) [1] *Eine Speicherung, Veränderung oder Nutzung von Sozialdaten ist zulässig, wenn sie für die Wahrnehmung von Aufsichts-, Kontroll- und Disziplinarbefugnissen, der Rechnungsprüfung oder der Durchführung von Organisationsuntersuchungen für den Verantwortlichen erforderlich ist.* [2] *Das gilt auch für die Veränderung oder Nutzung zu Ausbildungs- und Prüfungszwecken durch den Verantwortlichen, soweit nicht überwiegende schutzwürdige Interessen der betroffenen Person entgegenstehen.*

(4) Sozialdaten, die ausschließlich zu Zwecken der Datenschutzkontrolle, der Datensicherung oder zur Sicherstellung eines ordnungsgemäßen Betriebes einer Datenverarbeitungsanlage gespeichert werden, dürfen nur für diese Zwecke verwendet werden.

(5) [1] *Für Zwecke der wissenschaftlichen Forschung oder Planung im Sozialleistungsbereich erhobene oder gespeicherte Sozialdaten dürfen von den in § 35 des Ersten Buches genannten Stellen nur für ein bestimmtes Vorhaben der wissenschaftlichen Forschung im Sozialleistungsbereich oder der Planung im Sozialleistungsbereich verändert oder genutzt werden.* [2] *Die Sozialdaten sind zu anonymisieren, sobald dies nach dem Forschungs- oder Planungszweck möglich ist.* [3] *Bis dahin sind die Merkmale gesondert zu speichern, mit denen Einzelangaben über persönliche oder sachliche Verhältnisse einer bestimmten oder bestimmbaren Person zugeordnet werden können.* [4] *Sie dürfen mit den Einzelangaben nur zusammengeführt werden, soweit der Forschungs- oder Planungszweck dies erfordert.*

§ 67d *Übermittlungsgrundsätze. (1)* [1] *Die Verantwortung für die Zulässigkeit der Bekanntgabe von Sozialdaten durch ihre Weitergabe an einen Dritten oder durch die Einsichtnahme oder den Abruf eines Dritten von zur Einsicht oder zum Abruf bereitgehaltenen Daten trägt die übermittelnde Stelle.* [2] *Erfolgt die Übermittlung auf Ersuchen des Dritten, an den die Daten übermittelt werden, trägt dieser die Verantwortung für die Richtigkeit der Angaben in seinem Ersuchen.*

(2) Sind mit Sozialdaten, die übermittelt werden dürfen, weitere personenbezogene Daten der betroffenen Person oder eines Dritten so verbunden, dass eine Trennung nicht oder nur mit unvertretbarem Aufwand möglich ist, so ist die Übermittlung auch dieser Daten nur zulässig, wenn schutzwürdige Interessen der betroffenen Person oder eines Dritten an deren Geheimhaltung nicht überwiegen; eine Veränderung oder Nutzung dieser Daten ist unzulässig.

(3) Die Übermittlung von Sozialdaten ist auch über Vermittlungsstellen im Rahmen einer Auftragsverarbeitung zulässig.

§ 67e **Erhebung und Übermittlung zur Bekämpfung von Leistungsmissbrauch und illegaler Ausländerbeschäftigung.** [1] *Bei der Prüfung nach § 2 des Schwarzarbeitsbekämpfungsgesetzes oder nach § 28p des Vierten Buches*[1]) *darf bei der überprüften Person zusätzlich erfragt werden,*

1. *ob und welche Art von Sozialleistungen nach diesem Gesetzbuch oder Leistungen nach dem Asylbewerberleistungsgesetz sie bezieht und von welcher Stelle sie diese Leistungen bezieht,*

2. *bei welcher Krankenkasse sie versichert oder ob sie als Selbständige tätig ist,*

---

[1]) Nr. 4.

3. ob und welche Art von Beiträgen nach diesem Gesetzbuch sie abführt und

4. ob und welche ausländischen Arbeitnehmerinnen und Arbeitnehmer sie mit einer für ihre Tätigkeit erforderlichen Genehmigung und nicht zu ungünstigeren Arbeitsbedingungen als vergleichbare deutsche Arbeitnehmerinnen und Arbeitnehmer beschäftigt.

² Zu Prüfzwecken dürfen die Antworten auf Fragen nach Satz 1 Nummer 1 an den jeweils zuständigen Leistungsträger und nach Satz 1 Nummer 2 bis 4 an die jeweils zuständige Einzugsstelle und die Bundesagentur für Arbeit übermittelt werden. ³ Der Empfänger hat die Prüfung unverzüglich durchzuführen.

§ 68 *Übermittlung für Aufgaben der Polizeibehörden, der Staatsanwaltschaften, Gerichte und der Behörden der Gefahrenabwehr. (1) ¹ Zur Erfüllung von Aufgaben der Polizeibehörden, der Staatsanwaltschaften und Gerichte, der Behörden der Gefahrenabwehr und der Justizvollzugsanstalten dürfen im Einzelfall auf Ersuchen Name, Vorname, Geburtsdatum, Geburtsort, derzeitige Anschrift der betroffenen Person, ihr derzeitiger oder zukünftiger Aufenthaltsort sowie Namen, Vornamen oder Firma und Anschriften ihrer derzeitigen Arbeitgeber übermittelt werden, soweit kein Grund zu der Annahme besteht, dass dadurch schutzwürdige Interessen der betroffenen Person beeinträchtigt werden, und wenn das Ersuchen nicht länger als sechs Monate zurückliegt. ² Die ersuchte Stelle ist über § 4 Absatz 3 hinaus zur Übermittlung auch dann nicht verpflichtet, wenn sich die ersuchende Stelle die Angaben auf andere Weise beschaffen kann. ³ Satz 2 findet keine Anwendung, wenn das Amtshilfeersuchen zur Durchführung einer Vollstreckung nach § 66 erforderlich ist.*

(1a) Zu dem in § 7 Absatz 2 des Internationalen Familienrechtsverfahrensgesetzes bezeichneten Zweck ist es zulässig, der in dieser Vorschrift bezeichneten Zentralen Behörde auf Ersuchen im Einzelfall den derzeitigen Aufenthalt der betroffenen Person zu übermitteln, soweit kein Grund zur Annahme besteht, dass dadurch schutzwürdige Interessen der betroffenen Person beeinträchtigt werden.

(2) Über das Übermittlungsersuchen entscheidet der Leiter oder die Leiterin der ersuchten Stelle, dessen oder deren allgemeiner Stellvertreter oder allgemeine Stellvertreterin oder eine besonders bevollmächtigte bedienstete Person.

(3) ¹ Eine Übermittlung der in Absatz 1 Satz 1 genannten Sozialdaten, von Angaben zur Staats- und Religionsangehörigkeit, früherer Anschriften der betroffenen Personen, von Namen und Anschriften früherer Arbeitgeber der betroffenen Personen sowie von Angaben über an betroffene Personen erbrachte oder demnächst zu erbringende Geldleistungen ist zulässig, soweit sie zur Durchführung einer nach Bundes- oder Landesrecht zulässigen Rasterfahndung erforderlich ist. ² Die Verantwortung für die Zulässigkeit der Übermittlung trägt abweichend von § 67d Absatz 1 Satz 1 der Dritte, an den die Daten übermittelt werden. ³ Die übermittelnde Stelle prüft nur, ob das Übermittlungsersuchen im Rahmen der Aufgaben des Dritten liegt, an den die Daten übermittelt werden, es sei denn, dass besonderer Anlass zur Prüfung der Zulässigkeit der Übermittlung besteht.

§ 69 *Übermittlung für die Erfüllung sozialer Aufgaben. (1) Eine Übermittlung von Sozialdaten ist zulässig, soweit sie erforderlich ist*

1. *für die Erfüllung der Zwecke, für die sie erhoben worden sind, oder für die Erfüllung einer gesetzlichen Aufgabe der übermittelnden Stelle nach diesem Gesetzbuch oder einer solchen Aufgabe des Dritten, an den die Daten übermittelt werden, wenn er eine in § 35 des Ersten Buches genannte Stelle ist,*

2. Kapitel. Schutz der Sozialdaten §§ 70, 71 SGB X 10

2. für die Durchführung eines mit der Erfüllung einer Aufgabe nach Nummer 1 zusammenhängenden gerichtlichen Verfahrens einschließlich eines Strafverfahrens oder

3. für die Richtigstellung unwahrer Tatsachenbehauptungen der betroffenen Person im Zusammenhang mit einem Verfahren über die Erbringung von Sozialleistungen; die Übermittlung bedarf der vorherigen Genehmigung durch die zuständige oberste Bundes- oder Landesbehörde.

(2) Für die Erfüllung einer gesetzlichen oder sich aus einem Tarifvertrag ergebenden Aufgabe sind den in § 35 des Ersten Buches[1) genannten Stellen gleichgestellt

1. *die Stellen, die Leistungen nach dem Lastenausgleichsgesetz, dem Bundesentschädigungsgesetz, dem Strafrechtlichen Rehabilitierungsgesetz, dem Beruflichen Rehabilitierungsgesetz, dem Gesetz über die Entschädigung für Strafverfolgungsmaßnahmen, dem Unterhaltssicherungsgesetz, dem Beamtenversorgungsgesetz und den Vorschriften, die auf das Beamtenversorgungsgesetz verweisen, dem Soldatenversorgungsgesetz, dem Anspruchs- und Anwartschaftsüberführungsgesetz und den Vorschriften der Länder über die Gewährung von Blinden- und Pflegegeldleistungen zu erbringen haben,*

2. *die gemeinsamen Einrichtungen der Tarifvertragsparteien im Sinne des § 4 Absatz 2 des Tarifvertragsgesetzes, die Zusatzversorgungseinrichtungen des öffentlichen Dienstes und die öffentlich-rechtlichen Zusatzversorgungseinrichtungen,*

3. *die Bezügestellen des öffentlichen Dienstes, soweit sie kindergeldabhängige Leistungen des Besoldungs-, Versorgungs- und Tarifrechts unter Verwendung von personenbezogenen Kindergelddaten festzusetzen haben.*

(3) Die Übermittlung von Sozialdaten durch die Bundesagentur für Arbeit an die Krankenkassen ist zulässig, soweit sie erforderlich ist, den Krankenkassen die Feststellung der Arbeitgeber zu ermöglichen, die am Ausgleich der Arbeitgeberaufwendungen nach dem Aufwendungsausgleichsgesetz teilnehmen.

(4) Die Krankenkassen sind befugt, einem Arbeitgeber mitzuteilen, ob die Fortdauer einer Arbeitsunfähigkeit oder eine erneute Arbeitsunfähigkeit eines Arbeitnehmers auf derselben Krankheit beruht; die Übermittlung von Diagnosedaten an den Arbeitgeber ist nicht zulässig.

(5) Die Übermittlung von Sozialdaten ist zulässig für die Erfüllung der gesetzlichen Aufgaben der Rechnungshöfe und der anderen Stellen, auf die § 67c Absatz 3 Satz 1 Anwendung findet.

§ 70 Übermittlung für die Durchführung des Arbeitsschutzes. *Eine Übermittlung von Sozialdaten ist zulässig, soweit sie zur Erfüllung der gesetzlichen Aufgaben der für den Arbeitsschutz zuständigen staatlichen Behörden oder der Bergbehörden bei der Durchführung des Arbeitsschutzes erforderlich ist und schutzwürdige Interessen der betroffenen Person nicht beeinträchtigt werden oder das öffentliche Interesse an der Durchführung des Arbeitsschutzes das Geheimhaltungsinteresse der betroffenen Person erheblich überwiegt.*

§ 71 Übermittlung für die Erfüllung besonderer gesetzlicher Pflichten und Mitteilungsbefugnisse. *(1) ¹ Eine Übermittlung von Sozialdaten ist zulässig, soweit sie erforderlich ist für die Erfüllung der gesetzlichen Mitteilungspflichten*

1. *zur Abwendung geplanter Straftaten nach § 138 des Strafgesetzbuches,*

[1)] Nr. 1.

2. *zum Schutz der öffentlichen Gesundheit nach § 8 des Infektionsschutzgesetzes,*
3. *zur Sicherung des Steueraufkommens nach § 22a des Einkommensteuergesetzes und den §§ 93, 97, 105, 111 Absatz 1 und 5, § 116 der Abgabenordnung und § 32b Absatz 3 des Einkommensteuergesetzes, soweit diese Vorschriften unmittelbar anwendbar sind, und zur Mitteilung von Daten der ausländischen Unternehmen, die auf Grund bilateraler Regierungsvereinbarungen über die Beschäftigung von Arbeitnehmern zur Ausführung von Werkverträgen tätig werden, nach § 93a der Abgabenordnung,*
4. *zur Gewährung und Prüfung des Sonderausgabenabzugs nach § 10 des Einkommensteuergesetzes,*
5. *zur Überprüfung der Voraussetzungen für die Einziehung der Ausgleichszahlungen und für die Leistung von Wohngeld nach § 33 des Wohngeldgesetzes,*
6. *zur Bekämpfung von Schwarzarbeit und illegaler Beschäftigung nach dem Schwarzarbeitsbekämpfungsgesetz,*
7. *zur Mitteilung in das Gewerbezentralregister einzutragender Tatsachen an die Registerbehörde,*
8. *zur Erfüllung der Aufgaben der statistischen Ämter der Länder und des Statistischen Bundesamtes gemäß § 3 Absatz 1 des Statistikregistergesetzes zum Aufbau und zur Führung des Statistikregisters,*
9. *zur Aktualisierung des Betriebsregisters nach § 97 Absatz 5 des Agrarstatistikgesetzes,*
10. *zur Erfüllung der Aufgaben der Deutschen Rentenversicherung Bund als zentraler Stelle nach § 22a und § 91 Absatz 1 Satz 1 des Einkommensteuergesetzes,*
11. *zur Erfüllung der Aufgaben der Deutschen Rentenversicherung Knappschaft-Bahn-See, soweit sie bei geringfügig Beschäftigten Aufgaben nach dem Einkommensteuergesetz durchführt,*
12. *zur Erfüllung der Aufgaben des Statistischen Bundesamtes nach § 5a Absatz 1 in Verbindung mit Absatz 3 des Bundesstatistikgesetzes oder*
13. *nach § 69a des Erneuerbare-Energien-Gesetzes zur Berechnung der Bruttowertschöpfung im Verfahren zur Begrenzung der EEG-Umlage.*

[2] Erklärungspflichten als Drittschuldner, welche das Vollstreckungsrecht vorsieht, werden durch Bestimmungen dieses Gesetzbuches nicht berührt. [3] Eine Übermittlung von Sozialdaten ist zulässig, soweit sie erforderlich ist für die Erfüllung der gesetzlichen Pflichten zur Sicherung und Nutzung von Archivgut nach den §§ 2 und 5 des Bundesarchivgesetzes oder entsprechenden gesetzlichen Vorschriften der Länder, die die Schutzfristen dieses Gesetzes nicht unterschreiten. [4] Eine Übermittlung von Sozialdaten ist auch zulässig, soweit sie erforderlich ist, Meldebehörden nach § 6 Absatz 2 des Bundesmeldegesetzes über konkrete Anhaltspunkte für die Unrichtigkeit oder Unvollständigkeit von diesen auf Grund Melderechts übermittelter Daten zu unterrichten.

(2) [1] Eine Übermittlung von Sozialdaten eines Ausländers ist auch zulässig, soweit sie erforderlich ist

1. im Einzelfall auf Ersuchen der mit der Ausführung des Aufenthaltsgesetzes betrauten Behörden nach § 87 Absatz 1 des Aufenthaltsgesetzes mit der Maßgabe, dass über die Angaben nach § 68 hinaus nur mitgeteilt werden können

   a) für die Entscheidung über den Aufenthalt des Ausländers oder eines Familienangehörigen des Ausländers Daten über die Gewährung oder Nichtgewährung von

2. Kapitel. Schutz der Sozialdaten § 71 SGB X 10

Leistungen, Daten über frühere und bestehende Versicherungen und das Nichtbestehen einer Versicherung,

b) *für die Entscheidung über den Aufenthalt oder über die ausländerrechtliche Zulassung oder Beschränkung einer Erwerbstätigkeit des Ausländers Daten über die Zustimmung nach § 4 Absatz 2 Satz 3, § 17 Absatz 1 Satz 1, § 18 Absatz 2 Satz 1, § 18a Absatz 1, § 19 Absatz 1 Satz 1 und § 19a Absatz 1 des Aufenthaltsgesetzes,*

c) *für eine Entscheidung über den Aufenthalt des Ausländers Angaben darüber, ob die in § 54 Absatz 2 Nummer 4 des Aufenthaltsgesetzes bezeichneten Voraussetzungen vorliegen, und*

d) *durch die Jugendämter für die Entscheidung über den weiteren Aufenthalt oder die Beendigung des Aufenthalts eines Ausländers, bei dem ein Ausweisungsgrund nach den §§ 53 bis 56 des Aufenthaltsgesetzes vorliegt, Angaben über das zu erwartende soziale Verhalten,*

2. *für die Erfüllung der in § 87 Absatz 2 des Aufenthaltsgesetzes bezeichneten Mitteilungspflichten,*

3. *für die Erfüllung der in § 99 Absatz 1 Nummer 14 Buchstabe d, f und j des Aufenthaltsgesetzes bezeichneten Mitteilungspflichten, wenn die Mitteilung die Erteilung, den Widerruf oder Beschränkungen der Zustimmung nach § 4 Absatz 2 Satz 3, § 17 Absatz 1 Satz 1, § 18 Absatz 2 Satz 1, § 18a Absatz 1, § 19 Absatz 1 Satz 1 und § 19a Absatz 1 des Aufenthaltsgesetzes oder eines Versicherungsschutzes oder die Gewährung von Leistungen zur Sicherung des Lebensunterhalts nach dem Zweiten Buch[1]) betrifft, oder*

4. *für die Erfüllung der in § 6 Absatz 1 Nummer 8 des Gesetzes über das Ausländerzentralregister bezeichneten Mitteilungspflichten.*

² *Daten über die Gesundheit eines Ausländers dürfen nur übermittelt werden,*

1. *wenn der Ausländer die öffentliche Gesundheit gefährdet und besondere Schutzmaßnahmen zum Ausschluss der Gefährdung nicht möglich sind oder von dem Ausländer nicht eingehalten werden oder*

2. *soweit sie für die Feststellung erforderlich sind, ob die Voraussetzungen des § 54 Absatz 2 Nummer 4 des Aufenthaltsgesetzes vorliegen.*

(2a) Eine Übermittlung personenbezogener Daten eines Leistungsberechtigten nach § 1 des Asylbewerberleistungsgesetzes ist zulässig, soweit sie für die Durchführung des Asylbewerberleistungsgesetzes erforderlich ist.

(3) ¹ *Eine Übermittlung von Sozialdaten ist auch zulässig, soweit es nach pflichtgemäßem Ermessen eines Leistungsträgers erforderlich ist, dem Betreuungsgericht die Bestellung eines Betreuers oder eine andere Maßnahme in Betreuungssachen zu ermöglichen.* ² *§ 7 des Betreuungsbehördengesetzes gilt entsprechend.*

(4) ¹ *Eine Übermittlung von Sozialdaten ist außerdem zulässig, soweit sie im Einzelfall für die rechtmäßige Erfüllung der in der Zuständigkeit der Zentralstelle für Finanztransaktionsuntersuchungen liegenden Aufgaben nach § 28 Absatz 1 Satz 2 Nummer 2 des Geldwäschegesetzes erforderlich ist.* ² *Die Übermittlung ist auf Angaben über Name, Vorname sowie früher geführte Namen, Geburtsdatum, Geburtsort, derzeitige und frühere Anschriften der betroffenen Person sowie Namen und Anschriften seiner derzeitigen und früheren Arbeitgeber beschränkt.*

---

[1]) Nr. 2.

§ 72 Übermittlung für den Schutz der inneren und äußeren Sicherheit.

(1) ¹ Eine Übermittlung von Sozialdaten ist zulässig, soweit sie im Einzelfall für die rechtmäßige Erfüllung der in der Zuständigkeit der Behörden für Verfassungsschutz, des Bundesnachrichtendienstes, des Militärischen Abschirmdienstes und des Bundeskriminalamtes liegenden Aufgaben erforderlich ist. ² Die Übermittlung ist auf Angaben über Name und Vorname sowie früher geführte Namen, Geburtsdatum, Geburtsort, derzeitige und frühere Anschriften der betroffenen Person sowie Namen und Anschriften ihrer derzeitigen und früheren Arbeitgeber beschränkt.

(2) ¹ Über die Erforderlichkeit des Übermittlungsersuchens entscheidet eine von dem Leiter oder der Leiterin der ersuchenden Stelle bestimmte beauftragte Person, die die Befähigung zum Richteramt haben oder die Voraussetzungen des § 110 des Deutschen Richtergesetzes erfüllen soll. ² Wenn eine oberste Bundes- oder Landesbehörde für die Aufsicht über die ersuchende Stelle zuständig ist, ist sie über die gestellten Übermittlungsersuchen zu unterrichten. ³ Bei der ersuchten Stelle entscheidet über das Übermittlungsersuchen der Behördenleiter oder die Behördenleiterin oder dessen oder deren allgemeiner Stellvertreter oder allgemeine Stellvertreterin.

§ 73 Übermittlung für die Durchführung eines Strafverfahrens.

(1) Eine Übermittlung von Sozialdaten ist zulässig, soweit sie zur Durchführung eines Strafverfahrens wegen eines Verbrechens oder wegen einer sonstigen Straftat von erheblicher Bedeutung erforderlich ist.

(2) Eine Übermittlung von Sozialdaten zur Durchführung eines Strafverfahrens wegen einer anderen Straftat ist zulässig, soweit die Übermittlung auf die in § 72 Absatz 1 Satz 2 genannten Angaben und die Angaben über erbrachte oder demnächst zu erbringende Geldleistungen beschränkt ist.

(3) Die Übermittlung nach den Absätzen 1 und 2 ordnet der Richter oder die Richterin an.

§ 74 Übermittlung bei Verletzung der Unterhaltspflicht und beim Versorgungsausgleich.

(1) ¹ Eine Übermittlung von Sozialdaten ist zulässig, soweit sie erforderlich ist

1. für die Durchführung

   a) eines gerichtlichen Verfahrens oder eines Vollstreckungsverfahrens wegen eines gesetzlichen oder vertraglichen Unterhaltsanspruchs oder eines an seine Stelle getretenen Ersatzanspruchs oder

   b) eines Verfahrens über den Versorgungsausgleich nach § 220 des Gesetzes über das Verfahren in Familiensachen und in den Angelegenheiten der freiwilligen Gerichtsbarkeit oder

2. für die Geltendmachung

   a) eines gesetzlichen oder vertraglichen Unterhaltsanspruchs außerhalb eines Verfahrens nach Nummer 1 Buchstabe a, soweit die betroffene Person nach den Vorschriften des bürgerlichen Rechts, insbesondere nach § 1605 oder nach § 1361 Absatz 4 Satz 4, § 1580 Satz 2, § 1615a oder § 1615l Absatz 3 Satz 1 in Verbindung mit § 1605 des Bürgerlichen Gesetzbuchs, zur Auskunft verpflichtet ist, oder

   b) eines Ausgleichsanspruchs im Rahmen des Versorgungsausgleichs außerhalb eines Verfahrens nach Nummer 1 Buchstabe b, soweit die betroffene Person nach § 4 Absatz 1 des Versorgungsausgleichsgesetzes zur Auskunft verpflichtet ist, oder

2. Kapitel. Schutz der Sozialdaten § 74a SGB X 10

3. für die Anwendung der Öffnungsklausel des § 22 Nummer 1 Satz 3 Buchstabe a Doppelbuchstabe bb Satz 2 des Einkommensteuergesetzes auf eine im Versorgungsausgleich auf die ausgleichsberechtigte Person übertragene Rentenanwartschaft, soweit die ausgleichspflichtige Person nach § 22 Nummer 1 Satz 3 Buchstabe a Doppelbuchstabe bb Satz 2 des Einkommensteuergesetzes in Verbindung mit § 4 Absatz 1 des Versorgungsausgleichsgesetzes zur Auskunft verpflichtet ist.

² In den Fällen des Satzes 1 Nummer 2 und 3 ist eine Übermittlung nur zulässig, wenn die auskunftspflichtige Person ihre Pflicht, nachdem sie unter Hinweis auf die in diesem Buch enthaltene Übermittlungsbefugnis der in § 35 des Ersten Buches[1] genannten Stellen gemahnt wurde, innerhalb angemessener Frist nicht oder nicht vollständig erfüllt hat. ³ Diese Stellen dürfen die Anschrift der auskunftspflichtigen Person zum Zwecke der Mahnung übermitteln.

(2) Eine Übermittlung von Sozialdaten durch die Träger der gesetzlichen Rentenversicherung und durch die Träger der Grundsicherung für Arbeitsuchende ist auch zulässig, soweit sie für die Erfüllung der nach § 5 des Auslandsunterhaltsgesetzes der zentralen Behörde (§ 4 des Auslandsunterhaltsgesetzes) obliegenden Aufgaben und zur Erreichung der in den §§ 16 und 17 des Auslandsunterhaltsgesetzes bezeichneten Zwecke erforderlich ist.

§ 74a *Übermittlung zur Durchsetzung öffentlich-rechtlicher Ansprüche und im Vollstreckungsverfahren.* (1) ¹ Zur Durchsetzung von öffentlich-rechtlichen Ansprüchen in Höhe von mindestens 500 Euro dürfen im Einzelfall auf Ersuchen Name, Vorname, Geburtsdatum, Geburtsort, derzeitige Anschrift der betroffenen Person, ihr derzeitiger oder zukünftiger Aufenthaltsort sowie Namen, Vornamen oder Firma und Anschriften ihrer derzeitigen Arbeitgeber übermittelt werden, soweit kein Grund zu der Annahme besteht, dass dadurch schutzwürdige Interessen der betroffenen Person beeinträchtigt werden, und wenn das Ersuchen nicht länger als sechs Monate zurückliegt. ² Die ersuchte Stelle ist über § 4 Absatz 3 hinaus zur Übermittlung auch dann nicht verpflichtet, wenn sich die ersuchende Stelle die Angaben auf andere Weise beschaffen kann. ³ Satz 2 findet keine Anwendung, wenn das Amtshilfeersuchen zur Durchführung einer Vollstreckung nach § 66 erforderlich ist.

(2) ¹ Zur Durchführung eines Vollstreckungsverfahrens, dem zu vollstreckende Ansprüche von mindestens 500 Euro zugrunde liegen, dürfen die Träger der gesetzlichen Rentenversicherung im Einzelfall auf Ersuchen des Gerichtsvollziehers die derzeitige Anschrift der betroffenen Person, ihren derzeitigen oder zukünftigen Aufenthaltsort sowie Namen, Vornamen oder Firma und Anschriften ihrer derzeitigen Arbeitgeber übermitteln, soweit kein Grund zu der Annahme besteht, dass dadurch schutzwürdige Interessen der betroffenen Person beeinträchtigt werden, und das Ersuchen nicht länger als sechs Monate zurückliegt. ² Die Träger der gesetzlichen Rentenversicherung sind über § 4 Absatz 3 hinaus zur Übermittlung auch dann nicht verpflichtet, wenn sich die ersuchende Stelle die Angaben auf andere Weise beschaffen kann. ³ Die Übermittlung ist nur zulässig, wenn

1. der Schuldner seiner Pflicht zur Abgabe der Vermögensauskunft nach § 802c der Zivilprozessordnung nicht nachkommt,

2. bei einer Vollstreckung in die in der Vermögensauskunft aufgeführten Vermögensgegenstände eine vollständige Befriedigung des Gläubigers voraussichtlich nicht zu erwarten wäre oder

---

[1] Nr. 1.

3. die Anschrift oder der derzeitige oder zukünftige Aufenthaltsort des Schuldners trotz Anfrage bei der Meldebehörde nicht bekannt ist.

⁴ Der Gerichtsvollzieher hat in seinem Ersuchen zu bestätigen, dass diese Voraussetzungen vorliegen.

§ 75 Übermittlung von Sozialdaten für die Forschung und Planung. (1) ¹ Eine Übermittlung von Sozialdaten ist zulässig, soweit sie erforderlich ist für ein bestimmtes Vorhaben

1. der wissenschaftlichen Forschung im Sozialleistungsbereich oder der wissenschaftlichen Arbeitsmarkt- und Berufsforschung oder

2. der Planung im Sozialleistungsbereich durch eine öffentliche Stelle im Rahmen ihrer Aufgaben

und schutzwürdige Interessen der betroffenen Person nicht beeinträchtigt werden oder das öffentliche Interesse an der Forschung oder Planung das Geheimhaltungsinteresse der betroffenen Person erheblich überwiegt. ² Eine Übermittlung ohne Einwilligung der betroffenen Person ist nicht zulässig, soweit es zumutbar ist, ihre Einwilligung einzuholen. ³ Angaben über den Namen und Vornamen, die Anschrift, die Telefonnummer sowie die für die Einleitung eines Vorhabens nach Satz 1 zwingend erforderlichen Strukturmerkmale der betroffenen Person können für Befragungen auch ohne Einwilligungen übermittelt werden. ⁴ Der nach Absatz 4 Satz 1 zuständigen Behörde ist ein Datenschutzkonzept vorzulegen.

(2) Ergibt sich aus dem Vorhaben nach Absatz 1 Satz 1 eine Forschungsfrage, die in einem inhaltlichen Zusammenhang mit diesem steht, können hierzu auf Antrag die Frist nach Absatz 4 Satz 5 Nummer 4 zur Verarbeitung der erforderlichen Sozialdaten verlängert oder eine neue Frist festgelegt und weitere erforderliche Sozialdaten übermittelt werden.

(3) ¹ Soweit nach Absatz 1 oder 2 besondere Kategorien von Daten im Sinne von Artikel 9 Absatz 1 der Verordnung (EU) 2016/679 an einen Dritten übermittelt oder nach Absatz 4a von einem Dritten verwendet werden, sieht dieser bei der Verarbeitung angemessene und spezifische Maßnahmen zur Wahrung der Interessen der betroffenen Person gemäß § 22 Absatz 2 Satz 2 des Bundesdatenschutzgesetzes vor. ² Ergänzend zu den dort genannten Maßnahmen sind die besonderen Kategorien von Daten im Sinne des Artikels 9 Absatz 1 der Verordnung (EU) 2016/679 zu anonymisieren, sobald dies nach dem Forschungszweck möglich ist.

(4) ¹ Die Übermittlung nach Absatz 1 und die weitere Verarbeitung sowie die Übermittlung nach Absatz 2 bedürfen der vorherigen Genehmigung durch die oberste Bundes- oder Landesbehörde, die für den Bereich, aus dem die Daten herrühren, zuständig ist. ² Die oberste Bundesbehörde kann das Genehmigungsverfahren bei Anträgen von Versicherungsträgern nach § 1 Absatz 1 Satz 1 des Vierten Buches[1] auf das Bundesversicherungsamt übertragen. ³ Eine Übermittlung von Sozialdaten an eine nicht-öffentliche Stelle und eine weitere Verarbeitung durch diese nach Absatz 2 darf nur genehmigt werden, wenn sich die nicht-öffentliche Stelle gegenüber der Genehmigungsbehörde verpflichtet hat, die Daten nur für den vorgesehenen Zweck zu verarbeiten. ⁴ Die Genehmigung darf im Hinblick auf die Wahrung des Sozialgeheimnisses nur versagt werden, wenn die Voraussetzungen des Absatzes 1, 2 oder 4a nicht vorliegen. ⁵ Sie muss

1. den Dritten, an den die Daten übermittelt werden,

---

[1] Nr. 4.

2. die Art der zu übermittelnden Sozialdaten und den Kreis der betroffenen Personen,
3. die wissenschaftliche Forschung oder die Planung, zu der die übermittelten Sozialdaten verwendet werden dürfen, und
4. den Tag, bis zu dem die übermittelten Sozialdaten verarbeitet werden dürfen,

genau bezeichnen und steht auch ohne besonderen Hinweis unter dem Vorbehalt der nachträglichen Aufnahme, Änderung oder Ergänzung einer Auflage. ⁶ Nach Ablauf der Frist nach Satz 5 Nummer 4 können die verarbeiteten Daten bis zu zehn Jahre lang gespeichert werden, um eine Nachprüfung der Forschungsergebnisse auf der Grundlage der ursprünglichen Datenbasis sowie eine Verarbeitung für weitere Forschungsvorhaben nach Absatz 2 zu ermöglichen.

(4a) ¹ Ergänzend zur Übermittlung von Sozialdaten zu einem bestimmten Forschungsvorhaben nach Absatz 1 Satz 1 kann die Verwendung dieser Sozialdaten auch für noch nicht bestimmte, aber inhaltlich zusammenhängende Forschungsvorhaben des gleichen Forschungsbereiches beantragt werden. ² Die Genehmigung ist unter den Voraussetzungen des Absatzes 4 zu erteilen, wenn sich der Datenempfänger gegenüber der genehmigenden Stelle verpflichtet, auch bei künftigen Forschungsvorhaben im Forschungsbereich die Genehmigungsvoraussetzungen einzuhalten. ³ Die nach Absatz 4 Satz 1 zuständige Behörde kann vom Antragsteller die Vorlage einer unabhängigen Begutachtung des Datenschutzkonzeptes verlangen. ⁴ Der Antragsteller ist verpflichtet, der nach Absatz 4 Satz 1 zuständigen Behörde jedes innerhalb des genehmigten Forschungsbereiches vorgesehene Forschungsvorhaben vor dessen Beginn anzuzeigen und dabei die Erfüllung der Genehmigungsvoraussetzungen darzulegen. ⁵ Mit dem Forschungsvorhaben darf acht Wochen nach Eingang der Anzeige bei der Genehmigungsbehörde begonnen werden, sofern nicht die Genehmigungsbehörde vor Ablauf der Frist mitteilt, dass für das angezeigte Vorhaben ein gesondertes Genehmigungsverfahren erforderlich ist.

(5) Wird die Verarbeitung von Sozialdaten nicht-öffentlichen Stellen genehmigt, hat die genehmigende Stelle durch Auflagen sicherzustellen, dass die der Genehmigung durch Absatz 1, 2 und 4a gesetzten Grenzen beachtet werden.

(6) Ist der Dritte, an den Sozialdaten übermittelt werden, eine nicht-öffentliche Stelle, unterliegt dieser der Aufsicht der gemäß § 40 Absatz 1 des Bundesdatenschutzgesetzes zuständigen Behörde.

§ 76 Einschränkung der Übermittlungsbefugnis bei besonders schutzwürdigen Sozialdaten. *(1) Die Übermittlung von Sozialdaten, die einer in § 35 des Ersten Buches[1]) genannten Stelle von einem Arzt oder einer Ärztin oder einer anderen in § 203 Absatz 1 und 3 des Strafgesetzbuches genannten Person zugänglich gemacht worden sind, ist nur unter den Voraussetzungen zulässig, unter denen diese Person selbst übermittlungsbefugt wäre.*

(2) Absatz 1 gilt nicht

1. *im Rahmen des § 69 Absatz 1 Nummer 1 und 2 für Sozialdaten, die im Zusammenhang mit einer Begutachtung wegen der Erbringung von Sozialleistungen oder wegen der Ausstellung einer Bescheinigung übermittelt worden sind, es sei denn, dass die betroffene Person der Übermittlung widerspricht; die betroffene Person ist von dem Verantwortlichen zu Beginn des Verwaltungsverfahrens in allgemeiner Form schriftlich oder elektronisch auf das Widerspruchsrecht hinzuweisen,*

---

[1]) Nr. 1.

2. im Rahmen des § 69 Absatz 4 und 5 und des § 71 Absatz 1 Satz 3,

3. im Rahmen des § 94 Absatz 2 Satz 2 des Elften Buches[1].

(3) Ein Widerspruchsrecht besteht nicht in den Fällen des § 279 Absatz 5 in Verbindung mit § 275 Absatz 1 bis 3 des Fünften Buches[2].

§ 77 Übermittlung ins Ausland und an internationale Organisationen.

(1) [1] Die Übermittlung von Sozialdaten an Personen oder Stellen in anderen Mitgliedstaaten der Europäischen Union sowie in diesen nach § 35 Absatz 7 des Ersten Buches[3] gleichgestellten Staaten ist zulässig, soweit

1. dies für die Erfüllung einer gesetzlichen Aufgabe der in § 35 des Ersten Buches genannten übermittelnden Stelle nach diesem Gesetzbuch oder zur Erfüllung einer solchen Aufgabe von ausländischen Stellen erforderlich ist, soweit diese Aufgaben wahrnehmen, die denen der in § 35 des Ersten Buches genannten Stellen entsprechen,

2. die Voraussetzungen des § 69 Absatz 1 Nummer 2 oder Nummer 3 oder des § 70 oder einer Übermittlungsvorschrift nach dem Dritten Buch oder dem Arbeitnehmerüberlassungsgesetz vorliegen und die Aufgaben der ausländischen Stelle den in diesen Vorschriften genannten entsprechen,

3. die Voraussetzungen des § 74 vorliegen und die gerichtlich geltend gemachten Ansprüche oder die Rechte des Empfängers den in dieser Vorschrift genannten entsprechen oder

4. die Voraussetzungen des § 73 vorliegen; für die Anordnung einer Übermittlung nach § 73 ist ein inländisches Gericht zuständig.

[2] Die Übermittlung von Sozialdaten unterbleibt, soweit sie zu den in Artikel 6 des Vertrages über die Europäische Union enthaltenen Grundsätzen in Widerspruch stünde.

(2) Absatz 1 gilt entsprechend für die Übermittlung an Personen oder Stellen in einem Drittstaat sowie an internationale Organisationen, wenn deren angemessenes Datenschutzniveau durch Angemessenheitsbeschluss gemäß Artikel 45 der Verordnung (EU) 2016/679 festgestellt wurde.

(3) Liegt kein Angemessenheitsbeschluss vor, ist abweichend von Artikel 46 Absatz 2 Buchstabe a der Verordnung (EU) 2016/679 eine Übermittlung von Sozialdaten an Personen oder Stellen in einem Drittstaat oder an internationale Organisationen über die in Artikel 49 Absatz 1 Buchstabe a der Verordnung (EU) 2016/679 genannten Fälle hinaus nur zulässig, wenn

1. die Übermittlung in Anwendung zwischenstaatlicher Übereinkommen auf dem Gebiet der sozialen Sicherheit erfolgt, oder

2. soweit die Voraussetzungen des § 69 Absatz 1 Nummer 1 und 2 oder des § 70 vorliegen

und soweit die betroffene Person kein schutzwürdiges Interesse an dem Ausschluss der Übermittlung hat.

(4) Die Stelle, an die die Sozialdaten übermittelt werden, ist auf den Zweck hinzuweisen, zu dessen Erfüllung die Sozialdaten übermittelt werden.

---

[1] Nr. 11.
[2] Nr. 5.
[3] Nr. 1.

2. Kapitel. Schutz der Sozialdaten §§ 78, 79 SGB X

§ 78 Zweckbindung und Geheimhaltungspflicht eines Dritten, an den Daten übermittelt werden. (1) ¹ Personen oder Stellen, die nicht in § 35 des Ersten Buches[1]) genannt und denen Sozialdaten übermittelt worden sind, dürfen diese nur zu dem Zweck speichern, verändern, nutzen, übermitteln, in der Verarbeitung einschränken oder löschen, zu dem sie ihnen befugt übermittelt worden sind. ² Eine Übermittlung von Sozialdaten an eine nicht-öffentliche Stelle ist nur zulässig, wenn diese sich gegenüber der übermittelnden Stelle verpflichtet hat, die Daten nur für den Zweck zu verarbeiten, zu dem sie ihr übermittelt werden. ³ Die Dritten haben die Daten in demselben Umfang geheim zu halten wie die in § 35 des Ersten Buches genannten Stellen. ⁴ Sind Sozialdaten an Gerichte oder Staatsanwaltschaften übermittelt worden, dürfen diese gerichtliche Entscheidungen, die Sozialdaten enthalten, weiter übermitteln, wenn eine in § 35 des Ersten Buches genannte Stelle zur Übermittlung an den weiteren Dritten befugt wäre. ⁵ Abweichend von Satz 4 ist eine Übermittlung nach § 115 des Bundesbeamtengesetzes und nach Vorschriften, die auf diese Vorschrift verweisen, zulässig. ⁶ Sind Sozialdaten an Polizeibehörden, Staatsanwaltschaften, Gerichte oder Behörden der Gefahrenabwehr übermittelt worden, dürfen diese die Daten unabhängig vom Zweck der Übermittlung sowohl für Zwecke der Gefahrenabwehr als auch für Zwecke der Strafverfolgung und der Strafvollstreckung speichern, verändern, nutzen, übermitteln, in der Verarbeitung einschränken oder löschen.

(2) Werden Daten an eine nicht-öffentliche Stelle übermittelt, so sind die dort beschäftigten Personen, welche diese Daten speichern, verändern, nutzen, übermitteln, in der Verarbeitung einschränken oder löschen, von dieser Stelle vor, spätestens bei der Übermittlung auf die Einhaltung der Pflichten nach Absatz 1 hinzuweisen.

(3) ¹ Ergibt sich im Rahmen eines Vollstreckungsverfahrens nach § 66 die Notwendigkeit, dass eine Strafanzeige zum Schutz des Vollstreckungsbeamten erforderlich ist, so dürfen die zum Zweck der Vollstreckung übermittelten Sozialdaten auch zum Zweck der Strafverfolgung gespeichert, verändert, genutzt, übermittelt, in der Verarbeitung eingeschränkt oder gelöscht werden, soweit dies erforderlich ist. ² Das Gleiche gilt auch für die Klärung von Fragen im Rahmen eines Disziplinarverfahrens.

(4) Sind Sozialdaten an Gerichte oder Staatsanwaltschaften für die Durchführung eines Straf- oder Bußgeldverfahrens übermittelt worden, so dürfen sie nach Maßgabe der §§ 476, 487 Absatz 4 der Strafprozessordnung und der §§ 49b und 49c Absatz 1 des Gesetzes über Ordnungswidrigkeiten für Zwecke der wissenschaftlichen Forschung gespeichert, verändert, genutzt, übermittelt, in der Verarbeitung eingeschränkt oder gelöscht werden.

Dritter Abschnitt. Besondere Datenverarbeitungsarten

§ 79 Einrichtung automatisierter Verfahren auf Abruf. (1) ¹ Die Einrichtung eines automatisierten Verfahrens, das die Übermittlung von Sozialdaten durch Abruf ermöglicht, ist zwischen den in § 35 des Ersten Buches[1]) genannten Stellen sowie mit der Deutschen Rentenversicherung Bund als zentraler Stelle zur Erfüllung ihrer Aufgaben nach § 91 Absatz 1 Satz 1 des Einkommensteuergesetzes und der Deutschen Rentenversicherung Knappschaft-Bahn-See, soweit sie bei geringfügig Beschäftigten Aufgaben nach dem Einkommensteuergesetz durchführt, zulässig, soweit dieses Verfahren unter Berücksichtigung der schutzwürdigen Interessen der betroffenen Personen wegen der Vielzahl der Übermittlungen oder wegen ihrer besonderen Eilbedürftigkeit angemessen ist und wenn die jeweiligen Rechts- oder Fachaufsichtsbehörden die Teilnahme der unter

---

[1]) Nr. 1.

ihrer Aufsicht stehenden Stellen genehmigt haben. ² Das Gleiche gilt gegenüber den in § 69 Absatz 2 und 3 genannten Stellen.

(1a) Die Einrichtung eines automatisierten Verfahrens auf Abruf für ein Dateisystem der Sozialversicherung für Landwirtschaft, Forsten und Gartenbau ist nur gegenüber den Trägern der gesetzlichen Rentenversicherung, der Deutschen Rentenversicherung Bund als zentraler Stelle zur Erfüllung ihrer Aufgaben nach § 91 Absatz 1 Satz 1 des Einkommensteuergesetzes, den Krankenkassen, der Bundesagentur für Arbeit und der Deutschen Post AG, soweit sie mit der Berechnung oder Auszahlung von Sozialleistungen betraut ist, zulässig; dabei dürfen auch Vermittlungsstellen eingeschaltet werden.

(2) ¹ Die beteiligten Stellen haben zu gewährleisten, dass die Zulässigkeit des Verfahrens auf Abruf kontrolliert werden kann. ² Hierzu haben sie schriftlich oder elektronisch festzulegen:

1. Anlass und Zweck des Verfahrens auf Abruf,
2. Dritte, an die übermittelt wird,
3. Art der zu übermittelnden Daten,
4. nach Artikel 32 der Verordnung (EU) 2016/679 erforderliche technische und organisatorische Maßnahmen.

(3) Über die Einrichtung von Verfahren auf Abruf ist in Fällen, in denen die in § 35 des Ersten Buches genannten Stellen beteiligt sind, die der Kontrolle des oder der Bundesbeauftragten für den Datenschutz und die Informationsfreiheit (Bundesbeauftragte) unterliegen, dieser oder diese, sonst die nach Landesrecht für die Kontrolle des Datenschutzes zuständige Stelle rechtzeitig vorher unter Mitteilung der Festlegungen nach Absatz 2 zu unterrichten.

(4) ¹ Die Verantwortung für die Zulässigkeit des einzelnen Abrufs trägt der Dritte, an den übermittelt wird. ² Die speichernde Stelle prüft die Zulässigkeit der Abrufe nur, wenn dazu Anlass besteht. ³ Sie hat mindestens bei jedem zehnten Abruf den Zeitpunkt, die abgerufenen Daten sowie Angaben zur Feststellung des Verfahrens und des für den Abruf Verantwortlichen zu protokollieren; die protokollierten Daten sind spätestens nach sechs Monaten zu löschen. ⁴ Wird ein Gesamtbestand von Sozialdaten abgerufen oder übermittelt (Stapelverarbeitung), so bezieht sich die Gewährleistung der Feststellung und Überprüfung nur auf die Zulässigkeit des Abrufes oder der Übermittlung des Gesamtbestandes.

(5) Die Absätze 1 bis 4 gelten nicht für den Abruf aus Dateisystemen, die mit Einwilligung der betroffenen Personen angelegt werden und die jedermann, sei es ohne oder nach besonderer Zulassung, zur Benutzung offenstehen.

§ 80 *Verarbeitung von Sozialdaten im Auftrag.* (1) ¹ Die Erteilung eines Auftrags im Sinne des Artikels 28 der Verordnung (EU) 2016/679 zur Verarbeitung von Sozialdaten ist nur zulässig, wenn der Verantwortliche seiner Rechts- oder Fachaufsichtsbehörde rechtzeitig vor der Auftragserteilung

1. den Auftragsverarbeiter, die bei diesem vorhandenen technischen und organisatorischen Maßnahmen und ergänzenden Weisungen,
2. die Art der Daten, die im Auftrag verarbeitet werden sollen, und den Kreis der betroffenen Personen,
3. die Aufgabe, zu deren Erfüllung die Verarbeitung der Daten im Auftrag erfolgen soll, sowie
4. den Abschluss von etwaigen Unterauftragsverhältnissen

2. Kapitel. Schutz der Sozialdaten **§ 81 SGB X 10**

schriftlich oder elektronisch anzeigt. ² Soll eine öffentliche Stelle mit der Verarbeitung von Sozialdaten beauftragt werden, hat diese rechtzeitig vor der Auftragserteilung die beabsichtigte Beauftragung ihrer Rechts- oder Fachaufsichtsbehörde schriftlich oder elektronisch anzuzeigen.

(2) Der Auftrag zur Verarbeitung von Sozialdaten darf nur erteilt werden, wenn die Verarbeitung im Inland, in einem anderen Mitgliedstaat der Europäischen Union, in einem diesem nach § 35 Absatz 7 des Ersten Buches[1] gleichgestellten Staat, oder, sofern ein Angemessenheitsbeschluss gemäß Artikel 45 der Verordnung (EU) 2016/ 679 vorliegt, in einem Drittstaat oder in einer internationalen Organisation erfolgt.

(3) Die Erteilung eines Auftrags zur Verarbeitung von Sozialdaten durch nichtöffentliche Stellen ist nur zulässig, wenn

1. beim Verantwortlichen sonst Störungen im Betriebsablauf auftreten können oder

2. die übertragenen Arbeiten beim Auftragsverarbeiter erheblich kostengünstiger besorgt werden können.

(4) ¹ Ist der Auftragsverarbeiter eine in § 35 des Ersten Buches genannte Stelle, gelten neben den §§ 85 und 85a die §§ 9, 13, 14 und 16 des Bundesdatenschutzgesetzes. ² Bei den in § 35 des Ersten Buches genannten Stellen, die nicht solche des Bundes sind, tritt anstelle des oder der Bundesbeauftragten insoweit die nach Landesrecht für die Kontrolle des Datenschutzes zuständige Stelle. ³ Ist der Auftragsverarbeiter eine nichtöffentliche Stelle, unterliegt dieser der Aufsicht der gemäß § 40 des Bundesdatenschutzgesetzes zuständigen Behörde.

(5) ¹ Absatz 3 gilt nicht bei Verträgen über die Prüfung oder Wartung automatisierter Verfahren oder von Datenverarbeitungsanlagen durch andere Stellen im Auftrag, bei denen ein Zugriff auf Sozialdaten nicht ausgeschlossen werden kann. ² Die Verträge sind bei zu erwartenden oder bereits eingetretenen Störungen im Betriebsablauf unverzüglich der Rechts- oder Fachaufsichtsbehörde mitzuteilen.

Vierter Abschnitt. Rechte der betroffenen Person, Beauftragte für den Datenschutz und Schlussvorschriften

§ 81 Recht auf Anrufung, Beauftragte für den Datenschutz. *(1) Ist eine betroffene Person der Ansicht, bei der Verarbeitung ihrer Sozialdaten in ihren Rechten verletzt worden zu sein, kann sie sich*

1. an den Bundesbeauftragten oder die Bundesbeauftragte wenden, wenn sie eine Verletzung ihrer Rechte durch eine in § 35 des Ersten Buches[1] genannte Stelle des Bundes bei der Wahrnehmung von Aufgaben nach diesem Gesetzbuch behauptet,

2. an die nach Landesrecht für die Kontrolle des Datenschutzes zuständige Stelle wenden, wenn sie die Verletzung ihrer Rechte durch eine andere in § 35 des Ersten Buches genannte Stelle bei der Wahrnehmung von Aufgaben nach diesem Gesetzbuch behauptet.

(2) ¹ Bei der Wahrnehmung von Aufgaben nach diesem Gesetzbuch gelten für die in § 35 des Ersten Buches genannten Stellen die §§ 14 bis 16 des Bundesdatenschutzgesetzes. ² Bei öffentlichen Stellen der Länder, die unter § 35 des Ersten Buches fallen, tritt an die Stelle des oder der Bundesbeauftragten die nach Landesrecht für die Kontrolle des Datenschutzes zuständige Stelle.

---

[1] Nr. 1.

(3) [1] *Verbände und Arbeitsgemeinschaften der in § 35 des Ersten Buches genannten Stellen oder ihrer Verbände gelten, soweit sie Aufgaben nach diesem Gesetzbuch wahrnehmen und an ihnen Stellen des Bundes beteiligt sind, unbeschadet ihrer Rechtsform als öffentliche Stellen des Bundes, wenn sie über den Bereich eines Landes hinaus tätig werden, anderenfalls als öffentliche Stellen der Länder.* [2] *Sonstige Einrichtungen der in § 35 des Ersten Buches genannten Stellen oder ihrer Verbände gelten als öffentliche Stellen des Bundes, wenn die absolute Mehrheit der Anteile oder der Stimmen einer oder mehrerer öffentlicher Stellen dem Bund zusteht, anderenfalls als öffentliche Stellen der Länder.* [3] *Die Datenstelle der Rentenversicherung nach § 145 Absatz 1 des Sechsten Buches*[1]*) gilt als öffentliche Stelle des Bundes.*

(4) [1] *Auf die in § 35 des Ersten Buches genannten Stellen, die Vermittlungsstellen nach § 67d Absatz 3 und die Auftragsverarbeiter sind die §§ 5 bis 7 des Bundesdatenschutzgesetzes entsprechend anzuwenden.* [2] *In räumlich getrennten Organisationseinheiten ist sicherzustellen, dass der oder die Beauftragte für den Datenschutz bei der Erfüllung seiner oder ihrer Aufgaben unterstützt wird.* [3] *Die Sätze 1 und 2 gelten nicht für öffentliche Stellen der Länder mit Ausnahme der Sozialversicherungsträger und ihrer Verbände.* [4] *Absatz 2 Satz 2 gilt entsprechend.*

§ 81a *Gerichtlicher Rechtsschutz. (1)* [1] *Für Streitigkeiten zwischen einer natürlichen oder juristischen Person und dem oder der Bundesbeauftragten oder der nach Landesrecht für die Kontrolle des Datenschutzes zuständigen Stelle gemäß Artikel 78 Absatz 1 und 2 der Verordnung (EU) 2016/679 aufgrund der Verarbeitung von Sozialdaten im Zusammenhang mit einer Angelegenheit nach § 51 Absatz 1 und 2 des Sozialgerichtsgesetzes*[2]*) ist der Rechtsweg zu den Gerichten der Sozialgerichtsbarkeit eröffnet.* [2] *Für die übrigen Streitigkeiten gemäß Artikel 78 Absatz 1 und 2 der Verordnung (EU) 2016/679 aufgrund der Verarbeitung von Sozialdaten gilt § 20 des Bundesdatenschutzgesetzes, soweit die Streitigkeiten nicht durch Bundesgesetz einer anderen Gerichtsbarkeit ausdrücklich zugewiesen sind.* [3] *Satz 1 gilt nicht für Bußgeldverfahren.*

(2) Das Sozialgerichtsgesetz ist nach Maßgabe der Absätze 3 bis 7 anzuwenden.

(3) Abweichend von den Vorschriften über die örtliche Zuständigkeit der Sozialgerichte nach § 57 des Sozialgerichtsgesetzes ist für die Verfahren nach Absatz 1 Satz 1 das Sozialgericht örtlich zuständig, in dessen Bezirk der oder die Bundesbeauftragte oder die nach Landesrecht für die Kontrolle des Datenschutzes zuständige Stelle seinen oder ihren Sitz hat, wenn eine Körperschaft oder Anstalt des öffentlichen Rechts oder in Angelegenheiten des sozialen Entschädigungsrechts oder des Schwerbehindertenrechts ein Land klagt.

(4) In den Verfahren nach Absatz 1 Satz 1 sind der oder die Bundesbeauftragte sowie die nach Landesrecht für die Kontrolle des Datenschutzes zuständige Stelle beteiligungsfähig.

(5) [1] *Beteiligte eines Verfahrens nach Absatz 1 Satz 1 sind*

1. *die natürliche oder juristische Person als Klägerin oder Antragstellerin und*
2. *der oder die Bundesbeauftragte oder die nach Landesrecht für die Kontrolle des Datenschutzes zuständige Stelle als Beklagter oder Beklagte oder als Antragsgegner oder Antragsgegnerin.*

[2] *§ 69 Nummer 3 des Sozialgerichtsgesetzes bleibt unberührt.*

---

[1]) Nr. **6**.
[2]) Nr. **20**.

(6) Ein Vorverfahren findet nicht statt.

(7) Der oder die Bundesbeauftragte oder die nach Landesrecht für die Kontrolle des Datenschutzes zuständige Stelle darf gegenüber einer Behörde oder deren Rechtsträger nicht die sofortige Vollziehung (§ 86a Absatz 2 Nummer 5 des Sozialgerichtsgesetzes) anordnen.

§ 81b *Klagen gegen den Verantwortlichen oder Auftragsverarbeiter. (1) Für Klagen der betroffenen Person gegen einen Verantwortlichen oder einen Auftragsverarbeiter wegen eines Verstoßes gegen datenschutzrechtliche Bestimmungen im Anwendungsbereich der Verordnung (EU) 2016/679 oder der darin enthaltenen Rechte der betroffenen Person bei der Verarbeitung von Sozialdaten im Zusammenhang mit einer Angelegenheit nach § 51 Absatz 1 und 2 des Sozialgerichtsgesetzes*[1]) *ist der Rechtsweg zu den Gerichten der Sozialgerichtsbarkeit eröffnet.*

(2) Ergänzend zu § 57 Absatz 3 des Sozialgerichtsgesetzes ist für Klagen nach Absatz 1 das Sozialgericht örtlich zuständig, in dessen Bezirk sich eine Niederlassung des Verantwortlichen oder Auftragsverarbeiters befindet.

(3) [1] *Hat der Verantwortliche oder Auftragsverarbeiter einen Vertreter nach Artikel 27 Absatz 1 der Verordnung (EU) 2016/679 benannt, gilt dieser auch als bevollmächtigt, Zustellungen in sozialgerichtlichen Verfahren nach Absatz 1 entgegenzunehmen.* [2] *§ 63 Absatz 3 des Sozialgerichtsgesetzes bleibt unberührt.*

§ 81c *Antrag auf gerichtliche Entscheidung bei angenommener Europarechtswidrigkeit eines Angemessenheitsbeschlusses der Europäischen Kommission. Hält der oder die Bundesbeauftragte oder eine nach Landesrecht für die Kontrolle des Datenschutzes zuständige Stelle einen Angemessenheitsbeschluss der Europäischen Kommission, auf dessen Gültigkeit es bei der Entscheidung über die Beschwerde einer betroffenen Person hinsichtlich der Verarbeitung von Sozialdaten ankommt, für europarechtswidrig, so gilt § 21 des Bundesdatenschutzgesetzes.*

§ 82 *Informationspflichten bei der Erhebung von Sozialdaten bei der betroffenen Person. (1) Die Pflicht zur Information der betroffenen Person gemäß Artikel 13 Absatz 1 Buchstabe e der Verordnung (EU) 2016/679 über Kategorien von Empfängern besteht ergänzend zu der in Artikel 13 Absatz 4 der Verordnung (EU) 2016/679 genannten Ausnahme nur, soweit*

1. *sie nach den Umständen des Einzelfalles nicht mit der Nutzung oder der Übermittlung von Sozialdaten an diese Kategorien von Empfängern rechnen muss,*

2. *es sich nicht um Speicherung, Veränderung, Nutzung, Übermittlung, Einschränkung der Verarbeitung oder Löschung von Sozialdaten innerhalb einer in § 35 des Ersten Buches*[2]) *genannten Stelle oder einer Organisationseinheit im Sinne von § 67 Absatz 4 Satz 2 handelt oder*

3. *es sich nicht um eine Kategorie von in § 35 des Ersten Buches genannten Stellen oder von Organisationseinheiten im Sinne von § 67 Absatz 4 Satz 2 handelt, die auf Grund eines Gesetzes zur engen Zusammenarbeit verpflichtet sind.*

(2) Die Pflicht zur Information der betroffenen Person gemäß Artikel 13 Absatz 3 der Verordnung (EU) 2016/679 besteht ergänzend zu der in Artikel 13 Absatz 4 der

---

[1]) Nr. 20.
[2]) Nr. 1.

Verordnung (EU) 2016/679 genannten Ausnahme dann nicht, wenn die Erteilung der Information über die beabsichtigte Weiterverarbeitung

1. *die ordnungsgemäße Erfüllung der in der Zuständigkeit des Verantwortlichen liegenden Aufgaben im Sinne des Artikels 23 Absatz 1 Buchstabe a bis e der Verordnung (EU) 2016/679 gefährden würde und die Interessen des Verantwortlichen an der Nichterteilung der Information die Interessen der betroffenen Person überwiegen,*
2. *die öffentliche Sicherheit oder Ordnung gefährden oder sonst dem Wohl des Bundes oder eines Landes Nachteile bereiten würde und die Interessen des Verantwortlichen an der Nichterteilung der Information die Interessen der betroffenen Person überwiegen oder*
3. *eine vertrauliche Übermittlung von Daten an öffentliche Stellen gefährden würde.*

(3) [1] Unterbleibt eine Information der betroffenen Person nach Maßgabe des Absatzes 2, ergreift der Verantwortliche geeignete Maßnahmen zum Schutz der berechtigten Interessen der betroffenen Person, einschließlich der Bereitstellung der in Artikel 13 Absatz 1 und 2 der Verordnung (EU) 2016/679 genannten Informationen für die Öffentlichkeit in präziser, transparenter, verständlicher und leicht zugänglicher Form in einer klaren und einfachen Sprache. [2] Der Verantwortliche hält schriftlich fest, aus welchen Gründen er von einer Information abgesehen hat. [3] Die Sätze 1 und 2 finden in den Fällen des Absatzes 2 Nummer 3 keine Anwendung.

(4) Unterbleibt die Benachrichtigung in den Fällen des Absatzes 2 wegen eines vorübergehenden Hinderungsgrundes, kommt der Verantwortliche der Informationspflicht unter Berücksichtigung der spezifischen Umstände der Verarbeitung innerhalb einer angemessenen Frist nach Fortfall des Hinderungsgrundes, spätestens jedoch innerhalb von zwei Wochen, nach.

(5) Bezieht sich die Informationserteilung auf die Übermittlung von Sozialdaten durch öffentliche Stellen an die Staatsanwaltschaften und Gerichte im Bereich der Strafverfolgung, an Polizeibehörden, Verfassungsschutzbehörden, den Bundesnachrichtendienst und den Militärischen Abschirmdienst, ist sie nur mit Zustimmung dieser Stelle zulässig.

§ 82a *Informationspflichten, wenn Sozialdaten nicht bei der betroffenen Person erhoben wurden.* *(1) Die Pflicht einer in § 35 des Ersten Buches[1]) genannten Stelle zur Information der betroffenen Person gemäß Artikel 14 Absatz 1, 2 und 4 der Verordnung (EU) 2016/679 besteht ergänzend zu den in Artikel 14 Absatz 5 der Verordnung (EU) 2016/679 genannten Ausnahmen nicht,*

1. *soweit die Erteilung der Information*

   a) *die ordnungsgemäße Erfüllung der in der Zuständigkeit des Verantwortlichen liegenden Aufgaben gefährden würde oder*

   b) *die öffentliche Sicherheit oder Ordnung gefährden oder sonst dem Wohle des Bundes oder eines Landes Nachteile bereiten würde, oder*

2. *soweit die Daten oder die Tatsache ihrer Speicherung nach einer Rechtsvorschrift oder ihrem Wesen nach, insbesondere wegen der überwiegenden berechtigten Interessen eines Dritten geheim gehalten werden müssen*

und deswegen das Interesse der betroffenen Person an der Informationserteilung zurücktreten muss.

---

[1]) Nr. 1.

2. Kapitel. Schutz der Sozialdaten § 83 SGB X 10

(2) Werden Sozialdaten bei einer nicht-öffentlichen Stelle erhoben, so ist diese auf die Rechtsvorschrift, die zur Auskunft verpflichtet, sonst auf die Freiwilligkeit hinzuweisen.

(3) [1] Unterbleibt eine Information der betroffenen Person nach Maßgabe des Absatzes 1, ergreift der Verantwortliche geeignete Maßnahmen zum Schutz der berechtigten Interessen der betroffenen Person, einschließlich der Bereitstellung der in Artikel 14 Absatz 1 und 2 der Verordnung (EU) 2016/679 genannten Informationen für die Öffentlichkeit in präziser, transparenter, verständlicher und leicht zugänglicher Form in einer klaren und einfachen Sprache. [2] Der Verantwortliche hält schriftlich fest, aus welchen Gründen er von einer Information abgesehen hat.

(4) In Bezug auf die Pflicht zur Information nach Artikel 14 Absatz 1 Buchstabe e der Verordnung (EU) 2016/679 gilt § 82 Absatz 1 entsprechend.

(5) Bezieht sich die Informationserteilung auf die Übermittlung von Sozialdaten durch öffentliche Stellen an Staatsanwaltschaften und Gerichte im Bereich der Strafverfolgung, an Polizeibehörden, Verfassungsschutzbehörden, den Bundesnachrichtendienst und den Militärischen Abschirmdienst, ist sie nur mit Zustimmung dieser Stellen zulässig.

§ 83 Auskunftsrecht der betroffenen Personen. *(1) Das Recht auf Auskunft der betroffenen Person gemäß Artikel 15 der Verordnung (EU) 2016/679 besteht nicht, soweit*

1. *die betroffene Person nach § 82a Absatz 1, 4 und 5 nicht zu informieren ist oder*
2. *die Sozialdaten*

   a) nur deshalb gespeichert sind, weil sie auf Grund gesetzlicher oder satzungsmäßiger Aufbewahrungsvorschriften nicht gelöscht werden dürfen, oder

   b) ausschließlich zu Zwecken der Datensicherung oder der Datenschutzkontrolle dienen

   und die Auskunftserteilung einen unverhältnismäßigen Aufwand erfordern würde sowie eine Verarbeitung zu anderen Zwecken durch geeignete technische und organisatorische Maßnahmen ausgeschlossen ist.

(2) [1] Die betroffene Person soll in dem Antrag auf Auskunft gemäß Artikel 15 der Verordnung (EU) 2016/679 die Art der Sozialdaten, über die Auskunft erteilt werden soll, näher bezeichnen. [2] Sind die Sozialdaten nicht automatisiert oder nicht in nicht automatisierten Dateisystemen gespeichert, wird die Auskunft nur erteilt, soweit die betroffene Person Angaben macht, die das Auffinden der Daten ermöglichen, und der für die Erteilung der Auskunft erforderliche Aufwand nicht außer Verhältnis zu dem von der betroffenen Person geltend gemachten Informationsinteresse steht. [3] Soweit Artikel 15 und 12 Absatz 3 der Verordnung (EU) 2016/679 keine Regelungen enthalten, bestimmt der Verantwortliche das Verfahren, insbesondere die Form der Auskunftserteilung, nach pflichtgemäßem Ermessen. [4] § 25 Absatz 2 gilt entsprechend.

(3) [1] Die Gründe der Auskunftsverweigerung sind zu dokumentieren. [2] Die Ablehnung der Auskunftserteilung bedarf keiner Begründung, soweit durch die Mitteilung der tatsächlichen und rechtlichen Gründe, auf die die Entscheidung gestützt wird, der mit der Auskunftsverweigerung verfolgte Zweck gefährdet würde. [3] In diesem Fall ist die betroffene Person darauf hinzuweisen, dass sie sich, wenn die in § 35 des Ersten Buches[1)] genannten Stellen der Kontrolle des oder der Bundesbeauftragten unterliegen,

---

[1)] Nr. 1.

an diesen oder diese, sonst an die nach Landesrecht für die Kontrolle des Datenschutzes zuständige Stelle wenden kann.

(4) Wird einer betroffenen Person keine Auskunft erteilt, so kann, soweit es sich um in § 35 des Ersten Buches genannte Stellen handelt, die der Kontrolle des oder der Bundesbeauftragten unterliegen, diese, sonst die nach Landesrecht für die Kontrolle des Datenschutzes zuständige Stelle, auf Verlangen der betroffenen Person prüfen, ob die Ablehnung der Auskunftserteilung rechtmäßig war.

(5) Bezieht sich die Informationserteilung auf die Übermittlung von Sozialdaten durch öffentliche Stellen an Staatsanwaltschaften und Gerichte im Bereich der Strafverfolgung, an Polizeibehörden, Verfassungsschutzbehörden, den Bundesnachrichtendienst und den Militärischen Abschirmdienst, ist sie nur mit Zustimmung dieser Stellen zulässig.

§ 83a *Benachrichtigung bei einer Verletzung des Schutzes von Sozialdaten. Ergänzend zu den Meldepflichten gemäß den Artikeln 33 und 34 der Verordnung (EU) 2016/679 meldet die in § 35 des Ersten Buches[1] genannte Stelle die Verletzung des Schutzes von Sozialdaten auch der Rechts- oder Fachaufsichtsbehörde.*

§ 84 *Recht auf Berichtigung, Löschung, Einschränkung der Verarbeitung und Widerspruch.* (1) ¹ *Ist eine Löschung von Sozialdaten im Fall nicht automatisierter Datenverarbeitung wegen der besonderen Art der Speicherung nicht oder nur mit unverhältnismäßig hohem Aufwand möglich und ist das Interesse der betroffenen Person an der Löschung als gering anzusehen, besteht das Recht der betroffenen Person auf und die Pflicht des Verantwortlichen zur Löschung von Sozialdaten gemäß Artikel 17 Absatz 1 der Verordnung (EU) 2016/679 ergänzend zu den in Artikel 17 Absatz 3 der Verordnung (EU) 2016/679 genannten Ausnahmen nicht.* ² *In diesem Fall tritt an die Stelle einer Löschung die Einschränkung der Verarbeitung gemäß Artikel 18 der Verordnung (EU) 2016/679.* ³ *Die Sätze 1 und 2 finden keine Anwendung, wenn die Sozialdaten unrechtmäßig verarbeitet wurden.*

(2) ¹ *Wird die Richtigkeit von Sozialdaten von der betroffenen Person bestritten und lässt sich weder die Richtigkeit noch die Unrichtigkeit der Daten feststellen, gilt ergänzend zu Artikel 18 Absatz 1 Buchstabe a der Verordnung (EU) 2016/679, dass dies keine Einschränkung der Verarbeitung bewirkt, soweit es um die Erfüllung sozialer Aufgaben geht; die ungeklärte Sachlage ist in geeigneter Weise festzuhalten.* ² *Die bestrittenen Daten dürfen nur mit einem Hinweis hierauf verarbeitet werden.*

(3) ¹ *Ergänzend zu Artikel 18 Absatz 1 Buchstabe b und c der Verordnung (EU) 2016/679 gilt Absatz 1 Satz 1 und 2 entsprechend im Fall des Artikels 17 Absatz 1 Buchstabe a und d der Verordnung (EU) 2016/679, solange und soweit der Verantwortliche Grund zu der Annahme hat, dass durch eine Löschung schutzwürdige Interessen der betroffenen Person beeinträchtigt würden.* ² *Der Verantwortliche unterrichtet die betroffene Person über die Einschränkung der Verarbeitung, sofern sich die Unterrichtung nicht als unmöglich erweist oder einen unverhältnismäßigen Aufwand erfordern würde.*

(4) Sind Sozialdaten für die Zwecke, für die sie erhoben oder auf sonstige Weise verarbeitet wurden, nicht mehr notwendig, gilt ergänzend zu Artikel 17 Absatz 3 Buchstabe b der Verordnung (EU) 2016/679 Absatz 1 entsprechend, wenn einer Löschung satzungsmäßige oder vertragliche Aufbewahrungsfristen entgegenstehen.

---

[1] Nr. 1.

(5) Das Recht auf Widerspruch gemäß Artikel 21 Absatz 1 der Verordnung (EU) 2016/679 gegenüber einer öffentlichen Stelle besteht nicht, soweit an der Verarbeitung ein zwingendes öffentliches Interesse besteht, das die Interessen der betroffenen Person überwiegt, oder eine Rechtsvorschrift zur Verarbeitung von Sozialdaten verpflichtet.

(6) § 71 Absatz 1 Satz 3 bleibt unberührt.

§ 85 *Strafvorschriften. (1) Für Sozialdaten gelten die Strafvorschriften des § 42 Absatz 1 und 2 des Bundesdatenschutzgesetzes entsprechend.*

(2) ¹Die Tat wird nur auf Antrag verfolgt. ²Antragsberechtigt sind die betroffene Person, der Verantwortliche, der oder die Bundesbeauftragte oder die nach Landesrecht für die Kontrolle des Datenschutzes zuständige Stelle.

(3) Eine Meldung nach § 83a oder nach Artikel 33 der Verordnung (EU) 2016/679 oder eine Benachrichtigung nach Artikel 34 Absatz 1 der Verordnung (EU) 2016/679 dürfen in einem Strafverfahren gegen die melde- oder benachrichtigungspflichtige Person oder gegen einen ihrer in § 52 Absatz 1 der Strafprozessordnung bezeichneten Angehörigen nur mit Zustimmung der melde- oder benachrichtigungspflichtigen Person verwendet werden.

§ 85a *Bußgeldvorschriften. (1) Für Sozialdaten gilt § 41 des Bundesdatenschutzgesetzes entsprechend.*

(2) Eine Meldung nach § 83a oder nach Artikel 33 der Verordnung (EU) 2016/679 oder eine Benachrichtigung nach Artikel 34 Absatz 1 der Verordnung (EU) 2016/679 dürfen in einem Verfahren nach dem Gesetz über Ordnungswidrigkeiten gegen die melde- oder benachrichtigungspflichtige Person oder einen ihrer in § 52 Absatz 1 der Strafprozessordnung bezeichneten Angehörigen nur mit Zustimmung der melde- oder benachrichtigungspflichtigen Person verwendet werden.

(3) Gegen Behörden und sonstige öffentliche Stellen werden keine Geldbußen verhängt.

Drittes Kapitel. Zusammenarbeit der Leistungsträger und ihre Beziehungen zu Dritten

Erster Abschnitt. Zusammenarbeit der Leistungsträger untereinander und mit Dritten

Erster Titel. Allgemeine Vorschriften

§ 86 Zusammenarbeit. Die Leistungsträger, ihre Verbände und die in diesem Gesetzbuch genannten öffentlich-rechtlichen Vereinigungen sind verpflichtet, bei der Erfüllung ihrer Aufgaben nach diesem Gesetzbuch eng zusammenzuarbeiten.

Zweiter Titel. Zusammenarbeit der Leistungsträger untereinander

§ 87 Beschleunigung der Zusammenarbeit. (1) ¹Ersucht ein Leistungsträger einen anderen Leistungsträger um Verrechnung mit einer Nachzahlung und kann er die Höhe des zu verrechnenden Anspruchs noch nicht bestimmen, ist der ersuchte Leistungsträger dagegen bereits in der Lage, die Nachzahlung zu erbringen, ist die Nachzahlung spätestens innerhalb von zwei Monaten nach Zugang des Verrechnungsersuchens zu leisten. ²Soweit die Nachzahlung nach

Auffassung der beteiligten Leistungsträger die Ansprüche der ersuchenden Leistungsträger übersteigt, ist sie unverzüglich auszuzahlen.

(2) [1] Ist ein Anspruch auf eine Geldleistung auf einen anderen Leistungsträger übergegangen und ist der Anspruchsübergang sowohl diesem als auch dem verpflichteten Leistungsträger bekannt, hat der verpflichtete Leistungsträger die Geldleistung nach Ablauf von zwei Monaten seit dem Zeitpunkt, in dem die Auszahlung frühestens möglich ist, an den Berechtigten auszuzahlen, soweit ihm bis zu diesem Zeitpunkt nicht bekannt ist, in welcher Höhe der Anspruch dem anderen Leistungsträger zusteht. [2] Die Auszahlung hat gegenüber dem anderen Leistungsträger befreiende Wirkung. [3] Absatz 1 Satz 2 gilt entsprechend.

§ 88 Auftrag. (1) [1] Ein Leistungsträger (Auftraggeber) kann ihm obliegende Aufgaben durch einen anderen Leistungsträger oder seinen Verband (Beauftragter) mit dessen Zustimmung wahrnehmen lassen, wenn dies

1. wegen des sachlichen Zusammenhangs der Aufgaben von Auftraggeber und Beauftragten,
2. zur Durchführung der Aufgaben und
3. im wohlverstandenen Interesse der Betroffenen

zweckmäßig ist. [2] Satz 1 gilt nicht im Recht der Ausbildungsförderung, der Kriegsopferfürsorge, des Kindergelds, der Unterhaltsvorschüsse und Unterhaltsausfallleistungen, im Wohngeldrecht sowie im Recht der Jugendhilfe und der Sozialhilfe.

(2) [1] Der Auftrag kann für Einzelfälle sowie für gleichartige Fälle erteilt werden. [2] Ein wesentlicher Teil des gesamten Aufgabenbereichs muss beim Auftraggeber verbleiben.

(3) [1] Verbände dürfen Verwaltungsakte nur erlassen, soweit sie hierzu durch Gesetz oder auf Grund eines Gesetzes berechtigt sind. [2] Darf der Verband Verwaltungsakte erlassen, ist die Berechtigung in der für die amtlichen Veröffentlichungen des Verbands sowie der Mitglieder vorgeschriebenen Weise bekannt zu machen.

(4) Der Auftraggeber hat einen Auftrag für gleichartige Fälle in der für seine amtlichen Veröffentlichungen vorgeschriebenen Weise bekannt zu machen.

§ 89 Ausführung des Auftrags. (1) Verwaltungsakte, die der Beauftragte zur Ausführung des Auftrags erlässt, ergehen im Namen des Auftraggebers.

(2) Durch den Auftrag wird der Auftraggeber nicht von seiner Verantwortung gegenüber dem Betroffenen entbunden.

(3) Der Beauftragte hat dem Auftraggeber die erforderlichen Mitteilungen zu machen, auf Verlangen über die Ausführung des Auftrags Auskunft zu erteilen und nach der Ausführung des Auftrags Rechenschaft abzulegen.

(4) Der Auftraggeber ist berechtigt, die Ausführung des Auftrags jederzeit zu prüfen.

(5) Der Auftraggeber ist berechtigt, den Beauftragten an seine Auffassung zu binden.

§ 90 Anträge und Widerspruch beim Auftrag. [1] Der Beteiligte kann auch beim Beauftragten Anträge stellen. [2] Erhebt der Beteiligte gegen eine Entscheidung des Beauftragten Widerspruch und hilft der Beauftragte diesem nicht ab, erlässt den Widerspruchsbescheid die für den Auftraggeber zuständige Widerspruchsstelle.

§ 91 Erstattung von Aufwendungen. (1) [1] Erbringt ein Beauftragter Sozialleistungen für einen Auftraggeber, ist dieser zur Erstattung verpflichtet. [2] Sach- und Dienstleistungen sind in Geld zu erstatten. [3] Eine Erstattungspflicht besteht nicht, soweit Sozialleistungen zu Unrecht erbracht worden sind und den Beauftragten hierfür ein Verschulden trifft.

(2) [1] Die bei der Ausführung des Auftrags entstehenden Kosten sind zu erstatten. [2] Absatz 1 Satz 3 gilt entsprechend.

(3) Für die zur Ausführung des Auftrags erforderlichen Aufwendungen hat der Auftraggeber dem Beauftragten auf Verlangen einen angemessenen Vorschuss zu zahlen.

(4) Abweichende Vereinbarungen, insbesondere über pauschalierte Erstattungen, sind zulässig.

§ 92 Kündigung des Auftrags. [1] Der Auftraggeber oder der Beauftragte kann den Auftrag kündigen. [2] Die Kündigung darf nur zu einem Zeitpunkt erfolgen, der es ermöglicht, dass der Auftraggeber für die Erledigung der Aufgabe auf andere Weise rechtzeitig Vorsorge treffen und der Beauftragte sich auf den Wegfall des Auftrags in angemessener Zeit einstellen kann. [3] Liegt ein wichtiger Grund vor, kann mit sofortiger Wirkung gekündigt werden. [4] § 88 Abs. 4 gilt entsprechend.

§ 93 Gesetzlicher Auftrag. Handelt ein Leistungsträger auf Grund gesetzlichen Auftrags für einen anderen, gelten § 89 Abs. 3 und 5 sowie § 91 Abs. 1 und 3 entsprechend.

§ 94 Arbeitsgemeinschaften. (1) Die Arbeitsgemeinschaft für Krebsbekämpfung der Träger der gesetzlichen Kranken- und Rentenversicherung im Lande Nordrhein-Westfalen, die Rheinische Arbeitsgemeinschaft zur Rehabilitation Suchtkranker, die Westfälische Arbeitsgemeinschaft zur Rehabilitation Suchtkranker, die Arbeitsgemeinschaft zur Rehabilitation Suchtkranker im Lande Hessen sowie die Arbeitsgemeinschaft für Heimdialyse im Lande Hessen sind berechtigt, Verwaltungsakte zu erlassen zur Erfüllung der Aufgaben, die ihnen am 1. Juli 1981 übertragen waren.

(1a) [1] Träger der Sozialversicherung, Verbände von Trägern der Sozialversicherung und die Bundesagentur für Arbeit einschließlich der in § 19a Abs. 2 des Ersten Buches[1]) genannten anderen Leistungsträger können insbesondere zur gegenseitigen Unterrichtung, Abstimmung, Koordinierung und Förderung der engen Zusammenarbeit im Rahmen der ihnen gesetzlich übertragenen Aufgaben Arbeitsgemeinschaften bilden. [2] Die Aufsichtsbehörde ist vor der Bildung von Arbeitsgemeinschaften und dem Beitritt zu ihnen so rechtzeitig und umfassend zu unterrichten, dass ihr ausreichend Zeit zur Prüfung bleibt. [3] Die Aufsichtsbehörde kann auf eine Unterrichtung verzichten.

---

[1]) Nr. 1.

(2) ¹Können nach diesem Gesetzbuch Arbeitsgemeinschaften gebildet werden, unterliegen diese staatlicher Aufsicht, die sich auf die Beachtung von Gesetz und sonstigem Recht erstreckt, das für die Arbeitsgemeinschaften, die Leistungsträger und ihre Verbände maßgebend ist; die §§ 85, 88, 90 und 90a des Vierten Buches[1]) gelten entsprechend; ist ein Spitzenverband der gesetzlichen Krankenkassen oder die Bundesagentur für Arbeit Mitglied einer Arbeitsgemeinschaft, führt das zuständige Bundesministerium in Abstimmung mit den für die übrigen Mitglieder zuständigen Aufsichtsbehörden die Aufsicht. ²Fehlt ein Zuständigkeitsbereich im Sinne von § 90 des Vierten Buches, führen die Aufsicht die für die Sozialversicherung zuständigen obersten Verwaltungsbehörden oder die von der Landesregierung durch Rechtsverordnung bestimmten Behörden des Landes, in dem die Arbeitsgemeinschaften ihren Sitz haben; die Landesregierungen können diese Ermächtigung durch Rechtsverordnung auf die obersten Landesbehörden weiter übertragen.

(3) Soweit erforderlich, stellt eine Arbeitsgemeinschaft unter entsprechender Anwendung von § 67 des Vierten Buches einen Haushaltsplan auf.

(4) § 88 Abs. 1 Satz 1 und Abs. 2 gilt entsprechend.

§ 95 Zusammenarbeit bei Planung und Forschung. (1) ¹Die in § 86 genannten Stellen sollen

1. Planungen, die auch für die Willensbildung und Durchführung von Aufgaben der anderen von Bedeutung sind, im Benehmen miteinander abstimmen sowie
2. gemeinsame örtliche und überörtliche Pläne in ihrem Aufgabenbereich über soziale Dienste und Einrichtungen, insbesondere deren Bereitstellung und Inanspruchnahme, anstreben.

²Die jeweiligen Gebietskörperschaften sowie die gemeinnützigen und freien Einrichtungen und Organisationen sollen insbesondere hinsichtlich der Bedarfsermittlung beteiligt werden.

(2) Die in § 86 genannten Stellen sollen Forschungsvorhaben über den gleichen Gegenstand aufeinander abstimmen.

§ 96 Ärztliche Untersuchungen, psychologische Eignungsuntersuchungen. (1) ¹Veranlasst ein Leistungsträger eine ärztliche Untersuchungsmaßnahme oder eine psychologische Eignungsuntersuchungsmaßnahme, um festzustellen, ob die Voraussetzungen für eine Sozialleistung vorliegen, sollen die Untersuchungen in der Art und Weise vorgenommen und deren Ergebnisse so festgehalten werden, dass sie auch bei der Prüfung der Voraussetzungen anderer Sozialleistungen verwendet werden können. ²Der Umfang der Untersuchungsmaßnahme richtet sich nach der Aufgabe, die der Leistungsträger, der die Untersuchung veranlasst hat, zu erfüllen hat. ³Die Untersuchungsbefunde sollen bei der Feststellung, ob die Voraussetzungen einer anderen Sozialleistung vorliegen, verwertet werden.

(2) ¹Durch Vereinbarungen haben die Leistungsträger sicherzustellen, dass Untersuchungen unterbleiben, soweit bereits verwertbare Untersuchungsergebnisse vorliegen. ²Für den Einzelfall sowie nach Möglichkeit für eine Vielzahl von Fällen haben die Leistungsträger zu vereinbaren, dass bei der

---

[1]) Nr. 4.

Begutachtung der Voraussetzungen von Sozialleistungen die Untersuchungen nach einheitlichen und vergleichbaren Grundlagen, Maßstäben und Verfahren vorgenommen und die Ergebnisse der Untersuchungen festgehalten werden. ³ Sie können darüber hinaus vereinbaren, dass sich der Umfang der Untersuchungsmaßnahme nach den Aufgaben der beteiligten Leistungsträger richtet; soweit die Untersuchungsmaßnahme hierdurch erweitert ist, ist die Zustimmung des Betroffenen erforderlich.

(3) Die Bildung einer Zentraldatei mehrerer Leistungsträger für Daten der ärztlich untersuchten Leistungsempfänger ist nicht zulässig.

Dritter Titel. Zusammenarbeit der Leistungsträger mit Dritten

§ 97 Durchführung von Aufgaben durch Dritte. (1) ¹ Kann ein Leistungsträger, ein Verband von Leistungsträgern oder eine Arbeitsgemeinschaft von einem Dritten Aufgaben wahrnehmen lassen, muss sichergestellt sein, dass der Dritte die Gewähr für eine sachgerechte, die Rechte und Interessen des Betroffenen wahrende Erfüllung der Aufgaben bietet. ² Soweit Aufgaben aus dem Bereich der Sozialversicherung von einem Dritten, an dem ein Leistungsträger, ein Verband oder eine Arbeitsgemeinschaft unmittelbar oder mittelbar beteiligt ist, wahrgenommen werden sollen, hat der Leistungsträger, der Verband oder die Arbeitsgemeinschaft den Dritten zu verpflichten, dem Auftraggeber auf Verlangen alle Unterlagen vorzulegen und über alle Tatsachen Auskunft zu erteilen, die zur Ausübung des Aufsichtsrechts über die Auftraggeber auf Grund pflichtgemäßer Prüfung der Aufsichtsbehörde des Auftraggebers erforderlich sind. ³ Die Aufsichtsbehörde ist durch den Leistungsträger, den Verband oder die Arbeitsgemeinschaft so rechtzeitig und umfassend zu unterrichten, dass ihr vor der Aufgabenübertragung oder einer Änderung ausreichend Zeit zur Prüfung bleibt. ⁴ Die Aufsichtsbehörde kann auf eine Unterrichtung verzichten. ⁵ Die Sätze 3 und 4 gelten nicht für die Bundesagentur für Arbeit.

(2) § 89 Abs. 3 bis 5, § 91 Abs. 1 bis 3 sowie § 92 gelten entsprechend.

§ 98 Auskunftspflicht des Arbeitgebers. (1) ¹ Soweit es in der Sozialversicherung einschließlich der Arbeitslosenversicherung im Einzelfall für die Erbringung von Sozialleistungen erforderlich ist, hat der Arbeitgeber auf Verlangen dem Leistungsträger oder der zuständigen Einzugsstelle Auskunft über die Art und Dauer der Beschäftigung, den Beschäftigungsort und das Arbeitsentgelt zu erteilen. ² Wegen der Entrichtung von Beiträgen hat der Arbeitgeber auf Verlangen über alle Tatsachen Auskunft zu erteilen, die für die Erhebung der Beiträge notwendig sind. ³ Der Arbeitgeber hat auf Verlangen die Geschäftsbücher, Listen oder andere Unterlagen, aus denen die Angaben über die Beschäftigung hervorgehen, während der Betriebszeit nach seiner Wahl den in Satz 1 bezeichneten Stellen entweder in deren oder in seinen eigenen Geschäftsräumen zur Einsicht vorzulegen. ⁴ Das Wahlrecht nach Satz 3 entfällt, wenn besondere Gründe eine Prüfung in den Geschäftsräumen des Arbeitgebers gerechtfertigt erscheinen lassen. ⁵ Satz 4 gilt nicht gegenüber Arbeitgebern des öffentlichen Dienstes. ⁶ Die Sätze 2 bis 5 gelten auch für Stellen im Sinne des § 28p Abs. 6 des Vierten Buches[1].

---

[1] Nr. 4.

(1a) Soweit die Träger der Rentenversicherung nach § 28p des Vierten Buches prüfberechtigt sind, bestehen die Verpflichtungen nach Absatz 1 Satz 3 bis 6 gegenüber den Einzugsstellen wegen der Entrichtung des Gesamtsozialversicherungsbeitrags nicht; die Verpflichtung nach Absatz 1 Satz 2 besteht gegenüber den Einzugsstellen nur im Einzelfall.

(2) [1] Wird die Auskunft wegen der Erbringung von Sozialleistungen verlangt, gilt § 65 Abs. 1 des Ersten Buches[1)] entsprechend. [2] Auskünfte auf Fragen, deren Beantwortung dem Arbeitgeber selbst oder einer ihm nahe stehenden Person (§ 383 Abs. 1 Nr. 1 bis 3 der Zivilprozessordnung) die Gefahr zuziehen würde, wegen einer Straftat oder einer Ordnungswidrigkeit verfolgt zu werden, können verweigert werden; dem Arbeitgeber stehen die in Absatz 1 Satz 6 genannten Stellen gleich.

(3) Hinsichtlich des Absatzes 1 Satz 2 und 3 sowie des Absatzes 2 stehen einem Arbeitgeber die Personen gleich, die wie ein Arbeitgeber Beiträge für eine kraft Gesetzes versicherte Person zu entrichten haben.

(4) Das Bundesministerium für Arbeit und Soziales kann durch Rechtsverordnung mit Zustimmung des Bundesrates das Nähere über die Durchführung der in Absatz 1 genannten Mitwirkung bestimmen.

(5) [1] Ordnungswidrig handelt, wer vorsätzlich oder leichtfertig

1. entgegen Absatz 1 Satz 1 oder
2. entgegen Absatz 1 Satz 2 oder Satz 3, jeweils auch in Verbindung mit Absatz 1 Satz 6 oder Absatz 3,

eine Auskunft nicht, nicht richtig, nicht vollständig oder nicht rechtzeitig erteilt oder eine Unterlage nicht, nicht richtig, nicht vollständig oder nicht rechtzeitig vorlegt. [2] Die Ordnungswidrigkeit kann mit einer Geldbuße bis zu fünftausend Euro geahndet werden. [3] Die Sätze 1 und 2 gelten nicht für die Leistungsträger, wenn sie wie ein Arbeitgeber Beiträge für eine kraft Gesetzes versicherte Person zu entrichten haben.

§ 99 Auskunftspflicht von Angehörigen, Unterhaltspflichtigen oder sonstigen Personen. [1] Ist nach dem Recht der Sozialversicherung einschließlich der Arbeitslosenversicherung oder dem sozialen Entschädigungsrecht

1. das Einkommen oder das Vermögen von Angehörigen des Leistungsempfängers oder sonstiger Personen bei einer Sozialleistung oder ihrer Erstattung zu berücksichtigen oder
2. die Sozialleistung oder ihre Erstattung von der Höhe eines Unterhaltsanspruchs abhängig, der dem Leistungsempfänger gegen einen Unterhaltspflichtigen zusteht,

gelten für diese Personen § 60 Abs. 1 Nr. 1 und 3 sowie § 65 Abs. 1 des Ersten Buches[1)] entsprechend. [2] Das Gleiche gilt für den in Satz 1 genannten Anwendungsbereich in den Fällen, in denen Unterhaltspflichtige, Angehörige, der frühere Ehegatte, der frühere Lebenspartner oder Erben zum Ersatz der Aufwendungen des Leistungsträgers herangezogen werden. [3] Auskünfte auf Fragen, deren Beantwortung einem nach Satz 1 oder Satz 2 Auskunftspflichtigen oder einer ihm nahe stehenden Person (§ 383 Abs. 1 Nr. 1 bis 3 der Zivilprozess-

---

[1)] Nr. 1.

ordnung) die Gefahr zuziehen würde, wegen einer Straftat oder einer Ordnungswidrigkeit verfolgt zu werden, können verweigert werden.

§ 100 Auskunftspflicht des Arztes oder Angehörigen eines anderen Heilberufs.
(1) [1] Der Arzt oder Angehörige eines anderen Heilberufs ist verpflichtet, dem Leistungsträger im Einzelfall auf Verlangen Auskunft zu erteilen, soweit es für die Durchführung von dessen Aufgaben nach diesem Gesetzbuch erforderlich und

1. es gesetzlich zugelassen ist oder
2. der Betroffene im Einzelfall eingewilligt hat.

[Satz 2 bis 24.5.2018:] [2] Die Einwilligung bedarf der Schriftform, soweit nicht wegen besonderer Umstände eine andere Form angemessen ist. *[Satz 2 ab 25.5.2018:]* [2] *Die Einwilligung soll zum Nachweis im Sinne des Artikels 7 Absatz 1 der Verordnung (EU) 2016/679, dass die betroffene Person in die Verarbeitung ihrer personenbezogenen Daten eingewilligt hat, schriftlich oder elektronisch erfolgen.* [3] Die Sätze 1 und 2 gelten entsprechend für Krankenhäuser sowie für Vorsorge- oder Rehabilitationseinrichtungen.

(2) Auskünfte auf Fragen, deren Beantwortung dem Arzt, dem Angehörigen eines anderen Heilberufs oder ihnen nahe stehenden Personen (§ 383 Abs. 1 Nr. 1 bis 3 der Zivilprozessordnung) die Gefahr zuziehen würde, wegen einer Straftat oder einer Ordnungswidrigkeit verfolgt zu werden, können verweigert werden.

§ 101 Auskunftspflicht der Leistungsträger.
[1] Die Leistungsträger haben auf Verlangen eines behandelnden Arztes Untersuchungsbefunde, die für die Behandlung von Bedeutung sein können, mitzuteilen, sofern der Betroffene im Einzelfall in die Mitteilung eingewilligt hat. [2] § 100 Abs. 1 Satz 2 gilt entsprechend.

§ 101a Mitteilungen der Meldebehörden.
(1) Die Datenstelle der Rentenversicherung übermittelt die Mitteilungen aller Sterbefälle und Anschriftenänderungen (§ 196 Abs. 2 des Sechsten Buches[1]) unverzüglich an die Deutsche Post AG.

(2) Die Mitteilungen, die von der Datenstelle der Rentenversicherung an die Deutsche Post AG übermittelt werden, dürfen von der Deutschen Post AG

1. nur dazu verwendet werden, um laufende Geldleistungen der Leistungsträger, der in § 69 Abs. 2 genannten Stellen sowie ausländischer Leistungsträger mit laufenden Geldleistungen in die Bundesrepublik Deutschland einzustellen oder deren Einstellung zu veranlassen sowie um Anschriften von Empfängern laufender Geldleistungen der Leistungsträger und der in § 69 Abs. 2 genannten Stellen zu berichtigen oder deren Berichtigung zu veranlassen, und darüber hinaus
2. nur weiter übermittelt werden, um den Trägern der Unfallversicherung, der Sozialversicherung für Landwirtschaft, Forsten und Gartenbau und den in § 69 Abs. 2 genannten Zusatzversorgungseinrichtungen eine Aktualisierung ihrer Versichertenbestände oder Mitgliederbestände zu ermöglichen.

---

[1] Nr. 6.

(3) Die Verwendung und Übermittlung der Mitteilungen erfolgt
1. in der allgemeinen Rentenversicherung im Rahmen des gesetzlichen Auftrags der Deutschen Post AG nach § 119 Abs. 1 Satz 1 des Sechsten Buches,
2. im Übrigen im Rahmen eines öffentlich-rechtlichen oder privatrechtlichen Vertrages der Deutschen Post AG mit den Leistungsträgern oder den in § 69 Abs. 2 genannten Stellen.

Zweiter Abschnitt. Erstattungsansprüche der Leistungsträger untereinander

§ 102 Anspruch des vorläufig leistenden Leistungsträgers. (1) Hat ein Leistungsträger auf Grund gesetzlicher Vorschriften vorläufig Sozialleistungen erbracht, ist der zur Leistung verpflichtete Leistungsträger erstattungspflichtig.

(2) Der Umfang des Erstattungsanspruchs richtet sich nach den für den vorleistenden Leistungsträger geltenden Rechtsvorschriften.

§ 103 Anspruch des Leistungsträgers, dessen Leistungsverpflichtung nachträglich entfallen ist. (1) Hat ein Leistungsträger Sozialleistungen erbracht und ist der Anspruch auf diese nachträglich ganz oder teilweise entfallen, ist der für die entsprechende Leistung zuständige Leistungsträger erstattungspflichtig, soweit dieser nicht bereits selbst geleistet hat, bevor er von der Leistung des anderen Leistungsträgers Kenntnis erlangt hat.

(2) Der Umfang des Erstattungsanspruchs richtet sich nach den für den zuständigen Leistungsträger geltenden Rechtsvorschriften.

(3) Die Absätze 1 und 2 gelten gegenüber den Trägern der Sozialhilfe, der Kriegsopferfürsorge und der Jugendhilfe nur von dem Zeitpunkt ab, von dem ihnen bekannt war, dass die Voraussetzungen für ihre Leistungspflicht vorlagen.

§ 104 Anspruch des nachrangig verpflichteten Leistungsträgers.

(1) [1] Hat ein nachrangig verpflichteter Leistungsträger Sozialleistungen erbracht, ohne dass die Voraussetzungen von § 103 Abs. 1 vorliegen, ist der Leistungsträger erstattungspflichtig, gegen den der Berechtigte vorrangig einen Anspruch hat oder hatte, soweit der Leistungsträger nicht bereits selbst geleistet hat, bevor er von der Leistung des anderen Leistungsträgers Kenntnis erlangt hat. [2] Nachrangig verpflichtet ist ein Leistungsträger, soweit dieser bei rechtzeitiger Erfüllung der Leistungsverpflichtung eines anderen Leistungsträgers selbst nicht zur Leistung verpflichtet gewesen wäre. [3] Ein Erstattungsanspruch besteht nicht, soweit der nachrangige Leistungsträger seine Leistungen auch bei Leistung des vorrangig verpflichteten Leistungsträgers hätte erbringen müssen. [4] Satz 1 gilt entsprechend, wenn von den Trägern der Sozialhilfe, der Kriegsopferfürsorge und der Jugendhilfe Aufwendungsersatz geltend gemacht werden kann oder ein Kostenbeitrag erhoben werden kann; Satz 3 gilt in diesen Fällen nicht.

(2) Absatz 1 gilt auch dann, wenn von einem nachrangig verpflichteten Leistungsträger für einen Angehörigen Sozialleistungen erbracht worden sind und ein anderer mit Rücksicht auf diesen Angehörigen einen Anspruch auf Sozialleistungen, auch auf besonders bezeichnete Leistungsteile, gegenüber einem vorrangig verpflichteten Leistungsträger hat oder hatte.

(3) Der Umfang des Erstattungsanspruchs richtet sich nach den für den vorrangig verpflichteten Leistungsträger geltenden Rechtsvorschriften.

(4) Sind mehrere Leistungsträger vorrangig verpflichtet, kann der Leistungsträger, der die Sozialleistung erbracht hat, Erstattung nur von dem Leistungsträger verlangen, für den er nach § 107 Abs. 2 mit befreiender Wirkung geleistet hat.

§ 105 Anspruch des unzuständigen Leistungsträgers. (1) ¹ Hat ein unzuständiger Leistungsträger Sozialleistungen erbracht, ohne dass die Voraussetzungen von § 102 Abs. 1 vorliegen, ist der zuständige oder zuständig gewesene Leistungsträger erstattungspflichtig, soweit dieser nicht bereits selbst geleistet hat, bevor er von der Leistung des anderen Leistungsträgers Kenntnis erlangt hat. ² § 104 Abs. 2 gilt entsprechend.

(2) Der Umfang des Erstattungsanspruchs richtet sich nach den für den zuständigen Leistungsträger geltenden Rechtsvorschriften.

(3) Die Absätze 1 und 2 gelten gegenüber den Trägern der Sozialhilfe, der Kriegsopferfürsorge und der Jugendhilfe nur von dem Zeitpunkt ab, von dem ihnen bekannt war, dass die Voraussetzungen für ihre Leistungspflicht vorlagen.

§ 106 Rangfolge bei mehreren Erstattungsberechtigten. (1) Ist ein Leistungsträger mehreren Leistungsträgern zur Erstattung verpflichtet, sind die Ansprüche in folgender Rangfolge zu befriedigen:

1. (weggefallen)
2. der Anspruch des vorläufig leistenden Leistungsträgers nach § 102,
3. der Anspruch des Leistungsträgers, dessen Leistungsverpflichtung nachträglich entfallen ist, nach § 103,
4. der Anspruch des nachrangig verpflichteten Leistungsträgers nach § 104,
5. der Anspruch des unzuständigen Leistungsträgers nach § 105.

(2) ¹ Treffen ranggleiche Ansprüche von Leistungsträgern zusammen, sind diese anteilsmäßig zu befriedigen. ² Machen mehrere Leistungsträger Ansprüche nach § 104 geltend, ist zuerst derjenige zu befriedigen, der im Verhältnis der nachrangigen Leistungsträger untereinander einen Erstattungsanspruch nach § 104 hätte.

(3) Der Erstattungspflichtige muss insgesamt nicht mehr erstatten, als er nach den für ihn geltenden Erstattungsvorschriften einzeln zu erbringen hätte.

§ 107 Erfüllung. (1) Soweit ein Erstattungsanspruch besteht, gilt der Anspruch des Berechtigten gegen den zur Leistung verpflichteten Leistungsträger als erfüllt.

(2) ¹ Hat der Berechtigte Ansprüche gegen mehrere Leistungsträger, gilt der Anspruch als erfüllt, den der Träger, der die Sozialleistung erbracht hat, bestimmt. ² Die Bestimmung ist dem Berechtigten gegenüber unverzüglich vorzunehmen und den übrigen Leistungsträgern mitzuteilen.

§ 108 Erstattung in Geld, Verzinsung. (1) Sach- und Dienstleistungen sind in Geld zu erstatten.

(2) ¹ Ein Erstattungsanspruch der Träger der Sozialhilfe, der Kriegsopferfürsorge und der Jugendhilfe ist von anderen Leistungsträgern

1. für die Dauer des Erstattungszeitraumes und

2. für den Zeitraum nach Ablauf eines Kalendermonats nach Eingang des vollständigen, den gesamten Erstattungszeitraum umfassenden Erstattungsantrages beim zuständigen Erstattungsverpflichteten bis zum Ablauf des Kalendermonats vor der Zahlung

auf Antrag mit 4 vom Hundert zu verzinsen. ²Die Verzinsung beginnt frühestens nach Ablauf von sechs Kalendermonaten nach Eingang des vollständigen Leistungsantrages des Leistungsberechtigten beim zuständigen Leistungsträger, beim Fehlen eines Antrages nach Ablauf eines Kalendermonats nach Bekanntgabe der Entscheidung über die Leistung. ³§ 44 Abs. 3 des Ersten Buches[1]) findet Anwendung; § 16 des Ersten Buches gilt nicht.

§ 109 Verwaltungskosten und Auslagen. ¹Verwaltungskosten sind nicht zu erstatten. ²Auslagen sind auf Anforderung zu erstatten, wenn sie im Einzelfall 200 Euro übersteigen. ³Die Bundesregierung kann durch Rechtsverordnung mit Zustimmung des Bundesrates den in Satz 2 genannten Betrag entsprechend der jährlichen Steigerung der monatlichen Bezugsgröße nach § 18 des Vierten Buches[2]) anheben und dabei auf zehn Euro nach unten oder oben runden.

§ 110 Pauschalierung. ¹Die Leistungsträger haben ihre Erstattungsansprüche pauschal abzugelten, soweit dies zweckmäßig ist. ²Beträgt im Einzelfall ein Erstattungsanspruch voraussichtlich weniger als 50 Euro, erfolgt keine Erstattung. ³Die Leistungsträger können abweichend von Satz 2 höhere Beträge vereinbaren. ⁴Die Bundesregierung kann durch Rechtsverordnung mit Zustimmung des Bundesrates den in Satz 2 genannten Betrag entsprechend der jährlichen Steigerung der monatlichen Bezugsgröße nach § 18 des Vierten Buches[2]) anheben und dabei auf zehn Euro nach unten oder oben runden.

§ 111 Ausschlussfrist. ¹Der Anspruch auf Erstattung ist ausgeschlossen, wenn der Erstattungsberechtigte ihn nicht spätestens zwölf Monate nach Ablauf des letzten Tages, für den die Leistung erbracht wurde, geltend macht. ²Der Lauf der Frist beginnt frühestens mit dem Zeitpunkt, zu dem der erstattungsberechtigte Leistungsträger von der Entscheidung des erstattungspflichtigen Leistungsträgers über seine Leistungspflicht Kenntnis erlangt hat.

§ 112 Rückerstattung. Soweit eine Erstattung zu Unrecht erfolgt ist, sind die gezahlten Beträge zurückzuerstatten.

§ 113 Verjährung. (1) ¹Erstattungsansprüche verjähren in vier Jahren nach Ablauf des Kalenderjahres, in dem der erstattungsberechtigte Leistungsträger von der Entscheidung des erstattungspflichtigen Leistungsträgers über dessen Leistungspflicht Kenntnis erlangt hat. ²Rückerstattungsansprüche verjähren in vier Jahren nach Ablauf des Kalenderjahres, in dem die Erstattung zu Unrecht erfolgt ist.

(2) Für die Hemmung, die Ablaufhemmung, den Neubeginn und die Wirkung der Verjährung gelten die Vorschriften des Bürgerlichen Gesetzbuchs sinngemäß.

---

[1]) Nr. 1.
[2]) Nr. 4.

3. Kapitel. Zusammenarbeit der Leistungsträger   §§ 114–116   SGB X   10

§ 114 Rechtsweg. ¹ Für den Erstattungsanspruch ist derselbe Rechtsweg wie für den Anspruch auf die Sozialleistung gegeben. ² Maßgebend ist im Fall des § 102 der Anspruch gegen den vorleistenden Leistungsträger und im Fall der §§ 103 bis 105 der Anspruch gegen den erstattungspflichtigen Leistungsträger.

Dritter Abschnitt. Erstattungs- und Ersatzansprüche der Leistungsträger gegen Dritte

§ 115 Ansprüche gegen den Arbeitgeber. (1) Soweit der Arbeitgeber den Anspruch des Arbeitnehmers auf Arbeitsentgelt nicht erfüllt und deshalb ein Leistungsträger Sozialleistungen erbracht hat, geht der Anspruch des Arbeitnehmers gegen den Arbeitgeber auf den Leistungsträger bis zur Höhe der erbrachten Sozialleistungen über.

(2) Der Übergang wird nicht dadurch ausgeschlossen, dass der Anspruch nicht übertragen, verpfändet oder gepfändet werden kann.

(3) An Stelle der Ansprüche des Arbeitnehmers auf Sachbezüge tritt im Fall des Absatzes 1 der Anspruch auf Geld; die Höhe bestimmt sich nach den nach § 17 Abs. 1 Satz 1 Nr. 3 des Vierten Buches[1)] festgelegten Werten der Sachbezüge.

§ 116 Ansprüche gegen Schadenersatzpflichtige. (1) ¹ Ein auf anderen gesetzlichen Vorschriften beruhender Anspruch auf Ersatz eines Schadens geht auf den Versicherungsträger oder Träger der Sozialhilfe über, soweit dieser auf Grund des Schadensereignisses Sozialleistungen zu erbringen hat, die der Behebung eines Schadens der gleichen Art dienen und sich auf denselben Zeitraum wie der vom Schädiger zu leistende Schadenersatz beziehen. ² Dazu gehören auch
1. die Beiträge, die von Sozialleistungen zu zahlen sind, und
2. die Beiträge zur Krankenversicherung, die für die Dauer des Anspruchs auf Krankengeld unbeschadet des § 224 Abs. 1 des Fünften Buches[2)] zu zahlen wären.

(2) Ist der Anspruch auf Ersatz eines Schadens durch Gesetz der Höhe nach begrenzt, geht er auf den Versicherungsträger oder Träger der Sozialhilfe über, soweit er nicht zum Ausgleich des Schadens des Geschädigten oder seiner Hinterbliebenen erforderlich ist.

(3) ¹ Ist der Anspruch auf Ersatz eines Schadens durch ein mitwirkendes Verschulden oder eine mitwirkende Verantwortlichkeit des Geschädigten begrenzt, geht auf den Versicherungsträger oder Träger der Sozialhilfe von dem nach Absatz 1 bei unbegrenzter Haftung übergehenden Ersatzanspruch der Anteil über, welcher dem Vomhundertsatz entspricht, für den der Schädiger ersatzpflichtig ist. ² Dies gilt auch, wenn der Ersatzanspruch durch Gesetz der Höhe nach begrenzt ist. ³ Der Anspruchsübergang ist ausgeschlossen, soweit der Geschädigte oder seine Hinterbliebenen dadurch hilfebedürftig im Sinne der Vorschriften des Zwölften Buches[3)] werden.

[1)] Nr. 4.
[2)] Nr. 5.
[3)] Nr. 12.

(4) Stehen der Durchsetzung der Ansprüche auf Ersatz eines Schadens tatsächliche Hindernisse entgegen, hat die Durchsetzung der Ansprüche des Geschädigten und seiner Hinterbliebenen Vorrang vor den übergegangenen Ansprüchen nach Absatz 1.

(5) Hat ein Versicherungsträger oder Träger der Sozialhilfe auf Grund des Schadensereignisses dem Geschädigten oder seinen Hinterbliebenen keine höheren Sozialleistungen zu erbringen als vor diesem Ereignis, geht in den Fällen des Absatzes 3 Satz 1 und 2 der Schadenersatzanspruch nur insoweit über, als der geschuldete Schadenersatz nicht zur vollen Deckung des eigenen Schadens des Geschädigten oder seiner Hinterbliebenen erforderlich ist.

(6) [1] Ein Übergang nach Absatz 1 ist bei nicht vorsätzlichen Schädigungen durch Familienangehörige, die im Zeitpunkt des Schadensereignisses mit dem Geschädigten oder seinen Hinterbliebenen in häuslicher Gemeinschaft leben, ausgeschlossen. [2] Ein Ersatzanspruch nach Absatz 1 kann dann nicht geltend gemacht werden, wenn der Schädiger mit dem Geschädigten oder einem Hinterbliebenen nach Eintritt des Schadensereignisses die Ehe geschlossen oder eine Lebenspartnerschaft begründet hat und in häuslicher Gemeinschaft lebt.

(7) [1] Haben der Geschädigte oder seine Hinterbliebenen von dem zum Schadenersatz Verpflichteten auf einen übergegangenen Anspruch mit befreiender Wirkung gegenüber dem Versicherungsträger oder Träger der Sozialhilfe Leistungen erhalten, haben sie insoweit dem Versicherungsträger oder Träger der Sozialhilfe die erbrachten Leistungen zu erstatten. [2] Haben die Leistungen gegenüber dem Versicherungsträger oder Träger der Sozialhilfe keine befreiende Wirkung, haften der zum Schadenersatz Verpflichtete und der Geschädigte oder dessen Hinterbliebene dem Versicherungsträger oder Träger der Sozialhilfe als Gesamtschuldner.

(8) Weist der Versicherungsträger oder Träger der Sozialhilfe nicht höhere Leistungen nach, sind vorbehaltlich der Absätze 2 und 3 je Schadensfall für nicht stationäre ärztliche Behandlung und Versorgung mit Arznei- und Verbandmitteln 5 vom Hundert der monatlichen Bezugsgröße nach § 18 des Vierten Buches[1]) zu ersetzen.

(9) Die Vereinbarung einer Pauschalierung der Ersatzansprüche ist zulässig.

(10) Die Bundesagentur für Arbeit und die Träger der Grundsicherung für Arbeitsuchende nach dem Zweiten Buch[2]) gelten als Versicherungsträger im Sinne dieser Vorschrift.

§ 117 Schadenersatzansprüche mehrerer Leistungsträger.

[1] Haben im Einzelfall mehrere Leistungsträger Sozialleistungen erbracht und ist in den Fällen des § 116 Abs. 2 und 3 der übergegangene Anspruch auf Ersatz des Schadens begrenzt, sind die Leistungsträger Gesamtgläubiger. [2] Untereinander sind sie im Verhältnis der von ihnen erbrachten Sozialleistungen zum Ausgleich verpflichtet. [3] Soweit jedoch eine Sozialleistung allein von einem Leistungsträger erbracht ist, steht der Ersatzanspruch im Innenverhältnis nur diesem zu. [4] Die Leistungsträger können ein anderes Ausgleichsverhältnis vereinbaren.

---

[1]) Nr. 4.
[2]) Nr. 2.

4. Kapitel. Übergangs- u. Schlussvorschr. §§ 118–120 SGB X 10

§ 118 Bindung der Gerichte. Hat ein Gericht über einen nach § 116 übergegangenen Anspruch zu entscheiden, ist es an eine unanfechtbare Entscheidung gebunden, dass und in welchem Umfang der Leistungsträger zur Leistung verpflichtet ist.

§ 119 Übergang von Beitragsansprüchen. (1) [1] Soweit der Schadenersatzanspruch eines Versicherten den Anspruch auf Ersatz von Beiträgen zur Rentenversicherung umfasst, geht dieser auf den Versicherungsträger über, wenn der Geschädigte im Zeitpunkt des Schadensereignisses bereits Pflichtbeitragszeiten nachweist oder danach pflichtversichert wird; dies gilt nicht, soweit

1. der Arbeitgeber das Arbeitsentgelt fortzahlt oder sonstige der Beitragspflicht unterliegende Leistungen erbringt oder

2. der Anspruch auf Ersatz von Beiträgen nach § 116 übergegangen ist.

[2] Für den Anspruch auf Ersatz von Beiträgen zur Rentenversicherung gilt § 116 Abs. 3 Satz 1 und 2 entsprechend, soweit die Beiträge auf den Unterschiedsbetrag zwischen dem bei unbegrenzter Haftung zu ersetzenden Arbeitsentgelt oder Arbeitseinkommen und der bei Bezug von Sozialleistungen beitragspflichtigen Einnahme entfallen.

(2) [1] Der Versicherungsträger, auf den ein Teil des Anspruchs auf Ersatz von Beiträgen zur Rentenversicherung nach § 116 übergeht, übermittelt den von ihm festgestellten Sachverhalt dem Träger der Rentenversicherung auf einem einheitlichen Meldevordruck. [2] Das Nähere über den Inhalt des Meldevordrucks und das Mitteilungsverfahren bestimmen die Spitzenverbände der Sozialversicherungsträger.

(3) [1] Die eingegangenen Beiträge oder Beitragsanteile gelten in der Rentenversicherung als Pflichtbeiträge. [2] Durch den Übergang des Anspruchs auf Ersatz von Beiträgen darf der Versicherte nicht schlechter gestellt werden, als er ohne den Schadenersatzanspruch gestanden hätte.

(4) [1] Die Vereinbarung der Abfindung von Ansprüchen auf Ersatz von Beiträgen zur Rentenversicherung mit einem ihrem Kapitalwert entsprechenden Betrag ist im Einzelfall zulässig. [2] Im Fall des Absatzes 1 Satz 1 Nr. 1 gelten für die Mitwirkungspflichten des Geschädigten die §§ 60, 61, 65 Abs. 1 und 3 sowie § 65a des Ersten Buches[1]) entsprechend.

Viertes Kapitel. Übergangs- und Schlussvorschriften

§ 120 Übergangsregelung. (1) [1] Die §§ 116 bis 119 sind nur auf Schadensereignisse nach dem 30. Juni 1983 anzuwenden; für frühere Schadensereignisse gilt das bis 30. Juni 1983 geltende Recht weiter. [2] Ist das Schadensereignis nach dem 30. Juni 1983 eingetreten, sind § 116 Abs. 1 Satz 2 und § 119 Abs. 1, 3 und 4 in der ab 1. Januar 2001 geltenden Fassung auf einen Sachverhalt auch dann anzuwenden, wenn der Sachverhalt bereits vor diesem Zeitpunkt bestanden hat und darüber noch nicht abschließend entschieden ist.

(2) § 111 Satz 2 und § 113 Abs. 1 Satz 1 sind in der vom 1. Januar 2001 an geltenden Fassung auf die Erstattungsverfahren anzuwenden, die am 1. Juni 2000 noch nicht abschließend entschieden waren.

---

[1]) Nr. 1.

10 SGB X 10. Buch. Sozialverwaltungsverfahren

(3) Eine Rückerstattung ist in den am 1. Januar 2001 bereits abschließend entschiedenen Fällen ausgeschlossen, wenn die Erstattung nach § 111 Satz 2 in der ab 1. Januar 2001 geltenden Fassung zu Recht erfolgt ist.

(4) Erhebungen, Verarbeitungen oder Nutzungen von Sozialdaten, die am 23. Mai 2001 bereits begonnen haben, sind binnen drei Jahren nach diesem Zeitpunkt mit den Vorschriften dieses Gesetzes in Übereinstimmung zu bringen.

(5) Artikel 229 § 6 Abs. 1 bis 4 des Einführungsgesetzes zum Bürgerlichen Gesetzbuche gilt entsprechend bei der Anwendung des § 50 Abs. 4 Satz 2 und der §§ 52 und 113 Abs. 2 in der seit dem 1. Januar 2002 geltenden Fassung.

(6) § 66 Abs. 1 Satz 3 bis 5, Abs. 2 und 3 Satz 2 in der ab dem 30. März 2005 geltenden Fassung gilt nur für Bestellungen zu Vollstreckungs- und Vollziehungsbeamten ab dem 30. März 2005.

Anlage
(zu § 78a)

Werden Sozialdaten automatisiert verarbeitet oder genutzt, ist die innerbehördliche oder innerbetriebliche Organisation so zu gestalten, dass sie den besonderen Anforderungen des Datenschutzes gerecht wird. Dabei sind insbesondere Maßnahmen zu treffen, die je nach der Art der zu schützenden Sozialdaten oder Kategorien von Sozialdaten geeignet sind,

1. Unbefugten den Zutritt zu Datenverarbeitungsanlagen, mit denen Sozialdaten verarbeitet oder genutzt werden, zu verwehren (Zutrittskontrolle),
2. zu verhindern, dass Datenverarbeitungssysteme von Unbefugten genutzt werden können (Zugangskontrolle),
3. zu gewährleisten, dass die zur Benutzung eines Datenverarbeitungssystems Berechtigten ausschließlich auf die ihrer Zugriffsberechtigung unterliegenden Daten zugreifen können, und dass Sozialdaten bei der Verarbeitung, Nutzung und nach der Speicherung nicht unbefugt gelesen, kopiert, verändert oder entfernt werden können (Zugriffskontrolle),
4. zu gewährleisten, dass Sozialdaten bei der elektronischen Übertragung oder während ihres Transports oder ihrer Speicherung auf Datenträger nicht unbefugt gelesen, kopiert, verändert oder entfernt werden können, und dass überprüft und festgestellt werden kann, an welche Stellen eine Übermittlung von Sozialdaten durch Einrichtungen zur Datenübertragung vorgesehen ist (Weitergabekontrolle),
5. zu gewährleisten, dass nachträglich überprüft und festgestellt werden kann, ob und von wem Sozialdaten in Datenverarbeitungssysteme eingegeben, verändert oder entfernt worden sind (Eingabekontrolle),
6. zu gewährleisten, dass Sozialdaten, die im Auftrag erhoben, verarbeitet oder genutzt werden, nur entsprechend den Weisungen des Auftraggebers erhoben, verarbeitet oder genutzt werden können (Auftragskontrolle),
7. zu gewährleisten, dass Sozialdaten gegen zufällige Zerstörung oder Verlust geschützt sind (Verfügbarkeitskontrolle),
8. zu gewährleisten, dass zu unterschiedlichen Zwecken erhobene Sozialdaten getrennt verarbeitet werden können.

Eine Maßnahme nach Satz 2 Nummer 2 bis 4 ist insbesondere die Verwendung von dem Stand der Technik entsprechenden Verschlüsselungsverfahren.

11. Sozialgesetzbuch (SGB) Elftes Buch (XI) – Soziale Pflegeversicherung –[1)][2)]

Vom 26. Mai 1994
(BGBl. I S. 1014)
FNA 860-11

zuletzt geänd. durch Art. 9 G zur Fortschreibung der Vorschriften für Blut- und Gewebezubereitungen und zur Änd. anderer Vorschriften v. 18.7.2017 (BGBl. I S. 2757)

Inhaltsübersicht

§§

Erstes Kapitel. Allgemeine Vorschriften

Soziale Pflegeversicherung	1
Selbstbestimmung	2
Vorrang der häuslichen Pflege	3
Art und Umfang der Leistungen	4
Prävention in Pflegeeinrichtungen, Vorrang von Prävention und medizinischer Rehabilitation	5
Eigenverantwortung	6
Aufklärung, Auskunft	7
Pflegeberatung	7a
Beratungsgutscheine	7b
Pflegestützpunkte, Verordnungsermächtigung	7c
Gemeinsame Verantwortung	8
Gemeinsame Empfehlungen zur pflegerischen Versorgung	8a
Aufgaben der Länder	9
Berichtspflichten des Bundes und der Länder	10
Rechte und Pflichten der Pflegeeinrichtungen	11
Aufgaben der Pflegekassen	12
Verhältnis der Leistungen der Pflegeversicherung zu anderen Sozialleistungen	13

Zweites Kapitel. Leistungsberechtigter Personenkreis

Begriff der Pflegebedürftigkeit	14
Ermittlung des Grades der Pflegebedürftigkeit, Begutachtungsinstrument	15
Verordnungsermächtigung	16
Richtlinien der Pflegekassen	17
(aufgehoben)	17a
Verfahren zur Feststellung der Pflegebedürftigkeit	18
Weiterleitung der Rehabilitationsempfehlung, Berichtspflichten	18a
Dienstleistungsorientierung im Begutachtungsverfahren	18b
Fachliche und wissenschaftliche Begleitung der Umstellung des Verfahrens zur Feststellung der Pflegebedürftigkeit	§18c
Begriff der Pflegepersonen	19

Drittes Kapitel. Versicherungspflichtiger Personenkreis

Versicherungspflicht in der sozialen Pflegeversicherung für Mitglieder der gesetzlichen Krankenversicherung	20
Versicherungspflicht in der sozialen Pflegeversicherung für sonstige Personen	21
Befreiung von der Versicherungspflicht	22
Versicherungspflicht für Versicherte der privaten Krankenversicherungsunternehmen	23
Versicherungspflicht der Abgeordneten	24
Familienversicherung	25

[1)] Verkündet als Art. 1 Pflege-VersicherungsG v. 26.5.1994 (BGBl. I S. 1014); Inkrafttreten gem. Art. 68 Abs. 1 dieses G am 1.1.1995 mit Ausnahme der in Abs. 2 bis 4 aaO genannten Abweichungen.
[2)] Die Änderungen durch G v. 23.12.2016 (BGBl. I S. 3191) und G v. 23.12.2016 (BGBl. I S. 3234), die erst **mWv 1.1.2020**, sowie die Änderungen durch G v. 17.7.2017 (BGBl. I S. 2581), die erst **mWv 1.1.2020** bzw. **mWv 1.1.2025** in Kraft treten, sind im Text noch nicht berücksichtigt.

11 SGB XI

11. Buch. Soziale Pflegeversicherung

	§§
Weiterversicherung	26
Beitrittsrecht	26a
Kündigung eines privaten Pflegeversicherungsvertrages	27

Viertes Kapitel. Leistungen der Pflegeversicherung

Erster Abschnitt. Übersicht über die Leistungen

Leistungsarten, Grundsätze	28
Leistungen bei Pflegegrad 1	28a

Zweiter Abschnitt. Gemeinsame Vorschriften

Wirtschaftlichkeitsgebot	29
Dynamisierung, Verordnungsermächtigung	30
Vorrang der Rehabilitation vor Pflege	31
Vorläufige Leistungen zur medizinischen Rehabilitation	32
Leistungsvoraussetzungen	33
Leistungsausschluss	33a
Ruhen der Leistungsansprüche	34
Erlöschen der Leistungsansprüche	35
Teilnahme an einem Persönlichen Budget nach § 29 des Neunten Buches	35a

Dritter Abschnitt. Leistungen

Erster Titel. Leistungen bei häuslicher Pflege

Pflegesachleistung	36
Pflegegeld für selbst beschaffte Pflegehilfen	37
Kombination von Geldleistung und Sachleistung (Kombinationsleistung)	38
Zusätzliche Leistungen für Pflegebedürftige in ambulant betreuten Wohngruppen	38a
Häusliche Pflege bei Verhinderung der Pflegeperson	39
Pflegehilfsmittel und wohnumfeldverbessernde Maßnahmen	40

Zweiter Titel. Teilstationäre Pflege und Kurzzeitpflege

Tagespflege und Nachtpflege	41
Kurzzeitpflege	42

Dritter Titel. Vollstationäre Pflege

Inhalt der Leistung	43

Vierter Titel. Pflege in vollstationären Einrichtungen der Hilfe für behinderte Menschen

Inhalt der Leistung	43a

Fünfter Titel. Zusätzliche Betreuung und Aktivierung in stationären Pflegeeinrichtungen

Inhalt der Leistung	43b

Vierter Abschnitt. Leistungen für Pflegepersonen

Leistungen zur sozialen Sicherung der Pflegepersonen	44
Zusätzliche Leistungen bei Pflegezeit und kurzzeitiger Arbeitsverhinderung	44a
Pflegekurse für Angehörige und ehrenamtliche Pflegepersonen	45

Fünfter Abschnitt. Angebote zur Unterstützung im Alltag, Entlastungsbetrag, Förderung der Weiterentwicklung der Versorgungsstrukturen und des Ehrenamts sowie der Selbsthilfe

Angebote zur Unterstützung im Alltag, Umwandlung des ambulanten Sachleistungsbetrags (Umwandlungsanspruch), Verordnungsermächtigung	45a
Entlastungsbetrag	45b
Förderung der Weiterentwicklung der Versorgungsstrukturen und des Ehrenamts, Verordnungsermächtigung	45c
Förderung der Selbsthilfe, Verordnungsermächtigung	45d

Sechster Abschnitt. Initiativprogramm zur Förderung neuer Wohnformen

Anschubfinanzierung zur Gründung von ambulant betreuten Wohngruppen	45e
Weiterentwicklung neuer Wohnformen	45f

Inhaltsübersicht   SGB XI 11

§§

Fünftes Kapitel. Organisation

Erster Abschnitt. Träger der Pflegeversicherung

Pflegekassen	46
Satzung	47
Stellen zur Bekämpfung von Fehlverhalten im Gesundheitswesen	47a

Zweiter Abschnitt. Zuständigkeit, Mitgliedschaft

Zuständigkeit für Versicherte einer Krankenkasse und sonstige Versicherte	48
Mitgliedschaft	49

Dritter Abschnitt. Meldungen

Melde- und Auskunftspflichten bei Mitgliedern der sozialen Pflegeversicherung	50
Meldungen bei Mitgliedern der privaten Pflegeversicherung	51

Vierter Abschnitt. Wahrnehmung der Verbandsaufgaben

Aufgaben auf Landesebene	52
Aufgaben auf Bundesebene	53
Zusammenarbeit der Medizinischen Dienste	53a
Beauftragung von anderen unabhängigen Gutachtern durch die Pflegekassen im Verfahren zur Feststellung der Pflegebedürftigkeit	53b
Richtlinien zur Qualifikation und zu den Aufgaben zusätzlicher Betreuungskräfte	53c

Sechstes Kapitel. Finanzierung

Erster Abschnitt. Beiträge

Grundsatz	54
Beitragssatz, Beitragsbemessungsgrenze	55
Beitragsfreiheit	56
Beitragspflichtige Einnahmen	57
Tragung der Beiträge bei versicherungspflichtig Beschäftigten	58
Beitragstragung bei anderen Mitgliedern	59
Beitragszahlung	60

Zweiter Abschnitt. Beitragszuschüsse

Beitragszuschüsse für freiwillige Mitglieder der gesetzlichen Krankenversicherung und Privatversicherte	61

Dritter Abschnitt. Verwendung und Verwaltung der Mittel

Mittel der Pflegekasse	62
Betriebsmittel	63
Rücklage	64

Vierter Abschnitt. Ausgleichsfonds, Finanzausgleich

Ausgleichsfonds	65
Finanzausgleich	66
Monatlicher Ausgleich	67
Jahresausgleich	68

Siebtes Kapitel. Beziehungen der Pflegekassen zu den Leistungserbringern

Erster Abschnitt. Allgemeine Grundsätze

Sicherstellungsauftrag	69
Beitragssatzstabilität	70

Zweiter Abschnitt. Beziehungen zu den Pflegeeinrichtungen

Pflegeeinrichtungen	71
Zulassung zur Pflege durch Versorgungsvertrag	72
Abschluß von Versorgungsverträgen	73
Kündigung von Versorgungsverträgen	74
Rahmenverträge, Bundesempfehlungen und -vereinbarungen über die pflegerische Versorgung	75
Schiedsstelle	76

11 SGB XI 11. Buch. Soziale Pflegeversicherung

§§

Dritter Abschnitt. Beziehungen zu sonstigen Leistungserbringern

Häusliche Pflege durch Einzelpersonen	77
Verträge über Pflegehilfsmittel	78

Vierter Abschnitt. Wirtschaftlichkeitsprüfungen

Wirtschaftlichkeits- und Abrechnungsprüfungen	79
(weggefallen)	80, 80a
Verfahrensregelungen	81

Achtes Kapitel. Pflegevergütung

Erster Abschnitt. Allgemeine Vorschriften

Finanzierung der Pflegeeinrichtungen	82
Ausbildungsvergütung	82a
Ehrenamtliche Unterstützung	82b
Verordnung zur Regelung der Pflegevergütung	83

Zweiter Abschnitt. Vergütung der stationären Pflegeleistungen

Bemessungsgrundsätze	84
Pflegesatzverfahren	85
Pflegesatzkommission	86
Unterkunft und Verpflegung	87
Berechnung und Zahlung des Heimentgelts	87a
(aufgehoben)	87b
Zusatzleistungen	88

Dritter Abschnitt. Vergütung der ambulanten Pflegeleistungen

Grundsätze für die Vergütungsregelung	89
Gebührenordnung für ambulante Pflegeleistungen	90

Vierter Abschnitt. Kostenerstattung, Pflegeheimvergleich

Kostenerstattung	91
(weggefallen)	92
Pflegeheimvergleich	92a

Fünfter Abschnitt. Integrierte Versorgung

Integrierte Versorgung	92b

Sechster Abschnitt. *(aufgehoben)*

(aufgehoben)	92c–92f

Neuntes Kapitel. Datenschutz und Statistik

Erster Abschnitt. Informationsgrundlagen

Erster Titel. Grundsätze der Datenverwendung

Anzuwendende Vorschriften	93
Personenbezogene Daten bei den Pflegekassen	94
Personenbezogene Daten bei den Verbänden der Pflegekassen	95
Gemeinsame Verarbeitung und Nutzung personenbezogener Daten	96
Personenbezogene Daten beim Medizinischen Dienst	97
Qualitätssicherung durch Sachverständige	97a
Personenbezogene Daten bei den nach heimrechtlichen Vorschriften zuständigen Aufsichtsbehörden und den Trägern der Sozialhilfe	97b
Qualitätssicherung durch den Prüfdienst des Verbandes der privaten Krankenversicherung e.V.	97c
Begutachtung durch unabhängige Gutachter	97d
Forschungsvorhaben	98

Zweiter Titel. Informationsgrundlagen der Pflegekassen

Versichertenverzeichnis	99
Nachweispflicht bei Familienversicherung	100
Pflegeversichertennummer	101

Inhaltsübersicht SGB XI 11

	§§
Angaben über Leistungsvoraussetzungen	102
Kennzeichen für Leistungsträger und Leistungserbringer	103

Zweiter Abschnitt. Übermittlung von Leistungsdaten

Pflichten der Leistungserbringer	104
Abrechnung pflegerischer Leistungen	105
Abweichende Vereinbarungen	106
Mitteilungspflichten	106a

Dritter Abschnitt. Datenlöschung, Auskunftspflicht

Löschen von Daten	107
Auskünfte an Versicherte	108

Vierter Abschnitt. Statistik

Pflegestatistiken	109

Zehntes Kapitel. Private Pflegeversicherung

Regelungen für die private Pflegeversicherung	110
Risikoausgleich	111

Elftes Kapitel. Qualitätssicherung, Sonstige Regelungen zum Schutz der Pflegebedürftigen

Qualitätsverantwortung	112
Maßstäbe und Grundsätze zur Sicherung und Weiterentwicklung der Pflegequalität	113
Expertenstandards zur Sicherung und Weiterentwicklung der Qualität in der Pflege	113a
Qualitätsausschuss	113b
Personalbemessung in Pflegeeinrichtungen	113c
Qualitätsprüfungen	114
Durchführung der Qualitätsprüfungen	114a
Ergebnisse von Qualitätsprüfungen, Qualitätsdarstellung, Vergütungskürzung	115
Übergangsregelung für Pflege-Transparenzvereinbarungen und Qualitätsprüfungs-Richtlinien	115a
Kostenregelungen	116
Zusammenarbeit mit den nach heimrechtlichen Vorschriften zuständigen Aufsichtsbehörden	117
Beteiligung von Interessenvertretungen, Verordnungsermächtigung	118
Verträge mit Pflegeheimen außerhalb des Anwendungsbereichs des Wohn- und Betreuungsvertragsgesetzes	119
Pflegevertrag bei häuslicher Pflege	120

Zwölftes Kapitel. Bußgeldvorschrift

Bußgeldvorschrift	121
(aufgehoben)	122

Dreizehntes Kapitel. Befristete Modellvorhaben

Durchführung der Modellvorhaben zur kommunalen Beratung Pflegebedürftiger und ihrer Angehörigen, Verordnungsermächtigung	123
Befristung, Widerruf und Begleitung der Modellvorhaben zur kommunalen Beratung; Beirat	124
Modellvorhaben zur Erprobung von Leistungen der häuslichen Betreuung durch Betreuungsdienste	125

Vierzehntes Kapitel. Zulagenförderung der privaten Pflegevorsorge

Zulageberechtigte	126
Pflegevorsorgezulage; Fördervoraussetzungen	127
Verfahren; Haftung des Versicherungsunternehmens	128
Wartezeit bei förderfähigen Pflege-Zusatzversicherungen	129
Verordnungsermächtigung	130

Fünfzehntes Kapitel. Bildung eines Pflegevorsorgefonds

Pflegevorsorgefonds	131
Zweck des Vorsorgefonds	132
Rechtsform	133
Verwaltung und Anlage der Mittel	134
Zuführung der Mittel	135

	§§
Verwendung des Sondervermögens	136
Vermögenstrennung	137
Jahresrechnung	138
Auflösung	139

Sechzehntes Kapitel. Überleitungs- und Übergangsrecht

Erster Abschnitt. Regelungen zur Rechtsanwendung im Übergangszeitraum, zur Überleitung in die Pflegegrade, zum Besitzstandsschutz für Leistungen der Pflegeversicherung sowie Übergangsregelungen im Begutachtungsverfahren im Rahmen der Einführung des neuen Pflegebedürftigkeitsbegriffs

Anzuwendendes Recht und Überleitung in die Pflegegrade	140
Besitzstandsschutz und Übergangsrecht zur sozialen Sicherung von Pflegepersonen	141
Übergangsregelungen im Begutachtungsverfahren	142
Sonderanpassungsrecht für die Allgemeinen Versicherungsbedingungen und die technischen Berechnungsgrundlagen privater Pflegeversicherungsverträge	143

Zweiter Abschnitt. Sonstige Überleitungs-, Übergangs- und Besitzstandsschutzregelungen

Überleitungs- und Übergangsregelungen, Verordnungsermächtigung	144
Besitzstandsschutz für pflegebedürftige Menschen mit Behinderungen in häuslicher Pflege	145

Anlage 1 (zu § 15) Einzelpunkte der Module 1 bis 6; Bildung der Summe der Einzelpunkte in jedem Modul

Anlage 2 (zu § 15) Bewertungssystematik (Summe der Punkte und gewichtete Punkte)

Erstes Kapitel. Allgemeine Vorschriften

§ 1 Soziale Pflegeversicherung. (1) Zur sozialen Absicherung des Risikos der Pflegebedürftigkeit wird als neuer eigenständiger Zweig der Sozialversicherung eine soziale Pflegeversicherung geschaffen.

(2) [1] In den Schutz der sozialen Pflegeversicherung sind kraft Gesetzes alle einbezogen, die in der gesetzlichen Krankenversicherung versichert sind. [2] Wer gegen Krankheit bei einem privaten Krankenversicherungsunternehmen versichert ist, muß eine private Pflegeversicherung abschließen.

(3) Träger der sozialen Pflegeversicherung sind die Pflegekassen; ihre Aufgaben werden von den Krankenkassen (§ 4 des Fünften Buches[1]) wahrgenommen.

(4) Die Pflegeversicherung hat die Aufgabe, Pflegebedürftigen Hilfe zu leisten, die wegen der Schwere der Pflegebedürftigkeit auf solidarische Unterstützung angewiesen sind.

(5) In der Pflegeversicherung sollen geschlechtsspezifische Unterschiede bezüglich der Pflegebedürftigkeit von Männern und Frauen und ihrer Bedarfe an Leistungen berücksichtigt und den Bedürfnissen nach einer kultursensiblen Pflege nach Möglichkeit Rechnung getragen werden.

(6) [1] Die Ausgaben der Pflegeversicherung werden durch Beiträge der Mitglieder und der Arbeitgeber finanziert. [2] Die Beiträge richten sich nach den beitragspflichtigen Einnahmen der Mitglieder. [3] Für versicherte Familienangehörige und eingetragene Lebenspartner (Lebenspartner) werden Beiträge nicht erhoben.

---

[1] Nr. 5.

1. Kapitel. Allg. Vorschriften §§ 2–5 SGB XI

§ 2 Selbstbestimmung. (1) ¹Die Leistungen der Pflegeversicherung sollen den Pflegebedürftigen helfen, trotz ihres Hilfebedarfs ein möglichst selbständiges und selbstbestimmtes Leben zu führen, das der Würde des Menschen entspricht. ²Die Hilfen sind darauf auszurichten, die körperlichen, geistigen und seelischen Kräfte der Pflegebedürftigen, auch in Form der aktivierenden Pflege, wiederzugewinnen oder zu erhalten.

(2) ¹Die Pflegebedürftigen können zwischen Einrichtungen und Diensten verschiedener Träger wählen. ²Ihren Wünschen zur Gestaltung der Hilfe soll, soweit sie angemessen sind, im Rahmen des Leistungsrechts entsprochen werden. ³Wünsche der Pflegebedürftigen nach gleichgeschlechtlicher Pflege haben nach Möglichkeit Berücksichtigung zu finden.

(3) ¹Auf die religiösen Bedürfnisse der Pflegebedürftigen ist Rücksicht zu nehmen. ²Auf ihren Wunsch hin sollen sie stationäre Leistungen in einer Einrichtung erhalten, in der sie durch Geistliche ihres Bekenntnisses betreut werden können.

(4) Die Pflegebedürftigen sind auf die Rechte nach den Absätzen 2 und 3 hinzuweisen.

§ 3 Vorrang der häuslichen Pflege. ¹Die Pflegeversicherung soll mit ihren Leistungen vorrangig die häusliche Pflege und die Pflegebereitschaft der Angehörigen und Nachbarn unterstützen, damit die Pflegebedürftigen möglichst lange in ihrer häuslichen Umgebung bleiben können. ²Leistungen der teilstationären Pflege und der Kurzzeitpflege gehen den Leistungen der vollstationären Pflege vor.

§ 4 Art und Umfang der Leistungen. (1) ¹Die Leistungen der Pflegeversicherung sind Dienst-, Sach- und Geldleistungen für den Bedarf an körperbezogenen Pflegemaßnahmen, pflegerischen Betreuungsmaßnahmen und Hilfen bei der Haushaltsführung sowie Kostenerstattung, soweit es dieses Buch vorsieht. ²Art und Umfang der Leistungen richten sich nach der Schwere der Pflegebedürftigkeit und danach, ob häusliche, teilstationäre oder vollstationäre Pflege in Anspruch genommen wird.

(2) ¹Bei häuslicher und teilstationärer Pflege ergänzen die Leistungen der Pflegeversicherung die familiäre, nachbarschaftliche oder sonstige ehrenamtliche Pflege und Betreuung. ²Bei teil- und vollstationärer Pflege werden die Pflegebedürftigen von Aufwendungen entlastet, die für ihre Versorgung nach Art und Schwere der Pflegebedürftigkeit erforderlich sind (pflegebedingte Aufwendungen), die Aufwendungen für Unterkunft und Verpflegung tragen die Pflegebedürftigen selbst.

(3) Pflegekassen, Pflegeeinrichtungen und Pflegebedürftige haben darauf hinzuwirken, daß die Leistungen wirksam und wirtschaftlich erbracht und nur im notwendigen Umfang in Anspruch genommen werden.

§ 5 Prävention in Pflegeeinrichtungen, Vorrang von Prävention und medizinischer Rehabilitation. (1) ¹Die Pflegekassen sollen Leistungen zur Prävention in stationären Pflegeeinrichtungen nach § 71 Absatz 2 für in der sozialen Pflegeversicherung Versicherte erbringen, indem sie unter Beteiligung der versicherten Pflegebedürftigen und der Pflegeeinrichtung Vorschläge zur Verbesserung der gesundheitlichen Situation und zur Stärkung der gesundheitlichen Ressourcen und Fähigkeiten entwickeln sowie deren Umsetzung unterstützen. ²Die Pflichten der Pflegeeinrichtungen nach § 11 Absatz 1 bleiben unberührt. ³Der Spitzenverband Bund der Pflegekassen legt unter Einbeziehung unabhängigen Sachverstandes die Kriterien für die Leistungen nach Satz 1 fest, insbesondere hinsichtlich Inhalt, Methodik, Qualität, wissenschaftlicher Evaluation und der Messung der Erreichung der mit den Leistungen verfolgten Ziele.

(2) ¹Die Ausgaben der Pflegekassen für die Wahrnehmung ihrer Aufgaben nach Absatz 1 sollen insgesamt im Jahr 2016 für jeden ihrer Versicherten einen Betrag von 0,30 Euro umfassen. ²Die Ausgaben sind in den Folgejahren entsprechend der prozentualen Veränderung der monatlichen Bezugsgröße nach § 18 Absatz 1 des Vierten Buches[1]) anzupassen. ³Sind in einem Jahr die Ausgaben rundungsbedingt nicht anzupassen, ist die unterbliebene Anpassung bei der Berechnung der Anpassung der Ausgaben im Folgejahr zu berücksichtigen.

(3) ¹Bei der Wahrnehmung ihrer Aufgaben nach Absatz 1 sollen die Pflegekassen zusammenarbeiten und kassenübergreifende Leistungen zur Prävention erbringen. ²Erreicht eine Pflegekasse den in Absatz 2 festgelegten Betrag in einem Jahr nicht, stellt sie die nicht verausgabten Mittel im Folgejahr dem Spitzenverband Bund der Pflegekassen zur Verfügung, der die Mittel nach einem von ihm festzulegenden Schlüssel auf die Pflegekassen zur Wahrnehmung der Aufgaben nach Absatz 1 verteilt, die Kooperationsvereinbarungen zur Durchführung kassenübergreifender Leistungen geschlossen haben. ³Auf die zum Zwecke der Vorbereitung und Umsetzung der Kooperationsvereinbarungen nach Satz 2 gebildeten Arbeitsgemeinschaften findet § 94 Absatz 1a Satz 2 und 3 des Zehnten Buches[2]) keine Anwendung.

(4) Die Pflegekassen wirken unbeschadet ihrer Aufgaben nach Absatz 1 bei den zuständigen Leistungsträgern darauf hin, dass frühzeitig alle geeigneten Leistungen zur Prävention, zur Krankenbehandlung und zur medizinischen Rehabilitation eingeleitet werden, um den Eintritt von Pflegebedürftigkeit zu vermeiden.

(5) Die Pflegekassen beteiligen sich an der nationalen Präventionsstrategie nach den §§ 20d bis 20f des Fünften Buches[3]) mit den Aufgaben nach den Absätzen 1 und 2.

(6) Die Leistungsträger haben im Rahmen ihres Leistungsrechts auch nach Eintritt der Pflegebedürftigkeit ihre Leistungen zur medizinischen Rehabilitation und ergänzenden Leistungen in vollem Umfang einzusetzen und darauf hinzuwirken, die Pflegebedürftigkeit zu überwinden, zu mindern sowie eine Verschlimmerung zu verhindern.

§ 6 Eigenverantwortung. (1) Die Versicherten sollen durch gesundheitsbewußte Lebensführung, durch frühzeitige Beteiligung an Vorsorgemaßnahmen und durch aktive Mitwirkung an Krankenbehandlung und Leistungen zur medizinischen Rehabilitation dazu beitragen, Pflegebedürftigkeit zu vermeiden.

---

[1]) Nr. 4.
[2]) Nr. 10.
[3]) Nr. 5.

(2) Nach Eintritt der Pflegebedürftigkeit haben die Pflegebedürftigen an Leistungen zur medizinischen Rehabilitation und der aktivierenden Pflege mitzuwirken, um die Pflegebedürftigkeit zu überwinden, zu mindern oder eine Verschlimmerung zu verhindern.

§ 7 Aufklärung, Auskunft. (1) Die Pflegekassen haben die Eigenverantwortung der Versicherten durch Aufklärung und Auskunft über eine gesunde, der Pflegebedürftigkeit vorbeugende Lebensführung zu unterstützen und auf die Teilnahme an gesundheitsfördernden Maßnahmen hinzuwirken.

(2) [1] Die Pflegekassen haben die Versicherten und ihre Angehörigen und Lebenspartner in den mit der Pflegebedürftigkeit zusammenhängenden Fragen, insbesondere über die Leistungen der Pflegekassen sowie über die Leistungen und Hilfen anderer Träger, in für sie verständlicher Weise zu informieren und darüber aufzuklären, dass ein Anspruch besteht auf die Übermittlung

1. des Gutachtens des Medizinischen Dienstes der Krankenversicherung oder eines anderen von der Pflegekasse beauftragten Gutachters sowie
2. der gesonderten Präventions- und Rehabilitationsempfehlung gemäß § 18a Absatz 1.

[2] Mit Einwilligung des Versicherten haben der behandelnde Arzt, das Krankenhaus, die Rehabilitations- und Vorsorgeeinrichtungen sowie die Sozialleistungsträger unverzüglich die zuständige Pflegekasse zu benachrichtigen, wenn sich der Eintritt von Pflegebedürftigkeit abzeichnet oder wenn Pflegebedürftigkeit festgestellt wird. [3] Die zuständige Pflegekasse informiert die Versicherten unverzüglich nach Eingang eines Antrags auf Leistungen nach diesem Buch insbesondere über ihren Anspruch auf die unentgeltliche Pflegeberatung nach § 7a, den nächstgelegenen Pflegestützpunkt nach § 7c sowie die Leistungs- und Preisvergleichsliste nach Absatz 3. [4] Ebenso gibt die zuständige Pflegekasse Auskunft über die in ihren Verträgen zur integrierten Versorgung nach § 92b Absatz 2 getroffenen Festlegungen, insbesondere zu Art, Inhalt und Umfang der zu erbringenden Leistungen und der für die Versicherten entstehenden Kosten, und veröffentlicht diese Angaben auf einer eigenen Internetseite.

(3) [1] Zur Unterstützung der pflegebedürftigen Person bei der Ausübung ihres Wahlrechts nach § 2 Absatz 2 sowie zur Förderung des Wettbewerbs und der Überschaubarkeit des vorhandenen Angebots hat die zuständige Pflegekasse der antragstellenden Person auf Anforderung unverzüglich und in geeigneter Form eine Leistungs- und Preisvergleichsliste zu übermitteln; die Leistungs- und Preisvergleichsliste muss für den Einzugsbereich der antragstellenden Person, in dem die pflegerische Versorgung und Betreuung gewährleistet werden soll, die Leistungen und Vergütungen der zugelassenen Pflegeeinrichtungen, die Angebote zur Unterstützung im Alltag nach § 45a sowie Angaben zur Person des zugelassenen oder anerkannten Leistungserbringers enthalten. [2] Die Landesverbände der Pflegekassen erstellen eine Leistungs- und Preisvergleichsliste nach Satz 1, aktualisieren diese einmal im Quartal und veröffentlichen sie auf einer eigenen Internetseite. [3] Die Liste hat zumindest die jeweils geltenden Festlegungen der Vergütungsvereinbarungen nach dem Achten Kapitel sowie die im Rahmen der Vereinbarungen nach Absatz 4 übermittelten Angaben zu Art, Inhalt und Umfang der Angebote sowie zu den Kosten in einer Form zu enthalten, die einen regionalen Vergleich von Angeboten und Kosten und der regionalen Verfügbarkeit ermöglicht. [4] Auf der Internetseite nach Satz 2 sind

auch die nach § 115 Absatz 1a veröffentlichten Ergebnisse der Qualitätsprüfungen und die nach § 115 Absatz 1b veröffentlichten Informationen zu berücksichtigen. ⁵Die Leistungs- und Preisvergleichsliste ist der Pflegekasse sowie dem Verband der privaten Krankenversicherung e.V. für die Wahrnehmung ihrer Aufgaben nach diesem Buch und zur Veröffentlichung nach Absatz 2 Satz 4 und 5 vom Landesverband der Pflegekassen durch elektronische Datenübertragung zur Verfügung zu stellen. ⁶Die Landesverbände der Pflegekassen erarbeiten Nutzungsbedingungen für eine zweckgerechte, nicht gewerbliche Nutzung der Angaben nach Satz 1 durch Dritte; die Übermittlung der Angaben erfolgt gegen Verwaltungskostenersatz, es sei denn, es handelt sich bei den Dritten um öffentlich-rechtliche Stellen.

(4) ¹Im Einvernehmen mit den zuständigen obersten Landesbehörden vereinbaren die Landesverbände der Pflegekassen gemeinsam mit den nach Landesrecht zuständigen Stellen für die Anerkennung der Angebote zur Unterstützung im Alltag nach den Vorschriften dieses Buches das Nähere zur Übermittlung von Angaben im Wege elektronischer Datenübertragung insbesondere zu Art, Inhalt und Umfang der Angebote, Kosten und regionaler Verfügbarkeit dieser Angebote einschließlich der Finanzierung des Verfahrens für die Übermittlung. ²Träger weiterer Angebote, in denen Leistungen zur medizinischen Vorsorge und Rehabilitation, zur Teilhabe am Arbeitsleben oder Leben in der Gemeinschaft, zur schulischen Ausbildung oder Erziehung kranker oder behinderter Kinder, zur Alltagsunterstützung und zum Wohnen im Vordergrund stehen, können an Vereinbarungen nach Satz 1 beteiligt werden, falls sie insbesondere die Angaben nach Satz 1 im Wege der von den Parteien nach Satz 1 vorgesehenen Form der elektronischen Datenübertragung unentgeltlich bereitstellen. ³Dazu gehören auch Angebote der Träger von Leistungen der Eingliederungshilfe, soweit diese in der vorgesehenen Form der elektronischen Datenübermittlung kostenfrei bereitgestellt werden. ⁴Der Spitzenverband Bund der Pflegekassen gibt Empfehlungen für einen bundesweit einheitlichen technischen Standard zur elektronischen Datenübermittlung ab. ⁵Die Empfehlungen bedürfen der Zustimmung der Länder.

§ 7a Pflegeberatung. (1) ¹Personen, die Leistungen nach diesem Buch erhalten, haben Anspruch auf individuelle Beratung und Hilfestellung durch einen Pflegeberater oder eine Pflegeberaterin bei der Auswahl und Inanspruchnahme von bundes- oder landesrechtlich vorgesehenen Sozialleistungen sowie sonstigen Hilfsangeboten, die auf die Unterstützung von Menschen mit Pflege-, Versorgungs- oder Betreuungsbedarf ausgerichtet sind (Pflegeberatung); Anspruchsberechtigten soll durch die Pflegekassen vor der erstmaligen Beratung unverzüglich ein zuständiger Pflegeberater, eine zuständige Pflegeberaterin oder eine sonstige Beratungsstelle benannt werden. ²Für das Verfahren, die Durchführung und die Inhalte der Pflegeberatung sind die Richtlinien nach § 17 Absatz 1a maßgeblich. ³Aufgabe der Pflegeberatung ist es insbesondere,

1. den Hilfebedarf unter Berücksichtigung der Ergebnisse der Begutachtung durch den Medizinischen Dienst der Krankenversicherung sowie, wenn die nach Satz 1 anspruchsberechtigte Person zustimmt, die Ergebnisse der Beratung in der eigenen Häuslichkeit nach § 37 Absatz 3 systematisch zu erfassen und zu analysieren,
2. einen individuellen Versorgungsplan mit den im Einzelfall erforderlichen Sozialleistungen und gesundheitsfördernden, präventiven, kurativen, rehabi-

1. Kapitel. Allg. Vorschriften **§ 7a SGB XI 11**

litativen oder sonstigen medizinischen sowie pflegerischen und sozialen Hilfen zu erstellen,

3. auf die für die Durchführung des Versorgungsplans erforderlichen Maßnahmen einschließlich deren Genehmigung durch den jeweiligen Leistungsträger hinzuwirken,
4. die Durchführung des Versorgungsplans zu überwachen und erforderlichenfalls einer veränderten Bedarfslage anzupassen,
5. bei besonders komplexen Fallgestaltungen den Hilfeprozess auszuwerten und zu dokumentieren sowie
6. über Leistungen zur Entlastung der Pflegepersonen zu informieren.

⁴ Der Versorgungsplan wird nach Maßgabe der Richtlinien nach § 17 Absatz 1a erstellt und umgesetzt; er beinhaltet insbesondere Empfehlungen zu den im Einzelfall erforderlichen Maßnahmen nach Satz 3 Nummer 3, Hinweise zu dem dazu vorhandenen örtlichen Leistungsangebot sowie zur Überprüfung und Anpassung der empfohlenen Maßnahmen. ⁵ Bei Erstellung und Umsetzung des Versorgungsplans ist Einvernehmen mit dem Hilfesuchenden und allen an der Pflege, Versorgung und Betreuung Beteiligten anzustreben. ⁶ Soweit Leistungen nach sonstigen bundes- oder landesrechtlichen Vorschriften erforderlich sind, sind die zuständigen Leistungsträger frühzeitig mit dem Ziel der Abstimmung einzubeziehen. ⁷ Eine enge Zusammenarbeit mit anderen Koordinierungsstellen, insbesondere den Ansprechstellen der Rehabilitationsträger nach § 12 Absatz 1 Satz 3 des Neunten Buches, ist sicherzustellen. ⁸ Ihnen obliegende Aufgaben der Pflegeberatung können die Pflegekassen ganz oder teilweise auf Dritte übertragen; § 80 des Zehnten Buches[1]) bleibt unberührt. ⁹ Ein Anspruch auf Pflegeberatung besteht auch dann, wenn ein Antrag auf Leistungen nach diesem Buch gestellt wurde und erkennbar ein Hilfe- und Beratungsbedarf besteht. ¹⁰ Es ist sicherzustellen, dass im jeweiligen Pflegestützpunkt nach § 7c Pflegeberatung im Sinne dieser Vorschrift in Anspruch genommen werden kann und die Unabhängigkeit der Beratung gewährleistet ist.

(2) ¹ Auf Wunsch einer anspruchsberechtigten Person nach Absatz 1 Satz 1 erfolgt die Pflegeberatung auch gegenüber ihren Angehörigen oder weiteren Personen oder unter deren Einbeziehung. ² Sie erfolgt auf Wunsch einer anspruchsberechtigten Person nach Absatz 1 Satz 1 in der häuslichen Umgebung oder in der Einrichtung, in der diese Person lebt. ³ Ein Versicherter kann einen Leistungsantrag nach diesem oder dem Fünften Buch[2]) auch gegenüber dem Pflegeberater oder der Pflegeberaterin stellen. ⁴ Der Antrag ist unverzüglich der zuständigen Pflege- oder Krankenkasse zu übermitteln, die den Leistungsbescheid unverzüglich dem Antragsteller und zeitgleich dem Pflegeberater oder der Pflegeberaterin zuleitet.

(3) ¹ Die Anzahl von Pflegeberatern und Pflegeberaterinnen ist so zu bemessen, dass die Aufgaben nach Absatz 1 im Interesse der Hilfesuchenden zeitnah und umfassend wahrgenommen werden können. ² Die Pflegekassen setzen für die persönliche Beratung und Betreuung durch Pflegeberater und Pflegeberaterinnen entsprechend qualifiziertes Personal ein, insbesondere Pflegefachkräfte, Sozialversicherungsfachangestellte oder Sozialarbeiter mit der jeweils erforderlichen Zusatzqualifikation. ³ Der Spitzenverband Bund der Pflegekassen gibt

---
[1]) Nr. **10**.
[2]) Nr. **5**.

unter Beteiligung der in § 17 Absatz 1a Satz 2 genannten Parteien bis zum 31. Juli 2018 Empfehlungen zur erforderlichen Anzahl, Qualifikation und Fortbildung von Pflegeberaterinnen und Pflegeberatern ab.

(4) ¹Die Pflegekassen im Land haben Pflegeberater und Pflegeberaterinnen zur Sicherstellung einer wirtschaftlichen Aufgabenwahrnehmung in den Pflegestützpunkten nach Anzahl und örtlicher Zuständigkeit aufeinander abgestimmt bereitzustellen und hierüber einheitlich und gemeinsam Vereinbarungen zu treffen. ²Die Pflegekassen können diese Aufgabe auf die Landesverbände der Pflegekassen übertragen. ³Kommt eine Einigung bis zu dem in Satz 1 genannten Zeitpunkt ganz oder teilweise nicht zustande, haben die Landesverbände der Pflegekassen innerhalb eines Monats zu entscheiden; § 81 Abs. 1 Satz 2 gilt entsprechend. ⁴Die Pflegekassen und die gesetzlichen Krankenkassen können zur Aufgabenwahrnehmung durch Pflegeberater und Pflegeberaterinnen von der Möglichkeit der Beauftragung nach Maßgabe der §§ 88 bis 92 des Zehnten Buches Gebrauch machen; § 94 Absatz 1 Nummer 8 gilt entsprechend. ⁵Die durch die Tätigkeit von Pflegeberatern und Pflegeberaterinnen entstehenden Aufwendungen werden von den Pflegekassen getragen und zur Hälfte auf die Verwaltungskostenpauschale nach § 46 Abs. 3 Satz 1 angerechnet.

(5) ¹Zur Durchführung der Pflegeberatung können die privaten Versicherungsunternehmen, die die private Pflege-Pflichtversicherung durchführen, Pflegeberater und Pflegeberaterinnen der Pflegekassen für die bei ihnen versicherten Personen nutzen. ²Dies setzt eine vertragliche Vereinbarung mit den Pflegekassen über Art, Inhalt und Umfang der Inanspruchnahme sowie über die Vergütung der hierfür je Fall entstehenden Aufwendungen voraus. ³Soweit Vereinbarungen mit den Pflegekassen nicht zustande kommen, können die privaten Versicherungsunternehmen, die die private Pflege-Pflichtversicherung durchführen, untereinander Vereinbarungen über eine abgestimmte Bereitstellung von Pflegeberatern und Pflegeberaterinnen treffen.

(6) Pflegeberater und Pflegeberaterinnen sowie sonstige mit der Wahrnehmung von Aufgaben nach Absatz 1 befasste Stellen, insbesondere

1. nach Landesrecht für die wohnortnahe Betreuung im Rahmen der örtlichen Altenhilfe und für die Gewährung der Hilfe zur Pflege nach dem Zwölften Buch[1)] zu bestimmende Stellen,
2. Unternehmen der privaten Kranken- und Pflegeversicherung,
3. Pflegeeinrichtungen und Einzelpersonen nach § 77,
4. Mitglieder von Selbsthilfegruppen, ehrenamtliche und sonstige zum bürgerschaftlichen Engagement bereite Personen und Organisationen sowie
5. Agenturen für Arbeit und Träger der Grundsicherung für Arbeitsuchende,

dürfen Sozialdaten für Zwecke der Pflegeberatung nur erheben, verarbeiten und nutzen, soweit dies zur Erfüllung der Aufgaben nach diesem Buch erforderlich oder durch Rechtsvorschriften des Sozialgesetzbuches oder Regelungen des Versicherungsvertrags- oder des Versicherungsaufsichtsgesetzes angeordnet oder erlaubt ist.

(7) ¹Die Landesverbände der Pflegekassen vereinbaren gemeinsam und einheitlich mit dem Verband der privaten Krankenversicherung e.V., den nach

---

[1)] Nr. 12.

Landesrecht bestimmten Stellen für die wohnortnahe Betreuung im Rahmen der Altenhilfe und den zuständigen Trägern der Sozialhilfe sowie mit den kommunalen Spitzenverbänden auf Landesebene Rahmenverträge über die Zusammenarbeit in der Beratung. ² Zu den Verträgen nach Satz 1 sind die Verbände der Träger weiterer nicht gewerblicher Beratungsstellen auf Landesebene anzuhören, die für die Beratung Pflegebedürftiger und ihrer Angehörigen von Bedeutung sind. ³ Die Landesverbände der Pflegekassen vereinbaren gemeinsam und einheitlich mit dem Verband der privaten Krankenversicherung e.V. und dem zuständigen Träger der Sozialhilfe auf dessen Verlangen eine ergänzende Vereinbarung zu den Verträgen nach Satz 1 über die Zusammenarbeit in der örtlichen Beratung im Gebiet des Kreises oder der kreisfreien Stadt für den Bereich der örtlichen Zuständigkeit des Trägers der Sozialhilfe. ⁴ Für Modellvorhaben nach § 123 kann der Antragsteller nach § 123 Absatz 1 die ergänzende Vereinbarung für den Geltungsbereich des Modellvorhabens verlangen.

(8) Die Pflegekassen können sich zur Wahrnehmung ihrer Beratungsaufgaben nach diesem Buch aus ihren Verwaltungsmitteln an der Finanzierung und arbeitsteiligen Organisation von Beratungsaufgaben anderer Träger beteiligen; die Neutralität und Unabhängigkeit der Beratung sind zu gewährleisten.

(9) ¹ Der Spitzenverband Bund der Pflegekassen legt dem Bundesministerium für Gesundheit alle drei Jahre, erstmals zum 30. Juni 2020, einen unter wissenschaftlicher Begleitung zu erstellenden Bericht vor über
1. die Erfahrungen und Weiterentwicklung der Pflegeberatung und Pflegeberatungsstrukturen nach den Absätzen 1 bis 4, 7 und 8, § 7b Absatz 1 und 2 und § 7c und
2. die Durchführung, Ergebnisse und Wirkungen der Beratung in der eigenen Häuslichkeit sowie die Fortentwicklung der Beratungsstrukturen nach § 37 Absatz 3 bis 8.

² Er kann hierfür Mittel nach § 8 Absatz 3 einsetzen.

§ 7b Beratungsgutscheine. (1) ¹ Die Pflegekasse hat dem Antragsteller unmittelbar nach Eingang eines erstmaligen Antrags auf Leistungen nach diesem Buch sowie weiterer Anträge auf Leistungen nach § 18 Absatz 3, den §§ 36 bis 38, 41 bis 43, 44a, 45, 87a Absatz 2 Satz 1 und § 115 Absatz 4
1. unter Angabe einer Kontaktperson einen konkreten Beratungstermin anzubieten, der spätestens innerhalb von zwei Wochen nach Antragseingang durchzuführen ist, oder
2. einen Beratungsgutschein auszustellen, in dem Beratungsstellen benannt sind, bei denen er zu Lasten der Pflegekasse innerhalb von zwei Wochen nach Antragseingang eingelöst werden kann; § 7a Absatz 4 Satz 5 ist entsprechend anzuwenden.

² Die Beratung richtet sich nach § 7a. ³ Auf Wunsch des Versicherten hat die Beratung in der häuslichen Umgebung stattzufinden und kann auch nach Ablauf der in Satz 1 genannten Frist durchgeführt werden; über diese Möglichkeiten hat ihn die Pflegekasse aufzuklären.

(2) ¹ Die Pflegekasse hat sicherzustellen, dass die Beratungsstellen die Anforderungen an die Beratung nach § 7a einhalten. ² Die Pflegekasse schließt hierzu allein oder gemeinsam mit anderen Pflegekassen vertragliche Vereinbarungen

mit unabhängigen und neutralen Beratungsstellen, die insbesondere Regelungen treffen für
1. die Anforderungen an die Beratungsleistung und die Beratungspersonen,
2. die Haftung für Schäden, die der Pflegekasse durch fehlerhafte Beratung entstehen, und
3. die Vergütung.

(2a) [1] Sofern kommunale Gebietskörperschaften, von diesen geschlossene Zweckgemeinschaften oder nach Landesrecht zu bestimmende Stellen
1. für die wohnortnahe Betreuung im Rahmen der örtlichen Altenhilfe oder
2. für die Gewährung der Hilfe zur Pflege nach dem Zwölften Buch[1])

Pflegeberatung im Sinne von § 7a erbringen, sind sie Beratungsstellen, bei denen Pflegebedürftige nach Absatz 1 Satz 1 Nummer 2 Beratungsgutscheine einlösen können; sie haben die Empfehlungen nach § 7a Absatz 3 Satz 3 zu berücksichtigen und die Pflegeberatungs-Richtlinien nach § 17 Absatz 1a zu beachten. [2] Absatz 2 Satz 1 findet keine Anwendung. [3] Die Pflegekasse schließt hierzu allein oder gemeinsam mit anderen Pflegekassen mit den in Satz 1 genannten Stellen vertragliche Vereinbarungen über die Vergütung. [4] Für die Erhebung, Verarbeitung und Nutzung der Sozialdaten gilt § 7a Absatz 6 entsprechend.

(3) [1] Stellen nach Absatz 1 Satz 1 Nummer 2 dürfen personenbezogene Daten nur erheben, verarbeiten und nutzen, soweit dies für Zwecke der Beratung nach § 7a erforderlich ist und der Versicherte oder sein gesetzlicher Vertreter eingewilligt hat. [2] Zudem ist der Versicherte oder sein gesetzlicher Vertreter zu Beginn der Beratung darauf hinzuweisen, dass die Einwilligung jederzeit widerrufen werden kann.

(4) Die Absätze 1 bis 3 gelten für private Versicherungsunternehmen, die die private Pflege-Pflichtversicherung durchführen, entsprechend.

§ 7c Pflegestützpunkte, Verordnungsermächtigung.

(1) [1] Zur wohnortnahen Beratung, Versorgung und Betreuung der Versicherten richten die Pflegekassen und Krankenkassen Pflegestützpunkte ein, sofern die zuständige oberste Landesbehörde dies bestimmt. [2] Die Einrichtung muss innerhalb von sechs Monaten nach der Bestimmung durch die oberste Landesbehörde erfolgen. [3] Kommen die hierfür erforderlichen Verträge nicht innerhalb von drei Monaten nach der Bestimmung durch die oberste Landesbehörde zustande, haben die Landesverbände der Pflegekassen innerhalb eines weiteren Monats den Inhalt der Verträge festzulegen; hierbei haben sie auch die Interessen der Ersatzkassen und der Landesverbände der Krankenkassen wahrzunehmen. [4] Hinsichtlich der Mehrheitsverhältnisse bei der Beschlussfassung ist § 81 Absatz 1 Satz 2 entsprechend anzuwenden. [5] Widerspruch und Anfechtungsklage gegen Maßnahmen der Aufsichtsbehörden zur Einrichtung von Pflegestützpunkten haben keine aufschiebende Wirkung.

(1a) [1] Die für die Hilfe zur Pflege zuständigen Träger der Sozialhilfe nach dem Zwölften Buch[1]) sowie die nach Landesrecht zu bestimmenden Stellen der Altenhilfe können bis zum 31. Dezember 2021 auf Grund landesrechtlicher Vorschriften von den Pflegekassen und Krankenkassen den Abschluss einer

---

[1]) Nr. 12.

1. Kapitel. Allg. Vorschriften **§ 7c SGB XI 11**

Vereinbarung zur Einrichtung von Pflegestützpunkten verlangen. ²Ist in der Vereinbarung zur Einrichtung eines Pflegestützpunktes oder in den Rahmenverträgen nach Absatz 6 nichts anderes vereinbart, werden die Aufwendungen, die für den Betrieb des Pflegestützpunktes erforderlich sind, von den Trägern des Pflegestützpunktes zu gleichen Teilen unter Berücksichtigung der anrechnungsfähigen Aufwendungen für das eingesetzte Personal getragen.

(2) ¹Aufgaben der Pflegestützpunkte sind

1. umfassende sowie unabhängige Auskunft und Beratung zu den Rechten und Pflichten nach dem Sozialgesetzbuch und zur Auswahl und Inanspruchnahme der bundes- oder landesrechtlich vorgesehenen Sozialleistungen und sonstigen Hilfsangebote einschließlich der Pflegeberatung nach § 7a in Verbindung mit den Richtlinien nach § 17 Absatz 1a,
2. Koordinierung aller für die wohnortnahe Versorgung und Betreuung in Betracht kommenden gesundheitsfördernden, präventiven, kurativen, rehabilitativen und sonstigen medizinischen sowie pflegerischen und sozialen Hilfs- und Unterstützungsangebote einschließlich der Hilfestellung bei der Inanspruchnahme der Leistungen,
3. Vernetzung aufeinander abgestimmter pflegerischer und sozialer Versorgungs- und Betreuungsangebote.

²Auf vorhandene vernetzte Beratungsstrukturen ist zurückzugreifen. ³Die Pflegekassen haben jederzeit darauf hinzuwirken, dass sich insbesondere die

1. nach Landesrecht zu bestimmenden Stellen für die wohnortnahe Betreuung im Rahmen der örtlichen Altenhilfe und für die Gewährung der Hilfe zur Pflege nach dem Zwölften Buch,
2. im Land zugelassenen und tätigen Pflegeeinrichtungen,
3. im Land tätigen Unternehmen der privaten Kranken- und Pflegeversicherung

an den Pflegestützpunkten beteiligen. ⁴Die Krankenkassen haben sich an den Pflegestützpunkten zu beteiligen. ⁵Träger der Pflegestützpunkte sind die beteiligten Kosten- und Leistungsträger. ⁶Die Träger

1. sollen Pflegefachkräfte in die Tätigkeit der Pflegestützpunkte einbinden,
2. haben nach Möglichkeit Mitglieder von Selbsthilfegruppen sowie ehrenamtliche und sonstige zum bürgerschaftlichen Engagement bereite Personen und Organisationen in die Tätigkeit der Pflegestützpunkte einzubinden,
3. sollen interessierten kirchlichen sowie sonstigen religiösen und gesellschaftlichen Trägern und Organisationen sowie nicht gewerblichen, gemeinwohlorientierten Einrichtungen mit öffentlich zugänglichen Angeboten und insbesondere Selbsthilfe stärkender und generationenübergreifender Ausrichtung in kommunalen Gebietskörperschaften die Beteiligung an den Pflegestützpunkten ermöglichen,
4. können sich zur Erfüllung ihrer Aufgaben dritter Stellen bedienen,
5. sollen im Hinblick auf die Vermittlung und Qualifizierung von für die Pflege und Betreuung geeigneten Kräften eng mit dem Träger der Arbeitsförderung nach dem Dritten Buch und den Trägern der Grundsicherung für Arbeitsuchende nach dem Zweiten Buch zusammenarbeiten.

(3) Die an den Pflegestützpunkten beteiligten Kostenträger und Leistungserbringer können für das Einzugsgebiet der Pflegestützpunkte Verträge zur

wohnortnahen integrierten Versorgung schließen; insoweit ist § 92b mit der Maßgabe entsprechend anzuwenden, dass die Pflege- und Krankenkassen gemeinsam und einheitlich handeln.

(4) [1] Der Pflegestützpunkt kann bei einer im Land zugelassenen und tätigen Pflegeeinrichtung errichtet werden, wenn dies nicht zu einer unzulässigen Beeinträchtigung des Wettbewerbs zwischen den Pflegeeinrichtungen führt. [2] Die für den Betrieb des Pflegestützpunktes erforderlichen Aufwendungen werden von den Trägern der Pflegestützpunkte unter Berücksichtigung der anrechnungsfähigen Aufwendungen für das eingesetzte Personal auf der Grundlage einer vertraglichen Vereinbarung anteilig getragen. [3] Die Verteilung der für den Betrieb des Pflegestützpunktes erforderlichen Aufwendungen wird mit der Maßgabe vereinbart, dass der auf eine einzelne Pflegekasse entfallende Anteil nicht höher sein darf als der von der Krankenkasse, bei der sie errichtet ist, zu tragende Anteil. [4] Soweit sich private Versicherungsunternehmen, die die private Pflege-Pflichtversicherung durchführen, nicht an der Finanzierung der Pflegestützpunkte beteiligen, haben sie mit den Trägern der Pflegestützpunkte über Art, Inhalt und Umfang der Inanspruchnahme der Pflegestützpunkte durch privat Pflege-Pflichtversicherte sowie über die Vergütung der hierfür je Fall entstehenden Aufwendungen Vereinbarungen zu treffen; dies gilt für private Versicherungsunternehmen, die die private Krankenversicherung durchführen, entsprechend.

(5) Im Pflegestützpunkt tätige Personen sowie sonstige mit der Wahrnehmung von Aufgaben nach Absatz 1 befasste Stellen, insbesondere

1. nach Landesrecht für die wohnortnahe Betreuung im Rahmen der örtlichen Altenhilfe und für die Gewährung der Hilfe zur Pflege nach dem Zwölften Buch zu bestimmende Stellen,
2. Unternehmen der privaten Kranken- und Pflegeversicherung,
3. Pflegeeinrichtungen und Einzelpersonen nach § 77,
4. Mitglieder von Selbsthilfegruppen, ehrenamtliche und sonstige zum bürgerschaftlichen Engagement bereite Personen und Organisationen sowie
5. Agenturen für Arbeit und Träger der Grundsicherung für Arbeitsuchende,

dürfen Sozialdaten nur erheben, verarbeiten und nutzen, soweit dies zur Erfüllung der Aufgaben nach diesem Buch erforderlich oder durch Rechtsvorschriften des Sozialgesetzbuches oder Regelungen des Versicherungsvertrags- oder des Versicherungsaufsichtsgesetzes angeordnet oder erlaubt ist.

(6) [1] Sofern die zuständige oberste Landesbehörde die Einrichtung von Pflegestützpunkten bestimmt hat, vereinbaren die Landesverbände der Pflegekassen mit den Landesverbänden der Krankenkassen sowie den Ersatzkassen und den für die Hilfe zur Pflege zuständigen Trägern der Sozialhilfe nach dem Zwölften Buch und den kommunalen Spitzenverbänden auf Landesebene Rahmenverträge zur Arbeit und zur Finanzierung der Pflegestützpunkte. [2] Bestandskräftige Rahmenverträge gelten bis zum Inkrafttreten von Rahmenverträgen nach Satz 1 fort. [3] Die von der zuständigen obersten Landesbehörde getroffene Bestimmung zur Einrichtung von Pflegestützpunkten sowie die Empfehlungen nach Absatz 9 sind beim Abschluss der Rahmenverträge zu berücksichtigen. [4] In den Rahmenverträgen nach Satz 1 sind die Strukturierung der Zusammenarbeit mit weiteren Beteiligten sowie die Zuständigkeit insbesondere für die Koordinierung der Arbeit, die Qualitätssicherung und die Auskunftspflicht

1. Kapitel. Allg. Vorschriften **§ 8 SGB XI 11**

gegenüber den Trägern, den Ländern und dem Bundesversicherungsamt zu bestimmen. [5] Ferner sollen Regelungen zur Aufteilung der Kosten unter Berücksichtigung der Vorschriften nach Absatz 4 getroffen werden. [6] Die Regelungen zur Kostenaufteilung gelten unmittelbar für die Pflegestützpunkte, soweit in den Verträgen zur Errichtung der Pflegestützpunkte nach Absatz 1 nichts anderes vereinbart ist.

(7) [1] Die Landesregierungen werden ermächtigt, Schiedsstellen einzurichten. [2] Diese setzen den Inhalt der Rahmenverträge nach Absatz 6 fest, sofern ein Rahmenvertrag nicht innerhalb der in der Rechtsverordnung nach Satz 6 zu bestimmenden Frist zustande kommt. [3] Die Schiedsstelle besteht aus Vertretungen der Pflegekassen und der für die Hilfe zur Pflege zuständigen Träger der Sozialhilfe nach dem Zwölften Buch in gleicher Zahl sowie einem unparteiischen Vorsitzenden und zwei weiteren unparteiischen Mitgliedern. [4] Für den Vorsitzenden und die unparteiischen Mitglieder können Stellvertretungen bestellt werden. [5] § 76 Absatz 3 und 4 gilt entsprechend. [6] Die Landesregierungen werden ermächtigt, durch Rechtsverordnung das Nähere über die Zahl, die Bestellung, die Amtsdauer, die Amtsführung, die Erstattung der baren Auslagen und die Entschädigung für den Zeitaufwand der Mitglieder der Schiedsstelle, die Geschäftsführung, das Verfahren, die Frist, nach deren Ablauf die Schiedsstelle ihre Arbeit aufnimmt, die Erhebung und die Höhe der Gebühren sowie über die Verteilung der Kosten zu regeln.

(8) [1] Abweichend von Absatz 7 können die Parteien des Rahmenvertrages nach Absatz 6 Satz 1 einvernehmlich eine unparteiische Schiedsperson und zwei unparteiische Mitglieder bestellen, die den Inhalt des Rahmenvertrages nach Absatz 6 innerhalb von sechs Wochen nach ihrer Bestellung festlegen. [2] Die Kosten des Schiedsverfahrens tragen die Vertragspartner zu gleichen Teilen.

(9) Der Spitzenverband Bund der Pflegekassen, der Spitzenverband Bund der Krankenkassen, die Bundesarbeitsgemeinschaft der überörtlichen Träger der Sozialhilfe und die Bundesvereinigung der kommunalen Spitzenverbände können gemeinsam und einheitlich Empfehlungen zur Arbeit und zur Finanzierung von Pflegestützpunkten in der gemeinsamen Trägerschaft der gesetzlichen Kranken- und Pflegekassen sowie der nach Landesrecht zu bestimmenden Stellen der Alten- und Sozialhilfe vereinbaren.

§ 8 Gemeinsame Verantwortung. (1) Die pflegerische Versorgung der Bevölkerung ist eine gesamtgesellschaftliche Aufgabe.

(2) [1] Die Länder, die Kommunen, die Pflegeeinrichtungen und die Pflegekassen wirken unter Beteiligung des Medizinischen Dienstes eng zusammen, um eine leistungsfähige, regional gegliederte, ortsnahe und aufeinander abgestimmte ambulante und stationäre pflegerische Versorgung der Bevölkerung zu gewährleisten. [2] Sie tragen zum Ausbau und zur Weiterentwicklung der notwendigen pflegerischen Versorgungsstrukturen bei; das gilt insbesondere für die Ergänzung des Angebots an häuslicher und stationärer Pflege durch neue Formen der teilstationären Pflege und Kurzzeitpflege sowie für die Vorhaltung eines Angebots von die Pflege ergänzenden Leistungen zur medizinischen Rehabilitation. [3] Sie unterstützen und fördern darüber hinaus die Bereitschaft zu einer humanen Pflege und Betreuung durch hauptberufliche und ehrenamtliche Pflegekräfte sowie durch Angehörige, Nachbarn und Selbsthilfegrup-

pen und wirken so auf eine neue Kultur des Helfens und der mitmenschlichen Zuwendung hin.

(3) [1] Der Spitzenverband Bund der Pflegekassen kann aus Mitteln des Ausgleichsfonds der Pflegeversicherung mit 5 Millionen Euro im Kalenderjahr Maßnahmen wie Modellvorhaben, Studien, wissenschaftliche Expertisen und Fachtagungen zur Weiterentwicklung der Pflegeversicherung, insbesondere zur Entwicklung neuer qualitätsgesicherter Versorgungsformen für Pflegebedürftige, durchführen und mit Leistungserbringern vereinbaren. [2] Dabei sind vorrangig modellhaft in einer Region Möglichkeiten eines personenbezogenen Budgets sowie neue Wohnkonzepte für Pflegebedürftige zu erproben. [3] Bei der Vereinbarung und Durchführung von Modellvorhaben kann im Einzelfall von den Regelungen des Siebten Kapitels sowie von § 36 und zur Entwicklung besonders pauschalierter Pflegesätze von § 84 Abs. 2 Satz 2 abgewichen werden. [4] Mehrbelastungen der Pflegeversicherung, die dadurch entstehen, dass Pflegebedürftige, die Pflegegeld beziehen, durch Einbeziehung in ein Modellvorhaben höhere Leistungen als das Pflegegeld erhalten, sind in das nach Satz 1 vorgesehene Fördervolumen einzubeziehen. [5] Soweit die in Satz 1 genannten Mittel im jeweiligen Haushaltsjahr nicht verbraucht wurden, können sie in das Folgejahr übertragen werden. [6] Die Modellvorhaben sind auf längstens fünf Jahre zu befristen. [7] Der Spitzenverband Bund der Pflegekassen bestimmt Ziele, Dauer, Inhalte und Durchführung der Maßnahmen; dabei sind auch regionale Modellvorhaben einzelner Länder zu berücksichtigen. [8] Die Maßnahmen sind mit dem Bundesministerium für Gesundheit abzustimmen. [9] Soweit finanzielle Interessen einzelner Länder berührt werden, sind diese zu beteiligen. [10] Näheres über das Verfahren zur Auszahlung der aus dem Ausgleichsfonds zu finanzierenden Fördermittel regeln der Spitzenverband Bund der Pflegekassen und das Bundesversicherungsamt durch Vereinbarung. [11] Für die Modellvorhaben ist eine wissenschaftliche Begleitung und Auswertung vorzusehen. [12] § 45c Absatz 5 Satz 6 gilt entsprechend.

(4) [1] Aus den Mitteln nach Absatz 3 ist ebenfalls die Finanzierung der qualifizierten Geschäftsstelle nach § 113b Absatz 6 und der wissenschaftlichen Aufträge nach § 113b Absatz 4 sicherzustellen. [2] Sofern der Verband der privaten Krankenversicherung e.V. als Mitglied im Qualitätsausschuss nach § 113b vertreten ist, beteiligen sich die privaten Versicherungsunternehmen, die die private Pflege-Pflichtversicherung durchführen, mit einem Anteil von 10 Prozent an den Aufwendungen nach Satz 1. [3] Aus den Mitteln nach Absatz 3 ist zudem die Finanzierung der Aufgaben nach § 113c sicherzustellen. [4] Die privaten Versicherungsunternehmen, die die private Pflege-Pflichtversicherung durchführen, beteiligen sich mit einem Anteil von 10 Prozent an diesen Aufwendungen. [5] Der Finanzierungsanteil nach den Sätzen 2 und 4, der auf die privaten Versicherungsunternehmen entfällt, kann von dem Verband der privaten Krankenversicherung e.V. unmittelbar an das Bundesversicherungsamt zugunsten des Ausgleichsfonds der Pflegeversicherung nach § 65 geleistet werden.

§ 8a Gemeinsame Empfehlungen zur pflegerischen Versorgung.

(1) [1] Für jedes Land oder für Teile des Landes wird zur Beratung über Fragen der Pflegeversicherung ein Landespflegeausschuss gebildet. [2] Der Ausschuss kann zur Umsetzung der Pflegeversicherung einvernehmlich Empfehlungen abgeben. [3] Die Landesregierungen werden ermächtigt, durch Rechtsverordnung das Nähere zu den Landespflegeausschüssen zu bestimmen; insbesondere

können sie die den Landespflegeausschüssen angehörenden Organisationen unter Berücksichtigung der Interessen aller an der Pflege im Land Beteiligten berufen.

(2) ¹Sofern nach Maßgabe landesrechtlicher Vorschriften ein Ausschuss zur Beratung über sektorenübergreifende Zusammenarbeit in der Versorgung von Pflegebedürftigen (sektorenübergreifender Landespflegeausschuss) eingerichtet worden ist, entsenden die Landesverbände der Pflegekassen und der Krankenkassen sowie die Ersatzkassen, die Kassenärztlichen Vereinigungen und die Landeskrankenhausgesellschaften Vertreter in diesen Ausschuss und wirken an der Abgabe gemeinsamer Empfehlungen mit. ²Soweit erforderlich, ist eine Abstimmung mit dem Landesgremium nach § 90a des Fünften Buches[1]) herbeizuführen.

(3) Sofern nach Maßgabe landesrechtlicher Vorschriften regionale Ausschüsse insbesondere zur Beratung über Fragen der Pflegeversicherung in Landkreisen und kreisfreien Städten eingerichtet worden sind, entsenden die Landesverbände der Pflegekassen Vertreter in diese Ausschüsse und wirken an der einvernehmlichen Abgabe gemeinsamer Empfehlungen mit.

(4) ¹Die in den Ausschüssen nach den Absätzen 1 und 3 vertretenen Pflegekassen, Landesverbände der Pflegekassen sowie die sonstigen in Absatz 2 genannten Mitglieder wirken in dem jeweiligen Ausschuss an einer nach Maßgabe landesrechtlicher Vorschriften vorgesehenen Erstellung und Fortschreibung von Empfehlungen zur Sicherstellung der pflegerischen Infrastruktur (Pflegestrukturplanungsempfehlung) mit. ²Sie stellen die hierfür erforderlichen Angaben bereit, soweit diese ihnen im Rahmen ihrer gesetzlichen Aufgaben verfügbar sind und es sich nicht um personenbezogene Daten handelt. ³Die Mitglieder nach Satz 1 berichten den jeweiligen Ausschüssen nach den Absätzen 1 bis 3 insbesondere darüber, inwieweit diese Empfehlungen von den Landesverbänden der Pflegekassen und der Krankenkassen sowie den Ersatzkassen, den Kassenärztlichen Vereinigungen und den Landeskrankenhausgesellschaften bei der Erfüllung der ihnen nach diesem und dem Fünften Buch übertragenen Aufgaben berücksichtigt wurden.

(5) Empfehlungen der Ausschüsse nach den Absätzen 1 bis 3 zur Weiterentwicklung der Versorgung sollen von den Vertragsparteien nach dem Siebten Kapitel beim Abschluss der Versorgungs- und Rahmenverträge und von den Vertragsparteien nach dem Achten Kapitel beim Abschluss der Vergütungsverträge einbezogen werden.

§ 9 Aufgaben der Länder. ¹Die Länder sind verantwortlich für die Vorhaltung einer leistungsfähigen, zahlenmäßig ausreichenden und wirtschaftlichen pflegerischen Versorgungsstruktur. ²Das Nähere zur Planung und zur Förderung der Pflegeeinrichtungen wird durch Landesrecht bestimmt; durch Landesrecht kann auch bestimmt werden, ob und in welchem Umfang eine im Landesrecht vorgesehene und an der wirtschaftlichen Leistungsfähigkeit der Pflegebedürftigen orientierte finanzielle Unterstützung

1. der Pflegebedürftigen bei der Tragung der ihnen von den Pflegeeinrichtungen berechneten betriebsnotwendigen Investitionsaufwendungen oder

---

[1]) Nr. 5.

2. der Pflegeeinrichtungen bei der Tragung ihrer betriebsnotwendigen Investitionsaufwendungen

als Förderung der Pflegeeinrichtungen gilt. ³ Zur finanziellen Förderung der Investitionskosten der Pflegeeinrichtungen sollen Einsparungen eingesetzt werden, die den Trägern der Sozialhilfe durch die Einführung der Pflegeversicherung entstehen.

§ 10 Berichtspflichten des Bundes und der Länder. (1) Die Bundesregierung berichtet den gesetzgebenden Körperschaften des Bundes ab 2016 im Abstand von vier Jahren über die Entwicklung der Pflegeversicherung und den Stand der pflegerischen Versorgung in der Bundesrepublik Deutschland.

(2) Die Länder berichten dem Bundesministerium für Gesundheit jährlich bis zum 30. Juni über Art und Umfang der finanziellen Förderung der Pflegeeinrichtungen im vorausgegangenen Kalenderjahr sowie über die mit dieser Förderung verbundenen durchschnittlichen Investitionskosten für die Pflegebedürftigen.

§ 11 Rechte und Pflichten der Pflegeeinrichtungen. (1) ¹ Die Pflegeeinrichtungen pflegen, versorgen und betreuen die Pflegebedürftigen, die ihre Leistungen in Anspruch nehmen, entsprechend dem allgemein anerkannten Stand medizinisch-pflegerischer Erkenntnisse. ² Inhalt und Organisation der Leistungen haben eine humane und aktivierende Pflege unter Achtung der Menschenwürde zu gewährleisten.

(2) ¹ Bei der Durchführung dieses Buches sind die Vielfalt der Träger von Pflegeeinrichtungen zu wahren sowie deren Selbständigkeit, Selbstverständnis und Unabhängigkeit zu achten. ² Dem Auftrag kirchlicher und sonstiger Träger der freien Wohlfahrtspflege, kranke, gebrechliche und pflegebedürftige Menschen zu pflegen, zu betreuen, zu trösten und sie im Sterben zu begleiten, ist Rechnung zu tragen. ³ Freigemeinnützige und private Träger haben Vorrang gegenüber öffentlichen Trägern.

(3) Die Bestimmungen des Wohn- und Betreuungsvertragsgesetzes bleiben unberührt.

§ 12 Aufgaben der Pflegekassen. (1) ¹ Die Pflegekassen sind für die Sicherstellung der pflegerischen Versorgung ihrer Versicherten verantwortlich. ² Sie arbeiten dabei mit allen an der pflegerischen, gesundheitlichen und sozialen Versorgung Beteiligten eng zusammen und wirken, insbesondere durch Pflegestützpunkte nach § 7c, auf eine Vernetzung der regionalen und kommunalen Versorgungsstrukturen hin, um eine Verbesserung der wohnortnahen Versorgung pflege- und betreuungsbedürftiger Menschen zu ermöglichen. ³ Die Pflegekassen sollen zur Durchführung der ihnen gesetzlich übertragenen Aufgaben örtliche und regionale Arbeitsgemeinschaften bilden. ⁴ § 94 Abs. 2 bis 4 des Zehnten Buches[1]) gilt entsprechend.

(2) ¹ Die Pflegekassen wirken mit den Trägern der ambulanten und der stationären gesundheitlichen und sozialen Versorgung partnerschaftlich zusammen, um die für den Pflegebedürftigen zur Verfügung stehenden Hilfen zu koordinieren. ² Sie stellen insbesondere über die Pflegeberatung nach § 7a

---

[1]) Nr. 10.

1. Kapitel. Allg. Vorschriften § 13 SGB XI 11

sicher, dass im Einzelfall häusliche Pflegehilfe, Behandlungspflege, ärztliche Behandlung, spezialisierte Palliativversorgung, Leistungen zur Prävention, zur medizinischen Rehabilitation und zur Teilhabe nahtlos und störungsfrei ineinander greifen. ³ Die Pflegekassen nutzen darüber hinaus das Instrument der integrierten Versorgung nach § 92b und wirken zur Sicherstellung der haus-, fach- und zahnärztlichen Versorgung der Pflegebedürftigen darauf hin, dass die stationären Pflegeeinrichtungen Kooperationen mit niedergelassenen Ärzten eingehen oder § 119b des Fünften Buches[1)] anwenden.

§ 13 Verhältnis der Leistungen der Pflegeversicherung zu anderen Sozialleistungen. (1) Den Leistungen der Pflegeversicherung gehen die Entschädigungsleistungen wegen Pflegebedürftigkeit

1. nach dem Bundesversorgungsgesetz und nach den Gesetzen, die eine entsprechende Anwendung des Bundesversorgungsgesetzes vorsehen,

2. aus der gesetzlichen Unfallversicherung und

3. aus öffentlichen Kassen auf Grund gesetzlich geregelter Unfallversorgung oder Unfallfürsorge

vor.

(2) ¹ Die Leistungen nach dem Fünften Buch[1)] einschließlich der Leistungen der häuslichen Krankenpflege nach § 37 des Fünften Buches bleiben unberührt. ² Dies gilt auch für krankheitsspezifische Pflegemaßnahmen, soweit diese im Rahmen der häuslichen Krankenpflege nach § 37 des Fünften Buches zu leisten sind.

(3) ¹ Die Leistungen der Pflegeversicherung gehen den Fürsorgeleistungen zur Pflege

1. nach dem Zwölften Buch[2)],

2. nach dem Lastenausgleichsgesetz, dem Reparationsschädengesetz und dem Flüchtlingshilfegesetz,

3. nach dem Bundesversorgungsgesetz (Kriegsopferfürsorge) und nach den Gesetzen, die eine entsprechende Anwendung des Bundesversorgungsgesetzes vorsehen,

vor, soweit dieses Buch nichts anderes bestimmt. ² Leistungen zur Pflege nach diesen Gesetzen sind zu gewähren, wenn und soweit Leistungen der Pflegeversicherung nicht erbracht werden oder diese Gesetze dem Grunde oder der Höhe nach weitergehende Leistungen als die Pflegeversicherung vorsehen. ³ Die Leistungen der Eingliederungshilfe für Menschen mit Behinderungen nach dem Zwölften Buch, dem Bundesversorgungsgesetz und dem Achten Buch[3)] bleiben unberührt, sie sind im Verhältnis zur Pflegeversicherung nicht nachrangig; die notwendige Hilfe in den Einrichtungen nach § 71 Abs. 4 ist einschließlich der Pflegeleistungen zu gewähren.

(4) ¹ Treffen Leistungen der Pflegeversicherung und Leistungen der Eingliederungshilfe zusammen, vereinbaren mit Zustimmung des Leistungsberechtigten die zuständige Pflegekasse und der für die Eingliederungshilfe zuständige Träger,

---

[1)] Nr. 5.
[2)] Nr. 12.
[3)] Nr. 8.

1. dass im Verhältnis zum Pflegebedürftigen der für die Eingliederungshilfe zuständige Träger die Leistungen der Pflegeversicherung auf der Grundlage des von der Pflegekasse erlassenen Leistungsbescheids zu übernehmen hat,
2. dass die zuständige Pflegekasse dem für die Eingliederungshilfe zuständigen Träger die Kosten der von ihr zu tragenden Leistungen zu erstatten hat sowie
3. die Modalitäten der Übernahme und der Durchführung der Leistungen sowie der Erstattung.

² Die bestehenden Wunsch- und Wahlrechte der Leistungsberechtigten bleiben unberührt und sind zu beachten. ³ Die Ausführung der Leistungen erfolgt nach den für den zuständigen Leistungsträger geltenden Rechtsvorschriften. ⁴ Soweit auch Leistungen der Hilfe zur Pflege nach dem Zwölften Buch zu erbringen sind, ist der für die Hilfe zur Pflege zuständige Träger zu beteiligen. ⁵ Der Spitzenverband Bund der Pflegekassen beschließt gemeinsam mit der Bundesarbeitsgemeinschaft der überörtlichen Träger der Sozialhilfe bis zum 1. Januar 2018 in einer Empfehlung Näheres zu den Modalitäten der Übernahme und der Durchführung der Leistungen sowie der Erstattung und zu der Beteiligung des für die Hilfe zur Pflege zuständigen Trägers. ⁶ Die Länder, die kommunalen Spitzenverbände auf Bundesebene, die Bundesarbeitsgemeinschaft der Freien Wohlfahrtspflege, die Vereinigungen der Träger der Pflegeeinrichtungen auf Bundesebene, die Vereinigungen der Leistungserbringer der Eingliederungshilfe auf Bundesebene sowie die auf Bundesebene maßgeblichen Organisationen für die Wahrnehmung der Interessen und der Selbsthilfe pflegebedürftiger und behinderter Menschen sind vor dem Beschluss anzuhören. ⁷ Die Empfehlung bedarf der Zustimmung des Bundesministeriums für Gesundheit und des Bundesministeriums für Arbeit und Soziales.

(4a) Bestehen im Einzelfall Anhaltspunkte für ein Zusammentreffen von Leistungen der Pflegeversicherung und Leistungen der Eingliederungshilfe, bezieht der für die Durchführung eines Teilhabeplanverfahrens oder Gesamtplanverfahrens verantwortliche Träger mit Zustimmung des Leistungsberechtigten die zuständige Pflegekasse in das Verfahren beratend mit ein, um die Vereinbarung nach Absatz 4 gemeinsam vorzubereiten.

(4b) Die Regelungen nach Absatz 3 Satz 3, Absatz 4 und 4a werden bis zum 1. Juli 2019 evaluiert.

(5) ¹ Die Leistungen der Pflegeversicherung bleiben als Einkommen bei Sozialleistungen und bei Leistungen nach dem Asylbewerberleistungsgesetz, deren Gewährung von anderen Einkommen abhängig ist, unberücksichtigt; dies gilt nicht für das Pflegeunterstützungsgeld gemäß § 44a Absatz 3. ² Satz 1 gilt entsprechend bei Vertragsleistungen aus privaten Pflegeversicherungen, die der Art und dem Umfang nach den Leistungen der sozialen Pflegeversicherung gleichwertig sind. ³ Rechtsvorschriften, die weitergehende oder ergänzende Leistungen aus einer privaten Pflegeversicherung von der Einkommensermittlung ausschließen, bleiben unberührt.

(6) ¹ Wird Pflegegeld nach § 37 oder eine vergleichbare Geldleistung an eine Pflegeperson (§ 19) weitergeleitet, bleibt dies bei der Ermittlung von Unterhaltsansprüchen und Unterhaltsverpflichtungen der Pflegeperson unberücksichtigt. ² Dies gilt nicht
1. in den Fällen des § 1361 Abs. 3, der §§ 1579, 1603 Abs. 2 und des § 1611 Abs. 1 des Bürgerlichen Gesetzbuchs,

2. Kapitel. Leistungsberecht. Personenkreis **§ 14 SGB XI 11**

2. für Unterhaltsansprüche der Pflegeperson, wenn von dieser erwartet werden kann, ihren Unterhaltsbedarf ganz oder teilweise durch eigene Einkünfte zu decken und der Pflegebedürftige mit dem Unterhaltspflichtigen nicht in gerader Linie verwandt ist.

Zweites Kapitel. Leistungsberechtigter Personenkreis

§ 14 Begriff der Pflegebedürftigkeit. (1) ¹Pflegebedürftig im Sinne dieses Buches sind Personen, die gesundheitlich bedingte Beeinträchtigungen der Selbständigkeit oder der Fähigkeiten aufweisen und deshalb der Hilfe durch andere bedürfen. ²Es muss sich um Personen handeln, die körperliche, kognitive oder psychische Beeinträchtigungen oder gesundheitlich bedingte Belastungen oder Anforderungen nicht selbständig kompensieren oder bewältigen können. ³Die Pflegebedürftigkeit muss auf Dauer, voraussichtlich für mindestens sechs Monate, und mit mindestens der in § 15 festgelegten Schwere bestehen.

(2) Maßgeblich für das Vorliegen von gesundheitlich bedingten Beeinträchtigungen der Selbständigkeit oder der Fähigkeiten sind die in den folgenden sechs Bereichen genannten pflegefachlich begründeten Kriterien:

1. Mobilität: Positionswechsel im Bett, Halten einer stabilen Sitzposition, Umsetzen, Fortbewegen innerhalb des Wohnbereichs, Treppensteigen;
2. kognitive und kommunikative Fähigkeiten: Erkennen von Personen aus dem näheren Umfeld, örtliche Orientierung, zeitliche Orientierung, Erinnern an wesentliche Ereignisse oder Beobachtungen, Steuern von mehrschrittigen Alltagshandlungen, Treffen von Entscheidungen im Alltagsleben, Verstehen von Sachverhalten und Informationen, Erkennen von Risiken und Gefahren, Mitteilen von elementaren Bedürfnissen, Verstehen von Aufforderungen, Beteiligen an einem Gespräch;
3. Verhaltensweisen und psychische Problemlagen: motorisch geprägte Verhaltensauffälligkeiten, nächtliche Unruhe, selbstschädigendes und autoaggressives Verhalten, Beschädigen von Gegenständen, physisch aggressives Verhalten gegenüber anderen Personen, verbale Aggression, andere pflegerelevante vokale Auffälligkeiten, Abwehr pflegerischer und anderer unterstützender Maßnahmen, Wahnvorstellungen, Ängste, Antriebslosigkeit bei depressiver Stimmungslage, sozial inadäquate Verhaltensweisen, sonstige pflegerelevante inadäquate Handlungen;
4. Selbstversorgung: Waschen des vorderen Oberkörpers, Körperpflege im Bereich des Kopfes, Waschen des Intimbereichs, Duschen und Baden einschließlich Waschen der Haare, An- und Auskleiden des Oberkörpers, An- und Auskleiden des Unterkörpers, mundgerechtes Zubereiten der Nahrung und Eingießen von Getränken, Essen, Trinken, Benutzen einer Toilette oder eines Toilettenstuhls, Bewältigen der Folgen einer Harninkontinenz und Umgang mit Dauerkatheter und Urostoma, Bewältigen der Folgen einer Stuhlinkontinenz und Umgang mit Stoma, Ernährung parenteral oder über Sonde, Bestehen gravierender Probleme bei der Nahrungsaufnahme bei Kindern bis zu 18 Monaten, die einen außergewöhnlich pflegeintensiven Hilfebedarf auslösen;
5. Bewältigung von und selbständiger Umgang mit krankheits- oder therapiebedingten Anforderungen und Belastungen:

1645

a) in Bezug auf Medikation, Injektionen, Versorgung intravenöser Zugänge, Absaugen und Sauerstoffgabe, Einreibungen sowie Kälte- und Wärmeanwendungen, Messung und Deutung von Körperzuständen, körpernahe Hilfsmittel,

b) in Bezug auf Verbandswechsel und Wundversorgung, Versorgung mit Stoma, regelmäßige Einmalkatheterisierung und Nutzung von Abführmethoden, Therapiemaßnahmen in häuslicher Umgebung,

c) in Bezug auf zeit- und technikintensive Maßnahmen in häuslicher Umgebung, Arztbesuche, Besuche anderer medizinischer oder therapeutischer Einrichtungen, zeitlich ausgedehnte Besuche medizinischer oder therapeutischer Einrichtungen, Besuch von Einrichtungen zur Frühförderung bei Kindern sowie

d) in Bezug auf das Einhalten einer Diät oder anderer krankheits- oder therapiebedingter Verhaltensvorschriften;

6. Gestaltung des Alltagslebens und sozialer Kontakte: Gestaltung des Tagesablaufs und Anpassung an Veränderungen, Ruhen und Schlafen, Sichbeschäftigen, Vornehmen von in die Zukunft gerichteten Planungen, Interaktion mit Personen im direkten Kontakt, Kontaktpflege zu Personen außerhalb des direkten Umfelds.

(3) Beeinträchtigungen der Selbständigkeit oder der Fähigkeiten, die dazu führen, dass die Haushaltsführung nicht mehr ohne Hilfe bewältigt werden kann, werden bei den Kriterien der in Absatz 2 genannten Bereiche berücksichtigt.

§ 15 Ermittlung des Grades der Pflegebedürftigkeit, Begutachtungsinstrument.

(1) [1] Pflegebedürftige erhalten nach der Schwere der Beeinträchtigungen der Selbständigkeit oder der Fähigkeiten einen Grad der Pflegebedürftigkeit (Pflegegrad). [2] Der Pflegegrad wird mit Hilfe eines pflegefachlich begründeten Begutachtungsinstruments ermittelt.

(2) [1] Das Begutachtungsinstrument ist in sechs Module gegliedert, die den sechs Bereichen in § 14 Absatz 2 entsprechen. [2] In jedem Modul sind für die in den Bereichen genannten Kriterien die in Anlage 1 dargestellten Kategorien vorgesehen. [3] Die Kategorien stellen die in ihnen zum Ausdruck kommenden verschiedenen Schweregrade der Beeinträchtigungen der Selbständigkeit oder der Fähigkeiten dar. [4] Den Kategorien werden in Bezug auf die einzelnen Kriterien pflegefachlich fundierte Einzelpunkte zugeordnet, die aus Anlage 1 ersichtlich sind. [5] In jedem Modul werden die jeweils erreichbaren Summen aus Einzelpunkten nach den in Anlage 2 festgelegten Punktbereichen gegliedert. [6] Die Summen der Punkte werden nach den in ihnen zum Ausdruck kommenden Schweregraden der Beeinträchtigungen der Selbständigkeit oder der Fähigkeiten wie folgt bezeichnet:

1. Punktbereich 0: keine Beeinträchtigungen der Selbständigkeit oder der Fähigkeiten,

2. Punktbereich 1: geringe Beeinträchtigungen der Selbständigkeit oder der Fähigkeiten,

3. Punktbereich 2: erhebliche Beeinträchtigungen der Selbständigkeit oder der Fähigkeiten,

2. Kapitel. Leistungsberecht. Personenkreis **§ 15 SGB XI 11**

4. Punktbereich 3: schwere Beeinträchtigungen der Selbständigkeit oder der Fähigkeiten und
5. Punktbereich 4: schwerste Beeinträchtigungen der Selbständigkeit oder der Fähigkeiten.

[7] Jedem Punktbereich in einem Modul werden unter Berücksichtigung der in ihm zum Ausdruck kommenden Schwere der Beeinträchtigungen der Selbständigkeit oder der Fähigkeiten sowie der folgenden Gewichtung der Module die in Anlage 2 festgelegten, gewichteten Punkte zugeordnet. [8] Die Module des Begutachtungsinstruments werden wie folgt gewichtet:

1. Mobilität mit 10 Prozent,
2. kognitive und kommunikative Fähigkeiten sowie Verhaltensweisen und psychische Problemlagen zusammen mit 15 Prozent,
3. Selbstversorgung mit 40 Prozent,
4. Bewältigung von und selbständiger Umgang mit krankheits- oder therapiebedingten Anforderungen und Belastungen mit 20 Prozent,
5. Gestaltung des Alltagslebens und sozialer Kontakte mit 15 Prozent.

(3) [1] Zur Ermittlung des Pflegegrades sind die bei der Begutachtung festgestellten Einzelpunkte in jedem Modul zu addieren und dem in Anlage 2 festgelegten Punktbereich sowie den sich daraus ergebenden gewichteten Punkten zuzuordnen. [2] Den Modulen 2 und 3 ist ein gemeinsamer gewichteter Punkt zuzuordnen, der aus den höchsten gewichteten Punkten entweder des Moduls 2 oder des Moduls 3 besteht. [3] Aus den gewichteten Punkten aller Module sind durch Addition die Gesamtpunkte zu bilden. [4] Auf der Basis der erreichten Gesamtpunkte sind pflegebedürftige Personen in einen der nachfolgenden Pflegegrade einzuordnen:

1. ab 12,5 bis unter 27 Gesamtpunkten in den Pflegegrad 1: geringe Beeinträchtigungen der Selbständigkeit oder der Fähigkeiten,
2. ab 27 bis unter 47,5 Gesamtpunkten in den Pflegegrad 2: erhebliche Beeinträchtigungen der Selbständigkeit oder der Fähigkeiten,
3. ab 47,5 bis unter 70 Gesamtpunkten in den Pflegegrad 3: schwere Beeinträchtigungen der Selbständigkeit oder der Fähigkeiten,
4. ab 70 bis unter 90 Gesamtpunkten in den Pflegegrad 4: schwerste Beeinträchtigungen der Selbständigkeit oder der Fähigkeiten,
5. ab 90 bis 100 Gesamtpunkten in den Pflegegrad 5: schwerste Beeinträchtigungen der Selbständigkeit oder der Fähigkeiten mit besonderen Anforderungen an die pflegerische Versorgung.

(4) [1] Pflegebedürftige mit besonderen Bedarfskonstellationen, die einen spezifischen, außergewöhnlich hohen Hilfebedarf mit besonderen Anforderungen an die pflegerische Versorgung aufweisen, können aus pflegefachlichen Gründen dem Pflegegrad 5 zugeordnet werden, auch wenn ihre Gesamtpunkte unter 90 liegen. [2] Der Spitzenverband Bund der Pflegekassen konkretisiert in den Richtlinien nach § 17 Absatz 1 die pflegefachlich begründeten Voraussetzungen für solche besonderen Bedarfskonstellationen.

(5) [1] Bei der Begutachtung sind auch solche Kriterien zu berücksichtigen, die zu einem Hilfebedarf führen, für den Leistungen des Fünften Buches[1)]

[1)] Nr. 5.

vorgesehen sind. ²Dies gilt auch für krankheitsspezifische Pflegemaßnahmen. ³Krankheitsspezifische Pflegemaßnahmen sind Maßnahmen der Behandlungspflege, bei denen der behandlungspflegerische Hilfebedarf aus medizinisch-pflegerischen Gründen regelmäßig und auf Dauer untrennbarer Bestandteil einer pflegerischen Maßnahme in den in § 14 Absatz 2 genannten sechs Bereichen ist oder mit einer solchen notwendig in einem unmittelbaren zeitlichen und sachlichen Zusammenhang steht.

(6) ¹Bei pflegebedürftigen Kindern wird der Pflegegrad durch einen Vergleich der Beeinträchtigungen ihrer Selbständigkeit und ihrer Fähigkeiten mit altersentsprechend entwickelten Kindern ermittelt. ²Im Übrigen gelten die Absätze 1 bis 5 entsprechend.

(7) Pflegebedürftige Kinder im Alter bis zu 18 Monaten werden abweichend von den Absätzen 3, 4 und 6 Satz 2 wie folgt eingestuft:
1. ab 12,5 bis unter 27 Gesamtpunkten in den Pflegegrad 2,
2. ab 27 bis unter 47,5 Gesamtpunkten in den Pflegegrad 3,
3. ab 47,5 bis unter 70 Gesamtpunkten in den Pflegegrad 4,
4. ab 70 bis 100 Gesamtpunkten in den Pflegegrad 5.

§ 16 Verordnungsermächtigung. ¹Das Bundesministerium für Gesundheit wird ermächtigt, im Einvernehmen mit dem Bundesministerium für Familien, Senioren, Frauen und Jugend und dem Bundesministerium für Arbeit und Soziales durch Rechtsverordnung mit Zustimmung des Bundesrates Vorschriften zur pflegefachlichen Konkretisierung der Inhalte des Begutachtungsinstruments nach § 15 sowie zum Verfahren der Feststellung der Pflegebedürftigkeit nach § 18 zu erlassen. ²Es kann sich dabei von unabhängigen Sachverständigen beraten lassen.

§ 17 Richtlinien der Pflegekassen. (1) ¹Der Spitzenverband Bund der Pflegekassen erlässt mit dem Ziel, eine einheitliche Rechtsanwendung zu fördern, unter Beteiligung des Medizinischen Dienstes des Spitzenverbandes Bund der Krankenkassen Richtlinien zur pflegefachlichen Konkretisierung der Inhalte des Begutachtungsinstruments nach § 15 sowie zum Verfahren der Feststellung der Pflegebedürftigkeit nach § 18 (Begutachtungs-Richtlinien). ²Er hat dabei die Vereinigungen der Träger der Pflegeeinrichtungen auf Bundesebene, den Verband der privaten Krankenversicherung e.V., die Bundesarbeitsgemeinschaft der überörtlichen Träger der Sozialhilfe, die kommunalen Spitzenverbände auf Bundesebene und die Verbände der Pflegeberufe auf Bundesebene zu beteiligen. ³Ihnen ist unter Übermittlung der hierfür erforderlichen Informationen innerhalb einer angemessenen Frist vor der Entscheidung Gelegenheit zur Stellungnahme zu geben. ⁴Die Stellungnahmen sind in die Entscheidung einzubeziehen. ⁵Die maßgeblichen Organisationen für die Wahrnehmung der Interessen und der Selbsthilfe der pflegebedürftigen und behinderten Menschen wirken nach Maßgabe der nach § 118 Absatz 2 erlassenen Verordnung beratend mit. ⁶§ 118 Absatz 1 Satz 2 und 3 gilt entsprechend.

(1a) ¹Der Spitzenverband Bund der Pflegekassen erlässt unter Beteiligung des Medizinischen Dienstes des Spitzenverbandes Bund der Krankenkassen bis zum 31. Juli 2018 Richtlinien zur einheitlichen Durchführung der Pflegeberatung nach § 7a, die für die Pflegeberater und Pflegeberaterinnen der Pflegekassen, der Beratungsstellen nach § 7b Absatz 1 Satz 1 Nummer 2 sowie der Pfle-

2. Kapitel. Leistungsberecht. Personenkreis §§ 17a, 18 SGB XI

gestützpunkte nach § 7c unmittelbar verbindlich sind (Pflegeberatungs-Richtlinien). ²An den Richtlinien nach Satz 1 sind die Länder, der Verband der privaten Krankenversicherung e.v., die Bundesarbeitsgemeinschaft der überörtlichen Träger der Sozialhilfe, die kommunalen Spitzenverbände auf Bundesebene, die Bundesarbeitsgemeinschaft der Freien Wohlfahrtspflege sowie die Verbände der Träger der Pflegeeinrichtungen auf Bundesebene zu beteiligen. ³Den Verbänden der Pflegeberufe auf Bundesebene, unabhängigen Sachverständigen sowie den maßgeblichen Organisationen für die Wahrnehmung der Interessen und der Selbsthilfe der pflegebedürftigen und behinderten Menschen sowie ihrer Angehörigen ist Gelegenheit zur Stellungnahme zu geben.

(1b) ¹Der Spitzenverband Bund der Pflegekassen erlässt unter Beteiligung des Medizinischen Dienstes des Spitzenverbandes Bund der Krankenkassen bis zum 30. November 2016 Richtlinien zur Feststellung des Zeitanteils, für den die Pflegeversicherung bei ambulant versorgten Pflegebedürftigen, die einen besonders hohen Bedarf an behandlungspflegerischen Leistungen haben und die Leistungen der häuslichen Pflegehilfe nach § 36 und der häuslichen Krankenpflege nach § 37 Absatz 2 des Fünften Buches[1]) beziehen, die hälftigen Kosten zu tragen hat. ²Von den Leistungen der häuslichen Pflegehilfe nach § 36 sind dabei nur Maßnahmen der körperbezogenen Pflege zu berücksichtigen. ³Im Übrigen gilt § 17 Absatz 1 Satz 2 bis 6 entsprechend. ⁴Der Spitzenverband Bund der Pflegekassen gibt eine wissenschaftliche Evaluation der Richtlinien in Auftrag. ⁵Ein Bericht über die Ergebnisse der Evaluation ist bis zum 31. Dezember 2018 zu veröffentlichen.

(2) ¹Die Richtlinien nach den Absätzen 1, 1a und 1b werden erst wirksam, wenn das Bundesministerium für Gesundheit sie genehmigt. ²Die Genehmigung gilt als erteilt, wenn die Richtlinien nicht innerhalb eines Monats, nachdem sie dem Bundesministerium für Gesundheit vorgelegt worden sind, beanstandet werden. ³Beanstandungen des Bundesministeriums für Gesundheit sind innerhalb der von ihm gesetzten Frist zu beheben.

§ 17a *(aufgehoben)*

§ 18 Verfahren zur Feststellung der Pflegebedürftigkeit. (1) ¹Die Pflegekassen beauftragen den Medizinischen Dienst der Krankenversicherung oder andere unabhängige Gutachter mit der Prüfung, ob die Voraussetzungen der Pflegebedürftigkeit erfüllt sind und welcher Pflegegrad vorliegt. ²Im Rahmen dieser Prüfungen haben der Medizinische Dienst oder die von der Pflegekasse beauftragten Gutachter durch eine Untersuchung des Antragstellers die Beeinträchtigungen der Selbständigkeit oder der Fähigkeiten bei den in § 14 Absatz 2 genannten Kriterien nach Maßgabe des § 15 sowie die voraussichtliche Dauer der Pflegebedürftigkeit zu ermitteln. ³Darüber hinaus sind auch Feststellungen darüber zu treffen, ob und in welchem Umfang Maßnahmen zur Beseitigung, Minderung oder Verhütung einer Verschlimmerung der Pflegebedürftigkeit einschließlich der Leistungen zur medizinischen Rehabilitation geeignet, notwendig und zumutbar sind; insoweit haben Versicherte einen Anspruch gegen den zuständigen Träger auf Leistungen zur medizinischen Rehabilitation. ⁴Jede Feststellung hat zudem eine Aussage darüber zu treffen, ob Beratungsbedarf insbesondere in der häuslichen Umgebung oder in der Ein-

---

[1]) Nr. 5.

richtung, in der der Anspruchsberechtigte lebt, hinsichtlich Leistungen zur verhaltensbezogenen Prävention nach § 20 Absatz 5 des Fünften Buches[1]) besteht.

(1a) ¹Die Pflegekassen können den Medizinischen Dienst der Krankenversicherung oder andere unabhängige Gutachter mit der Prüfung beauftragen, für welchen Zeitanteil die Pflegeversicherung bei ambulant versorgten Pflegebedürftigen, die einen besonders hohen Bedarf an behandlungspflegerischen Leistungen haben und die Leistungen der häuslichen Pflegehilfe nach § 36 und der häuslichen Krankenpflege nach § 37 Absatz 2 des Fünften Buches beziehen, die hälftigen Kosten zu tragen hat. ²Von den Leistungen der häuslichen Pflegehilfe nach § 36 sind nur Maßnahmen der körperbezogenen Pflege zu berücksichtigen. ³Bei der Prüfung des Zeitanteils sind die Richtlinien nach § 17 Absatz 1b zu beachten.

(2) ¹Der Medizinische Dienst oder die von der Pflegekasse beauftragten Gutachter haben den Versicherten in seinem Wohnbereich zu untersuchen. ²Erteilt der Versicherte dazu nicht sein Einverständnis, kann die Pflegekasse die beantragten Leistungen verweigern. ³Die §§ 65, 66 des Ersten Buches[2]) bleiben unberührt. ⁴Die Untersuchung im Wohnbereich des Pflegebedürftigen kann ausnahmsweise unterbleiben, wenn auf Grund einer eindeutigen Aktenlage das Ergebnis der medizinischen Untersuchung bereits feststeht. ⁵Die Untersuchung ist in angemessenen Zeitabständen zu wiederholen.

(2a) ¹Bei pflegebedürftigen Versicherten werden vom 1. Juli 2016 bis zum 31. Dezember 2016 keine Wiederholungsbegutachtungen nach Absatz 2 Satz 5 durchgeführt, auch dann nicht, wenn die Wiederholungsbegutachtung vor diesem Zeitpunkt vom Medizinischen Dienst der Krankenversicherung oder anderen unabhängigen Gutachtern empfohlen wurde. ²Abweichend von Satz 1 können Wiederholungsbegutachtungen durchgeführt werden, wenn eine Verringerung des Hilfebedarfs, insbesondere aufgrund von durchgeführten Operationen oder Rehabilitationsmaßnahmen, zu erwarten ist.

(2b) ¹Die Frist nach Absatz 3 Satz 2 ist vom 1. November 2016 bis zum 31. Dezember 2016 unbeachtlich. ²Abweichend davon ist einem Antragsteller, der ab dem 1. November 2016 einen Antrag auf Leistungen der Pflegeversicherung stellt und bei dem ein besonders dringlicher Entscheidungsbedarf vorliegt, spätestens 25 Arbeitstage nach Eingang des Antrags bei der zuständigen Pflegekasse die Entscheidung der Pflegekasse schriftlich mitzuteilen. ³Der Spitzenverband Bund der Pflegekassen entwickelt bundesweit einheitliche Kriterien für das Vorliegen, die Gewichtung und die Feststellung eines besonders dringlichen Entscheidungsbedarfs. ⁴Die Pflegekassen und die privaten Versicherungsunternehmen berichten in der nach Absatz 3b Satz 4 zu veröffentlichenden Statistik auch über die Anwendung der Kriterien zum Vorliegen und zur Feststellung eines besonders dringlichen Entscheidungsbedarfs.

(2c) Abweichend von Absatz 3a Satz 1 Nummer 2 ist die Pflegekasse vom 1. November 2016 bis zum 31. Dezember 2016 nur bei Vorliegen eines besonders dringlichen Entscheidungsbedarfs gemäß Absatz 2b dazu verpflichtet, dem Antragsteller mindestens drei unabhängige Gutachter zur Auswahl zu

---

[1]) Nr. 5.
[2]) Nr. 1.

2. Kapitel. Leistungsberecht. Personenkreis **§ 18 SGB XI 11**

benennen, wenn innerhalb von 20 Arbeitstagen nach Antragstellung keine Begutachtung erfolgt ist.

(3) ¹Die Pflegekasse leitet die Anträge zur Feststellung von Pflegebedürftigkeit unverzüglich an den Medizinischen Dienst der Krankenversicherung oder die von der Pflegekasse beauftragten Gutachter weiter. ²Dem Antragsteller ist spätestens 25 Arbeitstage nach Eingang des Antrags bei der zuständigen Pflegekasse die Entscheidung der Pflegekasse schriftlich mitzuteilen. ³Befindet sich der Antragsteller im Krankenhaus oder in einer stationären Rehabilitationseinrichtung und

1. liegen Hinweise vor, dass zur Sicherstellung der ambulanten oder stationären Weiterversorgung und Betreuung eine Begutachtung in der Einrichtung erforderlich ist, oder

2. wurde die Inanspruchnahme von Pflegezeit nach dem Pflegezeitgesetz gegenüber dem Arbeitgeber der pflegenden Person angekündigt oder

3. wurde mit dem Arbeitgeber der pflegenden Person eine Familienpflegezeit nach § 2 Absatz 1 des Familienpflegezeitgesetzes vereinbart,

ist die Begutachtung dort unverzüglich, spätestens innerhalb einer Woche nach Eingang des Antrags bei der zuständigen Pflegekasse durchzuführen; die Frist kann durch regionale Vereinbarungen verkürzt werden. ⁴Die verkürzte Begutachtungsfrist gilt auch dann, wenn der Antragsteller sich in einem Hospiz befindet oder ambulant palliativ versorgt wird. ⁵Befindet sich der Antragsteller in häuslicher Umgebung, ohne palliativ versorgt zu werden, und wurde die Inanspruchnahme von Pflegezeit nach dem Pflegezeitgesetz gegenüber dem Arbeitgeber der pflegenden Person angekündigt oder mit dem Arbeitgeber der pflegenden Person eine Familienpflegezeit nach § 2 Absatz 1 des Familienpflegezeitgesetzes vereinbart, ist eine Begutachtung durch den Medizinischen Dienst der Krankenversicherung oder die von der Pflegekasse beauftragten Gutachter spätestens innerhalb von zwei Wochen nach Eingang des Antrags bei der zuständigen Pflegekasse durchzuführen und der Antragsteller seitens des Medizinischen Dienstes oder der von der Pflegekasse beauftragten Gutachter unverzüglich schriftlich darüber zu informieren, welche Empfehlung der Medizinische Dienst oder die von der Pflegekasse beauftragten Gutachter an die Pflegekasse weiterleiten. ⁶In den Fällen der Sätze 3 bis 5 muss die Empfehlung nur die Feststellung beinhalten, ob Pflegebedürftigkeit im Sinne der §§ 14 und 15 vorliegt. ⁷Die Entscheidung der Pflegekasse ist dem Antragsteller unverzüglich nach Eingang der Empfehlung des Medizinischen Dienstes oder der beauftragten Gutachter bei der Pflegekasse schriftlich mitzuteilen. ⁸Der Antragsteller ist bei der Begutachtung auf die maßgebliche Bedeutung des Gutachtens insbesondere für eine umfassende Beratung, das Erstellen eines individuellen Versorgungsplans nach § 7a, das Versorgungsmanagement nach § 11 Absatz 4 des Fünften Buches und für die Pflegeplanung hinzuweisen. ⁹Das Gutachten wird dem Antragsteller durch die Pflegekasse übersandt, sofern er der Übersendung nicht widerspricht. ¹⁰Das Ergebnis des Gutachtens ist transparent darzustellen und dem Antragsteller verständlich zu erläutern. ¹¹Der Spitzenverband Bund der Pflegekassen konkretisiert in den Richtlinien nach § 17 Absatz 1 die Anforderungen an eine transparente Darstellungsweise und verständliche Erläuterung des Gutachtens. ¹²Der Antragsteller kann die Übermittlung des Gutachtens auch zu einem späteren Zeitpunkt verlangen.

(3a) ¹ Die Pflegekasse ist verpflichtet, dem Antragsteller mindestens drei unabhängige Gutachter zur Auswahl zu benennen,

1. soweit nach Absatz 1 unabhängige Gutachter mit der Prüfung beauftragt werden sollen oder

2. wenn innerhalb von 20 Arbeitstagen ab Antragstellung keine Begutachtung erfolgt ist.

² Auf die Qualifikation und Unabhängigkeit des Gutachters ist der Versicherte hinzuweisen. ³ Hat sich der Antragsteller für einen benannten Gutachter entschieden, wird dem Wunsch Rechnung getragen. ⁴ Der Antragsteller hat der Pflegekasse seine Entscheidung innerhalb einer Woche ab Kenntnis der Namen der Gutachter mitzuteilen, ansonsten kann die Pflegekasse einen Gutachter aus der übersandten Liste beauftragen. ⁵ Die Gutachter sind bei der Wahrnehmung ihrer Aufgaben nur ihrem Gewissen unterworfen. ⁶ Satz 1 Nummer 2 gilt nicht, wenn die Pflegekasse die Verzögerung nicht zu vertreten hat.

(3b) ¹ Erteilt die Pflegekasse den schriftlichen Bescheid über den Antrag nicht innerhalb von 25 Arbeitstagen nach Eingang des Antrags oder wird eine der in Absatz 3 genannten verkürzten Begutachtungsfristen nicht eingehalten, hat die Pflegekasse nach Fristablauf für jede begonnene Woche der Fristüberschreitung unverzüglich 70 Euro an den Antragsteller zu zahlen. ² Dies gilt nicht, wenn die Pflegekasse die Verzögerung nicht zu vertreten hat oder wenn sich der Antragsteller in vollstationärer Pflege befindet und bereits bei ihm mindestens erhebliche Beeinträchtigungen der Selbständigkeit oder der Fähigkeiten (mindestens Pflegegrad 2) festgestellt ist. ³ Entsprechendes gilt für die privaten Versicherungsunternehmen, die die private Pflege-Pflichtversicherung durchführen. ⁴ Die Träger der Pflegeversicherung und die privaten Versicherungsunternehmen veröffentlichen jährlich jeweils bis zum 31. März des dem Berichtsjahr folgenden Jahres eine Statistik über die Einhaltung der Fristen nach Absatz 3. ⁵ Die Sätze 1 bis 3 finden vom 1. November 2016 bis 31. Dezember 2017 keine Anwendung.

(4) ¹ Der Medizinische Dienst oder die von der Pflegekasse beauftragten Gutachter sollen, soweit der Versicherte einwilligt, die behandelnden Ärzte des Versicherten, insbesondere die Hausärzte, in die Begutachtung einbeziehen und ärztliche Auskünfte und Unterlagen über die für die Begutachtung der Pflegebedürftigkeit wichtigen Vorerkrankungen sowie Art, Umfang und Dauer der Hilfebedürftigkeit einholen. ² Mit Einverständnis des Versicherten sollen auch pflegende Angehörige oder sonstige Personen oder Dienste, die an der Pflege des Versicherten beteiligt sind, befragt werden.

(5) ¹ Die Pflege- und Krankenkassen sowie die Leistungserbringer sind verpflichtet, dem Medizinischen Dienst oder den von der Pflegekasse beauftragten Gutachtern die für die Begutachtung erforderlichen Unterlagen vorzulegen und Auskünfte zu erteilen. ² § 276 Abs. 1 Satz 2 und 3 des Fünften Buches gilt entsprechend.

(5a) ¹ Bei der Begutachtung sind darüber hinaus die Beeinträchtigungen der Selbständigkeit oder der Fähigkeiten in den Bereichen außerhäusliche Aktivitäten und Haushaltsführung festzustellen. ² Mit diesen Informationen sollen eine umfassende Beratung und das Erstellen eines individuellen Versorgungsplans nach § 7a, das Versorgungsmanagement nach § 11 Absatz 4 des Fünften Buches und eine individuelle Pflegeplanung sowie eine sachgerechte Erbringung von

Hilfen bei der Haushaltsführung ermöglicht werden. ³Hierbei ist im Einzelnen auf die nachfolgenden Kriterien abzustellen:

1. außerhäusliche Aktivitäten: Verlassen des Bereichs der Wohnung oder der Einrichtung, Fortbewegen außerhalb der Wohnung oder der Einrichtung, Nutzung öffentlicher Verkehrsmittel im Nahverkehr, Mitfahren in einem Kraftfahrzeug, Teilnahme an kulturellen, religiösen oder sportlichen Veranstaltungen, Besuch von Schule, Kindergarten, Arbeitsplatz, einer Werkstatt für behinderte Menschen oder Besuch einer Einrichtung der Tages- oder Nachtpflege oder eines Tagesbetreuungsangebotes, Teilnahme an sonstigen Aktivitäten mit anderen Menschen;
2. Haushaltsführung: Einkaufen für den täglichen Bedarf, Zubereitung einfacher Mahlzeiten, einfache Aufräum- und Reinigungsarbeiten, aufwändige Aufräum- und Reinigungsarbeiten einschließlich Wäschepflege, Nutzung von Dienstleistungen, Umgang mit finanziellen Angelegenheiten, Umgang mit Behördenangelegenheiten.

⁴Der Spitzenverband Bund der Pflegekassen wird ermächtigt, in den Richtlinien nach § 17 Absatz 1 die in Satz 3 genannten Kriterien pflegefachlich unter Berücksichtigung der Ziele nach Satz 2 zu konkretisieren.

(6) ¹Der Medizinische Dienst der Krankenversicherung oder ein von der Pflegekasse beauftragter Gutachter hat der Pflegekasse das Ergebnis seiner Prüfung zur Feststellung der Pflegebedürftigkeit durch Übersendung des vollständigen Gutachtens unverzüglich mitzuteilen. ²In seiner oder ihrer Stellungnahme haben der Medizinische Dienst oder die von der Pflegekasse beauftragten Gutachter auch das Ergebnis der Prüfung, ob und gegebenenfalls welche Maßnahmen der Prävention und der medizinischen Rehabilitation geeignet, notwendig und zumutbar sind, mitzuteilen und Art und Umfang von Pflegeleistungen sowie einen individuellen Pflegeplan zu empfehlen. ³Die Feststellungen zur Prävention und zur medizinischen Rehabilitation sind durch den Medizinischen Dienst oder die von der Pflegekasse beauftragten Gutachter auf der Grundlage eines bundeseinheitlichen, strukturierten Verfahrens zu treffen und in einer gesonderten Präventions- und Rehabilitationsempfehlung zu dokumentieren. ⁴Beantragt der Pflegebedürftige Pflegegeld, hat sich die Stellungnahme auch darauf zu erstrecken, ob die häusliche Pflege in geeigneter Weise sichergestellt ist.

(6a) ¹Der Medizinische Dienst der Krankenversicherung oder die von der Pflegekasse beauftragten Gutachter haben gegenüber der Pflegekasse in ihrem Gutachten zur Feststellung der Pflegebedürftigkeit konkrete Empfehlungen zur Hilfsmittel- und Pflegehilfsmittelversorgung abzugeben. ²Die Empfehlungen gelten hinsichtlich Hilfsmitteln und Pflegehilfsmitteln, die den Zielen von § 40 dienen, jeweils als Antrag auf Leistungsgewährung, sofern der Versicherte zustimmt. ³Die Zustimmung erfolgt gegenüber dem Gutachter im Rahmen der Begutachtung und wird im Begutachtungsformular schriftlich dokumentiert. ⁴Bezüglich der empfohlenen Pflegehilfsmittel wird die Notwendigkeit der Versorgung nach § 40 Absatz 1 Satz 2 vermutet. ⁵Bis zum 31. Dezember 2020 wird auch die Erforderlichkeit der empfohlenen Hilfsmittel, die den Zielen von § 40 dienen, nach § 33 Absatz 1 des Fünften Buches vermutet; insofern bedarf es keiner ärztlichen Verordnung gemäß § 33 Absatz 5a des Fünften Buches. ⁶Welche Hilfsmittel und Pflegehilfsmittel im Sinne von Satz 2 den Zielen von § 40 dienen, wird in den Begutachtungs-Richtlinien nach § 17 konkretisiert.

⁷Dabei ist auch die Richtlinie des Gemeinsamen Bundesausschusses nach § 92 Absatz 1 des Fünften Buches über die Verordnung von Hilfsmitteln zu berücksichtigen. ⁸Die Pflegekasse übermittelt dem Antragsteller unverzüglich die Entscheidung über die empfohlenen Hilfsmittel und Pflegehilfsmittel.

(7) ¹Die Aufgaben des Medizinischen Dienstes werden durch Ärzte in enger Zusammenarbeit mit Pflegefachkräften und anderen geeigneten Fachkräften wahrgenommen. ²Die Prüfung der Pflegebedürftigkeit von Kindern ist in der Regel durch besonders geschulte Gutachter mit einer Qualifikation als Gesundheits- und Kinderkrankenpflegerin oder Gesundheits- und Kinderkrankenpfleger oder als Kinderärztin oder Kinderarzt vorzunehmen. ³Der Medizinische Dienst ist befugt, den Pflegefachkräften oder sonstigen geeigneten Fachkräften, die nicht dem Medizinischen Dienst angehören, die für deren jeweilige Beteiligung erforderlichen personenbezogenen Daten zu übermitteln. ⁴Für andere unabhängige Gutachter gelten die Sätze 1 bis 3 entsprechend.

§ 18a Weiterleitung der Rehabilitationsempfehlung, Berichtspflichten. (1) ¹Spätestens mit der Mitteilung der Entscheidung über die Pflegebedürftigkeit leitet die Pflegekasse dem Antragsteller die gesonderte Präventions- und Rehabilitationsempfehlung des Medizinischen Dienstes oder der von der Pflegekasse beauftragten Gutachter zu und nimmt umfassend und begründet dazu Stellung, inwieweit auf der Grundlage der Empfehlung die Durchführung einer Maßnahme zur Prävention oder zur medizinischen Rehabilitation angezeigt ist. ²Die Pflegekasse hat den Antragsteller zusätzlich darüber zu informieren, dass mit der Zuleitung einer Mitteilung über den Rehabilitationsbedarf an den zuständigen Rehabilitationsträger ein Antragsverfahren auf Leistungen zur medizinischen Rehabilitation entsprechend den Vorschriften des Neunten Buches ausgelöst wird, sofern der Antragsteller in dieses Verfahren einwilligt.

(2) ¹Die Pflegekassen berichten für die Geschäftsjahre 2013 bis 2018 jährlich über die Anwendung eines bundeseinheitlichen, strukturierten Verfahrens zur Erkennung rehabilitativer Bedarfe in der Pflegebegutachtung und die Erfahrungen mit der Umsetzung der Empfehlungen der Medizinischen Dienste der Krankenversicherung oder der beauftragten Gutachter zur medizinischen Rehabilitation. ²Hierzu wird insbesondere Folgendes gemeldet:

1. die Anzahl der Empfehlungen der Medizinischen Dienste der Krankenversicherung und der beauftragten Gutachter für Leistungen der medizinischen Rehabilitation im Rahmen der Begutachtung zur Feststellung der Pflegebedürftigkeit,
2. die Anzahl der Anträge an den zuständigen Rehabilitationsträger gemäß § 31 Absatz 3 in Verbindung mit § 14 des Neunten Buches,
3. die Anzahl der genehmigten und die Anzahl der abgelehnten Leistungsentscheidungen der zuständigen Rehabilitationsträger einschließlich der Gründe für Ablehnungen sowie die Anzahl der Widersprüche und
4. die Anzahl der durchgeführten medizinischen Rehabilitationsmaßnahmen.

³Die Meldung durch die Pflegekassen erfolgt bis zum 31. März des dem Berichtsjahr folgenden Jahres an den Spitzenverband Bund der Pflegekassen. ⁴Näheres über das Meldeverfahren und die Inhalte entwickelt der Spitzenverband Bund der Pflegekassen im Einvernehmen mit dem Bundesministerium für Gesundheit.

(3) ¹Der Spitzenverband Bund der Pflegekassen bereitet die Daten auf und leitet die aufbereiteten und auf Plausibilität geprüften Daten bis zum 30. Juni des dem Berichtsjahr folgenden Jahres dem Bundesministerium für Gesundheit zu. ²Der Verband hat die aufbereiteten Daten der landesunmittelbaren Versicherungsträger auch den für die Sozialversicherung zuständigen obersten Verwaltungsbehörden der Länder oder den von diesen bestimmten Stellen auf Verlangen zuzuleiten. ³Der Spitzenverband Bund der Pflegekassen veröffentlicht auf Basis der gemeldeten Daten sowie sonstiger Erkenntnisse jährlich einen Bericht bis zum 1. September des dem Berichtsjahr folgenden Jahres.

§ 18b Dienstleistungsorientierung im Begutachtungsverfahren.

(1) ¹Der Spitzenverband Bund der Pflegekassen erlässt mit dem Ziel, die Dienstleistungsorientierung für die Versicherten im Begutachtungsverfahren zu stärken, bis zum 31. März 2013 für alle Medizinischen Dienste verbindliche Richtlinien. ²Der Medizinische Dienst des Spitzenverbandes Bund der Krankenkassen und die für die Wahrnehmung der Interessen und der Selbsthilfe der pflegebedürftigen und behinderten Menschen auf Bundesebene maßgeblichen Organisationen sind zu beteiligen.

(2) Die Richtlinien regeln insbesondere

1. allgemeine Verhaltensgrundsätze für alle unter der Verantwortung der Medizinischen Dienste am Begutachtungsverfahren Beteiligten,
2. die Pflicht der Medizinischen Dienste zur individuellen und umfassenden Information des Versicherten über das Begutachtungsverfahren, insbesondere über den Ablauf, die Rechtsgrundlagen und Beschwerdemöglichkeiten,
3. die regelhafte Durchführung von Versichertenbefragungen und
4. ein einheitliches Verfahren zum Umgang mit Beschwerden, die das Verhalten der Mitarbeiter der Medizinischen Dienste oder das Verfahren bei der Begutachtung betreffen.

(3) ¹Die Richtlinien werden erst wirksam, wenn das Bundesministerium für Gesundheit sie genehmigt. ²Die Genehmigung gilt als erteilt, wenn die Richtlinien nicht innerhalb eines Monats, nachdem sie dem Bundesministerium für Gesundheit vorgelegt worden sind, beanstandet werden. ³Beanstandungen des Bundesministeriums für Gesundheit sind innerhalb der von ihm gesetzten Frist zu beheben.

§ 18c Fachliche und wissenschaftliche Begleitung der Umstellung des Verfahrens zur Feststellung der Pflegebedürftigkeit.

(1) ¹Das Bundesministerium für Gesundheit richtet im Benehmen mit dem Bundesministerium für Arbeit und Soziales und dem Bundesministerium für Familie, Senioren, Frauen und Jugend ein Begleitgremium ein, das die Vorbereitung der Umstellung des Verfahrens zur Feststellung der Pflegebedürftigkeit nach den §§ 14, 15 und 18 Absatz 5a in der ab dem 1. Januar 2017 geltenden Fassung mit pflegefachlicher und wissenschaftlicher Kompetenz unterstützt. ²Aufgabe des Begleitgremiums ist, das Bundesministerium für Gesundheit bei der Klärung fachlicher Fragen zu beraten und den Spitzenverband Bund der Pflegekassen, den Medizinischen Dienst des Spitzenverbandes Bund der Krankenkassen sowie die Vereinigungen der Träger der Pflegeeinrichtungen auf Bundesebene bei der Vorbereitung der Umstellung zu unterstützen. ³Dem Begleitgremium wird ab dem 1. Januar 2017 zusätzlich die Aufgabe übertragen, das Bundesministerium

für Gesundheit bei der Klärung fachlicher Fragen zu beraten, die nach der Umstellung im Zuge der Umsetzung auftreten.

(2) ¹Das Bundesministerium für Gesundheit beauftragt eine begleitende wissenschaftliche Evaluation insbesondere zu Maßnahmen und Ergebnissen der Vorbereitung und der Umsetzung der Umstellung des Verfahrens zur Feststellung der Pflegebedürftigkeit nach den §§ 14, 15 und 18 Absatz 5a in der ab dem 1. Januar 2017 geltenden Fassung. ²Die Auftragserteilung erfolgt im Benehmen mit dem Bundesministerium für Arbeit und Soziales, soweit Auswirkungen auf andere Sozialleistungssysteme aus dem Zuständigkeitsbereich des Bundesministeriums für Arbeit und Soziales untersucht werden. ³Im Rahmen der Evaluation sind insbesondere Erfahrungen und Auswirkungen hinsichtlich der folgenden Aspekte zu untersuchen:

1. Leistungsentscheidungsverfahren und Leistungsentscheidungen bei Pflegekassen und Medizinischen Diensten, beispielsweise Bearbeitungsfristen und Übermittlung von Ergebnissen;
2. Umsetzung der Übergangsregelungen im Begutachtungsverfahren;
3. Leistungsentscheidungsverfahren und Leistungsentscheidungen anderer Sozialleistungsträger, soweit diese pflegebedürftige Personen betreffen;
4. Umgang mit dem neuen Begutachtungsinstrument bei pflegebedürftigen Antragstellern, beispielsweise Antragsverhalten und Informationsstand;
5. Entwicklung der ambulanten Pflegevergütungen und der stationären Pflegesätze einschließlich der einrichtungseinheitlichen Eigenanteile;
6. Entwicklungen in den vertraglichen Grundlagen, in der Pflegeplanung, den pflegefachlichen Konzeptionen und in der konkreten Versorgungssituation in der ambulanten und in der stationären Pflege unter Berücksichtigung unterschiedlicher Gruppen von Pflegebedürftigen und Versorgungskonstellationen einschließlich derjenigen von pflegebedürftigen Personen, die im Rahmen der Eingliederungshilfe für behinderte Menschen versorgt werden.

⁴Ein Bericht über die Ergebnisse der Evaluation ist bis zum 1. Januar 2020 zu veröffentlichen. ⁵Dem Bundesministerium für Gesundheit sind auf Verlangen Zwischenberichte vorzulegen.

§ 19 Begriff der Pflegepersonen. ¹Pflegepersonen im Sinne dieses Buches sind Personen, die nicht erwerbsmäßig einen Pflegebedürftigen im Sinne des § 14 in seiner häuslichen Umgebung pflegen. ²Leistungen zur sozialen Sicherung nach § 44 erhält eine Pflegeperson nur dann, wenn sie eine oder mehrere pflegebedürftige Personen wenigstens zehn Stunden wöchentlich, verteilt auf regelmäßig mindestens zwei Tage in der Woche, pflegt.

Drittes Kapitel. Versicherungspflichtiger Personenkreis

§ 20 Versicherungspflicht in der sozialen Pflegeversicherung für Mitglieder der gesetzlichen Krankenversicherung. (1) ¹Versicherungspflichtig in der sozialen Pflegeversicherung sind die versicherungspflichtigen Mitglieder der gesetzlichen Krankenversicherung. ²Dies sind:

3. Kapitel. Versicherungspfl. Personenkreis   § 20 SGB XI 11

1. Arbeiter, Angestellte und zu ihrer Berufsausbildung Beschäftigte, die gegen Arbeitsentgelt beschäftigt sind; für die Zeit des Bezugs von Kurzarbeitergeld nach dem Dritten Buch bleibt die Versicherungspflicht unberührt,

2. Personen in der Zeit, für die sie Arbeitslosengeld nach dem Dritten Buch beziehen oder nur deshalb nicht beziehen, weil der Anspruch wegen einer Sperrzeit (§ 159 des Dritten Buches[1]) oder wegen einer Urlaubsabgeltung (§ 157 Absatz 2 des Dritten Buches) ruht; dies gilt auch, wenn die Entscheidung, die zum Bezug der Leistung geführt hat, rückwirkend aufgehoben oder die Leistung zurückgefordert oder zurückgezahlt worden ist,

2a. Personen in der Zeit, für die sie Arbeitslosengeld II nach dem Zweiten Buch[2] beziehen, auch wenn die Entscheidung, die zum Bezug der Leistung geführt hat, rückwirkend aufgehoben oder die Leistung zurückgefordert oder zurückgezahlt worden ist, es sei denn, dass diese Leistung nur darlehensweise gewährt wird oder nur Leistungen nach § 24 Absatz 3 Satz 1 des Zweiten Buches bezogen werden,

3. Landwirte, ihre mitarbeitenden Familienangehörigen und Altenteiler, die nach § 2 des Zweiten Gesetzes über die Krankenversicherung der Landwirte versicherungspflichtig sind,

4. selbständige Künstler und Publizisten nach näherer Bestimmung des Künstlersozialversicherungsgesetzes,

5. Personen, die in Einrichtungen der Jugendhilfe, in Berufsbildungswerken oder in ähnlichen Einrichtungen für behinderte Menschen für eine Erwerbstätigkeit befähigt werden sollen,

6. Teilnehmer an Leistungen zur Teilhabe am Arbeitsleben sowie an Berufsfindung oder Arbeitserprobung, es sei denn, die Leistungen werden nach den Vorschriften des Bundesversorgungsgesetzes erbracht,

7. Behinderte Menschen, die in anerkannten Werkstätten für Behinderte Menschen oder in Blindenwerkstätten im Sinne des § 226 des Neunten Buches oder für diese Einrichtungen in Heimarbeit oder bei einem anderen Leistungsanbieter nach § 60 des Neunten Buches tätig sind,

8. Behinderte Menschen, die in Anstalten, Heimen oder gleichartigen Einrichtungen in gewisser Regelmäßigkeit eine Leistung erbringen, die einem Fünftel der Leistung eines voll erwerbsfähigen Beschäftigten in gleichartiger Beschäftigung entspricht; hierzu zählen auch Dienstleistungen für den Träger der Einrichtung,

9. Studenten, die an staatlichen oder staatlich anerkannten Hochschulen eingeschrieben sind, soweit sie nach § 5 Abs. 1 Nr. 9 des Fünften Buches[3] der Krankenversicherungspflicht unterliegen,

10. Personen, die zu ihrer Berufsausbildung ohne Arbeitsentgelt beschäftigt sind oder die eine Fachschule oder Berufsfachschule besuchen oder eine in Studien- oder Prüfungsordnungen vorgeschriebene berufspraktische Tätigkeit ohne Arbeitsentgelt verrichten (Praktikanten); Auszubildende des Zweiten Bildungsweges, die sich in einem nach dem Bundesausbildungs-

---
[1] Nr. 3.
[2] Nr. 2.
[3] Nr. 5.

förderungsgesetz förderungsfähigen Teil eines Ausbildungsabschnittes befinden, sind Praktikanten gleichgestellt,

11. Personen, die die Voraussetzungen für den Anspruch auf eine Rente aus der gesetzlichen Rentenversicherung erfüllen und diese Rente beantragt haben, soweit sie nach § 5 Abs. 1 Nr. 11, 11a, 11b oder 12 des Fünften Buches der Krankenversicherungspflicht unterliegen,

12. Personen, die, weil sie bisher keinen Anspruch auf Absicherung im Krankheitsfall hatten, nach § 5 Abs. 1 Nr. 13 des Fünften Buches oder nach § 2 Abs. 1 Nr. 7 des Zweiten Gesetzes über die Krankenversicherung der Landwirte der Krankenversicherungspflicht unterliegen.

(2) [1] Als gegen Arbeitsentgelt beschäftigte Arbeiter und Angestellte im Sinne des Absatzes 1 Nr. 1 gelten Bezieher von Vorruhestandsgeld, wenn sie unmittelbar vor Bezug des Vorruhestandsgeldes versicherungspflichtig waren und das Vorruhestandsgeld mindestens in Höhe von 65 vom Hundert des Bruttoarbeitsentgelts im Sinne des § 3 Abs. 2 des Vorruhestandsgesetzes gezahlt wird. [2] Satz 1 gilt nicht für Personen, die im Ausland ihren Wohnsitz oder gewöhnlichen Aufenthalt in einem Staat haben, mit dem für Arbeitnehmer mit Wohnsitz oder gewöhnlichem Aufenthalt in diesem Staat keine über- oder zwischenstaatlichen Regelungen über Sachleistungen bei Krankheit bestehen.

(2a) Als zu ihrer Berufsausbildung Beschäftigte im Sinne des Absatzes 1 Satz 2 Nr. 1 gelten Personen, die als nicht satzungsmäßige Mitglieder geistlicher Genossenschaften oder ähnlicher religiöser Gemeinschaften für den Dienst in einer solchen Genossenschaft oder ähnlichen religiösen Gemeinschaft außerschulisch ausgebildet werden.

(3) Freiwillige Mitglieder der gesetzlichen Krankenversicherung sind versicherungspflichtig in der sozialen Pflegeversicherung.

(4) [1] Nehmen Personen, die mindestens zehn Jahre nicht in der sozialen Pflegeversicherung oder der gesetzlichen Krankenversicherung versicherungspflichtig waren, eine dem äußeren Anschein nach versicherungspflichtige Beschäftigung oder selbständige Tätigkeit von untergeordneter wirtschaftlicher Bedeutung auf, besteht die widerlegbare Vermutung, daß eine die Versicherungspflicht begründende Beschäftigung nach Absatz 1 Nr. 1 oder eine versicherungspflichtige selbständige Tätigkeit nach Absatz 1 Nr. 3 oder 4 tatsächlich nicht ausgeübt wird. [2] Dies gilt insbesondere für eine Beschäftigung bei Familienangehörigen oder Lebenspartnern.

§ 21 Versicherungspflicht in der sozialen Pflegeversicherung für sonstige Personen.

Versicherungspflicht in der sozialen Pflegeversicherung besteht auch für Personen mit Wohnsitz oder gewöhnlichem Aufenthalt im Inland, die

1. nach dem Bundesversorgungsgesetz oder nach Gesetzen, die eine entsprechende Anwendung des Bundesversorgungsgesetzes vorsehen, einen Anspruch auf Heilbehandlung oder Krankenbehandlung haben,

2. Kriegsschadenrente oder vergleichbare Leistungen nach dem Lastenausgleichsgesetz oder dem Reparationsschädengesetz oder laufende Beihilfe nach dem Flüchtlingshilfegesetz beziehen,

3. ergänzende Hilfe zum Lebensunterhalt im Rahmen der Kriegsopferfürsorge nach dem Bundesversorgungsgesetz oder nach Gesetzen beziehen, die eine entsprechende Anwendung des Bundesversorgungsgesetzes vorsehen,

4. laufende Leistungen zum Unterhalt und Leistungen der Krankenhilfe nach dem Achten Buch[1] beziehen,
5. krankenversorgungsberechtigt nach dem Bundesentschädigungsgesetz sind,
6. in das Dienstverhältnis eines Soldaten auf Zeit berufen worden sind,

wenn sie gegen das Risiko Krankheit weder in der gesetzlichen Krankenversicherung noch bei einem privaten Krankenversicherungsunternehmen versichert sind.

§ 22 Befreiung von der Versicherungspflicht. (1) [1] Personen, die nach § 20 Abs. 3 in der sozialen Pflegeversicherung versicherungspflichtig sind, können auf Antrag von der Versicherungspflicht befreit werden, wenn sie nachweisen, daß sie bei einem privaten Versicherungsunternehmen gegen Pflegebedürftigkeit versichert sind und für sich und ihre Angehörigen oder Lebenspartner, die bei Versicherungspflicht nach § 25 versichert wären, Leistungen beanspruchen können, die nach Art und Umfang den Leistungen des Vierten Kapitels gleichwertig sind. [2] Die befreiten Personen sind verpflichtet, den Versicherungsvertrag aufrechtzuerhalten, solange sie krankenversichert sind. [3] Personen, die bei Pflegebedürftigkeit Beihilfeleistungen erhalten, sind zum Abschluß einer entsprechenden anteiligen Versicherung im Sinne des Satzes 1 verpflichtet.

(2) [1] Der Antrag kann nur innerhalb von drei Monaten nach Beginn der Versicherungspflicht bei der Pflegekasse gestellt werden. [2] Die Befreiung wirkt vom Beginn der Versicherungspflicht an, wenn seit diesem Zeitpunkt noch keine Leistungen in Anspruch genommen wurden, sonst vom Beginn des Kalendermonats an, der auf die Antragstellung folgt. [3] Die Befreiung kann nicht widerrufen werden.

§ 23 Versicherungspflicht für Versicherte der privaten Krankenversicherungsunternehmen. (1) [1] Personen, die gegen das Risiko Krankheit bei einem privaten Krankenversicherungsunternehmen mit Anspruch auf allgemeine Krankenhausleistungen oder im Rahmen von Versicherungsverträgen, die der Versicherungspflicht nach § 193 Abs. 3 des Versicherungsvertragsgesetzes genügen, versichert sind, sind vorbehaltlich des Absatzes 2 verpflichtet, bei diesem Unternehmen zur Absicherung des Risikos der Pflegebedürftigkeit einen Versicherungsvertrag abzuschließen und aufrechtzuerhalten. [2] Der Vertrag muß ab dem Zeitpunkt des Eintritts der Versicherungspflicht für sie selbst und ihre Angehörigen oder Lebenspartner, für die in der sozialen Pflegeversicherung nach § 25 eine Familienversicherung bestünde, Vertragsleistungen vorsehen, die nach Art und Umfang den Leistungen des Vierten Kapitels gleichwertig sind. [3] Dabei tritt an die Stelle der Sachleistungen eine der Höhe nach gleiche Kostenerstattung.

(2) [1] Der Vertrag nach Absatz 1 kann auch bei einem anderen privaten Versicherungsunternehmen abgeschlossen werden. [2] Das Wahlrecht ist innerhalb von sechs Monaten auszuüben. [3] Die Frist beginnt mit dem Eintritt der individuellen Versicherungspflicht. [4] Das Recht zur Kündigung des Vertrages wird durch den Ablauf der Frist nicht berührt; bei fortbestehender Versicherungspflicht nach Absatz 1 wird eine Kündigung des Vertrages jedoch erst wirksam,

---
[1] Nr. 8.

wenn der Versicherungsnehmer nachweist, dass die versicherte Person bei einem neuen Versicherer ohne Unterbrechung versichert ist.

(3) ¹ Personen, die nach beamtenrechtlichen Vorschriften oder Grundsätzen bei Pflegebedürftigkeit Anspruch auf Beihilfe haben, sind zum Abschluß einer entsprechenden anteiligen beihilfekonformen Versicherung im Sinne des Absatzes 1 verpflichtet, sofern sie nicht nach § 20 Abs. 3 versicherungspflichtig sind. ² Die beihilfekonforme Versicherung ist so auszugestalten, daß ihre Vertragsleistungen zusammen mit den Beihilfeleistungen, die sich bei Anwendung der in § 46 Absatz 2 und 3 der Bundesbeihilfeverordnung festgelegten Bemessungssätze ergeben, den in Absatz 1 Satz 2 vorgeschriebenen Versicherungsschutz gewährleisten.

(4) Die Absätze 1 bis 3 gelten entsprechend für
1. Heilfürsorgeberechtigte, die nicht in der sozialen Pflegeversicherung versicherungspflichtig sind,
2. Mitglieder der Postbeamtenkrankenkasse und
3. Mitglieder der Krankenversorgung der Bundesbahnbeamten.

(5) Die Absätze 1, 3 und 4 gelten nicht für Personen, die sich auf nicht absehbare Dauer in stationärer Pflege befinden und bereits Pflegeleistungen nach § 35 Abs. 6 des Bundesversorgungsgesetzes, nach § 44 des Siebten Buches[1]), nach § 34 des Beamtenversorgungsgesetzes oder nach den Gesetzen erhalten, die eine entsprechende Anwendung des Bundesversorgungsgesetzes vorsehen, sofern sie keine Familienangehörigen oder Lebenspartner haben, für die in der sozialen Pflegeversicherung nach § 25 eine Familienversicherung bestünde.

(6) Das private Krankenversicherungsunternehmen oder ein anderes die Pflegeversicherung betreibendes Versicherungsunternehmen sind verpflichtet,
1. für die Feststellung der Pflegebedürftigkeit sowie für die Zuordnung zu einem Pflegegrad dieselben Maßstäbe wie in der sozialen Pflegeversicherung anzulegen und
2. die in der sozialen Pflegeversicherung zurückgelegte Versicherungszeit des Mitglieds und seiner nach § 25 familienversicherten Angehörigen oder Lebenspartner auf die Wartezeit anzurechnen.

§ 24 Versicherungspflicht der Abgeordneten. ¹ Mitglieder des Bundestages, des Europäischen Parlaments und der Parlamente der Länder (Abgeordnete) sind unbeschadet einer bereits nach § 20 Abs. 3 oder § 23 Abs. 1 bestehenden Versicherungspflicht verpflichtet, gegenüber dem jeweiligen Parlamentspräsidenten nachzuweisen, daß sie sich gegen das Risiko der Pflegebedürftigkeit versichert haben. ² Das gleiche gilt für die Bezieher von Versorgungsleistungen nach den jeweiligen Abgeordnetengesetzen des Bundes und der Länder.

§ 25 Familienversicherung. (1) ¹ Versichert sind der Ehegatte, der Lebenspartner und die Kinder von Mitgliedern sowie die Kinder von familienversicherten Kindern, wenn diese Familienangehörigen
1. ihren Wohnsitz oder gewöhnlichen Aufenthalt im Inland haben,

---
[1]) Nr. 7.

2. nicht nach § 20 Abs. 1 Nr. 1 bis 8 oder 11 oder nach § 20 Abs. 3 versicherungspflichtig sind,
3. nicht nach § 22 von der Versicherungspflicht befreit oder nach § 23 in der privaten Pflegeversicherung pflichtversichert sind,
4. nicht hauptberuflich selbständig erwerbstätig sind und
5. kein Gesamteinkommen haben, das regelmäßig im Monat ein Siebtel der monatlichen Bezugsgröße nach § 18 des Vierten Buches[1)] überschreitet; bei Renten wird der Zahlbetrag ohne den auf Entgeltpunkte für Kindererziehungszeiten entfallenden Teil berücksichtigt; für geringfügig Beschäftigte nach § 8 Abs. 1 Nr. 1, § 8a des Vierten Buches beträgt das zulässige Gesamteinkommen 450 Euro.

²§ 7 Abs. 1 Satz 3 und 4 und Abs. 2 des Zweiten Gesetzes über die Krankenversicherung der Landwirte sowie § 10 Abs. 1 Satz 2 bis 4 des Fünften Buches[2)] gelten entsprechend.

(2) ¹Kinder sind versichert:
1. bis zur Vollendung des 18. Lebensjahres,
2. bis zur Vollendung des 23. Lebensjahres, wenn sie nicht erwerbstätig sind,
3. bis zur Vollendung des 25. Lebensjahres, wenn sie sich in Schul- oder Berufsausbildung befinden oder ein freiwilliges soziales Jahr oder ein freiwilliges ökologisches Jahr im Sinne des Jugendfreiwilligendienstegesetzes oder Bundesfreiwilligendienst leisten; wird die Schul- oder Berufsausbildung durch Erfüllung einer gesetzlichen Dienstpflicht des Kindes unterbrochen oder verzögert, besteht die Versicherung auch für einen der Dauer dieses Dienstes entsprechenden Zeitraum über das 25. Lebensjahr hinaus; dies gilt ab dem 1. Juli 2011 auch bei einer Unterbrechung durch den freiwilligen Wehrdienst nach § 58b des Soldatengesetzes, einen Freiwilligendienst nach dem Bundesfreiwilligendienstgesetz, dem Jugendfreiwilligendienstegesetz oder einen vergleichbaren anerkannten Freiwilligendienst oder durch eine Tätigkeit als Entwicklungshelfer im Sinne des § 1 Absatz 1 des Entwicklungshelfer-Gesetzes für die Dauer von höchstens zwölf Monaten,
4. ohne Altersgrenze, wenn sie wegen körperlicher, geistiger oder seelischer Behinderung (§ 2 Abs. 1 des Neunten Buches) außerstande sind, sich selbst zu unterhalten; Voraussetzung ist, daß die Behinderung (§ 2 Abs. 1 des Neunten Buches) zu einem Zeitpunkt vorlag, in dem das Kind nach Nummer 1, 2 oder 3 versichert war.

²§ 10 Abs. 4 und 5 des Fünften Buches gilt entsprechend.

(3) Kinder sind nicht versichert, wenn der mit den Kindern verwandte Ehegatte oder Lebenspartner des Mitglieds nach § 22 von der Versicherungspflicht befreit oder nach § 23 in der privaten Pflegeversicherung pflichtversichert ist und sein Gesamteinkommen regelmäßig im Monat ein Zwölftel der Jahresarbeitsentgeltgrenze nach dem Fünften Buch übersteigt und regelmäßig höher als das Gesamteinkommen des Mitglieds ist; bei Renten wird der Zahlbetrag berücksichtigt.

(4) ¹Die Versicherung nach Absatz 2 Nr. 1, 2 und 3 bleibt bei Personen, die auf Grund gesetzlicher Pflicht Wehrdienst oder Zivildienst oder die Dienst-

---
[1)] Nr. 4.
[2)] Nr. 5.

leistungen oder Übungen nach dem Vierten Abschnitt des Soldatengesetzes leisten, für die Dauer des Dienstes bestehen. ²Dies gilt auch für Personen in einem Wehrdienstverhältnis besonderer Art nach § 6 des Einsatz-Weiterverwendungsgesetzes.

§ 26 Weiterversicherung. (1) ¹Personen, die aus der Versicherungspflicht nach § 20 oder § 21 ausgeschieden sind und in den letzten fünf Jahren vor dem Ausscheiden mindestens 24 Monate oder unmittelbar vor dem Ausscheiden mindestens zwölf Monate versichert waren, können sich auf Antrag in der sozialen Pflegeversicherung weiterversichern, sofern für sie keine Versicherungspflicht nach § 23 Abs. 1 eintritt. ²Dies gilt auch für Personen, deren Familienversicherung nach § 25 erlischt oder nur deswegen nicht besteht, weil die Voraussetzungen des § 25 Abs. 3 vorliegen. ³Der Antrag ist in den Fällen des Satzes 1 innerhalb von drei Monaten nach Beendigung der Mitgliedschaft, in den Fällen des Satzes 2 nach Beendigung der Familienversicherung oder nach Geburt des Kindes bei der zuständigen Pflegekasse zu stellen.

(2) ¹Personen, die wegen der Verlegung ihres Wohnsitzes oder gewöhnlichen Aufenthaltes ins Ausland aus der Versicherungspflicht ausscheiden, können sich auf Antrag weiterversichern. ²Der Antrag ist bis spätestens einen Monat nach Ausscheiden aus der Versicherungspflicht bei der Pflegekasse zu stellen, bei der die Versicherung zuletzt bestand. ³Die Weiterversicherung erstreckt sich auch auf die nach § 25 versicherten Familienangehörigen oder Lebenspartner, die gemeinsam mit dem Mitglied ihren Wohnsitz oder gewöhnlichen Aufenthalt in das Ausland verlegen. ⁴Für Familienangehörige oder Lebenspartner, die im Inland verbleiben, endet die Familienversicherung nach § 25 mit dem Tag, an dem das Mitglied seinen Wohnsitz oder gewöhnlichen Aufenthalt ins Ausland verlegt.

§ 26a Beitrittsrecht. (1) ¹Personen mit Wohnsitz im Inland, die nicht pflegeversichert sind, weil sie zum Zeitpunkt der Einführung der Pflegeversicherung am 1. Januar 1995 trotz Wohnsitz im Inland keinen Tatbestand der Versicherungspflicht oder der Mitversicherung in der sozialen oder privaten Pflegeversicherung erfüllten, sind berechtigt, die freiwillige Mitgliedschaft bei einer der nach § 48 Abs. 2 wählbaren sozialen Pflegekassen zu beantragen oder einen Pflegeversicherungsvertrag mit einem privaten Versicherungsunternehmen abzuschließen. ²Ausgenommen sind Personen, die laufende Hilfe zum Lebensunterhalt nach dem Zwölften Buch[1]) beziehen sowie Personen, die nicht selbst in der Lage sind, einen Beitrag zu zahlen. ³Der Beitritt ist gegenüber der gewählten Pflegekasse oder dem gewählten privaten Versicherungsunternehmen bis zum 30. Juni 2002 schriftlich zu erklären; er bewirkt einen Versicherungsbeginn rückwirkend zum 1. April 2001. ⁴Die Vorversicherungszeiten nach § 33 Abs. 2 gelten als erfüllt. ⁵Auf den privaten Versicherungsvertrag findet § 110 Abs. 1 Anwendung.

(2) ¹Personen mit Wohnsitz im Inland, die erst ab einem Zeitpunkt nach dem 1. Januar 1995 bis zum Inkrafttreten dieses Gesetzes nicht pflegeversichert sind und keinen Tatbestand der Versicherungspflicht nach diesem Buch erfüllen, sind berechtigt, die freiwillige Mitgliedschaft bei einer der nach § 48 Abs. 2 wählbaren sozialen Pflegekassen zu beantragen oder einen Pflegever-

---

[1]) Nr. 12.

sicherungsvertrag mit einem privaten Versicherungsunternehmen abzuschließen. ²Vom Beitrittsrecht ausgenommen sind die in Absatz 1 Satz 2 genannten Personen sowie Personen, die nur deswegen nicht pflegeversichert sind, weil sie nach dem 1. Januar 1995 ohne zwingenden Grund eine private Kranken- und Pflegeversicherung aufgegeben oder von einer möglichen Weiterversicherung in der gesetzlichen Krankenversicherung oder in der sozialen Pflegeversicherung keinen Gebrauch gemacht haben. ³Der Beitritt ist gegenüber der gewählten Pflegekasse oder dem gewählten privaten Versicherungsunternehmen bis zum 30. Juni 2002 schriftlich zu erklären. ⁴Er bewirkt einen Versicherungsbeginn zum 1. Januar 2002. ⁵Auf den privaten Versicherungsvertrag findet § 110 Abs. 3 Anwendung.

(3) ¹Ab dem 1. Juli 2002 besteht ein Beitrittsrecht zur sozialen oder privaten Pflegeversicherung nur für nicht pflegeversicherte Personen, die als Zuwanderer oder Auslandsrückkehrer bei Wohnsitznahme im Inland keinen Tatbestand der Versicherungspflicht nach diesem Buch erfüllen und das 65. Lebensjahr noch nicht vollendet haben, sowie für nicht versicherungspflichtige Personen mit Wohnsitz im Inland, bei denen die Ausschlussgründe nach Absatz 1 Satz 2 entfallen sind. ²Der Beitritt ist gegenüber der nach § 48 Abs. 2 gewählten Pflegekasse oder dem gewählten privaten Versicherungsunternehmen schriftlich innerhalb von drei Monaten nach Wohnsitznahme im Inland oder nach Wegfall der Ausschlussgründe nach Absatz 1 Satz 2 mit Wirkung vom 1. des Monats zu erklären, der auf die Beitrittserklärung folgt. ³Auf den privaten Versicherungsvertrag findet § 110 Abs. 3 Anwendung. ⁴Das Beitrittsrecht nach Satz 1 ist nicht gegeben in Fällen, in denen ohne zwingenden Grund von den in den Absätzen 1 und 2 geregelten Beitrittsrechten kein Gebrauch gemacht worden ist oder in denen die in Absatz 2 Satz 2 aufgeführten Ausschlussgründe vorliegen.

§ 27 Kündigung eines privaten Pflegeversicherungsvertrages. ¹Personen, die nach den §§ 20 oder 21 versicherungspflichtig werden und bei einem privaten Krankenversicherungsunternehmen gegen Pflegebedürftigkeit versichert sind, können ihren Versicherungsvertrag mit Wirkung vom Eintritt der Versicherungspflicht an kündigen. ²Das Kündigungsrecht gilt auch für Familienangehörige oder Lebenspartner, wenn für sie eine Familienversicherung nach § 25 eintritt. ³§ 5 Absatz 9 des Fünften Buches[1]) gilt entsprechend.

Viertes Kapitel. Leistungen der Pflegeversicherung

Erster Abschnitt. Übersicht über die Leistungen

§ 28 Leistungsarten, Grundsätze. (1) Die Pflegeversicherung gewährt folgende Leistungen:

1. Pflegesachleistung (§ 36),
2. Pflegegeld für selbst beschaffte Pflegehilfen (§ 37),
3. Kombination von Geldleistung und Sachleistung (§ 38),
4. häusliche Pflege bei Verhinderung der Pflegeperson (§ 39),

---

¹⁾ Nr. 5.

5. Pflegehilfsmittel und wohnumfeldverbessernde Maßnahmen (§ 40),
6. Tagespflege und Nachtpflege (§ 41),
7. Kurzzeitpflege (§ 42),
8. vollstationäre Pflege (§ 43),
9. Pflege in vollstationären Einrichtungen der Hilfe für behinderte Menschen (§ 43a),
9a. Zusätzliche Betreuung und Aktivierung in stationären Pflegeeinrichtungen (§ 43b),
10. Leistungen zur sozialen Sicherung der Pflegepersonen (§ 44),
11. zusätzliche Leistungen bei Pflegezeit und kurzzeitiger Arbeitsverhinderung (§ 44a),
12. Pflegekurse für Angehörige und ehrenamtliche Pflegepersonen (§ 45),
12a Umwandlung des ambulanten Sachleistungsbetrags (§ 45a),
13. Entlastungsbetrag (§ 45b),
14. Leistungen des Persönlichen Budgets nach § 29 des Neunten Buches,
15. zusätzliche Leistungen für Pflegebedürftige in ambulant betreuten Wohngruppen (§ 38a).

(1a) Versicherte haben gegenüber ihrer Pflegekasse oder ihrem Versicherungsunternehmen Anspruch auf Pflegeberatung (§ 7a).

(1b) Bis zum Erreichen des in § 45e Absatz 2 Satz 2 genannten Zeitpunkts haben Pflegebedürftige unter den Voraussetzungen des § 45e Absatz 1 Anspruch auf Anschubfinanzierung bei Gründung von ambulant betreuten Wohngruppen.

(2) Personen, die nach beamtenrechtlichen Vorschriften oder Grundsätzen bei Krankheit und Pflege Anspruch auf Beihilfe oder Heilfürsorge haben, erhalten die jeweils zustehenden Leistungen zur Hälfte; dies gilt auch für den Wert von Sachleistungen.

(3) Die Pflegekassen und die Leistungserbringer haben sicherzustellen, daß die Leistungen nach Absatz 1 nach allgemein anerkanntem Stand medizinisch-pflegerischer Erkenntnisse erbracht werden.

(4) Pflege schließt Sterbebegleitung mit ein; Leistungen anderer Sozialleistungsträger bleiben unberührt.

§ 28a Leistungen bei Pflegegrad 1. (1) Abweichend von § 28 Absatz 1 und 1a gewährt die Pflegeversicherung bei Pflegegrad 1 folgende Leistungen:
1. Pflegeberatung gemäß den §§ 7a und 7b,
2. Beratung in der eigenen Häuslichkeit gemäß § 37 Absatz 3,
3. zusätzliche Leistungen für Pflegebedürftige in ambulant betreuten Wohngruppen gemäß § 38a, ohne dass § 38a Absatz 1 Satz 1 Nummer 2 erfüllt sein muss,
4. Versorgung mit Pflegehilfsmitteln gemäß § 40 Absatz 1 bis 3 und 5,
5. finanzielle Zuschüsse für Maßnahmen zur Verbesserung des individuellen oder gemeinsamen Wohnumfelds gemäß § 40 Absatz 4,
6. zusätzliche Betreuung und Aktivierung in stationären Pflegeeinrichtungen gemäß § 43b,

7. zusätzliche Leistungen bei Pflegezeit und kurzzeitiger Arbeitsverhinderung gemäß § 44a,

8. Pflegekurse für Angehörige und ehrenamtliche Pflegepersonen gemäß § 45.

(2) ¹Zudem gewährt die Pflegeversicherung den Entlastungsbetrag gemäß § 45b Absatz 1 Satz 1 in Höhe von 125 Euro monatlich. ²Dieser kann gemäß § 45b im Wege der Erstattung von Kosten eingesetzt werden, die dem Versicherten im Zusammenhang mit der Inanspruchnahme von Leistungen der Tages- und Nachtpflege sowie der Kurzzeitpflege, von Leistungen der ambulanten Pflegedienste im Sinne des § 36 sowie von Leistungen der nach Landesrecht anerkannten Angebote zur Unterstützung im Alltag im Sinne des § 45a Absatz 1 und 2 entstehen.

(3) Wählen Pflegebedürftige des Pflegegrades 1 vollstationäre Pflege, gewährt die Pflegeversicherung gemäß § 43 Absatz 3 einen Zuschuss in Höhe von 125 Euro monatlich.

Zweiter Abschnitt. Gemeinsame Vorschriften

§ 29 Wirtschaftlichkeitsgebot. (1) ¹Die Leistungen müssen wirksam und wirtschaftlich sein; sie dürfen das Maß des Notwendigen nicht übersteigen. ²Leistungen, die diese Voraussetzungen nicht erfüllen, können Pflegebedürftige nicht beanspruchen, dürfen die Pflegekassen nicht bewilligen und dürfen die Leistungserbringer nicht zu Lasten der sozialen Pflegeversicherung bewirken.

(2) Leistungen dürfen nur bei Leistungserbringern in Anspruch genommen werden, mit denen die Pflegekassen oder die für sie tätigen Verbände Verträge abgeschlossen haben.

§ 30 Dynamisierung, Verordnungsermächtigung. (1) ¹Die Bundesregierung prüft alle drei Jahre, erneut im Jahre 2020, Notwendigkeit und Höhe einer Anpassung der Leistungen der Pflegeversicherung. ²Als ein Orientierungswert für die Anpassungsnotwendigkeit dient die kumulierte Preisentwicklung in den letzten drei abgeschlossenen Kalenderjahren; dabei ist sicherzustellen, dass der Anstieg der Leistungsbeträge nicht höher ausfällt als die Bruttolohnentwicklung im gleichen Zeitraum. ³Bei der Prüfung können die gesamtwirtschaftlichen Rahmenbedingungen mit berücksichtigt werden. ⁴Die Bundesregierung legt den gesetzgebenden Körperschaften des Bundes einen Bericht über das Ergebnis der Prüfung und die tragenden Gründe vor.

(2) ¹Die Bundesregierung wird ermächtigt, nach Vorlage des Berichts unter Berücksichtigung etwaiger Stellungnahmen der gesetzgebenden Körperschaften des Bundes die Höhe der Leistungen der Pflegeversicherung sowie die in § 37 Abs. 3 festgelegten Vergütungen durch Rechtsverordnung mit Zustimmung des Bundesrates zum 1. Januar des Folgejahres anzupassen. ²Die Rechtsverordnung soll frühestens zwei Monate nach Vorlage des Berichts erlassen werden, um den gesetzgebenden Körperschaften des Bundes Gelegenheit zur Stellungnahme zu geben.

§ 31 Vorrang der Rehabilitation vor Pflege. (1) ¹Die Pflegekassen prüfen im Einzelfall, welche Leistungen zur medizinischen Rehabilitation und ergänzenden Leistungen geeignet und zumutbar sind, Pflegebedürftigkeit zu überwinden, zu mindern oder ihre Verschlimmerung zu verhüten. ²Werden Leistungen nach diesem Buch gewährt, ist bei Nachuntersuchungen die Frage geeigneter und zumutbarer Leistungen zur medizinischen Rehabilitation mit zu prüfen.

(2) Die Pflegekassen haben bei der Einleitung und Ausführung der Leistungen zur Pflege sowie bei Beratung, Auskunft und Aufklärung mit den Trägern der Rehabilitation eng zusammenzuarbeiten, um Pflegebedürftigkeit zu vermeiden, zu überwinden, zu mindern oder ihre Verschlimmerung zu verhüten.

(3) [1] Wenn eine Pflegekasse durch die gutachterlichen Feststellungen des Medizinischen Dienstes der Krankenversicherung (§ 18 Abs. 6) oder auf sonstige Weise feststellt, dass im Einzelfall Leistungen zur medizinischen Rehabilitation angezeigt sind, informiert sie unverzüglich den Versicherten sowie mit dessen Einwilligung den behandelnden Arzt und leitet mit Einwilligung des Versicherten eine entsprechende Mitteilung dem zuständigen Rehabilitationsträger zu. [2] Die Pflegekasse weist den Versicherten gleichzeitig auf seine Eigenverantwortung und Mitwirkungspflicht hin. [3] Soweit der Versicherte eingewilligt hat, gilt die Mitteilung an den Rehabilitationsträger als Antragstellung für das Verfahren nach § 14 des Neunten Buches. [4] Die Pflegekasse ist über die Leistungsentscheidung des zuständigen Rehabilitationsträgers unverzüglich zu informieren. [5] Sie prüft in einem angemessenen zeitlichen Abstand, ob entsprechende Maßnahmen durchgeführt worden sind; soweit erforderlich, hat sie vorläufige Leistungen zur medizinischen Rehabilitation nach § 32 Abs. 1 zu erbringen.

§ 32 Vorläufige Leistungen zur medizinischen Rehabilitation.

(1) Die Pflegekasse erbringt vorläufige Leistungen zur medizinischen Rehabilitation, wenn eine sofortige Leistungserbringung erforderlich ist, um eine unmittelbar drohende Pflegebedürftigkeit zu vermeiden, eine bestehende Pflegebedürftigkeit zu überwinden, zu mindern oder eine Verschlimmerung der Pflegebedürftigkeit zu verhüten, und sonst die sofortige Einleitung der Leistungen gefährdet wäre.

(2) Die Pflegekasse hat zuvor den zuständigen Träger zu unterrichten und auf die Eilbedürftigkeit der Leistungsgewährung hinzuweisen; wird dieser nicht rechtzeitig, spätestens jedoch vier Wochen nach Antragstellung, tätig, erbringt die Pflegekasse die Leistungen vorläufig.

§ 33 Leistungsvoraussetzungen.

(1) [1] Versicherte erhalten die Leistungen der Pflegeversicherung auf Antrag. [2] Die Leistungen werden ab Antragstellung gewährt, frühestens jedoch von dem Zeitpunkt an, in dem die Anspruchsvoraussetzungen vorliegen. [3] Wird der Antrag später als einen Monat nach Eintritt der Pflegebedürftigkeit gestellt, werden die Leistungen vom Beginn des Monats der Antragstellung an gewährt. [4] Die Zuordnung zu einem Pflegegrad und die Bewilligung von Leistungen können befristet werden und enden mit Ablauf der Frist. [5] Die Befristung erfolgt, wenn und soweit eine Verringerung der Beeinträchtigungen der Selbständigkeit oder der Fähigkeiten nach der Einschätzung des Medizinischen Dienstes der Krankenversicherung zu erwarten ist. [6] Die Befristung kann wiederholt werden und schließt Änderungen bei der Zuordnung zu einem Pflegegrad und bei bewilligten Leistungen im Befristungszeitraum nicht aus, soweit dies durch Rechtsvorschriften des Sozialgesetzbuches angeordnet oder erlaubt ist. [7] Der Befristungszeitraum darf insgesamt die Dauer von drei Jahren nicht überschreiten. [8] Um eine nahtlose Leistungs-

gewährung sicherzustellen, hat die Pflegekasse vor Ablauf einer Befristung rechtzeitig zu prüfen und dem Pflegebedürftigen sowie der ihn betreuenden Pflegeeinrichtung mitzuteilen, ob Pflegeleistungen weiterhin bewilligt werden und welchem Pflegegrad der Pflegebedürftige zuzuordnen ist.

(2) [1] Anspruch auf Leistungen besteht, wenn der Versicherte in den letzten zehn Jahren vor der Antragstellung mindestens zwei Jahre als Mitglied versichert oder nach § 25 familienversichert war. [2] Zeiten der Weiterversicherung nach § 26 Abs. 2 werden bei der Ermittlung der nach Satz 1 erforderlichen Vorversicherungszeit mitberücksichtigt. [3] Für versicherte Kinder gilt die Vorversicherungszeit nach Satz 1 als erfüllt, wenn ein Elternteil sie erfüllt.

(3) Personen, die wegen des Eintritts von Versicherungspflicht in der sozialen Pflegeversicherung aus der privaten Pflegeversicherung ausscheiden, ist die dort ununterbrochen zurückgelegte Versicherungszeit auf die Vorversicherungszeit nach Absatz 2 anzurechnen.

§ 33a Leistungsausschluss. [1] Auf Leistungen besteht kein Anspruch, wenn sich Personen in den Geltungsbereich dieses Gesetzbuchs begeben, um in einer Versicherung nach § 20 Abs. 1 Satz 2 Nr. 12 oder auf Grund dieser Versicherung in einer Versicherung nach § 25 missbräuchlich Leistungen in Anspruch zu nehmen. [2] Das Nähere zur Durchführung regelt die Pflegekasse in ihrer Satzung.

§ 34 Ruhen der Leistungsansprüche. (1) Der Anspruch auf Leistungen ruht:

1. solange sich der Versicherte im Ausland aufhält. Bei vorübergehendem Auslandsaufenthalt von bis zu sechs Wochen im Kalenderjahr ist das Pflegegeld nach § 37 oder anteiliges Pflegegeld nach § 38 weiter zu gewähren. Für die Pflegesachleistung gilt dies nur, soweit die Pflegekraft, die ansonsten die Pflegesachleistung erbringt, den Pflegebedürftigen während des Auslandsaufenthaltes begleitet,
2. soweit Versicherte Entschädigungsleistungen wegen Pflegebedürftigkeit unmittelbar nach § 35 des Bundesversorgungsgesetzes oder nach den Gesetzen, die eine entsprechende Anwendung des Bundesversorgungsgesetzes vorsehen, aus der gesetzlichen Unfallversicherung oder aus öffentlichen Kassen auf Grund gesetzlich geregelter Unfallversorgung oder Unfallfürsorge erhalten. Dies gilt auch, wenn vergleichbare Leistungen aus dem Ausland oder von einer zwischenstaatlichen oder überstaatlichen Einrichtung bezogen werden.

(1a) Der Anspruch auf Pflegegeld nach § 37 oder anteiliges Pflegegeld nach § 38 ruht nicht bei pflegebedürftigen Versicherten, die sich in einem Mitgliedstaat der Europäischen Union, einem Vertragsstaat des Abkommens über den Europäischen Wirtschaftsraum oder der Schweiz aufhalten.

(2) [1] Der Anspruch auf Leistungen bei häuslicher Pflege ruht darüber hinaus, soweit im Rahmen des Anspruchs auf häusliche Krankenpflege (§ 37 des Fünften Buches[1])) auch Anspruch auf Leistungen besteht, deren Inhalt den Leistungen nach § 36 entspricht, sowie für die Dauer des stationären Aufenthalts in einer Einrichtung im Sinne des § 71 Abs. 4, soweit § 39 nichts

---

[1]) Nr. 5.

Abweichendes bestimmt. ²Pflegegeld nach § 37 oder anteiliges Pflegegeld nach § 38 ist in den ersten vier Wochen einer vollstationären Krankenhausbehandlung, einer häuslichen Krankenpflege mit Anspruch auf Leistungen, deren Inhalt den Leistungen nach § 36 entspricht, oder einer Aufnahme in Vorsorge- oder Rehabilitationseinrichtungen nach § 107 Absatz 2 des Fünften Buches weiter zu zahlen; bei Pflegebedürftigen, die ihre Pflege durch von ihnen beschäftigte besondere Pflegekräfte sicherstellen und bei denen § 63b Absatz 6 Satz 1 des Zwölften Buches[1]) Anwendung findet, wird das Pflegegeld nach § 37 oder anteiliges Pflegegeld nach § 38 auch über die ersten vier Wochen hinaus weiter gezahlt.

(3) Die Leistungen zur sozialen Sicherung nach den §§ 44 und 44a ruhen nicht für die Dauer der häuslichen Krankenpflege, bei vorübergehendem Auslandsaufenthalt des Versicherten oder Erholungsurlaub der Pflegeperson von bis zu sechs Wochen im Kalenderjahr sowie in den ersten vier Wochen einer vollstationären Krankenhausbehandlung oder einer stationären Leistung zur medizinischen Rehabilitation.

§ 35 Erlöschen der Leistungsansprüche. ¹Der Anspruch auf Leistungen erlischt mit dem Ende der Mitgliedschaft, soweit in diesem Buch nichts Abweichendes bestimmt ist. ²§ 19 Absatz 1a des Fünften Buches[2]) gilt entsprechend.

§ 35a Teilnahme an einem Persönlichen Budget nach § 29 des Neunten Buches. ¹Pflegebedürftigen werden auf Antrag die Leistungen nach den §§ 36, 37 Abs. 1, §§ 38, 40 Abs. 2 und § 41 durch ein Persönliches Budget nach § 29 des Neunten Buches erbracht; bei der Kombinationsleistung nach § 38 ist nur das anteilige und im Voraus bestimmte Pflegegeld als Geldleistung budgetfähig, die Sachleistungen nach den §§ 36, 38 und 41 dürfen nur in Form von Gutscheinen zur Verfügung gestellt werden, die zur Inanspruchnahme von zugelassenen Pflegeeinrichtungen nach diesem Buch berechtigen. ²Der Leistungsträger, der das Persönliche Budget nach § 29 des Neunten Buches durchführt, hat sicherzustellen, dass eine den Vorschriften dieses Buches entsprechende Leistungsbewilligung und Verwendung der Leistungen durch den Pflegebedürftigen gewährleistet ist. ³Andere als die in Satz 1 genannten Leistungsansprüche bleiben ebenso wie die sonstigen Vorschriften dieses Buches unberührt.

Dritter Abschnitt. Leistungen

Erster Titel. Leistungen bei häuslicher Pflege

§ 36 Pflegesachleistung. (1) ¹Pflegebedürftige der Pflegegrade 2 bis 5 haben bei häuslicher Pflege Anspruch auf körperbezogene Pflegemaßnahmen und pflegerische Betreuungsmaßnahmen sowie auf Hilfen bei der Haushaltsführung als Sachleistung (häusliche Pflegehilfe). ²Der Anspruch umfasst pflegerische Maßnahmen in den in § 14 Absatz 2 genannten Bereichen Mobilität, kognitive und kommunikative Fähigkeiten, Verhaltensweisen und psychische Problemlagen, Selbstversorgung, Bewältigung von und selbständiger Umgang mit krank-

---

[1]) Nr. 12.
[2]) Nr. 5.

heits- oder therapiebedingten Anforderungen und Belastungen sowie Gestaltung des Alltagslebens und sozialer Kontakte.

(2) ¹Häusliche Pflegehilfe wird erbracht, um Beeinträchtigungen der Selbständigkeit oder der Fähigkeiten des Pflegebedürftigen so weit wie möglich durch pflegerische Maßnahmen zu beseitigen oder zu mindern und eine Verschlimmerung der Pflegebedürftigkeit zu verhindern. ²Bestandteil der häuslichen Pflegehilfe ist auch die pflegefachliche Anleitung von Pflegebedürftigen und Pflegepersonen. ³Pflegerische Betreuungsmaßnahmen umfassen Unterstützungsleistungen zur Bewältigung und Gestaltung des alltäglichen Lebens im häuslichen Umfeld, insbesondere

1. bei der Bewältigung psychosozialer Problemlagen oder von Gefährdungen,
2. bei der Orientierung, bei der Tagesstrukturierung, bei der Kommunikation, bei der Aufrechterhaltung sozialer Kontakte und bei bedürfnisgerechten Beschäftigungen im Alltag sowie
3. durch Maßnahmen zur kognitiven Aktivierung.

(3) Der Anspruch auf häusliche Pflegehilfe umfasst je Kalendermonat

1. für Pflegebedürftige des Pflegegrades 2 Leistungen bis zu einem Gesamtwert von 689 Euro,
2. für Pflegebedürftige des Pflegegrades 3 Leistungen bis zu einem Gesamtwert von 1 298 Euro,
3. für Pflegebedürftige des Pflegegrades 4 Leistungen bis zu einem Gesamtwert von 1 612 Euro,
4. für Pflegebedürftige des Pflegegrades 5 Leistungen bis zu einem Gesamtwert von 1 995 Euro.

(4) ¹Häusliche Pflegehilfe ist auch zulässig, wenn Pflegebedürftige nicht in ihrem eigenen Haushalt gepflegt werden; sie ist nicht zulässig, wenn Pflegebedürftige in einer stationären Pflegeeinrichtung oder in einer Einrichtung im Sinne des § 71 Absatz 4 gepflegt werden. ²Häusliche Pflegehilfe wird durch geeignete Pflegekräfte erbracht, die entweder von der Pflegekasse oder bei ambulanten Pflegeeinrichtungen, mit denen die Pflegekasse einen Versorgungsvertrag abgeschlossen hat, angestellt sind. ³Auch durch Einzelpersonen, mit denen die Pflegekasse einen Vertrag nach § 77 Absatz 1 abgeschlossen hat, kann häusliche Pflegehilfe als Sachleistung erbracht werden. ⁴Mehrere Pflegebedürftige können häusliche Pflegehilfe gemeinsam in Anspruch nehmen.

§ 37 Pflegegeld für selbst beschaffte Pflegehilfen. (1) ¹Pflegebedürftige der Pflegegrade 2 bis 5 können anstelle der häuslichen Pflegehilfe ein Pflegegeld beantragen. ²Der Anspruch setzt voraus, dass der Pflegebedürftige mit dem Pflegegeld dessen Umfang entsprechend die erforderlichen körperbezogenen Pflegemaßnahmen und pflegerischen Betreuungsmaßnahmen sowie Hilfen bei der Haushaltsführung in geeigneter Weise selbst sicherstellt. ³Das Pflegegeld beträgt je Kalendermonat

1. 316 Euro für Pflegebedürftige des Pflegegrades 2,
2. 545 Euro für Pflegebedürftige des Pflegegrades 3,
3. 728 Euro für Pflegebedürftige des Pflegegrades 4,
4. 901 Euro für Pflegebedürftige des Pflegegrades 5.

(2) ¹Besteht der Anspruch nach Absatz 1 nicht für den vollen Kalendermonat, ist der Geldbetrag entsprechend zu kürzen; dabei ist der Kalendermonat mit 30 Tagen anzusetzen. ²Die Hälfte des bisher bezogenen Pflegegeldes wird während einer Kurzzeitpflege nach § 42 für bis zu acht Wochen und während einer Verhinderungspflege nach § 39 für bis zu sechs Wochen je Kalenderjahr fortgewährt. ³Das Pflegegeld wird bis zum Ende des Kalendermonats geleistet, in dem der Pflegebedürftige gestorben ist. ⁴§ 118 Abs. 3 und 4 des Sechsten Buches[1]) gilt entsprechend, wenn für die Zeit nach dem Monat, in dem der Pflegebedürftige verstorben ist, Pflegegeld überwiesen wurde.

(3) ¹Pflegebedürftige, die Pflegegeld nach Absatz 1 beziehen, haben

1. bei Pflegegrad 2 und 3 halbjährlich einmal,

2. bei Pflegegrad 4 und 5 vierteljährlich einmal

eine Beratung in der eigenen Häuslichkeit durch eine zugelassene Pflegeeinrichtung, durch eine von den Landesverbänden der Pflegekassen nach Absatz 7 anerkannte Beratungsstelle mit nachgewiesener pflegefachlicher Kompetenz oder, sofern dies durch eine zugelassene Pflegeeinrichtung vor Ort oder eine von den Landesverbänden der Pflegekassen anerkannte Beratungsstelle mit nachgewiesener pflegefachlicher Kompetenz nicht gewährleistet werden kann, durch eine von der Pflegekasse beauftragte, jedoch von ihr nicht beschäftigte Pflegefachkraft abzurufen. ²Die Beratung dient der Sicherung der Qualität der häuslichen Pflege und der regelmäßigen Hilfestellung und praktischen pflegefachlichen Unterstützung der häuslich Pflegenden. ³Die Pflegebedürftigen und die häuslich Pflegenden sind bei der Beratung auch auf die Auskunfts-, Beratungs- und Unterstützungsangebote des für sie zuständigen Pflegestützpunktes sowie auf die Pflegeberatung nach § 7a hinzuweisen. ⁴Die Vergütung für die Beratung ist von der zuständigen Pflegekasse, bei privat Pflegeversicherten von dem zuständigen privaten Versicherungsunternehmen zu tragen, im Fall der Beihilfeberechtigung anteilig von den Beihilfefestsetzungsstellen. ⁵Sie beträgt in den Pflegegraden 2 und 3 bis zu 23 Euro und in den Pflegegraden 4 und 5 bis zu 33 Euro. ⁶Pflegebedürftige des Pflegegrades 1 haben Anspruch, halbjährlich einmal einen Beratungsbesuch abzurufen; die Vergütung für die Beratung entspricht der für die Pflegegrade 2 und 3 nach Satz 5. ⁷Beziehen Pflegebedürftige von einem ambulanten Pflegedienst Pflegesachleistungen, können sie ebenfalls halbjährlich einmal einen Beratungsbesuch in Anspruch nehmen; für die Vergütung der Beratung gelten die Sätze 4 bis 6.

(4) ¹Die Pflegedienste und die anerkannten Beratungsstellen sowie die beauftragten Pflegefachkräfte haben die Durchführung der Beratungseinsätze gegenüber der Pflegekasse oder dem privaten Versicherungsunternehmen zu bestätigen sowie die bei dem Beratungsbesuch gewonnenen Erkenntnisse über die Möglichkeiten der Verbesserung der häuslichen Pflegesituation dem Pflegebedürftigen und mit dessen Einwilligung der Pflegekasse oder dem privaten Versicherungsunternehmen mitzuteilen, im Fall der Beihilfeberechtigung auch der zuständigen Beihilfefestsetzungsstelle. ²Der Spitzenverband Bund der Pflegekassen und die privaten Versicherungsunternehmen stellen ihnen für diese Mitteilung ein einheitliches Formular zur Verfügung. ³Der beauftragte Pflegedienst und die anerkannte Beratungsstelle haben dafür Sorge zu tragen, dass für einen Beratungsbesuch im häuslichen Bereich Pflegekräfte eingesetzt werden,

---

[1]) Nr. 6.

die spezifisches Wissen zu dem Krankheits- und Behinderungsbild sowie des sich daraus ergebenden Hilfebedarfs des Pflegebedürftigen mitbringen und über besondere Beratungskompetenz verfügen. [4] Zudem soll bei der Planung für die Beratungsbesuche weitestgehend sichergestellt werden, dass der Beratungsbesuch bei einem Pflegebedürftigen möglichst auf Dauer von derselben Pflegekraft durchgeführt wird.

(5) [1] Die Vertragsparteien nach § 113 beschließen gemäß § 113b bis zum 1. Januar 2018 unter Beachtung der in Absatz 4 festgelegten Anforderungen Empfehlungen zur Qualitätssicherung der Beratungsbesuche nach Absatz 3. [2] Fordert das Bundesministerium für Gesundheit oder eine Vertragspartei nach § 113 im Einvernehmen mit dem Bundesministerium für Gesundheit die Vertragsparteien schriftlich zum Beschluss neuer Empfehlungen nach Satz 1 auf, sind diese innerhalb von sechs Monaten nach Eingang der Aufforderung neu zu beschließen. [3] Die Empfehlungen gelten für die anerkannten Beratungsstellen entsprechend.

(6) Rufen Pflegebedürftige die Beratung nach Absatz 3 Satz 1 nicht ab, hat die Pflegekasse oder das private Versicherungsunternehmen das Pflegegeld angemessen zu kürzen und im Wiederholungsfall zu entziehen.

(7) [1] Die Landesverbände der Pflegekassen haben neutrale und unabhängige Beratungsstellen zur Durchführung der Beratung nach den Absätzen 3 und 4 anzuerkennen. [2] Dem Antrag auf Anerkennung ist ein Nachweis über die erforderliche pflegefachliche Kompetenz der Beratungsstelle und ein Konzept zur Qualitätssicherung des Beratungsangebotes beizufügen. [3] Die Landesverbände der Pflegekassen regeln das Nähere zur Anerkennung der Beratungsstellen.

(8) [1] Die Beratungsbesuche nach Absatz 3 können auch von Pflegeberaterinnen und Pflegeberatern im Sinne des § 7a oder von Beratungspersonen der kommunalen Gebietskörperschaften, die die erforderliche pflegefachliche Kompetenz aufweisen, durchgeführt werden. [2] Absatz 4 findet entsprechende Anwendung. [3] Die Inhalte der Empfehlungen zur Qualitätssicherung der Beratungsbesuche nach Absatz 5 sind zu beachten.

§ 38 Kombination von Geldleistung und Sachleistung (Kombinationsleistung). [1] Nimmt der Pflegebedürftige die ihm nach § 36 Absatz 3 zustehende Sachleistung nur teilweise in Anspruch, erhält er daneben ein anteiliges Pflegegeld im Sinne des § 37. [2] Das Pflegegeld wird um den Vomhundertsatz vermindert, in dem der Pflegebedürftige Sachleistungen in Anspruch genommen hat. [3] An die Entscheidung, in welchem Verhältnis er Geld- und Sachleistung in Anspruch nehmen will, ist der Pflegebedürftige für die Dauer von sechs Monaten gebunden. [4] Anteiliges Pflegegeld wird während einer Kurzzeitpflege nach § 42 für bis zu acht Wochen und während einer Verhinderungspflege nach § 39 für bis zu sechs Wochen je Kalenderjahr in Höhe der Hälfte der vor Beginn der Kurzzeit- oder Verhinderungspflege geleisteten Höhe fortgewährt. [5] Pflegebedürftige in vollstationären Einrichtungen der Hilfe für behinderte Menschen (§ 43a) haben Anspruch auf ungekürztes Pflegegeld anteilig für die Tage, an denen sie sich in häuslicher Pflege befinden.

§ 38a Zusätzliche Leistungen für Pflegebedürftige in ambulant betreuten Wohngruppen. (1) [1] Pflegebedürftige haben Anspruch auf einen pauschalen Zuschlag in Höhe von 214 Euro monatlich, wenn

1. sie mit mindestens zwei und höchstens elf weiteren Personen in einer ambulant betreuten Wohngruppe in einer gemeinsamen Wohnung zum Zweck der gemeinschaftlich organisierten pflegerischen Versorgung leben und davon mindestens zwei weitere Personen pflegebedürftig im Sinne der §§ 14, 15 sind,
2. sie Leistungen nach den §§ 36, 37, 38, 45a oder § 45b beziehen,
3. eine Person durch die Mitglieder der Wohngruppe gemeinschaftlich beauftragt ist, unabhängig von der individuellen pflegerischen Versorgung allgemeine organisatorische, verwaltende, betreuende oder das Gemeinschaftsleben fördernde Tätigkeiten zu verrichten oder hauswirtschaftliche Unterstützung zu leisten, und
4. keine Versorgungsform einschließlich teilstationärer Pflege vorliegt, in der ein Anbieter der Wohngruppe oder ein Dritter den Pflegebedürftigen Leistungen anbietet oder gewährleistet, die dem im jeweiligen Rahmenvertrag nach § 75 Absatz 1 für vollstationäre Pflege vereinbarten Leistungsumfang weitgehend entsprechen; der Anbieter einer ambulant betreuten Wohngruppe hat die Pflegebedürftigen vor deren Einzug in die Wohngruppe in geeigneter Weise darauf hinzuweisen, dass dieser Leistungsumfang von ihm oder einem Dritten nicht erbracht wird, sondern die Versorgung in der Wohngruppe auch durch die aktive Einbindung ihrer eigenen Ressourcen und ihres sozialen Umfelds sichergestellt werden kann.

²Leistungen der Tages- und Nachtpflege gemäß § 41 können neben den Leistungen nach dieser Vorschrift nur in Anspruch genommen werden, wenn gegenüber der zuständigen Pflegekasse durch eine Prüfung des Medizinischen Dienstes der Krankenversicherung nachgewiesen ist, dass die Pflege in der ambulant betreuten Wohngruppe ohne teilstationäre Pflege nicht in ausreichendem Umfang sichergestellt ist; dies gilt entsprechend für die Versicherten der privaten Pflege-Pflichtversicherung.

(2) Die Pflegekassen sind berechtigt, zur Feststellung der Anspruchsvoraussetzungen bei dem Antragsteller folgende Daten zu erheben, zu verarbeiten und zu nutzen und folgende Unterlagen anzufordern:
1. eine formlose Bestätigung des Antragstellers, dass die Voraussetzungen nach Absatz 1 Nummer 1 erfüllt sind,
2. die Adresse und das Gründungsdatum der Wohngruppe,
3. den Mietvertrag einschließlich eines Grundrisses der Wohnung und den Pflegevertrag nach § 120,
4. Vorname, Name, Anschrift und Telefonnummer sowie Unterschrift der Person nach Absatz 1 Nummer 3 und
5. die vereinbarten Aufgaben der Person nach Absatz 1 Nummer 3.

§ 39 Häusliche Pflege bei Verhinderung der Pflegeperson. (1) ¹Ist eine Pflegeperson wegen Erholungsurlaubs, Krankheit oder aus anderen Gründen an der Pflege gehindert, übernimmt die Pflegekasse die nachgewiesenen Kosten einer notwendigen Ersatzpflege für längstens sechs Wochen je Kalenderjahr; § 34 Absatz 2 Satz 1 gilt nicht. ²Voraussetzung ist, dass die Pflegeperson den Pflegebedürftigen vor der erstmaligen Verhinderung mindestens sechs Monate in seiner häuslichen Umgebung gepflegt hat und der Pflegebedürftige zum Zeitpunkt der Verhinderung mindestens in Pflegegrad 2 eingestuft ist. ³Die

Aufwendungen der Pflegekasse können sich im Kalenderjahr auf bis zu 1 612 Euro belaufen, wenn die Ersatzpflege durch andere Pflegepersonen sichergestellt wird als solche, die mit dem Pflegebedürftigen bis zum zweiten Grade verwandt oder verschwägert sind oder die mit ihm in häuslicher Gemeinschaft leben.

(2) [1] Der Leistungsbetrag nach Absatz 1 Satz 3 kann um bis zu 806 Euro aus noch nicht in Anspruch genommenen Mitteln der Kurzzeitpflege nach § 42 Absatz 2 Satz 2 auf insgesamt bis zu 2 418 Euro im Kalenderjahr erhöht werden. [2] Der für die Verhinderungspflege in Anspruch genommene Erhöhungsbetrag wird auf den Leistungsbetrag für eine Kurzzeitpflege nach § 42 Absatz 2 Satz 2 angerechnet.

(3) [1] Bei einer Ersatzpflege durch Pflegepersonen, die mit dem Pflegebedürftigen bis zum zweiten Grade verwandt oder verschwägert sind oder mit ihm in häuslicher Gemeinschaft leben, dürfen die Aufwendungen der Pflegekasse regelmäßig den Betrag des Pflegegeldes nach § 37 Absatz 1 Satz 3 für bis zu sechs Wochen nicht überschreiten. [2] Wird die Ersatzpflege von den in Satz 1 genannten Personen erwerbsmäßig ausgeübt, können sich die Aufwendungen der Pflegekasse abweichend von Satz 1 auf den Leistungsbetrag nach Absatz 1 Satz 3 belaufen; Absatz 2 findet Anwendung. [3] Bei Bezug der Leistung in Höhe des Pflegegeldes für eine Ersatzpflege durch Pflegepersonen, die mit dem Pflegebedürftigen bis zum zweiten Grade verwandt oder verschwägert sind oder mit ihm in häuslicher Gemeinschaft leben, können von der Pflegekasse auf Nachweis notwendige Aufwendungen, die der Pflegeperson im Zusammenhang mit der Ersatzpflege entstanden sind, übernommen werden. [4] Die Aufwendungen der Pflegekasse nach den Sätzen 1 und 3 dürfen zusammen den Leistungsbetrag nach Absatz 1 Satz 3 nicht übersteigen; Absatz 2 findet Anwendung.

§ 40 Pflegehilfsmittel und wohnumfeldverbessernde Maßnahmen.

(1) [1] Pflegebedürftige haben Anspruch auf Versorgung mit Pflegehilfsmitteln, die zur Erleichterung der Pflege oder zur Linderung der Beschwerden des Pflegebedürftigen beitragen oder ihm eine selbständigere Lebensführung ermöglichen, soweit die Hilfsmittel nicht wegen Krankheit oder Behinderung von der Krankenversicherung oder anderen zuständigen Leistungsträgern zu leisten sind. [2] Die Pflegekasse überprüft die Notwendigkeit der Versorgung mit den beantragten Pflegehilfsmitteln unter Beteiligung einer Pflegefachkraft oder des Medizinischen Dienstes. [3] Entscheiden sich Versicherte für eine Ausstattung des Pflegehilfsmittels, die über das Maß des Notwendigen hinausgeht, haben sie die Mehrkosten und die dadurch bedingten Folgekosten selbst zu tragen. [4] § 33 Abs. 6 und 7 des Fünften Buches[1]) gilt entsprechend.

(2) [1] Die Aufwendungen der Pflegekassen für zum Verbrauch bestimmte Pflegehilfsmittel dürfen monatlich den Betrag von 40 Euro nicht übersteigen. [2] Die Leistung kann auch in Form einer Kostenerstattung erbracht werden.

(3) [1] Die Pflegekassen sollen technische Pflegehilfsmittel in allen geeigneten Fällen vorrangig leihweise überlassen. [2] Sie können die Bewilligung davon abhängig machen, daß die Pflegebedürftigen sich das Pflegehilfsmittel anpassen oder sich selbst oder die Pflegeperson in seinem Gebrauch ausbilden lassen.

---

[1]) Nr. 5.

11 SGB XI § 40 11. Buch. Soziale Pflegeversicherung

³ Der Anspruch umfaßt auch die notwendige Änderung, Instandsetzung und Ersatzbeschaffung von Pflegehilfsmitteln sowie die Ausbildung in ihrem Gebrauch. ⁴ Versicherte, die das 18. Lebensjahr vollendet haben, haben zu den Kosten der Pflegehilfsmittel mit Ausnahme der Pflegehilfsmittel nach Absatz 2 eine Zuzahlung von zehn vom Hundert, höchstens jedoch 25 Euro je Pflegehilfsmittel an die abgebende Stelle zu leisten. ⁵ Zur Vermeidung von Härten kann die Pflegekasse den Versicherten in entsprechender Anwendung des § 62 Abs. 1 Satz 1, 2 und 6 sowie Abs. 2 und 3 des Fünften Buches ganz oder teilweise von der Zuzahlung befreien. ⁶ Versicherte, die die für sie geltende Belastungsgrenze nach § 62 des Fünften Buches erreicht haben oder unter Berücksichtigung der Zuzahlung nach Satz 4 erreichen, sind hinsichtlich des die Belastungsgrenze überschreitenden Betrags von der Zuzahlung nach diesem Buch befreit. ⁷ Lehnen Versicherte die leihweise Überlassung eines Pflegehilfsmittels ohne zwingenden Grund ab, haben sie die Kosten des Pflegehilfsmittels in vollem Umfang selbst zu tragen.

(4) ¹ Die Pflegekassen können subsidiär finanzielle Zuschüsse für Maßnahmen zur Verbesserung des individuellen Wohnumfeldes des Pflegebedürftigen gewähren, beispielsweise für technische Hilfen im Haushalt, wenn dadurch im Einzelfall die häusliche Pflege ermöglicht oder erheblich erleichtert oder eine möglichst selbständige Lebensführung des Pflegebedürftigen wiederhergestellt wird. ² Die Zuschüsse dürfen einen Betrag in Höhe von 4 000 Euro je Maßnahme nicht übersteigen. ³ Leben mehrere Pflegebedürftige in einer gemeinsamen Wohnung, dürfen die Zuschüsse für Maßnahmen zur Verbesserung des gemeinsamen Wohnumfeldes einen Betrag in Höhe von 4 000 Euro je Pflegebedürftigem nicht übersteigen. ⁴ Der Gesamtbetrag je Maßnahme nach Satz 3 ist auf 16 000 Euro begrenzt und wird bei mehr als vier Anspruchsberechtigten anteilig auf die Versicherungsträger der Anspruchsberechtigten aufgeteilt.

(5) ¹ Für Hilfsmittel und Pflegehilfsmittel, die sowohl den in § 23 und § 33 des Fünften Buches als auch den in Absatz 1 genannten Zwecken dienen können, prüft der Leistungsträger, bei dem die Leistung beantragt wird, ob ein Anspruch gegenüber der Krankenkasse oder der Pflegekasse besteht und entscheidet über die Bewilligung der Hilfsmittel und Pflegehilfsmittel. ² Zur Gewährleistung einer Absatz 1 Satz 1 entsprechenden Abgrenzung der Leistungsverpflichtungen der gesetzlichen Krankenversicherung und der sozialen Pflegeversicherung werden die Ausgaben für Hilfsmittel und Pflegehilfsmittel zwischen der jeweiligen Krankenkasse und der bei ihr errichteten Pflegekasse in einem bestimmten Verhältnis pauschal aufgeteilt. ³ Der Spitzenverband Bund der Krankenkassen bestimmt in Richtlinien, die erstmals bis zum 30. April 2012 zu beschließen sind, die Hilfsmittel und Pflegehilfsmittel nach Satz 1, das Verhältnis, in dem die Ausgaben aufzuteilen sind, sowie die Einzelheiten zur Umsetzung der Pauschalierung. ⁴ Er berücksichtigt dabei die bisherigen Ausgaben der Kranken- und Pflegekassen und stellt sicher, dass bei der Aufteilung die Zielsetzung der Vorschriften des Fünften Buches und dieses Buches zur Hilfsmittelversorgung sowie die Belange der Versicherten gewahrt bleiben. ⁵ Die Richtlinien bedürfen der Genehmigung des Bundesministeriums für Gesundheit und treten am ersten Tag des auf die Genehmigung folgenden Monats in Kraft; die Genehmigung kann mit Auflagen verbunden werden. ⁶ Die Richtlinien sind für die Kranken- und Pflegekassen verbindlich. ⁷ Für die nach Satz 3 bestimmten Hilfsmittel und Pflegehilfsmittel richtet sich die Zuzahlung nach den §§ 33, 61 und 62 des Fünften Buches; für die Prüfung des

4. Kapitel. Leistungen d. Pflegevers. §§ 41, 42 SGB XI 11

Leistungsanspruchs gilt § 275 Absatz 3 des Fünften Buches. [8] Die Regelungen dieses Absatzes gelten nicht für Ansprüche auf Hilfsmittel oder Pflegehilfsmittel von Pflegebedürftigen, die sich in vollstationärer Pflege befinden, sowie von Pflegebedürftigen nach § 28 Absatz 2.

Zweiter Titel. Teilstationäre Pflege und Kurzzeitpflege

§ 41 Tagespflege und Nachtpflege. (1) [1] Pflegebedürftige der Pflegegrade 2 bis 5 haben Anspruch auf teilstationäre Pflege in Einrichtungen der Tages- oder Nachtpflege, wenn häusliche Pflege nicht in ausreichendem Umfang sichergestellt werden kann oder wenn dies zur Ergänzung oder Stärkung der häuslichen Pflege erforderlich ist. [2] Die teilstationäre Pflege umfaßt auch die notwendige Beförderung des Pflegebedürftigen von der Wohnung zur Einrichtung der Tagespflege oder der Nachtpflege und zurück.

(2) [1] Die Pflegekasse übernimmt im Rahmen der Leistungsbeträge nach Satz 2 die pflegebedingten Aufwendungen der teilstationären Pflege einschließlich der Aufwendungen für Betreuung und die Aufwendungen für die in der Einrichtung notwendigen Leistungen der medizinischen Behandlungspflege. [2] Der Anspruch auf teilstationäre Pflege umfasst je Kalendermonat
1. für Pflegebedürftige des Pflegegrades 2 einen Gesamtwert bis zu 689 Euro,
2. für Pflegebedürftige des Pflegegrades 3 einen Gesamtwert bis zu 1 298 Euro,
3. für Pflegebedürftige des Pflegegrades 4 einen Gesamtwert bis zu 1 612 Euro,
4. für Pflegebedürftige des Pflegegrades 5 einen Gesamtwert bis zu 1 995 Euro.

(3) Pflegebedürftige der Pflegegrade 2 bis 5 können teilstationäre Tages- und Nachtpflege zusätzlich zu ambulanten Pflegesachleistungen, Pflegegeld oder der Kombinationsleistung nach § 38 in Anspruch nehmen, ohne dass eine Anrechnung auf diese Ansprüche erfolgt.

§ 42 Kurzzeitpflege. (1) [1] Kann die häusliche Pflege zeitweise nicht, noch nicht oder nicht im erforderlichen Umfang erbracht werden und reicht auch teilstationäre Pflege nicht aus, besteht für Pflegebedürftige der Pflegegrade 2 bis 5 Anspruch auf Pflege in einer vollstationären Einrichtung. [2] Dies gilt:
1. für eine Übergangszeit im Anschluß an eine stationäre Behandlung des Pflegebedürftigen oder
2. in sonstigen Krisensituationen, in denen vorübergehend häusliche oder teilstationäre Pflege nicht möglich oder nicht ausreichend ist.

(2) [1] Der Anspruch auf Kurzzeitpflege ist auf acht Wochen pro Kalenderjahr beschränkt. [2] Die Pflegekasse übernimmt die pflegebedingten Aufwendungen einschließlich der Aufwendungen für Betreuung sowie die Aufwendungen für Leistungen der medizinischen Behandlungspflege bis zu dem Gesamtbetrag von 1 612 Euro im Kalenderjahr. [3] Der Leistungsbetrag nach Satz 2 kann um bis zu 1 612 Euro aus noch nicht in Anspruch genommenen Mitteln der Verhinderungspflege nach § 39 Absatz 1 Satz 3 auf insgesamt bis zu 3 224 Euro im Kalenderjahr erhöht werden. [4] Der für die Kurzzeitpflege in Anspruch genommene Erhöhungsbetrag wird auf den Leistungsbetrag für eine Verhinderungspflege nach § 39 Absatz 1 Satz 3 angerechnet.

(3) [1] Abweichend von den Absätzen 1 und 2 besteht der Anspruch auf Kurzzeitpflege in begründeten Einzelfällen bei zu Hause gepflegten Pflegebedürftigen auch in geeigneten Einrichtungen der Hilfe für behinderte Menschen und

11 SGB XI §§ 43, 43a 11. Buch. Soziale Pflegeversicherung

anderen geeigneten Einrichtungen, wenn die Pflege in einer von den Pflegekassen zur Kurzzeitpflege zugelassenen Pflegeeinrichtung nicht möglich ist oder nicht zumutbar erscheint. ² § 34 Abs. 2 Satz 1 findet keine Anwendung. ³ Sind in dem Entgelt für die Einrichtung Kosten für Unterkunft und Verpflegung sowie Aufwendungen für Investitionen enthalten, ohne gesondert ausgewiesen zu sein, so sind 60 vom Hundert des Entgelts zuschussfähig. ⁴ In begründeten Einzelfällen kann die Pflegekasse in Ansehung der Kosten für Unterkunft und Verpflegung sowie der Aufwendungen für Investitionen davon abweichende pauschale Abschläge vornehmen.

(4) Abweichend von den Absätzen 1 und 2 besteht der Anspruch auf Kurzzeitpflege auch in Einrichtungen, die stationäre Leistungen zur medizinischen Vorsorge oder Rehabilitation erbringen, wenn während einer Maßnahme der medizinischen Vorsorge oder Rehabilitation für eine Pflegeperson eine gleichzeitige Unterbringung und Pflege des Pflegebedürftigen erforderlich ist.

Dritter Titel. Vollstationäre Pflege

§ 43 Inhalt der Leistung. (1) Pflegebedürftige der Pflegegrade 2 bis 5 haben Anspruch auf Pflege in vollstationären Einrichtungen.

(2) ¹ Für Pflegebedürftige in vollstationären Einrichtungen übernimmt die Pflegekasse im Rahmen der pauschalen Leistungsbeträge nach Satz 2 die pflegebedingten Aufwendungen einschließlich der Aufwendungen für Betreuung und die Aufwendungen für Leistungen der medizinischen Behandlungspflege. ² Der Anspruch beträgt je Kalendermonat

1. 770 Euro für Pflegebedürftige des Pflegegrades 2,
2. 1 262 Euro für Pflegebedürftige des Pflegegrades 3,
3. 1 775 Euro für Pflegebedürftige des Pflegegrades 4,
4. 2 005 Euro für Pflegebedürftige des Pflegegrades 5.

³ Abweichend von Satz 1 übernimmt die Pflegekasse auch Aufwendungen für Unterkunft und Verpflegung, soweit der nach Satz 2 gewährte Leistungsbetrag die in Satz 1 genannten Aufwendungen übersteigt.

(3) Wählen Pflegebedürftige des Pflegegrades 1 vollstationäre Pflege, erhalten sie für die in Absatz 2 Satz 1 genannten Aufwendungen einen Zuschuss in Höhe von 125 Euro monatlich.

(4) Bei vorübergehender Abwesenheit von Pflegebedürftigen aus dem Pflegeheim werden die Leistungen für vollstationäre Pflege erbracht, solange die Voraussetzungen des § 87a Abs. 1 Satz 5 und 6 vorliegen.

Vierter Titel. Pflege in vollstationären Einrichtungen der Hilfe für behinderte Menschen

§ 43a Inhalt der Leistung. ¹ Für Pflegebedürftige der Pflegegrade 2 bis 5 in einer vollstationären Einrichtung der Hilfe für behinderte Menschen, in der die Teilhabe am Arbeitsleben und am Leben in der Gemeinschaft, die schulische Ausbildung oder die Erziehung behinderter Menschen im Vordergrund des Einrichtungszwecks stehen (§ 71 Abs. 4), übernimmt die Pflegekasse zur Abgeltung der in § 43 Abs. 2 genannten Aufwendungen zehn vom Hundert des nach § 75 Abs. 3 des Zwölften Buches[1] vereinbarten Heimentgelts. ²Die Aufwendungen der Pflegekasse dürfen im Einzelfall je Kalendermonat 266 Euro nicht überschreiten. ³Wird für die Tage, an denen die pflegebedürftigen Behinderten zu Hause gepflegt und betreut werden, anteiliges Pflegegeld beansprucht, gelten die Tage der An- und Abreise als volle Tage der häuslichen Pflege.

Fünfter Titel. Zusätzliche Betreuung und Aktivierung in stationären Pflegeeinrichtungen

§ 43b Inhalt der Leistung. Pflegebedürftige in stationären Pflegeeinrichtungen haben nach Maßgabe von § 84 Absatz 8 und § 85 Absatz 8 Anspruch auf zusätzliche Betreuung und Aktivierung, die über die nach Art und Schwere der Pflegebedürftigkeit notwendige Versorgung hinausgeht.

Vierter Abschnitt. Leistungen für Pflegepersonen

§ 44 Leistungen zur sozialen Sicherung der Pflegepersonen.

(1) ¹Zur Verbesserung der sozialen Sicherung der Pflegepersonen im Sinne des § 19, die einen Pflegebedürftigen mit mindestens Pflegegrad 2 pflegen, entrichten die Pflegkassen und die privaten Versicherungsunternehmen, bei denen eine private Pflege-Pflichtversicherung durchgeführt wird, sowie die sonstigen in § 170 Absatz 1 Nummer 6 des Sechsten Buches[2] genannten Stellen Beiträge nach Maßgabe des § 166 Absatz 2 des Sechsten Buches an den zuständigen Träger der gesetzlichen Rentenversicherung, wenn die Pflegeperson regelmäßig nicht mehr als 30 Stunden wöchentlich erwerbstätig ist. ²Der Medizinische Dienst der Krankenversicherung oder ein anderer von der Pflegekasse beauftragter unabhängiger Gutachter ermittelt im Einzelfall, ob die Pflegeperson eine oder mehrere pflegebedürftige Personen wenigstens zehn Stunden wöchentlich, verteilt auf regelmäßig mindestens zwei Tage in der Woche, pflegt. ³Wird die Pflege eines Pflegebedürftigen von mehreren Pflegepersonen erbracht (Mehrfachpflege), wird zudem der Umfang der jeweiligen Pflegetätigkeit je Pflegeperson im Verhältnis zum Umfang der von den Pflegepersonen zu leistenden Pflegetätigkeit insgesamt (Gesamtpflegeaufwand) ermittelt. ⁴Dabei werden die Angaben der beteiligten Pflegepersonen zugrunde gelegt. ⁵Werden keine oder keine übereinstimmenden Angaben gemacht, erfolgt eine Aufteilung zu gleichen Teilen. ⁶Die Feststellungen zu den Pflegezeiten und zum Pflegeaufwand der Pflegeperson sowie bei Mehrfachpflege zum Einzel- und Gesamtpflegeaufwand trifft die für die Pflegeleistungen nach diesem Buch zuständige Stelle. ⁷Diese Feststellungen sind der Pflegeperson auf Wunsch zu übermitteln.

(2) Für Pflegepersonen, die wegen einer Pflichtmitgliedschaft in einer berufsständischen Versorgungseinrichtung auch in ihrer Pflegetätigkeit von der Versicherungspflicht in der gesetzlichen Rentenversicherung befreit sind oder befreit wären, wenn sie in der gesetzlichen Rentenversicherung versicherungspflichtig wären und einen Befreiungsantrag gestellt hätten, werden die nach

---

[1] Nr. 12.
[2] Nr. 6.

Absatz 1 zu entrichtenden Beiträge auf Antrag an die berufsständische Versorgungseinrichtung gezahlt.

(2a) Während der pflegerischen Tätigkeit sind Pflegepersonen im Sinne des § 19, die einen Pflegebedürftigen mit mindestens Pflegegrad 2 pflegen, nach Maßgabe des § 2 Absatz 1 Nummer 17 des Siebten Buches[1]) in den Versicherungsschutz der gesetzlichen Unfallversicherung einbezogen.

(2b) ¹Während der pflegerischen Tätigkeit sind Pflegepersonen im Sinne des § 19, die einen Pflegebedürftigen mit mindestens Pflegegrad 2 pflegen, nach Maßgabe des § 26 Absatz 2b des Dritten Buches[2]) nach dem Recht der Arbeitsförderung versichert. ²Die Pflegekassen und die privaten Versicherungsunternehmen, bei denen eine private Pflege-Pflichtversicherung durchgeführt wird, sowie die sonstigen in § 347 Nummer 10 Buchstabe c des Dritten Buches genannten Stellen entrichten für die Pflegepersonen Beiträge an die Bundesagentur für Arbeit. ³Näheres zu den Beiträgen und zum Verfahren regeln die §§ 345, 347 und 349 des Dritten Buches.

(3) ¹Die Pflegekasse und die privaten Versicherungsunternehmen haben die in der Renten- und Unfallversicherung sowie nach dem Dritten Buch zu versichernde Pflegeperson den zuständigen Renten- und Unfallversicherungsträgern sowie der Bundesagentur für Arbeit zu melden. ²Die Meldung für die Pflegeperson enthält:

1. ihre Versicherungsnummer, soweit bekannt,
2. ihren Familien- und Vornamen,
3. ihr Geburtsdatum,
4. ihre Staatsangehörigkeit,
5. ihre Anschrift,
6. Beginn und Ende der Pflegetätigkeit,
7. den Pflegegrad des Pflegebedürftigen und
8. die nach § 166 Absatz 2 des Sechsten Buches maßgeblichen beitragspflichtigen Einnahmen.

³Der Spitzenverband Bund der Pflegekassen sowie der Verband der privaten Krankenversicherung e.V. können mit der Deutschen Rentenversicherung Bund und mit den Trägern der Unfallversicherung sowie mit der Bundesagentur für Arbeit Näheres über das Meldeverfahren vereinbaren.

(4) Der Inhalt der Meldung nach Absatz 3 Satz 2 Nr. 1 bis 6 und 8 ist der Pflegeperson, der Inhalt der Meldung nach Absatz 3 Satz 2 Nr. 7 dem Pflegebedürftigen schriftlich mitzuteilen.

(5) ¹Die Pflegekasse und das private Versicherungsunternehmen haben in den Fällen, in denen eine nicht erwerbsmäßig tätige Pflegeperson einen Pflegebedürftigen mit mindestens Pflegegrad 2 pflegt, der Anspruch auf Beihilfeleistungen oder Leistungen der Heilfürsorge hat, und für die die Beiträge an die gesetzliche Rentenversicherung nach § 170 Absatz 1 Nummer 6 Buchstabe c des Sechsten Buches oder an die Bundesagentur für Arbeit nach § 347 Nummer 10 Buchstabe c des Dritten Buches anteilig getragen werden, im Antragsverfahren auf Leistungen der Pflegeversicherung von dem Pflegebedürftigen

---

[1]) Nr. 7.
[2]) Nr. 3.

4. Kapitel. Leistungen d. Pflegevers. § 44a SGB XI 11

die zuständige Festsetzungsstelle für die Beihilfe oder den Dienstherrn unter Hinweis auf die beabsichtigte Weiterleitung der in Satz 2 genannten Angaben an diese Stelle zu erfragen. ²Der angegebenen Festsetzungsstelle für die Beihilfe oder dem Dienstherrn sind bei Feststellung der Beitragspflicht sowie bei Änderungen in den Verhältnissen des Pflegebedürftigen oder der Pflegeperson, insbesondere bei einer Änderung des Pflegegrades, einer Unterbrechung der Pflegetätigkeit oder einem Wechsel der Pflegeperson, die in Absatz 3 Satz 2 genannten Angaben mitzuteilen. ³Absatz 4 findet auf Satz 2 entsprechende Anwendung.

(6) ¹Für Pflegepersonen, bei denen die Mindeststundenzahl von zehn Stunden wöchentlicher Pflege, verteilt auf regelmäßig mindestens zwei Tage in der Woche, nur durch die Pflege mehrerer Pflegebedürftiger erreicht wird, haben der Spitzenverband Bund der Pflegekassen, der Verband der privaten Krankenversicherung e.V., die Deutsche Rentenversicherung Bund und die Bundesagentur für Arbeit das Verfahren und die Mitteilungspflichten zwischen den an einer Addition von Pflegezeiten und Pflegeaufwänden beteiligten Pflegekassen und Versicherungsunternehmen durch Vereinbarung zu regeln. ²Die Pflegekassen und Versicherungsunternehmen dürfen die in Absatz 3 Satz 2 Nummer 1 bis 3 und 6 und, soweit dies für eine sichere Identifikation der Pflegeperson erforderlich ist, die in den Nummern 4 und 5 genannten Daten sowie die Angabe des zeitlichen Umfangs der Pflegetätigkeit der Pflegeperson an andere Pflegekassen und Versicherungsunternehmen, die an einer Addition von Pflegezeiten und Pflegeaufwänden beteiligt sind, zur Überprüfung der Voraussetzungen der Rentenversicherungspflicht oder der Versicherungspflicht nach dem Dritten Buch der Pflegeperson übermitteln und ihnen übermittelte Daten verarbeiten und nutzen.

§ 44a Zusätzliche Leistungen bei Pflegezeit und kurzzeitiger Arbeitsverhinderung.
(1) ¹Beschäftigte, die nach § 3 des Pflegezeitgesetzes von der Arbeitsleistung vollständig freigestellt wurden oder deren Beschäftigung durch Reduzierung der Arbeitszeit zu einer geringfügigen Beschäftigung im Sinne des § 8 Abs. 1 Nr. 1 des Vierten Buches[1] wird, erhalten auf Antrag Zuschüsse zur Kranken- und Pflegeversicherung. ²Zuschüsse werden gewährt für eine freiwillige Versicherung in der gesetzlichen Krankenversicherung, eine Pflichtversicherung nach § 5 Abs. 1 Nr. 13 des Fünften Buches[2] oder nach § 2 Abs. 1 Nr. 7 des Zweiten Gesetzes über die Krankenversicherung der Landwirte, eine Versicherung bei einem privaten Krankenversicherungsunternehmen, eine Versicherung bei der Postbeamtenkrankenkasse oder der Krankenversorgung der Bundesbahnbeamten, soweit im Einzelfall keine beitragsfreie Familienversicherung möglich ist, sowie für eine damit in Zusammenhang stehende Pflege-Pflichtversicherung. ³Die Zuschüsse belaufen sich auf die Höhe der Mindestbeiträge, die von freiwillig in der gesetzlichen Krankenversicherung versicherten Personen zur gesetzlichen Krankenversicherung (§ 240 Abs. 4 Satz 1 des Fünften Buches) und zur sozialen Pflegeversicherung (§ 57 Abs. 4) zu entrichten sind und dürfen die tatsächliche Höhe der Beiträge nicht übersteigen. ⁴Für die Berechnung der Mindestbeiträge zur gesetzlichen Krankenversicherung werden bei Mitgliedern der gesetzlichen Krankenversicherung

---
[1] Nr. 4.
[2] Nr. 5.

der allgemeine Beitragssatz nach § 241 des Fünften Buches sowie der kassenindividuelle Zusatzbeitragssatz nach § 242 Absatz 1 des Fünften Buches zugrunde gelegt. [5] Bei Mitgliedern der landwirtschaftlichen Krankenversicherung sowie bei Personen, die nicht in der gesetzlichen Krankenversicherung versichert sind, werden der allgemeine Beitragssatz nach § 241 des Fünften Buches sowie der durchschnittliche Zusatzbeitragssatz nach § 242a des Fünften Buches zugrunde gelegt. [6] Beschäftigte haben Änderungen in den Verhältnissen, die sich auf die Zuschussgewährung auswirken können, unverzüglich der Pflegekasse oder dem privaten Versicherungsunternehmen, bei dem der Pflegebedürftige versichert ist, mitzuteilen.

(2) *(aufgehoben)*

(3) [1] Für kurzzeitige Arbeitsverhinderung nach § 2 des Pflegezeitgesetzes hat eine Beschäftigte oder ein Beschäftigter im Sinne des § 7 Absatz 1 des Pflegezeitgesetzes, die oder der für diesen Zeitraum keine Entgeltfortzahlung vom Arbeitgeber und kein Kranken- oder Verletztengeld bei Erkrankung oder Unfall eines Kindes nach § 45 des Fünften Buches oder nach § 45 Absatz 4 des Siebten Buches[1]) beanspruchen kann, Anspruch auf einen Ausgleich für entgangenes Arbeitsentgelt (Pflegeunterstützungsgeld) für bis zu insgesamt zehn Arbeitstage. [2] Wenn mehrere Beschäftigte den Anspruch nach § 2 Absatz 1 des Pflegezeitgesetzes für einen pflegebedürftigen nahen Angehörigen geltend machen, ist deren Anspruch auf Pflegeunterstützungsgeld auf insgesamt bis zu zehn Arbeitstage begrenzt. [3] Das Pflegeunterstützungsgeld wird auf Antrag, der unverzüglich zu stellen ist, unter Vorlage der ärztlichen Bescheinigung nach § 2 Absatz 2 Satz 2 des Pflegezeitgesetzes von der Pflegekasse oder dem Versicherungsunternehmen des pflegebedürftigen nahen Angehörigen gewährt. [4] Für die Höhe des Pflegeunterstützungsgeldes gilt § 45 Absatz 2 Satz 3 bis 5 des Fünften Buches entsprechend.

(4) [1] Beschäftigte, die Pflegeunterstützungsgeld nach Absatz 3 beziehen, erhalten für die Dauer des Leistungsbezuges von den in Absatz 3 bezeichneten Organisationen auf Antrag Zuschüsse zur Krankenversicherung. [2] Zuschüsse werden gewährt für eine Versicherung bei einem privaten Krankenversicherungsunternehmen, eine Versicherung bei der Postbeamtenkrankenkasse oder der Krankenversorgung der Bundesbahnbeamten. [3] Die Zuschüsse belaufen sich auf den Betrag, der bei Versicherungspflicht in der gesetzlichen Krankenversicherung als Leistungsträgeranteil nach § 249c des Fünften Buches aufzubringen wäre, und dürfen die tatsächliche Höhe der Beiträge nicht übersteigen. [4] Für die Berechnung nach Satz 3 werden der allgemeine Beitragssatz nach § 241 des Fünften Buches sowie der durchschnittliche Zusatzbeitragssatz nach § 242a Absatz 2 des Fünften Buches zugrunde gelegt. [5] Für Beschäftigte, die Pflegeunterstützungsgeld nach Absatz 3 beziehen und wegen einer Pflichtmitgliedschaft in einer berufsständischen Versorgungseinrichtung von der Versicherungspflicht in der gesetzlichen Rentenversicherung befreit sind, zahlen die in § 170 Absatz 1 Nummer 2 Buchstabe e des Sechsten Buches[2]) genannten Stellen auf Antrag Beiträge an die zuständige berufsständische Versorgungseinrichtung in der Höhe, wie sie bei Eintritt von Versicherungspflicht nach § 3 Satz 1 Nummer 3 des Sechsten Buches an die gesetzliche Rentenversicherung zu entrichten wären. [6] Die von den in § 170 Absatz 1 Nummer 2 Buchstabe e

---

[1]) Nr. 7.
[2]) Nr. 6.

4. Kapitel. Leistungen d. Pflegevers. § 44a SGB XI 11

des Sechsten Buches genannten Stellen zu zahlenden Beiträge sind auf die Höhe der Beiträge begrenzt, die von diesen Stellen ohne die Befreiung von der Versicherungspflicht in der gesetzlichen Rentenversicherung für die Dauer des Leistungsbezugs zu tragen wären; die Beiträge dürfen die Hälfte der in der Zeit des Leistungsbezugs vom Beschäftigten an die berufsständische Versorgungseinrichtung zu zahlenden Beiträge nicht übersteigen.

(5) [1] Die Pflegekasse oder das private Pflegeversicherungsunternehmen des pflegebedürftigen nahen Angehörigen stellt dem Leistungsbezieher nach Absatz 3 mit der Leistungsbewilligung eine Bescheinigung über den Zeitraum des Bezugs und die Höhe des gewährten Pflegeunterstützungsgeldes aus. [2] Der Leistungsbezieher hat diese Bescheinigung unverzüglich seinem Arbeitgeber vorzulegen. [3] In den Fällen des § 170 Absatz 1 Nummer 2 Buchstabe e Doppelbuchstabe cc des Sechsten Buches bescheinigt die Pflegekasse oder das private Versicherungsunternehmen die gesamte Höhe der Leistung.

(6) [1] Landwirtschaftlichen Unternehmern im Sinne des § 2 Absatz 1 Nummer 1 und 2 des Zweiten Gesetzes über die Krankenversicherung der Landwirte, die an der Führung des Unternehmens gehindert sind, weil sie für einen pflegebedürftigen nahen Angehörigen in einer akut aufgetretenen Pflegesituation eine bedarfsgerechte Pflege organisieren oder eine pflegerische Versorgung in dieser Zeit sicherstellen müssen, wird anstelle des Pflegeunterstützungsgeldes für bis zu zehn Arbeitstage Betriebshilfe entsprechend § 9 des Zweiten Gesetzes über die Krankenversicherung der Landwirte gewährt. [2] Diese Kosten der Leistungen für die Betriebshilfe werden der landwirtschaftlichen Pflegekasse von der Pflegeversicherung des pflegebedürftigen nahen Angehörigen erstattet; innerhalb der sozialen Pflegeversicherung wird von einer Erstattung abgesehen. [3] Privat pflegeversicherte landwirtschaftliche Unternehmer, die an der Führung des Unternehmens gehindert sind, weil dies erforderlich ist, um für einen pflegebedürftigen nahen Angehörigen in einer akut aufgetretenen Pflegesituation eine bedarfsgerechte Pflege zu organisieren oder eine pflegerische Versorgung in dieser Zeit sicherzustellen, erhalten von der Pflegekasse des Pflegebedürftigen oder in Höhe des tariflichen Erstattungssatzes von dem privaten Versicherungsunternehmen des Pflegebedürftigen eine Kostenerstattung für bis zu zehn Arbeitstage Betriebshilfe; dabei werden nicht die tatsächlichen Kosten, sondern ein pauschaler Betrag in Höhe von 200 Euro je Tag Betriebshilfe zugrunde gelegt.

(7) [1] Die Pflegekasse und das private Versicherungsunternehmen haben in den Fällen, in denen ein Leistungsbezieher nach Absatz 3 einen pflegebedürftigen nahen Angehörigen pflegt, der Anspruch auf Beihilfeleistungen oder Leistungen der Heilfürsorge hat, und für die Beiträge anteilig getragen werden, im Antragsverfahren auf Pflegeunterstützungsgeld von dem Pflegebedürftigen die zuständige Festsetzungsstelle für die Beihilfe oder den Dienstherrn unter Hinweis auf die beabsichtigte Information dieser Stelle über den beitragspflichtigen Bezug von Pflegeunterstützungsgeld zu erfragen. [2] Der angegebenen Festsetzungsstelle für die Beihilfe oder dem angegebenen Dienstherrn sind bei Feststellung der Beitragspflicht folgende Angaben zum Leistungsbezieher mitzuteilen

1. die Versicherungsnummer, soweit bekannt,

2. der Familien- und der Vorname,

3. das Geburtsdatum,

4. die Staatsangehörigkeit,

5. die Anschrift,
6. der Beginn des Bezugs von Pflegeunterstützungsgeld,
7. die Höhe des dem Pflegeunterstützungsgeld zugrunde liegenden ausgefallenen Arbeitsentgelts und
8. Name und Anschrift der Krankenkasse oder des privaten Krankenversicherungsunternehmens.

§ 45 Pflegekurse für Angehörige und ehrenamtliche Pflegepersonen.
(1) ¹Die Pflegekassen haben für Angehörige und sonstige an einer ehrenamtlichen Pflegetätigkeit interessierte Personen unentgeltlich Schulungskurse durchzuführen, um soziales Engagement im Bereich der Pflege zu fördern und zu stärken, Pflege und Betreuung zu erleichtern und zu verbessern sowie pflegebedingte körperliche und seelische Belastungen zu mindern und ihrer Entstehung vorzubeugen. ²Die Kurse sollen Fertigkeiten für eine eigenständige Durchführung der Pflege vermitteln. ³Auf Wunsch der Pflegeperson und der pflegebedürftigen Person findet die Schulung auch in der häuslichen Umgebung des Pflegebedürftigen statt. ⁴§ 114a Absatz 3a gilt entsprechend.

(2) Die Pflegekasse kann die Kurse entweder selbst oder gemeinsam mit anderen Pflegekassen durchführen oder geeignete andere Einrichtungen mit der Durchführung beauftragen.

(3) Über die einheitliche Durchführung sowie über die inhaltliche Ausgestaltung der Kurse können die Landesverbände der Pflegekassen Rahmenvereinbarungen mit den Trägern der Einrichtungen schließen, die die Pflegekurse durchführen.

Fünfter Abschnitt. Angebote zur Unterstützung im Alltag, Entlastungsbetrag, Förderung der Weiterentwicklung der Versorgungsstrukturen und des Ehrenamts sowie der Selbsthilfe

§ 45a Angebote zur Unterstützung im Alltag, Umwandlung des ambulanten Sachleistungsbetrags (Umwandlungsanspruch), Verordnungsermächtigung. (1) ¹Angebote zur Unterstützung im Alltag tragen dazu bei, Pflegepersonen zu entlasten, und helfen Pflegebedürftigen, möglichst lange in ihrer häuslichen Umgebung zu bleiben, soziale Kontakte aufrechtzuerhalten und ihren Alltag weiterhin möglichst selbständig bewältigen zu können. ²Angebote zur Unterstützung im Alltag sind

1. Angebote, in denen insbesondere ehrenamtliche Helferinnen und Helfer unter pflegefachlicher Anleitung die Betreuung von Pflegebedürftigen mit allgemeinem oder mit besonderem Betreuungsbedarf in Gruppen oder im häuslichen Bereich übernehmen (Betreuungsangebote),
2. Angebote, die der gezielten Entlastung und beratenden Unterstützung von pflegenden Angehörigen und vergleichbar nahestehenden Pflegepersonen in ihrer Eigenschaft als Pflegende dienen (Angebote zur Entlastung von Pflegenden),
3. Angebote, die dazu dienen, die Pflegebedürftigen bei der Bewältigung von allgemeinen oder pflegebedingten Anforderungen des Alltags oder im Haushalt, insbesondere bei der Haushaltsführung, oder bei der eigenverantwortlichen Organisation individuell benötigter Hilfeleistungen zu unterstützen (Angebote zur Entlastung im Alltag).

4. Kapitel. Leistungen d. Pflegevers. **§ 45a SGB XI 11**

³ Die Angebote benötigen eine Anerkennung durch die zuständige Behörde nach Maßgabe des gemäß Absatz 3 erlassenen Landesrechts. ⁴ Durch ein Angebot zur Unterstützung im Alltag können auch mehrere der in Satz 2 Nummer 1 bis 3 genannten Bereiche abgedeckt werden. ⁵ In Betracht kommen als Angebote zur Unterstützung im Alltag insbesondere Betreuungsgruppen für an Demenz erkrankte Menschen, Helferinnen- und Helferkreise zur stundenweisen Entlastung pflegender Angehöriger im häuslichen Bereich, die Tagesbetreuung in Kleingruppen oder Einzelbetreuung durch anerkannte Helferinnen oder Helfer, Agenturen zur Vermittlung von Betreuungs- und Entlastungsleistungen für Pflegebedürftige und pflegende Angehörige sowie vergleichbar nahestehende Pflegepersonen, Familienentlastende Dienste, Alltagsbegleiter, Pflegebegleiter und Serviceangebote für haushaltsnahe Dienstleistungen.

(2) ¹ Angebote zur Unterstützung im Alltag beinhalten die Übernahme von Betreuung und allgemeiner Beaufsichtigung, eine die vorhandenen Ressourcen und Fähigkeiten stärkende oder stabilisierende Alltagsbegleitung, Unterstützungsleistungen für Angehörige und vergleichbar Nahestehende in ihrer Eigenschaft als Pflegende zur besseren Bewältigung des Pflegealltags, die Erbringung von Dienstleistungen, organisatorische Hilfestellungen oder andere geeignete Maßnahmen. ² Die Angebote verfügen über ein Konzept, das Angaben zur Qualitätssicherung des Angebots sowie eine Übersicht über die Leistungen, die angeboten werden sollen, und die Höhe der den Pflegebedürftigen hierfür in Rechnung gestellten Kosten enthält. ³ Das Konzept umfasst ferner Angaben zur zielgruppen- und tätigkeitsgerechten Qualifikation der Helfenden und zu dem Vorhandensein von Grund- und Notfallwissen im Umgang mit Pflegebedürftigen sowie dazu, wie eine angemessene Schulung und Fortbildung der Helfenden sowie eine kontinuierliche fachliche Begleitung und Unterstützung insbesondere von ehrenamtlich Helfenden in ihrer Arbeit gesichert werden. ⁴ Bei wesentlichen Änderungen hinsichtlich der angebotenen Leistungen ist das Konzept entsprechend fortzuschreiben; bei Änderung der hierfür in Rechnung gestellten Kosten sind die entsprechenden Angaben zu aktualisieren.

(3) ¹ Die Landesregierungen werden ermächtigt, durch Rechtsverordnung das Nähere über die Anerkennung der Angebote zur Unterstützung im Alltag im Sinne der Absätze 1 und 2 einschließlich der Vorgaben zur regelmäßigen Qualitätssicherung der Angebote und zur regelmäßigen Übermittlung einer Übersicht über die aktuell angebotenen Leistungen und die Höhe der hierfür erhobenen Kosten zu bestimmen. ² Beim Erlass der Rechtsverordnung sollen sie die gemäß § 45c Absatz 7 beschlossenen Empfehlungen berücksichtigen.

(4) ¹ Pflegebedürftige in häuslicher Pflege mit mindestens Pflegegrad 2 können eine Kostenerstattung zum Ersatz von Aufwendungen für Leistungen der nach Landesrecht anerkannten Angebote zur Unterstützung im Alltag unter Anrechnung auf ihren Anspruch auf ambulante Pflegesachleistungen nach § 36 erhalten, soweit für den entsprechenden Leistungsbetrag nach § 36 in dem jeweiligen Kalendermonat keine ambulanten Pflegesachleistungen bezogen wurden. ² Der hierfür verwendete Betrag darf je Kalendermonat 40 Prozent des nach § 36 für den jeweiligen Pflegegrad vorgesehenen Höchstleistungsbetrags nicht überschreiten. ³ Die Anspruchsberechtigten erhalten die Kostenerstattung nach Satz 1 auf Antrag von der zuständigen Pflegekasse oder dem zuständigen privaten Versicherungsunternehmen sowie im Fall der Beihilfeberechtigung anteilig von der Beihilfefestsetzungsstelle gegen Vorlage entsprechender Belege über Eigenbelastungen, die ihnen im Zusammenhang mit der Inanspruchnah-

me der in Satz 1 genannten Leistungen entstanden sind. ⁴ Die Vergütungen für ambulante Pflegesachleistungen nach § 36 sind vorrangig abzurechnen. ⁵ Im Rahmen der Kombinationsleistung nach § 38 gilt die Erstattung der Aufwendungen nach Satz 1 als Inanspruchnahme der dem Anspruchsberechtigten nach § 36 Absatz 3 zustehenden Sachleistung. ⁶ Beziehen Anspruchsberechtigte die Leistung nach Satz 1, findet § 37 Absatz 3 bis 5, 7 und 8 Anwendung; § 37 Absatz 6 findet mit der Maßgabe entsprechende Anwendung, dass eine Kürzung oder Entziehung in Bezug auf die Kostenerstattung nach Satz 1 erfolgt. ⁷ Das Bundesministerium für Gesundheit evaluiert die Möglichkeit zur anteiligen Verwendung der in § 36 für den Bezug ambulanter Pflegesachleistungen vorgesehenen Leistungsbeträge auch für Leistungen nach Landesrecht anerkannter Angebote zur Unterstützung im Alltag nach den Sätzen 1 bis 6 spätestens bis zum 31. Dezember 2018. ⁸ Die Inanspruchnahme der Umwandlung des ambulanten Sachleistungsbetrags nach Satz 1 und die Inanspruchnahme des Entlastungsbetrags nach § 45b erfolgen unabhängig voneinander.

§ 45b Entlastungsbetrag. (1) ¹ Pflegebedürftige in häuslicher Pflege haben Anspruch auf einen Entlastungsbetrag in Höhe von bis zu 125 Euro monatlich. ² Der Betrag ist zweckgebunden einzusetzen für qualitätsgesicherte Leistungen zur Entlastung pflegender Angehöriger und vergleichbar Nahestehender in ihrer Eigenschaft als Pflegende sowie zur Förderung der Selbständigkeit und Selbstbestimmtheit der Pflegebedürftigen bei der Gestaltung ihres Alltags. ³ Er dient der Erstattung von Aufwendungen, die den Versicherten entstehen im Zusammenhang mit der Inanspruchnahme von

1. Leistungen der Tages- oder Nachtpflege,

2. Leistungen der Kurzzeitpflege,

3. Leistungen der ambulanten Pflegedienste im Sinne des § 36, in den Pflegegraden 2 bis 5 jedoch nicht von Leistungen im Bereich der Selbstversorgung,

4. Leistungen der nach Landesrecht anerkannten Angebote zur Unterstützung im Alltag im Sinne des § 45a.

⁴ Die Erstattung der Aufwendungen erfolgt auch, wenn für die Finanzierung der in Satz 3 genannten Leistungen Mittel der Verhinderungspflege gemäß § 39 eingesetzt werden.

(2) ¹ Der Anspruch auf den Entlastungsbetrag entsteht, sobald die in Absatz 1 Satz 1 genannten Anspruchsvoraussetzungen vorliegen, ohne dass es einer vorherigen Antragstellung bedarf. ² Die Kostenerstattung in Höhe des Entlastungsbetrags nach Absatz 1 erhalten die Pflegebedürftigen von der zuständigen Pflegekasse oder dem zuständigen privaten Versicherungsunternehmen sowie im Fall der Beihilfeberechtigung anteilig von der Beihilfefestsetzungsstelle bei Beantragung der dafür erforderlichen finanziellen Mittel gegen Vorlage entsprechender Belege über entstandene Eigenbelastungen im Zusammenhang mit der Inanspruchnahme der in Absatz 1 Satz 3 genannten Leistungen. ³ Die Leistung nach Absatz 1 Satz 1 kann innerhalb des jeweiligen Kalenderjahres in Anspruch genommen werden; wird die Leistung in einem Kalenderjahr nicht ausgeschöpft, kann der nicht verbrauchte Betrag in das folgende Kalenderhalbjahr übertragen werden.

4. Kapitel. Leistungen d. Pflegevers. **§ 45c SGB XI 11**

(3) ¹ Der Entlastungsbetrag nach Absatz 1 Satz 1 findet bei den Fürsorgeleistungen zur Pflege nach § 13 Absatz 3 Satz 1 keine Berücksichtigung. ² § 63b Absatz 1 des Zwölften Buches[1]) findet auf den Entlastungsbetrag keine Anwendung. ³ Abweichend von den Sätzen 1 und 2 darf der Entlastungsbetrag hinsichtlich der Leistungen nach § 64i oder § 66 des Zwölften Buches bei der Hilfe zur Pflege Berücksichtigung finden, soweit nach diesen Vorschriften Leistungen zu gewähren sind, deren Inhalte den Leistungen nach Absatz 1 Satz 3 entsprechen.

(4) ¹ Die für die Erbringung von Leistungen nach Absatz 1 Satz 3 Nummer 1 bis 4 verlangte Vergütung darf die Preise für vergleichbare Sachleistungen von zugelassenen Pflegeeinrichtungen nicht übersteigen. ² Näheres zur Ausgestaltung einer entsprechenden Begrenzung der Vergütung, die für die Erbringung von Leistungen nach Absatz 1 Satz 3 Nummer 4 durch nach Landesrecht anerkannte Angebote zur Unterstützung im Alltag verlangt werden darf, können die Landesregierungen in der Rechtsverordnung nach § 45a Absatz 3 bestimmen.

§ 45c Förderung der Weiterentwicklung der Versorgungsstrukturen und des Ehrenamts, Verordnungsermächtigung. (1) ¹ Zur Weiterentwicklung der Versorgungsstrukturen und Versorgungskonzepte und zur Förderung ehrenamtlicher Strukturen fördert der Spitzenverband Bund der Pflegekassen im Wege der Anteilsfinanzierung aus Mitteln des Ausgleichsfonds mit 25 Millionen Euro je Kalenderjahr

1. den Auf- und Ausbau von Angeboten zur Unterstützung im Alltag im Sinne des § 45a,
2. den Auf- und Ausbau und die Unterstützung von Gruppen ehrenamtlich tätiger sowie sonstiger zum bürgerschaftlichen Engagement bereiter Personen und entsprechender ehrenamtlicher Strukturen sowie
3. Modellvorhaben zur Erprobung neuer Versorgungskonzepte und Versorgungsstrukturen insbesondere für an Demenz erkrankte Pflegebedürftige sowie andere Gruppen von Pflegebedürftigen, deren Versorgung in besonderem Maße der strukturellen Weiterentwicklung bedarf.

² Die privaten Versicherungsunternehmen, die die private Pflege-Pflichtversicherung durchführen, beteiligen sich an dieser Förderung mit insgesamt 10 Prozent des in Satz 1 genannten Fördervolumens. ³ Darüber hinaus fördert der Spitzenverband Bund der Pflegekassen aus Mitteln des Ausgleichsfonds mit 10 Millionen Euro je Kalenderjahr die strukturierte Zusammenarbeit in regionalen Netzwerken nach Absatz 9; Satz 2 gilt entsprechend. ⁴ Fördermittel nach Satz 3, die in dem jeweiligen Kalenderjahr nicht in Anspruch genommen worden sind, erhöhen im Folgejahr das Fördervolumen nach Satz 1; dadurch erhöht sich auch das in Absatz 2 Satz 2 genannte Gesamtfördervolumen entsprechend.

(2) ¹ Der Zuschuss aus Mitteln der sozialen und privaten Pflegeversicherung ergänzt eine Förderung der in Absatz 1 Satz 1 genannten Zwecke durch das jeweilige Land oder die jeweilige kommunale Gebietskörperschaft. ² Der Zuschuss wird jeweils in gleicher Höhe gewährt wie der Zuschuss, der vom Land oder von der kommunalen Gebietskörperschaft für die einzelne Fördermaß-

---

[1]) Nr. 12.

nahme geleistet wird, sodass insgesamt ein Fördervolumen von 50 Millionen Euro im Kalenderjahr erreicht wird. ³ Im Einvernehmen mit allen Fördergebern können Zuschüsse der kommunalen Gebietskörperschaften auch als Personal- oder Sachmittel eingebracht werden, sofern diese Mittel nachweislich ausschließlich und unmittelbar dazu dienen, den jeweiligen Förderzweck zu erreichen. ⁴ Soweit Mittel der Arbeitsförderung bei einem Projekt eingesetzt werden, sind diese einem vom Land oder von der Kommune geleisteten Zuschuss gleichgestellt.

(3) ¹ Die Förderung des Auf- und Ausbaus von Angeboten zur Unterstützung im Alltag im Sinne des § 45a nach Absatz 1 Satz 1 Nummer 1 erfolgt als Projektförderung und dient insbesondere dazu, Aufwandsentschädigungen für die ehrenamtlich tätigen Helfenden zu finanzieren sowie notwendige Personal- und Sachkosten, die mit der Koordination und Organisation der Hilfen und der fachlichen Anleitung und Schulung der Helfenden durch Fachkräfte verbunden sind. ² Dem Antrag auf Förderung ist ein Konzept zur Qualitätssicherung des Angebots beizufügen. ³ Aus dem Konzept muss sich ergeben, dass eine angemessene Schulung und Fortbildung der Helfenden sowie eine kontinuierliche fachliche Begleitung und Unterstützung der ehrenamtlich Helfenden in ihrer Arbeit gesichert sind.

(4) Die Förderung des Auf- und Ausbaus und der Unterstützung von Gruppen ehrenamtlich tätiger sowie sonstiger zum bürgerschaftlichen Engagement bereiter Personen und entsprechender ehrenamtlicher Strukturen nach Absatz 1 Satz 1 Nummer 2 erfolgt zur Förderung von Initiativen, die sich die Unterstützung, allgemeine Betreuung und Entlastung von Pflegebedürftigen und deren Angehörigen sowie vergleichbar nahestehenden Pflegepersonen zum Ziel gesetzt haben.

(5) ¹ Im Rahmen der Modellförderung nach Absatz 1 Satz 1 Nummer 3 sollen insbesondere modellhaft Möglichkeiten einer wirksamen Vernetzung der erforderlichen Hilfen für an Demenz erkrankte Pflegebedürftige und andere Gruppen von Pflegebedürftigen, deren Versorgung in besonderem Maße der strukturellen Weiterentwicklung bedarf, in einzelnen Regionen erprobt werden. ² Dabei sollen auch stationäre Versorgungsangebote berücksichtigt werden. ³ Die Modellvorhaben sind auf längstens fünf Jahre zu befristen. ⁴ Bei der Vereinbarung und Durchführung von Modellvorhaben kann im Einzelfall von den Regelungen des Siebten Kapitels abgewichen werden. ⁵ Für die Modellvorhaben sind eine wissenschaftliche Begleitung und Auswertung vorzusehen. ⁶ Soweit im Rahmen der Modellvorhaben personenbezogene Daten benötigt werden, können diese nur mit Einwilligung des Pflegebedürftigen erhoben, verarbeitet und genutzt werden.

(6) ¹ Um eine gerechte Verteilung der Fördermittel der Pflegeversicherung auf die Länder zu gewährleisten, werden die nach Absatz 1 Satz 1 und 2 zur Verfügung stehenden Fördermittel der sozialen und privaten Pflegeversicherung nach dem Königsteiner Schlüssel aufgeteilt. ² Mittel, die in einem Land im jeweiligen Haushaltsjahr nicht in Anspruch genommen werden, können in das Folgejahr übertragen werden. ³ Nach Satz 2 übertragene Mittel, die am Ende des Folgejahres nicht in Anspruch genommen worden sind, können für Projekte, für die bis zum Stichtag nach Satz 5 mindestens Art, Region und geplante Förderhöhe konkret benannt werden, im darauf folgenden Jahr von Ländern beantragt werden, die im Jahr vor der Übertragung der Mittel nach Satz 2 mindestens 80 Prozent der auf sie nach dem Königsteiner Schlüssel

4. Kapitel. Leistungen d. Pflegevers. **§ 45c SGB XI 11**

entfallenden Mittel ausgeschöpft haben. ⁴ Die Verausgabung der nach Satz 3 beantragten Fördermittel durch die Länder oder kommunalen Gebietskörperschaften darf sich für die entsprechend benannten Projekte über einen Zeitraum von maximal drei Jahren erstrecken. ⁵ Der Ausgleichsfonds sammelt die nach Satz 3 eingereichten Anträge bis zum 30. April des auf das Folgejahr folgenden Jahres und stellt anschließend fest, in welchem Umfang die Mittel jeweils auf die beantragenden Länder entfallen. ⁶ Die Auszahlung der Mittel für ein Projekt erfolgt, sobald für das Projekt eine konkrete Förderzusage durch das Land oder die kommunale Gebietskörperschaft vorliegt. ⁷ Ist die Summe der bis zum 30. April beantragten Mittel insgesamt größer als der dafür vorhandene Mittelbestand, so werden die vorhandenen Mittel nach dem Königsteiner Schlüssel auf die beantragenden Länder verteilt. ⁸ Nach dem 30. April eingehende Anträge werden in der Reihenfolge des Antragseingangs bearbeitet, bis die Fördermittel verbraucht sind. ⁹ Fördermittel, die bis zum Ende des auf das Folgejahr folgenden Jahres nicht beantragt sind, verfallen.

(7) ¹ Der Spitzenverband Bund der Pflegekassen beschließt mit dem Verband der privaten Krankenversicherung e.V. nach Anhörung der Verbände der Behinderten und Pflegebedürftigen auf Bundesebene Empfehlungen über die Voraussetzungen, Ziele, Dauer, Inhalte und Durchführung der Förderung sowie zu dem Verfahren zur Vergabe der Fördermittel für die in Absatz 1 Satz 1 genannten Zwecke. ² In den Empfehlungen ist unter anderem auch festzulegen, welchen Anforderungen die Einbringung von Zuschüssen der kommunalen Gebietskörperschaften als Personal- oder Sachmittel genügen muss und dass jeweils im Einzelfall zu prüfen ist, ob im Rahmen der in Absatz 1 Satz 1 genannten Zwecke Mittel und Möglichkeiten der Arbeitsförderung genutzt werden können. ³ Die Empfehlungen bedürfen der Zustimmung des Bundesministeriums für Gesundheit und der Länder. ⁴ Soweit Belange des Ehrenamts betroffen sind, erteilt das Bundesministerium für Gesundheit seine Zustimmung im Benehmen mit dem Bundesministerium für Familie, Senioren, Frauen und Jugend. ⁵ Die Landesregierungen werden ermächtigt, durch Rechtsverordnung das Nähere über die Umsetzung der Empfehlungen zu bestimmen.

(8) ¹ Der Finanzierungsanteil, der auf die privaten Versicherungsunternehmen entfällt, kann von dem Verband der privaten Krankenversicherung e.V. unmittelbar an das Bundesversicherungsamt zugunsten des Ausgleichsfonds der Pflegeversicherung (§ 65) überwiesen werden. ² Näheres über das Verfahren der Auszahlung der Fördermittel, die aus dem Ausgleichsfonds zu finanzieren sind, sowie über die Zahlung und Abrechnung des Finanzierungsanteils der privaten Versicherungsunternehmen regeln das Bundesversicherungsamt, der Spitzenverband Bund der Pflegekassen und der Verband der privaten Krankenversicherung e.V. durch Vereinbarung.

(9) ¹ Zur Verbesserung der Versorgung und Unterstützung von Pflegebedürftigen und deren Angehörigen sowie vergleichbar nahestehenden Pflegepersonen können die in Absatz 1 Satz 3 genannten Mittel für die Beteiligung von Pflegekassen an regionalen Netzwerken verwendet werden, die an der strukturierten Zusammenarbeit von Akteuren dienen, die an der Versorgung Pflegebedürftiger beteiligt sind und die sich im Rahmen einer freiwilligen Vereinbarung vernetzen. ² Die Förderung der strukturierten regionalen Zusammenarbeit erfolgt, indem sich die Pflegekassen einzeln oder gemeinsam im Wege einer Anteilsfinanzierung an den netzwerkbedingten Kosten beteiligen. ³ Je Kreis oder kreisfreier Stadt darf der Förderbetrag dabei 20 000 Euro je Kalenderjahr

1687

nicht überschreiten. ⁴ Den Kreisen und kreisfreien Städten, Selbsthilfegruppen, -organisationen und -kontaktstellen im Sinne des § 45d sowie organisierten Gruppen ehrenamtlich tätiger sowie sonstiger zum bürgerschaftlichen Engagement bereiter Personen im Sinne des Absatzes 4 ist in ihrem jeweiligen Einzugsgebiet die Teilnahme an der geförderten strukturierten regionalen Zusammenarbeit zu ermöglichen. ⁵ Für private Versicherungsunternehmen, die die private Pflege-Pflichtversicherung durchführen, gelten die Sätze 1 bis 4 entsprechend. ⁶ Absatz 7 Satz 1 bis 4 und Absatz 8 finden entsprechende Anwendung. ⁷ Die Absätze 2 und 6 finden keine Anwendung.

§ 45d Förderung der Selbsthilfe, Verordnungsermächtigung. ¹ Je Versichertem werden 0,10 Euro je Kalenderjahr verwendet zur Förderung und zum Auf- und Ausbau von Selbsthilfegruppen, -organisationen und -kontaktstellen, die sich die Unterstützung von Pflegebedürftigen sowie von deren Angehörigen und vergleichbar Nahestehenden zum Ziel gesetzt haben. ² Dabei werden die Vorgaben des § 45c und das dortige Verfahren entsprechend angewendet. ³ Selbsthilfegruppen sind freiwillige, neutrale, unabhängige und nicht gewinnorientierte Zusammenschlüsse von Personen, die entweder aufgrund eigener Betroffenheit oder als Angehörige das Ziel verfolgen, durch persönliche, wechselseitige Unterstützung, auch unter Zuhilfenahme von Angeboten ehrenamtlicher und sonstiger zum bürgerschaftlichen Engagement bereiter Personen, die Lebenssituation von Pflegebedürftigen sowie von deren Angehörigen und vergleichbar Nahestehenden zu verbessern. ⁴ Selbsthilfeorganisationen sind die Zusammenschlüsse von Selbsthilfegruppen in Verbänden. ⁵ Selbsthilfekontaktstellen sind örtlich oder regional arbeitende professionelle Beratungseinrichtungen mit hauptamtlichem Personal, die das Ziel verfolgen, die Lebenssituation von Pflegebedürftigen sowie von deren Angehörigen und vergleichbar Nahestehenden zu verbessern. ⁶ Eine Förderung der Selbsthilfe nach dieser Vorschrift ist ausgeschlossen, soweit für dieselbe Zweckbestimmung eine Förderung nach § 20h des Fünften Buches[1)] erfolgt. ⁷ § 45c Absatz 7 Satz 5 gilt entsprechend.

Sechster Abschnitt. Initiativprogramm zur Förderung neuer Wohnformen

§ 45e Anschubfinanzierung zur Gründung von ambulant betreuten Wohngruppen. (1) ¹ Zur Förderung der Gründung von ambulant betreuten Wohngruppen wird Pflegebedürftigen, die Anspruch auf Leistungen nach § 38a haben und die an der gemeinsamen Gründung beteiligt sind, für die altersgerechte oder barrierearme Umgestaltung der gemeinsamen Wohnung zusätzlich zu dem Betrag nach § 40 Absatz 4 einmalig ein Betrag von bis zu 2 500 Euro gewährt. ² Der Gesamtbetrag ist je Wohngruppe auf 10 000 Euro begrenzt und wird bei mehr als vier Anspruchsberechtigten anteilig auf die Versicherungsträger der Anspruchsberechtigten aufgeteilt. ³ Der Antrag ist innerhalb eines Jahres nach Vorliegen der Anspruchsvoraussetzungen zu stellen. ⁴ Dabei kann die Umgestaltungsmaßnahme auch vor der Gründung und dem Einzug erfolgen. ⁵ Die Sätze 1 bis 4 gelten für die Versicherten der privaten Pflege-Pflichtversicherung entsprechend.

[1)] Nr. 5.

(2) ¹Die Pflegekassen zahlen den Förderbetrag aus, wenn die Gründung einer ambulant betreuten Wohngruppe nachgewiesen wird. ²Der Anspruch endet mit Ablauf des Monats, in dem das Bundesversicherungsamt den Pflegekassen und dem Verband der privaten Krankenversicherung e.V. mitteilt, dass mit der Förderung eine Gesamthöhe von 30 Millionen Euro erreicht worden ist. ³Einzelheiten zu den Voraussetzungen und dem Verfahren der Förderung regelt der Spitzenverband Bund der Pflegekassen im Einvernehmen mit dem Verband der privaten Krankenversicherung e.V.

§ 45f Weiterentwicklung neuer Wohnformen. (1) ¹Zur wissenschaftlich gestützten Weiterentwicklung und Förderung neuer Wohnformen werden zusätzlich 10 Millionen Euro zur Verfügung gestellt. ²Dabei sind insbesondere solche Konzepte einzubeziehen, die es alternativ zu stationären Einrichtungen ermöglichen, außerhalb der vollstationären Betreuung bewohnerorientiert individuelle Versorgung anzubieten.

(2) ¹Einrichtungen, die aus diesem Grund bereits eine Modellförderung, insbesondere nach § 8 Absatz 3, erfahren haben, sind von der Förderung nach Absatz 1 Satz 1 ausgenommen. ²Für die Förderung gilt § 8 Absatz 3 entsprechend.

Fünftes Kapitel. Organisation

Erster Abschnitt. Träger der Pflegeversicherung

§ 46 Pflegekassen. (1) ¹Träger der Pflegeversicherung sind die Pflegekassen. ²Bei jeder Krankenkasse (§ 4 Abs. 2 des Fünften Buches[1])) wird eine Pflegekasse errichtet. ³Die Deutsche Rentenversicherung Knappschaft-Bahn-See als Träger der Krankenversicherung führt die Pflegeversicherung für die Versicherten durch.

(2) ¹Die Pflegekassen sind rechtsfähige Körperschaften des öffentlichen Rechts mit Selbstverwaltung. ²Organe der Pflegekassen sind die Organe der Krankenkassen, bei denen sie errichtet sind. ³Arbeitgeber (Dienstherr) der für die Pflegekasse tätigen Beschäftigten ist die Krankenkasse, bei der die Pflegekasse errichtet ist. ⁴Krankenkassen und Pflegekassen können für Mitglieder, die ihre Kranken- und Pflegeversicherungsbeiträge selbst zu zahlen haben, die Höhe der Beiträge zur Kranken- und Pflegeversicherung in einem gemeinsamen Beitragsbescheid festsetzen. ⁵Das Mitglied ist darauf hinzuweisen, dass der Bescheid über den Beitrag zur Pflegeversicherung im Namen der Pflegekasse ergeht. ⁶In den Fällen des Satzes 4 kann auch ein gemeinsamer Widerspruchsbescheid erlassen werden; Satz 5 gilt entsprechend. ⁷Bei der Ausführung dieses Buches ist das Erste Kapitel des Zehnten Buches[2]) anzuwenden.

(3) ¹Die Verwaltungskosten einschließlich der Personalkosten, die den Krankenkassen auf Grund dieses Buches entstehen, werden von den Pflegekassen in Höhe von 3,2 Prozent des Mittelwertes von Leistungsaufwendungen und Beitragseinnahmen erstattet; dabei ist der Erstattungsbetrag für die einzelne Krankenkasse um die Hälfte der Aufwendungen der jeweiligen Pflegekasse für

---

[1]) Nr. 5.
[2]) Nr. 10.

Pflegeberatung nach § 7a Abs. 4 Satz 5 und um die Aufwendungen für Zahlungen nach § 18 Absatz 3b zu vermindern. ²Bei der Berechnung der Erstattung sind die Beitragseinnahmen um die Beitragseinnahmen zu vermindern, die dazu bestimmt sind, nach § 135 dem Vorsorgefonds der sozialen Pflegeversicherung zugeführt zu werden. ³Der Gesamtbetrag der nach Satz 1 zu erstattenden Verwaltungskosten aller Krankenkassen ist nach dem tatsächlich entstehenden Aufwand (Beitragseinzug/Leistungsgewährung) auf die Krankenkassen zu verteilen. ⁴Der Spitzenverband Bund der Pflegekassen bestimmt das Nähere über die Verteilung. ⁵Außerdem übernehmen die Pflegekassen 50 vom Hundert der umlagefinanzierten Kosten des Medizinischen Dienstes der Krankenversicherung. ⁶Personelle Verwaltungskosten, die einer Betriebskrankenkasse von der Pflegekasse erstattet werden, sind an den Arbeitgeber weiterzuleiten, wenn er die Personalkosten der Betriebskrankenkasse nach § 147 Abs. 2 des Fünften Buches trägt. ⁷Der Verwaltungsaufwand in der sozialen Pflegeversicherung ist nach Ablauf von einem Jahr nach Inkrafttreten dieses Gesetzes zu überprüfen.

(4) Das Bundesministerium für Gesundheit wird ermächtigt, durch Rechtsverordnung mit Zustimmung des Bundesrates Näheres über die Erstattung der Verwaltungskosten zu regeln sowie die Höhe der Verwaltungskostenerstattung neu festzusetzen, wenn die Überprüfung des Verwaltungsaufwandes nach Absatz 3 Satz 6 dies rechtfertigt.

(5) Bei Vereinigung, Auflösung und Schließung einer Krankenkasse gelten die §§ 143 bis 172 des Fünften Buches für die bei ihr errichteten Pflegekasse entsprechend.

(6) ¹Die Aufsicht über die Pflegekassen führen die für die Aufsicht über die Krankenkassen zuständigen Stellen. ²Das Bundesversicherungsamt und die für die Sozialversicherung zuständigen obersten Verwaltungsbehörden der Länder haben mindestens alle fünf Jahre die Geschäfts-, Rechnungs- und Betriebsführung der ihrer Aufsicht unterstehenden Pflegekassen und deren Arbeitsgemeinschaften zu prüfen. ³Das Bundesministerium für Gesundheit kann die Prüfung der bundesunmittelbaren Pflegekassen und deren Arbeitsgemeinschaften, die für die Sozialversicherung zuständigen obersten Verwaltungsbehörden der Länder können die Prüfung der landesunmittelbaren Pflegekassen und deren Arbeitsgemeinschaften auf eine öffentlich-rechtliche Prüfungseinrichtung übertragen, die bei der Durchführung der Prüfung unabhängig ist. ⁴Die Prüfung hat sich auf den gesamten Geschäftsbetrieb zu erstrecken; sie umfaßt die Prüfung seiner Gesetzmäßigkeit und Wirtschaftlichkeit. ⁵Die Pflegekassen und deren Arbeitsgemeinschaften haben auf Verlangen alle Unterlagen vorzulegen und alle Auskünfte zu erteilen, die zur Durchführung der Prüfung erforderlich sind. ⁶Die mit der Prüfung nach diesem Absatz befassten Stellen können nach Anhörung des Spitzenverbandes Bund der Krankenkassen als Spitzenverband Bund der Pflegekassen bestimmen, dass die Pflegekassen die zu prüfenden Daten elektronisch und in einer bestimmten Form zur Verfügung stellen. ⁷§ 274 Abs. 2 und 3 des Fünften Buches gilt entsprechend.

§ 47 Satzung.
(1) Die Satzung muß Bestimmungen enthalten über:
1. Name und Sitz der Pflegekasse,
2. Bezirk der Pflegekasse und Kreis der Mitglieder,
3. Rechte und Pflichten der Organe,

5. Kapitel. Organisation　　　　　　　　　　　　§ 47a　SGB XI　11

4. Art der Beschlußfassung der Vertreterversammlung,
5. Bemessung der Entschädigungen für Organmitglieder, soweit sie Aufgaben der Pflegeversicherung wahrnehmen,
6. jährliche Prüfung der Betriebs- und Rechnungsführung und Abnahme der Jahresrechnung,
7. Zusammensetzung und Sitz der Widerspruchsstelle und
8. Art der Bekanntmachungen.

(2) Die Satzung kann eine Bestimmung enthalten, nach der die Pflegekasse den Abschluss privater Pflege-Zusatzversicherungen zwischen ihren Versicherten und privaten Krankenversicherungsunternehmen vermitteln kann.

(3) Die Satzung und ihre Änderungen bedürfen der Genehmigung der Behörde, die für die Genehmigung der Satzung der Krankenkasse, bei der die Pflegekasse errichtet ist, zuständig ist.

§ 47a Stellen zur Bekämpfung von Fehlverhalten im Gesundheitswesen. (1) [1] § 197a des Fünften Buches[1]) gilt entsprechend; § 197a Absatz 3 des Fünften Buches gilt mit der Maßgabe, auch mit den nach Landesrecht bestimmten Trägern der Sozialhilfe, die für die Hilfe zur Pflege im Sinne des Siebten Kapitels des Zwölften Buches[2]) zuständig sind, zusammenzuarbeiten. [2] Die organisatorischen Einheiten nach § 197a Abs. 1 des Fünften Buches sind die Stellen zur Bekämpfung von Fehlverhalten im Gesundheitswesen bei den Pflegekassen, ihren Landesverbänden und dem Spitzenverband Bund der Pflegekassen.

(2) [1] Die Einrichtungen nach Absatz 1 Satz 2 dürfen personenbezogene Daten, die von ihnen zur Erfüllung ihrer Aufgaben nach Absatz 1 erhoben oder an sie weitergegeben oder übermittelt wurden, untereinander übermitteln, soweit dies für die Feststellung und Bekämpfung von Fehlverhalten im Gesundheitswesen beim Empfänger erforderlich ist. [2] An die nach Landesrecht bestimmten Träger der Sozialhilfe, die für die Hilfe zur Pflege im Sinne des Siebten Kapitels des Zwölften Buches zuständig sind, dürfen die Einrichtungen nach Absatz 1 Satz 2 personenbezogene Daten nur übermitteln, soweit dies für die Feststellung und Bekämpfung von Fehlverhalten im Zusammenhang mit den Regelungen des Siebten Kapitels des Zwölften Buches erforderlich ist und im Einzelfall konkrete Anhaltspunkte dafür vorliegen. [3] Der Empfänger darf diese Daten nur zu dem Zweck verarbeiten und nutzen, zu dem sie ihm übermittelt worden sind. [4] Ebenso dürfen die nach Landesrecht bestimmten Träger der Sozialhilfe, die für die Hilfe zur Pflege im Sinne des Siebten Kapitels des Zwölften Buches zuständig sind, personenbezogene Daten, die von ihnen zur Erfüllung ihrer Aufgaben erhoben oder an sie weitergegeben oder übermittelt wurden, an die in Absatz 1 Satz 2 genannten Einrichtungen übermitteln, soweit dies für die Feststellung und Bekämpfung von Fehlverhalten im Gesundheitswesen beim Empfänger erforderlich ist. [5] Die in Absatz 1 Satz 2 genannten Einrichtungen dürfen diese nur zu dem Zweck verarbeiten und nutzen, zu dem sie ihnen übermittelt worden sind. [6] Die Einrichtungen nach Absatz 1 Satz 2 sowie die nach Landesrecht bestimmten Träger der Sozialhilfe, die für die Hilfe zur Pflege im Sinne des Siebten Kapitels des Zwölften Buches zuständig sind,

---

[1]) Nr. 5.
[2]) Nr. 12.

haben sicherzustellen, dass die personenbezogenen Daten nur Befugten zugänglich sind oder nur an diese weitergegeben werden.

Zweiter Abschnitt. Zuständigkeit, Mitgliedschaft

§ 48 Zuständigkeit für Versicherte einer Krankenkasse und sonstige Versicherte. (1) [1] Für die Durchführung der Pflegeversicherung ist jeweils die Pflegekasse zuständig, die bei der Krankenkasse errichtet ist, bei der eine Pflichtmitgliedschaft oder freiwillige Mitgliedschaft besteht. [2] Für Familienversicherte nach § 25 ist die Pflegekasse des Mitglieds zuständig.

(2) [1] Für Personen, die nach § 21 Nr. 1 bis 5 versichert sind, ist die Pflegekasse zuständig, die bei der Krankenkasse errichtet ist, die mit der Leistungserbringung im Krankheitsfalle beauftragt ist. [2] Ist keine Krankenkasse mit der Leistungserbringung im Krankheitsfall beauftragt, kann der Versicherte die Pflegekasse nach Maßgabe des Absatzes 3 wählen.

(3) [1] Personen, die nach § 21 Nr. 6 versichert sind, können die Mitgliedschaft wählen bei der Pflegekasse, die bei

1. der Krankenkasse errichtet ist, der sie angehören würden, wenn sie in der gesetzlichen Krankenversicherung versicherungspflichtig wären,
2. der Allgemeinen Ortskrankenkasse ihres Wohnsitzes oder gewöhnlichen Aufenthaltes errichtet ist,
3. einer Ersatzkasse errichtet ist, wenn sie zu dem Mitgliederkreis gehören, den die gewählte Ersatzkasse aufnehmen darf.

[2] Ab 1. Januar 1996 können sie die Mitgliedschaft bei der Pflegekasse wählen, die bei der Krankenkasse errichtet ist, die sie nach § 173 Abs. 2 des Fünften Buches[1]) wählen könnten, wenn sie in der gesetzlichen Krankenversicherung versicherungspflichtig wären.

§ 49 Mitgliedschaft. (1) [1] Die Mitgliedschaft bei einer Pflegekasse beginnt mit dem Tag, an dem die Voraussetzungen des § 20 oder des § 21 vorliegen. [2] Sie endet mit dem Tod des Mitglieds oder mit Ablauf des Tages, an dem die Voraussetzungen des § 20 oder des § 21 entfallen, sofern nicht das Recht zur Weiterversicherung nach § 26 ausgeübt wird. [3] Für die nach § 20 Abs. 1 Satz 2 Nr. 12 Versicherten gelten § 186 Abs. 11 und § 190 Abs. 13 des Fünften Buches[1]) entsprechend.

(2) [1] Für das Fortbestehen der Mitgliedschaft gelten die §§ 189, 192 des Fünften Buches sowie § 25 des Zweiten Gesetzes über die Krankenversicherung der Landwirte entsprechend.

(3) Die Mitgliedschaft freiwillig Versicherter nach den §§ 26 und 26a endet:
1. mit dem Tod des Mitglieds oder
2. mit Ablauf des übernächsten Kalendermonats, gerechnet von dem Monat, in dem das Mitglied den Austritt erklärt, wenn die Satzung nicht einen früheren Zeitpunkt bestimmt.

---

[1]) Nr. 5.

5. Kapitel. Organisation **§ 50 SGB XI 11**

Dritter Abschnitt. Meldungen

§ 50 Melde- und Auskunftspflichten bei Mitgliedern der sozialen Pflegeversicherung. (1) ¹ Alle nach § 20 versicherungspflichtigen Mitglieder haben sich selbst unverzüglich bei der für sie zuständigen Pflegekasse anzumelden. ² Dies gilt nicht, wenn ein Dritter bereits eine Meldung nach den §§ 28a bis 28c des Vierten Buches[1], §§ 199 bis 205 des Fünften Buches[2] oder §§ 27 bis 29 des Zweiten Gesetzes über die Krankenversicherung der Landwirte zur gesetzlichen Krankenversicherung abgegeben hat; die Meldung zur gesetzlichen Krankenversicherung schließt die Meldung zur sozialen Pflegeversicherung ein. ³ Bei freiwillig versicherten Mitgliedern der gesetzlichen Krankenversicherung gilt die Beitrittserklärung zur gesetzlichen Krankenversicherung als Meldung zur sozialen Pflegeversicherung.

(2) Für die nach § 21 versicherungspflichtigen Mitglieder haben eine Meldung an die zuständige Pflegekasse zu erstatten:

1. das Versorgungsamt für Leistungsempfänger nach dem Bundesversorgungsgesetz oder nach den Gesetzen, die eine entsprechende Anwendung des Bundesversorgungsgesetzes vorsehen,
2. das Ausgleichsamt für Leistungsempfänger von Kriegsschadenrente oder vergleichbaren Leistungen nach dem Lastenausgleichsgesetz oder dem Reparationsschädengesetz oder von laufender Beihilfe nach dem Flüchtlingshilfegesetz,
3. der Träger der Kriegsopferfürsorge für Empfänger von laufenden Leistungen der ergänzenden Hilfe zum Lebensunterhalt nach dem Bundesversorgungsgesetz oder nach den Gesetzen, die eine entsprechende Anwendung des Bundesversorgungsgesetzes vorsehen,
4. der Leistungsträger der Jugendhilfe für Empfänger von laufenden Leistungen zum Unterhalt nach dem Achten Buch[3],
5. der Leistungsträger für Krankenversorgungsberechtigte nach dem Bundesentschädigungsgesetz,
6. der Dienstherr für Soldaten auf Zeit.

(3) ¹ Personen, die versichert sind oder als Versicherte in Betracht kommen, haben der Pflegekasse, soweit sie nicht nach § 28o des Vierten Buches auskunftspflichtig sind,

1. auf Verlangen über alle für die Feststellung der Versicherungs- und Beitragspflicht und für die Durchführung der der Pflegekasse übertragenen Aufgaben erforderlichen Tatsachen unverzüglich Auskunft zu erteilen,
2. Änderungen in den Verhältnissen, die für die Feststellung der Versicherungs- und Beitragspflicht erheblich sind und nicht durch Dritte gemeldet werden, unverzüglich mitzuteilen.

² Sie haben auf Verlangen die Unterlagen, aus denen die Tatsachen oder die Änderung der Verhältnisse hervorgehen, der Pflegekasse in deren Geschäftsräumen unverzüglich vorzulegen.

---

[1] Nr. 4.
[2] Nr. 5.
[3] Nr. 8.

(4) Entstehen der Pflegekasse durch eine Verletzung der Pflichten nach Absatz 3 zusätzliche Aufwendungen, kann sie von dem Verpflichteten die Erstattung verlangen.

(5) Die Krankenkassen übermitteln den Pflegekassen die zur Erfüllung ihrer Aufgaben erforderlichen personenbezogenen Daten.

(6) Für die Meldungen der Pflegekassen an die Rentenversicherungsträger gilt § 201 des Fünften Buches entsprechend.

§ 51 Meldungen bei Mitgliedern der privaten Pflegeversicherung.

(1) ¹Das private Versicherungsunternehmen hat Personen, die bei ihm gegen Krankheit versichert sind und trotz Aufforderung innerhalb von sechs Monaten nach Inkrafttreten des Pflege-Versicherungsgesetzes, bei Neuabschlüssen von Krankenversicherungsverträgen innerhalb von drei Monaten nach Abschluß des Vertrages, keinen privaten Pflegeversicherungsvertrag abgeschlossen haben, unverzüglich elektronisch dem Bundesversicherungsamt zu melden. ²Das Versicherungsunternehmen hat auch Versicherungsnehmer zu melden, sobald diese mit der Entrichtung von sechs insgesamt vollen Monatsprämien in Verzug geraten sind. ³Das Bundesversicherungsamt und der Verband der privaten Krankenversicherung e.V. haben bis zum 31. Dezember 2017 Näheres über das elektronische Meldeverfahren zu vereinbaren.

(2) ¹Der Dienstherr hat für Heilfürsorgeberechtigte, die weder privat krankenversichert noch Mitglied in der gesetzlichen Krankenversicherung sind, eine Meldung an das Bundesversicherungsamt zu erstatten. ²Die Postbeamtenkrankenkasse und die Krankenversorgung der Bundesbahnbeamten melden die im Zeitpunkt des Inkrafttretens des Gesetzes bei diesen Einrichtungen versicherten Mitglieder und mitversicherten Familienangehörigen an das Bundesversicherungsamt.

(3) Die Meldepflichten bestehen auch für die Fälle, in denen eine bestehende private Pflegeversicherung gekündigt und der Abschluß eines neuen Vertrages bei einem anderen Versicherungsunternehmen nicht nachgewiesen wird.

Vierter Abschnitt. Wahrnehmung der Verbandsaufgaben

§ 52 Aufgaben auf Landesebene.
(1) ¹Die Landesverbände der Ortskrankenkassen, der Betriebskrankenkassen und der Innungskrankenkassen, die Deutsche Rentenversicherung Knappschaft-Bahn-See, die nach § 36 des Zweiten Gesetzes über die Krankenversicherung der Landwirte als Landesverband tätige landwirtschaftliche Krankenkasse sowie die Ersatzkassen nehmen die Aufgaben der Landesverbände der Pflegekassen wahr. ²§ 211a und § 212 Abs. 5 Satz 4 bis 10 des Fünften Buches[1]) gelten entsprechend.

(2) ¹Für die Aufgaben der Landesverbände nach Absatz 1 gilt § 211 des Fünften Buches entsprechend. ²Die Landesverbände haben insbesondere den Spitzenverband Bund der Pflegekassen bei der Erfüllung seiner Aufgaben zu unterstützen.

(3) Für die Aufsicht über die Landesverbände im Bereich der Aufgaben nach Absatz 1 gilt § 208 des Fünften Buches entsprechend.

---

[1]) Nr. 5.

(4) Soweit in diesem Buch die Landesverbände der Pflegekassen Aufgaben wahrnehmen, handeln die in Absatz 1 aufgeführten Stellen.

§ 53 Aufgaben auf Bundesebene. [1] Der Spitzenverband Bund der Krankenkassen nimmt die Aufgaben des Spitzenverbandes Bund der Pflegekassen wahr. [2] Die §§ 217b, 217d und 217f des Fünften Buches[1)] gelten entsprechend.

§ 53a Zusammenarbeit der Medizinischen Dienste. [1] Der Spitzenverband Bund der Pflegekassen erlässt für den Bereich der sozialen Pflegeversicherung Richtlinien

1. über die Zusammenarbeit der Pflegekassen mit den Medizinischen Diensten,
2. zur Durchführung und Sicherstellung einer einheitlichen Begutachtung,
3. über die von den Medizinischen Diensten zu übermittelnden Berichte und Statistiken,
4. zur Qualitätssicherung der Begutachtung und Beratung sowie über das Verfahren zur Durchführung von Qualitätsprüfungen und zur Qualitätssicherung der Qualitätsprüfungen,
5. über Grundsätze zur Fort- und Weiterbildung.

[2] Die Richtlinien bedürfen der Zustimmung des Bundesministeriums für Gesundheit. [3] Sie sind für die Medizinischen Dienste verbindlich.

§ 53b Beauftragung von anderen unabhängigen Gutachtern durch die Pflegekassen im Verfahren zur Feststellung der Pflegebedürftigkeit. (1) [1] Der Spitzenverband Bund der Pflegekassen erlässt bis zum 31. März 2013 mit dem Ziel einer einheitlichen Rechtsanwendung Richtlinien zur Zusammenarbeit der Pflegekassen mit anderen unabhängigen Gutachtern im Verfahren zur Feststellung der Pflegebedürftigkeit. [2] Die Richtlinien sind für die Pflegekassen verbindlich.

(2) Die Richtlinien regeln insbesondere Folgendes:
1. die Anforderungen an die Qualifikation und die Unabhängigkeit der Gutachter,
2. das Verfahren, mit dem sichergestellt wird, dass die von den Pflegekassen beauftragten unabhängigen Gutachter bei der Feststellung der Pflegebedürftigkeit und bei der Zuordnung zu einem Pflegegrad dieselben Maßstäbe wie der Medizinische Dienst der Krankenversicherung anlegen,
3. die Sicherstellung der Dienstleistungsorientierung im Begutachtungsverfahren und
4. die Einbeziehung der Gutachten der von den Pflegekassen beauftragten Gutachter in das Qualitätssicherungsverfahren der Medizinischen Dienste.

(3) Die Richtlinien bedürfen der Zustimmung des Bundesministeriums für Gesundheit.

§ 53c Richtlinien zur Qualifikation und zu den Aufgaben zusätzlicher Betreuungskräfte. [1] Der Spitzenverband Bund der Pflegekassen hat für die zusätzlich einzusetzenden Betreuungskräfte für die Leistungen nach § 43b

---
[1)] Nr. 5.

Richtlinien zur Qualifikation und zu den Aufgaben in stationären Pflegeeinrichtungen zu beschließen. ²Er hat hierzu die Bundesvereinigungen der Träger stationärer Pflegeeinrichtungen und die Verbände der Pflegeberufe auf Bundesebene anzuhören und den allgemein anerkannten Stand medizinischpflegerischer Erkenntnisse zu beachten. ³Die Richtlinien werden für alle Pflegekassen und deren Verbände sowie für die stationären Pflegeeinrichtungen erst nach Genehmigung durch das Bundesministerium für Gesundheit wirksam. ⁴§ 17 Absatz 2 Satz 2 und 3 gilt entsprechend.

Sechstes Kapitel. Finanzierung

Erster Abschnitt. Beiträge

§ 54 Grundsatz. (1) Die Mittel für die Pflegeversicherung werden durch Beiträge sowie sonstige Einnahmen gedeckt.

(2) ¹Die Beiträge werden nach einem Vomhundertsatz (Beitragssatz) von den beitragspflichtigen Einnahmen der Mitglieder bis zur Beitragsbemessungsgrenze (§ 55) erhoben. ²Die Beiträge sind für jeden Kalendertag der Mitgliedschaft zu zahlen, soweit dieses Buch nichts Abweichendes bestimmt. ³Für die Berechnung der Beiträge ist die Woche zu sieben, der Monat zu 30 und das Jahr zu 360 Tagen anzusetzen.

(3) Die Vorschriften des Zwölften Kapitels des Fünften Buches[1]) gelten entsprechend.

§ 55 Beitragssatz, Beitragsbemessungsgrenze. (1) ¹Der Beitragssatz beträgt bundeseinheitlich 2,55 Prozent der beitragspflichtigen Einnahmen der Mitglieder; er wird durch Gesetz festgesetzt. ²Für Personen, bei denen § 28 Abs. 2 Anwendung findet, beträgt der Beitragssatz die Hälfte des Beitragssatzes nach Satz 1.

(2) Beitragspflichtige Einnahmen sind bis zu einem Betrag von 1/360 der in § 6 Abs. 7 des Fünften Buches[1]) festgelegten Jahresarbeitsentgeltgrenze für den Kalendertag zu berücksichtigen (Beitragsbemessungsgrenze).

(3) ¹Der Beitragssatz nach Absatz 1 Satz 1 und 2 erhöht sich für Mitglieder nach Ablauf des Monats, in dem sie das 23. Lebensjahr vollendet haben, um einen Beitragszuschlag in Höhe von 0,25 Beitragssatzpunkten (Beitragszuschlag für Kinderlose). ²Satz 1 gilt nicht für Eltern im Sinne des § 56 Abs. 1 Satz 1 Nr. 3 und Abs. 3 Nr. 2 und Abs. 3 des Ersten Buches[2]). ³Die Elterneigenschaft ist in geeigneter Form gegenüber der beitragsabführenden Stelle, von Selbstzahlern gegenüber der Pflegekasse, nachzuweisen, sofern diesen die Elterneigenschaft nicht bereits aus anderen Gründen bekannt ist. ⁴Der Spitzenverband Bund der Pflegekassen gibt Empfehlungen darüber, welche Nachweise geeignet sind. ⁵Erfolgt die Vorlage des Nachweises innerhalb von drei Monaten nach der Geburt des Kindes, gilt der Nachweis mit Beginn des Monats der Geburt als erbracht, ansonsten wirkt der Nachweis ab Beginn des Monats, der dem Monat folgt, in dem der Nachweis erbracht wird. ⁶Nachweise für vor dem 1. Januar 2005 geborene Kinder, die bis zum 30. Juni 2005 erbracht werden, wirken

---

[1]) Nr. 5.
[2]) Nr. 1.

6. Kapitel. Finanzierung § 56 SGB XI 11

vom 1. Januar 2005 an. [7] Satz 1 gilt nicht für Mitglieder, die vor dem 1. Januar 1940 geboren wurden, für Wehr- und Zivildienstleistende sowie für Bezieher von Arbeitslosengeld II.

(3a) Zu den Eltern im Sinne des Absatzes 3 Satz 2 gehören nicht

1. Adoptiveltern, wenn das Kind zum Zeitpunkt des Wirksamwerdens der Adoption bereits die in § 25 Abs. 2 vorgesehenen Altersgrenzen erreicht hat,
2. Stiefeltern, wenn das Kind zum Zeitpunkt der Eheschließung mit dem Elternteil des Kindes bereits die in § 25 Abs. 2 vorgesehenen Altersgrenzen erreicht hat oder wenn das Kind vor Erreichen dieser Altersgrenzen nicht in den gemeinsamen Haushalt mit dem Mitglied aufgenommen worden ist.

(4) [1] Der Beitragszuschlag für die Monate Januar bis März 2005 auf Renten der gesetzlichen Rentenversicherung wird für Rentenbezieher, die nach dem 31. Dezember 1939 geboren wurden, in der Weise abgegolten, dass der Beitragszuschlag im Monat April 2005 1 vom Hundert der im April 2005 beitragspflichtigen Rente beträgt. [2] Für die Rentenbezieher, die in den Monaten Januar bis April 2005 zeitweise nicht beitrags- oder zuschlagspflichtig sind, wird der Beitragszuschlag des Monats April 2005 entsprechend der Dauer dieser Zeit reduziert.

(5) [1] Sind landwirtschaftliche Unternehmer, die nicht zugleich Arbeitslosengeld II beziehen, sowie mitarbeitende Familienangehörige Mitglied der landwirtschaftlichen Krankenkasse, wird der Beitrag abweichend von den Absätzen 1 bis 3 in Form eines Zuschlags auf den Krankenversicherungsbeitrag, den sie nach den Vorschriften des Zweiten Gesetzes über die Krankenversicherung der Landwirte aus dem Arbeitseinkommen aus Land- und Forstwirtschaft zu zahlen haben, erhoben. [2] Die Höhe des Zuschlags ergibt sich aus dem Verhältnis des Beitragssatzes nach Absatz 1 Satz 2 zu dem um den durchschnittlichen Zusatzbeitragssatz erhöhten allgemeinen Beitragssatz nach § 241 des Fünften Buches. [3] Sind die Voraussetzungen für einen Beitragszuschlag für Kinderlose nach Absatz 3 erfüllt, erhöht sich der Zuschlag nach Satz 2 um das Verhältnis des Beitragszuschlags für Kinderlose nach Absatz 3 Satz 1 zu dem Beitragssatz nach Absatz 1 Satz 1.

§ 56 Beitragsfreiheit. (1) Familienangehörige und Lebenspartner sind für die Dauer der Familienversicherung nach § 25 beitragsfrei.

(2) [1] Beitragsfreiheit besteht vom Zeitpunkt der Rentenantragstellung bis zum Beginn der Rente einschließlich einer Rente nach dem Gesetz über die Alterssicherung der Landwirte für:

1. den hinterbliebenen Ehegatten eines Rentners, der bereits Rente bezogen hat, wenn Hinterbliebenenrente beantragt wird,
2. die Waise eines Rentners, der bereits Rente bezogen hat, vor Vollendung des 18. Lebensjahres; dies gilt auch für Waisen, deren verstorbener Elternteil eine Rente nach dem Gesetz über die Alterssicherung der Landwirte bezogen hat,
3. den hinterbliebenen Ehegatten eines Beziehers einer Rente nach dem Gesetz über die Alterssicherung der Landwirte, wenn die Ehe vor Vollendung des 65. Lebensjahres des Verstorbenen geschlossen wurde,
4. den hinterbliebenen Ehegatten eines Beziehers von Landabgaberente.

²Satz 1 gilt nicht, wenn der Rentenantragsteller eine eigene Rente, Arbeitsentgelt, Arbeitseinkommen oder Versorgungsbezüge erhält.

(3) ¹Beitragsfrei sind Mitglieder für die Dauer des Bezuges von Mutterschafts-, Eltern- oder Betreuungsgeld. ²Die Beitragsfreiheit erstreckt sich nur auf die in Satz 1 genannten Leistungen.

(4) Beitragsfrei sind auf Antrag Mitglieder, die sich auf nicht absehbare Dauer in stationärer Pflege befinden und bereits Leistungen nach § 35 Abs. 6 des Bundesversorgungsgesetzes, nach § 44 des Siebten Buches[1]), nach § 34 des Beamtenversorgungsgesetzes oder nach den Gesetzen erhalten, die eine entsprechende Anwendung des Bundesversorgungsgesetzes vorsehen, wenn sie keine Familienangehörigen haben, für die eine Versicherung nach § 25 besteht.

(5) ¹Beitragsfrei sind Mitglieder für die Dauer des Bezuges von Pflegeunterstützungsgeld. ²Die Beitragsfreiheit erstreckt sich nur auf die in Satz 1 genannten Leistungen.

§ 57 Beitragspflichtige Einnahmen. (1) ¹Bei Mitgliedern der Pflegekasse, die in der gesetzlichen Krankenversicherung pflichtversichert sind, gelten für die Beitragsbemessung die §§ 226 bis 232a, 233 bis 238 und § 244 des Fünften Buches[2]) sowie die §§ 23a und 23b Abs. 2 bis 4 des Vierten Buches[3]). ²Bei Personen, die Arbeitslosengeld II beziehen, ist abweichend von § 232a Abs. 1 Satz 1 Nr. 2 des Fünften Buches das 0,2266fache der monatlichen Bezugsgröße zugrunde zu legen und sind abweichend von § 54 Absatz 2 Satz 2 die Beiträge für jeden Kalendermonat, in dem mindestens für einen Tag eine Mitgliedschaft besteht, zu zahlen; § 232a Absatz 1a des Fünften Buches gilt entsprechend.

(2) ¹Bei Beziehern von Krankengeld gilt als beitragspflichtige Einnahmen 80 vom Hundert des Arbeitsentgelts, das der Bemessung des Krankengeldes zugrundeliegt. ²Dies gilt auch für den Krankengeldbezug eines rentenversicherungspflichtigen mitarbeitenden Familienangehörigen eines landwirtschaftlichen Unternehmers. ³Beim Krankengeldbezug eines nicht rentenversicherungspflichtigen mitarbeitenden Familienangehörigen ist der Zahlbetrag der Leistung der Beitragsbemessung zugrunde zu legen. ⁴Bei Personen, die Krankengeld nach § 44a des Fünften Buches beziehen, wird das der Leistung zugrunde liegende Arbeitsentgelt oder Arbeitseinkommen zugrunde gelegt; wird dieses Krankengeld nach § 47b des Fünften Buches gezahlt, gelten die Sätze 1 bis 3. ⁵Bei Personen, die Leistungen für den Ausfall von Arbeitseinkünften von einem privaten Krankenversicherungsunternehmen, von einem Beihilfeträger des Bundes, von einem sonstigen öffentlich-rechtlichen Träger von Kosten in Krankheitsfällen auf Bundesebene, von dem Träger der Heilfürsorge im Bereich des Bundes, von dem Träger der truppenärztlichen Versorgung oder von einem öffentlich-rechtlichen Träger von Kosten in Krankheitsfällen auf Landesebene, soweit Landesrecht dies vorsieht, im Zusammenhang mit einer nach den §§ 8 und 8a des Transplantationsgesetzes erfolgenden Spende von Organen oder Geweben oder im Zusammenhang mit einer im Sinne von § 9 des Transfusionsgesetzes erfolgenden Spende von Blut zur Separation von Blutstammzellen oder anderen Blutbestandteilen erhalten, wird das diesen Leistungen zugrunde liegende Arbeitsentgelt oder Arbeitseinkommen zugrunde gelegt.

---

¹) Nr. 7.
²) Nr. 5.
³) Nr. 4.

⁶ Bei Personen, die Krankengeld nach § 45 Absatz 1 des Fünften Buches beziehen, gelten als beitragspflichtige Einnahmen 80 Prozent des während der Freistellung ausgefallenen, laufenden Arbeitsentgelts oder des der Leistung zugrunde liegenden Arbeitseinkommens.

(3) Für die Beitragsbemessung der in § 20 Absatz 1 Satz 2 Nummer 3 genannten Altenteiler gilt § 45 des Zweiten Gesetzes über die Krankenversicherung der Landwirte.

(4) ¹ Bei freiwilligen Mitgliedern der gesetzlichen Krankenversicherung und bei Mitgliedern der sozialen Pflegeversicherung, die nicht in der gesetzlichen Krankenversicherung versichert sind, ist für die Beitragsbemessung § 240 des Fünften Buches entsprechend anzuwenden. ² Für die Beitragsbemessung der in der gesetzlichen Krankenversicherung versicherten Rentenantragsteller und freiwillig versicherten Rentner finden darüber hinaus die §§ 238a und 239 des Fünften Buches entsprechende Anwendung. ³ Abweichend von Satz 1 ist bei Mitgliedern nach § 20 Abs. 1 Nr. 10, die in der gesetzlichen Krankenversicherung freiwillig versichert sind, § 236 des Fünften Buches entsprechend anzuwenden; als beitragspflichtige Einnahmen der satzungsmäßigen Mitglieder geistlicher Genossenschaften, Diakonissen und ähnlicher Personen, die freiwillig in der gesetzlichen Krankenversicherung versichert sind, sind der Wert für gewährte Sachbezüge oder das ihnen zur Beschaffung der unmittelbaren Lebensbedürfnisse an Wohnung, Verpflegung, Kleidung und dergleichen gezahlte Entgelt zugrunde zu legen. ⁴ Bei freiwilligen Mitgliedern der gesetzlichen Krankenversicherung, die von einem Rehabilitationsträger Verletztengeld, Versorgungskrankengeld oder Übergangsgeld erhalten, gilt für die Beitragsbemessung § 235 Abs. 2 des Fünften Buches entsprechend; für die in der landwirtschaftlichen Krankenversicherung freiwillig Versicherten gilt § 46 des Zweiten Gesetzes über die Krankenversicherung der Landwirte.

(5) Der Beitragsberechnung von Personen, die nach § 26 Abs. 2 weiterversichert sind, werden für den Kalendertag der 180. Teil der monatlichen Bezugsgröße nach § 18 des Vierten Buches zugrunde gelegt.

§ 58 Tragung der Beiträge bei versicherungspflichtig Beschäftigten.

(1) ¹ Die nach § 20 Abs. 1 Satz 2 Nr. 1 und 12 versicherungspflichtig Beschäftigten, die in der gesetzlichen Krankenversicherung pflichtversichert sind, und ihre Arbeitgeber tragen die aus dem Arbeitsentgelt zu bemessenden Beiträge jeweils zur Hälfte. ² Soweit für Beschäftigte Beiträge für Kurzarbeitergeld zu zahlen sind, trägt der Arbeitgeber den Beitrag allein. ³ Den Beitragszuschlag für Kinderlose nach § 55 Abs. 3 tragen die Beschäftigten.

(2) Zum Ausgleich der mit den Arbeitgeberbeiträgen verbundenen Belastungen der Wirtschaft werden die Länder einen gesetzlichen landesweiten Feiertag, der stets auf einen Werktag fällt, aufheben.

(3) ¹ Die in Absatz 1 genannten Beschäftigten tragen die Beiträge in Höhe von 1 vom Hundert allein, wenn der Beschäftigungsort in einem Land liegt, in dem die am 31. Dezember 1993 bestehende Anzahl der gesetzlichen landesweiten Feiertage nicht um einen Feiertag, der stets auf einen Werktag fiel, vermindert worden ist. ² In Fällen des § 55 Abs. 1 Satz 2 werden die Beiträge in Höhe von 0,5 vom Hundert allein getragen. ³ Im Übrigen findet Absatz 1 Anwendung, soweit es sich nicht um eine versicherungspflichtige Beschäftigung mit einem monatlichen Arbeitsentgelt innerhalb der Gleitzone nach § 20

Abs. 2 des Vierten Buches[1)] handelt, für die Absatz 5 Satz 2 Anwendung findet. [4] Die Beiträge der Beschäftigten erhöhen sich nicht, wenn Länder im Jahr 2017 den Reformationstag einmalig zu einem gesetzlichen Feiertag erheben.

(4) [1] Die Aufhebung eines Feiertages wirkt für das gesamte Kalenderjahr. [2] Handelt es sich um einen Feiertag, der im laufenden Kalenderjahr vor dem Zeitpunkt des Inkrafttretens der Regelung über die Streichung liegt, wirkt die Aufhebung erst im folgenden Kalenderjahr.

(5) [1] § 249 Abs. 2 des Fünften Buches[2)] gilt entsprechend. [2] § 249 Absatz 3 des Fünften Buches gilt mit der Maßgabe, dass statt des Beitragssatzes der Krankenkasse der Beitragssatz der Pflegeversicherung und bei den in Absatz 3 Satz 1 genannten Beschäftigten für die Berechnung des Beitragsanteils des Arbeitgebers ein Beitragssatz in Höhe des um einen Prozentpunkt verminderten Beitragssatzes der Pflegeversicherung Anwendung findet.

§ 59 Beitragstragung bei anderen Mitgliedern.

(1) [1] Für die nach § 20 Abs. 1 Satz 2 Nr. 2 bis 12 versicherten Mitglieder der sozialen Pflegeversicherung, die in der gesetzlichen Krankenversicherung pflichtversichert sind, gelten für die Tragung der Beiträge die § 250 Abs. 1 und 3 und § 251 des Fünften Buches[2)] sowie § 48 des Zweiten Gesetzes über die Krankenversicherung der Landwirte entsprechend; die Beiträge aus der Rente der gesetzlichen Rentenversicherung sind von dem Mitglied allein zu tragen. [2] Bei Beziehern einer Rente nach dem Gesetz über die Alterssicherung der Landwirte, die nach § 20 Abs. 1 Satz 2 Nr. 3 versichert sind, und bei Beziehern von Produktionsaufgaberente oder Ausgleichsgeld, die nach § 14 Abs. 4 des Gesetzes zur Förderung der Einstellung der landwirtschaftlichen Erwerbstätigkeit versichert sind, werden die Beiträge aus diesen Leistungen von den Beziehern der Leistung allein getragen.

(2) [1] Die Beiträge für Bezieher von Krankengeld werden von den Leistungsbeziehern und den Krankenkassen je zur Hälfte getragen, soweit sie auf das Krankengeld entfallen und dieses nicht in Höhe der Leistungen der Bundesagentur für Arbeit zu zahlen ist, im übrigen von den Krankenkassen; die Beiträge werden auch dann von den Krankenkassen getragen, wenn das dem Krankengeld zugrunde liegende monatliche Arbeitsentgelt 450 Euro nicht übersteigt. [2] Die Beiträge für Bezieher von Krankengeld nach § 44a des Fünften Buches oder für den Ausfall von Arbeitseinkünften in Zusammenhang mit einer nach den §§ 8 und 8a des Transplantationsgesetzes erfolgenden Spende von Organen oder Geweben oder im Zusammenhang mit einer im Sinne von § 9 des Transfusionsgesetzes erfolgenden Spende von Blut zur Separation von Blutstammzellen oder anderen Blutbestandteilen sind von der Stelle zu tragen, die die Leistung erbringt; wird die Leistung von mehreren Stellen erbracht, sind die Beiträge entsprechend anteilig zu tragen.

(3) [1] Die Beiträge für die nach § 21 Nr. 1 bis 5 versicherten Leistungsempfänger werden vom jeweiligen Leistungsträger getragen. [2] Beiträge auf Grund des Leistungsbezugs im Rahmen der Kriegsopferfürsorge gelten als Aufwendungen für die Kriegsopferfürsorge.

[1)] Nr. 4.
[2)] Nr. 5.

6. Kapitel. Finanzierung   § 60   SGB XI 11

(4) ¹Mitglieder der sozialen Pflegeversicherung, die in der gesetzlichen Krankenversicherung freiwillig versichert sind, sowie Mitglieder, deren Mitgliedschaft nach § 49 Abs. 2 Satz 1 erhalten bleibt oder nach den §§ 26 und 26a freiwillig versichert sind, und die nach § 21 Nr. 6 versicherten Soldaten auf Zeit tragen den Beitrag allein. ²Abweichend von Satz 1 werden

1. die auf Grund des Bezuges von Verletztengeld, Versorgungskrankengeld oder Übergangsgeld zu zahlenden Beiträge von dem zuständigen Rehabilitationsträger,
2. die Beiträge für satzungsmäßige Mitglieder geistlicher Genossenschaften, Diakonissen und ähnliche Personen einschließlich der Beiträge bei einer Weiterversicherung nach § 26 von der Gemeinschaft

allein getragen.

(5) Den Beitragszuschlag für Kinderlose nach § 55 Abs. 3 trägt das Mitglied.

§ 60 Beitragszahlung. (1) ¹Soweit gesetzlich nichts Abweichendes bestimmt ist, sind die Beiträge von demjenigen zu zahlen, der sie zu tragen hat. ²§ 252 Abs. 1 Satz 2, die §§ 253 bis 256a des Fünften Buches[1]) und § 49 Satz 2, die §§ 50 und 50a des Zweiten Gesetzes über die Krankenversicherung der Landwirte gelten entsprechend. ³Die aus einer Rente nach dem Gesetz über die Alterssicherung der Landwirte und einer laufenden Geldleistung nach dem Gesetz zur Förderung der Einstellung der landwirtschaftlichen Erwerbstätigkeit zu entrichtenden Beiträge werden von der Alterskasse gezahlt; § 28g Satz 1 des Vierten Buches[2]) gilt entsprechend.

(2) ¹Für Bezieher von Krankengeld zahlen die Krankenkassen die Beiträge; für den Beitragsabzug gilt § 28g Satz 1 des Vierten Buches entsprechend. ²Die zur Tragung der Beiträge für die in § 21 Nr. 1 bis 5 genannten Mitglieder Verpflichteten können einen Dritten mit der Zahlung der Beiträge beauftragen und mit den Pflegekassen Näheres über die Zahlung und Abrechnung der Beiträge vereinbaren.

(3) ¹Die Beiträge sind an die Krankenkassen zu zahlen; in den in § 252 Abs. 2 Satz 1 des Fünften Buches geregelten Fällen sind sie an den Gesundheitsfonds zu zahlen, der sie unverzüglich an den Ausgleichsfonds weiterzuleiten hat. ²Die nach Satz 1 eingegangenen Beiträge zur Pflegeversicherung sind von der Krankenkasse unverzüglich an die Pflegekasse weiterzuleiten. ³In den Fällen des § 252 Absatz 2 Satz 1 des Fünften Buches ist das Bundesversicherungsamt als Verwalter des Gesundheitsfonds, im Übrigen sind die Pflegekassen zur Prüfung der ordnungsgemäßen Beitragszahlung berechtigt; § 251 Absatz 5 Satz 3 bis 7 des Fünften Buches gilt entsprechend. ⁴§ 24 Abs. 1 des Vierten Buches gilt. ⁵§ 252 Abs. 3 des Fünften Buches gilt mit der Maßgabe, dass die Beiträge zur Pflegeversicherung den Beiträgen zur Krankenversicherung gleichstehen.

(4) ¹Die Deutsche Rentenversicherung Bund leitet alle Pflegeversicherungsbeiträge aus Rentenleistungen der allgemeinen Rentenversicherung am fünften Arbeitstag des Monats, der dem Monat folgt, in dem die Rente fällig war, an den Ausgleichsfonds der Pflegeversicherung (§ 65) weiter. ²Werden Rentenleistungen am letzten Bankarbeitstag des Monats ausgezahlt, der dem Monat

---
[1]) Nr. 5.
[2]) Nr. 4.

vorausgeht, in dem sie fällig werden (§ 272a des Sechsten Buches[1])), leitet die Deutsche Rentenversicherung Bund die darauf entfallenden Pflegeversicherungsbeiträge am fünften Arbeitstag des laufenden Monats an den Ausgleichsfonds der Pflegeversicherung weiter.

(5) [1] Der Beitragszuschlag nach § 55 Abs. 3 ist von demjenigen zu zahlen, der die Beiträge zu zahlen hat. [2] Wird der Pflegeversicherungsbeitrag von einem Dritten gezahlt, hat dieser einen Anspruch gegen das Mitglied auf den von dem Mitglied zu tragenden Beitragszuschlag. [3] Dieser Anspruch kann von dem Dritten durch Abzug von der an das Mitglied zu erbringenden Geldleistung geltend gemacht werden.

(6) Wenn kein Abzug nach Absatz 5 möglich ist, weil der Dritte keine laufende Geldleistung an das Mitglied erbringen muss, hat das Mitglied den sich aus dem Beitragszuschlag ergebenden Betrag an die Pflegekasse zu zahlen.

(7) [1] Die Beitragszuschläge für die Bezieher von Arbeitslosengeld, Unterhaltsgeld und Kurzarbeitergeld, Ausbildungsgeld, Übergangsgeld und, soweit die Bundesagentur beitragszahlungspflichtig ist, für Bezieher von Berufsausbildungsbeihilfe nach dem Dritten Buch[2]) werden von der Bundesagentur für Arbeit pauschal in Höhe von 20 Millionen Euro pro Jahr an den Ausgleichsfonds der Pflegeversicherung (§ 66) überwiesen. [2] Die Bundesagentur für Arbeit kann mit Zustimmung des Bundesministeriums für Arbeit und Soziales hinsichtlich der übernommenen Beträge Rückgriff bei den genannten Leistungsbeziehern nach dem Dritten Buch nehmen. [3] Die Bundesagentur für Arbeit kann mit dem Bundesversicherungsamt Näheres zur Zahlung der Pauschale vereinbaren.

Zweiter Abschnitt. Beitragszuschüsse

§ 61 Beitragszuschüsse für freiwillige Mitglieder der gesetzlichen Krankenversicherung und Privatversicherte. (1) [1] Beschäftigte, die in der gesetzlichen Krankenversicherung freiwillig versichert sind, erhalten unter den Voraussetzungen des § 58 von ihrem Arbeitgeber einen Beitragszuschuß, der in der Höhe begrenzt ist, auf den Betrag, der als Arbeitgeberanteil nach § 58 zu zahlen wäre. [2] Bestehen innerhalb desselben Zeitraums mehrere Beschäftigungsverhältnisse, sind die beteiligten Arbeitgeber anteilmäßig nach dem Verhältnis der Höhe der jeweiligen Arbeitsentgelte zur Zahlung des Beitragszuschusses verpflichtet. [3] Für Beschäftigte, die Kurzarbeitergeld nach dem Dritten Buch[2]) beziehen, ist zusätzlich zu dem Zuschuß nach Satz 1 die Hälfte des Betrages zu zahlen, den der Arbeitgeber bei Versicherungspflicht des Beschäftigten nach § 58 Abs.1 Satz 2 als Beitrag zu tragen hätte.

(2) [1] Beschäftigte, die in Erfüllung ihrer Versicherungspflicht nach den §§ 22 und 23 bei einem privaten Krankenversicherungsunternehmen versichert sind und für sich und ihre Angehörigen oder Lebenspartner, die bei Versicherungspflicht des Beschäftigten in der sozialen Pflegeversicherung nach § 25 versichert wären, Vertragsleistungen beanspruchen können, die nach Art und Umfang den Leistungen dieses Buches gleichwertig sind, erhalten unter den Voraussetzungen des § 58 von ihrem Arbeitgeber einen Beitragszuschuß. [2] Der Zuschuß ist in der Höhe begrenzt auf den Betrag, der als Arbeitgeberanteil bei

---

[1]) Nr. 6.
[2]) Nr. 3.

6. Kapitel. Finanzierung **§ 61 SGB XI 11**

Versicherungspflicht in der sozialen Pflegeversicherung als Beitragsanteil zu zahlen wäre, höchstens jedoch auf die Hälfte des Betrages, den der Beschäftigte für seine private Pflegeversicherung zu zahlen hat. [3] Für Beschäftigte, die Kurzarbeitergeld nach dem Dritten Buch beziehen, gilt Absatz 1 Satz 3 mit der Maßgabe, daß sie höchstens den Betrag erhalten, den sie tatsächlich zu zahlen haben. [4] Bestehen innerhalb desselben Zeitraumes mehrere Beschäftigungsverhältnisse, sind die beteiligten Arbeitgeber anteilig nach dem Verhältnis der Höhe der jeweiligen Arbeitsentgelte zur Zahlung des Beitragszuschusses verpflichtet.

(3) [1] Für Bezieher von Vorruhestandsgeld, die als Beschäftigte bis unmittelbar vor Beginn der Vorruhestandsleistungen Anspruch auf den vollen oder anteiligen Beitragszuschuß nach Absatz 1 oder 2 hatten, sowie für Bezieher von Leistungen nach § 9 Abs. 1 Nr. 1 und 2 des Anspruchs- und Anwartschaftsüberführungsgesetzes und Bezieher einer Übergangsversorgung nach § 7 des Tarifvertrages über einen sozialverträglichen Personalabbau im Bereich des Bundesministeriums der Verteidigung vom 30. November 1991 bleibt der Anspruch für die Dauer der Vorruhestandsleistungen gegen den zur Zahlung des Vorruhestandsgeldes Verpflichteten erhalten. [2] Der Zuschuss beträgt die Hälfte des Beitrages, den Bezieher von Vorruhestandsgeld als versicherungspflichtig Beschäftigte ohne den Beitragszuschlag nach § 55 Abs. 3 zu zahlen hätten, höchstens jedoch die Hälfte des Betrages, den sie ohne den Beitragszuschlag nach § 55 Abs. 3 zu zahlen haben. [3] Absatz 1 Satz 2 gilt entsprechend.

(4) [1] Die in § 20 Abs. 1 Satz 2 Nr. 6, 7 oder 8 genannten Personen, für die nach § 23 Versicherungspflicht in der privaten Pflegeversicherung besteht, erhalten vom zuständigen Leistungsträger einen Zuschuß zu ihrem privaten Pflegeversicherungsbeitrag. [2] Als Zuschuß ist der Betrag zu zahlen, der dem Leistungsträger als Beitrag bei Versicherungspflicht in der sozialen Pflegeversicherung zu zahlen wäre, höchstens jedoch der Betrag, der an das private Versicherungsunternehmen zu zahlen ist.

(5) Der Zuschuß nach den Absätzen 2, 3 und 4 wird für eine private Pflegeversicherung nur gezahlt, wenn das Versicherungsunternehmen:

1. die Pflegeversicherung nach Art der Lebensversicherung betreibt,
2. sich verpflichtet, den überwiegenden Teil der Überschüsse, die sich aus dem selbst abgeschlossenen Versicherungsgeschäft ergeben, zugunsten der Versicherten zu verwenden,
3. die Pflegeversicherung nur zusammen mit der Krankenversicherung, nicht zusammen mit anderen Versicherungssparten betreibt oder, wenn das Versicherungsunternehmen seinen Sitz in einem anderen Mitgliedstaat der Europäischen Union hat, den Teil der Prämien, für den der Berechtigte den Zuschuss erhält, nur für die Kranken- und Pflegeversicherung verwendet.

(6) [1] Das Krankenversicherungsunternehmen hat dem Versicherungsnehmer eine Bescheinigung darüber auszuhändigen, daß ihm die Aufsichtsbehörde bestätigt hat, daß es die Versicherung, die Grundlage des Versicherungsvertrages ist, nach den in Absatz 5 genannten Voraussetzungen betreibt. [2] Der Versicherungsnehmer hat diese Bescheinigung dem zur Zahlung des Beitragszuschusses Verpflichteten jeweils nach Ablauf von drei Jahren vorzulegen.

(7) [1] Personen, die nach beamtenrechtlichen Vorschriften oder Grundsätzen bei Krankheit und Pflege Anspruch auf Beihilfe oder Heilfürsorge haben und bei einem privaten Versicherungsunternehmen pflegeversichert sind, sowie

1703

Personen, für die der halbe Beitragssatz nach § 55 Abs. 1 Satz 2 gilt, haben gegenüber dem Arbeitgeber oder Dienstherrn, der die Beihilfe und Heilfürsorge zu Aufwendungen aus Anlaß der Pflege gewährt, keinen Anspruch auf einen Beitragszuschuß. ²Hinsichtlich der Beitragszuschüsse für Abgeordnete, ehemalige Abgeordnete und deren Hinterbliebene wird auf die Bestimmungen in den jeweiligen Abgeordnetengesetzen verwiesen.

Dritter Abschnitt. Verwendung und Verwaltung der Mittel

§ 62 Mittel der Pflegekasse. Die Mittel der Pflegekasse umfassen die Betriebsmittel und die Rücklage.

§ 63 Betriebsmittel. (1) Die Betriebsmittel dürfen nur verwendet werden:

1. für die gesetzlich oder durch die Satzung vorgesehenen Aufgaben sowie für die Verwaltungskosten,
2. zur Auffüllung der Rücklage und zur Finanzierung des Ausgleichsfonds.

(2) ¹Die Betriebsmittel dürfen im Durchschnitt des Haushaltsjahres monatlich das Einfache des nach dem Haushaltsplan der Pflegekasse auf einen Monat entfallenden Betrages der in Absatz 1 Nr. 1 genannten Aufwendungen nicht übersteigen. ²Bei der Feststellung der vorhandenen Betriebsmittel sind die Forderungen und Verpflichtungen der Pflegekasse zu berücksichtigen, soweit sie nicht der Rücklage zuzuordnen sind. ³Durchlaufende Gelder bleiben außer Betracht.

(3) Die Betriebsmittel sind im erforderlichen Umfang bereitzuhalten und im übrigen so anzulegen, daß sie für den in Absatz 1 bestimmten Zweck verfügbar sind.

§ 64 Rücklage. (1) Die Pflegekasse hat zur Sicherstellung ihrer Leistungsfähigkeit eine Rücklage zu bilden.

(2) Die Rücklage beträgt 50 vom Hundert des nach dem Haushaltsplan durchschnittlich auf den Monat entfallenden Betrages der Ausgaben (Rücklagesoll).

(3) Die Pflegekasse hat Mittel aus der Rücklage den Betriebsmitteln zuzuführen, wenn Einnahme- und Ausgabeschwankungen innerhalb eines Haushaltsjahres nicht durch die Betriebsmittel ausgeglichen werden können.

(4) ¹Übersteigt die Rücklage das Rücklagesoll, so ist der übersteigende Betrag den Betriebsmitteln bis zu der in § 63 Abs. 2 genannten Höhe zuzuführen. ²Darüber hinaus verbleibende Überschüsse sind bis zum 15. des Monats an den Ausgleichsfonds nach § 65 zu überweisen.

(5) ¹Die Rücklage ist getrennt von den sonstigen Mitteln so anzulegen, daß sie für den nach Absatz 1 bestimmten Zweck verfügbar ist. ²Sie wird von der Pflegekasse verwaltet.

Vierter Abschnitt. Ausgleichsfonds, Finanzausgleich

§ 65 Ausgleichsfonds. (1) Das Bundesversicherungsamt verwaltet als Sondervermögen (Ausgleichsfonds) die eingehenden Beträge aus:

1. den Beiträgen aus den Rentenzahlungen,

6. Kapitel. Finanzierung §§ 66–68 SGB XI 11

2. den von den Pflegekassen überwiesenen Überschüssen aus Betriebsmitteln und Rücklage (§ 64 Abs. 4),
3. den vom Gesundheitsfonds überwiesenen Beiträgen der Versicherten.

(2) Die im Laufe eines Jahres entstehenden Kapitalerträge werden dem Sondervermögen gutgeschrieben.

(3) Die Mittel des Ausgleichsfonds sind so anzulegen, daß sie für den in den §§ 67, 68 genannten Zweck verfügbar sind.

(4) [1] Die dem Bundesversicherungsamt bei der Verwaltung des Ausgleichsfonds entstehenden Kosten werden durch die Mittel des Ausgleichsfonds gedeckt. [2] Das Bundesministerium für Gesundheit wird ermächtigt, im Einvernehmen mit dem Bundesministerium der Finanzen und dem Bundesministerium für Arbeit und Soziales durch Rechtsverordnung ohne Zustimmung des Bundesrates Vorschriften zu erlassen, die Näheres zu der Erstattung der Verwaltungskosten regeln.

§ 66 Finanzausgleich. (1) [1] Die Leistungsaufwendungen sowie die Verwaltungskosten der Pflegekassen werden von allen Pflegekassen nach dem Verhältnis ihrer Beitragseinnahmen gemeinsam getragen. [2] Zu diesem Zweck findet zwischen allen Pflegekassen ein Finanzausgleich statt. [3] Das Bundesversicherungsamt führt den Finanzausgleich zwischen den Pflegekassen durch. [4] Es hat Näheres zur Durchführung des Finanzausgleichs mit dem Spitzenverband Bund der Pflegekassen zu vereinbaren. [5] Die Vereinbarung ist für die Pflegekasse verbindlich.

(2) Das Bundesversicherungsamt kann zur Durchführung des Zahlungsverkehrs nähere Regelungen mit der Deutschen Rentenversicherung Bund treffen.

§ 67 Monatlicher Ausgleich. (1) Jede Pflegekasse ermittelt bis zum 10. des Monats
1. die bis zum Ende des Vormonats gebuchten Ausgaben,
2. die bis zum Ende des Vormonats gebuchten Einnahmen (Beitragssist),
3. das Betriebsmittel- und Rücklagesoll,
4. den am Ersten des laufenden Monats vorhandenen Betriebsmittelbestand (Betriebsmittelist) und die Höhe der Rücklage.

(2) [1] Sind die Ausgaben zuzüglich des Betriebsmittel- und Rücklagensolls höher als die Einnahmen zuzüglich des vorhandenen Betriebsmittelbestands und der Rücklage am Ersten des laufenden Monats, erhält die Pflegekasse bis zum Monatsende den Unterschiedsbetrag aus dem Ausgleichsfonds. [2] Sind die Einnahmen zuzüglich des am Ersten des laufenden Monats vorhandenen Betriebsmittelbestands und der Rücklage höher als die Ausgaben zuzüglich des Betriebsmittel- und Rücklagesolls, überweist die Pflegekasse den Unterschiedsbetrag an den Ausgleichsfonds.

(3) Die Pflegekasse hat dem Bundesversicherungsamt die notwendigen Berechnungsgrundlagen mitzuteilen.

§ 68 Jahresausgleich. (1) [1] Nach Ablauf des Kalenderjahres wird zwischen den Pflegekassen ein Jahresausgleich durchgeführt. [2] Nach Vorliegen der Geschäfts- und Rechnungsergebnisse aller Pflegekassen und der Jahresrechnung

11 SGB XI §§ 69–71   11. Buch. Soziale Pflegeversicherung

der Deutschen Rentenversicherung Knappschaft-Bahn-See als Träger der knappschaftlichen Pflegeversicherung für das abgelaufene Kalenderjahr werden die Ergebnisse nach § 67 bereinigt.

(2) Werden nach Abschluß des Jahresausgleichs sachliche oder rechnerische Fehler in den Berechnungsgrundlagen festgestellt, hat das Bundesversicherungsamt diese bei der Ermittlung des nächsten Jahresausgleichs nach den zu diesem Zeitpunkt geltenden Vorschriften zu berücksichtigen.

(3) Das Bundesministerium für Gesundheit kann durch Rechtsverordnung mit Zustimmung des Bundesrates das Nähere über:

1. die inhaltliche und zeitliche Abgrenzung und Ermittlung der Beträge nach den §§ 66 bis 68,
2. die Fälligkeit der Beträge und Verzinsung bei Verzug,
3. das Verfahren bei der Durchführung des Finanzausgleichs sowie die hierfür von den Pflegekassen mitzuteilenden Angaben

regeln.

Siebtes Kapitel. Beziehungen der Pflegekassen zu den Leistungserbringern

Erster Abschnitt. Allgemeine Grundsätze

§ 69 Sicherstellungsauftrag. ¹Die Pflegekassen haben im Rahmen ihrer Leistungsverpflichtung eine bedarfsgerechte und gleichmäßige, dem allgemein anerkannten Stand medizinisch-pflegerischer Erkenntnisse entsprechende pflegerische Versorgung der Versicherten zu gewährleisten (Sicherstellungsauftrag). ²Sie schließen hierzu Versorgungsverträge sowie Vergütungsvereinbarungen mit den Trägern von Pflegeeinrichtungen (§ 71) und sonstigen Leistungserbringern. ³Dabei sind die Vielfalt, die Unabhängigkeit und Selbständigkeit sowie das Selbstverständnis der Träger von Pflegeeinrichtungen in Zielsetzung und Durchführung ihrer Aufgaben zu achten.

§ 70 Beitragssatzstabilität. (1) Die Pflegekassen stellen in den Verträgen mit den Leistungserbringern über Art, Umfang und Vergütung der Leistungen sicher, daß ihre Leistungsausgaben die Beitragseinnahmen nicht überschreiten (Grundsatz der Beitragssatzstabilität).

(2) Vereinbarungen über die Höhe der Vergütungen, die dem Grundsatz der Beitragssatzstabilität widersprechen, sind unwirksam.

Zweiter Abschnitt. Beziehungen zu den Pflegeeinrichtungen

§ 71 Pflegeeinrichtungen. (1) Ambulante Pflegeeinrichtungen (Pflegedienste) im Sinne dieses Buches sind selbständig wirtschaftende Einrichtungen, die unter ständiger Verantwortung einer ausgebildeten Pflegefachkraft Pflegebedürftige in ihrer Wohnung mit Leistungen der häuslichen Pflegehilfe im Sinne des § 36 versorgen.

(2) Stationäre Pflegeeinrichtungen (Pflegeheime) im Sinne dieses Buches sind selbständig wirtschaftende Einrichtungen, in denen Pflegebedürftige:

7. Kapitel. Beziehungen z. d. Leistungserbringern **§ 72 SGB XI 11**

1. unter ständiger Verantwortung einer ausgebildeten Pflegefachkraft gepflegt werden,

2. ganztägig (vollstationär) oder tagsüber oder nachts (teilstationär) untergebracht und verpflegt werden können.

(3) [1] Für die Anerkennung als verantwortliche Pflegefachkraft im Sinne von Absatz 1 und 2 ist neben dem Abschluss einer Ausbildung als

1. Gesundheits- und Krankenpflegerin oder Gesundheits- und Krankenpfleger,
2. Gesundheits- und Kinderkrankenpflegerin oder Gesundheits- und Kinderkrankenpfleger oder
3. Altenpflegerin oder Altenpfleger

eine praktische Berufserfahrung in dem erlernten Ausbildungsberuf von zwei Jahren innerhalb der letzten acht Jahre erforderlich. [2] Bei ambulanten Pflegeeinrichtungen, die überwiegend behinderte Menschen pflegen und betreuen, gelten auch nach Landesrecht ausgebildete Heilerziehungspflegerinnen und Heilerziehungspfleger sowie Heilerzieherinnen und Heilerzieher mit einer praktischen Berufserfahrung von zwei Jahren innerhalb der letzten acht Jahre als ausgebildete Pflegefachkraft. [3] Die Rahmenfrist nach Satz 1 oder 2 beginnt acht Jahre vor dem Tag, zu dem die verantwortliche Pflegefachkraft im Sinne des Absatzes 1 oder 2 bestellt werden soll. [4] Für die Anerkennung als verantwortliche Pflegefachkraft ist ferner Voraussetzung, dass eine Weiterbildungsmaßnahme für leitende Funktionen mit einer Mindeststundenzahl, die 460 Stunden nicht unterschreiten soll, erfolgreich durchgeführt wurde.

(4) Stationäre Einrichtungen, in denen die Leistungen zur medizinischen Vorsorge, zur medizinischen Rehabilitation, zur Teilhabe am Arbeitsleben oder am Leben in der Gemeinschaft, die schulische Ausbildung oder die Erziehung kranker oder behinderter Menschen im Vordergrund des Zweckes der Einrichtung stehen, sowie Krankenhäuser sind keine Pflegeeinrichtungen im Sinne des Absatzes 2.

§ 72 Zulassung zur Pflege durch Versorgungsvertrag. (1) [1] Die Pflegekassen dürfen ambulante und stationäre Pflege nur durch Pflegeeinrichtungen gewähren, mit denen ein Versorgungsvertrag besteht (zugelassene Pflegeeinrichtungen). [2] In dem Versorgungsvertrag sind Art, Inhalt und Umfang der allgemeinen Pflegeleistungen (§ 84 Abs. 4) festzulegen, die von der Pflegeeinrichtung während der Dauer des Vertrages für die Versicherten zu erbringen sind (Versorgungsauftrag).

(2) [1] Der Versorgungsvertrag wird zwischen dem Träger der Pflegeeinrichtung oder einer vertretungsberechtigten Vereinigung gleicher Träger und den Landesverbänden der Pflegekassen im Einvernehmen mit den überörtlichen Trägern der Sozialhilfe im Land abgeschlossen, soweit nicht nach Landesrecht der örtliche Träger der Pflegeeinrichtung zuständig ist; für mehrere oder alle selbständig wirtschaftenden Einrichtungen (§ 71 Abs. 1 und 2) einschließlich für einzelne, eingestreute Pflegeplätze eines Pflegeeinrichtungsträgers, die vor Ort organisatorisch miteinander verbunden sind, kann, insbesondere zur Sicherstellung einer quartiersnahen Unterstützung zwischen den verschiedenen Versorgungsbereichen, ein einheitlicher Versorgungsvertrag (Gesamtversorgungsvertrag) geschlossen werden. [2] Er ist für die Pflegeeinrichtung und für alle Pflegekassen im Inland unmittelbar verbindlich.

(3) ¹ Versorgungsverträge dürfen nur mit Pflegeeinrichtungen abgeschlossen werden, die
1. den Anforderungen des § 71 genügen,
2. die Gewähr für eine leistungsfähige und wirtschaftliche pflegerische Versorgung bieten sowie eine in Pflegeeinrichtungen ortsübliche Arbeitsvergütung an ihre Beschäftigten zahlen, soweit diese nicht von einer Verordnung über Mindestentgeltsätze aufgrund des Gesetzes über zwingende Arbeitsbedingungen für grenzüberschreitend entsandte und für regelmäßig im Inland beschäftigte Arbeitnehmer und Arbeitnehmerinnen (Arbeitnehmer-Entsendegesetz) erfasst sind,
3. sich verpflichten, nach Maßgabe der Vereinbarungen nach § 113 einrichtungsintern ein Qualitätsmanagement einzuführen und weiterzuentwickeln,
4. sich verpflichten, alle Expertenstandards nach § 113a anzuwenden;
ein Anspruch auf Abschluß eines Versorgungsvertrages besteht, soweit und solange die Pflegeeinrichtung diese Voraussetzungen erfüllt. ² Bei notwendiger Auswahl zwischen mehreren geeigneten Pflegeeinrichtungen sollen die Versorgungsverträge vorrangig mit freigemeinnützigen und privaten Trägern abgeschlossen werden. ³ Bei ambulanten Pflegediensten ist in den Versorgungsverträgen der Einzugsbereich festzulegen, in dem die Leistungen zu erbringen sind.

(4) ¹ Mit Abschluß des Versorgungsvertrages wird die Pflegeeinrichtung für die Dauer des Vertrages zur pflegerischen Versorgung der Versicherten zugelassen. ² Die zugelassene Pflegeeinrichtung ist im Rahmen ihres Versorgungsauftrages zur pflegerischen Versorgung der Versicherten verpflichtet; dazu gehört bei ambulanten Pflegediensten auch die Durchführung von Pflegeeinsätzen nach § 37 Abs. 3 auf Anforderung des Pflegebedürftigen. ³ Die Pflegekassen sind verpflichtet, die Leistungen der Pflegeeinrichtung nach Maßgabe des Achten Kapitels zu vergüten.

§ 73 Abschluß von Versorgungsverträgen. (1) Der Versorgungsvertrag ist schriftlich abzuschließen.

(2) ¹ Gegen die Ablehnung eines Versorgungsvertrages durch die Landesverbände der Pflegekassen ist der Rechtsweg zu den Sozialgerichten gegeben. ² Ein Vorverfahren findet nicht statt; die Klage hat keine aufschiebende Wirkung.

(3) ¹ Mit Pflegeeinrichtungen, die vor dem 1. Januar 1995 ambulante Pflege, teilstationäre Pflege oder Kurzzeitpflege auf Grund von Vereinbarungen mit Sozialleistungsträgern erbracht haben, gilt ein Versorgungsvertrag als abgeschlossen. ² Satz 1 gilt nicht, wenn die Pflegeeinrichtung die Anforderungen nach § 72 Abs. 3 Satz 1 nicht erfüllt und die zuständigen Landesverbände der Pflegekassen dies im Einvernehmen mit dem zuständigen Träger der Sozialhilfe (§ 72 Abs. 2 Satz 1) bis zum 30. Juni 1995 gegenüber dem Träger der Einrichtung schriftlich geltend machen. ³ Satz 1 gilt auch dann nicht, wenn die Pflegeeinrichtung die Anforderungen nach § 72 Abs. 3 Satz 1 offensichtlich nicht erfüllt. ⁴ Die Pflegeeinrichtung hat bis spätestens zum 31. März 1995 die Voraussetzungen für den Bestandschutz nach den Sätzen 1 und 2 durch Vorlage von Vereinbarungen mit Sozialleistungsträgern sowie geeigneter Unterlagen zur Prüfung und Beurteilung der Leistungsfähigkeit und Wirtschaftlichkeit gegenüber einem Landesverband der Pflegekassen nachzuweisen. ⁵ Der Ver-

7. Kapitel. Beziehungen z. d. Leistungserbringern §§ 74, 75 SGB XI 11

sorgungsvertrag bleibt wirksam, bis er durch einen neuen Versorgungsvertrag abgelöst oder gemäß § 74 gekündigt wird.

(4) Für vollstationäre Pflegeeinrichtungen gilt Absatz 3 entsprechend mit der Maßgabe, daß der für die Vorlage der Unterlagen nach Satz 3 maßgebliche Zeitpunkt der 30. September 1995 und der Stichtag nach Satz 2 der 30. Juni 1996 ist.

§ 74 Kündigung von Versorgungsverträgen. (1) ¹Der Versorgungsvertrag kann von jeder Vertragspartei mit einer Frist von einem Jahr ganz oder teilweise gekündigt werden, von den Landesverbänden der Pflegekassen jedoch nur, wenn die zugelassene Pflegeeinrichtung nicht nur vorübergehend eine der Voraussetzungen des § 72 Abs. 3 Satz 1 nicht oder nicht mehr erfüllt; dies gilt auch, wenn die Pflegeeinrichtung ihre Pflicht wiederholt gröblich verletzt, Pflegebedürftigen ein möglichst selbständiges und selbstbestimmtes Leben zu bieten, die Hilfen darauf auszurichten, die körperlichen, geistigen und seelischen Kräfte der Pflegebedürftigen wiederzugewinnen oder zu erhalten und angemessenen Wünschen der Pflegebedürftigen zur Gestaltung der Hilfe zu entsprechen. ²Vor Kündigung durch die Landesverbände der Pflegekassen ist das Einvernehmen mit dem zuständigen Träger der Sozialhilfe (§ 72 Abs. 2 Satz 1) herzustellen. ³Die Landesverbände der Pflegekassen können im Einvernehmen mit den zuständigen Trägern der Sozialhilfe zur Vermeidung der Kündigung des Versorgungsvertrages mit dem Träger der Pflegeeinrichtung insbesondere vereinbaren, dass

1. die verantwortliche Pflegefachkraft sowie weitere Leitungskräfte zeitnah erfolgreich geeignete Fort- und Weiterbildungsmaßnahmen absolvieren,
2. die Pflege, Versorgung und Betreuung weiterer Pflegebedürftiger bis zur Beseitigung der Kündigungsgründe ganz oder teilweise vorläufig ausgeschlossen ist.

(2) ¹Der Versorgungsvertrag kann von den Landesverbänden der Pflegekassen auch ohne Einhaltung einer Kündigungsfrist gekündigt werden, wenn die Einrichtung ihre gesetzlichen oder vertraglichen Verpflichtungen gegenüber den Pflegebedürftigen oder deren Kostenträgern derart gröblich verletzt, daß ein Festhalten an dem Vertrag nicht zumutbar ist. ²Das gilt insbesondere dann, wenn Pflegebedürftige infolge der Pflichtverletzung zu Schaden kommen oder die Einrichtung nicht erbrachte Leistungen gegenüber den Kostenträgern abrechnet. ³Das gleiche gilt, wenn dem Träger eines Pflegeheimes nach den heimrechtlichen Vorschriften die Betriebserlaubnis entzogen oder der Betrieb des Heimes untersagt wird. ⁴Absatz 1 Satz 2 gilt entsprechend.

(3) ¹Die Kündigung bedarf der Schriftform. ²Für Klagen gegen die Kündigung gilt § 73 Abs. 2 entsprechend.

§ 75 Rahmenverträge, Bundesempfehlungen und -vereinbarungen über die pflegerische Versorgung. (1) ¹Die Landesverbände der Pflegekassen schließen unter Beteiligung des Medizinischen Dienstes der Krankenversicherung sowie des Verbandes der privaten Krankenversicherung e.V. im Land mit den Vereinigungen der Träger der ambulanten oder stationären Pflegeeinrichtungen im Land gemeinsam und einheitlich Rahmenverträge mit dem Ziel, eine wirksame und wirtschaftliche pflegerische Versorgung der Versicherten sicherzustellen. ²Für Pflegeeinrichtungen, die einer Kirche oder Religionsgemeinschaft des öffentlichen Rechts oder einem sonstigen freigemeinnützigen Träger zuzuordnen sind, können die Rahmenverträge auch von der Kirche oder Religionsgemeinschaft oder von dem Wohlfahrtsverband abgeschlossen werden, dem die Pflegeeinrichtung angehört. ³ Bei Rahmenverträgen über ambulante Pflege sind die Arbeitsgemeinschaften der örtlichen Träger der Sozialhilfe, bei Rahmenverträgen über stationäre Pflege die überörtlichen Träger der Sozialhilfe und die Arbeitsgemeinschaften der örtlichen Träger der Sozialhilfe als Vertragspartei am Vertragsschluß zu beteiligen. ⁴ Die Rahmenverträge sind für die Pflegekassen und die zugelassenen Pflegeeinrichtungen im Inland unmittelbar verbindlich.

(2) ¹ Die Verträge regeln insbesondere:

1. den Inhalt der Pflegeleistungen einschließlich der Sterbebegleitung sowie bei stationärer Pflege die Abgrenzung zwischen den allgemeinen Pflegeleistungen, den Leistungen bei Unterkunft und Verpflegung und den Zusatzleistungen,
2. die allgemeinen Bedingungen der Pflege einschließlich der Vertragsvoraussetzungen und der Vertragserfüllung für eine leistungsfähige und wirtschaftliche pflegerische Versorgung, der Kostenübernahme, der Abrechnung der Entgelte und der hierzu erforderlichen Bescheinigungen und Berichte,
3. Maßstäbe und Grundsätze für eine wirtschaftliche und leistungsbezogene, am Versorgungsauftrag orientierte personelle und sächliche Ausstattung der Pflegeeinrichtungen,
4. die Überprüfung der Notwendigkeit und Dauer der Pflege,
5. Abschläge von der Pflegevergütung bei vorübergehender Abwesenheit (Krankenhausaufenthalt, Beurlaubung) des Pflegebedürftigen aus dem Pflegeheim,
6. den Zugang des Medizinischen Dienstes und sonstiger von den Pflegekassen beauftragter Prüfer zu den Pflegeeinrichtungen,
7. die Verfahrens- und Prüfungsgrundsätze für Wirtschaftlichkeits- und Abrechnungsprüfungen,
8. die Grundsätze zur Festlegung der örtlichen oder regionalen Einzugsbereiche der Pflegeeinrichtungen, um Pflegeleistungen ohne lange Wege möglichst orts- und bürgernah anzubieten,
9. die Möglichkeiten, unter denen sich Mitglieder von Selbsthilfegruppen, ehrenamtliche Pflegepersonen und sonstige zum bürgerschaftlichen Engagement bereite Personen und Organisationen in der häuslichen Pflege sowie in ambulanten und stationären Pflegeeinrichtungen an der Betreuung Pflegebedürftiger beteiligen können,
10. die Verfahrens- und Prüfungsgrundsätze für die Zahlung einer ortsüblichen Vergütung an die Beschäftigten nach § 72 Absatz 3 Satz 1 Nummer 2,
11. die Anforderungen an die nach § 85 Absatz 3 geeigneten Nachweise bei den Vergütungsverhandlungen.

² Durch die Regelung der sächlichen Ausstattung in Satz 1 Nr. 3 werden Ansprüche der Pflegeheimbewohner nach § 33 des Fünften Buches[1] auf Versorgung mit Hilfsmitteln weder aufgehoben noch eingeschränkt.

---

[1] Nr. 5.

(3) ¹ Als Teil der Verträge nach Absatz 2 Nr. 3 sind entweder

1. landesweite Verfahren zur Ermittlung des Personalbedarfs oder zur Bemessung der Pflegezeiten oder
2. landesweite Personalrichtwerte

zu vereinbaren. ² Dabei ist jeweils der besondere Pflege- und Betreuungsbedarf Pflegebedürftiger mit geistigen Behinderungen, psychischen Erkrankungen, demenzbedingten Fähigkeitsstörungen und anderen Leiden des Nervensystems zu beachten. ³ Bei der Vereinbarung der Verfahren nach Satz 1 Nr. 1 sind auch in Deutschland erprobte und bewährte internationale Erfahrungen zu berücksichtigen. ⁴ Die Personalrichtwerte nach Satz 1 Nr. 2 können als Bandbreiten vereinbart werden und umfassen bei teil- oder vollstationärer Pflege wenigstens

1. das Verhältnis zwischen der Zahl der Heimbewohner und der Zahl der Pflege- und Betreuungskräfte (in Vollzeitkräfte umgerechnet), unterteilt nach Pflegegrad (Personalanhaltszahlen), sowie
2. im Bereich der Pflege, der Betreuung und der medizinischen Behandlungspflege zusätzlich den Anteil der ausgebildeten Fachkräfte am Pflege- und Betreuungspersonal.

(4) ¹ Kommt ein Vertrag nach Absatz 1 innerhalb von sechs Monaten ganz oder teilweise nicht zustande, nachdem eine Vertragspartei schriftlich zu Vertragsverhandlungen aufgefordert hat, wird sein Inhalt auf Antrag einer Vertragspartei durch die Schiedsstelle nach § 76 festgesetzt. ² Satz 1 gilt auch für Verträge, mit denen bestehende Rahmenverträge geändert oder durch neue Verträge abgelöst werden sollen.

(5) ¹ Die Verträge nach Absatz 1 können von jeder Vertragspartei mit einer Frist von einem Jahr ganz oder teilweise gekündigt werden. ² Satz 1 gilt entsprechend für die von der Schiedsstelle nach Absatz 4 getroffenen Regelungen. ³ Diese können auch ohne Kündigung jederzeit durch einen Vertrag nach Absatz 1 ersetzt werden.

(6) ¹ Der Spitzenverband Bund der Pflegekassen und die Vereinigungen der Träger der Pflegeeinrichtungen auf Bundesebene sollen unter Beteiligung des Medizinischen Dienstes des Spitzenverbandes Bund der Krankenkassen, des Verbandes der privaten Krankenversicherung e.V. sowie unabhängiger Sachverständiger gemeinsam mit der Bundesvereinigung der kommunalen Spitzenverbände und der Bundesarbeitsgemeinschaft der überörtlichen Träger der Sozialhilfe Empfehlungen zum Inhalt der Verträge nach Absatz 1 abgeben. ² Sie arbeiten dabei mit den Verbänden der Pflegeberufe sowie den Verbänden der Behinderten und der Pflegebedürftigen eng zusammen.

(7) ¹ Der Spitzenverband Bund der Pflegekassen, die Bundesarbeitsgemeinschaft der überörtlichen Träger der Sozialhilfe, die Bundesvereinigung der kommunalen Spitzenverbände und die Vereinigungen der Träger der Pflegeeinrichtungen auf Bundesebene vereinbaren gemeinsam und einheitlich Grundsätze ordnungsgemäßer Pflegebuchführung für die ambulanten und stationären Pflegeeinrichtungen. ² Die Vereinbarung nach Satz 1 tritt unmittelbar nach Aufhebung der gemäß § 83 Abs. 1 Satz 1 Nr. 3 erlassenen Rechtsverordnung in Kraft und ist den im Land tätigen zugelassenen Pflegeeinrichtungen von den Landesverbänden der Pflegekassen unverzüglich bekannt zu geben. ³ Sie ist für alle Pflegekassen und deren Verbände sowie für die zugelassenen Pflegeeinrichtungen unmittelbar verbindlich.

§ 76 Schiedsstelle. (1) ¹Die Landesverbände der Pflegekassen und die Vereinigungen der Träger der Pflegeeinrichtungen im Land bilden gemeinsam für jedes Land eine Schiedsstelle. ²Diese entscheidet in den ihr nach diesem Buch zugewiesenen Angelegenheiten.

(2) ¹Die Schiedsstelle besteht aus Vertretern der Pflegekassen und Pflegeeinrichtungen in gleicher Zahl sowie einem unparteiischen Vorsitzenden und zwei weiteren unparteiischen Mitgliedern; für den Vorsitzenden und die unparteiischen Mitglieder können Stellvertreter bestellt werden. ²Der Schiedsstelle gehört auch ein Vertreter des Verbandes der privaten Krankenversicherung e.V. sowie der überörtlichen oder, sofern Landesrecht dies bestimmt, ein örtlicher Träger der Sozialhilfe im Land an, die auf die Zahl der Vertreter der Pflegekassen angerechnet werden. ³Die Vertreter der Pflegekassen und deren Stellvertreter werden von den Landesverbänden der Pflegekassen, die Vertreter der Pflegeeinrichtungen und deren Stellvertreter von den Vereinigungen der Träger der Pflegedienste und Pflegeheime im Land bestellt; bei der Bestellung der Vertreter der Pflegeeinrichtungen ist die Trägervielfalt zu beachten. ⁴Der Vorsitzende und die weiteren unparteiischen Mitglieder werden von den beteiligten Organisationen gemeinsam bestellt. ⁵Kommt eine Einigung nicht zustande, werden sie durch Los bestimmt. ⁶Soweit beteiligte Organisationen keinen Vertreter bestellen oder im Verfahren nach Satz 4 keine Kandidaten für das Amt des Vorsitzenden oder der weiteren unparteiischen Mitglieder benennen, bestellt die zuständige Landesbehörde auf Antrag einer der beteiligten Organisationen die Vertreter und benennt die Kandidaten.

(3) ¹Die Mitglieder der Schiedsstelle führen ihr Amt als Ehrenamt. ²Sie sind an Weisungen nicht gebunden. ³Jedes Mitglied hat eine Stimme. ⁴Die Entscheidungen werden mit der Mehrheit der Mitglieder getroffen. ⁵Ergibt sich keine Mehrheit, gibt die Stimme des Vorsitzenden den Ausschlag.

(4) Die Rechtsaufsicht über die Schiedsstelle führt die zuständige Landesbehörde.

(5) Die Landesregierungen werden ermächtigt, durch Rechtsverordnung das Nähere über die Zahl, die Bestellung, die Amtsdauer und die Amtsführung, die Erstattung der baren Auslagen und die Entschädigung für Zeitaufwand der Mitglieder der Schiedsstelle, die Geschäftsführung, das Verfahren, die Erhebung und die Höhe der Gebühren sowie über die Verteilung der Kosten zu bestimmen.

(6) ¹Abweichend von § 85 Abs. 5 können die Parteien der Pflegesatzvereinbarung (§ 85 Abs. 2) gemeinsam eine unabhängige Schiedsperson bestellen. ²Diese setzt spätestens bis zum Ablauf von 28 Kalendertagen nach ihrer Bestellung die Pflegesätze und den Zeitpunkt ihres Inkrafttretens fest. ³Gegen die Festsetzungsentscheidung kann ein Antrag auf gerichtliche Aufhebung nur gestellt werden, wenn die Festsetzung der öffentlichen Ordnung widerspricht. ⁴Die Kosten des Schiedsverfahrens tragen die Vertragspartner zu gleichen Teilen. ⁵§ 85 Abs. 6 gilt entsprechend.

Dritter Abschnitt. Beziehungen zu sonstigen Leistungserbringern

§ 77 Häusliche Pflege durch Einzelpersonen. (1) ¹Zur Sicherstellung der körperbezogenen Pflege, der pflegerischen Betreuung sowie der Haushaltsführung im Sinne des § 36 soll die Pflegekasse Verträge mit einzelnen geeigneten Pflegekräften schließen, um dem Pflegebedürftigen zu helfen, ein möglichst selbständiges und selbstbestimmtes Leben zu führen oder dem besonderen Wunsch des Pflegebedürftigen zur Gestaltung der Hilfe zu entsprechen; Verträge mit Verwandten oder Verschwägerten des Pflegebedürftigen bis zum dritten Grad sowie mit Personen, die mit dem Pflegebedürftigen in häuslicher Gemeinschaft leben, sind unzulässig. ²In dem Vertrag sind Inhalt, Umfang, Qualität, Qualitätssicherung, Vergütung sowie Prüfung der Qualität und Wirtschaftlichkeit der vereinbarten Leistungen zu regeln; § 112 ist entsprechend anzuwenden. ³Die Vergütungen sind für Leistungen der häuslichen Pflegehilfe nach § 36 Absatz 1 zu vereinbaren. ⁴In dem Vertrag ist weiter zu regeln, dass die Pflegekräfte mit dem Pflegebedürftigen, dem sie Leistungen der häuslichen Pflegehilfe erbringen, kein Beschäftigungsverhältnis eingehen dürfen. ⁵Soweit davon abweichend Verträge geschlossen sind, sind sie zu kündigen. ⁶Die Sätze 4 und 5 gelten nicht, wenn

1. das Beschäftigungsverhältnis vor dem 1. Mai 1996 bestanden hat und

2. die vor dem 1. Mai 1996 erbrachten Pflegeleistungen von der zuständigen Pflegekasse aufgrund eines von ihr mit der Pflegekraft abgeschlossenen Vertrages vergütet worden sind.

⁷In den Pflegeverträgen zwischen den Pflegebedürftigen und den Pflegekräften sind mindestens Art, Inhalt und Umfang der Leistungen einschließlich der dafür mit den Kostenträgern vereinbarten Vergütungen zu beschreiben. ⁸§ 120 Absatz 1 Satz 2 gilt entsprechend.

(2) Die Pflegekassen können bei Bedarf einzelne Pflegekräfte zur Sicherstellung der körperbezogenen Pflege, der pflegerischen Betreuung sowie der Haushaltsführung im Sinne des § 36 anstellen, für die hinsichtlich der Wirtschaftlichkeit und Qualität ihrer Leistungen die gleichen Anforderungen wie für die zugelassenen Pflegedienste nach diesem Buch gelten.

§ 78 Verträge über Pflegehilfsmittel. (1) ¹Der Spitzenverband Bund der Pflegekassen schließt mit den Leistungserbringern oder deren Verbänden Verträge über die Versorgung der Versicherten mit Pflegehilfsmitteln, soweit diese nicht nach den Vorschriften des Fünften Buches über die Hilfsmittel zu vergüten sind. ²Abweichend von Satz 1 können die Pflegekassen Verträge über die Versorgung der Versicherten mit Pflegehilfsmitteln schließen, um dem Wirtschaftlichkeitsgebot verstärkt Rechnung zu tragen. ³Die §§ 36, 126 und 127 des Fünften Buches[1)] gelten entsprechend.

(2) ¹Der Spitzenverband Bund der Pflegekassen erstellt als Anlage zu dem Hilfsmittelverzeichnis nach § 139 des Fünften Buches ein systematisch strukturiertes Pflegehilfsmittelverzeichnis. ²Darin sind die von der Leistungspflicht der Pflegeversicherung umfassten Pflegehilfsmittel aufzuführen, soweit diese nicht bereits im Hilfsmittelverzeichnis enthalten sind. ³Pflegehilfsmittel, die für eine leihweise Überlassung an die Versicherten geeignet sind, sind gesondert auszuweisen. ⁴Im Übrigen gilt § 139 des Fünften Buches entsprechend mit der Maßgabe, dass die Verbände der Pflegeberufe und der behinderten Menschen vor Erstellung und Fortschreibung des Pflegehilfsmittelverzeichnisses ebenfalls anzuhören sind.

[1)] Nr. 5.

(3) ¹Die Landesverbände der Pflegekassen vereinbaren untereinander oder mit geeigneten Pflegeeinrichtungen das Nähere zur Ausleihe der hierfür nach Absatz 2 Satz 4 geeigneten Pflegehilfsmittel einschließlich ihrer Beschaffung, Lagerung, Wartung und Kontrolle. ²Die Pflegebedürftigen und die zugelassenen Pflegeeinrichtungen sind von den Pflegekassen oder deren Verbänden in geeigneter Form über die Möglichkeit der Ausleihe zu unterrichten.

(4) Das Bundesministerium für Gesundheit wird ermächtigt, das Pflegehilfsmittelverzeichnis nach Absatz 2 und die Festbeträge nach Absatz 3 durch Rechtsverordnung im Einvernehmen mit dem Bundesministerium für Arbeit und Soziales und dem Bundesministerium für Familie, Senioren, Frauen und Jugend und mit Zustimmung des Bundesrates zu bestimmen; § 40 Abs. 5 bleibt unberührt.

Vierter Abschnitt. Wirtschaftlichkeitsprüfungen

§ 79 Wirtschaftlichkeits- und Abrechnungsprüfungen. (1) ¹Die Landesverbände der Pflegekassen können die Wirtschaftlichkeit und Wirksamkeit der ambulanten, teilstationären und vollstationären Pflegeleistungen durch von ihnen bestellte Sachverständige prüfen lassen; vor Bestellung der Sachverständigen ist der Träger der Pflegeeinrichtung zu hören. ²Eine Prüfung ist nur zulässig, wenn tatsächliche Anhaltspunkte dafür bestehen, dass die Pflegeeinrichtung die Anforderungen des § 72 Abs. 3 Satz 1 ganz oder teilweise nicht oder nicht mehr erfüllt. ³Die Anhaltspunkte sind der Pflegeeinrichtung rechtzeitig vor der Anhörung mitzuteilen. ⁴Personenbezogene Daten sind zu anonymisieren.

(2) Die Träger der Pflegeeinrichtungen sind verpflichtet, dem Sachverständigen auf Verlangen die für die Wahrnehmung seiner Aufgaben notwendigen Unterlagen vorzulegen und Auskünfte zu erteilen.

(3) Das Prüfungsergebnis ist, unabhängig von den sich daraus ergebenden Folgerungen für eine Kündigung des Versorgungsvertrags nach § 74, in der nächstmöglichen Vergütungsvereinbarung mit Wirkung für die Zukunft zu berücksichtigen.

(4) ¹Die Landesverbände der Pflegekassen können eine Abrechnungsprüfung selbst oder durch von ihnen bestellte Sachverständige durchführen lassen, wenn tatsächliche Anhaltspunkte dafür bestehen, dass die Pflegeeinrichtung fehlerhaft abrechnet. ²Die Abrechnungsprüfung bezieht sich

1. auf die Abrechnung von Leistungen, die zu Lasten der Pflegeversicherung erbracht oder erstattet werden, sowie

2. auf die Abrechnung der Leistungen für Unterkunft und Verpflegung (§ 87).

³Für die Abrechnungsprüfung sind Absatz 1 Satz 3 und 4 sowie die Absätze 2 und 3 entsprechend anzuwenden.

§§ 80, 80a *(aufgehoben)*

§ 81 Verfahrensregelungen. (1) ¹Die Landesverbände der Pflegekassen (§ 52) erfüllen die ihnen nach dem Siebten und Achten Kapitel zugewiesenen Aufgaben gemeinsam. ²Kommt eine Einigung ganz oder teilweise nicht zustande, erfolgt die Beschlussfassung durch die Mehrheit der in § 52 Abs. 1 Satz 1 genannten Stellen mit der Maßgabe, dass die Beschlüsse durch drei

Vertreter der Ortskrankenkassen und durch zwei Vertreter der Ersatzkassen sowie durch je einen Vertreter der weiteren Stellen gefasst werden.

(2) [1] Bei Entscheidungen, die von den Landesverbänden der Pflegekassen mit den Arbeitsgemeinschaften der örtlichen Träger der Sozialhilfe oder den überörtlichen Trägern der Sozialhilfe gemeinsam zu treffen sind, werden die Arbeitsgemeinschaften oder die überörtlichen Träger mit zwei Vertretern an der Beschlussfassung nach Absatz 1 Satz 2 beteiligt. [2] Kommt bei zwei Beschlussfassungen nacheinander eine Einigung mit den Vertretern der Träger der Sozialhilfe nicht zustande, kann jeder Beteiligte nach Satz 1 die Entscheidung des Vorsitzenden und der weiteren unparteiischen Mitglieder der Schiedsstelle nach § 76 verlangen. [3] Sie entscheiden für alle Beteiligten verbindlich über die streitbefangenen Punkte unter Ausschluss des Rechtswegs. [4] Die Kosten des Verfahrens nach Satz 2 und das Honorar des Vorsitzenden sind von allen Beteiligten anteilig zu tragen.

(3) [1] Bei Entscheidungen nach dem Siebten Kapitel, die der Spitzenverband Bund der Pflegekassen mit den Vertretern der Träger der Sozialhilfe gemeinsam zu treffen hat, stehen dem Spitzenverband Bund der Pflegekassen in entsprechender Anwendung von Absatz 2 Satz 1 in Verbindung mit Absatz 1 Satz 2 neun und den Vertretern der Träger der Sozialhilfe zwei Stimmen zu. [2] Absatz 2 Satz 2 bis 4 gilt mit der Maßgabe entsprechend, dass bei Nichteinigung ein Schiedsstellenvorsitzender zur Entscheidung von den Beteiligten einvernehmlich auszuwählen ist.

Achtes Kapitel. Pflegevergütung

Erster Abschnitt. Allgemeine Vorschriften

§ 82 Finanzierung der Pflegeeinrichtungen. (1) [1] Zugelassene Pflegeheime und Pflegedienste erhalten nach Maßgabe dieses Kapitels
1. eine leistungsgerechte Vergütung für die allgemeinen Pflegeleistungen (Pflegevergütung) sowie
2. bei stationärer Pflege ein angemessenes Entgelt für Unterkunft und Verpflegung.

[2] Die Pflegevergütung ist von den Pflegebedürftigen oder deren Kostenträgern zu tragen. [3] Sie umfasst auch die Betreuung und, soweit bei stationärer Pflege kein Anspruch auf Krankenpflege nach § 37 des Fünften Buches[1]) besteht, die medizinische Behandlungspflege. [4] Für Unterkunft und Verpflegung bei stationärer Pflege hat der Pflegebedürftige selbst aufzukommen.

(2) In der Pflegevergütung und in den Entgelten für Unterkunft und Verpflegung dürfen keine Aufwendungen berücksichtigt werden für
1. Maßnahmen einschließlich Kapitalkosten, die dazu bestimmt sind, die für den Betrieb der Pflegeeinrichtung notwendigen Gebäude und sonstigen abschreibungsfähigen Anlagegüter herzustellen, anzuschaffen, wiederzubeschaffen, zu ergänzen, instandzuhalten oder instandzusetzen; ausgenommen sind die zum Verbrauch bestimmten Güter (Verbrauchsgüter), die der Pflegevergütung nach Absatz 1 Satz 1 Nr. 1 zuzuordnen sind,

---
[1]) Nr. 5.

2. den Erwerb und die Erschließung von Grundstücken,

3. Miete, Pacht, Erbbauzins, Nutzung oder Mitbenutzung von Grundstücken, Gebäuden oder sonstigen Anlagegütern,

4. den Anlauf oder die innerbetriebliche Umstellung von Pflegeeinrichtungen,

5. die Schließung von Pflegeeinrichtungen oder ihre Umstellung auf andere Aufgaben.

(3) [1] Soweit betriebsnotwendige Investitionsaufwendungen nach Absatz 2 Nr. 1 oder Aufwendungen für Miete, Pacht, Erbbauzins, Nutzung oder Mitbenutzung von Gebäuden oder sonstige abschreibungsfähige Anlagegüter nach Absatz 2 Nr. 3 durch öffentliche Förderung gemäß § 9 nicht vollständig gedeckt sind, kann die Pflegeeinrichtung diesen Teil der Aufwendungen den Pflegebedürftigen gesondert berechnen. [2] Gleiches gilt, soweit die Aufwendungen nach Satz 1 vom Land durch Darlehen oder sonstige rückzahlbare Zuschüsse gefördert werden. [3] Die gesonderte Berechnung bedarf der Zustimmung der zuständigen Landesbehörde; das Nähere hierzu, insbesondere auch zu Art, Höhe und Laufzeit sowie die Verteilung der gesondert berechenbaren Aufwendungen auf die Pflegebedürftigen einschließlich der Berücksichtigung pauschalierter Instandhaltungs- und Instandsetzungsaufwendungen sowie der zugrunde zu legenden Belegungsquote, wird durch Landesrecht bestimmt. [4] Die Pauschalen müssen in einem angemessenen Verhältnis zur tatsächlichen Höhe der Instandhaltungs- und Instandsetzungsaufwendungen stehen.

(4) [1] Pflegeeinrichtungen, die nicht nach Landesrecht gefördert werden, können ihre betriebsnotwendigen Investitionsaufwendungen den Pflegebedürftigen ohne Zustimmung der zuständigen Landesbehörde gesondert berechnen. [2] Die gesonderte Berechnung ist der zuständigen Landesbehörde mitzuteilen.

(5) Öffentliche Zuschüsse zu den laufenden Aufwendungen einer Pflegeeinrichtung (Betriebskostenzuschüsse) sind von der Pflegevergütung abzuziehen.

§ 82a Ausbildungsvergütung. (1) Die Ausbildungsvergütung im Sinne dieser Vorschrift umfasst die Vergütung, die aufgrund von Rechtsvorschriften, Tarifverträgen, entsprechenden allgemeinen Vergütungsregelungen oder aufgrund vertraglicher Vereinbarungen an Personen, die nach Bundesrecht in der Altenpflege oder nach Landesrecht in der Altenpflegehilfe ausgebildet werden, während der Dauer ihrer praktischen oder theoretischen Ausbildung zu zahlen ist, sowie die nach § 17 Abs. 1a des Altenpflegegesetzes zu erstattenden Weiterbildungskosten.

(2) [1] Soweit eine nach diesem Gesetz zugelassene Pflegeeinrichtung nach Bundesrecht zur Ausbildung in der Altenpflege oder nach Landesrecht zur Ausbildung in der Altenpflegehilfe berechtigt oder verpflichtet ist, ist die Ausbildungsvergütung der Personen, die aufgrund eines entsprechenden Ausbildungsvertrages mit der Einrichtung oder ihrem Träger zum Zwecke der Ausbildung in der Einrichtung tätig sind, während der Dauer des Ausbildungsverhältnisses in der Vergütung der allgemeinen Pflegeleistungen (§ 84 Abs. 1, § 89) berücksichtigungsfähig. [2] Betreut die Einrichtung auch Personen, die nicht pflegebedürftig im Sinne dieses Buches sind, so ist in der Pflegevergütung nach Satz 1 nur der Anteil an der Gesamtsumme der Ausbildungsvergütungen berücksichtigungsfähig, der bei einer gleichmäßigen Verteilung der Gesamtsumme auf alle betreuten Personen auf die Pflegebedürftigen im Sinne dieses Buches entfällt. [3] Soweit die Ausbildungsvergütung im Pflegesatz eines zugelas-

senen Pflegeheimes zu berücksichtigen ist, ist der Anteil, der auf die Pflegebedürftigen im Sinne dieses Buches entfällt, gleichmäßig auf alle pflegebedürftigen Heimbewohner zu verteilen. [4] Satz 1 gilt nicht, soweit

1. die Ausbildungsvergütung oder eine entsprechende Vergütung nach anderen Vorschriften aufgebracht wird oder
2. die Ausbildungsvergütung durch ein landesrechtliches Umlageverfahren nach Absatz 3 finanziert wird.

[5] Die Ausbildungsvergütung ist in der Vergütungsvereinbarung über die allgemeinen Pflegeleistungen gesondert auszuweisen; die §§ 84 bis 86 und 89 gelten entsprechend.

(3) Wird die Ausbildungsvergütung ganz oder teilweise durch ein landesrechtliches Umlageverfahren finanziert, so ist die Umlage in der Vergütung der allgemeinen Pflegeleistungen nur insoweit berücksichtigungsfähig, als sie auf der Grundlage nachfolgender Berechnungsgrundsätze ermittelt wird:

1. Die Kosten der Ausbildungsvergütung werden nach einheitlichen Grundsätzen gleichmäßig auf alle zugelassenen ambulanten, teilstationären und stationären Pflegeeinrichtungen und die Altenheime im Land verteilt. Bei der Bemessung und Verteilung der Umlage ist sicherzustellen, daß der Verteilungsmaßstab nicht einseitig zu Lasten der zugelassenen Pflegeeinrichtungen gewichtet ist. Im übrigen gilt Absatz 2 Satz 2 und 3 entsprechend.
2. Die Gesamthöhe der Umlage darf den voraussichtlichen Mittelbedarf zur Finanzierung eines angemessenen Angebots an Ausbildungsplätzen nicht überschreiten.
3. Aufwendungen für die Vorhaltung, Instandsetzung oder Instandhaltung von Ausbildungsstätten (§§ 9, 82 Abs. 2 bis 4), für deren laufende Betriebskosten (Personal- und Sachkosten) sowie für die Verwaltungskosten der nach Landesrecht für das Umlageverfahren zuständigen Stelle bleiben unberücksichtigt.

(4) [1] Die Höhe der Umlage nach Absatz 3 sowie ihre Berechnungsfaktoren sind von der dafür nach Landesrecht zuständigen Stelle den Landesverbänden der Pflegekassen rechtzeitig vor Beginn der Pflegesatzverhandlungen mitzuteilen. [2] Es genügt die Mitteilung an einen Landesverband; dieser leitet die Mitteilung unverzüglich an die übrigen Landesverbände und an die zuständigen Träger der Sozialhilfe weiter. [3] Bei Meinungsverschiedenheiten zwischen den nach Satz 1 Beteiligten über die ordnungsgemäße Bemessung und die Höhe des von den zugelassenen Pflegeeinrichtungen zu zahlenden Anteils an der Umlage entscheidet die Schiedsstelle nach § 76 unter Ausschluß des Rechtsweges. [4] Die Entscheidung ist für alle Beteiligten nach Satz 1 sowie für die Parteien der Vergütungsvereinbarungen nach dem Achten Kapitel verbindlich; § 85 Abs. 5 Satz 1 und 2, erster Halbsatz, sowie Abs. 6 gilt entsprechend.

§ 82b Ehrenamtliche Unterstützung. (1) [1] Soweit und solange einer nach diesem Gesetz zugelassenen Pflegeeinrichtung, insbesondere

1. für die vorbereitende und begleitende Schulung,
2. für die Planung und Organisation des Einsatzes oder
3. für den Ersatz des angemessenen Aufwands

der Mitglieder von Selbsthilfegruppen sowie der ehrenamtlichen und sonstigen zum bürgerschaftlichen Engagement bereiten Personen und Organisationen, für von der Pflegeversicherung versorgte Leistungsempfänger nicht anderweitig gedeckte Aufwendungen entstehen, sind diese bei stationären Pflegeeinrichtungen in den Pflegesätzen (§ 84 Abs. 1) und bei ambulanten Pflegeeinrichtungen in den Vergütungen (§ 89) berücksichtigungsfähig. ² Die Aufwendungen können in der Vergütungsvereinbarung über die allgemeinen Pflegeleistungen gesondert ausgewiesen werden.

(2) ¹ Stationäre Pflegeeinrichtungen können für ehrenamtliche Unterstützung als ergänzendes Engagement bei allgemeinen Pflegeleistungen Aufwandsentschädigungen zahlen. ² Absatz 1 gilt entsprechend.

§ 83 Verordnung zur Regelung der Pflegevergütung. (1) ¹ Die Bundesregierung wird ermächtigt, durch Rechtsverordnung mit Zustimmung des Bundesrates Vorschriften zu erlassen über

1. die Pflegevergütung der Pflegeeinrichtungen einschließlich der Verfahrensregelungen zu ihrer Vereinbarung nach diesem Kapitel,

2. den Inhalt der Pflegeleistungen sowie bei stationärer Pflege die Abgrenzung zwischen den allgemeinen Pflegeleistungen (§ 84 Abs. 4), den Leistungen bei Unterkunft und Verpflegung (§ 87) und den Zusatzleistungen (§ 88),

3. die Rechnungs- und Buchführungsvorschriften der Pflegeeinrichtungen einschließlich einer Kosten- und Leistungsrechnung; bei zugelassenen Pflegeeinrichtungen, die neben den Leistungen nach diesem Buch auch andere Sozialleistungen im Sinne des Ersten Buches[1]) (gemischte Einrichtung) erbringen, kann der Anwendungsbereich der Verordnung auf den Gesamtbetrieb erstreckt werden,

4. Maßstäbe und Grundsätze für eine wirtschaftliche und leistungsbezogene, am Versorgungsauftrag (§ 72 Abs. 1) orientierte personelle Ausstattung der Pflegeeinrichtungen,

5. die nähere Abgrenzung der Leistungsaufwendungen nach Nummer 2 von den Investitionsaufwendungen und sonstigen Aufwendungen nach § 82 Abs. 2.

² § 90 bleibt unberührt.

(2) Nach Erlass der Rechtsverordnung sind Rahmenverträge und Schiedsstellenregelungen nach § 75 zu den von der Verordnung erfassten Regelungsbereichen nicht mehr zulässig.

Zweiter Abschnitt. Vergütung der stationären Pflegeleistungen

§ 84 Bemessungsgrundsätze. (1) ¹ Pflegesätze sind die Entgelte der Heimbewohner oder ihrer Kostenträger für die teil- oder vollstationären Pflegeleistungen des Pflegeheims sowie für die Betreuung und, soweit kein Anspruch auf Krankenpflege nach § 37 des Fünften Buches[2]) besteht, für die medizinische Behandlungspflege. ² In den Pflegesätzen dürfen keine Aufwendungen berücksichtigt werden, die nicht der Finanzierungszuständigkeit der sozialen Pflegeversicherung unterliegen.

---
[1]) Nr. 1.
[2]) Nr. 5.

8. Kapitel. Pflegevergütung § 84 SGB XI 11

(2) ¹Die Pflegesätze müssen leistungsgerecht sein. ²Sie sind nach dem Versorgungsaufwand, den der Pflegebedürftige nach Art und Schwere seiner Pflegebedürftigkeit benötigt, entsprechend den fünf Pflegegraden einzuteilen. ³Davon ausgehend sind bei vollstationärer Pflege nach § 43 für die Pflegegrade 2 bis 5 einrichtungseinheitliche Eigenanteile zu ermitteln; dies gilt auch bei Änderungen der Leistungsbeträge. ⁴Die Pflegesätze müssen einem Pflegeheim bei wirtschaftlicher Betriebsführung ermöglichen, seine Aufwendungen zu finanzieren und seinen Versorgungsauftrag zu erfüllen unter Berücksichtigung einer angemessenen Vergütung ihres Unternehmerrisikos. ⁵Die Bezahlung von Gehältern bis zur Höhe tarifvertraglich vereinbarter Vergütungen sowie entsprechender Vergütungen nach kirchlichen Arbeitsrechtsregelungen kann dabei nicht als unwirtschaftlich abgelehnt werden. ⁶Für eine darüber hinausgehende Bezahlung bedarf es eines sachlichen Grundes. ⁷Überschüsse verbleiben dem Pflegeheim; Verluste sind von ihm zu tragen. ⁸Der Grundsatz der Beitragssatzstabilität ist zu beachten. ⁹Bei der Bemessung der Pflegesätze einer Pflegeeinrichtung können die Pflegesätze derjenigen Pflegeeinrichtungen, die nach Art und Größe sowie hinsichtlich der in Absatz 5 genannten Leistungs- und Qualitätsmerkmale im Wesentlichen gleichartig sind, angemessen berücksichtigt werden.

(3) Die Pflegesätze sind für alle Heimbewohner des Pflegeheimes nach einheitlichen Grundsätzen zu bemessen; eine Differenzierung nach Kostenträgern ist unzulässig.

(4) ¹Mit den Pflegesätzen sind alle für die Versorgung der Pflegebedürftigen nach Art und Schwere ihrer Pflegebedürftigkeit erforderlichen Pflegeleistungen der Pflegeeinrichtung (Allgemeine Pflegeleistungen) abgegolten. ²Für die allgemeinen Pflegeleistungen dürfen, soweit nichts anderes bestimmt ist, ausschließlich die nach § 85 oder § 86 vereinbarten oder nach § 85 Abs. 5 festgesetzten Pflegesätze berechnet werden, ohne Rücksicht darauf, wer zu ihrer Zahlung verpflichtet ist.

(5) ¹In der Pflegesatzvereinbarung sind die wesentlichen Leistungs- und Qualitätsmerkmale der Einrichtung festzulegen. ²Hierzu gehören insbesondere

1. die Zuordnung des voraussichtlich zu versorgenden Personenkreises sowie Art, Inhalt und Umfang der Leistungen, die von der Einrichtung während des nächsten Pflegesatzzeitraums erwartet werden,

2. die von der Einrichtung für den voraussichtlich zu versorgenden Personenkreis individuell vorzuhaltende personelle Ausstattung, gegliedert nach Berufsgruppen, sowie

3. Art und Umfang der Ausstattung der Einrichtung mit Verbrauchsgütern (§ 82 Abs. 2 Nr. 1).

(6) ¹Der Träger der Einrichtung ist verpflichtet, mit der vereinbarten personellen Ausstattung die Versorgung der Pflegebedürftigen jederzeit sicherzustellen. ²Er hat bei Personalengpässen oder -ausfällen durch geeignete Maßnahmen sicherzustellen, dass die Versorgung der Pflegebedürftigen nicht beeinträchtigt wird. ³Auf Verlangen einer Vertragspartei hat der Träger der Einrichtung in einem Personalabgleich nachzuweisen, dass die vereinbarte Personalausstattung tatsächlich bereitgestellt und bestimmungsgemäß eingesetzt wird. ⁴Das Nähere zur Durchführung des Personalabgleichs wird in den Verträgen nach § 75 Abs. 1 und 2 geregelt.

(7) ¹ Der Träger der Einrichtung ist verpflichtet, im Falle einer Vereinbarung der Pflegesätze auf Grundlage der Bezahlung von Gehältern bis zur Höhe tarifvertraglich vereinbarter Vergütungen sowie entsprechender Vergütungen nach kirchlichen Arbeitsrechtsregelungen, die entsprechende Bezahlung der Beschäftigten jederzeit einzuhalten. ² Auf Verlangen einer Vertragspartei hat der Träger der Einrichtung dieses nachzuweisen. ³ Personenbezogene Daten sind zu anonymisieren. ⁴ Das Nähere zur Durchführung des Nachweises wird in den Verträgen nach § 75 Absatz 1 und 2 geregelt.

(8) ¹ Vergütungszuschläge sind abweichend von Absatz 2 Satz 2 und Absatz 4 Satz 1 sowie unter entsprechender Anwendung des Absatzes 2 Satz 1 und 5, des Absatzes 7 und des § 87a zusätzliche Entgelte zur Pflegevergütung für die Leistungen nach § 43b. ² Der Vergütungszuschlag ist von der Pflegekasse zu tragen und von dem privaten Versicherungsunternehmen im Rahmen des vereinbarten Versicherungsschutzes zu erstatten; § 28 Absatz 2 ist entsprechend anzuwenden. ³ Mit den Vergütungszuschlägen sind alle zusätzlichen Leistungen der Betreuung und Aktivierung in stationären Pflegeeinrichtungen abgegolten. ⁴ Pflegebedürftige dürfen mit den Vergütungszuschlägen weder ganz noch teilweise belastet werden.

§ 85 Pflegesatzverfahren. (1) Art, Höhe und Laufzeit der Pflegesätze werden zwischen dem Träger des Pflegeheimes und den Leistungsträgern nach Absatz 2 vereinbart.

(2) ¹ Parteien der Pflegesatzvereinbarung (Vertragsparteien) sind der Träger des einzelnen zugelassenen Pflegeheimes sowie

1. die Pflegekassen oder sonstige Sozialversicherungsträger,
2. die für die Bewohner des Pflegeheimes zuständigen Träger der Sozialhilfe sowie
3. die Arbeitsgemeinschaften der unter Nummer 1 und 2 genannten Träger,

soweit auf den jeweiligen Kostenträger oder die Arbeitsgemeinschaft im Jahr vor Beginn der Pflegesatzverhandlungen jeweils mehr als fünf vom Hundert der Berechnungstage des Pflegeheimes entfallen. ² Die Pflegesatzvereinbarung ist für jedes zugelassene Pflegeheim gesondert abzuschließen; § 86 Abs. 2 bleibt unberührt. ³ Die Vereinigungen der Pflegeheime im Land, die Landesverbände der Pflegekassen sowie der Verband der privaten Krankenversicherung e.V. im Land können sich am Pflegesatzverfahren beteiligen.

(3) ¹ Die Pflegesatzvereinbarung ist im voraus, vor Beginn der jeweiligen Wirtschaftsperiode des Pflegeheimes, für einen zukünftigen Zeitraum (Pflegesatzzeitraum) zu treffen. ² Das Pflegeheim hat Art, Inhalt, Umfang und Kosten der Leistungen, für die es eine Vergütung beansprucht, durch Pflegedokumentationen und andere geeignete Nachweise rechtzeitig vor Beginn der Pflegesatzverhandlungen darzulegen; es hat außerdem die schriftliche Stellungnahme der nach heimrechtlichen Vorschriften vorgesehenen Interessenvertretung der Bewohnerinnen und Bewohner beizufügen. ³ Soweit dies zur Beurteilung seiner Wirtschaftlichkeit und Leistungsfähigkeit im Einzelfall erforderlich ist, hat das Pflegeheim auf Verlangen einer Vertragspartei zusätzliche Unterlagen vorzulegen und Auskünfte zu erteilen. ⁴ Hierzu gehören auch pflegesatzerhebliche Angaben zum Jahresabschluß entsprechend den Grundsätzen ordnungsgemäßer Pflegebuchführung, zur personellen und sachlichen Ausstattung des Pflegeheims einschließlich der Kosten sowie zur tatsächlichen Stellenbesetzung

8. Kapitel. Pflegevergütung § 85 SGB XI 11

und Eingruppierung. ⁵ Dabei sind insbesondere die in der Pflegesatzverhandlung geltend gemachten, voraussichtlichen Personalkosten einschließlich entsprechender Erhöhungen im Vergleich zum bisherigen Pflegesatzzeitraum vorzuweisen. ⁶ Personenbezogene Daten sind zu anonymisieren.

(4) ¹ Die Pflegesatzvereinbarung kommt durch Einigung zwischen dem Träger des Pflegeheimes und der Mehrheit der Kostenträger nach Absatz 2 Satz 1 zustande, die an der Pflegesatzverhandlung teilgenommen haben. ² Sie ist schriftlich abzuschließen. ³ Soweit Vertragsparteien sich bei den Pflegesatzverhandlungen durch Dritte vertreten lassen, haben diese vor Verhandlungsbeginn den übrigen Vertragsparteien eine schriftliche Verhandlungs- und Abschlußvollmacht vorzulegen.

(5) ¹ Kommt eine Pflegesatzvereinbarung innerhalb von sechs Wochen nicht zustande, nachdem eine Vertragspartei schriftlich zu Pflegesatzverhandlungen aufgefordert hat, setzt die Schiedsstelle nach § 76 auf Antrag einer Vertragspartei die Pflegesätze unverzüglich, in der Regel binnen drei Monaten, fest. ² Satz 1 gilt auch, soweit der nach Absatz 2 Satz 1 Nr. 2 zuständige Träger der Sozialhilfe der Pflegesatzvereinbarung innerhalb von zwei Wochen nach Vertragsschluß widerspricht; der Träger der Sozialhilfe kann im voraus verlangen, daß an Stelle der gesamten Schiedsstelle nur der Vorsitzende und die beiden weiteren unparteiischen Mitglieder oder nur der Vorsitzende allein entscheiden. ³ Gegen die Festsetzung ist der Rechtsweg zu den Sozialgerichten gegeben. ⁴ Ein Vorverfahren findet nicht statt; die Klage hat keine aufschiebende Wirkung.

(6) ¹ Pflegesatzvereinbarungen sowie Schiedsstellenentscheidungen nach Absatz 5 Satz 1 oder 2 treten zu dem darin unter angemessener Berücksichtigung der Interessen der Pflegeheimbewohner bestimmten Zeitpunkt in Kraft; sie sind für das Pflegeheim sowie für die in dem Heim versorgten Pflegebedürftigen und deren Kostenträger unmittelbar verbindlich. ² Ein rückwirkendes Inkrafttreten von Pflegesätzen ist nicht zulässig. ³ Nach Ablauf des Pflegesatzzeitraums gelten die vereinbarten oder festgesetzten Pflegesätze bis zum Inkrafttreten neuer Pflegesätze weiter.

(7) ¹ Bei unvorhersehbaren wesentlichen Veränderungen der Annahmen, die der Vereinbarung oder Festsetzung der Pflegesätze zugrunde lagen, sind die Pflegesätze auf Verlangen einer Vertragspartei für den laufenden Pflegesatzzeitraum neu zu verhandeln. ² Dies gilt insbesondere bei einer erheblichen Abweichung der tatsächlichen Bewohnerstruktur. ³ Die Absätze 3 bis 6 gelten entsprechend. ⁴ Im Fall von Satz 2 kann eine Festsetzung der Pflegesätze durch die Schiedsstelle abweichend von Satz 3 in Verbindung mit Absatz 5 Satz 1 bereits nach einem Monat beantragt werden.

(8) ¹ Die Vereinbarung des Vergütungszuschlags nach § 84 Absatz 8 erfolgt auf der Grundlage, dass

1. die stationäre Pflegeeinrichtung für die zusätzliche Betreuung und Aktivierung der Pflegebedürftigen über zusätzliches Betreuungspersonal, in vollstationären Pflegeeinrichtungen in sozialversicherungspflichtiger Beschäftigung verfügt und die Aufwendungen für dieses Personal weder bei der Bemessung der Pflegesätze noch bei den Zusatzleistungen nach § 88 berücksichtigt werden,

2. in der Regel für jeden Pflegebedürftigen 5 Prozent der Personalaufwendungen für eine zusätzliche Vollzeitkraft finanziert wird und

3. die Vertragsparteien Einvernehmen erzielt haben, dass der vereinbarte Vergütungszuschlag nicht berechnet werden darf, soweit die zusätzliche Betreuung und Aktivierung für Pflegebedürftige nicht erbracht wird.

² Pflegebedürftige und ihre Angehörigen sind von der stationären Pflegeeinrichtung im Rahmen der Verhandlung und des Abschlusses des stationären Pflegevertrages nachprüfbar und deutlich darauf hinzuweisen, dass ein zusätzliches Betreuungsangebot besteht. ³ Im Übrigen gelten die Absätze 1 bis 7 entsprechend.

§ 86 Pflegesatzkommission. (1) ¹ Die Landesverbände der Pflegekassen, der Verband der privaten Krankenversicherung e.V., die überörtlichen oder ein nach Landesrecht bestimmter Träger der Sozialhilfe und die Vereinigungen der Pflegeheimträger im Land bilden regional oder landesweit tätige Pflegesatzkommissionen, die anstelle der Vertragsparteien nach § 85 Abs. 2 die Pflegesätze mit Zustimmung der betroffenen Pflegeheimträger vereinbaren können. ² § 85 Abs. 3 bis 7 gilt entsprechend.

(2) ¹ Für Pflegeheime, die in derselben kreisfreien Gemeinde oder in demselben Landkreis liegen, kann die Pflegesatzkommission mit Zustimmung der betroffenen Pflegeheimträger für die gleichen Leistungen einheitliche Pflegesätze vereinbaren. ² Die beteiligten Pflegeheime sind befugt, ihre Leistungen unterhalb der nach Satz 1 vereinbarten Pflegesätze anzubieten.

(3) ¹ Die Pflegesatzkommission oder die Vertragsparteien nach § 85 Abs. 2 können auch Rahmenvereinbarungen abschließen, die insbesondere ihre Rechte und Pflichten, die Vorbereitung, den Beginn und das Verfahren der Pflegesatzverhandlungen sowie Art, Umfang und Zeitpunkt der vom Pflegeheim vorzulegenden Leistungsnachweise und sonstigen Verhandlungsunterlagen näher bestimmen. ² Satz 1 gilt nicht, soweit für das Pflegeheim verbindliche Regelungen nach § 75 getroffen worden sind.

§ 87 Unterkunft und Verpflegung. ¹ Die als Pflegesatzparteien betroffenen Leistungsträger (§ 85 Abs. 2) vereinbaren mit dem Träger des Pflegeheimes die von den Pflegebedürftigen zu tragenden Entgelte für die Unterkunft und für die Verpflegung jeweils getrennt. ² Die Entgelte müssen in einem angemessenen Verhältnis zu den Leistungen stehen. ³ § 84 Abs. 3 und 4 und die §§ 85 und 86 gelten entsprechend; § 88 bleibt unberührt.

§ 87a Berechnung und Zahlung des Heimentgelts. (1) ¹ Die Pflegesätze, die Entgelte für Unterkunft und Verpflegung sowie die gesondert berechenbaren Investitionskosten (Gesamtheimentgelt) werden für den Tag der Aufnahme des Pflegebedürftigen in das Pflegeheim sowie für jeden weiteren Tag des Heimaufenthalts berechnet (Berechnungstag). ² Die Zahlungspflicht der Heimbewohner oder ihrer Kostenträger endet mit dem Tag, an dem der Heimbewohner aus dem Heim entlassen wird oder verstirbt. ³ Zieht ein Pflegebedürftiger in ein anderes Heim um, darf nur das aufnehmende Pflegeheim ein Gesamtheimentgelt für den Verlegungstag berechnen. ⁴ Von den Sätzen 1 bis 3 abweichende Vereinbarungen zwischen dem Pflegeheim und dem Heimbewohner oder dessen Kostenträger sind nichtig. ⁵ Der Pflegeplatz ist im Fall vorübergehender Abwesenheit vom Pflegeheim für einen Abwesenheitszeitraum von bis zu 42 Tagen im Kalenderjahr für den Pflegebedürftigen freizuhalten. ⁶ Abweichend hiervon verlängert sich der Abwesenheitszeitraum bei

8. Kapitel. Pflegevergütung §§ 87b, 88 SGB XI 11

Krankenhausaufenthalten und bei Aufenthalten in Rehabilitationseinrichtungen für die Dauer dieser Aufenthalte. [7] In den Rahmenverträgen nach § 75 sind für die nach den Sätzen 5 und 6 bestimmten Abwesenheitszeiträume, soweit drei Kalendertage überschritten werden, Abschläge von mindestens 25 vom Hundert der Pflegevergütung, der Entgelte für Unterkunft und Verpflegung und der Zuschläge nach § 92b vorzusehen.

(2) [1] Bestehen Anhaltspunkte dafür, dass der pflegebedürftige Heimbewohner auf Grund der Entwicklung seines Zustands einem höheren Pflegegrad zuzuordnen ist, so ist er auf schriftliche Aufforderung des Heimträgers verpflichtet, bei seiner Pflegekasse die Zuordnung zu einer höheren Pflegestufe zu beantragen. [2] Die Aufforderung ist zu begründen und auch der Pflegekasse sowie bei Sozialhilfeempfängern dem zuständigen Träger der Sozialhilfe zuzuleiten. [3] Weigert sich der Heimbewohner, den Antrag zu stellen, kann der Heimträger ihm oder seinem Kostenträger ab dem ersten Tag des zweiten Monats nach der Aufforderung vorläufig den Pflegesatz nach dem nächsthöheren Pflegegrad berechnen. [4] Werden die Voraussetzungen für einen höheren Pflegegrad vom Medizinischen Dienst nicht bestätigt und lehnt die Pflegekasse eine Höherstufung deswegen ab, hat das Pflegeheim dem Pflegebedürftigen den überzahlten Betrag unverzüglich zurückzuzahlen; der Rückzahlungsbetrag ist rückwirkend ab dem in Satz 3 genannten Zeitpunkt mit wenigstens 5 vom Hundert zu verzinsen.

(3) [1] Die dem pflegebedürftigen Heimbewohner nach den §§ 41 bis 43 zustehenden Leistungsbeträge sind von seiner Pflegekasse mit befreiender Wirkung unmittelbar an das Pflegeheim zu zahlen. [2] Maßgebend für die Höhe des zu zahlenden Leistungsbetrags ist der Leistungsbescheid der Pflegekasse, unabhängig davon, ob der Bescheid bestandskräftig ist oder nicht. [3] Die von den Pflegekassen zu zahlenden Leistungsbeträge werden bei vollstationärer Pflege (§ 43) zum 15. eines jeden Monats fällig.

(4) [1] Pflegeeinrichtungen, die Leistungen im Sinne des § 43 erbringen, erhalten von der Pflegekasse zusätzlich den Betrag von 2 952 Euro, wenn der Pflegebedürftige nach der Durchführung aktivierender oder rehabilitativer Maßnahmen in einen niedrigeren Pflegegrad zurückgestuft wurde oder festgestellt wurde, dass er nicht mehr pflegebedürftig im Sinne der §§ 14 und 15 ist. [2] Der Betrag wird entsprechend § 30 angepasst. [3] Der von der Pflegekasse gezahlte Betrag ist von der Pflegeeinrichtung zurückzuzahlen, wenn der Pflegebedürftige innerhalb von sechs Monaten in einen höheren Pflegegrad oder wieder als pflegebedürftig im Sinne der §§ 14 und 15 eingestuft wird.

§ 87b *(aufgehoben)*

§ 88 Zusatzleistungen. (1) [1] Neben den Pflegesätzen nach § 85 und den Entgelten nach § 87 darf das Pflegeheim mit den Pflegebedürftigen über die im Versorgungsvertrag vereinbarten notwendigen Leistungen hinaus (§ 72 Abs. 1 Satz 2) gesondert ausgewiesene Zuschläge für

1. besondere Komfortleistungen bei Unterkunft und Verpflegung sowie
2. zusätzliche pflegerisch-betreuende Leistungen

vereinbaren (Zusatzleistungen). [2] Der Inhalt der notwendigen Leistungen und deren Abgrenzung von den Zusatzleistungen werden in den Rahmenverträgen nach § 75 festgelegt.

(2) Die Gewährung und Berechnung von Zusatzleistungen ist nur zulässig, wenn:

1. dadurch die notwendigen stationären oder teilstationären Leistungen des Pflegeheimes (§ 84 Abs. 4 und § 87) nicht beeinträchtigt werden,
2. die angebotenen Zusatzleistungen nach Art, Umfang, Dauer und Zeitabfolge sowie die Höhe der Zuschläge und die Zahlungsbedingungen vorher schriftlich zwischen dem Pflegeheim und dem Pflegebedürftigen vereinbart worden sind,
3. das Leistungsangebot und die Leistungsbedingungen den Landesverbänden der Pflegekassen und den überörtlichen Trägern der Sozialhilfe im Land vor Leistungsbeginn schriftlich mitgeteilt worden sind.

Dritter Abschnitt. Vergütung der ambulanten Pflegeleistungen

§ 89 Grundsätze für die Vergütungsregelung. (1) [1] Die Vergütung der ambulanten Leistungen der häuslichen Pflegehilfe wird, soweit nicht die Gebührenordnung nach § 90 Anwendung findet, zwischen dem Träger des Pflegedienstes und den Leistungsträgern nach Absatz 2 für alle Pflegebedürftigen nach einheitlichen Grundsätzen vereinbart. [2] Sie muß leistungsgerecht sein. [3] Die Vergütung muss einem Pflegedienst bei wirtschaftlicher Betriebsführung ermöglichen, seine Aufwendungen zu finanzieren und seinen Versorgungsauftrag zu erfüllen unter Berücksichtigung einer angemessenen Vergütung ihres Unternehmerrisikos. [4] Die Bezahlung von Gehältern bis zur Höhe tarifvertraglich vereinbarter Vergütungen sowie entsprechender Vergütungen nach kirchlichen Arbeitsrechtsregelungen kann dabei nicht als unwirtschaftlich abgelehnt werden. [5] Für eine darüber hinausgehende Bezahlung bedarf es eines sachlichen Grundes. [6] Eine Differenzierung in der Vergütung nach Kostenträgern ist unzulässig.

(2) [1] Vertragsparteien der Vergütungsvereinbarung sind die Träger des Pflegedienstes sowie

1. die Pflegekassen oder sonstige Sozialversicherungsträger,
2. die Träger der Sozialhilfe, die für die durch den Pflegedienst versorgten Pflegebedürftigen zuständig sind, sowie
3. die Arbeitsgemeinschaften der unter Nummer 1 und 2 genannten Träger,

soweit auf die jeweiligen Kostenträger oder die Arbeitsgemeinschaft im Jahr vor Beginn der Vergütungsverhandlungen jeweils mehr als 5 vom Hundert der vom Pflegedienst betreuten Pflegebedürftigen entfallen. [2] Die Vergütungsvereinbarung ist für jeden Pflegedienst gesondert abzuschließen und gilt für den nach § 72 Abs. 3 Satz 3 vereinbarten Einzugsbereich, soweit nicht ausdrücklich etwas Abweichendes vereinbart wird.

(3) [1] Die Vergütungen können, je nach Art und Umfang der Pflegeleistung, nach dem dafür erforderlichen Zeitaufwand oder unabhängig vom Zeitaufwand nach dem Leistungsinhalt des jeweiligen Pflegeeinsatzes, nach Komplexleistungen oder in Ausnahmefällen auch nach Einzelleistungen bemessen werden; sonstige Leistungen wie hauswirtschaftliche Versorgung, Behördengänge oder Fahrkosten können auch mit Pauschalen vergütet werden. [2] Die Vergütungen haben zu berücksichtigen, dass Leistungen von mehreren Pflegebedürftigen gemeinsam abgerufen und in Anspruch genommen werden können; die sich

aus einer gemeinsamen Leistungsinanspruchnahme ergebenden Zeit- und Kostenersparnisse kommen den Pflegebedürftigen zugute. ³ § 84 Absatz 4 Satz 2 und Absatz 7, § 85 Absatz 3 bis 7 und § 86 gelten entsprechend.

§ 90 Gebührenordnung für ambulante Pflegeleistungen. (1) ¹ Das Bundesministerium für Gesundheit wird ermächtigt, im Einvernehmen mit dem Bundesministerium für Familie, Senioren, Frauen und Jugend und dem Bundesministerium für Arbeit und Soziales durch Rechtsverordnung mit Zustimmung des Bundesrates eine Gebührenordnung für die Vergütung der ambulanten Leistungen der häuslichen Pflegehilfe zu erlassen, soweit die Versorgung von der Leistungspflicht der Pflegeversicherung umfaßt ist. ² Die Vergütung muß leistungsgerecht sein, den Bemessungsgrundsätzen nach § 89 entsprechen und hinsichtlich ihrer Höhe regionale Unterschiede berücksichtigen. ³ § 82 Abs. 2 gilt entsprechend. ⁴ In der Verordnung ist auch das Nähere zur Abrechnung der Vergütung zwischen den Pflegekassen und den Pflegediensten zu regeln.

(2) ¹ Die Gebührenordnung gilt nicht für die Vergütung von ambulanten Leistungen der häuslichen Pflegehilfe durch Familienangehörige und sonstige Personen, die mit dem Pflegebedürftigen in häuslicher Gemeinschaft leben. ² Soweit die Gebührenordnung Anwendung findet, sind die davon betroffenen Pflegeeinrichtungen und Pflegepersonen nicht berechtigt, über die Berechnung der Gebühren hinaus weitergehende Ansprüche an die Pflegebedürftigen oder deren Kostenträger zu stellen.

Vierter Abschnitt. Kostenerstattung, Pflegeheimvergleich

§ 91 Kostenerstattung. (1) Zugelassene Pflegeeinrichtungen, die auf eine vertragliche Regelung der Pflegevergütung nach den §§ 85 und 89 verzichten oder mit denen eine solche Regelung nicht zustande kommt, können den Preis für ihre ambulanten oder stationären Leistungen unmittelbar mit den Pflegebedürftigen vereinbaren.

(2) ¹ Den Pflegebedürftigen werden die ihnen von den Einrichtungen nach Absatz 1 berechneten Kosten für die pflegebedingten Aufwendungen erstattet. ² Die Erstattung darf jedoch 80 vom Hundert des Betrages nicht überschreiten, den die Pflegekasse für den einzelnen Pflegebedürftigen nach Art und Schwere seiner Pflegebedürftigkeit nach dem Dritten Abschnitt des Vierten Kapitels zu leisten hat. ³ Eine weitergehende Kostenerstattung durch einen Träger der Sozialhilfe ist unzulässig.

(3) Die Absätze 1 und 2 gelten entsprechend für Pflegebedürftige, die nach Maßgabe dieses Buches bei einem privaten Versicherungsunternehmen versichert sind.

(4) Die Pflegebedürftigen und ihre Angehörigen sind von der Pflegekasse und der Pflegeeinrichtung rechtzeitig auf die Rechtsfolgen der Absätze 2 und 3 hinzuweisen.

§ 92 *(aufgehoben)*

§ 92a Pflegeheimvergleich. (1) ¹ Die Bundesregierung wird ermächtigt, durch Rechtsverordnung mit Zustimmung des Bundesrates einen Pflegeheimvergleich anzuordnen, insbesondere mit dem Ziel,

1. die Landesverbände der Pflegekassen bei der Durchführung von Wirtschaftlichkeits- und Qualitätsprüfungen (§ 79, Elftes Kapitel),
2. die Vertragsparteien nach § 85 Abs. 2 bei der Bemessung der Vergütungen und Entgelte sowie
3. die Pflegekassen bei der Erstellung der Leistungs- und Preisvergleichslisten (§ 7 Abs. 3)

zu unterstützen. ²Die Pflegeheime sind länderbezogen, Einrichtung für Einrichtung, insbesondere hinsichtlich ihrer Leistungs- und Belegungsstrukturen, ihrer Pflegesätze und Entgelte sowie ihrer gesondert berechenbaren Investitionskosten miteinander zu vergleichen.

(2) In der Verordnung nach Absatz 1 sind insbesondere zu regeln:
1. die Organisation und Durchführung des Pflegeheimvergleichs durch eine oder mehrere von dem Spitzenverband Bund der Pflegekassen oder den Landesverbänden der Pflegekassen gemeinsam beauftragte Stellen,
2. die Finanzierung des Pflegeheimvergleichs aus Verwaltungsmitteln der Pflegekassen,
3. die Erhebung der vergleichsnotwendigen Daten einschließlich ihrer Verarbeitung.

(3) ¹Zur Ermittlung der Vergleichsdaten ist vorrangig auf die verfügbaren Daten aus den Versorgungsverträgen sowie den Pflegesatz- und Entgeltvereinbarungen über
1. die Versorgungsstrukturen einschließlich der personellen und sächlichen Ausstattung,
2. die Leistungen, Pflegesätze und sonstigen Entgelte der Pflegeheime

und auf die Daten aus den Vereinbarungen über Zusatzleistungen zurückzugreifen. ²Soweit dies für die Zwecke des Pflegeheimvergleichs erforderlich ist, haben die Pflegeheime der mit der Durchführung des Pflegeheimvergleichs beauftragten Stelle auf Verlangen zusätzliche Unterlagen vorzulegen und Auskünfte zu erteilen, insbesondere auch über die von ihnen gesondert berechneten Investitionskosten (§ 82 Abs. 3 und 4).

(4) ¹Durch die Verordnung nach Absatz 1 ist sicherzustellen, dass die Vergleichsdaten
1. den zuständigen Landesbehörden,
2. den Vereinigungen der Pflegeheimträger im Land,
3. den Landesverbänden der Pflegekassen,
4. dem Medizinischen Dienst der Krankenversicherung,
5. dem Verband der privaten Krankenversicherung e.V. im Land sowie
6. den nach Landesrecht zuständigen Trägern der Sozialhilfe

zugänglich gemacht werden. ²Die Beteiligten nach Satz 1 sind befugt, die Vergleichsdaten ihren Verbänden oder Vereinigungen auf Bundesebene zu übermitteln; die Landesverbände der Pflegekassen sind verpflichtet, die für Prüfzwecke erforderlichen Vergleichsdaten den von ihnen zur Durchführung von Wirtschaftlichkeits- und Qualitätsprüfungen bestellten Sachverständigen zugänglich zu machen.

(5) ¹ Vor Erlass der Rechtsverordnung nach Absatz 1 sind der Spitzenverband Bund der Pflegekassen, der Verband der privaten Krankenversicherung e.v., die Bundesarbeitsgemeinschaft der überörtlichen Träger der Sozialhilfe, die Bundesvereinigung der kommunalen Spitzenverbände und die Vereinigungen der Träger der Pflegeheime auf Bundesebene anzuhören. ² Im Rahmen der Anhörung können diese auch Vorschläge für eine Rechtsverordnung nach Absatz 1 oder für einzelne Regelungen einer solchen Rechtsverordnung vorlegen.

(6) Der Spitzenverband Bund der Pflegekassen oder die Landesverbände der Pflegekassen sind berechtigt, jährlich Verzeichnisse der Pflegeheime mit den im Pflegeheimvergleich ermittelten Leistungs-, Belegungs- und Vergütungsdaten zu veröffentlichen.

(7) Personenbezogene Daten sind vor der Datenübermittlung oder der Erteilung von Auskünften zu anonymisieren.

(8) Die Bundesregierung wird ermächtigt, durch Rechtsverordnung mit Zustimmung des Bundesrates einen länderbezogenen Vergleich über die zugelassenen Pflegedienste (Pflegedienstvergleich) in entsprechender Anwendung der vorstehenden Absätze anzuordnen.

Fünfter Abschnitt. Integrierte Versorgung

§ 92b Integrierte Versorgung. (1) Die Pflegekassen können mit zugelassenen Pflegeeinrichtungen und den weiteren Vertragspartnern nach § 140a Absatz 3 Satz 1 des Fünften Buches[1]) Verträge zur integrierten Versorgung schließen oder derartigen Verträgen mit Zustimmung der Vertragspartner beitreten.

(2) ¹ In den Verträgen nach Absatz 1 ist das Nähere über Art, Inhalt und Umfang der zu erbringenden Leistungen der integrierten Versorgung sowie deren Vergütung zu regeln. ² Diese Verträge können von den Vorschriften der §§ 75, 85 und 89 abweichende Regelungen treffen, wenn sie dem Sinn und der Eigenart der integrierten Versorgung entsprechen, die Qualität, die Wirksamkeit und die Wirtschaftlichkeit der Versorgung durch die Pflegeeinrichtungen verbessern oder aus sonstigen Gründen zur Durchführung der integrierten Versorgung erforderlich sind. ³ In den Pflegevergütungen dürfen keine Aufwendungen berücksichtigt werden, die nicht der Finanzierungszuständigkeit der sozialen Pflegeversicherung unterliegen. ⁴ Soweit Pflegeeinrichtungen durch die integrierte Versorgung Mehraufwendungen für Pflegeleistungen entstehen, vereinbaren die Beteiligten leistungsgerechte Zuschläge zu den Pflegevergütungen (§§ 85 und 89). ⁵ § 140a Absatz 2 Satz 1 bis 3 des Fünften Buches gilt für Leistungsansprüche der Pflegeversicherten gegenüber ihrer Pflegekasse entsprechend.

(3) § 140a Absatz 4 des Fünften Buches gilt für die Teilnahme der Pflegeversicherten an den integrierten Versorgungsformen entsprechend.

Sechster Abschnitt. *(aufgehoben)*

§§ 92c–92f *(aufgehoben)*

---

[1]) Nr. 5.

Neuntes Kapitel. Datenschutz und Statistik

Erster Abschnitt. Informationsgrundlagen

Erster Titel. Grundsätze der Datenverwendung

§ 93 Anzuwendende Vorschriften. Für den Schutz personenbezogener Daten bei der Erhebung, Verarbeitung und Nutzung in der Pflegeversicherung gelten der § 35 des Ersten Buches[1], die §§ 67 bis 85 des Zehnten Buches[2] sowie die Vorschriften dieses Buches.

§ 94 Personenbezogene Daten bei den Pflegekassen. (1) Die Pflegekassen dürfen personenbezogene Daten für Zwecke der Pflegeversicherung nur erheben, verarbeiten und nutzen, soweit dies für:
1. die Feststellung des Versicherungsverhältnisses (§§ 20 bis 26) und der Mitgliedschaft (§ 49),
2. die Feststellung der Beitragspflicht und der Beiträge, deren Tragung und Zahlung (§§ 54 bis 61),
3. die Prüfung der Leistungspflicht und die Gewährung von Leistungen an Versicherte (§§ 4, 28 und 28a) sowie die Durchführung von Erstattungs- und Ersatzansprüchen,
4. die Beteiligung des Medizinischen Dienstes (§§ 18 und 40),
5. die Abrechnung mit den Leistungserbringern und die Kostenerstattung (§§ 84 bis 91 und 105),
6. die Überwachung der Wirtschaftlichkeit, der Abrechnung und der Qualität der Leistungserbringung (§§ 79, 112, 113, 114, 114a, 115 und 117),
6a. den Abschluss und die Durchführung von Pflegesatzvereinbarungen (§§ 85, 86), Vergütungsvereinbarungen (§ 89) sowie Verträgen zur integrierten Versorgung (§ 92b),
7. die Aufklärung und Auskunft (§ 7),
8. die Koordinierung pflegerischer Hilfen (§ 12), die Pflegeberatung (§ 7a), das Ausstellen von Beratungsgutscheinen (§ 7b) sowie die Wahrnehmung der Aufgaben in den Pflegestützpunkten (§ 7c),
9. die Abrechnung mit anderen Leistungsträgern,
10. statistische Zwecke (§ 109),
11. die Unterstützung der Versicherten bei der Verfolgung von Schadensersatzansprüchen (§ 115 Abs. 3 Satz 7)

erforderlich ist.

(2) ¹Die nach Absatz 1 erhobenen und gespeicherten personenbezogenen Daten dürfen für andere Zwecke nur verarbeitet oder genutzt werden, soweit dies durch Rechtsvorschriften des Sozialgesetzbuches angeordnet oder erlaubt ist. ²Auf Ersuchen des Betreuungsgerichts hat die Pflegekasse diesem zu dem in § 282 Abs. 1 des Gesetzes über das Verfahren in Familiensachen und in den Angelegenheiten der freiwilligen Gerichtsbarkeit genannten Zweck das nach

---
[1] Nr. 1.
[2] Nr. 10.

§ 18 zur Feststellung der Pflegebedürftigkeit erstellte Gutachten einschließlich der Befunde des Medizinischen Dienstes der Krankenversicherung zu übermitteln.

(3) Versicherungs- und Leistungsdaten der für Aufgaben der Pflegekasse eingesetzten Beschäftigten einschließlich der Daten ihrer mitversicherten Angehörigen dürfen Personen, die kasseninterne Personalentscheidungen treffen oder daran mitwirken können, weder zugänglich sein noch diesen Personen von Zugriffsberechtigten offenbart werden.

§ 95 Personenbezogene Daten bei den Verbänden der Pflegekassen.

(1) Die Verbände der Pflegekassen dürfen personenbezogene Daten für Zwecke der Pflegeversicherung nur erheben, verarbeiten und nutzen, soweit diese für:

1. die Überwachung der Wirtschaftlichkeit, der Abrechnung und der Qualitätssicherung der Leistungserbringung (§§ 79, 112, 113, 114, 114a, 115 und 117),
1a. die Information über die Erbringer von Leistungen der Prävention, Teilhabe sowie von Leistungen und Hilfen zur Pflege (§ 7),
2. den Abschluss und die Durchführung von Versorgungsverträgen (§§ 72 bis 74), Pflegesatzvereinbarungen (§§ 85, 86), Vergütungsvereinbarungen (§ 89) sowie Verträgen zur integrierten Versorgung (§ 92b),
3. die Wahrnehmung der ihnen nach §§ 52 und 53 zugewiesenen Aufgaben,
4. die Unterstützung der Versicherten bei der Verfolgung von Schadensersatzansprüchen (§ 115 Abs. 3 Satz 7)

erforderlich sind.

(2) § 94 Abs. 2 und 3 gilt entsprechend.

§ 96 Gemeinsame Verarbeitung und Nutzung personenbezogener Daten. (1) [1] Die Pflegekassen und die Krankenkassen dürfen personenbezogene Daten, die zur Erfüllung gesetzlicher Aufgaben jeder Stelle erforderlich sind, gemeinsam verarbeiten und nutzen. [2] Insoweit findet § 76 des Zehnten Buches[1]) im Verhältnis zwischen der Pflegekasse und der Krankenkasse, bei der sie errichtet ist (§ 46), keine Anwendung.

(2) § 286 des Fünften Buches[2]) gilt für die Pflegekassen entsprechend.

(3) Die Absätze 1 und 2 gelten entsprechend für die Verbände der Pflege- und Krankenkassen.

§ 97 Personenbezogene Daten beim Medizinischen Dienst. (1) [1] Der Medizinische Dienst darf personenbezogene Daten für Zwecke der Pflegeversicherung nur erheben, verarbeiten und nutzen, soweit dies für die Prüfungen, Beratungen und gutachtlichen Stellungnahmen nach den §§ 18, 38a, 40, 112, 113, 114, 114a, 115 und 117 erforderlich ist. [2] Die Daten dürfen für andere Zwecke nur verarbeitet und genutzt werden, soweit dies durch Rechtsvorschriften des Sozialgesetzbuches angeordnet oder erlaubt ist.

---

[1]) Nr. **10**.
[2]) Nr. **5**.

(2) Der Medizinische Dienst darf personenbezogene Daten, die er für die Aufgabenerfüllung nach dem Fünften[1]) oder Elften Buch erhebt, verarbeitet oder nutzt, auch für die Aufgaben des jeweils anderen Buches verarbeiten oder nutzen, wenn ohne die vorhandenen Daten diese Aufgaben nicht ordnungsgemäß erfüllt werden können.

(3) [1] Die personenbezogenen Daten sind nach fünf Jahren zu löschen. [2] § 96 Abs. 2, § 98 und § 107 Abs. 1 Satz 2 und 3 und Abs. 2 gelten für den Medizinischen Dienst entsprechend. [3] Der Medizinische Dienst hat Sozialdaten zur Identifikation des Versicherten getrennt von den medizinischen Sozialdaten des Versicherten zu speichern. [4] Durch technische und organisatorische Maßnahmen ist sicherzustellen, dass die Sozialdaten nur den Personen zugänglich sind, die sie zur Erfüllung ihrer Aufgaben benötigen. [5] Der Schlüssel für die Zusammenführung der Daten ist vom Beauftragten für den Datenschutz des Medizinischen Dienstes aufzubewahren und darf anderen Personen nicht zugänglich gemacht werden. [6] Jede Zusammenführung ist zu protokollieren.

(4) Für das Akteneinsichtsrecht des Versicherten gilt § 25 des Zehnten Buches[2]) entsprechend.

§ 97a Qualitätssicherung durch Sachverständige. (1) [1] Von den Landesverbänden der Pflegekassen bestellte sonstige Sachverständige (§ 114 Abs. 1 Satz 1) sind berechtigt, für Zwecke der Qualitätssicherung und -prüfung Daten nach den §§ 112, 113, 114, 114a, 115 und 117 zu erheben, zu verarbeiten und zu nutzen; sie dürfen die Daten an die Pflegekassen und deren Verbände sowie an die in den §§ 112, 114, 114a, 115 und 117 genannten Stellen übermitteln, soweit dies zur Erfüllung der gesetzlichen Aufgaben auf dem Gebiet der Qualitätssicherung und Qualitätsprüfung dieser Stellen erforderlich ist. [2] Die Daten sind vertraulich zu behandeln.

(2) § 107 gilt entsprechend.

§ 97b Personenbezogene Daten bei den nach heimrechtlichen Vorschriften zuständigen Aufsichtsbehörden und den Trägern der Sozialhilfe. Die nach heimrechtlichen Vorschriften zuständigen Aufsichtsbehörden und die zuständigen Träger der Sozialhilfe sind berechtigt, die für Zwecke der Pflegeversicherung nach den §§ 112, 113, 114, 114a, 115 und 117 erhobenen personenbezogenen Daten zu verarbeiten und zu nutzen, soweit dies zur Erfüllung ihrer gesetzlichen Aufgaben erforderlich ist; § 107 findet entsprechende Anwendung.

§ 97c Qualitätssicherung durch den Prüfdienst des Verbandes der privaten Krankenversicherung e.V. [1] Bei Wahrnehmung der Aufgaben auf dem Gebiet der Qualitätssicherung und Qualitätsprüfung im Sinne dieses Buches durch den Prüfdienst des Verbandes der privaten Krankenversicherung e.V. gilt der Prüfdienst als Stelle im Sinne des § 35 Absatz 1 Satz 1 des Ersten Buches[3]). [2] Die §§ 97 und 97a gelten entsprechend.

---

[1]) Nr. 5.
[2]) Nr. 10.
[3]) Nr. 1.

9. Kapitel. Datenschutz und Statistik §§ 97d–102 SGB XI 11

§ 97d Begutachtung durch unabhängige Gutachter. (1) ¹Von den Pflegekassen gemäß § 18 Absatz 1 Satz 1 beauftragte unabhängige Gutachter sind berechtigt, personenbezogene Daten des Antragstellers zu erheben, zu verarbeiten und zu nutzen, soweit dies für die Zwecke der Begutachtung gemäß § 18 erforderlich ist. ²Die Daten sind vertraulich zu behandeln. ³Durch technische und organisatorische Maßnahmen ist sicherzustellen, dass die Daten nur den Personen zugänglich sind, die sie zur Erfüllung des dem Gutachter von den Pflegekassen nach § 18 Absatz 1 Satz 1 erteilten Auftrags benötigen.

(2) ¹Die unabhängigen Gutachter dürfen das Ergebnis der Prüfung zur Feststellung der Pflegebedürftigkeit sowie die Präventions- und Rehabilitationsempfehlung gemäß § 18 an die sie beauftragende Pflegekasse übermitteln, soweit dies zur Erfüllung der gesetzlichen Aufgaben der Pflegekasse erforderlich ist; § 35 des Ersten Buches[1]) gilt entsprechend. ²Dabei ist sicherzustellen, dass das Ergebnis der Prüfung zur Feststellung der Pflegebedürftigkeit sowie die Präventions- und Rehabilitationsempfehlung nur den Personen zugänglich gemacht werden, die sie zur Erfüllung ihrer Aufgaben benötigen.

(3) ¹Die personenbezogenen Daten sind nach fünf Jahren zu löschen. ²§ 107 Absatz 1 Satz 2 gilt entsprechend.

§ 98 Forschungsvorhaben. (1) Die Pflegekassen dürfen mit der Erlaubnis der Aufsichtsbehörde die Datenbestände leistungserbringer- und fallbeziehbar für zeitlich befristete und im Umfang begrenzte Forschungsvorhaben selbst auswerten oder zur Durchführung eines Forschungsvorhabens über die sich aus § 107 ergebenden Fristen hinaus aufbewahren.

(2) Personenbezogene Daten sind zu anonymisieren.

Zweiter Titel. Informationsgrundlagen der Pflegekassen

§ 99 Versichertenverzeichnis. ¹Die Pflegekasse hat ein Versichertenverzeichnis zu führen. ²Sie hat in das Versichertenverzeichnis alle Angaben einzutragen, die zur Feststellung der Versicherungspflicht oder -berechtigung und des Anspruchs auf Familienversicherung, zur Bemessung und Einziehung der Beiträge sowie zur Feststellung des Leistungsanspruchs erforderlich sind.

§ 100 Nachweispflicht bei Familienversicherung. Die Pflegekasse kann die für den Nachweis einer Familienversicherung (§ 25) erforderlichen Daten vom Angehörigen oder mit dessen Zustimmung vom Mitglied erheben.

§ 101 Pflegeversichertennummer. ¹Die Pflegekasse verwendet für jeden Versicherten eine Versichertennummer, die mit der Krankenversichertennummer ganz oder teilweise übereinstimmen darf. ²Bei der Vergabe der Nummer für Versicherte nach § 25 ist sicherzustellen, daß der Bezug zu dem Angehörigen, der Mitglied ist, hergestellt werden kann.

§ 102 Angaben über Leistungsvoraussetzungen. ¹Die Pflegekasse hat Angaben über Leistungen, die zur Prüfung der Voraussetzungen späterer Leistungsgewährung erforderlich sind, aufzuzeichnen. ²Hierzu gehören insbeson-

---

[1]) Nr. 1.

dere Angaben zur Feststellung der Voraussetzungen von Leistungsansprüchen und zur Leistung von Zuschüssen.

§ 103 Kennzeichen für Leistungsträger und Leistungserbringer.

(1) Die Pflegekassen, die anderen Träger der Sozialversicherung und die Vertragspartner der Pflegekassen einschließlich deren Mitglieder verwenden im Schriftverkehr und für Abrechnungszwecke untereinander bundeseinheitliche Kennzeichen.

(2) § 293 Abs. 2 und 3 des Fünften Buches[1)] gilt entsprechend.

Zweiter Abschnitt. Übermittlung von Leistungsdaten

§ 104 Pflichten der Leistungserbringer.

(1) Die Leistungserbringer sind berechtigt und verpflichtet:
1. im Falle der Überprüfung der Notwendigkeit von Pflegehilfsmitteln (§ 40 Abs. 1),
2. im Falle eines Prüfverfahrens, soweit die Wirtschaftlichkeit oder die Qualität der Leistungen im Einzelfall zu beurteilen sind (§§ 79, 112, 113, 114, 114a, 115 und 117),
2a. im Falle des Abschlusses und der Durchführung von Versorgungsverträgen (§§ 72 bis 74), Pflegesatzvereinbarungen (§§ 85, 86), Vergütungsvereinbarungen (§ 89) sowie Verträgen zur integrierten Versorgung (§ 92b),
3. im Falle der Abrechnung pflegerischer Leistungen (§ 105)

die für die Erfüllung der Aufgaben der Pflegekassen und ihrer Verbände erforderlichen Angaben aufzuzeichnen und den Pflegekassen sowie den Verbänden oder den mit der Datenverarbeitung beauftragten Stellen zu übermitteln.

(2) Soweit dies für die in Absatz 1 Nr. 2 und 2a genannten Zwecke erforderlich ist, sind die Leistungserbringer berechtigt, die personenbezogenen Daten auch an die Medizinischen Dienste und die in den §§ 112, 113, 114, 114a, 115 und 117 genannten Stellen zu übermitteln.

(3) Trägervereinigungen dürfen personenbezogene Daten verarbeiten und nutzen, soweit dies für ihre Beteiligung an Qualitätsprüfungen oder Maßnahmen der Qualitätssicherung nach diesem Buch erforderlich ist.

§ 105 Abrechnung pflegerischer Leistungen.

(1) [1]Die an der Pflegeversorgung teilnehmenden Leistungserbringer sind verpflichtet,
1. in den Abrechnungsunterlagen die von ihnen erbrachten Leistungen nach Art, Menge und Preis einschließlich des Tages und der Zeit der Leistungserbringung aufzuzeichnen,
2. in den Abrechnungsunterlagen ihr Kennzeichen (§ 103) sowie die Versichertennummer des Pflegebedürftigen anzugeben,
3. bei der Abrechnung über die Abgabe von Hilfsmitteln die Bezeichnungen des Hilfsmittelverzeichnisses nach § 78 zu verwenden.

[2]Vom 1. Januar 1996 an sind maschinenlesbare Abrechnungsunterlagen zu verwenden.

[1)] Nr. 5.

(2) ¹Das Nähere über Form und Inhalt der Abrechnungsunterlagen sowie Einzelheiten des Datenträgeraustausches werden vom Spitzenverband Bund der Pflegekassen im Einvernehmen mit den Verbänden der Leistungserbringer festgelegt. ²Der Spitzenverband Bund der Pflegekassen und die Verbände der Leistungserbringer legen bis zum 1. Januar 2018 die Einzelheiten für eine elektronische Datenübertragung aller Angaben und Nachweise fest, die für die Abrechnung pflegerischer Leistungen in der Form elektronischer Dokumente erforderlich sind. ³Für die elektronische Datenübertragung elektronischer Dokumente ist neben der qualifizierten elektronischen Signatur auch ein anderes sicheres Verfahren vorzusehen, das den Absender der Daten authentifiziert und die Integrität des elektronisch übermittelten Datensatzes gewährleistet. ⁴Zur Authentifizierung des Absenders der Daten können auch der elektronische Heilberufs- oder Berufsausweis nach § 291a Absatz 5 Satz 5 des Fünften Buches[1], die elektronische Gesundheitskarte nach § 291 des Fünften Buches sowie der elektronische Identitätsnachweis des Personalausweises genutzt werden; die zur Authentifizierung des Absenders der Daten erforderlichen Daten dürfen zusammen mit den übrigen übermittelten Daten gespeichert und verwendet werden. ⁵§ 302 Absatz 2 Satz 2 und 3 des Fünften Buches gilt entsprechend.

§ 106 Abweichende Vereinbarungen. Die Landesverbände der Pflegekassen (§ 52) können mit den Leistungserbringern oder ihren Verbänden vereinbaren, daß

1. der Umfang der zu übermittelnden Abrechnungsbelege eingeschränkt,
2. bei der Abrechnung von Leistungen von einzelnen Angaben ganz oder teilweise abgesehen

wird, wenn dadurch eine ordnungsgemäße Abrechnung und die Erfüllung der gesetzlichen Aufgaben der Pflegekassen nicht gefährdet werden.

§ 106a Mitteilungspflichten. ¹Zugelassene Pflegeeinrichtungen, anerkannte Beratungsstellen, beauftragte Pflegefachkräfte sowie Beratungspersonen der kommunalen Gebietskörperschaften, die Pflegeeinsätze nach § 37 Abs. 3 durchführen, sind mit Einverständnis des Versicherten berechtigt und verpflichtet, die für die Erfüllung der Aufgaben der Pflegekassen und der privaten Versicherungsunternehmen erforderlichen Angaben zur Qualität der Pflegesituation und zur Notwendigkeit einer Verbesserung den Pflegekassen und den privaten Versicherungsunternehmen zu übermitteln. ²Das Formular nach § 37 Abs. 4 Satz 2 wird unter Beteiligung des Bundesbeauftragten für den Datenschutz und die Informationsfreiheit und des Bundesministeriums für Gesundheit erstellt.

Dritter Abschnitt. Datenlöschung, Auskunftspflicht

§ 107 Löschen von Daten. (1) ¹Für das Löschen der für Aufgaben der Pflegekassen und ihrer Verbände gespeicherten personenbezogenen Daten gilt § 84 des Zehnten Buches[2] entsprechend mit der Maßgabe, daß

1. die Daten nach § 102 spätestens nach Ablauf von zehn Jahren,

---

[1] Nr. 5.
[2] Nr. 10.

11 SGB XI §§ 108, 109   11. Buch. Soziale Pflegeversicherung

2. sonstige Daten aus der Abrechnung pflegerischer Leistungen (§ 105), aus Wirtschaftlichkeitsprüfungen (§ 79), aus Prüfungen zur Qualitätssicherung (§§ 112, 113, 114, 114a, 115 und 117) und aus dem Abschluss oder der Durchführung von Verträgen (§§ 72 bis 74, 85, 86 oder 89) spätestens nach zwei Jahren

zu löschen sind. ²Die Fristen beginnen mit dem Ende des Geschäftsjahres, in dem die Leistungen gewährt oder abgerechnet wurden. ³Die Pflegekassen können für Zwecke der Pflegeversicherung Leistungsdaten länger aufbewahren, wenn sichergestellt ist, daß ein Bezug zu natürlichen Personen nicht mehr herstellbar ist.

(2) Im Falle des Wechsels der Pflegekasse ist die bisher zuständige Pflegekasse verpflichtet, auf Verlangen die für die Fortführung der Versicherung erforderlichen Angaben nach den §§ 99 und 102 der neuen Pflegekasse mitzuteilen.

§ 108 Auskünfte an Versicherte. ¹Die Pflegekassen unterrichten die Versicherten auf deren Antrag über die in einem Zeitraum von mindestens 18 Monaten vor Antragstellung in Anspruch genommenen Leistungen und deren Kosten. ²Eine Mitteilung an die Leistungserbringer über die Unterrichtung des Versicherten ist nicht zulässig. ³Die Pflegekassen können in ihren Satzungen das Nähere über das Verfahren der Unterrichtung regeln.

Vierter Abschnitt. Statistik

§ 109 Pflegestatistiken. (1) ¹Die Bundesregierung wird ermächtigt, für Zwecke dieses Buches durch Rechtsverordnung mit Zustimmung des Bundesrates jährliche Erhebungen über ambulante und stationäre Pflegeeinrichtungen sowie über die häusliche Pflege als Bundesstatistik anzuordnen. ²Die Bundesstatistik kann folgende Sachverhalte umfassen:

1. Art der Pflegeeinrichtung und der Trägerschaft,
2. Art des Leistungsträgers und des privaten Versicherungsunternehmens,
3. in der ambulanten und stationären Pflege tätige Personen nach Geschlecht, Geburtsjahr, Beschäftigungsverhältnis, Tätigkeitsbereich, Dienststellung, Berufsabschluß auf Grund einer Ausbildung, Weiterbildung oder Umschulung, zusätzlich bei Auszubildenden und Umschülern Art der Ausbildung und Ausbildungsjahr, Beginn und Ende der Pflegetätigkeit,
4. sachliche Ausstattung und organisatorische Einheiten der Pflegeeinrichtung, Ausbildungsstätten an Pflegeeinrichtungen,
5. Pflegebedürftige nach Geschlecht, Geburtsjahr, Wohnort, Postleitzahl des Wohnorts vor dem Einzug in eine vollstationäre Pflegeeinrichtung, Art, Ursache, Grad und Dauer der Pflegebedürftigkeit, Art des Versicherungsverhältnisses,
6. in Anspruch genommene Pflegeleistungen nach Art, Dauer und Häufigkeit sowie nach Art des Kostenträgers,
7. Kosten der Pflegeeinrichtungen nach Kostenarten sowie Erlöse nach Art, Höhe und Kostenträgern.

³Auskunftspflichtig sind die Träger der Pflegeeinrichtungen, die Träger der Pflegeversicherung sowie die privaten Versicherungsunternehmen gegenüber

den statistischen Ämtern der Länder; die Rechtsverordnung kann Ausnahmen von der Auskunftspflicht vorsehen.

(2) ¹Die Bundesregierung wird ermächtigt, für Zwecke dieses Buches durch Rechtsverordnung mit Zustimmung des Bundesrates jährliche Erhebungen über die Situation Pflegebedürftiger und ehrenamtlich Pflegender als Bundesstatistik anzuordnen. ²Die Bundesstatistik kann folgende Sachverhalte umfassen:

1. Ursachen von Pflegebedürftigkeit,
2. Pflege- und Betreuungsbedarf der Pflegebedürftigen,
3. Pflege- und Betreuungsleistungen durch Pflegefachkräfte, Angehörige und ehrenamtliche Helfer sowie Angebote zur Unterstützung im Alltag,
4. Leistungen zur Prävention und Teilhabe,
5. Maßnahmen zur Erhaltung und Verbesserung der Pflegequalität,
6. Bedarf an Pflegehilfsmitteln und technischen Hilfen,
7. Maßnahmen zur Verbesserung des Wohnumfeldes.

³Auskunftspflichtig ist der Medizinische Dienst gegenüber den statistischen Ämtern der Länder; Absatz 1 Satz 3 zweiter Halbsatz gilt entsprechend.

(3) ¹Die nach Absatz 1 Satz 3 und Absatz 2 Satz 3 Auskunftspflichtigen teilen die von der jeweiligen Statistik umfaßten Sachverhalte gleichzeitig den für die Planung und Investitionsfinanzierung der Pflegeeinrichtungen zuständigen Landesbehörden mit. ²Die Befugnis der Länder, zusätzliche, von den Absätzen 1 und 2 nicht erfaßte Erhebungen über Sachverhalte des Pflegewesens als Landesstatistik anzuordnen, bleibt unberührt. ³Die Verordnung nach Absatz 1 Satz 1 hat sicherzustellen, dass die Pflegeeinrichtungen diesen Auskunftsverpflichtungen gemeinsam mit der Auskunftsverpflichtung nach Absatz 1 durch eine einheitliche Auskunftserteilung nachkommen können.

(4) Daten der Pflegebedürftigen, der in der Pflege tätigen Personen, der Angehörigen und ehrenamtlichen Helfer dürfen für Zwecke der Bundesstatistik nur in anonymisierter Form an die statistischen Ämter der Länder übermittelt werden.

(5) Die Statistiken nach den Absätzen 1 und 2 sind für die Bereiche der ambulanten Pflege und der Kurzzeitpflege erstmals im Jahr 1996 für das Jahr 1995 vorzulegen, für den Bereich der stationären Pflege im Jahr 1998 für das Jahr 1997.

Zehntes Kapitel. Private Pflegeversicherung

§ 110 Regelungen für die private Pflegeversicherung. (1) Um sicherzustellen, daß die Belange der Personen, die nach § 23 zum Abschluß eines Pflegeversicherungsvertrages bei einem privaten Krankenversicherungsunternehmen verpflichtet sind, ausreichend gewahrt werden und daß die Verträge auf Dauer erfüllbar bleiben, ohne die Interessen der Versicherten anderer Tarife zu vernachlässigen, werden die im Geltungsbereich dieses Gesetzes zum Betrieb der Pflegeversicherung befugten privaten Krankenversicherungsunternehmen verpflichtet,

11 SGB XI § 110

1. mit allen in § 22 und § 23 Abs. 1, 3 und 4 genannten versicherungspflichtigen Personen auf Antrag einen Versicherungsvertrag abzuschließen, der einen Versicherungsschutz in dem in § 23 Abs. 1 und 3 festgelegten Umfang vorsieht (Kontrahierungszwang); dies gilt auch für das nach § 23 Abs. 2 gewählte Versicherungsunternehmen,

2. in den Verträgen, die Versicherungspflichtige in dem nach § 23 Abs. 1 und 3 vorgeschriebenen Umfang abschließen,

   a) keinen Ausschluß von Vorerkrankungen der Versicherten,

   b) keinen Ausschluß bereits pflegebedürftiger Personen,

   c) keine längeren Wartezeiten als in der sozialen Pflegeversicherung (§ 33 Abs. 2),

   d) keine Staffelung der Prämien nach Geschlecht und Gesundheitszustand der Versicherten,

   e) keine Prämienhöhe, die den Höchstbeitrag der sozialen Pflegeversicherung übersteigt, bei Personen, die nach § 23 Abs. 3 einen Teilkostentarif abgeschlossen haben, keine Prämienhöhe, die 50 vom Hundert des Höchstbeitrages der sozialen Pflegeversicherung übersteigt,

   f) die beitragsfreie Mitversicherung der Kinder des Versicherungsnehmers unter denselben Voraussetzungen, wie in § 25 festgelegt,

   g) für Ehegatten oder Lebenspartner ab dem Zeitpunkt des Nachweises der zur Inanspruchnahme der Beitragsermäßigung berechtigenden Umstände keine Prämie in Höhe von mehr als 150 vom Hundert des Höchstbeitrages der sozialen Pflegeversicherung, wenn ein Ehegatte oder ein Lebenspartner kein Gesamteinkommen hat, das die in § 25 Abs. 1 Satz 1 Nr. 5 genannten Einkommensgrenzen überschreitet,

   vorzusehen.

(2) [1] Die in Absatz 1 genannten Bedingungen gelten für Versicherungsverträge, die mit Personen abgeschlossen werden, die zum Zeitpunkt des Inkrafttretens dieses Gesetzes Mitglied bei einem privaten Krankenversicherungsunternehmen mit Anspruch auf allgemeine Krankenhausleistungen sind oder sich nach Artikel 41 des Pflege-Versicherungsgesetzes innerhalb von sechs Monaten nach Inkrafttreten dieses Gesetzes von der Versicherungspflicht in der sozialen Pflegeversicherung befreien lassen. [2] Die in Absatz 1 Nr. 1 und 2 Buchstabe a bis f genannten Bedingungen gelten auch für Verträge mit Personen, die im Basistarif nach § 152 des Versicherungsaufsichtsgesetzes versichert sind. [3] Für Personen, die im Basistarif nach § 152 des Versicherungsaufsichtsgesetzes versichert sind und deren Beitrag zur Krankenversicherung sich nach § 152 Absatz 4 des Versicherungsaufsichtsgesetzes vermindert, darf der Beitrag 50 vom Hundert des sich nach Absatz 1 Nr. 2 Buchstabe e ergebenden Beitrags nicht übersteigen; die Beitragsbegrenzung für Ehegatten oder Lebenspartner nach Absatz 1 Nr. 2 Buchstabe g gilt für diese Versicherten nicht. [4] Würde allein durch die Zahlung des Beitrags zur Pflegeversicherung nach Satz 2 Hilfebedürftigkeit im Sinne des Zweiten[1)] oder Zwölften Buches[2)] entstehen, gilt Satz 3 entsprechend; die Hilfebedürftigkeit ist vom zuständigen

---

[1)] Nr. 2.
[2)] Nr. 12.

10. Kapitel. Private Pflegeversicherung § 111 SGB XI 11

Träger nach dem Zweiten oder Zwölften Buch auf Antrag des Versicherten zu prüfen und zu bescheinigen.

(3) Für Versicherungsverträge, die mit Personen abgeschlossen werden, die erst nach Inkrafttreten dieses Gesetzes Mitglied eines privaten Krankenversicherungsunternehmens mit Anspruch auf allgemeine Krankenhausleistungen werden oder die der Versicherungspflicht nach § 193 Abs. 3 des Versicherungsvertragsgesetzes genügen, gelten, sofern sie in Erfüllung der Vorsorgepflicht nach § 22 Abs. 1 und § 23 Abs. 1, 3 und 4 geschlossen werden und Vertragsleistungen in dem in § 23 Abs. 1 und 3 festgelegten Umfang vorsehen, folgende Bedingungen:

1. Kontrahierungszwang,

2. kein Ausschluß von Vorerkrankungen der Versicherten,

3. keine Staffelung der Prämien nach Geschlecht,

4. keine längeren Wartezeiten als in der sozialen Pflegeversicherung,

5. für Versicherungsnehmer, die über eine Vorversicherungszeit von mindestens fünf Jahren in ihrer privaten Pflegeversicherung oder privaten Krankenversicherung verfügen, keine Prämienhöhe, die den Höchstbeitrag der sozialen Pflegeversicherung übersteigt; Absatz 1 Nr. 2 Buchstabe e gilt,

6. beitragsfreie Mitversicherung der Kinder des Versicherungsnehmers unter denselben Voraussetzungen, wie in § 25 festgelegt.

(4) Rücktritts- und Kündigungsrechte der Versicherungsunternehmen sind ausgeschlossen, solange der Kontrahierungszwang besteht.

(5) ¹ Die Versicherungsunternehmen haben den Versicherten Akteneinsicht zu gewähren. ² Sie haben die Berechtigten über das Recht auf Akteneinsicht zu informieren, wenn sie das Ergebnis einer Prüfung auf Pflegebedürftigkeit mitteilen. ³ § 25 des Zehnten Buches[1)] gilt entsprechend.

§ 111 Risikoausgleich. (1) ¹ Die Versicherungsunternehmen, die eine private Pflegeversicherung im Sinne dieses Buches betreiben, müssen sich zur dauerhaften Gewährleistung der Regelungen für die private Pflegeversicherung nach § 110 sowie zur Aufbringung der Fördermittel nach § 45c am Ausgleich der Versicherungsrisiken beteiligen und dazu ein Ausgleichssystem schaffen und erhalten, dem sie angehören. ² Das Ausgleichssystem muß einen dauerhaften, wirksamen Ausgleich der unterschiedlichen Belastungen gewährleisten; es darf den Marktzugang neuer Anbieter der privaten Pflegeversicherung nicht erschweren und muß diesen eine Beteiligung an dem Ausgleichssystem zu gleichen Bedingungen ermöglichen. ³ In diesem System werden die Beiträge ohne die Kosten auf der Basis gemeinsamer Kalkulationsgrundlagen einheitlich für alle Unternehmen, die eine private Pflegeversicherung betreiben, ermittelt.

(2) Die Errichtung, die Ausgestaltung, die Änderung und die Durchführung des Ausgleichs unterliegen der Aufsicht der Bundesanstalt für Finanzdienstleistungsaufsicht.

[1)] Nr. 10.

Elftes Kapitel. Qualitätssicherung, Sonstige Regelungen zum Schutz der Pflegebedürftigen

§ 112 Qualitätsverantwortung. (1) ¹Die Träger der Pflegeeinrichtungen bleiben, unbeschadet des Sicherstellungsauftrags der Pflegekassen (§ 69), für die Qualität der Leistungen ihrer Einrichtungen einschließlich der Sicherung und Weiterentwicklung der Pflegequalität verantwortlich. ²Maßstäbe für die Beurteilung der Leistungsfähigkeit einer Pflegeeinrichtung und die Qualität ihrer Leistungen sind die für sie verbindlichen Anforderungen in den Vereinbarungen nach § 113 sowie die vereinbarten Leistungs- und Qualitätsmerkmale (§ 84 Abs. 5).

(2) ¹Die zugelassenen Pflegeeinrichtungen sind verpflichtet, Maßnahmen der Qualitätssicherung sowie ein Qualitätsmanagement nach Maßgabe der Vereinbarungen nach § 113 durchzuführen, Expertenstandards nach § 113a anzuwenden sowie bei Qualitätsprüfungen nach § 114 mitzuwirken. ²Bei stationärer Pflege erstreckt sich die Qualitätssicherung neben den allgemeinen Pflegeleistungen auch auf die medizinische Behandlungspflege, die Betreuung, die Leistungen bei Unterkunft und Verpflegung (§ 87) sowie auf die Zusatzleistungen (§ 88).

(3) Der Medizinische Dienst der Krankenversicherung und der Prüfdienst des Verbandes der privaten Krankenversicherung e.V. beraten die Pflegeeinrichtungen in Fragen der Qualitätssicherung mit dem Ziel, Qualitätsmängeln rechtzeitig vorzubeugen und die Eigenverantwortung der Pflegeeinrichtungen und ihrer Träger für die Sicherung und Weiterentwicklung der Pflegequalität zu stärken.

§ 113 Maßstäbe und Grundsätze zur Sicherung und Weiterentwicklung der Pflegequalität. (1) ¹Der Spitzenverband Bund der Pflegekassen, die Bundesarbeitsgemeinschaft der überörtlichen Träger der Sozialhilfe, die kommunalen Spitzenverbände auf Bundesebene und die Vereinigungen der Träger der Pflegeeinrichtungen auf Bundesebene vereinbaren unter Beteiligung des Medizinischen Dienstes des Spitzenverbandes Bund der Krankenkassen, des Verbandes der privaten Krankenversicherung e.V., der Verbände der Pflegeberufe auf Bundesebene, der maßgeblichen Organisationen für die Wahrnehmung der Interessen und der Selbsthilfe der pflegebedürftigen und behinderten Menschen nach Maßgabe von § 118 sowie unabhängiger Sachverständiger Maßstäbe und Grundsätze für die Qualität, Qualitätssicherung und Qualitätsdarstellung in der ambulanten und stationären Pflege sowie für die Entwicklung eines einrichtungsinternen Qualitätsmanagements, das auf eine stetige Sicherung und Weiterentwicklung der Pflegequalität ausgerichtet ist. ²In den Vereinbarungen sind insbesondere auch Anforderungen an eine praxistaugliche, den Pflegeprozess unterstützende und die Pflegequalität fördernde Pflegedokumentation zu regeln. ³Die Anforderungen dürfen über ein für die Pflegeeinrichtungen vertretbares und wirtschaftliches Maß nicht hinausgehen und sollen den Aufwand für Pflegedokumentation in ein angemessenes Verhältnis zu den Aufgaben der pflegerischen Versorgung setzen. ⁴Die Maßstäbe und Grundsätze für die stationäre Pflege sind bis zum 30. Juni 2017, die Maßstäbe und Grundsätze für die ambulante Pflege bis zum 30. Juni 2018 zu vereinbaren. ⁵Sie sind in regelmäßigen Abständen an den medizinisch-pflegefachlichen Fortschritt

11. Kapitel. Qualitätssich., Sonst. Regelungen § 113 SGB XI 11

anzupassen. [6] Soweit sich in den Pflegeeinrichtungen zeitliche Einsparungen ergeben, die Ergebnis der Weiterentwicklung der Pflegedokumentation auf Grundlage des pflegefachlichen Fortschritts durch neue, den Anforderungen nach Satz 3 entsprechende Pflegedokumentationsmodelle sind, führen diese nicht zu einer Absenkung der Pflegevergütung, sondern wirken der Arbeitsverdichtung entgegen. [7] Die Vereinbarungen sind im Bundesanzeiger zu veröffentlichen und gelten vom ersten Tag des auf die Veröffentlichung folgenden Monats. [8] Sie sind für alle Pflegekassen und deren Verbände sowie für die zugelassenen Pflegeeinrichtungen unmittelbar verbindlich.

(1a) [1] In den Maßstäben und Grundsätzen für die stationäre Pflege nach Absatz 1 ist insbesondere das indikatorengestützte Verfahren zur vergleichenden Messung und Darstellung von Ergebnisqualität im stationären Bereich, das auf der Grundlage einer strukturierten Datenerhebung im Rahmen des internen Qualitätsmanagements eine Qualitätsberichterstattung und die externe Qualitätsprüfung ermöglicht, zu beschreiben. [2] Insbesondere sind die Indikatoren, das Datenerhebungsinstrument sowie die bundesweiten Verfahren für die Übermittlung, Auswertung und Bewertung der Daten sowie die von Externen durchzuführende Prüfung der Daten festzulegen. [3] Die datenschutzrechtlichen Bestimmungen sind zu beachten, insbesondere sind personenbezogene Daten von Versicherten vor der Übermittlung an die fachlich unabhängige Institution nach Absatz 1b zu pseudonymisieren. [4] Eine Wiederherstellung des Personenbezugs durch die fachlich unabhängige Institution nach Absatz 1b ist ausgeschlossen. [5] Ein Datenschutzkonzept ist mit den zuständigen Datenschutzaufsichtsbehörden abzustimmen. [6] Zur Sicherstellung der Wissenschaftlichkeit beschließen die Vertragsparteien nach Absatz 1 Satz 1 unverzüglich die Vergabe der Aufträge nach § 113b Absatz 4 Satz 2 Nummer 1 und 2.

(1b) [1] Die Vertragsparteien nach Absatz 1 Satz 1 beauftragen im Rahmen eines Vergabeverfahrens eine fachlich unabhängige Institution, die entsprechend den Festlegungen nach Absatz 1a erhobenen Daten zusammenzuführen sowie leistungserbringerbeziehbar und fallbeziehbar nach Maßgabe von Absatz 1a auszuwerten. [2] Das Vergabeverfahren ist spätestens bis zum 15. Januar 2018 einzuleiten und es ist sicherzustellen, dass ein Zuschlag unter Beachtung der vergaberechtlichen Vorgaben zum frühestmöglichen Zeitpunkt erfolgt. [3] Zum Zweck der Prüfung der von den Pflegeeinrichtungen erbrachten Leistungen und deren Qualität nach den §§ 114 und 114a sowie zum Zweck der Qualitätsdarstellung nach § 115 Absatz 1a leitet die beauftragte Institution die Ergebnisse der nach Absatz 1a ausgewerteten Daten an die Landesverbände der Pflegekassen und die von ihnen beauftragten Prüfinstitutionen und Sachverständigen weiter; diese dürfen die übermittelten Daten zu den genannten Zwecken verarbeiten und nutzen. [4] Die Vertragsparteien nach Absatz 1 Satz 1 vereinbaren diesbezüglich entsprechende Verfahren zur Weiterleitung der Daten. [5] Die datenschutzrechtlichen Bestimmungen sind jeweils zu beachten. [6] Die Vertragsparteien nach Absatz 1 Satz 1 sind verpflichtet, dem Bundesministerium für Gesundheit auf Verlangen unverzüglich Auskunft über den Stand der Bearbeitung ihrer Aufgaben zu geben. [7] Die Vertragsparteien nach Absatz 1 Satz 1 legen dem Bundesministerium für Gesundheit spätestens bis zum 31. Januar 2018 einen konkreten Zeitplan für die Bearbeitung ihrer Aufgaben vor, aus dem einzelne Umsetzungsschritte erkennbar sind. [8] § 113b Absatz 8 Satz 3 bis 5 gilt entsprechend.

(2) ¹Die Vereinbarungen nach Absatz 1 können von jeder Partei mit einer Frist von einem Jahr ganz oder teilweise gekündigt werden. ²Nach Ablauf des Vereinbarungszeitraums oder der Kündigungsfrist gilt die Vereinbarung bis zum Abschluss einer neuen Vereinbarung weiter. ³Die am 1. Januar 2016 bestehenden Maßstäbe und Grundsätze zur Sicherung und Weiterentwicklung der Pflege gelten bis zum Abschluss der Vereinbarungen nach Absatz 1 fort.

§ 113a Expertenstandards zur Sicherung und Weiterentwicklung der Qualität in der Pflege. (1) ¹Die Vertragsparteien nach § 113 stellen die Entwicklung und Aktualisierung wissenschaftlich fundierter und fachlich abgestimmter Expertenstandards zur Sicherung und Weiterentwicklung der Qualität in der Pflege sicher. ²Expertenstandards tragen für ihren Themenbereich zur Konkretisierung des allgemein anerkannten Standes der medizinisch-pflegerischen Erkenntnisse bei. ³Dabei ist das Ziel, auch nach Eintritt der Pflegebedürftigkeit Leistungen zur Prävention und zur medizinischen Rehabilitation einzusetzen, zu berücksichtigen. ⁴Der Medizinische Dienst des Spitzenverbandes Bund der Krankenkassen, der Verband der privaten Krankenversicherung e.V., die Verbände der Pflegeberufe auf Bundesebene sowie unabhängige Sachverständige sind zu beteiligen. ⁵Sie und die nach § 118 zu beteiligenden Organisationen für die Wahrnehmung der Interessen und der Selbsthilfe der pflegebedürftigen und behinderten Menschen können vorschlagen, zu welchen Themen Expertenstandards entwickelt werden sollen. ⁶Der Auftrag zur Entwicklung oder Aktualisierung und die Einführung von Expertenstandards erfolgen jeweils durch einen Beschluss der Vertragsparteien.

(2) ¹Die Vertragsparteien stellen die methodische und pflegefachliche Qualität des Verfahrens der Entwicklung und Aktualisierung von Expertenstandards und die Transparenz des Verfahrens sicher. ²Die Anforderungen an die Entwicklung von Expertenstandards sind in einer Verfahrensordnung zu regeln. ³In der Verfahrensordnung ist das Vorgehen auf anerkannter methodischer Grundlage, insbesondere die wissenschaftliche Fundierung und Unabhängigkeit, die Schrittfolge der Entwicklung, der fachlichen Abstimmung, der Praxiserprobung und der modellhaften Umsetzung eines Expertenstandards sowie die Transparenz des Verfahrens festzulegen. ⁴Die Verfahrensordnung ist durch das Bundesministerium für Gesundheit im Benehmen mit dem Bundesministerium für Familie, Senioren, Frauen und Jugend zu genehmigen.

(3) ¹Die Expertenstandards sind im Bundesanzeiger zu veröffentlichen. ²Sie sind für alle Pflegekassen und deren Verbände sowie für die zugelassenen Pflegeeinrichtungen unmittelbar verbindlich. ³Die Vertragsparteien unterstützen die Einführung der Expertenstandards in die Praxis.

(4) ¹Die Kosten für die Entwicklung und Aktualisierung von Expertenstandards, mit Ausnahme der Kosten für die qualifizierte Geschäftsstelle nach § 113b Absatz 6, sind Verwaltungskosten, die vom Spitzenverband Bund der Pflegekassen getragen werden. ²Die privaten Versicherungsunternehmen, die die private Pflege-Pflichtversicherung durchführen, beteiligen sich mit einem Anteil von 10 vom Hundert an den Aufwendungen nach Satz 1. ³Der Finanzierungsanteil, der auf die privaten Versicherungsunternehmen entfällt, kann von dem Verband der privaten Krankenversicherung e.V. unmittelbar an den Spitzenverband Bund der Pflegekassen geleistet werden.

11. Kapitel. Qualitätssich., Sonst. Regelungen § 113b SGB XI 11

§ 113b Qualitätsausschuss. (1) [1] Die von den Vertragsparteien nach § 113 im Jahr 2008 eingerichtete Schiedsstelle Qualitätssicherung entscheidet als Qualitätsausschuss nach Maßgabe der Absätze 2 bis 8. [2] Die Vertragsparteien nach § 113 treffen die Vereinbarungen und erlassen die Beschlüsse nach § 37 Absatz 5, den §§ 113, 113a, 115 Absatz 1a, 1c und 3b sowie § 115a Absatz 1 und 2 durch diesen Qualitätsausschuss. [3] Die Vertragsparteien nach § 113 treffen auch die zur Wahrnehmung ihrer Aufgaben und Pflichten nach den Absätzen 4 und 8 notwendigen Entscheidungen durch den Qualitätsausschuss.

(2) [1] Der Qualitätsausschuss besteht aus Vertretern des Spitzenverbandes Bund der Pflegekassen (Leistungsträger) und aus Vertretern der Vereinigungen der Träger der Pflegeeinrichtungen auf Bundesebene (Leistungserbringer) in gleicher Zahl; Leistungsträger und Leistungserbringer können jeweils höchstens zehn Mitglieder entsenden. [2] Dem Qualitätsausschuss gehören auch ein Vertreter der Bundesarbeitsgemeinschaft der überörtlichen Träger der Sozialhilfe und ein Vertreter der kommunalen Spitzenverbände auf Bundesebene an; sie werden auf die Zahl der Leistungsträger angerechnet. [3] Dem Qualitätsausschuss kann auch ein Vertreter des Verbandes der privaten Krankenversicherung e.V. angehören; die Entscheidung hierüber obliegt dem Verband der privaten Krankenversicherung e.V. [4] Sofern der Verband der privaten Krankenversicherung e.V. ein Mitglied entsendet, wird dieses Mitglied auf die Zahl der Leistungsträger angerechnet. [5] Dem Qualitätsausschuss soll auch ein Vertreter der Verbände der Pflegeberufe angehören; er wird auf die Zahl der Leistungserbringer angerechnet. [6] Eine Organisation kann nicht gleichzeitig der Leistungsträgerseite und der Leistungserbringerseite zugerechnet werden. [7] Jedes Mitglied erhält eine Stimme; die Stimmen sind gleich zu gewichten. [8] Der Medizinische Dienst des Spitzenverbandes Bund der Krankenkassen wirkt in den Sitzungen und an den Beschlussfassungen im Qualitätsausschuss, auch in seiner erweiterten Form nach Absatz 3, beratend mit. [9] Die auf Bundesebene maßgeblichen Organisationen für die Wahrnehmung der Interessen und der Selbsthilfe pflegebedürftiger und behinderter Menschen wirken in den Sitzungen und an den Beschlussfassungen im Qualitätsausschuss, auch in seiner erweiterten Form nach Absatz 3, nach Maßgabe von § 118 mit.

(3) [1] Kommt im Qualitätsausschuss eine Vereinbarung, ein Beschluss oder eine Entscheidung nach Absatz 1 Satz 2 und 3 ganz oder teilweise nicht durch einvernehmliche Einigung zustande, so wird der Qualitätsausschuss auf Verlangen von mindestens einer Vertragspartei nach § 113, eines Mitglieds des Qualitätsausschusses oder des Bundesministeriums für Gesundheit um einen unparteiischen Vorsitzenden und zwei weitere unparteiische Mitglieder erweitert (erweiterter Qualitätsausschuss). [2] Sofern die Organisationen, die Mitglieder in den Qualitätsausschuss entsenden, nicht bis zum 31. März 2016 die Mitglieder nach Maßgabe von Absatz 2 Satz 1 benannt haben, wird der Qualitätsausschuss durch die drei unparteiischen Mitglieder gebildet. [3] Der unparteiische Vorsitzende und die weiteren unparteiischen Mitglieder sowie deren Stellvertreter führen ihr Amt als Ehrenamt. [4] Der unparteiische Vorsitzende wird vom Bundesministerium für Gesundheit benannt; der Stellvertreter des unparteiischen Vorsitzenden und die weiteren unparteiischen Mitglieder sowie deren Stellvertreter werden von den Vertragsparteien nach § 113 gemeinsam benannt. [5] Mitglieder des Qualitätsausschusses können nicht als Stellvertreter des unparteiischen Vorsitzenden oder der weiteren unparteiischen Mitglieder benannt werden. [6] Kommt eine Einigung über die Benennung der unpar-

teiischen Mitglieder nicht innerhalb einer vom Bundesministerium für Gesundheit gesetzten Frist zustande, erfolgt die Benennung durch das Bundesministerium für Gesundheit. [7] Der erweiterte Qualitätsausschuss setzt mit der Mehrheit seiner Mitglieder den Inhalt der Vereinbarungen oder der Beschlüsse der Vertragsparteien nach § 113 fest. [8] Die Festsetzungen des erweiterten Qualitätsausschusses haben die Rechtswirkung einer vertraglichen Vereinbarung, Beschlussfassung oder Entscheidung im Sinne der Absätze 4 und 8, des § 37 Absatz 5, der §§ 113, 113a und 115 Absatz 1a, 1c und 3b.

(4) [1] Die Vertragsparteien nach § 113 beauftragen zur Sicherstellung der Wissenschaftlichkeit bei der Wahrnehmung ihrer Aufgaben mit Unterstützung der qualifizierten Geschäftsstelle nach Absatz 6 fachlich unabhängige wissenschaftliche Einrichtungen oder Sachverständige. [2] Diese wissenschaftlichen Einrichtungen oder Sachverständigen werden beauftragt, insbesondere

1. bis zum 31. März 2017 die Instrumente für die Prüfung der Qualität der Leistungen, die von den stationären Pflegeeinrichtungen erbracht werden, und für die Qualitätsberichterstattung in der stationären Pflege zu entwickeln, wobei

    a) insbesondere die 2011 vorgelegten Ergebnisse des vom Bundesministerium für Gesundheit und vom Bundesministerium für Familie, Senioren, Frauen und Jugend geförderten Projektes „Entwicklung und Erprobung von Instrumenten zur Beurteilung der Ergebnisqualität in der stationären Altenhilfe" und die Ergebnisse der dazu durchgeführten Umsetzungsprojekte einzubeziehen sind und

    b) Aspekte der Prozess- und Strukturqualität zu berücksichtigen sind;

2. bis zum 31. März 2017 auf der Grundlage der Ergebnisse nach Nummer 1 unter Beachtung des Prinzips der Datensparsamkeit ein bundesweites Datenerhebungsinstrument, bundesweite Verfahren für die Übermittlung und Auswertung der Daten einschließlich einer Bewertungssystematik sowie für die von Externen durchzuführende Prüfung der Daten zu entwickeln;

3. bis zum 30. Juni 2017 die Instrumente für die Prüfung der Qualität der von den ambulanten Pflegeeinrichtungen erbrachten Leistungen und für die Qualitätsberichterstattung in der ambulanten Pflege zu entwickeln, eine anschließende Pilotierung durchzuführen und einen Abschlussbericht bis zum 31. März 2018 vorzulegen;

4. ergänzende Instrumente für die Ermittlung und Bewertung von Lebensqualität zu entwickeln;

5. die Umsetzung der nach den Nummern 1 bis 3 entwickelten Verfahren zur Qualitätsmessung und Qualitätsdarstellung wissenschaftlich zu evaluieren und den Vertragsparteien nach § 113 Vorschläge zur Anpassung der Verfahren an den neuesten Stand der wissenschaftlichen Erkenntnisse zu unterbreiten sowie

6. bis zum 31. März 2018 ein Konzept für eine Qualitätssicherung in neuen Wohnformen zu entwickeln und zu erproben, insbesondere Instrumente zur internen und externen Qualitätssicherung sowie für eine angemessene Qualitätsberichterstattung zu entwickeln und ihre Eignung zu erproben.

[3] Das Bundesministerium für Gesundheit sowie das Bundesministerium für Familie, Senioren, Frauen und Jugend in Abstimmung mit dem Bundesministe-

rium für Gesundheit können den Vertragsparteien nach § 113 weitere Themen zur wissenschaftlichen Bearbeitung vorschlagen.

(5) ¹ Die Finanzierung der Aufträge nach Absatz 4 erfolgt aus Mitteln des Ausgleichsfonds der Pflegeversicherung nach § 8 Absatz 4. ² Bei der Bearbeitung der Aufträge nach Absatz 4 Satz 2 ist zu gewährleisten, dass die Arbeitsergebnisse umsetzbar sind. ³ Der jeweilige Auftragnehmer hat darzulegen, zu welchen finanziellen Auswirkungen die Umsetzung der Arbeitsergebnisse führen wird. ⁴ Den Arbeitsergebnissen ist diesbezüglich eine Praktikabilitäts- und Kostenanalyse beizufügen. ⁵ Die Ergebnisse der Arbeiten nach Absatz 4 Satz 2 sind dem Bundesministerium für Gesundheit zur Kenntnisnahme vor der Veröffentlichung vorzulegen.

(6) ¹ Die Vertragsparteien nach § 113 richten gemeinsam bis zum 31. März 2016 eine unabhängige qualifizierte Geschäftsstelle des Qualitätsausschusses für die Dauer von fünf Jahren ein. ² Die Geschäftsstelle nimmt auch die Aufgaben einer wissenschaftlichen Beratungs- und Koordinierungsstelle wahr. ³ Sie soll insbesondere den Qualitätsausschuss und seine Mitglieder fachwissenschaftlich beraten, die Auftragsverfahren nach Absatz 4 koordinieren und die wissenschaftlichen Arbeitsergebnisse für die Entscheidungen im Qualitätsausschuss aufbereiten. ⁴ Näheres zur Zusammensetzung und Arbeitsweise der qualifizierten Geschäftsstelle regeln die Vertragsparteien nach § 113 in der Geschäftsordnung nach Absatz 7.

(7) ¹ Die Vertragsparteien nach § 113 vereinbaren in einer Geschäftsordnung mit dem Verband der privaten Krankenversicherung e.V., mit den Verbänden der Pflegeberufe auf Bundesebene und mit den auf Bundesebene maßgeblichen Organisationen für die Wahrnehmung der Interessen und der Selbsthilfe pflegebedürftiger und behinderter Menschen das Nähere zur Arbeitsweise des Qualitätsausschusses, insbesondere

1. zur Benennung der Mitglieder und der unparteiischen Mitglieder,
2. zur Amtsdauer, Amtsführung und Entschädigung für den Zeitaufwand der unparteiischen Mitglieder,
3. zum Vorsitz,
4. zu den Beschlussverfahren,
5. zur Errichtung einer qualifizierten Geschäftsstelle auch mit der Aufgabe als wissenschaftliche Beratungs- und Koordinierungsstelle nach Absatz 6,
6. zur Sicherstellung der jeweiligen Auftragserteilung nach Absatz 4,
7. zur Einbeziehung weiterer Sachverständiger oder Gutachter,
8. zur Bildung von Arbeitsgruppen,
9. zur Gewährleistung der Beteiligungs- und Mitberatungsrechte nach diesem Gesetz einschließlich der Erstattung von Reisekosten nach § 118 Absatz 1 Satz 6 sowie
10. zur Verteilung der Kosten für die Entschädigung der unparteiischen Mitglieder und der einbezogenen weiteren Sachverständigen und Gutachter sowie für die Erstattung von Reisekosten nach § 118 Absatz 1 Satz 6; die Kosten können auch den Kosten der qualifizierten Geschäftsstelle nach Absatz 6 zugerechnet werden.

² Die Geschäftsordnung und die Änderung der Geschäftsordnung sind durch das Bundesministerium für Gesundheit im Benehmen mit dem Bundesministe-

rium für Familie, Senioren, Frauen und Jugend zu genehmigen. ³ Kommt die Geschäftsordnung nicht bis zum 29. Februar 2016 zustande, wird ihr Inhalt durch das Bundesministerium für Gesundheit im Benehmen mit dem Bundesministerium für Familie, Senioren, Frauen und Jugend bestimmt.

(8) ¹ Die Vertragsparteien nach § 113 sind verpflichtet, dem Bundesministerium für Gesundheit auf Verlangen unverzüglich Auskunft über den Stand der Bearbeitung der mit gesetzlichen Fristen versehenen Aufgaben nach Absatz 1 Satz 2 und über den Stand der Auftragserteilung und Bearbeitung der nach Absatz 4 zu erteilenden Aufträge sowie über erforderliche besondere Maßnahmen zur Einhaltung der gesetzlichen Fristen zu geben. ² Die Vertragsparteien legen dem Bundesministerium für Gesundheit bis zum 15. Januar 2017 einen konkreten Zeitplan für die Bearbeitung der mit gesetzlichen Fristen versehenen Aufgaben nach Absatz 1 Satz 2 und der Aufträge nach Absatz 4 vor, aus dem einzelne Umsetzungsschritte erkennbar sind. ³ Der Zeitplan ist durch das Bundesministerium für Gesundheit im Benehmen mit dem Bundesministerium für Familie, Senioren, Frauen und Jugend zu genehmigen. ⁴ Die Vertragsparteien nach § 113 sind verpflichtet, das Bundesministerium für Gesundheit unverzüglich zu informieren, wenn absehbar ist, dass ein Zeitziel des Zeitplans nicht eingehalten werden kann. ⁵ In diesem Fall kann das Bundesministerium für Gesundheit im Benehmen mit dem Bundesministerium für Familie, Senioren, Frauen und Jugend einzelne Umsetzungsschritte im Wege der Ersatzvornahme selbst vornehmen.

(9) ¹ Die durch den Qualitätsausschuss getroffenen Entscheidungen sind dem Bundesministerium für Gesundheit vorzulegen. ² Es kann die Entscheidungen innerhalb von zwei Monaten beanstanden. ³ Das Bundesministerium für Gesundheit kann im Rahmen der Prüfung vom Qualitätsausschuss zusätzliche Informationen und ergänzende Stellungnahmen anfordern; bis zu deren Eingang ist der Lauf der Frist nach Satz 2 unterbrochen. ⁴ Beanstandungen des Bundesministeriums für Gesundheit sind innerhalb der von ihm gesetzten Frist zu beheben. ⁵ Die Nichtbeanstandung von Entscheidungen kann vom Bundesministerium für Gesundheit mit Auflagen verbunden werden. ⁶ Kommen Entscheidungen des Qualitätsausschusses ganz oder teilweise nicht fristgerecht zustande oder werden die Beanstandungen des Bundesministeriums für Gesundheit nicht innerhalb der von ihm gesetzten Frist behoben, kann das Bundesministerium für Gesundheit den Inhalt der Vereinbarungen und der Beschlüsse nach Absatz 1 Satz 2 festsetzen. ⁷ Bei den Verfahren nach den Sätzen 1 bis 6 setzt sich das Bundesministerium für Gesundheit mit dem Bundesministerium für Familie, Senioren, Frauen und Jugend ins Benehmen. ⁸ Bezüglich der Vereinbarungen nach § 115 Absatz 3b setzt sich das Bundesministerium für Gesundheit bei den Verfahren nach den Sätzen 1 bis 6 darüber hinaus mit dem Bundesministerium für Arbeit und Soziales ins Benehmen.

§ 113c Personalbemessung in Pflegeeinrichtungen. (1) ¹ Die Vertragsparteien nach § 113 stellen im Einvernehmen mit dem Bundesministerium für Gesundheit und dem Bundesministerium für Familie, Senioren, Frauen und Jugend die Entwicklung und Erprobung eines wissenschaftlich fundierten Verfahrens zur einheitlichen Bemessung des Personalbedarfs in Pflegeeinrichtungen nach qualitativen und quantitativen Maßstäben sicher. ² Die Entwicklung und Erprobung ist bis zum 30. Juni 2020 abzuschließen. ³ Es ist ein strukturiertes, empirisch abgesichertes und valides Verfahren für die Personalbemessung in

11. Kapitel. Qualitätssich., Sonst. Regelungen § 114 SGB XI 11

Pflegeeinrichtungen auf der Basis des durchschnittlichen Versorgungsaufwands für direkte und indirekte pflegerische Maßnahmen sowie für Hilfen bei der Haushaltsführung unter Berücksichtigung der fachlichen Ziele und Konzeption des ab dem 1. Januar 2017 geltenden Pflegebedürftigkeitsbegriffs zu erstellen. [4] Hierzu sind einheitliche Maßstäbe zu ermitteln, die insbesondere Qualifikationsanforderungen, quantitative Bedarfe und die fachliche Angemessenheit der Maßnahmen berücksichtigen. [5] Die Vertragsparteien beauftragen zur Sicherstellung der Wissenschaftlichkeit des Verfahrens fachlich unabhängige wissenschaftliche Einrichtungen oder Sachverständige. [6] Soweit bei der Entwicklung und Erprobung des Verfahrens eine modellhafte Vorgehensweise erforderlich ist, kann im Einzelfall von den Regelungen des Siebten Kapitels sowie von § 36 und zur Entwicklung besonders pauschalierter Pflegesätze von § 84 Absatz 2 Satz 2 abgewichen werden. [7] Bei den Aufgaben nach den Sätzen 1 bis 6 sollen die Vertragsparteien von der unabhängigen qualifizierten Geschäftsstelle nach § 113b Absatz 6 unterstützt werden.

(2) [1] Der Medizinische Dienst des Spitzenverbandes Bund der Krankenkassen, der Verband der privaten Krankenversicherung e.V. und die Verbände der Pflegeberufe auf Bundesebene wirken beratend mit. [2] Die auf Bundesebene maßgeblichen Organisationen für die Wahrnehmung der Interessen und der Selbsthilfe pflegebedürftiger und behinderter Menschen wirken nach Maßgabe von § 118 mit. [3] Für die Arbeitsweise der Vertragsparteien soll im Übrigen die Geschäftsordnung nach § 113b Absatz 7 entsprechende Anwendung finden.

(3) [1] Das Bundesministerium für Gesundheit legt im Einvernehmen mit dem Bundesministerium für Familie, Senioren, Frauen und Jugend unter Beteiligung der Vertragsparteien nach § 113 unverzüglich in einem Zeitplan konkrete Zeitziele für die Entwicklung, Erprobung und die Auftragsvergabe fest. [2] Die Vertragsparteien nach § 113 sind verpflichtet, dem Bundesministerium für Gesundheit auf Verlangen unverzüglich Auskunft über den Bearbeitungsstand der Entwicklung, Erprobung und der Auftragsvergabe sowie über Problembereiche und mögliche Lösungen zu geben.

(4) [1] Wird ein Zeitziel nach Absatz 3 nicht fristgerecht erreicht und ist deshalb die fristgerechte Entwicklung, Erprobung oder Auftragsvergabe gefährdet, kann das Bundesministerium für Gesundheit im Einvernehmen mit dem Bundesministerium für Familie, Senioren, Frauen und Jugend einzelne Verfahrensschritte im Wege der Ersatzvornahme selbst durchführen. [2] Haben die Vertragsparteien nach § 113 sich bis zum 31. Dezember 2016 nicht über die Beauftragung gemäß Absatz 1 Satz 2 geeinigt, bestimmen das Bundesministerium für Gesundheit und das Bundesministerium für Familie, Senioren, Frauen und Jugend innerhalb von vier Monaten das Verfahren und die Inhalte der Beauftragung.

§ 114 Qualitätsprüfungen. (1) [1] Zur Durchführung einer Qualitätsprüfung erteilen die Landesverbände der Pflegekassen dem Medizinischen Dienst der Krankenversicherung, dem Prüfdienst des Verbandes der privaten Krankenversicherung e.V. im Umfang von 10 Prozent der in einem Jahr anfallenden Prüfaufträge oder den von ihnen bestellten Sachverständigen einen Prüfauftrag. [2] Der Prüfauftrag enthält Angaben zur Prüfart, zum Prüfgegenstand und zum Prüfumfang. [3] Die Prüfung erfolgt als Regelprüfung, Anlassprüfung oder Wiederholungsprüfung. [4] Die Pflegeeinrichtungen haben die ordnungsgemäße Durchführung der Prüfungen zu ermöglichen. [5] Vollstationäre Pflegeeinrich-

1745

tungen sind ab dem 1. Januar 2014 verpflichtet, die Landesverbände der Pflegekassen unmittelbar nach einer Regelprüfung darüber zu informieren, wie die ärztliche, fachärztliche und zahnärztliche Versorgung sowie die Arzneimittelversorgung in den Einrichtungen geregelt sind. [6] Sie sollen insbesondere auf Folgendes hinweisen:

1. auf den Abschluss und den Inhalt von Kooperationsverträgen oder die Einbindung der Einrichtung in Ärztenetze,
2. auf den Abschluss von Vereinbarungen mit Apotheken sowie
3. ab dem 1. Juli 2016 auf die Zusammenarbeit mit einem Hospiz- und Palliativnetz.

[7] Wesentliche Änderungen hinsichtlich der ärztlichen, fachärztlichen und zahnärztlichen Versorgung, der Arzneimittelversorgung sowie der Zusammenarbeit mit einem Hospiz- und Palliativnetz sind den Landesverbänden der Pflegekassen innerhalb von vier Wochen zu melden.

(2) [1] Die Landesverbände der Pflegekassen veranlassen in zugelassenen Pflegeeinrichtungen bis zum 31. Dezember 2010 mindestens einmal und ab dem Jahre 2011 regelmäßig im Abstand von höchstens einem Jahr eine Prüfung durch den Medizinischen Dienst der Krankenversicherung, den Prüfdienst des Verbandes der privaten Krankenversicherung e.V. oder durch von ihnen bestellte Sachverständige (Regelprüfung). [2] Zu prüfen ist, ob die Qualitätsanforderungen nach diesem Buch und nach den auf dieser Grundlage abgeschlossenen vertraglichen Vereinbarungen erfüllt sind. [3] Die Regelprüfung erfasst insbesondere wesentliche Aspekte des Pflegezustandes und die Wirksamkeit der Pflege- und Betreuungsmaßnahmen (Ergebnisqualität). [4] Sie kann auch auf den Ablauf, die Durchführung und die Evaluation der Leistungserbringung (Prozessqualität) sowie die unmittelbaren Rahmenbedingungen der Leistungserbringung (Strukturqualität) erstreckt werden. [5] Die Regelprüfung bezieht sich auf die Qualität der allgemeinen Pflegeleistungen, der medizinischen Behandlungspflege, der Betreuung einschließlich der zusätzlichen Betreuung und Aktivierung im Sinne des § 43b, der Leistungen bei Unterkunft und Verpflegung (§ 87) und der Zusatzleistungen (§ 88). [6] Auch die nach § 37 des Fünften Buches[1)] erbrachten Leistungen der häuslichen Krankenpflege sind in die Regelprüfung einzubeziehen, unabhängig davon, ob von der Pflegeversicherung Leistungen nach § 36 erbracht werden. [7] Die Regelprüfung umfasst auch die Abrechnung der genannten Leistungen. [8] Zu prüfen ist auch, ob die Versorgung der Pflegebedürftigen den Empfehlungen der Kommission für Krankenhaushygiene und Infektionsprävention nach § 23 Absatz 1 des Infektionsschutzgesetzes entspricht.

(3) [1] Die Landesverbände der Pflegekassen haben im Rahmen der Zusammenarbeit mit den nach heimrechtlichen Vorschriften zuständigen Aufsichtsbehörden (§ 117) vor einer Regelprüfung insbesondere zu erfragen, ob Qualitätsanforderungen nach diesem Buch und den auf seiner Grundlage abgeschlossenen vertraglichen Vereinbarungen in einer Prüfung der nach heimrechtlichen Vorschriften zuständigen Aufsichtsbehörde oder in einem nach Landesrecht durchgeführten Prüfverfahren berücksichtigt worden sind. [2] Hierzu können auch Vereinbarungen auf Landesebene zwischen den Landesverbänden der Pflegekassen und den nach heimrechtlichen Vorschriften zuständigen Aufsichtsbehörden sowie den für weitere Prüfverfahren zuständigen Aufsichts-

---

[1)] Nr. 5.

11. Kapitel. Qualitätssich., Sonst. Regelungen § 114a SGB XI 11

behörden getroffen werden. ³ Um Doppelprüfungen zu vermeiden, haben die Landesverbände der Pflegekassen den Prüfumfang der Regelprüfung in angemessener Weise zu verringern, wenn

1. die Prüfungen nicht länger als neun Monate zurückliegen,
2. die Prüfergebnisse nach pflegefachlichen Kriterien den Ergebnissen einer Regelprüfung gleichwertig sind und
3. die Veröffentlichung der von den Pflegeeinrichtungen erbrachten Leistungen und deren Qualität gemäß § 115 Absatz 1a gewährleistet ist.

⁴ Die Pflegeeinrichtung kann verlangen, dass von einer Verringerung der Prüfpflicht abgesehen wird.

(4) ¹ Bei Anlassprüfungen geht der Prüfauftrag in der Regel über den jeweiligen Prüfanlass hinaus; er umfasst eine vollständige Prüfung mit dem Schwerpunkt der Ergebnisqualität. ² Gibt es im Rahmen einer Anlass-, Regel- oder Wiederholungsprüfung sachlich begründete Hinweise auf eine nicht fachgerechte Pflege bei Pflegebedürftigen, auf die sich die Prüfung nicht erstreckt, sind die betroffenen Pflegebedürftigen unter Beachtung der datenschutzrechtlichen Bestimmungen in die Prüfung einzubeziehen. ³ Die Prüfung ist insgesamt als Anlassprüfung durchzuführen. ⁴ Im Zusammenhang mit einer zuvor durchgeführten Regel- oder Anlassprüfung kann von den Landesverbänden der Pflegekassen eine Wiederholungsprüfung veranlasst werden, um zu überprüfen, ob die festgestellten Qualitätsmängel durch die nach § 115 Abs. 2 angeordneten Maßnahmen beseitigt worden sind.

§ 114a Durchführung der Qualitätsprüfungen. (1) ¹ Der Medizinische Dienst der Krankenversicherung, der Prüfdienst des Verbandes der privaten Krankenversicherung e.V. und die von den Landesverbänden der Pflegekassen bestellten Sachverständigen sind im Rahmen ihres Prüfauftrags nach § 114 jeweils berechtigt und verpflichtet, an Ort und Stelle zu überprüfen, ob die zugelassenen Pflegeeinrichtungen die Leistungs- und Qualitätsanforderungen nach diesem Buch erfüllen. ² Prüfungen in stationären Pflegeeinrichtungen sind grundsätzlich unangemeldet durchzuführen. ³ Qualitätsprüfungen in ambulanten Pflegeeinrichtungen sind grundsätzlich am Tag zuvor anzukündigen; Anlassprüfungen sollen unangemeldet erfolgen. ⁴ Der Medizinische Dienst der Krankenversicherung, der Prüfdienst des Verbandes der privaten Krankenversicherung e.V. und die von den Landesverbänden der Pflegekassen bestellten Sachverständigen beraten im Rahmen der Qualitätsprüfungen die Pflegeeinrichtungen in Fragen der Qualitätssicherung. ⁵ § 112 Abs. 3 gilt entsprechend.

(2) ¹ Sowohl bei teil- als auch bei vollstationärer Pflege sind der Medizinische Dienst der Krankenversicherung, der Prüfdienst des Verbandes der privaten Krankenversicherung e.V. und die von den Landesverbänden der Pflegekassen bestellten Sachverständigen jeweils berechtigt, zum Zwecke der Qualitätssicherung die für das Pflegeheim benutzten Grundstücke und Räume jederzeit zu betreten, dort Prüfungen und Besichtigungen vorzunehmen, sich mit den Pflegebedürftigen, ihren Angehörigen, vertretungsberechtigten Personen und Betreuern in Verbindung zu setzen sowie die Beschäftigten und die Interessenvertretung der Bewohnerinnen und Bewohner zu befragen. ² Prüfungen und Besichtigungen zur Nachtzeit sind nur zulässig, wenn und soweit das Ziel der Qualitätssicherung zu anderen Tageszeiten nicht erreicht werden kann. ³ Soweit Räume einem Wohnrecht der Heimbewohner unterliegen, dürfen sie

ohne deren Einwilligung nur betreten werden, soweit dies zur Verhütung dringender Gefahren für die öffentliche Sicherheit und Ordnung erforderlich ist; das Grundrecht der Unverletzlichkeit der Wohnung (Artikel 13 Abs. 1 des Grundgesetzes) wird insoweit eingeschränkt. [4] Bei der ambulanten Pflege sind der Medizinische Dienst der Krankenversicherung, der Prüfdienst des Verbandes der privaten Krankenversicherung e.V. und die von den Landesverbänden der Pflegekassen bestellten Sachverständigen berechtigt, die Qualität der Leistungen des Pflegedienstes mit Einwilligung der von dem Pflegedienst versorgten Person auch in deren Wohnung zu überprüfen. [5] Der Medizinische Dienst der Krankenversicherung und der Prüfdienst des Verbandes der privaten Krankenversicherung e.V. sollen die nach heimrechtlichen Vorschriften zuständige Aufsichtsbehörde an Prüfungen beteiligen, soweit dadurch die Prüfung nicht verzögert wird.

(3) [1] Die Prüfungen beinhalten auch Inaugenscheinnahmen des gesundheitlichen und pflegerischen Zustands von durch die Pflegeeinrichtung versorgten Personen. [2] Zum gesundheitlichen und pflegerischen Zustand der durch Inaugenscheinnahme in die Prüfung einbezogenen Personen können sowohl diese Personen selbst als auch Beschäftigte der Pflegeeinrichtungen, Betreuer und Angehörige sowie Mitglieder der heimrechtlichen Interessenvertretungen der Bewohnerinnen und Bewohner befragt werden. [3] Bei der Beurteilung der Pflegequalität sind die Pflegedokumentation, die Inaugenscheinnahme von Personen nach Satz 1 und Befragungen der Beschäftigten der Pflegeeinrichtungen sowie der durch Inaugenscheinnahme in die Prüfung einbezogenen Personen, ihrer Angehörigen und der vertretungsberechtigten Personen angemessen zu berücksichtigen. [4] Die Teilnahme an Inaugenscheinnahmen und Befragungen ist freiwillig. [5] Durch die Ablehnung dürfen keine Nachteile entstehen. [6] Einsichtnahmen in Pflegedokumentationen, Inaugenscheinnahmen von Personen nach Satz 1 und Befragungen von Personen nach Satz 2 sowie die damit jeweils zusammenhängende Erhebung, Verarbeitung und Nutzung personenbezogener Daten von durch Inaugenscheinnahme in die Prüfung einbezogenen Personen zum Zwecke der Erstellung eines Prüfberichts bedürfen der Einwilligung der betroffenen Personen.

(3a) [1] Die Pflegeeinrichtungen haben im Rahmen ihrer Mitwirkungspflicht nach § 114 Absatz 1 Satz 4 insbesondere die Namen und Kontaktdaten der von ihnen versorgten Personen an die jeweiligen Prüfer weiterzuleiten. [2] Die Prüfer sind jeweils verpflichtet, die durch Inaugenscheinnahme nach Absatz 3 Satz 1 in die Qualitätsprüfung einzubeziehenden Personen vor der Durchführung der Qualitätsprüfung in verständlicher Weise über die für die Einwilligung in die Prüfhandlungen nach Absatz 3 Satz 6 wesentlichen Umstände aufzuklären. [3] Ergänzend kann auch auf Unterlagen Bezug genommen werden, die die durch Inaugenscheinnahme in die Prüfung einzubeziehende Person in Textform erhält. [4] Die Aufklärung muss so rechtzeitig erfolgen, dass die durch Inaugenscheinnahme in die Prüfung einzubeziehende Person ihre Entscheidung über die Einwilligung wohlüberlegt treffen kann. [5] Die Einwilligung nach Absatz 2 oder Absatz 3 kann erst nach Bekanntgabe der Einbeziehung der in Augenschein zu nehmenden Person in die Qualitätsprüfung erklärt werden und muss in einer Urkunde oder auf andere zur dauerhaften Wiedergabe in Schriftzeichen geeignete Weise gegenüber den Prüfern abgegeben werden, die Person des Erklärenden benennen und den Abschluss der Erklärung durch Nachbildung der Namensunterschrift oder anders erkennbar machen (Textform).

[6] Ist die durch Inaugenscheinnahme in die Prüfung einzubeziehende Person einwilligungsunfähig, ist die Einwilligung eines hierzu Berechtigten einzuholen, wobei dieser nach Maßgabe der Sätze 2 bis 4 aufzuklären ist. [7] Ist ein Berechtigter nicht am Ort einer unangemeldeten Prüfung anwesend und ist eine rechtzeitige Einholung der Einwilligung in Textform nicht möglich, so genügt nach einer den Maßgaben der Sätze 2 bis 4 entsprechenden Aufklärung durch die Prüfer ausnahmsweise eine mündliche Einwilligung, wenn andernfalls die Durchführung der Prüfung erschwert würde. [8] Die mündliche Einwilligung oder Nichteinwilligung des Berechtigten sowie die Gründe für ein ausnahmsweises Abweichen von der erforderlichen Textform sind schriftlich zu dokumentieren.

(4) [1] Auf Verlangen sind Vertreter der betroffenen Pflegekassen oder ihrer Verbände, des zuständigen Sozialhilfeträgers sowie des Verbandes der privaten Krankenversicherung e.V. an den Prüfungen nach den Absätzen 1 bis 3 zu beteiligen. [2] Der Träger der Pflegeeinrichtung kann verlangen, dass eine Vereinigung, deren Mitglied er ist (Trägervereinigung), an der Prüfung nach den Absätzen 1 bis 3 beteiligt wird. [3] Ausgenommen ist eine Beteiligung nach Satz 1 oder nach Satz 2, soweit dadurch die Durchführung einer Prüfung voraussichtlich verzögert wird. [4] Unabhängig von ihren eigenen Prüfungsbefugnissen nach den Absätzen 1 bis 3 sind der Medizinische Dienst der Krankenversicherung, der Prüfdienst des Verbandes der privaten Krankenversicherung e.V. und die von den Landesverbänden der Pflegekassen bestellten Sachverständigen jeweils befugt, sich an Überprüfungen von zugelassenen Pflegeeinrichtungen zu beteiligen, soweit sie von der nach heimrechtlichen Vorschriften zuständigen Aufsichtsbehörde nach Maßgabe heimrechtlicher Vorschriften durchgeführt werden. [5] Sie haben in diesem Fall ihre Mitwirkung an der Überprüfung der Pflegeeinrichtung auf den Bereich der Qualitätssicherung nach diesem Buch zu beschränken.

(5) [1] Unterschreitet der Prüfdienst des Verbandes der privaten Krankenversicherung e.V. die in § 114 Absatz 1 Satz 1 genannte, auf das Bundesgebiet bezogene Prüfquote, beteiligen sich die privaten Versicherungsunternehmen, die die private Pflege-Pflichtversicherung durchführen, anteilig bis zu einem Betrag von 10 Prozent an den Kosten der Qualitätsprüfungen der ambulanten und stationären Pflegeeinrichtungen. [2] Das Bundesversicherungsamt stellt jeweils am Ende eines Jahres die Einhaltung der Prüfquote oder die Höhe der Unter- oder Überschreitung sowie die Höhe der durchschnittlichen Kosten von Prüfungen im Wege einer Schätzung nach Anhörung des Verbandes der privaten Krankenversicherung e.V. und des Spitzenverbandes Bund der Pflegekassen fest und teilt diesen jährlich die Anzahl der durchgeführten Prüfungen und bei Unterschreitung der Prüfquote den Finanzierungsanteil der privaten Versicherungsunternehmen mit; der Finanzierungsanteil ergibt sich aus der Multiplikation der Durchschnittskosten mit der Differenz zwischen der Anzahl der vom Prüfdienst des Verbandes der privaten Krankenversicherung e.V. durchgeführten Prüfungen und der in § 114 Absatz 1 Satz 1 genannten Prüfquote. [3] Der Finanzierungsanteil, der auf die privaten Versicherungsunternehmen entfällt, ist vom Verband der privaten Krankenversicherung e.V. jährlich unmittelbar an das Bundesversicherungsamt zugunsten des Ausgleichsfonds der Pflegeversicherung (§ 65) zu überweisen. [4] Der Verband der privaten Krankenversicherung e.V. muss der Zahlungsaufforderung durch das Bundesversicherungsamt keine Folge leisten, wenn er innerhalb von vier Wochen nach der

Zahlungsaufforderung nachweist, dass die Unterschreitung der Prüfquote nicht von ihm oder seinem Prüfdienst zu vertreten ist.

(5a) Der Spitzenverband Bund der Pflegekassen vereinbart bis zum 31. Oktober 2011 mit dem Verband der privaten Krankenversicherung e.V. das Nähere über die Zusammenarbeit bei der Durchführung von Qualitätsprüfungen durch den Prüfdienst des Verbandes der privaten Krankenversicherung e.V., insbesondere über Maßgaben zur Prüfquote, Auswahlverfahren der zu prüfenden Pflegeeinrichtungen und Maßnahmen der Qualitätssicherung, sowie zur einheitlichen Veröffentlichung von Ergebnissen der Qualitätsprüfungen durch den Verband der privaten Krankenversicherung e.V.

(6) [1] Die Medizinischen Dienste der Krankenversicherung und der Prüfdienst des Verbandes der privaten Krankenversicherung e.V. berichten dem Medizinischen Dienst des Spitzenverbandes Bund der Krankenkassen zum 30. Juni 2011, danach in Abständen von drei Jahren, über ihre Erfahrungen mit der Anwendung der Beratungs- und Prüfvorschriften nach diesem Buch, über die Ergebnisse ihrer Qualitätsprüfungen sowie über ihre Erkenntnisse zum Stand und zur Entwicklung der Pflegequalität und der Qualitätssicherung. [2] Sie stellen unter Beteiligung des Medizinischen Dienstes des Spitzenverbandes Bund der Krankenkassen die Vergleichbarkeit der gewonnenen Daten sicher. [3] Der Medizinische Dienst des Spitzenverbandes Bund der Krankenkassen führt die Berichte der Medizinischen Dienste der Krankenversicherung, des Prüfdienstes des Verbandes der privaten Krankenversicherung e.V. und seine eigenen Erkenntnisse und Erfahrungen zur Entwicklung der Pflegequalität und der Qualitätssicherung zu einem Bericht zusammen und legt diesen innerhalb eines halben Jahres dem Spitzenverband Bund der Pflegekassen, dem Bundesministerium für Gesundheit, dem Bundesministerium für Familie, Senioren, Frauen und Jugend sowie dem Bundesministerium für Arbeit und Soziales und den zuständigen Länderministerien vor.

(7) [1] Der Spitzenverband Bund der Pflegekassen beschließt unter Beteiligung des Medizinischen Dienstes des Spitzenverbandes Bund der Krankenkassen und des Prüfdienstes des Verbandes der privaten Krankenversicherung e.V. zur verfahrensrechtlichen Konkretisierung Richtlinien über die Durchführung der Prüfung der in Pflegeeinrichtungen erbrachten Leistungen und deren Qualität nach § 114 sowohl für den ambulanten als auch für den stationären Bereich. [2] In den Richtlinien sind die Maßstäbe und Grundsätze zur Sicherung und Weiterentwicklung der Pflegequalität nach § 113 zu berücksichtigen. [3] Die Richtlinien für den stationären Bereich sind bis zum 31. Oktober 2017, die Richtlinien für den ambulanten Bereich bis zum 31. Oktober 2018 zu beschließen. [4] Sie treten jeweils gleichzeitig mit der entsprechenden Qualitätsdarstellungsvereinbarung nach § 115 Absatz 1a in Kraft. [5] Die maßgeblichen Organisationen für die Wahrnehmung der Interessen und der Selbsthilfe der pflegebedürftigen und behinderten Menschen wirken nach Maßgabe von § 118 mit. [6] Der Spitzenverband Bund der Pflegekassen hat die Vereinigungen der Träger der Pflegeeinrichtungen auf Bundesebene, die Verbände der Pflegeberufe auf Bundesebene, den Verband der privaten Krankenversicherung e.V. sowie die Bundesarbeitsgemeinschaft der überörtlichen Träger der Sozialhilfe und die kommunalen Spitzenverbände auf Bundesebene zu beteiligen. [7] Ihnen ist unter Übermittlung der hierfür erforderlichen Informationen innerhalb einer angemessenen Frist vor der Entscheidung Gelegenheit zur Stellungnahme zu geben; die Stellungnahmen sind in die Entscheidung einzubeziehen. [8] Die

Richtlinien sind in regelmäßigen Abständen an den medizinisch-pflegefachlichen Fortschritt anzupassen. [9] Sie sind durch das Bundesministerium für Gesundheit im Benehmen mit dem Bundesministerium für Familie, Senioren, Frauen und Jugend zu genehmigen. [10] Beanstandungen des Bundesministeriums für Gesundheit sind innerhalb der von ihm gesetzten Frist zu beheben. [11] Die Richtlinien über die Durchführung der Qualitätsprüfung sind für den Medizinischen Dienst der Krankenversicherung und den Prüfdienst des Verbandes der privaten Krankenversicherung e.V. verbindlich.

§ 115 Ergebnisse von Qualitätsprüfungen, Qualitätsdarstellung, Vergütungskürzung. (1) [1] Die Medizinischen Dienste der Krankenversicherung, der Prüfdienst des Verbandes der privaten Krankenversicherung e.V. sowie die von den Landesverbänden der Pflegekassen für Qualitätsprüfungen bestellten Sachverständigen haben das Ergebnis einer jeden Qualitätsprüfung sowie die dabei gewonnenen Daten und Informationen den Landesverbänden der Pflegekassen und den zuständigen Trägern der Sozialhilfe sowie den nach heimrechtlichen Vorschriften zuständigen Aufsichtsbehörden im Rahmen ihrer Zuständigkeit und bei häuslicher Pflege den zuständigen Pflegekassen zum Zwecke der Erfüllung ihrer gesetzlichen Aufgaben sowie der betroffenen Pflegeeinrichtung mitzuteilen. [2] Die Landesverbände der Pflegekassen sind befugt und auf Anforderung verpflichtet, die ihnen nach Satz 1 bekannt gewordenen Daten und Informationen mit Zustimmung des Trägers der Pflegeeinrichtung auch seiner Trägervereinigung zu übermitteln, soweit deren Kenntnis für die Anhörung oder eine Stellungnahme der Pflegeeinrichtung zu einem Bescheid nach Absatz 2 erforderlich ist. [3] Gegenüber Dritten sind die Prüfer und die Empfänger der Daten zur Verschwiegenheit verpflichtet; dies gilt nicht für die zur Veröffentlichung der Ergebnisse von Qualitätsprüfungen nach Absatz 1a erforderlichen Daten und Informationen.

(1a) [1] Die Landesverbände der Pflegekassen stellen sicher, dass die von Pflegeeinrichtungen erbrachten Leistungen und deren Qualität für die Pflegebedürftigen und ihre Angehörigen verständlich, übersichtlich und vergleichbar sowohl im Internet als auch in anderer geeigneter Form kostenfrei veröffentlicht werden. [2] Die Vertragsparteien nach § 113 vereinbaren insbesondere auf der Grundlage der Maßstäbe und Grundsätze nach § 113 und der Richtlinien zur Durchführung der Prüfung in Pflegeeinrichtungen erbrachten Leistungen und deren Qualität nach § 114a Absatz 7, welche Ergebnisse bei der Darstellung der Qualität für den ambulanten und den stationären Bereich zugrunde zu legen sind und inwieweit die Ergebnisse durch weitere Informationen ergänzt werden. [3] In den Vereinbarungen sind die Ergebnisse der nach § 113b Absatz 4 Satz 2 Nummer 1 bis 4 vergebenen Aufträge zu berücksichtigen. [4] Die Vereinbarungen umfassen auch die Form der Darstellung einschließlich einer Bewertungssystematik (Qualitätsdarstellungsvereinbarungen). [5] Bei Anlassprüfungen nach § 114 Absatz 5 bilden die Prüfergebnisse aller in die Prüfung einbezogenen Pflegebedürftigen die Grundlage für die Bewertung und Darstellung der Qualität. [6] Personenbezogene Daten sind zu anonymisieren. [7] Ergebnisse von Wiederholungsprüfungen sind zeitnah zu berücksichtigen. [8] Bei der Darstellung der Qualität ist die Art der Prüfung als Anlass-, Regel- oder Wiederholungsprüfung kenntlich zu machen. [9] Das Datum der letzten Prüfung durch den Medizinischen Dienst der Krankenversicherung oder durch den Prüfdienst des Verbandes der privaten Krankenversicherung e.V., eine Einordnung des Prüfergebnisses nach einer Bewertungssystematik sowie eine Zusammenfassung der Prüfergebnisse sind an gut sichtbarer Stelle in jeder Pflegeeinrichtung auszuhängen. [10] Die Qualitätsdarstellungsvereinbarungen für den stationären Bereich sind bis zum 31. Dezember 2017 und für den ambulanten Bereich bis zum 31. Dezember 2018 jeweils unter Beteiligung des Medizinischen Dienstes des Spitzenverbandes Bund der Krankenkassen, des Verbandes der privaten Krankenversicherung e.V. und der Verbände der Pflegeberufe auf Bundesebene zu schließen. [11] Die auf Bundesebene maßgeblichen Organisationen für die Wahrnehmung der Interessen und der Selbsthilfe der pflegebedürftigen und behinderten Menschen wirken nach Maßgabe von § 118 mit. [12] Die Qualitätsdarstellungsvereinbarungen sind an den medizinisch-pflegefachlichen Fortschritt anzupassen. [13] Bestehende Vereinbarungen gelten bis zum Abschluss einer neuen Vereinbarung fort; dies gilt entsprechend auch für die bestehenden Vereinbarungen über die Kriterien der Veröffentlichung einschließlich der Bewertungssystematik (Pflege-Transparenzvereinbarungen).

(1b) [1] Die Landesverbände der Pflegekassen stellen sicher, dass ab dem 1. Januar 2014 die Informationen gemäß § 114 Absatz 1 über die Regelungen zur ärztlichen, fachärztlichen und zahnärztlichen Versorgung sowie zur Arzneimittelversorgung und ab dem 1. Juli 2016 die Informationen gemäß § 114 Absatz 1 zur Zusammenarbeit mit einem Hospiz- und Palliativnetz in vollstationären Einrichtungen für die Pflegebedürftigen und ihre Angehörigen verständlich, übersichtlich und vergleichbar sowohl im Internet als auch in anderer geeigneter Form kostenfrei zur Verfügung gestellt werden. [2] Die Pflegeeinrichtungen sind verpflichtet, die Informationen nach Satz 1 an gut sichtbarer Stelle in der Pflegeeinrichtung auszuhängen. [3] Die Landesverbände der Pflegekassen übermitteln die Informationen nach Satz 1 an den Verband der privaten Krankenversicherung e.V. zum Zweck der einheitlichen Veröffentlichung.

(1c) [1] Die Landesverbände der Pflegekassen haben Dritten für eine zweckgerechte, nicht gewerbliche Nutzung die Daten, die nach den Qualitätsdarstellungsvereinbarungen nach Absatz 1a der Darstellung der Qualität zu Grunde liegen, sowie rückwirkend zum 1. Januar 2017 ab dem 1. April 2017 die Daten, die nach den nach § 115a übergeleiteten Pflege-Transparenzvereinbarungen der Darstellung der Qualität bis zum Inkrafttreten der Qualitätsdarstellungsvereinbarungen zu Grunde liegen, auf Antrag in maschinen- und menschenlesbarer sowie plattformunabhängiger Form zur Verarbeitung und Veröffentlichung zur Verfügung zu stellen. [2] Das Nähere zu der Übermittlung der Daten an Dritte, insbesondere zum Datenformat, zum Datennutzungsvertrag, zu den Nutzungsrechten und den Pflichten des Nutzers bei der Verwendung der Daten, bestimmen die Vertragsparteien nach § 113 bis zum 31. März 2017 in Nutzungsbedingungen, die dem Datennutzungsvertrag unabdingbar zu Grunde zu legen sind. [3] Mit den Nutzungsbedingungen ist eine nicht missbräuchliche, nicht wettbewerbsverzerrende und manipulationsfreie Verwendung der Daten sicherzustellen. [4] Der Dritte hat zu gewährleisten, dass die Herkunft der Daten für die Endverbraucherin oder den Endverbraucher transparent bleibt. [5] Dies gilt insbesondere, wenn eine Verwendung der Daten in Zusammenhang mit anderen Daten erfolgt. [6] Für die Informationen nach Absatz 1b gelten die Sätze 1 bis 4 entsprechend. [7] Die Übermittlung der Daten erfolgt gegen Ersatz der entstehenden Verwaltungskosten, es sei denn, es handelt sich bei den Dritten um öffentlich-rechtliche Stellen. [8] Die entsprechenden Aufwendungen sind von den Landesverbänden der Pflegekassen nachzuweisen.

(2) ¹ Soweit bei einer Prüfung nach diesem Buch Qualitätsmängel festgestellt werden, entscheiden die Landesverbände der Pflegekassen nach Anhörung des Trägers der Pflegeeinrichtung und der beteiligten Trägervereinigung unter Beteiligung des zuständigen Trägers der Sozialhilfe, welche Maßnahmen zu treffen sind, erteilen dem Träger der Einrichtung hierüber einen Bescheid und setzen ihm darin zugleich eine angemessene Frist zur Beseitigung der festgestellten Mängel. ² Werden nach Satz 1 festgestellte Mängel nicht fristgerecht beseitigt, können die Landesverbände der Pflegekassen gemeinsam den Versorgungsvertrag gemäß § 74 Abs. 1, in schwerwiegenden Fällen nach § 74 Abs. 2, kündigen. ³ 73 Abs. 2 gilt entsprechend.

(3) ¹ Hält die Pflegeeinrichtung ihre gesetzlichen oder vertraglichen Verpflichtungen, insbesondere ihre Verpflichtungen zu einer qualitätsgerechten Leistungserbringung aus dem Versorgungsvertrag (§ 72) ganz oder teilweise nicht ein, sind die nach dem Achten Kapitel vereinbarten Pflegevergütungen für die Dauer der Pflichtverletzung entsprechend zu kürzen. ² Über die Höhe des Kürzungsbetrags ist zwischen den Vertragsparteien nach § 85 Abs. 2 Einvernehmen anzustreben. ³ Kommt eine Einigung nicht zustande, entscheidet auf Antrag einer Vertragspartei die Schiedsstelle nach § 76 in der Besetzung des Vorsitzenden und der beiden weiteren unparteiischen Mitglieder. ⁴ Gegen die Entscheidung nach Satz 3 ist der Rechtsweg zu den Sozialgerichten gegeben; ein Vorverfahren findet nicht statt, die Klage hat aufschiebende Wirkung. ⁵ Der vereinbarte oder festgesetzte Kürzungsbetrag ist von der Pflegeeinrichtung bis zur Höhe ihres Eigenanteils an die betroffenen Pflegebedürftigen und im Weiteren an die Pflegekassen zurückzuzahlen; soweit die Pflegevergütung als nachrangige Sachleistung von einem anderen Leistungsträger übernommen wurde, ist der Kürzungsbetrag an diesen zurückzuzahlen. ⁶ Der Kürzungsbetrag kann nicht über die Vergütungen oder Entgelte nach dem Achten Kapitel refinanziert werden. ⁷ Schadensersatzansprüche der betroffenen Pflegebedürftigen nach anderen Vorschriften bleiben unberührt; § 66 des Fünften Buches[1)] gilt entsprechend.

(3a) ¹ Eine Verletzung der Verpflichtungen zu einer qualitätsgerechten Leistungserbringung im Sinne des Absatzes 3 Satz 1 wird unwiderlegbar vermutet

1. bei einem planmäßigen und zielgerichteten Verstoß des Trägers der Einrichtung gegen seine Verpflichtung zur Einhaltung der nach § 84 Absatz 5 Satz 2 Nummer 2 vereinbarten Personalausstattung oder

2. bei nicht nur vorübergehenden Unterschreitungen der nach § 84 Absatz 5 Satz 2 Nummer 2 vereinbarten Personalausstattung.

² Entsprechendes gilt bei Nichtbezahlung der nach § 84 Absatz 2 Satz 5 beziehungsweise nach § 89 Absatz 1 Satz 4 zu Grunde gelegten Gehälter. ³ Abweichend von Absatz 3 Satz 2 und 3 ist das Einvernehmen über den Kürzungsbetrag unverzüglich herbeizuführen und die Schiedsstelle hat in der Regel binnen drei Monaten zu entscheiden. ⁴ Bei Verstößen im Sinne von Satz 1 Nummer 1 können die Landesverbände der Pflegekassen gemeinsam den Versorgungsvertrag gemäß § 74 Absatz 1, in schwerwiegenden Fällen nach § 74 Absatz 2, kündigen; § 73 Absatz 2 gilt entsprechend.

(3b) ¹ Die Vertragsparteien nach § 113 vereinbaren durch den Qualitätsausschuss gemäß § 113b bis zum 1. Januar 2018 das Verfahren zur Kürzung der

---

[1)] Nr. 5.

11 SGB XI § 115a   11. Buch. Soziale Pflegeversicherung

Pflegevergütung nach den Absätzen 3 und 3a. ²Die Vereinbarungen sind im Bundesanzeiger zu veröffentlichen und gelten vom ersten Tag des auf die Veröffentlichung folgenden Monats. ³Sie sind für alle Pflegekassen und deren Verbände sowie für die zugelassenen Pflegeeinrichtungen unmittelbar verbindlich.

(4) ¹Bei Feststellung schwerwiegender, kurzfristig nicht behebbarer Mängel in der stationären Pflege sind die Pflegekassen verpflichtet, den betroffenen Heimbewohnern auf deren Antrag eine andere geeignete Pflegeeinrichtung zu vermitteln, welche die Pflege, Versorgung und Betreuung nahtlos übernimmt. ²Bei Sozialhilfeempfängern ist der zuständige Träger der Sozialhilfe zu beteiligen.

(5) ¹Stellen der Medizinische Dienst der Krankenversicherung oder der Prüfdienst des Verbandes der privaten Krankenversicherung e.V. schwerwiegende Mängel in der ambulanten Pflege fest, kann die zuständige Pflegekasse dem Pflegedienst auf Empfehlung des Medizinischen Dienstes der Krankenversicherung oder des Prüfdienstes des Verbandes der privaten Krankenversicherung e.V. die weitere Versorgung des Pflegebedürftigen vorläufig untersagen; § 73 Absatz 2 gilt entsprechend. ²Die Pflegekasse hat dem Pflegebedürftigen in diesem Fall einen anderen geeigneten Pflegedienst zu vermitteln, der die Pflege nahtlos übernimmt; dabei ist so weit wie möglich das Wahlrecht des Pflegebedürftigen nach § 2 Abs. 2 zu beachten. ³Absatz 4 Satz 2 gilt entsprechend.

(6) ¹In den Fällen der Absätze 4 und 5 haftet der Träger der Pflegeeinrichtung gegenüber den betroffenen Pflegebedürftigen und deren Kostenträgern für die Kosten der Vermittlung einer anderen ambulanten oder stationären Pflegeeinrichtung, soweit er die Mängel in entsprechender Anwendung des § 276 des Bürgerlichen Gesetzbuches zu vertreten hat. ²Absatz 3 Satz 7 bleibt unberührt.

§ 115a Übergangsregelung für Pflege-Transparenzvereinbarungen und Qualitätsprüfungs-Richtlinien. (1) ¹Die Vertragsparteien nach § 113 passen unter Beteiligung des Medizinischen Dienstes des Spitzenverbandes Bund der Krankenkassen, des Verbandes der privaten Krankenversicherung e.V. und der Verbände der Pflegeberufe auf Bundesebene die Pflege-Transparenzvereinbarungen an dieses Gesetz in der am 1. Januar 2017 geltenden Fassung an (übergeleitete Pflege-Transparenzvereinbarungen). ²Die auf Bundesebene maßgeblichen Organisationen für die Wahrnehmung der Interessen und der Selbsthilfe der pflegebedürftigen und behinderten Menschen wirken nach Maßgabe von § 118 mit. ³Kommt bis zum 30. April 2016 keine einvernehmliche Einigung zustande, entscheidet der erweiterte Qualitätsausschuss nach § 113b Absatz 3 bis zum 30. Juni 2016. ⁴Die übergeleiteten Pflege-Transparenzvereinbarungen gelten ab 1. Januar 2017 bis zum Inkrafttreten der in § 115 Absatz 1a vorgesehenen Qualitätsdarstellungsvereinbarungen.

(2) Schiedsstellenverfahren zu den Pflege-Transparenzvereinbarungen, die am 1. Januar 2016 anhängig sind, werden nach Maßgabe des § 113b Absatz 2, 3 und 8 durch den Qualitätsausschuss entschieden; die Verfahren sind bis zum 30. Juni 2016 abzuschließen.

(3) Die Richtlinien über die Prüfung der in Pflegeeinrichtungen erbrachten Leistungen und deren Qualität nach § 114 (Qualitätsprüfungs-Richtlinien) in

11. Kapitel. Qualitätssich., Sonst. Regelungen **§ 116 SGB XI 11**

der am 31. Dezember 2015 geltenden Fassung gelten nach Maßgabe der Absätze 4 und 5 bis zum Inkrafttreten der Richtlinien über die Durchführung der Prüfung der in Pflegeeinrichtungen erbrachten Leistungen und deren Qualität nach § 114a Absatz 7 fort und sind für den Medizinischen Dienst der Krankenversicherung und den Prüfdienst des Verbandes der privaten Krankenversicherung e.V. verbindlich.

(4) ¹ Der Spitzenverband Bund der Pflegekassen passt unter Beteiligung des Medizinischen Dienstes des Spitzenverbandes Bund der Krankenkassen und des Prüfdienstes des Verbandes der privaten Krankenversicherung e.V. die Qualitätsprüfungs-Richtlinien unverzüglich an dieses Gesetz in der am 1. Januar 2016 geltenden Fassung an. ² Die auf Bundesebene maßgeblichen Organisationen für die Wahrnehmung der Interessen und der Selbsthilfe der pflegebedürftigen und behinderten Menschen wirken nach Maßgabe von § 118 mit. ³ Der Spitzenverband Bund der Pflegekassen hat die Vereinigungen der Träger der Pflegeeinrichtungen auf Bundesebene, die Verbände der Pflegeberufe auf Bundesebene, den Verband der privaten Krankenversicherung e.V. sowie die Bundesarbeitsgemeinschaft der überörtlichen Träger der Sozialhilfe und die kommunalen Spitzenverbände auf Bundesebene zu beteiligen. ⁴ Ihnen ist unter Übermittlung der hierfür erforderlichen Informationen innerhalb einer angemessenen Frist vor der Entscheidung Gelegenheit zur Stellungnahme zu geben; die Stellungnahmen sind in die Entscheidung einzubeziehen. ⁵ Die angepassten Qualitätsprüfungs-Richtlinien bedürfen der Genehmigung des Bundesministeriums für Gesundheit.

(5) ¹ Der Spitzenverband Bund der Pflegekassen passt unter Beteiligung des Medizinischen Dienstes des Spitzenverbandes Bund der Krankenkassen und des Prüfdienstes des Verbandes der privaten Krankenversicherung e.V. die nach Absatz 4 angepassten Qualitätsprüfungs-Richtlinien bis zum 30. September 2016 an die nach Absatz 1 übergeleiteten und gegebenenfalls nach Absatz 2 geänderten Pflege-Transparenzvereinbarungen an. ² Die auf Bundesebene maßgeblichen Organisationen für die Wahrnehmung der Interessen und der Selbsthilfe der pflegebedürftigen und behinderten Menschen wirken nach Maßgabe von § 118 mit. ³ Der Spitzenverband Bund der Pflegekassen hat die Vereinigungen der Träger der Pflegeeinrichtungen auf Bundesebene, die Verbände der Pflegeberufe auf Bundesebene, den Verband der privaten Krankenversicherung e.V. sowie die Bundesarbeitsgemeinschaft der überörtlichen Träger der Sozialhilfe und die kommunalen Spitzenverbände auf Bundesebene zu beteiligen. ⁴ Ihnen ist unter Übermittlung der hierfür erforderlichen Informationen innerhalb einer angemessenen Frist vor der Entscheidung Gelegenheit zur Stellungnahme zu geben; die Stellungnahmen sind in die Entscheidung einzubeziehen. ⁵ Die angepassten Qualitätsprüfungs-Richtlinien bedürfen der Genehmigung des Bundesministeriums für Gesundheit und treten zum 1. Januar 2017 in Kraft.

§ 116 Kostenregelungen. (1) Die Prüfkosten bei Wirksamkeits- und Wirtschaftlichkeitsprüfungen nach § 79 sind als Aufwand in der nächstmöglichen Vergütungsvereinbarung nach dem Achten Kapitel zu berücksichtigen; sie können auch auf mehrere Vergütungszeiträume verteilt werden.

(2) ¹ Die Kosten der Schiedsstellenentscheidung nach § 115 Abs. 3 Satz 3 trägt der Träger der Pflegeeinrichtung, soweit die Schiedsstelle eine Vergütungskürzung anordnet; andernfalls sind sie von den als Kostenträgern be-

troffenen Vertragsparteien gemeinsam zu tragen. ²Setzt die Schiedsstelle einen niedrigeren Kürzungsbetrag fest als von den Kostenträgern gefordert, haben die Beteiligten die Verfahrenskosten anteilig zu zahlen.

(3) ¹Die Bundesregierung wird ermächtigt, durch Rechtsverordnung mit Zustimmung des Bundesrates die Entgelte für die Durchführung von Wirtschaftlichkeitsprüfungen zu regeln. ²In der Rechtsverordnung können auch Mindest- und Höchstsätze festgelegt werden; dabei ist den berechtigten Interessen der Wirtschaftlichkeitsprüfer (§ 79) sowie der zur Zahlung der Entgelte verpflichteten Pflegeeinrichtungen Rechnung zu tragen.

§ 117 Zusammenarbeit mit den nach heimrechtlichen Vorschriften zuständigen Aufsichtsbehörden. (1) ¹Die Landesverbände der Pflegekassen sowie der Medizinische Dienst der Krankenversicherung und der Prüfdienst des Verbandes der privaten Krankenversicherung e.V. arbeiten mit den nach heimrechtlichen Vorschriften zuständigen Aufsichtsbehörden bei der Zulassung und der Überprüfung der Pflegeeinrichtungen eng zusammen, um ihre wechselseitigen Aufgaben nach diesem Buch und nach den heimrechtlichen Vorschriften insbesondere durch

1. regelmäßige gegenseitige Information und Beratung,
2. Terminabsprachen für eine gemeinsame oder arbeitsteilige Überprüfung von Pflegeeinrichtungen und
3. Verständigung über die im Einzelfall notwendigen Maßnahmen

wirksam aufeinander abzustimmen. ²Dabei ist sicherzustellen, dass Doppelprüfungen nach Möglichkeit vermieden werden. ³Zur Erfüllung dieser Aufgaben sind die Landesverbände der Pflegekassen sowie der Medizinische Dienst und der Prüfdienst des Verbandes der privaten Krankenversicherung e.V. verpflichtet, in den Arbeitsgemeinschaften nach den heimrechtlichen Vorschriften mitzuwirken und sich an entsprechenden Vereinbarungen zu beteiligen.

(2) ¹Die Landesverbände der Pflegekassen sowie der Medizinische Dienst und der Prüfdienst des Verbandes der privaten Krankenversicherung e.V. können mit den nach heimrechtlichen Vorschriften zuständigen Aufsichtsbehörden oder den obersten Landesbehörden ein Modellvorhaben vereinbaren, das darauf zielt, eine abgestimmte Vorgehensweise bei der Prüfung der Qualität von Pflegeeinrichtungen nach diesem Buch und nach heimrechtlichen Vorschriften zu erarbeiten. ²Von den Richtlinien nach § 114a Absatz 7 und den nach § 115 Absatz 1a bundesweit getroffenen Vereinbarungen kann dabei für die Zwecke und die Dauer des Modellvorhabens abgewichen werden. ³Die Verantwortung der Pflegekassen und ihrer Verbände für die inhaltliche Bestimmung, Sicherung und Prüfung der Pflege-, Versorgungs- und Betreuungsqualität nach diesem Buch kann durch eine Zusammenarbeit mit den nach heimrechtlichen Vorschriften zuständigen Aufsichtsbehörden oder den obersten Landesbehörden weder eingeschränkt noch erweitert werden.

(3) ¹Zur Verwirklichung der engen Zusammenarbeit sind die Landesverbände der Pflegekassen sowie der Medizinische Dienst der Krankenversicherung und der Prüfdienst des Verbandes der privaten Krankenversicherung e.V. berechtigt und auf Anforderung verpflichtet, der nach heimrechtlichen Vorschriften zuständigen Aufsichtsbehörde die ihnen nach diesem Buch zugänglichen Daten über die Pflegeeinrichtungen, insbesondere über die Zahl und Art der Pflegeplätze und der betreuten Personen (Belegung), über die personelle und

sächliche Ausstattung sowie über die Leistungen und Vergütungen der Pflegeeinrichtungen, mitzuteilen. ²Personenbezogene Daten sind vor der Datenübermittlung zu anonymisieren.

(4) ¹Erkenntnisse aus der Prüfung von Pflegeeinrichtungen sind vom Medizinischen Dienst der Krankenversicherung, dem Prüfdienst des Verbandes der privaten Krankenversicherung e.V. oder von den sonstigen Sachverständigen oder Stellen, die Qualitätsprüfungen nach diesem Buch durchführen, unverzüglich der nach heimrechtlichen Vorschriften zuständigen Aufsichtsbehörde mitzuteilen, soweit sie zur Vorbereitung und Durchführung von aufsichtsrechtlichen Maßnahmen nach den heimrechtlichen Vorschriften erforderlich sind. ²§ 115 Abs. 1 Satz 1 bleibt hiervon unberührt.

(5) ¹Die Pflegekassen und ihre Verbände sowie der Medizinische Dienst der Krankenversicherung und der Prüfdienst des Verbandes der privaten Krankenversicherung e.V. tragen die ihnen durch die Zusammenarbeit mit den nach heimrechtlichen Vorschriften zuständigen Aufsichtsbehörden entstehenden Kosten. ²Eine Beteiligung an den Kosten der nach heimrechtlichen Vorschriften zuständigen Aufsichtsbehörden oder anderer von nach heimrechtlichen Vorschriften zuständigen Aufsichtsbehörde beteiligter Stellen oder Gremien ist unzulässig.

(6) ¹Durch Anordnungen der nach heimrechtlichen Vorschriften zuständigen Aufsichtsbehörde bedingte Mehr- oder Minderkosten sind, soweit sie dem Grunde nach vergütungsfähig im Sinne des § 82 Abs. 1 sind, in der nächstmöglichen Pflegesatzvereinbarung zu berücksichtigen. ²Der Widerspruch oder die Klage einer Vertragspartei oder eines Beteiligten nach § 85 Abs. 2 gegen die Anordnung hat keine aufschiebende Wirkung.

§ 118 Beteiligung von Interessenvertretungen, Verordnungsermächtigung. (1) ¹Bei Erarbeitung oder Änderung
1. der in § 17 Absatz 1, den §§ 18b, 114a Absatz 7 und § 115a Absatz 3 bis 5 vorgesehenen Richtlinien des Spitzenverbandes Bund der Pflegekassen sowie
2. der Vereinbarungen und Beschlüsse nach § 37 Absatz 5 in der ab dem 1. Januar 2017 geltenden Fassung, den §§ 113, 113a, 115 Absatz 1a sowie § 115a Absatz 1 Satz 3 und Absatz 2 durch den Qualitätsausschuss nach § 113b sowie der Vereinbarungen und Beschlüsse nach § 113c und der Vereinbarungen nach § 115a Absatz 1 Satz 1

wirken die auf Bundesebene maßgeblichen Organisationen für die Wahrnehmung der Interessen und der Selbsthilfe pflegebedürftiger und behinderter Menschen nach Maßgabe der Verordnung nach Absatz 2 beratend mit. ²Das Mitberatungsrecht beinhaltet auch das Recht zur Anwesenheit bei Beschlussfassungen. ³Bei den durch den Qualitätsausschuss nach § 113b zu treffenden Entscheidungen erhalten diese Organisationen das Recht, Anträge zu stellen. ⁴Der Qualitätsausschuss nach § 113b hat über solche Anträge in der nächsten Sitzung zu beraten. ⁵Wenn über einen Antrag nicht entschieden werden kann, soll in der Sitzung das Verfahren hinsichtlich der weiteren Beratung und Entscheidung festgelegt werden. ⁶Ehrenamtlich Tätige, die von den auf Bundesebene maßgeblichen Organisationen nach Maßgabe einer auf Grund des Absatzes 2 erlassenen Verordnung in die Gremien des Qualitätsausschusses nach § 113b entsandt werden, damit sie dort die in den Sätzen 1 und 3 genannten Rechte dieser Organisationen wahrnehmen, haben Anspruch auf Erstattung der Reisekosten, die ihnen durch die Entsendung entstanden sind. ⁷Das Nähere zur Erstattung der Reisekosten regeln die Vereinbarungspartner in der Geschäftsordnung nach § 113b Absatz 7.

(2) Das Bundesministerium für Gesundheit wird ermächtigt, durch Rechtsverordnung mit Zustimmung des Bundesrates Einzelheiten festzulegen für

1. die Voraussetzungen der Anerkennung der für die Wahrnehmung der Interessen und der Selbsthilfe der pflegebedürftigen und behinderten Menschen maßgeblichen Organisationen auf Bundesebene, insbesondere zu den Erfordernissen an die Organisationsform und die Offenlegung der Finanzierung, sowie

2. das Verfahren der Beteiligung.

§ 119 Verträge mit Pflegeheimen außerhalb des Anwendungsbereichs des Wohn- und Betreuungsvertragsgesetzes. Für den Vertrag zwischen dem Träger einer zugelassenen stationären Pflegeeinrichtung, auf die das Wohn- und Betreuungsvertragsgesetz keine Anwendung findet, und dem pflegebedürftigen Bewohner gelten die Vorschriften über die Verträge nach dem Wohn- und Betreuungsvertragsgesetz entsprechend.

§ 120 Pflegevertrag bei häuslicher Pflege. (1) ¹Bei häuslicher Pflege übernimmt der zugelassene Pflegedienst spätestens mit Beginn des ersten Pflegeeinsatzes auch gegenüber dem Pflegebedürftigen die Verpflichtung, diesen nach Art und Schwere seiner Pflegebedürftigkeit, entsprechend der von ihm in Anspruch genommenen Leistungen der häuslichen Pflegehilfe im Sinne des § 36 zu versorgen (Pflegevertrag). ²Bei jeder wesentlichen Veränderung des Zustandes des Pflegebedürftigen hat der Pflegedienst dies der zuständigen Pflegekasse unverzüglich mitzuteilen.

(2) ¹Der Pflegedienst hat nach Aufforderung der zuständigen Pflegekasse unverzüglich eine Ausfertigung des Pflegevertrages auszuhändigen. ²Der Pflegevertrag kann von dem Pflegebedürftigen jederzeit ohne Einhaltung einer Frist gekündigt werden.

(3) ¹In dem Pflegevertrag sind mindestens Art, Inhalt und Umfang der Leistungen einschließlich der dafür mit den Kostenträgern nach § 89 vereinbarten Vergütungen für jede Leistung oder jeden Leistungskomplex gesondert zu beschreiben. ²Der Pflegedienst hat den Pflegebedürftigen vor Vertragsschluss und bei jeder wesentlichen Veränderung in der Regel schriftlich über die voraussichtlichen Kosten zu unterrichten.

(4) ¹Der Anspruch des Pflegedienstes auf Vergütung seiner Leistungen der häuslichen Pflegehilfe im Sinne des § 36 ist unmittelbar gegen die zuständige Pflegekasse zu richten. ²Soweit die von dem Pflegebedürftigen abgerufenen Leistungen nach Satz 1 den von der Pflegekasse mit Bescheid festgelegten und von ihr zu zahlenden leistungsrechtlichen Höchstbetrag überschreiten, darf der Pflegedienst dem Pflegebedürftigen für die zusätzlich abgerufenen Leistungen keine höhere als die nach § 89 vereinbarte Vergütung berechnen.

Zwölftes Kapitel. Bußgeldvorschrift

§ 121 Bußgeldvorschrift. (1) Ordnungswidrig handelt, wer vorsätzlich oder leichtfertig

1. der Verpflichtung zum Abschluß oder zur Aufrechterhaltung des privaten Pflegeversicherungsvertrages nach § 23 Abs. 1 Satz 1 und 2 oder § 23 Abs. 4 oder der Verpflichtung zur Aufrechterhaltung des privaten Pflegeversicherungsvertrages nach § 22 Abs. 1 Satz 2 nicht nachkommt,

2. entgegen § 50 Abs. 1 Satz 1, § 51 Abs. 1 Satz 1 und 2, § 51 Abs. 3 oder entgegen Artikel 42 Abs. 4 Satz 1 oder 2 des Pflege-Versicherungsgesetzes eine Meldung nicht, nicht richtig, nicht vollständig oder nicht rechtzeitig erstattet,

3. entgegen § 50 Abs. 3 Satz 1 Nr. 1 eine Auskunft nicht, nicht richtig, nicht vollständig oder nicht rechtzeitig erteilt oder entgegen § 50 Abs. 3 Satz 1 Nr. 2 eine Änderung nicht, nicht richtig, nicht vollständig oder nicht rechtzeitig mitteilt,

4. entgegen § 50 Abs. 3 Satz 2 die erforderlichen Unterlagen nicht, nicht vollständig oder nicht rechtzeitig vorlegt,

5. entgegen Artikel 42 Abs. 1 Satz 3 des Pflege-Versicherungsgesetzes den Leistungsumfang seines privaten Versicherungsvertrages nicht oder nicht rechtzeitig anpaßt,

6. mit der Entrichtung von sechs Monatsprämien zur privaten Pflegeversicherung in Verzug gerät,

7. entgegen § 128 Absatz 1 Satz 4 die dort genannten Daten nicht, nicht richtig, nicht vollständig oder nicht rechtzeitig übermittelt.

(2) Die Ordnungswidrigkeit kann mit einer Geldbuße bis zu 2 500 Euro geahndet werden.

(3) Für die von privaten Versicherungsunternehmen begangenen Ordnungswidrigkeiten nach Absatz 1 Nummer 2 und 7 ist das Bundesversicherungsamt die Verwaltungsbehörde im Sinne des § 36 Abs. 1 Nr. 1 des Gesetzes über Ordnungswidrigkeiten.

(4) [1] Die für die Verfolgung und Ahndung der Ordnungswidrigkeiten nach Absatz 1 Nummer 1 und 6 zuständige Verwaltungsbehörde im Sinne des § 36 Absatz 1 Nummer 2 Buchstabe a oder Absatz 2 des Gesetzes über Ordnungswidrigkeiten kann die zur Ermittlung des Sachverhalts erforderlichen Auskünfte, auch elektronisch und als elektronisches Dokument, bei den nach § 51 Absatz 1 Satz 1 und 2 und Absatz 2 Meldepflichtigen einholen. [2] Diese sollen bei der Ermittlung des Sachverhalts mitwirken. [3] Sie sollen insbesondere ihnen bekannte Tatsachen und Beweismittel angeben. [4] Eine weitergehende Pflicht, bei der Ermittlung des Sachverhalts mitzuwirken, insbesondere eine Pflicht zum persönlichen Erscheinen oder zur Aussage, besteht nur, soweit sie durch Rechtsvorschrift besonders vorgesehen ist.

§ 122 *(aufgehoben)*

Dreizehntes Kapitel. Befristete Modellvorhaben

§ 123 Durchführung der Modellvorhaben zur kommunalen Beratung Pflegebedürftiger und ihrer Angehörigen, Verordnungsermächtigung.

(1) ¹Die für die Hilfe zur Pflege zuständigen Träger der Sozialhilfe nach dem Zwölften Buch[1]) können Modellvorhaben zur Beratung von Pflegebedürftigen und deren Angehörigen für ihren Zuständigkeitsbereich bei der zuständigen obersten Landesbehörde beantragen, sofern dies nach Maßgabe landesrechtlicher Vorschriften vorgesehen ist. ²Ist als überörtlicher Träger für die Hilfe zur Pflege durch landesrechtliche Vorschriften das Land bestimmt, können die örtlichen Träger der Sozialhilfe, die im Auftrag des Landes die Hilfe zur Pflege durchführen, Modellvorhaben nach Satz 1 beantragen. ³Sofern sich die Zuständigkeit des jeweiligen Trägers der Sozialhilfe nach dem Zwölften Buch auf mehrere Kreise erstreckt, soll sich das Modellvorhaben auf einen Kreis oder eine kreisfreie Stadt beschränken. ⁴Für Stadtstaaten, die nur aus einer kreisfreien Stadt bestehen, ist das Modellvorhaben auf jeweils einen Stadtbezirk zu beschränken. ⁵Die Modellvorhaben umfassen insbesondere die Übernahme folgender Aufgaben durch eigene Beratungsstellen:

1. die Pflegeberatung nach den §§ 7a bis 7c,
2. die Beratung in der eigenen Häuslichkeit nach § 37 Absatz 3 und
3. Pflegekurse nach § 45.

⁶Die §§ 7a bis 7c, § 17 Absatz 1a, § 37 Absatz 3 Satz 1, 2, 3, 6 erster Halbsatz, Satz 7 und Absatz 4 sowie § 45 gelten entsprechend. ⁷In den Modellvorhaben ist eine Zusammenarbeit bei der Beratung nach Satz 5 Nummer 1 und 2 insbesondere mit der Beratung zu Leistungen der Altenhilfe, der Hilfe zur Pflege nach dem Zwölften Buch und der Eingliederungshilfe nach dem Neunten Buch sowie mit der Beratung zu Leistungen des öffentlichen Gesundheitsdienstes, zur rechtlichen Betreuung, zu behindertengerechten Wohnangeboten, zum öffentlichen Nahverkehr und zur Förderung des bürgerschaftlichen Engagements sicherzustellen. ⁸Abweichend von Satz 5 Nummer 1 und Absatz 6 Satz 1 kann eine Pflegeberatung nach den §§ 7a bis 7c durch die Pflegekassen erfolgen, soweit die Zusammenarbeit in der Beratung für den örtlichen Geltungsbereich des Modellvorhabens in einer ergänzenden Vereinbarung nach § 7a Absatz 7 Satz 4 in Verbindung mit einer Vereinbarung nach Absatz 5 gewährleistet ist. ⁹Die Landesregierungen werden ermächtigt, Schiedsstellen entsprechend § 7c Absatz 7 Satz 1 bis 5 einzurichten und eine Rechtsverordnung entsprechend § 7c Absatz 7 Satz 6 zu erlassen. ¹⁰Absatz 5 Satz 5 bis 7 gilt entsprechend.

(2) ¹Dem Antrag nach Absatz 1 ist ein Konzept beizufügen, wie die Aufgaben durch die Beratungsstellen wahrgenommen werden und mit welchen eigenen sächlichen, personellen und finanziellen Mitteln die Beratungsstellen ausgestattet werden. ²Eine Zusammenarbeit mit den privaten Versicherungsunternehmen, die die private Pflege-Pflichtversicherung durchführen, ist anzustreben und im Konzept nachzuweisen. ³Das Nähere, insbesondere zu den Anforderungen an die Beratungsstellen und an die Anträge nach Absatz 1 sowie zum Widerruf einer Genehmigung nach § 124 Absatz 2 Satz 1, ist bis zum 31. Dezember 2018 durch landesrechtliche Vorschriften zu regeln.

---

[1]) Nr. 12.

13. Kapitel. Befristete Modellvorhaben § 123 SGB XI 11

(3) [1] Die zuständige oberste Landesbehörde kann höchstens so viele Modellvorhaben genehmigen, wie ihr nach dem Königsteiner Schlüssel, der für das Jahr 2017 im Bundesanzeiger veröffentlicht ist, bei einer Gesamtzahl von insgesamt 60 Modellvorhaben zustehen. [2] Der Antrag kann genehmigt werden, wenn die Anforderungen nach den Absätzen 1 und 2 in Verbindung mit den landesrechtlichen Vorgaben im Sinne des Absatzes 2 Satz 3 erfüllt sind. [3] Den kommunalen Spitzenverbänden auf Landesebene und den Landesverbänden der Pflegekassen ist zu jedem Antrag vor der Genehmigung Gelegenheit zur Stellungnahme zu geben. [4] Die Länder insgesamt sollen bei der Genehmigung sicherstellen, dass die Hälfte aller bewilligten Modellvorhaben durch Antragsteller nach Absatz 1 durchgeführt wird, die keine mehrjährigen Erfahrungen in strukturierter Zusammenarbeit in der Beratung aufweisen. [5] Länder, die innerhalb der in Absatz 2 Satz 3 genannten Frist keine landesrechtlichen Regelungen getroffen haben oder die die ihnen zustehenden Modellvorhaben nicht nutzen wollen, treten die ihnen zustehenden Modellvorhaben an andere Länder ab. [6] Die Verteilung der nicht in Anspruch genommenen Modellvorhaben auf die anderen Länder wird von den Ländern im Einvernehmen mit dem Bundesministerium für Gesundheit bestimmt.

(4) [1] Der Spitzenverband Bund der Pflegekassen beschließt nach Anhörung der kommunalen Spitzenverbände sowie der auf Bundesebene maßgeblichen Organisationen für die Wahrnehmung der Interessen und der Selbsthilfe der pflegebedürftigen und behinderten Menschen und ihrer Angehörigen sowie des Verbands der privaten Krankenversicherung e.V. [2] Empfehlungen über die konkreten Voraussetzungen, Ziele, Inhalte und Durchführung der Modellvorhaben. [3] Die Empfehlungen sind bis zum 30. Juni 2017 vorzulegen und bedürfen der Zustimmung des Bundesministeriums für Gesundheit und der Länder. [4] Das Bundesministerium für Gesundheit trifft seine Entscheidung im Benehmen mit dem Bundesministerium für Familie, Senioren, Frauen und Jugend. [5] Zur Begleitung der Modellvorhaben eines Landes kann die oberste Landesbehörde einen Beirat einrichten, der insbesondere aus den kommunalen Spitzenverbänden auf Landesebene und den Landesverbänden der Pflegekassen besteht. [6] Aufgaben des Beirates sind insbesondere, die oberste Landesbehörde bei der Klärung fachlicher und verfahrensbezogener Fragen zu beraten, sowie der Austausch der Mitglieder untereinander über die Unterstützung der Modellvorhaben in eigener Zuständigkeit.

(5) [1] Ist ein Antrag nach Absatz 3 Satz 2 genehmigt, trifft der Antragsteller mit den Landesverbänden der Pflegekassen gemeinsam und einheitlich eine Vereinbarung

1. zur Zusammenarbeit,

2. zur Einbeziehung bestehender Beratungs- und Kursangebote,

3. zu Nachweis- und Berichtspflichten gegenüber den Landesverbänden der Pflegekassen,

4. zum Übergang der Beratungsaufgaben auf die Beratungsstellen nach Absatz 1 Satz 5,

5. zur Haftung für Schäden, die den Pflegekassen durch fehlerhafte Beratung entstehen, und

6. zur Beteiligung der Pflegekassen mit sächlichen, personellen und finanziellen Mitteln.

² Der Beitrag der Pflegekassen nach Satz 1 Nummer 6 darf den Aufwand nicht übersteigen, der entstehen würde, wenn sie die Aufgaben anstelle der Antragsteller nach Absatz 1 im selben Umfang selbst erbringen würden. ³ Grundlage hierfür sind die bisherigen Ausgaben der Pflegekassen für die Aufgabenerfüllung nach Absatz 1 Satz 5. ⁴ Die Landesregierungen werden ermächtigt, Schiedsstellen entsprechend § 7c Absatz 7 Satz 1 bis 5 einzurichten und eine Rechtsverordnung entsprechend § 7c Absatz 7 Satz 6 zu erlassen. ⁵ Abweichend von Satz 4 können die Parteien der Vereinbarung nach Satz 1 einvernehmlich eine unparteiische Schiedsperson und zwei unparteiische Mitglieder bestellen, die den Inhalt der Vereinbarung nach Satz 1 innerhalb von sechs Wochen nach ihrer Bestellung festlegen. ⁶ Die Kosten des Schiedsverfahrens tragen die Parteien der Vereinbarung zu gleichen Teilen. ⁷ Kommt eine Einigung der Landesverbände der Pflegekassen untereinander nicht zustande, erfolgt die Beschlussfassung durch die Mehrheit der in § 52 Absatz 1 Satz 1 genannten Stellen.

(6) ¹ Mit dem Inkrafttreten der Vereinbarung nach Absatz 5 Satz 1 geht die Verantwortung für die Pflegeberatung nach den §§ 7a bis 7c und für die Beratung in der eigenen Häuslichkeit nach § 37 Absatz 3 von anspruchsberechtigten Pflegebedürftigen mit Wohnort im Bereich der örtlichen Zuständigkeit der Beratungsstelle und von deren Angehörigen sowie für die Pflegekurse nach § 45 auf den Antragsteller nach Absatz 1 über. ² Die Antragsteller können sich zur Erfüllung ihrer Aufgaben Dritter bedienen. ³ Die Erfüllung der Aufgaben durch Dritte ist im Konzept nach Absatz 2 darzulegen. ⁴ Sofern sie sich für die Beratung in der eigenen Häuslichkeit nach § 37 Absatz 3 Dritter bedienen, ist die Leistungserbringung allen in § 37 Absatz 3 Satz 1 und Absatz 8 genannten Einrichtungen zu ermöglichen.

(7) ¹ Während der Durchführung des Modellvorhabens weist der Antragsteller gegenüber der obersten Landesbehörde und den am Vertrag beteiligten Landesverbänden der Pflegekassen die Höhe der eingebrachten sächlichen und personellen Mittel je Haushaltsjahr nach. ² Diese Mittel dürfen die durchschnittlich aufgewendeten Verwaltungsausgaben für die Hilfe zur Pflege und die Eingliederungshilfe bezogen auf den einzelnen Empfänger und für die Altenhilfe bezogen auf alte Menschen im Haushaltsjahr vor Beginn des Modellvorhabens nicht unterschreiten; Ausnahmen hiervon sind bei den sächlichen Mitteln möglich, soweit sich die Abweichung nachweislich aus Einsparungen aufgrund der Zusammenlegung von Beratungsaufgaben ergibt. ³ Die Mittel sind auf der Grundlage der Haushaltsaufstellung im Konzept nach Absatz 2 Satz 1 nachzuweisen.

§ 124 Befristung, Widerruf und Begleitung der Modellvorhaben zur kommunalen Beratung; Beirat.
(1) ¹ Anträge zur Durchführung von Modellvorhaben können bis zum 31. Dezember 2019 gestellt werden. ² Modellvorhaben nach diesem Kapitel sind auf fünf Jahre zu befristen.

(2) ¹ Die Genehmigung zur Durchführung eines Modellvorhabens ist zu widerrufen, wenn die in § 123 Absatz 1 Satz 5 genannten Aufgaben nicht in vollem Umfang erfüllt werden. ² Die Genehmigung ist auch dann zu widerrufen, wenn die nach § 123 Absatz 5 Satz 1 vereinbarten oder die in § 123 Absatz 5 Satz 2 oder Absatz 7 festgelegten Anforderungen überwiegend nicht erfüllt werden. ³ Eine Klage gegen den Widerruf hat keine aufschiebende Wirkung. ⁴ Die zuständige oberste Landesbehörde überprüft die Erfüllung der

13. Kapitel. Befristete Modellvorhaben § **125 SGB XI 11**

Aufgaben nach § 123 Absatz 1 anhand der wissenschaftlichen Begleitung und Auswertung nach Absatz 3 zum Abschluss des jeweiligen Haushaltsjahres. [5] Sie überprüft die Erfüllung der Anforderungen nach § 123 Absatz 7 anhand der jeweiligen Haushaltspläne.

(3) [1] Der Spitzenverband Bund der Pflegekassen und die für die Modellvorhaben nach § 123 Absatz 1 Satz 1 zuständigen obersten Landesbehörden veranlassen gemeinsam im Einvernehmen mit dem Bundesministerium für Gesundheit und im Benehmen mit den kommunalen Spitzenverbänden eine wissenschaftliche Begleitung und Auswertung aller Modellvorhaben durch unabhängige Sachverständige. [2] Die Auswertung erfolgt nach allgemein anerkannten wissenschaftlichen Standards hinsichtlich der Wirksamkeit, Qualität und Kosten der Beratung im Vergleich zur Beratung vor Beginn des jeweiligen Modellvorhabens und außerhalb der Modellvorhaben. [3] Die Auswertung schließt einen Vergleich mit den Beratungsangeboten der sozialen Pflegeversicherung und der privaten Pflege-Pflichtversicherung jeweils außerhalb der Modellvorhaben ein. [4] Die unabhängigen Sachverständigen haben einen Zwischenbericht und einen Abschlussbericht über die Ergebnisse der Auswertungen zu erstellen. [5] Der Zwischenbericht ist spätestens am 31. Dezember 2023 und der Abschlussbericht spätestens am 31. Juli 2026 zu veröffentlichen. [6] Die Kosten der wissenschaftlichen Begleitung und der Auswertung der Modellvorhaben tragen je zur Hälfte die für diese Modellvorhaben zuständigen obersten Landesbehörden gemeinsam und der Spitzenverband Bund der Pflegekassen, dessen Beitrag aus Mitteln des Ausgleichsfonds nach § 65 zu finanzieren ist.

(4) [1] Die nach Landesrecht zuständigen Stellen begleiten die Modellvorhaben über die gesamte Laufzeit und sorgen für einen bundesweiten Austausch der Modellvorhaben untereinander unter Beteiligung der für die Begleitung und Auswertung nach Absatz 3 zuständigen unabhängigen Sachverständigen sowie des Spitzenverbandes Bund der Pflegekassen und der kommunalen Spitzenverbände. [2] Bei der Organisation und Durchführung des Austausches können sich die nach Landesrecht zuständigen Stellen von den unabhängigen Sachverständigen unterstützen lassen, die die wissenschaftliche Begleitung und Auswertung nach Absatz 3 durchführen.

(5) [1] Der Spitzenverband Bund der Pflegekassen richtet einen Beirat zur Begleitung der Modellvorhaben im Einvernehmen mit dem Bundesministerium für Gesundheit ein. [2] Der Beirat tagt mindestens zweimal jährlich und berät den Sachstand der Modellvorhaben. [3] Ihm gehören Vertreterinnen und Vertreter der kommunalen Spitzenverbände, der Länder, der Pflegekassen, der Wissenschaft, des Bundesministeriums für Gesundheit und des Bundesministeriums für Familie, Senioren, Frauen und Jugend an.

§ 125 Modellvorhaben zur Erprobung von Leistungen der häuslichen Betreuung durch Betreuungsdienste. (1) [1] Der Spitzenverband Bund der Pflegekassen kann in den Jahren 2013 und 2014 aus Mitteln des Ausgleichsfonds der Pflegeversicherung mit bis zu 5 Millionen Euro Modellvorhaben zur Erprobung von Leistungen der häuslichen Betreuung durch Betreuungsdienste vereinbaren. [2] Dienste können als Betreuungsdienste Vereinbarungspartner werden, die insbesondere für demenziell erkrankte Pflegebedürftige dauerhaft häusliche Betreuung und hauswirtschaftliche Versorgung erbringen.

(2) [1] Die Modellvorhaben sind darauf auszurichten, die Wirkungen des Einsatzes von Betreuungsdiensten auf die pflegerische Versorgung umfassend be-

11 SGB XI §§ 126, 127 11. Buch. Soziale Pflegeversicherung

züglich Qualität, Wirtschaftlichkeit, Inhalt der erbrachten Leistungen und Akzeptanz bei den Pflegebedürftigen zu untersuchen und sind auf längstens drei Jahre zu befristen. ²Für die Modellvorhaben ist eine wissenschaftliche Begleitung und Auswertung vorzusehen. ³Soweit im Rahmen der Modellvorhaben personenbezogene Daten benötigt werden, können diese mit Einwilligung des Pflegebedürftigen erhoben, verarbeitet und genutzt werden. ⁴Der Spitzenverband Bund der Pflegekassen bestimmt Ziele, Dauer, Inhalte und Durchführung der Modellvorhaben. ⁵Die Modellvorhaben sind mit dem Bundesministerium für Gesundheit abzustimmen.

(3) ¹Auf die am Modell teilnehmenden Dienste sind die Vorschriften dieses Buches für Pflegedienste entsprechend anzuwenden. ²Anstelle der verantwortlichen Pflegefachkraft können sie eine entsprechend qualifizierte, fachlich geeignete und zuverlässige Kraft mit praktischer Berufserfahrung im erlernten Beruf von zwei Jahren innerhalb der letzten acht Jahre als verantwortliche Kraft einsetzen; § 71 Absatz 3 Satz 4 ist entsprechend anzuwenden. ³Die Zulassung der teilnehmenden Betreuungsdienste zur Versorgung bleibt bis zu zwei Jahre nach dem Ende des Modellprogramms gültig.

Vierzehntes Kapitel. Zulagenförderung der privaten Pflegevorsorge

§ 126 Zulageberechtigte. ¹Personen, die nach dem Dritten Kapitel in der sozialen oder privaten Pflegeversicherung versichert sind (zulageberechtigte Personen), haben bei Vorliegen einer auf ihren Namen lautenden privaten Pflege-Zusatzversicherung unter den in § 127 Absatz 2 genannten Voraussetzungen Anspruch auf eine Pflegevorsorgezulage. ²Davon ausgenommen sind Personen, die das 18. Lebensjahr noch nicht vollendet haben, sowie Personen, die vor Abschluss der privaten Pflege-Zusatzversicherung bereits als Pflegebedürftige Leistungen nach dem Vierten Kapitel oder gleichwertige Vertragsleistungen der privaten Pflege-Pflichtversicherung beziehen oder bezogen haben.

§ 127 Pflegevorsorgezulage; Fördervoraussetzungen. (1) ¹Leistet die zulageberechtigte Person mindestens einen Beitrag von monatlich 10 Euro im jeweiligen Beitragsjahr zugunsten einer auf ihren Namen lautenden, gemäß Absatz 2 förderfähigen privaten Pflege-Zusatzversicherung, hat sie Anspruch auf eine Zulage in Höhe von monatlich 5 Euro. ²Die Zulage wird bei dem Mindestbeitrag nach Satz 1 nicht berücksichtigt. ³Die Zulage wird je zulageberechtigter Person für jeden Monat nur für einen Versicherungsvertrag gewährt. ⁴Der Mindestbeitrag und die Zulage sind für den förderfähigen Tarif zu verwenden.

(2) ¹Eine nach diesem Kapitel förderfähige private Pflege-Zusatzversicherung liegt vor, wenn das Versicherungsunternehmen hierfür

1. die Kalkulation nach Art der Lebensversicherung gemäß § 146 Absatz 1 Nummer 1 und 2 des Versicherungsaufsichtsgesetzes vorsieht,
2. allen in § 126 genannten Personen einen Anspruch auf Versicherung gewährt,
3. auf das ordentliche Kündigungsrecht sowie auf eine Risikoprüfung und die Vereinbarung von Risikozuschlägen und Leistungsausschlüssen verzichtet,

14. Kapitel. Zulagenförderung **§ 128 SGB XI 11**

4. bei Vorliegen von Pflegebedürftigkeit im Sinne des § 14 einen vertraglichen Anspruch auf Auszahlung von Geldleistungen für jeden der in § 15 Absatz 3 und 7 aufgeführten Pflegegrade, dabei in Höhe von mindestens 600 Euro für Pflegegrad 5, vorsieht; die tariflich vorgesehenen Geldleistungen dürfen dabei die zum Zeitpunkt des Vertragsabschlusses jeweils geltende Höhe der Leistungen dieses Buches nicht überschreiten, eine Dynamisierung bis zur Höhe der allgemeinen Inflationsrate ist jedoch zulässig; weitere Leistungen darf der förderfähige Tarif nicht vorsehen,

5. bei der Feststellung des Versicherungsfalles sowie der Festsetzung des Pflegegrades dem Ergebnis des Verfahrens zur Feststellung der Pflegebedürftigkeit gemäß § 18 folgt; bei Versicherten der privaten Pflege-Pflichtversicherung sind die entsprechenden Feststellungen des privaten Versicherungsunternehmens zugrunde zu legen,

6. die Wartezeit auf höchstens fünf Jahre beschränkt,

7. einem Versicherungsnehmer, der hilfebedürftig im Sinne des Zweiten[1]) oder Zwölften Buches[2]) ist oder allein durch Zahlung des Beitrags hilfebedürftig würde, einen Anspruch gewährt, den Vertrag ohne Aufrechterhaltung des Versicherungsschutzes für eine Dauer von mindestens drei Jahren ruhen zu lassen oder den Vertrag binnen einer Frist von drei Monaten nach Eintritt der Hilfebedürftigkeit rückwirkend zum Zeitpunkt des Eintritts zu kündigen, für den Fall der Ruhendstellung beginnt diese Frist mit dem Ende der Ruhendstellung, wenn Hilfebedürftigkeit weiterhin vorliegt,

8. die Höhe der in Ansatz gebrachten Verwaltungs- und Abschlusskosten begrenzt; das Nähere dazu wird in der Rechtsverordnung nach § 130 geregelt.

²Der Verband der privaten Krankenversicherung e.V. wird damit beliehen, hierfür brancheneinheitliche Vertragsmuster festzulegen, die von den Versicherungsunternehmen als Teil der Allgemeinen Versicherungsbedingungen förderfähiger Pflege-Zusatzversicherungen zu verwenden sind. ³Die Beleihung nach Satz 2 umfasst die Befugnis, für Versicherungsunternehmen, die förderfähige private Pflege-Zusatzversicherungen anbieten, einen Ausgleich für Überschäden einzurichten; § 111 Absatz 1 Satz 1 und 2 und Absatz 2 gilt entsprechend. ⁴Die Fachaufsicht über den Verband der privaten Krankenversicherung e.V. zu den in den Sätzen 2 und 3 genannten Aufgaben übt das Bundesministerium für Gesundheit aus.

(3) Der Anspruch auf die Zulage entsteht mit Ablauf des Kalenderjahres, für das die Beiträge zu einer privaten Pflege-Zusatzversicherung gemäß § 127 Absatz 1 geleistet worden sind (Beitragsjahr).

§ 128 Verfahren; Haftung des Versicherungsunternehmens. (1) ¹Die Zulage gemäß § 127 Absatz 1 wird auf Antrag gewährt. ²Die zulageberechtigte Person bevollmächtigt das Versicherungsunternehmen mit dem Abschluss des Vertrags über eine förderfähige private Pflege-Zusatzversicherung, die Zulage für jedes Beitragsjahr zu beantragen. ³Sofern eine Zulagenummer oder eine Versicherungsnummer nach § 147 des Sechsten Buches[3]) für die zulageberechtigte Person noch nicht vergeben ist, bevollmächtigt sie zugleich ihr Versiche-

---
[1]) Nr. 2.
[2]) Nr. 12.
[3]) Nr. 6.

11 SGB XI § 128 11. Buch. Soziale Pflegeversicherung

rungsunternehmen, eine Zulagenummer bei der zentralen Stelle zu beantragen. ⁴Das Versicherungsunternehmen ist verpflichtet, der zentralen Stelle nach amtlich vorgeschriebenem Datensatz durch amtlich bestimmte Datenfernübertragung zur Feststellung der Anspruchsberechtigung auf Auszahlung der Zulage zugleich mit dem Antrag in dem Zeitraum vom 1. Januar bis zum 31. März des Kalenderjahres, das auf das Beitragsjahr folgt, Folgendes zu übermitteln:

1. die Antragsdaten,
2. die Höhe der für die zulagefähige private Pflege-Zusatzversicherung geleisteten Beiträge,
3. die Vertragsdaten,
4. die Versicherungsnummer nach § 147 des Sechsten Buches, die Zulagenummer der zulageberechtigten Person oder einen Antrag auf Vergabe einer Zulagenummer,
5. weitere zur Auszahlung der Zulage erforderliche Angaben,
6. die Bestätigung, dass der Antragsteller eine zulageberechtigte Person im Sinne des § 126 ist, sowie
7. die Bestätigung, dass der jeweilige Versicherungsvertrag die Voraussetzungen des § 127 Absatz 2 erfüllt.

⁵Die zulageberechtigte Person ist verpflichtet, dem Versicherungsunternehmen unverzüglich eine Änderung der Verhältnisse mitzuteilen, die zu einem Wegfall des Zulageanspruchs führt. ⁶Hat für das Beitragsjahr, für das das Versicherungsunternehmen bereits eine Zulage beantragt hat, kein Zulageanspruch bestanden, hat das Versicherungsunternehmen diesen Antragsdatensatz zu stornieren.

(2) ¹Die Auszahlung der Zulage erfolgt durch eine zentrale Stelle bei der Deutschen Rentenversicherung Bund; das Nähere, insbesondere die Höhe der Verwaltungskostenerstattung, wird durch Verwaltungsvereinbarung zwischen dem Bundesministerium für Gesundheit und der Deutschen Rentenversicherung Bund geregelt. ²Die Zulage wird bei Vorliegen der Voraussetzungen an das Versicherungsunternehmen gezahlt, bei dem der Vertrag über die private Pflege-Zusatzversicherung besteht, für den die Zulage beantragt wurde. ³Wird für eine zulageberechtigte Person die Zulage für mehr als einen privaten Pflege-Zusatzversicherungsvertrag beantragt, so wird die Zulage für den jeweiligen Monat nur für den Vertrag gewährt, für den der Antrag zuerst bei der zentralen Stelle eingegangen ist. ⁴Soweit der zuständige Träger der Rentenversicherung keine Versicherungsnummer vergeben hat, vergibt die zentrale Stelle zur Erfüllung der ihr zugewiesenen Aufgaben eine Zulagenummer. ⁵Im Fall eines Antrags nach Absatz 1 Satz 3 teilt die zentrale Stelle dem Versicherungsunternehmen die Zulagenummer mit; von dort wird sie an den Antragsteller weitergeleitet. ⁶Die zentrale Stelle stellt aufgrund der ihr vorliegenden Informationen fest, ob ein Anspruch auf Zulage besteht, und veranlasst die Auszahlung an das Versicherungsunternehmen zugunsten der zulageberechtigten Person. ⁷Ein gesonderter Zulagebescheid ergeht vorbehaltlich des Satzes 9 nicht. ⁸Das Versicherungsunternehmen hat die erhaltenen Zulagen unverzüglich dem begünstigten Vertrag gutzuschreiben. ⁹Eine Festsetzung der Zulage erfolgt nur auf besonderen Antrag der zulageberechtigten Person. ¹⁰Der Antrag ist schriftlich innerhalb eines Jahres nach Übersendung der Information nach Absatz 3 durch das Versicherungsunternehmen vom Antragsteller an das Versicherungsunternehmen zu richten. ¹¹Das Versicherungsunternehmen leitet

14. Kapitel. Zulagenförderung §§ 129, 130 SGB XI

den Antrag der zentralen Stelle zur Festsetzung zu. [12] Es hat dem Antrag eine Stellungnahme und die zur Festsetzung erforderlichen Unterlagen beizufügen. [13] Die zentrale Stelle teilt die Festsetzung auch dem Versicherungsunternehmen mit. [14] Erkennt die zentrale Stelle nachträglich, dass der Zulageanspruch nicht bestanden hat oder weggefallen ist, so hat sie zu Unrecht gutgeschriebene oder ausgezahlte Zulagen zurückzufordern und dies dem Versicherungsunternehmen durch Datensatz mitzuteilen.

(3) [1] Kommt die zentrale Stelle zu dem Ergebnis, dass kein Anspruch auf Zulage besteht oder bestanden hat, teilt sie dies dem Versicherungsunternehmen mit. [2] Dieses hat die versicherte Person innerhalb eines Monats nach Eingang des entsprechenden Datensatzes darüber zu informieren.

(4) Das Versicherungsunternehmen haftet im Fall der Auszahlung einer Zulage gegenüber dem Zulageempfänger dafür, dass die in § 127 Absatz 2 genannten Voraussetzungen erfüllt sind.

(5) [1] Die von der zentralen Stelle veranlassten Auszahlungen von Pflegevorsorgezulagen sowie die entstehenden Verwaltungskosten werden vom Bundesministerium für Gesundheit getragen. [2] Zu den Verwaltungskosten gehören auch die entsprechenden Kosten für den Aufbau der technischen und organisatorischen Infrastruktur. [3] Die gesamten Verwaltungskosten werden nach Ablauf eines jeden Beitragsjahres erstattet; dabei sind die Personal- und Sachkostensätze des Bundes entsprechend anzuwenden. [4] Ab dem Jahr 2014 werden monatliche Abschläge gezahlt. [5] Soweit das Bundesversicherungsamt die Aufsicht über die zentrale Stelle ausübt, untersteht es abweichend von § 94 Absatz 2 Satz 2 des Vierten Buches[1)] dem Bundesministerium für Gesundheit.

§ 129 Wartezeit bei förderfähigen Pflege-Zusatzversicherungen. Soweit im Vertrag über eine gemäß § 127 Absatz 2 förderfähige private Pflege-Zusatzversicherung eine Wartezeit vereinbart wird, darf diese abweichend von § 197 Absatz 1 des Versicherungsvertragsgesetzes fünf Jahre nicht überschreiten.

§ 130 Verordnungsermächtigung. Das Bundesministerium für Gesundheit wird ermächtigt, im Einvernehmen mit dem Bundesministerium der Finanzen und dem Bundesministerium für Arbeit und Soziales durch Rechtsverordnung ohne Zustimmung des Bundesrates Vorschriften zu erlassen, die Näheres regeln über

1. die zentrale Stelle gemäß § 128 Absatz 2 und ihre Aufgaben,
2. das Verfahren für die Ermittlung, Festsetzung, Auszahlung, Rückzahlung und Rückforderung der Zulage,
3. den Datenaustausch zwischen Versicherungsunternehmen und zentraler Stelle nach § 128 Absatz 1 und 2,
4. die Begrenzung der Höhe der bei förderfähigen Pflege-Zusatzversicherungen in Ansatz gebrachten Verwaltungs- und Abschlusskosten.

[1)] Nr. 4.

Fünfzehntes Kapitel. Bildung eines Pflegevorsorgefonds

§ 131 Pflegevorsorgefonds. In der sozialen Pflegeversicherung wird ein Sondervermögen unter dem Namen „Vorsorgefonds der sozialen Pflegeversicherung" errichtet.

§ 132 Zweck des Vorsorgefonds. [1] Das Sondervermögen dient der langfristigen Stabilisierung der Beitragsentwicklung in der sozialen Pflegeversicherung. [2] Es darf nach Maßgabe des § 136 nur zur Finanzierung der Leistungsaufwendungen der sozialen Pflegeversicherung verwendet werden.

§ 133 Rechtsform. [1] Das Sondervermögen ist nicht rechtsfähig. [2] Es kann unter seinem Namen im rechtsgeschäftlichen Verkehr handeln, klagen und verklagt werden. [3] Der allgemeine Gerichtsstand des Sondervermögens ist Frankfurt am Main.

§ 134 Verwaltung und Anlage der Mittel. (1) [1] Die Verwaltung und die Anlage der Mittel des Sondervermögens werden der Deutschen Bundesbank übertragen. [2] Für die Verwaltung des Sondervermögens und seiner Mittel werden der Bundesbank entsprechend § 20 Satz 2 des Gesetzes über die Deutsche Bundesbank keine Kosten erstattet.

(2) [1] Die dem Sondervermögen zufließenden Mittel einschließlich der Erträge sind unter sinngemäßer Anwendung der Anlagerichtlinien für die Sondervermögen „Versorgungsrücklage des Bundes", „Versorgungsfonds des Bundes", „Versorgungsfonds der Bundesagentur für Arbeit" und „Vorsorgefonds der sozialen Pflegeversicherung" (Anlagerichtlinien Sondervermögen) zu marktüblichen Bedingungen anzulegen. [2] Dabei ist der in Aktien oder Aktienfonds angelegte Anteil des Sondervermögens ab dem Jahr 2035 über einen Zeitraum von höchstens zehn Jahren abzubauen. [3] Das Bundesministerium für Gesundheit ist im Anlageausschuss nach § 5 der Anlagerichtlinien für die Sondervermögen „Versorgungsrücklage des Bundes", „Versorgungsfonds des Bundes", „Versorgungsfonds der Bundesagentur für Arbeit" und „Vorsorgefonds der sozialen Pflegeversicherung" (Anlagerichtlinien Sondervermögen) vertreten.

§ 135 Zuführung der Mittel. (1) [1] Das Bundesversicherungsamt führt dem Sondervermögen monatlich zum 20. des Monats zu Lasten des Ausgleichsfonds einen Betrag zu, der einem Zwölftel von 0,1 Prozent der beitragspflichtigen Einnahmen der sozialen Pflegeversicherung des Vorjahres entspricht. [2] Für die Berechnung des Abführungsbetrags wird der Beitragssatz gemäß § 55 Absatz 1 zugrunde gelegt.

(2) Die Zuführung nach Absatz 1 erfolgt erstmals zum 20. Februar 2015 und endet mit der Zahlung für Dezember 2033.

§ 136 Verwendung des Sondervermögens. [1] Ab dem Jahr 2035 kann das Sondervermögen zur Sicherung der Beitragssatzstabilität der sozialen Pflegeversicherung verwendet werden, wenn ohne eine Zuführung von Mitteln an den Ausgleichsfonds eine Beitragssatzanhebung erforderlich würde, die nicht auf über eine allgemeine Dynamisierung der Leistungen hinausgehenden Leistungsverbesserungen beruht. [2] Die Obergrenze der jährlich auf Anforderung des Bundesversicherungsamtes an den Ausgleichsfonds abführbaren Mittel ist der 20. Teil des Realwertes des zum 31. Dezember 2034 vorhandenen Mittelbestandes des Sondervermögens. [3] Erfolgt in einem Jahr kein Abruf, so können die für dieses Jahr vorgesehenen Mittel in den Folgejahren mit abgerufen werden, wenn ohne eine entsprechende Zuführung von Mitteln an den Ausgleichsfonds eine Beitragssatzanhebung erforderlich würde, die nicht auf über eine allgemeine Dynamisierung der Leistungen hinausgehenden Leistungsverbesserungen beruht.

§ 137 Vermögenstrennung. Das Vermögen ist von dem übrigen Vermögen der sozialen Pflegeversicherung sowie von seinen Rechten und Verbindlichkeiten getrennt zu halten.

§ 138 Jahresrechnung. [1] Die Deutsche Bundesbank legt dem Bundesministerium für Gesundheit jährlich einen Bericht über die Verwaltung der Mittel des Sondervermögens vor. [2] Darin sind der Bestand des Sondervermögens einschließlich der Forderungen und Verbindlichkeiten sowie die Einnahmen und Ausgaben auszuweisen.

§ 139 Auflösung. Das Sondervermögen gilt nach Auszahlung seines Vermögens als aufgelöst.

Sechszehntes Kapitel. Überleitungs- und Übergangsrecht

Erster Abschnitt. Regelungen zur Rechtsanwendung im Übergangszeitraum, zur Überleitung in die Pflegegrade, zum Besitzstandsschutz für Leistungen der Pflegeversicherung sowie Übergangsregelungen im Begutachtungsverfahren im Rahmen der Einführung des neuen Pflegebedürftigkeitsbegriffs

§ 140 Anzuwendendes Recht und Überleitung in die Pflegegrade.

(1) [1] Die Feststellung des Vorliegens von Pflegebedürftigkeit oder einer erheblich eingeschränkten Alltagskompetenz nach § 45a in der am 31. Dezember 2016 geltenden Fassung erfolgt jeweils auf der Grundlage des zum Zeitpunkt der Antragstellung geltenden Rechts. [2] Der Erwerb einer Anspruchsberechtigung auf Leistungen der Pflegeversicherung richtet sich ebenfalls nach dem zum Zeitpunkt der Antragstellung geltenden Recht.

(2) [1] Versicherte der sozialen Pflegeversicherung und der privaten Pflege-Pflichtversicherung,

1. bei denen das Vorliegen einer Pflegestufe im Sinne der §§ 14 und 15 in der am 31. Dezember 2016 geltenden Fassung oder einer erheblich eingeschränkten Alltagskompetenz nach § 45a in der am 31. Dezember 2016 geltenden Fassung festgestellt worden ist und
2. bei denen spätestens am 31. Dezember 2016 alle Voraussetzungen für einen Anspruch auf eine regelmäßig wiederkehrende Leistung der Pflegeversicherung vorliegen,

werden mit Wirkung ab dem 1. Januar 2017 ohne erneute Antragstellung und ohne erneute Begutachtung nach Maßgabe von Satz 3 einem Pflegegrad zu-

§ 140

geordnet. ² Die Zuordnung ist dem Versicherten schriftlich mitzuteilen. ³ Für die Zuordnung gelten die folgenden Kriterien:

1. Versicherte, bei denen eine Pflegestufe nach den §§ 14 und 15 in der am 31. Dezember 2016 geltenden Fassung, aber nicht zusätzlich eine erheblich eingeschränkte Alltagskompetenz nach § 45a in der am 31. Dezember 2016 geltenden Fassung festgestellt wurde, werden übergeleitet

    a) von Pflegestufe I in den Pflegegrad 2,

    b) von Pflegestufe II in den Pflegegrad 3,

    c) von Pflegestufe III in den Pflegegrad 4 oder

    d) von Pflegestufe III in den Pflegegrad 5, soweit die Voraussetzungen für Leistungen nach § 36 Absatz 4 oder § 43 Absatz 3 in der am 31. Dezember 2016 geltenden Fassung festgestellt wurden;

2. Versicherte, bei denen eine erheblich eingeschränkte Alltagskompetenz nach § 45a in der am 31. Dezember 2016 geltenden Fassung festgestellt wurde, werden übergeleitet

    a) bei nicht gleichzeitigem Vorliegen einer Pflegestufe nach den §§ 14 und 15 in der am 31. Dezember 2016 geltenden Fassung in den Pflegegrad 2,

    b) bei gleichzeitigem Vorliegen der Pflegestufe I nach den §§ 14 und 15 in der am 31. Dezember 2016 geltenden Fassung in den Pflegegrad 3,

    c) bei gleichzeitigem Vorliegen der Pflegestufe II nach den §§ 14 und 15 in der am 31. Dezember 2016 geltenden Fassung in den Pflegegrad 4,

    d) bei gleichzeitigem Vorliegen der Pflegestufe III nach den §§ 14 und 15 in der am 31. Dezember 2016 geltenden Fassung, auch soweit zusätzlich die Voraussetzungen für Leistungen nach § 36 Absatz 4 oder § 43 Absatz 3 in der am 31. Dezember 2016 geltenden Fassung festgestellt wurden, in den Pflegegrad 5.

(3) ¹ Die Zuordnung zu dem Pflegegrad, in den der Versicherte gemäß Absatz 2 übergeleitet worden ist, bleibt auch bei einer Begutachtung nach dem ab dem 1. Januar 2017 geltenden Recht erhalten, es sei denn, die Begutachtung führt zu einer Anhebung des Pflegegrades oder zu der Feststellung, dass keine Pflegebedürftigkeit im Sinne der §§ 14 und 15 in der ab dem 1. Januar 2017 geltenden Fassung mehr vorliegt. ² Satz 1 gilt auch bei einem Erlöschen der Mitgliedschaft im Sinne von § 35 ab dem 1. Januar 2017, wenn die neue Mitgliedschaft unmittelbar im Anschluss begründet wird. ³ Die Pflegekasse, bei der die Mitgliedschaft beendet wird, ist verpflichtet, der Pflegekasse, bei der die neue Mitgliedschaft begründet wird, die bisherige Einstufung des Versicherten rechtzeitig schriftlich mitzuteilen. ⁴ Entsprechendes gilt bei einem Wechsel zwischen privaten Krankenversicherungsunternehmen und einem Wechsel von sozialer zu privater sowie von privater zu sozialer Pflegeversicherung.

(4) ¹ Stellt ein Versicherter, bei dem das Vorliegen einer Pflegebedürftigkeit oder einer erheblich eingeschränkten Alltagskompetenz nach § 45a in der am 31. Dezember 2016 geltenden Fassung festgestellt wurde, ab dem 1. Januar 2017 einen erneuten Antrag auf Feststellung von Pflegebedürftigkeit und lagen die tatsächlichen Voraussetzungen für einen höheren als durch die Überleitung erreichten Pflegegrad bereits vor dem 1. Januar 2017 vor, richten sich die ab dem Zeitpunkt der Änderung der tatsächlichen Verhältnisse zu erbringenden Leistungen im Zeitraum vom 1. November 2016 bis 31. Dezember 2016 nach

16. Kapitel. Überleitungs- und Übergangsrecht   § 141   SGB XI 11

dem ab 1. Januar 2017 geltenden Recht. ²Entsprechendes gilt für Versicherte bei einem privaten Pflegeversicherungsunternehmen.

§ 141 Besitzstandsschutz und Übergangsrecht zur sozialen Sicherung von Pflegepersonen. (1) ¹Versicherte der sozialen Pflegeversicherung und der privaten Pflege-Pflichtversicherung sowie Pflegepersonen, die am 31. Dezember 2016 Anspruch auf Leistungen der Pflegeversicherung haben, erhalten Besitzstandsschutz auf die ihnen unmittelbar vor dem 1. Januar 2017 zustehenden, regelmäßig wiederkehrenden Leistungen nach den §§ 36, 37, 38, 38a, 40 Absatz 2, den §§ 41, 44a, 45b, 123 und 124 in der am 31. Dezember 2016 geltenden Fassung. ²Hinsichtlich eines Anspruchs auf den erhöhten Betrag nach § 45b in der am 31. Dezember 2016 geltenden Fassung richtet sich die Gewährung von Besitzstandsschutz abweichend von Satz 1 nach Absatz 2. ³Für Versicherte, die am 31. Dezember 2016 Leistungen nach § 43 bezogen haben, richtet sich der Besitzstandsschutz nach Absatz 3. ⁴Kurzfristige Unterbrechungen im Leistungsbezug lassen den Besitzstandsschutz jeweils unberührt.

(2) ¹Versicherte,
1. die am 31. Dezember 2016 einen Anspruch auf den erhöhten Betrag nach § 45b Absatz 1 in der am 31. Dezember 2016 geltenden Fassung haben und
2. deren Höchstleistungsansprüche, die ihnen nach den §§ 36, 37 und 41 unter Berücksichtigung des § 140 Absatz 2 und 3 ab dem 1. Januar 2017 zustehen, nicht um jeweils mindestens 83 Euro monatlich höher sind als die entsprechenden Höchstleistungsansprüche, die ihnen nach den §§ 36, 37 und 41 unter Berücksichtigung des § 123 in der am 31. Dezember 2016 geltenden Fassung am 31. Dezember 2016 zustanden,

haben ab dem 1. Januar 2017 Anspruch auf einen Zuschlag auf den Entlastungsbetrag nach § 45b in der ab dem 1. Januar 2017 jeweils geltenden Fassung. ²Die Höhe des monatlichen Zuschlags ergibt sich aus der Differenz zwischen 208 Euro und dem Leistungsbetrag, der in § 45b Absatz 1 Satz 1 in der ab dem 1. Januar 2017 jeweils geltenden Fassung festgelegt ist. ³Das Bestehen eines Anspruchs auf diesen Zuschlag ist den Versicherten schriftlich mitzuteilen und zu erläutern. ⁴Für den Zuschlag auf den Entlastungsbetrag gilt § 45b Absatz 3 entsprechend. ⁵Bei Versicherten, die keinen Anspruch auf einen Zuschlag haben und deren Ansprüche nach § 45b zum 1. Januar 2017 von 208 Euro auf 125 Euro monatlich abgesenkt werden, sind zur Sicherstellung des Besitzstandsschutzes monatlich Leistungen der Pflegeversicherung in Höhe von bis zu 83 Euro nicht auf Fürsorgeleistungen zur Pflege anzurechnen.

(3) ¹Ist bei Pflegebedürftigen der Pflegegrade 2 bis 5 in der vollstationären Pflege der einrichtungseinheitliche Eigenanteil nach § 92e oder nach § 84 Absatz 2 Satz 3 im ersten Monat nach der Einführung des neuen Pflegebedürftigkeitsbegriffs höher als der jeweilige individuelle Eigenanteil im Vormonat, so ist zum Leistungsbetrag nach § 43 von Amts wegen ein monatlicher Zuschlag in Höhe der Differenz von der Pflegekasse an die Pflegeeinrichtung zu zahlen. ²In der Vergleichsberechnung nach Satz 1 sind für beide Monate jeweils die vollen Pflegesätze und Leistungsbeträge zugrunde zu legen. ³Die Sätze 1 und 2 gelten entsprechend, wenn der Leistungsbetrag nach § 43 Absatz 2 Satz 2 die in § 43 Absatz 2 Satz 1 genannten Aufwendungen übersteigt und zur Finanzierung von Aufwendungen für Unterkunft und Verpflegung eingesetzt worden

ist. ⁴Verringert sich die Differenz zwischen Pflegesatz und Leistungsbetrag in der Folgezeit, ist der Zuschlag entsprechend zu kürzen. ⁵Die Pflegekassen teilen die Höhe des monatlichen Zuschlages nach Satz 1 sowie jede Änderung der Zuschlagshöhe den Pflegebedürftigen schriftlich mit. ⁶Die Sätze 1 bis 5 gelten entsprechend für Versicherte der privaten Pflege-Pflichtversicherung.

(3a) ¹Für Pflegebedürftige, die am 31. Dezember 2016 Leistungen der Kurzzeitpflege nach § 42 Absatz 1 und 2 in Anspruch nehmen, gilt der am 31. Dezember 2016 gezahlte Pflegesatz für die Dauer der Kurzzeitpflege fort. ²Nehmen Pflegebedürftige am 31. Dezember 2016 Leistungen der Kurzzeitpflege nach § 42 und nach dem Ende der Kurzzeitpflege ohne Unterbrechung des Heimaufenthalts auch Sachleistungen der vollstationären Pflege nach § 43 in derselben Einrichtung in Anspruch, so ermittelt sich der von der Pflegekasse an die Pflegeeinrichtung nach Absatz 3 Satz 1 von Amts wegen ab dem Zeitpunkt der Inanspruchnahme von vollstationärer Pflege nach § 43 zu zahlende monatliche Zuschlag aus der Differenz zwischen dem einrichtungseinheitlichen Eigenanteil nach § 92e oder nach § 84 Absatz 2 Satz 3 und dem individuellen Eigenanteil, den die Pflegebedürftigen im Monat Dezember 2016 in der Einrichtung zu tragen gehabt hätten. ³Absatz 3 Satz 4 bis 6 gilt entsprechend.

(3b) ¹Wechseln Pflegebedürftige im Sinne der Absätze 3 und 3a zwischen dem 1. Januar 2017 und dem 31. Dezember 2021 die vollstationäre Pflegeeinrichtung, so ermittelt sich der von der Pflegekasse an eine neue Pflegeeinrichtung nach Absatz 3 Satz 1 von Amts wegen ab dem Zeitpunkt des Wechsels zu zahlende monatliche Zuschlag aus der Differenz zwischen dem einrichtungseinheitlichen Eigenanteil nach § 92e oder nach § 84 Absatz 2 Satz 3, den die Pflegebedürftigen im Monat Januar 2017 in der neuen Einrichtung zu tragen haben oder zu tragen gehabt hätten, und dem individuellen Eigenanteil, den die Pflegebedürftigen im Monat Dezember 2016 in der neuen Einrichtung zu tragen gehabt hätten. ²Bei einem Wechsel in eine neu zugelassene vollstationäre Pflegeeinrichtung, die erstmalig ab 1. Januar 2017 oder später eine Pflegesatzvereinbarung abgeschlossen hat, behalten Pflegebedürftige mit ihrem Wechsel ihren nach Absatz 3 ermittelten monatlichen Zuschlagsbetrag. ³Absatz 3 Satz 2 bis 6 gilt entsprechend.

(3c) ¹Erhöht sich der einrichtungseinheitliche Eigenanteil nach § 92e oder nach § 84 Absatz 2 Satz 3 für Pflegebedürftige im Sinne der Absätze 3, 3a und 3b im Zeitraum vom 1. Februar 2017 bis 31. Dezember 2017, findet Absatz 3 entsprechende Anwendung, sofern sich die Erhöhung aus der erstmaligen Vereinbarung der neuen Pflegesätze im Rahmen der Überleitung, Einführung und Umsetzung des neuen Pflegebedürftigkeitsbegriffs ergibt. ²Dies gilt auch für Pflegebedürftige, die im Dezember 2016 in einer vollstationären Pflegeeinrichtung versorgt wurden, und die durch die Erhöhung erstmals einen höheren einrichtungseinheitlichen Eigenanteil zu tragen hätten im Vergleich zum jeweiligen individuellen Eigenanteil im Dezember 2016. ³Der Vergleichsberechnung ist neben dem Monat Dezember 2016 der Monat im Zeitraum vom 1. Februar 2017 bis 31. Dezember 2017 zugrunde zu legen, in dem der einrichtungseinheitliche Eigenanteil erstmalig höher als der jeweilige individuelle Eigenanteil im Monat Dezember 2016 ist oder in den Fällen des Absatzes 3a gewesen wäre.

(4) ¹Für Personen, die am 31. Dezember 2016 wegen nicht erwerbsmäßiger Pflege rentenversicherungspflichtig waren und Anspruch auf die Zahlung von Beiträgen zur gesetzlichen Rentenversicherung nach § 44 in der am 31. Dezember 2016 geltenden Fassung hatten, besteht die Versicherungspflicht für die

Dauer dieser Pflegetätigkeit fort. ²Die beitragspflichtigen Einnahmen ab dem 1. Januar 2017 bestimmen sich in den Fällen des Satzes 1 nach Maßgabe des § 166 Absatz 2 und 3 des Sechsten Buches[1)] in der am 31. Dezember 2016 geltenden Fassung, wenn sie höher sind als die beitragspflichtigen Einnahmen, die sich aus dem ab dem 1. Januar 2017 geltenden Recht ergeben.

(4a) ¹In den Fällen des § 140 Absatz 4 richten sich die Versicherungspflicht als Pflegeperson in der Rentenversicherung und die Bestimmung der beitragspflichtigen Einnahmen für Zeiten vor dem 1. Januar 2017 nach den §§ 3 und 166 des Sechsten Buches in der bis zum 31. Dezember 2016 geltenden Fassung. ²Die dabei anzusetzende Pflegestufe erhöht sich entsprechend dem Anstieg des Pflegegrades gegenüber dem durch die Überleitung erreichten Pflegegrad.

(5) ¹Absatz 4 ist ab dem Zeitpunkt nicht mehr anwendbar, zu dem nach dem ab dem 1. Januar 2017 geltenden Recht festgestellt wird, dass

1. bei der versorgten Person keine Pflegebedürftigkeit im Sinne der §§ 14 und 15 in der ab dem 1. Januar 2017 geltenden Fassung vorliegt oder

2. die pflegende Person keine Pflegeperson im Sinne des § 19 in der ab dem 1. Januar 2017 geltenden Fassung ist.

²Absatz 4 ist auch nicht mehr anwendbar, wenn sich nach dem 31. Dezember 2016 eine Änderung in den Pflegeverhältnissen ergibt, die zu einer Änderung der beitragspflichtigen Einnahmen nach § 166 Absatz 2 des Sechsten Buches in der ab dem 1. Januar 2017 geltenden Fassung führt oder ein Ausschlussgrund nach § 3 Satz 2 oder 3 des Sechsten Buches eintritt.

(6) Für Pflegepersonen im Sinne des § 44 Absatz 2 gelten die Absätze 4, 4a und 5 entsprechend.

(7) ¹Für Personen, die am 31. Dezember 2016 wegen nicht erwerbsmäßiger Pflege in der gesetzlichen Unfallversicherung versicherungspflichtig waren, besteht die Versicherungspflicht für die Dauer dieser Pflegetätigkeit fort. ²Satz 1 gilt, soweit und solange sich aus dem ab dem 1. Januar 2017 geltenden Recht keine günstigeren Ansprüche ergeben. ³Satz 1 ist ab dem Zeitpunkt nicht mehr anwendbar, zu dem nach dem ab dem 1. Januar 2017 geltenden Recht festgestellt wird, dass bei der versorgten Person keine Pflegebedürftigkeit im Sinne der §§ 14 und 15 in der ab dem 1. Januar 2017 geltenden Fassung vorliegt.

(8) ¹Pflegebedürftige, die am 31. Dezember 2016 von zugelassenen Pflegeeinrichtungen ohne Vergütungsvereinbarung versorgt werden, haben ab dem 1. Januar 2017 Anspruch auf Erstattung der Kosten für die pflegebedingten Aufwendungen gemäß § 91 Absatz 2 in Höhe des ihnen für den Monat Dezember 2016 zustehenden Leistungsbetrages, wenn dieser höher ist als der ihnen für Januar 2017 zustehende Leistungsbetrag. ²Dies gilt entsprechend für Versicherte der privaten Pflege-Pflichtversicherung.

§ 142 Übergangsregelungen im Begutachtungsverfahren.

(1) ¹Bei Versicherten, die nach § 140 von einer Pflegestufe in einen Pflegegrad übergeleitet wurden, werden bis zum 1. Januar 2019 keine Wiederholungsbegutachtungen nach § 18 Absatz 2 Satz 5 durchgeführt; auch dann nicht, wenn die Wiederholungsbegutachtung vor diesem Zeitpunkt vom Medizinischen Dienst der

---

[1)] Nr. 6.

Krankenversicherung oder anderen unabhängigen Gutachtern empfohlen wurde. ²Abweichend von Satz 1 können Wiederholungsbegutachtungen durchgeführt werden, wenn eine Verbesserung der gesundheitlich bedingten Beeinträchtigungen der Selbständigkeit oder der Fähigkeiten, insbesondere aufgrund von durchgeführten Operationen oder Rehabilitationsmaßnahmen, zu erwarten ist.

(2) ¹Die Frist nach § 18 Absatz 3 Satz 2 ist vom 1. Januar 2017 bis zum 31. Dezember 2017 unbeachtlich. ²Abweichend davon ist denjenigen, die ab dem 1. Januar 2017 einen Antrag auf Leistungen der Pflegeversicherung stellen und bei denen ein besonders dringlicher Entscheidungsbedarf vorliegt, spätestens 25 Arbeitstage nach Eingang des Antrags bei der zuständigen Pflegekasse die Entscheidung der Pflegekasse schriftlich mitzuteilen. ³Der Spitzenverband Bund der Pflegekassen entwickelt bundesweit einheitliche Kriterien für das Vorliegen, die Gewichtung und die Feststellung eines besonders dringlichen Entscheidungsbedarfs. ⁴Die Pflegekassen und die privaten Versicherungsunternehmen berichten in der nach § 18 Absatz 3b Satz 4 zu veröffentlichenden Statistik auch über die Anwendung der Kriterien zum Vorliegen und zur Feststellung eines besonders dringlichen Entscheidungsbedarfs.

(3) Abweichend von § 18 Absatz 3a Satz 1 Nummer 2 ist die Pflegekasse vom 1. Januar 2017 bis zum 31. Dezember 2017 nur bei Vorliegen eines besonders dringlichen Entscheidungsbedarfs gemäß Absatz 2 dazu verpflichtet, dem Antragsteller mindestens drei unabhängige Gutachter zur Auswahl zu benennen, wenn innerhalb von 20 Arbeitstagen nach Antragstellung keine Begutachtung erfolgt ist.

§ 143 Sonderanpassungsrecht für die Allgemeinen Versicherungsbedingungen und die technischen Berechnungsgrundlagen privater Pflegeversicherungsverträge. (1) Bei einer Pflegeversicherung, bei der die Prämie nach Art der Lebensversicherung berechnet wird und bei der das ordentliche Kündigungsrecht des Versicherers gesetzlich oder vertraglich ausgeschlossen ist, kann der Versicherer seine Allgemeinen Versicherungsbedingungen auch für bestehende Versicherungsverhältnisse entsprechend den Vorgaben nach § 140 ändern, soweit der Versicherungsfall durch den Pflegebedürftigkeitsbegriff nach den §§ 14 und 15 bestimmt wird.

(2) ¹Der Versicherer ist zudem berechtigt, auch für bestehende Versicherungsverhältnisse die technischen Berechnungsgrundlagen insoweit zu ändern, als die Leistungen an die Pflegegrade nach § 140 Absatz 2 und die Prämien daran angepasst werden. ²§ 12b Absatz 1 und 1a des Versicherungsaufsichtsgesetzes findet Anwendung.

(3) ¹Dem Versicherungsnehmer sind die geänderten Versicherungsbedingungen nach Absatz 1 und die Neufestsetzung der Prämie nach Absatz 2 unter Kenntlichmachung der Unterschiede sowie unter Hinweis auf die hierfür maßgeblichen Gründe in Textform mitzuteilen. ²Anpassungen nach den Absätzen 1 und 2 werden zu Beginn des zweiten Monats wirksam, der auf die Benachrichtigung des Versicherungsnehmers folgt.

(4) Gesetzlich oder vertraglich vorgesehene Sonderkündigungsrechte des Versicherungsnehmers bleiben hiervon unberührt.

16. Kapitel. Überleitungs- und Übergangsrecht § 144 SGB XI 11

Zweiter Abschnitt. Sonstige Überleitungs-, Übergangs- und Besitzstandsschutzregelungen

§ 144 Überleitungs- und Übergangsregelungen, Verordnungsermächtigung. (1) Für Personen, die am 31. Dezember 2014 einen Anspruch auf einen Wohngruppenzuschlag nach § 38a in der am 31. Dezember 2014 geltenden Fassung haben, wird diese Leistung weiter erbracht, wenn sich an den tatsächlichen Verhältnissen nichts geändert hat.

(2) ¹ Am 31. Dezember 2016 nach Landesrecht anerkannte niedrigschwellige Betreuungsangebote und niedrigschwellige Entlastungsangebote im Sinne der §§ 45b und 45c in der zu diesem Zeitpunkt geltenden Fassung gelten auch ohne neues Anerkennungsverfahren als nach Landesrecht anerkannte Angebote zur Unterstützung im Alltag im Sinne des § 45a in der ab dem 1. Januar 2017 geltenden Fassung. ² Die Landesregierungen werden ermächtigt, durch Rechtsverordnung hiervon abweichende Regelungen zu treffen.

(3) ¹ Soweit Versicherte im Zeitraum vom 1. Januar 2015 bis zum 31. Dezember 2016 die Anspruchsvoraussetzungen nach § 45b Absatz 1 oder Absatz 1a in der bis zum 31. Dezember 2016 geltenden Fassung erfüllt haben und ab dem 1. Januar 2017 die Anspruchsvoraussetzungen nach § 45b Absatz 1 Satz 1 in der ab dem 1. Januar 2017 geltenden Fassung erfüllen, können sie Leistungsbeträge nach § 45b, die sie in der Zeit vom 1. Januar 2015 bis zum 31. Dezember 2016 nicht zum Bezug von Leistungen nach § 45b Absatz 1 Satz 6 in der bis zum 31. Dezember 2016 geltenden Fassung genutzt haben, bis zum 31. Dezember 2018 zum Bezug von Leistungen nach § 45b Absatz 1 Satz 3 in der ab dem 1. Januar 2017 geltenden Fassung einsetzen. ² Die in Satz 1 genannten Mittel können ebenfalls zur nachträglichen Kostenerstattung für Leistungen nach § 45b Absatz 1 Satz 6 in der bis zum 31. Dezember 2016 geltenden Fassung genutzt werden, die von den Anspruchsberechtigten in der Zeit vom 1. Januar 2015 bis zum 31. Dezember 2016 bezogen worden sind. ³ Die Kostenerstattung nach Satz 2 ist bis zum Ablauf des 31. Dezember 2018 zu beantragen. ⁴ Dem Antrag sind entsprechende Belege über entstandene Eigenbelastungen im Zusammenhang mit der Inanspruchnahme der bezogenen Leistungen beizufügen.

(4) Die im Jahr 2015 gemäß § 45c zur Verfügung gestellten Fördermittel, die nach § 45c Absatz 5 Satz 2 in der bis zum 31. Dezember 2016 geltenden Fassung auf das Folgejahr 2016 übertragen und bis zum Ende des Jahres 2016 in den Ländern nicht in Anspruch genommen worden sind, können im Jahr 2017 gemäß § 45c Absatz 5 Satz 3 bis 9 in der ab dem 1. Januar 2017 geltenden Fassung von den Ländern beantragt werden, die im Jahr 2015 mindestens 80 Prozent der auf sie gemäß § 45c Absatz 5 Satz 1 in der bis zum 31. Dezember 2016 geltenden Fassung nach dem Königsteiner Schlüssel entfallenden Mittel ausgeschöpft haben.

(5) ¹ In Fällen, in denen am 31. Dezember 2016 der Bezug von Leistungen der Pflegeversicherung mit Leistungen der Eingliederungshilfe für Menschen mit Behinderungen nach dem Zwölften Buch[1], dem Bundesversorgungsgesetz oder dem Achten Buch[2] bereits zusammentrifft, muss eine Vereinbarung nach § 13 Absatz 4 in der ab dem 1. Januar 2017 geltenden Fassung nur dann abge-

---
[1] Nr. 12.
[2] Nr. 8.

1775

schlossen werden, wenn einer der beteiligten Träger oder der Leistungsbezieher dies verlangt. ² Trifft der Bezug von Leistungen der Pflegeversicherung außerdem mit Leistungen der Hilfe zur Pflege nach dem Zwölften Buch oder dem Bundesversorgungsgesetz zusammen, gilt Satz 1 entsprechend.

§ 145 Besitzstandsschutz für pflegebedürftige Menschen mit Behinderungen in häuslicher Pflege. ¹ Für pflegebedürftige Menschen mit Behinderungen, die am 1. Januar 2017 Anspruch auf Leistungen der Pflegeversicherung bei häuslicher Pflege haben und in einer Wohnform leben, auf die § 43a in der am 1. Januar 2017 geltenden Fassung keine Anwendung findet, findet § 43a auch in der ab dem 1. Januar 2020 geltenden Fassung keine Anwendung. ² Wechseln diese pflegebedürftigen Menschen mit Behinderungen nach dem 1. Januar 2017 die Wohnform, findet Satz 1 keine Anwendung, solange sie in einer Wohnform leben, auf die § 43a in der am 1. Januar 2017 geltenden Fassung Anwendung gefunden hätte, wenn sie am 1. Januar 2017 in einer solchen Wohnform gelebt hätten.

Anlage 1
(zu § 15)

Einzelpunkte der Module 1 bis 6; Bildung der Summe der Einzelpunkte in jedem Modul

Modul 1: Einzelpunkte im Bereich der Mobilität
Das Modul umfasst fünf Kriterien, deren Ausprägungen in den folgenden Kategorien mit den nachstehenden Einzelpunkten gewertet werden:

Ziffer	Kriterien	selbständig	überwiegend selbständig	überwiegend unselbständig	unselbständig
1.1	Positionswechsel im Bett	0	1	2	3
1.2	Halten einer stabilen Sitzposition	0	1	2	3
1.3	Umsetzen	0	1	2	3
1.4	Fortbewegen innerhalb des Wohnbereichs	0	1	2	3
1.5	Treppensteigen	0	1	2	3

Modul 2: Einzelpunkte im Bereich der kognitiven und kommunikativen Fähigkeiten
Das Modul umfasst elf Kriterien, deren Ausprägungen in den folgenden Kategorien mit den nachstehenden Einzelpunkten gewertet werden:

Ziffer	Kriterien	Fähigkeit vorhanden/ unbeeinträchtigt	Fähigkeit größtenteils vorhanden	Fähigkeit in geringem Maße vorhanden	Fähigkeit nicht vorhanden
2.1	Erkennen von Personen aus dem näheren Umfeld	0	1	2	3
2.2	Örtliche Orientierung	0	1	2	3
2.3	Zeitliche Orientierung	0	1	2	3

Anlage 1 Anl. 1 SGB XI 11

Ziffer	Kriterien	Fähigkeit vorhanden/ unbeeinträchtigt	Fähigkeit größtenteils vorhanden	Fähigkeit in geringem Maße vorhanden	Fähigkeit nicht vorhanden
2.4	Erinnern an wesentliche Ereignisse oder Beobachtungen	0	1	2	3
2.5	Steuern von mehrschrittigen Alltagshandlungen	0	1	2	3
2.6	Treffen von Entscheidungen im Alltag	0	1	2	3
2.7	Verstehen von Sachverhalten und Informationen	0	1	2	3
2.8	Erkennen von Risiken und Gefahren	0	1	2	3
2.9	Mitteilen von elementaren Bedürfnissen	0	1	2	3
2.10	Verstehen von Aufforderungen	0	1	2	3
2.11	Beteiligen an einem Gespräch	0	1	2	3

Modul 3: Einzelpunkte im Bereich der Verhaltensweisen und psychische Problemlagen
Das Modul umfasst dreizehn Kriterien, deren Häufigkeit des Auftretens in den folgenden Kategorien mit den nachstehenden Einzelpunkten gewertet wird:

Ziffer	Kriterien	nie oder sehr selten	selten (ein- bis dreimal innerhalb von zwei Wochen)	häufig (zweimal bis mehrmals wöchentlich, aber nicht täglich)	täglich
3.1	Motorisch geprägte Verhaltensauffälligkeiten	0	1	3	5
3.2	Nächtliche Unruhe	0	1	3	5
3.3	Selbstschädigendes und autoaggressives Verhalten	0	1	3	5
3.4	Beschädigen von Gegenständen	0	1	3	5
3.5	Physisch aggressives Verhalten gegenüber anderen Personen	0	1	3	5
3.6	Verbale Aggression	0	1	3	5
3.7	Andere pflegerelevante vokale Auffälligkeiten	0	1	3	5
3.8	Abwehr pflegerischer und anderer unterstützender Maßnahmen	0	1	3	5
3.9	Wahnvorstellungen	0	1	3	5
3.10	Ängste	0	1	3	5
3.11	Antriebslosigkeit bei depressiver Stimmungslage	0	1	3	5
3.12	Sozial inadäquate Verhaltensweisen	0	1	3	5
3.13	Sonstige pflegerelevante inadäquate Handlungen	0	1	3	5

11 SGB XI Anl. 1

Modul 4: Einzelpunkte im Bereich der Selbstversorgung
Das Modul umfasst dreizehn Kriterien:

<u>Einzelpunkte für die Kriterien der Ziffern 4.1 bis 4.12</u>
Die Ausprägungen der Kriterien 4.1 bis 4.12 werden in den folgenden Kategorien mit den nachstehenden Punkten gewertet:

Ziffer	Kriterien	selbständig	überwiegend selbständig	überwiegend unselbständig	unselbständig
4.1	Waschen des vorderen Oberkörpers	0	1	2	3
4.2	Körperpflege im Bereich des Kopfes (Kämmen, Zahnpflege/ Prothesenreinigung, Rasieren)	0	1	2	3
4.3	Waschen des Intimbereichs	0	1	2	3
4.4	Duschen und Baden einschließlich Waschen der Haare	0	1	2	3
4.5	An- und Auskleiden des Oberkörpers	0	1	2	3
4.6	An- und Auskleiden des Unterkörpers	0	1	2	3
4.7	Mundgerechtes Zubereiten der Nahrung und Eingießen von Getränken	0	1	2	3
4.8	Essen	0	3	6	9
4.9	Trinken	0	2	4	6
4.10	Benutzen einer Toilette oder eines Toilettenstuhls	0	2	4	6
4.11	Bewältigen der Folgen einer Harninkontinenz und Umgang mit Dauerkatheter und Urostoma	0	1	2	3
4.12	Bewältigen der Folgen einer Stuhlinkontinenz und Umgang mit Stoma	0	1	2	3

Die Ausprägungen des Kriteriums der Ziffer 4.8 sowie die Ausprägung der Kriterien der Ziffern 4.9 und 4.10 werden wegen ihrer besonderen Bedeutung für die pflegerische Versorgung stärker gewichtet.
Die Einzelpunkte für die Kriterien der Ziffern 4.11 und 4.12 gehen in die Berechnung nur ein, wenn bei der Begutachtung beim Versicherten darüber hinaus die Feststellung „überwiegend inkontinent" oder „vollständig inkontinent" getroffen wird oder eine künstliche Ableitung von Stuhl oder Harn erfolgt.

<u>Einzelpunkte für das Kriterium der Ziffer 4.13</u>
Die Ausprägungen des Kriteriums der Ziffer 4.13 werden in den folgenden Kategorien mit den nachstehenden Einzelpunkten gewertet:

Ziffer	Kriterium	entfällt	teilweise	vollständig
4.13	Ernährung parental oder über Sonde	0	6	3

Das Kriterium ist mit „entfällt" (0 Punkte) zu bewerten, wenn eine regelmäßige und tägliche parenterale Ernährung oder Sondenernährung auf Dauer, voraussichtlich für mindestens sechs Monate, nicht erforderlich ist. Kann die parenterale Ernährung oder Sondenernährung ohne Hilfe durch andere selbständig durchgeführt werden, werden ebenfalls keine Punkte vergeben.

Anlage 1 **Anl. 1 SGB XI 11**

Das Kriterium ist mit „teilweise" (6 Punkte) zu bewerten, wenn eine parenterale Ernährung oder Sondenernährung zur Vermeidung von Mangelernährung mit Hilfe täglich und zusätzlich zur oralen Aufnahme von Nahrung oder Flüssigkeit erfolgt.
Das Kriterium ist mit „vollständig" (3 Punkte) zu bewerten, wenn die Aufnahme von Nahrung oder Flüssigkeit ausschließlich oder nahezu ausschließlich parenteral oder über eine Sonde erfolgt.
Bei einer vollständigen parenteralen Ernährung oder Sondenernährung werden weniger Punkte vergeben als bei einer teilweisen parenteralen Ernährung oder Sondenernährung, da der oft hohe Aufwand zur Unterstützung bei der oralen Nahrungsaufnahme im Fall ausschließlich parenteraler oder Sondenernährung weitgehend entfällt.

<u>Einzelpunkte für das Kriterium der Ziffer 4.K</u>
Bei Kindern im Alter bis 18 Monate werden die Kriterien der Ziffern 4.1 bis 4.13 durch das Kriterium 4.K ersetzt und wie folgt gewertet:

Ziffer	Kriterium	Einzelpunkte
4.K	Bestehen gravierender Probleme bei der Nahrungsaufnahme bei Kindern bis zu 18 Monaten, die einen außergewöhnlich pflegeintensiven Hilfebedarf auslösen	20

Modul 5: Einzelpunkte im Bereich der Bewältigung von und des selbständigen Umgangs mit krankheits- oder therapiebedingten Anforderungen und Belastungen
Das Modul umfasst sechzehn Kriterien.

<u>Einzelpunkte für die Kriterien der Ziffern 5.1 bis 5.7</u>
Die durchschnittliche Häufigkeit der Maßnahmen pro Tag bei den Kriterien der Ziffern 5.1 bis 5.7 wird in den folgenden Kategorien mit den nachstehenden Einzelpunkten gewertet:

Ziffer	Kriterien in Bezug auf	entfällt oder selbständig	Anzahl der Maßnahmen		
			pro Tag	pro Woche	pro Monat
5.1	Medikation	0			
5.2	Injektionen (subcutan oder intramuskulär)	0			
5.3	Versorgung intravenöser Zugänge (Port)	0			
5.4	Absaugen und Sauerstoffgabe	0			
5.5	Einreibungen oder Kälte- und Wärmeanwendungen	0			
5.6	Messung und Deutung von Körperzuständen	0			
5.7	Körpernahe Hilfsmittel	0			
Summe der Maßnahmen aus 5.1 bis 5.7		0			
Umrechnung in Maßnahmen pro Tag		0			

Einzelpunkte für die Kriterien der Ziffern 5.1 bis 5.7				
Maßnahme pro Tag	keine oder seltener als einmal täglich	mindestens einmal bis maximal dreimal täglich	mehr als dreimal bis maximal achtmal täglich	mehr als achtmal täglich
Einzelpunkte	0	1	2	3

Für jedes der Kriterien 5.1 bis 5.7 wird zunächst die Anzahl der durchschnittlich durchgeführten Maßnahmen, die täglich und auf Dauer, voraussichtlich für mindestens sechs Monate, vorkommen, in der Spalte pro Tag, die Maßnahmen, die wöchentlich und auf Dauer, voraussichtlich für mindestens sechs Monate, vorkommen, in der Spalte pro Woche und die Maßnahmen, die monatlich und auf Dauer, voraussichtlich für mindestens sechs Monate, vorkommen, in der Spalte pro Monat erfasst.

11 SGB XI Anl. 1 11. Buch. Soziale Pflegeversicherung

Berücksichtigt werden nur Maßnahmen, die vom Versicherten nicht selbständig durchgeführt werden können.
Die Zahl der durchschnittlich durchgeführten täglichen, wöchentlichen und monatlichen Maßnahmen wird für die Kriterien 5.1 bis 5.7 summiert (erfolgt zum Beispiel täglich dreimal eine Medikamentengabe – Kriterium 5.1 – und einmal Blutzuckermessen – Kriterium 5.6 –, entspricht dies vier Maßnahmen pro Tag). Diese Häufigkeit wird umgerechnet in einen Durchschnittswert pro Tag. Für die Umrechnung der Maßnahmen pro Monat in Maßnahmen pro Tag wird die Summe der Maßnahmen pro Monat durch 30 geteilt. Für die Umrechnung der Maßnahmen pro Woche in Maßnahmen pro Tag wird die Summe der Maßnahmen pro Woche durch 7 geteilt.

Einzelpunkte für die Kriterien der Ziffern 5.8 bis 5.11
Die durchschnittliche Häufigkeit der Maßnahmen pro Tag bei den Kriterien der Ziffern 5.8 bis 5.11 wird in den folgenden Kategorien mit den nachstehenden Einzelpunkten gewertet:

Ziffer	Kriterien in Bezug auf	entfällt oder selbständig	Anzahl der Maßnahmen		
			pro Tag	pro Woche	pro Monat
5.8	Verbandswechsel und Wundversorgung	0			
5.9	Versorgung mit Stoma	0			
5.10	Regelmäßige Einmalkatheterisierung und Nutzung von Abführmethoden	0			
5.11	Therapiemaßnahmen in häuslicher Umgebung	0			
Summe der Maßnahmen aus 5.8 bis 5.11		0			
Umrechnung in Maßnahmen pro Tag		0			

Einzelpunkte für die Kriterien der Ziffern 5.8 bis 5.11				
Maßnahme pro Tag	keine oder seltener als einmal wöchentlich	ein- bis mehrmals wöchentlich	ein- bis unter dreimal täglich	mindestens dreimal täglich
Einzelpunkte	0	1	2	3

Für jedes der Kriterien 5.8 bis 5.11 wird zunächst die Anzahl der durchschnittlich durchgeführten Maßnahmen, die täglich und auf Dauer, voraussichtlich für mindestens sechs Monate, vorkommen, in der Spalte pro Tag, die Maßnahmen, die wöchentlich und auf Dauer, voraussichtlich für mindestens sechs Monate, vorkommen, in der Spalte pro Woche und die Maßnahmen, die monatlich und auf Dauer, voraussichtlich für mindestens sechs Monate, vorkommen, in der Spalte pro Monat erfasst.
Berücksichtigt werden nur Maßnahmen, die vom Versicherten nicht selbständig durchgeführt werden können.
Die Zahl der durchschnittlich durchgeführten täglichen, wöchentlichen und monatlichen Maßnahmen wird für die Kriterien 5.8 bis 5.11 summiert. Diese Häufigkeit wird umgerechnet in einen Durchschnittswert pro Tag.
Für die Umrechnung der Maßnahmen pro Monat in Maßnahmen pro Tag wird die Summe der Maßnahmen pro Monat durch 30 geteilt. Für die Umrechnung der Maßnahmen pro Woche in Maßnahmen pro Tag wird die Summe der Maßnahmen pro Woche durch 7 geteilt.

Anlage 1 **Anl. 1 SGB XI 11**

Einzelpunkte für die Kriterien der Ziffern 5.12 bis 5.K

Die durchschnittliche wöchentliche oder monatliche Häufigkeit von zeit- und technikintensiven Maßnahmen in häuslicher Umgebung, die auf Dauer, voraussichtlich für mindestens sechs Monate, vorkommen, wird in den folgenden Kategorien mit den nachstehenden Einzelpunkten gewertet:

Ziffer	Kriterium in Bezug auf	entfällt oder selbständig	täglich	wöchentliche Häufigkeit multipliziert mit	monatliche Häufigkeit multipliziert mit
5.12	Zeit- und technikintensive Maßnahmen in häuslicher Umgebung	0	60	8,6	2

Für das Kriterium der Ziffer 5.12 wird zunächst die Anzahl der regelmäßig und mit durchschnittlicher Häufigkeit durchgeführten Maßnahmen, die wöchentlich vorkommen, und die Anzahl der regelmäßig und mit durchschnittlicher Häufigkeit durchgeführten Maßnahmen, die monatlich vorkommen, erfasst. Kommen Maßnahmen regelmäßig täglich vor, werden 60 Punkte vergeben.
Jede regelmäßige wöchentliche Maßnahme wird mit 8,6 Punkten gewertet. Jede regelmäßige monatliche Maßnahme wird mit zwei Punkten gewertet.
Die durchschnittliche wöchentliche oder monatliche Häufigkeit der Kriterien der Ziffern 5.13 bis 5.K wird wie folgt erhoben und mit den nachstehenden Punkten gewertet:

Ziffer	Kriterien	entfällt oder selbständig	wöchentliche Häufigkeit multipliziert mit	monatliche Häufigkeit multipliziert mit
5.13	Arztbesuche	0	4,3	1
5.14	Besuch anderer medizinischer oder therapeutischer Einrichtungen (bis zu drei Stunden)	0	4,3	1
5.15	Zeitlich ausgedehnte Besuche anderer medizinischer oder therapeutischer Einrichtungen (länger als drei Stunden)	0	8,6	2
5.K	Besuche von Einrichtungen zur Frühförderung bei Kindern	0	4,3	1

Für jedes der Kriterien der Ziffern 5.13 bis 5.K wird zunächst die Anzahl der regelmäßig und mit durchschnittlicher Häufigkeit durchgeführten Besuche, die wöchentlich und auf Dauer, voraussichtlich für mindestens sechs Monate, vorkommen, und die Anzahl der regelmäßig und mit durchschnittlicher Häufigkeit durchgeführten Besuche, die monatlich und auf Dauer, voraussichtlich für mindestens sechs Monate, vorkommen, erfasst. Jeder regelmäßige monatliche Besuch wird mit einem Punkt gewertet. Jeder regelmäßige wöchentliche Besuch wird mit 4,3 Punkten gewertet. Handelt es sich um zeitlich ausgedehnte Arztbesuche oder Besuche von anderen medizinischen oder therapeutischen Einrichtungen, werden sie doppelt gewertet.
Die Punkte der Kriterien 5.12 bis 5.15 – bei Kindern bis 5.K – werden addiert. Die Kriterien der Ziffern 5.12 bis 5.15 – bei Kindern bis 5.K – werden anhand der Summe der so erreichten Punkte mit den nachstehenden Einzelpunkten gewertet:

Summe			Einzelpunkte
0	bis unter	4,3	0
4,3	bis unter	8,6	1
8,6	bis unter	12,9	2
12,9	bis unter	60	3
60 und	mehr		6

11 SGB XI Anl. 2 — 11. Buch. Soziale Pflegeversicherung

Einzelpunkte für das Kriterium der Ziffer 5.16
Die Ausprägungen des Kriteriums der Ziffer 5.16 werden in den folgenden Kategorien mit den nachstehenden Einzelpunkten gewertet:

Ziffer	Kriterien	entfällt oder selbständig	überwiegend selbständig	überwiegend unselbständig	unselbständig
5.16	Einhaltung einer Diät und anderer krankheits- oder therapiebedingter Verhaltensvorschriften	0	1	2	3

Modul 6: Einzelpunkte im Bereich der Gestaltung des Alltagslebens und sozialer Kontakte
Das Modul umfasst sechs Kriterien, deren Ausprägungen in den folgenden Kategorien mit den nachstehenden Punkten gewertet werden:

Ziffer	Kriterien	selbständig	überwiegend selbständig	überwiegend unselbständig	unselbständig
6.1	Gestaltung des Tagesablaufs und Anpassung an Veränderungen	0	1	2	3
6.2	Ruhen und Schlafen	0	1	2	3
6.3	Sichbeschäftigen	0	1	2	3
6.4	Vornehmen von in die Zukunft gerichteten Planungen	0	1	2	3
6.5	Interaktion mit Personen im direkten Kontakt	0	1	2	3
6.6	Kontaktpflege zu Personen außerhalb des direkten Umfelds	0	1	2	3

Anlage 2
(zu § 15)

Bewertungssystematik (Summe der Punkte und gewichtete Punkte)

Schweregrad der Beeinträchtigungen der Selbständigkeit oder der Fähigkeiten im Modul

	Module	Gewichtung	0 Keine	1 Geringe	2 Erhebliche	3 Schwere	4 Schwerste	
1	Mobilität	10 %	0–1	2–3	4–5	6–9	10–15	Summe der Einzelpunkte im Modul 1
			0	2,5	5	7,5	10	**Gewichtete Punkte im Modul 1**
2	Kognitive und kommunikative Fähigkeiten	15 %	0–1	2–5	6–10	11–16	17–33	Summe der Einzelpunkte im Modul 2

Module	Gewichtung	0 Keine	1 Geringe	2 Erhebliche	3 Schwere	4 Schwerste	
3 Verhaltensweisen und psychische Problemlagen		0	1–2	3–4	5–6	7–65	Summe der Einzelpunkte im Modul 3
Höchster Wert aus Modul 2 oder Modul 3		0	3,75	7,5	11,25	15	**Gewichtete Punkte für die Module 2 und 3**
4 Selbstversorgung	40 %	0–2	3–7	8–18	19–36	37–54	Summe der Einzelpunkte im Modul 4
		0	10	20	30	40	**Gewichtete Punkte im Modul 4**
5 Bewältigung von und selbständiger Umgang mit krankheits- oder therapiebedingten Anforderungen und Belastungen	20 %	0	1	2–3	4–5	6–15	Summe der Einzelpunkte im Modul 5
		0	5	10	15	20	**Gewichtete Punkte im Modul 5**
6 Gestaltung des Alltagslebens und sozialer Kontakte	15 %	0	1–3	4–6	7–11	12–18	Summe der Einzelpunkte im Modul 6
		0	3,75	7,5	11,25	15	**Gewichtete Punkte im Modul 6**
7 Außerhäusliche Aktivitäten		Die Berechnung einer Modulbewertung ist entbehrlich, da die Darstellung der qualitativen Ausprägungen bei den einzelnen Kriterien ausreichend ist, um Anhaltspunkte für eine Versorgungs- und Pflegeplanung ableiten zu können.					
8 Haushaltsführung							

12. Sozialgesetzbuch (SGB) Zwölftes Buch (XII) – Sozialhilfe –[1)2)]

Vom 27. Dezember 2003
(BGBl. I S. 3022)
FNA 860-12
zuletzt geänd. durch § 2 Regelbedarfsstufen-FortschreibungsVO 2018 v. 8.11.2017 (BGBl. I S. 3767)

Inhaltsverzeichnis

§§

Erstes Kapitel. Allgemeine Vorschriften

Aufgabe der Sozialhilfe	1
Nachrang der Sozialhilfe	2
Träger der Sozialhilfe	3
Zusammenarbeit	4
Verhältnis zur freien Wohlfahrtspflege	5
Fachkräfte	6
Aufgabe der Länder	7

Zweites Kapitel. Leistungen der Sozialhilfe

Erster Abschnitt. Grundsätze der Leistungen

Leistungen	8
Sozialhilfe nach der Besonderheit des Einzelfalles	9
Leistungsformen	10
Beratung und Unterstützung, Aktivierung	11
Leistungsabsprache	12
Leistungen für Einrichtungen, Vorrang anderer Leistungen	13
Vorrang von Prävention und Rehabilitation	14
Vorbeugende und nachgehende Leistungen	15
Familiengerechte Leistungen	16

Zweiter Abschnitt. Anspruch auf Leistungen

Anspruch	17
Einsetzen der Sozialhilfe	18
Leistungsberechtigte	19
Eheähnliche Gemeinschaft	20
Sonderregelung für Leistungsberechtigte nach dem Zweiten Buch	21
Sonderregelungen für Auszubildende	22
Sozialhilfe für Ausländerinnen und Ausländer	23
Sozialhilfe für Deutsche im Ausland	24
Erstattung von Aufwendungen Anderer	25
Einschränkung, Aufrechnung	26

[1)] Verkündet als Art. 1 G zur Einordnung des Sozialhilferechts in das SGB v. 27.12.2003 (BGBl. I S. 3022, geänd. durch G v. 9.12.2004, BGBl. I S. 3220, und durch G v. 9.12.2004, BGBl. I S. 3305); Inkrafttreten gem. Art. 70 Abs. 1 dieses G am 1.1.2005, mit Ausnahme der in Abs. 2 dieses Artikels genannten Abweichungen. § 100 ist gem. Art. 27 Nr. 2 G v. 21.3.2005 (BGBl. I S. 818) am 1.1 2004 in Kraft getreten.
[2)] Die Änderungen durch G v. 22.12.2016 (BGBl. I S. 3159) und die Änderungen durch G v. 23.12.2016 (BGBl. I S. 3234), die erst **mWv 1.1.2020**, sowie die Änderungen durch G v. 17.8.2017 (BGBl. I S. 3214), die erst **mWv 1.1.2019** in Kraft treten, sind im Text noch nicht berücksichtigt.

Inhaltsübersicht

§§

Drittes Kapitel. Hilfe zum Lebensunterhalt

Erster Abschnitt. Leistungsberechtigte, notwendiger Lebensunterhalt, Regelbedarfe und Regelsätze

Leistungsberechtigte	27
Notwendiger Lebensunterhalt, Regelbedarfe und Regelsätze	27a
Notwendiger Lebensunterhalt in Einrichtungen	27b
Ermittlung der Regelbedarfe	28
Fortschreibung der Regelbedarfsstufen	28a
Festsetzung und Fortschreibung der Regelsätze	29

Zweiter Abschnitt. Zusätzliche Bedarfe

Mehrbedarf	30
Einmalige Bedarfe	31
Bedarfe für eine Kranken- und Pflegeversicherung	32
Zeitliche Zuordnung und Zahlung von Beiträgen für eine Kranken- und Pflegeversicherung	32a
Bedarfe für die Vorsorge	33

Dritter Abschnitt. Bildung und Teilhabe

Bedarfe für Bildung und Teilhabe	34
Erbringung der Leistungen für Bildung und Teilhabe	34a
Berechtigte Selbsthilfe	34b

Vierter Abschnitt. Bedarfe für Unterkunft und Heizung

Bedarfe für Unterkunft und Heizung	35
Satzung	35a
Sonstige Hilfen zur Sicherung der Unterkunft	36

Fünfter Abschnitt. Gewährung von Darlehen

Ergänzende Darlehen	37
Darlehen bei am Monatsende fälligen Einkünften	37a
Darlehen bei vorübergehender Notlage	38

Sechster Abschnitt. Einschränkung von Leistungsberechtigung und -umfang

Vermutung der Bedarfsdeckung	39
Einschränkung der Leistung	39a

Siebter Abschnitt. Verordnungsermächtigung

Verordnungsermächtigung	40

Viertes Kapitel. Grundsicherung im Alter und bei Erwerbsminderung

Erster Abschnitt. Grundsätze

Leistungsberechtigte	41
Vorübergehender Auslandsaufenthalt	41a
Bedarfe	42
Bedarfe für Unterkunft und Heizung	42a
Einsatz von Einkommen und Vermögen, Berücksichtigung von Unterhaltsansprüchen	43

Zweiter Abschnitt. Verfahrensbestimmungen

Gesamtbedarf, Zahlungsanspruch und Direktzahlung	43a
Antragserfordernis, Erbringung von Geldleistungen, Bewilligungszeitraum	44
Vorläufige Entscheidung	44a
Aufrechnung, Verrechnung	44b
Erstattungsansprüche zwischen Trägern	44c
Feststellung der dauerhaften vollen Erwerbsminderung	45
Zusammenarbeit mit den Trägern der Rentenversicherung	46

Dritter Abschnitt. Erstattung und Zuständigkeit

Erstattung durch den Bund	46a
Zuständigkeit	46b

12 SGB XII

12. Buch. Sozialhilfe

§§

Fünftes Kapitel. Hilfen zur Gesundheit

Vorbeugende Gesundheitshilfe	47
Hilfe bei Krankheit	48
Hilfe zur Familienplanung	49
Hilfe bei Schwangerschaft und Mutterschaft	50
Hilfe bei Sterilisation	51
Leistungserbringung, Vergütung	52

Sechstes Kapitel. Eingliederungshilfe für behinderte Menschen

Leistungsberechtigte und Aufgabe	53
Leistungen der Eingliederungshilfe	54
Sonderregelung für behinderte Menschen in Einrichtungen	55
(weggefallen)	56
Persönliches Budget	57
(weggefallen)	58
Aufgaben des Gesundheitsamtes	59
Verordnungsermächtigung	60
Sonderregelungen zum Einsatz von Vermögen	60a

Siebtes Kapitel. Hilfe zur Pflege

Leistungsberechtigte	61
Begriff der Pflegebedürftigkeit	61a
Pflegegrade	61b
Pflegegrade bei Kindern	61c
Ermittlung des Grades der Pflegebedürftigkeit	62
Bindungswirkung	62a
Leistungen für Pflegebedürftige	63
Notwendiger pflegerischer Bedarf	63a
Leistungskonkurrenz	63b
Vorrang	64
Pflegegeld	64a
Häusliche Pflegehilfe	64b
Verhinderungspflege	64c
Pflegehilfsmittel	64d
Maßnahmen zur Verbesserung des Wohnumfeldes	64e
Andere Leistungen	64f
Teilstationäre Pflege	64g
Kurzzeitpflege	64h
Entlastungsbetrag bei den Pflegegraden 2, 3, 4 oder 5	64i
Stationäre Pflege	65
Entlastungsbetrag bei Pflegegrad 1	66
Sonderregelungen zum Einsatz von Vermögen	66a

Achtes Kapitel. Hilfe zur Überwindung besonderer sozialer Schwierigkeiten

Leistungsberechtigte	67
Umfang der Leistungen	68
Verordnungsermächtigung	69

Neuntes Kapitel. Hilfe in anderen Lebenslagen

Hilfe zur Weiterführung des Haushalts	70
Altenhilfe	71
Blindenhilfe	72
Hilfe in sonstigen Lebenslagen	73
Bestattungskosten	74

Zehntes Kapitel. Einrichtungen

Einrichtungen und Dienste	75
Inhalt der Vereinbarungen	76
Abschluss von Vereinbarungen	77
Außerordentliche Kündigung der Vereinbarungen	78

Inhaltsübersicht

SGB XII 12

	§§
Rahmenverträge	79
Schiedsstelle	80
Verordnungsermächtigungen	81

Elftes Kapitel. Einsatz des Einkommens und des Vermögens

Erster Abschnitt. Einkommen

Begriff des Einkommens	82
Nach Zweck und Inhalt bestimmte Leistungen	83
Zuwendungen	84

Zweiter Abschnitt. Einkommensgrenzen für die Leistungen nach dem Fünften bis Neunten Kapitel

Einkommensgrenze	85
Abweichender Grundbetrag	86
Einsatz des Einkommens über der Einkommensgrenze	87
Einsatz des Einkommens unter der Einkommensgrenze	88
Einsatz des Einkommens bei mehrfachem Bedarf	89

Dritter Abschnitt. Vermögen

Einzusetzendes Vermögen	90
Darlehen	91

Vierter Abschnitt. Einschränkung der Anrechnung

Anrechnung bei behinderten Menschen	92
Einkommenseinsatz bei Leistungen für Einrichtungen	92a

Fünfter Abschnitt. Verpflichtungen anderer

Übergang von Ansprüchen	93
Übergang von Ansprüchen gegen einen nach bürgerlichem Recht Unterhaltspflichtigen	94
Feststellung der Sozialleistungen	95

Sechster Abschnitt. Verordnungsermächtigungen

Verordnungsermächtigungen	96

Zwölftes Kapitel. Zuständigkeit der Träger der Sozialhilfe

Erster Abschnitt. Sachliche und örtliche Zuständigkeit

Sachliche Zuständigkeit	97
Örtliche Zuständigkeit	98
Vorbehalt abweichender Durchführung	99

Zweiter Abschnitt. Sonderbestimmungen

(aufgehoben)	100
Behördenbestimmung und Stadtstaaten-Klausel	101

Dreizehntes Kapitel. Kosten

Erster Abschnitt. Kostenersatz

Kostenersatz durch Erben	102
Kostenersatz bei schuldhaftem Verhalten	103
Kostenersatz für zu Unrecht erbrachte Leistungen	104
Kostenersatz bei Doppelleistungen	105

Zweiter Abschnitt. Kostenerstattung zwischen den Trägern der Sozialhilfe

Kostenerstattung bei Aufenthalt in einer Einrichtung	106
Kostenerstattung bei Unterbringung in einer anderen Familie	107
Kostenerstattung bei Einreise aus dem Ausland	108
Ausschluss des gewöhnlichen Aufenthalts	109
Umfang der Kostenerstattung	110
Verjährung	111
Kostenerstattung auf Landesebene	112

§§

Dritter Abschnitt. Sonstige Regelungen

Vorrang der Erstattungsansprüche	113
Ersatzansprüche der Träger der Sozialhilfe nach sonstigen Vorschriften	114
Übergangsregelung für die Kostenerstattung bei Einreise aus dem Ausland	115

Vierzehntes Kapitel. Verfahrensbestimmungen

Beteiligung sozial erfahrener Dritter	116
Rücknahme von Verwaltungsakten	116a
Pflicht zur Auskunft	117
Überprüfung, Verwaltungshilfe	118
Wissenschaftliche Forschung im Auftrag des Bundes	119
Verordnungsermächtigung	120

Fünfzehntes Kapitel. Statistik

Erster Abschnitt. Bundesstatistik für das Dritte und Fünfte bis Neunte Kapitel

Bundesstatistik für das Dritte und Fünfte bis Neunte Kapitel	121
Erhebungsmerkmale	122
Hilfsmerkmale	123
Periodizität, Berichtszeitraum und Berichtszeitpunkte	124
Auskunftspflicht	125
Übermittlung, Veröffentlichung	126
Übermittlung an Kommunen	127
Zusatzerhebungen	128

Zweiter Abschnitt. Bundesstatistik für das Vierte Kapitel

Bundesstatistik für das Vierte Kapitel	128a
Persönliche Merkmale	128b
Art und Höhe der Bedarfe	128c
Art und Höhe der angerechneten Einkommen	128d
Hilfsmerkmale	128e
Periodizität, Berichtszeitraum und Berichtszeitpunkte	128f
Auskunftspflicht	128g
Datenübermittlung, Veröffentlichung	128h

Dritter Abschnitt. Verordnungsermächtigung

Verordnungsermächtigung	129

Sechzehntes Kapitel. Übergangs- und Schlussbestimmungen

Übergangsregelung für ambulant Betreute	130
Übergangsregelung für die Statistik über Einnahmen und Ausgaben nach dem Vierten Kapitel	131
Übergangsregelung zur Sozialhilfegewährung für Deutsche im Ausland	132
Übergangsregelung für besondere Hilfen an Deutsche nach Artikel 116 Abs. 1 des Grundgesetzes	133
Übergangsregelung für Hilfeempfänger in Einrichtungen	133a
Übergangsregelung zu Bedarfen für Unterkunft und Heizung	133b
Übergangsregelung für die Fortschreibung der Regelbedarfsstufe 6	134
Übergangsregelung aus Anlass des Zweiten Rechtsbereinigungsgesetzes	135
Erstattung des Barbetrags durch den Bund in den Jahren 2017 bis 2019	136
Überleitung in Pflegegrade zum 1. Januar 2017	137
Übergangsregelung für Pflegebedürftige aus Anlass des Dritten Pflegestärkungsgesetzes	138
Übergangsregelung zur Erbringung von Leistungen nach dem Sechsten Kapitel für die Zeit vom 1. Januar 2018 bis zum 31. Dezember 2019	139

Siebzehntes Kapitel. Regelungen zur Teilhabe am Arbeitsleben für die Zeit vom 1. Januar 2018 bis zum 31. Dezember 2019

Teilhabe am Arbeitsleben	140

Achtzehntes Kapitel. Regelungen für die Gesamtplanung für die Zeit vom 1. Januar 2018 bis zum 31. Dezember 2019

Gesamtplanverfahren	141

	§§
Instrumente der Bedarfsermittlung	142
Gesamtplankonferenz	143
Feststellung der Leistungen	143a
Gesamtplan	144
Teilhabezielvereinbarung	145

Anlage. Regelbedarfsstufen nach § 28 in Euro

Erstes Kapitel. Allgemeine Vorschriften

§ 1 Aufgabe der Sozialhilfe. ¹ Aufgabe der Sozialhilfe ist es, den Leistungsberechtigten die Führung eines Lebens zu ermöglichen, das der Würde des Menschen entspricht. ² Die Leistung soll sie so weit wie möglich befähigen, unabhängig von ihr zu leben; darauf haben auch die Leistungsberechtigten nach ihren Kräften hinzuarbeiten. ³ Zur Erreichung dieser Ziele haben die Leistungsberechtigten und die Träger der Sozialhilfe im Rahmen ihrer Rechte und Pflichten zusammenzuwirken.

§ 2 Nachrang der Sozialhilfe. (1) Sozialhilfe erhält nicht, wer sich vor allem durch Einsatz seiner Arbeitskraft, seines Einkommens und seines Vermögens selbst helfen kann oder wer die erforderliche Leistung von anderen, insbesondere von Angehörigen oder von Trägern anderer Sozialleistungen, erhält.

(2) ¹ Verpflichtungen anderer, insbesondere Unterhaltspflichtiger oder der Träger anderer Sozialleistungen, bleiben unberührt. ² Auf Rechtsvorschriften beruhende Leistungen anderer dürfen nicht deshalb versagt werden, weil nach dem Recht der Sozialhilfe entsprechende Leistungen vorgesehen sind.

§ 3 Träger der Sozialhilfe. (1) Die Sozialhilfe wird von örtlichen und überörtlichen Trägern geleistet.

(2) ¹ Örtliche Träger der Sozialhilfe sind die kreisfreien Städte und die Kreise, soweit nicht nach Landesrecht etwas anderes bestimmt wird. ² Bei der Bestimmung durch Landesrecht ist zu gewährleisten, dass die zukünftigen örtlichen Träger mit der Übertragung dieser Aufgaben einverstanden sind, nach ihrer Leistungsfähigkeit zur Erfüllung der Aufgaben nach diesem Buch geeignet sind und dass die Erfüllung dieser Aufgaben in dem gesamten Kreisgebiet sichergestellt ist.

(3) Die Länder bestimmen die überörtlichen Träger der Sozialhilfe.

§ 4 Zusammenarbeit. (1) ¹ Die Träger der Sozialhilfe arbeiten mit anderen Stellen, deren gesetzliche Aufgaben dem gleichen Ziel dienen oder die an Leistungen beteiligt sind oder beteiligt werden sollen, zusammen, insbesondere mit den Trägern von Leistungen nach dem Zweiten[1], dem Achten[2], dem Neunten und dem Elften Buch[3], sowie mit anderen Trägern von Sozialleistungen, mit den gemeinsamen Servicestellen der Rehabilitationsträger und mit Verbänden. ² Darüber hinaus sollen die Träger der Sozialhilfe gemeinsam mit

---
[1] Nr. 2.
[2] Nr. 8.
[3] Nr. 11.

den Beteiligten der Pflegestützpunkte nach § 7c des Elften Buches alle für die wohnortnahe Versorgung und Betreuung in Betracht kommenden Hilfe- und Unterstützungsangebote koordinieren. ³ Die Rahmenverträge nach § 7a Absatz 7 des Elften Buches sind zu berücksichtigen und die Empfehlungen nach § 8a des Elften Buches sollen berücksichtigt werden.

(2) Ist die Beratung und Sicherung der gleichmäßigen, gemeinsamen oder ergänzenden Erbringung von Leistungen geboten, sollen zu diesem Zweck Arbeitsgemeinschaften gebildet werden.

(3) Soweit eine Erhebung, Verarbeitung und Nutzung personenbezogener Daten erfolgt, ist das Nähere in einer Vereinbarung zu regeln.

§ 5 Verhältnis zur freien Wohlfahrtspflege. (1) Die Stellung der Kirchen und Religionsgesellschaften des öffentlichen Rechts sowie der Verbände der freien Wohlfahrtspflege als Träger eigener sozialer Aufgaben und ihre Tätigkeit zur Erfüllung dieser Aufgaben werden durch dieses Buch nicht berührt.

(2) ¹ Die Träger der Sozialhilfe sollen bei der Durchführung dieses Buches mit den Kirchen und Religionsgesellschaften des öffentlichen Rechts sowie den Verbänden der freien Wohlfahrtspflege zusammenarbeiten. ² Sie achten dabei deren Selbständigkeit in Zielsetzung und Durchführung ihrer Aufgaben.

(3) ¹ Die Zusammenarbeit soll darauf gerichtet sein, dass sich die Sozialhilfe und die Tätigkeit der freien Wohlfahrtspflege zum Wohle der Leistungsberechtigten wirksam ergänzen. ² Die Träger der Sozialhilfe sollen die Verbände der freien Wohlfahrtspflege in ihrer Tätigkeit auf dem Gebiet der Sozialhilfe angemessen unterstützen.

(4) ¹ Wird die Leistung im Einzelfall durch die freie Wohlfahrtspflege erbracht, sollen die Träger der Sozialhilfe von der Durchführung eigener Maßnahmen absehen. ² Dies gilt nicht für die Erbringung von Geldleistungen.

(5) ¹ Die Träger der Sozialhilfe können allgemein an der Durchführung ihrer Aufgaben nach diesem Buch die Verbände der freien Wohlfahrtspflege beteiligen oder ihnen die Durchführung solcher Aufgaben übertragen, wenn die Verbände mit der Beteiligung oder Übertragung einverstanden sind. ² Die Träger der Sozialhilfe bleiben den Leistungsberechtigten gegenüber verantwortlich.

(6) § 4 Abs. 3 findet entsprechende Anwendung.

§ 6 Fachkräfte. (1) Bei der Durchführung der Aufgaben dieses Buches werden Personen beschäftigt, die sich hierfür nach ihrer Persönlichkeit eignen und in der Regel entweder eine ihren Aufgaben entsprechende Ausbildung erhalten haben oder über vergleichbare Erfahrungen verfügen.

(2) ¹ Die Träger der Sozialhilfe gewährleisten für die Erfüllung ihrer Aufgaben eine angemessene fachliche Fortbildung ihrer Fachkräfte. ² Diese umfasst auch die Durchführung von Dienstleistungen, insbesondere von Beratung und Unterstützung.

§ 7 Aufgabe der Länder. ¹ Die obersten Landessozialbehörden unterstützen die Träger der Sozialhilfe bei der Durchführung ihrer Aufgaben nach diesem Buch. ² Dabei sollen sie insbesondere den Erfahrungsaustausch zwischen den Trägern der Sozialhilfe sowie die Entwicklung und Durchführung von Instrumenten der Dienstleistungen, der zielgerichteten Erbringung und Überprüfung von Leistungen und der Qualitätssicherung fördern.

Zweites Kapitel. Leistungen der Sozialhilfe

Erster Abschnitt. Grundsätze der Leistungen

§ 8 Leistungen. Die Sozialhilfe umfasst:
1. Hilfe zum Lebensunterhalt (§§ 27 bis 40),
2. Grundsicherung im Alter und bei Erwerbsminderung (§§ 41 bis 46b),
3. Hilfen zur Gesundheit (§§ 47 bis 52),
4. Eingliederungshilfe für behinderte Menschen (§§ 53 bis 60a),
5. Hilfe zur Pflege (§§ 61 bis 66a),
6. Hilfe zur Überwindung besonderer sozialer Schwierigkeiten (§§ 67 bis 69),
7. Hilfe in anderen Lebenslagen (§§ 70 bis 74)
sowie die jeweils gebotene Beratung und Unterstützung.

§ 9 Sozialhilfe nach der Besonderheit des Einzelfalles. (1) Die Leistungen richten sich nach der Besonderheit des Einzelfalles, insbesondere nach der Art des Bedarfs, den örtlichen Verhältnissen, den eigenen Kräften und Mitteln der Person oder des Haushalts bei der Hilfe zum Lebensunterhalt.

(2) [1] Wünschen der Leistungsberechtigten, die sich auf die Gestaltung der Leistung richten, soll entsprochen werden, soweit sie angemessen sind. [2] Wünschen der Leistungsberechtigten, den Bedarf stationär oder teilstationär zu decken, soll nur entsprochen werden, wenn dies nach der Besonderheit des Einzelfalles erforderlich ist, weil anders der Bedarf nicht oder nicht ausreichend gedeckt werden kann und wenn mit der Einrichtung Vereinbarungen nach den Vorschriften des Zehnten Kapitels dieses Buches bestehen. [3] Der Träger der Sozialhilfe soll in der Regel Wünschen nicht entsprechen, deren Erfüllung mit unverhältnismäßigen Mehrkosten verbunden wäre.

(3) Auf Wunsch der Leistungsberechtigten sollen sie in einer Einrichtung untergebracht werden, in der sie durch Geistliche ihres Bekenntnisses betreut werden können.

§ 10 Leistungsformen. (1) Die Leistungen werden erbracht in Form von
1. Dienstleistungen,
2. Geldleistungen und
3. Sachleistungen.

(2) Zur Dienstleistung gehören insbesondere die Beratung in Fragen der Sozialhilfe und die Beratung und Unterstützung in sonstigen sozialen Angelegenheiten.

(3) Geldleistungen haben Vorrang vor Gutscheinen oder Sachleistungen, soweit dieses Buch nicht etwas anderes bestimmt oder mit Gutscheinen oder Sachleistungen das Ziel der Sozialhilfe erheblich besser oder wirtschaftlicher erreicht werden kann oder die Leistungsberechtigten es wünschen.

§ 11 Beratung und Unterstützung, Aktivierung. (1) Zur Erfüllung der Aufgaben dieses Buches werden die Leistungsberechtigten beraten und, soweit erforderlich, unterstützt.

(2) ¹Die Beratung betrifft die persönliche Situation, den Bedarf sowie die eigenen Kräfte und Mittel sowie die mögliche Stärkung der Selbsthilfe zur aktiven Teilnahme am Leben in der Gemeinschaft und zur Überwindung der Notlage. ²Die aktive Teilnahme am Leben in der Gemeinschaft umfasst auch ein gesellschaftliches Engagement. ³Zur Überwindung der Notlage gehört auch, die Leistungsberechtigten für den Erhalt von Sozialleistungen zu befähigen. ⁴Die Beratung umfasst auch eine gebotene Budgetberatung.

(3) ¹Die Unterstützung umfasst Hinweise und, soweit erforderlich, die Vorbereitung von Kontakten und die Begleitung zu sozialen Diensten sowie zu Möglichkeiten der aktiven Teilnahme am Leben in der Gemeinschaft unter Einschluss des gesellschaftlichen Engagements. ²Soweit Leistungsberechtigte zumutbar einer Tätigkeit nachgehen können, umfasst die Unterstützung auch das Angebot einer Tätigkeit sowie die Vorbereitung und Begleitung der Leistungsberechtigten. ³Auf die Wahrnehmung von Unterstützungsangeboten ist hinzuwirken. ⁴Können Leistungsberechtigte durch Aufnahme einer zumutbaren Tätigkeit Einkommen erzielen, sind sie hierzu sowie zur Teilnahme an einer erforderlichen Vorbereitung verpflichtet. ⁵Leistungsberechtigte nach dem Dritten und Vierten Kapitel erhalten die gebotene Beratung für den Umgang mit dem durch den Regelsatz zur Verfügung gestellten monatlichen Pauschalbetrag (§ 27a Absatz 3 Satz 2).

(4) ¹Den Leistungsberechtigten darf eine Tätigkeit nicht zugemutet werden, wenn

1. sie wegen Erwerbsminderung, Krankheit, Behinderung oder Pflegebedürftigkeit hierzu nicht in der Lage sind oder
2. sie ein der Regelaltersgrenze der gesetzlichen Rentenversicherung (§ 35 des Sechsten Buches[1]) entsprechendes Lebensalter erreicht oder überschritten haben oder
3. der Tätigkeit ein sonstiger wichtiger Grund entgegensteht.

²Ihnen darf eine Tätigkeit insbesondere nicht zugemutet werden, soweit dadurch die geordnete Erziehung eines Kindes gefährdet würde. ³Die geordnete Erziehung eines Kindes, das das dritte Lebensjahr vollendet hat, ist in der Regel nicht gefährdet, soweit unter Berücksichtigung der besonderen Verhältnisse in der Familie der Leistungsberechtigten die Betreuung des Kindes in einer Tageseinrichtung oder in Tagespflege im Sinne der Vorschriften des Achten Buches[2] sichergestellt ist; die Träger der Sozialhilfe sollen darauf hinwirken, dass Alleinerziehenden vorrangig ein Platz zur Tagesbetreuung des Kindes angeboten wird. ⁴Auch sonst sind die Pflichten zu berücksichtigen, die den Leistungsberechtigten durch die Führung eines Haushalts oder die Pflege eines Angehörigen entstehen.

(5) ¹Auf die Beratung und Unterstützung von Verbänden der freien Wohlfahrtspflege, von Angehörigen der rechtsberatenden Berufe und von sonstigen Stellen ist zunächst hinzuweisen. ²Ist die weitere Beratung durch eine Schuldnerberatungsstelle oder andere Fachberatungsstellen geboten, ist auf ihre In-

---

[1] Nr. 6.
[2] Nr. 8.

anspruchnahme hinzuwirken. ³ Angemessene Kosten einer Beratung nach Satz 2 sollen übernommen werden, wenn eine Lebenslage, die Leistungen der Hilfe zum Lebensunterhalt erforderlich macht oder erwarten lässt, sonst nicht überwunden werden kann; in anderen Fällen können Kosten übernommen werden. ⁴ Die Kostenübernahme kann auch in Form einer pauschalierten Abgeltung der Leistung der Schuldnerberatungsstelle oder anderer Fachberatungsstellen erfolgen.

§ 12 Leistungsabsprache. ¹ Vor oder spätestens bis zu vier Wochen nach Beginn fortlaufender Leistungen sollen in einer schriftlichen Leistungsabsprache die Situation der leistungsberechtigten Personen sowie gegebenenfalls Wege zur Überwindung der Notlage und zu gebotenen Möglichkeiten der aktiven Teilnahme in der Gemeinschaft gemeinsam festgelegt und die Leistungsabsprache unterzeichnet werden. ² Soweit es auf Grund bestimmbarer Bedarfe erforderlich ist, ist ein Förderplan zu erstellen und in die Leistungsabsprache einzubeziehen. ³ Sind Leistungen im Hinblick auf die sie tragenden Ziele zu überprüfen, kann dies in der Leistungsabsprache näher festgelegt werden. ⁴ Die Leistungsabsprache soll regelmäßig gemeinsam überprüft und fortgeschrieben werden. ⁵ Abweichende Regelungen in diesem Buch gehen vor.

§ 13 Leistungen für Einrichtungen, Vorrang anderer Leistungen.

(1) ¹ Die Leistungen können entsprechend den Erfordernissen des Einzelfalles für die Deckung des Bedarfs außerhalb von Einrichtungen (ambulante Leistungen), für teilstationäre oder stationäre Einrichtungen (teilstationäre oder stationäre Leistungen) erbracht werden. ² Vorrang haben ambulante Leistungen vor teilstationären und stationären Leistungen sowie teilstationäre vor stationären Leistungen. ³ Der Vorrang der ambulanten Leistung gilt nicht, wenn eine Leistung für eine geeignete stationäre Einrichtung zumutbar und eine ambulante Leistung mit unverhältnismäßigen Mehrkosten verbunden ist. ⁴ Bei der Entscheidung ist zunächst die Zumutbarkeit zu prüfen. ⁵ Dabei sind die persönlichen, familiären und örtlichen Umstände angemessen zu berücksichtigen. ⁶ Bei Unzumutbarkeit ist ein Kostenvergleich nicht vorzunehmen.

(2) Einrichtungen im Sinne des Absatzes 1 sind alle Einrichtungen, die der Pflege, der Behandlung oder sonstigen nach diesem Buch zu deckenden Bedarfe oder der Erziehung dienen.

§ 14 Vorrang von Prävention und Rehabilitation. (1) Leistungen zur Prävention oder Rehabilitation sind zum Erreichen der nach dem Neunten Buch mit diesen Leistungen verbundenen Ziele vorrangig zu erbringen.

(2) Die Träger der Sozialhilfe unterrichten die zuständigen Rehabilitationsträger und die Integrationsämter, wenn Leistungen zur Prävention oder Rehabilitation geboten erscheinen.

§ 15 Vorbeugende und nachgehende Leistungen. (1) ¹ Die Sozialhilfe soll vorbeugend geleistet werden, wenn dadurch eine drohende Notlage ganz oder teilweise abgewendet werden kann. ² § 47 ist vorrangig anzuwenden.

(2) ¹ Die Sozialhilfe soll auch nach Beseitigung einer Notlage geleistet werden, wenn dies geboten ist, um die Wirksamkeit der zuvor erbrachten Leistung zu sichern. ² § 54 ist vorrangig anzuwenden.

§ 16 Familiengerechte Leistungen. ¹ Bei Leistungen der Sozialhilfe sollen die besonderen Verhältnisse in der Familie der Leistungsberechtigten berücksichtigt werden. ² Die Sozialhilfe soll die Kräfte der Familie zur Selbsthilfe anregen und den Zusammenhalt der Familie festigen.

Zweiter Abschnitt. Anspruch auf Leistungen

§ 17 Anspruch. (1) ¹ Auf Sozialhilfe besteht ein Anspruch, soweit bestimmt wird, dass die Leistung zu erbringen ist. ² Der Anspruch kann nicht übertragen, verpfändet oder gepfändet werden.

(2) ¹ Über Art und Maß der Leistungserbringung ist nach pflichtmäßigem Ermessen zu entscheiden, soweit das Ermessen nicht ausgeschlossen wird. ² Werden Leistungen auf Grund von Ermessensentscheidungen erbracht, sind die Entscheidungen im Hinblick auf die sie tragenden Gründe und Ziele zu überprüfen und im Einzelfall gegebenenfalls abzuändern.

§ 18 Einsetzen der Sozialhilfe. (1) Die Sozialhilfe, mit Ausnahme der Leistungen der Grundsicherung im Alter und bei Erwerbsminderung, setzt ein, sobald dem Träger der Sozialhilfe oder den von ihm beauftragten Stellen bekannt wird, dass die Voraussetzungen für die Leistung vorliegen.

(2) ¹ Wird einem nicht zuständigen Träger der Sozialhilfe oder einer nicht zuständigen Gemeinde im Einzelfall bekannt, dass Sozialhilfe beansprucht wird, so sind die darüber bekannten Umstände dem zuständigen Träger der Sozialhilfe oder der von ihm beauftragten Stelle unverzüglich mitzuteilen und vorhandene Unterlagen zu übersenden. ² Ergeben sich daraus die Voraussetzungen für die Leistung, setzt die Sozialhilfe zu dem nach Satz 1 maßgebenden Zeitpunkt ein.

§ 19 Leistungsberechtigte. (1) Hilfe zum Lebensunterhalt nach dem Dritten Kapitel ist Personen zu leisten, die ihren notwendigen Lebensunterhalt nicht oder nicht ausreichend aus eigenen Kräften und Mitteln, insbesondere aus ihrem Einkommen und Vermögen, bestreiten können.

(2) ¹ Grundsicherung im Alter und bei Erwerbsminderung nach dem Vierten Kapitel dieses Buches ist Personen zu leisten, die die Altersgrenze nach § 41 Absatz 2 erreicht haben oder das 18. Lebensjahr vollendet haben und dauerhaft voll erwerbsgemindert sind, sofern sie ihren notwendigen Lebensunterhalt nicht oder nicht ausreichend aus eigenen Kräften und Mitteln, insbesondere aus ihrem Einkommen und Vermögen, bestreiten können. ² Die Leistungen der Grundsicherung im Alter und bei Erwerbsminderung gehen der Hilfe zum Lebensunterhalt nach dem Dritten Kapitel vor.

(3) Hilfen zur Gesundheit, Eingliederungshilfe für behinderte Menschen, Hilfe zur Pflege, Hilfe zur Überwindung besonderer sozialer Schwierigkeiten und Hilfen in anderen Lebenslagen werden nach dem Fünften bis Neunten Kapitel dieses Buches geleistet, soweit den Leistungsberechtigten, ihren nicht getrennt lebenden Ehegatten oder Lebenspartnern und, wenn sie minderjährig und unverheiratet sind, auch ihren Eltern oder einem Elternteil die Aufbringung der Mittel aus dem Einkommen und Vermögen nach den Vorschriften des Elften Kapitels dieses Buches nicht zuzumuten ist.

(4) Lebt eine Person bei ihren Eltern oder einem Elternteil und ist sie schwanger oder betreut ihr leibliches Kind bis zur Vollendung des sechsten Lebensjahres, werden Einkommen und Vermögen der Eltern oder des Elternteils nicht berücksichtigt.

(5) ¹ Ist den in den Absätzen 1 bis 3 genannten Personen die Aufbringung der Mittel aus dem Einkommen und Vermögen im Sinne der Absätze 1 und 2 möglich oder im Sinne des Absatzes 3 zuzumuten und sind Leistungen erbracht worden, haben sie dem Träger der Sozialhilfe die Aufwendungen in diesem Umfang zu ersetzen. ² Mehrere Verpflichtete haften als Gesamtschuldner.

(6) Der Anspruch der Berechtigten auf Leistungen für Einrichtungen oder auf Pflegegeld steht, soweit die Leistung den Berechtigten erbracht worden wäre, nach ihrem Tode demjenigen zu, der die Leistung erbracht oder die Pflege geleistet hat.

§ 20 Eheähnliche Gemeinschaft.
¹ Personen, die in eheähnlicher oder lebenspartnerschaftsähnlicher Gemeinschaft leben, dürfen hinsichtlich der Voraussetzungen sowie des Umfangs der Sozialhilfe nicht besser gestellt werden als Ehegatten. ² § 39 gilt entsprechend.

§ 21 Sonderregelung für Leistungsberechtigte nach dem Zweiten Buch.
¹ Personen, die nach dem Zweiten Buch als Erwerbsfähige oder als Angehörige dem Grunde nach leistungsberechtigt sind, erhalten keine Leistungen für den Lebensunterhalt. ² Abweichend von Satz 1 können Personen, die nicht hilfebedürftig nach § 9 des Zweiten Buches[1]) sind, Leistungen nach § 36 erhalten. ³ Bestehen über die Zuständigkeit zwischen den beteiligten Leistungsträgern unterschiedliche Auffassungen, so ist der zuständige Träger der Sozialhilfe für die Leistungsberechtigung nach dem Dritten oder Vierten Kapitel an die Feststellung einer vollen Erwerbsminderung im Sinne des § 43 Absatz 2 Satz 2 des Sechsten Buches[2]) und nach Abschluss des Widerspruchsverfahrens an die Entscheidung der Agentur für Arbeit zur Erwerbsfähigkeit nach § 44a Absatz 1 des Zweiten Buches gebunden.

§ 22 Sonderregelungen für Auszubildende.
(1) ¹ Auszubildende, deren Ausbildung im Rahmen des Bundesausbildungsförderungsgesetzes oder der §§ 51, 57 und 58 des Dritten Buches[3]) dem Grunde nach förderungsfähig ist, haben keinen Anspruch auf Leistungen nach dem Dritten und Vierten Kapitel. ² In besonderen Härtefällen können Leistungen nach dem Dritten oder Vierten Kapitel als Beihilfe oder Darlehen gewährt werden.

(2) Absatz 1 findet keine Anwendung auf Auszubildende,

1. die auf Grund von § 2 Abs. 1a des Bundesausbildungsförderungsgesetzes keinen Anspruch auf Ausbildungsförderung oder auf Grund von § 60 des Dritten Buches keinen Anspruch auf Berufsausbildungsbeihilfe haben,

2. deren Bedarf sich nach § 12 Abs. 1 Nr. 1 des Bundesausbildungsförderungsgesetzes oder nach § 62 Absatz 1 des Dritten Buches bemisst oder

---
[1]) Nr. 2.
[2]) Nr. 6.
[3]) Nr. 3.

3. die eine Abendhauptschule, eine Abendrealschule oder ein Abendgymnasium besuchen, sofern sie aufgrund von § 10 Abs. 3 des Bundesausbildungsförderungsgesetzes keinen Anspruch auf Ausbildungsförderung haben.

§ 23 Sozialhilfe für Ausländerinnen und Ausländer. (1) ¹ Ausländern, die sich im Inland tatsächlich aufhalten, ist Hilfe zum Lebensunterhalt, Hilfe bei Krankheit, Hilfe bei Schwangerschaft und Mutterschaft sowie Hilfe zur Pflege nach diesem Buch zu leisten. ² Die Vorschriften des Vierten Kapitels bleiben unberührt. ³ Im Übrigen kann Sozialhilfe geleistet werden, soweit dies im Einzelfall gerechtfertigt ist. ⁴ Die Einschränkungen nach Satz 1 gelten nicht für Ausländer, die im Besitz einer Niederlassungserlaubnis oder eines befristeten Aufenthaltstitels sind und sich voraussichtlich dauerhaft im Bundesgebiet aufhalten. ⁵ Rechtsvorschriften, nach denen außer den in Satz 1 genannten Leistungen auch sonstige Sozialhilfe zu leisten ist oder geleistet werden soll, bleiben unberührt.

(2) Leistungsberechtigte nach § 1 des Asylbewerberleistungsgesetzes erhalten keine Leistungen der Sozialhilfe.

(3) ¹ Ausländer und ihre Familienangehörigen erhalten keine Leistungen nach Absatz 1 oder nach dem Vierten Kapitel, wenn

1. sie weder in der Bundesrepublik Deutschland Arbeitnehmer oder Selbständige noch auf Grund des § 2 Absatz 3 des Freizügigkeitsgesetzes/EU freizügigkeitsberechtigt sind, für die ersten drei Monate ihres Aufenthalts,
2. sie kein Aufenthaltsrecht haben oder sich ihr Aufenthaltsrecht allein aus dem Zweck der Arbeitsuche ergibt,
3. sie ihr Aufenthaltsrecht allein oder neben einem Aufenthaltsrecht nach Nummer 2 aus Artikel 10 der Verordnung (EU) Nr. 492/2011 des Europäischen Parlaments und des Rates vom 5. April 2011 über die Freizügigkeit der Arbeitnehmer innerhalb der Union (ABl. L 141 vom 27.5.2011, S. 1), die durch die Verordnung (EU) 2016/589 (ABl. L 107 vom 22.4.2016, S. 1) geändert worden ist, ableiten oder
4. sie eingereist sind, um Sozialhilfe zu erlangen.

² Satz 1 Nummer 1 und 4 gilt nicht für Ausländerinnen und Ausländer, die sich mit einem Aufenthaltstitel nach Kapitel 2 Abschnitt 5 des Aufenthaltsgesetzes in der Bundesrepublik Deutschland aufhalten. ³ Hilfebedürftigen Ausländern, die Satz 1 unterfallen, werden bis zur Ausreise, längstens jedoch für einen Zeitraum von einem Monat, einmalig innerhalb von zwei Jahren nur eingeschränkte Hilfen gewährt, um den Zeitraum bis zur Ausreise zu überbrücken (Überbrückungsleistungen); die Zweijahresfrist beginnt mit dem Erhalt der Überbrückungsleistungen nach Satz 3. ⁴ Hierüber und über die Möglichkeit der Leistungen nach Absatz 3a sind die Leistungsberechtigten zu unterrichten.
⁵ Die Überbrückungsleistungen umfassen:

1. Leistungen zur Deckung der Bedarfe für Ernährung sowie Körper- und Gesundheitspflege,
2. Leistungen zur Deckung der Bedarfe für Unterkunft und Heizung in angemessener Höhe, einschließlich der Bedarfe nach § 35 Absatz 4 und § 30 Absatz 7,
3. die zur Behandlung akuter Erkrankungen und Schmerzzustände erforderliche ärztliche und zahnärztliche Behandlung einschließlich der Versorgung

mit Arznei- und Verbandmitteln sowie sonstiger zur Genesung, zur Besserung oder zur Linderung von Krankheiten oder Krankheitsfolgen erforderlichen Leistungen und

4. Leistungen nach § 50 Nummer 1 bis 3.

[6] Soweit dies im Einzelfall besondere Umstände erfordern, werden Leistungsberechtigten nach Satz 3 zur Überwindung einer besonderen Härte andere Leistungen im Sinne von Absatz 1 gewährt; ebenso sind Leistungen über einen Zeitraum von einem Monat hinaus zu erbringen, soweit dies im Einzelfall auf Grund besonderer Umstände zur Überwindung einer besonderen Härte und zur Deckung einer zeitlich befristeten Bedarfslage geboten ist. [7] Abweichend von Satz 1 Nummer 2 und 3 erhalten Ausländer und ihre Familienangehörigen Leistungen nach Absatz 1 Satz 1 und 2, wenn sie sich seit mindestens fünf Jahren ohne wesentliche Unterbrechung im Bundesgebiet aufhalten; dies gilt nicht, wenn der Verlust des Rechts nach § 2 Absatz 1 des Freizügigkeitsgesetzes/EU festgestellt wurde. [8] Die Frist nach Satz 7 beginnt mit der Anmeldung bei der zuständigen Meldebehörde. [9] Zeiten des nicht rechtmäßigen Aufenthalts, in denen eine Ausreisepflicht besteht, werden auf Zeiten des tatsächlichen Aufenthalts nicht angerechnet. [10] Ausländerrechtliche Bestimmungen bleiben unberührt.

(3a) [1] Neben den Überbrückungsleistungen werden auf Antrag auch die angemessenen Kosten der Rückreise übernommen. [2] Satz 1 gilt entsprechend, soweit die Personen allein durch die angemessenen Kosten der Rückreise die in Absatz 3 Satz 5 Nummer 1 und 2 genannten Bedarfe nicht aus eigenen Mitteln oder mit Hilfe Dritter decken können. [3] Die Leistung ist als Darlehen zu erbringen.

(4) Ausländer, denen Sozialhilfe geleistet wird, sind auf für sie zutreffende Rückführungs- und Weiterwanderungsprogramme hinzuweisen; in geeigneten Fällen ist auf eine Inanspruchnahme solcher Programme hinzuwirken.

(5) [1] Hält sich ein Ausländer entgegen einer räumlichen Beschränkung im Bundesgebiet auf oder wählt er seinen Wohnsitz entgegen einer Wohnsitzauflage oder einer Wohnsitzregelung nach § 12a des Aufenthaltsgesetzes im Bundesgebiet, darf der für den Aufenthaltsort örtlich zuständige Träger nur die nach den Umständen des Einzelfalls gebotene Leistung erbringen. [2] Unabweisbar geboten ist regelmäßig nur eine Reisebeihilfe zur Deckung des Bedarfs für die Reise zu dem Wohnort, an dem ein Ausländer seinen Wohnsitz zu nehmen hat. [3] In den Fällen des § 12a Absatz 1 und 4 des Aufenthaltsgesetzes ist regelmäßig eine Reisebeihilfe zu dem Ort im Bundesgebiet zu gewähren, an dem der Ausländer die Wohnsitznahme begehrt und an dem eine Wohnsitznahme zulässig ist. [4] Der örtlich zuständige Träger am Aufenthaltsort informiert den bislang örtlich zuständigen Träger darüber, ob Leistungen nach Satz 1 bewilligt worden sind. [5] Die Sätze 1 und 2 gelten auch für Ausländer, die eine räumlich nicht beschränkte Aufenthaltserlaubnis nach den §§ 23a, 24 Absatz 1 oder § 25 Absatz 4 oder 5 des Aufenthaltsgesetzes besitzen, wenn sie sich außerhalb des Landes aufhalten, in dem der Aufenthaltstitel erstmals erteilt worden ist. [6] Satz 5 findet keine Anwendung, wenn der Wechsel in ein anderes Land zur Wahrnehmung der Rechte zum Schutz der Ehe und Familie nach Artikel 6 des Grundgesetzes oder aus vergleichbar wichtigen Gründen gerechtfertigt ist.

§ 24 Sozialhilfe für Deutsche im Ausland.

(1) ¹Deutsche, die ihren gewöhnlichen Aufenthalt im Ausland haben, erhalten keine Leistungen. ²Hiervon kann im Einzelfall nur abgewichen werden, soweit dies wegen einer außergewöhnlichen Notlage unabweisbar ist und zugleich nachgewiesen wird, dass eine Rückkehr in das Inland aus folgenden Gründen nicht möglich ist:

1. Pflege und Erziehung eines Kindes, das aus rechtlichen Gründen im Ausland bleiben muss,

2. längerfristige stationäre Betreuung in einer Einrichtung oder Schwere der Pflegebedürftigkeit oder

3. hoheitliche Gewalt.

(2) Leistungen werden nicht erbracht, soweit sie von dem hierzu verpflichteten Aufenthaltsland oder von anderen erbracht werden oder zu erwarten sind.

(3) Art und Maß der Leistungserbringung sowie der Einsatz des Einkommens und des Vermögens richten sich nach den besonderen Verhältnissen im Aufenthaltsland.

(4) ¹Die Leistungen sind abweichend von § 18 zu beantragen. ²Für die Leistungen zuständig ist der überörtliche Träger der Sozialhilfe, in dessen Bereich die antragstellende Person geboren ist. ³Liegt der Geburtsort im Ausland oder ist er nicht zu ermitteln, wird der örtlich zuständige Träger von einer Schiedsstelle bestimmt. ⁴§ 108 Abs. 1 Satz 2 gilt entsprechend.

(5) ¹Leben Ehegatten oder Lebenspartner, Verwandte und Verschwägerte bei Einsetzen der Sozialhilfe zusammen, richtet sich die örtliche Zuständigkeit nach der ältesten Person von ihnen, die im Inland geboren ist. ²Ist keine dieser Personen im Inland geboren, ist ein gemeinsamer örtlich zuständiger Träger nach Absatz 4 zu bestimmen. ³Die Zuständigkeit bleibt bestehen, solange eine der Personen nach Satz 1 der Sozialhilfe bedarf.

(6) Die Träger der Sozialhilfe arbeiten mit den deutschen Dienststellen im Ausland zusammen.

§ 25 Erstattung von Aufwendungen Anderer.

¹Hat jemand in einem Eilfall einem Anderen Leistungen erbracht, die bei rechtzeitigem Einsetzen von Sozialhilfe nicht zu erbringen gewesen wären, sind ihm die Aufwendungen in gebotenem Umfang zu erstatten, wenn er sie nicht auf Grund rechtlicher oder sittlicher Pflicht selbst zu tragen hat. ²Dies gilt nur, wenn die Erstattung innerhalb angemessener Frist beim zuständigen Träger der Sozialhilfe beantragt wird.

§ 26 Einschränkung, Aufrechnung.

(1) ¹Die Leistung soll bis auf das zum Lebensunterhalt Unerlässliche eingeschränkt werden

1. bei Leistungsberechtigten, die nach Vollendung des 18. Lebensjahres ihr Einkommen oder Vermögen vermindert haben in der Absicht, die Voraussetzungen für die Gewährung oder Erhöhung der Leistung herbeizuführen,

2. bei Leistungsberechtigten, die trotz Belehrung ihr unwirtschaftliches Verhalten fortsetzen.

²So weit wie möglich ist zu verhüten, dass die unterhaltsberechtigten Angehörigen oder andere mit ihnen in Haushaltsgemeinschaft lebende Leistungsberechtigte durch die Einschränkung der Leistung mitbetroffen werden.

(2) ¹Die Leistung kann bis auf das jeweils Unerlässliche mit Ansprüchen des Trägers der Sozialhilfe gegen eine leistungsberechtigte Person aufgerechnet werden, wenn es sich um Ansprüche auf Erstattung zu Unrecht erbrachter Leistungen der Sozialhilfe handelt, die die leistungsberechtigte Person oder ihr Vertreter durch vorsätzlich oder grob fahrlässig unrichtige oder unvollständige Angaben oder durch pflichtwidriges Unterlassen veranlasst hat, oder wenn es sich um Ansprüche auf Kostenersatz nach den §§ 103 und 104 handelt. ²Die Aufrechnungsmöglichkeit wegen eines Anspruchs ist auf drei Jahre beschränkt; ein neuer Anspruch des Trägers der Sozialhilfe auf Erstattung oder auf Kostenersatz kann erneut aufgerechnet werden.

(3) Eine Aufrechnung nach Absatz 2 kann auch erfolgen, wenn Leistungen für einen Bedarf übernommen werden, der durch vorangegangene Leistungen der Sozialhilfe an die leistungsberechtigte Person bereits gedeckt worden war.

(4) Eine Aufrechnung erfolgt nicht, soweit dadurch der Gesundheit dienende Leistungen gefährdet werden.

Drittes Kapitel. Hilfe zum Lebensunterhalt

Erster Abschnitt. Leistungsberechtigte, notwendiger Lebensunterhalt, Regelbedarfe und Regelsätze

§ 27 Leistungsberechtigte. (1) Hilfe zum Lebensunterhalt ist Personen zu leisten, die ihren notwendigen Lebensunterhalt nicht oder nicht ausreichend aus eigenen Kräften und Mitteln bestreiten können.

(2) ¹Eigene Mittel sind insbesondere das eigene Einkommen und Vermögen. ²Bei nicht getrennt lebenden Ehegatten oder Lebenspartnern sind das Einkommen und Vermögen beider Ehegatten oder Lebenspartner gemeinsam zu berücksichtigen. ³Gehören minderjährige unverheiratete Kinder dem Haushalt ihrer Eltern oder eines Elternteils an und können sie den notwendigen Lebensunterhalt aus ihrem Einkommen und Vermögen nicht bestreiten, sind vorbehaltlich des § 39 Satz 3 Nummer 1 auch das Einkommen und das Vermögen der Eltern oder des Elternteils gemeinsam zu berücksichtigen.

(3) ¹Hilfe zum Lebensunterhalt kann auch Personen geleistet werden, die ihren notwendigen Lebensunterhalt aus eigenen Mitteln und Kräften bestreiten können, jedoch einzelne erforderliche Tätigkeiten nicht verrichten können. ²Von den Leistungsberechtigten kann ein angemessener Kostenbeitrag verlangt werden.

§ 27a Notwendiger Lebensunterhalt, Regelbedarfe und Regelsätze.

(1) ¹Der für die Gewährleistung des Existenzminimums notwendige Lebensunterhalt umfasst insbesondere Ernährung, Kleidung, Körperpflege, Hausrat, Haushaltsenergie ohne die auf Heizung und Erzeugung von Warmwasser entfallenden Anteile, persönliche Bedürfnisse des täglichen Lebens sowie Unterkunft und Heizung. ²Zu den persönlichen Bedürfnissen des täglichen Lebens gehört in vertretbarem Umfang eine Teilhabe am sozialen und kulturellen Leben in der Gemeinschaft; dies gilt in besonderem Maß für Kinder und Jugendliche. ³Für Schülerinnen und Schüler umfasst der notwendige Lebensunterhalt auch die erforderlichen Hilfen für den Schulbesuch.

(2) ¹Der gesamte notwendige Lebensunterhalt nach Absatz 1 mit Ausnahme der Bedarfe nach dem Zweiten bis Vierten Abschnitt ergibt den monatlichen Regelbedarf. ²Dieser ist in Regelbedarfsstufen unterteilt, die bei Kindern und Jugendlichen altersbedingte Unterschiede und bei erwachsenen Personen deren Anzahl im Haushalt sowie die Führung eines Haushalts berücksichtigen.

(3) ¹Zur Deckung der Regelbedarfe, die sich nach den Regelbedarfsstufen der Anlage zu § 28 ergeben, sind monatliche Regelsätze als Bedarf anzuerkennen. ²Der Regelsatz stellt einen monatlichen Pauschalbetrag zur Bestreitung des Regelbedarfs dar, über dessen Verwendung die Leistungsberechtigten eigenverantwortlich entscheiden; dabei haben sie das Eintreten unregelmäßig anfallender Bedarfe zu berücksichtigen. ³Besteht die Leistungsberechtigung für weniger als einen Monat, ist der Regelsatz anteilig als Bedarf anzuerkennen. ⁴Zur Deckung der Regelbedarfe von Personen, die in einer sonstigen Unterkunft oder vorübergehend nicht in einer Unterkunft untergebracht sind, sind als Bedarf monatliche Regelsätze anzuerkennen, die sich in entsprechender Anwendung der Regelbedarfsstufen nach der Anlage zu § 28 ergeben.

(4) ¹Im Einzelfall wird der Regelsatz abweichend von der maßgebenden Regelbedarfsstufe festgesetzt (abweichende Regelsatzfestsetzung), wenn ein durch die Regelbedarfe abgedeckter Bedarf nicht nur einmalig, sondern für eine Dauer von voraussichtlich mehr als einem Monat

1. nachweisbar vollständig oder teilweise anderweitig gedeckt ist oder

2. unausweichlich in mehr als geringem Umfang oberhalb durchschnittlicher Bedarfe liegt, wie sie sich nach den bei der Ermittlung der Regelbedarfe zugrundeliegenden durchschnittlichen Verbrauchsausgaben ergeben, und die dadurch bedingten Mehraufwendungen begründbar nicht anderweitig ausgeglichen werden können.

²Bei einer abweichenden Regelsatzfestsetzung nach Satz 1 Nummer 1 sind für die monatlich ersparten Verbrauchsausgaben die sich nach § 5 Absatz 1 oder nach § 6 Absatz 1 des Regelbedarfs-Ermittlungsgesetzes für die jeweilige Abteilung ergebenden Beträge zugrunde zu legen. ³Beschränkt sich die anderweitige Bedarfsdeckung auf einzelne in die regelbedarfsrelevanten Verbrauchsausgaben je Abteilung eingegangenen Verbrauchspositionen, sind die regelbedarfsrelevanten Beträge zugrunde zu legen, auf denen die in § 5 Absatz 1 oder nach § 6 Absatz 1 des Regelbedarfs-Ermittlungsgesetzes genannten Beträge für die einzelnen Abteilungen beruhen.

(5) Sind minderjährige Leistungsberechtigte in einer anderen Familie, insbesondere in einer Pflegefamilie, oder bei anderen Personen als bei ihren Eltern oder einem Elternteil untergebracht, so wird in der Regel der individuelle Bedarf abweichend von den Regelsätzen in Höhe der tatsächlichen Kosten der Unterbringung festgesetzt, sofern die Kosten einen angemessenen Umfang nicht übersteigen.

§ 27b Notwendiger Lebensunterhalt in Einrichtungen. (1) ¹Der notwendige Lebensunterhalt in Einrichtungen umfasst den darin erbrachten sowie in stationären Einrichtungen zusätzlich den weiteren notwendigen Lebensunterhalt. ²Der notwendige Lebensunterhalt in stationären Einrichtungen entspricht dem Umfang der Leistungen der Grundsicherung nach § 42 Nummer 1, 2 und 4.

3. Kapitel. Hilfe zum Lebensunterhalt **§ 28 SGB XII 12**

(2) [1] Der weitere notwendige Lebensunterhalt umfasst insbesondere Kleidung und einen angemessenen Barbetrag zur persönlichen Verfügung; § 31 Absatz 2 Satz 2 ist nicht anzuwenden. [2] Leistungsberechtigte, die das 18. Lebensjahr vollendet haben, erhalten einen Barbetrag in Höhe von mindestens 27 vom Hundert der Regelbedarfsstufe 1 nach der Anlage zu § 28. [3] Für Leistungsberechtigte, die das 18. Lebensjahr noch nicht vollendet haben, setzen die zuständigen Landesbehörden oder die von ihnen bestimmten Stellen für die in ihrem Bereich bestehenden Einrichtungen die Höhe des Barbetrages fest. [4] Der Barbetrag wird gemindert, soweit dessen bestimmungsgemäße Verwendung durch oder für die Leistungsberechtigten nicht möglich ist.

§ 28 Ermittlung der Regelbedarfe. (1) Liegen die Ergebnisse einer bundesweiten neuen Einkommens- und Verbrauchsstichprobe vor, wird die Höhe der Regelbedarfe in einem Bundesgesetz neu ermittelt.

(2) [1] Bei der Ermittlung der bundesdurchschnittlichen Regelbedarfsstufen nach § 27a Absatz 2 sind Stand und Entwicklung von Nettoeinkommen, Verbraucherverhalten und Lebenshaltungskosten zu berücksichtigen. [2] Grundlage hierfür sind die durch die Einkommens- und Verbrauchsstichprobe nachgewiesenen tatsächlichen Verbrauchsausgaben unterer Einkommensgruppen.

(3) [1] Für die Ermittlung der Regelbedarfsstufen beauftragt das Bundesministerium für Arbeit und Soziales das Statistische Bundesamt mit Sonderauswertungen, die auf den Grundlage einer neuen Einkommens- und Verbrauchsstichprobe vorzunehmen sind. [2] Sonderauswertungen zu den Verbrauchsausgaben von Haushalten unterer Einkommensgruppen sind zumindest für Haushalte (Referenzhaushalte) vorzunehmen, in denen nur eine erwachsene Person lebt (Einpersonenhaushalte), sowie für Haushalte, in denen Paare mit einem Kind leben (Familienhaushalte). [3] Dabei ist festzulegen, welche Haushalte, die Leistungen nach diesem Buch und dem Zweiten Buch beziehen, nicht als Referenzhaushalte zu berücksichtigen sind. [4] Für die Bestimmung des Anteils der Referenzhaushalte an den jeweiligen Haushalten der Sonderauswertungen ist ein für statistische Zwecke hinreichend großer Stichprobenumfang zu gewährleisten.

(4) [1] Die in Sonderauswertungen nach Absatz 3 ausgewiesenen Verbrauchsausgaben der Referenzhaushalte sind für die Ermittlung der Regelbedarfsstufen als regelbedarfsrelevant zu berücksichtigen, soweit sie zur Sicherung des Existenzminimums notwendig sind und eine einfache Lebensweise ermöglichen, wie sie einkommensschwache Haushalte aufweisen, die ihren Lebensunterhalt nicht ausschließlich aus Leistungen nach diesem oder dem Zweiten Buch bestreiten. [2] Nicht als regelbedarfsrelevant zu berücksichtigen sind Verbrauchsausgaben der Referenzhaushalte, wenn sie bei Leistungsberechtigten nach diesem Buch oder dem Zweiten Buch

1. durch bundes- oder landesgesetzliche Leistungsansprüche, die der Finanzierung einzelner Verbrauchspositionen der Sonderauswertungen dienen, abgedeckt sind und diese Leistungsansprüche kein anrechenbares Einkommen nach § 82 oder § 11 des Zweiten Buches[1)] darstellen oder

2. nicht anfallen, weil bundesweit in einheitlicher Höhe Vergünstigungen gelten.

[1)] Nr. 2.

(5) ¹ Die Summen der sich nach Absatz 4 ergebenden regelbedarfsrelevanten Verbrauchsausgaben der Referenzhaushalte sind Grundlage für die Prüfung der Regelbedarfsstufen, insbesondere für die Altersabgrenzungen bei Kindern und Jugendlichen. ² Die nach Satz 1 für die Ermittlung der Regelbedarfsstufen zugrunde zu legenden Summen der regelbedarfsrelevanten Verbrauchsausgaben aus den Sonderauswertungen sind jeweils mit der sich nach § 28a Absatz 2 ergebenden Veränderungsrate entsprechend fortzuschreiben. ³ Die sich durch die Fortschreibung nach Satz 2 ergebenden Summenbeträge sind jeweils bis unter 0,50 Euro abzurunden sowie von 0,50 Euro an aufzurunden und ergeben die Regelbedarfsstufen (Anlage).

§ 28a Fortschreibung der Regelbedarfsstufen. (1) ¹ In Jahren, in denen keine Neuermittlung nach § 28 erfolgt, werden die Regelbedarfsstufen jeweils zum 1. Januar mit der sich nach Absatz 2 ergebenden Veränderungsrate fortgeschrieben. ² § 28 Absatz 4 Satz 5 gilt entsprechend.

(2) ¹ Die Fortschreibung der Regelbedarfsstufen erfolgt aufgrund der bundesdurchschnittlichen Entwicklung der Preise für regelbedarfsrelevante Güter und Dienstleistungen sowie der bundesdurchschnittlichen Entwicklung der Nettolöhne und -gehälter je beschäftigten Arbeitnehmer nach der Volkswirtschaftlichen Gesamtrechnung (Mischindex). ² Maßgeblich ist jeweils die Veränderungsrate, die sich aus der Veränderung in dem Zwölfmonatszeitraum, der mit dem 1. Juli des Vorvorjahres beginnt und mit dem 30. Juni des Vorjahres endet, gegenüber dem davorliegenden Zwölfmonatszeitraum ergibt. ³ Für die Ermittlung der jährlichen Veränderungsrate des Mischindexes wird die sich aus der Entwicklung der Preise aller regelbedarfsrelevanten Güter und Dienstleistungen ergebende Veränderungsrate mit einem Anteil von 70 vom Hundert und die sich aus der Entwicklung der Nettolöhne und -gehälter je beschäftigten Arbeitnehmer ergebende Veränderungsrate mit einem Anteil von 30 vom Hundert berücksichtigt.

(3) Das Bundesministerium für Arbeit und Soziales beauftragt das Statistische Bundesamt mit der Ermittlung der jährlichen Veränderungsrate für den Zeitraum nach Absatz 2 Satz 2 für

1. die Preise aller regelbedarfsrelevanten Güter und Dienstleistungen und
2. die durchschnittliche Nettolohn- und -gehaltssumme je durchschnittlich beschäftigten Arbeitnehmer.

§ 29 Festsetzung und Fortschreibung der Regelsätze. (1) ¹ Werden die Regelbedarfsstufen nach § 28 neu ermittelt, gelten diese als neu festgesetzte Regelsätze (Neufestsetzung), solange die Länder keine abweichende Neufestsetzung vornehmen. ² Satz 1 gilt entsprechend, wenn die Regelbedarfe nach § 28a fortgeschrieben werden.

(2) ¹ Nehmen die Länder eine abweichende Neufestsetzung vor, haben sie die Höhe der monatlichen Regelsätze entsprechend der Abstufung der Regelbedarfe nach der Anlage zu § 28 durch Rechtsverordnung neu festzusetzen. ² Sie können die Ermächtigung für die Neufestsetzung nach Satz 1 auf die zuständigen Landesministerien übertragen. ³ Für die abweichende Neufestsetzung sind anstelle der bundesdurchschnittlichen Regelbedarfsstufen, die sich nach § 28 aus der bundesweiten Auswertung der Einkommens- und Verbrauchsstichprobe ergeben, entsprechend aus regionalen Auswertungen der

Einkommens- und Verbrauchsstichprobe ermittelte Regelbedarfsstufen zugrunde zu legen. ⁴ Die Länder können bei der Neufestsetzung der Regelsätze auch auf ihr Land bezogene besondere Umstände, die die Deckung des Regelbedarfs betreffen, berücksichtigen. ⁵ Regelsätze, die nach Absatz 1 oder nach den Sätzen 1 bis 4 festgesetzt worden sind, können von den Ländern als Mindestregelsätze festgesetzt werden. ⁶ § 28 Absatz 4 Satz 4 und 5 gilt für die Festsetzung der Regelsätze nach den Sätzen 1 bis 4 entsprechend.

(3) ¹ Die Länder können die Träger der Sozialhilfe ermächtigen, auf der Grundlage von nach Absatz 2 Satz 5 bestimmten Mindestregelsätzen regionale Regelsätze festzusetzen; bei der Festsetzung können die Träger der Sozialhilfe regionale Besonderheiten sowie statistisch nachweisbare Abweichungen in den Verbrauchsausgaben berücksichtigen. ² § 28 Absatz 4 Satz 4 und 5 gilt für die Festsetzung der Regelsätze nach Satz 1 entsprechend.

(4) Werden die Regelsätze nach den Absätzen 2 und 3 abweichend von den Regelbedarfsstufen nach § 28 festgesetzt, sind diese in den Jahren, in denen keine Neuermittlung der Regelbedarfe nach § 28 erfolgt, jeweils zum 1. Januar durch Rechtsverordnung der Länder mit der Veränderungsrate der Regelbedarfe fortzuschreiben, die sich nach der Rechtsverordnung nach § 40 ergibt.

(5) Die nach den Absätzen 2 und 3 festgesetzten und nach Absatz 4 fortgeschriebenen Regelsätze gelten als Regelbedarfsstufen nach der Anlage zu § 28.

Zweiter Abschnitt. Zusätzliche Bedarfe

§ 30 Mehrbedarf. (1) Für Personen, die

1. die Altersgrenze nach § 41 Abs. 2 erreicht haben oder
2. die Altersgrenze nach § 41 Abs. 2 noch nicht erreicht haben und voll erwerbsgemindert nach dem Sechsten Buch¹⁾ sind,

und durch einen Bescheid der nach § 69 Abs. 4 des Neunten Buches zuständigen Behörde oder einen Ausweis nach § 69 Abs. 5 des Neunten Buches die Feststellung des Merkzeichens G nachweisen, wird ein Mehrbedarf von 17 vom Hundert der maßgebenden Regelbedarfsstufe anerkannt, soweit nicht im Einzelfall ein abweichender Bedarf besteht.

(2) Für werdende Mütter nach der 12. Schwangerschaftswoche wird ein Mehrbedarf von 17 vom Hundert der maßgebenden Regelbedarfsstufe anerkannt, soweit nicht im Einzelfall ein abweichender Bedarf besteht.

(3) Für Personen, die mit einem oder mehreren minderjährigen Kindern zusammenleben und allein für deren Pflege und Erziehung sorgen, ist, soweit kein abweichender Bedarf besteht, ein Mehrbedarf anzuerkennen

1. in Höhe von 36 vom Hundert der Regelbedarfsstufe 1 nach der Anlage zu § 28 für ein Kind unter sieben Jahren oder für zwei oder drei Kinder unter sechzehn Jahren, oder
2. in Höhe von 12 vom Hundert der Regelbedarfsstufe 1 nach der Anlage zu § 28 für jedes Kind, wenn die Voraussetzungen nach Nummer 1 nicht vorliegen, höchstens jedoch in Höhe von 60 vom Hundert des Eckregelsatzes.

---

¹⁾ Nr. 6.

(4) ¹Für behinderte Menschen, die das 15. Lebensjahr vollendet haben und denen Eingliederungshilfe nach § 54 Abs. 1 Satz 1 Nr. 1 bis 3 geleistet wird, wird ein Mehrbedarf von 35 vom Hundert der maßgebenden Regelbedarfsstufe anerkannt, soweit nicht im Einzelfall ein abweichender Bedarf besteht. ²Satz 1 kann auch nach Beendigung der in § 54 Abs. 1 Satz 1 Nr. 1 bis 3 genannten Leistungen während einer angemessenen Übergangszeit, insbesondere einer Einarbeitungszeit, angewendet werden. ³Absatz 1 Nr. 2 ist daneben nicht anzuwenden.

(5) Für Kranke, Genesende, behinderte Menschen oder von einer Krankheit oder von einer Behinderung bedrohte Menschen, die einer kostenaufwändigen Ernährung bedürfen, wird ein Mehrbedarf in angemessener Höhe anerkannt.

(6) Die Summe des nach den Absätzen 1 bis 5 insgesamt anzuerkennenden Mehrbedarfs darf die Höhe der maßgebenden Regelbedarfsstufe nicht übersteigen.

(7) ¹Für Leistungsberechtigte wird ein Mehrbedarf anerkannt, soweit Warmwasser durch in der Unterkunft installierte Vorrichtungen erzeugt wird (dezentrale Warmwassererzeugung) und denen deshalb keine Leistungen für Warmwasser nach § 35 Abs. 4 erbracht werden. ²Der Mehrbedarf beträgt für jede im Haushalt lebende leistungsberechtigte Person entsprechend ihrer Regelbedarfsstufe nach der Anlage zu § 28 jeweils

1. 2,3 vom Hundert der Regelbedarfsstufen 1 bis 3,
2. 1,4 vom Hundert der Regelbedarfsstufe 4,
3. 1,2 vom Hundert der Regelbedarfsstufe 5 oder
4. 0,8 vom Hundert der Regelbedarfsstufe 6,

soweit nicht im Einzelfall ein abweichender Bedarf besteht oder ein Teil des angemessenen Warmwasserbedarfs durch Leistungen nach § 35 Absatz 4 gedeckt wird.

§ 31 Einmalige Bedarfe. (1) Leistungen zur Deckung von Bedarfen für

1. Erstausstattungen für die Wohnung einschließlich Haushaltsgeräten,
2. Erstausstattungen für Bekleidung und Erstausstattungen bei Schwangerschaft und Geburt sowie
3. Anschaffung und Reparaturen von orthopädischen Schuhen, Reparaturen von therapeutischen Geräten und Ausrüstungen sowie die Miete von therapeutischen Geräten

werden gesondert erbracht.

(2) ¹Einer Person, die Sozialhilfe beansprucht (nachfragende Person), werden, auch wenn keine Regelsätze zu gewähren sind, für einmalige Bedarfe nach Absatz 1 Leistungen erbracht, wenn sie diese nicht aus eigenen Kräften und Mitteln vollständig decken kann. ²In diesem Falle kann das Einkommen berücksichtigt werden, das sie innerhalb eines Zeitraums von bis zu sechs Monaten nach Ablauf des Monats erwerben, in dem über die Leistung entschieden worden ist.

(3) ¹Die Leistungen nach Absatz 1 Nr. 1 und 2 können als Pauschalbeträge erbracht werden. ²Bei der Bemessung der Pauschalbeträge sind geeignete Angaben über die erforderlichen Aufwendungen und nachvollziehbare Erfahrungswerte zu berücksichtigen.

3. Kapitel. Hilfe zum Lebensunterhalt **§ 32 SGB XII 12**

§ 32 Bedarfe für eine Kranken- und Pflegeversicherung. (1) Angemessene Beiträge für eine Kranken- und Pflegeversicherung sind als Bedarf anzuerkennen, soweit sie das um Absetzbeträge nach § 82 Absatz 2 Nummer 1 bis 3 bereinigte Einkommen übersteigen.

(2) Bei Personen, die in der gesetzlichen Krankenversicherung

1. nach § 5 Absatz 1 Nummer 13 des Fünften Buches[1] oder nach § 2 Absatz 1 Nummer 7 des Zweiten Gesetzes über die Krankenversicherung der Landwirte pflichtversichert sind,
2. nach § 9 Absatz 1 Nummer 1 des Fünften Buches oder nach § 6 Absatz 1 Nummer 1 des Zweiten Gesetzes über die Krankenversicherung der Landwirte weiterversichert sind,
3. als Rentenantragsteller nach § 189 des Fünften Buches als Mitglied einer Krankenkasse gelten,
4. nach § 9 Absatz 1 Nummer 2 bis 7 des Fünften Buches oder nach § 6 Absatz 1 Nummer 2 des Zweiten Gesetzes über die Krankenversicherung der Landwirte freiwillig versichert sind oder
5. nach § 188 Absatz 4 des Fünften Buches oder nach § 22 Absatz 3 des Zweiten Gesetzes über die Krankenversicherung der Landwirte weiterversichert sind,

gilt der monatliche Beitrag als angemessen.

(3) Bei Personen, denen Beiträge nach Absatz 2 als Bedarf anerkannt werden, gilt auch der Zusatzbeitragssatz nach § 242 Absatz 1 des Fünften Buches als angemessen.

(4) [1] Bei Personen, die gegen das Risiko Krankheit bei einem privaten Krankenversicherungsunternehmen versichert sind, sind angemessene Beiträge nach den Sätzen 2 und 3 anzuerkennen. [2] Angemessen sind Beiträge

1. bis zu der Höhe des sich nach § 152 Absatz 4 des Versicherungsaufsichtsgesetzes ergebenden halbierten monatlichen Beitrags für den Basistarif, sofern die Versicherungsverträge der Versicherungspflicht nach § 193 Absatz 3 des Versicherungsvertragsgesetzes genügen, oder
2. für eine Absicherung im brancheneinheitlichen Standardtarif nach § 257 Absatz 2a des Fünften Buches in der bis zum 31. Dezember 2008 geltenden Fassung.

[3] Ein höherer Beitrag kann als angemessen anerkannt werden, wenn die Leistungsberechtigung nach diesem Kapitel voraussichtlich nur für einen Zeitraum von bis zu drei Monaten besteht. [4] Im begründeten Ausnahmefall kann auf Antrag ein höherer Beitrag auch im Fall einer Leistungsberechtigung für einen Zeitraum von bis zu sechs Monaten als angemessen anerkannt werden, wenn vor Ablauf der drei Monate oder bereits bei Antragstellung davon auszugehen ist, dass die Leistungsberechtigung nach diesem Kapitel für einen begrenzten, aber mehr als drei Monate andauernden Zeitraum bestehen wird.

(5) Bei Personen, die in der sozialen Pflegeversicherung nach

1. den §§ 20 und 21 des Elften Buches[2] pflichtversichert sind oder
2. § 26 des Elften Buches weiterversichert sind oder

---

[1] Nr. **5.**
[2] Nr. **11.**

3. § 26a des Elften Buches der sozialen Pflegeversicherung beigetreten sind, gilt der monatliche Beitrag als angemessen.

(6) ¹ Bei Personen, die gegen das Risiko Pflegebedürftigkeit bei einem privaten Krankenversicherungsunternehmen in Erfüllung ihrer Versicherungspflicht nach § 23 des Elften Buches versichert sind oder nach § 26a des Elften Buches der privaten Pflegeversicherung beigetreten sind, gilt bei Versicherung im brancheneinheitlichen Standardtarif nach § 257 Absatz 2a des Fünften Buches in der bis zum 31. Dezember 2008 geltenden Fassung der geschuldete Beitrag als angemessen, im Übrigen höchstens jedoch bis zu einer Höhe des nach § 110 Absatz 2 Satz 3 des Elften Buches halbierten Höchstbeitrags in der sozialen Pflegeversicherung. ² Für die Höhe des im Einzelfall angemessenen monatlichen Beitrags gilt Absatz 4 Satz 3 und 4 entsprechend.

§ 32a Zeitliche Zuordnung und Zahlung von Beiträgen für eine Kranken- und Pflegeversicherung. (1) Die Bedarfe nach § 32 sind unabhängig von der Fälligkeit des Beitrags jeweils in dem Monat als Bedarf anzuerkennen, für den die Versicherung besteht.

(2) ¹ Die Beiträge für eine Kranken- und Pflegeversicherung, die nach § 82 Absatz 2 Nummer 2 und 3 vom Einkommen abgesetzt und nach § 32 als Bedarf anerkannt werden, sind als Direktzahlung zu leisten, wenn der Zahlungsanspruch nach § 43a Absatz 2 größer oder gleich der Summe dieser Beiträge ist. ² Die Zahlung nach Satz 1 erfolgt an diejenige Krankenkasse oder dasjenige Versicherungsunternehmen, bei der beziehungsweise dem die leistungsberechtigte Person versichert ist. ³ Die Leistungsberechtigten sowie die zuständigen Krankenkassen oder die zuständigen Versicherungsunternehmen sind über Beginn, Höhe des Beitrags und den Zeitraum sowie über die Beendigung einer Direktzahlung nach den Sätzen 1 und 2 schriftlich zu unterrichten. ⁴ Die Leistungsberechtigten sind zusätzlich über die jeweilige Krankenkasse oder das Versicherungsunternehmen zu informieren, die zuständigen Krankenkassen und Versicherungsunternehmen zusätzlich über Namen und Anschrift der Leistungsberechtigten.

(3) Die Zahlung nach Absatz 2 hat in Fällen des § 32 Absatz 2, 3 und 5 bis zum Ende, in Fällen des § 32 Absatz 4 und 6 zum Ersten des sich nach Absatz 1 ergebenden Monats zu erfolgen.

§ 33 Bedarfe für die Vorsorge. (1) ¹ Um die Voraussetzungen eines Anspruchs auf eine angemessene Alterssicherung zu erfüllen, können die erforderlichen Aufwendungen als Bedarf berücksichtigt werden, soweit sie nicht nach § 82 Absatz 2 Nummer 2 und 3 vom Einkommen abgesetzt werden. ² Aufwendungen nach Satz 1 sind insbesondere

1. Beiträge zur gesetzlichen Rentenversicherung,

2. Beiträge zur landwirtschaftlichen Alterskasse,

3. Beiträge zu berufsständischen Versorgungseinrichtungen, die den gesetzlichen Rentenversicherungen vergleichbare Leistungen erbringen,

4. Beiträge für eine eigene kapitalgedeckte Altersvorsorge in Form einer lebenslangen Leibrente, wenn der Vertrag nur die Zahlung einer monatlichen auf das Leben des Steuerpflichtigen bezogenen lebenslangen Leibrente nicht vor Vollendung des 60. Lebensjahres vorsieht, sowie

5. geförderte Altersvorsorgebeiträge nach § 82 des Einkommensteuergesetzes, soweit sie den Mindesteigenbeitrag nach § 86 des Einkommensteuergesetzes nicht überschreiten.

(2) Weisen Leistungsberechtigte Aufwendungen zur Erlangung eines Anspruchs auf ein angemessenes Sterbegeld vor Beginn der Leistungsberechtigung nach, so werden diese in angemessener Höhe als Bedarf anerkannt, soweit sie nicht nach § 82 Absatz 2 Nummer 3 vom Einkommen abgesetzt werden.

Dritter Abschnitt. Bildung und Teilhabe

§ 34 Bedarfe für Bildung und Teilhabe. (1) [1] Bedarfe für Bildung nach den Absätzen 2 bis 6 von Schülerinnen und Schülern, die eine allgemein- oder berufsbildende Schule besuchen, sowie Bedarfe von Kindern und Jugendlichen für Teilhabe am sozialen und kulturellen Leben in der Gemeinschaft nach Absatz 7 werden neben den maßgebenden Regelbedarfsstufen gesondert berücksichtigt. [2] Leistungen hierfür werden nach den Maßgaben des § 34a gesondert erbracht.

(2) [1] Bedarfe werden bei Schülerinnen und Schülern in Höhe der tatsächlichen Aufwendungen anerkannt für

1. Schulausflüge und
2. mehrtägige Klassenfahrten im Rahmen der schulrechtlichen Bestimmungen.

[2] Für Kinder, die eine Tageseinrichtung besuchen oder für die Kindertagespflege geleistet wird, gilt Satz 1 entsprechend.

(3) Bedarfe für die Ausstattung mit persönlichem Schulbedarf werden bei Schülerinnen und Schülern für den Monat, in dem der erste Schultag liegt, in Höhe von 70 Euro und für den Monat, in dem das zweite Schulhalbjahr beginnt, in Höhe von 30 Euro anerkannt.

(4) [1] Für Schülerinnen und Schüler, die für den Besuch der nächstgelegenen Schule des gewählten Bildungsgangs auf Schülerbeförderung angewiesen sind, werden die dafür erforderlichen tatsächlichen Aufwendungen berücksichtigt, soweit sie nicht von Dritten übernommen werden und es der leistungsberechtigten Person nicht zugemutet werden kann, sie aus dem Regelbedarf zu bestreiten. [2] Als zumutbare Eigenleistung gilt in der Regel der in § 9 Absatz 2 des Regelbedarfs-Ermittlungsgesetzes geregelte Betrag.

(5) Für Schülerinnen und Schüler wird eine schulische Angebote ergänzende angemessene Lernförderung berücksichtigt, soweit diese geeignet und zusätzlich erforderlich ist, um die nach den schulrechtlichen Bestimmungen festgelegten wesentlichen Lernziele zu erreichen.

(6) [1] Bei Teilnahme an einer gemeinschaftlichen Mittagsverpflegung werden die entstehenden Mehraufwendungen berücksichtigt für

1. Schülerinnen und Schüler und
2. Kinder, die eine Tageseinrichtung besuchen oder für die Kindertagespflege geleistet wird.

[2] Für Schülerinnen und Schüler gilt dies unter der Voraussetzung, dass die Mittagsverpflegung in schulischer Verantwortung angeboten wird. [3] In den Fällen des Satzes 2 ist für die Ermittlung des monatlichen Bedarfs die Anzahl der Schultage in dem Land zugrunde zu legen, in dem der Schulbesuch stattfindet.

(7) ¹ Für Leistungsberechtigte bis zur Vollendung des 18. Lebensjahres wird ein Bedarf zur Teilhabe am sozialen und kulturellen Leben in der Gemeinschaft in Höhe von insgesamt 10 Euro monatlich berücksichtigt für

1. Mitgliedsbeiträge in den Bereichen Sport, Spiel, Kultur und Geselligkeit,
2. Unterricht in künstlerischen Fächern (zum Beispiel Musikunterricht) und vergleichbare angeleitete Aktivitäten der kulturellen Bildung und
3. die Teilnahme an Freizeiten.

² Neben der Berücksichtigung von Bedarfen nach Satz 1 können auch weitere tatsächliche Aufwendungen berücksichtigt werden, wenn sie im Zusammenhang mit der Teilnahme an Aktivitäten nach Satz 1 Nummer 1 bis 3 entstehen und es den Leistungsberechtigten im begründeten Ausnahmefall nicht zugemutet werden kann, diese aus dem Regelbedarf zu bestreiten.

§ 34a Erbringung der Leistungen für Bildung und Teilhabe.

(1) ¹ Leistungen zur Deckung der Bedarfe nach § 34 Absatz 2 und 4 bis 7 werden auf Antrag erbracht. ² Einer nachfragenden Person werden, auch wenn keine Regelsätze zu gewähren sind, für Bedarfe nach § 34 Leistungen erbracht, wenn sie diese nicht aus eigenen Kräften und Mitteln vollständig decken kann. ³ Die Leistungen zur Deckung der Bedarfe nach § 34 Absatz 7 bleiben bei der Erbringung von Leistungen nach dem Sechsten Kapitel unberücksichtigt.

(2) ¹ Leistungen zur Deckung der Bedarfe nach § 34 Absatz 2 und 5 bis 7 werden erbracht durch Sach- und Dienstleistungen, insbesondere in Form von personalisierten Gutscheinen oder Direktzahlungen an Anbieter von Leistungen zur Deckung dieser Bedarfe (Anbieter); die zuständigen Träger der Sozialhilfe bestimmen, in welcher Form sie die Leistungen erbringen. ² Sie können auch bestimmen, dass die Leistungen nach § 34 Absatz 2 durch Geldleistungen gedeckt werden. ³ Die Bedarfe nach § 34 Absatz 3 und 4 werden jeweils durch Geldleistungen gedeckt. ⁴ Die zuständigen Träger der Sozialhilfe können mit Anbietern pauschal abrechnen.

(3) ¹ Werden die Bedarfe durch Gutscheine gedeckt, gelten die Leistungen mit Ausgabe des jeweiligen Gutscheins als erbracht. ² Die zuständigen Träger der Sozialhilfe gewährleisten, dass Gutscheine bei geeigneten vorhandenen Anbietern oder zur Wahrnehmung ihrer eigenen Angebote eingelöst werden können. ³ Gutscheine können für den gesamten Bewilligungszeitraum im Voraus ausgegeben werden. ⁴ Die Gültigkeit von Gutscheinen ist angemessen zu befristen. ⁵ Im Fall des Verlustes soll ein Gutschein erneut in dem Umfang ausgestellt werden, in dem er noch nicht in Anspruch genommen wurde.

(4) ¹ Werden die Bedarfe durch Direktzahlungen an Anbieter gedeckt, gelten die Leistungen mit der Zahlung als erbracht. ² Eine Direktzahlung ist für den gesamten Bewilligungszeitraum im Voraus möglich.

(5) ¹ Im begründeten Einzelfall kann der zuständige Träger der Sozialhilfe einen Nachweis über eine zweckentsprechende Verwendung der Leistung verlangen. ² Soweit der Nachweis nicht geführt wird, soll die Bewilligungsentscheidung widerrufen werden.

§ 34b Berechtigte Selbsthilfe.

¹ Geht die leistungsberechtigte Person durch Zahlung an Anbieter in Vorleistung, ist der Träger der Sozialhilfe zur Übernahme der berücksichtigungsfähigen Aufwendungen verpflichtet, soweit

1. unbeschadet des Satzes 2 die Voraussetzungen einer Leistungsgewährung zur Deckung der Bedarfe im Zeitpunkt der Selbsthilfe nach § 34 Absatz 2 und 5 bis 7 vorlagen und

2. zum Zeitpunkt der Selbsthilfe der Zweck der Leistung durch Erbringung als Sach- oder Dienstleistung ohne eigenes Verschulden nicht oder nicht rechtzeitig zu erreichen war.

² War es dem Leistungsberechtigten nicht möglich, rechtzeitig einen Antrag zu stellen, gilt dieser als zum Zeitpunkt der Selbstvornahme gestellt.

Vierter Abschnitt. Bedarfe für Unterkunft und Heizung

§ 35 Bedarfe für Unterkunft und Heizung. (1) ¹ Bedarfe für die Unterkunft werden in Höhe der tatsächlichen Aufwendungen anerkannt. ² Bedarfe für die Unterkunft sind auf Antrag der leistungsberechtigten Person durch Direktzahlung an den Vermieter oder andere Empfangsberechtigte zu decken. ³ Direktzahlungen an den Vermieter oder andere Empfangsberechtigte sollen erfolgen, wenn die zweckentsprechende Verwendung durch die leistungsberechtigte Person nicht sichergestellt ist. ⁴ Das ist insbesondere der Fall, wenn

1. Mietrückstände bestehen, die zu einer außerordentlichen Kündigung des Mietverhältnisses berechtigen,

2. Energiekostenrückstände bestehen, die zu einer Unterbrechung der Energieversorgung berechtigen,

3. konkrete Anhaltspunkte für ein krankheits- oder suchtbedingtes Unvermögen der leistungsberechtigten Person bestehen, die Mittel zweckentsprechend zu verwenden, oder

4. konkrete Anhaltspunkte dafür bestehen, dass die im Schuldnerverzeichnis eingetragene leistungsberechtigte Person die Mittel nicht zweckentsprechend verwendet.

⁵ Werden die Bedarfe für die Unterkunft und Heizung durch Direktzahlung an den Vermieter oder andere Empfangsberechtigte gedeckt, hat der Träger der Sozialhilfe die leistungsberechtigte Person darüber schriftlich zu unterrichten.

(2) ¹ Übersteigen die Aufwendungen für die Unterkunft den der Besonderheit des Einzelfalles angemessenen Umfang, sind sie insoweit als Bedarf der Personen, deren Einkommen und Vermögen nach § 27 Absatz 2 zu berücksichtigen sind, anzuerkennen. ² Satz 1 gilt so lange, als es diesen Personen nicht möglich oder nicht zuzumuten ist, durch einen Wohnungswechsel, durch Vermieten oder auf andere Weise die Aufwendungen zu senken, in der Regel jedoch längstens für sechs Monate. ³ Vor Abschluss eines Vertrages über eine neue Unterkunft haben Leistungsberechtigte den dort zuständigen Träger der Sozialhilfe über die nach den Sätzen 1 und 2 maßgeblichen Umstände in Kenntnis zu setzen. ⁴ Sind die Aufwendungen für die neue Unterkunft unangemessen hoch, ist der Träger der Sozialhilfe nur zur Übernahme angemessener Aufwendungen verpflichtet, es sei denn, er hat den darüber hinausgehenden Aufwendungen vorher zugestimmt. ⁵ Wohnungsbeschaffungskosten, Mietkautionen und Umzugskosten können bei vorheriger Zustimmung übernommen werden; Mietkautionen sollen als Darlehen erbracht werden. ⁶ Eine Zustimmung soll erteilt werden, wenn der Umzug durch den Träger der Sozialhilfe veranlasst wird oder aus anderen Gründen notwendig ist und wenn ohne die

Zustimmung eine Unterkunft in einem angemessenen Zeitraum nicht gefunden werden kann.

(3) ¹ Der Träger der Sozialhilfe kann für seinen Bereich die Bedarfe für die Unterkunft durch eine monatliche Pauschale festsetzen, wenn auf dem örtlichen Wohnungsmarkt hinreichend angemessener freier Wohnraum verfügbar und in Einzelfällen die Pauschalierung nicht unzumutbar ist. ² Bei der Bemessung der Pauschale sind die tatsächlichen Gegebenheiten des örtlichen Wohnungsmarkts, der örtliche Mietspiegel sowie die familiären Verhältnisse der Leistungsberechtigten zu berücksichtigen. ³ Absatz 2 Satz 1 gilt entsprechend.

(4) ¹ Bedarfe für Heizung und zentrale Warmwasserversorgung werden in tatsächlicher Höhe anerkannt, soweit sie angemessen sind. ² Die Bedarfe können durch eine monatliche Pauschale festgesetzt werden. ³ Bei der Bemessung der Pauschale sind die persönlichen und familiären Verhältnisse, die Größe und Beschaffenheit der Wohnung, die vorhandenen Heizmöglichkeiten und die örtlichen Gegebenheiten zu berücksichtigen.

(5) Leben Leistungsberechtigte in einer sonstigen Unterkunft nach § 42a Absatz 2 Satz 1 Nummer 2 sind Aufwendungen für Unterkunft und Heizung nach § 42a Absatz 5 anzuerkennen.

§ 35a Satzung. ¹ Hat ein Kreis oder eine kreisfreie Stadt eine Satzung nach den §§ 22a bis 22c des Zweiten Buches[1]) erlassen, so gilt sie für die Höhe der anzuerkennenden Bedarfe für die Unterkunft nach § 35 Absatz 1 und 2 des zuständigen Trägers der Sozialhilfe entsprechend, sofern darin nach § 22b Absatz 3 des Zweiten Buches Sonderregelungen für Personen mit einem besonderen Bedarf für Unterkunft und Heizung getroffen werden und dabei zusätzlich auch die Bedarfe älterer Menschen berücksichtigt werden. ² Dies gilt auch für die Höhe der anzuerkennenden Bedarfe für Heizung nach § 35 Absatz 4, soweit die Satzung Bestimmungen nach § 22b Absatz 1 Satz 2 und 3 des Zweiten Buches enthält. ³ In Fällen der Sätze 1 und 2 ist § 35 Absatz 3 und 4 Satz 2 und 3 nicht anzuwenden.

§ 36 Sonstige Hilfen zur Sicherung der Unterkunft. (1) ¹ Schulden können nur übernommen werden, wenn dies zur Sicherung der Unterkunft oder zur Behebung einer vergleichbaren Notlage gerechtfertigt ist. ² Sie sollen übernommen werden, wenn dies gerechtfertigt und notwendig ist und sonst Wohnungslosigkeit einzutreten droht. ³ Geldleistungen können als Beihilfe oder als Darlehen erbracht werden.

(2) ¹ Geht bei einem Gericht eine Klage auf Räumung von Wohnraum im Falle der Kündigung des Mietverhältnisses nach § 543 Absatz 1, 2 Satz 1 Nummer 3 in Verbindung mit § 569 Absatz 3 des Bürgerlichen Gesetzbuchs ein, teilt das Gericht dem zuständigen örtlichen Träger der Sozialhilfe oder der Stelle, die von ihm zur Wahrnehmung der in Absatz 1 bestimmten Aufgaben beauftragt wurde, unverzüglich Folgendes mit:

1. den Tag des Eingangs der Klage,
2. die Namen und die Anschriften der Parteien,
3. die Höhe der monatlich zu entrichtenden Miete,

---

[1]) Nr. 2.

4. die Höhe des geltend gemachten Mietrückstandes und der geltend gemachten Entschädigung sowie

5. den Termin zur mündlichen Verhandlung, sofern dieser bereits bestimmt ist.

² Außerdem kann der Tag der Rechtshängigkeit mitgeteilt werden. ³ Die Übermittlung unterbleibt, wenn die Nichtzahlung der Miete nach dem Inhalt der Klageschrift offensichtlich nicht auf Zahlungsunfähigkeit des Mieters beruht. ⁴ Die übermittelten Daten dürfen auch für entsprechende Zwecke der Kriegsopferfürsorge nach dem Bundesversorgungsgesetz verwendet werden.

Fünfter Abschnitt. Gewährung von Darlehen

§ 37 Ergänzende Darlehen. (1) Kann im Einzelfall ein von den Regelbedarfen umfasster und nach den Umständen unabweisbar gebotener Bedarf auf keine andere Weise gedeckt werden, sollen auf Antrag hierfür notwendige Leistungen als Darlehen erbracht werden.

(2) ¹ Der Träger der Sozialhilfe übernimmt für Leistungsberechtigte nach § 27b Absatz 2 Satz 2 die jeweils von ihnen bis zur Belastungsgrenze (§ 62 des Fünften Buches[1])) zu leistenden Zuzahlungen in Form eines ergänzenden Darlehens, sofern der Leistungsberechtigte nicht widerspricht. ² Die Auszahlung der für das gesamte Kalenderjahr zu leistenden Zuzahlungen erfolgt unmittelbar an die zuständige Krankenkasse zum 1. Januar oder bei Aufnahme in eine stationäre Einrichtung. ³ Der Träger der Sozialhilfe teilt der zuständigen Krankenkasse spätestens bis zum 1. November des Vorjahres die Leistungsberechtigten nach § 27b Absatz 2 Satz 2 mit, soweit diese der Darlehensgewährung nach Satz 1 für das laufende oder ein vorangegangenes Kalenderjahr nicht widersprochen haben.

(3) In den Fällen des Absatzes 2 Satz 3 erteilt die Krankenkasse über den Träger der Sozialhilfe die in § 62 Absatz 1 Satz 1 des Fünften Buches genannte Bescheinigung jeweils bis zum 1. Januar oder bei Aufnahme in eine stationäre Einrichtung und teilt dem Träger der Sozialhilfe die Höhe der der leistungsberechtigten Person zu leistenden Zuzahlungen mit; Veränderungen im Laufe eines Kalenderjahres sind unverzüglich mitzuteilen.

(4) ¹ Für die Rückzahlung von Darlehen nach Absatz 1 können von den monatlichen Regelsätzen Teilbeträge bis zur Höhe von jeweils 5 vom Hundert der Regelbedarfsstufe 1 nach der Anlage zu § 28 einbehalten werden. ² Die Rückzahlung von Darlehen nach Absatz 2 erfolgt in gleichen Teilbeträgen über das ganze Kalenderjahr.

§ 37a Darlehen bei am Monatsende fälligen Einkünften. (1) ¹ Kann eine leistungsberechtigte Person in dem Monat, in dem ihr erstmals eine Rente zufließt, bis zum voraussichtlichen Zufluss der Rente ihren notwendigen Lebensunterhalt nicht vollständig aus eigenen Mitteln bestreiten, ist ihr insoweit auf Antrag ein Darlehen zu gewähren. ² Satz 1 gilt entsprechend für Einkünfte und Sozialleistungen, die am Monatsende fällig werden.

(2) ¹ Das Darlehen ist in monatlichen Raten in Höhe von 5 Prozent der Regelbedarfsstufe 1 nach der Anlage zu § 28 zu tilgen; insgesamt ist jedoch höchstens ein Betrag in Höhe von 50 Prozent der Regelbedarfsstufe 1 nach der

---

[1]) Nr. 5.

Anlage zu § 28 zurückzuzahlen. ²Beträgt der monatliche Leistungsanspruch der leistungsberechtigten Person weniger als 5 Prozent der Regelbedarfsstufe 1 nach der Anlage zu § 28 wird die monatliche Rate nach Satz 1 in Höhe des Leistungsanspruchs festgesetzt.

(3) ¹Die Rückzahlung nach Absatz 2 beginnt mit Ablauf des Kalendermonats, der auf die Auszahlung des Darlehens folgt. ²Die Rückzahlung des Darlehens erfolgt während des Leistungsbezugs durch Aufrechnung nach § 44b.

§ 38 Darlehen bei vorübergehender Notlage. ¹Sind Leistungen nach § 27a Absatz 3 und 4, der Barbetrag nach § 27b Absatz 2 sowie nach den §§ 30, 32, 33 und 35 voraussichtlich nur für kurze Dauer zu erbringen, können Geldleistungen als Darlehen gewährt werden. ²Darlehen an Mitglieder von Haushaltsgemeinschaften im Sinne des § 27 Absatz 2 Satz 2 und 3 können an einzelne Mitglieder oder an mehrere gemeinsam vergeben werden.

Sechster Abschnitt. Einschränkung von Leistungsberechtigung und -umfang

§ 39 Vermutung der Bedarfsdeckung. ¹Lebt eine nachfragende Person gemeinsam mit anderen Personen in einer Wohnung oder in einer entsprechenden anderen Unterkunft, so wird vermutet, dass sie gemeinsam wirtschaften (Haushaltsgemeinschaft) und dass die nachfragende Person von den anderen Personen Leistungen zum Lebensunterhalt erhält, soweit dies nach deren Einkommen und Vermögen erwartet werden kann. ²Soweit nicht gemeinsam gewirtschaftet wird oder die nachfragende Person von den Mitgliedern der Haushaltsgemeinschaft keine ausreichenden Leistungen zum Lebensunterhalt erhält, ist ihr Hilfe zum Lebensunterhalt zu gewähren. ³Satz 1 gilt nicht

1. für Schwangere oder Personen, die ihr leibliches Kind bis zur Vollendung seines sechsten Lebensjahres betreuen und mit ihren Eltern oder einem Elternteil zusammenleben, oder
2. für Personen, die im Sinne des § 53 behindert oder im Sinne des § 61a pflegebedürftig sind und von in Satz 1 genannten Personen betreut werden; dies gilt auch, wenn die genannten Voraussetzungen einzutreten drohen und das gemeinsame Wohnen im Wesentlichen zum Zweck der Sicherstellung der Hilfe und Versorgung erfolgt.

§ 39a Einschränkung der Leistung. (1) ¹Lehnen Leistungsberechtigte entgegen ihrer Verpflichtung die Aufnahme einer Tätigkeit oder die Teilnahme an einer erforderlichen Vorbereitung ab, vermindert sich die maßgebende Regelbedarfsstufe in einer ersten Stufe um bis zu 25 vom Hundert, bei wiederholter Ablehnung in weiteren Stufen um jeweils bis zu 25 vom Hundert. ²Die Leistungsberechtigten sind vorher entsprechend zu belehren.

(2) § 26 Abs. 1 Satz 2 findet Anwendung.

Siebter Abschnitt. Verordnungsermächtigung

§ 40 Verordnungsermächtigung. ¹Das Bundesministerium für Arbeit und Soziales hat im Einvernehmen mit dem Bundesministerium der Finanzen durch Rechtsverordnung mit Zustimmung des Bundesrates

1. den für die Fortschreibung der Regelbedarfsstufen nach § 28a maßgeblichen Vomhundertsatz zu bestimmen und
2. die Anlage zu § 28 um die sich durch die Fortschreibung nach Nummer 1 zum 1. Januar eines Jahres ergebenden Regelbedarfsstufen zu ergänzen.

² Der Vomhundertsatz nach Satz 1 Nummer 1 ist auf zwei Dezimalstellen zu berechnen; die zweite Dezimalstelle ist um eins zu erhöhen, wenn sich in der dritten Dezimalstelle eine der Ziffern von 5 bis 9 ergibt. ³ Die Bestimmungen nach Satz 1 erfolgen bis spätestens zum Ablauf des 31. Oktober des jeweiligen Jahres.

Viertes Kapitel. Grundsicherung im Alter und bei Erwerbsminderung

Erster Abschnitt. Grundsätze

§ 41 Leistungsberechtigte. (1) Leistungsberechtigt nach diesem Kapitel sind ältere und dauerhaft voll erwerbsgeminderte Personen mit gewöhnlichem Aufenthalt im Inland, die ihren notwendigen Lebensunterhalt nicht oder nicht ausreichend aus Einkommen und Vermögen nach § 43 bestreiten können.

(2) ¹ Leistungsberechtigt wegen Alters nach Absatz 1 ist, wer die Altersgrenze erreicht hat. ² Personen, die vor dem 1. Januar 1947 geboren sind, erreichen die Altersgrenze mit Vollendung des 65. Lebensjahres. ³ Für Personen, die nach dem 31. Dezember 1946 geboren sind, wird die Altersgrenze wie folgt angehoben:

für den Geburtsjahrgang	erfolgt eine Anhebung um Monate	auf Vollendung eines Lebensalters von
1947	1	65 Jahren und 1 Monat
1948	2	65 Jahren und 2 Monaten
1949	3	65 Jahren und 3 Monaten
1950	4	65 Jahren und 4 Monaten
1951	5	65 Jahren und 5 Monaten
1952	6	65 Jahren und 6 Monaten
1953	7	65 Jahren und 7 Monaten
1954	8	65 Jahren und 8 Monaten
1955	9	65 Jahren und 9 Monaten
1956	10	65 Jahren und 10 Monaten
1957	11	65 Jahren und 11 Monaten
1958	12	66 Jahren
1959	14	66 Jahren und 2 Monaten
1960	16	66 Jahren und 4 Monaten

für den Geburtsjahrgang	erfolgt eine Anhebung um Monate	auf Vollendung eines Lebensalters von
1961	18	66 Jahren und 6 Monaten
1962	20	66 Jahren und 8 Monaten
1963	22	66 Jahren und 10 Monaten
ab 1964	24	67 Jahren

(3) Leistungsberechtigt wegen einer dauerhaften vollen Erwerbsminderung nach Absatz 1 ist, wer das 18. Lebensjahr vollendet hat, unabhängig von der jeweiligen Arbeitsmarktlage voll erwerbsgemindert im Sinne des § 43 Abs. 2 des Sechsten Buches[1] ist und bei dem unwahrscheinlich ist, dass die volle Erwerbsminderung behoben werden kann.

(4) Keinen Anspruch auf Leistungen nach diesem Kapitel hat, wer in den letzten zehn Jahren die Bedürftigkeit vorsätzlich oder grob fahrlässig herbeigeführt hat.

§ 41a Vorübergehender Auslandsaufenthalt. Leistungsberechtigte, die sich länger als vier Wochen ununterbrochen im Ausland aufhalten, erhalten nach Ablauf der vierten Woche bis zu ihrer nachgewiesenen Rückkehr ins Inland keine Leistungen.

§ 42 Bedarfe. Die Bedarfe nach diesem Kapitel umfassen:
1. die Regelsätze nach den Regelbedarfsstufen der Anlage zu § 28; § 27a Absatz 3 und Absatz 4 Satz 1 und 2 ist anzuwenden; § 29 Absatz 1 Satz 1 letzter Halbsatz und Absatz 2 bis 5 ist nicht anzuwenden,
2. die zusätzlichen Bedarfe nach dem Zweiten Abschnitt des Dritten Kapitels,
3. die Bedarfe für Bildung und Teilhabe nach dem Dritten Abschnitt des Dritten Kapitels, ausgenommen die Bedarfe nach § 34 Absatz 7,
4. Bedarfe für Unterkunft und Heizung
   a) bei Leistungsberechtigten außerhalb von Einrichtungen nach § 42a,
   b) bei Leistungsberechtigten, deren notwendiger Lebensunterhalt sich nach § 27b bestimmt, in Höhe der durchschnittlichen angemessenen tatsächlichen Aufwendungen für die Warmmiete eines Einpersonenhaushaltes im Bereich des nach § 46b zuständigen Trägers,
5. ergänzende Darlehen nach § 37 Absatz 1 und Darlehen bei am Monatsende fälligen Einkommen nach § 37a.

§ 42a Bedarfe für Unterkunft und Heizung. (1) Für Leistungsberechtigte sind angemessene Bedarfe für Unterkunft und Heizung nach dem Vierten Abschnitt des Dritten Kapitels sowie nach § 42 Nummer 4 Buchstabe b anzuerkennen, soweit in den folgenden Absätzen nichts Abweichendes geregelt ist.

---

[1] Nr. 6.

(2) ¹ Für die Anerkennung von Bedarfen für Unterkunft und Heizung
1. bei Leistungsberechtigten, die in einer Wohnung leben, gelten die Absätze 3 und 4 sowie
2. bei Leistungsberechtigten außerhalb von Einrichtungen, die in einer sonstigen Unterkunft leben, gilt Absatz 5.

² Wohnung im Sinne des Satzes 1 Nummer 1 ist die Zusammenfassung mehrerer Räume, die von anderen Wohnungen oder Wohnräumen baulich getrennt sind und die in ihrer Gesamtheit alle für die Führung eines Haushaltes notwendigen Einrichtungen, Ausstattungen und Räumlichkeiten umfassen.

(3) ¹ Lebt eine leistungsberechtigte Person
1. zusammen mit mindestens einem Elternteil, mit mindestens einem volljährigen Geschwisterkind oder einem volljährigen Kind in einer Wohnung im Sinne von Absatz 2 Satz 2 und sind diese Mieter oder Eigentümer der gesamten Wohnung (Mehrpersonenhaushalt) und
2. ist sie nicht vertraglich zur Tragung von Unterkunftskosten verpflichtet,

sind ihr Bedarfe für Unterkunft und Heizung nach den Sätzen 3 bis 5 anzuerkennen. ² Als Bedarf sind leistungsberechtigten Personen nach Satz 1 diejenigen Aufwendungen für Unterkunft als Bedarf anzuerkennen, die sich aus der Differenz der angemessenen Aufwendungen für den Mehrpersonenhaushalt entsprechend der Anzahl der dort wohnenden Personen ergeben und für einen Haushalt mit einer um eins verringerten Personenzahl. ³ Für die als Bedarf zu berücksichtigenden angemessenen Aufwendungen für Heizung ist der Anteil an den tatsächlichen Gesamtaufwendungen für die Heizung der Wohnung zu berücksichtigen, der sich für die Aufwendungen für die Unterkunft nach Satz 1 ergibt. ⁴ Abweichend von § 35 kommt es auf die nachweisbare Tragung von tatsächlichen Aufwendungen für Unterkunft und Heizung nicht an. ⁵ Die Sätze 2 und 3 gelten nicht, wenn die mit der leistungsberechtigten Person zusammenlebenden Personen darlegen, dass sie ihren Lebensunterhalt einschließlich der ungedeckten angemessenen Aufwendungen für Unterkunft und Heizung aus eigenen Mitteln nicht decken können; in diesen Fällen findet Absatz 4 Satz 1 Anwendung.

(4) ¹ Lebt eine leistungsberechtigte Person zusammen mit anderen Personen in einer Wohnung im Sinne von Absatz 2 Satz 2 (Wohngemeinschaft) oder lebt die leistungsberechtigte Person zusammen mit in Absatz 3 Satz 1 Nummer 1 genannten Personen und ist sie vertraglich zur Tragung von Unterkunftskosten verpflichtet, sind die von ihr zu tragenden Aufwendungen für Unterkunft und Heizung bis zu dem Betrag als Bedarf anzuerkennen, der ihrem nach der Zahl der Bewohner zu bemessenden Anteil an den Aufwendungen für Unterkunft und Heizung entspricht, die für einen entsprechenden Mehrpersonenhaushalt als angemessen gelten. ² Satz 1 gilt nicht, wenn die leistungsberechtigte Person auf Grund einer mietvertraglichen Vereinbarung nur für konkret bestimmte Anteile des Mietzinses zur Zahlung verpflichtet ist; in diesem Fall sind die tatsächlichen Aufwendungen für Unterkunft und Heizung bis zu dem Betrag als Bedarf anzuerkennen, der für einen Einpersonenhaushalt angemessen ist, soweit der von der leistungsberechtigten Person zu zahlende Mietzins zur gesamten Wohnungsmiete in einem angemessen Verhältnis steht. ³ Übersteigen die tatsächlichen Aufwendungen der leistungsberechtigten Person die nach den Sätzen 1 und 2 angemessenen Aufwendungen für Unterkunft und Heizung, gilt § 35 Absatz 2 Satz 2 entsprechend.

(5) ¹ Lebt eine leistungsberechtigte Person in einer sonstigen Unterkunft nach Absatz 2 Satz 1 Nummer 2 allein, sind höchstens die durchschnittlichen angemessenen tatsächlichen Aufwendungen für die Warmmiete eines Einpersonenhaushaltes im örtlichen Zuständigkeitsbereich des für die Ausführung des Gesetzes nach diesem Kapitel zuständigen Trägers als Bedarf anzuerkennen. ² Lebt die leistungsberechtigte Person zusammen mit anderen Bewohnern in einer sonstigen Unterkunft, sind höchstens die angemessenen tatsächlichen Aufwendungen anzuerkennen, die die leistungsberechtigte Person nach der Zahl der Bewohner anteilig an einem entsprechenden Mehrpersonenhaushalt zu tragen hätte. ³ Höhere als die sich nach Satz 1 oder 2 ergebenden Aufwendungen können im Einzelfall als Bedarf anerkannt werden, wenn

1. eine leistungsberechtigte Person voraussichtlich innerhalb von sechs Monaten in einer angemessenen Wohnung untergebracht werden kann oder, sofern dies als nicht möglich erscheint, voraussichtlich auch keine hinsichtlich Ausstattung und Größe sowie der Höhe der Aufwendungen angemessene Unterbringung in einer sonstigen Unterkunft verfügbar ist, oder

2. zusätzliche haushaltsbezogene Aufwendungen beinhaltet sind, die ansonsten über die Regelbedarfe abzudecken wären.

§ 43 Einsatz von Einkommen und Vermögen, Berücksichtigung von Unterhaltsansprüchen. (1) ¹ Für den Einsatz des Einkommens sind die §§ 82 bis 84 und für den Einsatz des Vermögens die §§ 90 und 91 anzuwenden, soweit in den folgenden Absätzen nichts Abweichendes geregelt ist. ² Einkommen und Vermögen des nicht getrennt lebenden Ehegatten oder Lebenspartners sowie des Partners einer eheähnlichen oder lebenspartnerschaftsähnlichen Gemeinschaft, die dessen notwendigen Lebensunterhalt nach § 27a übersteigen, sind zu berücksichtigen.

(2) Zusätzlich zu den nach § 82 Absatz 2 vom Einkommen abzusetzenden Beträgen sind Einnahmen aus Kapitalvermögen abzusetzen, soweit sie einen Betrag von 26 Euro im Kalenderjahr nicht übersteigen.

(3) ¹ Die Verletztenrente nach dem Siebten Buch ist teilweise nicht als Einkommen zu berücksichtigen, wenn sie auf Grund eines in Ausübung der Wehrpflicht bei der Nationalen Volksarmee der ehemaligen Deutschen Demokratischen Republik erlittenen Gesundheitsschadens erbracht wird. ² Dabei bestimmt sich die Höhe des nicht zu berücksichtigenden Betrages nach der Höhe der Grundrente nach § 31 des Bundesversorgungsgesetzes, die für den Grad der Schädigungsfolgen zu zahlen ist, der der jeweiligen Minderung der Erwerbsfähigkeit entspricht. ³ Bei einer Minderung der Erwerbsfähigkeit um 20 Prozent beträgt der nicht zu berücksichtigende Betrag zwei Drittel, bei einer Minderung der Erwerbsfähigkeit um 10 Prozent ein Drittel der Mindestgrundrente nach dem Bundesversorgungsgesetz.

(4) Erhalten Leistungsberechtigte nach dem Dritten Kapitel in einem Land nach § 29 Absatz 1 letzter Halbsatz und Absatz 2 bis 5 festgesetzte und fortgeschriebene Regelsätze und sieht das Landesrecht in diesem Land für Leistungsberechtigte nach diesem Kapitel eine aufstockende Leistung vor, dann ist diese Leistung nicht als Einkommen nach § 82 Absatz 1 zu berücksichtigen.

4. Kapitel. Grundsicherung im Alter § 43a SGB XII 12

(5) ¹Unterhaltsansprüche der Leistungsberechtigten gegenüber ihren Kindern und Eltern sind nicht zu berücksichtigen, es sei denn, deren jährliches Gesamteinkommen im Sinne des § 16 des Vierten Buches[1)] beträgt jeweils mehr als 100 000 Euro (Jahreseinkommensgrenze). ²Es wird vermutet, dass das Einkommen der unterhaltsverpflichteten Personen nach Satz 1 die Jahreseinkommensgrenze nicht überschreitet. ³Wird diese Vermutung widerlegt, besteht keine Leistungsberechtigung nach diesem Kapitel. ⁴Zur Widerlegung der Vermutung nach Satz 2 kann der jeweils für die Ausführung des Gesetzes nach diesem Kapitel zuständige Träger von den Leistungsberechtigten Angaben verlangen, die Rückschlüsse auf die Einkommensverhältnisse der Unterhaltspflichtigen nach Satz 1 zulassen. ⁵Liegen im Einzelfall hinreichende Anhaltspunkte für ein Überschreiten der in Satz 1 genannten Einkommensgrenze vor, sind die Kinder oder Eltern der Leistungsberechtigten gegenüber dem jeweils für die Ausführung des Gesetzes nach diesem Kapitel zuständigen Träger verpflichtet, über ihre Einkommensverhältnisse Auskunft zu geben, soweit die Durchführung dieses Buches es erfordert. ⁶Die Pflicht zur Auskunft umfasst die Verpflichtung, auf Verlangen des für die Ausführung des Gesetzes nach diesem Kapitel zuständigen Trägers Beweisurkunden vorzulegen oder ihrer Vorlage zuzustimmen.

(6) § 39 Satz 1 ist nicht anzuwenden.

Zweiter Abschnitt. Verfahrensbestimmungen

§ 43a Gesamtbedarf, Zahlungsanspruch und Direktzahlung.

(1) Der monatliche Gesamtbedarf ergibt sich aus der Summe der nach § 42 Nummer 1 bis 4 anzuerkennenden monatlichen Bedarfe.

(2) Die Höhe der monatlichen Geldleistung im Einzelfall (monatlicher Zahlungsanspruch) ergibt sich aus dem Gesamtbedarf nach Absatz 1 zuzüglich Nachzahlungen und abzüglich des nach § 43 Absatz 1 bis 4 einzusetzenden Einkommens und Vermögens sowie abzüglich von Aufrechnungen und Verrechnungen nach § 44b.

(3) ¹Sehen Vorschriften des Dritten Kapitels vor, dass Bedarfe, die in den Gesamtbedarf eingehen, durch Zahlungen des zuständigen Trägers an Empfangsberechtigte gedeckt werden können oder zu decken sind (Direktzahlung), erfolgt die Zahlung durch den für die Ausführung des Gesetzes nach diesem Kapitel zuständigen Träger, und zwar bis zur Höhe des jeweils anerkannten Bedarfs, höchstens aber bis zu der sich nach Absatz 2 ergebenden Höhe des monatlichen Zahlungsanspruchs; die §§ 34a und 34b bleiben unberührt. ²Satz 1 gilt entsprechend, wenn Leistungsberechtigte eine Direktzahlung wünschen. ³Erfolgt eine Direktzahlung, hat der für die Ausführung des Gesetzes nach diesem Kapitel zuständige Träger die leistungsberechtigte Person darüber schriftlich zu informieren.

(4) Der für die Ausführung des Gesetzes nach diesem Kapitel zuständige Träger kann bei Zahlungsrückständen aus Stromlieferverträgen für Haushaltsstrom, die zu einer Unterbrechung der Energielieferung berechtigen, für die laufenden Zahlungsverpflichtungen einer leistungsberechtigten Person eine Direktzahlung entsprechend Absatz 3 Satz 1 vornehmen.

[1)] Nr. 4.

§ 44 Antragserfordernis, Erbringung von Geldleistungen, Bewilligungszeitraum. (1) ¹Leistungen nach diesem Kapitel werden auf Antrag erbracht. ²Gesondert zu beantragen sind Leistungen zur Deckung von Bedarfen nach § 42 Nummer 2 in Verbindung mit den §§ 31 und 33 sowie zur Deckung der Bedarfe nach § 42 Nummer 3 und 5.

(2) ¹Ein Antrag nach Absatz 1 wirkt auf den Ersten des Kalendermonats zurück, in dem er gestellt wird, wenn die Voraussetzungen des § 41 innerhalb dieses Kalendermonats erfüllt werden. ²Leistungen zur Deckung von Bedarfen nach § 42 werden vorbehaltlich Absatz 4 Satz 2 nicht für Zeiten vor dem sich nach Satz 1 ergebenden Kalendermonat erbracht.

(3) ¹Leistungen zur Deckung von Bedarfen nach § 42 werden in der Regel für einen Bewilligungszeitraum von zwölf Kalendermonaten bewilligt. ²Sofern über den Leistungsanspruch nach § 44a vorläufig entschieden wird, soll der Bewilligungszeitraum nach Satz 1 auf höchstens sechs Monate verkürzt werden. ³Bei einer Bewilligung nach dem Bezug von Arbeitslosengeld II oder Sozialgeld nach dem Zweiten Buch[1]), der mit Erreichen der Altersgrenze nach § 7a des Zweiten Buches endet, beginnt der Bewilligungszeitraum erst mit dem Ersten des Monats, der auf den sich nach § 7a des Zweiten Buches ergebenden Monat folgt.

(4) ¹Leistungen zur Deckung von wiederkehrenden Bedarfen nach § 42 Nummer 1, 2 und 4 werden monatlich im Voraus erbracht. ²Für Leistungen zur Deckung der Bedarfe nach § 42 Nummer 3 sind die §§ 34a und 34b anzuwenden.

§ 44a Vorläufige Entscheidung. (1) Über die Erbringung von Geldleistungen ist vorläufig zu entscheiden, wenn die Voraussetzungen des § 41 Absatz 2 und 3 feststehen und

1. zur Feststellung der weiteren Voraussetzungen des Anspruchs auf Geldleistungen voraussichtlich längere Zeit erforderlich ist und die weiteren Voraussetzungen für den Anspruch mit hinreichender Wahrscheinlichkeit vorliegen oder

2. ein Anspruch auf Geldleistungen dem Grunde nach besteht und zur Feststellung seiner Höhe voraussichtlich längere Zeit erforderlich ist.

(2) ¹Der Grund der Vorläufigkeit der Entscheidung ist im Verwaltungsakt des ausführenden Trägers anzugeben. ²Eine vorläufige Entscheidung ergeht nicht, wenn die leistungsberechtigte Person die Umstände, die einer sofortigen abschließenden Entscheidung entgegenstehen, zu vertreten hat.

(3) Soweit die Voraussetzungen des § 45 Absatz 1 des Zehnten Buches[2]) vorliegen, ist die vorläufige Entscheidung mit Wirkung für die Zukunft zurückzunehmen; § 45 Absatz 2 des Zehnten Buches findet keine Anwendung.

(4) Steht während des Bewilligungszeitraums fest, dass für Monate, für die noch keine vorläufig bewilligten Leistungen erbracht wurden, kein Anspruch bestehen wird und steht die Höhe des Anspruchs für die Monate endgültig fest, für die bereits vorläufig Geldleistungen erbracht worden sind, kann der ausführende Träger für den gesamten Bewilligungszeitraum eine abschließende Entscheidung bereits vor dessen Ablauf treffen.

---

[1]) Nr. 2.
[2]) Nr. 10.

(5) ¹ Nach Ablauf des Bewilligungszeitraums hat der für die Ausführung des Gesetzes nach diesem Kapitel zuständige Träger abschließend über den monatlichen Leistungsanspruch zu entscheiden, sofern die vorläufig bewilligte Geldleistung nicht der abschließend festzustellenden entspricht. ² Anderenfalls trifft der ausführende Träger nur auf Antrag der leistungsberechtigten Person eine abschließende Entscheidung für den gesamten Bewilligungszeitraum. ³ Die leistungsberechtigte Person ist nach Ablauf des Bewilligungszeitraums verpflichtet, die von dem der für die Ausführung des Gesetzes nach diesem Kapitel zuständige Träger zum Erlass einer abschließenden Entscheidung geforderten leistungserheblichen Tatsachen nachzuweisen; die §§ 60, 61, 65 und 65a des Ersten Buches[1]) gelten entsprechend. ⁴ Kommt die leistungsberechtigte Person ihrer Nachweispflicht trotz angemessener Fristsetzung und schriftlicher Belehrung über die Rechtsfolgen bis zur abschließenden Entscheidung nicht, nicht vollständig oder nicht fristgemäß nach, setzt der für die Ausführung des Gesetzes nach diesem Kapitel zuständige Träger die zu gewährenden Geldleistungen für diese Kalendermonate nur in der Höhe endgültig fest, soweit der Leistungsanspruch nachgewiesen ist. ⁵ Für die übrigen Kalendermonate wird festgestellt, dass ein Leistungsanspruch nicht bestand.

(6) ¹ Ergeht innerhalb eines Jahres nach Ablauf des Bewilligungszeitraums keine abschließende Entscheidung nach Absatz 4, gelten die vorläufig bewilligten Geldleistungen als abschließend festgesetzt. ² Satz 1 gilt nicht,

1. wenn die leistungsberechtigte Person innerhalb der Frist nach Satz 1 eine abschließende Entscheidung beantragt oder
2. der Leistungsanspruch aus einem anderen als dem nach Absatz 2 anzugebenden Grund nicht oder nur in geringerer Höhe als die vorläufigen Leistungen besteht und der für die Ausführung des Gesetzes nach diesem Kapitel zuständige Träger über diesen innerhalb eines Jahres seit Kenntnis von diesen Tatsachen, spätestens aber nach Ablauf von zehn Jahren nach der Bekanntgabe der vorläufigen Entscheidung abschließend entschieden hat.

³ Satz 2 Nummer 2 findet keine Anwendung, wenn der für die Ausführung des Gesetzes nach diesem Kapitel zuständige Träger die Unkenntnis von den entscheidungserheblichen Tatsachen zu vertreten hat.

(7) ¹ Die auf Grund der vorläufigen Entscheidung erbrachten Geldleistungen sind auf die abschließend festgestellten Geldleistungen anzurechnen. ² Soweit im Bewilligungszeitraum in einzelnen Kalendermonaten vorläufig zu hohe Geldleistungen erbracht wurden, sind die sich daraus ergebenden Überzahlungen auf die abschließend bewilligten Geldleistungen anzurechnen, die für andere Kalendermonate dieses Bewilligungszeitraums nachzuzahlen wären. ³ Überzahlungen, die nach der Anrechnung fortbestehen, sind zu erstatten.

§ 44b Aufrechnung, Verrechnung. (1) Die für die Ausführung des Gesetzes nach diesem Kapitel zuständigen Träger können mit einem bestandskräftigen Erstattungsanspruch nach § 44a Absatz 7 gegen den monatlichen Leistungsanspruch aufrechnen.

(2) Die Höhe der Aufrechnung nach Absatz 1 beträgt monatlich 5 Prozent der maßgebenden Regelbedarfsstufe nach der Anlage zu § 28.

---

[1]) Nr. 1.

(3) ¹Die Aufrechnung ist gegenüber der leistungsberechtigten Person schriftlich durch Verwaltungsakt zu erklären. ²Die Aufrechnung endet spätestens drei Jahre nach Ablauf des Monats, in dem die Bestandskraft der in Absatz 1 genannten Ansprüche eingetreten ist. ³Zeiten, in denen die Aufrechnung nicht vollziehbar ist, verlängern den Aufrechnungszeitraum entsprechend.

(4) ¹Ein für die Ausführung des Gesetzes nach diesem Kapitel zuständiger Träger kann nach Ermächtigung eines anderen Trägers im Sinne dieses Buches dessen bestandskräftige Ansprüche mit dem monatlichen Zahlungsanspruch nach § 43a nach Maßgabe der Absätze 2 und 3 verrechnen. ²Zwischen den für die Ausführung des Gesetzes nach diesem Kapitel zuständigen Trägern findet keine Erstattung verrechneter Forderungen statt, soweit die miteinander verrechneten Ansprüche auf der Bewilligung von Leistungen nach diesem Kapitel beruhen.

§ 44c Erstattungsansprüche zwischen Trägern. Im Verhältnis der für die Ausführung des Gesetzes nach diesem Kapitel zuständigen Träger untereinander sind die Vorschriften über die Erstattung nach

1. dem Zweiten Abschnitt des Dreizehnten Kapitels sowie

2. dem Zweiten Abschnitt des Dritten Kapitels des Zehnten Buches[1]

für Geldleistungen nach diesem Kapitel nicht anzuwenden.

§ 45 Feststellung der dauerhaften vollen Erwerbsminderung. ¹Der jeweils für die Ausführung des Gesetzes nach diesem Kapitel zuständige Träger ersucht den nach § 109a Absatz 2 des Sechsten Buches[2] zuständigen Träger der Rentenversicherung, die medizinischen Voraussetzungen des § 41 Absatz 3 zu prüfen, wenn es auf Grund der Angaben und Nachweise des Leistungsberechtigten als wahrscheinlich erscheint, dass diese erfüllt sind und das zu berücksichtigende Einkommen und Vermögen nicht ausreicht, um den Lebensunterhalt vollständig zu decken. ²Die Entscheidung des Trägers der Rentenversicherung ist bindend für den ersuchenden Träger, der für die Ausführung des Gesetzes nach diesem Kapitel zuständig ist; dies gilt auch für eine Entscheidung des Trägers der Rentenversicherung nach § 109a Absatz 3 des Sechsten Buches. ³Ein Ersuchen nach Satz 1 erfolgt nicht, wenn

1. ein Träger der Rentenversicherung bereits die Voraussetzungen des § 41 Absatz 3 im Rahmen eines Antrags auf eine Rente wegen Erwerbsminderung festgestellt hat,

2. ein Träger der Rentenversicherung bereits nach § 109a Absatz 2 und 3 des Sechsten Buches eine gutachterliche Stellungnahme abgegeben hat,

3. Personen in einer Werkstatt für behinderte Menschen den Eingangs- und Berufsbildungsbereich durchlaufen oder im Arbeitsbereich beschäftigt sind oder

4. der Fachausschuss einer Werkstatt für behinderte Menschen über die Aufnahme in eine Werkstatt oder Einrichtung eine Stellungnahme nach den §§ 2 und 3 der Werkstättenverordnung abgegeben und dabei festgestellt hat, dass ein Mindestmaß an wirtschaftlich verwertbarer Arbeitsleistung nicht vorliegt.

---

[1] Nr. 10.
[2] Nr. 6.

4. Kapitel. Grundsicherung im Alter §§ 46, 46a SGB XII 12

§ 46 Zusammenarbeit mit den Trägern der Rentenversicherung. ¹Der zuständige Träger der Rentenversicherung informiert und berät leistungsberechtigte Personen nach § 41, die rentenberechtigt sind, über die Leistungsvoraussetzungen und über das Verfahren nach diesem Kapitel. ²Personen, die nicht rentenberechtigt sind, werden auf Anfrage beraten und informiert. ³Liegt die Rente unter dem 27-fachen Betrag des geltenden aktuellen Rentenwertes in der gesetzlichen Rentenversicherung (*[bis 30.6.2018:* §§ 68, 68a, 255e des Sechsten Buches[1])*[ab 1.7.2018:* §§ 68, 68a des Sechsten Buches*]*), ist der Information zusätzlich ein Antragsformular beizufügen. ⁴Der Träger der Rentenversicherung übersendet einen eingegangenen Antrag mit einer Mitteilung über die Höhe der monatlichen Rente und über das Vorliegen der Voraussetzungen der Leistungsberechtigung an den jeweils für die Ausführung des Gesetzes nach diesem Kapitel zuständigen Träger. ⁵Eine Verpflichtung des Trägers der Rentenversicherung nach Satz 1 besteht nicht, wenn eine Inanspruchnahme von Leistungen nach diesem Kapitel wegen der Höhe der gezahlten Rente sowie der im Rentenverfahren zu ermittelnden weiteren Einkommen nicht in Betracht kommt.

Dritter Abschnitt. Erstattung und Zuständigkeit

§ 46a Erstattung durch den Bund. (1) Der Bund erstattet den Ländern
1. im Jahr 2013 einen Anteil von 75 Prozent und
2. ab dem Jahr 2014 jeweils einen Anteil von 100 Prozent

der im jeweiligen Kalenderjahr den für die Ausführung des Gesetzes nach diesem Kapitel zuständigen Trägern entstandenen Nettoausgaben für Geldleistungen nach diesem Kapitel.

(2) ¹Die Höhe der Nettoausgaben für Geldleistungen nach Absatz 1 ergibt sich aus den Bruttoausgaben der für die Ausführung des Gesetzes nach diesem Kapitel zuständigen Träger, abzüglich der auf diese Geldleistungen entfallenden Einnahmen. ²Einnahmen nach Satz 1 sind insbesondere Einnahmen aus Aufwendungen, Kostenersatz und Ersatzansprüchen nach dem Dreizehnten Kapitel, soweit diese auf Geldleistungen nach diesem Kapitel entfallen, aus dem Übergang von Ansprüchen nach § 93 sowie aus Erstattungen anderer Sozialleistungsträger nach dem Zehnten Buch[2].

(3) ¹Der Abruf der Erstattungen durch die Länder erfolgt quartalsweise. ²Die Abrufe sind
1. vom 15. März bis 14. Mai,
2. vom 15. Juni bis 14. August,
3. vom 15. September bis 14. November und
4. vom 15. Dezember des jeweiligen Jahres bis 14. Februar des Folgejahres

zulässig (Abrufzeiträume). ³Werden Leistungen für Leistungszeiträume im folgenden Haushaltsjahr zur fristgerechten Auszahlung an den Leistungsberechtigten bereits im laufenden Haushaltsjahr erbracht, sind die entsprechenden Nettoausgaben im Abrufzeitraum 15. März bis 14. Mai des Folgejahres abzurufen. ⁴Der Abruf für Nettoausgaben aus Vorjahren, für die bereits ein Jahresnachweis

---
[1] Nr. **6.**
[2] Nr. **10.**

vorliegt, ist in den darauf folgenden Jahren nach Maßgabe des Absatzes 1 jeweils nur vom 15. Juni bis 14. August zulässig.

(4) [1] Die Länder gewährleisten die Prüfung, dass die Ausgaben für Geldleistungen der für die Ausführung des Gesetzes nach diesem Kapitel zuständigen Träger begründet und belegt sind und den Grundsätzen für Wirtschaftlichkeit und Sparsamkeit entsprechen. [2] Sie haben dies dem Bundesministerium für Arbeit und Soziales für das jeweils abgeschlossene Quartal in tabellarischer Form zu belegen (Quartalsnachweis). [3] In den Quartalsnachweisen sind

1. die Bruttoausgaben für Geldleistungen nach § 46a Absatz 2 sowie die darauf entfallenden Einnahmen,

2. die Bruttoausgaben und Einnahmen nach Nummer 1, differenziert nach Leistungen für Leistungsberechtigte außerhalb und in Einrichtungen,

3. erstmals ab dem Jahr 2016 die Bruttoausgaben und Einnahmen nach Nummer 1, differenziert nach Leistungen für Leistungsberechtigte nach § 41 Absatz 2 und 3

zu belegen. [4] Die Quartalsnachweise sind dem Bundesministerium für Arbeit und Soziales durch die Länder jeweils zwischen dem 15. und dem 20. der Monate Mai, August, November und Februar für das jeweils abgeschlossene Quartal vorzulegen. [5] Die Länder können die Quartalsnachweise auch vor den sich nach Satz 4 ergebenden Terminen vorlegen; ein weiterer Abruf in dem für das jeweilige Quartal nach Absatz 3 Satz 1 geltenden Abrufzeitraum ist nach Vorlage des Quartalsnachweises nicht zulässig.

(5) [1] Die Länder haben dem Bundesministerium für Arbeit und Soziales die Angaben nach

1. Absatz 4 Satz 3 Nummer 1 und 2 entsprechend ab dem Kalenderjahr 2015 und

2. Absatz 4 Satz 3 Nummer 3 entsprechend ab dem Kalenderjahr 2016

bis 31. März des jeweils folgenden Jahres in tabellarischer Form zu belegen (Jahresnachweis). [2] Die Angaben nach Satz 1 sind zusätzlich für die für die Ausführung nach diesem Kapitel zuständigen Träger zu differenzieren.

§ 46b Zuständigkeit. (1) Die für die Ausführung des Gesetzes nach diesem Kapitel zuständigen Träger werden nach Landesrecht bestimmt, sofern sich nach Absatz 3 nichts Abweichendes ergibt.

(2) Die §§ 3, 6 und 7 sind nicht anzuwenden.

(3) [1] Das Zwölfte Kapitel ist nicht anzuwenden, sofern sich aus den Sätzen 2 und 3 nichts Abweichendes ergibt. [2] Bei Leistungsberechtigten nach diesem Kapitel gilt der Aufenthalt in einer stationären Einrichtung und in Einrichtungen zum Vollzug richterlich angeordneter Freiheitsentziehung nicht als gewöhnlicher Aufenthalt; § 98 Absatz 2 Satz 1 bis 3 ist entsprechend anzuwenden. [3] Für die Leistungen nach diesem Kapitel an Personen, die Leistungen nach dem Sechsten bis Achten Kapitel in Formen ambulanter betreuter Wohnmöglichkeiten erhalten, ist § 98 Absatz 5 entsprechend anzuwenden.

Fünftes Kapitel. Hilfen zur Gesundheit

§ 47 Vorbeugende Gesundheitshilfe. ¹ Zur Verhütung und Früherkennung von Krankheiten werden die medizinischen Vorsorgeleistungen und Untersuchungen erbracht. ² Andere Leistungen werden nur erbracht, wenn ohne diese nach ärztlichem Urteil eine Erkrankung oder ein sonstiger Gesundheitsschaden einzutreten droht.

§ 48 Hilfe bei Krankheit. ¹ Um eine Krankheit zu erkennen, zu heilen, ihre Verschlimmerung zu verhüten oder Krankheitsbeschwerden zu lindern, werden Leistungen zur Krankenbehandlung entsprechend dem Dritten Kapitel Fünften Abschnitt Ersten Titel des Fünften Buches[1]) erbracht. ² Die Regelungen zur Krankenbehandlung nach § 264 des Fünften Buches gehen den Leistungen der Hilfe bei Krankheit nach Satz 1 vor.

§ 49 Hilfe zur Familienplanung. ¹ Zur Familienplanung werden die ärztliche Beratung, die erforderliche Untersuchung und die Verordnung der empfängnisregelnden Mittel geleistet. ² Die Kosten für empfängnisverhütende Mittel werden übernommen, wenn diese ärztlich verordnet worden sind.

§ 50 Hilfe bei Schwangerschaft und Mutterschaft. Bei Schwangerschaft und Mutterschaft werden

1. ärztliche Behandlung und Betreuung sowie Hebammenhilfe,
2. Versorgung mit Arznei-, Verband- und Heilmitteln,
3. Pflege in einer stationären Einrichtung und
4. häusliche Pflege nach den §§ 64c und 64f sowie die angemessenen Aufwendungen der Pflegeperson

geleistet.

§ 51 Hilfe bei Sterilisation. Bei einer durch Krankheit erforderlichen Sterilisation werden die ärztliche Untersuchung, Beratung und Begutachtung, die ärztliche Behandlung, die Versorgung mit Arznei-, Verband- und Heilmitteln sowie die Krankenhauspflege geleistet.

§ 52 Leistungserbringung, Vergütung. (1) ¹ Die Hilfen nach den §§ 47 bis 51 entsprechen den Leistungen der gesetzlichen Krankenversicherung. ² Soweit Krankenkassen in ihrer Satzung Umfang und Inhalt der Leistungen bestimmen können, entscheidet der Träger der Sozialhilfe über Umfang und Inhalt der Hilfen nach pflichtgemäßem Ermessen.

(2) ¹ Leistungsberechtigte haben die freie Wahl unter den Ärzten und Zahnärzten sowie den Krankenhäusern entsprechend den Bestimmungen der gesetzlichen Krankenversicherung. ² Hilfen werden nur in dem durch Anwendung des § 65a des Fünften Buches[1]) erzielbaren geringsten Umfang geleistet.

(3) ¹ Bei Erbringung von Leistungen nach den §§ 47 bis 51 sind die für die gesetzlichen Krankenkassen nach dem Vierten Kapitel des Fünften Buches geltenden Regelungen mit Ausnahme des Dritten Titels des Zweiten Ab-

---

[1]) Nr. 5.

schnitts anzuwenden. ²Ärzte, Psychotherapeuten im Sinne des § 28 Abs. 3 Satz 1 des Fünften Buches und Zahnärzte haben für ihre Leistungen Anspruch auf die Vergütung, welche die Ortskrankenkasse, in deren Bereich der Arzt, Psychotherapeut oder der Zahnarzt niedergelassen ist, für ihre Mitglieder zahlt. ³Die sich aus den §§ 294, 295, 300 bis 302 des Fünften Buches für die Leistungserbringer ergebenden Verpflichtungen gelten auch für die Abrechnung von Leistungen nach diesem Kapitel mit dem Träger der Sozialhilfe. ⁴Die Vereinbarungen nach § 303 Abs. 1 sowie § 304 des Fünften Buches gelten für den Träger der Sozialhilfe entsprechend.

(4) Leistungsberechtigten, die nicht in der gesetzlichen Krankenversicherung versichert sind, wird unter den Voraussetzungen von § 39a Satz 1 des Fünften Buches zu stationärer und teilstationärer Versorgung in Hospizen der von den gesetzlichen Krankenkassen entsprechend § 39a Satz 3 des Fünften Buches zu zahlende Zuschuss geleistet.

(5) Für Leistungen zur medizinischen Rehabilitation nach § 54 Abs. 1 Satz 1 gelten die Absätze 2 und 3 entsprechend.

Sechstes Kapitel. Eingliederungshilfe für behinderte Menschen

§ 53 Leistungsberechtigte und Aufgabe. (1) ¹Personen, die durch eine Behinderung im Sinne von § 2 Abs. 1 Satz 1 des Neunten Buches wesentlich in ihrer Fähigkeit, an der Gesellschaft teilzuhaben, eingeschränkt oder von einer solchen wesentlichen Behinderung bedroht sind, erhalten Leistungen der Eingliederungshilfe, wenn und solange nach der Besonderheit des Einzelfalles, insbesondere nach Art oder Schwere der Behinderung, Aussicht besteht, dass die Aufgabe der Eingliederungshilfe erfüllt werden kann. ²Personen mit einer anderen körperlichen, geistigen oder seelischen Behinderung können Leistungen der Eingliederungshilfe erhalten.

(2) ¹Von einer Behinderung bedroht sind Personen, bei denen der Eintritt der Behinderung nach fachlicher Erkenntnis mit hoher Wahrscheinlichkeit zu erwarten ist. ²Dies gilt für Personen, für die vorbeugende Gesundheitshilfe und Hilfe bei Krankheit nach den §§ 47 und 48 erforderlich ist, nur, wenn auch bei Durchführung dieser Leistungen eine Behinderung einzutreten droht.

(3) ¹Besondere Aufgabe der Eingliederungshilfe ist es, eine drohende Behinderung zu verhüten oder eine Behinderung oder deren Folgen zu beseitigen oder zu mildern und die behinderten Menschen in die Gesellschaft einzugliedern. ²Hierzu gehört insbesondere, den behinderten Menschen die Teilnahme am Leben in der Gemeinschaft zu ermöglichen oder zu erleichtern, ihnen die Ausübung eines angemessenen Berufs oder einer sonstigen angemessenen Tätigkeit zu ermöglichen oder sie so weit wie möglich unabhängig von Pflege zu machen.

(4) ¹Für die Leistungen zur Teilhabe gelten die Vorschriften des Neunten Buches, soweit sich aus diesem Buch und den auf Grund dieses Buches erlassenen Rechtsverordnungen nichts Abweichendes ergibt. ²Die Zuständigkeit und die Voraussetzungen für die Leistungen zur Teilhabe richten sich nach diesem Buch.

§ 54 Leistungen der Eingliederungshilfe. (1) ¹Leistungen der Eingliederungshilfe sind neben den Leistungen nach § 140 und neben den Leistungen nach den §§ 26 und 55 des Neunten Buches in der am 31. Dezember 2017 geltenden Fassung insbesondere

1. Hilfen zu einer angemessenen Schulbildung, insbesondere im Rahmen der allgemeinen Schulpflicht und zum Besuch weiterführender Schulen einschließlich der Vorbereitung hierzu; die Bestimmungen über die Ermöglichung der Schulbildung im Rahmen der allgemeinen Schulpflicht bleiben unberührt,
2. Hilfe zur schulischen Ausbildung für einen angemessenen Beruf einschließlich des Besuchs einer Hochschule,
3. Hilfe zur Ausbildung für eine sonstige angemessene Tätigkeit,
4. Hilfe in vergleichbaren sonstigen Beschäftigungsstätten nach § 56,
5. nachgehende Hilfe zur Sicherung der Wirksamkeit der ärztlichen und ärztlich verordneten Leistungen und zur Sicherung der Teilhabe der behinderten Menschen am Arbeitsleben.

²Die Leistungen zur medizinischen Rehabilitation und zur Teilhabe am Arbeitsleben entsprechen jeweils den Rehabilitationsleistungen der gesetzlichen Krankenversicherung oder der Bundesagentur für Arbeit.

(2) Erhalten behinderte oder von einer Behinderung bedrohte Menschen in einer stationären Einrichtung Leistungen der Eingliederungshilfe, können ihnen oder ihren Angehörigen zum gegenseitigen Besuch Beihilfen geleistet werden, soweit es im Einzelfall erforderlich ist.

(3) ¹Eine Leistung der Eingliederungshilfe ist auch die Hilfe für die Betreuung in einer Pflegefamilie, soweit eine geeignete Pflegeperson Kinder und Jugendliche über Tag und Nacht in ihrem Haushalt versorgt und dadurch der Aufenthalt in einer vollstationären Einrichtung der Behindertenhilfe vermieden oder beendet werden kann. ²Die Pflegeperson bedarf einer Erlaubnis nach § 44 des Achten Buches[1]. ³Diese Regelung tritt am 31. Dezember 2018 außer Kraft.

§ 55 Sonderregelung für behinderte Menschen in Einrichtungen.
¹Werden Leistungen der Eingliederungshilfe für behinderte Menschen in einer vollstationären Einrichtung der Hilfe für behinderte Menschen im Sinne des § 43a des Elften Buches[2] erbracht, umfasst die Leistung auch die Pflegeleistungen in der Einrichtung. ²Stellt der Träger der Einrichtung fest, dass der behinderte Mensch so pflegebedürftig ist, dass die Pflege in der Einrichtung nicht sichergestellt werden kann, vereinbaren der Träger der Sozialhilfe und die zuständige Pflegekasse mit dem Einrichtungsträger, dass die Leistung in einer anderen Einrichtung erbracht wird; dabei ist angemessenen Wünschen des behinderten Menschen Rechnung zu tragen.

§ 56 *(aufgehoben)*

---

[1] Nr. 8.
[2] Nr. 11.

§ 57 Persönliches Budget. ¹Leistungsberechtigte nach § 53 erhalten auf Antrag Leistungen der Eingliederungshilfe auch als Teil eines Persönlichen Budgets. ² § 29 des Neunten Buches ist insoweit anzuwenden.

§ 58 *(aufgehoben)*

§ 59 Aufgaben des Gesundheitsamtes. Das Gesundheitsamt oder die durch Landesrecht bestimmte Stelle hat die Aufgabe,

1. behinderte Menschen oder Personensorgeberechtigte über die nach Art und Schwere der Behinderung geeigneten ärztlichen und sonstigen Leistungen der Eingliederungshilfe im Benehmen mit dem behandelnden Arzt auch während und nach der Durchführung von Heilmaßnahmen und Leistungen der Eingliederungshilfe zu beraten; die Beratung ist mit Zustimmung des behinderten Menschen oder des Personensorgeberechtigten im Benehmen mit den an der Durchführung der Leistungen der Eingliederungshilfe beteiligten Stellen oder Personen vorzunehmen. Steht der behinderte Mensch schon in ärztlicher Behandlung, setzt sich das Gesundheitsamt mit dem behandelnden Arzt in Verbindung. Bei der Beratung ist ein amtliches Merkblatt auszuhändigen. Für die Beratung sind im Benehmen mit den Landesärzten die erforderlichen Sprechtage durchzuführen,

2. mit Zustimmung des behinderten Menschen oder des Personensorgeberechtigten mit der gemeinsamen Servicestelle nach den §§ 22 und 23 des Neunten Buches den Rehabilitationsbedarf abzuklären und die für die Leistungen der Eingliederungshilfe notwendige Vorbereitung abzustimmen und

3. die Unterlagen auszuwerten und sie zur Planung der erforderlichen Einrichtungen und zur weiteren wissenschaftlichen Auswertung nach näherer Bestimmung der zuständigen obersten Landesbehörde weiterzuleiten. Bei der Weiterleitung der Unterlagen sind die Namen der behinderten Menschen und der Personensorgeberechtigten nicht anzugeben.

§ 60 Verordnungsermächtigung. Die Bundesregierung kann durch Rechtsverordnung mit Zustimmung des Bundesrates Bestimmungen über die Abgrenzung des leistungsberechtigten Personenkreises der behinderten Menschen, über Art und Umfang der Leistungen der Eingliederungshilfe sowie über das Zusammenwirken mit anderen Stellen, die den Leistungen der Eingliederungshilfe entsprechende Leistungen durchführen, erlassen.

§ 60a Sonderregelungen zum Einsatz von Vermögen. Bis zum 31. Dezember 2019 gilt für Personen, die Leistungen nach diesem Kapitel erhalten, ein zusätzlicher Betrag von bis zu 25 000 Euro für die Lebensführung und die Alterssicherung im Sinne von § 90 Absatz 3 Satz 2 als angemessen; § 90 Absatz 3 Satz 1 bleibt unberührt.

Siebtes Kapitel. Hilfe zur Pflege

§ 61 Leistungsberechtigte. ¹Personen, die pflegebedürftig im Sinne des § 61a sind, haben Anspruch auf Hilfe zur Pflege, soweit ihnen und ihren nicht getrennt lebenden Ehegatten oder Lebenspartnern nicht zuzumuten ist, dass sie die für die Hilfe zur Pflege benötigten Mittel aus dem Einkommen und Ver-

7. Kapitel. Hilfe zur Pflege **§ 61a SGB XII 12**

mögen nach den Vorschriften des Elften Kapitels aufbringen. ²Sind die Personen minderjährig und unverheiratet, so sind auch das Einkommen und das Vermögen ihrer Eltern oder eines Elternteils zu berücksichtigen.

§ 61a Begriff der Pflegebedürftigkeit. (1) ¹Pflegebedürftig sind Personen, die gesundheitlich bedingte Beeinträchtigungen der Selbständigkeit oder der Fähigkeiten aufweisen und deshalb der Hilfe durch andere bedürfen. ²Pflegebedürftige Personen im Sinne des Satzes 1 können körperliche, kognitive oder psychische Beeinträchtigungen oder gesundheitlich bedingte Belastungen oder Anforderungen nicht selbständig kompensieren oder bewältigen.

(2) Maßgeblich für die Beurteilung der Beeinträchtigungen der Selbständigkeit oder Fähigkeiten sind die folgenden Bereiche mit folgenden Kriterien:

1. Mobilität mit den Kriterien
   a) Positionswechsel im Bett,
   b) Halten einer stabilen Sitzposition,
   c) Umsetzen,
   d) Fortbewegen innerhalb des Wohnbereichs,
   e) Treppensteigen;
2. kognitive und kommunikative Fähigkeiten mit den Kriterien
   a) Erkennen von Personen aus dem näheren Umfeld,
   b) örtliche Orientierung,
   c) zeitliche Orientierung,
   d) Erinnern an wesentliche Ereignisse oder Beobachtungen,
   e) Steuern von mehrschrittigen Alltagshandlungen,
   f) Treffen von Entscheidungen im Alltagsleben,
   g) Verstehen von Sachverhalten und Informationen,
   h) Erkennen von Risiken und Gefahren,
   i) Mitteilen von elementaren Bedürfnissen,
   j) Verstehen von Aufforderungen,
   k) Beteiligen an einem Gespräch;
3. Verhaltensweisen und psychische Problemlagen mit den Kriterien
   a) motorisch geprägte Verhaltensauffälligkeiten,
   b) nächtliche Unruhe,
   c) selbstschädigendes und autoaggressives Verhalten,
   d) Beschädigen von Gegenständen,
   e) physisch aggressives Verhalten gegenüber anderen Personen,
   f) verbale Aggression,
   g) andere pflegerelevante vokale Auffälligkeiten,
   h) Abwehr pflegerischer und anderer unterstützender Maßnahmen,
   i) Wahnvorstellungen,
   j) Ängste,
   k) Antriebslosigkeit bei depressiver Stimmungslage,

l) sozial inadäquate Verhaltensweisen,
m) sonstige pflegerelevante inadäquate Handlungen;
4. Selbstversorgung mit den Kriterien
   a) Waschen des vorderen Oberkörpers,
   b) Körperpflege im Bereich des Kopfes,
   c) Waschen des Intimbereichs,
   d) Duschen und Baden einschließlich Waschen der Haare,
   e) An- und Auskleiden des Oberkörpers,
   f) An- und Auskleiden des Unterkörpers,
   g) mundgerechtes Zubereiten der Nahrung und Eingießen von Getränken,
   h) Essen,
   i) Trinken,
   j) Benutzen einer Toilette oder eines Toilettenstuhls,
   k) Bewältigen der Folgen einer Harninkontinenz und Umgang mit Dauerkatheter und Urostoma,
   l) Bewältigen der Folgen einer Stuhlinkontinenz und Umgang mit Stoma,
   m) Ernährung parenteral oder über Sonde,
   n) Bestehen gravierender Probleme bei der Nahrungsaufnahme bei Kindern bis zu 18 Monaten, die einen außergewöhnlich pflegeintensiven Hilfebedarf auslösen;
5. Bewältigung von und selbständiger Umgang mit krankheits- oder therapiebedingten Anforderungen und Belastungen in Bezug auf
   a) Medikation,
   b) Injektionen,
   c) Versorgung intravenöser Zugänge,
   d) Absaugen und Sauerstoffgabe,
   e) Einreibungen sowie Kälte- und Wärmeanwendungen,
   f) Messung und Deutung von Körperzuständen,
   g) körpernahe Hilfsmittel,
   h) Verbandswechsel und Wundversorgung,
   i) Versorgung mit Stoma,
   j) regelmäßige Einmalkatheterisierung und Nutzung von Abführmethoden,
   k) Therapiemaßnahmen in häuslicher Umgebung,
   l) zeit- und technikintensive Maßnahmen in häuslicher Umgebung,
   m) Arztbesuche,
   n) Besuch anderer medizinischer oder therapeutischer Einrichtungen,
   o) zeitlich ausgedehnte Besuche medizinischer oder therapeutischer Einrichtungen,
   p) Besuche von Einrichtungen zur Frühförderung bei Kindern,
   q) Einhalten einer Diät oder anderer krankheits- oder therapiebedingter Verhaltensvorschriften;

7. Kapitel. Hilfe zur Pflege §§ 61b–62 SGB XII 12

6. Gestaltung des Alltagslebens und sozialer Kontakte mit den Kriterien
   a) Gestaltung des Tagesablaufs und Anpassung an Veränderungen,
   b) Ruhen und Schlafen,
   c) Sichbeschäftigen,
   d) Vornehmen von in die Zukunft gerichteten Planungen,
   e) Interaktion mit Personen im direkten Kontakt,
   f) Kontaktpflege zu Personen außerhalb des direkten Umfelds.

§ 61b Pflegegrade. (1) Für die Gewährung von Leistungen der Hilfe zur Pflege sind pflegebedürftige Personen entsprechend den im Begutachtungsverfahren nach § 62 ermittelten Gesamtpunkten in einen der Schwere der Beeinträchtigungen der Selbständigkeit oder der Fähigkeiten entsprechenden Pflegegrad einzuordnen:

1. Pflegegrad 1: geringe Beeinträchtigungen der Selbständigkeit oder der Fähigkeiten (ab 12,5 bis unter 27 Gesamtpunkte),
2. Pflegegrad 2: erhebliche Beeinträchtigungen der Selbständigkeit oder der Fähigkeiten (ab 27 bis unter 47,5 Gesamtpunkte),
3. Pflegegrad 3: schwere Beeinträchtigungen der Selbständigkeit oder der Fähigkeiten (ab 47,5 bis unter 70 Gesamtpunkte),
4. Pflegegrad 4: schwerste Beeinträchtigungen der Selbständigkeit oder der Fähigkeiten (ab 70 bis unter 90 Gesamtpunkte),
5. Pflegegrad 5: schwerste Beeinträchtigungen der Selbständigkeit oder Fähigkeiten mit besonderen Anforderungen an die pflegerische Versorgung (ab 90 bis 100 Gesamtpunkte).

(2) Pflegebedürftige mit besonderen Bedarfskonstellationen, die einen spezifischen, außergewöhnlich hohen Hilfebedarf mit besonderen Anforderungen an die pflegerische Versorgung aufweisen, können aus pflegefachlichen Gründen dem Pflegegrad 5 zugeordnet werden, auch wenn ihre Gesamtpunkte unter 90 liegen.

§ 61c Pflegegrade bei Kindern. (1) Bei pflegebedürftigen Kindern, die 18 Monate oder älter sind, ist für die Einordnung in einen Pflegegrad nach § 61b der gesundheitlich bedingte Grad der Beeinträchtigungen ihrer Selbständigkeit und ihrer Fähigkeiten im Verhältnis zu altersentsprechend entwickelten Kindern maßgebend.

(2) Pflegebedürftige Kinder im Alter bis zu 18 Monaten sind in einen der nachfolgenden Pflegegrade einzuordnen:

1. Pflegegrad 2: ab 12,5 bis unter 27 Gesamtpunkte,
2. Pflegegrad 3: ab 27 bis unter 47,5 Gesamtpunkte,
3. Pflegegrad 4: ab 47,5 bis unter 70 Gesamtpunkte,
4. Pflegegrad 5: ab 70 bis 100 Gesamtpunkte.

§ 62 Ermittlung des Grades der Pflegebedürftigkeit. [1] Die Ermittlung des Pflegegrades erfolgt durch ein Begutachtungsinstrument nach Maßgabe des

§ 15 des Elften Buches[1]). ²Die auf Grund des § 16 des Elften Buches erlassene Verordnung sowie die auf Grund des § 17 des Elften Buches erlassenen Richtlinien der Pflegekassen finden entsprechende Anwendung.

§ 62a Bindungswirkung. ¹Die Entscheidung der Pflegekasse über den Pflegegrad ist für den Träger der Sozialhilfe bindend, soweit sie auf Tatsachen beruht, die bei beiden Entscheidungen zu berücksichtigen sind. ²Bei seiner Entscheidung kann sich der Träger der Sozialhilfe der Hilfe sachverständiger Dritter bedienen. ³Auf Anforderung unterstützt der Medizinische Dienst der Krankenversicherung den Träger der Sozialhilfe bei seiner Entscheidung und erhält hierfür Kostenersatz, der zu vereinbaren ist.

§ 63 Leistungen für Pflegebedürftige. (1) ¹Die Hilfe zur Pflege umfasst für Pflegebedürftige der Pflegegrade 2, 3, 4 oder 5

1. häusliche Pflege in Form von

   a) Pflegegeld (§ 64a),

   b) häuslicher Pflegehilfe (§ 64b),

   c) Verhinderungspflege (§ 64c),

   d) Pflegehilfsmitteln (§ 64d),

   e) Maßnahmen zur Verbesserung des Wohnumfeldes (§ 64e),

   f) anderen Leistungen (§ 64f),

2. teilstationäre Pflege (§ 64g),

3. Kurzzeitpflege (§ 64h),

4. einen Entlastungsbetrag (§ 64i) und

5. stationäre Pflege (§ 65).

²Die Hilfe zur Pflege schließt Sterbebegleitung mit ein.

(2) Die Hilfe zur Pflege umfasst für Pflegebedürftige des Pflegegrades 1

1. Pflegehilfsmittel (§ 64d),

2. Maßnahmen zur Verbesserung des Wohnumfeldes (§ 64e) und

3. einen Entlastungsbetrag (§ 66).

(3) ¹Die Leistungen der Hilfe zur Pflege werden auf Antrag auch als Teil eines Persönlichen Budgets ausgeführt. ²§ 29 des Neunten Buches ist insoweit anzuwenden.

§ 63a Notwendiger pflegerischer Bedarf. Die Träger der Sozialhilfe haben den notwendigen pflegerischen Bedarf zu ermitteln und festzustellen.

§ 63b Leistungskonkurrenz. (1) Leistungen der Hilfe zur Pflege werden nicht erbracht, soweit Pflegebedürftige gleichartige Leistungen nach anderen Rechtsvorschriften erhalten.

(2) ¹Abweichend von Absatz 1 sind Leistungen nach § 72 oder gleichartige Leistungen nach anderen Rechtsvorschriften mit 70 Prozent auf das Pflegegeld nach § 64a anzurechnen. ²Leistungen nach § 45b des Elften Buches[1]) gehen

---

[1]) Nr. 11.

den Leistungen nach den §§ 64i und 66 vor; auf die übrigen Leistungen der Hilfe zur Pflege werden sie nicht angerechnet.

(3) ¹Pflegebedürftige haben während ihres Aufenthalts in einer teilstationären oder vollstationären Einrichtung dort keinen Anspruch auf häusliche Pflege. ²Abweichend von Satz 1 kann das Pflegegeld nach § 64a während einer teilstationären Pflege nach § 64g oder einer vergleichbaren nicht nach diesem Buch durchgeführten Maßnahme angemessen gekürzt werden.

(4) ¹Absatz 3 Satz 1 gilt nicht für vorübergehende Aufenthalte in einem Krankenhaus nach § 108 des Fünften Buches[1]) oder in einer Vorsorge- oder Rehabilitationseinrichtung nach § 107 Absatz 2 des Fünften Buches, soweit Pflegebedürftige ihre Pflege durch von ihnen selbst beschäftigte besondere Pflegekräfte (Arbeitgebermodell) sicherstellen. ²Die vorrangigen Leistungen des Pflegegeldes für selbst beschaffte Pflegehilfen nach den §§ 37 und 38 des Elften Buches sind anzurechnen. ³ § 39 des Fünften Buches bleibt unberührt.

(5) Das Pflegegeld kann um bis zu zwei Drittel gekürzt werden, soweit die Heranziehung einer besonderen Pflegekraft erforderlich ist, Pflegebedürftige Leistungen der Verhinderungspflege nach § 64c oder gleichartige Leistungen nach anderen Rechtsvorschriften erhalten.

(6) ¹Pflegebedürftige, die ihre Pflege im Rahmen des Arbeitgebermodells sicherstellen, können nicht auf die Inspruchnahme von Sachleistungen nach dem Elften Buch verwiesen werden. ²In diesen Fällen ist das geleistete Pflegegeld nach § 37 des Elften Buches auf die Leistungen der Hilfe zur Pflege anzurechnen.

(7) Leistungen der stationären Pflege nach § 65 werden auch bei einer vorübergehenden Abwesenheit von Pflegebedürftigen aus der stationären Einrichtung erbracht, solange die Voraussetzungen des § 87a Absatz 1 Satz 5 und 6 des Elften Buches vorliegen.

§ 64 Vorrang. Soweit häusliche Pflege ausreicht, soll der Träger der Sozialhilfe darauf hinwirken, dass die häusliche Pflege durch Personen, die dem Pflegebedürftigen nahestehen, oder als Nachbarschaftshilfe übernommen wird.

§ 64a Pflegegeld. (1) ¹Pflegebedürftige der Pflegegrade 2, 3, 4 oder 5 haben bei häuslicher Pflege Anspruch auf Pflegegeld in Höhe des Pflegegeldes nach § 37 Absatz 1 des Elften Buches[2]). ²Der Anspruch auf Pflegegeld setzt voraus, dass die Pflegebedürftigen und die Sorgeberechtigten bei pflegebedürftigen Kindern die erforderliche Pflege mit dem Pflegegeld in geeigneter Weise selbst sicherstellen.

(2) ¹Besteht der Anspruch nach Absatz 1 nicht für den vollen Kalendermonat, ist das Pflegegeld entsprechend zu kürzen. ²Bei der Kürzung ist der Kalendermonat mit 30 Tagen anzusetzen. ³Das Pflegegeld wird bis zum Ende des Kalendermonats geleistet, in dem die pflegebedürftige Person gestorben ist.

(3) Stellt die Pflegekasse ihre Leistungen nach § 37 Absatz 6 des Elften Buches ganz oder teilweise ein, entfällt insoweit die Leistungspflicht nach Absatz 1.

---

[1]) Nr. 5.
[2]) Nr. 11.

§ 64b Häusliche Pflegehilfe.

(1) ¹Pflegebedürftige der Pflegegrade 2, 3, 4 oder 5 haben Anspruch auf körperbezogene Pflegemaßnahmen und pflegerische Betreuungsmaßnahmen sowie auf Hilfen bei der Haushaltsführung als Pflegesachleistung (häusliche Pflegehilfe), soweit die häusliche Pflege nach § 64 nicht sichergestellt werden kann. ²Der Anspruch auf häusliche Pflegehilfe umfasst auch die pflegefachliche Anleitung von Pflegebedürftigen und Pflegepersonen. ³Mehrere Pflegebedürftige der Pflegegrade 2, 3, 4 oder 5 können die häusliche Pflege gemeinsam in Anspruch nehmen. ⁴Häusliche Pflegehilfe kann auch Betreuungs- und Entlastungsleistungen durch Unterstützungsangebote im Sinne des § 45a des Elften Buches[1]) umfassen; § 64i bleibt unberührt.

(2) Pflegerische Betreuungsmaßnahmen umfassen Unterstützungsleistungen zur Bewältigung und Gestaltung des alltäglichen Lebens im häuslichen Umfeld, insbesondere

1. bei der Bewältigung psychosozialer Problemlagen oder von Gefährdungen,
2. bei der Orientierung, bei der Tagesstrukturierung, bei der Kommunikation, bei der Aufrechterhaltung sozialer Kontakte und bei bedürfnisgerechten Beschäftigungen im Alltag sowie
3. durch Maßnahmen zur kognitiven Aktivierung.

§ 64c Verhinderungspflege.

Ist eine Pflegeperson im Sinne von § 64 wegen Erholungsurlaubs, Krankheit oder aus sonstigen Gründen an der häuslichen Pflege gehindert, sind die angemessenen Kosten einer notwendigen Ersatzpflege zu übernehmen.

§ 64d Pflegehilfsmittel.

(1) ¹Pflegebedürftige haben Anspruch auf Versorgung mit Pflegehilfsmitteln, die

1. zur Erleichterung der Pflege der Pflegebedürftigen beitragen,
2. zur Linderung der Beschwerden der Pflegebedürftigen beitragen oder
3. den Pflegebedürftigen eine selbständigere Lebensführung ermöglichen.

²Der Anspruch umfasst die notwendige Änderung, Instandsetzung und Ersatzbeschaffung von Pflegehilfsmitteln sowie die Ausbildung in ihrem Gebrauch.

(2) Technische Pflegehilfsmittel sollen den Pflegebedürftigen in geeigneten Fällen leihweise zur Verfügung gestellt werden.

§ 64e Maßnahmen zur Verbesserung des Wohnumfeldes.

Maßnahmen zur Verbesserung des Wohnumfeldes der Pflegebedürftigen können gewährt werden,

1. soweit sie angemessen sind und
2. durch sie
   a) die häusliche Pflege ermöglicht oder erheblich erleichtert werden kann oder
   b) eine möglichst selbständige Lebensführung der Pflegebedürftigen wiederhergestellt werden kann.

---

[1]) Nr. 11.

7. Kapitel. Hilfe zur Pflege §§ 64f–64i SGB XII 12

§ 64f Andere Leistungen. (1) Zusätzlich zum Pflegegeld nach § 64a Absatz 1 sind die Aufwendungen für die Beiträge einer Pflegeperson oder einer besonderen Pflegekraft für eine angemessene Alterssicherung zu erstatten, soweit diese nicht anderweitig sichergestellt ist.

(2) Ist neben der häuslichen Pflege nach § 64 eine Beratung der Pflegeperson geboten, sind die angemessenen Kosten zu übernehmen.

(3) Soweit die Sicherstellung der häuslichen Pflege für Pflegebedürftige der Pflegegrade 2, 3, 4 oder 5 im Rahmen des Arbeitgebermodells erfolgt, sollen die angemessenen Kosten übernommen werden.

§ 64g Teilstationäre Pflege. [1] Pflegebedürftige der Pflegegrade 2, 3, 4 oder 5 haben Anspruch auf teilstationäre Pflege in Einrichtungen der Tages- oder Nachtpflege, soweit die häusliche Pflege nicht in ausreichendem Umfang sichergestellt werden kann oder die teilstationäre Pflege zur Ergänzung oder Stärkung der häuslichen Pflege erforderlich ist. [2] Der Anspruch umfasst auch die notwendige Beförderung des Pflegebedürftigen von der Wohnung zur Einrichtung der Tages- oder Nachtpflege und zurück.

§ 64h Kurzzeitpflege. (1) Pflegebedürftige der Pflegegrade 2, 3, 4 oder 5 haben Anspruch auf Kurzzeitpflege in einer stationären Pflegeeinrichtung, soweit die häusliche Pflege zeitweise nicht, noch nicht oder nicht im erforderlichen Umfang erbracht werden kann und die teilstationäre Pflege nach § 64g nicht ausreicht.

(2) Wenn die Pflege in einer zur Kurzzeitpflege zugelassenen Pflegeeinrichtung nach den §§ 71 und 72 des Elften Buches[1]) nicht möglich ist oder nicht zumutbar erscheint, kann die Kurzzeitpflege auch erbracht werden

1. durch geeignete Erbringer von Leistungen nach dem Sechsten Kapitel oder
2. in geeigneten Einrichtungen, die nicht als Einrichtung zur Kurzzeitpflege zugelassen sind.

(3) Soweit während einer Maßnahme der medizinischen Vorsorge oder Rehabilitation für eine Pflegeperson eine gleichzeitige Unterbringung und Pflege der Pflegebedürftigen erforderlich ist, kann Kurzzeitpflege auch in Vorsorge- oder Rehabilitationseinrichtungen nach § 107 Absatz 2 des Fünften Buches[2]) erbracht werden.

§ 64i Entlastungsbetrag bei den Pflegegraden 2, 3, 4 oder 5. [1] Pflegebedürftige der Pflegegrade 2, 3, 4 oder 5 haben Anspruch auf einen Entlastungsbetrag in Höhe von bis zu 125 Euro monatlich. [2] Der Entlastungsbetrag ist zweckgebunden einzusetzen zur

1. Entlastung pflegender Angehöriger oder nahestehender Pflegepersonen,
2. Förderung der Selbständigkeit und Selbstbestimmung der Pflegebedürftigen bei der Gestaltung ihres Alltags oder
3. Inanspruchnahme von Unterstützungsangeboten im Sinne des § 45a des Elften Buches[1]).

---

[1]) Nr. 11.
[2]) Nr. 5.

§ 65 Stationäre Pflege. [1] Pflegebedürftige der Pflegegrade 2, 3, 4 oder 5 haben Anspruch auf Pflege in stationären Einrichtungen, wenn häusliche oder teilstationäre Pflege nicht möglich ist oder wegen der Besonderheit des Einzelfalls nicht in Betracht kommt. [2] Der Anspruch auf stationäre Pflege umfasst auch Betreuungsmaßnahmen; § 64b Absatz 2 findet entsprechende Anwendung.

§ 66 Entlastungsbetrag bei Pflegegrad 1. [1] Pflegebedürftige des Pflegegrades 1 haben Anspruch auf einen Entlastungsbetrag in Höhe von bis zu 125 Euro monatlich. [2] Der Entlastungsbetrag ist zweckgebunden einzusetzen zur

1. Entlastung pflegender Angehöriger oder nahestehender Pflegepersonen,
2. Förderung der Selbständigkeit und Selbstbestimmung der Pflegebedürftigen bei der Gestaltung ihres Alltags,
3. Inanspruchnahme von
   a) Leistungen der häuslichen Pflegehilfe im Sinne des § 64b,
   b) Maßnahmen zur Verbesserung des Wohnumfeldes nach § 64e,
   c) anderen Leistungen nach § 64f,
   d) Leistungen zur teilstationären Pflege im Sinne des § 64g,
4. Inanspruchnahme von Unterstützungsangeboten im Sinne des § 45a des Elften Buches[1].

§ 66a Sonderregelungen zum Einsatz von Vermögen. Für Personen, die Leistungen nach diesem Kapitel erhalten, gilt ein zusätzlicher Betrag von bis zu 25 000 Euro für die Lebensführung und die Alterssicherung im Sinne von § 90 Absatz 3 Satz 2 als angemessen, sofern dieser Betrag ganz oder überwiegend als Einkommen aus selbständiger und nichtselbständiger Tätigkeit der Leistungsberechtigten während des Leistungsbezugs erworben wird; § 90 Absatz 3 Satz 1 bleibt unberührt.

Achtes Kapitel. Hilfe zur Überwindung besonderer sozialer Schwierigkeiten

§ 67 Leistungsberechtigte. [1] Personen, bei denen besondere Lebensverhältnisse mit sozialen Schwierigkeiten verbunden sind, sind Leistungen zur Überwindung dieser Schwierigkeiten zu erbringen, wenn sie aus eigener Kraft hierzu nicht fähig sind. [2] Soweit der Bedarf durch Leistungen nach anderen Vorschriften dieses Buches oder des Achten Buches[2] gedeckt wird, gehen diese der Leistung nach Satz 1 vor.

§ 68 Umfang der Leistungen. (1) [1] Die Leistungen umfassen alle Maßnahmen, die notwendig sind, um die Schwierigkeiten abzuwenden, zu beseitigen, zu mildern oder ihre Verschlimmerung zu verhüten, insbesondere Beratung und persönliche Betreuung für die Leistungsberechtigten und ihre Angehörigen, Hilfen zur Ausbildung, Erlangung und Sicherung eines Arbeitsplatzes

---
[1] Nr. 11.
[2] Nr. 8.

sowie Maßnahmen bei der Erhaltung und Beschaffung einer Wohnung. ²Zur Durchführung der erforderlichen Maßnahmen ist in geeigneten Fällen ein Gesamtplan zu erstellen.

(2) ¹Die Leistung wird ohne Rücksicht auf Einkommen und Vermögen erbracht, soweit im Einzelfall Dienstleistungen erforderlich sind. ²Einkommen und Vermögen der in § 19 Abs. 3 genannten Personen ist nicht zu berücksichtigen und von der Inanspruchnahme nach bürgerlichem Recht Unterhaltspflichtiger abzusehen, soweit dies den Erfolg der Hilfe gefährden würde.

(3) Die Träger der Sozialhilfe sollen mit den Vereinigungen, die sich die gleichen Aufgaben zum Ziel gesetzt haben, und mit den sonst beteiligten Stellen zusammenarbeiten und darauf hinwirken, dass sich die Sozialhilfe und die Tätigkeit dieser Vereinigungen und Stellen wirksam ergänzen.

§ 69 Verordnungsermächtigung. Das Bundesministerium für Arbeit und Soziales kann durch Rechtsverordnung mit Zustimmung des Bundesrates Bestimmungen über die Abgrenzung des Personenkreises nach § 67 sowie über Art und Umfang der Maßnahmen nach § 68 Abs. 1 erlassen.

Neuntes Kapitel. Hilfe in anderen Lebenslagen

§ 70 Hilfe zur Weiterführung des Haushalts. (1) ¹Personen mit eigenem Haushalt sollen Leistungen zur Weiterführung des Haushalts erhalten, wenn weder sie selbst noch, falls sie mit anderen Haushaltsangehörigen zusammenleben, die anderen Haushaltsangehörigen den Haushalt führen können und die Weiterführung des Haushalts geboten ist. ²Die Leistungen sollen in der Regel nur vorübergehend erbracht werden. ³Satz 2 gilt nicht, wenn durch die Leistungen die Unterbringung in einer stationären Einrichtung vermieden oder aufgeschoben werden kann.

(2) Die Leistungen umfassen die persönliche Betreuung von Haushaltsangehörigen sowie die sonstige zur Weiterführung des Haushalts erforderliche Tätigkeit.

(3) ¹Personen im Sinne des Absatzes 1 sind die angemessenen Aufwendungen für eine haushaltsführende Person zu erstatten. ²Es können auch angemessene Beihilfen geleistet sowie Beiträge der haushaltsführenden Person für eine angemessene Alterssicherung übernommen werden, wenn diese nicht anderweitig sichergestellt ist. ³Ist neben oder anstelle der Weiterführung des Haushalts die Heranziehung einer besonderen Person zur Haushaltsführung erforderlich oder eine Beratung oder zeitweilige Entlastung der haushaltsführenden Person geboten, sind die angemessenen Kosten zu übernehmen.

(4) Die Leistungen können auch durch Übernahme der angemessenen Kosten für eine vorübergehende anderweitige Unterbringung von Haushaltsangehörigen erbracht werden, wenn diese Unterbringung in besonderen Fällen neben oder statt der Weiterführung des Haushalts geboten ist.

§ 71 Altenhilfe. (1) ¹Alten Menschen soll außer den Leistungen nach den übrigen Bestimmungen dieses Buches Altenhilfe gewährt werden. ²Die Altenhilfe soll dazu beitragen, Schwierigkeiten, die durch das Alter entstehen, zu verhüten, zu überwinden oder zu mildern und alten Menschen die Möglichkeit zu erhalten, selbstbestimmt am Leben in der Gemeinschaft teilzunehmen und ihre Fähigkeit zur Selbsthilfe zu stärken.

(2) Als Leistungen der Altenhilfe kommen insbesondere in Betracht:
1. Leistungen zu einer Betätigung und zum gesellschaftlichen Engagement, wenn sie vom alten Menschen gewünscht wird,
2. Leistungen bei der Beschaffung und zur Erhaltung einer Wohnung, die den Bedürfnissen des alten Menschen entspricht,
3. Beratung und Unterstützung im Vor- und Umfeld von Pflege, insbesondere in allen Fragen des Angebots an Wohnformen bei Unterstützungs-, Betreuungs- oder Pflegebedarf sowie an Diensten, die Betreuung oder Pflege leisten,
4. Beratung und Unterstützung in allen Fragen der Inanspruchnahme altersgerechter Dienste,
5. Leistungen zum Besuch von Veranstaltungen oder Einrichtungen, die der Geselligkeit, der Unterhaltung, der Bildung oder den kulturellen Bedürfnissen alter Menschen dienen,
6. Leistungen, die alten Menschen die Verbindung mit nahe stehenden Personen ermöglichen.

(3) Leistungen nach Absatz 1 sollen auch erbracht werden, wenn sie der Vorbereitung auf das Alter dienen.

(4) Altenhilfe soll ohne Rücksicht auf vorhandenes Einkommen oder Vermögen geleistet werden, soweit im Einzelfall Beratung und Unterstützung erforderlich sind.

(5) [1] Die Leistungen der Altenhilfe sind mit den übrigen Leistungen dieses Buches, den Leistungen der örtlichen Altenhilfe und der kommunalen Infrastruktur zur Vermeidung sowie Verringerung der Pflegebedürftigkeit und zur Inanspruchnahme der Leistungen der Eingliederungshilfe zu verzahnen. [2] Die Ergebnisse der Gesamtplanung nach § 58 sowie die Grundsätze der Koordination, Kooperation und Konvergenz der Leistungen nach den Vorschriften des Neunten Buches sind zu berücksichtigen.

§ 72 Blindenhilfe. (1) [1] Blinden Menschen wird zum Ausgleich der durch die Blindheit bedingten Mehraufwendungen Blindenhilfe gewährt, soweit sie keine gleichartigen Leistungen nach anderen Rechtsvorschriften erhalten. [2] Auf die Blindenhilfe sind Leistungen bei häuslicher Pflege nach dem Elften Buch[1]), auch soweit es sich um Sachleistungen handelt, bei Pflegebedürftigen des Pflegegrades 2 mit 50 Prozent des Pflegegeldes des Pflegegrades 2 und bei Pflegebedürftigen der Pflegegrade 3, 4 oder 5 mit 40 Prozent des Pflegegeldes des Pflegegrades 3, höchstens jedoch mit 50 Prozent des Betrages nach Absatz 2, anzurechnen. [3] Satz 2 gilt sinngemäß für Leistungen nach dem Elften Buch aus einer privaten Pflegeversicherung und nach beamtenrechtlichen Vorschriften. [4] § 39a ist entsprechend anzuwenden.

(2) [1] Die Blindenhilfe beträgt bis 30. Juni 2004 für blinde Menschen nach Vollendung des 18. Lebensjahres 585 Euro monatlich, für blinde Menschen, die das 18. Lebensjahr noch nicht vollendet haben, beträgt sie 293 Euro monatlich.

---

[1]) Nr. 11.

² Sie verändert sich jeweils zu dem Zeitpunkt und in dem Umfang, wie sich der aktuelle Rentenwert in der gesetzlichen Rentenversicherung verändert.

(3) ¹ Lebt der blinde Mensch in einer stationären Einrichtung und werden die Kosten des Aufenthalts ganz oder teilweise aus Mitteln öffentlich-rechtlicher Leistungsträger getragen, so verringert sich die Blindenhilfe nach Absatz 2 um die aus diesen Mitteln getragenen Kosten, höchstens jedoch um 50 vom Hundert der Beträge nach Absatz 2. ² Satz 1 gilt vom ersten Tage des zweiten Monats an, der auf den Eintritt in die Einrichtung folgt, für jeden vollen Kalendermonat des Aufenthalts in der Einrichtung. ³ Für jeden vollen Tag vorübergehender Abwesenheit von der Einrichtung wird die Blindenhilfe in Höhe von je einem Dreißigstel des Betrages nach Absatz 2 gewährt, wenn die vorübergehende Abwesenheit länger als sechs volle zusammenhängende Tage dauert; der Betrag nach Satz 1 wird im gleichen Verhältnis gekürzt.

(4) ¹ Neben der Blindenhilfe wird Hilfe zur Pflege wegen Blindheit nach dem Siebten Kapitel außerhalb von stationären Einrichtungen sowie ein Barbetrag (§ 27b Absatz 2) nicht gewährt. ² Neben Absatz 1 ist § 30 Abs. 1 Nr. 2 nur anzuwenden, wenn der blinde Mensch nicht allein wegen Blindheit voll erwerbsgemindert ist. ³ Die Sätze 1 und 2 gelten entsprechend für blinde Menschen, die nicht Blindenhilfe, sondern gleichartige Leistungen nach anderen Rechtsvorschriften erhalten.

(5) Blinden Menschen stehen Personen gleich, deren beidäugige Gesamtsehschärfe nicht mehr als ein Fünfzigstel beträgt oder bei denen dem Schweregrad dieser Sehschärfe gleichzuachtende, nicht nur vorübergehende Störungen des Sehvermögens vorliegen.

§ 73 Hilfe in sonstigen Lebenslagen. ¹ Leistungen können auch in sonstigen Lebenslagen erbracht werden, wenn sie den Einsatz öffentlicher Mittel rechtfertigen. ² Geldleistungen können als Beihilfe oder als Darlehen erbracht werden.

§ 74 Bestattungskosten. Die erforderlichen Kosten einer Bestattung werden übernommen, soweit den hierzu Verpflichteten nicht zugemutet werden kann, die Kosten zu tragen.

Zehntes Kapitel. Einrichtungen

§ 75 Einrichtungen und Dienste. (1) ¹ Einrichtungen sind stationäre und teilstationäre Einrichtungen im Sinne von § 13. ² Die §§ 75 bis 80 finden auch für Dienste Anwendung, soweit nichts Abweichendes bestimmt ist.

(2) ¹ Zur Erfüllung der Aufgaben der Sozialhilfe sollen die Träger der Sozialhilfe eigene Einrichtungen nicht neu schaffen, soweit geeignete Einrichtungen anderer Träger vorhanden sind, ausgebaut oder geschaffen werden können. ² Vereinbarungen nach Absatz 3 sind mit Trägern von Einrichtungen abzuschließen, die insbesondere unter Berücksichtigung ihrer Leistungsfähigkeit und der Sicherstellung der Grundsätze des § 9 Abs. 1 zur Erbringung der Leistungen geeignet sind. ³ Geeignete Träger von Einrichtungen dürfen nur solche Personen beschäftigen oder ehrenamtliche Personen, die in Wahrnehmung ihrer Aufgaben Kontakt mit Leistungsberechtigten haben, mit Aufgaben betrauen, die nicht rechtskräftig wegen einer Straftat nach den §§ 171, 174 bis

174c, 176 bis 180a, 181a, 182 bis 184g, 225, 232 bis 233a, 234, 235 oder 236 des Strafgesetzbuchs verurteilt worden sind. ⁴ Die Träger von Einrichtungen sollen sich von Fach- und anderem Betreuungspersonal, die in Wahrnehmung ihrer Aufgaben Kontakt mit Leistungsberechtigten haben, vor deren Einstellung oder Aufnahme einer dauerhaften ehrenamtlichen Tätigkeit und während der Beschäftigungsdauer in regelmäßigen Abständen ein Führungszeugnis nach § 30a Absatz 1 des Bundeszentralregistergesetzes vorlegen lassen. ⁵ Nimmt der Träger der Einrichtung Einsicht in ein Führungszeugnis nach § 30a Absatz 1 des Bundeszentralregistergesetzes, so speichert er nur den Umstand der Einsichtnahme, das Datum des Führungszeugnisses und die Information, ob die das Führungszeugnis betreffende Person wegen einer in Satz 3 genannten Straftat rechtskräftig verurteilt worden ist. ⁶ Der Träger der Einrichtung darf diese Daten nur verändern und nutzen, soweit dies zur Prüfung der Eignung einer Person erforderlich ist. ⁷ Die Daten sind vor dem Zugriff Unbefugter zu schützen. ⁸ Sie sind im Anschluss an die Einsichtnahme unverzüglich zu löschen, wenn keine Tätigkeit für den Träger der Einrichtung aufgenommen wird. ⁹ Im Falle der Ausübung einer Tätigkeit für den Träger der Einrichtung sind sie spätestens drei Monate nach der letztmaligen Ausübung der Tätigkeit zu löschen. ¹⁰ Sind Einrichtungen vorhanden, die in gleichem Maße geeignet sind, hat der Träger der Sozialhilfe Vereinbarungen vorrangig mit Trägern abzuschließen, deren Vergütung bei vergleichbarem Inhalt, Umfang und Qualität der Leistung nicht höher ist als die anderer Träger.

(3) ¹ Wird die Leistung von einer Einrichtung erbracht, ist der Träger der Sozialhilfe zur Übernahme der Vergütung für die Leistung nur verpflichtet, wenn mit dem Träger der Einrichtung oder seinem Verband eine Vereinbarung über

1. Inhalt, Umfang und Qualität der Leistungen (Leistungsvereinbarung),
2. die Vergütung, die sich aus Pauschalen und Beträgen für einzelne Leistungsbereiche zusammensetzt (Vergütungsvereinbarung) und
3. die Prüfung der Wirtschaftlichkeit und Qualität der Leistungen (Prüfungsvereinbarung)

besteht. ² Die Vereinbarungen müssen den Grundsätzen der Wirtschaftlichkeit, Sparsamkeit und Leistungsfähigkeit entsprechen. ³ Der Träger der Sozialhilfe kann die Wirtschaftlichkeit und Qualität der Leistung prüfen.

(4) ¹ Ist eine der in Absatz 3 genannten Vereinbarungen nicht abgeschlossen, darf der Träger der Sozialhilfe Leistungen durch diese Einrichtung nur erbringen, wenn dies nach der Besonderheit des Einzelfalls geboten ist. ² Hierzu hat der Träger der Einrichtung ein Leistungsangebot vorzulegen, das die Voraussetzung des § 76 erfüllt, und sich schriftlich zu verpflichten, Leistungen entsprechend diesem Angebot zu erbringen. ³ Vergütungen dürfen nur bis zu der Höhe übernommen werden, wie sie der Träger der Sozialhilfe am Ort der Unterbringung oder in seiner nächsten Umgebung für vergleichbare Leistungen nach den nach Absatz 3 abgeschlossenen Vereinbarungen mit anderen Einrichtungen trägt. ⁴ Für die Prüfung der Wirtschaftlichkeit und Qualität der Leistungen gelten die Vereinbarungsinhalte des Trägers der Sozialhilfe mit vergleichbaren Einrichtungen entsprechend. ⁵ Der Träger der Sozialhilfe hat die Einrichtung über Inhalt und Umfang dieser Prüfung zu unterrichten. ⁶ Absatz 5 gilt entsprechend.

(5) ¹Bei zugelassenen Pflegeeinrichtungen im Sinne des § 72 des Elften Buches[1]) richten sich Art, Inhalt, Umfang und Vergütung der ambulanten und teilstationären Pflegeleistungen sowie der Leistungen der Kurzzeitpflege und der vollstationären Pflegeleistungen sowie der Leistungen bei Unterkunft und Verpflegung und der Zusatzleistungen in Pflegeheimen nach den Vorschriften des Achten Kapitels des Elften Buches, soweit nicht nach den Vorschriften des Siebten Kapitels weitergehende Leistungen zu erbringen sind. ²Satz 1 gilt nicht, soweit Vereinbarungen nach dem Achten Kapitel des Elften Buches nicht im Einvernehmen mit dem Träger der Sozialhilfe getroffen worden sind. ³Der Träger der Sozialhilfe ist zur Übernahme gesondert berechneter Investitionskosten nach § 82 Abs. 4 des Elften Buches nur verpflichtet, wenn hierüber entsprechende Vereinbarungen nach dem Zehnten Kapitel getroffen worden sind.

§ 76 Inhalt der Vereinbarungen. (1) ¹Die Vereinbarung über die Leistung muss die wesentlichen Leistungsmerkmale festlegen, mindestens jedoch die betriebsnotwendigen Anlagen der Einrichtung, den von ihr zu betreuenden Personenkreis, Art, Ziel und Qualität der Leistung, Qualifikation des Personals sowie die erforderliche sächliche und personelle Ausstattung. ²In der Vereinbarung ist die Verpflichtung der Einrichtung aufzunehmen, im Rahmen des vereinbarten Leistungsangebotes Leistungsberechtigte aufzunehmen und zu betreuen. ³Die Leistungen müssen ausreichend, zweckmäßig und wirtschaftlich sein und dürfen das Maß des Notwendigen nicht überschreiten.

(2) ¹Vergütungen für die Leistungen nach Absatz 1 bestehen mindestens aus den Pauschalen für Unterkunft und Verpflegung (Grundpauschale) und für die Maßnahmen (Maßnahmepauschale) sowie aus einem Betrag für betriebsnotwendige Anlagen einschließlich ihrer Ausstattung (Investitionsbetrag). ²Förderungen aus öffentlichen Mitteln sind anzurechnen. ³Die Maßnahmepauschale ist nach Gruppen für Leistungsberechtigte mit vergleichbarem Bedarf sowie bei Leistungen der häuslichen Pflegehilfe für die gemeinsame Inanspruchnahme durch mehrere Leistungsberechtigte nach § 64b Absatz 1 Satz 3 zu kalkulieren. ⁴Einer verlangten Erhöhung der Vergütung auf Grund von Investitionsmaßnahmen braucht der Träger der Sozialhilfe nur zuzustimmen, wenn er der Maßnahme zuvor zugestimmt hat.

(3) ¹Die Träger der Sozialhilfe vereinbaren mit dem Träger der Einrichtung Grundsätze und Maßstäbe für die Wirtschaftlichkeit und die Qualitätssicherung der Leistungen sowie für den Inhalt und das Verfahren zur Durchführung von Wirtschaftlichkeits- und Qualitätsprüfungen. ²Das Ergebnis der Prüfung ist festzuhalten und in geeigneter Form auch den Leistungsberechtigten der Einrichtung zugänglich zu machen. ³Die Träger der Sozialhilfe haben mit den nach heimrechtlichen Vorschriften zuständigen Aufsichtsbehörden und dem Medizinischen Dienst der Krankenversicherung zusammenzuarbeiten, um Doppelprüfungen möglichst zu vermeiden.

§ 77 Abschluss von Vereinbarungen. (1) ¹Die Vereinbarungen nach § 75 Abs. 3 sind vor Beginn der jeweiligen Wirtschaftsperiode für einen zukünftigen Zeitraum (Vereinbarungszeitraum) abzuschließen; nachträgliche Ausgleiche sind nicht zulässig. ²Vertragspartei der Vereinbarungen sind der Träger der

---

[1]) Nr. 11.

Einrichtung und der für den Sitz der Einrichtung zuständige Träger der Sozialhilfe; die Vereinbarungen sind für alle übrigen Träger der Sozialhilfe bindend.
³ Kommt eine Vereinbarung nach § 76 Abs. 2 innerhalb von sechs Wochen nicht zustande, nachdem eine Partei schriftlich zu Verhandlungen aufgefordert hat, entscheidet die Schiedsstelle nach § 80 auf Antrag einer Partei unverzüglich über die Gegenstände, über die keine Einigung erreicht werden konnte.
⁴ Gegen die Entscheidung ist der Rechtsweg zu den Sozialgerichten gegeben.
⁵ Die Klage richtet sich gegen eine der beiden Vertragsparteien, nicht gegen die Schiedsstelle. ⁶ Einer Nachprüfung der Entscheidung in einem Vorverfahren bedarf es nicht.

(2) ¹ Vereinbarungen und Schiedsstellenentscheidungen treten zu dem darin bestimmten Zeitpunkt in Kraft. ² Wird ein Zeitpunkt nicht bestimmt, werden Vereinbarungen mit dem Tag ihres Abschlusses, Festsetzungen der Schiedsstelle mit dem Tag wirksam, an dem der Antrag bei der Schiedsstelle eingegangen ist.
³ Ein jeweils vor diesen Zeitpunkt zurückwirkendes Vereinbaren oder Festsetzen von Vergütungen ist nicht zulässig. ⁴ Nach Ablauf des Vereinbarungszeitraums gelten die vereinbarten oder festgesetzten Vergütungen bis zum Inkrafttreten neuer Vergütungen weiter.

(3) ¹ Bei unvorhersehbaren wesentlichen Veränderungen der Annahmen, die der Vereinbarung oder Entscheidung über die Vergütung zu Grunde lagen, sind die Vergütungen auf Verlangen einer Vertragspartei für den laufenden Vereinbarungszeitraum neu zu verhandeln. ² Die Absätze 1 und 2 gelten entsprechend.

§ 78 Außerordentliche Kündigung der Vereinbarungen.
¹ Ist wegen einer groben Verletzung der gesetzlichen oder vertraglichen Verpflichtungen gegenüber den Leistungsberechtigten und deren Kostenträgern durch die Einrichtung ein Festhalten an den Vereinbarungen nicht zumutbar, kann der Träger der Sozialhilfe die Vereinbarungen nach § 75 Abs. 3 ohne Einhaltung einer Kündigungsfrist kündigen. ² Das gilt insbesondere dann, wenn in der Prüfung nach § 76 Abs. 3 oder auf andere Weise festgestellt wird, dass Leistungsberechtigte infolge der Pflichtverletzung zu Schaden kommen, gravierende Mängel bei der Leistungserbringung vorhanden sind, dem Träger der Einrichtung nach heimrechtlichen Vorschriften die Betriebserlaubnis entzogen oder der Betrieb der Einrichtung untersagt wird oder die Einrichtung nicht erbrachte Leistungen gegenüber den Kostenträgern abrechnet. ³ Die Kündigung bedarf der Schriftform. ⁴ § 59 des Zehnten Buches[1)] bleibt unberührt.

§ 79 Rahmenverträge.
(1) ¹ Die überörtlichen Träger der Sozialhilfe und die kommunalen Spitzenverbände auf Landesebene schließen mit den Vereinigungen der Träger der Einrichtungen auf Landesebene gemeinsam und einheitlich Rahmenverträge zu den Vereinbarungen nach § 75 Abs. 3 und § 76 Abs. 2 über

1. die nähere Abgrenzung der den Vergütungspauschalen und -beträgen nach § 75 Abs. 3 zu Grunde zu legenden Kostenarten und -bestandteile sowie die Zusammensetzung der Investitionsbeträge nach § 76 Abs. 2,

---

[1)] Nr. 10.

2. den Inhalt und die Kriterien für die Ermittlung und Zusammensetzung der Maßnahmepauschalen, die Merkmale für die Bildung von Gruppen mit vergleichbarem Bedarf nach § 76 Abs. 2 sowie die Zahl dieser zu bildenden Gruppen,
3. die Zuordnung der Kostenarten und -bestandteile nach § 41 des Neunten Buches und
4. den Inhalt und das Verfahren zur Durchführung von Wirtschaftlichkeits- und Qualitätsprüfung nach § 75 Abs. 3

ab. [2] Für Einrichtungen, die einer Kirche oder Religionsgemeinschaft des öffentlichen Rechts oder einem sonstigen freigemeinnützigen Träger zuzuordnen sind, können die Rahmenverträge auch von der Kirche oder Religionsgemeinschaft oder von dem Wohlfahrtsverband abgeschlossen werden, dem die Einrichtung angehört. [3] In den Rahmenverträgen sollen die Merkmale und Besonderheiten der jeweiligen Leistungen nach dem Fünften bis Neunten Kapitel berücksichtigt werden.

(2) Die Bundesarbeitsgemeinschaft der überörtlichen Träger der Sozialhilfe, die Bundesvereinigung der kommunalen Spitzenverbände und die Vereinigungen der Träger der Einrichtungen auf Bundesebene vereinbaren gemeinsam und einheitlich Empfehlungen zum Inhalt der Verträge nach Absatz 1.

§ 80 Schiedsstelle. (1) Für jedes Land oder für Teile eines Landes wird eine Schiedsstelle gebildet.

(2) [1] Die Schiedsstelle besteht aus Vertretern der Träger der Einrichtungen und Vertretern der örtlichen und überörtlichen Träger der Sozialhilfe in gleicher Zahl sowie einem unparteiischen Vorsitzenden. [2] Die Vertreter der Einrichtungen und deren Stellvertreter werden von den Vereinigungen der Träger der Einrichtungen, die Vertreter der Träger der Sozialhilfe und deren Stellvertreter werden von diesen bestellt. [3] Bei der Bestellung der Vertreter der Einrichtungen ist die Trägervielfalt zu beachten. [4] Der Vorsitzende und sein Stellvertreter werden von den beteiligten Organisationen gemeinsam bestellt. [5] Kommt eine Einigung nicht zustande, werden sie durch Los bestimmt. [6] Soweit beteiligte Organisationen keinen Vertreter bestellen oder im Verfahren nach Satz 3 keine Kandidaten für das Amt des Vorsitzenden und des Stellvertreters benennen, bestellt die zuständige Landesbehörde auf Antrag einer der beteiligten Organisationen die Vertreter und benennt die Kandidaten.

(3) [1] Die Mitglieder der Schiedsstelle führen ihr Amt als Ehrenamt. [2] Sie sind an Weisungen nicht gebunden. [3] Jedes Mitglied hat eine Stimme. [4] Die Entscheidungen werden mit der Mehrheit der Mitglieder getroffen. [5] Ergibt sich keine Mehrheit, gibt die Stimme des Vorsitzenden den Ausschlag.

§ 81 Verordnungsermächtigungen. (1) Kommen die Verträge nach § 79 Abs. 1 innerhalb von sechs Monaten nicht zustande, nachdem die Landesregierung schriftlich dazu aufgefordert hat, können die Landesregierungen durch Rechtsverordnung Vorschriften stattdessen erlassen.

(2) Die Landesregierungen werden ermächtigt, durch Rechtsverordnung das Nähere über die Zahl, die Bestellung, die Amtsdauer und Amtsführung, die Erstattung der baren Auslagen und die Entschädigung für Zeitaufwand der Mitglieder der Schiedsstelle nach § 80, die Rechtsaufsicht, die Geschäftsfüh-

Elftes Kapitel. Einsatz des Einkommens und des Vermögens

Erster Abschnitt. Einkommen

§ 82 Begriff des Einkommens. (1) [1] Zum Einkommen gehören alle Einkünfte in Geld oder Geldeswert mit Ausnahme der Leistungen nach diesem Buch, der Grundrente nach dem Bundesversorgungsgesetz und nach den Gesetzen, die eine entsprechende Anwendung des Bundesversorgungsgesetzes vorsehen, und der Renten oder Beihilfen nach dem Bundesentschädigungsgesetz für Schaden an Leben sowie an Körper oder Gesundheit bis zur Höhe der vergleichbaren Grundrente nach dem Bundesversorgungsgesetz. [2] Einkünfte aus Rückerstattungen, die auf Vorauszahlungen beruhen, die Leistungsberechtigte aus dem Regelsatz erbracht haben, sind kein Einkommen. [3] Bei Minderjährigen ist das Kindergeld dem jeweiligen Kind als Einkommen zuzurechnen, soweit es bei diesem zur Deckung des notwendigen Lebensunterhaltes, mit Ausnahme der Bedarfe nach § 34, benötigt wird.

(2) [1] Von dem Einkommen sind abzusetzen

1. auf das Einkommen entrichtete Steuern,
2. Pflichtbeiträge zur Sozialversicherung einschließlich der Beiträge zur Arbeitsförderung,
3. Beiträge zu öffentlichen oder privaten Versicherungen oder ähnlichen Einrichtungen, soweit diese Beiträge gesetzlich vorgeschrieben oder nach Grund und Höhe angemessen sind, sowie geförderte Altersvorsorgebeiträge nach § 82 des Einkommensteuergesetzes, soweit sie den Mindesteigenbeitrag nach § 86 des Einkommensteuergesetzes nicht überschreiten, und
4. die mit der Erzielung des Einkommens verbundenen notwendigen Ausgaben.

[2] Erhält eine leistungsberechtigte Person aus einer Tätigkeit Bezüge oder Einnahmen, die nach § 3 Nummer 12, 26, 26a oder 26b des Einkommensteuergesetzes steuerfrei sind, ist abweichend von Satz 1 Nummer 2 bis 4 und den Absätzen 3 und 6 ein Betrag von bis zu 200 Euro monatlich nicht als Einkommen zu berücksichtigen. [3] Soweit ein Betrag nach Satz 2 in Anspruch genommen wird, gelten die Beträge nach Absatz 3 Satz 2 zweiter Halbsatz und nach Absatz 6 Satz 1 zweiter Halbsatz insoweit als ausgeschöpft.

(3) [1] Bei der Hilfe zum Lebensunterhalt und Grundsicherung im Alter und bei Erwerbsminderung ist ferner ein Betrag in Höhe von 30 vom Hundert des Einkommens aus selbständiger und nichtselbständiger Tätigkeit der Leistungsberechtigten abzusetzen, höchstens jedoch 50 vom Hundert der Regelbedarfsstufe 1 nach der Anlage zu § 28. [2] Abweichend von Satz 1 ist bei einer Beschäftigung in einer Werkstatt für behinderte Menschen oder bei einem anderen Leistungsanbieter nach § 60 des Neunten Buches von dem Entgelt ein Achtel der Regelbedarfsstufe 1 nach der Anlage zu § 28 zuzüglich 50 vom Hundert des diesen Betrag übersteigenden Entgelts abzusetzen. [3] Im Übrigen kann in begründeten Fällen ein anderer als in Satz 1 festgelegter Betrag vom Einkommen abgesetzt werden.

(4) Bei der Hilfe zum Lebensunterhalt und Grundsicherung im Alter und bei Erwerbsminderung ist ferner ein Betrag von 100 Euro monatlich aus einer zusätzlichen Altersvorsorge der Leistungsberechtigten zuzüglich 30 vom Hundert des diesen Betrag übersteigenden Einkommens aus einer zusätzlichen Altersvorsorge der Leistungsberechtigten abzusetzen, höchstens jedoch 50 vom Hundert der Regelbedarfsstufe 1 nach der Anlage zu § 28.

(5) [1] Einkommen aus einer zusätzlichen Altersvorsorge im Sinne des Absatzes 4 ist jedes monatlich bis zum Lebensende ausgezahlte Einkommen, auf das der Leistungsberechtigte vor Erreichen der Regelaltersgrenze auf freiwilliger Grundlage Ansprüche erworben hat und das dazu bestimmt und geeignet ist, die Einkommenssituation des Leistungsberechtigten gegenüber möglichen Ansprüchen aus Zeiten einer Versicherungspflicht in der gesetzlichen Rentenversicherung nach den §§ 1 bis 4 des Sechsten Buches[1)], nach § 1 des Gesetzes über die Alterssicherung der Landwirte, aus beamtenrechtlichen Versorgungsansprüchen und aus Ansprüchen aus Zeiten einer Versicherungspflicht in einer Versicherungs- und Versorgungseinrichtung, die für Angehörige bestimmter Berufe errichtet ist, zu verbessern. [2] Als Einkommen aus einer zusätzlichen Altersvorsorge gelten auch laufende Zahlungen aus

1. einer betrieblichen Altersversorgung im Sinne des Betriebsrentengesetzes,
2. einem nach § 5 des Altersvorsorgeverträge-Zertifizierungsgesetzes zertifizierten Altersvorsorgevertrag und
3. einem nach § 5a des Altersvorsorgeverträge-Zertifizierungsgesetzes zertifizierten Basisrentenvertrag.

[3] Werden bis zu zwölf Monatsleistungen aus einer zusätzlichen Altersvorsorge, insbesondere gemäß einer Vereinbarung nach § 10 Absatz 1 Nummer 2 Satz 3 erster Halbsatz des Einkommensteuergesetzes, zusammengefasst, so ist das Einkommen gleichmäßig auf den Zeitraum aufzuteilen, für den die Auszahlung erfolgte.

(6) [1] Für Personen, die Leistungen der Hilfe zur Pflege erhalten, ist ein Betrag in Höhe von 40 vom Hundert des Einkommens aus selbständiger und nichtselbständiger Tätigkeit der Leistungsberechtigten abzusetzen, höchstens jedoch 65 vom Hundert der Regelbedarfsstufe 1 nach der Anlage zu § 28. [2] Für Personen, die Leistungen der Eingliederungshilfe für behinderte Menschen erhalten, gilt Satz 1 bis zum 31. Dezember 2019 entsprechend.

(7) [1] Einmalige Einnahmen, bei denen für den Monat des Zuflusses bereits Leistungen ohne Berücksichtigung der Einnahme erbracht worden sind, werden im Folgemonat berücksichtigt. [2] Entfiele der Leistungsanspruch durch die Berücksichtigung in einem Monat, ist die einmalige Einnahme auf einen Zeitraum von sechs Monaten gleichmäßig zu verteilen und mit einem entsprechenden Teilbetrag zu berücksichtigen. [3] In begründeten Einzelfällen ist der Anrechnungszeitraum nach Satz 2 angemessen zu verkürzen. [4] Die Sätze 1 und 2 sind auch anzuwenden, soweit während des Leistungsbezugs eine Auszahlung zur Abfindung einer Kleinbetragsrente im Sinne des § 93 Absatz 3 Satz 2 des Einkommensteuergesetzes oder nach § 3 Absatz 2 des Betriebsrentengesetzes erfolgt und durch den ausgezahlten Betrag das Vermögen überschritten wird, welches nach § 90 Absatz 2 Nummer 9 und Absatz 3 nicht einzusetzen ist.

[1)] Nr. 6.

§ 83 Nach Zweck und Inhalt bestimmte Leistungen. (1) Leistungen, die auf Grund öffentlich-rechtlicher Vorschriften zu einem ausdrücklich genannten Zweck erbracht werden, sind nur so weit als Einkommen zu berücksichtigen, als die Sozialhilfe im Einzelfall demselben Zweck dient.

(2) Eine Entschädigung, die wegen eines Schadens, der nicht Vermögensschaden ist, nach § 253 Abs. 2 des Bürgerlichen Gesetzbuches geleistet wird, ist nicht als Einkommen zu berücksichtigen.

§ 84 Zuwendungen. (1) ¹ Zuwendungen der freien Wohlfahrtspflege bleiben als Einkommen außer Betracht. ² Dies gilt nicht, soweit die Zuwendung die Lage der Leistungsberechtigten so günstig beeinflusst, dass daneben Sozialhilfe ungerechtfertigt wäre.

(2) Zuwendungen, die ein anderer erbringt, ohne hierzu eine rechtliche oder sittliche Pflicht zu haben, sollen als Einkommen außer Betracht bleiben, soweit ihre Berücksichtigung für die Leistungsberechtigten eine besondere Härte bedeuten würde.

Zweiter Abschnitt. Einkommensgrenzen für die Leistungen nach dem Fünften bis Neunten Kapitel

§ 85 Einkommensgrenze. (1) Bei der Hilfe nach dem Fünften bis Neunten Kapitel ist der nachfragenden Person und ihrem nicht getrennt lebenden Ehegatten oder Lebenspartner die Aufbringung der Mittel nicht zuzumuten, wenn während der Dauer des Bedarfs ihr monatliches Einkommen zusammen eine Einkommensgrenze nicht übersteigt, die sich ergibt aus

1. einem Grundbetrag in Höhe des Zweifachen der Regelbedarfsstufe 1 nach der Anlage zu § 28,
2. den Aufwendungen für die Unterkunft, soweit diese den der Besonderheit des Einzelfalles angemessenen Umfang nicht übersteigen und
3. einem Familienzuschlag in Höhe des auf volle Euro aufgerundeten Betrages von 70 vom Hundert der Regelbedarfsstufe 1 nach der Anlage zu § 28 für den nicht getrennt lebenden Ehegatten oder Lebenspartner und für jede Person, die von der nachfragenden Person, ihrem nicht getrennt lebenden Ehegatten oder Lebenspartner überwiegend unterhalten worden ist oder für die sie nach der Entscheidung über die Erbringung der Sozialhilfe unterhaltspflichtig werden.

(2) ¹ Ist die nachfragende Person minderjährig und unverheiratet, so ist ihr und ihren Eltern die Aufbringung der Mittel nicht zuzumuten, wenn während der Dauer des Bedarfs das monatliche Einkommen der nachfragenden Person und ihrer Eltern zusammen eine Einkommensgrenze nicht übersteigt, die sich ergibt aus

1. einem Grundbetrag in Höhe des Zweifachen der Regelbedarfsstufe 1 nach der Anlage zu § 28,
2. den Aufwendungen für die Unterkunft, soweit diese den der Besonderheit des Einzelfalles angemessenen Umfang nicht übersteigen und
3. einem Familienzuschlag in Höhe des auf volle Euro aufgerundeten Betrages von 70 vom Hundert der Regelbedarfsstufe 1 nach der Anlage zu § 28 für einen Elternteil, wenn die Eltern zusammenleben, sowie für die nachfragen-

11. Kapitel. Einsatz d. Einkomm. u. Vermögens §§ 86–88 SGB XII 12

de Person und für jede Person, die von den Eltern oder der nachfragenden Person überwiegend unterhalten worden ist oder für die sie nach der Entscheidung über die Erbringung der Sozialhilfe unterhaltspflichtig werden. [2] Leben die Eltern nicht zusammen, richtet sich die Einkommensgrenze nach dem Elternteil, bei dem die nachfragende Person lebt. [3] Lebt sie bei keinem Elternteil, bestimmt sich die Einkommensgrenze nach Absatz 1.

(3) [1] Die Regelbedarfsstufe 1 nach der Anlage zu § 28 bestimmt sich nach dem Ort, an dem der Leistungsberechtigte die Leistung erhält. [2] Bei der Leistung in einer Einrichtung sowie bei Unterbringung in einer anderen Familie oder bei den in § 107 genannten anderen Personen bestimmt er sich nach dem gewöhnlichen Aufenthalt des Leistungsberechtigten oder, wenn im Falle des Absatzes 2 auch das Einkommen seiner Eltern oder eines Elternteils maßgebend ist, nach deren gewöhnlichem Aufenthalt. [3] Ist ein gewöhnlicher Aufenthalt im Inland nicht vorhanden oder nicht zu ermitteln, ist Satz 1 anzuwenden.

§ 86 Abweichender Grundbetrag. Die Länder und, soweit landesrechtliche Vorschriften nicht entgegenstehen, auch die Träger der Sozialhilfe können für bestimmte Arten der Hilfe nach dem Fünften bis Neunten Kapitel der Einkommensgrenze einen höheren Grundbetrag zu Grunde legen.

§ 87 Einsatz des Einkommens über der Einkommensgrenze. (1) [1] Soweit das zu berücksichtigende Einkommen die Einkommensgrenze übersteigt, ist die Aufbringung der Mittel in angemessenem Umfang zuzumuten. [2] Bei der Prüfung, welcher Umfang angemessen ist, sind insbesondere die Art des Bedarfs, die Art oder Schwere der Behinderung oder der Pflegebedürftigkeit, die Dauer und Höhe der erforderlichen Aufwendungen sowie besondere Belastungen der nachfragenden Person und ihrer unterhaltsberechtigten Angehörigen zu berücksichtigen. [3] Bei Pflegebedürftigen der Pflegegrade 4 und 5 und blinden Menschen nach § 72 ist ein Einsatz des Einkommens über der Einkommensgrenze in Höhe von mindestens 60 vom Hundert nicht zuzumuten.

(2) Verliert die nachfragende Person durch den Eintritt eines Bedarfsfalles ihr Einkommen ganz oder teilweise oder ist ihr Bedarf nur von kurzer Dauer, so kann die Aufbringung der Mittel auch aus dem Einkommen verlangt werden, das sie innerhalb eines angemessenen Zeitraumes nach dem Wegfall des Bedarfs erwirbt und das die Einkommensgrenze übersteigt, jedoch nur insoweit, als ihr ohne den Verlust des Einkommens die Aufbringung der Mittel zuzumuten gewesen wäre.

(3) Bei einmaligen Leistungen zur Beschaffung von Bedarfsgegenständen, deren Gebrauch für mindestens ein Jahr bestimmt ist, kann die Aufbringung der Mittel nach Maßgabe des Absatzes 1 auch aus dem Einkommen verlangt werden, das die in § 19 Abs. 3 genannten Personen innerhalb eines Zeitraumes von bis zu drei Monaten nach Ablauf des Monats, in dem über die Leistung entschieden worden ist, erwerben.

§ 88 Einsatz des Einkommens unter der Einkommensgrenze. (1) [1] Die Aufbringung der Mittel kann, auch soweit das Einkommen unter der Einkommensgrenze liegt, verlangt werden,

1. soweit von einem anderen Leistungen für einen besonderen Zweck erbracht werden, für den sonst Sozialhilfe zu leisten wäre,
2. wenn zur Deckung des Bedarfs nur geringfügige Mittel erforderlich sind.

²Darüber hinaus soll in angemessenem Umfang die Aufbringung der Mittel verlangt werden, wenn eine Person für voraussichtlich längere Zeit Leistungen in einer stationären Einrichtung bedarf.

(2) ¹Bei einer stationären Leistung in einer stationären Einrichtung wird von dem Einkommen, das der Leistungsberechtigte aus einer entgeltlichen Beschäftigung erzielt, die Aufbringung der Mittel in Höhe von einem Achtel der Regelbedarfsstufe 1 nach der Anlage zu § 28 zuzüglich 50 vom Hundert des diesen Betrag übersteigenden Einkommens aus der Beschäftigung nicht verlangt. ²§ 82 Absatz 3 und 6 ist nicht anzuwenden.

§ 89 Einsatz des Einkommens bei mehrfachem Bedarf. (1) Wird im Einzelfall der Einsatz eines Teils des Einkommens zur Deckung eines bestimmten Bedarfs zugemutet oder verlangt, darf dieser Teil des Einkommens bei der Prüfung, inwieweit der Einsatz des Einkommens für einen anderen gleichzeitig bestehenden Bedarf zuzumuten ist oder verlangt werden kann, nicht berücksichtigt werden.

(2) ¹Sind im Fall des Absatzes 1 für die Bedarfsfälle verschiedene Träger der Sozialhilfe zuständig, hat die Entscheidung über die Leistung für den zuerst eingetretenen Bedarf den Vorrang. ²Treten die Bedarfsfälle gleichzeitig ein, ist das über der Einkommensgrenze liegende Einkommen zu gleichen Teilen bei den Bedarfsfällen zu berücksichtigen.

Dritter Abschnitt. Vermögen

§ 90 Einzusetzendes Vermögen. (1) Einzusetzen ist das gesamte verwertbare Vermögen.

(2) Die Sozialhilfe darf nicht abhängig gemacht werden vom Einsatz oder von der Verwertung

1. eines Vermögens, das aus öffentlichen Mitteln zum Aufbau oder zur Sicherung einer Lebensgrundlage oder zur Gründung eines Hausstandes erbracht wird,
2. eines nach § 10a oder Abschnitt XI des Einkommensteuergesetzes geförderten Altersvorsorgevermögens im Sinne des § 92 des Einkommensteuergesetzes; dies gilt auch für das in der Auszahlungsphase insgesamt zur Verfügung stehende Kapital, soweit die Auszahlung als monatliche oder als sonstige regelmäßige Leistung im Sinne von § 82 Absatz 5 Satz 3 erfolgt; für diese Auszahlungen ist § 82 Absatz 4 anzuwenden,
3. eines sonstigen Vermögens, solange es nachweislich zur baldigen Beschaffung oder Erhaltung eines Hausgrundstücks im Sinne der Nummer 8 bestimmt ist, soweit dieses Wohnzwecken behinderter (§ 53 Abs. 1 Satz 1 und § 72) oder pflegebedürftiger Menschen (§ 61) dient oder dienen soll und dieser Zweck durch den Einsatz oder die Verwertung des Vermögens gefährdet würde,
4. eines angemessenen Hausrats; dabei sind die bisherigen Lebensverhältnisse der nachfragenden Person zu berücksichtigen,

5. von Gegenständen, die zur Aufnahme oder Fortsetzung der Berufsausbildung oder der Erwerbstätigkeit unentbehrlich sind,
6. von Familien- und Erbstücken, deren Veräußerung für die nachfragende Person oder ihre Familie eine besondere Härte bedeuten würde,
7. von Gegenständen, die zur Befriedigung geistiger, insbesondere wissenschaftlicher oder künstlerischer Bedürfnisse dienen und deren Besitz nicht Luxus ist,
8. eines angemessenen Hausgrundstücks, das von der nachfragenden Person oder einer anderen in den § 19 Abs. 1 bis 3 genannten Person allein oder zusammen mit Angehörigen ganz oder teilweise bewohnt wird und nach ihrem Tod von ihren Angehörigen bewohnt werden soll. Die Angemessenheit bestimmt sich nach der Zahl der Bewohner, dem Wohnbedarf (zum Beispiel behinderter, blinder oder pflegebedürftiger Menschen), der Grundstücksgröße, der Hausgröße, dem Zuschnitt und der Ausstattung des Wohngebäudes sowie dem Wert des Grundstücks einschließlich des Wohngebäudes,
9. kleinerer Barbeträge oder sonstiger Geldwerte; dabei ist eine besondere Notlage der nachfragenden Person zu berücksichtigen.

(3) [1] Die Sozialhilfe darf ferner nicht vom Einsatz oder von der Verwertung eines Vermögens abhängig gemacht werden, soweit dies für den, der das Vermögen einzusetzen hat, und für seine unterhaltsberechtigten Angehörigen eine Härte bedeuten würde. [2] Dies ist bei der Leistung nach dem Fünften bis Neunten Kapitel insbesondere der Fall, soweit eine angemessene Lebensführung oder die Aufrechterhaltung einer angemessenen Alterssicherung wesentlich erschwert würde.

§ 91 Darlehen. [1] Soweit nach § 90 für den Bedarf der nachfragenden Person Vermögen einzusetzen ist, jedoch der sofortige Verbrauch oder die sofortige Verwertung des Vermögens nicht möglich ist oder für die, die es einzusetzen hat, eine Härte bedeuten würde, soll die Sozialhilfe als Darlehen geleistet werden. [2] Die Leistungserbringung kann davon abhängig gemacht werden, dass der Anspruch auf Rückzahlung dinglich oder in anderer Weise gesichert wird.

Vierter Abschnitt. Einschränkung der Anrechnung

§ 92 Anrechnung bei behinderten Menschen. (1) [1] Erfordert die Behinderung Leistungen für eine stationäre Einrichtung, für eine Tageseinrichtung für behinderte Menschen oder für ärztliche oder ärztlich verordnete Maßnahmen, sind die Leistungen hierfür auch dann in vollem Umfang zu erbringen, wenn den in § 19 Abs. 3 genannten Personen die Aufbringung der Mittel zu einem Teil zuzumuten ist. [2] In Höhe dieses Teils haben sie zu den Kosten der erbrachten Leistungen beizutragen; mehrere Verpflichtete haften als Gesamtschuldner.

(2) [1] Den in § 19 Abs. 3 genannten Personen ist die Aufbringung der Mittel nur für die Kosten des Lebensunterhalts zuzumuten
1. bei heilpädagogischen Maßnahmen für Kinder, die noch nicht eingeschult sind,
2. bei der Hilfe zu einer angemessenen Schulbildung einschließlich der Vorbereitung hierzu,

3. bei der Hilfe, die dem behinderten noch nicht eingeschulten Menschen die für ihn erreichbare Teilnahme am Leben in der Gemeinschaft ermöglichen soll,
4. bei der Hilfe zur schulischen Ausbildung für einen angemessenen Beruf oder zur Ausbildung für eine sonstige angemessene Tätigkeit, wenn die hierzu erforderlichen Leistungen in besonderen Einrichtungen für behinderte Menschen erbracht werden,
5. bei Leistungen zur medizinischen Rehabilitation (§ 26 des Neunten Buches),
6. bei Leistungen zur Teilhabe am Arbeitsleben (§ 49 des Neunten Buches),
7. bei Leistungen in anerkannten Werkstätten für behinderte Menschen nach § 58 des Neunten Buches, bei anderen Leistungsanbietern nach § 60 des Neunten Buches und beim Budget für Arbeit nach § 61 des Neunten Buches,
8. bei Hilfen zum Erwerb praktischer Kenntnisse und Fähigkeiten, die erforderlich und geeignet sind, behinderten Menschen die für sie erreichbare Teilhabe am Arbeitsleben zu ermöglichen, soweit diese Hilfen in besonderen teilstationären Einrichtungen für behinderte Menschen erbracht werden.

²Die in Satz 1 genannten Leistungen sind ohne Berücksichtigung von vorhandenem Vermögen zu erbringen. ³Die Kosten des in einer Einrichtung erbrachten Lebensunterhalts sind in den Fällen der Nummern 1 bis 6 nur in Höhe der für den häuslichen Lebensunterhalt ersparten Aufwendungen anzusetzen; dies gilt nicht für den Zeitraum, in dem gleichzeitig mit den Leistungen nach Satz 1 in der Einrichtung durchgeführte andere Leistungen überwiegen. ⁴Die Aufbringung der Mittel nach Satz 1 Nr. 7 und 8 ist aus dem Einkommen nicht zumutbar, wenn das Einkommen des behinderten Menschen insgesamt einen Betrag in Höhe des Zweifachen der Regelbedarfsstufe 1 nach der Anlage zu § 28 nicht übersteigt. ⁵Die zuständigen Landesbehörden können Näheres über die Bemessung der für den häuslichen Lebensbedarf ersparten Aufwendungen und des Kostenbeitrags für das Mittagessen bestimmen. ⁶Zum Ersatz der Kosten nach den §§ 103 und 104 ist insbesondere verpflichtet, wer sich in den Fällen der Nummern 5 und 6 vorsätzlich oder grob fahrlässig nicht oder nicht ausreichend versichert hat.

(3) ¹Hat ein anderer als ein nach bürgerlichem Recht Unterhaltspflichtiger nach sonstigen Vorschriften Leistungen für denselben Zweck zu erbringen, dem die in Absatz 2 genannten Leistungen dienen, wird seine Verpflichtung durch Absatz 2 nicht berührt. ²Soweit er solche Leistungen erbringt, kann abweichend von Absatz 2 von den in § 19 Abs. 3 genannten Personen die Aufbringung der Mittel verlangt werden.

§ 92a Einkommenseinsatz bei Leistungen für Einrichtungen. (1) Erhält eine Person in einer teilstationären oder stationären Einrichtung Leistungen, kann die Aufbringung der Mittel für die Leistungen in der Einrichtung nach dem Dritten und Vierten Kapitel von ihr und ihrem nicht getrennt lebenden Ehegatten oder Lebenspartner aus dem gemeinsamen Einkommen verlangt werden, soweit Aufwendungen für den häuslichen Lebensunterhalt erspart werden.

11. Kapitel. Einsatz d. Einkomm. u. Vermögens §§ 93, 94 SGB XII 12

(2) Darüber hinaus soll in angemessenem Umfang die Aufbringung der Mittel verlangt werden, wenn eine Person auf voraussichtlich längere Zeit Leistungen in einer stationären Einrichtung bedarf.

(3) Bei der Prüfung, welcher Umfang angemessen ist, ist auch der bisherigen Lebenssituation des im Haushalt verbliebenen, nicht getrennt lebenden Ehegatten oder Lebenspartners sowie der im Haushalt lebenden minderjährigen unverheirateten Kinder Rechnung zu tragen.

(4) § 92 Abs. 2 bleibt unberührt.

Fünfter Abschnitt. Verpflichtungen anderer

§ 93 Übergang von Ansprüchen. (1) ¹Hat eine leistungsberechtigte Person oder haben bei Gewährung von Hilfen nach dem Fünften bis Neunten Kapitel auch ihre Eltern, ihr nicht getrennt lebender Ehegatte oder ihr Lebenspartner für die Zeit, für die Leistungen erbracht werden, einen Anspruch gegen einen anderen, der kein Leistungsträger im Sinne des § 12 des Ersten Buches[1] ist, kann der Träger der Sozialhilfe durch schriftliche Anzeige an den anderen bewirken, dass dieser Anspruch bis zur Höhe seiner Aufwendungen auf ihn übergeht. ²Er kann den Übergang dieses Anspruchs auch wegen seiner Aufwendungen für diejenigen Leistungen des Dritten und Vierten Kapitels bewirken, die er gleichzeitig mit den Leistungen für die in Satz 1 genannte leistungsberechtigte Person, deren nicht getrennt lebenden Ehegatten oder Lebenspartner und deren minderjährigen unverheirateten Kindern erbringt. ³Der Übergang des Anspruchs darf nur insoweit bewirkt werden, als bei rechtzeitiger Leistung des anderen entweder die Leistung nicht erbracht worden wäre oder in den Fällen des § 19 Abs. 5 und des § 92 Abs. 1 Aufwendungsersatz oder ein Kostenbeitrag zu leisten wäre. ⁴Der Übergang ist nicht dadurch ausgeschlossen, dass der Anspruch nicht übertragen, verpfändet oder gepfändet werden kann.

(2) ¹Die schriftliche Anzeige bewirkt den Übergang des Anspruchs für die Zeit, für die der leistungsberechtigten Person die Leistung ohne Unterbrechung erbracht wird. ²Als Unterbrechung gilt ein Zeitraum von mehr als zwei Monaten.

(3) Widerspruch und Anfechtungsklage gegen den Verwaltungsakt, der den Übergang des Anspruchs bewirkt, haben keine aufschiebende Wirkung.

(4) Die §§ 115 und 116 des Zehnten Buches[2] gehen der Regelung des Absatzes 1 vor.

§ 94 Übergang von Ansprüchen gegen einen nach bürgerlichem Recht Unterhaltspflichtigen. (1) ¹Hat die leistungsberechtigte Person für die Zeit, für die Leistungen erbracht werden, nach bürgerlichem Recht einen Unterhaltsanspruch, geht dieser bis zur Höhe der geleisteten Aufwendungen zusammen mit dem unterhaltsrechtlichen Auskunftsanspruch auf den Träger der Sozialhilfe über. ²Der Übergang des Anspruchs ist ausgeschlossen, soweit der Unterhaltsanspruch durch laufende Zahlung erfüllt wird. ³Der Übergang des Anspruchs ist auch ausgeschlossen, wenn die unterhaltspflichtige Person zum Personenkreis des § 19 gehört oder die unterhaltspflichtige Person mit der

---
[1] Nr. 1.
[2] Nr. 10.

leistungsberechtigten Person vom zweiten Grad an verwandt ist; der Übergang des Anspruchs des Leistungsberechtigten nach dem Vierten Kapitel gegenüber Eltern und Kindern ist ausgeschlossen. [4] Gleiches gilt für Unterhaltsansprüche gegen Verwandte ersten Grades einer Person, die schwanger ist oder ihr leibliches Kind bis zur Vollendung seines sechsten Lebensjahres betreut. [5] § 93 Abs. 4 gilt entsprechend.

(2) [1] Der Anspruch einer volljährigen unterhaltsberechtigten Person, die behindert im Sinne von § 53 oder pflegebedürftig im Sinne von § 61a ist, gegenüber ihren Eltern wegen Leistungen nach dem Sechsten und Siebten Kapitel geht nur in Höhe von bis zu 26 Euro, wegen Leistungen nach dem Dritten Kapitel nur in Höhe von bis zu 20 Euro monatlich über. [2] Es wird vermutet, dass der Anspruch in Höhe der genannten Beträge übergeht und mehrere Unterhaltspflichtige zu gleichen Teilen haften; die Vermutung kann widerlegt werden. [3] Die in Satz 1 genannten Beträge verändern sich zum gleichen Zeitpunkt und um denselben Vomhundertsatz, um den sich das Kindergeld verändert.

(3) [1] Ansprüche nach Absatz 1 und 2 gehen nicht über, soweit

1. die unterhaltspflichtige Person Leistungsberechtigte nach dem Dritten und Vierten Kapitel ist oder bei Erfüllung des Anspruchs würde oder
2. der Übergang des Anspruchs eine unbillige Härte bedeuten würde.

[2] Der Träger der Sozialhilfe hat die Einschränkung des Übergangs nach Satz 1 zu berücksichtigen, wenn er von ihren Voraussetzungen durch vorgelegte Nachweise oder auf andere Weise Kenntnis hat.

(4) [1] Für die Vergangenheit kann der Träger der Sozialhilfe den übergegangenen Unterhalt außer unter den Voraussetzungen des bürgerlichen Rechts nur von der Zeit an fordern, zu welcher er dem Unterhaltspflichtigen die Erbringung der Leistung schriftlich mitgeteilt hat. [2] Wenn die Leistung voraussichtlich auf längere Zeit erbracht werden muss, kann der Träger der Sozialhilfe bis zur Höhe der bisherigen monatlichen Aufwendungen auch auf künftige Leistungen klagen.

(5) [1] Der Träger der Sozialhilfe kann den auf ihn übergegangenen Unterhaltsanspruch im Einvernehmen mit der leistungsberechtigten Person auf diesen zur gerichtlichen Geltendmachung rückübertragen und sich den geltend gemachten Unterhaltsanspruch abtreten lassen. [2] Kosten, mit denen die leistungsberechtigte Person dadurch selbst belastet wird, sind zu übernehmen. [3] Über die Ansprüche nach den Absätzen 1 bis 4 ist im Zivilrechtsweg zu entscheiden.

§ 95 Feststellung der Sozialleistungen. [1] Der erstattungsberechtigte Träger der Sozialhilfe kann die Feststellung einer Sozialleistung betreiben sowie Rechtsmittel einlegen. [2] Der Ablauf der Fristen, die ohne sein Verschulden verstrichen sind, wirkt nicht gegen ihn. [3] Satz 2 gilt nicht für die Verfahrensfristen, soweit der Träger der Sozialhilfe das Verfahren selbst betreibt.

Sechster Abschnitt. Verordnungsermächtigungen

§ 96 Verordnungsermächtigungen. (1) Die Bundesregierung kann durch Rechtsverordnung mit Zustimmung des Bundesrates Näheres über die Berechnung des Einkommens nach § 82, insbesondere der Einkünfte aus Land- und Forstwirtschaft, aus Gewerbebetrieb und aus selbständiger Arbeit bestimmen.

(2) Das Bundesministerium für Arbeit und Soziales kann durch Rechtsverordnung mit Zustimmung des Bundesrates die Höhe der Barbeträge oder sonstigen Geldwerte im Sinne des § 90 Abs. 2 Nr. 9 bestimmen.

Zwölftes Kapitel. Zuständigkeit der Träger der Sozialhilfe

Erster Abschnitt. Sachliche und örtliche Zuständigkeit

§ 97 Sachliche Zuständigkeit. (1) Für die Sozialhilfe sachlich zuständig ist der örtliche Träger der Sozialhilfe, soweit nicht der überörtliche Träger sachlich zuständig ist.

(2) [1] Die sachliche Zuständigkeit des überörtlichen Trägers der Sozialhilfe wird nach Landesrecht bestimmt. [2] Dabei soll berücksichtigt werden, dass so weit wie möglich für Leistungen im Sinne von § 8 Nr. 1 bis 6 jeweils eine einheitliche sachliche Zuständigkeit gegeben ist.

(3) Soweit Landesrecht keine Bestimmung nach Absatz 2 Satz 1 enthält, ist der überörtliche Träger der Sozialhilfe für
1. Leistungen der Eingliederungshilfe für behinderte Menschen nach den §§ 53 bis 60,
2. Leistungen der Hilfe zur Pflege nach den §§ 61 bis 66,
3. Leistungen der Hilfe zur Überwindung besonderer sozialer Schwierigkeiten nach den §§ 67 bis 69,
4. Leistungen der Blindenhilfe nach § 72
sachlich zuständig.

(4) Die sachliche Zuständigkeit für eine stationäre Leistung umfasst auch die sachliche Zuständigkeit für Leistungen, die gleichzeitig nach anderen Kapiteln zu erbringen sind, sowie für eine Leistung nach § 74.

(5) [1] Die überörtlichen Träger sollen, insbesondere bei verbreiteten Krankheiten, zur Weiterentwicklung von Leistungen der Sozialhilfe beitragen. [2] Hierfür können sie die erforderlichen Einrichtungen schaffen oder fördern.

§ 98 Örtliche Zuständigkeit. (1) [1] Für die Sozialhilfe örtlich zuständig ist der Träger der Sozialhilfe, in dessen Bereich sich die Leistungsberechtigten tatsächlich aufhalten. [2] Diese Zuständigkeit bleibt bis zur Beendigung der Leistung auch dann bestehen, wenn die Leistung außerhalb seines Bereichs erbracht wird.

(2) [1] Für die stationäre Leistung ist der Träger der Sozialhilfe örtlich zuständig, in dessen Bereich die Leistungsberechtigten ihren gewöhnlichen Aufenthalt im Zeitpunkt der Aufnahme in die Einrichtung haben oder in den zwei Monaten vor der Aufnahme zuletzt gehabt hatten. [2] Waren bei Einsetzen der Sozialhilfe die Leistungsberechtigten aus einer Einrichtung im Sinne des Satzes 1 in eine andere Einrichtung oder von dort in weitere Einrichtungen übergetreten oder tritt nach dem Einsetzen der Leistung ein solcher Fall ein, ist der gewöhnliche Aufenthalt, der für die erste Einrichtung maßgebend war, entscheidend. [3] Steht innerhalb von vier Wochen nicht fest, ob und wo der

gewöhnliche Aufenthalt nach Satz 1 oder 2 begründet worden ist oder ist ein gewöhnlicher Aufenthaltsort nicht vorhanden oder nicht zu ermitteln oder liegt ein Eilfall vor, hat der nach Absatz 1 zuständige Träger der Sozialhilfe über die Leistung unverzüglich zu entscheiden und sie vorläufig zu erbringen. ⁴ Wird ein Kind in einer Einrichtung im Sinne des Satzes 1 geboren, tritt an die Stelle seines gewöhnlichen Aufenthalts der gewöhnliche Aufenthalt der Mutter.

(3) In den Fällen des § 74 ist der Träger der Sozialhilfe örtlich zuständig, der bis zum Tod der leistungsberechtigten Person Sozialhilfe leistete, in den anderen Fällen der Träger der Sozialhilfe, in dessen Bereich der Sterbeort liegt.

(4) Für Hilfen an Personen, die sich in Einrichtungen zum Vollzug richterlich angeordneter Freiheitsentziehung aufhalten oder aufgehalten haben, gelten die Absätze 1 und 2 sowie die §§ 106 und 109 entsprechend.

(5) ¹ Für die Leistungen nach diesem Buch an Personen, die Leistungen nach dem Sechsten bis Achten Kapitel in Formen ambulanter betreuter Wohnmöglichkeiten erhalten, ist der Träger der Sozialhilfe örtlich zuständig, der bei Eintritt in diese Wohnform zuletzt zuständig war oder gewesen wäre. ² Vor Inkrafttreten dieses Buches begründete Zuständigkeiten bleiben hiervon unberührt.

§ 99 Vorbehalt abweichender Durchführung. (1) Die Länder können bestimmen, dass und inwieweit die Kreise ihnen zugehörige Gemeinden oder Gemeindeverbände zur Durchführung von Aufgaben nach diesem Buch heranziehen und ihnen dabei Weisungen erteilen können; in diesen Fällen erlassen die Kreise den Widerspruchsbescheid nach dem Sozialgerichtsgesetz[1]).

(2) Die Länder können bestimmen, dass und inwieweit die überörtlichen Träger der Sozialhilfe örtliche Träger der Sozialhilfe sowie zugehörige Gemeinden und Gemeindeverbände zur Durchführung von Aufgaben nach diesem Buch heranziehen und ihnen dabei Weisungen erteilen können; in diesen Fällen erlassen die überörtlichen Träger den Widerspruchsbescheid nach dem Sozialgerichtsgesetz, soweit nicht nach Landesrecht etwas anderes bestimmt wird.

Zweiter Abschnitt. Sonderbestimmungen

§ 100 *(aufgehoben)*

§ 101 Behördenbestimmung und Stadtstaaten-Klausel. (1) Welche Stellen zuständige Behörden sind, bestimmt die Landesregierung, soweit eine landesrechtliche Regelung nicht besteht.

(2) Die Senate der Länder Berlin, Bremen und Hamburg werden ermächtigt, die Vorschriften dieses Buches über die Zuständigkeit von Behörden dem besonderen Verwaltungsaufbau ihrer Länder anzupassen.

---

[1]) Nr. 20.

Dreizehntes Kapitel. Kosten

Erster Abschnitt. Kostenersatz

§ 102 Kostenersatz durch Erben. (1) ¹Der Erbe der leistungsberechtigten Person oder ihres Ehegatten oder ihres Lebenspartners, falls diese vor der leistungsberechtigten Person sterben, ist vorbehaltlich des Absatzes 5 zum Ersatz der Kosten der Sozialhilfe verpflichtet. ²Die Ersatzpflicht besteht nur für die Kosten der Sozialhilfe, die innerhalb eines Zeitraumes von zehn Jahren vor dem Erbfall aufgewendet worden sind und die das Dreifache des Grundbetrages nach § 85 Abs. 1 übersteigen. ³Die Ersatzpflicht des Erben des Ehegatten oder Lebenspartners besteht nicht für die Kosten der Sozialhilfe, die während des Getrenntlebens der Ehegatten oder Lebenspartner geleistet worden sind. ⁴Ist die leistungsberechtigte Person der Erbe ihres Ehegatten oder Lebenspartners, ist sie zum Ersatz der Kosten nach Satz 1 nicht verpflichtet.

(2) ¹Die Ersatzpflicht des Erben gehört zu den Nachlassverbindlichkeiten. ²Der Erbe haftet mit dem Wert des im Zeitpunkt des Erbfalles vorhandenen Nachlasses.

(3) Der Anspruch auf Kostenersatz ist nicht geltend zu machen,
1. soweit der Wert des Nachlasses unter dem Dreifachen des Grundbetrages nach § 85 Abs. 1 liegt,
2. soweit der Wert des Nachlasses unter dem Betrag von 15 340 Euro liegt, wenn der Erbe der Ehegatte oder Lebenspartner der leistungsberechtigten Person oder mit dieser verwandt ist und nicht nur vorübergehend bis zum Tod der leistungsberechtigten Person mit dieser in häuslicher Gemeinschaft gelebt und sie gepflegt hat,
3. soweit die Inanspruchnahme des Erben nach der Besonderheit des Einzelfalles eine besondere Härte bedeuten würde.

(4) ¹Der Anspruch auf Kostenersatz erlischt in drei Jahren nach dem Tod der leistungsberechtigten Person, ihres Ehegatten oder ihres Lebenspartners. ²§ 103 Abs. 3 Satz 2 und 3 gilt entsprechend.

(5) Der Ersatz der Kosten durch die Erben gilt nicht für Leistungen nach dem Vierten Kapitel und für die vor dem 1. Januar 1987 entstandenen Kosten der Tuberkulosehilfe.

§ 103 Kostenersatz bei schuldhaftem Verhalten. (1) ¹Zum Ersatz der Kosten der Sozialhilfe ist verpflichtet, wer nach Vollendung des 18. Lebensjahres für sich oder andere durch vorsätzliches oder grob fahrlässiges Verhalten die Voraussetzungen für die Leistungen der Sozialhilfe herbeigeführt hat. ²Zum Kostenersatz ist auch verpflichtet, wer als leistungsberechtigte Person oder als deren Vertreter die Rechtswidrigkeit des der Leistung zu Grunde liegenden Verwaltungsaktes kannte oder infolge grober Fahrlässigkeit nicht kannte. ³Von der Heranziehung zum Kostenersatz kann abgesehen werden, soweit sie eine Härte bedeuten würde.

(2) ¹Eine nach Absatz 1 eingetretene Verpflichtung zum Ersatz der Kosten geht auf den Erben über. ²§ 102 Abs. 2 Satz 2 findet Anwendung.

(3) ¹Der Anspruch auf Kostenersatz erlischt in drei Jahren vom Ablauf des Jahres an, in dem die Leistung erbracht worden ist. ²Für die Hemmung, die

Ablaufhemmung, den Neubeginn und die Wirkung der Verjährung gelten die Vorschriften des Bürgerlichen Gesetzbuchs sinngemäß. ³Der Erhebung der Klage steht der Erlass eines Leistungsbescheides gleich.

(4) ¹Die §§ 44 bis 50 des Zehnten Buches[1] bleiben unberührt. ²Zum Kostenersatz nach Absatz 1 und zur Erstattung derselben Kosten nach § 50 des Zehnten Buches Verpflichtete haften als Gesamtschuldner.

§ 104 Kostenersatz für zu Unrecht erbrachte Leistungen. ¹Zum Ersatz der Kosten für zu Unrecht erbrachte Leistungen der Sozialhilfe ist in entsprechender Anwendung des § 103 verpflichtet, wer die Leistungen durch vorsätzliches oder grob fahrlässiges Verhalten herbeigeführt hat. ²Zum Kostenersatz nach Satz 1 und zur Erstattung derselben Kosten nach § 50 des Zehnten Buches[1] Verpflichtete haften als Gesamtschuldner.

§ 105 Kostenersatz bei Doppelleistungen. Hat ein vorrangig verpflichteter Leistungsträger in Unkenntnis der Leistung des Trägers der Sozialhilfe an die leistungsberechtigte Person geleistet, ist diese zur Herausgabe des Erlangten an den Träger der Sozialhilfe verpflichtet.

Zweiter Abschnitt. Kostenerstattung zwischen den Trägern der Sozialhilfe

§ 106 Kostenerstattung bei Aufenthalt in einer Einrichtung. (1) ¹Der nach § 98 Abs. 2 Satz 1 zuständige Träger der Sozialhilfe hat dem nach § 98 Abs. 2 Satz 3 vorläufig leistenden Träger die aufgewendeten Kosten zu erstatten. ²Ist in den Fällen des § 98 Abs. 2 Satz 3 und 4 ein gewöhnlicher Aufenthalt nicht vorhanden oder nicht zu ermitteln und war für die Leistungserbringung ein örtlicher Träger der Sozialhilfe sachlich zuständig, sind diesem die aufgewendeten Kosten von dem überörtlichen Träger der Sozialhilfe zu erstatten, zu dessen Bereich der örtliche Träger gehört.

(2) Als Aufenthalt in einer stationären Einrichtung gilt auch, wenn jemand außerhalb der Einrichtung untergebracht wird, aber in ihrer Betreuung bleibt, oder aus der Einrichtung beurlaubt wird.

(3) ¹Verlässt in den Fällen des § 98 Abs. 2 die leistungsberechtigte Person die Einrichtung und erhält sie im Bereich des örtlichen Trägers, in dem die Einrichtung liegt, innerhalb von einem Monat danach Leistungen der Sozialhilfe, sind dem örtlichen Träger der Sozialhilfe die aufgewendeten Kosten von dem Träger der Sozialhilfe zu erstatten, in dessen Bereich die leistungsberechtigte Person ihren gewöhnlichen Aufenthalt im Sinne des § 98 Abs. 2 Satz 1 hatte. ²Absatz 1 Satz 2 gilt entsprechend. ³Die Erstattungspflicht wird nicht durch einen Aufenthalt außerhalb dieses Bereichs oder in einer Einrichtung im Sinne des § 98 Abs. 2 Satz 1 unterbrochen, wenn dieser zwei Monate nicht übersteigt; sie endet, wenn für einen zusammenhängenden Zeitraum von zwei Monaten Leistungen nicht zu erbringen waren, spätestens nach Ablauf von zwei Jahren seit dem Verlassen der Einrichtung.

---

[1] Nr. 10.

13. Kapitel. Kosten §§ 107–110 SGB XII 12

§ 107 Kostenerstattung bei Unterbringung in einer anderen Familie. § 98 Abs. 2 und § 106 gelten entsprechend, wenn ein Kind oder ein Jugendlicher in einer anderen Familie oder bei anderen Personen als bei seinen Eltern oder bei einem Elternteil untergebracht ist.

§ 108 Kostenerstattung bei Einreise aus dem Ausland. (1) ¹Reist eine Person, die weder im Ausland noch im Inland einen gewöhnlichen Aufenthalt hat, aus dem Ausland ein und setzen innerhalb eines Monats nach ihrer Einreise Leistungen der Sozialhilfe ein, sind die aufgewendeten Kosten von dem von einer Schiedsstelle bestimmten überörtlichen Träger der Sozialhilfe zu erstatten. ²Bei ihrer Entscheidung hat die Schiedsstelle die Einwohnerzahl und die Belastungen, die sich im vorangegangenen Haushaltsjahr für die Träger der Sozialhilfe nach dieser Vorschrift sowie nach den §§ 24 und 115 ergeben haben, zu berücksichtigen. ³Satz 1 gilt nicht für Personen, die im Inland geboren sind oder bei Einsetzen der Leistung mit ihnen als Ehegatte, Lebenspartner, Verwandte oder Verschwägerte zusammenleben. ⁴Leben Ehegatten, Lebenspartner, Verwandte oder Verschwägerte bei Einsetzen der Leistung zusammen, ist ein gemeinsamer erstattungspflichtiger Träger der Sozialhilfe zu bestimmen.

(2) ¹Schiedsstelle im Sinne des Absatzes 1 ist das Bundesverwaltungsamt. ²Die Länder können durch Verwaltungsvereinbarung eine andere Schiedsstelle bestimmen.

(3) Ist ein Träger der Sozialhilfe nach Absatz 1 zur Erstattung der für eine leistungsberechtigte Person aufgewendeten Kosten verpflichtet, hat er auch die für den Ehegatten, den Lebenspartner oder die minderjährigen Kinder der leistungsberechtigten Personen aufgewendeten Kosten zu erstatten, wenn diese Personen später einreisen und Sozialhilfe innerhalb eines Monats einsetzt.

(4) Die Verpflichtung zur Erstattung der für Leistungsberechtigte aufgewendeten Kosten entfällt, wenn für einen zusammenhängenden Zeitraum von drei Monaten Sozialhilfe nicht zu leisten war.

(5) Die Absätze 1 bis 4 sind nicht anzuwenden für Personen, deren Unterbringung nach der Einreise in das Inland bundesrechtlich oder durch Vereinbarung zwischen Bund und Ländern geregelt ist.

§ 109 Ausschluss des gewöhnlichen Aufenthalts. Als gewöhnlicher Aufenthalt im Sinne des Zwölften Kapitels und des Dreizehnten Kapitels, Zweiter Abschnitt, gelten nicht der Aufenthalt in einer Einrichtung im Sinne von § 98 Abs. 2 und der auf richterlich angeordneter Freiheitsentziehung beruhende Aufenthalt in einer Vollzugsanstalt.

§ 110 Umfang der Kostenerstattung. (1) ¹Die aufgewendeten Kosten sind zu erstatten, soweit die Leistung diesem Buch entspricht. ²Dabei gelten die am Aufenthaltsort der Leistungsberechtigten zur Zeit der Leistungserbringung bestehenden Grundsätze für die Leistung von Sozialhilfe.

(2) ¹Kosten unter 2 560 Euro, bezogen auf einen Zeitraum der Leistungserbringung von bis zu zwölf Monaten, sind außer in den Fällen einer vorläufigen Leistungserbringung nach § 98 Abs. 2 Satz 3 nicht zu erstatten. ²Die Begrenzung auf 2 560 Euro gilt, wenn die Kosten für die Mitglieder eines

Haushalts im Sinne von § 27 Absatz 2 Satz 2 und 3 zu erstatten sind, abweichend von Satz 1 für die Mitglieder des Haushalts zusammen.

§ 111 Verjährung. (1) Der Anspruch auf Erstattung der aufgewendeten Kosten verjährt in vier Jahren, beginnend nach Ablauf des Kalenderjahres, in dem er entstanden ist.

(2) Für die Hemmung, die Ablaufhemmung, den Neubeginn und die Wirkung der Verjährung gelten die Vorschriften des Bürgerlichen Gesetzbuchs sinngemäß.

§ 112 Kostenerstattung auf Landesebene. Die Länder können Abweichendes über die Kostenerstattung zwischen den Trägern der Sozialhilfe ihres Bereichs regeln.

Dritter Abschnitt. Sonstige Regelungen

§ 113 Vorrang der Erstattungsansprüche. Erstattungsansprüche der Träger der Sozialhilfe gegen andere Leistungsträger nach § 104 des Zehnten Buches[1)] gehen einer Übertragung, Pfändung oder Verpfändung des Anspruchs vor, auch wenn sie vor Entstehen des Erstattungsanspruchs erfolgt sind.

§ 114 Ersatzansprüche der Träger der Sozialhilfe nach sonstigen Vorschriften. Bestimmt sich das Recht des Trägers der Sozialhilfe, Ersatz seiner Aufwendungen von einem anderen zu verlangen, gegen den die Leistungsberechtigten einen Anspruch haben, nach sonstigen gesetzlichen Vorschriften, die dem § 93 vorgehen, gelten als Aufwendungen

1. die Kosten der Leistung für diejenige Person, die den Anspruch gegen den anderen hat, und
2. die Kosten für Leistungen nach dem Dritten und Vierten Kapitel, die gleichzeitig mit der Leistung nach Nummer 1 für den nicht getrennt lebenden Ehegatten oder Lebenspartner und die minderjährigen unverheirateten Kinder geleistet wurden.

§ 115 Übergangsregelung für die Kostenerstattung bei Einreise aus dem Ausland. Die Pflicht eines Trägers der Sozialhilfe zur Kostenerstattung, die nach der vor dem 1. Januar 1994 geltenden Fassung des § 108 des Bundessozialhilfegesetzes entstanden oder von der Schiedsstelle bestimmt worden ist, bleibt bestehen.

Vierzehntes Kapitel. Verfahrensbestimmungen

§ 116 Beteiligung sozial erfahrener Dritter. (1) Soweit Landesrecht nichts Abweichendes bestimmt, sind vor dem Erlass allgemeiner Verwaltungsvorschriften sozial erfahrene Dritte zu hören, insbesondere aus Vereinigungen, die Bedürftige betreuen, oder aus Vereinigungen von Sozialleistungsempfängern.

[1)] Nr. 10.

(2) Soweit Landesrecht nichts Abweichendes bestimmt, sind vor dem Erlass des Verwaltungsaktes über einen Widerspruch gegen die Ablehnung der Sozialhilfe oder gegen die Festsetzung ihrer Art und Höhe Dritte, wie sie in Absatz 1 bezeichnet sind, beratend zu beteiligen.

§ 116a Rücknahme von Verwaltungsakten. § 44 des Zehnten Buches[1]) gilt mit der Maßgabe, dass

1. rechtswidrige nicht begünstigende Verwaltungsakte nach den Absätzen 1 und 2 nicht später als vier Jahre nach Ablauf des Jahres, in dem der Verwaltungsakt bekanntgegeben wurde, zurückzunehmen sind; ausreichend ist, wenn die Rücknahme innerhalb dieses Zeitraumes beantragt wird,
2. anstelle des Zeitraums von vier Jahren nach Absatz 4 Satz 1 ein Zeitraum von einem Jahr tritt.

§ 117 Pflicht zur Auskunft. (1) [1]Die Unterhaltspflichtigen, ihre nicht getrennt lebenden Ehegatten oder Lebenspartner und die Kostenersatzpflichtigen haben dem Träger der Sozialhilfe über ihre Einkommens- und Vermögensverhältnisse Auskunft zu geben, soweit die Durchführung dieses Buches es erfordert. [2]Dabei haben sie die Verpflichtung, auf Verlangen des Trägers der Sozialhilfe Beweisurkunden vorzulegen oder ihrer Vorlage zuzustimmen. [3]Auskunftspflichtig nach Satz 1 und 2 sind auch Personen, von denen nach § 39 trotz Aufforderung unwiderlegt vermutet wird, dass sie Leistungen zum Lebensunterhalt an andere Mitglieder der Haushaltsgemeinschaft erbringen. [4]Die Auskunftspflicht der Finanzbehörden nach § 21 Abs. 4 des Zehnten Buches[1]) erstreckt sich auch auf diese Personen.

(2) Wer jemandem, der Leistungen nach diesem Buch beantragt hat oder bezieht, Leistungen erbringt oder erbracht hat, die geeignet sind oder waren, diese Leistungen auszuschließen oder zu mindern, hat dem Träger der Sozialhilfe auf Verlangen hierüber Auskunft zu geben, soweit es zur Durchführung der Aufgaben nach diesem Buch im Einzelfall erforderlich ist.

(3) [1]Wer jemandem, der Leistungen nach diesem Buch beantragt hat oder bezieht, zu Leistungen verpflichtet ist oder war, die geeignet sind oder waren, Leistungen auszuschließen oder zu mindern, oder für ihn Guthaben führt oder Vermögensgegenstände verwahrt, hat dem Träger der Sozialhilfe auf Verlangen hierüber sowie über damit im Zusammenhang stehendes Einkommen oder Vermögen Auskunft zu erteilen, soweit es zur Durchführung der Leistungen nach diesem Buch im Einzelfall erforderlich ist. [2]§ 21 Abs. 3 Satz 4 des Zehnten Buches gilt entsprechend.

(4) Der Arbeitgeber ist verpflichtet, dem Träger der Sozialhilfe über die Art und Dauer der Beschäftigung, die Arbeitsstätte und das Arbeitsentgelt der bei ihm beschäftigten Leistungsberechtigten, Unterhaltspflichtigen und deren nicht getrennt lebenden Ehegatten oder Lebenspartner sowie Kostenersatzpflichtigen Auskunft zu geben, soweit die Durchführung dieses Buches es erfordert.

(5) Die nach den Absätzen 1 bis 4 zur Erteilung einer Auskunft Verpflichteten können Angaben verweigern, die ihnen oder ihnen nahe stehenden Personen (§ 383 Abs. 1 Nr. 1 bis 3 der Zivilprozessordnung) die Gefahr zuziehen würden, wegen einer Straftat oder einer Ordnungswidrigkeit verfolgt zu werden.

---

[1]) Nr. 10.

12 SGB XII § 118 12. Buch. Sozialhilfe

(6) ¹ Ordnungswidrig handelt, wer vorsätzlich oder fahrlässig die Auskünfte nach den Absätzen 2, 3 Satz 1 und Absatz 4 nicht, nicht richtig, nicht vollständig oder nicht rechtzeitig erteilt. ² Die Ordnungswidrigkeit kann mit einer Geldbuße geahndet werden.

§ 118 Überprüfung, Verwaltungshilfe. (1) ¹ Die Träger der Sozialhilfe können Personen, die Leistungen nach diesem Buch mit Ausnahme des Vierten Kapitels beziehen, auch regelmäßig im Wege des automatisierten Datenabgleichs daraufhin überprüfen,

1. ob und in welcher Höhe und für welche Zeiträume von ihnen Leistungen der Bundesagentur für Arbeit (Auskunftsstelle) oder der Träger der gesetzlichen Unfall- oder Rentenversicherung (Auskunftsstellen) bezogen werden oder wurden,

2. ob und in welchem Umfang Zeiten des Leistungsbezuges nach diesem Buch mit Zeiten einer Versicherungspflicht oder Zeiten einer geringfügigen Beschäftigung zusammentreffen,

3. ob und welche Daten nach § 45d Abs. 1 und § 45e des Einkommensteuergesetzes dem Bundeszentralamt für Steuern (Auskunftsstelle) übermittelt worden sind und

4. ob und in welcher Höhe ein Kapital nach § 90 Abs. 2 Nr. 2 nicht mehr dem Zweck einer geförderten zusätzlichen Altersvorsorge im Sinne des § 10a oder des Abschnitts XI des Einkommensteuergesetzes dient.

² Sie dürfen für die Überprüfung nach Satz 1 Name, Vorname (Rufname), Geburtsdatum, Geburtsort, Nationalität, Geschlecht, Anschrift und Versicherungsnummer der Personen, die Leistungen nach diesem Buch beziehen, den Auskunftsstellen übermitteln. ³ Die Auskunftsstellen führen den Abgleich mit den nach Satz 2 übermittelten Daten durch und übermitteln die Daten über Feststellungen im Sinne des Satzes 1 an die Träger der Sozialhilfe. ⁴ Die ihnen überlassenen Daten und Datenträger sind nach Durchführung des Abgleichs unverzüglich zurückzugeben, zu löschen oder zu vernichten. ⁵ Die Träger der Sozialhilfe dürfen die ihnen übermittelten Daten nur zur Überprüfung nach Satz 1 nutzen. ⁶ Die übermittelten Daten der Personen, bei denen die Überprüfung zu keinen abweichenden Feststellungen führt, sind unverzüglich zu löschen.

(2) ¹ Die Träger der Sozialhilfe sind befugt, Personen, die Leistungen nach diesem Buch beziehen, auch regelmäßig im Wege des automatisierten Datenabgleichs daraufhin zu überprüfen, ob und in welcher Höhe und für welche Zeiträume von ihnen Leistungen nach diesem Buch durch andere Träger der Sozialhilfe bezogen werden oder wurden. ² Hierzu dürfen die erforderlichen Daten nach Absatz 1 Satz 2 anderen Trägern der Sozialhilfe oder einer zentralen Vermittlungsstelle im Sinne des § 120 Nr. 1 übermittelt werden. ³ Diese führen den Abgleich der ihnen übermittelten Daten durch und leiten Feststellungen im Sinne des Satzes 1 an die übermittelnden Träger der Sozialhilfe zurück. ⁴ Sind die ihnen übermittelten Daten oder Datenträger für die Überprüfung nach Satz 1 nicht mehr erforderlich, sind diese unverzüglich zurückzugeben, zu löschen oder zu vernichten. ⁵ Überprüfungsverfahren nach diesem Absatz können zusammengefasst und mit Überprüfungsverfahren nach Absatz 1 verbunden werden.

14. Kapitel. Verfahrensbestimmungen　　　**§ 119　SGB XII　12**

(3) ¹Die Datenstelle der Rentenversicherung darf als Vermittlungsstelle für das Bundesgebiet die nach den Absätzen 1 und 2 übermittelten Daten speichern und nutzen, soweit dies für die Datenabgleiche nach den Absätzen 1 und 2 erforderlich ist. ²Sie darf die Daten der Stammsatzdatei (§ 150 des Sechsten Buches[1]) und der bei ihr für die Prüfung bei den Arbeitgebern geführten Datei (§ 28p Abs. 8 Satz 2 des Vierten Buches[2]) nutzen, soweit die Daten für die Datenabgleiche erforderlich sind. ³Die nach Satz 1 bei der Datenstelle der Rentenversicherung gespeicherten Daten sind unverzüglich nach Abschluss der Datenabgleiche zu löschen.

(4) ¹Die Träger der Sozialhilfe sind befugt, zur Vermeidung rechtswidriger Inanspruchnahme von Sozialhilfe Daten von Personen, die Leistungen nach diesem Buch beziehen, bei anderen Stellen ihrer Verwaltung, bei ihren wirtschaftlichen Unternehmen und bei den Kreisen, Kreisverwaltungsbehörden und Gemeinden zu überprüfen, soweit diese für die Erfüllung dieser Aufgaben erforderlich sind. ²Sie dürfen für die Überprüfung die in Absatz 1 Satz 2 genannten Daten übermitteln. ³Die Überprüfung kann auch regelmäßig im Wege des automatisierten Datenabgleichs mit den Stellen durchgeführt werden, bei denen die in Satz 4 jeweils genannten Daten zuständigkeitshalber vorliegen. ⁴Nach Satz 1 ist die Überprüfung folgender Daten zulässig:

1. Geburtsdatum und -ort,
2. Personen- und Familienstand,
3. Wohnsitz,
4. Dauer und Kosten von Miet- oder Überlassungsverhältnissen von Wohnraum,
5. Dauer und Kosten von bezogenen Leistungen über Elektrizität, Gas, Wasser, Fernwärme oder Abfallentsorgung und
6. Eigenschaft als Kraftfahrzeughalter.

⁵Die in Satz 1 genannten Stellen sind verpflichtet, die in Satz 4 genannten Daten zu übermitteln. ⁶Sie haben die ihnen im Rahmen der Überprüfung übermittelten Daten nach Vorlage der Mitteilung unverzüglich zu löschen. ⁷Eine Übermittlung durch diese Stellen unterbleibt, soweit ihr besondere gesetzliche Verwendungsregelungen entgegenstehen.

§ 119 Wissenschaftliche Forschung im Auftrag des Bundes.

¹Der Träger der Sozialhilfe darf einer wissenschaftlichen Einrichtung, die im Auftrag des Bundesministeriums für Arbeit und Soziales ein Forschungsvorhaben durchführt, das dem Zweck dient, die Erreichung der Ziele von Gesetzen über soziale Leistungen zu überprüfen oder zu verbessern, Sozialdaten übermitteln, soweit

1. dies zur Durchführung des Forschungsvorhabens erforderlich ist, insbesondere das Vorhaben mit anonymisierten oder pseudoanonymisierten Daten nicht durchgeführt werden kann, und
2. das öffentliche Interesse an dem Forschungsvorhaben das schutzwürdige Interesse der Betroffenen an einem Ausschluss der Übermittlung erheblich überwiegt.

---
[1] Nr. 6.
[2] Nr. 4.

² Vor der Übermittlung sind die Betroffenen über die beabsichtigte Übermittlung, den Zweck des Forschungsvorhabens sowie ihr Widerspruchsrecht nach Satz 3 schriftlich zu unterrichten. ³ Sie können der Übermittlung innerhalb eines Monats nach der Unterrichtung widersprechen. ⁴ Im Übrigen bleibt das Zweite Kapitel des Zehnten Buches[1]) unberührt.

§ 120 Verordnungsermächtigung. Das Bundesministerium für Arbeit und Soziales wird ermächtigt, durch Rechtsverordnung mit Zustimmung des Bundesrates

1. das Nähere über das Verfahren des automatisierten Datenabgleichs nach § 118 Abs. 1 und die Kosten des Verfahrens zu regeln; dabei ist vorzusehen, dass die Zuleitung an die Auskunftsstellen durch eine zentrale Vermittlungsstelle (Kopfstelle) zu erfolgen hat, deren Zuständigkeitsbereich zumindest das Gebiet eines Bundeslandes umfasst, und
2. das Nähere über die Verfahren nach § 118 Absatz 1a und 2 zu regeln.

Fünfzehntes Kapitel. Statistik

Erster Abschnitt. Bundesstatistik für das Dritte und Fünfte bis Neunte Kapitel

§ 121 Bundesstatistik für das Dritte und Fünfte bis Neunte Kapitel. Zur Beurteilung der Auswirkungen des Dritten und Fünften bis Neunten Kapitels und zu deren Fortentwicklung werden Erhebungen über

1. die Leistungsberechtigten, denen
   a) Hilfe zum Lebensunterhalt nach dem Dritten Kapitel (§§ 27 bis 40),
   b) Hilfen zur Gesundheit nach dem Fünften Kapitel (§§ 47 bis 52),
   c) Eingliederungshilfe für behinderte Menschen nach dem Sechsten Kapitel (§§ 53 bis 60),
   d) Hilfe zur Pflege nach dem Siebten Kapitel (§§ 61 bis 66),
   e) Hilfe zur Überwindung besonderer sozialer Schwierigkeiten nach dem Achten Kapitel (§§ 67 bis 69) und
   f) Hilfe in anderen Lebenslagen nach dem Neunten Kapitel (§§ 70 bis 74)
   geleistet wird,
2. die Einnahmen und Ausgaben der Träger der Sozialhilfe nach dem Dritten und Fünften bis Neunten Kapitel

als Bundesstatistik durchgeführt.

§ 122 Erhebungsmerkmale. (1) Erhebungsmerkmale bei der Erhebung nach § 121 Nummer 1 Buchstabe a sind:

1. für Leistungsberechtigte, denen Leistungen nach dem Dritten Kapitel für mindestens einen Monat erbracht werden:
   a) Geschlecht, Geburtsmonat und -jahr, Staatsangehörigkeit, Migrationshintergrund, bei Ausländern auch aufenthaltsrechtlicher Status, Regelbedarfsstufe, Art der geleisteten Mehrbedarfe,

---

[1]) Nr. 10.

15. Kapitel. Statistik § 122 SGB XII 12

b) für Leistungsberechtigte, die das 15. Lebensjahr vollendet, die Altersgrenze nach § 41 Abs. 2 aber noch nicht erreicht haben, zusätzlich zu den unter Buchstabe a genannten Merkmalen: Beschäftigung, Einschränkung der Leistung,

c) für Leistungsberechtigte in Personengemeinschaften, für die eine gemeinsame Bedarfsberechnung erfolgt, und für einzelne Leistungsberechtigte: Wohngemeinde und Gemeindeteil, Art des Trägers, Leistungen in und außerhalb von Einrichtungen, Beginn der Leistung nach Monat und Jahr, Beginn der ununterbrochenen Leistungserbringung für mindestens ein Mitglied der Personengemeinschaft nach Monat und Jahr, die in den § 27a Absatz 3, §§ 27b, 30 bis 33, §§ 35 bis 38 und 133a genannten Bedarfe je Monat, Nettobedarf je Monat, Art und jeweilige Höhe der angerechneten oder in Anspruch genommenen Einkommen und übergegangenen Ansprüche, Zahl aller Haushaltsmitglieder, Zahl aller Leistungsberechtigten im Haushalt,

d) bei Änderung der Zusammensetzung der Personengemeinschaft und bei Beendigung der Leistungserbringung zusätzlich zu den unter den Buchstaben b und c genannten Merkmalen: Monat und Jahr der Änderung der Zusammensetzung oder der Beendigung der Leistung, bei Ende der Leistung auch Grund der Einstellung der Leistungen,

e) für Leistungsberechtigte mit Bedarfen für Bildung und Teilhabe nach § 34 Absatz 2 bis 7:

aa) Geschlecht, Geburtsmonat und -jahr, Wohngemeinde und Gemeindeteil, Staatsangehörigkeit, bei Ausländern auch aufenthaltsrechtlicher Status,

bb) die in § 34 Absatz 2 bis 7 genannten Bedarfe je Monat getrennt nach Schulausflügen, mehrtägigen Klassenfahrten, Ausstattung mit persönlichem Schulbedarf, Schülerbeförderung, Lernförderung, Teilnahme an einer gemeinsamen Mittagsverpflegung sowie Teilhabe am sozialen und kulturellen Leben in der Gemeinschaft und

2. für Leistungsberechtigte, die nicht zu dem Personenkreis der Nummer 1 zählen: Geschlecht, Altersgruppe, Staatsangehörigkeit, Vorhandensein eigenen Wohnraums, Art des Trägers.

(2) *(aufgehoben)*

(3) Erhebungsmerkmale bei den Erhebungen nach § 121 Nummer 1 Buchstabe b bis f sind für jeden Leistungsberechtigten:

1. Geschlecht, Geburtsmonat und -jahr, Wohngemeinde und Gemeindeteil, Staatsangehörigkeit, bei Ausländern auch aufenthaltsrechtlicher Status, Art des Trägers, erbrachte Leistung im Laufe und am Ende des Berichtsjahres sowie in und außerhalb von Einrichtungen nach Art der Leistung nach § 8, am Jahresende erbrachte Leistungen nach dem Dritten und Vierten Kapitel jeweils getrennt nach in und außerhalb von Einrichtungen,

2. bei Leistungsberechtigten nach dem Sechsten und Siebten Kapitel auch die einzelne Art der Leistungen und die Ausgaben je Fall, Beginn und Ende der Leistungserbringung nach Monat und Jahr sowie Art der Unterbringung, Leistung durch ein Persönliches Budget,

3. bei Leistungsberechtigten nach dem Sechsten Kapitel zusätzlich

   a) die Beschäftigten, denen der Übergang auf den allgemeinen Arbeitsmarkt gelingt,

   b) der Bezug von Leistungen nach § 43a des Elften Buches[1],

4. bei Leistungsberechtigten nach dem Siebten Kapitel zusätzlich

   a) das Bestehen einer Pflegeversicherung,

   b) die Erbringung oder Gründe der Nichterbringung von Pflegeleistungen von Sozialversicherungsträgern und einer privaten Pflegeversicherung,

   c) die Höhe des anzurechnenden Einkommens.

(4) Erhebungsmerkmale bei der Erhebung nach § 121 Nummer 2 sind: Art des Trägers, Ausgaben für Leistungen in und außerhalb von Einrichtungen nach § 8, Einnahmen in und außerhalb von Einrichtungen nach Einnahmearten und Leistungen nach § 8.

§ 123 Hilfsmerkmale.

(1) Hilfsmerkmale für Erhebungen nach § 121 sind

1. Name und Anschrift des Auskunftspflichtigen,
2. für die Erhebung nach § 122 Absatz 1 Nummer 1 und Absatz 3. die Kennnummern der Leistungsberechtigten,
3. Name und Telefonnummer der für eventuelle Rückfragen zur Verfügung stehenden Person.

(2) ¹Die Kennnummern nach Absatz 1 Nummer 2 dienen der Prüfung der Richtigkeit der Statistik und der Fortschreibung der jeweils letzten Bestandserhebung. ²Sie enthalten keine Angaben über persönliche und sachliche Verhältnisse der Leistungsberechtigten und sind zum frühestmöglichen Zeitpunkt spätestens nach Abschluss der wiederkehrenden Bestandserhebung zu löschen.

§ 124 Periodizität, Berichtszeitraum und Berichtszeitpunkte.

(1) ¹Die Erhebungen nach § 122 Absatz 1 Nummer 1 Buchstabe a bis c werden als Bestandserhebungen jährlich zum 31. Dezember durchgeführt. ²Die Angaben sind darüber hinaus bei Beginn und Ende der Leistungserbringung sowie bei Änderung der Zusammensetzung der Personengemeinschaft nach § 122 Absatz 1 Nummer 1 Buchstabe c zu erteilen. ³Die Angaben zu § 122 Absatz 1 Nummer 1 Buchstabe d sind ebenfalls zum Zeitpunkt der Beendigung der Leistungserbringung und der Änderung der Zusammensetzung der Personengemeinschaft zu erteilen.

(2) ¹Die Erhebung nach § 122 Absatz 1 Nummer 1 Buchstabe e wird für jedes abgelaufene Quartal eines Kalenderjahres durchgeführt. ²Dabei sind die Merkmale für jeden Monat eines Quartals zu erheben.

(3) Die Erhebung nach § 122 Absatz 1 Nummer 2 wird als Bestandserhebung vierteljährlich zum Quartalsende durchgeführt.

(4) Die Erhebungen nach § 122 Absatz 3 und 4 erfolgen jährlich für das abgelaufene Kalenderjahr.

---

[1] Nr. 11.

15. Kapitel. Statistik §§ 125–128a SGB XII 12

§ 125 Auskunftspflicht. (1) [1] Für die Erhebungen nach § 121 besteht Auskunftspflicht. [2] Die Angaben nach § 123 Absatz 1 Nummer 3 sowie die Angaben zum Gemeindeteil nach § 122 Absatz 1 Nummer 1 Buchstabe c und e sowie Absatz 3 Nummer 1 sind freiwillig.

(2) Auskunftspflichtig sind die zuständigen örtlichen und überörtlichen Träger der Sozialhilfe sowie die kreisangehörigen Gemeinden und Gemeindeverbände, soweit sie Aufgaben dieses Buches wahrnehmen.

§ 126 Übermittlung, Veröffentlichung. (1) [1] An die fachlich zuständigen obersten Bundes- oder Landesbehörden dürfen für die Verwendung gegenüber den gesetzgebenden Körperschaften und für Zwecke der Planung, jedoch nicht für die Regelung von Einzelfällen, vom Statistischen Bundesamt und den statistischen Ämtern der Länder Tabellen mit statistischen Ergebnissen nach § 121 übermittelt werden, auch soweit Tabellenfelder nur einen einzigen Fall ausweisen. [2] Tabellen, deren Tabellenfelder nur einen einzigen Fall ausweisen, dürfen nur dann übermittelt werden, wenn sie nicht differenzierter als auf Regierungsbezirksebene, bei Stadtstaaten auf Bezirksebene, aufbereitet sind.

(2) Die statistischen Ämter der Länder stellen dem Statistischen Bundesamt zu den Erhebungen nach § 121 für Zusatzaufbereitungen des Bundes jährlich unverzüglich nach Aufbereitung der Bestandserhebung und der Erhebung im Laufe des Berichtsjahres Einzelangaben aus einer Zufallsstichprobe mit einem Auswahlsatz von 25 vom Hundert der Leistungsberechtigten zur Verfügung.

(3) Die Ergebnisse der Sozialhilfestatistik dürfen auf die einzelne Gemeinde bezogen veröffentlicht werden.

§ 127 Übermittlung an Kommunen. (1) Für ausschließlich statistische Zwecke dürfen den zur Durchführung statistischer Aufgaben zuständigen Stellen der Gemeinden und Gemeindeverbände für ihren Zuständigkeitsbereich Einzelangaben aus der Erhebung nach § 122 mit Ausnahme der Hilfsmerkmale übermittelt werden, soweit die Voraussetzungen nach § 16 Abs. 5 des Bundesstatistikgesetzes gegeben sind.

(2) Die Daten können auch für interkommunale Vergleichszwecke übermittelt werden, wenn die betreffenden Träger der Sozialhilfe zustimmen und sichergestellt ist, dass die Datenerhebung der Berichtsstellen nach standardisierten Erfassungs- und Melderegelungen sowie vereinheitlichter Auswertungsroutine erfolgt.

§ 128 Zusatzerhebungen. Über Leistungen und Maßnahmen nach dem Dritten und Fünften bis Neunten Kapitel, die nicht durch die Erhebungen nach § 121 Nummer 1 erfasst sind, können bei Bedarf Zusatzerhebungen als Bundesstatistiken durchgeführt werden.

Zweiter Abschnitt. Bundesstatistik für das Vierte Kapitel

§ 128a Bundesstatistik für das Vierte Kapitel. (1) [1] Zur Beurteilung der Auswirkungen des Vierten Kapitels sowie zu seiner Fortentwicklung sind Erhebungen über die Leistungsberechtigten als Bundesstatistik durchzuführen. [2] Die Erhebungen erfolgen zentral durch das Statistische Bundesamt.

(2) Die Statistik nach Absatz 1 umfasst folgende Merkmalkategorien:

1. Persönliche Merkmale,
2. Art und Höhe der Bedarfe,
3. Art und Höhe der angerechneten Einkommen.

§ 128b Persönliche Merkmale. Erhebungsmerkmale nach § 128a Absatz 2 Nummer 1 sind
1. Geschlecht, Geburtsjahr, Staatsangehörigkeit und Bundesland,
2. Geburtsmonat, Wohngemeinde und Gemeindeteil, bei Ausländern auch aufenthaltsrechtlicher Status,
3. Leistungsbezug in und außerhalb von Einrichtungen, bei Leistungsberechtigten außerhalb von Einrichtungen zusätzlich die Anzahl der im Haushalt lebenden Personen, bei Leistungsberechtigten in Einrichtungen die Art der Unterbringung,
4. Träger der Leistung,
5. Beginn der Leistungsgewährung nach Monat und Jahr sowie Ursache der Leistungsgewährung, Ende des Leistungsbezugs nach Monat und Jahr sowie Grund für die Einstellung der Leistung,
6. Dauer des Leistungsbezugs in Monaten,
7. gleichzeitiger Bezug von Leistungen nach dem Dritten und Fünften bis Neunten Kapitel.

§ 128c Art und Höhe der Bedarfe. Erhebungsmerkmale nach § 128a Absatz 2 Nummer 2 sind
1. Regelbedarfsstufe, gezahlter Regelsatz in den Regelbedarfsstufen und abweichende Regelsatzfestsetzung,
2. Mehrbedarfe nach Art und Höhe,
3. einmalige Bedarfe nach Art und Höhe,
4. Beiträge zur Kranken- und Pflegeversicherung, getrennt nach
   a) Beiträgen für eine Pflichtversicherung in der gesetzlichen Krankenversicherung,
   b) Beiträgen für eine freiwillige Versicherung in der gesetzlichen Krankenversicherung,
   c) Beiträgen, die auf Grund des Zusatzbeitragssatzes nach dem Fünften Buch gezahlt werden,
   d) Beiträgen für eine private Krankenversicherung,
   e) Beiträgen für eine soziale Pflegeversicherung,
   f) Beiträgen für eine private Pflegeversicherung,
5. Beiträge für die Vorsorge, getrennt nach
   a) Beiträgen für die Altersvorsorge,
   b) Aufwendungen für Sterbegeldversicherungen,
6. Bedarfe für Bildung und Teilhabe, getrennt nach
   a) Schulausflügen,
   b) mehrtägigen Klassenfahrten,

c) Ausstattung mit persönlichem Schulbedarf,
d) Schulbeförderung,
e) Lernförderung,
f) Teilnahme an einer gemeinschaftlichen Mittagsverpflegung,
7. Aufwendungen für Unterkunft und Heizung sowie sonstige Hilfen zur Sicherung der Unterkunft,
8. Brutto- und Nettobedarf,
9. Darlehen getrennt nach
a) Darlehen nach § 37 Absatz 1 und
b) Darlehen bei am Monatsende fälligen Einkünften nach § 37a.

§ 128d Art und Höhe der angerechneten Einkommen. Erhebungsmerkmale nach § 128a Absatz 2 Nummer 3 sind die jeweilige Höhe der Einkommensart, getrennt nach

1. Altersrente aus der gesetzlichen Rentenversicherung,
2. Hinterbliebenenrente aus der gesetzlichen Rentenversicherung,
3. Renten wegen Erwerbsminderung,
4. Versorgungsbezüge,
5. Renten aus betrieblicher Altersvorsorge,
6. Renten aus privater Vorsorge,
7. Vermögenseinkünfte,
8. Einkünfte nach dem Bundesversorgungsgesetz,
9. Erwerbseinkommen,
10. übersteigendes Einkommen eines im gemeinsamen Haushalt lebenden Partners,
11. öffentlich-rechtliche Leistungen für Kinder,
12. sonstige Einkünfte.

§ 128e Hilfsmerkmale. (1) Hilfsmerkmale für die Bundesstatistik nach § 128a sind
1. Name und Anschrift der nach § 128g Auskunftspflichtigen,
2. die Kennnummern des Leistungsberechtigten,
3. Name und Telefonnummer sowie Adresse für elektronische Post der für eventuelle Rückfragen zur Verfügung stehenden Person.

(2) [1] Die Kennnummern nach Absatz 1 Nummer 2 dienen der Prüfung der Richtigkeit der Statistik und der Fortschreibung der jeweils letzten Bestandserhebung. [2] Sie enthalten keine Angaben über persönliche und sachliche Verhältnisse des Leistungsberechtigten und sind zum frühestmöglichen Zeitpunkt, spätestens nach Abschluss der wiederkehrenden Bestandserhebung, zu löschen.

§ 128f Periodizität, Berichtszeitraum und Berichtszeitpunkte.
(1) Die Bundesstatistik nach § 128a wird quartalsweise durchgeführt.
(2) Die Merkmale nach den §§ 128b bis 128d, ausgenommen das Merkmal nach § 128b Nummer 5, sind als Bestandserhebung zum Quartalsende zu

erheben, wobei sich die Angaben zu den Bedarfen und Einkommen nach § 128c Nummer 1 bis 8 und § 128d jeweils auf den gesamten letzten Monat des Berichtsquartals beziehen.

(3) ¹ Die Merkmale nach § 128b Nummer 5 sind für den gesamten Quartalszeitraum zu erheben, wobei gleichzeitig die Merkmale nach § 128b Nummer 1 und 2 zu erheben sind. ² Bei den beendeten Leistungen ist zudem die bisherige Dauer der Leistungsgewährung nach § 128b Nummer 6 zu erheben.

(4) Die Merkmale nach § 128c Nummer 6 sind für jeden Monat eines Quartals zu erheben, wobei gleichzeitig die Merkmale nach § 128b Nummer 1 und 2 zu erheben sind.

§ 128g Auskunftspflicht. (1) ¹ Für die Bundesstatistik nach § 128a besteht Auskunftspflicht. ² Die Auskunftserteilung für die Angaben nach § 128e Nummer 3 und zum Gemeindeteil nach § 128b Nummer 2 sind freiwillig.

(2) Auskunftspflichtig sind die für die Ausführung des Gesetzes nach dem Vierten Kapitel zuständigen Träger.

§ 128h Datenübermittlung, Veröffentlichung. (1) ¹ Die in sich schlüssigen und nach einheitlichen Standards formatierten Einzeldatensätze sind von den Auskunftspflichtigen elektronisch bis zum Ablauf von 30 Arbeitstagen nach Ende des jeweiligen Berichtsquartals nach § 128f an das Statistische Bundesamt zu übermitteln. ² Soweit die Übermittlung zwischen informationstechnischen Netzen von Bund und Ländern stattfindet, ist dafür nach § 3 des Gesetzes über die Verbindung der informationstechnischen Netze des Bundes und der Länder – Gesetz zur Ausführung von Artikel 91c Absatz 4 des Grundgesetzes – vom 10. August 2009 (BGBl. I S. 2702, 2706) das Verbindungsnetz zu nutzen. ³ Die zu übermittelnden Daten sind nach dem Stand der Technik fortgeschritten zu signieren und zu verschlüsseln.

(2) Das Statistische Bundesamt übermittelt dem Bundesministerium für Arbeit und Soziales für Zwecke der Planung, jedoch nicht für die Regelung von Einzelfällen, Tabellen mit den Ergebnissen der Bundesstatistik nach § 128a, auch soweit Tabellenfelder nur einen einzigen Fall ausweisen.

(3) ¹ Zur Weiterentwicklung des Systems der Grundsicherung im Alter und bei Erwerbsminderung übermittelt das Statistische Bundesamt auf Anforderung des Bundesministeriums für Arbeit und Soziales Einzelangaben aus einer Stichprobe, die vom Statistischen Bundesamt gezogen wird und nicht mehr als 10 Prozent der Grundgesamtheit der Leistungsberechtigten umfasst. ² Die zu übermittelnden Einzelangaben dienen der Entwicklung und dem Betrieb von Mikrosimulationsmodellen durch das Bundesministerium für Arbeit und Soziales und dürfen nur im hierfür erforderlichen Umfang und mittels eines sicheren Datentransfers ausschließlich an das Bundesministerium für Arbeit und Soziales übermittelt werden. ³ Angaben zu den Erhebungsmerkmalen nach § 128b Nummer 2 und 4 und den Hilfsmerkmalen nach § 128e dürfen nicht übermittelt werden; Angaben zu monatlichen Durchschnittsbeträgen in den Einzelangaben werden vom Statistischen Bundesamt auf volle Euro gerundet.

(4) ¹ Bei der Verarbeitung und Nutzung der Daten nach Absatz 3 ist das Statistikgeheimnis nach § 16 des Bundesstatistikgesetzes zu wahren. ² Dafür ist die Trennung von statistischen und nichtstatistischen Aufgaben durch Organisation und Verfahren zu gewährleisten. ³ Die nach Absatz 3 übermittelten

Daten dürfen nur für die Zwecke verwendet werden, für die sie übermittelt wurden. ⁴ Eine Weitergabe von Einzelangaben aus einer Stichprobe nach Absatz 3 Satz 1 durch das Bundesministerium für Arbeit und Soziales an Dritte ist nicht zulässig. ⁵ Die übermittelten Einzeldaten sind nach dem Erreichen des Zweckes zu löschen, zu dem sie übermittelt wurden.

(5) ¹ Das Statistische Bundesamt übermittelt den statistischen Ämtern der Länder Tabellen mit den Ergebnissen der Bundesstatistik für die jeweiligen Länder und für die für die Ausführung des Gesetzes nach dem Vierten Kapitel zuständigen Träger. ² Das Bundesministerium für Arbeit und Soziales erhält diese Tabellen ebenfalls. ³ Die statistischen Ämter der Länder erhalten zudem für ihr Land die jeweiligen Einzeldatensätze für Sonderaufbereitungen auf regionaler Ebene.

(6) Die Ergebnisse der Bundesstatistik nach diesem Abschnitt dürfen auf die einzelnen Gemeinden bezogen veröffentlicht werden.

Dritter Abschnitt. Verordnungsermächtigung

§ 129 Verordnungsermächtigung. Das Bundesministerium für Arbeit und Soziales kann für Zusatzerhebungen nach § 128 im Einvernehmen mit dem Bundesministerium des Innern durch Rechtsverordnung mit Zustimmung des Bundesrates das Nähere regeln über

a) den Kreis der Auskunftspflichtigen nach § 125 Abs. 2,

b) die Gruppen von Leistungsberechtigten, denen Hilfen nach dem Dritten und Fünften bis Neunten Kapitel geleistet werden,

c) die Leistungsberechtigten, denen bestimmte einzelne Leistungen der Hilfen nach dem Dritten und Fünften bis Neunten Kapitel geleistet werden,

d) den Zeitpunkt der Erhebungen,

e) die erforderlichen Erhebungs- und Hilfsmerkmale im Sinne der §§ 122 und 123 und

f) die Art der Erhebung (Vollerhebung oder Zufallsstichprobe).

Sechzehntes Kapitel. Übergangs- und Schlussbestimmungen

§ 130 Übergangsregelung für ambulant Betreute. Für Personen, die Leistungen der Eingliederungshilfe für behinderte Menschen oder der Hilfe zur Pflege empfangen, deren Betreuung am 26. Juni 1996 durch von ihnen beschäftigte Personen oder ambulante Dienste sichergestellt wurde, gilt § 3a des Bundessozialhilfegesetzes in der am 26. Juni 1996 geltenden Fassung.

§ 131 Übergangsregelung für die Statistik über Einnahmen und Ausgaben nach dem Vierten Kapitel. ¹ Die Erhebungen nach § 121 Nummer 2 in Verbindung mit § 122 Absatz 4 in der am 31. Dezember 2014 geltenden Fassung über die Ausgaben und Einnahmen der nach Landesrecht für die Ausführung von Geldleistungen nach dem Vierten Kapitel zuständigen Träger sind dabei auch in den Berichtsjahren 2015 und 2016 durchzuführen. ² Die §§ 124 bis 127 sind in der am 31. Dezember 2014 geltenden Fassung anzuwenden.

§ 132 Übergangsregelung zur Sozialhilfegewährung für Deutsche im Ausland.

(1) Deutsche, die am 31. Dezember 2003 Leistungen nach § 147b des Bundessozialhilfegesetzes in der zu diesem Zeitpunkt geltenden Fassung bezogen haben, erhalten diese Leistungen bei fortdauernder Bedürftigkeit weiter.

(2) [1] Deutsche,

1. die in den dem 1. Januar 2004 vorangegangenen 24 Kalendermonaten ohne Unterbrechung Leistungen nach § 119 des Bundessozialhilfegesetzes in der am 31. Dezember 2003 geltenden Fassung bezogen haben und
2. in dem Aufenthaltsstaat über eine dauerhafte Aufenthaltsgenehmigung verfügen,

erhalten diese Leistungen bei fortdauernder Bedürftigkeit weiter. [2] Für Deutsche, die am 31. Dezember 2003 Leistungen nach § 119 des Bundessozialhilfegesetzes in der am 31. Dezember 2003 geltenden Fassung bezogen haben und weder die Voraussetzungen nach Satz 1 noch die Voraussetzungen des § 24 Abs. 1 erfüllen, enden die Leistungen bei fortdauernder Bedürftigkeit mit Ablauf des 31. März 2004.

(3) Deutsche, die die Voraussetzungen des § 1 Abs. 1 des Bundesentschädigungsgesetzes erfüllen und

1. zwischen dem 30. Januar 1933 und dem 8. Mai 1945 das Gebiet des Deutschen Reiches oder der Freien Stadt Danzig verlassen haben, um sich einer von ihnen nicht zu vertretenden und durch die politischen Verhältnisse bedingten besonderen Zwangslage zu entziehen oder aus den gleichen Gründen nicht in das Gebiet des Deutschen Reiches oder der Freien Stadt Danzig zurückkehren konnten oder
2. nach dem 8. Mai 1945 und vor dem 1. Januar 1950 das Gebiet des Deutschen Reiches nach dem Stande vom 31. Dezember 1937 oder das Gebiet der Freien Stadt Danzig verlassen haben,

können, sofern sie in dem Aufenthaltsstaat über ein dauerhaftes Aufenthaltsrecht verfügen, in außergewöhnlichen Notlagen Leistungen erhalten, auch wenn sie nicht die Voraussetzungen nach den Absätzen 1 und 2 oder nach § 24 Abs. 1 erfüllen; § 24 Abs. 2 gilt.

§ 133 Übergangsregelung für besondere Hilfen an Deutsche nach Artikel 116 Abs. 1 des Grundgesetzes.

(1) [1] Deutsche, die außerhalb des Geltungsbereiches dieses Gesetzes, aber innerhalb des in Artikel 116 Abs. 1 des Grundgesetzes genannten Gebiets geboren sind und dort ihren gewöhnlichen Aufenthalt haben, können in außergewöhnlichen Notlagen besondere Hilfen erhalten, auch wenn sie nicht die Voraussetzungen des § 24 Abs. 1 erfüllen. [2] § 24 Abs. 2 gilt. [3] Die Höhe dieser Leistungen bemisst sich nach dem im Aufenthaltsstaat in vergleichbaren Lebensumständen üblichen Leistungen. [4] Die besonderen Hilfen werden unter Übernahme der Kosten durch den Bund durch Träger der freien Wohlfahrtspflege mit Sitz im Inland geleistet.

(2) Die Bundesregierung wird ermächtigt, durch Rechtsverordnung mit Zustimmung des Bundesrates die persönlichen Bezugsvoraussetzungen, die Bemessung der Leistungen sowie die Trägerschaft und das Verfahren zu bestimmen.

§ 133a Übergangsregelung für Hilfeempfänger in Einrichtungen.
Für Personen, die am 31. Dezember 2004 einen Anspruch auf einen zusätzlichen Barbetrag nach § 21 Abs. 3 Satz 4 des Bundessozialhilfegesetzes haben, wird diese Leistung in der für den vollen Kalendermonat Dezember 2004 festgestellten Höhe weiter erbracht.

§ 133b Übergangsregelung zu Bedarfen für Unterkunft und Heizung.
¹ § 42a Absatz 3 und 4 findet keine Anwendung auf Leistungsberechtigte, bei denen vor dem 1. Juli 2017 Bedarfe für Unterkunft und Heizung nach § 35 anerkannt worden sind, die
1. dem Kopfteil an den Aufwendungen für Unterkunft und Heizung entsprechen, die für einen entsprechenden Mehrpersonenhaushalt als angemessen gelten, oder
2. nach ihrer Höhe der durchschnittlichen Warmmiete eines Einpersonenhaushaltes im örtlichen Zuständigkeitsbereich des für die Ausführung des Gesetzes nach diesem Kapitel zuständigen Trägers nicht übersteigen.

² Satz 1 findet Anwendung, solange die leistungsberechtigte Person mit mehreren Personen in derselben Wohnung lebt.

§ 134 Übergangsregelung für die Fortschreibung der Regelbedarfsstufe 6.
Abweichend von § 28a ist die Regelbedarfsstufe 6 der Anlage zu § 28 nicht mit dem sich nach der Verordnung nach § 40 ergebenden Prozentsatz fortzuschreiben, solange sich durch die entsprechende Fortschreibung des Betrages nach § 8 Absatz 1 Satz 1 Nummer 6 des Regelbedarfs-Ermittlungsgesetzes kein höherer Betrag ergeben würde.

§ 135 Übergangsregelung aus Anlass des Zweiten Rechtsbereinigungsgesetzes.
(1) ¹ Erhielten am 31. Dezember 1986 Tuberkulosekranke, von Tuberkulose Bedrohte oder von Tuberkulose Genesene laufende Leistungen nach Vorschriften, die durch das Zweite Rechtsbereinigungsgesetz außer Kraft treten, sind diese Leistungen nach den bisher maßgebenden Vorschriften weiterzugewähren, längstens jedoch bis zum 31. Dezember 1987. ² Sachlich zuständig bleibt der überörtliche Träger der Sozialhilfe, soweit nicht nach Landesrecht der örtliche Träger zuständig ist.

(2) Die Länder können für die Verwaltung der im Rahmen der bisherigen Tuberkulosehilfe gewährten Darlehen andere Behörden bestimmen.

§ 136 Erstattung des Barbetrags durch den Bund in den Jahren 2017 bis 2019.
(1) Für Leistungsberechtigte nach dem Vierten Kapitel, die zugleich Leistungen der Eingliederungshilfe nach dem Sechsten Kapitel in einer stationären Einrichtung erhalten, erstattet der Bund den Ländern in den Jahren 2017 bis 2019 für jeden Leistungsberechtigten je Kalendermonat einen Betrag, dessen Höhe sich nach einem Anteil von 14 Prozent der Regelbedarfsstufe 1 nach der Anlage zu § 28 bemisst.

(2) ¹ Die Länder teilen dem Bundesministerium für Arbeit und Soziales die Zahl der Leistungsberechtigten je Kalendermonat nach Absatz 1 für jeden für die Ausführung des Gesetzes nach diesem Kapitel zuständigen Träger mit, sofern diese in einem Kalendermonat für mindestens 15 Kalendertage einen Barbetrag erhalten haben. ² Die Meldungen nach Satz 1 erfolgen

1. bis zum Ablauf der 35. Kalenderwoche des Jahres 2017 für den Meldezeitraum Januar bis Juni 2017,
2. bis zum Ablauf der 35. Kalenderwoche des Jahres 2018 für den Meldezeitraum Juli 2017 bis Juni 2018,
3. bis zum Ablauf der 35. Kalenderwoche des Jahres 2019 für den Meldezeitraum Juli 2018 bis Juni 2019 und
4. bis zum Ablauf der 10. Kalenderwoche des Jahres 2020 für den Meldezeitraum Juli 2019 bis Dezember 2019.

(3) [1] Der Erstattungsbetrag für jeden Kalendermonat im Meldezeitraum nach Absatz 2 errechnet sich aus

1. der Anzahl der jeweils gemeldeten Leistungsberechtigten,
2. multipliziert mit dem Anteil von 14 Prozent des für jeden Kalendermonat jeweils geltenden Betrags der Regelbedarfsstufe 1 nach der Anlage zu § 28.

[2] Der Erstattungsbetrag für den jeweiligen Meldezeitraum ergibt sich aus der Summe der Erstattungsbeträge je Kalendermonat nach Satz 1.

(4) Der Erstattungsbetrag nach Absatz 3 Satz 2 ist für die Meldezeiträume nach Absatz 2 Satz 2 Nummer 1 bis 3 jeweils zum 15. Oktober der Jahre 2017 bis 2019, der Erstattungsbetrag für den Meldezeitraum nach Absatz 2 Satz 2 Nummer 4 ist zum 15. April 2020 zu zahlen.

§ 137 Überleitung in Pflegegrade zum 1. Januar 2017. [1] Pflegebedürftige, deren Pflegebedürftigkeit nach den Vorschriften des Siebten Kapitels in der am 31. Dezember 2016 geltenden Fassung festgestellt worden ist und bei denen spätestens am 31. Dezember 2016 die Voraussetzungen auf Leistungen nach den Vorschriften des Siebten Kapitels vorliegen, werden ab dem 1. Januar 2017 ohne erneute Antragstellung und ohne erneute Begutachtung wie folgt in die Pflegegrade übergeleitet:

1. Pflegebedürftige mit Pflegestufe I in den Pflegegrad 2,
2. Pflegebedürftige mit Pflegestufe II in den Pflegegrad 3,
3. Pflegebedürftige mit Pflegestufe III in den Pflegegrad 4.

[2] Die Überleitung in die Pflegegrade nach § 140 des Elften Buches[1)] ist für den Träger der Sozialhilfe bindend.

§ 138 Übergangsregelung für Pflegebedürftige aus Anlass des Dritten Pflegestärkungsgesetzes. [1] Einer Person, die am 31. Dezember 2016 einen Anspruch auf Leistungen nach dem Siebten Kapitel in der am 31. Dezember 2016 geltenden Fassung hat, sind die ihr am 31. Dezember 2016 zustehenden Leistungen über den 31. Dezember 2016 hinaus bis zum Abschluss des von Amts wegen zu betreibenden Verfahrens zur Ermittlung und Feststellung des Pflegegrades und des notwendigen pflegerischen Bedarfs nach § 63a in der ab dem 1. Januar 2017 geltenden Fassung weiter zu gewähren. [2] Soweit eine Person zugleich Leistungen nach dem Elften Buch in der ab dem 1. Januar 2017 geltenden Fassung erhält, sind diese anzurechnen. [3] Dies gilt nicht für die Zuschläge nach § 141 Absatz 2 des Elften Buches[1)] sowie für den Entlastungsbetrag nach § 45b des Elften Buches. [4] Ergibt das Verfahren, dass für die Zeit ab

---

[1)] Nr. 11.

dem 1. Januar 2017 die Leistungen für den notwendigen pflegerischen Bedarf, die nach dem Siebten Kapitel in der ab dem 1. Januar 2017 geltenden Fassung zu gewähren sind, geringer sind als die nach Satz 1 gewährten Leistungen, so sind die nach Satz 1 gewährten höheren Leistungen nicht vom Leistungsbezieher zu erstatten; § 45 des Zehnten Buches[1)] bleibt unberührt. [5] Ergibt das Verfahren, dass für die Zeit ab dem 1. Januar 2017 die Leistungen für den notwendigen pflegerischen Bedarf, die nach dem Siebten Kapitel in der ab dem 1. Januar 2017 geltenden Fassung zu gewähren sind, höher sind als die nach Satz 1 gewährten Leistungen, so sind die Leistungen rückwirkend nach den Vorschriften des Siebten Kapitels in der ab dem 1. Januar 2017 geltenden Fassung zu gewähren.

§ 139 Übergangsregelung zur Erbringung von Leistungen nach dem Sechsten Kapitel für die Zeit vom 1. Januar 2018 bis zum 31. Dezember 2019. (1) [1] Die am 31. Dezember 2017 vereinbarten oder durch die Schiedsstellen festgesetzten Vergütungen nach § 75 Absatz 3 Nummer 2 mit den Pauschalen für Unterkunft und Verpflegung (Grundpauschale) und für die Maßnahmen (Maßnahmepauschale) sowie einem Betrag für betriebsnotwendige Anlagen einschließlich ihrer Ausstattung (Investitionsbetrag) gelten, soweit sie die Erbringung von Leistungen nach dem Sechsten Kapitel zum Inhalt haben, bis zum 31. Dezember 2019 weiter. [2] Werden nach dem 31. Dezember 2017 erstmals Vereinbarungen für Einrichtungen abgeschlossen, sind als Basis die Vereinbarungen des Jahres 2017 von vergleichbaren Einrichtungen zugrunde zu legen. [3] Tariflich vereinbarte Vergütungen sowie entsprechende Vergütungen nach kirchlichen Arbeitsrechtsregelungen sind grundsätzlich als wirtschaftlich anzusehen. [4] § 77 Absatz 1 und 2 gilt entsprechend.

(2) Auf Verlangen einer Vertragspartei sind die Vergütungen für den Geltungszeitraum nach Absatz 1 neu zu verhandeln.

(3) Die am 31. Dezember 2017 geltenden Rahmenverträge im Sinne des § 79 in der am 31. Dezember 2017 geltenden Fassung bleiben, soweit sie die Erbringung von Leistungen nach dem Sechsten Kapitel zum Inhalt haben, bis zum 31. Dezember 2019 in Kraft.

Siebzehntes Kapitel. Regelungen zur Teilhabe am Arbeitsleben für die Zeit vom 1. Januar 2018 bis zum 31. Dezember 2019

§ 140 Teilhabe am Arbeitsleben. (1) Leistungen zur Beschäftigung erhalten Personen nach § 53, die die Voraussetzungen nach § 58 Absatz 1 Satz 1 des Neunten Buches erfüllen.

(2) Leistungen zur Beschäftigung umfassen

1. Leistungen im Arbeitsbereich anerkannter Werkstätten für behinderte Menschen nach den §§ 58 und 62 des Neunten Buches,
2. Leistungen bei anderen Leistungsanbietern nach den §§ 60 und 62 des Neunten Buches sowie
3. Leistungen bei privaten und öffentlichen Arbeitgebern nach § 61 des Neunten Buches.

[1)] Nr. **10**.

(3) ¹Leistungen nach Absatz 2 umfassen auch Gegenstände und Hilfsmittel, die wegen der gesundheitlichen Beeinträchtigung zur Aufnahme oder Fortsetzung der Beschäftigung erforderlich sind. ²Voraussetzung für eine Hilfsmittelversorgung ist, dass der Leistungsberechtigte das Hilfsmittel bedienen kann. ³Die Versorgung mit Hilfsmitteln schließt eine notwendige Unterweisung im Gebrauch und eine notwendige Instandhaltung oder Änderung ein. ⁴Die Ersatzbeschaffung des Hilfsmittels erfolgt, wenn sie infolge der körperlichen Entwicklung der Leistungsberechtigten notwendig ist oder das Hilfsmittel aus anderen Gründen ungeeignet oder unbrauchbar geworden ist.

(4) Zu den Leistungen nach Absatz 2 Nummer 1 und 2 gehört auch das Arbeitsförderungsgeld nach § 59 des Neunten Buches.

Achtzehntes Kapitel. Regelungen für die Gesamtplanung für die Zeit vom 1. Januar 2018 bis zum 31. Dezember 2019

§ 141 Gesamtplanverfahren. (1) Das Gesamtplanverfahren ist nach den folgenden Maßstäben durchzuführen:

1. Beteiligung der Leistungsberechtigten in allen Verfahrensschritten, beginnend mit der Beratung,
2. Dokumentation der Wünsche der Leistungsberechtigten zu Ziel und Art der Leistungen,
3. Beachtung der Kriterien
   a) transparent,
   b) trägerübergreifend,
   c) interdisziplinär,
   d) konsensorientiert,
   e) individuell,
   f) lebensweltbezogen,
   g) sozialraumorientiert und zielorientiert,
4. Ermittlung des individuellen Bedarfes,
5. Durchführung einer Gesamtplankonferenz,
6. Abstimmung der Leistungen nach Inhalt, Umfang und Dauer in einer Gesamtplankonferenz unter Beteiligung betroffener Leistungsträger.

(2) Am Gesamtplanverfahren wird auf Verlangen des Leistungsberechtigten eine Person seines Vertrauens beteiligt.

(3) ¹Bestehen im Einzelfall Anhaltspunkte für eine Pflegebedürftigkeit nach dem Elften Buch[1]), wird die zuständige Pflegekasse mit Zustimmung des Leistungsberechtigten vom Träger der Sozialhilfe informiert und muss am Gesamtplanverfahren beratend teilnehmen, soweit dies zur Feststellung der Leistungen nach § 54 erforderlich ist. ²Bestehen im Einzelfall Anhaltspunkte, dass Leistungen der Hilfe zur Pflege nach dem Siebten Kapitel erforderlich sind, so soll der Träger dieser Leistungen mit Zustimmung des Leistungsberechtigten infor-

---

¹) Nr. 11.

miert und am Gesamtplanverfahren beteiligt werden, soweit dies zur Feststellung der Leistungen nach § 54 erforderlich ist.

(4) Bestehen im Einzelfall Anhaltspunkte für einen Bedarf an notwendigem Lebensunterhalt, soll der Träger dieser Leistungen mit Zustimmung der Leistungsberechtigten informiert und am Gesamtplanverfahren beteiligt werden, soweit dies zur Feststellung der Leistungen nach § 54 erforderlich ist.

§ 142 Instrumente der Bedarfsermittlung. (1) ¹Der Träger der Sozialhilfe hat die Leistungen nach § 54 unter Berücksichtigung der Wünsche des Leistungsberechtigten festzustellen. ²Die Ermittlung des individuellen Bedarfes erfolgt durch ein Instrument, das sich an der Internationalen Klassifikation der Funktionsfähigkeit, Behinderung und Gesundheit orientiert. ³Das Instrument hat die Beschreibung einer nicht nur vorübergehenden Beeinträchtigung der Aktivität und Teilhabe in den folgenden Lebensbereichen vorzusehen:

1. Lernen und Wissensanwendung,
2. allgemeine Aufgaben und Anforderungen,
3. Kommunikation,
4. Mobilität,
5. Selbstversorgung,
6. häusliches Leben,
7. interpersonelle Interaktionen und Beziehungen,
8. bedeutende Lebensbereiche und
9. Gemeinschafts-, soziales und staatsbürgerliches Leben.

(2) Die Landesregierungen werden ermächtigt, durch Rechtsverordnung das Nähere über das Instrument zur Bedarfsermittlung zu bestimmen.

§ 143 Gesamtplankonferenz. (1) ¹Mit Zustimmung der Leistungsberechtigten kann der Träger der Sozialhilfe eine Gesamtplankonferenz durchführen, um die Leistungen für Leistungsberechtigte nach § 54 sicherzustellen. ²Die Leistungsberechtigten und die beteiligten Rehabilitationsträger können dem nach § 15 des Neunten Buches verantwortlichen Träger der Sozialhilfe die Durchführung einer Gesamtplankonferenz vorschlagen. ³Von dem Vorschlag auf Durchführung einer Gesamtplankonferenz kann abgewichen werden, wenn der Träger der Sozialhilfe den maßgeblichen Sachverhalt schriftlich ermitteln kann oder der Aufwand zur Durchführung nicht in einem angemessenen Verhältnis zum Umfang der beantragten Leistung steht.

(2) In einer Gesamtplankonferenz beraten der Träger der Sozialhilfe, der Leistungsberechtigte und beteiligte Leistungsträger gemeinsam auf der Grundlage des Ergebnisses der Bedarfsermittlung mit den Leistungsberechtigten insbesondere über

1. die Stellungnahmen der beteiligten Leistungsträger und der gutachterlichen Stellungnahme des Leistungserbringers bei Beendigung der Leistungen zur beruflichen Bildung nach § 57 des Neunten Buches,
2. die Wünsche der Leistungsberechtigten nach § 9,
3. den Beratungs- und Unterstützungsbedarf nach § 11,
4. die Erbringung der Leistungen.

(3) ¹ Ist der Träger der Sozialhilfe Leistungsverantwortlicher nach § 15 des Neunten Buches, soll er die Gesamtplankonferenz mit einer Teilhabeplankonferenz nach § 20 des Neunten Buches verbinden. ² Ist der Träger der Eingliederungshilfe nicht Leistungsverantwortlicher nach § 15 des Neunten Buches, soll er nach § 19 Absatz 5 des Neunten Buches den Leistungsberechtigten und den Rehabilitationsträgern anbieten, mit deren Einvernehmen das Verfahren anstelle des leistenden Rehabilitationsträgers durchzuführen.

(4) ¹ Beantragt eine leistungsberechtigte Mutter oder ein leistungsberechtigter Vater Leistungen zur Deckung von Bedarfen bei der Versorgung und Betreuung eines eigenen Kindes oder mehrerer eigener Kinder, so ist eine Gesamtplankonferenz mit Zustimmung des Leistungsberechtigten durchzuführen. ² Bestehen Anhaltspunkte dafür, dass diese Bedarfe durch Leistungen anderer Leistungsträger, durch das familiäre, freundschaftliche und nachbarschaftliche Umfeld oder ehrenamtlich gedeckt werden können, so informiert der Träger der Sozialhilfe mit Zustimmung der Leistungsberechtigten die als zuständig angesehenen Leistungsträger, die ehrenamtlich tätigen Stellen und Personen oder die jeweiligen Personen aus dem persönlichen Umfeld und beteiligt sie an der Gesamtplankonferenz.

§ 143a Feststellung der Leistungen. (1) Nach Abschluss der Gesamtplankonferenz stellen der Träger der Sozialhilfe und die beteiligten Leistungsträger ihre Leistungen nach den für sie geltenden Leistungsgesetzen innerhalb der Fristen nach den §§ 14 und 15 des Neunten Buches fest.

(2) ¹ Der Träger der Sozialhilfe erlässt auf Grundlage des Gesamtplans nach § 145 den Verwaltungsakt über die festgestellte Leistung nach § 54. ² Der Verwaltungsakt enthält mindestens die bewilligten Leistungen und die jeweiligen Leistungsvoraussetzungen. ³ Die Feststellungen über die Leistungen sind für den Erlass des Verwaltungsaktes bindend. ⁴ Ist eine Gesamtplankonferenz durchgeführt worden, sind deren Ergebnisse der Erstellung des Gesamtplans zugrunde zu legen. ⁵ Ist der Träger der Sozialhilfe Leistungsverantwortlicher nach § 15 des Neunten Buches, sind die Feststellungen über die Leistungen für die Entscheidung nach § 15 Absatz 3 des Neunten Buches bindend.

(3) Wenn nach den Vorschriften zur Koordinierung der Leistungen nach Teil 1 Kapitel 4 des Neunten Buches ein anderer Rehabilitationsträger die Leistungsverantwortung trägt, bilden die auf Grundlage der Gesamtplanung festgestellten Leistungen nach § 54 die für den Teilhabeplan erforderlichen Feststellungen nach § 15 Absatz 2 des Neunten Buches.

(4) In einem Eilfall erbringt der Träger der Sozialhilfe Leistungen der Eingliederungshilfe nach § 54 vor Beginn der Gesamtplankonferenz vorläufig; der Umfang der vorläufigen Gesamtleistung bestimmt sich nach pflichtgemäßem Ermessen.

§ 144 Gesamtplan. (1) Der Träger der Sozialhilfe stellt unverzüglich nach der Feststellung der Leistungen einen Gesamtplan insbesondere zur Durchführung der einzelnen Leistungen oder einer Einzelleistung auf.

(2) ¹ Der Gesamtplan dient der Steuerung, Wirkungskontrolle und Dokumentation des Teilhabeprozesses. ² Er geht der Leistungsabsprache nach § 12 vor. ³ Er bedarf der Schriftform und soll regelmäßig, spätestens nach zwei Jahren, überprüft und fortgeschrieben werden.

18. Kapitel. Übergangsregelung § 145 SGB XII 12

(3) Bei der Aufstellung des Gesamtplanes wirkt der Träger der Sozialhilfe zusammen mit

1. dem Leistungsberechtigten,

2. einer Person ihres Vertrauens und

3. den im Einzelfall Beteiligten, insbesondere mit

   a) dem behandelnden Arzt,

   b) dem Gesundheitsamt,

   c) dem Landesarzt,

   d) dem Jugendamt und

   e) den Dienststellen der Bundesagentur für Arbeit.

(4) Der Gesamtplan enthält neben den Inhalten nach § 19 des Neunten Buches mindestens

1. die im Rahmen der Gesamtplanung eingesetzten Verfahren und Instrumente sowie die Maßstäbe und Kriterien der Wirkungskontrolle einschließlich des Überprüfungszeitpunkts,

2. die Aktivitäten der Leistungsberechtigten,

3. die Feststellungen über die verfügbaren und aktivierbaren Selbsthilferessourcen des Leistungsberechtigten sowie über Art, Inhalt, Umfang und Dauer der zu erbringenden Leistungen,

4. die Berücksichtigung des Wunsch- und Wahlrechts nach § 9 im Hinblick auf eine pauschale Geldleistung und

5. die Erkenntnisse aus vorliegenden sozialmedizinischen Gutachten.

(5) Der Träger der Sozialhilfe hat der leistungsberechtigten Person Einsicht in den Gesamtplan zu gestatten.

§ 145 Teilhabezielvereinbarung. [1]Der Träger der Sozialhilfe kann mit dem Leistungsberechtigten eine Teilhabezielvereinbarung zur Umsetzung der Mindestinhalte des Gesamtplanes oder von Teilen der Mindestinhalte des Gesamtplanes abschließen. [2]Die Teilhabezielvereinbarung wird für die Dauer des Bewilligungszeitraumes der Leistungen der Eingliederungshilfe abgeschlossen, soweit sich aus ihr nichts Abweichendes ergibt. [3]Bestehen Anhaltspunkte dafür, dass die Vereinbarungsziele nicht oder nicht mehr erreicht werden, hat der Träger der Sozialhilfe die Teilhabezielvereinbarung anzupassen. [4]Die Kriterien nach § 141 Absatz 1 Nummer 3 gelten entsprechend.

Anlage
(zu § 28)

Regelbedarfsstufen nach § 28 in Euro

gültig ab	Regel-bedarfs-stufe 1	Regel-bedarfs-stufe 2	Regel-bedarfs-stufe 3	Regel-bedarfs-stufe 4	Regel-bedarfs-stufe 5	Regel-bedarfs-stufe 6
1. Januar 2011	364	328	291	287	251	215
1. Januar 2012	374	337	299	287	251	219
1. Januar 2013	382	345	306	289	255	224
1. Januar 2014	391	353	313	296	261	229
1. Januar 2015	399	360	320	302	267	234
1. Januar 2016	404	364	324	306	270	237
1. Januar 2017	409	368	327	311	291	237
1. Januar 2018	416	374	332	316	296	240

Regelbedarfsstufe 1:

Für jede erwachsene Person, die in einer Wohnung nach § 42a Absatz 2 Satz 2 lebt und für die nicht Regelbedarfsstufe 2 gilt.

Regelbedarfsstufe 2:

Für jede erwachsene Person, wenn sie in einer Wohnung nach § 42a Absatz 2 Satz 2 mit einem Ehegatten oder Lebenspartner oder in eheähnlicher oder lebenspartnerschaftsähnlicher Gemeinschaft mit einem Partner zusammenlebt.

Regelbedarfsstufe 3:

Für eine erwachsene Person, deren notwendiger Lebensunterhalt sich nach § 27b bestimmt.

Regelbedarfsstufe 4:

Für eine Jugendliche oder einen Jugendlichen vom Beginn des 15. bis zur Vollendung des 18. Lebensjahres.

Regelbedarfsstufe 5:

Für ein Kind vom Beginn des siebten bis zur Vollendung des 14. Lebensjahres.

Regelbedarfsstufe 6:

Für ein Kind bis zur Vollendung des sechsten Lebensjahres.

20. Sozialgerichtsgesetz (SGG)[1)]

In der Fassung der Bekanntmachung vom 23. September 1975[2)]
(BGBl. I S. 2535)

FNA 330-1

zuletzt geänd. durch Art. 5 Abs. 5 G über die Erweiterung der Medienöffentlichkeit in Gerichtsverfahren v. 8.10.2017 (BGBl. I S. 3546)

Inhaltsübersicht

	§§
Erster Teil. Gerichtsverfassung	
Erster Abschnitt. Gerichtsbarkeit und Richteramt	1–6
Zweiter Abschnitt. Sozialgerichte	7–27
Dritter Abschnitt. Landessozialgerichte	28–37
Vierter Abschnitt. Bundessozialgericht	38–50
Fünfter Abschnitt. Rechtsweg und Zuständigkeit	51–59
Zweiter Teil. Verfahren	
Erster Abschnitt. Gemeinsame Verfahrensvorschriften	
Erster Unterabschnitt. Allgemeine Vorschriften	60–75
Zweiter Unterabschnitt. Beweissicherungsverfahren	76
Dritter Unterabschnitt. Vorverfahren und einstweiliger Rechtsschutz	77–86b
Vierter Unterabschnitt. Verfahren im ersten Rechtszug	87–122
Fünfter Unterabschnitt. Urteile und Beschlüsse	123–142
Sechster Unterabschnitt. *(aufgehoben)*	
Zweiter Abschnitt. Rechtsmittel	
Erster Unterabschnitt. Berufung	143–159
Zweiter Unterabschnitt. Revision	160–171
Dritter Unterabschnitt. Beschwerde, Erinnerung, Anhörungsrüge	172–178a
Dritter Abschnitt. Wiederaufnahme des Verfahrens und besondere Verfahrensvorschriften	
Vierter Abschnitt. Kosten und Vollstreckung	
Erster Unterabschnitt. Kosten	183–197b
Zweiter Unterabschnitt. Vollstreckung	198–201
Dritter Teil. Übergangs- und Schlußvorschriften	202–220

Erster Teil. Gerichtsverfassung

Erster Abschnitt. Gerichtsbarkeit und Richteramt

§ 1 [Besondere Verwaltungsgerichte] Die Sozialgerichtsbarkeit wird durch unabhängige, von den Verwaltungsbehörden getrennte, besondere Verwaltungsgerichte ausgeübt.

[1)] Die Änderungen durch G v. 10.10.2013 (BGBl. I S. 3786), die erst **mWv 1.1.2022**, die Änderungen durch G v. 23.12.2016 (BGBl. I S. 3234), die erst **mWv 1.1.2020**, sowie die Änderung durch G v. 5.7.2017 (BGBl. I S. 2208), die erst **mWv 1.1.2026** in Kraft treten, sind im Text noch nicht berücksichtigt.
[2)] Neubekanntmachung des SGG v. 3.9.1953 (BGBl. I S. 1239, ber. S. 1326) in der ab 1.1.1975 geltenden Fassung.

§ 2 [Gerichte der Sozialgerichtsbarkeit] Als Gerichte der Sozialgerichtsbarkeit werden in den Ländern Sozialgerichte und Landessozialgerichte, im Bund das Bundessozialgericht errichtet.

§ 3 [Besetzung mit Berufsrichtern und ehrenamtlichen Richtern] Die Gerichte der Sozialgerichtsbarkeit werden mit Berufsrichtern und ehrenamtlichen Richtern besetzt.

§ 4 [Geschäftsstelle] [1] Bei jedem Gericht wird eine Geschäftsstelle eingerichtet, die mit der erforderlichen Zahl von Urkundsbeamten besetzt wird. [2] Das Nähere bestimmen für das Bundessozialgericht das Bundesministerium für Arbeit und Soziales, für die Sozialgerichte und Landessozialgerichte die nach Landesrecht zuständigen Stellen.

§ 5 [Rechts- und Amtshilfe] (1) Alle Gerichte, Verwaltungsbehörden und Organe der Versicherungsträger leisten den Gerichten der Sozialgerichtsbarkeit Rechts- und Amtshilfe.

(2) [1] Das Ersuchen an ein Sozialgericht um Rechtshilfe ist an das Sozialgericht zu richten, in dessen Bezirk die Amtshandlung vorgenommen werden soll. [2] Das Ersuchen ist durch den Vorsitzenden einer Kammer durchzuführen. [3] Ist die Amtshandlung außerhalb des Sitzes des ersuchten Sozialgerichts vorzunehmen, so kann dieses Gericht das Amtsgericht um die Vornahme der Rechtshilfe ersuchen.

(3) Die §§ 158 bis 160, 164 bis 166, 168 des Gerichtsverfassungsgesetzes gelten entsprechend.

§ 6 [Anwendung des GVG] Für die Gerichte der Sozialgerichtsbarkeit gelten die Vorschriften des Zweiten Titels des Gerichtsverfassungsgesetzes nach Maßgabe der folgenden Vorschriften entsprechend:
1. [1] Das Präsidium teilt die ehrenamtlichen Richter im voraus für jedes Geschäftsjahr, mindestens für ein Vierteljahr, einem oder mehreren Spruchkörpern zu, stellt die Reihenfolge fest, in der sie zu den Verhandlungen heranzuziehen sind, und regelt die Vertretung für den Fall der Verhinderung. [2] Von der Reihenfolge darf nur aus besonderen Gründen abgewichen werden; die Gründe sind aktenkundig zu machen.
2. Den Vorsitz in den Kammern der Sozialgerichte führen die Berufsrichter.

Zweiter Abschnitt. Sozialgerichte

§ 7 [Errichtung, Bezirk, Zweigstellen] (1) [1] Die Sozialgerichte werden als Landesgerichte errichtet. [2] Die Errichtung und Aufhebung eines Gerichts und die Verlegung eines Gerichtssitzes werden durch Gesetz angeordnet. [3] Änderungen in der Abgrenzung der Gerichtsbezirke können auch durch Rechtsverordnung bestimmt werden. [4] Die Landesregierung oder die von ihr beauftragte Stelle kann anordnen, daß außerhalb des Sitzes eines Sozialgerichts Zweigstellen errichtet werden.

(2) Mehrere Länder können gemeinsame Sozialgerichte errichten oder die Ausdehnung von Gerichtsbezirken über die Landesgrenzen hinaus vereinbaren.

(3) Wird ein Sozialgericht aufgehoben oder wird die Abgrenzung der Gerichtsbezirke geändert, so kann durch Landesgesetz bestimmt werden, daß die bei dem aufgehobenen Gericht oder bei dem von der Änderung in der Abgrenzung der Gerichtsbezirke betroffenen Gericht rechtshängigen Streitsachen auf ein anderes Sozialgericht übergehen.

§ 8 [Sachliche Zuständigkeit] Die Sozialgerichte entscheiden, soweit durch Gesetz nichts anderes bestimmt ist, im ersten Rechtszug über alle Streitigkeiten, für die der Rechtsweg vor den Gerichten der Sozialgerichtsbarkeit offensteht.

§ 9 [Besetzung; Dienstaufsicht] (1) Das Sozialgericht besteht aus der erforderlichen Zahl von Berufsrichtern als Vorsitzenden und aus den ehrenamtlichen Richtern.

(2) Die für die allgemeine Dienstaufsicht und die sonstigen Geschäfte der Gerichtsverwaltung zuständige Stelle wird durch Landesrecht bestimmt.

§ 10 [Fachkammern] (1) [1] Bei den Sozialgerichten werden Kammern für Angelegenheiten der Sozialversicherung, der Arbeitsförderung einschließlich der übrigen Aufgaben der Bundesagentur für Arbeit, für Angelegenheiten der Grundsicherung für Arbeitsuchende, für Angelegenheiten der Sozialhilfe und des Asylbewerberleistungsgesetzes sowie für Angelegenheiten des sozialen Entschädigungsrechts (Recht der sozialen Entschädigung bei Gesundheitsschäden) und des Schwerbehindertenrechts gebildet. [2] Für Angelegenheiten der Knappschaftsversicherung einschließlich der Unfallversicherung für den Bergbau können eigene Kammern gebildet werden.

(2) [1] Für Streitigkeiten aufgrund der Beziehungen zwischen Krankenkassen und Vertragsärzten, Psychotherapeuten, Vertragszahnärzten (Vertragsarztrecht) einschließlich ihrer Vereinigungen und Verbände sind eigene Kammern zu bilden. [2] Zu diesen Streitigkeiten gehören auch
1. Klagen gegen Entscheidungen und Richtlinien des Gemeinsamen Bundesausschusses, soweit diese Entscheidungen und die streitgegenständlichen Regelungen der Richtlinien die vertragsärztliche Versorgung betreffen,
2. Klagen in Aufsichtsangelegenheiten gegenüber dem Gemeinsamen Bundesausschuss, denen die in Nummer 1 genannten Entscheidungen und Regelungen der Richtlinien des Gemeinsamen Bundesausschusses zugrunde liegen, und
3. Klagen aufgrund von Verträgen nach den §§ 73b und 73c des Fünften Buches Sozialgesetzbuch[1)] sowie Klagen im Zusammenhang mit der Teilnahme an der vertragsärztlichen Versorgung aufgrund von Ermächtigungen nach den §§ 116, 116a und 117 bis 119b des Fünften Buches Sozialgesetzbuch, Klagen wegen der Vergütung nach § 120 des Fünften Buches Sozialgesetzbuch sowie Klagen aufgrund von Verträgen nach § 140a des Fünften Buches Sozialgesetzbuch, soweit es um die Bereinigung der Gesamtvergütung nach § 140d des Fünften Buches Sozialgesetzbuch geht.

(3) [1] Der Bezirk einer Kammer kann auf Bezirke anderer Sozialgerichte erstreckt werden. [2] Die beteiligten Länder können die Ausdehnung des Bezirks einer Kammer auf das Gebiet oder Gebietsteile mehrerer Länder vereinbaren.

[1)] Nr. 5.

§ 11 [Ernennung der Berufsrichter]

(1) Die Berufsrichter werden nach Maßgabe des Landesrechts nach Beratung mit einem für den Bezirk des Landessozialgerichts zu bildenden Ausschuss auf Lebenszeit ernannt.

(2) [1] Der Ausschuss ist von der nach Landesrecht zuständigen Stelle zu errichten. [2] Ihm sollen in angemessenem Verhältnis Vertreter der Versicherten, der Arbeitgeber, der Versorgungsberechtigten und der mit dem sozialen Entschädigungsrecht oder der Teilhabe behinderter Menschen vertrauten Personen sowie der Sozialgerichtsbarkeit angehören.

(3) Bei den Sozialgerichten können Richter auf Probe und Richter kraft Auftrags verwendet werden.

(4) Bei dem Sozialgericht und bei dem Landessozialgericht können auf Lebenszeit ernannte Richter anderer Gerichte und Rechtslehrer an einer staatlichen oder staatlich anerkannten Hochschule für eine bestimmte Zeit von mindestens zwei Jahren, längstens jedoch für die Dauer ihres Hauptamts, zu Richtern im Nebenamt ernannt werden.

§ 12 [Besetzung der Kammern]

(1) [1] Jede Kammer des Sozialgerichts wird in der Besetzung mit einem Vorsitzenden und zwei ehrenamtlichen Richtern als Beisitzern tätig. [2] Bei Beschlüssen außerhalb der mündlichen Verhandlung und bei Gerichtsbescheiden wirken die ehrenamtlichen Richter nicht mit.

(2) [1] In den Kammern für Angelegenheiten der Sozialversicherung, der Grundsicherung für Arbeitsuchende einschließlich der Streitigkeiten auf Grund des § 6a des Bundeskindergeldgesetzes und der Arbeitsförderung gehört je ein ehrenamtlicher Richter dem Kreis der Versicherten und der Arbeitgeber an. [2] Sind für Angelegenheiten einzelner Zweige der Sozialversicherung eigene Kammern gebildet, so sollen die ehrenamtlichen Richter dieser Kammern an dem jeweiligen Versicherungszweig beteiligt sein.

(3) [1] In den Kammern für Angelegenheiten des Vertragsarztrechts wirken je ein ehrenamtlicher Richter aus den Kreisen der Krankenkassen und der Vertragsärzte, Vertragszahnärzte und Psychotherapeuten mit. [2] In Angelegenheiten der Vertragsärzte, Vertragszahnärzte und Psychotherapeuten wirken als ehrenamtliche Richter nur Vertragsärzte, Vertragszahnärzte und Psychotherapeuten mit.

(4) In den Kammern für Angelegenheiten des sozialen Entschädigungsrechts und des Schwerbehindertenrechts wirken je ein ehrenamtlicher Richter aus dem Kreis der mit dem sozialen Entschädigungsrecht oder dem Recht der Teilhabe behinderter Menschen vertrauten Personen und dem Kreis der Versorgungsberechtigten, der behinderten Menschen im Sinne des Neunten Buches Sozialgesetzbuch und der Versicherten mit; dabei sollen Hinterbliebene von Versorgungsberechtigten in angemessener Zahl beteiligt werden.

(5) In den Kammern für Angelegenheiten der Sozialhilfe und des Asylbewerberleistungsgesetzes wirken ehrenamtliche Richter aus den Vorschlagslisten der Kreise und der kreisfreien Städte mit.

§ 13 [Berufung und Amtsdauer der ehrenamtlichen Richter]

(1) [1] Die ehrenamtlichen Richter werden von der nach Landesrecht zuständigen Stelle aufgrund von Vorschlagslisten (§ 14) für fünf Jahre berufen; sie sind in angemessenem Verhältnis unter billiger Berücksichtigung der Minderheiten

aus den Vorschlagslisten zu entnehmen. ²Die zuständige Stelle kann eine Ergänzung der Vorschlagslisten verlangen.

(2) ¹Die Landesregierungen werden ermächtigt, durch Rechtsverordnung eine einheitliche Amtsperiode festzulegen; sie können diese Ermächtigung durch Rechtsverordnung auf die jeweils zuständige oberste Landesbehörde übertragen. ² Wird eine einheitliche Amtsperiode festgelegt, endet die Amtszeit der ehrenamtlichen Richter ohne Rücksicht auf den Zeitpunkt ihrer Berufung mit dem Ende der laufenden Amtsperiode.

(3) ¹Die ehrenamtlichen Richter bleiben nach Ablauf ihrer Amtszeit im Amt, bis ihre Nachfolger berufen sind. ²Erneute Berufung ist zulässig. ³Bei vorübergehendem Bedarf kann die nach Landesrecht zuständige Stelle weitere ehrenamtliche Richter nur für ein Jahr berufen.

(4) Die Zahl der ehrenamtlichen Richter, die für die Kammern für Angelegenheiten der Sozialversicherung, der Arbeitsförderung, der Grundsicherung für Arbeitsuchende, der Sozialhilfe und des Asylbewerberleistungsgesetzes, des sozialen Entschädigungsrechts und des Schwerbehindertenrechts zu berufen sind, bestimmt sich nach Landesrecht; die Zahl der ehrenamtlichen Richter für die Kammern für Angelegenheiten der Knappschaftsversicherung und für Angelegenheiten des Vertragsarztrechts ist je besonders festzusetzen.

(5) Bei der Berufung der ehrenamtlichen Richter für die Kammern für Angelegenheiten der Sozialversicherung ist auf ein angemessenes Verhältnis zu der Zahl der im Gerichtsbezirk ansässigen Versicherten der einzelnen Versicherungszweige Rücksicht zu nehmen.

(6) Die ehrenamtlichen Richter für die Kammern für Angelegenheiten des sozialen Entschädigungsrechts und des Schwerbehindertenrechts sind in angemessenem Verhältnis zu der Zahl der von den Vorschlagsberechtigten vertretenen Versorgungsberechtigten, behinderten Menschen im Sinne des Neunten Buches Sozialgesetzbuch und Versicherten zu berufen.

§ 14 [Vorschlagslisten, Vorschlagsrecht] (1) ¹Die Vorschlagslisten für die ehrenamtlichen Richter, die in den Kammern für Angelegenheiten der Sozialversicherung, der Grundsicherung für Arbeitsuchende einschließlich der Streitigkeiten auf Grund des § 6a des Bundeskindergeldgesetzes und der Arbeitsförderung mitwirken, werden aus dem Kreis der Versicherten und aus dem Kreis der Arbeitgeber aufgestellt. ² Gewerkschaften, selbständige Vereinigungen von Arbeitnehmern mit sozial- oder berufspolitischer Zwecksetzung und die in Absatz 3 Satz 2 genannten Vereinigungen stellen die Vorschlagslisten für ehrenamtliche Richter aus dem Kreis der Versicherten auf. ³ Vereinigungen von Arbeitgebern und die in § 16 Absatz 4 Nummer 3 bezeichneten obersten Bundes- oder Landesbehörden stellen die Vorschlagslisten aus dem Kreis der Arbeitgeber auf.

(2) Die Vorschlagslisten für die ehrenamtlichen Richter, die in den Kammern für Angelegenheiten des Vertragsarztrechts mitwirken, werden nach Bezirken von den Kassenärztlichen und Kassenzahnärztlichen Vereinigungen und von den Zusammenschlüssen der Krankenkassen aufgestellt.

(3) ¹Für die Kammern für Angelegenheiten des sozialen Entschädigungsrechts und des Schwerbehindertenrechts werden die Vorschlagslisten für die mit dem sozialen Entschädigungsrecht oder dem Recht der Teilhabe behinderter Menschen vertrauten Personen von den Landesversorgungsämtern oder nach

Maßgabe des Landesrechts von den Stellen aufgestellt, denen deren Aufgaben übertragen worden sind oder die für die Durchführung des Bundesversorgungsgesetzes oder des Rechts der Teilhabe behinderter Menschen zuständig sind. [2] Die Vorschlagslisten für die Versorgungsberechtigten, die behinderten Menschen und die Versicherten werden aufgestellt von den im Gerichtsbezirk vertretenen Vereinigungen, deren satzungsgemäße Aufgaben die gemeinschaftliche Interessenvertretung, die Beratung und Vertretung der Leistungsempfänger nach dem sozialen Entschädigungsrecht oder der behinderten Menschen wesentlich umfassen und die unter Berücksichtigung von Art und Umfang ihrer bisherigen Tätigkeit sowie ihres Mitgliederkreises die Gewähr für eine sachkundige Erfüllung dieser Aufgaben bieten. [3] Vorschlagsberechtigt nach Satz 2 sind auch die Gewerkschaften und selbständige Vereinigungen von Arbeitnehmern mit sozial- oder berufspolitischer Zwecksetzung.

(4) Die Vorschlagslisten für die ehrenamtlichen Richter, die in den Kammern für Angelegenheiten der Sozialhilfe und des Asylbewerberleistungsgesetzes mitwirken, werden von den Kreisen und den kreisfreien Städten aufgestellt.

§ 15 (weggefallen)

§ 16 [Persönliche Voraussetzungen]
(1) Das Amt des ehrenamtlichen Richters am Sozialgericht kann nur ausüben, wer Deutscher ist und das fünfundzwanzigste Lebensjahr vollendet hat.

(2) *(aufgehoben)*

(3) [1] Ehrenamtlicher Richter aus Kreisen der Versicherten kann auch sein, wer arbeitslos ist oder Rente aus eigener Versicherung bezieht. [2] Ehrenamtlicher Richter aus Kreisen der Arbeitgeber kann auch sein, wer vorübergehend oder zu gewissen Zeiten des Jahres keine Arbeitnehmer beschäftigt.

(4) Ehrenamtliche Richter aus Kreisen der Arbeitgeber können sein

1. Personen, die regelmäßig mindestens einen versicherungspflichtigen Arbeitnehmer beschäftigen; ist ein Arbeitgeber zugleich Versicherter oder bezieht er eine Rente aus eigener Versicherung, so begründet die Beschäftigung einer Hausgehilfin oder Hausangestellten nicht die Arbeitgebereigenschaft im Sinne dieser Vorschrift;

2. bei Betrieben einer juristischen Person oder einer Personengesamtheit Personen, die kraft Gesetzes, Satzung oder Gesellschaftsvertrags allein oder als Mitglieder des Vertretungsorgans zur Vertretung der juristischen Person oder der Personengesamtheit berufen sind;

3. Beamte und Angestellte des Bundes, der Länder, der Gemeinden und Gemeindeverbände sowie bei anderen Körperschaften, Anstalten und Stiftungen des öffentlichen Rechts nach näherer Anordnung der zuständigen obersten Bundes- oder Landesbehörde;

4. Personen, denen Prokura oder Generalvollmacht erteilt ist, oder Angestellte, die regelmäßig für den Arbeitgeber in Personalangelegenheiten tätig werden, sowie leitende Angestellte;

5. Mitglieder und Angestellte von Vereinigungen von Arbeitgebern sowie Vorstandsmitglieder und Angestellte von Zusammenschlüssen solcher Vereinigungen, wenn diese Personen kraft Satzung oder Vollmacht zur Vertretung befugt sind.

(5) Bei Sozialgerichten, in deren Bezirk wesentliche Teile der Bevölkerung in der Seeschiffahrt beschäftigt sind, können ehrenamtliche Richter aus dem Kreis der Versicherten auch befahrene Schiffahrtskundige sein, die nicht Reeder, Reedereileiter (Korrespondentreeder, §§ 492 bis 499 des Handelsgesetzbuchs) oder Bevollmächtigte sind.

(6) Die ehrenamtlichen Richter sollen im Bezirk des Sozialgerichts wohnen oder ihren Betriebssitz haben oder beschäftigt sein.

§ 17 [Ausschließungsgründe] (1) ¹Vom Amt des ehrenamtlichen Richters am Sozialgericht ist ausgeschlossen,

1. wer infolge Richterspruchs die Fähigkeit zur Bekleidung öffentlicher Ämter nicht besitzt oder wegen einer vorsätzlichen Tat zu einer Freiheitsstrafe von mehr als sechs Monaten verurteilt worden ist,
2. wer wegen einer Tat angeklagt ist, die den Verlust der Fähigkeit zur Bekleidung öffentlicher Ämter zur Folge haben kann,
3. wer das Wahlrecht zum Deutschen Bundestag nicht besitzt.

²Personen, die in Vermögensverfall geraten sind, sollen nicht zu ehrenamtlichen Richtern berufen werden.

(2) ¹Mitglieder der Vorstände von Trägern und Verbänden der Sozialversicherung, der Kassenärztlichen (Kassenzahnärztlichen) Vereinigungen und der Bundesagentur für Arbeit können nicht ehrenamtliche Richter sein. ²Davon unberührt bleibt die Regelung in Absatz 4.

(3) Die Bediensteten der Träger und Verbände der Sozialversicherung, der Kassenärztlichen (Kassenzahnärztlichen) Vereinigungen, der Dienststellen der Bundesagentur für Arbeit und der Kreise und kreisfreien Städte können nicht ehrenamtliche Richter in der Kammer sein, die über Streitigkeiten aus ihrem Arbeitsgebiet entscheidet.

(4) Mitglieder der Vorstände sowie leitende Beschäftigte bei den Kranken- und Pflegekassen und ihren Verbänden sowie Geschäftsführer und deren Stellvertreter bei den Kassenärztlichen (Kassenzahnärztlichen) Vereinigungen sind als ehrenamtliche Richter in den Kammern für Angelegenheiten des Vertragsarztrechts nicht ausgeschlossen.

(5) Das Amt des ehrenamtlichen Richters am Sozialgericht, der zum ehrenamtlichen Richter in einem höheren Rechtszug der Sozialgerichtsbarkeit berufen wird, endet mit der Berufung in das andere Amt.

§ 18 [Ablehnungsgründe, Entlassung] (1) Die Übernahme des Amtes als ehrenamtlicher Richter kann nur ablehnen,

1. wer die Regelaltersgrenze nach dem Sechsten Buch Sozialgesetzbuch[1]) erreicht hat,
2. wer in den zehn der Berufung vorhergehenden Jahren als ehrenamtlicher Richter bei einem Gericht der Sozialgerichtsbarkeit tätig gewesen ist,
3. wer durch ehrenamtliche Tätigkeit für die Allgemeinheit so in Anspruch genommen ist, daß ihm die Übernahme des Amtes nicht zugemutet werden kann,

---

[1]) Nr. **6.**

4. wer aus gesundheitlichen Gründen verhindert ist, das Amt ordnungsmäßig auszuüben,

5. wer glaubhaft macht, daß wichtige Gründe ihm die Ausübung des Amtes in besonderem Maße erschweren.

(2) Ablehnungsgründe sind nur zu berücksichtigen, wenn sie innerhalb von zwei Wochen, nachdem der ehrenamtliche Richter von seiner Berufung in Kenntnis gesetzt worden ist, von ihm geltend gemacht werden.

(3) [1] Der ehrenamtliche Richter kann auf Antrag aus dem Amt entlassen werden, wenn einer der in Absatz 1 Nr. 3 bis 5 bezeichneten Gründe nachträglich eintritt. [2] Eines Antrages bedarf es nicht, wenn der ehrenamtliche Richter seinen Wohnsitz aus dem Bezirk des Sozialgerichts verlegt und seine Heranziehung zu den Sitzungen dadurch wesentlich erschwert wird.

(4) Über die Berechtigung zur Ablehnung des Amtes oder über die Entlassung aus dem Amt entscheidet die vom Präsidium für jedes Geschäftsjahr im voraus bestimmte Kammer endgültig.

§ 19 [Ausübung des Ehrenamts; Entschädigung]

(1) Der ehrenamtliche Richter übt sein Amt mit gleichen Rechten wie der Berufsrichter aus.

(2) Die ehrenamtlichen Richter erhalten eine Entschädigung nach dem Justizvergütungs- und -entschädigungsgesetz.

§ 20 [Strafrechtlicher Schutz]

(1) Der ehrenamtliche Richter darf in der Übernahme oder Ausübung des Amtes nicht beschränkt oder wegen der Übernahme oder Ausübung des Amtes nicht benachteiligt werden.

(2) Wer einen anderen in der Übernahme oder Ausübung seines Amtes als ehrenamtlicher Richter beschränkt oder wegen der Übernahme oder Ausübung des Amtes benachteiligt, wird mit Freiheitsstrafe bis zu einem Jahr oder mit Geldstrafe bestraft.

§ 21 [Ordnungsgeld]

[1] Der Vorsitzende kann gegen einen ehrenamtlichen Richter, der sich der Erfüllung seiner Pflichten entzieht, insbesondere ohne genügende Entschuldigung nicht oder nicht rechtzeitig zu den Sitzungen erscheint, durch Beschluß ein Ordnungsgeld festsetzen und ihm die durch sein Verhalten verursachten Kosten auferlegen. [2] Bei nachträglicher genügender Entschuldigung ist der Beschluß aufzuheben oder zu ändern. [3] Gegen den Beschluß ist Beschwerde zulässig. [4] Über die Beschwerde entscheidet die durch das Präsidium für jedes Geschäftsjahr im voraus bestimmte Kammer des Sozialgerichts endgültig. [5] Vor der Entscheidung ist der ehrenamtliche Richter zu hören.

§ 22 [Amtsenthebung]

(1) [1] Der ehrenamtliche Richter ist von seinem Amt zu entbinden, wenn das Berufungsverfahren fehlerhaft war oder das Fehlen einer Voraussetzung für seine Berufung oder der Eintritt eines Ausschließungsgrundes bekannt wird. [2] Er ist seines Amtes zu entheben, wenn er seine Amtspflichten grob verletzt. [3] Er kann von seinem Amt entbunden werden, wenn eine Voraussetzung für seine Berufung im Laufe seiner Amtszeit wegfällt. [4] Soweit die Voraussetzungen für eine Amtsentbindung vorliegen, liegt in ihrer Nichtdurchführung kein die Zurückverweisung oder Revision begründender Verfahrensmangel.

(2) ¹Die Entscheidung trifft die vom Präsidium für jedes Geschäftsjahr im Voraus bestimmte Kammer. ²Vor der Entscheidung ist der ehrenamtliche Richter zu hören. ³Die Entscheidung ist unanfechtbar.

(3) ¹Die nach Absatz 2 Satz 1 zuständige Kammer kann anordnen, dass der ehrenamtliche Richter bis zur Entscheidung über die Amtsentbindung oder Amtsenthebung nicht heranzuziehen ist. ²Die Anordnung ist unanfechtbar.

§ 23 [Ausschuss der ehrenamtlichen Richter] (1) ¹Bei jedem Sozialgericht wird ein Ausschuss der ehrenamtlichen Richter gebildet. ²Die Kreise der ehrenamtlichen Richter, die in den bei dem Sozialgericht gebildeten Fachkammern vertreten sind, wählen jeweils aus ihrer Mitte ein Mitglied in den Ausschuss. ³Das Wahlverfahren legt der bestehende Ausschuss fest. ⁴Der Ausschuss tagt unter der Leitung des aufsichtführenden oder, wenn ein solcher nicht vorhanden oder verhindert ist, des dienstältesten Vorsitzenden des Sozialgerichts.

(2) ¹Der Ausschuss ist vor der Bildung von Kammern, vor der Geschäftsverteilung, vor der Verteilung der ehrenamtlichen Richter auf die Kammern und vor Aufstellung der Listen über die Heranziehung der ehrenamtlichen Richter zu den Sitzungen mündlich, schriftlich oder elektronisch zu hören. ²Er kann dem Vorsitzenden des Sozialgerichts und den die Verwaltung und Dienstaufsicht führenden Stellen Wünsche der ehrenamtlichen Richter übermitteln.

§§ 24–26 (weggefallen)

§ 27 [Vertretung der Vorsitzenden] (1), (2) (weggefallen)

(3) Wenn die Vertretung eines Vorsitzenden nicht durch einen Berufsrichter desselben Gerichts möglich ist, wird sie auf Antrag des Präsidiums durch die Landesregierung oder die von ihr beauftragte Stelle geregelt.

Dritter Abschnitt. Landessozialgerichte

§ 28 [Errichtung, Sitz] (1) ¹Die Landessozialgerichte werden als Landesgerichte errichtet. ²Die Errichtung und Aufhebung eines Gerichts und die Verlegung eines Gerichtssitzes werden durch Gesetz angeordnet. ³Änderungen in der Abgrenzung der Gerichtsbezirke können auch durch Rechtsverordnung bestimmt werden. ⁴Die Landesregierung oder die von ihr beauftragte Stelle kann anordnen, daß außerhalb des Sitzes des Landessozialgerichts Zweigstellen errichtet werden.

(2) Mehrere Länder können ein gemeinsames Landessozialgericht errichten.

§ 29 [Funktionelle Zuständigkeit] (1) Die Landessozialgerichte entscheiden im zweiten Rechtszug über die Berufung gegen die Urteile und die Beschwerden gegen andere Entscheidungen der Sozialgerichte.

(2) Die Landessozialgerichte entscheiden im ersten Rechtszug über

1. Klagen gegen Entscheidungen der Landesschiedsämter und gegen Beanstandungen von Entscheidungen der Landesschiedsämter nach dem Fünften Buch Sozialgesetzbuch[1], gegen Entscheidungen der Schiedsstellen nach

---

[1] Nr. 5.

§ 120 Abs. 4 des Fünften Buches Sozialgesetzbuch, der Schiedsstelle nach § 76 des Elften Buches Sozialgesetzbuch[1]) und der Schiedsstellen nach § 80 des Zwölften Buches Sozialgesetzbuch[2]),

2. Aufsichtsangelegenheiten gegenüber Trägern der Sozialversicherung und ihren Verbänden, gegenüber den Kassenärztlichen und Kassenzahnärztlichen Vereinigungen sowie der Kassenärztlichen und Kassenzahnärztlichen Bundesvereinigung, bei denen die Aufsicht von einer Landes- oder Bundesbehörde ausgeübt wird,

3. Klagen in Angelegenheiten der Erstattung von Aufwendungen nach § 6b des Zweiten Buches Sozialgesetzbuch[3]),

4. Anträge nach § 55a.

(3) Das Landessozialgericht Nordrhein-Westfalen entscheidet im ersten Rechtszug über

1. Streitigkeiten zwischen gesetzlichen Krankenkassen oder ihren Verbänden und dem Bundesversicherungsamt betreffend den Risikostrukturausgleich, die Anerkennung von strukturierten Behandlungsprogrammen und die Verwaltung des Gesundheitsfonds,

2. Streitigkeiten betreffend den Finanzausgleich der gesetzlichen Pflegeversicherung,

3. Streitigkeiten betreffend den Ausgleich unter den gewerblichen Berufsgenossenschaften nach dem Siebten Buch Sozialgesetzbuch[4]),

4. Streitigkeiten über Entscheidungen des Bundeskartellamts, die die freiwillige Vereinigung von Krankenkassen nach § 172a des Fünften Buches Sozialgesetzbuch betreffen.

(4) Das Landessozialgericht Berlin-Brandenburg entscheidet im ersten Rechtszug über

1. Klagen gegen die Entscheidung der gemeinsamen Schiedsämter nach § 89 Abs. 4 des Fünften Buches Sozialgesetzbuch und des Bundesschiedsamtes nach § 89 Abs. 7 des Fünften Buches Sozialgesetzbuch sowie der erweiterten Bewertungsausschüsse nach § 87 Abs. 4 des Fünften Buches Sozialgesetzbuch, soweit die Klagen von den Einrichtungen erhoben werden, die diese Gremien bilden,

2. Klagen gegen Entscheidungen des Bundesministeriums für Gesundheit nach § 87 Abs. 6 des Fünften Buches Sozialgesetzbuch gegenüber den Bewertungsausschüssen und den erweiterten Bewertungsausschüssen sowie gegen Beanstandungen des Bundesministeriums für Gesundheit gegenüber den Bundesschiedsämtern,

3. Klagen gegen Entscheidungen und Richtlinien des Gemeinsamen Bundesausschusses (§§ 91, 92 des Fünften Buches Sozialgesetzbuch), Klagen in Aufsichtsangelegenheiten gegenüber dem Gemeinsamen Bundesausschuss, Klagen gegen die Festsetzung von Festbeträgen durch die Spitzenverbände

---

[1]) Nr. 11.
[2]) Nr. 12.
[3]) Nr. 2.
[4]) Nr. 7.

der Krankenkassen oder den Spitzenverband Bund der Krankenkassen sowie Klagen gegen Entscheidungen der Schiedsstellen nach den §§ 129 und 130b des Fünften Buches Sozialgesetzbuch.

§ 30 [Besetzung, Dienstaufsicht] (1) Das Landessozialgericht besteht aus dem Präsidenten, den Vorsitzenden Richtern, weiteren Berufsrichtern und den ehrenamtlichen Richtern.

(2) Die für die allgemeine Dienstaufsicht und die sonstigen Geschäfte der Gerichtsverwaltung zuständige Stelle wird durch Landesrecht bestimmt.

§ 31 [Fachsenate] (1) [1] Bei den Landessozialgerichten werden Senate für Angelegenheiten der Sozialversicherung, der Arbeitsförderung einschließlich der übrigen Aufgaben der Bundesagentur für Arbeit, für Angelegenheiten der Grundsicherung für Arbeitsuchende, für Angelegenheiten der Sozialhilfe und des Asylbewerberleistungsgesetzes sowie für Angelegenheiten des sozialen Entschädigungsrechts und des Schwerbehindertenrechts gebildet. [2] Für Angelegenheiten der Knappschaftsversicherung einschließlich der Unfallversicherung für den Bergbau sowie für Verfahren wegen eines überlangen Gerichtsverfahrens (§ 202 Satz 2) kann jeweils ein eigener Senat gebildet werden.

(2) Für die Angelegenheiten des Vertragsarztrechts und für Antragsverfahren nach § 55a ist jeweils ein eigener Senat zu bilden.

(3) Die beteiligten Länder können die Ausdehnung des Bezirks eines Senats auf das Gebiet oder auf Gebietsteile mehrerer Länder vereinbaren.

§ 32 [Richter auf Lebenszeit] (1) Die Berufsrichter werden von der nach Landesrecht zuständigen Stelle auf Lebenszeit ernannt.

(2) (weggefallen)

§ 33 [Besetzung der Senate] (1) [1] Jeder Senat wird in der Besetzung mit einem Vorsitzenden, zwei weiteren Berufsrichtern und zwei ehrenamtlichen Richtern tätig. [2] § 12 Abs. 1 Satz 2, Abs. 2 bis 5 gilt entsprechend.

(2) In Senaten, die in Verfahren wegen eines überlangen Gerichtsverfahrens (§ 202 Satz 2) entscheiden, wirken die für Angelegenheiten der Sozialversicherung berufenen ehrenamtlichen Richter mit.

§ 34 (weggefallen)

§ 35 [Ehrenamtliche Richter] (1) [1] Die ehrenamtlichen Richter beim Landessozialgericht müssen das dreißigste Lebensjahr vollendet haben; sie sollen mindestens fünf Jahre ehrenamtliche Richter bei einem Sozialgericht gewesen sein. [2] Im übrigen gelten die §§ 13 bis 23.

(2) In den Fällen des § 18 Abs. 4, der §§ 21 und 22 Abs. 2 entscheidet der vom Präsidium für jedes Geschäftsjahr im voraus bestimmte Senat.

§§ 36 und 37 (weggefallen)

Vierter Abschnitt. Bundessozialgericht

§ 38 [Sitz, Besetzung, Berufsrichter, Dienstaufsicht] (1) Das Bundessozialgericht hat seinen Sitz in Kassel.

(2) [1] Das Bundessozialgericht besteht aus dem Präsidenten, den Vorsitzenden Richtern, weiteren Berufsrichtern und den ehrenamtlichen Richtern. [2] Die Berufsrichter müssen das fünfunddreißigste Lebensjahr vollendet haben. [3] Für die Berufung der Berufsrichter gelten die Vorschriften des Richterwahlgesetzes. [4] Zuständiger Minister im Sinne des § 1 Abs. 1 des Richterwahlgesetzes ist der Bundesminister für Arbeit und Soziales.

(3) [1] Das Bundesministerium für Arbeit und Soziales führt die allgemeine Dienstaufsicht und die sonstigen Geschäfte der Gerichtsverwaltung. [2] Es kann die allgemeine Dienstaufsicht und die sonstigen Geschäfte der Gerichtsverwaltung auf den Präsidenten des Bundessozialgerichts übertragen.

§ 39 [Funktionelle und sachliche Zuständigkeit] (1) Das Bundessozialgericht entscheidet über das Rechtsmittel der Revision.

(2) [1] Das Bundessozialgericht entscheidet im ersten und letzten Rechtszug über Streitigkeiten nicht verfassungsrechtlicher Art zwischen dem Bund und den Ländern sowie zwischen verschiedenen Ländern in Angelegenheiten des § 51. [2] Hält das Bundessozialgericht in diesen Fällen eine Streitigkeit für verfassungsrechtlich, so legt es die Sache dem Bundesverfassungsgericht zur Entscheidung vor. [3] Das Bundesverfassungsgericht entscheidet mit bindender Wirkung.

§ 40 [Fachsenate] [1] Für die Bildung und Besetzung der Senate gelten § 31 Abs. 1 und § 33 entsprechend. [2] Für Angelegenheiten des Vertragsarztrechts ist mindestens ein Senat zu bilden. [3] In den Senaten für Angelegenheiten des § 51 Abs. 1 Nr. 6a wirken ehrenamtliche Richter aus der Vorschlagsliste der Bundesvereinigung der kommunalen Spitzenverbände mit.

§ 41 [Großer Senat] (1) Bei dem Bundessozialgericht wird ein Großer Senat gebildet.

(2) Der Große Senat entscheidet, wenn ein Senat in einer Rechtsfrage von der Entscheidung eines anderen Senats oder des Großen Senats abweichen will.

(3) [1] Eine Vorlage an den Großen Senat ist nur zulässig, wenn der Senat, von dessen Entscheidung abgewichen werden soll, auf Anfrage des erkennenden Senats erklärt hat, daß er an seiner Rechtsauffassung festhält. [2] Kann der Senat, von dessen Entscheidung abgewichen werden soll, wegen einer Änderung des Geschäftsverteilungsplanes mit der Rechtsfrage nicht mehr befaßt werden, tritt der Senat an seine Stelle, der nach dem Geschäftsverteilungsplan für den Fall, in dem abweichend entschieden wurde, nunmehr zuständig wäre. [3] Über die Anfrage und die Antwort entscheidet der jeweilige Senat durch Beschluß in der für Urteile erforderlichen Besetzung.

(4) Der erkennende Senat kann eine Frage von grundsätzlicher Bedeutung dem Großen Senat zur Entscheidung vorlegen, wenn das nach seiner Auffassung zur Fortbildung des Rechts oder zur Sicherung einer einheitlichen Rechtsprechung erforderlich ist.

(5) ¹ Der Große Senat besteht aus dem Präsidenten, je einem Berufsrichter der Senate, in denen der Präsident nicht den Vorsitz führt, je zwei ehrenamtlichen Richtern aus dem Kreis der Versicherten und dem Kreis der Arbeitgeber sowie je einem ehrenamtlichen Richter aus dem Kreis der mit dem sozialen Entschädigungsrecht oder der Teilhabe behinderter Menschen vertrauten Personen und dem Kreis der Versorgungsberechtigten und der behinderten Menschen im Sinne des Neunten Buches Sozialgesetzbuch. ² Legt der Senat für Angelegenheiten des Vertragsarztrechts vor oder soll von dessen Entscheidung abgewichen werden, gehören dem Großen Senat außerdem je ein ehrenamtlicher Richter aus dem Kreis der Krankenkassen und dem Kreis der Vertragsärzte, Vertragszahnärzte und Psychotherapeuten an. ³ Legt der Senat für Angelegenheiten des § 51 Abs. 1 Nr. 6a vor oder soll von dessen Entscheidung abgewichen werden, gehören dem Großen Senat außerdem zwei ehrenamtliche Richter aus dem Kreis der von der Bundesvereinigung der kommunalen Spitzenverbände Vorgeschlagenen an. ⁴ Sind Senate personengleich besetzt, wird aus ihnen nur ein Berufsrichter bestellt; er hat nur eine Stimme. ⁵ Bei einer Verhinderung des Präsidenten tritt ein Berufsrichter des Senats, dem er angehört, an seine Stelle.

(6) ¹ Die Mitglieder und die Vertreter werden durch das Präsidium für ein Geschäftsjahr bestellt. ² Den Vorsitz im Großen Senat führt der Präsident, bei Verhinderung das dienstälteste Mitglied. ³ Bei Stimmengleichheit gibt die Stimme des Vorsitzenden den Ausschlag.

(7) ¹ Der Große Senat entscheidet nur über die Rechtsfrage. ² Er kann ohne mündliche Verhandlung entscheiden. ³ Seine Entscheidung ist in der vorliegenden Sache für den erkennenden Senat bindend.

§§ 42–44 *(aufgehoben)*

§ 45 [Ehrenamtliche Richter, Zahl, Berufung, Amtsdauer] (1) Das Bundesministerium für Arbeit und Soziales bestimmt nach Anhörung des Präsidenten des Bundessozialgerichts die Zahl der für die einzelnen Zweige der Sozialgerichtsbarkeit zu berufenden ehrenamtlichen Richter.

(2) ¹ Die ehrenamtlichen Richter werden vom Bundesministerium für Arbeit und Soziales auf Grund von Vorschlagslisten (§ 46) für die Dauer von fünf Jahren berufen; sie sind in angemessenem Verhältnis unter billiger Berücksichtigung der Minderheiten aus den Vorschlagslisten zu entnehmen. ² Das Bundesministerium für Arbeit und Soziales kann eine Ergänzung der Vorschlagslisten verlangen. ³ § 13 Abs. 2 gilt entsprechend mit der Maßgabe, dass das Bundesministerium für Arbeit und Soziales durch Rechtsverordnung eine einheitliche Amtsperiode festlegen kann.

(3) ¹ Die ehrenamtlichen Richter bleiben nach Ablauf ihrer Amtszeit im Amt, bis ihre Nachfolger berufen sind. ² Erneute Berufung ist zulässig.

§ 46 [Vorschlagslisten; Vorschlagsrecht] (1) Die Vorschlagslisten für die ehrenamtlichen Richter in den Senaten für Angelegenheiten der Sozialversicherung und der Arbeitsförderung sowie der Grundsicherung für Arbeitsuchende werden von den in § 14 Abs. 1 aufgeführten Organisationen und Behörden aufgestellt.

(2) Die Vorschlagslisten für die ehrenamtlichen Richter in den Senaten für Angelegenheiten des Vertragsarztrechts werden von den Kassenärztlichen (Kassenzahnärztlichen) Vereinigungen und gemeinsam von den Zusammenschlüssen der Krankenkassen, die sich über das Bundesgebiet erstrecken, aufgestellt.

(3) Die ehrenamtlichen Richter für die Senate für Angelegenheiten des sozialen Entschädigungsrechts und des Schwerbehindertenrechts werden auf Vorschlag der obersten Verwaltungsbehörden der Länder sowie der in § 14 Abs. 3 Satz 2 und 3 genannten Vereinigungen, die sich über das Bundesgebiet erstrecken, berufen.

(4) Die ehrenamtlichen Richter für die Senate für Angelegenheiten der Sozialhilfe und des Asylbewerberleistungsgesetzes werden auf Vorschlag der Bundesvereinigung der kommunalen Spitzenverbände berufen.

§ 47 [Berufung der ehrenamtlichen Richter] [1] Die ehrenamtlichen Richter am Bundessozialgericht müssen das fünfunddreißigste Lebensjahr vollendet haben; sie sollen mindestens fünf Jahre ehrenamtliche Richter an einem Sozialgericht oder Landessozialgericht gewesen sein. [2] Im übrigen gelten die §§ 16 bis 23 entsprechend mit der Maßgabe, daß in den Fällen des § 18 Abs. 4, der §§ 21 und 22 Abs. 2 der vom Präsidium für jedes Geschäftsjahr im voraus bestimmte Senat des Bundessozialgerichts entscheidet.

§§ 48 und 49 (weggefallen)

§ 50 [Geschäftsordnung] Der Geschäftsgang wird durch eine Geschäftsordnung geregelt, die das Präsidium unter Zuziehung der beiden der Geburt nach ältesten ehrenamtlichen Richter beschließt.

Fünfter Abschnitt. Rechtsweg und Zuständigkeit

§ 51 [Zulässigkeit des Rechtsweges; Generalklausel] (1) Die Gerichte der Sozialgerichtsbarkeit entscheiden über öffentlich-rechtliche Streitigkeiten

1. in Angelegenheiten der gesetzlichen Rentenversicherung einschließlich der Alterssicherung der Landwirte,
2. in Angelegenheiten der gesetzlichen Krankenversicherung, der sozialen Pflegeversicherung und der privaten Pflegeversicherung (Elftes Buch Sozialgesetzbuch)[1]), auch soweit durch diese Angelegenheiten Dritte betroffen werden; dies gilt nicht für Streitigkeiten in Angelegenheiten nach § 110 des Fünften Buches Sozialgesetzbuch[2]) aufgrund einer Kündigung von Versorgungsverträgen, die für Hochschulkliniken oder Plankrankenhäuser (§ 108 Nr. 1 und 2 des Fünften Buches Sozialgesetzbuch) gelten,
3. in Angelegenheiten der gesetzlichen Unfallversicherung mit Ausnahme der Streitigkeiten aufgrund der Überwachung der Maßnahmen zur Prävention durch die Träger der gesetzlichen Unfallversicherung,
4. in Angelegenheiten der Arbeitsförderung einschließlich der übrigen Aufgaben der Bundesagentur für Arbeit,
4a. in Angelegenheiten der Grundsicherung für Arbeitsuchende,

---

[1]) Nr. 11.
[2]) Nr. 5.

5. in sonstigen Angelegenheiten der Sozialversicherung,
6. in Angelegenheiten des sozialen Entschädigungsrechts mit Ausnahme der Streitigkeiten aufgrund der §§ 25 bis 27j des Bundesversorgungsgesetzes (Kriegsopferfürsorge), auch soweit andere Gesetze die entsprechende Anwendung dieser Vorschriften vorsehen,
6a. in Angelegenheiten der Sozialhilfe und des Asylbewerberleistungsgesetzes,
7. bei der Feststellung von Behinderungen und ihrem Grad sowie weiterer gesundheitlicher Merkmale, ferner der Ausstellung, Verlängerung, Berichtigung und Einziehung von Ausweisen nach § 152 des Neunten Buches Sozialgesetzbuch,
8. die aufgrund des Aufwendungsausgleichsgesetzes entstehen,
9. *(aufgehoben)*
10. für die durch Gesetz der Rechtsweg vor diesen Gerichten eröffnet wird.

(2) [1] Die Gerichte der Sozialgerichtsbarkeit entscheiden auch über privatrechtliche Streitigkeiten in Angelegenheiten der Zulassung von Trägern und Maßnahmen durch fachkundige Stellen nach dem Fünften Kapitel des Dritten Buches Sozialgesetzbuch[1]) und in Angelegenheiten der gesetzlichen Krankenversicherung, auch soweit durch diese Angelegenheiten Dritte betroffen werden. [2] Satz 1 gilt für die soziale Pflegeversicherung und die private Pflegeversicherung (Elftes Buch Sozialgesetzbuch) entsprechend.

(3) Von der Zuständigkeit der Gerichte der Sozialgerichtsbarkeit nach den Absätzen 1 und 2 ausgenommen sind Streitigkeiten in Verfahren nach dem Gesetz gegen Wettbewerbsbeschränkungen, die Rechtsbeziehungen nach § 69 des Fünften Buches Sozialgesetzbuch betreffen.

§§ 52, 53 *(aufgehoben)*

§ 54 [Gegenstand der Klage]
(1) [1] Durch Klage kann die Aufhebung eines Verwaltungsakts oder seine Abänderung sowie die Verurteilung zum Erlaß eines abgelehnten oder unterlassenen Verwaltungsakts begehrt werden. [2] Soweit gesetzlich nichts anderes bestimmt ist, ist die Klage zulässig, wenn der Kläger behauptet, durch den Verwaltungsakt oder durch die Ablehnung oder Unterlassung eines Verwaltungsakts beschwert zu sein.

(2) [1] Der Kläger ist beschwert, wenn der Verwaltungsakt oder die Ablehnung oder Unterlassung eines Verwaltungsakts rechtswidrig ist. [2] Soweit die Behörde, Körperschaft oder Anstalt des öffentlichen Rechts ermächtigt ist, nach ihrem Ermessen zu handeln, ist Rechtswidrigkeit auch gegeben, wenn die gesetzlichen Grenzen dieses Ermessens überschritten sind oder von dem Ermessen in einer dem Zweck der Ermächtigung nicht entsprechenden Weise Gebrauch gemacht ist.

(3) Eine Körperschaft oder eine Anstalt des öffentlichen Rechts kann mit der Klage die Aufhebung einer Anordnung der Aufsichtsbehörde begehren, wenn sie behauptet, daß die Anordnung das Aufsichtsrecht überschreite.

(4) Betrifft der angefochtene Verwaltungsakt eine Leistung, auf die ein Rechtsanspruch besteht, so kann mit der Klage neben der Aufhebung des Verwaltungsakts gleichzeitig die Leistung verlangt werden.

---

[1]) Nr. 3.

(5) Mit der Klage kann die Verurteilung zu einer Leistung, auf die ein Rechtsanspruch besteht, auch dann begehrt werden, wenn ein Verwaltungsakt nicht zu ergehen hatte.

§ 55 [Feststellungsklage] (1) Mit der Klage kann begehrt werden

1. die Feststellung des Bestehens oder Nichtbestehens eines Rechtsverhältnisses,
2. die Feststellung, welcher Versicherungsträger der Sozialversicherung zuständig ist,
3. die Feststellung, ob eine Gesundheitsstörung oder der Tod die Folge eines Arbeitsunfalls, einer Berufskrankheit oder einer Schädigung im Sinne des Bundesversorgungsgesetzes ist,
4. die Feststellung der Nichtigkeit eines Verwaltungsakts,

wenn der Kläger ein berechtigtes Interesse an der baldigen Feststellung hat.

(2) Unter Absatz 1 Nr. 1 fällt auch die Feststellung, in welchem Umfange Beiträge zu berechnen oder anzurechnen sind.

§ 55a [Überprüfung der Gültigkeit] (1) Auf Antrag ist über die Gültigkeit von Satzungen oder anderen im Rang unter einem Landesgesetz stehenden Rechtsvorschriften, die nach § 22a Absatz 1 des Zweiten Buches Sozialgesetzbuch[1]) und dem dazu ergangenen Landesgesetz erlassen worden sind, zu entscheiden.

(2) ¹Den Antrag kann jede natürliche Person stellen, die geltend macht, durch die Anwendung der Rechtsvorschrift in ihren Rechten verletzt zu sein oder in absehbarer Zeit verletzt zu werden. ²Er ist gegen die Körperschaft zu richten, welche die Rechtsvorschrift erlassen hat. ³Das Landessozialgericht kann der obersten Landesbehörde oder der von ihr bestimmten Stelle Gelegenheit zur Äußerung binnen einer bestimmten Frist geben. ⁴§ 75 Absatz 1 und 3 sowie Absatz 4 Satz 1 sind entsprechend anzuwenden.

(3) Das Landessozialgericht prüft die Vereinbarkeit der Rechtsvorschrift mit Landesrecht nicht, soweit gesetzlich vorgesehen ist, dass die Rechtsvorschrift ausschließlich durch das Verfassungsgericht eines Landes nachprüfbar ist.

(4) Ist ein Verfahren zur Überprüfung der Gültigkeit der Rechtsvorschrift bei einem Verfassungsgericht anhängig, so kann das Landessozialgericht anordnen, dass die Verhandlung bis zur Erledigung des Verfahrens vor dem Verfassungsgericht auszusetzen ist.

(5) ¹Das Landessozialgericht entscheidet durch Urteil oder, wenn es eine mündliche Verhandlung nicht für erforderlich hält, durch Beschluss. ²Kommt das Landessozialgericht zu der Überzeugung, dass die Rechtsvorschrift ungültig ist, so erklärt es sie für unwirksam; in diesem Fall ist die Entscheidung allgemein verbindlich und die Entscheidungsformel vom Antragsgegner oder der Antragsgegnerin ebenso zu veröffentlichen wie die Rechtsvorschrift bekannt zu machen wäre. ³Für die Wirkung der Entscheidung gilt § 183 der Verwaltungsgerichtsordnung entsprechend.

---

[1]) Nr. 2.

Sozialgerichtsgesetz §§ 56–57 SGG 20

(6) Das Landessozialgericht kann auf Antrag eine einstweilige Anordnung erlassen, wenn dies zur Abwehr schwerer Nachteile oder aus anderen wichtigen Gründen dringend geboten ist.

§ 56 [Klagenhäufung] Mehrere Klagebegehren können vom Kläger in einer Klage zusammen verfolgt werden, wenn sie sich gegen denselben Beklagten richten, im Zusammenhang stehen und dasselbe Gericht zuständig ist.

§ 56a [Rechtsbehelfe gegen behördliche Verfahrenshandlungen]
¹ Rechtsbehelfe gegen behördliche Verfahrenshandlungen können nur gleichzeitig mit den gegen die Sachentscheidung zulässigen Rechtsbehelfen geltend gemacht werden. ² Dies gilt nicht, wenn behördliche Verfahrenshandlungen vollstreckt werden können oder gegen einen Nichtbeteiligten ergehen.

§ 57 [Örtliche Zuständigkeit, Gerichtsstand] (1) ¹ Örtlich zuständig ist das Sozialgericht, in dessen Bezirk der Kläger zur Zeit der Klageerhebung seinen Sitz oder Wohnsitz oder in Ermangelung dessen seinen Aufenthaltsort hat; steht er in einem Beschäftigungsverhältnis, so kann er auch vor dem für den Beschäftigungsort zuständigen Sozialgericht klagen. ² Klagt eine Körperschaft oder Anstalt des öffentlichen Rechts, in Angelegenheiten nach dem Elften Buch Sozialgesetzbuch[1)] ein Unternehmen der privaten Pflegeversicherung oder in Angelegenheiten des sozialen Entschädigungsrechts oder des Schwerbehindertenrechts ein Land, so ist der Sitz oder Wohnsitz oder Aufenthaltsort des Beklagten maßgebend, wenn dieser eine natürliche Person oder eine juristische Person des Privatrechts ist.

(2) ¹ Ist die erstmalige Bewilligung einer Hinterbliebenenrente streitig, so ist der Wohnsitz oder in Ermangelung dessen der Aufenthaltsort der Witwe oder des Witwers maßgebend. ² Ist eine Witwe oder ein Witwer nicht vorhanden, so ist das Sozialgericht örtlich zuständig, in dessen Bezirk die jüngste Waise im Inland ihren Wohnsitz oder in Ermangelung dessen ihren Aufenthaltsort hat; sind nur Eltern oder Großeltern vorhanden, so ist das Sozialgericht örtlich zuständig, in dessen Bezirk die Eltern oder Großeltern ihren Wohnsitz oder in Ermangelung dessen ihren Aufenthaltsort haben. ³ Bei verschiedenem Wohnsitz oder Aufenthaltsort der Eltern- oder Großelternteile gilt der im Inland gelegene Wohnsitz oder Aufenthaltsort des anspruchsberechtigten Ehemannes oder geschiedenen Mannes.

(3) Hat der Kläger seinen Sitz oder Wohnsitz oder Aufenthaltsort im Ausland, so ist örtlich zuständig das Sozialgericht, in dessen Bezirk der Beklagte seinen Sitz oder Wohnsitz oder in Ermangelung dessen seinen Aufenthaltsort hat.

(4) In Angelegenheiten des § 51 Abs. 1 Nr. 2, die auf Bundesebene festgesetzte Festbeträge betreffen, ist das Sozialgericht örtlich zuständig, in dessen Bezirk die Bundesregierung ihren Sitz hat, in Angelegenheiten, die auf Landesebene festgesetzte Festbeträge betreffen, das Sozialgericht, in dessen Bezirk die Landesregierung ihren Sitz hat.

[1)] Nr. 11.

(5) In Angelegenheiten nach § 130a Absatz 4 und 9 des Fünften Buches Sozialgesetzbuch[1)] ist das Sozialgericht örtlich zuständig, in dessen Bezirk die zur Entscheidung berufene Behörde ihren Sitz hat.

(6) Für Antragsverfahren nach § 55a ist das Landessozialgericht örtlich zuständig, in dessen Bezirk die Körperschaft, die die Rechtsvorschrift erlassen hat, ihren Sitz hat.

(7) [1] In Angelegenheiten nach § 7a des Vierten Buches Sozialgesetzbuch[2)] ist das Sozialgericht örtlich zuständig, in dessen Bezirk der Auftraggeber seinen Sitz oder in Ermangelung dessen seinen Wohnsitz hat. [2] Hat dieser seinen Sitz oder in Ermangelung dessen seinen Wohnsitz im Ausland, ist das Sozialgericht örtlich zuständig, in dessen Bezirk der Auftragnehmer seinen Wohnsitz oder in Ermangelung dessen seinen Aufenthaltsort hat.

§ 57a [Vertragsarztangelegenheiten] (1) In Vertragsarztangelegenheiten der gesetzlichen Krankenversicherung ist, wenn es sich um Fragen der Zulassung oder Ermächtigung nach Vertragsarztrecht handelt, das Sozialgericht zuständig, in dessen Bezirk der Vertragsarzt, der Vertragszahnarzt oder der Psychotherapeut seinen Sitz hat.

(2) In anderen Vertragsarztangelegenheiten der gesetzlichen Krankenversicherung ist das Sozialgericht zuständig, in dessen Bezirk die Kassenärztliche Vereinigung oder die Kassenzahnärztliche Vereinigung ihren Sitz hat.

(3) Sind Entscheidungen oder Verträge auf Landesebene Streitgegenstand des Verfahrens, ist – soweit das Landesrecht nichts Abweichendes bestimmt – das Sozialgericht zuständig, in dessen Bezirk die Landesregierung ihren Sitz hat.

(4) Sind Entscheidungen oder Verträge auf Bundesebene Streitgegenstand des Verfahrens, ist das Sozialgericht zuständig, in dessen Bezirk die Kassenärztliche Bundesvereinigung oder die Kassenzahnärztliche Bundesvereinigung ihren Sitz hat.

§ 57b [Wahlen zu den Selbstverwaltungsorganen] In Angelegenheiten, die die Wahlen zu den Selbstverwaltungsorganen der Sozialversicherungsträger und ihrer Verbände oder die Ergänzung der Selbstverwaltungsorgane betreffen, ist das Sozialgericht zuständig, in dessen Bezirk der Versicherungsträger oder der Verband den Sitz hat.

§ 58 [Bestimmung der Zuständigkeit] (1) Das zuständige Gericht innerhalb der Sozialgerichtsbarkeit wird durch das gemeinsam nächsthöhere Gericht bestimmt,

1. wenn das an sich zuständige Gericht in einem einzelnen Falle an der Ausübung der Gerichtsbarkeit rechtlich oder tatsächlich verhindert ist,
2. wenn mit Rücksicht auf die Grenzen verschiedener Gerichtsbezirke ungewiß ist, welches Gericht für den Rechtsstreit zuständig ist,
3. wenn in einem Rechtsstreit verschiedene Gerichte sich rechtskräftig für zuständig erklärt haben,

---

[1)] Nr. 5.
[2)] Nr. 4.

Sozialgerichtsgesetz §§ 59–63 SGG 20

4. wenn verschiedene Gerichte, von denen eines für den Rechtsstreit zuständig ist, sich rechtskräftig für unzuständig erklärt haben,

5. wenn eine örtliche Zuständigkeit weder nach den §§ 57 bis 57b noch nach einer anderen gesetzlichen Zuständigkeitsbestimmung gegeben ist.

(2) Zur Feststellung der Zuständigkeit kann jedes mit dem Rechtsstreit befaßte Gericht und jeder am Rechtsstreit Beteiligte das im Rechtszug höhere Gericht anrufen, das ohne mündliche Verhandlung entscheiden kann.

§ 59 [Keine Zuständigkeitsvereinbarungen] [1] Vereinbarungen der Beteiligten über die Zuständigkeit haben keine rechtliche Wirkung. [2] Eine Zuständigkeit wird auch nicht dadurch begründet, daß die Unzuständigkeit des Gerichts nicht geltend gemacht wird.

Zweiter Teil. Verfahren

Erster Abschnitt. Gemeinsame Verfahrensvorschriften

Erster Unterabschnitt. Allgemeine Vorschriften

§ 60 [Ausschließung und Ablehnung von Gerichtspersonen] (1) Für die Ausschließung und Ablehnung der Gerichtspersonen gelten die §§ 41 bis 46 Absatz 1 und die §§ 47 bis 49 der Zivilprozeßordnung entsprechend.

(2) Von der Ausübung des Amtes als Richter ist auch ausgeschlossen, wer bei dem vorausgegangenen Verwaltungsverfahren mitgewirkt hat.

(3) Die Besorgnis der Befangenheit nach § 42 der Zivilprozeßordnung gilt stets als begründet, wenn der Richter dem Vorstand einer Körperschaft oder Anstalt des öffentlichen Rechts angehört, deren Interessen durch das Verfahren unmittelbar berührt werden.

§ 61 [Öffentlichkeit, Sitzungspolizei, Gerichtssprache, Beratung, Abstimmung] (1) Für die Öffentlichkeit, Sitzungspolizei und Gerichtssprache gelten die §§ 169, 171b bis 191a des Gerichtsverfassungsgesetzes entsprechend.

(2) Für die Beratung und Abstimmung gelten die §§ 192 bis 197 des Gerichtsverfassungsgesetzes entsprechend.

§ 62 [Rechtliches Gehör] Vor jeder Entscheidung ist den Beteiligten rechtliches Gehör zu gewähren; die Anhörung kann schriftlich oder elektronisch geschehen.

§ 63 [Zustellungen] (1) [1] Anordnungen und Entscheidungen, durch die eine Frist in Lauf gesetzt wird, sind den Beteiligten zuzustellen, bei Verkündung jedoch nur, wenn es ausdrücklich vorgeschrieben ist. [2] Terminbestimmungen und Ladungen sind bekannt zu geben.

(2) [1] Zugestellt wird von Amts wegen nach den Vorschriften der Zivilprozessordnung. [2] Die §§ 174, 178 Abs. 1 Nr. 2 der Zivilprozessordnung sind entsprechend anzuwenden auf die nach § 73 Abs. 2 Satz 2 Nr. 3 bis 9 zur Prozessvertretung zugelassenen Personen.

(3) Wer nicht im Inland wohnt, hat auf Verlangen einen Zustellungsbevollmächtigten zu bestellen.

§ 64 [Berechnung der Fristen] (1) Der Lauf einer Frist beginnt, soweit nichts anderes bestimmt ist, mit dem Tage nach der Zustellung oder, wenn diese nicht vorgeschrieben ist, mit dem Tage nach der Eröffnung oder Verkündung.

(2) [1] Eine nach Tagen bestimmte Frist endet mit dem Ablauf ihres letzten Tages, eine nach Wochen oder Monaten bestimmte Frist mit dem Ablauf desjenigen Tages der letzten Woche oder des letzten Monats, welcher nach Benennung oder Zahl dem Tage entspricht, in den das Ereignis oder der Zeitpunkt fällt. [2] Fehlt dem letzten Monat der entsprechende Tag, so endet die Frist mit dem Monat.

(3) Fällt das Ende einer Frist auf einen Sonntag, einen gesetzlichen Feiertag oder einen Sonnabend, so endet die Frist mit Ablauf des nächsten Werktages.

§ 65 [Richterliche Fristen, Abkürzung und Verlängerung] [1] Auf Antrag kann der Vorsitzende richterliche Fristen abkürzen oder verlängern. [2] Im Falle der Verlängerung wird die Frist von dem Ablauf der vorigen Frist an berechnet.

§ 65a [Übermittlung elektronischer Dokumente] (1) Vorbereitende Schriftsätze und deren Anlagen, schriftlich einzureichende Anträge und Erklärungen der Beteiligten sowie schriftlich einzureichende Auskünfte, Aussagen, Gutachten, Übersetzungen und Erklärungen Dritter können nach Maßgabe der Absätze 2 bis 6 als elektronisches Dokument bei Gericht eingereicht werden.

(2) [1] Das elektronische Dokument muss für die Bearbeitung durch das Gericht geeignet sein. [2] Die Bundesregierung bestimmt durch Rechtsverordnung mit Zustimmung des Bundesrates die für die Übermittlung und Bearbeitung geeigneten technischen Rahmenbedingungen.

(3) Das elektronische Dokument muss mit einer qualifizierten elektronischen Signatur der verantwortenden Person versehen sein oder von der verantwortenden Person signiert und auf einem sicheren Übermittlungsweg eingereicht werden.

(4) Sichere Übermittlungswege sind

1. der Postfach- und Versanddienst eines De-Mail-Kontos, wenn der Absender bei Versand der Nachricht sicher im Sinne des § 4 Absatz 1 Satz 2 des De-Mail-Gesetzes angemeldet ist und er sich die sichere Anmeldung gemäß § 5 Absatz 5 des De-Mail-Gesetzes bestätigen lässt,
2. der Übermittlungsweg zwischen dem besonderen elektronischen Anwaltspostfach nach § 31a der Bundesrechtsanwaltsordnung oder einem entsprechenden, auf gesetzlicher Grundlage errichteten elektronischen Postfach und der elektronischen Poststelle des Gerichts,
3. der Übermittlungsweg zwischen einem nach Durchführung eines Identifizierungsverfahrens eingerichteten Postfach einer Behörde oder einer juristischen Person des öffentlichen Rechts und der elektronischen Poststelle des Gerichts; das Nähere regelt die Verordnung nach Absatz 2 Satz 2,
4. sonstige bundeseinheitliche Übermittlungswege, die durch Rechtsverordnung der Bundesregierung mit Zustimmung des Bundesrates festgelegt werden, bei denen die Authentizität und Integrität der Daten sowie die Barrierefreiheit gewährleistet sind.

Sozialgerichtsgesetz § 65b SGG 20

(5) ¹ Ein elektronisches Dokument ist eingegangen, sobald es auf der für den Empfang bestimmten Einrichtung des Gerichts gespeichert ist. ² Dem Absender ist eine automatisierte Bestätigung über den Zeitpunkt des Eingangs zu erteilen. ³ Die Vorschriften dieses Gesetzes über die Beifügung von Abschriften für die übrigen Beteiligten finden keine Anwendung.

(6) ¹ Ist ein elektronisches Dokument für das Gericht zur Bearbeitung nicht geeignet, ist dies dem Absender unter Hinweis auf die Unwirksamkeit des Eingangs und die geltenden technischen Rahmenbedingungen unverzüglich mitzuteilen. ² Das Dokument gilt als zum Zeitpunkt der früheren Einreichung eingegangen, sofern der Absender es unverzüglich in einer für das Gericht zur Bearbeitung geeigneten Form nachreicht und glaubhaft macht, dass es mit dem zuerst eingereichten Dokument inhaltlich übereinstimmt.

(7) ¹ Soweit eine handschriftliche Unterzeichnung durch den Richter oder den Urkundsbeamten der Geschäftsstelle vorgeschrieben ist, genügt dieser Form die Aufzeichnung als elektronisches Dokument, wenn die verantwortenden Personen am Ende des Dokuments ihren Namen hinzufügen und das Dokument mit einer qualifizierten elektronischen Signatur versehen. ² Der in Satz 1 genannten Form genügt auch ein elektronisches Dokument, in welches das handschriftlich unterzeichnete Schriftstück gemäß § 65b Absatz 6 Satz 4 übertragen worden ist.

§ 65b [Führung elektronischer Prozessakten] (1) ¹ Die Prozessakten können elektronisch geführt werden. ² Die Bundesregierung und die Landesregierungen bestimmen jeweils für ihren Bereich durch Rechtsverordnung den Zeitpunkt, von dem an die Prozessakten elektronisch geführt werden. ³ In der Rechtsverordnung sind die organisatorisch-technischen Rahmenbedingungen für die Bildung, Führung und Verwahrung der elektronischen Akten festzulegen. ⁴ Die Landesregierungen können die Ermächtigung auf die für die Sozialgerichtsbarkeit zuständigen obersten Landesbehörden übertragen. ⁵ Die Zulassung der elektronischen Akte kann auf einzelne Gerichte oder Verfahren beschränkt werden; wird von dieser Möglichkeit Gebrauch gemacht, kann in der Rechtsverordnung bestimmt werden, dass durch Verwaltungsvorschrift, die öffentlich bekanntzumachen ist, geregelt wird, in welchen Verfahren die Prozessakten elektronisch zu führen sind. ⁶ Die Rechtsverordnung der Bundesregierung bedarf nicht der Zustimmung des Bundesrates.

(1a) ¹ Die Prozessakten werden ab dem 1. Januar 2026 elektronisch geführt. ² Die Bundesregierung und die Landesregierungen bestimmen jeweils für ihren Bereich durch Rechtsverordnung die organisatorischen und dem Stand der Technik entsprechenden technischen Rahmenbedingungen für die Bildung, Führung und Verwahrung der elektronischen Akten einschließlich der einzuhaltenden Anforderungen der Barrierefreiheit. ³ Die Bundesregierung und die Landesregierungen können jeweils für ihren Bereich durch Rechtsverordnung bestimmen, dass Akten, die in Papierform angelegt wurden, in Papierform weitergeführt werden. ⁴ Die Landesregierungen können die Ermächtigungen nach den Sätzen 2 und 3 auf die für die Sozialgerichtsbarkeit zuständigen obersten Landesbehörden übertragen. ⁵ Die Rechtsverordnungen der Bundesregierung bedürfen nicht der Zustimmung des Bundesrates.

(2) ¹ Werden die Akten in Papierform geführt, ist von einem elektronischen Dokument ein Ausdruck für die Akten zu fertigen. ² Kann dies bei Anlagen zu vorbereitenden Schriftsätzen nicht oder nur mit unverhältnismäßigem Auf-

wand erfolgen, so kann ein Ausdruck unterbleiben. ³ Die Daten sind in diesem Fall dauerhaft zu speichern; der Speicherort ist aktenkundig zu machen.

(3) Wird das elektronische Dokument auf einem sicheren Übermittlungsweg eingereicht, so ist dies aktenkundig zu machen.

(4) Ist das elektronische Dokument mit einer qualifizierten elektronischen Signatur versehen und nicht auf einem sicheren Übermittlungsweg eingereicht, muss der Ausdruck einen Vermerk darüber enthalten,

1. welches Ergebnis die Integritätsprüfung des Dokumentes ausweist,
2. wen die Signaturprüfung als Inhaber der Signatur ausweist,
3. welchen Zeitpunkt die Signaturprüfung für die Anbringung der Signatur ausweist.

(5) Ein eingereichtes elektronisches Dokument kann im Falle von Absatz 2 nach Ablauf von sechs Monaten gelöscht werden.

(6) ¹ Werden die Prozessakten elektronisch geführt, sind in Papierform vorliegende Schriftstücke und sonstige Unterlagen nach dem Stand der Technik zur Ersetzung der Urschrift in ein elektronisches Dokument zu übertragen. ² Es ist sicherzustellen, dass das elektronische Dokument mit den vorliegenden Schriftstücken und sonstigen Unterlagen bildlich und inhaltlich übereinstimmt. ³ Das elektronische Dokument ist mit einem Übertragungsnachweis zu versehen, der das bei der Übertragung angewandte Verfahren und die bildliche und inhaltliche Übereinstimmung dokumentiert. ⁴ Wird ein von den verantwortenden Personen handschriftlich unterzeichnetes gerichtliches Schriftstück übertragen, ist der Übertragungsnachweis mit einer qualifizierten elektronischen Signatur des Urkundsbeamten der Geschäftsstelle zu versehen. ⁵ Die in Papierform vorliegenden Schriftstücke und sonstigen Unterlagen können sechs Monate nach der Übertragung vernichtet werden, sofern sie nicht rückgabepflichtig sind.

§ 65c Formulare; Verordnungsermächtigung. ¹ Das Bundesministerium für Arbeit und Soziales kann durch Rechtsverordnung mit Zustimmung des Bundesrates elektronische Formulare einführen. ² Die Rechtsverordnung kann bestimmen, dass die in den Formularen enthaltenen Angaben ganz oder teilweise in strukturierter maschinenlesbarer Form zu übermitteln sind. ³ Die Formulare sind auf einer in der Rechtsverordnung zu bestimmenden Kommunikationsplattform im Internet zur Nutzung bereitzustellen. ⁴ Die Rechtsverordnung kann bestimmen, dass eine Identifikation des Formularverwenders abweichend von § 65a Absatz 3 auch durch Nutzung des elektronischen Identitätsnachweises nach § 18 des Personalausweisgesetzes oder § 78 Absatz 5 des Aufenthaltsgesetzes erfolgen kann.

§ 66 [Rechtsmittelbelehrung] (1) Die Frist für ein Rechtsmittel oder einen anderen Rechtsbehelf beginnt nur dann zu laufen, wenn der Beteiligte über den Rechtsbehelf, die Verwaltungsstelle oder das Gericht, bei denen der Rechtsbehelf anzubringen ist, den Sitz und die einzuhaltende Frist schriftlich oder elektronisch belehrt worden ist.

(2) ¹ Ist die Belehrung unterblieben oder unrichtig erteilt, so ist die Einlegung des Rechtsbehelfs nur innerhalb eines Jahres seit Zustellung, Eröffnung oder Verkündung zulässig, außer wenn die Einlegung vor Ablauf der Jahresfrist infolge höherer Gewalt unmöglich war oder eine schriftliche oder elektro-

Sozialgerichtsgesetz §§ 67–71 SGG 20

nische Belehrung dahin erfolgt ist, daß ein Rechtsbehelf nicht gegeben sei. ²§ 67 Abs. 2 gilt für den Fall höherer Gewalt entsprechend.

§ 67 [Wiedereinsetzung in den vorigen Stand] (1) Wenn jemand ohne Verschulden verhindert war, eine gesetzliche Verfahrensfrist einzuhalten, so ist ihm auf Antrag Wiedereinsetzung in den vorigen Stand zu gewähren.

(2) ¹Der Antrag ist binnen eines Monats nach Wegfall des Hindernisses zu stellen. ²Die Tatsachen zur Begründung des Antrages sollen glaubhaft gemacht werden. ³Innerhalb der Antragsfrist ist die versäumte Rechtshandlung nachzuholen. ⁴Ist dies geschehen, so kann die Wiedereinsetzung auch ohne Antrag gewährt werden.

(3) Nach einem Jahr seit dem Ende der versäumten Frist ist der Antrag unzulässig, außer wenn der Antrag vor Ablauf der Jahresfrist infolge höherer Gewalt unmöglich war.

(4) ¹Über den Wiedereinsetzungsantrag entscheidet das Gericht, das über die versäumte Rechtshandlung zu befinden hat. ²Der Beschluß, der die Wiedereinsetzung bewilligt, ist unanfechtbar.

§ 68 (weggefallen)

§ 69 [Beteiligte] Beteiligte am Verfahren sind
1. der Kläger,
2. der Beklagte,
3. der Beigeladene.

§ 70 [Parteifähigkeit] Fähig, am Verfahren beteiligt zu sein, sind
1. natürliche und juristische Personen,
2. nichtrechtsfähige Personenvereinigungen,
3. Behörden, sofern das Landesrecht dies bestimmt,
4. gemeinsame Entscheidungsgremien von Leistungserbringern und Krankenkassen oder Pflegekassen.

§ 71 [Prozessfähigkeit] (1) Ein Beteiligter ist prozeßfähig, soweit er sich durch Verträge verpflichten kann.

(2) ¹Minderjährige sind in eigener Sache prozeßfähig, soweit sie durch Vorschriften des bürgerlichen oder öffentlichen Rechts für den Gegenstand des Verfahrens als geschäftsfähig anerkannt sind. ²Zur Zurücknahme eines Rechtsbehelfs bedürfen sie der Zustimmung des gesetzlichen Vertreters.

(3) Für rechtsfähige und nichtrechtsfähige Personenvereinigungen sowie für Behörden handeln ihre gesetzlichen Vertreter und Vorstände.

(4) Für Entscheidungsgremien im Sinne von § 70 Nr. 4 handelt der Vorsitzende.

(5) In Angelegenheiten des sozialen Entschädigungsrechts und des Schwerbehindertenrechts wird das Land durch das Landesversorgungsamt oder nach Maßgabe des Landesrechts durch die Stelle vertreten, der dessen Aufgaben übertragen worden sind oder die für die Durchführung des Bundesversorgungsgesetzes oder des Rechts der Teilhabe behinderter Menschen zuständig ist.

(6) Die §§ 53 bis 56 der Zivilprozeßordnung gelten entsprechend.

§ 72 [Bestellung eines besonderen Vertreters] (1) Für einen nicht prozeßfähigen Beteiligten ohne gesetzlichen Vertreter kann der Vorsitzende bis zum Eintritt eines Vormundes, Betreuers oder Pflegers für das Verfahren einen besonderen Vertreter bestellen, dem alle Rechte, außer dem Empfang von Zahlungen, zustehen.

(2) Die Bestellung eines besonderen Vertreters ist mit Zustimmung des Beteiligten oder seines gesetzlichen Vertreters auch zulässig, wenn der Aufenthaltsort eines Beteiligten oder seines gesetzlichen Vertreters vom Sitz des Gerichts weit entfernt ist.

§ 73 [Prozessbeteiligte; Bevollmächtigte; Beistand] (1) Die Beteiligten können vor dem Sozialgericht und dem Landessozialgericht den Rechtsstreit selbst führen.

(2) [1] Die Beteiligten können sich durch einen Rechtsanwalt oder einen Rechtslehrer an einer staatlichen oder staatlich anerkannten Hochschule eines Mitgliedstaates der Europäischen Union, eines anderen Vertragsstaates des Abkommens über den Europäischen Wirtschaftsraum oder der Schweiz, der die Befähigung zum Richteramt besitzt, als Bevollmächtigten vertreten lassen. [2] Darüber hinaus sind als Bevollmächtigte vor dem Sozialgericht und dem Landessozialgericht vertretungsbefugt nur

1. Beschäftigte des Beteiligten oder eines mit ihm verbundenen Unternehmens (§ 15 des Aktiengesetzes); Behörden und juristische Personen des öffentlichen Rechts einschließlich der von ihnen zur Erfüllung ihrer öffentlichen Aufgaben gebildeten Zusammenschlüsse können sich auch durch Beschäftigte anderer Behörden oder juristischer Personen des öffentlichen Rechts einschließlich der von ihnen zur Erfüllung ihrer öffentlichen Aufgaben gebildeten Zusammenschlüsse vertreten lassen,
2. volljährige Familienangehörige (§ 15 der Abgabenordnung, § 11 des Lebenspartnerschaftsgesetzes), Personen mit Befähigung zum Richteramt und Streitgenossen, wenn die Vertretung nicht im Zusammenhang mit einer entgeltlichen Tätigkeit steht,
3. Rentenberater im Umfang ihrer Befugnisse nach § 10 Absatz 1 Satz 1 Nummer 2, auch in Verbindung mit Satz 2, des Rechtsdienstleistungsgesetzes,
4. Steuerberater, Steuerbevollmächtigte, Wirtschaftsprüfer und vereidigte Buchprüfer, Personen und Vereinigungen im Sinn des § 3a des Steuerberatungsgesetzes sowie Gesellschaften im Sinn des § 3 Nr. 2 und 3 des Steuerberatungsgesetzes, die durch Personen im Sinn des § 3 Nr. 1 des Steuerberatungsgesetzes handeln, in Angelegenheiten nach den §§ 28h und 28p des Vierten Buches Sozialgesetzbuch[1)],
5. selbständige Vereinigungen von Arbeitnehmern mit sozial- oder berufspolitischer Zwecksetzung für ihre Mitglieder,
6. berufsständische Vereinigungen der Landwirtschaft für ihre Mitglieder,
7. Gewerkschaften und Vereinigungen von Arbeitgebern sowie Zusammenschlüsse solcher Verbände für ihre Mitglieder oder für andere Verbände oder Zusammenschlüsse mit vergleichbarer Ausrichtung und deren Mitglieder,

---

[1)] Nr. 4.

8. Vereinigungen, deren satzungsgemäße Aufgaben die gemeinschaftliche Interessenvertretung, die Beratung und Vertretung der Leistungsempfänger nach dem sozialen Entschädigungsrecht oder der behinderten Menschen wesentlich umfassen und die unter Berücksichtigung von Art und Umfang ihrer Tätigkeit sowie ihres Mitgliederkreises die Gewähr für eine sachkundige Prozessvertretung bieten, für ihre Mitglieder,
9. juristische Personen, deren Anteile sämtlich im wirtschaftlichen Eigentum einer der in den Nummern 5 bis 8 bezeichneten Organisationen stehen, wenn die juristische Person ausschließlich die Rechtsberatung und Prozessvertretung dieser Organisation und ihrer Mitglieder oder anderer Verbände oder Zusammenschlüsse mit vergleichbarer Ausrichtung und deren Mitglieder entsprechend deren Satzung durchführt, und wenn die Organisation für die Tätigkeit der Bevollmächtigten haftet.

[3] Bevollmächtigte, die keine natürlichen Personen sind, handeln durch ihre Organe und mit der Prozessvertretung beauftragten Vertreter. [4] § 157 der Zivilprozessordnung gilt entsprechend.

(3) [1] Das Gericht weist Bevollmächtigte, die nicht nach Maßgabe des Absatzes 2 vertretungsbefugt sind, durch unanfechtbaren Beschluss zurück. [2] Prozesshandlungen eines nicht vertretungsbefugten Bevollmächtigten und Zustellungen oder Mitteilungen an diesen Bevollmächtigten sind bis zu seiner Zurückweisung wirksam. [3] Das Gericht kann den in Absatz 2 Satz 2 Nr. 1 und 2 bezeichneten Bevollmächtigten durch unanfechtbaren Beschluss die weitere Vertretung untersagen, wenn sie nicht in der Lage sind, das Sach- und Streitverhältnis sachgerecht darzustellen. [4] Satz 3 gilt nicht für Beschäftigte eines Sozialleistungsträgers oder eines Spitzenverbandes der Sozialversicherung.

(4) [1] Vor dem Bundessozialgericht müssen sich die Beteiligten, außer im Prozesskostenhilfeverfahren, durch Prozessbevollmächtigte vertreten lassen. [2] Als Bevollmächtigte sind außer den in Absatz 2 Satz 1 bezeichneten Personen nur die in Absatz 2 Satz 2 Nr. 5 bis 9 bezeichneten Organisationen zugelassen. [3] Diese müssen durch Personen mit Befähigung zum Richteramt handeln. [4] Behörden und juristische Personen des öffentlichen Rechts einschließlich der von ihnen zur Erfüllung ihrer öffentlichen Aufgaben gebildeten Zusammenschlüsse sowie private Pflegeversicherungsunternehmen können sich durch eigene Beschäftigte mit Befähigung zum Richteramt oder durch Beschäftigte mit Befähigung zum Richteramt anderer Behörden oder juristischer Personen des öffentlichen Rechts einschließlich der von ihnen zur Erfüllung ihrer öffentlichen Aufgaben gebildeten Zusammenschlüsse vertreten lassen. [5] Ein Beteiligter, der nach Maßgabe des Satzes 2 zur Vertretung berechtigt ist, kann sich selbst vertreten; Satz 3 bleibt unberührt.

(5) [1] Richter dürfen nicht als Bevollmächtigte vor dem Gericht auftreten, dem sie angehören. [2] Ehrenamtliche Richter dürfen, außer in den Fällen des Absatzes 2 Satz 2 Nr. 1, nicht vor einem Spruchkörper auftreten, dem sie angehören. [3] Absatz 3 Satz 1 und 2 gilt entsprechend.

(6) [1] Die Vollmacht ist schriftlich zu den Gerichtsakten einzureichen. [2] Sie kann nachgereicht werden; hierfür kann das Gericht eine Frist bestimmen. [3] Bei Ehegatten oder Lebenspartnern und Verwandten in gerader Linie kann unterstellt werden, dass sie bevollmächtigt sind. [4] Der Mangel der Vollmacht kann in jeder Lage des Verfahrens geltend gemacht werden. [5] Das Gericht hat den Mangel der Vollmacht von Amts wegen zu berücksichtigen, wenn nicht als

Bevollmächtigter ein Rechtsanwalt auftritt. [6] Ist ein Bevollmächtigter bestellt, sind die Zustellungen oder Mitteilungen des Gerichts an ihn zu richten. [7] Im Übrigen gelten die §§ 81, 83 bis 86 der Zivilprozessordnung entsprechend.

(7) [1] In der Verhandlung können die Beteiligten mit Beiständen erscheinen. [2] Beistand kann sein, wer in Verfahren, in denen die Beteiligten den Rechtsstreit selbst führen können, als Bevollmächtigter zur Vertretung in der Verhandlung befugt ist. [3] Das Gericht kann andere Personen als Beistand zulassen, wenn dies sachdienlich ist und hierfür nach den Umständen des Einzelfalls ein Bedürfnis besteht. [4] Absatz 3 Satz 1 und 3 und Absatz 5 gelten entsprechend. [5] Das von dem Beistand Vorgetragene gilt als von dem Beteiligten vorgebracht, soweit es nicht von diesem sofort widerrufen oder berichtigt wird.

§ 73a [Prozesskostenhilfe] (1) [1] Die Vorschriften der Zivilprozeßordnung über die Prozeßkostenhilfe mit Ausnahme des § 127 Absatz 2 Satz 2 der Zivilprozeßordnung gelten entsprechend. [2] Macht der Beteiligte, dem Prozeßkostenhilfe bewilligt ist, von seinem Recht, einen Rechtsanwalt zu wählen, nicht Gebrauch, wird auf Antrag des Beteiligten der beizuordnende Rechtsanwalt vom Gericht ausgewählt. [3] Einem Beteiligten, dem Prozesskostenhilfe bewilligt worden ist, kann auch ein Steuerberater, Steuerbevollmächtigter, Wirtschaftsprüfer, vereidigter Buchprüfer oder Rentenberater beigeordnet werden. [4] Die Vergütung richtet sich nach den für den beigeordneten Rechtsanwalt geltenden Vorschriften des Rechtsanwaltsvergütungsgesetzes.

(2) Prozeßkostenhilfe wird nicht bewilligt, wenn der Beteiligte durch einen Bevollmächtigten im Sinne des § 73 Abs. 2 Satz 2 Nr. 5 bis 9 vertreten ist.

(3) § 109 Abs. 1 Satz 2 bleibt unberührt.

(4) [1] Die Prüfung der persönlichen und wirtschaftlichen Verhältnisse nach den §§ 114 bis 116 der Zivilprozessordnung einschließlich der in § 118 Absatz 2 der Zivilprozessordnung bezeichneten Maßnahmen, der Beurkundung von Vergleichen nach § 118 Absatz 1 Satz 3 der Zivilprozessordnung und der Entscheidungen nach § 118 Absatz 2 Satz 4 der Zivilprozessordnung obliegt dem Urkundsbeamten der Geschäftsstelle des jeweiligen Rechtszugs, wenn der Vorsitzende ihm das Verfahren insoweit überträgt. [2] Liegen die Voraussetzungen für die Bewilligung der Prozesskostenhilfe hiernach nicht vor, erlässt der Urkundsbeamte die den Antrag ablehnende Entscheidung; anderenfalls vermerkt der Urkundsbeamte in den Prozessakten, dass dem Antragsteller nach seinen persönlichen und wirtschaftlichen Verhältnissen Prozesskostenhilfe gewährt werden kann und in welcher Höhe gegebenenfalls Monatsraten oder Beträge aus dem Vermögen zu zahlen sind.

(5) Dem Urkundsbeamten obliegen im Verfahren über die Prozesskostenhilfe ferner die Bestimmung des Zeitpunkts für die Einstellung und eine Wiederaufnahme der Zahlungen nach § 120 Absatz 3 der Zivilprozessordnung sowie die Änderung und die Aufhebung der Bewilligung der Prozesskostenhilfe nach den §§ 120a und 124 Absatz 1 Nummer 2 bis 5 der Zivilprozessordnung.

(6) [1] Der Vorsitzende kann Aufgaben nach den Absätzen 4 und 5 zu jedem Zeitpunkt an sich ziehen. [2] § 5 Absatz 1 Nummer 1, die §§ 6, 7, 8 Absatz 1 bis 4 und § 9 des Rechtspflegergesetzes gelten entsprechend mit der Maßgabe, dass an die Stelle des Rechtspflegers der Urkundsbeamte der Geschäftsstelle tritt.

(7) § 155 Absatz 4 gilt entsprechend.

(8) Gegen Entscheidungen des Urkundsbeamten nach den Absätzen 4 und 5 kann binnen eines Monats nach Bekanntgabe das Gericht angerufen werden, das endgültig entscheidet.

(9) Durch Landesgesetz kann bestimmt werden, dass die Absätze 4 bis 8 für die Gerichte des jeweiligen Landes nicht anzuwenden sind.

§ 74 [Streitgenossenschaft; Hauptintervention] Die §§ 59 bis 65 der Zivilprozeßordnung über die Streitgenossenschaft und die Hauptintervention gelten entsprechend.

§ 75 [Beiladung] (1) [1] Das Gericht kann von Amts wegen oder auf Antrag andere, deren berechtigte Interessen durch die Entscheidung berührt werden, beiladen. [2] In Angelegenheiten des sozialen Entschädigungsrechts ist die Bundesrepublik Deutschland auf Antrag beizuladen.

(2) Sind an dem streitigen Rechtsverhältnis Dritte derart beteiligt, daß die Entscheidung auch ihnen gegenüber nur einheitlich ergehen kann oder ergibt sich im Verfahren, daß bei der Ablehnung des Anspruchs ein anderer Versicherungsträger, ein Träger der Grundsicherung für Arbeitsuchende, ein Träger der Sozialhilfe, ein Träger der Leistungen nach dem Asylbewerberleistungsgesetz oder in Angelegenheiten des sozialen Entschädigungsrechts ein Land als leistungspflichtig in Betracht kommt, so sind sie beizuladen.

(2a) [1] Kommt nach Absatz 2 erste Alternative die Beiladung von mehr als 20 Personen in Betracht, kann das Gericht durch Beschluss anordnen, dass nur solche Personen beigeladen werden, die dies innerhalb einer bestimmten Frist beantragen. [2] Der Beschluss ist unanfechtbar. [3] Er ist im Bundesanzeiger bekannt zu machen. [4] Er muss außerdem in im gesamten Bundesgebiet verbreiteten Tageszeitungen veröffentlicht werden. [5] Die Bekanntmachung kann zusätzlich in einem dem Gericht für Bekanntmachungen bestimmten Informations- und Kommunikationssystem erfolgen. [6] Die Frist muss mindestens drei Monate seit der Bekanntgabe betragen. [7] Es ist jeweils anzugeben, an welchem Tag die Antragsfrist abläuft. [8] Für die Wiedereinsetzung in den vorigen Stand wegen Fristversäumnis gilt § 67 entsprechend. [9] Das Gericht soll Personen, die von der Entscheidung erkennbar in besonderem Maße betroffen werden, auch ohne Antrag beiladen.

(3) [1] Der Beiladungsbeschluß ist allen Beteiligten zuzustellen. [2] Dabei sollen der Stand der Sache und der Grund der Beiladung angegeben werden. [3] Der Beschluß, den Dritten beizuladen, ist unanfechtbar.

(4) [1] Der Beigeladene kann innerhalb der Anträge der anderen Beteiligten selbständig Angriffs- und Verteidigungsmittel geltend machen und alle Verfahrenshandlungen wirksam vornehmen. [2] Abweichende Sachanträge kann er nur dann stellen, wenn eine Beiladung nach Absatz 2 vorliegt.

(5) Ein Versicherungsträger, ein Träger der Grundsicherung für Arbeitsuchende, ein Träger der Sozialhilfe, ein Träger der Leistungen nach dem Asylbewerberleistungsgesetz oder in Angelegenheiten des sozialen Entschädigungsrechts ein Land kann nach Beiladung verurteilt werden.

Zweiter Unterabschnitt. Beweissicherungsverfahren

§ 76 [Beweissicherungsverfahren] (1) Auf Gesuch eines Beteiligten kann die Einnahme des Augenscheins und die Vernehmung von Zeugen und Sachverständigen zur Sicherung des Beweises angeordnet werden, wenn zu besorgen ist, daß das Beweismittel verloren gehe oder seine Benutzung erschwert werde, oder wenn der gegenwärtige Zustand einer Person oder einer Sache festgestellt werden soll und der Antragsteller ein berechtigtes Interesse an dieser Feststellung hat.

(2) [1] Das Gesuch ist bei dem für die Hauptsache zuständigen Sozialgericht anzubringen. [2] In Fällen dringender Gefahr kann das Gesuch bei einem anderen Sozialgericht oder einem Amtsgericht angebracht werden, in dessen Bezirk sich die zu vernehmenden Personen aufhalten oder sich der in Augenschein zu nehmende Gegenstand befindet.

(3) Für das Verfahren gelten die §§ 487, 490 bis 494 der Zivilprozeßordnung entsprechend.

Dritter Unterabschnitt. Vorverfahren und einstweiliger Rechtsschutz

§ 77 [Bindungswirkung des Verwaltungsakts] Wird der gegen einen Verwaltungsakt gegebene Rechtsbehelf nicht oder erfolglos eingelegt, so ist der Verwaltungsakt für die Beteiligten in der Sache bindend, soweit durch Gesetz nichts anderes bestimmt ist.

§ 78 [Vorverfahren als Klagevoraussetzung] (1) [1] Vor Erhebung der Anfechtungsklage sind Rechtmäßigkeit und Zweckmäßigkeit des Verwaltungsaktes in einem Vorverfahren nachzuprüfen. [2] Eines Vorverfahrens bedarf es nicht, wenn

1. ein Gesetz dies für besondere Fälle bestimmt oder
2. der Verwaltungsakt von einer obersten Bundesbehörde, einer obersten Landesbehörde oder von dem Vorstand der Bundesagentur für Arbeit erlassen worden ist, außer wenn ein Gesetz die Nachprüfung vorschreibt, oder
3. ein Land, ein Versicherungsträger oder einer seiner Verbände klagen will.

(2) *(aufgehoben)*

(3) Für die Verpflichtungsklage gilt Absatz 1 entsprechend, wenn der Antrag auf Vornahme des Verwaltungsaktes abgelehnt worden ist.

§§ 79–82 (weggefallen)

§ 83 [Widerspruch] Das Vorverfahren beginnt mit der Erhebung des Widerspruchs.

§ 84 [Frist und Form des Widerspruchs] (1) [1] Der Widerspruch ist binnen eines Monats, nachdem der Verwaltungsakt dem Beschwerten bekanntgegeben worden ist, schriftlich, in elektronischer Form nach § 36a Absatz 2 des Ersten Buches Sozialgesetzbuch[1]) oder zur Niederschrift bei der Stelle einzureichen, die den Verwaltungsakt erlassen hat. [2] Die Frist beträgt bei Bekanntgabe im Ausland drei Monate.

(2) [1] Die Frist zur Erhebung des Widerspruchs gilt auch dann als gewahrt, wenn die Widerspruchsschrift bei einer anderen inländischen Behörde oder bei einem Versicherungsträger oder bei einer deutschen Konsularbehörde oder,

---

[1]) Nr. 1.

Sozialgerichtsgesetz **§§ 84a, 85 SGG 20**

soweit es sich um die Versicherung von Seeleuten handelt, auch bei einem deutschen Seemannsamt eingegangen ist. ²Die Widerspruchsschrift ist unverzüglich der zuständigen Behörde oder dem zuständigen Versicherungsträger zuzuleiten, der sie der für die Entscheidung zuständigen Stelle vorzulegen hat. ³ Im übrigen gelten die §§ 66 und 67 entsprechend.

§ 84a [Akteneinsicht] Für das Vorverfahren gilt § 25 Abs. 4 des Zehnten Buches Sozialgesetzbuch[1)] nicht.

§ 85 [Abhilfe oder Widerspruchsbescheid] (1) Wird der Widerspruch für begründet erachtet, so ist ihm abzuhelfen.

(2) ¹ Wird dem Widerspruch nicht abgeholfen, so erläßt den Widerspruchsbescheid

1. die nächsthöhere Behörde oder, wenn diese eine oberste Bundes- oder eine oberste Landesbehörde ist, die Behörde, die den Verwaltungsakt erlassen hat,
2. in Angelegenheiten der Sozialversicherung die von der Vertreterversammlung bestimmte Stelle,
3. in Angelegenheiten der Bundesagentur für Arbeit mit Ausnahme der Angelegenheiten nach dem Zweiten Buch Sozialgesetzbuch[2)] die von dem Vorstand bestimmte Stelle,
4. in Angelegenheiten der kommunalen Selbstverwaltung die Selbstverwaltungsbehörde, soweit nicht durch Gesetz anderes bestimmt wird.

² Abweichend von Satz 1 Nr. 1 ist in Angelegenheiten nach dem Zweiten Buch Sozialgesetzbuch und, soweit Landesrecht nichts Abweichendes vorsieht, in Angelegenheiten nach dem Vierten Kapitel des Zwölften Buches Sozialgesetzbuch[3)] der zuständige Träger, der den dem Widerspruch zugrunde liegenden Verwaltungsakt erlassen hat, auch für die Entscheidung über den Widerspruch zuständig; § 44b Absatz 1 Satz 3 des Zweiten Buches Sozialgesetzbuch bleibt unberührt. ³ Vorschriften, nach denen im Vorverfahren Ausschüsse oder Beiräte an die Stelle einer Behörde treten, bleiben unberührt. ⁴ Die Ausschüsse oder Beiräte können abweichend von Satz 1 Nr. 1 auch bei der Behörde gebildet werden, die den Verwaltungsakt erlassen hat.

(3) ¹ Der Widerspruchsbescheid ist schriftlich zu erlassen, zu begründen und den Beteiligten bekanntzugeben. ² Nimmt die Behörde eine Zustellung vor, gelten die §§ 2 bis 10 des Verwaltungszustellungsgesetzes. ³ § 5 Abs. 4 des Verwaltungszustellungsgesetzes und § 178 Abs. 1 Nr. 2 der Zivilprozessordnung sind auf die nach § 73 Abs. 2 Satz 2 Nr. 3 bis 9 als Bevollmächtigte zugelassenen Personen entsprechend anzuwenden. ⁴ Die Beteiligten sind hierbei über die Zulässigkeit der Klage, die einzuhaltende Frist und den Sitz des zuständigen Gerichts zu belehren.

(4) ¹ Über ruhend gestellte Widersprüche kann durch eine öffentlich bekannt gegebene Allgemeinverfügung entschieden werden, wenn die den angefochtenen Verwaltungsakten zugrunde liegende Gesetzeslage durch eine Entscheidung des Bundesverfassungsgerichts bestätigt wurde, Widerspruchsbescheide gegenüber einer Vielzahl von Widerspruchsführern zur gleichen Zeit

---
[1)] Nr. **10**.
[2)] Nr. **2**.
[3)] Nr. **12**.

ergehen müssen und durch sie die Rechtsstellung der Betroffenen ausschließlich nach einem für alle identischen Maßstab verändert wird. ² Die öffentliche Bekanntgabe erfolgt durch Veröffentlichung der Entscheidung über den Internetauftritt der Behörde, im Bundesanzeiger und in mindestens drei überregional erscheinenden Tageszeitungen. ³ Auf die öffentliche Bekanntgabe, den Ort ihrer Bekanntgabe sowie die Klagefrist des § 87 Abs. 1 Satz 3 ist bereits in der Ruhensmitteilung hinzuweisen.

§ 86 [Neuer Bescheid während des Vorverfahrens, Wirkung des Widerspruchs] Wird während des Vorverfahrens der Verwaltungsakt abgeändert, so wird auch der neue Verwaltungsakt Gegenstand des Vorverfahrens; er ist der Stelle, die über den Widerspruch entscheidet, unverzüglich mitzuteilen.

§ 86a [Aufschiebende Wirkung] (1) ¹ Widerspruch und Anfechtungsklage haben aufschiebende Wirkung. ² Das gilt auch bei rechtsgestaltenden und feststellenden Verwaltungsakten sowie bei Verwaltungsakten mit Drittwirkung.

(2) Die aufschiebende Wirkung entfällt

1. bei der Entscheidung über Versicherungs-, Beitrags- und Umlagepflichten sowie der Anforderung von Beiträgen, Umlagen und sonstigen öffentlichen Abgaben einschließlich der darauf entfallenden Nebenkosten,
2. in Angelegenheiten des sozialen Entschädigungsrechts und der Bundesagentur für Arbeit bei Verwaltungsakten, die eine laufende Leistung entziehen oder herabsetzen,
3. für die Anfechtungsklage in Angelegenheiten der Sozialversicherung bei Verwaltungsakten, die eine laufende Leistung herabsetzen oder entziehen,
4. in anderen durch Bundesgesetz vorgeschriebenen Fällen,
5. in Fällen, in denen die sofortige Vollziehung im öffentlichen Interesse oder im überwiegenden Interesse eines Beteiligten ist und die Stelle, die den Verwaltungsakt erlassen oder über den Widerspruch zu entscheiden hat, die sofortige Vollziehung mit schriftlicher Begründung des besonderen Interesses an der sofortigen Vollziehung anordnet.

(3) ¹ In den Fällen des Absatzes 2 kann die Stelle, die den Verwaltungsakt erlassen oder die über den Widerspruch zu entscheiden hat, die sofortige Vollziehung ganz oder teilweise aussetzen. ² In den Fällen des Absatzes 2 Nr. 1 soll die Aussetzung der Vollziehung erfolgen, wenn ernstliche Zweifel an der Rechtmäßigkeit des angegriffenen Verwaltungsaktes bestehen oder wenn die Vollziehung für den Abgaben- oder Kostenpflichtigen eine unbillige, nicht durch überwiegende öffentliche Interessen gebotene Härte zur Folge hätte. ³ In den Fällen des Absatzes 2 Nr. 2 ist in Angelegenheiten des sozialen Entschädigungsrechts die nächsthöhere Behörde zuständig, es sei denn, diese ist eine oberste Bundes- oder eine oberste Landesbehörde. ⁴ Die Entscheidung kann mit Auflagen versehen oder befristet werden. ⁵ Die Stelle kann die Entscheidung jederzeit ändern oder aufheben.

(4) ¹ Die aufschiebende Wirkung entfällt, wenn eine Erlaubnis nach Artikel 1 § 1 des Arbeitnehmerüberlassungsgesetzes in der Fassung der Bekanntmachung vom 3. Februar 1995 (BGBl. I S. 158), das zuletzt durch Artikel 2 des Gesetzes vom 23. Juli 2001 (BGBl. I S. 1852) geändert worden ist, aufgehoben oder nicht verlängert wird. ² Absatz 3 gilt entsprechend.

§ 86b [Einstweilige Maßnahmen] (1) ¹ Das Gericht der Hauptsache kann auf Antrag

1. in den Fällen, in denen Widerspruch oder Anfechtungsklage aufschiebende Wirkung haben, die sofortige Vollziehung ganz oder teilweise anordnen,
2. in den Fällen, in denen Widerspruch oder Anfechtungsklage keine aufschiebende Wirkung haben, die aufschiebende Wirkung ganz oder teilweise anordnen,
3. in den Fällen des § 86a Abs. 3 die sofortige Vollziehung ganz oder teilweise wiederherstellen.

² Ist der Verwaltungsakt im Zeitpunkt der Entscheidung schon vollzogen oder befolgt worden, kann das Gericht die Aufhebung der Vollziehung anordnen. ³ Die Wiederherstellung der aufschiebenden Wirkung oder die Anordnung der sofortigen Vollziehung kann mit Auflagen versehen oder befristet werden. ⁴ Das Gericht der Hauptsache kann auf Antrag die Maßnahmen jederzeit ändern oder aufheben.

(2) ¹ Soweit ein Fall des Absatzes 1 nicht vorliegt, kann das Gericht der Hauptsache auf Antrag eine einstweilige Anordnung in Bezug auf den Streitgegenstand treffen, wenn die Gefahr besteht, dass durch eine Veränderung des bestehenden Zustands die Verwirklichung eines Rechts des Antragstellers vereitelt oder wesentlich erschwert werden könnte. ² Einstweilige Anordnungen sind auch zur Regelung eines vorläufigen Zustands in Bezug auf ein streitiges Rechtsverhältnis zulässig, wenn eine solche Regelung zur Abwendung wesentlicher Nachteile nötig erscheint. ³ Das Gericht der Hauptsache ist das Gericht des ersten Rechtszugs und, wenn die Hauptsache im Berufungsverfahren anhängig ist, das Berufungsgericht. ⁴ Die §§ 920, 921, 923, 926, 928, 929 Absatz 1 und 3, die §§ 930 bis 932, 938, 939 und 945 der Zivilprozessordnung gelten entsprechend.

(3) Die Anträge nach den Absätzen 1 und 2 sind schon vor Klageerhebung zulässig.

(4) Das Gericht entscheidet durch Beschluss.

Vierter Unterabschnitt. Verfahren im ersten Rechtszug

§ 87 [Klagefrist] (1) ¹ Die Klage ist binnen eines Monats nach Bekanntgabe des Verwaltungsaktes zu erheben. ² Die Frist beträgt bei Bekanntgabe im Ausland drei Monate. ³ Bei einer öffentlichen Bekanntgabe nach § 85 Abs. 4 beträgt die Frist ein Jahr. ⁴ Die Frist beginnt mit dem Tag zu laufen, an dem seit dem Tag der letzten Veröffentlichung zwei Wochen verstrichen sind.

(2) Hat ein Vorverfahren stattgefunden, so beginnt die Frist mit der Bekanntgabe des Widerspruchsbescheids.

§ 88 [Verpflichtungsklage, Frist] (1) ¹ Ist ein Antrag auf Vornahme eines Verwaltungsakts ohne zureichenden Grund in angemessener Frist sachlich nicht beschieden worden, so ist die Klage nicht vor Ablauf von sechs Monaten seit dem Antrag auf Vornahme des Verwaltungsakts zulässig. ² Liegt ein zureichender Grund dafür vor, daß der beantragte Verwaltungsakt noch nicht erlassen ist, so setzt das Gericht das Verfahren bis zum Ablauf einer von ihm bestimmten Frist aus, die verlängert werden kann. ³ Wird innerhalb dieser Frist dem Antrag stattgegeben, so ist die Hauptsache für erledigt zu erklären.

(2) Das gleiche gilt, wenn über einen Widerspruch nicht entschieden worden ist, mit der Maßgabe, daß als angemessene Frist eine solche von drei Monaten gilt.

§ 89 [Nichtigkeits- und Feststellungsklage] Die Klage ist an keine Frist gebunden, wenn die Feststellung der Nichtigkeit eines Verwaltungsakts oder die Feststellung des zuständigen Versicherungsträgers oder die Vornahme eines unterlassenen Verwaltungsakts begehrt wird.

§ 90 [Klageerhebung] Die Klage ist bei dem zuständigen Gericht der Sozialgerichtsbarkeit schriftlich oder zu Protokoll des Urkundsbeamten der Geschäftsstelle zu erheben.

§ 91 [Fristwahrung bei Unzuständigkeit] (1) Die Frist für die Erhebung der Klage gilt auch dann als gewahrt, wenn die Klageschrift innerhalb der Frist statt bei dem zuständigen Gericht der Sozialgerichtsbarkeit bei einer anderen inländischen Behörde oder bei einem Versicherungsträger oder bei einer deutschen Konsularbehörde oder, soweit es sich um die Versicherung von Seeleuten handelt, auch bei einem deutschen Seemannsamt im Ausland eingegangen ist.

(2) Die Klageschrift ist unverzüglich an das zuständige Gericht der Sozialgerichtsbarkeit abzugeben.

§ 92 [Klageschrift] (1) [1] Die Klage muss den Kläger, den Beklagten und den Gegenstand des Klagebegehrens bezeichnen. [2] Zur Bezeichnung des Beklagten genügt die Angabe der Behörde. [3] Die Klage soll einen bestimmten Antrag enthalten und von dem Kläger oder einer zu seiner Vertretung befugten Person mit Orts- und Zeitangabe unterzeichnet sein. [4] Die zur Begründung dienenden Tatsachen und Beweismittel sollen angegeben, die angefochtene Verfügung und der Widerspruchsbescheid sollen in Abschrift beigefügt werden.

(2) [1] Entspricht die Klage diesen Anforderungen nicht, hat der Vorsitzende den Kläger zu der erforderlichen Ergänzung innerhalb einer bestimmten Frist aufzufordern. [2] Er kann dem Kläger für die Ergänzung eine Frist mit ausschließender Wirkung setzen, wenn es an einem der in Absatz 1 Satz 1 genannten Erfordernisse fehlt. [3] Für die Wiedereinsetzung in den vorigen Stand gilt § 67 entsprechend.

§ 93 [Einreichung von Abschriften] [1] Der Klageschrift, den sonstigen Schriftsätzen und nach Möglichkeit den Unterlagen sind vorbehaltlich des § 65a Absatz 5 Satz 3 Abschriften für die Beteiligten beizufügen. [2] Sind die erforderlichen Abschriften nicht eingereicht, so fordert das Gericht sie nachträglich an oder fertigt sie selbst an. [3] Die Kosten für die Anfertigung können von dem Kläger eingezogen werden.

§ 94 [Rechtshängigkeit] [1] Durch die Erhebung der Klage wird die Streitsache rechtshängig. [2] In Verfahren nach dem Siebzehnten Titel des Gerichtsverfassungsgesetzes wegen eines überlangen Gerichtsverfahrens wird die Streitsache erst mit Zustellung der Klage rechtshängig.

Sozialgerichtsgesetz §§ 95–101 SGG 20

§ 95 [Streitgegenstand] Hat ein Vorverfahren stattgefunden, so ist Gegenstand der Klage der ursprüngliche Verwaltungsakt in der Gestalt, die er durch den Widerspruchsbescheid gefunden hat.

§ 96 [Neuer Bescheid nach Klageerhebung] (1) Nach Klageerhebung wird ein neuer Verwaltungsakt nur dann Gegenstand des Klageverfahrens, wenn er nach Erlass des Widerspruchsbescheides ergangen ist und den angefochtenen Verwaltungsakt abändert oder ersetzt.

(2) Eine Abschrift des neuen Verwaltungsakts ist dem Gericht mitzuteilen, bei dem das Verfahren anhängig ist.

§ 97 *(aufgehoben)*

§ 98 [Verweisung bei Unzuständigkeit] [1] Für die sachliche und örtliche Zuständigkeit gelten die §§ 17, 17a und 17b Abs. 1, Abs. 2 Satz 1 des Gerichtsverfassungsgesetzes entsprechend. [2] Beschlüsse entsprechend § 17a Abs. 2 und 3 des Gerichtsverfassungsgesetzes sind unanfechtbar.

§ 99 [Klageänderung] (1) Eine Änderung der Klage ist nur zulässig, wenn die übrigen Beteiligten einwilligen oder das Gericht die Änderung für sachdienlich hält.

(2) Die Einwilligung der Beteiligten in die Änderung der Klage ist anzunehmen, wenn sie sich, ohne der Änderung zu widersprechen, in einem Schriftsatz oder in einer mündlichen Verhandlung auf die abgeänderte Klage eingelassen haben.

(3) Als eine Änderung der Klage ist es nicht anzusehen, wenn ohne Änderung des Klagegrundes
1. die tatsächlichen oder rechtlichen Ausführungen ergänzt oder berichtigt werden,
2. der Klageantrag in der Hauptsache oder in bezug auf Nebenforderungen erweitert oder beschränkt wird,
3. statt der ursprünglich geforderten Leistung wegen einer später eingetretenen Veränderung eine andere Leistung verlangt wird.

(4) Die Entscheidung, daß eine Änderung der Klage nicht vorliege oder zuzulassen sei, ist unanfechtbar.

§ 100 [Widerklage] Bei dem Gericht der Klage kann eine Widerklage erhoben werden, wenn der Gegenanspruch mit dem in der Klage geltend gemachten Anspruch oder mit den gegen ihn vorgebrachten Verteidigungsmitteln zusammenhängt.

§ 101 [Vergleich; Anerkenntnis] (1) [1] Um den geltend gemachten Anspruch vollständig oder zum Teil zu erledigen, können die Beteiligten zu Protokoll des Gerichts oder des Vorsitzenden oder des beauftragten oder ersuchten Richters einen Vergleich schließen, soweit sie über den Gegenstand der Klage verfügen können. [2] Ein gerichtlicher Vergleich kann auch dadurch geschlossen werden, dass die Beteiligten einen in der Form eines Beschlusses ergangenen Vorschlag des Gerichts, des Vorsitzenden oder des Berichterstatters schriftlich gegenüber dem Gericht annehmen.

(2) Das angenommene Anerkenntnis des geltend gemachten Anspruchs erledigt insoweit den Rechtsstreit in der Hauptsache.

§ 102 [Klagerücknahme] (1) ¹Der Kläger kann die Klage bis zur Rechtskraft des Urteils zurücknehmen. ²Die Klagerücknahme erledigt den Rechtsstreit in der Hauptsache.

(2) ¹Die Klage gilt als zurückgenommen, wenn der Kläger das Verfahren trotz Aufforderung des Gerichts länger als drei Monate nicht betreibt. ²Absatz 1 gilt entsprechend. ³Der Kläger ist in der Aufforderung auf die sich aus Satz 1 und gegebenenfalls aus § 197a Abs. 1 Satz 1 in Verbindung mit § 155 Abs. 2 der Verwaltungsgerichtsordnung ergebenden Rechtsfolgen hinzuweisen.

(3) ¹Ist die Klage zurückgenommen oder gilt sie als zurückgenommen, so stellt das Gericht das Verfahren auf Antrag durch Beschluss ein und entscheidet über Kosten, soweit diese entstanden sind. ²Der Beschluss ist unanfechtbar.

§ 103 [Untersuchungsmaxime] ¹Das Gericht erforscht den Sachverhalt von Amts wegen; die Beteiligten sind dabei heranzuziehen. ²Es ist an das Vorbringen und die Beweisanträge der Beteiligten nicht gebunden.

§ 104 [Mitteilung der Klageschrift, Gegenäußerung] ¹Der Vorsitzende übermittelt eine Abschrift der Klage an die übrigen Beteiligten; in Verfahren nach dem Siebzehnten Titel des Gerichtsverfassungsgesetzes wegen eines überlangen Gerichtsverfahrens ist die Klage zuzustellen. ²Zugleich mit der Zustellung oder Mitteilung ergeht die Aufforderung, sich schriftlich zu äußern; § 90 gilt entsprechend. ³Für die Äußerung kann eine Frist gesetzt werden, die nicht kürzer als ein Monat sein soll. ⁴Die Aufforderung muß den Hinweis enthalten, daß auch verhandelt und entschieden werden kann, wenn die Äußerung nicht innerhalb der Frist eingeht. ⁵Soweit das Gericht die Übersendung von Verwaltungsakten anfordert, soll diese binnen eines Monats nach Eingang der Aufforderung bei dem zuständigen Verwaltungsträger erfolgen. ⁶Die Übersendung einer beglaubigten Abschrift oder einer beglaubigten elektronischen Abschrift, die mit einer qualifizierten elektronischen Signatur des zuständigen Verwaltungsträgers versehen ist, steht der Übersendung der Originalverwaltungsakten gleich, sofern nicht das Gericht die Übersendung der Originalverwaltungsakten wünscht.

§ 105 [Gerichtsbescheid] (1) ¹Das Gericht kann ohne mündliche Verhandlung durch Gerichtsbescheid entscheiden, wenn die Sache keine besonderen Schwierigkeiten tatsächlicher oder rechtlicher Art aufweist und der Sachverhalt geklärt ist. ²Die Beteiligten sind vorher zu hören. ³Die Vorschriften über Urteile gelten entsprechend.

(2) ¹Die Beteiligten können innerhalb eines Monats nach Zustellung des Gerichtsbescheids das Rechtsmittel einlegen, das zulässig wäre, wenn das Gericht durch Urteil entschieden hätte. ²Ist die Berufung nicht gegeben, kann mündliche Verhandlung beantragt werden. ³Wird sowohl ein Rechtsmittel eingelegt als auch mündliche Verhandlung beantragt, findet mündliche Verhandlung statt.

(3) Der Gerichtsbescheid wirkt als Urteil; wird rechtzeitig mündliche Verhandlung beantragt, gilt er als nicht ergangen.

(4) Wird mündliche Verhandlung beantragt, kann das Gericht in dem Urteil von einer weiteren Darstellung des Tatbestandes und der Entscheidungsgründe absehen, soweit es der Begründung des Gerichtsbescheids folgt und dies in seiner Entscheidung feststellt.

§ 106 [Aufklärungspflicht des Vorsitzenden] (1) Der Vorsitzende hat darauf hinzuwirken, daß Formfehler beseitigt, unklare Anträge erläutert, sachdienliche Anträge gestellt, ungenügende Angaben tatsächlicher Art ergänzt sowie alle für die Feststellung und Beurteilung des Sachverhalts wesentlichen Erklärungen abgegeben werden.

(2) Der Vorsitzende hat bereits vor der mündlichen Verhandlung alle Maßnahmen zu treffen, die notwendig sind, um den Rechtsstreit möglichst in einer mündlichen Verhandlung zu erledigen.

(3) Zu diesem Zweck kann er insbesondere

1. um Mitteilung von Urkunden sowie um Übermittlung elektronischer Dokumente ersuchen,
2. Krankenpapiere, Aufzeichnungen, Krankengeschichten, Sektions- und Untersuchungsbefunde sowie Röntgenbilder beiziehen,
3. Auskünfte jeder Art einholen,
4. Zeugen und Sachverständige in geeigneten Fällen vernehmen oder, auch eidlich, durch den ersuchten Richter vernehmen lassen,
5. die Einnahme des Augenscheins sowie die Begutachtung durch Sachverständige anordnen und ausführen,
6. andere beiladen,
7. einen Termin anberaumen, das persönliche Erscheinen der Beteiligten hierzu anordnen und den Sachverhalt mit diesen erörtern.

(4) Für die Beweisaufnahme gelten die §§ 116, 118 und 119 entsprechend.

§ 106a [Fristsetzung] (1) Der Vorsitzende kann dem Kläger eine Frist setzen zur Angabe der Tatsachen, durch deren Berücksichtigung oder Nichtberücksichtigung im Verwaltungsverfahren er sich beschwert fühlt.

(2) Der Vorsitzende kann einem Beteiligten unter Fristsetzung aufgeben, zu bestimmten Vorgängen

1. Tatsachen anzugeben oder Beweismittel zu bezeichnen,
2. Urkunden oder andere bewegliche Sachen vorzulegen sowie elektronische Dokumente zu übermitteln, soweit der Beteiligte dazu verpflichtet ist.

(3) [1] Das Gericht kann Erklärungen und Beweismittel, die erst nach Ablauf einer nach den Absätzen 1 und 2 gesetzten Frist vorgebracht werden, zurückweisen und ohne weitere Ermittlungen entscheiden, wenn

1. ihre Zulassung nach der freien Überzeugung des Gerichts die Erledigung des Rechtsstreits verzögern würde und
2. der Beteiligte die Verspätung nicht genügend entschuldigt und
3. der Beteiligte über die Folgen einer Fristversäumung belehrt worden ist.

[2] Der Entschuldigungsgrund ist auf Verlangen des Gerichts glaubhaft zu machen. [3] Satz 1 gilt nicht, wenn es mit geringem Aufwand möglich ist, den Sachverhalt auch ohne Mitwirkung des Beteiligten zu ermitteln.

§ 107 [Mitteilung von Beweisergebnissen]
Den Beteiligten ist nach Anordnung des Vorsitzenden entweder eine Abschrift des Protokolls der Beweisaufnahme oder deren Inhalt mitzuteilen.

§ 108 [Vorbereitende Schriftsätze]
[1] Die Beteiligten können zur Vorbereitung der mündlichen Verhandlung Schriftsätze einreichen. [2] Die Schriftsätze sind den übrigen Beteiligten von Amts wegen mitzuteilen.

§ 108a *(aufgehoben)*

§ 109 [Anhörung eines bestimmten Arztes]
(1) [1] Auf Antrag des Versicherten, des behinderten Menschen, des Versorgungsberechtigten oder Hinterbliebenen muß ein bestimmter Arzt gutachtlich gehört werden. [2] Die Anhörung kann davon abhängig gemacht werden, daß der Antragsteller die Kosten vorschießt und vorbehaltlich einer anderen Entscheidung des Gerichts endgültig trägt.

(2) Das Gericht kann einen Antrag ablehnen, wenn durch die Zulassung die Erledigung des Rechtsstreits verzögert werden würde und der Antrag nach der freien Überzeugung des Gerichts in der Absicht, das Verfahren zu verschleppen, oder aus grober Nachlässigkeit nicht früher vorgebracht worden ist.

§ 110 [Terminsbestimmung, Ladung]
(1) [1] Der Vorsitzende bestimmt Ort und Zeit der mündlichen Verhandlung und teilt sie den Beteiligten in der Regel zwei Wochen vorher mit. [2] Die Beteiligten sind darauf hinzuweisen, daß im Falle ihres Ausbleibens nach Lage der Akten entschieden werden kann.

(2) Das Gericht kann Sitzungen auch außerhalb des Gerichtssitzes abhalten, wenn dies zur sachdienlichen Erledigung notwendig ist.

(3) § 227 Abs. 3 Satz 1 der Zivilprozeßordnung ist nicht anzuwenden.

§ 110a [Übertragung der Verhandlung in Bild und Ton]
(1) [1] Das Gericht kann den Beteiligten, ihren Bevollmächtigten und Beiständen auf Antrag oder von Amts wegen gestatten, sich während einer mündlichen Verhandlung an einem anderen Ort aufzuhalten und dort Verfahrenshandlungen vorzunehmen. [2] Die Verhandlung wird zeitgleich in Bild und Ton an diesen Ort und in das Sitzungszimmer übertragen.

(2) [1] Das Gericht kann auf Antrag gestatten, dass sich ein Zeuge oder ein Sachverständiger während einer Vernehmung an einem anderen Ort aufhält. [2] Die Vernehmung wird zeitgleich in Bild und Ton an diesen Ort und in das Sitzungszimmer übertragen. [3] Ist Beteiligten, Bevollmächtigten und Beiständen nach Absatz 1 Satz 1 gestattet worden, sich an einem anderen Ort aufzuhalten, so wird die Vernehmung auch an diesen Ort übertragen.

(3) [1] Die Übertragung wird nicht aufgezeichnet. [2] Entscheidungen nach Absatz 1 Satz 1 und Absatz 2 Satz 1 sind unanfechtbar.

(4) Die Absätze 1 und 3 gelten entsprechend für Erörterungstermine (§ 106 Absatz 3 Nummer 7).

§ 111 [Anordnung des persönlichen Erscheinens, Ladung von Zeugen, Vertreter von Behörden]
(1) [1] Der Vorsitzende kann das persönliche Erscheinen eines Beteiligten zur mündlichen Verhandlung anordnen sowie

Sozialgerichtsgesetz **§§ 112–114 SGG 20**

Zeugen und Sachverständige laden. ² Auf die Folgen des Ausbleibens ist dabei hinzuweisen.

(2) Die Ladung von Zeugen und Sachverständigen ist den Beteiligten bei der Mitteilung des Termins zur mündlichen Verhandlung bekanntzugeben.

(3) Das Gericht kann einem Beteiligten, der keine natürliche Person ist, aufgeben, zur mündlichen Verhandlung oder zu einem Termin nach § 106 Absatz 3 Nummer 7 einen Beamten oder Angestellten zu entsenden, der mit einem schriftlichen Nachweis über die Vertretungsbefugnis versehen und über die Sach- und Rechtslage ausreichend unterrichtet ist.

§ 112 [Leitung und Gang der mündlichen Verhandlung] (1) ¹ Der Vorsitzende eröffnet und leitet die mündliche Verhandlung. ² Sie beginnt nach Aufruf der Sache mit der Darstellung des Sachverhalts.

(2) ¹ Sodann erhalten die Beteiligten das Wort. ² Der Vorsitzende hat das Sach- und Streitverhältnis mit den Beteiligten zu erörtern und dahin zu wirken, daß sie sich über erhebliche Tatsachen vollständig erklären sowie angemessene und sachdienliche Anträge stellen.

(3) Die Anträge können ergänzt, berichtigt oder im Rahmen des § 99 geändert werden.

(4) ¹ Der Vorsitzende hat jedem Beisitzer auf Verlangen zu gestatten, sachdienliche Fragen zu stellen. ² Wird eine Frage von einem Beteiligten beanstandet, so entscheidet das Gericht endgültig.

§ 113 [Verbindung und Trennung mehrerer Rechtsstreitigkeiten]

(1) Das Gericht kann durch Beschluß mehrere bei ihm anhängige Rechtsstreitigkeiten derselben Beteiligten oder verschiedener Beteiligter zur gemeinsamen Verhandlung und Entscheidung verbinden, wenn die Ansprüche, die den Gegenstand dieser Rechtsstreitigkeiten bilden, in Zusammenhang stehen oder von vornherein in einer Klage hätten geltend gemacht werden können.

(2) Die Verbindung kann, wenn es zweckmäßig ist, auf Antrag oder von Amts wegen wieder aufgehoben werden.

§ 114 [Aussetzung wegen Vorfragen] (1) Hängt die Entscheidung eines Rechtsstreits von einem familien- oder erbrechtlichen Verhältnis ab, so kann das Gericht das Verfahren solange aussetzen, bis dieses Verhältnis im Zivilprozeß festgestellt worden ist.

(2) ¹ Hängt die Entscheidung des Rechtsstreits ganz oder zum Teil vom Bestehen oder Nichtbestehen eines Rechtsverhältnisses ab, das den Gegenstand eines anderen anhängigen Rechtsstreits bildet oder von einer Verwaltungsstelle festzustellen ist, so kann das Gericht anordnen, daß die Verhandlung bis zur Erledigung des anderen Rechtsstreits oder bis zur Entscheidung der Verwaltungsstelle auszusetzen sei. ² Auf Antrag kann das Gericht die Verhandlung zur Heilung von Verfahrens- und Formfehlern aussetzen, soweit dies im Sinne der Verfahrenskonzentration sachdienlich ist.

(2a) Hängt die Entscheidung des Rechtsstreits ab von der Gültigkeit einer Satzung oder einer anderen im Rang unter einem Landesgesetz stehenden

Vorschrift, die nach § 22a Absatz 1 des Zweiten Buches Sozialgesetzbuch[1]) und dem dazu ergangenen Landesgesetz erlassen worden ist, so kann das Gericht anordnen, dass die Verhandlung bis zur Erledigung des Antragsverfahrens nach § 55a auszusetzen ist.

(3) Das Gericht kann, wenn sich im Laufe eines Rechtsstreits der Verdacht einer Straftat ergibt, deren Ermittlung auf die Entscheidung von Einfluß ist, die Aussetzung der Verhandlung bis zur Erledigung des Strafverfahrens anordnen.

§ 114a [Musterverfahren] (1) [1] Ist die Rechtmäßigkeit einer behördlichen Maßnahme Gegenstand von mehr als 20 Verfahren an einem Gericht, kann das Gericht eines oder mehrere geeignete Verfahren vorab durchführen (Musterverfahren) und die übrigen Verfahren aussetzen. [2] Die Beteiligten sind vorher zu hören. [3] Der Beschluss ist unanfechtbar.

(2) [1] Ist über die durchgeführten Musterverfahren rechtskräftig entschieden worden, kann das Gericht nach Anhörung der Beteiligten über die ausgesetzten Verfahren durch Beschluss entscheiden, wenn es einstimmig der Auffassung ist, dass die Sachen gegenüber dem rechtskräftig entschiedenen Musterverfahren keine wesentlichen Besonderheiten tatsächlicher oder rechtlicher Art aufweisen und der Sachverhalt geklärt ist. [2] Das Gericht kann in einem Musterverfahren erhobene Beweise einführen; es kann nach seinem Ermessen die wiederholte Vernehmung eines Zeugen oder eine neue Begutachtung durch denselben oder andere Sachverständige anordnen. [3] Beweisanträge zu Tatsachen, über die bereits im Musterverfahren Beweis erhoben wurde, kann das Gericht ablehnen, wenn ihre Zulassung nach seiner freien Überzeugung nicht zum Nachweis neuer entscheidungserheblicher Tatsachen beitragen und die Erledigung des Rechtsstreits verzögern würde. [4] Die Ablehnung kann in der Entscheidung nach Satz 1 erfolgen. [5] Den Beteiligten steht gegen den Beschluss nach Satz 1 das Rechtsmittel zu, das zulässig wäre, wenn das Gericht durch Urteil entschieden hätte. [6] Die Beteiligten sind über das Rechtsmittel zu belehren.

§ 115 [Folgen sitzungspolizeilicher Maßnahmen] [1] Ist ein bei der Verhandlung Beteiligter zur Aufrechterhaltung der Ordnung von dem Ort der Verhandlung entfernt worden, so kann gegen ihn in gleicher Weise verfahren werden, als wenn er sich freiwillig entfernt hätte. [2] Das gleiche gilt im Falle des § 73 Abs. 3 Satz 1 und 3, sofern die Zurückweisung bereits in einer früheren Verhandlung geschehen war.

§ 116 [Ladung zu Beweisterminen, Fragerecht] [1] Die Beteiligten werden von allen Beweisaufnahmeterminen benachrichtigt und können der Beweisaufnahme beiwohnen. [2] Sie können an Zeugen und Sachverständige sachdienliche Fragen richten lassen. [3] Wird eine Frage beanstandet, so entscheidet das Gericht.

§ 117 [Beweiserhebung vor Prozessgericht] Das Gericht erhebt Beweis in der mündlichen Verhandlung, soweit die Beweiserhebung nicht einen besonderen Termin erfordert.

---

[1]) Nr. 2.

§ 118 [Durchführung der Beweisaufnahme] (1) ¹Soweit dieses Gesetz nichts anderes bestimmt, sind auf die Beweisaufnahme die §§ 358 bis 363, 365 bis 378, 380 bis 386, 387 Abs. 1 und 2, §§ 388 bis 390, 392 bis 406 Absatz 1 bis 4, die §§ 407 bis 444, 478 bis 484 der Zivilprozeßordnung entsprechend anzuwenden. ²Die Entscheidung über die Rechtmäßigkeit der Weigerung nach § 387 der Zivilprozeßordnung ergeht durch Beschluß.

(2) Zeugen und Sachverständige werden nur beeidigt, wenn das Gericht dies im Hinblick auf die Bedeutung des Zeugnisses oder Gutachtens für die Entscheidung des Rechtsstreits für notwendig erachtet.

(3) Der Vorsitzende kann das Auftreten eines Prozeßbevollmächtigten untersagen, solange die Partei trotz Anordnung ihres persönlichen Erscheinens unbegründet ausgeblieben ist und hierdurch der Zweck der Anordnung vereitelt wird.

§ 119 [Vorlage von Urkunden durch Behörden] (1) Eine Behörde ist zur Vorlage von Urkunden oder Akten, zur Übermittlung elektronischer Dokumente und zu Auskünften nicht verpflichtet, wenn die zuständige oberste Aufsichtsbehörde erklärt, dass das Bekanntwerden des Inhalts dieser Urkunden, Akten, elektronischer Dokumente oder Auskünfte dem Wohl des Bundes oder eines deutschen Landes nachteilig sein würde oder dass die Vorgänge nach einem Gesetz oder ihrem Wesen nach geheim gehalten werden müssen.

(2) ¹Handelt es sich um Urkunden, elektronische Dokumente oder Akten und um Auskünfte einer obersten Bundesbehörde, so darf die Vorlage der Urkunden oder Akten, die Übermittlung elektronischer Dokumente und die Erteilung der Auskunft nur unterbleiben, wenn die Erklärung nach Absatz 1 von der Bundesregierung abgegeben wird. ²Die Landesregierung hat die Erklärung abzugeben, wenn diese Voraussetzungen bei einer obersten Landesbehörde vorliegen.

§ 120 [Akteneinsicht; Erteilung von Abschriften] (1) ¹Die Beteiligten haben das Recht der Einsicht in die Akten, soweit die übermittelnde Behörde dieses nicht ausschließt. ²Beteiligte können sich auf ihre Kosten durch die Geschäftsstelle Ausfertigungen, Auszüge, Ausdrucke und Abschriften erteilen lassen. ³Für die Versendung von Akten, die Übermittlung elektronischer Dokumente und die Gewährung des elektronischen Zugriffs auf Akten werden Kosten nicht erhoben, sofern nicht nach § 197a das Gerichtskostengesetz gilt.

(2) ¹Werden die Prozessakten elektronisch geführt, wird Akteneinsicht durch Bereitstellung des Inhalts der Akten zum Abruf gewährt. ²Auf besonderen Antrag wird Akteneinsicht durch Einsichtnahme in die Akten in Diensträumen gewährt. ³Ein Aktenausdruck oder ein Datenträger mit dem Inhalt der Akten wird auf besonders zu begründenden Antrag nur übermittelt, wenn der Antragsteller hieran ein berechtigtes Interesse darlegt. ⁴Stehen der Akteneinsicht in der nach Satz 1 vorgesehenen Form wichtige Gründe entgegen, kann die Akteneinsicht in der nach den Sätzen 2 und 3 vorgesehenen Form auch ohne Antrag gewährt werden. ⁵Über einen Antrag nach Satz 3 entscheidet der Vorsitzende; die Entscheidung ist unanfechtbar. ⁶§ 155 Absatz 4 gilt entsprechend.

(3) ¹ Werden die Prozessakten in Papierform geführt, wird Akteneinsicht durch Einsichtnahme in die Akten in Diensträumen gewährt. ² Die Akteneinsicht kann, soweit nicht wichtige Gründe entgegenstehen, auch durch Bereitstellung des Inhalts der Akten zum Abruf gewährt werden. ³ Nach dem Ermessen des Vorsitzenden kann einem Bevollmächtigten, der zu den in § 73 Absatz 2 Satz 1 und 2 Nummer 3 bis 9 bezeichneten natürlichen Personen gehört, die Mitnahme der Akten in die Wohnung oder Geschäftsräume gestattet werden. ⁴ § 155 Absatz 4 gilt entsprechend.

(4) ¹ Der Vorsitzende kann aus besonderen Gründen die Einsicht in die Akten oder in Aktenteile sowie die Fertigung oder Erteilung von Auszügen und Abschriften versagen oder beschränken. ² Gegen die Versagung oder die Beschränkung der Akteneinsicht kann das Gericht angerufen werden; es entscheidet endgültig.

(5) Die Entwürfe zu Urteilen, Beschlüssen und Verfügungen, die zu ihrer Vorbereitung angefertigten Arbeiten sowie die Dokumente, welche Abstimmungen betreffen, werden weder vorgelegt noch abschriftlich mitgeteilt.

§ 121 [Schließung der mündlichen Verhandlung] ¹ Nach genügender Erörterung der Streitsache erklärt der Vorsitzende die mündliche Verhandlung für geschlossen. ² Das Gericht kann die Wiedereröffnung beschließen.

§ 122 [Sitzungsniederschrift] Für das Protokoll gelten die §§ 159 bis 165 der Zivilprozeßordnung entsprechend.

Fünfter Unterabschnitt. Urteile und Beschlüsse

§ 123 [Grundlage] Das Gericht entscheidet über die vom Kläger erhobenen Ansprüche, ohne an die Fassung der Anträge gebunden zu sein.

§ 124 [Grundsatz der mündlichen Verhandlung] (1) Das Gericht entscheidet, soweit nichts anderes bestimmt ist, auf Grund mündlicher Verhandlung.

(2) Mit Einverständnis der Beteiligten kann das Gericht ohne mündliche Verhandlung durch Urteil entscheiden.

(3) Entscheidungen des Gerichts, die nicht Urteile sind, können ohne mündliche Verhandlung ergehen, soweit nichts anderes bestimmt ist.

§ 125 [Urteil] Über die Klage wird, soweit nichts anderes bestimmt ist, durch Urteil entschieden.

§ 126 [Entscheidung nach Aktenlage] Das Gericht kann, sofern in der Ladung auf diese Möglichkeit hingewiesen worden ist, nach Lage der Akten entscheiden, wenn in einem Termin keiner der Beteiligten erscheint oder beim Ausbleiben von Beteiligten die erschienenen Beteiligten es beantragen.

§ 127 [Urteil nach Beweisaufnahme] Ist ein Beteiligter nicht benachrichtigt worden, daß in der mündlichen Verhandlung eine Beweiserhebung stattfindet, und ist er in der mündlichen Verhandlung nicht zugegen oder vertreten, so kann in diesem Termin ein ihm ungünstiges Urteil nicht erlassen werden.

§ 128 [Grundlagen des Urteils] (1) ¹ Das Gericht entscheidet nach seiner freien, aus dem Gesamtergebnis des Verfahrens gewonnenen Überzeugung. ² In dem Urteil sind die Gründe anzugeben, die für die richterliche Überzeugung leitend gewesen sind.

(2) Das Urteil darf nur auf Tatsachen und Beweisergebnisse gestützt werden, zu denen sich die Beteiligten äußern konnten.

§ 129 [Mitwirkende Richter] Das Urteil kann nur von den Richtern gefällt werden, die an der dem Urteil zugrunde liegenden Verhandlung teilgenommen haben.

§ 130 [Grundurteil] (1) ¹ Wird gemäß § 54 Abs. 4 oder 5 eine Leistung in Geld begehrt, auf die ein Rechtsanspruch besteht, so kann auch zur Leistung nur dem Grunde nach verurteilt werden. ² Hierbei kann im Urteil eine einmalige oder laufende vorläufige Leistung angeordnet werden. ³ Die Anordnung der vorläufigen Leistung ist nicht anfechtbar.

(2) Das Gericht kann durch Zwischenurteil über eine entscheidungserhebliche Sach- oder Rechtsfrage vorab entscheiden, wenn dies sachdienlich ist.

§ 131 [Urteilsformel] (1) ¹ Wird ein Verwaltungsakt oder ein Widerspruchsbescheid, der bereits vollzogen ist, aufgehoben, so kann das Gericht aussprechen, daß und in welcher Weise die Vollziehung des Verwaltungsakts rückgängig zu machen ist. ² Dies ist nur zulässig, wenn die Verwaltungsstelle rechtlich dazu in der Lage ist und diese Frage ohne weiteres in jeder Beziehung spruchreif ist. ³ Hat sich der Verwaltungsakt vorher durch Zurücknahme oder anders erledigt, so spricht das Gericht auf Antrag durch Urteil aus, daß der Verwaltungsakt rechtswidrig ist, wenn der Kläger ein berechtigtes Interesse an dieser Feststellung hat.

(2) ¹ Hält das Gericht die Verurteilung zum Erlaß eines abgelehnten Verwaltungsakts für begründet und diese Frage in jeder Beziehung für spruchreif, so ist im Urteil die Verpflichtung auszusprechen, den beantragten Verwaltungsakt zu erlassen. ² Im Übrigen gilt Absatz 3 entsprechend.

(3) Hält das Gericht die Unterlassung eines Verwaltungsakts für rechtswidrig, so ist im Urteil die Verpflichtung auszusprechen, den Kläger unter Beachtung der Rechtsauffassung des Gerichts zu bescheiden.

(4) Hält das Gericht eine Wahl im Sinne des § 57b oder eine Wahl zu den Selbstverwaltungsorganen der Kassenärztlichen Vereinigungen oder der Kassenärztlichen Bundesvereinigungen ganz oder teilweise oder eine Ergänzung der Selbstverwaltungsorgane für ungültig, so spricht es dies im Urteil aus und bestimmt die Folgerungen, die sich aus der Ungültigkeit ergeben.

(5) ¹ Hält das Gericht eine weitere Sachaufklärung für erforderlich, kann es, ohne in der Sache selbst zu entscheiden, den Verwaltungsakt und den Widerspruchsbescheid aufheben, soweit nach Art oder Umfang die noch erforderlichen Ermittlungen erheblich sind und die Aufhebung auch unter Berücksichtigung der Belange der Beteiligten sachdienlich ist. ² Satz 1 gilt auch bei Klagen auf Verurteilung zum Erlass eines Verwaltungsakts und bei Klagen nach § 54 Abs. 4; Absatz 3 ist entsprechend anzuwenden. ³ Auf Antrag kann das Gericht bis zum Erlass des neuen Verwaltungsakts eine einstweilige Regelung treffen, insbesondere bestimmen, dass Sicherheiten geleistet werden oder ganz oder

zum Teil bestehen bleiben und Leistungen zunächst nicht zurückgewährt werden müssen. [4] Der Beschluss kann jederzeit geändert oder aufgehoben werden. [5] Eine Entscheidung nach Satz 1 kann nur binnen sechs Monaten seit Eingang der Akten der Behörde bei Gericht ergehen.

§ 132 [Urteilsverkündung] (1) [1] Das Urteil ergeht im Namen des Volkes. [2] Es wird grundsätzlich in dem Termin verkündet, in dem die mündliche Verhandlung geschlossen wird. [3] Ausnahmsweise kann das Urteil in einem sofort anzuberaumenden Termin, der nicht über zwei Wochen hinaus angesetzt werden soll, verkündet werden. [4] Eine Ladung der Beteiligten ist nicht erforderlich.

(2) [1] Das Urteil wird durch Verlesen der Urteilsformel verkündet. [2] Bei der Verkündung soll der wesentliche Inhalt der Entscheidungsgründe mitgeteilt werden, wenn Beteiligte anwesend sind.

§ 133 [Verkündung durch Zustellung] [1] Bei Urteilen, die nicht auf Grund mündlicher Verhandlung ergehen, wird die Verkündung durch Zustellung ersetzt. [2] Dies gilt für die Verkündung von Beschlüssen entsprechend.

§ 134 [Unterschrift; Übergabe an die Geschäftsstelle] (1) Das Urteil ist vom Vorsitzenden zu unterschreiben.

(2) [1] Das Urteil soll vor Ablauf eines Monats, vom Tag der Verkündung an gerechnet, vollständig abgefasst der Geschäftsstelle übermittelt werden. [2] Im Falle des § 170a verlängert sich die Frist um die zur Anhörung der ehrenamtlichen Richter benötigte Zeit.

(3) [1] Der Urkundsbeamte der Geschäftsstelle hat auf dem Urteil den Tag der Verkündung oder Zustellung zu vermerken und diesen Vermerk zu unterschreiben. [2] Werden die Akten elektronisch geführt, hat der Urkundsbeamte der Geschäftsstelle den Vermerk in einem gesonderten Dokument festzuhalten. [3] Das Dokument ist mit dem Urteil untrennbar zu verbinden.

§ 135 [Zustellungszwang] Das Urteil ist den Beteiligten unverzüglich zuzustellen.

§ 136 [Inhalt des Urteils] (1) Das Urteil enthält
1. die Bezeichnung der Beteiligten, ihrer gesetzlichen Vertreter und der Bevollmächtigten nach Namen, Wohnort und ihrer Stellung im Verfahren,
2. die Bezeichnung des Gerichts und die Namen der Mitglieder, die bei der Entscheidung mitgewirkt haben,
3. den Ort und Tag der mündlichen Verhandlung,
4. die Urteilsformel,
5. die gedrängte Darstellung des Tatbestandes,
6. die Entscheidungsgründe,
7. die Rechtsmittelbelehrung.

(2) [1] Die Darstellung des Tatbestandes kann durch eine Bezugnahme auf den Inhalt der vorbereitenden Schriftsätze und auf die zu Protokoll erfolgten Feststellungen ersetzt werden, soweit sich aus ihnen der Sach- und Streitstand richtig und vollständig ergibt. [2] In jedem Falle sind jedoch die erhobenen

Ansprüche genügend zu kennzeichnen und die dazu vorgebrachten Angriffs- und Verteidigungsmittel ihrem Wesen nach hervorzuheben.

(3) Das Gericht kann von einer weiteren Darstellung der Entscheidungsgründe absehen, soweit es der Begründung des Verwaltungsaktes oder des Widerspruchsbescheides folgt und dies in seiner Entscheidung feststellt.

(4) Wird das Urteil in dem Termin, in dem die mündliche Verhandlung geschlossen worden ist, verkündet, so bedarf es des Tatbestandes und der Entscheidungsgründe nicht, wenn Kläger, Beklagter und sonstige rechtsmittelberechtigte Beteiligte auf Rechtsmittel gegen das Urteil verzichten.

§ 137 [Urteilsausfertigung] [1] Die Ausfertigungen des Urteils sind von dem Urkundsbeamten der Geschäftsstelle zu unterschreiben und mit dem Gerichtssiegel zu versehen. [2] Ausfertigungen, Auszüge und Abschriften eines als elektronisches Dokument (§ 65a Absatz 7) vorliegenden Urteils können von einem Urteilsausdruck gemäß § 65b Absatz 6 erteilt werden. [3] Auszüge und Abschriften eines in Papierform vorliegenden Urteils können durch Telekopie oder als elektronisches Dokument (§ 65a Absatz 7) erteilt werden. [4] Die Telekopie hat eine Wiedergabe des Gerichtssiegels, die Telekopie zur Erteilung eines Auszugs zusätzlich die Unterschrift des Urkundsbeamten der Geschäftsstelle zu enthalten. [5] Das elektronische Dokument ist mit einer qualifizierten elektronischen Signatur des Urkundsbeamten der Geschäftsstelle zu versehen.

§ 138 [Berichtigung des Urteils] [1] Schreibfehler, Rechenfehler und ähnliche offenbare Unrichtigkeiten im Urteil sind jederzeit von Amts wegen zu berichtigen. [2] Der Vorsitzende entscheidet hierüber durch Beschluß. [3] Der Berichtigungsbeschluß wird auf dem Urteil und den Ausfertigungen vermerkt. [4] Werden die Akten elektronisch geführt, hat der Urkundsbeamte der Geschäftsstelle den Vermerk in einem gesonderten Dokument festzuhalten. [5] Das Dokument ist mit dem Urteil untrennbar zu verbinden.

§ 139 [Berichtigung des Tatbestandes] (1) Enthält der Tatbestand des Urteils andere Unrichtigkeiten oder Unklarheiten, so kann die Berichtigung binnen zwei Wochen nach Zustellung des Urteils beantragt werden.

(2) [1] Das Gericht entscheidet ohne Beweisaufnahme durch Beschluß. [2] Der Beschluß ist unanfechtbar. [3] Bei der Entscheidung wirken nur die Richter mit, die beim Urteil mitgewirkt haben. [4] Ist ein Richter verhindert, so entscheidet bei Stimmengleichheit die Stimme des Vorsitzenden. [5] Der Berichtigungsbeschluß wird auf dem Urteil und den Ausfertigungen vermerkt.

(3) Ist das Urteil elektronisch abgefasst, ist auch der Beschluss elektronisch abzufassen und mit dem Urteil untrennbar zu verbinden.

§ 140 [Ergänzung des Urteils] (1) [1] Hat das Urteil einen von einem Beteiligten erhobenen Anspruch oder den Kostenpunkt ganz oder teilweise übergangen, so wird es auf Antrag nachträglich ergänzt. [2] Die Entscheidung muß binnen eines Monats nach Zustellung des Urteils beantragt werden.

(2) [1] Über den Antrag wird in einem besonderen Verfahren entschieden. [2] Die Entscheidung ergeht, wenn es sich nur um den Kostenpunkt handelt, durch Beschluß, der lediglich mit der Entscheidung in der Hauptsache ange-

fochten werden kann, im übrigen durch Urteil, das mit dem bei dem übergangenen Anspruch zulässigen Rechtsmittel angefochten werden kann.

(3) Die mündliche Verhandlung hat nur den nicht erledigten Teil des Rechtsstreits zum Gegenstand.

(4) [1] Die ergänzende Entscheidung wird auf der Urschrift des Urteils und den Ausfertigungen vermerkt. [2] Liegt das Urteil als elektronisches Dokument mit einer qualifizierten elektronischen Signatur (§ 65a Absatz 3) vor, bedarf auch die ergänzende Entscheidung dieser Form und ist mit dem Urteil untrennbar zu verbinden.

§ 141 [Rechtskraftwirkungen] (1) Rechtskräftige Urteile binden, soweit über den Streitgegenstand entschieden worden ist,
1. die Beteiligten und ihre Rechtsnachfolger,
2. im Falle des § 75 Abs. 2a die Personen, die einen Antrag auf Beiladung nicht oder nicht fristgemäß gestellt haben.

(2) Hat der Beklagte die Aufrechnung einer Gegenforderung geltend gemacht, so ist die Entscheidung, daß die Gegenforderung nicht besteht, bis zur Höhe des Betrags der Rechtskraft fähig, für den die Aufrechnung geltend gemacht worden ist.

§ 142 [Beschlüsse, Form und Inhalt] (1) Für Beschlüsse gelten § 128 Abs. 1 Satz 1, die §§ 134 und 138, nach mündlicher Verhandlung auch die §§ 129, 132, 135 und 136 entsprechend.

(2) [1] Beschlüsse sind zu begründen, wenn sie durch Rechtsmittel angefochten werden können oder über einen Rechtsbehelf entscheiden. [2] Beschlüsse über die Wiederherstellung der aufschiebenden Wirkung und über einstweilige Anordnungen (§ 86b) sowie Beschlüsse nach Erledigung des Rechtsstreits in der Hauptsache sind stets zu begründen. [3] Beschlüsse, die über ein Rechtsmittel entscheiden, bedürfen keiner weiteren Begründung, soweit das Gericht das Rechtsmittel aus den Gründen der angefochtenen Entscheidung als unbegründet zurückweist.

(3) Ausfertigungen der Beschlüsse sind von dem Urkundsbeamten der Geschäftsstelle zu unterschreiben.

Sechster Unterabschnitt. *(aufgehoben)*

§ 142a *(aufgehoben)*

Zweiter Abschnitt. Rechtsmittel

Erster Unterabschnitt. Berufung

§ 143 [Zulässigkeit der Berufung] Gegen die Urteile der Sozialgerichte findet die Berufung an das Landessozialgericht statt, soweit sich aus den Vorschriften dieses Unterabschnitts nichts anderes ergibt.

§ 144 [Zulassung der Berufung] (1) [1] Die Berufung bedarf der Zulassung in dem Urteil des Sozialgerichts oder auf Beschwerde durch Beschluß des Landessozialgerichts, wenn der Wert des Beschwerdegegenstandes

1. bei einer Klage, die eine Geld-, Dienst- oder Sachleistung oder einen hierauf gerichteten Verwaltungsakt betrifft, 750 Euro oder
2. bei einer Erstattungsstreitigkeit zwischen juristischen Personen des öffentlichen Rechts oder Behörden 10 000 Euro

nicht übersteigt. [2] Das gilt nicht, wenn die Berufung wiederkehrende oder laufende Leistungen für mehr als ein Jahr betrifft.

(2) Die Berufung ist zuzulassen, wenn
1. die Rechtssache grundsätzliche Bedeutung hat,
2. das Urteil von einer Entscheidung des Landessozialgerichts, des Bundessozialgerichts, des Gemeinsamen Senats der obersten Gerichtshöfe des Bundes oder des Bundesverfassungsgerichts abweicht und auf dieser Abweichung beruht oder
3. ein der Beurteilung des Berufungsgerichts unterliegender Verfahrensmangel geltend gemacht wird und vorliegt, auf dem die Entscheidung beruhen kann.

(3) Das Landessozialgericht ist an die Zulassung gebunden.

(4) Die Berufung ist ausgeschlossen, wenn es sich um die Kosten des Verfahrens handelt.

§ 145 [Beschwerde gegen Nichtzulassung] (1) [1] Die Nichtzulassung der Berufung durch das Sozialgericht kann durch Beschwerde angefochten werden. [2] Die Beschwerde ist bei dem Landessozialgericht innerhalb eines Monats nach Zustellung des vollständigen Urteils schriftlich oder zu Protokoll des Urkundsbeamten einzulegen.

(2) Die Beschwerde soll das angefochtene Urteil bezeichnen und die zur Begründung dienenden Tatsachen und Beweismittel angeben.

(3) Die Einlegung der Beschwerde hemmt die Rechtskraft des Urteils.

(4) [1] Das Landessozialgericht entscheidet durch Beschluss. [2] Die Zulassung der Berufung bedarf keiner Begründung. [3] Der Ablehnung der Beschwerde soll eine kurze Begründung beigefügt werden. [4] Mit der Ablehnung der Beschwerde wird das Urteil rechtskräftig.

(5) [1] Läßt das Landessozialgericht die Berufung zu, wird das Beschwerdeverfahren als Berufungsverfahren fortgesetzt; der Einlegung einer Berufung durch den Beschwerdeführer bedarf es nicht. [2] Darauf ist in dem Beschluß hinzuweisen.

§§ 146–150 *(aufgehoben)*

§ 151 [Einlegung, Frist, Form] (1) Die Berufung ist bei dem Landessozialgericht innerhalb eines Monats nach Zustellung des Urteils schriftlich oder zu Protokoll des Urkundsbeamten der Geschäftsstelle einzulegen.

(2) [1] Die Berufungsfrist ist auch gewahrt, wenn die Berufung innerhalb der Frist bei dem Sozialgericht schriftlich oder zu Protokoll des Urkundsbeamten der Geschäftsstelle eingelegt wird. [2] In diesem Falle legt das Sozialgericht die Berufungsschrift oder das Protokoll mit seinen Akten unverzüglich dem Landessozialgericht vor.

(3) Die Berufungsschrift soll das angefochtene Urteil bezeichnen, einen bestimmten Antrag enthalten und die zur Begründung dienenden Tatsachen und Beweismittel angeben.

§ 152 [Aktenanforderung] (1) Die Geschäftsstelle des Landessozialgerichts hat unverzüglich, nachdem die Berufungsschrift eingereicht ist, von der Geschäftsstelle des Sozialgerichts die Prozeßakten anzufordern.

(2) Nach Erledigung der Berufung sind die Akten der Geschäftsstelle des Sozialgerichts nebst einer beglaubigten Abschrift oder einer beglaubigten elektronischen Abschrift, die mit einer qualifizierten elektronischen Signatur des Urkundsbeamten der Geschäftsstelle versehen ist, des in der Berufungsinstanz erlassenen Urteils zurückzusenden.

§ 153 [Verfahren in der Berufung] (1) Für das Verfahren vor den Landessozialgerichten gelten die Vorschriften über das Verfahren im ersten Rechtszug mit Ausnahme der §§ 91, 105 entsprechend, soweit sich aus diesem Unterabschnitt nichts anderes ergibt.

(2) Das Landessozialgericht kann in dem Urteil über die Berufung von einer weiteren Darstellung der Entscheidungsgründe absehen, soweit es die Berufung aus den Gründen der angefochtenen Entscheidung als unbegründet zurückweist.

(3) [1] Das Urteil ist von den Mitgliedern des Senats zu unterschreiben. [2] Ist ein Mitglied verhindert, so vermerkt der Vorsitzende, bei dessen Verhinderung der dienstälteste beisitzende Berufsrichter, dies unter dem Urteil mit Angabe des Hinderungsgrundes.

(4) [1] Das Landessozialgericht kann, außer in den Fällen des § 105 Abs. 2 Satz 1, die Berufung durch Beschluß zurückweisen, wenn es sie einstimmig für unbegründet und eine mündliche Verhandlung nicht für erforderlich hält. [2] Die Beteiligten sind vorher zu hören. [3] § 158 Satz 3 und 4 gilt entsprechend.

(5) Der Senat kann in den Fällen des § 105 Abs. 2 Satz 1 durch Beschluss die Berufung dem Berichterstatter übertragen, der zusammen mit den ehrenamtlichen Richtern entscheidet.

§ 154 [Aufschiebende Wirkung] (1) Die Berufung und die Beschwerde nach § 144 Abs. 1 haben aufschiebende Wirkung, soweit die Klage nach § 86a Aufschub bewirkt.

(2) Die Berufung und die Beschwerde nach § 144 Abs. 1 eines Versicherungsträgers oder in der Kriegsopferversorgung eines Landes bewirken Aufschub, soweit es sich um Beträge handelt, die für die Zeit vor Erlaß des angefochtenen Urteils nachgezahlt werden sollen.

§ 155 [Berichterstatter] (1) Der Vorsitzende kann seine Aufgaben nach den §§ 104, 106 bis 108 und 120 einem Berufsrichter des Senats übertragen.

(2) [1] Der Vorsitzende entscheidet, wenn die Entscheidung im vorbereitenden Verfahren ergeht,

1. über die Aussetzung und das Ruhen des Verfahrens;

2. bei Zurücknahme der Klage oder der Berufung, Verzicht auf den geltend gemachten Anspruch oder Anerkenntnis des Anspruchs, auch über einen Antrag auf Prozesskostenhilfe;

3. bei Erledigung des Rechtsstreits in der Hauptsache, auch über einen Antrag auf Prozesskostenhilfe;

4. über den Streitwert;

5. über Kosten.

[2] In dringenden Fällen entscheidet der Vorsitzende auch über den Antrag nach § 86b Abs. 1 oder 2.

(3) Im Einverständnis der Beteiligten kann der Vorsitzende auch sonst anstelle des Senats entscheiden.

(4) Ist ein Berichterstatter bestellt, so entscheidet dieser anstelle des Vorsitzenden.

§ 156 [Berufungsrücknahme] (1) [1] Die Berufung kann bis zur Rechtskraft des Urteils oder des nach § 153 Abs. 4 oder § 158 Satz 2 ergangenen Beschlusses zurückgenommen werden. [2] Die Zurücknahme nach Schluss der mündlichen Verhandlung setzt die Einwilligung des Berufungsbeklagten voraus.

(2) [1] Die Berufung gilt als zurückgenommen, wenn der Berufungskläger das Verfahren trotz Aufforderung des Gerichts länger als drei Monate nicht betreibt. [2] Der Berufungskläger ist in der Aufforderung auf die Rechtsfolgen hinzuweisen, die sich aus Satz 1 und gegebenenfalls aus § 197a Absatz 1 Satz 1 in Verbindung mit § 155 Absatz 2 der Verwaltungsgerichtsordnung ergeben. [3] Das Gericht stellt durch Beschluss fest, dass die Berufung als zurückgenommen gilt.

(3) [1] Die Zurücknahme bewirkt den Verlust des Rechtsmittels. [2] Über die Kosten entscheidet das Gericht auf Antrag durch Beschluß.

§ 157 [Umfang der Prüfung, neue Tatsachen und Beweismittel] [1] Das Landessozialgericht prüft den Streitfall im gleichen Umfang wie das Sozialgericht. [2] Es hat auch neu vorgebrachte Tatsachen und Beweismittel zu berücksichtigen.

§ 157a [Fristversäumnis] (1) Neue Erklärungen und Beweismittel, die im ersten Rechtszug entgegen einer hierfür gesetzten Frist (§ 106a Abs. 1 und 2) nicht vorgebracht worden sind, kann das Gericht unter den Voraussetzungen des § 106a Abs. 3 zurückweisen.

(2) Erklärungen und Beweismittel, die das Sozialgericht zu Recht zurückgewiesen hat, bleiben auch im Berufungsverfahren ausgeschlossen.

§ 158 [Verwerfung der Berufung] [1] Ist die Berufung nicht statthaft oder nicht in der gesetzlichen Frist oder nicht schriftlich oder nicht in elektronischer Form oder nicht zu Protokoll des Urkundsbeamten der Geschäftsstelle eingelegt, so ist sie als unzulässig zu verwerfen. [2] Die Entscheidung kann durch Beschluß ergehen. [3] Gegen den Beschluß steht den Beteiligten das Rechtsmittel zu, das zulässig wäre, wenn das Gericht durch Urteil entschieden hätte. [4] Die Beteiligten sind über dieses Rechtsmittel zu belehren.

§ 159 [Zurückverweisung an das Sozialgericht] (1) Das Landessozialgericht kann durch Urteil die angefochtene Entscheidung aufheben und die Sache an das Sozialgericht zurückverweisen, wenn

1. dieses die Klage abgewiesen hat, ohne in der Sache selbst zu entscheiden,
2. das Verfahren an einem wesentlichen Mangel leidet und auf Grund dieses Mangels eine umfangreiche und aufwändige Beweisaufnahme notwendig ist.

(2) Das Sozialgericht hat die rechtliche Beurteilung, die der Aufhebung zugrunde gelegt ist, seiner Entscheidung zugrunde zu legen.

Zweiter Unterabschnitt. Revision

§ 160 [Zulässigkeit der Revision] (1) Gegen das Urteil eines Landessozialgerichts und gegen den Beschluss nach § 55a Absatz 5 Satz 1 steht den Beteiligten die Revision an das Bundessozialgericht nur zu, wenn sie in der Entscheidung des Landessozialgerichts oder in dem Beschluß des Bundessozialgerichts nach § 160a Abs. 4 Satz 1 zugelassen worden ist.

(2) Sie ist nur zuzulassen, wenn

1. die Rechtssache grundsätzliche Bedeutung hat oder
2. das Urteil von einer Entscheidung des Bundessozialgerichts, des Gemeinsamen Senats der obersten Gerichtshöfe des Bundes oder des Bundesverfassungsgerichts abweicht und auf dieser Abweichung beruht oder
3. ein Verfahrensmangel geltend gemacht wird, auf dem die angefochtene Entscheidung beruhen kann; der geltend gemachte Verfahrensmangel kann nicht auf eine Verletzung der §§ 109 und 128 Abs. 1 Satz 1 und auf eine Verletzung des § 103 nur gestützt werden, wenn er sich auf einen Beweisantrag bezieht, dem das Landessozialgericht ohne hinreichende Begründung nicht gefolgt ist.

(3) Das Bundessozialgericht ist an die Zulassung gebunden.

§ 160a [Nichtzulassungsbeschwerde] (1) [1] Die Nichtzulassung der Revision kann selbständig durch Beschwerde angefochten werden. [2] Die Beschwerde ist bei dem Bundessozialgericht innerhalb eines Monats nach Zustellung des Urteils einzulegen. [3] Der Beschwerdeschrift soll eine Ausfertigung oder beglaubigte Abschrift des Urteils, gegen das die Revision eingelegt werden soll, beigefügt werden. [4] Satz 3 gilt nicht, soweit nach § 65a elektronische Dokumente übermittelt werden.

(2) [1] Die Beschwerde ist innerhalb von zwei Monaten nach Zustellung des Urteils zu begründen. [2] Die Begründungsfrist kann auf einen vor ihrem Ablauf gestellten Antrag von dem Vorsitzenden einmal bis zu einem Monat verlängert werden. [3] In der Begründung muß die grundsätzliche Bedeutung der Rechtssache dargelegt oder die Entscheidung, von der das Urteil des Landessozialgerichts abweicht, oder der Verfahrensmangel bezeichnet werden.

(3) Die Einlegung der Beschwerde hemmt die Rechtskraft des Urteils.

(4) [1] Das Bundessozialgericht entscheidet unter Zuziehung der ehrenamtlichen Richter durch Beschluss; § 169 gilt entsprechend. [2] Dem Beschluß soll eine kurze Begründung beigefügt werden; von einer Begründung kann abgesehen werden, wenn sie nicht geeignet ist, zur Klärung der Voraussetzungen der Revisionszulassung beizutragen. [3] Mit der Ablehnung der Beschwerde

durch das Bundessozialgericht wird das Urteil rechtskräftig. [4] Wird der Beschwerde stattgegeben, so beginnt mit der Zustellung dieser Entscheidung der Lauf der Revisionsfrist.

(5) Liegen die Voraussetzungen des § 160 Abs. 2 Nr. 3 vor, kann das Bundessozialgericht in dem Beschluss das angefochtene Urteil aufheben und die Sache zur erneuten Verhandlung und Entscheidung zurückverweisen.

§ 161 [Sprungrevision] (1) [1] Gegen das Urteil eines Sozialgerichts steht den Beteiligten die Revision unter Übergehung der Berufungsinstanz zu, wenn der Gegner schriftlich zustimmt und wenn sie von dem Sozialgericht im Urteil oder auf Antrag durch Beschluß zugelassen wird. [2] Der Antrag ist innerhalb eines Monats nach Zustellung des Urteils schriftlich zu stellen. [3] Die Zustimmung des Gegners ist dem Antrag oder, wenn die Revision im Urteil zugelassen ist, der Revisionsschrift beizufügen.

(2) [1] Die Revision ist nur zuzulassen, wenn die Voraussetzungen des § 160 Abs. 2 Nr. 1 oder 2 vorliegen. [2] Das Bundessozialgericht ist an die Zulassung gebunden. [3] Die Ablehnung der Zulassung ist unanfechtbar.

(3) [1] Lehnt das Sozialgericht den Antrag auf Zulassung der Revision durch Beschluß ab, so beginnt mit der Zustellung dieser Entscheidung der Lauf der Berufungsfrist oder der Frist für die Beschwerde gegen die Nichtzulassung der Berufung von neuem, sofern der Antrag in der gesetzlichen Form und Frist gestellt und die Zustimmungserklärung des Gegners beigefügt war. [2] Läßt das Sozialgericht die Revision durch Beschluß zu, so beginnt mit der Zustellung dieser Entscheidung der Lauf der Revisionsfrist.

(4) Die Revision kann nicht auf Mängel des Verfahrens gestützt werden.

(5) Die Einlegung der Revision und die Zustimmung des Gegners gelten als Verzicht auf die Berufung, wenn das Sozialgericht die Revision zugelassen hat.

§ 162 [Revisionsgründe] Die Revision kann nur darauf gestützt werden, daß das angefochtene Urteil auf der Verletzung einer Vorschrift des Bundesrechts oder einer sonstigen im Bezirk des Berufungsgerichts geltenden Vorschrift beruht, deren Geltungsbereich sich über den Bezirk des Berufungsgerichts hinaus erstreckt.

§ 163 [Bindung an die tatsächlichen Feststellungen] Das Bundessozialgericht ist an die in dem angefochtenen Urteil getroffenen tatsächlichen Feststellungen gebunden, außer wenn in bezug auf diese Feststellungen zulässige und begründete Revisionsgründe vorgebracht sind.

§ 164 [Einlegung, Frist, Begründung] (1) [1] Die Revision ist bei dem Bundessozialgericht innerhalb eines Monats nach Zustellung des Urteils oder des Beschlusses über die Zulassung der Revision (§ 160a Absatz 4 Satz 1 oder § 161 Abs. 3 Satz 2) schriftlich einzulegen. [2] Die Revision muß das angefochtene Urteil angeben; eine Ausfertigung oder beglaubigte Abschrift des angefochtenen Urteils soll beigefügt werden, sofern dies nicht schon nach § 160a Abs. 1 Satz 3 geschehen ist. [3] Satz 2 zweiter Halbsatz gilt nicht, soweit nach § 65a elektronische Dokumente übermittelt werden.

(2) [1] Die Revision ist innerhalb von zwei Monaten nach Zustellung des Urteils oder des Beschlusses über die Zulassung der Revision zu begründen.

² Die Begründungsfrist kann auf einen vor ihrem Ablauf gestellten Antrag von dem Vorsitzenden verlängert werden. ³ Die Begründung muß einen bestimmten Antrag enthalten, die verletzte Rechtsnorm und, soweit Verfahrensmängel gerügt werden, die Tatsachen bezeichnen, die den Mangel ergeben.

§ 165 [Verfahren in der Revision]
¹ Für die Revision gelten die Vorschriften über die Berufung entsprechend, soweit sich aus diesem Unterabschnitt nichts anderes ergibt. ² § 153 Abs. 2 und 4 sowie § 155 Abs. 2 bis 4 finden keine Anwendung.

§§ 166–167 *(aufgehoben)*

§ 168 [Klageänderung; Beiladung]
¹ Klageänderungen und Beiladungen sind im Revisionsverfahren unzulässig. ² Dies gilt nicht für die Beiladung der Bundesrepublik Deutschland in Angelegenheiten des sozialen Entschädigungsrechts nach § 75 Abs. 1 Satz 2 und, sofern der Beizuladende zustimmt, für Beiladungen nach § 75 Abs. 2.

§ 169 [Umfang der Prüfung; Unzulässigkeit]
¹ Das Bundessozialgericht hat zu prüfen, ob die Revision statthaft und ob sie in der gesetzlichen Form und Frist eingelegt und begründet worden ist. ² Mangelt es an einem dieser Erfordernisse, so ist die Revision als unzulässig zu verwerfen. ³ Die Verwerfung ohne mündliche Verhandlung erfolgt durch Beschluß ohne Zuziehung der ehrenamtlichen Richter.

§ 170 [Zurückweisung; Zurückverweisung]
(1) ¹ Ist die Revision unbegründet, so weist das Bundessozialgericht die Revision zurück. ² Ergeben die Entscheidungsgründe zwar eine Gesetzesverletzung, stellt sich die Entscheidung selbst aber aus anderen Gründen als richtig dar, so ist die Revision ebenfalls zurückzuweisen.

(2) ¹ Ist die Revision begründet, so hat das Bundessozialgericht in der Sache selbst zu entscheiden. ² Sofern dies untunlich ist, kann es das angefochtene Urteil mit den ihm zugrunde liegenden Feststellungen aufheben und die Sache zur erneuten Verhandlung und Entscheidung an das Gericht zurückverweisen, welches das angefochtene Urteil erlassen hat.

(3) ¹ Die Entscheidung über die Revision braucht nicht begründet zu werden, soweit das Bundessozialgericht Rügen von Verfahrensmängeln nicht für durchgreifend erachtet. ² Dies gilt nicht für Rügen nach § 202 in Verbindung mit § 547 der Zivilprozeßordnung und, wenn mit der Revision ausschließlich Verfahrensmängel geltend gemacht werden, für Rügen, auf denen die Zulassung der Revision beruht.

(4) ¹ Verweist das Bundessozialgericht die Sache bei der Sprungrevision nach § 161 zur anderweitigen Verhandlung und Entscheidung zurück, so kann es nach seinem Ermessen auch an das Landessozialgericht zurückverweisen, das für die Berufung zuständig gewesen wäre. ² Für das Verfahren vor dem Landessozialgericht gelten dann die gleichen Grundsätze, wie wenn der Rechtsstreit auf eine ordnungsgemäß eingelegte Berufung beim Landessozialgericht anhängig geworden wäre.

(5) Das Gericht, an das die Sache zur erneuten Verhandlung und Entscheidung zurückverwiesen ist, hat seiner Entscheidung die rechtliche Beurteilung des Revisionsgerichts zugrunde zu legen.

§ 170a [Urteilsabschriften an ehrenamtliche Richter] [1] Eine Abschrift des Urteils ist den ehrenamtlichen Richtern, die bei der Entscheidung mitgewirkt haben, vor Übermittlung an die Geschäftsstelle zu übermitteln. [2] Die ehrenamtlichen Richter können sich dazu innerhalb von zwei Wochen gegenüber dem Vorsitzenden des erkennenden Senats äußern.

§ 171 [Neuer Bescheid] Wird während des Revisionsverfahrens der angefochtene Verwaltungsakt durch einen neuen abgeändert oder ersetzt, so gilt der neue Verwaltungsakt als mit der Klage beim Sozialgericht angefochten, es sei denn, daß der Kläger durch den neuen Verwaltungsakt klaglos gestellt oder dem Klagebegehren durch die Entscheidung des Revisionsgerichts zum ersten Verwaltungsakt in vollem Umfange genügt wird.

Dritter Unterabschnitt. Beschwerde, Erinnerung, Anhörungsrüge

§ 172 [Zulässigkeit] (1) Gegen die Entscheidungen der Sozialgerichte mit Ausnahme der Urteile und gegen Entscheidungen der Vorsitzenden dieser Gerichte findet die Beschwerde an das Landessozialgericht statt, soweit nicht in diesem Gesetz anderes bestimmt ist.

(2) Prozeßleitende Verfügungen, Aufklärungsanordnungen, Vertagungsbeschlüsse, Fristbestimmungen, Beweisbeschlüsse, Beschlüsse über Ablehnung von Beweisanträgen, über Verbindung und Trennung von Verfahren und Ansprüchen und über die Ablehnung von Gerichtspersonen und Sachverständigen können nicht mit der Beschwerde angefochten werden.

(3) Die Beschwerde ist ausgeschlossen

1. in Verfahren des einstweiligen Rechtsschutzes, wenn in der Hauptsache die Berufung der Zulassung bedürfte,

2. gegen die Ablehnung von Prozesskostenhilfe, wenn

a) das Gericht die persönlichen oder wirtschaftlichen Voraussetzungen für die Prozesskostenhilfe verneint,

b) in der Hauptsache die Berufung der Zulassung bedürfte oder

c) das Gericht in der Sache durch Beschluss entscheidet, gegen den die Beschwerde ausgeschlossen ist,

3. gegen Kostengrundentscheidungen nach § 193,

4. gegen Entscheidungen nach § 192 Abs. 4, wenn in der Hauptsache kein Rechtsmittel gegeben ist und der Wert des Beschwerdegegenstandes 200 Euro nicht übersteigt.

§ 173 [Frist, Form] [1] Die Beschwerde ist binnen eines Monats nach Bekanntgabe der Entscheidung beim Sozialgericht schriftlich oder zu Protokoll des Urkundsbeamten der Geschäftsstelle einzulegen; § 181 des Gerichtsverfassungsgesetzes bleibt unberührt. [2] Die Beschwerdefrist ist auch gewahrt, wenn die Beschwerde innerhalb der Frist bei dem Landessozialgericht schriftlich oder zu Protokoll des Urkundsbeamten der Geschäftsstelle eingelegt wird. [3] Die

Belehrung über das Beschwerderecht ist auch mündlich möglich; sie ist dann aktenkundig zu machen.

§ 174 *(aufgehoben)*

§ 175 [Aufschiebende Wirkung] ¹ Die Beschwerde hat aufschiebende Wirkung, wenn sie die Festsetzung eines Ordnungs- oder Zwangsmittels zum Gegenstand hat. ² Soweit dieses Gesetz auf Vorschriften der Zivilprozeßordnung und des Gerichtsverfassungsgesetzes verweist, regelt sich die aufschiebende Wirkung nach diesen Gesetzen. ³ Das Gericht oder der Vorsitzende, dessen Entscheidung angefochten wird, kann bestimmen, daß der Vollzug der angefochtenen Entscheidung einstweilen auszusetzen ist.

§ 176 [Entscheidung] Über die Beschwerde entscheidet das Landessozialgericht durch Beschluß.

§ 177 [Ausschluss der Beschwerde] Entscheidungen des Landessozialgerichts, seines Vorsitzenden oder des Berichterstatters können vorbehaltlich des § 160a Abs. 1 dieses Gesetzes und des § 17a Abs. 4 Satz 4 des Gerichtsverfassungsgesetzes nicht mit der Beschwerde an das Bundessozialgericht angefochten werden.

§ 178 [Beschwerde bei Entscheidungen des beauftragten oder ersuchten Richters oder des Urkundsbeamten] ¹ Gegen die Entscheidungen des ersuchten oder beauftragten Richters oder des Urkundsbeamten kann binnen eines Monats nach Bekanntgabe das Gericht angerufen werden, das endgültig entscheidet. ² Die §§ 173 bis 175 gelten entsprechend.

§ 178a [Anhörungsrüge] (1) ¹ Auf die Rüge eines durch eine gerichtliche Entscheidung beschwerten Beteiligten ist das Verfahren fortzuführen, wenn

1. ein Rechtsmittel oder ein anderer Rechtsbehelf gegen die Entscheidung nicht gegeben ist und
2. das Gericht den Anspruch dieses Beteiligten auf rechtliches Gehör in entscheidungserheblicher Weise verletzt hat.

² Gegen eine der Endentscheidung vorausgehende Entscheidung findet die Rüge nicht statt.

(2) ¹ Die Rüge ist innerhalb von zwei Wochen nach Kenntnis von der Verletzung des rechtlichen Gehörs zu erheben; der Zeitpunkt der Kenntniserlangung ist glaubhaft zu machen. ² Nach Ablauf eines Jahres seit Bekanntgabe der angegriffenen Entscheidung kann die Rüge nicht mehr erhoben werden. ³ Formlos mitgeteilte Entscheidungen gelten mit dem dritten Tage nach Aufgabe zur Post als bekannt gegeben. ⁴ Die Rüge ist schriftlich oder zu Protokoll des Urkundsbeamten der Geschäftsstelle bei dem Gericht zu erheben, dessen Entscheidung angegriffen wird. ⁵ Die Rüge muss die angegriffene Entscheidung bezeichnen und das Vorliegen der in Absatz 1 Satz 1 Nr. 2 genannten Voraussetzungen darlegen.

(3) Den übrigen Beteiligten ist, soweit erforderlich, Gelegenheit zur Stellungnahme zu geben.

Sozialgerichtsgesetz **§§ 179, 180 SGG 20**

(4) [1] Ist die Rüge nicht statthaft oder nicht in der gesetzlichen Form oder Frist erhoben, so ist sie als unzulässig zu verwerfen. [2] Ist die Rüge unbegründet, weist das Gericht sie zurück. [3] Die Entscheidung ergeht durch unanfechtbaren Beschluss. [4] Der Beschluss soll kurz begründet werden.

(5) [1] Ist die Rüge begründet, so hilft ihr das Gericht ab, indem es das Verfahren fortführt, soweit dies aufgrund der Rüge geboten ist. [2] Das Verfahren wird in die Lage zurückversetzt, in der es sich vor dem Schluss der mündlichen Verhandlung befand. [3] In schriftlichen Verfahren tritt an die Stelle des Schlusses der mündlichen Verhandlung der Zeitpunkt, bis zu dem Schriftsätze eingereicht werden können. [4] Für den Ausspruch des Gerichts ist § 343 der Zivilprozessordnung entsprechend anzuwenden.

(6) § 175 Satz 3 ist entsprechend anzuwenden.

Dritter Abschnitt. Wiederaufnahme des Verfahrens und besondere Verfahrensvorschriften

§ 179 [Zulässigkeit] (1) Ein rechtskräftig beendetes Verfahren kann entsprechend den Vorschriften des Vierten Buches der Zivilprozeßordnung wieder aufgenommen werden.

(2) Die Wiederaufnahme des Verfahrens ist ferner zulässig, wenn ein Beteiligter strafgerichtlich verurteilt worden ist, weil er Tatsachen, die für die Entscheidung der Streitsache von wesentlicher Bedeutung waren, wissentlich falsch behauptet oder vorsätzlich verschwiegen hat.

(3) Auf Antrag kann das Gericht anordnen, daß die gewährten Leistungen zurückzuerstatten sind.

§ 180 [Weitere Zulässigkeit] (1) Eine Wiederaufnahme des Verfahrens ist auch zulässig, wenn

1. mehrere Versicherungsträger denselben Anspruch endgültig anerkannt haben oder wegen desselben Anspruchs rechtskräftig zur Leistung verurteilt worden sind,

2. ein oder mehrere Versicherungsträger denselben Anspruch endgültig abgelehnt haben oder wegen desselben Anspruchs rechtskräftig von der Leistungspflicht befreit worden sind, weil ein anderer Versicherungsträger leistungspflichtig sei, der seine Leistung bereits endgültig abgelehnt hat oder von ihr rechtskräftig befreit worden ist.

(2) Das gleiche gilt im Verhältnis zwischen Versicherungsträgern und einem Land, wenn streitig ist, ob eine Leistung aus der Sozialversicherung oder nach dem sozialen Entschädigungsrecht zu gewähren ist.

(3) [1] Der Antrag auf Wiederaufnahme des Verfahrens ist bei einem der gemäß § 179 Abs. 1 für die Wiederaufnahme zuständigen Gerichte der Sozialgerichtsbarkeit zu stellen. [2] Dieses verständigt die an den Wiederaufnahmeverfahren Beteiligten und die Gerichte, die über den Anspruch entschieden haben. [3] Es gibt die Sache zur Entscheidung an das gemeinsam nächsthöhere Gericht ab.

(4) Das zur Entscheidung berufene Gericht bestimmt unter Aufhebung der entgegenstehenden Bescheide oder richterlichen Entscheidungen den Leistungspflichtigen.

(5) Für die Durchführung des Verfahrens nach Absatz 4 gelten im übrigen die Vorschriften über die Wiederaufnahme des Verfahrens entsprechend.

§ 181 [Gemeinsames nächsthöheres Gericht] ¹ Will das Gericht die Klage gegen einen Versicherungsträger ablehnen, weil es einen anderen Versicherungsträger für leistungspflichtig hält, obwohl dieser bereits den Anspruch endgültig abgelehnt hat oder in einem früheren Verfahren rechtskräftig befreit worden ist, so verständigt es den anderen Versicherungsträger und das Gericht, das über den Anspruch rechtskräftig entschieden hat, und gibt die Sache zur Entscheidung an das gemeinsam nächsthöhere Gericht ab. ² Im übrigen gilt § 180 Abs. 2 und Abs. 4 und 5.

§ 182 [Zwei leistungspflichtige Versicherungsträger] (1) Hat das Bundessozialgericht oder ein Landessozialgericht die Leistungspflicht eines Versicherungsträgers rechtskräftig verneint, weil ein anderer Versicherungsträger verpflichtet sei, so kann der Anspruch gegen den anderen Versicherungsträger nicht abgelehnt werden, weil der im früheren Verfahren befreite Versicherungsträger leistungspflichtig sei.

(2) Das gleiche gilt im Verhältnis zwischen einem Versicherungsträger und einem Land, wenn die Leistungspflicht nach dem sozialen Entschädigungsrecht streitig ist.

§ 182a [Sachliche Zuständigkeit bei Ansprüchen privater Pflegeversicherungen] (1) ¹ Beitragsansprüche von Unternehmen der privaten Pflegeversicherung nach dem Elften Buch Sozialgesetzbuch¹⁾ können nach den Vorschriften der Zivilprozeßordnung im Mahnverfahren vor dem Amtsgericht geltend gemacht werden. ² Im Antrag auf Erlaß des Mahnbescheids können mit dem Beitragsanspruch Ansprüche anderer Art nicht verbunden werden. ³ Der Widerspruch gegen den Mahnbescheid kann zurückgenommen werden, solange die Abgabe an das Sozialgericht nicht verfügt ist.

(2) ¹ Mit Eingang der Akten beim Sozialgericht ist nach den Vorschriften dieses Gesetzes zu verfahren. ² Für die Entscheidung des Sozialgerichts über den Einspruch gegen den Vollstreckungsbescheid gelten § 700 Abs. 1 und § 343 der Zivilprozeßordnung entsprechend.

Vierter Abschnitt. Kosten und Vollstreckung

Erster Unterabschnitt. Kosten

§ 183 [Kostenfreiheit] ¹ Das Verfahren vor den Gerichten der Sozialgerichtsbarkeit ist für Versicherte, Leistungsempfänger einschließlich Hinterbliebenenleistungsempfänger, behinderte Menschen oder deren Sonderrechtsnachfolger nach § 56 des Ersten Buches Sozialgesetzbuch²⁾ kostenfrei, soweit sie in dieser jeweiligen Eigenschaft als Kläger oder Beklagte beteiligt sind. ² Nimmt ein sonstiger Rechtsnachfolger das Verfahren auf, bleibt das Verfahren in dem Rechtszug kostenfrei. ³ Den in Satz 1 und 2 genannten Personen steht gleich, wer im Falle des Obsiegens zu diesen Personen gehören würde. ⁴ Leis-

---

¹⁾ Nr. 11.
²⁾ Nr. 1.

tungsempfängern nach Satz 1 stehen Antragsteller nach § 55a Absatz 2 Satz 1 zweite Alternative gleich. [5] § 93 Satz 3, § 109 Abs. 1 Satz 2, § 120 Absatz 1 Satz 2 und § 192 bleiben unberührt. [6] Die Kostenfreiheit nach dieser Vorschrift gilt nicht in einem Verfahren wegen eines überlangen Gerichtsverfahrens (§ 202 Satz 2).

§ 184 [Pauschgebühr] (1) [1] Kläger und Beklagte, die nicht zu den in § 183 genannten Personen gehören, haben für jede Streitsache eine Gebühr zu entrichten. [2] Die Gebühr entsteht, sobald die Streitsache rechtshängig geworden ist; sie ist für jeden Rechtszug zu zahlen. [3] Soweit wegen derselben Streitsache ein Mahnverfahren (§ 182a) vorausgegangen ist, wird die Gebühr für das Verfahren über den Antrag auf Erlass eines Mahnbescheids nach dem Gerichtskostengesetz angerechnet.

(2) Die Höhe der Gebühr wird für das Verfahren

vor den Sozialgerichten auf	150 Euro,
vor den Landessozialgerichten auf	225 Euro,
vor dem Bundessozialgericht auf	300 Euro

festgesetzt.

(3) § 2 des Gerichtskostengesetzes gilt entsprechend.

§ 185 [Fälligkeit der Pauschgebühr] Die Gebühr wird fällig, sobald die Streitsache durch Zurücknahme des Rechtsbehelfs, durch Vergleich, Anerkenntnis, Beschluß oder durch Urteil erledigt ist.

§ 186 [Ermäßigung der Pauschgebühr] [1] Wird eine Sache nicht durch Urteil erledigt, so ermäßigt sich die Gebühr auf die Hälfte. [2] Die Gebühr entfällt, wenn die Erledigung auf einer Rechtsänderung beruht.

§ 187 [Mehrere Gebührenschuldner] Sind an einer Streitsache mehrere nach § 184 Abs. 1 Gebührenpflichtige beteiligt, so haben sie die Gebühr zu gleichen Teilen zu entrichten.

§ 188 [Pauschgebühr bei Wiederaufnahme] Wird ein durch rechtskräftiges Urteil abgeschlossenes Verfahren wieder aufgenommen, so ist das neue Verfahren eine besondere Streitsache.

§ 189 [Feststellung der Pauschgebühr, Verzeichnis] (1) [1] Die Gebühren für die Streitsachen werden in einem Verzeichnis zusammengestellt. [2] Die Mitteilung eines Auszuges aus diesem Verzeichnis an die nach § 184 Abs. 1 Gebührenpflichtigen gilt als Feststellung der Gebührenschuld und als Aufforderung, den Gebührenbetrag binnen eines Monats an die in der Mitteilung angegebene Stelle zu zahlen.

(2) [1] Die Feststellung erfolgt durch den Urkundsbeamten der Geschäftsstelle. [2] Gegen diese Feststellung kann binnen eines Monats nach Mitteilung das Gericht angerufen werden, das endgültig entscheidet.

§ 190 [Niederschlagung der Pauschgebühr] [1] Die Präsidenten und die aufsichtführenden Richter der Gerichte der Sozialgerichtsbarkeit sind befugt, eine Gebühr, die durch unrichtige Behandlung der Sache ohne Schuld der gebührenpflichtigen Beteiligten entstanden ist, niederzuschlagen. [2] Sie können von der Einziehung absehen, wenn sie mit Kosten oder Verwaltungsaufwand verknüpft ist, die in keinem Verhältnis zu der Einnahme stehen.

§ 191 [Auslagenvergütung für Beteiligte] Ist das persönliche Erscheinen eines Beteiligten angeordnet worden, so werden ihm auf Antrag bare Auslagen und Zeitverlust wie einem Zeugen vergütet; sie können vergütet werden, wenn er ohne Anordnung erscheint und das Gericht das Erscheinen für geboten hält.

§ 192 [Verschuldenskosten] (1) [1] Das Gericht kann im Urteil oder, wenn das Verfahren anders beendet wird, durch Beschluss einem Beteiligten ganz oder teilweise die Kosten auferlegen, die dadurch verursacht werden, dass

1. durch Verschulden des Beteiligten die Vertagung einer mündlichen Verhandlung oder die Anberaumung eines neuen Termins zur mündlichen Verhandlung nötig geworden ist oder
2. der Beteiligte den Rechtsstreit fortführt, obwohl ihm vom Vorsitzenden die Missbräuchlichkeit der Rechtsverfolgung oder -verteidigung dargelegt worden und er auf die Möglichkeit der Kostenauferlegung bei Fortführung des Rechtsstreites hingewiesen worden ist.

[2] Dem Beteiligten steht gleich sein Vertreter oder Bevollmächtigter. [3] Als verursachter Kostenbetrag gilt dabei mindestens der Betrag nach § 184 Abs. 2 für die jeweilige Instanz.

(2) *(aufgehoben)*

(3) [1] Die Entscheidung nach Absatz 1 wird in ihrem Bestand nicht durch die Rücknahme der Klage berührt. [2] Sie kann nur durch eine zu begründende Kostenentscheidung im Rechtsmittelverfahren aufgehoben werden.

(4) [1] Das Gericht kann der Behörde ganz oder teilweise die Kosten auferlegen, die dadurch verursacht werden, dass die Behörde erkennbare und notwendige Ermittlungen im Verwaltungsverfahren unterlassen hat, die im gerichtlichen Verfahren nachgeholt wurden. [2] Die Entscheidung ergeht durch gesonderten Beschluss.

§ 193 [Kostenentscheidung] (1) [1] Das Gericht hat im Urteil zu entscheiden, ob und in welchem Umfang die Beteiligten einander Kosten zu erstatten haben. [2] Ist ein Mahnverfahren vorausgegangen (§ 182a), entscheidet das Gericht auch, welcher Beteiligte die Gerichtskosten zu tragen hat. [3] Das Gericht entscheidet auf Antrag durch Beschluß, wenn das Verfahren anders beendet wird.

(2) Kosten sind die zur zweckentsprechenden Rechtsverfolgung oder Rechtsverteidigung notwendigen Aufwendungen der Beteiligten.

(3) Die gesetzliche Vergütung eines Rechtsanwalts oder Rechtsbeistands ist stets erstattungsfähig.

(4) Nicht erstattungsfähig sind die Aufwendungen der in § 184 Abs. 1 genannten Gebührenpflichtigen.

§ 194 [Mehrheit von Kostenschuldnern] [1] Sind mehrere Beteiligte kostenpflichtig, so gilt § 100 der Zivilprozeßordnung entsprechend. [2] Die Kosten

Sozialgerichtsgesetz §§ 195–198 SGG 20

können ihnen als Gesamtschuldnern auferlegt werden, wenn das Streitverhältnis ihnen gegenüber nur einheitlich entschieden werden kann.

§ 195 [Kostentragung bei Vergleich] Wird der Rechtsstreit durch gerichtlichen Vergleich erledigt und haben die Beteiligten keine Bestimmung über die Kosten getroffen, so trägt jeder Beteiligte seine Kosten.

§ 196 (weggefallen)

§ 197 [Kostenfestsetzung] (1) [1] Auf Antrag der Beteiligten oder ihrer Bevollmächtigten setzt der Urkundsbeamte des Gerichts des ersten Rechtszugs den Betrag der zu erstattenden Kosten fest. [2] § 104 Abs. 1 Satz 2 und Abs. 2 der Zivilprozeßordnung findet entsprechende Anwendung.

(2) Gegen die Entscheidung des Urkundsbeamten der Geschäftsstelle kann binnen eines Monats nach Bekanntgabe das Gericht angerufen werden, das endgültig entscheidet.

§ 197a [Kostenpflichtigkeit] (1) [1] Gehört in einem Rechtszug weder der Kläger noch der Beklagte zu den in § 183 genannten Personen oder handelt es sich um ein Verfahren wegen eines überlangen Gerichtsverfahrens (§ 202 Satz 2), werden Kosten nach den Vorschriften des Gerichtskostengesetzes erhoben; die §§ 184 bis 195 finden keine Anwendung; die §§ 154 bis 162 der Verwaltungsgerichtsordnung sind entsprechend anzuwenden. [2] Wird die Klage zurückgenommen, findet § 161 Abs. 2 der Verwaltungsgerichtsordnung keine Anwendung.

(2) [1] Dem Beigeladenen werden die Kosten außer in den Fällen des § 154 Abs. 3 der Verwaltungsgerichtsordnung auch auferlegt, soweit er verurteilt wird (§ 75 Abs. 5). [2] Ist eine der in § 183 genannten Personen beigeladen, können dieser Kosten nur unter den Voraussetzungen von § 192 auferlegt werden. [3] Aufwendungen des Beigeladenen werden unter den Voraussetzungen des § 191 vergütet; sie gehören nicht zu den Gerichtskosten.

(3) Die Absätze 1 und 2 gelten auch für Träger der Sozialhilfe, soweit sie an Erstattungsstreitigkeiten mit anderen Trägern beteiligt sind.

§ 197b [Ansprüche beim Bundessozialgericht] [1] Für Ansprüche, die beim Bundessozialgericht entstehen, gelten das Justizverwaltungskostengesetz und das Justizbeitreibungsgesetz entsprechend, soweit sie nicht unmittelbar Anwendung finden. [2] Vollstreckungsbehörde ist die Justizbeitreibungsstelle des Bundessozialgerichts.

Zweiter Unterabschnitt. Vollstreckung

§ 198 [Geltung der ZPO] (1) Für die Vollstreckung gilt das Achte Buch der Zivilprozeßordnung entsprechend, soweit sich aus diesem Gesetz nichts anderes ergibt.

(2) Die Vorschriften über die vorläufige Vollstreckbarkeit sind nicht anzuwenden.

(3) An die Stelle der sofortigen Beschwerde tritt die Beschwerde (§§ 172 bis 177).

§ 199 [Vollstreckungstitel] (1) Vollstreckt wird
1. aus gerichtlichen Entscheidungen, soweit nach den Vorschriften dieses Gesetzes kein Aufschub eintritt,
2. aus einstweiligen Anordnungen,
3. aus Anerkenntnissen und gerichtlichen Vergleichen,
4. aus Kostenfestsetzungsbeschlüssen,
5. aus Vollstreckungsbescheiden.

(2) Hat ein Rechtsmittel keine aufschiebende Wirkung, so kann der Vorsitzende des Gerichts, das über das Rechtsmittel zu entscheiden hat, die Vollstreckung durch einstweilige Anordnung aussetzen. ²Er kann die Aussetzung und Vollstreckung von einer Sicherheitsleistung abhängig machen; die §§ 108, 109, 113 der Zivilprozeßordnung gelten entsprechend. ³Die Anordnung ist unanfechtbar; sie kann jederzeit aufgehoben werden.

(3) ¹Absatz 2 Satz 1 gilt entsprechend, wenn ein Urteil nach § 131 Abs. 4 bestimmt hat, daß eine Wahl oder eine Ergänzung der Selbstverwaltungsorgane zu wiederholen ist. ²Die einstweilige Anordnung ergeht dahin, daß die Wiederholungswahl oder die Ergänzung der Selbstverwaltungsorgane für die Dauer des Rechtsmittelverfahrens unterbleibt.

(4) Für die Vollstreckung können den Beteiligten auf ihren Antrag Ausfertigungen des Urteils ohne Tatbestand und ohne Entscheidungsgründe erteilt werden, deren Zustellung in den Wirkungen der Zustellung eines vollständigen Urteils gleichsteht.

§ 200 [Vollstreckung zugunsten der öffentlichen Hand] (1) Soll zugunsten einer Bundesbehörde oder einer bundesunmittelbaren Körperschaft des öffentlichen Rechts oder einer bundesunmittelbaren Anstalt des öffentlichen Rechts vollstreckt werden, so richtet sich die Vollstreckung nach dem Verwaltungsvollstreckungsgesetz.

(2) ¹Bei der Vollstreckung zugunsten einer Behörde, die nicht Bundesbehörde ist, sowie zugunsten einer nicht bundesunmittelbaren Körperschaft oder Anstalt des öffentlichen Rechts gelten die Vorschriften des Verwaltungsvollstreckungsgesetzes entsprechend. ²In diesem Falle bestimmt das Land die Vollstreckungsbehörde.

§ 201 [Vollstreckung von Verpflichtungsurteilen] (1) ¹Kommt die Behörde in den Fällen des § 131 der im Urteil auferlegten Verpflichtung nicht nach, so kann das Gericht des ersten Rechtszugs auf Antrag unter Fristsetzung ein Zwangsgeld bis zu tausend Euro durch Beschluß androhen und nach vergeblichem Fristablauf festsetzen. ²Das Zwangsgeld kann wiederholt festgesetzt werden.

(2) Für die Vollstreckung gilt § 200.

Dritter Teil. Übergangs- und Schlußvorschriften

§ 202 [Entsprechende Anwendung des GVG und der ZPO] ¹Soweit dieses Gesetz keine Bestimmungen über das Verfahren enthält, sind das Gerichtsverfassungsgesetz und die Zivilprozeßordnung einschließlich § 278 Absatz 5 und § 278a entsprechend anzuwenden, wenn die grundsätzlichen Unterschiede der beiden Verfahrensarten dies nicht ausschließen. ²Die Vorschriften des Siebzehnten Titels des Gerichtsverfassungsgesetzes sind mit der Maßgabe entsprechend anzuwenden, dass an die Stelle des Oberlandesgerichts das Landessozialgericht, an die Stelle des Bundesgerichtshofs das Bundessozialgericht und an die Stelle der Zivilprozessordnung das Sozialgerichtsgesetz[1)] tritt. ³In Streitigkeiten über Entscheidungen des Bundeskartellamts, die die freiwillige Vereinigung von Krankenkassen nach § 172a des Fünften Buches Sozialgesetzbuch[2)] betreffen, sind die §§ 63 bis 78 des Gesetzes gegen Wettbewerbsbeschränkungen mit der Maßgabe entsprechend anzuwenden, dass an die Stelle des Oberlandesgerichts das Landessozialgericht, an die Stelle des Bundesgerichtshofs das Bundessozialgericht und an die Stelle der Zivilprozessordnung das Sozialgerichtsgesetz tritt.

§ 203 [Verweisungen auf aufgehobene Vorschriften] Soweit in anderen Gesetzen auf Vorschriften oder Bezeichnungen verwiesen wird, die durch dieses Gesetz aufgehoben werden, treten an deren Stelle die entsprechenden Vorschriften oder die Bezeichnungen dieses Gesetzes.

§ 203a [Sitzungen des BSG in Berlin] Die Senate des Bundessozialgerichts können Sitzungen auch in Berlin abhalten.

§ 204 [Zuständigkeit früherer Versicherungsbehörden und Versorgungsgerichte] Vor die Gerichte der Sozialgerichtsbarkeit gehören auch Streitigkeiten, für welche durch Rechtsverordnung die Zuständigkeit der früheren Versicherungsbehörden oder Versorgungsgerichte begründet worden war.

§ 205 [Vernehmung durch bestimmten Richter] ¹Erfolgt die Vernehmung oder die Verteidigung von Zeugen und Sachverständigen nach dem Zehnten Buch Sozialgesetzbuch[3)] durch das Sozialgericht, findet sie vor dem dafür im Geschäftsverteilungsplan bestimmten Richter statt. ²Über die Rechtmäßigkeit einer Verweigerung des Zeugnisses, des Gutachtens oder der Eidesleistung nach dem Zehnten Buch Sozialgesetzbuch entscheidet das Sozialgericht durch Beschluß.

§ 206 [Übergangsvorschriften] (1) Auf Verfahren in Angelegenheiten der Sozialhilfe und des Asylbewerberleistungsgesetzes, die nicht auf die Gerichte der Sozialgerichtsbarkeit übergehen, ist § 188 der Verwaltungsgerichtsordnung in der bis zum 31. Dezember 2004 geltenden Fassung anzuwenden.

(2) ¹Auf Verfahren, die am 1. Januar 2009 bei den besonderen Spruchkörpern der Gerichte der Verwaltungsgerichtsbarkeit anhängig sind, sind die §§ 1, 50a bis 50c und 60 in der bis zum 31. Dezember 2008 geltenden Fassung anzuwenden. ²Für einen Rechtsbehelf gegen Entscheidungen eines besonderen Spruchkörpers des Verwaltungsgerichts, die nach dem 31. Dezember 2008 ergehen, ist das Landessozialgericht zuständig.

[1)] Nr. 20.
[2)] Nr. 5.
[3)] Nr. 10.

§ 207 [Beschlüsse, Form und Inhalt] ¹ Verfahren in Streitigkeiten über Entscheidungen von Vergabekammern, die Rechtsbeziehungen nach § 69 des Fünften Buches Sozialgesetzbuch[1]) betreffen und die am 28. Dezember 2010 bei den Landessozialgerichten anhängig sind, gehen in dem Stadium, in dem sie sich befinden, auf das für den Sitz der Vergabekammer zuständige Oberlandesgericht über. ² Verfahren in Streitigkeiten über Entscheidungen von Vergabekammern, die Rechtsbeziehungen nach § 69 des Fünften Buches Sozialgesetzbuch betreffen und die am 28. Dezember 2010 beim Bundessozialgericht anhängig sind, gehen auf den Bundesgerichtshof über. ³ Die Sätze 1 und 2 gelten nicht für Verfahren, die sich in der Hauptsache erledigt haben.

§ 208 [Ehrenamtliche Richter] (1) ¹ Ehrenamtliche Richter, die vor dem 1. Januar 2012 nach § 23 Absatz 1 Satz 2 als Mitglieder des Ausschusses der ehrenamtlichen Richter gewählt worden sind, bleiben bis zum Ende der für sie geltenden Wahlperiode im Amt. ² Dies gilt auch für ehrenamtliche Richter, die aus den Vorschlagslisten für den Kreis der Arbeitnehmer vor dem 25. Oktober 2013 in das Amt berufen worden sind.

(2) Ehrenamtliche Richter, die aus den Vorschlagslisten für den Kreis der Arbeitnehmer vor dem 25. Oktober 2013 in das Amt berufen worden sind, bleiben bis zum Ende der Zeit, für die sie berufen worden sind, im Amt und gehören so lange den für Angelegenheiten der Grundsicherung für Arbeitsuchende einschließlich der Streitigkeiten auf Grund des § 6a des Bundeskindergeldgesetzes und der Arbeitsförderung zuständigen Kammern an.

§ 209 § 43 des Einführungsgesetzes zum Gerichtsverfassungsgesetz gilt entsprechend.

§§ 210–217 (weggefallen)

§ 218 *(gegenstandslos)*

§ 219 [Abweichungen der Länder] Die Länder können Abweichungen von den Vorschriften des § 85 Abs. 2 Nr. 1 zulassen.

§§ 220–223 (weggefallen)

---

[1]) Nr. 5.

Sachverzeichnis

Die fetten Zahlen bezeichnen die Gesetze, die mageren Zahlen bezeichnen deren Paragraphen. Die Buchstaben ä, ö und ü sind wie ae, oe und ue in das Alphabet eingeordnet.

Abfindung 7 75–80; Bewilligungsvoraussetzung **7** 76; Erwerbsfähigkeit ab 40 vom Hundert **7** 78; Erwerbsfähigkeit unter 40 vom Hundert **7** 75; Schriftform **7** 102; Umfang **7** 79; Verschlimmerung nach einer **7** 76; Wiederauflebung der abgefundenen Rente **7** 77; Wiederheirat **7** 80
Abfindung von Anwartschaften auf betriebliche Altersversorgung **6** 187 b; Zahlung von Beiträgen **6** 187 b
Abhilfe 20 85
Ablehnung von Gerichtspersonen **20** 60; im Revisionsverfahren **20** 171
Ablichtung, Beglaubigung **10** 29
Abrechnung ärztlicher Leistungen **5** 295 ff.; der Aufwendungen durch Bundesversicherungsamt **6** 227; Feststellung der Richtigkeit **5** 106 d; der Leistungserbringer **5** 295 ff.; Mitteilung der Deutschen Post AG **6** 227
Abrechnungsprüfung 11 79; in der vertragsärztlichen Versorgung **5** 106 d
Abschriften, Beglaubigung durch ausstellende Behörde **10** 29; Erteilung von – **20** 120; der Klage **20** 93
Absehen von der Heranziehung zum Kostenersatz **12** 103
Absendernummer 4 18 n
Absetzbeträge 2 11 b
Absetzungsbetrag bei Erwerbstätigkeit **2** 11
Abstimmung bei Selbstverwaltungsorgan **4** 65
Abwendung einer drohenden Notlage durch vorbeugende Sozialhilfe **12** 15
Abzuschmelzende Anrechte 6 120 h
Änderungen des Verkehrswertes des Vermögens **2** 12
Ärzte 7 4; Anzeigepflicht bei Berufskrankheiten **7** 202; Auskunftspflicht **7** 203; Behandlung durch **7** 28; Berufungsausschuss **5** 97; Betriebsärzte **7** 15, 23; Datenerhebung **7** 201; Datenübermittlung **7** 206; Datenverarbeitung **7** 201; Einschränkung der freien Arztwahl **7** 28; Tierärzte **7** 4; Zahnärzte **7** 4; Zulassungsausschuss **5** 96; Zulassungsverordnung **5** 98
Ärztlich verordnete Leistungen, Wirtschaftlichkeitsprüfung **5** 106 b

Ärztliche Behandlung, elektronische Gesundheitskarte **5** 291; Erbringung **5** 15; Hilfeleistung anderer Personen **5** 15; Krankenversichertenkarte **5** 15; Umfang, Zuzahlung **5** 28
Akteneinsicht 20 120; durch Beteiligte **10** 25
Aktenlage, Entscheidung nach – **20** 110, 126
Aktueller Rentenwert, Anpassungsmitteilung bei Änderung **6** 118 a; Anwendung zum 1. 7. 2024 **6** 255 c; Begriff **6** 63, 68; Bestimmung des neuen – **6** 68; Bestimmung für die Zeit vom 1. 7. 2018 bis 1. 7. 2026 **6** 255 d; Nettoquote für das Arbeitsentgelt **6** 68; Ost **6** 255 a; Rentennettoquote **6** 68; Sonderregelung für – im Beitrittsgebiet **6** 255 a, Anpassung der Renten **6** 254 c; verfügbare Standardrente **6** 68; Verordnungsermächtigung **6** 69, 255 b; volkswirtschaftliche Gesamtrechnung **6** 68
Alleinerziehende, Mehrbedarf **2** 21; **12** 30
Allgemeine Verwaltungsvorschriften 12 116
Altenhilfe 12 71
Altenpflege, Weiterbildungsförderung **3** 131 b
Alter, Grundsicherung **12** 41
Altersabhängige Rechte und Pflichten 1 33 a
Altersgrenze 2 7 a
Altersrente nach Altersteilzeitarbeit **6** 237; Anhebung der – **6** 236; wegen Arbeitslosigkeit, Sonderregelung **6** 237; für besonders langjährig Versicherte **6** 236 b; für Frauen, Sonderregelung **6** 237 a; Grundregel **6** 35; für langjährig unter Tage beschäftigte Bergleute **6** 40; Sonderregelung **6** 238; für langjährig Versicherte **6** 36, 236; für schwerbehinderte Menschen **6** 37, 236 a; Vollrente und Teilrente **6** 42
Altersrente und Kündigungsschutz 6 41
Altersrückstellungen 7 172 c
Alterssicherung 12 33, 64 f
Altersteilzeit 2 7 a
Altersteilzeitgesetz, Sonderregelungen **6** 279 g
Altersversorgungsverpflichtungen, Deckungskapital **5** 171 e
Altersvorsorge 2 11, 12

1937

Sachverzeichnis

Fette Ziffern = Gesetzesnummern

Ambulant Betreute 12 130
Ambulant betreute Wohngruppen, Anschubfinanzierung zur Gründung **11** 45 e; zusätzliche Leistungen für Pflegebedürftige **11** 38 a; Zuschlag für Pflegebedürftige **11** 38 a
Ambulante Behandlung durch Einrichtungen der Behindertenhilfe **5** 119 a; Ermächtigung **5** 116; durch Hochschulambulanzen **5** 117; durch Krankenhäuser bei Unterversorgung **5** 116 a; durch Krankenhausärzte **5** 116; Zulassungsausschuss **5** 116
Ambulante Behandlung in stationären Pflegeeinrichtungen 5 119 b
Ambulante Krankenhausleistungen, Vergütung **5** 120
Ambulante Leistungen 12 13
Ambulante Palliativversorgung 5 37 b
Ambulante Pflegeleistungen, Bemessungsgrundsätze für Vergütungsregelung **11** 89; Gebührenordnung **11** 90
Ambulante psychiatrische Versorgung 5 115 d
Ambulante Spezialfachärztliche Versorgung 5 116 b
Ambulantes Operieren 5 115 b
Amtsdauer der Mitglieder der Selbstverwaltungsorgane **4** 58
Amtsenthebung von ehrenamtlichen Richtern **20** 22
Amtshilfe 10 3–7; **20** 5; Auswahl der Behörde **10** 5; Durchführung der – **10** 6; Kosten der – **10** 7; Voraussetzungen und Grenzen der – **10** 4
Amtspflichtverletzung, Haftung **4** 42
Amtssprache 10 19
Anerkanntes Krankenhaus, Arten **5** 108; Begriff **5** 108; Krankenhausbehandlung **5** 108; Krankenhausgesellschaften **5** 108 a
Anerkenntnis 20 101; als Vollstreckungstitel **20** 199
Anerkennungsverfahren von Werkstätten für behinderte Menschen **9** 225
Anfechtung der Wahl **4** 57
Anfechtungsklage, aufschiebende Wirkung **20** 86 a; Urteilsformel **20** 131; Vorverfahren **20** 78
Anfrageverfahren 4 7 a
Angabe von Tatsachen **1** 60
Angaben über Leistungsvoraussetzungen, Aufzeichnungspflicht der KK **5** 292; Erprobung der Beitragsrückzahlung **5** 65, 292
Angehörige im Verwaltungsverfahren **10** 16
Anhörung eines bestimmten Arztes **20** 109; Beteiligter **10** 24; des Widerspruchsführers **9** 204

Anhörungsrüge 20 178 a
Ankleiden 12 61 a
Anlegung der Rücklage **4** 83
Anordnungen, sofort vollziehbare **7** 19; Zustellung **20** 63
Anordnungsermächtigung 3 43
Anpassung, Anpassungsfaktor **7** 95; durch die Deutsche Post AG **7** 99; Geldleistungen **7** 95; Jahresarbeitsverdienst **7** 89; Pflegegeld **7** 44; Verletztengeld **7** 47
Anpassungsmitteilung 6 118 a
Anrechenbare Zeiten, Sonderregelung **6** 244
Anrechnungszeiten 6 58; Meldung **6** 193; pauschale –, Sonderregelung **6** 253; Sonderregelung **6** 252, im Beitrittsgebiet **6** 252 a
Anspruch auf Sozialhilfe **12** 17
Anspruchsübergang, Sozialhilfe **12** 93
Ansprüche, Entstehen **1** 40
Anstalten des öffentlichen Rechts 7 2
Antibiotika 5 35
Antrag, Antragsrecht des Sozialhilfeträgers **12** 95; Grundsicherung im Alter **12** 41, für Arbeitsuchende **2** 37, bei Erwerbsminderung **12** 41; über Gültigkeit einer Satzung nach § 22 a Abs. 1 SGB II **20** 55 a; auf Sozialleistungen **1** 16
Antrags- und Bescheinigungsverfahren, elektronisches **4** 106–108
Antragstellung 1 16; wiederholte **10** 28
Antragstellung im automatisierten Verfahren 6 121 a
Antriebsstörungen 12 61 a
Anwerbung aus Ausland 3 292
Anzeige des Übergangs von Ansprüchen auf Träger der Sozialhilfe **12** 93
Anzeige- und Bescheinigungspflicht bei Arbeitsunfähigkeit 2 56
Anzeigepflicht bei Versicherungsfällen **7** 193
Anzeigeverfahren bei Arbeitsverhältnissen mit schwerbehinderten Menschen **9** 163; Zuständigkeit der Bundesagentur für Arbeit **9** 187
Apotheker 7 4
Arbeit, zumutbare **2** 9 f.
Arbeiten unter Tage, Gleichstellung **6** 61
Arbeitgeber, Auskunftspflicht **2** 57; **12** 117; Ausstellung einer Einkommensbescheinigung **4** 18 c; Geldleistungen für außergewöhnliche Belastungen bei der Beschäftigung schwerbehinderter Menschen **9** 185; Haftung **7** 104; der Hausgewerbetreibenden oder Heimarbeiter **4** 12; Pflicht zur Beschäftigung schwerbehinderter Menschen **9** 154; Pflichten gegenüber schwerbehinderten Menschen **9** 164; Zusam-

Sachverzeichnis

menarbeit mit den Arbeitnehmervertretungen **9** 182; Zusammenwirken mit Bundesagentur für Arbeit **9** 163; Zusammenwirken mit Integrationsämtern **9** 163
Arbeitgeberanteil bei Befreiung von Versicherungspflicht **6** 172; bei Versicherungsfreiheit **6** 172, 276 a
Arbeitnehmer, Ausstrahlung **4** 4; Beschäftigungsort **4** 9 ff.; Einstrahlung **4** 5; Feststellungsberechtigung **7** 109; Haftung **7** 105; Sozialversicherung **4** 2
Arbeitnehmervereinigungen, Vorschlagsrecht **4** 48 a
Arbeitsämter, Einrichtung besonderer Stellen **9** 187
Arbeitsassistenz, Kostenübernahme bei Notwendigkeit **9** 185
Arbeitsbedingte Gesundheitsgefahren, Prävention **5** 20 c
Arbeitsbereich, Leistungen im – **9** 58, 60
Arbeitsbeschaffungsmaßnahmen 2 16; Aufgabe der Bundesagentur für Arbeit **9** 187
Arbeitsbescheinigung 3 312, 312 a
Arbeitseinkommen 4 15
Arbeitsentgelt 4 14; **9** 221; einmalig gezahltes, Beitragsansprüche **4** 22; schwerbehinderter Menschen **9** 206; in Werkstätten für behinderte Menschen **9** 221
Arbeitsförderung 1 3; **3** 1; Arbeitsmarktberatung **3** 34; Arbeitsvermittlung und Ausbildungsvermittlung **3** 35–40; Auswahl von Leistungen der aktiven – **3** 7; Beiträge **3** 341–345 b; Beitragsverfahren **3** 346–353; Berechtigte **3** 12–21; Berufsberatung **3** 29–33; Besondere Bezugsgröße, Beitragsbemessungsgrenze **3** 408; Beteiligung des Bundes **3** 363–365; Bußgeldvorschriften **3** 404, 405; Eingliederungsbilanz **3** 11; Einschränkung des Fragerechts **3** 41; Ergänzungen für übergangsweise mögliche Leistungen **3** 417 ff.; Grundsätze der Rechtsänderungen **3** 422; Grundsatz der Unentgeltlichkeit der Beratung und Vermittlung **3** 42; Insolvenzgeld **3** 358; Leistungen **1** 19; Leistungen der – **3** 3; ortsnahe Leistungserbringung **3** 9; Rücklage **3** 366; Selbstinformationseinrichtungen, Datenschutz **3** 40; Sonderregelungen zur Einordnung der Arbeitsförderung in das SGB **3** 425–430; Übergangsregelungen **3** 434–444 a; Umlagen **3** 354–362; Vereinbarkeit von Familie und Beruf **3** 8; Verhältnis zu anderen Leistungen **3** 22; versicherungsfreie Personen **3** 27, 28; Versicherungspflicht **3** 24–26; Vorleistungspflicht der – **3** 23; Vorrang der aktiven – **3** 5; Vorrang der Vermittlung **3** 4; Ziele der – **3** 1; Zusammenarbeit **3** 9 a; Zusammenwirken von Arbeitnehmern und Arbeitgebern mit den Agenturen für Arbeit **3** 2
Arbeitsförderungsbeiträge, Absetzung vom Einkommen **12** 82
Arbeitsförderungsgeld 9 59; Absetzung vom Einkommen **12** 82
Arbeitsgelegenheit 2 16
Arbeitsgelegenheiten 2 16 d
Arbeitsgemeinschaft für Aufgaben der Datentransparenz **5** 303 a; Sozialleistungsträger **12** 4
Arbeitsgemeinschaften 5 219
Arbeitsgenehmigung-EU 3 284
Arbeitshilfe für behinderte Menschen **3** 46
Arbeitskraft 12 2
Arbeitsleben, Sicherung der Teilhabe am **12** 54; Teilhabe behinderter Menschen am – **2** 16
Arbeitslose, Anzeige- und Bescheinigungspflichten **3** 311–314; Auskunftspflichten Dritter **3** 315–318; Begriff **3** 16; Meldepflichten **3** 309, 310; Mitwirkungs- und Duldungspflichten Dritter **3** 319; sonstige Arbeitgeberpflichten **3** 320
Arbeitslosengeld, Anrechnung von Nebeneinkommen **3** 155; Anspruch auf – **3** 136; Anspruchsdauer **3** 147; Anspruchsvoraussetzungen bei Arbeitslosigkeit **3** 137; Anspruchsvoraussetzungen bei beruflicher Weiterbildung **3** 144; Anwartschaftszeit **3** 142; Arbeitslosigkeit **3** 138; Bemessungsentgelt **3** 151; Bemessungszeitraum und Bemessungsrahmen **3** 150; Berechnung und Leistung **3** 154; Erlöschen des Anspruchs **3** 161; fiktive Bemessung **3** 152; Höhe **3** 149–154; Leistungsentgelt **3** 153; Leistungsfortzahlung bei Arbeitsunfähigkeit **3** 146; Minderung der Anspruchsdauer **3** 148; Minderung der Leistungsfähigkeit **3** 145; persönliche Arbeitslosmeldung **3** 141; Rahmenfrist **3** 143; Ruhen des Anspruchs, bei anderen Sozialleistungen **3** 156, bei Arbeitsentgelt und Urlaubsabgeltung **3** 157, bei Arbeitskämpfen **3** 160, bei Entlassungsentschädigung **3** 158, bei Sperrzeit **3** 159; Sonderfälle der Verfügbarkeit **3** 139; Sonderregelung **3** 419; zumutbare Beschäftigungen **3** 140
Arbeitslosengeld II 2 19; Absenkung und Wegfall **1** 31; Beginn und Dauer der Minderung **2** 31 b; und Leistungen bei medizinischer Rehabilitation und Verletztengeld **2** 25; Minderung bei Pflichtverletzungen **2** 31 a, 32; Pflichtverletzungen **2** 31, 31 a; Teilzahlungen **2** 43 a

1939

Sachverzeichnis

Fette Ziffern = Gesetzesnummern

Arbeitslosigkeit, Rente **7** 58
Arbeitsmarkt- und Berufsforschung 3 282
Arbeitsmarktberichterstattung 3 283
Arbeitsmarktmonitoring 2 18
Arbeitsmarktprogramm Flüchtlingsintegrationsmaßnahmen **3** 421 a
Arbeitsmarktprogramme für schwerbehinderte Frauen **9** 187
Arbeitsmarktstatistiken 3 281
Arbeitsmittel, Prüfung **7** 19
Arbeitsorganisation, Internationale – **5** 16 ff.
Arbeitsplatz, Begriff **9** 156; Berechnung zur Mindestzahl **9** 157; Einrichtung schwerbehindertengerechter Arbeitsplätze **9** 185; Erschließung und Vorbereitung **9** 193
Arbeitsschutz 2 16; Datenerhebung und -verarbeitung **7** 201; medizinischer **7** 9; zuständige Landesbehörden **7** 20
Arbeitssicherheit, Fachkräfte für **7** 15
Arbeitsstätte, Weg zur **7** 8
Arbeitstherapie 5 42; **7** 26
Arbeitsunfähigkeit 2 56; Verletztengeld **7** 45 f.
Arbeitsunfall, Anzeigepflicht **7** 193; auf dem Arbeitsweg **7** 8; Begriff **7** 8; statistischer Bericht **7** 25; Entschädigung **7** 1; Hilfsmittel **7** 8; mittelbare Folgen **7** 11; Prävention **7** 1, 14 ff.; Rehabilitation **7** 1; in der Schifffahrt **7** 10; Unfalluntersuchung **7** 103; Versicherungsfall **7** 7
Arbeitsvermittlung 2 16
Arbeitsverweigerung 12 39 a
Artisten, Sozialversicherung **4** 2
Arznei- und Heilmittelvereinbarung 5 84
Arznei- und Verbandmittel 7 29; Anspruch auf Versorgung mit – **5** 31; Festbetrag **5** 31, 35; Kostentragung **5** 31; Zuzahlung zu Kosten der – **5** 31
Arzneimittel 7 26, 33; **12** 50, 51; Abgabe durch Krankenhausapotheke **5** 129 a; Abgabe von – **5** 129; Anspruch auf Versorgung mit – **5** 31; Ausschluss von Versorgung mit – **5** 34; Bewertung des Nutzens von **5** 35 b; elektronische Programme zur Verordnung **5** 73; Erstattungsbeträge **5** 130 b, 130 c; Festbetrag **5** 31, 35; Klage gegen Zusammenstellung der – **5** 92; Kostentragung **5** 31; nicht verschreibungspflichtige **5** 34; unwirtschaftliche – **5** 34; Zuzahlung zu Kosten der – **5** 31
Arzneimittel mit neuen Wirkstoffen, Bewertung des Nutzens **5** 35 a
Arzneimittelabgabepreis, Festbetrag **5** 130; Rabatt **5** 130

Arzneimittelabrechnung 5 300
Arzneimittelversorgung, Modellvorhaben **5** 64 a
Arzneimittelversorgung in klinischen Studien 5 35 c
Arzt, ärztliche Bescheinigung **2** 56; Anhörung **20** 109; freie Arztwahl **12** 52; Schwangerschaft und Mutterschutz **12** 50
Arztregister, Eintragung **5** 95; Eintragungsvoraussetzung für Vertragsärzte **5** 95 a; Eintragungsvoraussetzungen für Psychotherapeuten **5** 95 c; Zulassungsbezirk **5** 95
Assistenzleistungen 9 76, 78; Umfang **9** 78
Assistierte Ausbildung 3 130
Asylbewerber, Grundsicherung für Arbeitsuchende **2** 7
Aufbau einer Lebensgrundlage, Mittel zum – **12** 90
Aufbewahrungspflicht 4 110 a–110 c
Aufbringung der Mittel **4** 20
Aufenthalt s. gewöhnlicher Aufenthalt
Auffälligkeitsprüfungen 5 296
Aufgaben 4 30; der Altenhilfe **12** 71; der Eingliederungshilfe **12** 53; der Grundsicherung für Arbeitsuchende **2** 1; des Sozialgesetzbuches **1** 1; der Sozialhilfe **12** 1; der Versicherungsämter **4** 93; der Vertreterversammlung **4** 33; der Weiterführung des Haushalts **12** 70
Aufgabenerledigung durch Dritte 5 197 b
Aufhebung eines Verwaltungsaktes **2** 40; **10** 48
Aufklärung durch Leistungsträger **1** 13
Aufklärungsmaßnahmen durch die Integrationsämter **9** 185
Aufklärungspflicht des Vorsitzenden **20** 106
Aufnahme von Nahrung **12** 61 a
Aufrechnung 1 51; bei Grundsicherung für Arbeitsuchende **2** 43; bei der Hilfe zum Lebensunterhalt **12** 26; im Sozialgerichtsverfahren **20** 141; Übergangsregelung **2** 65 e
Aufschiebende Wirkung der Beschwerde **20** 175; Entfallen der – **3** 336 a; in der Grundsicherung für Arbeitsuchende **2** 39; Rechtsbehelfe gegen Überleitungsanzeige **12** 93; Vollstreckungsaussetzung bei Fehlen **20** 199; des Widerspruchs **20** 86 a
Aufsicht in der Grundsicherung für Arbeitsuchende **2** 47, 48; über Versicherungsträger **4** 87–90; über zugelassene kommunale Träger **2** 48
Aufsichtsbehörde der Versicherungsträger **4** 90, Zuständigkeitsbereich **4** 90 a

Magere Ziffern = §§ **Sachverzeichnis**

Aufsichtspersonen 7 18; Befugnisse **7** 19; für die Unfallverhütung **7** 17
Aufstehen 12 61 a
Auftragsvergabe an Werkstätten für behinderte Menschen **9** 223
Aufwendungen, Erstattung bei Eilfällen **12** 25; notwendige – **20** 193
Aufwendungsersatz 1 65 a
Aus- und Fortbildung, Arbeitsentgelt **7** 23; berufsfördernde Leistung zur Rehabilitation **7** 35; Betriebsärzte **7** 23; Fachkräfte für Arbeitssicherheit **7** 23; Gebrauch von Hilfsmitteln **7** 31; Kosten **7** 23; Sicherheitsingenieure **7** 23; durch die Unfallversicherungsträger **7** 23
Aus- und Weiterbildungsdienstleistungen, vergabespezifisches Mindestentgelt **3** 185
Ausbildung, Aufgabe der Bundesagentur für Arbeit **9** 187
Ausbildung- und Arbeitsuchende, Begriff **3** 15
Ausbildungsförderung, Ausländerinnen und Ausländer **3** 132; Leistungen **1** 18
Ausbildungsgeld 3 119–126
Ausbildungshilfe für behinderte Menschen **12** 54
Ausbildungsplätze für schwerbehinderte Menschen **9** 187
Ausbildungsvergütung 11 82 a
Ausbildungsvermittlung, Datenverarbeitung und -nutzung **2** 50 a; Vergütung bei – **3** 296 a
Ausbildungszuschüsse 9 50
Ausfertigung der Urteile **20** 137
Ausgaben, Absetzung notwendiger A. vom Einkommen **2** 11; **12** 82
Ausgabevolumen 5 84
Ausgeschlossene Personen im Verwaltungsverfahren **10** 16
Ausgestaltung sozialer Rechte **1** 33
Ausgleichsabgabe, Anrechnung von Aufträgen an Werkstätten für behinderte Menschen **9** 223; Höhe **9** 160; wegen Nichterfüllung der Pflichtarbeitsplatzzahl **9** 160; Verordnungsermächtigung **9** 162
Ausgleichsfonds zur Förderung der Teilhabe schwerbehinderter Menschen **9** 161; in der Pflegeversicherung **11** 65
Ausgleichsjahr 7 177
Ausgleichspflicht zwischen Berufsgenossenschaften **7** 173–175
Auskleiden 12 61 a
Auskunft durch Sozialleistungsträger **1** 15
Auskunfts- und Beratungsstellen 6 131
Auskunfts- und Mitteilungspflichten der Versicherten **5** 206; **6** 196

Auskunfts- und Vorlagepflicht des Beschäftigten **4** 28 o
Auskunftspflicht 2 60; **12** 117; des Arbeitgebers **2** 57; bei Kurzarbeitergeld **3** 317; bei Leistung von Insolvenzgeld **3** 316; bei Leistungen zur Eingliederung in Arbeit **2** 61; der Sozialversicherungsträger **4** 104, Informationsportal **4** 105; bei statistischen Erhebungen **12** 125; der Versicherungsämter **4** 93; bei Wintergeld **3** 317
Ausländer, Grundsicherung für Arbeitsuchende **2** 7 f.; Sozialhilfe **12** 23
Ausländerinnen und Ausländer, Sonderregelung für die Ausbildungsförderung **3** 132
Ausländische Kinder und Jugendliche, Altersfeststellung unbegleitet eingereister – **8** 42 f; Amtsvormundschaft für unbegleitet eingereiste – **8** 88 a; Aufnahmequote **8** 42 c, 42 d; Berichtspflicht über Situation unbegleitet eingereister – **8** 42 e; Grundrechtseinschränkungen unbegleitet eingereister – **8** 106; unbegleitete Einreise **8** 42 a; Verfahren zur Verteilung **8** 42 b; Verteilungsverfahren **8** 42 b; vorläufige Inobhutnahme **8** 42 a
Ausländische Staaten, Gegenseitigkeitsverträge **5** 16
Ausländisches Einkommen, Umrechnung **4** 17 a
Auslagen bei ehrenamtlicher Tätigkeit **4** 41; Ersatz für Beteiligte **20** 191
Ausland, Deutsche im **7** 2; Deutsche Verbindungsstelle Krankenversicherung – **5** 219 a–219 d; Geldleistungen aus dem **7** 98; Geldleistungen ins **7** 97; Kostenerstattung bei Einreise aus dem – **12** 108; Sozialhilfe für Deutsche im – **12** 24; Unfallverhütungsvorschriften für ausländische Unternehmen **7** 16
Auslandsaufenthalt, vorübergehender **12** 41 a
Auslandsvermittlung 3 292
Auslandsversicherte, Sonderregelungen für – **5** 269
Auslandsversicherung 7 140; Aufsicht **7** 141; gemeinsame Einrichtungen **7** 142; Träger **7** 141
Ausrüstungsbeihilfe 2 16
Ausschließung von Gerichtspersonen **20** 60
Ausschluss der Beitragserhöhung **5** 71; der Rechtsnachfolge **1** 59
Ausschüsse, besondere – **4** 36 a
Außergerichtliche Verhandlungen, Vertretung der Versicherungsträger **4** 33, 35, 36

1941

Sachverzeichnis

Fette Ziffern = Gesetzesnummern

Außerordentliche Kündigung gegenüber schwerbehinderten Menschen **9** 174; Vereinbarungen mit Leistungserbringern **12** 78
Außerplanmäßige Ausgaben von Versicherungsträgern **4** 73
Aussetzung wegen Vorfragen **20** 114
Ausstrahlung, Kostenerstattungspflicht der KK **4** 4
Austauschvertrag 10 55
Ausübung des Wahlrechts **5** 175
Ausweis, Erfassung **9** 236; für schwerbehinderte Menschen **9** 152; Verordnungsermächtigung **9** 153
Auszahlung von Geldleistungen **1** 47; der Grundsicherung für Arbeitsuchende **2** 42; bei Unterbringung **1** 49; bei Verletzung der Unterhaltspflicht **1** 48
Auszubildende, Begriff **3** 14; Leistungen für – **2** 27
Auszubildender, Grundsicherung für Arbeitsuchende **2** 7; Hilfe zum Lebensunterhalt **12** 22
Automatisierter Datenabgleich in der Grundsicherung für Arbeitsuchende **2** 52; Überprüfung der Bezieher von Sozialleistungen **12** 118
Automatisierter Erlass eines Verwaltungsaktes **10** 31 a

Baden 12 61 a
BAföG 2 7; **12** 22
Barbetrag 12 90; Erstattung des – **12** 136
Barrierefreie Computer 9 84
Beamte 7 4; Rente **7** 61; schwerbehinderte **9** 211
Beamtengesetze 7 56
Beanstandung von Rechtsverstößen **4** 38
Beauftragung Dritter mit der Vermittlung **2** 16; von Trägern mit Eingliederungsmaßnahmen **2** 16
Bedarf bei der Grundsicherung im Alter und bei Erwerbsminderung **12** 42
Bedarfe, Direktzahlung **12** 43 a; Gesamtbedarf **12** 43 a; für Unterkunft und Heizung **12** 42 a; Zahlungsanspruch **12** 43 a
Bedarfe für Bildung und Teilhabe 2 28; **12** 34; Erbringung **2** 29
Bedarfe für die Vorsorge 12 33
Bedarfe für Unterkunft und Heizung, Übergangsregelung **12** 133 b
Bedarfsdeckung, Vermutung der – **12** 39
Bedarfsermittlung, Instrumente der – **12** 142
Bedarfsgemeinschaft in der Grundsicherung für Arbeitsuchende **2** 7, 9, 20, 38
Bedarfsplan, Anrufung des Landesausschusses **5** 99; Krankenhausplanung **5** 99; Raumordnung und Landesplanung **5** 99; Sicherstellung der kassenärztlichen Versorgung **5** 99; Veröffentlichung **5** 99
Bedarfssätze, Anpassung **3** 60
Bedrohung von Arbeitslosigkeit 3 17
Beeidigung von Zeugen und Sachverständigen **20** 118
Beeinträchtigung der Selbständigkeit 11 17 a
Beerdigung, Kostenübernahme **12** 74
Befangenheit bei Amtsausübung **10** 17; eines Mitglieds des Widerspruchsausschusses **9** 204; des Richters **20** 60
Beförderungsdienst, Leistungen zur Mobilität **9** 83
Befreiung von der Beitragstragung 3 418
Befristete Leistungen 3 131–135; ergänzende Leistungen **3** 133; Gerüstbauerhandwerk **3** 133; innovative Ansätze **3** 135; kleine und mittlere Unternehmen **3** 131 a, 131 b; Saison-Kurzarbeitergeld **3** 133; Sonderregelung zur Eingliederung von Ausländerinnen und Ausländern mit Aufenthaltsgestattung **3** 131; Übergangsregelung zum Gründungszuschuss **3** 132; Weiterbildungsförderung **3** 131 a, 131 b
Befristeter Zuschlag, Absenkung und Wegfall **1** 31
Beginn des Verwaltungsverfahrens **10** 18; des Verwaltungsverfahrens, Fristen und Termine **10** 26
Beglaubigung, amtliche **10** 29, 30
Begrenzte Gesamtleistungsbewertung, Anrechnungszeiten **6** 74
Begutachtung, Sachverständiger **9** 17; bei Sterilisation **12** 51
Begutachtungskosten, Erstattung **6** 224 b
Begutachtungsverfahren 11 17 a; Dienstleistungsorientierung **11** 18 a; in der Pflegeversicherung, Übergangsregelungen **11** 142
Behandlung, stationäre **7** 2; bei Sterilisation **12** 51; teilstationäre **7** 2
Behandlungsbedarf der Versicherten 5 87 a
Behandlungsfehler 5 66
Behandlungsmethoden, Erprobung von – **5** 137 e
Behandlungszentren, medizinische **5** 119 c
Beheizen 12 61 a
Behinderte Menschen 12 53, 61 a; Begriff **3** 19; Bestandsschutz für – in häuslicher Pflege **11** 145; Eingliederungshilfe **12** 8, 53–60; Förderung der Teilhabe am Arbeitsleben **3** 112–114; Haushaltshilfe **7** 42; Kinder **2** 16; Kraftfahrzeughilfe **7** 40;

Magere Ziffern = §§   **Sachverzeichnis**

Mehrbedarf **12** 30; Pflege in Einrichtungen **12** 55; Rehabilitation und Teilhabe **1** 29; Sozialversicherung **4** 2; Teilhabe **1** 10; unentgeltliche Beförderung im öffentlichen Personenverkehr **9** 228; Unfallversicherung **7** 2; Vermögenseinsatz **12** 92; Wohnungshilfe **7** 41
Behindertenausweis, Verordnungsermächtigung **9** 153; Zuständigkeitsübertragung auf andere Behörden **9** 190
Behindertenhilfe, ambulante Behandlung **5** 119 a
Behinderung, Abwendung **9** 4; Ausweis **9** 152; Begriff **9** 2; Beseitigung **9** 4; Feststellung der – **9** 152; Folgenmilderung **9** 4; Gleichgestellte **9** 2; Grad der – **9** 152; mehrere Beeinträchtigungen **9** 152; Minderung **9** 4; Übergangsregelung **9** 241; weitere gesundheitliche Merkmale **9** 152
Behördliche Verfahrenshandlungen, Rechtsbehelf gegen – **20** 56 a
Beigeladene 20 69
Beihilfe für Hinterbliebene **7** 63; Witwen-, Witwer- und Waisenbeihilfe **7** 71
Beihilfen nach dem BEG **2** 11; **12** 82
Beiladung 20 75; in der Revision **20** 168
Beirat für die Teilhabe von Menschen mit Behinderungen, Aufgaben und Zusammensetzung **9** 86; Lageberichte **9** 88; Verordnungsermächtigung **9** 89; Wahl des Vorsitzenden und Stellvertreters **9** 87
Beisitzer, Fragerecht **20** 112
Beistände 10 13
Beistand 20 73
Beiträge 5 241–248; Arbeitgeberanteil bei Versicherungsfreiheit **6** 172; Aufbringung der Mittel **4** 20; **5** 220–225; Beanstandung von Pflichtbeiträgen **4** 26; beitragspflichtige Einnahmen bei flexiblen Arbeitszeitregelungen **4** 23 b; Beitragssätze **6** 158; Bemessung **4** 21; Bemessungsgrenzen **6** 159; Bemessungsgrundlagen **6** 161; Berechnungsgrundsätze **6** 189; einmalig gezahltes Arbeitsentgelt als beitragspflichtige Einnahmen **4** 23 a; Erhöhung **5** 220–222; Erstattung **5** 231; Erstattung zu Unrecht entrichteter – **4** 26; Fälligkeit **4** 23; Grundsatz **6** 157; Höhe **5** 3; Pauschalierung **3** 345 a; Säumniszuschlag **4** 24; sonstige nicht beitragspflichtige Einnahmen **4** 23 c, 118; Verjährung **4** 25; Wirksamkeit, freiwillige Beiträge **6** 197, Härtefälle **6** 197, Pflichtbeiträge **6** 197
Beitragsabrechnung bei Bezug von Sozialleistungen **6** 176; bei Pflegepersonen **6** 176 a
Beitragsabzug, Anspruch des Arbeitgebers gegen Beschäftigten **4** 28 g

Beitragsansprüche, Entstehen **4** 22; Übergang von – **10** 119; Zusammentreffen mehrerer Beschäftigungen **4** 22
Beitragsbemessung aus Renten- und Versorgungsbezügen, Übergangsregelung **5** 322; bei Rentenantragstellern **5** 239
Beitragsbemessungsgrenze 5 223; **6** 159; im Beitrittsgebiet **6** 275 a, Verordnungsermächtigung **6** 275 b; Sonderregelung **6** 260; Verordnungsermächtigung **6** 160
Beitragsbemessungsgrundlagen für freiwillig Versicherte im Beitrittsgebiet **6** 279 b; Grundsatz **6** 161
Beitragsberechnung 3 341; Nachversicherung **6** 181; Verordnungsermächtigung **6** 178
Beitragsberechnungsgrundlagen, Änderung **6** 200
Beitragsbescheid 7 168
Beitragserhebung bei überbetrieblichen arbeitsmedizinischen und sicherheitstechnischen Diensten **7** 151
Beitragserstattung 3 351; Antrag **6** 210; Auflösung des Versicherungsverhältnisses **6** 210; von Aufwendungen **6** 179; Begrenzung im Beitrittsgebiet **6** 286 d; Frist **6** 210; Höhe **6** 210; bei Inanspruchnahme von Sach- oder Geldleistung **6** 210; Verordnungsermächtigung **6** 180; Versorgungsausgleich **6** 210; zu Unrecht gezahlte Beiträge **6** 211
Beitragsfreie Zeiten, Zuordnung zur kn RV, Sonderregelung **6** 254
Beitragsfreiheit bei Erziehungsgeld, Krankengeld, Mutterschaftsgeld **5** 224; bestimmter Rentenantragsteller **5** 225
Beitragsgeminderte Zeiten, Sonderregelung **6** 246
Beitragshaftung, Übergangsregelung **4** 116 a
Beitragshöhe, Arbeitsentgelte **7** 153; nach Arbeitsstunden **7** 156; Berechnung **7** 167; Berechnungsgrundlagen **7** 153; Berechnungsgrundlagen in der Landwirtschaft **7** 182; Bescheid **7** 168; Gefahrklassen **7** 153; bei Küstenfischern **7** 163; Mindestbeitrag **7** 161; Nachlässe **7** 162; Prämien **7** 162; Satzung **7** 153, 167, 183; Umlage **7** 152; Umlageverfahren **7** 165–170; nach der Zahl der Versicherten **7** 155; Zuschläge **7** 162
Beitragsnachzahlung für Ausbildungszeiten **6** 207; bei Ausscheiden aus internationaler Organisation **6** 204; Beitragsberechnung **6** 209; berechtigte **6** 209; für Geistliche und Ordensleute **6** 206; bei Strafverfolgungsmaßnahmen **6** 205

1943

Sachverzeichnis

Fette Ziffern = Gesetzesnummern

Beitragspflicht 5 223; Beitragspflichtige **7** 150
Beitragspflichtige Einnahmen 3 342–345; **5** 223; **6** 162; von behinderten Menschen in Einrichtungen **5** 235; Bezieher von Arbeitsförderungsleistungen **5** 232 a; Bezieher von Pflegeunterstützungsgeld **5** 232 b; Bezirksschornsteinfegermeister **6** 165; freiwillig versicherter Rentner, Rangfolge der Einnahmearten **5** 238 a; freiwillige Weiterversicherung **3** 345 b; freiwilliger Mitglieder **5** 240; Hausgewerbetreibende **6** 165; bei Hebammen und Handwerkern, Sonderregelung **6** 279; von Jugendlichen **5** 235; der Künstler und Publizisten **5** 234; **6** 165; Küstenschiffer und Küstenfischer **6** 165; mitarbeitender Ehegatten, im Beitrittsgebiet **6** 279 a; der Mitglieder der Pflegekassen **11** 57; Pflegepersonen **6** 166; der Praktikanten **5** 236; Rangfolge der Einnahmearten **5** 230; von Rehabilitanden **5** 235; Rente **5** 228; der Seeleute **5** 233; Seelotsen **6** 165; selbständig Tätige **6** 165; Sonderregelung, ehrenamtliche Arbeitnehmer **6** 163, Seeleute **6** 163, für unständig Beschäftigte **5** 162; sonstiger Versicherter **6** 166; der Studenten **5** 236; unständig Beschäftigter **5** 232; versicherungspflichtig Beschäftigter **5** 226; versicherungspflichtiger Rentner **5** 237, Rangfolge der Einnahmearten **5** 238; Versorgungsbezüge **5** 229
Beitragspflichtige Einnahmen versicherungspflichtiger Rückkehrer 5 227
Beitragssatz 3 341; allgemeiner **5** 241; für Bezieher von Arbeitslosengeld II **5** 246; ermäßigter **5** 243; für freiwillige Mitglieder **5** 248; aus der Rente **5** 247; für Studenten und Praktikanten **5** 245; Verordnungsermächtigung **6** 160; aus Versorgungsbezügen und Arbeitseinkommen **5** 248
Beitragssatzstabilisierung 6 154
Beitragssatzstabilität 5 71
Beitragsschulden, Ermäßigung und Erlass **5** 256 a
Beitragstragung 3 346; Befreiung von der – **3** 418; im Beitrittsgebiet **6** 279 c; Beschäftigte, Auszubildende **6** 168, Behinderte **6** 168; freiwillig Versicherte **6** 171; Mitglieder geistlicher Genossenschaften, Auszubildende **6** 168, ehrenamtlicher Arbeitnehmer **6** 168, Versicherte in der knappschaftlichen RV **6** 168; Nachversicherung **6** 181; selbständig Tätige, Hausgewerbetreibende **6** 169, Künstler und Publizisten **6** 169; sonstige Versicherte **6** 170
Beitragsüberwachung 6 212; **7** 166

Beitragsvorschüsse 7 164; Säumniszuschlag **4** 24
Beitragszahlung 5 252–256; **7** 170; aus dem Arbeitsentgelt **5** 253; **6** 174; Aufteilung von Beiträgen **6** 286 a; im Beitrittsgebiet **6** 279 d; bei Bezug von Sozialleistungen **6** 176; Glaubhaftmachung **6** 203, 286 a, im Beitrittsgebiet **6** 286 b; Grundsatz **6** 173; irrtümliche Pflicht – **6** 202; für Kindererziehungszeiten **6** 177; bei Künstlern und Publizisten **6** 175; Nachzahlung **6** 204–209; an nicht zuständige Versicherungsträger **6** 201; bei Pflegepersonen **6** 176 a; Prüfung **6** 212 a; aus der Rente **5** 255; der Studenten **5** 254; Unterbrechung von Fristen **6** 198; Vermutung der – **6** 199; Vermutung der – im Beitrittsgebiet **6** 286 c; bei Versorgungsausgleich im Beitrittsgebiet **6** 281 a; aus Versorgungsbezügen **5** 256; Widerruf der –, Nachversicherung **6** 185; Wirksamkeit von Beiträgen **6** 197; Wirkung der –, Nachversicherung **6** 185; für Zeiten einer besonderen Auslandsverwendung **6** 188
Beitragszahlung für Beschäftigte 3 348
Beitragszeiten 6 55; ohne Entgeltpunkte, Sonderregelung **6** 261; Sonderregelung **6** 247; Sonderregelung für – im Beitrittsgebiet und im Saarland **6** 248
Beitragszuschüsse des Arbeitgebers, für Mitglieder berufsständischer Versorgungseinrichtungen **6** 172 a; für Beschäftigte **5** 257; für andere Personen **5** 258
Beitragszuschüsse für Beschäftigte 5 314
Beitragszuschuss in der Pflegeversicherung **11** 61
Beitrittsgebiet, Übergangsregelung **7** 215
Bekanntgabe des Verwaltungsakts **10** 37
Bekleidung, Erstausstattung **12** 31
Belastungserprobung, Arbeitstherapie, Anspruch **5** 42
Belastungsgrenze, Zuzahlungen **5** 62
Belegärzte, Begriff **5** 121; Besonderheiten **5** 121; kassenärztliche Gesamtvergütung **5** 121; Leistungen **5** 121
Beleihung von Grundstücken **4** 84
Bemessung der Beiträge **4** 21
Benachteiligungsverbot 1 33 c; **4** 19 a; schwerbehinderter Menschen **9** 164
Beratender Ausschuss für behinderte Menschen, Aufgaben **9** 186; bei der Bundesagentur für Arbeit **9** 188; gemeinsame Vorschriften **9** 189; Wahl **9** 186
Beratung, Anspruch auf – **1** 14; von Arbeitgebern und Mitarbeitern **9** 193; Familienplanung **12** 49; Grundsicherung für Arbeitsuchende **2** 4; durch die Integrati-

Magere Ziffern = §§ **Sachverzeichnis**

onsfachdienste **9** 193; bei Selbstverwaltungsorganen **4** 63; Sozialhilfeleistungen **12** 11; Sterilisation **12** 51; Vermeidung und Überwindung von Notlagen **12** 11
Beratung durch Medizinischen Dienst 11 112
Beratungsangebot 3 29
Beratungsgutscheine 11 7 b
Berechnung, allgemeine Grundsätze **6** 121; von Durchschnittswerten und Rententeilen **6** 124; von Geldbeträgen **6** 123; von Leistungen **2** 41; von Zeiten **6** 122
Berechnungsgrundlagen für Ausgaben für Leistungen zur Teilhabe **6** 287 b
Berechnungsgrundsätze 7 187; Beiträge zur RV **6** 189
Berechtigte Selbsthilfe 2 30; **12** 34 b
Berechtigungsschein, Ausstellung **5** 15; Inhalt **5** 15
Bergaufsicht 7 20
Bergleute, Anspruch auf Rente für **6** 45; Begriff **6** 45; Ende der Rente **6** 45; Rente **6** 242; Wartezeit **6** 45
Bergmannsversorgungsschein, Anrechnung bei der Berechnung der Pflichtarbeitsplatzzahl **9** 158
Bericht der Bundesregierung **7** 25
Berichterstatter im Berufungsverfahren **20** 155
Berichtigung des Tatbestandes **20** 139; des Urteils **20** 138
Berichtspflicht des Bundesministeriums für Gesundheit **5** 78 c
Berichtspflichten der Pflegekassen **11** 18 a
Berücksichtigungszeiten 6 57; wegen Kindererziehung im Beitrittsgebiet **6** 249 a; wegen Pflege **6** 249 b; Sonderregelung im Beitrittsgebiet **6** 249, 249 a
Berufliche Ausbildung, Bedarf **3** 123; Einkommensanrechnung **3** 126
Berufliche Eingliederung, Förderung aus Vermittlungsbudget **3** 44; Teilnahme an Maßnahmen **3** 45
Berufliche Rehabilitation, Beteiligung der Bundesagentur für Arbeit **9** 54; Einrichtungen der − **9** 51; Rechtstellung der Teilnehmenden **9** 52
Berufliche Weiterbildung 2 16; Dauer von Leistungen **9** 53; Förderung besonderer Arbeitnehmer **3** 82; Sonderregelungen **3** 131 a; Übernahme der Weiterbildungskosten, Unterhaltsgeld **3** 81
Berufsausbildung, Anpassung der Bedarfssätze **3** 60; ausbildungsbegleitende Hilfen **3** 75; außerbetriebliche − **3** 76; Bedarf für Lebensunterhalt **3** 61, 62; Berufsschulunterricht **3** 65; Einkommensanrechnung **3** 67; Fahrkosten, Lebensunterhalt **3** 63;

Förderung im Ausland **3** 58, 59; förderungsbedürftige junge Menschen **3** 78; förderungsfähige − **3** 57; förderungsfähiger Personenkreis **3** 59; Gegenstände zur Aufnahme und Fortsetzung einer − **12** 90; Leistungen **3** 79; sonstige persönliche Voraussetzungen **3** 60; sonstige Aufwendungen **3** 64; sonstige Förderungsvoraussetzungen **3** 77; Sozialversicherung **4** 2; Transfermaßnahmen **3** 110; Unterstützung und Förderung **3** 74; Vorauslistung von Berufsausbildungsbeihilfe **3** 68–72; Zuschüsse Ausbildungsvergütung **3** 73
Berufsausbildungsbeihilfe 3 56, 68–72; Anspruch **3** 70; Auszahlung **3** 71; Dauer der Förderung **3** 69; förderungsfähige Berufsausbildung **3** 57; Grundsicherung für Arbeitsuchende **2** 16; Hilfe zum Lebensunterhalt an Beziehter von − **12** 22
Berufsbegleitung, Leistungen der − **9** 55
Berufsberatung 2 16; **3** 30; Grundsätze **3** 31
Berufsbildungsbereich, Leistungen im − **9** 57, 60
Berufsbildungswerke 9 51
Berufseinstiegsbegleitung 3 49
Berufsfördernde Maßnahmen 7 2; Leistungen zur Teilhabe **1** 64
Berufsförderungswerke 9 51
Berufsgenossenschaft Durchführung des Ausgleichs **7** 181; Ausgleichsjahr **7** 177; Auslandsversicherung **7** 140; außergewöhnliche Belastung **7** 179; Berufskrankheiten-Neurenten-Lastsatz **7** 177; Entgeltanteil **7** 177; Entgeltsumme **7** 177; Erstattungsansprüche **7** 175; Freibeträge **7** 180; Freistellungsfaktor **7** 177; gemeinsame Tragung der Rentenlasten **7** 178; gewerbliche **7** 121 f., 173–175; Haftpflichtversicherung **7** 140; Hauptverband **7** 181; landwirtschaftliche **7** 123, 173–175, 182; Lastenverteilung **7** 176; Latenzfaktor **7** 177; Neurenten **7** 177; Rentenlasten **7** 177; Rentenwert **7** 177; See-Berufsgenossenschaft **7** 121; Teilung der Entschädigungslast bei Berufskrankheiten **7** 174; Zusammenlegung der Last und Teilung **7** 173; Zuständigkeit **7** 121 f.; Zutritt des Bundes **7** 125
Berufsgenossenschaften, Ausgleich unter den gewerblichen − **7** 220; Betriebsmittel **7** 171; Datenerhebung **7** 199, 206, 207; Datennutzung **7** 199, 206, 207; Datenverarbeitung **7** 199, 206, 207; Neuorganisation **7** 222; Rücklage **7** 172 a; See-Berufsgenossenschaft **7** 154, 157, 194; Unfallversicherungsträger **7** 114; Vereinigung von **7** 118

1945

Sachverzeichnis

Fette Ziffern = Gesetzesnummern

Berufskrankheit, Anerkennung **7** 9; Anzeigepflicht **7** 193, 202; Begriff **7** 9; statistischer Bericht **7** 25; besondere Behandlung **7** 34; Daten **7** 9; Datenübermittlung zur Bekämpfung **7** 206; Forschung **7** 9; Jahresarbeitsverdienst **7** 84; maßgeblicher Zeitpunkt **7** 9; mittelbare Folgen **7** 11; Prävention **7** 14 ff.; Rechtsverordnungen der Bundesregierung **7** 9; in der Schiffahrt **7** 10; Teilung der Entschädigungslast **7** 174; Vermutung für eine **7** 9; Versicherungsfall **7** 7; zuständiger Unfallversicherungsträger **7** 134

Berufskrankheiten-Neurenten-Lastsatz **7** 177

Berufsorientierung **2** 16; **3** 33

Berufsorientierungsmaßnahme **2** 16

Berufsorientierungsmaßnahmen **3** 48

Berufsrichter beim Bundessozialgericht **20** 38; Ernennung **20** 11; auf Lebenszeit **20** 32; in der Sozialgerichtsbarkeit **20** 3

Berufsrückkehrer, Begriff **3** 20

Berufsständische Versorgungseinrichtung, Erstattung zu Unrecht gezahlter Pflichtbeiträge **6** 286 f

Berufsständische Versorgungseinrichtungen, Beziehen von Verletztengeld **7** 47 a

Berufsunfähigkeit s. *Erwerbsminderung*

Berufsunfähigkeitsrente, Sonderregelung **6** 240

Berufsvorbereitende Bildungsmaßnahme, Bedarf **3** 124

Berufung 20 143 ff.; Aktenanforderung **20** 152; aufschiebende Wirkung **20** 154; Berichterstattung **20** 155; Einlegung **20** 151; Form **20** 151; Frist **20** 151; neue Tatsachen und Beweismittel **20** 157; Nichtzulassungsbeschwerde **20** 145; Prüfungsumfang **20** 157; Rücknahme **20** 156; Verfahren **20** 153; Verwerfung **20** 158; Zulässigkeit **20** 143; Zulassung **20** 144; Zurückverweisung **20** 159; Zurückwirkung neuer Erklärungen und Beweismittel **20** 157 a

Berufungsausschuss für Ärzte **5** 97; Anordnung der sofortigen Vollziehung **5** 97; Anrufung des – **5** 96; Aufsicht über die Geschäftsführung **5** 97; Besetzung **5** 97; Verfahren vor dem – **5** 97; für Zahnärzte **5** 97

Besatzungsmitglieder von Seeschiffen, Reeder und Seeleute **4** 13

Beschäftigte 7 2; Begriff **7** 22; Beitragszuschüsse für – **5** 257; Versicherungspflicht **3** 25, 26

Beschäftigung, Begriff und Anfrageverfahren **4** 7 ff.; geringfügige – **4** 8; **5** 249 b;

Leistungen zur – **12** 140; unständige – **5** 232; versicherungspflichtige – **5** 249

Beschäftigungsförderung, Leistungen zur – **2** 16 e

Beschäftigungsort, Begriff **4** 9 ff.

Beschäftigungspflicht schwerbehinderter Menschen **9** 154; Zuständigkeit der Integrationsämter **9** 187

Beschäftigungsquote, jährliche Übersicht **9** 163

Beschäftigungstherapie 7 30

Bescheidungsurteil 20 131

Beschluss 20 123 ff.

Beschlussfassung eines Selbstverwaltungsorgans **4** 64

Beschwerde 20 172 ff.; aufschiebende Wirkung **20** 175; Ausschluss **20** 177; Entscheidung **20** 176; bei Entscheidungen des beauftragten oder ersuchten Richters oder des Urkundsbeamten **20** 178; Form **20** 173; Frist **20** 173; Zulässigkeit **20** 172

Beschwerdeausschuss bei Wirtschaftlichkeitsprüfungen **5** 106 c

Beseitigung einer Notlage, nachgehende Sozialhilfe **12** 15

Besitzstandsschutz, pflegebedürftige Menschen mit Behinderungen **11** 145; Pflegepersonen **11** 141; für Pflegepersonen **11** 141

Besondere Förderung, zusätzliche Betreuungs- und Unterstützungsleistungen **2** 16 h

Besondere Therapieeinrichtungen, Förderung **5** 65 d

Bestandskraft des Verwaltungsaktes **10** 39–51

Bestandsrenten, Durchführung der Neuberechnung von – nach § 307 b **6** 307 c; persönliche Entgeltpunkte aus – des Beitrittsgebiets **6** 307 a; Neuberechnung von – nach § 307 b **6** 307 c; aus überführten Renten des Beitrittsgebiets **6** 307 b

Bestattungskosten 7 63; **12** 74; Anspruchsberechtigter **7** 64; Höhe **7** 64

Beteiligte 20 69; persönliches Erscheinen **20** 111; Teilnahme am Beweistermin **20** 116; im Verwaltungsverfahren **10** 12–17

Beteiligung von Interessenvertretungen der Patienten **5** 140 f

Beteiligungsfähigkeit am Verwaltungsverfahren **10** 10

Betreuer 20 72

Betreute Wohnform 8 19, 34, 48 a

Betreuung von Haushaltsangehörigen **12** 70; minderjähriges Kind **2** 16; psychosoziale **2** 16; Schwangerschaft und Mutterschaft **12** 50

Magere Ziffern = §§ **Sachverzeichnis**

Betreuungsgeld 1 25; Beitragsfreiheit **5** 224
Betreuungshelfer 8 30
Betriebliche Gesundheitsförderung 5 20 b
Betriebliche Prävention 7 162
Betriebliche Qualifizierung, Leistungen zur – **9** 55
Betriebs- und Haushaltshilfe 9 74; Art und Form **7** 55; Dauer **7** 54; Ersatzkraft **7** 54; Fahrkosten **7** 54; Satzung **7** 54; Verwandte **7** 54; Voraussetzungen **7** 54
Betriebsärzte 7 23; Versorgung durch – **5** 132 f
Betriebsführung des Versicherungsträgers, Prüfung **4** 88
Betriebshilfe 9 74
Betriebskrankenkassen, Abwicklung der Geschäfte, Haftung **5** 155; Auflösung **5** 152; Ausdehnung auf weitere Betriebe **5** 149; Ausscheiden von Betrieben **5** 151; Errichtung **5** 147, Verfahren **5** 148; freiwillige Vereinigung **5** 150; öffentlicher Verwaltungen **5** 156; Schließung **5** 153; Zuständigkeit **5** 174
Betriebsmittel 7 172; Höhe **7** 171; Satzung **7** 171; der Versicherungsträger **4** 81
Betriebsnummer 4 18 i–18 h; Absendernummer **4** 18 n; Arbeitgeber **4** 18 i; Identifikation im elektronischen Meldeverfahren **4** 18 l; Meldepflichtige **4** 18 k; Verarbeitung und Nutzung **4** 18 m
Betriebsrat 7 20; Aufgaben bei Beschäftigung schwerbehinderter Menschen **9** 176; Unterzeichnung der Anzeige eines Versicherungsfalles **7** 193; Zusammenarbeit **9** 163, 182
Betriebsstätte, Zutrittsrecht für Aufsichtspersonen **7** 19
Bevollmächtigte 2 38; im Verwaltungsverfahren **10** 13
Bewegungsapparat 12 61 a
Beweisaufnahme 20 118; Urteil nach – **20** 127
Beweisergebnisse, Mitteilung **20** 107
Beweiserhebung 20 117
Beweismittel im Verwaltungsverfahren **10** 21
Beweissicherungsverfahren 20 76
Beweistermin, Ladung **20** 116
Bewerbungskosten 2 16
Bewilligungszeitraum 2 41
Bezirksschwerbehindertenvertretung 9 180
Bezirksverwaltungen der Versicherungsträger, Selbstverwaltungsorgane **4** 31
Bezugsgröße 4 18; in der Sozialversicherung **4** 18

Bildung und Anlage der Rücklage 3 366
Bildung und Teilhabe, Bedarfe für – **12** 34; Erbringung der Leistungen **12** 34 a
Bildungsförderung 1 3
Bildungsmaßnahmen, berufsvorbereitende – **3** 51; durch die Integrationsämter **9** 185
Bindungswirkung der Entscheidung der Pflegekasse **12** 62 a
Binnenfischerei 7 3, 6
Blasenentleerung 12 61 a
Blinde, unentgeltliche Beförderung im öffentlichen Personenverkehr **9** 228
Blindenhilfe 12 72, 97
Blindenwerkstätten 9 226
Blutspender 7 2
Bonn, Sitz des Bundesversicherungsamtes **4** 94
Bonus für gesundheitsbewusstes Verhalten **5** 65 a
Budget für Arbeit 9 61
Bürgerarbeit, Versicherungsfreiheit **3** 420
Bürgerliches Gesetzbuch, entsprechende Anwendung von Vorschriften **1** 45
Bund, Anzeigepflicht bei Versicherungsfällen **7** 193; Aufwendungen als Unfallversicherungsträger **7** 186; Bundesausführungsbehörde für Unfallversicherung **7** 115; Satzungen **7** 115; Unfallverhütungsvorschriften **7** 115; Unfallversicherungsträger **7** 114 f.; Garantie für Unfallversicherungsträger **7** 120; Zuständigkeit als Unfallversicherungsträger **7** 125; Zentralstelle für Arbeitsschutz **7** 115; Zutritt zur Berufsgenossenschaft **7** 125
Bundesagentur für Arbeit 3 367–396; **7** 2, 125; **9** 6; Aufgaben **3** 280–283, 368; **9** 187; Aufsicht **3** 393; Ausbildungs- und Arbeitsvermittlung **3** 292–298; Ausländerbeschäftigung **3** 284; Berufsberatung **3** 288 a–290; Berufung und Abberufung **3** 377–379; Beteiligung an Gesellschaften **3** 370; Beteiligung am **9** 54; Datenabgleich **3** 397; Datenschutz **3** 394–396; Datenübermittlung durch beauftragte Dritte **3** 398; Datenverarbeitung und -nutzung für Ausbildungsvermittlung **3** 282 b; Eingliederungsrücklage **4** 71 c; Geltung von Haushaltsvorschriften des Bundes **4** 77 a; Gerichtsstand **3** 367; Gliederung **3** 367; Haushaltsplan **4** 71 a; Neutralitätsausschuss **3** 380; Selbstverwaltung **3** 371–376; Sitz **3** 367; Übermittlung von Daten an andere Stellen **3** 282 a; Veranschlagung der Arbeitsmarktmittel **4** 71 b; Vorstand und Verwaltung **3** 381–392; Weisungsrecht **3** 283; Zusammenarbeit mit den Integrationsämtern **9** 184; Zu-

1947

Sachverzeichnis

Fette Ziffern = Gesetzesnummern

sammenarbeit mit Sozialhilfeträgern **12** 4; Zusammenwirken mit Arbeitgebern **9** 163
Bundesamt für Seeschifffahrt und Hydrographie 7 196
Bundesarbeitsgemeinschaft für Rehabilitation, Aufgaben **9** 39; Rechtsaufsicht **9** 40
Bundesausschuss, gemeinsamer **5** 91, Aufsicht über die Geschäftsführung **5** 91, Kostentragung **5** 91, Richtlinien für Gesundheitsuntersuchungen **5** 25, 92, Richtlinien über Überversorgung **5** 101, Übersicht über ausgeschlossene Arzneimittel **5** 93, Zusammensetzung **5** 91
Bundesdruckerei 7 127
Bundeseinheitliche Orientierungswerte 5 87
Bundesgarantie in der knappschaftlichen Rentenversicherung **6** 215; Rückzahlung der Liquiditätshilfe **6** 214
Bundesleistungsverzeichnis für zahntechnische Leistungen **5** 88
Bundesmantelvertrag, Arzneiverordnungsblätter **5** 87; Nachweise **5** 87; Orientierungswerte **5** 87; Vertragsparteien **5** 87; Vordrucke **5** 87
Bundesministerium des Innern, Rechtsverordnungen **7** 115; Satzungen **7** 115; Verwaltungsvorschriften **7** 115; Zentralstelle für Arbeitsschutz **7** 115
Bundesministerium für Arbeit und Soziales, Aufsichtsbehörde bei Unfallverhütung **4** 90; Bericht der Unfallversicherungsträger **7** 25; Rechtsverordnungen **7** 115; Satzungen **7** 115; Unfallverhütungsvorschriften **7** 15; Verwaltungsvorschriften **7** 115
Bundesministerium für Gesundheit, Aufsicht über Bundesversicherungsamt **4** 94; Aufsicht über Schiedsämter **7** 34; statistisches Material **7** 99; Verordnung zur Übertragung von Aufgaben auf die Deutsche Post AG **7** 100; Regelung der Zuständigkeit der Berufsgenossenschaften **7** 122 f.
Bundesministerium für Verkehr und digitale Infrastruktur 7 115, 148
Bundesmittel für Grundsicherung für Arbeitsuchende **2** 46
Bundesnachrichtendienst, Besonderheiten **9** 240
Bundesregierung, Bericht gegenüber dem Bundestag **7** 25; Pflegebericht **11** 10; Rechtsverordnungen zu Berufskrankheiten **7** 9
Bundesschiedsamt 5 89
Bundessozialgericht 20 2; Berufsrichter **20** 38; Besetzung **20** 38; Dienstaufsicht **20** 38; ehrenamtliche Richter **20** 45; Fach-

senate **20** 40; funktionelle Zuständigkeit **20** 39; Geschäftsordnung **20** 50; Großer Senat **20** 41; Revisionsinstanz **20** 160; sachliche Zuständigkeit **20** 39; Sitz **20** 38; Sitzungen in Berlin **20** 203 a
Bundesstatistik, Beurteilung der Auswirkungen des SGB XII **12** 121
Bundesunmittelbare Versicherungsträger, Aufsichtsbehörden **4** 90; Zuständigkeitsbereich **4** 90 a
Bundesverbände der Krankenkassen, Aufgaben **5** 214; Aufgaben auf Bundesebene **11** 53; Körperschaften des öffentlichen Rechts **5** 212
Bundesverband, Rechtsnachfolge **5** 213; Vermögensübergang **5** 213
Bundesversicherungsamt, Aufsicht über Versicherungsträger **4** 90; Aufsichtsbehörden **4** 90; Versicherungsbehörde **4** 91, 94
Bundesversorgungsgesetz 7 4, 56
Bundesversorgungsgesetz (BVG), Feststellungsklage **20** 55
Bundeszuschuss, Anpassung **6** 214; im Beitrittsgebiet **6** 287 d; Liquidationssicherung **6** 214; Veränderungen des – im Beitrittsgebiet **6** 287 e
Bund-Länder-Ausschuss 2 18 c
Bußgeldvorschriften 2 63; **5** 307; **6** 320; **7** 209–211; Sozialversicherung **4** 111, zuständige Behörden **4** 112

Cannabis, Anspruch auf Versorgung mit – **5** 31
Chancengleichheit am Arbeitsmarkt, Beauftragte für – **2** 18 e
Chronische Krankheiten, strukturierte Behandlungsprogramme **5** 137 f
Computer, barrierefreie – **9** 84

Darlehen 2 24, 42 a; Einsatz des Vermögens **12** 91; ergänzendes **12** 37; in der Grundsicherung für Arbeitsuchende **2** 9; bei am Monatsende fälligen Einkünften **12** 37 a; bei einer Notlage **12** 37; Stundung **3** 365; Wegfall der Hilfebedürftigkeit **2** 16
Darmentleerung 12 61 a
Daten, Erhebung **7** 9; Zulässigkeit der Offenbarung von Sozialdaten **10** 67–78
Datenabgleich, Grundsicherung für Arbeitsuchende **2** 52; Sozialhilfeträger **12** 118
Datenaufbereitungsstelle 5 303 d
Datenerhebung 2 51, 51 b; **6** 148; **12** 4; bei Berufskrankheiten **7** 9; zur Prävention **7** 15; zur Qualitätssicherung **5** 299; zum Risikostrukturausgleich **5** 267
Datenermittlung, Annahmestellen **4** 97; gemeinsame Grundsätze Technik **4** 95;

Magere Ziffern = §§ **Sachverzeichnis**

Kommunikationsserver 4 96; Weiterleitung durch die Einzugsstellen 4 98; zur und innerhalb der Sozialversicherung 4 95–98
Datenlöschung 10 67 b; Aufbewahrung von Daten 5 304; Auskünfte an Versicherte 5 305
Datennutzung 2 51; 6 148; 12 4; Zulässigkeit der – 10 67 b, 67 b, 67 c
Datenschutz 2 50 ff.; Bundesbeauftragter 7 34; Datenerhebung 7 199, 201, 206, 207; Datennutzung 7 199, 206, 207; Datenübermittlung 7 206; Datenverarbeitung 7 199, 201, 206, 207; Errichtung einer Datei 7 204; Geheimhaltungspflicht 9 213; Strafvorschriften 9 237 a, 237 b
Datenschutzrechtliche Bußgeldvorschriften 2 63 a
Datenschutzrechtliche Strafvorschriften 2 63 b
Datenspeicherung 10 67 b, 67 c
Datenstelle, automatisiertes Abrufverfahren 6 150; Sozialdaten 6 150; Stammsatzdatei 6 150
Datentransparenz 5 303 a–303 e; Datenübermittlung 5 303 b; Vertrauensstelle 5 303 c; Wahrnehmung der Aufgaben 5 303 a
Datenübermittlung 2 50; 10 67 b; arbeitsmedizinischer und sicherheitsmedizinischer Dienste 7 24; Aufwandsersatz 5 300; durch beauftragte Dritte 3 398
Datenübermittlungspflicht weiterer Behörden 7 197
Datenüberprüfung 2 52 a
Datenübersicht, Veröffentlichung 5 286
Datenveränderung 10 67 b, 67 c; Zulässigkeit der – 10 67 b
Datenverarbeitung 2 51, 51 b; 12 4; bei Berufskrankheiten 7 9; Datenstelle 6 148; beim Rentenversicherungsträger 6 148; Schutz der Sozialdaten bei – 10 79–85; Sozialdaten 6 148
Datenverarbeitung und -nutzung 5 303 e; für die Ausbildungsvermittlung 2 50 a
Demenzkranke, Modellvorhaben häusliche Betreuung durch Betreuungsdienste 11 125
Deutsche im Ausland 12 24, 132, 133
Deutsche Bahn AG, Zuständigkeit der Eisenbahn-Unfallkasse 7 126
Deutsche Krankenkasgesellschaft, Förderung der Qualität durch – 5 135 c
Deutsche Post AG, Anpassung von Geldleistungen 7 99; Auskünfte 7 208; Auskünfte an Rentenversicherungsträger 6 151; Auszahlung von Geldleistungen 7 99; statistisches Material 7 99; Unfallkasse 7 114; Vergütung 7 99; Vorschüsse 7 99; Zuständigkeit der Unfallkasse Post und Telekom 7 127
Deutsche Rentenversicherung Bund, Arbeitsgruppe Personalvertretung 6 140; erweitertes Direktorium 6 139; Grundsatz- und Querschnittsaufgaben 6 138; Liquiditätserfassung 6 214 a
Deutsche Rentenversicherung Knappschaft-Bahn-See 5 167, 212; Haushaltsplan 4 71; Seemannskasse 6 137 a
Deutsches Rotes Kreuz 7 125
Diakonissen 7 4
Dienstaufsicht der Bundessozialgerichtsverwaltung 20 38; der Landessozialgerichtsverwaltung 20 30; der Sozialgerichtsverwaltung 20 9
Dienstbezüge schwerbehinderter Menschen 9 206
Dienste, arbeitsmedizinische und sicherheitstechnische 7 24
Dienstleistung, Grundsicherung für Arbeitsuchende 2 4
Dienstleistungsgesellschaften 5 77 a
Dienstordnung, Änderung 7 147; Anhörungsrecht der Personalvertretung 7 147; Aufstellung 7 147; Genehmigung 7 147; Inhalt 7 145; der Unfallversicherungsträger 7 144; Verletzung 7 146
Dienstsiegel des Versicherungsträgers 4 31
Dolmetscher 10 19
Doppelleistungen 12 105; Erstattungsanspruch bei – 2 34 b
Dreiseitige Verträge, Inhalt 5 115; Kündigung 5 115; Rahmenempfehlungen 5 115; Verbindlichkeit 5 115; Ziel 5 115
Drittes Pflegestärkungsgesetz, Übergangsregelung 12 138
Durchführung der Wahl 4 54
Duschen 12 61 a

Ehe, Berücksichtigung von Einkommen und Vermögen 2 9; 12 19; Grundsicherung für Arbeitsuchende 2 7
Eheähnliche Gemeinschaft, Grundsicherung für Arbeitsuchende 2 7, 9; Verbot der Besserstellung gegenüber Ehegatten 12 20
Ehrenämter, Entschädigung 4 41; bei Versicherungsträgern 4 40
Ehrenamtliche Richter 20 3, 208; Ablehnungsgründe 20 18; Amtsdauer 20 21; Amtsenthebung 20 22; Ausschließungsgründe 20 17; Ausschuss 20 23; Ausübung des Amtes 20 19; Berufung 20 13, 45, 47; beim Bundessozialgericht 20 45; Entlassung 20 18; Entschädigung 20 19; beim

1949

Sachverzeichnis

Fette Ziffern = Gesetzesnummern

Landessozialgericht **20** 35; Ordnungsgeld **20** 21; persönliche Voraussetzungen **20** 16; strafrechtlicher Schutz **20** 20; Urteilsabschriften **20** 170a; Vorschlagslisten und -recht **20** 14, 46; Zahl **20** 45

Ehrenamtliche Tätigkeit 7 2; Entschädigung **4** 41, bei Vers.-Trägern **4** 40

Ehrenamtliche Unterstützung 11 82 b

Eigenbemühungen 2 15

Eigene Aufgaben der Versicherungsträger **4** 30

Eigeneinrichtungen der Krankenkassen **5** 140

Eigentumswohnung 2 12

Eignungsfeststellung 3 32; in der Grundsicherung für Arbeitsuchende **2** 16

Eilfälle 12 25

Einberufung von Selbstverwaltungsorganen **4** 63

Eingangsverfahren, Leistungen im – **9** 57, 60

Eingliederungsbericht 2 54

Eingliederungsbilanz 2 54

Eingliederungshilfe, außerordentliche Kündigung der Vereinbarung **9** 130; Bestimmungsrecht zuständige Träger **9** 94; Erbringung durch Dritte **9** 123; externer Leistungserbringer **9** 124; externer Vergleich **9** 124; geeignete Leistungserbringer **9** 124; Inkrafttreten der Vereinbarung **9** 126; Leistungen der – **1** 28a; Leistungserbringer **9** 123; Leistungserbringung **9** 131; Leistungsvereinbarung **9** 125; Minderjährige **9** 134; Qualitätsprüfung **9** 128; Rahmenverträge **9** 131; Schiedsstelle **9** 133; Sonderregelungen bei Leistungen für Minderjährige **9** 134; Verbindlichkeit der vereinbarten Vergütung **9** 127; Vereinbarungen der Träger mit Dritten **9** 123; Verfahren der Vereinbarung **9** 126; Vergütungsvereinbarung **9** 125; Wirtschaftlichkeitsprüfung **9** 128; Zielvereinbarungen **9** 132

Eingliederungshilfe für behinderte Menschen, Aufgaben **12** 53; Ausbildungshilfe **12** 54; Hilfe zu einer angemessenen Schulbildung **12** 54, zur Hochschulausbildung **12** 54; Körperersatzstücke **12** 54; Leistungen **12** 54, zur Teilhabe am Arbeitsleben **12** 54, zur Teilhabe in der Gemeinschaft **12** 54, in einer Werkstätte **12** 54; Leistungsberechtigte **12** 19; medizinische Rehabilitation **12** 54; nachgehende Hilfe **12** 54; orthopädische Hilfsmittel **12** 54; sachliche Zuständigkeit **12** 97

Eingliederungshilfe für seelisch behinderte Kinder 8 35 a

Eingliederungsleistungen, freie Förderung **2** 16 f; Übergangsregelungen **2** 66

Eingliederungsmaßnahme 2 16

Eingliederungsvereinbarung 3 37; Ersatz durch Verwaltungsakt **2** 15; Schadensersatz **2** 15

Eingliederungszuschüsse 9 50

Eingliederungszuschuss 2 16; **3** 88; Auszahlung des Zuschusses **3** 91; behinderte und schwerbehinderte Menschen **3** 90; Förderungsausschluss **3** 92; Höhe und Dauer der Förderung **3** 89; Rückzahlung **3** 92; zu berücksichtigendes Entgelt **3** 91

Einheitliche Entscheidung 2 44 a

Einheitlicher Bewertungsmaßstab, ärztliche, zahnärztliche Leistungen **5** 87; Bewertungsausschüsse **5** 87; Inhalt der abrechnungsfähigen Leistungen **5** 87; Rationalisierung **5** 87; Stand der medizinischen Wissenschaft und Technik **5** 87

Einkaufen 12 61 a

Einkommen, Arbeitsförderungsbeitrag und -geld **12** 82; Begriff **12** 82; Berücksichtigung bei Hilfe zum Lebensunterhalt **12** 19; Erwerbstätigenabsetzungsbetrag **12** 82; Grundsicherung für Arbeitsuchende **2** 9, 11; notwendige Ausgaben **12** 82; Schmerzensgeld **12** 83; Sozialhilfe **12** 2; Sozialversicherungsbeiträge **12** 82; Steuer **12** 82; Versicherungsbeiträge **12** 82; Zusammentreffen mit Renten wegen Todes **4** 114; Zuwendungen **12** 84

Einkommen, beitragspflichtige 5 232ff.; Anrechnung **7** 65, 68; Anrechnung beim Verletzten- und Übergangsgeld **7** 52; Art des zu berücksichtigenden – **4** 18a; Berücksichtigung von Änderungen **4** 18 d; Ermittlung von Änderungen **4** 18 e; erstmalige Ermittlung des – **4** 18 c; Höhe des zu berücksichtigenden – **4** 18 b; i. S. der Sozialversicherung **4** 14 ff.

Einkommensänderung 4 18 d; Ermittlung von – **4** 18 e

Einkommensanrechnung 9 72

Einkommensausgleich zwischen den Krankenkassen **5** 270 a

Einkommensbescheinigung 2 58

Einkommenseinsatz 12 92 a

Einkommensgrenze 12 85; Einsatz von Einkommen über der – **12** 87, 88; bei der Hilfe in besonderen Lebenslagen **12** 85–89

Einmalige Leistungen, Klassenfahrten **12** 31; Kleidung **12** 31; bei Schwangerschaft **12** 31

Einmalzahlungen, Berücksichtigung **6** 301 a

Einnahmen, beitragspflichtige 5 232 ff.; Erhebung durch Versicherungsträger **4** 76

Einreise, Kostenerstattung bei – 12 108
Einrichtung 12 13; und Dienste 2 17; 12 75; gewöhnlicher Aufenthalt 12 98; Kostenerstattung bei Aufenthalt in einer – 12 106
Einrichtungen, Pflegegeld 7 44; zur Verbraucher- und Patientenberatung 5 65 b; Verletztengeld 7 45
Einsatz von Einkommen und Vermögen 12 43; des Einkommens und des Vermögens 12 82–84
Einsatz von Vermögen, Sonderregelungen 12 60 a, 66 a
Einsatzgemeinschaft 12 19
Einsetzen der Sozialhilfe 12 18
Einstellungszuschuss bei Neugründungen 2 16
Einstiegsgeld 2 16, 16 b
Einstiegsqualifizierung, Berufsausbildungsvorbereitung 3 54 a
Einstrahlung 4 5
Einstweilige Anordnung als Vollstreckungstitel 20 199
Einstweiliger Rechtsschutz 20 86 b
Einzelbetreuung, intensive sozialpädagogische – 8 35
Einzugsstelle, -n 4 28 a ff.; Beitragsüberwachung, Prüfung bei den Arbeitgebern 4 28 p; gemeinsame Grundsätze und Datenfeldbeschreibung 4 28 b; Krankenkassen 4 28 h; Meldepflicht des Arbeitgebers an – 4 28 a; Prüfung bei den Arbeitgebern, durch RV-Träger 4 28 p; Prüfung bei den – und den Trägern der RV 4 28 q; Schadensersatzpflicht, Verzinsung 4 28 r; Sonderregelungen für bestimmte Personengruppen 4 28 m; Überwachung, der Meldungen 4 28 b; Vergütung 4 28 l; Weiterleitung von Beiträgen 4 28 k; Widerspruchsbescheid 4 28 h; Zahlung des Gesamtsozialversicherungsbeitrags 4 28 h; zuständige – 4 28 i
Eisenbahn-Unfallkasse, dienstrechtliche Vorschriften 7 148; Unfallversicherungsträger 7 114; Zuständigkeit 7 126
Elektronische Bescheinigung 3 313 a
Elektronische Bescheinigungen 6 196 a
Elektronische Briefe, Übermittlung von – 5 291 f
Elektronische Dokumente, Übermittlung 20 65 a
Elektronische Formulare 20 65 c
Elektronische Gesundheitsakte 5 68
Elektronische Gesundheitskarte 5 15, 291 a; Beendigung des Versicherungsschutzes 5 291; Berechtigungsnachweis 5 291; Gestaltung 5 291; Gültigkeit 5 291; Inhalt 5 291; Unterschrift des Versicherten 5 291

Elektronische Kommunikation 1 36 a; 5 67
Elektronische Programme zur Arzneimittelverordnung 5 73; zur Heilmittelverordnung 5 73
Elektronische Prozessakten 20 65 b
Elektronische Übermittlung, Bescheinigungen für Entgeltersatzleistungen 4 107; sonstiger Bescheinigungen an die Sozialversicherungsträger 4 108; in vertragsärztlicher Versorgung 5 291 f
Elektronischer Entgeltnachweis, Übergangsregelungen zur Aufhebung des Verfahrens 4 119
Eltern, Berücksichtigung von Einkommen und Vermögen 12 19; Rente 7 69
Eltern- oder Betreuungsgeld, Beitragsfreiheit 11 56
Elterngeld 1 25
Empfängnisverhütung 5 24 a; 12 49
Empfangsbevollmächtigter, Bestellung eines – 10 14
Endogene Psychose 12 61 a
Enkel, Waisenrente 7 67
Entbindung 5 24 f; häusliche Pflege 5 24 g; Haushaltshilfe 5 24 h
Enterale Ernährung 5 316
Entgeltanteil 7 177
Entgeltersatzleistungen, Beitragsübernahme bei Befreiung von Vers.pflicht in KV und PV 3 174; Beitragsübernahme und -erstattung bei Befreiung von Vers.pflicht in RV 3 173; elektronische Übermittlung 4 107; Zahlung von Pflichtbeiträgen bei Insolvenzereignis 3 175
Entgeltpunkte, Begriff 6 63; für beitragsfreie und beitragsgeminderte Zeiten 6 71; für Beitragszeiten 6 70, Sonderregelung 6 256, Sonderregelung für Zusatz- oder Sonderversorgungssystem 6 259 b, Sonderregelung für Beitragszeiten mit Sachbezug 6 259, Sonderregelung für Geburtsjahrgänge vor 1937 6 259 a, Sonderregelung im Beitrittsgebiet 6 256 a; für Berliner Beitragszeiten 6 257; für Durchschnittsentgelt 6 70; für Erwerbsunfähigkeitsrente 6 75; für Gesamtleistungsbewertung 6 71; für glaubhaft gemachte Beitragszeiten 6 256 b; für Kindererziehungszeiten 6 70, knappschaftliche RV 6 83; für nachgewiesene Beitragszeiten ohne Beitragsbemessungsgrundlage 6 256 c; Reichsgebiets-Beitragszeiten 6 272; für Saarländische Beitragszeiten 6 258; für Versorgungsausgleich im Beitrittsgebiet 6 264 a; für Zeiten nach Rentenbeginn 6 75; Zugangsfaktor 6 77; Zuschläge bei

Sachverzeichnis

Fette Ziffern = Gesetzesnummern

geringfügiger Beschäftigung **6** 244a, 264b; Zuschläge oder Abschläge bei Versorgungsausgleich **6** 76, Sonderregelung **6** 264; Zuschlag, bei Waisenrenten **6** 78, bei Witwen- und Witwerrenten **6** 78 a
Entgeltsicherung für ältere Arbeitnehmer 3 417
Entgeltsumme 7 177
Entschädigung nach Arbeitsunfällen **7** 1; der ehrenamtlich Tätigen **4** 41; für Mehraufwendungen **2** 16; Rente als vorläufige **7** 62
Entscheidung nach Aktenlage **20** 126; ohne mündliche Verhandlung **20** 124; Vollstreckungstitel **20** 199; Zustellung **20** 63
Entscheidung über Klage 20 125
Entstehen der Beitragsansprüche **4** 22
Entwicklungshelfer 7 2, 82; Beschäftigungsort **4** 10; Bund als Unfallversicherungsträger **7** 125; Verletztengeld **7** 47
Entziehung der Besonderen Hilfen für schwerbehinderte Menschen **9** 200
Erben, Ersatzansprüche gegen – **2** 34; Kostenersatz **12** 103
Erbstücke 12 90
Ergänzende Leistungen 7 39; **9** 64; der Leistungen zur Teilhabe **6** 28; zur Rehabilitation, Erforderlichkeit **5** 43, nichtärztliche sozialpädriatische Leistungen **5** 43 a; Rehabilitationssport **5** 43; Zahlungsweg **5** 43 c
Ergänzung von Selbstverwaltungsorganen bei Ausscheiden von Mitgliedern **4** 60; der Sozialhilfe durch Tätigkeit der freien Wohlfahrtspflege **12** 5
Erheblich Pflegebedürftige 12 64a
Erheblicher allgemeiner Betreuungsbedarf 11 45a–45c; berechtigter Personenkreis **11** 45a; Weiterentwicklung der Versorgungsstrukturen **11** 45c; zusätzliche Betreuungs- und Entlastungsleistungen **11** 45b; zusätzliche Betreuungs- und Entlastungsleistungen und Übergangsregelung **11** 45b; zusätzliche Betreuungsleistungen und Übergangsregelung **11** 122
Erhebung der Einnahmen durch Versicherungsträger **4** 76
Erlass von Beitragsschulden **5** 256a; von Säumniszuschlägen **5** 256a
Erledigungsausschüsse bei Selbstverwaltungsorgan **4** 66
Ermäßigter Beitrag für Wehrdienstleistende und Zivildienstleistende **5** 244
Ermäßigter Beitragssatz 5 243
Ermäßigung von Beitragsschulden **5** 256a; von Säumniszuschlägen **5** 256a
Ermessen 12 17; beim Jahresarbeitsverdienst **7** 87

Ermessensleistungen 1 39
Ermittlung der Regelsätze **12** 28
Ernährung 2 20, 21; **12** 27, 61a
Erprobung von Untersuchungs- und Behandlungsmethoden **5** 137e
Erreichen des Arbeitsplatzes durch schwerbehinderte Menschen **9** 185
Ersatzanspruch bei Herbeiführung der Hilfebedürftigkeit **2** 34
Ersatzansprüche für rechtswidrig erhaltene Leistungen **2** 34a, 34c
Ersatzkassen 5 168–171; Abwicklung der Geschäfte **5** 171; Aufnahme **5** 168; Auseinandersetzung **5** 171; Begriff **5** 168; Haftung **5** 171; Schließung **5** 170; Vereinigung von – **5** 168a; Wahlrecht **5** 168
Ersatzzeiten bei Handwerkern, Sonderregelung **6** 251; Sonderregelung **6** 250
Erstattung von Aufwendungen in Eilfällen **12** 25; von Begutachtungskosten **6** 224b; von Beiträgen zur Kranken-, Renten- und Pflegeversicherung **2** 40; durch Bundesagentur für Arbeit **6** 224; erbrachter Leistungen **10** 50; nach dem 21. 7. 2009 gezahlte freiwillige Beiträge **6** 286g; durch Sozialhilfeträger **12** 106–112; durch Träger der Versorgungslast, Pflicht zur Beitragszahlung **6** 225; zu Unrecht entrichteter Beiträge **4** 26; zu Unrecht gezahlte Pflichtbeiträge **6** 286f
Erstattung nicht beitragsgedeckter Leistungen 6 291b
Erstattung selbstbeschaffter Leistungen 9 18
Erstattungen von Aufwendungen für Pflichtbeitragszeiten bei Erwerbsunfähigkeit **6** 291a; im Beitrittsgebiet **6** 287d; von Invalidenrenten **6** 291a; durch Träger der Versorgungslast **6** 290, im Beitrittsgebiet **6** 290a; Wanderversicherungsausgleich **6** 223, 289, Besonderheiten im Beitrittsgebiet **6** 289a
Erstattungsanspruch bei Doppelleistungen **2** 34b; der Sozialleistungsträger **2** 40 a
Erstattungsansprüche bei Mehrheit von Rehabilitationsträgern **9** 16; für rechtswidrig erhaltene Leistungen **2** 34a, 34c; zwischen Trägern **12** 44c; Verrechnung **4** 28; Verzinsung und Verjährung **4** 27; bei zu Unrecht entrichteten Beiträgen **4** 26
Erstattungsbeträge für Arzneimittel **5** 130b, 130c, Vereinbarungen über – **5** 130b, 130c
Erstattungsverfahren für Fahrgeldausfälle im Nah- und Fernverkehr **9** 233
Erstausstattung mit Bekleidung **12** 31; der Wohnung **12** 31
Erstausstattungen 2 24

Magere Ziffern = §§ **Sachverzeichnis**

Erste Hilfe 7 14 f., 17, 19, 21, 23
Erweiterte Schiedsstelle 5 115
Erwerbsfähigkeit 2 8, 44 a; Abfindung **7** 76, 78; Änderungen **7** 73; Bemessung **7** 56; Einschränkung **9** 4; Jugendliche **7** 56; Leistungen zur Teilhabe am Arbeitsleben **9** 10; Verlust **7** 56; verminderte –, Zurechnungszeit **6** 253 a
Erwerbsminderung 12 41; Anspruch auf Rente wegen – **6** 43; Begriff **6** 43; Feststellung der dauerhaften vollen – **12** 45; Rente **6** 240, 241; Wartezeit **6** 43
Erwerbstätigenabsetzungsbetrag 2 11; **12** 82
Erwerbstätigkeit, Freibeträge bei – **1** 30; Gegenstände zur Aufnahme oder Fortsetzung einer – **12** 90
Erziehung, Gleichberechtigung **8** 9; Hilfe zur – **8** 27
Erziehungsbeistand 8 30
Erziehungsberatung 8 28
Erziehungsförderung, Angebot **8** 16
Erziehungsrente, Anspruch auf **6** 47; Ende der Rente **6** 47; Wartezeit **6** 47; Zurechnungszeit **6** 253 a
Existenzgründungszuschuss 2 16
Expertenstandards zur Qualitätssicherung **11** 113 a
Externe Teilung 6 120 g

Fachausschuss für hausärztliche Versorgung **5** 79 c; für Psychotherapie **5** 79 b
Fachberatungsstelle 12 11
Fachkräfte 12 6
Fälligkeit der Ansprüche auf Sozialleistungen **1** 41; der Beiträge ArV **4** 23
Fälligkeit der Grundsicherung für Arbeitsuchende **2** 42
Fahrgemeinschaften 7 8
Fahrkosten 3 63; **9** 73; Anerkennung von – **5** 60; bei Betriebs- und Haushaltshilfe **7** 54; Eigenanteil **5** 60; Haushaltshilfe **7** 42; Krankentransport **5** 60; medizinische Notwendigkeit **5** 60; Reisekosten **7** 43; Rücktransport aus dem Ausland **5** 60; Übernahme durch Krankenkasse **5** 60; Unzumutbarkeit **5** 60; bei Weiterbildung **3** 85
Fahrkostenbeihilfe 2 16
Familienangehörige, Beitragsfreiheit **5** 3; Familienversicherung **5** 10; Verschwägerte **7** 2; Verwandte **7** 2
Familienaufwand 1 6
Familiengerechte Leistungen 12 16
Familienhilfe, sozialpädagogische **8** 31
Familienpflegezeit 11 18
Familienplanung 12 49
Familienrechtliches Rechtsverhältnis, ausländisches – **1** 34

Familienrechtsverfahren, Mitwirkung des Jugendamts **8** 50–52
Familienstücke 12 90
Familienverhältnisse, Berücksichtigung bei Sozialhilfe **12** 16
Familienversicherung, Familienangehörige **5** 10; Nachweispflicht **5** 289; in der Pflegeversicherung **11** 25; Wahl der Krankenkasse **5** 10
Familienzuschlag, Einkommensgrenze **12** 85 ff.
Fehlerhafte Verwaltungsakte, Umdeutung **10** 43
Fehlverhalten im Gesundheitswesen, Stellen zur Bekämpfung von – **5** 197 a
Feiertage, Ablauf einer Frist **10** 26
Fernunterricht 2 16
Festbeträge für Arznei- und Verbandmittel **5** 31, 35; Bekanntmachung **5** 35; Festsetzung **5** 35, 36; Gruppeneinteilung **5** 35, 36; für Hilfsmittel **5** 33, 36; Klage gegen – **5** 35; Preiswettbewerb **5** 35; Richtlinien des Gemeinsamen Bundesausschusses **5** 35; Stellungnahme von Sachverständigen **5** 35
Festnahme 7 2
Festsetzung der Regelsätze **12** 29
Feststellung von Ansprüchen, Antragsrecht des Sozialhilfeträgers **12** 95
Feststellungsklage 20 55, 89
Feststellungsverfahren 4 48 b
Feuerwehr-Unfallkasse 7 117, 185; Unfallversicherungsträger **7** 114
Finanzausgleich für aufwendige Leistungsfälle **5** 265; auf Landesverbandsebene bei überdurchschnittlichen Bedarfssätzen **5** 266; der Pflegekassen **11** 66
Finanzbehörden, Datenübermittlungspflicht **7** 197
Finanzielle Hilfe in besonderen Notlagen **5** 265 a; zur Entschuldung **5** 265 a; zur Erhaltung der Wettbewerbsfähigkeit **5** 265 a; zur Vermeidung der Insolvenz einer Krankenkasse **5** 265 a; zur Vermeidung der Schließung einer Krankenkasse **5** 265 a
Finanzierung der Grundsicherung für Arbeitsuchende **2** 46
Finanzverbund in der allgemeinen Rentenversicherung **6** 219
Fischerei 7 4; See-Berufsgenossenschaft **7** 121
Flüchtlingsintegrationsmaßnahmen 3 421 a
Förderangebot, stufenweiser Ausbau **8** 24 a; Unterstützung von Selbsthilfeprojekten **8** 25
Fördern, Grundsatz **2** 14

Sachverzeichnis

Fette Ziffern = Gesetzesnummern

Förderung der Aufnahme einer selbständigen Tätigkeit **2** 16; der beruflichen Weiterbildung **2** 16, durch Vertretung **2** 16; der Berufsausbildung **2** 16; beschäftigter Arbeitnehmer **2** 16; von beschäftigungsbegleitenden Eingliederungsmaßnahmen **2** 16; von Kindern **8** 22–35; in Kindertagespflege **8** 23, Anspruch **8** 24; in Tageseinrichtung, Anspruch **8** 24; in Tageseinrichtungen **8** 22 a; der Teilhabe am Arbeitsleben **7** 35; aus Vermittlungsbudget **3** 44; der Weiterbildung durch Kassenärztliche Vereinigung **5** 75 a

Förderung der Selbsthilfe 5 20 h; **11** 45 d

Förderung der Teilhabe schwerbehinderter Menschen, Berichterstattung **9** 187

Förderung ehrenamtlicher Strukturen 11 45 d

Förderung neuer Versorgungsformen 5 92 a, 92 b

Förderung schwer erreichbarer junger Menschen 2 16 h

Förderungsbedürftigkeit 3 52; junge Menschen **3** 78

Folgerenten, persönliche Entgeltpunkte **6** 88

Fordern, Grundsatz **2** 2

Form der Berufung **20** 151

Formen der Sozialhilfe **12** 10

Formfehler bei Verwaltungsakt, Folgen **10** 42, Heilung **10** 41

Forschung über Berufskrankheiten **7** 9; Datenübermittlung **7** 206

Forschungsvorhaben 5 287

Forsten und Gartenbau, Dienstbezüge der Geschäftsführer **7** 147 a

Fortbildungspflicht, Vertragsarzt **5** 95 d

Fortdauernde Förderung 2 16 g

Fortschreibung, Regelbedarfsstufe 6, Übergangsregelung **12** 134; der Regelsätze **12** 29

Fragerecht der Beisitzer **20** 112; der Beteiligten **20** 116; im Sozialgerichtsprozess **2** 16

Frauenförderung 2 16

Frauenhaus, Kostenerstattung bei Aufenthalt **2** 36 a

Freibeträge, Erwerbstätigkeit **1** 30

Freibetrag 2 12

Freie Arztwahl, ermächtigte Ärzte **5** 76; Kassenärzte **5** 76; Mehrkosten **5** 76; Notfälle **5** 76; Sorgfaltspflicht **5** 76; Versicherte der Ersatzkassen **5** 76; wichtiger Grund **5** 76; Zahnkliniken der Krankenkassen **5** 76

Freie Förderung 2 16 f

Freie Wohlfahrtspflege 12 5, 11, 84

Freiheitsentziehung 7 2; Heilbehandlung **7** 26; Teilhabe am Arbeitsleben **7** 35; Verletztengeld **7** 47

Freistellung, Anspruch auf Arbeitsentgelt **7** 7

Freistellungsfaktor 7 177

Freiwillig gezahlte Beiträge, Erstattung **6** 286 g

Freiwillig Versicherte, Beitragszuschuss des Arbeitgebers **11** 61; Fiktion der Meldung bei Pflegekasse **11** 50; Mindestbeitragsbemessungsgrundlage **6** 167

Freiwillige Beiträge, Änderung der Berechnungsgrundlagen **6** 200; Nachzahlung bei Nachversicherung **6** 285, für Vertriebene, Flüchtlinge und Evakuierte **6** 284

Freiwillige finanzielle Hilfen 5 265 b

Freiwillige Rentenversicherung, Sonderregelung **6** 232

Freiwillige Versicherung, Anzeige des Beitritts **5** 9; Beitrittsvoraussetzungen **5** 9; Binnenfischerei **7** 6; Ehegatte **7** 6; Imkereien **7** 6; Jagd **7** 6; in RV **6** 5; Unternehmer **7** 6; Unzulässigkeit **6** 7; Wartezeiterfüllung **6** 7

Freiwillige Weiterversicherung, beitragspflichtige Einnahmen **3** 345 b

Freiwilliges ökologisches Jahr, Beschäftigungsort **4** 10

Freiwilliges soziales Jahr, Beschäftigungsort **4** 10

Fristen, Berechnung **20** 64; Berufung **20** 151; Beschwerde **20** 173; Klageerhebung **20** 87; Ladung zur mündlichen Verhandlung **20** 110; Revision **20** 164; richterliche **20** 65; im Verwaltungsverfahren **10** 26; Wahrung bei Unzuständigkeit **20** 91; Wiedereinsetzung **20** 67

Fristsetzung durch Vorsitzenden 20 106 a

Früherkennung 9 46; von Krankheiten **12** 47; von Krebserkrankungen **5** 25

Früherkennungsprogramme 5 25 a

Frühförderung 9 46

Frühgeburten 5 24 i

Gebärdensprache 10 19

Gebühren für den medizinischen Arbeitsschutz **7** 9

Gebührenschuldner 20 187

Geburtsort, Zuständigkeit des Trägers der Sozialhilfe **12** 24, 98

Gedächtnisstörung 12 61 a

Gefahr im Verzug **7** 19

Gefahrtarif, Festsetzung **7** 157; fremdartige Nebenunternehmungen **7** 157; Gefahrklassen **7** 157; Geltungsdauer **7** 157; Ge-

1954

Magere Ziffern = §§ Sachverzeichnis

nehmigung 7 158; Gliederung 7 157; der See-Berufsgenossenschaft 7 157
Gegenäußerung 20 104
Geheimhaltung von Sozialdaten 1 35
Geheimhaltungspflicht 9 213
Gehen 12 61 a
Geistig Behinderte, Eingliederung 12 53
Geistig behinderte Menschen, Eingliederung 12 61 a
Geistige Bedürfnisse 12 90
Geld- und Sachleistungen, vorläufige Entscheidung über die Erbringung 2 41 a
Geldleistung 2 4; 12 10
Geldleistungen, Anpassung 7 95; Anpassungsmitteilungen durch Deutsche Post AG 6 119; Aufrechnung und Verrechnung 12 44 b; aus dem Ausland 7 98; ins Ausland 7 97; Auszahlung 6 118; 7 96, Nachzahlungsbeträge 6 118; Auszahlung durch Deutsche Post AG 6 119; Auszahlung laufender – bei Beginn vor dem 1. April 2004 7 218 c; Berechnungsgrundsätze 7 96; Bestandsschutz 7 217; Fälligkeit 6 118; 7 96; Fälligkeit und Auszahlung laufender – bei Beginn vor 1. April 2004 6 272 a; Fiktion des Vorbehalts 6 118; Rücküberweisung 7 96; für schwerbehinderte Menschen in besonderen Lebenslagen 9 185; Verordnungsermächtigung für Aufgaben der Deutschen Post AG 6 120; Verrechnung 12 44 b; Vorbehalt 7 96; vorläufige Entscheidung über Erbringung 12 44 a; Vorschüsse an Deutsche Post AG 6 119
Geltungsbereich des Sozialgesetzbuchs 1 30
Gemeinde, Datenübermittlungspflicht 7 197; kommunale Unfallversicherungsträger 7 117, 129; Unfallversicherungsverbände 7 185; Unfallversicherungsverbände und -kassen 7 114
Gemeinnützige Einrichtungen, Förderung durch Integrationsämter 9 185
Gemeinsame Einigungsstelle 2 45
Gemeinsame Einrichtung, Bewirtschaftung von Bundesmitteln 2 44 f; Geschäftsführer 2 44 d; Gleichstellungsbeauftragte 2 44 j; Grundsicherung für Arbeitsuchende 2 44 b; Personalvertretung 2 44 h, 44 i; Stellenbewirtschaftung 2 44 k; Verfahren bei Meinungsverschiedenheiten 2 44 e; Zuweisung von Tätigkeiten 2 44 g
Gemeinsame Empfehlungen der Rehabilitationsträger 9 26; Verordnungsermächtigung 9 27
Gemeinsame Servicestellen 12 4
Gemeinsame Wohnformen 8 19
Gemeinsamer Bundesausschuss, Aufsicht 5 91 c; Beschlüsse zur Qualitätssiche-

rung im Krankenhaus 5 136 b; Beschlüsse zur Qualitätssicherung und Krankenhausplanung 5 136 c; Durchsetzung und Kontrolle der Qualitätsanforderungen 5 137; Evaluation der Qualitätssicherung 5 136 d; Förderung der Qualitätssicherung 5 137 b; Förderung neuer Versorgungsformen 5 92 a, 92 b; Haushalts- und Rechnungswesen 5 91 c; Richtlinien zur Qualitätssicherung 5 136; Richtlinien zur Qualitätssicherung in ausgewählten Bereichen 5 136 a; Vermögen 5 91 c; Versorgungsforschung 5 92 b; Weiterentwicklung der Qualitätssicherung 5 136 d
Gemeinsames Landesgremium 5 90 a
Gemeinschaft, Leistungen zur Teilhabe am Leben in der – 12 54
Gemeinschaftsunterkunft, Sachleistungen 2 65
Genehmigung der Unfallverhütungsvorschriften 7 15
Genehmigungsbedürftige Vermögensanlagen 4 85, 86
Genesende, Mehrbedarf 12 30
Genossenschaften, Mitglieder 7 4
Geriatrische Institutsambulanzen 5 118 a
Gerichte, Bindung 7 108, 112
Gerichtsbescheid 20 105
Gerichtsbezirk 20 7
Gerichtspersonen, Ablehnung 20 171
Gerichtssprache 20 61
Gerichtsstand 20 57
Geringfügige Beschäftigung 4 115; Begriff 4 8; in Privathaushalten 4 8 a; Versicherungsfreiheit 5 7; Zuschläge an Entgeltpunkten 6 244 a, 264 b
Geringfügige selbständige Tätigkeit 4 115
Geringfügige selbstständige Beschäftigung, Begriff 4 8
Gesamtbedarf, Zahlungsanspruch und Direktzahlung 12 43 a
Gesamteinkommen 4 16
Gesamtleistungsbewertung, begrenzte – 6 74; Entgeltpunkte 6 71; knappschaftliche RV 6 84; Sonderregelung 6 263, für Entgeltpunkte (Ost) 6 263 a
Gesamtplan 12 144
Gesamtplankonferenz 12 143; Feststellung der Leistungen 12 143 a
Gesamtplanverfahren 12 141
Gesamtschwerbehindertenvertretung 9 180
Gesamtsozialversicherungsbeitrag, Arbeitgeber mit zentraler Lohn- und Gehaltsabrechnung 4 28 f; Aufgaben der Einzugsstelle 4 28 f, 28 h; Aufzeichnungs-

1955

Sachverzeichnis

Fette Ziffern = Gesetzesnummern

pflicht **4** 28 f; Begriff **4** 28 d; Beitragsabzug **4** 28 g; Beitragsnachweis **4** 28 f; Zahlungspflicht des Arbeitgebers, Vorschuss, Haftung **4** 28 e

Gesamtvergütung, befreiende Wirkung **5** 85; Bewertungsmaßstab **5** 85; Einzelleistungen **5** 85; Empfehlung **5** 85; Fallpauschale **5** 85; Festbetrag **5** 85; Höhe **5** 85; Kopfpauschale **5** 85; Krankenkasse **5** 85; nichtärztliche Leistungen **5** 85; Veränderungen **5** 85; Verteilungsmaßstab **5** 85; Zahnersatz **5** 85

Gesamtverträge, allgemeiner Inhalt **5** 82; Bundesmantelverträge **5** 82; Landesverbände der Krankenkassen **5** 83; Vergütungen **5** 82; Vertragsparteien **5** 82, 83

Geschäftsführer des Versicherungsträgers **4** 31, 36

Geschäftsführung des Versicherungsträgers, Prüfung **4** 88

Geschäftsordnung des Bundessozialgerichts **20** 50; Selbstverwaltungsorgane **4** 63

Geschäftsstelle der Sozialgerichte **20** 4

Geschäftsübersichten und Statistiken der Sozialversicherung **4** 79

Geschlechtsbezogene Besonderheiten, Leistungen der Krankenkasse **5** 2 b

Geschwister, Waisenrente **7** 67

Gesellschaft für Telematik 5 291 b; informationstechnische Systeme **5** 291 d; Interoperabilitätsverzeichnis **5** 291 e; Schlichtungsstelle **5** 291 c

Gesetzliche Krankenkassen 9 6

Gesetzliche Krankenversicherung, Aufgabe **5** 1; Eigenverantwortlichkeit **5** 1; Leistungsausschluss **5** 52 a; Solidargemeinschaft **5** 1; Sonderregelungen zum Verwaltungsverfahren **5** 4 a; Versicherungspflicht **5** 5

Gesetzliche Rentenversicherung 6; 9 6

Gesetzliche Unfallversicherung 7; 9 6

Gesonderte Meldung und Hochrechnung 6 194

Gesundheit, Mitverantwortung für – **5** 1

Gesundheitliche Versorgungsplanung 5 132 g

Gesundheitsamt, Aufgaben **12** 59

Gesundheitsbewusstes Verhalten, Bonus **5** 65 a

Gesundheitsförderung 5 20; Leistungen zur – **5** 20 a

Gesundheitsfonds 5 271; Sicherstellung der Einnahmen **5** 271 a

Gesundheitsgefahren, Prävention **7** 1, 14 ff.; sofort vollziehbare Anordnungen **7** 19

Gesundheitskarte, elektronische **5** 15

Gesundheitsschaden, Blutspende **7** 12 a; Organ- und Gewebespende **7** 12 a

Gesundheitsuntersuchung, Anspruch der Versicherten auf – **5** 25

Gesundheitswesen, Ehrenamtliche **7** 2; konzertierte Aktion **5** 142

Getrennte Abrechnung 6 287 f

Gewerbliche Berufsgenossenschaften, Dienstbezüge der Geschäftsführer **7** 147 a

Gewöhnlicher Aufenthalt, Ausschluss **12** 109; Kostenerstattung beim Fehlen **12** 106; Wechsel **12** 106; Zuständigkeit des Trägers der Sozialhilfe **12** 98

Gleichstellung mit schwerbehinderten Menschen **9** 2, 151, 187

Gleitender Übergang älterer Arbeitnehmer, Leistungen bei – **1** 19 b

Gleitzone 4 20; **6** 276 b

Grenzen der Mitwirkung **1** 65

Großer Senat beim Bundessozialgericht **20** 41

Gründungszuschuss, Dauer und Höhe der Förderung **3** 94; selbständige Tätigkeit **3** 93

Grundausbildung, Bedarf bei – **3** 124

Grundbetrag, abweichende **12** 86; Berechnung der Einkommensgrenze **12** 85

Grundbewertung, belegungsfähiger Gesamtzeitraum **6** 72; Entgeltpunkte **6** 72; Renten mit Zurechnungszeit **6** 72

Grundpauschale, Übergangsregelung **12** 139

Grundrente nach dem BVG 2 11; **12** 82

Grundsätze der Rentenhöhe, Arbeitsentgelt und Arbeitseinkommen **6** 63; Entgeltpunkte **6** 63

Grundsatz des Förderns 2 14

Grundsatz des Forderns 2 2

Grundsicherung, allgemeine Übergangsvorschriften **2** 65; Arbeitslose **2** 53 a; Hilfe in Angelegenheiten der **6** 109 a; Sachleistungen bei Unterbringung in Gemeinschaftsunterkunft **2** 65; Übergangsregelungen **2** 76–80

Grundsicherung bei Erwerbsminderung, Erstattung durch den Bund **12** 46 a

Grundsicherung für Arbeitsuchende, Absetzbeträge **2** 11 b; abweichende Leistungserbringung **2** 24; Altersvorsorge **2** 12; Arbeit **2** 9; Asylbewerber **2** 7; Aufgabe und Ziel **2** 1; Aufsicht **2** 47; Aufsicht über zugelassene kommunale Träger **2** 48; Ausländer **2** 7 f.; Auszubildende **2** 7; Bedarfsgemeinschaft **2** 7, 9; Behinderung **2** 8; Berechnung von Leistungen **2** 41; Bundesagentur für Arbeit **2** 6; Bußgeldvorschriften **2** 63; Darlehen **2** 9; Datenschutz

Magere Ziffern = §§ Sachverzeichnis

2 50 ff.; datenschutzrechtliche Straf- und Bußgeldvorschriften 2 63 a, 63 b; eheähnliche Partner 2 7, 9; Ehegatte 2 7, 9; Eingliederungsvereinbarung 2 15; Einkommen 2 9, 11; Erwerbsfähigkeit 2 8; Finanzierung 2 46; Freibetrag für notwendige Anschaffungen 2 12; gemeinsame Einigungsstelle 2 45; gemeinsame Einrichtung 2 44 b; Grundfreibetrag 2 12; Grundsatz des Förderns 2 14; Grundsatz des Forderns 2 2; Haushaltsgemeinschaft 2 9; Hilfebedürftigkeit 2 9; Innenrevision 2 49; Kinder 2 7, 9; Kinderbetreuung 2 9 f.; Kraftfahrzeuge 2 12; Krankheit 2 8; Lebenspartner 2 7, 9; Leistungen der − 1 19 a; Leistungen zur Eingliederung in Arbeit 2 14 ff.; Leistungsarten 2 4; Leistungsberechtigte 2 7; Leistungsformen 2 4; Leistungsgrundsätze 2 3; Leistungsmissbrauch 2 64; Mitwirkungspflichten 2 56 ff.; Nachranggrundsatz 2 5; nicht zu berücksichtigendes Einkommen 2 11 a; Pflege eines Angehörigen 2 10; Schadenersatz 2 62; Schüler 2 7; Schwangerschaft 2 9; stationäre Einrichtungen 2 7; Statistik 2 53; Studierende 2 7; Tageseinrichtungen 2 10; Tagespflege 2 10; Träger 2 6; Trägerversammlung 2 44 c; Vergleich der Leistungsfähigkeit 2 48 a; Vermögen 2 9, 12; Wirkungsforschung 2 55; Zielvereinbarungen 2 48 b; Zumutbarkeit 2 10; Zusammenarbeit mit Trägern der Sozialhilfe 12 4
Grundsicherung im Alter, Aufrechnung und Verrechnung 12 44 b; Direktzahlung 12 43 a; Erstattung durch den Bund 12 46 a; Geldleistungen 12 44 a; Gesamtbedarf 12 43 a; Heizung 12 42 a; Leistungsberechtigte 12 41; Unterkunft 12 42 a; Verrechnung 12 44 b; vorläufige Entscheidung über Erbringung von Geldleistungen 12 44 a; Zahlungsanspruch 12 43 a
Grundsicherung im Alter und bei Erwerbsminderung 12 18, 19, 41−46 a
Grundstücke, Beleihung 4 84
Grundstückseigentümer, Auskunftspflicht 7 198
Grundurteil 20 130
Gruppenarbeit, soziale − 8 29
Gruppenprophylaxe 5 21
Gruppenzugehörigkeit für Sozialversicherungswahlen 4 47

Häftlingshilfegesetz 7 56
Härte 12 90
Häusliche Krankenpflege, Abrechnungskontrolle 5 275 b; Anspruch auf − 5 37; Anspruchsdauer 5 37; Behandlungspflege 5 37; Kostenerstattung 5 37; Pflegekräfte 5 37; Qualitätskontrolle 5 275 b; Richtlinien 7 32; Umfang 7 31; Umfang, Zuzahlung 5 37; Versorgung mit − 5 132 a
Häusliche Pflege 5 24 g; 12 50, 61 a, 63; von Angehörigen 2 16 a; Anspruch auf − 11 36; Besitzstandsschutz für pflegebedürftige Menschen mit Behinderungen 11 145; durch Einzelpersonen 11 77; häusliche Pflegehilfe 11 36; Kombinationsleistung 11 38; Pflegegeld 11 37; Pflegehilfsmittel 11 40; Pflegesachleistung 11 36; Pflegevertrag 11 120; technische Hilfen 11 40; bei Verhinderung der Pflegeperson 11 39; Verträge der Pflegekassen mit Pflegekräften 11 77; Vorrang 12 64; Vorrang der − 11 3
Häusliche Pflegehilfe 12 64 b
Hafen, Gefahren 7 10
Haftpflichtversicherung 7 140; Aufsicht 7 141; Träger 7 141
Haftung der Arbeitnehmer 7 105; der Arbeitskollegen 7 105; der Mitglieder der Selbstverwaltungsorgane 4 42; anderer Personen 7 106; bei der Pflege 7 106; in der Seefahrt 7 107; des Sonderrechtsnachfolgers 1 57; gegenüber den Sozialsicherungsträgern 7 110 ff.; des Unternehmers 7 104
Hamburg, Stadtstaatenklausel 9 239
Handlungsfähigkeit 1 36
Handwerkskammern, Meldungspflicht ggü. Datenstelle der Rentenversicherung 6 196
Hauptintervention 20 74
Hauptschulabschluss, berufsvorbereitende Bildungsmaßnahme 3 53; Vorbereitung 3 53
Hauptschwerbehindertenvertretung 9 180
Hausarztzentrierte Versorgung 5 73 b
Hausgewerbetreibende 4 12; 7 2; Sozialversicherung 4
Hausgrundstück 2 12; 12 90
Haushalt 12 70; Inhalt und Vorgaben 4 69
Haushaltsangehörige 12 70
Haushaltsführende 7 3
Haushaltsgemeinschaft 2 9; 12 39
Haushaltshilfe 5 24 h; 9 74; Kostenerstattung, Zuzahlung 5 38; bei Krankenhausbehandlung und Krankheit 5 38; Versorgung mit − 5 132
Haushaltshilfe und Kinderbetreuung, Fahrkosten 7 42; bei Verschwägerten 7 42; bei Verwandten 7 42; Voraussetzungen 7 42
Haushaltsplan 4 70; Aufstellung 4 67; Ausweisung der Schiffssicherheitsabteilung 4

Sachverzeichnis

Fette Ziffern = Gesetzesnummern

71 e; Bedeutung **4** 68; Unfallversicherung Bund und Bahn **4** 71 f; der Versicherungsträger **4** 67 ff.; Wirkung **4** 68
Haushaltswesen der Versicherungsträger **4** 67 ff.
Hausrat 2 12, 20; **12** 27, 90
Hausstand, Mittel zur Gründung **12** 90
Hauswirtschaftliche Versorgung 12 61 a
Hebammenhilfe 5 24 d; **12** 50; Versorgung mit **5** 134 a
Heilbehandlung 1 63; ärztliche Behandlung **7** 28; Anspruch auf **7** 26; Arbeitstherapie **7** 26; Arzneimittel **7** 26, 29, 33; Belastungserprobung **7** 26; besondere Verfahren **7** 34; Durchführung **7** 34; Erstversorgung **7** 26; bei Freiheitsentziehung **7** 26; frühzeitige **7** 34; Geldleistungen **7** 45 ff.; häusliche Krankenpflege **7** 26, 32; Heil- und Hilfsmittel **7** 26, 33; Kassenärztliche Bundesvereinigungen **7** 34; in Krankenhäusern **7** 26; im Krankenhaus **7** 32; lege artis **7** 28; Mehrkosten **7** 29; in Rehabilitationseinrichtungen **7** 26; Umfang **7** 26; Umfang der – **7** 27; Verbandmittel **7** 26, 29, 33; Verletztengeld **7** 45; Verträge über **7** 34; zahnärztliche Behandlung **7** 26, 28
Heilmittel 7 26, 33; **12** 50, 51; Anspruch auf Versorgung mit – **5** 32, 34; Begriff **7** 30; als Dienstleistung abgegebene – **5** 124; elektronische Programme zur Verordnung **5** 73; physikalische Therapie **7** 30; Sprach- und Beschäftigungstherapie **7** 30; Zuzahlung zu Kosten der – **5** 32
Heilmittelverordnung, elektronische Programme zur – **5** 73
Heilmittelversorgung, Modellvorhaben zur – **5** 64 d
Heilpädagogische Leistungen 9 76; Leistungserbringung **9** 79; Maßnahmen **9** 79
Heilpraktiker 7 4
Heimarbeit schwerbehinderter Menschen **9** 210
Heimarbeiter, Begriff **3** 13; **4** 12
Heimentgelt, Berechnung und Zahlung **11** 87 a
Heimerziehung 8 34
Heimpflege 7 44; Minderung einer Rente **7** 60
Heimverträge und Heimgesetz 11 119
Heizung 2 22; **12** 27, 35, 42; Bedarfe für – **12** 42 a; Übergangsregelung zu Bedarfen **12** 133 b
Hemmung der Verjährung **4** 25, durch Verwaltungsakt **10** 52
Hilfe 12 19; Familienplanung **12** 49; Gesundheit **12** 8, 47–52; zur Hochschulausbildung **12** 54; bei Krankheit **12** 48; Pflege **12** 8, 61 ff.; Schulbildung **12** 54; bei Sterilisation **12** 51; Überwindung besonderer sozialer Schwierigkeiten **12** 8, 19, 67–69; Weiterführung des Haushalts **12** 70
Hilfe außerhalb der Familie 8 37
Hilfe bei Schwangerschaft und Mutterschaft, ärztliche Behandlung **12** 50; Arzneimittel **12** 50; Betreuung **12** 50; häusliche Pflege **12** 50; Hebammenhilfe **12** 50; Heilmittel **12** 50; Pflege in einer stationären Einrichtung **12** 50; Verbandmittel **12** 50
Hilfe für junge Volljährige 8 41
Hilfe zum Lebensunterhalt 12 27 ff.; Ersatz der Kosten **12** 102–105; Leistungsberechtigte **12** 19, 27
Hilfebedürftigkeit 2 9, 44 a
Hilfeempfänger in Einrichtungen, Übergangsregelung **12** 133 a
Hilfeleistungen, Sachschäden bei – **7** 13
Hilfen zur beruflichen Weiterbildung 9 75
Hilfen zur Hochschulbildung 9 75
Hilfen zur Schulbildung 9 75
Hilfen zur schulischen Berufsausbildung 9 75
Hilfeplan 8 36
Hilfsmittel 7 26, 33; **9** 47, 76, 84; **12** 61 a; Anspruch auf Versorgung mit – **5** 33, 34; Begriff **7** 31; Beschädigung **7** 8; Ermittlung der Durchschnittspreise **5** 127; Erneuerung **7** 26; Festbetrag **5** 33, 36; **7** 31; Körperersatzstücke **7** 31; Kontaktlinsen **5** 33; Kostentragung **5** 33; leihweise Überlassung **5** 33; Richtlinien **7** 31; Tod bei der Wiederherstellung **7** 11; Verlust **7** 8; Verordnungsermächtigung **9** 48; Zuschuss **5** 33; Zuzahlung **5** 33
Hilfsmittelverzeichnis 5 139
Hinterbliebene, Beihilfe **7** 63; Jahresarbeitsverdienst **7** 88; Leistungen **7** 63 ff.; Rente **7** 63
Hinterbliebenenrente, Höchstbetrag **7** 70; Zuschlag **6** 264 c
Hinzuverdienst 6 96 a
Hinzuverdienstgrenze 6 34, 302, 313
Hochschulambulanzen, ambulante Behandlung **5** 117
Hochschulen 7 2
Höherversicherung, Sonderregelung für Beiträge vor 1998 **6** 280
Höherwertige Tätigkeit 7 35
Honorarfestsetzung, Widerspruch und Klage gegen – **5** 85
Honorarkürzung, Klage gegen – **5** 106
Honorarverteilung 5 87 b
Hospiz- und Palliativberatung 5 39 b
Hospize, stationäre und ambulante Leistungen **5** 39 a

Magere Ziffern = §§   **Sachverzeichnis**

Ich-AG 2 16
Illegale Beschäftigung 10 67 e
Imkerei 7 6, 123
Individualprophylaxe 5 22, 22 a
Informations- und Beratungsanspruch, Arbeitgeber und Beschäftigte 4 104
Informationspflicht bei unrechtsmäßiger Kenntniserlangung von Sozialdaten 10 83 a
Informationsportal 4 105; Errichtung beim Spitzenverband Bund der Krankenkassen 4 105
Infrastrukturmaßnahme 2 16
Inklusionsbeauftragter 9 181
Inklusionsvereinbarung 9 83; zwischen Arbeitgeber und Schwerbehindertenvertretung 9 166
Inklusionsvereinbarungen 7 162
Innenrevision 2 49
Innerbetrieblicher Schadensausgleich 2 16
Innere Organe 12 61 a
Innovationsfonds 5 92 a
Innungskrankenkassen, Abwicklung der Geschäfte 5 164; Auflösung 5 162; Ausdehnung auf weitere Handwerksinnungen 5 159; Auseinandersetzung 5 164; Ausscheiden einer Handwerksinnung 5 161; Dienstordnungsangestellte 5 164; Errichtung 5 157, Verfahren 5 158; Haftung 5 164; Schließung 5 163; Vereinigung von – 5 160; Zuständigkeit 5 174
Inobhutnahme 8 42
Insolvenz, Haftung 5 171 d
Insolvenzfähigkeit von Krankenkassen 5 171 b, Aufhebung der Länderhaftung 5 171 c; von Krankenkassenverbänden 5 171 f
Insolvenzgeld 3 165–172; Anspruch auf – 3 165; Anspruchsübergang auf Bundesagentur 3 169; Aufbringung der Mittel 3 358; Auskunftspflicht bei Leistung von – 3 316; Ausschluss des Anspruchs 3 166; Datenaustausch und -übermittlung an ausländische Behörden 3 172; Verfügung über Arbeitsentgelt an Dritte 3 170; Verfügung über das – 3 171; Vorschuss 3 167
Insolvenzgeldbescheinigung 3 314
Insolvenzschutz 4 7 e
Institut für Qualität und Wirtschaftlichkeit im Gesundheitswesen 5 139 a– 139 c
Institut für Qualitätssicherung im Gesundheitswesen 5 137 a
Integrationsämter, Aufgaben bei der Teilhabe schwerbehinderter Menschen 9 185; beratender Ausschuss für behinderte Menschen 9 186; Einschränkungen der Ermessensentscheidungen 9 172; Entscheidung bei Kündigung schwerbehinderter Menschen 9 171; Zusammenarbeit mit der Bundesagentur für Arbeit 9 184; Zusammenwirken mit Arbeitgebern 9 163
Integrationsfachdienste, Aufgaben 9 193; Beauftragung 9 194; Begriff und Anwendungsbereich 9 192; Ergebnisbeobachtung 9 197; fachliche Anforderungen 9 195; finanzielle Leistungen 9 196; für schwerbehinderte Menschen 9 185; Verantwortlichkeit 9 194; Verordnungsermächtigung 9 198
Integrationsprojekte, Aufgaben 9 216; Aufgaben der Bundesagentur für Arbeit 9 187; Begriff und Personenkreis 9 215; finanzielle Leistungen 9 217; Verordnungsermächtigung 9 218
Integrierte Versorgung 5 140 a; 11 92 b
Interoperabilitätsverzeichnis 5 291 e
Investitionsbetrag, Übergangsregelung 12 139
Jagd 7 3, 4, 6, 123
Jahresarbeitsverdienst bei der Anpassung von Geldleistungen 7 95; bei Anpassungen 7 89; als Berechnungsgrundlage 7 81; bei Berufskrankheiten 7 84; Entwicklungshelfer 7 82; Erhöhung für Hinterbliebene 7 88; nach billigem Ermessen 7 87; erstmalige Festsetzung 7 82; für Kinder 7 86; in der Landwirtschaft 7 93; Mindest- und Höchstverdienst 7 85, 91; Neufestsetzung nach voraussichtlicher Schul- oder Berufsausbildung oder Altersstufen 7 90; Regelberechnung 7 82; kraft Satzung 7 83; für Seeleute 7 92; Soldaten 7 82
Jahresrechnung der Versicherungsträger 4 77
Jahresrechnungsergebnisse, Veröffentlichungspflicht der Krankenkassen 5 305 b
Jobcenter 2 6 d
Jugendamt, Aufgaben 8 50–52; Mithilfe bei Personensorge 8 38, 39
Jugendarbeit 8 11
Jugendhilfe, Aufgaben 8 1; Beratung 8 17; Beteiligung von Kindern und Jugendlichen 8 8; Elternberatung 8 18; Elternberatung bei Trennung und Scheidung 8 17; freie und öffentliche – 8 3, 4; Leistungen 1 27; 8 2; Wunsch- und Wahlrecht 8 5
Jugendliche, Erwerbsfähigkeit 7 56; Kosten der Unterbringung in anderer Familie 12 107; notwendiger Lebensunterhalt 12 27
Jugendlichenuntersuchung 5 26

Sachverzeichnis

Fette Ziffern = Gesetzesnummern

Jugendschutz, Angebot zu – **8** 14; fachliche Beratung und Begleitung **8** 8 b
Jugendsozialarbeit 8 13
Jugendverbände, Förderung **8** 12
Jugendwohnheime, Förderung **3** 80 a

Kämmen 12 61 a
Kammern, Besetzung **20** 12; Fach- **20** 10; Unterstützung der Unfallversicherungsträger **7** 195
Kassenärztliche Bundesvereinigungen 5 77; Aufsicht **5** 78; Aufsichtsmittel **5** 78 a; besondere Regelungen zu Einrichtungen und Arbeitsgemeinschaften **5** 77 b; Durchführung der Heilbehandlung **7** 34; entsandte Personen für besondere Angelegenheiten **5** 78 b; Haushalts- und Rechnungswesen **5** 78; Körperschaften des öffentlichen Rechts **5** 77; Schiedsamt für die medizinische und zahnmedizinische Versorgung **7** 34; Selbstverwaltungsorgane **5** 79; Statistiken **5** 78; Vermögen **5** 78; Vertretungsmacht **5** 77
Kassenärztliche Vereinigungen, Abrechnungsprüfung **5** 106 d; Aufbewahrung von Daten **5** 304; Aufsicht **5** 78; außerordentliche Mitglieder **5** 77; freiwilliger Verzicht auf Zulassung als Vertragsarzt **5** 105; Gesamtverträge **5** 82–85; Haushalts- und Rechnungswesen **5** 78; Kassenärzte **5** 77; kassenärztliche Versorgung **5** 77; Körperschaften des öffentlichen Rechts **5** 77; ordentliche Mitglieder **5** 77; Selbstverwaltungsorgane **5** 79; Sozialdaten **5** 285; Statistiken **5** 78; Stellen zur Bekämpfung von Fehlverhalten im Gesundheitswesen **5** 81 a; Vermögen **5** 78; Versagen, Widerruf der Zustimmung **5** 77; Vertretungsmacht **5** 77; Wahlen **5** 80; Wirtschaftlichkeit **5** 106; Wirtschaftlichkeitsprüfung **5** 106; Zustimmung der obersten Verwaltungsbehörden der Länder **5** 77; Zwangsmitgliedschaft **5** 77
Kassenärztliche Versorgung, Wirtschaftlichkeit **5** 106
Kassenartenübergreifende Vereinigung 5 171 a
Kassenarztsitz 5 95
Kassenindividueller Zusatzbeitrag 5 242
Kennzeichen für Leistungsträger und Leistungserbringer **5** 293
Kieferorthopädische Behandlung, Kostenerstattung **5** 29
Kind, Betreuung **2** 9 f., 16; Grundsicherung für Arbeitsuchende **2** 7, 9; Kosten der Kinderbetreuung **2** 16; Mehrbedarf für laufende Leistungen **12** 30; notwendiger Lebensunterhalt **12** 27

Kinder 7 2; Jahresarbeitsverdienst **7** 86; Pflegekinder **7** 2, 4; Verletztengeld **7** 45; Waisenrente **7** 67
Kinder- und Jugendhilfe 1 8; Arbeitsgemeinschaften **8** 78; Aufgaben der Jugendhilfe **8** 2; Begriffsbestimmungen **8** 7; Beteiligung von Kindern und Jugendlichen **8** 8; Beurkundung, vollstreckbare Urkunden **8** 59, 60; Bußgeldvorschriften **8** 104; Eingliederungshilfe für seelisch behinderte Kinder und Jugendliche **8** 35 a; ergänzende Vorschriften **8** 97, 97 a; erzieherischer Kinder- und Jugendschutz **8** 14; Förderung der Erziehung in der Familie **8** 16–21; Förderung der Jugendverbände **8** 12; Förderung von Kindern in Tageseinrichtungen und in Kindertagespflege **8** 22–26, Landesrechtsvorbehalt **8** 26; freie und öffentliche Jugendhilfe **8** 3; Geltungsbereich **8** 6; gemeinsame Vorschriften für Hilfe zur Erziehung und für Eingliederungshilfe **8** 36–40; Gesamtverantwortung, Jugendhilfeplanung **8** 79–81; Grundrichtung der Erziehung, Gleichberechtigung von Mädchen und Jungen **8** 9; Hilfe für junge Volljährige, Nachbetreuung **8** 41; Hilfe zur Erziehung **8** 27–35; Jugendarbeit **8** 11; Jugendsozialarbeit **8** 13; Kinder- und Jugendhilfestatistik **8** 98–103; Kostenbeiträge **8** 91–94; Kostenerstattung **8** 89–89 h, Landesrechtsvorbehalt **8** 89 g, schiedsrichterliches Verfahren **8** 89 h; Krankenhilfe **8** 40; Landesrechtsvorbehalt **8** 15; Leistungen der – **1** 27; Mitwirkung in gerichtlichen Verfahren **8** 50–52; örtliche Zuständigkeit für andere Aufgaben **8** 87–87 e, bei Aufenthalt im Ausland **8** 88, für Leistungen **8** 86–86 d; pauschalierte Kostenbeteiligung **8** 90; Pflegschaft und Vormundschaft für Kinder und Jugendliche **8** 53–58; Recht auf Erziehung, Elternverantwortung, Jugendhilfe **8** 1; sachliche Zuständigkeit **8** 85; Schutz von Kindern und Jugendlichen in Familienpflege und Einrichtungen **8** 43, 44–49, Landesrechtsvorbehalt **8** 49; Schutz von Sozialdaten **8** 61–68; Strafvorschriften **8** 105; Träger der öffentlichen Jugendhilfe **8** 69–72 a; Überleitung von Ansprüchen **8** 95; Verhältnis zu anderen Leistungen und Verpflichtungen **8** 10; vorläufige Maßnahmen zum Schutz von Kindern und Jugendlichen **8** 42; Wunsch und Wahlrecht **8** 5; zentrale Aufgaben **8** 82–84; Zusammenarbeit der öffentlichen Jugendhilfe mit der freien Jugendhilfe **8** 4; Zusammenarbeit mit der freien Jugendhilfe, ehrenamtliche Tätigkeit **8** 73–78

Magere Ziffern = §§   Sachverzeichnis

Kinder- und Jugendlichenuntersuchung 5 26
Kinderbetreuung 2 16 a; Erlaubnispflicht 8 45; Haushaltshilfe 7 42; Kostenübernahme 9 74; Untersagung 8 48
Kinderbetreuung in Notsituationen 8 20
Kinderbetreuungskosten 3 87
Kindererziehung, Zuschlag an persönlichen Entgeltpunkten 6 307 d
Kindererziehungszeiten, Anrechnung von − 6 56; Ausschluss der Anrechnung 6 56; Beginn 6 56; Beitragszahlung 6 177; Erziehung im Ausland 6 56; Erziehung weiterer Kinder 6 56; Fiktion 6 56; Jahrgänge vor 1921 6 294–299; Sonderregelung 6 249, im Beitrittsgebiet 6 249 a; Zuordnung der 6 56
Kindergeld 1 25; 2 11; 12 82
Kinderpflege, Sozialversicherung von selbstständig tätigen Personen 4 2
Kinderrehabilitation, Leistungen zur medizinischen Rehabilitation 6 15 a
Kinderschutz 8 14; fachliche Beratung und Begleitung 8 8 b; Maßnahmen 8 42
Kindertagespflege 8 43
Kinderuntersuchung, Anspruch auf − 5 26
Kinderversorgung in Notsituationen 8 20
Kinderzuschlag 1 25; 2 11
Kindeswohlgefährdung, Schutzauftrag 8 8 a
Kirchen 12 5
Klage gegen Zahlungsbescheide im Risikostrukturausgleich 5 266
Klageänderung 20 99, 112; in der Revision 20 168
Klageantrag, Bindung an − 20 123
Klagebegehren, Bindung an − 20 123
Klageerhebung 20 90; neuer Bescheid nach − 20 96
Klagefrist 20 87
Klagegegenstand 20 54
Klagenhäufung 20 56
Klagerecht, Verbandsklage 9 85
Klagerücknahme 20 102
Klageschrift 20 92; Gegenäußerung 20 104; Mitteilung 20 104
Klassenfahrten 12 31
Kleider, Verschleiß 7 31
Kleidung 2 20; 12 27, 31, 61 a
Klinische Krebsregister 5 65 c
Klinische Studien, Anspruch auf Arzneimittelversorgung 5 35 c
Knappschaft-Bahn-See, Pflegeversicherung 11 46; Rentenversicherung, Besonderheiten 6 137, Sonderzuständigkeit 6 130, 136, 136 a, Zuständigkeit 6 129, 133; Sonderregelung, für Beitrittsgebiet 6 273 a; Zuständigkeitssonderregelung 6 273
Knappschaftliche Besonderheiten, Sonderregelung 6 265, im Beitrittsgebiet 6 265 a
Knappschaftliche Betriebe 6 134
Knappschaftliche Krankenversicherung, Übergangsregelung 5 318
Knappschaftliche Krankenversicherung der Rentner, Verwaltungsausgaben 4 117
Knappschaftliche Rentenversicherung 6 79–87; Entgeltpunkte für Beitragszeiten, Kindererziehungszeiten 6 83; Gesamtleistungsbewertung 6 84; Höchstbetrag bei Witwen- und Witwerrenten 6 88 a; Leistungszuschlag 6 85; Monatsbetrag der Rente 6 80; persönliche Entgeltpunkte 6 81; Rentenartfaktor 6 82; Zugangsfaktor 6 86 a; Zuordnung beitragsfreier Zeiten 6 60; Zuschlag bei Waisenrenten 6 87
Knappschaftsausgleichsleistung, Sonderregelung 6 239
Kochen 12 61 a
Körperersatzstücke 7 31; 9 47; 12 54
Körperlich Behinderte, Eingliederungshilfe 12 53–60
Körperpflege 2 20; 12 27, 61 a
Körperschaften, Leistungsträger 1 12; Versicherungsträger 4 29
Körperschaften des öffentlichen Rechts 7 2
Kombinationsleistung, Bindungswirkung 11 38
Kommunale Eingliederungsleistungen 2 16 a
Kommunale Pflegeberatung 11 123, 124
Kommunale Träger 2 6 ff.; Personalübergang 2 6 c; Rechtsstellung 2 6 b; Zulassung 2 6 a
Kommunikationsserver, Datenermittlung zur und innerhalb der Sozialversicherung 4 96
Konsiliarische Befundbeurteilung, technische Verfahren 5 291 g
Kontenpfändung 1 55
Konzernschwerbehindertenvertretung 9 180
Konzertierte Aktion im Gesundheitswesen, Sachverständigenrat 5 142; Unterstützung 5 142
Kooperationsausschuss 2 18 b
Kooperatives Belegarztwesen 5 121
Kosten der Amtshilfe 10 7; Auslagenvergütung für Beteiligte 20 191; für auswärtige Unterbringung und Verpflegung 2 16; Entscheidung 20 193; Festsetzung 20 197, 199; Kostenfreiheit 20 183; Mehr-

1961

Sachverzeichnis

Fette Ziffern = Gesetzesnummern

heit von Schuldnern **20** 194; Pauschgebühr **20** 184 ff., 188 ff.; Pflichtigkeit **20** 197 a; der Schiedsstellenentscheidung **11** 116; im Sozialgerichtsverfahren **20** 183 ff.; für Unterbringung und Verpflegung **3** 86; bei Vergleich **20** 195; Verschulden **20** 192
Kosten beim Bundessozialgericht 20 197 b
Kostenersatz, Auskunftspflicht **12** 117; Doppelleistungen **12** 105; durch Erben **12** 102; Sozialhilfe **12** 102–105; unrechtmäßige Leistungen **12** 104
Kostenerstattung, Einrichtungsaufenthalt **12** 106; häusliche Krankenpflege **5** 37; Krankenkasse **5** 13; Notwendigkeit der Leistung **5** 13; Umfang **12** 110; unaufschiebbare Leistung **5** 13; Verjährung **12** 111; zugelassener Pflegeeinrichtungen **11** 91; zwischen den Trägern der Sozialhilfe **12** 106–112
Kostenfreiheit des Verwaltungsverfahrens **10** 64
Kostenreduzierung für Verwaltung und Verfahren **7** 187 a
Kostentragung von Leistungs- und Qualitätsnachweisen **11** 116; Rechtsverordnung **11** 116
Kraftfahrzeug 2 12; Leistungen zur Mobilität **9** 83
Kraftfahrzeughilfe 7 39, 40; Richtlinien **7** 40; Umfang **7** 40; Voraussetzungen **7** 40; Zuschuss **7** 40
Kraftfahrzeugsteuerermäßigung, Vermerk im Schwerbehindertenausweis **9** 228
Kranke, Mehrbedarf **12** 30
Krankenbehandlung, Anspruch auf – **5** 27; Arten der – **5** 27; Erprobung von Leistungen und Maßnahmen **5** 139 d; Kostenübernahme bei Behandlung außerhalb des Geltungsbereichs des EGV **5** 18; künstliche Befruchtung **5** 27 a; Mitwirkung der Versicherten **5** 1; Notwendigkeit der – **5** 27; Übernahme der – für nicht Versicherungspflichtige gegen Kostenerstattung **5** 264
Krankengeld 7 47; **9** 65; ärztliches Zeugnis **5** 45; Anpassung der Berechnungsgrundlage **9** 70; Anspruch auf – **5** 44, 45; Antrag auf Leistungen zur Teilhabe **5** 51; Arbeitsunfähigkeit **5** 44, 46; Ausschluss **5** 50; Beitragsfreiheit **5** 224; Beitragszahlungen der Krankenkassen an berufsständische Versorgungseinrichtungen **5** 47 a; Entgeltfunktion **5** 47; Entstehen des Anspruchs auf – **5** 46; Erklärung gegenüber der Künstlersozialkasse **5** 46; bei Erkrankung des Kindes **5** 45; Fernbleiben von der Arbeit **5** 45; Freistellungsanspruch **5** 45; freiwillig Versicherte **5** 44; Höhe und Berechnung **5** 47; Höhe und Berechnung bei Beziehern von Alg u. a. **5** 47 b; Kalendertage, Kalendermonat **5** 47; Krankheit **5** 44, 48; Kürzung **5** 50; Leistungsbeschränkung bei Selbstverschulden **5** 52; Leistungsdauer **5** 48; bei Organ- und Gewebespende oder Blut **5** 44 a; Regelentgelt **5** 47; Ruhen des Anspruchs auf – **5** 49; Seeleute **5** 47; Sonderregelungen für – **5** 269; stationäre Behandlung **5** 47; überschießender Betrag **5** 50; Versicherte nach KSVG **5** 46; Wegfall **5** 51; Wiederaufleben des Anspruchs auf – **5** 51
Krankengeldwahltarif, Übergangsregelung **5** 319
Krankenhäuser, Übermittlung von Leistungsdaten **5** 301
Krankenhaus, ambulante Behandlung bei Unterversorgung **5** 116 a; ambulante spezialfachärztliche Versorgung **5** 116 b; Begriff **5** 107; Behandlung **7** 26, 33
Krankenhausapotheke, Abgabe von Arzneimitteln **5** 129 a
Krankenhausarzt, ambulante Behandlung **5** 116
Krankenhausbehandlung, ambulantes Operieren **5** 115 b; Anspruch auf vollstationäre – **5** 39; Erprobung von Leistungen und Maßnahmen **5** 139 d; Fortsetzung der Arzneimitteltherapie nach **5** 115 c; nachstationäre Behandlung **5** 115 a; pauschalierte Vergütung **5** 115 a; Qualitätsprüfung **5** 113; Rahmenempfehlungen über – **5** 112; See-Krankenkasse **5** 39; Umfang **5** 39; Verordnung von – **5** 73; Verzeichnis stationärer Leistungen und Entgelte **5** 39; vorstationäre Behandlung **5** 115 a; Wirtschaftlichkeitsprüfung **5** 113; zugelassenes Krankenhaus **5** 39, 108; zulässige Verträge über – **5** 112; Zuzahlung durch Versicherte **5** 39
Krankenhausgesellschaften 5 108 a
Krankenhausleistungen, allgemeine Praxiskosten **5** 120; sonstige Sachkosten **5** 120; Vergütung ambulanter – **5** 120
Krankenhausplanung 5 136 c
Krankenhilfe 8 40
Krankenkassen, ambulante Rehabilitationskur **5** 40; ambulante Vorsorgekur **5** 23; Anhörungs- und Informationsrecht der Verbände bei Veränderung im Bestand **5** 172; Arbeitsgemeinschaften **5** 219; Arten **5** 4; Arznei- und Heilmittelvereinbarung **5** 84; Aufbewahrung von Daten **5** 304; Aufklärung **5** 1, 20; Auskünfte an Versicherte **5** 305; Auskunftspflicht **7** 188;

Magere Ziffern = §§   **Sachverzeichnis**

Beauftragung **7** 188; Beiträge **5** 220–264; Beitragssatzstabilität **5** 71; Beratung **5** 1, 20; Berufskrankheit **5** 20; Beteiligung des Bundes an Aufwendungen **5** 221; Bonus für gesundheitsbewusstes Verhalten **5** 65 a; Datenübermittlung an Pflegekassen **11** 50; Eigeneinrichtungen **5** 140; Ermessensleistungen **5** 20; Errichtung der Pflegekassen **11** 46; Gemeinsamer Bundesausschuss **5** 91; Gesamtvergütung **5** 85; Gesamtverträge **5** 83; Gewährleistung der medizinischen Versorgung **5** 70; Gruppenprophylaxe **5** 21; Individualprophylaxe **5** 22; kassenartübergreifende Zusammenarbeit **5** 4; Kostenerstattung **5** 29; Landesausschuss, der Ärzte und – **5** 90, der Zahnärzte und – **5** 90; Leistungen **5** 1, 2; medizinische Rehabilitation für Mütter und Väter **5** 41; Medizinischer Dienst **5** 275–283; Mitgliedschaft **5** 186–193; Pflegesatzverhandlungen **5** 109; Prävention **7** 14; Prävention und Selbsthilfe **5** 20; Prüfung der – und ihrer Verbände **5** 274; Rechtsnatur **5** 4; Satzung **5** 194–196; Selbstverwaltung **5** 4; Sozialdaten **5** 284; Stellen zur Bekämpfung von Fehlverhalten im Gesundheitswesen **5** 197a; Überleitungsregelungen des Einigungsvertrages **5** 309–312; Übernahme von Kinder- und Transportkosten **5** 60, 133; Verbände **5** 207–219; Veröffentlichung der Jahresrechnungsergebnisse **5** 305 b; Versorgung mit häuslicher Krankenpflege **5** 132a; Versorgung mit Haushaltshilfe **5** 132; Versorgung mit Hebammenhilfe **5** 134a; Versorgung mit Krankentransportleistungen **5** 133; Versorgung mit sozialmedizinischen Nachsorgemaßnahmen **5** 132c; Verträge mit Leistungserbringern europäischer Staaten **5** 140 e; Verwaltungsrat **5** 197; Vorsorgekur für Mütter und Väter **5** 24; Wahlrechte der Mitglieder **5** 173–175; Weiterentwicklung der Versorgung **5** 63–68; Wirtschaftlichkeitsgebot **5** 2, 4, 12; Wirtschaftlichkeitsprüfung **5** 106; Zahnerkrankungen **5** 21, 22; Zusammenarbeit mit anderen Einrichtungen des Gesundheitswesens **5** 4, 20; Zuständigkeit bei Schwangerschaftsabbrüchen **1** 21b; Zuständigkeit der – **5** 173–182
Krankenpflege, Sozialversicherung von selbstständig tätigen Personen **4** 2
Krankentransportleistungen 5 133
Krankenversichertenkarte, Ausstellung **5** 15; Inhalt **5** 15
Krankenversichertennummer, Vergabe **5** 290

Krankenversicherung, Leistungen **1** 21; Versicherungszweig der Sozialversicherung **4** 1
Krankenversicherungsbeitrag 12 32, 42; zeitliche Zuordnung **12** 32 a
Krankheit 2 8; **7** 9; **12** 47, 48, 61 a
Krankheitsverhütung, Krankenkassen **5** 20
Krebserkrankungen, Anspruch Früherkennungsuntersuchungen **5** 25
Krebsregister, klinische **5** 65 c
Kreisfreie Städte 12 3
Kriegsdienstbeschädigte, unentgeltliche Beförderung im öffentlichen Personenverkehr **9** 228
Kriegsopferfürsorge 9 6
Kriegsopferversorgung 9 6
Krisenintervention durch die Integrationsfachdienste **9** 193
Kündigung einer Vereinbarung mit Leistungserbringern **12** 78
Kündigung schwerbehinderter Menschen, Antragsverfahren **9** 170; Ausnahmen vom Zustimmungserfordernis **9** 173; außerordentliche Kündigung **9** 174; Entscheidung der Integrationsämter **9** 171; erweiterter Beendigungsschutz **9** 175; Frist **9** 169; Zustimmungserfordernis **9** 168
Künstler 5 234
Künstler und Publizisten, Beitragszahlung **6** 175
Künstlerische Bedürfnisse 12 90
Künstliche Befruchtung 5 27 a; Genehmigung zur Durchführung **5** 121 a
Küstenfischer, Beitragshöhe **7** 163
Küstenschiffer 7 2
Kundennummer 2 51 a
Kurzarbeitergeld 3 95–111; **3 a**; Anspruch auf – **3** 95; Anwendung anderer Vorschriften **3** 107; Anzeige des Arbeitsausfalls **3** 99; Arbeitskampf **3** 100; Auskunftspflicht bei Leistung von – **3** 317; betriebliche Voraussetzungen **3** 97; Dauer **3** 104; erheblicher Arbeitsausfall **3** 96; Heimarbeiter **3** 103; Höhe **3** 105; Nettoentgeltdifferenz **3** 106; persönliche Voraussetzungen **3** 98; Saison-Kurzarbeitergeld **3** 101; Sonderregelung **3** 419; Transferkurzarbeitergeld **3** 111; Verfügung **3** 108; Verordnungsermächtigung **3** 109
Kurzzeitige Arbeitsverhinderung, zusätzliche Leistungen **11** 44 a
Kurzzeitpflege 5 39 c; **12** 64 h; Anspruch auf – **11** 42; Dauer **11** 42
Kurzzeitpflegeeinrichtungen, Versorgungsverträge **5** 132 h

Ladung 20 63, 110 f.
Lähmung 12 61 a

Sachverzeichnis

Fette Ziffern = Gesetzesnummern

Länder, Aufsichtsbehörden für Versicherungsträger **4** 90; Garantie für Unfallversicherungsträger **7** 120; Unfallkassen **7** 114; Unfallversicherungsträger **7** 116
Landesausschuss der Ärzte und Krankenkassen **5** 90; Aufsicht über die Geschäftsführung **5** 90; Ehrenamt **5** 90; Kostentragung **5** 90; der Zahnärzte und Krankenkassen **5** 90; Zusammensetzung **5** 90
Landesgeschäftsstellen der Versicherungsträger, Selbstverwaltungsorgane **4** 31
Landesgremium, gemeinsames – **5** 90 a
Landeskrankenhausgesellschaft, dreiseitige Verträge **5** 115; zweiseitige Verträge **5** 112
Landespflegeausschüsse 11 8 a
Landesschiedsamt 5 89
Landesschiedsstelle, Amtsdauer **5** 114; Aufsicht über die Geschäftsführung **5** 114; Besetzung **5** 114; Bestellung der Mitglieder **5** 114; Ehrenamt **5** 114; Festsetzung dreiseitiger Verträge **5** 115; Vergütungsvereinbarungen zwischen Krankenkassen und Trägern von Vorsorge- oder Rehabilitationseinrichtungen **5** 111 b
Landessozialgerichte 20 2; Berufungsinstanz **20** 143; Beschwerdegericht **20** 172; Besetzung **20** 30, der Senate **20** 33; Dienstaufsicht **20** 30; ehrenamtliche Richter **20** 35; Errichtung **20** 28; Fachsenate **20** 31; funktionelle Zuständigkeit **20** 29; Sitz **20** 28
Landesunmittelbare Versicherungsträger, Aufsichtsbehörden **4** 90
Landesverbände, Vorstand **5** 209 a
Landesverbände der Krankenkassen, Arznei- und Heilmittelvereinbarung **5** 84; Aufgaben **5** 211; Aufgaben auf Landesebene **11** 52; Aufsicht **5** 208; Bildung von – **5** 207; Entscheidungen auf Landesebene **5** 211a; Gesamtverträge **5** 83; Identität einer KK mit Landesverband **5** 207; Körperschaften des öffentlichen Rechts **5** 207; Länderübergreifende – **5** 207; Satzung **5** 210; Selbstverwaltungsorgane **5** 209, Zusammensetzung **5** 209; Vereinigung von – **5** 207
Landesverbände der Pflegekassen, Aufgabenerfüllung **11** 81; Ausleihe geeigneter Pflegehilfsmittel **11** 78; fristlose Kündigung von Versorgungsverträgen **11** 74; Pflegesatzkommission **11** 86; Rahmenverträge **11** 75; Schiedsstelle **11** 76; Verfahrensregelungen **11** 81; Versorgungsverträge **11** 72; Wirtschaftlichkeitsprüfungen **11** 79
Landkreise 12 3
Landwirte, Sozialversicherung **4** 2

Landwirtschaft 7 2, 4, 5; Beitragsangleichung in der Unfallversicherung **7** 221 b; Berufsgenossenschaft **7** 123; Betriebs- und Haushaltshilfe **7** 54; Jahresarbeitsverdienst **7** 93; Sondervorschriften in der Unfallversicherung **7** 221, 221 b; Übergangszeit in der Unfallversicherung **7** 221 b
Landwirtschaftliche Berufsgenossenschaft, Lastenverteilung **7** 184 a
Landwirtschaftliche Krankenkasse 5 166
Landwirtschaftliche Sozialversicherung, Spitzenverband **7** 143 a ff.
Landwirtschaftliche Unternehmen, Bestandteile **7** 124
Langzeitarbeitslose 2 16 e; Aufgaben der Bundesagentur für Arbeit **9** 187; Begriff **3** 18
Latenzfaktor 7 177
Lebenspartner 1 56; **3** 67, 68, 126; **5** 5, 6, 9, 10, 27, 257; **7** 2, 3, 4, 8, 54, 72, 92, 93, 135, 154; **11** 23, 25–27, 56, 61, 110; gleichgeschlechtliche **2** 7, 9; **12** 19
Lebenspartnerschaften 1 33 b
Lebensunterhalt, Leistungen zum – **9** 65; notwendiger **12** 27
Lehrgangsgebühren 2 16
Lehrgangskosten 3 84
Leibesfrucht 7 12
Leistungen, Abfindung **7** 75 ff.; ärztliche Beratung zur Empfängnisverhütung **5** 24a; Anspruch auf – **5** 11; auf Antrag oder von Amts wegen **4** 19; Arten **5** 11; Ausschluss **7** 101; an behinderte und chronisch kranke Menschen **5** 2 a; an Berechtigte im Ausland, Besonderheiten für berechtigte Deutsche **6** 272, Rentenhöhe **6** 271; zur Beschäftigung **12** 140; bei Beschäftigung im Ausland **5** 17; Bestimmung durch die Unfallversicherungsträger **7** 26; Betriebs- und Haushaltshilfe **7** 54; Dienstleistungen **5** 2; zur Eingliederung in Arbeit **2** 14 ff.; Erbringung **5** 2; ergänzende **7** 26; Erlöschen des Anspruchs auf – **5** 19; Festbetrag **5** 12; Finanzierung **5** 3; Folgenbeseitigung nach einem Versicherungsfall **7** 26; Geldleistungen **7** 26, 95 ff.; der gesetzlichen KV **1** 21; der gesetzlichen RV und Alterssicherung der Landwirte **1** 23; der gesetzlichen UV **1** 22; Grundsatz **7** 26; Herstellung der Zeugungs- oder Empfängnisfähigkeit **5** 27; an Hinterbliebene **7** 63 ff.; der Jugendhilfe **1** 27; Kostenerstattung **5** 13; zur medizinischen Rehabilitation **5** 40; **7** 2; für Mehrbedarfe beim Lebensunterhalt **2** 21; Mehrleistungen **7** 94; zur Nachsorge **6** 17; bei Pflegebedürftigkeit **7** 44; Qualität **7** 26; zur Rehabilitation und Teilhabe behinderter

Magere Ziffern = §§   **Sachverzeichnis**

Menschen **1** 29; Ruhen des Anspruchs auf – **5** 16; Sachleistungen **5** 2; bei Schwangerschaft und Mutterschaft **5** 24 c ff.; Schwangerschaftsabbruch und Sterilisation **5** 24 b; bei Schwangerschaftsabbrüchen **1** 21 b; See-Krankenkasse **5** 17; der Sozialhilfe **1** 28; zur Teilhabe, Anspruch auf – **7** 26, Tod **7** 11; zur Teilhabe am Arbeitsleben **7** 2, 26, 35, Übergangsgeld **7** 50, Verletztengeld **7** 45; zur Teilhabe am Leben in der Gemeinschaft **7** 26, 39; Übergangsgeld **7** 49 ff.; Umfang **5** 11, 12; der Unterkunft und Heizung **2** 22; Verletztengeld **7** 45 ff., 55 a; Vorrang vor Rentenleistungen **7** 26; Wirksamkeit **5** 2; **7** 26

Leistungen an Arbeitgeber 9 50

Leistungen an Berechtigte im Ausland, Besonderheiten für berechtigte Deutsche **6** 114; Grundsatz **6** 110; Höhe der Rente **6** 113; zur Rehabilitation oder Teilhabe am Arbeitsleben und Krankenversicherungszuschuss **6** 111; Renten bei verminderter Erwerbsfähigkeit **6** 112

Leistungen an Hinterbliebene, Übergangsregelung **7** 218 a

Leistungen der Arbeitsförderung, Antrag und Fristen **3** 323–326; Auszahlung von Geldleistungen **3** 337; Berechnung von Zeiten **3** 339; Berechnungsgrundsätze **3** 338; Finanzierungsgrundsatz **3** 340; Leistungsverfahren in Sonderfällen **3** 328–336 a; Zuständigkeit **3** 327

Leistungen der Berufsbegleitung 9 55

Leistungen der Krankenkassen, geschlechtsbezogene Besonderheiten **5** 2 b

Leistungen für Bildung und Teilhabe 1 25; **2** 19, 29; Erbringung **2** 29; **12** 34 a; Übergangsregelung **12** 131

Leistungen für Kindererziehung an Mütter der Geburtsjahrgänge vor 1921, Anrechnungsfreiheit **6** 299, Anspruchsvoraussetzungen **6** 294, Beginn und Ende **6** 296, Besonderheiten im Beitrittsgebiet **6** 294 a, Durchführung **6** 298, Höhe **6** 295, Leistungshöhe im Beitrittsgebiet **6** 295 a, Zuständigkeit **6** 297

Leistungen für Wohnraum 9 77

Leistungen im Arbeitsbereich 9 58, 60; Wahlrecht des Menschen mit Behinderungen **9** 62

Leistungen im Berufsbildungsbereich 9 57, 60; Wahlrecht des Menschen mit Behinderungen **9** 62; Zuständigkeit nach Leistungsgesetzen **9** 63

Leistungen im Eingangsverfahren 9 57, 60; Wahlrecht des Menschen mit Behinderungen **9** 62; Zuständigkeit nach Leistungsgesetzen **9** 63

Leistungen in Werkstätten für behinderte Menschen 9 56

Leistungen ins Ausland, Berechtigte **6** 270 b

Leistungen zum Lebensunterhalt 9 65

Leistungen zur Beschäftigungsförderung 2 16 e

Leistungen zur Eingliederung, Rechtsänderungen **2** 66

Leistungen zur individuellen betrieblichen Qualifizierung 9 55

Leistungen zur Kinderrehabilitation 6 15 a

Leistungen zur medizinische Rehabilitation 9 42; Kontinuität der Bemessungsgrundlage **9** 69; Leistungen zum Lebensunterhalt **9** 65

Leistungen zur medizinischen Rehabilitation, ergänzende Leistungen **9** 64

Leistungen zur Prävention, gemeinsame Richtlinien **6** 14; medizinische Leistungen **6** 14; Rentenversicherungsträger **6** 14

Leistungen zur Teilhabe, Anpassung der – **9** 28; am Arbeitsleben **6** 16; Aufgaben **6** 9; Ausführung von Leistungen **9** 28, Ausschluss von Leistungen **6** 12; Beurteilung der Wirksamkeit **9** 9; Bußgeldvorschriften **9** 238; Geldleistungen **9** 8; an der Gesellschaft **9** 5; Grundsatz **9** 4; Leistungsort **9** 31; Leistungsumfang **6** 13; persönliche Voraussetzungen **6** 10; Qualität **9** 4; Rücksichtnahme auf persönliche Bedürfnisse **9** 8; Sachleistungen **9** 8; Sicherung der Beratung **9** 34; sonstige Leistungen **6** 31; Übergangsgeldanspruch und -berechnung bei Arbeitslosenhilfe **6** 234; versicherungsrechtliche Voraussetzungen **6** 11; Vorrang vor Pflegeleistungen **9** 9; Vorrang vor Rentenleistungen **9** 9

Leistungen zur Teilhabe am Arbeitsleben, Ausbildungszuschüsse **9** 50; Beteiligung der Bundesagentur für Arbeit **9** 54; Dauer von Leistungen **9** 53; Eingliederungszuschüsse **9** 50; ergänzende Leistungen **9** 64; Inhalt **9** 49; Kontinuität der Bemessungsgrundlage **9** 69; Umfang **9** 49; Zweck **9** 49

Leistungen zur Teilhabe an Bildung 9 75

Leistungen zur Teilhabe schwerbehinderter Menschen, Verordnungsermächtigung **9** 191

Leistungs- und Preisvergleichsliste 11 7

Leistungsabsprache 12 12

Leistungsarten im Sozialgesetzbuch **1** 11

Leistungsausschluss in der gesetzlichen Krankenversicherung **5** 52 a

Leistungsberechtigte, Eingliederungshilfe für Behinderte **12** 19; Grundsicherung im

1965

Sachverzeichnis

Fette Ziffern = Gesetzesnummern

Alter **12** 19, für Arbeitsuchende **2** 7, bei Erwerbsminderung **12** 19; Hilfe in anderen Lebenslagen **12** 19, zur Gesundheit **12** 19, zum Lebensunterhalt **12** 19, zur Pflege **12** 19, zur Überwindung besonderer sozialer Schwierigkeiten **12** 19

Leistungsdaten, Übermittlung von – **5** 294–303

Leistungserbringer, Abrechnung der sonstigen – **5** 302; Abrechnung pflegerischer Leistungen **11** 105; abweichende Vereinbarungen über pflegerische Leistungen **11** 106; Auswahl **5** 2; Beitragssatzstabilität **5** 71; Berechtigungen **11** 104; Beziehungen zum – in der integrierten Versorgung **5** 140 a; Gewährleistung der medizinischen Versorgung **5** 70; Mitteilungspflichten **11** 106 a; Pflichten **11** 104; Verträge **5** 2; Zulassung von – **5** 124, 126

Leistungserbringer und Vertragsärzte, unzulässige Zusammenarbeit **5** 128

Leistungsgruppen, Grundsatz **9** 5

Leistungskonkurrenz 12 63 b

Leistungsmissbrauch 2 64; **10** 67 e

Leistungsort 9 31

Leistungsträger 1 12; **9** 4

Leistungsvereinbarung 12 75 ff.; Eingliederungshilfe **9** 125

Leistungsverfahren, Abschluss **6** 117; Beginn **6** 115; Besonderheiten bei Leistungen zur Teilhabe **6** 116; Leistungen zur medizinischen Rehabilitation oder zur Teilhabe am Arbeitsleben **6** 115; Rentenauskünfte **6** 115; Richtlinien **6** 115

Leistungszuschlag, Berufsunfähigkeits-, Erwerbsunfähigkeitsrente **6** 85; Entgeltpunkte für ständige Arbeiten Untertage **6** 85

Lernende 7 2

Lernförderung 12 34

Lernmittel 2 16

Liquiditätserfassung 6 214 a

Liquiditätshilfen 3 364

Liquiditätssicherung 6 214

Lohn während einer Aus- und Fortbildung **7** 23; entgangener **7** 43

Lohnnachweisverfahren, Weitergeltung i. d. F. v. 31. 12. 2005 **7** 218 f

Maßnahmekosten 2 16; berufsvorbereitende Bildungsmaßnahme **3** 54

Maßnahmen zur Aktivierung 3 45

Maßnahmepauschale, Übergangsregelung **12** 139

Maßnahmezulassung 3 179

Maßstäbe und Grundsätze zur Sicherung der Pflegequalität 11 113

Medikationsplan 5 31 a

Medizinische Behandlungszentren 5 119 c

Medizinische Dienste, Zusammenarbeit der – **11** 53 a

Medizinische Leistungen, Sicherung der Erwerbsfähigkeit **6** 14; zur Sicherung der Erwerbsfähigkeit **6** 14

Medizinische Rehabilitation 5 13; **9** 5; **12** 54; ambulante Rehabilitationskur **5** 40; Bestandteile **9** 42; Beteiligung der Bundesagentur für Arbeit **9** 54; Dauer **5** 40; Früherkennung **9** 46; Frühförderung **9** 46; Hilfsmittel **9** 47; Inhalt **9** 42; Körperersatzstücke **9** 47; und Krankenbehandlung **9** 43; Leistungen für Kinder **6** 15 a; Leistungen zur – **6** 15; in Pflegeeinrichtungen **11** 5; Selbsthilfe **9** 45; stationäre Behandlung **5** 40; stufenweise Wiedereingliederung **9** 44; Vorrang **11** 5; Zuschuss **5** 40; Zuzahlung **5** 40; **6** 32; Zweck **9** 42

Medizinische Rehabilitation für Mütter und Väter, Kostenübernahme **5** 41; Müttergenesungswerk **5** 41; Rehabilitationskur **5** 41; Zuschuss **5** 41

Medizinische Vorsorgeleistungen, ambulante Vorsorgekur **5** 23; Anspruch der Versicherten auf – **5** 23

Medizinischer Arbeitsschutz 7 9

Medizinischer Dienst, Ärzte **5** 275; Akteneinsichtsrecht **5** 276; Arbeitsgemeinschaft **5** 278; Aufgaben in der sozialen Pflegeversicherung **5** 276; Ausnahmen **5** 283; Begutachtung und Beratung **5** 275; Beirat **5** 279; Betretungsrecht der Ärzte **5** 276; Durchführung und Umgang von Qualitätskontrollen **5** 275 a; Einbeziehung der behandelnden Ärzte, Hausärzte **11** 18; Finanzierung und Aufsicht **5** 281; Geschäftsführer **5** 279; Koordinierung auf Bundesebene **5** 282; der Krankenversicherung **5** 275; Mitteilungspflichten **5** 277; personenbezogene Daten **11** 97; Pflichten des – **11** 18; Sozialdaten **5** 276; Überprüfung der Arbeitsunfähigkeit **5** 275; Untersuchung des Pflegebedürftigen, im Wohnbereich **11** 18; Verwaltungsrat **5** 279, Aufgaben des – **5** 280; Zusammenarbeit **5** 276

Medizinprodukte hoher Risikoklasse, Bewertung neuer Untersuchungs- und Behandlungsmethoden **5** 137 h

Mehrarbeit schwerbehinderter Menschen **9** 207

Mehraufwendungen, Entschädigung **2** 16

Mehrbedarf bei Alleinerziehenden **2** 21; **12** 30; bei Behinderten **2** 21; **12** 30; bei kostenaufwändiger Ernährung **2** 21; **12** 30; für Schwangere **2** 21; **12** 30

Magere Ziffern = §§

Sachverzeichnis

Mehrere Rehabilitationsträger 9 15; Teilhabeplan 9 19
Mehrere Rentenansprüche, Einkommensanrechnung auf Renten wegen Todes, Rangfolge **6** 97; große Witwen- und Witwerrente **6** 89; Höhe der Rente **6** 89; nachversicherter Versorgungsbezieher **6** 96; Rangfolge bei gleichhohen Renten **6** 89; Rente und Leistungen aus UV, Anwendung auf vergleichbare Leistungen **6** 93, Grenzbetrag **6** 93; Waisenrente **6** 89
Mehrfachanrechnung, Zuständigkeit der Integrationsämter **9** 187
Mehrfachbehinderungen, medizinische Behandlungszentren **5** 119 c
Mehrfacher Bedarf, Einkommenseinsatz **12** 89
Mehrkosten, Zahlungsanspruch **5** 87 e
Mehrleistungen 7 94
Mehrlingsgeburten 5 24 i
Meldepflicht, -en 2 59; des Arbeitgebers, an Einzugsstelle **4** 28 a, für versicherungspflichtig Beschäftigte **5** 198; im Beitrittsgebiet **6** 281 c; bei Bezug von Arbeitslosengeld, Arbeitslosengeld II oder Unterhaltsgeld **5** 203 a; bei Bezug von Erziehungsgeld **5** 203; des Dienstherrn für Heilfürsorgeberechtigte **11** 51; bei Einberufung zum Wehrdienst oder Zivildienst **5** 204; Entleiher **4** 28 a; Inhalt **4** 28 a; Jahresmeldung **4** 28 a; Personenkreis **4** 28 a; bei Pflegekasse **11** 50; privater Versicherungsunternehmen **11** 51; Prüfung der RV-Träger bei Arbeitgebern **4** 28 p; bei Rentenantragstellung und Rentenbezug **5** 201; bei sonstigen versicherungspflichtigen Personen **5** 200; bei unständiger Beschäftigung **5** 199; bestimmter Versicherungspflichtiger **5** 205; bei Versorgungsbezügen **5** 202; Zeitpunkt der – **4** 28 a
Meldeverfahren, Informations- und Beratungsanspruch **4** 104
Meldungen von Anrechnungszeiten **6** 193; Meldepflichten, Beschäftigte **6** 190, Hausgewerbetreibende **6** 190, sonstige Versicherte **6** 191, von versicherungspflichtigen selbständig Tätigen **6** 190a, bei Wehrdienst oder Zivildienst **6** 192, für Zeiten einer besonderen Auslandsverwendung **6** 192 a; Verordnungsermächtigung **6** 195
Meldungen für sonstige Versicherte, Prüfung **6** 212 a
Menschen mit Behinderungen, Landesärzte mit besonderer Erfahrung **9** 35; Sicherung der Beratung von – **9** 34
Menschenwürde 12 1
Mietkaution 2 22; **12** 35

Mietschulden 2 22
Militärischer Abschirmdienst, Besonderheiten **9** 240
Minderjährige, Prozessfähigkeit **20** 71
Minderung der Sozialhilfe 12 39 a
Mindestentgelt, vergabespezifisches – **3** 185
Mindestentgeltpunkte bei geringem Arbeitsentgelt, Sonderregelung **6** 262
Mitglieder der Selbstverwaltungsorgane **4** 43
Mitgliedschaft, Beginn der – bei einer neu errichteten Krankenkasse **5** 187; Beginn der freiwilligen – **5** 188; Beginn der – Versicherungspflichtiger **5** 186; Ende der freiwilligen – **5** 191; Ende der – Versicherungspflichtiger **5** 190; Fortbestehen der – **5** 192; Fortbestehen der – bei Wehrdienst oder Zivildienst **5** 193; von Rentenantragstellern **5** 189; in Selbstverwaltungsorganen, Verlust **4** 59; in der zuständigen Krankenkasse **5** 186–193
Mithilfe bei Personensorge **8** 38, 39
Mittagessen 12 34
Mitteilung, Sozialhilfebedarf **12** 18
Mitteilungspflicht von Krankheitsursachen und drittverursachten Gesundheitsschäden **5** 294 a
Mittel der Versicherungsträger, Verwaltung **4** 80
Mittel der Krankenkasse, Betriebsmittel **5** 260; Gesamtrücklage **5** 262; Rücklage **5** 261; Verwaltungsvermögen **5** 263; Verwendung und Verwaltung **5** 259–263
Mitwirkung des Arbeitgebers **2** 16; **3** 39; von Dritten **2** 60; Folgen fehlender – **1** 66; Grenzer der – **1** 65; Grundsicherung für Arbeitsuchende **2** 56 ff.; Nachholung der – **1** 67; bei der Vermittlung **2** 16
Mitwirkungspflicht 1 60–64; der Ausbildung- und Arbeitsuchenden **3** 38
Mobilität 12 61 a; Leistungen für ein Kraftfahrzeug **9** 83; Leistungen zur Beförderung **9** 83; Leistungen zur Förderung der – **9** 76; Leistungsberechtigte für Leistungen zur – **9** 83; Leistungsumfang **9** 83
Mobilitätshilfen 2 16
Modellvorhaben 5 20 g; zur Arzneimittelversorgung **5** 64 a; Auswertung **5** 65; Befristung **11** 124; Genehmigung **11** 124; zur Heilmittelversorgung **5** 64 d; zur Pflegeberatung **11** 123, 124, Befristung **11** 124, Genehmigung **11** 124, Widerruf **11** 124; zum Screening auf 4MRGN **5** 64 c; zur Stärkung der Rehabilitation **9** 11; zur Versorgung psychisch kranker Menschen **5** 64 b; zur Weiterentwicklung der Versorgung **5** 63 ff.; Widerruf **11** 124

1967

Sachverzeichnis

Fette Ziffern = Gesetzesnummern

Monatsbetrag der Rente, Begriff **6** 63; Ermittlung des – **6** 87; in Sonderfällen **6** 87
Morbiditätsbedingte Gesamtvergütung **5** 87 a
Mündliche Verhandlung, Behördenvertreter **20** 111; Beweiserhebung **20** 117; Ladung **20** 110, von Zeugen und Sachverständigen **20** 111; Leitung und Gang **20** 112; persönliches Erscheinen **20** 111; Schließung und Wiedereröffnung **20** 121; Sitzungsniederschrift **20** 122; Terminsbestimmung **20** 110; Übertragung in Bild und Ton **20** 110 a; Urteilsgrundlage **20** 124; Verzicht **20** 124
Musterverfahren 20 114 a
Mutterschaft, Hilfe **12** 50; Mehrbedarf **12** 30
Mutterschaftsgeld 5 24 i; Beitragsfreiheit **5** 224

Nachbarschaftshilfe 12 63
Nachbetreuung 8 41; durch die Integrationsfachdienste **9** 193
Nachfolger für Vertreterversammlung **4** 60
Nachgehende Leistung 12 15
Nachhaltigkeitsrücklage 6 216, 217
Nachlass 12 102
Nachrang 2 5; **12** 2
Nachsorge, Leistungen des Rentenversicherungsträgers **6** 17; Leistungen zur – **6** 17
Nachstationäre Behandlung im Krankenhaus **5** 115 a
Nachteilsausgleich für schwerbehinderte Menschen **9** 209
Nachtpflege 11 41
Nachtragshaushalt von Versicherungsträgern **4** 74
Nachversicherter Versorgungsbezieher 6 96
Nachversicherung 6 135; Aufschub der Beitragszahlung **6** 184; Beitragsbemessungsgrundlage **6** 181; Beitragsberechnung **6** 181; Beitragserhöhung und -minderung bei Versorgungsausgleich **6** 183; Beitragszahlung, an berufsständische Versorgungseinrichtung **6** 186, Wirkung **6** 185; im Beitrittsgebiet **6** 233 a; Durchführung der – im Beitrittsgebiet **6** 277 a; Fälligkeit der Beiträge **6** 184; Mindestbeitragsbemessungsgrundlage **6** 181, im Beitrittsgebiet **6** 278 a, Sonderregelung **6** 278; Nachversicherungsbescheinigung **6** 185; Nachzahlung freiwilliger Beiträge **6** 285; Personenkreis **6** 8; Sonderregelung **6** 233, 277, 281; Tod **6** 8; Tragung der Beiträge **6** 181; Versorgungsausgleich **6** 183; Zeiten einer besonderen Auslandsverwendung **6** 186 a; Zeitraum **6** 8; Zusammentreffen mit vorhandenen Beiträgen **6** 182
Nachweispflicht bei Familienversicherung **5** 289
Nachzahlung nach Erreichen der Regelaltersgrenze **6** 282
Nahrung 12 61 a
Nationale Kontaktstelle 5 219 d
Nationale Präventionskonferenz 5 20 e
Nationale Präventionsstrategie 5 20 d; Entwicklung durch die Krankenkassen **5** 20 d; Inhalt **5** 20 d; Landesrahmenvereinbarungen **5** 20 f; Modellvorhaben **5** 20 g; Umsetzung **5** 20 f
Nebeneinkunftsbescheinigung 3 313
Nettoarbeitsentgelt und Arbeitsentgelt **4** 14
Nettoentgelt für Kurzarbeitergeld **3** a
Nettoentgeltdifferenz 3 106
Neue Behandlungsmethoden mit Medizinprodukten hoher Risikoklasse **5** 137 h
Neue Heilmittel, Verordnung von – **5** 137 h
Neue Untersuchungsmethoden mit Medizinprodukten hoher Risikoklasse **5** 137 h
Neuer Bescheid 20 86, 96
Neufeststellung der Rente 6 309, 317 a; Beschäftigung bei Deutscher Reichsbahn oder Deutschen Post **6** 310 a; während Bezug einer Invalidenrente **6** 310 c; Zeiten nach dem AAÜG **6** 310 b
Neurenten 7 177
Neurose 12 61 a
Neutralitätsausschuss 3 380
Nichtärztliche Leistungen, Erwachsene mit geistiger Behinderung und schweren Mehrfachbehinderungen **5** 43 b
Nichtigkeit, Feststellung der – eines Verwaltungsakts **10** 40
Nichtigkeitsklage 20 55, 89
Nichtzulassungsbeschwerde 20 145, 160 a
Notarzt im Rettungsdienst **4** 23 c, 118; **7** 2, Übergangsregelung **4** 118
Nothilfe 12 25
Notlage, Abwendung durch Sozialhilfe **12** 15; Darlehen bei einer Notlage **12** 37
Notwehr 7 2
Notwendige Ausgaben, Absetzung vom Einkommen **12** 82
Notwendiger Lebensunterhalt 12 27 a; Begriff **12** 27, 27 a; in Einrichtungen **12** 27 b; bei Jugendlichen **12** 27, 27 a; bei Kindern **12** 27, 27 a
Nutzen von Arzneimitteln **5** 35 b
Nutzenbewertung von Arzneimitteln mit neuen Wirkstoffen **5** 35 a
Nutzung von Daten 2 51

Sachverzeichnis

Öffentliche Arbeitgeber, besondere Pflichten **9** 165
Öffentliche Jugendhilfe 9 6
Öffentlichkeit der Gerichtsverhandlungen **20** 61
Öffentlich-rechtlicher Vertrag, Anpassung und Kündigung **10** 59; Nichtigkeit des – **10** 58; Schriftform des – **10** 56; sofortige Vollstreckung **10** 60; Zustimmung von Dritten und Behörden **10** 57
Örtliche Prüfung 11 114; bei ambulanter, teil- oder vollstationärer Pflege **11** 114; Beteiligung an – **11** 114; Umfang der – **11** 114; unangemeldete – **11** 114
Örtliche Träger 12 3
Örtliche Zuständigkeit, Grundsicherung für Arbeitsuchende **2** 36; Träger der Sozialhilfe **12** 24, 98
Örtlicher Beirat 2 18 d
Offenbare Unrichtigkeit 20 138
Offenbarungspflicht 3 289
Ordnungsgeld gegen ehrenamtliche Richter **20** 21
Ordnungswidrigkeit, -en 7 209–211; Auskunft **12** 117; Sozialversicherung **4** 111; Zusammenarbeit bei der Verfolgung **7** 211
Ordnungswidrigkeiten, Verfolgung und Ahndung **4** 113; Zusammenarbeit bei Ahndung **6** 321; Zusammenarbeit mit anderen Behörden bei – **4** 113
Organ- und Gewebespende oder Blut, Krankengeld bei – **5** 44 a
Organe, Amtsdauer **4** 58; der Selbstverwaltung **4** 31; der Versicherungsträger **4** 31
Organisierte Früherkennungsprogramme 5 25 a
Orientierungsstörung 12 61 a
Orthopädische Hilfsmittel 12 54
Orthopädische Versorgungsstellen, Verordnungsermächtigung **9** 48
Ortskrankenkassen, freiwillige Vereinigung **5** 144; Regionen, Abgrenzung **5** 143; Schließung durch Aufsichtsbehörde **5** 146 a; Vereinigung innerhalb eines Landes auf Antrag, Verfahren **5** 146; Vereinigung innerhalb eines Landes auf Antrag durch VO **5** 145; Zuständigkeit **5** 173

Pädophile Sexualstörungen, Förderung besonderer Therapieeinrichtungen **5** 65 d
Palliativberatung 5 39 b
Palliativversorgung, ambulante **5** 37 b
Pallitativversorgung, spezialisierte ambulante **5** 132 d
Parenterale Zubereitungen 5 129
Parteifähigkeit 20 70
Patientenbelange 5 140 f–140 h
Patientenberatung, Förderung der – **5** 65 b
Pauschalierte Nettoentgelte für Kurzarbeitergeld **3** a
Pauschalierung der Beiträge **3** 345 a
Pauschalbetrag für ehrenamtlich Tätige **4** 41
Pauschgebühr 20 184 ff.; Ermäßigung **20** 186; Fälligkeit **20** 185; Feststellung der – **20** 189; Niederschlagung **20** 190; Verzeichnis **20** 189
Persönliche Bedürfnisse 12 27
Persönliche Entgeltpunkte aus Bestandsrenten aus überführten Renten des Beitrittsgebiets **6** 307 b; aus Bestandsrenten des Beitrittsgebiets **6** 307 a; Grundlage für die Ermittlung **6** 66; knappschaftliche RV **6** 81; Rentenartfaktor **6** 67; Sonderfälle **6** 87; Sonderregelung **6** 254 b, für Entgeltpunkte (Ost) **6** 254 d; Teilrente **6** 66
Persönliche Entwicklung, Förderung **9** 4
Persönliches Budget 5 2; **6** 13; **7** 26; **9** 29; **11** 35 a; **12** 57; Bedarfsermittlungsverfahren **9** 29; Geldleistungen **9** 29; Gutscheine **9** 29; individuell festgestellter Bedarf **9** 29; Integrationsämter **9** 29; Komplexleistung **9** 29; Leistungsort **9** 31; Pflegekassen **9** 29; trägerübergreifende Erbringung **9** 29; Verordnungsermächtigung **9** 30; Zielvereinbarung **9** 29
Persönliches Erscheinen 1 61; Auslagenersatz **20** 191
Person, juristische – **20** 70; natürliche – **20** 70
Personalbemessung in Pflegeheimen **11** 113 c
Personalräte 7 20
Personalrat, Aufgaben bei Beschäftigung schwerbehinderter Menschen **9** 176; Unterzeichnung der Anzeige eines Versicherungsfalles **7** 193; Zusammenarbeit **9** 163, 182
Personal-Service-Agentur 2 16
Personalvertretung, Anhörungsrecht zur Dienstordnung **4** 336
Personensorge, Mithilfe des Jugendamts **8** 38, 39
Pfändung 1 54; von Bargeld **1** 55; von Guthaben auf Konten **1** 55; von Sozialhilfe **12** 17
Pflege, Angehöriger **2** 10; Beteiligung von Interessenvertretungen **11** 118; häusliche **12** 63; Haftung **7** 106; Hilfe zur **12** 8; Leistungsberechtigte **12** 61; Sonderregelung für behinderte Menschen in Einrichtungen **12** 55
Pflegeaufwand, Regelung des –, durch Verordnung **11** 16
Pflegebedarf, Ermittlung **12** 63 a; Leistungskonkurrenz **12** 63 b

1969

Sachverzeichnis

Fette Ziffern = Gesetzesnummern

Pflegebedürftige 11 14; ambulant betreute Wohngruppen **11** 45 e; Anspruch auf teilstationäre Pflege **11** 41; Anspruch auf vollstationäre Pflege **11** 43; Kostenerstattung durch zugelassene Pflegeeinrichtungen **11** 91; Leistungen für – **12** 63; Selbstbestimmung der – **11** 2; Übergangsregulung **12** 138; Versorgung mit Pflegehilfsmitteln **11** 40; Weiterentwicklung neuer Wohnformen **11** 45 f; Wohnumfeld **12** 64 e; Zuordnung zu Pflegestufen **11** 15; Zuschuss zu pflegebedingten Aufwendungen **11** 43

Pflegebedürftigkeit, Beauftragung unabhängiger Gutachter im Verfahren zur Feststellung der – **11** 53 b; Begriff **11** 14; **12** 61 a; Begutachtung durch unabhängige Gutachter **11** 97 d; Behinderungen **11** 14; Eigenverantwortung der Versicherten **11** 6; Ermittlung **12** 62; Feststellung der – **11** 18; Heimpflege **7** 44; Krankheiten **11** 14; Kurzzeitpflege bei fehlender – **5** 39 c; Leistungen **7** 26; **12** 63; Leistungen bei **7** 44; Mitwirkungspflicht der Pflegebedürftigen **11** 6; Pflegegeld **7** 44; Pflegekraft **7** 31, 44; Richtlinien für Begutachtungsverfahren **11** 18 b; Stufen der – **11** 15; Umstellung des Verfahrens zur Feststellung der – **11** 18 c; Vermeidung **7** 26; **9** 4; Vermeidung der – **11** 5; Zuordnung zu Pflegestufen **11** 15

Pflegebedürftigkeitsbegriff, Einführung eines neuen – **11** 17 a; Vorbereitung zur Einführung eines neuen – **11** 17 a

Pflegeberatung 11 7 a; Gutscheine **11** 7 b; Modellvorhaben **11** 123, 124

Pflegebericht der Bundesregierung 11 10

Pflegeeinrichtung, ehrenamtliche Unterstützung **11** 82 b

Pflegeeinrichtungen, Achtung der Menschenwürde **11** 11; ambulante Behandlungen **5** 119 b; Finanzierung **11** 82; Pflegedienste **11** 71; Pflegeheime **11** 71; Planung und Förderung der –, durch Landesrecht **11** 9; Rechte und Pflichten der – **11** 11; Verantwortung der – **11** 8; Versorgungsvertrag **11** 72; Vielfalt der Träger von – **11** 11; Vorrang freigemeinnütziger Träger **11** 11; Vorrang privater Träger **11** 11; zugelassene – durch Versorgungsvertrag **11** 72

Pflegefamilie, Leistungen zur Betreuung in einer – **9** 76, 80

Pflegegeld 12 64 a; Anpassung **7** 44; Anspruchsvoraussetzungen **11** 37; Höhe **7** 44; bei stationärer Behandlung **7** 44; weitere Leistungen **12** 64 f; Zuschlag für Pflegebedürftige in ambulant betreuten Wohngruppen **11** 38 a

Pflegegrad 1, Entlastungsbetrag **12** 66

Pflegegrade 12 61 b; Ermittlung **12** 62; Kinder **12** 61 c; Überleitungsrecht **11** 140; Überleitungsregelung **12** 137

Pflegeheime, Personalbemessung **11** 113 c

Pflegeheimvergleich, Rechtsverordnung **11** 92 a

Pflegehilfsmittel 12 64 d; Ausleihe von – **11** 78; Verträge über – **11** 78

Pflegehilfsmittelverzeichnis 11 78

Pflegeintensive Bereiche in Krankenhäusern, Pflegepersonaluntergrenzen **5** 137 i

Pflegekassen, allgemeine Pflegeleistungen **11** 43; Angaben über Leistungsvoraussetzungen **11** 102; Angebot unentgeltlicher Schulungskurse **11** 45; Aufgaben der – **11** 12; Aufklärung der Versicherten **11** 7; Aufsicht über die – **11** 46; Auskünfte an Versicherte **11** 108; Auskunft an Versicherte **11** 7; Auskunftspflicht Versicherter **11** 50; Auswertung der Datenbestände **11** 98; Befreiung der Versicherten von Zuzahlung **11** 40; beitragspflichtige Einnahmen der Mitglieder **11** 57; Beitragssatzstabilität **11** 70; Berichtspflichten **11** 18 a; Beteiligung anderer Träger, bei Richtlinien **11** 17; Betriebsmittel **11** 63; Datenlöschung **11** 107; Datenschutz **11** 7; Erstattung von Verwaltungskosten an KK **11** 46; Feststellung der Pflegebedürftigkeit **11** 18; Finanzausgleich **11** 66; Forschungsvorhaben und Datennutzung **11** 98; hälftige Kostenübernahme des Medizinischen Dienstes **11** 46; Inhalt der Meldung für Pflegeperson **11** 44; Inhalt der Satzung **11** 47; Jahresausgleich **11** 68; Kennzeichen für Leistungsträger und Leistungserbringer **11** 103; Kostenübernahme für Ersatzpflegekraft **11** 39; Meldepflicht bei – **11** 50; Meldung von Pflegepersonen, an RV-Träger und UV-Träger **11** 44; Mitgliedschaft **11** 48; Mittel der – **11** 62; monatlicher Finanzausgleich **11** 67; Nachweispflicht bei Familienversicherung **11** 100; örtliche und regionale Arbeitsgemeinschaften **11** 12; Organe der – **11** 46; personenbezogene Daten **11** 94; Pflegeversichertennummer **11** 101; Prüfung der – durch öffentlich-rechtliche Prüfungseinrichtung **11** 46; Prüfung der Pflegebedürftigkeit, durch medizinischen Dienst **11** 18; rechtsfähige Körperschaft des öffentlichen Rechts **11** 46; Richtlinien der – **11** 17; Rücklage **11** 64; Satzung **11** 47; Sicherstellung der pflegerischen Versorgung **11** 12; Sicherstellungsauftrag **11** 69; Stellen zur Bekämpfung von Fehlver-

Magere Ziffern = §§ **Sachverzeichnis**

halten im Gesundheitswesen 11 47 a; Träger der Pflegeversicherung 11 46; leihweise Überlassung technischer Hilfsmittel 11 40; Unterstützung bei Antragstellung 11 31; Vergütungspflicht, der Leistungen zugelassener Pflegeeinrichtungen 11 72; Versichertenverzeichnis 11 99; Vorlagepflicht von Unterlagen zur Prüfung der – 11 46; Wahlrecht der Versicherten 11 48; Zuständigkeit 1 21 a; Zuständigkeit für Pflegeversicherung 11 48; Zuständigkeit für sonstige Versicherte 11 48; Zuständigkeit für Versicherte einer KK 11 48
Pflegekinder 7 2, 4; Waisenrente 7 67
Pflegekurse, Angebot unentgeltlicher – durch Pflegekassen 11 45; Durchführung und inhaltliche Ausgestaltung 11 45
Pflegeperson, Beratung der – 12 64 f; Leistungen zur Alterssicherung 12 64 f
Pflegeperson, -en 7 2; Begriff der – 11 19; Leistungen zur sozialen Sicherung der – 11 44; Verhinderung der – 11 39
Pflegepersonaluntergrenzen, Verordnungsermächtigung 5 137 i
Pflegepersonen, Abrechnung 6 176 a; Beitragszahlung 6 176 a; Besitzstandsschutz 11 141; Übergangsrecht zur sozialen Sicherung von – 11 141
Pflegequalität, Maßstäbe und Grundsätze zur Sicherung der – 11 113; Weiterentwicklung 11 113
Pfleger im Verfahren 20 72
Pflegerische Versorgung der Bevölkerung 11 8; Verantwortung der Pflegekassen 11 8
Pflegesachleistung 11 36
Pflegesätze, Abgeltung allgemeiner Pflegeleistungen 11 84; alternative Überleitung 11 92 d; Beanstandung 11 92 f; Begriffsbestimmung 11 84; Bemessungsgrundsätze 11 84; Einteilung in Pflegeklassen 11 84; Gruppenpflegesätze 11 86; Leistungsgerechtheit 11 84; Mitteilungspflichten 11 92 f; Neuverhandlung 11 92 c; Pflegesatzvereinbarung 11 85; Pflegesatzverfahren 11 85; Umrechnung 11 92 e; Verfahren für die Umrechnung 11 92 e; Weitergeltung 11 92 c; Zusatzleistungen 11 88
Pflegesatzkommission 11 86
Pflegesatzvereinbarung 11 85; Entgelte für Unterkunft und Verpflegung 11 87; Schiedsstelle 11 85; Zusatzleistungen 11 88
Pflegestatistiken, Verordnungsermächtigung 11 109
Pflegestützpunkte 11 7 c
Pflegestufe, Übergangsregelungen 11 142; Überleitung in Pflegegrad 11 142

Pflegetransparenzvereinbarungen, Übergangsregelung 11 115 a
Pflegeunterstützungsgeld 4 7; 5 232b; 7 47; Beitragsfreiheit 11 56; Tragung der Beiträge 5 249 c
Pflegevergütung für allgemeine Pflegeleistungen 11 82; Tragung durch Pflegebedürftige oder Kostenträger 11 82; Verordnungsermächtigung 11 83; Zuschläge bei erheblichem Betreuungsaufwand 11 87 b
Pflegeversichertennummer, Verwendung von Pflegekassen 11 101
Pflegeversicherung, Anspruch auf Leistungen der – 11 33; Antrag auf Leistungen der – 11 33; Art und Umfang der Leistungen 11 4; Aufgaben der Länder 11 9; Ausgabenfinanzierung 11 1; Ausgleichsfonds 11 65; Beitragsbemessungsgrenze 11 55; Beitragsentrichtung an Träger der RV 11 44; Beitragsfreiheit 11 56; Beitragsgrundsatz 11 54; Beitragssatz 11 54, 55; Beitragszahlung 11 60; Beitrittsrecht 11 26 a; Bundesverbände der KK 11 53; Bußgeldvorschrift 11 121; Datenschutz 11 93; Dynamisierung der Leistungen 11 30; Ehegatte und Lebenspartner 11 25; Erlöschen der Leistungsansprüche 11 35; Familienversicherung 11 25; Grundsätze der sozialen – 11 1; Kinder in Familienversicherung 11 25; Kündigung eines privaten -vertrages 11 27; Landesverbände der KK 11 52; Leistungen 1 21 a; Leistungen der – 11 4, Nichtberücksichtigung als Einkommen 11 13; Leistungen, Grundsätze 11 28; Leistungsausschluss 11 33 a; Leistungsvoraussetzungen 11 33, Vorversicherungszeit 11 33; Mittel für die – 11 54; Nachrang anderer Sozialleistungen 11 13; private, sachliche Zuständigkeit 20 182 a; Rehabilitation vor Pflege 11 31; Ruhen der Leistungsansprüche 11 34; Sonderanpassungsrecht 11 143; Teilnahme an einem trägerübergreifenden Persönlichen Budget 11 35 a; Träger der – 11 46; Überleitungs- und Übergangsvorschriften 11 143; Versicherungsanpassung 11 143; Vorrang anderer Sozialleistungen 11 143; Vorrang der häuslichen Pflege 11 3; Vorrang von Prävention und medizinischer Rehabilitation 11 5; Weiterentwicklung 11 26; Wirtschaftlichkeitsgebot 11 4, bei Leistungen 11 29
Pflegeversicherungsbeitrag 2 40; 12 32; zeitliche Zuordnung 12 32 a
Pflegevertrag bei häuslicher Pflege 11 120
Pflegevorsorgefonds 11 131 ff.; Bericht über die Verwaltung der Mittel 11 138; Jahresrechnung 11 138; Rechtsform 11

Sachverzeichnis

Fette Ziffern = Gesetzesnummern

133; Sondervermögen **11** 133; Vermögenstrennung **11** 137; Verwaltung und Anlage des Sondervermögens **11** 134; Verwendung des Sondervermögens **11** 136; Zuführung der Mittel **11** 135; Zweck **11** 132

Pflegevorsorgezulage 11 126, 127; Anspruch **11** 126; Fördervoraussetzungen **11** 127; Haftung des Versicherungsnehmers **11** 128; Verfahren **11** 128; Verordnungsermächtigung **11** 130; Wartezeit **11** 129

Pflegezeit 11 18; zusätzliche Leistungen bei – **11** 44 a

Pflichtarbeitsplatzzahl, Anrechnung Beschäftigter **9** 158; Anrechnung von fremden Hilfskräften Hausgewerbetreibender oder Gleichgestellter **9** 210; Anrechnung von Heimarbeit **9** 210; Ausgleichsabgabe **9** 160; Ausgleichsfonds **9** 161; Berechnung **9** 157; Mehrfachanrechnung **9** 159; Verordnungsermächtigung **9** 162

Pflichtbeitragszeiten, Sonderregelung **6** 247

Pflichtquote, Übergangsregelung **9** 241; Verordnungsermächtigung **9** 162

Pflichtverletzungen, erwerbsfähige Leistungsberechtigte **2** 31, 31 a; Rechtsfolgen **2** 31 a

Pharmazeutische Unternehmen, Rabatte **5** 130 a

Plankrankenhäuser, Begriff **5** 108

Potenzialanalyse 3 37

Präsidialrat, Aufgaben bei Beschäftigung schwerbehinderter Menschen **9** 176; Überprüfung der Zusammenarbeit **9** 163; Zusammenarbeit **9** 182

Prävention 5 20 a; **7** 1, 9, 14 ff.; Arbeitsunfall, Gesundheitsgefahren **7** 1; Beratung **7** 17; Grundsatz **7** 14; in Lebenswelten **5** 20 a; medizinische Leistungen zur – **6** 14; in Pflegeeinrichtungen **11** 5; und Selbsthilfe **5** 20; Sicherheitsbeauftragte **7** 22; Überwachung **7** 17; Vermeidung chronischer Krankheiten **9** 3; zur Vermeidung von Schwierigkeiten in Arbeitsverhältnissen **9** 167; Vorrang **11** 5; Zentralstelle für Arbeitsschutz **7** 115

Prävention arbeitsbedingter Gesundheitsgefahren 5 20 c

Präventionskonferenz, nationale – **5** 20 e

Präventionsstrategie, nationale – **5** 20 d

Praktikumsvergütung, Erstattung **2** 16

Praktische Fähigkeiten, Leistungen zum Erwerb und Erhalt **9** 81

Praktische Kenntnisse, Leistungen zum Erwerb und Erhalt **9** 81

Praktische Kenntnisse und Fähigkeiten, Leistungen zur Förderung **9** 76

Praxiskliniken, Behandlung in – **5** 122

Primäre Prävention 5 20

Private Arbeitsvermittler 3 296–298

Private Pflegeversicherung, Kontrahierungszwang **11** 110; Regelungen **11** 110; Risikoausgleich **11** 111

Privatversicherte, Beitragszuschuss des Arbeitgebers **11** 61

Probebeschäftigung 3 46

Proben 7 19

Prothesen 7 31

Prozessbevollmächtigte im Sozialgerichtsverfahren **20** 73; Untersagung des Auftretens **20** 118

Prozessfähigkeit 20 71

Prozesskostenhilfe 20 73 a

Prozessunfähigkeit, besonderer Vertreter **20** 72

Prüfkosten bei Wirtschaftlichkeitsprüfung **11** 116

Prüfungen 7 2; für Aufsichtspersonen **7** 17

Prüfungsgebühren 2 16

Prüfungsstelle bei Wirtschaftlichkeitsprüfungen **5** 106 c

Prüfungsvereinbarung 12 75

PSG III, Übergangsregelung **12** 138

Psychiatrische Behandlung, ambulante Versorgung **5** 115 d; stationsäquivalente – **5** 115 d

Psychiatrische Institutsambulanzen, Allgemeinkrankenhäuser **5** 118; Behandlung **5** 118; Ermächtigung **5** 118; Zulassungsausschuss **5** 118

Psychisch kranke Menschen, Modellvorhaben zur Versorgung **5** 64 b

Psychose 12 61 a

Psychosoziale Betreuung 2 16, 16 a

Psychotherapeuten, Datenerhebung **7** 201; Datenverarbeitung **7** 201; Eintragung in Arztregister **5** 95 c; vertragsärztliche Versorgung **5** 95; Zulassung zur vertragsärztlichen Versorgung **5** 317

Qualifizierung, Sonderregelung **3** 419

Qualitätsausschuss 11 113 b

Qualitätsförderung, Deutsche Krankenhausgesellschaft **5** 135 c; Maßnahmen durch Kassenärztliche Vereinigungen **5** 135 b

Qualitätskontrollen, Durchführung und Umgang durch Medizinischen Dienst **5** 275 a, 275 b

Qualitätsmangel, Haftung des Trägers der Pflegeeinrichtung bei – **11** 115; Klage gegen Entscheidung der Schiedsstelle **11** 115; Kürzung der Pflegevergütung bei – **11** 115; Schiedsstelle **11** 115; Untersagung der weiteren Betreuung bei – **11** 115;

Magere Ziffern = §§ Sachverzeichnis

Vermittlung in andere Pflegeeinrichtung bei – **11** 115
Qualitätsprüfung 9 128; **11** 112, 114; Daten- und Informationsübermittlung bei – **11** 115; Durchführung **11** 114 a; Mitteilung der Ergebnisse **11** 115
Qualitätsprüfung im Einzelfall, Richtlinien **5** 92
Qualitätsprüfungs-Richtlinien, Übergangsregelung **11** 115 a
Qualitätssicherung 11 112, 113 a; ambulante Vorsorgeleistungen **5** 135 a; bei ambulanter und stationärer Vorsorge oder Rehabilitation **5** 137 d; Beschlüsse des Gemeinsamen Bundesausschusses zur – im Krankenhaus **5** 136 b; Bewertung von Untersuchungs- und Behandlungsmethoden **5** 135; Bewertung von Untersuchungs- und Behandlungsmethoden im Krankenhaus **5** 137 c; Datenerhebung zur – **5** 299; Durchsetzung und Kontrolle **5** 137; Evaluation **5** 136 d; Förderung der – **5** 137 b; bei Hilfsmitteln **5** 139; Institut für – **5** 137 a; Institut für Qualität und Wirtschaftlichkeit im Gesundheitswesen **5** 139 a–139 c; der kassenärztlichen und kassenzahnärztlichen Versorgung **5** 135; durch Prüfdienst des Verbandes der privaten Krankenversicherung **11** 97 c; Qualifikationserfordernisse **5** 135; Rehabilitationsmaßnahmen **5** 135 a; Richtlinien **5** 135; Richtlinien durch Gemeinsamen Bundesausschuss **5** 136; Richtlinien durch Gemeinsamen Bundesausschuss in ausgewählten Bereichen **5** 136 a; durch Sachverständige und Prüfstellen **11** 97 c; Schiedsstelle **11** 113 b; und Schutz der Pflegebedürftigen **11** 112–120; Verpflichtung zur – **5** 135 a; Weiterentwicklung **5** 136 d
Qualitätsverantwortung 11 112
Qualitätsverträge 5 110 a

Rabatte 5 130, 130 a; für pharmazeutische Unternehmen **5** 130 a
Rahmenempfehlungen zwischen Krankenhäusern und Kassenärzten **5** 115; über Krankenhausbehandlung **5** 112
Rahmenempfehlungen und Verträge über einheitliche Versorgung mit Heilmitteln **5** 125
Rahmenverträge über die Arzneimittelversorgung **5** 129; Auskunftspflicht **5** 129; Bundesempfehlungen zum Inhalt der – **11** 75; Inhalt **11** 75; Kündigungsfrist **11** 75; der Landesverbände der Pflegekassen **11** 75; über pflegerische Versorgung **11** 75; mit pharmazeutischen Unternehmern **5** 131; Rabatt **5** 130; Schiedsstelle **5** 129; **11** 75; Verstoß gegen – **5** 129; Ziele **11** 75
Rahmenvertrag 12 79
Rasieren 12 61 a
Rechenschaftsbericht 7 183 a
Rechnungsabschluss, Versicherungsträger **4** 77
Rechnungsführung des Versicherungsträgers, Prüfung **4** 88
Rechtliches Gehör 20 62
Rechtsanspruch auf Sozialleistungen **1** 38
Rechtsanwalt, gesetzliche Vergütung **20** 193
Rechtsbehelfe, Einlegung von – gegen Verwaltungsakt **10** 62, 63
Rechtsbehelfsbelehrung bei Verwaltungsakt **10** 36
Rechtsfähigkeit der Versicherungsträger **4** 29
Rechtshängigkeit 20 94
Rechtshilfe 20 5
Rechtskraftwirkung 20 141
Rechtsmittel 20 143 ff.; aufschiebende Wirkung **20** 154
Rechtsmittelbelehrung 20 66, 136
Rechtsnachfolge, Ausschluss **1** 59
Rechtsstellung der Versicherungsträger **4** 29; in Werkstätten für behinderte Menschen **9** 221
Rechtsverletzungen durch Versicherungsbehörden **4** 89
Rechtsverstöße eines Selbstverwaltungsorgans, Beanstandung **4** 38
Rechtsweg 20 51
Reeder 7 150; Krankenfürsorge **7** 53
Referenzhaushalte 12 28
Regelaltersgrenze, Nachzahlung nach Erreichen der – **6** 282
Regelaltersrente 6 35, 235
Regelbedarf 12 20; Ernährung **2** 20; Fortschreibung **12** 28 a; Hausrat **2** 20; Kleidung **2** 20; Körperpflege **2** 20
Regelbedarf zur Sicherung des Lebensunterhaltes, Anpassung **2** 20; Bedarfsgemeinschaft **2** 20; Höhe **2** 20; Inhalt **2** 20
Regelbedarfe 12 27 a
Regelbedarfsstufe 6, Übergangsregelung für die Fortschreibung **12** 134
Regelbedarfsstufen 12 27 a, 28, 28; Fortschreibung **12** 28 a
Regelentgelt 5 47; Berechnung **9** 67; Berechnungsgrundlage in Sonderfällen **9** 68
Regelsätze 12 27 a; Festsetzung der – **12** 29; Forschreibung der – **12** 29
Regelsatz, Arbeitseinkommen **12** 28; Grundbetrag **12** 85
Regionale Euro-Gebührenordnung 5 87 a

Sachverzeichnis

Fette Ziffern = Gesetzesnummern

Regionale Kassenverbände 5 218
Regionalträger, gesetzliche Rentenversicherung, Vereinigung **6** 141 f.
Regress der Sozialversicherungsträger **7** 110 ff.; Verjährung **7** 113
Rehabilitation 7 1; Anspruch auf **7** 26; nach Arbeitsunfällen **7** 1; frühzeitige Bedarfserkennung **9** 12; Leistungen zur medizinischen – **7** 2; medizinische **6** 9; Mitwirkung des Versicherten **5** 1; vorläufige Leistungen zur medizinischen – **11** 32; Vorrang der medizinischen – vor Pflege **11** 31
Rehabilitation und Teilhabe, Leistungen **1** 29
Rehabilitationsbedarf, Ermittlung des – **9** 13; Gutachten **9** 17
Rehabilitationsdienste und -einrichtungen, ausreichende Anzahl **9** 36; Barrierefreiheit **9** 36; freie oder gemeinnützige Träger **9** 36; Qualität **9** 36; tarifvertragliche Vergütung **9** 38; Verträge mit Leistungserbringern **9** 38
Rehabilitationseinrichtungen, Begriff **5** 107; Qualitätssicherung **9** 37; Versorgungsverträge mit – **5** 111 c; Versorgungsvertrag **5** 111; Zertifizierung **9** 37
Rehabilitationsempfehlung, Weiterleitung an Antragsteller **11** 18 a
Rehabilitationsträger 9 6; Abweichende Regelungen **9** 7; Ausführung von Leistungen **9** 28; Erstattungsansprüche zwischen – **9** 26; gemeinsame Empfehlungen **9** 26; Gutachten **9** 14; Maßnahmen zur Ermittlung des Rehabilitationsbedarfs **9** 13; Vereinbarungen zur Qualitätssicherung **9** 37; vorläufige Leistungen **9** 24; Weiterleitung bei Mehrheit von Trägern **9** 15; Weiterleitung bei Unzuständigkeit **9** 14; Zusammenarbeit **9** 12; Zusammenarbeit der – **9** 25; Zusammenarbeit mit Trägern der Sozialhilfe **12** 4; Zuständigkeit **9** 14
Reinigen der Wohnung 12 61 a
Reisekosten 2 16; **9** 73; für Angehörige **7** 43; entgangener Arbeitsverdienst **7** 43; Fahrkosten **7** 43; Familienheimfahrten **7** 43; Gepäcktransport **7** 43; Mitnahmeentschädigung **7** 43; Richtlinien **7** 43; Übernachtungskosten **7** 43; Umfang **7** 43; Voraussetzungen **7** 43; Wegstreckenentschädigung **7** 43
Reisekostenbeihilfe 2 16
Religionsgemeinschaften 7 2
Religionsgesellschaften 12 5
Rente, Änderung **7** 73; Änderung beim Versorgungsausgleich **6** 268 a; Änderung und Ende **6** 100; Änderung zuungunsten des Berechtigten **7** 74; Anspruch auf – **6** 34; bei Arbeitslosigkeit **7** 58; Arten **6** 33; Ausschluss bei absichtlicher Minderung der Erwerbsfähigkeit **6** 103, bei Tötung eines Angehörigen **6** 105, wegen Erwerbsminderung, Sonderregelung **6** 241; für Beamten **7** 61; Befristung **7** 73; Befristung und Tod **6** 102; BEG **2** 11; **12** 82; Beginn **6** 99; **7** 72; Beginn und Änderung in Sonderfällen **6** 101; Berücksichtigung bei der Bemessung des Arbeitsentgelts **9** 206; für Berufssoldaten **7** 61; an Eltern **7** 69; Ende **7** 73; wegen Erwerbsminderung, Sonderregelung **6** 241; bei geminderter Erwerbsfähigkeit **7** 56; bei Heimpflege **7** 60; Hinterbliebenenrente **7** 63; Hinzuverdienst **6** 96 a; Hinzuverdienstgrenze **6** 34; Höchstbetrag **7** 70; Höchstbetrag bei mehreren Renten **7** 59; Höhe **7** 56; Minderung der Erwerbsfähigkeit durch Straftat **6** 104; Neufeststellung **6** 317 a; Schriftform **7** 102; bei Schwerverletzten **7** 57; bei Verletztengeld **7** 74; an Verwandte **7** 69; Voraussetzungen **7** 56 ff.; als vorläufige Entschädigung **7** 62; Waisenrente **7** 67 f.; Wartezeit **6** 34, 243 b; Wiederaufleben der abgefundenen **7** 77; Witwen- und Witwerrente **7** 65 f.; Zusammentreffen **7** 190; Zwischenbescheid **7** 103
Renten für Bergleute, Sonderregelung **6** 242
Renten- und Versorgungsbezüge, Übergangsregelung zur Beitragsbemessung **5** 322
Renten wegen Todes, Einkommensanrechnung **4** 18 a, 18 e
Rentenabfindung 6 107
Rentenanpassung, aktueller Rentenwert **6** 65; Grundsätze **6** 63
Rentenanspruch, Voraussetzung und Wartezeit **7** 80 a; Voraussetzungen **6** 34
Rentenarten 6 33; Rente wegen Alters **6** 35–42, wegen Todes **6** 46–49, wegen verminderter Erwerbsfähigkeit **6** 43, 45
Rentenartfaktor 6 67; Begriff **6** 63; knappschaftliche RV **6** 82; für Witwen- und Witwerrenten an vor 1. 7. 1977 geschiedene Ehegatten, Sonderregelung **6** 255
Rentenauskunft 6 109
Rentenberechnung, aktueller Rentenwert **6** 68; persönliche Entgeltpunkte **6** 66; Reihenfolge bei Anwendung der Berechnungsvorschriften **6** 98; Rentenartfaktor **6** 67; Rentenformel für Monatsbetrag der Rente **6** 64
Rentenformel, Monatsbetrag **6** 64
Rentenhöhe bei Berechtigten im Ausland, Sonderregelung **6** 271; Grundsätze **6** 63

Magere Ziffern = §§   **Sachverzeichnis**

Rentenkürzung, verminderte Erwerbsfähigkeit und Hinzuverdienst **6** 96 a
Rentenlasten 7 177
Rentenniveau, Sicherung **6** 154
Rentenrechtliche Sonderregelungen 6 228–319; für Beitrittsgebiet **6** 228 a; Grundsatz **6** 228; maßgebende Werte in der Anpassungsphase **6** 228 b
Rentenrechtliche Zeiten, Anrechnungszeiten **6** 58; Begriff **6** 54; Beitragszeiten **6** 55; Berücksichtigungszeiten, wegen Pflege **6** 57; freiwillige Beiträge **6** 55; Kindererziehungszeiten **6** 56; Pflichtbeiträge **6** 55; Schadensersatz **6** 62; Zurechnungszeit **6** 59
Rentensplitting, Verfahren und Zuständigkeit **6** 120 d
Rentensplittung unter Ehegatten, Abänderung **6** 120 c; Grundsätze **6** 120 a; Tod eines Ehegatten vor Leistungsempfang **6** 120 b
Rentensplittung unter Lebenspartnern 6 120 e
Rentenversicherung, Beiträge **2** 40; Finanzierung der – **6** 153; Umlageverfahren **6** 153; Versicherungszweig der Sozialversicherung **4** 1; Zuschuss des Bundes an Ausgaben der – **6** 213
Rentenversicherung Saarland, Sonderzuständigkeit **6** 128 a
Rentenversicherungsbericht, Erstellung **6** 154; Gutachten des Sozialbeirats **6** 155; Inhalt **6** 154
Rentenversicherungsfreiheit, Sonderregelung **6** 230
Rentenversicherungspflicht im Beitrittsgebiet **6** 229 a; Sonderregelung **6** 229; Sonderregelung zur Befreiung **6** 231, im Beitrittsgebiet **6** 231 a
Rentenversicherungsträger 6 125; Aufgaben der Datenstelle **6** 145; Aufwendungen für Leistungen zur Teilhabe, Verwaltung und Verfahren **6** 220; Ausgaben für das Anlagevermögen **6** 221; Auskünfte der Deutschen Post AG **6** 151; Auskunfts- und Beratungsstellen **6** 131; Beitragszuschuss zur KVdR **6** 307 c; Bestimmung des Umfangs des Verwaltungsvermögens **6** 222; Datenverarbeitung **6** 148; Feststellungsbescheid **6** 149; Kinderrehabilitation **6** 15 a; knappschaftliche Rentenversicherung **6** 132; örtliche Zuständigkeit **6** 128; Prüfung der Meldepflicht bei Arbeitgebern **4** 28 p; Sozialdaten **6** 148; Versicherungskonto **6** 149; Versicherungsverlauf **6** 149; Zuständigkeit, Übergangsvorschriften **6** 274 c; Zuständigkeit für Versicherte und Hinterbliebene **6** 127, 127 a; Zuständigkeit in der allgemeinen Rentenversicherung **6** 126
Rentenwert 7 177
Rettungsdienst, Notarzt im –, Übergangsregelung **4** 118
Rettungsfahrt, Fahrkosten **5** 60
Revision 20 160 ff.; Ablehnung von Gerichtspersonen **20** 171; Anwendung der Berufungsvorschriften **20** 165; Begründung **20** 164; Beiladung **20** 168; Bindung an tatsächliche Feststellungen **20** 163; Einlegung **20** 164; Frist **20** 164; Gründe **20** 162; Klageänderung **20** 168; neuer Bescheid **20** 171; Prüfungsumfang **20** 169; Sprungrevision **20** 161; Unzulässigkeit **20** 169; Urteilsabschriften in ehrenamtliche Richter **20** 170 a; Verfahren **20** 165; Verwerfung **20** 169; Zulässigkeit **20** 160; Zurückweisung **20** 170
Richter, beauftragter oder ersuchter – **20** 178; Berufsrichter **20** 3; ehrenamtliche – **20** 3; auf Lebenszeit **20** 32; mitwirkende **20** 129; schwerbehinderte **9** 211; Vernehmung durch bestimmte – **20** 205
Richterrat, Aufgaben bei Beschäftigung schwerbehinderter Menschen **9** 176; Überprüfung der Zusammenarbeit **9** 163; Zusammenarbeit **9** 182
Richtlinien, Genehmigung durch BMGS **11** 17; über häusliche Krankenpflege **7** 32; über Hilfsmittel **7** 31; zur Kraftfahrzeughilfe **7** 40; der Pflegekassen **11** 17; zu Reisekosten **7** 43; zur Wohnungshilfe **7** 41
Richtlinien des Gemeinsamen Bundesausschusses 5 92; Bestandteil der Bundesmantelverträge **5** 92; Inhalt **5** 92; Stellungnahme der Sachverständigen **5** 92; Verfahrensregelungen **5** 92; Wirksamwerden **5** 94; Zusammenstellung der Arzneimittel **5** 92
Richtlinien im Begutachtungsverfahren 11 18 b
Richtlinien zur Überversorgung, regionale Planungsbereiche **5** 101; Verhältniszahlen **5** 101; Versorgungsgrad **5** 101
Risikopool 5 269
Risikostrukturausgleich 5 266; Datenerhebung **5** 267; Sicherung der Datengrundlage **5** 273; Weiterentwicklung des **5** 268
Rückgabe von Urkunden und Sachen **10** 51
Rücklage, Anlegung der – **4** 83; Bildung **7** 172 a; Entnahme von Mitteln **7** 172 a; Genehmigung einer geringeren Höhe **7** 172 a; landwirtschaftlicher Berufsgenos-

1975

Sachverzeichnis

Fette Ziffern = Gesetzesnummern

senschaft **7** 184; der Versicherungsträger **4** 82, 86; Zinsen **7** 172 a
Rücknahme der Berufung **20** 156; der Gleichstellung mit schwerbehinderten Menschen **9** 187; im Rechtsbehelfsverfahren **10** 49; von Verwaltungsakten **12** 116 a; eines Verwaltungsakts **10** 44, 45

Sach- und Dienstleistungen, Leistungsort **9** 31
Sachdienlichkeit 20 99, 106
Sachleistung 2 4; **12** 10
Sachleistungen 2 24; bei Unterbringung in Gemeinschaftsunterkunft **2** 65
Sachleistungsprinzip 5 2
Sachliche Zuständigkeit 12 97
Sachschäden bei Hilfeleistungen 7 13
Sachverständige, Beeidigung **20** 118; Ladung **20** 111; Vernehmung **10** 22, durch bestimmte Richter **20** 205
Sachverständiger, Wunschrecht **9** 17
Säumniszuschläge, Ermäßigung und Erlass **5** 256 a
Säumniszuschlag für Beiträge und Beitragsvorschüsse **4** 24
Saison-Kurzarbeitergeld 3 101, 102
Satzung für arbeitsmedizinische und sicherheitstechnische Dienste **7** 24; Beitragsberechnung **7** 167; Beitragshöhe **7** 183; über Betriebs- und Haushaltshilfe **7** 54; Genehmigung der Aufsichtsbehörde **5** 81; Jahresarbeitsverdienst **7** 83; Mindestbeitrag **7** 161; Mindestinhalt **5** 81; Unfallversicherungskraft **7** 2; des Unfallversicherungsträgers **7** 114; bei Verletztengeld **7** 55 a; über Verletztengeld **7** 46; Versicherungsbefreiung **7** 5; des Versicherungsträgers **4** 34; Vertreterversammlung **5** 81; Verwaltungs- und Abrechnungsstellen **5** 81
Satzung der Krankenkassen, Einsichtnahme **5** 196; Genehmigung **5** 195; Inhalt **5** 194
Satzung nach § 22 a Abs. 1 SGB II, Antrag über Gültigkeit **20** 55 a
Schadensersatz 2 15, 62; bei Pflichtverletzung durch Mitglieder der Selbstverwaltungsorgane **4** 42; bei Pflichtverletzungen im Leistungsverfahren **3** 321
Schiedsamt, Amtsdauer **5** 89; Aufsicht über die Geschäftsführung **5** 89; Bundesschiedsamt **5** 89; Ehrenamt **5** 89; Klage gegen Festsetzung des – **5** 89; Kündigung eines Vertrages **5** 89; Landesschiedsamt **5** 89; Los **5** 89; Schiedsamtsverordnung **5** 89; Vertrag über die kassenärztliche Versorgung **5** 89; Vertragsinhalt **5** 89
Schiedsamt für die medizinische und zahnmedizinische Versorgung 7 34

Schiedsstelle 9 133; **12** 80, 108; ehrenamtliche Mitglieder **11** 76; Rechtsaufsicht **11** 76; Zusammensetzung **11** 76
Schiedsstelle Qualitätssicherung 11 113 b
Schifffahrt, Arbeitsunfall **7** 10; Berufskrankheit **7** 10; Seeschiffe **7** 17
Schiffssicherheitsabteilung, Ausweisung im Haushaltsplan **4** 71 e
Schlichtungsstelle der Gesellschaft für Telematik **5** 291 c
Schmerzensgeld 2 11; **12** 83
Schonvermögen 2 12; **12** 90
Schriftform des Öffentlich-rechtlichen Vertrags **10** 56
Schriftliche Anzeige 12 93
Schriftsatz, vorbereitender – **20** 108
Schüler 2 7
Schülerbeförderung 12 34
Schulausstattung 12 34
Schulbildung 12 54; angemessene **7** 35; Vorbereitung zur – **7** 35
Schuldnerberatung 2 16, 16 a; **12** 11
Schule, -n, berufsbildende **7** 2; Hochschulen **7** 2; Schulhoheitsträger **7** 21
Schulungs- und Bildungsmaßnahmen für schwerbehinderte Menschen **9** 185
Schulungsmaßnahmen durch die Integrationsämter **9** 185
Schutzauftrag 8 8 a
Schutzausrüstungen 7 22
Schutzimpfungen 5 20 i, 132 e
Schutzklausel 6 68 a
Schwangerschaft 2 9, 21; **12** 30; Arznei-, Verband-, Heil- und Hilfsmittel **5** 24 e; einmalige Bedarfe **12** 31; häusliche Pflege **5** 24 g; Haushaltshilfe **5** 24 h; Hebammenhilfe **5** 24 d; Hilfe **12** 50; künstliche Befruchtung **5** 27 a, Genehmigung zur Durchführung **5** 121 a; Versicherungsfall **7** 12
Schwangerschaft und Mutterschaft 5 24 c
Schwangerschaftsabbruch 5 24 b; Leistungen bei – **1** 21 b
Schwerbehinderte Menschen, Feststellung der Gleichstellung **9** 151, 152; gleichgestellte behinderte Menschen **9** 151; Nachweis der Behinderung **9** 151
Schwerbehindertengesetz, Fortgeltung **9** 241
Schwerbehindertenvertretung, Aufgaben **9** 178; Verordnungsermächtigung **9** 183; Wahl und Amtszeit **9** 177; Zusammenarbeit **9** 182
Schwerbehinderung, Arbeitgeberpflichten **9** 164; Ausweis **9** 152; Begriff **9** 2; Beschäftigungspflicht **9** 154; Beschäfti-

Magere Ziffern = §§ **Sachverzeichnis**

gungspflicht von besonderen Gruppen schwerbehinderter Menschen **9** 155; Feststellung der Behinderung **9** 152; Kündigung **9** 168; Leistungen der Integrationsämter **9** 185; persönlicher Anwendungsbereich **9** 151; Rechte am Arbeitsplatz **9** 164; Statistik **9** 214; Vorrang **9** 205

Schwerverletzte, Rentenhöhe **7** 57

Screening auf 4MRGN, Modellvorhaben zum – **5** 64 c

Seearbeitsgesetz 3 54 a, 57; **5** 16; **7** 10, 53

Seefahrt, Begriff **7** 121; Bundesamt für Seeschifffahrt **7** 196; Haftung **7** 107; Jahresarbeitsverdienst **7** 92; Meldepflicht bei Versicherungsfällen **7** 194; See-Berufsgenossenschaft **7** 121, 154, 157, 194; zuständiger Unfallversicherungsträger **7** 130

Seekasse, Pflegeversicherung **11** 46

See-Krankenkasse, Krankenhausbehandlung **5** 39

Seeleute, Begriff **4** 13; Beschäftigungsort **4** 10; Sozialversicherung **4** 2; **5** 233

Seelisch Behinderte 12 53

Seemannskasse 6 137 a ff.; Aufgabe **6** 137 b; Beirat **6** 137 e; Haftung **6** 137 c; Organe **6** 137 d; Vermögen **6** 137 c; versicherungspflichtige **6** 137 b

Seeschiffe, Begriff **4** 13

Sehhilfen, Anspruch auf – **5** 33

Sektionen der Versicherungsträger, Selbstverwaltungsorgane **4** 31

Selbständige, Leistungen zur Eingliederung **2** 16 c; versicherungspflichtige, Prüfung der Beitragszahlung durch Rentenversicherungsträger **6** 212 b

Selbständige Tätigkeit 2 16; **3** 93, 94; Begriff **4** 8; Tätigkeitsort **4** 11

Selbstbehalt, freiwillige Mitglieder **5** 53

Selbstbeschaffte Leistungen, Erstattung **9** 18

Selbstbeschaffung 8 36 a

Selbstbestimmung 9 1; der Pflegebedürftigen **11** 2

Selbsthilfe, berechtigte **2** 30; **12** 34 b; Förderung der – **5** 20 h; **9** 45; **11** 45 d

Selbstverschulden, Leistungsbeschränkung bei – **5** 52

Selbstverwaltung, Geschäftsführer **4** 36; Haftung der Organe **4** 42; der Versicherungsträger **4** 29; Wahlen in –, Wählbarkeit **4** 51; Wahlrecht **4** 50; Wahlverfahren **4** 43 ff.; Wahlvorschläge **4** 48; Zusammensetzung der Organe **4** 44

Selbstverwaltungsorgan, Übergangsregelung zu Wählbarkeitsvoraussetzungen **4** 120; Wählbarkeitsvoraussetzungen **4** 120

Selbstverwaltungsorgane, Amtsdauer der Mitglieder **4** 58; Beratung **4** 63; Beschlussfassung **4** 64; Bestellung eines Beauftragten **5** 79 a; Bußgeldvorschriften **4** 111; Ergänzung bei Ausscheiden von Mitgliedern **4** 60; Haftung der Mitglieder **5** 79; Mitgliederzahl **5** 79; Verlust der Mitgliedschaft **4** 59; der Versicherungsträger **4** 31; Vertreterversammlung **5** 79, 209; Verwaltungsrat **5** 197; Vorsitzender **4** 62; Vorstand **5** 79, 209; Wahl und Verfahren **4** 43–66; Zusammensetzung **5** 209; Zuständigkeit des Sozialgerichts in Wahlangelegenheiten **20** 57 b

Senat, Besetzung **20** 33; Fachsenat **20** 31, 40

Sicherheitsbeauftragte 7 22; Aufgaben **7** 22; Diskriminierungsverbot **7** 22; Zahl **7** 15

Sicherheitsingenieure 7 15; Aus- und Fortbildung **7** 23

Sicherheitsleistungen für Beiträge **7** 164

Sicherstellung, ärztliche Behandlung von Gefangenen **5** 75; ärztliche Untersuchungen zur Wehrpflicht **5** 75; ärztliche Versorgung von Personen mit freier Heilfürsorge **5** 75; Aufgaben der Kassenärztlichen Vereinigungen und Kassenärztlichen Bundesvereinigungen **5** 75; der kassenärztlichen Versorgung **5** 75; Notdienst **5** 75; Richtlinien der Kassenärztlichen Bundesvereinigungen **5** 75; Versorgung in der knappschaftlichen Krankenversicherung **5** 75; Vorbereitungszeiten von Ärzten **5** 75; Wahrnehmung der Rechte der Kassenärzte **5** 75

Sicherung der Unterkunft **12** 36

Sinnesorgane 12 61 a

Sitzung eines Selbstverwaltungsorgans **4** 63

Sitzungsniederschrift 20 122

Sitzungspolizei 20 61; Folgen von Maßnahmen **20** 115

Sofortige Vollziehbarkeit 2 39

Soldaten, Jahresarbeitsverdienst **7** 82; Rente **7** 61; schwerbehinderte **7** 56

Soldaten auf Zeit, Zuschläge an Entgeltpunkten für nachversicherte – **6** 76 f

Soldatenversorgungsgesetz 7 56

Sonderrechtsnachfolge 1 56, 57

Sonderregelung zur Anwendung neuen Rechts, Anspruch auf Regelaltersrente in Sonderfällen **6** 302; Auffüllbetrag **6** 315 a; Bergmannsvollrenten **6** 302 a; Einkommensanrechnung auf Renten wegen Todes **6** 314, im Beitrittsgebiet **6** 314 a; Große Witwen- und Witwerrente, Berufsunfähigkeit oder Erwerbsunfähigkeit **6** 303 a; Grundsatz **6** 300; Grundsatz für Leistungen an Berechtigte im Ausland **6** 317; Grundsatz zur Rentenhöhe **6** 306;

1977

Sachverzeichnis

Fette Ziffern = Gesetzesnummern

Hinzuverdienst bei Renten wegen verminderter Erwerbsfähigkeit 6 302 b, 313; Leistungen zur Teilhabe 6 301; Mindestgrenzbetrag bei Versicherungsfällen vor 1. 1. 1979 6 312; Neufeststellung auf Antrag 6 309; Neufeststellung, erneute 6 310; Rente und Leistungen aus UV, Grenzbetrag 6 311; Renten aus freiwilligen Beiträgen, des Beitrittsgebiets 6 315 b; Renten wegen verminderter Erwerbsfähigkeit 6 302 a; Rentenzuschlag, bei Renten des Beitrittsgebiets 6 319 a, 319 b; Umstellungsrenten 6 308; Umwertung in persönliche Entgeltpunkte 6 307; Waisenrente 6 304; Wartezeit und sonstige zeitliche Voraussetzungen 6 305; Witwerrente 6 303; Zusatzleistungen bei Aufenthalt im Ausland 6 319; Zuschuss zur Krankenversicherung 6 315

Sondervermögen, Auflösung 11 139; Auszahlung 11 139; Jahresrechnung 11 138; Pflegevorsorgefonds 11 133 ff.; Vermögenstrennung 11 137; Verwaltungsbericht 11 138; Verwendung 11 136

Sonstige Hilfen 12 36

Sonstige Leistungen 7 39; Leistungen zur Teilhabe 6 31

Sorgeregister 8 58 a

Sozialbeirat, Gutachten zum Rentenversicherungsbericht 6 155; Zusammensetzung 6 156

Sozialdaten 1 35; über Ärzte 5 285; Begriff 10 67; Bußgeldvorschriften 10 85 a; Datenschutz 11 93; Erhebung 10 67 a; Geheimhaltungspflicht 10 78; gemeinsame Verarbeitung und Nutzung 11 96–97 b; bei Heimaufsichtsbehörden und Trägern der Sozialhilfe 11 97 b; Informationspflicht bei unrechtmäßiger Kenntniserlangung 10 83 a; bei den Kassenärztlichen Vereinigungen 5 285; bei den Krankenkassen 5 284; beim Medizinischen Dienst 11 97; Nutzung durch Pflegekassen 11 94; organisatorische Vorkehrungen zum Schutz der – 10 78–80; Recht auf Berichtigung, Löschung, Einschränkung der Verarbeitung, Widerspruch 10 84; Rechte des Betroffenen, Datenschutzbeauftragte, Schlussvorschriften 10 81–85 a; Schutz der – 8 61–68; 10 67–85 a, bei der Datenverarbeitung 10 79–85; Strafvorschriften 10 85; Übermittlung an andere Stellen 10 68–75; Übermittlung ins Ausland 10 77; Übermittlung von – 10 67 d; Überwachung der Wirtschaftlichkeit 5 284; bei Verbänden der Pflegekassen 11 95; über Versicherten 5 285; versichertenbezogene Angaben 5 284; Zulässigkeit der Offenbarung 10 67–78; Zweckbindung 10 67 c, 78; Zwecke 5 284, 285

Sozialdatenschutz, Datenerhebung 12 4; Datennutzung 12 4; Datenverarbeitung 12 4; Sozialhilfe 12 4; verantwortliche Stelle 9 23

Soziale Entschädigung bei Gesundheitsschäden 1 5

Soziale Gruppenarbeit 8 29

Soziale Pflegeversicherung 11 1; Aufgabe 11 1; Träger der – 11 1; Überprüfung des Verwaltungsaufwandes 11 46; Versicherungszweig der Sozialversicherung 4 1; Zuständigkeit 1 21 a

Soziale Rechte 1 2

Soziale Teilhabe 9 5

Soziale Teilhabe am Arbeitsmarkt, Versicherungsfreiheit 3 420

Sozialgeheimnis, Anspruch auf – 1 35

Sozialgeld 2 19; Besonderheiten 2 23; Mehrbedarfe 2 23; Regelbedarf 2 23

Sozialgericht 20; Abstimmung 20 61; allgemeine Vorschriften 20 60 ff.; Amts- und Rechtshilfe 20 5; Anwendung des GVG und der ZPO 20 202; Ausschließung und Ablehnung von Gerichtspersonen 20 60; Beratung 20 61; Berufsrichter 20 3, 9, Ernennung 20 11; Beschlüsse 20 123 ff.; Besetzung 20 8; Beweissicherungsverfahren 20 76; Bezirk 20 7; des Bundes 20 2; Dienstaufsicht 20 9; ehrenamtliche Richter 20 3, 9, 13 ff.; einstweiliger Rechtsschutz 20 86 b; Errichtung 20 7; Fachkammern 20 10; Feststellungsklage 20 55; Gerichtssprache 20 61; Gerichtsstand 20 57; Gerichtsverfassung 20 1 ff.; Geschäftsstelle 20 4; Klagegegenstand 20 54; Kostenfreiheit 20 183; des Landes 20 2; Öffentlichkeit 20 61; örtliche Zuständigkeit 20 57; Pauschgebühr 20 184 ff.; rechtliches Gehör 20 62; Rechtsmittel 20 143 ff.; Rechtsweg 20 51; sachliche Zuständigkeit 20 8; Sitzungspolizei 20 61; Streitgegenstand 20 95; Urkundsbeamter 20 4; Urteile 20 123 ff.; Verfahren 20 60 ff., im ersten Rechtszug 20 87 ff.; Vernehmung durch bestimmte Richter 20 205; Vertretung des Vorsitzenden 20 27; Verweisungen auf aufgehobene Vorschriften 20 203; Vollstreckung 20 198 ff.; Vorverfahren 20 78; Wiederaufnahmeverfahren 20 179 ff.; Zuständigkeit 20 51 ff., Bestimmung durch nächsthöheres Gericht 20 58, früherer Versicherungsbehörden und Versorgungsgerichte 20 204, für Kassenarztangelegenheiten 20 57 a; zwei leistungspflichtige Versicherungsträger 20 181 f.; Zweigstellen 20 7

1978

Magere Ziffern = §§

Sachverzeichnis

Sozialgerichtsbarkeit 20 1 f.; Anwendung des GVG **20** 6
Sozialgesetzbuch, allgemeine Vorschriften über das Verwaltungsverfahren **10** 8–30; Allgemeiner Teil **1**; Allgemeines über Sozialleistungen und Leistungsträger **1** 11–17; Anwendungsbereich, Zuständigkeit, Amtshilfe **10** 1–7; Aufgaben und soziale Rechte **1** 1–10; Besondere Teile des SGB **1** 68; einzelne Sozialleistungen und zuständige Leistungsträger **1** 18–29; Erstattungs- und Ersatzansprüche der Leistungsträger gegen Dritte **10** 115–119; Erstattungsansprüche der Leistungsträger untereinander **10** 102–114; gemeinsame Vorschriften für alle Sozialleistungsbereiche, allgemeine Grundsätze **1** 30–37; gemeinsame Vorschriften für die Sozialversicherung **4**; gesetzliche Krankenversicherung **5**; gesetzliche Rentenversicherung **6**; Grundsätze des Leistungsrechts **1** 38–59; Kosten, Zustellung, Vollstreckung **10** 64–66; Mitwirkung des Leistungsberechtigten **1** 60–67; öffentlich-rechtlicher Vertrag **10** 53–61; Rechtsbehelfsverfahren **10** 62, 63; Schutz der Sozialdaten **10** 67–85 a; Sozialverwaltungsverfahren und Sozialdatenschutz **10**; Stadtstaaten-Klausel **1** 69; Übergangs- und Schlussvorschriften **1** 68; Übergangsregelung **10** 120; Verwaltungsakt **10** 31–52; Verwaltungsverfahren **10** 1–66; Zusammenarbeit der Leistungsträger; Drittbeziehungen **10** 86–119
Sozialhilfe 1 9; **12**; abweichende Durchführung durch die Länder **12** 99; Antragserfordernis **12** 44; Arbeitskraft **12** 2; Aufgaben **12** 1; Ausländer **12** 23; Beginn **12** 18; Behördenbestimmung **12** 101; Bewilligungszeitraum **12** 44; Datenübermittlung zur wissenschaftlichen Forschung **12** 119; Deutsche im Ausland **12** 24; Einkommen **12** 2, 82; Einschränkung der Leistung **12** 39 a; Einsetzen **12** 18; Einzelfall **12** 9; Erbringung von Geldleistungen **12** 44; Ersatzansprüche der Träger **12** 114; Erstattungsansprüche zwischen Trägern **12** 44 c; Hilfe in sonstigen Lebenslagen **12** 73; Kostensatz **12** 102–105; Kostenerstattung **12** 106–112; Kostenerstattung auf Landesebene **12** 112; Kostenerstattung bei Einreise aus dem Ausland **12** 115; Leistungen **1** 28; Leistungsberechtigte **12** 19; Nachrang **12** 2; Pfändbarkeit **12** 17; Rechte und Pflichten der Leistungsberechtigten **12** 1; Sozialdatenschutz **12** 4; Stadtstaatenklausel **12** 101; Übertragbarkeit **12** 17; Verhältnis zur freien Wohlfahrtspflege **12** 5; Vermögen **12** 2, 90; Vorrang der Erstattungsansprüche **12** 113; Vorrang von Prävention und Rehabilitation **12** 14; Zusammenarbeit mit Rentenversicherungsträgern **12** 46; Zuständigkeit **12** 97–101
Sozialhilfestatistik 12 121–129
Sozialleistungen 1 11; Ausführung der – **1** 17; Feststellung **12** 95; Verzicht auf – **1** 46; vorrangige Leistungen anderer Träger **2** 12 a
Sozialmedizinische Nachsorgemaßnahmen 5 132 c
Sozialpädagogische Einzelbetreuung 8 35
Sozialpädiatrische Leistungen, Nichtärztliche – **5** 43 a
Sozialpädiatrische Zentren, Behandlung **5** 119; Ermächtigung **5** 119; Zulassungsausschuss **5** 119
Sozialversicherung, Bezugsgröße **4** 18; Datenermittlung **4** 95–98; Recht auf Zugang zur – **1** 4; Träger **4** 29–90
Sozialversicherung für Landwirtschaft, Forsten und Gartenbau 5 166; Dienstbezüge der Geschäftsführer **7** 147 a; Haushaltsplan **4** 71 d
Sozialversicherungsausweis 4 18 h; Ausstellung des – **4** 18 a; Bußgeldvorschriften **4** 111, 112
Sozialversicherungsbeiträge 2 11; **12** 82
Sozialversicherungsträger, Regressansprüche **7** 110 ff.; Zuständigkeit des Sozialgerichts in Wahlangelegenheiten **20** 57 b
Sozialversicherungswahlen 4 45
Soziotherapie 5 37 a; Verträge und Empfehlungen **5** 132 b
Spezialisierte ambulante Palliativversorgung 5 132 d
Spitzenverbände, Arbeitsgemeinschaften **5** 213; Arten **5** 213
Spitzenverbände der Krankenkassen, Festsetzung der Festbeträge **5** 35, 36
Spitzenverband Bund der Krankenkassen 5 217 a–217 j
Spitzenverband der landwirtschaftlichen Sozialversicherung 7 143 a–143 i
Sprachkurse, Förderung der Teilnahme **3** 421
Sprachtherapie 7 30
Sprungrevision 20 161; Zurückverweisung **20** 170
Spülen 12 61 a
Staatsanwaltsrat, Aufgaben bei Beschäftigung schwerbehinderter Menschen **9** 176; Überprüfung der Zusammenarbeit **9** 163; Zusammenarbeit **9** 182

Sachverzeichnis

Fette Ziffern = Gesetzesnummern

Ständige Arbeiten unter Tage, Beitrittsgebiet, Sonderregelung **6** 254 a; Gleichstellung **6** 61
Standardtarif 5 315; für Personen ohne Versicherungsschutz **5** 315
Stationäre Leistungen 12 13
Stationäre Pflege 12 65
Stationäre Unterbringung 12 98
Stationäre Versorgung, Qualitätsverträge **5** 110 a
Stationsäquivalente psychiatrische Behandlung 5 115 d
Statistik 2 53 ff.; **12** 121–129
Stehen 12 61 a
Steigerungsbeträge, Sonderregelung **6** 269
Sterbebegleitung 5 132 g
Sterbegeld 7 63; Anspruchsberechtigter **7** 64; Höhe **7** 64
Sterilisation 5 24 b; ärztliche Begutachtung **12** 51; ärztliche Behandlung **12** 51; ärztliche Untersuchung **12** 51; Arzneimittel **12** 51; Beratung **12** 51; Heilmittel **12** 51; Hilfe **12** 51; Krankenhauspflege **12** 51; Verbandmittel **12** 51
Steuer 2 11; **12** 82
Steuerungsverantwortung 8 36 a
Stiefkinder, Waisenrente **7** 67
Stiftungen des öffentlichen Rechts 7 2
Stimmenzahl bei Wahlen **4** 49
Strafvollzugsgesetz 7 82
Strafvorschriften 5 307 a, 307 b
Streitgegenstand 20 95
Streitgenossenschaft 20 74
Strukturanpassungsmaßnahmen, Aufgaben der Bundesagentur für Arbeit **9** 187
Strukturierte Behandlungsprogramme bei chronischen Krankheiten **5** 137 f, 137 g; Übergangsregelung für die Anforderungen **5** 321
Studenten 7 2
Studierende 2 7
Stützapparat 12 61 a
Stufenweise Wiedereingliederung 9 44; des Medizinischen Dienstes **5** 74; Stellungnahme des Betriebsarztes **5** 74
Subsidiaritätsgrundsatz 2 17
Suchtberatung 2 16, 16 a

Tätigkeit der freien Wohlfahrtspflege **12** 5
Tätigkeitsort 4 11
Tageseinrichtungen 2 10; **7** 2
Tagesgruppe, Erziehung in – **8** 32
Tagespflege 2 10; **11** 41
Tatbestand, Berichtigung **20** 139
Tatsachen, Angabe von – **1** 60
Technische Arbeitshilfen für schwerbehinderte Menschen **9** 185

Teilarbeitslosengeld 3 162
Teilhabe am Arbeitsleben **2** 16; **12** 21, 54, 140; Behinderter **1** 10; an der Gemeinschaft **12** 54; am Leben in der Gesellschaft **9** 1
Teilhabe am Arbeitsleben 7 35; **9** 4, 5
Teilhabe an Bildung 9 5; Leistungen zur – **9** 75
Teilhabe behinderter Menschen am Arbeitsleben, allgemeine Leistungen **3** 115; besondere Leistungen **3** 117–128; Besonderheiten **3** 116; Grundsätze **3** 112–114
Teilhabeberatung 9 32; ergänzende unabhängige – **9** 32; Förderung der – **9** 32; Pflichten der Personenvorsorgeberechtigten zur – **9** 33
Teilhabeplan 9 19; Anpassung **9** 19; Beteiligung anderer öffentlicher Stellen **9** 22; Inhalt **9** 19; Sozialdatenschutz **9** 23; verantwortliche Stelle für Sozialdatenschutz **9** 23; Verfahren **9** 21
Teilhabeplankonferenz 9 20; Einwilligung des Leistungsberechtigten **9** 23; Sozialdatenschutz **9** 23
Teilhabeverfahrensbericht 9 41
Teilhabezielvereinbarung 12 145
Teilkostenerstattung, Angestellte **5** 14; Anspruch **5** 14; Beamte **5** 14
Teilnahmekosten 2 16; **3** 127, 128
Teilrente 6 42
Teilstationäre Leistungen 12 13
Teilstationäre Pflege 12 64 g; Anspruch Pflegebedürftiger auf – **11** 41; Aufwendungen der Pflegekassen **11** 41
Teilzeitbeschäftigte, Aufgaben der Bundesagentur für Arbeit **9** 187
Telekom, Unfallkasse **5** 114; Zuständigkeit der Unfallkasse Post und Telekom **7** 127
Telematik, Gesellschaft für **5** 291 b; informationstechnische Systeme **5** 291 d; Integration offener Schnittstellen **5** 291 d; Interoperabilitätsverzeichnis **5** 291 e; Schlichtungsstelle der Gesellschaft für – **5** 291 c
Telematikinfrastruktur 5 291 a
Termine im Verwaltungsverfahren **10** 26
Terminsbestimmung 20 63, 110
Therapie, Sprach- und Beschäftigungstherapie **7** 30
Therapieeinrichtungen, pädophile Sexualstörungen **5** 65 d
Tierärzte 7 4
Tod, Bestattungskosten **7** 63; Blutprobe **7** 63; Sterbegeld **7** 63; infolge eines Versicherungsfalls **7** 11
Träger 3 21; der gesetzlichen Rentenversicherung **6** 125; der Grundsicherung für Arbeitsuchende **2** 6; der Sozialhilfe **12** 3 f.,

Magere Ziffern = §§ Sachverzeichnis

106–112, 117; der Sozialversicherung 4 29–90
Trägerversammlung, gemeinsame Einrichtung bei Grundsicherung für Arbeitsuchende **2** 44 c
Trägerzulassung 3 178
Tragung der Beiträge bei anderen Mitgliedern **11** 59; durch Dritte **5** 251; Feiertagsaufhebung **11** 58; freiwillige Mitglieder, Rentenantragsteller, Schwangere **5** 250; durch das Mitglied **5** 250; bei versicherungspflichtig Beschäftigten **11** 58; bei Versicherungspflichtigen mit Rentenbezug **5** 249 a; bei versicherungspflichtiger Beschäftigung **5** 249
Training berufspraktischer Fähigkeiten 9 193
Transferkurzarbeitergeld 3 111, 111 a; Förderung der beruflichen Weiterbildung **3** 111 a
Transparenz im Gesundheitswesen 5 137 a
Transportkosten, Übernahme durch Krankenkasse **5** 60, 133
Trennung mehrerer Rechtsstreitigkeiten **20** 113
Trennungskostenbeihilfe 2 16
Treppensteigen 12 61 a

Überführungskosten 7 64
Übergang von Ansprüchen 2 33; **12** 93–95
Übergangsgeld 2 16; **3** 119–126; **4** 7; **7** 49; **9** 65; Anpassung der Berechnungsgrundlage **9** 70; Anrechnung von Einkommen **7** 52; Anspruch auf – **6** 20; Berechnung **9** 66; Einkommensanrechnung **9** 72; Ersatz-Übergangsgeld **6** 20; Höhe **9** 66; Höhe und Berechnung **6** 21; **7** 50; ohne Vorbeschäftigungszeit **3** 121; Weiterzahlung **9** 71
Übergangsgeldanspruch bei Unterhaltsgeldbezug **6** 234 a
Übergangsgeldberechnung bei Unterhaltsgeldbezug **6** 234 a
Übergangshilfe 2 16
Übergangsregelung für die Anforderungen an strukturierte Behandlungsprogramme **5** 321; zur befristeten Weiteranwendung aufgehobener Vorschriften **5** 320; zur Beitragsbemessung aus Renten- und Versorgungsbezüge **5** 322; für knappschaftliche Krankenversicherung **5** 318
Übergangsregelungen 12 130–136
Überlange Gerichtsverfahren 20 202
Überleitung von Sozialleistungen **1** 50
Überleitungsregelungen des Einigungsvertrages, SGB V, Beziehungen der Krankenkassen zu den Leistungserbringern **5** 311, Leistungen **5** 310, versicherter Personenkreis **5** 309
Übermittlung von Sozialdaten **2** 65 d; **12** 118; von statistischen Ergebnissen und Einzelangaben **12** 126, 127
Übermittlung von Leistungsdaten, Abrechnung ärztlicher Leistungen **5** 295, 295 a; Arzneimittelabrechnung **5** 300; Arzneimittelabrechnungsvereinbarung **5** 300; Auffälligkeitsprüfungen **5** 296; ergänzende Regelungen **5** 303; Hebammen und Entbindungspfleger **5** 301 a; Krankenhäuser **5** 301; Pflichten der Leistungserbringer **5** 294; Sonstige Leistungserbringer **5** 302; Vereinbarungen der Spitzenverbände **5** 295; versichertenbezogene Daten **5** 298; Zufälligkeitsprüfungen **5** 297
Übermittlungsbefugnis, Einschränkung der – **7** 200
Übermittlungsgrundsätze, Sozialdaten **10** 67 d
Übernachtungskosten 9 73
Übernahme der Krankenbehandlung für nicht Versicherungspflichtige gegen Kostenerstattung **5** 264
Überörtliche Träger der Sozialhilfe 12 3, 24, 97, 106
Überplanmäßige Ausgaben von Versicherungsträgern **4** 73
Überprüfung der Bezieher von Sozialleistungen **12** 118
Übertragbarkeit des Anspruches auf Sozialhilfe **12** 17
Übertragene Aufgaben der Versicherungsträger **4** 30
Übertragung von Ansprüchen **1** 53
Übertragung der Verhandlung 20 110 a
Übertragung und Verpfändung, Überleitungsvorschrift **1** 71
Überversorgung, Richtlinien des Gemeinsamen Bundesausschusses **5** 101; Richtlinien zur – **5** 101; Zulassungsbeschränkungen **5** 101
Umfang der Aufsicht über Versicherungsträger **4** 87
Umlage, Einzug und Weiterleitung **3** 359; Nachweise **7** 165; Verfahren **7** 165–170; Verfahren bei landwirtschaftlicher Berufsgenossenschaft **7** 183
Umlagesatz 3 360
Umlageverfahren 6 153
Umstellungsrenten 6 308
Umzug 2 16, 22; **12** 106
Umzugskosten 12 35
Unbegleitete Einreise, ausländische Kinder und Jugendliche **8** 42 a

1981

Sachverzeichnis

Fette Ziffern = Gesetzesnummern

Unbillige Härte, Absehen von Inanspruchnahme eines Unterhaltspflichtigen **12** 94
Unentgeltliche Beförderung im öffentl. Personenverkehr, Erfassung der Ausweise **9** 236; Erstattung **9** 228; Erstattung der Fahrgeldausfälle im Fernverkehr **9** 232; Erstattung der Fahrgeldausfälle im Nahverkehr **9** 231; Erstattungsverfahren **9** 233; gerichtliche Zuständigkeit **9** 228; Kostentragung **9** 234; Nah- und Fernverkehr **9** 228, 230; persönliche Voraussetzungen **9** 229; Verordnungsermächtigung **9** 237; Verteilung der Einnahmen aus Wertmarken **9** 235
Unfallkasse, Eisenbahn-Unfallkasse **7** 126, 148; Feuerwehr-Unfallkasse **7** 117, 185; gemeinsame **7** 116; Post und Telekom **7** 127; Unfallkasse Post und Telekom **7** 149
Unfallkasse des Bundes, dienstrechtliche Vorschriften **7** 149 a; Errichtung der – **7** 218 b
Unfallkasse Post und Telekommunikation 7 127
Unfallverhütung, Aufsichtsbehörden **4** 90
Unfallverhütungsvorschriften, Aufsichtspersonen **7** 17; Bekanntmachung **7** 15; Beratung **7** 17; des Bundes **7** 115; Erlass **7** 15; Geltung für ausländische Unternehmen **7** 16; Genehmigung **7** 15; auf Seeschiffen **7** 17; Überwachung **7** 17
Unfallversicherung, Ärzte **7** 4; aktueller Rentenwert (Ost) **7** 216; Altersrückstellungen **7** 219 a; Altfälle **7** 214; Anstalten des öffentlichen Rechts **7** 2; Apotheker **7** 4; Arbeitsunfall **7** 7 f.; Aufgaben **7** 1; Beamten **7** 6; behinderte Menschen **7** 2; Beitragsangleichung für die Landwirtschaft **7** 221 b; Beitragsberechnung **7** 219; aufgeh. mWz 1. 1. 19; Beitragspflicht **7** 150 ff.; berufsbildende Schulen **7** 2; Berufskrankheit **7** 9; Berufskrankheiten **7** 7; Beschäftigte **7** 2; Bezugsgröße (Ost) **7** 216; Binnenfischerei **7** 3, 6; Blutspender **7** 2; Diakonissen **7** 4; Ehegatte **7** 2, 3, 4, 6; Ehrenamtliche **7** 2; Entschädigung **7** 1; Entwicklungshelfer **7** 2; Erste Hilfe **7** 14; Familienangehörige **7** 2; Festnahme einer verdächtigen Person **7** 2; bei Freiheitsentziehung **7** 2; freiwillige **7** 6; Hausgewerbetreibende **7** 2; Haushaltsführende **7** 3; Heilpraktiker **7** 4; Hochschulen **7** 2; Jagd **7** 4, 6; bei der Jagd **7** 3; Kinder **7** 2; Körperschaften des öffentlichen Rechts **7** 2; Küstenschiffer **7** 2; Landwirtschaft **7** 2, 4, 5; Lebenspartner **7** 2, 3, 4, 6; Lernende **7** 2; mittelbare Folgen des Versicherungsfalls **7** 11; Neuorganisation der gewerblichen Berufsgenossenschaften **7** 222; Notwehr **7** 2; Pflegekinder **7** 2; Prävention **7** 1, 14 ff.; Prüfungen **7** 2; Rehabilitation **7** 1; Religionsgemeinschaften **7** 2; kraft Satzung **7** 2; Sondervorschriften für die Landwirtschaft **7** 221, 221 b; stationäre, teilstationäre oder ambulante Behandlung **7** 2; Stiftungen des öffentlichen Rechts **7** 2; Studenten **7** 2; Tageseinrichtungen **7** 2; Tierärzte **7** 4; Übergangsrecht **7** 212–224; Übergangszeit für die Landwirtschaft **7** 221 b; Unfallverhütung **7** 15; Unglücksfälle **7** 2; Unternehmer **7** 3, 4, 5, 6; Untersuchungen **7** 2; Verschwägerte **7** 2, 4; Versicherte **7** 2; Versicherungsbefreiung **7** 5; Versicherungsfall **7** 7 ff.; Versicherungsfall einer Leibesfrucht **7** 12; Versicherungsfall in der Schifffahrt **7** 10; Versicherungsfreiheit **7** 4; Versicherungszweig der Sozialversicherung **4** 1; Verwandte **7** 2, 4; nach mehreren Vorschriften **7** 135; Zahnärzte **7** 4; Zeugen **7** 2
Unfallversicherung Ausland, Deutsche Verbindungsstelle **7** 139 a
Unfallversicherung Bund und Bahn, Haushaltsplan **4** 71 f
Unfallversicherungsträger, Anerkennung von Berufskrankheiten **7** 9; arbeitsmedizinische und sicherheitstechnische Dienste **7** 24; Auflösung **7** 120; Aus- und Fortbildung **7** 23; Auszahlung von Geldleistungen **7** 99; Beitragsüberwachung **7** 166; Benachrichtigung der Rentenversicherungsträger beim Zusammentreffen von Renten **7** 190; Berufsgenossenschaften **7** 114; Bestimmung der Leistungen **7** 26; Beziehungen zu Dritten **7** 191–198; Bund **7** 114; Bund als **7** 186; Datei für mehrere **7** 204; Datenerhebung **7** 15, 206, 207; Datennutzung **7** 206, 207; Datenschutz **7** 199; Datenverarbeitung **7** 206, 207; Dienstordnung **7** 144; Eingliederung in die Unfallkasse **7** 116; Eisenbahn-Unfallkasse **7** 114; Gefahrtarif **7** 157; Gewinnung neuer medizinisch-wissenschaftlicher Erkenntnisse **7** 9; im kommunalen Bereich **7** 117, 129; im Landesbereich **7** 116, 128; Maßnahmen zur frühzeitigen Durchführung der Heilbehandlung **7** 34; Neuorganisation **7** 223; Prävention **7** 14 ff.; Richtlinien über häusliche Krankenpflege **7** 32; Richtlinien über Hilfsmittel **7** 31; Richtlinien zu Reisekosten **7** 43; Richtlinien zur Kraftfahrzeughilfe **7** 40; Richtlinien zur Wohnungshilfe **7** 41; Satzungen **7** 114; Übermittlungspflicht an berufsständische Versorgungseinrichtungen **7** 47 a; Überwachung der Prävention **7** 17; Unfallkassen **7** 114; Unfallverhütungsvorschriften **7**

Magere Ziffern = §§ **Sachverzeichnis**

15; Unternehmernummer **7** 224; Unterrichtung der Versicherten **7** 138; Unterstützung durch Kammern **7** 195; Veranlagung nach Gefahrklassen **7** 159, 160; Verbände **7** 34; vorläufige Zuständigkeit **7** 139; Zusammenarbeit mit anderen Leistungsträgern **7** 188–190; Zusammenarbeit mit Dritten **7** 20; Zuschuss zur Kraftfahrzeughilfe **7** 40; Zuständigkeit **7** 130–133; Zuständigkeitsänderungen **7** 137
Unglücksfälle 7 2
Unpfändbarkeit der Grundsicherung für Arbeitsuchende **2** 42
Unrichtigkeit, offenbare – **10** 38; **20** 138
Unterbrechung der Verjährung **4** 25
Unterbringung in anderen Familien **12** 107; Auszahlung und Überleitung von Sozialleistungen bei – **1** 49, 50; Beratung **8** 21
Unterbringungskosten 2 16
Untere Verwaltungsbehörde, Versicherungsamt **4** 92
Unterhalt, Auskunftspflicht **12** 117; Grundsicherung im Alter und bei Erwerbsminderung **12** 43; Übergang **2** 33; **12** 94
Unterhaltsgeldbezug, Übergangsgeldanspruch **6** 234 a
Unterhaltssichernde Maßnahmen 9 5
Unterkunft 2 22; **12** 27, 35, 85; Bedarfe für – **12** 42 a; Übergangsregelung zu Bedarfen **12** 133 b
Unterlagen, Vorlegungspflicht **4** 28 o; für die Wahl **4** 55
Unternehmen, Sicherheitsbeauftragte **7** 22
Unternehmer 7 2, 3, 4, 5, 6, 15, 19, 21, 46, 93; Anzeigepflicht **7** 193; Auskunftspflicht **7** 166; Begriff **7** 136; Beitragspflicht **7** 150; Feststellungsberechtigung **7** 109; Haftung **7** 104, 111; Mitteilungs- und Auskunftspflichten **7** 192; Nachweise im Umlageverfahren **7** 165; Übergangsregelung **7** 213; Unterstützung der Unfallversicherungsträger **7** 191
Unternehmernummer, Einführung, Ausgestaltung und einheitliche Vergabe in der Unfallversicherung **7** 224
Unterrichtung, allgemeine – **3** 40
Unterschrift, Beglaubigung durch Behörde **10** 30
Unterstützte Beschäftigung 9 55; Bedarf bei – **3** 124
Unterstützung der Verbände der freien Wohlfahrtspflege **12** 5
Untersuchung 12 49, 51
Untersuchungen 7 2; ärztliche und psychologische – **1** 62; Arbeitsabläufe **7** 19; arbeitsmedizinische **7** 15; von Arbeitsmitteln **7** 19; Proben **7** 19; über den Versicherungsfall **7** 103
Untersuchungsgrundsatz im Verwaltungsverfahren **10** 20
Untersuchungsmaxime 20 103
Untersuchungsmethoden, Erprobung von – **5** 137 e
Unterversorgung, Frist zur Beseitigung **5** 100; Zulassungsbeschränkungen **5** 100
Unübertragbarkeit des Anspruchs auf Sozialhilfe **12** 17
Unwirtschaftliche Verwertung 2 12
Unwirtschaftliches Verhalten 12 26
Unzulässige Zusammenarbeit zwischen Leistungserbringern und Vertragsärzten **5** 128
Urkunde, Vorlage durch Behörden **20** 119
Urkunden, Rückgabe **10** 51
Urkundsbeamter 20 4; Beschwerde **20** 178
Urlaub, Hilfebedürftige nach dem SGB II **2** 16; Zusatzurlaub für behinderte Menschen **9** 208
Urteil 20 123 ff., 125; Abschriften an ehrenamtliche Richter **20** 170 a; Ausfertigung **20** 137; Begründung **20** 128; Berichtigung **20** 138; nach Beweisaufnahme **20** 127; Ergänzung **20** 140; freie Überzeugung **20** 128; Grundlagen **20** 128; Grundurteil **20** 130; Inhalt **20** 136; mitwirkende Richter **20** 129; Übergabe an die Geschäftsstelle **20** 134; Unterschrift **20** 134; Verkündung **20** 132 f.; Zustellungszwang **20** 135; Zwischen- **20** 130
Urteilsformel 20 131
UV-Rente, Erhöhung des Grenzbetrags, Sonderregelung **6** 266; Sonderregelung **6** 267

Veränderung von Ansprüchen **2** 44
Veranlagung der Unternehmen zu den Gefahrklassen **7** 159, 160
Verbände, Klagerecht **9** 85; der Unfallversicherungsträger **7** 34
Verbände der Ersatzkassen, Körperschaften des öffentlichen Rechts **5** 212
Verbände der freien Wohlfahrtspflege 12 5, 11
Verbandmittel 5 31; **7** 26, 29, 33; **12** 50, 51; Festbetrag **5** 35
Verbindung mehrerer Rechtsstreitigkeiten **20** 113
Verbindungsstelle Deutsche – Krankenversicherung Ausland **5** 219 a–219 d
Verbraucherberatung, Förderung der – **5** 65 b
Verdienstausfall bei ehrenamtlicher Tätigkeit **4** 41

1983

Sachverzeichnis

Fette Ziffern = Gesetzesnummern

Vereinbarungen über Erstattungsbeträge für Arzneimittel **5** 130 b, 130 c; mit Leistungserbringern **2** 15 ff.; **5** 64; **12** 75–81; Verbot nachteiliger – **1** 32
Vereinigung von Krankenkassen **5** 171 a
Vereinigungen von Krankenkassen, Zusammenschlusskontrolle **5** 172 a
Vereinsmitgliedschaft 12 34
Vererbung 1 58
Verfahren, Aussetzung wegen Vorfragen **20** 114; sozialgerichtliches – **20** 60 ff.
Verfahren wegen überlanger Gerichtsverfahren 20 202
Verfahrensfehler bei Verwaltungsakt **10** 41, 42
Vergabekammerverfahren, Übergang des Verfahrens **20** 207
Vergabespezifisches Mindestentgelt 3 185
Vergleich 20 101; Kosten **20** 195; als Vollstreckungstitel **20** 199
Vergleichsbewertung, Entgeltpunkte **6** 73
Vergleichsvertrag 10 54
Vergütung, ambulanter Krankenhausleistungen **5** 120; Höchstpreise **5** 88; Kürzung der – **9** 129; von Leistungen der Eingliederung **2** 17; außerhalb von Zahnersatz **5** 88
Vergütungsvereinbarung 12 75; Eingliederungshilfe **9** 125; unvorhergesehene wesentliche Änderungen **9** 127; Verbindlichkeit der Vereinbarung **9** 127
Vergütungsvereinbarungen zwischen Krankenkassen und Vorsorge- oder Rehabilitationseinrichtungen, Landesschiedsstelle **5** 111 b
Verhandlung, sitzungspolizeiliche Maßnahmen **20** 115
Verhinderung von Selbstverwaltungsorganen **4** 37
Verhinderungspflege 12 64 c
Verhütung von Krankheiten **12** 47
Verjährung 12 103, 111; der Ansprüche auf Sozialleistungen **1** 45; Beiträge **4** 25; des Erstattungsanspruchs für Beiträge **4** 27; Hemmung der – durch Verwaltungsakt **10** 52; von Regressansprüchen **7** 113
Verjährungsrecht, Überleitungsvorschrift **1** 70
Verkehrswert des Vermögens **2** 12
Verkündung des Urteils **20** 132; durch Zustellung **20** 133
Verkündungstermin 20 132
Verletztengeld 9 65; Anpassung der Berechnungsgrundlage **9** 70; Anrechnung von Einkommen **7** 52; Beginn **7** 46; Ende **7** 46; für Entwicklungshelfer **7** 47; bei Freiheitsentziehung **7** 47; Höhe **7** 47, 55 a; bei Leistungen zur Rehabilitation **7** 45; Neufestsetzung der Rente **7** 74; Satzung **7** 55 a; Voraussetzungen **7** 45, 55 a; Weiterzahlung **9** 71; bei Wiedererkrankung **7** 48; Zuschuss zum Kranken- und Pflegeversicherungsbeitrag **7** 47 a
Verletztenrenten, Einkommensanrechnung **9** 72
Verlust der Mitgliedschaft in Selbstverwaltungsorgan **4** 59
Verluste 12 61 a
Verminderte Erwerbsfähigkeit, Hinzuverdienst **6** 96 a; Zurechnungszeit **6** 253 a
Vermittlung, Beauftragung Dritter **2** 16; Fragerecht **2** 16; Grundsätze **2** 16; Grundsätze der – **3** 36; Mitwirkung **2** 16; Mitwirkung des Arbeitgebers **3** 39; Mitwirkung des Arbeitsuchenden **3** 38; Mitwirkung des Ausbildungsuchenden **3** 38; Unentgeltlichkeit **2** 16; Verstärkung der – **2** 16
Vermittlungsangebot 3 35
Vermittlungsbudget, Förderung der beruflichen Eingliederung **3** 44
Vermittlungsgutschein 2 16
Vermittlungsvertrag 3 296; Behandlung von Daten **3** 298; unwirksame Vereinbarungen **3** 297
Vermögen, Änderungen des Verkehrswertes **2** 12; behinderte Menschen **12** 92; Berücksichtigung bei Hilfe zum Lebensunterhalt **12** 19; besondere Härte **2** 12; Eigentumswohnung **2** 12; Einsatz **12** 90, 91; Einsatz von – **12** 60 a, 66 a; Grundfreibetrag **2** 12; Grundsicherung im Alter **12** 43, für Arbeitsuchende **2** 9, 12, bei Erwerbsminderung **12** 43; Hausrat **2** 12; Sozialhilfe **12** 2; unwirtschaftliche Verwertung **2** 12; Verkehrswert **2** 12; der Versicherungsträger **4** 80–86
Vermögensanlagen, Anlagevermögen und Beteiligungsvermögen der BfA **6** 293; genehmigungsbedürftige **4** 84; nicht liquide Teile des Verwaltungsvermögens der Knappschaft-Bahn-See **6** 293; Rücklagevermögen der Knappschaft-Bahn-See **6** 293
Vermögensminderung, absichtliche **12** 26
Vermutung der Bedarfsdeckung **12** 39; für eine Berufskrankheit **7** 9
Vernehmung von Zeugen und Sachverständigen **10** 22
Verpfändung 1 53
Verpfändung und Übertragung, Überleitungsvorschrift **1** 71
Verpflegung, Kosten **7** 43
Verpflegungskosten 9 73
Verpflichtungsklage 20 88; Urteilsformel **20** 131; Vorverfahren **20** 78

Magere Ziffern = §§

Sachverzeichnis

Verpflichtungsurteil, Vollstreckung 20 201
Verrechnung von Ansprüchen zwischen Leistungsträgern 1 52; des Erstattungsanspruchs für Beiträge 4 28
Verrichtungen 12 61 a
Verschollenheit, Ehegatten 6 49; eidesstattliche Versicherung 6 49; Elternteile 6 49; Fiktion des Todes 6 49; Renten wegen Todes bei – 6 49
Verschuldenskosten 20 192
Verschwägerte 7 2, 4; als Betriebs- und Haushaltshilfe 7 54; Haushaltshilfe 7 42
Versicherte, Anspruch auf ärztliche Behandlung 5 23; Ausweis für Arbeit und Sozialversicherung 6 286 e; Meldepflicht bei Pflegekasse 11 50; Mitverantwortung für Gesundheit 5 1; Mitwirkung an Krankenbehandlung, Rehabilitation 5 1; religiöse Bedürfnisse 5 2; Ruhen des Anspruchs auf Leistungen 5 16; in der Sozialversicherung 4 2; Vergabe der Krankenversichertennummer 5 290
Versichertenälteste, Ehrenamt 4 40; Haftung 4 42; Wahl 4 61, und Aufgaben 4 39
Versichertenverzeichnis 5 288; Führung durch Pflegekassen 11 99
Versicherungsamt, Antragstellung im automatisierten Verfahren 6 151 a; Auskunftspflicht 4 93
Versicherungsbefreiung durch Satzung 7 5
Versicherungsbehörden 4 91–94
Versicherungsbeiträge 2 11; 12 82
Versicherungsberechtigung in der Sozialversicherung 4 2 ff.
Versicherungsfall, Anzeigepflicht 7 193; Begriff 7 7; einer Leibesfrucht 7 12; Leistungen 7 26 ff.; mittelbare Folgen 7 10; in der Schifffahrt 7 10; Übergangsregelung 7 213–224; Ursache 7 19; verbotswidriges Handeln 7 7
Versicherungsfreiheit 5 6; 7 4; Arbeitgeberanteil 6 276 a; Arbeitgeberanteil bei – 6 172; von Bürgerarbeit 3 420; nicht erwerbsmäßig tätige Pflegepersonen 6 5; nichterwerbsmäßig tätiger Pflegepersonen 6 5
Versicherungskarten, Sonderregelung 6 286
Versicherungskonto, Klärung des – 6 149; Versicherungsverlauf 6 149
Versicherungsnachweis, elektronische Gesundheitskarte als – 5 291
Versicherungsnummer, Angabe der – 4 18 g; Erhebung, Verarbeitung und Nutzung 4 18 f; Verordnungsermächtigung 6 152; Zusammensetzung 6 147

Versicherungspflicht, Abgeordnete 11 24; auf Antrag 6 4, 5; in der Arbeitsförderung 3 24–26; Ausnahmen von der – 11 23; Befreiung 5 8; Befreiung von der – 11 22, in RV 6 6; Behinderte Menschen 6 1; Beschäftigte 3 25; 6 1; Deutsche im Ausland 6 1; Krankenversicherung 5 5; Pflegepersonen 6 3; in RV 6 1–3; Selbständig Tätige 6 2; sonstige Versicherte 6 3; in der sozialen Pflegeversicherung, freiwillige Mitglieder der GKV 11 20, Mitglieder der GKV 11 20, sonstige Personen 11 21; in der Sozialversicherung 4 2 ff.; für Versicherte der PKV 11 23; Versicherungspflichtverhältnis auf Antrag 3 28 a; Vorruhestandsgeldbezieher 5 5
Versicherungspflichtig Beschäftigte, Beitragstragung 11 58
Versicherungspflichtige Rückkehrer 5 227
Versicherungsträger, Aufsicht 4 87–90; Aufsichtsbehörden 4 90; Beschäftigte 6 143 ff.; bundesunmittelbare – 6 143; Ehrenämter 4 40; für eigene und übertragene Aufgaben 4 30; Geschäftsführer 4 36; Haushalts- und Rechnungswesen 4 67–79; landesunmittelbare – 6 144; Organe 4 31; Rücklagen 4 82, 86; Satzung 4 34; Selbstverwaltung 4 29; Verhinderung von Organen 4 37; Vermögen 4 80–86; Vorstand 4 35, bei Orts-, Betriebs- und InnungsKKen sowie Ersatzkassen 4 35 a; zwei versicherungspflichtige – 20 182
Versicherungszweige der Sozialversicherung 4 1
Versorgung, integrierte 5 140 a; mit Schutzimpfungen 5 132 e; Weiterentwicklung der – 5 63 ff.
Versorgungsausgleich, abzuschmelzende Anrechte 6 120 h; Beitragshöhe 6 187; Beitragszahlung 6 187; externe Teilung 6 120 g; interne Teilung und Verrechnung von Anrechten 6 120 f; Versicherteneigenschaft 6 8; Zuschläge oder Abschläge an Entgeltpunkten 6 76, 76 a
Versorgungsfonds 3 366 a
Versorgungsforschung 5 92 b
Versorgungskrankengeld 9 65; Anpassung der Berechnungsgrundlage 9 70; Weiterzahlung 9 71
Versorgungsleistungen bei Gesundheitsschäden 1 24
Versorgungsverträge mit Kurzzeitpflegeeinrichtungen 5 132 h; mit Rehabilitationseinrichtungen 5 111 c
Versorgungsvertrag, Ablehnung 5 109; Abschluss 5 109; 11 73; Art, Inhalt und Umfang 11 72; außerordentliche Kündi-

1985

Sachverzeichnis

gungsgründe **11** 74; Auswahl zwischen mehreren geeigneten Krankenhäusern **5** 109; Bettenzahlvereinbarung **5** 109; Einvernehmen bei Kündigung **11** 74; Fiktion des Abschlusses **11** 73; fristlose Kündigung **11** 74; ordentliche Kündigung **11** 74; Rechtsweg bei Ablehnung des – **11** 73; Schriftform **5** 109; **11** 73; Schriftform der Kündigung **11** 74; unmittelbare Verbindlichkeit **5** 109; Vertragsparteien **5** 109; Vertragspartner **11** 72; Wirkung **5** 109; **11** 72; Zulassung zur Pflege durch – **11** 72
Versorgungsvertrag mit Einrichtungen des Müttergenesungswerks 5 111a
Versorgungsvertrag mit Krankenhäusern, Frist **5** 110; Genehmigung durch zuständige Landesbehörde **5** 110; Kündigung **5** 110; Plankrankenhäuser **5** 110
Versorgungsvertrag mit Vorsorge- oder Rehabilitationseinrichtungen, Beitritt in – bei Bedarf **5** 111; einheitlicher – für Mitgliedskassen **5** 111; Kündigung **5** 111; Wirkung **5** 111
Verständigung, Leistungen zur Förderung der – **9** 76, 82
Verteilung pauschalierter Beiträge 6 224a
Verträge über die Heilbehandlung **7** 34; über Versorgung mit Hilfsmitteln **5** 127
Vertragsärztliche Vergütung, Honorarverteilung **5** 87b; Transparenz **5** 87c
Vertragsärztliche Vergütung im Jahr 2012 5 87d
Vertragsärztliche Versorgung, Arztregister **5** 95; Bedarfsplan **5** 99; Belegarzt **5** 73; Betriebsärzte **5** 132f; Bundesmantelverträge **5** 73; elektronische Briefe **5** 291f; fachärztliche Versorgung **5** 73; Förderung **5** 105; Gesamtverträge **5** 73; hausärztliche Versorgung **5** 73; Krankenhausbehandlung **5** 73; Qualitätssicherung **5** 135; schriftliche Verträge **5** 72; Sicherstellung der – **5** 72, 75, 105; Sicherstellungsauftrag bei KKen **5** 72a; Teilnahme an der – **5** 95; Umfang **5** 73; Wirtschaftlichkeit medizinisch-technischer Leistungen **5** 105; Wirtschaftlichkeitsprüfung **5** 106; Zulassung als Vertragsarzt **5** 95
Vertragsarzt, Beratung **5** 305a; Fortbildungspflicht **5** 95d; freie Arztwahl **5** 76
Vertragsarztangelegenheiten, Zuständigkeit des Sozialgerichts **20** 57a
Vertragszahnärztliche Versorgung, abrechnungsfähige zahntechnische Leistungen **5** 88
Vertrauensmänner, Aufgaben **4** 39; Ehrenamt **4** 40; Entschädigung der – **4** 41; Haftung **4** 42

Vertrauenspersonen, Rechte und Pflichten **9** 179; der schwerbehinderten Menschen **9** 163; Wahl **4** 61
Vertreter von Behörden **20** 111; besonderer – **20** 72f.; Bestellung von Amts wegen **10** 15
Vertreterversammlung, Amtsdauer **5** 80; Aufgaben **4** 33; Ergänzung **4** 60; Nachfolger **4** 60; als Organ des Versicherungsträgers **4** 31; Satzung **5** 80; Vorstandswahl **5** 80; Wahl **4** 46, des Vorsitzenden **5** 80
Vertretung 2 38
Vertretungen im Ausland **7** 2
Vervielfältigung, Beglaubigung **10** 29
Verwaltung der Mittel der Versicherungsträger **4** 80
Verwaltung und Verfahren, Kostenreduzierung **7** 187a
Verwaltungsakt 10 31–52; Änderung nach Klageerhebung **20** 96, während des Revisionsverfahrens **20** 171, während des Vorverfahrens **20** 86; Aufhebung **2** 40; **10** 48; Begriff **10** 31; Begründung **10** 35; Bekanntgabe **10** 37; Bestimmtheit **10** 33; bindende Wirkung **20** 77; mit Drittwirkung **20** 86a; feststellender – **20** 86a; Form **10** 33; Gegenstand der Klage **20** 54; Hemmung der Verjährung durch – **10** 52; Nebenbestimmungen zum – **10** 32; Nichtigkeit **10** 40; **20** 55; offenbare Unrichtigkeit **10** 38; Rechtsbehelf gegen – **10** 62; Rechtsbehelfsbelehrung **10** 36; rechtsgestaltender – **20** 86a; Rücknahme **10** 44, 45; **12** 116a; Verfahrens- und Formfehler **10** 40–51; vollständig automatisierter Erlass **10** 31a; Widerruf **10** 46–49; Wirksamkeit **10** 39; Zustellung **10** 65
Verwaltungsgericht 20 1
Verwaltungsrat 5 197
Verwaltungsverfahren, Akteneinsicht **10** 25; allgemeine Vorschriften **10** 8–25; amtliche Beglaubigung **10** 29–31; Amtshilfe **10** 3–7; Amtssprache **10** 19; Anwendungsbereich **10** 1; Begriff **10** 8; Beteiligte **10** 12–17; Bevollmächtigte **10** 13, 14; Beweismittel **10** 21; Form des – **10** 9; Fristen und Termine **10** 26; Glaubhaftmachung erheblicher Tatsachen **10** 23; Kostenfreiheit **10** 64; örtliche Zuständigkeit **10** 2; Untersuchungsgrundsatz **10** 20; Vernehmung durch Sozial- und Verwaltungsgericht **10** 22; Versicherung an Eides statt **10** 23; Vollstreckung **10** 66; Wiedereinsetzung **10** 27
Verwaltungsvermögen, Umfang **7** 172b
Verwaltungsvorschriften 7 115; **12** 116
Verwandte 7 2, 4; als Betriebs- und Haushaltshilfe **7** 54; Haushaltshilfe **7** 42; Reisekosten **7** 43; Rente **7** 69

Magere Ziffern = §§ **Sachverzeichnis**

Verwertung des Vermögens **12** 90, 91
Verzicht auf Sozialleistungen **1** 46
Verzinsung 1 44; des Erstattungsanspruchs für Beiträge **4** 27
Videosprechstunde, technische Verfahren **5** 291 g
VO (EWG) Nr. 1408/71, Dateien **6** 274
Vollmacht im Sozialgerichtsverfahren **20** 73
Vollrente 6 42
Vollstationäre Pflege 12 61 a; Anspruch auf – **11** 43; Inhalt der – **11** 43, 43 a
Vollstreckung 20 198 ff.; Aussetzung **20** 199; Geltung der ZPO **20** 198; zugunsten der öffentlichen Hand **20** 200; Urteilsausfertigung **20** 199
Vollstreckungen im Verwaltungsverfahren **10** 66
Vollstreckungsbescheid 20 199
Vollstreckungstitel 20 199
Vollzeitpflege 8 33, 44
Vorausleistung 2 16
Voraussetzung des Rentenanspruchs 7 80 a
Vorbereitung auf Hauptschulabschluss **3** 53
Vorbeschäftigungszeit für Übergangsgeld **3** 120
Vorbeugende Hilfe 12 15, 47
Vorläufige Entscheidung, Erbringung von Geld- und Sachleistungen **2** 41 a
Vorläufige Haushaltsführung von Versicherungsträgern **4** 72
Vorläufige Inobhutnahme, ausländische Kinder und Jugendliche **8** 42 a
Vorläufige Leistungen 1 43; der Rehabilitationsträger **9** 24
Vormund 20 72
Vornahmeurteil 20 131
Vorschlagsberechtigung, Feststellung der allgemeinen – **4** 48 c
Vorschlagslisten für Wahlen **4** 48
Vorschlagsrecht der Arbeitnehmervereinigungen **4** 48 a
Vorschüsse auf Geldleistungen **1** 42
Vorsitzende der Selbstverwaltungsorgane **4** 62
Vorsitzender, Aufklärungspflicht **20** 106; Leitung der mündlichen Verhandlung **20** 112
Vorsorgeeinrichtungen, Begriff **5** 107; Versorgungsvertrag **5** 111
Vorsorgefonds 11 131 ff.; Zweck **11** 132
Vorsorgemaßnahmen, Beteiligung der Versicherten **5** 1
Vorstand, Aufgaben **4** 35; als Organ des Versicherungsträgers **4** 31; Wahl **4** 52
Vorstand bei den Landesverbänden 5 209 a

Vorstationäre Behandlung im Krankenhaus **5** 115 a
Vorstellungskosten 2 16
Vorverfahren 20 78; Akteneinsicht **20** 84 a; Erstattung von Kosten **10** 63; neuer Bescheid **20** 86
Vorzeitige Inanspruchnahme, Zahlung von Beiträgen **6** 187 a

Wählbarkeit 4 51
Wählbarkeitsvoraussetzungen, Übergangsregelung **4** 120
Wäsche, Verschleiß **7** 31; wechseln **12** 61 a
Wahl zu den Selbstverwaltungsorganen **20** 57 b
Wahl, -en, Durchführung **4** 54; kassenärztliche Vereinigungen **5** 80; in der Sozialversicherung **4** 45; der Versichertenältesten und Vertrauensmänner **4** 39; der Versichertenältesten und Vertrauenspersonen **4** 61; der Vertreterversammlung **4** 46; des Vorstandes **4** 52; Wahlanfechtung **4** 57; Wahlordnung **4** 56; Wahlunterlagen und Mitwirkungspflicht **4** 55; der Werkstatträte **9** 222
Wahlordnung 4 56
Wahlorgane 4 53
Wahlrecht 4 50
Wahlrechte der Mitglieder, Krankenkassen **5** 173–175
Wahltarife 5 53
Waisenbeihilfe 7 71
Waisenrente, Annahme als Kind **6** 48; Anrechnung von Einkommen **7** 65, 68; Anspruch auf Halbwaisenrente **6** 48; Anspruch auf Vollwaisenrente **6** 48; Ende der Rente **6** 48; Enkel **7** 67; Erhöhung der Altersbegrenzung **6** 48; Geschwister **7** 67; Halbwaisenrente **7** 67; Höchstbetrag **7** 70; Höhe **7** 68; Kinder **6** 48; mehrere **7** 68; Pflegekinder **7** 67; Stiefkinder **7** 67; Vollwaisenrente **7** 67; Voraussetzungen **7** 67; Wartezeit **6** 48; Zuschlag **6** 87, 92; Zuschlag bei – **6** 78; Zuschlag bei knappschaftlicher RV **6** 87
Wanderausgleich 6 223
Wanderversicherungsausgleich 6 223, 289, 289 a
Wartezeit, Sonderregelung **6** 243 b
Wartezeit für Rentenanspruch 7 80 a
Wartezeiten 6 50
Wartezeiterfüllung, anrechenbare Zeiten **6** 51; bei früherem Anspruch auf Hinterbliebenenrente im Beitrittsgebiet **6** 245 a; Sonderregelung für vorzeitige – **6** 245; durch Versorgungsausgleich **6** 52; vorzeitige **6** 53; Wartezeiten **6** 50
Waschen 12 61 a

1987

Sachverzeichnis

Fette Ziffern = Gesetzesnummern

Weg zur Arbeitsstätte **7** 8
Wegfall der Schwerbehinderteneigenschaft **9** 199
Wegfall der Hilfsbedürftigkeit, weitere Förderung **2** 16 g
Wehrdienstbeschädigte, unentgeltliche Beförderung im öffentlichen Personenverkehr **9** 228
Weihnachtsbeihilfe 12 133 b
Weisungsrecht der Aufsichtsbehörden **4** 89
Weiterbildung, Aufgaben der Bundesagentur für Arbeit **9** 187; Fahrkosten **3** 85; Förderung durch Kassenärztliche Vereinigung **5** 75 a
Weiterbildungsförderung 3 131 a, 131 b
Weiterbildungskosten 2 16; **3** 83
Weiterentwicklung der Versorgung 5 63–68; Auswertung der Modellvorhaben **5** 65; Grundsätze **5** 63; Unterstützung der Versicherten bei Behandlungsfehlern **5** 66; Vereinbarungen mit Leistungserbringern **5** 64
Weiterführung des Haushalts **12** 70
Weiterversicherte, Mitgliedschaft bei Pflegekasse **11** 49
Werdende Mütter 2 21; **12** 30
Werkstätten für behinderte Menschen 7 2; andere Leistungsanbieter **9** 60; Anerkennungsverfahren **9** 225; Anrechnung von Aufträgen auf die Ausgleichsabgabe **9** 223; Anspruch auf Aufnahme **9** 220; arbeitnehmerähnliches Rechtsverhältnis **9** 221; Arbeitsentgelt **9** 221; Arbeitsförderungsgeld **9** 59; Aufnahme **9** 220; Auftragsvergabe durch die öffentliche Hand **9** 224; Bedarf bei Maßnahmen in – **3** 125; Begriff und Aufgaben **9** 219; Erfassung und Anerkennung **9** 187; Leistungen im Arbeitsbereich **9** 58, 60; Leistungen in – **9** 56; Lösungserklärung **9** 221; Mitwirkung der behinderten Menschen **9** 222; Pflegegeld **7** 44; Rechtsstellung der behinderten Menschen **9** 221; Rechtsstellung und Arbeitsentgelt **9** 221; Verordnungsermächtigung **9** 227; Wahlrecht des Menschen mit Behinderungen **9** 62
Werkstatträte, Aufgaben und Wahl **9** 222
Wertguthaben, Bericht der Bundesregierung **4** 7 g; Führung von – **4** 7 d; Insolvenzschutz **4** 7 e; Übergangsregelungen für bestehende – **4** 116; Übertragung **4** 7 f; Vereinbarungen **4** 7 b; Verwaltung von – **4** 7 d; Verwendung **4** 7 c
Wertguthabenvereinbarungen 4 7 b
Wertmarke für die unentgeltliche Beförderung im öffentlichen Personenverkehr **9** 228
Widerklage 20 100

Widerruf der Gleichstellung mit schwerbehinderten Menschen **9** 187, 199; im Rechtsbehelfsverfahren **10** 49; eines Verwaltungsakts **10** 46, 47
Widerspruch 20 83; Abhilfe **20** 85; aufschiebende Wirkung **20** 86 a; beratend Beteiligte **12** 116; Form **20** 84; Frist **20** 84; Notwendigkeit eines Vorverfahrens **9** 201; Verfahren **9** 204; Wirkung **20** 86; Zuständigkeit **9** 201
Widerspruchsausschuss der Bundesagentur für Arbeit **9** 203; bei dem Integrationsamt **9** 202
Widerspruchsbehörde 20 85
Widerspruchsbescheid 20 85, 219
Widerspruchsverfahren 9 201–204
Wiederaufnahme des Verfahrens 20 179 ff.; Pauschgebühr **20** 188; Zulässigkeit **20** 179 f.
Wiederaufsuchen der Wohnung **12** 61 a
Wiedereinsetzung im Verwaltungsverfahren **10** 27; in den vorigen Stand **20** 67
Wiedererkrankung, Verletztengeld **7** 48
Wiederheirat, Rentenabfindung bei – **6** 269 b
Winterbeschäftigungsumlage 3 354–357; Grundsatz **3** 354; Höhe **3** 355; Umlageabführung **3** 356
Wintergeld, Auskunftspflicht bei Leistung von – **3** 318
Wirksamkeit des Verwaltungsakts **10** 39
Wirkungsforschung 2 55
Wirtschaftlichkeitsgebot der Krankenkassen **5** 2, 12
Wirtschaftlichkeitsprüfung 9 128; ärztlich verordnete Leistungen **5** 106; von ärztlich verordneten Leistungen **5** 106 b; arztbezogene Prüfung **5** 106; Auskunftspflicht der Krankenhäuser **5** 113; der Krankenhausbehandlung **5** 113; Prüfungsergebnis **5** 113; Prüfungsstelle und Beschwerdeausschuss **5** 106 c; unabhängige Prüfer **5** 113
Wissenschaftliche Bedürfnisse 12 90
Witwen- und Witwerrente, Höchstbetrag bei – **6** 88 a; Zuschlag bei – **6** 78 a
Witwen-, Witwerrente 7 71; Abfindung bei Wiederheirat **7** 80; Anrechnung von Einkommen **7** 65; nach Auflösung der letzten Ehe **6** 90; Aufteilung auf mehrere Berechtigte **6** 91; Ausschluss **7** 65; Befristung **7** 73; Beginn von – an vor 1. 7. 1977 geschiedene Ehegatten, Sonderregelung **6** 268; bei Berufsunfähigkeit oder Erwerbsunfähigkeit **6** 242 a; an frühere Ehegatten **7** 66; Höchstbetrag **7** 70; Höhe **7** 65; Kinder **6** 46; an mehrere Berechtigte **7** 66; Rentenabfindung **6** 90; Sonderfälle **6**

Magere Ziffern = §§

Sachverzeichnis

105 a; Sonderregelung für vor dem 1. 7. 1977 geschiedene Ehegatten **6** 243, im Beitrittsgebiet **6** 243 a; Voraussetzungen **7** 65; nach dem vorletzten Ehegatten, verspäteter Antrag **6** 90; Wartezeit **6** 46; bei Wiederverheiratung **6** 46
Wohlfahrtspflege 2 11, 17; **12** 5, 84; Ehrenamtliche **7** 2
Wohngeld 1 26
Wohnraum, Leistungen für – **9** 77
Wohnumfeld, Verbesserung des – für Pflegebedürftige **12** 64 e
Wohnumfeldverbessernde Maßnahmen 11 40
Wohnung, behindertengerechte **9** 185; einmalige Leistungen **12** 31; Reinigen **12** 61 a; Unverletzlichkeit **7** 19; Verlassen **12** 61 a; Wiederaufsuchen **12** 61 a
Wohnungsbaugesetz 7 2
Wohnungsbeschaffungskosten 12 35
Wohnungshilfe, Richtlinien **7** 41; Umzugskosten **7** 41; Voraussetzungen **7** 41
Wunden, Versorgung von chronischen und schwer heilenden – **5** 37, 128
Wunsch- und Wahlrecht 9 9

Zahlungsanspruch bei Mehrkosten **5** 87 e
Zahlungseinstellung, vorläufige **2** 40
Zahlungsweg 5 43 c
Zahnärzte 7 4; Anzeigepflicht bei Berufskrankheiten **7** 202; Auskunftspflicht **7** 203; Behandlung **7** 26; Behandlung durch **7** 28; Datenerhebung **7** 201; Datenübermittlung **7** 206; Datenverarbeitung **7** 201
Zahnärztliche Behandlung, elektronische Gesundheitskarte **5** 15, 291; Erbringung **5** 15; Gruppenprophylaxe **5** 21; Hilfeleistung anderer Personen **5** 15; Individualprophylaxe **5** 22, 22 a; Umfang, Zuzahlung **5** 28
Zahnärztliche Leistungen, Vereinbarung der Vergütung **5** 57
Zahnersatz 5 55 ff.; **7** 26; Leistungsanspruch **5** 55; Regelversorgung **5** 56; Vergütung **5** 88
Zahnpflege 12 61 a
Zentralnervensystem 12 61 a
Zentralstelle für Arbeitsschutz 7 115
Zertifizierungsverfahren 9 37
Zeuge, Beeidigung **20** 118; Ladung **20** 111; Vernehmung durch bestimmte Richter **20** 205
Zeugen 7 2; Vernehmung **10** 22
Zielvereinbarungen 2 48 b; **9** 132
Zubereiten der Nahrung **12** 61 a
Zufälligkeitsprüfungen 5 297
Zugangsfaktor 6 77, 86 a; Begriff **6** 63; Sonderregelung **6** 264 d

Zugelassene Pflegeeinrichtungen, Preisvereinbarung mit Pflegebedürftigen **11** 91
Zugelassenes Krankenhaus, Krankenhausbehandlung **5** 39
Zulassung, Empfehlungen für Zulassungsbedingungen **5** 126; Ende der – **5** 95; Entzug der – **5** 95; Erteilung **5** 124; kollektiver Verzicht auf – **5** 95 b; von Leistungserbringern der Heilmittel **5** 124, 126; Ruhen der – **5** 95; Teilnahme an der vertragsärztlichen Versorgung **5** 95; unabhängiger Tätigkeiten schwerbehinderter Menschen **9** 212; Widerruf **5** 124, 126; Zulassungsausschuss **5** 95; Zwangsmitgliedschaft **5** 95
Zulassung von Trägern und Maßnahmen 3 176–184; Beirat **3** 182; ergänzende Anforderungen **3** 180; fachkundige Stelle **3** 177; Qualitätsprüfung **3** 183; Verordnungsermächtigung **3** 184; Zulassungsverfahren **3** 181
Zulassungsausschuss für Ärzte **5** 96; Anrufung des Berufungsausschusses **5** 96; Aufsicht über die Geschäftsführung **5** 97; Besetzung **5** 96; Kostentragung **5** 96; für Zahnärzte **5** 96; Zulassungsbezirk **5** 96
Zulassungsbeschränkungen, Anordnung von – **5** 103; Ausnahmen **5** 104; Ausschreibung eines Vertragsarztsitzes **5** 103; Planungsbereich **5** 103; räumliche Begrenzung **5** 103; Registerstelle **5** 103; Überversorgung **5** 103; Unterversorgung **5** 100, 104; Verfahren **5** 104; Warteliste **5** 103; Zulassungsverordnungen **5** 104
Zulassungsverordnungen, Inhalt **5** 98
Zumutbarkeit 2 10
Zurechnungszeit 6 253 a; Beginn **6** 59; Ende **6** 59
Zurückweisung neuer Erklärungen und Beweismittel **20** 157 a
Zusätzliche Leistungen bei kurzzeitiger Arbeitsverminderung 11 44 a
Zusätzliche Leistungen bei Pflegezeit 11 44 a
Zusammenarbeit der örtlichen Träger **2** 18, 18 a; der Rehabilitationsträger **9** 25; der Sozialhilfeträger mit anderen Trägern **12** 4; der Sozialhilfeträger mit Kirchen, Religionsgesellschaften und Verbänden der freien Wohlfahrtspflege **12** 5; der Unfallversicherungsträger mit Dritten **7** 20; unzulässige zwischen Leistungserbringern und Vertragsärzten **5** 128; zur Verfolgung und Ahndung von Ordnungswidrigkeiten **5** 306; **6** 321
Zusammenarbeit mit der Heimaufsicht 11 117; durch Landesverbände der Pflegekassen und medizinischen Dienste **11** 117

1989

Sachverzeichnis

Fette Ziffern = Gesetzesnummern

Zusammenschlusskontrolle von Vereinigungen von Krankenkassen **5** 172a
Zusammensetzung der Selbstverwaltungsorgane **4** 44
Zusammentreffen mit Renten wegen Todes **4** 114
Zusatzbeitrag, kassenindividueller **5** 242
Zusatzbeitragssatz, durchschnittlicher **5** 242a
Zusatzleistungen, Beginn, Änderung und Ende **6** 108; Rentenabfindung bei Wiederheirat von Witwen/Witwern **6** 107; Zuschuss zur KV **6** 106
Zusatzurlaub für schwerbehinderte Menschen **9** 208
Zuschläge an Entgeltpunkten, bei geringfügiger Beschäftigung **6** 76b, nach Rentenbeginn **6** 76d, bei Rentensplitting **6** 76c, für Soldaten auf Zeit **6** 76f, aus Zahlung von Beiträgen **6** 76a, für Zeiten einer besonderen Auslandsverwendung **6** 76e
Zuschlag zum Arbeitslosengeld II **2** 43
Zuschuss für angemessene Wohnung **1** 7; zu Versicherungsbeiträgen **2** 26
Zusicherung 10 34
Zuständigkeit, Änderungen **7** 137; des Amtsgerichts bei Ansprüchen privater Pflegeversicherungen **20** 182a; der landwirtschaftlichen Berufsgenossenschaft **7** 123; der gewerblichen Berufsgenossenschaften **7** 121f.; bei Berufskrankheiten **7** 134; Bescheid **7** 136; Bestimmung durch nächsthöheres Gericht **20** 58; der Eisenbahn-Unfallkasse **7** 126; Fristwahrung bei Unzuständigkeit **20** 91; der Landessozialgerichte **20** 29; örtliche **7** 130–133; örtliche – **20** 57; bei Ordnungswidrigkeiten **7** 210; der Sozialgerichte **20** 8, 51 ff.; der Träger der Sozialhilfe **12** 97–101; der Unfallkasse Post und Telekom **7** 127; der Unfallversicherungsträger im kommunalen Bereich **7** 129, bei gemeinsamer Beteiligung von Bund, Ländern und Gemeinden an Unternehmen **7** 129a, 218d; der Unfallversicherungsträger im Landesbereich **7** 128; Vereinbarung **20** 59; im Verwaltungsverfahren **10** 2; Verweisung bei Unzuständigkeit **20** 98; vorläufige **7** 139
Zustellung 20 63; Verkündung durch **20** 133; im Verwaltungsverfahren **10** 65; des Widerspruchsbescheids **20** 85; Zwang **20** 135
Zutrittsrecht für Aufsichtspersonen **7** 19
Zuweisungen aus dem Gesundheitsfonds 5 270
Zuwendungen der freien Wohlfahrtspflege **2** 11; **12** 84
Zuzahlung zu ärztlicher und zahnärztlicher Behandlung **5** 28, Zahlungsweg **5** 43c; Arzneimittel **5** 31; häusliche Krankenpflege **5** 37; Haushaltshilfe **5** 38; Heilmittel **5** 32; Hilfsmittel **5** 33; Verbandmittel **5** 31
Zuzahlungen 5 61; Belastungsgrenze **5** 62
Zweckbestimmte Leistungen 2 11; **12** 83
Zweiseitige Verträge über Krankenhausbehandlung, Inhalt **5** 112; Kündigung **5** 112
Zweitmeinung 5 27b
Zwischenbescheid 7 103
Zwischenmeister, Begriff **4** 12
Zwischenurteil 20 130